BECK'SCHE RECHTS-
UND WIRTSCHAFTSWÖRTERBÜCHER

ALFRED ROMAIN

TEIL II

GERMAN – ENGLISH

DEUTSCH – ENGLISCH

DICTIONARY

OF LEGAL AND COMMERCIAL TERMS

PART II

GERMAN – ENGLISH

BY

ALFRED ROMAIN †

Dr. jur., B. A., Rechtsanwalt

B. SHARON BYRD, LL.M., J.S.D.

Director of the Law & Language Center, Universität Jena
Honorary Professor for Anglo-American Law and Jurisprudence, Universität Erlangen

CAROLA THIELECKE

Fourth revised edition

VERLAG C. H. BECK OHG, MUNICH
HELBING & LICHTENHAHN, BASEL
MANZ'SCHE VERLAGS- UND
UNIVERSITÄTSBUCHHANDLUNG, WIEN
2002

WÖRTERBUCH

DER RECHTS- UND WIRTSCHAFTSSPRACHE

TEIL II

DEUTSCH – ENGLISCH

VON

ALFRED ROMAIN †

Dr. jur., B. A., Rechtsanwalt

B. SHARON BYRD, LL.M., J.S.D.

Leiterin des Law & Language Center, Universität Jena
Honorarprofessorin, Universität Erlangen

CAROLA THIELECKE

Vierte, neubearbeitete Auflage

VERLAG C. H. BECK OHG, MÜNCHEN
HELBING & LICHTENHAHN, BASEL
MANZ'SCHE VERLAGS- UND
UNIVERSITÄTSBUCHHANDLUNG, WIEN
2002

Die Deutsche Bibliothek – CIP-Einheitsaufnahme

Wörterbuch der Rechts- und Wirtschaftssprache / von Alfred Romain ; B. Sharon Byrd ; Carola Thielecke. – München : Beck; Basel : Helbing und Lichtenhahn; Wien : Manz
(Beck'sche Rechts- und Wirtschaftswörterbücher)

Teil 2. Deutsch-Englisch. – 4., neubearb. Aufl. – 2002
ISBN 3 406 48068 3

ISBN 3 406 48068 3
ISBN 3 214 09808
ISBN 3 7190 2106 8

Wilhelmstr. 9, 80801 München
Druck: Clausen & Bosse, Birkstraße 10, 25917 Leck

Satz: Druckerei C. H. Beck
(Adresse wie Verlag)

Gedruckt auf säurefreiem, alterungsbeständigem Papier
(hergestellt aus chlorfrei gebleichtem Zellstoff)

Vorwort zur vierten Auflage

Eines der wichtigen Ziele bei der neuerlichen Überarbeitung von *Romain Wörterbuch der Rechts- und Wirtschaftssprache* war es, die Übersichtlichkeit zu erhöhen, um den Nutzern einen schnellen Zugriff auf die benötigte Fachterminologie zu ermöglichen. So werden in der Neuauflage mehr Abkürzungen als in den Vorauflagen in den verschiedenen Einträgen verwendet, um diese zu straffen. Querverweise wurden auf ein Minimum reduziert, um den Nutzern ein mühevolles Suchen nach Übersetzungen zu ersparen. Um die Wahl der richtigen Übersetzung zu sichern, wurden häufig Beispiele angegeben, die verdeutlichen, in welchen Zusammenhängen ein bestimmter Begriff Verwendung findet. Da der Gebrauch des richtigen Artikels im Deutschen für Leser aus dem angloamerikanischen Sprachraum erfahrungsgemäß besonders schwierig ist, wurden für alle Substantive die Genera und, soweit relevant, die weibliche und die männliche Form des Hauptwortes angegeben.
Daneben wurde natürlich auch der Bestand an Stichworten gründlich überarbeitet, veraltete Stichworte wurden entfernt und über 2500 neue Stichworte hinzugefügt. Bei der Aktualisierung haben wir besonders folgende Fachgebiete berücksichtigt:

- Das Urheberrecht, Handelsrecht, Insolvenzrecht, Sozialrecht und Veränderungen, die durch die Kommunikation mit neuen Medien, z. B. bei Fernabsatzgeschäften, eingetreten sind.
- Das Europarecht und Völkerrecht, wobei hier sowohl die Rechts- als auch die Wirtschaftssprache Beachtung fand.
- Das Recht der internationalen Handelsbeziehungen, der internationalen Handelsgerichtsbarkeit und der Handelsschiedsgerichtsbarkeit.

Neu aufgenommen wurde auch eine große Zahl von Abkürzungen, die zum Beispiel im Bereich der internationalen Organisationen und der internationalen Verträge immer mehr an Bedeutung gewinnen, wobei darauf geachtet wurde, dass diese jeweils sowohl mit dem vollständigen Begriff als auch mit der Abkürzung alphabetisch eingeordnet wurden.
Mehr Rücksicht genommen haben wir in der Neuauflage schließlich auf den unterschiedlichen Gebrauch von Terminologie innerhalb des deutschen bzw. englischen Sprachraumes. So wurden erstmals systematisch Stichworte aus der österreichischen und schweizerischen Rechtssprache erfasst. Bei den Übersetzungen wird auf Unterschiede im Gebrauch und in der Schreibweise zwischen Großbritannien und den Vereinigten Staaten hingewiesen.
Wir hoffen, unseren Lesern und Leserinnen mit der Neuauflage ein nützliches und verlässliches Arbeitsmittel an die Hand zu geben. Über Anregungen und Verbesserungsvorschläge freuen wir uns auch weiterhin. Danken möchten wir allen Kollegen und Freunden, die uns bei der Überarbeitung unterstützt haben und uns geholfen haben, zu möglichst präzisen Übersetzungen oder Erläuterungen der Stichworte zu gelangen.

Berlin, den 1. Januar 2002 — *Carola Thielecke*
Jena, den 1. Januar 2002 — *B. Sharon Byrd*

Preface to the Fourth Edition

In preparing the fourth edition of the classic *Romain Dictionary of Legal and Commercial Terms* volume 2 we have given considerable attention to streamlining it by removing obsolete terminology and using abbreviations within the individual entries, on the one hand, and to expanding it by adding over 2,500 new legal terms, on the other. The new additions focus on:

- the new German terminology in the fields of intellectual property law, commercial law, insolvency law, social security law, and the law of distance sales through new communication media
- the legal and commercial terminology from European and international law
- the legal terminology from the fields of international commercial litigation, international commercial arbitration, and international business transactions
- Austrian and Swiss legal terminology
- the rapidly growing number of abbreviations and acronyms in international, European and German law, whereby both the abbreviations and the complete terms have been entered alphabetically.
- differences in British and US American translations of German legal terms.

We have attempted to ensure that our readers will not be harassed by cross-referencing, using them only to indicate a source of additional information rather than the translation of the terms themselves. Furthermore, we have added explanations of the context in which the terms are used and the potential differences in meaning the terms may have depending on the context. In appreciation of the difficulties non-native speakers of the German language have with German articles, we have included the genders of all nouns in the entries, and if relevant both their masculine and feminine forms.

We hope this new edition will be of service to teachers and students of law and to those who are professionally involved in the translation of legal and commercial texts. We are indebted to our colleagues and friends who sacrificed their time to help ensure that the terminology received the most well considered equivalents or, for lack of precise equivalents, at least adequate explanations.

Jena, this 1st day of January 2002 — *B. Sharon Byrd*
Berlin, this 1st day of January 2002 — *Carola Thielecke*

Abkürzungen – Abbreviations

A	Austrian usage	österreichischer Ausdruck
abbr	abbreviation	Abkürzung
acct	accounting term	Begriff des Rechnungswesens
adj	adjective	Adjektiv
admin	administrative law	Verwaltungsrecht
adv	adverb	Adverb
agr	agricultural term	landwirtschaftlicher Ausdruck
art	article	Artikel
bank	banking law	Bankrecht
bzw	or, respectively	beziehungsweise
CH	Swiss usage	schweizer Ausdruck
civ	civil law, private law	Zivilrecht
civ pro	civil procedure	Zivilprozessrecht
comm	commercial law	Handelsrecht; kaufmännischer Ausdruck
conj	conjunction	Konjunktion
const	constitutional law	Verfassungsrecht
crim	criminal law	Strafrecht
crim pro	criminal procedure	Strafprozessrecht
D	German usage	deutscher Ausdruck
e-	a, an; one	ein (*e-e, e-em, e-en, e-er, e-es*)
eccl	ecclesiastical, canon law	kirchlich, Kirchenrecht
econ	economic	wirtschaftlich, ökonomisch
edu	education	Ausbildung
eg	*exempli gratia*, for example	zum Beispiel
esp	especially	besonders, speziell
etc	etcetera	und so weiter
etw	something	etwas
EU	European law	Europarecht
exch	stock-exchange	börsenfachlich
f	feminine (gender)	weiblich (Genus)
fig	figurative(ly)	im übertragenen Sinn
GDR	German Democratic Republic	DDR, Deutsche Demokratische Republik
gen	genitive	genetiv
GB	British usage	britischer Ausdruck
hist	legal history	Rechtsgeschichte
i.e.	*id est*, that is	das ist
ins	insurance law	Versicherungsrecht
insolv	insolvency law	Insolvenzrecht
int	international law	Völkerrecht
IT	information technology	elektronische Datenverarbeitung

jd-	someone	jemand (*jd-en, jd-em, jd-es*)
lab	labo(u)r law	Arbeitsrecht
L	Latin	Latein
lit	literal(ly)	wörtlich
m	masculine (gender)	männlich (Genus)
mar	maritime law	(privates) Seerecht
med	forensic medicine	Gerichtsmedizin
min	mining law	Bergrecht
mil	military law	Wehrrecht
n	neuter (gender)	sächlich (Genus)
obs	obsolete	obsolet, veraltet
o.s.	oneself	sich, selbst
parl	parliamentary	Parlament(ssprache)
part	participle	Partizip
pat	patent law	Patentrecht
pil	private international law, conflicts	internationales Privatrecht
pl	plural	Mehrzahl
pol	politics	Politik
pp	present perfect	Perfekt
prep	preposition	Präposition
pron	pronoun	Pronomen
reflex	reflexive verb	reflexives Verb
s	noun	Substantiv
scot	Scots law	schottisches Recht
sg	singular	Einzahl
sl	professional slang	Fachjargon
s. o.	someone	jemand
sth	something	etwas
succ	law of succession	Erbrecht
tax	tax law	Steuerrecht
TV	television	Fernseher
UN	United Nations	Vereinte Nationen
US	US American usage	US-amerikanischer Ausdruck
vi	intranstive verb	intransitives Verb
vt	transitive verb	transitives Verb
zB	for example	zum Beispiel
§	section	Paragraph
=	synonym, has the same meaning	bedeutet das gleiche wie
~	repeats the entry	wiederholt den vollen Titel
→	refers to another entry	verweist auf anderen Titel
↔	antonym, opposite, as opposed to	im Gegensatz zu
Italics	gives further explanations	*Kursiv* gibt nähere Erläuterungen

A, Ä

a. A. (*abbr* = **andere Ansicht**) different opinion.

a. a. O. (*abbr* = **am angegebenen Ort, am angeführten Ort, anderenorts**) idem (*abbr* id), in alio loco (*citation*), loco citato (*abbr* loc. cit.).

AASMM (*abbr* = **Assoziierte Afrikanische Staaten, Madagaskar und Mauritius**) Associated African States, Madagascar, and Mauritius (*abbr* AASMM).

abänderbar *adj* modifiable, alterable, commutable (*sentence*).

abändern *vt* to alter, to amend.

Abänderung *f* alteration, variation, modification, amending, amendment; **in ~ von** in derogation of; **~santrag** *m* motion for amendment (*of a bill*); ***e-en*** **~~ stellen** to move an amendment; application for variation (*maintenance*); **~sbefugnis** *f* power to amend; **~sgesetz** *n* amending act, amending law; **~sklage** *f* petition to modify a judgment (*periodical payments*); **~spatent** *n* revised patent, reissued patent; **~surkunde** *f* amending document, amendment scheme; **~surteil** *n* amending judgment; **~svorbehalt** *m* reserved right to amend, (amending) reservation.

Abandon *m* relinquishment, abandonment; **~erklärung** *f* declaration of abandonment; **~klausel** *f ins* abandonment clause.

abandonnieren *vt* to relinquish, to abandon, to withdraw from.

Abartigkeit *f* abnormality; **seelische ~** mental abnormality, freakishness.

Abbau *m* **I** reduction (= *r-*); **~ der Auftragspolster** working off the backlog of orders; **~ der Belegschaft** *r-* in personnel, jobcuts, job pruning; **~ der Handelsschranken** *r-* in trade barriers; **~ der Lagerbestände** *r-* in stock; **~ der Zölle** *r-* in tariffs; **~ der Zwangswirtschaft** decontrol, liberalization; **~ von Steuervergünstigungen** *r-* in tax benefits.

Abbau *m* **II** *min* exploitation, removal, cancellation, run-down; **~entschädigung** *f* compensation for depletion (*of mineral deposits*); **~gebiet** *n* mining territory; **~genehmigung** *f US* license / *GB* licence / permit to exploit mineral resources; **~gerechtigkeit** *f* mining concession; **~recht** *n* quarrying (mining) right (*in exploitation contracts*); **~vertrag** *m* mining contract; **~verlust** *m* depletion loss.

abbaufähig *adj* depletable, exploitable; wasting.

abbedingen *vt* to exclude (*legal limitations*) by agreement, to contract out.

Abbedingung *f* contracting out.

abbefördern *vt* to transport (away), to remove.

abberufen *vt* to recall (*ambassador*), to dismiss (*manager*).

Abberufung *f int* recall; dismissal; **~sabstimmung** *f* vote to remove (*s.o. from an office*); **~srecht** *n int* right to demand a recall; right to remove (*s.o. from office*); **~sschreiben** *n* letter of recall.

abbestellen *vt* to cancel (*an order*), to discontinue (*subscriptions*).

Abbestellung *f* cancellation (*of an order*), discontinuation (*of subscriptions*); **~~ vorbehalten** right to cancel reserved.

abbezahlen *vt* to pay off (*in full or by instal(l)ments*).

Abbiegeverbot *n* no turning.

abbieten *vt* to outbid.

Abbildung *f* depiction, illustration; **beleidigende ~** defamatory / insulting depiction.

Abblendepflicht *f* requirement that headlights be dimmed / dipped.

abbrechen *vt* to discontinue, to disrupt; to stop (*work*), to break off, to drop out (*of university*), to interrupt (*session*), to demolish (*building*), to drop (*connection*).

Abbrecherquote *f* dropout rate.

Abbruch *m* **I** rupture; discontinuation; ~ **der diplomatischen Beziehungen** breaking off of (*rupture of*) diplomatic relations; ~ **der Verhandlungen** breakdown of negotiations, breaking off of negotiations, discontinuance; ~ ***e-es*** **rettenden Kausalverlaufs** *crim* interference with rescue attempt, frustration of a rescue.

Abbruch *m* **II** demolition (= *d*-), dismantling; ~**anordnung** *f* condemnation order (*buildings*); ~**arbeiten** *f/pl d*- works; ~**sbewilligung** *f d*- permit, *d*- *US* license / *GB* licence; ~**unternehmer** *m* / **-in** *f d*- contractor; ~**verfügung** *f d*- order, *d*- permit; ~**wert** *m d*- value.

Abbruch *m* **III** (*der Schwangerschaft*), = *Schwangerschaftsabbruch* abortion.

abbuchen *vt acct* to debit (*an account*), to deduct (*by authorization from an account*); → *ausbuchen*.

Abbuchung *f acct* debit-entry; (*authorized*) deduction (*from an account*), → *Ausbuchung*; ~ **im Bankeinzugsverfahren** *n* direct debit; ~**skreditkarte** *f* direct debit card.

Abbüßen *n crim pro* serving one's sentence; **nach** ~ **der Strafe** after the expiry of the sentence, after serving one's sentence.

abbüßen *vt crim pro* to serve a sentence; to serve time; to do time; to atone.

ABC (*abbr* = **atomar**, **biologisch**, **und chemisch**) atomic, biological, and chemical (*abbr* ABC); ~-**Waffen** *f/pl* ABC weapons.

abdanken *vi* to abdicate.

Abdankung *f* abdication; ~**sdekret** *n* decree of abdication; ~**surkunde** *f* instrument of abdication.

abdecken *vt* to cover (*an overdraft, deficit*); to furnish collateral.

Abdeckung *f* providing cover; ~ **des Marktes** market coverage.

abdingbar *adj* not mandatory (*rules*), subject to be contracted away (*legal provisions*), transactionable.

abdisponieren *vt* to transfer funds (*from bank to bank*), to withdraw (*funds*).

Abdisposition *f* transfer of funds (*from bank to bank*), withdrawal (*of money*).

Abdruck *m* print, copy, impression, proof, reproduction, reprinting; ~**erlaubnis** *f US* license / *GB* licence to print copies (*of copyrighted work*); ~**srecht** *n* copyright, authority to reprint, right of reproduction; ~**srecht in Fortsetzungen** serial rights; **unbefugter** ~ unauthorized reproduction.

Abendverkauf *m* late night opening (*of shops*).

Aberdepot *n* (*antiquated form of*) irregular deposit of fungible securities (*where title passes to bank*).

aberkennen *vt* to deprive (*s.o. of a right*), to dismiss (*a claim*), to disallow.

Aberkennung *f* deprivation; disqualification; ~ **der bürgerlichen Ehrenrechte** suspension / deprivation of civic rights; ~ **der Staatsangehörigkeit** forfeiture of nationality, expatriation; ~ **des Ruhegehalts** deprivation of pension rights; ~**sfrist** *f* disqualification period.

aberratio ictus *f L crim* aberration of the blow (*from that intended*), *aiming at one but harming another than the intended victim, D crim liability for attempt to harm victim aimed at, and for negligently harming victim actually injured; US, GB liability for intentionally consummated offense through application of doctrine of transferred intent*; ~-~-**Fälle** *crim* cases of transferred intent, ↔ *error in persona*.

Abfahrt departure (*in vehicle*); ~**sdatum** *n* date of departure, sailing date; ~**erlaubnis** *f* clearance for departure.

Abfall *m* **I** defection, desertion, secession.

Abfall *m* **II** litter, rubbish; waste (= *w*-), scraps; **~beseitigung** *f* disposal of refuse; **~entsorgung** *f* *w*-disposal; **~~sanlage** *f* *w*- disposal installation; **~mengenplanung** *f* planning of mass *w*-, scrap, and spoilage; **~produkt** *f* *w*- product, residual product, by-product; **~stoffe** *m/pl* **zu Rohstoffen verarbeiten** to recycle; **~sünder** *m* litter bug; **~vermeidung** *f* avoidance of *w*- production; **~verwertung** *f* *w*- utilization, recycling; **~wirtschaft** *f* (*solid*) *w*- management; **Kreislaufwirtschafts- und ~gesetz** *n D* Waste and Recycling Act.

abfall|arm *adj* low-waste; **~los** non-waste.

abfangen *vt* to intercept (*letters, telephone calls*); to pull out of a skid (*vehicle*); to underpin (*foundations*).

Abfangen *n* interception (*of letters, telephone calls*); regaining control (*of vehicle*); **~ von Kursschwankungen** *exch* price cushioning (*shares*).

abfassen *vt* to formulate (*a document*), to compose (*a manuscript*), to draw up (*a contract*).

Abfassung *f* formulation, composition, drawing up.

abfertigen *vt* to dispatch (*luggage, freight*); to clear (*customs*); **nicht abgefertigt** uncleared.

Abfertiger *m* /**-in** *f* dispatching clerk (*luggage, freight*).

Abfertigung *f* dispatching, handling, clearance; **~ der Waren** clearance of goods; **~ im Reiseverkehr** control of tourist traffic; **~sabteilung** *f US* dispatch / *GB* despatch department; **~santrag** *m* application for clearance (*customs*); **~sbeamte(r)** *f(m)* clearance officer; **~sbescheinigung** *f* certificate of acceptance (*customs*); **~sdienst** *m* dispatch service; **~sfrist** *f* clearance deadline; **~sgebühr** *f* forwarding charge; **~shafen** *m* port of clearance, port of shipment; **~sschalter** *m* passport control point; **~sschein** *m* dispatch certificate; **~sspediteur** *m*/**-in** *f* truck haulage; dispatch agent; **~sstelle** *f* dispatch office; **~szollstelle** *f* office of clearance; **normale ~** normal handling.

abfinden *vt* to settle (*a claim*), to pay off (*a creditor*), to buy out (*a partner*), to compound (*one's creditors with a lump sum*); to indemnify (*for an accident*).

Abfindung *f* settlement (= *s*-), lump sum settlement, accord and satisfaction; **~ an ausscheidende Führungskräfte** golden handshake; **~ *e-es* / *e-er* Teilhabers** *m* / **Teilhaberin** *f* paying off a partner, indemnifying an outgoing partner; **~ für** (*wegen*) **Verlust des Arbeitsplatzes** redundancy pay, severance pay, compensation for dismissal; **~sangebot** *n* offer of lump-sum compensation; early retirement offer; **~sanspruch** *m* right to a *s*-; **~sbetrag** *m* amount of a *s*-; **~serklärung** *f* general release (*accidents*), acceptance declaration, **allgemeine ~~** general release; **~sgeld** *n* *s*- money, indemnification funds; **~sguthaben** *n* credit balance upon withdrawal (*partner*); **~sklausel** *f ins* general release clause; acceptance declaration clause; **~ssumme** *f* amount of *s*-; sum in full *s*- of all claims; *s*- sum, *s*- moneys; **~svereinbarung** *f* *s*- agreement; **~svergleich** *m* compromise; nuisance *s*- (*to avoid nominal liability litigation*); **~svertrag** *m* *s*- agreement; **~szahlung** *f* payment in full *s*-; redundancy payment, severance payment; **~szahlungen an weichende Erben** *m* /**Erbinnen** *f* estate payments to heirs in *s*- of inheritance share; **~ von Gläubigern** *m* / **Gläubigerinnen** *f* compounding with creditors, arrangement with one's creditors; **als endgültige ~** in full and final *s*-; **ausgehandelte ~** negotiated *s*-; **freiwillige ~** voluntary *s*-, ex gratia payment; **soziale ~** (*bei Kündigung*) redundancy pay; **vergleichsweise ~** payment by way of compromise.

Abfluss *m* efflux, outflow; **~ liquider Mittel** cash drain.

abfordern *vt* to claim, to demand, to request.

abführen I *vt* to deduct and pay over, to transfer (*wage tax, social insurance premiums*).

abführen II *vt* to lead away, *crim pro* to take a person away (*into custody*).

Abführung *f* **I** paying over, transfer; ~ **an den Bund** the paying of funds (*by a state*) to the federal government; ~ **der Steuer** remittance of the tax, payment of tax (*to tax collector*).

Abführung *f* **II** *crim pro* leading away the prisoner (*into custody*); **~sbefehl** *m* order to remove (*a prisoner*).

Abgabe *f* **I** submission, handing over (*a statement*), handing in (*a telegram*), filing (*an offer*), delivery (*of a letter*), casting (*of a vote*); **~beschränkung** *f* sales restriction, limitation on number of products sold (*competition law*); ~ **der Sache an ein anderes Gericht** transferring a case to another court; **~druck** *m exch* selling pressure, sales pressure; ~ ***e-er*** **Erklärung** making a declaration, issuing a statement; ~ ***e-er*** **Willenserklärung** act, external manifestation of will (*with legal effect*); **~frist** *f* deadline for filing (*declaration, tax*); **~kurs** *m exch* issuing price; **~land** *n* sending country; **~preis** *m exch* selling price; issuing price; **~satz** *m exch* selling rate for money market securities; **~sätze der Bundesbank** *exch* Bundesbank's selling rates for money market securities; **~termin** *m* due date (*for tax return, etc*); ~ **zum Verbrauch** putting on the market; **verspätete** ~ late filing.

Abgabe *f* **II** tax, duty, levy, fiscal charge; ~ **auf das Grundvermögen** levy on real estate; **~n auf alkoholische Getränke** tax on alcoholic beverages; **~nbefreiung** *f* exemption from taxes, duties and other revenue charges; **~nbescheid** *m* order concerning tax (*etc*) liability; **~n, die kostendeckenden Gebühren entsprechen** charges similar in nature to fees; **~neintreibung** *f* enforcement of the tax collection; **~nerheben** to raise revenue(s); **~nfreiheit** *f* immunity from taxes (and duties); **~n gleicher Wirkung** *EU* (*zB als Zölle*) charges having equivalent effect (*eg as customs duties*); **~nhinterziehung** *f* defrauding of tax revenue, tax evasion; **~nhoheit** *f* fiscal jurisdiction; **~nordnung** *f* fiscal code; **~npflichtige(r)** *f(m)* taxpayer; **~nrecht** *n* revenue law; **~nschulden** *f* tax liabilities; **~nschuldner** *m* **/-in** *f* person liable to pay taxes and/or duties; **~nstreitigkeit** *f* tax dispute; **~nsystem** *f* revenue system; **~nüberhebung** *f* excess taxation, taxation producing excess (*in amount collected*); **~nüberhöhung** *f* excessive taxation; **~numgehung** *f* tax avoidance (*legally permissible*); tax evasion (*illegal*); **~nveranlagung** *f* tax assessment; **~nverfahren** *n* tax levy procedure; **~nvergünstigung** *f* tax concession, tax relief; **~nverordnung** *f* tax levy regulation; **~nverpflichtung** *f* tax liability; **öffentlich-rechtliche** ~~ tax liability under public law; **~nvoranschlag** *m* revenue estimate(s); **~nwesen** *n* the revenue system; **freiwillige soziale ~n** non-obligatory employee benefit contributions; **gesetzliche soziale ~n** statutory social service expenditure; **inländische** ~ internal tax; **inländische ~n** internal taxation; **öffentliche ~n** public charges; **sonstige ~n** other duties and taxes; **soziale ~n** social insurance and welfare dues; **steuerähnliche ~n** parafiscal taxes.

abgaben|frei *adj* exempt from taxes and duties, duty-free; **~pflichtig** subject to levy, taxable, rateable, chargeable.

Abgang *m* **I** departure (= *d-*); *US* dispatch / *GB* despatch; **~sbahnhof** *m d-* station; **~sflughafen** *m d-* airport; **~shafen** *m* port of *d-*; port of sailing; port of clearance; **~sland** *n* country of *d-*, **~sort** *m* place of *d-*, point of shipment; **~stag** *m* day of dispatch; **~szollstelle** *f* customs station at point of *d-*.

Abgang *m* **II** (*pl Abgänge* = *~e*) outflow withdrawal, wastage loss, retirement; *acct* a decrease in assets (*in balance sheet*); persons leaving; **~e bei Beteiligungen** divestitures of investment in subsidiaries and associated companies; **~sgeld** *n* severance pay; **~szeugnis** *n* leaving certificate, diploma; **~squote** *f* rate of outflow.

Abgas *n* (*pl ~e*) emission, exhaust, flue gas, off-gas, gaseous emissions; pollutant emissions; **~entgiftungsvorrichtung** *f* antipollution equipment; **~norm** *f* emission standard levels of exhaust; **umweltschädliche ~e** emissions of gaseous pollutants.

abgeändert *adj* amended, changed.

abgeben *vt* to give up (*part of a claim*), to dispose of (*part of land*), to hand in (*import declaration*).

abgehen *vt* to digress, to depart from (*standard*); to leave (*station*); to be missing (*item*).

Abgehen *n* departure, abandonment; ~ **vom Goldstandard** abandonment of the gold standard.

abgeholt *adj* picked up, collected; **nicht** ~ unclaimed, not collected.

abgekürzt *adj* abbreviated, abridged.

abgelaufen *adj* expired, lapsed (*ins policy*).

Abgeld *n bank* (= *Disagio*) discount; **mit** ~ at a discount.

abgelten *vt* to discharge, to settle, to pay in settlement of claim, to reimburse; **als abgegolten gelten** to be deemed discharged.

Abgeltung *f* discharge (*of claim*); settlement (= *s-*), reimbursement; indemnification; ~ **nach dem Äquivalenzprinzip** payment on the equivalence / quid pro quo principle; **~sbereich** *m* scope of compensation; **~sbetrag** *m* amount of indemnity; **~sgesetz** *n* indemnity law; **~sklausel** *f* general release clause **~smaßnahmen** *f* payment measures; **~svergleich** *m* full *s-*, overall *s-*; ~ **von Besatzungsschäden** indemnification for damage by occupying forces; ~ **von Leistungen** reimbursement for the discharge of obligations; ~ **von Urlaub** remuneration for untaken *US* vacation / *GB* holiday leave; **pauschale** ~ lump-sum *s-*; compounded *s-*; **zur** ~ **der Schadensansprüche** in *s-* of claims for damage; **zur** ~ **von Barleistungen** in lieu of cash payment.

ageltungsfähig *adj* capable of redemption.

abgeneigt *adj* disinclined.

Abgeordneten|eid *m* parliamentary oath; **~haus** *n* lower house (*of parliament, Bundestag*), *US* House of Representatives (*Congress*); *GB* House of Commons; **~immunität** *f* privilege of parliamentary immunity; **~indemnität** *f* parliamentary privilege; **~kammer** *f* legislative chamber; **~mandat** *n* parliamentary mandate, term of office; **~sitz** *m* parliamentary seat, seat in the House.

Abgeordnete(r) *f(m)* (*der Abgeordnete*) delegate, representative, Member of Parliament (*abbr* MP), congressman, lawmaker, deputy.

abgerechnet *adj* accounted for, settled.

abgeschlossen *adj* consummated, completed, executed, closed, self-contained; **formgerecht** ~ in due form, proper, in the prescibed form.

Abgeschlossenheit *f* completeness, self-containment; **~sbescheinigung** *f* certificate of completeness (*as a self-contained condominium unit*).

abgesehen von *adv* apart from, regardless of, except for, save.

abgesondert *adj* separate.

abgestuft *adj* graduated, marked at intervals.

abgezeichnet *adj* initialled.

abgleichen *vt* to square.

abgrenzen *vt* to mark, to demarcate; to delimit; to define; to stake out, to apportion; **gegeneinander** ~ to define the respective functions, to demarcate.

Abgrenzung *f* delimitation (= *d-*), demarcation, apportionment; accrual accounting, accruals and deferrals; ~ **der Hoheitsgewässer** fixing the limits of territorial waters; ~ **des Geldvolumens** *d-* of the money in circulation; **~sergebnis** *n* result of expense allocation statement; **~skonten** *f/pl* accruals and deferrals (*accounts showing*), transitory accounts; **~smerkmal** *n* classification criteria; **~sposten** *m* accruals, transitory item; **~srechnung** *f* statement of apportionment; **~sstreitigkeit** *f* demarcation dispute; **~svereinbarung** *f pat d-* agreement, *agreement between holders of two similar trademarks regarding their relative use*; **internationale** ~ international demarcation; **periodische** ~ *acct* periodical *d-* (*of deferred items*); **transitorische** ~ *acct* periodical *d-* (*of deferred items*); **unterschiedliche ~en** differences in *d-*; **unterschiedliche methodische** ~ different methods of *d-*; **unterschiedliche begriffliche ~en** differences of definition.

Abgruppierung *f* down-grading (*of a job*).

abhaken *vt* to check off (*items, names*); to tick off.

abhalten *vt* to hold (*a meeting*), to keep (*s.o. from working*), to deter (*from crime*), hinder.

abhandeln *vt* to bargain, to beat down *s.o.'s* price.

Abhandenkommen *n* loss, getting lost, the mislaying of *sth*.

abhanden kommen *vi* to get lost, to be mislaid (*document, keys*).

Abhandlung *f* treatise; essay; **juristische** ~ legal treatise; ~ ~ **über Gesetzestechnik** monograph.

abhängig *adj* contingent upon, dependent upon, subject to; **gegenseitig** ~ interdependent.

Abhängige *m/pl f/pl* dependants; **sexueller Missbrauch von ~n** sexual abuse of dependants.

Abhängigkeit *f* dependence; **~sbericht** *m* subordinate status report (*subsidiary corporation's report on controlling influence of parent company*); **~sverhältnis** *n* dependent condition; **gegenseitige** ~ interdependence.

Abhebung *f* withdrawal; **~sbefugnis** *f* drawing right; **tägliche ~en** day-to-day withdrawals.

abhelfen *vi* to remedy, to relieve, to grant relief; to satisfy (*a need*); ***e-em* Unrecht** ~ to redress a wrong.

Abhilfe *f* redress, relief, remedy, interlocutory revision; **~antrag** *m* application for relief; **~behörde** *f* authority in charge of remedial action; **~bescheid** *m* redress decision, remedial decision; **~bestimmung** *f* remedial provision, terms of relief; **~gesetz** *n* remedial statute; **~gesuch** *n* petition for relief; ~ **gewähren** to grant relief, to remedy *sth*, to rectify *sth*; ~ **im Verwaltungswege** administrative relief; **~maßnahme** *f* remedial measure; **~mitteilung** *f* notice of relief; **~recht** *n* right to redress; ~ **schaffen** to remedy, to provide relief; **~verfahren** *n* remedial action, redress proceedings; **etwas erfordert** ~ *sth* needs to be remedied; **um** ~ **bitten** to ask for relief.

abhilfefähig *adj* capable of relief, remediable.

Abhör|affäre *f* bugging affair, wiretapping scandal; **~aktion** *f* bugging campaign, electronic surveillance operation; **~anlage** *f* bugging devices, bugs; **~gesetz** *n* (*D 1968*) Exemptions from Telecommunication Secrecy Act; **~skandal** *m* wiretapping scandal, bugging scandal.

Abhören *m* interception, monitoring; ~ **von Telefongesprächen** telephone tapping, wire-tapping, phone-tapping.

abhören *vt* to intercept, to tap, to monitor electronically, to bug.

Abhol|dienst *m* pick-up service; **~fach** *n* post office box.

Abholung *f* collection, pick up; **~sanspruch** *m* right to recover possession (*of chattels from third-party's property*); collection right.

Abholzung *f* deforestation; **~srecht** *n* right to harvest forest.

Abitur *n final secondary-school examination, upper secondary leaving certificate; US high school diploma / GB A levels*;.

abklingen *vi* to fall off; to slacken.

Abkommen *n* agreement (= *a*-), convention, accord, treaty; **~sbereich** *m* scope of the *a*-; **~sland** *n* convention country, treaty country; **~swährung** *f* convention-currency; ~ **über den Gefangenenaustausch** convention concerning exchange of prisoners; ~ **über die internationale Zivilluftfahrt** international civil aviation convention; ~ **über die Rechtsstellung der Flüchlinge** (= **Flüchtlingskonvention**) Convention Relating to the Status of Refugees (*28 July 1951*); ~ **über** ***e-en*** **Bereitschaftskredit** standby *a*-; ~ **über kulturelle Zusammenarbeit** cultural exchange *a*-; ~ **über wirtschaftliche Zusammenarbeit** *a*- on economic cooperation; ~ **zur Vermeidung der Doppelbesteuerung** double taxation *a*-, double tax treaty; **AKP-EWG ~ von Lomé** ACP-EC Convention, Lomé Convention (*1975*), → *AKP*; **Allgemeines Zoll- und Handels~** (*abbr* **GATT**) *int* General *A*- on Tariffs and Trade (*abbr* GATT); **aus dem ~ ausscheiden** to cease to be a party to the convention; to withdraw from an understanding; **Aussetzung** *e-es* **~s** suspension of an agreement; **dies ~ liegt bis zum 10. Dezember zur Unterzeichnung auf** this *a*- shall be left open for signature until December 10; **diplomatisches ~** diplomatic *a*-; **ein ~ legalisieren lassen** to have a treaty legalized / authenticated; **Genfer ~ über die Behandlung der Kriegsgefangenen** Geneva Convention (III) Relative to the Treatment of Prisoners of War (*12 August 1949*); **Genfer ~ zum Schutze von Zivilpersonen in Kriegszeiten** Geneva Convention (IV) Relative to the Protection of Civilian Persons in Time of War; **Genfer ~ zur Verbesserung des Loses der Verwundeten und Kranken der Streitkräfte im Felde** Geneva Convention (I) for the Amelioration of the Condition of the Wounded and Sick in Armed Forces in the Field (*12 August 1949*); **Genfer ~ zur Verbesserung des Loses der Verwundeten, Kranken und Schiffbrüchigen der Streitkräfte zur See** Geneva Convention (II) for the Amelioration of the Condition of Wounded, Sick and Shipwrecked Members of Armed Forces at Sea (*12 August 1949*); **Genfer ~ zur Vollstreckung ausländischer Schiedssprüche** *int* Geneva Convention on the Execution of Foreign Arbitral Awards; **Handels~** trade *a*-; **gegenseitige ~~** bilateral trade *a*-; **Helsinki ~** Helsinki *A*- (*1975*); **internationales ~ über Betäubungsmittel** international *a*- on narcotics; **internationales ~ zur Vollstrekkung ausländischer Schiedssprüche** international *a*- on the execution of foreign arbitral awards; **langfristiges ~** long-term *a*-; **laufendes ~** continuing *a*-, valid *a*-; **Madrider ~ über die internationale Registrierung von Marken** (*abbr* **MMA**) Madrid *A*- Concerning the International Registration of Marks (*1891*); **mehrseitiges ~** multilateral *a*-; **multilaterales ~** multilateral treaty, convention; **revidiertes ~** modified convention; **vertragliches ~** contractual understanding; **völkerrechtliches ~** international convention, treaty; **Warschauer ~ zur Vereinheitlichung von Regeln über die Beförderung im internationalen Luftverkehr**

Warsaw Convention for the Unification of Certain Rules Relating to International Carriage by Air; **Zusatzprotokoll** *n* **zu den Genfer ~ vom 12. August 1949 über den Schutz der Opfer internationaler bewaffneter Konflikte** (**Protokoll I**) Protocol Additional to the Geneva Conventions of 12 August 1949, and Relating to the Protection of Victims of International Armed Conflicts (Protocol I), *8 June 1977*; **Zusatzprotokoll zu den Genfer ~ vom 12. August 1949 über den Schutz der Opfer nicht internationaler bewaffneter Konflikte** (**Protokoll II**) Protocol Additional to the Geneva Conventions of 12 August 1949, and Relating to the Protection of Victims of Non-International Armed Conflicts (Protocol II), (*8 June 1977*); **zweiseitiges ~** bilateral *a-*.

Abkömmling *m* descendant; *pl* **~e** offspring, descendants, progeny, issue; **~e gerader Linie** direct descendants; **direkter ~ ersten Grades** direct descendant in first degree lineage; **erbberechtigter ~** descendant entitled to an inheritance; **nichtehelicher ~** offspring born out of wedlock.

Abkopplung *f* decoupling, disconnection.

Abkunft *f* parentage, descent, lineage, ancestry.

Ablade|erlaubnis *f* (*für das Schiff*) permission to unload (*after customs clearance of ship*); **~gebühren** *f/pl* unloading charges (*ship, railway*); **~gewicht** *n* unloading weight; **~hafen** *m* port of discharge; **~kontrolldienstleistung** *f* unloading control service; **~ort** *m* place of unloading.

Abladen *n* shipping (*sea transport*), unloading (*land transport*).

abladen *vt* to ship, to unload.

Ablader *m* shipper, forwarder (*to carrier*); unloader.

Abladung *f* unloading; **~shafen** *m* port of discharge; **~skosten** *f* unloading charges; **~stermin** *m* deadline for discharging cargo.

Ablage *f* filing; filing tray, filing system, filing basket; **~nverzeichnis** *n* old files index.

Ablauf *m* **I** expiration (*end of period*) (= *e-*); **~ der Bezugsrechte** *e-* of subscription rights (*to shares, bonds*); **~ der Frist** expiry of a period, *e-* of the deadline; **~ der Gültigkeitsdauer** expiry of the period of validity; **~ der Kündigungsfrist** *e-* of notice period (*lease, employment termination, bank withdrawal*); **~ des Mietverhältnisses** *e-* of tenancy; **~ *e-er* angemessenen Frist** expiry of a reasonable period; **~ *e-es* Patents** *e-* of validity of a patent; **~ *e-es* Vertrages** termination of a contract; **~shemmung** *f* tolling, suspension of the running of time, barrier to time running; **~szeitpunkt** *m* ***e-es* Patents** expiry date of a patent; **bei ~** at the time of expiry; **den ~ der Frist hemmen** to suspend the running of time; **mit dem ~ von ...** upon the *e-* of ...; **nach ~ der Amtszeit** after the *e-* of the term of office; **nach ~ von zwei Monaten** after two months.

Ablauf *m* **II** procedure, operations, sequence of operations; **der konkrete ~ der Geschehnisse** the real course of events.

ablaufen *vi* to expire (*policy, lease, term*), to run out.

Ableben *n* death, decease; **~sversicherung** *f* burial insurance; **bei ~** in the event of death; **nach seinem ~** after his decease.

ablegen *vt* to file.

Ablegung *f* ***e-es* Eides** the taking of an oath, swearing of an oath; **~ *e-es* Geständnisses** making a confession; **~ *e-er* Verklarung** making a sworn statement concerning a maritime accident.

ablehnen *vt* to decline, to refuse, to rule out; **strikt ~** to absolutely refuse, to emphatically decline.

ablehnend *adj* negative, censorious, critical.

Ablehnung *f* refusal, rejection, repudiation; ~ **der Verantwortung** denial of responsibility; ~ ***e-es*** **Angebots** decline of an offer, rejection of an offer; ~ ***e-es*** **Antrags** refusal to grant an application, dismissal of a motion (*court*); ~ ***e-es*** **Gesuchs** rejection of a petition; ~ ***e-es*** **Patentantrags** refusal of a patent application; ~ ***e-es*** **Richters** *m* / ***e-er*** **Richterin** *f* challenge to a member of the court, objection to a member of the court; ~ ***e-es*** **Richters** *m* / ***e-er*** **Richterin** *f* **wegen Besorgnis der Befangenheit** motion to disqualify a judge, challenging a judge on a suspicion of prejudice / propter affectum / on grounds of bias; **~santrag** *m* challenging motion (*court*); **~sbereich** *m* rejection region (*statistics*); **~sbescheid** *m* decision concerning the rejection; **~serklärung** *f* declaration of refusal, statement of challenge; **~sgesuch** *n* challenging petition; **~srecht** *n* right of refusal; **bei** ~ in case of refusal; **willkürliche** ~ arbitrary denial, wilful(l) refusal.

ableiten to deduce; to derive from.

Ableitung *f* (*von Schadstoffen*) discharge (*of waste*).

ablenken *vt* to divert.

Ablenkung *f* diversion, distraction; **~smanöver** *n* diversion, diversionary tactics; red-herring; device.

ablesen *vt* to read (off, from).

Ableugnen *m* denial (*of a fact*), disavowal (*of action*).

ableugnen *vt* to deny, to disown.

Ablichtung *f* photostatic copy, photocopy, photostat; **beglaubigte** ~ certified photocopy.

abliefern *vt* to deliver, to surrender; **wieder** ~ to redeliver.

Ablieferung *f* **I** delivery (= *d*-); ~ **beim Empfänger** storage door *d*-; **~sbescheinigung** *f* certificate of *d*-; **~sfrist** *f d*- deadline; **~sgewicht** *n* weight delivered; **~skontingent** *n d*- quota; **~sort** *m* place of *d*-; **~spreis** *m d*- price, price of *d*-; **~sschein** *m d*- sheet; **~s-Soll** *n* deliveries required (*from farmers etc*); **~szwang** *m* compulsory *d*-. **gebrauchsfertige** ~ turnkey *d*-.

Ablieferung *f* **II** surrender; **~spflicht** *f* statutory obligation to surrender (*weapons, foreign currency*).

ablieferungspflichtig *adj* required to be surrendered;

ablösbar *adj* redeemable (*bonds, mortgage*).

ablösen *vt* to supersede, to replace (*old model*), to redeem (*a loan*); to refund.

Ablösung *f* replacement, redemption (= *r*-); refunding; ~ **der Kapitalertragsteuer** discharging the liability for capital income / capital gains tax; ~ ***e-er*** **Dienstbarkeit** payment for the discharge of an easement; **~sanleihe** *f* commutation loan; **~sanspruch** *m* right of *r*-; **~sberechtigte(r)** *f(m)* party entitled to redeem; **~sbetrag** *m r*-amount; **~sfonds** *m* sinking fund, *r*- fund; **~srecht** *n* right of *r*-; **~srente** *f* redeemable annuity; ~~ **für Lehensdienste** *hist* quit rent, scutage; **~sschuld** *f* refunding debt, commutation debt; **~sschuldverschreibung** *f* refunding bond, commutation bond (*issued in lieu of payment*); **~ssumme** *f r*- price, commutation; **~svertrag** *m* contract to redeem; **~swert** *m* cash surrender value (*life insurance*); **~szinssatz** *m r*-; rate of interest (*discount*); **~szusage** *m* assurance of *r*-; ~ **von Abgaben** anticipatory paying of levies; ~ **von Krediten** repayment / *r*- of a loan; ~ **von Lehen** *hist* enfranchisement, *r*- of feudal tenure; **vorzeitige** ~ early *r*- (*of loan*).

abmachen *vt* to arrange for, to agree, to bargain; **etwas gütlich** ~ to settle amicably.

Abmachung *f* arrangement, settlement, stipulation; **außergerichtliche** ~ private agreement, out-of-court settlement; **bindende** ~ binding settlement; **faire** ~ *sl* square deal, fair deal; **handelspolitische** ~ trade agreement; **in-**

ternationale ~en international conventions; **vertragliche** ~ conventional arrangement, contractual stipulation; **vorläufige** ~ provisional agreement.

Abmahn|kosten *pl* legal expenses of a warning notice / of a letter before action; **~verein** *m* association to guard against unfair practices.

abmahnen *vt* to warn (*against doing sth*).

Abmahnung *f* warning, warning notice; **~sschreiben** *n* written warning notice, letter before action, (seven) day letter.

abmarken *vt* to mark the boundaries (*of real estate*).

Abmarkung *f* marking the boundary (line), demarcation; **~sgesetz** *n* cadastral survey law; **~slinie** *f* dividing line, boundary (line); **~szeichen** *n* bench marks.

Abmelde|formular *n* official form for giving notice of one's departure, form for notification of changing residence (*to a different city*), → *Ummeldeformular*; **polizeiliche ~bescheinigung** *f* police certification of notice of departure.

abmelden *vt* to cancel (*a registration*), to give notice of withdrawal; to deregister, to sign off, to log off; **sich** ~ to give notice (*to residence authorities*, → *Einwohnermeldeamt*) of departure (*from place of residence*, → *ummelden*, ↔ *anmelden*), to cancel one's visit officially; **sich polizeilich** ~ to notify police of one's departure from present address.

Abmeldung *f* notice of one's departure from present address; notice of cancellation (*registration*); **polizeiliche** ~ notice to police of one's removal from present address.

abmessen *vt* to measure, to gauge.

Abmessungs-, Konstruktions- und Qualitätsnormen *pl* standards of dimensions, designs and quality.

abmustern *vi* to sign off on discharge (*sailors*).

Abmusterung *f* discharge of crew (*at trip's end*).

Abnahme *f* taking delivery (*of goods*), acceptance (*of performance*) (= *a*-), final inspection; acceptance inspection; **~attest** *n a*- certificate (*upon a- of tested product*); ~ ***e-er*** **Verklarung** recording of a maritime accident; ~ ***e-es*** **Werks** *a*- of performance; **~frist** *f* deadline for *a*-; **~garantie** *f* guarantee to purchase, guarantee of *a*-, underwriting (guarantee); **~kontrolle** *f* delivery check; **~pflicht** *f* obligation to accept delivery of goods; **~protokoll** *n a*- certificate, test report; **~prüfung** *f a*- inspection, inspection test upon receipt; **~schein** *m* receipt, *a*-certificate; ~ **unter Vorbehalt** conditional *a*-; **~verfahren** *n a*-procedure; **~verpflichtung** *f* purchase commitment, obligation to take delivery, ~~ **aus Devisentermingeschäften** *exch* commitment to accept delivery of foreign exchange in forward transactions; **~vereinbarung** *f exch* agreement to accept securities (*by investor*); **~verweigerung** *f* refusal to accept delivery, refusal of goods, rejection; **~verzug** *m* delay in taking delivery of purchased goods; ~ **von Waren** *f* physical *a*- of merchandise, taking delivery of goods; **förmliche** ~ formal *a*- (*of construction work, with joint inspection and protocol*); **konkludente** ~ implied *a*- (*by occupation and use*) **provisorisches ~attest** *n* interim *a*- certificate.

abnehmen *vt* to take delivery (*of goods*), to take possession (*of goods*); to accept (*performance, work done*); *vi* to diminish (*sales volume*); to slow down (*business activity*).

Abnehmer *m* **/-in** *f* purchaser, consumer; ~ **des Käufers** *m* / **der Käuferin** *f* subpurchaser; ~ **finden** to find a market; **~gruppe** *f* buying combine, consumer group, category of consumers; **~land** *n* consumer country, target country; **alleiniger** ~ sole purchaser; **ausländische** ~ *pl* foreign purchasers; **späterer** ~ subsequent purchaser.

Abneigung *f* aversion; **unüberwindliche** ~ insurmountable aversion.

Abnutzung *f* wear and tear (= *w&t*), wearing off (*in use*); ~ **der Straßen** *w&t* of roads; ~ **infolge normalen Verbrauchs** *w&t* through normal use; **~sabsetzung** *f* depreciation for *w&t*; **~sentschädigung** *f* compensation for *w&t*; **~ssatz** *m* rate of *w&t*; **~sschaden** *m* damage due to *w&t*; **angemessene** ~ fair *w&t*; reasonable *w&t*; **natürliche** ~ normal *w&t*, physical depreciation; **übliche** ~ normal *w&t*.

Abolition *f* general pardon, (general) quashing of criminal proceedings (*for a certain type of US offense / GB offence*); amnesty.

Abonnement *n* subscription; **~fernsehen** *n* pay-TV; **~sdauer** *f* subscription period; **~(s)karte** *f* season ticket, subscriber('s) ticket (*season*); **~smahnung** *f* renewal reminder; **~(s)preis** *m* subscription rate, subscription fee; **~svertrag** *m* subscription contract.

Abonnent *m* **/-in** *f* subscriber; **~en werben** to solicit subscribers, to solicit subscriptions; **~en-Unfallversicherung** *f* subscribers' accident insurance; **~enversicherung** *f* subscribers' insurance.

abonnieren *vt* to subscribe, to have a subscription for.

abordnen *vt* to delegate.

Abordnung *f* delegation; ~ ***e-es* /-er Mitarbeiters/Mitarbeiterin** delegation, posting / transferring employee to another location.

Abpackbeutel *m* repackaging bag (*retail sales*).

Abpacken *n* packaging.

abraten *vi* to advise against.

Abrategebühr *f* lawyer's fee for examining and advising against an appeal.

abräumen *vt* to clear (away), to strip, to remove.

abrechnen *vi* to render an account, to invoice, to account, to bill; **netto** ~ to render a net statement.

Abrechner *m* settlement clerk (*banking*).

Abrechnung *f* settlement of accounts, invoicing, statement, invoice statement; **~sbank** *f* clearing bank (*drawn on*); **~sbescheid** *m* fiscal authority's statement of account; *exch* contract note; **~sbetrug** *m* false accounting; **~sbogen** *m* summary, accounting sheet; **~skurs** *m* making up net price (*by broker*), settling price-rate; **~smanipulation** *f* accounting manipulation; **~speriode** *f* accounting period; **~ssaldo** *m* clearing balance; **~sschlüssel** *m* settlement formula; **~sstelle** *f* clearing office; **~stag** *m* accounting reference date, day for settling accounts; **~sverfahren** *n* clearing procedure; accounting method; **~swährung** *f* currency of payment; **~szeit** *f* accounting period; **~szeitraum** *m* accounting (reference) period, period of settlement; **anerkannte** ~ acknowledged settlement statement; ***e-e*** ~ **nachprüfen** to audit an account, to check a settlement statement; **gegenseitige** ~ mutual invoicing; (*der Kommissionäre und Makler*) *exch* ringing up; **jährliche** ~ annual accounting; **laut** ~ as per account rendered; **nach** ~ **der Spesen** after deduction of expenses; **tägliche** ~ daily settlement of accounts; **zentrale ~sstelle** *f* central clearing house.

abrechnungsreif *adj* billable, accountable.

Abrede *f* informal agreement, understanding, **das ist gegen unsere** ~ that is contrary to our understanding; ***e-e*** ~ **treffen** to agree (*informally*); **in** ~ **stellen** to deny, to disavow; **mündliche** ~ oral understanding, verbal agreement; **stillschweigende** ~ tacit agreement.

Abreise *f* departure; **~termin** *m* date of departure.

abreisefertig *adj* ready to sail (*ship*).

abreißen *vt* to demolish (*building*), to pull down, to tear down.

Abreißkalender *m* sheet calendar, tear-off calendar.

Abriss *m* **I** synopsis (*digest of law*).

Abriss *m* **II** demolition (*of building etc*).

Abruf *m* call, request for delivery of goods ordered (*deliverable on call*), request for funds on loan (*loan on call*); (*von Daten, Emails, Computerpornographie, etc*) accessing (*of data, email, etc*); **~arbeit** *f* employment at call (*at employer's request*); **~auftrag** *m* order for goods to be delivered on demand; **~ bestellter Ware** request for delivery; **~ von Geldern** calling of funds; **auf ~** (*goods*) on call, ready for delivery; **künftige ~e** future calls.

abrufen *vt* to call, to request delivery of goods ordered.

abrunden *vt* to round down.

Abrundung *f* rounding down.

abrüsten *vi* to disarm.

Abrüstung *f* disarmament.

Absage *f* refusal, cancellation.

absagen *vi* to decline, to cancel, to refuse.

Absatz *m* **I** paragraph, subparagraph, clause, sub-clause; **der rot angekreuzte ~** the paragraph marked with a red „X"; **der rotangestrichene ~** the paragraph sidelined in red.

Absatz *m* **II** marketing, selling, sale(s); **~abkommen** *n* sales agreement; **~ an Private** sales to private takers, sales to the private sector; **~bedingungen** *f/pl* market conditions; **~behinderung** *f* blocking sales, sales impediment; impeding the marketing; **~belebung** *f* stimulating sales, increased sales; **~beschränkung** *f* sales limitation; **~chancen** *f/pl* sales potential; **bequeme ~~** convenient sales potential; **weltwirtschaftliche ~~** worldwide economic potential; **~erwartungen** *f/pl* sales expectations; **~fachmann** *m* / **~fachfrau** *f* marketing man/woman; **~fähigkeit** *f* selling capacity; **~finanzierung** *f* financing of sales, customer financing, instal(l)ment sales financing; **~finanzierungszessionar** *m* **/-in** *f* factor; **~ finden** to find a market, to sell; **~flaute** *f* sales slump; **~fondgesetz** *n* Act on Agricultural Marketing Fund (*D, 1976*); **~förderung** *f* sales promotion; trade promotion; **~forschung** *f* market research; **~garantie** *f* sales guarantee; **~gebiet** *n* sales territory; **neue ~~e erschließen**: to open up new markets; **~genossenschaft** *f* marketing co-operative; **landwirtschaftliche ~~** agricultural (marketing) cooperative; **~kartell** *n* sales cartel, distribution cartel; **~kontingent** *n* marketing quota; **~kontingentierung** *f* quota system for sales, sales quotas; **~kosten** *pl* distribution expenses, marketing expenses, marketing costs; **~kredit** *m* sales credit; **~krise** *f* sales crisis; **~lage** *f* sales situation, current state of sales; **~lager** *n* dealer's inventory of merchandise; **~land** *n* importing country; **~lenkung** *f* controlled distribution, steering of sales; **~mangel** *m* lack of sales; **~markt** *m* sales market; **~menge** *f* quantity of sales; **~möglichkeit** *f* sales outlet; **mit sicherer ~~** certain to sell; **~netz** *n* sales network; **~organisation** *f* sales organization; **landwirtschaftliche ~~** agricultural marketing association; **~plan** *m* sales plan, marketing scheme; **~politik** *f* marketing policy, sales policy, distribution policy; **~prognose** *f* sales forecast; **~provision** *f* sales commission; **~quote** *f* sales quota; **~regelung** *f* market control; **~richtung** *f* direction of trade; **~risiko** *n* marketing risk; **~rückgang** *m* decline in sales, reduction in sales; **~schwankung** *f* sales fluctuation; **~schwierigkeiten** *f* sales difficulties; **~spielraum** *m* scope for sales; **~statistik** *f* distribution statistics, sales statistics; **~steigerung** *f* increase in sales; **~stockung** *f* sales stagnation, slump in sales; **~tempo** *n* sales pace; **~verhältnisse** *n/pl* market conditions; **~volumen** *n* sales volume; **~wege** *m/pl* distribution channels; **~werbung** *f* sales promotion; **~werte** *m/pl* sales figures; **~wesen** *n* marketing; **~wirtschaft** *f* marketing; **erzielbarer ~** sales potential; **gerade noch rentabler ~** sale of marginal value; **langsamer ~** slow sale(s); **regionaler ~** regional sales; **reißend ~ finden** to sell rapidly; **reißender ~** rapid sales; **schnellen ~ finden** to find a ready market; **schneller ~** ready sales.

abschaffen *vt* to abolish, to repeal, to eliminate, to get rid of.

Abschaffung *f* abolition, abolishment, repeal; **~ der Todesstrafe** abolition of the death penalty; **~ *e-er* Steuer** tax repeal; **~ von Zöllen** removal of customs duties.

abschätzbar *adj* appraisable, assessable.

abschätzen *vt* to appraise, to estimate, to evaluate.

Abschichtungsbilanz *f acct* balance-sheet indicating redistribution of partnership shares in a firm after loss of a partner.

abschicken *vt* to dispatch.

abschieben *vt* to pass (*forged notes or bills*); to deport (*undesirable alien*); to remove.

Abschiebung *f* (*unerwünschter Ausländer*) (summary) deportation (*of undesirable alien*), removal; summary return to native country; **~sandrohung** *f* warning, that deportation could be imposed; **~sbefehl** *m* deportation order; **~sbefugnis** *f* power of removal; **~shaft** *f* detention for deportation; custody prior to deportation; **~sschutz** *m* temporary protection from summary deportation.

Abschied *m* resignation, departure, farewell; **~saudienz** *f* farewell audience, valedictory audience; **~sgesuch** *n* resignation; **das ~~ einreichen** to tender one's resignation, to hand in one's resignation; **~srede** *f* farewell speech, valedictory address; **den ~ erhalten** to be retired; **den ~ nehmen** to quit (*the service*), to resign (*from a post*).

Abschirmdienst *f mil* counter-intelligence, agency; **Militärischer ~** (*abbr* **MAD**) Military Counter-intelligence Service, Military Screening Service; **Gesetz über den Militärischen ~** (*abbr* **MADG**) Military Counterintelligence Act (*1990*).

abschirmen *vt* to screen, to shield.

Abschirmung *f* screening (*device*); **atomare ~** nuclear umbrella.

Abschlag *m* discount, rebate, markdown price reduction; **~sdividende** *f* interim dividend; **~srechnung** *f* invoice on account; **~szahlung** *f* (part) payment on account, interim payment, progress payment, anticipation payment; **pauschaler ~** flat-rate reduction.

abschlagen *vt* to refuse (*a request*).

abschlägig *adj* negative (*reply*).

Abschleppen *n* towing away.

Abschlepp | fahrzeug *n* towing vehicle, vehicle lifting truck; **~kosten** *pl* towing charges, towing costs.

abschließen *vt* to complete (*education, training*), to conclude (*an agreement, a treaty*), to close (*a contract, an account*), to balance (*an account*), to finalize (*negotiations*), to terminate (*negotiations, a session*).

abschließend *adj* concluding, closing, final; *adv* finally, in conclusion.

Abschluss *m* **I** completition, conclusion (*of a contract*); transaction, deal, bargain; termination, conclusion (*of a session*); **~agent** *m* **/-in** *f* agent with power to conclude a contract; underwriting agent (*insurance*); **~bedingung** *f* term of business; **~besprechung** *f* final discussion; **~ der Sitzungsperiode** conclusion of a session (*of parliament*); **~ergebnis** *n* final results; **~freiheit** *f* freedom to contract; **~gebühr** *f* closing fees (*in mortgages*), completion fees, front-end fees; **~kosten** *pl* closing expenses; **~kurs** *m* closing price (*securities*); trading price; **~ nach dem Distanzprinzip** closed under the distance principle (*permitting* *long-distance closing of contracts*); **~nota** *f* closing note; **~ort** *m* place of contracting, place where deal is closed; **~prämie** *f* sales premium; **~preis** *m* strike price; **~provision** *f* commission for closing business; **~prüfung** *f* final examination; **~schreiben** *n* final warning notice (*unfair competition*); **~termin** *m* target date for closing, closing date; **~unterlagen** *f/pl* closing records; **~vergütung** *f* end-of-year bonus (*to staff*); **~vertreter** *m* / **-in** *f* agent with power to conclude a contract; underwriting agent (*insurance*); **~vollmacht** *f* power (of attorney) to close / to complete a deal; **~ von Deckungsgeschäften** hedging (*securities*); **~zahlung** *f* final payment (*instal(l)ments*); **~ zu festem Verkaufspreis** outright sale; **bei ~ des Berichts** at the time the report went to press / to print / was concluded; **~ tätigen** to close a deal; **fester ~** confirmed deal; **neuer ~** new business transaction.

Abschluss *m* **II** closing the accounts, (*Jahres~*) annual accounts, ultimate balance, final accounts, financial statements; **~bericht** *m* final report; **~bilanz** *f* closing balance; **~buchung** *f* closing entry; **~ der Bücher** closing of the account books, balancing of accounts; **~gliederungsprinzip** *n* principle of account classification; **~konten** *n/pl* closing accounts, final accounts; **~prüfer** *m* / **-in** *f* accountant, auditor; **~prüfung** *f* audit (of annual accounts); **~rechnung** *f* final accounting, final settlement; **~saldo** *m* closing balance; **~stichtag** *m* accounting reference date, fixed date for closing; **~zahlung für das Rechnungsjahr** closing payment for the accounting year; **~ziffern** *f/pl* profit and loss figures (*in company reports*); **maßgebender ~zeitpunkt** effective balance sheet date.

Abschnitt *m* section, subdivision, part, chapter, phase, counterfoil, stub; **~sbesteuerung** *f* taxation by fixed assessment periods.

abschöpfen *vt* to skim off, to siphon off, to tax away, absorb (*excessive buying power*).

Abschöpfung *f* siphoning off, taxing away, price-adjustment levy, agricultural levy; **~sanleihe** *f* loan designed to absorb surplus money; **~sbescheid** *m* price-adjustment levy (*EEC price adjustment*); **~sbetrag** *m* price-adjustment levy; **innergemeinschaftlicher ~~** price adjustment levy within the EEC; **~sregelung** *f* adjustment levy regulation; **~ssatz** *m* price-adjustment rate.

abschotten *vt* to seal off (*bulkhead*); to partition.

abschrecken *vt* to deter (*crime commission*), to frighten off, to scare away.

Abschreckung *f* deterrence; **~sprinzip** *n* principle of deterrence; **~swirkung** *f* deterrent effect; **atomare ~** nuclear deterrence.

abschreiben I *vt* to copy, to transcribe, to plagiarize, to cheat (*on an exam*).

abschreiben II *vi/vt* to write off, to take depreciation (on), to mark down, to charge off, to make a deduction for depreciation; **als uneinbringlich ~** to write off as an irrecoverable loss.

Abschreibung *f* write-off, depreciation (= *d-*), allowable tax depreciation, removal (*of an item*) from a register; write-down; *removal of plot of real estate from land register folio*; **~en auf Anlagevermögen** *d-* of fixed assets, write-down of investments; **~ auf Basis der Wiederbeschaffungskosten** replacement-cost method of *d-*; **~ auf Basis des geschätzten Nutzens** estimated service-yield basis of *d-*; **~en auf Beteiligungen** write-down of investment in shares of subsidiaries and associated companies; **~en auf den Zugang** *d-* on newly acquired assets; **~en auf Finanzanlagen** write-down of investments; **~en auf Geschäftswert** write-down of goodwill; **~en auf Sachanlagen** *d-*

of fixed assets; **~en auf Warenbestände** inventory *d-*; **~en auf Zugänge des Geschäftsjahres** *d-* and write-downs on additions made during the fiscal year; **~en vornehmen** to undertake *d-*; **~ für Abnützung** *d-* for wear and tear; **~ für Wertminderung** loss-in-value *d-*, *d-* allowance **~ nach proportionaler Gesamtleistung** (*e-er Maschine*) production *d-*; **~ nach Wiederbeschaffungskosten** replacement method of *d-*; **~saufwand** *m d-* expenses; **~sbetrug** fraudulent writing-off practices; **~sdauer** *f* period of *d-*; **~serleichterung** *f* write-off facilities, relief by way of *d-*; **~sfonds** *m* investment fund for *d-*, *d-* reserve; **~sfreiheit** *f d-* allowance; **~sgegenstand** *m d-* unit; **~sgesellschaft** *f* tax shelter company; **~skonto** *n d-* account; **~skorrekturen** *f/pl* adjustment for *d-*; **~skosten** *pl d-* charges; **~skriterium** *n d-* criterion; **~smethode** *f* accounting method of *d-*; **~smöglichkeiten** *f/pl* **für Investitionen** writing-off possibilities in respect of capital expenditure; **~sobjekt** *n* item to be depreciated, property suitable for special *d-*; **~splan** *m d-* plan, plan for the utilization of *d-*, *d-* scheme; **~spräferenz** *f* special *d-* allowance; **~squote** *f* rate of *d-*, rate of wear and tear; **~sregelungen** *f/pl* rules governing *d-* (*for tax purposes*); **~sreserve** *f* reserve fund for accrued *d-*; **~srhythmus** *m* rate at which assets are written off; **~srückstellung** *f* special reserve fund for *d-*; **~ssatz** *m* (*annual*) *d-* rate, rate of *d*; **~stabelle** *f* table of *d-*; **~svergünstigung** *f* tax privilege in respect of *d-*; **~szeitraum** *m* asset *d-* range; **arithmetische degressive ~** sum-of-digits *d-*; **aufgelaufene ~** accumulated *d-*; **außerordentliche ~** extraordinary write-off, extraordinary *d-*; **außerplanmäßige ~** non-scheduled *d-*, extraordinary *d-*; **beschleunigte ~** accelerated write-off; **buchmäßige ~** recorded *d-*; **degressive ~** reducing-balance (*method of*) *d-*; **digitale ~** sum-of-digits *d-*, sum-of-the-years-digits method; **entstandene ~en** *d-* accruals; **erste ~ bei Neubauten** initial allowance for *d-* of new buildings; **fiskalisch zugelassene ~** allowable tax *d-*; **jährliche ~** annual *d-*; **kalkulatorische ~** calculated *d-*; *d-* for cost-accounting purposes; **lineare ~** straight-line *d-*, *d-* at a constant rate; **planmäßige ~** scheduled *d-*; **progressive ~** progressive rate of *d-* (*increasing instal(l)ments*); **reinvestierte ~** amount written off in respect of *d-* and subsequently reinvested; **scharf degressive ~** *d-* on a steeply degressive scale; **schwankende ~** varying rates of *d-*; **steuerliche ~** tax *d-*; **steuerliche ~sbegünstigung** tax privilege in respect of *d-*; **verdiente ~en** earned *d-*; **vorzeitige ~** anticipatory write-off.

Abschrift *f* copy (= *c-*), carbon copy, transcript; **~ *e-es* Wechsels** transcript of bill of exchange; **amtliche ~** official *c-*, certified *c-*; **beglaubigte ~** attested *c-*, certified *c-*, authenticated *c-*; **~ ~ aus *e-em* Staatsarchiv** record office *c-*; **eigenhändige ~** *c-* in one's own hand (writing); **genaue ~** identical *c-*, exact *c-*; **gerichtlich beglaubigte ~** court attested *c-*, court-sealed *c-*; **gleichlautende ~** conformed *c-*, true (and exact) *c-*; **mit der Urschrift übereinstimmende ~** a true *c-*; **notariell beglaubigte ~** notarized *c-*; **vollständige ~** full *c-*, complete *c-*.

abschwächen *v reflex* to decline, to slacken (*economic activity*), to weaken.

Abschwächung *f* decline, sagging, softening, downturn, easing (*market*); **~ der Expansion** slowdown in expansion; **~serscheinung** *f* sign of approaching downturn; **lagerzyklisch bedingte ~~en** signs of weakening caused by the stock cycle; **~smöglichkeit** *f* downside risk (*equities*), downside potential;

~**stendenz** *f* recessionary trend; **konjunkturelle** ~ cyclical slowdown.

abschweifen *vi* to digress (*from a subject*).

Abschweifung *f* digression.

abschwören *vt* to abjure, to swear off.

Abschwung *m* downward swing (*in market*), down-turn, tailspin; ~**sphase** *f* downward cycle (*in economics*).

absehbar *adj* foreseeable, **in ~er Zeit** within a reasonable time, within the foreseeable future.

absehen (von) *vt* to refrain from.

Absehen *n* (*von Strafe*) exemption from punishment.

Absendebescheinigung *f* certificate of posting.

absenden *vt* to send, *US* to mail / *GB* to post (*a letter*); to dispatch (*freight*), to ship (*cargo*).

Absender *m* /**-in** *f* the sender (*of a letter*), consignor (*of freight*), shipper (*of merchandise*); ~**-Freistempel** *m* postage will be paid by sender.

Absendetag *m* date of mailing, day of posting.

Absendung *f* dispatch(ing).

Absenkung *f* lowering ground-water level.

absetzbar *adj* deductible (*from taxes*), marketable (*securities*), dismissible (*official*); **steuerlich** ~ tax deductible; **voll** ~ allowable in full against taxable profits.

Absetzbarkeit *f* marketability, salability, deductibility.

absetzen *vt* to sell, to market, to distribute; to oust (*from office*), to remove; to deduct (*expenses*); **mehr** ~ to increase sales, to outsell; **sich** ~ to abscond.

Absetzung *f* removal from office, dismissal, ouster, discharge, deduction (*costs*); ~ ***e-es*** **Termins** cancellation of trial date; ~**en für Abnutzung** depreciation for wear and tear; ~ **für Substanzverringerung** depletion allowance; **erhöhte** ~ increased rate of depreciation; **gewaltsame** ~ forcible ouster (*from office*); **zulässige ~en** admissible deductions.

absichern *vt* to secure, to guard against.

Absicherung *f* safeguarding, providing collateral for a loan; ~ **gegen Marktrisiken** providing cover against market risks; ~ **im Warentermingeschäft** facilities for covering risks in commodity futures trading.

Absicht *f* intention, intent; *crim* specific intent; ~ **der Parteien** intention of the parties; ~ **der Wohnsitzbildung** the intention to establish a permanent residence; ~**sanfechtung** *f petition to have a transaction rescinded because of intent to give creditor preferential treatment*; ~**serklärung** *f* declaration of intention, letter of intent; **betrügerische** ~ fraudulent intent(ion); **böse** ~ evil intention, spirit of mischief; **böswillige** ~ malicious intent; ***e-e*** ~ **dartun** to evince / to express an intention; **gegenteilige** ~ contrary intention; **gesetzgeberische** ~ legislative intent; **gewinnsüchtige** ~ avaricious intent, motive of lucre; **in bester** ~ with the best intentions; **in betrügerischer** ~ with fraudulent intent; **in böser** ~ with malice, maliciously; **in böswilliger** ~ maliciously, with malice; **in der** ~ with a view to; **in verbrecherischer** ~ with felonious intent; **mutmaßliche** ~ presumed intention; **rechtsgeschäftliche** ~ intention to create legal effect; **verfassungsfeindliche** ~ treasonable intent, subversive intent.

absichtlich *adv* intentionally, wil(l)fully, purposely, on purpose.

absolut *adj* absolute, out and out.

Absolvent *m* /**-in** *f* degree holder, graduate.

absondern *vt* to sever, to segregate, to separate, to obtain preferential treatment (*as lienholder in bankruptcy*).

Absonderung *f* preferential treatment (*for secured creditor*), separate satisfaction (*of lienholders in bank-*

ruptcy); **~sanspruch** *m* preferential claim of secured creditor; **~sgläubiger** *m* /**-in** *f* preferred creditor; **~srecht** *n* preferential right, right of preferential satisfaction (*of secured creditor*).

Absorptionsprinzip *n crim* principle of absorption (of lesser *US* offenses / *GB* offences), *principle applied when one act violates more than one criminal law or the same law more than one time* (→ *Tateinheit, Idealkonkurrenz*) *that requires imposing one punishment to be computed according to that threatened for the most serious offense*, ↔ *Asperationsprinzip*.

abspalten *vt* to segregate (*cost components, etc*).

Abspalter *m* dissident.

Abspaltung *f* segregation, split, spin-off.

abspecken *vi sl* to slim down (*firm*).

abspenstig machen to entice (*a customer*) away.

Absperrung *f* blocking; **~sgitter** *n* barrier, railings, restraining bar; **~smaßnahmen** *f/pl* cordoning off (*by police*).

Absprache *f* understanding, accord, agreement, gentleman's agreement (*unsigned*), arrangement, civil conspiracy; **geheime** ~ collusive agreement; **verbotene** ~ *civ / crim* conspiracy; **wettbewerbsbeschränkende** ~ anticompetitive agreement, agreement in restraint of competition; **wettbewerbsschädliche** ~ anticompetitive agreement.

absprachegemäß *adv* as per understanding, as agreed.

absprechen *vt* to disallow a claim (*judicially*); to come to an informal agreement with *s.o.*

abstammen *vi* to descend (from).

Abstammung *f* origin, national origin; parentage, descent, lineage descent; ~ **in gerader Linie** lineal descent; ~ **in der Seitenlinie** collateral descent; **~sfeststellung** *f* certification of parentage (*by court*); **~sfeststellungsklage** *f* paternity suit; **~sgutachten** *n* expert opinion on someone's lineage; **~snachweis** *m* proof of parentage; **~sprinzip** *n pil* jus sanguinis (*as to nationality*); **~surkunde** *f* certificate of descent and personal status; **~surteil** *n* judgment concerning descent; **außereheliche** ~ descent out of wedlock; **blutschänderische** ~ incestuous descent; **ehebrecherische** ~ adulterous descent; **eheliche** ~ legitimate descent, descent in wedlock; **uneheliche** ~ descent out of wedlock.

Abstand *m* distance; ~ **halten** to keep one's distance; ~ **nehmen** to refrain from; **~sfläche** *f* space (*between buildings*); **~sgeld** *n* premium, forfeit money, key money (*tenancy*); **~ssumme** *f* compensation, indemnity; **~szahlung** *f* release payment; **mit** ~ by a margin; **zeitlicher** ~ time lag.

abstecken *vt* to demarcate, to stake out; **die Grenzen** ~ to demarcate the borders.

abstellen *vt* to park, to garage; to abolish (*corruption*), to abate (*nuisance*); to remedy, to cut off, to refer to as authoritative, to be guided by; to assign (*an employee*).

Abstell|gleis *n* storage siding; **~platz** *m* parking space, off-street parking spot; **~raum** *m* storage room.

Abstellung *f* assignment (*of employee to a special task*); redress (*grievance*); ***e-es*** **Missstandes** redress of a grievance.

abstempeln *vt* to postmark (*a letter*), to cancel (*tax stamps*); *fig* to label.

Abstiftung *crim* incitement to commit less serious offense (*than principal originally intended*).

Abstimmbarkeit *f* reconcilability (*of accounts*).

abstimmen II *vt* to reconcile (*accounts*), to reach an understanding (*on measures to be taken*).

abstimmen II *vi* to vote (*on a motion*), to ballot (*for division*); ~ **lassen** to put to the vote; **namentlich** ~ to take a roll-call vote.

Abstimmende *pl* voters.

Abstimmung *f* **I** coordination, matching; mutual understanding; ~ **der Wirtschaftspolitik** coordination of general economic policy; ~ **innerstaatlicher Maßnahmen** harmonization of national measures (*with treaty obligations*); ~ **über interessierende Fragen** reconciliation of views on problems of common interest; ~ **von Konten** reconciliation; **gegenseitige** ~ harmonization; **nach gegenseitiger** ~ as mutually understood; **ressortmäßige** ~ coordination of departmental views.

Abstimmung *f* **II** vote (= *v*-), voting (= *v-ing*), poll, referendum (*by population*), plebiscite (*on national issue*), division (*parliament*); ~ **durch Erheben von den Sitzen** *v-ing* by rising from the seats; ~ **durch getrennte Zählung** *v*- by division; ~ **durch Hammelsprung** division, dividing, *v-ing* on division; ~ **durch Handaufheben** *v*- by show of hands; ~ **durch Namensaufruf** *v-ing* by call of names, *v-ing* by roll call; ~ **durch Vertreter** *v-ing* by proxies; ~ **durch Zuruf** *v*- by acclamation, voice *v*-, oral *v*-, *v*- viva voce; ~ **ohne Fraktionszwang** free *v*-; **~santrag** *m* *v-ing* proposal, motion that the *v*- be taken; **~sberechtigte(r)** *f*(*m*) qualified voter; **~sbezirk** *m* *v-ing* precinct, constituency; **~sergebnis** *n* *v*-, *v-ing* result, election returns; **knappes** ~~ close *v*-; **positives** ~~ affirmative *v*-; **~sgebiet** *n* plebiscitary area; **~sgeheimnis** *n* *v-ing* secrecy, confidentiality of *v-ing*; **~shandlung** *f* (act of) *v-ing*; **~slokal** *n* *v-ing* place, ballot station; **~smachine** *f* *v-ing* machine; **~smechanismus** *m* coordinating mechanism; **~smodus** *m* *v-ing* procedure; **~sniederlage** *f* *v-ing* defeat, election defeat; **~sniederschrift** *f* *v-ing* record; **~sräume** *m/pl* *v-ing* premises; **~srecht** *n* right to *v*-, franchise right; **~sreglement** *n* *v-ing* system; **~sschutzvorrichtungen** *f/pl* *v-ing* security devices; **~sverfahren** *n* *v-ing* procedure, *v-ing* method; **~szettel** *m* ballot paper; ~ **zur Sache** *v*- on the merits (*not procedural*), *v*- on substantive motion; **ablehnende** ~ negative *v*-; ***e-e*** **schriftliche** ~ **verlangen** to demand a poll; **geheime** ~ secret *v*-, *v*- by (secret) ballot; **knappes ~sergebnis** *n* close *v*-; **namentliche** ~ roll-call *v*-, polling by calling out voters' names, *v-ing* on a poll (*company meeting*); **offene** ~ open balloting, open *v*-; **öffentliche** ~ public *v-ing*; **schriftliche** ~ *v-ing* by written ballot, *v-ing* by correspondence, postal *v*-; **überraschende** ~ surprising *v*-, upset *v*-; **unentschiedene** ~ (*v-ing*) tie; **zur** ~ **bringen** to put to the *v*-; **zur** ~ **schreiten** to proceed to the *v*-; **zur** ~ **stellen** to put to the *v*-.

abstimmungssberechtigt *adj* entitled to vote.

abstoßen *vt* to unload (*securities*), to clear out (*inventory*).

Abstoßen *n* sell-off.

abstrakt *adj* abstract, isolated from other transactions, absolute.

Abstraktionsprinzip *n* *principle that rights in rem are valid independently of the validity of rights in persona generated by an underlying contract* (*von Savigny, 1840*), Principle of Abstraction, → *dinglicher Vertrag*, → *schuldrechtlicher Vertrag*.

Abstreiten *n* denial.

abstreiten *vt* to deny (*a charge*), to contest (*a right*).

Abstrich *m* curtailment, reduction, cutback (*of expenses*).

abstrus *adj* abstruse, recondite.

Abstufung *f* graduation (*into shades*); lowering the class (*of a road*).

Absturz *m* crash (*airplane*), plunge.

abstützen *vt* to shore up (*prices, rates*).

absuchen *vt* to search, to comb (*area for fugitives*).

abtasten *vt* to feel, to frisk (*clothing*), to pat down (*for weapons*); to try out, to sound.

Abtastverfahren *n* scanning method.

abteilen *vt* to parcel, to divide (*into parts*), to partition, to sever, to compartmentalise, to departmentalise.

Abteilung *f* department, section, directorate, directorate-general (*government*); division (*of a business*), ward (*in hospital*); **~sdirektor** *m* **/-in** *f* departmental manager, head of directorate (-general); **~sgemeinkosten** *pl* departmental overhead; **~skalkulation** *f* departmental costing; **~sleiter** *m* **/-in** *f* superintendent, head of a department; **~sprämiensystem** *n* department incentive system; **organisatorisch getrennte ~en** separately organized departments; **technische ~** engineering department.

Abtötung *f* killing (*fetus*); **~ der Leibesfrucht** feticide, foeticide.

abtragen *vt* to pay off (*in instal(l)ments*); to discharge (*obligations*); to place in a dead file, to close the file.

abträglich *adj* detrimental, derogatory, prejudicial.

Abtragung *f* paying off (*debt*), amortization; **~ *e-er* Schuld** payment of a debt.

Abtransport *m* transport, removal.

abtransportieren *vt* to transport away, to remove, to evacuate (*population*).

abtreiben *vt* to cause or perform an abortion, to abort.

Abtreibung *f* abortion; **~ der eigenen Leibesfrucht** self-induced abortion; **~seingriff** *m* abortion operation; **~sklinik** *f* abortion clinic; **~smittel** *n* abortifacient; **~spille** *f* abortion pill, day-after pill; **~sverbot** *n* abortion prohibition, prohibition of abortion; **~sversuch** *m* abortion attempt, attempted abortion.

abtrennbar *adj* severable, detachable.

abtrennen *vt* to sever (*court proceedings*), to separate, to detach (*coupon from bond*), to partition off (*a department*).

Abtrennung *f civ pro* severance (*of a suit*); clipping (*interest coupons*); partitioning off (*part of a room*); **die ~ des Verfahrens anordnen** to order that a suit be severed; **~srecht** *n* right of severance.

abtretbar *adj* assignable, transferable.

Abtretbarkeit *f* assignability.

abtreten *vt* to assign (*a claim*), to transfer (*an account*); to relinquish (*rights*); to cede (*territory*); to retire (*from office*), to resign.

Abtretende(r) *f(m)* assignor, transferor, relinquisher, ceding (*state*).

Abtretung *f* assignment (*of claims, outstanding accounts, rights*) (= *a-*); transfer, conventional subrogation, cession (*of territory by one state to another*); surrender (*of land to a public authority*); **~ an Zahlungsstatt** *a-* as / in lieu of payment; **~ der Ersatzansprüche** *a-* of compensation claims (*against tortfeasor*); **~ *e-er* Forderung** *a-* of a claim / debt; **~ *e-es* Gebiets** *int* cession of a territory; **~ *e-es* Patents** *a-* of a patent; **~ *e-es* Urheberrechts** *a-* of a copyright; **~sanzeige** *f* notice of *a-*; **~sausschluß** *m* prohibition of *a-* (clause); **~sbegünstigte(r)** *f(m)* allottee, assignee, transferee; **~sempfänger** *m* /-in *f* assignee, transferee; **~serklärung** *f* declaration of *a-*, act of *a-*; **~sgebiet** *n* ceded territory; **~surkunde** *f a-* document, instrument of *a-*; **~sverbot** *n* covenant not to assign; **~svertrag** *m civ* contract of *a-*, *int* treaty of cession; **~ von Lohn- und Gehaltsansprüchen** *a-* of wages; **~ zahlungshalber** *a-* for the purpose of payment (*principal debt remains undischarged until full collection of assigned claim has been effected*); **gütliche ~** voluntary *a-*; **zwangsweise ~** *a-* by operation of law, forced sale (*of land to public authority*); compulsory cession (*of territory*).

Abtrünnige(r) *f(m)* (*der Abtrünnige*) defector, secessionist, deserter.

aburteilen *vt crim pro* to adjudge, to sentence; **summarisch ~** to sentence summarily.

Aburteilung *f crim pro* conviction, sentencing, adjudgment for a criminal *US* offense / *GB* offence; **erneute ~** resentencing; **nach strafgerichtlicher ~** upon conviction by a criminal court; **zur ~ bringen** *US* to bring to trial / *GB* to commit for trial; **zur ~ überweisen** to remand for trial, to commit for trial.

abverdienen *vt* to earn by labo(u)r, to work off (*a debt.*).

abverlangen *vt* to demand (*sth of s.o.*).

abvermieten *vt* to sublet (*a room*).

abwägen *vt* to weigh (*one thing against the other*), to balance; **das Für und Wider ~** to weigh the pros and cons; **Interessen ~** to balance interests; **das Risiko ~** to calculate the risk.

Abwägung *f* consideration, weighing, balancing (*of interests*); **~sfehler** *m* error of judgment, error in obtaining a judicial balance; **~gebot** *n* duty (*judge's, administrator's*) to balance competing interests (*basic principle of German law*); **~ widerstreitender Interessen** balancing conflicting interests; **bei ~ aller Umstände** on balance; considering the facts and circumstances (*of the case*), all things considered.

Abwahl *f* recall election, vote to remove from office.

abwählen *vt* to vote out (*of office*).

abwälzen *vt* to pass on, to shift (*burden, tax*).

Abwälzung *f* passing on / shifting (*price increase, responsibility, risk, tax, etc*) to another.

abwandeln *vt* to modify.

Abwandelung *f* modification (*of draft contract, etc*).

abwandern *vi* to migrate (*to another area*); *EU* **innerhalb der Gemeinschaft zu- und ~** to move within the Community.

abwandernd *adj* migrating (*workers*).

Abwanderung *f* migration (*from*), outflow, exodus; **~ auf andere Verkehrsträger** transfer to other types of carriers; **~ von Arbeitskräften** migration of labor; **~ von Kapital** exodus of capital funds, outflow of capital; **~ von Kunden** drifting away of customers, gradual loss of customers.

abwarten *vt / vi* to await, to wait for.

abwartend *adj* awaiting, observant; ***e-e* ~e Haltung einnehmen** to assume a wait-and-see position; to adopt a wait-and-see policy, to play a waiting game.

Abwärtsbewegung *f* downward movement, downtrend, bearish tendency.

Abwasser *n* waste water, sewage; **~abgabe** *f* sewage charges, water pollution control levy; **~behandlung** *f* waste water treatment; **~beseitigung** *f* sewage disposal; **~entsorgung** *f* sewage disposal; **~gebühr** *f* sewer charges; **gereinigtes ~** treated sewage.

abwechseln *vi* to alternate (between).

abwechselnd *adv* alternately.

abwegig *adj* fallacious (*reasoning*), irrelevant (*argument*), (entirely) mistaken (*point of view*), (absolutely) wrong, ill-founded.

Abwegigkeit *f* fallacy, irrelevance, erroneousness.

Abwehr *f US* defense / *GB* defence; warding off (*danger*), parrying (*blow*), counterintelligence; **~anspruch** *m* right to defensive demand; **~aussperrung** *f* defensive lockout; **~ *e-es* gegenwärtigen Angriffs** warding off an actual attack; **~gesetz** *n* blocking statute; **~klage** *f* injunction porceedings, petition for injunction (*to restrain s.o. from commiting a nuisance or wrongful act*); **~konditionen** *f/pl* defensive conditions; **~maßnahme** *f* defensive measures; **~rakete** *f* antiballistic missile (*abbr* ABM); **~recht** *n* right to privacy (*from state interference*); **~werbung** *f* counter publicity; **~zeichen** *n* defensive trademark; **~zoll** *m* protective tariff.

Abweichen *n* deviation.

abweichen *vi* to differ, to deviate (*from course, from standard*), to depart (*from subject matter*), to digress (*from a rule*), to go off (*at a tangent*); **von-**

einander ~ to differ from each other.

abweichend *adj* divergent, differing, dissenting, out of line; ~ **von § 20** notwithstanding section 20, deviating from section 20, contrary to section 20, by derogation from section 20; **~e Entscheidung** deviating decision; **~e Meinung** dissenting opinion (*of a judge, scholar*), divergent opinion.

Abweichler *m* **/-in** *f* deviationist.

Abweichlertum *n* deviationism.

Abweichung *f* variance, deviation (= *d-*), divergence, derogation; ~ **des tatsächlichen vom vorgestellten Kausalverlauf** *crim d-* in the causal chain from what the (crimnal) actor anticipated; **~en nach oben oder unten** plus or minus variations; **~sanalyse** *f* analysis of cost divergence; **~sklausel** *f d-* clause; ~ **vom Standard** *d-* from the standard / from the norm; ~ **vom Thema** digression from the subject; ~ **von der Rechtsprechung** *d-* from legal precedent; ~ **von der Route** *d-* from the (travel) route; **geringfügige** ~ immaterial *d-*, minimal *d-*, nominal *d-*, slight *d-*; **in** ~ **von** by way of derogation from, deviating from, notwithstanding; ~ ~ ~ **den Vorschriften des** notwithstanding the provisions of; **mengenmäßige** ~ quantitative *d-*, difference in quantity; **unerhebliche** ~ insignificant departure; **zulässige** ~ allowable *d-*, tolerable *d-*, permissable *d-*.

abweisen *vt* to reject, to dismiss, to turn down, to repudiate; **kostenpflichtig** ~ to dismiss with costs.

Abweisung *f* dismissal (*of action*), ~ ***e-er*** **Klage** dismissal of a claim / of an action; ~ **mangels Masse** rejection of bankruptcy petition due to lack of funds (*to cover the costs of the proceedings*); **~sbegehren** *n* motion to dismiss, demurrer; **a-limine-~** *f* dismissal (*of a complaint for procedural reasons*), granting of motion to dismiss.

abwendbar *adj* avoidable.

Abwendbarkeit *f* avoidability.

Abwendung *f* warding off, prevention, avoidance *of a danger*; ~ ***e-er*** **Gefahr** averting a danger; **~sbefugnis** *f* debt liquidation right, right to discharge debt; **zur** ~ **der Zwangsvollstreckung (be-)zahlen** to pay in order to ward off execution (*without acknowledging the claim*).

Abwerben *n* (*von Arbeitskräften*) enticing personnel away; poaching labo(u)r.

abwerben *vt* to entice away (*customers from competitors*), to attract (*workers away from employer*), to cause *s.o.* to defect from (*his party etc*).

Abwerbung *f* enticement (*to join new employer / of a customer from competitor*); labo(u)r piracy.

abwerfen *vt* to yield (*a profit, interest*), to drop (*bombs*), to jettison (*cargo*).

abwerten *vt* to devalue (*a currency*).

Abwertung *f* devaluation (*of currency*), downward adjustment (*of inventory*); **~sgewinn** *m* devaluation profit; **~sklausel** *f* devaluation clause; **~ssatz** *m* rate of devaluation, devaluation rate; **~wegen Mengenrisikos** adjustment for quantitative risks; ~ **wegen Preisrisikos** adjustment for price risks; ~ **wegen Skonti und Niederstwert** adjustment for cash discounts and lowest value; ~ **wegen Sonderlager- und Leihwarenrisikos** adjustment for risks arising from special storage and equipment lent to customers; ~ **wegen technischen Risikos** adjustment for technical risks.

abwertungssverdächtig *adj* devaluation prone.

abwesend *adj* absent.

Abwesende(r) *f(m)* (*der Abwesende*) absentee.

Abwesenheit *f* absence; ~ **in der Hauptverhandlung** absence from trial, non-appearance at trial; **~serkenntnis** *f* judgment in absentia / in default of appearance; **~sgeld** *n* fee for out-of-town services (*of lawyer*); **~spfleger** *m* **/-in** *f* curator of the estate of an absentee; curator absentis; **~spflegschaft** *f* curatorship of absentees; **~surteil** *n* sentence in absentia; **~sverfahren** *n* proceedings against absentee; **~svertreter** *n* /**-in** *f* absentee's representative; **eigenmächtige ~** absence without leave (*abbr* AWOL).

abwickeln *vt* to wind up (*a business*), to liquidate (*a company*); to transact, to complete (*contract, assignment*); to dismiss (*employee*).

Abwickler *m* /**-in** *f* liquidator, receiver, adjuster (*insurance claim*), claims adjuster.

Abwicklung *f* liquidation (= *l*-); handling; **~ *e-es* Versicherungsbestandes** winding up insurance contracts on hand; **~sbank** *f* liquidating bank, settling bank; **~sbilanz** *f l*- balance sheet, → *Liquidationsbilanz*; **~seröffnungsbilanz** *f* opening balance sheet of a firm in *l*-, → *Liquidationseröffnungsbilanz*; **~sgesellschaft** *f* liquidating company; **~shandlung** *l*- act (or measure); **~skonto** *n* settlement account, *l*- account; **~smasse** *f l*-assets, total assets and liabilities under *l*-; **~sstelle** *f* clearing office, liquidating agency; **~stermin** *m exch* settlement date; **~sverfahren** *n* winding-up (proceedings); **~sverhältnis** *n* winding-up relationship; **~ von Krediten** repaying credits, loans; **bankmäßige ~** handling by banks, processing by a bank; **gerichtliche ~** court ordered *l*-; **verfahrensmäßige ~** procedural management, handling procedure.

abwiegen *vt* to weigh (*goods*).

abwiegeln *to attempt to calm down a riotous crowd.*

abwracken *vt* to scrap, to dismantle (*a ship*); to wreck (*automobiles*).

Abwrackfirma *f* wreckers.

abzahlbar *adj* repayable, redeemable, **monatlich ~** payable by the month, payable in monthly instal(l)ments.

abzahlen *vt* to pay off, to pay by instal(l)ments, to settle.

Abzahlung *f* paying off (*in instal(l)ments*), gradual payment, *US* time payment; **~sdarlehen** *n* loan repayable in instal(l)ments; **~sgeschäft** *n* instal(l)ment plan business; **~skauf** *m US* (retail) installment sale, *GB* hire-purchase transaction; **~skredit** *m* instal(l)ment credit; **auf ~** on deferred terms, on an instal(l)ment plan.

Abzeichen *n* badge, *pl* insignia; ~(*n/pl*) *verbotener Vereinigungen* : *insignia of prohibited organizations.*

abzeichnen *vt* to initial (*a document*); **am Rande ~** to initial in the margin.

abziehen *vt* to deduct, to subtract, to withhold (*tax*), to take (*amount, percentage*) off the total, to withdraw (*troops*).

Abziehplakat *n* paint transfer poster.

abzielen *vt* (*auf*) to aim (*at sth*).

abzinsen *vt* to discount unaccrued interest (*on a bill of landing, etc*).

Abzinsung *f* deduction of unaccrued interest; discounting the interest; **~ auf Darlehen** deduction of unaccrued interest on loans; **~sbetrag** *m* amount of discount in respect of unaccrued interest; **~sfaktor** *m* factor used in calculation of present value; **~ssatz** *m* discount rate for unaccrued interest.

Abzug *m* **I** (*pl Abzüge = ~e*) deduction, subtraction, discount, rebate, allowance, withholding, recoupment; **~ an der Quelle** deduction at source, withholding at source; **~e für eigene Ansprüche** deductions for own demands / for own use; **~e für Sonderausgaben** tax allowance for special expenditure, → *Sonderausgaben*; **~e vom steuerpflichtigen Einkommen** deductions from taxable income; **~ neu für alt** deduction for the excess value of a new replacement or repair (*repairing damage*); **~sbeträge** *m/pl* statutory deductions; **~sfähigkeit** *f* deductibility; **~~ von Schuldzinsen** interest relief on loans; **~sposten** *m* deductible item; **~ssteuer** *f* withholding tax; **~sta-**

belle *f* schedule of deductions; **~sverbot** *n* restriction on tax deductions; **anteilige ~e** proportional deductions, pro rata deductions; **bar ohne ~** cash without discount; ***e-en* ~ gewähren** to allow a rebate; ***e-en* ~ von 3% machen** to strike off / knock off 3%; **frei von ~en** free from deductions, net; **im ~swege** *m* by way of deduction; **in ~ bringen** to deduct, to allow a deduction; **jährlicher ~** annual allowance (*tax*); **massierte ~e** large-scale withdrawals; **nach ~ der Kosten** after deduction of costs; **nach ~ der Steuern** after (deducting) taxes; **nach ~ von** after deduction of, after allowance for; **ohne ~** without deduction; **ohne ~e jeder Art** free from any deductions, without deductions of any kind; **rein netto, ohne ~e jeder Art** net, without any deduction; **zulässiger ~** admissible allowance; *tax* admissible deductions.

Abzug *m* **II** trigger; **~shahn** *m* trigger.

abzüglich *prep* less, deducting, minus.

abzugsfähig *adj* deductible, tax-deductible.

abzweigen *vt* to branch off; to divert from; to earmark (*special funds*).

Abzweigung *f* junction (*road*), turn-off, branching off; diversion (*capital*).

Achsenkilometer-Vergütung *f* *reimbursement based upon the number of axles and the distance in kilometers.*

Achsgewicht *n* axle weight.

Achslast *f* axle weight.

achten *vt* to regard, to observe, to take care, to respect.

ächten *vt* to proscribe, to outlaw, to ban; **den Atomkrieg ~** to ban atomic warfare.

Achtgeben *n* watching out; **gehöriges ~** proper lookout (*traffic*).

Achtlosigkeit *f* inattention, heedlessness, carelessness, neglect.

Achtung *f* attention, esteem, respect; **~!** look out! danger!; **~, Halt!** attention, stop; **~ vor dem Gesetz** respect for the law.

Ächtung *f* proscription, outlawing, ban.

Acker *m* farmland, arable land; soil; **~land** *n* tillable land.

Ackerbau *m* agriculture, farming, cultivation of land; **~kunde** *f* agriculture, agronomy; **~lehre** *f* agronomy; **~ und Viehzucht** farming and (stock) breeding.

actio illicita in causa *L crim* act wrongful in its cause (*but not in itself*), *term used to indicate criminal responsibility of person who wrongfully created a situation which justified the commission of a subsequent criminal offense; culpably causing the conditions of one's own justificatory defense.*

actio libera in causa (*abbr* **alic**) *L crim* act free in its cause (*but not free in itself, or when committed*), *term used to indicate criminal responsibility of person who voluntarily brought about a condition of incapacity, eg through alcohol excess, in order to commit an US offense / GB offence* (*or negligently failed to foresee the commission of the offense*) *in such a condition; culpably causing the conditions of one's own exculpatory defense.*

actio pro socio *L an action by a partner against one or several of his associates in respect of recovery for the partnership as a whole.*

actus contrarius act invalidating previous act.

a.D. (*abbr* = **außer Dienst**) retired.

ADAC (*abbr* **Allgemeiner Deutscher Automobilclub**) German Automobile Club.

ad acta legen to shelve, to put into the files.

Adäquanzprüfung *f* reasonable contemplation test.

Adäquanztheorie *f theory of adequate* (*i.e. not cause-in-fact, conditio sine qua non*) *causation* (*in law of damages*).

adäquat *adj* adequate; appropriate; **~kausal** proximately causal (*torts*).

Adaptionsrecht *n* right of adaption.

Adel *m* nobility, aristocracy; **~sanmaßung** *f* assumption of spurious title (*of nobility*); **~sbrief** *m* patent of nobility; **~sherrschaft** *f* feudal government; **~sprädikat** *n* title of nobility; **~sstand** *m* nobility, peerage; **~stitel** *m* title of nobility.

adeln *vt* to ennoble, to raise to nobility, to raise to the peerage, to make *s.o.* a peer.

ADGO *f* (*abbr* = **Allgemeine Deutsche Gebührenordnung** für Ärzte) *General German Fees Regulation* (*governing doctors' fees*).

Adhärenz *f* adherence; *obs* accessories, appurtenances.

Adhäsion *f* adhesion; **~sverfahren** *n* adhesive procedure (*damage claim linked with criminal proceedings*); **~svertrag** *m* adhesion contract, supplementary agreement; **~sverschluss** *m* adhesion flap (*for „printed matter"*).

Adjudikation *f obs* adjudication, award.

adjudizieren *vt* to adjudge, to adjudicate, to award to *s.o.*

Administration *f* administration, management.

Administrativenteignung *f* expropriation / condemnation by administrative authorities.

adoptieren *vt* to adopt.

Adoptierende(r) *m(f)* adopting parent.

Adoptierte(r) *m(f)* adopted person, adoptee.

Adoptierung *f* adoption.

Adoption *f* adoption; **~sbeschluss** *m* adoption order; **~sdekret** *n* adoption order; **~sfürsorge** *f* adoption service; **~shilfe** *f* adoption service; **~spflege** *f* personal care prior to adoption; **~sprobezeit** *f* adoption probationary period; **~sregister** *n* register of adopted children; **~sverein** *m* adoption society; **~sverhältnis** *n* adoptive relationship; **~svermittlung** *f* placement for adoption; **~~sstelle** *f* placement agency, adoption agency.

Adoptiv|eltern *pl* adopting parents, adoptive parents; **~kind** *n* adoptee, adopted child; **~mutter** *f* adoptive mother; **~vater** *m* adoptive father; **~verwandtschaft** *f* relationship by adoption.

Adressat *m* /**-in** *f* addressee (*recipient of letter*), consignee (*receiver of goods*), payee (*remittance*), offeree (*contractual offer*).

Adressbuch *n* directory, postal book, trade book, address book.

Adresse *f* address, destination; house, firm; *name of a party on a bill of exchange*; **~nänderung** *f* change of address; **~nbüro** *n* agency which sells sets of addresses; **erste ~** top-rated borrower, triple A rating; **gute ~** party in good standing (*credit rating*), prime name (*eg bank*); **per ~** care of (*abbr* c/o); **zweite ~n** *pl* second-class names (*firms*).

adressieren *vt* to address, to direct (*letter, etc*).

Adressiermaschine *f* addressograph, addressing machine.

Adressrecht *m* (ambassador's) right to address (*monarch, head of state*).

ADSp (*abbr* = **Allgemeine Deutsche Spediteurbedingungen**) General Terms and Conditions of German Forwarding Agents.

Advaloremzoll *m* ad valorem duty, stamp duty.

Advokat *m* /**-in** *f* advocate, attorney at law, lawyer; **~enkniff** *m* lawyer's sharp practices.

Advokatur *f* law practice, law office, law firm, profession of a lawyer.

Affekt *m* emotional impulse, irresistible impulse; **im ~** in the (sudden) heat of the moment / heat of passion.

Affektionswert *m* sentimental value, imaginary value.

Affidavierung *f* certification by affidavit.

Affiliation *f* affiliation (*to a subsidiary company*); *obs* adoption.

Affinität *f* affinity, relationship by marriage.

Affirmation *f* affirmation, assurance.

affirmativ *adj* affirmative.

Affront *m US* offense / *GB* offence, indignity.

à fonds perdu non-reimbursable; given outright, à fonds perdu.

Afrika Africa; **Staaten in ~, im Karibischen Raum und Pazifischen Ozean** (*abbr* **AKP-Staaten**) African, Caribbean, and Pacific countries (*abbr* ACP States).

afrikanisch *adj* African; **Assoziierte A~e Staaten, Madagaskar und Mauritius** (*abbr* **AASMM**) Associated African States, Madagascar, and Mauritius (*abbr* AASMM).

Afterbelehnung *f* subinfeudation (*of under-vassal*).

AG (*abbr* = **Aktiengesellschaft**) *US* corporation (*abbr* corp), *GB* company limited by shares, public limited company (*abbr* plc).

AGB (*abbr* = **Allgemeine Geschäftsbedingungen**) standard terms (*of doing business*); **~-Gesetz** (*abbr* = **Gesetz zur Regelung des Rechts der Allgemeinen Geschäftsbedingungen**) (*D 1976*) Unfair Contract Terms Act, Standard Contracts Act.

Agent *m* /**-in** *f* agent, secret agent, operative; commercial representative; **~enführer** *m* /**-in** *f* control agent; **~enmarke** *f* agent's unauthorized trademark, trademark registered by agent without authorization; **~enprovision** *f* agent's commission; **~entätigkeit** secret service activity; **~provocateur** *m* entrapping person, agent provocateur, *US sl* sting agent.

Agentur *f* agency, agency business; sub-branch; **~vertrag** *m* agency agreement; **Presse~** news agency; **Werbe~** advertising agency.

Aggravation *f* exaggeration (*of medical complaint*), aggravation.

Aggregat *n* aggregate, unit of machinery, assemblage; **~zustand** *m* condition, (*solid, liquid, gaseous*) state.

Aggression *f* aggression; **~skrieg** *m* war of aggression.

aggressiv *adj* aggressive; **A~notstandsbefugnis** *f civ* aggressive necessity as a justification (*right to save significantly higher valued interest by damaging uninvolved party's significantly lower valued interest*); *crim* right to act in lesser evils situation to save significantly higher valued interest, → *Defensivnotstandsbefugnis*; **A~notstandslage** *f* lesser evils situation, situation of aggressive necessity as a justification, → *Defensivnotstandslage*.

Aggressor *m* aggressor.

Agio *n* premium; **~geschäft** *n business speculating in capital issues sold at a premium* **~gewinn** *n* gain in respect of premium, *profit upon capital issue at a premium*; **~jäger** *m* premium hunter; **~konto** *n* premium account; **~notierung** *f* premium quotation, quotation in terms of premium (*securities*); **~papiere** *f* securities redeemable at a premium; **~überschuss** *m* premium surplus (*arising from an increase in capital*), share premium reserve.

Agiotage *f exch* jobbing, speculating in share premium reserves.

Agioteur *m* /**-in** *f* broker speculating in share premium reserves.

Agitation *f* political agitation, rabble rousing; **aufrührerische ~** sedition.

Agitator *m* /**-in** *f* political agitator.

Agnat *n* agnate, paternal kinsman, relative through male family members; **~en** *m/pl* agnates, male line of relatives.

Agrar| *f* agricultural (= *a-*); **~abschöpfung** *a-* levy, **~bank** *f* farmers' bank, rural credit bank; **~erzeugnis** *n a-* produce, farm product; **~export** *m a-* export; **~fonds** *m a-* fund; **~genossenschaft** *f* farmer's cooperative; **~gesetzgebung** *f a* legislation; **~hilfe** *f a-* subsidies, farm subsidies; **~hypothek** *f a-* mortgage (loan); **~kredit** *f a-* credit, credit facilities for farmers, farm loan; **~kreditinstitut** *n* farm loan bank; **~kultur** *f* agriculture, economy based on agriculture; **~land** *n* country with predominantly agrarian economy; **~markt** *m a-* market; **~marktordnung** *f* farm marketing code, agrarian market regulations, *EU a-* market organization; **~marktregelung** *f a-* market regulation, *a-* marketing; **~pfandbrief** *m* farm mortgage bond; **~politik** *f a-* policy, farm policy; **~preis** *m* price of farm products, *a-* price; **~preisbildung** *f* price regulation for farm products; **~preisgefüge** *n* price structure of farm products; **~preisniveau** *n* level of *a-* prices; **~preispolitik** *f a-* pricing policy; **~preissubvention** *f* farm-price subsidy; **~produktion** *f a-* production; **~programm** *n a-* program; **~recht** *n a-* law; **~rohstoff** *m* agrarian raw material; **~schutz** *m* protective measures for agriculture; **~sektor** *m a-* sector; **~senat** *m A* land reform court, court with jurisdiction over land reform disputes; **~staat** *m a-* state, farm state; **~subvention** *f* grant for farmers, *a-* subsidy; **~überschüsse** *f/pl* farm-product surpluses; **~verordnung** *f a-* regulation; **~wirtschaft** *f a-* economy; **~wirtschaftler** *m* agronomist; **~wissenschaft** *f* agronomy, agronomics; **~zoll** *m a-*tariff; **Gemeinsame ~politik** (*abbr* **GAP**) *EU* common *a-* policy.

Agrément *n int* agrément (*intimation that diplomat is acceptable*); **das ~ erteilen** to grant agrément.

Agroindustrie *f* agricultural business.

Agronom *m* / **-in** *f* agronomist.

Agronomie *f* agronomy, husbandry.

ahnden *vt* to punish (*for an offense*).

Ahndung *f* punishment (*for an offense*).

Ahne *m* / **Ahnin** *f* (*pl Ahnen*) ancestor, progenitor.

Ahnen|reihe *f* line of ancestors; **~tafel** *f* genealogical tree, family tree, pedigree.

Ähnlichkeit *f* similarity; **~sbereich** *m* area of similarity (*where confusion is possible*); **~verhältnis** *n* ratio of similitude.

Aide-mémoire *n* aide-mémoire, memorandum.

Aids (*abbr* = **acquired immune deficiency syndrome** = **erworbenes Immunmangelsyndrom**) Aids; **~-Apfel** *m* additional food ration given to HIV-positive prison convicts.

Akademiker *m* /**-in** *f* university / *US* college graduate.

Akklamation *f* acclamation, vote by voice, viva voce.

Akkord *m* **I** agreement.

Akkord *m* **II** piece-work, job-work; **~arbeit** *f* job-work, piece-work, jobbing; **~arbeiter** *m* /**-in** *f* piece-worker; **~lohn** *m* piece-work pay, piece wage(s), job wage, job rate pay, task wage; **~lohnsatz** *m* piece rate, piece-work rate, rate for the job; **~revision** *f* revising piece work rate; **~richtsatz** *m* standard piece rate; **~satz** *m* piece rate, piece-work rate, rate for the job; **~schere** *f* piece-work squeeze; **~system** *n* piece-rate plan, work contract system; **~vertrag** *m* agreement on piece-rate work; **~zulage** *f* bonus for piece-rate work; **im ~ arbeiten** to work by the job.

akkordieren *vt* / *vi* to agree, to reach an agreement; to enter into a collective bargaining agreement.

akkreditieren *vt* to accredit (*to a country*).

Akkreditierung *f* accreditation (*of diplomat*); **~sbrief** *m* letter of accreditation.

Akkreditiv *n* letter of credit (*abbr* L/C) (= *L/C*); commercial credit; **~abwicklung** *f* processing of *L/C*; **~anzeige** notification of credit; **~auftrag** *m* order to open a credit; **~auftraggeber** *m* /**-in** *f* applicant for credit; **~bank** *f* issuing bank; **~bedingungen** *f/pl* terms and conditions of the *L/C*; **~begünstigte(r)** *m(f)* beneficiary of a *L/C*; **~deckungsguthaben** *n* customers' balances held as cover for *L/C*; **~einrede** *f defense that seller must first seek satisfaction through the L/C*; **~erlös** *m* proceeds from hono(u)ring *L/C*; **~ermächtigung** *f* letter of authority; **~eröffnung** *f* establishment of a credit; **~geschäfte** *f/pl* documentary credit operations; **~gestellung** *f* opening of credit for; **~skonto** *n* discount for *L/C*; **~steller** *m* **/-in** *f* party providing *L/C* facility; **~stellung** *f* opening of a *L/C*; **~verbindlichkeit** *f* liability in respect of credits opened; **~ziehung** *f* opening of *L/C*; **~zwang** *m* requirement that *L/C* facilities be used; **bestätigtes** ~ confirmed *L/C*; **ein ~ eröffnen** to open a *L/C*; **ein ~ stellen** to open a *L/C*; **einfaches** ~ clean *L/C*; **für ~ gebunden** earmarked to cover liability for *L-s/C*; **negoziierbares** ~ negotiable credit; **reines** ~ clean *L/C*; **revolvierendes** ~ revolving *L/C*; **unbestätigtes** ~ unconfirmed *L/C*; **unwiderrufliches** ~ irrevocable *L/C*; **unwiderrufliches, bestätigtes** ~ confirmed irrevocable *L/C*; **widerrufliches** ~ conditional *L/C*.

Akkreszenz *f obs* accretion, continuous growth, → *Anwachsung*.

Akkumulation *f* accumulation.

akkumulieren *vt* to accumulate, to pile up, to amass.

Akkusationsmaxime *f* (principle of) accusatorial procedure; ~ **prozess** *m* criminal proceedings by accusation and indictment.

Akontozahlung *f* down-payment, payment on account.

AKP (*abbr* = **afrikanisch, karibisch und pazifisch**) African, Caribbean, and Pacific; **~-Staaten** (*abbr* = **Staaten in Afrika, im Karibischen Raum und Pazifischen Ozean**) African, Caribbean, and Pacific countries (*abbr* ACP States); **~-EWG Abkommen von Lomé** ACP-EC Convention, Lomé Convention (*1975*).

Akquisiteur *m* **/-in** *f* canvasser, agent soliciting orders.

Akquisition *f* **I** canvassing, soliciting of orders, sales promotion; **~skosten** *pl* sales promotion costs.

Akquisition *f* **II** acquisition, merger.

Akribie *f* absolute precision; utmost accuracy.

Akronym *n* acronym.

Akt *m* **I** act, deed; **feindlicher** ~ hostile act; **notarieller** ~ notarization (of deed); **staatlicher Hoheits~** act of state; **unfreundlicher** ~ unfriendly act.

Akt *m* **II** sexual act, coitus; *dialect* = *Akte.*

Akte *f* (*pl Akten*) file (*of documents*), record (*of a case*), (police) dossier / file, *pl* papers, files, written proceedings; **~n ablegen** to file documents / papers; **~nabschrift** *f* copy of the file, copy (*of parts*) of the record; **~n anfordern** to ask for records; **~nauszug** *m* abstract of record, excerpt from the record; **~nbeiziehung** *f* supplementing the record, ordering a case-record to be submitted to the court (*for evidentiary purposes*); **~nbeweis** *m* evidence by court record; **~nblatt** *n* leaf / sheet from the file; **~nbündel** *n* bundle of files, records; **~ndeckel** *m* file cover; **~ndurchsicht** *f* checking the files; **~neinforderung** *f* order for the return of a court-record; **~neinsicht** *f* access to records (*searching and inspecting*), inspection of files; **~nexemplar** *n* record copy; **~nführung** *f* keeping of the files, record-keeping; **~nkopie** *f* file copy; **~nlage** *f* the (present) status of the case, the record as it stands; **nach ~~ entscheiden** to adjudicate the case on the record (without further hearing); **~nlageentscheidung** *f* ex officio decision *on the basis of the record as it stands (in the event of default of one or both parties)*; **~nmappe** *f* briefcase, portfolio for documents; **~nnotiz** *f* file note, memo; **~nordnung** *f* filing system; **~nstück** *n* file copy of document, document on file, paper forming part of the record; **~nübersendung** *f* transfer of file; **~nvermerk** *m* file note, memo; **~nvernichtung** *f* destruction of records, shredding; **~nverwertung** *f* utilization of records (of a prior case as evidence in a later case); **~nverzeichnis** *n* file index; **~nvorgang** *m* subject of records;

what has happened on a file; **~nvorlage** *f* production of the file; **~n vorlegen** to present the files, to place the record before (*a senior official, judge, lawyer*); **~nvormerkung** *f* advance note / reminder on file; **~nwidrigkeit** *f* non-conformity with matters in the record; **~nwolf** *f* paper-shredder; **~nzeichen** *f* file reference, reference number, file number, case number, number of action; **~~ XY unbekannt** *TV* crime stopper's program; **bei den ~n** on file, on record; ***e-e* ~ ausfertigen** to execute a document; **notarielle ~** notarial document, deed or document recorded and authenticated by a notary; notary's file; **zu den ~n nehmen** to file, to add to the file; to include in the record; **zu den ~n reichen** to put on the file, to file in the records, to submit to the court's records.

akten | kundig *adj* on (in) the record, known to the court (*from the records*); **~~ sein** to be on the record; **~~ werden** to become a matter of record; **~mäßig** according to the record.

AktG (*abbr* = **Aktiengesetz**) *US* Corporation Act / *GB* Companies Act.

Aktie *f* share (= *sh-*), share of corporate stock, *US* stock (= *st-*); (*pl Aktien*) (*also*) equities, (equity) securities; **~nagio** *n* premium on newly issued *sh-s*; **~nanteil** *m* unit of *sh-s*, premium on stock; *sh-* participation; **~naufgeld** *n* premium on newly issued *sh-s*; **~n auflegen** to issue *sh-s*, to offer (for subscription); **~naufteilung** *f st-* split; **~nausgabe** *f* issue of *sh-s*; **~n ausgeben** to issue *sh-s*; **~nbank** *f* joint-*st-* bank; bank in corporate form; **~nbaugesellschaft** *f* building company in corporate form; **~nbesitz** *m* shareholdings, stockholding; **~n besitzen** to hold *sh-s*; **~nbesitzer** *m* **/-in** *f* shareholder, stockholder; **~nbesitzzeit** *f* duration of possession of *sh-s*; **~nbestand** *m* portfolio of *sh-s*; **~nbeteiligung** *f sh-* participation; **~nbetrug** *m* securities fraud; **~nbewertung** *f st-* valuation; **~n beziehen** to take up *sh-s*, to buy *sh-s*; **~nbezugsrecht** *n* subscription right to new *sh-s*, *st-* subscription right; **~nbezugsrechtsschein** *m* warrant (*for new issue*); **~nbonus** *m sh-* bonus; *st-* dividend; **~nbörse** *f st-* exchange; **~nbuch** *n* register of shareholders, register of members; *US st-* record book, *st-* transfer journal, register of members, shareholders' roll; **~ndividende** *f sh-* dividend(s); **~neinlösung** *f* redemption of *st-*, repurchase of *sh-s*; **~neinzahlung** *f* payment for *sh-s*; **~n einziehen** to buy back *sh-s* (*by company*); to declare *sh-s* forfeited; **~neinziehung** *f* calling in of *sh-s*, forfeiture of *sh-s*; **~nerwerbsoption** *f st-* option; **~ngattung** *f* class of *sh-s*; **~ngesellschaft** *f* joint-*st-* company, *US* (*st-*) corporation (*abbr* corp), *GB* public (limited) company, company limited by *sh-s* (*abbr* plc), → *Aktiengesellschaft*; **~ngesetz** *n* (*abbr* **AktG**) *US* (*St-*) Corporation Act / *GB* Companies Act; **~nhandel** *m* dealing in *sh-s*, *st-*-jobbing, stockbroking; **~nhändler** *m* **/-in** *f* dealer in *sh-s*, *st-*-jobber; stockbroker; **~n im Publikumsbesitz** *sh-s* in public possession, outstanding *st-*; **~nindex** *m sh-* price index; **~~-Termingeschäfte** *st-*index futures; **~ninhaber** *m* **/-in** *f* shareholder, stockholder; **~nkapital** *n sh-*-capital, capital *st-*, joint *st-*, → *Aktienkapital*; **~nkauf** *m st-* purchase, purchase of *sh-s*; **~nkonsortium** *n* securities syndicate (*placing new issues*); **~nkupon** *m* (dividend) coupon, dividend warrant; **~nkurs** *m* (market) price (*of sh-s*), market quotation, *sh-* quotation; **~nkurszettel** *m* list of quotations; **~n lauten auf den Namen** *sh-s* are issued in the name of; **~nliste** *f* list of shareholders; **~nmajorität** *f* majority of *sh-s*, *st-* majority; **~nmakler** *m* **/-in** *f st-*

broker; *sh-* broker; jobber; **~nmantel** *m sh-* structure of company, company shell; **~nmarkt** *m* equity market, *st-* market, *sh-* market; **~nmaterial** *n* supply of *sh-s* on offer; **~nmehrheit** *f* majority of *sh-s, st-* majority; **~n mit garantierter Mindestdividende** *sh-s* with a guaranted minimum dividend rate; **~n mit Nachbezugsrecht** *sh-s* with subsequent subscription (or dividend) rights; **~n mit Nennwert** par-value *sh-s*; **~n mit rückwirkender Dividende** cumulative dividend *sh-s*; **~n mit Stimmrecht** voting *sh-s, US* voting *st-*; **~nmittelwert** *m* par line (*of st- exchange trading*); **~nnotierung** *f sh-* quotation; **~noption** *f st-* option, *sh-* option (*in futures trading*); **~npaket** *n* block of *sh-s*, parcel of *sh-s, st-* package; **beherrschendes ~~** controlling *st-*; **~npapier** *n sh-* certificate; **~npool-Vereinbarung** *f st-* pooling agreement; **~npromesse** *f sh-* warrant, provisional scrip; **~nprospekt** *m st-* prospectus; **~nrecht** *n* company law, *US* corporation law, corporate law; **~nrechtsnormen** *f/pl US* corporation law norms / *GB* company law norms; **~nrechtsreform** *f* company law reform; **~nrendite** *f* yield on *st-s* or *sh-s*; **~nrückkauf** *m st-* buy-back, redemption of *st-s* or *sh-s*, repurchase of *st-s*; **~nrückverkauf** *m st-* sell-back, appraisal of *sh-s*; **Recht zum ~~** appraisal right, appraisal remedy; **~nschwindel** *m sh-* pushing, fraudulent marketing of *sh-s*; **~nschwindler** *m /-in f sh-* pusher, fraudulent *sh-* salesman; **~nspaltung** *f sh-* splitting, *st-* splitting; **~nspekulant** *m* **/-in** *f st-* exchange speculator; **~nspekulation** *f* playing the (*st-*) market, speculating in *st-s*; **~nspitze** *f sh-* fraction (*left over on rights issue, etc*); **~nsplit** *n sh-* splitting, *st-* split-up; **~nstreubesitz** *m* diversified *sh-* holdings; **~nstückelung** *f* subdivision of *sh-s*, denomination of *sh-s*; **~ntausch** *m st-* swap; **~nteilung** *f st-* split; **~nübertragung** *f st-* transfer; **~numtausch** *m* exchange of *sh-s*, switch of *sh-s*; **~nunternehmung** *f st-* enterprise; **~nurkunde** *f US st-* certificate, certificate of *st-* / *GB sh-* certificate; **~n von der Notierung absetzen** to remove *sh-s* from the *st-* exchange list, to delist; **~nwert** *m* (*actual*) value of a *sh-*; **~nwesen** *n* company law and practice, the capital-*sh-* system, matters pertaining to *sh-s* and *st-* corporations; **~n zeichnen** to subscribe for *sh-s*; **~nzeichner** *m* **/-in** *f sh- or st-* subscriber, new *sh-s* buyer; **~nzeichnung** *f* capital *st-* subscription, subscription for *sh-s*; **~nzeichnungsbuch** *n* subscription ledger; **~nzeichnungsliste** *f* allotment sheet; **~nzertifikat** *n sh-* certificate, *st-* certificate; **vorläufiges ~~** stub; **~n zurückkaufen** to buy back *sh-s*; **~n zur Zeichnung öffentlich auflegen** to invite applications for the public subscription of *sh-s*, to open for subscription; to offer *sh-s* to the public; **~n zusammenlegen** to consolidate *st-*, to reduce *sh-s*; **~nzusammenlegung** *f* reverse split, splitdown, splitback, reduction in *sh-s*, consolidation of *sh-s* (*st-*); **~n zuteilen** to allot *sh-s*; **~nzuteilung** *f* allotment of *sh-s*; **alte ~n** old *sh-s* (*from previous issue*); **amtlich eingeführte ~n** listed *sh-s*, officially quoted *sh-s*; **auf den Inhaber lautende ~n** bearer *sh-s*, *sh-s* made out to bearer; **auf den Namen lautende ~n** registered *sh-s*; **ausgegebene ~n** issued *sh-s*, outstanding (capital) *st-*; **begebene ~n** issued *st-*; **börsenfähige ~n** listed *st-*; **börsengängige ~n** listed *sh-s*, marketable *st-*; **dividendenberechtigte ~n** dividend-paying *sh-s*; participating *st-*; **eigene ~n** company's own *sh-s*; **eingezogene ~n** redeemed *sh-s*; **emittierte ~n** *sh-s* issued (and outstanding); **endgültige ~n** definite *sh-s*; **erstklassige ~n** blue-chip *st-*; blue chips; **fluktuierendes ~nmaterial** *n* floating supply of *sh-s* on offer; **genehmigte** (*noch nicht ausgegebene*) **~n** authorized capital, authorized (but unissued) *st-*, unissued treasury *st-*, reserved *sh-s*; **gewinnberechtigte ~n** participating preferred (preference) *sh-s*; **gezeichnete ~n** subscribed *sh-s*; **hochwertige ~n** blue-chip *st-*; **junge ~n** new *sh-s*, new issue of *sh-s*; **kaduzierte ~n** forfeited *sh-s*; **nachschusspflichtige ~n** *US* assessable *st-*; **nennwertlose ~n** non-par-value *sh-s*, no par value *st-*, unvalued *st-*; **nicht amtlich notierte ~n** over-the-counter (*abbr* OTC) *sh-s*, unlisted *sh-s*, unquoted *sh-s*; **nicht gezeichnete ~n** unsubscribed *sh-s/st-*, non-subscribed *sh-s/st-*; **nicht im Börsenhandel zugelassene ~n** over-the-counter *sh-s*, unquoted *sh-s*; **nicht nachschusspflichtige ~n** non-contribution *sh-s*; **nicht voll einbezahlte ~n** not fully paid-up *sh-s*, partly paid *sh-s*; **noch nicht ausgegebene ~n** unissued *sh-s*; **notierte ~n** listed *st-* (or *sh-s*); **stimmberechtigte ~n** voting *sh-s*, voting *st-*; **stimmrechtslose ~n** non-voting *sh-s*, non-voting *st-*; **unbegebene ~n** unissued *sh-s*, unsold *sh-s*; **vinkulierte ~n** restricted *sh-s*; **voll einbezahlte**, **voll eingezahlte ~n** fully paid-up *sh-s*; **zurückerworbene ~n** redeemed *sh-s*, reacquired stock.

Aktiengesellschaft *f* joint-stock company, *US* (stock) corporation (*abbr* corp) / *GB* public (limited) company, company limited by shares (*abbr* plc); ***e-e*** **~ gründen** to form / to found a *US* corporation; *GB* to form / to found a public company; **Europäische ~** (*abbr* **EAG**) European Company, Societas Europa, (*abbr* SE); **Statut der ~ ~** (*abbr* SE-Statut) European Company Statute (*abbr* SE-statute); **gemischtwirtschaftliche ~** semi-public enterprise; partly public company.

Aktienkapital *n* share capital, capital stock, joint stock; **~ erhöhen** to increase the capital (of a company); **~ herabsetzen** to reduce capital stock; **ausgegebenes ~** issued capital; **begebenes ~** capital issued; **dividendenberechtigtes ~** dividend bearing capital stock; **eingezahltes ~** paid-up capital; **genehmigtes ~** (*unissued*) authorized capital; **noch nicht eingezahltes ~** unpaid capital (stock); **stimmberechtigtes ~** voting (capital) stock; **verwässertes ~** watered stock, diluted shares; **voll eingezahltes ~** fully paid-up (capital) stock.

Aktion *f* action; campaign; operation; **~sfähigkeit** *f* ability to act; **~sfreiheit** *f* freedom to action; **~sgemeinschaft** *f* joint venture group; society for promoting (*the environment*); **~sprogramm** *n US* program / *GB* programme of action, campaign plan, scheme; *EU* action programme; **allgemeines ~~** *EU* general action programme; **~sradius** *m* radius of action; **gemeinsame ~en** *EU* joint actions; **Gemeinschafts~** *EU* Community action; **konzertierte ~** coordinated / concerted action (*eg between employers, organisations and trade unions*).

Aktionär *m* shareholder; *US* stockholder; member of a *US* corporation / *GB* company; **~sbrief** *m* letter of information to shareholders; **~sbuch** *n* register of shareholders, register of members; *US* stock record book, stock transfer journal, register of members, shareholders' roll; **~sstimmrecht** *n* shareholder's voting right; **~sversammlung** *f* general meeting (of shareholders), general meeting of a company; **außenstehender ~** outside shareholder; **bezugsberechtigter ~** shareholder entitled to subscription; allottee; **eingetragener ~** registered shareholder (stockholder); **freie ~e** outside shareholders.

Aktiv | bestand net assets; **~bilanz** *f* favo(u)rable balance; **~bürger** *m* **/-in** *f CH* citizen with suffrage, *citizen entitled to take part in elections* *and referenda*; **~forderung** *f* outstanding debt, account receivable; **~geschäfte** *n/pl* **der Banken** (banks') lending and investment business; **~handel** *m* active trade; **~hypotheken** *f/pl* mortgage lendings; **~kapital** *n* working capital (↔ *land and buildings*); **~konto** *n* asset account, account having a credit balance; **~legitimation** *m* right of action as the proper party, → *Aktivlegitimation*; **~masse** *f* the bankrupt's estate; **~mitglied** *n* active member; **~posten** *m* asset item; **~prozess** *m* counterclaim in insolvency, bankrupt's counterclaim, *action during insolvency proceedings by which a claim is made in favor of the insolvent party*; **~salden** *m/pl* **der Leistungsbilanz** surpluses achieved on goods and services; **~saldo** *m* credit balance; **~seite** *f* assets side (*of the balance sheet*), credit side; **~überschuss** *m* net surplus; **~- und Passivgeschäft** transactions on both sides of the balance sheet; **~vermögen** *n* assets; **~vollmacht** *f* active power-of-attorney; **~wert** *m* asset value; **~zinsen** *m/pl* interest receivable, interest earned.

Aktiva *n/pl* (= *die Aktiven*) assets; **~ und Passiva** assets and liabilities; **antizipative ~** accrued assets, accrued receivables, deferred receivables; **die ~ und Passiva übernehmen** to take over the assets and liabilities; **festliegende ~** permanent assets, fixed assets; **flüssige ~** liquid assets, circulating assets; **freie ~** freely disposable assets; **immaterielle ~** intangible assets, intangibles; **Not leidende ~** non performing assets; **produktive ~** active assets; **realisierbare ~** realizable assets; **sofort realisierbare ~** immediately realizable assets; **sonstige ~** other assets; **transferbeschwerte ~** assets subject to transfer difficulties; **transitorische ~** transitory assets; assets on suspense account; unexpired expense; prepaid expenses; deferred charges; **unechte ~** fictitious assets; **verfügbare ~** available assets; **verwertbare ~** disposable assets; **werbende ~** earning assets; productive assets.

Aktivieren *n* activation; including an item on the assets side of the balance sheet; capitalization; revaluation (*of depreciated assets according to current value*); reassignment to active duty.

aktivieren *vt* to set up as assets, to capitalize, to activate; to enter on the assets side (*of the balance sheet*); to revaluate (*depreciated assets according to current value*); to reassign to active duty (*official*).

Aktivierung *f* activation; including an item on the assets side of the balance sheet; capitalization; revaluation (*of depreciated assets according to current value*); reassignment to active duty; **~ der Zahlungsbilanz** improvement in the balance of payments; **~ des Außenhandels** improving the export trade, achieving an export surplus; **~ des Warenverkehrs** promoting trade; **~spflicht** *f* duty to capitalize, *duty to disclose or revive items on the assets side of the balance sheet*; **~srecht** *n* right to capitalize; **~swahlrecht** *n* option either to capitalize items or not; **~ von Abschreibungen bei der Veräußerung** raising written-down assets to current value upon disposal (*of plant*) (*dissolving hidden reserves*).

aktivierungs|fähig *adj* capable of being used to improve the asset position; **~pflichtig** liable to be disclosed or revived on assets side of the balance sheet.

Aktivist *m* **/-in** *f* activist; militant.

Aktivität *f* **I** activity, vigo(u)r, energy; **kreditäre ~** lending activity.

Aktivität *f* **II** surplus on balance-sheet, excess of assets over liabilities.

Aktivlegitimation *f* right of action as the proper party; **mangelnde ~** incapacity to sue as the proper party, wrong plaintiff.

aktivlegitimiert *adj* entitled to the claim (*as the proper party*).

aktualisieren *vt* to update, to bring up to date.

Aktualisierung *f* updating, update; **~sprogramm** *n* updating programme.

Akzept *n* acceptance (*of bill*); accepted bill, time draft; **~bank** *f* accepting bank, drawee bank; **~bestand** *m* portfolio of accepted bills, bill holdings; **~ ehrenhalber** acceptance for / out of hono(u)r, acceptance supra protest; **~ einholen** to obtain acceptance; **~einholung** *f* presentation for acceptance; **~ einlösen** to pay a bill of exchange; **~einlösung** *f* cashing an acceptance, payment of a bill of exchange; **~ erster Bankadressen** acceptances of first-class banks; **~frist** *f* deadline for acceptance; **~geschäft** *n* acceptance business, bill brokerage; **~konto** *n* bills payable account, acceptance account (bills payable); **~kredit** *m* acceptance credit, term credit; **unbestätigter ~~** unconfirmed acceptance credit; **~leistung** *f* (giving of an) acceptance, accepting; **~linie** *f* ceiling for acceptances (*of a bank's customer*), acceptance limit; **~obligo** *n* bills payable; **~obligobuch** *n* ledger of bills-payable; **~provision** *f* commission on acceptance, acceptance commission; **~schuldner** *m* /**-in** *f* acceptor, acceptance debtor; **~umlauf** *m* amount of acceptances in circulation; **~verbindlichkeit** *f* liability in respect of (trade) acceptances; **~vermerk** *m* acceptance (*words of acceptance on draft*); **~verpflichtung** *f* acceptance liability; **~verweigerung** *f* non-acceptance, refusal to accept; **~vorlage** *f* presentation for acceptance; presentation of acceptance, bill for payment; **bedingtes ~** conditional acceptance; **bedingungsloses ~** unconditional acceptance; **eingeschränktes ~** qualified acceptance; **mangels ~** because of non-acceptance, for want of acceptance; **~ ~ zurückgegangener Wechsel** draft returned because of non-acceptance; **mit ~ versehen** appearing with an acceptance; *vt* to provide with acceptance; **reines ~** clean (no interest) bill; **unbeschränktes ~** general acceptance, clean acceptance; **ungedecktes ~** acceptance without sufficient collateral; **vor Fälligkeit bezahltes ~** anticipated acceptance, early acceptance.

Akzeptant *m* /**-in** *f* acceptor, drawee (*who accepted bill*).

Akzeptanz *f* acceptability, suitability, eligibility.

akzeptfähig *adj* suitable for acceptance, bankable.

akzeptieren *vt* to accept (*a bill; an offer, conditions imposed*).

Akzeptierung *f* acceptance (*of a bill*).

Akzession *f* accession; **~sklausel** *f* accession clause; **~surkunde** *f* instrument of accession; **~svertrag** *m* treaty of accession.

Akzessorietät *f* accessoriness, dependence (of collateral) on principal debt; **strenge ~** strict accessoriness (*collateral obligation automatically follows principal obligation*).

akzessorisch *adj* accessory, incidental (*of collateral or surety obligation*).

A-Länder *n/pl D* SPD states, German Länder / states with traditionally SPD governments, states voting traditionally SPD, ↔ *B-Länder*.

Alarm *m* alarm, alert; **~anlage** *f* anti-burglary device, burglar alarm; **~bereitschaft** *f* status alert, standby, **erhöhte ~~** heightened alert; **~dienst** *m* alarm service, emergency service; **~zustand** *m* alert, → *Alarmbereitschaft*; **blinder ~** false alarm.

aleatorisch *adj* aleatory, hazardous, uncertain, doubtful.

alias alias, also known as, otherwise known as (*cover-name*).

Alibi *n* alibi; **ein ~ beibringen** to establish one's alibi, to provide an alibi.

alic (*abbr* = **actio libera in causa**) *L crim* act free in its cause (*but not free* *in itself, or when committed*), → *actio libera in causa.*

Alimentationsprinzip *n* principle of adequate remuneration of public officials.

Alimente *n/pl* maintenance payments (support) (*for child born out of wedlock*); **~nbeiträge** *m/pl* maintenance (support) payments (*for child born out of wedlock*), *GB* payments under an affiliation order; **~nbeschluss** *m/pl* affiliation order; **~nprozess** *m* maintenance proceedings, *GB* affiliation proceedings.

alimentieren *vt* to provide funds for; to support.

Alimentierung *f* providing funds for; support.

a-limine-Abweisung *f* dismissal (*of a complaint for procedural reasons*), granting of motion to dismiss.

Aliud-Lieferung *f* delivery of other goods (*from those ordered*).

Alkohol *m* alcohol; **~-Atemmessgerät** *n* breathalyser, intoximeter; **~ausschank** *m* sale of alcoholic beverages, licensed premises; **~beratungsstelle** *f* alcohol counselling agency; **~einwirkung** *f* influence of alcohol; (under the) influence of alcohol; **~gehalt** *m* alcohol content, proof alcoholic strength; **~genuss** *m* alcohol consumption; **mäßig im ~~** temperate in drinking habits; **~messung** *f* alcoholometry, measuring of alcohol content; **~missbrauch** abuse of alcohol; **~monopol** *n* monopoly on alcoholic beverages; **~nachweis** *m* proof of alcohol content (in the blood); **~probe** *f* sobriety test; **~steuer** *f* tax on alcohol; **~süchtige(r)** *m(f)* alcohol addict, dipsomaniac; **~sucht** *f* alcoholism, dipsomania; **~test** *m* alcohol test, blood test, breathalyser test; **~ unter Steuerverschluss** bonded alcohol, alcohol in bond; **~verbot** *n* alcohol ban, prohibition (of sale and consumption of alcoholic beverages); **~vergiftung** *f* alcoholic intoxication, alcohol poisoning; **gereinigter ~** rectified alcohol; **unter ~einfluss** *m* under the influence of alcohol / of drink; **vergällter ~** denatured alcohol.

Alkoholiker *m* /-in *f* alcoholic (patient), drunk, problem drinker; **~fürsorge** *f* welfare service for alcoholics.

alkohol|abhängig *adj* addicted to alcohol; **~süchtig** addicted to alcohol (*derogatory*).

Allbeteiligungsklausel *f* general participation clause.

all *pron* all; *adj* all, every, any; **an ~e, die es angeht** to whom it may concern; **an ~e, denen diese Urkunde vorgelegt wird** to all to whom these presents shall come.

Allein|auftrag *m* exclusive (broker) agreement / contract; **~benutzung** *f* sole / exclusive use; **~berechtigung** *f* exclusive rights, exclusive authorization; **~besitz** *m* sole possession, exclusive occupation; **~bezugsvertrag** *m* solus agreement; **~eigentum** *n* sole ownership, exclusive ownership; **in ~~ stehend** (solely and) independently owned; **~eigentümer** *m* **/-in** *f* sole owner, sole proprietor, sole and unconditional owner; **~erbe** *m* /**~erbin** *f* sole heir, universal heir; **~erbschein** *m* sole-heir certificate of inheritance (*total estate to one heir*); **~erfinder** *m* **/-in** *f* sole inventor; **~gang** *m* single-handed effort; **~gebrauch** *m* sole use; **~geschäftsführer** *m* **/-in** *f* sole (managing) director (*of an enterprise esp a German private limited company*), sole manager (*commercial*); **~gesellschafter** *m* **/-in** *f* sole shareholder, shareholder of a one-man-company (*having acquired all shares*), **~gewahrsam** *m* sole custody; **~händler** *m* **/-in** *f* independent trader; **~herrschaft** *f* autocracy; **~hersteller** *m* **/-in** *f* sole manufacturer; **~herstellungsrecht** *n* monopoly of production, exclusive manufacturing *US* license / *GB* licence; **~inhaber** *m* **/-in** *f* sole holder; **~konto** *n* single-tenant account, sole-holder (bank) account; **~pacht** *f* sole tenancy, entire tenancy; **~recht** *n* sole right(s); **~schuldner** *m* /**-in** *f* sole debtor; **~stehende** *f* feme sole, single woman; **~stehender** *m* bachelor, single person; **~stellung** *f* singularly outstanding position; **~ursache** *f* sole cause; **~verkauf** *m* exclusive sale(s), sole distributors; **~verkaufsabrede** *f* informal exclusive sales agreement; **~verkaufsrecht** *n* sole selling right, exclusive selling rights; **~veröffentlichungsrecht** *n* sole right of publication; **~verschulden** *n* sole fault; **~vertreter** *m* /**-in** *f* sole agent, exclusive representative; exclusive sales agent, sole selling agent, sole distributor; **~vertretervertrag** *m* exclusive agency agreement; **~vertretung** *f* exclusive agency, sole agency, exclusive representation; **~vertretungsanspruch** *m pol* claim to be the only legitimate (*international*) representative (*of a divided country*); **~vertretungsberechtigung** *f* having sole power of representation; **~vertretungsvertrag** *m* exclusive agency agreement; **~vertrieb** *m* exclusive sale; sole distributors; **~vertriebsrecht** *n* sole selling right, exclusive right to sell, exclusive right of distribution; **~vertriebsvertrag** *m* exclusive distribution contract; **~zeichnungsberechtigte(r)** *m(f)* person entitled to sign alone, single signatory; **~zeichnungsberechtigung** *f* right of single signature.

allein | berechtigt *adj* exclusively entitled, having exclusive rights; **~stehend** single, sole, unmarried, living alone; detached (*building*), isolated, island position (*newspaper advertisement*).

Allgemein | begriff *m* general conception; **~besitz** *m* common possession, communal property; **~bildung** *f* general knowledge, general education; **~gültigkeit** *f* universal validity, universality, generality; **ohne die ~~ einzuschränken** without restricting the generality; **~heit** *f* the general public, **~interesse** *n* public interest; **zwingende Erfordernisse des ~s** mandatory requirements in the public interest; **~kundigkeit** *f* common knowledge, public knowledge; **~verbindlichkeit** *f* universal validity (and binding character of collective bargaining agreements) (*irrespective of individual employment contract*); **~verbindlicherklärung** *f* declaration of generally binding validity (*of collective bargaining agreements*), declaration of universal validity; **~verfügungen** *f/pl* general dispositions (*administration*); **~verständlichkeit** *f* general comprehensibility, understandability for the general public; **~vollmacht** *f* general power-of-attorney; **~wissen** *n* general knowledge; **~wohl** *n* general welfare, common weal, → *Gemeinwohl.*

allgemein *adj* general, universal, common, public; *adv* generally, universally, commonly; **~gültig** generally valid, of general validity; **~kundig** notorious, of common knowledge; **~verbindlich** generally binding; **~wirtschaftlich** from the standpoint of the economy as a whole; **im ~en** in general, on the whole;

Allianz *f* alliance; **Atlantische ~** Atlantic Alliance.

all *pron* all; **an ~e, die es angeht** to whom it may concern; **an ~e, denen diese Urkunde vorgelegt wird** to all to whom these presents shall come.

all *adj* all, every, any; **~jährlich** *adj/adv* year(ly), annual(ly); **~mächtig** *adj* omnipotent, all powerful; **~mählich** *adj/adv* gradual(ly), little by little; **~monatlich** *adj/adv* month(ly).

Allmende *f* common land, commons, *hist* folkland; **~nutzung** *f* use of the commons; **~recht** *f* right of common.

Allod *n hist* al(l)od, absolute property in land (*no reversion to the lord*).

Allokation *f* allocation (*eg of resources, goods*).

Allonge *f* allonge, extension slip (*bill of exchange*), sider.

Allphasen|besteuerung *f* multi-stage cumulative system; **~steuer** *f* all-phase tax; all-stage tax (*a tax imposed on each stage of handling or disposition*); **kumulative ~-Umsatzsteuer** *f* cumulative (all-phase) turnover tax, cascade tax.

Allzuständigkeit *f* comprehensive jurisdiction (*of local authorities*).

Almosen *n* alms, charity; **~empfänger** *m* /**-in** *f* receiver of charity.

Als-ob-Tarif *m* tariff fixed to meet potential competition.

Alt|anleihe *f* pre-currency-reform loan (*under the Altsparergesetz*, → *~sparergesetz*); **~bankengesetz** *n Berlin enactment of 1953 concerning pre-war Berlin banks*; **~bau** *m* → *Altbau*; **~besitz** *m* old holding, ownership under former economic conditions, pre-currency reform ownership; **~besitzer** *m* /**-in** *f* previous (prior) owner; **~bundeskanzler** *m* /**-in** *f* ex-Chancellor, former Federal Chancellor; **~bürgermeister** *m* /**-in** *f* ex-mayor, former mayor (*courtesy title*); **~-Emission** *m* former issue, pre-currency reform issue; **~geld-Guthaben** *n* pre-currency-reform credit balance, → *~sparergesetz*; **~gläubiger** *m* /**-in** *f* previous creditor, assignor; **~hausbesitz** *m ownership of pre-war dwellings*; **~hypothek** *f* pre-currency-reform mortgage loan; **~lasten** *f/pl* pre-unification burdens; *soil and water pollution by former waste disposal, inherited environmental liabilities*; **~~sanierung** *f* clean-up of toxins; **~metalle** *f* old metals, scrap metals; **~sparergesetz** (*D 1953*) post-currency reform compensation act (*for loss of savings, securities, etc*).

Altbau *m house or flat completed before June 20, 1948* (*date of currency reform*); **~mieten** *f/pl* rents of pre-currency-reform dwellings; **~mietenverordnung** *f* (*abbr* **AMVO**) *control ordinance for pre-currency reform dwellings* (*1958*); **~sanierung** *f* redevelopment / refurbishing / renovation of old buildings, renovation of existing buildings; **~~sbeihilfe** house improvement grant; **~wohnung** *f* pre-currency-reform dwelling; **historischer** ~ ancient house, historical building.

Altenhilfe *f* old age relief, help for old people.

Altenpfleger *m* (old people's) care assistant.

Altenteil *m* retired farmer's portion (*of an estate and of the mansion house*); **~slasten** *f/pl* charges to provide for an old farmer's livelihood; **~svertrag** *m* contract for granting old age pension and support (*to farmer*).

Altenwohnheim *n* old people's home, residential home, rest home, home for the aged.

Alter *n* age, seniority; **~saufbau** *m* age structure, age grouping, age pattern; **~sbeihilfe** *f* old age assistance; old-age allowance; **~sdiskriminierung** *f* age discrimination; **~sdispens** *m* waiving the age-limit; **~serfordernis** *n* age-requirement; **~sfreibetrag** *m* old-age allowance, old-age exemption, age allowance, age (tax) relief; **~~ für Rentner** tax reduction for retired persons; **~sfürsorge** *f* care of the aged; **~~ausschuss** *m* old people's welfare council; **~sgeld** *n* old-age allowance; **~sgliederung** *f* (*von Außenständen*) aging; **~sgrenze** *f* age limit, retirement age; **flexible ~~** flexible retirement age; variable age limit; **~sgruppe** *f* age group; age cohort; **~skapital** *n* endowment sum for old age; **~sheim** *n* rest home, old folks home; home for the aged; **~shilfe** *f* **für Landwirte** farmers' old age benefits; **~sjahrgang** *m* age cohort; **~sklasse** *f* age bracket, age group; **~~neinstufung** *f* age grouping; **~spension** *f* old-age pension; **~~ierung** *f* superannuation; **~spräsident** *m* /**-in** *f* chairman by seniority, the oldest member, Father of the House; **~sprivileg** *n* seniority privilege; **~spyramide** *f* (statistical) age-structure; **~srente** *f* old-age pension, retirement pension, *ins* retirement annuity; **~~ für Freiberufler** self-employed retirement annuity; **vorgezogene ~~** early retirement pension; **~srentner** *m* / **-in** *f* (old-age) pensioner; **~srisiko** *n ins* age-risk; **~sruhegeld** *n* old-age pension; **~sschwäche** *f* old-age infirmity; **~sschwachsinn** *m* senile dementia, dotage, senility; **~sstruktur** *f* age structure; **~steilzeitbeschäftigung** *f* option to go part-time for older employees; **~sübergangsgeld** *n* (state paid) early retirement support, state aid to facilitate early retirement; **~s- und Hinterbliebenenversorgung** old-age and surviving dependants pensions; **~sunterhalt** *m* maintenance claim of old divorced spouse; **~sunterstützung** *f* retirement allowance; **~sversicherung** *f* old-age insurance, *GB* assurance; **~sversorgung** *f* → *Altersversorgung*; **~svorsorge** *f* provision for old age; **~~konto** *n* individual retirement account; **~szulage** *f* superannuation allowance, age bonus, seniority bonus; **arbeitsfähiges ~** employable age; **erwerbsfähiges ~** employable age; **heiratsfähiges ~** marriageable age; **pensionsfähiges ~** pensionable age, retirement age; **schulpflichtiges ~** school age, compulsory school attendance age; **wehrpflichtiges ~** draft age, age liable to military service; **zugelassenes ~** admitted age, age for admission; **zurechnungsfähiges ~** age of responsibility.

Alternat *n int* alternat.

Alternativ|angebot *n* alternative offer / bid; **~anklage** *f* alternative charge; **~antrag** *m* prayer (*of complaint*) for alternative relief, motion for one of several possible remedies, motion for relief for breach of alternative contract, → *Wahlschuld*; **~bedingungen** *f* disjunctive terms, alternative terms; **~-Energiequellen** *f* alternative energy sources; **~feststellung** *f* (*judge's*) determination that one of two (*similar*) crimes has been committed without proof of exactly which one (*eg fraud or embezzelment, theft or receiving stolen goods*), sentence based on one of two possible criminal violations, → *Postpendenz, Wahlfeststellung*; **~obligation** *f* alternative obligation; **~steuer** *f* alternative tax; **~straftatbestand** *m* alternative count (*in a charge*); **~urteil** *n* alternative finding (*in a judgment*); **~vermächtnis** *n* alternative legacy; **~verpflichtung** *f* alternative obligation; **~vorbringen** *n* disjunctive allegations, alternative allegations; **~währung** *f* alternative currency.

Alternative *f* alternative, choice.

altersspezifisch *adj* age-specific.

Altersversorgung *f* provision for old age, retirement pension, **~ der Mitarbeiter** retirement pensions for the staff, employee / staff pension scheme; **~skasse** *f* old-age pension fund; **~sversicherung** *f* old-age endowment insurance, pension insurance; **~swerk** *n* pension scheme; **betriebliche ~** company pension scheme, employee pension scheme; **freiwillige ~** non-obligatory retirement pension; **steuerabzugsfähiger ~s- und Gewinnbeteiligungsplan** (*e-er Firma*) qualified pension plan.

Alterung *f* aging, growing old.

Ältestenrat *m D const* Council of Elders, Speaker's advisory committee (*consisting of the Speaker, the Deputy Speaker and designated members of the parliamentary parties to advise on parliamentary business*).

Ältestenrecht *n* right of primogeniture (*of a farmer's eldest son*).

Altstadtsanierung *f* urban renewal, improvement / reconstruction of historic town *US* centers / *GB* centres.

amerikanisch *adj* American, US-American; **Deutsch-A~es Akademisches Konzil** *n* (*abbr* **DAAK**) German-American Academic Council (*abbr* GAAC); **Deutsch-A~e Handelskammer** *f* German-American Chamber of Commerce; **Deutsch-A~e Juristen-Vereinigung** *f* (*abbr* **DAJV**) German-American Lawyers Association (*abbr* GALA).

Amiable Compositeur *m* amiable compositeur; amicable compounder, friendly compositeur.

Amnestie *f* amnesty, general pardon; **~gesetz** *n* Amnesty Act, Act of Oblivion; **~vorlage** *f* amnesty bill.

amnestieren *vt* to grant an amnesty, to grant a general pardon.

Amok laufen to run amok; to shoot randomly into a crowd.

amortisierbar *adj* amortizable, redeemable.

amortisieren *vt* to amortize, to repay gradually, to redeem in instal(l)ments.

Amortisation *f* amortization, redemption, sinking fund payments, repayment in equal instal(l)ments; **~sbetrag** *m* (*Hypothek*) sum required for redemption; **~sdarlehen** *n* amortizable loan; loan redeemable by scheduled repayments; **~sdauer** *f* repayment / payback period; **~sfonds** *m* redemption fund, sinking fund; **~shypothek** *f* amortizable mortgage loan; **~skasse** *f* sinking fund, redemption fund; **~skonto** *n* redemption account; **~sobligation** *f* sinking fund bond; **~splan** *m* terms of amortization, terms of redemption; **~squote** *f* amortization rate; **~sschein** *m* amortization certificate, redemption bond; **~sschuld** *f* amortization debt, redeemable bond; **~stabelle** *f* amortization table of payments, amortization schedule of payments; **~sverfahren** *n* amortization method; **~szahlung** *f* amortization payment.

Ampel *f* traffic signal, traffic light, = *Verkehrsampel.*

Amt *n* office (= *o*-), executive office, post, appointment, tenure of office, function, station, service; statutory office; ~ **auf Lebenszeit** *o*- for life, life tenure; ~ **für landwirtschaftliche Marktordnung** *o- for farm market regulations*; ~ **für Öffentliche Ordnung** *local government o*-; ~ **für Rüstungskontrolle** *agency for the control of armaments*; ~ **in der Justiz** judicial *o*-; ~ **in der Verwaltungsbehörde** administrative *o*-;**~sablösung** *f* release from *o*-, change of *o*-; **~sabzeichen** *n* official insignia; **~sakten** *f* official files; **~sanklage** *f* ex officio charge, impeachment (*of public officer*); **~sanmaßung** *f* usurpation of *o*-, false assumption of authority, fraudulent exercise of a public *o*-; **~santritt** *m* taking up of *o*-; **~sanwalt** *m* /**~sanwältin** *f* official solicitor, public prosecutor *at local court*; **~sanwaltschaft** *f o- of the public prosecutor at a local court*; **~sarzt** *m* **/-ärztin** *f* official physician, official surgeon, *GB* medical officer of health; **~saufsicht** *f* internal supervision / review of administrative decisions; **~sausübung** *f* exercise of an *o*-; **~sbefugnis** *f* official competence; **~sbekanntheit** *f* notoriety; **~sbekräftigung** *f* official confirmation; **~sbeleidigung** *f* insulting a public official; **~sbereich** *m* the jurisdiction of an *o*-; **~~ *e-es* Gerichts** precincts of a court, range of jurisdiction of a court; **~sbescheid** *m* official notification; **~sbescheinigung** *f* official certificate; **~sbestätigung** *f* official confirmation; **~sbetrieb** *m* ex officio proceedings; **~sbezeichnung** *f* official description, official designation, title of an *o*-, official title; **~sbezirk** *m* official district, administrative district, jurisdictional area of an *o*-; **~sblatt** *n* official gazette, official journal; **~~ der Europäischen Gemeinschaften** Official Journal of the European Communities (*abbr* OJ); **~sbonus** *m* advantage of incumbency; **~sbote** *m* *o*- messenger; **~sbuch** *n* official register; **~sbürgschaft** *f* official fidelity guarantee; **~sdauer** *f* period of appointment, tenure (of *o*-), term of *o*-; **~sdelikt** *f* criminal *US* offense / *GB* offence by a public official, felonies and misdemean-o(u)rs in *o*-, malpractices in *o*-; **~seid** *m* oath of *o*-, official oath; **~seinführung** *f* initiation into *o*-; **~seinkünfte** *pl* emoluments, salary; **~seinsetzung** *f* inauguration (*into o*-), appointment; **~senthebung** *f* removal from *o*-, dismissal of an official; **~sentlassung** *f* discharge from *o*-; **~sermittlung** *f* official investigation (*by public prosecutor*); **~~spflicht** *f* duty to make official investigation; **~setat** *m* official fund, official budget; **~sfähigkeit** *f* eligibility for *o*-; **~sfolge** *f* sequence of tenure of *o*-; **~sführung** *f* tenure of *o*-, administration of *o*-, conduct of official functions; **~sgebühren** *f* official fees; **~sgeheimnis** *n* official secret(s); **~sgelder** *f* official funds; **~sgericht** *m* → *Amtsgericht*; **~sgeschäfte** *n/pl* official business, official functions; **~sgewalt** *f* official authority, official powers; **~shaftung** *f* public liability, liability of the state for a public officer; **~~sklage** *f* legal action for public liability claim; **~shandlung** *f* official action; **~shilfe** *f* secondment, administrative aid (*as between government agencies*); **~~ ersuchen** letters rogatory; **~s- und Rechtshilfe** administrative and legal cooperation; **~simmunität** *f* immunity in *o*-, privilege in *o*-; **~sinhaber** *m* /**-in** *f o*- bearer, holder of an *o*-, incumbent, officer, appointee; **~~ von Rechts wegen** officer de jure, titular officer; **faktischer ~~** officer de facto, actual *o*- holder; **~sjahr** *n* year of *o*-; **~skasse** *f* cash *o*-; **~skaution** *f* official fidelity guarantee; **~skenntnis** *f* official notice, official knowledge (*of a fact*); **~skette** *f* chain of *o*- (*worn by town mayor at ceremony*); **~skleidung** *f* official attire, robe of *o*-; **~skosten** *pl* official charges, fees; **~slöschung** *f* ex officio deletion from a public register (*extinction of corporation, etc*); **~smissbrauch** *m* abuse of official functions, undue use of authority, malpractice by public officer; **~smündel** *n* ward of the (*youth*) *o*-; child under guardianship of the (*youth*) *o*-; **~snachfolger** *m* /**-in** *f* successor (in *o*-); **~sniederlegung** *f* resignation from *o*-; **~sorgan** *n* official organ, government agency; **~sort** *m* official residence; **am ~~ wohnhaft sein** to be in residence; **~speriode** *f* term of *o*-; **~sperson** *f* official; person in authority; **~spersonal** *n* official staff; **~spfleger** *m* /**-in** *f* ex officio guardian (*of child born out of wedlock*); **~spflegschaft** *f* ex officio curatorship; **~spflicht** *f* official duty; **~~verletzung** *f* breach of official duty; **~sprinzip** *n* principle of ex officio proceedings; **~srat** *m* /**~srätin** *f* executive officer, third secretary (*embassy*); **~sräume** *m/pl* **des Gerichts** court premises, court administration rooms; **~sregister** *n* official registry; **~srichter** *m* /**-in** *f judge of a trial court of limited jurisdiction, similar to US municipal court judge, magistrate, justice of the peace, GB county court judge, magistrate, justice of the peace*; **~srobe** *f* robe, official gown; **~ssache** *f* official business; **~sschild** *n o*- sign; **~sschimmel** *m* red tape, red-tapism; **~ssiegel** *n* official seal, public seal; **~ssitz** *m* seat, official residence, location of *o*-; **~ssprache** *f* official language; **~sstellung** *f* official status, official position; **~sstunden** *f/pl* authorized hours, official working hours, opening hours; **~stätigkeit** *f* official functions, official activities; **~stracht** *f* official attire; official robe / gown; **~sträger** *m* /**-in** *f* functionary, officer, incumbent, *o*--holder; **~sübergabe** *f* surrender of *o*-, transfer of *o*-; **~sübernahme** *f* assumption of *o*-; **~sunterschlagung** *f* misappropriation by a public official, embezzlement by an official, malversation, depeculation; **~sverfassung** *f* constitution of *o*-; **~svergehen** *n* malfeasance in *o*-, *US* offense(s) / *GB* offence(s) committed by a public official; **~svermerk** *m* official memo(randum); **~sverschwiegenheit** *f* official secrecy, confidentiality; **~sverteidiger** *m* /**-in** *f* official *US* defense / *GB* defence counsel, court-appointed counsel, assigned counsel, = *Pflichtverteidiger*; ***e-en* ~~ beiordnen** to assign counsel for the *US* defense / *GB* defence; ***e-en* ~~ bestimmen** to designate a counsel for the *US* defense / *GB* defence; **~svertretung** *f* official representation; **~sverweigerung** *f* refusal to admit appointee to *o*-; official refusal, denial; **~sverweser** *m* /**-in** *f* temporary administrator, deputy administrator; **~svorgänger** *m* /**-in** *f* predecessor in *o*-; **~svormund** *m* official guardian (*youth welfare o- for children born out of wedlock*); **~~schaft** *f* ex officio guardianship; **~svorstand** *m* head of an executive department, chief of a bureau, superintendent; **~svorsteher** *m* /**-in** *f* *o*- supervisor; **~swaltung** *f* performance of official duties; **~swechsel** *m* change of *o*-; **turnusmäßiger ~~** rotation in *o*-; **~sweg** official channels; **~swiderspruch** *m* ex officio objection, official opposition; **~swidrigkeit** *f* default in official duty, breach of official regulations, dereliction of duty; **~swürde** *f* decorum; **~szeichen** *pl* insignia; **~szeit** *f* term of *o*-, incumbency; **verbleibende ~~** remainder of the term of *o*-; **~szeugnis** *n* official testimonial; **~szustellung** *f* service ordered by the court ex officio; service upon official request; **aus dem ~ ausscheiden** to cease to hold *o*-, to vacate one's *o*-, to retire; **aus dem ~ entfernen** to remove from *o*-; **Auswärtiges ~** *US* Foreign Service; **besoldetes ~** salaried position, paid *o*-, stipendiary (*magistrate*); **bisheriges ~** previous official position; **ein ~ antreten** to take up *o*-; **ein ~ aufgeben** to relinquish an *o*-; to retire; **ein ~ ausüben** to exercise an official function; **ein ~ bekleiden** to hold *o*-, to occupy a position; **ein ~ besetzen** to fill an *o*-; **ein ~ innehaben** to occupy an *o*-; **ein ~ niederlegen** to resign (from *o*-), to retire from *o*-; **ein ~ übernehmen** to accede to an *o*-; **ein ~ versehen** to officiate, to discharge official duties; **ein ~ verwalten** to hold an *o*-; **federführendes ~** drafting *o*-, main *o*-, head *o*-; **geistliches ~** ecclesiastical *o*-; **in ~ und Würden** in a position of esteem; ***jd-en* seines ~es entheben** to dismiss a person from *o*-, to oust *s.o.* from *o*-; ***jd-en* vorläufig des ~es entheben** to suspend *s.o.* from *o*-; ***jd-en* in ein ~ berufen** to call *s.o.* to an *o*-, to appoint *s.o.* to a position; **kraft seines ~es** by virtue of his *o*-; **~ ~ ~es handeln** to act in one's official capacity; **öffentliches ~** public *o*-, public appointment; **richterliches ~** judicial *o*-; **seines ~es enthoben sein** to be functus officio, to be stripped of one's official duties; **sich für ein ~ eignen** to be suitable (qualified) for an official position; **statistisches ~** statistical *o*-; **vom ~ auszufüllen** for official (*o*-) use only; **von ~s wegen** ex officio; proprio motu; of its (*the court's*) own motion; **~s~ bekannt sein** to have official notice of *sth*; **von *e-em* ~ ausgeschlossen sein** to be disqualified from holding *o*-; **von *e-em* ~ entbinden** to release from *o*-; **weisungsgebundenes ~** subordinate *o*-, duties subject to superior orders or instructions.

amt|sbekannt *adj* (*to be*) known to the authority, (*to have*) official knowledge *of sth*; **~~ ohne pfändbare Habe** officially notified as being without attachable belongings; nihil; **~süblich** customary (official) procedure; **~swidrig** contrary to official regulations.

Ämter|handel *m* office-jobbing; **~häufung** *f* accumulation of offices *by same incumbent*; **~kauf** *m* selling public offices, *eccl* simony; **~patronage** *f* patronage (*of offices*), spoils system; **~schacher** *m* bargaining for public offices; higgling and haggling.

amtieren *vi* to hold office, to be in office, to exercise one's functions, to officiate; to serve in office, to administer an office.

amtierend *adj* officiating (*clergyman at marriage ceremony, etc*); holding an office for an interim period, sitting (*of a judge*); **vorübergehend ~** pro tem (pore).

amtlich *adj* official, *adv* officially, in an official capacity; **nicht ~** unofficial, non-official, not official; private(ly), in one's private capacity.

Amtsgericht *n trial court of limited jurisdiction; similar to US municipal court / GB magistrates' court, county court*; **~-Familiengericht** *n* family division of the ~; **~ in Strafsachen** criminal division of the ~; **~-Streitgericht** *n* civil litigation division of the ~; **~-Vollstreckungsgericht** *n* division for execution and enforcement of judgments of the ~; **~sbezirk** *m* magisterial precinct, district of local court; **~sdirektor** *m* **/-in** *f* (*formerly*) senior judge at local court; **~sgebäude** *n* local court house; **~spräsident** *m* **/-in** *f* president of the local court; **~spraxis** *f* customary procedure in the local court.

analog *adj* analogic, analogical, analogous, by analogy, mutatis mutandis; **~ anwendbar** applicable mutatis mutandis.

Analogie *f* analogy, teleological extension of a norm's range of application (*statutory interpretation*), → *Auslegung, extensive ~, restriktive ~*; → *Reduktion, teleologische ~*; = *Traduktion, teleologische ~* ; **~schluss** *m* parity of reasoning, conclusion by analogy; **~verbot** *n* prohibition of analogy (*rule of German criminal law forbidding the creation of charges for criminal US offenses / GB offences by way of analogy with existing statutory definitions of crimes*); **~verfahren** *n* (method of) reasoning by analogy.

Anatomievertrag *m agreement to release body or organs upon death for anatomical or surgical use.*

anbahnen *vt* to prepare the ground, to pave the way, to introduce; **sich ~** to be in the offing.

Anbau *m* **I** cultivation, tillage, crop growing; **~beschränkung** *f* restriction on cultivation; acreage restriction; crop restriction; **~fläche** *f* area under cultivation, acreage; **~prämie** *f* premium for cultivation; **~teile** *f* add-on components; **~verträge** *f* planting contracts.

Anbau *m* **II** (*pl Anbauten*) annex, extension, out-building; construction of an annex, enlargement of a building, *pl* structural additions, attachments to buildings.

anbauen I *vt* to plant, to cultivate (*land, vegatables, etc*).

anbauen II *vt* to add (*to a building*), to annex, to make a structural addition to, to add an extension.

anbelangen *vt* to concern.

anberaumen *vt* to set down, to fix a date (*for a hearing, a meeting*).

Anberaumung *f* setting down (for trial).

Anbetracht *m* **in ~** (*dessen*) bearing in mind (*sth*) (*preamble formula*), considering.

anbetreffen *vt* to concern.

Anbieten *n* solicitation, offering, holding for sale; **kartellmäßiges ~** collusive pricing.

anbieten *vt* to offer, to tender, to propound, to bid.

Anbietende(r) *f(m)*(*der Anbietende*) offeror.

Anbieter *m* **/-in** *f* tenderer, bidder, supplier; **~inflation** *f* supply inflation; **Internet~** internet provider.

Anbietungspflicht *f* obligation to offer for sale, obligation to treat.

anbringen, *vt* to affix, to attach, to instal(l); **ständig gut sichtbar ~** to be kept constantly exhibited / easily visible.

Anbringung *f* attachment, installation.

Anciennität *f* seniority.

andauern *vi* to continue, to persist.

Anderdepot *n* trust deposit (account), third-party securities deposit.

anderenorts *adv* (*abbr* **a.a.O.**) in alio loco (*citation*).

Anderkonto *n* trust account (*of lawyer or notary*), client account, third party security account.

ändern *vt* to change, to alter, to modify, to amend; **sich** ~ to vary, to change.

Änderung *f* change, alteration, modification, variation; ~ **der Rechtsprechung** change in (the trend) of court findings; ~ **der Verhältnisse** variation of the circumstances; ~ **der Gesellschaftsform** change in the (legal) structure of a business, business form (*corporate, partnership, etc*); ~ **des Grundkapitals** change in the stock capital, change in the capitalization; ~ **des rechtlichen Gesichtspunkts** change of the legal aspect (*concerning a criminal charge*); ~ ***e-es*** **Gesetzes** amendment to an Act; ~ **im Strafmaß** change of sentence; ~ **oder Wegfall der Geschäftsgrundlage** ≈ frustration of contract, *fundamental change or cessation of the conditions underlying the transaction*; **~en und Ergänzungen** modifications and amendments; changes and additions; **~santrag** *m* motion for an amendment; **~sauftrag** *m* change order, instructions to change; **technischer ~~** engineering change order; **~sbefugnis** *f* power to vary; authority to make changes or amendments; **~sbescheid** *m* amending decision; **~sbeschluss** *m* amending order, amending resolution; **~sbuchung** *f* corrective entry, offsetting entry; **~seintragung** *f* recording of changes, amending entry (*in a register*); **~sgesetz** *n* amending act; **~sklausel** *f* escape clause; **~skündigung** *f* notice of termination pending a change of contract; **~sprotokoll** *n* minutes recording a change or correction; **~srecht** *n* right to require a change; **~svorbehalt** *m* proviso to make unilateral changes (*price, other terms*); **~svorschläge** *m/pl* **machen** to make proposals for amendment; ~ **von Amts wegen** amendment by the court of its own motion; ~ **vorbehalten** subject to change without notice, subject to alterations; **bauliche** ~ structural alteration; **etwaige ~en** changes as they occur; any changes; **grundlegende** ~ fundamental change; **nachträgliche** ~ retrospective modification; **redaktionelle** ~ drafting amendment; **stufenweise** ~ **des Interventionspunktes** crawling peg, step-by-step changes in the intervention point; **unbefugte** ~ **von Urkunden** unauthorized alteration of documents; **wesentliche** ~ substantial change, material alteration.

andeuten *vt* to indicate, to hint at, to allude to, to intimate.

Andeutung *f* a hint, allusion, indication; **versteckte** ~ innuendo (*defamatory*), hidden allusion, intimation.

andienen *vt* to tender, to offer to sell to a public authority, to offer one's services.

Andienung *f* tendering, offering for sale to public authorities, delivery; **~srecht** *n* right of tender.

Andreaskreuz *n* railway crossing sign.

Andrehen *n* (*jd-em etw andrehen*) palming off on *s.o.*, swindling *s.o.* into buying *sth*.

androhen *vt* to threaten, to warn of.

Androhung *f* threat, warning; ~ **der Entlassung** threat of dismissal; ~ **der Kaduzierung von Kapitalanleihen** threat of a possible forfeiture of shares; ~ ***e-er*** **Ausschlußfrist** warning of a final time limit (*after which no further submis-*

sions will be accepted by the court); ~ ***e-es* Versäumnisurteils** warning that judgment in default will be obtained (*if lawyer fails to appear again*); ~ **gemeingefährlicher Verbrechen** threat of felonies entailing common danger; **bei ~ von Freiheitsstrafe** by threatening a penalty of imprisonment; **ohne weitere ~** without further warning; **unter ~ *e-er* Gefängnisstrafe** under pain of imprisonment.

aneignen *vt reflex* (*sich etw ~*) to appropriate (improperly), to usurp, to appropriate for one's own use and benefit, to possess oneself of *sth*; **sich etwas widerrechtlich ~** to appropriate unlawfully.

Aneignung *f* appropriation, occupancy, original occupation (*of property which belongs to nobody*); **~srecht** *n* right of appropriation; **rechtswidrige ~** conversion, misappropriation; **widerrechtliche ~** conversion, misappropriation.

Anerbe *m* /**Anerbin** *f* exclusive heir to a farm, heir to farm property in fee tail.

Anerben|gericht *n* hereditary farm court; **~gut** *n* entailed farm estate; **~recht** *n* entail on farm property (*in the former British Occupation Zone of Germany*).

anerbieten *v reflex* to offer (*one's services*), to tender.

Anerbieten *n* offer (*of services, to do sth*); ~ **von Dienstleistungen** offer of services.

anerkannt *adj* approved, accepted, acknowledged, recognized; **allgemein ~** generally recognized; **als gültig ~** recognized as valid, accepted; **gegenseitig ~** mutually recognized.

anerkanntermaßen *adv* avowedly, admittedly.

anerkennen *vt* to recognize, to acknowledge, to accept; **nicht ~** to disown, to repudiate, to deny.

Anerkenntnis *n* recognition, acknowledg(e)ment, cognovit (*in court*); ~ **der Vaterschaft** (*recorded*) acknowledgment of paternity, recognition of paternity; **~schreiben** *n* letter of acknowledg(e)ment; **~urteil** *n* judgment by confession; **gerichtliche ~** recognition by the court, → *Anerkennung*; **schriftliches ~** acknowledg(e)ment in writing.

Anerkennung *f* acknowledg(e)ment, recognition, acceptance; ~ **der Vaterschaft** acknowledg(e)ment of paternity; ~ ***e-es* Testaments** acceptance of legality of a will; **~sgebühr** *f* nominal fee, symbolical fee; ~ **von Ansprüchen** acceptance of the claims; **de facto ~** de facto recognition, recognition as a de facto government; **de jure ~** de jure recognition, formal recognition (*of a state, a government*); **diplomatische ~** diplomatic recognition; **einseitige ~** unilateral recognition; **endgültige völkerrechtliche ~** *int* final public recognition, formal / de jure recognition, definitive recognition; **gegenseitige ~** mutual recognition, reciprocal recognition; **gerichtliche ~** recognition in court, → *Anerkenntnis*; **ohne ~ *e-er* Rechtspflicht** ex gratia, without prejudice, without admitting legal responsibility; **staatliche ~** governmental recognition; **steuerliche ~** admission for tax purposes; **UN-Übereinkommen über die ~ und Vollstreckung ausländischer Schiedssprüche** (= *New York-Übereinkommen*) *int* United Nations Convention on the Recognition and Enforcement of Foreign Arbitral Awards (= *New York Convention*).

Anfahrtsweg *m/pl* access route; approach road.

Anfall *m* incidence, accrual, devolution, yield; ~ **des Fonds** items accruing to a fund; ~ ***e-er* Erbschaft** devolution of an inheritance; ~ ***e-er* Steuer** incidence of a tax; ~ ***e-es* Rechts** giving rise to a right, accrual of a right, accession of right; **~sberechtigte(r)** *f(m)* beneficiary, reversioner; **~srecht** *n* right to reversion; **~stag** *m* date of accrual.

anfallen *vt* to accrue, to become available, to occur, to devolve upon.

anfällig *adj* susceptible; sensitive, prone.

Anfälligkeit *f* sensitivity; susceptibility; proneness (to).

Anfang *m* beginning, commencement, inception, opening, start; **~sbestand** *m* opening inventory, opening balance, initial balance; **~sbestellung** *f* initial order; **~sbilanz** *f* opening balance; **steuerliche ~~** opening balance for tax purposes; **~sdividende** *f* initial dividend; **~sgehalt** *n* starting salary, initial salary; **~sguthaben** *n* initial credit balance, opening credit; **~skapital** *n* original assets, initial capital, start-up capital; **~skurs** *m* opening price (*for listed securities*), first quotation; **~splädoyer** *n* opening statement (*in court*), counsel's opening speech; **~sschuld** *f* initial liabilities; **~sstadium** *n* initial stage; **~stag** *m* date of commencement; **~stermin** *m* commencing date; **~sverdacht** *m* probable cause (*for prosecutorial action*); **~svermögen** *n* original assets, initial property (of a spouse); **~svermögensübersicht** *f* initial survey of assets, initial status; **~sverpflichtung(en)** *f* initial liabilities; **~sverzug** *m* initial delay; **~swert** *m* initial value, original value; **von ~ an** from the beginning, ab initio, ex tunc.

Anfänger *m* /**-in** *f* novice, beginner, learner, tyro.

anfechtbar *adj* voidable; annullable, defeasible, challengeable, contestable, controversial; debatable, subject to appeal, not final; **nicht ~** noncontestable; final.

Anfechtbarkeit *f* voidability, annullability, defeasibility, relative nullity; contestability, appealability.

anfechten *vt* to rescind, to avoid, to annul (*an instrument, an obligation, a contract*); to challenge, to contest (*a will, the validity of sth*); to revoke; to appeal (*from judgment*).

Anfechtung *f* rescission, avoidance nullification (*act, instrument, contract etc*); contesting, challenging, appeal (*judgment, decision*); **~ der Ausschlagung** revocation of a disclaimer (*to an inheritance*); **~ *e-es* Patents** contesting a patent; **~sbefugnis** *f* authority to rescind; **~sberechtigte(r)** *m(f)* party legally entitled to rescind; **~serklärung** *f* notice of avoidance; **~sfrist** *f* statutory time limit for an avoidance (*or the lodging of a legal remedy or an appeal*); **~sgegner** *m* /**-in** *f* addressee of a notice of avoidance; **~sgesetz** *n* *Creditors' Avoidance of Transfers Act (1898)*, → *Gläubigeranfechtungsgesetz*; **~sgrund** *m* grounds for avoidance, grounds for appeal; **~sklage** *f* action to rescind, action for avoidance, action to set aside, rescissory action, impeachment action; **~sklausel** *f* avoidance clause; **~srecht** *n* right of rescission, right to nullify, right of avoidance; **~sstreit** *m* annulment suit; **~ von Verwaltungsakten** legal challenge to administrative action; **~ von Willenserklärungen** rescission of legally binding declaration of intent; **außerkonkursmäßige ~** non-bankruptcy avoidance (*of debtor's preferential transactions*).

anfertigen *vt* to make, to manufacture to order, to prepare (*a brief, a translation*); to taylor-make.

Anfertigung *f* production, manufacture, fabrication by a craftsman, producing *sth* to order.

anfinanzieren *vt* to provide initial credit, to provide initial finance.

Anfinanzierung *f* initial financing

anfliegen *vt* to provide an air service to, to fly regularly to (*airline*).

Anflughafen *m* a port of call.

anfordern *vt* to demand (*delivery, shipment*), to ask for, to request, to require (*sth to be supplied*), to requisition.

Anforderung *f* demand, request, requisition; requirement; **~en an die Beweisführung** standard of proof; **~sbehörden** *f/pl mil* procurement authorities; **~sbescheid** *m* requisition (decision); **~sprofil** *n* **am Arbeitsplatz** job requirements; **~sschein** *m* requisition form; **auf ~** upon request, on demand; **den gesetzlichen ~en genügen** to meet the legal requirements; **strenge ~ an die Sorgfaltspflicht** high degree of care and diligence required; **terminbedingte ~** liabilities due on specified dates.

Anfrage *f* inquiry, question, interpellation; ***e-e*** **~ positiv beantworten** to give a positive answer to a question, to answer a query affirmatively (or positively); **große ~** major interpellation *const* (*signed by all members of parliamentary party*); **kleine ~** written question, *const* minor interpellation, question (*in parliament*); **mündliche ~** oral question (*by a member of parliament during question time*); **parlamentarische ~** interpellation.

anfragen *vi* to inquire, to make inquiries; **schriftlich ~** to inquire in writing.

anführen *vt* to quote (*author, authority*), to cite (*a precedent, a case*), to adduce (*evidence, arguments*), to allege (*reasons, facts*), to state (*sth in support of an argument*).

Anführer *m* /**-in** *f* leader, leader of a group, gang leader, ringleader.

Angabe *f* indication, statement, specification, declaration, representation, instruction; *pl* information, data, representations, particulars, details, further facts; **~ des Inhalts** ***e-er*** **Sendung** declaration of the contents of a consignment; **~ des Versicherungsnehmers** statement by the insured person; **~pflichten** *f/pl* disclosure requirements; **~n zur Person** personal data (*of person interrogated or examined in court*), name and description; **~ zur Sache** statement(s) concerning the case as such, testimony concerning the issue of the case; **anfallende ~n** supplied data; **ausreichende ~n** sufficient data; **bereinigte ~n** real terms; **bewusst falsche ~n** knowingly false statements; **entstellte ~n** distorted information; **falsche ~(n)** false representation(s); **~ ~(n) machen** to make false statements; **falsche ~ an Eides statt** false statement in lieu of an oath; **gegenwartsnahe ~n** up-to-date figures and data; **irreführende ~n** fraudulent representation(s), misleading statements; **konkrete ~n** definite data; **laut ~** as per statement, according to (your) instruction(s); **mit ~ der Gehaltsansprüche** stating salary; **nach ~** pursuant to (the description); **nach ~ des Kunden gefertigt** made to order; **nach ~n des Zeugen** according to the testimony of the witness; **nach unseren ~n** according to our instructions; **nachprüfbare ~n** verifiable allegations; **nähere ~n** further (and better) particulars; **ohne ~** not stated; **ohne ~ von Gründen** without giving (any) reasons, without stating reasons; **rechtserhebliche ~n** relevant statements, relevant information; **sachdienliche ~n** pertinent data, relevant information; **seine ~n beschwören** to swear to the truth of one's statement, to give one's testimony on oath; **statistische ~n** statistical data; **tatsächliche ~n** (factual) data, facts and figures; **unrichtige ~n** incorrect data, misrepresentation(s); **unter ~ von Gründen** setting forth the reasons, with the giving of reasons; **vierteljährliche ~n** quarterly data; **vollständige ~n** full particulars; **wahrheitsgetreue ~n** truthful statement, true statement; **wesentliche ~n** material representations; **widersprechende ~n** contradictory statements; **zweckdienliche ~n** relevant information.

angeben *vt* to state, to utter, to name (a person, a witness); **näher ~** to specify, to itemize; (**wie**) **oben angegeben** (as) stated above; **zu hoch ~** to overstate.

angeblich *adj* alleged, ostensible, purported, reputed, would-be.

Angebot *n* **I** offer (*contract*) (= *o*-), proffer, proposal, bid (*auction*), tender (*performance, payment*); ~ **der Wiedergutmachung** *o*- of amends (*defamation*); **~sausschreibung** *f* invitation to tender; **~sbindefrist** *f* bid acceptance period; acceptance deadline; **~seinholung** *f* request to submit *o*-; **~sempfänger** *m* / **-in** *f* offeree; **~skalkulation** *f* pricing of an *o*-, pricing of a quotation; **~sliste** *f* list of what is on *o*-, offering sheet (*bank*); **~smuster** *n* sample *o*-; **~spreis** *m* **des Verkäufers** price quoted by seller; vendor's price; **~szwang** *m* compulsory requirement to offer *sth* (*to a public authority or to a bidder*); **abgeändertes** ~ qualified *o*-, amended *o*-; **annehme** ~ take *o*- (*telegram*); **befristetes** ~ *o*- open until a specified time only; **bemustertes** ~ sampled *o*-; **bindendes** ~ firm *o*-, binding *o*-; **ein** ~ **abgeben** to submit a tender; **ein** ~ **machen** to offer, to make an *o*-, to tender; **ein** ~ **zurücknehmen** to withdraw an *o*-; **ernstgemeintes** ~ serious *o*-, serious-minded *o*-; **freibleibendes** ~ *o*- without engagement, non-binding *o*-, revocable *o*-, *o*- subject to confirmation; **gekoppeltes** ~ combination *o*-, joint *o*-; **laufendes** ~ current *o*-; **mündliches** ~ verbal *o*-, oral *o*-; **öffentliches** ~ public *o*-, general *o*-; **schriftliches** ~ *o*- in writing, written proposal; **ständig aufrechterhaltenes** ~ standing *o*-; **stillschweigendes** ~ implied *o*-; **unverändertes** ~ standing *o*-; **unverlangtes** ~ unsolicited *o*-; **ursprüngliches** ~ original *o*-; **verbindliches** ~ firm bid, binding *o*-; **vorbehaltloses** ~ unconditional *o*-.

Angebot *n* **II** supply (*market*); ~ **an Arbeitskräften** availability of labo(u)r; **~sdruck** *m* supply-push, pressure of supply (*on the market*); **~slage** *f* supply situation; **~smonopol** *n* monopoly of supply; **~spotential** *n* supply potential; ~ **und Nachfrage** supply and demand; **~s-** ~ **~gesetz** *n* law of supply and demand; **reichhaltiges** ~ abundant choice of goods;

angebotsinduziert *adj* supply-induced (*recession*).

angebracht *adj* appropriate, suitable, proper; **soweit** ~ where appropriate.

angefochten *adj* avoided, annulled, rescinded; **nicht** ~ unrescinded, unchallenged.

Angehörige(r) *f(m)* **I** (*der Angehörige*) (*pl Angehörige*) relatives, *persons related by blood, marriage, adoption, or betrothal* (*including ex-spouses*); **~nbürgschaft** *f* surety given by relative (*of debtor*), bank guarantee given by relative of debtor.

Angehörige(r) *f(m)* **II** (*der Angehörige*) (*pl Angehörige*) member (*of a public service or community*); ~ **des öffentlichen Dienstes** public servant, official; ~ ***e-es*** **Staates** national / citizen of a country.

Angeklagte(r) *f(m)* (*der Angeklagte*) the accused (*after committal for trial*), the defendant (*in a criminal case*), *GB* prisoner at the bar (*if under arrest*), → *Beklagte(r)*; **der** ~ **in der Hauptverhandlung** the defendant (during the trial), the accused.

Angeld *n* earnest (money), deposit.

Angelegenheit *f* the matter; the case; **~en der freiwilligen Gerichtsbarkeit** ex parte jurisdiction matters; ~ **von Bedeutung** a matter of importance; **amtliche** ~ official matter; **auswärtige ~en** foreign affairs, external affairs; **die bewusste** ~ the matter referred to, the (afore)said case; ***e-e*** ~ ***e-em*** **Anwalt übergehen**, to pass a matter on to a lawyer (a solicitor); to put a matter in the hands of an attorney; **innere ~en** home affairs, internal matters; **innerstaatliche** ~ matter of domestic concern, internal affairs; **nationale ~en** matters of national concern; **öffentliche** ~ *sth* of public concern, public affair; **personelle ~en** private affairs; **persönliche** ~ private matter; **so-**

ziale ~en matters of social concern; **streitige ~** controversial matter.

angelernt *adj* semi-skilled; trained-on-the job.

Angelschein *m US* license / *GB* licence to fish, rod license.

angemeldet *adj* registered, notified; declared (*customs*).

angemessen *adj* adequate, reasonable, fair and reasonable, appropriate, reasonable und proportionate.

Angemessenheit *f* reasonableness, adequacy, sufficiency.

angenommen *pp* accepted (*offer*); *conj* assuming that.

angerechnet werden (→ *anrechnen*) to be credited, to be given credit for, to be considered (*in sentencing*), to make an allowance for (*pre-trial confinement*).

angereichert *adj* enriched, augmented.

angeschlossen *adj* attached to, affiliated with, joined to.

Angeschuldigte(r) *f(m)* (*der Angeschuldigte*) the person charged; indictee, indicted person, the accused, (*a person charged but not yet committed for trial*).

angesehen *adj* reputable.

angesichts in view of, whereas, aware (of); **~ dessen, dass** noting that (*preamble phrase*).

angespannt *adj* strained, tight (*financial condition, money market*).

Angestellte(r) *f(m)* (*der Angestellte*) (salaried) employee, salary earner, white collar worker; **~ im öffentlichen Dienst** employee in the civil service, civil servant; **~nberuf** *m* white-collar occupation; **~ngehälter** *n/pl* staff salaries; **~ngewerkschaft** *f* employees' union; **~nkasse** *f* employee pension fund; **~nrente** *f* employees' pension (*from social insurance*); **~nunterstützungskasse** *f* employee provident fund; **~nversicherung** *f* social insurance for (salaried) employees; obligatory employees' insurance; **auf Probe ~r** trial employee, employee working for a trial period; probationer; **Bundes-~ntarif-Vertrag** (*abbr* **BAT**) Federal Collective Agreement for Public Employees; **Bundesversicherungsanstalt für ~** (*abbr* **BfA**) Federal Insurance Institution for Salaried Employees; **leitende ~** (*high-up*) managerial employees, senior executive, executive employees, (*entitled to employ and discharge others*); managerial staff.

angestelltenversicherungspflichtig *adj* subject to social insurance for employees.

Angewiesene(r) *f(m)* (der Angewiesene) drawee.

angleichen *vt* to harmonize, to adjust, to assimilate, to approximate.

Angleichung *f* alignment, adjustment, harmonization, approximation; **~ der Besteuerungsverfahren** approximation of methods of taxation; **~ der Mehrwertsteuer** *EU* alignment of value added tax; **~ der Rechtsvorschriften** *EU* (*der Mitgliedstaaten*) approximation of the laws (*of the member states*); approximation of legal provisions; **~ der Steuersätze** alignment of rates; **~ von Zollsätzen** alignment of customs duties.

angliedern *vt* to join, to attach, to affiliate with (to), to annex.

Angliederung *f* inclusion, affiliation; *pol* annexation.

angreifen *vt* to attack, to assail, to assault (*with physical violence*).

Angreifer *m* /**-in** *f* assailant, attacker *pol/mil* aggressor.

angrenzen *vi* to border (upon), to be adjacent (to).

angrenzend *adj* adjacent, abutting, contiguous, adjoining.

Angrenzer *m* /**-in** *f* immediate neighbo(u)r, abutting owner, abutter; **~land** *n* contiguous territory, adjoining territory, neighbo(u)ring country.

Angriff *m* attack; **~ auf das Leben** attempt to kill *s.o.*; **~ auf den Leumund des Zeugen** imputation on the character of the witness, discrediting a witness; **~ auf**

den Luftverkehr aggressive acts against air transport; ~ **auf die Menschenwürde** attack upon human dignity; **~sbündnis** *n* offensive alliance; **~shandlung** *f* act of aggression; **~skrieg** *m mil* offensive war; war of aggression, aggressive war; **~smittel** *n* means of prosecuting a case, *mil* offensive means, resources for offensive action; **selbständige** ~~ independent points to support the appeal; **~spunkt** *m* point of attack; target for an attack; **~sstreik** *m* positive strike; **~swaffe** *f* offensive weapon *pl* armaments for offensive war; **~sziel** *n* objective, target; **bewaffneter** ~ armed attack; ***e-en*** ~ **abwehren** to ward off an assault; **gegenwärtiger** ~ imminent attack; ~ **rechtswidriger** ~ imminent unlawful attack; **räuberischer** ~ predatory assault; **rechtswidriger** ~ unlawful attack, assault; **tätlicher** ~ assault.

Angst *f* fear, angst, anxiety; **~kauf** *m* panic buying, scare buying; **~klausel** *f* without-recourse clause (*on bill of exchange endorsement*); **~verkauf** *m* panic sale.

anhaken *vt* to tick off, to check off.

Anhalt *m* supporting fact, clue, criterion.

Anhalte|recht *n* right to stop a person in the street; right of stoppage in transitu; **~- und Umladerechte** *n/pl* (*e-es Versenders*) privilege of transit; **~weg** *m* distance required to bring a vehicle to a stop.

Anhalter *m* /**-in** *f* hitchhiker; **~verkehr** *m* hitchhiking.

Anhaltspunkt *m* clue, indication, criterion; **konkreter** ~ definite point, clue, clear indication.

Anhang *m* supplement, addition, annex, appendage, appendix, rider (*to a bill*), schedule (*to an Act*), allonge (*to a bill of exchange*), codicil (*to a will*), dependants (*family*); *pol* following, followers; **~sbudget** *n* supplemental budget; **~steuer** *n* supplementary tax; **im** ~ **zu diesem Vertrag** annexed to this contract.

Anhängeadresse *f* tag, tie-on label, luggage label.

anhängen *vt* to affix, to annex, to append.

Anhänger *m* /**-in** *f* **I** *pol* follower, supporter, adherent partisan.

Anhänger *m* **II** trailer; **~last** *f* towed load; **~vorrichtung** *f* trailer hitch; **leichter** ~ light trailer.

Anhängeverfahren *n* supplementary proceedings.

anhängig *adj* pending, pendente lite.

Anhängigkeit *f* pendency; ~ ***e-es*** **Strafverfahrens** pendency of prosecution.

anhäufen *vt* to accumulate, to amass, to stock-pile, to pile up, to snowball; *v reflex* to accrue, to accumulate.

Anhäufung *f* accumulation (*of capital*), agglomeration, long series (of); ~ **von Reserven** pyramiding of reserves.

anheben *vt* to increase (*prices*), to raise, to mark up.

Anhebung *f* price increase, upward price adjustment.

anheimfallen *vi* to devolve upon, to revert to, to escheat, → *Heimfall.*

anheimgeben *vi* to suggest to *s.o.* (*judge to a party or counsel*).

anheimstellen *vi* to suggest for consideration, to leave it to *s.o.* (*to s.o.'s discretion*), to request (*indirectly*), to submit to.

anheuern *vt* to recruit, to hire, to sign on (up), *mar* to sign articles (*seamen*).

Anheuerung *f* hiring, signing up.

Anhören *n* informal hearing, granting a hearing; opportunity to be heard; **nach** ~ after giving an opportunity for an explanation, after having heard.

anhören *vt* to hear *s.o.*, to give *s.o.* an opportunity to be heard, to grant a hearing to *s.o.*, to give *s.o.* an audience.

Anhörung *f* informal hearing, granting a hearing; opportunity to be heard; **~srecht** *n* right to be heard; **~sverfahren** *n* (public) hearing (procedure); **nach** ~ **der Zeugen**

after hearing the witnesses informally; **mündliche** ~ informal hearing; **öffentliche** ~ public hearing.

Ankauf *m* purchase, buying; **~sermächtigung** *f* authority to purchase; **~sgenehmigung** *f* purchase approval, permission to buy; **~skonsortium** *n* buying syndicate; **~skurs** *m* buying rate; **~soption** *f* option to purchase; **~spreis** *m* purchase price, buying-in price; **An- oder Verkaufspreise** *pl* purchase or selling prices; **~srechnung** *f* invoice (*covering a purchase*); **~srecht** *n* option to purchase, right of purchase; **~swert** *m* purchase value; **freihändiger** ~ purchase by private contract, private purchase.

ankaufen *vt* to purchase, to buy.

Ankäufer *m* /**-in** *f* purchaser, buyer.

ankaufsfähig *adj* purchasable (*goods, valuables*); discountable (*bills of exchange*).

Ankergebühr *f* anchorage, groundage, keelage.

Ankerrecht *n* right of anchoring, anchorage, keelage.

anklagbar *adj* prosecutable, indictable.

Anklage *f* accusation, charge, indictment; (the) prosecution; **~bank** *f* dock; **~behörde** *f* the prosecution, the public prosecutor, *US* District Attorney (*abbr* D.A.) / *GB* Director of Public Prosecutions; ~ **erheben** to charge, to indict, to prefer charges; **~erhebung** *f* formal accusation, preferring charges, preferment, indictment; **~erzwingung** *f* compelling the public prosecutor to prefer charges, → *Klageerzwingungsverfahren*; **~grundsatz** *m* principle of ex officio prosecution; **~monopol** *n* sole right of the state to institute criminal proceedings; **~prinzip** *n* principle of ex officio prosecution; **~punkt** *m* count of a charge; **~rede** *f* opening statement by the prosecutor; **~schrift** *f* bill of indictment, charge, charge sheet, charge and bill of particulars, indictment, written accusation; **~nverbindung** *f* joinder of indictments; **~vertreter** *m* /**-in** *f* counsel for the prosecution, prosecutor, prosecuting attorney, prosecuting counsel; **~zwang** *m* compulsory public prosecution of crimes; **die** ~ **vertreten** to prosecute, to act for the prosecution; ***e-e*** ~ **erhärten** to support a charge; ***e-e*** ~ **fallenlassen** to drop a charge; ***e-e*** ~ **verfolgen** to prosecute, to press charges; to proceed with a charge; ***jd-en*** **in den ~zustand versetzen** to commit *s.o.* for trial; **öffentliche** ~ accusation, charge, indictment; (the) prosecution; **unter** ~ **stehen** to be accused; **unter** ~ **stellen** (*wegen*) to charge *with*, to arraign *for*, to indict; **von** ***e-er*** ~ **absehen** to drop a charge.

anklagefähig *adj* suitable for a criminal charge, indictable.

anklagen *vt* to accuse, to charge (*with a crime*), to indict, → *verklagen*, to impeach (*in impeachment proceedings only*); **erneut** ~ to reaccuse, to charge again.

Ankläger *m* /**-in** *f* accuser, arraigner, public prosecutor, counsel for the prosecution, → *Kläger*.

anknüpfen *vt* (*Verhandlungen*) to enter into (*negotiations*), (*Beziehungen*) establish (*contacts, connections*); *v reflex* ~ **an** to pick up from there, to resume, to continue with (*an idea, topic*).

Anknüpfungs|punkt *m* connecting factor, point of reference, point of linkage, jurisdictional basis, point of contact; **~tatsachen** *f* tying-in facts, facts of reference.

ankreuzen *vt* to tick, to mark with a cross; **das Kästchen** ~ to mark the box with a cross, to tick the box.

ankündigen *vt* to announce, to give prior notice.

Ankündigung *f* announcement, notification, notice, warning; **~sschreiben** written notice; **öffentliche** ~ public announcement; **ohne** ~ without a moment's warning, without notice; **ohne vorherige** ~ without prior notice.

Ankunft *f* arrival; **~sflughafen** *m* airport of arrival, **~shafen** *m* port of arrival; **~smeldung** *f* notice of arrival (*consignment*); **~sort** *m* place of arrival; **~sschiff** *n* incoming ship; **~swert** *m* value upon arrival; **~szeit** *f* time of arrival **wahrscheinliche ~~** expected time of arrival; **planmäßige ~** scheduled arrival; **voraussichtliche ~** expected time of arrival (*abbr* E.T.A.).

ankurbeln *vt* to stimulate (*business*).

Ankurbelung *f* stimulation (*business*), pump-priming, boosting (*of the economy*).

Anlage *f* **I** investment (= *inv*), placement; invested capital, capital assets, fixed assets; **~aktien** *f/pl inv* stocks; **~bedarf** *m inv* requirements; **~berater** *m* /**-in** *f inv* adviser, *inv* consultant; **~bereitschaft** *f* willingness to invest, propensity to invest; **~bewertung** *f inv* rating; **~disposition** *f/pl inv* decision; **~erträge** *f inv* income; **~fonds** *m inv* funds; **~form** *f* form of *inv*, type of *inv*; **~gesellschaft** *f inv* company; **~güter** *n/pl* capital goods; capital equipment; **bewegliche ~~** movable assets; **geringwertige ~~** low-value capital goods; **~investitionen** *f/pl inv* in fixed assets; **~investitionen der Unternehmen** fixed *inv* by companies; **~kapital** *n* invested capital, *inv* capital, permanent capital, fixed capital, business capital; **~käufe** *m/pl inv* buying, portfolio buying; **~klima** *n inv* climate; **~konto** *n inv* account; **~kosten** *f* plant expenses; initial capital expenditure; **~kredit** *m inv* credit; **~kundschaft** *f* investing customers; **~mittel** *n/pl inv* resources; **~möglichkeit** *f* opportunity for employment of funds, *inv* opportunity; **~nabgänge** *m/pl* disposals of fixed assets, *US* retirements; **~nabschreibung** *f* equipment depreciation, *inv* depreciation; **~nbewertung** *f inv* evaluation; **~nbuch** *n* property ledger; **~nbuchhaltung** *f* fixed asset accounting; *inv* accounting; **~nfinanzierung** *f* financing of *inv-s*; **~ninvestitionen** *f* fixed *inv*; **~nkonto** *n* fixed asset account; *inv* account; **~nmiete** *f inv* rental; **kalkulatorische ~~** calculated systems rental; **~npalette** *f* range of *inv-s*; **~nrendite** *f inv* yield, compound yield; **~nsicherheit** *f* safety of (nuclear) installations; **~nspiegel** *m* investors' guide; **~nstreuung** *f inv* diversification; **~nüberträge** *f* transfer of fixed assets; **~numbuchungen** *f* reclassification of fixed assets; **~nvermittlungsbüro** *n inv* exchange, *inv* brokerage; **~nwagnis** *n* fixed asset contingency, fixed asset risk, *inv* risk; **~nwerte** *m/pl inv* securities, *inv-s*, fixed assets; **festverzinsliche ~~** fixed income *inv*; **~nzugänge** *m/pl* additional fixed assets; **~objekt** *n* object of *inv*, *inv* item; **~papiere** *f/pl inv* stocks and shares, *inv* securities; **~plan** *m inv* plan; **~politik** *f inv* policy; *inv* strategy; strategy of *inv*; **~titel** *m inv* security; **~umdisposition** *f* policy of switching *inv-s*, changing form of *inv*; *inv* switch; **langfristige ~~** long-term policy of switching *inv-s*; **~vermittler** *m* /**-in** *f inv* broker; **~vermögen** *n* capital assets, fixed assets, net tangible assets, invested capital, fixed capital, fixed property *inv*; **~~ zum Anschaffungswert** fixed assets valued at cost, **bewegliches ~~** movable property *inv*; **~ von Bankgeldern** *inv* of bank funds, **~wagnis** *n inv* risk; **~wechsel** *m* change of *inv*; **~wert** *m inv* value; **~werte** *pl inv-s*, assets; **immaterielle ~~** intangible assets; **~wertpapier** *n inv* (security); **~willige(r)** *f(m)* would-be investor, person willing to invest; **~zuwachs** *m* growth in capital assets; **einträgliche ~** remunerative *inv*; **ertragbringende ~** remunerative *inv*, with-profits *inv*; **festverzinsliche ~** (fixed-) interest-bearing *inv*; **gewinnbringende ~** profitable *inv*; **immaterielle ~werte** *pl* intangible assets; **kurz-**

fristige ~n short-term *inv*; **langfristige ~** long-term *inv*; **liquide ~n** liquid assets, quick assets; **mündelsichere ~** legal *inv*, trustee *inv*; **werbende ~** productive *inv*.

Anlage *f* **II** installation, plant, works (*of an enterprise*); facilities; **~n im Bau** works in progress; **~nsicherheit** *f* plant security (*eg nuclear power stations*); **bauliche ~n** building structures; **feuergefährliche ~n** fire hazardous installations; **genehmigungspflichtige ~n** installations requiring official permit; **gewerbliche ~n** industrial plant and equipment; **maschinelle ~n** plant facilities; **militärische ~n** military property; **öffentliche ~n** public grounds, ornamental grounds, public gardens; **sanitäre ~n** hygiene facilities; **störende ~n** disturbing installations.

Anlage *f* **III** enclosure, annex; exhibit (*Schriftsatz*); **aus der ~ ersichtlich** set forth in the enclosure; **in der ~** enclosed (*herewith*).

anlagescheu *adj* reluctant to invest, reluctant to put capital at risk.

anlanden *vt* to land.

Anlandsetzen *n* putting ashore.

Anlandung *f* landing, accretion (*washing up of sand or soil*), alluvion.

Anlass *m* occasion, cause, motive; **~aufsicht** *f* supervision when required (*by an occurence*); **begründeter ~** just cause, good cause; **berechtigter ~** good grounds (for), reasonable cause; **erheblicher ~** perfectly good cause; **früherer ~** previous occasion; **konkreter ~** definite cause, certain occasion.

anlässlich *prep* on the occasion of, in the course of, incidental to.

anlastbar *adj* chargeable, imputable (to).

anlasten *vt* to blame (for), to accuse of being at fault, to impute, to put the blame on.

Anlaufhafen *m* port of call.

Anlauf *m* start-up, run-up; **~kosten** *f/pl* launching costs, start-up costs; **~kredit** *m* pump-priming credit; **~produktion** *f* initial production; **~sfrist** *f* start-up period, initial period; **~verlust** *m* initial loss; **~zeit** *f* warming-up time (*production, workers*), start-up period, time for adaptation, warm-up.

Anlege|gebühr(en) *f/pl* moorage, quayage, moorage fees; quay dues, dockage; **~stelle** *f* dock, mooring platform; **öffentlicher ~platz** *m* public wharf.

anlegen *vt* to invest; **befristet ~** to invest for a fixed term; **verzinslich ~** to invest for interest.

Anleger *m* /**-in** *f* investor; **~publikum** *n* investors, investing public; **~schicht** *f* class of investors; **~schutz** *m* protection of investors; **institutioneller ~** institutional investor(s) (*banks, insurance companies*); **liquide öffentliche ~** public authorities with liquid funds available.

Anlegung *f* investment; planning.

Anlehnung *f* dependence, imitation, borrowing; **in ~ an** analogous to, by analogy to, in conformity with, following.

Anleihe *f* loan, (*borrowing by issuing bearer bonds*), bond issue; **~ablösung** *f* loan redemption, redemption of a bond issue (or series); **~ablösungsschuld** *f* bond redemption indebtedness; **~aufnahme** *f* raising (floating) of a loan; borrowing; **~ausstattung** *f* loan terms; **~bedarf** *m* demand for public loans; borrowing requirements; **~bedingungen** *f* loan terms; **~begebung** *f* issue of a loan; **~dienst** *m* service of the loan; **~emission** *f* issue of a loan; **~erlös** *m* proceeds of bonded loan; **~ermächtigung** *f* authority to borrow; **~finanzierung** *f* raising funds by way of bonds; financing by placing fixed interest-bearing securities; **~forderung** *f* (claim to repayment of) bonded debt; **~garantie** *f* bond guarantee; **~gläubiger** *m* /**-in** *f* bond creditor(s); **~kapital** *n* loan capital, bonded debt; **~konsortium** *n* loan placement syndicate, consortium; **~konversion** *f* conversion of bonds (*into shares*); **~laufzeit** *f* term of a loan; **~markt** *m* bond market; **~ mit variablem Zinssatz** floating rate bond; **~mittel** *n* resources derived from the issue of bonds; **~n der öffentlichen Hand** public bonds; **~nehmer** *m* /**-in** *f* borrower; **~n im Umlauf** bonds in circulation; **~papier** *n* bond certificate; **~politik** *f* borrowing policy; **~rendite** *f* loan yield; **~schuld** *f* bonded debt, bond obligation, indebtedness under a bond issue; **~schuldner** *m* /**-in** *f* debtor (*public loan*); **~schuldverschreibung** *f* public bond, debenture; **~stock** *m* loan fund; **~tilgung** *f* repayment of loan, redemption of bonds; **~typ** *m* type (or category) of bonds, class of bonds; **~umschuldung** *f* loan rollover, rescheduling; **~umwandlung** *f* bond conversion into shares; **~verpflichtung** *f* obligation under a loan issue; obligation to grant a loan; **~zeichner** *m* /**-in** *f* bond subscriber, subscriber to a public bond issue; **~zeichnung** *f* bond subscription; **~zins** *m* bond / loan interest rate; **ähnlich ausgestattete ~n** loans issued on similar terms; **auf dem ~weg** *m* (raising funds) by means of bonds; **aufgerufene ~n** loans called for repayment; ***e-e*** **~ auflegen** to float a loan, to issue a loan; ***e-e*** **~ aufnehmen** to take up a loan, to contract a loan; ***e-e*** **~ bedienen** to service a loan; ***e-e*** **~ begeben** to issue a loan; ***e-e*** **~ platzieren** to place a loan; ***e-e*** **~ tilgen** to repay a loan, to redeem a bond issue; ***e-e*** **~ unterbringen** to place a loan; ***e-e*** **~ zeichnen** to subscribe for a loan; **dinglich gesicherte ~n** secured bonds; **fundierte ~n** funded bonds; **garantierte ~** guaranteed loan; **konsolidierte ~** consolidated loan; **hypothekarisch gesicherte ~** mortgage bond, loan secured by a mortgage; **kündbare ~** callable loan, redeemable loan; **kurzfristige ~** short-term loan; **langfristige ~** long-term loan, long-term bond (issue); **nicht bediente ~** non-performing loan; **nicht zweckgebundene ~** general purpose loan; **Not leidende ~** troubled loan; **private ~** private loan; **öffentliche ~n** loans of public authorities, bonds issued by public authorities; **öffentliche ~titel** bonds of public authorities; **steuerbefreite ~** tax-free bond, tax-free loan; **steuerbegünstigte ~n** tax-privileged bonds, preferentially taxed bonds; **ungesicherte ~** unsecured loan; **unkündbare ~n** perpetual bonds, non-callable bonds; **untilgbare ~n** non-callable bonds, non-redeemable loan; **üppig ausgestattete ~n** loans on generous terms; **verbriefte ~** bonded loan; **wertbeständige ~** constant value bond, stable-value bond; **zinsvariable ~** floating-rate loan, escalator loan; **zweckgebundene ~** tied loan.

Anleitung *f* direction, instruction; **~shandbuch** *n* book of instructions, service manual.

Anlernen *n* **von Arbeitskräften** on-the-job training.

anlernen von Arbeitskräften to train *s.o.* on the job

Anlernkosten *pl* training costs.

Anlernung *f* on-the-job training.

Anlieferung *f* delivery; **~ frei Haus** door to door delivery; **~skosten** *pl* delivery charge; **~sstelle** *f* place of delivery.

anliegend *part, adj* enclosed, attached hereto; **~senden wir Ihnen** enclosed please find, we enclose.

Anlieger *m* /**-in** *f* adjacent owner, contiguous occupier, abutter, abutting owner, neighbour, riparian proprietor; **~beiträge** *m/pl* municipal development charges (*for properties next to public streets*); **~ frei** resident traffic only; **~gebrauch** *m* (privileged) use by adjacent owners (*by occupiers of premises bordering a public street*); **~grundstück** *n* adjoining real estate, adjoining premises; ~**kosten** *pl* adjacent property charges, road charges; ~**nutzung** *f* → *~gebrauch*; ~**recht** *n* adjoining property rights; ~**siedlung** *f* adjoining housing estate; ~**staat** *m* littoral state, bordering state, neighbo(u)ring state, riparian state; ~**verkehr** *m* passage / through way for residents only, resident traffic (*lawful traffic to and from place in closed street*); ~**verpflichtung** *f* adjacent owners' obligation.

anlocken *vt* to allure, to entice, to bait (*customers*).

anmahnen *vt* to remind (*s.o. of overdue account*), to request payment, to issue a warning (*to pay outstanding accounts*).

Anmahnung *f* reminder; ~ **säumiger Schuldner** sending of reminders to dilatory debtors.

anmaßen *v reflex* to arrogate *o.s.* to, to usurp (*title, office*).

Anmaßung *f* unwarranted assumption of authority; usurpation of office, presumption.

Anmelde|amt *n* receiving office; ~~**sexemplar** *n* home copy; ~**bestimmungen** *f/pl* instructions to applicants, instructions for registration; ~**datum** *n* registration date, filing date; ~**erfordernisse** *n/pl* registration requirements; ~**formular** *n* registration form; ~**frist** *f* time allowed for filing, time for applications; ~**gebühr** *f* registration fee, filing fee, application fee (*patent etc*), entrance fee (*association*); ~**pflicht** *f* compulsory registration, duty to report; ~**prinzip** *n* first-to-file system; ~**priorität** *f* priority of filing date; ~**recht** *n* right to file, right to apply (*for patents*); ~**schein** *m* registration form; ~**schluss** *m* deadline for registration, closing date for filing; ~**stelle** *f* registration office; ~**tag** *m* date of filing; ~**unterlagen** *f/pl* application documents; ~**verfahren** *n* application procedure (*patents*); ~**vordruck** *m* registration form; ~**zeichen** *n* filed trademark; ~**zeitraum** *m* stipulated tax period, declaration period.

anmelde|frei *adj* not subject to notification, not subject to declaration (*customs*); ~**pflichtig** liable to file (*bankruptcy petition*), notifiable.

anmelden *vt* to apply for registration, to register, to announce, to file, to apply for (*patent*), to declare (*customs*); *v reflex* to register (*with residence authorities, → Einwohnermeldeamt, abmelden, ummelden*), to enroll, to sign on; **sich polizeilich** ~ to register with the police.

Anmelder *m* /**-in** *f* registrant, applicant (*patent*), declarant (*customs*); ~ ***e-es*** **Patents** applicant for a patent; **frühere(r)** ~ *pat* prior applicant; **mehrere** ~ multiple applicants; **spätere(r)** ~ *pat* subsequent applicant.

Anmeldung *f* registration, notification, application for registration, advancement (*of a claim*); filing application (*patent*), declaration (*customs*); ~ **des Konkurses** bankruptcy notice; ~ ***e-er*** **Forderung** notice of a claim, = ~ *e-er Konkursforderung*; ~ ***e-er*** **Konkursforderung** proof (of debt) in bankruptcy, proof of debt; ~ ***e-es*** **Warenzeichens** (application for) registration of a trademark; ~ **für eigene Rechnung** declaration on one's own behalf; ~ **für fremde Rechnung** declaration on behalf of another person; ~**sfrist** *f* time limit for filing (*an application for registration*); ~**sgebühr** *f* registration fee; ~**sschein** *m* application blank, registration form; ~**stermin** *m* registration deadline; ~**svordruck** *m* declaration form (*customs*); ~**sunterlagen** *pl* documents in support of registration, registration papers; ~ **von Vermögen** declaration of property / assets; ~ **wegen Wohnungswechsel** notice of change of domicile / address); ~ **zum Handelsregister** application for registration in the Commercial Register; ~ **zum Verkehr** movement certificate; ~ **zur Eintragung in ein Register** application for registration; ***e-e*** ~ **tätigen** to effect an application; ***e-e*** **~ weiterverfolgen** to pursue an application; ***e-e*** **~ zurückweisen** to refuse a patent application; ***e-er*** **~ entgegenstehen** to oppose / interfere with an application (*industrial property rights registration*); **entgegenstehende ~** interfering / opposing application; **frühere ~** prior application; **laufende ~** pending application; **noch nicht verbeschiedene ~** pending application; **polizeiliche ~** registration with the police authorities; **prioritätsbegründende ~** application establishing priority; **schwebende ~** pending application; **spätere ~** subsequent application.

anmerken *vt* to make annotations, to annotate; to comment.

Anmerkung *f* annotation, note, comment, *pl also* explanatory notes.

anmustern *vt* to sign up (*seamen*) → *Anmusterung.*

Anmusterung *f* hiring, signing up engagement of merchant marine staff (*officers, sailors or other employees by the Mercantile Marine Office*) (*Seemannsamt*).

annähern *vt* to approximate.

annähernd *adv* approximately.

Annäherung *f* approximation, *pol* rapprochement; **~ der Zöllsätze** *EU* alignment of customs duties; **~spolitik** *f* policy of rapprochement; **~sprozess** *m* convergence; **~swert** *m* approximation, approximate value; **schrittweise ~** progressive approximation.

Annahme *f* **I** acceptance (= *a*-), adoption, taking delivery (*of goods*); **~ an Erfüllungs Statt** *a*- in lieu of specifically promised performance, *a- of sth different in full discharge of the obligation*; **~ an Kindes Statt**, **~ als Kind** adoption; **~bedingung** *f* condition of *a*-, *pl* terms of *a*-; **~bestätigung** *f* acknowledgement of receipt; **~ des Geschäftsberichts** approval of the annual report; **~ ehrenhalber** *a*- on an honorary basis, *a*- for hono(u)r, *a*-supra protest; **~ *e-er* Erbschaft** *a*-of an inheritance; **~ *e-es* Angebots** *a*- of an offer; **~ *e-es* Antrags** adoption / passing of a resolution, passing of a motion (*meetings*); **~ *e-es* Gesetzes** passing / passage of a law, enactment; **~ *e-es* Vertrages als verbindlich** adoption of a contract as binding; **~ erfüllungshalber** conditional *a*-, *a*- subject to performance (*of the contractual obligation, esp the payment of a US check / GB cheque or bill of exchange*); **~erklärung** *f a*-, declaration of *a*-; **~frist** *f* time for *a*-, term for *a*-, *a*-period; **~kurs** *m a*- rate (*for shares*); **~ mit Einschränkungen** qualified *a*-; **~ nach Protest** *a*- supra protest; **~pflicht** *f* obligation to accept; **~protest** *m* protested refusal to accept; **~schreiben** *n* letter of *a*-; **~stelle** *f* receiving office; **~ unter *e-er* Bedingung** conditional *a*-; **~urkunde** *f int* instrument of *a*-; **~verhinderung** *f* obstruction of *a*-, inability to take delivery; **~ verweigert** delivery refused (*postal service*); **~verweigerung** *f* denial of *a*-, refusal of *a*-, non-*a*-, refusal to accept delivery; **~verweigerungsvermerk** *m* note of refusal, description of refusal; **~verzug** *m* mora accipiendi, default in *a*-, default in taking delivery; **~wille** *m* intention to accept; **ausdrückliche ~erklärung** express *a*-; **bedingte ~** conditional *a*-, qualified *a*-; **die ~ der Leistung ablehnen** to refuse to accept the performance; **die ~ verweigern** to refuse *a*-, to refuse to take delivery; **eingeschränkte ~** qualified *a*-; **glatte ~** clear *a*-; **mangels ~ protestieren** to protest for non-payment; **mangels ~ zurück** returned for want of *a* , returned for non-*a*-; **stillschweigende ~** tacit *a*-, implied *a*-; **uneingeschränkte und unbedingte ~** general *a*-, unqualified and unconditional *a*-, general *a*-; **verspätete ~** late *a*-; **vorbehaltlose ~** outright *a*-, *a*-without reservation.

Annahme *f* **II** assumption, presumption, supposition; **ehrliche ~** firm belief; **in der ~, dass** assuming that, under the assumption that; **irrtümliche** ~ mistaken assumption, erroneous assumption.

annehmbar *adj* acceptable, reasonable, plausible.

annehmen I *vt* to accept, to agree to, to adopt; **einstimmig** ~ to adopt unanimously.

annehmen II *vi* to assume.

Annehmende(r) *f(m)* acceptor (*of a bill of exchange*); the accepting party, the offeree (*who accepts the offer*).

Annehmlichkeit *f* convenience, ease, facility, amenity.

annektieren *vt* to annex (*territory*).

Annektierung *f* annexation.

Annex *m* appendage, annex schedule; **~entscheidung** *f* rulings on motions, auxiliary rulings, *court decisions auxiliary to the main claim, eg setting court costs.*

Annexion *f* annexation (*by occupation or by conquest*); **~spolitik** *f* policy of annexation.

Annonce *f* advertisement, *esp* small advertisement, small ad.

annoncieren *vi* to advertise, to publish an advertisement.

Annuität *f* annuity, annual payment; **~enanleihe** *f* annuity bond; **~enhypothek** *f* redemption mortgage (*equal instal(l)ment of interest and repayment*); **~enversicherung** *f* annuity insurance; **~sdarlehen** *n* annuity loan.

annullierbar *adj* annullable, cancellable, voidable.

annullieren *vt* to nullify, to annul, to cancel, to avoid, to declare null and void.

Annullierung *f* annulment, annulation, rescission, cancellation; ~ ***e-es*** **Vertrages** avoidance / cancellation of a contract; ~ **von Aufträgen** cancellation of orders.

anonymisieren *vt* to make anonymous (*eg personal data*).

Anonymverfügung *f A* administrative sanction against unknown party.

Anonymität *f* anonymity.

anordnen *vt* to direct, to order, to enjoin, to require, to rule; **letztwillig** ~ to direct by last will and testament.

Anordnung *f* **I** order (= *o-*), directive, precept, regulation, rule; ~ **auf Vorlage (***von Urkunden***) bei Gericht** *o-* to produce (*documents in court*); ~ **der Haftentlassung** release *o-*; ~ **der Haftfortdauer** recommitment, remand, *o-* to continue confinement; ~ **der Nachlassverwaltung** administration *o-* (*in respect of a deceased person's estate*); ~ **der Untersuchungshaft** *o-* for pre-trial confinement, *o-* to remand *s.o.* into custody (*pending further investigation*), interim committitur; ~ **des Erscheinens** judicial *o-* to appear in person; ~ **des Strafvollzugs nach Widerruf der Strafaussetzung zur Bewährung** reactivation of a suspended sentence; **~en** *pl* **erbitten** to request instructions; **~en** *pl* **erhalten** to receive instructions; **~sbehörde** *f public authority issuing a directive*; **~sgebühr** *f* charge for an adminstrative *o-*; **~srecht** *n* regulatory power; **allgemeine** ~ general instruction; **auf** ~ **des Gerichts** by court *o-*; **bis auf weitere** ~ until further notice; ***e-e*** ~ **erlassen** to issue an *o-*; ***e-e*** ~ **widerrufen** to revoke an *o-*; **einstweilige** ~ provisional *o-*, temporary *o-*, interlocutory *o-*, interim *o-*, interim measure (*by the court*), interlocutory relief, mesne process; **einstweilige** ~ **auf Unterhaltszahlung** maintenance *o-*, *court o- for alimony and/or support for child(en) pendente lite, i.e. during divorce proceedings*; **einstweilige** ~ **zur Sicherung des Streitgegenstandes** temporary decree to secure the object in controversy, quia timet action; **gerichtliche** ~ court *o-*; ~ ~ **des Getrenntlebens** separation *o-*; **letztwillige** ~ testamentary disposition; **richterliche** ~ judicial *o-*; **auf Grund richterlicher** ~ by *o-* of the court; **sich nach der amtlichen** ~ **richten** to comply with the official instruction.

Anordnung *f* **II** structure, configuration, set-up, arrangement.

anpassen *vt* to adjust, to adapt; *v reflex* to become adapted, to adjust onself to accord with.

Anpassung *f* adaptation, adjustment, matching; ~ **an den veränderten Status** adaptation to the (changed) legal status; ~ **an die Entwicklung der Lebenshaltungskosten** cost of living adjustment; ~ **der Löhne** wage adjustment; **~sfähigkeit** *f* adaptability; **~sfonds** *m* adjustment fund; **~sgesetz** *n* matching law, adjustment law; **~sinvestition** *f* matching investment; adjustment investment; **~sklage** *f* action for adjustment, action to compel adjustment / modification of an earlier decree / judgment; **~sklausel** *f* adjustment clause; **automatische ~~ des Versicherungswertes** (*bei beliehenen Versicherungen*) self-reducing clause; **~skoeffizient** *m* conversion factor (*agrarian market*); **~sprozess** *m* adaptation, process of adjustment; **außenwirtschaftliche** ~ external adjustment; **stufenweise** ~ adaptation by stages.

anprangern *vt* to expose, to denounce, to pillory (*a wrongdoer*).

anpreisen *vt* to praise (*extravagantly*); to puff (*by salesman*), to push (*certain articles*).

Anpreisung *f* (*extravagant*) praise, sales talk; **marktschreierische** ~ puffing, aggressive salesmanship; **unverbindliche ~en** non-binding sales talk.

Anrainer *m* /**-in** *f* adjoining owner, owner / occupant of adjacent land, abutter, neighbo(u)ring farmer; **~staat** *m* bordering state.

anraten *vt* to advise, to recommend.

anrechenbar *adj* allowable.

anrechnen *vt* to take into account, to make allowance for, to allow as a credit against, to credit (against), to set off (against), to put (*a sum*) to *s.o.*'s credit, to apply (*a payment to a particular debt*); ~ **auf etwas** to count against *sth.*

Anrechnung *f* taking into account, allowance, credit; charge; ~ **auf den Erbteil** taking into account for the portion of the estate; ~ **der im Ausland gezahlten Steuer** *tax* foreign tax credit (*double taxation agreement*); ~ **der Untersuchungshaft** making allowance for the time of pre-trial custody; ~ ***e-er*** **Gegenforderung** set off; **~sbetrag** *m* credit; **~sfähigkeit** *f* allowability; **~sverfahren** *n* (tax) credit method(s); **~svorschrift** *f* **von Teilleistungen** (*auf Zinsen, Hauptsache*) rule of partial payments; **~szeitraum** *m* (tax) credit period ~ **von Dienstzeiten** reckoning of length of service; ~ **von Versicherungszeiten** crediting of insurance periods; ~ **von Vorausempfängen** crediting advance receipts; **in ~ bringen** to make allowance for.

anrechnungs|fähig *adj* allowable, deductible; **~pflichtig** subject to be taken into account, chargeable, deductible, eligible.

Anrecht *n* entitlement, interest, expectancy, (inchoate) right, claim; ~ **auf den Heimfall** *m* (right to the) reversion; ~ **auf *e-e* Altersversorgung** *f* accrued retirement benefits, pension expectancy; ~ **auf Pfandeinlösung** *f* equity of redemption; **bedingtes** ~ conditional interest, conditional title, conditional future right; **ein ~ auf** *etw* **haben** to be entitled to *sth*; to have a valid claim to *sth*; **wohlerworbenes** ~ vested interest.

Anrede *f* address, greeting, salutation, (form of) address.

anregen *vt* to suggest.

Anregung *f* suggestion; **auf ~ von *jd-em*** at the suggestion of *s.o.*

Anreicherung *f* augmentation, accumulation; ~ **der Substanz** accumulation of permanent assets; **~sfond** *m* cumulative trust, growth fund.

Anreise *f* journey to a destination.

Anreiz *m* incentive, stimulus, inducement; sweetener; **~blockie-**

rung *f* disincentive; **~maßnahme** *f* incentive scheme; **~prämie** *f* incentive bonus; **steuerlicher ~** fiscal stimulus, tax incentive; **steuerpolitische ~e** tax incentives.

anreizen *vt* to incite, to stir up, to inflame, to stimulate, to spur.

Anreizung *f* incitement; **~ zum Rassenhass** incitement of racial hatred / racism; **~ zum Zweikampf** provoking another person to duel.

Anrempeln *n* **und Berauben** *n* mugging; theft by jostling the victim.

anrüchig *adj* of ill repute, disreputable, fishy.

Anrüchigkeit *f* disreputableness, shadiness, fishiness, notoriety.

Anrufbeantworter *m* telephone answering machine.

anrufen *vt* to invoke, to have recourse (*to the law*), to bring the matter before (*the court*), to resort to, to appeal (*to a higher instance*); *US* to call (*on the telephone*) / *GB* to ring up.

Anrufung *f* invocation, resort (*to courts of law*), submission (*to court of arbitration*); **~schance** *f* (equal) opportunity to resort to courts of law.

ansammeln *vt* to accumulate (*capital*), to collect (*art objects*); *v reflex* to accrue (*interest*); to gather, to assemble (*crowd, group of people*).

Ansammlung *f* gathering, assembly (*persons*); accumulation (*money, profits*); **unerlaubte ~ auf öffentlichen Straßen** unlawful assembly on public streets / in public thoroughfares.

ansässig *adj* resident, residing at; **~ werden** to become a resident, to take up one's abode; **nicht hier ~** non-resident, not living here.

Ansässige(r) *f(m)* (*der Ansässige*) resident, local inhabitant.

Ansässigkeit *f* residence, status of a resident.

Ansatz *m* (*pl Ansätze = ~e*) initial stage for an action /entry in an account; estimate, valuation, carrying value; **~punkt** *m* starting point (*of an argument*), point of reference; **~ zur Tatbestandsverwirklichung** *crim* overt act toward commission of crime; **außer ~ bleiben** to remain out of account; ein **niedriger ~** an item at a lower value; **~e des Haushaltsplans** budget appropriations; **kalkulatorischer ~** calculated base data.

anschaffen *vt* to acquire; to procure.

Anschaffung *f* acquisition; purchase; providing cover (*banking*); **~sdarlehen** *n* personal instal(l)ment credit, consumer loan; **~sgeschäfte** *n/pl* purchase of securities transactions, stock-exchange acquisitions; **~skosten** *f/pl* cost of acquisition, acquisition cost, initial outlay, prime cost, original cost; **~skostenprinzip** *n* historical cost accounting; **~skurs** *m* purchasing rate; **~snebenkosten** *f* incidental acquisition costs; **~spreis** *m* first price, cost price, original price, buying price; **~~ des Anteilsinhabers** shareholder's cost; **~stag** *m* date of acquisition; **~swert** *m* acquisition value, cost, original cost, prime cost, purchasing value; **zum ~~** at cost (*price*); **~swertprinzip** *n* cost value principle; **~ zum Zwecke der Weiterveräußerung** purchase for resale; **für ~ sorgen** to provide for cover, to provide for sufficient payment into the bank account.

Anschein *m* appearance, semblance; **~ der Gerechtigkeit** semblance of justice; **~sbeweis** *m* prima facie evidence, half proof; **~shersteller** *m* /**-in** *f* apparent producer (*product liability*); **~svertreter** *m* /**-in** *f* apparent agent; ostensible agent; **~svollmacht** *f* apparent authority, ostensible authority; **allem ~ nach** in all probability; **auf den ersten ~** prima facie, prima vista, at first glance; **den ~ erwecken** to pretend, to make believe, to give the (deceptive) impression; **den ~ haben** to have the appearance of; **den ~ wahren** to keep up appearances; **falscher ~** false appearance, make-believe; **ohne den ~ *e-es* Rechts** without a semblance of right.

anscheinend *adj* apparent, ostensible.

Anschlag *m* **I** plot, attack; ***e-en*** **~ verüben** to make an assassination attempt; **hochverräterischer ~** treasonable assault; **terroristischer ~** act of terrorism.

Anschlag *m* **II** notice on the bulletin board, announcement on the notice-board; poster, placard; **~säule** *f* advertising pillar, poster pillar; **~stelle** *f* billboard boarding, poster site; **~tafel** *f* billboard, bulletin, board, poster panel; **~werbung** *f* poster advertising; **öffentlicher ~** poster, public notice by wall-poster.

anschlagen *vt* to post on the bulletin board, to put up a notice/poster.

anschließen *vt* to connect, to join, to attach; *v reflex* to join *s.o.*, (*e-er Ansicht*) to agree with (*an opinion*), to subscribe to, to endorse; (*e-em Urteil*) to join in (*a judgment*), to concur; **~ an** to be adjacent to.

anschließend *adj* adjacent, neighbo(u)ring, subsequent.

anschließend *adv* subsequently.

Anschließungsantrag *m* rider, annexed motion, seconding motion.

Anschluss *m* connection, joinder, affiliation, follow-up; **~anmeldung** *f* (*Patent*) in-part application; **~auftrag** *m* a follow-up order; **~bahnhof** *m* junction; **~bereich** *m* service area (*public utilities*); **~berufung** *f* cross appeal, counter-appeal, respondent's notice of appeal; **~beschwerde** *f* cross complaint, respondent's notice of (joining a) complaint; **~finanzierung** *f* follow-up financing; **~frachten** *f/pl* forwarding carriage charges; **~gleis** *n* siding, side track; **~konkurs** *m* follow-up bankruptcy (*when composition proceedings fail*); **~markt** *m* aftermarket; **~pacht** *f* renewal lease; **~pfändung** *f* second distress, secondary attachment; **~pflicht** *f* compulsory connection (*to sewers, other services*); **~plan** *m* recovery plan; **~-Rediskontzusage** *f* undertaking to rediscount for an additional period; **~reeder** *m* on-carrying shipowner, connecting carrier; **~revision** *f* counter-appeal (*to higher court on points of law only*), cross-appeal in error; **~transport** *m* forwarding carriage; **~verfahren** *n* connecting procedure, subsequent proceedings; **~vertrag** *m* follow-up agreement; treaty of accession, contract of association; **~zone** *f* contiguous zone (*maritime law*); **~zug** *m* connection, connecting train; **~zwang** *m* compulsory participation (*in public utility services*); **allgemeine ~- und Versorgungspflicht** *f* general obligation to provide and maintain public utility services (*vested in public corporations*).

Anschnallpflicht *f* (statutory) duty to fasten a safety-belt; **~gesetz** *n* mandatory seatbelt law.

anschreiben *vt* to write down; ***jd-en*** **~** to write to *s.o.*; ***jd-em*** **etw ~** to debit *s.o.* with, to debit *s.o.'s* (account); **~ lassen** to take on credit, to buy on credit (*at the grocer's or baker's*), *sl* to buy on tick, to charge to *s.o.*'s account, to have *sth* chalked up (*drinks*).

Anschrift *f* address; **~enermittlung** *f* tracing addresses (*of bad debtors etc*); **~sänderung** *f* change of address; **ladungsfähige ~** address for service (*of a court summons*).

anschuldigen *vt* to accuse, to charge, to incriminate.

Anschuldigung *f* accusation, charge, incrimination; **~ zurückweisen** to reject accusations; **aus den Fingern gesogene ~** trumped-up charge, fabricated charge, malicious accusation; **falsche ~** false accusation (of crime); **falsche ~ erheben** to make false accusations; **vorsätzlich falsche ~** malicious accusation, trumped-up charge; **wissentlich falsche ~** deliberately false charge.

anschwärzen *vt* to disparage *s.o.*, to slander (*commercially*), to slander goods.

Anschwärzung *f* malicious falsehood, disparagement of goods, trade libel, running down of *s.o.*, disparagement (of competitor), blackening the reputation of *s.o.*

Anschwemmung *f* alluvion (*washing up of sand or soil*).

Ansehen *n* credit, esteem, reputation; **das ~ herabsetzen** to diminish the reputation of, to disparage, to belittle; **geschäftliches ~** business reputation; **ohne ~ der Person** irrespective of the person concerned, disregarding (the social status of) the person concerned.

ansehen *vt* to regard, to consider; **als erwiesen ~** to take for granted, to consider *sth* to have been proved; to take *sth* as given; **etwas als geringfügig ~** to hold / consider *sth* to be a trivial matter.

Ansehung *f* regard, respect; **in ~** taking into consideration, with due regard for (the fact that).

ansetzen *vt* to fix, to make an appointment, to set a date for, to schedule (*date, hearing etc*); to rate, to assess (*costs*), to appropriate.

Ansetzung *f* fixing (*a day in court*); assessment (*costs*); *crim* beginning of (*an attempt*).

Ansicht *f* opinion, view, inspection. **~ des Gerichts** opinion of the court; **~sexemplar** *n* specimen copy. **~smuster** *n* sample specimen; **~ssache** *f* a matter of opinion; **~ssendung** *f* consignment for inspection, sample consignment (*for approval or return*); **~szeichnung** *f* sketch; **andere ~** (*abbr* **a.A.**) different opinion, *scholary opinion that deviates from majority opinion in the literature*; ***e-er*** **~ beipflichten** to concur with *s.o.*'s opinion; ***e-e*** **~ teilen** to share an opinion; **die ~ vertreten** to be of the opinion, to take the point of view (that); **für *e-e*** **~ eintreten** to support a view; **private ~** personal point of view, personal opinion; **radikale ~en** extreme opinions, extremist views, radical views; **zur ~** for inspection, on approval (*consignment of unordered books etc*); **~ ~ schicken** to send on approval.

Ansiedlung *f* settlement, housing estate, locality, village.

Anspannung *f* stress, strain, tightening; **~ der Devisenbilanz** foreign exchange difficulties, hardening of the foreign exchange market; **~ der Kassenlage** tightening of liquidity; **~ der Reserven** drain on the reserves; **~ des Geldmarktes** strain on the money market, monetary strain; **~ssymptome** signs of strain.

ansparen *vi* to save for a specific purpose; to accumulate by saving.

Ansparleistung *f* minimum savings for home financing.

Anspielung *f* allusion, hint; **beleidigende ~** innuendo.

Ansporn *f* incentive, stimulus.

Ansprechpartner *m* **/-in** *f* addressee target.

Ansprechstelle *f* point of contact, liaison (office).

Anspruch *m* (*pl Ansprüche* = ~*e*)claim (= *cl*), demand, right, title, interest; **~ auf Auskunftserteilung** entitlement to information; **~ auf bevorrechtigte Befriedigung** prior *cl* to satisfaction; **~ auf Erfindernennung** inventor's right to be mentioned; **~ auf Erfüllung** *cl* to (specific) performance; **~ auf Herausgabe** right to claim restitution; **~ auf Rechnungslegung** *cl* / entitlement to the rendering of accounts; **~ auf Schadenersatz** *cl* for damages, entitlement to damages; **~ ~ ~ erheben** to claim damages; **~ auf ungestörte Intimsphäre** right of privacy; **~ aus *e-em* Recht** a legal right, title (under a right); **~ aus *e-em* Vermächtnis** *cl* to a legacy, *cl* under a legacy; **~ aus *e-em* Vertrag** *cl* under a contract, contractual *cl*; **~ erheben** to claim, to lodge a *cl*; to lay *cl* to *sth*; **~sabtretung** *f* assignment of a *cl*; **~sbefriedigung** *f* satisfaction of *cl*; realization of *cl*; **~sbegründung** *f* founding of a *cl*, establishment of a *cl*; **~sberechtigte(r)** *f(m)* rightful claimant, the party entitled to claim, beneficiary; award holder, awardee; **~seinbürgerung** *f* naturalization by right (*acquired by alien*); **~serhebung** *f* raising a *cl*, filing a *cl*; **~sfassung** *f* draft *cl*; **vorläufige ~~** draft *cl*, temporary *cl*, patent pending right; **~sgebühr** *f pat cl-s* fee; **~sgegner** *m* /**-in** *f* opposing party (to a *cl*), party opposing a *cl*; **~sgrund** *m* legal basis for a *cl*, foundation of a *cl*; **glaubhaft gemachter ~~** probable ground; **~sgrundlage** *f* foundation of *cl*, basis of *cl*, cause of action; **glaubhaft gemachte ~~** probable cause, credible *cl*; **~shäufung** *f* joinder of causes of action, accumulation of *cl–s*; **~skonkurrenz** *f* concurring *cl-s*; **~ssteller** *m* /**-in** *f* claimant; **unberechtigter ~~** unauthorized claimant; **~sübergang** *m* devolution of *cl-s*, passing of *cl*; **~sverbrauch** *m* preexhaustion of rights; **~sverjährung** *f* limitation of *cl*, barring of *cl* (*US under the Statute of Limitations / GB by running of the limitation period*); **~sverlust** *m* disentitlement; **~sverwirkung** *f* forfeiture of *cl*, estoppel of *cl*; **~sverzicht** *m* waiver of a *cl*; **~svoraussetzungen** *f* conditions of entitlement, qualifying conditions, eligibility criteria; **~svorbehalt** *m* reservation of *cl*; **allumfassender ~** comprehensive *cl*, omnibus *cl*; **älterer ~** prior *cl*; **auf *e-en* ~ verzichten** to waive a *cl*, to give up a *cl*, to relinquish a *cl*; **bedingter ~** conditional *cl*; **befristeter ~** *cl* subject to a time limit, *cl* due after a period of time; **begründeter ~** substantiated *cl*, justified *cl*, good *cl*; sound *cl*; **berechtigter ~** *cl*, rightful *cl*; **betagter ~** deferred *cl*; **deliktischer ~** tort *cl*, *cl* under the law of torts; **dinglicher ~** right in rem, *cl* under a right in rem, ad rem *cl*; ein **~ ist verjährt** a *cl* is barred by the *US* statute of limitations / *GB* limitation period; ***e-en* ~ aberkennen** to dismiss a *cl*; ***e-en* ~ abtreten** assign a right (of action), to assign a *cl*; ***e-en* ~ anerkennen** to acknowledge a *cl*; to recognize a *cl*, to allow a *cl*; ***e-en* ~ anmelden** to register a *cl*, to prove a *cl*, to announce a *cl*; ***e-en* ~ aufrechterhalten** to sustain a *cl*; ***e-en* ~ begründen** to substantiate a *cl*, to state reasons for a *cl*, to justify a *cl*, to support a *cl*; ***e-en* ~ bestreiten** to deny a *cl*, to resist a *cl*; ***e-en* ~ dem Grunde nach anerkennen** to recognize the basis of a *cl*; ***e-en* ~ durchsetzen** to enforce a *cl*, to prosecute a *cl*; ***e-en* ~ erheben** to raise a *cl*, to lodge a *cl*, to put in a *cl*, to claim title to; ***e-en* ~ geltend machen** to assert a *cl*; ***e-en* ~ gerichtlich geltend machen** to prosecute a *cl*, to assert a *cl* by legal action; ***e-en* ~ glaubhaft machen** to establish a *cl* by prima facie evidence; ***e-em* ~ stattgeben** to sustain / to uphold a *cl*; ***e-en* ~ substantiieren** to substantiate a *cl*, to state particulars in support of a *cl*; ***e-en* ~ zu Fall bringen** to defeat a *cl*, to thwart a *cl*; ***e-en* ~ zurückweisen** to repudiate a *cl*; **geheimer ~ im Innenverhältnis** secret equity, secret *cl* inter se, *cl* arising from secret internal arrangement; **geldwerter ~** monetary *cl*; **gesetzlicher ~** legal *cl*; **gewohnheitsrechtlicher ~** customary right; **höchstpersönlicher ~** (highly) personal *cl*, non-transferable *cl*, a *cl* in personam; **in ~ nehmen** to make a *cl* on, to claim *sth* from *s.o.*, to hold liable, to demand, to utilize, to employ the services (of); **in ~ genommene Beträge** amounts drawn (under a credit); **noch nicht ~ ~ genommener Teil *e-es* Kredits** undrawn portion of a loan; **naturrechtlicher ~** natural right; **nichtvermögensrechtlicher ~** non-pecuniary *cl*; **obligatorischer ~** personal right, right in personam, *cl* founded in obligation, obligatory right; **possessorischer ~** possessory *cl*, right based on possession; **prioritätsälterer** ~ prior *cl*; *cl* of earlier priority date; **rechtmäßiger** ~ legal *cl*; **rechtsgültiger** ~ valid *cl*, good title; **schuldrechtlicher** ~ → *obligatorischer* ~; **seerechtlicher** ~ maritime *cl*; **sich** ***e-es*** ~ **begeben** to remit a *cl*, to give up a *cl*; to concede a *cl*; **territorialer** ~ territorial *cl*; **titulierter** ~ directly enforceable *cl* (*judgment, decree, order, deed with judgment note etc*); **über** ***e-en*** ~ **erkennen** to adjudicate over a *cl*; **übertragener** ~ assigned *cl*, transferred right; **unbegründeter** ~ unfounded *cl*; **unberechtigter** ~ pretence, unjustified *cl*, bogus *cl*; **unbestreitbarer** ~ unchallengeable right; **uneinklagbarer** ~ unenforceable *cl*; **vermögensrechtlicher** ~ pecuniary *cl*; **vermögenswerter** ~ *cl* in the nature of an asset; **vertraglicher** ~ contractual *cl*; **vertretbarer** ~ sustainable *cl*; **verwirkter** ~ lapsed right, stale demand; **vorgehender** ~ prior *cl*; **vorrangiger** ~ prior *cl*, prior charge; **widerstreitende** ~**e** interfering *cl-s*; **wohlerworbener** ~ vested right; valid right; **zivilrechtlicher** ~ civil *cl*; **zusammenfassender** ~ omnibus *cl*; **zweifelhafter** ~ doubtful *cl*, pretence.

anspruchsberechtigt *adj* entitled to a claim / right.

Anstalt *f* institution, establishment, foundation; ~ **des öffentlichen Rechts** (incorporated) public-law institution; ~**sabteilung** *f* ward (*of mental hospital*); ~**sarzt** *m* /~**särztin** *f* resident doctor (*mental hospital etc*); ~**serziehung** *f* reform-education (*for juveniles*), education in an approved school / reformatory; ~**sgewalt** *f* authority vested in a public institution; liability of a public institution; ~**spflege** *f* institutional care; ~**sordnung** *f* regulations of a public institution; institution; ~**sunterbringung** *f* committal to an institution; **geschlossene** ~ secure place; **öffentlichrechtliche** ~ → ~ *des öffentlichen Rechts*; **sozialtherapeutische** ~ institution for social therapy (*reform of offenders*).

Anstand *m* decency, propriety, decorum; ~**sgefühl** *n* sense of decency, sense of propriety; ~**spflicht** *f* moral obligation; ~**sregeln** *f/pl* (rules of) decorum, propriety, etiquette; ~**schenkung** *f* customary present, gift arising from a moral obligation.

anständig *adj/adv* decent(ly), upright(ly), correct(ly).

Ansteckung *f* contagion, infection, communication of disease; ~**sgefahr** *f* risk of contamination, risk of infection; ~**sverdacht** *m* suspicion of infection.

ansteckend *adj* contagious.

anstellen *vt* to engage, to employ.

Anstellung *f* engagement, employment (= *e-*), appointment; ~ **auf Probe** trial engagement, probationary appointment; ~ **auf Zeit** temporary appointment, temporary *e-*; ~ **im Staatsdienst** government *e-*; ~**sbedingungen** *f/pl* conditions / terms of *e-*; ~**sbehörde** *f* appointing authority; ~**sbetrug** *m e-*fraud, (*e- obtained by fraud*); ~**skörperschaft** *f* the employing corporate body; ~**surkunde** *f* document of appointment; contract, ~**sverhältnis** *n e-* contract, terms of *e-*; ~**svertrag** *m* contract of *e-*, service contract; **befristete** ~ limited-term / fixed-term appointment; **feste** ~ regular *e-*, permanent *e-*, contractual *e-*; **planmäßige** ~ establishment.

Anstiegstendenz *f* rising tendency.

anstiften *vt* to instigate, to incite, to abet (*another to commit a crime*).

Anstifter *m* /**-in** *f* instigator, abettor, suborner.

Anstiftung *f* incitement, instigation, solicitation (*to commit crime*); ~**sversuch** *m* attempted instigation (*to commit a crime*); ~ **zum Meineid** subornation of perjury; ~ **zum Selbstmord** inciting *s.o.* to commit suicide.

Anstoß *m US* offense / *GB* offence, annoyance; ~ **erregen** to give offense; ~ **nehmen** to take offense.

anstößig *adj* objectionable, offensive, scandalous, obnoxious.

Anstößigkeit *f* objectionableness, impropriety, scandalous nature.

Anstrengung *f* effort; **echte ~en** genuine efforts; **gemeinsame ~** common endeavour (*preamble*).

Ansturm *m* run, wild rush (*customers, bargain sale*); ~ **auf** *e-e* **Bank** run on a bank; ~ **der Gläubiger** run of creditors.

Anteil *m* share, part, participation, portion, quota, proportion, quota interest, stake; ~ **am Gesellschaftskapital** partnership interest; share of company's capital; ~ **am Gewinn** share of (the) profits; ~ **an der Erbschaft** share of the inheritance, portion of the estate; ~ **an der Förderung** working interest; ~ **an** *e-er* **Kapitalgesellschaft** *US* share in a corporation / *GB* share in a (limited) company; ~ **aus** *e-er* **Auseinandersetzung** portion from a settlement; **~e in Fremdbesitz** shares held by outsiders; **~sbesitz** *m* shareholding, share of property interests; **~sbewertung** *f tax* share assessment, evaluation of shares; **~seigner** *m* /**-in** *f* owner of a share, shareholder, stockholder, equity holder; unit holder; **~sempfänger** *m* /**-in** *f* recipient of a share, shareholder; **~sinhaber** *m* /**-in** *f* certificate holder, shareholder; **~snießbrauch** *m* usufruct of part of a property, use and benefit of a capital share; **~srecht** *n* right to a share, proportionate right, **~srechte an Wertpapierfonds** participation rights in portfolio property, investment fund shares; **~ssatz** *m* proportion quota, rateable portion, rate; **~sschein** *m* share certificate; **~szoll** *m* compensatory levy; **abrufbare ~e** callable shares; **eigener ~** own interest; **fremder ~** interest of outside shareholder, share held by a third party; **seinen ~ zahlen** to pay one's share; **steuerpflichtiger ~** taxable portion; **unbestimmter ~** indefinite share, slice; **verhältnismäßiger ~** proportionate share, quota, rateable portion; **zu erwartender ~** presumptive share, expected share.

anteilig *adj* ratable, rateable, pro rata; proportionate; ~ **verrechnet** taken into account in due proportion, calculated on a pro rata basis; ~ **verteilen** to prorate.

anteilsmäßig *adj/adv* on a pro rata basis.

Anthropotechnik *f* human engineering.

Antichrese *n* antichresis, Welsh mortgage (*income from pledged property instead of interest*), → *Nutzpfand*.

Anti|atomkraftbewegung *f* antinuclear energy movement; **~-Baby-Pille** *f* contraceptive (*in pill form*), *sl* the pill; **~biotikum** *n* antibiotic; **~diskriminierung** *f* affirmative action; **~dumpingzoll** *m* antidumping duty; **~kartellgesetzgebung** *f* antitrust legislation; **~rezessionspolitik** *f* antirecession policy; **~selektion** *f* (*Ausscheiden der besseren Risiken*) adverse selection; **~semitismus** *m* anti-Semitism; **~terrorismusgesetz** *n* Prevention of Terrorism Act; **~trustgesetze** *n/pl* Antitrust Acts.

Antinomie *f* antinomy, conflicting provisions of the same statute.

antisemitisch *adj* anti-Semitic.

antizipieren *vt* to anticipate, to preempt.

Antrag *m* application (= *a*-); application form; motion (= *m*-), petition (= *p*-), demand, request, claim; proposal, proposition, submission; ~ **auf Abschluß** *e-es* **Vertrages** offer to contract; ~ **auf Abweisung der Klage** *m*- to dismiss the complaint; ~ **auf Anberaumung** *e-es* **Termins** *a*- for trial date, *m*- for setting date of trial; ~ **auf Anordnung** *e-er* **Sicherheitsleistung** *a*- for security of costs, *m*- to require posting of security for costs; ~ **auf Aufhebung der Immuni-**

tät *m-* to lift immunity; ~ **auf Aufhebung des Konkursverfahrens** *p-* for discharge (*of bankruptcy proceedings*); ~ **auf Auszahlung von Hinterlegungsgeldern** *a-* for release of deposited moneys; ~ **auf Beitritt** *a-* / request for membership; ~ **auf *e-en* Beschluss im Bürowege** *m-* for a decision in chambers; ~ **auf Einstellung des Verfahrens** *m-* to stay proceedings, *a-* to stay proceedings, *US m-* to dismiss; ~ **auf einstweilige Einstellung der Zwangsvollstreckung** *m-* for stay of execution proceedings; ~ **auf Eintragung** *a-* for registration, *m-* to record; ~ **auf Entscheidung ohne Anhören des Gegners** ex parte *a-*; ~ **auf Entscheidung ohne mündliche Verhandlung** *a-* for summons in chambers, *US m-* for judgment on the pleadings, *m-* for summary judgment; ~ **auf Erlaß *e-er* einstweiligen Verfügung** *m-* for a temporary injunction, *a-* for an interim injunction; ~ **auf Eröffnung des Konkursverfahrens** *p-* in bankruptcy; ~ **auf Erteilung des Armenrechts** *GB a-* for legal aid; *p-* to sue / to defend in forma pauperis / as an indigent party; ~ **auf Fristverlängerung** *m-* / request for an extension of time; ~ **auf Genehmigung** request for ratification; ~ **auf gerichtliche Entscheidung** *m-* for judgment; ~ **auf gütliche Beilegung** *m-* for a friendly settlement; ~ **auf Liquidation** winding-up *p-*, *p-* for winding-up (*company*); ~ **auf Nachprüfung** *a-* for judicial review; ~ **auf Nichtigkeitserklärung *e-es* Patents stellen** *a-* to avoid a patent, to petition for annulment of a patent; ~ **auf Rechnungslegung** *a-* for the rendering of accounts; ~ **auf Urteilsberichtigung** *m-* to correct judgment; ~ **auf Verfolgung** *p-* for prosecution; ~ **auf Versetzung in den Ruhestand** *a-* to be retired; ~ **auf Vollstreckungsaufschub** *p-* for reprieve; ~ **auf Vorlage von Urkunden** *a-* for an order for discovery; ~ **auf vordringliche Behandlung** *m-* for urgent handling, an urgent *a-*; ~ **auf Vornahme *e-er* gerichtlichen Handlung** praecipe; ~ **auf Vertagung** *m-* for adjournment; ~ **auf Wiederaufnahme des Verfahrens** *m-* / bill for a new trial / a fresh trial; ~ **auf Wiederaufnahme *e-es* (ruhenden) Verfahrens** *a-* for revivor; ~ **auf Zulassung der Berufung** *p-* for leave to appeal; ~ ***e-es* Mitglieds** *m-* submitted by a member, a member's *a-*; ~ **im Verfahren der freiwilligen Gerichtsbarkeit** ex parte *a-*; ~ **in *e-em* Nebenverfahren** *m-* for ancillary relief; **~sbefugnis** *f* legal possibility to institute proceedings; **~sberechtigung** *f* right to apply, cause for the *p-*, entitlement to the *p-* / *a-*; **~sberechtigte(r)** *m(f)* the rightful petitioner, the authorized petitioner; **~sbestand** *m* outstanding *a-s*, person with *locus standi* to petition; **~sdelikt** *m US* offense / *GB* offence requiring an *a-* for prosecution (*to the prosecutor or court by victim, relatives of the victim, superior*); **~sersuchen** *n p-*; **~sformular** *n a-* form, claims form; **~sfrist** *f a-* period, time for filing (a- / *m-*); **~sgegner** *m* /**-in** *f* opponent of the *p-*, respondent; **~smuster** *n a-* form, precedent for an *a-*; **~srecht** *n* (formal) right of *m-*, right of *a-*; **~srücknahme** *f* withdrawal of *m-* (*meeting*), withdrawal of *p-* (*in court*); **~sschrift** *f* written *a-*, written statement of request, brief containing the *m-*; **~steller** *m* /**-in** *f* → *Antragsteller*; **~stellung** *f* → *Antragstellung*; **~- und Schreibarbeiten** forms and paper- work; **~sverfahren** proceeding initiated upon *p-*; ~ **unter Anwesenden** personal offer; ~ **zur Geschäftsordnung** procedural *m-*, *m-* on a point of order (*parliamentary and other meetings*); **auf** ~ on *a-*, on *m-*, upon requisition, at the request (of), at the instance (of), on the *a-* (of); **auf ~ des Klägers** at the plaintiff's suit; **auf formlosen ~** on simple *a-*; **auf eigenen ~** proprio motu; **ausgefüllter ~** completed *a-*; **den ~ aus der Klage stellen** to ask for relief; **der ~ ist abgelehnt** the *m-* is dismissed, the nays have it; **der ~ ist angenommen** the *m-* is passed; the ayes have it; the *a-* is granted; **der ~ wird angenommen** the *m-* is carried; **die den ~ stützenden Tatsachen** the facts supporting the *m-*; **~ ~ ~ ~ ~ müssen glaubhaft gemacht werden** the *a-* must be supported by evidence raising a prima facie case; the evidence must be credible; ***e-em*** **~ stattgeben** to allow a *p-*, to pass a *m-*, to find for the petitioner, to sustain a *m-*, to grant an *a-*; ***e-em*** **~ nicht stattgeben** to deny / to dismiss a *m-*; ***e-en*** **~ ablehnen** to decline an *a-*, to reject a *m-*; to vote against a *m-*, to overrule a *m-*, to deny a *m-*, to dismiss a *p-*; ***e-en*** **~ annehmen** to accept a proposal, to pass a resolution; ***e-en*** **~ auf Abstimmung stellen** to put the question to the vote; ***e-en*** **~ genehmigen** to allow an *a-*; ***e-en*** **~ absetzen** to remove a *m-* from the agenda, *US* to table a *m-*, *GB* to table a *m-*, → *e-en ~ einbringen*; ***e-en*** **~ begründen** to substantiate a *m-* / an *a-*, to state reasons for a *m-*; ***e-en*** **~ durchbringen** to get a *m-* adopted (*meetings*); ***e-en*** **~ einbringen** to make a *m-*; *const* to introduce a bill, *GB* to table a *m-*; ***e-en*** **~ einreichen** to file / to submit an *a-*, ***e-en*** **~ ohne weiteres zurückweisen** to dismiss a claim summarily; ***e-en*** **~ stellen** to move, to put an *a-*, to apply; ***e-en*** **~ stützen auf** to support a *m-* on; ***e-en*** **~ unterstützen** to second a *m-* (*meetings, parliament*); ***e-en*** **~ zum Beschluss erheben** to carry a *m-*; ***e-en*** **~ zum Scheitern bringen** *const* to defeat a bill; **einseitiger ~** ex parte *a-*; **erneuter ~** a fresh *a-*, resubmission; **formloser ~** informal *a-*; **unerledigter ~** outstanding *a-*; **vorsorglich gestellter ~** precautionary *m-*.

Antragsteller *m* **/-in** *f* applicant, petitioner, submitter, claimant, raiser (*of a motion*), mover (*meetings*), moving party, proponent (*of a motion*), proposer, postulant, propounder (*probate*); **pro forma ~** nominal raiser of a motion.

Antragstellung *f* proposal / introduction of a motion (*meeting*), submission of the prayers for relief, reading of a motion for judgment (*court*), filing of an application; **bei ~** on application, on a claim being made.

Antriebskräfte *f/pl* expansionary forces, stimulating forces.

Antritt *m* commencement, assumption (*of an office*); **~ von Beweisen** offer of evidence, provision of evidence; **~sbesuch** *m* first visit; visit to present one's credentials; **~srede** *f* (*bei Amtsübernahme*) inauguration address, inaugural speech; **~svorlesung** *f* inaugural lecture (*university professor*).

Antwort *f* answer (= *a-*), replication, response, reply (= *r-*); rejoinder (*defendant's answer to plaintiff's replication*); **~ bezahlt** *r-* paid, *a-* prepaid (*telegram*); **~karte** *f r-* card, *r-*-paid postcard; **~note** *f* note in *r-*; **~schreiben** *n* letter in *r-*, written *a-*; **~telegramm** *n* telegram with *a-* paid, prepaid answering telegram; **ablehnende ~** negative *r-*, *a-* in the negative, negative response (*market research*); **abschlägige ~** → *ablehnende ~*; **bejahende ~** affirmative *r-*, positive *r-*; **postwendende ~** *r* by return of mail; **telegrafische ~** telegraphic *r-*; **umgehende ~** immediate *r-*.

antworten *vt* to answer, to reply; **ausweichend ~** to give an evasive answer; **frech ~** to give an impudent / cheecky answer; **mit ja oder nein ~** to answer yes or no; **was haben Sie darauf zu ~?** what do you have to say in reply to that?

anvertrauen *vt* to entrust (*s.o. with sth*).

anwachsen *vi* to augment, to increase, to accrue; ~ **lassen** to allow to run up / accrue.

Anwachsung *f* accretion, increase, accrual, allusion; ~ (*durch Zurückweichen von Gewässern*) reliction; ~ **durch Anschwemmung** alluvion; **allmähliche** ~ imperceptible accretion.

Anwachsungsrecht *n* right to accruals, right of accrual, accruing right, jus accrescendi; right of survivorship (*joint owners or joint holders of rights*).

Anwalt *m* /**Anwältin** *f* lawyer (= *l-*), *GB* solicitor, barrister, *US* attorney-at-law, attorney (= *a-*), counsel (= *c-*), advocate, → *Rechtsanwalt*; ~ **als Rechtspflegeorgan** *l-* as officer of the court; ~, **der Parteiverrat begeht** prevaricator, a *l-* who betrays his client, a *l-* who commits prevarication; ~ **des Angeklagten** *crim pro c-* for the defendant; ~ **des Beklagten** *civ pro c-* for the defendant; ~ **des Klägers** *civ pro c-* for the plaintiff; ~ **für Steuersachen** tax *a-*, tax accountant, *l-* specializing in taxation matters; ~ **mit 10jähriger Berufszeit** *l-* of ten years' standing; **~sassessor** *m* / **-in** *f* trainee *l-* (*before full admission to bar*), junior barrister; **~sberuf** *m* the legal profession; **den ~~ ausüben** to practise law, to be a member of the legal profession; **~sbestellung** *f* retainer; **~sbüro** *n* law office(s); **~schaft** the legal profession, the bar, attorneyship, advocacy, the legal fraternity, → *Anwaltschaft*; **~sfirma** *f* firm of *l-s*; **~sgebühren** *f* legal fees, solicitor's fees, *c-'s* / barrister's fees; **~sgebührenvorschuss** *m* case retainer; **~sgeheimnis** *n a-*-client privilege, solicitor-client privilege; **~sgehilfe** *m* /**-in** *f* legal secretary, trainee; **~sgutachten** *n* legal opinion by a *l-*, *c-'s* opinion; **~shonorar** *n a-'s* fee, barrister's / solicitor's fee; **~skammer** *f* bar association, *GB* Law Society (*for solicitors*); Bar Council (*for barristers*); **~skanzlei** *f* law office, *l-'s* office; **große ~~** law firm; **~skosten** *f l-'s* charges, *l-'s* fees; **~slehrling** *m* legal apprentice; **~snotar** *m* /**-in** *f l-* commissioned as notary, notary advocate; **~spflichten** *f/pl* legal professional duties; **~spflichtverletzung** *f* legal malpractice, professional misconduct; **~splädoyer** *n* summary argument, barrister's speech; **~spraxis** *f* law practice; **~sprozess** *m* litigation with necessary representation by *l-*; **~srechnung** *f* legal bill; **~srobe** *f l-'s* gown; **~ssachen** *f* litigation about *l-'s* rights; *cases concerning professional admission and standing of l-s*; **~ssenat** *m l-s'* appeal court, *appellate division of German Supreme Court for l-s' professional and disciplinary litigation*; *solicitor's disciplinary tribunal*; **~ssozietät** *f* law firm; **~sstand** *m* the legal profession; **in den ~~ aufnehmen** to admit to the bar; **~sstreitigkeit** *f l-s'* professional and disciplinary litigation; **~stag** *m l-s'* congress, *l-s'* conference; **~stätigkeit** *f* advocacy, work as a practising *l-*; **forensische ~~** trial advocacy; **~s- und Gerichtskosten** legal expenses and court fees; **~sverein** *m* association of *l-s* (*not the official professional body*); **~svergleich** *m a-*-negotiated settlement, settlement reached by *l-s* for clients; **~sversorgung** *f* retirement pension scheme for *l-s*; **~svertrag** *m* contract retaining a *l-*; **~sverzeichnis** *n l-s'* directory, *GB* Law List; **~svorschuss** *m* retaining fee, retainer (*payment on account of l-'s fees*); **~swechsel** *m* change of *a-*; **~swerbung** *f l-s'* advertising; **~szustellung** *f* direct service between *l-s*; **~szwang** *m* mandatory representation by *l-* (*in court proceedings*); **aktenkundiger** ~ *l-* acquainted with the file of a case; **als ~ arbeiten** to practice law; **als ~ auftreten** to appear as *c-* / *a-* (*in court*); **als ~ tätig sein** to practice law; **angestellter** ~ in-house *l-*, staff *l*-; **beratender** ~ counsellor, consulting / advising *c*-; legal adviser; **der gegnerische** ~ the opposing *l*-, the *l*- for the opposing party, opposing *c*-; **durch *e-en* ~ vertreten sein** to be legally represented, to be represented by *c*-; ***e-em*** ~ **das Mandat erteilen** to retain an *a*-; ***e-en*** ~ **bevollmächtigen** to give power of *a*- to a *l*-; ***e–en*** ~ **in Anspruch nehmen** to engage (the services of) a *l*-; to instruct a *l*-, to retain *c*-; ***e-en*** ~ **nehmen** to engage (the services of) a *l*-, to retain an *a*-; **freiberuflicher** ~ self-employed private practitioner; **klägerischer** ~ *c*- for the plaintiff, plaintiff's *a*- / *c*-; **prozesserfahrener** ~ case-hardened *l*-; **Prozess führender** ~ *c*- / *l*- conducting a law-suit; **sich als** ~ **niederlassen** to begin legal practice / practicing law.

Anwaltschaft *f* the legal profession, the bar, attorneyship, advocacy, the legal fraternity; **aus der** ~ **ausschließen** to disbar, to be struck off the roll (*of solicitors*); **zur** ~ **zulassen** to admit to the bar, to call to the bar, to be admitted to the roll (*of solicitors*).

Anwärter *m* **/-in** *f* candidate for office; **~bezüge** trainees' remuneration; **~dienst** service as trainee for clerical court service.

Anwartschaft *f* expectancy, future interest, inchoate interest, inchoate title; future estate, prospect; ~ **auf Verlängerung des Urheberrechts** inchoate right to renew copyright; **~sberechtigte(r)** *f(m)* person entitled in expectancy, prospective beneficiary, reversionary, remainderman; **~sdividende** *f* reversionary dividend; **~spatent** *n* reversionary patent; **~srecht** *n* expectancy, expectant right, contingent right; **dingliches** ~~ estate in expectancy; **~srente** *f* deferred annuity; **~svermögen** *n* property in expectancy; **~szeit** *f* qualifying period, waiting time (*social insurance*); **bedingte** ~ contingent remainder, conditional future interest.

anweisen *vt* to order (*s.o. to pay or deliver to a third party*), to draw (*upon s.o.*), to direct, to give directions / instructions, to require, to remit (*money to an account*).

Anweisende(r) *(f)m* (*der Anweisende*) drawer, remittor.

Anweisung *f* order, (*esp order to pay to a third party*); unnegotiable order (*to a third party to pay or deliver fungible goods*), warrant (*to remit*), instruction (= *i*-), directive, direction; **~en abwarten** await *i-s*; **~en einholen** to seek *i-s*; **~en entgegennehmen** to take *i-s*; **~en über die Reiseroute** route *i-s*; **~sblatt** *n* transit sheet, *i*- sheet; **~sempfänger** *m* **/-in** *f* payee, third-party beneficiary (*under an order to pay or deliver*); ~ **zum Schulbesuch** school attendance order; ~ **zur Auslieferung von Lagergut** delivery order; **bedingte** ~ conditional order; **genaue** ~ strict *i-s*; **schriftliche** ~ written *i-s*; **telegrafische** ~ telegraphic transfer; **verbindliche** ~ binding (mandatory) *i-s*; **unbedingte** ~ unconditional order to pay (*bill of exchange*).

anwendbar *adj* applicable, pertinent, relevant, usable; ~ **sein** to be applicable, to apply; **nicht** ~ inapplicable.

Anwendbarkeit *f* usability, applicability; ~ ***e-es*** **Gesetzes** operation of a law; **beeinträchtigen nicht die** ~ shall not prejudice the applicability (of); **gewerbliche** ~ industrial applicability / utility; **unmittelbare** ~ *EU* direct applicability.

anwenden *vt* to apply, to employ, to use; **entsprechend** ~ to apply mutatis mutandis; **falsch** ~ to misapply; **nebeneinander** ~ to apply concurrently; **praktisch** ~ to put into practice; to use in practice.

Anwender *m* **/-in** *f* user (*of computer program*).

Anwenderecht *n* right to use; user's right.

Anwendung *f* **I** application (= *a*-), use, utilization; ~ **der besseren Sachnorm** *pil* better-law approach; ~ ***e-es*** **Gesetzes** *a-* of a law; ~ **finden** (*auf*) to apply (*to*); **~sbereich** *m* scope of *a-*, field of *a-*, applicability; ~~ ***e-es*** **Gesetze** scope of an Act, purview of a law; **in den/dem ~~ des/der** within the purview of; **räumlicher ~~** territorial / geographical field of *a-*; **zeitlicher ~~** (scope of) time of *a-*; **~serfindung** *f* invention of a new *a-* (*of a known substance or method*); **~sfall** *m* applicable case; **~sgebiet** field of *a-*; **~smodalitäten** *f* particulars of *a-*, requirements of *a-*; **~szeitraum** *m* period of *a-*; **auch auf *etw* ~ finden** to be also applicable to *sth*; **Aussetzung der ~** suspension of *a-*; **entsprechende ~ finden** to apply mutatis mutandis; **räumliche ~** territorial *a-* (*of statute*); **rückwirkende ~** retroactive *a-*; **sinngemäß ~ finden** to apply mutatis mutandis; **strenge ~** strict *a-* (*of the law*); **zur ~ bringen** to apply, to put to use; **~ von Gewalt** use of force; *a-* of force.

Anwendung *f* **II** application (*computer program*).

anwerben *vt* to recruit, to enlist.

Anwerben *n* **zum ausländischen Militärdienst** recruiting for foreign military service.

Anwerbestop *m* recruitment ban.

Anwerbung *f* recruitment, enlistment; **~skommission** *f* recruitment commission (*of employers, soldiers*); **~ von Arbeitskräften** recruitment of labo(u)r; **~ von Freiberuflern** professional recruitment.

Anwesen *n* (developed) property; **eigengenutztes gewerbliches ~** business homestead, trade property for *s.o.'s* own use; **hausbesetztes ~** squatted property; **landwirtschaftliches ~** farm property; (*pfändungsfreies*), **eigenbewirtschaftetes landwirtschaftliches ~** (*Neusiedlerhof*) homestead, *self-operated farm* (*not subject to an attachment order*).

anwesend *adj* in attendance, present; **~ sein** to attend, to be present; **unmittelbar ~** actually present.

Anwesende(r) *f*(*m*) (*der Anwesende*) person present.

Anwesenheit *f* presence; **in ~ von** in the presence of; **~sappell** roll call, calling of the register; **~sgelder** attendance allowance; **~sliste** attendance list, attendance sheet, attendance roster; **die ~~** verlesen to call the roll, to call the register; **~spflicht** requirement of attendance; **~sprämie** attendance bonus; **~szeit** hours of attendance, attendance time; **physische ~** actual presence, physical presence.

Anwohner *m* **/-in** *f* occupant of adjacent building, *pl* residents (*of the same street*), persons living nearby.

Anzahl *f* number, quantity.

anzahlen *vt* to pay on account, to deposit, to make a down payment, to pay a first instal(l)ment.

Anzahlung *f* down payment, payment on account; **~sgarantie** *f* down-payment guarantee, advance payment bond; ***e-e*** **~ leisten** → *e-e ~ machen*; ***e-e*** **~ machen** to pay a deposit, to make a down payment, to pay *sth* on account.

anzapfen *vt* to tap.

Anzapfen *n* tapping; **~ von Telefonleitungen** telephone tapping, wire-tapping, interception of calls.

Anzeichen *n* indication, symptom; **~beweis** *m* prima facie evidence.

Anzeige *f* **I** announcement, notice, notification, advice note; **~ der Verteidigungsabsicht** notice of intention to defend; **~ *e-es* Versicherungsfalles** trouble notice (*indemnity insurance*), prior notice of pending insurance claim; **~frist** deadline for disclosure / reporting; **~kosten** cost of notification; **~obliegenheit** *f* policy-holder's notification requirement; **~pflicht** *f* obligation to notify, duty to report, duty to give notice (*in insurance policy*); **~ über die Absendung** notice of consignment (*or shipment*).

Anzeige *f* **II** complaint, report, information (*police*); **~bereitschaft** *f* readiness of the public to inform the police; ~ **erstatten** to lay an information (*against s.o. with the police*), to inform against *s.o.*, to report *s.o.* (*to the police*), to deliver a denunciation (*against s.o.*); **~erstatter** *m* **/-in** *f* informer, person laying an information, prosecuting witness, private prosecutor, relator; ~ **gegen Unbekannt** *information about a criminal US offense / GB offence committed by persons unknown*; **~pflicht** *f* obligation to inform the authorities, duty to disclose, duty to inform the police (*of crime*); **schriftliche** ~ written information, written complaint; **unterlassene** ~ failure to report (a crime to the police).

Anzeige *f* **III** advertisement (*press*) (= *ad*); **~frist** advertising deadline; **~kosten** *f* advertising cost; **~nblatt** *n* free *ad* paper; **~nausschnitt** *m* press cutting, clipping; **~nbeleg** *m* voucher copy; **~nbelegung** *f* buying of advertising space; **~nschluss** *m* closing date for *ad-s*; **~nwerbung** press advertising; **angeschnittene** ~ bleed *ad*; **bebilderte** ~ pictorial *ad*, illustrated *ad*; **doppelseitige** ~ double-page spread *ad*, double spread *ad*; ***e-e~* aufgeben** to have an *ad* inserted; **großformatige** ~ big splurge *ad*, spectacular *ad*, large *ad*; **seitenbeherrschende** ~ *ad* dominating the page; **sensationell aufgemachte** ~ spectacular *ad*, sensational layout of an *ad*; **umrandete** ~ boxed *ad*.

anzeige | bedürftig *adj* notifiable; **~pflichtig** notifiable, reportable, subject to obligation to inform (*the authorities, the police*).

anzeigen *vt* to report (*s.o. to the* police), to give notice, to indicate, to lay an information (*against s.o.*).

anziehen *vi exch* to pick up, to harden.

Anziehen *n* rise, stiffening (*of prices*), *exch* improvement (*market, prices*).

anzweifeln *vt* to doubt, to have one's doubts about *sth*, to question, to call into question.

Apartheid *f* apartheid.

Apostille *f* official authentication (*without consular certificate*).

apothekenpflichtig *adj* for sale only by a pharmacy.

Apotheker *m* **/-in** *f* pharmacist; **~kammer** *f professional corporate organisation of pharmacists.*

Apparat *m* apparatus, device, appliance; machinery (*government, administration*); **~emedizin** *f* machine therapy, medical therapy using technical apparatus; **lebenserhaltene ~e** life-support machines.

Appellationsgericht *n* appellate court; *US* court of appeals / *GB* court of appeal.

appellieren *vi* to appeal.

Approbation *f* admission to medical practice.

Äquidistanzverfahren *n* equidistance method (*law of the sea*).

äquivalent *adj* equivalent; **~kausal** in-fact causal, but-for causal (*torts*).

Äquivalenz | parität *f* parity of exchange; **~prinzip** *n* principle of equivalent consideration, compensatory principle (*in taxation of charging fees*); **~theorie** but-for theory of causation, cause-in-fact theory of causation, conditio sine qua non theory of causation.

Arbeit *f* work (= *w-*), labo(u)r (= *l-*); job, employment (= *e-*), workmanship; ~ **in wechselnden Schichten** (alternating) shift *w-*; ~ **leisten** to work, to do a job; **~sabkommen** *n* working agreement; **~sablauf** *m* flow of *w-*, *w-*process, routine; **~sablaufdiagramm** *n* process chart; **~sanalyse** *f* job analysis; **~sabmachungen** *f w-*ing agreements; **~samt** *n e-* office, public *e-* agency, *GB l-* exchange; **~sanfall** *m* volume of *w-* arising, amount of *w-* to be done; **~sanforderung(en)** *f* job requirement(s); **~sangebot** *n* job offer; unfilled jobs, vacant positions; **~sanweisungen** *f* job instructions, *w-* regulations; **~sauflagen** *f* conditions attached to *w-* performance; **~saufnahme** *f* commencement of *w-*; **~saufsicht** *f l-* inspection;

~saufteilung *f* distribution of *w-*; **~sauftrag** *m w-* order, job order, commission; **~saufwand** *m* amount of *w-* done; **~saufwandsentschädigung** *f* compensation for *l-* used, compensation for *w-* done; **~sausfall** *m* loss of *w-*ing time, time not worked; **~sausfallkasse** *f* redundancy scheme; **~sausschuss** *m w-*ing committee; **~sbedarf** *m w-*requirements, **~sbedingungen** *f/pl* terms of *e-*, *w-*ing conditions (*at place of w-*); **~sbefreiung** *f* (temporary) release from *w-*; **~sbehörde** *f l-* exchange, official *e-* agency; **~sbelastung** *f w-*load; **~sberater** *m* **/-in** *f e-* adviser; **~sberatung** *f e-* advisory service, vocational guidance, careers' service; **~sbereich** *m* field of *w-*; **~sbereitschaft** *f* willingness to *w-*; **~sbeschaffung** *f* creation of jobs; **~~sprogramm** *n* job-creating program(me), public *e-* scheme; **~~smaßnahme** *f* (*abk* **ABM**) scheme for job creation; **~sbescheinigung** *f* certificate from last employer, statement of *e-* (*stating beginning, end and type of e-*); **~sbestand** *m w-* at hand, outstanding orders; **~sbewertung** *f* job rating; **~sblatt** *n w-*sheet, spread sheet; **~sdiagramm** *n w-*diagram; **~sdirektor** *m* **/-in** *f l-*-relations director; **~sdisposition** *f* directive on *w-* to be done, allocation of *w-*; **~seffekt** *m* effectiveness of *l-*; **~seinkommen** *n* earned occupational income; wages and salaries, income from *e-*, earned income; **mittelbares ~~** indirect earnings from *e-*; **pfändbares ~~** attachable *w-*ing income; **unpfändbares ~~** income from *e-* not subject to garnishment; **verschleiertes ~~** masked (or concealed) *w-*ing income; **~seinrichtung** *f* equipment for the job; *w-*environment; plant; **~seinsatz** *m* employment of *l-*, allocation of *l-*; **~seinstellung** *f* cessation of *w-*, suspension of *w-*, stoppage of *w-*; attitude to *w-*; **~seinteilung** *f w-*allotment; distribution of *w-*; **~sentgelt** *n e-* remuneration, wages or salaries; **~serfahrung** *f w-*experience; **~serfolgsprämie** *f* bonus for good results; **~serlaubnis** *f w-*(ing) permit, *e-* permit; **~sertrag** *m* output (*per employee*), *w-* yield; **~sessen** *n w-*ing luncheon / meal; **~sfähigkeit** *f w-*ing capacity, ability to work, fitness for *w-*; **~sförderung** *f e-* promotion, promotion of job creation; **~sförderungsgesetz** *n E-* Promotion Act; **~sfortschrittsbescheinigung** *f* progress certificate; **~sfreistellung** *f* granting time-off, exemption from *w-*; **~sfreudigkeit** *f* keenness (at *w-*), zeal; **~sfrieden** *m* peace in *l-* relations, industrial peace; **~sfürsorge** *f* workers' welfare, (*care for workers' health and e- conditions*); **~sgang** *m w-* process, production phase, stage of operations; **~sgebiet** *n* field of activity, sphere of operations, competence; **~sgefahr** *f* occupational risks, industrial hazards; **~sgemeinschaft** (*abbr* **ARGE**) *f* joint undertaking, working group; **~~ im Bauwesen** ad hoc joint undertaking in construction project; **~~svertrag** *m* joint undetaking agreement; **~sgenehmigung** *f l-* permit, *w-* permit; **~sgeräte** (*n/pl*) *w-* implements, tools of one's trade, *w-* tools, *w-*appliances, *w-*ing equipment; **~sgericht** *n l-* court, *l-* tribunal, industrial (relations) court; **~sgerichtsbarkeit** *f* jurisdiction of *l-* courts, industrial jurisdiction; **~sgerichtsgesetz** *n L-* Courts Act (*industrial relations court system*); **~sgesetzgebung** *f l-* legislation, *e-* legislation; **~sgestaltung** *f* job design, *w-*structuring; **~sgruppe** *f w-* group, team of workers, *w-*ing party, *w-*gang; **~shygiene** *f* employee health care, industrial hygiene; **~sinstrument** *n* tool; **~sintensität** *f* rate of *l-* required (*per unit output*); **~sjahrgang** *m* employable age in a given year; **~skampf** *m* industrial dispute, *l-* struggle; **~skampfmaßnahmen** *f* industrial action; **~skapital** *n w-*

ing capital; **~skollege** *m* /**-in** *f* fellow employee, colleague at *w*-; **~skonferenz** *f w*-ing conference; **~skonflikt** *m* industrial conflict; **~skosten** *f* cost of *l*-, *l*- costs; **~~ pro Produktionseinheit** *l*- cost per unit of output; **~skraft** *f* manpower, *w*-ing strength, workman; *l*-; **~skräfte** *f/pl* workmen, *l*- force, *w*- force, manpower, → *Arbeitskräfte*; **~skraftreserven** *f/pl* manpower reserves, reserves of *l*-; **~skreis** *m w*-ing party; **~slager** *n* forced *l*- camp; **~slaufkarte** *f* job card; route card; **~slaufzettel** *m w*-process / progress voucher; **~sleistung** *f* performance at *w*- service, output of *l*-, productivity of *l*-; **~slenkung** *f* directing *l*- supply; **~slohn** *m* wage, pay; **entgangener ~~** lost pay, lost remuneration; **~slose(r)** *f(m)* *s.o.* who is unemployed, unemployed person, jobless person, → *Arbeitslose(r)*; **~slosigkeit** *f* unemployment, → *Arbeitslosigkeit*; **~slosmeldung** *f* unemployment notification, registration as unemployed; **~smangel** *m* lack of *w*-; defective *w*- performance; **~smarkt** *m l*- market, job market, *e*- market; **~smarktabgabe** *f l*-market levy; **~smarktausgleich** *m* levelling out of *l*- market conditions; **~smarktlage** *f* condition of the *l*- market, current *l*- market situation, *e*- situation; **~smarktpolitik** *f e*- policy, *l*- policy; **~smarktungleichgewicht** *n l*-market disequilibrium; **~smedizin** *f* occupational therapy, medical care for employed persons; **~sminister** *m* /**-in** *f* Minister of *L*-, *US* Secretary of *L*- / *GB* Secretary of State for *E*-; **~sministerium** *n US* Department of *L*- (*abbr* DOL) / *GB* Department of *E*-; **~smittel** *n* working implements; *w*- materials (*tools, clothing, etc*); **~~patent** *w*-ing device patent; **~smobilität** *f* mobility of *l*-; **~smöglichkeit** *f* job opportunity; **~smoral** *f* morale at *w*-; **~smündigkeit** *f* minimum age for *e*-; **~snachweis** *m* certificate of *e*-; **~sniederlegung** *f* (*w*-) stoppage, walkout (at *w*-); **~snot** *f* shortage of *w*-, lack of *e*-, unemployment crisis; **~s- oder Gebrauchsgegenstände** *m/pl* utensils; **~s- oder Gebrauchszweck** *m* purpose of utilization; **~sordnung** *f w*- rules, *e*- regulations, workshop regulations; **~spapier** *n w*-ing paper; draft memorandum, exposure draft; **~spapiere** *n/pl* employee papers, *w*-ing papers; **~spause** break (from *w*-); **~spensum** *n w*-quota, amount of *w*- to be done (in a given time); **~spflicht** *f* obligation to work, compulsory *w*-; **~splan** *m w*- schedule; **~splatz** *m* position, job, post, place of *w*-, *w*-station, place of *e*-, → *Arbeitsplatz*; **~spodest** *n w*-ing platform; **~spotential** *n w*-ing capacity; potential of *l*- supply; **~sproduktivität** *f* productivity of *l*-, *l*- efficiency, per capita productivity; **~sprogramm** *n w*- program(me), *w*-ing program(me); **~sprozess** *m* operation, production process; **~sraum** *m* workroom; **~srecht** *n e*- law, *l*- law, industrial relations law; **~srechtler** *m* /**-in** *f lawyer specialising in the law of e- and l- relations*; **~srichter** *m* /**-in** *f* judge in a *l*- court / *l*- tribunal; **~sruhe** *f* rest period; **~ssachen** *f/pl e*- law cases; **~sscheue** *m/pl w*- dodgers, shirkers; **~sschicht** *f* (*w*-) shift; **~sschluss** *m* end of the *w*-ing day, close of business; **~sschutz** *m e*-safety (regulations) **~sschutzgesetze** *n/pl* industrial safety legislation, *GB* Factory Acts; **~ssicherheit** *f* safety at *w*-; **~sspitze** *f w*-peak, excessive *w*- load; **~ssprache** *f w*-ing language (*at meetings*); **~sstätte** *f* workplace, place of *w*-, *w*-ing environment; **~sstelle** *f* place of *e*-, place of *w*-; job; **~sstoffe** *m/pl* material supplies; **~sstrecke** *f* production line; **~sstreitigkeit** *f l*-conflict, industrial dispute; **~sstück** *n w*- piece, processed item; **~sstudie** *f w*- study, time and motion study; **~sstunde** *f* man hour,

hour worked, *pl* (~*n*) *w*-ing hours; **~sstundenbuch** *n* employees' time-book; **~ssuche** *f* job seeking, job hunting, looking for a job; **~ suchen** to seek *e*-, to look for a job; **~ssuchende(r)** *f(m)* job seeker, person in search of a job; **~stag** *m w*- day, *w*-ing day (*not a Sunday or holiday*); **~stagebuch** *n w*- diary; **~stagung** *f* business meeting, *w*-ing conference; **~starifvertrag** *m* (industrial) collective agreement (*on wages and w-conditions*), collective wage agreement; **~steilung** *f* division of *l*-, *w*-sharing, job share; **~strupp** *m* squad, group of workmen; **~süberlastung** *f* excessive *w*- load; **~sunfähige(r)** *f(m)* (*der Arbeitsunfähige*) disabled person; **~sunfähigkeit** *f* incapacity to work, inability to work, unfitness to work; **dauernde ~~** permanent disablement; **vorübergehende ~~** temporary incapacity; **~sunfähigkeitsbescheinigung** *f* certificate of disability to work; **~sunfall** *m* accident at *w*-, occupational accident; **~sunfallversicherung** *f* occupational accident insurance; **~sunruhen** *f/pl l*- disturbances; strikes and lockouts; **~sunterbrechung** *f* interruption of *w*-, *w*- stoppage; **~sunterlagen** *f/pl w*-ing papers; **~sunterweisung** *f* job instruction; **~sverbot** *n* prohibition of (gainful) *e*-; **~sverdienst** *m* wage(s), remuneration for *w*-; **~svereinfachung** *f w*- simplification; **~sverfahren** *n* operating process, *w*- process; **~sverhältnis** *n e*-, *e*- relationship, employer-employee relationship, employed earner's *e*-; **abhängiges ~~** paid *e*-; **~sverhinderung** *f* temporary incapacity to work; **~sverletzung** *f* industrial injury; **~svermittler** *m* **/-in** *f* placement officer, *e*- adviser; *e*- agent; **~svermittlung** *f l*- exchange, arranging *e*-, placing of employees, *e*-placement (service); **~svermittlungsfähigkeit** *f* employability; **~sverpflichtung** *f* industrial conscription, obligation to perform services; **~sverrichtung** *f* performance of *w*-; **~sverteilungsprogramm** *n w*- schedule; **~svertrag** *m e*- contract, contract of *e*-, contract of service, *l*- contract; **~svertragsrecht** *n e*- contract law; **~sverwaltung** *f l*- administration, manpower administration; **staatliche ~~** public *e*- service; *e*-authorities, *e*- services; **~sverweigerung** *f* refusal to work; **~sverwendbarkeit** *f* (*der Arbeitslosen*) employability (*of the jobless*); **~svorbereitung** *f* job preparation, planning engineering; **~svorgang** *m w*-process, operation; **~svorrat** *m* order-book totals; current number of outstanding orders; **~svorrichtung** *f w*-ing device; **~swahl** *f* choice of *e*-; **~swechsel** *m* change of *e*-, change of job; **~sweise** *f* operation, method of *w*- (*man, machine*); **~swerttheorie** *f l*- theory of value; **~swoche** *f w*-ing week, workweek; **~szeit** *f w*-ing hours, *w*-ing time → *Arbeitszeit*; **~szerlegung** *f* specialization of *l*-; division of *l*-, allocation of *w*-; **~szettel** *m* time sheet (*worker's*); **~szeugnis** *n* certificate of *e*-, (job) reference; **~szimmer** *n* private office; **~szwang** *m* compulsory *e*-, compulsory *w*-, forced *l*-; **beschwerliche ~en** *w*- of a particularly arduous nature; **die ~ in Angriff nehmen** to get the *w*- started, to get on with the job; **die ~ niederlegen** to quit, to walk out, to down tools, to sign off (*individually*); **gefahrengeneigte ~** dangerous *w*- (*per se*), accident-prone *w*-, hazardous *w*-; **gleiches Entgelt bei gleicher ~** equal pay for equal *w*-; **gleiches Entgelt bei gleichwertiger ~** equal pay for *w*- of equal value; **handwerkliche ~** custom workmanship, *w*- involving the skills of a craftsman; **im Stücklohn geleistete ~** contract *w*-; **körperliche ~** manual *l*-, physical *w*-; **nach Akkord bezahlte ~** *w*- paid at piece-rates; **nach Zeit bezahlte ~** *w*- charged on a time basis; **nichtgewerbliche ~en** non-industrial *w*-; **nichtselbständige ~** dependent personal services; **öffentliche ~en** public works; **projektmäßige und konstruktive ~** planning and design *w*-; **schlampige ~** sloppy workmanship, slovenly *w*-; **schlechte ~ durchgehen lassen** to let bad *w*-(manship) pass; **schriftliche ~** paper *w*-; **selbständige ~** independent personal services, free lance *w*-; **sich bei der ~ ablösen** to relieve one another at *w*-, to work in relays, to take over *w*- from one another, to rotate; **soziale ~** social *w*-; **übermäßig viel ~** too much *w*-, an awful lot of *w*-, a huge *w*- load; **übernommene ~** *w*- undertaken; **unselbständige ~** dependent personal services; **vorbereitende ~en** preparatory *w*-; **wissenschaftliche ~** scientific *w*-, scientific paper; **zugeteilte ~** allotted task, delegated task, allotted duties; **die ~ niederlegen** to stop *w*-ing, to down tools, to go on strike.

arbeiten *vi* to work; **schwarz ~** to moonlight, to work off the books.

Arbeiter *m* **/-in** *f* worker (= *w*-), manual worker, blue-collar worker, workman, wage earner, labo(u)rer; operative, workman employed; *collectively* labo(u)r; **~aussperrung** *f* lockout (*of w-s*); **~berufsverkehr** *m* (work) rush hour traffic; **~bewegung** *f* labo(u)r movement; **~genossenschaft** *f w-s*' cooperative; **~gewerkschaft** *f* labo(u)r union, trade union; **~haushaltung** *f* workman's household (*budget*); **~klasse** *f* working class; **~kolonie** *f w-s*' housing estate; **~leihverhältnis** *n* labo(u)r lending arrangement, loan out arrangement, body shop arrangement; **~partei** *f* Labo(u)r Party; **~räte** *m/pl hist w-s*' committees (*German revolutionary organizations at end of First World War*); **~rentenanspruch** *m w-s*' retirement pension rights; **~rentenneuregelung** *f w-s*' pension adjustment; **~rentenversicherung** *f w-s*' pension insurance; **~schaft** *f* (the) *w-s*, labo(u)r; **gewerkschaftlich organisierte ~~** organized labo(u)r; **~selbstverwaltung** *f w-s*' self-management; **~siedlung** *f w-s*' housing estate; **~stand** *m* working classes; **~stunde** *f* manpower hour, man-hour; **~versicherung** *f* industrial insurance; **~vertretung** *f* labo(u)r representation; **~unfallversicherung** *f w-s*' accident insurance; **~ wiedereinstellen** to reinstate *w-s*; **~wohlfahrt** *f w-s*' social aid; **~wohnstätten** *f/pl* workmen's dwellings, *w-s*' homes; **angelernter ~** semi-skilled *w*-, *pl* semi-skilled labo(u)rers; **bewährter ~** successful *w*- (*of good standing*); **eingesetzter ~** employed *w*-; **geistiger ~** professional, academic, white-collar employee; **gelernter ~** skilled *w*-, skilled workman, *pl* skilled labo(u)rers; **ungelernter ~** unskilled *w*-, *pl* unskilled labo(u)rers; **gewerbliche ~** *w-s*, workmen.

Arbeitgeber *m* **/-in** *f* employer (= *e*-), principal, *pl* employers (= *e-s*), management; **~anteil** *m e-'s* share, *e-'s* contribution (*to social insurance premiums*); **~-Arbeitnehmerbeziehungen** *f/pl* management-labo(u)r relations, relations between management and workforce, personnel relations, industrial relations; **~beisitzer** *m* **/-in** *f* associate judge representing *e-s* (*in German labo(u)r court*); **~beitrag** *m e-'s* contribution; **~beiträge zur Rentenversicherung** *e-'s* contributions to worker's pension insurance, *US* payroll tax for social security; **~bescheinigung** *f e-'s* certificate; **~haftpflichtversicherung** *f e-s*' liability insurance; **~kartei** *f e-'s* file; **~pflichten** *f/pl e-s*' (legal) obligations; **~schaft** *f* management, the *e-s*; **~ und Arbeitnehmer** management and (the) workforce; **~verband** *m e-s*' association; **~vereinigung** *f e-s*' association; **~vertreter** *m* /**-in** *f e-s'* representative; **~zuschuss** *m* additional allowance by *e-*, *e-'s* bonus; **freiwilliger ~~** *e-'s* voluntary contribution; **kollektive Wahrnehmung der Arbeitnehmer- und ~interessen** *EU* collective *US* defense / *GB* defence of the interests of workers and *e-s*.

Arbeitnehmer *m* /**-in** *f* jobholder, employed person, person in dependent employment, employee (= *e-*), (*salaried employee or wage earner*); **~aktien** *f/pl e-* shares (*in e--ownership corporations*); **~anteil** *m e-'s* share, *e-'s* contribution (*to social insurance premimium*); **~-Arbeitgeberausschuss** *m e*--employer committee, labo(u)r-management committee; **~beförderung** *f* promotion of *e-*; **~beratung** *f* job counsel(l)ing; **~erfinder** *m* /**-in** *f* employed inventor, *e*--inventor; **~erfindung** *f e*-invention, *e-'s* invention; **~erfindungsgesetz** *n E-* Invention Act (*1957*); **~freibetrag** *m tax* earned income relief, allowance for employed persons, *e-* exempted amount (*income tax*); **~freizügigkeit** *f EU* free traffic in workers; **~kündigung** *f* notice of termination by *e-*; **~mitbestimmung** *f e-s'* co-management, *e-*representation in operating an enterprise; **~organisation** *f* labo(u)r organization; **~politik** *f* industrial relations policy, labo(u)r-management policy; **~schaft** *f* the *e-s*, the staff, the work force; **~schutz** *m* protection of *e-s*; **~-Sparzulage** *f* salary / wage savings supplement (*to encourage e- saving*); **~überlassung** *f* supply of temporary workers / *e-s* / staff; **~überlassungsgesetz** *n* Personnel Leasing Act (*1972*); **~verband** *m* trade union; **~vereinigung** *f* labo(u)r union; **~vertreter** *m* /**-in** *f e-* representative; **~vertretung** *f* worker(s') representation; **aus- und einwandernde ~** *EU* migrant workers; **Gemeinschaftscharta der sozialen Grundrechte der ~-~n ~** *EU* Community Charter of the Fundamental Social Rights of Workers (*1989*); **kollektive Wahrnehmung der ~- und Arbeitgeberinteressen** *EU* collective *US* defense / *GB* defence of the interests of workers and employers; **Mindestvorschriften zum Schutz der Sicherheit und Gesundheit der ~** *EU* minimum requirements for the protection of the safety and health of *e-s*; **Mitbestimmung der ~** workers' co-determination; **nicht gewerkschaftlich organisierte ~** free labo(u)r, unorganized labo(u)r workforce without a trade union; **soziale Sicherheit und sozialer Schutz der ~** *EU* social security and social protection of workers; **tarifvertraglich beschäftigter ~** person employed under a collective wage agreement.

arbeitnehmerähnlich *adj* employee-like status, of similar status as employee (*social security*).

arbeits|extensiv *adj* having a low labo(u)r content; **~fähig** able to work, fit for work, employable, able-bodied; **~frei** off duty, idle; **~intensiv** *f* labo(u)r intensive, having a high labo(u)r content; **~los** unemployed, jobless, out of work, on the dole; **~mäßig** workwise, as far as work is concerned; **~scheu** idle, work-shy, averse to work; **~sparend** labo(u)r-saving; **~täglich** per working day, every work day; **~teilig** based on division of labo(u)r, by proportionate labo(u)r cost; **~unfähig** unable to work, incapable of working, disabled; **~verwendbar** employable; **~willig** willing to work; **~wirtschaftlich** efficient in man-hours (*in respect of economies in the use of labo(u)r*).

Arbeitskräfte *f/pl* labo(u)r (= *l-*) workmen, labo(u)r force, work force, manpower (= *m-*); **~ abbauen** to shed *l-*, to cut down on *m-*; to reduce the *l-* force; **~bedarf** *m m-* requirements; **~angebot** *n l-* supply, *m-* supply; **~bewegung** *f* turnover of *l-* / workmen; **~einsatz** *m* deployment of *l-*; **~engpass** *m m-* bottleneck; **~mangel** *m m-* shortage; **~potential** *n* human resources, *m-* potential; **~überschuss** *m* excess (supply of) *m-*; **~volumen** *n* resources of *m-*; **~vorausschätzung** *f m-* forecast; **Abwanderung von ~n** migration of *l-* **angelernte ~** semi-skilled *l-*; **gewerkschaftlich nicht organisierte ~** unorganized *l-*; **gewerkschaftlich organisierte ~** union *l-*; organized *l-*; **inländische ~** domestic *l-*; **verfügbare ~** *m-* resources; **weibliche ~** female *l-*.

Arbeitslosen|fürsorge *f* welfare measures for the unemployed; **~geld** *n* non-means-tested unemployment benefit / compensation; **~hilfe** *f* means-tested unemployment relief (*D on a reduced scale after initial period of full benefits*), **~quote** *f* unemployment rate; **~unterbringungsprojekt** *n* statutory redundancy scheme; **~unterstützung** *f* unemployment benefits, *sl* dole; *US* unemployment compensation; **~versicherung** *f* unemployment insurance; **~versicherungsbeitrag** *m* unemployment insurance contribution.

Arbeitslose(r) *f(m)* (*der Arbeitslose*) *s.o.* who is unemployed, unemployed person, jobless person (*pl ~e*) the jobless; the unemployed; **gemeldete ~e** registered unemployed; **langfristig ~e** long-term unemployed; **unterstützte ~e** unemployed persons receiving benefits; **vermittelte ~e** unemployed persons placed in vacancies.

Arbeitslosigkeit *f* unemployment (= *un-*); **~squote** *f un-* rate; **~ssockel** *m* hard-core *un-*; **entwicklungsmäßig bedingte ~** technological *un-*; **fluktuierende ~** fluctuating scale of *un-*; **friktionelle ~** frictional *un-*; **jahreszeitlich bedingte ~** seasonal *un-*; **konjunkturbedingte ~** cyclical *un-*; **konjunkturelle ~** cyclical *un-*, recession *un-*; **nachfragebedingte ~** *un-* because of lack of demand, demand-deficient *un-*; **saisonbedingte ~** seasonal *un-*; **strukturbedingte ~** structural *un-*; **unechte ~** distorted *un-* figures; **verdeckte ~** concealed *un-*; **zeitweise ~** intermittent *un-*.

Arbeitsplatz *m* position, job, post, place of work, work station, place of employment; **~abbau** *m* downsizing, reducing number of jobs available; **~beschaffung** *f* creation of new jobs; **~beschreibung** *f* job profile, job description; **~bewertung** *f* job rating, job evaluation, performance appraisal; **~darlehen** *n* loan to finance jobs; **~einrichtung** *f* work-facilities; **~erhalt** *m* job preservation; **~gestaltung** *f* human engineering, design (layout) of workplace; **~garantie** *f* reinstatement guarantee; **~rechte** *n/pl* job rights; **~schutz** *m* job preservation (*for servicemen*); **~sicherheit** *f* job security, employment security; **~teilung** *f* job sharing, job-share; **~untersuchung** *f* job analysis; **~vermittlung** *f* job placement; **~vernichtung** *f* destruction of jobs; erosion of workplaces; **~wahl** *f* job choice, (freedom of) choice of employment; **~wechsel** *m* labo(u)r turnover, change of employment, **häufiger ~~** job switching; **~zusage** *f* job offer, job guarantee; **unbesetzter ~** (job) vacancy; **unfallsicherer ~** safe place to work.

Arbeitszeit *f* work hours, working time; **~nachweise** time records; **~ordnung** working time regulations; **~verkürzung** reducing working hours; **gesetzliche ~** hours of work prescribed by law; **normale ~** straight time; **tarifliche ~** collectively agreed working hours; **gleitende ~** flexitime; **verkürzte ~** reduced working hours, short time work.

Arbitrage *f* arbitrage; **~geschäfte** *n/pl* arbitrage dealings; **~klausel** *f* *clause among merchants to settle warranty claims by an assessed reduction in the purchase price, excluding the right of* *redhibition*; **~rechnung** *f* arbitrage calculation.

arbitragefähig *adj* eligible for arbitrage dealings.

Arbitrageur *m* / **-in** *f* arbitrageur, *US* arbitrager.

Architekt *m* / **-in** *f* architect; **~engebühr** *f* architect's fee; **~engebührenordnung** *f* regulation on architects' fees; **~kammer** *f* professional body of architects; **~liste** *f* official register of architects; **~envertrag** *m* architect's contract (of service); **bauleitender ~** architect directing construction work.

Archiv *n* archives, records, morgue (*for newspaper work*), record office, filing-room, storage; **~exemplar** *n* copy for the records, copy on file; **~gut** *n* archive material.

Archivar *m* / **-in** *f* archivist, recorder, keeper of the records.

ARGE (*abbr* = **Arbeitsgemeinschaft** *f*) joint undertaking, working group.

Ärgernis *n* annoyance; nuisance; **~ erregen** to give *US* offense / *GB* offence; **dazu bestimmt, ~ zu erregen** calculated to give offense; **öffentliches ~** public nuisance, scandal, outrage upon decency.

Arglist *f* malice, cunning; **~einrede** *f* plea of fraud, exceptio doli, *US defense / GB defence that other party acted in bad faith.*

arg|listig *adj* malicious, cunning, treacherous; (*acting*) with intent to deceive; **~los** unsuspecting, innocent.

Arglosigkeit *f* unsuspecting state of mind, innocence.

Argument *n* argument, reasoning, reason; **~e für etwas vorbringen** to build up a case; **juristisches ~** legal point; **stichhaltiges ~** valid argument, sound argument.

argumentativ *adj* argumentative.

argumentieren *vi* to argue, to plead *in court.*

Argumentation *f* reasoning, line of reasoning.

Argwohn *m* suspicion, mistrust; **~ erregen** arouse suspicion; **~ schöpfen** to become / to get suspicious.

Arm *m* arm; **senkrecht erhobener ~** arm raised upright (*traffic policeman*); **waagerecht ausgestreckte ~e** arms stretched out horizontally.

arm *adj* poor; needy, indigent (*persons*), deficient (*resources*).

Armut *f* poverty, indigence, destitution, penury, distressed circumstances; **~sgrenze** *f* poverty line; **~szeugnis** *n* certificate of poverty, certificate of entitlement to legal aid.

arrangieren *vt* to make arrangements, to arrange (for); *v reflex* to come to terms, to compromise.

Arrest *m* apprehension (*of suspect*), taking into custody; civil arrest (*by court order*); attachment; **~anordnung** *f* writ of attachment, lien of attachment, lien of garnishment; **~anspruch** *m* claim for an arrest, *claim or outstanding debt to be secured by an arrest*; **~atorium** *n* stay of satisfaction (of debt), attachment of bankrupt's outstanding claims and accounts receivable, assignment of baknrupt's outstanding claims for benefit of creditors; **~befehl** *m* (*civil judicial*) arrest order (*personal and/or in rem*); **~beklagte(r)** *f(m)* defendant in arrest proceedings (*on the validity of the arrest order*); **~beschlagnahme** *f* provisional seizure (*by arrest order*); **~beschluss** *m* writ of attachment, order of (civil) arrest; **~bruch** *m* illegal interference with attached property (*breach of lien imposed by arrest proceedings*); **~gericht** *n* competent court for arrest proceedings; **~gläubiger** *m* / **-in** *f* attaching creditor, applicant in arrest proceedings; **~grund** *m* (urgent) reason for granting an order of civil arrest / writ of attachment; **~hypothek** *f* provisional judicial mortgage (*by way of a civil arrest order*); **~kläger** *m* / **-in** *f* plaintiff in arrest proceedings; **~lokal** *n* detention room; **~pfandrecht** *n* attachment lien; **~pfändung** *f* attachment of a claim, charging order; **~schuldner** *m* / **-in** *f* respondent in arrest proceedings; **~urteil** *n* judgment on (the validity of) a civil arrest (*after an oral hearing*); **~verfahren** *n* (civil) arrest proceedings; **~vollziehung** *f* enforcement of a civil arrest (*by levying attachment etc*); **~zelle** *f* detention cell; **dinglicher ~** in rem arrest order, attachment; **offener ~** receiving order (*bankruptcy, freezing all assets of debtor*); **persönlicher ~** arrest of debtor (*at the instance of creditor in arrest proceedings*), domestic attachment.

arrondieren to round off.

Arrondierung *f* rounding-off (*property by purchase*), consolidation of small farm-holdings (*setting up economically-sized farming units*); **~skauf** rounding-off purchase.

Art *f* kind, type, nature; **~en von Beihilfen** categories of aid; **~(handlungs)vollmacht** *authority limited to a particular type of transaction*; **~verzeichnis** *n* classified directory; **dieser ~** such; **eigener ~** sui generis; **mittlerer ~ und Güte** of average kind and quality, of merchantable quality; **üblicher ~** of the usual kind, of customary quality; **von durchschnittlicher ~ und Güte** of average kind and quality; **von gleicher ~ und Güte** of the same type and quality.

Artenschutz *m* protection of endangered species.

Artikel *m* **I** article, section (*of a law or act*); clause (*of a contract*); **~gesetz** *n* Amending Act (*act amending specified articles*); **~ im Parteiprogramm** plank of the party platform; **dieser ~ schließt nicht aus, daß** ... nothing in this article (*section, clause*) shall be construed to preclude ...

Artikel *m* **II** article, item, *pl* goods, merchandise; **hochwertige ~** articles of high quality; **schlechtgehender ~** article which sells badly / poorly; sleeper; **schnellverkäuflicher ~** fastselling item, article which is quickly sold; **zugkräftiger ~** fast selling article, puller.

Arznei *f* medicine, medicament, medication; **~abgabe** *f* dispensing, selling medicines; **(amtliches) ~buch** *n* dispensatory, pharmacopeia; **verschreibungspflichtige ~** medicine requiring (a doctor's) prescription.

Arzneimittel *n* medication, medicine; *pl* pharmaceutical products; **~gesetz** *n* Medical Preparations Act (*act governing the production and distribution of medicines*); **~industrie** *f* pharmaceutical industry; **~kunde** *f* pharmacology; **gesetzlich geschützte ~** proprietary medicines.

Arzt *m* / **Ärztin** *f* physician, doctor, surgeon, health professional; general practitioner (*abbr* GP); **~beruf** *m* medical profession; **Ä~egesetz** *n* Medical Profession Act; **~geheimnis** *n* doctor's secrecy obligation; **~haftung** *f* a medical practitioner's liability; **~helfer(in)** *m(f)* doctor's assistant; **Ä~ekammer** *f* medical association (*disciplinary powers*), medical council; **~kosten** *pl* medical expenses; **~kostenversicherung** *f* health insurance, medical expenses insurance; **Ä~eordnung** *f* professional regulations relating to doctors; **~praxis** *f* doctor's practice; **~rechnung** *f* doctor's bill, statement of medical fees; **Ä~eversorgung** *f* retirement pension system for doctors; medical attention; **~vertrag** *m* doctor-patient contract, **Ä~everzeichnis** *n* directory of doctors; **~wahl** *f* choice of doctor; **approbierter ~** a licensed physician, a qualified doctor; **behandelnder ~** the attending physician, the doctor in charge; **niedergelassener ~** licensed medical practitioner; **praktischer ~** (general) practitioner, (qualified) medical practitioner.

Asbestgeschädigte(r) *f(m)* (*der Asbestgeschädigte*) asbestos sufferers, persons suffering from asbestos related deseases.

ASEAN (*abbr* = **Assoziation f der Südostasiatischen Nationen**) Association of South-East Asian Nations (*Indonesia, Malaysia, Philippines, Singapore, Thailand and Brunei*).

Asoziale(r) *f(m)* (*der Asoziale*) vagrant, delinquent, disadvantaged member of society (*highly derogatory expression*).

Asperationsprinzip *n* principle of asperation, *principle of punishment for multiple US offenses / GB offences forming one aggregate sentence based on increasing the severest penalty for the most serious individual offense committed, → Tatmehrheit, Realkonkurrenz; ↔ Absorptionsprinzip.*

Assanierung *f A* urban renewal.

Assekurant *m* **/-in** *f obs* insurer, underwriter.

Assekuranz *f* insurance business, underwriting.

Assekuranzmakler *m* **/-in** *f obs* insurance broker.

Asservantenkonto *n* suspense account, special-purpose account.

Asservat *n* exhibit (*in the custody of the court*); **~enabteilung** *f* exhibit section; **~enkammer** *f* court storeroom for exhibits; **~enliste** *f* list of exhibits (*in the custody of the court*); **~enraum** *m* property room.

Assessor *m* **/-in** *f obs* associate judge, assessor, puisne judge, junior judge, → *Beisitzer*; junior executive officer; junior notary → *Notarassessor.*

Assignation *f A* contract with clause of assignment, contract assigning right to enforce claim /delivery to third party.

Assimilation *f* assimilation, adaption, adaptation; **~sprinzip** *n* national treatment; **gesellschaftliche ~** social adaption.

Assise *m* /**Assisin** *f CH* juror.

Assoziation *f* association, entering into a partnership, adherence (*to a convention*), formation of a society; **~ der Südostasiatischen Nationen** (*abbr* **ASEAN**) (*Indonesien, Malaysia, Philippinen, Singapur, Thailand und Brunei*) Association of South-East Asian nations (*abbr* ASEAN); **~sabkommen** *n EU* association agreement, **~sausschuss** *m EU* association committee; **~sgefähr** *f pat* likelihood of confusion (*danger of confusion of two trademarks in minds of consumers*).

assoziieren (*v reflex*) to associate, to go into partnership, to join, to form a partnership.

Assoziierung *f* association, entering into a partnership, process of confederating; **~sabkommen** *n* treaty of accession, treaty of confederacy; **~ssystem** *n* arrangements of association; **~svertrag** *m* treaty of accession, treaty of confederacy.

Asyl *n* asylum, sanctuary, refuge; **~antrag** *m* application for (political) asylum; **~bewerber** *m* **/-in** *f* asylum seeker; **~~unterkunft** *f* hostel for asylum seekers; **~gesuch** *n* application for (political) asylum; **~gewährung** *f* (the) granting of asylum; **~recht** *n* law of asylum, right of sanctuary / asylum; **~verfahren** *n* asylum proceedings, (judicial) procedure for granting asylum; **diplomatisches ~** diplomatic asylum (*refuge in an embassy*); **politisches ~** political asylum.

Asylant *m* **/-in** *f* asylum seeker.

asylberechtigt *adj* entitled to asylum.

Aszendent *m* **/-in** *f* ascendant, ascendent, ancestor.

Atlantik|-Charta *f* Atlantic Charter (*1941*); **~pakt** *m* Atlantic-Pact, North Atlantic Treaty Organization (*abbr* NATO).

atlantisch *adj* Atlantic; **A~e Allianz** *f* Atlantic Alliance.

Atemprobe *f* breath test, breath specimen, breathalyser test.

Atom *n* atom; **~abfall** *m* nuclear waste; **~abrüstung** *f* nuclear disarmament; **~angriff** *m* nuclear attack; **~anlage** *f* nuclear installation, nuclear plant; **~bombe** *f* atom bomb; **~energie** *f* nuclear energy, atomic energy; **~gemeinschaft** atomic pool; **Europäische ~~** (*abbr* **EURATOM**, **EAG**) *EU* European Atomic Energy Community (*abbr*

EURATOM, EAEC); **~gesetz** *n* atomic energy act; **~haftung** *f* liability for nuclear damage; **Pariser ~~skonvention** *f int* Convention on Third Party Liability in the Field of Nuclear Energy (*Paris*); **~industrie** *f* atomic energy industry; **~kraft** *f* atomic energy, nuclear power; **~~gegner** *m* /**-in** *f* opponent of atomic energy use; **~~werk** *n* atomic power plant; **~krieg** *m* nuclear war; **~kriegsführung** *f* atomic warfare, nuclear warfare; **~macht** *f* nuclear power; **~müll** *m* nuclear waste; **~~-Entsorgung** *f* disposal of nuclear waste; **geringverstrahlter ~~** low-level nuclear waste; **~physik** *f* nuclear physics; **~physiker** *m* /**-in** *f* nuclear physicist; **~recht** *n* atomic energy law; **~risiko** atomic risk; **~sprengkörper** *m* nuclear explosive device; **~streitkräfte** *pl* nuclear forces; **~test** *m* nuclear test; **~test-Stoppvertrag** *m int* (= **Vertrag über das Verbot von Kernwaffenversuchen in der Atmosphäre, im Weltraum und unter Wasser**, = **Moskauer Teststopp-Vertrag**) Nuclear Test Ban Treaty, Treaty Banning Nuclear Weapons Tests in the Atmosphere, in Outer Space and Under Water; **~versicherungsrecht** *n* atomic risks insurance law; **~waffen** *f/pl* atomic weapons, nuclear weapons; **~~sperrvertrag** *m* (*abbr* **ASV**) *int* (= **Vertrag über die Nichtverbreitung von Kernwaffen**) Non-Proliferation Treaty, Treaty on the Non-Proliferation of Nuclear Weapons (*abbr* NPT); **~~versuch** *m* nuclear testing, atomic weapons testing; **~~~sverbot** *n* nuclear test ban; **~zeitalter** *n* atomic age.

Attaché *m* attaché.

Attentat *n* assassination attempt (*for political motives*).

Attentäter *m* /**-in** *f* assassinator, assassin, would-be assassin, *perpetrator of an assassination attempt or other crime of violence for political motives.*

Attest *n* certificate, attestation, testimonial; **ärztliches ~** health certificate, medical certificate, doctor's certificate.

attestieren to certify.

Attrappe *f* imitation, booby device.

atypisch *adj* atypical, not conforming to a standard type (*of contract*).

Audienz *f* audience, formal reception.

aufarbeiten *vt* to get through (*work*), to catch up (*on a backlog*), to use up (*material, supplies*), to work off (*unfilled orders*), to get up to date (*with one's work*).

Aufarbeitung *f* reconditioning (*upholstery*); → *aufarbeiten.*

Aufbau *m* construction; building-up; organization, structure, system setup; composition, makeup, *GB* make-up; development, establishing; assembly, mounting; supertructure (*vehicle*), **~darlehen** *n* reconstruction loan (*as part of the burden-sharing, or equalization of (war) burdens,* → *Lastenausgleich*); **~ der Bank** structure of the bank; **~ der Verwaltung** organization of the administration; **~ der wirtschaftlichen Existenz** establishing a livelihood; **~finanzierung** *f* financing of (post-war) reconstruction; **~hilfe-Fonds** *m* Aid for Reconstruction Fund; **~kredit** *m* credit facilities for (post-war) reconstruction; **~leistung** *f* construction and assembly; **~möbel** *pl* ready-to-assemble furniture; **~studium** *n* graduate *US* program / *GB* programme (*of studies*); **~unterstützung** *f* benefits for reconstruction purposes (*for refugees, etc*); **~zug** *m* late transfers stream (*secondary school*); **~vertrag** *m* reconstruction contract; **organisatorischer ~** organization and structure.

aufbereiten *vt* to refine, to process, to treat (*crude oil*), to dress (*ore, hides*).

Aufbereitung *f* refining; processing; treating, dressing; → *aufbereiten*; **~sanlage** *f* reprocessing plants.

aufbessern *vt* to raise (*salary*); to improve (*market*).

Aufbesserung *f* increase, raise, improvement.

aufbewahren *vt* to keep in safe custody (*in storage, on file*), to store, to keep safe.

Aufbewahrer *m* **/-in** *f* keeper, custodian, depositary.

Aufbewahrung *f* storage, safekeeping, safe deposit, preservation; ~ **entzündlicher Waren** storage of inflammables; **~sfrist** *f* period of storage, record retention period; period of custody; **~sgebühr** *f* storage fee, storage charge, safe deposit charge, charge for safe-deposit services (*bank*); **~sort** *m* place of storage, depository, place of safekeeping; **~spflicht** *f* obligation to keep, obligation to preserve (*business records*); **~sschein** *m* deposit receipt, claim check; chit to acknowledge deposit; ~ **von Akten** storage of files.

aufbieten *vt* to muster (*strength*); to publish the banns, to give public notice (*of impending forfeiture etc*), → *Aufgebot*.

Aufblähung *f* inflation, overexpansion (*credit, turnover*).

aufblenden *vi* to turn on the full lights, to turn the headlights up (*automobile*), to turn on the bright lights; to fade in (*motion picture photography*).

aufbrauchen *vt* to use up (*stores*), to deplete, to consume.

Aufbrauchsfrist *f* deadline for using up (*infringing article*).

aufbrechen *vt* to pry open (*receptacle*), to break open, to pick (*a lock*), to unseal.

Aufbrechen *n* breaking open a receptacle, forcing open (*of receptacle by burglar*); ~ **des Zollverschlusses** breaking of customs seal.

aufbringen *vt* to raise (*funds*), to contribute; to capture (*ship as prize*), to recapture.

Aufbringung *f* raising (*of funds*), levy, contribution, capture (*ship*); **~serklärung** *f* contributor's statement; **~sschlüssel** *m* seal of contributions; **~sschuld** *f* liability to contribute; obligation to contribute; **~sschuldner** *m* **/-in** *f* party liable to contribute (*funds to cover deficit*); **~s- u. Beschlagnahmeklausel** *f* Free of Capture and Seizure Clause (*abbr* F. C. & S.).

aufbringungsflichtig *adj* liable to contribute funds.

aufbürden *vt* to charge, to burden, to impose.

Aufbürdung *f* charge, burdening, imposition.

aufdecken *vt* to expose (*scandal*), to disclose (*defects*), to detect (*crime*).

Aufdeckung *f* exposure, disclosure, discovery, detection; ~ **der Unwahrheit** detection of falsehood; ~ ***e-er*** **Verschwörung** exposure of a plot.

Aufdruck *m* imprint, impression.

aufdrucken *vt* to imprint, to print upon, to overprint.

aufdrücken *vt* to impress (*seal*), to stamp.

Aufeinanderfolge *f* succession, sequence; ~ **der Ereignisse** sequence of events; **turnusmäßige** ~ succession by rotation; **zeitliche** ~ chronological order

aufeinanderfolgend *adj* consecutive, successive, in sequence, following on from each other, following on one after the other.

Aufenthalt *m* stay, sojourn; residence (= *r*-), abode (= *a*-); **~sanweisung** *f* instruction to stay in vicinity of (*location*); **~sberechtigung** *f* right of *a*-, right of *r*-; entitlement to reside; **~sbescheinigung** *f r*- certificate; **~sbeschränkung** *f r*- restriction(s), limitation of stay (*for foreigner*); **~sbestimmung** *f* determination of the place of *a*-; **~sbestimmungsrecht** *n* right to determine the place of *a*-; **~sbewilligung** *f* permit for (temporary) stay; **~sdauer** *n* length of stay; **~serlaubnis** *f r*- permit; **unbegrentze** ~~ *f* permanent *r*- permit, *r*- permit unlimited in duration; **~sgenehmigung** *f r*- permit;

~sgestattung *f* temporary permission to stay (in the country); **~skosten** *m* subsistence expenses; **~sort** *a-*, (place of) *r-*, habitation, whereabouts; **den jeweiligen ~~ ermitteln** to establish whereabouts; **dauernder ~~** fixed *a-*, permanent *r-*, permanent *a-*; **gewöhnlicher ~~** habitual place of *r-*, usual place of *a-*; **ständiger ~~** permanent *r-*; **~sraum** *m* lounge, common room; **~srecht** *n* right of *a-*; law concerning *r-* of aliens; **~sregelung** *f r-* regulation(s), rules as to *r-* (*of aliens*); **~sregelungsgesetz** *n r-* law; **~ssichtvermerk** *m r-* control stamp; **~sstaat** state of *r-*; **~sverbot** *n r-* ban, exclusion order; **~sverlängerung** *f* extension of *r-* permit; **dauernder ~** permanent *r-*, fixed *a-*; **gewöhnlicher ~** habitual *r-*; **ohne festen ~** of no fixed *a-*; **ständiger ~** → *dauernder ~*; **unbekannter ~** unknown whereabouts; **vorübergehender ~** temporary stay.

auferlegen *vt* to impose (*restrictions, duties, taxes*); to require, to inflict (*punishment*).

Auferlegung *f* imposition, infliction.

auffahren *vi* to run into (a car from behind), to collide from behind.

Auffahrunfall *m* rear-end collision, nose-to-tail collision; **Serie von ~unfällen** pile-up.

auffangen *vt* to absorb (*wage increase*).

Auffang|gebiet *n* reception area (*refugees*); **~gesellschaft** *f* successor company (*in case of winding-up reorganization*), absorbing company, rescue company; **~organisation** *f* recipient company (*temporary successor organization*); **~tatbestand** *m* omnibus clause, subsidiary clause of an enactment.

auffassen *vi* to comprehend, to understand, to construe.

Auffassung *f* understanding, comprehension, opinion; **~sgabe** *f* perceptive faculty; **rasche ~~** quick grasp of issues; ***e-e*** **~ vertreten** to hold, to maintain, to sustain an opinion.

Auffinden *n* discovery, detection.

auffinden *vt* to find, to discover.

Auffindung *f* (= *Auffinden n*) discovery, detection.

auffordern *vt* to request, to demand.

Aufforderung *f* request, demand, requisition; **~sschreiben** letter of request; **~ zu Gewaltmaßnahmen** provocation to commit acts of violence; **~ zu Straftaten** incitement to crime; **~ zum Kauf** invitation to buy; **~ zum Kontoausgleich** balance-order; **~ zum Ungehorsam gegen Gesetze** incitement to break the law; **~ zur Abgabe *e-es* Angebots** invitation to submit an offer / tender, invitation to treat; **~ zur Abgabe von Submissionen** invitation to bid; **~ zur Einzahlung auf Aktien** call to pay in capital; **~ zur Offerte** invitation to offer, invitation for tender, invitation to treat; **~ zur Preisabgabe** (= *Preisaufgabe*) request for a (price) quotation; **~ zur Urkundenvorlage** notice to produce (documents); **gerichtliche ~** judicial request; **gütliche ~** amicable request; **öffentliche ~** public request; **schriftliche ~** demand in writing, request in writing; **zahlbar bei ~** payable on demand.

aufforsten *vt* to afforest, to reafforest.

Aufforstung *f* afforestation; **~ der Reserven** building up the reserves.

Auffrischungskurs *m* refresher course.

aufführen *vt* to present (*play*), to perform.

Aufführende(r) *f(m)* (*der Aufführende*) presenter, performer.

Aufführung *f* performance, presentation (*play*), listing (*items*); **~sort** *m* place of dramatic entertainment; **~srecht** *n* right of representation and performance, right(s) of performance; *pl* performing rights, dramatic rights, stage rights; **~svertrag** *m* performing rights contract; **öffentliche ~** public performance.

auffüllen *vt* to refill (*hole in the ground*), to replenish (*stocks*).

Auffüllung *f* replenishment.

Aufgabe *f* **I** task, function (= *f-*), job, duty; ~ ***e-es* Patents** subject matter of a patent, object of a patent; **~nbereich** *m* province, jurisdiction, competence; **~ngebiet** *n* field, sphere of *f-s* → *Aufgabenbereich*; **~ngliederungsplan** *m* organization (of *f-s*) plan; **~nträger** *m* commissioned agency; **~n übernehmen** to take over (*s.o.'s*) job / tasks; **~nverteilung** *f* allocation of tasks, job assignment; **~n wahrnehmen** to exercise *f-s*; **friedenserhaltende ~n** *int* peacekeeping tasks; **hoheitsrechtliche ~n** governmental *f-s*; **kapitalmarktpolitische ~** objective of capital market policy; **öffentliche ~n** public duties / *f-s*; **öffentlich-rechtliche ~n** *f-s* in the sphere of public law; **repräsentative ~n** representative *f-s*; **zugewiesene ~n** delegated *f-s* / tasks, allocated duties.

Aufgabe *f* **II** abandonment, discontinuance; termination; ~ **der Prämie** abandonment of the option money; ~ **des Gewerbebetriebes** cessation of the business; ~ ***e-er* Tätigkeit** termination of an activity; ~ ***e-es* Amtes** resignation from office; ~ ***e-es* Betriebs** closing down of a business; ~ ***e-es* Rechts** abandonment / waiver / renunciation of a right; ~ **von Produktionszweigen** line dropping (*by dealer*).

Aufgabe *f* **III** posting, mailing, *US* dispatch / *GB* despatch; **~bahnhof** *m* dispatch station; ~ **des Gepäcks** check(ing) in the luggage; **~ort** *m* place of posting, place of mailing; **~schein** (postal) receipt; **~stempel** *m* stamp of dispatch; **~zeit** *f* time of dispatch, time of sending, time of mailing, time of posting; ~ **zur Post** posting, mailing, → *Zustellung*.

Aufgabe *f* **IV** ***e-er* Bestellung** (the) placing of an order, ordering

Aufgabe *f* **V** accounting advice.

aufgeben *vt* to surrender (*a right*), to give up (*position, right, claim, prosecution, search*), to resign, to abandon (*ship, claim, case*), to quit, to part with (*possession*), to post (*letter*), to place (*an order*), to enjoin, to request (*by court*).

Aufgebot *n* **I** public invitation to assert claims (*subject to exclusion or forfeiture*); ~ **der Nachlassgläubiger** public notice to creditors of an estate to prove their claims; **~seinrede** *f* dilatory plea of an heir (*pending marshalling of creditors of an estate*); **~stermin** *m* deadline fixed by public summons (*threatening forfeiture or exclusion*); **~sverfahren** *n* public citation, proceedings by public summons; forfeiture proceedings (*after warning by public notice*), cancellation proceedings (*for shares, US licenses / GB licences, other documents*).

Aufgebot *n* **II** banns of matrimony, publication of banns, notice of an intended marriage; ~ **der Verlobten** banns (of matrimony), notice of an intended marriage; ein ~ **bestellen** to publish the banns.

Aufgeld *n* premium, agio, surcharge, extra charge, additional charge; **~konto** *n* agio account, premium account.

aufgelegt *adj* open for subscription.

aufgeschoben *adj* deferred, postponed, stayed; ~ **werden** to be delayed, to be adjourned, → *aufschieben*.

aufgliederbar *adj* classifiable, itemizable.

aufgliedern *vt* to itemize, to break down; to classify.

Aufgliederung *f* breakdown; itemization; ~ **des Aufkommens an Steuern und Sozialbeiträgen** breakdown of total tax receipts and social welfare contributions.

aufgreifen *vt* to pick up (*vagabond by police*); to take up (*subject*).

aufhalten *v reflex* to stay, to reside.

aufhäufen *vt* to accumulate (*money, profits*).

Aufhäufung *f* accumulation.

aufheben *vt* to lift, to cancel, to set aside, to reverse, to repeal, to quash, to overrule, to rescind; **sich gegenseitig** ~ to cancel each other out.

Aufhebung *f* reversal, repeal, *etc* → *aufheben*, setting aside; ~ **der Annahme an Kindes statt** revocation / cancellation of an adoption; ~ **der Beschränkung** abolition of the restriction / limit; ~ **der Ehe** annulment of marriage; ~ **der ehelichen Lebensgemeinschaft** dissolution of conjugal community, separation (from bed and board), judicial separation; ~ **der häuslichen Gemeinschaft** cessation of domestic life; ~ **der Immunität** suspension of (parliamentary) immunity; ~ **der Kosten** mutual discharge of cost claims; ~ **der Pfändung** release of the attachment lien, release from distraint; ~ **der Vormundschaft** termination of guardianship, dewarding; ~ **des Haftbefehls gegen Sicherheitsleistung** release on bail; ~ **des Konkursverfahrens** termination of bankruptcy; ~ ***e-er*** **Dienstbarkeit** extinguishment of an easement; ~ ***e-er*** **Ehe** dissolution / annulment of marriage (*due to error, fraud, threats etc at the time of marriage*); ~ ***e-es*** **Gesetzes** repeal of an Act, repeal of statute; ~ ***e-es*** **Urteils** reversal of a judgment, quashing of a judgment; ~ ***e-es*** **Vertrages** cancellation of a contract (*by mutual consent*); **~sanspruch** *m* right to demand dissolution (*of marriage*); **~sbegehren** *n* prayer for dissolution (*of marriage*); **~sgesetz** *n* repealing statute; **~sklage** *f* petition for dissolution (*of marriage*) (→ *Eheaufhebung*); **~sprämie** *f* cancellation premium; **~srecht** *n* right of cancellation; **~svertrag** *m* termination agreement; **~surteil** *n* reversing judgment, judgment allowing an appeal; ~ **und Rückverweisung** reversal and remand; **einverständliche** ~ termination by mutual consent, surrender (*lease*).

aufhetzen *vt* to incite, to agitate, to stir up hatred (*against s.o.*).

Aufhetzung *f* incitement, agitation, rabble-rousing.

Aufhol|arbeit *f* make-up work; **~bewegung** *f* process of catching up; **~konjunktur** *f* backlog boom.

Aufkauf *m* buying-up, buy-out; buying out; bulk buying; *exch* forestalling, cornering the market; ~ **von Beherrschungsrechten** (*mit Leihkapital finanziert*) leverage buyout.

aufkaufen *vt* to buy up, *exch* to forestall; **billig** ~ to buy up cheaply; **den Markt** ~ to corner the market.

Aufkäufer *m* **/-in** *f* buying-agent, speculative buyer, *exch* forestaller; **~gruppe** *f* corner group of speculative buyers.

aufklären *vt* to clear up, to clarify.

Aufklärung *f* clarification, clearing-up; enlightenment; detection (*crime*); successful investigation; **~sbeschluß** *m* clarifying order (*of the court*), order to produce clarifying evidence; **~spflicht** *f* duty to provide clarification, duty to explain, duty to give advice on proper procedure; **ärztliche** ~~ physician's duty to disclose (*risks of treatment*), doctor's duty to inform (*patient of nature and gravity of intended treatment*); **richterliche** ~~ *crim pro* duty of judicial inquiry; judge's obligation to give proper directions for pleading; **~squote** *f* detection rate, clear-up rate; **~srüge** *f* plea / exception that the court failed to give clarifying directions / to clarify the issue; **~swerbung** *f* explanatory advertising, reason-why advertising.

Aufkleber *m* sticker, slip, gummed label.

Aufklebezettel *m* sticker, adhesive label.

aufkommen (*für etw*) *vi* to account for, to be responsible (*for sth*), to be answerable (*for sth*), to support (*child*).

Aufkommen *n* proceeds, accrual; yield (*revenue*).

aufkündigen *vt* to call in, to call for redemption (*loan*), to give notice of termination (*contract*).

Aufkündigung *f* recall (*loan, capital*), notice of termination (*contract*).

aufladen *vt* to load, to put a load on *sth.*

Aufladen und Abladen *n* loading and unloading.

Auflage *f* **I** edition (*book*), circulation (*newspaper, periodical*), press run; ~ **mit Anmerkungen** annotated edition; **~nbeglaubigung** *f* certified statement of circulation; **~nhöhe** *f* number of printed copies, circulation figures; **abgesetzte** ~ paid circulation; **beschränkte** ~ limited circulation, controlled circulation; **die beste** ~ the best edition (*deposit for copyright protection*); **erweiterte** ~ enlarged / expanded edition; **neubearbeitete** ~ revised edition; **revidierte** ~ revised edition.

Auflage *f* **II** imposition (*of burden, obligation*), requisition, requirements, burden (*attached to a grant*), direction (*by the court to a party*), proviso, condition; **~beschluss** *m* (order with) directions of the court; **~~ mit Ausschlussfrist** unless order; **~n der Bewährung** conditions of probation; **~nfrist** time for carrying out directions; **~n machen** to impose conditions / terms, to impose requirements; **~nschenkung** *f* gift sub modo, gift subject to a condition / subject to a proviso (*to be fulfilled by the donee*), = *Schenkung unter e-er Auflage*; **~nüberwachungsstelle** *f* supervisory office (*probation*); **erbrechtliche** ~ condition imposed on inheritance by law, → *bedingtes Vermächtnis*; **gerichtliche** ~ request / direction by the court, obligation imposed by judge; **mit ~n belastet** charged with obligations to be performed; **mit der** ~ subject to the condition that; **ohne ~n** (with) no strings attached, unconditional; **testamentarische** ~ condition imposed on inheritance by a will / testament, *bedingtes Vermächtnis*.

auflassen *vt* to convey (*title to land before a notary*), *to agree on passing of ownership to land in notarial deed*; to terminate public use (*road*), to close down (*plant, mine*).

Auflassung *f* **I** conveyance of land, *mutual declaration of conveyance of ownership to land before notary*, transfer of fee simple; closing of title; **~sanspruch** *m* entitlement to a conveyance of land; **~sanwartschaft** *f* the expectancy in rem (*created by the notarial declaration*) of conveyance; **~seintragung** registration of conveyance; **~sklausel** *f* conveyance clause; **~surkunde** *f* record of conveyance of land (*notarial*), transfer (of land) certificate, conveyance of title deed; **~svollmacht** *f* power of conveyance (*notarial record*), authority to transfer ownership to land (*on behalf of another*); **~svormerkung** *f* priority notice of conveyance, caution of (*notarially executed*) conveyance (*entered, or to be entered, in the Land Title Register*).

Auflassung *f* **II** withdrawal from public use (*road etc*), abandonment, closing down (*plant, mine*); ~ **von Geschäftszweigen** closing down lines of business; ~ **von Landstraßen** extinguishment of highways, closing of highways.

Auflauf *m* unlawful assembly, riotous gathering (*gathering of people who will not disperse after police order to move on*).

auflaufen *vi* to accrue (*interest*), to accumulate.

Auflaufen *n* accrual, accumulation; ~ **von Zinsen** accrual of interest.

aufleben *vi* to revive, *etwas wiederaufleben lassen, vt to revive.*

auflegen *vt* to lay out (*for inspection*); to invite subscriptions, to launch (*a new series of production*); to float.

Auflegung *f* disclosure, display, flotation (*bonds*).

auflehnen *v reflex* to revolt, to rebel.

Auflehnung *f* insurrection.

aufliegen *vi* to be exposed, to be offered, (for subscription); to be open (for signature).

Auflockerung *f* easing (*of restrictions*); **schrittweise ~en** successive relaxations, gradual relaxation.

Auflösbarkeit *f* dissolvability, terminability.

auflösen *vt* to dissolve (*relationship*), to break up (*meeting*), to break off (*engagement*), to annul (*contract*), to resolve (*a tie, problem*); **auflösende Bedingung** condition subsequent, → *Bedingung*.

Auflösung *f* dissolution, annulment; ~ **des Arbeitsverhältnisses** judicial termination of employment; ~ ***e-er*** **Gesellschaft** dissolution of a company; ~ ***e-er*** **Rückstellung** release of a reserve, writing back of provisions; ~ ***e-er*** **Versammlung** adjourning a meeting; **~sbeschluss** *m* dissolution order; **~sklage** *f* petition for judicial dissolution, legal action to obtain a judicial dissolution.

Aufmachung *f* presentation, *US* getup / *GB* get-up, type of display; **äußere** ~ outward appearance.

Aufmaß *n* measurements (of work done) on site; **~liste** *f* measurement list.

Aufmerksamkeit *f* attention, attentiveness, care, caution.

aufmerksam *adj* attentive; **machen** to draw (*s.o.'s*) attention to, to warn, to give a fair warning.

Aufnahme *f* adoption, admission, taking up, initiation; recording (*sound*); **~antrag** *m* application for admission; **~bedingungen** *f* terms of admission (*membership*); **~beitrag** *m* initial contribution, joining fee; **~beschränkung** *f* admission restriction (*university*), limited admission; ~ **der diplomatischen Beziehungen** establishing diplomatic relations; ~ **der Verhandlungen mit** entering into negotiations with; ~ **des Verfahrens** resumption of proceedings (*after a stay*); ~ **des Vertriebs** commencement of distribution; ~ ***e-er*** **Anleihe** flotation of a loan (*of bonds*); ~ ***e-er*** **Gesellschaft** absorption of a company (*amalgamation*), take-over (bid); ~ ***e-es*** **Darlehens** taking-up of a loan, acceptance of a loan, borrowing; ~ ***e-es*** **Kredits** borrowing; ~ ***e-es*** **Mitglieds** admission of a member; **~fähigkeit** *f* capacity to absorb, market receptivity; **~gebühr** *f* joining fee; ~ **in die Tagesordnung** inclusion on the agenda; **~land** *n* receiving country, country of reception; **~prüfung** *f* entrance examination; **~staat** *m* receiving state, host state; **~verfahren** *n* regulations of admission; ~ **von Bedingungen** inclusion of conditions (*in a draft agreement*); **~zwang** *m* mandatory admission (*to an association*); **vor ~ der Geschäftstätigkeit** before undertaking any business.

aufnehmen *vt* to start (*work, operations*), to establish (*contacts, relations*), to admit, to receive (*members*), to absorb (*a company, goods*), to draw up (*minutes*), to take down (*dictation*), to borrow (*money*), to hono(u)r (*bill*).

Aufopferung *f* sacrifice; ~ **für große Havarie** general average sacrifices.

Aufopferungsanspruch *m* denial damage, *claim to compensation for loss or impairment of use imposed by a public authority short of expropriation*, disturbance claim; *claim to compensation for health damage caused by public authority*.

Aufprall *m* impact, collision (*car accident*).

Aufpreis *m* extra charge (*contract price*), surcharge, premium (*issue of securities*).

aufrechenbar *adj* offsettable, admissible for set-off, capable of being set-off (*debts*), capable of mutual compensation (*guilt*).

aufrechnen *vi* to set off (*a claim against that of another*), *US* to offset, to discharge by way of counterclaim.

Aufrechnung *f* *US* setoff, *GB* setoff; **~sanspruch** *m* setoff claim, claim used for setoff; **~seinrede** *f* *US* defense / *GB* defence of setoff; **~serklärung** *f* notice / statement of setoff, **~sforderung** *f* setoff claim, claim used for setoff; **~srecht** *n* right of setoff; **~sverbot** *n* unlawfulness of setoff, contractual exclusion of setoff; **die ~ erklären** to exercise the right of setoff; **die ~ ist unzulässig** there can be no setoff (*GB eg against the Crown*); **gerichtliche ~** setoff in court proceedings; **unbestrittene ~** undisputed setoff, uncontested discharge by way of setoff.

aufrechterhalten *vt* to maintain (*order, good relations*); to keep up (*insurance*), to uphold (*a charge, a decision*); to abide by (*an offer*).

Aufrechterhaltung *f* maintenance, preservation; **~ der öffentlichen Ruhe und Ordnung** preservation of the public peace, preservation of law and order; **~ des Patents** maintenance of the patent; **~ wohlerworbener Rechte** preservation of acquired rights; **unter ~ der persönlichen Einreden** subject to equities (*negotiable instruments*), subject to demurrer / motion to dismiss.

aufreizen to incite, to stir up, to inflame the minds of others.

Aufreizung *f* incitement; **~ zum Rassenhass** incitement to racial hatred.

Aufriss *m* vertical section.

aufrollen *vt* to reopen.

aufrücken *vi* to move up, to be promoted (*to a higher position*).

Aufruf *m* proclamation (*to the people*), public notice; roll call (*soldiers; parliamentary session*); calling / summoning (*next witness, next case*), calling in (*bank notes, bonds etc*); **~ der Namen** roll call, calling of the register.

aufrufen *vt* to call, to summon, to give notice of redemption; **namentlich ~** to call the roll, to call the register.

Aufruhr *m* insurrection, rebellion, revolt, riot; riotous assembly; **~versicherung** *f* riot (and civil commotion) insurance.

Aufrührer *m* **/-in** *f* insurgent, insurrectionist, rebel, rioter.

aufrührerisch *adj* rebellious, riotous, inflammatory, insurgent, insurrectionist, seditious.

aufrunden *vt* to round up.

Aufrundung *f* rounding up.

aufrüsten *vi, vt* to rearm.

Aufrüstung *f* rearmament.

Aufschieben *n* postponement, deferment, putting off.

aufschieben *vt* to postpone, to defer, to put off; **aufgeschoben werden** to stand over, to be delayed, to be adjourned.

aufschiebend *adj* dilatory, suspensive; **~ bedingt** subject to a suspensive / suspensory condition, subject to a condition precedent; **~e Bedingung** *f* condition precedent, → *Bedingung*.

Aufschiebung *f* = *Aufschieben*, postponement, deferment, putting off, deferral, suspense, reprieve; delay, postponement, continuance, extension; → *Aufschub*; **~ der Vollstreckung** = *Strafaufschub, crim pro* suspension of commencement of a sentence, postponement of execution, respite in punishment; = *Vollstreckungsaufschub, crim pro* stay of execution, respite, reprieve (*death sentence*).

Aufschlag *m* mark-up, surcharge, additional charge; **~ auf den Einfuhrpreis** import mark-up.

aufschlagen *vt* to surcharge, to charge more, to add to the price, to mark up.

Aufschließung *f* development, → *Erschließung*; **~sarbeiten** *f* development work (*drainage, gas, water etc*); **~sbohrung** *f* development drilling, development wells; **~smaßnahmen** *f/pl* development; **~ von Wohnsiedlungsgebieten** development of housing areas.

Aufschlußarbeiten *f/pl* development work, exploration.

Aufschlüsselung *f* itemization, breakdown (*figures*), allocation (*between different categories*), apportionment.

aufschreiben *vt* to note *sth*, to jot down *sth*, (*jd-en*) to take down a person's name (*police*).

Aufschrift *f* inscription, inscription label, word markings.

Aufschub *m* deferment, deferral, suspense, reprieve; delay, postponement, continuance, extension; ~ **bewilligen** to grant additional time, to grant a respite; ~ **des Strafvollzugs** = *Strafaufschub, crim pro* suspension of commencement of a sentence, postponement of execution, respite in punishment; **~frist** *f* period of deferment, time limit (for payment).

aufschwindeln *vt* to palm off (on *s.o.*), to con *s.o.* (*into buying sth*).

Aufschwung *m* rise, upsurge, upturn, upswing, uptrend, revival; **~skraft** *f* expansive force (*business*); **~stendenz** *f* uptrend, upsurge; **konjunktureller** ~ business recovery.

Aufseher *m* /**-in** *f* supervisor, warden, guard (*prison, institution*), controller, foreperson (*factory*).

aufsetzen *vt* to draw up (*contract, document*).

Aufsicht *f* supervision; **~samt** *n* control-board; **~sbeamte(r)** *f(m)* supervisor, superintendent, surveyor; **~sbefugnis** *f* supervisory authority, controlling authority; right of supervision; **~sbehörde** *f* regulatory authority, regulatory agency; authority; superior authority, supervising authority, supervisory board; **~sbeschwerde** *f* complaint to superior authority; **~sführende(r)** *f(m)*superintendent; **~sgewalt** *f* supervisory power; **~smaßnahme** *f* supervisory measure; **~smaßregeln** *f/pl* disciplinary action; **~sorgan** *n* supervisory body; **~sperson** *f* supervisor, superintendent; **~spflicht** *f* duty to supervise; **~spflichtige(r)** *f(m)* person liable to supervise; person whose duty is to supervise; **~spflichtverletzung** *f* breach of supervisory duties; **~srat** *m* → *Aufsichtsrat*; **~srecht** *n* right of supervision, visitorial power, right of inspection; **~sverschulden** *n* negligence in supervising *s.o.*; **mangelnde** ~ lack of supervision; **unter** ~ **stellen** to put *s.o.* under surveillance; **unter polizeilicher** ~ under police surveillance.

Aufsichtsrat *m* supervisory board (= *s/b*) (*German stock company* → *Aktiengesellschaft*), board of supervision ≈ board of directors ≈ board of trustees (*elected by shareholders' meeting*, → *Hauptversammlung*; *responsible for selecting the managing board*, → *Vorstand, and supervising management of the corporation*); **~sbericht** *m* annual report (of the *s/b*); **~sbeschluss** *m* resolution of the *s/b*; **~smitglied** *n* member of the *s/b*, non-executive director; **geschäftsführendes** ~~ managing director; **~spräsidium** *n* *s/b's* presiding committee; presiding group of the *s/b*; **~ssitz** *m* directorship, seat on the *s/b*; **~ssitzung** *f* meeting of the *s/b*, board meeting; **~ssteuer** *f* director's tax; *tax on remuneration of member of s/b* (*deducted at source*); **~stantieme** *f* remuneration of directors (of *s/b*), directors' royalty; –**s~ und Verwaltungsratsvergütungen** *f/pl* directors' fees; **~svorsitzender** *m* chairman of the board (of directors), chairman of the *s/b*, president *US* of a corporation, *GB* of a company; **Beschlussfassung des ~s** resolution of the *s/b*.

Aufspaltung *f* splitting, split up, disaggregation (*statistics*); ~ **des Vermögens** property-splitting, division of property; ~ **in Teilklagen** splitting a cause of action.

Aufsplitterung *f* fragmentation

Aufstachelung *f* incitement; ~ **zum Angriffskrieg** incitement to wage a war of aggression; ~ **zum Aufruhr** inciting to riot; ~ **zum Rassenhass** incitement to racial hatred.

Aufstand *m* uprising, insurgency, insurrection, revolt; ~ **niederschlagen** to squash a riot.

aufständisch *adj* insurgent.

Aufständische(r) *f(m)* insurgent.

Aufstecker *m* sticker, crowner (*in shop*), badge.

Aufsteller *m* show card.

Aufstellplakat *n* show card, counter card.

Aufstellung *f* statement (*accounts*), scheme, preparation (*balance sheet*), nomination (*candidate*), installation (*machine*); **genaue ~** specification; **spezifizierte ~** detailed statement, elaborate account; **statistische ~** statistical table; *pl* statistical returns.

Aufstempelung *f* stamping.

Aufstieg *m* career advancement, occupational advancement, rise, promotion, **~schance** *f* opportunity for advancement, opportunity for promotion.

Aufstiegsbeamte(r) *f(m) civil servant entitled to promotion.*

Aufstiegsmöglichkeit *f* opportunity for promotion, promotion prospects.

aufstocken *vt* to increase, to step up, to accumulate, to strengthen (*cash position, reserves*).

Aufstockung *f* increase; accumulation; stockpiling; **~ des Plafonds** rallonge; **~saktien** *f/pl* capitalization shares; **~sbetrag** *m* sum paid to increase investment / social security contribution (*to a specified minimum level*); **~schance** *f* prospect of bonus issue.

Aufstufung *f* rate-increase promotion.

aufsuchen *vt* to prospect (*for minerals, oil*).

Aufsuchen *n* visiting (customers), canvassing; **~ von Bestellungen** canvassing for orders.

Aufsuchung *f* prospecting (*minerals, oil*); **~s- und Gewinnungskonzession** *f* prospecting concession.

aufteilbar *adj* divisable, severable, classifiable, apportionable.

aufteilen *vt* to divide (up), to apportion, to allot (*land*), to distribute (*estate*).

Aufteilung *f* apportionment (= *a-*), partition, division, allotment, distribution, break-up; **~ der Gewinne** distribution of profits; **~ der Kosten** distribution of costs; **~ im Innenverhältnis** equitable *a-* (*partition by owners inter se*); **~sbescheid** *m* partition order; **~sgrundlagen** *f/pl* underlying data for a partition; **~smaßstab** *m* proportions for a partition, ratio of allocation; **~splan** *m* partition plan; **~sverfahren** *n* method of partition; **~sverhältnis** *n* ratio of allocation; **~ von Gewinnen** *a-* of profit (*to several assessment periods*); **anteilsmäßige ~** pro rata *a-*; **ausgewogene ~** equitable distribution; **prozentuale ~** distribution on a percentage basis.

Auftrag *m* (*pl Aufträge* = *~e*) mandate (*contract to do some act without remuneration*), commission, request; *econ* order (= *o-*); contract; **~ auf Abruf** option *o-*, *o-* subject to call; **~e gemeinsam erteilen** to pool *o-s*; **~ hereinholen** to canvass *o-s*; **~sabrechnung** *f* job (*o-* cost) accounting; **~sänderung** *f* change in the *o-*; **~sangelegenheiten** *f* delegated functions, matters handled upon request (*of another authority*); **~sannahme** *f* acceptance of an *o-*; **~sausgaben** *f/pl* agency work, functions carried out on behalf of other government bodies; **~sausgaben** *f/pl* expenses incurred by agent; **~sbeendigung** *f* termination / completion of job; **~sbereinigung** *f* elimination of dead *o-s*; **~sbesorgung** *f* commission, solicitation of *o-s*; **~sbestand** *m o-s* in hand; outstanding *o-s*, **reichliche ~sbestände** *m/pl* well-filled *o-*books; **überhängender ~~** backlog of *o-s*; **~sbestandsbuch** *n o-*book; **~sbestätigung** *f US* acknowledgment *GB* acknowledgement of an *o-* (*by supplier, etc*), confirmation of an *o-*; *exch* contract note, sale note; confirmation of a commission; **~sbewegung** *f* changes in *o-* backlog; **~sblatt** *n* work sheet; **~sdienst** telephone answering service; **~seingang** *m* new *o-s* booked, incoming *o-s*, inflow of *o-s*; **~seingänge aus dem Inland** home-market *o-s*; **~sentziehung** *f* cancellation of contract (by customer); **~serfindung** *f* invention made under contract; **~serledigung** *f* completion of job, execution of an *o-* (*administration, military*), disposal of a commission; **~serteilung** *f* placing of *o-*(s), awarding of contract, acceptance of tender; **hektische ~~** *exch* feverish placing of *o-s*; **~sflaute** *f* sluggishness of market, slowness of incoming *o-s*; **~sformular** *n o-* form, *o-* sheet; **~sfreigabe** *o-* release; **~sgegenstand** *m* the goods and services to be supplied, the contracted-for goods, the contractual article(s); **~sgeschäft** *n* commission business; **~sindex** *m* index of new *o-s*; **~skennzeichen** *n* job *o-* code, job number, job reference; **~skosten** *pl* job *o-* costs; **~~sammelblatt** *n* job cost sheet; **~~verfahren** *n* job *o-* costing; **unverrechnete ~~** unbilled job *o-* costs; **vorverrechnete ~~** job *o-* costs billed in advance; **~skurve** *f* rate of booking of new *o-s*; **~slage** *f* level of incoming *o-s*; **knappe ~~** *exch* thin market; **~slenkung** *f* allocation of contracts; **~snot** *f* shortage of *o-s*; **~snummer** *f o-* number, job number, job reference; **~spapiere** *n/pl exch* securities taken on a commission basis; **~spolster** *n* backlog of *o-s* on / in hand; **~sproduzent** *m* **/-in** *f* agent producer; **~srecht** *n* law of mandate; rights arising from a commission; **~srückgang** *m* drop in *o-s*, fall in the number of *o-s*; **~srückstand** *m* backlog of *o-s*; **~sschreiben** *n* letter containing an *o-*, written *o-*; **~süberhang** *m* backlog of *o-s* on hand; **den ~~ abbauen** to work off the backlog (of unfilled *o-s*); **~svergabe** *f* awarding contracts; award of the contract (*after tenders*); **~sverhältnis** *n* agency, mandate relationship, agency contract; **~sverwaltung** *f* administration by commission; **~swelle** *f* wave of new *o-s*; (sudden) influx of *o-s*; **~swerbung** *f* solicitation of business, advertising for business; **~swert** *m* contract value, amount of the contract sum; **~szeit** *f* time of the *o-*; *o-* man-hours; **~szettel** *m o-* slip, *o-* sheet; **~ zu Festpreisen** fixed-price contract; **auf Widerruf gültiger ~** open *o-*; **ausgeführter ~** completed *o-*; **den ~ übernehmen** to accept the commission, to take on an assignment; ***e-en*** **~ erlangen** to secure an *o-*, to obtain an *o-*; ***e-en*** **~ erteilen** to order, to award a contract; ***e-en*** **~ stornieren** to withdraw an *o-*, to cancel an *o-*; ***e-en*** **~ streichen** to cancel an *o-*; ***e-en*** **~ untervergeben** to farm out, to subcontract; ***e-en*** **~ vergeben** to place a contract; ***e-en*** **~ zurücknehmen** to withdraw an *o*; **eingehende ~e** incoming *o-s*; **fester ~** firm *o-*; **freibleibender ~** *o-* without engagement; **Geschäftsführung ohne ~** (*abbr* **GoA**) management without mandate, spontaneous agency without authority, negotiorum gestio; **Ihrem ~ gemäß** in accordance with your instructions; **im ~** (*abbr* **i.A.** *before signature*) on behalf of, by *o-* of (*public administration*); by *o-*; **im ~ und für Rechnung** by *o-* and for account (of); **im gerichtlichen ~** by *o-* of the court; **in ~ gegeben** ordered, contracted for; **innerbetrieblicher ~** internal *o-*, shop *o-*; **kein ~** no *o-*(s) (*abbr* N/O); **limitierter ~** *exch* limited (price) *o-*; **namens und im ~** in the name and on behalf of; **öffentlicher ~** government contract, government *o-*, cost-plus contract; **periodischer ~** repeat *o-*; **sich um ~e bemühen** to solicit *o-s*; **unerledigte ~e** unfilled *o-s*, outstanding *o-s*; **unlimitierter ~** unlimited *o-*; **verlust-stoppender ~** stop loss *o-*; **vorliegende ~e** *o-s* in hand.

Auftraggeber *m* **/-in** *f* mandator (*contract of mandate*); principal, ordering party, customer, client, contracting agency, contract placing authority, (*government contracts*), buyer (*in sales contracts*), owner (*building contracts*), tenderee (*in invitations for tenders*); **verdeckter ~** undisclosed principal.

Auftragnehmer *m* /**-in** *f* contractor, supplier, seller, order(ing) party, party with whom the order is placed.

auftrags|gemäß *adj/adv* according to instructions, as per order; as agreed; **~weise** *adv* on instructions; on a commission basis, on a contract basis; **~widrig** *adj/adv* contrary to instructions.

Auftreten *n* appearance, occurrence, incidence (*of a disease*).

auftreten *vi* to appear (*in court*), to act (*in a capacity*), to occur; **immer wieder ~** to recur; **persönlich ~** to act in person; to appear in person / in personam.

Auftrieb *m* upsurge, upswing, upward turn, boom tendency (*business trend*); supply at market place (*livestock*); **~selement** *n* stimulating factor; **~skraft** *f exch* buoyancy; propellant forces, buoyant forces; **~smoment** *n* stimulating factor; **~stendenz** *f* upward trend, boom trend; **konjunktureller ~** cyclical upsurge.

Auftritt *m* appearance (*on* stage); **~sverbot** *n* stage ban, ban on a stage performance.

Aufwand *m* expenditure, expense (= *e-*), cost; **~sart** *f* type of *e-*; **~sentschädigung** *f e-* allowance, representation allowance, entertainment allowance; **~sposten** *m e-* item; **~sprinzip** *n tax* sumptuary principle; **~steuer** *f* luxury tax; **aktivierungspflichtiger ~** *e-* to be capitalized, *e-* treatable as an addition to assets; **als ~ buchen** to charge to *e-*; **anschaffungsnaher ~** asset-related *e-*, *subsequent e- incurred in connection with the purchase of an asset*; aquisition *e-s*; **betrieblicher ~** operating *e-*; **betriebsfremder ~** non-operating *e-*; **erfolgswirksamer ~** *e-* affecting the operating result; **fehlender ~** unaccrued cost; **periodenfremder ~** *e-* not relating to the period under review.

Aufwärtstrend *m* uptrend, upward trend.

aufwenden *vt* to expend, to lay out.

Aufwendungen *f/pl* expenses (incurred), expenditure (= *ex-*), outlay, outgoings; **~ zur Schuldentilgung** amounts used for debt redemption; **~ für Altersversorgung und Unterstützung** *ex-* related to pension plans and other employee benefits; **~ für Fahrten zwischen Wohnung und Arbeitsstätte** commuting expenses; **~ und Erträge** revenue and expense; **angemessene tatsächliche ~** actual out-of-pocket expenses reasonably incurred; appropriate and factual expenses; **außerbetriebliche ~** non-operational *ex-s*; **begünstigte ~** (tax)-favo(u)red *ex-s*; **betriebliche ~** operating *ex-*; **entstandene, aber noch nicht fällige ~** accrued payable accounts; **finanzierungsfähige ~** *ex-* eligible for financing; **massierte ~** concentration of outgoings; **notwendige ~** necessaries, necessary outgoings, necessary expenses; **rein buchmäßige ~** items of purely accounting *ex-*; **werterhöhende ~** (*ex-* for) improvements, valuable improvements, meliorations; **wertsteigernde ~** → *werterhöhende ~*; **zinsähnliche ~** interest-related expense.

Aufwendungs|ersatz *m* reimbursement of expenses; **~ersatzanspruch** *m* claims for reimbursement of expenses; **~ersparnis** *f* savings in expenses; **~quote** *f* expense ratio.

aufwerten *vt* to revaluate, to valorize, to raise the exchange rate, to revalue upwards, to revalue at a higher price (value), to appreciate.

Aufwertung *f* (upward) revaluation, exchange rate appreciation; upvaluation; **~serlös** *m* proceeds from revaluation; **~sgesetz** *n* Revaluation Act (*D Act of 1924 to revalorize claims lost through inflation*); **~sge-**

winn *m* revaluation surplus, revalorization profit; **~sgutschrift** *f* credit entry for revaluation; **~ssatz** *m* official rate of increase of exchange rate, revaluation rate.

aufwiegeln *vt* to incite, to stir up (*population by agitators*).

Aufwiegelung *f* incitement, sedition (*to disobedience*); ~ **zum Landfriedensbruch** inciting to riot.

Aufwiegler *m* /**-in** *f* agitator, demagogue.

aufzählen *vt* to enumerate, to itemize, to count up, to list.

Aufzählung *f* enumeration, itemization, recital, listing; **abschließende** ~ complete enumeration; **taxative** ~ *A* exhaustive enumeration.

aufzeichnen *vt* to record; **amtlich** ~ to record (officially).

Aufzeichnung *f* record; memorandum, recording; **~en der Kundenbuchhaltung** accounts receivable records; **~spflicht** *f tax* duty to keep records and accounts; **~ssystem** *n* system of records; **interne** ~ internal memo, intercompany memo, in-house memo.

aufzeichnungspflichtig *adj tax* required to be recorded (*in books and accounts*).

aufziehen *vt* to arrange; to make a display of; to bring up / to rear (*children*).

aufzinsen *vt* to revalue for accrued interest, to mark up for accrued interest, to add unaccrued interest.

Aufzinsung *f bank* compounding, accumulating of interest; (*adding unaccrued interest to determine final capital sum*).

Aufzugsverordnung *f ordinance concerning the construction, operation and supervision of elevators.*

aufzwingen *vt* to force upon, to impose.

Augenblick *m* moment, instant; ~ **des Todes** moment of death, in articulo mortis; **lichter** ~ lucid interval.

augenfällig *adj* obvious, clear.

Augenfälligkeit *f* obviousness.

Augenmerk *n* attention.

Augenschein *m* inspection (*judicial*), judicial view; **~nahme** *f* inspection (by the court); **~sbeweis** *m* evidence by inspection, real evidence, ocular evidence, auto-optic evidence, demonstrative evidence, visual evidence; **in ~ nehmen** to view, to inspect, to visit the scene; **richterlicher** ~ judicial inspection; **sich durch ~ überzeugen** to convince oneself by inspection.

augenscheinlich *adj* evident, obvious, clear.

Augenscheinlichkeit *f* obviousness, clearness.

Augenzeuge *m* /**Augenzeugin** *f* eye witness; ~ **sein** to (eye-)witness, to be an eye witness; **~nbericht** *m* eyewitness account.

Auktion *f* auction (= *a*-), public sale, sale by public auction; **~sankündigung** *f* notice of public *a*-; **~sgebühr** *f a*- fees; **~sliste** *f a*- catalogue; **~slokal** *n a*- room; **~spartie** *f* sale lot; **~sposten** *m a*- lot; **~spreis** *m a*- price; **~ssystem** *n* system of establishing prices by *a*-; **zur ~ bringen** to put *sth* up for *a*-, to auction.

Auktionator *m* /**-in** *f* auctioneer.

auktionieren *vt* (= *verauktionieren*) to auction, to sell by (public) auction, to put up for auction.

Ausbau *m* development, completion, expansion; improvement (*roads*); **~arbeiten** *f/pl* interior work, extension work; **~firma** *f* finishing contractor.

ausbauen *vt* to develop, to improve, to extend.

ausbaufähig *adj* capable of development, expandable, capable of extension.

ausbedingen *vt* to stipulate, to reserve, to require.

Ausbedingung *f* stipulation.

ausbedungen *adj* stipulated, agreed upon.

ausbessern *vt* to repair (*street, work*), to correct (*errors*).

Ausbesserung *f* repair (work), correction; **~swerft** *f* repair yard.

Ausbeute *f* yield, return, produce.

ausbeuten *vt* to exploit, to take advantage of.

Ausbeutung *f* exploitation (= *e-*), utilization, working, depletion (*by excessive exploitation*), sweating (*labo(u)r*); ~ **der Notlage *e-es* anderen** taking advantage of the predicament of another; ~ **des Meeresbodens** *e-* of the sea bed; ~ **durch Heimarbeit** sweating system, sweated labo(u)r; ~ ***e-er* Dirne** exploiting a female prostitute; ~ ***e-es* Minderjährigen** *e-* of (the inexperience of) a minor; **~sgeschäft** *n* unconscionable transaction; **~slizenz** *f US* license / *GB* licence to exploit; **~srecht** *n* right of *e-*; **mißbräuchliche** ~ abusive *e-*.

ausbezahlen *vt* to pay (*wages*), to pay off (*joint interest in property*), to buy out (*partner*).

ausbieten *vt* to call for bids (*auction*).

Ausbieter *m* /**-in** *f* auctioneer.

Ausbietung *f* calling for bids (*auction*); **~sgarantie** *f* bidding guarantee (*to make a definitive bid at an auction*); **~sverfahren** *n* calling for bids (*stage of the proceedings at a public sale of landed property*).

ausbilden *vt* to train (*apprentices etc*).

Ausbildende(r) *f(m)* (*der Ausbildende*) vocational instructor; master craftsman.

Ausbilder *m* /**-in** *f* instructor.

Ausbildung *f* training (= *tr-*), schooling, education; further education, professional *tr-*, vocational *tr-*; ~ **am Arbeitsplatz** in-plant *tr-*, in-house *tr-*, on-the-job *tr-*; **~sbeihilfe** *f* vocational education allowance, *tr-* grant; **~sberuf** *m* recognised job *tr-*, recognized trade; **~sbetrieb** *m* firm providing vocational / occupational *tr-*; **~sförderung** *f* promotion of vocational *tr-*; **~sfreibetrag** *m* educational allowance; **~sgang** *m* course of vocational / professional *tr-*; **~sgeld** *n* *tr-* allowance; **~skosten** *f* *tr-* costs, expenses involved in vocational *tr-*; **~sordnung(en)** *f(pl)* Educational Regulation, rules / regulations for vocational *tr-*; **~spflicht** *f* statutory duty to provide vocational *tr-*; **~splatz** *m* apprenticeship, *tr-* place; **~sreform** *f* reform of the system of vocational *tr-*; **~sstand** *m* level of professional *tr-*; **~sstätte** *f* place of vocational *tr-*, *tr-* facilities, *tr-* *US* center / *GB* centre; **überbetriebliche** ~~ joint *tr-* establishment; **~sumlage** *f* industrial *tr-* levy; **~s- und Prüfungsordnung für Juristen** (*abbr* **JAPO**) Rules of Education and Examination for Lawyers; **~sunterhalt** *m* vocational promotion support (*to divorced spouse*); **~sunterstützung** *f* vocational education support; **~sverhältnis** *n* vocational / professional *tr-* relationship; **~swerkstatt** *f* *tr-* shop; **~szeit** *f* time allotted for vocational *tr-*; **~szulage** *f* extra pay during vocational *tr-*; **~szuschuss** *f* (vocational) *tr-* subsidy; ~ **vor Arbeitsaufnahme** preemployment *tr-*; **berufliche Aus- und Weiterbildung** vocational instruction and advanced *tr-*; **betriebliche** ~ in-plant *tr-*, in-house *tr-*; **gewerbliche** ~ vocational *tr-*; **handwerkliche** ~ *tr-* for a trade / craft; **juristische** ~ legal *tr-*; **kaufmännische** ~ business / commercial *tr-*; **militärische** ~ military *tr-*; **praktische** ~ practical *tr-*; **schulische** ~ schooling.

Ausbleiben *n* non-appearance, non-attendance, failure to appear, default of appearance; **unentschuldigtes** ~ absence without valid excuse, absence without apology.

ausbleiben *vt* to fail to appear, to be absent.

ausbrechen *vi* to break jail, to escape from prison.

Ausbruch *m* prison breaking, jailbreak, escape from prison; ~ **aus dem Gefängnis** jail breaking, prison breaking; **~sversuch** *m* attempt to escape from prison.

ausbuchen *vt acct* to write off; to delete from the accounts (*and/or*) from the inventory; **ausgebucht** *pp* written off, booked up (theatre); → *abbuchen*.

Ausbuchung *f* writing off (*as uncollectible, fully depreciated*), deletion from the inventory (*and/or*) the accounts, abandonment.

ausbürgern *vt* to denationalize, to expatriate, to deprive of one's citizenship.

Ausbürgerung *f* expatriation, denaturalization, depriving *s.o.* of his / her citizenship.

ausdeuten *vt* to explain (*meaning*), to construe (*text*).

Ausdeutung *f* explanation, construction.

ausdisponiert *adj* fully allocated; fully disposed of.

Ausdruck *m* (*pl Ausdrücke = ~e*) expression, term, phrase; ~ **der Rechtssprache** legal term, term of art; ~ **des Willens** manifestation of intension; expression of intention, expression of will; **~sweise** *f* mode of expression, phraseology; **juristische** ~~ legal parlance / terminology; **beschreibende ~e** *pl* descriptive terms; **juristischer** ~ legal term, legal phrase; **zum ~ bringen** to express, to indicate, to state, to enunciate.

ausdrücken *vt* to express, to phrase, to put in words, to utter, to purport, to couch (*in legal terms*).

ausdrücklich *adj/adv* express(ly), explicit(ly); definite(ly), positive(ly); **soweit nicht ~ etwas anderes bestimmt ist** in the absence of any provision to the contrary, in the absence of anything to the contrary, unless otherwise stated.

auseinandergehen *vt* to part, to diverge, to differ (*opinion*), to dissolve (*meeting*), to be broken off (*engagement*).

auseinandersetzen I *vt* to explain, to elucidate, to expound, to set out; *v reflex* to argue, to disagree, to struggle, to have a dispute.

auseinandersetzen II *vi, vt* to settle up (*estate, liquidation*), to partition, to divide, to distribute (*net assets*).

Auseinandersetzung *f* **I** argument, disagreement, dispute, struggle; **kriegerische** ~ armed conflict; **interne** ~ internal dispute, infighting; **juristische** ~ legal dispute; **lohnpolitische** ~ wage dispute, dispute about wage policy.

Auseinandersetzung *f* **II** partition (= *p*-), final division, final distribution (*estate*), settlement, division of net assets, apportionment, repartition; **~sanspruch** *m* claim to a distribution quota; **~sbeschluss** *m* order of distribution; **~sbilanz** *f* winding-up balance sheet, apportioning balance sheet, final balance sheet; **~sguthaben** *n* credit balance in case of *p*-; **~sklage** *f* legal action over an apportionment of assets and liabilities, action for *p*-; **~splan** *m* winding-up and distribution scheme; **~sverbindlichkeiten** *f/pl* liabilities to be discharged upon winding-up a firm; **~sverbot** *n* prohibition of / inhibition of *p*- (*of estate*); **~sversteigerung** *f* public sale by auction for the purpose of dividing and distributing joint property; **~svertrag** *m* settlement agreement, *p*- agreement; **vereinbarte** ~ voluntary *p*-; **vermögensrechtliche** ~ distribution of property, distribution of assets and liabilities; **zwangsweise** ~ compulsory *p*-.

ausfahren *vt* to deliver goods (*to customers*); to occupy capacity by operating (*a machine, a plant*).

Ausfahrt *f* exit, driveway; ~ **freihalten!** keep exit clear! no parking!

Ausfall *m* (*pl Ausfälle = ~e*) shortfall, loss, failure (*machine*), *US* outturn / *GB* out-turn (*pattern*), deficiency (*uncollectible amount*), irretrievable amount; **~bürge** *m* /**~bürgin** *f* deficiency guarantor; **~bürgschaft** *f* deficiency guarantee, secondary guarantee, ordinary guarantee, simple guarantee; **~dauer** *f* dead time, down time; ~ **der Sinneswahrnehmung** sensory aphasia; ~ ***e-er* Bedingung** absence of a precondition, non-occurrence of an event, non-occurrence of a condition (*to materialize*), *the non-occur-*

rence of an uncertain event on which condition depends; **~forderung** *f* claim (*of partly secured creditor*) for the deficiency; **~haftung** *f* contingent liability, liability for irretrievable debts; **~muster** *n* pattern reference, output sample, outturn sample, pilot sample; **~quote** *f* loan loss; **~risiko** *n* risk of non-payment, default risk; **~stunden** *f/pl* hours not worked, lost hours; **~vergütung** *f* deficiency compensation; **~versicherung** *f* insurance for irretrievable receivables; **~zeit(en)** *f* lost period(s) of time, (social) insurance shortfall; periods during which no insurance contributions were paid (*due to unemployment, illness, higher education, training, etc for which credit will be given for pension expectancy*).

ausfechten *vt* to fight out (*not to settle a case*), to contest, to dispute.

ausfeilen *vt* to polish the style (*of a brief, etc*), to polish up.

ausfertigen *vt* to exemplify, to execute (*a document*), to issue, to engross, to make out, to make a final and fair copy; to make a counterpart copy; to make an authentic copy (*equivalent to the original document*); **doppelt ~** to duplicate, to issue in counterpart copies, to make two engrossments.

Ausfertigung *f* counterpart, office copy, official copy; antigraphy, engrossment, exemplification, exemplified copy; **~sgebühr** *f* fee for executing a deed, issuing fee; **~szollstelle** *f* issuing (customs) office; **amtliche ~** office copy, official copy; **dritte ~** copy 3, triplicate; **erste ~** first of exchange (*bill of exchange*); **gerichtliche ~** court-sealed copy; **in doppelter ~** engrossed in duplicate; **in dreifacher ~** in triplicate; **in einfacher ~** in a single copy; **in fünffacher ~ einreichen** to file in quintuplicate, to file five copies; **in vierfacher ~** in quadruplicate; **mehrfache ~** in multiple copies; **in ~r ~** in several counterparts, issued / executed in several copies; **nochmalige ~** re-execution; **vollstreckbare ~** enforceable official copy; **zweite ~** duplicate, counterpart.

Ausfindigmachen *m* discovery, tracing.

Ausfischung *f mar* devastation of fishery resources.

ausflaggen *vt* to register ship under different (*cheaper*) flag.

Ausflucht *f* (*pl Ausflüchte = ~e*) evasion, prevarication; **~e** *pl* **machen** to prevaricate, trying to evade a question, to equivocate, to quibble, to beat around the bush.

Ausflug *m* departure by air.

ausfolgen *vt* to deliver, to hand over, to surrender.

Ausfolgung *f* delivery, handing-over, surrender; **~sprotest** *m* protest for non-delivery (*bill of exchange*).

ausforschen *vt* to sound out, to pump, to explore, to go on a fishing expedition (*cross-examination*).

Ausforschung *f* exploratory soundings, sounding out, *seeking disclosure by adversary of facts supporting a case*; **~santrag** *m* (improper) application to carry out inquiries; **~sbeweis** *m* (purely) exploratory questioning of a witness (*seeking to prove a point by improper exploratory offers of evidence or endeavouring to induce opponent to disclose a point in one's favo(u)r*); **~sdurchsuchung** *f* exploratory search; **~sfragen** *f/pl* exploratory questioning, questions to sound out, fishing exploration, fishing expedition; **~sklage** *f* exploratory action.

ausfragen *vt* to question, to interrogate, to pump for information.

Ausfuhr *f* export (= *e-*), exportation, exporting, exports, exported goods; **~abfertigung** *f e-* clearance; **~abschöpfung** *f e-* levy; **~ auf Zeit** temporary *e-s*; **~belebung** *f* recovery of *e-s*; **~bescheinigung** *f* certificate of *e-*; **~beschränkung** *f e-* restriction; **mengenmäßige ~~en** *f/pl* quantitative restrictions on *e-s*; **~bestimmungen** *f/pl e-* regulations; **~bewilligung** *f* *e*- permit, *e*- *US* license / *GB* licence; **~bürgschaft** *f* *e*- guarantee; **~deklaration** *f* *e*- declaration, shipper's manifest; **~dokumente** *n/pl* *e*- documents / papers); **~einheit** *f* *e*- unit (*in volume of e-s*); **~erklärung** *f* *e*- declaration; **~erlaubnis** *f* *e*- permit, *e*- clearance; **~erstattungen** *f/pl* *e*- refunds; **~förderung** *f* *e*- promotion, encouragement to *e*-; **~förderungsgesetz** *f* *E*- Promotion Act; **~förderungskredit** *f* *e*- promotion credit; **~förmlichkeiten** *f/pl* *e*- formalities; **~genehmigung** *f* *e*- permit; **~geschäfte** *n/pl* *e*- business, *e*- transactions; **~hafen** *m* port of *e*-; **~handel** *m* *e*- trade; **~händler** *m* **/-in** *f* exporter, *e*- trader; **~händlervergütung** *f* refund (of value-added tax) to exporters; **~höchstmengen** *f/pl* quantitative *e*- limits; **~kartell** *n* *e*- cartel; **~kontingent** *n* *e*- quota; **~kontrolle** *f* *e*- controls; **~land** *n* country of *e*-, exporting country; **~lieferungen** *f/pl* *e-s*, *e*- deliveries; **~lizenz** *f* *e*- *US* license / *GB* licence, *e*- permit; **~ nach aktiver Veredelung** exportation after inward processing; **~nachweis** *m* *e*- certificate, proof of *e*-; **~ort** *m* exit point; **~papier** *n* *e*- document; **~prämie** *f* *e-s* bonus, *e*- premium, drawback; **~quote** *f*, ratio of *e-s* to imports; **~politik** *f* *e*- policy; **~schein** *m* *e*- *US* license / *GB* licence certificate; **~sortiment** *n* range of *e-s*; **~sperre** *f* stoppage of *e-s*, embargo; **~steuer** *f* *e*- tax; **~tag** *m* day of exportation; **~überschuß** *m* *e*- surplus, overbalance of *e-s*; **~verantwortlicher** *m* person responsible for *e-s*; **~verbot** *n* *e*- ban, embargo, prohibition of *e*- **~vergütung** *f* *e*- rebate, *e*- refund; **~vertrag** *m* *e*- agreement, *e*- contract; **~ware** *f* *e*- goods, goods to be exported; **~wirtschaft** *f* *e*- trade; exporting industries; **~zoll** *m* customs duty on exportation; **~ zur passiven Veredelung** exportation for outward processing; **einseitiges ~geschäft** unrequited *e-s*, unilateral *e-s*; **endgültige ~** outright exportation; **entgeltliche ~** *e-s* against payment, *e-s* on a payment basis; **gewerbliche ~** industrial *e-s*; **sichtbare ~** visible *e-s*; **unbezahlte ~** unpaid *e-s*; **unsichtbare ~** invisible *e-s*.

ausführbar *adj* feasible, practicable; **nicht ~** unworkable, unfeasible.

Ausführbarkeit *f* feasibility.

ausführen *vt* to accomplish (*task, job*), to perform (*work*), to implement (*law*), to perpetrate (*criminal act*), to execute (*order*), to export (*goods*), to submit (*pleadings, argument*), to elaborate (*in detail*).

ausführend *adj* executive, performing.

Ausführer *m* **/-in** *f* exporter; **ermächtigter ~** approved exporter.

Ausführung *f* accomplishment, performance; implementation, execution; perpetration; commission; workmanship, design; **~ der Straftat** commission of the criminal act; **~ des Haushaltsplans** implementation of the budget; **~sanweisung** *f* regulation, regulatory instruction, instruction who is to carry out / do / execute / implement *sth*; **~sanzeige** *f* advice of execution (*orders*), notice of completion, report of completion of performance; **~sbehörden** *f* executive authorities, implementing authorities; **~sbeispiel** *n* embodiment (*of invention*); **~sbeschluss** *m* executory decision; **~sbestimmungen** *f/pl* implementing regulations, regulatory statute, administrative regulations; **~sfrist** *f* time for performance, time for completion; **~sgeschäft** *n* implementing transaction, follow-up business; **~sgesetz** *n* implementing law, regulatory statute; **~sverordnung** *f* implementing ordinance, rules, statutory instrument; **~svorschrift** *f* regulatory instructions; **zur ~shandlung schreiten** to enter upon the fulfil(l)ment of (duties); **bei der ~** (*der Tat*) in faciendo, in the act (of committing an *US* offense / *GB* offence); **fachgerechte ~** good workmanship; **in ~ begriffene Arbeit** work-in-progress; **in ~ von** pursuant to, implementing (*a law*); **zur ~ bringen** to carry out, to carry into effect, to execute.

Ausführungen *f/pl* argument, pleading(s), submissions (*to the court*), remarks, observations; **~ machen** to make observations, to present arguments; **~ zum Sachverhalt** argument on fact; **einleitende ~ machen** to make opening remarks, to open a case; **mündliche ~** oral pleadings.

ausfüllen *vt* to fill in (*a form, a questionnaire*), to complete (*a blank*), to fill out (*a form*).

Ausfüllung *f* completion (*of a form, etc*); **~sbefugnis** *f* authority to complete (*a blank*).

Ausgabe *f* **I** issue (= *i-*) (*securities*); **~aufgeld** *n* premium; **~bank** *f* bank of *i-*, issuing bank; **~bedingungen** *f* terms of *i-*; **~betrag** *m i-* price; **~kurs** *m i-* price, *i-* quotation; **günstiger ~~** low *i-* price, ***e-en* günstigen ~~ bekommen** to get in on the ground floor, to get a basement bargain; **~land** *n* country of *i-* (*carnet passport*); **~ort** *m* place of *i-*; **~preis** *m i-* price; offering price; **~stelle** *f* issuing agency, issuing office; **~tag** *m* date of *i-*, day of *i-*; **~ über dem Nennwert** *i-* above par; **~ von Aktien** *i-* of shares, *US* stock.

Ausgabe *f* **II** (*pl Ausgaben* = *~n*) expense item, expenditure (= *ex-*); outlay, disbursement; **~nabstrich** *m* cut in *ex-*; **~nansatz** *m* estimated *ex-*; **~nbeleg** *m* voucher / receipt / counterfoil for payment; **~nbeschlüsse** *f ex-* votes, *ex-* decisions; **~nbewilligung** *f ex-* allowance, grant, appropriation; **~nbuch** *n ex-* ledger; **~nbudget** *n ex-* budget; **~n des Privatverbrauchers** personal consumption *ex-*; **~ndispositionen** *f/pl ex-* arrangements; **~nerhöhungen** *f/pl* increase in *ex-*; **~nerstattung** *f* reimbursement of expenses; **~ngestaltung** pattern of *ex-*; **~ngruppe** *f* category of *ex-*; **~nkonto** *n* expense account; **~nkontrollbogen** *m ex-* check-list; **~nkurve** *f* outlay graph, *ex-* graph; **~nkürzung** *f* spending cut, retrenchment, reduction in *ex-*; **~n machen** to spend, to incur expenses; **~n-Plafond** *m ex-* ceiling; **~nposten** *m* expense items; **~nprogramm** *n ex-* programme, *ex-* plan; **~nquote** *n* proportion of *ex-*, spending rate; **~nrechnung** *f* calculation of expenses, *ex-* bill / invoice; **~nspitze** *f* maximum *ex-*; **~nstruktur** *f* pattern of *ex-*; **~nüberschreitung** *f* excess *ex-*; **~nüberschuss** *m* excess *ex-*; **~nverpflichtung** *f* liability to incur *ex-* of *sth*; **abzugsfähige ~** tax-deductible expense; **abzugsfähige ~n** (tax-)deductible expenses; **außergewöhnliche ~n** unusual (extraordinary) *ex-*; **außerplanmäßige ~n** *ex-* not budgeted for, extraordinary *ex-*; **buchmäßige ~n** non-cash *ex-*; **die ~n umlegen auf** ... to apportion the expenses among ...; **einmalige ~n** unique *ex-*, non-recurring / non-recurrent *ex-*; **feste ~n** fixed cost, permanent *ex-*; **konsumptive ~n** *ex-* on consumption; **laufende ~n** current expense, running expenses, recurrent *ex-*, ordinary *ex-*; **nichtabzugsfähige ~n** non-deductible expense; **öffentliche ~n** public *ex-*, government(al) spending; **ordentliche ~n** ordinary *ex-*, proper *ex-*; **reguläre ~n** ordinary *ex-*; **sachliche ~n** *ex-* on material; **sachlich richtige ~n** proper outgoings, proper *ex-*, appropriate disbursements; **sonstige ~n** other payments; **überplanmäßige ~n** unbudgeted *ex-*; **unmittelbare ~n** direct *ex-*; **unvorhergesehene ~n** unforeseen expenses, **vermögensvermehrende ~n** asset-increasing *ex-*; **voraussichtliche ~n decken** to cover the foreseeable expenses; **vordatierte ~n** pre-dated payments.

ausgabenfreudig *adj* ready to spend, munificent.

Ausgang *m* exit (*building*), outcome, result, outgo, outlet, initial point, point of departure; ~ **des Rechtsstreits** outcome of the law-suit; **~sabfertigung** *f* clearance outwards; **~sabschnitt** *m* exit sheet; **~sannahme** *f* initial assumption; **~sbasis** *f* initial position; **~sbehörde** *f* originating office; **~sbescheinigung** *f* exit visa; **~sdeklaration** *f* exit declaration; **~sfracht** *f* outgoing freight; **~sfrage** *f* the initial question, threshold question; **~shafen** *m* port of departure; **~skapital** *n* original capital; **~skontrolle** *f* outbox performance control, *control procedure within a law firm to ensure that deadlines are met*; **~sland** *n* country of departure; **~smaterial** *n* basic material, starting material, source material; **~smiete** *f* original rent, basic rent; **~sparität** *f* initial par value; **~sprodukt** *n* primary product; **~spunkt** *m* starting point, terminus a quo, initial terminus; **~srechnung** *f* sales invoice; **~ssperre** *f* curfew (*civilians*), confinement to barracks (*soldiers*); **nächtliche** ~~ night-time curfew, dusk-to-dawn curfew; **~sstand** *m* initial position, starting total; **~sstoff** *m* primary material, source material; **~starif** *m* basic rate; **~surteil** *n* original judgment, judgment of the first instance; **~sverfahren** *n* case as received from lower court, prior stage in case history; **~swert** *m* initial value, initial figure; **~szahlen** *f/pl* initial figures (*figures taken as basis of calculation*); **~szeitraum** *m* initial period (*period taken as the basis of comparison*); **~szollsatz** *m* basic (customs) duty; **~szollstelle** *m* customs office at point of exit, office of exit.

ausgeben *vt* to spend, to expend (*money*), to issue, to emit (*securities*); ~ **als** to pass off as (*own manufacture*); **sich** ~ **als** to pose as (*a representative; a nobleman, s.o. else*); **sich fälschlich** ~ to pretend to be, to pose as, to personate; **sich für *jden* anderes** ~ to personate.

ausgebildet *adj* (fully) trained; **juristisch** ~ legally trained.

Ausgebot *n* (judicial auction) offer of real estate.

Ausgebürgerte(r) *f(m)* expatriate, a person deprived of citizenship.

ausgefertigt *adj* done, executed, engrossed, exemplified, → *ausfertigen*; **noch nicht** ~ drafted, in draft form only not yet engrossed.

Ausgehverbot *n* curfew (*civilian population*); confinement to barracks (*soldiers*).

Ausgelieferte(r) *f(m)* extradited person.

ausgeliehen *adj* loaned, on loan; **verzinslich** ~ loaned out at interest.

ausgemacht *adj* agreed, settled (*arrangement, bargain*), arranged.

ausgenommen *adj* except, with the exception of, save for.

ausgeschlossen *adj* excluded, foreclosed (*after deadline*), disqualified (*from office, etc*).

Ausgestoßene(r) *f(m)* outcast.

Ausgewiesene(r) *f(m)* expellee.

ausgewogen *adj* balanced, equable.

Ausgewogenheit *f* balance, well-balanced proportion, equilibrium; ~ **der Zahlungsbilanz** state of equilibrium in balance of payments; **~sgrundsatz** *m* fairness doctrine; doctrine of fairness; equal (*broadcasting*) time.

ausgezeichnet *adj* (*Preis*) priced, with the price marked.

Ausgleich *m* adjustment, equation, offset, balance (*accounts*), hotchpot (*advancements, share of inheritance*), compensation (*damage*), equalization (*burdens*) (= *e*-), levelling out (*market rates, curves*); ~ **der Handelsbilanz** redressing / squaring the balance of trade; ~ **der Risiken** spreading of risks; ~ **der Zahlungsbilanz** squaring / evening out the balance of payments, balance of payments equilibrium; ~ ***e-er* Spanne** bridging a gap; **~sabgabe** *f e*- levy (*under German post-*

war e- of burdens legislation); countervailing levy, countervailing charge, compensatory tax; **~samt** *n E- of Burdens Office*; **~sanspruch** *m* compensation claim of commercial agent (*on termination of agency by principal*); *e-* claim (*German E- of Burdens legislation*); right of contribution (*among joint debtors*); compensation for claims (*damage*); **~sarbitrage** *f* arbitrage in exchange (*foreign currencies*); **~sausschuss** *m E-* Committee (*German E- of Burdens administration*); **~sbehörden** *f/pl E-* of Burdens authorities; **~sbelastung** *f* countervailing charge; **~sbetrag** *m* compensatory amount; payment to settle an account, amount of adjustment; **~sbevorzugung** *f* reverse discrimination; **~sbewegung** *f* compensatory movement; **~sbuchung** *f* adjusting entry; equal but opposite entry; **~sdividende** *f* equalizing dividend; **~sentschädigung** *f* compensation (*money*); **~sfonds** *m E-* of Burdens Fund; compensation fund; **~sforderung** *f e-* claim, *claim for compensation of losses under E- of Burdens Act*, compensation claim; **~sguthaben** *n* compensatory credit balance; **~shaftung** *f* contributory liability (*of joint debtors*); **~skasse** *f e-* fund; compensation fund (*E- of Burdens*); **~skonto** *n* countervailing account, adjustments account, overs and shorts account; **~skredit** *m* stop-gap loan, compensatory credit; **~slager**(**bestände**) *m/pl* buffer stocks; **~sleistung** *f* compensatory payment, *e-* benefits; **~slohn** *m* make-up wages, wage adjustment; **~smasse** *f* sum applied to adjusting payments; **~smaßnahme** *f* carry-over arrangement; **~spflicht** *f* duty to compensate; **~spool** *m* buffer pool; **~sposten** *m* compensatory item, balancing item; **~sprämie** *f* adjustment premium; **~squittung** *f* general discharge, mutual release (certificate); **~srücklage** *f* compensatory reserve; **~sschuld** *f e-* charge; **~sstelle** *f* clearing office; **~ssteuer** *f* equalizing tax; **~stendenz** *f* levelling-off tendency, tendency towards equilibrium, **~stermin** *m* settlement date; **~sumlage** *f e-* assessment; **~sverfahren** *n e-* method, compensation; *A* business reorganization, reorganization of insolvent business to avoid liquidation; **~szahlung** *w* deficiency payment, compensation payment; **~szoll** *m* countervailing customs duty; **~szulage** *f* compensatory allowance, additional compensation; **~szuweisungen** *f/pl* allocation of funds (*under E- of Burdens scheme*); **~ unter Gesamtschuldnern** settlement by contribution(s) (*to a joint debtor who had paid off a common debt*); **angemessener ~ in Geld** reasonable monetary compensation; **automatischer ~** automatic adjustment, escalator clause; **finanzieller ~** pecuniary compensation; **formaler ~** a balance on paper only; **organischer ~** natural equilibrium (*in balance of payments*); **sozialer ~** social equilibrium, adjustment on grounds of social policy; **überörtlicher ~** regional compensation; **zum ~ bringen** to bring into hotchpot (*advancements*), to balance (*accounts*) to even-out; **zum ~ Ihres Kontos** in settlement of your account; **zum ~ unserer Rechnung** in full discharge / payment of our accounts; **zum vollständigen ~** in full satisfaction (*of a claim*).

ausgleichen *vt* to equalize, to balance (*accounts*), to make up (*for deficit*), to settle (*debts*), to square, to spread evenly, to even out, to set off / to offset (*debts by counterclaims*); **gegeneinander ~** to offset; **nach oben ~** to level up.

ausgleichend *adj* compensatory, compensative, balancing, retributive.

ausgleichs|berechtigt *adj* entitled to contribution (*joint debtors*); **~fähig** compensable, equalizable, capable of being compensated.

Ausgleichung *f* adjustment, settlement, graduation (*insurance*), arranging a hotchpot (*advancements upon succession*); **~spflicht** *f* duty to compensate; **~ von Vorempfängen** hotchpot.

ausgliedern *vt* to set apart, to show separately, to hive off.

Ausgliederung *f* separation, setting up as a separate unit, spin off.

ausgründen *vt* to form separate enterprises (*out of a combine*), to hive off.

aushandeln *vt* to settle by negotiation, to bargain (*prices*).

aushändigen *vt* to hand over, to deliver (up), to surrender, to hand out.

Aushändigung *f* handing over, delivery, surrender; **~ *e-er* Urkunde** delivery of a document; **~spflicht** *f* obligation to surrender (*a document*); **gegen ~ des Wechsels** against / on surrender of the bill of exchange.

Aushang *m* publication on the notice board, posting on the bulletin board.

aushängen *vt* to post, to give public notice by posting, to put up a notice.

ausheben *vt* to enlist, to recruit, to draft (*soldiers*), to clean out (*gangsters' den*).

Aushebung *f mil obs* enlistment, recruiting, drafting; (*police*) raid (*on gangsters' den*).

aushelfen *vi* to help out, to assist temporarily.

Aushilfe *f* temporary assistance, temporary helper, a temp; **~tätigkeit** *f* substitute work, stopgap work, temporary work.

Aushilfs|arbeitsverhältnis *n* employment as temporary help; **~kraft** *f* casual worker, temporary helper; **~personal** *n* temporary staff; **~stellung** *f* temporary job; **~tätigkeit** *f* stint.

aushilfsweise *adv* as a deputy, as a temporary helper, as a stopgap.

aushöhlen *vt* to erode, to undermine (*constitution*), to water down, to dilute (*capital, strength*).

Aushöhlung *f* erosion, undermining, watering down, dilution; **~ der Landeszuständigkeit** indirect reduction of the competence of a German state (*in favo(u)r of the federal government's jurisdiction and power*); **~ der Steuerbasis** tax erosion; **~ der Verfassung** undermining the constitution, depriving the constitution of its substance.

auskämpfen *vt* to fight to the finish.

auskehren *vt* to pay out, to distribute (*a profit*).

ausklagen *vt* to decide by litigation, to recover by court action.

ausklammern *vt* to exclude for the time being; to leave *sth* in abeyance temporarily.

Ausklammerung *f* (temporary) exclusion.

ausklarieren *vi* to clear (*outward-bound ship*).

Ausklarieren *n* (*Ausklarierung*) clearance outwards, outclearance (*from port*).

Auskommen *n* livelihood, sustenance, subsistence, self-dependence.

auskratzen *vi* to slip (out), to abscond.

auskundschaften *vt* to explore, to spy out, to reconnoitre, to ferret out, to find out; to trace, to locate, to pinpoint.

Auskunft *f* (*pl Auskünfte* = *~e*) information (= *i-*), disclosure; **~e einholen** to seek *i-*; **~ erlangen** to obtain *i-*; **~e erteilen** to supply *i-*; **~sanspruch** *m* claim to be entitled to discovery, right to be informed; **~sberechtigte(r)** *f(m)* person entitled to be informed, authorized person to accept disclosure; **~sblatt** *n i-* sheet; **~sbüro** *n* inquiry-office, detective agency; **~sersuchen** *n* request for *i-*; **~serteilung** *f* discovery, disclosure of *i-*; **~serzwingung** *f* enforcement of discovery, judicial order for disclosure; **~skartei** *f i-* record card; **~sperson** *f* informant, informer; **~spflicht** *f* obligation / duty to disclose, duty to provide *i-*; **~srecht** *n* right to demand *i-*; **~sstelle** *f* enquiry office, *i-* desk; **~sverweigerung** *f* refusal to disclose *sth*; **~sverweigerungsrecht** *n* right to refuse to give *i-*, privilege of non-disclosure, right to rely on privileged communications; **~swesen** *n* detective business, provision of *i-*; **~ über Bonität** *i-* about financial soundness; **beschränkte ~ über Strafen** restricted disclosure regarding previous convictions (*only to judicial authorities*); **die ~ verweigern** to refuse disclosure, to refuse to disclose *sth*; **hinlängliche ~ einziehen** to obtain sufficient intelligence (*data, i-*); **mündliche ~** oral *i-*; **sachdienliche ~e** relevant *i-*.

Auskunftei *f* detective agency, reference agency, commercial agency, mercantile agency, credit (reporting) agency.

auskunftspflichtig *adj* obliged to disclose *sth*, obliged to provide information.

ausladen *vt* to unload, to discharge, to unship.

Auslade|hafen *m* port of unloading; **~platz** *m* unloading berth; **~stelle** *f* unloading place; wharf.

Auslader *m* **/-in** *f* unloader, discharger, docker, stevedore, longshoreman.

Ausladung *f* unloading, act of discharging.

Auslage *f* **I** display, show (*shop window*).

Auslage *f* **II** expense, expense item; *pl ~n* expenses (= *e-s*), out-of-pocket expenses, disbursements, outlay; **~naufstellung** *f* statement of disbursement; **~ndeckung** *f* collateral for *e-s*, sufficient funds for *e-s*; **~n des Zeugen** witness *e-s*; **~nersatz** *m* reimbursement of *e-s*; **~n erstattet bekommen** to recover *e-s*, to recoup disbursements; **~nerstattung** *f* reimbursement of *e-s*; **~nerstattungsanspruch** *m* claim for reimbursement of *e-s*; **~nfreiheit** *f* exemption from payment of *e-s* (*to court*); **~n haben** to incur *e-s*; **~npauschale** flat-rate for *e-s* (*for a lawyer's postage, telephone charges, etc*); **~nrechnung** *f* note of *e-s*; **~nschuldner** *m* **/-in** *f* party liable to pay the *e-s*; **~n und Gebühren** fees and *e-s*; **~nvorschuss** *m* advance payment in respect of *e-s*; **außerordentliche ~n** extra-budgetary *e-s*; **bare ~n** out-of-pocket *e-s*; **erstattungsfähige ~n** reimbursable *e-s* (*to be paid by court or losing party*); **notwendige ~n** necessary *e-s*; **persönliche ~n** personal *e-s*, out-of-pocket *e-s*.

auslagern *vt* to remove to a safeplace of storage, to evacuate (*eg valuable paintings during war*); to deposit elsewhere (*not in main office or general storage place*), to sell from stock.

Auslagerung *f* evacuation to a safe place of storage; removal to a separate place of storage, exit from the warehouse.

Ausland *n* foreign (= *f-*) countries, abroad; *GB* overseas; **~sabsatz** *m* sales abroad, sales in *f-* markets; **~sabteilung** *f* overseas department; **~sakkreditiv** *n* credit opened in a *f-* country; **~sakzept** *n* bill accepted abroad, **~sangebote** *n/pl* offers from abroad; *f-* offers; **~sanlage** *f* investment abroad; *f-* investment; **~sanleihe** *f* external loan, *f-* loan, *f-* bond issue; **~sanmeldung** *f pat* application in a *f-* country, *f-* application, application abroad; **~sarbitrage** *f f-* arbitrage; **~saufenthalt** *m f-* residence, stay abroad, time spent abroad; **~sauftrag** *m* order from abroad, *f-* order; **~sbelegschaft** *f* employees outside Germany,employees abroad; **~sbesitz** *m f-* holdings, property situated abroad; **~sbeteiligung** *f f-* investment, *f-* capital participation; **~sbeurkundung** *f* execution and authentication (*of an act or statement*) in a *f-* country; **~sbevollmächtigte(r)** *f(m) f-* agent, representative in a *f-* country; agent abroad; **~sbewohner** *m* **/-in** *f* non-resident; **~sbond** *n* external bond; **geregelte ~~s** external bonds covered by service arrangements; **~sdeutsche(r)** *f(m)* German national living abroad, ethnic German; **~sdienst** *m* service abroad, international agency; **~sdienststelle** *f f-* agency; **diplomatische ~~** diplomatic agency; **~sdirektion** *f* overseas headquarters;**~seinlagen** *f/pl* foreigners' deposits; **~seinsatz** *m* overseas posting, job abroad; **~semission** *f f-* issue / flotation; **~s-Entschädigungsgesetz** *n law on the compensation of war losses incurred abroad (due to confiscations, etc)*; **~sentscheidungen** *f/pl f-* decisions, judgments by *f-* courts; **~sfiliale** *f f-* branch; **~sflug** *m* international flight; **~sforderung** *f f-* receivable, outstanding *f-* debt, external claim; claim against debtor residing abroad, debt owed by *f-* debtor; **~sforderungen und -verbindlichkeiten** *f/pl* external assets and liabilities; **~sgelder** *n/pl f-* money, foreigners' deposits; **~sgeschäft** *n f-* business; **~sgespräch** *n* international call (*phone*); **~sgrundstück(e)** *n* real estate located abroad; **~sgüter** *n/pl f-* assets; **~sguthaben** *n f-* deposits; funds deposited abroad; **~shilfe** *f* external aid, *f-* aid, aid to overseas countries; **~sinvestition** *f* investment abroad; **~skapital** *n f-* capital, *f-* capital groups, *f-* investors; **~skontakte** *m/pl* contacts abroad; **~skonten** *n/pl* accounts in *f-* banks; **~skorrespondent** *m* **/-in** *f f-* correspondent; employee in charge of *f-* correspondence; **~skredit** *m* credit facilities abroad; **~smarkt** *m f-* / external market; **~snachfrage** *f* demand from a abroad; **~sniederlassung** *f* branch office in a *f-* country, business establishment abroad; **~spatent** *n f-* patent, patent granted abroad; **~spostanweisung** *f* international money order; **~spreise** *m/pl* prices abroad; **~sprovisionsvertreter** *m* **/-in** *f f-* commission agent, *f-* representative; **~sreise** *f* journey overseas, trip abroad, travel to *f-* countries; **~srente** *f* pension payable to a foreigner residing abroad, *f-* social security pension; **~ssaldo** *m* net balance on *f-* business accounts; **~sscheck** *m f- US* check / *GB* cheque, *f-* currency check, check drawn on a *f-* bank; **~sschulden** *f f-* liabilities, debts abroad, *f-* debts, external debts; **~sschuldverschreibungen** *f/pl* external bonds; **~sstatus** *m* position in a *f-* market, external status; **~sstelle** *f* office for *f-* affairs, *f-* agency; **~sstrafregister** *n* criminal register of *US* offenses / *GB* offences committed abroad; **~sstraftat** *f US* offense / *GB* offence committed abroad; **~sstück** *n f-*-owned certificate (*of a bond, share, etc*); **~strennungsgeld** *n* salary supplement for working abroad; **~sumsatz** *m* international sales, turnover in *f-* markets, export sales, *f-* sales; **unsichtbare ~sumsätze** invisible trade abroad; **~sverbindlichkeiten** *f/pl* external liabilities, liabilities to non-residents; **~svermögen** *n* external assets, property situate(d) abroad, *f-* possession; **~sverschuldung** *f* external borrowing, indebtedness to *f-* creditors, *f-* indebtedness; **~svertreter** *m* **/-in** *f* representative abroad, overseas representative; **~svertretungen** *f* diplomatic missions abroad, diplomatic and consular agencies; **~swährung** *f f-* currency; **~swechsel** *m f-* bill of exchange, external bill; **~swerte** *m/pl f-* securities, *f-* quotations; **~swertpapierbereinigungsverfahren** *n* external securities validation procedure; **~swohnsitz** *m f-* domicile, residence abroad, → *Wohnsitz*; **~szulage** *f* expatriation allowance, *f-* service allowance; **~szustellung** *f* service (*of process*) beyond national jurisdiction, service abroad; **EU-~** *f-* country outside the EU; **Anrechnung der im ~ gezahlten Steuer** *tax* foreign tax credit (*double taxation agreement*); **europäisches ~** a European *f-* country; **im ~** abroad, in *f-* countries, on the Continent, overseas; **im ~ wohnhaft** resident abroad, expatriate; **im ~ zahlbar** payable abroad.

Ausländer *m* / **-in** *f* foreigner (= *f*-), foreign national, non-national, alien (= *a*-); **~amt** *n* office for *f-s*, *a-s'* registration office; **~behandlung** *f* treatment of *a-s* / *f-s*; **~ britischer Geburt** *GB* statutory *a*-; **~-DM-Konto** *n* non-resident's DM (*deutsch mark*) account; **~eigenschaft** *f* status of *a*-(s); **~feindlichkeit** *f* xenophobia, hostility towards *f-s*; **~gesetz** *n* law concerning *f-s* (*entrance, residence, surveillance, deportation, etc*), *A-s* Act; **~kartei** *f* card-index of *a-s*; **~konto** *n* non-resident's account, external account; **~konvertibilität** *f* convertibility of non-residents' funds; **~kriminalität** *f* crime rate of *a-s* / *f-s*; **~meldeamt** *n a-s'* registration office; **~ mit Wohnsitz im Inland** non-national resident, foreign resident, resident *a*-; **~ ohne Wohnsitz im Inland** non-resident *a*-; **~polizei** *f* police department for foreign nationals; **~recht** *n* (the) law concerning foreign nationals; **~sicherheit** *f* foreign security (*to be furnished by non-resident plaintiffs of foreign nationality*); **~sonderkonto** *n* foreign resident's special account; **~überwachung** *f* supervision of *a-s*; **~wahlrecht** *n a-s'* suffrage, right of suffrage for *a-s*; **~zentralregister** *n* central register of foreign residents; **beschränkt steuerpflichtiger ~** non-resident *a*- subject to limited taxation (*taxable for domestic income and property only*); **EG-~** *m* / **-in** *f* non-EC citizen, EC foreigner; **feindlicher ~** *a*- enemy, enemy *a*-; **heimatloser ~** stateless *a*-; **im Inland ansässiger ~** resident *a*-; **unerwünschter ~** undesirable *a*-.

ausländerfeindlich *adj* xenophobic.

ausländisch *adj* foreign, alien.

auslandswirksam *adj* effective in other countries, valid abroad.

auslassen *vt* to leave out, to omit, to pass over, to skip.

Auslassung *f* omission, omittance; **versehentliche ~** accidental omission.

auslasten *vt* to use to capacity, to utilize to the full.

Auslastung *f* utilization, degree of utilization, engagement to capacity, load factor.

Auslaufen *n* expiry (*of a period of time*), phasing out, gradual termination; running out (*production*).

auslaufen *vi* to be phased out (*legal provisions*), to expire (*period of time*), to run out (*production*), to be in its final stage, to be discontinued.

Auslaufkosten *pl* run-down costs, phasing-out costs.

Auslaufzeit *f* time of departure.

Auslege|halle *f* public inspection hall (*in patent office*), display room; **~schrift** *f* patent specification (*laid open to public inspection*), second publication.

auslegen I *vt* to interpret, to construe, explain; **einschränkend ~** to interpret / to construe restrictively; **eng ~** to interpret / to construe restrictively / or strictly, to give a narrow interpretation; **falsch ~** to misconstrue, to misinterpret; **großzügig ~** to interpret liberally; **weit ~** to interpret (construe) widely, to give abroad interpretation.

auslegen II *vt* to display (*goods*), to exhibit, to make available for inspection (*patent specification*).

Auslegung *f* **I** interpretation (= *i*-), construction, reading; **~sbedürftigkeit** *f* necessity of *i*- (*due to ambiguity*); **~sbestimmung** *f i*- clause; **~sfreiheit** *f* permissible (extent of) *i*-; **~sgrundsätze** *f/pl* canons of construction, basic (or fundamental) principles of construction; **~skriterium** *n* criterium for *i*-; **~sprotokoll** *n* minutes on (agreed) *i*-; **~sregel** *f* rule of *i*- / construction, *pl* **~~n** canons of construction, rules of construction; **einheitliche ~~n** common *i*-; **~svorschrift** *f statutory* rule(s) of *i*-; **~ von Gesetzen** statutory *i*-; **abweichende ~** divergent *i*-; **althergebrachte ~**

orthodox *i-*, traditional *i-*; **authentische** ~ official (authentic) *i-*; **begriffliche** ~ conceptual *i-*; doctrinal *i-* (*not related to context*); **buchstäbliche** ~ literal *i-*; **einschränkende** ~ restrictive *i-*; **enge** ~ narrow *i-*, strict *i-*, close *i-*; **extensive** ~ extensive / broad *i-* of a legal norm, → *restriktive* ~, → *Analogie*, → *Reduktion*, → *Traduktion*; **grammatikalische** ~ grammatical *i-*; **großzügige** ~ liberal *i-*; **gültige** ~ valid *i-*; ~ ~ ***e-es*** **Gesetzes** official interpretation of an Act; **historische** ~ historical *i-*; **konventionelle** ~ orthodox *i-*; **restriktive** ~ restrictive / narrow *i-* of a legal norm, → *extensive* ~, → *Analogie*, → *Reduktion*, → *Traduktion*; **richterliche** ~ judicial construction; **sinngemäße** ~ equitable construction; logical *i-*; **sinnwidrige** ~ misinterpretation, *i-* incompatible with the context, misleading *i-*; **strenge** ~ strict *i-*; **systematische** ~ contextual *i-*; *i-* on the basis of context; **unzulässig weite** ~ extravagant *i-*, too wide an *i-*; **vereinbarte** ~ agreed *i-*; **vergleichende** ~ comparative *i-*; **weite** ~ wide *i-*, broad *i-*, liberal construction; **wörtliche** ~ literal *i-*.

Auslegung *f* presentation; **~sfrist** *f* **II** presentation period.

Ausleihe *f* lending (out); issuing desk (*library*); **~- und Diskontgeschäft** *n* bank loans and discounts; **~verpflichtung** *f* lending obligation; **~~en** *f/pl* **der Gläubiger** creditors' obligations to grant loans.

Ausleihen *n* lending (*money by banks*); borrowing (*book from library*).

ausleihen *vt* to lend (*money*), to borrow (*temporarily; book from library, tool from fellow-worker*).

Ausleiher *m* **/-in** *f* lender → *Verleiher*, borrower → *Entleiher*.

Ausleihung *f* lending (*by bank*); *pl* *~en* total lendings; **~sgrenzen** *f/pl* lending limits, lending ceiling; **~skapital** *n* loan capital, revolving fund; **~squote** lending ratio; **~sstand** *m* amount of lendings / loans outstanding; **langfristige** ~ long-term lending / loans.

Auslese *f* selection, process of selection, shakeout, sifting; **~prüfung** *f* competitive examination, selection examination / test; **negative** ~ adverse selection (*insurance risks*).

auslieferbar I *adj* deliverable, available, ready for delivery; **kurzfristig** ~ available for prompt delivery; **nicht mehr** ~ no longer on sale.

auslieferbar II *adj* extraditable, deportable.

ausliefern *vt* to deliver (*from storage or production*); to extradite.

Auslieferschein *n* *written authority to pick up goods from factory or storage.*

Auslieferung *f* **I** delivery on sale, surrender, rendition, → *Lieferung*; **~sagent** *m* **/-in** *f* distributing agent; **~sanweisung** *f* delivery order (*abbr* D/O); **~sauftrag** *m* delivery order; **~sbuch** *n* delivery book; **~slager** *n* supply depot (*of distributor*), consignment stock; **~sschein** *m* delivery order; → *Auslieferschein*; **~sstelle** *f* publisher's trade counter.

Auslieferung *f* **II** extradition (= *e-*); **~sabkommen** *n* *e-* treaty; **~santrag** *m* request for *e-*; **~sbeschluss** *m* (*gerichtlich*) writ of *e-*; **~sdelikt** *n* extraditable *US* offense / *GB* offence; **~sersuchen** *n* *e-* request; **~sgesetz** *n* *E-* Act; **~shaft** *f* custody / arrest, pending *e-*; **~shaftbefehl** *m* warrant of arrest pending *e-*; **~shindernis** *n* bar to *e-*; **~spflicht** *f* *e-* committal; obligation to extradite; **~ssachen** *f/pl* *e-* matters; **~sübereinkommen** *n* *e-* convention; **Europäisches ~~** European Convention on *E-*; **~sverbot** *n* prohibition of extraditing *s.o.*; **~sverfahren** *n* *e-* proceedings; **~svertrag** *m* *e-* treaty; **~sverweigerung** *f* refusal to extradite; ~ **von flüchtigen Straftätern** *e-* of fugitives, surrender of fugitives.

ausliegen *vi* to be on display (*goods*), to be available (*for inspection or entry*) (*lists*).

ausloben *vi* to promise a reward for *sth* (*for finding sth*; *for information leading to arrest*).

Auslobung *f* (public) promise of reward, public offer of a reward, public advertisement of a reward.

auslosbar *adj* redeemable by drawings, callable by lot.

auslöschen *vt* to delete, to obliterate, to destroy.

Auslöschung *f* deletion, obliteration.

Auslösepreis *m* trigger action price; **~vorrichtung** *f* trigger mechanism.

auslosen *vt* to choose by lot, to redeem (*bonds*) by lot.

auslösen *vt* to trigger (off); to redeem (*pawned, mortgaged property*).

Auslosung *f* drawing (of lots), premature redemption of bonds (*selected by lot*); **~sanleihe** *f* bond which is redeemable by lot; **~srecht** *n* right to participate in drawings (*for premature redemption of bonds*).

Auslösung *f* redemption (*pawned, mortgaged property*), daily allowance, separation allowance (*for workers assigned to places other than their usual place of work*); **~spreis** *m* (*Agrarmarktordnung*) activating price; **~srecht** *n* right of redemption, right to redeem (*mortgaged property*).

Ausmarkung *f* exclusion of land from local jurisdiction.

Ausmaß *n* extent, size; **~ des Verschuldens** degree of fault / negligence.

ausmustern *vt* to clear out, to remove from the inventory.

Ausmusterung *f* exemption from military service.

Ausnahme *f* exception, exemption; **~bescheinigung** *f* certificiate of exemption; **~bestimmung** *f* exemption clause, extraordinary provision, saving clause; **~bewilligung** *f* exceptional grant; **~fall** *m* exceptional case; **~frachtsätze** *m/pl* differential rates; **~genehmigung** *f* special permit / *US* license / *GB* licence, exceptional permission; **~gericht** *n* special tribunal, extraordinary court (*established for specific case(s), now unconstitutional under German law*); **~gesetz** *n* Emergency Act; **~liste** *f* list of exceptions; **~preis** *m* exceptional price; **~recht** *n* **fremder Staatsangehöriger** special legal status of foreigners; **~regel** *f* exceptional rule; **~tarif** *m* special rate(s); **~verordnung** *f* special ordinance, *statutory instrument concerning exceptions and/or exemptions*; **~ von der Besteuerung** exemption from taxation; **~vorschrift** *f* exemption provision; **mit ~ von** except, other than; with the exception of.

Ausnahmezustand *m* state of emergency; **den ~ verhängen** declare a state of emergency.

ausnahmsweise *adj* exceptionally, by way of exception, as an exception.

ausnehmen *vt* to exempt, to make an exception (*from a rule, a charge, etc*), to set aside.

Ausnüchterungszelle *f* sobering-up cell.

Ausnutzung *f* utilization, exploitation, taking undue advantage (of *s.o.*); **~sspielraum der Kapazitäten** margin of employable capacity; **~ des innerstaatlichen Rechtsweges** exhaustion of local (domestic) remedies; **mißbräuchliche ~** abuse; **~ ~ *e-er* beherrschenden Stellung** improper exploitation of a dominant position (*competition law*).

ausnutzen *vt* to utilize, to exploit (*resources*), to use to capacity (*plant*), to take advantage (*of s.o.'s weakness*).

auspfänden *vt* to levy upon completely, to sell out, to distrain upon all belongings of a debtor, to strip a debtor of all belongings by execution.

ausplaudern *vt* to disclose, to divulge, to let out (*a secret*).

ausplündern *vt* to pillage, to sack, to loot, to ransack.

ausprobieren *vt* to test, to sample, to try out.

ausradieren *vt* to erase, to rub out, *mil* to wipe out.
ausrangieren *vt* to discard (*inventory items*), get rid of (*employee*).
ausräumen *vt* to vacate, to clear out, to empty (*a room*), to strip, to remove (from); to dispel (*doubts*); to negative (*an inference*); to settle finally (*problems, disputes*).
Ausrede *f* excuse, feeble excuse, pretext.
ausreichen *vt* to pay out (*loan money*), to make *sth* available.
Ausreise *f* departure, outward journey; **~erlaubnis** *f* permission to leave the country; **~kontrolle** *f* exit check, check on leaving customs territory; **~land** *n* country of exit; **~sperre** *f* prohibition to leave the country; **~sichtvermerk** *m* exit visa; **~visum** *n* exit visa.
ausreisen *vi* to leave (a country), to depart.
Ausreisser *m* /**-in** *f* **I** runaway, fugitive.
Ausreisser *m* **II** faulty product / part (*quality testing*).
ausrichten *vt* to align, to bring into conformity (with).
Ausrichtung *f* orientation; alignment, policy, guidance; **sozial- und allgemeinpolitische** ~ social and political policies.
ausrotten *vt* to exterminate; to eradicate (*evil*), to eliminate.
Ausrottung *f* extermination, eradication.
Ausruf *m* proclamation (*notice*), sudden cry, exclamation; **spontaner** ~ spontaneous exclamation.
ausrufen *vt* to proclaim, to announce (*over the loudspeaker system*).
Ausrufung *f* proclamation.
ausrüsten *vt* to equip, to fit out, to furnish, to prepare *sth*; **neu** ~ to retool, to reequip.
Ausrüster *m* fitter, ship's chandler.
Ausrüstung *f* equipment (*plant*), finish(ing) (*textiles*); **~sgüter** *n/pl* (items of) equipment, furnishing and fittings; production equipment; **~sinvestition** *f* equipment investment, production investment, investment for plant and machinery; **~skosten** *pl* tooling costs, equipment costs; **~svermietung** *f* equipment leasing; **~sversicherung** *f* equipment insurance.
Aussage *f* testimony, statement of a witness (oral) evidence; ~ ***e-es*** **Sachverständigen** expert('s) testimony; **~erpressung** *f* extortion of statements (*in police interrogation*), *US* sweating; **~freiheit** *f* liberty to testify; **~genehmigung** *f* permission to give evidence (*by superior authority*); **~kraft** *f* legal weight given to evidence, probative strength; **~(n) des Angeklagten** statement(s) by the accused; **~notstand** *n* testimony under duress; **~pflicht** *f* duty to give evidence, compulsory testimony; **~protokoll** *n* deposition, record of evidence, minutes of the examination of a witness; ~ **unter Eid** evidence on / under oath, sworn testimony; **~verweigerung** *f* refusal to testify, refusal to give evidence (*court*); refusal to answer questions (*police*); **~~ des Angeklagten** silence of accused; **~verweigerungsrecht** *n* privilege to refuse to give evidence, *US* right against self-incrimination, right to take the Fifth (*right guaranteed in the Fifth Amendment to the US Constitution*), → *Aussageverweigerungsrecht*; **~wert** *m* indicative value; evidentiary value of testimony; **abträgliche** ~ detrimental testimony; **belastende** ~ incriminating testimony / evidence; **beschworene** ~ → *eidliche* ~; **die** ~ **verweigern** to refuse to give evidence; **eidliche** ~ sworn testimony, sworn evidence; ***e-e*** ~ **beschwören** to swear that evidence is true; ***e-e*** ~ **widerrufen** to retract a statement; **falsche uneidliche** ~ false unsworn testimony; **freiwillige** ~ voluntary statement; **nichteidliche** ~ unsworn statement; **unbeeidigte** ~ unsworn testimony, unsworn evidence, unsworn statement; **uneidliche** ~ unsworn testimony, unsworn evidence, unsworn statement; **widersprechende ~n**, **widersprüchli-**

che ~n divergent testimonies, conflicting evidence; **zur falschen ~ verleiten** to suborn perjury / false testimony.

aussagen *vi, vt* to testify, to give evidence; **falsch ~** to give false evidence.

Aussageverweigerungsrecht *n* privilege to refuse to give evidence; **~ des Rechtsanwalts** legal professional privilege, privilege of lawyers; **~ des Zeugen** privilege of witness; **~ wegen Gefahr der Selbstbezichtigung** right against self-incrimination; **anwaltschaftliches ~** attorney-client privilege, privilege of communications between client and solicitor; **berufliches ~** professional privilege; **durch ein ~ geschützte Mitteilung** privileged communication, privileged information; **sich auf das ~ berufen** to claim privilege.

ausschalten *vt* to eliminate (*adversary*), to rule out.

Ausschaltung *f* elimination; **~ der Konkurrenz** elimination of competition; **~ des Überraschungsmoments** *crim pro* elimination of the element of surprise.

Ausschank *m* sale of alcoholic beverages on the premises; **~genehmigung** *f US* license / *GB* licence to sell alcoholic beverages, → *Schankerlaubnis*; **~ im Lokal** sale of alcoholic beverages on the premises; **~verbot** *n* prohibition concerning the on-premise sale of alcoholic beverages; **~zeiten** *f/pl* licensing hours.

Ausscheiden *n* retirement, withdrawal (*partner*), discontinuance; **~ *e-es* Gesellschafters** retirement of a partner; **~ durch Tod** ceasing to hold office due to death; **turnusmäßiges ~** retirement by rotation.

ausscheiden *vi* to withdraw, to retire from office, to drop out, to cease to be a member, to set aside (*funds*), to earmark (*money for special purpose*); **turnusmäßig ~** to retire in (by) rotation, to rotate.

ausscheidend *adj* outgoing, retiring, leaving.

Ausscheidetafel *f* decrement table (*life insurance*).

Ausscheidungsanmeldung *pat f* divisional application, continuation-in-part application.

Ausscheren *n* lane-switching.

Ausschiffen *n* disembarkation.

Ausschiffungskarte *f* disembarkation card.

ausschlachten *vt* to cannibalize, to strip the assets of a firm.

Ausschlachtung *f* cannibalization (*dismantling machines, etc*), company stripping.

Ausschlag *m* the deciding factor; **den ~ geben** to be decisive, to tip the scales.

ausschlagen *vt* to decline (*an offer*), to disclaim (*inheritance*), to renounce, to waive (*a right of choice*), to relinquish.

Ausschlagung *f* turning down, (*offer*), disclaimer (*inheritance*), nonacceptance, renouncement, relinquishment; **~ *e-er* Erbschaft** renunciation of a succession, disclaimer of inheritance; **~ *e-es* Vermächtnisses** disclaimer of legacy; **~sfrist** *f* period for filing a disclaimer, period during which one may renounce (*term for deliberating on non-acceptance*); **~srecht** *n* right to disclaim (*an inheritance or legacy*), jus deliberandi.

ausschließen *vt* to exclude, to rule out, to preclude (*error, misunderstanding*), to foreclose (*redemption*), to expel (*a member*), to debar (*from entrance*), to disbar (*a barrister, lawyer*); *to strike off the roll* (*of solicitors*), to bar (*a remedy*), to negative (*a contingency*).

ausschließlich *adj* exclusive, sole; **nicht ~** non-exclusive.

Ausschließlichkeit *f* exclusivity, exclusiveness; **~ der Firma** exclusiveness of firm name; **~sbindung** *f* exclusive commitment, exclusive dealing; **~serklärung** *f* assurance of exclusive commitment (*to a bank or firm*); **~sklausel** *f* exclusivity clause,

clause providing for exclusive dealing; **~srecht** *n* exclusive right, right to exclude (all others), monopoly right, peremptory right; **geistiges und künstlerisches ~~** copyright in literary, dramatic, musical and artistic works; **gewerbliches ~~** exclusive industrial property right; **~svereinbarung** *f* exclusivity clause; **~svertrag** *m* exclusive agreement.

Ausschließung *f* exclusion, preclusion, expulsion, disqualification, proscription; **~ aus der Rechtsanwaltschaft** disbarment, *GB* striking off the roll; **~ der Öffentlichkeit** excluding the public (*from the court room*); **~ *e-es* Gesellschafters** expulsion of a partner / member; **~sbescheid** *m* notice of preclusion; **~sfrist** *f* time bar, preclusive period, preclusive time limit, → *Ausschlussfrist*; **~srecht** *n* right of exclusion; **~urteil** *n* court order to exclude a partner; **~sverfügung** *f* exclusion order.

Ausschluss *f* exclusion, preclusion, foreclosure, expulsion, disbarment, → *ausschließen*; **~ aus der Rechtsanwaltschaft** disbarment, striking off the roll; **~ bei unvorhergesehenen Ereignissen** unforeseen contingencies excepted; **~ der Aufrechnung** exclusion of set-off (*payment shall be made without set-off for any claim arising*); **~ der Brieferteilung** clause excluding right to issue mortgage certificate; **~ der Doppelbesteuerung** avoidance of double taxation; **~ des allgemeinen Gerichtsstandes** exclusion of general jurisdiction; **~frist** *f* time bar, preclusive period, preclusive time limit; ***jd-em e-e* ~~ setzen** to foreclose *s.o.*; **~ jeder Haftung** exclusion of all liability; **~klausel** *f* exclusivity stipulation; **~recht** *n* power / right to expel; **~urteil** *n* judgment barring claims, exclusory judgment; **~ wegen eigenen Interesses** disqualification because of personal interest (*partiality*); **unter ~ aller persönlichen Einwendungen** free from equities (*negotiable instruments*), excluding all personal objections; **unter ~ der Gefahr** without risk; **unter ~ der Öffentlichkeit** excluding the public, in closed court, in camera; **~ ~ ~ verhandeln** to sit in camera, to sit in closed court; **unter ~ des Rechtsweges** without recourse to courts of law, no legal recourse; **unter ~ der Zollbelastung** excluding customs duties; **unter ~ jeder Diskriminierung** on a non-discriminatory basis; **unter ~ jeder Haftung** without liability whatsoever; **unter ~ jeder Sachmängelhaftung** excluding all liabilities for defects; **unter ~ von** excluding; **zeitweiliger ~** suspension.

ausschöpfen *vt* to exhaust (*remedies; reserves*), to deplete.

Ausschöpfung *f* exhaustion; full utilization; **~ des Rechtsweges** exhaustion of legal remedies, exhaustion of the avenues of appeal, full utilization of one's rights of appeal.

ausschreiben *vt* to write out (*invoice, receipt*), to offer (by public announcement) (*position, reward*), to invite tenders, to put up for tender; **öffentlich ~** to invite tenders.

Ausschreibung *f* public tender, tendering (for), (notice of) invitation to tender, invitation to bid / to apply, allocation by tenders, *US* request for bids; **~sbedingungen** *f/pl* terms of the tender; **~sfrist** *f* deadline for filing tender, bidding period; **~sgarantie** *f* tender guarantee; **~skonsortium** *n* bidding syndicate; **~sschluss** *m* closing date (for tenders); **~sverfahren** *n* competitive bidding, bidding procedure; **offenes ~~** free competitive bidding; **~sverpflichtung** *f* obligation to invite applications (*for position of employee*), obligation to put out to public tender; **~swettbewerb** *m* competitive bidding; **an *e-er* ~ teilnehmen** to participate in a tender; **beschränkte ~** limited invitation to tender; **durch ~** by tender; **erstmalige** ~ initial invitation for tenders; **freie** ~ competitive bidding; **nachträgliche** ~ subsequent request for proposal; **offene** ~ unrestricted invitation to tender; **staatliche** ~ government tender.

Ausschreitung *f* (*pl* ~*en*) outrage(s), disturbance(s), tumult, violence, riot.

Ausschuss *m* **I** committee (= *c*-) (*pl Ausschüsse* = ~*e*); ~**beratung** *f* consultation in *c*- / at *c*- level / in the *c*- stage; ~**bericht** *m c*- report; ~**beschluß** *m c*- resolution; ~ **der Ständigen Vertreter der Mitgliedstaaten** *EU C*- of the Permanent Representatives of the Member States; ~ **der Regionen** *EU C*- of the Regions; ~ **für Forschung und Technologie** *c*- on research and technology; ~ **für Raumordnung, Bauwesen und Städtebau** *c*- on regional planning, construction and urban development; ~ **für Wahlprüfung, Immunität und Geschäftsordnung** *c*- on scrutiny of elections, immunities, and rules of procedure; ~**mitglied** *n c*- member; ~**sitzung** *f c*- meeting; **an *e-en* ~ zurückverweisen** to recommit to a *c*-; **auswärtiger** ~ foreign affairs *c*-; **beratender** ~ advisory *c*-; consultative *c*-; **Beschäftigungs**~ *EU* Employment *C*-; **beschließender** ~ *c*- with power to pass resolutions, executive *c*-; **Dreier**~ *m c*- of three; ***e-en*** ~ **einsetzen** to set up a *c*-; **engerer** ~ small *c*-; **federführender** ~ main *c*-, responsible *c*-; **gemischter** ~ mixed *c*-, joint *c*-; **geschäftsführender** ~ executive *c*-; management *c*-; **Konferenz der Europa**~**e** *EU* (*abbr* **COSAC**) Conference of European Affairs *C-s* (*abbr* COSAC); **leitender** ~ steering *c*-; **mitberatender** ~ co-advisory *c*-; **paritätischer Ausschuss** equally divided bipartisan *c*-, *c*- set up on a parity basis; **ständiger** ~ permanent *c*-, standing *c*-; **Vermittlungs**~ *EU* Conciliation *C*-; **vorberatender** ~ predeliberating *c*-, preparatory *c*-; **Wirtschafts- und Sozial**~ *EU* Economic and Social *C*-.

Ausschuss *m* **II** spoilage, rejects, spoiled work, outcast; ~**prozentsatz** *m* scrap factor; ~**quote** *f* reject quota; ~**ware** *f* rejects, throw-outs, spoils, imperfects.

ausschütten *vt* to distribute (*dividends, profits*), to pay (out).

Ausschüttung *f* payout, distribution (*dividends, profits*); amount distributed; ~**sanspruch** *m* claim for distribution, right to receive dividends; ~**ssatz** *m* payout rate; **steuerfreie** ~**en** tax-free distributions; **zur** ~ **kommender Gewinn** distributable profits.

ausschüttungsfähig *adj* distributable.

Auschwitzlüge *f* denial that the Holocaust occurred.

Außen|abteilung *f* outlying agency, outpost; ~**anlagen** *f/pl* external installations, land improvements (*building*); ~**arbeit** *f* outdoor job; field work; ~**beamte(r)** *f*(*m*) field worker, field officer, field official; ~**bereich** *m* external sphere, external undeveloped land, open country; **im** ~~ extramural; ~**beruf** *m* outdoor occupation; ~**beziehungen** *f/pl* external relations; ~**bezirk** *m* outer district, outlying district; ~~ ***e-er*** **Gefangenenanstalt** jail liberties prison area; ~**bilanz** *f* balance of payments; ~**dienst** *m* field service; ~~**leiter** field sales executive; ~~**mitarbeiter** field worker, solo representative, staff salesman, travelling salesman, *pl* outdoor staff, staff salesman; ~**finanzierung** *f* external financing; ~**gebäude** *n* outbuilding; ~**grenzen der Gemeinschaft** *EU* the Community's external frontiers, ↔ *innengrenzen*; ~**haftung** *f* external liability; ~**handel** *m* external trade, foreign trade, → *Außenhandel*; ~**markt** *m* external market; ~**investitionsrecht** *n* law on external investments; ~**minister** *m* /**-in** *f* foreign minister, *US* Secretary of State; *GB* Foreign Secretary, Secretary of State for Foreign and Commonwealth Affairs, (*Commonwealth*) Minister of External Affairs; **~ministerium** *n* Foreign Ministry, *US* Department of State, State Department, *GB* The Foreign and Commonwealth Office, Foreign Office; **~montage** *f* field assembly, field installation; **~montagelöhne** *m/pl* field installation wages; **~politik** *f* foreign policy; **~prüfer** *m* /**-in** *f* external auditor / examiner; **~prüfung** *f* field auditing, independent audit; **~revision** *f* independent post audit; **~revisor** *m* /**-in** *f* travel(l)ing auditor; **~seiter** *m* /**-in** *f* outsider, maverick; unorganized labo(u)r and management; **~stand** *m* account, outstanding debt, amount owing, item to be collected; *pl* **~stände** receivables, debts due and owing, active debts, book debts, outstanding debts, money owing, sums of money due and owing, → *Außenstände*; **~stehende(r)** *f(m)* third party, stranger, outsider; uninitiated layman; **~stelle** *f* field office, outside agency, branch office; **~steuer** *f* external (involvement) tax (*tax assessments resulting from international or other external connections*); **~steuerrecht** *n* law of external taxation **~tarif** external customs tariff; **~umsatz** *m* sales to outside parties; **~umsatzerlöse** *m/pl* (proceeds from) external sales, customer sales; **~verhältnis** *n* external relationship, relation to the outside world, relation to third parties; **~wanderung** *f* external migration; **~welt** *f* the outside world; **streng von der ~~ abgeschlossen** incommunicado; **~werbung** *f* outdoor advertizing; **~wert** *m* external value; **der gewogene ~~** the trade-weighted rate; **~wirkung** *f* effect on the outside world, effect as against others; **~wirtschaft** *f* foreign trade, external economy, international economic relations; **~wirtschaftsgesetz** *n* (*abbr* **AWG**) External Economic Relations Act (*D 1961, as amended, 1971*); **~wirtschaftsverkehr** *m* foreign trade and payments; **~zoll** *m* external tariff, *pl* *~zölle* external duties; **~zollsatz** *m* external rate of duty; **gemeinsame ~- und Sicherheitspolitik** *f* (*abbr* **GASP**) *EU* common foreign and security policy (*abbr* CFSP); **Hoher Vertreter für die G~ ~- ~ ~** *EU* High Representative for the common foreign and security policy.

Außenhandel *m* external trade, foreign trade (= *f/t*); **~ mit Gütern** visible trade; **~sbank** *f* *f/t* bank (*authorized to handle foreign exchange transactions*); **~sbeirat** *m* *f/t* advisory council; **~sbilanz** *f* *f/t* balance; **~sdefizit** *n* trade gap; **~skaufmann** *m* /**~s kauffrau** *f* import and export merchant, international trader; **~sklima** *n* export climate; **~smonopol** *n* *f/t* monopoly; **~spartner** *m* /**-in** *f* *f/t* partner (*a state or a business enterprise*); **~splatz** *m* *f/t* *US* center / *GB* centre; **~sstatistik** *f* *f/t* statistics, import/export statistics; **~sstelle** *f* *f/t* agency; **~süberschuss** *m* trade surplus; **~sverflechtung** *f* interlocking relationship with international trade; **~svertretung** *f* *f/t* mission; **~svolumen** *n* total *f/t* turnover.

außenhandelsorientiert *adj* adapted (geared) to foreign trade.

Außenstände *m/pl* receivables, debts due and owing, active debts, book debts, outstanding debts, money owing, sums of money due and owing; **abgetretene ~** assigned accounts; **diverse ~** sundry debtors; **langfristige ~** accounts receivable; **nicht beitreibbare ~** bad debts.

außenwirtschaftlich *adj* pertaining to foreign trade.

außer|betrieblich *adj* external (to the enterprise), non-operational; **~börslich** *exch* over the counter, in the outside market; **~dienstlich**

off duty, in a private capacity, outside one's functions; **~ehelich** extra-marital, illegitimate; **~etatmäßig** extra budgetary; **~gerichtlich** extrajudicial, out of court, private; **~~e Streitbeilegung** alternative dispute resolution (*abbr* ADR); **~gesetzlich** extra-legal; **~gewöhnlich** extraordinary; **~ordentlich** anomalous, extraordinary, exceptional; **~parlamentarisch** extra-parliamentary; **~planmäßig** extraordinary, supernumerary (*position*), non-budgetary (*expenditure*); **~staatlich** out of the state; **~tariflich** outside the collective agreement (*wages, fringe benefits*).

Außerachtlassen *n* disregard; ~ **der im Verkehr erforderlichen Sorgfalt** (driving) without due care and attention, acting unreasonably in the circumstances.

Außerkraftsetzung *f* abrogation; repeal.

Außerkrafttreten *n* abrogation, repeal, ceasing to be in force, expiration.

Außerkurssetzen *n* demonetization, withdrawal from circulation; *exch* suspension of a quotation.

Außerkurssetzung *f* → *Außerkurssetzen*.

Äußerlichkeiten *f/pl* externals, appearances, formalities.

äußern to utter, to enunciate, to express, to state (one's opinion).

Äußerung *f* utterance, remark, statement; **~en in Wort und Schrift** words spoken or written; **~stheorie** doctrine of utterance (*of legal intention*); **dienstliche** ~ official statement, official comment (*by a judge or civil servant*); **ehrenrührige** ~ disparaging statement; **geringschätzige** ~ disparaging statement; **gutachtliche** ~ expertise, expert's view; **herabsetzende** ~ disparaging statement, degrading remarks, aspersion; **hochverräterische ~(en)** seditious utterance(s); **zustimmende** ~ assenting opinion, pro, assent.

Außerverfolgungsetzung *f* discharge by the court before completion of trial, quashing (of case).

Aussetzen *n* suspension (*of proceedings, execution*); promise (*reward, prize*), grant (*bequest*).

aussetzen *vt* to suspend temporarily, to stay; to discontinue; to expose, to abandon (*children, helpless persons*); to subject to *sth*; to promise publicly (*reward*).

Aussetzung *f* **I** suspension, stay; ~ ***e-es*** **Abkommens** suspension of an agreement; ~ **der Anwendung** suspension of application; ~ **der Strafe zur Bewährung** suspension of sentence on probation; ~ **der (Straf)Vollstreckung** stay of execution; ~ **der Zwangsvollstrekkung** suspension of (civil) execution (upon a judgment); ~ **des Verfahrens** suspension of proceedings.

Aussetzung *f* **II** exposure, abandonment (*children, helpless persons*).

Aussetzung *f* **III** public offer; ~ ***e-er*** **Belohnung** offering of a reward.

Aussicht *f* prospect, opportunity; **~enprüfung** *f* examination of prospects of success (*litigation, appeal, etc*) **hinreichende** ~ reasonable prospect (*of sth*).

Aussiedler *m* **/-in** *f* repatriate; *repatriated German national or ethnic German*; newly settled farmer; **~hof** *m* new farm in the open country, new farm settlement.

Aussiedlung *f* isolated farm settlement.

aussöhnen *v reflex* to reconcile.

Aussöhnung *f* reconciliation.

Aussöhnungsgebühr *f* reconciliation fee (*of lawyer in a divorce case*).

aussondern *vt* to segregate, to release from bankrupt's estate.

Aussonderung *f* assertion of rights of ownership against the bankrupt's estate, segregation from *s.o.*'s estate; **~sanspruch** *m* claim for release from bankrupt's estate; **~sgläubiger** *m* **/-in** *f* creditor entitled to recovery (*and repossession of goods not belonging to bankrupt debtor*);

~srecht *n insolv* right of separation and recovery (*from bankrupt's estate*), right of reclamation, right of seclusion, right to segregation; **~sverfahren** *n* reclamation proceedings, segregation proceedings.

aussonderungs|berechtigt *adj* entitled to release from bankrupt's estate (*as not belonging to the bankrupt*); **~fähig** severable from bankrupt's estate, not in bankrupt's order and disposition.

Ausspähen *n* spying out clandestinely.

ausspannen *vt* to entice away (*customers, personnel*).

aussperren *vt* to lock out.

Aussperrung *f* lockout; **~srecht** right to impose lockouts.

Ausspielung *f* drawing of a lottery; **öffentliche** ~ public lottery.

Aussprache *f* discussion, dialogue; **freie** ~ wide-ranging debate, free discussion.

aussprechen *vt*, to pronounce, to pass sentence; *v reflex* **sich für etwas** ~ to advocate; **sich gegen etwas** ~ to declare oneself against *sth*

Ausspruch *m* award, pronouncement; ~ **im Schiedsverfahren** arbitral award; **richterlicher** ~ judicial pronouncement, court award.

Ausstand *m* strike, walkout.

Ausstandsverzeichnis *n* list of outstanding debts (*for social security contributions*).

ausstatten *vt* to furnish, to equip (*rooms, business enterprise*), to equip, to clothe, to vest (*s.o. with powers*), to endow (*with capital*), to confer (*powers*).

Ausstattung *f* equipment, furnishings, (*rooms, enterprise*); terms of issue (*bonds, etc*), endowment (*capital, foundation*); advancements (*for children*); get-up (*outward appearance and presentation of goods*), style of package; ~ ***e–er*** **Anleihe** terms of a loan; **~sbeihilfe** *f* initial assistance (*to children helping them to become independent*); **~sschutz** *m* protection of style of packing, protection of typical get-up and appearance of goods; **~sversicherung** *f* child endowment insurance; **einmalige** ~ once-and-for-all allocation; **finanzielle** ~ funding; **irreführende** ~ misleading presentation of goods; **serienmäßige** ~ standard equipment of the series; **technische** ~ technical equipment, machinery; **ungenügende** ~ underfunding.

ausstehen *vi* to be owed, to be overdue (*payments*), to be pending (*court decision*).

ausstehend *adj* outstanding, unpaid.

ausstellen *vt* to issue (*passport, document*), to make (out) (*receipt*), to draw up, to exhibit (*goods*), to display.

Aussteller *m* **/-in** *f* drawer (*bill of exchange*), issuer (*securities, debentures*), maker, giver (*promissory note, debentures*), exhibitor (*participant in exhibition*); ~ ***e-er*** **eidesstattlichen Versicherung** affirmant; **~haftung** *f* liability of drawer; **zurück an den** ~ (*bei ungedecktem Scheck*) refer to drawer, returned to drawer (*abbr* R/D).

Ausstellung *f* **I** drawing (*bill of exchange*); issue (*documents, passport, securities*); ~ ***e-er*** **Urkunde** issue of a certificate, execution of a document; **~sdatum** *n* date of issue; ~ **von ungedeckten Schecks** drawing of uncovered *US* check / *GB* cheques; **~sort** place of drawing, place of issue; **~stag** *m* day of issue.

Ausstellung *f* **II** exhibition, exposition, show; **~sbescheinigung** *f* certificate of exhibition; **~sgelände** *n* exhibition site, exhibition grounds; **~sgut** *n* exhibited articles; **~slokal** *n* show-room; **~spriorität** *f* trademark precedence / priority (*granted to trademark presented at trade fair prior to registration*); **~sschutz** *m* patent protection of recent display at an exhibition; **~sstück** *n* artifact.

Ausstellung *f* **III** layoff, dismissal of workers.

Aussteuer *f* trousseau, dowry; **~versicherung** *f* child endowment insurance, children's assurance.

aussteuern *vt* to provide a dowry; **ausgesteuert werden** to exhaust sickness insurance coverage (*due to extremely protracted illness*).

Aussteuerung *f* premature payment of benefits in full discharge of accrued social insurance.

Ausstoß *m* output (*production*).

ausstoßen *vt* to expel, to discharge dishono(u)rably.

Ausstoßung *f* expulsion (*of a member*), dishono(u)rable discharge (*soldier*).

Ausstrahlung *f* broadcasting (*radio, TV*); *fig* radiation, influence, charisma; **~swirkung** *f* influence of one area of law (*esp* constitution) on interpretation of other areas of law.

ausstreichen *vt* to delete, to cross out, to strike (from the record), to rule out.

Ausstreichung *f* deletion, erasure.

ausstreuen *vt* to disseminate, to spread (*rumours*).

Ausstreuung *f* dissemination, spreading.

Aussuchen *n* sorting, selection.

aussuchen *vt* to choose, to pick, to sort out, to select.

Austausch *m* exchange, interchange; substitution (*of worn-out or defective parts*); ~ **der Ratifikationsurkunden** exchange of the instruments of ratification; **~dienst** *m* exchange service (*students*); **Deutscher Akademischer ~~** (*abbr* **DAAD**) German Academic Exchange Service; **~geschäft** *n* barter transaction; **~pfändung** *f levy upon a valuable indispensable item of property and replacing it by a simple and inexpensive one*; **~relation** *f* terms of trade; **~vertrag** *m* reciprocal agreement; **~volumen** *n* volume of exports and imports; ~ **von Gefangenen** exchange of prisoners (of war); ~ **von Lizenzen** cross *US* licenses / *GB* licences.

austauschbar *adj* interchangeable.

Austauschbarkeit *f* interchangeability.

Austrag *m* retirement of a farmer (*continuing to live on the farm*).

austragen *vt* to take the matter to court, to litigate (*not to compromise*).

austreten *vi* to resign from membership, to withdraw.

Austritt *m* resignation of membership, withdrawal, retirement, dissociation; ~ ***e-es*** **Mitglieds** withdrawal of a member; **~serklärung** *f* notice of withdrawal.

ausüben *vt* to exercise, to practise.

Ausübung *f* exercise (*rights*) (= *e-*), execution (*official duties*); ~ **der Gerichtsbarkeit** *e-* of jurisdiction; ~ **der öffentlichen Gewalt** *e-* of public / official authority; ~ **des Anwaltsberufes** practice of law; ~ **des Dienstes** discharge of duty, *e-* of official function(s); ~ **des Ermessens** *e-* of discretion; ~ ***e-er*** **Banktätigkeit** *e-* of the banking profession, banking; ~ ***e-er*** **Befugnis** excercise of a faculty / power; ~ ***e-er*** **Erfindung** application of an invention; ~ ***e-es*** **Amtes** execution of an office, *e-* of a function, performance of one's duty; ~ ***e-es*** **Rechts** *e-* of a right; **~sfrist** *f* period of time for the *e-* of (*an option*); **~srecht** *n* right of use(r) (*industrial property rights*); **~szwang** *m* **für Patente** compulsory application of patents; **in ~ öffentlicher Funktionen** in the discharge of public functions; **unbefugte ~ *e-es*** **Berufs** unauthorized practice of a profession or vocation, practising without a *US* license / *GB* licence; **unbefugte ~ *e-es*** **öffentlichen Amtes** usurpation of public office; **unerlaubte ~ *e-es*** **Berufs** illicit / unlawful) practice of a profession.

Ausverkauf *m* clearance sale, sale, selling off; ~ **wegen Aufgabe des Geschäfts** liquidation sale (*of a company*); closing-down sale (*of a shop*); **~sware** *f* sale goods.

ausverkaufen *vt* to sell out, to sell off.

ausverkauft *adj* sold out.

Auswahl *f* choice, selection, variety; ~ **aufs Geratewohl** random selection; ~ **der Investitionsobjekte** investment selection; **~erfindung** *f* invention by a special selection of a technical process; **~erklärung** *f* election; **~ermessen** *n* discretionary choice; **~fehler** *m* sampling error; **~frage** *f* multiple-choice question; **~käufe** *m/pl* selective buying; **~kriterium** *n* eligibility criterion; **~plan** *m* sample design; **~prüfung** *f* selective examination; **~richtlinie** *f* selection directive; **~sendung** *f* samples sent for selection; **~verfahren** *n* selection procedure, competition; **gezieltes ~~** purposive sample; **~verschulden** *n* fault in selecting an agent (*culpa in eligendo*); **bewußte** ~ purposive sample (*opinion polls*); **geschichtete** ~ stratified sample (*opinion polls*); **repräsentative** ~ representative sample.

Auswanderer *m* **/-in** *f* emigrant; **~beratung** *f* prospective emigrants' advisory service.

auswandern *vi* to emigrate.

Auswanderung *f* emigration (= *e-*); **~sagent** *m* **/-in** *f* passage broker; **~sbehörde** *f e-* authority; **~sberatungsstelle** *f* advisory board for emigrants; **~sfreiheit** *f* right of unhindered *e-*, freedom to emigrate; **~sland** *n e-* country, target country of *e-*, **~sbetrug** *m* fraudulent enticement to emigrate; **~srecht** *n* right of *e-*; **~süberschuss** *m* excess of *e-* (*as compared to immigration*); **~swesen** *n e-* matters; **überseeische** ~ *e-* overseas.

auswärtig *adj* exterior, foreign.

Auswärtiger Dienst *m* (*der Auswärtige Dienst*) Foreign Service.

Auswärtiges Amt *n* (*das Auswärtige Amt*) *Federal Foreign Office*, ≈ *US State Department*, *Foreign Service*, *GB the Foreign and Commonwealth Office*.

auswechselbar *adj* interchangeable.

auswechseln *vt* to exchange, to replace.

Auswechselung *f* exchange, replacement.

ausweichen *vi* to evade; to avoid oncoming traffic, to get out of the way.

Ausweichklausel *f* escape clause.

Ausweichmöglichkeit *f* chance of avoiding (*accident*), chance of evading (*question*); loophole (*in the law*), alternative (*logic*); **letzte** ~ last opportunity of escape / evasion.

Ausweis *m* **I** proof of identity, means of identification; identity card (*abbr* ID); identification document, pass, laissez-passer; **~einziehung** *f* cancellation of identification document; **~fälschung** *f* forgery of identification document; **~kontrolle** *f* identity control; identification check; **~missbrauch** *m* misuse of identification papers; **~papiere** *n/pl* identification documents, identity papers; **~pflicht** *f* obligation to carry identification papers, requirement in respect of publication; **~wesen** *n* identity card matters, issue of identification papers.

Ausweis *m* **II** bank return; **~posten** *m* item in the return; **~schema** *n* form of return; breakdown; **~-Stichtag** *m* bank-return date; **zusammengefasster** ~ combined return.

ausweisen I *vt* to show (*in the accounts*), to disclose; to present, to itemize, to report; *v reflex* to identify oneself; to prove one's identity, to establish one's identity, to produce identification.

ausweisen II *vt* to expel, to order to leave a country, to deport.

Ausweisung *f* **I** entry in the accounts, showing, proof of identity.

Ausweisung *f* **II** expulsion, deportation; ~ **aus dem Besitz** dispossession; **~santrag** *m* official request for expulsion; **~sbefehl** *m* order to leave the country, deportation order; **~sbeschluss** *m* deportation order; **~sschutz** *m* legal protection against deportation; **~sverfahren** *n* alien deportation proceedings.

ausweislich *prep* according to, as shown in, as evidenced by, as appears from.

ausweispflichtig *adj* subject to disclosure in the accounts; required to be entered in the accounts.

auswerten *vt* to evaluate (*data*), to utilize, to exploit (*invention*).

Auswertung *f* evaluation, utilization, exploitation; ~ **der Bilanzen** analysis of balance sheets; ~ **von Entdeckungen** utilization of discoveries.

Auswiegen *n* weighing-in, exact weighing.

auswiegen *vt* to weigh (exactly).

aus wohlunterrichteten Kreisen on good authority.

auszahlen *vt* to pay (*a sum of money; wages etc*), to pay off (*a partner, coheirs*), to distribute (*profits*).

Auszahlung *f* payout, payment (= *p*-) disbursement; ~ **der Gerichtskasse** *p*- out of court; ~ **der Kreditvaluta** paying out loan funds; ~ **gesperrt** *p*- stopped; **~sanweisung** *f* instruction to pay, *p*- voucher; **~sbeleg** *m* voucher, cash voucher; **~sberechtigung** *f* authorization of *p*-; **~sermächtigung** *f* authority to pay; **~skurs** *m* net percentage of loan paid to borrower, out-*p*- rate; **~sschein** *m p*- slip; **~ssperre** *f* stop *p*- order; **~sstelle** *f p*- agency; **~süberschuss** *m* excess of out-*p-s*; **~sverfügung** *f p*- order; **~swert** *m* net proceeds (*of disposition of property*); ~ **von Einlagen** *p*- of bank deposits (*to customer*); ~ **von Hinterlegungsgeldern** *p*- out (of court); **telegrafische** ~ cable / telegraphic transfer; **vorfristige** ~ early *p*-.

auszählen *vt* to make a full count.

Auszählung *f* count, counting; ~ **der Stimmen** official counting of the votes.

auszeichnen *vt* to tag, to mark the price, to price.

Auszeichnung *f* marking of price (*on goods*) (*openly or in code*).

Auszehrung *f* erosion (*of claims*).

ausziehen I *vi* to vacate (*premises*), to move out, to quit.

ausziehen II *vt* to extract (*figures from accounts*).

Auszubildende(r) *f*(*m*) (*abbr* **Azubi**) trainee, apprentice; pupil (*trainee barrister*), articled clerk (*trainee solicitor*); **~nvertretung** *f* representative body of apprentices.

Auszug *m* **I** removal, moving out (*from house, etc*), walkout (*opposition from parliament*); **~svertrag** *m* agreement to vacate premises (*voluntarily, waiving eviction*).

Auszug *m* **II** excerpt, extract, statement (of account); (bank) summary; ~ **aus dem Handelsregister** extract from the commercial register; ~ **aus den Grundakten** extract from the land registry file; ~ **aus dem Strafregister** extract from the register of previous convictions; ~ **aus der Konkurstabelle** (*enforceable*) extract from the bankrupty schedule; ***e-en*** ~ **machen** to make an extract.

autark *adj* self-supporting (*economically*), autarchic.

Autarkie *f* autarchy, absolute sovereignty, (policy of) national self-sufficiency.

Auto *n* automobile, car; **~bahn** *f* highway, → *Autobahn*; **~diebstahl** *m* car theft; **~fähre** *f* roll-on / roll-off ferry; **~fahrer** *m* **/-in** *f* driver, motorist; **~fahrergruß** *m* offensive gesture by another motorist; **~falle** *f* criminal highway trap; police trap (*on highway*), speed trap; **~führer** *m* **/-in** *f* (= *Kraftfahrzeugführer*) operator of a motor vehicle; **~haftpflichtversicherung** *f* third party motor insurance; (statutory) motor vehicle liability insurance; car insurance against third party risk; **~halter** *m* **/-in** *f* (= *Kraftfahrzeughalter*) registered user of a motor vehicle, *person in charge of a motor vehicle*; keeper of a motor vehicle; **~händler** *m* **/-in** *f* car dealer; **~händlerhaftpflicht** *f* automobile dealer's risk; **~insassenunfallversicherung** *f* (= *Insassenunfallversicherung*) passenger accident insurance; **~-Kaskoversicherung** *f* (= *Kraftfahrzeug-Kaskoversicherung*) collision damage insurance, collision insurance; **~schalter** *m* drive-in teller; **~unfall** *m* car accident, road traffic accident; **~vermietung** *f* car rental (service).

Autobahn *f* autobahn (*in Germany*), superhighway, *US* freeway, four-lane divided highway, *GB* motorway, dual two-lane motorway; **~-amt** *n* motorway office; Autobahn administration; **~ausfahrt** *f* motorway exit; **~gebühr** *f* (*superhighway etc*) toll; **~kontrollpunkt** *m* (autobahn) checkpoint; **~richtgeschwindigkeit** *f* recommended speed on German motorways (*120 km/h*); **~zubringer** *m* motorway slipway, feeder road (*to an autobahn*).

Autodidakt *m* self-educated person, self-made man.

Autokrat *m* /**-in** *f* autocrat.

Autokratie *f* autocracy.

Automat *m* (= *Verkaufsautomat*) automatic machine, slot machine, vending machine; **~enaufstellung** *f* contract authorizing placement of an automatic (*vending or dispensing*) machine; **~endiebstahl** *m* theft from a vending machine; **~enmietvertrag** *m* rental agreement for vending machines; **~enmissbrauch** *m* purloining (vending) machines, misuse of vending machines; **~enplatz** *m* automatic work station, place of installation for vending machine, vending machine location.

Automatik *f* automatism; **marktwirtschaftliche ~** automatic working of the free market, free-market automatism.

automatisieren *vt* automatize, to convert to a mechanical procedure.

automatisiert *adj* automatized; **~es Verwaltungsverfahren** *n* automatized administrative procedure.

Automatisierung *f* automatization.

Automatismus *m* automatism; *state or quality of being automatic.*

Automobil *n* automobile; **~aktien** *f/pl* motor shares; **~haftpflichtversicherung** *f statutory* automobile third party risk insurance; **~halter** *m* /**-in** *f* (= *Kraftfahrzeughalter*) registered user of a motor vehicle, *person in charge of a motor vehicle*; keeper of a motor vehicle; **Allgemeiner Deutscher ~club** (*abbr* **ADAC**) German Automobile Club.

autonom *adj* autonomous, self-regulating, independent.

Autonomie *f* autonomy, regionalism; **~recht** *n* right to autonomous administration.

Autopsie *f* autopsy, post-mortem (examination), necrocopsy.

Autor *m* /**-in** *f* author, writer; **~enanteil** *m* author's fee, royalty; **~enexemplar** *n* presentation copy; **~enhonorar** *n* author's fee, royalty; **~enrabatt** *m* author's percentage of retail price; **~enmanuskript** *n* manuscript; **~enrecht** *n* author's rights, copyright.

Autorisation *f* authorization.

autorisieren *vt* to authorize, to empower, to approve.

Autorisierung *f* authorization.

autoritär *adj* authoritarian.

Autorität *f* authority; **~smissbrauch** *m* abuse of authority; **~sverletzung** *f* breach of authority; **~szeichen** *n* symbol of authority.

autoritativ *adj* authoritative.

Autosuggestion *f* auto-suggestion.

Aval *m* recourse guarantee, bank guarantee (*for customer's benefit*); **~akzept** *n* collateral acceptance (*by bank*); **~kredit** *m* guarantee credit; **~linie** *f* line of guarantee (*by bank*), guarantee line; **~provision** *f* commission on bank guarantee / on bank suretyship; **~wechsel** *m* bill of exchange guaranteed by a bank.

avalieren *vt* to accept (a bill of exchange) by way of guarantee, to provide a bank guarantee.

Avalierung *f* providing a guarantee / suretyship (*specifically for bill of exchange or promissory note*).

Avis (*m, s*) notice, advice note; **mangels ~** for non-advice.

avisieren *vt* to advise, to notify; **rechtzeitig ~** to advise in good time.

Azubi *m* (*abbr* = **Auszubildende(r)**) apprentice, trainee.

azyklisch *adj* acyclic; not cyclic; non-cyclic, z(*disregarding cyclical trend*).

BAFl (*abbr* = **Bundesamt für die Anerkennung ausländischer Flüchtlinge**) federal authority for the recognition of asylum seekers.

BAföG (*abbr* = **Bundesausbildungsförderungsgesetz**) federal educational promotion act (*federal law providing for student scholarships and loans*).

BAG (*abbr* = **Bundesarbeitsgericht** *n*) Federal Labo(u)r Court (*court of last resort*).

Bagatell|betrag *m* petty sum; **~delikt** *n* petty *US* offense/*GB* offence; **~diebstahl** *m* petty theft, pilferage; **~fall** *m* negligible case; **~sache** *f* petty case, trivial matter; **~schaden** *m* trivial damage; **~steuer** *f* trifling tax, secondary tax; **~strafsache** *f* petty *US* offense/*GB* offence, summary *US* offense/*GB* offence.

bagatellisieren to minimize; to belittle, to play down; to scorn.

Bahn *f* course, path, track; *US* railroad (*abbr* RR)/*GB* railway (= *r-*); **~abzweigung** *f* rail junction, branch line; **~anlagen** *f/pl* *r-* installations; **~anschluss** *m* rail connection; **~anschlussgleis** *n* *r-* siding; **~betriebshaftung** *f* statutory liability for *r-* operation; **~Card** *f* *r-* pass (*permits holder to ride for half price*); **~~ erster Klasse** first class *r-* pass; **~~ zweiter Klasse** second-class *r-* pass; **~fracht** *f* rail charges, *r-* freight; **~grundbuch** *n* *r-* land title register; **~hof** *m* train station, *r-* station; **~~smission** *f* Travellers' Aid Society; **~(hofs)speditionsgesellschaft** *f* *r-* transfer company, contract carrier; **~körper** *m* road bed, *r-* trackbed, permanent way; **~polizei** *f* *r-* police; **~spediteur** *m* *r-* agent, cartage contractor; **~spedition** *f* haulage from and to *r-* station; **~transport** *m* rail transport; **~überführung** *f* *r-* bridge, overpass; **~übergang** *m* level crossing; **beschrankter ~~** crossing with gates/barriers; **niveaugleicher ~~** level crossing, *US* grade crossing; **unbeschrankter ~~** crossing without gates/barriers; **~unterführung** *f* *r-* underpass; **~verbindung** *f* *r-* connection; **~verkehr** *m* *r-* traffic; **~zustellung** *f* *r-* delivery; **auf die schiefe ~ geraten** to be on the slippery slope; **Deutsche ~ AG** German Railway Company (*formerly Deutsche Bundes~*).

bahn|amtlich *adj/adv* official(ly) by the railway authorities; **~brechend** pioneering, revolutionary; **~frei** free on board (*abbr* f. o. b.), free on rail (*abbr* f. o. r.); **~lagernd** left at station to be called for, to be collected at the station; **~postlagernd** to be called for at station office.

Baisse *f* slump, drop in the market, sharp fall; **~bewegung** *f* bearish movement; **~engagement** *n* engagement to sell short, engagement to operate for a fall, short position; **~geschäft** *n* short selling, bear transaction; **~lage** *f* bearish market; **~moment** *n* depressive factor; **~position** *f* bear position, short position; **~spekulant** *m*/**-in** *f* operator for a fall, speculator for a fall, bear, bear seller; **~spekulation** *f* speculation for a fall, bearish operation, bear operation, going short; **~stimmung** *f* bearish mood; **~tendenz** *f* bearish tendency; **auf ~ spekulieren** to operate for a fall, to speculate for a fall, to sell (at) a bear, to sell short; ***e-en*** **~angriff** *m* **machen** to launch a bear attack; ***e-en*** **~verkauf** *m* **tätigen** to sell short; **konjunkturelle ~** recessionary slump.

Baissier *m* speculator/operator for a fall, bear, short seller.

BAK / BAKred (*abbr* = **Bundesaufsichtsamt** *n* **für das Kreditwesen**) Federal Banking Supervisory Board.

Ballast *m* ballast; ~ **laden** to go in ballast, to load ballast; **~ladung** *m* ballast; **lebender** ~ shifting ballast; **unnötigen** ~ **abwerfen** to jettison superfluous ballast.

Ballen *m* bundle, bale (*cotton*), pack (*wool, yarn*).

Ballotage *f* secret ballot (*with black and white balls*).

Ballung *f* concentration, agglomeration; **~sgebiet** *n* agglomeration (area); **~raum** *m* congested urban area, conurbation, urban sprawl.

Bancomat *m* cash dispenser, cash point, *US* automatic teller machine (*abbr* ATM).

Band I *n* belt, line; **am laufenden** ~ on the assembly line, *fig* continuously, uninterruptedly; **Fließ~** assembly line; **Förder~** conveyor belt.

Band II *m* (*pl Bände*) volume (*book*); **~nummer** *f* volume number.

Bandaufnahme *f* tape recording.

Bandbreite *f* range of variation, margin of fluctuation, spread (*eg exchange rates*), parity band.

Bande *f* (*pl ~n*) gang; **~ndiebstahl** *m* theft committed by a gang, gang theft; **~nmitglied** *n* member of a gang, gangster, member of a terrorist group.

Bandenwerbung *f* background, advertizing on perimeter boards.

Banderole *f pasted label with revenue stamp,* revenue stamp (*on cigarette packs, cigars, liquor*); **~nsteuer** *f* excise stamp tax (*on pasted labels*).

Bandit *m* bandit, gangster, outlaw.

Bandware(n) *f* (*pl*) narrow goods, small wares, ribbons.

Bank *f* bank (= *b-, banking* = *b-ing*), banking house, banking establishment; **~adresse** *f b-* address, *b-* as reference; **~agent** *m* /**-in** *f b-* representative; **~agio** *n* premium charged by *b–s* (*selling new issue of shares or bonds*); **~aktie** *f b-* share, *b-* stock; **~aktiengesellschaft** *f b-ing* company, *b-ing* corporation; **~akzept** *n b-* acceptance credit; banker's acceptance; **fremdes ~~** acceptance of another *b-*; **privatdiskontfähige ~~e** *b-* acceptances qualifying as prime acceptances; **~-an-~ Kredit** inter-*b-* lending; **~angestellte(r)** *f(m) (der Bankangestellte) b-* employee, *b-* clerk; **~anweisung** *f b-* remittance, order for payment (drawn on a *b-*); **~auftrag** *m b-* order, instruction to a *b-*; **~auskunft** *f b-* reference, banker's reference; **~ausweis** *m b-* statement; **~auszug** *b-* statement; **~beamte(r)** *f(m) (der Bankbeamte) b-* official; **~bedingungen** *f/pl* general terms and conditions of a *b-*; **~-bei-~-Einlage** *f* inter-*b-* deposit; **~bescheinigung** *f b-* certificate, *b-* confirmation; **~bestätigung** *f b-* certificate, *b-* confirmation; **~betrieb** *m b-ing* activities, *b-ing* operations; **~bezirk** *m b-ing* area; **~bilanz** *f b-* balance sheet; **~buchhaltung** *f* accounting system of a *b-*, the books and accounts of a *b-*, accounting department of a *b-*; **~bürgschaft** *f b-* guarantee, security note of a *b-;* **~darlehen** *n b-* loan; **~-Dauerauftrag** *m* (*b-*) standing-order, banker's order; **~deckung** *f* bankable collateral, cover provided by *b-;* **~depositen** *n/pl b-* deposits; **~depot** *n* safe custody (account) at a *b-*; *b-* safe; **~direktor** *m* /**-in** *f b-ing* director; *b-* manager; **~diskont** *m b-* discount, official rate of discount; **~diskontsatz** *m b-*discount rate; **~eigenschaft** *f b-* status; **~einbruchsversicherung** *f b-* burglary insurance; **~einlage** *f b-* deposit, savings deposit; **~~nversicherung** *f* guaranty of deposits insurance; **~enaufsicht** *f b-ing* supervision (*by government*); **~~sbehörde** *f b-* supervisory authority; **~~spolitik** *f b-* supervision policy; **~engelder** *n/pl* interb- funds; deposits of *b-s*;

~engeldschöpfung *f b-* money creation; **~engruppe** *f b-ing* group; **~enkonsortium** *n b-* consortium, *b-ing* syndicate; **~enkreditoren** *m/pl* balances of other *b-s* and bankers, *b-* creditors; **~enliquidität** *f b-* liquidity; **~enmarkt** *m* inter*b-* market; **~enmoratorium** *n* moratorium by the *b-s* concerned; **~enorganisation** *f b-ing* organization; **~enrichtlinie** *f EU b-ing* directive; **~ensystem** *n b-ing* system; **~enverfahren** *n b-* procedure; **~enverordnung** *f b-* regulation; **~fach** *n b-* safe; **~fachmann** *m* /**~fachfrau** *f* banker, *b-ing* specialist; **~fähigkeit** *f* eligibility (for borrowing at a *b-*); bankable nature (*of a bill of exchange*); **~fazilitäten** *f/pl b-* facilities, credit facilities at a *b-*; **~filiale** *f* branch of a *b-*; **~forderungen** *f/pl* outstanding accounts of a *b-*; **~ für internationalen Zahlungsausgleich** (*abbr* **BIZ**) *B-* for International Settlements (*abbr* BIS); **~fusion** *f b-* consolidation, *b-* merger; **~fusionsvertrag** *m b-* merger agreement; **~garantie** *f b-* guarantee, banker's guarantee, standby letter of credit, guarantee credit; **~garantiefonds** *m b-* guarantee funds; **~gebühr** *f b-* charge; **~geheimnis** *n b-ing* secrecy, banker's privilege (*right to refuse to testify*); **~geld** *n b-* money, money from *b-s*; **~geschäft** *n b-ing*, *b-* transaction; **~gesetz** *n* enactment relating to a central *b-*, *hist* act concerning the Reichsbank (*1875, 1924, 1930*); **~~gebung** *f b-ing* legislation; **~gewerbe** *n b-ing*, the *b-ing* business, the *b-ing* trade; **~giro** *n b-* giro, transfer under *b-* clearing; **~gläubiger** *m* /**-in** *f b-* creditor (*b- as a creditor*); **~guthaben** *n* credit balance with a *b-*, cash in, stock in; **termingebundene ~~** time balances at *b-s*; **~guthaben staatlicher Organe** government deposits (with *b-s*); **~haus** *n b-*, *b-ing* house; **~institut** *b-ing* establishment; **~justitiar** *m* /**-in** *f* legal adviser of a *b-*, in-house lawyer of a *b-*; **~kanäle** *m/pl b-ing* channels, *b-ing* outlets; **~kapital** *n* capital-stock of a *b-*; **~-Kassenjournal** *n* teller's cash book; **~kaufmann** *m*/**~kauffrau** *f* banker; **~konditionen** *f/pl* credit conditions of a *b-*; **~konto** *n b-* account; **debitorisches ~~** *b-* account showing debit balance; **kreditorisches ~~** *b-* account showing credit balance; **ohne ~~** without a *b-* account; **~konzern** *m b-ing* group, group of *b-s*; **~konzerngeschäfte** *n/pl* group *b-ing*; **~krach** *m b-* /*b-ing* collapse; *b-ing* failure; **~kredit** *m b-* credit, credit facilities by *b-s*; **~kredite an die Wirtschaft** lending by *b-s* to business; **~kreise** *m/pl b-ing* circles; **~krise** *f b-ing* crisis; **~kunde** *m* (regular) customer of a *b-*; **~leitzahl** *f b-* code, *b-* number, sorting code; **~lombardgeschäft** *n* collateral loan business (of *b-*s); **~note** *f b-* note, *US b-* bill; **~~n aus dem Verkehr ziehen** to withdraw *b-* notes from circulation; **~~nausgabe** *f* note issue; **~~n einziehen** to withdraw *b-* notes from circulation; **~~nfälschung** *f* forgery of *b-* notes; **~~n in Umlauf setzen** to issue *b-* notes, to introduce *b-* notes; **~~nmonopol** *n* monopoly of issuing *b-* notes; **~~numlauf** *m* notes in circulation, paper circulation; **~papier** *n b-* notes, securities issued by a *b-*; **~platz** *m b-ing US* center/*GB* centre; **~politische Fragen** problems of *b-ing* policy; **~preise** *m/pl b-* charges; **~prokurist** *m* /**-in** *f* procurator of a *b-*, *b-* officer holding full powers of representation (except real estate transactions), authorized signatory of a *b-*, → *Prokurist*; **~provision** *f* bank(ing) commission; **~quittung** *f b-* receipt; **~rate** *f* central *b-'s* discount rate, → *Diskontsatz*; **~raub** *m b-* robbery, *b-* holdup, *b-* raid; **~recht** *n b-ing* law; **~referenz** *f* banker's reference; **~rembours-**

kredit *m* external trade credit facilities (*by b-s*); **~reserve** *f b-'s* reserves; **~revision** *f b-* audit(s); **~revisor** *m b-* auditor, *b-* examiner; **~rücklage** *f b-'s* reserves; **~safegebühren** *f/pl* safe charges (of a *b-*); **~saldo** *m b-* balance, balance of a *b-* account; **~satz** *m* central *b-'s* discount rate; **~schalter** *m b-* counter; **automatischer ~~** automatic teller machine (*abbr* ATM), care point, automatic cash dispenser; **~scheck** *m* banker's *US* check/*GB* cheque; *b-* draft (*check or bill drawn by one b- upon another*); **~schließfach** *n* (customer's) safe; safe deposit box; **~schulden** *f/pl b-* debts, debts due to *b*-s, *b-* receivables; **~schuldner** *m* **/-in** *f b-'s* debtor, borrower from a *b-*; **~schuldverschreibungen** *f b-* bonds, *b-* debentures; **~sicherheit** *f* security (*usually a guarantee*) posted/provided by a *b-*; **~sparen** *n* saving through a *b-*; **~sperre** *f* freezing of *b-* account (*ordered by court*); **~spesen** *f/pl b-* charges; **~transaktion** *f b-ing* operation, *b-ing* transaction; **~tratte** *f* banker's draft; **~tresor** *m b-* safe, vault, safe vault; **~überweisung** *f b-* transfer, *b-* remittance, *b-* giro; **~~sauftrag** *m b-* payment order; **~~sformular** *n b-* giro credit slip; **~überziehungskredit** *m b-* overdraft facility; customary in *b-ing*; **~umsätze** *m/pl b-* turnover; **~- und Börsenverkehr** *m b-ing* and stock exchange transactions; **~unternehmen** *n b-ing* establishment, *b-* enterprise, *b-*; **~unternehmer** *m* / **-in** *f* banker, owner of a *b-*; **~unterschrift** *f* (formal) *b-* signature; **~usance** *f b-ing* usage, *b-ing* practice; **~valoren** *pl b-* securities, *b-* valuables; **~verbindlichkeit** *f b-* liabilities; **~verbindung** *f b-* reference; **~verein** *m* bankers' association; **~verkehr** *m* inter*b-* relations, inter*b-* dealings; **~vertrag** *m b-* contract; **~vollmacht** *f* power of attorney to a *b-*; **~vorschuss** *m b-* advance, short term credit by *b-*; **~wechsel** *m b-* draft, banker's draft, *b-* bill, *b-* acceptance; **~welt** *f* the *b-ing* world; **~werte** *m/pl b-* shares, *b-* stock; **~wesen** *n b-ing*; **~woche** *b-*-return week; **~~nstichtag** *m* weekly *b-*-return date; **~ziehungen** *f* drawings of bills of exchange (*by b-s on their customers to provide credit*); **~zinsen** *m/pl b-* interest; **~-zu-~-Ausleihungen** *f/pl* inter*b-* lendings; **~-zu-~-Kredit** *m* inter*b-* lending; **~zulage** *f b-* allowance; **~zusammenbruch** *m b-* failure, collapse of a *b-*; **~zusammenschluss** *m b-ing* concentration; **angeschlossene ~** associated *b-*, affiliated *b-*; **avisierende ~** advising *b-*, notifying *b-*; **bei der ~ einzahlen** to pay into the *b-*; **bezogene ~** *b-* drawn upon, payor *b-*; **die ~ stellt ihre Zahlungen ein** the *b-* closes its doors; **die überweisende ~** the remitting *b-*; **die übliche ~provision** *f* usual *b-* charges; **ein ~konto** *n* **überziehen** to overdraw a *b-* account; **eingeschaltete ~** intermediary *b-*; **emittierende ~** *b-* of issue, issuing *b-*; **erstschuldende ~** *b-* which is the primary debtor; **Europäische Investitions~** European Investment *B-*; **Europäische Zentral~** (*abbr* **EZB**) European Central *B-* (*abbr* ECB); **falsche ~note** *f* forged *b-* note, *sl* dud note; **federführende ~** lead *b-*, leading *b-*; **fremdes ~akzept** *n* acceptance of another *b-*; **gegenseitige ~forderungen** *f/pl* inter*b-* balances; **insolvente ~** insolvent *b-*; **Internationale ~ für Wiederaufbau und Entwicklung** (= *Welt~*) *int* International *B-* for Reconstruction and Development (= *World B-*); **kontoführende ~** *b-* in charge of the account(s); **konzessionierte ~** chartered *b-*; **korrespondierende ~** correspondent *b-*; **negoziierende ~** negotiating *b-*; **Not leidende ~** *b-* in difficulties; **private ~en** private *b-s*; **privatdiskontfähige ~** *b-* which ranks in the prime acceptance category; **seriöse ~geschäfte** *n/pl* sound *b-ing*; **staatseigene ~** state-owned *b-*; **überregionale ~** national *b-*; **unseriöses ~unternehmen** wildcat *b-*; **verwahrende ~** custodian *b-*; **von der ~ nicht zu vertretende Umstände** circumstances not attributable to the *b-*; **Welt~** (= *Internationale ~ für Wiederaufbau und Entwicklung*) *int* International *B-* for Reconstruction and Development (= *World B-*); **wie von ~seite mitgeteilt wurde** according to information from a *b-ing* source; **zahlende ~** paying banker, paying *b-*, payor *b-*; **zweckgebundenes ~guthaben** *n* earmarked *b-* account.

bank|betrieblich *adj/adv* banking (= *b-ing*), pertaining to the business of a bank; **~betriebswirtschaftlich** pertaining to bank management; **~fähig** bankable; **nicht ~~** unbankable; **~fremd** incompatible with sound *b-ing* practice, outside the sphere of *b-ing*; **~geschäftlich** relating to *b-ing* business; **~giriert** *bank*-endorsed; **~mäßig** in accordance with *b-ing* procedure, *b-ing*; **~politisch** relating to *b-ing* policy; **~technisch** *b-ing*, according to *b-ing* procedure; **~üblich** in line with *b-ing* practice; **~wirtschaftlich** *b-ing*, relating to the business of *b-ing*.

Bankett *n* hard shoulder; **unbefestigtes ~** soft shoulder.

Bankier *m/*-**in** *f* banker (*strictly, an individual operating a bank, also used for members of banking partnership and directors of banking corporations*).

Bankrott *n/m* insolvency, insolvency *US* offense/*GB* offence; **betrügerischer ~** fraudulent insolvency *US* offense/*GB* offence (*fraudulent preference and/or concealment or removal of insolvent's property*); **einfacher ~** (simple) insolvency *US* offense/*GB* offence.

bankrott *adj* insolvent, broke.

Bankrotteur *m/*-**in** *f* defaulter, the bankrupt.

Bann *m* interdiction, outlawing; *hist* jurisdiction; privileged protection; power of punishment, interdiction of fire and water; **~bruch** *m* customs violation (*unlawful import, export or transit of goods without customs clearance*); **~kreis** *m* → *~meile*; **~~verletzung** violation/infringement of protected parliamentary zone; **~meile** *f* precincts (*territory of a town*); protected zone around parliament (*where demonstrations are prohibited*); **~~ngesetz** *n enactment for the protection of a parliamentary zone*; **~wald** *m* (especially) protected forest; **~ware** *f illegally loaded goods which endanger ship or cargo*.

bar *adj/adv* cash; **in ~** in cash; **in ~ oder in Sachleistungen** in cash or in kind.

Bar|abgeltung *f* discharge by cash (*cash* = *c-*) payment, cash settlement; **~abhebung** *f c-* withdrawal; **~ablösung** *f c-* redemption; **~ablösungswert** *m c-* redemption value; **~abschluss** *m c-* bargain; **~abzug** *m c-* deduction; **~anschaffung** *f c-* purchase; **~aufwendungsschätzung** *f* net cost estimate; **~ausgabe** *f c-* disbursement, *c-* expenditure; **~ausgleich** *m* settlement in *c-*; **~auslagen** *f/pl* out-of-pocket expenses/expenditure, actual expenses, *c-* expenses, *c-* outlay, (*c-*) disbursement(s); **~auszahlung** *f c-* payment; *pl c-* disbursements; **~ausschüttung** *f c-* distribution, (dividend) payment in *c-*; **~bestand** *m c-* in hand, amount of ready money; **~betrag** *m* amount in *c-*; **~deckung** *f* cover in form of money; **~depot** *n c-* deposit; **~~gestellung** *f* putting up of *c-* deposits; **~~pflicht** *f c-* deposit requirement; **~diskont** *m c-* discount; **~dividende** *f c-* dividend; **~einforderung** *f c-* call; **~eingang** *m c-* receipt; **~einkauf** *m c-* purchase; **~einlage** *f c-* deposit, *c-* subscription; **~einlösung** *f* redemption in *c-*, *c-* payment (*for a US check/GB cheque, etc*); **~ein-**

nahme *f c-* income, *c-* receipt; **~einschuss** *m c-* margin, *c-* contribution; **~~pflicht** *f c-*-margin requirement; **~einzahlung** *f c-* deposit; **~entnahmen** *f/pl* drawings in *c-*; **~erlös** *m* proceeds in *c-*; **~erstattung** *f c-* refund; **~forderung** *f* money claim; **~freimachung** *f* postage prepaid, bulk franking; **~gebot** *n* bid in *c-*, portion payable in *c-* by the highest bidder *(difference between minimum bid and highest bid plus costs of auction)*; **~geld** *n c-*, ready *c-*, ready money, notes and coin, → *Bargeld*; **~geschäft** *n c-* transaction, *pl* dealings in *c-*; **~gründung** *f* formation by founders' *c-* subscriptions; **~guthaben** *n c-* balance; **~hinterlegung** *f c-* deposit (*with court as security*); **~kauf** *c-* purchase; **~kaution** *f c-* deposit; **~kredit** *m c-* credit, bank overdraft; **persönlicher ~~** personal loan; **~leistung** *f c-* benefit; **~liquidität** *f c-* position, liquid *c-* resources; **~lohn** *m* wages in *c-*; **~mittel** *f c-*, monetary funds; **~preis** *m c-* price; **~reserve** *f* liquid reserves, *c-* reserves; **~schaft** *f* ready money, *c-* in *s. o.'s* possession, money in *s. o.'s* pocket; **~scheck** *m* open *US* check/*GB* cheque, uncrossed check, check made out to *c-*, cashable check; **~sicherheit** *f c-* deposit; **~überschuss** *m c-* balance, balance in hand; **~überweisung** *f c-* remittance, *c-* transfer; **~unterhalt** *m* (periodical) maintenance payments made in *c-*; **~verkauf** *m c-* sale; **~verkehr** *m* trade on *c-* terms; **~vermögen** *n* liquid assets, quick assets; **~wert** *m c-* value, value in *c-*, present value, realization value, *c-* equivalent; **~~anwartschaft** *f* present value of an expectancy; **~~rechnung** *f* discounted *c-* flow method; **~werte** *m/pl c-* assets, liquid funds; **~zahlung** *f c-*, *c-* payment, payment in *c-*, ready *c-*, → *Barzahlung*.

Bargeld *n* cash, ready cash, ready money, notes and coins (= *n/c*); **~automat** *m* automatic teller machine (*abbr* ATM), cash point (machine); **~bestand** *m* cash in hand; **~durchfluss** *m* cash flow; **~knappheit** *f* money shortage; **~rückfluss** *m* reflux of *n/c (to the banks)*; **~umlauf** *m* circulation of *n/c*; **~volumen** *n* total number of *n/c* in circulation; **aufgerufenes ~** bank *n/c* called in for cancellation.

bargeldlos *adj* cashless *(remittance by US check / GB cheque, bank transfer, or postal transfer)*, without cash.

Barren *m* bar, ingot, pig; **~gold** *n* gold bullion, gold bars; **~silber** *n* silver bullion.

Barzahlung *f* cash (= *c-*), cash payment, payment in cash, ready cash; **~ bei sofortiger Abrechnung** spot payment; **~ gegen Dokumente oder Auslieferungsanweisung** payment in *c-* against documents or delivery order; **~sbasis** *f c-* basis/terms, *c-*; **~sforderung** *f* demand for *c-* payment, debt to be paid in *c-* only; **~snachlass** *f c-* discount; **~spreis** *m c-* price; **~srabatt** *m c-* discount; **~skonto** *n c-* discount, prompt-payment discount; **~svertrag** *m* contract on *c-* basis; **~ und Selbstabholung** *c-* and carry; **~ von Spitzen** *c- payments for small balances in the current account*; **elektronische ~** electronic *c-*; **gegen ~** for *c-*; **~ ~ verkaufen** to sell for *c-*; **nur gegen ~** terms strictly *c-*; **sofortige ~** prompt *c-* (payment), payment on the spot.

basieren *vi* to be based (on), to rest on.

Basis *f* basis, foundation; *pol* grass roots; **~einstandspreis** *m* base cost, basic (standard) cost; **~gesellschaft** *f* base company; **~kalkulation** *f* base unit cost accounting; **~laufzeit** *f* effective base period; **~jahr** *n* base year; **~kurs** *m* initial rate/price; **~linie** *f* baseline; **~marke** *f* base trade mark (*international registration*); **~steuer** *f US* normal tax; **~stichtag** *m* base reference date; ~**wert** *m* base value; ~**zeitraum** *m* base period; ~**zinssatz** *m* basic interest rate (*EU substitute for discount rate*); **auf gleicher** ~ on equal terms; **auf handelsgewichteter** ~ on the trade-weighted basis; **tragfähige** ~ sound basis.

BAT (*abbr* = **Bundes-Angestelltentarifvertrag**) Federal Collective Agreement for Public Employees.

Bau *m* building (= *b-*), construction (= *c-*); edifice, structure, erection; construction work (= *c/w*), building (*activity*); building site, construction site; type of construction, design (*machine*); *pl Bauten* buildings; ~**abnahme** *f* final inspection of *c/w*; acceptance of *c/w* (*by customer*); ~**abnahmegebühr** *f* inspection fee; ~**abschnitt** *m* *c-* stage, stage in *c-* of a *b-*; ~**abstand** *m* set back, space between *b-s*; ~**amt** *n* *b-* authority, *b-* office (*in charge of particular b- operations*); ~**anfrage** *f* request for preliminery planning permission; ~**anlage** *f* (*b-*) complex; ~**antrag** *m* application for *b-*/planning permission; ~**antragsteller** *m* planning permit applicant; ~**anzeige** *f* notice of *b-* works, *report that b- work has been undertaken*; ~**arbeit** *f* *c-*/*b-* work; ~**arbeiter** *m*/**-in** *f* builder, mason, *c-* worker; ~**artgenehmigung** *f* permission for the type of machine to be constructed, type approval mark; ~**artzulassung** *f* engineering type *US* license/*GB* licence; ~**auflage** *f* *b-* prerequisite, condition for *b-* (*imposed by b- authority*); ~**aufseher** *m*/**-in** *f* *b-* surveyor, *GB* clerk of the works; ~**aufsicht** *f* *b-* inspection; ~~**sbehörde** *f* inspector of works, supervisory authority for *b-*; **oberste** ~~~ supreme/main/highest inspection of works authority; ~**auftrag** *m* *b-* order; ~**aufträge der öffentlichen Hand** public (sector) *b-* orders; ~**aufwand** *m* *b-* expenditure; ~**ausführung** *f* *b-*, *c-*, type of *c-*, design, finish of a *b-*; ~**ausnahmegenehmigung** *f* exceptional *b-* permission; ~**ausschreibung** *f* invitation to tender for *c/w*; ~**beginn** *m* start of *b-* works, commencement of *c-*; ~**behörde** *f* *b-* authority **Oberste** ~~ supreme/main/highest *b-* authority; ~**beobachtung** *f* supervisory observation of works (clearance); ~**beratung** *f* *b-* consultation; ~~**sstelle** *f* advisory office for housing *c-*; ~**berufe** *m/pl* *b-* vocations; ~**beschränkung** *f* *b-* restriction, zoning restriction; ~**beschreibung** *f* *b-* specifications; ~**bestandszeichnung** *f* plan of current state of a *b-*; ~**beteiligte(r)** *f(m)* party to a *c-* undertaking (*the owner, the builder, the contractor*); ~**betreuer** *m*/**-in** *f* agent, *b-* development agent; ~**betrieb** *m* *c-* business; ~**bewilligung** *f* *b-* permission, *b-* *US* license/*GB* licence; ~**darlehen** *n* *b-* loan, *c-* loan; **nachstelliges** ~~ *b-* loan secured by junior mortgage; ~**darlehensvertrag** *m* *b-* loan agreement; ~**denkmal** *n* (*geschütztes*) ancient monument, historic *b-* (*protected*); ~**dispens** *m* exceptional waiver of *b-* restrictions; ~**einstellung** *f* stoppage of work at *b-* site; ~~**sbescheid** *m* stop order, ~**erlaubnis** *f* *b-* permission/permit, planning permission/permit, *b-* *US* license/*GB* licence; ~**erwartungsland** *n* development land, prospective *b-* land; ~**fälligkeit** *f* disrepair, dilapidated condition; ~**fehler** *m* structural fault; ~**fertigstellungsanzeige** *f* completion notice; ~**feuchtigkeit** *f* *b-* dampness; ~**firma** *f* builder, *b-* firm, *c-* company; ~**fläche** *f* *b-* area, *b-* site; ~**fluchtlinie** *f* *b-* line, straight line, row; ~**forderung** *f* outstanding account for *c/w*; ~**freiheit** *f* right to build (*on your own land within legal regulations*); ~**führer** *m*/**-in** *f* site supervisor, *b-* foreman, engineer; ~**gebiet** *n* *b-* zone; ~**gebot** *n* requirement to build (*on empty lot*); **~gefährdung** *f* violation of *b-* rules endangering the safety of others; **~gelände** *n b-* site; **erschlossenes ~~** *b-* site cleared and prepared; **~geld** *n b-* capital; **~~darlehen** *n b-* loan; **~~hypothek** *f b-* mortgage; **~~kredit** *m* credit for *b-* purposes; **~genehmigung** *f b-* permission, *b- US* license/*GB* licence, *GB* planning permission; **~genossenschaft** *f* cooperative *b-* society; **~gesetzbuch** *n b-* code; **~gestaltung** *f* form and design of *b-*(s); **~gesuch** *n* application for a *b-* permit/*US* license/*GB* licence/ *GB* planning permission; **~gewährleistung** *f c-* warranty; **~gewerbe** *n b-* industry, *b-* trade; **~grundstück** *n b-* plot, *b-* land; **~haftpflichtversicherung** *f* builder's risk insurance; **~handwerker** *m* builder, *pl b-* craftsmen; **~~sicherungshypothek** *f* builder's lien, *security charge on b- and site for builder's money claim*; **~hauptgewerbe** *n b-* trades; **~herr** *m/***-in** *f* principal of a *b-* contract, builder owner, placer of *b-* order; **~herrenhaftung** *f* liability of *b-* principal; **~herrenmodell** *n* builder-owner model, house-builders scheme; *b-by-proprietor system of condominium c-;* **~hilfsgewerbe** *n* ancillary *b-* trade(s); **~hof** *m* builder's yard, yard of a *c-* firm, timber yard; **~hypothek** *f b-* mortgage; **~industrie** *f* the *b-* industry; **~ingenieur** *m b-* engineer, (*Tiefbau*) civil engineer, → *Tiefbau*; **~investition** *f* capital expenditure on *b-*; **~jahr** *n* year of *c-*, model year, date of a *b-*, year of manufacture (*motor vehicle, machine*), year (*of a car*); **~kastenverfahren** *n b-* block process; **~konjunktur** *f* economic trends in the *b-* business; **~kontingent** *n b-* quota; **~kosten** *f/pl* buildung costs, expenditure for the *c-* of a *b-*, → *Baukosten*; **~kredit** *m c-* loan; **~kunst** *f* architecture; **~land** *n b-* land, developed land, → *Bauland*; **~last** *f* obligation to construct and maintain (*church, school, highway, etc*); **~leistung** *f b-* work, *c/w* performed; **~leiter** *m* /**-in** *f* project manager, site supervisor, *GB* clerk of the works; **~leitplan** *m* zoning map, *general municipal real estate utilization plan*; **~~ung** *f* zoning, *local authority planning for real estate utilization and b-*; **~linie** *f b-* line, general line; **~lücke** *f* empty *b-* lot; **~mangel** *m* defect of *c/w*, structural defect; **~maßnahme** *f c/w*; **~material** *n b-* material; **~meister** *m* **/-in** *f* master builder, builder; **~meisterprüfung** *f* master builder's examination; **~nebengewerbe** *n* ancillary *b-* trade(s); **~nutzungsverordnung** *f ordinance on use of b-s (for dwelling purposes, commercial purposes)*, use order; **~objekt** *n* the *b-* under *c-*, the subject matter of a *b-* contract, *b-* project; **beleihungsreifes ~~** *b-* project qualifying for mortgage loans; **~ordnung** *f b-* regulations; **~~srecht** *n b-* regulations law; **~pflicht** *f* obligation to build (*on empty plot*); **~plan** *m b-* plan, *c-* plan, layout of a *b-*; **~~bearbeitungsgebühr** *f* plan fee; **~~ung** *f* planning of *b-* work; **~~~srecht** *n the law on planning for b- projects*; **~platz** *m b-* lot (*before c-*), *b-* land; *b-* site (*during c-*); **~polizei** *f* official inspectors of *b-s*, municipal survey office; **~prämie** *f b-* grant; **~preise** *m/pl b-* prices; **~produktion** *f b-* output; **~projekt** *n b-* (*c-*) project; **~recht** *n* right to build, *c-*/*b-* law; **~risikoversicherung** *f* builder's risk insurance; **~sachen** *f/pl* cases concerning *b-* disputes; **~sachverständige**(**r**) *f(m) b-* expert; quantity surveyor; **~schäden** *m/pl* structural damage; **~~versicherung** *f b-* liability insurance; **~schein** *m b-* certificate; **~schutt** *m b-*-site débris; **~schutzbereich** *m* safety zone around *b-* site; **beschränkter ~~** restricted safety *b-* zone; **~sektor** *m* (the) *b-* sector (*of the economy*); **~spar**| → *Bau-*

spar|; **~sparen** → *Bauspar*|; **~sparer** *m* /**-in** *f* → *Bauspar*|; **~sperre** *f b-* freeze, prohibition to continue *b-*, all *b-* prohibited; **~stelle** *f b-* site, site; **~stoff** *m b-* material; **~~handlung** *f b-* supplies firm; **~~industrie** *f b-* material industry; **~~wechsel** *m b-*-material bill (*bill of exchange to finance b- material*); **~summe** *f* total *b-* cost; **~tätigkeit** *f b-*; **öffentliche** **~~** *b-* for public account; **~technik** *f* structural engineering; **~teil** *m* component part of a *b-*; **angrenzender** **~~** *m* party structure; **~träger** *m* builder, developer; *commercial builder who sells completed dwelling*; **~~vertrag** *m c-* contract, turnkey contract, *contract for completed building and not for only partial b- work*; **gemeinnütziger** **~~** non-profit builder; **~-Überhang** *m* carry-over of unfinished *b-* projects; **~überwachung** *f b-* inspection; **~- und Bodenbank** *f bank for b- and real estate transactions*; **~- und Nutzholz** *n* timber (for *b-* and other purposes); **~- und Wohnungsgenossenschaft** *f* (cooperative) *b-* society; **~unternehmen** *n b-* firm, *b-* contractors, *c-* company; **~unternehmer** *m* /**-in** *f b-* contractor; **~~haftpflichtversicherung** *f* builder's risk policy; **~~kaution** *f c-* bond; **~vergabe** *f* awarding a *b-* contact; **~verbot** *n b-* prohibition; **~vertrag** *m b-* contract; **~~ bis zur schlüsselfertigen Übergabe** turnkey-contract; **~verwaltung** *f b-* authorities; **~volumen** *n* amount of *b-* output; **~voranfrage** *f* application for outline, planning permission; **~vorbescheid** *m* provisional planning permission; **~vorhaben** *n b-* project; **anzeigepflichtiges** **~~** *b-* project requiring notice to the authorities; notifiable *b-* project; **anzeigefreies** **~~** *b-* project exempt from notice to the authorities, **finanziell gesicherte** **~~** *b-* projects for which finance is secured; **~vorlage** *f b-* specification; **~vorschriften** *f/pl b-* regulations, *b-* code, structural requirements; **~werk** *n b-*, edifice, structure, erection, *b-* or erection, structure or work; **~~ im Erbbaurecht** *b-* owned under hereditary *b-* right; **~wert** *m* value in terms of *b-* costs, *c-* cost; **~wesen** *n b-*; **~~versicherung** *f* comprehensive *b-* liability insurance; **Arbeitsgemeinschaft im** **~~** ad hoc joint undertaking in *c-* project; **öffentliches** **~~** *n* public *b-*; **privates** **~~** *n* non-government *b-*, private-sector *b-*; **~wich** *m* minimum spacing of *b-s*, (*legally required*) *lateral distance from neighbo(u)ring border*; **~wirtschaft** *f b-* trade; **~zeichnung** *f c-* drawing; **~zinsen** *m/pl* interest for *b-* finance; **~zweck** *m b-* purpose; **zu** **~~en** for *b-* purposes; **~zwischenfinanzierungen** *f* bridging loan, interim financing for *b-* mortgage; **durchgehendes** **~grundstück** *n* through lot; **gewerbliche** **~ten** *m/pl* non-residential *c-s*, commercial and industrial *b-s*; **gewerblicher und industrieller** **~** commercial and industrial *b-*; **im** **~** **befindlich** under *c-*; **saniertes** **~gebiet** *n* upgraded area, rehabilitated area.

Bauer *m* /**Bäuerin** *f* farmer, peasant, peasant farmer.

Bauern|**betrieb** *m* peasant farm; **~fänger** *m* trickster, confidence man, con man; **~fängerei** *f* trickery, confidence trick(s); **~hof** *m* farm, farmstead; **~verband** *m* farmers' union.

bau|**fällig** *adj* dilapidated; **~~ werden** to fall into disrepair; **~reif** *adj* developed (*land*), suitable for building purposes, ready for building; **noch nicht** **~~** undeveloped.

Baukosten *pl* buildung costs, expenditure for the construction of a building; **~anschlag** *m* building estimate, builder's estimate; **~index** *m* statistical index of building costs; **~voranschlag** *m*

→ *~anschlag*; **~zuschuss** *m* (tenant's) contribution to building costs; **verlorener** ~~ non-repayable contribution to building costs.

Bauland *n* building land, developed land, **~bereitstellung** *f making land available for family housing at reasonable prices (an obligation of local authorities)*; **~beschaffung** *f* procurement of land for development; **~besteuerung** *f* site value rating; **~erschließung** *f* real estate development; **~gericht** *n* lands tribunal; **~kammer** *f* lands tribunal panel; **~sachen** lands tribunal, land cases; **~senat** *m* lands tribunal appeal court; **~steuer** *f* tax on (unused) building land.

Baumschutzverordnung *f* ordinance for the preservation of trees.

Baumwoll|börse *f* cotton exchange; **~terminbörse** *f* cotton futures market.

Bauspar|beitrag *m contribution to building and loan association (= b&l/a-)/building society (= b/s)*; **~darlehen** *n* loan from a *b&l/a-*, saver's building loan (*granted to a member after quota of savings reached*); **~einzahlung** *f* deposit paid to *b&l/a-*; **~en** *n* saving through *b&l/a-s*; **~er** *m* /**-in** *f* person saving through *b/s*; **~guthaben** *n balance on savings account (with b&l/a- or b/s)*; **~kasse** *f b&l/a-, GB b/s*, saving and loan association; **~kassenbeitrag** *m* → *~beitrag*; **~prämie** *f* state grant for homestead saving, (*allowance to supplement savings under b&l/a- arrangement*), premium allowed on *b/s* savings; **~summe** *f* savings target for building loan (*under savings and loan agreement*); **~vertrag** *m b/s* savings contract.

BAV (*abbr* = **Bundesaufsichtsamt** *n* **für das Versicherungs- und Bausparwesen**) Federal Supervisory Authority for Insurance and Building and Loan Associations.

BAWe (*abbr* = **Bundesaufsichtsamt** *n* **für den Wertpapierhandel**) Federal Supervisory Authority for Securities Exchange, *US* Securities and Exchange Commission.

Bayerisches Oberstes Landesgericht *n* (*abbr* **BayObLG**) Bavarian Supreme Court (*in matters of state law*).

BayObLG (*abbr* = **Bayerisches Oberstes Landesgericht** *n*) Bavarian Supreme Court (*in matters of state law*).

BBankG (*abbr* = **Bundesbankgesetz** *n*) Federal Bank Law.

BBG (*abbr* = **Bundesbeamtengesetz** *n*) Federal Civil Servants Act.

BBesG (*abbr* = **Bundesbesoldungsgesetz** *n*) Federal Civil Servants Salary Act.

BBodSchG (*abbr* = **Bundes-Bodenschutzgesetz** *n*) Federal Soil Conservation Act.

BDA (*abbr* = **Bundesvereinigung** *f* **der Deutschen Arbeitgeberverbände**) National Union of Employer Associations.

BDH (*abbr* = **Bundesdisziplinarhof** *m*) Supreme Federal Disciplinary Tribunal.

BDI (*abbr* = **Bundesverband** *m* **der Deutschen Industrie**) National Association of German Industry.

BDO (*abbr* = **Bundesdisziplinarordnung** *f*) federal disciplinary rules.

BDSG (*abbr* = **Bundesdatenschutzgesetz** *n*) Federal Data Protection Act.

beachten *vt* to observe, to adhere to, to comply with, to take into consideration, to take note (of *sth*); to consider; **nicht** ~ to disregard, to ignore, to fail to observe, to fail to take into consideration.

Beachtenspflicht *f* requirement of compliance.

beachtlich *adj* considerable, noteworthy, significant, notable.

Beachtung *f* observance, compliance (with); ~ **der Verbote** compliance with the prohibitions; **unter ~ von** subject to, in compliance with; taking into consideration; **unter**

gebührender ~ with due observance of.

Beamten|anwärter *m* /**-in** *f* candidate for a position in the civil service; **~beleidigung** *f* insulting a civil servant; **~besoldung** *f* remuneration of civil servants, public officials' emoluments; **~bestechung** *f* corruption of public officials, bribery of civil servant; **~bund** *m* association of public officials; **~eid** *m* oath of office (*of public official*); **~gesetz** *n* Civil Service Act; **~gewerkschaft** *f* civil servants union; **~haftung** *f* public liability, *liability of public authorities for their officials and agents*; **~laufbahn** *f* civil service career; **~nötigung** *f* coercion against public officials; **~pension** *f* civil servant's (retirement) pension; **~recht** *n law regulating the rights and duties of civil servants*; **~~srahmengesetz** *n* (*German federal unification law of 1971*) *general enactment governing the public service*; **~schaft** *f* officialdom, the public officials; **~~ der Gemeinschaften** *EU* Community civil service; **~status** *m* status of a public official; **~stelle** *f* position for civil servant; **~tum** *n* officialdom; **~verhältnis** *n* status of a public official; **~versorgung** *f* retirement pensions for civil servants; **~vertretung** *f* organization representing public officials; **~wirtschaft** *f* officialdom, redtapism, officialdom.

Beamter *m*/**Beamtin** *f* (*der Beamte*) officer (*including any person authorized to perform public functions*), public servant; official, public official, administrative officer, ministerial officer, civil officer, public officer, public agent, civil servant (*usually for life and pensionable*); ~ **am Einzahlungsschalter** receiving teller, receiving clerk; ~ **auf Dienstreise** official on (temporary) official mission; ~ **auf Lebenszeit** tenured civil servant; ~ **auf Probe** probationer, government officer during probationary period; ~ **auf Widerruf** official on recall; ~ **auf Zeit** public official for a fixed term; ~ **des einfachen Dienstes** official of the subclerical class/of the messengerial service; permanent official; ~ **des höheren Dienstes** official of the administrative class, A-class civil servant; ~ **des mittleren Dienstes** clerical officer, civil servant of the clerical class; ~ **des Rechnungshofes** state auditor; ~ **zur Wiederverwendung** *civil servant suspended from active duty*; **außerplanmäßiger** ~ extraordinary administrative officer; **Dienst tuender** ~ officer on duty, duty official; ***e-em*** ~ **den Diensteid abnehmen** to swear in an official; **hoher** ~ high ranking official/civil servant; **höherer** ~ senior civil servant; **im dienstlichen Auftrag reisender** ~ civil servant on official mission; **leitender** ~ executive official, *civil officer in a leading position*; **pensionsberechtigter** ~ civil servant with pension rights; **planmäßiger** ~ regular civil servant; **richterlicher** ~ judicial officer.

beanspruchen *vt* to demand, to claim, to lay claim to, to assert.

Beanspruchung *f* demand, laying claim to *sth*; stress (*quality testing*).

beanstanden *vt* to complain (of), to object (to), to criticize; **zu** ~ objectionable.

Beanstandung *f* complaint, objection, criticism.

beantragen *vt* to apply for (*an administrative act*), to make an application, to move (*meetings, legislative bodies, procedural matters*), to propose, to bring forward a motion, to petition, to pray (*court, for judgment, etc*), to request, to ask (for), to put in a claim (for); **schriftlich** ~ to apply in writing, to file written application.

Beantragung *f* application, request.

beantworten to answer, to reply (to).

Beantwortung *f* answer, reply; ~ ***e-es*** **Rechtshilfeersuchens** answer to letters rogatory; **~sfrist** *f* time for (filing a) reply; **ungenügende** ~ insufficient answer.

bearbeiten *vt* to work (on), to process, to deal (with) (*administration*), to treat, to process, to finish (*production*), to adapt, to arrange (*literary works, music*).

Bearbeiter *m* /**-in** the official responsible, the person in charge; **~urheberrecht** *n* adapter's copyright, copyright of the arranger.

Bearbeitung *f* handling, treatment, working, dealing with; processing (*industry*), adaptation (*literary work*), derivation (*law of copyright*), paraphrase (*idea, text*); **~sboykott** *m* blocking of goods; boykott; **~sgebühr** *f* handling fee, processing fee, service charge; **~skosten** *pl* claim expenses (*insurance*); **~srechte** *n/pl* rights of adaptation; **~sschädenklausel** *f* clause covering processing risks; **~svorgang** *m* manufacturing/proceeding operation; **~szeiten** *f/pl* processing times; **etwas in ~ nehmen** to start to work officially on *sth*, to start to handle *sth*; **in ~ befindliche Aufträge** work in progress; **steuerunschädliche ~** operating without tax disadvantages.

Beaufschlagung *f* overhead cost allocation, indirect cost allocation.

beaufsichtigen *vt* to supervise, to superintend, to oversee; to proctor, to invigilate (*examinations*).

Beaufsichtigung *f* supervision, surveillance; proctoring, invigilation (*examinations*).

beauftragen *vt* to charge/to commission *s. o.* with a task, to instruct (*a lawyer*), to mandate, to empower, to retain.

Beauftragte(**r**) *(f)m* mandatee, mandatary; private attorney, commissioner, director; agent, representative agent, delegate; proxy (*for voting*).

Beauftragung *f* commissioning, conferring of a mandate, placing of an order, instructions, briefing (*lawyer*).

bebaubar *adj* suitable for development.

Bebaubarkeit *f* suitability for constructions and development.

bebaut *adj* built upon, built up (*plot of land*), cultivated (*area*), **zu dicht** ~ overbuilt.

Bebauung *f* development (*agriculture*), type (and extent) of building; **~sdichte** *f* residential density; **~sgenehmigung** *f* provisional planning permission; **~sgruppe** *f* residential cluster; **~splan** *m* building plan, development plan; **~stiefe** *m* maximum rear building distance; **~svorschrift** *f* building regulation; zoning classification, zoning laws; **~szusammenhang** *m* building coherence, coherent appearance of built-up section.

bebauungsfähig *adj* suitable for development.

Bedachte(**r**) *f(m) (der Bedachte)* beneficiary (under a will), prospective legatee, grantee; **alternativ** ~ alternative beneficiary; **in *e-em* Testament** ~ beneficiary under a will; **testamentarisch** ~ beneficiary under a will.

Bedarf *m* need(s), requirement(s), demand; **~ an Arbeitskräften** labo(u)r requirements; **~sanmeldung** *f* purchase notice; **~sartikel** *m/pl* necessaries, provisions; **~sbestätigung** *f* certificate of need; **~sdeckung** *f* satisfaction of wants; **~sfall** *m* (in) case of need; **~sgegenstand** *m* implement, article required for human needs; **~sgüter** *n/pl* consumer goods, essential commodities; **~slenkung** *f* consumer guidance, influencing consumption; **~slücke** *f* unsatisfied demand; **~splan** *m* public requirement plan; **~sprämie** *f* required premium (*for a particular risk*); **~squote** *f* vacancy/employment ratio; **~sspanne** *f* required margin, net expense ratio, cover-requiring margin; **~~ des Kreditgeschäfts** margin required on lending business; **~stermin** *m* date by which *sth* is required (*eg funds*); **~sträger** *m* party requiring (*the goods, services and/or credit*), consumer, would-be borrower; **~sverwaltung** *f* procurement (administration); **~szunahme** *f* increase in demand; **~szuweisungen** *f/pl* allotments in accordance with requirements; **aufgestauter** ~ pent-up demand; **bei** ~ if required; **dem tatsächlichen** ~ **anpassen** to bring in line with actual needs; **der aktuelle** ~ the current requirements; **der übliche** ~ usual requirements; **elastischer** ~ selective demand; **im ~sfalle** *m* if required, in case of need; **lebenswichtiger** ~ essential supplies, necessities of life; **nach** ~ as (and when) required; **potentieller** ~ potential requirements; **pro-Kopf-**~ per capita demand; **unseren gesamten** ~ all our requirements; **voraussichtlicher** ~ foreseeable needs, anticipated requirements.

bedarfs|orientiert *adj/adv* demand oriented; **~theoretisch** theoretically demand related.

Bedeckung *f* provision of cover (*for obligations or reserves*).

Bedenken *n* (*mostly pl die* ~) doubt(s), misgivings, hesitation, scruples; ~ **haben** to hesitate, to have doubts; **keine** ~ no objection(s), no problems; without any scrupels; **ohne** ~ without any scrupels; without hesitation.

bedenken *vt* to consider, to take into account, to think of; ***jd-en*** **testamentarisch** ~ to remember *s. o.* in one's will.

bedenkenlos *adj/adv* without hesitation, unscrupulous, ruthless.

bedenklich *adj/adv* questionable, risky, open to objections, doubtful.

Bedenkzeit *f* time for consideration, time to think it over.

bedeuten *vi* to mean, to imply, to import, to represent, to indicate, to purport; **anscheinend** ~ to purport; **darüber hinaus** ~ to include and extend beyond; **nichts zu** ~ **haben** to be irrelevant, to mean nothing.

bedeutend *adj* important, relevant.

bedeutsam *adj* significant.

Bedeutung *f* meaning, sense, significance, relevance, importance; **~slosigkeit** *f* unimportance, insignificance, irrelevance, meaninglessness; **allgemeine** ~ common intent, general meaning; **an** ~ **gewinnen** to gain importance; **buchstäbliche** ~ literal meaning; **die eigentliche** ~ the actual meaning; **die gleiche** ~ the same meaning; **die natürliche** ~ natural meaning; **entscheidende** ~ decisive significance; **grundsätzliche** ~ fundamental importance; **laienhafte** ~ popular sense; **materiellrechtliche** ~ significance in substantive law; **natürliche** ~ (*e-es Wortes*) common intent; **quantitative** ~ significance in terms of figures, quantitative significance; **rechtliche** ~ legal meaning, legal significance; **rechtserhebliche** ~ relevance in law; **übertragene** ~ figurative meaning, metaphorical sense; **universelle** ~ universal meaning; **von allgemeiner** ~ of general import; **von großer** ~ **sein** to be of major importance; **von höchster** ~ of paramount importance; **wörtliche** ~ literal sense, literal meaning; **zwingende** ~ necessary implication.

bedeutungs|los *adj* insignificant, unimportant, irrelevant; **~voll** important, significant, weighty.

bedienen *vt* (*e-e Anleihe*) to service (*a loan*), (*Kunden*) to serve, to wait on (*customers*), (*e-e Maschine*) to operate (*a machine*).

Bedienstete(r) *f(m)* (*der Bedienstete, pl Bedienstete* = *~e*) staff member, public servant, official; **~e der EG** servants of the European Communities, EEC officials; **öffentliche ~e** public servants.

Bedienung, *f* service, operation (*of a machine*); **~sanleitung** *f* → *~sanweisung*; **~sanweisung(en)** *f (pl)* technical instructions, operating instructions; **~sfehler** *m* operating error; **~sperson** *f* operator.

bedingt *adj/adv* conditional, contingent, qualified; **~e Kapitalerhö-**

hung contingent/conditional capital increase, conditional increase of capital stock; **~e Lieferung** conditional delivery, delivery on condition (*of payment*); **~es Darlehen** conditional loan; **~es Rechtsgeschäft** conditional transaction; **~ vorsätzlich** reckless(ly); **auflösend** ~ subject to a resolutory/dissolving condition, subject to a condition subsequent; **aufschiebend** ~ subject to a suspensive condition/condition precedent.

Bedingt|geschäft *n* conditional transaction; **~heit** *f* conditionality; **~lieferung** *f* sale on approval.

Bedingung *f* condition (= *c*-), term (= *t*-), stipulation, proviso; **~en auferlegen** to impose *c-s*; **~en bei sofortiger Barzahlung** spot *c-s*; **~en der Strafbarkeit** necessary collateral elements of crime; **~en einhalten** to adhere to the *c-s*, to keep to the *c-s*; **~en erfüllen** to comply with/ to fulfil(l)/to satisfy *c-s*; **~en festsetzen** to stipulate *c-s*, to agree upon *c-s*; **~en nicht erfüllen** to fail to meet *c-s*; **~en vereinbaren** to settle the *t-s*, to agree on the *c-s*; **~seintritt** *m* occurrence of the conditional event, happening of the contingency; **allgemeine ~en** standard/general *t-s* and *c-s*; **angemessene ~en** reasonable *t-s* and *c-s*; **Annahme unter *e-er* ~** conditional acceptance; **auf ~en eingehen** to yield to *c-s*; **auflösende** ~ resolutory *c*-, dissolving *c*-, *c*- subsequent; **aufschiebende** ~ *c*- precedent, suspensive *c*-; **ausdrückliche** ~ express *t*-, explicit *c*- (*of an agreement*); **den ~en entsprechen** to satisfy the *c-s*; **den gesetzlichen ~en entsprechen** to comply with/satisfy legal requirements; **der Eintritt der** ~ the occurrence of the contingency, the fulfil(l)ment of the *c*-, occurrence of the event (*insured against*); **die ~en erfüllen** to comply with the *c-s*, to perform the *c-s*, to fulfil(l) the qualifications; ***e-e* ~ tritt ein** a *c*- occurs, a contingency happens/comes to pass; **einschränkende** ~ restrictive covenant; **entsprechende ~en zur Annahme** the appropriate provisions for adoption; **gegenseitige ~en** mutual *c-s*; **gemäß nachstehender ~en** subject as hereafter provided; **günstige ~en** favo(u)rable *t-s*; **hinreichende** ~ sufficient *c*-; **lästige** ~ onerous *c*-; **notwendige** ~ necessary *c*-; **rechtliche** ~ legal *c*-; **rechtlich unzulässige** ~ illegal *c*-; **sittenwidrige** ~ immoral *t*-, *c*- contra bonos mores, unconscionable *t*-/*c*-; **stillschweigende** ~ implied *c*-/*t*-; **übliche ~en** usual *t-s*/ *c-s*; **unerlaubte** ~ illegal *c*-, unlawful *t*-; **unerlässliche** ~ sine qua non *c*-, absolute precondition, necessary /indispensable *c*-; **unmögliche** ~ impossible *c*-; **unter annehmbaren ~en** on accommodating *t-s*; **unter der ~, dass** on *c*- that, upon the *c*- that, under the proviso that, provided that, sub modo; **unter der ~ der eigenen proportionalen Schadenstragung bei Unterversicherung** *ins* subject to average; **unzulässige** ~ improper *c*-; **wesentliche** ~ essential *c*-, *c*- that goes to the roots (of an agreement); **wettbewerbsneutrale steuerliche ~en** fiscal *c*- with a neutral effect on competition; **zu geschäftlichen ~en** on commercial *t-s*, at arm's length; **zu gleichen ~en** on equal/the same *t-s*; **zur ~ machen, daß** to make it a *c*- that; **zu vernünftigen ~en** on reasonable *t-s*; **zwingend notwendige** ~ indispensable *c*-, mandatory *c*-.

bedingungs|feindlich absolute, not permitting a condition, unconditional; **~los** unconditional, without qualification.

bedrohen *vt* to threaten, to menace; **gewalttätig** ~ to assault, to threaten with violence.

Bedrohung *f* threat(s), threatening, threatening utterances and/or gestures; **~ der öffentlichen Ordnung** danger to public order, threat to public peace; ~ **mit** ***e-em*** **Verbrechen** threatening a felony; ~ **von Beamten** threatening public officers; **gewalttätige** ~ assault, violent threat.

bedürfen *vi* to need, to require.

Bedürfnis *n* need, requirement; ~**anstalt** *f* structural convenience, public toilet; ~**befriedigung** *f* satisfaction of needs; ~**frage** *f* question of public need (*for a licensed trade, etc*); ~**prüfung** *f* public-need test, *examination concerning the existence of a public need for a trade or establishment before granting US license/GB licence;* ~**se des täglichen Lebens** necessaries, daily needs; **dringendes** ~ urgent requirement.

bedürftig poor and needy, indigent.

Bedürftige *pl* persons in need (of), indigent persons; **sozial** ~ those in need of help on social grounds.

Bedürftigkeit *f* indigence, need, lack of means; ~**snachweis** *m* proof of need; ~**sprüfung** *f* means test; ~**sschwelle** *f* standard of need; ~**szeugnis** *n* certificate of poverty.

beehren *v reflex* to have the hono(u)r (to).

beeiden *vt* to confirm upon oath, to swear to the truth of *sth*

beeidet *adj* sworn (*testimony, statement*).

beeidigen *vt* to administer the oath, to swear a witness (in); ~ **lassen** to have *s. o.* (*a witness*) sworn (in), to have an oath administered to *s. o.*

beeidigt *adj* sworn (in) (*of a witness, expert, etc*).

Beeidigung *f* administration of oath, swearing in; **nachträgliche** ~ subsequent administration of the oath.

beeinflussen *vt* to influence; **leicht zu** ~ (to be) easily influenced.

Beeinflussung *f* influencing, exercise of influence; ~ **von Zeugen** tampering with witnesses, exercising undue influence on witnesses; **sittenwidrige** ~ improper influence; **unzulässige** ~ undue influence.

beeinträchtigen *vt* to impair, to affect unfavo(u)rably/adversely; to derogate (from).

Beeinträchtigung *f* impairment (of), encroachment (on), detraction (from), interference (with); ~ **der Erwerbsfähigkeit** impairment of earning capacity; ~ **der Heiratschancen** impairment of (marriage) prospects; ~ **der persönlichen Freiheit** invasion of personal liberty; ~ **der Rechte** impairment of rights, interference with *s. o.'s* rights; ~ **der Sicherheit des Verkehrs** impairment of road safety; ***e-e*** ~ **beseitigen** to abate a nuisance, to eliminate a disadvantage; **ohne** ~ **durch Dritte** peaceably and quietly, without any interference by third parties.

beenden *vt* to finish, to conclude, to put to an end.

beendigen *vt* to terminate, to determine, to complete.

Beendigung *f* termination, expiration, cessation, completion; ~ **der Kriegshandlungen** cessation of hostilities; ~ **des Kriegszustandes** termination of the state of war; ~ ***e-es*** **Vertrages** termination of a contract; ~**skündigung** *f* notice of termination.

beerben *vt* to be *s. o.'s* heir, to succeed to, to inherit from; **gesetzlich** ~ to inherit under the statutory rules, to succeed *s. o.* by intestate succession.

Beerbung *f* inheriting, succession upon death.

Beerdigung *f* burial, funeral; ~**sfeierlichkeit** *f* burial ceremony, obsequies; ~**skosten** *f* funeral expenses; ~**sort** *f* place of burial.

befähigen *vi* to enable, to qualify.

Befähigung *f* qualification (= *q-*), aptitude; ~ **für** ***e-en*** **akademischen Beruf** professional *q-*; ~ **für ein öffentliches Amt** *q-* for public office; ~**snachweis** *m* certificate of *q-*, certificate of proficiency, proof of ability, evidence of formal *q-s*; ~**sschein** *m q-* certificate; ~ **zum Richteramt** *q-* for holding judicial office; ~ **zur Patenterteilung** patent power; **allgemeine** ~ general competence; **berufliche** ~ occupational aptitude, professional *q*-; **fachliche** ~ professional *q*-, *q*- in a particular field.

befangen *adj* prejudiced, biased; **für** ~ **erklären** to declare *s. o.* to be prejudiced; to challenge on the grounds of partiality; **sich für** ~ **erklären** to disqualify *o.s.*; to state that one is not impartial (*judge*), to declare *o.s.* biased.

Befangenheit *f* lack of impartiality, prejudice, bias; **wegen** ~ **ablehnen** to challenge because of prejudice, to challenge propter affectum.

befassen *v reflex* to deal with, to occupy *o.s.* with, to process; ***jd-en* mit *e-er* Sache** ~ to refer/submit a matter to *s. o.*; **das Gericht mit *e-er* Sache** ~ to submit a case to court, to bring a case to court.

Befehl *m* order (= *o*-), command (= *c*-); ~ **ausgeführt** mission accomplished; **~sbefugnis** *f* power of *c*-; **~sebene** *f* echelon, level of *c*-; **~sgehorsam** *m* obedience to *o-s*; **~sgewalt** *f* power of *c*-, military control; **~smissbrauch** *m* abuse of authority, abuse of power of *c*-; **~snotstand** *m* acting under superior *o-s* (*plea to excuse an US offense/GB offence, eg war crime*); **~srecht** *n* right of *c*-; **~ssprache** *f* computer language; **~s- und Kommandogewalt** *f* supreme power of *c*-; **~sverweigerung** *f* refusal to obey an *o*-; **auf** ~ **handeln** to act under (superior) *o-s*; **den** ~ **übernehmen** to assume *c*-; ***e-em*** ~ **zuwiderhandeln** to contravene an *o*-; ***e-en*** ~ **verweigern** to refuse to obey an *o*-; **laut** ~ by *o*-; **höherer** ~ superior *o*-(s); **richterlicher** ~ bench warrant, court *o*-.

befehlen *vt* to order, to command.

Befinden *n* opinion, (judicial) determination, finding.

befinden *vt* to find, to adjudge, to hold, to rule, to pass judgment; **etwas für gut** ~ to approve of *sth.*

Beflaggung *f* flagging, putting out flags.

Befleckung *f* defilement, tarnishing.

befolgen *vt* to comply with, to obey, to observe, to abide by (*the law*).

Befolgung *f* observance, compliance (with); **genaue** ~ strict observance.

Beförderer *m* carrier.

befördern *vt* **I** to transport, to convey, to forward.

befördern *vt* **II** to upgrade, to promote.

Beförderung *f* **I** (= *Befördern n*) transportation (= *t-ation*), transport (= *t*-), carriage (= *c*-); haulage, *US* dispatch/*GB* despatch, forwarding, shipment, conveyance; transmission (*telegrams, messages*); ~ **auf dem Landweg** land *t*-; ~ **auf dem Luftwege** air *t*-; ~ **auf dem Seewege** *c*- by sea; ~ **auf dem Wasserwege** *c*- by waterway; ~ **auf der Straße** road *c*-; ~ **durch öffentliche Verkehrsmittel** by public *t*-; ~ **im internationalen Luftverkehr** international air *c*-; **Warschauer Abkommen zur Vereinheitlichung von Regeln über die** ~ ~ ~ ~ Warsaw Convention for the Unification of Certain Rules Relating to International *C*- by Air; ~ **im Straßenverkehr** road *t*-, cartage, haulage; ~ **per Achse** road *t*-; ~ **per Bahn** rail *t*-; ~ **per Schiff** waterborne *t*-; **~sart** *f* mode of *t*-; **~sbedingungen** *f/pl* conditions of *c*-; **~sentgelt** *n t*- charge, *t*- rate; **~sgeschäft** *n t*- business; **~sgut** *n* cargo; **~skosten** *f t*- expenses, cost of *t*-; *c*-; **~skunde** *m t*- user; **~sleistung** *f* traffic performance, amount of passenger and goods traffic carried; **steuerfreie** ~~ tax-free *t*-; **~smittel** *n* means of *t*-, *t-ation* facilities; **~spapier** *n t*- document; **~spflicht** *f* statutory obligation to undertake *t-ation* (*by public carriers*); **~spreis** *m t*- charges; **~srisiko** *n* risk of *t*-; **~sschein** *m* way-bill; **~ssteuer** *f t-ation* tax (*persons*); **~ssteuerbefreiung** *f* exemption from *t-ation* tax; **~sstrecken** *f/pl t-ation* routes;

~starif *m* scale of *t-* charges, passenger tariff; **~sunternehmen** *n* *t-* company, carrier; **~sunternehmer** *m* /**-in** *f* carrier, haulage contractor; **~sverkehr** *m* haulage *t-*; **~svertrag** *m* (*persons*) *t-* contract, contract of *c-*, passage contract; **Übereinkommen über den ~~ im internationalen Straßengüterverkehr** Convention on the Contract for the International *C-* of Goods by Road; **~svorbehalt** *m* reservation of postal *t-* monopoly; **~svorschrift** *f* forwarding instructions; **~sweg** *m* (*t-*) route, transit route; **~ von Haus zu Haus** door-to-door *t-*; **frachtfreie ~** freight-prepaid *t-ation*, *t-ation* without charge to the customer; **gewerbliche ~ von Personen** commercial *t-* of persons; **gewerbsmäßige ~ von Waren** (common) carrier's business; **internationale ~** international *t-*; **~ ~ gefährlicher Güter** international *t-* of dangerous goods; **Europäisches Übereinkommen über die ~ ~ ~ ~ auf Binnenwasserstraßen** *EU* European Agreement Concerning the International *C-* of Dangerous Goods by Inland Waterway; **Europäisches Übereinkommen über die ~ ~ ~ ~ auf der Straße** *EU* European Agreement Coincerning the International *C-* of Dangerous Goods by Road; **öffentliche ~** public *t-*.

Beförderung *f* **II** upgrading, advancement, promotion (= *p-*); **~ in e-e höhere Gehaltsstufe** in-class *p-*, incremental raise; **~sanspruch** *m* right to be promoted, seniority right; **~saussichten** *f* career prospects; *p-* prospects; **~shindernis** *n* impediment to *p-*; **~sleiter** *f* *p-* ladder; **~srichtlinien** *f/pl* rules on *p-* (of civil servants); **~stabelle** *f* promotional chart; **~stag** *m* date of *p-*, day of nomination; **~svorbehalt** *m* reservation in respect of *p-*; **~szulage** *f* seniority pay.

befrachten *vt* to freight, to load on board a ship; to contract for sea transport (*with a carrier*), to put cargo at sea-carrier's disposal for transport.

Befrachter *m* /**-in** *f* freighter (*party contracting with sea-carrier to transport a cargo*); inland waterway forwarding agent(s), consignor.

Befrachtung *f* freighting, surrendering cargo to sea-carrier; **~skontor** *n* shipping agency; **~ssätze** *m/pl* charter rates; **~svertrag** *m* contract of affreightment; contract of transport of goods by sea (*by inland waterways*), charter-party.

befragen *vt* to question, to interrogate, to consult.

Befragte(r) *f(m)* respondent, interviewee.

Befragung *f* questioning, interrogation, interview; **peinliche ~** *hist* interrogation under torture.

befreien *vt* to liberate, to exempt, to dispense (from), to release, to free.

befreit *adj* exempt, immune, freed (from); **gesetzlich ~** legally exempt.

Befreiung *f* liberation, exemption (= *e-*), immunity, indemnity, dispensation, enfranchisement (*from bonds of tenure*); **~ des Zeugen vom persönlichen Erscheinen** relieving a witness from duty to appear in court; **~sanspruch** *m* right to be relieved of an obligation, right of indemnity, right of *e-*; **~sbescheinigung** *f* certificate of *e-*; **~sgrund** *m* ground for *e-*; **gesetzliche ~~** legal *e-*; **~svorschriften** *f/pl* *e-* rules; **~ vom Alterserfordernis** dispensation from the age requirement; **~ vom Aufgebot** waiving the banns (of matrimony); **~ vom Ehehindernis** marriage dispensation; **~ vom Militärdienst** *e-* from military service; **~ vom Unterricht** leave of absence from classes; **~ von der Gerichtsbarkeit** jurisdictional immunity, *e-* from jurisdiction; **~ von der MWSt** *e-* from VAT; **~ von e-er Verbindlichkeit** release from an obligation, *e-*; **~ von Gefangenen** obtaining the release of prisoners (by force), freeing prisoners; ~ **von Sicherheitsleistung** dispensation/*e*- from requirement of posting security; **persönliche** ~ personal *e*-; **sachliche** ~ *e*- in respect of the subject matter; **Vorrechte und ~en** (*der Europäischen Gemeinschaften*) *EU* privileges and immunities (*of the European Communities*).

befrieden *vt* to pacify, to quiet.

befriedigen *vt* to satisfy, to discharge (*an obligation*), to gratify.

Befriedigung *f* satisfaction; **~saussicht(en)** *f (pl)* prospect(s) of satisfaction; **~srecht** *n* right to be paid (*from estate*); **~svorrecht** *n* right to preferential payment; ~ **von Gläubigern** paying off creditors; **abgesonderte** ~ separate realization for a secured creditor (*of lien, apart from bankrupt's estate*); **anteilige** ~ pro rata payment (or settlement), proportionate share; **anteilmäßige** ~ → *anteilige* ~; **bevorzugte** ~ preferential payment(s); **quotenmäßige** ~ pro rata payment; **teilweise** ~ part satisfaction, discharge in part; **vorzugsweise** ~ preferential satisfaction.

Befriedung *f* pacification.

befristen *vt* to set a time limit, to limit, to fix a deadline.

befristet *adj* limited in time, fixed-term.

Befristung *f* fixing a deadline, time limit imposed; ~ **der Spareinlagen** fixed time for savings deposits.

Befruchtung *f* fertilization; **künstliche** ~ in vitro fertilization, artificial insemination.

Befugnis *f* authority, power (= *p*-), competence, *crim* justification; **~se in Notstandssituationen** rights in situations of necessity (→ *Aggressivnotstandsbefugnis, Defensivnotstandsbefugnis*); **~se übertragen** to delegate *p-s*; ~ **zur Darlehensgewährung** lending authority; **dazugehörige ~se** incidental *p-s*; **delegierte** ~ delegated *p*-; **gesetzliche** ~ statutory *p*-, statutory authority; **hoheitsrechtliche ~se** governmental *p-s*, sovereign *p-s*; **ohne gesetzliche** ~ without legal authority, ultra vires; **originäre ~se** inherent *p-s*; **rechtsgeschäftliche ~se** competence for legal transactions; **satzungsmäßige ~se** (*e-er juristischen Person*) corporate *p-s*; **seine ~se überschreiten** to exceed one's authority, to act ultra vires; **ständige ~se** permanent authority, established *p-s*; **zugewiesene ~se** *p-s* conferred (upon), assigned *p-s*.

befugt *adj* authorized, empowered, competent, qualified; **nicht** ~ unauthorized, incompetent.

Befund *m* test, result, findings, *esp* results of a medical examination, medical findings, medical report; **~bericht** report (of the findings).

befürworten *vt* to sponsor, to recommend, to endorse, to second (*a motion*), to authorize.

Befürworter *m*/**-in** *f* sponsor, supporter; seconder (*of a motion*); ~ **des Gemeinsamen Marktes** marketeer, supporter of the EEC.

Befürwortung *f* recommendation, support, backing.

Begabten|abitur *n special university entrance qualification for persons of above-average intellectual ability;* **~förderung** *f* benefits for gifted pupils/students; **~prüfung** *f* extra-school examinations for gifted persons (*for university entrance level*).

Begabung *f* intelligence, talent, aptitude; **erfinderische** ~ inventive faculty; **manuelle** ~ manual aptitude.

begebbar *adj* negotiable; **nicht** ~ not negotiable, non-negotiable.

Begebbarkeit *f* negotiability, negotiable character; **~sklausel** *f* negotiable words, negotiability clause.

begeben *vt* to negotiate (*instruments*), to issue, to emit, to float (*shares, bonds*).

Begebung *f* negotiation, issue, flotation (*marketable securities*); ~ ***e-es*** **Wechsels** negotiation of a bill of exchange; **~savis** *n* advice of negotiation; **~sfähigkeit** *f* negotiability; **~skonsortium** *n* issuing syndicate; **~skosten** *pl* (*e-er Anleihe*) floating costs (*of a loan*) **~skurs** issue price; **~srecht** *n* power to negotiate; **~svertrag** *m* *transfer agreement for negotiable instruments*; ~ **von Aktien** issue of shares; ~ **von Auslandsanleihen** issue of foreign bonds.

Begegnungsschule *f* bicultural school, multicultural school.

begehbar *adj* passable (*path*).

Begehen *n* commission, perpetration.

begehen *vt* to commit, to perpetrate.

Begehren *n* petition, demand, desire, request (*in judicial proceedings*).

begehren *vt* to require, to demand (*redress*), to pray (for), to petition (for) (*relief*).

Begehung *f* **I** perpetration, commission (*of an US offense/GB offence*); ~ ***e-er*** **unerlaubten Handlung** malfeasance, misfeasance, commission of a tort; *crim* commission of an *US* offense/*GB* offence; **~sdelikt** *n* offence by commission (*of an act*); **~sgefahr** *f* risk of further commission of an *US* offense/*GB* offence; **~sort** *m* the place the *US* offense/*GB* offence was committed, locus criminis, locus delicti; **~stat** *f* *crim* act of commission, (↔ *Unterlassungstat*); **erfolgsbezogene ~~** *crim* (= *Erfolgsdelikt*) act of commission directed toward attaining a particular (prohibited) result (*eg homicide*); **rein** ~ ~~ *crim* any act of commission that causes a prohibited result, criminal offense defined with respect to result only (*eg homicide*); **nicht** ~ ~ ~~ *crim* particular act of commission that causes a prohibited result, criminal offense defined with respect to result and type of act (*eg fraud*); **fahrlässige** ~ negligent commission; **gemeinschaftliche** ~ joint commission (of a crime); **versuchte** ~ attempted commission (of a crime).

Begehung *f* **II** perambulation, procession (on the fields), walking over (land) for inspection purposes, inspection of building site, inspection/evaluation of university's performance; **öffentliches ~srecht** public right of way.

Beginn *m* beginning, commencement, start, opening; ~ **der Hauptverhandlung** the opening of the trial/hearing; ~ **der Laufzeit** beginning of the term of validity, commencement (*of a policy*).

beginnen *vt* to begin, to initiate, to open, to commence, to start.

beglaubigen *vt* to attest to the authenticity of (*signatures*), to authenticate, to verify, to prove; **notariell** ~ to notarize, to authenticate, to certify, to attest (by a notary); **notariell ~ lassen** to have (a signature) notarized, to have (a signature) attested by a notary.

Beglaubigende(r) *f(m)* (*der Beglaubigende*) attestor.

beglaubigt *adj* authenticated, certified (*copy, translation*); **amtlich** ~ officially certified; **notariell** ~ notarized, notarially authenticated, notarially certified (as correct); **öffentlich** ~ certified by public notarial act, officially acknowledged, officially authenticated.

Beglaubigung *f* attestation, verification, certification; ~ ***e-er*** **Unterschrift** attestation of a signature; **~sbefugnis** *f* authority to attest, authority to authenticate (*documents*); **~sformel** *f* attestation clause; **~sgebühr** *f* certification fee, attestation charge; **~sklausel** *f* attestation clause, witnessing clause; **~sschreiben** *n* credentials; **das ~~ überreichen** to present credentials; **~sstempel** *m* seal for authentication, certification stamp; **~svermerk** *m* attestation clause, testimonium (*eg In witness whereof*), certificate of acknowledgement (*authenticity of signature*); ~ **von Urkunden** attestation of deeds, certification of (conformity of) documents; legalization; **gerichtliche** ~ attestation by the court, court's authentication (of signature, *etc*); **notarielle ~** notarization, notarial attestation, notarial authentication; **öffentliche ~** official attestation, official authentication (*by public officer, esp a notary*); **zur ~ dessen** in witness whereof (*in formal documents*).

begleichen *vt* to pay, to discharge, to defray (*expenses*), to settle (*a bill*), to hono(u)r (*a bill of exchange*), to square.

Begleichung *f* payment, discharge, settlement, satisfaction; **vollständige ~** full discharge.

Begleit|blatt *n* summary sheet, backup sheet; **~brief** *m* cover letter, transmittal letter; **~dokument** *n* accompanying documents; **~erscheinung** *f* attendant symptom, accompanying manifestation, concomitant; **~name** *m* assumed additional name; **~papiere** *n/pl* accompanying documents; **~personen** *f/pl* companions, accompanying staff, mail guards (*on train*); **~schreiben** *n* accompanying letter; **~umstände** *m/pl* surrounding/attendant/collateral circumstances, concomitants.

begnadigen *vt* to pardon, to grant a pardon (to), to reprieve; **begnadigt werden** to be pardoned, to receive a pardon.

Begnadigung *f* pardon, the granting of a pardon; **~sakt** *m* the act of clemency; **~sbefugnis** *f* the power to pardon, the prerogative of mercy; **~sgesuch** *n* petition for clemency; **~skommission** *f* clemency board; **~smöglichkeit** *f* remissibility; **~srecht** *n* right/power to grant a pardon, *GB* prerogative of mercy; **~ssachen** *f/pl* clemency matters; **allgemeine ~** general pardon, amnesty; **unbeschränkte ~** absolute pardon, full pardon; **volle ~** full pardon.

Begräbnis *n* burial, interment, funeral; **~kosten** *pl* funeral expenses; **~schein** *m* burial *US* license/*GB* licence; **~stätte** *f* burial grounds, cemetery.

begreiflich *adj* comprehensible, conceivable, intelligible.

begrenzen *vt* to limit, to terminate.

begrenzt *adj* limited, determinable.

Begrenzung *f* limitation, restriction; **~sleuchte** *f* position (side) light; **gesetzliche ~** limitation in law; **ohne ~** without limitation, without restriction; **zeitliche ~** limitation as to time.

Begriff *m* concept, notion, term; **~sbestimmung** *f* definition; **dehnbare ~~** elastic definition; **gemäß der ~~ des Gesetzes** as defined in the statute; **~sinhalt** *m* (*e-es Warenzeichens*) connotation, implied meaning; **~sjurisprudenz** *f* analytical jurisprudence; **allgemeine ~e des Rechts** general legal concepts; **juristischer ~** legal term, legal concept.

begrifflich *adj* notional, conceptual; **~ völlig verschieden** of an absolutely different conceptual character.

begründen *vt* to give/to state reasons, to substantiate, to justify; to establish, to found, to create.

Begründer *m* **/-in** *f* founder, originator.

begründet *adj* well founded, justified; **für ~ halten** to deem valid; **rechtlich ~** legally founded, legally established, legally justified.

Begründetheit *f* reasonable justification, merits (*of a claim*), justification, arguments (for).

Begründung *f* **I** statement of reasons, grounds, argument (*for sth*), findings of law (*judgment*), reasoning; **~ *e-es* Antrags** grounds for a motion; **~ *e-es* Urteils** grounds for a judgment, findings of the court (*in a judgment*); **~sfrist** *f* time for stating reasons (*in support of claim*), deadline for showing cause; **~szwang** *m* requirement to file supporting argument; **ausführliche ~** amplified/more detailed reasons; **bestechende ~** brilliant/convincing argumentation; **die ~ *e-er* Entscheidung** the reasons for a decision; ***e-e* ~ vortragen** to state a case; **mangelnde ~** lack of supporting argument, lack of justification; **nähere** ~ substantiation; **rechtliche** ~ legal reasoning; **schlüssige** ~ cogent argument, sound reasoning; **schriftliche** ~ written reasons; **vertretbare** ~ tenable/valid/cogent argument; **zur** ~ **von** in support of.

Begründung *f* **II** foundation, establishment, creation; ~ ***e-er*** **Schuld** establishment of an obligation, the arising of an obligation, incurring an obligation; ~ ***e-es*** **Gesellschaftsverhältnisses** establishment of a partnership; ~ ***e-es*** **Gerichtsstandes** establishment of a (legal) forum; ~ ***e-es*** **Rechts** creation of a right/title.

Begrüßungsgeld *n* welcome money *(for citizens of the GDR visiting West Germany pre 1990).*

begünstigen *vt* to benefit, to favo(u)r, to be partial to *sth*, to show favo(u)r; *crim* to abet, to act as accessory after the fact, to connive (at); to give aid and comfort (*to the enemy*); **persönlich** ~ to receive, harbour and maintain.

Begünstige(r) *f(m)* accessory after the fact, abettor, criminal protector.

begünstigt *adj US* benefitted, *GB* benefited; ~**er Dritter** third party beneficiary (*contract*).

Begünstigte(r) *f(m)* beneficiary (*under insurance policy/testament*), third-party beneficiary (*contract*).

Begünstigung *f* designation of a beneficiary; preference, preferential treatment; showing favo(u)rs; *crim* abetting, connivance, acting as accessory after the fact; ~ **im Amt** favo(u)ritism in office; abetting crime by public officer; ~**sabsicht** *f* intention of benefiting *s. o.*; ~**sklausel** *f* benefit clause (*insurance*); ~**svertrag** *m* beneficial contract; **gleichmäßige** ~ equal benefit; **steuerliche** ~ tax privilege.

begutachten *vt* to give an opinion, to deliver an expert opinion, to appraise.

Begutachter *m* /**-in** *f* surveyor, assessor, expert, → *Gutachter.*

Begutachtung *f* appraisal, expert evaluation; **negative** ~ negative expert's opinion; **positive** ~ favo(u)rable expert's opinion; **schriftliche** ~ written opinion.

Behältnis *n* receptacle, container.

behandeln *vt* to treat, to deal with; to treat (medically); ***e-en*** **Patienten ärztlich** ~ to treat a patient (*medically*); **erkennungsdienstlich** ~ to check a person's identity (*for police records*); **gleich** ~ to place on the same footing (as), to treat equally (to); **ungerecht** ~ to discriminate, to treat *s. o.* unfairly; **verschieden** ~ to discriminate; **vertraulich** ~ to keep in confidence, to treat confidentially.

Behandlung *f* treatment (= *t-*); ~**sabbruch** *m* stopping medical *t-* (*of terminally ill patient*); ~**sfehler** *m* medical negligence; medical malpractice; ~**sgebühr** *f* medical fee; processing fee, handling charge; ~**skosten** *pl* handling charges; ~**sverfahren** *n* method of medical *t-*; processing method; ~**szwang** *m* legal obligation to give medical *t-*; **ambulante** ~ outpatient *t-*; **ärztliche** ~ medical *t-*, medical attendance; **bevorzugte** ~ preferential *t-*; **die** ~ **zurückstellen** to defer a matter, *US* to table a matter; **diskriminierende** ~ discriminatory *t-*; **disparitätische** ~ unequal *t-*; **einkommensteuerliche** ~ *t-* for income tax purposes; **fachgerechte** ~ competent (medical) *t-*; **freie ärztliche** ~ free medical *t-*; **grausame** ~ cruel *t-*; **stationäre** ~ inpatient *t-*; **steuerliche** ~ tax *t-*, tax status; **ungleiche** ~ discrimination, discriminatory *t-*; **unterschiedliche** ~ difference in *t-*, discrimination; **zollrechtliche** ~ customs *t-*.

beharren *vi* to persist, to persevere.

beharrlich *adj* persistent, persevering, unwavering.

Beharrung *f* insistence, perseverance; ~ **auf** ***e-em*** **Standpunkt** insisting on a point of view, sticking to a point of view, inflexibility; **~stendenz** *f* tendency to inertia.

behaupten *vt* to claim, to allege (*facts*), to contend, to assert (*rights*), to aver (*legal argument*), to maintain (*against counter-arguments*), to say; *v reflex* to stand up well, to remain steady, to stand one's ground.

Behauptung *f* claim, allegation (= *a*-), contention, assertion, averment; **~ gegen ~** one man's word against another's; **~ ohne Beweisantritt** assertion unsupported by evidence, nude matter; **~slast** *f* burden of making (sufficient) *a-s*; **abträgliche ~** harmful assertion; **abwegige ~** frivolous claim; **anfechtbare ~** refutable assertion; **beleidigende ~** defamatory statement; **die ~en der Gegenpartei bestreiten** to deny the opponent's *a-s*; **die ~ entbehrt jeder Grundlage** the *a-*/assertion is without substance/is absolutely unfounded; ***e-e*** **~ aufstellen** to claim, to assert; ***e-e*** **~ zu den Akten nehmen** to take down an *a-* (*for the record*); **einseitige ~en** one-sided/unilateral *a-s*; **erhebliche tatsächliche ~en** material *a-s*; **irrelevante ~** irrelevant assertion; **negative ~** negative averment/*a-*; **neue tatsächliche ~en** new factual *a-s*; **nichtssagende ~en aufstellen** to express meaningless assertions; **rechtserhebliche ~en** *a-s* material to the merits of the case, *a-s* relevant to the issue; **seine ~en beweisen** to prove one's assertions; **ständig wiederholte ~en** continual statements, reiterated statements; **unbewiesene ~** unproved assertion; **tatsächliche ~** statement of fact, *a-*.

behebbar *adj* remediable (*damage*), amendable, rectifiable; available (*account*); **~ gegen Faktura und Konnossement** available against invoice and bill of lading.

beheben *vt* to remedy (*a defect, a breach*), to repair (*damage*), to remove (*difficulties*), to rectify.

Behebung *f* repair, remedying, removal (*of a defect*); **gütliche ~ aller Schwierigkeiten** friendly settlement of any difficulty.

beheimatet *adj* being a native of, residing in, registered at (*ship*).

Behelf *m* makeshift; legal redress, legal remedy, judicial remedy; → *Rechtsbehelf;* **~sbauten** *m/pl* (temporary) makeshift structures; **~sheim** *n* emergency dwelling, makeshift home.

behelfsmäßig *adj* makeshift, improvised, temporary.

Beherbergung *f* (providing) accommodation, lodgings, shelter; **~sbetrieb** *m* small hotel, bed and breakfast business, meal and bed enterprise; **~sbetrug** *m* hotel fraud; **~sgewerbe** *n* hotel and lodging industry, the hotel trade; **~sstätten** *f/pl* hotels and lodgings; **~svertrag** *m* contract for lodging, hotel contract, innkeeper's contract; **~swesen** *n* lodging and hotel business.

beherrschen *vt* to dominate, to control, to rule, to master.

beherrschend *adj* dominant, controlling, supreme; **~e Stellung** *EU* dominant position (*competition law*).

Beherrschung *f* domination, control; **~svertrag** *m* controlling agreement; **im ~sbereich** *m* subject to control, in the sphere of control.

behindern *vt* to obstruct, to impede.

behindert *adj* handicapped, disabled; **geistig ~** mentally challenged/disabled; **körperlich ~** physically disabled/challenged.

Behinderte(r) *f(m)* disabled person.

Behinderung *f* hindrance, obstruction, restraint; disablement, impairment, restriction; **~ der Rechtspflege** (the) obstruction of justice, obstructing the course of justice; **~ der Schiffahrt** obstruction to navigation/shipping; **~ des Konkursverfahrens** obstruction to bankruptcy proceedings; **~ des öffentlichen Verkehrs** obstructing traffic; **~ des Wettbewerbs** restraint of competition; **~sverbot**

n prohibition of obstructing *sth*; **~swettbewerb** *m* obstructive competitive practices; **~ von Parlamentsmitgliedern** restraining members of Parliament, obstruction of members of Parliament; **körperliche oder geistige ~** physical or mental impairment/disability; **vorsätzliche ~** wil(l)ful obstruction; **widerrechtliche ~ durch Streikposten** unlawful picketing.

Behörde *f* government body; government subdivision; authority (= *a-, pl a-ties*), public authority, official authority, administrative body/agency, regulatory body; **~ für Umweltschutzfragen** environmental *a-*; **~nangestellte(r)** *f(m) (der Behördenangestellte)* salaried civil servant; **~napparat** *m* official machinery; **~naufbau** *m* structure of the public administration; **~neigenschaft** *f* character of a public office, official status; **~ngliederung** *f* subdivisions of the administration; **~nhierarchie** *f* administrative hierarchy; **~nleiter** *m* **/-in** *f* chief of a government agency, head of a public *a-*; **~nsitz** *m* seat of a public administrative body; **~nsprache** *f* officialese, *sl* gobbledy-gook; **~nweg** *m* administrative channels, recourse to public *a-ties*, echelons of public service; **~nwirtschaft** *f* red tape, bureaucracy; **~nzug** *m* echelons of public service, channels of public service; **angegliederte ~n** affiliated *a-ties*; **die Hohe B~** (*der Montanunion*) the High *A-* (*of the European Coal and Steel Community*); **die maßgebende ~** the appropriate *a-*; **ersuchende ~** public *a-* requesting another (*to perform an official function*); **ersuchte ~** the requested *a-* (*public a- officially requested to perform a function*); **Haager Übereinkommen über die Zuständigkeit der ~en und das anzuwendende Recht auf dem Gebiet des Schutzes von Minderjährigen** Hague Convention concerning the Powers of *A-ties* and the Law applicable in respect of the Protection of Minors (*1961*); **nachgeordnete ~** subsidiary *a-*, lower (echelon) *a-*; **oberste ~** supreme *a-*; **örtliche ~** local office, local *a-*; **sachlich unzuständige ~** (functionally) incompetent *a-*; **staatliche ~** governmental agency; **unterstellte ~** subordinate *a-*, **vollziehende ~** executive office, executive public body; **vorgesetzte ~** superior *a-*; **zuständige ~** (the) proper *a-*, competent *a-*, appropriate *a-*.

behördlich *adj* official, magisterial; **~erseits** *adj* officially, on the part of the authorities.

bei *prep* at, near, on; care of (c/o) (*address*).

Beiakte *f* related file; *pl* **~n** supplementary files.

beibehalten *vt* to maintain, to keep unchanged, to retain.

Beibehaltung *f* maintenance, continuation (*of a state, condition or rule*).

Beiblatt *n* supplement, supplementary page(s).

beibringen *vt* to adduce, to furnish, to supply, to provide.

Beibringung *f* production (*documents in court*), adduction; obtaining; causing; **~sfrist** *f* deadline for submission (*time for the production of documents, names and addresses of witnesses, etc*); **~sgrundsatz** *m* principle of party presentation (*not ex officio*), accusatorial procedure; **~ von Gift** administering poison.

Beichtgeheimnis *n* seal of confession, confessional secret.

beiderseitig *adj* mutual, reciprocal, bilateral.

beidrücken *vt* to affix (*seal*), to impress.

Beifahrer *m*/**-in** *f* (front-seat) passenger, co-driver (*passenger car*), driver's mate (*lorry*).

beifügen *vt* to add, to enclose, to annex, to append, to subjoin.

Beifügung *f* addition, added matter, annex, enclosure.

Beigeladene(r) *f(m) (der Beigeladene) admin, tax* interested third party summoned to appear.

beigetrieben *adj* collected, recovered; **nicht** ~ unrecovered, not retrieved.

beigeordnet *adj* associate(d), affiliate(d), subsidiary.

Beigeordnete(r) *f(m)* (*der Beigeordnete*) councillor.

Beihilfe *f* **I** grant, aid, grant-in-aid, allowance, subsidy, *pl* **~n** aids granted, (*esp contribution granted by the state to established civil servants for costs of illness, births and deaths*); **~empfänger** *m*/**-in** *f* recipient of aid (*esp official receiving compensation for expenses of illness, births and deaths*); **~regelung** *f* system of aid for public servants; **degressive ~n** aids on diminishing scales; **nicht rückzahlungspflichtige** ~ non-returnable aid; **staatliche** ~ government(al) grant, state aid, state subsidy; government aid to public servants.

Beihilfe *f* **II** aiding and abetting (*before and during commission of crime*); ~ **leisten** to assist in the commission of crime, to counsel and procure, to aid and abet; ~ **zum Selbstmord** assisting suicide.

Beiladung *f* **I** additional cargo, cargo added, extra cargo.

Beiladung *f* **II** *admin, tax* third-party summons to attend proceedings (*as a person whose rights may be affected*); **~sbeschluss** *m* order to appear as interested third party.

Beilage *f* enclosure (*letter*), attachment; ~ **zur Anlage** appendix to annex, schedule to annex.

beiläufig *adv* incidentally, accidentally, casually.

beilegen *vt* to enclose; to reconcile, to settle.

Beilegung *f* settlement (= *s*-), adjustment, accommodation; ~ **im Wege des Vergleichs** *s*- by compromise; ~ **von Meinungsverschiedenheiten** *s*- of differences; ~ **von Streitigkeiten** *s*- of disputes; **außergerichtliche Streit~** alternative dispute resolution (*abbr* ADR); **friedliche** ~ peaceful *s*-; **gerichtliche** ~ court *s*-; **gütliche** ~ amicable *s*-, out-of-court *s*-; **Internationales Zentrum zur ~ von Investitionsstreitigkeiten** International *US* Center/*GB* Centre for the *S*- of Investment Disputes (*abbr* ICSID); **schiedsgerichtliche** ~ *s*- by way of arbitration; **Washingtoner Übereinkommen zur ~ von Investitionsstreitigkeiten zwischen Staaten und Angehörigen anderer Staaten** Convention on the *S*- of Investment Disputes between States and Nationals of other States (= *Washington Convention*, = *World Bank Convention*).

beimessen *vt* to attribute (to), to ascribe (to), to credit *s. o.* with.

Beimessung *f* attribution, the ascribing.

Beimischung *f* admixture; additive; **ohne** ~ without additives, unadulterated.

beinhalten *vt* to contain, to comprise, to include, to imply, to amount to.

beiordnen *vt* to assign as counsel or advisor (*to a poor or helpless party*).

Beiordnung *f* assignment as counsel / advisor to *s. o.*; ~ **im Armenrecht** *hist* assignment to a pauper.

Beipackzettel *m* information leaflet in medical package.

beipflichten *vi* to concur (with).

Beirat *m* advisory board, advisory council, advisory committee, supervisory board; **wissenschaftlicher** ~ scientific advisory council.

Beischlaf *m* sexual intercourse; carnal knowledge; **~erschleichung** *f* fraudulently obtaining sexual intercourse; **~erzwingung** *f* obtaining sexual intercourse by force; rape; **außerehelicher** ~ extra-marital intercourse.

Beischreibung *f* addition and/or correction of register entry.

Beiseiteschaffen *n* removing by stealth, secreting; ~ **der Familienhabe** secret removal of family property (*esp household items*); ~ ***e-er* Leiche** secret removal of a corpse; ~ **gepfändeter Sachen** secret removal of attached objects; ~ **von Vermögensgegenständen** secret removal of property (*by bankrupt*).

beiseiteschaffen *vt* to secrete, to remove secretly, to make away with (*sl the loot*), to stash away.

Beisitzer *m*/**-in** *f* associate judge, assessor, puisne judge; ~ **der Arbeitsgerichte** lay-assessors in industrial tribunals; **beamtete**(**r**) ~ civil servant as board member; **landwirtschaftliche**(**r**) ~ agricultural assessor; **schiffssachverständige**(**r**) ~ nautical assessor.

Beispiel *n* example, instance; **praktisches** ~ practical example, object lesson, case in point; **zum** ~ (*abbr* **z.B.**) for example, for instance (*abbr* e.g. = *exempli gratia*).

beispiellos *adj* unprecedented.

Beistand *m* **I** support, aid, assistance; ~ **leisten** to render assistance; **~sabkommen** *n* standby arrangement; **~sakkreditiv** *n* standby letter of credit; **~sfazilität** *n* support facility; **~skredit** *m* standby credit; **~sleistung** *f* **in Seenot** salvage service; **~spakt** *m* mutual assistance pact, pact of mutual assistance; **~spflicht** *f* duty to help and assist *s. o.*; **~sverpflichtung** *f* duty to render military aid, duty to help an ally militarily; **gegenseitiger** ~ mutual assistance.

Beistand *m* **II** assistant; legal advisor, counsel.

beistehen *vi* to support, to second, to back.

beisteuern *vt* to contribute (to) (*esp money to a cause*).

Beitrag *m* (financial) contribution (= *c-*), subscription; *ins* premium; pro rata share, (*pl Beiträge* = *~e*) membership dues; ~ **des Bundes** pro rata grant of the federal government; **~sabführung** *f* remittance of dues, (*esp of social security c-s*); **~sabrechnung** *f* accounting for dues/*c-s* collected; **~sabzug** *m* deduction of (social security) *c-s* (*by employer*); **~saufkommen** *n* yield from *c-s*; **~~ der Sozialversicherungen** parafiscal social insurance revenue; **~sbefreiung** *f* exemption from (social insurance) *c-s*; **~sbemessungsgrenze** *f* upper income limit (for social security); **~sbemessungsgrundlage** *f* facts underlying the assessment of *c-s*; **~sberechnung** *f* computation of *c-s*; **~sbescheid** *m* official notice of (social insurance) charges; **~seinnahmen** *f/pl* collected *c-s*, premium income; **~seinziehung** *f* forcible collection, enforcement of *c-s*; **~seinzug** *m* → *~seinziehung*; **~~sverfahren** *n* enforcement procedure for collection of (social insurance) *c-s*; **~sentgelt** *n* membership *c-*; **~sentrichtung** *f* payment of *c-s*, of premiums, of dues; **~sermäßigung** *f* premium rebate, reduction of dues; **~serstattung** *f* refunding of *c-s*, reimbursement of dues; **~sforderungen** *f* outstanding dues/ *c-s*; **~sfreiheit** *f* exemption from (social security) *c-s*; **~sfreistellung** *f* waiving requirement to pay dues; **~shinterziehung** *f* evasion of (social security) *c-s*; **~sklasse** *f* class of (social security) contributors, *c-s* scale; **~skürzung** *f* (*unlawful*) reduction of social security *c-s*; **~sleistung** *f* payment of *c-s*; **~spflicht** *f* liability to contribute; **~spflichtige**(**r**) *f(m)* party liable to pay *c-s*/ dues/ premiums; person subject to compulsory social security; **~srückerstattung** *f* → *~serstattung*; **~srückstände** *m/pl* arrears of *c-s*/dues/premiums; **~ssatz** *m* rate of *c-*; **~sschlüssel** *m* coefficients for *c-s*; **~sstaffelung** *f* *ins* grading of premiums, scale of premiums; **~sstreit** *m* litigation concerning (social insurance) *c-s*; **~süberwachung** *f* control of collections of (social insurance) *c-s*; **~sverfahren** *n* procedure for collection of social insurance *c-s*/dues; **~svollstreckung** *f* enforcement of *c-* debts by execution; **~szahler** *m*

/**-in** *f* contributor, party paying contibutions/dues/*ins* premiums; **~szahlung** *f* remittance/payment of *c-s*/ dues/*ins* premiums, payment of subscription (*club*); **~szeiten** *f/pl* paid-up periods (*social security c-s*); **abgeführter** ~ delivered *c-*; **anteilsmäßiger** ~ pro rata share; **berücksichtigungsfähige ~e** qualifying *c-s*; **freiwilliger** ~ voluntary *c-*, voluntary subscription; **laufender** ~ periodical *c-*; **unwirksame** ~ ineffective (social insurance) *c-s*; **zugesagter** ~ pledged *c-*.

beitrags | frei *adj/adv* non-contributory, not subject to deductions for (social insurance) contributions; **~pflichtig** liable to contribution; subject to social security contributions.

beitragen *vt* to contribute (to), to subscribe (to), to be conducive to.

beitreibbar *adj* recoverable, collectible; **nicht** ~ irrecoverable, uncollectible.

beitreiben *vt* to collect, to recover, to enforce the payment of.

Beitreibung *f* recovery, enforced collection, (*esp by execution*), enforcement of the payment of money; ~ **der Steuerschuld** enforced collection of tax payable; **~skosten** *pl* collection expenses; **~smaßnahme** *f* execution for collection of money debts; **~sverfahren** *n* collection procedure, recovery proceedings; **~ssachen** *f/pl* collection cases; ~ **von Außenständen** recovery of outstanding debts, collection of outstanding accounts; **außergerichtliche** ~ collection without judicial process.

beitreten *vi* to join, to become a member, to enter, *int* to accede (to), to enter.

Beitritt *m* entry, joining, becoming a member, *int* accession (= *a-*); **~sakte** *f int* act of *a-*; **~santrag** *m* application for membership; **~sausgleichsbetrag** *m a-*; compensatory amount; **~sberechtigung** *f* entitlement to membership; **~serklärung** *f* enrolment, declaration of membership, *int* declaration of *a-*; **~sgebiet** *n* area of *a-, (D)* the five new federal states (*former GDR*); **~sklausel** *f* association clause, *a-* clause (*treaty*); **~sland** *f* acceeding country; **~sprotokoll** *n* protocol of *a-*; **~surkunde** *f* instrument of *a-*; **~svertrag** *m* treaty of *a-*, *a-* treaty; **~szwang** *m* compulsory membership; ~ **zu *e-em* Staatsvertrag** *a-* to a treaty.

Beiwerk *n* part of a work, auxiliary part; **unwesentliches** ~ *pat* unpatentable part (of patented work).

beiwohnen *vi* to attend; to cohabit, to have sexual intercourse, to copulate, to have carnal knowledge.

Beiwohnung *f* cohabitation, sexual intercourse; **~sunfähigkeit** *f* incapacity to consummate; **außereheliche** ~ extramarital intercourse; **Gelegenheit zur** ~ access.

beiziehen *vt* to call in, to obtain the file (*of another case*).

Beiziehung *f* order to obtain the file (*of another case*).

bejahen *vt* to answer in the affirmative, to affirm.

bejahend *adj* affirmative, positive.

bejahendenfalls *adv* if so; in case you agree; if the answer is affirmative.

Bejahung *f* an affirmative answer, assent, consent, affirmation.

bekämpfen *vt* to combat, to oppose, to fight against *sth*; **sich bis aufs Messer** ~ to fight each other tooth and nail.

Bekämpfung *f* struggle, fight (against *sth*).

bekannt *adj* known, well known, notorious; **hierdurch wird ~ gemacht** notice is hereby given; **polizeilich ~ sein** to have a police record.

Bekanntgabe *f* announcement, publication, notification, disclosure.

bekannt | geben *vt* to make public, to make known, to announce; **~machen** *vt* to publish, to make known, to announce; **öffentlich**

~~ to make public, to announce (publicly).

Bekanntheitsgrad *m* (national) name recognition, awareness level; ~ ***e-er*** **Marke** brand awareness.

Bekanntmachung *f* announcement (= *a*-), publication, proclamation, notification (= *n*-); ~ **der Börsenorgane** *n*- by the stock exchange authorities; ~ **der Firmenänderung** *n*- of a change of a firm's/corporation's name; **~sbefugnis** *f* authorization to publish (*a conviction for slander; a public apology, etc*); **~sgebühr** *f* publication fee; **~spflicht** *f* (statutory) duty to disclose publicly; **~stag** *m* date of publication; **amtliche** ~ official *a*-; public *a*-; **gerichtliche ~en** court notices; **öffentliche** ~ public notice, public *n*-, public *a*-; **vereinfachte** ~ simplified *n*-.

bekennen *vt, vi* to own up (to), to confess (to), to acknowledge, *v reflex* to acknowledge, to profess (*a faith*), to avow; to claim responsibility; **sich schuldig** ~ to plead guilty, to confess (to).

Bekennerbrief *m* (*von Terroristen*) a letter claiming responsibility for an outrage (*bombing attack*), terrorists' letter of confession.

Bekenntnis *n* confession (*of guilt, of commission of a crime*); religious affiliation, creed, denomination (*religion*); **~freiheit** *f* freedom to profess a faith; **negative** ~~ freedom not to profess a faith; **~schule** *f* denominational school; **politisches** ~ political belief; **religiöses** ~ denomination, religious confession, religious belief.

beklagen *vt* to deplore, to mourn, to bewail; (*to file a complaint* → *verklagen*); *v reflex* to complain.

Beklagte(r) *m(f)* (*der Beklagte, pl Beklagten* = *~n*) defendant (*in a civil case*), *crim* → *Angeklagte(r)*, respondent (*in divorce and equity proceedings*); **~nhäufung** *f* plurality of defendants.

bekräftigen *vt* to affirm, to reaffirm, to corroborate (*by evidence*), to vouch (for); **eidlich** ~ to affirm by oath.

Bekräftigung *f* affirmation, corroboration, confirmation; ~ **der Wahrheit** affirmation (of the truth); **~seid** *m* assertory oath, confirmatory oath; **~sformel** *f* words of affirmation (*in lieu of religious oath*); **in ~ dessen, dass** (*Präambelformel*) confirming that.

bekunden *vt* to testify, to give evidence, to depose (and say).

Bekundung *f* testimony, statement (*of a witness, party*), deposition; **schriftliche** ~ deposition.

Beladen *n* loading, lading; ~ **und Entladen** loading and unloading.

beladen *vt* to load.

Beladung *f* loading, lading; **~sgrenze** *f* load limit, maximum load; **~sort** *m* place of loading.

belagern *vt* to besiege, to beleaguer.

Belagerung *f* siege; **~szustand** *m* state of siege; **den ~~ verhängen** to proclaim the state of siege.

Belang *m* concern, relevance; **~sendung** *f pol* party broadcast, broadcast in party interest; **öffentliche ~e** *pl* matters of public concern, (the) interests of the public; **von** ~ of some importance, material, relevant; **von keinem** ~ of no importance, immaterial, irrelevant.

belangbar *adj* liable to court action, subject to legal proceedings, suable.

belangen *vt* to hold *s. o.* responsible, to take legal action (steps) (*against s. o.*), to prosecute *s. o.*; **gerichtlich** ~ to take legal action against *s. o.*

belanglos *adj* irrelevant, inconsequential, immaterial, petty.

Belanglosigkeit *f* insignificance, irrelevance, impertinence.

Belangung *f* (the) prosecution (of), legal action, the taking of proceedings (*against s. o.*).

belassen *vt* to leave the matter where it stands, to leave it at that, to let *sth* rest, to leave in abeyance, to leave things as they are; to allow *s. o.* to obtain (keep) *sth*.

Belassung *f* permitted retention; **~squote** *f* permitted quota to be retained.

belastbar *adj* capable of bearing a burden, capable of being used as security; **mit Hypotheken ~** mortgageable.

Belastbarkeit *f* capacity to bear a burden; capacity to meet the costs, loading capacity; inherent strength.

belasten *vt* to charge, to burden, to load, to encumber (*property by mortgage, etc*), to debit (*an account*), to incriminate (*suspected person*); **sich selbst ~** to incriminate *o.s.*

belastend *adj* onerous, inculpatory, incriminatory, incriminating.

belastet *pp* → *belasten, adj* burdened, incriminated, encumbered (*property*); **nicht ~** unmortgaged, unencumbered, cleared of a charge, free of suspicion.

Belastete(r) *f(m)* (*der Belastete*) a politically incriminated person (*eg ex-Nazi*).

belästigen *vt* to molest, to annoy.

belästigend *adj* annoying, offensive, troublesome.

Belästigung *f* nuisance, molestation, annoyance, importuning (*for purposes of prostitution*); **~sverbot** non-molestation order; **nachbarrechtliche ~** private nuisance, nuisance by adjacent owner; **rechtserhebliche ~** actionable nuisance; **sexuelle ~** sexual harassment.

Belastung *f* charge, burden, load, encumbrance (= *e-*), debit, incrimination; *tax* incidence; → *belasten*; **~en der Devisenbilanz** pressure on the net foreign exchange movement; **~ des Arbeitsmarktes** depressive effect on the labo(u)r market; **~sanzeige** *f* debit advice, debit note, **~~n auf Kundenkonten verbuchen** to post charges to customer's account; **~saufgabe** *f* debit advice, debit memo, debit note; **~sgrenze** *f* maximum for *e-s*; capacity to stand (*price rises*); **~smaterial** *n* incriminating material/evidence; **~sprobe** *f* test, ordeal; **~squote** *f* load ratio; **~sverbot** *n* prohibition to submit property to charges or *e-s;* **~sverschiebungen** *f* shifts in the total *e-*; **~szeuge** *m* detrimental witness, prosecution witness; **außergewöhnliche ~en** extraordinary expenses (*deductible from income tax*); **dauernde ~** standing charge; **dingliche ~** *e-* (in rem), fixed charge; **finanzielle ~** financial burden; **finanzielle ~ durch Löhne und Gehälter** pay load; **hypothekarische ~** mortgage charge; **objektsteuerartige ~** in rem fiscal charge; **politische ~** political incrimination; **steuerliche ~** tax load, tax burden, fiscal charges; **von ~en freistellen** to disencumber.

belaufen *v reflex* to aggregate, to total.

Belebung *f* stimulation; **~skomponenten** *f/pl* stimulating factors.

Beleg *m* supporting document, voucher (= *v-*), receipt, slip; authority, support (*for a position*); **~abschnitt** *m* stub, counterfoil; **~~ an *e-em* Scheck** *US* check/*GB* cheque *v-*; **~ anliegend** *v-* attached; **~e** *pl* **beibringen** to furnish documentary material, to tender proofs and *v-s*; **~buch** *n* slip book; **~buchhaltung** *f v-* bookkeeping, *v-* system; **~doppel** *n* copy *v-*; **~exemplar** *n* copy *v-*, author's copy, specimen, file copy, courtesy copy; **~leser** *m* video scan document reader; **~nummer** *f v-* number; **~prüfung** *f v-* audit; **~register** *n v-* register; **~sichtung** *f* vouching, inspection of *v-s*; **~stelle** *f* supporting authority, locus citatus, reference; **~e vorlegen** to submit documentary material; **anerkannter ~** approved *v-*; **geprüfter ~** audited *v-*.

Belegarzt *m*/**~ärztin** *f outside doctor who has hospital beds at his disposal;* **~vertrag** *m* hospital facilities contract with outside doctor.

belegbar *adj* provable by documents.

belegen *vt* to document, to substantiate, to produce evidence (for), to prove; to occupy, reserve (*a seat*).

belegen *pp adj* situate, locally situate, situated, located; ~ **sein** to be located (at); **Recht der ~en Sache** *pil* lex rei situs, law of the place of location.

Belegenheit *f* situs, locus rei sitae; **~sfinanzamt** *n* revenue office where taxable property is situate; **~sgemeinden** *f* local districts where the (real) property is situate; **~sland** *n* country of situs, country where property is situate; **~sstaat** *m* state of situs, state where property is situate.

Belegschaft *f* staff, operating staff, personnel, workforce, the employees; **~saktien** *f/pl* employees' shares; **~~ plan** employee share scheme; stock purchase plan; **~sversammlung** *f* staff meeting.

Belegung *f* occupation, occupancy; documentation, verification; **~szeit** *f* utilization time.

belehnbar *adj* eligible as security for credit, → *beleihbar*; *hist* suitable as a fief.

belehnen *vt hist* to enfeoff.

Belehnte(r) *f(m)* (*der Belehnte*) donee, *hist* feoffee, liegeman, vassal.

Belehnung *f* investiture, infeoffment/enfeoffment, infeudation, seisin/seizin.

belehren *vt* to instruct, to advise (*s. o. of his rights*); to caution, to warn (*that anything you say may be used as evidence*), to direct (*the jury*); **falsch** ~ to misdirect.

Belehrung *f* instruction, advice, caution, warning, direction (*jury*); ~ **des/der Angeklagten** (*über sein/ihr Recht, einen Verteidiger zu haben*) notifying the accused (*of his/her right to counsel*); **~spflicht** *f* obligation to caution (*a suspect*); ~ **zum Schutz des/der Beschuldigten** cautionary instruction; **falsche** ~ misdirection (*of jury*).

beleidigen *vt* to insult, to offend; **grob** ~ to outrage, to insult grossly.

beleidigend *adj* offensive, defamatory, libel(l)ous, slanderous.

Beleidigung *f* insult (= *i*-), defamation, indignity, libel (*written or other permanent form*), slander (*verbal*), verbal injury, outrage (*extreme*), → *Verleumdung, (üble) Nachrede*; ~ **ausländischer Staatsmänner** insulting foreign statesmen; ~ **der Gesetzgebungsorgane** *i*- against/to the legislative organs; ~ **des Gerichts** *i*- of court, → *Mißachtung* ~ ~ contempt of court; ~ ***e-er*** **Behörde** *i*- to an authority; **~sklage** *f* action for *i*-/defamation, libel action; **grundlose** ~ gratuitous *i*-; **tätliche** ~ assault with intent to *i*-; **schwere** ~ gross *i*-; **wechselseitige** ~ mutual *i*-.

beleihbar *adj* suitable as collateral security, suitable to serve as collateral.

beleihen *vt* to lend against collateral security, to use as collateral .

Beleihung *f* lending against collateral (= *c*-) security, using as collateral; ~ ***e-er*** **Police** policy loan; **~sgrenze** *f* limit of credit with reference to the *c*- security, lending limit; **~sobjekt** *n* property used as *c*- security; **~sprozentsatz** *m* loan ratio; **~squote** *f* loan-to-value ratio; **~sraum** *m* loan category, lending limit (*with reference to c- security*); **~ssatz** *m* rate for advances on securities; **~sstop** bar to further lendings; **~swert** *m* hypothecary value, *c*- value, value as *c*- security, loan value (*of a policy*); ~ **von Ansprüchen** assigning rights as *c*-.

beleihungsfähig *adj* suitable as collateral security, → *beleihbar.*

beleumdet *adj* → *beleumundet.*

beleumundet *adj* reputed; **gut** ~ **sein** to have a good reputation; **übel** ~ ill reputed, disreputable.

Belieben *n* discretion (= *d*-); **freies** ~ free *d*-, uncontrolled *d*-; **nach** ~ at one's *d*-, at (one's) pleasure, at will; **nach** ~ **des Gerichts** as the court may think fit, in the court's *d*-.

beliebig *adj* optional, as desired, discretionary.

Belieferung *f* supply, supplies; ~ **des Hofes** purveyance; **~sanspruch** *m* entitlement to regular supplies; **~spflicht** *f* obligation to supply as required; **~sstockung** *f* temporary stop of deliveries.

Beliehene(r) *f(m)* private individual fulfilling state functions (*eg* mechanic handing out inspection labels).

belohnen *vt* to reward, to remunerate.

Belohnung *f* reward, premium; ~ **für die Ergreifung** reward for information leading to the arrest of *s. o.*; **amtliche** ~ official reward, prize; ***e-e*** ~ **aussetzen** to promise/offer a reward; **gebührende** ~ due reward.

bemächtigen *v reflex* to seize.

bemängeln *vt* to find fault (with), to criticize, to cavil at.

Bemängelung *f* fault-finding.

bemänteln *vt* to disguise, to cover up, to palliate, to gloss over.

bemessen *vt* to award (*punishment, damages*), to assess, to scale.

Bemessung *f* assessment (= *a-*), awarding, determination; ~ **der Geldstrafe** *a-* of fine, computation of a fine; **~sgrundlage** *f* evaluation basis, basis of *a-*; **~smaßstab** *m* standard of *a-*; **~szeitraum** *m tax* basis period, chargeable accounting period, period of *a-*.

Bemühung *f* effort, endeavo(u)r; **größte ~en** best endeavo(u)rs.

bemustern *vt* to supply samples (of), to attach samples to an offer.

Bemusterung *f* sampling.

benachbart *adj* neighbo(u)ring, contiguous, abutting.

benachrichtigen *vt* to notify, to inform, to advise; ***jd-en*** **schriftlich** ~ notify *s. o.* in writing.

Benachrichtigung *f* notification, notice, information, advice (*commercial*); **~sschreiben** *n* letter of advice, advice note; **~sverfahren** *n* notification procedure; ~ **über Anhängigkeit bei** ***e-em*** **Schiedsgericht** notice of reference; ~ **von Aktionären** notice to members.

benachteiligen *vt* to discriminate against, to affect adversely, to place at a disadvantage.

benachteiligt *adj* adversely affected, disadvantaged; **sozial oder wirtschaftlich** ~ underprivileged, disadvantaged.

Benachteiligung *f* discrimination (= *d-*) (against); ~ **durch Schikane** *d-* by way of victimization; **~sverbot** *n* prohibition of *d-*; **geschlechtsbezogenes** ~~ prohibition of sex *d-*; **steuerliche** ~ tax *d-*, fiscal *d-*.

benannt *adj* named, nominated, said, such, aforesaid, above-mentioned.

Benannte(r) *f(m)* (*der Benannte*) the person named, the aforesaid.

beneficium excussionis (= *beneficium ordinis*) benefit of discussion, *privilege of a surety that the creditor should first proceed against the debtor and exhaust his remedy against him,* plea of unexhausted remedies → *Einrede der Vorausklage.*

Benefizium *n eccl* benefice.

Benehmen *n* **I** behavio(u)r, conduct, demeanour; **ungebührliches** ~ misconduct, improper behavio(u)r.

Benehmen *n* **II** consultation, consent (*after consultation, esp of equal ranking authorities*); **im** ~ **mit** in consultation with; **im gemeinsamen** ~ by common accord; **sich ins** ~ **setzen** to communicate (with), to consult.

benennen *vt* to nominate, to name.

Benennung *f* nomination, designation, description, naming; **~sgebühr** *f* designation fee; **~ssystem** *n* nomenclature; ~ **von Zeugen** offering the testimony of a particular witness, naming a witness (*to the court*); **gemeinsame** ~ joint designation.

benötigen *vt* to require, to want, to need.

benutzen *vt* to use, to utilize, to occupy (*room*).

Benutzer *m* /**-in** *f* (= *Benützer, Benützerin*) user; ~ ***e-es*** **Warenzeichens** (rightful) user of a trademark; **~oberfläche** *f* user interface; **gutgläubiger** ~ user in good faith.

Benutzung *f* use (= *u*-), utilization; ~ **der Erfindung** *u*- of invention; **~sbedingungen** *f/pl* terms and conditions of *u*-; **~sgebühr** *f* charge for the *u*- of *sth*, (*toll roads, bridges*); **~sgenehmigung** *f* permission/*US* license/*GB* licence to *u*- *sth*; **~skosten** *pl* user cost; **~slizenz** *f US* license/*GB* licence to *u*-; **~sordnung** *f* regulation(s) for the *u*- of *sth*; **~srecht** *n* right of user, user, right to *u*- *sth*; **~svergütung** *f* fee for *u*- of *sth*, user fee; **~szwang** *m* compulsory usage, compulsory *u*- (*of public utility services*); ~ **und Gewahrsam** actual *u*- or occupation (*of rooms*); ~ **verwendeter Postwertzeichen** *u*- of cancelled stamps; **allgemein zulässige** ~ (*geschützter Werke*) fair *u*- (*copyright*); **bei ordnungsgemäßer** ~ when properly used; **erlaubnisfreie** ~ free *u*- (for everyone), free availability; **gewöhnliche** ~ ordinary *u*-, natural *u*-; **missbräuchliche** ~ misuse, improper *u*-; **öffentliche** ~ public *u*-; **widerrechtliche** ~ ***e-er*** **gepfändeten Sache** abuse of distress; **zulässige** ~ permitted *u*-.

Benzin *n US* gas(oline), *GB* petrol, **bleifreies** ~ unleaded petrol; **Normal** ~ two-star petrol; **Super** ~ four-star petrol.

beobachten *vt* to observe, to keep under observation, to survey.

Beobachter *m*/**-in** *f* observer; **~delegation** *f* team of observers; **als** ~ **fungieren** to act as observer, to hold a watching brief (*lawyer at trial*), to act as rapporteur (*conference*); **politischer** ~ political observer, rapporteur (*conference*).

Beobachtung *f* observation, monitoring, supervision; **~szeitraum** *m* period under observation; **unter** ~ **stellen** to place under observation.

beraten *vt* to advise, to give advice, *vi* to deliberate, to confer, to consider, to consult; *v reflex* to deliberate, to consider; **nochmals** ~ to reconsider; **sich anwaltlich** ~ **lassen** to receive legal advice.

beratend *adj* advisory, consultant.

Berater *m* /**-in** *f* consultant, adviser; **juristischer** ~ legal adviser; **technischer** ~ technical consultant.

Beratung *f* advice, conselling; deliberation (*judges, members of parliament, etc*), consultation (*with lawyer, doctor*); **~sausschuss** *f* advisory board, advisory committee; **~sbefugnis** *f* advisory power; **~sgegenstand** *f* item for discussion, point on the agenda; **~sgeheimnis** *f* the secrecy of (judicial) deliberations; **~sgremium** *f* compultative body; **~shilfe** *f* legal advice and assistance; **~skosten** *f* consultation fee(s); **~sorgan** *n* consultative organ (committee); **~spflicht** *f* legal duty to give advice; **~sstelle** *f* advisory bureau; **~stätigkeit** *f* consultancy, advisory work; **~svertrag** *m* consultancy agreement; ***e-e*** **geheime** ~ **abhalten** to deliberate in camera; **neutrale (juristische)** ~ independent (legal) advice; **nochmalige** ~ reconsideration; **sich zur** ~ **zurückziehen** to retire for deliberation; **unparteiische** ~ independent advice; **wirtschaftliche** ~ economic consultancy.

berauben *vt* to rob *s. o.*, to divest *s. o.* of *sth* (by violence).

Beraubung *f* robbing, robbery, spoliation, deprivation.

berechnen *vt* to calculate, to compute; to bill, to invoice, to charge, to evaluate; **zu niedrig** ~ to underbill, to undercharge, to charge too little; **zuviel** ~ to overcharge.

Berechnung *f* calculation (= *c*-), computation; ~ **der Fristen** computation of time limits; **~sart** *f* method/mode of *c*; **~sformel** *f* formula used for *c*-; **~sgrundlage** *f* basis of computation; **~smethode** *f* method of *c*-; **gemeinsame** ~~ common method of *c*-; **~stabelle** *f* *c*- table; **~sverordnung** *f* computation ordinance (*rent*); **~sweise** *f* mode of *c*-; **~szeitraum** *m* period of computation.

berechtigen *vi* to entitle, to authorize, to qualify.

berechtigend *adj* entitling, facultative.

berechtigt *adj* entitled, justified, duly authorized, competent, qualified, rightful; **nicht** ~ (**zu**) without authority (to), unauthorized.

Berechtigte(**r**) *m/f* (*der Berechtigte, pl Berechtigte ~e*) the party (absolutely) entitled, promisee, obligee, rightful claimant, beneficiary; **der wirkliche ~e** the party actually entitled; **dinglich** ~ person entitled in rem; **mehrere ~e** several holders, several entitled parties; **wertpapiermäßig** ~ holder in due course.

Berechtigung *f* right, privilege, entitlement; justification; authority; **~serfordernis** *n* eligibility requirement, qualification requirement; **~snachweis** *m* proof of authority, *US* license/*GB* licence, certificate of eligibility; **~schein** *m* certificate of authority/entitlement, warrant, *US* license/*GB* licence; ~ **zur Darlehensaufnahme** entitlement to borrow; **dingliche** ~ legal interest, right in rem; **ohne** ~ without authority, without justification.

Berechtsamsbuch *n* mining rights register.

bereden *vt* to discuss, to confer; to persuade, to talk over.

Bereich *m* range, scope, purview, sphere, division, group, domain, field of jurisdiction, region, sector; ~ **der öffentlichen Finanzen** sphere of public finances; ~ **der Wirtschaft** the economic sphere; **abgebender** ~ transferring division; **alle ~e des Marktes** all sections of the market; **empfangender** ~ receiving division; **geschäftsführender** ~ management sector; **militärischer** ~ military zone; **in den** ~ **fallen** to come within the scope; **in den** ~ ***jd-es*** **gehören** to be in *s. o.*'s province; **öffentlicher** ~ the public sector.

bereichern *v reflex* to enrich *o.s.*, to feather one's nest.

Bereicherung *f* (unjust) enrichment (= *e-*), gain; **~sabsicht** *f* intent to profit, *crim* intent to unlawfully enrich *o.s.*; **~sanspruch** *m* claim on account of unjust *e-*; claim for the recovery of *sth* obtained without legal cause, condictio sine causa; **~seinrede** *f* plea of unjust *e-*; **~sklage** *f* actio sine causa, action to make restitution for unjust *e-*; **~sverbot** *n* impermissibility of *e-* by insurance benefits; **Klage aus ungerechtfertigter** ~ → *~sklage*; **sittenwidrige** ~ lucre, immoral *e-*; **ungerechtfertigte** ~ unjust *e-*; **Herausgabe** ***e-er*** ~ ~ restitution of *sth* obtained without legal cause.

bereinigen *vt* to adjust, to clear up, to correct, to straighten out; to regularize, to validate, to reassess (*securities after devaluation*), to settle (*debts, accounts*), to audit and verify (*balance sheet*).

bereinigt *adj* adjusted, regularized, revised.

Bereinigung *f* corrective adjustment, clearing-up, settlement, regularization, validation, reassessment, → *bereinigen;* ~ **des Sortiments** simplifying the range of products; **~sgesetz** *n* validating statute; ~ **und Neufassung von Gesetzen** revision of statutes.

bereit *adj* ready, prepared, willing.

bereithalten *vt* to keep available, to hold ready.

Bereitschaft *f* readiness, preparedness; **~sakkreditiv** *n* standby letter of credit; **~sdienst** *m* standby duty, office standby, emergency service; **~sfall** *m* state of military standby duty; **~skredit** *m* standby facility; **~~-Vereinbarung** standby arrangement; **~spolizei** *f* mobile police, riot police, flying squad; **~sreserve** *f* ready reserve, standby reserves; **~szusagen erteilen** to indicate readiness to grant credit; ~ **zum Gespräch** willingness to discuss/talk/negotiate; **in ~ stehen** to stand by.

bereitstellen *vt* to place at *s. o.*'s disposal, to hold available, to allocate, to provide.

Bereitstellung *f* providing, allocation, earmarking, appropriation (*of funds*), loan accomodation, making (and/or holding) available, lining up; **~sbescheid** *m* advice about availability of credit, notification of the provision of a standby credit; **~sfonds** *m* earmarked funds; **~sgebühr** *f* commitment charge; **~skonto** *n* allocation fund, credit account available for drawings (*subject to providing cover by collateral security*); **~splafond** *m* commitment ceiling; **~spreis** *m* basic energy supply price; basic rate; **~sprovision** *f* commitment fee; facility fee, standby fee; **~szinsen** *m/pl* commitment interest; **~ von Finanzierungsmitteln** allocation of funds for financing purposes.

bereuen *vt* to repent, to regret, to rue.

Berg *m* mountain; **~amt** *n* local mining (= *m-*) authority, board of mines; **~arbeiter** *m* **/-in** *f* miner, mine-worker, pitman; **~~kolonie** *f* miners' housing estate; **~bau** *m m-*, *m-* industry, extractive industry, → *Bergbau*; **~bauer** *m*/**~bäuerin** mountain farmer; **~behörde** *f m-* authority; **~gesetz** *n m-* law; **~polizei** *f* safety authorities for mines; **~recht** *n m-* law; **~regalabgabe** *m-* royalty; **~schäden** *m/pl* damage caused by *m-* operations; **~schadensersatzanspruch** *m* claim in respect of *m-* damage; **~verordnungen** *f m-* safety regulations; **~verwaltung** *f* administration of mines; **~werk** *n* mine pit, *m-* concession, → *Bergwerk*.

Bergbau *m* mining (= *m-*), mining industry, extractive industry; **~berechtigung** *f m- US* license/*GB* licence; **~betrieb** *m m-* enterpreise; **~berufsgenossenschaft** *f* compulsory accident insurance for miners; **~ingenieur** *m m-* engineer; **~produktion** *f m-* output; **~regal** *n m-* rights; **~unternehmen** *n m-* enterprise.

Berge|geld *n* salvage (money); **~lohn** *m* salvage, salvage money; **~lohnforderung** *f* salvage claim; **~wert** *m* salvage value, damaged value, residual value.

bergen *vt* to salvage, to rescue.

Bergmann *m* /**Bergarbeiterin** *f* miner; **~sprämie** *f* bonus (extra pay) for miners (*tax free, statutory compensation for work in the pit*); **~srente** *f* miners pension.

Bergung *f* salvage (= *s-*); **~sdienst** *m s-* service; **~sfall** *m s-* case; **~sgesellschaft** *f s-* company; **~sgut** *n s-*; **~skosten** *pl s-* charges; **~srecht** *n* right of *s-*; **~sschaden** *m s-* loss; **~sunternehmen** *n* professional *s-*; **~sverlust** *m s-* loss; **~svertrag** *m s-* agreement; **~ und Hilfeleistung** maritime assistance, maritime *s-*.

Bergwerk *n* mine pit, mining (= *m-*) concession; **~sabgabe** *f m-* tax, *m-* royalty; **~saktie** *f m-* share; **~sberechtigung** *f m-* rights, *m-* lease; **~seigentum** *n* proprietary *m-* rights (*right to prospect and extract minerals*); **~seigentümer** *m* **/-in** *f* holder of *m-* property, holder of mineral rights, mine owner; **~sfeld** *n m-* concession territory; **~sgesellschaft** *f m-* company, colliery (*coal m-*); **~skonzession** *f m- US* license/*GB* licence; **~spacht** *f m-* lease; **~srecht** *n m-* law, right to work minerals, *m-* right(s); **~sschaden** *m m-* damage, damage to a mine; **~sunternehmung** *f* mine, *m-* enterprise.

Bericht *m* report (= *r-*), narration; **~e** *pl* **aus erster Hand** first hand *r-s*; **~ *e-er* Auskunftei** mercantile *r-*, status *r-* (on a company); **~ erstatten** to *r-* **~erstatter** *m* **/-in** *f* reporter, reporting judge, judge rapporteur; rapporteur (*conference*); **~erstattung** *f* reporting; **~sdaten** *n/pl* reporting items; **~sjahr** *n* year under review; **~skreis** *m* scope of reporting; group of reporting firms; **~stermin** *m* reporting date; **~swoche** *f* week under review; reference week; **~szeitpunkt** *m* key date, date referred to in the *r-*, reporting date, return date; **~szeitraum** *m* period under review, reference period; ~ **über die Vermögenslage** statement of affairs; **amtlicher** ~ official *r-*, bulletin; ***e-en*** ~ **ausarbeiten** to draw up a *r-*; ***e-en*** ~ **vorlegen** to submit a *r-*; **eingehender** ~ detailed account, full *r-* **vertraulicher** ~ confidential *r-*; **zusammenfassender** ~ summary account, comprehensive statement.

berichten *vt* to report, to narrate.

berichtigen *vt* to correct, to rectify, to adjust, to amend.

Berichtigung *f* correction (= *c-*), rectification (= *r-*) of mistake, adjustment; ~ **des Grundbuchs** *r-* of the land register (*esp if changes extraneous to the register have occurred*); ~ **des Klagevorbringens** amendment of the statement of claim; ~ ***e-er*** **Buchung** *r-* of an entry; ~ ***e-es*** **Urteils** *r-* of a judgment; ~ **falscher Aussagen** *c-* of false statements; **~sanspruch** *m* right to have *sth* corrected, claim for *r-*; **~sanzeige** *f* notice of error, notification of error; **~sbetrag** *m* corrective amount; **~sbewilligung** *f* granting permission to rectify (*a register*); **~sbuchung** *f* rectifying entry, period-end adjusting entry, transfer and counter warrant; **~sfeststellung** *f* rectifying statement; **~shaushalt** *m* amended budget; **~skonto** *n* adjustment account, suspense account, reconciliation account; **~sprotokoll** *n* protocol of amendment, rectifying minutes, record of *r-*; **~ssatz** *m* rate of adjustment; **~sveranlagung** *f* corrective assessment, reassessment of taxes; ~ **von Amts wegen** ex officio *c-*, amendment by the court of its own motion; **rückwirkende** ~ retroactive *c-*.

berichts|fähig *adj* rectifiable; **~spflichtig** *adj* required to render returns, obliged to report.

Berliner | Abkommen *n* (= **Viermächteabkommen über** ~) *int* Berlin Agreement (= Quadripartite Agreement on Berlin) (*England, France, UdSSR, and US, 1972*); ~ **Testament** *n* Berlin testament/will (*reciprocal will whereby spouses appoint each other universal heir and their child (children) final heir(s) of surviving spouse*).

Berner | Übereinkunft *f* (= **Übereinkunft zum Schutz von Werken der Literatur und Kunst**) *int* Berne Convention (= Convention for the Protection of Literary and Artistic Works) (*1886*); ~ **Verband** *m* Berne Union (*established by the Berne Convention*).

berüchtigt *adj* notorious, infamous.

berücksichtigen *vt* to take into account, to make allowance for, to take into consideration, to respect.

Berücksichtigung *f* consideration, regard; ~ **finden** to be taken into consideration; **nach gebührender** ~ after due consideration; **unter** ~ **aller Umstände** having considered all the facts and circumstances.

berücksichtigungsfähig *adj* allowable, *tax* deductible.

Beruf *m* profession (= *p-*, *professional* = *p-al*), business, occupation (= *o-*, *occupational* = *o-al*) (*the principal business of one's life*), vocation (= *v-*, *vocational* = *v-al*), calling, trade (*craftsmen/women*), profession (*self-employed, university graduates*), pursuit; **~sakademie** *f* college of advanced *v-al* studies; **~sanfänger** *m* **/-in** *f* person beginning a *v-*; learner, tyro; novice; **~sangabe** *f* calling, statement of one's *o-*; **~~n** *pl v-al* data, *o-al* status, *p-* or *v-*; **~saufbauschule** *f v-al* extension school; **~sauffassung** *f p-al* standard, ethical standard of a *p-* or trade; **~saufgaben** *f/pl o-al* functions; **~sausbildung** *f* preemployment training, *o-al/ v-al* training/education; **~~ am Arbeitsplatz** *v-al* training on the job; **~~skosten** *pl* cost of *v-al* education, expenditure on *v-al* education; **~~sstelle** *f v-al* training *US* center/*GB* centre; **~~sunterstützung** *f* training allowance; **~~swerk** *n* training opportunities scheme; **betriebliche** ~~ in-house training; **schulische**

~~ *v-al* training in (*v-al*) school; **~sausrüstung** *f p-al* equipment; **~saussichten** *f* job prospects; career prospects, *o-al* outlook; **~sausstattung** *f p-al* equipment; **~sausübung** *f v-al* practice, exercise of one's *p-*; **unbefugte ~~** unlawful practice (of a *p-*); **~sbeamtentum** *n* permanent civil service, officialdom; **~sbeamter** *m* **/-in** *f* career civil servant; established/permanent civil servant; **~sbefähigung** *f o-al* predisposition / capacity, eligibility for office; **~sbenennung** *f* job title, *o-al* title; **~sberater** *m* **/-in** *f v-al* advisor, career counsellor; *v-al* consultant; *o-al* guidance counsellor; **~sberatung** *f v-al* guidance, careers advice, job counselling; **~sbezeichnung** *f o-al* title, job title; **~sbild** *n o-al* pattern; **~sbildung** *f v-al / p-al* education; **~sdiplomat** *m* **/-in** *f* career diplomat; **~sehre** *f p-al* hono(u)r; **~seid** *m p-al* oath; **~seinschränkungen** *f/pl* job restrictions; **~serfahrung** *f v-al* experience, post qualification experience; **~serlaubnis** *f US* license/*GB* licence for practising a trade or *p-*; **~sethos** *n p-al* ethics; **~sfachschule** *f* specialised *v-al*/trade school; **~sfeuerwehr** *f* full-time fire brigade; **~sförderung** *f* promotion of *v-al* advancement; **~~szentrum** *n v-al* advancement *US* center/*GB* centre; **~sfortbildung** *f* advanced *v-al* training (*of jobholders*); **~sfreiheit** *f o-al* liberty; **~sgefahr** *f o-al* hazard(s); **~sgeheimnis** *n p-al* secret/secrecy, *p-al* discretion; **~sgenossenschaft** *f* social insurance for *o-al* accidents; mutual indemnity association; **~sgericht** *n p-al* disciplinary tribunal; **~~sbarkeit** *f* disciplinary jurisdiction for the *p-s*; **~sgewerkschaft** *f* craft union; **~sgruppe** *f o-al* group; **~sgruppeneinteilung** *f v-al* classification; **~shaftpflichtversicherung** *f p-al* liability insurance, *p-al* indemnity cover; **~shaftung für unerlaubte Handlungen** tortious *p-al* liability (*legal p-, etc*); **~shandel** *m p-al* traders; **~shilfe** *f v-al* rehabilitation (*after o-al disease or accident*); **~sjahr** *n* years of service; **~sklassifizierung** *f* job classification, job grade; **~skonsul** *m*/**-in** *f* career consul; **~skrankheit** *f o-al/v-al*/industrial disease; **~slaufbahn** *f* career (pattern); *o-al* history; **~sleben** *n p-al* life, working life, active life; **~smerkmal** *n* job characteristic; **~soffizier** *m* regular officer; **~sordnung** *f o-al* regulations; **~~srecht** *n* law of *p-al* rules and regulations; **~sorganisation** *f p-al*/trade association; **~spflicht** *f p-al* duty, *o-al* duty; **~~verletzung** *f p-al* misconduct; **~spolitiker** *m*/**-in** *f* politician (by career), a career politician; **~squalifikation** *f p-al* qualification; **~sprognose** *f o-al* forecast, **~srichter** *m* /**-in** *f p-al* judge, salaried judge; **~srisiko** *n o-al* hazard, industrial hazard; **~srückkehrer** *m* /**-in** *f* person returning to *p-* (*eg after child care leave*); **~sschicht** *f o-al* category; **~sschule** *f* (part-time) *v-al*/industrial school; **~sschulinternat** *n* boarding school for *v-al* training; **~sschulwesen** *n v-al* education; **~ssoldat** *m*/**-in** *f* regular soldier; **~sspieler** *m* **/-in** *f p-al*/notorious gambler; *p-al* player (*sport*); **~ssprache** *f* vernacular, *p-al* jargon; **~sstand** *m p-*, *p-al* group; **~sstatistik** *f o-al* statistics; **~sstellung** *f o-al* position; **~sstruktur** *f o-al* pattern, career structure; **~ssystematik** *f* structure of *o-al* groups; *o-al* classification; **~stätigkeit** *f* employment, work, *o-*, *p-al* activity; **entgeltliche oder unentgeltliche ~~** *o* , whether gainful or not; **~sumschulung** *f v-al* retraining (*new career*); **~sunfähigkeit** *f o-al* disability (*less than 50% of normal capacity*); **~~srente** *f o-al* disability pension; **~sunfall** *m o-al* accident; **~~versicherung** *f o-al* accident insurance; **~sverband** *m p-al/v-al* organization / society / association; **~sverbot** *n* disqualification from public service, prohibition to practise a *p-*, non-admission to a *p-*; **~sverbrecher** *m* /**-in** *f* career criminal; habitual criminal, *p-al* criminal; **~~tum** *n* organized crime, *p-al* crime; **~svergehen** *n p-al* misconduct, unethical *p-al* conduct; **~sverhalten** *n* work habits; **~sverhältnis** *n o-al* status; **~sverkehr** *m* rush hour traffic, commuter traffic; **~sverlauf** *m* career; **~sverschwiegenheit** *f p-al* duty of confidentiality **~svertretung** *f* representation of *p-al* group; **~svorbereitung** *f v-al* preparation; **~swahl** *f* career choice; **freie ~~** freedom to choose one's *p-*, free choice of one's career; **~swechsel** *m* change of *o-* / *p-*, job change, **häufiger ~~** job-hopping; **~swunsch** *m* career aspiration; **~szeuge** *m*/**~szeugin** *f* expert witness, convenient witness, amenable witness; **~szugehörigkeit** *f o-al* category, membership of a *p-* /*o-al* group; **~szulassung** *f* admission to a *p-*; **~szuschlag** *m ins* extra premium for *o-al* risks; **~szweig** *m* branch of a *p-, o-*; **akademischer ~** academic *p-*, graduate *p-*; **ausgeübter ~** actual *o-*; **die freien ~e** *pl* the *p-s*, the *p-al* classes, *p-al o-s*; **erlernter ~** skilled trade, *o-* for which a person was trained; original *o-*; **freier ~** independent *p-*, liberal *p-*, self-employment, *p-al* services, free-lance work; **gefährdeter ~** hazardous *o-*; **graphische ~e** *pl* printing and allied trades; **handwerklicher ~** trade, craft; **hauswirtschaftliche ~e** *pl* domestic callings, domestic service; **kaufmännische ~e** *pl* mercantile callings; **nicht selbständiger ~** employment; **ständiger ~** regular *o-*; **von ~** by *o-*, by trade.

berufen *vt* to appoint (*to an office*), to co-opt (*to a committee*), to call (*to a chair*); *v reflex* to rely on *sth*, to plead *sth* (*ignorance, force majeure etc*), to vouch.

berufen *adj* qualified, competent.

beruflich *adj* professional, occupational, vocational.

berufs|bedingt *adj* occupational; **~fremd** non-occupational, unacquainted with the trade or profession concerned; **~mäßig** professionally, in a professional way, in keeping with one's profession; **~tätig** gainfully employed, working.

Berufung *f* **I** plea, appointment, call; **~ als Professor** *m*/**-in** *f* offer of a professorship/chair; **~ auf den Diensteid** invoking one's oath of office; **~ auf den Nachtrunk** hip-flask *US* defense/*GB* defence; **~ auf die Wahrnehmung berechtigter Interessen** plea in justification based on points of private /public interest; **~ auf höheren Befehl** plea of superior orders/ of acting under military orders; **~ auf Prozeßunfähigkeit** (*wegen Geisteskrankheit*) plea of insanity; **~sgrund** *m* grounds for being named as beneficiary under a will; **~ zum Erben** status as prospective heir; **unter ~ auf** recalling *sth.*

Berufung *f* **II** appeal (= *a-*) (*on issues of fact and law*); **~ einlegen** to appeal (from), to lodge an *a-*; **~ gegen das Strafmaß** *a-* against sentence; **~ in Strafsachen** criminal *a-*; **~ in Zivilsachen** *a-* in civil cases; **~ nach Fristablauf** *a-* after filing deadline/out of time; **~sakten** *f/pl* papers on the *a-*, records of the *a-*; **~sanschlussschrift** *f* notice of cross-*a-*; **~santrag** *m* petition of *a-*, point of *a-*; **~santwort** *f* respondent's answer on *a-*; **~sausschuss** *m admin* review board; **~sbegründung** *f* (statement of) grounds of *a-*, brief in support of *a-*; **~~sfrist** *f* time-limit for filing appellant's (statement of) grounds for *a-*; **~sbeklagte(r)** *f(m) (der ~sbeklagte)* respondent; **~sbeschränkung** *f* limiting the scope of an *a-*; **~seinlegung** *f* lodging an *a-*; **~sentscheidung** *f* appellate decision; **~serwiderung** *f* response to the *a-*; **~sfrist** *f* deadline for (filing) *a-*; **~sführer** *m* /**-in** *f* appellant, party appealing; **~sgebühren** *f/pl* appellate fees; **~sgegner** *m* **/-in** *f* appellee, respondent; **~sgericht** *n* court of *US a-s/GB a-*, appellate court; **~~sbarkeit** *f* appellate jurisdiction; **~sgrund** *m* ground of (for) *a-*, argument in support of the *a-*; **~sinstanz** *f* appellate court/ instance; **in der ~~ freigesprochen werden** to be acquitted on *a-*; **~skläger** *m* **/-in** *f* appellant (*in a civil case*); **~smöglichkeit** *f* possibility of *a-*; **~srecht** *n* right of *a-*; **~srichter** *m* **/-in** *f* appellate judge; **~srücknahme** *f* withdrawal of *a-*; **~ssache** *f* case on *a-*; **~sschrift** *f* petition for *a-*, notice of *a-*; **~sstelle** *f admin* board of *a-s*; **~ssumme** *f* sum/amount subject to *a-*, sum involved in the *a-*; **~surteil** *n* judgment on *a-*; **~sverfahren** *n* appellate procedure, appellate proceedings (*in the particular case*); **~sverhandlung** *f* hearing of an *a-*, sitting of the appellate court; **~sverzicht** *m* abandonment/waiver of an *a-*; **beschränkte ~** limited *a-*; **der ~ stattgeben** *US* to reverse (*the lower court's decision*), *GB* to allow the *a-*; ***e-e*** **~ als unbegründet zurückweisen** to dismiss an *a-* on the merits/as unfounded; ***e-e*** **~ frist- und formgerecht einlegen** to lodge an *a-* in due form and time; ***e-e*** **~ für zulässig erklären** to grant leave to appeal; ***e-e*** **~ ist zulässig** an *a-* is (procedurally) admissible; ***e-e*** **~ verwerfen** to dismiss an *a-* (on procedural grounds); ***e-e*** **~ zurückweisen** to dismiss an *a-* (on the merits); ***e-er*** **~ stattgeben** *US* to reverse (*the lower court's decision*), *GB* to allow an *a-*; **erfolglose ~** unsuccessful *a-*; **in die ~ gehen** to appeal; **über ~en beschließen** to hear and decide (any) *a-s*.

berufungsfähig *adj* appealable.

beruhen (auf) *vi* to be based (on), to rest (on); **auf sich ~ lassen** to leave *sth* undecided, to let *sth* rest.

Beruhigung *f* quieting; **~sfrist** *f* cooling-off period; **~szelle** *f* cooling-off cell, bull pen.

berühmen *v reflex* to assert, to claim to *o.s.*, to arrogate.

Berühmung *f* assertion (of a claim), pretension(s), jactitation, arrogation.

berühren *vt* to touch, to affect.

Berührung *f* touch; **~spunkt** *m* point of contact.

besagen *vt* to purport, to mean, to imply; **anscheinend ~** to purport, to appear to mean, to imply.

Besamung *f* (artificial) insemination; **~shauptstelle** *f US* center/*GB* centre for artificial insemination (of domestic animals); **~sstation** *f* insemination *US* center/*GB* centre.

Besatz *m* trim, trimmings (*dress*), facings (*shoes*), stemming, tamping bags (*drilling for oil*), admixture (*to seeds, farming*); **~waren** *f/pl* trimmings.

Besatzung *f* occupation (= *o-*), occupation forces; crew; **~samt** *n o-* office, administative office of the military government; **~saufträge** *m/pl* contracts of supply for the occupying power; **~sbehörden** *f/pl o-* authorities; **~sfolgekosten** *pl o-*-induced costs; **~sgebiet** *n* zone of *o-*, territory of *o-*; **~sliste** *f* crew list; **~smacht** *f* occupying power; **~szone** *f* zone of *o-*.

beschädigen *vt* to injure, to damage.

Beschädigten|rente *f* disablement pension, (*pension for (partly) disabled persons*); **~versorgung** *f* care for the disabled.

Beschädigte(r) *f(m)* (*der Beschädigte*) disabled person.

Beschädigung *f* damaging, damage (= *d-*), injury; **~ ausländischer Hoheitszeichen** violation of foreign flags and national emblems; **~ fremder Sachen** *d-* to property of another; **~ öffentlicher Anlagen** malicious *d-* to public places and grounds; **~ öffentlicher Bekanntmachungen** destruction of official proclamations (notices); **~ von Denkmälern** malicious *d-* to public monuments; ~ **von Siegeln** damaging official seals; ~ **wichtiger Anlagen** *d-* to important public installations; **absichtliche** ~ wil(l)ful/wanton *d-*; **böswillige** ~ malicious *d-*; **geringfügige** ~ slight *d-*, trivial deterioration or spoilage; **vorsätzliche** ~ wil(l)ful *d-*.

beschaffen *vt* to procure, to obtain, to furnish, to supply, to secure.

Beschaffenheit *f* nature, condition, state, quality; **~sangabe** *f* quality description; **~smerkmal** *n* characteristic feature; **~szeugnis** *n* certificate of inspection; **etwa gleiche ~ und Qualität** like grade and quality; **Soll-~** contractually intended quality, *quality as it should be according to contract.*

Beschaffung *f* procurement (= *p-*), provision, acquisition; ~ ***e-es*** **Darlehens** procuring a loan; **~samt** *n* *p-* division, *p-* office, supply office; **~sbeamter** *m*/**-in** *f p-* officer, purveyor; **~sermächtigung** *f p-* authorization; **~skosten** *pl* original cost(s), prime cost; **~sliste** *f p-* list, list of supplies; **~smarkt** *m* wholesalers' market, marketplace of wholesalers; **~soffizier** *m p-* officer; **~spreis** *m* cost of obtaining goods; **~srecht** *n* law of official *p-*, law of supply to governmental agencies; **~sschwindel** *m p-* fraud; **~sstelle** *f p-* agency; **~s- und Fertigungsphase** *f* acquisition and operational phase; **~svertrag** *m p-* contract, contract to supply (a public agency); **~swesen** *n* government *p-*, *US* defense/*GB* defence *p-*; ~ **von Kreditmitteln** *p-* of resources by borrowing, obtaining a loan.

beschäftigen *vt* to occupy, to keep occupied; to give employment to; *v reflex* (*sich mit etw*) to be concerned with, to consider, to busy *o.s.* with; ***jd-en*** **entgeltlich** ~ to employ for remuneration, to give remunerative employment to *s. o.*

beschäftigt *adj* employed, occupied; **gewerblich** ~ gainfully employed.

Beschäftigte(r) *f(m)* employed (person), jobholder, employee, person in remunerative employment; wage and salary earner; **~nstand** *m* level of employment, number of persons employed; **~nstatistik** *f* employment statistics; ~ **im öffentlichen Dienst** public servant; **abhängig** ~ employee, wage and salary earner; **ständig** ~ regularly employed, permanently employed; **unselbständig** ~ employee, wage and salary earner, paid worker; **unständig** ~ temporarily employed person.

Beschäftigung *f* occupation, vocation, employment (= *e-*), job, activity, engagement, pursuit; ~ **im Angestelltenverhältnis** salaried *e-*; ~ **im öffentlichen Dienst** public sector *e-*, public service *e-*; **~sabfall** *m* decline in *e-*; **~sabweichung** *f* deviation in *e-*; **~sanspruch** *m* right to one's job; **~sart** *f e-* category; **~sausschuss** *m EU E-* Committee; **~saussichten** *f/pl e-* prospects; **~sbedingungen** *f* conditions of *e-*; **~sbescheinigung** *f* certificate of *e-*, *e-* record card; **~sdauer** *f* duration (*or* period) of *e-*; **~seinbruch** *m* falling off in activity, sudden decline in *e-* figures; **~sengpass** *m e-* bottleneck; **~sgrad** *m* capacity utilization rate; **~slage** *f e-* situation, current *e-* figures; **~slose(r)** *f(m)* unemployed (person); **vermittlungsfähige ~~** employable unemployed; **~smöglichkeit** *f e-* opportunity; **~snachweis** *m* certificate of *e-*, *e-* record card; **~sort** *m* place of *e-*; **~spflicht** *f* obligation to continue actual *e-*; **~spolitik** *f e-* policy; **~spotential** *n* potential labo(u)r force; **~sreserve** *f* reserve of employable labo(u)r; **~sstand** *m* level of *e-*; **~sstatistik** *f e-* statistics; **~ssuche** *f* job search; **~stherapie** *f* occupational therapy; **~sverbot** *n* prohibition to employ (*individuals, groups, aliens*); **~sverhältnis** *n e-* relationship; **~szeit** *f* period of *e-*, duration of *e-*; **abhängige** ~ dependent *e-* (*wage-earning/salaried e-*); **entgeltliche** ~ remunerated/paid *e-*; **gefahrgeneigte** ~ hazardous occupation; **geringfügige** ~ minor occupation; small-scale *e-*; **hauptamtliche** ~ full-time *e-*; **lohnsteuerpflichtige** ~ *e-* subject to wage tax (*wage-earning/salaried e-*); **nebenberufliche** ~ part-time job, work on the side, side-line job; **probeweise** ~ probationary *e-*; **regelmäßige** ~ regular *e-*; **versicherungsfreie** ~ (social) insurance-free *e-*.

beschatten *vt* (*jd-en*) to shadow *s. o*.

Beschau *f* (physical) inspection, examination; ~ **der Warenladung** examination of the loads.

Bescheid *m* ruling, official reply, order, official information, (administrative) decision; **~serledigung** *f* ruling implementing the terms of an administrative decision, compliance with an administrative decision; **~serteilung** *f* notification, rendering of an administrative decision, issuing an official information, official reply; **abschlägiger** ~ denial, refusal; negative reply; **endgültiger** ~ final/definite decision; **schriftlicher** ~ written notification, written ruling; **vorläufiger** ~ provisional ruling.

bescheiden *vt* to render an administrative decision, to notify of a decision; ***jd-en*** **abschlägig** ~ to inform *s. o.* of a negative decision, to reject.

Bescheidungsurteil *n administrative court judgment instructing a public authority to make a certain ruling.*

bescheinigen *vt* to certify, to confirm in writing, to attest.

Bescheinigung *f* certification, certificate (= *c-*), certificate *(to whom it may concern)*, attestation, written confirmation; ~ **der Echtheit** authentication; ~ **über die Aufteilung von Partien** *c-* for splitting of consignments; ~ **über die Zulassung nach dem Konstruktionsprinzip** *c-* of approval by design type; ~ **über vom Arbeitgeber bezahlte Lohnsteuer** withholding statement, proof of wage taxes paid by employer; **amtliche** ~ official *c-*; **ärztliche** ~ doctor's *c-*, medical *c-*; ***e-e*** ~ **beibringen** to provide a *c-*, to furnish a *c-*; **konsularische** ~ consular *c-*; **notarielle** ~ notarial certification/attestation, notary's *c-*; **vorläufige** ~ interim *c-*; **zollamtliche** ~ customs *c-*.

beschenken *vt* to make a gift to *s. o.*, to donate.

Beschenkte(r) *f(m)* (*der Beschenkte*) donee, presentee, recipient of a gift.

Beschilderung *f* signposting.

beschimpfen *vt* to abuse, to revile, to vituperate.

Beschimpfung *f* (*pl* ~*en*) abuse, revilement, invective, vituperation, abusive language, offensive language; ~ **der Bundesrepublik** abusive language against the Federal Republic; ~ **der Kirche** revilement of the church(es); ~ **des Staates und seiner Symbole** vilification of the State and its emblems; ~ **Verstorbener** disparaging the memory of the dead; ~ **von Religionen und Weltanschauungen** revilement of other religions and creeds.

Beschlagnahme *f* (legal) seizure (= *s-*), attachment (= *a-*), court-ordered receivership; distraint (*by landlord*), arrest (*of a ship*), order of attachment of debts (*garnishment*), levy (*in execution*), requisition (*military purposes*), confiscation; **~anordnung** *f* order of *a-*, writ of sequestration, seizing order; **~beschluss** *m* order of *a-*; ~ **des Führerscheins** *s-*/taking away of *US* driver's/*GB* driving licence; ~ **durch Eingriff von hoher Hand** arrest of princes, intervention by government agencies (*insurance policy*); ~ **durch Pfändungs- und Überweisungsbeschluss** *a-* by garnishee order; ~ **durch Wegnahme** actual *s-*, physical *s-*; ~ ***e-er*** **Druckschrift** confiscation of printed matter; **~freiheit** *f* exemption from *a-* and *s-*; **~protokoll** *n* record(s) of a *s-/a-*; **~recht** *n* right of *s-*; *int* right of angary; **~risiko** *n ins* risk of *s-*; **~~ ausgeschlossen** free of capture and *s-*; **~verfügung** *f* charging order, warrant of *a-*; **~ von Forderungen** *a-* of debts; **~ von Schutzrechten** sequestration of industrial property rights; **~wert** *m* condemnation value; ***e-e* ~ aufheben** to set aside an *a-* order, to release *sth* from *a-*, to grant replevin; **gerichtliche ~** judicial *s-*; **physische ~** actual *s-*, physical *s-*; **rechtswidrige ~** illegal *s-*, improper *s-*.

beschlagnahmefähig *adj* liable to be seized, attachable.

beschlagnahmen *vt* to seize, to attach, to distrain, to levy, to requisition (→ *Beschlagnahme*), to impound, to place/impose an embargo (on), to arrest, to confiscate.

Beschleunigung *f* expedition, acceleration, speeding up; **~ des Verfahrens** expediting proceedings; **~spflicht** *f* obligation to expedite (*proceedings, the handling of sth*); **~streifen** *m* acceleration lane (*highway*).

beschließen *vt* to adopt (*resolution*), to pass a resolution, to resolve, to decide, to pass (*motion, bill*), to vote, to declare (*dividend*); **durch Konsens ~** to resolve by informal consent, to agree informally.

beschlossen *pp, adj* resolved; **~ und verkündet** ordered and pronounced as follows; ordered, adjudged, and decreed.

Beschluss *m* order (= *o-*), court order, intermediate order (*court*), ruling (*in proceedings*), resolution (= *r-*) (*meeting, parliament*), vote; **~abteilung** *f* decision-making department, *division for labo(u)r-court matters decided by o-* (*not judgment*); **~ auf einseitigen Antrag** *o-* ex parte; **~ auf Verwerfung *e-es* Rechtsmittels** *o-* to dismiss; **~ auf Wiederaufnahme *e-es* ruhenden Verfahrens** *o-* of revivor; **~ auf Zulassung der öffentlichen Zustellung** *o-* for service by publication; **~ausschuss** *m* executive committee; **~fähigkeit** *f* (presence of a) quorum; **~fassung** *f* (passing of a) *r-*, voting; **~~ des Aufsichtsrats** *r-* of the supervisory board; **~feststellung** *f* (*chairman's*) statement whether a *r-* has been adopted; **~ im Bürowege** *o-* in chambers; **~kammer** *f labo(u)r court division for matters decided by o-* (*not judgment*) → *~verfahren*; **~ mit einfacher Mehrheit** ordinary *r-*, *r-* by simple majority; **~ nur auf Antrag** ex parte *o-*, special rule; **~recht** *n* authority to issue (*directly applicable*) *o-s* and regulations; **~ über die Aufhebung des Haftbefehls** release *o-* to set aside a warrant of arrest; **~ über (die) Eröffnung des Konkursverfahrens** *o-* of adjudication in bankruptcy; **~unfähigkeit** *f* lack of a quorum; **~verfahren** *n* decision-making by vote; court-*o-* proceedings (*decisions by o-s not judgments*); **außerordentlicher ~** extraordinary *r-*; **der angefochtene ~** the *o-* (decision) appealed from, the *r-* in dispute; **der ~ wurde schriftlich gefasst** the *r-* was passed in writing, adopted by a written vote; **durch ~ bestimmen** to decide by *r-/o-*; ***e-en* ~ aufheben** to discharge an *o-*; ***e-en* ~ erlassen** to issue an *o-*, to pass a *r-*; ***e-en* ~ fassen** to pass a *r-*; **einstimmiger ~** unanimous vote, unanimous *r-*; **es ergeht folgender ~** be it resolved, that it is ordered and decreed as follows; **gerichtlicher ~** court *o-*; **mit qualifizierter Mehrheit gefasster ~** extraordinary *r-*, *r-* passed by a qualified majority; **qualifizierter ~** special *r-* (*after notice*), qualified *r-*; **rechtsgültiger ~** (legally) valid *r-*; **rechtskräftiger ~** non-appealable *o-*, final ruling (*of a court*); **rechtswirksamer ~** decision having legal effect; **richterlicher ~ im Bürowege** judge's *o-*, *o-* in chambers;

unqualifizierter ~ ordinary *r*-; **zur ~fassung geeignet** votable; **zwingender** ~ peremptory *o*-.
beschluss|fähig *adj* qualified to decide by vote; being a quorum; having/constituting a quorum; **nicht ~~ sein** to lack a quorum; **~reif** *adj* ready to be voted on.
bescholten *adj* unchaste, having lived an unchaste life.
Bescholtenheit *f* stained reputation, unchastity.
beschränken *vt* to limit, to restrict, to restrain.
beschränkend *adj* restrictive, limiting.
beschränkt *adj* limited, restricted, qualified; **~steuerpflichtig** *adj* subject to limited tax liability (*non-residents*); **zeitlich** ~ qualified as to time, limited in time.
Beschränkung *f* restriction (= *r*-), limitation (= *l*-), limit, qualification; ~ **der Erbenhaftung** *l*- of liability for debts of the estate; ~ **der Zuständigkeit** *l*- of jurisdiction; **~en auferlegen** to impose *r-s*; **~en aufheben** to withdraw/remove *r-s*; **~en im Wirtschaftsverkehr** *r-s* on trade; trade barriers; **gesetzliche** ~ statutory *r*-, legal *r*-; **haushaltsrechtliche ~en** budgetary *r-s*; **immanente** ~ self-qualifying element, immanent qualification; **keinen ~en unterworfen** without *r-s*; **mengenmäßige** ~ *EU* quantitative *r*- (on imports and exports); **ohne jede** ~ without any *r-s*, without let or hindrance; **verschleierte** ~ disguised *r*-; ~ ~ **des Handels** *EU* disguised *r*- on trade; **zeitliche** ~ *l*- (in time).
beschreiben *vt* to describe, to outline, to set out, to give an account; **ausführlich** ~ to give a detailed description of *sth*.
Beschreibung *f* description, account, report, narration, *pat* specification; **deutliche** ~ ***e-es*** **Patentanspruchs** distinct statement of the invention claimed, clear description of a (patent) claim; ***e-e*** **genaue** ~ **des Verbrechers** an exact description of the criminal; **gleicher** ~ of (a) like description; **vorläufige** ~ provisional specification.
beschriften *vt* to letter, to provide with an inscription; to mark in writing, to write on (*envelope, document*), to caption (*illustration*), to label, to mark (*goods*).
Beschriftung *f* inscription, superscription, marking, → *beschriften*; **~sschild** *n* placard, name plate, marking label.
beschuldigen *vt* to blame, to lay/put the blame on *s. o.*, to charge *s. o.* (*with having committed an US offense/GB offence; with a crime*), to accuse (*formally in court*), to inculpate, to incriminate; ***jd-en*** ~ to lay a charge againgt *s. o.* /at *s. o.*'s door; **sich selbst** ~ to incriminate *o.s.*, to blame *o.s.*
beschuldigend *adj* accusatory, inculpatory, incriminatory.
Beschuldigte(r) *f(m)* (*der Beschuldigte*) the person charged, suspect (*during investigation*), defendant (*before trial, non-technically during trial*), accused (*in court* → *Angeschuldigte(r)* → *Angeklagte(r)*).
Beschuldigung *f* inculpation, charge, accusation, imputation; ***e-e*** ~ **gegen *jd-en* vorbringen** → *beschuldigen*; **falsche** ~ false accusation/ allegation; **grundlose** ~ baseless charge.
Beschusswesen *n* examination and *US* licensing/*GB* licencing of fire arms.
Beschützer *m*/**-in** *f* protector; **~garant** *m*/**-in** *f* person under duty of care out of special relationship (to the individual to be protected), → *Obhutsgarant*, ↔ *Sicherungsgarant, Überwachergarant*.
Beschwer *f* grievance, gravamen, cause of complaint.
Beschwerde *f* complaint (= *c*-) (*injustice, grievance to superior, etc*), grievance, request for relief; remonstrance, appeal (= *a*-) against an administrative act; interlocutory appeal, appeal from a court order

(*from interlocutory or final decisions in the form of an order and not judgment,* → *Beschlussverfahren*); **~antrag** *m* application for relief in an *a-* (*from a court order*); **~ausschuss** *m* *a-s* board, grievance committee, *c-s* commission; **~begründung** *f* argument in support of an *a-* (*from court order*); **~behörde** *f* public authority competent for the *c-*; **~belehrung** *f* instructions for an *a-*, *advice as to the legality, time and formalities of an a-* (*or c-*); **~berechtigte(r)** *f(m)* person aggrieved, person entitled to appeal, complainant, appellant; **~bescheid** *m* information about the determination of a *c-/ a-*; **~brief** *m* letter of *c-*; **~buch** *n* book of *c-s*, requests book; **~einlegung** *f* taking *a-/* filing, lodging of a *c-/ a-*; **~ erheben** to lodge an *a-* (*from an order*), to remonstrate; **~entscheidung** *f* determination of a *c-/ a-*; **~frist** *f* time/deadline for lodging an *a-*; **~ führen** to complain, to lodge a *c-*; **~führer** *m* **/-in** *f* complainant; appellant, remonstrant, petitioner; **~~ bei Schlichtungsverfahren** grievant; **~gebühr** *f* *a-* fee, *pl* *~en a-* charges; **~ gegen *e-e* Entscheidung einlegen** to file an *a-* against a decision, to appeal a decision; **~gegenstand** *m* cause of *a-*; matter of *c-*; **~gegner** *m* **/-in** *f* appellee, respondent; **~gericht** *n* *a-* court, court of *a-*; appellate division; **~grund** *m* gravamen, reason for *c-*; **~instanz** appellate instance; **~kammer** *f* appellate division (*from orders of the local court* → *Amtsgericht, or regional court* → *Landgericht*); *admin, pat* board of *a-*; **~kommissar** *m* **/-in** *f* ombudsman/woman; **~punkt** *m* subject matter of *c-*, *pl* counts/points of *c-*; **~recht** *n* right of *c-*, right of *a-*; **~rücknahme** *f* withdrawal of *a-*; **~schrift** *f* petition for review; **~senat** *m* appellate division; **~stelle** *f* *c-s* department; **~summe** *f* sum involved in (interlocutory) *a-*; **~- und Petitionsrecht** right to complain and petition (*in case of a grievance*); **~verfahren** *n* appellate procedure (*concerning a court order*); **~weg** *m* *a-s* procedure, channels of *c-*, grievance procedure, *c-s* procedure; course of remedial action; **den ~~ beschreiten** to lodge a *c-*; **~wert** *m* (*amount assessed as*) appellate value; ***e-e* ~ verwerfen** to refuse an *a-*; ***e-er* ~ abhelfen** to take remedial action upon a *c-*, to grant a remedy upon the lodging of a *c-/a-* (*by the agency or court against whom the c- or a- is directed*); to remedy as directed; (*generally*) to remedy a grievance, to silence a *c-*, to remove cause of *c-*; **einfache ~** ordinary *a-* (from a court order) (*no time-limit*); **sofortige ~** immediate *a-* (from a court order) (*to be filed within the statutory period*); **weitere ~** further *a-* on points of law (*against a court order*).

beschwerdefähig *adj* appealable, subject to appeal.

beschweren *vi* to aggrieve; *v reflex* to complain, to make complaint, to state one's grievance.

beschwerlich *adj* onerous, arduous, tiresome, inconvenient.

Beschwerlichkeit *f* inconvenience, arduousness.

beschwert *adj* aggrieved, adversely affected; **sich ~ fühlen** to feel aggrieved.

Beschwerte(r) *f(m)* (*der Beschwerte*) person aggrieved.

beschwichtigen *vt* to appease, to soothe.

Beschwichtigungspolitik *f* policy of appeasement.

beschwindeln *vt* to cheat, to swindle.

beschwören *vt* to swear (*to the truth of sth*), to take (swear) an oath, to affirm (on oath).

besehen *vt* to inspect, to examine (*goods*); **wie ~** as inspected.

beseitigen *vt* to eliminate, to remove; **schrittweise ~** to progressively eliminate.

Beseitigung *f* elimination, removal; **~ *e-er* Störung** abatement of a nuisance; removal of a defect, remedial maintenance (*equipment*); ~

des Strafmakels removal of the blemish of punishment (*juvenile offenders*); ~ **radioaktiven Abfalls** disposal of radioactive waste material; **~sanspruch** *m* right to the abatement of a nuisance, right to have *sth* removed/eliminated; **~sbefugnis** *f* authority to require the removal/elimination of *sth*; **~sklage** *f* action for abatement/suppression of a nuisance; **~sverfügung** *f* condemnation order; ~ **von Elendsvierteln** slum clearance; ~ **von Rechtsmängeln** removing a defect of title (*deficiency in title, defect in substance*).

besetzen *vt* to occupy, take possession of (*territory, premises*), to fill (*vacancy*), to appoint *s. o.* (*to a post*).

Besetztzeichen *n* engaged/busy signal (*telephone*).

Besetzung *f* occupation; appointment, placement; ~ **des Gerichts** composition of the bench; attendance of judges in court; ~ **feindlichen Gebietes** occupation of enemy territory; **~srüge** *f* objection to the composition of a panel of judges; **~srecht** *n* right of patronage; ~ **von Arbeitsplätzen** filling of jobs; **kriegerische** ~ belligerent occupation.

besichern *vt* to secure, to provide collateral.

Besicherung *f* providing security/collateral for a loan; **~svereinbarung** *f* security agreement; **dingliche** ~ providing (in rem) collateral (security), providing security by mortgage.

Besicht *m* inspection (*upon sale*), (superficial) examination; **auf ~ kaufen** to buy subject to inspection; **nach ~ kaufen** to buy after examination; **ohne** ~ without inspection.

besichtigen *vt* to inspect, to view, to examine, to tour.

Besichtigung *f* inspection (= *i*-), view, examination; ~ **des Tatorts** *i*-/viewing of the scene of a crime; **~sbericht** *m* survey/ *i*- report; **~sprotokoll** *n* survey report, mutual record of *i*-; **gerichtliche** ~ judicial *i*-, view taken by the court; **nach ~ kaufen** to buy after *i*-; **ohne** ~ without previous *i*-; **unverbindliche** ~ non-binding *i*-, free *i*-; **zur** ~ on show, for examination.

Besitz *m* possession (= *p*-) (*in the legal sense*), occupancy (*of rooms, houses*), holding (*of shares, securities, land*), property (*in an economic, non-legal sense*); **~anspruch** *m* possessory claim, claim for *p*-; **~antritt** *m* entry into *p*-, taking *p*-; **~aufgabe** *f* surrender of *p*-; ~ **aufgeben** to part with *p*-, to surrender *p*-; ~ **auf Grund *e-es* Besitzmittlungsverhältnisses** derivative *p*-; **~dauer** *f* holding period; **~diener** *m* **/-in** *f* possessor's agent, possessory servant, custodian, person exercising actual control (*eg caretaker*); **~einräumung** *f* granting of *p*-, delivery of *p*-; **~einweisung** *f* putting into *p*-; ~ **entziehen** to dispossess, to oust, to turn *s. o.* out of *p*-; **~entziehung** *f* dispossession, divestment, exclusion and ouster, ejection ouster; **~~sklage** *f* action for (recovery of) *p*-; **widerrechtliche ~~** unlawful ouster, unlawful dispossession; ~ **ergreifen** to take *p*- (of); **~ergreifung** *m* taking *p*-, taking up occupation; **~~srecht** *n* right of occupation; ~ **erlangen** to obtain *p*-; **~erlangung** *f* gaining *p*-, obtaining *p*- (of); **~erwerb** *m* obtaining *p*- (of), taking *p*- (of); ~ **erwerben** to acquire/obtain/gain *p*-; **~fehler** *m* legal deficiency of *p*-; **~gehilfe** *m* → *~diener*; **~genuss** (actual) enjoyment of *p*-; **~gesellschaft** *f* property-holding company; **~größe** *f* size of holdings; ~ **im Rechtssinn** legal *p*-; **~institut** *n* (*constitution possessorium*), possessory agreement, agreement for indirect *p*-, *granting possessor* (*debtor*) *the right to hold p- on behalf of another* (*the creditor*); **~klage** *f* action for (recovery of) *p*-, possessory action, writ of entry; **~konstitut** *n* constructive delivery (*chattels*) with retention of *p-* (*by seller, mortgagor*), constructive bailment; **antizipiertes** ~~ anticipatory constructive bailment, constructive delivery in anticipation of production with retention of *p-* (*by producer mortgagor*); **~konto** *n* property account; ~ **mit der Absicht der Veräußerung** (*Rauschgift*) *p-* with the intent to supply; **~mittler** *m* /**-in** *f* bailor, *person allowing indirect p- to another*; **~mittlungsverhältnis** *n* bailment *relationship allowing indirect p- (tenancy, deposit, etc)*; **~nachfolger** *m* /**-in** *f* subsequent holder, subsequent possessor; ~ **nach Vertragsablauf** holding over; **~nachweis** *m* proof of *p-*; **~nahme** taking *p-* / occupation (of); ~ **ohne Gewahrsam** *p-* in law; ~ **ohne Rechtstitel** naked *p-*, *p-* without due legal title; **~pfand** *m* possessor's lien, possessory lien; **~recht** *n* right of *p-*, right to *p-*, possessive right, possessory interest, possessory title *pl also* occupancy rights; **~rückgabe** *f* surrender of *p-*; **~schutz** *m* legal protection of *p-*; **~stand** *m* acquired status, vested rights; **~~sklausel** *f* grandfather clause; **gemeinschaftlicher** ~~ *EuR* acquis communautaire; **Schengen-~~** *EuR* Schengen acquis; **~steuer** *f* tax on income and property, tax on earned and unearned income; **~störer** *m* /**-in** *f* trespasser, *person who disturbs quiet p-*; **~störung** *f* disturbance (of *p-*), (unlawful) interference with *p-*, trespass, private/ civil nuisance; **~~sklage** *f* action for disturbance of *p-*, action of trespass; **~titel** *m* possessory title, right to *p-*; **nicht verkehrsfähiger** ~~ unmarketable title; **rechtsfehlerhafter** ~~ want of title; **~tum** *n* property, *p-s*; **~übergang** *m* change of *p-*; **~übernahme** *f* entry into *p-*; **~übertragung** *f* transfer of *p-*; **Tag der** ~~ date of transfer of *p-*; **~umschreibung** *f* transfer of title registration; **~- und Gebrauchsvorteile** *p-* and enjoyment; ~ **und Nutzung entziehen** to oust, to dispossess, to eject; **~- und Verkehrssteuern** taxes on property and transactions; **~urkunde** *f* title deed, document of title; **~veränderung** *f* change of *p-*; **~verbot** prohibition of owning *sth*; **~verhältnisse** *n/pl* property situation; **~verlust** *m* loss of *p-*, loss of property; **~vermutung** *f* presumption of ownership by person in *p-* (*as against execution creditors*); **~vorenthaltung** *f* deprivation of the enjoyment of property, ouster; **~wechsel** *m* change of *p-*, change in ownership; *acct* bills receivable (*balance sheet item*); **~wehr** *f US* defense/*GB* defence of *p-* and custody (*self help*); **~wille** *m* intention of possessing, animus possidenti; wish to possess; **~zeit** *f* duration of *p-* /of continuous holding; **~zersplitterung** *f* fragmentation of holdings; **abgeleiteter** ~ derivative *p-*; **aus dem** ~ **vertreiben** to oust, to eject; **ausschließlicher** ~ exclusive *p-*; **bestrittener** ~ adverse *p-*; **den** ~ **wiedererlangen** to recover *p-*; **der jeweilige ~berechtigte** the person for the time being entitled to *p-*; **fehlerhafter** ~ faulty *p-*, adverse *p-*; **fiktiver** ~ constructive *p-*; **fingierter** ~ constructive *p-*, indirect *p-*; **fortwährender** ~ continuous *p-*; **geduldeter** ~ *p-* by tacit consent, tenancy at will; **gemeinschaftlicher** ~ joint *p-*, joint holding; **gutgläubiger** ~ bona fide *p-*; **im** ~ having *p-* (of); **im** ~ **angetroffen** found in *p-*; **im** ~ **sein von** to be in *p-* of; **im ausschließlichen** ~ **von** ***etw*** **sein** to have sole *p-* of *sth*; **im unmittelbaren** ~ **habend** in *p-*; **in** ~ **nehmen** to take *p-* of, to occupy; **in** ~ **setzen** to give *p-*, to bestow *p-* upon; **in unmittelbarem** ~ **und Gewahrsam** in actual *p-*; **in vollem** ~ **seiner geistigen Kräfte** in (full) *p-* of his faculties, being of sound mind (and memory); **jederzeit entziehbarer** ~ precarious *p-*;

jd-en **in den ~ einweisen** to give *p-*; **landwirtschaftlich genutzter ~** agricultural holding; **mittelbarer ~** indirect *p-*, constructive *p-*; **rechtlicher ~** legal *p-*; **rechtmäßiger ~** lawful *p-*; **rechtswidriger ~** unlawful *p-*; **redlicher ~** honest *p-*, *p-* in good faith; **reiner ~** naked *p-*, natural *p-*; **tatsächlicher ~** actual *p-*; **treuhänderischer ~** fiduciary *p-*; **unbefugter ~** unauthorized *p-*; **unbeschränkter ~** full *p-*; **unerlaubter ~** illegal *p-*; **ungestörter ~** quiet *p-*; **in ~ ~ haben** to enjoy quiet *p-*; **unmittelbarer ~** immediate *p-*, direct *p-*, actual *p-*, physical *p-*, corporeal *p-*; **unrechtmäßiger ~** unlawful *p-*, *p-* without title; **uralter ~** immemorial *p-*; **widerrechtlicher ~** unlawful *p-*; **wieder in ~ nehmen** to repossess, to resume *p-* of; **wieder in den ~ setzen** to restore to *p-*; **wohlerworbener ~** vested *p-*, vested right of *p-*.

besitzen *vt* to possess, to have possession (of), to hold, to occupy; *generally econ* to own; **treuhänderisch ~** to hold on/in trust, to hold as a trustee.

Besitzer *m* **/-in** *f* possessor (= *p-*), holder, occupier, occupant, person in possession; *econ* proprietor; **~ auf Lebenszeit** holder for life, life tenant; **bösgläubige(r) ~** *p-* mala fide; **frühere(r) ~** prepossessor, former occupant; **gutgläubige(r) ~** *p-* bona fide, innocent holder for value (*bill of exchange*), holder in good faith; **mittelbare(r) ~** bailor, indirect *p-*; **nicht berechtigte(r) ~** adverse *p-*; **prekarische(r) ~** occupant at will, occupant upon sufferance; **rechtmäßige(r) ~** lawful holder, lawful *p-*; **tatsächliche(r) ~** actual *p-*; **treuhänderische(r) ~** fiduciary bailee, holder in trust; **unmittelbare(r) ~** direct holder, actual *p-*.

besitzrechtlich *adj* possessory.

Besitztum *n* property, estate, possession(s); **befriedetes ~** enclosed premises.

Besitzung *f esp pl* landed estate, properties, possessions.

besolden *vt* to remunerate for one's services, to pay a salary to (*public official*), to pay a stipend to (*magistrate, etc*).

besoldet *adj* salaried, stipendiary.

Besoldung *f* salary (= *s-*), remuneration (= *r-*) of employment (*official, officer*); stipend (*judges, clergymen*); pay (*soldiers*); **~sanpassung** *f s-* adjustment; **~sdienstalter** *n* seniority for *s-* purposes, age for purposes of *r-*; **~sgesetz** *n* enactment for the *r-* of public officials, *s-* law; **~sgruppe** *f s-* bracket, grade, *s-* class; pay grade, *s-* scale; **~sniveau** *n* level of *r-*; **~sordnung** *f s-* scheme, pay plan, system of *r-*, *pl* *~en s-* regulations; **~splan** *m r-* plan for public officials; **~sreform** *f* reform of the system of *r-* (*public officers*); **~sstelle** *f* pay office; **~sstufe** *f s-* grade; **~starif** *m* rate of pay.

besonnen *adj* circumspect, sensible.

Besonnenheit *f* circumspection.

besorgen *vt* to procure, to look after, to attend to (*s. o.*'s affairs).

besorgen *vi* to apprehend, to suspect.

Besorgnis *f* apprehension; **~ der Befangenheit** reasonable grounds to suspect partiality, fear of prejudice; **wegen ~ ~ ~** propter affectum, on account of prejudice.

Besorgung *f* commission, procurement, provision; handling, errand; **~ fremder Geschäfte** handling matters of third parties.

besprechen *vt* to discuss, to confer (with *s. o.*), to review (*a book*).

Besprechung *f* discussion, talk, conference, review, critique; **~sexemplar** *n* review copy, press copy; **~sgebühr** *f* lawyers' fee for out-of-court negotiations; **einleitende ~** opening talks; **interne ~** private discussion.

Besserverdienende *pl* the better off, higher income earners, employees of the higher income brackets.

Besserung *f* reformation, improvement (of deliquents); **~sanstalt** *f obs* house of correction, detention home, reform school, reformatory; **~sklausel** *f* betterment clause, *debtor's conditional promise of additional payments in case of improved earnings position*; **~smaßregeln** *f/pl* measures for improvement and correction (of convicted persons); **~sschein** *m* income and adjustment bond, bond to pay when able, debtor warrant, *promise in writing to pay upon improvement of the debtor's financial circumstances.*

besserungsfähig *adj* reclaimable, corrigible.

Bestabrechnung *f* charging most favo(u)rable rate to consumer (*electricity*).

bestallen *vt* to appoint (*s. o. to public office*), to license (*professions*).

Bestallung *f* appointment, order of appointment, the granting of a *US* license/*GB* licence (*to practice*); **~surkunde** *f* instrument of appointment, certificate of appointment, letter of appointment, letters patent, patent vesting deed.

Bestand *m* (*pl Bestände* = *~e*) holdings, portfolio, stock (in hand), inventory (= *i-*); balance (*of an account*), cash balance, cash in hand; orders in hand; *~e* resources; legal validity, legal continuity; ~ **an ausstehenden Einfuhrlizenzen** float of outstanding import *US* licenses/*GB* licences; ~ **an Lebensversicherungen** holdings of life insurance contracts (*by an insurance agent*); ~ **an Termineinlagen** total time deposits; ~ **aufnehmen** to take stock, to take *i-*; **~e in zweiter Hand** stocks in the hands of subsequent holders (*after the producers*); **~saufnahme** *f* stock taking, stock check, *i-*; **belegmäßige ~~** voucher-monitored material *i-*; **karteimäßige ~~** card-file monitored material *i-*; **~sbewertung** *f i-*valuation; **~sbuch** *n* stock book; **~sdichte** *f* crop density (*forestry*); **~serhaltung** *f* preservation of amenity; **~sführung** *f* asset accountability; **~skarte** *f i-* card; **laufende ~~** perpetual *i-* card; **~skonto** *n* asset account, real account, *pl* books of original entry; **~skontrolle** *f* stock check, *i-* control; **~skraft** *f* administrative finality; **~~klausel** finality clause; **~sliste** *f i-*, stock-list; **~slockerung** *f* thinning (out) (*forest*); **~smeldung** *f* stock report, report on present assets/ holdings; **~sminderung** *f* decrease in stock; **~sprüfer** *m* /**-in** *f* stock chaser, *i-* checker; **~sprüfung** *f i-* audit; **~srente** *f* present pension; **~sschutz** *m* protection of vested rights; **~~klausel** *f* grandfather clause; **~~regelung** *f* grandfather clause; **~sübernahme** *f i-* take-over; **~sübertragung** *f* transfer of total stock/holdings; **~sveränderung** *f* stock change, change in book value (of an asset), change in portfolio holdings; **~sverlust** *m i-* shrinkage, *i-* loss; **~sverzeichnis** *n* property report, *i-*list, schedule of properties, register (*and description of items*) of landed property (*in land title register*); **~swagnis** *n i-* contingency, *i-* risk; **~szahl** *f* present total; stock figure; **abgetretener ~** assigned outstanding accounts; **den ~ körperlich aufnehmen** to take *i-* by actual checking; **ein gegebener ~** (*von Geld und Kapital*) a given sum/amount (*of money and capital*), currently available stock; **eiserner ~** base stock, reserve stock, last reserve, reserve fund; **flottierender ~** float; **offener ~** open-end account; **unverkäufliche ~e** dead stock; **valutarische ~e** gold and foreign exchange reserves.

bestandskräftig *adj* final and absolute.

Bestandteil *m* component, constituent part, integral part; ~ **des Grundstückseigentums bilden** to run with the land; ***e-en*** **~ darstellen** to form an integral part (of); **organischer ~** natural component/element; **unwesentlicher ~** separable part, removable component (part); **wesentlicher ~** vital component part, integral part, part and parcel, irremovable part, (immovable) fixture (*realty*); ***etw* zum ~n ~ *e-er* Urkunde machen** to incorporate by reference.

bestätigen *vt* to confirm, to ratify, to endorse, to validate; to acknowledge; to sustain, to uphold (*decision*); to certify (*copy, US check/GB cheque*), to corroborate (*testimony*); **amtlich oder gerichtlich ~** to homologate, to confirm officially or judicially, to certify.

bestätigt *pp, adj*; **es wird hierdurch ~, daß** this is to certify that, it is hereby certified that; **unterschriftlich ~** witness our hands; signed and approved.

Bestätigung *f* confirmation (= *c-*), ratification, endorsement, validation, acknowledgment; **~ der Ordnungsgemäßheit** certificate of compliance; **~ der Zeugenaussage** corroboration of witness; **~ *e-es* Urteils** *c-* of a judgment; **~sbrief** *m* letter of acknowledgment/ *c-*, → *~sschreiben*; **~spatent** *n c-* patent; **~srecht** *n* right of approval (*of nominations, etc*); **~sschreiben** *n* letter of acknowledgment; letter of *c-*, *c-* note, *c-* of an order; **kaufmännisches ~~** commercial letter of *c-*; **~surkunde** *f c-* certificate, document of ratification; **~svermerk** *m* attestation; **~~ des Wirtschaftsprüfers** auditor's report; audit opinion; **~szeichen** *n* confirmatory sign (*traffic*); **eidliche ~** *c-* upon oath; **eingedenk und in ~** *(Präambelformel)* recalling and confirming; **gerichtliche ~** judicial *c-*; **gültig nur bei ~** subject to *c-*; **rückseitige ~** endorsement (overleaf); **um ~ des Empfangs wird gebeten** please acknowledge receipt.

bestätigungsfähig *adj* affirmable.

Bestattung *f* funeral (= *f-*), burial, interment, cremation; **~sanstalt** *f* undertaker's establishment, *US f-* parlor; **~sfeierlichkeit** *f f-* ceremony, obsequies; **~sgeld** *n f-* expenses compensation; **~sgewerbe** *n* undertaking; **~skosten** *pl f-* expenses; **~sort** *m* burial place, resting place; **~swesen** *n f-* matters.

Bestbietende(r) *f(m)* (*der Bestbietende*) (the) highest bidder.

bestechen *vt* to bribe, to buy (over), to corrupt, to grease *s. o.*'s palm; **sich ~ lassen** take/accept a bribe/bribes.

bestechlich *adj* corruptible, open/ amenable to bribery, venal

Bestechlichkeit *f* corruptibility, corruption, venality, openness to accepting bribes; bribery; *acceptance of benefit by public official for an act in violation of his duty.*

Bestechung *f* bribing, bribery; corruption, corrupt practices, *US* graft; **aktive ~** offering a bribe, bribing (an official); **passive ~** acceptance of a bribe, taking a bribe, taking kickbacks; **~sfond** *m* slush fund; **~sgeld** *n* bribe money, slush, boodle; **~smanöver** *n* corrupt practices; **~sversuch** *m* attempt to bribe.

bestehen *vi* to exist; **noch ~** to subsist, to survive; **~ aus** to be composed of.

bestehend *adj* existing, in esse, extant, prevailing.

Bestell|buch *n* order-book; **~eingang** *m* (number of) incoming orders; **laufender ~~** amount of orders currently being placed; **~formular** *n* purchase order form; **~geld** *n* delivery charge; **~index** *m* index of incoming orders; **~karte** *f* return coupon; **~liste** *f* list of orders; **~schein** *m* order form, subscription form; **~vertrag** *m publisher's contract with an author for a specific work to be created*; **~zeichen** *n* order mark/number/code/name; **~zeitraum** *m* order period; **~zettel** *m* order form, order slip; **~zuschlag** *m* order margin.

bestellen *vt* to order (*goods, food*), to place an order (for), to appoint (*s. o. to a public office*), to create/ execute a mortgage; to till, to cultivate.

Besteller *m*/**-in** *f* person/ firm ordering (*goods, etc*), orderer, customer; person/ firm commissioning.

bestellt *adj* ordered, booked, on order; **ordnungsgemäß** ~ duly appointed, named, appointed and constituted.

Bestellung *f* order, purchase order; appointment; tillage (land), sowing; ~ ***e-er*** **Hypothek** granting of a mortage, execution and registration of a mortgage; ~ ***e-er*** **Sicherheit** putting up of collateral, providing security (*for a loan*); ~ ***e-es*** **Verteidigers** appointment of *US* defense/*GB* defence counsel; ~ **zum Postversand** mail order; **auf** ~ by order, as ordered; **auf** ~ **(an)-fertigen** to make to order; ***e-e*** ~ **annehmen** to accept a commission, to take an order; ***e-e*** ~ **aufgeben** to place an order; **öffentliche** ~ (public) appointment; **schriftliche** ~ written order; **verbindliche** ~ binding order.

bestellwirksam *adj* as per order date.

bestens *adv* at best, at best market price, at lowest possible price.

Bestens|auftrag *m* order at best/at the best rate obtainable; **~-Order** *f* = *~auftrag*; **~verkauf** *m* sale at most favo(u)rable rate (*without limitation*).

besteuerbar *adj* taxable, subject to excise tax.

Besteuerbarkeit *f* taxability.

besteuern *vt* to tax, to levy taxes (*on s. o. or sth*), to rate.

Besteuerung *f* taxation (= *t-*), imposition of tax, taxing, levy of taxes; ~ **im Abzugsverfahren** withholding tax; **~sart** *f* type of tax; **~sfähigkeit** *f* taxability; **~sfreigrenze** *f* tax-free allowance, limit of tax exemption; **~sgrenze** *f* tax limit; **~sgrundlage** *f* tax base, basis of *t-*; **~shoheit** *f* taxing power (*of a state*); **~smaßstab** *m* standard for assessment, basis for *t-*; **~srecht** *n* taxing power, right to tax; **~sunterlagen** *f/pl* documents and materials for tax assessment, tax records; **~sunterschiede** *m/pl* *t-* disparities; **~sverfahren** *n* *t-* procedure; **~szeitraum** *m* assessment period, tax period; **direkte** ~ direct *t-*; **gegenseitige** ~ mutual *t-*; **gleichmäßige** ~ equal and uniform *t-*; **indirekte** ~ indirect *t-*, imposition of excise taxes; **maßvolle** ~ commensurate *t-*; **mehrfache** ~ multiple *t-*; **progressive** ~ progressive *t-*; **proportionale** ~ proportional *t-*; **rückbezügliche** ~ retroactive *t-*; **übermäßige** ~ excessive *t-*; **übersetzte** ~ excessive *t-*; **unterschiedliche** ~ discriminatory *t-*.

besteuerungsfähig *adj* liable to be taxed, taxable.

bestimmbar *adj* ascertainable, determinable; **quantitativ** ~ quantifiable.

bestimmen *vt* to determine, to decide, to provide, *v reflex* to be governed by (*a law*).

bestimmt *adj* definite, clear, peremptory; *pp* provided (for), determined; ~ **für** intended for, destined for; **gesetzlich** ~ provided (for) by law; **soweit nichts anderes** ~ **ist** except as otherwise provided.

Bestimmtheit *f* certainty, definiteness; determination, peremptoriness; **~sgrundsatz** *m* principle of clarity and definiteness (of the wording of enactments).

Bestimmung *f* term, provision (= *p-*) (*law, contract*), regulation, rule; destination (= *d-*) (*transport*), disposition (*choice*), direction, instruction; ~ **der Zuständigkeit** ruling as to jurisdiction; ~ **des Durchlaufs der Produktionsstufen** routing; ~ **des Gesellschaftszwecks** definition of the objects of a company; objects clause; ~ **durch das Los** determination by lot; **~samt** *n* (*e-es Beamten*) designated office; **~sbahnhof** *m* *d-* station; **~sfaktor** *m* determining factor, determinant; **~sflughafen** *m* airport of *d-*; **~sgebühr** *m pat* designation fee; **~shafen** *m* port of *d-*; **~sland** *n* country of *d-*; ↔ *Ursprungsland*; **~~prinzip** country of *d-* principle (*turnover tax in transfrontier trade*);

~sort *m* (place of) *d-*, ultimate/ final *d-*; **~spostamt** *n* post office of *d-*; **~srecht** *n* right of control, power of appointment; **~sstaat** *m* designated state; **ausdrückliche ~** express stipulation; **bankgesetzliche ~en** *p-s* of the banking laws; **bestehende ~en** prevailing regulations; **den ~en zuwiderlaufen** to contravene the regulations, to be in breach of legal *p-s*; **derzeit geltende ~en** the *p-s* in force; **die ~en von § 2 sind erfüllt** the requirements of section 2 have been satisfied; **durchzuführende ~en** *p-s* to be implemented; **eindeutige ~** explicit *p-*; ***e-e* ~ entfällt** a *p-* does not apply; **einleitende ~** preamble, introductory clause; **einschlägige ~en** relevant *p-s*, **ergänzende ~en** supplementary *p-s*; **gegenteilige ~** stipulation to the contrary; **gemäß den ~en dieses Vertrages** according to the terms of the present agreement, according to the terms hereof, in accordance with the terms of this contract; **gemäß nachstehenden ~en** as hereinafter provided; **gesetzliche ~** legal *p-*, legal rule, statutory *p-*; **den ~n ~en entsprechen** to satisfy the legal requirements; **haushaltsrechtliche ~** budgetary regulation; **mangels gegenteiliger ~** in the absence of any contrary *p-*; **nachgiebige ~** deviation clause; **nichttarifäre ~en** non-tariff *p-s*; **sich auf gesetzliche ~en berufen** to invoke statutory *p-s*; **statutarische ~en** regulatory *p-s*; **subsidiäre ~en** subordinate regulations; **umsatzsteuerrechtliche ~en** turnover tax *p-s*, VAT *p-s*; **vorbehaltlich anderslautender ~en** except as otherwise (herein) provided; **vorbehaltlich der ~en** subject to the terms (of); **zwingende ~** imperative/ mandatory *p-*.

bestimmungsgemäß *adj* according to regulations, according to the terms (*of the contract*), for/ in accordance with the intended use, in accordance with the instructions.

Bestkauf *m* purchase at the lowest price; purchase at the most favo(u)rable price.

Bestpreis *m* highest price, best price; **zum ~ verkaufen** sell at highest price, sell at best.

bestrafen *vt* to punish, to sentence; **bestraft werden** to suffer punishment.

Bestrafung *f* punishment (= *p-*); **~ durch Parlamentsgesetz** act of attainder; **der ~ entgehen** to escape *p-*, to go scot free; **disziplinarische ~** disciplinary *p-*; **ehrengerichtliche ~** professional *p-*; **sich der ~ aussetzen** to be liable to *p-*; **strenge ~** severe *p-*; **von *e-er* ~ absehen** to refrain from *p-*, to waive *p-*.

Bestreben *n* endeavo(u)r, desire; **in dem ~** anxious (to), desiring; **von dem ~ getragen** inspired by a desire (to).

Bestrebung *f* endeavo(u)r, effort, attempt; **~en sind im Gange** efforts are being made; **staatsfeindliche ~en** subversive activities.

bestreiken *vt* to be on strike (*against a plant or company*), to picket.

bestreikt *adj* strikebound.

Bestreikung *f* maintaining a strike, picketing.

bestreitbar *adj* deniable, open to question, contestable, disputable, impugnable, challengeable; defrayable, payable (*expenses*).

Bestreitbarkeit *f* deniability.

Bestreiten *n* **I** denial (= *d-*), contestation, traverse; **~ der Echtheit *e-er* Urkunde** impeachment of a document, plea of non est factum/nient le fait (*not his deed*); **~ ~ ~ der Unterschrift** disowning of one's signature; **~ der Identität** pleading diversity (*accused person and perpetrator);* **~ der Schlüssigkeit** plea in demurrer, plea that there is no proper cause of action; **~ der Schuldverpflichtung** *d-* of indebtedness, plea of onerari non; **~ einzelner Klagebehauptungen** special *d-*; **~ mit Nichtwissen** plea of ignorance; **allgemeines ~** general *d-*, general/common traverse, general issue; ~ ~ **der Einwendungen des Beklagten** general replication; **formelles** ~ formal *d-*, negative averment; **im ~sfall** *m* in case of *d-*, if denied; **substantiiertes** ~ substantiated *d-*, special traverse, special *d-*.

Bestreiten *n* **II** defrayment, defrayal (*expenses*).

bestreiten to contest, to deny, to traverse, to repudiate, to impugn; to defray (*expenses, charges*), to bear (*costs*).

Bestreitung *f* payment, defrayal.

Bestrittensein *n* contested nature of *sth*, denial.

Bestsellerparagraph *m renegotiation provision for authors of unexpected bestsellers (§ 36 German Copyright Act)*.

Besucher *m*/**-in** *f* visitor; **~kreis** *m* group of visitors, patronage; **~tribühne** *f* strangers' gallery, public gallery (*congress, parliament*); **~visum** *n* visitor's visa, tourist visa.

Besuch *m* visit; **~serlaubnis** *f* visitor's pass (*prison*); **~srecht** *n* right of access, visiting rights; **~sverbot** *n* no visitors allowed, visiting forbidden; **~sverkehr** *m* prison visits (*rules*).

Betätigen *n* operating; ~ **der Bremse** operating the brake.

betätigen *v reflex* to work, to have a job, to be active; to act as/in the capacity of; **sich gewerblich** ~ to carry on a trade or business.

Betätigung *f* occupation, activity, work; **~sfeld** scope of work; **parteipolitische** ~ party-political activity; **politische** ~ political activity; **schriftstellerische** ~ literary activity; **wissenschaftliche** ~ pursuit of science, scientific activities, academic pursuits.

betäuben *vt* to stupefy, to narcotize, to numb.

Betäubung *f* stunning (*blow, slaughtering*), anaesthetization.

Betäubungsmittel *n* narcotic(s), narcotic drug; *med* anaesthetic; **~gesetz** *n* (*abbr* **BtMG**) *D* controlled substances law, narcotics enactment; **erlaubnispflichtiges** ~ controlled drug.

beteiligen *vt* to give a share (*in the profits*), to grant an interest (*in the capital*); *v reflex* to participate, to acquire an interest, to take part, to contribute.

beteiligt *adj* participating, holding an interest (in), involved.

Beteiligte(r) *f(m)* (*der Beteiligte, pl Beteiligte = ~e*) participant, participator, concerned party, privy (in); partner (in interest), *crim* an accessory (to); **den ~n *e-e* Frist zur Äußerung setzen** to give notice to the parties concerned to submit their statements.

Beteiligung *f* participation (= *p-*), holding(s) of equity capital, *major investment in the capital stock of another company* (*over 25%*), interest in the capital of a company, equity interest, stake; ~ **am Gewinn** profit-sharing, share in the profits; ~ **am Stammkapital** equity *p-*; ~ **an *e-em* Unternehmen** *p-* in an enterprise; ~ **an der Patentverwertung** interest in patent exploitation; **~en an haftendem Kapital** risk capital operations; **~sbetrag** *m* amount of capital investment; **~sdarlehen** *n* loan coupled with a share in the profits (= *partiarisches Darlehen*); **~sertrag** *m* direct investment income, income from affiliated companies; **~sfinanzierung** *f* equity financing; financing by additional contribution (of partners); **~sfonds** *m* equity fund; **~sgeschäft** *n p-* (transaction), *investing in the capital of other companies for purposes of control or major influence;* **~sgesellschaft** *f* associated company, company in which a capital investment is held; mixed public and private sector company; **~sgewinn** *m* profit from *p-*, investment earnings; **~s-Investitionen** portfolio investments, trade investment; **~skapital** *n* direct investment capital, outside equity capital; **~skonto** *n* trade investments account, *p-* account; **~spapier** *n* security representing a *p-*, investment certificate, equity certificate; **~squote** *f p-* quota; **~ssparen** *n* capital investment savings, savings to acquire equities; **~sunternehmen** *n* enterprise in which shares/an interest is held, associate, affiliate; **~sverhältnis** *n p-* quota; participating relationship; **~svertrag** *m p-* agreement; **~swert** *m* book value of investment in subsidiaries and associated companies; **~szusage** *f* promise to participate; **~~ der Seeversicherung zur Beweissicherung und bei Klage** suing and labo(u)ring clause; **~ zur Hälfte** half interest; **Abstoßen** ***e-er*** **~** (*Tochtergesellschaft*) divestment (*subsidiary*); **angemessene ~** a fair share; **beherrschende ~** controlling interest; **formale ~** nominal *p-*; **interne ~en** intercompany *p-s*; **kommanditistische ~** limited-partnership *p-*; **maßgebliche ~**substantial interest, controlling interest, controlling *p-*; **persönliche ~** personal *p-*, personal investment; **stille ~** sleeping partner's interest, sleeping partner's holding.

beteuern *vt* to assert, to declare solemnly, to affirm, to protest (*one's innocence*), to aver.

Beteuerung *f* affirmation, solemn assertion, protestation; **~ unter Eid** assertory oath; **eidesgleiche ~** solemn affirmation; words of affirmation having the force of an oath.

Beton *m* concrete; **~bau** *m* concrete building; **~klotz** *m sl* (clumsy) concrete building; concrete block.

Betracht *m* consideration, regard (*used only in phrases such as here listed*); **in ~ kommen** to be considered (as a possibility), to be eligible (as a candidate); **in ~ ziehen** to take into account, to consider, to take into consideration; **nicht in ~ kommen** to be out of the question, to be unsuitable, to be ineligible.

betrachten *vt* to consider, to regard; **als erledigt ~** to consider the matter closed, to regard as settled.

beträchtlich *adj* considerable, substantial.

Betrachtung *f* consideration, contemplation; **nüchterne ~** conservative view, dispassionate view.

Betrachtungsweise *f* (mental) approach, attitude (*toward sth*), stance; **objektive ~** objective approach; **subjektive ~** subjective approach; **wirtschaftliche ~** commercial considerations, economic school of thought.

Betrag *m* amount (= *a-*), sum (= *s-*), sum of money, quantum; **~ dankend erhalten** *a-* received with thanks, this is to acknowledge the receipt of (*some specified*) *a-*; **~ erhalten** *a-* received; **~ pro Einheit** unit *a-*; **~ pro Kopf** *a-* per head; **~sgebühr** *f* fixed-*s-* charge; **~sspalte** *f a-* column; **~sverfahren** *n separate proceedings concerning the a- of the claim*; **abgebuchter ~** debit (*on bank account*), *a-* debited; **abgehobener ~** *a-* withdrawn (*from bank account*); **abgezweigter ~** earmarked *a-*, *a-* earmarked for a special purpose; **abzugsfähiger ~** deductible *a-*/ item; **anteiliger ~** pro-rata *a-*; **ausgezahlter ~** *a-* paid out (*to borrower under a loan arrangement*), disbursement; **ausstehender ~** outstanding *a-*; **der angegebene ~** the *a-* indicated, stated *a-*; **der benötigte ~** the *s-* required; **der doppelte ~** double the *a-*, twice the *a-*; **der eingeplante ~** the *a-* included in the plan, the budgeted *a-*; **der fällige ~** the *a-* due; ***e-en*** **~ a conto zahlen** to make/effect payment on account; ***e-en*** **~ anrechnen** to credit an *a-*, to make allowance for an *a-* (*a refund, a discount, etc*); ***e-en*** **~ auf ein Konto einzahlen** to pay a *s-* to *s. o.*'s credit; ***e-en*** **~ flüssig machen** to realize/mobilize an *a-*; ***e-en*** **~ für Ausleihungen abzweigen** to earmark a *s-* for loans, to hive off a *s-* for loans; ***e-en*** **~ in Abrech-**

nung bringen to debit a *s*-; ***e-en*** ~ **in Abzug bringen** to deduct an *a*-; ***e-en*** ~ **kürzen** to cut/delete an item (*in an invoice*); **eingeforderter** ~ call (on shares), *a*- called; **eingeklagter** ~ *a*-/value in controversy, *a*- sued for, *a*- endorsed (*on original summons*), *s*- in dispute; **einmaliger** ~ non-recurring *s*-, once-and-for-all *s*-; **erheblicher** ~ substantial *a*-; **erzielter** ~ *a*- realized; **fälliger** ~ *a*- due, *s*- due; **ganzer** ~ full *a*-; **geringer** ~ small *s*-, petty *a*-; **geschuldeter** ~ *s*- due, *s*- owing, debt due; **gesicherter** ~ secured *a*-; **gezeichneter** ~ subscribed *a*-, subscription; **gleicher** ~ equivalent /equal *a*-; **hinterlegter** ~ deposi-ted *s*-; **im ~e von** amounting to; **namhafter** ~ substantial *a*-/ *s*-; **nicht geschuldeter** ~ undue debt, *a*- not owed; **nomineller** ~ nominal *s*-; **pro forma** ~ nominal *a*-; **runder** ~ round *s*-; **steuerfreier** ~ tax-free *a*-; **strittiger** ~ *a*- in controversy/dispute; **überfälliger** ~ *a*- overdue; **überzogener** ~ overdrawn *a*-; **vereinbarter** ~ agreed *s*-; **zu erwartender** ~ expected *s*-, anticipated *a*- (*earnings*); **zuviel berechneter** ~ overcharged *a*-; **zuwenig berechneter** ~ undercharged *a*-.

Betragen *n* behavio(u)r, conduct; **ungebührliches** ~ unbecoming conduct.

betragen *vi* to amount to, to total, to add up to, to come to; **durchschnittlich** ~ to average; **im ganzen** ~ to total.

betragsmäßig as regards the amount, in figures, mathematically.

betrauen *vt* to entrust (*s. o. with a task*), to appoint (*s. o. to an office*).

Betreff *m* (*abbr* **Betr.**) reference (*abbr* Re:), subject; **~sangabe** *f* reference, title; **in ~ des** in reference to *sth*; **in dem** ~ in this regard.

betreffen *vt* to concern, to relate to, to pertain to, to be in respect of.

betreffend *prep* (*abbr* **betr.**) concerning, regarding, with reference to, referring to, with respect to (*abbr* re:).

betreffs *prep* (*abbr* **betr.**) with reference to, concerning, regarding, (*abbr* re:).

Betreiben *n* operation, running; prompting, inducing, contriving; **auf ~ von** at the instigation of.

betreiben *vt* to operate, to pursue, to carry on, to conduct, to run.

Betreiber *m*/**-in** *f* (plant) operator, person/company in charge of the operation of a (*nuclear*) plant; **~pflichten** *f/pl* duties of plant operators.

Betreten *n* entry, entering; ~ **bei Strafe verboten** trespassers will be prosecuted; ~ **verboten** keep off, no entrance, no trespassing; **unbefugtes** ~ trespass; **widerrechtliches** ~ trespass.

betreten *vt* to enter, to set foot on/in, (*unbefugterweise*) to trespass.

Betretungs|recht *n* right freely to enter (*public forests and lands*), right to enter premises temporarily; **~verbot** *n* absolute prohibition to enter premises; no trespassing, positively no admittance.

betreuen *vt* to take (good) care of *sth*/ *s. o.*, to look after *sth*.

Betreuung *f* care; maintenance; **~sgebühr** *f* (notary's) fee for advisory care; **~sstelle** *f* welfare *US* center/*GB* centre, assistance agency; **~sunterhalt** *m* maintenance (payments) for looking after a dependant; support as compensation for taking care of infirm person; **soziale** ~ social care, social welfare.

Betrieb *m* **I** business (= *b*-), enterprise (= *e*-), undertaking (= *u*-), plant (= *p*-), firm (= *f*-), company (= *c*-); **~sabgaben** *f/pl* rates (and local taxes) to be paid by an *e*-; **~sabsprache** *f* (*informal*) understanding between management and staff representation; **~saktiven** *n/pl* *b*- assets; **~saltersversorgung** *f* *c*-pension scheme; **~sänderung** *f* change in the object of an *e*-; **~sangehörige(r)** *f(m)* (*der Be-*

triebsangehörige) member of staff, employee of a *f-*, shop employee, personnel; **~sarzt** *m*/**~särztin** *f* works doctor, *c-* doctor; **~saufgabe** *f* closing down of an *e-*; **~saufnahme** *f* industrial census; **~saufspaltung** *f* split-up of an *e-* (*to form two legally separate companies, eg operating and property owning*); **~saufzeichnungen** *f/pl c-* records; **~sausflug** *m* staff outing, works outing, office outing; **~sausrüstung** *f* machinery and equipment, *p-*; **~sausschuss** *m* staff representation committee; **~sausstattung** *f* → *~sausrüstung*; **~sbeamter** *m* / **~sbeamtin** *f c-* official, management official; **~sberater** *m* /**-in** *f* management consultant; **~sberatung** *f* management consultancy; **~sblindheit** *f p-* blindness, *lack of common sense due to overinvolvement with c- problems,* an excessively parochial approach; **~sbuchhaltung** *f* internal accounts department; **~sbuße** *f c-* penalty; **~seinkommen** *n b-* income; **~seinnahme** *f b-* receipt; *pl ~n b-* gains; **~seinstellung** *f* closing-down (*of b-e-*); **~seröffnung** *f* opening of the *b-*; **~sertrag** *m b-* earnings; **~serweiterungsverbot** *n* prohibition to enlarge *p-* facilities, prohibition of *p-* enlargement; **~serwerb** *m* acquisition of a *b-*; **~serwerber** *m* /**-in** *f* party acquiring an *e-*, transferee of a *b-* /an *u-*; buyer of a *f-*; **~sferien** *pl* works holiday, staff vacations; **~~ machen** to close down for the holidays; **geschlossene ~~** holidays for the entire staff; **~sfinanzamt** *n* (*locally*) competent revenue office for an *e-* (*or for the domestic permanent establishment of a foreign e-*); **~sfonds** *m b-* fund, trading fund; **~sfremde(r)** *f(m)* (*der Betriebsfremde*) person not belonging to the *f-*/*c-*, outsider, third party; **~sfrieden** *m* peaceful management-staff relations, internal peace in the *f-*; **~sgeheimnis** *n b-* secret, trade secret, manufacturing secret, industrial secret; **~sgemeinde** *f* municipality of employing *e-* (*for employees residing elsewhere*); **~sgewerkschaft** *f c-* union; **~sgewinn** *m b-* profit/ surplus, trading profit, earned surplus; **~sgleis** *n* industrial track, *p-* (railway) line; **~sgrundstück** *n* factory premises, *c-* premises, *p-* site; **~sgutachten** *n* expert opinion/expertise about (the status of) an *e-*; **~shauptbuch** *n* factory ledger; **~sinhaber** *m* /**-in** *f* owner, work proprietor, owner of an establishment, proprietor of a *f-*/ *b-*; **mitarbeitender ~~** working employer; **~sjustiz** *f* internal administration of justice in a *c-*, internal disciplinary rules (*in a c-*); **~skassenmittel** *n/pl* cash funds (of an *e-*); **~sklima** *n* work climate, working atmosphere; **~skrankenkasse** *f p-* health insurance, *c-*'s social health insurance (*as a public corporation*); **landwirtschaftliche ~~** farmers' social health insurance; **~snachfolge** *f* succession of the *e-*; **~sobmann** *m*/**~sobfrau** *f* shop steward, staff representative; **~sordnung** *f* factory regulations, shop regulations, internal regulations of a *f-*/*c-*; **~spachtvertrag** *m* lease of *c-* premises; **~spersonal** *n* staff, personnel (*of a f-/c-*), operating staff (*engineering*); **~spolitik** *f b-* policy, *c-* policy; **~sprüfer** *m* /**-in** *f* tax investigator, revenue investigator, public auditor; **~sprüfung** *f* external audit(s), fiscal tax audit/examination, revenue investigation, tax office inspection (*of a f-'s accounts*), field audit; **~~sbilanz** *f* fiscal tax audit balance sheet, tax investigation balance sheet; **~srat** *m* staff committee, works council; member of a staff committee, shop-steward; **~~sfähigkeit** *f* capacity to set up a staff representation; **~~svorsitzende(r)** *f(m)* shop chairman, chairman of staff committee, → *~srat*; **~~swahl** *f* election of staff committee members; **~srente** *f c-*-provided pension; **~sschließung** *f p-* closing, *p-* shutdown, closing down of the *b-*;

~sschluss *m* closing hours; **~sschulden** *f/pl* (current) debts of a *f-/c-*; **~ssicherheit** *f* a *f-*'s safety record; **~ssitz** *m c-* headquarters, principal place of *b-* of a *f-*, principal offices of the *f-*, registered office; **~sstätte** *f* permanent establishment, regular and established place of *b-*; **~~ninhaber** *m/***-in** *f* person in charge of permanent establishment/ branch *e-*, branch manager; **inländische** ~~ domestic establishment; **mehrgemeindliche ~~n** joint communal *p-s*; **~sstilllegung** *f* closing-down *e-*, closure; **~sstruktur** *f b-* structure, corporate structure; **~steil** unit (of an *e-*), *p-*; **~sübergabe** *f* the handing over of factory premises, transfer of a *b-*/an *e-*; **~süberlassungsvertrag** *m* lease of a running concern, *agreement between corporations to transfer the e- for a limited time;* **~sübernahme** *f* takeover of a *f-/ p-*; **~surlaub** *c-* vacation; **~sveranstaltung** *f* (annual) staff party/ event, (*educational/recreational activities organized by the f-/c-*); **~sveräußerung** *f* transfer of the *b-* as a whole; **~svereinbarung** *f* shop agreement, union contract, single *p-* bargaining agreement, individual works agreement, internal wage and salary agreement; **~sverfassung** *f* organization of industrial relations, labo(u)r-management relations, industrial democracy; **~~sgesetz** *n* Employees' Representation Act; **~~srecht** *n the law concerning employees' representation and co-determination in b- and industry;* **~sverlagerung** *f* relocation of the *b-*; **~svermögen** *n b-* assets, commercial assets, *b*-property; **~sversammlung** *f* staff meeting, factory meeting, assembly of employees, shop floor meeting, works meeting; **~sversicherung** *f* factory insurance, group insurance (*for employees*); **eigene** ~~ self-insurance; **~svertretung** *f* employees' representation; **~svorschrift** *f* shop regulation(s), *f-* rules; **~swert** *m* value as a going concern; **~szugehörigkeit** *f* length of service, job tenure; staff membership in a *f-/c-*, seniority; **~~sdauer** *f* length of employment/service, duration of employment; **ernährungswirtschaftlicher** ~ *f-* engaged in the production/processing of foodstuffs; **forstwirtschaftlicher** ~ forestry *u-*; **gemeinwirtschaftlicher** ~ collective economic *e-*; **gemischtwirtschaftlicher** ~ public utility *c-*, semi-public *e-*; **gewerblicher** ~ trade/*b-*, commercial (industrial) *e-*; ~ ~ **von Körperschaften des öffentlichen Rechts** *b- e-s* belonging to public authorities; **gewerkschaftlich** (*vollständig*) **organisierter** ~ closed shop; **gewerkschaftsfreier** ~ non-union shop; **graphischer** ~ printing works, printing *f-*; **großbäuerlicher** ~ large farm; **handwerklicher** ~ handicraft *u-*, craftsman's shop; **industrieller** ~ industrial *e-*; industrial concern (industrial) *p-*; **konzessionierter** ~ licensed *e-*; **landwirtschaftlicher** ~ agricultural holding, farm; **milchverarbeitender** ~ milk-processing factory, dairy; **mittelbäuerlicher** ~ medium-sized farm; **nahestehende ~e** affiliated *e-s*, closely related *e-s*; **öffentlicher** ~ public *e-*; **rationell wirtschaftender** ~ efficiently run *e-*; **staatseigener** ~ state-owned *e-*; **volkseigener** ~ (*abbr* **VEB**) *obs* people's *e-* (*German Democratic Republic*).

Betrieb *m* **II** operation (= *o-, operational = o-al, operating = o-ing*), working, running (*of a firm*); **~sablauf** *m o-al* procedure, course of *o-s*, sequence of *o-s*; **~sabrechnung** *f* (internal) *o-al* accounting, (performance) cost accounting, shop accounting, income account, cost and revenue statement; **~saktiven** *n/pl* assets used for *o-s*; **~sanalyse** *f o-al* analysis; **~sanlage** *f* plant, production facilities, *o-ing* equipment, production layout; **~~nbuch** *n* plant ledger; **~~nvermieter** *m* plant hire operator; **nicht ausgenutzte ~~n** idle equipment; **~sanleitung** *f o-ing* instructions, service manual; **~sanweisung** *f* → *~sanleitung*; **~sanwesenheitslohn** *m min* portal-to-portal pay; **~sassistent** *m* **/-in** *f* assistant to the works manager; **~saufnahme** *f* going into *o-*, start-up of business, establishment of a firm; **~saufseher** *m* **/-in** *f* works manager, factory supervisor; **~saufwand** *m* working expense, *o-ing* expenditure; **~sausgabe** *f o-ing* costs, *o-ing* expenditure, business expense/deduction, trade expense; **abzugsfähige ~~** *tax* deductible expense; **allgemeine ~~n** general *o-ing* expenses, overheads; **vorausbezahlte ~~n** deferred charges to *o-s*; **~sbedingungen** *f/pl* conditions of *o-*, business conditions; **~sberater** *m* **/-in** *f* management consultant, industrial advisor; **~sberatung** *f* management consultancy; **~sbereitschaft** *f* readiness for use; **technische ~~** technical readiness for use; **~sbilanz** *f o-ing* statement; **~sbremse** *f o-ing* brake; **~sbuchführung** *f* industrial accounting, internal accounting, *o-ing* accounts, internal *o-s* bookkeeping, cost accounting; **~sbuchhaltung** *f* → *~sbuchführung*; **~sebene** *f* establishment level, plant level; **~seinheit** *f o-ing* unit, *o-ing* holding; **~seinkommen** *n o-ing* returns; **~seinnahme** *f o-ing* receipt; *pl ~n o-ing* revenue; **~seinrichtungen** *f/pl* production equipment, *o-ing* equipment, plant *o-ing* facilities, factory installations; **~seinrichtung und Maschinen** plant and machinery; **~seinschränkung** *f* cutting down of *o-s*, reduction in/curtailment of *o-s*; **~seinstellung** *f* closing-down *o-s*, stoppage of business; **~serfahrung** *f* industrial know-how, business experience; **~serfindung** *f* works invention, employee's invention; **~serfolg** *m o-ing* results; **~serfordernis** *n o-ing* requirement; **~sergebnis** *n o-ing* profit or loss, production result, *o-ing* result(s); *pl ~se* trading results; **~~rechnung** *f o-ing* statement, trading profit or loss; **~serlaubnis** *f o-ing US* license/*GB* licence, type approval, production permit; motor vehicle *US* license/*GB* licence; **~sertrag** *m o-ing* earnings; **~sfähigkeit** *f o-ing* ability; **~sfläche** *f* area of an industrial enterprise; **landwirtschaftliche ~~** farm land, acreage of a farm; **~sfonds** *m* working fund, trading fund; **~sforschung** *f o-al* research; **~sführer** *m* **/-in** *f* manager, operator; **~sführung** *f* management; **~~slehre** *f* management science, management techniques, modern management; **~~svertrag** *m* business management agreement; **~sgebäude** *n* factory building; **landwirtschaftliches ~~** farming building; **~sgefahr** *f o-al* risk/ hazard (*motor vehicle, machinery*); **~sgemeinkosten** *pl* (*o-ing*) overhead, plant overhead, indirect *o-ing* costs; **~sgemeinschaft** *f* (community of) staff and management, joint business, joint venture, joint working arrangement; **~sgenehmigung** *f o-ing* permit, *US* license/ *GB* licence; **~sgesellschaft** *f o-ing* company (*subsidiary of a holding company*); **internationale ~~** international *o-ing* agency; **~sgewinn** *m o-ing* profit/ surplus, trading profit, earned surplus; **~sguthaben** *n* working balance; **~shaftpflichtversicherung** *f* employer's liability insurance; **~shaftung** *f o-al* liability; **~shandbuch** *n o-ing* manual; **~shilfe** *f* (farmer's) emergency assistance; **~shygiene** *f* industrial hygiene; **~singenieur** *m* **/-in** *f* production engineer; **~sjahr** *n o-ing* year, year of *o-*; **~skalkulator** *m* **/-in** *f* cost accountant; **~skapazität** *f* plant capacity, works capacity, *o-ing* capacity (*in production*); **~skapital** *n* (net) working capital, circulating capital; floating capital, active capital, trading capital, rolling capital, trading fund, business capital, available capital; **~~verhältnis** working capital ratio; **~skonto** *n* working account, trading account; **~skonzession** *f* trade *US* license/*GB* licence; **~skosten** *pl o-ing* cost (*plant, installation*), overhead, working expenses, *agr* farm expenses; **~~ermittlung** *f* cost accounting; **~~kalkulation** *f* cost effectiveness analysis; **~~koeffizient** *m* ratio of working expenses; **~~satz** *m o-ing* cost ratio; **laufende ~~** running expenditure; **~skredit** *m* working capital credit; industrial credit(s), advance for current *o-s*, short-term loan, working funds loan; **~sleiter** *m*/**-in** *f* production manager, works manager, *o-s* manager; **~sleitung** *f* management, factory management; **oberste ~~** top management; **~smaterial** *n* working material, working stock, stock-in-trade, factory supplies; **~smittel** *n* → *Betriebsmittel*; **~soptimum** *n* ideal capacity (*of an enterprise*), optimal production; **~sorganisation** *f* industrial organization; **~spflicht** *f* legal obligation to operate (*railway, public utility*); **~splan** *m* business plan; **~~pflicht** *m* mine operator's obligation to submit exploitation plan; **~spolitik** *f* business policy, *o-al* policy; **~srechnung** *f* trading account, *o-ing* account; **~srisiko** *n* business risk, risk of running a business, industrial hazard; **~sschutz** *m* industrial safety; **~ssicherheit** *f* industrial safety, safety at work; **~sspaltung** *f* separation of factory units; **~sstadium** *n o-al* stage; **~ssteuer** *f o-ing* tax; **~sstilllegung** *f* closing-down *o-s*, closure; **~sstoff** *m* fuel; **~sstoffe** *m o-ing* supplies; **~sstörung** *f o-ing* trouble, breakdown, stoppage, shutdown; **~stätigkeit** *f o-*, *o-ing* activities; **~ ssystem** *n IT o-ing* system; **~stechnik** *f* industrial engineering, management engineering; **~sübereinkommen** *n o-ing* agreement; **~süberschuss** *m o-ing* surplus, trading surplus; **~s- und Geschäftsausstattung** equipment and fittings, plant and equipment, plant and machinery; **~sunfall** *m* industrial accident, on-the-job accident, accident at work; **~~schutz** *m* workmen's compensation, protection from industrial accidents; **~~verhütung** *f* prevention of industrial accidents; **~~verletzung** *f* industrial injury; **~~versicherung** *f* industrial injuries insurance; **~sunkosten** *pl* running costs, overhead expenses, overheads; **~sunterbrechung** *f* interruption of business, temporary cessation of work, stoppage; **~~versicherung** *f* loss-of-profit insurance, use and occupancy insurance; **~sunternehmer** *m* /**-in** *f* entrepreneur, business propietor, contractor; **~suntersagung** *f* ban on *o-s* of a plant; **~svergleich** *m* interfactory comparative studies, intra-industrial studies; **~sverhältnisse** *n/pl o-ing* conditions; **~sverlust** *m o-ing* loss, trading loss; **~~versicherung** *f* business insurance, consequential loss insurance; insurance of trading loss; **~svermögen** *n o-ing* assets, trading capital; **bewegliches ~~** movable assets; **gewillkürtes ~~** voluntary business property; **landwirtschaftliches ~~** farming stock and effects; **notwendiges ~~** necessary business property; **~sverwaltungen** *f/pl* (**des Bundes**) *o-ing* agencies (of the federal government), federal public undertakings; **~sverwaltungsgemeinkosten** *pl* plant administration overheads; **~svorräte** *m/pl* working stocks; **~svorrichtungen** *f/pl* installations; **~svorschrift** *f* service/*o-ing* instructions; **~swirt** *m* /**-in** *f* graduate in business administration, MBA (*master of business administration*); graduate in managerial economics, (business) economist; **~swirtschaft** *f* business economics, managerial economics, applied economics, business/ industrial management; **~~lichkeitsquotient** *m o-ing* ratio; **~~slehre** *f* business economics, management theory, science of managerial economics, science of business/ industrial management; **allgemeine** ~~~ managerial economics; **forstliche** ~~~ forestry economics; **~szuschuss** *m* *o-ing* subsidy, *o-al* grant; **~szweig** *m* branch of business/industry; **aktiver** ~ going concern; **arbeitender** ~ *o-ing* business, going concern; **den** ~ **aufnehmen** to begin working, to start business; **den** ~ **einstellen** to cease working; to close (down), to stop business; **in** ~ **befindliches Unternehmen** going concern; **in** ~ **nehmen** to put into *o-*; **in** ~ **sein** to be in *o-*, to operate; **in** ~ **setzen** to put into *o-*.

betrieblich *adj* relating to an enterprise, operational, internal, in-house.

betriebs|fähig *adj* usable, in working order; **nicht** **~fähig** unworkable; **~fertig** ready for operation, ready to use; **~fremd** not belonging to the business or enterprise, extraneous, non-operating; **~notwendig** necessary for running a business, required for operations; **~wirtschaftlich** managerial, operational; related to business management; **~~es Studium** business management studies.

Betriebsmittel *n/pl* production equipment and facilities, working funds, operating funds, operating resources, working cash, corporate cash; **~bereitstellung** *f* provision of production equipment and manufacturing facilities; **~fonds** *m* working capital fund; **~-Grundzeit** *f* machine equipment base time; **~kredit** *m* business loan, credit to provide working funds, working capital credit; **~rücklage** *f* operating cash reserve; **~-Rüstzeit** *f* machine set-up time; **~überweisung** *f* remittance of operating cash, payment of working funds; **~zuweisung** *f* allotment of operating cash/working funds; **handelsübliche** ~ commercial supplies; **landwirtschaftliche** ~ agricultural equipment and resources; **umlaufende** ~ current assets.

betroffen *adj* affected, concerned; **nachteilig** ~ adversely affected.

Betroffene(**r**) *f(m)* (*der Betroffene*) the person affected, the person interested, the party concerned.

Betrug *m* fraud (= *f-*), obtaining by false pretences, cheating, swindling, deceit; ~ **aus Not** petty *f-* due to indigence; ~ **begehen** to commit *f-*, to obtain by false pretences, to cheat; ~ **im zweiten Rückfall** *f-* recidivism; **~sabsicht** *f* fraudulent purpose; **in** ~~ **handeln** to intend to defraud; **~shandlung** *f* fraudulent act; **zu** **~szwecken** *m/pl* (for a) fraudulent purpose; **ausgemachter** ~ a clear case of *f-*; **sich des ~es schuldig machen** to be guilty of *f-*.

betrügen *vt* to commit fraud, to cheat, to defraud.

Betrüger *m* /**-in** *f* swindler, defrauder, sharper, cheat, fraud.

Betrügerei *f* cheating, swindling, swindle, trickery.

betrügerisch *adj/adv* fraudulent(ly), surreptitious, deceptive; ~ **erlangen** to obtain fraudulently, to obtain by false pretences, to obtain by fraud; ~ **erwerben** to acquire by fraud; ~ **in Verkehr bringen** to palm off on a person (*false money*), to market fraudulently, to swindle into the market.

betrunken *adj* drunk, intoxicated.

Betrunkene(**r**) *f(m)* (*der Betrunkene*) drunken person, drunk, intoxicated person.

Betrunkenheit *f* (state of) drunkenness, intoxication, inebriation.

Bettel|betrug *m* fraudulent begging; **~brief** *m* begging letter, fraudulent begging letter.

Bettelei *f* begging; mendicancy; pestering.

Betteln *n* begging, beggary; ~ **und Hausieren verboten!** begging and hawking prohibited!

Bettler *m*/**-in** *f* beggar, scrounger, mendicant; **~sprache** *f* beggar's cant.

Beuge|haft *f* coercive detention (*in case of obstruction or refusal to attend, etc*); confinement for contempt of court; **~mittel** *n/pl* disciplinary means of coercion, measures to enforce compliance with court orders; **~strafe** *f* coercive penalty, contempt of court penalty.

beurkunden *vt* to record, to place on record, to record in a notarial deed, to register.

beurkundet *adj/adv* recorded (in notarial form); **amtlich ~** officially recorded, on record; **notariell ~** recorded by a notary.

Beurkundung *f* (notarial or judicial) recording (= *r-*) (*of an act or transaction*); executing a (notarial) deed, record of acknowledgment (*of deeds and conveyances*), certification (= *c-*); **~sbefugnis** *f* power of *c-*; **~sgebühr** *f* notary's fee for *r-* (*an act or transaction*); **~smonopol** *n* (notary's) *r-* monopoly; **~s- und Beglaubigungsgebühren** *f/pl* notary's *r-* and *c-* fees; **gerichtliche ~** judicial *c-*, entry in court records (*of court settlement*); **notarielle ~** executing a notarial instrument, notarial protocolization, *r-* of an act or transaction before (and by) a notary, *r-* by a notary, notarization (*required of conveyances, etc*); **notarieller ~svermerk über erfolglose Wechselvorlage** noting (*of a bill of exchange*); **öffentliche ~** public registration/*r-*.

beurlauben *vt* to grant leave of absence; to suspend (*from office*).

Beurlaubung *f* leave, suspension (from office).

beurteilen *vt* to judge, to give an opinion, to assess; **falsch ~** to misjudge; **erneut ~** to rejudge; **positiv ~** to give a positive assessment, to regard with favo(u)r, to give a good performance rating, to rate well.

Beurteilung *f* appraisal, opinion, judgment, assessment; performance report; **~sfehler** *m* error of judgment; **~sspielraum** *m* latitude of evaluation/ interpretation; **~sgrundsatz** *m* rule for grading performance and behavio(u)r; **dienstliche ~** efficiency report, personnel assessment, reference by a superior; **kontroverse ~** controversial opinions; **strafgerichtliche ~** assessment under criminal law.

Beute *f* booty, loot; **~gut** *n* loot, captured goods; **~kunst** *f* pilfered/plundered and removed works of art (*during armed conflict*); **~politik** *f pol* spoils system; **~recht** *n* right of capture, right to take booty.

Bevölkerung *f* population (= *p-*); **~sabnahme** *f p-* decline; **~sanstieg** *m p-* increase; **~saufbau** *m* (statistical) structure of the *p-*; **~saustausch** *m int p-* transfers, international migration of *p-s*; **~sballung** *f- p-* concentration; **~sbewegung** *f p-* movement; **~sdichte** *f* density of *p-*; **~sdruck** *m p-* pressure; **~sentwicklung** *f p-* trend; **~sexplosion** *f p-* explosion; **~skreis** *f* section of the *p-*; **~slage** *f* demographic situation; **~spolitik** *f p-* policy, policy of influencing the birth rate; **~spyramide** *f p-* pyramid; age pyramid; **~srückgang** *m p-* decrease/decline; **~sschicht** *f* social stratum, class of society; **die ärmeren ~~en** *f/pl* the poorer classes; **~sschutz** *m* civil *US* defense/*GB* defence, protection of the civil *p-*; **~sstatistik** *f* vital statistics, demography; **~sstruktur** *f p-* structure; **~süberschuss** *m* surplus *p-*; **~swachstum** *n p-* growth; **~szählung** *f* census; **~szunahme** *f p-* increase; **arbeitsfähige ~** able-bodied people, employable *p-*; **berufstätige ~** employed and self-employed persons, (number of) people in work; **erwerbstätige ~** the gainfully employed *p-*; **pro Kopf der ~** per capita; **Bruttoinlandsprodukt** *n* ~ ~ ~ ~ per capita gross domestic product, per capita

GDP; **wahlberechtigte** ~ voting *p*-; **werktätige** ~ working *p*-.

bevollmächtigen *vt* to authorize, to empower, to give power of attorney, to appoint *s. o.* one's lawful agent/attorney in fact.

bevollmächtigt *adj* duly authorized, empowered, having power of attorney; **nicht** ~ unauthorized, lacking power of attorney; **ordnungsgemäß** ~ duly authorized.

Bevollmächtigte(r) *f(m)* (*der Bevollmächtigte*) authorized person, attorney (in fact), donee of a power; *dipl* plenipotentiary, authorized / private agent, proxy; **allgemein** ~ general attorney, generally empowered person; **als** ~ (*abbr* **i.V. = in Vertretung**) per pro (*abbr* p.p.), by attorney, by proxy; **die hierzu gehörig befugten ~n** the duly authorized plenipotentiaries; **durch *e-en* ~n abstimmen** to vote by proxy; **privatrechtlicher** ~ attorney in fact, private agent; **Zustellungs~** agent to receive process.

Bevollmächtigung *f* authorization, power of attorney.

bevorraten *vi* to stock up, to provide with stocks, to stockpile.

Bevorratung *f* building up of stocks, stockpiling, keeping stocks in supply, provisioning, **~spflicht** *f* stock-piling obligation.

bevorrechtigen *vt* to privilege, to grant privileges; to grant preferences (*by insolvent debtor*).

bevorrechtigt *adj* privileged, preferred, preferential; **nicht** ~ non-privileged, unprivileged, deferred.

Bevorrechtigung *f* preference, preferment, priority, privilege.

bevorschussen *vt* to advance money (*on current account*), to allow an overdraft, to grant an advance (*salary*).

Bevorschussung *f* advance, granting an advance.

bevorstehend *adj* forthcoming, nearing; **unmittelbar** ~ imminent (*danger*), impending (*death*).

bevorzugen *vt* to prefer, to give preference to, to grant special privilege (to), to privilege.

bevorzugt *vt* preferred, preferential, privileged.

Bevorzugung *f* (granting) preferential treatment (of), preferment.

bewachen *vt* to guard, to keep watch (over).

Bewachung *f* guarding, guard, escort; **~sdienst** *m* guard duties; **~sfahrzeug** *n* escort vessel (ship), escort car; **~sgewerbe** *n* guard and watch service industry; **~svertrag** *m* guarding contract, agreement for the services of watchmen (*to guard, patrol and oversee a building or other property*).

bewaffnet *adj* armed.

Bewaffnung *f* arms, equipment, weapons carried (by *s. o.*), armament (*military forces*).

bewahren *v* to keep (unchanged), to preserve, to protect, to save.

Bewährung *f* probation (= *p*-) (*suspension of sentence on probation*); test, trial (*employment*); ~ **gewähren** to grant *p*-, to suspend a sentence on *p*-; **~sauflage** *f* condition of *p*-; **~saufsicht** *f* supervision of the probationer; **~saufstieg** *m* automatic promotion or upgrading of civil servants with a satisfactory record, promotion by seniority (*after satisfactory service*); **~sfrist** *f p*- period; **~shelfer** *m p*- officer; **~shilfe** *f p*- service; **~splan** *m* rehabilitation scheme for probationers; **~sprobe** *f* (acid) test, trial (run); **~ssystem** *n p*- system; **~szeit** *f p*- period; **auf ~ entlassen** to release on *p*-; **unter ~ stellen** to place (*put*) on *p*-.

Bewässerung *f* irrigation; **~sanlage** *f* irrigation palnt; **~sprojekt** *n* irrigation scheme.

Beweggrund *m* (*pl Beweggründe = ~e*) motive, motivation, inducement; **niedrige ~e** base motives, turpitude.

beweglich *adj* movable, tangible, personal (*property*); **~e Sache** chattel, movable, personalty, personal property.

Beweglichkeit *f* movability, flexibility, agility.

Bewegung *f* movement; **~s- und Reisefreiheit** freedom of movement and travel; **staatsgefährdende ~** subversive movement.

Beweis *m* proof (= *p-*), evidence (= *e-*); **~ anbieten** to offer *e-*; **~angebot** *n* offer of *p-*, offer of *e-*; **zulässiges ~angebot** *n* (admissible) offer of *e-*; **~anordnung** *f* directions for (the taking of) *e-*; **~anregung** *f* suggestion as to the taking of *e-*; **~antrag** *m* motion to take *e-*, offer of *e-*; **~ antreten** to adduce *e-*, to tender *e-*; **~antritt** *m* offer of *e-*, submission of *e-*, production of *e-* (*documents*), presentation of *e-* (*documents, exhibits*); **~~ durch Urkundenvorlage** submitting documents, producing documents as *e-*; **fehlender ~~** failure of *e-*; **~anzeichen** *n* indicative *e-*; **~aufnahme** *f* → *Beweisaufnahme;* **~bedürftigkeit** *f* need/necessity to be proved; **~beschluss** *m* order for *e-*, directions for *e-*; **~~ zur Vernehmung von Zeugen** orders for examination of witnesses; **~ der Bösgläubigkeit** *p-* of bad faith; **~ der Kenntnis** *p-* of scienter; **~ des ersten Anscheins** prima facie *e-*; **den ~ ~ ~ ~ erbringen** to establish a prima facie case; **~ des Nichtgeschehenseins** negative *e-*; **~ des Nichtvorhandenseins** negative *e-*; **~ durch Mittäter** *e-* by accomplices; **~einrede** *f* objection to the admission of *e-*; **~ erbringen** to prove, to furnish *p-*; ***e-en* ~ nicht erbringen** to fail to prove *sth;* **~ergebnis** *n e-* (in the case), the outcome of the *e-*; **zum ~~ plädieren** to sum up *e-*; **~erhärtung** *f* corroboration of *e-*; **~ erheben** to take *e-*; **~erheblichkeit** *f* relevancy of *e-*; **~erhebung** *f* taking *e-*, hearing of *e-*; **~ermittlung** *f* exploratory, examination of a witness; **~fähigkeit** *f* provability, probative value; **~fälligkeit** *f* failure to furnish *p-*, inability to furnish *p-*, failure of *e-*; **~frage** *f* evidential issue; **~frist** *f* time granted for producing *e-*; **~führer** *m* **/-in** *f* party submitting *e-*, party bearing the burden of *p-*; **~führung** *f* production of *e-*, marshalling of *e-*; **~führungslast** *f* burden of producing *e-*; **~funktion** *f* probative function; **~gebühr** *f* fee for taking *e-*, fee for evidentiary proceedings (*charged by lawyers and for the court*); **~gegenstand** *m* point of *e-*, subject matter of the (taking of) *e-*; **~indiz** *n* point of circumstantial *e-*; **~kette** *f* chain of *e-*; **~kraft** *f* probatory force, probative value, conclusiveness; **~~ *e-er* Aussage** probative strength/value of testimony; **~~ *e-er* Urkunde** probative value of a document; **~last** *f* onus (probandi), burden of *p-*; **~~umkehr(ung)** *f* reversal of/shift in the burden of *p-*; **die ~~ umkehren** to shift the burden of *p-*; **trotz der ~~ *e-en* Beweis erbringen** to sustain the burden of *p-*; **formelle** (*subjektive*) **~~** burden of producing *e-*; **materielle** (*objektive*) **~~** onus/of *p-*; **~~klausel** *f* stipulation (*in terms and conditions*) fixing the burden of *p-*; **~~verschiebung** *f* shift in the burden of *p-*, change in the onus of *p-*; **~ liefern** to prove, to furnish *e-*; **~mangel** *m* lack of *e-*; **~material** *n e-*, means of *p-*, evidentiary material; **belastendes ~~** incriminating *e-*; **neues ~~** fresh *e-*; **widersprüchliches ~~** contradictory *e-*; **~~ beibringen** to furnish/supply *e-*; **~mittel** *n* → *Beweismittel*; **~nachholung** *n* introduction of new *e-*; **~not** *f* inability to produce *p-*; difficulty of discharging the burden of *p-*, lack of *e-*; **~offerte** *f* offer to furnish *e-*; **~pflicht** *f* (legal) obligation to furnish *p-*, onus of *p-*; **~pflichtige(r)** *f(m)* (*der ~pflichtige*) the party who has to prove *sth*, party who bears the burden of *p-*; **~protokoll** *n* transcript of *e-*, record of *p-*; **~recht** *n* law of *e-*; **~regel** *f* rule of *e-*; **~schwierig-**

keit *f* difficulty of proving *sth*; **~sicherung** *f* preservation of *e*-, perpetuating *e*-, perpetuating testimony; **~stück** *n* exhibit; **~termin** *m* (date fixed for the) hearing of *e*-; **~thema** *n* the subject of the hearing of *e*-, the points in issue; **~umkehrung** *f* shift in/reversal of the burden of *p*-; **~unerheblichkeit** *f* irrelevance of *e*-; **~unterlage** *f* evidencing instrument, document introduced as *e*-, documentary *e*-; **~unterschlagung** *f* concealing *e*-; **~urkunde** *f* exhibit (in the form of a document), documentary *e*-; **~urkunden- und Asservatenliste** *f* list of exhibits; **~verbindung** producing joint *e*-; **~verbot** *n* inadmissibility of *e*-; **~vereinbarung** *f* evidential stipulation; **~vereitelung** *f* obstructing the obtaining of *e*-; **~verfahren** *n* the taking of *e*-, proceedings for the introduction of *e*-; **~verhandlungen** *n* argument in court concerning the admission of *e*-; **~vermutung** *f* evidential presumption; **~vernichtung** *f* destruction of *e*-; **~verwertung** *f* using *sth* as *e*-; **~~sverbot** *n* inadmissibility of (improperly obtained) *e*-; **~ vom Hörensagen** hearsay *e*-; **~wert** *m* probative value; **~würdigung** *f* consideration of the *e*-; weighing of the *e*-, evaluation of the *e*-; **die ~~ vornehmen** to consider/weigh the *e*-; **freie ~~** free evaluation of the *e*-; **~zeichen** *n* token *e*-; **angetretener ~** *e*- adduced; **aus Mangel an ~en** for want of *p*-, due to lack of *e*-; **ausreichender ~** sufficient *e*-; **bis zum ~ des Gegenteils** unless the contrary is proved, in the absence of *p*- to the contrary; **die ~last trifft den Kläger** the burden of *p*-lies with the plaintiff; **direkter ~** direct *e*-; **eindeutiger ~** clear *e*-; ***e-en* ~ entkräften** to refute *e*-/*p*-; ***e-en* ~ anbieten für** to offer *e*- for; **einwandfreier ~** absolute *p*-; **hinreichender ~** sufficient *e*-; **indirekter ~** circumstantial *e*-; **lükkenhafter ~** incomplete *e*-; **mangels ~es** because of lack of *p*-, in the absence of *p*-, for want of sufficient *e*-; **mangels ~es des Gegenteils** in the absence of *p*- to the contrary; **mittelbarer ~** indirect *e*-, circumstantial *e*-; **mündlicher ~** (oral) testimony; **neuer ~** fresh *e*-; **sachdienlicher ~** relevant *e*-; **schlüssiger ~** substantial *p*-, clear *p*-, conclusive *e*-; **schriftliche ~e** written *p*-, written *e*-, *e*- in writing; **überzeugender ~** convincing *e*-; **unmittelbarer ~** direct *e*-; **unter ~ stellen** to offer/adduce *e*-, to furnish *p*-, to prove; **unwiderlegbarer ~** unchallengeable *e*-, irrefutable *e*-; **urkundlicher ~** *p*- by documentary *e*-; **voller ~** full *p*-, conclusive *p*-, absolute *p*-; **vorläufiger ~** preliminary *p*-; **zulässiger ~** admissible *e*-; **zum ~ dafür** as *e*- thereof; **zwingender ~** (absolute) *p*-.

Beweisaufnahme *f* the taking of evidence (= *e*-), hearing of the evidence, receiving evidence; **~gebühr** *f* (lawyer's) fee for the taking of *e*-; **~protokoll** *n* record of the *e*-, transcript of the testimony; **~termin** *m* evidential hearing; **~ zum Strafmaß** *e*- to determine sentence; **die ~ findet unter Ausschluß der Öffentlichkeit statt** *e*- is being heard in camera; **die ~ schließen** to close the case; **Haager Übereinkommen über die ~ im Ausland in Zivil- oder Handelssachen** (*abbr* **HBÜ, HaagBeweisÜ**) Convention on the Taking of *E*- Abroad in Civil or Commercial Matters (*1970*); **in die ~ eintreten** to proceed to take *e*-.

beweis|bar *adj* provable, verifiable; **~erheblich** relevant to the issues of the case, of probative value; **~fähig** susceptible of proof, demonstrable, provable, having probative value; **~fällig** unable to produce proof, lacking proof, unsuccessful in proving *sth*, not proven; **~kräftig** probative, conclusive (cogent), substantiating; **nicht ~~** nonprobative; **~mäßig** evidential; **~rechtlich** evidentiary, probative.

beweisen *vt* to prove; to establish, to make evident, to demonstrate; **gerichtlich** ~ to prove to the court/in court.

Beweismittel *n* judicial evidence (= *e-*), (formal) means of evidence; (*witnesses, experts, documents, exhibits*), evidence presented to the court; **neu aufgefundene** ~ fresh *e-*, newly discovered *e-*; **nicht zugelassenes** ~ non-admitted/inadmissible *e-*; **notwendiges** ~ indispensable *e-*, crucial *e-*; **primäres** ~ primary *e-*; best *e-*; **ungeeignetes** ~ unsuitable *e-*; **zulässiges** ~ admissible *e-*.

bewerben *v reflex* **sich um etwas** ~ to apply (*for a post or job*), to compete for *sth*, to submit a tender.

Bewerber *m*/**-in** *f* applicant, candidate, aspirant, postulant, suitor (*company take-overs*); bidder, pretender (*crown*); **ohne** ~ unapplied for.

Bewerbung *f* application (= *a-*) (*for a position*), tender; **~sbedingungen** *f/pl* conditions for tendering; **~sbogen** *m a-* form; *a-* requirements; **~sgespräch** *n* interview; **~sprüfung** *f a-* examination; **~sschreiben** *n* letter of *a-*, written *a-*; **~sunterlagen** *f/pl* papers in support of *a-*.

bewertbar *adj* assessable, appraisable, eligible for consideration.

bewerten *vt* to assess, to appraise, to value, to evaluate; **höher** ~ to write up.

bewertet *pp adj* assessed, valued, appraised; **nicht** ~ unassessed, not valued.

Bewertung *f* appraisal, assessment (of value), valuation (= *v-*), rating; ~ **der Aktiva** *v-* of assets; ~ **des Schadens** assessment of the damage; **~sabschlag** *m* reduction in *v-*; deduction of asset value; **~sfreiheit** *f* discretionary *v-* (at taxpayer's choice) (*eg equipment of small value*); **~sgesetz** *n* tax *v-* enactment; **~sgrundlage** *f* basis of *v-*; **~sgrundsatz** *m* principle of (balance sheet) *v-*; **~sirrtum** *m* error in *v-*; **~smaßstab** *m* standard of *v-*; **~ssmethode** *f* method of *v-*, procedure for determining value, *v-* technique; **~sstetigkeit** *f* consistency of *v-*; **~sstichtag** *m v-* date; **~ssystem** *n v-* (system); **~sunterlagen** *f/pl v-* papers; **~sverfahren** *n v-* method; **~svorschriften** *f/pl* (tax) *v-* rules; **steuerliche** ~~ *v-* rules according to tax laws; **~swahlrecht** *n v-* alternatives; **~szeitpunkt** *m* time of *v-*; **kursmäßige** ~ quoted value; **steuerliche** ~ tax *v-*; **vorsichtige** ~ conservative *v-*; **zollamtliche** ~ official *v-* (by customs authority).

bewiesen *pp adj* proved, *US* proven; **unwiderlegbar** ~ absolutely proved, proved beyond all doubt.

bewilligen *vt* to grant, to allow, to appropriate (*budget*), to allocate.

Bewilligung *f* grant (= *g-*), appropriation (= *a-*), vote (*finance bill*); ~ **auf Widerruf** revocable *g-*; ~ **des Parlaments** parliamentary *g-/a-*; **~santrag** *m* application for a *g-*; **~sausschuss** *m a-s* committee; **~sbescheid** *m* decision on an application (for a *g-*); **~sgesuch** *n* petition for a *g-*; **~sgrundsatz** *m* *principle that changes of entries in the land title register require the consent of the owner or entitled party if their rights are affected*; **~sinhaber** *m* /**-in** *f* holder of the authorization, grantee; **~srecht** *n parl* right to make *a-s*; **~sstelle** *f* authority in charge of allowing an expenditure; **~sverfahren** *n* authorization procedure, (procedure for allowing a *g-*) (*or other public expenditure*); **unverausgabte ~en** unused *a-s*.

bewirken *vt* to operate, to effect, to cause, to give rise to.

bewirtschaften *vt* to manage, to run (*an enterprise*), to cultivate (*land*), to ration (*scarce goods*), to control (*housing, rent*).

Bewirtschaftung *f* (→ *bewirtschaften*) management, cultivation, rationing, control (= *c-*); **~smaßnahme** *f c-* measure, *c-* rationing; **~spflicht** *f* duty of cultivation; **~ssystem** *n* system of *c-s*, *c-s*, rationing system; **aus der ~ herausnehmen** to decontrol; **kollektive ~** collective enterprise, collective farming; **staatliche ~** government *c-*, rationing.

Bewirtung *f* hospitality, business entertainment; **~skosten** *pl* entertainment expenses; **~sspesen** *pl* business entertainment expenses, entertainment allowance (*business friends, clients etc*).

bewohnbar *adj* habitable, fit to live in, fit for human habitation; **nicht ~** unfit for human habitation, uninhabitable.

Bewohnbarkeit *f* habitability, fitness for human habitation.

Bewohnen *n* occupation, occupancy (*house, apartment*), dwelling (*in living quarters*); **eigenes ~** personal occupation, self-occupation.

bewohnen *vt* to inhabit, to live in, to occupy, to reside in.

Bewohner *m* **/-in** *f* inhabitant, resident, residental occupier, occupant, occupier; **~ *e-es* fremden Gebietes** non-resident; **mietergeschützter ~** protected occupier.

bewußt *adj* conscious, aware (of *sth*), deliberate; **sich ~ sein** to realize, to be aware of.

Bewusstsein *n* awareness (= *a-*), consciousness; **~ der Rechtswidrigkeit** *a-* of illegality; **~sgrad** *m* degree of *a-*; **~slücke** *f* momentary blackout; **~sschwelle** *f* threshold of consciousness; **~sspaltung** *f* schizophrenia, dissociation; **~sstörung** *f* mental disturbance, derangement of the senses; **~sstufe** *f* level of *a* ; **~strübung** *f* clouded consciousness, transitory mental disturbance, confusion of the mind; **in dem ~, dass** (*Präambelformel*) bearing in mind that; **im vollen ~ der Folgen** fully aware of the consequences; **in dem ~ der Schuld** conscious of being guilty, having guilty knowledge; **in dem ~ der Unschuld** aware/conscious of one's innocence.

bezahlen *vt* to pay, to pay for, to pay off (*debts*), to defray (*expenses*) to settle (*a bill*); **bezahlt werden** to get paid; **sich bezahlt machen** to pay (for itself), to become profitable; **bar ~** to pay in cash; **schlecht ~** to pay badly, to underpay (*employees*); **sofort ~** to pay cash down, to pay on the nail.

bezahlt *adj* paid, paid-up, settled; **~ Brief** (*abbr* **bB**) sellers over; **~ Geld** (*abbr* **bG**) buyers over; **~ und Brief** more sellers than buyers; **~ und Geld** more buyers than sellers; **~ und quittiert** discharged and acquitted; **nicht ~** unpaid, outstanding; **voll ~** paid in full, fully paid up (*shares*).

Bezahlung *f* payment (= *p-*), pay (*employees*), disbursement (*expenses*), settlement (*of debts*); **~ *e-er* Schuld** satisfaction of a debt, settlement of a debt; **~ für den Anfahrtweg** dead-heading pay, *p-* for travel expenses; **~ gegen offene Rechnung** clean *p-*; **~ nach Erfolg** *p-* by result; **~ nach Leistung** performance-related pay; **~ unter Vorbehalt** *p-* under protest, *p-* with reservations; **~ von Rechnungen** settling of accounts; **~ von Schulden** *p-* of debts; **bei ~** on *p-*; **fristgerechte ~** due *p-*, *p-* within the time limit; **gegen ~** against *p-*; **nachträgliche ~** *p-* in arrears, subsequent *p-*; **sofortige ~** immediate *p-*, on-the-spot *p-*; **teilweise ~** part *p-*; **vollständige ~** *p-* (settlement) in full.

bezeichnen *vt* to designate, to mark, to indicate, to denote.

bezeichnend *adj* representative, significant, typical.

Bezeichnung *f* designation, description, mark; **~ der Erfindung** title of the invention, designation of the invention; **~sweise** *f* nomenclature, terminology; **geschützte ~** proprietary designation; **handelsübliche ~** trade description, customary designation; **kurze ~** short title (*of an enactment*); **mehrdeutige ~** ambiguous/equivocal description; **nä-**

here ~ des Klägers plaintiff's description.

bezeugen *vt* to testify (to), to give evidence (of *sth*), to bear testimony, to bear witness (to), to attest (to) (*signature*).

Bezeugung *f* witnessing, attestation; → *Bekundung,* → *Beglaubigung.*

bezichtigen *vt* to accuse (*of having committed a crime*), to impute, to incriminate, to ascribe.

Bezichtigung *f* accusation, imputation, incrimination; ~ ***e-es*** **Unrechts** imputation of wrong, accusation of wrong-doing.

beziehbar *adj* obtainable (*goods*), ready for occupancy (*house, flat, etc*); **sofort** ~ vacant possession, ready for immediate occupancy/ occupation.

beziehen *vt* to subscribe, to obtain, to draw, to collect, to move into (*house, etc*); *v reflex* (*auf*) to refer to.

Bezieher *m*/**-in** *f* recipient, subscriber.

Beziehung *f* regard, relation (= *r-*), relationship (= *r-ship*); (*pl ~en*) connections, relations; **~en zwischen den Sozialpartnern** industrial *r-s*, labo(u)r-management *r-s*; **~skauf** *m* direct purchase (*from producer or wholesaler*); **außereheliche ~en** extra-marital *r-ships*/affairs; **auswärtige ~en** foreign *r-s*; **besondere ~en** special relationship; **Bundesminister für innerdeutsche ~en** Federal Minister for Intra-German *R-s*; **diplomatische ~en** diplomatic *r-s*; ~ **~en aufnehmen** to establish diplomatic *r-s*; ~ **~en abbrechen** to sever diplomatic *r-s*, to break off diplomatic *r-s*; ~ **~en unterhalten** to maintain diplomatic *r-s*; **ehebrecherische ~en** adulterous *r-ships*; **in ehebrecherischen ~en leben** to live in adultery; **eheliche ~en** marital *r-s*, conjugal *r-s*; **ehewidrige ~en** intimacy, illicit *r-s*, extra-marital *r-s*; **freundschaftliche ~en** friendly *r-s*, bonds of friendship; **geschäftliche ~en** business connections; **geschlechtliche ~en** sexual intercourse; **gespannte ~en** strained *r-s*; **gutnachbarliche ~en** good neighbo(u)rly *r-s*; **internationale ~en** international *r-s*; **landesverräterische ~en** treasonable *r-s*; **schuldrechtliche ~en** contractual *r-s*, *r-s* based on an obligation; **vermögensrechtliche ~en** *r-ships* arising out of property rights, economic *r-ship*; **verräterische ~en** treasonable *r-s*; **vertragliche ~en** contractual *r-s*; **wirtschaftliche ~en** commercial *r-s*; **zwischenstaatliche ~en** international *r-s*, inter-State *r-s*.

beziehungsweise (*abbr* **bez.**) *conj* as the case may be, respectively, and/or.

bezifferbar *adj* quantifiable; **nicht** ~ unliquidated, not quantifiable, unquantifiable.

beziffern *vt* to state/ put in figures, to amount (to), to number, to mark with numbers, to quantify.

Bezirk *m* district (= *d-*), (*administrative county in former German Democratic Republic*); region (= *r-, regional = r-al*), → *Regierungsbezirk*; **~sausschuss** *m r-al* committee; **~sdirektor** *m* **/-in** *f ins* area manager, *r-al* director; **~sfiliale** *f r-al* head office; **~sfinanzdirektion** *f r-al* finance department; **~sgebiet** *n d-* territory; **~sgericht** *n d-* court, *A* local court; **~sgüterfernverkehr** *m* limited long distance haulage (*150 km radius*); **~shauptmann** *m* **/-frau** *f A* chief officer of a county, *d-* commissioner; **~shaushalt** *m* budget for *r-al* administration, *r-al* budget; **~shoheit** *f r-al* autonomy; **~slasten** *f/pl r-al* expenditure: *public expenditures to be met by the r-al administration*; **~sleiter** *m* **/-in** *d-* manager; **~snotar** *m* **/-in** *f d-* notary (*in Württemberg, public notary with judicial functions for the land title register and for probate matters*); **~sordnung** *f r-al* by-laws, by-laws of a *d-*; **~splanungsstellen** *f d-* planning authorities; **~srecht** *n* law applicable to *r-al* administration, *r-al* by-laws; **~sregierung** *f* upper *r-al* authority, *d-* government; ~**srevisor** *m*/-**in** *f* official auditor for a court *d*-; ~**ssatzung** *f* *r-al* by-laws; ~**sschornsteinfeger** *m*/-**in** *f* official (*d*-) chimney-sweep; ~**stag** *m* *r-al* chamber of deputies, *r-al* parliament; ~~**smitglied** *n* deputy of the *r-al* parliament; ~~**spräsident** *m*/-**in** *f* president of the *r-al* parliament; ~**sumlage** *f* *assessment* (*imposed*) *upon the local authorities by the r-al parliament, r-al* charges/levy; ~**sverband** *m* *d*-cooperative association; ~**svermögen** *n* property of an administrative *d*-, *r-al* authorities' assets; ~**sverordnung** *f* ordinance issued by a *d*-; ~**svertreter** *m*/-**in** *f* *r-al* representative, distributor; ~**sverwaltung** *f* *d*- authorities; ~**s**(**tags**)-**wahl**(**en**) *f* (*pl*) *r-al* parliament elections; ~**swehrersatzamt** *n* *d*- draft board; **befriedete** ~**e** pacified areas; **ländlicher** ~ rural *d*-; **postalischer** ~ postal *d*-.

Bezogene(r) *f(m)* (*der Bezogene*) drawee.

Bezug *m* **I** reference (= *r*-) (*to a letter*), regard, respect; relationship; ~ **haben auf** to have a bearing upon; ~**nahme** *f* *r*-; ~~ **auf rückseitige Bedingungen** for conditions see back; ~ **nehmen** to refer; ~**sbasis** *f* basis of comparison; ~**sdatum** *n* *r*- date; ~**sgröße** *f* yard stick, *r*- figure, *r*- quantity, standard for/of comparison, *r*- amount; ~**sgrundlage** *f* base level; ~**sjahr** *n* *r*- year, basis year; ~**smenge** *f* datum quantity, amount purchased; ~**spatent** *n* related patent; ~**surkunde** *f* *r*- document; ~**szeichen** *n* *r*- code/number/signs; ~**szeitraum** *m* *r*- period; **es wird** ~ **genommen auf** *r*- is made to; **in** ~ **auf** with regard to, in relation to, with *r*- to, referring to; **ohne** ~ without *r*- (*to any previous letter*); **unter** ~ **auf** with *r*- to.

Bezug *m* **II** buying (*of goods*), supply, subscription (= *s*-) (*periodicals, newspaper, shares*); ~ **aus dem Ausland** importing (goods from abroad); ~**saktien** *f/pl* rights-shares, new issue shares, preemptive shares; ~**sangebot** *n* *s*- offer; ~**sanweisung** *f* order to deliver goods; ~**saufforderung** *f* request to take delivery; request to exercise option rights; ~**sbedingungen** *f/pl* terms and conditions of sale, sales conditions; ~**sberechtigte**(**r**) *f(m)* allottee (*new shares*); beneficiary (*insurance*); ~**sberechtigung** *f* entitlement to (life) insurance benefit; ~**sbescheinigung** *f* *s*- rights certificate, allotment certificate; ~**sbeschränkung** *f* rationing, imposing quota restrictions (on buying); ~**serklärung** *f* notice of exercise of option; ~**sfrist** *f* term of *s*-, time-limit for *s*-; ~**sgebiet** *n* supplying area; ~**sgebühr** *f* *s*- fee; ~**sgenossenschaft** *f* (agricultural) co-operative purchasing association; ~**skosten** *pl* delivery costs; ~**skurs** *m* *s*- price; ~**sland** *n* supplying country (*imports*), customer country (*exports*); ~**soption** *f* option on new shares; ~**spflicht** *f* obligation to buy (*from the licensor*); ~**spreis** *m* price of delivery, *s*- price; ~**squelle** *f* source of supply; ~~**nnachweis** *m* proof of origin; (*Verzeichnis*) directory of suppliers; ~**srecht** *n* right to life insurance benefits; → *Bezugsrecht*; ~**sschein** *m* talon; ration card, *s*- rights certificate; certificate of entitlement; ~**stag** *m* day of issue, allotment day; ~**stermin** *m* fixed date for delivery, delivery date; ~**sverhältnis** *n* **5 : 1** ratio of 1 new for 5 old shares; ~**svertrag** *m* contract of (regular) supply, multiple delivery contract; ~ **von Leistungen** drawing benefits; ~ **von neuen Aktien** allocation of new shares; **zum** ~ **angeboten** offered for *s*-.

Bezug *m* **III** moving in (*dwelling*), occupation; ~**sfähigkeitsbescheinigung** *f* certificate of occupancy.

Bezüge *m/pl* salary, earnings (= *e-s*), emoluments, remuneration (= *r*-), pay; ~ **mit Pensionsberechti-**

gung pensionable salary; **bedingt pfändbare** ~ benefits subject to qualified garnishment (*pensions and similar recurrent benefits which may be garnished in exceptional cases*); **einmalige** ~ non-recurring *r-*, once-only payments; **fortlaufende** ~ continuous (regular) *r-*, salary; **pfändbare** ~ wages and salaries subject to execution, garnishable *e-s*, attachable *e-s*; **pro forma** ~ nominal *r-*; **steuerfreie** ~ tax-free *e-s*; **unpfändbare** ~ *e-s* exempt from garnishment.

bezüglich *prep* with regard to, in respect of, concerning.

Bezugsrecht *n* subscription right, *US* stock right, preemptive right; ~ **ausgeübt** ex rights; **~sangebot** *n* rights offer; **~sausgabe** *f* rights issue; **~semission** *f* rights issue; **~shandel** *m* trading in subscription rights, rights trading; **~sobligation** *f* option bond; **~surkunde** *f* letter of rights; **~svereinbarung** *f* option agreement; **~swert** *m* security carrying subscription rights; **ein** ~ **ausüben** to take up an option, to exercise an option; **ohne** ~ ex rights; **mit** ~ cum rights.

bezuschussbar *adj* subsidizable, eligible for a grant/subsidy.

bezweifeln *vt* to doubt, to dispute.

BfA (*abbr* = **Bundesversicherungsanstalt** *f* **für Angestellte**) Federal Insurance Institution for Salaried Employees.

BFH (*abbr* = **Bundesfinanzhof** *m*) Federal Fiscal Court.

BGA (*abbr* = **Bundesgesundheitsamt** *n*) *F-* Health Office.

BGB *n* (*abbr* = **Bürgerliches Gesetzbuch**) *(D)* Civil Code; **~-Gesellschaft** *f* non-trading partnership, civil partnership; **~-Gesellschafter** *m*/**-in** *f* member of a non-trading partnership.

BGBl (*abbr* = **Bundesgesetzblatt** *n*) Federal Law Gazette.

BGH (*abbr* = **Bundesgerichtshof** *m*) Federal High Court of Justice, Federal Supreme Court (*civil and criminal jurisdiction*).

BGS (*abbr* = **Bundesgrenzschutz** *m*) Federal Border/Frontier Guards/Patrol.

BGSG (*abbr* = **Bundesgrenzschutzgesetz** *n*) Federal Border Patrol Act.

Bibliothek *f* library; **~sgroschen** *m* library penny, *royalties paid by lending libraries to authors*; **~sordnung** *f* library regulations, library users' rules.

Bier *n* beer; **~lieferungsvertrag** *m* regular beer supply contract; **~steuer** *f* beer tax; **~verlag** *m* brewery depot; **~verleger** *m* /**-in** *f* brewery agent, porter merchant; **obergäriges** ~ top fermented beer; **untergäriges** ~ bottom-fermented beer.

Biet|abkommen *n* bidding arrangement; **negatives** ~~ agreement to abstain from bidding; **~vereinbarung** *f* knock-out agreement.

Bieten *n* bidding, ~ **zwecks Hötertreiben** by-bidding.

bieten *vi/vt* to offer (*to buy at a stated price*), to make a bid/ bids; **niedrig** ~ to bid low.

Bieter *m* /**-in** *f* bidder; **~gemeinschaft** *f* bidding consortium, *consortium of companies bidding for a contract*; **~kaution** *f* bid bond.

Bietungs|garantie *f* bid bond, tender guarantee; **~kaution** *f* tender bond; **~konsortium** *n* bidding syndicate.

Bigamie *f* bigamy.

bigamisch *adj* bigamous.

Bigamist *m*/**-in** *f* bigamist.

Bilanz *f* balance (= *b-*), balance sheet (= *b/s*) balance sheets (= *b/s-s*); **~abschluss** *m* closing entries (for the *b/s*), drawing the *b/s*; **~abteilung** *f* central accounting department; **~analyse** *f b/s* analysis; **~änderung** *f* change/amendment to the *b/s*; **~ansatz** *m b/s* item, value shown; *disclosure of an item in the b/s*; **~aufbereitung** *f* preparing data for the *b/s*; **~ausgleich** *m b/s* equilibrium, settlement of the *b/s* difference; **~~sposten** *m b/s* adjustment item; **externer** ~~ *b-* of payments equilibrium; **~auszug** *m* summarized *b/s*; abstract from the *b/s,* summary of assets and liabilities; **~bereinigung** *f* adjustment of the *b/s*; **~bericht** *m* accounting report, explanatory remarks on the *b/s*; **~berichtigung** *f* rectification of the *b/s*; **~buchhalter** *m/***-in** *f* qualified accountant (*capable of preparing b/s-s*); **~deckungskapital** *n b/s* capital assets; **~delikt** *n b/s US* offense/*GB* offence, cooking of *b/s-s*, juggling of financial statements; **~ der laufenden Leistungen** *b-* of current transactions; **~ des langfristigen Kapitalverkehrs** *b-* of long-term capital transactions; **~details** *n/pl b/s* items/details; **~entwurf** *m* draft *b-*; **~ergebnis** *m b/s* profit or loss, net result; **~fälschung** *f* falisification of the *b/s,* cooking of the *b/s*; **~frisur** *f* window-dressing; **~gewinn** *m b/s* profit, unappropriated retained earnings; net earnings shown in the *b/s*; **~gliederung** *f b/s* structure/system; **~identität** *f b/s* identity; **~jahr** *n* financial year; **~kennzahl** *f b/s* ratio; **~kontinuität** *f b/s* continuity, consistency in statement presentation; **~kosmetik** *f* window dressing; **~periode** *f* accounting period (*from one b/s date to the next*); **~position** *f b/s* item; **~posten** *m b/s* item; **~prüfer** *m/***-in** *f* auditor of the financial statement; **~prüfung** *f b/s* audit; **~relation** *f* ratio between *b/s* items; **~revision** *f b/s* audit; **~richtliniengesetz** *n EU* Account Directives Law (*adapting EC directives*); **~saldo** *m* capital *b-*, *b/s* ratio; **~sanierung** *f b/s* restructuring; **~statistik** *f b/s* statistics; **~stichtag** *m b/s* date; **~summe** *f b/s* total; **~überschuss** *m* surplus of assets over liabilities on the *b/s*; **~urkunde** *f* original *b/s*; **~verkürzung** *f b/s* contraction; **~verlust** *m* loss (as shown by the *b/s*), net loss for the year; **~verschleierung** *f* window dressing; **betrügerische** ~~ fraudulent statement; **~volumen** *n b/s* total; **~vorlage** *f* presentation of the *b/s*; **~wahrheit** *f* correct/accurate and true presentation of *b/s* items; **~wert** *m b/s* value; book value, carrying value; **~ ziehen** to strike a *b-*; **~zusammenhang** *m b/s* continuity; **aktive** ~ *b/s* showing a profit; **außenwirtschaftliche** ~ the *b-* of payments; **die ~ aufstellen** to draw up the *b/s*, to prepare the *b/s*; **die ~ der gesamten Wirtschaftstätigkeit** net result of the overall economic activity; **die ~ frisieren** to cook/doctor the *b/s*, to window-dress; **die ~ verschleiern** to cook the *b/s*; **die ~ vorlegen** to submit the *b/s*; **fiktive** ~ fictitious *b-/ b/s*; **geprüfte** ~ audited *b-*; **konjunkturpolitische** ~ assessment of cyclical trends, appraisal of economic policy; **konsolidierte** ~ consolidated *b/s*; **passive** ~ *b/s* showing a loss; **rohe** ~ rough *b-*, trial *b-*; **steuerliche** ~ *b/s* for tax purposes; **verschleierte** ~ veiled *b/s*; **versicherungstechnische** ~ actuarial statement, actuarial valuation *b/s*; **vorläufige** ~ trial *b-*.

bilanzieren *v* to prepare the balance sheet, to balance the accounts, to strike a balance, to make out a balance sheet, to show in the balance sheet.

Bilanzierung *f* striking the balance, preparing the balance sheet (= *b/s, pl = b/s-s*); **~sgrundsätze** *m/pl* accounting principles; **~speriode** *f* period covered by the *b/s*; **~srichtlinien** *f/pl* directives/regulations for the preparation of *b/s-s*; **~sschema** *n* method of making up a financial statement, *b/s* system; **~stag** *m b/s* date, date of closing entries; **~stricks** *m/pl* accounting gimmickry; **~svorschriften** *f/pl* accounting rules, regulating for the preparation of *b/s-s*; **inflationsbereinigte** ~ inflation accounting.

bilanzmäßig *adj* pertaining to the *b/s*, shown by the *b/s*.

Bild *n* picture, photograph; **~archiv** *n* picture library, photographic archives; **~dokumentation** *f* pictorial/photographic documentation; **~funk** *m* television; **~gegendarstellung** *f* correction by publishing the correct picture; **~geschichte** *f* comic strip; **~nis** *n* portrait, picture; **~~schutz** *m* (copyright) protection of one's own image; **~plakat** *n* pictorial poster; **~schirm** *m* screen (*television, computer*); **~~arbeitsplatz** *m* employment at/with a computer; **~~terminal** *n* video display unit; **~~text** *m* videotext, picture-screen text; *GB* viewdata; **~~zeitung** *f* video news; **~träger** *m* picture carrier, film visual recording; **~werbung** *f* pictorial advertising; **~zeichen** *n* pictorial trade-mark, device trademark, logo.

Bildung *f* education (= *e-, educational* = *e-al*); **~sabschluss** *m e-al* qualification, *e-al* attainment; **~sangebot** *n e-al* options, *e-al US* programs, *GB* programmes offered; **~sbereitschaft** *f* readiness to be educated; **~schancen** *f/pl e-al* opportunities; **~seinrichtung** *f e-al* establishment; **~snotstand** *m e-al* emergency, *e-ally* backward state of affairs; **~~sgebiet** *e-al* wasteland, *e-al* wilderness, *e-al* priority area; **~splanning** *n e-al* planning; **~spolitik** *f e-al* policy; **~surlaub** *m e-al* leave; **bezahlter ~~** paid *e-al* leave; **~svorschriften** *f/pl e-al* requirements, *e-al* rules; **~sweg** *m e-al* career; school background; **zweiter ~~** *m e-* for mature learners, second course of vocational *e-*; **~swesen** *n e-al* system, *e-al* matters, *e-*.

billigen *vt* to approve, to sanction; **stillschweigend ~** to acquiesce in, to approve tacitly.

billigerweise *adj* equitably, in all fairness, justly.

Billig|flagge *f* flag of convenience (*abbr* FOC); **~~nländer** *n/pl* flag-of-convenience states; **~läden** *m/pl* off-price stores; **~lohnland** *n* country with low overheads for workforce; **~tarif** *m* cut-price fare, cheap rate; **~warengeschäft** *n* cut-price store, penny store.

Billigkeit *f* **I** cheapness, inexpensiveness.

Billigkeit *f* **II** equitableness, equity (= *e-, equitable* = *e-ble*), fairness; **~sabwägung** *f* balancing the equities; **~sanspruch** *m e-ble* claim; **~sentscheidung** *f e-ble* decision, decision ex aequo et bono; **~serlass** *m e-ble* decree, *e-ble* tax relief; **~serwägung** *f e-ble* consideration(s); **~shaftung** *f* liability on the grounds of *e-ble* principles; **~smaßnahmen** *f/pl* measures taken on *e-ble* principles; **~srecht** *n e-*, *e-ble* law; **nach ~~** in *e-*; **~srechtsprechung** *f e-ble* judicial decisions (*somewhat negative*); **~sverfahren** *n e-* procedure; **~sverpflichtung** *f e-ble* obligation; **aus Gründen der ~** for reasons of *e-*; **nach ~** according to *e-*, as seems fair and reasonable.

billigkeitsrechtlich *adj* equitable; in equity.

billigst *adv* cheapest, at lowest possible price.

Billigst-Order *f* order to buy at the lowest possible price.

Billigung *f* approval (= *a-*), sanction; **~ *e-es* Geschäfts** adoption of a transaction (*eg a purchase*), *a-* of a business (transaction); **~sfrist** *f* time limit for granting *a-*; **~ von Straftaten** approving criminal acts; **gerichtliche ~** court *a-*/sanction; **stillschweigende ~** acquiescence, tacit *a-*.

Bimetallismus *m* bimetallism, double standard currency.

BImSchG (*abbr* = **Bundes-Immissionsschutzgesetz** *n*) Federal Pollution Control Act.

binden *vt* to bind, to commit, to tie; *v reflex* to stand committed, to engage *o.s.*, to commit *o.s.*

bindend *adj* binding, firm (*offer*).

Bindung *f* tie, binding arrangement, commitment (= *c-*), linking, tying-up; **~sentgelt** *n* earnest money (*in contracting*); **~sermächtigung** *f c-*

authorization; **~sfrist** *f c-* period, fixed investment period, fixed-rate period (*interest*); **~swille** *m* willingness to enter into a *c-*; **~swirkung** *f c-*, binding effect; ~ **von Geldmitteln** earmarking of funds; **vertragliche** ~ contractual *c-*; **zwangswirtschaftliche** ~ public control.

Binnen| (*domestic = d-, inland = i-, internal = i-al*) **~beziehung** *f i-al* relationship, relation inter se (*of partners, etc*), *i-al* arrangements, → *Innenverhältnis*; **~fischerei** *f* freshwater fishery; **~flotte** *f i-* waterways fleet; **~gewässer** *n i-* waters; **~grenzen** *f/pl EU i-al* borders/ frontiers; **~hafen** *m i-* port, *i-*waterway harbo(u)r; **~handel** *m d-*trade/ commerce, *i-al* trade, home trade; **~kartell** *n d-* cartel; **~konjunktur** *f i-al* economic trends; **~land** *n i-*, interior of a country; **~luftverkehr** *m d-* flights; **~markt** *m d-* market, home market; *EU i-al* market; **~~ der Gemeinschaft** *EU i-al* Community market; **europäischer ~~** *EU i-al* market, single (unit) market; **~meer** *n* landlocked sea; **~nachfrage** *f i-al* demand, *d-* demand; **~schiff** *n* ship on *i-* waterways; **~schiffer** *m* **/-in** *f i-* waterways navigator, *i-* waterways operator(s); **~schifffahrt** *f* → *Binnenschifffahrt;* **~staat** *m* landlocked state/country; **~tarif** *m i-*rate, home tariff; **~transportversicherung** *f i-* marine insurance; **~verkehr** *m i-* transport; **~~sschadensversicherung** *f i-* transportation policy; **~versand** *m* interior transit; **~währung** *f* home currency, *i-al* currency; **~wanderung** *f i-al* migration; **~wasserstraße** *f i-* waterway; **Europäisches Übereinkommen über die internationale Beförderung gefährlicher Güter auf ~~n** *EU* European Agreement Concerning the International Carriage of Dangerous Goods by Inland Waterway; **~wert** *m i-al* value; **~wirtschaft** *f i-al* economy; **~zoll** *m i-al* tariff, *i-al* duty; **~zollsatz** *m i-al* rate of duty; **~zollstelle** *f i-* customs office.

binnen *prep* within; ~ ***e-er*** **Frist von** within a period of; ~ **kurzem** shortly, in the near future; **~markt orientiert** based on home market requirements; **~wirtschaftlich** *adj* relating to the domestic economy; concerning internal trade, pertaining to internal economic matters; ~ **zwei Wochen nach** within two weeks of.

Binnenschifffahrt *f* inland navigation, inland waterway transportation; **~sgesetz** *n* Inland Waterways Act (*civil liabilities*); **~srecht** *n* the law governing inland navigation; **~ssachen** *f/pl* inland navigation matters/ cases; **~sstraßen-Ordnung** *f* inland waterway transportation rules; **~sverkehr** *m* inland waterways transport; **~sversicherung** *f* inland waterways insurance.

Bio- organic, bio-; **~-Ethik** *f* bioethics; **~-~-Konvention** *f int* Bioethics Convention.

Biotopschutz *m* protection of biological sites.

BIP (*abbr* = **Bruttoinlandsprodukt**) gross domestic product (*abbr* GDP).

bis *prep* until (*some future time*), by (*deadline*); ~ **auf weiteres** pending further notice, until further notice; ~ **dass der Tod uns scheidet** till death do us part; ~ **vor kurzem** until recently, up to the present time; ~ **zum** (*ausschließlich*) before the (*date*); ~ **zum** up to and including the (*date*); (*einschließlich*) on or before the (*date*).

Bitte *f* request, petition; **letztwillige** ~ precatory words, dying request.

bitten *vt* to beg, to entreat, to solicit, to ask, to invite.

Bitt|schrift *f* petition; **~leihe** *f A* non-contractual loan, loan for (temporary use), loan recallable by lender at will; **~steller** *m* **/-in** *f* petitioner, solicitant, supplicant.

BJagdG (*abbr* = **Bundesjagdgesetz** *n*) Federal Hunting Act.

BKA (*abbr* = **Bundeskriminalamt** *n*) (German) Federal Bureau of Investigation, Federal Office of Criminal Investigation.

BKAG (*abbr* = **Bundeskriminalamtgesetz** *n*) Federal Bureau of Investigation Act.

BKartA (*abbr* = **Bundeskartellamt** *n*) Federal Cartel Office, Federal Cartel Authority.

B-Länder *n/pl D* CDU/CSU states, German Länder/states with traditionally CDU/CSU governments, states voting traditionally CDU/CSU, ↔ *A-Länder.*

Blankett *n* blank (*form*), specimen (*share certificate*); **~fälschung** *f* forgery by misusing a blank form; **~gesetz** *n* blanket law; **~missbrauch** *m* fraudulent use of documents signed in blank; **~norm** *f* blanket provision of the law; **~police** *f* blank policy; **~strafgesetz** *n* outline penal law (*subject to implementing ordinance*); **~vorschrift** *f* blanket provision, blanket enactment.

blanko *adv* in blank; ~ **übertragen** to assign in blank; ~ **verkaufen** to sell short; **in ~ ausstellen** to make out in blank.

Blanko|abtretung *f* assignment in blank; **~adoption** *f* unqualified adoption release; **~akzept** *n* acceptance in blank, blank acceptance; **~formular** *n* blank form, skeleton letter; **~geschäft** *n* uncovered transaction, selling short; **~giro** *n* blank endorsement; **~indossament** *n* blank endorsement, general endorsement, endorsement in blank; **mit ~~ versehen** endorsed in blank; **~kredit** *m* open credit, unsecured loan/credit; **~offerte** *f* offer in blank; **~police** *f* blank policy; **~quittung** *f* blank receipt; **~scheck** blank *US* check/*GB* cheque; **~übertragungsallonge** *f* fly-power; **~unterschrift** *f* signature on a blank, blank signature; **~verkauf** *m exch* short sale, bearish sale; **~verkäufer** *m* uncovered bear; **~vollmacht** *f* proxy in blank, carte blanche, unlimited power, dormant warrant; **~wechsel** *m* blank draft; **~zession** *f* assignment in blank; **ungedeckter ~vorschuss** *m* uncovered advance.

Blatt *n* sheet (of paper), folio (*manuscript; register*).

Blau|helme *m/pl* (*Friedenstruppen der Vereinten Nationen*) UN peacekeeping troops; **~licht** *n* flashing light (*police car*).

bleifrei *adj* unleaded.

Blendung *f* blinding (*by headlight of oncoming car*), dazzling.

blenden *vt* to blind, to dazzle.

Blick *m* look, glance; **~fangwerbung** *f* advertizing through attention-getters; **~feld** *n* range of vision, field of vision, purview; **~richtung** *f* line of vision/ sight; **auf den ersten ~** at first sight, prima facie.

Blinden|anstalt *f* institution for the blind; **~arbeit** *f* blindcraft; **~führhund** *m* guide dog, **~fürsorge** *f* public care of the blind; **~geld** *n* public assistance allowance for the blind; **~heim** *n* home for the blind; **~hilfe** *f* public financial help for the blind; **~hund** *m* → *~führhund;* **~pflegegeld** *n* public maintenance contributions for the blind; **~schrift** *f* braille; **~waren** *f/pl* products made by the blind; **~~vertriebsausweis** *m* identity card authorizing sale of goods produced by blind persons; **~zulagen** additional benefits for the blind.

Blindsekunde *f* sudden blinding, time to react to dazzle from oncoming traffic.

Blink|bake *f mar* flashing beacon; **~feuer** *n* flashing light; **~leuchte** *f* indicator light; **~licht** *n* flashing red warning light; **~~ bei Bahnübergängen** level crossing signal.

Blinker *m* winker (*direction*), indicator (*light*), turn signal (*automobile*).

Blitz|schlag *m* lightning; **~~versicherung** *f* lightning insurance; **~schutzanlage** *f* lightning-arrester equipment.

Blockade *f* blockade; **~brecher** *m* blockade runner; **~politik** *f* embargo policy, blockade policy.

Block|buchstaben *m/pl* block letters; **~freiheit** *f* non-alignment; **~police** *f ins* block policy; **~politik** *f* bloc-alignment policy; **~schrift** *f* block letters, capital letters; **in ~~ schreiben** to print, to write in block letters, to write in capital letters; **~wahl** *f* uniform ticket election (of candidates), election en-bloc.

blockfrei *adj pol* uncommitted, non-committed, non-aligned.

blockieren *vt* to block, to stymie.

Blockierpatent *n* blocking-off patent.

Blockierung *f* blockage, obstruction (*traffic*); *pol* deadlock, stalemate, freezing (*accounts, etc*); momentary blackout (*mentally*).

Blut *n* blood (= *b*-); **~alkohol** *m b*-alcohol; **~~gehalt** *m* percentage of alcohol in the *b*-, *b*--alcohol level; **~~gutachten** *n* medical opinion on *b*--alcohol level; **~~messgerät** *n* intoximeter, breathalyzer; **~bad** *n* massacre, slaughter; **~entnahme** *f* taking of a *b*- sample, extraction/taking of *b*-; **~fehde** *f* (= *Blutsfehde*) *b*- feud, vendetta; **~gruppe** *f b*-type; **~~nbestimmung** *f b*- typing; **~~ngutachten** *n* paternity test based on *b*- types; **~~nuntersuchung** *f b*- type test; **~lust** *f b*- lust; **~probe** *f b*- test, *b*- sample; **~rache** *f b*-vengeance, *b*- revenge; **~risikenuntersuchung** *f b*- screening; **~schande** *f* incest; **~schänder** *m* incestuous person; **~spender** *m b*- donor; **~tat** *f* bloody deed, act of murder; **~schuld** *f b* guilt, hereditary taint of murder; **~sverwandte(r)** *f(m)* (*der Blutsverwandte*) *b*-relative; **die nächsten ~~n** the next of kin (*b- relative*); **~verwandtschaft** *f b*- relationship, consanguinity, kin; **~~ in gerader Linie** lineal consanguinity; **durch ~~ verbundene Personen** persons related by *b*-, privies of *b*-.

Bluter *m* haemophiliac.

blut|schänderisch *adj* incestuous; **~sverwandt** related by blood, of the same blood, consanguineous, akin.

BMinG (*abbr* = **Bundesministergesetz** *n*) Federal Law on the Legal Status of Members of the Federal Government.

BND (*abbr* = **Bundesnachrichtendienst**) *m* Federal Intelligence Service.

BNotO (*abbr* = **Bundesnotarordnung** *f*) national rules and regulations for (German) notaries.

Boden *m* soil (= *s*-), land (= *l*-); **~altertümer** *n/pl* archeological finds; **~bearbeitung** *f* cultivation of the *s*-; **~beschaffungsplan** *m l*--acquisition program(me); **~bewirtschaftung** *f* cultivation of *l*-, utilization of the *s*-, (arable) farming; **~denkmal** *n* ancient monument found in the ground; **~entwässerung** *f l*- drainage; **~erosion** *f s*-erosion; **~erschließung** *f s*- development; **~ertrag** *m* profits from the *s*-, crop yield, gainage; **~erzeugnis** *n* produce of the *s*-; **~fläche** *f* floor space (*inside a building*), ground area (*outside*); **~fruchtbarkeit** *f* fertility of the *s*-; **~früchte** *f/pl* produce of the *s*-, fruits of the *l*-, natural fruits, *hist* esplees; **~kredit** *m* mortgage credit, credit secured by *l*-; **~~anstalt** *f l*-credit company, *l*- bank, *l*- (mortgage) bank, real estate credit institution; **landwirtschaftliche ~~~** agricultural mortgage corporation; **~~bank** *f l*- mortgage bank; **~krieg** *m* ground war; **~melioration** *f* → *~verbesserung*; **~nutzung** *f* use of the *s*-, enjoyment of *l*-; **~ordnung** *f* regulations concerning agricultural *l*-; **~parzelle** *f* parcel of *l*-, plot (of *l*-), lot; **~potential** *n s*- resources; **~preis** *m l*- price; **~prinzip** *n* jus soli; **~probe** *f s*- specimen; **~produkte** *n/pl* products of the *s*-; **~recht** *n l*-law, law of landed property; **~reform** *f l*- reform, agrarian reform; **~~gesetz** *n l*- reform law;

~**rente** *f* ground rent, rack rent; ~**sanierung** *f* cleaning up of contaminated *l*-; ~**schätze** *m/pl* natural resources, mineral resources; ~~ *e-es* **Landes** national resources; **energiehaltige** ~~ primary fuels; ~**schätzung** *f* appraisal of (farm) *l*-; ~**schutz** soil conservation; **Bundes-**~~**gesetz** *n* (*abbr* **BBodSchG**) *D* Federal Soil Conservation Act; ~**spekulation** *f* speculation in landed property, real estate speculation/ venture; ~**verband** *m* *l*- development association; ~**verbesserung** *f* *l*- improvement, amelioration; ~**verkehr** *m* *l*- transactions (*esp agricultural*); ~~ **mit Grundbuch** registered conveyancing matters; ~~ **ohne Grundbuch** private conveyancing matters; ~~**sgenehmigung** *f* permission to transfer (agricultural) *l*-; ~~**srecht** *n* law of development and *l*- transfer; ~**verseuchung** *f* *s*-contamination; ~**verteilung** *f* (equitable) distribution of the *l*-; ~**wert** *m* *l*- value, site value; **marginaler** ~ marginal *l*-; **ungenutzter** ~ unused *l*-, uncultivated *l*-; *US* unseated *l*-.

Bodmerei *f* bottomry (= *b*-); ~ **auf die Schiffsladung** repondentia (*loan*); ~**briefe** *m/pl* *b*- bond, maritime loan, bill of gross adventure, sea bill; ~**darlehen** *n* *b*- loan, gross adventure; ~**gelder** *n/pl* *b*- money; ~**gewinn** *m* profit from *b*-; ~**prämie** *f* *b*- interest; ~**schein** *m* *b*- bond, hypothecation bond; ~**versicherung** *f* *b*- insurance; ~**vertrag** *m* letter of *b*-; ~**zinsen** *m/pl* *b*- interest, marine interest.

Bohr|anlage *f* drilling rig; ~**anteil** *m* share/quota of production (of a well); ~**loch** *n* drill hole, well (*oil and gas*); ~**trupp** *m* drilling team; ~**turm** *m* (drilling) derrick; ~**versuch** *m* trial drilling.

Bohrung *f* drilling; ~ **fündig** *adj* productive drilling.

Bolschewismus *m* Bolshevism.

Bombenteppichwurf *m* carpet bombing.

Bon *m* chit, slip, ticket, cash register receipt.

bona fide *adv* bona fide, in good faith.

Bonifikation *f* the granting of a bonus/ premium, allowance, rebate, the crediting of a commission; ~**srückvergütung** *f* repayment of a bonus/premium, subtaker's commission repayment.

bonifizieren *vt* to grant a bonus/ premium, to make an allowance/ rebate, to give a commission.

Bonität *f* soundness, credit solvency, financial standing, financial reliability, credit standing, credit worthiness; quality of the soil; ~**sanforderungen** *f/pl* credit standards; ~**seinstufung** *f* credit rating; ~**sprüfung** *f* rating (of creditworthiness).

bonitieren *vt* to classify (*land*), to assess (*soil quality*), to appraise (*value*), to evaluate.

Bonitierung *f* classification of land, appraisal of soil quality.

Bonus *m* bonus, premium; extra dividend, special dividend; ~**ausgabe** *f* scrip; ~**lohn** *m* bonus scheme.

Bonzentum *n pol* corrupt rule, boss rule.

Bord|arrest *m* arrest on board ship; ~**konossement** *n* on board bill of lading (*abbr* B/L), shipped bill of lading, ship's bill; ~**papiere** *n/pl* ship's papers; plane's papers; ~**überladung** *f* ship-to-ship transshipment; ~**vertretung** *f* staff committee on board a ship; ~**vorrat** *m* ship's store, aircraft store; **über ~ werfen** to jettison, to throw overboard.

Bordell *n* brothel, bawdy house, lewd house, *sl* whorehouse; ~**bezirk** *m* red-light district.

Börse *f* stock exchange (= *s/e*), stock market (*s/m*), the exchange; ~**nabkürzung** *f* ticker abbreviation; ~**nabrechnung** *f* *s/e* settlement, securities trading settlement; ~**nabschluss** *m* (*s/e*) transaction; ~~**einheit** *f* regular lot, full lot;

~nagent *m*/**-in** *f s/e* agent/ representative (*of a bank*); **~nangebot** *n* tender offer; **~naufsicht** *f* supervision of the *s/e*; **~~samt** *n* supervisory authority for *s/m–s, sl s/m* watchdog agency *US* Securities and Exchange Commission, *GB* Securities and Investments Board; **~~sbehörde** *n* → *~~samt*; **~nauftrag** *m s/e*/market order; **~~nehmer** *m* /**-in** *f* account executive; **für** ***e-en*** **Monat gültiger** ~~ month order; **nur sofort ausführbarer** ~~ immediate/ cancel order; **unlimitierter** ~~ market order; **nur für** ***e-en*** **Tag gültiger** ~~ day order; **~nausschuss** *m s/e* committee; **~nbeginn** *m* opening of the *s/m*, start of trading; **bei** ~~ when trading starts, when the market opens; **~nbeobachter** *m* /**-in** *f* market watcher; **~nbericht** *m* exchange report, market report, *s/e* account; **~nbesucher** *m*/**-in** *f* person authorized to enter the *s/e*; **~nblatt** *n* financial paper, *s/e* gazette, financial newspaper; **~nbrauch** *m s/e* usage, market terms; **~neffekten** *pl* securities traded on the *s/e*; **~neinführung** *f* admission to *s/e* dealing, admission to official quotation, introduction to the *s/e*; **~~sgebühr** *f s/e* admission fee; **~~sprovision** *f s/e* introduction commission; **nicht genehmigter ~~sprospekt** *m* red herring prospectus; **~nengagement** *n s/e* commitment; **~neröffnung** *f* the opening of the *s/e*; **~nfachmann** *m*/**~nfachfrau** *f* trading specialist; **~nfähigkeit** *f* qualification for trading (on a *s/e*); **~nfernschreiber** *m* stock ticker; **~nflaute** *f* dullness of the market; **~ngang** *m* initial public offering (*abbr* IPO); **~ngepflogenheiten** *f s/e* practices; **~ngeschäft** *n s/e* transaction, transaction on the exchange, dealing; **abgeschlossenes** ~~ round transaction, **gekoppelte ~~e** matched sales; **~ngeschehen** *n* activities on the *s/e*, *s/e* business; **~ngesetz** *n S/E* Act (*D, 1896 as amended 1975*); **~nhalle** *f s/e* floor, trading floor; **~nhandel** *m s/e* trading; **zum** ~~ **zulassen** to list on the exchange **~nhändler** *m*/**-in** *f* stock jobber, deal maker, dealer; *US* floor trader; **~nindex** *m s/e* index; **~nklima** *n* atmosphere/tone of the *s/e*; trading climate; **~nkommissionsfirma** *f* commission brokers; **~nkommissionsgeschäft** *n* stockbroking transaction; **~nkonjunktur** *f s/e* trends; **~nkonsortium** *n s/e* syndicate, *s/m* pool; **~nkrach** *m* collapse of the market, crash; **~nkredit** *m* (bank) lendings for financing *s/e* business; **~nkrise** *f* market crisis; **~nkurs** *m s/e* price, market rate/ price, (*s/e*) quotation; **~~registriergerät** *n* stockmaster; **~~wiedergabegerät** *n* desk-top terminal; **gestützte ~~e** *m/pl* pegged market; **~nmakler** *m*/**-in** *f* stock broker, (stock) exchange broker, floor broker, dealer, stock jobber, broker member of the *s/e*; **~~firma** *f* firm of stock brokers; **~~geschäft** *n* stock broking; **~~stand** *m* pitch; **~nmanöver** *n* market jobbery, market rigging; **~nmarkt** *m s/m;* **~nmitglied** *n* member of a *s/e*; **selbständiges** ~~ floor trader; **~nnachrichten** *f/pl* financial/market news; **~nnotierung** *f* quotation; **~nnotiz** *f* quotation; **amtliche** ~~ official quotation; **letzte** ~~ last price; **~n- oder Marktpreis** *m* current market price; **~nordnung** *f s/e* regulations/rules; **~norgane** *n/pl s/e* authorities; **~npapiere** *n/pl* listed securities; **~nparkett** *n* floor; **~npflichtblatt** *n* official bourse gazette; **~nplatz** *m* exchange *US* center/*GB* centre, *s/e* (city); **~npreis** *m* exchange price, market price, exchange quotation; **~npremiere** *f s/m* launch; *s/m* première; **~nprospekt** *m* prospectus; **~nrecht** *n* law of the *s/e*, law governing *s/e* transactions; **~nsaal** trading floor, dealing room; **~nscheinverkauf** *m* fictitious sale of a security, wash sale; **~nschieds-**

gericht *n s/e* arbitration tribunal; **~nschluss** *n* closing of the exchange, final hour of trading, close of business of the *s/e*; trading unit; **bei ~~ höher notieren** to close at a higher price/up . . . points; **gebrochener ~~** odd lot (*less than 100 shares or 1000 bonds*); **nach ~~** after official hours; **voller ~~** even lot, full lot; **~nschwindel** *m s/e* swindle; **~nschwindler** *m* **/-in** *f s/e* swindler; **~nsitz** *m* exchange seat; **~~ung** *f* trading session; **~nspekulant** *m* **/-in** *f s/e* speculator/ gambler, stag, punter; **~nspekulation** *f s/e* speculation, *s/e* flutter; **~nspiel** *n* exchange gambling, a hazardous transaction; **~nspieler** *m*/**-in** *f* manipulator, *s/e* gambler, speculator; **~nsprache** *f s/e* parlance; **~nstand** *m* pitch, trading post; **~nstempel** *m* stamp for *s/e* dealings (*stamp duty*); **~nsteuer** *f* → *~numsatzsteuer*; **~nstimmung** *f* tone of the market, atmosphere; **~nstunden** *f/pl s/e* hours, official hours; **~ntag** *m* market day, trading session, official day of business on the *s/e*; **~ntendenz** *f* (stock) market trend; **~nterminauftrag** *m* **auf Wochenfrist** week order; **~ntermingeschäft** *n* trading in futures, forward transaction, futures deal; **~nticker** *m* tape, ticker; **~~abkürzung** *f* tape abbreviation; **~~notierung** *f* tape quotation, ticker quotation; **~ntipgeber** *m* **/-in** *f* tipster; **~ntransaktion** *f s/e* transaction, bargain; **~nturbulenzen** *f/pl* market turmoil; **~numsatzsteuer** *f s/e* turnover tax; **~nusancen** *f/pl* exchange usages, market terms; **~nverfahren** *n s/e* procedure; **~nverkehr** *m s/e* dealings; **~nversionen** *f/pl s/e* rumours; **~nvertreter** *m*/**-in** *f* representative (of a bank) at the *s/e*; **~nvorschriften** *f/pl s/e* rules; **~nvorstand** *m s/e* committee, board of governors of the *s/e*; *US* Governing Committee of the New York *S/E* (*New York*); *GB* The Council of the *S/E* (*London*); **~nwerte** *m/pl* securities quoted on the *s/e*, quoted securities; **führende ~~** market leaders; **~nwesen** *n s/e* matters, *s/e* market, bourse system; **~nzeit** *f* official hours, trading hours; **~nzeitung** *f s/e* journal, financial newspaper; **~nzettel** *m* official price list, stock list, list of quotations, market report, *GB S/E* Daily Official List; **~nzulassung** *f* admission of securities to the *s/e*, *s/e* introduction; **~~sprospekt** *m* prospectus; **~~sverfahren** *n* listing procedure; **~nzwang** *m s/e* monopoly (*legal requirement of trading all listed securities exclusively on official s/e*); **an der ~ gehandelt** obtainable on the market, quoted on/at the *s/e*; **an der ~ spekulieren** to play the (stock) market; **an der ~ zur amtlichen Notierung zulassen** to list on the *s/e*; **bei ~nbeginn** *m* when trading starts, when the market opens; **der ~ Auftrieb geben** to give a fillip to the market; **empfindlich reagierende ~** sensitive market; **fast umsatzlose ~** flat (inactive) market; **federführende ~** the leading *s/e* (*for a security issue*); **freundliche ~** cheerful market; **lebhafte ~** brisk market; **lustlose ~** dull market, listless trading; **überregionale ~** national securities exchange.

börsen|amtlich *adj* under the rules (*securities trading*), pursuant to stock exchange regulations; **~fähig** admissible for trading, marketable/ negotiable on the stock exchange; **~gängig** listed on the stock exchange, marketable (*securities*); **~gültig** valid for one day; **~mäßig** in accordance with stock exchange rules; **~~ handelbar** negotiable on the stock exchange; **~notiert** quoted (on the stock exchange); **~täglich** per (every) stock-exchange business day; **~technisch bedingt** due to technicalities of the stock exchange.

Börsianer *m* **/-in** *f* stock-exchange operator, market operator.

bösartig *adj* malicious, vicious.
bösgläubig *adv* in bad faith, mala fide.
Bösgläubigkeit *f* bad faith, mala fides.
böslich *adv* in bad faith, maliciously.
böswillig *adj* malicious, wanton.
Böswilligkeit *f* malevolence, malice.
Bote *m* messenger; **~nlohn** *m* messenger's fee, delivery fee; **durch ~n** *pl* by hand.
Botschaft *f* embassy; message; **~sgebäude** *n* embassy; **~spersonal** *n* embassy staff; **~srat** *m* embassy councillor.
Botschafter *m*/**-in** *f* ambassador; **~ zur besonderen Verwendung** Special Representative, Ambassador at Large; **~ebene** *f* ambassadorial level; **~konferenz** *f* ambassadorial conference; **~lenkungsausschuss** *m* ambassadorial group; **~posten** *m* ambassadorship; **außerordentlicher und bevollmächtigter ~** ambassador plenipotentiary.
Boykott *m* boycott; **~streik** *m* boycott strike; **mittelbarer ~~** secondary boycott strike.
boykottieren *vt* to boycott, to black.
BPA (*abbr* = **Bundespresseamt** *n*) Press Office.
BPatG (*abbr* **Bundespatentgericht** *n*) (German) Federal Patent Tribunal.
BPersVG (*abbr* = **Bundespersonalvertretungsgesetz** *n*) Federal Personnel/Staff Representation Act (*public service staff*).
BPolBG (*abbr* = **Bundespolizeibeamtengesetz** *n*) Federal Law Enforcement Officials Act.
BPrA (*abbr* = **Bundespräsidialamt** *n*) Office of the (Federal) President.
Brachialgewalt *f* brute force.
Brachland *n* fallow land, a site in its natural state; **~programm** *n* land set-aside scheme.
brachlegen *vt* to lay fallow.
brachliegen *v* to lie fallow (*fields*), to lie idle (*equipment*); to go to waste.
Brachliegenlassen *n* non-cultivation.
Brachzeit *f* machine down time; fallowing season.
BRAGO (*abbr* = **Bundesrechtsanwaltsgebührenordnung** *f* = **Bundesgebührenordnung für Rechtsanwälte**) German Attorneys' Fees Schedule.
Branche *f* branch of business, line of business, trade; **~nadressbuch** *n* trade directory; **~ngewerkschaft** *f* craft union; **~nkonjunktur** *f* economic trends in a certain branch; **~nrisiko** *n* industrial risk; **~nuntersuchung** *f* study of particular business lines, study of a given industry; **~nverzeichnis** *n* classified directory; **~nzyklen** *m/pl* business cycles peculiar to certain lines of business; **lagerintensive ~** type of business requiring large stocks; **zukunftsträchtige ~** promising line of business, growth industry.
branchen|bedingt *adj* due to the conditions in a particular line of business; **~nmäßig** applicable to a certain line(s) of business; **~nüblich** customary in this branch of business.
Brand *f* fire (= *f-*), conflagration; fuel (*coal for domestic use*); **~bombe** *f f-*bomb; **~brief** *m* letter asking urgently for money, dunning letter; **~diebstahl** *m* theft committed during a *f-*; **~feststellung** *f* inquest on the cause of a *f-*; **~gefahr** *f f-*risk, *f-* hazard(s); **~gefährdung** *f* exposing to the risk of *f-*; **~geruch** *m* burning smell; **~kasse** *f f-* insurance; **~mauer** *f f-* wall, partitioning wall; **~meldung** *f* reporting of *f-*; **~schaden** *m* *f-* damage; **~schadensprüfer** *m*/**-in** *f f-*-loss assessor; **~schutz** *m f-* prevention and protection; **~stifter** *m* incendiary, arsonist, *f-* raiser; **pyromanischer ~~** *f-* bug; **~stiftung** *f* arson, incendiarism, intentional *f-*, setting *f-*, house-burning, *f-*-raising; **einfache ~~** simple arson; **fahrlässige ~~** negligent arson, causing *f-* by negligence; **schwere ~~** aggravated arson; **~ursache** *f* cause of (a) *f-*;

~**verhütung** *f f-* prevention, *f-* loss prevention; ~**versicherung** *f f-* insurance, *f-* policy; ~~**sgesellschaft** *f f-* insurance company; ~**wache** *f f-* guard, *f-*-watch; ~**wand** *f f-* resisting wall; **zu** ***e-em*** ~ **anstiften** to incite to commit arson.

Branntwein *m* distilled spirits, liquor; ~**ausschank** *m* liquor sale on licensed premises; ~**brenner** *m* distiller; ~**brennerei** *f* distillery; ~**monopol** *n* monopoly of distilled spirits; ~**steuer** *f* tax on distilled spirits.

BRAO (*abbr* = **Bundesrechtsanwaltsordnung** *f*) Rules and Regulations for the German Bar.

Brauanzeige *f* brewing declaration.

Brauch *m* usage (= *u-*), custom (= *c-*); **allgemeiner** ~ general/ common *u-*; **althergebrachter** ~ standing *c-*, established *u-*; **ständiger** ~ established *u-*, established *c-*; **stehender** ~ established *c-*, established use; **uralter** ~ ancient *c-*.

brauchbar *adj* useful, usable, serviceable, reliable.

Brauchbarkeit *f* usefulness, usability, serviceability; ~**sdauer** *f* useful life; **praktische** ~ practicability, feasibility.

Brauchwasser *n* industrial water, water for non-human consumption.

Brauerei *f* brewery; ~**aktien** *f/pl* brewery stock/shares; ~**genossenschaft** *f* brewers' cooperative; ~**gewerbe** *n* brewing industry.

Brau|gerechtigkeit *f* brewing privilege; ~**meister** *m* brewmaster, (master) brewer.

Braunkohlenbergbau *m* soft coal mining, lignite mining.

Braut *f* betrothed, bride-to-be, fiancée, bride (*on wedding day*); ~**ausstattung** *f* trousseau; ~**aussteuerversicherung** *f* wedding-outfit insurance; ~**geschenk** *n* engagement present, *present given to/exchanged by the betrothed*; ~**kind** *n* child born by a woman engaged to be married, premarital child.

Bräutigam *m* fiancé (*formally engaged*), bridegroom (*on wedding day*).

BRD (*abbr* = **Bundesrepublik Deutschland**) Federal Republic of Germany (*abbr* FRG).

Breitbandkabel *n* wide band cable.

Brems|anlagen *f/pl* braking devices, brakes; ~**licht** *n* brake light, stop light; ~**sicherheit** *f* brake efficiency; ~**spur** *f* brake marks, skid marks; ~**strecke** *f* → ~*weg*; ~**system** *n* braking system; **zwei voneinander unabhängige** ~~**e** two independent brakes; ~**weg** *m* braking distance, (overall) stopping distance.

Brenn|holzrecht *n* right to cut fire wood; ~**material** *n* (solid) fuel; ~**recht** *n* distilling *US* license/*GB* licence; ~**spiritussteuer** *f* denatured alcohol tax.

Brennerei *f* distillery, still.

Brett *n* board, plank (*thicker*); **schwarzes** ~ bulletin board.

brevi manu traditio (= *traditio brevi manu*) transfer of title by constructive delivery (*to s. o. already in possession*).

BRH (*abbr* = **Bundesrechnungshof** *m*) Federal Audit Office.

BRHG (*abbr* = **Bundesrechnungshofgesetz** *n*) Federal Audit Office Act.

Brief *m* **I** letter (= *l-*), certificate; ~**adel** *m* titled nobility conferred by *l-s* patent; ~**entwurf** *m* draft *l-*; ~**fach** *n* post-office box; ~ **gegen Empfangsbescheinigung** *l-* sent against certificate of delivery; ~**geheimnis** *n* mail secrecy, privacy of correspondence, inviolability of *l-s*; **das** ~~ **verletzen** to violate the secrecy of correspondence, to tamper with the mail; ~**grundschuld** *f (D)* certificated land charge (*land charge entered in the land title register for which an official transferable document has been issued*); ~**hypothek** *f* certificated mortgage; ~**kasten** *m* mail box, *l-* box; ~~**firma** *f l-*-box company, *l-* drop; ~~**werbung** *f* distribution of advertising material through the *l*-- box; junk mail (advertising); **elektronischer ~~** e-mail inbox; **in den ~~ werfen** to post; **~kontrolle** *f* official checking of mail, (prison) censorship of correspondence; **~laufzeit** *f* regular time for mail service, time needed/ taken for postal delivery; **~marke** *f* postage stamp, postal stamp; **~~nfälschung** *f* forgery of postal stamps; stamp forgery; **~~nhandel** *m* trading in stamps; **~post** *f l*- post, *US* first-class mail (*includes postal cards*); **~~ mit Zustellungsnachweis** certified mail; **~sendung** *f* consignment by *l*- post; **~sperre** *f* stoppage of mail; **~tasche** *f* wallet, billfold; **~telegramm** *n* lettergram, *l*- telegram, day *l*-, telegram delivered by mail; **~träger** *m* **/-in** *f* postman, *US* mailman, mail carrier; **~übergabe** *f* delivery of a *l*- /certificate; **~unterschlagung** *f* diversion of *l-(s)* from addressee, theft of a *l*-; **~verkehr** *m* correspondence, exchange of *l-s*; **~vorlage** *f* specimen *l*-; presentation of the mortgage certificate (*for foreclosure*); **~wahl** *f* postal voting, absentee voting, vote by correspondence, mail ballot; **~~schein** *m* mailed-in ballot; **~wähler** *m* **/-in** *f* absentee-voter, outvoter; **~wechsel** *m* correspondence, exchange of *l-s*; **~zensur** *f* censorship of the mail, postal censorship; **~zustellung** *f* delivery of *l-s*, mail delivery; **der vorliegende ~** the *l*- in hand; **eingeschriebener ~** registered *l*-; **durch eingeschriebenen ~** by registered post; **frankierter ~** prepaid *l*-; **nicht abgeholter ~** unclaimed *l*-; **offener ~** open *l*-, published *l*-; **postlagernder ~** *l*- to be called for, poste restante; **unfrankierter ~** unpaid *l*-; **unzustellbarer ~** undeliverable *l*-, returned *l*-; **vervielfältigter ~** process *l*-, multigraphed *l*-, duplicated *l*-.

Brief *m* **II** *exch* asked price, offer quotation; *the rate at which securities are offered, without transactions*; **~kurs** *m* selling rate (*at which bank sells foreign currency to customer*); asked price, offering price; **~~notiz** *f* offer quotation; **~notiz** *f* offer quotation, → *~kurs*; **~ und Geld** asked and bid, sellers and buyers; **gehandelt und ~** sellers ahead; **mehr ~** sellers over; **mehr ~ als Geld** sellers over; **mehr Geld als ~** buyers over.

brieftelegrafisch *adv* by letter-telegram.

Bringschuld *f obligation which debtor has to perform at creditor's address, → Holschuld, → Schickschuld.*

Bringung *f A* wood transport (from place of felling to road/sawmill).

Brite *m* **/Britin** *f* Briton; **gebürtiger ~** British born person, British by birth, *s. o.* with British nationality by birth.

BRKG (*abbr* = **Bundesreisekostengesetz** *n*) Federal Travel Expenses Act (*for federal civil servants, federal judges and members of the armed forces*).

Broschüre *f* booklet, pamphlet, brochure, folder.

BRT (*abbr* **Bruttoregistertonne**) gross registered ton (*abbr* g. r. t.).

Bruch *m* infringement, violation (*agreement, legal provision*), breach, rupture, breakage; **~ der Amtsverschwiegenheit** breach of official secrecy; **~probe** *f* breaking test; **~risiko** *n* risk of breakage; **~schaden** *m* damage by breakage; **~~versicherung** *f* insurance against breakage; **~teil** *m* → *Bruchteil*; **~zins** *m* interest for a broken period, broken interest; **frei von ~** free from breakage (*delivery/contract clause*), free of breakage (*fact*).

Bruchteil *m* fraction, fractional (= *f-al*) part; **~ e-er Erbschaft** *f-al* part of an inheritance; **~saktie** *f f-al* share; **~santeil** *m f-al* share; **~seigentum** *n* ownership by undivided (*f-al*) shares, *f-al* coownership, tenancy in common, *f-al* share of property; **~seigentümer** *m*/**-in** *f* part owner, *sing* owner of a *f-al* part of property; *pl* coowners by undivided shares, tenants in common; **~sgemeinschaft** *f* community of part owners; tenancy in common; **~sgratisaktien-Zertifikat** scrip certificate.

Brücke *f* bridge; **~nzoll** *m* bridge toll, pontage; **mautpflichtige ~** toll bridge.

Bruder *m* brother; **~mord** *m* fratricide; **~schaft** *f* brotherhood, fraternity, guild; **~volk** *n* sister nation; **leiblicher ~** full brother, one's own brother, brother-german.

Brunnenvergiftung *f* (wil(l)ful) poisoning of wells; *fig* vicious (political) calumny.

brutto *adj/adv* gross; **~ für netto** gross for net (*price charged by weight including packing*).

Brutto|arbeitseinkommen *n* earned income before deductions (*taxes and social insurance contributions*), gross (= *g*-) income; **~bestand** *m g*- total, total holdings, total stock before any deductions; **~betrag** *m g*- amount, amount including Value Added Tax (*abbr* VAT); **~bilanz** *f* rough balance, trial balance; **~-Bodenproduktion** *f g*- production of the soil; **~buchwert** *m* book value before any adjustments; **~dividende** *f g*- dividend; **~einkommen** *n g*- income; **~einkünfte** *f/pl* total *g*- income (*from all taxable sources*); **~~ vor Abschreibung** total *g*- income before depreciation; **~einnahmen** *f/pl g*- receipts, *g*- takings, *g*- earnings, *g*- returns; **~entlohnung** *f* total remuneration before any deductions; **~erlös** *m g*- profit on sales; **~ersparnis** *f g*- savings; **~ertrag** *m g*- proceeds (*from sale*), *g*- yield (*from investment*), *g*- revenue; **bereinigter ~~** adjusted *g*- income; **~fracht** *f g*- freight; **~gehalt** *n g*- salary (*total salary before any deductions*); **~geschäftsgewinn** *m g*- trading profit; **~gewicht** *n g*- weight (*including packing materials*), tare weight; **höchstes ~~** maximum operating *g*- weight (containers); **~gewinn** *m g*- profits; **~inlandsinvestitionen** *f/pl g*- domestic fixed capital formation; **~inlandsprodukt** *n* (*abbr* **BIP**) *g*- domestic product (*abbr* GDP); **~~ pro Kopf der Bevölkerung** per capita GDP; **~investition** *f g*- investment; **~~squote** *f g*- investment ratio; **~jahresarbeitsentgelt** *n* annual *g*- wages, total annual remuneration before deductions; **~jahresertrag** *m g*- annual income; **~kapitalbildung** *f g*- capital formation; **~ladefähigkeit** *f* deadweight cargo; **~lohnsumme** *f* total wages; **~lohnurteil** *n* judgment expressed in the amount of the total wage/salary (*before deductions for withholding tax, etc*); **~mietwert** *m g*- annual value (*of rented premises*); **~pachtwert** *m g*- annual value (*of farm property, etc*); **~prämie** *f g*- premium; **~preis** *m g*- price (*before rebate and/or discounts*); long price; **~prinzip** *n* overall principle; **~registertonne** *f* (*abbr* **BRT**) *g*- registered ton (*abbr* g. r. t.), (*100 cubic feet*); **~rendite** *f g*- yield; **~rente** *f g*- annual return (*on invested capital*); **~reserven** *f/pl g*- reserve assets; **~sozialprodukt** *n* (*abbr* **BSP**) *g*- national product (*abbr* GNP); **~spanne** *f* **ohne Skontoabzug** *g*- merchandising margin; **~steuerbelastung** *f g*- burden of taxes, *g*- tax load (ratio); **~tonnage** *f g*- tonnage; **~umsatz** *m g*- turnover; **~verdienst** *m g*- earnings; **~verleiheinnahmen** *f/pl g*- rental returns (*motion pictures*); **~verlust** *m g*- loss; **~verzinsung** *f g*- interest return; **~warengewinn** *m g*- trading profit; **~warenumsatz** *m g*- sales; **~zins** *m g*- interest.

BSE (*abbr* = **bovine spongiforme Enzephalopathie**), *sl* **Rinderwahnsinn** mad cow disease.

BSeuchenG (*abbr* = **Bundes-Seuchengesetz** *n*) Federal Prevention of Epidemics Act.

BSG (*abbr* = **Bundessozialgericht** *n*) Supreme Social Insurance Tribunal.

BSHG (*abbr* = **Bundessozialhilfegesetz** *n*) *F-* Public Assistance Act (*for the poor*).

BSP (*abbr* = **Bruttosozialprodukt**) gross national product (*abbr* GNP).

BT (*abbr* = **Besonderer Teil**) specific part (*of a code*); (*abbr* = **Deutscher Bundestag**) *m lower house of the German Parliament.*

BtMG (*abbr* = **Betäubungsmittelgesetz** *n*) *(D)* controlled substances law, narcotics enactment.

Buch *n* book (= *b-*), account book, ledger, volume, official register; (*pl Bücher* = *~er*) books (= *b-s*), accounts; **~abschluss** *m* closing of accounts, balancing the *b-s*; ***e-en*** **~~ vornehmen** to make up *b-s*; **die ~er abschließen** to balance the *b-s*, to close the accounts; **~außenstände** *m/pl b-* debts (*due to a firm*); outstanding accounts, accounts receivable; **~auszug** *m* abstract of accounts; **~berechtigte(r)** *f(m)* (*der Buchberechtigte*) person entitled according to register entry; **~besprechung** *f b-* review; **~eigentum** *n* registered ownership, ownership of property registered in the land title register; **~einsicht** *f* access to the *b-s* and accounts, inspection of *b-s*; **~er führen** to keep *b-s*; **~er und Geschäftspapiere** *b-s* and records; **~ersitzung** *f acquisition of a prescriptive title to land through an official register* (*where the entry has remained unchallenged for 30 years or longer, coupled with possession*); **~forderung** *f b-* debt, outstanding account; *pl* accounts receivable; **~ führen** *vi* to keep a record (of), to keep accounts. **~er führen** to keep *b-s*; **ordnungsgemäß ~ führen** to keep regular accounts; **~führung** *f* → *Buchführung*; **~geld** *n* deposit currency; **~gewinn** *m b-* profit; notional profit by upward revaluation; **~gemeinschaft** *f b-*-club; **~gläubiger** *m/***-in** *f b-* creditor, creditor of outstanding accounts; **~grundschuld** *f* registered land charge; **~guthaben** *n* credit balance in the account; **~halter** *m/***-in** *f* accountant, *b-*-keeper; **~haltung** *f* → *Buchhaltung*; **~handel** *m b-*-trade, bookselling; **~händler** *m /***-in** *f* bookseller, bookdealer; **~handlung** *m* bookshop; **~hypothek** *f* registered mortgage (*without deed*); **~inventur** *f b-* inventory, record inventory; **~korrektur** *f* accountancy adjustment; **~kredit** *m* current account credit, bank advance facilities; **~macher** *m/***-in** *f* bookmaker, bookie; **~- oder Kontensparen** *n* bank saving, saving through accounts; **~preisbindung** *f D* (government) fixed book prices, regulated system of prices in the booktrade; **~prüfer** *m/***-in** *f* auditor, certified public accountant; **vereidigter ~~** sworn public accountant, sworn auditor, chartered accountant; **~prüfung** *f* audit; **~~sgesellschaft** *f* auditing firm, firm of auditors; **betriebseigene ~~** internal audit; **betriebsfremde ~~** external audit; **~rechte** *n/pl* non-certificated mortgage rights (*exist merely in land title register*); **~sachverständige(r)** *f(m)*(*der Buchsachverständige*) accountancy expert, auditing expert; **~schulden** *f/pl* stated liabilities; **~stabe** *m* → *Buchstabe*; **~stelle** *f* booking office, accounting agency; **~- und Betriebsprüfung** *f* tax examination of a business enterprise; **~verlust** *m b-* loss, loss according to the *b-s*, accounting loss; **~wert** *m b-* value (*nominal value carried in the account b-s*); **~~ vor Abschreibung** gross *b-*value; **~zwang** *m* legal obligation to keep *b-s*; **öffentliches ~** public *b-*, public register.

buchen *vt* to book, to enter in the books, to make an entry in the accounts; **gleichlautend ~** to make a corresponding entry (*of a debit and/or credit item in two different firms*).

Bücherrevisor *m obs* → *Buchprüfer.*

Buchführung *f* bookkeeping (= *bk-)*, keeping accounts, accounting (= *a-*

ing), accountancy; ~ **in Loseblattform** loose-leaf ledger; **~sangaben** *f/pl a-ing* information; **~sdaten** *n/pl a-ing* information, *bk-* data; **~sgrundsätze** *m/pl* principles of sound *a-ing* practice; **~smaschine** *f a-ing* machine; **~spflicht** *f* requirement to keep accounts; **~srichtlinien** *f/pl a-ing* rules; **~ssachverständige(r)** *f(m)* (*der Buchführungssachverständige*) accountancy expert; **~ssystem** *n a-ing* system; **~svorschrift** *f bk-* rules; **~swesen** *n* accountancy; **amerikanische** ~ columnar *bk-*, tabular *bk-*; **doppelte** ~ book-keeping by double entry, double-entry *bk-*, double account system; **einfache** ~ *bk-* by single entry, single-entry *bk-*; **kameralistische** ~ single-entry *bk-*, governmental *a-ing*; **kaufmännische** ~ commercial *bk-*; **ordnungsgemäße** ~ sound *a-ing* practice, proper *bk-*.

buch|gemäß *adj* as shown by the books; **~mäßig** according to the books, for bookkeeping purposes, as shown by the books.

Buchhaltung *f* bookkeeping, accounting → *Buchführung;* bookkeeping department, accounts/ accounting department.

Buchstabe *m* letter; subparagraph, subclause (*in citations*), sub-item; ~ **des Gesetzes** letter of the law, litera legis; **~nzeichen** *pat* letter/number mark, *trademark consisting of letters or numbers*; **an dem ~n kleben** to stick to the letter; **auf den ~n genau** punctilious; **toter** ~ dead letter, dead verbality.

Buchstabierungswörter *n/pl* (*Ida, Nordpol, etc.*) identification words (*to assist listener in understanding spelling of name*).

buchstäblich *adj* literal, (verbatim et) literatim, word-for-word.

Buchung *f* posting, booking, reservation (*flight, hotel*); entering (in the books/accounts = *a-s*); (bookkeeping = *bk-*, accounting = *a-ing*) entry = *e-*); ~ **ohne Gegenbuchung** unbalanced *e-*; **~sabschluss** *m* closing of (the) *a-s*; **~saufgabe** *f* statement of *a-ing e-*; **~sbeleg** *m* voucher, journal voucher, *a-ing* voucher, *a-ing* record; **~sbescheinigung** *f* booking certificate, written confirmation of a reservation; **~sbestätigung** *f* confirmation of reservation; **~sfehler** *m bk-* error, misentry; **~smaschine** *f* posting machine, (automatic) *bk-* machine; **~smethode** *f a-ing* method; **~snummer** *f* number of an *e-*; **~sposten** *m bk-* item, *e-*, ***e-en ~~* übertragen** to post up; **~sschluss** *m* closing of the *a-s*; **~sstand** *m* state of the *a-s*, *a-s* position; **~sstelle** *f a-s* department; **~sstreifen** *m* booking strip, *bk-* voucher; **~stext** *m e-* description; **~sunterlage** *f a-ing* voucher, *bk-* document(s), *pl ~en a-ing* records; **~svorgang** *m bk-* (operation), posting; **debitorische** ~ debit-side *e-*; ***e-e* ~ berichtigen** to correct an *e- (of an item*); ***e-e* ~ stornieren** to delete an *e-*, to cancel an *e-*, to reverse an *e-*; ***e-e* ~ vornehmen** to enter in the books; **einfache** ~ single *e-*; **fiktive** ~ imputed *e-*; **gleichlautende** ~ *e-* in conformity; **kreditorische** ~ credit-side *e-*; **nachträgliche** ~ post-*e-*, subsequent *e-*; **transitorische** ~ suspense *e-* (on suspense account), expense prepaid, income item received in advance; **zusammengefasste** ~ compound *e-*.

buchungstechnisch *adj* relating to accountancy technicalities; **~e Gründe** reasons due to the technicalities of accounting.

Budget *n* budget (= *b-*), annual estimates, appropriation; **~abstrich** *m b-* cut; **~aufschlüsselung** *f* breakdown of the *b-*; **~aufstellung** *f* budgeting, preparing the *b-*; **~ausgleich** *m* balancing (of) the *b-*; **~ausschuss** *m b-* committee; **~debatte** *f b-* debate, debate on the finance bill; **~gesetz** *n* Finance Act; **~kürzung** *f b-* cut; **~periode** *f b-* period, budgetary spending period; **~posten** *m b-* item; **~recht** *n* constitutional right (*of Congress, the Parliament*) to decide on the *b*-; **~überschreitung** *f* exceeding budgetary appropriations; **~überschuss** *m b*- surplus; **~voranschlag** *m* budgetary estimates; **~vorlage** *f* presentation of the *b*-; **das ~ vorlegen** to open/submit the *b*-.

Büdnerrechte *n/pl* small holders' rights.

Bugsierlohn *n* towage.

Bühne *f* stage, platform; **~narbeitsrecht** *n* theatrical employment law; **~narbeitsverhältnis** *n* theatrical employment; **~naufführung** *f* theatrical performance; **~ndienstvertrag** *m* contract of theatrical employment; **~nkünstler** *m* /**-in** *f* stage artist, actor, performer; **~nmitglied** *n* member of the theatrical profession; **~nrechte** *n/pl* dramatic rights, stage rights, rights of performance; **~nschaffende(r)** *f(m)* (*der Bühnenschaffende*) persons working for the theatre; **~nschiedsgericht** *n* performing rights tribunal (*copyrights*), court of arbitration for the theatrical profession; **~~sbarkeit** *f* arbitration for theatrical performers; **~nverlag** *m* publisher of dramatic works; **~nvermittlung** *f* official employment agency for the theatre profession; **~vertriebsvertrag** *m* theatrical/stage distribution contract **~nwerk** *n* dramatic work.

Buhrufe *m/pl pol* booing, hissing.

Bummelant *m* /**-in** *f* loafer, dawdler, slowcoach.

Bummelantentum *n* absenteeism (*work*), loafing; truancy (*school*).

Bummelstreik *m* slowdown (strike), go-slow (strike), work to rule; ***e-en* ~ machen** to go slow.

Bummler *m* /**-in** *f* → *Bummelant*.

Bund *m* bond; alliance, pact; confederacy, (con)federation; association; Federal Government, *esp* Government of the German Federal Republic; **~ der Ehe** the bond of marriage; **~ der Steuerzahler** Taxpayers' Association.

Bündel *n* bundle; **~ungsgebot** *n* requirement of exhaustiveness, *principle requiring debtor to exhaust all US defenses/GB defences in one appeal against enforcement of judgment.*

Bundes| (*federal = f-, see separate headings for Bundesamt, Bundesanstalt, Bundesgericht(shof), Bundesgesetz, Bundesminister, Bundesministerium, and all combinations thereof*); **~adler** *m eagle symbol as shown in the German f- coat of arms*; **~angelegenheit** *f* a matter within *f*- jurisdiction; **~-Angestelltentarifvertrag** (*abbr* **BAT**) *F*- Collective Agreement for Public Employees; **~anleihe** *f f*- loan, *f*- bond; **~~konsortium** *n F*- Loan Syndicate, *F*- Bond Consortium; **~anwalt** *m f*- attorney, *f*- prosecutor; **~~schaft** *f F*- Prosecutor's Department; **~anzeiger** *m F*- Gazette; **~arbeitsgemeinschaft** *f* **der freien Wohlfahrtspflege** *F*- Association of Voluntary Welfare Work; **~archiv** *n F*- Record Office; **~ärzteordnung** *f f*- rules for the medical profession; **~aufgaben** *f/pl* functions of the *f*- administration; **~aufsicht** *f f*- supervision; **~auftragsverwaltung** *f* (*Laender*) state administration on behalf of the federation; **~ausführungsbehörde** *f f*- (implementing) agency; **~ausgaben** *f/pl f*- expenditure(s); **~autobahn** *f f*- motorway, German autobahn; **~bahn** *f* (= **Deutsche ~bahn**), (*abbr* **DB**) *hist* German *F*- Railways, → *Deutsche Bahn AG*; **~~polizei** *f f*- railway police; **~bank** *f* (= **Deutsche ~bank**), (*abbr* **DBB**) German Central Bank; **~~ausschüttung** *f* distribution of Central Bank surplus (*to cover federal budget operating deficits*); **~~direktorium** *n* Directorate of the German Central Bank; **~~diskontsatz** *m* German Central Bank discount rate; **~~fähigkeit** *f* eligibility (*of negotiable instruments*) at the German Central Bank; **~~präsident** *m*/**-in** *f* president of the German Central Bank; **~~rat** *m* Council of the

German Central Bank; **~baublatt** *n F-* Building Gazette; **~baudirektion** *f F-* Building Board; **~beamte** *pl f-* officials, *f-* civil servants; **~~nrecht** *n law governing the German f- civil service*; **~beauftragte(r)** *f(m)/(der Bundesbeauftragte) f-* commissioner; **~~ für den Datenschutz** *F-* Data Protection Commissioner; **~~ für den Steinkohlenbergbau und die Steinkohlenbergbaugebiete** *F-* Commissioner for the Hard Coal Industry and the Hard Coal Mining Areas; **~bedienstete(r)** *f(m) (der Bundesbedienstete) f-* employee, *f-* civil servant, public servant in *f-* service; **~behörde** *f f-* authority, *f-* department; **mittelbare ~~** independent *f-* agency; **oberste ~~n** supreme *f-* authorities; **~beihilfe** *f f-* grant; **~bürger** *m* /**-in** *f* citizen of the German *F-* Republic, German citizen; **~bürgschaft** *f f-* guarantee; **~darlehenswohnungen** *f/pl* housing financed by *f-* loans; **~dienststelle** *f f-* agency/department; **~disziplinaranwalt** *m* /**-in** *f f-* prosecutor in disciplinary matters; **~disziplinarhof** *m → Bundesgericht*; **~disziplinarordnung** *f* (*abbr* **BDO**) *f-* disciplinary rules; **~disziplinarrecht** *n f-* disciplinary law; **~druckerei** *f* (German) *F-* Government's Printers; **~ebene** *f* (at) *f-* level; **~einkommen** *n f-* income; **~einlagenversicherung** *f f-* deposit insurance; **~entschädigungsrecht** *n* law pertaining to indemnification of persecutees; **~etat** *m f-* budget; **~fernstraße** *f f-* highway; **~finanzbehörden** *f/pl f-* revenue authorities; **~finanzhof** *m → Bundesgericht*; **~finanzverwaltung** *f f-* revenue administration; **~fiskus** *m f-* treasury; **~flagge** *f f-* flag; **~gebiet** *n f-* territory; **Neugliederung des ~~es** reorganization of state territory, redefinition of state borders; **~gebührenordnung** *f f-* fee scale regulation; **~genosse** *m*/**~genossin** *f* ally; **~grenzschutz** *m* (*abbr* **BGS**) *F-* Border/Frontier Guards/Patrol; **~hauptkasse** *f F-* Chief Cash Office; **~haus** *n* German Parliament (*building*); **~~halt** *m f-* budget; **~~~sordnung** *f F-* Budget Code; **~heer** *n* the *F-* Army; **~hilfe** *f f-* aid and assistance; **~hoheit** *f f-* sovereignty; **~institut** *n* **für Berufsbildungsforschung** *F-* Institute for Research on Vocational Education and Training; **~kabinett** *n F-* Cabinet; **~kanzler** *m D* Chancellor of the *F-* Republic of Germany; *A* Chancellor of the *F-* Republic of Austria; *F-* Chancellor; **~kasse** *f F-* Cash Office, *F-* Treasury; **~kompetenz** *f f-* responsibility/jurisdiction; **~land** *n* land of the (German) *f-* government, *f-* real estate; **~länder** *n/pl D* states, states within the Federal Republic of Germany; **alte ~~** old states (*11 states making up the Federal Republic of Germany before 1990*); **neue ~~** new states (*5 states within former East Germany that joined the Federal Republic in 1990*); **~laufbahnverordnung** *f F-* Civil Service Careers Regulation; **~lotsenkammer** *f F-* Chamber of Pilots; **~mittel** *pl f-* funds; **~~behörde** *f* intermediate *f-* funds authority; **~monopolverwaltung** *f F-* Monopoly Administration; **~nachrichtendienst** (*abbr* **BND**) *m F-* Intelligence Service; **~notarkammer** *f* national association of notaries (*professional body*); **~notarordnung** *f* (*abbr* **BNotO**) national rules and regulations for (German) notaries; **~oberbehörden** *f/pl f-* superior authorities; **~obligation** *f f-* bond; **~organe** *f* constitutional organs of the *f-* government; **~parlament** *n* (*f-*) Parliament; **~personalausschuss** *m F-* Civil Service Commission; **~pflichten** *f/pl* constitutional obligations incumbent upon the Federation; **~polizei** *f f-* police; **~post** *f* (= **Deutsche ~post**) German Postal Administration, the German postal service; **~präsident** *m* President of the *F-* Republic of Germany;

~pressechef *m* Head of the (German) *F-* Press Office (*official government spokesman*); **~prüfstelle** *f* **für jugendgefährdende Schriften** *F-* Review Board for Publications Harmful to Young Persons; **~rat** *m* *F-* Council, Senate of the *F-* Parliament (*upper house, represents German states*), *CH* Executive National Council, *A* *F-* Council (*upper house*); **~rechnungshof** *m* (*abbr* **BRH**) *F-* Audit Office; **~recht** *n* *f-* law; **~~ bricht Landesrecht** *f-* law supersedes state law; **~~sanwaltsgebührenordnung** *f* (*abbr* **BRAGO**) (= **Bundesgebührenordnung für Rechtsanwälte**) German Attorneys' Fees Schedule; **~~sanwaltskammer** *f* German *F-* Lawyers' Association, *US* German Bar Association; **~~sanwaltsordnung** *f* (*abbr* **BRAO**) Rules and Regulations for the German Bar; **~regierung** *f* the *F-* Government; **~republik** *f* **Deutschland** (*abbr* **BRD**) *F-* Republic of Germany (*abbr* FRG); **~ressort** *n* *f-* department; **das beteiligte ~~** the *f-* department concerned; **~richter** *m*/**-in** *f* *f-* judge; **~schatz** *m* (property of the) *f-* treasury; **~~anweisung** *f* *f-* treasury note; **~~brief** *m* *f-* treasury bill; **~schuld** *f* *f-* debt; **~~buch** *n* *F-* Debt Register; **~~enverwaltung** *f* *F-* Debt Administration; **~~verschreibung** *f* *f-* bond; **~siegel** *n* *f-* seal; **~sozialrichter** *m*/**-in** *f* justice at the Supreme Social Insurance Tribunal, → *Bundessozialgericht*; **~staat** *m* *f-* state, (*individual*) state (of a confederation); **~~sklausel** *f* *f-* clause; **~statistik** *f* *f-* (government) statistics; **~stelle** *f* *f-* agency; **~stelle** *f* **für Außenhandelsinformation** German Foreign Trade Information Office; **~steuer** *f* *f-* tax; **~~blatt** *n* *F-* Taxation Gazette; **~strafregister** *n* *F-* Criminal Records Register; **~straße** *f* *f-* highway; **~tag** *m* (*abbr* **BT**) *lower house of the German Parliament*; **~~sabgeordnete(r)** *f(m)* (*der Bundestagsabgeordnete*) (*abbr* **MdB**) member of the → *Bundestag*, member of parliament (*lower house*), (*GB abbr* MP), deputy; **~~sausschuss** *m* committee of the German *F-* Parliament; **~~sbeamte** *pl* German *F-* Parliament officials, Bundestag officials; **~~smandat** *n* mandate to a seat in the → *Bundestag* (*by citizens through elections*); **~~spräsident** *m*/**-in** *f* president (speaker) of the → *Bundestag*; **~~swahl** *f* general *f-* elections; **~treue** *f* allegiance (*of the Länder*) to the *F-* Government (*and mutual loyalty*); **~unterstützung** *f* *f-* aid; **~verband** *m* national association; **~~ der Deutschen Banken** *F-* Association of German Banks; **~~ der Deutschen Industrie** (*abbr* **BDI**) National Association of German Industry; **~~ des privaten Bankgewerbes** National Association of Private Banks; **~~ für den Selbstschutz** *F-* Self-Protection Association; **~verdienstkreuz** *m* *F-* Order of Merit; **~vereinigung** *f* **der Deutschen Arbeitgeberverbände** (*abbr* **BDA**) National Union of Employer Associations; **~vereinigung** *f* **der Fachverbände des Deutschen Handwerks** National Union of German Crafts Associations; **~verfassung** *f* *f-* constitution; **~~sgerichtsbarkeit** *f* → *Bundesgericht*; **~~srichter** *m*/**in** *f* Justice of the Supreme *F-* Constitutional Court, (*Bundesverfassungsgericht*) → *Bundesgericht*; **~vermögen** *n* *f-* (government) property, *f-* funds; **~~sstelle** *f* *F-* Property Agency; **~~sverwaltung** *f* *f-* property administration; **~versammlung** *f* *D* *f-* electoral assembly (*election of the f- president*), *f-* convention, electoral college; *A, CH* congress/parliament (*both houses,* → *A Nationalrat, Bundesrat/CH Nationalrat, Ständerat*); **~verteidigung** *f* national *US* defense/*GB* defence; **~verwaltung** *f* *f-* administration; **~wahlleiter** *m*/**-in** *f* *f-* electoral supervisor, (*f-*) election officer, (*f-*) returning officer; **~wappen** *n* coat of arms of the *F-* Republic, *f-* arms; **~wasserstraßen** *f/pl f-* waterways; **~wehr** *f* German *F-* Armed Forces; **~~verwaltung** *f F-* Armed Forces Administration; **~zentrale** *f* **für gesundheitliche Aufklärung** *F-* Center for Health Education; **~zentralregister** *n F-* Central Register (*of previous convictions*); **~zollbehörde** *f F-* Customs Authority; **~zollblatt** *n F-* Customs Gazette; **~zollverwaltung** *f F-* Customs Administration; **~zuschuss** *m f-* subsidy, *f-* grant; **~zuständigkeit** *f f-* jurisdiction; **~zwang** *m f-* compulsory action (*in relation to the Länder or a particular German f- state*).

Bundes| (*federal* = *f-*) **~amt** *n f-* office, *f-* agency; **~~ für die Anerkennung ausländischer Flüchtlinge** (*abbr* **BAFl**) *f-* authority for the recognition of asylum seekers; **~~ für Finanzen** *F-* Tax Agency, *US* Internal Revenue Service; **~~ für gewerbliche Wirtschaft** *F-* Office for Trade and Industry; **~~ für Schiffsvermessung** *F-* Office for Ship Tonnage Measurement; **~~ für Sera und Impfstoffe** *F-* Agency for Sera and Vaccines; **~~ für Verfassungsschutz** *F-* Office for the Protection of the Constitution; **~~ für Wehrtechnik und Beschaffung** *F-* Office for Military Technology and Procurement; **~~ für Zivilschutz** *F-* Civil *US* Defense/*GB* Defence Office; **Kraftfahrt-~~** (*abbr* **KBA**) Federal Office for Motor Traffic; **Luftfahrt-~~** (*abbr* **LBA**) Federal Office of Civil Aeronautics, *US* Federal Aviation Authority (*abbr* FAA); **~aufsichtsamt** *n F-* Supervisory Office; **~~ für das Kreditwesen** (*abbr* **BAK / BAKred**) *F-* Banking Supervisory Board; **~~ für das Versicherungs- und Bausparwesen** (*abbr* **BAV**) *F-* Supervisory Authority for Insurance and Bilding and Loan Associations; **~~ für den Wertpapierhandel** (*abbr* **BAWe**) *F-* Supervisory Authority for Securities Exchange, *US* Securities and Exchange Commission; **~gesundheitsamt** *n* (*abbr* = **BGA**) *F-* Health Office; **~kanzleramt** *n F-* Chancellery; **~kartellamt** *n* (*abbr* = **BKartA**) *F-* Cartel Office, *F-* Cartel Authority; **~kriminalamt** *n* (*abbr* **BKA**) (German) *F-* Bureau of Investigation, *F-* Office of Criminal Investigation; **~oberseeamt** *n F-* High Court of Inquiry into Marine Casualties, *F-* Maritime/Admiralty Court; **~patentamt** *n* German Patent Office; **~präsidialamt** *n* (*abbr* = **BPrA**) Office of the (*F-*) President; **~presseamt** *n* (*abbr* = **BPA**) *F-* Press Office; **~sprachenamt** *n F-* Office of Languages, *F-* Linguistic Service; **~versicherungsamt** *n* (*abbr* = **BVA**) *F-* (Social) Insurance Authority; **~verwaltungsamt** *n* (*abbr* = **BVA**) *F-* Office of Administration; **~wehrverwaltungsamt** *n* (*abbr* = **BWVA**) *F-* Armed Forces Administrative Office.

Bundes| (*federal* = *f-*) **~anstalt** *f f-* institution, *f-* institute, *f-* administration, *f-* corporation, independent *f-* agency; **~~ für Arbeit** *F-* Labo(u)r Office; **~~ für den Güterfernverkehr** *F-* Office for Long-Distance Goods Transport; **~~ für Flugsicherung** *F-* Administration of Air Navigation Services; **~~ für Geowissenschaften und Rohstoffe** *F-* Institute for Geosciences and Natural Resources; **~~ für Gewässerkunde** *F-* Institute for Hydrology; **~~ für Materialprüfung** *F-* Institute for Materials Testing; **~~ für Straßenwesen** *F-* Institute for Road Research; **~~ für Wasserbau** *F-* Institute for Waterway Engineering; **~forschungsanstalt** *f* **für Landeskunde und Raumordnung** *F-* Research Institute for Regional Geography and Regional Planning; **~~ für Viruskrankheiten der Tiere** *F-* Research Institute for Animal Virus Diseases; **~versicherungsanstalt** *f* **für**

Angestellte (*abbr* **BfA**) *F-* Insurance Institution for Salaried Employees;

bundes| *adj* federal (= *f-*); **~bankfähig** *adj* eligible (for discount) at the Bundesbank (*bills of exchange*); **~eigen** federally owned, owned by the national government, property of the (German) *F-* Republic; **~rechtlich** according to *f-* law, pursuant to *f-* legislation; **~staatlich** *adj f-*, national.

Bundes| (*federal = f-*) **~gericht** *n* Supreme Court; **obere ~~e** higher *f-* courts; **~~shof** *m* (*abbr* **BGH**) *F-* High Court of Justice, *F-* Supreme Court (*civil and criminal jurisdiction*); **~arbeitsgericht** *n* (*abbr* **BAG**) *F-* Labo(u)r Court (*court of last resort*); **~dienstgericht** *n f-* disciplinary tribunal; **~dienststrafgericht** *n f-* disciplinary court; **~disziplinarhof** *m* (*abbr* **BDH**) Supreme *F-* Disciplinary Tribunal; **~finanzhof** *m* (*abbr* **BFH**) *F-* Fiscal Court; **~patentgericht** *n* (*abbr* **BPatG**) (German) *F-* Patent Tribunal; **~sozialgericht** *n* (*abbr* **BSG**) Supreme Social Insurance Tribunal; **~verfassungsgericht** *n* (*abbr* **BVerfG**) Supreme *F-* Constitutional Court; **~~~sbarkeit** *f f-* jurisdiction on constitutional questions; **~verwaltungsgericht** *n* (*abbr* **BVerwG**, **BVG**) (Supreme) *F-* Administrative Tribunal.

Bundes| (*federal = f-*) **~gesetz** *n f-* law/enactment; **~~blatt** *n F-* Law Gazette; **~~geber** *m f-* law-maker, *f-* legislator; **~~gebung** *f f-* legislation; **~ausbildungsförderungsgesetz** *n* (*abbr* **BAföG**) *F-* Student Aid Act, *F-* Educational Promotion Act (*f- law providing for student scholarships and loans*); **~autobahnengesetz** *n F-* Motorways Act; **~bankgesetz** *n* (*abbr* **BBankG**) *F-* Bank Law; **~baugesetz** *n F-* Building Law; **~beamtengesetz** *n* (*abbr* **BBG**) *F-* Civil Servants Act; **~berggesetz** *n F-* Mining Law; **~besoldungsgesetz** *n* (*abbr* **BBesG**) *F-* Civil Servants Salary Act; **~-Bodenschutzgesetz** *n* (*abbr* **BBodSchG**) *F-* Soil Conservation Act; **~datenschutzgesetz** *n* (*abbr* **BDSG**) *F-* Data Protection Act; **~emissionsschutzgesetz** *n F-* Emissions Control Act; **~entschädigungsgesetz** *n F-* Indemnification Law (*for victims of Nazi persecution*); **~ergänzungsgesetz** *n F-* Amending Law; **~fernstraßengesetz** *n* (*abbr* **FStrG**) *F-* Highways Act; **~grenzschutzgesetz** *n* (*abbr* **BGSG**) *F-* Border Patrol Act; **~haushaltsgesetz** *n F-* Budget Act; **~-Immissionsschutzgesetz** *n* (*abbr* **BImSchG**) *F-* Pollution Control Act; **~jagdgesetz** *n* (*abbr* **BJagdG**) *F-* Hunting Act; **~kindergeldgesetz** *n F-* Child Subsidy Law; **~kriminalamtgesetz** *n* (*abbr* **BKAG**) *F-* Bureau of Investigation Act; **~leistungsgesetz** *n F-* Requisitioning Law; **~mietengesetze** *n/pl F-* Rents Acts; **~ministergesetz** *n* (*abbr* **BMinG**) *F-* Law on the Legal Status of Members of the Federal Government; **~naturschutzgesetz** *n F-* Nature Conservation Act; **~personalvertretungsgesetz** *n* (*abbr* **BPersVG**) *F-* Personnel/Staff Representation Act (*public service staff*); **~polizeibeamtengesetz** *n* (*abbr* **BPolBG**) *F-* Law Enforcement Officials Act; **~rechnungshofgesetz** *n* (*abbr* **BRHG**) *F-* Audit Office Act; **~reisekostengesetz** *n* (*abbr* **BRKG**) *F-* Travel Expenses Act (*for federal civil servants, federal judges and members of the armed forces*); **~rückerstattungsgesetz** *n F-* Restitution Law (*concerning property transferred during the Nazi regime*); **~-Seuchengesetz** *n* (*abbr* **BSeuchenG**) F- Prevention of Epidemics Act; **~sozialhilfegesetz** *n* (*abbr* **BSHG**) *F-* Public Assistance Act (*for the poor*); **~urlaubsgesetz** *n F-* Vacations Law; **~verfassungsgerichtsgesetz** *n* (*abbr* **BVerfGG**) Supreme *F-* Constitutional Court Act; **~verfassungsschutzgesetz** *n* (*abbr* **BVerfSchG**) *F-* Constitutional Protection Act; **~versorgungsgesetz** *n* (*abbr* **BVG**) War Pensioners Act, *F-* (War Victims) Pension Law; **~vertriebenengesetz** *n F-* Law on Expelled Persons; **~wahlgesetz** *n* (*abbr* **BWG**) *F-* Electoral Act; **~waldgesetz** *n* (*abbr* **BundeswaldG**) *F-* Forestry ConservationAct; **~wasserstraßengesetz** *n* (*abbr* **WaStrG**) *F-* Waterways Act; **~zentralregistergesetz** *n* (*abbr* **BZRG**) *crim pro F-* Central Register Act.

Bundes|minister *m*/**-in** *f* federal minister (= *F/M*); **~~ der Finanzen** *F/M* of Finance; **~~ der Justiz** *F/M* of Justice; **~~ der Verteidigung** *F/M* of *US* Defense/*GB* Defence; **~~ des Auswärtigen** *F/M* for Foreign Affairs; **~~ des Innern** *F/M* of the Interior; **~~ für Arbeit und Sozialordnung** *F/M* of Labo(u)r and Social Affairs; **~~ für besondere Aufgaben** (= *Chef des Bundeskanzleramtes*) *F/M* for Special Tasks (= *Chief of the Federal Chancellery*); **~~ für Bildung und Wissenschaft** *F/M* of Education, Science and the Humanities; **~~ für Ernährung, Landwirtschaft und Forsten** *F/M* of Food, Agriculture, and Forests; **~~ für Forschung und Technologie** *F/M* for Research and Technology; **~~ für innerdeutsche Beziehungen** *F/M* for Intra-German Relations; **~~ für Jugend, Familie, Frauen und Gesundheit** *F/M* for Youth, Family Affairs, Women, and Health; **~~ für das Post- und Fernmeldewesen** *F/M* for Postal and Telecommunications; **~~ für Raumordnung, Bauwesen und Städtebau** *F/M* for Regional Planning, Building, and Urban Development; **~~ für Umwelt, Naturschutz und Reaktorsicherheit** *F/M* of the Environment, Nature Conservation, and Nuclear Safety; **~~ für Verkehr** *F/M* of Transport; **~~ für Wirtschaft** *F/M* of Economics; **~~ für wirtschaftliche Zusammenarbeit** *F/M* for Economic Cooperation; **~~gesetz** *n F/M* (Official Position) Act (*1971*); **~arbeitsminister** *m F/M* of Labo(u)r (and Social Affairs); **~finanzminister** *m F/M* of Finance; **~justizminister** *m F/M* of Justice; **~verkehrsminister** *m F/M* of Transport; **~verteidigungsminister** *m F/M* of Defense; **~wirtschaftsminister** *m F/M* of Economics; **~wissenschaftsminister** *m F/M* of Science and the Humanities.

Bundes|ministerium *n US* federal department/*GB* ministry (= *F/M*); **~~ der Finanzen** *F/M* of Finance; **~~ der Justiz** *F/M* of Justice; **~~ der Verteidigung** *F/M* of *US* Defense/*GB* Defence; **~~ des Innern** *F/M* of the Interior; **~~ für Arbeit und Sozialordnung** *F/M* of Labo(u)r and Social Affairs; **~~ für Bildung und Wissenschaft** *F/M* of Education and Science; **~~ für das Post- und Fernmeldewesen** *F/M* of Postal and Telecommunications; **~~ für Ernährung, Landwirtschaft und Forsten** *F/M* of Food, Agriculture, and Forests; **~~ für Forschung und Technologie** *F/M* for Research and Technology; **~~ für Jugend, Familie und Gesundheit** *F/M* for Youth, Family Affairs and Health; **~~ für Raumordnung, Bauwesen und Städtebau** *F/M* for Regional Planning, Building and Urban Development; **~~ für Verkehr** *F/M* of Transport; **~~ für Wirtschaft** *F/M* of Economics, **~~ für wirtschaftliche Zusammenarbeit** *F/M* for Economic Co-operation; **~ernährungsministerium** *n F/M* of Food; **~finanzministerium** *n F/M* of Finance; **~justizministerium** *n F/M* of Justice.

Bündigkeit *f* conciseness, coherence.

Bündnis *m* alliance, pact; **~fall** *m* casus foederis (*contingency provided for in a treaty of alliance, military in-*

tervention pursuant to the alliance); **~freiheit** *f* nonalignment; **~ Neunzig** *pol* Alliance 90 (*alliance of reform parties founded in 1990 in the former German Democratic Republic; led peaceful revolution 1989–90*); **~ ~/Die Grünen** *pol* Alliance 90/ The Greens (*coalition of the greens and the alliance parties in unified Germany*); **~politik** *f* alliance policy, alignment policy; **~vertrag** *m* treaty of alliance, mutual assistance pact.

Bürde *f* onerous task, burden, chore.

Bürge *m*/**Bürgin** *f* surety, guarantor (for payment), voucher, sponsor; **bezahlte(r)** ~ compensated surety; **den ~n stellen** to stand surety, to stand bail; **der/die leistende** ~ paying surety; ***e-en*** **~n bringen** to find surety, to provide a guarantor; **selbstschuldnerische(r)** ~ primarily liable guarantor, directly suable guarantor; **taugliche(r)** ~ proper guarantor.

bürgen *vi* to guarantee, to stand surety (for), to sponsor.

Bürger *m*/**-in** *f* citizen, *hist* burgher; **~amt** *n* service- oriented local government office; **~antrag** *m* citizen's initiative; **~ausschuss** *m* citizens' committee; **~befragung** *f* opinion poll; **~begehren** *n* local citizens' referendum; **~beteiligung** *f* participation of local citizens in decision-making; **~brief** *m* act of naturalization, certificate of citizenship; **~initiative** *f* citizens' action group; **~krieg** *m* civil war, internal war; **~kunde** *f* civics; **~meister** *m* /**-in** *f* mayor; **~~amt** *n* mayor's office, town hall, city hall; **~~wahl(en)** *f/pl* mayoral elections; **Regierender ~~** Governing Mayor (*Berlin*); **~mitwirkung** *f* participation of local citizens in public affairs; **~pflicht** *f* civic duty, obligation as a citizen; **~polizei** *f* volunteer police force; **~recht** *n* freedom of a borough, political liberty, franchise; **~rechtler** *m*/**-in** *f* civil rights activist; **~schaft** *f* citizenry; **~sinn** *m* sense of good citizenship, public spirit, service for the welfare of the community; **~stand** *m* (the) middle classes; **~steig** *m* pavement, *US* sidewalk; **~steigseite** *f US* curb side/ *GB* kerb side, near side; **~steuer** *f* poll tax, community charge; **~versammlung** *f* town meeting; **~wehr** *f* vigilance unit; **~~mitglied** *n* vigilante; **EG-~** *m* /**-in** *f* EC citizen.

Bürgerliches Gesetzbuch *n D* (*abbr* **BGB**) Civil Code.

bürgernah *adj* comprehensible/helpful to the man in the street; citizen-orientated.

Bürgschaft *f* suretyship (= *s-ship, surety* = *s-*), contract of suretyship, surety bond, guarantee (= *g-*); **~ leisten** to stand *s-*, to grant/ accept/ undertake) a *g-* (*for s. o.*); **~serklärung** *f s-ship* declaration/ instrument; guarantor's undertaking, statement of *g-*; **~sgeber** *m*/**-in** *f* guarantor; **~skredit** *m* guaranteed credit; **~sleistung** *f* standing *s-*, the undertaking of a *g-*, furnishing of *g-*; providing a *s-ship*; **~snehmer** *m* /**-in** *f* guaranteed creditor; creditor secured by *s-ship*; **~sprovision** *f g-* commission; **~sschein** *m s-ship* instrument, certificate of *g-*; **~sschuld** *f g-* indebtedness, principal debt (*secured by g- or s-ship*); **~sstellung** *f* → *~sleistung*; **~sübernahme** *f* → *~sleistung*; **~surkunde** *f* → *~sschein*; **~sverhältnis** *n* principal and *s-*, *s-ship* relationship; **~sverpflichtung** *f s-ship* obligation; **~svertrag** *m* contract of *s-ship*, contract of *g-*; **~svolumen** *n* total *g-s*; **~swechsel** *m* bill of exchange as a *g-*, *g-* bill; **~szusage** *f g-* undertaking; ***e-e*** ~ **übernehmen** to stand *s-*; **für *jd-en*** ~ ~ ~ to stand *s-* for another; **einfache** ~ secondary *g-*; **selbstschuldnerische** ~ personal *g-*, absolute *s-ship*, directly enforceable *g-*, absolute *g-* (*waiving the US defense/ GB defence that the principal debtor be sued and levied upon first*); **solidarische** ~ joint and several *s-ship*.

Büro *n* office (= *o*-), bureau (*administration*); **~angestellte(r)** *f(m) o*- employee, clerk, clerical worker; **~arbeiten** *f/pl o*- work, clerical work; **~bedarf** *m* stationery requirements; **~beruf** *m* clerical occupation, *o*- job; **~gehilfe** *m*/**~gehilfin** *f* junior clerk, *o*- junior; **~gemeinschaft** *f* shared *o-s* (*of lawyers*); **~handel** *m* unofficial dealings; **~kraft** *f o*- employee, clerk; **~material** *n o*- supplies, stationery; **~personal** *n* clerical staff; **~schluss** *m* closing time; **~termin** *m* hearing in chambers; **~unkosten** *pl o*- expenditure, overhead; **~versehen** *n* administrative/secretarial error; **~vorsteher** *m*/**-in** *f* senior clerk (*in a law o*-); *o*- manager; **~weg** *m* administrative channels; **im ~~e** in chambers, without a court hearing; **~zeit** *f o*- hours.

Bürokrat *m*/**-in** *f* bureaucrat.

Bürokratie *f* bureaucracy.

Bürokratismus *m* red tape.

Buße *f* penance, atonement; penalty, civil/administrative fine.

Bußgeld *n* civil penalty, regulatory fine; non-criminal fine; **~bescheid** *m* penalty notice; **~katalog** *m* schedule of penalties (*for traffic US offenses /GB offences*); **~sache** *f* summary *US* offense/*GB* offence; **~verfahren** *n* summary proceedings concerning administrative penalties.

Büttel *m obs* beadle.

BVA (*abbr* = **Bundesversicherungsamt** *n*) Federal (Social) Insurance Authority; (*abbr* = **Bundesverwaltungsamt** *n*) Federal Office of Administration.

BVerfG (*abbr* = **Bundesverfassungsgericht** *n*) Supreme Federal Constitutional Court.

BVerfGG (*abbr* = **Bundesverfassungsgerichtsgesetz** *n*) Supreme Federal Constitutional Court Act.

BVerfSchG (*abbr* = **Bundesverfassungsschutzgesetz** *n*) Federal Constitutional Protection Act.

BVG (*abbr* = **Bundesversorgungsgesetz** *n*) War Pensioners Act, Federal (War Victims) Pension Law; (*abbr* = **Bundesverwaltungsgericht** *n*) (Supreme) Federal Administrative Tribunal.

BVerwG (*abbr* = **Bundesverwaltungsgericht** *n*) (Supreme) Federal Administrative Tribunal.

BWG (*abbr* = **Bundeswahlgesetz** *n*) Federal Electoral Act.

BWVA (*abbr* = **Bundeswehrverwaltungsamt** *n*) Federal Armed Forces Administrative Office.

BZRG (*abbr* = **Bundeszentralregistergesetz** *n*) *crim pro* Federal Central Register Act.

Cassis de Dijon| **~-Entscheidung** *f EU* Cassis de Dijon holding (*Rewe Zentrale v. Bundesmonopolverwaltung für Branntwein*); **~-Formel** *f* Cassis de Dijon formula (= *[trade barriers within Eu are acceptable if necessary] to satisfy mandatory requirements relating to the effectiveness of fiscal supervision, the protection of public health, the fairness of commercial transactions and the US defense / GB defence of the consumer*), → *Dassonville-Formel*); **~-Prinzip** *n* Cassis de Dijon principle, → *~-Formel.*

causa *L* legal basis (*for transaction*); **condictio sine ~** (= *ohne Leistungskondiktion*) claim to return of performance rendered without legal basis (*supports action for unjust enrichment*).

CCC (*abbr* = **Constitutio Criminalis Carolina**) *hist* Criminal Code of Karl V (*first criminal code of the German empire*).

CCI (*abbr* = **Chambre de commerce internationale**) Internationale Handelskammer (*abbr* IHK) International Chamber of Commerce (*abbr* ICC).

CDU (*abbr* = **Christlich-Demokratische Union**) *pol* Christian Democratic Union, party of the Christian Democrats.

cessio legis *f* assignment by operation of law.

C&F (*abbr* = **Verladungs- und Frachtkosten**) cost and freight (*abbr* C&F), (*INCOTERMS*).

Chance *f* chance, opportunity, prospect; **~ngleichheit** *f* equal opportunities; **Grundsatz der ~~** principle of equal opportunities; **~nungleichheit** *f* **im Wettbewerb** inequality of competitive opportunities; **bessere wirtschaftliche ~n** better business prospects, brighter business outlook.

Charakter *m* character (= *c*-); **~anlage** *f* disposition, nature; **~bild** *n* *c*- study; **~eigenschaft** *f* trait, trait of *c*-, distinctive feature; **~mangel** *m* failing(s), bad *c*-; **~schwäche** *f* weakness of *c*-, failings; **~test** *m* personality test, test of *c*-; **~untersuchung** *f* *c*- analysis; **~veränderung** *f* change of personality; **~zug** *m* distinguishing feature; **amtlicher ~** official *c*-/nature; **obligatorischer ~** obligatory *c*- (*of an engagement*); **simultaner ~** simultaneous *c*- (*of US offenses / GB offences*).

charakteristisch *adj* characteristic, distinctive (*mark or feature of a trade mark, etc*).

Charta *f int* charter; **~ der Vereinten Nationen** Charter of the United Nations; **~ über *e-e* Ausgeprägte Partnerschaft zwischen der Nordatlantikpakt-Organisation und der Ukraine** Charter on a Distinctive Partnership between the North Atlantic Treaty *US* Organization/*GB* Organisation and Ukraine (*1997*); **Pariser ~** Charter of Paris.

Charter *f* charter (= *c*-); **~flug** *m* *c*-flight; **~~gesellschaft** *f* *c*- airlines; **~flugzeug** *n* *c*- plane; **~gesellschaft** *f* *c*- company, *c*- carrier; **~partie** *f* *c*--party; **~vertrag** *m* *c*--party; **~~ auf Zeit** time *c*-; **~vertragsrecht** *n* the law of chartering.

Charterer *m* charterer.

chartern *vt* to charter, to hire.

Chef *m*/**-in** *f* principal, boss, chief (= *c*-), head (= *h*-); **~anwalt** *m*/ **~anwältin** *f* leader, leading counsel, lead attorney; **~arzt** *m*/ **~ärztin** *f* doctor in charge of a hospital/of a department of a hospital, senior medical officer; **~delegierte(r)** *f(m)* (*der Chefdelegierte*) *h*- of a delegation; **~ des Bundeskanzleramts** *H*- of the

Federal Chancellery; ~ **des Bundespräsidialamts** *H-* of the Office of the Federal President; ~ **des Generalstabs** *c-* of staff; ~ **des Protokolls** *c-/h-* of protocol department; **~dolmetscher** *m/***-in** *f c-* interpreter; **~konstrukteur** *m/***-in** *f c-* designer; **~redakteur** *m/***-in** *f* editor-in-*c-*, *c-* editor; **~sache** *f* matter to be treated at highest level; **~sekretär** *m/***-in** *f h-* secretary; **~übersetzer** *m/***-in** *f c-* translator; ~ **vom Dienst** desk editor, duty editor.

ChemG (*abbr* = **Gesetz zum Schutz vor gefährlichen Stoffen**, **Chemikaliengesetz**) Protection against Dangerous Substances Act, Chemicals Act.

Chemiewerte *m/pl exch* chemical industry securities.

Chemikaliengesetz *n* (*abbr* **ChemG**) (= *Gesetz zum Schutz vor gefährlichen Stoffen*) Chemicals Act (= Protection against Dangerous Substances Act).

Chiffre *f* cipher, code; box number (*newspaper ads*), key number; **~anzeige** *f* box-number advertisement, keyed advertisement; **~telegramm** *n* code(d) telegram.

chiffrieren *vt* to (en)cipher, to code, to write/wire in code.

Chiffriermaschine *f* cipher machine, coder.

Christlich-Demokratische Union *f* (*abbr* **CDU**) Christian Democratic Union; ~**-Soziale Union** *f* (*abbr* **CSU**) Christian Social Union (*Bavaria*).

CIC (*abbr* = **Codex iuris canonici**) Code of Canon Law (*Catholic, 1917, before 1917 → Corpus iuris canonici*); (*abbr* = **Corpus iuris Civilis**) body of civil law collected under Justinian.

c.i.c. (*abbr* = **culpa in contrahendo**) negligence in the course of contracting (*causing damage to other party*), fault prior to conclusion of contract (*that supports contract cause of action for damages; usually seen to be a tort under common law*).

CIF (*abbr* = **Verladungs-**, **Versicherungs- und Frachtkosten**) cost, insurance, and freight (*abbr* CIF), (*INCOTERMS*); **~-Preis** *m* CIF price.

CIP (*abbr* = **frachtfrei versichert**) carriage and insurance (*abbr* CIP), (*INCOTERMS*).

clausula rebus sic stantibus *f L* the rebus sic stantibus clause (*contracts become inoperative if conditions have changed fundamentally*) frustration *US* defense/*GB* defence.

Clearing *n* (= *Verrechnung(sverfahren)*) clearing (= *c-*); **~abkommen** *n c-* agreement; **~bank** *f c-* bank (*GB a member of the London Bankers' C-House*); **~guthaben** *n c-* assets; **~konto** *n c-* account; **~stelle** *f c-* house; **~verkehr** *m c-* (transactions); **~vertrag** *m c-* agreement; ~ **zum Pariwert** par clearance.

Code *m* code (*eg ABC Code for cablegrams*); **~buch** *n* code book; **~karte** *f* chip card (*bank, credit, photocopying or any other form of plastic card*).

Codex *m L* (= *Gesetzbuch*) code, ~ **iuris canonici** (*abbr* **CIC**) Code of Canon Law (*Catholic, 1917, before 1917 → Corpus iuris canonici*); ~ **Justinianus** *hist* Justinian Code.

Codierung *f* encryption.

Computer| **~betrug** *m crim* computer fraud (*fraud through manipulation of computer program, data, or data processing*); **~delikt** *n* computer (-related) *US* offenses/*GB* offences; **~eindringling** *m* hacker; **~haftung** *f* computer liability (*incurred by computer user for damage caused by computer*); **~kriminalität** *f* computer-related crime; **~sabotage** *f crim* computer sabotage (*destruction, damage, alteration of data processing system*).

condictio *L* claim to return of; ~ **sine causa** (= *ohne Leistungskondiktion*) claim to return of performance rendered without legal basis (*supports action for unjust enrichment*).

conditio *L* condition; ~ **sine qua non** *f* but-for cause, cause in fact, (*necessary condition*); condition precedent.

Constitutio Criminalis Carolina (*abbr* **CCC**) *hist* Criminal Code of Karl V (*first criminal code of the German empire*).

constitutum possessorium *n* (= *Besitzmittlungsverhältnis*) bailment, agreement granting indirect possession; (*Sicherungsübereignung*) constructive possession (*without transfer of physical possession*).

contra *prep* (= *gegen*) versus (*abbr* v.).

Copyright *n* copyright; **~-Register** *n* register of copyrights; **~-Vermerk** *m* copyright notice.

coram publico *adv* in public, publicly.

COREPER (*abbr* = **Comité des Représentants Permanents des Etats Membres**) *EU* Committee of Permanent Representatives (*abbr* COREPER).

corps diplomatique *n* (*abbr* **CD**) diplomatic corps, corps diplomatique (*abbr* CD).

corpus delicti *n* corpus delicti, the material evidence (of a crime), the actual commission of a particular *US* offense/*GB* offence.

Corpus iuris canonici *hist* collection of sources of canonical law (→ *Codex iuris canonici*).

Corpus iuris civilis *hist* collection/body of sources of civil/private law under Justinian.

Coupon *m* (= *Kupon*) coupon, dividend-warrant, return coupon; **~steuer** *f* coupon tax.

Courtage *f* broker's fee, brokerage; **~gebühr** *f* (amount of) broker's commission, brokerage; **~rechnung** *f* brokerage account.

CPT (*abbr* = **frachtfrei bis**) carriage paid to (*abbr* CPT), (*INCOTERMS*).

CSU (*abbr* = **Christlich-Soziale Union**) *pol* Christian Social Union (*Bavaria*).

culpa in contrahendo *f* (*abbr* **c.i.c.**) negligence in the course of contracting (*causing damage to other party*), fault prior to conclusion of contract (*that supports contract cause of action for damages; usually seen to be a tort under common law*).

Cyberspace *m IT* cyberspace.

DAAD (*abbr* = **Deutscher Akademischer Austauschdienst** *m*) German Academic Exchange Service.

DAAK (*abbr* = **Deutsch-Amerikanisches Akademisches Konzil** *n*) German-American Academic Council (*abbr* GAAC).

Dach *n* roof; **~antenne** *f* roof antenna, roof aerial; **~decker** *m*/**-in** *f* roofer; **~~handwerk** *n* roofing trade; **~fonds** *m* pyramiding fund, fund of funds; **~geschosswohnung** *f* attic *US* apartment / *GB* flat, penthouse apartment; **~gesellschaft** *f* umbrella company, holding company, controlling company; **~kammer** *f* attic room; **~konzern** *m* umbrella group; **~organisation** *f* holding company, umbrella organization, parent enterprise; **~verband** *m* national federation, umbrella association.

DAF (*abbr* = **geliefert Grenze**) delivered at the frontier (*abbr* DAF), (*INCOTERMS*).

Dafürhalten *n* opinion, view.

dahingestellt *adj* undecided; **etwas ~ sein lassen** to leave *sth* undecided.

DAJV (*abbr* = **Deutsch-Amerikanische Juristen-Vereinigung** *f*) German-American Lawyers Association (*abbr* GALA).

Daktyloskopie *f* dactyloscopy (*the taking and classification of fingerprints*).

Damm *m* dam, embankment; **~bruch** *m* dam break; **~~argument** *n* slippery slope argument.

Damnationslegat *n* civil law legacy (*obligation of the heir to satisfy the legatee*).

Damnum *n* mortgage discount (*deducted from the face amount of a mortgage*); *exch* difference between nominal and lower issue price.

Dämpfung *f* slowing down (*boom, etc*), an economic downturn; **~ der Exportkonjunktur** check to expansion of exports; **~ der Investitionstätigkeit** measures to slow down rate of capital investment; **konjunkturelle ~** an economic downturn, recession, slowdown.

danach *adv* thereafter, subsequently.

Dank|adresse *f* address of thanks; **~sagungsbeschluss** *m* vote of thanks; ***e-e*** **~sagung** *f* **beschließen** to adopt a vote of thanks.

Darbietung *f* presentation, show, production, account.

darlegen *vt* to set forth (*in court*); **im einzelnen ~** to particularize, to state in detail.

Darlegung *f* presentation, explanation, argument, submission, statement; **~ des Falles** statement of the case; **~slast** the onus of presentation; **~spflicht** *f* (*procedural*) obligation to present the case to the court; **~spflichtige**(**r**) *f*(*m*) (*der Darlegungspflichtige*) proponent; **kurze ~** summary statement; **vollständige ~ des Sachverhalts** a complete presentation of the facts and circumstances, complete statement.

Darlehen *n* loan (= *l*-), personal loan, fixed-sum credit; loan for consumption; **~ und Hypotheken** mortgage and other *l-s*; **~ an Börsenmakler** stock exchange *l*-(s); **~ gegen Pfandbestellung** *l*- secured by chattel mortgage, *l*- against collateral; **~ mit täglicher Kündigung** *l*- at call; **~santrag** *m* application for a *l*-; **~saufnahme** *f* taking up of a *l*-, borrowing; **~sbetrag** *m* *l*- amount; **~sempfänger** *m*/**-in** *f* borrower, recipient of a *l*-; **~sforderung** *f* money due under a *l*-, debt; **~sgeber** *m*/**-in** *f* lender, creditor; **~sgeschäft** *n* lending transaction, *l*- business; **~sgewäh-**

rung *f* granting of a *l*-, lending; ~~ **auf fremde Rechnung** *l*- for account of others; **~shypothek** *f* mortgage (securing a *l*-); **~sinteressent** *m*/**-in** *f* would-be borrower; **~skapital** *n* principal moneys, principal, *l*- capital; **~skasse** *f l*-society, savings bank; **~~nverein** *m* *l*- society, cooperative banking association; **~skonto** *n* *l*- account; **~skosten** *pl* *l*- charges; **~snehmer** *m*/**-in** *f* borrower, **~spolitik** *f* *l*-policy; **~srestschuld** *f* balance of *l*-indebtedness; **~sschuld** *f* debt under a *l*-, amount of a *l*-, *l*- indebtedness; **~~ner** *m*/**-in** *f* borrower; **~sstock** *m* total amount of *l-s* outstanding, total lendings; **~ssumme** *f* amount of a *l*-; **~stitel** *m* *l*- instrument, document of entitlement of the lender; **~svaluta** *f* *l*- proceeds, sum advanced; **~sverbindlichkeit** *f* *l*- indebtedness; **~sverhandlungen** *f/pl* **führen** to negotiate a *l*-; **~svermittler** *m* /**-in** *f l*-arranger, *l*- agent; **~sversprechen** *n* promise to grant a *l*-, assurance of a *l*-; **~svertrag** *m* *l*- agreement; **~svorvertrag** *m* preliminary agreement for a *l*-; **~szinsen** *pl* *l*- interest, interest on a *l*-; **~szinssatz** *m* *l*-interest (rate); **~szusage** *f* promise to grant a *l*-, *l*- commitment; ~ **zu Wucherzinsen** (→ *wucherisches* ~); **bedingtes** ~ conditional *l*-; **befristetes** ~ *l*- for a fixed term; **besichertes** ~ *l*- against collateral, secured *l*-; **ein** ~ **absichern** to secure a *l*-, to provide collateral for a *l*-; **ein** ~ **aufnehmen** to borrow (money), to take up a *l*-; **ein** ~ **geben** to grant a *l*-, to extend a *l*- to *s.o.*; **ein** ~ **kündigen** to call in a *l*-, to recall a *l*-; **ein** ~ **tilgen** to repay a *l*-, to redeem a *l*-; **für ein** ~ **Sicherheit leisten** to secure a *l*-; **gesichertes** ~ secured *l*-; **hypothekarisches** ~ mortgage *l*-; **kapitalersetzendes** ~ blocked *l*-; **kommunalverbürgtes** ~ *l*- guaranteed by local authorities, publicly guaranteed *l*-; **kündbares** ~ callable *l*-; **jederzeit** ~ ~ call *l*-; **kurzfristiges** ~ short-term *l*-; **langfristiges** ~ long-term *l*-; **mittelfristiges** ~ medium-term credit; **nachrangiges** ~ subordinated *l*-; **partiarisches** ~ *l*- coupled with a share in the profits; **ungesichertes** ~ unsecured *l*-; **unkündbares** ~ blocked *l*-, uncallable *l*-; **unverzinsliches** ~ interest-free *l*-, free *l*-; **vertragliches** ~ contractual *l*-; **verzinsliches** ~ interest-bearing *l*-, *l*- at interest; **wucherisches** ~ usurious *l*-; **zinsfreies** ~ (→ *unverzinsliches* ~); **zinsgünstiges** ~ low-interest *l*-.

darstellen *vt* to represent, to describe, to constitute, to portray.

Darstellung *f* presentation (*of facts*) (= *p*-, *representation* = *rep*-), statement (= *s*-), description (*of an object*), illustration; ~ **der Erfindung** disclosure of invention; ~ **des Sachverhalts** *s*- of the facts and circumstances; ~ **des Tatbestandes** *s*- of the facts (and circumstances), recital of facts; ~ ***e-es*** **Musters** *rep*- of a design; **anfechtbare** ~ disputable/contestable *s*-; **bildliche** ~ illustration; ***e-e*** ~ **eidlich erhärten** to affirm a *s*- upon oath, to corroborate upon oath; **falsche** ~ mis*rep*-; **knappe** ~ concise *p*-, succinct account; **kontenmäßige** ~ account-type *rep*-; **schematische** ~ scheme, outline; **umfassende** ~ comprehensive account, full *s*-.

dartun *vt* to show, to set forth, to suggest, to make evident.

darüber hinaus *adv* beyond that, over and above *sth*, furthermore.

Dasein *n* existence, being; **~svorsorge** *f* provision for elementary requirements.

das heißt (*abbr* **d. h.**) id est (*abbr* i.e.), that is to say, to wit, namely.

Dassonville-Formel *f EU* Dassonville formula (= *all trading rules enacted by Member States which are capable of hindering, directly or indirectly, actually or potentially, inter-Community trade, Procureur du Roi v. Dassonville, 1974*), → *Cassis de Dijon-Formel.*

Datei *f* data (collection), *IT* (computer) data file; **~enregister** *n* central register of data.

Daten *pl* data (= *d-*), facts, particulars; **~abgleich** *m* counter-checking of *d-*; **~ausgabe** *f d-* output; **~bank** *f d-* bank, *d-*base, *d-* exchange; **~~recherche** database (re)search; **~~richtlinie** *f EU D-*base Directive; **~eingabe** *f d-* input; **~erfassung** *f d-* collecting; **~erhebung** *f* gathering of *d-*; **~fernübertragung** (*abbr* **DFÜ**) *f* long distance transfer of *d-* (*eg* internet); **~geheimnis** *n d-* secrecy; **~schutz** *m d-* protection; **~~beauftragte(r)** *f(m)* (*der Datenschutzbeauftragte*) Commissioner for Data Protection; **~~gesetz** *n* Data Protection Act; **~~-Richtlinie** *f EU* Data Protection Directive; **~sicherheit** *f d-* security; **~sicherung** *f d-* protection; **~speicherung** *f* storing of *d-*; **~sperrung** *f* blocking of *d-*; **~träger** *m d-* carrier; **~übermittlung** *f d-* transmission; **~verarbeiter** *m d--*processing machine, *d-* processor; **~verarbeitung** *f d-* processing; **~~sanlage** *f d-* processing system; **~~skosten** *pl d-* processing costs; **~verbund** *m d--*processing interoperation; **~verknüpfung** *f* linkage of *d-*, *d-* matching; **~weitergabe** *f d-* transmission, *d-* disclosure; **~zentrale** *f d- US* center/*GB* centre; **~zweckbindung** *f* purpose-related nature of *d-*; **analytische** ~ analytical *d-*; **angefallene** ~ incoming *d-*, available *d-*; **anonymisierte** ~ *d-* rendered anonymous; **einwandfreie** ~ unimpeachable *d-*, reliable *d-*; **elektronische ~verarbeitung** (*abbr* **EDV**) electronic *d-* processing; **freier Verkehr personenbezogener** ~ *EU* free movement of personal data; **personenbezogene** ~ personal *d-*; **statistische** ~ statistical *d-*.

datieren *vt* to date, to put/write a date on *sth*.

dato *adv* today; **bis** ~ to date, up to this date.

Datowechsel *m* fixed-date bill.

Datum *n* date (= *d-*); ~ **des Inkrafttretens** effective *d-*; ~ **des Poststempels** postmark *d-*; **~sangabe** *f d-*; **ohne** ~~ undated; **Tag der** ~~ day of *d-*; code *d-* (*milk, butter, etc*); **~saufdruck** *m d-* mark; **~sgrenze** *f d-* line; **~sstempel** *m d-* marker, *d-* stamp; **angegebenes** ~ stated *d-*; **gleichen ~s** of the same *d-*; **maßgebliches** ~ decisive *d-*; **nach dem heutigen** ~ after (today's) *d-*; **unter dem** ~ dated the, bearing the *d-* of; **zum festgesetzten** ~ on the appointed day for a fixed *d-*.

Dauer *f* duration, length of time, term; **~angestellte(r)** *f(m)* permanent employee; **~anlage** *f* long-term investment; **~anleger** *m*/**-in** *f* long-term investor; **~anleihe** *f* permanent loan; **~arbeitslosigkeit** *f* chronic unemployment; **~arbeitsplatz** *m* fixed place of employment, permanent post; **~~darlehen** *n* lasting-employment loan; **~arbeitsverhältnis** *n* continuous employment; **~arrest** *m* custody for an indefinite time; **~aufenthaltsberechtigung** *f* resident status, *US* green card; **~auftrag** *m* standing order (*for recurring remittances by bank transfer*); preauthorized debits; **~ausschreibungsverfahren** *n* standing invitation to tender; **~ausschuss** *m* standing committee; **~ausstellung** *f* permanent exhibition; **~beanspruchung** *f* endurance stress, fatigue stress, continuous strain; **~delikt** *n* continuing *US* offense/*GB* offence; **~belästigung** *f* continuing nuisance; **~belastung** *f* continuous load, permanent strain; **~beschäftigung** *f* permanent occupation; **~besitz** *m* permanent possession; **~betrieb** *m* continuous operation (*machine*); **~debatte** *f* filibuster; **~delikt** *n* continuing *US* offense/*GB* offence; ~ **der Gefängnisstrafe** period of imprisonment, term of imprisonment; ~ **der Haftung** indemnity period; **~eigenschaften** *f/pl* permanent properties; ~ *e-es* **Patents** duration of patent; **~einladung** *f* standing invitation; **~emission** *f* tap issue; **~emittent** *m/***-in** *f* constant issuer; **~ertragsfähigkeit** *f* long-time productivity; **~existenz** *f* existence in perpetuity, perpetual succession, artificial succession (*of a legal entity*); permanent position (*employment*); **~folgen** *f/pl* ***e-er*** **Verletzung** continuing effects of injury; **~garantie** *f* continuing warranty; **~geschwindigkeit** *f* cruising speed, sustained speed (*motor vehicle*); **~invalidität** *f* permanent disability; **~karte** *f* season ticket (*transport*), commutation ticket, *US* pass; **~kredit** *m* permanent loan, long-term loan; **~kunde** *m* standing/regular customer; **~lehen** *n* perpetual lease, permanent estate; **~leistung** *f* continuous output (*machine*); **~mandat** *n* mandate of indefinite duration, employment of a lawyer on a permanent basis; **~miete** *f* permanent tenancy, long-term tenancy; **~mieter** *m/***-in** *f* permanent tenant, long-term tenant; **~nutzungsrecht** *n* registered perpetual lease (*entered in the German land register*) proprietary lease; **~pacht** *f* perpetual lease; **~parken** *n* long-term parking; **~pflegschaft** *f* permanent curatorship; **~pfändung** *f* garnishment of wages; **~prüfung** *f* endurance test; **~rente** *f* permanent pension; **~recht** *n* perpetual interest/right (*with renewal clause*); **~redner** *m/***-in** *f* marathon speaker, filibuster speaker; **~regelung** *f* permanent arrangement/settlement; **~rente** *f* perpetual annuity; **~schaden** *m* permanent impairment; **verbleibender ~~** residual damage; **~schuld** *f* fixed debt, long-term debt, permanent debt; **~~verhältnis** *n* continuous obligation; **~staatsangehörigkeit** *f* permanent nationality; **~stellung** *f* permanent employment, permanent appointment, permanent job; **~straftat** *f* continuing *US* offense/*GB* offence, continuing crime; **~treuhand** *f* perpetual trust; **~umgangsrecht** *n* long-term visitation rights (*with child*); **~unterhalt** *m* long-term maintenance; **~verlust** *m* constant loss; **~vertrag** *m* continuing agreement; continuous contract; **~vollmacht** *f* enduring power of attorney; **~waren** *f/pl* durable goods, nonperishable goods/food-stuff; **~werbung** *f* permanent publicity; **~wohnrecht** *n* permanent residential right; **~~svertrag** *m* contract conferring permanent residential rights, contract of permanent residence; **~wohnsitz** *m* permanent residence, domicile; **für die ~ des Verfahrens** for the duration of the proceedings; **für die ~** ***e-es*** **laufenden Monats** for the duration of one continuous month; **für die ~ von** for a period of.

Daumenabdruck *m* thumbmark (*left accidentally*), thumbprint (*police*).

dazwischentreten *vi* to interfere with, to intervene, to supervene.

DB (*abbr* = **Deutsche Bahn AG** *f*) German Railways *US* Corp/*GB* plc; *obs* (*abbr* = **Deutsche Bundesbahn**) German Federal Railways.

DBB (*abbr* = **Deutsche Bundesbank** *f*) German Central Bank.

DDP (*abbr* = **geliefert und verzollt**) delivered duty paid (*abbr* DDP), (*INCOTERMS*).

DDR (*abbr* = **Deutsche Demokratische Republik** *f*) *obs* German Democratic Republic (*abbr* GDR).

DDU (*abbr* = **geliefert unverzollt**) delivered duty unpaid (*abbr* DDU), (*INCOTERMS*).

debellatio *f* (=) complete conquest (of a defeated state).

Debet *n* debit (= *d-*); **~buchung** *f d-* entry; **~note** *f d-* note; **~posten** *m d-* item; **~saldo** *m d-* balance, balance due, balance payable; **~~ abdecken** to cover a short account; **~~ stehen lassen** to leave a balance to one's *d-*; **~spalte** *f d-* column; **~zins** interest on *d-* balance; **als ~posten** *m* **buchen** to *d-*;

bankübliche ~zinsen *m/pl* normal bank interest on *d-* balances.
debitieren *vt* to debit, to charge.
Debitor *m*/**Debitrix** *f* debtor (*book-keeping*).
Debitoren *pl* accounts receivable (= *a/c*), receivables; ~ **aus Wechselforderungen** (→ ~ *aus Wechseln*); ~ **aus Wechseln** bills receivable; **~buch** customers' ledger, sales ledger; **~buchhalter** *m/***-in** *f a/r* clerk; **~buchhaltung** *f a/r* department; **~geschäft** *n* lending (business), advances and overdrafts; **~guthaben** *n a/r*; **~konto** *n* debtor-account; **~kredit** *m a/r* loan; **~risiko** *n* default risk; **~saldo** *m* balance payable; **~sätze** *pl* lending rates; **~verkauf** *m* factoring, selling *a/r* outright; **~verluste** *m/pl* bad debt losses, losses on receivables; **~versicherung** *f* trade credit insurance, *a/r* insurance; **~wagnis** *n a/r* risk; **~ziehung** *f* bill drawn on debtor, promissory note issued by debtor; **zedierter~ bestand** *m* assigned *a/r*.
deblockieren *vt* to unfreeze.
dechiffrieren *vt* to decode, to decipher.
Deck|adresse *f* a cover address, accommodation address; **~mantel** *m* cloak, disguise, veil; **~name** *m* assumed name, fictitious name, alias, nom de plume, pseudonym.
decken *vt* to cover (*losses*), to provide cover for (*debit balance*), to secure; to shield (*an offender*); *v reflex* to be coextensive with, to meet.
Deckoffizier *m* warrant officer.
Decks|güter *n/pl* deck-stowed goods; **~ladung** *f* deck cargo, deck load; **~verladung** *f* shipment on deck.
Deckung *f* cover (= *c-*, *covering* = *c-ing*), security, collateral backing (*credit*); ~ **anschaffen** to supply funds to *c-* (a *US* check/*GB* cheque); ~ **des Krankheitsrisikos** sickness *c-*; ~ ***e-es*** **Verlusts** *c-ing* of a loss; **~sanschaffung** *f* provision of *c-*; **~saufstockungsklausel** *f* topping-up clause; **~sauftrag** *m c-ing* order; **~sbeitrag** *m* contribution, variable gross margin, profit contribution, marginal (variable gross) income; **~sbeschaffer** *m/***-in** *f* purveyor of *c-*; **~sdarlehen** *n* loan needed as a *c-*; **~sfonds** *m* **wegen Umstellungskosten** fund to *c-* conversion costs; **~sforderung** *f c-ing* claim (*claims against government held in trust to compensate savers for losses through currency reform*); **~sfrist** *f ins* duration of *c-*; **~sgeschäft** *n* hedging transaction; **~sgrenze** *f* required margin of *c-*, (lower) *c-* limit; **~sguthaben** *n c-ing* balance; **~shypothek** *f* mortgage investment as insurance reserve, mortgage loan serving as *c-*; **~skapital** *n ins* policy reserve, unearned premium reserve, actuarial reserve, *US* balance sheet reserves; **das versicherungsmathematisch berechnete ~~** the actuarially calculated policy reserve; **~skauf** *m exch c-ing* purchase, short *c-ing*, buying in, purchase of goods in replacement; **~sklausel** *f c-* clause; **~skongruenz** *f* correctness of *c-*; **~skonto** *n c-* account, balance serving as *c-*; **~slücke** *f* deficit (*budget*); **~smasse** *f c-*(ing) fund, fund formed to *c-* specified liabilities; **~smittel** *n/pl* resources, *c-*, *c-ing* funds (*available to meet liabilities*), *c-ing* resources; **ordentliche ~~** ordinary budget receipts; **ungeeignete ~~** non-admitted assets; **~sorder** *f c-ing* order; **~sprämie** *f* net level annual premium; **~sprozess** *m* action on an insurance claim, suit dealing with an insurance claim; **~squote** *f c-* ratio; **~sregister** *n c-* register; **~srücklage** *f* insurance reserve, unearned premium reserve; **~ssatz** *m* reserve ratio, *c-* ratio; **~sschutz** *m* insurance protection; **~ssicherheit** *f* collateral security, insurance reserve; **~sstock** *m ins* premium reserve stock, *c-* fund, reserve value fund, unearned premium reserve; guarantee stock (*building society*); **~~fähigkeit** *f* eligibility for investment in premium reserve stock; **~~prinzip** *n* principle of providing a premium reserve, *c-* fund princi-

ple; **~ssumme** *f ins* insured sum, amount insured, amount covered; **~sverhältnis** *n c-* ratio (*currency to gold, foreign exchange*); *ins* **gesetzlich vorgeschriebenes ~~** legal reserve requirements; **~sverkauf** *m* hedging sale, *c-ing* sale, resale of goods by unpaid seller; **~svorsorge** *f* provisions for sufficient *c-*; **~swährung** *f* currency serving as *c-* ; **~swerte** *m/pl c-ing* assets; **~szusage** *f c-* note, binding receipt; **vorläufige ~~** interim *c-* note, binder, binding slip; **~szuschuss** *m* additional *c-*; **~ von Risiken** *c-* of risks; **anteilige ~ bei Sammelpolice** pro rata distribution on a collective policy; **bankmäßige ~** collateral accepted by banks; **keine ~** no funds (*on an account*), not covered; no (insurance) *c-*; **mangelnde ~** returned for want of funds (*check*); **mangels ~** for want of *c-*, for want of funds, for want of provision; **ohne ~ sein** to be without *c-*, to be without funds in hand; **ohne ~ verkaufen** *exch* to sell short; **volle ~** full *c-*; **vorläufige ~** *ins* provisional *c-*; **ungenügende ~** insufficient *c-*.

deckungsstockfähig *adj* eligible for premium reserve stock.

Découvert *n* uncovered position.

Delcredere *n* collection guarantee.

Defektenverfahren *n* recover (of a deficiency) procedure.

Defensiv|bündnis *n* defensive alliance; **~notstandsbefugnis** *f* right to exercise defensive necessity (*right to defend one's own interest against threat posed by another party unless other party's interest is of significantly higher value, › Aggressivnotstandsbefugnis*); **~notstandslage** *f* situation of defensive necessity (as a justification); **~streik** *m* negative strike; **~zeichen** *n* defensive trademark (*registered to ward off similar signs*).

definieren *vt* to define; **recht generell ~** to define in fairly general terms.

definiert *adj* defined, expressed in terms of.

definitorisch *adj/adv* definitional, by definition, in defined terms.

Defizit *n* deficit (= *d-*), short, shortfall, shortage, adverse variance; **~ der Dienstleistungsbilanz** *d-* in services, shortfall on invisible account; **~ der Zahlungsbilanz** external *d-*, *d-* on balance of payments; **~finanzierung** *f d-* financing, *d-* spending; **~haushalt** *m* budget showing a *d-*, adverse budget, budget in *d-*; **~politik** *f* policy of *d-* financing, *d-* (budgeting) policy; **~wirtschaft** *f d-* financing; **aus dem ~ kommen** to get out of the red; **budgetmäßiges ~** budget *d-*; **mit *e-em* ~ abschließen** to show a (final) *d-*.

defizitär *adj* in deficit.

Deflation *f* deflation; **~ismus** *m* deflationism, deflationary policy; **~sdruck** *m* deflationary pressure.

deflationistisch *adj/adv* deflationary, deflationist.

degradieren *vt* to degrade, to demote, to reduce to the ranks.

Degradierung *f* degradation, demotion, reduction to the ranks.

Degressivsteuer *f* degressive tax.

Deich *m* dike (= *d-*), dyke; **~amt** *n d-* authority; **~aufseher** *m/***-in** *f d-* master; **~genossenschaft** *f d-* association; **~geschworene** *m/pl* sworn *d-* inspectors; **~graf** *m* dyke reed, *d-* master; **~hauptmann** *m/***~hauptfrau** *f d-* master; **~ordnung** *f d-* ordinances, *d-* law; **~polizei** *f d-* police; **~recht** *n d-* law, legislation concerning *d-s*; **~verband** *m d-* district corporation; **~wesen** *n* diking, matters concerning *d-s* and embankments.

Dekan *m/***-in** *f* dean; **~ der Rechtswissenschaftlichen Fakultät** dean of the law school.

Dekartellisierung (= *Dekartellierung*) *f* decartelization (*of German industry after World War II*).

Deklaration *f* (customs) declaration (= *d-*), declaring (*dutiable goods*); **~ für zollfreie Waren** entry for duty-free goods; **~setikett** *n d-* label; **~spflicht** *f* obligation to declare;

~sschein *m d-* certificate; **~swert** *m* declared value, value at point of entry; **~szwang** *m* compulsory *d-*; **~ zur Einlagerung unter Zollverschluss** warehousing entry.

deklaratorisch *adj* declaratory, declarative (*not operative, outward*).

deklarieren *vt* to declare (*dutiable goods*); **nicht deklariert** unentered, undeclared; **zollamtlich ~** to declare officially (to the customs authority).

Dekonzentration *f* deconcentration, dispersal; **~ von Vermögenswerten** dispersal of assets.

Dekorateur *m*/**-in** *f* decorator, interior decorator, curtain fitter; window-dresser, display artist; set designer.

Dekoration *f* window display, window dressing; set (*TV, motion pictures*).

Dekret *n* decree, (*imperial, royal*) order, ordinance.

dekretieren *vt* to decree, to order (by decree), to ordain.

Dekulpation *f* diminished criminal responsibility.

Delegation *f* delegation (= *d-*), deputation; (*act of*) delegating (*authority*); **~sbefugnis** *f* power of substitution; **~sführer** *m*/**-in** *f* head of a *d-*; **~sleiter** *m*/**-in** *f* head of the *d-*; **~von Kompetenzen** *d-* of authority; **öffentlich-rechtliche ~** *d-* under public law/by a public authority.

delegieren *vt* to delegate.

Delegierte(r) *f(m)* (*der Delegierte*) delegate, deputy.

Delegierung *f* (*act of*) delegating (*authority*).

deliberalisieren *vt* to deliberalize, to reimpose restrictions.

Deliberalisierung *f* deliberalization.

Delikt *n US* offense/*GB* offence (= *o-*), tort, civil wrong; **~sanspruch** *m* tort claim, claim in tort; **~sfähigkeit** *f* capacity for tort liability (*age requirement, etc*); **~shaftung** *f* liability in tort; **~shandlung** *f* tortious act; **~sklage** *f* tort action; **~sort** *m* place where the *o-* took place, scene of the crime; **~sstatut** *n* lex loci delicti (commissi), the law of the place where the crime took place; **fortgesetztes ~** continued *o-*; **~statbestand** *m o-* definition; **geringfügiges ~** petty *o-*; **politisches ~** political *o-*; **seerechtliches ~** admiralty *o-* maritime; **sittlich verwerfliches ~** *o-* involving moral turpitude; **verwandte ~e** related *o-s*; **völkerrechtswidriges ~** *o-* under international law; **zivilrechtliches ~** actionable tort.

deliktsfähig *adj having capacity to be held liable in tort* (*age requirement, etc*)

deliktisch *adj* tortious.

Delinquent *m*/**-in** *f* offender, delinquent.

Delkredere *n* del credere (= *d/c*) guarantee; **~agent** *m*/**-in** *f d/c* agent; **~fonds** *m* contingent fund as *d/c* security; **~geschäft** *n d/c* business; **~haftung** *f d/c* liability; **~klausel** *f d/c* clause (*providing for d/c liability of agent*); **~konto** *n* provision for doubtful debts, contingent account for *d/c* agents; **~provision** *f d/c* commission; **~reserve** *f* → *~rückstellung*; **~risiko** *n* collection risk; **~rückstellung** *f* (general) contingency reserve, bad debts reserve (*for d/c liability*); **~ stellen** to stand *d/c*, to stand security; **~- und Vertrauensschadenversicherung** commercial insurance, credit insurance; **~versicherung** *f* accounts receivable insurance, credit insurance, doubtful debts insurance; **~vertrag** *m d/c* agreement (*with agent/broker*); **~wertberichtigung** *f* allowance for doubtful accounts; **das ~ übernehmen** to stand *d/c*.

Démarche *f* formal diplomatic step, démarche.

Demarkations|linie *f* line of demarcation; **~vertrag** *m* demarcation agreement (*between electricity companies*).

Dementi *n* official denial.

dementieren *vt* to deny (officially); to disown; **etwas förmlich ~** to issue an official denial.

Demenz *f med jur* dementia, idiocy.
demgemäß *adv* pursuant.
Demission *f* resignation (*from office*); **seine ~ einreichen** to tender one's resignation.
demobilisieren *vt* to demobilize.
Demobilisierung *f* demobilization.
Demobilmachung *f* demobilization, demob.
Demographie *f* demography.
demographisch *adj* (= *demografisch*) demographic.
Demokrat *m*/**-in** *f* democrat.
Demokratie *f* democracy (= *d*-); **mittelbare ~** → *repräsentative ~*; **parlamentarische ~** parliamentary *d*-; **plebiszitäre ~** plebiscitary *d*-; **repräsentative ~** representative *d*-; **unmittelbare ~** direct *d*-.
demokratisch *adj* democratic; **~es Mehrheitssystem** democratic majority rule.
demokratisieren *vt* to democratize, to make (*a country, etc*) (more) democratic.
Demokratisierung *f* democratization; **~sprozess** *m* process of democratization.
demonetisieren *vt* to demonetize (*metal, etc*), to withdraw from circulation, to deprive of the status of money.
Demonetisierung *f* demonetization, withdrawal from circulation (*coin*).
Demonstrant *m*/**-in** *f* demonstrator.
Demonstration *f* demonstration, manifestation; **~srecht** *n* right to demonstrate publicly; **~sschaden** *m* damage caused by demonstrations, riot damage.
demonstrieren *vi* to demonstrate, to hold a demonstration; *vt* to establish (*the truth of a proposition*).
Demontage *f pol* dismantling (*of heavy industry in occupied Germany after 1945*); **~liste** *f* dismantling list; **~maßnahmen** *f/pl* dismantling measures.
demontieren *vt* to dismantle.
Demoskopie *f* public opinion research, opinion polls.
Denaturalisation *f* denaturalization (*depriving of citizenship*).
denaturalisieren *vt* to denaturalize, to withdraw s. o.'s citizenship (*or* nationality).
Denaturalisierung *f* → *Denaturalisation*.
denaturieren *vt* to denature (*alcohol*); pervert the nature of.
Denaturierung *f* denaturing (*alcohol*).
Denkgesetze *n/pl* rules of logic.
Denkmal *n* (ancient) monument, public monument; **~schutz** *m* protection of ancient monuments; **~~gesetz** *m* act for the protection of ancient monuments; **unter ~~ stellen** to preserve as a historical site.
Denkschrift *f* memorandum.
Denunziant *m*/**-in** *f* informer.
Denunziation *f* denunciation.
denunzieren *vt* to denounce, to inform (*the police*).
Departements *pl* departments; **überseeische ~** *EU* overseas departments.
Deponent *m*/**-in** *f* depositor (*of money in bank*), bailor (*for safe-keeping*).
Deponie *f* (refuse) dump; dumping; **Müll~** garbage dump; **wilde ~** indiscriminate dumping.
deponieren *vt* to deposit, to hand over for safe-keeping, to lodge.
Deponierung *f* lodgment, deposition; dumping.
Deport *m exch* backwardation, forward discount; **~satz** *m* backwardation rate, forward discount.
Deportation *f* deportation.
deportieren *vt* to deport; *vi exch* to do backwardation business.
Deportierung *f* deportation.
Depositar *m*/**-in** *f* depositary.
Depositen *pl* (*obs for* → *Einlagen*) deposits (in a bank) (*deposit* = *d*-), deposited funds; **~anstalt** *f* commercial bank, *d*- bank; **~bank** *f* commercial bank, *d*- bank; **~geschäft** *n* *d*- banking; **~heft** *n* *d*- book; **~kasse** *f* *d*- bank, *d*- bank branch; **~konto** *n* *d*- account; **~schein** *m* *d*-receipt; **~versicherung** *f* (bank) *d*-insurance; **~volumen** *n* total *d-s*; **~zertifikat** *n* certificate of *d*-;

~zinsen *m/pl d-* interest; **befristete ~** time *d-s*, fixed term *d-s*; **sofort fällige ~** demand *d-s*.

depositum regulare regular deposit (of specific goods), regular security deposit, bailment.

Depot *n* deposit (= *d-*, *deposited* = *d-ed*, *depositary* = *d-ary*), securities deposit, safe custody (= *s/c*, *safe-custody* = *s-c*); **~abteilung** *f s-c* department, securities (*d-*) department; **~aktien** *f/pl d-ed* shares; **~aufstellung** *f* statement of securities (*d-ed*); **~auszug** *m* statement of *d-*, list of *d-ed* securities, statement of securities; **~bank** *f* custodian bank, *d-ary* bank (*bank at which securities, etc are d-ed*); **~berechtigte(r)** *f(m)* (*der Depotberechtigte*) depositor, party entitled to *d-*; **~bescheinigung** *f d-* certificate; **~besitz** *m d-* holding securities; **~bewertung** *f* portfolio analysis; **~brief** *m* letter of *d-*; **~buch** *n d-* ledger, securities ledger; **~buchhaltung** *f* safe-*d-* accounting; **~gebühr** *f* custody account charge; **~geschäft** *n* safe-*d-* service; **~gesetz** Securities *D-* Act; **~inhaber** *m/***-in** *f* depositor, person entitled to a safe-*d-*; **~konto** *n s-c* account, security *d-* account, custodianship account; **~kosten** *pl s-c* charges; **~kunde** *m* **/~kundin** *f* securities account holder, customer holding securities on *d-*; **~pflicht** *f* cash *d-* requirement, → *Bardepotpflicht*; **~prüfung** *f* audit of *s-c* holdings (*by official auditors annually*); **~quittung** *f s-c* receipt; **~schein** *m* certificate of *d-*; *d-* slip, *s-c* receipt; **~steuer** *f* bank *d-* tax; **~stimmrecht** *n* proxy voting power for *d-ed* shares (*held by banks*); **~stück** *n* security or item *d-ed* (*at authorized depository, i.e. bank*); **~unterlagen** *f/pl* documents relating to *s/c*; **~unterschlagung** *f* misappropriation of *d-ed* securities; **~ unter Streifband** jacket custody, individual (*s-c*) *d-* of securities, segregational/individual *s-c* account, → *Streifbanddepot*; **~verpfändung** *f* pledge of securities *d-ed* (*by a debtor with his bank*); **~versicherung** *f d-* insurance; **~vertrag** *m s-c* agreement (*with a bank*); **~verwaltung** *f* administration of *d-ed* items; **~wechsel** *m* bill of exchange *d-ed* (*with a bank*) as collateral; **im ~** in the *s-c* department; **offenes ~** open *d-* (*bank arranges for collection of dividends*).

Deputat *n* allowance in kind (*in addition to wages*), remuneration in kind, non-cash remuneration; **~kohle** *f* free coal (*for mine workers*); **~wohnung** *f* company-owned housing, tied cottage.

Deputation *f* delegation.

Deputierte(r) *f(m)* (*der Deputierte*) deputy, delegate.

DEQ (*abbr* = **geliefert ab Kai verzollt**) delivered ex quay duty paid (*abbr* DEQ), (*INCOTERMS*).

Deregulierung *f* deregulation.

derelinquieren *vt* to abandon (the ownership of) movable goods.

Dereliktion *f* dereliction, voluntary abandonment of goods.

dergleichen *pron* such, such like.

Derogation *f* derogation (*partial repeal of a statute and replacement by another enactment*).

derogieren *vt* to repeal and replace parts of a statute.

Deroute *f* collapse of the market, slump, a free fall (of share prices).

deroutieren *vt obs* to throw into confusion, to upset (the market).

derzeitig *adj* present, presently subsisting, actual; **die ~en Verhältnisse** the present state of affairs.

DES (*abbr* = **geliefert ab Schiff**) delivered ex ship (*abbr* DES), (*INCOTERMS*).

Designation *f* designation; **~srecht** right of designation, right of proposal.

designieren *vt* to designate.

designiert *adj* designated; **der ~e Botschafter** the ambassador designate.

Desinflation *f* disinflation.

Desinteresse *n* hands-off attitude, unconcern, lack of interest, indifference.

Destinatär *m* beneficiary of an endowment.

Deszendent *m* descendant.

Detail|geschäft *n* retail shop, retail trade; **~handel** *m* (*obs for Einzelhandel*) retail trade; **~preis** *m* retail price; **~schilderung** *f* detailed description.

detaillieren *vt* to give/to state) full particulars, to specify.

Detektiv *m* detective, plain-clothes man, *sl* sleuth, dick, undercoverman; **~büro** *n* detective agency.

deutlichkeitshalber *adv* for the sake of clarity.

Deutsche(r) *f(m)* (*der Deutsche*) German, German national, German citizen.

deutsch *adj* German (= *G-*); **D~-Amerikanische Handelskammer** *f G-*-American Chamber of Commerce; **D~-Amerikanische Juristen-Vereinigung** *f* (*abbr* **DAJV**) *G-*-American Lawyers Association (*abbr* GALA); **D~-Amerikanisches Akademisches Konzil** *n* (*abbr* **DAAK**) *G-*-American Academic Council (*abbr* GAAC); **D~e Bahn AG** *f* German Railway Company (*formerly D~e Bundesbahn*); **D~e Demokratische Republik** *f* (*abbr* **DDR**) *obs G-* Democratic Republic (*abbr* GDR) (*acceded to the Federal Republic of Germany October 3, 1990*); **D~e Forschungsgemeinschaft** (*abbr* **DFG**); *G-* Research Association; **D~e kommunistische Partei** (*abbr* **DKP**) *G-* Communist Party; **D~e Mark** (*abbr* **DM**) deutsch mark, *G-* mark; **D~er Akademischer Austauschdienst** (*abbr* **DAAD**) *G* Academic Exchange Service; **D~er Bund** *m G-* Federation (*1815–1866*; *created at Congress of Vienna*); **D~er Einheitsmietvertrag** *m G-* standard tenancy agreement; **D~er Gemeindetag** *m* Congress of G- local communities; **D~er Gewerkschaftsbund** *m* (*abbr* **DGB**) *G-* Trade Union Federation; **D~er Industrie- und Handelstag** *m* (*abbr* **DIHT**) *G-* Industrial and Trade Association (*chambers of industry and commerce*); **D~er Paritätischer Wohlfahrtsverband** *m G-* Non-Denominational Welfare Association; **D~er Richtertag** *m* Congress of *G-* Judges; **D~er Städtetag** *m G-* Cities' Assembly, Assembly of County Boroughs; **D~er Wetterdienst** *m G-* Meteorological Service; **D~es Hydrographisches Institut** *n G-* Hydrographic Institute; **D~es Institut für Medizinische Dokumentation und Information** *n G-* Institute for Medical Documentation and Information; **D~es Institut für Normung** (*abbr* **DIN**) *G-* Standards Institute (*sets standardized norms*); **D~es Müttergenesungswerk** *n* The *G-* Mothers' Convalescence and Recuperation Scheme; **D~es Nationalkomitee für Internationale Jugendarbeit** *n G-* National Committee for International Youth Work; **D~es Patentamt** *n G-* Patent Office; **D~es Reich** *n hist G-* Reich (Empire), *First Reich* (= *Holy Roman Empire*); *Second Reich* (= *began 1871 with Wilhelm I and Bismark*); *Third Reich* (= *1933–1945*); **D~es Rotes Kreuz** *n* (*abbr* **DRK**) *G-* Red Cross; **Tag der D~en Einheit** Day of *G-* Unity (*October 3, 1990, national holiday*).

Deutschland *n* Germany (*as a whole*) (= *G-y*, *German* = *G-*); **~vertrag** *m* Bonn Convention of 26 May 1952 (*ending occupation status*), *G-* Treaty; **Bundesrepublik ~** (*abbr* **BRD**) Federal Republic of *G-y* (*abbr* FRG); **Vertrag über die abschließende Regelung in bezug auf ~** (= *Zwei-plus-Vier-Vertrag*) Treaty on the Final Settlement with Respect to *G-y* (= *Two Plus Four Treaty; Federal Republic of G-y, G- Democratic Republic plus France, Union of Soviet Socialist Republics, United Kingdom, United States; Moscow, September 12, 1990*); **Vertrag über die Schaffung** ***e-er*** **Währungs-, Wirtschafts- und**

Sozialunion zwischen der Bundesrepublik ~ und der Deutschen Demokratischen Republik (= *Staatsvertrag*) Treaty Concerning the Creation of a Currency, Economic, and Social Union between the Federal Republic of *G-y* and the *G-* Democratic Republic (= *State Treaty, July 1, 1990*); **Vertrag zwischen der Bundesrepublik ~ und der Deutschen Demokratischen Republik über die Hestellung der Einheit ~s** (= *Einigungsvertrag*) Treaty between the Federal Republic of *G-y* and the *G-* Democratic Republic on Establishing the Unity of *G-y* (= *Unification Treaty, August 31, 1990*).

Devastationsklage *f action to prevent deterioration of mortgaged property* .

Deviation *f mar* deviation from route.

Devisen *pl* foreign currency (= *f/c*), foreign exchange (*f/e*); **~abfluss** *m* loss of *f/c*; **~abkommen** *n f/e* agreement; **~berechnung** *f f/e* settlement; **~arbitrage** *f* foreign arbitrage; **~ausgang** *m f/e* expenditure; **~ausgleichsabkommen** *n* offset agreement; **~ausgleichsfond** *m* exchange equalization fund; **~ausländer** *m* **/-in** *f* non-resident (*for purposes of exchange control*); **~behörde** *f* exchange control authority; **~belastung** *f* burden on the *f/e* position; **~bescheinigung** *f f/e* certificate; **~beschränkung** *f* exchange restriction; **~bestände** *m/pl* exchange holdings; **~bestimmungen** *f/pl* exchange regulations; **~bewirtschaftung** *f f/e* control; **~bilanz** *f* balance of *f/e* payments; **~bonus** *m* percentage allowance for earners of *f/c*; **~börse** *f f/e* market; **~eigenhandel** *m f/e* dealings for (bank's) own account; **~eingangsmeldung** *f* notification of *f/e* received; **~einnahmen** *f f/e* proceeds; **~erleichterung** *f* easing of *f/e* restrictions; **~freibetrag** *m f/c* allowance; **~freigrenze** *f* free quota of *f/e*; **~genehmigung** *f f/e* permit /*US* license /*GB* licence; **~geschäft** *n* transaction in *f/e*; **~gesetze** *n/pl f/e* laws; **~guthaben** *n f/e* holdings; **~handel** *m* currency trading, *f/e* dealings; **intervalutarischer ~~** cross-exchange dealings, multilateral exchange dealings; **~händler** *m* **/-in** *f f/e* dealer; **~haushalt** *m f/e* position, *f/e* receipts and expenditure; **~inländer** *m* **/-in** *f* resident, foreigner permanently resident in Germany (*for purposes of exchange control*); **~kassageschäft** *n* exchange for spot delivery, spot exchange transaction; **~kassahandel** *m* spot business in *f/e*, spot exchange dealing; **~kassakurs** *m* spot exchange rate; **~knappheit** *f* shortage of *f/e*; **~kontingent** *n f/e* quota; **~~ierung** *f f/e* rationing; **~konto** *n f/c* account; **~kontrolle** *f f/e* control; **~~ an der Grenze** currency check at border; **~kontrollerklärung** *f* exchange control declaration; **~kredite** *m/pl f/c* loans; **~kurs** *m* exchange rate, *pl f/e* rates, currency rates; **freier ~~** free rate (of exchange); **gespaltener ~~** two-tiered exchange rate; **~~zettel** *m* list of *f/e*, *f/e* list; **~lage** *f f/e* position; **~makler** *m* **/-in** *f f/e* broker, foreign broker; **~mangel** *m* shortage of *f/e*; **~markt** *m* (foreign) exchange market; **~plafond** *m f/e* limit/ceiling; **~polster** *n f/e* cushion; **~portefeuille** *n f/c* holding; **~position** *f f/e* position; **~~smeldung** *f* exchange position return; **~recht** *n f/e* law; **~reportgeschäft** *n* swap; **~reserven** *f f/c* reserves, **~sachen** *f/pl f/e* matters; **~schieber** *m* **/-in** *f* illegal currency dealer; **~schiebung** *f* illegal *f/e* transaction, currency racket; **~schmuggel** *m* currency smuggling; **~schwankung** *f* fluctuation of exchange (rate); **~spekulationsgewinn** *m* profit on *f/e* speculation; **~spielraum** *m* available *f/e* (fluctuation) margin; **~stabilisierungsfonds** *m* exchange stabilization fund; **~stelle** *f* exchange control agency; ~**strafrecht** *n* penal *f/c* law; ~**tausch** *m* switch in foreign currencies; ~**termingeschäft** *n* forward (foreign) exchange transaction; ~**transfer** *m* currency transfer; ~~**risiko** transfer risk; ~**verkehr** *m f/e* (transactions); ~**überlassungsquote** *f* quota of *f/e* to be surrendered; ~**überwachung** *f* exchange control; ~~**sstelle** *f* exchange control office; ~**verfügbarkeit** *f* availability of *f/c*; ~**vergehen** *n* currency *US* offense/*GB* offence, violation of *f/e* regulations; ~**verkehr** *m f/e* transactions; ~~**sbeschränkungen** *f f/e* restrictions; ~**vorleistung** *f* advance of funds in *f/c*; ~**vorschriften** *f/pl* exchange rules, currency requirements; ~**währung** *f* currency-exchange standard; ~**wechsel** *m* bill in *f/c*; ~**wertberichtigung** *f f/e* adjustment; ~**werte** *m/pl f/e* assets; ~**zufluss** *m* inflow of *f/c*; ~**zugang** *m* accrual of *f/c*; ~**zuteilung** *f* exchange allowance, *f/e* allocation; ~~ **für Reisezwecke** travel allowance; ~~**sbestätigung** *f* confirmed allocation of *f/e*; ~**zuwiderhandlungen** *f/pl* violations of *f/e* regulations; ~**zwangswirtschaft** *f* exchange control.

devisen|politisch *adj* according to foreign exchange policies; ~**rechtlich** according to exchange regulations; under foreign exchange control law; ~~ **genehmigt** approved by exchange control authority; ~**wirtschaftlich** from a foreign exchange point of view, foreign-exchange-wise.

Devolutionsrecht *m* chief prosecutor's right to take over the proceedings.

Devolutivwirkung *f* effect of devolving to next higher court, automatic appellate effect (*of motions, etc*).

Devotionalien *f/pl* religious articles.

Dezentralisation *f* decentralization, regionalization.

dezentralisieren *vt* to decentralize, to regionalize.

Dezernat *n* (*abbr* **Dez**) (administrative) department, section (*of police department*).

Dezernent *m/*-**in** chief of a section, departmental head.

DFG (*abbr* = **Deutsche Forschungsgemeinschaft** *f*) German Research Association.

DGB (*abbr* = **Deutscher Gewerkschaftsbund** *m*) German Trade Union Federation.

d.h. (*abbr* = **das heißt**) id est (*abbr* i.e.), that is to say, to wit, namely.

Diagramm *n* diagram, scheme.

Diäten *pl* emolument of members of parliament (*including sessional expense allowance*), per diem allowances.

Dichotomie *f* dichotomy, classification of *US* offenses/*GB* offences.

Dichtkunst *f* creative writing, literature; **dramatische** ~ drama.

Dieb *m/*-**in** *f* thief (= *t-*, *pl thieves* = *t-ves*); ~**esbande** *f* pack of *t-ves*; ~**esgut** *n* stolen goods, (*t-ves'*) loot; ~**eswerkzeug** *n t-ves'* tools and instruments; **gewerbsmäßiger** ~ common *t-*, professional *t-*; **kleiner** ~ petty *t-*, pilferer; **vermeintlicher** ~ reputed *t-*, presumed *t-*.

Dieberei *f* (habitual) thievery.

diebessicher *adj/adv* thief-proof, burglar-proof.

diebisch *adj* thievish, thieving.

Diebstahl *m* theft (= *t-*), larceny (= *l-*), stealing; ~ **aus Transportgut** pilfering; ~ ***e-er*** **Erfindung** piracy of an invention; ~ **geistigen Eigentums** → *geistiger* ~; ~ **im zweiten Rückfall** *l-* recidivism (*second repeated US offense/GB offence of t-*); ~ **in flagranti** open *t-*; *t-* in flagranti; ~**srisiko** *n* pilferage and *t-* risk; ~**sicherung** *f* anti-*t-* measures; ~**ssucht** *f* kleptomania; ~**svorsatz** *m* intent to steal, animus furandi; ~**versicherung** *f t-* insurance; ~ **von Genussmitteln** petty *t-* of consumables; **einfacher** ~ *t-*, plain *t-*, simple *l-*; **geistiger** ~ *t-* of ideas, plagiarism, literary *t-*, piracy; **geringfügiger** ~ petty *t-*; **räuberischer** ~ *t-* accompanied by violence, mugging; **schwerer** ~ compound *l*-, aggravated *t*-/*l*-.

dienen *vi* to serve, to be of service (*to s.o.*), to be in service (*as a domestic servant*), to serve (*in the Army, Navy, etc.*).

Diener *m*/**-in** *f* servant; attendant (*diplomat*), domestic servant.

dienlich *adj* useful, conducive (*to a purpose*), helpful.

Dienst *m* service (= *s*-), duty (= *d*-, *duties* = *d-s*); **~abzeichen** *n s*-mark; **~alter** *n* length of *s*-, years of *s*-, job seniority, seniority in rank; **~~sstufe** *f* grade of seniority; **~~szulage** *f* seniority allowance; **höheres** ~~ seniority; **nach dem** ~~ according to seniority; **~angelegenheit** *f* official matter; **~antritt** *m* commencement of *d-s*; **bei** ~~ on taking up one's *d-s*; **~anweisung** *f* standing instructions, staff regulations, office circular; **~aufsicht** *f* supervision (*of a public authority*); **~~sbehörde** *f* inspectorate, superior authority; **~~sbeschwerde** *f* complaint about the conduct of an official, disciplinary complaint; **~auftrag** *m* official order; **~aufwandsentschädigung** *f* expense allowance (*for public servant*); **~ausübung** *f* discharge of *d*-; **~ausweis** *m* official identification card (*of public servant*), official pass, identity card; **~barkeit** *f* → *Dienstbarkeit*; **~befehl** *m* official order; **~befreiung** *f mil* leave of absence; **~behinderung** *f* obstruction of an official; **~behörde** *f* public authority; **oberste** ~~ top-level authority; **~berechtigte**(**r**) *f*(*m*) (*der Dienstberechtigte*) person entitled to the *s-s* of another; **~bereich** *m* jurisdiction of an official, sphere of competence; **~bereitschaft** *f* readiness for *s*-, stand-by-*d*-; **~besprechung** *f* (staff) conference; **~bezeichnung** *f* official title; **~bezüge** *pl* remuneration of an official, official emoluments (*salary including allowances of public servant*); **ruhegehaltsfähige** ~~ pensionable emoluments; **~bote** *m* servant, domestic help; **~e anbieten** to offer *s-s*; **~eanbieter** *m*/**-in** *f* electronic service provider; **~eid** *m* oath of office, official oath; **~einkommen** *n* earnings (of public servant), emoluments; **~einsatzplan** *m d*-roster; **~e leisten** to render *s-s*; **~enthebung** *f* dismissal, suspension from *s*-; **~entlassung** *f* dismissal (from *s*-), discharge; **~entziehung** *f* deprivation of *s-s*; **~erfindung** *f* employee invention; **~erfüllung** *f* performance of one's *d-s*; **~erschwerung** *f* impediment to the exercise of one's *d-s*; **~fahrt** *f* official journey, official/business trip; **~fahrzeug** *n s*- vehicle, company car; **~flagge** *f* official flag; **~gang** *m* errand (*by employee or official*); **~gebäude** *n* official quarters; **~gebrauch** *m* official use; **nur für den** ~~ for official use only, restricted matter; **~geheimnis** *n* official secret; **~gericht** *n* disciplinary tribunal; **~geschäfte** *pl* official business; **~gespräch** *n* official call, business call; **~grad** *m s*- rank (*civil servant*), rank (*soldier, officer*); **~~abzeichen** *n* badge of rank, rank marking; **~~herabsetzung** *f* demotion, degrading; **~grundstück** *n* official compound, office premises; **~handlung** *f* official act; **~herr** *m* /**-in** *f* employer, master; **~jahr** *n* year of *s*-; **~jubiläum** *n* long-*s*- anniversary; **~kleidung** *f* uniform; **~kräfte** *f* staff, personnel; **~kraftfahrzeug** *n s*- vehicle, company car, business car; **~leistung** *f* → *Dienstleistung*; **~liste** *f* roster; **~lohn** *m* wages, pay; ~ **nach Vorschrift** work to rule; **~ordnung** *f s*- regulations, staff regulations; **~~svorschrift** *f* a rule under official regulations; **allgemeine** ~~ general *s*- regulations; **~ort** *m* station, location of official functions; **~person** *f* servant, staff member; **~personal** *n s*- personnel; **~pflicht** *f* official *d*-, public *d*-, conscription; **von seinen ~~en entbinden** to suspend *s.o.* from office; **~pflichtige**(**r**) *f*(*m*) (*der Dienstpflichtige*) draftee, person liable to do military *s-* (*or other public s-*); **~pflichtverletzung** *f* violation of official *d-*; **~plan** *m* job/ *d-* roster, list of work assignments; time-table; **~posten** *m* official position (in the *s-*); **~rang** *m* (seniority in) rank; **~~liste** *f* seniority list; **~räume** *m/pl* official quarters, official premises; **~recht** *n s-* regulations; **~reise** *f* travelling on official business, official tour, business trip; **~sache** *f* official business, official matter; **gebührenpflichtige ~~** *GB* (*auf Briefen*) on Her Majesty's *s-* (*abbr* O. H. M.S.); **geheime ~~** business classified as secret; **~siegel** *n* official seal, seal of office; **~stelle** *f* (administrative) office, government agency, official agency; **ausführende ~~** implementing agency; **leitende ~~** executive office; **staatliche ~~** government agency; **~stellung** *f* position; **pensionsberechtigte ~~** pensionable office; **~stempel** *m* official stamp; **~strafe** *f* disciplinary penalty; **~strafgericht** *n* disciplinary tribunal; **~strafkammer** *f* disciplinary court (for officials); **~strafordnung** *f* disciplinary rules; **~strafrecht** *n* disciplinary law; **~strafverfahren** *n* disciplinary proceedings; **~ streng nach Vorschrift** *s-* exactly according to the rules; **~stunden** *f/pl* hours of attendance, office hours; **~telegramm** *n s-* telegram; **~umschlag** *m* official envelope; **frankierter ~~** prepaid official envelope; **~unfähigkeit** *f* unfitness for *s-*, inability to work; **~unfall** *m* accident while on *d-*; **~untauglichkeit** *f* unfitness for military *s-*; **~unterbrechung** *f* interruption of official work; **~vereinbarung** *f* agreement with staff representation; **~verfehlung** *f* official misconduct; **~vergehen** *n US* offense/*GB* offence against regulations, neglect of *d-*, disciplinary offence, (*US offense/GB offence committed while acting in an official capacity*); **~verhältnis** *n* employment, employer-employee relationship; **~vermerk** *m* official entry, official memo; **~verpflichtung** *f* requisition order, engagement for (compulsory) *s-s*; **~versäumnis** *n* neglect of *d-*; absence from *d-*; **~verschaffungsvertrag** *m* contract for the procurement of *s-s*; **~verschwiegenheit** *f* official discretion, confidentiality, secrecy; **~vertrag** *m s-* contract, contract to render *s-s* (*to client, patient, etc*), → *Werkvertrag*; contract of employment; **~vorgesetzte(r)** *f(m)* (*der Dienstvorgesetzte*) superior official, supervisor; **~vorschriften** *f/pl* internal regulations; **~vorschuss** *m* business-expense advance; **~weg** *m* official channels, usual channels, the proper channels; **~widrigkeit** *f* irregularity (*of a public servant*), acting contrary to the regulations; **~wohnung** *f* official quarters, company-owned apartment, tied cottage, *s-* occupancy; **~zeit** *f* official hours, office/ business hours, attendance hours, hours of *s-*; length/period of *s-*, term of office; **~~bescheinigung** *f* certificate of time of (military or equivalent) *s-*; **~~versorgung** *f* transitional financial support for ex-servicemen; **anwartschaftsberechtigte ~~** qualifying *s-*; **ruhegehaltsfähige ~~** time of *s-* recognized for pension rights; **~zeugnis** *n* testimonial, reference (*for a public servant*); **~zulage** *f s-* bonus, salary increase; **anwaltschaftliche ~e** professional legal *s-s*; **aus dem ~ entlassen** to dismiss from office, to discharge; **ausser ~** (*abbr* **a.D.**) off *d-*, retired; **ausser ~ stellen** to lay up, to put out of *s-*; **dem ~ fernbleiben** to absent oneself from work; **den ~ antreten** to take up *d-s*; **Gute ~e** good offices (*international relations*); **diplomatischer ~** diplomatic *s-*; **einfacher ~** subclerical class; ***e-en* ~ erweisen** to render a *s-*; ***e-en* ~ leisten** to render a *s-*; **entgangene ~e** loss of *s-s*; **freiberufliche ~e** free-lance *s-s*; **für den öffentlichen ~ qualifi-**

ziert sein to qualify for a civil *s*-position; **gehobener** ~ elevated class (*civil servant*); **geleistete ~e** *s-s* rendered; **höherer** ~ administrative class (*university graduates*); **im** ~ on *d*-; **im ~ bewährt** with creditable records, of proven ability, time-tested; **in ~ stellen** to put into *s*-; **konsularischer** ~ consular *s*-; **mittlerer** ~ clerical class; **neutralitätswidrige ~e** *s-s* in breach of neutrality; **Öffentliche ~e, Transport und Verkehr** (*abbr* **ÖTV**) Public *S-s*, Transportation and Traffic (*labo(u)r union of public employees*); **öffentlicher** ~ public *s*-, civil *s*-; **seine ~e anbieten** to offer one's *s-s*; **sich zum ~ melden** to report for *d*-; **technischer** ~ technical *s*-; **unentgeltliche ~e** gratuitous *s*-; **vorläufig vom ~ entheben** to suspend from public *s*-.

dienst|älter *adj* senior; **~habend** on duty, in charge, desk (*officer*); **~tauglich** fit for military service; **für ~~ erklären** to pass for military service; **~tuend** serving on duty; **~unfähig** unfit for service; **~untauglich** unfit for military service.

Dienstbarkeit *f* servitude, easement; subservience; **beschränkt persönliche** ~ restricted easement, easement for the benefit of an individual (*does not run with the land*); **negative** ~ negative servitude; **persönliche** ~ personal servitude; **positive** ~ affirmative/positive servitude.

Dienstleistung *f* service (= *s*-), *pl* services rendered; **~en erbringen** to render *s-s*; **~sabend** *m* late night closing for (shopping and) public *s-s*; **~sbereich** *m s*- sector; **~sberuf** *m s*-(-rendering) occupation; **~sbetrieb** *m s*- (rendering) business, utility undertaking (*electricity company*); **~sbilanz** *f* balance of *s*-transactions, net *s-s*, net invisibles; **Saldo der ~~** net position on *s-s*; **Überschüsse in der ~~** surpluses arising from net *s-s*; **~sfreiheit** *f EU* freedom to provide services; **~sgeschäft** *n s*- transactions; **~sgeschäfte** *n/pl* sale of *s-s*, *s*-transactions; **~sgewerbe** *n s*-(rendering) business, *s*--rendering sector; *s*- industries; **~shandwerk** *n s*--rendering handicraft enterprises; **~skörperschaft** *f* (personal) *s*- corporation; **~skosten** *pl* cost of materials and *s-s*; **~smarke** *f s*- mark; **~spflicht** *f* obligation to perform *s-s*; **~sunternehmen** *n* establishment for the provision of *s-s*, *s*--rendering enterprise; **~sverkehr** *m s-s* transactions; **aktiver ~~** *s-s* rendered by residents; **passiver ~~** residents' use of foreigners' *s-s*; **freier ~~** freedom of provision of *s-s*; **~svertrag** *m s*- contract; **~swirtschaft** *f s-s* industry; **der zur ~ Verpflichtete** person under obligation to render a *s*-; **fremde ~en** purchased *s-s*; **gebührenpflichtige ~en** *s-s* against charge, sold support; **häusliche** ~ domestic *s-s*; **passive ~en** *s-s* rendered by aliens (*in the foreign country*); **pensionsanwartschaftsberechtigende ~en** pensionable *s-s*; **persönliche ~en** personal *s-s*; **seemännische** ~ maritime *s*-.

dienstlich *adj* official; *adv* in an official capacity.

diesbezüglich *adj* as regards this, with reference to this, referenced.

Dietrich *m* pick-lock, skeleton key.

diffamieren *vt* to bring into disrepute, to defame, to calumniate.

Diffamierung *f* defamation, slander, calumny.

Differential|kostenspanne *f* cost differential; **~zoll** *m* discriminating duty, differential duty.

Differenz|abgabe *f EU* differential charge; **~betrag** *m* residual balance/quantity; **~gebühr** *f* differential fee (*between two scale brackets*); **~geschäft** *n* margin business, marginal trading, gambling in futures, wagering transaction; **~handel** *m* margin business, marginal trading, gambling in futures; **~lohn** *m* differential pay; **~zahlung** *f* marginal payment, payment of the balance of an account.

differenzieren *vi* to differentiate.

Differenzierung *f* differentiation, variation; **~sverbot** *n* prohibition of discrimination (*due to sex, race, descent, religion, faith*); **branchenmäßige ~** variation as between different trades or industries.

differieren *vi* to differ, to be of a different opinion.

Digesten *pl L* Digests (*collection of commentaries on the law by classical Roman lawyers*).

Digitalisierung *f* digitalisation.

DIHT (*abbr* = **Deutscher Industrie- und Handelstag** *m*) German Industrial and Trade Association (*chambers of industry and commerce*).

Diktat *n* **I** *pol* dictate; **~frieden** *m* dictated peace.

Diktat *n* **II** dictation; **~zeichen** *n* reference number/initials; **nach ~ genehmigt** (*abbr* **n.D.g.**) approved as dictated; **nach ~ verreist** dictated but not signed.

Diktator *m* **/-in** *f* dictator.

Diktatur *f* dictatorship.

Diktion *f* diction, phraseology.

dilatorisch *adj* dilatory.

Dimensionsaufpreis *m* extra charge for size.

DIN (*abbr* = **Deutsches Institut für Normung**) German Standards Institute (*sets standardization norms*); **~-Vorschriften** *f/pl* provisions of the German Standards Institute.

dinglich *adj* real, in rem; *adv* **~ gesichert** secured by property (*pledge, mortgage, etc*).

Dinglichkeit *f* reality, in rem quality.

Diplom *n* diploma, degree; **ein ~verleihen** to award a diploma; **~-Ingenieur** *m* **/-in** *f* graduate engineer; **~-Jurist** lawyer educated in former German Democratic Republic; **~-Kaufmann** *m* **/~-Kauffrau** *f* Master of Business Administration (*abbr* MBA); bachelor of commerce; **~-Landwirt** *m* **/-in** *f* graduate in agriculture; **~-Richtlinie** *f EU* (*Richtlinie 89/48/EWG über eine allgemeine Regelung zur Anerkennung der Hochschuldiplome, die eine mindestens dreijährige Berufsausbildung abschließen, Hochschuldiplomrichtlinie*) Diploma Directive (*Council Directive on a General System for the Recognition of Higher-Education Diplomas Awarded on Completion of Professional Education and Training of at least Three Years' Duration*); **Zweite ~~** *f EU* (*Richtlinie 92/51/EWG über eine zweite allgemeine Regelung zur Anerkennung beruflicher Befähigungsnachweise in Ergänzung zur Richtlinie 89/48/EWG*) Second Diploma Directive (*Council Directive on a Secnd General System for the Recognition of Professional Education and Training to Supplement Directive 89/48/EEC*); **~volkswirt** *m* **/-in** *f* graduate economist.

Diplomat *m* diplomat, diplomatic agent, diplomatist; **~enbezüge** *m/pl* diplomat's salary/emoluments; **~engepäck** *n* diplomatic baggage; **~enpass** *m* diplomatic passport, diplomat's passport; **~enrechtskonvention** *f* (*Wiener Übereinkommen über diplomatische Beziehungen, 1961*) Diplomatic Relations Convention (*Vienna Convention on Diplomatic Relations*); **~enschutzkonvention** *f* (*Übereinkommen über die Verhütung, Verfolgung und Bestrafung von Straftaten gegen völkerrechtlich geschützte Personen einschließlich Diplomaten, 1973*) Diplomatic Protection Convention; **~ensichtvermerk** *m* visa for diplomatic officials.

Diplomatisches Korps *n* diplomatic corps, corps diplomatique (*abbr* CD).

Direkt | absatz *m* direct selling; **~bezug** *m* direct purchasing (from suppliers); **~einkauf** *m* direct buying; **~forderung** *f* direct claim, immediate demand; **~geschäft** *n* direct transaction (*without intermediaries*); **~händler** *m* **/-in** *f* dealer (*selling directly without agents*); **~investitionen** *f/pl* direct investments; **~kredit** *m* direct lending (*by government agencies*), direct loan/credit; **~mandat** *n const* direct mandate (*to seat in lower house of parliament, directly elected rather than through party list*); **~schuldner** *m* **/-in** *f* direct debtor; **~verkauf** *m* direct sale (*producer to consumer*), house-to-house selling; **~versicherer** *m* **/-in** *f* original insurer.

Direktion *f* management, main office, headquarters, directorate; control (*abstractly*); **~sassistent** *m* **/-in** *f* personal assistant to the general manager; **~sausschuss** *m* steering committee; **~srecht** *n* entitlement to give instructions, right of control, authority.

Direktor *m* **/-in** *f* director, manager, departmental head, senior vice-president; headmaster (*school*); **geschäftsführende(r)** ~ managing director, head manager; **kaufmännische(r)** ~ commercial director, business manager, sales manager; **stellvertretende(r)** ~ deputy director, deputy manager; **technische(r)** ~ engineering director, technical manager, head of the engineering section.

Direktive *f* directive.

Direktorat *n* directorate, directorship, headmaster's office, principal's office.

Direktorium *n* board of management, board of governors, (central bank) directorate.

Dirigismus *m* dirigism, dirigisme, controls, (economic) regimentation; **wirtschaftspolitischer** ~ policy of governmental economic controls.

Dirne *f* prostitute; **~nlohn** *m* prostitute's wages; **~wesen** *n* prostitution.

Disagio *n* discount, disagio, below par; ~ **auf Termindollars** discount on forward dollars; **mit** ~ at a discount.

Discountpreis *n* discount price.

Disjunktion *f* disjunction, inclusive-or relationship (*X, or Y, or both X and Y*), ↔ *Kontravalenz*.

Diskont *m* discount (= *d-*); domestic bill; *pl* **~en** inland trade bills; ~ **à forfait** bill of exchange *d-* without recourse; **~abrechnung** *f d-* note; **~bedingungen** *f/pl d-* terms; **~erlös** *d-* earned; **~erhöhung** *f* raising of the *d-* rate; **~fähigkeit** *f* eligibility for *d-*; **~gefälle** *n* divergence between *d-* rates; **~geschäft** *n d-* business, cut-price business, price-cutting; **~haus** *n GB d-* house, cut-price shop; **~kredit** *n d-* credit; **~laden** cut-price store; **~makler** *m* **/-in** *f* bill-broker, *d-* broker; **~markt** *m d-* market; **~note** *f d-* note; ~ **ohne Regress** *d-* without recourse; **~provision** *f d-* commission; **~satz** *m d-* rate, *esp* official rate of *d-*, bank rate *US* rediscount rate; **~~ der Geschäftsbanken** market rate; **~rechnung** *f d-* note (*statement of charges for discounted bills, including d-*); **~senkung** *f* bank rate reduction; **~spesen** *pl d-* charges; **~wechsel** *m d-* bill, discounted bill; **~wert** *m d-* value.

Diskontant *m* **/-in** *f* party presenting a bill for discount.

diskontfähig *adj* discountable, eligible for discount (*bills of exchange*).

diskontieren *vt* to discount, to take (a bill) on discount.

Diskontierer *m* **/-in** *f* discounting banker.

Diskontierung *f* discounting (*of a bill*); **~szeitraum** *m* discount period.

Diskonto *m* discount, → *Diskont*; **ab** ~ less discount; **abzüglich** ~ less discount.

diskreditieren *v* to discredit, to bring into disrepute.

Diskrepanz *f* discrepancy, disparity (between), gap; **zeitliche** ~ time-lag.

Diskretion *f* discretion; **~stage** *m/pl* days of grace; ~ **wahren** to preserve (strict) confidence, to keep *sth* confidential.

diskriminieren *vi* to discriminate against, to deal unfairly with *s.o.*; **~d behandeln** to make subject to discriminatory treatment, to treat unfairly.

Diskriminierung *f* discrimination (=*d*-) (against); ~ **am Arbeitsplatz** job *d*-, *d*- at work; ~ **durch die Behörde** administrative *d*-; **~sverbot** *n* prohibition of *d*-, ban on *d*-, rule of non-*d*-; **~~sbescheid** *m* non-*d*- notice; **geschlechtsbezogene** ~ sex/sex-based dicrimination; **steuerliche** ~ taxation/fiscal *d*-.

Diskurs *m* discourse, discussion, argument; **~ethik** *f* discourse ethics (*theory of ethics that morally right solution can be attained by engaging in a simulated discourse where all opinions are given consideration*).

Dispache *f mar ins* average statement, average adjustment, settlement of average; **~kosten** *pl* adjustment charges; **~prüfungsstelle** *f* average adjustment, verification agency; **die ~ aufmachen** to make up the average, to settle the average, to state the average.

Dispacheur *m* average adjuster, average-stater, arbitrator of averages.

dispachieren *vt* to adjust averages.

Dispachierung *f* adjustment of average(s).

Disparität *f* disparity.

Dispens *m* exemption, dispensation; **~erteilung** *f* dispensation, the granting of an exemption, official waiver of a restriction.

dispensieren *vt* **I** to dispense (from), to excuse.

dispensieren *vt* **II** to dispense (*medicine*).

Dispensierrecht *n* right to dispense medicines.

Dispensionsprivileg *n* (*des Monarchen*) dispensing power.

Disponent *m* managing clerk.

disponibel *adj* disposable, available, accessible.

disponieren *vi* to dispose of, to make arrangements; to place orders, to allot; **knapp** ~ to show caution in the placing of orders, to plan cautiously.

Disposition *f* **I** disposition (= *d*-), disposal (= *d-al*), arrangement; **~en des Handels** trade orders, forward planning; ~ **des Kapitalmarktes** state of the capital market; **~sbefugnis** *f* power of control; **~sgrundsatz** *m* principle of party *d*- (*of facts and remedies in legal proceedings as distinguished from ex officio d*-); **~sguthaben** *n* balance available; **~skredit** *m* overdraft facility, unresticted-use credit, running-account credit; **~smaxime** *f* → *~sgrundsatz*; **~sfonds** *m* funds at the free *d-al* (*of the chancellor, etc*); **~smöglichkeit** *f* possibility of *d*-, availability for *d-al*, scope of action; **~spapier** *n* (transferable) instrument of title, document of title; **~sreserve** *f* general operating reserve, available reserve; **~sstellung** *f* availability, putting *sth* at *s.o.*'s *d-al*; ***jd-en* zur ~ stellen** to place *s.o.* in temporary retirement; **kurzfristige ~en der Kundschaft** customer orders at short notice; **längerfristige** ~ relatively long-term planning; **privatwirtschaftliche ~en** measures by private firms, private-sector planning; **saisonale ~en** seasonal preparations (*for placing orders*).

Disposition *f* **II** order processing department, contract management.

dispositiv *adj* optional.

Dispositivnormen *f/pl* non-mandatory provisions of the law, optional rules.

Disput *m* verbal dispute, (*scientific, legal, etc*) controversy, argument.

Disqualifikation *f* disqualification.

disqualifizieren *vt* to disqualify, to incapacitate.

disqualifiziert *adj* disqualified.

Disqualifizierung *f* disqualification.

Dissens *m* dissent, lack of agreement (*between contracting parties*); **offener** ~ patent ambiguity, disagreement, clear lack of agreement; **versteckter** ~ hidden discrepancy of meaning, latent ambiguity; hidden disagreement.

Dissenter *m*/**-in** *f* (religious) dissenter, nonconformist (*referring in German to Church of England*).

Dissident *m*/**-in** *f* (political) nonconformist, dissenter.

Dissimulation *f* dissimulation, dissembled/concealed intention/meaning.

dissimulieren *vt* to dissimulate, to dissemble (*real intention*).

Distanz|delikt *n* *US* offense/*GB* offence committed over a distance (*at several places or with effect in other localities than the original act*); **~fracht** *f* (long) distance freight, pro rata freight; **~geschäft** *n* non-local transaction; **~handel** *m* long distance trading, mail-order business; **~prinzip** *n* distance principle (*principle allowing the closing of contracts over a physical distance, eg via the internet*); **Abschluss nach dem ~~** closed under the distance principle (*permitting long-distance closing of contracts*); **~scheck** *m* out-of-town *US* check/*GB* cheque (*check not drawn on a bank at the place of residence of the drawer*); **~wechsel** *m* out-of-town bill.

Distrikt *m* district, region, section.

Disziplinar| (*disciplinary* = *d-*) **~anzeige** *f* information alleging a *d-* *US* offense/*GB* offence; **~ausschuss** *m* *d-* committee, grievance committee; **~befugnis** *f* *d-* power; **~behörde** *f* *d-* authority; **~bestrafung** *f* *d-* punishment; **~bücher** *n/pl* *d-* records; **~gericht** *n* *d-* tribunal; **~gerichtsbarkeit** *f* *d-* jurisdiction; **~gewalt** *f* *d-* power, *d-* authority; **~kammer** *f* *d-* (court) division; **~maßnahme** *f* *d-* action; **~ordnung** *f* *d-* regulations, code of ethics; **~recht** *n* *d-* law; **~richter** *m* **/-in** *f* judge of a *d-* tribunal; **~sache** *f* *d-* case; **~strafe** *f* *d-* punishment; **~strafgewalt** *f* *d-* punitive power; **~strafrecht** *n* *d-* penal law; **~untersuchung** *f* *d-* investigation; **~verfahren** *n* *d-* proceedings; **~vergehen** *n* *d-* *US* offense/*GB* offence, misconduct by public officer; **~vorgesetzte(r)** *f(m)* (*der Disziplinarvorgesetzte*) (*d-*) superior of a public servant.

Divergenz *f* divergence; **~Koeffizient** *m* diversity factor; **~revision** *f* appeal on points of law because of conflicting precedents.

Divergieren *n* divergence.

divergieren *vi* to diverge (from), to differ from.

divergierend *adj* divergent.

Diverses *n* sundries.

Diversifikation *f* diversification.

Diversifizierung *f* diversification (*of investments*); **~ der Versorgung** diversification of supplies.

Dividende *f* dividend (= *d-*); **~ auf Stammaktien** ordinary *d-*; **~ ausschütten** to pay a *d-*, to distribute a *d-*; **~ erklären** to declare a *d-*; **~ festsetzen** to fix a *d-*, to declare a *d-*; **~ in Gratisaktien** stock *d-*; **~nabrechnung** *d-* note; **~nabschlag** reduction in *d-s*, ex-*d-* markdown; **~nanspruch** right to a *d-*; **~n aus Beteiligungen** participation *d–s*; **~nausgleichsrücklage** *f* *d-* equalization reserve; **~nausschüttung** *f* distribution of a *d-*; **~nauszahlungsstelle** *f* *d-* disbursing agent; **~nberechtigung** *f* entitlement to a *d-*; **~n beziehen** to draw *d-s*; **~neinkommen** *n* *d-* income; **~neinkünfte** *f* income from *d-s*; **~n erheben** to collect *d-s*; **~nerklärung** *f* declaration of a *d-*; **~nertrag** *m* income from *d-s;* **~nfonds** *m* bonus fund, *d-* fund; **~ngarantie** *f* *d-* guarantee; **~~rücklage** *f* special reserve for future guaranteed *d-s*; **~n in Streubesitz** *d-s* on portfolio investment; **~nkürzung** *f* reduction of *d-s;* **~nnachzahlung** *f* payment of accumulated *d-s*; **~noptik** *f* *d-* payout for window-dressing purposes; **~npapiere** *n/pl* *d-*-bearing securities, equities; **~nreserve** *d-* reserve fund; **~nrückstände** *m/pl* arrears of *d-s;* **~nsatz** *d-* rate; **~nschein** *m* *d-* coupon, *d-* warrant; **~nsenkung** *f* *d-* cut; **~nstock** *m* *d-* fund; **~nstop** *m* curb on *d-s*, *d-* ceiling, *d-* limitation; **~nvertei-**

lung *f* distribution of *d-s;* **~nvorschlag** *m d-* proposal; **~nwerte** *m/pl d-*-bearing securities; **~nzahlstelle** *f d-* disbursing agent; **abzüglich** ~ ex dividend; **aufgelaufene** ~ accumulated *d-*; **ausgeschüttete** ~ distributed *d-*; **außerordentliche** ~ special *d-*; ***e-e*** **~ festsetzen** to declare a *d-*; **einschließlich** ~ cum *d-*; **ertragsorientierte ~n** *d-s* conforming to earnings; **fällige ~n** payable *d-s*, **keine ~n ausschütten** to pass the *d-*; **kumulative ~ mit Nachholungsrecht** cumulative *d-*; **laufende** ~ accrued *d-s;* **mit** ~ cum *d-*; **noch nicht ausgezahlte** ~ unpaid *d-*; **ohne** ~ ex *d-*, dividendless; **unerhobene ~n** unclaimed *d-s;* **vorläufige** ~ interim *d-*.

dividenden | berechtigt *adj* entitled to a dividend; **~bevorrechtigt** ranking first in dividend rights; **~los** without dividend, dividendless;

DKP (*abbr* = **Deutsche Kommunistische Partei**) German Communist Party.

DM (*abbr* = **Deutsche Mark**) deutsch mark, German mark; **~Abkommenskonten** *n/pl* DM agreement accounts; **~-Agenten-Konto** *n* Agent's DM Account; **~Anleihen** *f/pl* DM-denominated bonds, DM bonds; **~-Aufwertung** *f* DM revaluation, revaluation of the DM; **~-Bilanzgesetz** *n* (= *Gesetz über die Eröffnungsbilanz in Deutscher Mark und die Kapitalneufestsetzung vom 21. August 1949*) German Post-Currency Reform Balance-Sheet Act; **~-Exportabwicklungskonto** *n* DM export settlement account; **~-Konto** *n* DM account; **beschränkt konvertierbare ~-Konten** DM accounts of limited convertibility; **~-~ von Ausländern** non-resident's DM accounts; **~-Quote** *f* **bei der Weltbank** DM quota in the World Bank/International Bank for Reconstruction and Development; **~-Referenzzins** *m* FIBOR (Frankfurt Interbank Offered Rate); **~-Sperrguthaben** *n* blocked DM account; **~-Vertreterkonto** *n* representative's/agent's DM account.

Dock *n* dock, wharf; **~arbeiter** *m* **/-in** *f sing* longshoreman/woman (*pl* longshoremen); **~empfangsschein** *m* dock warrant; **~gebühren** *f/pl* dock charges, dock dues; **~lagerschein** *m* dock warrant; **~meister** *m* **/-in** *f* dock-master; **~möglichkeit** *f* dockage, docking facilities.

Doktor *m/***-in** *f* (*abbr* **Dr.**, *pl* **Dres.**) doctor (*abbr* Dr.); **~and** *m/***-in** *f* doctoral candidate, graduate student preparing doctoral thesis; **~arbeit** *f* dissertation, thesis; **~ der Rechte** (*abbr* **Dr. jur.**) doctor of laws (*abbr* LL. D.), *US* Doctor of the Science of Law (*abbr* J. S. D./S. J. D.); **~grad** *m* doctorate, doctor degree; **~~ erwerben** to acquire one's doctorate; **~~ verleihen** to confer a doctoral degree; **~ honoris causa** (*abbr* **Dr. h.c.**) honorary doctorate/doctoral degree; **~ honoris causa multiplex** (*abbr* **Dr. h.c. mult.**) multiple honorary doctoral degrees; **~ juris** → ~ *der Rechte*; **~ rerum oeconomicarum** (*abbr* **Dr. rer. oec.**) → ~ *der Wirtschaftswissenschaften*; **~ rerum politicarum** (*abbr* **Dr. rer. pol.**) → ~ *der Staatswissenschaften*; **~titel** *m* (academic) title of doctor; **~ der Staatswissenschaften** (*abbr* **Dr. rer. pol.**) doctor of political science, Ph. D. in political science; **~vater** *m/***~mutter** *f* (male/female) dissertation advisor, head of dissertation committee; **~ der Wirtschaftswissenschaften** (*abbr* **Dr. rer. oec.**) doctor of economics, Ph. D. in economics.

Doktrin *f* doctrine, theory.

Dokument *n* document (= *d-*, *documentary* = *d-y*), instrument; **~e gegen Akzept** *d-s* against acceptance; **~e gegen Kasse** *d-s* against payment (in cash); **~e gegen Zahlung** *d-s* against payment; **~enakkreditiv** *d-y* letter of credit, commercial letter of credit, *d-y* credit; **unwiderrufliches ~~** irrevocable *d-y* credit; **widerrufliches ~~** revocable *d-y* credit; **~enandienung** *f* tendering of *d-s*; **~enaufnahme** *f* taking up of *d-s*; **~engegenwert** *m* currency equivalent of *d-s*; **~eninkasso** *n* collecting of commercial *d-s* (*through a bank*); **~enkredit** *m* *d-y* credit; **~enpfand** *n* *d-y* pledge; **~entratte** *f* *d-y* draft, *d-y* bill, draft with *d-s* attached; **~enwechsel** *m* *d-y* bill (of exchange).

Dokumentation *f* documentation, source material, set of documents.

dokumemtenecht *adj* accepted for use on official documents (*ballpoint pen, etc*).

dokumentieren *vt* to document, to establish by documents, to prove by documents, to demonstrate.

Dollar *m* dollar (= *d-*), greenback, *sl* buck (*abbr* $); **~abfluss** *m* *d-* drain outflow of *d-s*; **~abhebungen** *f* *d-* drawings; **~akzept** *n* *d-* acceptance; **~anleihen** *f/pl* *d-* bonds; **~bestände** *m/pl* *d-* holdings; **~bilanz** *f* *d-* balance of payments; **~guthaben** *n* *d-* balance; **~klausel** *f* *contract term that payment is to be made in US d-s*; **~parität** *f* *d-* parity; **~rembours** *m* *d-* documentary credit; **~wechsel** *m* *d-* acceptance.

Dolmetscher *m*/**-in** *f* interpreter (= *i-*); **~eid** *m* *i-*'s oath; **allgemein beeidigter ~** sworn *i-*; **freiberuflicher ~** free-lance *i-*; **öffentlich bestellter ~** officially appointed *i-*, state-certificated *i-*; **staatlich geprüfter ~** state-certificated *i-*; **vereidigter ~** sworn *i-*.

dolos *adj*, dolose, with criminal intent, malicious.

dolus *m* intent (*criminal/tortious*); **~ directus** direct intent; **~ eventualis** contingent intent, *US* (malicious) recklessness; **~ ex re** intent inferred from external circumstances.

Domainnamen|-Piraterie *f* *IT* illegal use of domain name; **~registrierung** *f* *IT* official registration of domain names.

Domäne *f* domain, estate, state-owned farm, demesne.

Dominion *n* dominion; **~status** *m* dominion status.

Dominium *n* sovereignty, supreme control, dominion.

Domizil *n* residence, domicile (= *d-*, *domiciled* = *d-ed*, *domiciliary* = *d-y*) (*place at which a bill is made payable*); **~gesellschaft** *f* *d-y* company; **~land** *n* country of *d-*, home country; **~ort** *m* place of payment of a *d-ed* bill; **~provision** *f* *d-* commission; **~statut** *n* *d-* law, lex domicilii; **~stelle** *f* place for presentment; **~vermerk** *m* *d-* note; **~wechsel** *m* *d-ed* bill, domiciliated bill, addressed bill, indirect bill; **echter ~~** typical *d-ed* bill (*drawee's place of residence is different from place of payment*); **unechter ~~** non-typical *d-ed* bill (*drawee's place of residence is the same as place of payment*); **franko ~** free consignee's home address.

Domiziliant *m* payer of a domiciled bill.

domizilieren *vt* to domicile, to domiciliate (*bill of exchange*).

Domizilierung *f* domiciling, domiciliation (*making a bill of exchange payable at a place other than that of the acceptor*); **~sbank** *f* bank of payment for a domiciled bill; **~svermerk** *m* domicile note.

Dontgeschäft *n* *exch* (*risky speculation*) trading in puts and calls, premium trading, premium bargain.

Doping *n* doping, prohibited use of drugs to increase athletic capabilities; **~fall** *m* doping case.

Doppel| (*double* = *d-*) **~agent** *m* agent (*secret agent for both sides*); **~anspruch** *m* claim against joint defendants, claim which can be pursued against two persons/bodies; **~beschäftigung** *f* *d-* employment; **~beschluss** *m* two-track decision; **~besteuerung** *f* *d-* taxation; **~~sabkommen** *n* *d-* taxation treaty/convention; **~~svergünstigung** *f* *d-* taxation relief; **~bestra-**

fung *f* punishing twice for the same *US* offense/*GB* offence, *d*-punishment; **~boden** *m* (*Zollkontrolle e-es Fahrzeuges*) false bottom; **~brief** *m* overweight letter; **~buchhaltung** *f* bookkeeping by *d*- entry; **~ehe** *f* bigamous marriage; **~erfindung** *f pat* double invention, parallel identical invention; **~funktion** *f* dual function; **~gesellschafter** *m* **/-in** *f* simultaneous partner/member in two partnerships/companies; **~haus** *n d*--fronted house (*building consisting of two semi-detached houses*), duplex house; **~kausalität** *f* concurrent sufficient causality, → *kummulative Kausalität*; **~mandat** *n d*- mandate, *d*- retainer (*of lawyer by two clients*); **~mitgliedschaft** *f* dual membership; **~natur** (*eines Verwaltungsakts*) *f d*- effect (*usually of an administrative act, eg granting a right but simultaneously limiting another right*); **~- oder Vielfachbesteuerung** *d*- or multiple taxation; **~prämie** *f* compound option, *d*- premium; **~provision** *f d*- commission (*buyer and seller*); **~schöpfung** *f* → *~erfindung*; **~schutz** *m d*- protection, simultaneous protection; **~selbstmord** *m d*- suicide, suicide pact; **~sinn** *m d*- meaning, equivocation, ambiguity; **~staat(l)er** *m* **/-in** *f* person of dual nationality; **~staatsangehörigkeit** *f* dual nationality, dual citizenship; **~veranlagung** *f d*- assessment; **~verdiener** *m*/**-in** *f d*- earner, two-job man; *pl* husband and wife who are both gainfully employed; **~verfolgungsverbot** *n* prohibition against *d*- jeopardy, bar against repeated prosecution for same *US* offense/*GB* offence (*ne bis in idem*); **~vermietung** *f d*- letting of (a room or appartment) to different parties; **~versicherung** *f d*- insurance, additional insurance; **~~sklausel** *f d*- indemnity clause (*for death by accident*); **~versorgung** *f d*- dipping; **~währung** *f d*- standard currency; **~~ssystem** *n* dual currency standard; **~wechsel** *m* second of exchange; **~wohnsitz** *m* dual domicile; **~zählung** *f* duplication, counting *sth* twice; **~zünggigkeit** *f* duplicity, *d*- talk, *d*--dealing; **~zustellung** *f d*- service; **~zuständigkeit** *f* dual competence, dual jurisdiction.

doppel|deutig *adj* equivocal, ambiguous; **~sinnig** *adj* having a double meaning, equivocal.

Dorf *n* village (= *v*-); **~anger** *m v*-green; **~bewohner** *m* **/-in** *f* villager; **~flur** *f v*- land; **~gemeinde** *f v*- community, rural community; **~gemeinderat** *m* rural council, parish council; **~sanierung** *f v*-improvement; **~testament** *n* last will executed before a *v*- mayor (*extreme need*).

Dosisgrenzwert *m* maximum tolerable radiation data.

Dossier *n* dossier, file, (*esp by police*).

Dotalgelder *n/pl* endowment funds.

Dotation *f* general financial grant, endowment; allocation; **~sauflagen** *f/pl* conditions (for the use) of a government grant; **~skapital** *n* endowment capital.

dotieren *vt* to endow (*a foundation*); to remunerate (*position, office*); **nicht dotiert** unendowed.

Dotierung *f* allocation (*of funds*), endowment, provision (*of resources*); remuneration (*connected with an office*); **~ der Rücklagen** allocation to reserves.

do ut des *L* I give so that you give (*indicates mutuality of obligations under contracts*).

Doyen *m* doyen, dean (*of the diplomatic corps*).

Dr. (*abbr* = **Doktor**) doctor (*title*) (*abbr* Dr.); **~ h.c.** (*abbr* = **doctor honoris causa** = **Ehrendoktor**) honorary doctoral degree; **~ h.c. mult.** (*abbr* = **doctor honoris causa multiplex = mehrfacher Ehrendoktor**) multiple honorary doctoral degrees (*letterhead*); **~ jur.** (*abbr* = **doctor juris** = **Doktor der Rechte**) Doctor of Laws (*abbr* LL. D.), *US* Doctor of the Science of Law/Jurisprudence (*abbr*

J. S. D./S. J. D.); ~ **rer. oec.** (*abbr* = **doctor rerum oeconomicarum = Doktor der Wirtschaftswissenschaften**) doctor of economics, Ph. D. in economics; ~ **rer. pol.** (*abbr* = **doctor rerum politicarum = Doktor der Staatswissenschaften**) doctor of political science, Ph. D. in political science.

drakonisch *f* draconian, draconic, harsh, cruel, radical.

Drall *m* twist, spin (*of bullet*).

Dramatisierungsrecht *n* drama adaptation right.

Drang *m* impulse, urge; **unwiderstehlicher** ~ irresistible impulse, overpowering urge.

Draufgabe *f* earnest, earnest money, deposit.

Draufgeld *n* **I** earnest, earnest money, deposit.

Draufgeld *n* **II** premium, contango.

draufzahlen *vi* to pay too much.

Dreh|beginn *m* commencement of principal photography; **~buch** *n* film script; **~schluss** *m* completion of principal photography.

Drei three (= *t-*); **~-Bogen-Plakat** *n* *t-*-sheet poster; **~eck** *n* triangle; **~~sarbitrage** *f* triangular exchange (arbitrage); **~~sgeschäft** *n* triangular transaction/operation; triangular trade; **~~sverhältnis** *n* triangle relationship, ménage à trois; **~erausschuss** *m* committee of *t-*, tripartite committee; **~erbündnis** *n* tripartite alliance; **~ervereinbarung** *f* tripartite agreement; **~gewaltenlehre** *f* trichotomy of governmental powers, separation of powers doctrine; **~jahresfrist** *f* *t-*-year period; **~mächteabkommen** *n* tripartite pact, *t-* power agreement; **~meilenzone** *f* *t-*- mile zone; **~monatsakzept** *n* *t-* months' paper (acceptance); **~monatseinrede** *f* *t-* months' plea (*of the heir during which he can refuse or delay payment of debts in respect of the estate and claim exemption from execution*); **~monatsgeld** *n* ninety days' loan, 90-day deposits; *t-* months' money; **~monatswechsel** *m* *t-* months' bill, bill at *t-* months, *t-* months' paper; **~monatsziel** *n* payable *t-* months after date, payment due in *t-* months; **~stufigkeit** *f* *t-*-tier system; **~teilung** *f* trifurcation, tripartition; ~ **der Straftaten** tripartition of *US* offenses/*GB* offences, triple classification of offenses (*eg treason, felonies misdemeano(u)rs*); **~viertelmehrheit** *f* *t-*-quarters majority; **~zeugentestament** *n* last will and testimony (*oral*) before *t-* witnesses (*in an emergency*).

drei|fach *adj/adv* in triplicate (*document*), treble, triple; **~prozentig** bearing three percent interest; **~seitig** tripartite; **~teilig** *adj* tripartite, in three parts.

Dreißigste(r) *f(m)* (*der Dreißigste*) *hist* thirty days' maintenance (*legal obligation to maintain servants for 30 days after the death of their master*).

Dres. (*abbr* = **doctores**, *sg* **Dr.**) doctors (*title*).

dringlich *adj* urgent.

Dringlichkeit *f* urgency (= *u-*), priority; **~santrag** *m* *u-* motion, privileged motion; **~sbescheinigung** *f* certificate of priority; **~serklärung** *f* declaration of *u-*; **~sfall** *m* urgent case; **~sfrage** *f* question of *u-*; **~sklausel** *f* *u-* clause (*special priority for legislation*); **~sliste** *f* priority list; **~sstufe** *f* priority rating, precedence rating; degree of priority; **höchste ~~** top priority; **~sverfahren** *n* summary procedure, emergency procedure; **~svorlage** *f* urgent business.

Dritt| (*third* = *t-*) **~anspruch** *m* *t-*-party claim; **~ausfertigung** *f* *t-* copy (*bill of exchange*); **~begünstigte(r)** *f(m)* (*der Drittbegünstigte*) *t-*-party beneficiary, donee beneficiary; ~~ *e-er* **Klage** use plaintiff; **~berechtigte(r)** *f(m)* (*der Drittberechtigte*) the entitled *t-* party; **~beteiligung** *f* joinder by a *t-*party; **~eigentümer** *m* **/-in** *f* *t-*-party owner; **~erwerber** *m*/**-in** *f* *t-*-party purchaser; **~gläubiger** *m*

/-in *f t*--party creditor; **~haftung** *f* **für fahrlässige Schädigung** collateral negligence; **~kontrahent** *m* **/-in** *f t*- contracting party; **~land** *n* *EU t*- country, non-member country, non-EU state; **~~sgebiet** *n EU* non-EU territory; **~länder** *pl* outside countries, *t*- territories; **~~regelung** *t*- country rules; **Staatsangehörige** *pl* **d~er Länder** *EU* nationals of *t*- territories; **~markt** *m* outside market, export market (*market other than the home market*); **~mittel** *n* outside funding (*for university research*), *t*--party funding; **~schaden** *m t*--party damage; **~~sliquidation** *f* realization of *t*--party damage (*by directly injured party*); **~schuldner** *m*/**-in** *f* *t*--party debtor, garnishee, assigned debtor; **~~erklärung** *f* statutory declaration by garnishee (*as to validity of garnished claim*); **~~klage** *f* action against garnishee; **~~pfändung** *f* garnishment; **~staat** *m EU* *t*- state, non-EU member state, state outside European Union; **~~enregelung** *f EU t*--state rule (*rule limiting asylum to applicants entering EU from unsafe t- states*); **sicherer ~~** safe *t*- state (*non-EU state that is regarded safe for asylum seeker, with the consequence that he or she will be denied asylum if coming from that state, → ~~enregelung*); **~vermögen** *n* property of an unspecified person, *t*--party assets; **~verpflichtete(r)** *f(m)* (*der Drittverpflichtete*) *t*--party obligee; **~verwahrung** *f* custody by a *t*- party, escrow; **~widerspruch** *m t*--party intervention against execution, *t*--party opposition; **~~sklage** *f t*--party action against execution; **~~skläger** *m*/**-in** *f* plaintiff in a *t*--party opposition case (*against execution upon a debtor*); **~wirkung** *f* effect on *t*- party; **~zueignung** *f* acquisition for third party, appropriation of *sth* for third party (*eg through theft*).

Dritte(r) *f(m)* (*der Dritte*) third party; outsider, stranger, such other person; **gutgläubige(r)** ~ innocent third party, third party acting in good faith; **begünstigte(r)** ~ (*in einem Vertrag zugunsten Dritte(r)*) third party beneficiary.

DRK (*abbr* = **Deutsches Rotes Kreuz** *n*) German Red Cross.

Droge *f* drug, pharmaceutical product; **~nhandel** *m* drug trafficking; **~nkonsum** *m* drug consumption, use of drugs; **~nmissbrauch** *m* drug abuse, drug addiction; **~nspürhund** *m* narcoties sniffing dog; **~nsüchtige(r)** *f(m)* (*der Drogensüchtige*) drug addict; **~ntote(r)** *f(m)* person who has died from drug abuse; **gesundheitsgefährdende** ~ deleterious/harmful drug.

Drogerie *f US* drug store/*GB* druggist's shop, (*selling toiletries and patent medicines exempt from medical prescription*).

Drohbrief *m* threatening letter.

drohen *vt* to threaten *s.o. with sth*.

drohend *adj* threatening, impending, imminent (*danger*).

Drohung *f* threat(s); ~ **mit Gefahr für Leib und Leben** threat to life and limb; ~ **mit polizeilicher Anzeige** threatening to inform the police; **versteckte** ~ veiled threat; **widerrechtliche** ~ unlawful threat; illegitimate threat.

drosseln *vt* to curb, to cut down; to throttle; to choke, to slow down.

Druck| (*print* = *p*-, *printed* = *p-ed*, *printing* = *p-ing*) **~auftrag** *m p-ing* order; **~bogenhonorar** *n* author's fee by *p-ed* sheet; **~erlaubnis** *f US* license/*GB* licence to *p*-, *p-ing* permit (*from author, editor*); **~fahne** *f* proof sheet; **~fehler** *m* misprint, *p-ing* error; **~~liste** *f* list of misprints; **~genehmigung** *f* imprimatur, permission to *p*-; **~kostengebühr** *f pat p-ing* fee; ~ **im Staatsauftrag** public *p-ing*; **~legung** *f p-ing*, going to press; **~~sgebühr** *f p-ing* fee; **~nebenrechte** *n/pl* ancillary *p-ing* rights; **~sache** *f p-ed* matter, *p-ed* papers, document (*parliament*); **~~nwerbung** *f* direct-mail advertizing; **großformatige ~~** broadsheet; **~schrift** *f* block letters; *p-ed* publication, *p-ed* document; **öffentliche ~~** *p-ed* publication; **periodische ~~** periodical; **unzüchtige ~~en** obscene writings; **~stock** *m p-ing* block, cut, engraving, plate, electrotype; **~vermerk** *m* imprint; **~werk** *n p-ed* work, *p-ed* publication.

Drückeberger *m*/**-in** *f sl draft* dodger (*military service*), truant (*school*), shirker, slacker (*work*), malingerer, dodger, work-shy person.

Drückebergerei *f* dodging, shirking, playing truant.

Druckereigewerbe *n* printing industry.

druck|fähig *adj* printable, fit for printing; **~fertig** ready to go to press; **~reif** fit for printing, ready for printing, printable.

dubios *adj* dubious, doubtful.

Dubiosen *pl* bad debts, doubtful debts, shady doubtful receivables; **~konto** *n* bad debts account; **~reserven** *f/pl* contingent reserves for bad debts.

dulden *vt* to acquiesce, to suffer, to tolerate, to bear, to be passive; **stillschweigend ~** to acquiesce, to suffer, to connive (at).

Duldung *f* acquiescence, sufferance, toleration, tacit permission; **~ des Rechtsscheins** holding out; **~sbescheid** *m* official decree that *sth* will be tolerated until further order; **~sklage** *f* petition requiring respondent to tolerate *sth*; **~spflicht** *f* duty not to interfere with *sth*, obligation to tolerate *sth*; **~stitel** *m* judgment, deed, or court settlement requiring *s.o.* to tolerate *sth*; **~svollmacht** *f* power of representation by estoppel (*by acquiescence*).

Dumping *n* dumping (= *d-*); **~bekämpfungszoll** *m* anti-*d-* tariff; ~-**Praktiken** *d-*; **~preis** *m d-* price; **~verbot** *n* ban on *d-*; **~verbotsgesetz** *n* anti-*d-* law.

Dunkel|männer *m/pl* back-stage conspirators; **~ziffer** *f* percentage of undetected (crime).

Duplik *f* (defendant's) rejoinder, duplicatio.

Duplikat *n* duplicate.

duplizieren *vt* to duplicate; to rejoin (→ *Duplik*).

Durchbeförderung *f* transit transportation.

durcherkennen *vt* to render a final decision as to the merits (*by a court of error*).

Durchfahrt *f* passage (= *p-*), thoroughfare; **~sfreiheit** *f* freedom of transit; **~shöhe** *f* headroom (*under a bridge*); **~srecht** *n* right of *p-*; wayleave (*minerals from mine or quarry over or through land*); **öffentliches ~~** (*inland waterways*) public *p-*; **~sstrasse** *f* through street, thoroughfare; **~sverbot** *n* no entry, no through road, no *p-*, no thoroughfare; **~ verboten** no thoroughfare; **bloße ~** *mar* simple *p-*; **enge ~** narrow *p-*; **friedliche ~** innocent *p-*.

Durchfallquote *f* drop-out rate, failure rate.

Durchfinanzierung *f* financing to completion, continuous provision of funds.

Durchfracht|konnossement *n* through bill of landing; **~transportpapier** *n* through document of transport; **~verladung** *f* through-freight shipment.

Durchfuhr *f* transit (= *t-*); **~abgaben** *f/pl t-* duties; **~abschnitt** *m t-* sheet; **~land** *n* country of *t-*; **~handel** *m t-* trade; **~staat** *m* territory of *t-*; **~hoheitsgebiet** → *~staat*; **~verbot** *n* prohibitions on *t-*; **~verfahren** *n t-* procedure; **~verkehr** *m* traffic in *t-*.

Durchführbarkeit *f* practicability, workability, feasibility; **~sstudie** *f* feasibility study.

Durchführung *f* implementation, accomplishment, consummation (*implementing* = *i-ing*); **~sabkommen** *n i-ing* agreement; **~sanordnung** *f i-ing* order; **~sbefugnisse** *f/pl i-ing* powers; **~sbeschluss** *m i-ing* decision; **~sbestimmungen** *f/pl i-ing* regulations, rules and regulations; **~sgesetz** *n i-ing* law, executive act; **~sübereinkommen** *n EU* Implementation Convention; **~sverordnung** *f i-ing* order/ordinance, executive decree.

Durchgangs|arzt *m* provisional doctor (*for work accident cases*); **~fracht** *f* through freight, through shipment; **~güter** *n/pl* transit goods; **~konnossement** *n* through bill of lading; **~konto** *n* transit account, suspense account, provisional account; **~ladung** *f* through shipment; **~lager** *n* transit camp, provisional camp; **~land** *n* transit country; **~tarif** *m* through rate; **~transport** *m* transport in transit; **~verbindung** *f* through route; **~verkehr** *m* through traffic, traffic passing through; **~waren** *f/pl* goods in transit, transit goods; **~zoll** *m* pass duty, transit duty; **~~stelle** *f* customs office en route.

durchgehend *adj/adv* non-stop.

durchgreifen *vi* to take drastic measures, to get tough.

Durchgriff *m* enforcement of liability against capital owner; **~ des Verbrauchers gegen den Produzenten** enforcement of liability by the end-user/consumer against producer/manufacturer, vertical privity; **~serinnerung** *f* exception to a ruling (*objection to a master's* (→ *Rechtspfleger*) *decision which must be treated by superior judge as an appeal from the order*); **~shaftung** *f* piercing/lifting the corporate veil, direct liability of controlling shareholder (*of one-man company or controlling limited partner acting in bad faith*).

durchhalten *vi* to hold out (to the end), to see it through.

durchkämpfen *vt* to fight it out.

Durchkonnossement *n* through bill of lading.

Durchlauf|konto *n* suspense account; **~posten** *m* transitory item, item on a suspense account; **~termin** *m* summary first hearing; **~zeit** *f* processing time.

Durchleit|gelder *n/pl* transmitted monies; **~kredit** *m* transmitted credit; **~marge** *f* commission for passing on funds to the final borrower, the transmitting bank's margin on the credit.

Durchleitung *f* transmission.

Durchlieferung *f* transit deportation.

durchpeitschen *vt* to rush through, *US* to railroad (*a bill*).

Durchreise|genehmigung *f* transit permit; **~sichtvermerk** *m* transit visa; **~visum** *n* transit visa.

Durchreisende(r) *f(m)* (*der Durchreisende*) transit passenger.

Durchsatz *m* throughput (*oil pipe, etc*).

Durchschlag *m* carbon, carbon copy; **abgezeichneter ~** initialled carbon copy.

Durchschlagskraft *f* force of the argument, punch, effectiveness.

Durchschlupf *m* average outgoing quality.

Durchschnitt *m* average (= *a*-); **~sbeförderungsentgelt** *n a*-transport charges; **~sbeitragssatz** *m a*- contribution, *a*- rate of social security payments; **~sbetrag** *m a*-amount; **~seinkommen** *n a*- income; **~sentgelt** *n a*- remuneration; **~sertrag** *m a*- yield; **~sfachmann** *m*-/**~sfachfrau** *f* skilled worker of *a*- capabilities; **~sgewinn** *m a*- profits; **~skosten** *f a*-charge; **~skurs** *m* market *a*-; **~sleistung** *f* norm, *a*- performance, standard capacity; **~slohn** *m a*-wage; **~smenschen** *m/pl* ordinary people, *a*- persons on the street; **~smiete** *f a*- rent; **~spreis** *m a*- price; **~squalität** *f a*- quality; **mittlere ~~** run-of-the-mill; **~srechnung** *f* calculation of *a*-; **~ssatz** *m a*- rate; **~stagessaldo** *m a*- daily balance; **~sware** *f* articles of *a*- quality; **~swert** *m a*- value, **~~ je Einheit** unit value, mean value; **~szinsen** *m/pl a*- interest rates; **den ~ nehmen** to take the *a*-; **gewogener ~** weighted *a*-; **gleitender 4-Wochen ~** 4-week moving *a*-; **im ~** on *a*-; **repräsentativer ~** representative crosssection.

durchschnittlich *adj* averaging, on average.

Durchschreibe|block *m* carbon-copy pad; **~buchhaltung** *f* manual mechanical bookkeeping, multiple copy bookkeeping, duplicate recording system; **~papier** *n* copying paper, carbon paper.

Durchschrift *f* carbon copy, carbon.

durchsehen *vt* to peruse, to glance through, to check, to take a cursory look at *sth*.

durchsetzbar *adj* enforceable, recoverable; **nicht** ~ unenforceable, imperfect.

durchsetzen *vt* to enforce, to put through; *v/reflex* to achieve one's objectives, to assert *o.s.*, to get one's way.

Durchsetzung *f* getting *sth* through, enforcement.

Durchsicht *f* perusal, cursory examination; **flüchtige** ~ taking a glance at *sth*; **nochmalige** ~ second inspection (*of the books, of a paper, etc*) revision, reexamination; **zur** ~ for perusal; **zur gefälligen** ~ for your kind inspection.

Durchstreichen *n* deletion, cancellation, crossing out.

durchstreichen *vt* to cross out, to delete, to cancel.

durchsuchen *vt* to search (*under a search warrant*), to ransack (*esp in a disorderly manner*).

Durchsuchung *f* search (= *s*-), visit and search (*of ships*), rummage; **~sbefehl** *m s*- warrant; **~sbefugnis** *f* authority/power to *s*-; **~srecht** *n* right of *s*-, right of visit and *s*- (*at sea*); ~ **und Beschlagnahme** *s*- and seizure; ~ **von Wohnungen** *s*- of private homes.

Durchwahl *f* direct/through dialling, trunk dialling by subscribers; **~nummer** *f* direct number; **~system** *n* direct dialling system.

durchweg *adv* altogether, throughout.

durchwinken *vt* to wave/whisk through (*border*).

Durchzugsrecht *n* right of passage, right to march through (*by an army through neutral territory*).

Dürftigkeit *f* neediness (*persons*), meagreness (*resources*), scantiness (*knowledge*), feebleness (*arguments*); **~seinrede** *f* plea of insufficient assets in an estate.

Dutzendware *f* cheap merchandise, mass-produced articles.

Dynamisierung *f* periodic adjustment of pensions (*according to current wage level*).

E

EAG (*abbr* = **Europäische Atomgemeinschaft**) European Atomic Energy Community (*abbr* EAEC).

ebd (*abbr* = **ebenda**) ibidem (*abbr* ibid).

Ebenbürtigkeit *f* equality of birth, equality of rank; **staatsrechtliche und diplomatische** ~ equality of status.

ebenda *adv* (*abbr* **ebd**) ibidem (*abbr* ibid) (*in citations*).

Ebene *f* level (*administration*); **auf höherer** ~ high level (*talks*); **auf nationaler** ~ at national level; **die staatliche** ~ state level; **handelspolitische** ~ (at) trade policy level.

echt *adj* authentic, true, genuine (*signature, document*).

Echtheit *f* authenticity (= *a*-), genuineness (= *g*-); ~ **der Unterschrift** *g*- of the signature; **~sbeweis** *m* proof of *a*-, authentication, proof of *g*-; ~~ ***e-er*** **Handschrift** proof of writing; **~sbürgschaft** *f* guarantee of *g*-; **~sprobe** *f* forge test (*metallurgic*); **~sprüfung** *f* test of *g*-, test of *a*-; test of colo(u)r fastness; **~szeugnis** *n* certificate of *g*-, certificate of *a*-; **die ~ bestätigen** to authenticate; **die ~ feststellen** to establish the *a*-; **die ~ von Münzen prüfen** to pix/pyx, to test at the trial of the pyx; **die ~ von Urkunden bestätigen** to authenticate documents.

Eck| (*corner, point of orientation*) **~grundstück** *n* corner lot; **~haus** *n* house on a corner; **~lohn** *m* standard wage, collectively agreed wage; **~wert** *m* prime value, benchmark figure; **~~-Aktienindex** Real Time Index; **~zins** *m* standard interest rate, basic rate of interest.

EC-Karte *f* (*abbr* = **Eurocheque-Karte**) money machine card, ATM card.

Edelmetall *n* precious metal; **~börse** *n* market for precious metals; **~gewicht** *n* troy weight; **~prägezeichen** *n* hallmark; **~prüfer** *m* assayer.

Edikt *n* edict, (*royal, etc*) decree.

Editions|eid *m* disclosure on oath, discovery on oath; **~pflicht** *f* duty to produce a document.

EDV (*abbr* = **Elektronische Datenverarbeitung**) Information Technology (*abbr* IT).

EEF (*abbr* = **Europäischer Entwicklungsfonds** *m*) European Development Fund (*abbr* EDF).

Effekt *m* effect, result, outcome.

Effekten *pl* (marketable) securities (= *s-s*), stocks and bonds; **~abrechnung** *f* contract note, statement of transactions of *s-s;* **~abteilung** *f* investment department, *s-s* department; **~anlage** *f* investment in *s-s*; **~anlageberater** *m*/**-in** *f* investment adviser; **~arbitrage** *f* arbitrage in *s-s*, stock arbitrage; **~austausch** *m* portfolio switch (*investment fund*); **~bank** *f* bank dealing in *s-s*, investment bank; ~ **beleihen** to advance money on *s-s*; **~beleihung** *f* advance on *s-s*; **~berechnung** *f* stock account; **~bestand** *m* holdings (in *s-s*); **~börse** *f* stock market, stock exchange; **~buch** *n* *s-s* ledger; **~depot** *n* portfolio, *s-s* (safe custody) account; **~differenzgeschäft** *n* margin business, margin trading; **~einführung** *f* marketing of *s-s*; **~emission** *f* issue of *s-s*; **~~sgeschäft** *n* underwriting business; **~engagement** *n* (stock-exchange) commitment; **~gattung** *f* type of *s-s*; **~geschäft** *n* dealing in *s-s*; **~giroverkehr** *m* clearing system for settling transactions in *s-s*; (*without physical delivery*); **~gruppe** *f* category of *s-s*; **~handel** *m* stock trading, *s-s* dealings; **~händler** *m*/

-in *f* stock trader, stock dealer, investment dealer, dealer in *s-s*, stock broker, *GB* jobber; **~inhaber** *m/* **-in** *f* holder of *s-s*; **~käufe** *m/pl s-s* purchases; **~kennnummer** *f s-s* code number; **~kommissionsgeschäft** *n* stock exchange dealing (*on customer's behalf*); **~konto** *n* stock account (*bank account for s-s holdings and transactions*); **~kredit** *m* collateral loan on *s-s*; loan to finance stock transactions; **~kundschaft** *f* customers investing in *s-s*; **~kurs** *m* quoted price of *s-s* on the stock exchange; **~liste** *f* list of *s-s*; **~lombard** *m* (collateral) loan on (marketable) *s-s*, collateral advance; **~ lombardieren** *v* to borrow on *s-s*; **~makler** *m/***-in** *f* stock-broker; **~markt** *m* stock market; **~ mit täglichem Umsatz** active *s-s*, heavily traded shares; **~notierung** *f* stock-exchange quotation; **~-Optionshandel** *m* trading in *s-s* options; **~order** *f* order to buy or sell *s-s*; **~paket** *n* block of *s-s*, package of shares; **~platzierung** *f* placing of newly issued *s-s*; **~portefeuille** *n* investment portfolio, *s-s* in hand; **~posten** *m* lot (*of stocks, shares, etc*); **geringer ~~** odd lot; **~rechnung** *f* stock account, calculation of price of *s-s*; **~sammeldepot** *n* omnibus deposit of *s-s*, collective deposit; **~schalter** *m s-s* counter; **~scheck** *m s-s* transfer, *US* check/*GB* cheque for *s-s*; **~sektor** *m* dealings in *s-s*; **~sparen** *n* saving through investment in *s-s*; **~spekulation** *f* speculating in *s-s*; **~steuer** *f* stamp duty on *s-s*; **~termingeschäft** *n* forward operations in *s-s*; **~umsatzsteuer** *f* transfer duty on *s-s*; **~verkauf** *m* security sales; **freihändiger ~~** over-the-counter trading; **~~ an Kapitalsammelstellen** institutional selling; **~verwaltung** *f* portfolio management; **an der Börse gehandelte ~** stock exchange *s-s*, *s-s* listed on the stock exchange; **beleihbare ~** eligible paper, *s-s* eligible as collateral; **börsengängige ~** marketable *s-s*; **lombardierte ~** *s-s* held in pledge, shares pledged as security for a loan; **marktgängige ~** marketable *s-s*; **nicht an der Börse notierte ~** unlisted *s-s*; **nicht platzierte ~** non-placed *s-s*.

Effektiv|bestand *m* actual (= *a-*) amount, actual balance, realizable assets; **~bezüge** *m/pl* remuneration actually earned; **~einnahmen** *f/pl a-* takings; **~geschäft** *n a-* business, spot market transaction(s); **~klausel** *f* specified currency clause (*on bill of exchange/US check/GB cheque*); specified coin clause (*clause that collective pay increase must be added to a- wage*); **~lohn** *m a-* wage, real wage; **~preis** *m* cash price, effective earnings; **~vermerk** *m* exclusive foreign currency notice on a bill/note; **~verzinsung** *f* effective annual rate, real return, true yield of interest; **~wert** *m a-* value; **~zins** *m* effective annual rate.

Effektivitätsprinzip *n* principle of de facto effectiveness.

Effizienz *f* efficiency.

EFRE (*abbr* = **Europäischer Fonds für Regionale Entwicklung**) European Regional Development Fund (*abbr* ERDF).

EFTA (*abbr* = **Europäische Freihandelsassoziation**) European Free Trade Association (*abbr* EFTA).

Egalitätsprinzip *n* principle of equality before the law.

EG (*abbr* **Europäische Gemeinschaften**) European Communities (*abbr* EC); **~-Ausländer** *m/***-in** *f* non- EC citizen, EC foreigner; **~-Binnenmarkt** *m* EC internal market, single market; **~-Bürger** *m/* **-in** *f* EC citizen; **~-Kommission** *f* EC Commission; **~-Mitgliedstaat** *m* EC member state; **~-Richtlinie** EC directives.

EGKS (*abbr* = **Europäische Gemeinschaft für Kohle und Stahl**) (*Montanunion*) European Coal and Steel Community (*abbr* ECSC), (*Treaty of Paris 1951*).

Ehe *f* marriage (= *m-*), matrimony (*matrimonial* = *m-ial*), wedlock; **~anbahnung** *f* introducing prospective *m-* partners to one another; **~~sinstitut** *n* dating agency, dating bureau; **~anerkennung** *f* recognition of *m-* (*by another state*); **~anfechtbarkeit** *f* voidability of *m-*; **~aufgebot** banns of *m-*; **~aufhebung** *f* dissolution of *m-* (*due to error, fraud, threats, etc at the time of m-*) **~~sgründe** *m/pl* grounds for dissolution of a *m-*; **~~sklage** *f* petition to dissolve a *m-*; **~auflösung** *f* dissolution of *m-*; **~band** *n m-ial* ties, the bonds of wedlock; **~beratung** *f m-* guidance, *m-* counselling; **~~sstelle** *f m-* guidance bureau; **~betrug** *m m-* under false pretences; **~brecher** *m* **/-in** *f* adulterer/adulteress; **~bruch** *m* adultery; **~~ begehen** to commit adultery; **~~szeuge** *m/* **-szeugin** *f* co-respondent; **aus ~~ erzeugt** adulterine; **~dispens** *m* exemption from *m-* impediments; **~fähigkeit** *f* capacity to marry; **~~sattest** *n* → *~~szeugnis*; **~~szeugnis** *n* certificate of no impediment (*of one's home country*); **~feststellungsklage** *f m-ial* action for declaratory judgment (*action for a judicial declaration on the existence or non-existence of a m-*); **~frau** *f* married woman, wife, feme covert; **rechtmäßige ~~** lawful wedded wife; **getrennt lebende ~~** wife living separately, grass widow; **mitverdienende ~~** wife contributing to the family income by working; **~gatte** *m*/**~gattin** *f* → *Ehegatte;* **~gelöbnis** *n m-* vow(s); **~gesetz** *n m-ial* law, *m-* act, *M-ial* Causes Act (*court proceedings*); **~gemeinschaft** *f* conjugal community; **~güterrecht** *n m-ial* property law; **~herstellungsklage** *f* petition for restitution of conjugal rights; **~hindernis** *n* → *Ehehindernis*; **~konflikt** *m* marital dispute; **~kontrakt** *m obs* → *~vertrag*; **~leute** *pl* spouses, husband and wife; **~paar** *n* married couple; **~lichkeit** *f* → *Ehelichkeit;* **~losigkeit** *f* unwedded state, celibacy; **~makler** *m*/**-in** *f* matchmaker, *m-* broker, *m-* agent; **~~lohn** *m m-* broker's fee; **~mann** *f* husband, married man; **~mündigkeit** *f* marriageable age; **~name** *m* married name (*of a spouse*); **~nichtigkeit** *f* → *Ehenichtigkeit*; **~partner** *m*/**-in** *f* spouse; **~prozess** *m m-ial* case; **~recht** *n m-ial* law; **~sache** *f m-ial* matter/issue; **~scheidung** *f* → *Ehescheidung*; **~schließende(r)** *f(m)* party contracting a *m-*; **~schließung** *f* → *Eheschließung*; **~stand** *m* matrimony, married state, wedlock; **~~sbeihilfe** *f m-* grant; **~~sdarlehen** *n* state loan to newly married couple; **~störung** *f* disturbance of *m-* (*by outside party*); **~streitigkeit** *f* marital quarrel, *m-ial* cause; **~tauglichkeit** *f* fitness for *m-* (*esp medical*); **~trennung** *f* separation (from bed and board); **~unbedenklichkeitszeugnis** *n m-* clearance certificate; **~verbot** *n m-* prohibition, prohibitive impediment to (or restraint of) of *m-*, absolute bar to *m-*; **~verfehlung** *f m-ial US* offense/*GB* offence; **~versprechen** *n* promise of *m-;* **beiderseitiges ~~** espousals; **~vertrag** *m m-ial* property agreement (*antenuptial or postnuptial*), *m-* articles; **~widrigkeit** *f m-ial US* offense/*GB* offence; **~wirkungen** *f/pl* effects of *m-;* **persönliche ~~** personal effects of *m-*; **~wohnung** *f* marital home; **~zeit** duration of the *m-* (*period of time during which the m- existed*); **~zerrüttung** *f* irretrievable breakdown of a *m-*; **anfechtbare ~** voidable *m-*; **aus erster ~** of/from the first *m-*; **bigame ~** bigamous *m-*; **die ~ betreffend** nuptial; **die ~ schließen** to marry, to get married, to solemnize (*m-*), to celebrate a *m-*; ***e-e* ~ aufheben** to dissolve a *m-* (*due to fraud, error, threats at the time of m-*); ***e-e* ~ brechen** to commit adultery; ***e-e* ~ eingehen** to be/get married, to marry, to enter into *m-*, to wed; ***e-e* ~ scheiden** to grant a divorce, to dissolve a *m-*; **freie** ~ common-law *m-*, informal marital relationship; **gemischt nationale** ~ bicultural *m-* (*m- between persons of different nationalities*); **geschiedene** ~ divorced *m-*; **glaubensverschiedene** ~ religiously mixed *m-* (*m- between spouses of different religious denominations*); **internationales ~- und Kindschaftsrecht** private international law on *m-*, parenthood and childhood; **morganatische** ~ morganatic *m-*; **nachfolgende** ~ subsequent *m-*; **nichtige** ~ void *m-*; **rechtsgültige** ~ legal *m-*; **vernichtbare** ~ voidable *m-*; **Vollziehung der** ~ consummation of *m-*; **vollzogene** ~ consummated *m-*; **wilde** ~ concubinage, living together as man and wife; **zerrüttete** ~ wrecked *m-*, irretrievably broken *m-*.

ehe | ähnlich *adj* quasimarital; **~brecherisch** adulterous; **~fähig** marriageable, legally capable of getting married, suitable for marriage; **~lich** → *ehelich*; **~mündig** of marriageable age; **~unmündig** not of marriageable age, too young to marry; **~widrig** constituting a matrimonial *US* offense/*GB* offence.

Ehegatte *m*/**~gattin** *f* spouse (= *s-*), marriage partner, marital partner, husband/wife; **~naussagen** *f/pl* spousal testimony; **~naussageverweigerungsrecht** *n* husband-wife privilege; **~nerbrecht** *n* entitlement to inheritance of surviving *s-*; **~nfreibetrag** *m* marital deduction; **~ngesellschaft** *f* business partnership between *s-s*; **~nhaftung** *f* legal liability of one *s-* for the other; **~npflichtteil** *m* (excluded) surviving *s-*'s compulsory share, → *Pflichtteil*; **~ntestament** *n* mutual will of *s-s*; **~nunterhalt** *m* provision for a *s-*; **~~ während der Scheidung** maintenance pending suit; **~nverträge** *m/pl* contracts between *s-s*; **getrennt lebender** ~ separated marital partner; **überlebender** ~ surviving *s-*.

Ehehindernis *n* impediment to marriage, marriage impediment (= *m/i*); ~ **der Verwandtschaft** *m/i* in respect of relatives; **absolutes** ~ absolute *m/i*; **als ~ geltende Verwandtschaftsgrade** levitical degrees; **aufschiebendes** ~ suspensive *m/i*; **gesetzliches** ~ legal *m/i*; **relatives** ~ relative *m/i* (*in relation to certain persons*).

ehelich *adj* matrimonial, conjugal, marital, connubial, legitimate; ~ **geboren** born in (lawful) wedlock; **durch nachfolgende Eheschließung ~ werden** to be legitimated by subsequent marriage; **für ~ erklären** to legitimate, to legitimize.

Ehelichkeit *f* legitimacy (= *l-*), status of legitimacy; **~sanfechtung** *f* denial of *l-*, petition to have a child declared illegitimate; **~sbestreitung** *f* denial of *l-*; **~serklärung** *f* act of legitimation, declaration of *l-*; **~svermutung** *f* presumption of *l-*.

Ehenichtigkeit *f* nullity of marriage, invalidity of marriage; **~serklärung** *f* annulment of marriage; **~sfeststellungsurteil** *n* judicial declaration of nullity; **~sgrund** *m* diriment impediment, reason for invalidity of marriage; **~sklage** *f* petition for nullity of marriage, nullity suit; **~surteil** *n* nullity decree.

Ehescheidung *f* divorce (= *d-*); **~sgrund** *m* ground(s) for *d-*, grounds for petition for *d-*; **~sklage** *f* petition for *d-*; **~sprozess** *m d-* suit; **~srecht** *n* law relating to *d-*; **~surteil** *n d-* decree; **~sverfahren** *n d-* proceedings; **endgültige** ~ *d-* a vinculo matrimonii, decree absolute; **für ~ zuständiges Gericht** *d-* court.**Eheschließung**

Eheschließung *f* marriage (= *m-*), the act of marrying, celebration of marriage, solemnization of the marriage; **~sakt** *m* act of marrying, *m-* ceremony; **bei** ~ on *m-*; **bürgerliche** ~ civil *m-*, registry office *m-*; ***e-e*** **~ vornehmen** to contract a *m-*; **nach der** ~ after the *m-*, postnuptial; **nachfolgende** ~ subsequent *m*-; **standesamtliche** ~ registry office *m*-, *m*- by certificate, civil *m*-.

Ehr | abschneidung *f* defamation of character; **~losigkeit** *f* infamy; **~loserklärung** *f* attainder; **~verletzung** *f* injuring a person's reputation, defamation, defamatory statement, derogatory statement; **~verlust** *m* loss of hono(u)r.

ehrlos *adj* infamous, dishono(u)rable.

Ehren | (*US honor/GB honour = h-, honorary = h-ary*) **~akzept** *n* acceptance supra protest; **~akzeptant** *m*/**-in** *f* acceptor for *h*-; **~amt** *m h-ary* position, volunteer position, office of *h*-; **~annahme** *f* acceptance for *h*-; **~beamter** *m*/**~beamtin** *f h-ary* officer; **~bezeigung** *f* salute; **~bürger** *m*/**-in** *f h-ary* citizen, *h-ary* freeman (*town*), *h-ary* member (*university*); **~bürgerbrief** *m* certificate of *h-ary* citizenship; **~bürgerrecht** *n h-ary* freedom; **das ~~ verleihen** to confer the freedom of a city; **~eintritt** *m* intervention supra protest, act of *h*-; **~erklärung** *f* declaration of *h*- (*public withdrawal of a defamatory remark, public acknowledgment of the h-ary character of a person*); **~gericht** *n* professional tribunal; **~karte** *f* complimentary ticket; **~kodex** *m* code of *h*-, moral code; **~kränkung** *f* affront, insult; defamation; **~mitglied** *n h-ary* member; **~präsident** *m*/**-in** *f h-ary* president; **~rechte** *n/pl h-ary* rights; **bürgerliche ~~** civic rights; **~rechtsverlust** *m* loss of civic rights; **~sache** *f* matter of *h*-; **~schuld** *f* debt of *h*-; **~schutz** *m* protection of *h*-; legal protection against defamation; **~sold** *m h-ary* pension (*usually h-ary remuneration coupled with a high decoration*); **~söldner** *m*/**-in** *f h-ary* pensioner; **~strafe** *f* degrading punishment, penalty imposed by a disciplinary court; **~vorsitzende(r)** *f(m) h-ary* chairperson; **~wort** *n* word of *h*-, parole (*upon release*); **sein ~~ geben** to pledge one's word, to give one's word of *h*-; **~zeichen** *n* badge of *h*-, decoration.

ehren | amtlich *adj* honorary, voluntary, in an honorary/voluntary capacity; **~halber** for reasons of hono(u)r, honoris causa, for hono(u)r's sake; **~rührig** discreditable, disgraceful, dishono(u)rable.

EIB (*abbr* = **Europäische Investitionsbank**) European Investment Bank (*abbr* EIB).

Eich | amt *n* bureau of standards, office of weights and measures; **~frequenz** *f* standard frequency; **~gebühr** *f* fee for determining official weight or measure; **~gesetz** *n* Standard Weights and Measures Law; **~gewicht** *n* standard weight; **~maß** *n* standard measure; **~meister** *m*/**-in** *f* inspector of weights and measures, gauger, sealer; **~stempel** *m* gauger's mark, stamp of bureau of standards (*official measure*); **~wesen** *n* control of standard weights and measures; **~zeugnis** *n* gauger's certificate.

eichen *vt* to calibrate, to standardize.

Eichung *f* calibration, adjustment.

Eid *m* oath (= *o*-); **~esabnahme** *f* administration of an *o*-; **~esbelehrung** *f* instructions concerning the *o*- (*before the o- is administered*); **~esbruch** *m* breaking of an *o*-; **~esdelikt** *n US* offense/*GB* offence of false swearing, perjury; **~esfähigkeit** *f* capacity to swear/to take an *o*-; **~esformel** *f* standard *o*- formula, the *o*-; **religiöse ~~** religious form of the *o*-; **~esförmlichkeiten** *f/pl o*-rite, formalities of the *o*-; **~eshelfer** *m hist o*- helper; **~esleistung** *f* administration of the *o*-; the act of swearing an *o*-; **~esmündigkeit** *f* minimum age for taking/swearing an *o*-; **~esnotstand** *m* exceptional circumstances excusing a false *o*-; **~espflicht** *f* legal duty to swear/take the *o*-; **~esunfähigkeit** *f* disqualification from taking the *o*-; **~esverletzung** *f* violation of one's *o*-; **~esver-**

weigerer *m/*-**in** *f* person who refuses to take the *o-* (*on principle*); **~esverweigerung** *f* refusal to take the *o-*; **an ~es Statt** in lieu of an *o-*; **~ ~ ~ versichern** to affirm in lieu of an *o-*, to state in an affidavit, → *eidesstattliche Versicherung*; **assertorischer ~** assertory *o-*; **außergerichtlicher ~** extrajudicial *o-*; **beschränkter ~** qualified *o-*; **den ~ ablegen** to take the *o-*, to be sworn (in); **den ~ abnehmen** to administer the *o-*, to swear (a person) in; **den ~ leisten** to swear/take the *o-*, to swear; **den ~ nachsprechen** to repeat the *o-* (*after the person administering it*); **den ~ verweigern** to refuse to take the *o-*; **durch ~ bekräftigen** to affirm upon *o-*; ***e-en*** **~ auferlegen** to put a person under *o-*; ***e-en*** **~ brechen** to break one's *o-*; ***e-en*** **~ leisten** to swear, to take an *o-*; ***e-en*** **~ schwören** to swear, to take an *o-*; **er erklärt unter ~** he deposes upon *o-* and states; **falscher ~** false *o-*; **gerichtlicher ~** *o-* administered in court; ***jd-em*** **den ~ zuschieben** to tender an *o-* to *s.o.*; ***jd-en*** **unter ~ vernehmen** to examine *s.o.* under *o-*; **promissorischer ~** promissory *o-*; **richterlicher ~** *o-* by a judge; *o-* before a judge; **unter ~** under *o-*; **unter ~ aussagen** to testify under *o-*, to make *o-* and say; **vom ~ entbinden** to release from *o-*.

eidesstattlich *adj* in lieu of an *o-*; **~e Versicherung** statutory declaration/affirmation in lieu of an oath;

Eidgenosse *m/***Eidgenossin** *f* Swiss national.

eidgenössisch *f* Swiss, confederate.

eidlich *adj* sworn, on oath.

EIF (*abbr* = **Europäischer Investitionsfonds**) European Investment Fund (*abbr* EIF).

eigen *adj* own, of one's own, personal, proprietary, individual; **~händig** by one's own hand, in one's own handwriting, manu propria, holographic; **~~ unterschrieben** signed personally; **~mächtig** high-handed, acting without proper authority, arbitrary; **~ständig** independent, autonomous, for own goal; **~trassiert** drawn by the drawer on himself.

Eigen|aktien *f/pl* treasury stock; **zurückerworbene ~~** reacquired stock, treasury stock; **~anfall** *m* (*a foundry's*) own accumulation (*of scrap*); **~anlage** *f* a firm's own plant; **~anteilsklausel** *f* excess clause; **~anzeige** *f* self-accusation; **~arbeit** *f* one's own handy work, do-it-yourself work; **~art** *f* individuality, originality; **~bedarf** *m* one's own requirements, personal requirements, personal use; domestic requirements (*of a country*); **~~ geltend machen** to require the premises for occupation as one's own residence; **~~sklage** *f* action for self-possession (*of premises required by landlord for himself or his family*); **~behalt** *m ins* retention (*portion to be paid by insured party*); **~belastung** *f* dead load (*own weight of vehicle*); **~beleg** *m* internal voucher, self-prepared voucher; **~besitz** *m* owner occupation, proprietary possession, owner-possession, own holding (*possession with intent to hold for o.s.*); own property; **~~anmaßung** *f* actual ouster; **~besitzer** *m/*-**in** *f* proprietary possessor, owner-occupier, exclusive possessor (*person holding with intent to have possession for himself*); **~betrieb** *m* one's own business, enterprise operated by its owner, owner-operated municipal enterprise; **~bewirtschaftung** *f* owner cultivation (*land*); **~darstellung** *f* **über die Kreditfähigkeit** one's own representation of credit worthiness; **~deckung** *f* collateral posted by debtor (*from his own capital*); **~depot** *n* own securities deposit; **~erzeugnis** *n* company-manufactured product; **~erzeugung** *f* domestic production, own product; **~fertigung** *f* own products, own manufacture; **~~skapazität** *f* own available manufacturing capacity;

~~sprogramm *n* company manufacturing program; **~finanzierung** *f* self-financing, financing from one's own resources, equity financing; **~~smittel** *n* internal resources; **~gefahr** *f* individual/own risk; **~geld** *n* prisoner's own money (*account*); **~geschäft** *n* business transaction for one's own account, own business, independent operation(s); **~gesetzlichkeit** *f* development of its own inherent laws, development subject to its own (economic) laws; **~gewicht** *n* own weight, empty weight, dead weight, tare weight (*railway*); **~handel** *m* private trade, business for one's account; **~händler** *m/-in f* (authorized) dealer, trader (*not an agent*); **~~vertrag** *m* authorized dealer's agreement, exclusive dealer arrangement; **~heim** *n* private dwelling house, privately owned residence, owner-occupied house **~~ mit Einliegerwohnung** owner-occupied house with separate apartment; **~investition** *f* self-financed investment, investment from one's own resources, own capital investment; **~jagd** *f* land owner's right to hunt (*on his own estate*); **~~revier** *n* owner's hunting district; **~kapital** *n* equity capital, own capital, → *Eigenkapital*; **~kosten** *pl* primary costs, one's own costs; **~leistung** *f* borrower's own funding; borrower's capital resources (*building*); **~~en** *pl* services rendered for own account, work performed and materials supplied by owner; **andere aktivierte ~~~** other company-produced additions to plant and equipment; **~macht** *f* self-given authority; **verbotene ~~** unlawful interference with possession; **~marke** *f* house brand; **~masse** *f* net mass; **~mittel** *n/pl* one's own resources, private means, capital resources, building capital; **~~ des Darlehensnehmers** borrower's own funds; **~name** *m* proper name, surname (*not alias*); **~nutz** *m* self-interest, one's own use, for one's personal use; personal profit; **strafbarer ~~** punishable greed; **~nutzer** *m/-in f* private occupier; **~nutzung** *f* proprietor's own use, internal use; **~~swert** *m* imputed rent of owner-occupied premises; **~obligo** *f* own commitment; **~produktion** *f* domestic production; **~rechtserbschein** *m* certificate of inheritance based on German law (*deceased alien*), ↔ *Fremdrechtserbschein*, → *Erbschein*; **~schuld** *f* one's own indebtedness; **~staatlichkeit** *f* autonomous statehood, sovereignty; **~tum** *n* → *Eigentum*; **~tümer** *m/-in f* → *Eigentümer*; **~verbrauch** *m* consumption for one's own use; personal consumption, in-house consumption; **~veredelung** *f* processing (of goods) for (the manufacturer's) own account; **~vermögen** *n* capital and reserves, one's own assets, own resources; **~verschulden** *n* (injured party's) own fault/negligence; **zurücktretendes ~~ des Verletzten** supervening negligence; **~versicherung** *f* self-insurance, insurance for one's own account; **~versorgung** *f* self-support, self-supply; *pol* graft (*of politicians*); **~verwaltung** *f* a local authority's inherent administrative functions; **~vorteil** *m* self-benefit, one's own advantage; **~wechsel** *m* negotiable promissory note; **~werbung** *f* house advertising; **~wert** *m* actual value, intrinsic value; **~wirtschaftlichkeit** *f* viability of a public enterprise (*without support*).

Eigenkapital *m* net worth, equity (= *e-*) capital, proprietary capital, capital resources of the owner of a business, shareholder's/stockholder's equity, equity resources, surplus earnings; **~ausstattung** *f e-*position; **~bildung** *f e-* capital formation; **~leistung** *f* borrower's capital resources (*building*); **~quote** *f e-* ratio; **~rendite** *f* return on *e-*; **~verzinsung** *f* return on net worth; ~ **von 10%** dent-*e*- ratio of 10%; **haftendes** ~ net worth.

Eigenschaft *f* quality, attribute, characteristic, nature, capacity (= *c*-), property; **~zeichen** *n* individual trade mark; **berufliche** ~ professional character; **besondere ~en** peculiar characteristics, special features; **erforderliche** ~ requirement; **in amtlicher** ~ in an official *c*-, colore officii; **in aufsichtsführender** ~ in a supervisory *c*-; **in beratender** ~ in an advisory *c*-; **in der ~ als Vertreter** in a representative *c*-; **in dienstlicher** ~ in an official *c*-; **in privater** ~ in one's personal *c*-; **in seiner ~ als** in one's *c*- as; **in treuhänderischer** ~ in a fiduciary *c*-; **körperliche ~en** physical characteristics; **notwendige** ~ essential quality; **persönliche** ~ personal characteristics; **rechtliche** ~ legal status; **wesentliche** ~ essentiality, indispensable feature; **zufällige** ~ accidental quality; **zugesicherte** ~ warranted quality;

Eigentum *n* ownership (= *o*-), beneficial ownership, owner's title (= *t*-), (the right of) property (= *p*-), proprietorship, title, fee simple (*land*), legal estate (*land*); ~ **an beweglichen Sachen** *o*- of personal *p*-/personalty/chattels; ~ **an unbeweglichen Sachen** *o*- of real *p*-/real estate/realty; ~ **auf Zeit** *o*- for a limited time; ~ **der Erbengemeinschaft** joint *p*- of the heirs, parcenary; ~ **der öffentlichen Hand** public *p*-; ~ **erwerben** to acquire/obtain the *o*- (of *sth*), to acquire the *t*- (to *sth*); ~ **geht auf den Erben über** the *t*- passes to the heir; ~ **nach Bruchteilen** tenancy in common, common *o*- (*by fractional undivided interests*); **~sanspruch** *m* right of *o*-, *t*- to *p*-, *p*- claim; **~saufgabe** *f* abandonment of goods, dereliction; **~sbildung** *f* formation of *p*-, *p*- formation; **~~ in Arbeitnehmerhand** acquisition of *p*- by employees; **~sentziehung** *f* conversion, expropriation; **~serwerb** *m* acquisition of *o*-/*t*-, accession of *t*-; **~~ durch Vermischung** accession by confusion; **~~ durch Verschmelzung** accession by merger/confusion; **derivativer ~~** succession of *t*-; **originärer ~~** primary acquisition of *t*- (*by operation of law*); **~sfeststellungsklage** *f* action for a declaration concerning *o*-; **~sgarantie** *f* constitutional guarantee of the right of *o*-; **~sherausgabeanspruch** *m* claim for possession based on *o*-; **~sklage** *f* action based on *o*-; **~snachweis** *m* (prima facie) evidence of *t*-/*o*-, abstract of *t*-; **~sordnung** *f* system of *p*- *o*-; *p*-arrangements; **~spapiere** *n/pl* documents of *t*- (*to goods, to a car, etc*); **~srecht** *n* *t*-, *o*-, right of *o*-, proprietorship, dominion, domain (*public*); **~~ am Grundstück** *o*- of land, *p*- rights in land, fee simple, freehold estate; **~~ an *e-em* Patent** *o*- of a patent, proprietary rights in respect of a patent; **~~ an Waren** *t*- to goods; **~sschutz** *m* legal protection of *o*-; **~sstörung** *f* actionable nuisance, infringement of *p*-rights; **~sstreuung** *f* dispersal of assets; **~stitel** *m* *t*- to *p*-; **rechtsmängelfreier ~~** clear *t*- (*of record*); **~sübergang** *m* passing of *t*-; **~sübertragung** *f* transfer of *o*-, transfer of *t*- (to); **~~surkunde** *f* deed of conveyance (*unregistered land*), transfer certificate (*registered land*); **~surkunde** *f* certificate of *t*-, *t*- document; **~sursprung** *m* root of *t*-, origin of *o*-; **~sverflechtung** *f* cross *o*-; **~svergehen** *n* *US* offense/*GB* offence against *p*- rights; **~sverhältnis** *n* status of *o*-; **~~se** proprietorship; **~sverletzung** *f* violation of *p*- rights; **~sverlust** *m* loss of *o*-; **~svermutung** *f* presumption of *o*-; **~sversicherung** *f* *t*- insurance; **~sverzicht** *m* abandonment of *t*-; **~svorbehalt** *m* reservation of *t*-, reservation of *o*-, retention of *t*-, *t*- retention; **verlängerter ~~** extended reservation of proprietary rights; **~swechsel** *m* change in *o*-; **~swohnung** *f* freehold flat, condo, condominium apartment; **eigengenutzte** ~~ owner-occupied *US* apartment/*GB* flat; **~übertragen** to transfer the *t-* (to *sth*); **~ zur gesamten Hand** joint *p-*, joint tenancy; **als ~** as absolute *p-*, in fee (*land*); **belastetes ~** encumbered *p-*; **beschränktes ~** restricted *o-*; **das ~ geht über** the *t-* passes (to); **das ~ haben** to own, to hold (the) *t-* (to); **das ~ lastenfrei machen** to clear (the) *t-*; **das ~ übergehen lassen** to pass *t-*, to convey the *p-*; **entgeltlich erworbenes ~** *t-* (*p-*) acquired by payment; **erbrechtlich beschränktes ~** fee tail, estate in tail; **fremdes ~** third party's *p-*; **geistiges ~** intellectual *p-* (*copyrights, patents, trade marks*); brainwork; **Weltorganisation für G~ ~** World Intellectual *P-* Organization (*abbr* WIPO); **gemeinschaftliches ~** joint *o-*; **gewerbliches ~** proprietary right, industrial *p-*, commercial *p-*; **im gemeinsamen ~** jointly owned; **in ausländischem ~** foreign-owned; **juristisches ~** legal *o-*; **künstlerisches ~** proprietary rights of an artist; **lastenfreies ~** perfect *o-*, clear *t-* (*land*), unencumbered *t-*; **mit Rechtsmängeln behaftetes ~** bad *t-*; **öffentliches ~** public *p-*; **originäres ~** original *o-*; **rechtlich geschütztes gewerbliches ~** (legally protected) industrial *p-* right; **rechtmäßiges ~** good *t-*; **sich das ~ vorbehalten** to reserve one's proprietary rights, to reserve *t-*; **treuhänderisches ~** trust *p-*; **unbeschränktes ~** absolute *o-*; **unentziehbares ~** indefeasible *t-*; **vermutetes ~** reputed/supposed *o-*; **volles ~** good *t-*.

Eigentümer *m*/**-in** *f* proprietor/proprietress; (absolute, legal) owner (= *o-*), beneficial owner; **~ auf Lebenszeit** life *o-*, *o-* holding property for life; **~ auf Zeit** *o-* pro tempore; **~-Besitzer-Verhältnis** *n* *o-*-possessor relationship; **~ im Innenverhältnis** equitable *o-*; **~gebrauch** *m* proprietary use; **~grundschuld** *f* *o-*'s (land) charge; **~haftpflichtversicherung** *f* *o-*'s public liability insurance; **~hypothek** *f* *o-*'s mortgage (*for his own benefit*); **~nießbrauch** *m* *o-*'s right of usufruct; **~recht** *n* *o-*'s right(s); **~ sein** to own, to be *o-*/proprietor; **~weg** *m* privately owned road; **~ zu Bruchteilen** tenant in common (*in undivided fractional interests*); **~ zur gesamten Hand** *pl* joint tenants; **alleiniger**, **absoluter ~** sole and unconditional *o-*; **alleinverfügungsberechtigter ~** *o-* with exclusive right of disposal, sole and unconditional *o-*; **als ~ auftreten** to act in one's capacity as *o-*; **derzeitiger ~** present *o-*; **eingetragener ~** registered *o-*; **gutgläubiger ~** bona fide *o-*; **jeweiliger ~** respective *o-* for the time being; **dem jeweiligen ~ zustehen** to run with the land; **mutmaßlicher ~** putative *o-*; **neuer ~** new *o-*, incomer, alienee; **rechtmäßiger ~** rightful *o-*; **treuhänderischer ~** trustee, fiduciary *o-*; **unumschränkter ~** absolute *o-*; **vermutlicher ~** reputed *o-*, putative *o-*; **wirklicher ~** real *o-*, true *o-*; **wirtschaftlicher ~** beneficial *o-*.

Eigner *m*/**-in** *f* owner, proprietor (*of a business, of real estate*).

Eignung *f* suitability, eligibility, fitness (= *f-*), aptitude, qualifications; **~ für Wohnzwecke** *f-* for habitation; **~sgarantie** *f* warranty of *f-*; **~sprüfung** *f* qualifying examination; aptitude test (*persons*), *f-* test (*health*); **~suntersuchung** *f* *f-* examination; qualifying examination; **~swert** *m* service value, suitability; **berufliche ~** vocational aptitude, occupational competence; **fachliche ~** professional qualification; **geistige ~** mental *f-*; **körperliche ~** physical *f-*.

Eil| (*rush, quick, express* = *e-*) **~abfertigung** *f* quick dispatch; **~auftrag** *m* urgent/rush job, urgent work, urgent/rush order; **~bestellung** *f* rush/urgent order; **~bote** *m* *e-* messenger, special delivery messenger; **durch** ~~ *e-*, by special delivery; **~brief** *m e-* letter, special delivery letter; **~dienst** *m* expedited service, *e-* service; **~fracht** *f e-* freight, fast freight; **~~brief** *m* special consignment note for *e-* freight/for fast goods; **~gebühr** *f e-* delivery charge, special charge for urgent work; **~geld** *n* dispatch money; **~gut** *n e-* matter, *e-* goods; **~~beförderung** *e-* carriage; **als** ~~ by *e-* train; **~maßregeln** *f/pl* urgent measures; **~paket** *n e-* parcel; **~post** *f e-* postal service; **~rechtschutzverfahren** *n* accelerated court/administrative procedure for the timely protection of legal rights, summary proceedings for injunctive relief; **~verfahren** *f* summary proceeding(s); **~zuständigkeit** *f* competence for urgent matters; **~zustellung** *f e-* delivery, special delivery.

einantworten *vt A* to devolve (*property to heir*).

einarbeiten *vt* to learn on the job, to train on the job; *v reflex* to acquaint *o.s.* with a new job, to settle into a new job, to familiarize *o.s.* with new work.

Einarbeitung *f* breaking in, adjustment to a new job, familiarization with new work; **~szeit** *f* period of vocational adjustment, familiarization period.

einäschern *vt* to cremate (*corpses*).

Einäscherung *f* cremation.

Einbahn | straße *f* one-way street, one-way only; **~verkehr** *m* one-way traffic.

Einbau *m* installation, assembly; **~möbel** *pl* built-in furniture, unit furniture; **~schrank** *m* built-in wardrobe, unit cupboard; **~vorschrift** *f* assembly instructions.

einbauen *vt* to instal(l), to mount, to build in; to incorporate (*in a document*).

Einbauten *pl* fixtures and fittings, fitments (*equipment built in by the tenant*); ~ **in Mietobjekte** tenant's/leasehold improvements; **gewerbliche** ~ trade fixtures.

Einbehalt *m* retention money.

einbehalten *vt* to withhold, to retain.

Einbehaltung *f* withholding (*of wage tax, etc*), retention, → *Zurückbehaltung*; ~ **von Gewinnen** retention of profits.

Einbenennung *f* conferring one's family name upon a child born out of wedlock.

einberufen *vt* to call (*a meeting*), to convene; to summon (*parliament*); to draft (*soldiers*).

Einberufung *f* convocation, summons, convening; call to arms, call-up, draft (*army*); ~ ***e-er*** **Konferenz** convening/calling a conference; **~sbefehl** *m* call-up order, draft order; **~sbekanntmachung** *f* notice of meeting, convening notice; **~sbescheid** *m* call-up order, draft order; **~sdekret** *n* letter of summons to parliament; **~sfrist** *f* notice period (*for a meeting*).

einbezahlen *vt* to pay in.

einbezahlt *adj* paid-in, paid-up; **voll** ~ fully paid-up (*capital*).

einbeziehen *vt* to incorporate (by reference), to include, to adopt.

Einbeziehung *f* inclusion, incorporation; ~ **durch Bezugnahme** incorporation by reference; ~ **in den Pfandverband** extension of mortgage; **unter** ~ including, together with.

Einbiegeverkehr *m* traffic turning into a major road.

Einblicksrecht *n* inspection right(s), right to inspect papers, documents, records of the other party.

einbrechen *vi* to break in, to burgle, to commit burglary.

Einbrecher *m/***-in** *f* burglar.

Einbringen *n* contribution, investment.

einbringen *vt* to contribute, to invest, to introduce, to bring in (*assets into a partnership, capital into a company*); to harvest; to table (*a motion*); to file (*a petition*); to earn, to yield (*interest*).

Einbringlichkeit *f* lucrativeness, collectibility, soundness (*of an outstanding debt*).

Einbringung *f* bringing in, contribution, investment; entry; harvesting; ~ ***e-es*** **Antrags** introduction of a motion; **~svertrag** *m* agreement, contract on contribution to capital; **~swert** *m* value of capital investment (*at the time it is made*), value of asset when brought in; ~ **von Sachwerten** contribution of physical assets (*to partnership capital*).

Einbruch *m* **I** burglary (*breaking and entering building with intent to commit crime therein*), housebreaking; ~(s)**diebstahl** *m* burglary, housebreaking and theft, theft by breaking and entering; **~~versicherung** *f* burglary insurance, **~sversuch** *m* attempted burglary; **~swerkzeug** *n* housebreaking implements, burglary tools.

Einbruch *m* **II** break, recession; **saisonbedingter** ~ seasonal recession.

einbruchsicher *adj* burglar-proof.

einbürgern *vt* to naturalize.

Einbürgerung *f* naturalization (= *n*-) (*of foreigners*), granting of citizenship; **~santrag** *n* application for *n*-; **~sbedingungen** *f* qualification(s) for *n*-; **~sfähigkeit** *f* eligibility for *n*-; **~surkunde** *f* certificate of *n*-, citizenship papers; **~sverfahren** *n* *n*- proceedings, procedure for obtaining citizenship.

Einbuße *f* impairment, loss, damage.

einbüßen *vi* to be impaired, to lose.

Eindämmung *f* containment, checking; ~ **der Kreditexpansion** curbing of credit expansion; **~spolitik** *f* policy of containment.

eindecken *v reflex* to meet one's requirements, to buy ahead.

Eindeckung *f* precautionary buying, stocking up, replenishment (*of stocks, funds, etc*).

eindeutig *adj* explicit; clear, definite, unambiguous, unequivocal.

Eindringen *n* intrusion, penetration; ~ **in fremde Räume** unlawful entering of enclosed premises.

eindringen *vi* to intrude, to penetrate, to enter forcibly.

Eindringling *m* intruder, squatter.

Einehe *f* monogamy.

Einfahrt *f* entry, entrance, way in, drive, driveway; descent; ~ **verboten** no entry; no thoroughfare.

Einfamilienhaus *n* detached house, single house, one-family dwelling/house, family residence.

Einflug oder Ausflug *m* admission to, stay in, departure from (*airport*).

Einfluss *m* (*pl Einflüsse* = *~e*) influence (= *i*-); **~bereich** *m* sphere of *i*-, orbit, purview; **~nahme** *f* influencing; **~zone** *f* zone of *i*-, zone of operations; **außersaisonale ~e** *pl* non-seasonal *i-s*; **beherrschender** ~ controlling interest; **ungebührlicher** ~ undue *i*-.

einfordern *vt* to exact, to call in, to collect.

Einforderung *f* call, collection (*capital*), calling-in.

Einfriedung *f* enclosure, inclosure, fence; **~smauer** *f* surrounding wall; **~srecht** *n* right of enclosure; **~szaun** *m* surrounding fence.

Einfrieren *n* freezing, blocking, immobilization.

einfrieren *vt* to freeze, to block (*accounts*).

einfügen *vt* to insert, to interpolate.

Einfügung *f* insertion, interpolation; **~sgebot** *n* requirement to be in harmony with surroundings.

Einfühlungsvermögen *n* empathy, intuitive understanding, intuitive flair, tactfulness, sensitive mental perception.

Einfuhr *f* importation (*i-tion*), import (*i*-), import trade, imported goods; **~abfertigung** *f* *i*- clearance; **~~ im Betrieb** local *i*- control; **~abgabe** *f* *i*- duty; **~abschöpfung** *f* *i*- levy; **~anrecht** *n* right to *i*-; **~anschlusslieferung** *f* follow-up *i*-; ~ **auf dem Seeweg** *i-tion* by sea; **~-Ausgleichsabgabe** *i*- equalization levy/tax; **~ausschuss** *m* advisory committee on *i-s*; **~bedarf** *m* *i*-requirements; **~belastung** *f* *i*-charges; **~bescheinigung** *f* certificate of *i-tion*; **~beschränkung** *f* *i*-restrictions; **mengenmäßige ~~** quantitative restriction of *i-s*; **~be-**

steuerung *f* imposition of tax on *i-tion*; **~bestimmungen** *f/pl* *i-* regulations; **~bewilligung** *f* *i-* permit; **~~santrag** *m* application for *i-* permit; **~blatt** *n* *i-tion* sheet (counter foil; voucher); **~deklaration** *f* *i-* declaration, *i-* entry; **~dispositionen** *f/pl* *i-* arrangements; **~einheit** *f* unit of imported goods, *i-* unit; **~erklärung** *f* *i-* declaration; **~erlaubnis** *f* *i-* *US* license/*GB* licence, *i-* permit; **~freigabe** *f* release for *i-tion*; **~-Freiliste** *i-* free-list; **~genehmigung** *f* *i-* authorization, *i-* permit; **~handel** *m* *i-* trade, passive trade; **~händler** *m/***-in** *f* importer; **~kontingent** *n* *i-* quota; **~~ierung** *f* imposing *i-* quotas, limitation (by quotas) on *i-s*; **~kredit** *m* *i-* credit; **~kurve** *f* trend in *i-s*; **~kürzung** *f* *i-* cut; **~land** *n* country from which *i-s* are obtained; importing country; **~lieferung** *f* *i-* shipment; **~liste** *f* *i-* list; **~lizenz** *f* *i-* *US* license/*GB* licence; **~monopol** *n* monopoly of *i-s*; **~müdigkeit** *f* reluctance to *i-*; **~ort** *m* place of *i-tion*; **~papier** *n* *i-* document; **~plafond** *m* *i-* ceiling; **~potential** *n* importing capacity; **~prämie** *f* bounty on *i-s*, *i-* bonus; **~preis** *m* *i-* price; **~prognose** *f* forecasting the course of *i-s*; **~regelung** *f* *i-* rule/regulation; **~restriktion** *f* *i-* restriction; **~schein** *m* *i-* *US* license/*GB* licence; **~sog** *m* demand for *i-s*, *i-* pull, pressure to *i-*; **~sonderabgabe** *f* *i-* surcharge; **~sperre** *f* embargo on *i-s*; **~stelle** *f* *i-* agency; **~steuer** *f* *i-* duty; **~stop** *m* *i-* ban; **~tief** *n* an *i-* low, low level of *i-s*; **~überschuss** *m* *i-* surplus; **~umsatzsteuer** *f* turnover tax on *i-s*; **~-Unbedenklichkeitsbescheinigung** *f* *i-* clearance certificate; **~- und Vorratsstelle** *f* *i-* and storage agency; **~ unter Zollverschluss** import(ation) in bond; **~ventil** *n* *i-* opening, the *i-* tap; **~verbot** *n* *i-* prohibition, *i-* ban; **~verlagerung** *f* shift in the type of *i-s*; **~vorausdispositionen** *f/pl* preliminary arrangements for *i-s*; **~vorgenehmigung** *f* preliminary *i-* permit; **~waren** *f/pl* *i-* goods, imported article; **nicht kontingentierte ~~** non-quota *i-s*; **~wert** *m* value of *i-s*; **~ziel** *n* deferred payment for *i-s*; **~zoll** *m* customs duty on *i-s*; **~~anmeldung** *i-* declaration; **~zuschuss** *m* *i-* subsidy; **abschöpfungsfreie ~** free-of-levy *i-*; **die ~ lenken** to steer *i-s*; **entgeltliche ~** *i-s* against (upon) payment; **endgültige ~** outright *i-tion*, permanent *i-tion*; **gewerbliche ~** commercial and industrial *i-s*; **kommerzielle ~** commercial *i-s*; **liberalisierte ~** liberalized *i-s*; **nichtkommerzielle ~** non-commercial *i-s*; **private ~** *i-s* on private account; **sichtbare ~** visible *i-s*; **unentgeltliche ~** *i-s* free of payment; **unsichtbare ~** invisible *i-s*; **vorübergehende ~** temporary admission/*i-tion*; **zollfreie ~** duty-free entry, free *i-*.

einführen *vt* to introduce, to initiate; to inaugurate; to import; **schrittweise ~** to establish step by step/gradually.

Einführer *m/***-in** *f* importer.

Einführung *f* introduction, initiation; **~sanzeige** *f* launch advertisement; **~sgesetz** *n* introductory act (law); **~skurs** *m* introductory price; *exch* issuing price; introductory course (*education*); **~snummer** *f* introductory number; **~sprospekt** *m* listing prospectus; pathfinder prospectus; introductory prospectus; **~spreis** *m* placing price, introductory price; **~sschreiben** *n* letter of introduction; **~swerbung** *f* initial advertising, launch advertising/publicity.

Eingabe *f* petition, application to an authority, presentation of a request/grievance; **~frist** *f* time limit for applications; **~termin** *m* closing date for applications.

Eingang *m* way in, entrance, introduction, (entry) receipt (= *r-*, *received* = *r-ed*), incomings, incoming mail, arrival receipt (*of mail, documents, money*); **~sabfertigung** *f* inward clearance, formalities on arrival (*persons*)/*r-* (*things*); **~sabteilung** *f* receiving department; **~samt** *n* first position of a career; **~sanzeige** *f* acknowledgment of *r-*, advice of *r-*; **~sbeleg** *m* (*der Handkasse*) petty-cash *r-*; **~sbescheinigung** *f* acknowledgment of *r-*; **~sbesoldung** *f* entrance level pay, starting salary; **~sbestätigung** *f* confirmation of *r-*, notice of arrival; **~sbuch** *n* book of entries, (inward) goods book, register of mail/articles *r-ed*; **~sbuchung** *f* original entry; **~sdatum** *n* date of *r-*/arrival; **~s-Durchgangszollstelle** *f* office of entry en route; **~sformel** *f* preamble (*of an enactment*); **~sgehalt** *n* commencing salary; **~sgewicht** *n* weight delivered; **~smeldung** *f* receiving report (*goods r-ed*); **~snummer** *f* serial number (*of mail*); **~sort** *m* place of entry; **~sprüfung** *f* receiving inspection; *pat* examination on filing; **~srechnung** *f* purchase invoice; **~sstempel** *m* date stamp, *r-* stamp; **~sstufe** *f* entrance level; **~stag** *m* date of *r-*; **~starif** *m* basic rate; **~svermerk** *m* file mark; **~szoll** *m* import duty, inward duty; **~~amt** *n* import customs office; **~~stelle** *f* office of entry; entry processing unit; ~ **vorbehalten** subject to collection (*check*).

eingedenk mindful; ~ **dessen** (*Präambel*) mindful of *sth*, bearing *sth* in mind; ~ **und in Bestätigung dessen** (*Präambel*) recalling and confirming *sth*.

eingehalten *adj* observed, complied with, kept; **nicht** ~ unkept, unobserved, not complied with.

eingehen *vi* to incur (*risk*), to undertake, to enter into (*obligations*); to be received, to come in (*mail, remittance*).

Eingehungsbetrug *m* fraudulent representation to obtain a contract, fraud in treaty.

eingeklagt *adj* sued for.

eingemeinden *vt* to incorporate (*into a city or town*), to suburbanize.

Eingemeindung *f* incorporation (*of village, etc into a city or other local community*), suburbanization.

eingerechnet *adj* inclusive, included.

eingeschlossen *adj* included, implied.

eingeschrieben registered (*mail*), enrolled (*student*).

eingestanden *pp/adj* acknowledged, admitted, → *eingestehen*.

eingestandenermaßen *adv* admittedly, avowedly, concededly.

Eingeständnis *n* admission, avowal; ~ ***e-er*** **Prozeßpartei** admission of a party.

eingestehen *vt* to admit, to concede.

eingetragen *adj* registered, on record, recorded; enrolled (*member*), booked; **gerichtlich** ~ registered with the court; **nicht** ~ not registered, not recorded.

Eingeweide *pl* viscera (*autopsy*).

eingezahlt *adj* paid-up; **voll** ~ fully paid up.

eingliedern *vt* to incorporate, to include, to integrate, to classify.

Eingliederung *f* incorporation, integration (= *i-*); ~ **in den Arbeitsprozess** intregration into employment; **~sdarlehen** *n* *i-* loan, rehabilitation loan; **~shilfe** *f* *i-* assistance; **~sleistungen** *f/pl* *i-* aid, grants and benefits for the economic *i-* (*of refugees*); **~szuschuss** *m* bonus/financial stimulus for firms incorporating older job seekers, affirmative action program(me) for older job seekers; **wirtschaftliche** ~ *i-*/absorption into the economic system, economic *i-*.

Eingreifen *n* intervention; **gerichtliches** ~ judicial intervention; **polizeiliches** ~ intervention by the police.

eingreifen *vi* to encroach upon, to interfere with (*rights*).

eingrenzen *vt* to delimit, to restrict the scope of.

Eingriff *m* intrusion, interference (= *intf-*) (with), encroachment (*on, upon sth*), official action, intervention (= *intv-*) infringement (*of rights*); ~ **in das Privateigentum** *intf-* with private property, violation of private property; ~ **in den Gewerbebetrieb** *intf-* with business; ~ **in die grundrechtlich geschützten Freiheiten** *intf-* with civil liberties; ~ **in die persönliche Freiheit** *intf-* with personal liberty; ~ **in die Rechte anderer** encroachment upon/infringement of other people's rights; **~sbefugnisse** *f/pl* powers of *intv-*; **~snormen** *f/pl* statutory requirements for (government) *intv-*; **~sschwelle** *f* threshold of *intf-*; **~sverwaltung** *f* executive administration (*affecting the individual*); **dirigistische ~e** governmental *intf-*; **enteignungsgleicher ~** inverse condemnation; **hoheitsrechtliche ~e** *intv-* by sovereign power(s); **staatlicher ~** state/governmental *intv-*.

Eingruppierung *f* classification, grouping.

einhalten *vt* to observe, to comply with, to adhere to.

Einhaltung *f* observance (of), compliance (with), adherence (to); ~ **der gegenseitigen Verpflichtungen** adherence to mutual obligations; ~ **der Gesetze** observance of the laws; ~ ***e-er*** **Bedingung** compliance with a condition; ~ ***e-er*** **Frist** meeting a deadline, observance of a time limit; ~ ***e-es*** **Vertrages** adherence to (the terms of) a contract; ~ **in allen wesentlichen Punkten** substantial compliance, compliance with the essential requirements; ~ **von Handelsbräuchen** observance of commercial usages; **unter** ~ ***e-er*** **Frist** (**von**) subject to a term (time-limit) of.

einhandeln *vt* to obtain by bargaining.

einheben *vt* to collect, to levy.

Einhebung *f* collection (*of public charges*), levy.

einheften *vt* to file (away), to put *sth* in a loose-leaf file.

Einhegungsrecht *n* right of enclosure.

einheimisch *adj* local, domestic, indigenous.

Einheirat *f* marriage into a family business/farm.

einheiraten *vi* to marry into (*a family business/farm*).

Einheit *f* unit, entity, point (*statistical*), *fig* unity; **~sbank** *f* unitary bank (*bank without branches*); **~sbedingungen** *f/pl* standard conditions; **~sbeiträge** *m/pl* flat-rate contributions; **~sbestrebung** *f* unification movement; **~sbetrag** *m* flat rate; **~sbewertung** *f* valuation of (taxpayer's) economic units; **~sformular** *n* standard form; **~sfront** *f* united front; **~sgeschäfte** *n/pl* standardized transactions; **~sgesellschaft** *f* unit company, unified company; consolidated limited partnership; **~sgewerkschaft** *f* industrial union, multicraft union; **fachliche ~~** horizontal union; **~sgründung** *f* single-step foundation (*foundation and capital issue at the same time*); **~skosten** *pl* unit cost; **~skurs** *m exch* standard quotation, official rate, single figure quotation; **~sliste** *f pol* single list; **~smarkt** *m* standard market; **~smietvertrag** *m* standard tenancy agreement; **~smuster** *n* standard pattern, standard sample; **~spartei** *f pol* unity party; **~spolice** *f* standard policy; **~sprämie** *f* uniform premium; **~spreis** *m* standard price, uniform price, flat price, unit price, single price, all-at-one price; **~~geschäft** *n* one-price store; **~~system** *n* standard price system; **~squalität** *f* **durchschnittlicher Güte** standard quality, marketable quality; **~srecht** *n* unified standard law; **~ssatz** *m* standard rate; **~sschule** *f* normal school, standard school; **~sstaat** *m* unitary state; **~ssteuer** *f* uniform tax, single tax; **~sstrafe** *f* consolidated single penalty; **~sstücklohn** *m* standard piece wage; **~starif** *m* uniform tariff, single-schedule tariff; **~svertrag** *m* standard contract, standard agreement; **~sversicherung** *f* all risks insurance; **~svordruck** *m* standard printed form; **~swert** *m* rateable/taxable value, assessment unit value (*of real estate*), assessable value, standard value; **~~bescheid** *m* tax value assessment notice; **~szoll** *m* uniform duty; **~~tarif** *m* single-schedule tariff; **in sich abgeschlossene ~** self-contained unit (*rooms*); **nationale ~** national unity; **selbständige ~** separate unit; **Tag der Deutschen ~** Day of German Unity; (*October 3, 1990, national holiday*); **wirtschaftliche ~** economic unit.

einheitlich *adj* unitary, uniform, standardized, concerted (*action*).

Einheitlichkeit *f* uniformity; **~ der Erfindung** unity of invention.

einholen *vt* to call for, to seek, to obtain (*advice, expert opinion*).

einig *adj* in agreement with; **~ sein** to agree; *vi* to be in agreement.

einigen *v reflex* to come to/reach an agreement, to agree; *vt pol* to unite; **sich außergerichtlich ~** to settle out of court; **sich gütlich ~** to settle amicably.

Einigkeit *f* mutual consent, harmony, agreement; **es besteht ~ darüber** it is mutually understood and agreed.

Einigung *f* agreement (= *a-*), mutual consent, concurrence of will, meeting of the minds (*law of contract*); consensus ad idem; *pol* unification; **~samt** *n* conciliation board; **~sgrundsatz** *m* principle of formal *a-* (*in land registery matters for conveyances*); **~smangel** *m* lack of *a*, disagreement, failure to agree (*contract*); **~sstelle** *f* board of conciliation; **~surkunde** *f* certificate of conciliation; **~sverfahren** *n* conciliation proceedings; **~svertrag** *m* Unification Treaty (*between two German states*); **~svorschlag** *m* proposal for a settlement; **außergerichtliche ~** out-of-court settlement; **gütliche ~** amicable settlement, private *a-*; **zu *e-er* ~ kommen** to reach an *a-*, to come to terms.

einkalkulieren *vt* to take into account.

Einkammer|gesetzgebung *f* unicameral legislation, single-chamber enactment of laws, single-chamber system; **~system** *n* unicameral system.

einkassieren *vt* to collect.

Einkassierung *f* collection.

Einkauf *m* purchase (= *p-*, *purchasing* = *p-ing*), shopping; **~sabteilung** *f* *p-ing*/buying/procurement department; **~sakkreditiv** *n* buying letter of credit; **~sbedingungen** *f* conditions of *p-*, *p-* terms; **~sbeleg** *m p-* voucher; **~sbuch** *n* voucher register; **~sdispositionen** *f/pl* buying arrangements; **~sermächtigung** *f p-ing* authorization; **~sgemeinschaft** *f p-ing* pool; **~sgenossenschaft** *f p-ing* cooperative, purchasers' association; **~skartell** *n p-* cartel; **~skommission** *f* buying commission, order to buy on commission; **~skommissionär** *m/***-in** *f p-ing* commission merchant; **~skontingent** *n p-* quota, buying quota; **~skonto** *n p-* account; **~skredit** *m* loan to finance *p-s*; **~spreis** *m p-* price, cost price; **~sprovision** *f* buying commission, buying brokerage; **~srabatt** *m p-* discount; **~srechnung** *f* invoice for a *p-*, *p-* account; **~ssachbearbeiter** *m/***-in** *f p-ing* agent; **~ssitzung** *f p-ing* session; **~svereinigung** *f p-ing* association; **~svertreter** *m/***-in** *m* buying agent; **~svollmacht** *f p-ing* authority; **~szentrum** *n* shopping *US* center/*GB* centre; **~szusammenschluss** *m* joint *p-*; **bargeldloser ~** cashless shopping.

einkaufen to purchase, to buy, to shop.

Einkäufer *m/***-in** *f* buyer, purchasing agent; **ortsansässiger ~** resident buyer, local buyer.

einkaufswirksam as per purchasing date.

einkerkern *vt* to incarcerate.

einklagbar *adj* suable, actionable, **nicht** ~ unenforceable, non-actionable; **selbständig** ~ actionable per se.

Einklagbarkeit *f* suability, enforceability, recoverability.

einklagen *vt* to file a suit for, to sue for, to sue, to issue a writ against.

Einklagung *f* suing (*for a claim*), taking legal action (*for the recovery of a debt*).

Einklang *m* accord, agreement, congruity; **im ~ mit** in keeping with, in step with; **in ~ bringen** to reconcile, to harmonize.

Einklarieren *m* → *Einklarierung*.

einklarieren *vt* to clear (inward-bound ship), to clear in.

Einklarierung *f* clearance inwards, inward clearance; **~stag** day of entry.

Einkommen *n* income (= *i-*), ordinary income, (total) earnings; ~ **aus freier Berufstätigkeit** professional earnings; ~ **aus Gewerbebetrieb** trading *i-*, *i-* from trade or industry; ~ **aus Grundbesitz** *i-* from landed property; ~ **aus Kapital- und Vermögensbesitz** *i-* from capital and property; ~ **aus Kapitalvermögen** *i-* from capital, *GB* unearned *i-*; ~ **aus selbständiger Arbeit** professional earnings, free-lance earnings; ~ **aus unselbständiger Arbeit** *i-* from wages and salaries; ~ **nach (Abzug der) Steuern** *i-* after (deduction of) taxes, net *i-*, *i-* net of taxes; **~sausgleich** *m* *i-* equalization; **~sbesteuerung** *f* taxation of *i-*; **~sbezieher** *m*/**-in** *f* recipient of *i-*; **selbständiger** ~~ independent recipient of *i-*; **~selastizität** *f* *i-* elasticity; **~sentstehung** *f* origin/source of *i-*; **~sentwicklung** *f* movement in *i-s*; **~serhöhung** *f* increase in *i-*; **exogene** ~~ increase in *i-* originating elsewhere; **~serklärung** *f* statement of *i-*, *i-*-tax return; **~sermittlung** *f* determination of (taxable) *i-*; **~sgrenze** *f* *i-* limit; **~sgruppe** *f* *i-* group, *i-* bracket; **~sklasse** *f* *i-* class; **~snachholbedarf** *m* earnings lag; **~sniveau** *n* level of *i-*; **~spfändung** *f* garnisheeing of earnings, attachment of earnings; **~spolitik** *f* incomes policy; **~squelle** *f* source of *i-*; **~~nbesteuerung** *f* taxation of *i-* at source; **~srücklage** *f* *i-* reserve(s), unspent *i-*; **~sschicht** *f* *i-* group, *i-* bracket; **~sschichtung** *f* *i-* stratification; **~sschmälerung** *f* reduction of earnings; **~sschwelle** *f* *i-* threshold; **~ssicherung** *f* *i-* maintenance; **~ssteuer** *f* → *Einkommenssteuer*; **~sstreuung** *f* distribution of *i-*, *i-* spread; **~sstufe** *f* *i-* bracket; **~steile** *m/pl* portions of *i-*; **~sübertragung** *f* *i-* transfer; **~sumlagerung** *f* *i-* switching; **~sumschichtung** *f* shift in *i-*; **~sverlagerung** *f* shifting *i-*; **~sverschiebung** *f* shift in *i-*; **~sverteilung** *f* distribution/redistribution of *i-*; **~szuwachs** *m* increase of earnings; **inflationsbereinigter** ~~ increase in *i-* (earnings) adapted to inflationary changes; ~ **von Körperschaften** corporate *i-*; ~ **vor Abzug der Steuern** gross *i-*, pre-tax *i-*; **beitragspflichtiges** ~ *i-* liable to payment of contributions (*for social security, etc*); **die laufenden ~s- und Vermögensteuern** current taxes on *i-* and wealth; **effektives** ~ real *i-*; **festes** ~ regular *i-*, fixed *i-*; **freiberufliches** ~ independent *i-*, *i-* from self-employment, free-lance *i-*; **freies** ~ free *i-*; **gewerbliches** ~ *i-* derived from trade or industry, business *i-*; **persönliches** ~ personal *i-*; **Pro-Kopf-Einkommen** individual earnings, per capita *i-*; **ruhegeldfähiges** ~ pensionable *i-*; **sozialversicherungspflichtiges** ~ *i-* liable to payment of social insurance contributions; **spärliches** ~ pittance, modest *i-*; **steuerbares** ~ taxable *i-*; **steuerfreies** ~ tax-free *i-*; **steuerpflichtiges** ~ taxable *i-*; **unselbständiges** ~ wage and salary *i-*; **verfügbares** ~ disposable *i-*; **zu versteuerndes** ~ taxable *i-*, assessable *i-*.

einkommens|abhängig *adj* means tested, income dependent; **~reagibel** sensitive to variations in income; **~steuerfrei** free of income tax, tax-free; **~steuerpflichtig** liable to income tax; **~vermehrend** income-increasing.

Einkommenssteuer *f* (individual) income tax (= *i/t*, *income-tax* = *i-t*), personal income tax; **~ausfall** *m* shortfall in *i/t*; **~bescheid** *m i-t* assessment, *i-t* bill; **~erklärung** *f i-t* return; **gemeinsame ~~** joint *i-t* return (*husband and wife*); **~erleichterung** *f i-t* relief; **~freiheit** *f* exemption from *i/t*; **~gesetz** *n I/T* Act; **~-Grundtabelle** *f* basic table for calculating *i/t*; **~novelle** *f i-t* amending law, tax amending bill; **~pflicht** *f i-t* liability; **beschränkte ~~** limited *i-t* liability (for non-residents' earnings from inland sources); **~pflichtige(r)** *f(m) i-t* payer; **~recht** *n i-t* law; **~richtlinie** *i-t* directive; **~rückvergütung** *f* refund of *i/t*; **~senkung** *f i-t* reduction; **~-Splitting-Tabelle** *f* joint marital *i/t* scale; **~tabelle** *f i-t* table; **~tarif** *m i-t* rate, tax scale; **~veranlagung** *f* assessment of individual *i/t*; **~vergünstigung** *f i-t* relief; **~-Vorauszahlung** *f* prepayment/advance payment of *i/t*; **ausländische ~** foreign *i/t*; **die ~ ist durch den Steuerabzug abgegolten** *i/t* is settled by deduction at source; **progressive ~** progressive *i/t*; **unbeschränkte ~pflicht** unlimited *i-t* liability (*for residents*); **zur ~ kommen noch hinzu** the following surcharges are added to the (income) tax assessment; **zur ~ veranlagen** to assess the amount of *i/t* payable.

Einkreisung *f* encirclement; integration into a district authority; **~skette** *f* (*bei Fahndung*) drag-net technique; **~spatent** *n* fencing-in patent; **~spolitik** *f* policy of encirclement, isolation.

Einkünfte *pl* revenue, earnings, income (= *i-*), taxable proceeds, (*from certain types of sources*); **~ aus Aktien** *i-* from shares; **~ aus Arbeitsleistung und gewerblicher Tätigkeit** earned *i-* (*professional and employee i-*); **~ aus der unmittelbaren Nutzung** *i-* derived from direct use; **~ aus eigener Arbeit** personal earnings; **~ aus Erwerbstätigkeit** earned *i-*, trading receipts; **~ aus Gewerbebetrieb** *i-* from trade or industry, industrial and commercial profits; **~ aus Grundbesitz** *i-* from real estate; **~ aus Kapitalvermögen** unearned *i-*, *i-* from capital assets, investment *i-*; **~ aus Landbesitz** *i-* from real estate; **~ aus nichtselbständiger Arbeit** *i-* from employment; **~ aus selbständiger Arbeit** self-employment *i-*, free-lance earnings; **~ aus unbeweglichem Vermögen** *i-* from real/immovable property; **~ aus Vermietung und Verpachtung** *i-* from immovable property, *i-* derived from letting property; **~ aus Wertpapiervermögen** *i-* from securities; **~ der öffentlichen Hand** public revenue; **~ von natürlichen Personen** personal *i-*; **ausländische ~** foreign *i-*; **betriebliche ~** operating *i-*; **echte ~** actual *i-*; **entgangene ~** lost earnings; **feste ~** fixed *i-*; **feste oder bestimmbare ~** fixed or determinable *i-*; **freiberufliche ~** free-lance *i-*, earnings from self-employment; **inländische ~** domestic *i-*; **nichtgewerbliche ~** nonbusiness *i-*; **pauschalbesteuerte ~** *i-* taxed at a flat rate; **sonstige ~** other *i-*, miscellaneous revenues; **ständige ~** permanent *i-*; **steuerfreie ~** tax-free *i-*; **wiederkehrende ~** regular *i-*, recurring receipts; **zu versteuernde ~** taxable *i-*.

Einkunfts|arten *pl* types of (taxable) income, classes of revenue; **~quelle** *f* source of income.

Einlage *f* deposit (= *d-*) (*bank account*); initial capital share; capital contribution; enclosure (*letter*); **~nbestand** *m* total *d-s*; **~nbuch** *n* pass-book (*bank account*); **~nent-**

wicklung *f* movement of *d-s*; **~nforderung** *f* call; **~n geschäft** *n* *d-* business (*banks*); **~n in Sachwerten** investment in non-monetary assets; **~nkonto** *n* *d-* account; capital contribution account; **~n mit 3% verzinsen** to pay 3% interest on *d-* accounts; **~nrückstand** *m* arrears on calls, unpaid calls; **~nsicherung** *f* *d-* security arrangements; **~~sfonds** *m* *d-* guaranty fund; **~nverbindlichkeiten** *f/pl* *d-* liability ties; **~nzertifikat** *n* certificate of *d-* (*abbr CD*); **~nzins** *m* interest on *d-s*; **ausstehende ~n** unpaid capital, unpaid subscriptions; **befristete ~n** *d-s* for a fixed term, time *d-s*; **erste ~n** original investment, initial share; **feste ~n** fixed *d-s*; **gebietsfremde ~n** nonresident *d-s*; **gesetzliche ~n** legal minimum *d-s*; **kommunale ~n** *d-s* by local authorities; **kündbare ~n** time *d-s*, *d-s* at notice, investment subject to call; **kurzfristige ~n** *d-s* on short notice, short-term *d-s*; **langfristige ~n** long-term *d-s*; **mindestreservepflichtige ~n** *d-s* subject to minimum reserve obligation; **öffentliche ~n** public *d-s*; **täglich fällige ~n** demand *d-s*, *d-s* payable on demand; **terminierte ~n** time/fixed-term) *d-s*; **unverzinsliche ~n** non-interest-bearing *d-s*.

Einlagerer *m*/**-in** *f* depositor, warehouse customer.

einlagern *vt* to store, to warehouse, to place in a warehouse.

Einlagerung *f* storage (= *s-*), storing, warehousing; **~sgebühr** *f* *s-* charge; **~skapazität** *f* *s-* space, warehousing space; **~skredit** *m* warehouse loan; **~sland** *n* country of warehousing; **~smaßnahme** *f* *s-* arrangement; **~sschein** *m* warehouse receipt; **~swechsel** *m* *s-* bill, warehouse bill; **~ unter Zollverschluss** bonding; **jeder Zeit zugängliche ~** live *s-*, permanently accessible *s-*.

einlassen *v reflex* to enter an appearance (*civil procedure*), to defend a case; to take up one's *US* defense/*GB* defence.

Einlassung *f* appearance, submission to the jurisdiction of a court; answer to the charge, statement of accused in court; **~ auf die Anklage** pleading to the charge; **~sfrist** *f* period for filing a *US* defense/*GB* defence; **~stermin** *m* day to show cause, stipulated date for entering an appearance; **~ zur Hauptsache** plea to the merits of plaintiff's claim; **~ zur Anklage verweigern** to stand mute; **~ zur Sache** defense relating to the substance of the dispute; pleading on the merits of a case.

Einlauf *m* incoming mail; arrival; **~hafen** *m* port of entry; **~stelle** *f* filing office, filing department (*of a court, administrative agency for incoming mail and pleadings*).

einlaufend *adj* incoming.

einlegen *vt* to lodge, to file (*a remedy*), to insert.

Einleger *m*/**-in** *f* depositor, contributor (*to company's capital*); **gewerbetreibender ~** business depositor.

Einlegung *f* lodging, filing; **~ der Berufung** filing of appeal, lodging of the appeal; **~ e-s Rechtsbehelfs** lodging of a legal remedy; **~ *e-s* Rechtsmittels** lodging of an appeal.

einleiten *vt* to initiate, to introduce.

einleitend *adj* introductory, initial.

Einleitung *f* introduction, institution, initiation (*proceedings*); **~sbehörde** *f* initiating authority (*in disciplinary proceedings*); **~sbeschluss** *m* decision to institute (disciplinary) proceedings, receiving order; **~sformel** *f* caption (*indictment, pleading*), title; **~~ *e-er* Entschließung** resolving clause; **~ *e-es* Strafverfahrens** institution of a prosecution/of criminal proceedings.

Einlieferer *m*/**-in** *f* (= *der Einliefernde*) depositor; committing officer.

einliefern *vt* to commit (*a person to an institution or prison*); to deliver.

Einlieferung *f* commitment, committal, official assignment and delivery (*of a person to prison, a mental hospital, etc*); taking over of an extradicted person for trial; **~sbefehl** *m* warrant of commitment, committal order; **~sbescheinigung** *f* postal receipt (*for registered letters, etc*); certificate of deposit; **~sliste** *f* list of commitments to prison; **~sschein** *m* paying-in slip, certificate of posting, postal receipt; **~ in die Haftanstalt** committal to prison.

einliegend *adv* enclosed.

Einliegerwohnung *f* internal flat (*within an apartment or dwelling house*); lodging contained in a dwelling.

einlösbar *adj* redeemable (*pledge, security*), payable (*check, bill of exchange*), convertible; **nicht ~** irredeemable, uncollectible.

Einlösbarkeit *f* redeemability, payability, convertibility.

einlösen *vt* to redeem, to pay, to discharge, to hono(u)r (*bill of exchange*); **nicht ~** to dishono(u)r; **nicht eingelöst** unclaimed (*check*).

Einlösung *f* redemption (= *r-*), payment, discharge, hono(u)ring; **~ *e-es* Versprechens** keeping a promise; **~ *e-es* Wechsels** payment/hono(u)ring/discharge of a bill of exchange; **~sbetrag** *m r-* amount, *r-* price; **~sbedingungen** *f/pl* terms of *r-*; **~sermächtigung** *f* authority to pay; **~sgarantie** *f* guarantee to hono(u)r a *US* check/*GB* cheque; **~sfrist** *f* date of maturity, *r-* period; **~~ abgelaufen** out of date (*check*); **~sklausel** *f r-* clause; **~skurs** *m r-* rate/price; **~spflicht** *f* obligation to redeem, compulsory convertibility (*gold currency*); **~spapiere** *n/pl* documents that must be presented for payment; **~sprovision** *f* collection commission; **~srecht** *n* right of *r-*; **~sstelle** *f* paying agent; **~stag** *m r-* date, maturity date; **~ von Banknoten** *r-* of bank notes; **~ von Wertpapieren** *r-* of securities.

Einmal|behälter *m* disposable container, one-way container; **~beitrag** *m ins* single premium; **~betrag** *m* lump sum, single payment; **~kosten** *pl* non-recurring costs, non-recurrent expenditure; **~prämie** *f* single premium; **~~n-Lebensversicherung** *f* single premium life policy; **~rückstellung** *f* non-recurring allocation to reserve, non-recurrent provision; **~-Sparbeträge** *m/pl* single savings inpayment; **~tarif** *m* one-time rate (*advertising*).

einmalig *adj* non-recurrent, non-recurring, one-off, once only.

Einmann|betrieb *m* one-man business; **~gesellschaft** *f* one-man company; **~-GmbH** *f* one-man private limited company; **~wahlkreis** *m* single candidate constituency.

Einmischung *f* interference, intervention; **~sklage** *f* interpleader summons (*third-party intervention against two litigants claiming the object of the lawsuit*), → *Hauptintervention*; **~spolitik** *f* interventionist policy; **fremde ~** foreign interference; **staatliche ~** state interference; **unbefugte ~** unauthorized intervention.

Einmündung *f* mouth, estuary (*river*); junction (*roads*).

Einnahme *f* receipt (= *r-*), (*pl ~n*) takings, earnings, proceeds; **~nausfall** *m* revenue shortfall; **~n-Ausgaben-Buchführungssystem** *n* costbook principle of accounting; **~n-Ausgabenrechnung** *f* cash-based accounting, bill of *r-s* and expenditures; **~n aus laufender Rechnung** current *r-s*; **~nbuch** *n r-s* book; **~ndecke** *f* general revenue position, revenue cover-ratio; **~nkasse** *f* cash receiving office; **~npolitik** *f* revenue policy; **gezielte ~~** purposive/ad hoc revenue policy; **~nposten** *m* revenue items; **~nquelle** *f* source of revenue; **~nrückgang** *m* decline in revenue; **~nspitze** peak in *r-s*; **~nstruktur** *f* structure of revenue,

revenue pattern; **~nüberschuss** *m* excess of *r-s* over expenditure; **~n und Ausgaben** *r-s* and expenditure, *r-s* and payments; **~- ~ ~plan** cash budget; **~- ~ ~rechnung** *r-* and expenditure accounting (*without balance sheet*); **~- ~ ~sätze** amounts entered as *r-s* and expenditures; **~- ~ ~übersicht** cash survey; **~nvakuum** *n* gap in *r-s*; **alle ~n und Ausgaben** all items of revenue and expenditure; **aufzeichnungspflichtige ~n** notifiable *r-s*, *r-s* required to be entered in the books; **bare ~n** cash *r-s*; **einmalige ~n** non-recurring *r-s*; **laufende ~n** regular income items; **ordentliche ~n** ordinary *r-s* (*budget*); **zweckgebundene ~n** earmarked *r-s*.

einordnen *vt* to file; *v reflex* to get into (the correct lane) (*traffic*).

Einordnung *f* classification, integration, filing (*letters*); **~sfahrstreifen** *m* **vor Kreuzungen** approach lane(s) to intersections.

Einparteienstaat *m* one-party state.

einpendeln *vi* to find a level, to even out, to reach equilibrium.

Einpendeln *n* plateauing.

Einpersonenhaushalt *m* single-person household.

Einphasensteuer *f* single-stage tax.

einplanen *vt* to include in the plan, to plan, to budget for.

Einplanung *f* planning, inclusion in the plan, making provisions.

einquartieren *vt* to billet, to quarter.

Einquartierung *f* quartering, billeting.

einräumen *vt* to concede, to accord; to grant facilities (*credit*).

Einräumung *f* admission, concession, allowance, granting.

einrechnen *vt* to count in, to include in one's calculations, to take into account.

Einrechnung *f* inclusion (*in the calculation or charge*).

Einrede *f* plea (= *p-*), *US* defense/*GB* defence (= *d-*), procedural defense, (negative) plea, objection, demurrer; ~ **der Arglist** *d-* that the pleading of another person is malicious, objection on the ground of malice, *d-* of fraud; ~ **der Aufrechnung** *d-* of set-off; ~ **der Dürftigkeit des Nachlasses** plene administravit, *p-* that estate liabilities exceed estate assets; ~ **der Erfüllung** *p-* in discharge; ~ **der mangelnden Aktivlegitimation** *d- p-* that plaintiff is not the proper party, *p-* of incompetence of plaintiff; ~ **der mangelnden Passivlegitimation** *p-* that defendant is the wrong party to be sued; ~ **der mangelnden Prozessfähigkeit** *d-* of unfit to plead, *p-* of lack of legal capacity for court pleadings; ~ **der örtlichen und sachlichen Unzuständigkeit** *p-* of want of jurisdiction; ~ **der Rechtshängigkeit** *p-* of another action pending, *p-* of lis pendens; ~ **der Rechtskraft** *p-* of res judicata, *p-* of estoppel per rem judicatam, (*p-* of) former adjudication; ~ **der Schikane** *p-* of chicanery; ~ **der ungenügenden Sicherheitsleistung** *p-* of insufficient security; ~ **der Unzulässigkeit** equitable estoppel, *p-* that action does not lie; ~ **der Unzurechnungsfähigkeit** *d-* of unfit to plead, *p-* of other party's lack of legal capacity, *crim pro p-* of insanity; ~ **der Unzuständigkeit** *p-* of lack of competence, objection to the jurisdiction; ~ **der Verjährung** *p-* of lapse of time, *p-* that claim is statute barred; **die ~ ~ ~ geltend machen** *crim pro* to plead lapse of time; *civ pro* to plead the Statute of Limitations; ~ **der Vorausklage** (= *beneficium excussionis, beneficium ordinis*) benefit of discussion (*surety's privilege that creditor first proceed against debtor*), *p-* of unexhausted remedies; ~ **der Vorbenutzung** *pat p-* of prior use; ~ **des Mehrverkehrs** *p-* of multiple access (*paternity suit*); ~ **des nicht erfüllten Vertrags** *p-* of non-performance; ~ **des Schiedsgerichts** *p-* that arbitration had been agreed upon; ~ **schlechter Prozessfüh-**

rung *p-* of negligent litigation; **~verzicht** waiver of a *p-*; **absolute** ~ absolute *d-*, peremptory *p-*; **aufschiebende** ~ dilatory *p-*, *p-* in suspension, *p-* of preliminary *d-*; ***e-e*** **begründete** ~ a good *d-*, a well-founded *d-*, a valid *d-*; ***e-e*** ~ **erheben** to put forward a *d-*, to enter a *p-*, to set up a *d-*, to plead as a *d-*; ***e-e*** ~ **vorbringen** to plead as a *d-*; **hemmende** ~ dilatory exception/*p-*; **peremptorische** ~ peremptory *p-*, *p-* in bar, complete *d-*; **persönliche** ~ personal *d-* (*negotiable instruments*); **Prozess hindernde** ~ *p-* in abatement, preliminary objection, *p-* in bar of trial; **rechtshindernde** ~ *p-* in law; **rechtsvernichtende** ~ *p-* in bar, peremptory *p-*; **unbegründete** ~ bad *p-*, unfounded *p-*; **unzulässige** ~ inadmissible *p-*, improper *p-*; **verzögerliche** ~ dilatory *p-*.

einreichen *vt* to submit, to present, to file, to lodge; to pay in for collection.

Einreicher *m*/**-in** *f* presenter, applicant for discount, discounter (*bills of exchange*).

Einreicher-Obligo *n* liability of party lodging a bill (for discount).

Einreichung *f* filing (= *f-*), presentation (= *p-*); *pl* **~en** discounts (*banking*); ~ **der Klage** *f-* of the action, *p-* of the petition; ~ ***e-er*** **Patentanmeldung** *f-* of a patent application; ~ ***e-er*** **Strafanzeige** laying an information; bringing a criminal charge against; ~ ***e-es*** **Antrags** *f-* of an application; ~ ***e-es*** **Konkursantrags** *p-*/*f-* of a bankruptcy petition; **~samt** *n* office for delivery (*of pleadings*), *f-* office; **~sdatum** *n f-* date; **~sfrist** *f* deadline for *f-*, deadline/period for *p-*, tender period, closing date; **~stermin** *m f-* date; ~ **von Schriftsätzen** delivery of pleadings; ~ **von Urkunden** *f-* of documents.

Einreihung *f* classification.

Einreise *f* entry (= *e-*); **~erlaubnis** *f e-* permit, *e-* clearance; **~erlaubnisschein** *m e-* clearance certificate; **~flughafen** *m* airport of *e-*, gateway airport; **~kontrolle** *f* check on entering a customs territory; **~sichtvermerk** *m e-* visa, entrance visa; **~verbot** *n* **für Ausländer** prohibition of *e-* for foreigners; exclusion of aliens; **~verweigerung** *f* refusal of *e-*, immigration denial; **~visum** *n e-* visa; **illegale** ~ illegal immigration/*e-*.

Einreisende(**r**) *f(m) (der Einreisende)* entrant, incoming passenger.

einrichten *vt* to establish, to institute, to organize.

Einrichter *m*/**-in** *f* setup man/woman.

Einrichtezeit *f* setup time.

Einrichtung *f* establishment, institution, facility, installation; ~ **der Gemeinschaft** *EU* Community body; **~en des öffentlichen Rechts** bodies governed by public law; **~sgegenstände** *m/pl* equipment, furniture and fixtures; **~shaus** *n* furniture store; **~skonto** *n* equipment account; **~skosten** *f* initial capital expenditure; **~skredit** *m* credit for household furniture; **~spatent** *n* device patent; **gastgebende** ~ host establishment; **gemeinnützige** ~ socially beneficial institution; **gewerbliche** **~en** commercial establishments; **öffentliche** ~ public institution; **schadenverhütende** **~en** safety devices, safety facilities; **soziale** **~en** social services; **städtische** **~en** municipal services.

einrücken *vt* to indent (*typewritten line*), to insert (*classified ad*), *vi* to join the armed services.

Einrückung *f* indent, indention; insertion.

Einsatz *m* action, employment (*workers*), tour of duty (*official*), deposit (*pledge*), stake, stake money (*game, betting*); sortie (*war, plane*); **~auftrag** *m* mission; **~beratung** *f* application consultation; **~bereitschaft** *f* willingness to serve; readiness for use; *mil* alert, operational readiness; **~dienst** *m* special service, emergency service; **~fahrzeug**

n emergency vehicle (*fire brigade, etc*); **~form** *f* method of employment; **~freudigkeit** *f* drive, zeal, keenness, enterprise; **~gebiet** *n* operational area; **~gruppe** *f* task force, detail; **~horn** *n* siren (*of vehicle on (emergency) duty*); **~kräfte** *f/pl* combat forces; **~leiter** *m*/**-in** *f* squad leader, officer in charge of the operation; **~plan** *m* employee roster; **~preis** *m* starting price (*auction*), reserve price; **~stab** *m* staff-headquarters, action group; **~strafe** *f* individual penalty merged in a compound sentence; **~wert** *m* entered value, book value; **~zeit** uptime (*machine*); **~zug** *m* relief train; **bestmöglicher ~** optimum utilization; **zum ~ bringen** to apply, to employ.

einsatzfähig *adj* employable, fit for employment, able-bodied; operational (*military equipment*).

Einschaltquote *f* audience rating.

einschätzen *vt* to assess, to size up, to estimate, to appraise.

Einschätzung *f* assessment, appraisal, appreciation; **~ der Kreditwürdigkeit** credit rating; **~ des Risikos** appraisal of the risk.

einscheren *vi* to duck into line, to cut into line of traffic.

einschicken *v* to send in, to submit, to tender.

einschieben *vt* to insert, to interpolate (*text*).

Einschiebung *f* insertion, interpolation.

einschießen *vt* to contribute (*money to an enterprise*), to put money (*into a business*), to make money available (*for a business venture or speculation*).

einschiffen *v reflex* to embark, to go on board.

Einschiffung *f* embarkation/embarcation; **~shafen** *m* port of embarkation, port of lading, port of shipping; **~skarte** *f* embarkation card.

Einschlafen *n* falling asleep; **~ am Steuer** falling asleep at the wheel/while driving.

Einschlag *m* amount of timber cut, felling rate.

einschlägig *adj* pertinent, relevant; **~ vorbestraft** previously convicted for the same type of *US* offense/*GB* offence.

einschleichen *vi* to sneek in, to creep in, to steal in, to enter by stealth, to enter surreptitiously.

Einschleifung *f* curved motorway approach.

Einschleppen *n* towing in (*ship*); bringing into the country (*contagious disease*).

einschleppen *vt* to tow in (*ship*); to carry in (*contagious disease*).

einschleusen *vt* to lock(in) (*ship*); to introduce surreptitiously (*agents*), to put *sth* into circulation.

Einschleusung *f* passing (a ship) into a lock, channelling into, entry (*of goods into a market*); **~spreis** *m EU* sluice-gate price.

einschließlich *prep* inclusive; **bis ~** up to and including.

Einschließung *f* inclusion, confinement (*in a fortress, etc, for political US offenses/GB offences*), incarceration.

einschmuggeln *vt* to smuggle in.

einschneidend *adj* drastic.

Einschnitt *m fig* break, important event, turning point, upheaval.

einschränken *vt* to restrict, to limit.

einschränkend *adj* restrictive.

Einschränkung *f* restriction, limitation, curtailment; **mit der ~** subject to the proviso, sub modo; **~ der Pressefreiheit** restriction of freedom of the press; **~ des Absatzes** limitation of markets; **~ des freien Wettbewerbs** restraint of competition; **~en auferlegen** to impose restrictions on; **~en des Wehretats** defense cuts; **~en und Entbehrungen** austerity, scrimping and pinching; **bedingte zeitliche ~** contingent limitation.

Einschreibe|brief *m* registered letter, *US* certified mail; **~gebühr** *f* registration fee; **~päckchen** *n* registered small package; **~sendung** *f* registered mail, certified mail.

Einschreiben *n* registered; *US* registration or registry of mailable matter; by registered mail; ~ **mit Rückschein** recorded delivery, registered mail with return receipt.
einschreiben *vt* to register, to inscribe, to enrol.
Einschreibung *f US* enrollment, *GB* enrolment, matriculation.
Einschreiten *n* intervention.
einschreiten *vi* to intervene.
einschüchtern *vt* to intimidate.
Einschüchterung *f* intimidation.
Einschulung *f* school enrollment.
Einschuss *m* (*pl Einschüsse*) contribution of money, capital funds invested, *exch* margin, requirement (*deposited with broker*), initial margin, margin deposit, collateral security margin, trading margin, marginal deposit.
einsehen *vi* to inspect, to check in a register.
einseitig *adj* one-sided, unilateral; ~ **verpflichtend** unilaterally obligating, one-sided; ~ **zu beschriften** only one side of sheet shall be used.
Einseitigkeit *f* one-sidedness, partiality, prejudiced character (*of one's judgment*).
einsenden *vt* to send (in), to submit.
Einsender *m*/**-in** *f* sender, submitter, contributor (*articles to a newspaper*).
Einsendeschluss *m* closing day for entries.
einsetzen *vt* to insert (*word, a clause*), to institute, to establish (*committee, etc*), to appoint (*a person to an office*), to stake (*money for risk venture*), to constitute, to employ (*labo(u)r, machinery*).
Einsetzung *f* insertion inclusion, institution, establishment, appointment, employment; ~ **der Geschworenen** impanelling the jury; ~ ***e-es*** **Ersatzerben** substitution of an heir; ~ ***e-es*** **Nacherben** nomination of a secondary/subsequent heir (*in a will, as contingent successor of the heir*); ~ ***e-es*** **Testamentsvollstreckers** appointment of an executor/executrix; **~sbefugnis** *f* power of appointment.
Einsicht *f* inspection (= *i-*), examination (*books, etc*); insight, understanding; ~ **in die Akten** *i-* of the files; ~ **in die Bücher** *i-* of books; ~ **in ein Register** *i-* of a register; ~ **in Urkunden** *i-* of documents; **~nahme** *f i-*, examination; **Recht zur ~~** right of access to (*eg documents, information*); ~ **nehmen** to examine, to inspect; **~sfähigkeit** *f* capacity to understand (the wrongfulness of an act); **~srecht** *n* right of *i-*; **~~ in die Bücher** (right of) access to the books; **mangelnde** ~ lack of self-critical understanding; **zur** ~ **ausliegen** to be open to *i-*; **zur** ~ **vorlegen** to submit for *i-*.
einsichtig *adj* reasonably self-critical, appreciating one's own faults.
einsortieren *vt* to sort; **alphabetisch** ~ to file *sth* in alphabetical order.
einsparen *vt* to economize, to cut expenses, to save.
Einsparung *f* economizing, curtailing expenditure, reduction (*of costs, positions, etc*); **~en vornehmen** to cut costs, to save; **erzwungene ~en** forced savings, compulsory savings; **geringfügige ~en** marginal savings, minimal savings.
einspeisen *vt* to feed (*into a machine, computer, etc*).
Einspeisung *f* feeding in, input.
Einsperren *n* locking *s.o.* up, confinement (in an institution/jail), imprisonment; **widerrechtliches** ~ false imprisonment, unlawful imprisonment.
einsperren *vt* to lock up, to take into custody, to imprison, to incarcerate; ~ **lassen** to have *s.o.* put in *US* jail/*GB* gaol.
einspielen *vt* to bring in, to gross (*film*); *v reflex* to get going properly, to level out (*interest rate*).
Einspielergebnis *n* trade shown (*motion picture*), box office takings.
Einspielerlös *m* → *Einspielergebnis*.
einspringen *vi* to step in, to help out, to deputize.
Einspruch *m* objection (= *ob-*), protest, exception, *pat* opposition (= *op-*); ~ **einlegen** to lodge/file

an *ob-*; ~ **erheben** to object, to raise *ob-s*; *pat* to raise/to lodge/to file an *op-*, to oppose, to give notice of *op-*; ~ **gegen ein Versäumnisurteil** notice of *ob-* to a judgment by default; ~ **gegen Erteilung** ***e-es*** **Patents** *op-* to the grant of a patent; **~sabteilung** *f pat Op-* Division; **~sbegründung** *f* argument/brief in support of the *ob-*; *pat* grounds for/of *op-*; **~seinlegung** *f* filing of the *ob-*; *pat* notice of *op-*; **~sentscheid** *m* ruling on an *ob-*; *pat* official decision concerning an *op-*, award of priority; **~sergänzung** *f pat* supplementary argument in support of *op-*; **~serwiderung** *f pat* reply/rejoinder to an *op-*, counterstatement/counterbrief to an *op-*; **~sfrist** *f* period for *ob-*, period for filing protest; *pat* period for entering an *op-*; **~sgebühr** *f pat op-* fee; **~spartei** *f pat* opponent, party in *op-*, party to an interference; **~srecht** *n* right of *ob-*, right to protest; **~sschrift** *f* written notice of exceptions to a ruling, preliminary statement in support of an interference (*or op- to a grant of patent*); **~~satz** *m pat* notice of *op-*, *op-* brief; memorandum in support of *op-*; **~sverfahren** *n pat* interference proceedings, *op-*proceedings; **~~ einleiten** (*gegen Erteilung*) to give notice of *op-*, to enter an *op-* to a grant; ~ **wegen mangelnder Neuheit** *ob-* for lack of/want of novelty; ~ **wurde nicht erhoben** *pat* the application was left unopposed; **begründeter** ~ well-founded *ob-*; **dem ~ wird nicht stattgegeben** *ob-* overruled; ***e-em*** **~ stattgeben** to allow uphold/sustain an *ob-*; ***e-en*** **~ verwerfen** to overrule an *ob-*; *pat* to reject an *op-*; ***e-en*** **~ zurücknehmen** to withdraw an *op-*/an *ob-*; ***e-en*** **~ zurückweisen** to overrule an *ob-* (*at a trial*); *pat* to reject an *op-*; **für ~szwecke ausliegen** *pat* to lie open to *op-*; **nachträglicher** ~ *pat* belated *op-*; **rechtzeitiger** ~ *pat ob-* filed in due time, *op-* entered in time; **über** ***e-en*** **~ entscheiden** *pat* to take a decision on an *op-*; **unbegründeter** ~ unfounded *op-*; **unzulässiger** ~ inadmissible *op-*; **verspäteter** ~ belated/late *ob-*; *pat* late *op-*.

Einstand *m* entry, celebrating the beginning of a new job, house-warming party; **~sbedingungen** *f/pl* initial terms, terms of issue; **~sberechnung** *f* cost accounting; **~skosten** *f* initial cost, prime cost; **~spreis** *m* cost price, prime cost, first cost, original cost; **Zugänge zu ~~en** *acct* additions at cost; **~swert** value at cost, (all-in) cost value; **~szinssatz** *m* effective rate of interest to the borrower.

einstechen *vt* (*auf jd-en*) to stab (at) *s.o.*

einstehen *vi* (*für etwas*) to answer for *sth*, to vouch for, to take the responsibility for *sth*; ~ **müssen** to be responsible for, to be liable for.

Einsteigediebstahl *m* larceny by means of climbing in, theft by a cat burglar.

einsteigen *vi* to embark; to take part (*enterprise*), to get in on *sth* (*business venture*); *crim* to climb in.

einsteigern *vt* to obtain *sth* at an auction (*as the highest bidder*).

Einsteigerung *f* buying in at an auction.

einstellen *vt* **I** to hire; to employ; **sich ~ lassen** to sign on.

einstellen *vt* **II** to discontinue, to stay, to suspend; **einstweilen** ~ to suspend temporarily, to suspend until further notifice.

einstellen *vt* **III** to engage, to take on, to allocate.

einstellig *adj* single figure, single digit.

Einstellung *f* **I** employment, hiring; ~ **von Arbeitskräften** hiring of labo(u)r; **~sliste** *f* list of appointments for public office; **~sprüfung** *f* entrance examination; constitutional loyalty check of candidates for public office; **~sstab** *m* recruiting staff; **~sstop** *m* stoppage of recruiting, hiring freeze; **~stermin**

m date of entry into the service; **~suntersuchung** *f* medical check of draftees; **~svertrag** *m* employment contract; **~svoraussetzung** *f* (pre)condition of employment; qualifications for admission.

Einstellung *f* **II** stay, discontinuance (= *d-*), suspension (= *s-*) (*of proceedings*); ~ **der Feindseligkeiten** cessation of hostilities; ~ **der Kampfhandlungen** ending of combat action; ~ **der Strafvollstreckung** stay of execution, stopping execution of sentence; ~ **der Zwangsvollstreckung** *d-* of civil execution; ~ **des Betriebes** *s-* of operations; ~ **des Ermittlungsverfahrens** *d-* of criminal investigations, nolle prosequi, withdrawal of prosecution; ~ **des Geschäftsbetriebes** *s-* of business, *s-* of operations; ~ **des Konkursverfahrens** *d-* of bankruptcy proceedings; ~ **des Strafverfahrens** dismissal of a criminal case; **~sbeschluss** order to dismiss a case, order to stop proceedings; **~sverfügung** stop notice; **einstweilige** ~ *s-* of the proceedings.

Einstellung *f* **III** mental attitude, approach; **freundliche** ~ friendly spirit; **innere** ~ mental attitude; **politische** ~ political convictions; **überparteiliche** ~ non-party spirit, non-partisan view.

Einstellungen *pl* **in Rücklagen** transfers to reserves.

einstimmig *adj* unanimous, nemine contradicente.

Einstimmigkeit *f* unanimity; **kommt keine ~ zustande** failing unanimity.

Einstrahlung *f* social security exemption (*exemption from duty to pay social security contributions granted to employees of foreign firms temporarily working in Germany*).

einstufen *vt* to grade, to categorize, to classify, to scale; **höher** ~ to upgrade, to put into a higher group/income bracket; **neu** ~ to reclassify; **niedriger** ~ to downgrade, to put into a lower group/income bracket.

einstufig *adj* single-stage.

Einstufung *f* categorization, classification, employee rating; *tax* grading assessment; ~ **nach Leistungsfähigkeit** performance rating; **höhere** ~ promotional classification change, upgrading; **niedrigere** ~ demotional classification, demotion, downgrading.

Einsturz *m* collapse, foundering; **~gefahr** *f* danger of collapse; **Vorsicht ~~** danger – building unsafe.

einstweilig *adj* temporary, provisional, interim, interlocutory.

Eintausch *m* barter, exchange, trade; **~wagen** *m* trade-in (car); **~wert** *m* trade-in value.

eintauschen to trade in, to barter, to take in exchange for *sth*, to sell in part-exchange for.

eintaxieren *vt* to appraise.

einteilen *vt* to divide up, to class, to grade, to classify.

Einteilung *f* division, subdivision, classification, gradation, graduation (*scale*).

Eintrag *m* entry (*in a register*); ~ **ohne Gegenbuchung** single entry; **kein** ~ no entry; no previous convictions.

eintragen *vt* to enter, to make an entry, to register; to post; to enrol.

einträglich *adj* lucrative, profitable.

Einträglichkeit *f* lucrativeness, profitableness.

Eintragsrolle *f* registration list.

Eintragung *f* registration (= *r-*); entry (= *e-*), recordation; ~ ***e-es*** **Warenzeichens** *r-* of a trade mark; ~ **im Grundbuch** *e-* in the land register; ~ **im Handelsregister** *e-/r-* in the commercial register; ~ **in ein Register** *e-* in a register, *r-*; **~santrag** *m* application for *r-*, application for *e-* in the register (*land register*); **~sausschluss** *m* exclusion from the professional list; **~sbeschluss** *m r-* order, ruling that *sth* be entered in the register; **~sbewilligung** *f* grant of consent for an *e-* in the register (*by the party* *charged*); **~serfordernis** *n* recording/*r*- requirement; **~sfähigkeit** *f* eligibility for *r*-; registrability; **~sgebühr** *f r*- fee; **~shindernis** *n* grounds for refusal to register; **~sverbot** *n* (*Warenzeichenrecht*) bar to *r*- (*trademark law*); **~sverfahren** *n r*- procedure; **~svermerk** *n* **in *e-em* Register** note of *e*-, *r*-; **~svoraussetzung** *f* recording/*r*- requirement; **~swirkung** *f* legal effect of *r*-; **~szwang** *m* compulsory *r*-; ***e-e* ~ löschen** to delete an *e*-, to cancel an *e*-; **gegenstandslose** ~ *e*- no longer applicable; **im Rang nachgehende** ~ inferior *e*-; **nachträgliche** ~ post-*e*-, subsequent *e*-; **polizeiliche** ~ police *r*-; **unrichtige** ~ false *e*-; **zur ~ einreichen** to file for *r*-; **zur ~ vorlegen** to file for *r*-.

eintragungs|fähig *adj* registrable, eligible for registration, capable of registration, recordable; **~pflichtig** requiring registration.

eintreibbar *adj* collectible, recoverable.

eintreiben *vt* to collect, to enforce the collection (*of outstanding accounts*).

Eintreibung *f* collection, enforcing the collection (*of outstanding accounts*), measures for the recovery of a debt; **gerichtliche** ~ collection through judicial proceedings; **zwangsweise** ~ enforcement of the collection, collection by levying execution.

Eintreten *n* entry, occurrence, intervention; → *Eintritt*; ~ **des Erbfalls** the event of an inheritance.

eintreten *vi* to step in, to enter, to occur, ~ **für** to stand up for, to answer for, to be liable.

eintretendenfalls *adj* should the case arise, if so, if that happens.

Eintretende(r) *f(m)* (*der Eintretende*) entrant, incoming member, new member.

Eintritt *m* entry, entrance, occurrence; ~ **als Teilhaber /-in** entering (joining) a firm as partner; ~ **in die Rechte** subrogation to the rights (of); ~ **der Bedingung** happening of the contingency, occurrence of the event; ~ **des den Klageanspruch begründenden Ereignisses** accrual of the cause of action; ~ **des Versicherungsfalles** happening of the insured event; ~ ***e-es* Ereignisses** occurrence of an event; ~ ***e-es* Schadenfalles** occurrence of a loss insured against; ~ **in die Tagesordnung** proceeding to the points of the agenda; **vor** ~ ~ ~ ~ before proceeding to the business of the meeting; ~ **in ein Geschäft** joining a business, becoming a partner of a firm; ~ **in *e-e* Laufbahn** embarking upon a career; ~ **in *e-e* Partei** joining a party; **~salter** *n* age at entry; required minimum age; **~serlaubnis** *f* admission; **~sgebühr** *f* admission fee; **~sgeld** *n* entrance fee, admission; **~sgrenzzollamt** *n* customs office at place of entry; **~shafen** *m* port of entry; **~shäufigkeit** *f* frequency with which *sth* happens; probability of occurrence; **~skarte** *f* admission/entry ticket; **~sklausel** *f* automatic accrual of partnership status clause; succession-by-entry clause; **~sprämie** *f* take-over premium, entry premium; **~spreis** *m* admission fee/charge; entrance fee; **~sprüfung** *m* entrance examination; **~srecht** *n* right of entry, right to succeed a partner; right of preemption (*the right of accepting an offer in preference to others*); **~ssperre** *f* restriction of entry; **~svoraussetzung** *f* entrance requirement; ~ **verboten** no entry, no admittance; **bei ~ der Volljährigkeit** upon reaching majority, when coming of age; **bei ~ des Todes** upon death; **kein** ~ no entry.

einverleiben *vt* to incorporate, to include, to annex.

Einverleibung *f* incorporation, inclusion, annexation.

Einvernahme *f* examination (*of witness*), interrogation.

Einvernehmen *n* understanding, agreement, accord, tacit agreement, consent; **~serklärung** *f* declaration of understanding; **geheimes** ~ secret understanding, collusion; **gutes** ~ **unter den Nationen** comity of nations; **in gegenseitigem** ~ (= *im gegenseitigen* ~) by mutual consent, by common agreement, by common accord; **in gutem** ~ on friendly terms.

einvernehmlich *adv* by mutual consent/agreement.

einverstanden agreed, understood.

einverständlich *adv* by mutual agreement/consent, by stipulation.

Einverständnis *n* agreement (= *a*-), consent (= *c*-), accord, approval; ~ **über etwas erzielen** to come to an understanding; **beiderseitiges** ~ mutual *a-/c-*; **geheimes** ~ secret understanding; **hierzu ist ihr** ~ **erforderlich** subject to their *a*-; **mündliches** ~ verbal *c*-; **restloses** ~ full *c*-; **schriftliches** ~ written *c*-; **wenn kein** ~ **erreicht wird** if no *a*- is reached, failing *a*-.

Einwand *m* objection (= *o*-), *US* defense/*GB* defence (= *a*-), plea (= *p*-), demurrer; ~ **der Arglist** defense of malice; ~ **der mangelnden Passivlegitimation** *p*- that defendant is the wrong party; ~ **der mangelnden Schlüssigkeit** demurrer; ~ **der materiellen Rechtskraft** issue preclusion; ~ **der Nichtigkeit** *p*- of nullity; ~ **der Rechtskraftwirkung** *p*- of res judicata, estoppel by judgment; ~ **der Rechtsunwirksamkeit** *p*- of nullity; ~ **der unzulässigen Rechtsausübung** *p*- of estoppel; ~ **der Unzuständigkeit** *p*- of lack of competence, *o*- to the jurisdiction; ~ **der Verwirkung** (*d*- of) laches, implied waiver; **dem** ~ **abhelfen** to meet *o*-s; **der** ~ **ist berechtigt** the *o*- is justified/sound; **ein berechtigter** ~ a good *d*-; ***e-em*** ~ **stattgeben** to sustain an *o*-; ***e-en*** ~ **entkräften** to refute an *o*-; ***e-en*** ~ **machen** to raise an *o*-; ***e-en*** ~ **vorbringen** to set up a *d*-; **formaler** ~ technical *o*-; **geringer** ~ slight *o*-; **rechtstechnischer** ~ technical *d*-; **schikanöser** ~ frivolous *p*-.

Einwanderer *m*/**-in** *f* immigrant.

einwandern *vi* to immigrate.

Einwanderung *f* immigration; **~sbeamter** *m*/**~sbeamtin** *f* immigration officer; **~sbehörden** *pl* immigration authorities; **~sbeschränkungen** *f/pl* immigration restrictions; **~sgesetz** *n* immigration law; **~skontingent** *n* immigration quota; **~skontrolle** *f* immigration control; **~sland** *n* immigration country, country encouraging immigration; **~squote** *f* immigration quota; **~srecht** *n* right of immigration; **~svisum** *n* immigration visa.

einwandfrei *adj* faultless, perfect, unimpeachable, proper, impeccable, unblemished; **fachlich** ~ in a good and workmanlike manner; **juristisch** ~ legally correct, legally watertight.

Einwegflasche *f* one-trip container, non-returnable bottle, one-way bottle.

einweihen *vi* to inaugurate, to consecrate, to dedicate; ***jd-en*** **in *etw*** ~ to initiate *s.o.* in (*a science, an art*), into (*an office, a secret*).

Einweihung *f* inauguration, consecration, initiation.

einwechseln *vt* to cash (*check*), to exchange (*foreign currency*).

einweisen *vt* to commit (*to an institution*); to put into possession (*land, rooms*); to familiarize, to train (*worker at new machine*), to acquaint with (*conditions of employment*).

Einweisung *f* commitment, compulsory admission, putting into possession, breaking in, training, instruction, initiation, familiarization; ~ **in die Haftanstalt** committal to prison; **~sbeschluss** *m* order granting possession; commitment; **~sverfügung** *f* order granting possession.

einwenden *vt* to object, to oppose, to remonstrate, to plead.

Einwendung *f* objection, *US* defense/*GB* defence (= *d*-), remonstration, plea (= *p*-), representation; ~ **der Nichtigkeit** *p*- of nullity; ~

der verspäteten Zustellung *p-* of late service; ~ **des Selbsteintrittsrechts** claiming the right of self-performance, claiming the right to contract for one's principal or *o.s.*; **~en erheben** to raise objections; **~en vorbringen** to show cause, to plead *d-s*, to disclose a *d-*; **materielle** ~ → *materiellrechtliche* ~; **materiellrechtliche** ~ *d-* for reasons of substantive law, material factor *d-*; **rechtliche** ~ objection on (point of) law; **rechtsvernichtende** ~ *p-* in bar; **unzulässige** ~ inadmissible *d-*; **vertraglich begründete** ~ *d-* arising out of the contract; **verzögerliche** ~ dilatory *p-*.

einwilligen *vi* to consent, to agree to (*in advance*).

Einwilligung *f* consent (*in advance*) (= *c-*); **die ~ bis auf weiteres verweigern** to withhold *c-*; **die ~ einholen** to obtain *c-*; **die ~ erteilen** to give one's *c-*; **die ~ verweigern** to refuse one's *c-*; **elterliche** ~ parental *c-*; **höchstpersönliche** ~ strictly personal *c-*; **mutmaßliche** ~ *c-* implied in law; **stillschweigende** ~ acquiescence.

einwirken *vi* to act (upon), to operate (upon), to influence.

Einwirkung *f* effect, influence, impact; **liquiditätspolitische ~en** measures taken to affect monetary liquidity; **notenbankpolitische** ~ measure of Central Bank policy; **wechselseitige** ~ interaction.

Einwohner *m/-***in** *f* inhabitant (= *i-*), resident (= *r-*); **~daten** *n/pl* population data; **~informationssystem** *n* information system regarding the registration of *r-s*; **~meldeamt** *n* registration office (for *i-s*), *r-s*' registration office; police registration bureau; population register; **~register** *n* population register; **~schaft** *f i-s*, population (*of a town, city, etc*).

Einwurf *m* objection, interposition, interruption, interposed remark.

einzahlen *vt* to pay in(to) (*an account*), to deposit (*with a bank*), to pay up (*capital contribution*).

Einzahler *m/-***in** *f* depositor, payor.

Einzahlung *f* paying in, payment in, lodging, deposit (= *d-*) (*of money*); ~ **auf Aktien** payment (of a call) on shares; ~ **auf Kapitalanteile gemäß Abruf** payments of calls, subscription (for securities issue); **~en und Auszahlungen** *d-s* and drawings; **~saufforderung** *f* notice of call; request for payment; **~sbeleg** *m* paying-in slip, credit slip, *d-* slip, *d-* receipt; **~sbuch** *n* pass-book, paying-in book, bank-book; **~squittung** *f d-* receipt, call receipt; **~sschein** *m d-* slip, paying-in (credit) slip; **~sströme** *m/pl* cash inflows; **~süberschuss** *m* excess of payments in/*d-s*; **~sverpflichtung** *f* liability in respect of calls (*on shares*); ~ **verlangen** to request payment, to call up capital, to make a call (*on shares*); **zur ~ auffordern** to call, to request payment, to make a call (*on shares*).

einzeichnen *vt* to draw in, to plot on a map, *etc*; *v reflex* to write down one's name (*on a list*).

Einzel| (*single* = *s-*, *individual* = *i-*) **~abnehmer** *m/-***in** *f i-* purchaser; **~abrede** *f* special arrangement, *i-*agreement; **~abstimmung** *f* voting by roll call; checking in detail (*accounts*); **~akkord** *m i-* piece work (rate), piece-work rate, piece-rate work; **~akt** *m s-* act, *i-* regulation, *i-* order; **~anerkennung** *f i-* recognition; **~anfertigung** *f* work/manufacture to customer's specification, job work, *s-*-part production, special construction; **~angaben** *f/pl* particulars, detailed information, specification(s); **~anleger** *m/-***in** *f i-* investor(s); **~arbeitsvertrag** *m i-* employment contract; **~aufgliederung** *f* detailed classification/break-down; **~aufstellung** *f* itemized list, itemized schedule, specification; **~auftrag** *m i-* order, special order; **~ausgebot** *n* inviting separate bids (*for each plot of land or each item auctioned*); **~beratung** *f pol* discussion at the committe stage; **~bericht** *m* separate report; **~be-**

steuerung *f i-* taxation; **~bewertung** *f i-* valuation; **~bilanz** *f i-* balance-sheet; **~bürgschaft** *f i-* guarantee; **~eigentum** *n i-* proprietorship; **~erfinder** *m*/**-in** *f* sole inventor; **~erscheinung** *f* isolated instance; **~ersparnisse** *n/pl i-* savings; **~ertragswert** *m i-* productive value/earning power; **~fahrkarte** *f s-* fare; **~fall** *m* (*pl Einzelfälle* = *~~e*), a particular case, an *i-* case, an isolated case, a given instance, a particular occasion; **~~gesetz** *n* legislation for an isolated case; **im konkreten ~~** in the actual case; **in vergleichbaren ~~en** in cases of a similar nature; **~fertigung** *f* → *~anfertigung*; production of *i-* units, job production, construction by hand; **~finanzierungssystem** *n* system for financing *i-* transactions; **~firma** *f* private firm, *i-* enterprise; **~garantie** *f i-* guarantee; **~genehmigung** *f* special permit, *i- US* license/*GB* licence; **~~sverfahren** *n i- US* license/*GB* licence procedure; **~geschäft** *n i-* store, retail store; **~~sführung** *f s-* power of management; **~gewerkschaft** *f* craft union, *s-*-industry union; **~haft** *f* solitary confinement; **~handel** *m* → *Einzelhandel*; **~händler** *m*/**-in** *f* retailer, retail trader, retail dealer; **~~-Einkaufsgenossenschaft** retailer cooperative; **~~rabatt** *m* retail discount; **selbständiger ~~** independent retailer; **~handlungsvollmacht** *f* sole agency, *i-* power of representation, power (authorizing *s.o.*) to act alone; **~häuser** *n/pl* detached houses; **~heit** *f* → *Einzelheit*; **~hof** *m* solitary farm; **~honorar** *n* fee for specific services; **~kalkulation** *f* unit calculation; **~kaufmann** *m*/**~kauffrau** *f* sole trader; **~konto** *n* sole account, *i-* account, personal account; **~konzession** *f* license in a particular case, *i-* license; **~kredit** *m i-* loan, personal credit; **~ladenpreis** *m* retail price; **~lizenz** *f i-* license, *s-* license; **~~kosten** *pl* product-oriented license costs; **~lohn** *m i-* wage; **~miete** *f s-*-person tenancy, rent in a particular case, hiring of a special object; **~mieter** *m*/**-in** *f* sole tenant; **~nachfolge** *f i-* succession; **~nachweis** *m* proof of the particulars, proof of each item; **~objekt** *n i-* property; **~pächter** *m*/**-in** *f* sole tenant; **~person** *f* private *i-*, *i-* person; **~police** *f ins s-* policy; **~preis** *m* unit price; **~plan** *m i-* plan; departmental budget; **~prokura** *f i-* Prokura (*full power of commercial representation vested in one person*), *s-*representation; **~punkt** *m* point, item; **~~e für die Bemessungsgrundlage** components for calculating assessment basis; **~rechtsnachfolge** *f i-* succession; **~rechtsnachfolger** *m* **/-in** *f i-* successor (*person succeeding to the rights and obligations concerning i- items of property, not the estate as a whole*); **~refinanzierung** *f i-* refinancing, loan to finance an *i-* firm's lending; **~reisende(r)** *f(m) (der Einzelreisende) i-* passenger, lone traveller; **~richter** *m* **/-in** *f* judge sitting alone, *s-* judge, sole judge; **~schuld** *f i-* debt; **~satzung** *f* (municipal) ordinance/(local) planning statute affecting only one *i-*; **~schuldner** *m* **/-in** *f* sole debtor; **~schuldverhältnis** *n i-* debt relationship, obligation in one particular case (*involving one transaction only*); **~staat** state (of a union), member state (of a federation); **~statut** *n* conflict-of-laws rule concerning specific matters; **~strafe** *f i-* sentence, part sentence (*of several sentences for the same group of acts*); **~straftat** *f s-* act, *s-* crime; **~stück** *n* odd piece; **~tarifverhandlung** *f s-*-part bargaining, *i-* bargaining, collective bargaining for a particular enterprise; **~teil** part, component part; **~~lager** *n* parts inventory, replacement parts storage; **~transport** *m i-* shipment; **~treuhänder** *m*/**-in** *f* sole trustee; **~unfallversicherung** *f* personal accident insurance; **~unterlagen** *pl* particular/specific) documents, data, detailed documentation; **~unternehmen** *n* individually owned enterprise, sole proprietorship business; **~unternehmer** *m*/**-in** *f i-* proprietor, sole proprietor; **~urkunde** *f* separate instrument; **~verbindlichkeit** *f* sole obligation, obligation of a sole debtor, *i-* debt; **~verbraucher** *m*/**-in** *f i-* consumer; **~vermächtnis** *n* specific gift, specific legacy; **~~nehmer** *m*/**-in** *f* sole legatee, beneficiary of a specific bequest; **~vernehmung** *f i-* interrogation, examination of a witness (*in the absence of other witnesses*); **~verpackung** *f i-* packaging; **~verpflichtung** *f* several debt, separate obligation; **~versicherer** *m*/**-in** *f i-* insurer, underwriting member; **~versicherung** *f i-* insurance, insurance of *i-* risks; **~versteuerung** *f* separate assessment, *i-* taxation; **~vertrag** *m i-* agreement; **~vertretung**(**-smacht**) *f* sole agency, *i-* power of represention; **~verwahrung** *f* separate custody of securities, jacket custody, *i-* safekeeping, special deposit; **~vollmacht** *f* specific power of attorney; **~vormundschaft** *f* guardianship by one guardian, regular guardianship; **~vorschlag** *m i-* proposal; **~vorstand** *m* one-man board of directors, sole governing director; **~wahl** *f* separate election of candidates; **~wechsel** *m s-* bill of exchange; **~weisung** *f* special direction/order; **~werbung** *f* direct advertising, canvassing; **~wertberichtigung** *f i-* value adjustment, adjustment of value of an *i-* asset, specific loan loss provision; **~wesen** *n i-* (being); **~zeichnungsberechtigung** *f* separate power to sign on behalf of the firm; **~zelle** *f s-* cell, one-man cell.

einzel|betrieblich *adj* relating to individual enterprises; **~staatlich** *US* state (*relating to a member state of the union*); **~wirtschaftlich** relating to an individual enterprise.

Einzelhandel *m* retail (= *r-*) trade; **~sabteilung** *f r-* department; **~sartikel** *m r-* goods; **~sbetrieb** *m r-* business; **~sfirma** *f r-* firm, retailer, *r-* store; **~sgeschäft** *n r-* business, *r-* store; **~sgewerbe** *n r-* trade; **~skette** *f r-* chain; **~skredit** *m r-* credit; **~sorganisation** *f r-* sales organization; **~spreis** *m r-* price, **empfohlener ~~** suggested *r-* price; **~~index** *m r-* price index (*abbr* RPI); **~srichtpreis** *m* recommended *r-* price; **~sspanne** *f r-* margin; **~sumsatz** *m r-* store sales, *r-* sales; **~svertrieb** *m r-* sales, *r-* marketing.

Einzelheit *f* detail; *pl Einzelheiten* = *~en*) details, particulars; **~en des schriftsätzlichen Vorbringens** particulars of pleadings; **~en zur Anklage** bill of particulars; **auf ~en eingehen** to go into details; **genaue ~en** full particulars; **kleinste ~** minuta; **mit allen ~en** with full particulars, in detail.

einzeln *adj* single, individual; *adv* one by one, seriatim; **~ aufführen** to specify, to itemize; **~ haftbar** severally liable; **im E~en** in detail, one by one, specified.

einziehbar *adj* recoverable, collectible, seizable (*goods*).

einziehen *vt* to collect, to recover by levying execution, to redeem (*bond*), to withdraw from circulation (*bank notes*), to confiscate (*instruments of crime*), to seize.

Einziehung *f* collection (= *c-*) (*debts, taxes*), redemption (*bonds*), withdrawal (*bank notes*), confiscation; *crim* forfeiture (= *f-*) (*obscene matter, etc*); **~ des Führerscheins** *f-* of driver's *US* license/*GB* licence; **~ des Passes** (cancellation and) withdrawal of passport; **~ des Vermögens** confiscation of property; **~sabtretung** *f* assignment for *c-*; **~sauftrag** *m* postal *c-* order; **~sbeschluss** *m f-* order; **~serkenntnisverfahren** *n* judicial *f-* proceedings; **~sgebühr** *f* collecting charge; **~sverfahren** *n f-* proceedings; **~svollmacht** *f* authority to collect, power of *c-*; **~ von Au-**

ßenständen *c-* of accounts/of receivables; ~ **von Falschgeld** confiscation of counterfeit money; **zur** ~ for *c-*.

Einzug *m* **I** entry, moving in, occupation, collection, advent; **~sgebiet** *n* catchment basin (*river*), catchment area (*of a business, branch*); **~stag** *m* moving-in day.

Einzug *m* **II** collection (= *c-ion, collecting* = *c-ing*), direct debit (= *d/d*); **~sermächtigung** *f d/d* authorization; **~skosten** *pl c-ing* charges, **~~ zahlt Remittent** with exchange; **~sposten** *m* item(s) for *c-ion*; **~sspesen** *pl c-ing* expenses; **zahlbar zuzüglich ~~** payable with exchange; **~sstelle** *f c-ing* agency; **~sverfahren** *n d/d* method of collection; **~sverkehr** *m* bank *c-ions*; **~svollmacht** *f d/d* authorization; **~swechsel** *m* bill for *c-ion*.

einzuhalten *adj* observable.

Eisen| **~bahn** → *Eisenbahn*; **~bau** *m* iron and steel construction; **~erzbergbau** *m* iron ore mining; **~handel** *m* iron trade, hardware business; **~händler** *m*/**-in** *f* hardware dealer, ironmonger; **~handlung** *f* hardware store, ironmongery; **~industrie** *f* iron (and steel) industry; **bearbeitende ~~** ironworking industry; **~hüttenwerk** *n* ironworks, metallurgical plant; ~ **und Metallwarenbranche** *f* hardware trade; ~ **und Stahlindustrie** *f* steel industry; **~waren** *f/pl* hardware, ironware.

Eisenbahn *f* railway(s) (= *r-*, *r-s*), *US* railroad (*abbr* RR); **~aktien** *f/pl r-* shares, rails, *US* railroad stocks; **~anleihe** *f r-* loan; **~ausbesserungswerk** *n r-* repair shop; **~beförderungsrecht** *n r-* transportation law; **~betrieb** *m r-* service; **~~shaftung** *f r-* operation liability; **~diebstahl** *m r-* larceny; **~erstreik** *m* rail strike, *r-* workers' strike; **~-Expressgutverkehr** *m r-* express service; **~fahrplan** *m r-* timetable, schedule of trains; **~fiskus** *m* public *r-* administration; **~frachtbrief** *m* waybill, railroad bill of lading; **~frachtrecht** *n r-* freight (transportation) law; **~gleise** *f* tracks; **normalspuriges ~gleis** standard-gauge track; **~gesetze** *n/pl r-* enactments; **~gütertarif** *m r-* freight tariff; **~güterverkehr** *m* rail transport; **~hotel** *n* terminus hotel; **~knotenpunkt** *m r-* junction; **~kreuzung** *f* A-level crossing; **~netz** *n r-* system; **~stilllegung** *f* closing down of *r-* lines; **~tarif** *m* rail charges; **~transport** *m* rail transport; **~übergang** *m* level crossing, grade crossing; **~unternehmen** *n r-* company; **~verkehr** *m r-* traffic; **~~sordnung** *f R-* Traffic Regulations; **~verwaltung** *f R-* Executive, management of a railroad company; **~werte** *m/pl r-* securities; **~zubehör** *n r-* equipment; **~zulieferer** *m*/**-in** *f r-* supplier; **nichtbundeseigene ~en** non-federally-owned *r-* companies.

Eiserner Vorhang *m obs* Iron Curtain (*separating area of Soviet control from rest of the world*).

Elefantenhochzeit *f* mega merger (between two firms).

Elektrizität *f* electricity (= *e-*); **~sentziehung** *f* abstraction of *e-*; **~sgesellschaft** *f* (electric) power company; **~ssicherungsverordnung** *f* ordinance to secure power supply in an emergency (*D 1982*); **~sversorgung** *f e-* supply; **~~sunternehmen** *n* (*abbr* **EVU**) *e-* enterprise; **~swerk** *n* power station; **~swirtschaft** *f e-* supply services, electric power industry; **~szähler** *m e-* meter, electric meter.

Elektro|**aktien** *f/pl* electricity shares; **~fahrzeug** *n* electric power-driven vehicle; electro-vehicle; **~gerät** *n* electric appliance; **~händler** *m*/**-in** *f* electrical retailer; **~ingenieur** *m*/**-in** *f* electrical engineer; **~markt** *m* market for electrical equipment; **~meister** *m*/**-in** *f* master-craftsman in electrical engineering, qualified electrician; **~technik** *f* electrical engineering, electrical technology;

~**techniker** *m*/-**in** *f* electrical engineer/technician; ~**werte** *m/pl* electricals, electrical equipment industry shares, electricity shares; ~**zaun** *m* electric fence.

Elementar | begriff *m* fundamental concept, basic idea; ~**ereignis** *n* manifestation of the elements, Act of God; ~**erkenntnis** *f* fundamental knowledge, basic knowledge; ~**schulbildung** *f* elementary education, primary education.

Elendsviertel *n* slum; **nicht sanierungsfähiges** ~ irredeemable slum, unrehabitable slum.

eliminieren *vt* to eliminate, to expunge (*from the record*).

Eliminierung *f* elimination.

elterlich *adj* parental; ~**e Sorge** *f* parental care and custody.

Eltern *pl* parents (= *p-s*, *parent* = *p-*, *parental* = *p-al*); ~**beirat** *m p-s'* council, *p-*-teacher committee; ~**haftung** *f* liability involved in *p-al* care; ~**liebe** *f p-al* love and affection; ~**mord** *m* parenticide; ~**recht** *n p-al* right; ~**rente** *f* pension for *p-s* (*of servicemen*); ~**pflicht** *f p-al* duty; ~**recht** *n p-al* right(s); ~**schaft** *f* parenthood; ~**schlafzimmer** *n* master bedroom; ~**teil** *m p-*; **alleinerziehender** ~~ single *p-*, *p-* with sole-custody; **sorgeberechtigter** ~~ natural guardian, *p-* vested with *p-al* control, custodial *p-*; **testamentslos verstorbener** ~~ intestate *p-*; ~**urlaub** *m p-al* leave; ~**verantwortung** *f p-s'* responsibility; ~**verhältnis** *n p-*-and-child relationship; ~**versagen** *n p-s'* failure to fulfil(l) their responsibilities; **an ~ statt** (in) loco parentis; **leibliche** ~ natural *p-s*.

Emanzipation *f* emancipation.

Emballage *f* packing, packing material, packaging.

Embargo *n* embargo; ~**bestimmungen** *f/pl* embargo regulations; **ein ~ aufheben** to lift an embargo; **ein ~ verhängen** to impose an embargo.

Emblem *n* emblem, symbol; ~**e** *pl* insignia.

Embryo *m* embryo; ~**nenschutzgesetz** *n D* Embryo Protection Act (*law prohibiting experimentation on embryos*).

emeritieren *vi, vt* to retire from an academic chair, to give emeritus status.

Emeritierung *f* retirement from academic chair (*retaining the status of a professor*).

Emission *f* **I** issue (= *i-*) (*of marketable securities*), flotation; ~**sagio** *n* underwriting premium, premium for the *i-* of securities; ~**sbank** *f* issuing house, issuing bank; ~**sbedingungen** *f/pl* terms and conditions of an *i-*; ~**sdisagio** *n* discount to subscribers of a share/bond *i-*, discount; ~**serlös** *m* proceeds of an *i-*; ~**sgarantie** *f* underwriting (guarantee); ~**sgenehmigung** *f i-* permit; ~**sgeschäft** *n* issuing business, security *i-*, underwriting business securities; ~**sgesellschaft** *f* security flotation company, issuing house, company issuing its own shares; ~**sgesetz** *n I-* Act, enactment concerning the *i-* of securities; ~**sgewinn** *m* paid-in surplus (*realized at a capital i-*); ~**shaus** *n* (security) issuing house; ~**sinstitut** *n* issuing house, investment bank, underwriter; ~**sklima** *n* climate for new *i-s*; ~**skonsortialvertrag** *m* underwriting agreement; ~**skonsortium** *n i-* syndicate, distributing syndicate, underwriting syndicate, underwriting group, selling consortium; ~**skontingentierung** *f* allotting quotas for new *i-s*, security *i-* rationing; ~**skontrolle** *f* official control of capital *i-s*; ~**skosten** *pl* issuing expenses; ~**skredit** *m* credit obtained through an *i-* of securities; ~**skurs** *m i-* price; ~**sland** *n* country of *i-*; ~**smarkt** *m i-* market; ~**smodalitäten** *pl* terms and conditions of an *i-*; ~**spause** *f* pause before placing a new *i-*, (security) *i-* suspension; ~**spolitik** *f* security *i-s* policy; ~**spreis** *m* issuing price; ~**sprospekt** *m* underwriting prospectus; ~**srecht** *n* right to *i-* securities; ~**sreife** *f* ability to absorb new *i-s*, readiness for capital *i-s*; ~**ssperre** *f* ban on new *i-s*; capital *i*-restrictions; ~**sspitze** *f* unsold portion of an *i*-; ~**sstatistik** *f* statistics of fresh *i-s*; ~**ssyndikat** *n* → ~*skonsortium*; ~**stermin** *m* date of *i*-; ~**styp** *m* type of *i*-; ~**süberhang** *m* excess *i*-, *i*- backlog; ~**sübernahmegeschäft** *n* underwriting; ~**svergütung** *f* *i*- commission; ~**svertrag** *m* underwriting contract, agreement concerning a capital *i*-; ~**swährung** *f* currency of *i*-; ~**swelle** *f* spate of new *i-s*; ~**swunsch** *m* request to issue securities; ~ **von Schuldverschreibungen** debenture *i*-; **neue ~en an den Mann bringen** to place new capital *i-s* (*with takers*).

Emission *f* **II** emission (gas, fumes); ~**snorm** *f* emission standard; ~**sschutz** *m* protection from obnoxious substances (*emanating from plant or property*).

Emittent *m*/**-in** *f* issuer, issuing institution; **öffentliche ~en** official issuers.

emittieren *vt* to issue (*shares, bonds*).

Empfang *m* receipt (= *r*-) (*letter, communication*); ~**sanzeige** *f* notice of *r*-; ~**sbedürftigkeit** *f* requirement of *r*-; ~**sbekenntnis** *n* acknowledgment of *r*-; ~**sberechtigte(r)** *f(m) (der Empfangsberechtigte)* authorized recipient, legitimate consignee, legitimate beneficiary; ~**sbescheinigung** *f* *r*-, acknowledgment of *r*-, certificate of delivery, acknowledgment of service; ~**sbestätigung** *f* *r*-, acknowledgment of *r*-, acknowledgment of service; ~**sbevollmächtigte(r)** *f(m)* resident agent, authorized receiving agent, party entitled to take delivery; ~**sbote** *m*/~**sbotin** *f* receiving agent, auxiliary person to effect *r*- (*of message, document, declaration*) on behalf of principal addressee; ~**schef** *m* shop walker (*department store*); ~**sschein** *m* advice of delivery, certificate of delivery; **gegen** ~~ against *r*-; ~**sspediteur** *m*/**-in** *f* forwarding agent at place of destination; ~**sstaat** *m* receiving state (*for diplomat*), host state; ~**stheorie** *f* doctrine of *r*-; ~**szeit** *f* time of arrival (*of goods*), time of delivery; **den ~ bestätigen** to acknowledge *r*-; **den ~ der Waren quittieren** to sign for the goods, to acknowledge *r*- of the goods; **in ~ nehmen** to take delivery, to accept; **nach** ~ on *r*-, (up)on delivery; **zahlbar bei** ~ payable on *r*-, cash on delivery (*abbr* COD).

Empfänger *m* /**-in** *f* recipient, consignee, addressee, allottee (*of securities*); ~ ***e-es*** **Geldvermächtnisses** pecuniary legatee; ~**gesellschaft** *f* receiving entity; ~**horizont** *m* listener's perspective, receiver's (*of a declaration*) viewpoint; ~**land** *n* donee country (*aid*); ~**partei** *f* recipient party.

Empfangnahme *f* receipt, taking delivery, acceptance.

Empfängnis *f* conception; ~**verhütung** *f* contraception; ~**zeit** *f* period of (possible) conception, the beginning of pregnancy.

empfangsberechtigt *adj* authorized to receive.

empfehlen *vt* to recommend.

empfehlenswert *adj* recommendable, advisable.

Empfehlung *f* recommendation; ~**sschreiben** *n* letter of recommendation, letter of introduction, testimonial; ~**svereinbarungen** *f/pl* recommended arrangements; **unverbindliche** ~ recommendation without prejudice.

EMRK (*abbr* = **Europäische Menschenrechtskonvention**) European Convention on Human Rights (*abbr* ECHR).

En-bloc-Lizenz *f* bloc *US* license/ *GB* licence.

End| (*final* = *f*-, *ultimate* = *u*-) ~**abnehmer** *m*/**-in** *f* *u*- buyer, *u*-consumer, *u*- user, end customer; ~**abrechnung** *f* *f*- accounts, *f*- bill; ~**absatz** *m* sales to *u*- buyers/ consumers; ~**absicht** *f* *f*- aim, *u*-goal; ~**alter** *n* maturity age, age at expiration; **~bahnhof** *m* terminal station; **~bank** *f f-* bank; **die empfangende ~~** the bank which finally receives; **~bedarf** demand from *u-* users, *u-* demand; **~bescheid** *m f-* decision, definite decision; **~bestand** *m f-* balance, total; **~boje** *f* end buoy, **westlichste ~~** westernmost end buoy; **~entscheidung** *f f-* determination (*possibly subject to appeal*); **~ergebnis** *n f-* result; **~erzeugnis** *n* finished product; **~fabrikat** *n f-* product (*valid only if actually or constructively received by addressee*); **~finanzierung** *f* residual financing; **~gehalt** *n f-* salary (*before termination*), retiring salary; **~gerät** *n* terminal; **~~emarkt** *m* market for *f-* products/terminals; **~gruppenbestimmung** *f f-* group determination; **~gültigkeit** *f* finality; **~kreditnehmer** *m/***-in** *f u-* borrower; **~lager** *n* nuclear waste dump; **~lagerung** *f u-* deposit (*nuclear waste*); **~montage** *f f-* assembly; **~preis** *m* price to the *u-* consumer, retail price; **~produkt** *n* finished product; **~~preis** *m* price of the finished product; **~prüfung** *f f-* inspection; **~punkt** *m* (*f-*) terminus, destination, *f-* point, terminal point; **~saldo** *m f-* balance, closing balance; **~schaftsklausel** *f* winding-up contract clause, clause dealing with winding up of a contract; **~schiedsspruch** *m f-* arbitral award; **~stand** *m f-* position; **~station** *f* terminal (station); **~termin** *m f-* date, deadline; **~summe** *f* grand total, total (sum); **~ursache** *f f-* cause; **~urteil** *n* judgment (*completing the case at the trial court*), (*f-*) decree, *f-* appealable order; **~verbleibskontrollvorschriften** *pl* destinational control regulations; **~verbleibsnachweis** *m f-* destination certificate; **~verbraucher** *m/***-in** *f* (*u-*) consumer **~~-Nachfrage** demand from *u-* consumers; **~~nachweis** certificate proving the *u-* consumer; **~verkaufspreis** *m* retail price, consumer price; **~vermögen** *n f-* assets (*of spouse in divorce proceedings*); **~wert** *m f-* amount, accumulated value; **~~ *e-er* Annuität** accumulation of an annuity; **~zeitpunkt** *m f-* date; cut-off point; **~zinssatz** *m* interest rate to the borrower, all-in interest rate.

Energie *f* energy (= *e-*), power (= *p-*) (*comprising power from electricity, coal, gas, nuclear fission, etc*); **~anlage** *f p-* installation; **~~nhaftung** *f* liability for *p-* installations; **~anleihe** *f* electricity loan, loan to finance *p-* supply projects; **~aufsichtsbehörde** *f p-* supply supervisory authority; **~einsparung** *e-* saving; **~~sgesetz** *n e-* saving enactment (*D 1976*); **~kosten** *pl* cost of electric *p-* and other *e-*; **~krise** *f e-* crisis; **~markt** *m* market for *p-* supply, fuel and electricity market; **~notstand** *m p-* supply crisis, *p-* shortage; **~programm** *n US* program/*GB* programme of *p-*-plant building, *p-* programme; **~sektor** *m p-* supply sector (*of economy*), fuel and *p-* industries; **~sicherungsgesetz** *n* emergence security Act for the protection and control of *e- (D 1974)*; **~träger** *m* source of *p-* (*e-*), fuel; **~unternehmen** *n p-* supply company; **~verbrauch** *m p-* consumption; **~versorgung** *f* supply of *e-*; **~~sunternehmen** *n* public utilities in the field of *p-* supply; **~wirtschaft** *f e-*-supply industry; **~~sgesetz** *n* Act for the Promotion of the Fuel and Electricity Industries; **~~srecht** *n p-*-industry legislation.

energieintensiv *adj* power-intensive.

Engagement *n* commitment, investment, loan; **~s lösen** to liquidate commitments.

Engpass *m* bottleneck, shortage; **~investition** *f* investment in a bottleneck situation; **~leistung** *f* peak-load capacity, achievement in spite of a bottleneck.

en gros *adj/adv* wholesale, bulk-purchased.

Engros|abnehmer *m/***-in** *f* wholesale buyer; **~bezug** *m* wholesale purchase; **~einkauf** *m* wholesale purchase; **~geschäft** *n* wholesale business; **~verkauf** *m* wholesale, direct sale.

Enkel *m*/**-in** *f* grandson/granddaughter; **~gesellschaft** *f* subsubsidiary, company controlled through a subsidiary; **~recht** *n* derived derivative title, title acquired through derivative/secondary conveyance, title derived from a derivative title holder.

Enklave *f* enclave.

Enquête *f* official inquiry; **~kommission** *f* commission of inquiry, royal commission; **~recht** *n* parliamentary enquiry privilege.

Ensembleschutz *m* protection of historic groups of buildings.

entäußern *v reflex* to part with, to dispose of, to divest *o.s.* of.

Entäußerung *f* abandonment, relinquishment, alienation.

entbehrlich *adj* dispensable, non-essential, superfluous.

Entbehrlichkeit *f* dispensability.

entbinden *vt* to dispense, release, to discharge, to set free, to deliver.

Entbindung *f* dispensation, release (*from duties*), exemption, delivery (*child*); **~sanstalt** *f* maternity hospital; **~sbeihilfe** *f* confinement grant; **~sheim** *n* maternity home; **~skosten** *pl* expenses incurred by childbirth, maternity costs.

Entbürokratisierung *f* deregulation.

enteignen *vt* to expropriate.

enteignend *adj* expropriatory.

Enteignung *f* (compulsory) expropriation (= *e-*), *US* taking under eminent domain; **~ ausländischen Vermögens** *e-* of alien property; **~ im öffentlichen Interesse** *e-* in the public interest; **~sanordnung** *f e-* order; **~sbefugnis** *f* authority to expropriate; **~sbehörde** *f e-* authority; **~sbeschluss** *m e-* order, vesting order; **~sbescheid** *m* notice of *e-*; **~sentschädigung** *f* compensation for expropriated property, indemnity for *e-*; **~sgesetz** *n* enactment of eminent domain, *e-* enactment; **~splan** *m e-* plan; **~srecht** *n* right of *e-*, eminent domain; **~sverfahren** *n e-* proceedings, eminent domain proceedings; **~szweck** *m e-* goal/purpose; **entschädigungslose ~** *e-* without compensation.

enteignungsgleich *adj* expropriatory, equivalent to expropriation.

enterben *vt* to disinherit, to exclude from (intestate) succession.

Enterbung *f* disinheritance, exclusion from (intestate) succession; **die testamentarische ~sverfügung** *f* **anfechten** *to seek to have the testamentary exclusion from (intestate) succession set aside by court decision.*

entfallen *vi* to be allotted to, to fall to; to be omitted, to be dropped; **entfällt** not applicable (*forms*) (*abbr* N/A), inapplicable.

Entfaltung *f* unfolding, development; **~ der Persönlichkeit** development of one's personality, pursuit of happiness, leading a rich full life.

entfernen *vt* to remove, to oust *v reflex* to leave, to withdraw, to retire, to go away, to abscond.

Entfernung *f* **I** removal, ouster; withdrawal; **~ aus dem Amt** removal from office, dismissal; **~ aus dem Dienst** removal from office, removal from post; **unerlaubte ~** absenting *o.s.* without leave; **~ ~ von der Truppe** absence without leave (*abbr* AWOL).

Entfernung *f* **II** distance; **~ in der Luftlinie** distance in a straight line, airline distance, distance as the crow flies; **~sstaffel** *f* scale of graded mileage charges; **die zurückgelegte ~** the distance covered.

entflechten *vt* to deconcentrate (*combines*), to decartelize.

Entflechtung *f* deconcentration, decartelization, demerger; demergerization; **~sabkommen** *n* disengagement agreement.

Entfremdung *f* estrangement.

entführen *vt* to abduct (*minor*), to kidnap.

Entführer *m*/**-in** *f* kidnapper, abductor (*of a minor*).

Entführung *f* abduction (*of a minor*), kidnapping, hijacking (*plane*); ~ *e-es* **Kindes zwecks Erpressung** extortionary kidnapping; ~ **Minderjähriger** abduction of young persons, abduction of minors; ~ **mit Willen der Minderjährigen** *obs* ravishment of ward, elopement; ~ **zur Ehe** *obs* abduction without consent, elopement.

entgegenhalten *vt* to reply, to answer an argument, to say *sth* in rebuttal; *pat* to cite.

Entgegenhaltung *f* replication, argumentative answer, rejoinder; *pat* citation (*as against an application*), reference cited against prior art document.

Entgegennahme *f* acceptance (*gift, goods, contributions*), receiving (*orders*), receipt.

entgegennehmen *vt* to accept, to receive, to take.

entgegensehen *vt* to await, to expect (*message, answer*), to face (*crisis, etc*), to look forward to *sth* (*pleasant*).

entgegensetzen *vt* to counter (*argument, reproach*), to oppose.

entgegenstehen *vi* to impair, to stand in *s.o.*'s way; **dem steht nichts entgegen** there are no objections to it.

entgegenstehend *adj* adverse (*claim, right*).

entgegenstellen *v reflex* to oppose.

entgegentreten *vi* to confront *sth*.

entgegenwirken to counteract.

entgegnen *vi, vt* to reply, to retort.

Entgegnung *f* replication, rejoinder.

Entgelt *n* remuneration, compensation, consideration; **~bescheinigung** *f* receipt; **~fortzahlung** *f* wage/salary continuation (*on absence from work*); ~ **für Leistungen** charges for services; ~ **für Schädigung** compensation for damage; **~nachweis** *m* evidence of remuneration received; **~tarifvertrag** *m* collective wage agreement; **~vereinbarung** *f* agreement concerning remuneration for services; **abzugsfähige ~e** deductible charges for services; **gegen das ~** *e-es* **angemessenen Zinses** in return for an adequate rate of interest; **gleiches ~** equal pay; ~ ~ **bei gleicher Arbeit** equal pay for equal work; ~ ~ **bei gleichwertiger Arbeit** equal pay for work of equal value; **umsatzsteuerpflichtige ~e** receipts subject to turnover tax.

entgelten *vt* to compensate, to remunerate, to repay.

entgeltlich *adj/adv* for (valuable) consideration, on a payment basis; for reward, lucrative; ~ **oder unentgeltlich abtreten** to assign against or without valuable consideration.

Entgeltlichkeit *f* remunerativeness, payment basis.

enthaften *vt* to release from liability, to disencumber.

Enthaftung *f* release/discharge from liability; **~sklausel** *f* general release clause.

Enthaltungspflicht *f* obligation to refrain from exercising a right or privilege.

enthaupten *vt* to decapitate, to behead, to execute by decapitation.

Enthauptung *f* decapitation, beheading.

entheben *vt* to relieve (*of duties*); to remove (*from an office*).

entheiligen *vt hist* to profane (*Sabbath*), to desecrate.

Entheiligung *f hist* profanation, desecration.

enthoben *adj* deprived from, dismissed.

enthüllen *vt* to expose, to disclose, to reveal, to divulge.

Enthüllung *f* disclosure, discovery.

entkolonisieren *vt* to decolonize.

entkommen *vi* to escape, get away; ***jd-em*** ~ to give *s.o.* the slip.

entkräften to weaken, to invalidate, to refute (*an argument, evidence*).

Entkräftung *f* invalidation (*of evidence*), refutation.

Entkriminalisierung *f* decriminalization.

Entlade|beginn *m* breaking bulk; **~frist** *f* unloading period; **~gerät** *n* unloading equipment; **~hafen** *m* port of discharge, port of unloading; **letzter ~~** final port; **~kosten** *pl* unloading fee, discharging fee; **~rampe** *f* unloading platform.

entladen *vt* to unload.

Entladung *f* unloading, discharge; **~shafen** *m* port of discharge.

entlassen *vt* to discharge; to dismiss, to release, to oust; to excuse (*a witness after examination*); **fristlos ~** to dismiss summarily/instantly, to dismiss without notice, to fire, to give the sack; **bedingt ~** to parole; **bedingt E~e(r)** *f(m) (der Entlassene)* parolee.

Entlassung *f* dismissal (= *d*-), discharge, release (= *r*-), removal from office; **~ auf Antrag** resignation; **~ aus dem Amt** *d*- from service, *r*- from service; **~ aus dem Militärdienst** discharge from military service, *r*- from military service; **~ aus dem Pfandverband** *r*- from charge; **~ aus dem Staatsangehörigkeitsverhältnis** *r*- from nationality; **~ aus der Haft** *r*- from custody; **~ aus der Vormundschaft** dewarding; releasing *s.o.* from wardship; **~ aus *e-er* Verbindlichkeit** discharge from an obligation; **~ aus Haftung** *r*- from liability; **~sabfindung** *f* severance pay, soldier's pay at discharge from service; **~sbeschluss** *m* order of *d*-; **~sentschädigung** *f d*- compensation; **großzügige ~~** golden handshake, **~sgeld** *n* severance pay, = *~sabfindung*; **~sgrund** *m* grounds for discharge, reason for *d*-; **~slager** *n* discharge camp, separation *US* center/*GB* centre; **~spapiere** *f* discharge papers, walking papers; **~~ verlangen** to ask for one's cards; **~sschein** *m* certificate of discharge; **~sstelle** *f* demobilization center; **~ von Gefangenen** *r*- of prisoners; **~ wegen unzulänglicher Leistungen** *d*- for incompetence; **bedingte ~** conditional *r*-, parole; **ehrenhafte ~** hono(u)rable discharge; **endgültige ~** discharge from parole (*prisoner*); **fristlose ~** *d*-without notice, summary *d*-, instant *d*-; **kollektive ~** collective *d*-; **unehrenhafte ~** dishono(u)rable discharge, discharge with ignominy; **die ~ ~ aussprechen** to discharge with ignominy; **ungerechtfertigte ~** wrongful *d*- (*common law claim*), unfair *d*- (*statutory claim*); **vorzeitige ~** premature *r*-, *r*- before due date; **widerrechtliche fristlose ~** wrongful instant *d*-.

entlasten *vt* to relieve, to ease, to disengage; to discharge, to pass a vote of approval; to give formal approval; to exonerate (*a suspect, defendant*); **nicht entlastet** undischarged (*debtor*).

Entlastung *f* relief, easing, exculpation, personal discharge, exoneration (*suspect, accused*), remission; formal approval of (*an officer's, a board's activities*), acceptance *(of reports and accounts)*; **~ des Vorstands** formal approval of the actions of the managing board; **~ erteilen** to give a discharge; **~ *e-es* Treuhänders** formal approval of trustee's work; **~sanzeige** *f* credit note; **~sauftrag** *m* relief order; **~sbeschluss** *m* vote of approval; **~sbeweis** *m* exculpatory evidence, proof by principal of proper care and diligence in selecting servants; evidence in exoneration, exonerating evidence; **~serteilung** *f* acceptance of reports and accounts, vote of formal approval; **~sgrund** *m* reason for relief; **~sstraße** *f* bypass (road); **~ssymptom** *n* sign of improvement; **~szeuge** *m* witness for the defense; **~szug** *m* relief train, extra train; **~ von Grundbesitz** disencumbering of real estate; **liquiditätsmäßige ~** improvement in liquidity; **zur ~ meines Kontos** to reduce the debit (amount) on my account.

Entlehnungsfreiheit *f* liberty to quote or copy (*from copyrighted work*).

entleihen to borrow (*book from library*).
Entleiher *m*/**-in** *f* borrower.
entliberalisieren *vt* to deliberalize (*trade, rents*), to reimpose state controls.
Entliberalisierung *f* deliberalization, reimposing state controls.
entloben *v reflex* to break off one's engagement.
Entlobung *f* breaking off engagement.
entlohnen *vt* to remunerate, to pay for *s.o.*'s work.
Entlohnung *f* remuneration, emolument, payment; **tägliche** ~ daily pay, per diem pay; **angemessene** ~ adequate remuneration, fair pay.
entmachten *vt* to deprive of power, to render powerless.
Entmachtung *f* deprivation of power, rendering powerless.
entmilitarisieren *vt* to demilitarize.
Entmilitarisierung *f* demilitarization.
entmonetisieren *vt* to demonetize.
Entmonetisierung *f* demonetization.
entmündigen *vt obs* to declare a person legally incapable, to place under guardianship.
Entmündigte(r) *f(m)* (*der Entmündigte*) *obs* adult person placed under guardianship; a person subject to an order of the court; ~ **wegen Verschwendungssucht** ~ prodigal, person placed under guardianship because of squandermania.
Entnahme *f* withdrawal (of payment); *pl* drawings; taking out of money; sampling (*of test specimens*); **~recht** *n* drawing right.
entnehmen *vt* to take, to take out, to withdraw, to quote from.
Entpflichtung *f* release from allegiance; release from service obligation.
entrechten *vt* to deprive of one's rights.
Entrechtung *f* deprivation of (fundamental) rights, disfranchisement.
entrichten *vt* to pay (*dues, fees, etc*).
Entrichtung *f* payment (*of a money debt, esp a fee*), discharge.
entschädigen *vt* to compensate, to indemnify, to reimburse.
Entschädigung *f* compensation (= *c-*), indemnification, reimbursement; **~für Ersatzbeschaffung** reimbursement of replacements; ~ **für immateriellen Schaden** solace, solatium; ~ **für nationalsozialistisches Unrecht** *c-* for Nazi wrongs; ~ **für unschuldig verbüßte Untersuchungshaft** *c-* for pretrial detention/custody of an innocent person; ~ **für Verdienstausfall** *c-* for loss of earnings; ~ **in Geld** pecuniary *c-*; **~sanspruch** *m c-* claim; **~santrag** *m* petition for *c-*; **~sberechtigung** *f* entitlement to *c-*; **~sbeschluss** *m* (*im Adhäsionsverfahren*) *c-* order (*in adhesive procedure; damage claim linked with criminal proceedings*); **~sfonds** *m c-* fund; **~sforderung** *f c-* claim, indemnity claim; **~sgericht** *n* claims tribunal; **~skammer** *f* **des Landgerichts** indemnification panel of the regional court (*in claims by Nazi prosecutees*); **~slast** *f c-* burden (*as a public charge*), indemnification charges; **~sleistung** *f* compensatory payment, indemnity benefit, payment of damages; **~spflicht** *f* obligation to compensate; **~spflichtige(r)** *f(m) (der Entschädigungspflichtige)* person obliged to compensate; **~srecht** *n* right to *c-*; **~srente** *f c-* pension, regular *c-* payments; **~ssachen** *pl c-* cases (*for Nazi prosecutees*); **~ssumme** *f* amount of indemnification/*c-*; **~svereinbarung** *f* agreement for *c-*; **~sverfahren** *n c-* proceedings, legal proceedings for damages; **~szahlung** *f* payment of *c-*, compensating grant; **angemessene** ~ fair/reasonable/just *c-*; **billige** ~ fair/equitable *c-*; **finanzielle** ~ pecuniary *c-*/reward; **freiwillige** ~ ex gratia payment as/by way of *c-*; **quotale** ~ pro rata *c-*; **soziale** ~ *c-* in keeping with social considera-

tions; **vereinnahmte** ~ allowance received; **vertraglich vereinbarte** ~ contractually agreed *c*-, liquidated damages; **volle** ~ full *c*-.

entschädigungs|berechtigt *adj* entitled to compensation; **~pflichtig** obliged to compensate, to compensate.

entschärfen to unprime (*shell*); to render harmless (*mine, unexploded bomb*); to remove the detonator of (*bomb*); to neutralize.

Entschärfungskommando *n* bomb/mine disposal squad.

Entscheid *m* decision, ruling, decree.

entscheiden *vt/vi* to decide, to adjudge, to adjudicate upon, to hold, to rule, to determine, to dispose; *v reflex* to resolve, to opt (for), to decide; **gerichtlich** ~ to adjudicate, to adjudge, to rule; **rechtsfehlerhaft** ~ to err in law, to err on a point of law, to err on a legal technicality.

entscheidend *adj* decisive, vital, crucial, conclusive.

Entscheidung *f* decision (= *d*-), determination, adjudication, ruling; ~ **der Kommission** *EU* Commission *d*-; ~ **des Rates** *EU* Council *d*-; ~ **im schriftlichen Verfahren** paper adjudication, *d*- according to written pleadings (without further hearing); ~ **nach Aktenlage** judgment in accordance with the state of the pleadings, *d*- as the case lies (*without considering fresh arguments or evidence*); ~ **nach Gutdünken** discretionary *d*-, *d*- at the court's pleasure/discretion; **~sbefugnis** *f* competence to decide, authority to adjudicate, power to take *d*-*s*; **~sbegründung** *f* reasons, reasoning leading to the *d*-; **~sdelegation** *f* delegation of *d*--making; **~seinklang** *m* conformity of *d*-*s* in different jurisdictions; **~serheblichkeit** *f* relevance to the issues of the case; **~sfindung** *f* *d*--making; **~sgewalt** *f* power to decide; **freie** **~~** uncontrolled discretion; **~sgründe** *m/pl* reasons for the *d*-, grounds of judgment; **die** **~~ absetzen** to state the reasons for a *d*- in writing; **~sgrundlage** *f* basis of the *d*-; **~smerkmal** *n* criterion for a *d*-; **~spflicht** *f* obligation to render a *d*-, duty to decide; **~sprozess** *m* *d*--making process; **~srahmen** *m* latitude of judgment; **~srecht** *n* authority to adjudicate; **~ssammlung** *f* reports; **~sspielraum** *m* latitude for judgment, discretion, **~sträger** *m*/**-in** *f* *d*- maker; **~sunfähigkeit** *f* division of opinion, inability to reach a *d*-; **~sverbund** *m* joint *d*-*s* (*divorce and supplementary matters*); ~ **über die Kosten** *d*- on costs; **abschließende** ~ final *d*-; **abweichende** ~ deviating *d*-, dissenting opinion; **abweisende** ~ dismissal; **an ~en gebunden sein** to be bound by precedents; **beschwerdefähige** ~ appealable *d*-; **bindende** ~ binding *d*-; **die angefochtene** ~ the *d*- appealed from/against; **die ~ der unteren Instanz aufheben** to reverse the lower court's *d*-; **die ~ durch ein Schiedsgericht vereinbaren** to agree to submit a dispute to arbitration; ***e-e*** **~ aufheben** to set aside/to reverse a *d*-; ***e-e*** **~ aufrechterhalten** to uphold a *d*-; ***e-e*** **~ fällen** to render a *d*-, to give a ruling; ***e-e*** **~ in zweiter Instanz bestätigen** to uphold a *d*- on appeal; ***e-e*** **~ mit Gründen versehen** to state the reasons for a *d*-; ***e-e*** **~ nachprüfen** to review a *d*-; ***e-e*** **~ umstoßen** to quash a *d*-; ***e-e*** **~ vertagen** to postpone a *d*-; **einschlägige** ~ precedent, a case in point; **erstinstanzliche** ~ the *d*- at first instance; **gerichtliche** ~ court *d*-, adjudication, judicial ruling; **grundsätzliche** ~ *d*- of principle, precedent, fundamental ruling; **künstlerische** ~ creative *d*-; **maßgebliche** ~ precedent; **mit Gründen versehene** ~ reasoned *d*-; **nicht veröffentlichte** ~ unreported *d*-; **rechtlich einwandfreie** ~ legally correct *d*-; **rechtsfehlerhafte** ~ (*e-es Richters*) self-misdirection, erroneous *d*-; **rechts-**

kräftige ~ final and non-appealable *d*-, irreversible ruling; **richterliche** ~ judicial *d*-, the judge's ruling; **sachliche** ~ objective *d*-; **sachlich-rechtliche** ~ *d*- on the merits (of a case); **schiedsgerichtliche** ~ arbitration award; **schiedsrichterliche** ~ arbitration award, award by an arbitrator; **schriftliche** ~ written *d*-, *d*- in written proceedings; **sich** ***e-er*** ~ **fügen** to accept a *d*-; **sorgfältig durchdachte** ~ carefully considered *d*-; **unternehmerische** ~(*sfindung*) entrepreneurial *d*--making; **vorbehaltlich** ***e-er*** **endgültigen** ~ subject to final *d*-; **vorläufige** ~ provisional *d*-.

entscheidungs|erheblich *adj* relevant to the issue; **~reif** ripe for judgment.

Entschleierung *f* unmasking, disclosure, removing a disguise.

Entschiedenheit *f* determination, resoluteness, peremptoriness.

entschließen *v reflex* to come to a decision, to resolve, to make up one's mind, to decide.

Entschließung *f* resolution (*meeting*), order (*administrative authority*); **~santrag** *m* motion for resolution; **~sentwurf** *m* draft resolution.

Entschluss *m* decision (*to reach a decision*); **aus eigenem** ~ on his own initiative; **fester** ~ firm decision; **unerschütterlicher** ~ unshakeable resolution, firm decision.

entschlüsseln to decipher, to decrypt, to decode, to break/to crack a code.

Entschlüsselung *f* deciphering, decoding.

entschuldbar *adj* excusable, pardonable, venial.

Entschuldbarkeit *f* excusability, pardonable nature (of), venial character of *sth*.

entschulden *vt* to disencumber, to clear of debts, to free of debts.

entschuldigen *vt* to excuse, to pardon; *v reflex* to apologize.

Entschuldigung *f* excuse, apology; **ausreichende** ~ full/adequate apology; **ohne ausreichende** ~ without reasonable excuse, without good cause; **~sgrund** *m crim* excuse; **ohne triftigen ~sgrund** without lawful excuse.

Entschuldung *f* reduction of indebtedness, disencumberment; debt relief; **~sverfahren** *n administrative proceedings to reduce mortgage indebtedness of agricultural properties.*

Entschwefelung *f* desulphurization.

entsenden *vt* to send on a mission, to delegate.

Entsendestaat *m* sending state.

Entsendung *f* sending, secondment.

Entsetzung *f mil* relief, rescue, deforcement; (*aus Besitz*) dispossession, ouster.

entseuchen *vt* to decontaminate.

Entseuchung *f* decontamination.

entsichern to cock, to release the safety device of (*a fire arm*).

entsiegeln *vt* to unseal, to break open (*letter*), to break the seal.

Entsiegelung *f* unsealing, taking off the seal(s).

Entsorgung *f* waste disposal; **~sgut** waste and sewage.

Entspannung *f* easing of tension, disengagement, deescalation, détente; ~ **am Geldmarkt** easing of money rates; **~ssymptom** *m* sign of slackening tension, of détente.

Entsparung *f* (= *Entsparen n*) dissaving.

entsperren *vt* to unblock, to deblock (*an account*), to release.

Entsperrung *f* unblocking, release.

entsprechen *vi* to correspond, to conform, to be in agreement with, to comply with (*order*), to meet (*expectations*), to accord with.

entsprechend *adj/adv* in accordance with, in conformity with, corresponding, appropriate, analogous, mutatis mutandis; equivalent, akin, as the case may be; **weitmöglichst** ~ as close(ly) as possible.

Entsprechung *f* analogy, correspondence, agreement; **volle** ~ equivalent, complete identity.

Entstehung *f* accrual (*of a right*), origin (*of a title*), formation (*of a* *company*), emergence, accrual, incurrence, creation; **~sdatum** *n* date of origin; **~sgeschichte** *f* genesis; **~sursache** *f* original cause; **~szeitpunkt** *m* date of origin; **~szustand** *m* nascent state.

entstellen *vi* to distort, to disfigure, to deface, to deform, to pervert.

Entstellung *f* disfigurement, distortion, deformation, defacement; **~ der Wahrheit** perversion of the truth; **~ des Gesichts** disfigurement, deformation of the face; **~ von Tatsachen** misrepresentation, distortion/twisting of the facts.

Entstempeln *n* cancellation of *US* license/*GB* licence plate.

Entstörungsdienst *m* fault-clearing service, trouble-shooting service.

Entstrickung *f* release from attachment.

Enttarnung *f* unmasking (*of spies*).

entvölkern *vt* to depopulate.

Entvölkerung *f* depopulation.

entwaffnen *vt* to disarm.

Entwaffnung *f* disarming (*a criminal*).

entwarnen *vi* to sound the all-clear signal.

Entwarnung *f* all-clear signal, off signal, cancellation of a warning.

entwässern *vt* to drain, to dry up.

Entwässerung *f* drainage (*land*).

Entwehrung *f* *surrender of purchased object in order to claim damages based on warranty of title.*

entweichen *vi* to abscond, to escape; to leak (*gas*).

Entweichen *n* absconding, escape, leak.

Entweichenlassen *n* allowing a prisoner to escape; **fahrlässiges ~** negligent allowing of an escape.

entweihen *vt* to profane, to desecrate, to soil, to sully.

Entweihung *f* profanation, desecration.

entwenden *vt* to deprive one of possession, to obtain unauthorized control, to take away (unlawfully).

Entwenden *n* unlawful taking of another's property.

entwerfen *vt* to draft, to make a draft, to sketch.

entwerten *vt* to cancel, to invalidate, to obliterate.

Entwertung *f* cancellation, depreciation, devaluation; **~sstempel** cancellation stamp (*postmark*).

Entwicklung *f* development (= *d*-), trend, movement; **~sabschnitt** *m* phase in the *d*-; **~sbedingungen** *f/pl* **der Konjunktur** conditions affecting the economic trend; **~sfonds** *m* *d*- fund, fund for developing countries; **Europäischer ~~** (*abbr* **EEF**) European *D*- Fund (*abbr* EDF); **~sgebiet** *n* *d*- area, growth area; **~sgebot** *n* requirement to develop (*an area, a project, etc);* **~sgesellschaft** *f* *d*- corporation; **~shelfer** *m*/**-in** *f* *d*- agent; **~shilfe** *f* *d*- aid; **förderungswürdige ~~** *d*-aid deserving government grants; **~skredit** *m* *d*- loan, credit made available for *d*- projects; **~sland** *n* developing country; **~sländer** *pl* emerging nations; **~slinie** *f* line of *d*-, trend; **~spause** *f* temporary standstill (in *d*-); **~spolitik** *f* *d*-policy; **~srichtung** *f* trend; **~sschema** *n* pattern of *d*-; **~svorhaben** *n* *d*- project; **defizitäre ~** trend towards a deficit; **diskriminierungsfreie ~** non-discriminatory *d*-; **Europäischer Fonds für Regionale ~** (*abbr* **EFRE**) European Regional *D*- Fund (*abbr* ERDF); **Forschung und ~** (*abbr* **F&E**) research and *d*- (*abbr* R&D); **gleichgewichtige ~ beider Seiten** even *d*- of the two sides; **Internationale Bank für Wiederaufbau und ~** (= *Weltbank*) International Bank for Reconstruction and *D*- (= *World Bank*); **kassenmäßige ~** movement in cash position; **konjunkturelle ~** cyclical trend; **Organisation für industrielle ~ der Vereinten Nationen** United Nations Industrial *D*- Organization (*abbr* UNIDO); **Organisation für wirtschaftliche Zusammenarbeit und ~** Organisation for Economic Cooperation and *D*- (*abbr* OECD); **Welthandels- und ~skonferenz der**

Vereinten Nationen United Nations Conference on Trade and Development (*abbr* UNCTAD).

entwidmen *vt* to release from public use, to reclassify as private (*road*).

Entwidmung *f* release from public use, reclassification for private use.

entwöhnen *vt/v reflex* to break/give up a habit, to cure from an addiction.

Entwöhnung *f* cure from an addiction, breaking of a habit; **~skur** *f* treatment for curing addicts/alcoholics, detoxication.

entwürdigen *vt* to debase, to degrade, to disgrace.

Entwürdigung *f* debasement, disgrace, degrading, humiliation.

Entwurf *f* draft (*document*), outline, design (*machine, etc*); ~ **der Stellungnahme** draft opinion; ~ **des Haushaltsplans** draft budget, budget estimates; **~sfassung** *f* (*e-es Vertrages*) draft (*agreement*); **~sschreiben** *n* draft letter; **~sstadium** *n* planning stage, blueprint stage; **~sverfasser** *m*/**-in** *f* draftsman/draftswoman; **~szeichner** *m*/**-in** *f* draftsman/draftswoman; **erster** ~ first draft, rough draft.

entzerren *vt* to straighten out, to eliminate distortion, to rectify.

Entzerrung *f* rectification, straightening out (*what is distorted*), distortion compensation.

entziehen *vt* to deprive, to divest, to take away, *v reflex* to elude, to avoid, to escape, to slip away.

Entziehung *f* deprivation, divestment, detoxication; ~ **der bürgerlichen Ehrenrechte** suspension of civic rights, deprivation of civic rights; ~ **der elterlichen Gewalt** withdrawal of parental control; ~ **der Fahrerlaubnis** disqualification from driving (motor vehicles), suspension of *US* driver's license/*GB* driving licence, driving ban; **zwingend vorgeschriebene** ~ ~ ~ mandatory disqualification from driving; ~ **der Staatsangehörigkeit** expatriation, deprivation of citizenship; ~ **der Vollmacht** revocation of the power of attorney; ~ **der Zulassung** striking off the roll, debarring, disqualification; ~ **des Besitzes** dispossession; ~ **des Führerscheins** forfeiture of the *US* driver's license/*GB* driving licence; ~ **des Wahlrechts** disfranchisement; ~ ***e-er*** **Lizenz** revocation of a *US* license/*GB* licence; **~sanstalt** *f* detoxication *US* center/*GB* centre; **~~ für Alkoholiker** alcoholics' home; **~sbeschluss** *m* declaration of withdrawal; **~skur** *f* detoxication treatment, cure from addiction; **~srecht** *n* power of revocation; ~ **von Elektrizität** abstraction of electricity, tapping electric power.

entziffern *vt* to decipher, to decode, to make out.

Entzifferung *f* deciphering, decoding.

Entzug *m* → *Entziehung*; **steuerliche ~swirkungen** *f/pl* fiscal drag.

entzünden *v reflex* to ignite, to catch fire spontaneously.

entzweien *vt* to disunite, to turn against each other (*persons*).

EP (*abbr* = **Europäisches Parlament**) European Parliament.

EPA (*abbr* = **Europäisches Patentamt** *n*) European Patent Office (*abbr* EPO).

Erachten *n* view, opinion; **handeln Sie nach eigenem** ~ do as you think fit; **meines ~s** (*abbr* **m.E.**) in my opinion, as I see it, in my view.

erarbeiten *vt* to gain by (hard) work, to acquire.

Erarbeitung *f* acquisition (of wealth) by work; **zur** ~ **der Grundlinien** to evolve the broad lines.

ERASMUS-Programm *n* ERASMUS Program(me) *student exchange program within network of cooperating European universities,* → *SOKRATES-Programm.*

Erb| (*inheritance* = *i-)* **~abfindung** *f* *i-* settlement (*compensation for a beneficiary* (*or co-heir*) *in satisfaction of his (her) right of i-*); **~anfall** *m* (accrual of an) *i-*, devolution of an *i-*, succession to the estate of a deceased person; **~anlage** *f* hereditary disposition; **~anspruch** *m* right of *i-*, *i-* claim; **bedingter ~~** contingent remainder; **~anteil** *m* inherited share of estate; **~anwärter** *m*/**-in** *f* apparent heir, expectant heir; **übergangener ~~** pretermitted heir, a passed-over heir; **~anwartschaft** *f* expectancy of *i-*, estate in expectancy; **~auseinandersetzung** *f* partition of an *i-*, division of an estate, distribution of an estate; **~ausgleich** *m* money compensation in lieu of future *i-*; collation of goods, hotchpot of advancements; **~ausschlagung** *f* disclaimer of *i-*, repudiation of an *i-*; **~baurecht** *n* → *Erbbau*|; **~berechtigte(r)** *f(m)* *(der Erbberechtigte)* person entitled to inherit; **der nächste gesetzliche ~~** next heir; **~berechtigung** *f* title to an *i-*; **~bescheinigung** *f* → *Erbschein*; **~besitz** *m* possession by *i-*, inheritable/inherited property, hereditament; **~einsetzung** *f* appointment as an heir; **gegenseitige ~~** mutual appointment as heir, double will; **~ersatzanspruch** *m* substituted *i-*right (*of children born out of wedlock, D since 1970*); **~erschleichung** *f* gaining an *i-* by fraud, legacy-hunting; **~fähigkeit** *f* legal capacity to inherit; **~fall** *m* devolution of an *i-*, (the event of) succession; **~~schulden** *f/pl* debts incurred upon the *i-*; **~folge** *f* → *Erbfolge*; **~gang** *m* succession upon death, devolution of *i-*, devolution of the estate (of a deceased person); **im ~~ anfallen** to accrue by way of succession; **~gesundheit** *f* eugenics, freedom from hereditary disease; **~gut** *n* inherited property, hereditament, patrimony, *hist* allodium, freehold estate; **~hof** *m* hereditary farm (*estate tail*); inherited farm; **~kranke(r)** *f(m)* *(der Erbkranke)* person afflicted with an hereditary disease; **~krankheit** *f* hereditary disease; **~lasser** *m*/**-in** *f* decedent, the deceased (person), the intestate/testator *m*/testatrix *f*; **~~schuld** *f* ancestral debt, testator's debts; **~legitimation** *f* evidence of the right to an *i-*, certificate of *i-*; **~lehen** *n* hereditary fief; **~lichkeit** *f* inheritability, hereditary character; **~linie** *f* line of succession; **~masse** *f* assets of the estate; **~monarchie** *f* hereditary monarchy; **~nachweis** *m* proof of *i-*; **~pacht** *f* hereditary tenancy; **~pächter** *m*/**-in** *f* holder of a hereditary tenancy, fee-farmer; **~pachtgelände** *n* hereditary leasehold land; **~pachtheimstätte** *f* hereditary leasehold homestead; **~pachtrecht** *n* right of inheritable tenancy; **~pachtvertrag** *m* inheritable lease (agreement); **~pachtzins** *m* ground rent; **~quote** *f* proportional right to an *i-*, fraction of the *i-*; **~recht** *n* → *Erbrecht*; **~schaft** *f* → *Erbschaft*; **~schein** *m* → *Erbschein*; **~schleicher** *m*/**-in** *f* legacy hunter, fortune hunter; **~statut** *n* *the law of decedent's nationality which governs i-*; **~stück** *n* heirloom; **~teil** *n* → *Erbteil*; **~~ung** *f* partition of a succession, division of the estate; **~unfähigkeit** *f* legal incapacity to inherit; **~unwürdigkeit** *f* unworthiness to inherit, moral ineligibility for an *i-*; **~vergleich** *m* *i-*settlement; **~vermutung** *f* **des Fiskus** presumptive *i-* by the state (*in the absence of any other heirs*); **~vertrag** *m* contract of succession by *i-*, deed of *i-* (*appointing an heir or heirs inter vivos*); **~verzicht** *m* renunciation of *i-*, relinquishment of an *i-*; **~zins** *m* ground rent, perpetual rent, rent charge; **~zuwachs** *m* accretion by *i-*.

Erbbau|berechtigte(r) *f(m)* tenant under a building lease, tenant on ground rent; **~grundbuch** *n* land register for building leases; **~recht** *n* building lease, heritable building right, the law concerning building leases; superficies; **~~svertrag** *m* building lease agreement; **~zins** *m* ground rent (for a building lease).

erb|berechtigt *adj* entitled to inherit; **~eigen** hereditable, belonging (*to s.o.*) by right of inheritance, allodial; **~gesund** not afflicted with a hereditary disease; **~lich** hereditary (*right, disease*), inheritable (*property*), inherited; **~unwürdig** unworthy to inherit.

Erbe *m* / **Erbin** *f* heir/heiress (= *h-*), legatee, devisee, successor (*as a civil law concept, the universal successor of a deceased person*); ~ **erster Ordnung** *h-* of the first degree; ~ **in der Seitenlinie** *h-* collateral; **~naufgebot** *n* public notice designed to trace the *h-s* to an estate; **~n, die mit dem Erblasser in gerader Linie verwandt sind** lineal *h-s*, natural *h-s*; **~ngemeinschaft** *f* community of *h-s*, joint *h-s*; **~nhaftung** *f* personal liability of the *h-*; **~nlosigkeit** *f* default of *h-s*, absence of *h-s*; **~nmehrheit** *f* plurality of *h-s*; **~nmutter** *f* indigent expectant mother of an *h-* (*legal maintenance claim*); **alleinige(r)** ~ sole *h-*; **als ~ berufen sein** to be called to the succession; **gesetzliche(r)** ~ *h-* by intestacy, *h-* at law, statutory *h-*; **keine ~n hinterlassen** to die without issue; **künftige(r)** ~ *h-* apparent; **leibliche(r)** ~ *h-* of the body; **mutmaßliche(r)** ~ *h-* presumptive; **rechtmäßige(r)** ~ lawful *h-*; **testamentarische(r)** ~ testamentary *h-*.

Erbe *n* inheritance, estate (*from individual*), heritage (*from culture, by virtue of being member of a certain group*); **ein ~ antreten** to take possession of an inheritance, to accept an inheritance; *fig* to step into *s.o.*'s shoes; **ein ~ ausschlagen** to refuse/to disclaim an inheritance; **väterliches** ~ patrimony.

erben *vt/vi* to inherit.

Erbeserbe *m* heir to an heir; **~ngemeinschaft** *f* subparticipation in community of heirs (*by the heirs of a deceased member*).

Erbfolge *f* succession (upon death), heritable succession, inheritance; ~ **in der Seitenlinie** collateral inheritance; ~ **in gerader Linie** lineal succession; ~ **nach Stämmen** succession per stirpes, stirpital succession; **~ordnung** *f* order of succession; **~persönlichkeitsrecht** *n* personal rights of an inventor, right to be named as inventor; **~verteilung** *f* **nach Stämmen** stirpital distribution; **gesetzliche** ~ intestate succession, succession ab intestato, legal succession; **gewillkürte** ~ testamentary succession; **testamentarische** ~ testamentary/testate succession.

Erbrecht *n* law of succession, right/title to an inheritance, right to succeed; **gesetzliches** ~ law of intestate succession, legal right to an inheritance, right to an inheritance from an intestate; **gesetzliches ~ des Fiskus** the State's right to succeed to heirless property; **testamentarisches** ~ law of testamentary succession, legal right to an inheritance under a will.

Erbschaft *f* inheritance (= *i-*), estate (= *e-*); **~sanfall** *m* accrual of an *i-*, transfer of the deceased's *e-* to the heir; **~sangelegenheit** *f* matter of *i-*, question pertaining to the *i-*; **~sannahme** *f* acceptance of an *i-*; **unbedingte ~~** unconditional acceptance of an *i-*; **~sanspruch** *m* right of succession, claim to an *i-*; **~santeil** *m* share in an *i-*; **~santritt** *m* accession to an *e-*, entry upon an *i-*; **~sanwärter** *m*/**-in** *f* expectant heir, heir in expectancy; **~sanzeige** *f* notice of accrual of *i-*; **~sauseinandersetzung** *f* partition of a succession; **~sausschlagung** *f* renunciation of succession, refusal to accept an *i-* (*filed with probate court in notarized form*); **~sbesitzer** *m*/**-in** *f* possessor of the *e- under (alleged) right of i-*; **~serklärung** *f* *i-* declaration: *declaration accepting or refusing an i-*; **~serwerber** *m*/**-in** *f* purchaser of an *i-* as a whole; **~sgegenstände** *m/pl* items of property in the *e-*; **~sgeschäfte** *n/pl* transactions concerning the *e-*; **~sgläubiger** *m*/**-in** *f* creditors of the *e-*; **~sinventar** *n* inventorized list of the *e-*; **~skauf** *m* purchase of a total *i*-; **~skäufer** *m*/**-in** *f* purchaser of a total *i*-; **~sklage** *f* *i*-recovery action, action to establish claim to an *i*-; **~smasse** *f* *e*-, bulk of the *e*-, inherited property; **~sprozess** *m* death litigation; **~ssache** *f* *i*- case, probate matter; **~ssteuer** *f* *i*- tax, *e*- tax, succession tax, death tax; **~~gesetz** *n* *i*- tax law; **~~pflicht** *f* liability to (pay) *i*-tax; **~sstreit** *m* litigation about an *i*-; **~steilung** *f* partition of the *e*- of a deceased person; **~~ vornehmen** to parcel an *i*-; **~sübergang** *m* devolution of an *e*- of a deceased person; **~svermächtnis** *n* legacy of a whole *e*-; **~svermögen** *n* inherited assets; **angefallene** ~ accrued *i*-; **Annahme** ***e-er*** ~ acceptance of an *i*-; ***e-e*** ~ **antreten** to enter upon an *i*-; ***e-e*** ~ **erschleichen** to obtain a legacy by intrigue/by fraud/by false pretences; **ruhende** ~ contingent *i*-; **verschuldete** ~ *e*- encumbered with debts.

Erbschein *m* certificate of inheritance (= *c/i*) (*testate or intestate succession*); ~ **des Alleinerben** sole-heir *c/i* (*total estate to one heir*); **~santrag** *m* application for a *c/i*; **~sverfahren** *n* proceedings (*in German probate court*) for the issue of a *c/i*; **Eigenrechts~** *m* *c/i* based on German law (*deceased alien*); **Fremdrechts~** *m* (German) *c/i* based on foreign law; **gegenständlich beschränkter** ~ *c/i* limited to assets within the country; **gemeinschaftlicher** ~ joint *c/i* (*several heirs*); **Sammel~** *m* collective *c/i* (*several successions*); **Teil~** *m* fractional *c/i* (*for an individual co-heir*); **vereinigter** ~ joint *c/i* (= *Sammelerbschein*).

Erbteil *n* share of an inheritance, part inheritance; **~skauf** *m* purchase of the share of an inheritance; **~sübertragung** *f* transfer of one's share of an inheritance; **gemeinschaftlicher** ~ joint share in the inheritance; **gesetzlicher** ~ legal portion, distributive share (*intestacy*); **künftiger** ~ future interest in an inheritance; **mütterlicher** ~ matrimonial estate; **väterlicher** ~ patrimonial estate, patrimony.

Erd|abfuhr *f* site clearance and excavation; **~arbeiten** *f/pl* earthwork, groundwork; **~arbeiter** *m*/**-in** *f* digger, excavation labo(u)rer, groundman; **~aufschüttungsarbeiten** *f/pl* terracing; **~bebenversicherung** *f* earthquake insurance; **~bewegung(en)** *f(pl)* soil movement; **~gas** *n* oil gas, natural gas; **~öl** *n* → *Erdöl;* **~rutsch** *m* landslide (*also in elections*); **~schicht** *f* bed, layer, stratum of soil.

erdenken *vt* to devise, to think up, to invent, to imagine.

erdenklich *adj* imaginable, conceivable, possible.

erdichten *vt* to fabricate, to concoct, to cook up, to trump up.

Erdichtung *f* fabrication, concoction, invention of a story.

Erdöl *n* (crude) oil, petroleum; **~aktien** *f/pl* oil shares; **~belieferung** *f* oil supply; **~bevorratung** *f* oil stockkeeping; **~bohrinsel** *f* drilling platform; **~förderung** *f* oil production, petroleum extraction; **~konzession** *f* oil concession, oil lease.

erdolchen *vt* to stab (to death).

erdrosseln *vt* to strangle (to death).

Erdrosselung *f* strangulation; **~ssteuer** *f* strangulation tax, prohibitive tax.

ERE (*abbr* = **Europäische Rechnungseinheit**) European Unit of Account (*abbr* EUA) (*until 1981;* → *EWE, euro*).

ereignen *v reflex* to occur, to happen, to take place.

Ereignis *n* occurrence, event (= *e*-), happening; ~ **mit überholender Kausalität** supervening cause; **bestimmtes** ~ specified *e*-; **kriegerische ~se** hostilities, *e-s* of war; **sicher eintretendes** ~ definite *e*-; **unabwendbares** ~ unavoidable accident, inavoidable casualty, inevitable *e*-, fortuitous *e*-; **ungewisses** ~ contingency, contingent *e*-; **unvorhergesehenes** ~ unforeseen *e*-; **versichertes** ~ *e*- insured against; **zufälliges** ~ fortuitous *e*-, accident, fortuitous occurrence; **durch** ~ ~ by accidental means.

Ererbtes *n (das Ererbte)* inherited property, heritage.

erfahren *vt* to learn, to discover, to come to one's knowledge; to experience; *vi* to undergo (*processing, changes*).

Erfahrung *f* experience (= *e*-), know-how (= *k-h*), background; **~saustausch** *m* interchange of *k-h*; **~sbericht** *m* progress report, case history; **~sbeweis** *m* proof a posteriori; **~sgrundsatz** *m* principle derived from *e*-, empirical rule; **~slehre** *f* empiricism; **~skreis** *m* sphere of *e*-; **~smethode** *f* empirical method, rule of thumb; **~sregel** *f* rule of thumb; **~ssatz** *m* rule of *e*-; **~swert** *m* empirical value, *e*-; **~swissen** *n k-h*; **technisches ~~** technical *k-h*; **gewerbliche ~en** business and industrial *e*-, commercial *k-h*; **in ~ bringen** to learn, to find out; **praktische** ~ practical *e*-, *k-h*.

erfahrungsgemäß *adj* in accordance with experience, according to past experience.

erfassbar *adj* ascertainable, recordable, registrable, calculable; **statistisch** ~ statistically ascertainable.

erfassen *vt* to comprise, to include, to cover.

Erfassung *f* scope of coverage, assessment, scope of conscription, marshalling (the assets); ~ **an der Quelle** taxation at source; ~ **der Wehrpflichtigen** conscription; **~sbereich** *m* scope (*of assessment, survey, etc*); **~sbreite** *f* scope of coverage; **~smerkmal** *n* statistical criterion; ~ **von Auskünften** pooling of information.

erfinden *vt* to invent, to devise.

Erfinder *m*/**-in** *f* inventor (= *i*-); **~benennung** *f* declaration of inventorship; right to be named as *i*-; ~ **der Haupterfindung** original *i*-; **~eid** *m i-'s* oath; **~eigenschaft** *f* inventorship, inventive faculty; **~erklärung** *f* declaration of inventorship; **~gemeinschaft** *f* joint *i-s*, association of *i-s*; **~identität** *f* identity of the *i*-; **~nennung** *f* mention of the *i*-, naming of the *i*-; **~prämie** *f* award to *i-s*; **~prinzip** *n* frist-to-invent system **~recht** *n i-'s* right; **~schein** *m i-'s* certificate; **~schutz** *m* protection of *i-s*; **~tätigkeit** *f* the work of the *i*-; **~vergütung** *f i-'s* compensation; **abhängiger** ~ dependent *i*-; **alleiniger** ~ sole *i*-; **angeblicher** ~ alleged (supposed, pretended) *i*-; **beamteter** ~ *i*- in an official position; **freier** ~ independent *i*-; **früherer** ~ preceding *i*-; **gemeinsame** ~ joint *i-s*; **späterer** ~ subsequent *i*-; **wahrer** ~ actual *i*-, true and first *i*-.

erfinderisch *adj* inventive, imaginative.

Erfindung *f* invention (= *i*-); **~en oder sonstige Erkenntnis** *i-s* or other knowledge; **~saufgabe** *f* problem of the *i*-; object of the *i*-; **~sbesitz** *m* possession of an *i*-, ownership of an *i*-; **~sbezeichnung** *f* title of an *i*-; **~seigenschaft** *f* sufficiency (of an *i*-); **fehlende ~~** lack of *i*-; **~sgabe** *f* ingenuity; inventiveness; **~sgedanke** *m* inventive idea, inventive concept; **~sgegenstand** *m* subject matter of an *i*-; **~sgeheimnisse** *n/pl* secrets of an *i*-; **~shöhe** *f* inventive step, inventive merit, inventive level, inventivity, degree of inventive ingenuity; **~~ aberkennen** to deny inventive step; **~~ verneinen** to deny inventive step; **mangelnde** ~~ lack of inventiveness; **~sleistung** *f* inventive step; **zusätzliche** ~~ additional inventive step, **~smaßstab** *m* standard of *i*-; **~spatent** *m* patent for *i*-, letters patent; **~spriorität** *f* priority of *i*-; **~svorteil** *m* benefit/advantage of the *i*-; **~swert** *m* inventive merit; **ältere** ~ prior *i*-; **beanspruchte** ~ claimed *i*-; **biologische** ~ biological *i*-; **chemische** ~ chemical *i*-; **den Umfang der ~ abgrenzen** to define/limit the scope of an *i-*; **die ~ abgrenzen (gegen)** to delimit the *i-* (from); **die ~ beschreiben** to describe/specify the *i-*; **die ~ ist gerichtet auf** the *i-* is directed to/addressed to/relates to; **der ~ mangelt die Neuheit** the *i-* lacks novelty; **die vorliegende ~** the present *i-*; **ein Ausführungsbeispiel der ~ vorführen** to demonstrate an embodiment of the *i-*; **ein Hilfsmittel nutzende ~** factor-using *i-*; **ein Hilfsmittel sparende ~** factor-saving *i-*; ***e-e* ~ machen** to make an *i-*, to invent *sth*; ***e-e* ~ nutzen** to exploit an *i-*, to make use of an *i-*; ***e-e* ~ praktisch verwendbar machen** to reduce an *i-* to practice, put an *i-* to practical use; ***e-e* ~ unzulässig abändern** to alter/modify an *i-* in an inadmissible manner; ***e-e* ~ verkaufen** to vend/sell an *i-*; ***e-e* ~ vollbringen** to achieve an *i-*; ***e-e* ~ zum Patent anmelden** to file a patent application for an *i-*, to apply for a patent of an *i-*; **gebundene ~** *i-* subject to a commitment, employee's *i-* made available to the employer; **gegen die guten Sitten verstoßende ~** scandalous *i-*, vicious *i-*; **kollidierende ~en** interfering *i-s*; **menschliche Arbeitskraft sparende ~** labo(u)r-saving *i-*; **patentfähige ~** patentable *i-*; **es liegt keine ~ ~ vor** no patentable *i-* is involved; **patentierte ~** patented *i-*; **unvollständige ~** incomplete/unaccomplished *i-*; **vollendete ~** (fully) accomplished *i-*; **umwälzende ~** revolutionary *i-*; **Verbesserungs~** improvement *i-*; **verwandte ~en** related *i-s*, cognate *i-s*; **Wesen *e-er* ~** gist of an *i-*; **Zusatz~** *f* developmental *i-*, additional *i-*.

erfindungswesentlich *adj* essential to the invention, important, salient (features).

Erfolg *m* success, result, outcome; **~sabwendung** preventing the effect (*of criminal act*); **~santeil** *m* share in the results, share in the profit; **~~system** *n* profit sharing scheme, bonus system; **~saussichten** *f* chances of success, prospect of success; **~seintritt** *m* (the) case of success, happening of the contingency; **~sbeitrag** *m* contribution to profits; **~sbeteiligung** *m* profit sharing (plan) (*for employees*); **~sdelikt** *n crim* offense defined in terms of causing specified result (*eg homicide, theft, etc*), result oriented offense; **~serlebnis** *n* sense of achievement; **~sgebühr** *f* → *~shonorar*; **~shaftung** *f* strict liability, liability without fault; **~shonorar** *n* contingent fee, contingency, payment by result; **~~vertrag** contingency contract; **~skonto** *n* nominal account, income and expenditure account (*concerning the particular type of income such as trade, rents, interest, etc*); **~slohn** *m* incentive wage; **~sort** *m* place of effect (*place where the result of an act occurs*); **~sposten** *m* item on the income and expenditure account; **~sprämie** *f* efficiency bonus; **~squote** *f* success rate; **~srechnung** *f* income statement, profit and loss accounting; **~sunwert** *m crim* disvalue of objective consequences of offense, ↔ *Handlungsunwert*.

erfolgs|neutral *adj* without profit-loss effect; **~wirksam** affecting net income, affecting the operating result.

erforderlich *adj* necessary, required, requisite; **nicht ~** unnecessary, not required; ***etw* ~ machen** to necessitate.

erforderlichenfalls *adv* if required, in case of need, if necessary, where necessary.

Erforderliches *n* (*das Erforderliche*) that which is required, the necessities, necessaries; **das ~ veranlassen** to take the necessary steps.

Erforderlichkeit *f* necessity, requirement, need; **~sgrundsatz** *m* (= *~~sprinzip*) *principle of the least oppressive consequence of a choice of administrative steps.*

erfordern *vt* to require, to necessitate, to demand, to exact.

Erfordernis *n* requirement, necessity; ~ **der Schriftform** necessity of written form (*written, typed, printed, etc, and signed*); **allen ~sen gerecht werden** to meet all requirements; **unbedingtes** ~ absolute necessity, a „must"; **unterschiedliche haushaltspolitische ~e** differing budgetary needs; **verfassungsmäßige ~e** constitutional requirements.

erforschen *vt* to explore, to inquire (into), to examine, to find out (*the truth, the actual facts*).

Erforschung *f* exploration, inquiry, investigation, examination.

erfrieren *vi* to freeze to death, to die of cold.

erfüllen *vt* to fulfil(l), to perform, to discharge (*obligations*); to meet (*conditions*).

erfüllt *adj* fulfilled, performed, satisfied; **nicht** ~ unfulfilled, unperformed, unsatisfied.

Erfüllung *f* fulfil(l)ment; performance (= *p-*), satisfaction (= *s-*), compliance (with); ~ **der Aufgaben** *p-* of the tasks; ~ **des Kaufpreises** payment of the purchase price; ~ **des Vertrages** *p-* of the contract, *s-* of the contractual terms; ~ ***e-er*** **Amtspflicht** *p-* of an official duty, execution of duty; ~ ***e-es*** **Anspruchs** discharge of a right, *s-* of a claim; ~ ***e-er*** **Bedingung** *s-* of condition, compliance with a condition; ~ ***e-er*** **Forderung** discharge of a debt, *s-* of a claim; ~ ***e-er*** **Pflicht** discharge of a duty; ~ ***e-er*** **Verpflichtung** discharge of an obligation, discharge of a liability; ~ **fälliger Verpflichtungen** discharge of matured obligations; ~ **in bar** *p-* in cash, cash payment; ~ **in natura** specific *p-*; **~sangebot** *n* tender/proffer of *p-*; **~sannahme** *f* acceptance as *p-*; **~sanspruch** *m* claim for *p-*; **~sfrist** *f* time for *p-*; **~sbetrug** *m* fraud in the *p-*; **~sgarantie(verpflichtung)** *f p-* bond; **~sgegenstand** *m* obligation to be performed, subject matter of the contract; **~sgehilfe** *m* **/-in** *f* servant (*master-servant relationship*), employee, (*person employed in performing a contractual obligation for whom the principal is vicariously liable,* ↔ *Verrichtungsgehilfe*); **~sgeschäft** *n* transaction to perform a contract; **~sinteresse** *n* interest in the complete *s-* of an obligation, positive interest; **~sklage** *f* action for (specific) *p-*; **~sort** *m* place of *p-*; **~spflicht** *f* obligation to perform; **~spolitik** *f* policy of unconditional fulfil(l)ment (*Versailles Treaty*); **~stag** *m* date for *p-*, settlement day, pay day; **~sübernahme** *f* assumption of an obligation to perform, vicarious *p-*; **~svereitelung** *f* rendering the *p-* impossible; **~svergütung** *f* contingency fee; **~svertrag** *m* agreement specifying *p-*; **~sverpflichtung** *f* obligation to perform; **~sverweigerung** *f* refusal to fulfil(l) an obligation; **~szeit** *f* time of *p-*; ~ **Zug um Zug** mutual simultaneous *p-*; **an ~s statt** in lieu of *p-*, in full *s-*, (acceptance) as a discharge; **auf ~ klagen** to sue for *p-*; **die ~ dieser Abkommen** the carrying out of these agreements; **die ~ *e-es* Vertrages wird unmöglich** *p-* of a contract becomes impossible; **freiwillige** ~ voluntary *p-*; **mangelhafte** ~ defective *p-*; **restlose** ~ full discharge; **teilweise** ~ part *s-*, part *p-*; **vergleichsweise** ~ *p-* under a settlement; **vertragsgetreue** ~ *p-* pursuant to contract, *p-* in specie.

erfüllungshalber *adv* by way of provisional performance; on account of performance, as conditional payment (*eg a bill of exchange which will not operate as a discharge until it is hono(u)red*).

ergänzen *vt* to supplement.

ergänzend *adj* supplementary.

Ergänzung *f* supplementary (= *s-y, supplemental = s-l*) addition, completion, supplement; ~ **des Pflichtteils** completion of the compulsory portion (*adding equivalent of donations to estate value*); ~ *e-es* **Urteils** amendment of a judgment; **~en zu den Erklärungen** additional explanations; **~sabgabe** *f* special levy, surtax, surcharge; **~sabkommen** *n s-l* agreement; **~sanweisung** *f s-y* regulation; **~sbescheid** *m s-y* ruling; **~sbestimmungen** *f/pl s-y* provisions; **~sblatt** *n* continuation sheet; **~seid** *m* suppletory oath (*of party to supplement oath of one witness or to verify documents*); **~sgesetz** *n* amending law, *s-y* act; **~spflegschaft** *f s-y* curatorship (*in case of prevention or disablement of parents or guardian*); **~spolice** *f s-y* policy; **~srichter** *m/***-in** *f* substitute judge; **~sschöffe** *m/***~sschöffin** *f* substitute/alternate lay assessors; **~stestamentsvollstreckung** *n s-l* executorship; **~s- und Rahmengesetz** *n* supplementing and co-ordinating law; **~surteil** *n s-y* judgment; **~sversicherung** *f* additional insurance; **~svordruck** *m s-y* form; **~svorlage** *f s-y* bill; **~svorschrift** *f s-y* regulation; **~swahl** *f* by-election; **~szuweisung** *f* additional grant.

Ergebnis *n* result, yield, outcome; **~abführungsvertrag** *m* profit-and-loss transfer agreement; **~anteil** *m* share of the income/profits; **~ausschlussvereinbarung** *f* profit-and-loss exclusion agreement; **~beteiligung** *f* profit participation; ~ **der Beweisaufnahme** result of taking evidence, summary of evidence; ~ **der Ermittlungen** result of the investigations; **~rechnung** *f* statement of operating results, income and expenditure account; **~übernahmevertrag** *m* profit-and-loss assumption agreement (*with a subsidiary*); **~übersicht** *f* statement of results, earnings statement; **buchmäßiges** ~ result according to the books; **neutrales** ~ non-operating profit or loss.

ergebnisneutral *adj* not affecting the operating result.

ergehen *vi* to be rendered, to be promulgated, to be issued.

ergiebig *adj* productive, fertile.

Ergiebigkeit *f* productiveness, productive capacity.

Ergonomie *f* ergonomics (*adaptation of working conditions to suit the worker*).

ergreifen *vt* to apprehend, to seize.

Ergreifung *f* apprehension, seizure; **~sort** *m* place of arrest.

ergründen *vt* to explore, to probe into, to find out, to fathom.

Ergründung *f* exploration.

Erhalt *m* receipt; **den** ~ *e-es* **Schreibens bestätigen** to acknowledge receipt of a letter, in acknowledgement of a letter.

erhalten *pp of erhalten vt* in receipt; **richtig** ~ duly received.

erhältlich *adj* obtainable, available.

Erhaltung *f* preservation (= *p-*), maintenance (= *m-*), upkeep; ~ **des Friedens** *m-* of peace, *p-* of peace; **~sarbeiten** *f/pl* plant *p-* work (*during strike*); **~saufwand** *m m-* expense; **~skosten** *pl* expense of *m-*; **~spflicht** *f* duty to preserve (*ancient monuments*); **~szustand** *m* state of repair; **einwandfreier** ~~ good and tenantable repair (rooms), good condition; **schlechter** ~~ disrepair, non-repair, (in) bad repair; ~ **von Arbeitsplätzen** job *p-*, safeguarding of jobs.

erhängen *v reflex* to hang *o.s.*.

erhärten *vt* to confirm, to corroborate, to substantiate.

Erhärtung *f* confirmation, corroboration, substantiation.

erheben *vt* to raise, to lodge, to levy (*taxes*), to charge, to impose.

erheblich *adj* relevant, material, substantial, significant, of legal relevance.

Erheblichkeit *f* relevancy, significance, substantialness.

Erhebung *f* inquiry, investigation, (official) collection (= *c-*) of data; ~ **an der Quelle** *c-* at source; ~ **durch Veranlagung** *c-* by means of assessment; **~en an Ort und Stelle** (*über etw*) inquiry on the spot (*into sth*); **~en anstellen** to make investigations; **~ *e-er* Klage** commencement of (legal) proceedings, the taking of an action; **~sangaben** *f/pl* statistical data; **~sgebiet** *n c-* area; **~skosten** *pl c-* costs; **~smonat** *m* month for which statistics are collected; **~sreihe** *f* series of *c-* of data; **~sstichtag** *m* statistical return date, statistical reference date; **~stermin** *m* date of *c-*; **~sverfahren** *n c-* procedure; **~szeitraum** *m* period of *c-*; **~ zum Gesetz** enactment; **amtliche ~** official inquiry; **finanzstatistische ~** *c-* of financial statistics; **örtliche ~** on-site investigation; **statistische ~** statistics, *c-* of statistical data.

erhebungsmäßig *adj* relating to collection of data.

erhellen *vi* to become clear, to appear from, to become evident.

erhöhen *vt* to increase, to enhance, to raise.

Erhöhung *f* increase, increment, enhancement, rise; **~ der Sätze** raising of duties, rise in rates; **~ des Grundkapitals** increase of the share capital; **~ des Lebensstandards** rise in the standard of living; **konjunkturautonome ~** rise independent of cyclical causes; **lohnseitig bedingte ~ der Kosten** rise in costs caused by wage increases.

Erholung *f* recovery, recreation (= *r-*, *recreational* = *r-al*); **durchgreifende ~** all-round recovery; **~sanlagen** *f/pl r-* facilities; **~saufenthalt** *m* rest cure, holiday, vacation; **~sbedürftige(r)** *f(m)* (*der Erholungsbedürftige*) person in need of a vacation; **~sbeihilfe** *f* vacation allowance, (employee's) holiday grant; **~sfläche** *f* pleasure ground; **~sgebiet** *n r-* area; **~skur** *f* rest cure; **~smöglichkeit** *f r-al* facility, amenity; **~sort** *m* resort; **~spause** *f* breather, a pause for rest; **~surlaub** *m* vacation, holiday, *r-al* leave, convalescent leave; **~szeit** *f* recovery period, rest period (*piece work job*).

erinnern *vt* to remind (*s.o.* of *sth*); *v reflex* to remember, to recollect; **soweit ich mich ~ kann** as far as I can remember, to the best of my recollection.

Erinnerung *f* memory (= *m-*), recollection, reminder; *pl* **~en** opposition, objection(s) (*to an administrative step on the same level*); **~en gegen den Kostenfestsetzungsbeschluss** summons to review taxation; **~shilfe** *f m-* aid, aide-mémoire; **~slücke** *f* gap in one's *m-*, partial amnesia; **~sposten** *m* pro memoria item; **~sschreiben** *n* follow-up letter; **~sschwäche** *f* weakness of *m-*; **~stäuschung** *f* amnesic delusion, delusion of one's *m-*; **~sverlust** *m* loss of *m-*, amnesia; **~svermögen** *n m-*, power of recollection; **~swerbung** *f* institutional advertising, follow-up advertising; **~swert** *m* reminder value, pro memoria figure.

erkannt (*pp erkennen*) held (*by a court*), ruled.

erkennen *vt* to discern, to know, distinguish, perceive; to hold (*by a judge*), to pass judgment; to enter on an account, to credit; to enter in a ledger; **antragsgemäß ~** to find for the plaintiff.

erkennend *adj* discerning; adjudicative, recognizing.

Erkenntnis *f* realization, understanding, perception; finding, decision, judgment; **~se *e-es* Berichts** findings of a report; **~ *e-es* Gerichts** finding of a court, court ruling; **~verfahren** *n* contentious proceedings, trial; court procedure leading to a judgment; **~vermögen** *n* cognitive faculty, cognition, intellectual capacity; **~wert** *m* informative value, evidential value, value as a pointer; **in der ~, dass** *(Präambelformel)* recognizing that.

erkenntnismäßig *adj* as regards cognitive discernment; relating to perception; perceptive.

Erkennung *f* recognition, identification (= *i-*); **~sdienst** *m* records department (*police*), (criminal) *i-* department; **~skarte** *f i-* card; **~skartei** *f i-* register; **~smarke** *f* identity disc, *i-* tag, *sl* dog tag; **~smerkmal** *n* distinguishing mark; **~snummer** *f i-* number; **~swort** *n* password, watchword; **~szeichen** *n i-* mark, markings (*aeroplane*); **~szeuge** *m* identifying witness.

erkennungsdienstlich *adj* by way of police identification service, identifying.

erklären *vt* to explain, to expound; to declare, to state, to assert, to say; to give notice; to declare (*customs*), *v reflex* to give an explanation, to plead (*to the charge*); **eidlich** ~ to state under oath; to swear an affidavit; **feierlich** ~ to asseverate, to solemnly declare, to state in solemn form; **für rechtmäßig** ~ to legitimate, legitimize; ***jd-en*** **für befangen** ~ to declare *s.o.* to be prejudiced, to challenge on the grounds of partiality; **sich für befangen** ~ to disqualify *o.s.*, to state that one is not impartial (*judge*), to declare *o.s.* biased; **sich bereit** ~ to undertake, to offer, to agree to.

Erklärung *f* explanation, interpretation; declaration (= *d-*), statement (= *s-*); ~ **auf dem Sterbebett** dying *d-*; **~sbewusstsein** *n* awareness of expressing legally relevant declaration of will; **~sbote** *m*/**~sbotin** *f* communicating messenger (*merely transmitting a d-, not an agent*); **~sempfänger** *m*/**-in** *f* addressee, recipient of a *d-*; **~sfrist** *f* time to answer, deadline for reply; **~sirrtum** *m* mistake in the utterance, mistake in the *d-* itself; **~spflicht** *f* obligation to make a *s-*, obligation to plead; **~stag** *m exch* contango day, making-up day, option day; **~stermin** *m* deadline for a *d-*/plea, time-limit for effecting a *d-*; **~stheorie** *f* doctrine of declaratory effect of an act (*regardless of intention or lack of it*); **~swille** *m* intention of expressing one's will; ~ **über Nichtbestreiten** admission of fact; **Allgemeine ~ der Menschenrechte** Universal *D-* of Human Rights; **amtliche** ~ official *s-*; **ärgerniserregende** ~ scandalous *s-*; **beeidete schriftliche** ~ affidavit; **begründete** ~ explanation, reasoned *s-*; **belastende** ~ incriminatory *s-*; **ehrenwörtliche** ~ *d-* of hono(u)r; **eidesstattliche** ~ *d-* in lieu of an oath, statutory *d-*; **eidliche** ~ *s-* on oath; ***e-e*** ~ **abgeben** to make a *d-*/*s-*; **freiwillige** ~ voluntary *s-*; **gewillkürte** ~ voluntary declaratory act; **mündliche** ~ verbal *s-*, parol *d-*; **rechtsgeschäftliche** ~ legal *d-*; **rechtsgestaltende ~en** dispositive acts; **schriftliche** ~ written *s-*, written *d-*; **spontane** ~ spontaneous *s-*; **unberechtigte** ~ unauthorized *s-*; **vorvertragliche** ~ representation, pre-contractual *d-*; **zu Protokoll gegebene** ~ *s-* made for the record, official *s-*, a protocol note, *s-* placed on record.

erklärungsbedürftig *adj* needing an explanation, requiring further explanation.

erkranken *vi* to fall ill, to become sick, to contract a disease.

Erkrankung *f* illness, sickness; **~shäufigkeit** *f* frequency of illness; **im ~sfall** *m* in case of illness.

erkundigen *v reflex* to inquire/enquire, to make inquiries/enquiries.

Erkundigung *f* query, inquiry/ enquiry; **~en einziehen** to gather information (*about sth/s.o.*), to make inquiries, to inquire into; **~spflicht** *f* duty to make enquiries, requirement to obtain further information.

Erkundung *f* exploration, investigation, reconnaissance; **~sgespräche** *n/pl* soundings, exploratory talks.

erlangen *vt* to obtain, to gain, to reach, to acquire.

Erlangung *f* obtainment, acquisition, recovery attainment; ~ **durch Betrug** obtaining by false pretences; ~ **von Schadensersatz** recovery of damages.

Erlass *m* decree, order; rendition, pronouncement, passing; remission, release, waiver; **~bescheid** *m* **des Finanzamts** order for remission of tax liability; ~ **der Zinszahlung** waiver of the interest payment; ~ **des Strafrests** remission of the unserved part of the sentence; ~ ***e-er*** **Schuld** release from a debt, waiver of a debt; ~ ***e-es*** **Urteils** rendering a judgment, pronouncement of a judgment; ~ **von Gebühren** cancellation of charges; ~ **von Rückständen** remission of arrears; **~vergleich** *m* composition agreement, composition by waiver; **~vertrag** *m* acquittal contract, (general) release agreement; **~zeitraum** *m* time covered by the release (from an obligation); **amtlicher** ~ official decree; **königlicher** ~ royal proclamation; **ministerieller** ~ ministerial order; **öffentlich-rechtlicher** ~ order by a public authority.

erlassen *vt* to issue (*order, decree, writ*), to pass, to render (*judgment*), to remit (*sentence, debt*), to release (from) (*debt, liability*), to dispense (from).

erlässlich *adj* (= *erlassbar*) dispensable, remissible, venial, forgivable.

erlauben *vt* to allow, to permit *v reflex* to permit *o.s.* (to); to take the liberty (*of doing sth*); **ich erlaube mir festzustellen** I beg to state/to point out; **ich erlaube mir, Ihnen mitzuteilen** I am pleased to inform/advise you.

Erlaubnis *f* permission (= *p-*), authority, *US* license/*GB* licence (= *l-*); **~antrag** *m* application for a permit; **~erteilung** *f* granting of *p-*; **~irrtum** *m* error concerning permissibility; **~kartell** *n* permitted cartel; **~schein** *m* permit, *l-*; **~~inhaber** *m*/**-in** *f* permit/*l-*holder; **~urkunde** *f* permit, *l-*; **~verfahren** *n* procedure for obtaining a permit/*l-*; **~vorbehalt** *m* reservation on the granting of *p-*; **behördliche** ~ official permit; **beschränkte** ~ limited *p-*; **gerichtliche** ~ leave of court; **polizeiliche** ~ *p-* by the police; **vertragliche** ~ contractual *l-*.

erlaubt *adj* permissible, permitted; **generell** ~ generally permitted.

erläutern *vt* to explain, to elucidate, to comment.

erläuternd *adj* explanatory.

Erläuterung *f* explanation, elucidation, comment, explanatory note(s); ~ **an Hand von Beispielen** explanation by way of illustrative examples; ~ **verdienen** to deserve amplification; **~en zur Bilanz und Gewinn- und Verlustrechnung** notes to financial statements; **~sbericht** *m* explanatory report; **~sbeschluss** *m* explanatory order; **~sgesetz** *n* declaratory statute, expository statute; **~swerk** *n* commentary.

Erlebensfall *m* survival, the case that a person is still alive; **~bonifikation** *f* guaranteed maturity bonus; **~versicherung** *f* endowment policy, pure endowment assurance; **im ~ zahlbare Summe** sum payable if the insured (person) survives (*at the date of the policy*).

erledigen *vt* to dispose of, to settle, to deal with, to get *sth* done, to finish, to arrange, to dispatch; **endgültig erledigt** finally disposed of; **für erledigt erklären** to declare *sth* finally disposed of/dealt with, to clear off; (*a backlog of work*); **förmlich** ~ to solemnize; **rein geschäftsmäßig** ~ to deal with *s.o.* at arm's length, to dispose of in a business-like manner.

Erledigung *f* disposal, disposition, discharge, arrangement; ~ **am gleichen Tag** same-day service; ~ **der Hauptsache** termination of the substantive dispute (*leaving the issue of costs to be decided by the court*); ~ **eigener Angelegenheiten** conduct of one's own affairs; ~ ***e-es*** **Rechtsstreits** termination of the case; **~sausschuss** executive committee; **~sbescheinigung** *f* certificated discharge; **~sgebühr** *f* fee for out-of-court settlement; ~ **von Formalitäten** compliance with formalities; **bis zur** ~ pending arrangement; **endgültige** ~ final disposition; **gütliche** ~ amicable arrangement; **prompte ~ der ge-**

schäftlichen Angelegenheiten dispatch of business; **rasche ~** prompt/expeditious settlement; **schiedsrichterliche ~** submission to arbitration; **vollständige ~** complete performance, final settlement.

erleichtern *vt* to ease, to relieve, to alleviate.

Erleichterung *f* alleviation, relaxation, relief; **~smaßnahmen** *f* relief measures.

Erlös *m* proceeds, profit (*from a sale/venture*); **~anteil** *m* share of the proceeds; **~bindung** *f* tying-up proceeds; **~einbuße** *f* shortfall in profits, fall in sales revenue; **~konten** *n/pl* income accounts; **~stabilisierungssystem** *n* earnings stabilization system; **~verbesserungen** *f/pl* increased proceeds, higher proceeds; **sich aus dem ~ befriedigen** to pay *o.s.* out of the proceeds.

erloschen *adj* expired, extinct.

Erlöschen *n* extinguishment (= *e-*), extinction, lapse, discharge (= *d-*) (*of an obligation*); **~ der Verbindlichkeiten** *d-* of indebtedness; **~ der Verbindlichkeit durch Bezahlung** *d-* by payment; **~ der Vollmacht** termination of authority; **~ des Völkerrechtssubjekts** debellatio, *e-* of the state; **~ *e-er* Dienstbarkeit** *e-* of an easement; **~ *e-er* Forderung** *d-* of a debt; **~ *e-er* Hypothek** cancellation of a mortgage, *d-* from a mortgage; **~ *e-er* Versicherung** expiration of an insurance; **~ *e-er* Zahlungsverpflichtung** *d-* of an obligation to pay; **~ *e-es* Patents** lapse of patent; **~ *e-es* Pfandrechts** voidance of a lien, *d-* of a lien; redemption of mortgage; **~ *e-es* Rechts** extinction of a right, lapse of a right; **~ *e-es* Schuldverhältnisses** *d-* of an obligation, cancellation of a debt; **~ ~ ~ durch Erfüllung** *d-* by performance; **~ *e-es* Urheberrechts** lapse of copyright, expiry of copyright; **~ *e-es* Warenzeichens** lapse of a trade mark; **~ von Schuldverpflichtungen** *e-* of debts, cancellation of debts; **~ von Wegerechten** *e-* of rights of way; **zum ~ bringen** to extinguish, to cause to be discharged.

erlöschen *vi* to become extinct, to expire, to lapse, to become discharged.

ermächtigen *vt* to empower, to vest *s.o.* with authority, to authorize; **der Ermächtigende** the donor of a power, person granting an authority; **der Ermächtigte** donee of a power, authorized person; **ordnungsgemäß ermächtigt** duly authorized.

Ermächtigung *f* power, grant of authority, delegated power, authorization; **~sgesetz** *n* Enabling Act; **~sindossament** *n* restrictive endorsement, endorsement for collection only; **~sschreiben** *n* letter of delegation, letter of authority; **~svorschriften** *f/pl* regulations about delegating authority; **~ zum Erlass von Rechtsvorschriften** delegated power(s) to issue legal regulations (*statutory instruments*); **die mir erteilte ~** the power(s) conferred upon me; **gerichtliche ~ zur gewaltsamen Öffnung** warrant to open with force (doors); **gesetzliche ~** statutory power; **richterliche ~** judicial authority; **uneingeschränkte ~** full authority, unlimited power.

ermahnen *vt* to admonish, to reprimand, to reprove, to warn.

Ermahnung *f* admonition, warning.

ermangeln *vi* to lack, to be wanting.

ermangelnd *adj* devoid (of), lacking.

Ermangelung *f* lack; **in ~** in default (of, whereof), failing, for want of, for lack of, in the absence of; **in ~ besonderer Bestimmungen** in the absence of special provisions; **in ~ *e-er* besonderen Vereinbarung** failing special agreement; **in ~ *e-es* Gegenbeweises** in the absence of proof to the contrary, unless proof to the contrary exists.

ermäßigen *vt* to reduce, to lower, to curtail, to mark down.

Ermäßigung *f* reduction, cut; ~ **bei Mengenabnahme** quantity discount.

Ermessen *n* discretion (= *d-*, *discretionary* = *d-y*); **~sakt** *m* act of *d-*, *d-y* decision; **~sanspruch** *m* *d-y* claim; **~sbeamter** *m*/**~beamtin** *f* official entitled to decide at his (own) *d-*; **~sbefugnis** *f* *d-y* power; **unbeschränkte** ~~ (unlimited) arbitrary power; ~~ **überschreiten** to exceed one's *d-y* power; **~sbereich** *m* field of *d-*, limits of *d-y* power, scope of *d-*; **~sentscheidung** *f* *d-y* decision; **~sfehler** *m* abuse of *d-*; **~sfrage** *f* a matter of *d-*; **~sfreiheit** *f* *d-*, liberty to decide at one's own *d-*; **~sgebrauch** *m* exercise of *d-*; **~sgrundsatz** *m* principle of *d-*; **~shandlung** *f* *d-y* act; **~smissbrauch** *m* abuse of *d-*; **~snachprüfung** *f* review of (administrative) *d-*; **~srecht** *n* *d-y* power; **~sreduktion** *f* reduction in *d-* (*esp when rights conflict*); **~sspielraum** *m* scope of (administrative) *d-*; **~süberschreitung** *f* exceeding one's scope of *d-*; **~svorschrift** *f* *d-y* rule (of law); **behördliches** ~ administrative *d-*; **billiges** ~ equitable *d-*; **dem** ~ **überlassen** to leave to the *d-* (of); **es ist ins** ~ **des Richters gestellt** it is a question for the *d-* of the judge; **freies** ~ (unqualified) *d-*; **gerichtliches** ~ *d-* of the court; **ich überlasse es Ihrem freien** ~ I leave it to your *d-*; **im** ~ **des Gerichts** at the *d-* of the court, as the court may determine; **in** ***jd-es*** **freiem** ~ **stehen** to be in the absolute *d-* of; **in** ***jd-es*** ~ **stellen** to leave *sth* to *s.o.*'s *d-*; **nach bestem** ~ to the best of one's judgment; **nach billigem** ~ ex aequo et bono; **nach eigenem** ~ **handeln** to use one's own *d-*; **nach** ~ **des Gerichts** as the court may determine, as the court may think fit; **nach freiem** ~ in one's *d-*, at *s.o.*'s uncontrolled/unqualified *d-*; **nach pflichtgemäßem** ~ according to one's best judgment; ~ ~ ~ **für richtig halten** to think fit; **rechtliches** ~ legal *d-*; **richterliches** ~ judicial *d-*, *d-* of (the) judge; **uneingeschränktes** ~ absolute *d-*, unqualified *d-*.

ermitteln *vt* to investigate, to trace, to ferret (out), to discover, to locate, to ascertain.

Ermittler *m*/**-in** *f* investigator, inquiry agent; **verdeckter** ~ undercover agent.

Ermittlung *f* (*pl ~en*) criminal investigation (= *i-*), tracing, locating, ascertainment, discovery, inquiries; ~ **an Ort und Stelle** *i-* at the scene of the crime; ~ **der Einkünfte** determination of the income; ~ **des Gewinns** determination of the profits; ~ **des Leistungsumfangs** ascertainment of quantity of performance; **~en anstellen** to institute an *i-*, to carry out *i-s*; **~sakten** *f* *i-* records; **~sbeamter** *m*/**~sbeamtin** *f* investigator, investigating officer; **~sbefugnisse** *f/pl* power of *i-*; **~sbehörde** *f* investigating authority; **~sdienst** *m* *i-* service; **~sergebnis** *n* result of the *i-*; **~sfehler** *m* mistake in *i-*; **statistischer** ~~ error in statistical ascertainment; **~sgrundsatz** *m* principle of inquiries ex officio; **~sjournalismus** *m* investigative reporting; **~smaßnahmen** *f/pl* investigative measures; **~spflicht** *f* duty to investigate, duty to make enquiries; **~srichter** *m*/**-in** *f* examing judge, committing magistrate, summary judge; **~stätigkeit** *f* *i-s*, preliminary *i-*, *i-* before trial; **~sverfahren** *n* preliminary *i-*/proceedings; **das** ~~ **einstellen** to drop the charge; **gegen** ***jd-en*** **ein** ~~**eröffnen** to place *s.o.* under *i-* by the public prosecutor; **~szeitraum** *m* *i-* period; ~ **von Amts wegen** inquiries ex officio; **polizeiliche ~en blieben erfolglos** *i-s* by the police produced no results; **während der weiteren ~en** pending further *i-*.

ermöglichen *vt* to render possible, to render feasible, to allow, to permit.

Ermöglichung *f* making *sth* possible.
ermorden *vt* to murder; **der/die Ermordete** the murder victim.
Ermordung *f* murder, murdering, assassination (*political*).
Ermüdungserscheinung *f* symptom of fatigue, sign of fatigue.
ermutigen *vt* to encourage.
Ermutigung *f* encouragement.
ernähren *vt* to feed, to nourish, to support; *v reflex* to live (on), to subsist; **sich selbst ~** to earn one's own living.
Ernährer *m/***-in** *f* breadwinner (*of family*).
Ernährung *f* feeding, nutrition, food (= *f*-), nourishment, alimentation, maintenance, sustenance, support; **~saufwand** *m* amount spent on *f*-; **~sfachmann** *m/***~sfachfrau** *f* nutritional expert, nutritionist; **~sgüter** *pl f-s*, foodstuffs; **~sindustrie** *f f*--processing industry; **~slage** *f f*-situation; **~sminister** *m* Minister of (Agriculture, Fisheries and) *F*-; **~spolitik** *f f*- policy; **~ssicherstellungsgesetz** *n* emergency *f*- supply law; **~ssicherung** *f f*- security; **~sstandard** *m* standard of nutrition; **~s- und Landwirtschaftsorganisation der Vereinten Nationen** *F*- and Agriculture Organization of the United Nations; **~swirtschaft** *f* agricultural and *f*-industries, economics of *f*- supply; *f*- production and distribution; **für die menschliche ~ ungeeignet** unfit for human consumption; **künstliche ~** artificial feeding.
ernährungswirtschaftlich *adj* relating to agriculture and food supply.
ernannt *adj* named, designated, nominated; **der E~e** nominee, person appointed.
ernennen *vt* to appoint, to nominate, to designate, to name.
Ernennung *f* appointment (*public official*) (= *a*-), nomination, designation; **~sausschuss** *m* nomination committee; **~sbefugnis** *f* power of *a*-; **unbeschränkte ~~** arbitrary power of *a*-; **~sbehörde** *f* appointing authority; **~sgrundsätze** *m/pl* principles for *a*- to an office; **~srecht** *n* power of *a*-; **~surkunde** *f* letter of *a*-, certificate of *a*-; **~sverfahren** *n a*- procedure.
erneuern *vt* to renew, to revive, to renovate, to repair, to replace.
Erneuerung *f* renewal (= *r*-), revival, renovation; **~sfonds** *m r-s* fund; **~skonto** *n r*- account, reserve account for replacements; **~smaßnahme** *f r*-/improvement measure; **~spolice** *f r*- policy; **~sprämie** *f r*-bonus; **~sprovision** *f r*- commission; **~srücklage** *f* reserve funds for replacements, *r-s* reserve; **~sschein** *m* talon, *r*- coupon; **~stag** *m r*- date; **stillschweigende ~** *r*- by tacit agreement; automatic *r*-.
erniedrigen *vt* to degrade, to debase, to humble, to humiliate.
Erniedrigung *f* degradation, debasement, humiliation.
Ernstfall *m* emergency, case of emergency, casus belli.
Ernte *f* harvest, crop(s); **~arbeit** *f* harvest work; **~arbeiter** *m/***-in** *f* harvester; **~aussichten** *f/pl* crop prospects; **~beurteilung** *f* crop forecast; **~einlagerung** *f* stockpiling of agricultural products, storage of crops; **~ertrag** *m* produce, yield; **~erzeugnisse** *n/pl* agricultural products; **~helfer** *m/***-in** *f* volunteer harvester; **~jahr** *n* crop year; **~maschine** *f* harvester, harvesting machine; **~stützungskredit** *m* loan to finance crop production; **~versicherung** *f* growing crop insurance; **~verzeichnis** *n* crop register; **~zeit** *f* harvest, harvesting time.
eröffnen *vt* to open, to inaugurate; to disclose, to establish; **neu eröffnet** newly established.
Eröffnung *f* opening (= *o*-), inauguration, establishment, disclosure; **~ des Hauptverfahrens** *o*- of the trial; order to proceed with the trial; committal for trial; **~ des Konkursverfahrens** commencement of bankruptcy proceedings, adjudication; **~sansprache** *f* inaugural address, *o*- speech; **~santrag**

m petition to institute proceedings; **~sbeschluss** *m* order committing *s.o.* for trial; committal for trial, finding of an indictment; bankruptcy order; **~sbilanz** *f o-* balance, initial statement of affairs; **~sfeierlichkeit** *f* inaugural ceremony; **~sgebot** *n o-* bid; **~sinventar** *n o-* inventory; **~skurs** *m o-* quotation, *o-* price; **~snotierung** *f o-* quotation; **~sprotokoll** *n* record of probate proceedings; **~ssitzung** *f o-* session; **~sverfahren** *n* committal proceedings; **~sverhandlung** *f* hearing on sufficiency of criminal charge; hearing in probate proceedings.

erörtern *vt* to discuss, to argue about; **eingehend** ~ to discuss at length.

Erörterung *f* discussion, argument; **~sgebühr** *f* discussion fee (*lawyer's fee for discussing the case in court*); **~spflicht** *f* obligation (*for the court*) to discuss a case (*with the litigants*).

erpressen *vt* to blackmail, to extort, to demand with menaces.

Erpressen *n* extortion, blackmail; ~ **von Aussagen** extortion of statements (*from a suspect*).

Erpresser *m*/**-in** *f* extortionist, blackmailer; **~brief** *m* blackmail letter.

erpresserisch *adj* extortionate, blackmailing.

Erpressung *f* extortion, blackmail; ~ ***e-es*** **Geständnisses** extraction of a confession under duress; ~ **im Amt** extortion by public officials; **~sversuch** *m* attempted blackmail; ~ **von Aussagen** extortion of statements (*of suspects/witnesses*); **nukleare** ~ nuclear blackmail; **organisierte Banden-**~ *f* racketeering; **räuberische** ~ larceny by extortion (*threatening to inflict bodily harm*); **schwere** ~ aggravated extortion.

erproben *vt* to test, to try (out).

Erprobung *f* trial, tryout; **~szeit** *f* trial period.

errechnen *vt* to calculate, to compute.

Errechnung *f* calculation, computation; ~ **der Rücklage** computation of reserve; ~ **des Barwerts** computation of cash value; ~ **des Fondswerts** validation of fund.

Erregung *f* incitement, provocation; ~ ***e-es*** **geschlechtlichen Ärgernisses** (*durch exhibitionistische Handlung*) indecent exposure, public indecency; ~ **öffentlichen Ärgernisses** *US* offense/*GB* offence against public order and decency; disorderly conduct.

erreichbar *adj* obtainable, accessible, available, feasible.

erreichen *vt* to obtain, to gain, to reach, to achieve; **Erreichen** *n* **der Volljährigkeit** attaining the age of legal majority.

errichten *vt* to erect (*building*), to establish, to form, to set up (*enterprise*), to make, to draw up, to execute (*deed, will*).

Errichtung *f* erection, formation, establishment, foundation; drawing-up, execution; ~ ***e-er*** **Gesellschaft** formation of a company, incorporation of a company; ~ ***e-es*** **gemeinsamen Marktes** establishing a common market; ~ ***e-es*** **Testaments** valid execution of a will; **formgültige** ~ execution (*deed, etc*); **schrittweise** ~ progressive establishment.

error in persona mistake about identity (*of the contracting party*); *crim* actor's mistake about the identity of his victim, ↔ *aberratio ictus*.

Errungenschaft *f* acquisition, achievement, attainments; **~sgemeinschaft** *f matrimonial regime of* joint ownership of subsequently acquired property (*abrogated 1958*).

Ersatz *m* substitute (= *s-*, *substitutional* = *s-al*), replacement (= *r-*); compensation (= *c-*), indemnification, restitution, alternative (= *a-*); **~absonderung** *f s-* for the loss of lienholder's preferential interest; **~anspruch** *m* claim for *c-*, damage claim; **~aussonderung** *f s-al* segregation (*recovery of consideration for replevinable goods sold by bank-*

rupt/trustee); **~bedarf** *m r-* needs; **~beschaffung** *f r-* purchase, procuring a *s-*; **~bescheinigung** *f r-* certificate; **~betrag** *m a-* amount, *s-* amount, *r-* figure; **~blatt** *n r-* sheet; **~deckung** *f s-* cover; **~deckungswerte** *m/pl s-* cover assets; **~dienst** *m* (→ *Zivildienst*) *a-* non-military service (*conscientious objectors*); **~~beschädigte(r)** *f(m)* person injured in *a-* non-military service; **~~beschädigung** *f* injury/disablement suffered during *a-* non-military service; **~~leistende(r)** *f(m)* person (*conscientious objector*) doing *a-* non-military service; **~einheitswert** *m* substituted standard tax value; **~erbe** *m/***~erbin** *f* substituted heir/heiress, *s-al* heir, alternate heir, reversionary heir; **~erbfolge** *f* substituted succession, reversionary succession; **~erfüllung** *f* *e-es* **Vermächtnisses** ademption of a legacy; **~forderung** *f* claim for *c-*/reimbursement; **~freiheitsstrafe** *f* imprisonment in default of payment of fine; **~geld** *n* token money; **~~strafe** *f* fine in the *a-*; option of fine in lieu of imprisonment (*up to 6 months*); **~geschworene(r)** *f(m)* alternate juror; **~import** *m* relief imports; **~investition** *f r-* investment (*for capital assets*); **~kasse** *f s-al* social health insurance institution; **~land** *n* lieu land(s) (*in lieu of expropriated land*); **~ leisten** to effect *c-*, to compensate; **~leistung** *f c-*, indemnification; **~~spflicht** *f* obligation to effect *c-*; **~lieferung** *f s-* delivery; *r-*; **~linie** *f* substituted line; **~-Lohnsteuerkarte** *f r-* card for a (*lost*) wage tax card; **~mann** *m/***~frau** *f* alternate, *s-*; **~mitglied** *n s-* member; **~nacherbe** *m/***~nacherbin** *f s-* reversionary heir; **~nacherbfolge** *f s-* reversionary succession; **~nachfolge** *f s-* succession; **~pflicht** *f* obligation to render *c-*, liability to pay damages; **~raum** *m a-* accommodation; **~~beschaffungspflicht** *f* obligation to supply *a-* accommodation (*for evicted tenants*); **~revision** *f* writ of error in lieu of appeal; **~richter** *m/***-in** *f* alternate judge; **~schöffe** *m/***~schöffin** *f* alternate lay assessor; **~schule** *f* independent school; **~steuer** *f s-* tax; **~stoff** *m s-* (material); **~strafe** *f s-* penalty; **~summe** *f* amount of *c-*; **~teil** *n* spare part; **~~lager** *n* stock of spare parts, inventory of parts; **~testamentsvollstrecker** *n/***-in** *f* administrator de bonis non; **~unterbringung** *f a-* accommodation; **~urkunde** *f s-* document, *r-* certificate; **~veranlagung** *f s-* assessment; **~verbindlichkeit** *f s-* obligation, secondary obligation; **~verkündung** *f s-* pronouncement (of a judgement); **~vermächtnis** *n s-al* legacy, *s-al* bequest; **~~klausel** *f* shifting clause, clause providing for a *s-al* legacy (*in the event that legatee fails to accept or has died*); **~~nehmer** *m/***-in** *f s-* legatee; **~vornahme** *f s-* performance; **~wahl** *f* by-election; **~ware** *f* equivalent goods, *r-*; **~wert** *m r-* value; **~wirtschaft** *f* economy using *s-* material; **~wohnung** *f a-* accommodation; **~zeiten** *f/pl s-*(d) qualifying periods (*for social insurance, such as war service, prisoner of war, internment, unemployment, persecution, evacuation, expulsion from former German Democratic Republic*); **~zustellung** *f s-*(d) service, constructive service of process; **~zustimmung** *f* constructive consent.

ersatz|berechtigt *adj* entitled to compensation/replacement, eligible for compensation; **~pflichtig** liable to pay damages; liable for compensation; **~weise** *adv* as a substitute.

Erscheinen *n* appearance, attendance; publication, issue; **~sfolge** *f* frequency; **~ von Zeugen** attendance of witnesses; **~ vor Gericht** appearance in court; **freigestelltes persönliches ~** voluntary appearance; **persönliches ~** personal appearance, appearance in person; **vom ~ in der Hauptverhand-**

lung entbinden to grant permission to be absent from trial.

erscheinen *vi* to appear, to make one's appearance; **der Erschienene** (the) person appearing; **nicht im Termin** ~ to fail to appear; **persönlich** ~ to appear in person; **Sie werden gebeten zu** ~ your presence is requested.

Erscheinungsort *m* place of publication.

erschießen *vt* to shoot, to shoot, to kill; **standrechtlich** ~ to shoot by order of a court martial, to execute by a firing squad.

Erschießung *f* execution by shooting; **~sbefehl** *m* order to execute by shooting; **~skommando** *n* firing squad; **standrechtliche** ~ shooting by order of a court martial.

erschlagen *vt* to beat to death, to kill by violent means, to slay.

Erschleichen *n* obtaining surreptitiously, obtaining by artifice; ~ **des Beischlafs durch Täuschung** inducing (extra-marital) sexual intercourse under false pretences; ~ **freien Eintritts** evasion of entrance fees; ~ **von Beförderungsmitteln** avoiding payment on public transport.

erschleichen *vt* to obtain surreptitiously, to obtain by artifice.

Erschleichung *f* → *Erschleichen*.

erschließen *vt* to develop (*territory, industries*), to open up (*markets*), to improve, to prepare for exploitation, to tap, to exploit.

Erschließung *f* (site) development (= *d-*), improvement; **~sabgabe** *f d-* charge; **~saufwendungen** *f/pl d-* and improvement costs; **~sbeitrag** *m d-* charge/assessment; **~~sbereich** *m d-* district, improvement district; **~sbezirk** *m* improvement district; **~sgelände** *n d-* land, land ready for building; **~sgewinnabgabe** *f d-* land tax; **~skosten** *pl d-* costs; **~srecht** *n* land *d-* law; **~s- und Bauentwicklungserlaubnis** *f* planning permission; **~sunternehmer** *m/***-in** *f* developer; ~ **von Baugelände** site *d-*; **wasserwirtschaftliche** ~ *d-* of water resources.

erschöpfen *vt* to exhaust, to treat exhaustively, to deplete.

Erschöpfung *f* exhaustion (= *e-*), depletion (*resources*); ~ **der innerstaatlichen Rechtsmittel** *e-* of national remedies; ~ **der natürlichen Hilfsquellen** depletion of resources; ~ **des Instanzenzuges** *e-* of appellate instances; ~ **des Rechtsweges** *e-* of avenues of appeal/of ordinary legal remedies; **~sdelirium** *n* delirium due to *e-*; **~seinrede** *f* plea of depletion of the estate (*as against creditors*); **~sgrad** *m* degree of *e-*/depletion; **~stod** *m* death from *e-*; **~szustand** *m* state of *e-*; **nach ~ der innerstaatlichen Rechtsmittelverfahren** after all domestic remedies have been exhausted.

erschweren *vt* to render more difficult, to impede.

Erschwernis *n* impediment, added difficulty; **~zulage** *f* extra pay for difficult working conditions.

Erschwerung *f* added difficulty, aggravation (*of crime*).

ersehen *vt* to gather from *sth*, to infer, to deduce.

ersetzbar *adj* substitutable, replaceable.

ersetzen *vt* to substitute, to replace; to make up for, to compensate (*for damage*), to reimburse.

Ersetzung *f* substitution, replacement, reimbursement; **~sbefugnis** *f* (facultative) alternative performance, authority to provide a substitute; **dingliche** ~ physical substitution.

ersichtlich *adj* apparent, evident, manifest; **woraus ~ wird, daß** from which it appears that.

ersinnen *vt* to devise, to contrive, to invent, to excogitate.

ersitzbar *adj* prescribable, capable of being acquired by adverse possession (*land*) or prescription.

ersitzen *vt* to acquire by adverse possession in good faith, to obtain title by long possession.

Ersitzer *m* /**-in** *f* person acquiring title by adverse possession/prescription.

Ersitzung *f* acquisition by (long) adverse possession/prescription; **~sbesitz** *m* long adverse possession (*leading to prescription*), aquisition by squatting; **~~ am Grundstück** pedal possession; **~seigentum** *n* title by adverse possession or prescription; **~sfrist** *f* time of prescription, prescriptive period; **~srecht** *n* title by prescription, squatter's title; **~szeit** *f* → *~frist*; **~ von Grund und Boden** acquisition of land by long adverse possession.

ersitzungsfähig *adj* prescribable, capable of (being acquired by) adverse possession/prescription.

ersparen *vt* to save (*money, labo(u)r*); to spare (*trouble, embarrassment*).

Ersparnis *f* saving (*in time, manpower*) (*pl ~se*); **~bereicherung** *f* unjust enrichment by saving on other expenses; **~bildung** *f* formation of savings; **echte ~se** genuine savings; **freie ~se** voluntary savings; **volkswirtschaftliche ~se** the country's savings.

Ersparung *f* saving.

Erst| (*initial = i-, first = f-, original = o-*) **~absatz** *m i-* sales, *f-* sale; **~~ von Wertpapieren** *i-* placing of securities; **~abschreibung** *f i-* capital allowance; **~anlage** *f o-* investment; **~anmeldung** *f o-* application, *pat i-* application; **~auftrag** *m* opening order, *i-* order; **~ausbildung** *f i-* training; **~ausfertigung** *f o-*, engrossed document, script, principal/*o-* instrument; **~ausleihung** *f i-* lending; **~ausstattung** *f i-* equipment, *i-* allocation; **~begehungsgefähr** *f* danger of first infringement; **~begünstigte(r)** *f(m)* primary beneficiary; **~begünstigung** *f* primary insurance benefit; **~belehnung** *f o-* fief; **~beleihung** *f o-* charge for a loan; **~bescheid** *m f-* ruling; **~besteller** *m*/**-in** *f* launching customer; **~dauer** *f i-* term; **~einlage** *f o-* investment; **~emission** *f o-* issue; **~erfinder** *m*/**-in** *f* true and *f-* inventor, *o-* inventor; **~erwerb** *m f-* acquisition, acquisition by *f-* taker; **~erwerber** *m*/**-in** *f f-* buyer, *f-* taker, *o-* subscriber; **~finanzierung** *f i-* financing; **~gebot** *n f-* bid; **~geburtsrecht** *n* primogeniture; **~gericht** *n* trial court, court of *f-* instance, nisi prius court; **~gutschrift** *f o-* amount credited, *i-* crediting; **~hypothek** *f f-* mortgage; **~käufer** *m*/**-in** *f f-*-time buyer; **~montage** *f o-* assembly, green assembly; **~platzierung** *f i-* placing (*of securities*); **~prämie** *f f-* premium; **~prüfung** *f o-* inspection; **~richter** *m*/**-in** *f* trial judge, *o-* judge; **~risikoversicherung** *f f-* loss insurance; **~schrift** *f o-*; **~schuldner** *m*/**-in** *f* primary debtor; **~schürfrecht** *n o-* mining *US* license/*GB* licence, ore leave; **~stimme** *f f-* vote; **~täter** *m*/**-in** *f f-* offender; **~verarbeiter** *m*/**-in** *f* primary processor; **~verbüßung** *f* serving a prison term for the *f-* time, *f-* imprisonment (*of an offender*); **~verkauf** *m i-* sale; **~veröffentlichung** *f f-* publication; **~verpflichtete(r)** *f(m)* primarily liable party; **~versicherer** *m*/**-in** *f o-* insurer, direct insurer, direct writing company, leading underwriter, prime underwriter; **~versicherung** *f o-* insurance; **~zeichner** *m*/**-in** *f o-* subscriber; **~zeichnung** *f i-* subscription.

erst| initial, first; **~geboren** *adj* firstborn; **~genannt** (*party*) of the first part; **~instanzlich** of the court of first instance, of the trial court, at the first instance; **~klassig** first-class, first-rate, first-grade, of top quality; **~rangig** of the first rank, ranking first, first-rate, top-rate; **~stellig** first, first-rank, ranking first.

erstatten *vt* to reimburse, to refund.

Erstattung *f* reimbursement (= *r-*), refund; **~ der Gebühren** refund of charges; **~ gerechtfertigter Auslagen** *r-* of expenses properly incurred; ~ **notwendiger Aufwendungen** exceptional circumstances allowance; *r-* of a party's necessary expenses (*as party to party costs*); **~sanspruch** *m* refund claim, claim to *r-* (*of costs*), claim for restitution; **~santrag** *m* application for *r-*; **~sbescheid** *m* notice of repayment/restitution; **~sbeschluss** *m* order for repayment of (*misappropriated or missing*) funds to the treasury; **~sbetrag** *m* refunded amount; **~sfähigkeit** *f* eligibility for cost assessment (*from party to party*); **~sforderung** *f* claim for *r-*, claim for repayment; **~sfrist** *f* time limit for recovery of (*misappropriated or missing*) public funds; **~sgesetz** *n* Recovery of Public Funds Law (*1937 as amended*); **~sgründe** *m/pl* grounds for restitution; **~spflicht** *f* duty to repay/reimburse; **~srückstände** *m/pl* arrears of repayments; **~sstreitigkeiten** *f/pl* disputes concerning the liability for restitution of public funds; **~sverfahren** *n* repayment procedure; **~szinsen** *m/pl* interest on amounts to be reimbursed; **auf ~ der Kosten wird gegenseitig verzichtet** the parties mutually waive all claims to costs; **gegen ~ der Unkosten** with out-of-pocket expenses.

erstattungs|fähig *adj* taxable (*costs*), recoverable, undisbursed; **~pflichtig** requiring reimbursement, reimbursable.

erstechen *vt* to stab (to death), to knife (to death).

erstehen *vt* to purchase.

Ersteher *m/***-in** *f* purchaser.

Erstehung *f* purchase.

Ersteigerer *m/***-in** *f* auction buyer, highest bidder.

ersteigern *vt* to buy at an auction; **selbst** ~ to buy in, to bid *o.s.* successfully.

erstellen *vt* to make, to provide, to make available, to build.

Erstellung *f* provision, production, construction; **~skosten** *pl* cost of construction.

Erstickungstod *m* death from suffocation.

Erstlingsrede *f GB parl* maiden speech.

erstrecken *v reflex* to extend, to comprise, to cover, to embrace.

Erstreckung *f* extent, extension; ~ ***e-er*** **Frist** extension of a deadline, granting additional time.

erstreiten *vt* to recover, to gain by a law suit, to gain by litigation.

Ersuchen *n* request (*from one authority to another*), intergovernmental request; requisition; ~ **um Unterstützung** request for assistance; **behördliches** ~ official request.

ersuchen *vt* to request, to petition for; **Sie werden** (**höflich**) **ersucht** you are (kindly) requested (to).

ersuchend *adj* requesting.

erteilen *vt* to confer, to grant, to bestow (on *s.o.*).

Erteilung *f* grant, bestowal; ~ **des Agréments** the granting of the agrément (*intimation that an ambassador will be acceptable*); ~ **des letzten Wortes an den Angeklagten** allocution, court's inquiry of defendant as to whether he has anything to say before judgment is pronounced; ~ ***e-er*** **Vollmacht** conferring power of attorney, appointment of an attorney/agent; ~ ***e-es*** **Patents** the granting of a patent; **~santrag** request for grant; **~sgebühr** *f pat* fee for grant; ~ **von Genehmigungen** issue of *US* licenses/*GB* licences, granting of permits.

Ertrag *m* (*pl Erträge* = *~e*) yield, return, proceeds, earning(s) (= *e-(s)*), revenue, income (= *i-*); **~e aus Beteiligungen** revenue from participations; **~e ~ ~ an Tochtergesellschaften** *i-* from subsidiaries; **~e festverzinslicher Wertpapiere** *e-s* from fixed interest bearing securities; **~sabnahme** *f* diminishing of returns; **~santeil** *f* portion (share) of proceeds, taxable proportion of a pension (*from insurance, annuity*); **~saufteilung** *f e-s* apportionment; **~sausfall** *m* loss of *e-s*; **~saussichten** *f* prospective *e-s*; **~sbedingungen** *f/pl* conditions of profitability; **~sbesteuerung** *f* taxation of *e-s*; **~sbeteiligung** *f* profit sharing; **~sbilanz** *f* balance of payments on current account; **~schancen** *f/pl* prospective return; **~sdenken** *n* thinking in terms of profit; **~sentwicklung** *m* trend in *e-s*, profitability; **~sfähigkeit** *f e-* capacity, productive capacity; **~sgesetz** *n econ* law of variable proportions; **~shoheit** *f* tax sovereignty; **~skraft** *f e-* power, *e-s* capability; **~slage** *f i-* position, *e-s* situation, *e-s* picture, profit and loss position; **~sminderung** *f* reduction in *e-s*; **~spacht** *f* royalty rent; **~splanziel** *n e-s* target; **~sposition** *f* profit and loss position; **~srechnung** *f i-* account, *i-* statement; **~srückgang** *m* reduction in *e-s*; **~srücklage** *f* revenue reserve; **~sschein** *m* coupon, dividend warrant; **aufgerufene ~~e** coupons called for payment; **~sschwelle** *f* break-even point; **~ssituation** *f e-s* picture; **~sspitze** *f* peak yield; **~ssteigerung** *f e-s* growth; **~ssteuern** *f/pl* taxation of proceeds (*from i- yielding objects*), taxes on *e-s*; **~ssteuertarif** *m* scale of taxation on *e-s*; **~sumdispositionen** *f/pl* coupon switching; **~s- und Aufwandsposten** *m/pl i-* and expense rates; **~s- und Aufwandssollrechnung** *f i-* and expenditure account; **~svergleich** *m* comparison of yield; **~swert** *m* capitalized *i-* value, *e-*-capacity value, *e-* power (*capitalized value of potential yield*); **~~analyse** *f i-* value analysis; **~~verfahren** *n i-* value appraisal method; **jährlicher ~~** net annual value; **steuerlicher ~~** rateable value (of a property); **~szahlen** *f/pl* trading figures; **~szinsen** *m/pl* interest earned or received; **abnehmender ~** diminishing return; **aus laufenden ~en bezahlen** to pay as you go; **ausschüttungsgleiche ~e** undistributed yields, profits deemed to be distributed; **außergewöhnliche ~e** *i-* of non-recurrent nature; **betriebsfremde ~e** non-operating *i-*; **geringfügige ~e** small *e-s*, minor *e-s*; **gewerblicher ~** *i-* from trade and industry, commercial *i-*; **jährliche ~e** annual profits; **nicht realisierter ~** unrealized profit; **unversteuerter ~** untaxed *e-s*.

ertrag|bringend *adj* productive, remunerative, profitable, lucrative; **~sfähig** yielding a return, productive; **~los** non-accruing (*bond*); **~orientiert** earnings orientated; **~reich** productive, profitable, lucrative, paying; **~wirtschaftlich** in terms of profit and loss.

Erträgnis (*pl Erträgnisse* = *~e*), → *Ertrag*, income (= *i-*), revenue, returns; **~e aus Kapitalanlagen** i-/returns from investment; **~e aus Vermögensanlagen** i- from investments; **~e, Tilgungsbeträge oder Kapitalrückzahlungen** i-, amortisation or capital repayments; **alle ~e aus Darlehen** all i- arising from loans; **andere ~e** other i- (items); **betriebsfremde ~e** non-operating i-; **einmaliges ~** non-recurring i-; **sonstige ~e** non-operating revenue.

Ertrinkungstod *m* death by drowning.

Erwachsenen|adoption *f* adult adoption; **~bildung** *f* adult education; **~unterhaltsverpflichtung** *f* adult maintenance obligation; **~wahlrecht** *n* adult suffrage.

Erwachsenheitssumme *f* (*amount assessed as*) appellate value, = *Beschwerdewert*.

erwägen *vt* to consider, to weigh, to ponder, to deliberate.

Erwägung *f* consideration, deliberation; **~en anstellen** to consider; **~sgrund** *m* recital (*in preamble*); **in der ~, dass** considering that, whereas; **nach reiflicher ~** after due consideration; **nochmalige ~** reconsideration; **wohlwollende ~** favo(u)rable consideration.

erwähnen *vt* to mention, to refer to.

erwähnt *pp, adj* mentioned, named; **bereits** ~ mentioned before, aforesaid; **oben** ~ above-mentioned, (a)forementioned, aforesaid, as stated above; **unten** ~ as below, mentioned below, see below; **zuletzt** ~ last mentioned, latter; **zuvor** ~ aforementioned.

Erwähnung *f* mention (of), reference (to); **ehrenvolle** ~ hono(u)rable mention.

Erwarten *n* expectation; **wider** ~ against all expectations.

erwarten *vt* to expect, to await.

Erwartung *f* expectation (= *e-*), expectancy, anticipation; **~skauf** *m* sale by expectancy; **~sstruktur** *f e-* (structure); **~swert** *m* anticipated value (*eg pension*); **den ~en entsprechen** to meet *s.o.*'s *e-s*; **den ~en nicht entsprechen** to fall short of *e-s*; **die ~en erfüllen** to come up to *s.o.*'s *e-s*.

erwartungsvoll *adj* expectant.

erweisen *v reflex* to prove to be (*true, correct, false, etc*).

erweislich *adj* demonstrably, verifiably.

erweitern *vt* to extend, to enlarge, to expand.

Erweiterung *f* extension, enlargement, expansion; ~ **des Klageantrags** extending the claim of the action; **~sbau** *m* extension, annex (building); **~sinvestition** *f* capital expenditure for purposes of expansion, extension project; **~skosten** *pl* expansion cost.

Erwerb *m* acquisition (= *a-*); earnings, income; ~ **aus zweiter Hand** second-hand purchase; ~ **der Staatsangehörigkeit** obtaining citizenship, naturalization; ~ **durch Verschmelzung** *a-* by absorption, *a-* by (virtue of a) merger; **~sberechtigte(r)** *f(m)* party entitled to acquire title to *sth*, authorized transferee; **~sbereitschaft** *f* willingness to acquire, willingness to exercise an option; **~sbeschränkung** *f* occupational restriction; **~sbetrieb** *m* business undertaking; **~seinkommen** *n* earned income; **~seinkünfte** *f/pl* receipts from earnings; **~sfähige(r)** *f(m)* (*der ~sfähige*) person capable of earning a living, person of employable age; **~sfähigkeit** *f* earning capacity, ability to earn a living; **geminderte** ~~ reduced earning capacity; **~sgelegenheit** *m* job, position of employment; **~sgenossenschaft** *f* cooperative industrial society, trading cooperative; **~sgeschäft** *n* trade or business, transaction for profit, trading transaction; **~sgesellschaft** *f* commercial company/partnership, trading firm; **~sgrundlage** *f* means of livelihood; **~sinteressent** *m/-in f* potential purchaser; **~skosten** *pl* cost of *a-*; **~sleben** *n* business life, business and vocational activities, working life, gainful activity; **~slosenfürsorge** *f* public assistance for the unemployed, unemployment relief; **~slosenquote** *f* unemployment ratio; **~slosenunterstützung** *f* unemployment benefit, *sl* dole (*to be on the dole*); **~slosenversicherung** *f* unemployment insurance; **~slose(r)** *f(m)* unemployed (person); **~slosigkeit** *f* unemployment, redundancy; **~sminderung** *f* reduction in earning capacity; **~smöglichkeit** *f* means of earning a living; **~snebenkosten** *f* transaction costs; **~sobliegenheit** *f* requirement to seek remunerative occupation; **~sperson** *f* gainfully employed person; **unselbständige ~~en** wage and salary earners; **~spreis** *m* purchase price; **~squelle** *f* source of income; **~sschaden** *m* damage to one's trade or occupation; **~ssuchende(r)** *f(m)* person seeking employment; **~stätige(r)** *f(m)* gainfully employed person; *pl* the gainfully employed; **zivile ~~e** persons in civilian employment; **selbständig** ~~ self-employed person; **~stätigkeit** *f* gainful occupation, gainful employment, remunerative employment; **selbständige** ~~ self-employment; **~stitel** *m* (legal) title of *a-*; **~sunfähige(r)**

f(m) person unable to work, disabled person; **~sunfähigkeit** *f* invalidity, (permanent and total) disability, disablement, total incapacity; **~~srente** *f* disability pension, invalidity allowance; **~sunternehmen** *n* business enterprise; **~sverbot** *n* prohibition from acquiring *sth*; **~sverhalten** *n* employment behavio(u)r; **~sverhältnisse** *n/pl* economic conditions; **~svermögen** *n* productive property, earning assets; **~svorgänge** *m/pl* business transactions; **~swert** *m* purchase cost, (value) at cost; **~swirtschaft** *f* free enterprise, business (activities), trading; **~szweck** *m* purpose of the *a-*; **ohne ~~** non-profit-making; **~szweig** *m* branch of industry, line of business; **~ unter Lebenden** *a-* inter vivos; **~ vom Nichtberechtigten** (bona fide) *a-* from non-entitled party; **~ von Grundeigentum** *a-* of immovable property; **~ von Todes wegen** *a-* mortis causa; **abgeleiteter ~** derivative *a-*; **bedingter ~** conditional *a-*; **gutgläubiger ~** *a-* in good faith (*by the innocent buyer without notice*), innocent receipt, bona fide purchase; **mehrfacher ~** multiple *a-*; **nachhändiger ~** *a-* by subsequent takers; **originärer ~** original *a-*; **steuerpflichtiger ~** taxable earnings; **unentgeltlicher ~** gratuitous transfer of property; **zufälliger ~** chance *a-*.

erwerbs|fähig *adj* capable of gainful employment; **~los** unemployed, out of work, not gainfully employed; **~tätig** gainfully employed; **~unfähig** unable to work, (wholly and permanently) disabled, incapacitated; **~wirtschaftlich** *adj* operating on a profit basis, trading, business (activity).

erwerben *vt* to acquire, to obtain, to gain, to get; **betrügerisch ~** to obtain by fraud; **gutgläubig ~** to acquire (title) in good faith; **käuflich ~** to acquire by purchase, to purchase, to buy; **rechtmäßig ~** to obtain a good title, to acquire lawfully.

Erwerber *m/***-in** *f* the acquiring party, acquirer, transferee, allottee (*shares*), alienee; **~ auf Grund *e-es* Vorkaufsrechts** preemptor; **bösgläubiger ~** acquirer in bad faith, fraudulent transferee; **gutgläubiger ~** bona fide transferee, bona fide purchaser, purchaser for value without notice, innocent purchaser without notice; **späterer ~** subsequent transferee/purchaser; **steuerpflichtiger ~** taxable recipient; **unentgeltlicher ~** acquirer by way of gratuitous transfer, acquirer for no consideration.

Erwerbung *f* acquisition; the object bought, the purchase.

erwidern *vt* to answer, to reply to; to rejoin, to respond to; to retort; to reciprocate.

Erwiderung *f* answer, reply, rejoinder, response; **~ des Beklagten** defendant's reply, rejoinder; **~ des Klägers** replication; **~sfrist** *f* deadline for answering, time to reply; **~sschrift** *f* reply, brief in replication, statement in reply; **erschöpfende ~** full answer; **geschickte ~** a clever reply; **kurzfristige ~** a reply at short notice.

erwiesen *adj* proven, established.

erwirken *vt* to obtain (*an official act; pardon*), to effect, to bring about (*a result*), to succeed in getting (*a thing*), to achieve.

erwirtschaften *vt* to produce, to earn, to obtain (by economic activity).

erwischen *vt* to catch (*a thief, etc*).

erwürgen *vt* to strangle, to strangulate, to choke to death, to garrotte.

Erwürgung *f* strangulation, choking to death, garrotting, strangling.

Erz| *n* **I** (*ore*) **~abbau** *m* ore mining, ore production; **~ader** *f* (mineral) vein; **~aufbereitung** *f* ore preparation, dressing of ore; **~grube** *f* ore pit; **~haltigkeit** *f* ore content (*of rock*); **~hütte** *f* smelting works; **geringwertiges ~** low-grade ore; **hochwertiges ~** high-grade ore.

erzführend *adj* ore-bearing.

Erz| **II** (*arch*) **~diakon** *m* archdeacon; **~feind** *m*/**-in** *f* arch enemy; **~herzog** *m*/**-in** *f* archduke; **~herzogtum** *n* archduchy, archdukedom; **~gauner** *m*/**-in** *f* arch rogue, crook, arch swindler.

erzeugen *vt* to produce, to manufacture, to make.

Erzeuger *m* /**-in** *f* producer (= *p*-), manufacturer, maker; procreator, begetter; **~beihilfen** *f/pl p*- subsidies; **~benennungsschwindel** *m* palming off, holding out (*deception as to the identity of the manufacturer*); **~gemeinschaft** *f* combination of (agricultural) *p-s*; **~großmarkt** *m* central market; **~grundpreis** *m* basic production price; **~handel** *m* direct selling (*by manufacturer to ultimate consumer*); **~kosten** *pl* cost of production; **~land** *n p*- country, country of origin; **~preis** *m p*-'s price; **~richtpreis** *m p*- target price; **~vereinigung** *f* association of manufacturers.

Erzeugnis *n* (*pl Erzeugnisse*, = *~e*) product (= *p*-); **~gruppe** *f p*-group; **~patent** *n p*- patent; **~spektrum** *n p*- range; **~e der ersten Verarbeitungsstufe** *p-s* of first-stage processing; **ausländische ~e** goods of foreign origin, foreign *p-s*; **deutsches ~** made in Germany; **eigenes ~** our own produce/*p*-; **einheimische ~e** domestic *p-s*; **erlösgünstige ~e** high-yielding *p-s*, *p-s* yielding a high return; **forstwirtschaftliche ~e** forest *p-s*, *p-s* of forest management; **gekoppeltes ~** tied *p*-; **gewerbliche ~e** industrial *p-s*; **gleiche oder gleichartige ~e** identical or similar *p-s*; **handwerkliche ~e** craft *p-s*; **hochwertige ~e** high-quality *p-s*; **konkurrenzlose ~e** unrivalled goods; **landwirtschaftliche ~e** farm *p-s*, agricultural produce; **leichtverderbliche ~e** perishable (food) *p-s*; **milchwirtschaftliche ~e** dairy produce; **neuartiges ~** novel *p*-; **schwer verkäufliche ~e** hard-to-move *p-s*; **steuerpflichtige ~e** taxable *p-s*; **strategisch wichtige ~e** strategic *p-s*; **unfertige ~e** unfinished goods, (*Bilanzposten*) work in progress (*bilance sheet entry*); **veredelte ~e** improved goods, *p-s* improved by processing; **vermietete ~e** equipment leased to customers, *p-s* on lease; **weiterverarbeitete ~e** processed *p-s*.

Erzeugung *f* production (= *p*-), manufacture; **~sgebiet** *n p*- area, country of origin; **~skosten** *pl p*-cost, prime cost; **~sland** *n* country of origin, producer country; **~ und Verbrauch von Energie** energy *p*- and consumption; **gewerbliche ~** industrial *p*-; **produktionstägliche ~** output per *p*- day.

erziehen *vt* to rear (*children*), to educate (*pupils, students*), to bring up (*children*).

Erzieher *m*/**-in** *f* educator, tutor, instructor, teacher.

Erziehung *f* education (= *e*-), upbringing; **~sanstalt** *f* reformatory school, approved school, remand home, *GB* community home; **~sbeihilfe** *f e*- grant, *e*- allowance; **~sbeistand** *m* educational supervisor (*of delinquent youths*); **~~schaft** *f* official educational care and supervision (*juvenile delinquency*); **~sberechtigte(r)** *f(m)* person in charge of minor's upbringing, person having parental power; **~sgeld** *n* child-raising benefit (*periodical payments from public funds to non-working parent of small child*); **~sgewalt** *f* parental control, parental power, disciplinary power over minors; **~sheim** *n US* reform school/*GB* community home, approved school; **~shilfe** *f* disciplinary aid and supervision (*in respect of minors in military service*); **~skosten** *pl* cost of upbringing and *e*-; **~smaßregeln** *pl* disciplinary measures for juvenile delinquents; **~sminister** *m*/**-in** *f E*- Minister; **~spflicht** *f* obligation in respect of care and upbringing (of children and young persons); **~srecht** *n* right of care and custody (*right of* *control concerning upbringing and e- of minors*); **~sregister** *n* correctional register of juvenile delinquents; **~sministerium** *n US* department of *e-*/*GB* ministry of *e-*; **~srente** *f* child benefits (*social insurance pension for surviving or divorced spouse for the upbringing of children*); **~swesen** *n e-*, *e-* system, *e-* matters; **~szulage** *f e-* allowance; **Organisation der Vereinten Nationen für ~, Wissenschaft und Kultur** United Nations Educational, Scientific and Cultural Organization (*abbr* UNESCO).

erzwingbar *adj* enforceable; **nicht ~** unenforceable.

erzwingen *vt* to compel, to enforce, to obtain by compulsion.

Erzwingung *f* enforcement, compulsion; **~ des Erscheinens** compulsion to attend; **~sgeld** *n* contempt fine, compulsion money; **~shaft** *f* arrest to enforce a court order, confinement to prison for contempt; **~srecht** *f* compulsory power; **~sstrafe** *f* penalty to enforce a court order.

eskomptieren *vt* to discount in advance.

Eskortefahrer *m*/**-in** *f* outrider (*police*).

Essen auf Rädern *n* meals on wheels.

Essensmarke *f* luncheon voucher.

Esswaren *f/pl* edibles, comestibles, food products, victuals.

ESVI (*abbr* = **European Sicherheits- und Verteidigungsidentität**) European Security and *US* Defense/*GB* Defence Identity (*abbr* ESDI).

etablieren *vt reflex* to establish, to set *o.s.* up in business, to found.

Etablissement *m* business establishment, fancy/ill-reputed restaurant or club; **~sbezeichnung** *f* business name, trade name (*of a small shop or restaurant, bar, etc, not entitled to a registered business name*); **anrüchiges ~** house of ill fame, brothel.

Etagenwohnung *f* (self-contained) flat, apartment.

Etat *m* budget (= *b-*, *bugetary* = *b-y*), estimates; **~abstrich** *m b-* cut; **~anforderung** *f b-* requirement; **~ansatz** *m b-y* vote, *b-y* estimate, *b-* appropriation, proposed *b-* figure(s); **unausgenutzter ~** unused *b-y* vote; **~aufschlüsselung** *f* breakdown of *b-*, details of *b-*; **~ausgleich** *m* balancing of the *b-*; **~einsparungen** *f/pl b-y* savings; **~genehmigung** *f b-* approval; **~jahr** *n* financial year, fiscal year, *b-y* year; **~mittel** *n* appropriated funds, voted funds; **allgemeine ~~** general fund; **~planung** *f b-* estimates; **~recht** *n b-* law; **~titel** *m b-* item, heading in the *b-*; **~überschreitung** *f* excess of appropriated funds; **~überschüsse** *m/pl* carry-over funds, non-expended appropriations; **~zuweisung** *f b-y* allotment; **~~splan** *m* allotment schedule.

etatmäßig *adj* budgetary.

etatisieren *vt* to budget (*an item*), to provide for in the budget, to include in the budget.

Etikett *n* label, price tag; **~beschreibung** *f* informative label(l)ing; **~enausdrucker** *m* label printer; **~enschwindel** *m* fraudulent label(l)ing; **~fälschung** *f* false label(l)ing; **~ierung** *f* label(l)ling; **~~smaschine** *f* label(l)ing machine; **~ zum Aufkleben** adhesive label, sticky label.

etwa *adv* about, approximately, on or about, thereabouts.

EU (*abbr* = **Europäische Union**) European Union (*abbr* EU).

EuGH (*abbr* = **Europäischer Gerichtshof**) European Court of Justice (*abbr* ECJ).

EuGHMR (*abbr* = **Europäischer Gerichtshof für Menschenrechte**) European Court of Human Rights (*abbr* ECHR).

EuGVÜ (*abbr* = **Europäisches Gerichtsstands- und Vollstreckungsübereinkommen in Zivil- und Handelssachen** *n*) European Convention on Jurisdiction and Enforcement of Judg(e)-

ments in Civil and Commercial Matters.

Euratom (*abbr* = **Europäische Atomgemeinschaft**) European Atomic Energy Community (*Treaty of Rome, 1957*), → *EAG.*

Euro *m* euro (€, *common European currency*); **~geldmarktgeschäfte** *n/pl* euro-currency business/transactions.

Eurokrat *m*/**-in** *f* Eurocrat, European bureaucrat.

Europa Europe; **~-Patent** *n* Europatent; **~rat** *m* Council of Europe; **~recht** *n* European law; **Konferenz** *f* **der ~-Ausschüsse** *EU* Conference of European Affairs Committees (*abbr* COSAC); **Konferenz über Sicherheit und Zusammenarbeit in ~** (*abbr* **KSZE**) Conference on Security and Cooperation in Eruope (*abbr* CSCE); **Organisation für Sicherheit und Zusammenarbeit in ~** (*abbr* **OSZE**) Organisation for Security and Cooperation in Europe (*abbr* OSCE).

Europäische | European (= *E*-); ~ **Aktiengesellschaft** *f* (*abbr* **EAG**) *E*- Company, Societas Europa (*abbr* SE); **Statut der ~n ~** (*abbr* SE-Statut) *E*- Company Statute (*abbr* SE-statute); ~ **Atomgemeinschaft** *f* (*abbr* **EAG**, **Euratom**) *E*- Atomic Energy Community (*abbr* EAEC, Euratom); **Vertrag zur Gründung der ~n** ~ Treaty establishing the *E*- Atomic Energy Community; ~ **Bank für Wiederaufbau und Entwicklung** *f E*- Bank for Reconstruction and Development; ~ **Fernmeldesatellitenorganisation** *f* European Telecommunications Satellite Organization (*abbr* EUTELSAT); ~ **Freihandelszone** *f* (*abbr* **EFTA**) *E*- Free Trade Association (*abbr* EFTA); ~ **Gemeinschaften** *pl* (*abbr* **EG**) *E*- Communities (*abbr* EC); **Amtsblatt der ~n** ~ Official Journal of the *E*- Communities (*abbr* OJ); **Vertrag zur Einsetzung** *e-es* **gemeinsamen Rates und** *e-er* **gemeinsamen Kommission der ~n** ~ Treaty establishing a Single Council and a Single Commission of the *E*- Communities; ~ **Gemeinschaft für Kohle und Stahl** (*Montanunion*) (*abbr* **EGKS**) *E*- Coal and Steel Community (*Coal and Steel Pool*) (*abbr* ECSC); **Vertrag über die Gründung der ~n** ~ ~ ~ ~ ~ Treaty establishing the *E*- Coal and Steel Community; ~ **Gesellschaft für die Chemische Aufbereitung Bestrahlter Kernbrennstoffe** *E*- Company for the Chemical Processing of Irradiated Nuclear Fuels; ~ **Gesellschaft für die Finanzierung von Eisenbahnmaterial** *E*- Company for the Financing of Railway Rolling Stock; ~ **Investitionsbank** *f* (*abbr* **EIB**) *E*- Investment Bank (*abbr* EIB); ~ **Kernenergie-Agentur** *f E*- Nuclear Energy Agency; ~ **Kommission** *f E*- Commission; ~ **Kommission** *f* **für Menschenrechte** *E*- Commission of Human Rights; ~ **Konferenz** *f* **für Molekularbiologie** *E*- Molecular Biology Conference; ~ **Menschenrechtskonvention** *f* (*abbr* **EMRK**) (= ~ **Konvention zum Schutze der Menschenrechte und Grundfreiheiten**) *E*- Convention on Human Rights (*abbr* ECHR) (= *E*- Convention for the Protection of Human Rights and Fundamental Freedoms, *Rome 1950*); ~ **Molekularbiologie-Organisation** *f E*- Molecular Biology Organization; ~ **Organisation für Astronomische Forschung in der Südlichen Hemisphäre** *f E*- Southern Observatory; ~ **Organisation für experimentelle photogrammetrische Untersuchungen** *f/pl E*- Organization for Experimental Photogrammetric Research; ~ **Organisation für kernphysikalische Forschung** *f E*- Organization for Nuclear Research; ~ **Patentorganisation** *f E*- Patent Organization; ~ **Polizeistelle** *f* (*abbr* **Europol**) *E*- Police

Force (*abbr* Europol); ~ **Raumfahrtbehörde** *f E-* Space Agency (*abbr* ESA); ~ **Rechnungseinheit** *f* (*abbr* **ERE**) *E-* Unit of Account (*abbr* EUA); ~ **Rüstungsagentur** *f E-* Armaments Agency; ~ **Sicherheits- und Verteidigungsidentität** (*abbr* **ESVI**) *E-* Security and *US* Defense/*GB* Defence Identity (*abbr* ESDI); ~ **Sozialcharta** *f E-* Social Charter (*1961*); ~ **Übereinkunft über Formerfordernisse bei Patentanmeldungen** *E-* Convention relating to the Formalities required for Patent Applications; ~ **Union** *f* (*abbr* **EU**) *E-* Union (*abbr* EU); **Vertrag über die** ~ ~ (= *Vertrag von Maastricht*) Treaty on *E-* Union (*abbr* TEU) (= *Treaty of Maastricht*); ~ **Währungseinheit** *f* (*abbr* **EWE**) *E-* Currency Unit (*abbr* ECU); ~ **Weltraumorganisation** *f E-* Space Agency; ~ **Wirtschaftliche Interessenvereinigung** *f* (*abbr* **EWIV**) *E-* Economic Interest Grouping (*abbr* EEIG); ~ **Wirtschaftsgemeinschaft** *f* (*abbr* **EWG**) *E-* Economic Community (*abbr* EEC); ~ **Zentralbank** *f* (*abbr* **EZB**) *E-* Central Bank (*abbr* ECB); ~ **Zahlungsunion** *f E-* Payments Union (*abbr* EPU); ~ **Zivilluftfahrt-Kommission** *f E-* Civil Aviation Conference; ~ **Zollunion** *f E-* Customs Union; **Organisation für** ~ **wirtschaftliche Zusammenarbeit** *US* Organization/*GB* Organisation for *E-* Economic Cooperation (*abbr* OEEC); **Vertrag zur Gründung der ~n Gemeinschaft** Treaty Establishing the *E-* Community.

Europäischer | European (= *E-*); ~ **Ausrichtungs- und Garantiefonds** *m* **für die Landwirtschaft** *E-* Agricultural Guidance and Guarantee Fund; ~ **Entwicklungsfonds** *m* (*abbr* **EEF**) *E-* Development Fund (*abbr* EDF); ~ **Fonds** *m* **für Regionale Entwicklung** (*abbr* **EFRE**) *E-* Regional Development Fund (*abbr* ERDF); ~ **Fonds** *m* **für währungspolitische Zusammenarbeit** *E-* Monetary Co-operation Fund; ~ **Gerichtshof** *m* (*abbr* **EuGH**) *E-* Court of Justice (*abbr* ECJ); ~ **Gerichtshof für Menschenrechte** *m* (*abbr* **EuGHMR**) *E-* Court of Human Rights (*abbr* ECHR); ~ **Investitionsfonds** *m* (abbr **EIF**) *E-* Investment Fund (*abbr* EIF); ~ **Rat** *m E-* Council (*of heads of state*); ~ **Rechnungshof** *m E-* Court of Auditors; ~ **Sozialfonds** *m E-* Social Fund; ~ **Wirtschaftsrat** *m* Organization for *E-* Economic Cooperation (*abbr* OEEC); ~ **Wirtschaftsraum** (*abbr* **EWR**) *E-* Economic Area (*abbr* EEA).

Europäisches | European (= *E-*); ~ **Atomforschungszentrum** *n E-* Nuclear Research *US* Center/*GB* Centre; ~ **Auslieferungsübereinkommen** *n E-* Convention on Extradition; ~ **Gericht Erster Instanz** Court of First Instance of the *E-* Communities (*abbr* CFI); ~ **Gerichtsstands- und Vollstreckungsübereinkommen** *n* **in Zivil- und Handelssachen** (*abbr* **EuGVÜ**) *E-* Convention on Jurisdiction and Enforcement of Judgements in Civil and Commercial Matters; ~ **Jugendwerk** *n E-* Youth Foundation; ~ **Jugendzentrum** *n E-* Youth *US* Center/*GB* Centre; ~ **Laboratorium für Molekularbiologie** *n E-* Molecular Biology Laboratory; ~ **Parlament** *n* (*abbr* **EP**) *E-* Parliament; ~ **Patentamt** *n* (*abbr* **EPA**) *E-* Patent Office; ~ **Polizeiamt** *n EU* (abbr **Europol**) *E-* Police Force (*abbr* Europol); ~ **Terrorismus-Übereinkommen** *n E-* Convention on Terrorism; ~ **Übereinkommen über die Beförderung gefährlicher Güter auf Binnenwasserstraßen** *EU E-* Agreement Concerning the International Carriage of Dangerous Goods by Inland Waterway; ~ **Übereinkommen über die Beförderung gefährlicher Güter auf der Straße** *EU E-*

Agreement Concerning the International Carriage of Dangerous Goods by Road; ~ **Übereinkommen über die Internationale Handelsschiedsgerichtsbarkeit** *E-* Convention on International Commercial Arbitration; ~ **Waffenübereinkommen** *n E-* Arms Convention; ~ **Patentregister** *n* Register of *E-* Patents; ~ **Patentübereinkommen** *n E-* Patent Convention; ~ **Währungsinstitut** *n* (*abbr* **EWI**) *E-* Monetary Institute (*abbr* EMI); **Rat des ~en ~s** Council of the *E-* Monetary Institute; ~ **Währungssystem** *n* (*abbr* **EWS**) *E-* Monetary System (*abbr* EMS); ~ **Zentrum** *n* **für mittelfristige Wettervorhersage** *E- US* Center/*GB* Centre for Medium-Range Weather Forecasts; ~ **Zentrum** *n* **für Weltraumtechnik** *E-* Space Technology *US* Center/*GB* Centre.

Europäisierung *f* Europeanisation.

Europol (*abbr* = **Europäische Polizeistelle** *f*) European Police Force (*abbr* Europol).

Euthanasie *f* euthanasia.

e.V. (*abbr* = **eingetragener Verein**) registered association.

evakuieren *vt* to evacuate.

Evakuiertenrecht *n* law concerning (*status, etc, of*) evacuees.

Evakuierte(r) *f(m)* (*der Evakuierte*) evacuated person, evacuee.

Evakuierung *f* evacuation.

Eventual|anspruch *m* contingent (= *c-*) claim; **~antrag** *m* motion in the alternative; **~aufrechnung** *f* cautionary setting-off (*by a counter claim*); **~forderung** *f c-* claim; **~haftung** *f c-* liability; **~maxime** *f* alternative pleading; contingency motion; **~obligo** *f c-* commitment; **~standpunkt** *m* alternative argument, cautionary contention; **~verbindlichkeit** *f c-* liability, cautionary obligation, indirect liability, secondary liability; **~verpflichtung** *f c-* liability, cautionary obligation; **~vorsatz** *m* indirect intent (*acceptance of a c- result*).

Eventualität *f* contingency.

eventuell *adj/adv* possible/possibly, if occasion arises, contingent.

evident *adj* evident, obvious, manifest, clear.

Evidenz *f A* register.

Evidenztheorie *f principle of nullity of administrative acts which are evidently faulty.*

Evidenzzentrale *f* information *US* center/*GB* centre, credit recording *US* center/*GB* centre.

Eviszeration *f* disembowelling.

Evokationsrecht *n* right to withdraw a matter from the cognizance of another court or authority, *right to claim exclusive jurisdiction in a matter pending elsewhere*, right to issue a writ of certiorari.

E-Werk *n* (*abbr* = **Elektrizitätswerk**) power station.

EWE (*abbr* = **Europäische Währungseinheit**) European Currency Unit (*abbr* Ecu), → *ERE, euro.*

EWG (*abbr* = **Europäische Wirtschaftsgemeinschaft** *f*) European Economic Community (*abbr* EEC); **~-Vertrag** *m* Treaty of Rome (*1951*), EEC Treaty.

Ewiggeld *n hist* perpetual annuity.

Ewigkeitsentscheidung *f* decision for all time; unchangeable fundamental constitutional principle.

EWI (*abbr* = **Europäisches Währungsinstitut**) European Monetary Institute (*abbr* EMI).

EWIV (*abbr* = **Europäische Wirtschaftliche Interessenvereinigung**) European Economic Interest Grouping (*abbr* EEIG).

EWR (*abbr* = **Europäischer Wirtschaftsraum**) European Economic Area (*abbr* EEA).

EWS (*abbr* = **Europäisches Währungssystem** *n*) European Monetary System (*abbr* EMS).

ex ante *adv* (*viewed*) from before (*accident, event*).

exceptio doli *f* (= *Einrede der Arglist*) plea of fraud/bad faith.

exceptio plurium *f denial of paternity because others had sexual intercourse with the mother of the child.*

Exekution *f* execution, forced realization, final settlement in a forward foreign exchange transaction; forced sale of collaterals; **~sbefehl** *m* order to carry out death sentence; **~skauf** *m exch* buying in, (en)forced realization; **~skommando** *n* execution squad, firing squad; **~srecht** *n* right of execution; **~sverkauf** *m exch* selling out, forced sale.

Exekutiv | ausschuss *m* executive committee; **~gewalt** *f* executive power; **~organ** *n* executive organ of; **~rat** *m* executive council.

Exekutive *f* the executive, executive power, administrative power, magistracy; executive organ.

Exequatur *n* exequatur; ~ **Richter** *m*/**-in** *f* exequatur judge.

Exhibitionismus *m* exhibitionism, indecent exposure.

Exhibitionist *m*/**-in** *f* exhibitionist.

exhumieren *vt* to exhume, to disinter.

Exhumierung *f* exhumation, disinterment.

Exil *n* exile; **~regierung** *f* exile government, government in exile.

existent *adj* in being, in esse, in existence; **möglicherweise** ~ in posse, possibly existing.

Existenz *f* existence, livelihood, subsistence; **~aufbauhilfe** *f (financial) assistance to enable persons to (re)establish a business or practice*; **~fähigkeit** *f* viability; **~gründer** *m*/**-in** *f* a person setting up in business, founder of a firm; **~gründung** *f* setting up in business; **~grundlage** *f* basis of subsistence; **~kampf** *m* struggle for existence, life's struggle, *sl* rat race; **~minimum** *n* subsistence minimum, subsistence level, poverty line; **am Rande des ~~s** to be living at the poverty line; **~neugründungsprogramm** *n* restart program(me); **~sicherung** *f* ensuring a (means of) livelihood.

existieren *vi* to exist, to subsist, to manage to live; **früher** ~ to preexist, to exist beforehand.

Exitus *m* exitus, death, demise.

Exklave *f* exclave.

Exklusiv | recht *n* exclusive right; **~-Vertrag** *n* exclusive rights agreement, exclusive *US* license/*GB* licence.

Exkulpation *f* exculpation; **~sbeweis** *n* exculpatory proof (*against vicarious liability; proof by master that he instructed and supervised servant properly excludes master's liability for servant's torts; → Verrichtungsgehilfe, ↔ Erfüllungsghilfe*).

exkulpieren *v reflex* to be excused, to free from fault (and liability).

ex lege *adv* by operation of law.

Exmatrikulation *f* leaving, or removal from university.

ex nunc *adv* from now (on).

ex officio *adv* ex officio.

Exotenfonds *m/pl* off-shore funds.

Expansion *f* expansion; **inflationsfreie** ~ non-inflationary expansion.

Expatriation *f* (compulsory) expatriation.

expatriieren *v* to deprive of citizenship, to exile, to expatriate, → *ausbürgern*.

Expedient *m* forwarding clerk, dispatching clerk, shipping clerk.

expedieren *vt* to dispatch, to ship, to forward.

Expedition *f* expedition, forwarding shipping; **~sabteilung** *f* forwarding department, shipping department; **~sbuch** *n* shipping book.

Experte *m*/**Expertin** *f* expert, specialist, → *Sachverständige(r)*.

Expertise *f* expertise, expert opinion.

Exploration *f* exploration (*minerals, oil, etc*).

Explosionsschaden *m* explosion damage.

Export *m* export(s) (= *e-(s)*), exportation, exporting (= *e-ing*); **~abgabe** *f e-* tax; **~abhängigkeit** *f e-* dependency; **~abteilung** *f e-* department; **~abwicklungskonto** *n e-* settlement account; **~akkreditiv** *n e-* letter of credit; **~-Akkreditiv-Deckungskonto** *n e-* credit-cover account; **~angebot** *n e-s* tender; **~artikel** *m e-* article, *e-* item;

~auflage *f* requirements for *e-s*, required *e-* quota; **~auftrag** *m e-* order; **~bedingungen** *pl e-* terms; **~beratungsstelle** *f e-* consultancy service; **~beschränkung** *f e-* restriction; **~bestimmungen** *f/pl e-* regulations; **~bewilligung** *f e- US* license/*GB* licence, permission to *e-*; **~bonus** *m* premium for *e-*, *e-* bounty; **~daten** *pl e-* data; **prognostische ~~** data permitting a forecast of *e-s*; **~deklaration** *f* entry outwards; **~druck** *m* pressure to *e-*, inducement to *e-*; **~einnahmen** *f e-* revenue; **laufende ~~** current *e-* receipts; **~erfahrung** *f e-ing* experience; **~erlös** *m e-* earnings, proceeds from *e-s*; **~finanzierung** *f* financing of *e-s*; **~~sinstrument** *n e-* financing instrument, instrument of credit for *e-s*; **~firma** *f e-* company/business, *e-* house; **~förderung** *f e-* promotion, *e-* drive; **~forderungen** *f/pl e-* claims, outstanding accounts from *e-s*; **~freudigkeit** *f* readiness to *e-*, a taste for *e-ing*; **~gemeinschaft** *f* group of *e-ing* firms, *e-* association; **~geschäft** *n e-* business, *e-* transaction; **das ~~ forcieren** to push *e-s*; **~hafen** *m* port of export(ation); **~handel** *m e-* trade; **~industrie** *f e-* industry; **~intensität** *f e-* ratio, ratio of *e-s* to output; **~interesse** *n* interest in *e-ing*, incentive to *e-*; **~investition** *f* investment for promoting *e-s*; **~kartell** *n e-* cartel; **~kaufmann** *m/*~**kauffrau** *f* exporter, *e-* merchant; **~kommissionär** *m/*-**in** *f e-* commission merchant; **~konjunktur** *f* trend in *e-s*, *e-* business development; **~konossement** *n* outward bill of lading; **~kontingent** *n e-* quota; **~kredit** *m* credit to finance *e-s*, *e-* credit; **~~brief** *m e-* letter of credit; **~~versicherung** *f e-* credit insurance; **~land** *n e-ing* country, country dependent on *e-s*; country of destination for *e-s*; **~lastigkeit** *f* excessive *e-* dependence, disproportionally large *e-* quota, predominance of *e-s*; **~leiter** *m/*-**in** *f e-* manager, head of the *e-* department; **~liste** *f e-* list; **~lizenz** *f e- US* license/*GB* licence, *e-* permit; **~markt** *m e-* market; **~messe** *f e-* fair, *e-* exhibition; **~müdigkeit** *f* lack of willingness to promote *e-s*, reluctance to *e-*; **~- oder Reimportverbote** *n/pl* regulations prohibiting *e-s* or reimports; **~prämie** *f e-* premium; **~preis** *m e-* price; **stark ausgehandelte ~~e** *e-* prices resulting from close bargaining; **~risikogarantie** *f e-* risk guarantee; **~risikohaftung** *f* liability for *e-* risk, *e-* (risk) guarantee; **~sachbearbeiter** *m/*-**in** *f e-* clerk; **~selbstbeschränkung** *f* voluntary *e-* restraint; **~sperre** *f* embargo on *e-s*; **~steuer** *f e-* tax; **~steigerung** *f* rise in *e-s*; **~subvention** *f* subsidy on *e-s*, *e-* subsidy; **~tarif** *m* special transport rates for *e-* goods; **~ Tratte** *f e-* draft; **anfallende ~ ~n** *e-* drafts arising; **~überschuss** *m e-* surplus; **bilateraler ~~** unrequited *e-s*; **~unternehmung** *f e-ing* undertaking, *e-ing* company; **~valutaerklärung** *f e-* currency declaration; **~-Ventil** *n* outlet in the shape of *e-s*, *e-* safety valve; **~verbot** *n e-* ban, *e-* prohibition; **~vergütung** *f* drawback, tax rebate (*to exporters*); **~vertreter** *m/*-**in** *f* (manufacturer's) *e-* agent; **~ware** *f* exported article(s), articles suitable for *e-ing*; **~werbung** *f e-* advertising, publicity to promote *e-s*; **~wirtschaft** *f e-* trade, *e-* business, *e-* sector; **~zoll** *m e-* duty; **~zuteilung** *f* allotment for *e-s*.

export | induziert *adj* export-led, export-induced; **~intensiv** having a high export ratio, export promoting (*investment*); **~nah** closely connected with exporting, directly concerned with exporting; **~orientiert** export-oriented, export-minded; **~trächtig** likely to induce exports, exports-promoting; **~wichtig** important for exports.

Exporteur *m/*-**in** *f* exporter, export firm.

exportieren *vt/vi* to export.

ex post *adv* (*viewed*) from after (*accident, event*).

Expressgut *n* railway express, fast freight.

Expropriation *f* (compulsory) expropriation, *US* taking under eminent domain; = *Enteignung*.

expropriieren *vt* expropriate, = *enteignen*.

exterritorial *adj* exterritorial, extraterritorial.

Exterritoriale(r) *f(m)* (= *der Exterritoriale*) person enjoying extraterritorial status, person with diplomatic status.

Exterritorialität *f* exterritoriality; extraterritoriality.

Extra|aufgeld *n* overagio; **~dividende** *f* bonus, additional dividend, *sl* melon; **~prämie** *f* overagio; **~risiko** *n* special risk.

Extremfall *m* extreme case.

ex tunc *adv* ab initio.

EXX (*abbr* = **ab Werk**) ex works (*abbr* EXX), (*INCOTERMS*).

Exzedentenrückversicherung *f* excess loss reinsurance, surplus reinsurance.

exzerpieren *vt* to make excerpts (from).

EZB (*abbr* = **Europäische Zentralbank**) European Central Bank (*abbr* ECB).

F

f. (*abbr* = **folgende**) following page (*citations 460 f. = 460–461*), → *ff.*

Fabrik *f* factory (= *f*-), works, mill; **~abgabepreis** *m* selling price ex works; **~anlage(n)** *f(pl)* plant; **~arbeit** *f f*- work, manufactured goods; **~arbeiter** *m*/**-in** *f f*-worker, *f*- hand, operative; **~auftrag** *m* manufacturing order; **~bauten** *pl f*- buildings, plant facilities; **~gebäude** *n f*- building, plant; **~grundstück** *n f*- site; **~klausel** *f* ex works stipulation; **~leitung** *f f*-/plant management; **~marke** *f* manufacturer's trade mark, brand; **~musterlager** *n* permanent display of sample products at *f*-; **~nummer** *f* (manufacturer's) serial number; **~ordnung** *f f*- regulations, shop rules; **~preis** *m f*- price, manufacturing price, selling price ex works, *f*-- transfer price; **~zeichen** *n* manufacturer's mark, brand, trade mark; **ab ~** ex works; **auswärtige ~** external *f*-, group-linked plant.

Fabrikant *m*/**-in** *f* manufacturer, factory owner.

Fabrikat *n* product, manufacture, article; make; **~egemeinkosten** *pl* product overheads; **~egruppe** *f* product group; **angearbeitete ~e** goods in process; **ausländisches ~** foreign make/product; **entwicklungsintensive ~e** products involving high development costs; **inländisches ~** home manufacture.

Fabrikation *f* manufacture (= *m*-, *manufacturing* = *m-ing*); **~sanlage** *f* production plant, *m*- facilities; **~sauftrag** *m m-ing* order, production order, job order; **~~snummer** *f* job order number; **~sbetrieb** *m m-ing* concern; **~seinrichtungen** *pl* plant equipment; **~sfehler** *m* flaw; *m-ing* defect, construction defect, → *Konstruktionsfehler* (*product liability*); **~sgeheimnis** *n m-ing* secret; **~sgemeinkosten** *pl m-ing* overhead; **~sgrundstück** *n m-ing* premises; **~skonto** *n* work-in-process account, production account; **~skosten** *pl* factory expenses, production costs; **~slizenz** *f m-ing US* license/*GB* licence; **~smonopol** *n* production monopoly; **~sname** *m* style, style name; **~snummer** *f* serial number, manufacturer's number; **~spartie** *f* job lot; **~sreife** *f* finished-product stage; **~srecht** *n m-ing* right; **~srisiko** *n m-ing* risk; **~sstätte** *f* workshop; **~s- und Vertriebsrecht** *n* shop right, *m-ing* and sales rights; **~s- und Gewerbezwecke** *m(pl) m-ing* and industrial purposes; **~sverfahren** *n m-ing* process; **~szweig** *m* line of *m-ing*.

fabrikneu *adj* brand-new.

fabrizieren *vt* to manufacture; *fig* concoct, fabricate.

Fach *n* subject, discipline, subject matter (*learning*), special area, special list, field (*vocation*), province; **~abteilung** *f* specialized department; **~akademie** *f* technical college (*below university level*); **~anwalt** *m*/**~anwältin** *f* specialized lawyer; **~~ für Steuerrecht** tax lawyer, tax counsellor; **~arbeiter** *m*/**-in** *f* skilled worker/labo(u)rer; *pl* skilled manpower; **freie ~~** available skilled workers; **~~brief** *m* skilled worker's certificate, craft certificate; **~~lohn** *m* wage of a skilled labo(u)rer (worker); **~arzt** *m*/**~ärztin** *f* medical specialist; **~~ für Berufskrankheiten** occupational therapist; **~aufsicht** *f* (substantive) supervisory power, supervising authority; **~~sbehörde** *f* supervisory authority (*competent to supervise the work of lower authorities*); **~ausbildung** *f* specialized training (*in a particular field*), technical training; **~ausdruck** *m* technical term, term of art; **juristischer ~~** legal term; **~ausschuss** *m* specialized committee, technical committee; **~behörde** *f* specialized government department; **~berater** *m*/**-in** *f* technical adviser; **~bereich** *m* specialized field, department, faculty (*university*); **~~srat** *m* (department's/faculty's) academic council (*university*); **~bildung** *f* vocational training/education; technical training, professional training; **~blatt** *n* trade publication, trade journal; **~einzelhandel** *m* specialist retail trade; **~gebiet** *n* specialized field, subject area, domain; **~gelehrte**(**r**) *f*(*m*) specialist, expert, specialized academic; **~gericht** *n* nonconstitutional court (*all courts except for constitutional courts*); **~geschäft** *n* specialist shop, speciality store, limited-line retailer; **~gewerkschaft** *f* craft union; **~gremium** *n* technical body, technical committee; **~großhandel** *m* specialist wholesale trade; **~gruppe** *f* functional group, specialist group, working party; **~handel** *m* specialized trade; specialist retailers (dealers), limited-line trade; **~hochschule** *f* technical college, vocational college; **~hochschulreife** *f* entrance qualification for a specialized (technical) college or university (*limited fields of study*); **~kammer** *f* specialized court (panel); **~kenntnis** *f* specialized knowledge, technical knowledge, know-how; **ausreichende ~se** reasonable skill and knowledge; **~kraft** *f* specialist, skilled person; *pl Fachkräfte* (= *~e*) skilled personnel, specialists, technical manpower; **~~emangel** *m* skills shortage; **~kreis** *m* special trade or professional group; **~literatur** *f* pertinent literature, special literature; **~makler** *m*/**-in** *f exch* official broker; **~mann** *m*/**~frau** *f* expert, specialist, person skilled in the art; **~messe** *f* trade fair (exhibition); **~minister** *m*/**-in** *f* (departmental) minister, government minister; **~ministerium** *n* government department; **~oberschule** *f* senior technical school; **~organisation** *f* special agency; **~personal** *n* skilled personnel, technical staff, specialist personnel; **~presse** *f* trade press; **~schaft** *f* students' representative body (*within department/faculty of university*); **~schule** *f* vocational school, technical school; **~schulausbildung** *f* vocational school training; **~schulwesen** *n* vocational school system; **landwirtschaftliches ~~** agricultural education; **~senat** *m* specialized division in court of appeal; **~sparte** *f* administrative branch; **~sprache** *f* technical language, nomenclature; **juristische ~~** legal parlance, legalese; **~stellenverfahren** *n* technical agency procedure; **~studium** *n* specialized professional studies; **~tagung** *f* trade conference; **~übersetzer** *m*/**-in** *f* specialized translator, technical translator; **~unternehmer** *m*/**-in** *f* specialized entrepreneur, owner of a specialized business undertaking, manufacturer of a special product line; **~verband** *m* trade association, professional association; **~wahl** *f* subject choice; **~welt** *f* professional circles, the trade; **~wissen** *n* technical knowledge, expert knowledge; **~wissenschaft** *f* special scientific knowledge; **~zeitschrift** *f* trade paper, technical/academic journal.

fach|gerecht *adj* workmanlike; *adv* in a proper and workmanlike manner; **~kundig** *adj* skilled, expert, competent; **-lich** › *fachlich*; **~männisch** professional, in a professional manner; **~orientiert** specialized.

fachlich *adj* professional, specialist, technical; **~ geeignet** technically qualified.

Factoring *n* factoring (business) (*financing through the purchase of accounts receivable*), receivable financing; **~-Firma** *f* factor, factoring company; ~**vertrag** *m* factoring agreement; **echtes** ~ non-recourse factoring; **unechtes** ~ recourse factoring; **verdecktes** ~ non-notification factoring.

facultas alternativa *f* optional right of performance.

fähig *adj* capable, eligible, able.

Fähigkeit *f* capacity, ability, eligibility; ~ **zum Richteramt** eligibility to act as a judge; ~ **zum Schiedsrichteramt** eligibility to act as an arbitrator; **berufliche** ~ professional/vocational ability; **rechtliche** ~ legal capacity; **verminderte geistige** ~ impaired mental capacity.

fahnden *vi* to pursue, to search (for).

Fahndung *f* police investigation (*to detect and locate a suspect*); ~**sabteilung** *f* investigative unit, tracing and search department; ~**sausschreibung** *f* wanted notice; ~**sbeamter** *m*/~**sbeamtin** *f* police detective; ~**sblätter** *pl* police gazette, wanted list; ~**sdienste** *m/pl* investigation services; ~**skartei** *f* wanted-person file; ~**sliste** *f* wanted-person file; ~**smeldung** *f* investigation message.

Fahne *f* flag; ~**nabzug** *m* galley proof, proof sheet; ~**neid** *m* oath of enlistment; ~**nflucht** *f* desertion; **Verleitung zur** ~~ subornation to desertion; ***jd-en*** **zur** ~~ **anstiften** to procure *s.o.* to desert, to incite *s.o.* to desert; **Verunglimpfung der** ~ desecration of the flag.

fahnenflüchtig *adj* being a deserter, deserting, deserting the colo(u)rs; ~ **werden** to desert (*military unit*).

Fahr|anfänger *m*/-**in** *f* learner (*driving*); ~**auftrag** *m* transport order; ~**ausweis** *m* ticket; ~**bahn** *f* → *Fahrbahn*; ~**erlaubnis** *f* *US* driver's license/*GB* driving licence; ~~**antrag** *m* *US* application for a driver's license/*GB* application form for a driving licence; ~~**entziehung** *f* disqualification from driving; ~~**sperre** *f* suspension of driver's license; ~**gast** *m* passenger, transport user; ~~**aufkommen** *n* incidence/occurrence of passenger; ~~**beförderung** *f* passenger transport; ~**gastschiff** *n* passenger ship; ~**geld** *n* fare, passage money; ~~**hinterziehung** *f* fare evasion; ~~**preller** *m*/-**in** *f* fares dodger; ~~**vergütungen** *f/pl* travel allowance; ~**gemeinschaft** *f* ride-sharing group, petrol-sharing group, car pool; ~**geschwindigkeit** *f* speed; **überhöhte** ~~ excessive speed; ~**gestellnummer** *f* chassis number; ~**karte** *f* ticket, passenger ticket; **einfache** ~~ single ticket, one-way ticket; ~~**nautomat** *m* automatic ticket dispenser; ~**lehrer** *m*/-**in** *f* driving instructor; ~**leistung** *f* travel distance, mileage; ~**personal** *n* transport employees; ~**plan** *m* timetable, schedule; **den** ~ **einhalten** to keep to the timetable; ~**preis** *m* fare, transportation charge; ~**prüfung** *f* driving test, driver's test; ~**recht** *n* right of passage; ~**schein** *m* ticket; ~~**heft** *n* ticket book; ~**schule** *f* driving school; ~**schüler** *m*/-**in** *f* learner (*driver*); ~**spuren** *f/pl* vehicle tracks; (traffic) lanes; ~**straße** *f* drive, road, carriageway, roadway; ~**streifen** *m* lane; **seitlicher** ~~ side lane; ~**tüchtigkeit** *f* fitness to drive (*driver*), roadworthiness (*car*); navigability (*ship*); ~-**und Gehrechte** *n/pl* easement of passage; ~**unterricht** *m* driving school instruction; **polizeilicher** ~~ driving rectification course; ~**untüchtigkeit** *f* unfitness to drive; ~**verbot** *n* prohibition from driving (*motor vehicle*), driving ban; ~**wasser** *n* navigable water; ~**weise** *f* way of driving, driving style.

Fahrbahn *f* carriageway, roadway, lane(s); ~**hälfte** *f* half of the carriageway, (one) lane; **die eigene** ~~ the near side, one's own lane; ~**markierung** *f* markings on the carriage way; ~**rand** *m* edge of carriageway; ~**verengung** *f* carriageway narrows, narrow sections of road, merging of lanes; ~**wechsel** *m* lane change; **plötzli-**

cher ~~ lane switching; **die ~ freigeben** authorizing vehicles to proceed; **die gesamte Breite der ~ ausnutzen** to take advantage of the full width of the carriageway.

Fahren *n* driving (= *d*-); **~ nach Entzug der Fahrerlaubnis** *d*-whilst disqualified, *d*- without a *US* license/*GB* licence; **~ unter Alkoholeinfluss** *d*- while intoxicated (*abbr* DWI), *d*- under the influence of alcohol (*abbr* DUI); **grob fahrlässiges** ~ reckless *d*-; **grob verkehrsgefährdendes** ~ furious *d*-, reckless *d*-; **leichtsinniges** ~ reckless *d*-; **rücksichtsloses** ~ wanton *d*-, reckless *d*-, inconsiderate *d*-; **unvorsichtiges** ~ careless *d*-; **verkehrsgefährdendes** ~ dangerous *d*-; **zu schnelles** ~ speeding.

Fahrer *m*/**-in** *f* driver, operator, person in charge (of a motor vehicle); ~, **der Fahrerflucht begeht** hit-and-run driver; **~flucht** *f* hit-and-run *US* offense/*GB* offence, unauthorized leaving of scene of accident; **~~fall** *m* hit-and-run case; **~ ohne Führerschein** driver without a license; **flüchtiger** ~ hit-and-run driver; **nicht versicherter** ~ uninsured driver; **rücksichtsloser** ~ reckless driver; ~, **der den Weg nicht freigibt** road hog; **wegen häufiger Unfälle unerwünschter** ~ undesired driver because prone to accident; **zuverlässiger** ~ safe driver.

fahrlässig *adj* negligent, careless.

Fahrlässigkeit *f* negligence (= *n*-), carelessness, want of diligence, heedlessness; **~sdelikt** *n n*- *US* offense/*GB* offence; **~sklausel** *f n*-clause; **bewusste** ~ recklessness, conscious *n*-; **eigene** ~ personal *n*-; **geringer Grad von** ~ slight *n*-; **gewöhnliche** ~ ordinary *n*-; **grobe** ~ gross *n*-; **leichte** ~ ordinary *n*-; **rechtserhebliche** ~ actionable *n*-, **strafbare** ~ criminal *n*-; **unbewusste** ~ inadvertent *n*-; **zu vertretende** ~ imputed *n*-, vicarious liability.

Fahrnis *n* personal property, personalty, movable property, movables, chattels; **~hypothek** *f* chattel mortgage; **~pfändung** *f* levy of execution, levying movable property, distraint of chattels; **~versicherung** *f* insurance of movable property.

Fahrrad *n* bicycle; **~ mit Hilfsmotor** auto cycle, bicycle with auxiliary engine.

Fährrecht *n* right of ferry.

Fahrt *f* journey, voyage, trip; **~anweisungen** *f/pl* sailing instructions; **~auslagen** *f/pl* travel expenses; **~bericht** *m* travel journal, travel report; **~enbuch** *n* compulsory driver's log, vehicle log, (*obligatory record of all vehicle movements*); **~ennachweis** *m* vehicle log, personal record of transport (*of professional drivers*); **~enschreiber** *m* vehicle travel recorder; tachigraph; **~genehmigung** *f* journey authorization; **~kosten** *pl* transportation cost, travel expenses, commuting costs; **~~entschädigung** *f* reimbursement of travel expenses, expense; **~~zulage** *f* travel allowance; **~~zuschuss** *m* travel allowance; **~richtung** *f* → *Fahrtrichtung*; **~strecke** *f* itinerary; **~teilnehmer** *m*/**-in** *f* passenger; **einfache** ~ single ticket; **große** ~ deep-sea navigation, ocean voyage.

Fahrtrichtung *f* direction (of travel); **~sänderung** *f* change of direction; **~~sanzeige** *f* indication of change of direction; **~sanzeiger** *m* direction indicator; **vorgeschriebene** ~ prescribed direction.

Fahrverbot *n* prohibition to drive motor vehicles.

Fahrzeug *n* vehicle (= *v*-); **~brief** motor *v*- registration certificate, certificate of title to a motor *v*-, → *Kraftfahrzeugbrief*; **~ der öffentlichen Verkehrsbetriebe** public transport *v*-; **~führer** *m*/**-in** *f* driver of a *v*-, operator; **~halter** *m*/**-in** *f* registered user of a motor *v*- (*person in charge of a motor v*-), keeper of a motor *v*-, → *Kraftfahrzeughalter*;

~**hersteller** *m/*-**in** *f* car (*v-*) manufacturer; ~**mitte** *f* broadside; ~**register** *n* motor *v-* register; ~**steuer** *n v-* tax, car tax; boat dues (*inland navigation*); ~**schein** *m* motor *v-* registration certificate, → *Kraftfahrzeugschein*; ~**verkehr** *m* vehicular traffic; ~~ **in beiden Richtungen verboten** closed to all *v-s* in both directions; ~(**kasko**) **versicherung** *f v-* (own damage) insurance, collision insurance, → *Vollkaskoversicherung*; ~**vollversicherung** *f* comprehensive automobile insurance, fully comprehensive insurance; ~**werte** *m/pl* motor shares; **gewerbliches** ~ commercial *v-*; **miteinander verbundene** ~**e** a combination of *v-s*; **schienengebundenes** ~ rail *v-*, rail-bound *v-*; **überlanges** ~ long *v-*.

Faksimile *n* facsimile; ~**stempel** *m* facsimile stamp, signature stamp; ~**unterschrift** *f* facsimile signature.

faktisch *adj* actual, de facto.

Faktor *m* factor; ~**enentgelt** *n* factor's remuneration, factor's compensation; ~**markt** *m* factor market; **alle sachdienlichen** ~**en** all pertinent factors; **außerbetriebliche** ~**en** external factors; **entlastender** ~ exonerating factor/circumstance; **innerwirtschaftliche** ~**en** domestic economic factors.

Faktura *f* invoice, bill, statement of account; **laut** ~ as invoiced; ***e-e*** ~ **ausstellen** to invoice.

Fakturenbuch *n* invoice book.

Fakturenwert *m* invoiced amount.

fakturieren *vt* to invoice.

Fakturierung *f* invoicing.

Fakturist *m/*-**in** *f* invoice clerk.

Fakultät *f* faculty, department of a university (= *Fachbereich*); **juristische** ~ law school, law faculty.

fakultativ *adj* facultative, optional, permissive.

Fakultativ|klausel *f* optional clause; ~**protokoll** *n* optional protocol.

Fall *m* **I** (*pl Fälle* = ~*e*) case (= *c-*), precedent; ~**gerechtigkeit** *f* equity and justice in the individual *c-*; ~**lösungsklausur** *f* case-solving examination (*law school*), → *Märchenklausur*); ~**recht** *n c-* law; ~**sammlung** *f* law report(s), law reporters, collection of leading *c-s*; table of *c-s*; **außergewöhnlicher** ~ extreme *c-*, unusual *c-*; **bahnbrechender** ~ seminal *c-*, pioneer *c-*, unprecedented *c-*; **den** ~ **durch *e-en*** **Sachverständigen begutachten lassen** to appoint an expert to report on the *c-*; **der betreffende** ~ the *c-* at issue, the *c-* in question; **der hier strittige** ~ the matter in dispute; **der vorliegende** ~ the present/instant *c-*, the *c-* at issue; **der zur Entscheidung stehende** ~ the *c-* at issue, the matter in hand; **ein besonders krasser** ~ an extreme *c-*, a blatant example; **ein einschlägiger** ~ a *c-* in point, a precedent; **ein** ~ **höherer Gewalt** a *c-* of force majeure; **ein** ~ **tritt ein** a *c-* arises; ***e-en*** ~ **wiederaufrollen** to reopen a *c-*; **ein** ~ **wird im Schnellverfahren behandelt** a *c-* is disposed of summarily; ***e-en*** ~ **absetzen** to strike out a *c-*; ***e-en*** ~ **bearbeiten** to handle a *c-*, to deal with a *c-*; ***e-en*** ~ **erledigen** dispose of a *c-*; ***e-en*** ~ **schlüssig vortragen** to state a *c-* coherently; ***e-en*** ~ **verhandeln** to try a *c-*; ***e-en*** ~ **vor Gericht anhängig machen** to begin legal proceedings, to take a matter to court; **erstmalig zu entscheidender** ~ *c-* of first impression; **gleichgelagerter** ~ similar *c-*, analagous *c-*; **hypothetischer** ~ hypothetical *c-*; **im analogen** ~ in an analogous *c-*, in pari materia, mutatis mutandis; **im betrachteten** ~ in the *c-* at hand, in the *c-* under discussion; **im** ~**e des Verstoßes gegen** in *c-* of non-compliance with; **im** ~**e des Verzuges** in *c-* of undue delay, in default of (*payment, etc*); **im konkreten** ~ in the *c-* under consideration; **im vorliegenden** ~ in the *c-* under consideration; **in begründeten** ~**en** in *c-s* where there is adequate reason; **in besonders gelagerten ~en** in *c-s* of a special nature; **je nach Lage des ~es** as the *c-* may be; **leichtere ~e** non-serious *c-s*; **seerechtlicher ~** *c-* involving maritime law; **seinen ~ vortragen** to plead one's cause/*c-*; **unerledigter ~** unsettled *c-*; **von ~ zu ~** as the *c-* arises, on an ad hoc basis; **von ~ zu ~ entscheiden** to decide each *c-* on its merits.

Fall *m* **II** fall; **~beil** *n* guillotine; **~ der Berliner Mauer ~** *m* fall of the Berlin Wall *(1989)*.

Falle *f* trap, snare; **~nstellen** *n* = *Fallenstellerei*; **~nstellerei** *f* snaring.

Fallgrube *f* pitfall.

fallen *vi* to fall, to drop, to decline, to decrease, to recede, to depreciate; **~ lassen** to dismiss, to drop, to withdraw; **unter etwas ~** to come within the scope of, to fall within the terms of, to come under the heading of.

fällen *vt* to render (*judgment*), to pass, to pronounce, to rule.

fällig *adj* (now) due, overdue, due und payable, owing, payable, matured; **~ werden** to fall due, to become due; **~ werdend** accruing, becoming due; **jederzeit ~** due at call, on demand; **nicht ~** not due; **noch nicht ~** unmatured; **täglich ~** due at call.

Fälligkeit *f* maturity (= *m-*, *pl maturities* = *m-s*), due date, time for payment; **~savis** *n* reminder of due date; **~sdatum** *n* date of *m-*, *m-*date, due date; **~sfactoring** *n* *m-*factoring; **~sfrist** *f* *m-* period; *m-*deadline; **~sgliederung** *f* spacing of the *m-s*; **~sjahr** *n* year of *m-*; **~sklausel** *f* accelerating clause; **~ssteuern** *f/pl* fixed-date taxes; **~stabelle** *f* ageing schedule; **~stag** *m* date of *m-*, *m-* date, due date, accrual date (*interest, annuities*), date of payment, term day; **nach dem ~~e** post diem; **~stermin** *m* date of *m-*, *m-* date, due date, date of expiration; **auf monatliche ~ abstellen** to set upon the basis of monthly *m-s*; **bei ~** at (= on) *m-*, when due, as it matures, after falling due; **bei ~ zahlbar** payable when due; **vor ~** prior to *m-*; **vorzeitige ~** accelerated *m-*; **vor ~ zahlen** to anticipate payment.

Fallitenmasse *f* bankrupt's estate.

Fallstrick *m* snare, pitfall; **rechtliche ~e** legal pitfalls, legal traps.

fallweise *adj* relating to a particular case, ad hoc.

falsch *adj* false, falsified, wrong, erroneous, mistaken, fallacious.

Falsch| (*false* = *f-*) **~anzeige** *f* *f-* information, *f-* accusation; **~auskünfte** *f/pl* erroneous information; **~aussage** *f* *f-* testimony; **~belehrung** *f* misdirection; **~beurkundung** *f* making *f-* entry, *f-* certification; **mittelbare ~~** *f-* declaration (*for entry in a public register*), constructive *f-* certification; **~beurkundung im Amt** *f-* certification by public officer; **~bezeichnung** *f* **von Waren** *f-* trade description, misbranding of goods; **~buchung** *f* *f-* entry, fraudulent entry, misentry; **~eid** *m* *f-* oath, *f-* swearing (by negligence) **außergerichtlicher ~~** *f-* swearing; **~geld** *n* counterfeit money; **~~ in Umlauf bringen** to circulate counterfeit money; **~geldabschieber** *m*/**-in** *f* distributor of counterfeit money; **~lieferung** *f* wrong shipment, mistaken delivery, delivery of the wrong goods (*different from those ordered*); **~meldung** *f* *f-* report, canard, hoax; **~münzer** *m*/**-in** *f* counterfeiter, forger; **~münzerei** *f* counterfeiting, making and circulating (uttering) of counterfeit money; **~parker** *m*/**-in** *f* parking offender; **~spieler** *m*/**-in** *f* card sharper, cheeter; **~urkunde** *f* fabricated document; **~verteilung** *f* maldistribution.

falschmünzen *vi* to counterfeit, to forge banknotes, to adulterate.

fälschen *vt* to forge, to falsify, to fake.

fälschlich *adv* falsely, erroneously.

Fälschung *f* forgery, falsification, fabrication, fake, imitation; **~ der**

Wahlergebnisse election fraud; ~ **von Metallgeld** counterfeiting coins; ~ **von Postwertzeichen** forgery of postal stamps; ~ **von Urkunden** forgery of an instrument/document, altering a document with intent to defraud, → *Urkundenfälschung*.

fälschungssicher *adj* counterfeit-proof.

Falsifikat *n* forgery.

Falt|blatt *n* leaflet, *US* folder; **~prospekt** *m* leaflet, *US* folder; **~schachtel** *f* folding box, collapsible carton.

falsus procurator agent without authority.

Familie *f* family; **~nangehörige(r)** *f(m)* *f-* member, kinsfolk; **mithelfender ~~** assisting *f-* member; **~nangehörigkeit** *f* kin, *f-* membership, *f-* relationship; **~nangelegenheit** *f f-* affair, domestic matters; **~narbeitskräfte** *pl* working *f-* members; **~nausgleichskasse** *f f-* allowance fund; **gewerbliche ~~** occupational *f-* allowance fund; **~nbeihilfe** *f f-* allowance; **~nbetrieb** *m f-* concern, *f-* owned enterprise, *f-* operated business; **bäuerlicher ~~** *f-* operated farm; **~nbuch** *n* genealogical register, *f-* abstract from register of births and marriages; **~ndiebstahl** *m* larceny from members of the *f-*; **~einheit** *f f-* unit; *f-* unity (*asylum seeker's*); **~nfideikommiss** *m obs* large entailed estate held by a (noble) *f-*; **~nfürsorge** *f f-* welfare; **~ngeld** *n f-* allowance; **~ngericht** *n f-* court, *f-* division of the local court, domestic court; **~ngesellschaft** *f f-* concern, *f-* held partnership/company; **~ngut** *n* entailed estate, *f-* estate; **~nhabe** *f f-* assets, *f-* property; **~nhaupt** *n* head of a *f-*; **~nheim** *n f-* home, *f-* accommodation; **~nheimgesetz** *n* law on *f-* accommodation; **~nhilfe** *f f-* support; **~nleistungen** *f/pl f-* allowances; **~nlohn** *m f-* wage; **~nministerium** *n* Ministry for *F-* Affairs; **~nmitarbeit** *f* employment within a *f-*; **~nmitglied** *n f-* member; **mithelfendes ~~** assisting *f-* member; **~nname** *m f-* name, last name, surname; **zusammengesetzter ~~** compound *f-* name; **~noberhaupt** *n* head of a *f-*; **~n- oder Kleinbetriebe** *m/pl f-* and small-scale firms; **~npackung** *f f-*-size pack; **~npapiere** *n/pl f-* documents; **~npass** *m* joint passport (for a *f-*); **~npflege** *f* child care within a *f-* (*of foster parents, relatives, adoptive parents, etc*), fostering; **~nplanung** *f f-* planning; **~nrat** *m f-* council, *f-* meeting; **~nrecht** *n* law of domestic relations, *f-* law; **~~sänderungsgesetz** *n F-* Law Alteration Act; **~~sanwalt** *m*/**~~sanwältin** *f* specialist in *f-* law, matrimonial practitioner; **~~ssache** *f* case involving *f-* law; **~~sschutz** *m* legal expenses insurance for *f-* law matters; **~nsache** *f f-* law case; **~nregister** *n f-* register; **~nrichter** *m*/**-in** *f f-* court judge; **~nsenat** *m f-* law panel at appellate court; **~nstamm** *m* stirps, *f-* stock, lineage; **~~baum** *m* lineage, genealogical table; **~~buch** *n f-* book; **~nstand** *m* personal status, marital status; **~nsterbegeld** *n* funeral allowance for *f-* members; **~nstiftung** *f f-* foundation; **~nstück** *n f-* heirloom; **~nunterhalt** *m f-* living expenses, upkeep of a *f-*; **~nunternehmen** *n f-* concern, *f-*-owned enterprise; **~nunterstützung** *f* allowance for dependants; **~nvater** *m* pater familias, father of a *f-*, male head of a household; **~nverhältnisse** *n/pl f-* background, *f-* circumstances; **in geordneten ~~n leben** to have a normal home life; **~nversicherung** *f f-* insurance; **~nversorgungsversicherung** *f f-* income insurance policy, *f-* protection policy; **~nvorstand** *m* head of the *f-*; **~nwohnsitz** *m f-* residence; **~nwohnung** *f f-* home, *f-* residence; **~nzulage** *f f-* allowance (*wage supplement*); **~nzusammenführung** *f f-* reunion/reunification; **~nzusatzdarlehen** *f* additional loan for a *f*-; **~nzuschlag** *m* special *f*- allowance; **kinderreiche** ~ large *f*-.

familien | intern *adj* domestic, within a family; **~rechtlich** under family law.

Fang | abkommen *n* fishing-limit agreement; **~beschränkung** *f* fishing limitation; **~brief** *m* letter constituting a police trap; **~frage** *f* a trick question, deliberate trap; **~geräte** *n/pl* fishing implements; **~gründe** *m/pl* fishing grounds; **~plätze** *m/pl* fishing grounds; **~quote** *f* allowable catch, catch quota; **~prämie** *f* reward for catching a shoplifter; **~rechte** *n/pl* fishery rights; **~schaltung** *f* telephone trap; **~- und Schonzeiten** *f/pl* open and close seasons; **~verbot** *n* ban on fishing.

Fantasiewort *n* fancy word (*firm name*), imaginary name.

Farbdrucksiegel *n* rubber-stamp seal.

Farbe *f* colo(u)r, shade; ~ **bekennen** to show one's hand, to come clean, to own up; **~nmarkt** *m* market for dyestuff and chemical shares; **~nsektor** *m* paint and dyestuff industry; **~nwerte** *m/pl* shares (*or other securities*) of IG Farben successors; **licht- und waschechte** ~ fast colo(u)r.

färben *fig* to dye; to slant, to tinge, to embroider (*report, article*).

Farbstoffindustrie *f* dyestuffs industry.

FAS (*abbr* = **frei Längsseite Seeschiff**) free alongside ship (*abbr* FAS), (*INCOTERMS*).

Faschismus *m* fascism.

Faschist *m/***-in** *f* fascist.

faschistisch *adj* fascist, fascistic.

Fass *n* barrel.

Fassadenkletterer *m/***-in** *f* catburglar.

Fasson *f* make, shape (*of dresses, etc*).

Fassraum *m* barrelage space.

Fassung *f* wording, version (= *v*-), formulation, form of words; **alte** ~ original *v*-, unamended *v*-; **erhält folgende geänderte** ~ shall be amended and shall read as follows; **folgende** ~ the following *v*-; **geänderte** ~ amended *v*-; **neue** ~ (*abbr* **n.F.**) amended *v*-, more recent text (*statute*); **neueste** ~ with latest amendments, latest *v*- (draft); **verbindliche** ~ authentic text, binding text, governing *v*-.

Faustpfand *n* pawn, pledge, deadpledge; **~darlehen** *n* loan on the security of a pawn, chattel mortgage, loan against a pledge; **~gläubiger** *m/***-in** *f* pawnee, pledgee; **~kredit** *m* loan against pledge; **~recht** *n* law of pledge, right to hold as pledged collateral.

Faustrecht *n* club law, law of the jungle, right of private warfare; ~ **üben** to take the law into one's own hands.

Faustregel *f* rule of thumb, rule based on practice, rough-and-ready guide.

Fautfracht *f* dead freight.

Favoriten *m/pl* favo(u)rites (*stock exchange*), glamour stock.

Fax *n* fax, telefacsimile.

FCA (*abbr* = **frei Frachtführer**) free carrier (*abbr* FCA), (*INCOTERMS, for all means of transport, replaces free on rail, free on truck, free on aircraft*).

FDP (*abbr* = **Freie Demokratische Partei**) Free Democratic Party.

F&E (*abbr* = **Forschung und Entwicklung**) research and development (*abbr* R&D).

federführend *adj* (acting as) central coordinator, holding the main responsibility for, leading, principal.

Federführung *f* central coordination, main responsibility (for), central handling (of), central administration (of).

Fehl | anpassung *f* maladjustment; **~anzeige** *f* blank return, nil return, negative report; **~auffassung** *f* misconception, erroneous conception; **~bedarf** *m* uncovered demand, shortfall, deficit; **~bestand** *m* deficiency (*in stock, of men, etc*), inventory deficiency; **~betrag** *m* (*pl* *~beträge* = *~~e*) deficiency, deficit, shortage, shortfall, missing sum; ~~ **der Gesamtrechnung** overall accounting deficit; **den ~~ decken** to make up for the deficit; **geringfügige ~~e** small amounts lacking; **rechnerischer ~~** arithmetical shortage; **~beurteilung** *f* *US* misjudgment/ *GB* misjudgement; **~bewertung** *f* erroneous appraisal, misjudg(e)-ment; **~bitte** *f* futile request, unsuccessful plea; **~buchung** *f* incorrect entry; **~disposition** *f* misguided action, misplanning; **~einsatz** *m* misdirection, erroneous disposition; **~einschätzung** *f* miscalculation; **~entscheidung** *f* misjudgment, wrong decision; **~entwicklung** *f* undesirable trend, aberration; **~ernte** *f* crop failure; **~fabrikat** *n* defective article; **~fracht** *f* dead freight; **~gebrauch** *m* wrong use; **~geburt** *f* miscarriage; **~geld** *n* risk-money, allowance to cashier for errors; **~~entschädigung** *f* lump-sum allowance to cashier for possible cash deficits; **~gewicht** *n* deficiency in weight, shortweight; **~investition** *f* bad investment, investment failure; **~konstruktion** *f* faulty design; **~leistung** *f* poor performance; **~leitung** *f* misdirection, misguidance; **~menge** *f* deficiency, shortage, missing quantity, quantity considered as lost; **~paarung** *f* mismatching; **~rechnung** *f* miscalculation; **~schätzung** *f* wrong estimate; **~schichten** *f/pl* shifts which workers fail to do, absenteeism; **~schluss** *m* wrong inference, wrong conclusion; **~spekulation** *f* bad speculation, misconjecture; **~spruch** *m* judicial error; **~steuerung** *f* misdirection; **~urteil** *n* wrong judg(e)ment, misjudg(e)ment, error of judgment, miscarriage of justice; **~verhalten** *n* misconduct, malconduct, misbehavio(u)r; **grobes ~~** wanton misconduct, **schwerwiegendes ~~** grave misconduct, **vorsätzliches ~~** wil(l)ful misconduct; **~zeiten** *f/pl* times of absence from work, absentee periods, periods of time off; **~zeitenquote** *f* rate of absenteeism.

Fehlen *n* lack, absence; ~ **der Unterlagen** documents missing; ~ ***e-er*** **gesetzlichen Grundlage** lack of any legal basis; ~ ***e-er*** **Stellungnahme** absence of an opinion, failure to comment; **unentschädigtes** ~ unexcused absence, absence without leave.

Fehler *m* mistake, defect, fault, error (= *e-*), imperfection, vice; **~bereich** *m* margin of *e-*; **~berichtigung** *f* correction of *e-s*; ~ **der Ausführung** faulty workmanship; ~ **des Gerichts** judicial *e-*; ~ **des Materials** faulty material; **~grenze** *f* margin of *e-*, limit of *e-*, tolerance; **hohe ~~n** wide limits/margins of *e-*; **~haftigkeit** *f* faultiness, incorrectness; ~ **im Rubrum** defect in title; **~quelle** *f* source of *e-*; **~suche** *f* trouble shooting; **~verbesserung** *f* rectification; ***e-en*** ~ **zugeben** to stand corrected, to admit one's mistake; **innerer** ~ inherent vice/ defect, intrinsic *e-*, inherent mistake; **inhaltlicher** ~ defect of substance; **natürlicher** ~ inherent vice; **offenbarer** ~ patent defect, obvious *e-*; **verborgener** ~ latent defect.

fehler|frei *adj* faultless, without any fault or defect, free from defect(s); **~haft** faulty, defective.

Feierschicht *f* dropped shift, idle shift, unworked shift; **~en einlegen** to drop shifts.

Feiertag *m* (bank) holiday (= *h-*), non-working day, non-business day; **~sarbeit** *f* work on a public *h-*; **~sgesetze** *n/pl* laws regulating public *h-s*; **~slohn** *m* (bank) *h-* pay; **~~zahlungsanspruch** *m* right to (claim) *h-* pay; **~sruhe** *f* public *h-* observance; **~svergütung** *f* regular pay for public *h-s*; **~szuschlag** *m* *h-* -work bonus, (*additional payment for work done on a public h-*); **gesetzlicher** ~ public *h-*, legal *h-*, statutory *h-*, non-working day; **gesetzlich geschützter** ~ recognized *h-*, statutory public *h-*; **nationaler ~** national *h-*, *GB* bank *h-*; **ungeschützter ~** working *h-*, nonstatutory public *h-*.

Feil | bieten *n* offering for sale; **~halten** *n* offering for sale, exhibition/exposure for sale, having on sale.

feil | bieten *vt* to offer for sale, to put up for sale, to tender (for sale); **~halten** *vt* to offer for sale, to have for sale, to display for sale.

Fein | (*fine = f-, fineness = f-ness*) **~gehalt** *m* standard of *f-ness*, *f-ness*; **~~sstempel** *m* hallmark, standard mark; **~~swert** *m* assay office value; **~~szeichen** *n* assay mark; **~gold** *n f-* gold, refined gold; **~~gewicht** *n* weight of *f-* gold; **~heitsgrad** *m* **des Goldes** *f-ness* of gold; **~kostgeschäft** *n* delicatessen store/shop; **~mechanik** *f* precision engineering; **~mechaniker** *m*/**-in** *f* precision mechanic; **~regulierung** *f f-* adjustment; **die konjunkturelle ~~** the *f-* adjustment of cyclical policy; **~steuerung** *f f-* tuning.

Feind | (*enemy = e-*) **~begünstigung** *f obs* aiding the *e-*; **~besitz** *m e-* property; **~einwirkung** *f e-* action; **~esgewalt** *f e-* action; **~esland** *n e-* territory; **~gebiet** *n* hostile territory, *e-* territory; **~handlung** *f* hostile act; **~seligkeiten** *f/pl* hostilities; **~staat** *m e-* state, hostile state; **~~enklausel** *f* (*UN Charter*) *e-* state clause (*reserving e–state status of World War II*); **~unterstützung** *f* supporting the *e-*; **~vermögen** *n e-* property; **~~sverwalter** *m*/**-in** *f* alien property custodian.

Feld | arbeit *f* farm work, field work; **~arbeiter** *m*/**-in** *f* farm worker, *pl* agricultural labo(u)r; **~beschädigung** *f* damage to fields, crop damage; **~diebstahl** *m* theft of crops in fields; **~früchte** *f/pl* crops in fields; **~gefährdung** *f* endangering the fields; **~jäger** *m/pl* military police; **~~kommandant** *m* provost-marshal; **~markung** *f* landmark, field boundary; **~post** *f* military postal service; **~schaden** *m* damage done to the fields; **~- und Forstdiebstahl** *m* theft from fields or forests; **~weg** *m* farm road, *US* dirt road; **~webel** *m* warrant officer; **~zeugwesen** *n* ordnance; **~zug** *m mil* (military) campaign; *fig* (advertising) campaign.

Feme | gericht *n hist* Vehmgericht (*Westphalia, 12th–16th century*), secret tribunal (*Nazi tribunal*); **~mord** *m* secret political murder, (unlawful) execution pursuant to the verdict of a secret court.

Fenster | klebeplakat *n* window sticker; **~recht** *n* window right(s), (easement of) light, right of prospect; **~umschlag** *m* visible envelope, window envelope.

Ferien | (*US vacation = v-/GB holiday = h-*) **~arbeit** *f v-* work; **~einsatz** *m v-* work, *h-* work; **~haus** *n h-* house; **~kammer** *f v-* court; **~ordnung** *f* school *h-*, *v-* order for schools; **~sache** *f v-* business; **~sitzung** *f v-* sitting, sitting after term; **~vergütung** *f v-* pay, *h-* money; **~vertreter** *m*/**-in** *f* deputy during *v-s*; **~wetterversicherung** *f h-* weather insurance; **~wohnung** *f h-* flat.

Fern | absatz *m* long distance sales (*eg via Internet, television, e-mail*); **~~gesetz** *n* (*abbr* **FernAbsG**) *D* Long Distance Sales Act (*2000*); **~adoption** *f* adoption in absentia (*by undisclosed adopting parents*); **~amt** *n* trunk exchange; **~~ mit Handvermittlung** manual exchange; **~anschluss** *m* long distance connection; **~bedienung** *f* remote control; **~beglaubigung** *f* notarial certification by indirect acknowledgment; **~belastung** *f* collection from another place; **~bleiben** *n* absence, nonappearance; **~~ vom Dienst** absence from duty; **unentschuldigtes ~~** unexcused absence, unexcused failure to appear; **~fischerei** *f* long-range fishing; **~gasversorgung** *f* town gas supply, long distance gas supply; **~gespräch** *n* telephone call, trunk call, long-distance call;

~giroverkehr *m* distance giro transfers, bank transfers over long distances; **~heizung** *f* district heating; **~kommunikationsmittel** *n* long-distance-communication medium; **~lastunternehmen** *n* long haulage business; **~lastverkehr** *m* long haulage; **~lehrgang** *m* correspondence course; **~leitung** *f* long distance power line; **~licht** *n* driving lights, full beam, full headlights; **~meldeanlagen** *f/pl* telecommunication installations; **~meldegeheimnis** *n* secrecy of telecommunications; **~meldeordnung** *f* telecommunication regulations; **~melderechnungsdienst** *m* telecommunication accounts office; **~melderecht** *n* law governing telecommunications; **~meldesatellitenorganisation** *f* telecommunications satellite organization; **Europäische ~~** *f* European Telecommunications Satellite Organization (*abbr* EUTELSAT); **~meldeverkehr** *m* telecommunications; **~meldewesen** *n* telecommunications; **~schreiben** *n* telex; **~schreiber** *m* telex machine; **~schreibgebühren** *f/pl* telex charges; **~schreibmaschine** *f* teletypewriter, teleprinter; **~schreibverkehr** *m* communications; **~seh|** → *Fernseh|*; **~setzanlagen** *f/pl* teletypesetting systems; **~sprech|** → *Fernsprech|*; **~straße** *f* arterial road, trunk road, highway, dual carriage way; **~~ngesetz** *n* Highway Maintenance Act; **~studium** *n* distance learning, studies by correspondence; **~trauung** *f* marriage by proxy; **~übertragung** *f* long distance transmission; **~unterricht** *m* correspondence course; **~~sschutzgesetz** *n* Correspondence Courses Act (*D 1974*); **~verbindungen** *f/pl* telecommunications, trunk connections; **~verkehr** *m* long distance transport; **~~sstraße** *f* → *~straße*; **~~szug** *m* long-distance train, express train; **~wärmelieferung** *f* distance heating supply; **~wärmenetz** *n* long distance heating system; **~wärmeverbund** *m* integrated system of district heating; **~wirkung** *f* remote effect, indirect effect, long term effect; **~ziel** *n* remote objective, ultimate object, end goal, long range goal.

fernschriftlich by telex or facsimile.

Fernseh| (*television* = *t-*) **~anstalt** *f* *t-* corporation; **~freiheit** *f* freedom of (reporting and opinion in) *t-* broadcasting; **~funk** *m* *t-* (broadcasting); **~kette(n)** *f(pl)* network syndication; **~recht** *n* *t-* law, **~streit** *m* dispute about *t-* rights; **~teilnehmer** *m/***-in** *f* (tele)viewer; **~technik** *f* *t-* engineering, video technique; **~übereinkommen** *n* International *T-* Convention (*Strassburg 1965–75*); **~werk** *n* *t-* work (*copyright*).

Fernsprech| (*telephone* = *t-*) **~amt** *n* *t-* exchange/office; **~anlage** *f* *t-* (installation); **~anschluss** *m* *t-* connection; **~buch** *n* *t-* directory; **~dienst** *m* *t-* system; **~gebühren** *f/pl* *t-* charges; **~geheimnis** *n* *t-* secrecy, secrecy of *t-* communications; **~hauptanschluss** *m* *t-* main station; **~linien** *f/pl* *t-* lines; **~netz** *n* *t-* system; **~nummer** *f* *t-* number, subscriber's number; **~ordnung** *f* *t-* regulations; **~teilnehmer** *m/***-in** *f* *t-* subscriber; **~~verzeichnis** *n* *t-* directory, phone book; **~verbindung** *f* *t-* connection; ***e-e* ~~ herstellen** to put through a call; **~verkehr** *m* *t-* communications; **~wesen** *n* telephony; **~zelle** *f* *t-* box, *t-* booth; **~zentrale** *f* exchange.

Fertig|bau *m* prefabricated house, prefab; **~erzeugnis** *n* finished product, (fully) manufactured article; **~fabrikat** *n* finished product, (fully) manufactured article; **~haus** *n* prefab (building); **~keit** *f* skill, proficiency; **~kleidung** *f* ready-made clothing; **~montage** *f* final assembly, assembly of the finished product; **~packung** *f* prepack, packaging; **~produkte** *n/pl* finished products; **~stellung** *f* completion; **~~sbürge** *m*/**~~sbürgin** *f* completion guarantor; **~~sgarantie** *f* completion bond/guarantee; **~ung** → *Fertigung*; **~waren** *f/pl* finished goods, finished products; **~~-Enderzeugnisse** *n/pl* finally finished goods; **~~-Vorerzeugnisse** *n/pl* primary products to be further processed.

fertig *adj*, ready, ready-made.

fertigen *vt* to manufacture, to produce, to complete.

fertigstellen *v* to complete, to finish.

Fertigung *f* manufacure (= *m-*, *manufacturing* = *m-ing*), production (= *p-*) making; **~sablauf** *m p-* flow; **~sauslastung** *f* utilization of *p-* capacity; **~sbereich** *m m-ing* sector; **~sbetrieb** *m m-ing* enterprise; **~seinheit** *f* unit of product; **~seinleitung** *f p-* start-up, *p-* launch; **~seinrichtungen** *f/pl m-ing* facilities; **~seinzelkosten** *pl p-* cost of individual product, prime cost; **~sfehler** *m* defect due to workmanship; **~sfrist** *f p-* time, period stipulated for completion; **~sgehalt** *n* direct labo(u)r salary; **~sgemeinkosten** *pl* manufactoring overhead, *p-* overhead, indirect *p-*cost, factory overhead; **~~lohn** *m* indirect labo(u)r; **~~material** indirect material; **allgemeine ~~** general *m-ing* overhead; **~sindustrie** *f m-ing* industries; **~singenieur** *m*/**-in** *f p-* engineer; **~skapazität** *f p-* capacity; **~skontrolle** *f* supervision of *m-*; **~skosten** *pl m-ing* cost, processing cost, (*direct and indirect*) costs of *p-*; *acct* conversion costs; **~~rechnung** *f* statement of *p-* costs; **~~stelle** *f* productive burden *US* center/*GB* centre; **~slohn** *m* productive wages, productive labo(u)r; **~~stunde** *f* direct labo(u)r hour; **~splan** *m* work schedule, *p-*schedule, *p-* plan; **~~ung** *f p-* planning; **~ssonderkosten** *pl* special *p-*costs; **~ssortiment** *n* product mix; **~sspektrum** *n* range of products, product line; **~sstätte** *f* workshop, *m-ing* plant; **~sstellengemeinkosten** *pl* workshop overheads; **~süberwachung** *f p-* monitoring; *p-* control; **~sverfahren** *n p-*method, *m-ing* process, process of *m-*; **~svorbereitung** *f p-* scheduling, preparations for *p-*; **~szeit** *f p-*time; **großzügig bemessene ~~** generously computed *p-* times; **bedarfsorientierte ~** demand-oriented *p-*.

fesseln *vt* to fetter, to shackle, to manacle, to handcuff, to tie.

Fesselung *f* fettering.

Fest|angestellte(r) *f(m)* (*der Festangestellte*) permanently employed person, established employee, permanent member of staff; **~auftrag** *m* definite order, exclusive uncancellable broker's contract; **~betrag** *m* fixed sum; **~gebot** *n* firm bid; **~gebühr** *f* fixed charge/fee; **~gehalt** *n* fixed salary; **~geld** *n* time deposit, term deposit, fixed deposit; **~~anlage** *f* money deposited for a fixed term; **~~konto** *n* time deposit; **~~zinsen** *m/pl* interest on fixed-term deposits; **~genommene(r)** *f(m)* (*der Festgenommene*) arrested person, person under arrest; **~kauf** *m* definite purchase, concluded sale; **~konto** *n* blocked account, fixed-date time account; **~landsockel** *m* continental shelf; **~landswechsel** *m* continental bill; **~legung** *f* determination, stipulation; establishment, immobilization (*of funds*), locking-up (*of capital*); **~~ von Haftungsquoten** apportionment of liability; **gesetzliche ~~** statutory determination; **stärkere fristmäßige ~~ der Ersparnisse** depositing of savings for longer periods; **~meter** *m* solid cubic *US* meter/*GB* metre; **~mietvertrag** *m* fixed-term tenancy; **~nahme** *f* apprehension, arrest, seizure, taking a person into custody, *sl* pinch; **~~ auf frischer Tat** apprehension in the very act; **~~ durch jedermann** citizen's arrest; **~~recht** *n* right to arrest; **vorläufige ~~** (provisional) apprehension, summary arrest, detention for questioning, **widerrechtliche ~~** unlawful arrest, false imprisonment; **~platte** *f IT* hard drive; **~preis** *m m* fixed price, firm price, flat price; **~~auftrag** *m* firm-price order; **~~politik** *f* one-price policy, policy of controlled prices; **~~zuschlag** *m* firm-price surcharge; **~schreibungsfrist** *f* period for which securities must be held; **~schrift** *f* commemorative volume (*anniversary, birthday*); **~setzung** *f* → *Festsetzung*; **~stellung** *f* → *Feststellung*; **~stoff-Emissionen** *f/pl* particle emissions; **~übernahme** *f* firm underwriting; **~verkauf** *m* fixed sale, sold; **~wert** *m* base value, fixed value; **~zinsdarlehen** *n* fixed-rate term loan.

fest | legen *vt* to fix, to stipulate, to settle; to immobilize, to invest; **anteilig** ~~ to apportion, to allocate; **vertraglich** ~~ to stipulate (by contract); **~nehmen** *vt* to seize, to apprehend, to arrest, to take into custody; **~schreiben** *v* to settle in writing, to lay down in permanent form; **~setzen** *vt* to fix, to determine, to assess; **~stehen** *vi* to be certain, to be beyond doubt, to be established; **~stellen** *vt* to determine, to ascertain, to locate, to find out; to state, to declare.

fest | setzbar *adj* determinable; taxable (*costs*); **~stellbar** determinable, ascertainable, capable of ascertainment; **nicht** ~~ incapable of being ascertained, untraceable; **~verzinslich** bearing stated interest, fixed interest-bearing.

Festsetzung *f* fixing, determination, assessment; ~ **der Dringlichkeiten** priority rating; ~ **der Prozeßkosten** levying court costs; ~ **der Quotenhöhe** fixing quota levels; ~ **der Steuer in *e-em* Pausch(al)-betrag** lump sum tax assessment; ~ **des Steuergegenstandes** determination of the tax basis; ~ ***e-er* Entschädigung** assessment of compensation; ~ **höherer Prämien** rating up; ~ **von Dividenden** declaration of dividends; ~ **von Höchstbeträgen** fixing of limits; ~ **von Schadenersatz** assessment of damages; **gerichtliche** ~ judicial determination; taxation (*costs*).

Feststellbremse *f* hand brake, parking brake.

Feststellung *f* determination, ascertainment (= *a-*), declaration (*by judgment*) (= *d-*, *declaratory* = *d-y*); ~ **der Echtheit** verification, authentication; ~ **der Personalangaben *e-es* Zeugen** identification of witness; ~ **der Personalien** identification; ~ **der Kautionsstellungsfähigkeit** determination on granting bail, perfecting bail; ~ **der Steuerschuld** establishing the amount of tax to be paid; ~ **der Vaterschaft** *a-* of paternity, court finding of paternity; ~ **der Warenbeschaffenheit** identification of goods; ~ **des Alkoholgehalts** determination of alcoholic strength; ~ **des Aufenthaltsorts** finding out a person's whereabouts, tracing *s.o.*'s address; ~ **des Erfinders** determination of the identity of the inventor; *a-* of the inventor's identity; ~ **des Invaliditätsgrades** determination of the degree of disablement; ~ **des Jahresabschlusses** adoption of the annual statement of accounts; ~ **des Rechtsanspruches** proof of title; ~ **des Sachverhalts** fact finding, *a-* of the facts; ~ **des Schadens** *a-* of loss; ~ **des Tatbestandes** *a-* of the facts; ~ ***e-er* Forderung** official recognition of claim; ~ ***e-er* Konkursforderung** proving a claim in bankruptcy; **~sanspruch** *m* claim for/entitlement to a *d-y* judgment; **~sbeamter** *m*/**~sbeamtin** *f* assessing official, appraiser; **~sbefund** *m* official findings; **~sbehörde** *f* loss-assessing authority; **~sbescheid** *m* notice assessment, *d-y* administrative ruling; **~sinteresse** *n* interest to seek a *d-y* judgment; **~sklage** *f d-y* action, *d-y* proceeding, action for a *d-y* judgment; suit for a *d-*, bill of peace; **positive** ~~ positive *d-y* action; **negative** ~~ action for a negative *d-*, jactitation suit; **~slast** *f* onus of correct *a-* of facts; **~sprotokoll** *n* record of the facts; **~sstreit** *m d-y* proceedings; **~surteil** *n d-y* judgment, *d-* judgment, *d-* as to rights, *d-* of title; **~sverfahren** *n d-y* proceedings; **~swiderklage** *f d-y* cross petition; **~szeitpunkt** *m* point in time when *sth* was determined/ascertained; **~szeitraum** *m* period for determination; **~szwischenurteil** *n d-y* interlocutory order; **aktenmäßige ~** recording (*of facts, names, etc*); **diese ~ wird getroffen** this finding shall be made; **die zur ~ seiner Person erforderlichen Angaben machen** to identify oneself; **einheitliche ~** uniform assessment; **gerichtliche ~** *d-* by the court; **patentamtliche ~ der Kollision von Patentansprüchen** interference ruling; **rechtliche ~** legal findings, *d-*; **rechtskräftige ~** final and absolute finding of the court, non-appealable *d-y* judgment; **richterliche ~(en)** judicial finding; **tatsächliche ~** acertainment of facts, finding of facts.

Festungshaft *f obs* confinement in a fortress, incarceration (*for political, higher class prisoners*), ↔*Zuchthaus.*

Fett | ausgleichsabgabe *f* fat price equalization levy; **~druck** *m* bold print; **~gehalt** *m* fat content; **~rohstoff** *m* raw material for the production of fats; **~wert** *m* fat equivalent.

Feuchtigkeitsschaden *m* damage due to moisture.

Feudalsystem *n* feudalism.

Feuer *n* fire (= *f-*), destructive burning, conflagration; **~beständigkeit** *f f-*-proof quality, *f-* resistance; **~bestattung** *f* cremation, incineration; **~~sanlage** *f* crematorium; **~einstellung** *f* cease *f-*; **~leiter** *f f-* escape; **~löschapparat** *m f-* fighting machine; **~löscher** *m f-* extinguisher; **~löscheinrichtungen** *f/pl f-*-extinguishing equipment; **~meldesystem** *n f-*-alarm system; **~risiko** *n f-* hazard; **~schaden** *m f-* damage, damage by reason of *f-*; **~~sabteilung** *f f-* department (*insurance company*); **~schiff** *n* lightship; **~schutz** *m f-* prevention, *f-* protection; **~~abgabe** *f f-* prevention levy; **~~dienst** *m f-* prevention service; **~~steuer** *f f-* protection tax, *f-*-brigade tax; **~sicherheit** *f f-*-proof quality, *f-* safety; **~snot** *f f-* emergency, danger from *f-*; **~stätte** *f f-* place; **~versicherer** *m/-in f f-* insurer; **~versicherung** *f f-* insurance, insurance against loss by *f-*; insurance against *f-* risks; **~~sgesellschaft** *f f-* insurance company, *f-* underwriter; **~~steuer** *f f-* insurance tax; **~wache** *f f-* station; **~waffe** *f* firearm; **~wehr** *f f-* brigade, *f-* service, *US f-* department; **~~bezirk** *m f-* district; **~~fonds** *m f-*-fighting fund (*of bank for a crash*); **~~zufahrt** *f f-*-lane; **freiwillige ~~** voluntary *f-* brigade.

feuer | beständig *adj* fire-resistant, fire-proof, incombustible; **~gefährlich** inflammable; **~hemmend** fireresistant; **~sicher** fireproof.

ff. (*abbr* = folgende) et seq., following pages (*citations, 460ff. = 460 et seq.*), →*f.*

FGG (*abbr* = **freiwillige Gerichtsbarkeit**) noncontentious jurisdiction.

FIATA *n* Combined Transport Bill of Lading.

FIBOR (*abbr* = **Frankfurt Interbank Offered Rate**).

Fideikommiss *m* estate in fee tail, entailed estate; **~auflösung** *f* disentailment; **~land** *n* settled land; **~lehen** *n* estate in fee tail; **~nachfolger** *m/-in f* successor to disentailed estates; **~sache** *f* case involving estates in fee tail.

Fiduziant *m/-in f* creator of a trust, cestui que trust.

Fiduziar *m/-in f* fiduciary, trustee.

fiduziarisch *adj* fiduciary.

Fiktion *f* fiction; **~ des Kennens** imputed knowledge; **gesetzliche ~** legal fiction; **juristische ~** legal fiction.

Filial| (*offshoot, branch = b-*) **~bank** *f* bank *b-*, *b-* of a bank; **~betrieb** *m* *b-*, chain store; **~buchführung** *f b-* accounting; **~buchhaltung** *f b-* accounting; **~geschäft** *n b-*, *b-* business, chain store; **~handlungsvollmacht** *f* power of attorney for a *b-*; **~grossbank** *f* major bank with a *b-* system; **~-Kreditinstitut** *n* credit institution with *b-* system; **~leiter** *m*/**-in** *f b-* manager; **~netz** *n b-* network; **~prokura** *f b-* procurator; **~vergleich** *m* comparison as between branches; **~wechsel** *m* house bill.

Filiale *f* branch store, branch.

Film| (*motion picture = m/p, film = f-*) **~abgabe** *f m/p* promotion levy (*per ticket*); **~bearbeitung** *f* screen adaptation; **~bewertungsstelle** *f f-* assessment boad (*rating cultural value*); **~bezugsvertrag** *m* motion-picture distribution agreement; **~förderung** *f* official promotion of (valuable) *m/p-s*; **~freiheit** *f* freedom of producing and showing (uncensored) *f-*; **~hersteller** *m*/**-in** *f* producer, moviemaker, *m/p* producer; **~produktionszentrum** *n f-* producing *US* center/*GB* centre; **~prüfstelle** *f f-* review board, board of *f-* censors; **~rechte** *n/pl f-* rights; **~regisseur** *m*/**-in** *f f-* director; **~schaffende(r)** *f* (*m*) (*der ~schaffende*) *f-* production worker, *m/p* staff; **~selbstkontrolle** *f* internal *m/p* industry control; **~stoff** *m* screen story; **~urheber** *m*/**-in** *f f-* copyright owner; **~~recht** *n f-* copyright; **~verleiher** *m*/**-in** *f* distributor; **~verwertungsrechte** *n/pl f-* (exploitation) rights; **~vorführungskonzession** *f* cinemas and *f-s* *US* license/*GB* licence; **~werk** *n* cinematographic work; **~wesen** *n m/p* industry, *f-* branch; **~wirtschaft** *f f-* business, *m/p* industry; **~zensur** *f m/p* censorship.

Filterfunktion *f* filtering function, weeding out purpose; **verfahrensrechtliche ~** *f* procedural filtering function; *selective mechanism to weed out administrative claims with no hope of success.*

Filz *m* cronyism; nepotism.

filzen *vt* to frisk.

Filzokratie *f* corrupt politics, the old-boy's network, nepotism.

Final|zusammenhang *m crim* goal-oriented connection (between act and criminally prohibited result as seen ex ante the act), → *Kausalzusammenhang*; **objektiver ~~** goal-oriented connection (between commission of act and criminally prohibited result) from point of view of objective observer (*ex ante the act*), ↔ *subjektiver ~~*; **hypothetischer ~~** goal-oriented connection (between omission and criminally prohibited result) hypothesized by objective observer (*ex ante the act*) ↔ *realer ~~*; **realer ~~** real/actual goal-oriented connection (between commission of act and criminally prohibited result) as determined by objective observer (*ex ante the act*), ↔ *hypothetischer ~~*; **subjektiver ~~** goal-oriented connection (between commission of act and criminally prohibited result) from point of view of actor (*ex ante the act*), ↔ *objektiver ~~*.

final *adj* final; **~e Handlungslehre** *f crim* goal-directed theory of action, → *kausale Handlungslehre.*

Finanz| (*finance = f-, financial = f-l, financing = f-g*) **~abkommen** *n* monetary convention, *f-l* treaty; **~abteilung** *f f-l* department; **~amt** *n* tax office, revenue board, revenue office, *US* Internal Revenue Service (*abbr* IRS)/*GB* Inland Revenue Office; **~~sbescheid** *m* revenue ruling, tax inspector's ruling; **~~ssachbearbeiter** *m*/**-in** *f* (*pl*) tax revenue personnel; **~angelegenheiten** *f/pl f-l* business; **~anlagen** *f/pl f-l* assets; **~anteil** *m* fiscal element; **~aufkommen** *n* budgetary revenue; **~ausgleich** *m* fiscal adjustment, fiscal compensation, equalization of *f-l* burdens, *f-l* compensation; **~ausschuss** *m* committee on *f-*; **~autonomie** *f* self-administrative *f-l* system, fiscal autonomy; **~bankrott** *f f-l* bankruptcy; **~beamter** *m/*~**beamtin** *f* fiscal officer, revenue officer; **~behörde** *f* revenue authority, Inland Revenue (*UK*), Internal Revenue Service (*US*); **~berater** *m/*-**in** *f f-l* adviser; **~bericht** *m* fiscal report, *f-l* statement; **~buchhaltung** *f* general/*f-l* accounting department; **~gebaren** *n f-l* management, fiscal policy; **~gericht** *n* first-instance fiscal court, tax court, revenue court; **~~sbarkeit** *f* fiscal court jurisdiction; **~~sordnung** *f* code of procedure for fiscal courts; **~~sverfahren** *n* fiscal proceedings; **~gesellschaft** *f f-* company; **~gesetz** *n* Revenue Act, *F-* Act; **~~esvorlage** *f f-* bill; **~~gebung** *f f-l* legislation, budgetary laws; **~hilfe** *f f-l* aid; **~hoheit** *f f-l* sovereignty, fiscal autonomy, independent power to levy taxes, *etc*; **~ierung** *f* → *Finanzierung*; **~jahr** *n* fiscal year, *f-l* year, tax year; **~kabinett** *n* budget committee of the (Federal Chancellor's) cabinet; **~kapital** *n f-g* capital; **~kompetenz** *f f-l* responsibility; **~konsortium** *n f-l* syndicate; **~kraft** *f f-l* strength, *f-l* capacity; **~kredit** *m f-g* credit, *f-l* loan; **~kreise** *m/pl f-l* circles; **~krise** *f f-l* crisis; **~lage** *f f-l* position, *f-l* standing; **~makler** *m/*-**in** *f f-* broker; **~markt** *m* capital market; **~masse** *f* total *f-l* resources, total revenue and expenditure; **~minister** *m/*-**in** *f* Minister of *F-*, *US* Secretary of the Treasury/*GB* Chancellor of the Exchequer; **~ministerium** *n* ministry of *f-*, treasury, treasury department; **~mittelaufbringung** *f* source of working capital, raising of capital; **~mittelbindung** *f* absorption of funds, earmarking of funds; **~mittelverwendung** *f* application of funds; **~monopol** *n* revenue producing monopoly, fiscal monopoly; **~ordnung** *f f-l* regulations, *f-g* rules; **~periode** *f f-l* period, budgetary period; **~plafond** *m f-l* ceiling, *f-l* limit; **~plan** *m f-* plan, budget; **~planung** *f* budgetary planning; **~~srat** *f-l* planning board (*of the Federal Government*); **~platz** *m f-l US* center/*GB* centre; **~politik** *f* fiscal policy, *f-l* policy; **~prüfungsabteilung** *f* auditing department; **~recht** *n* law of public *f-*; **~~sweg** *m* resort to tax courts; **~reform** *f* fiscal/tax reform; **~sachverständige(r)** *f(m)* (*der ~sachverständige*) *f-l* expert, fiscal expert; **~schuld** *f* monetary debt, *f-l* indebtedness; **~schwierigkeiten** *f/pl f-l* difficulties; **~sperre** *f f-l* embargo; **~spritze** *f* injection of fresh funds; **~stabilität** *f f-l* stability; **~statistik** *f f-l* statistics; **~status** *m* statement of *f-l* position, *f-l* status, list of assets and liabilities; **~struktur** *f f-l* structure; **~system** *n f-l* system; **~termingeschäfte** *n/pl f-l* futures; **~transaktion** *f f-l* operation; **~- und Kassengeschäft** *f-l* and cash business; **~- und Steuerausschuss** *m F-* and Taxation Committee; **~- und Steuerhoheit** *f* **der Mitgliedstaaten** *f-l* and fiscal powers of the Member States; **~- und Zollkasse** *f* Tax and Customs Collector's Office; **~verfassung** *f f-l* system, constitutional rules governing public *f-s*; **~verhältnisse** *n/pl f-l* conditions; **~vermögen** *n f-l* assets, revenue producing assets (*of the state*); **~vertrag** *m f-g* agreement; **~verwaltung** *f* fiscal administration, taxation authorities; **~volumen** *n f-l* volume; **~vorlage** *f f-* bill, appropriations bill; **~wechsel** *m f-* bill, accommodation bill; **~welt** *f f-l* circles; **~wesen** *n f-*, *f-l* matters; **~wirtschaft** *f f-g* business, public *f-s*; **betriebliche ~~** business *f-g*; **~wissenschaft** *f* public *f-s*; **~wissenschaftler** *m/*-**in** *f* (academic) expert on public *f-*; **~zoll** *m* revenue tariff, customs duty of a fiscal nature; **~zuweisung** *f f-l* allocation, allocation of funds; **~zwang** *m* enforcement by revenue authorities; **Wirtschafts- und ~minister** Economic and *F*- Ministers (*abbr* ECOFIN).

Finanzen *f/pl* finance, financial policy; **gesunde** ~ sound finances; **kommunale** ~ local-authority finances; **öffentliche** ~ public finances; **zerrüttete** ~ shattered finances, financial ruination.

finanz | iell *adj* financial, pecuniary; **~kräftig** financially strong, financially sound; **~schwach** financially weak; **~statistisch** relating to financial statistics.

Finanzieller Beistandsfonds der Organisation für Wirtschaftliche Zusammenarbeit und Entwicklung *m* Financial Support Fund of the Organization for Economic Cooperation and Development.

finanzieren *vt* to finance, to provide funds for a transaction, to supply capital for, to fund, to bankroll; **frei finanziert** privately financed.

Finanzierung *f* financing (= *f-g*, *finance* = *f-*, *financial* = *f-l*), funding, financial backing, financial management; ~ **aus Abschreibungen** *f-g* by accrued depreciation; ~ **des Haushalts** providing revenue for the budget; ~ **mit Lieferantenkredit** trade credit *f-g*; **~sabkommen** *n f-g* agreement; **~sart** *f* type of *f-g*; **~sbank** *f f-g* bank, issuing house; **~sbasis** *f f-l* base, basis for providing loans; **~sbedarf** *m f-g* requirements, borrowing requirement; **~sbeitrag** *m f-l* contribution; **~sdarlehen** *n* loan for *f-g* purposes; **~sdefizit** *n f-g* deficit; **~sfragen** *f/pl* questions of *f-g*; **~sfirma** *f f-g* firm; **~sgebühr** *f f-g* charge; **~sgeschäft** *n f-g* transaction; **~sgesellschaft** *f f-* company; ~~ **für Industriebedarf** industrial trust; **~shilfe** *f f-g* aid; **einmalige** ~~ non-recurring appropriation; **~sinstitut** *n f-* company; **~sinstrument** *n* a means of raising funds, *f-g* instrument; **~skonsortium** *n f-g* syndicate; **~skredit** *m* credit for *f-g* purposes; **~slast** *f* burden of *f-g* charges; **~sleasing** *f f-*lease; **~slücke** *f* funding gap, gap in *f-g*; **~smakler** *m/-in f* credit broker; **~smittel** *n/pl* funds for *f-g* purposes; **endgültige** ~~ funds for ultimate investment; **erwirtschaftete** ~~ cash flow; **längerfristige** ~~ funds for medium and longer term *f-g*; **langfristige** ~~ long-term *f-g* funds; **nachweisbare** ~~ ascertainable resources; **~smodalitäten** *f/pl f-g* terms, *f-g* arrangements, arrangements for providing funds; **~splan** *m f-g* scheme, *f-l* paper, *f-* plan; **~squelle** *f* source of funds, source for *f-l* operations; **letzte** ~~ bank of last resort; **~sreserven** *f/pl* reserves for *f-g*; **~srückhalt** *m* reserve for *f-g*; **~ssaldo** *m f-g* surplus or deficit; **~ssatz** *m f-g* rate; **~sträger** *m/-in f* provider of *f-*, *f-g* institution, *f-l* backer; **~sübersicht** *f f-g* table, *f-g* schedule; **~sunterlagen** *f/pl f-*documents; **~svertrag** *m f-g* agreement; **~sverpflichtung** *f* obligation to provide *f-*; **~swechsel** *m f-* bill (*bill of exchange/negotiable promissory note for f-g purposes*); **~szusage** *f* promise to *f-*, commitment to provide *f-*; **~szuschuss** *m* public grant for *f-g* purposes; **anteilige** ~ proportionate *f-g*, pro rata *f-g*; **ausgleichende** ~ compensatory *f-g*; **bankmäßige** ~ *f-g* by banks; **externe** ~ external *f-g*; **interne** ~ internal *f-g*; **kurzfristige** ~ providing short-term *f-*; **langfristige** ~ providing long-term *f-*; **nachstellige** ~ provision of money on second or junior mortgages.

Finder *m/-in f* finder (of lost property); **~lohn** *m* finder's reward, finder's fee.

Fingerabdruck *m* finger print, dactylogram; **genetischer** ~ DNA fingerprint.

fingiert *adj* fictitious, feigned, sham.

Finte *f* feint, trick, red herring.

Firma *f* **I** firm name, business name, name of the company, corporate name; ~ ***e-er*** **Kapitalgesellschaft**

corporate name; **unter der ~ klagen oder verklagt werden** to sue or be sued in the firm's name; **unter eigener ~ auftreten** to trade in one's own name.

Firma *f* **II** firm, business entity, enterprise or company; **alteingesessene ~** old established firm; ***e-e* ~ löschen** to deregister, expunge a firm/company (*from the commercial register*); ***e-e* ~ sanieren** to salvage a business, to restructure a firm; **eingetragene ~** registered firm; **erloschene ~** defunct firm; **selbständige ~** independent firm.

Firmen | I (*firm name = f/n*) **~änderung** *f* change of *f/n*; **~ausschließlichkeit** *f* exclusive right to a *f/n*; **~bezeichnung** *f* style (of a firm), *f/n*; **~eintragung** *f* registration of business name; **~fortführung** *f* continuation of a *f/n*; **~gebrauch** *m* use of *f/n*; **unbefugter ~~** improper use of a *f/n*; **~kennzeichen** *n* fascio, logo; **~kern** *m* essential words of a *f/n*; **~missbrauchsverfahren** *n* legal proceedings against misuse of a *f/n*; **~name** *m f/n*; **~recht** right to a *f/n*; **über die ~~e verfügen** to make use of the rights to a *f/n*; law relating to *f/n-s*; **~register** *n* register of *f/n-s*; **~schild** *n* sign board, trade sign, name plate of a firm or company; **~schutz** *m* legal protection of *f/n*; **~übergang** *m* transfer of a *f/n*, → *Firmen | II ~übergang*; **~verletzung** *f* violation of the rights in respect of a *f/n*; **~wahrheit** *f* genuineness of a firm's style, truthfulness of a *f/n*; **~zeichen** *n* trader's name and address (*brochures*), → *Firmen | II ~zeichen*.

Firmen | II (*firm = f-, enterprise*) **~anmeldung** *f* registration of a *f-*; **~aquisiteur** *m/***-in** *f* taker-over of a *f-*; **~chef** *m/***-in** *f* head of a *f-*, executive head; **~erwerb** *m* acquisition of a *f-*; **~fortführung** *f* continuation of a *f-*; **~hai** *m* corporate raider; **~inhaber** *m/***-in** *f* business proprietor; **~jäger** *m/***-in** *f* corporate raider; **~konto** *n* a *f-*'s bank(ing) account, corporate account; **~kreis** *m* range of *f-s* covered; **~kundengeschäft** *n* wholesale banking; **~leitung** *f* senior management; **~mantel** *m* legal title to (and registration of) a *f-*, bare shell, corporate fold, corporate shell; **~nachfolger** *m/***-in** *f* successor in business; **~öffentlichkeit** *f* compulsory registration of commercial undertakings; **~pension** *f* retirement pension (*from one's f-/company*); **~rembourse** *f f-*'s documentary credits; **~siedlung** *f* industrial site; **~siegel** *n* company seal, corporate seal; **~sitz** *m* domicile of a *f-* or company, registered office; **~stempel** *m* official stamp of a *f-* /company; **~tarifvertrag** *m* single *f-* collective wage agreement; **~übergang** *m* transfer of a *f-*, assignment of a *f-*; **~vermögen** *n* assets of a *f-*, company assets; **~vertreter** *m/***-in** *f* manufacturer's agent, *f-*'s representative; **~wagen** *m* company car; **~wert** *m* goodwill, intangible value of a business, value of plant in successful operation; **derivativer ~~** acquired goodwill; **negativer ~~** negative goodwill; **originärer ~~** created goodwill, self-generated goodwill, developed goodwill; **~zeichen** *n f-*'s logo; manufacturer's emblem, producer's mark; trader's name and address (*on brochures*).

firmen | eigen *adj* company-owned; **~intern** in-house.

firmieren *vi* to trade under the name, to have/use the firm name/corporate name.

Firmierung *f* use of a firm name or corporate name, choice of name.

Fisch | erlaubnis *f* fishing *US* license/*GB* licence; **~gründe** *m/pl* fishing grounds; **~recht** *n* common of piscary, right of fishery; **~verarbeitungsschiff** *n* factory vessel; **~wilderei** *f* fish poaching; **~wirtschaft** *f* fishing industry; **~zucht** *f* breeding and raising of fish, pisciculture.

Fischerei | (*fishing = f-g, fischery = f-y*) **~abkommen** *n f-y* convention; **~ausübung** *f f-g*; exercise of *f-g* rights; **~behörden** *f/pl f-y* authorities; **~beschränkungen** *f/pl f-y* restrictions; **~berechtigte(r)** *f(m)* (*der ~berechtigte*) holder of *f-g* rights; **~berechtigung** *f f-g* rights; **~erzeugnis** *n* fish product; **~erlaubnis** *f f-g US* license/*GB* licence; **~fahrzeug** *n f-g* vessel; **~genossenschaft** *f f-y* cooperative; **~gerechtigkeit** *f f-g* rights, common of piscary; **~gesetze** *n/pl f-y* enactments; **~grenzen** *f/pl f-y* limits; **staatliche ~~** national *f-g* limits; **~hoheit** *f* jurisdiction over fisheries; **~pachtvertrag** *m f-g* lease; **~pächter** *m/-***in** *f* holder of a *f-g* lease; **~prüfung** *f* (= *Fischerprüfung*) *f-g US* license/*GB* licence examination; **~rechte** *n/pl f-g* rights, *f-y*; **~schein** *m f-g US* license/*GB* licence; **~schutzzone** *f f-y* conservation zone; **~verwaltung** *f f-g* administration; **~zone** *f f-g* zone.

Fiskal | gelder *n/pl* tax monies; **~jahr** *n* fiscal year; **~politik** *f* fiscal policy, government tax policy.

fiskalisch *adj* fiscal, relating to taxation.

Fiskus *m US* Internal Revenue Service (*abbr* IRS)/*GB* Inland Revenue Office; (public) treasury, revenue authorities, royal treasury, tax authorities, exchequer; **~privileg** *n* privilege of the revenue authorities.

Fix | auftrag *m* firm order; **~geschäft** *n* transaction where time is of the essence, transaction at a fixed date; **~handelskauf** *m* fixed-date sale (*mercantile contract of sale with absolutely fixed delivery date*); **~kauf** *m* fixed-date purchase; **~klausel** *f* fixed-date clause; **~kosten** *pl* fixed costs, overheads; **~~bestandteil** fixed-cost component.

fixen *vi* to sell short, to speculate for a fall in prices; to inject narcotics.

Fixer *m/-***in** *f* intravenous drug addict.

Fixierung *f* fixation, fixing, encapsulation; **~ von Bedingungen** stipulation of conditions.

Fixum *n* fixed allowance, fixed remuneration, fixed salary, fixed level of remuneration.

Flächen | bedarf *m* floor space required; **~berechnung** *f* area calculation; **~bombardierung** *f* pattern bombing; **~eigentum** *n* surface ownership; **~einheit** *f* unit of area; **~mehrerträge** *m/pl* greater yields per unit of area; **~nutzungsplan** *m* municipal development plan, land use plan, zoning map; **~produktivität** *f* productivity per unit of area; **~sanierung** *f* area rehabilitation; **~stichprobe** *f* area sample; **~stilllegung** *f* taking land out of production; laying an area fallow; **~~sprogramm** *n* soil bank program(me), set-aside program(me).

Flagge *f* flag, colo(u)rs; **~nattest** *n* certificate of registry; **~ndiskriminierung** *f* flag discrimination; **~nführung** *f* flying a flag; **~ngruß** *m* dipping to warships; **~nmissbrauch** *m* misuse of flag; **~nrecht** *n* law of flag, right of flag; **~~sgesetz** *n* law concerning the right of flag; **~nwechsel** *m* reflagging; **~nzeugnis** *n* certificate of registry; **billige ~** flag of convenience, (*ships sailing under flags of convenience*); **unter falscher ~** under false colo(u)rs; **Verunglimpfung der ~** desecration of the flag.

Flaschen | gebinde *m* bottle container, bottle; **~pfand** *n* returnable bottle deposit.

flau *adj exch* sluggish, inanimate, stagnant.

Flaute *f exch* slackness, dullness, sluggishness, *econ* dullness, flat season.

Fleisch | beschau *f* meat inspection; **~beschauer** *m/-***in** *f* meat inspector; **~beschaugesetz** *n* meat inspection law; **~erzeugnis** *n* meat product; **~gesetz** *n* law on meat production; **~konservenhersteller** *m/-***in** *f* manufacturer of tinned meat; ~**waren** *f/pl* meat products; ~**wunde** *f* flesh wound.

Fliegeralarm *m* air raid warning.

fliehen *vi* to escape, to flee.

Fließband *n* assembly line, production line, conveyor-belt; ~**arbeit** *f* assembly-line work; ~**arbeiter** *m*/**-in** *f* assembly-line worker; ~**fertigung** *f* assembly-line production; ~**montage** *f* conveyor-belt assembly, assembly-line production; ~**prinzip** *n* conveyor-belt system.

Flößereirecht *n* right of floating logs.

Flotten | abkommen *n* naval agreement; ~**gericht** *n* naval court-martial; ~**stützpunkt** *m* naval base; ~**vertrag** *m* naval treaty; ~**vorlage** *f* navy bill.

Flöz *n* seam.

Flucht *f* escape, flight; ~**alternative** *f* alternative (route, place to) escape; **inländische** ~~ alternative domestic (place to) escape/refuge (*asylum seekers*); ~**auto** *n* get-away car; ~**gefahr** *f* risk of escape, risk of flight, danger of absconding, danger of defendant's fleeing; ~**gelder** *n/pl* hot money, fugitive money, flight money; ~**helfer** *m*/**-in** *f* accessory to an escape; escape agent; ~**kapital** *n* flight capital, hot money, fugitive money; ~**linie** *f* building line (of street), frontage line; ~~**nplan** *m* building regulations governing frontage lines; ~**verdacht** *m* suspicion of flight/absconding; **es besteht** ~~ there is reason to expect that he will abscond; ~**versuch** *m* attempt to escape, attempt to abscond; ~**wagen** *m* get-away car; **die** ~ **begünstigen** to aid the escape.

flucht | verdächtig *adj* suspected of intending to abscond; ~**ig** *adj* fugitive, unapprehended; at large; ~~ **werden** to abscond, to flee from justice.

Flüchtige(r) *f(m)* (*der Flüchtige*) person on the run, fugitive.

Flüchtling *m* fugitive, refugee (= *r-*); ~**e und Vertriebene** *r-s* and expellees; ~**samt** *n r-* office; ~**sanerkennung** *f* recognition of *r-*status; ~**sausweis** *m r-*'s identity card; ~**sbetrieb** *m r-* operated business; ~**seinsatz** *m* employment of *r-s*; ~**sfürsorge** *f r-* welfare; ~**sgesetz** *n r-* law; ~**s-Jugendwohnheim** *n* home for young *r-s*; ~**skonvention** *f r-* convention; **Genfer** ~~ (= **Abkommen über die Rechtsstellung der** ~**e**) Convention Relating to the Status of *R-s* (*28 July 1951*); ~**srente** *f* social security pension for *r-s*; ~**ssiedlungsgesetz** *n r-* settlement law; ~**ssiedlungskredit** *m r-* settlement loan; **Hohe(r) Kommissar** *m*/**-in der Vereinten Nationen für** ~**e** United Nations High Commissioner for *R-s*; **politischer** ~ political *r-*, political émigré.

Flug | dienst *m* air service; ~**gast** *m* passenger, airline passenger; ~**hafen** *m* → *Flughafen*; ~**lärm** *m* aircraft noise; ~**lehrer** *m*/**-in** *f* pilot instructor; ~**linie** *f* airline; ~~**n des Durchgangsverkehrs** through airline operation; ~~**nverkehr** *m* airline traffic, air service; **internationaler** ~~~ international air service; **planmäßiger** ~~~ scheduled air services; ~**lotse** *m* air traffic controller; ~**netz** *n* airline network; ~**platz** *m* airfield; ~**preis** *m* air fare; ~**regeln** *f* aviation rules; ~**risiko** *n* flying risk; ~**schüler** *m*/**-in** *f* trainee pilot; ~**schreiber** *m* voice and data recorder, black box; ~**sicherheit** *f* flight safety; ~**sicherung** *f* air traffic control; air safety control; ~~**sbehörde** *f* air safety authority; ~**tüchtigkeit** *f* airworthiness; ~**unfallentschädigung** *f* air accident compensation; ~**verkehr** *m* aviation, air travel, air transport, air service; ~**verkehrsrisiko** *n* aviation risk; ~**wesen** *n* aviation, aeronautics; ~**zeug** → *Flugzeug*.

Flughafen *m* airport; ~**bereich** *m* airport zone, airport control area; ~**betriebe** *m/pl* airport companies; ~**brauch** *m* custom of the airport; **dem** ~~ **entsprechend** in the manner customary at the airport; **~polizeigruppe** *f* airport police; **~zollstelle** *f* airport customs.

Flugzeug *n* aircraft, aeroplane, plane; **~entführer** *m*/**-in** *f* hijacker; **~entführung** *f* (aircraft) high jacking; **~führer** *m*/**-in** *f* pilot; **~wesen** *n* aviation, air navigation; **frei** ~ free on aircraft.

Fluktuation *f* fluctuation, turnover (of labo(u)r), job-changing, job-hopping, flow of funds; **~sarbeitslosigkeit** *f* frictional unemployment; **~sbestand** *m* frictional float; **~srate** *f* level of frictional unemployment; **starke ~ der Belegschaft** quick turnover in staff.

fluktuieren *vi* to fluctuate, to float, to flow.

Flur *f* village lands; cadastral district/unit; **~bereinigung** *f* → *Flurbereinigung*; **~buch** *n* cadastral survey register; **~hüter** *m*/**-in** *f* field guard; **~schaden** *m* field damage, damage to agricultural land; **~schutz** *m* protection of fields/crops; **~stück** *n* lot, plot (*cadastral unit*); **~zersplitterung** *f* fragmented holdings; **~zwang** *m* compulsory cultivation.

Flurbereinigung *f* farmland consolidation (= *f/c*), consolidation of fragmented holdings; reallocation of land; **~samt** *n f/c* authority; **~sdienst** *m f/c* service; **~sgericht** *n f/c* tribunal; **~sgesetz** *n f/c* law; **~splan** *n f/c* plan; **~srecht** *n f/c* law; **~sverfahren** *n f/c* proceedings; **~swesen** *n f/c*.

Fluss *m* river; flux, flow; **~anlieger** *m*/**-in** *f* riparian owner, owner of riparian land; **~~staat** *m* riparian state; **~bauämter** *n/pl* river authorities; **~deich** *m* river embankment; **~diagramm** *m* flow chart; **~einzugsgebiet** *n* drainage basin; **~frachtgeschäft** *n* carriage of goods on inland waterways; **~frachtsendung** *f* consignment carried by inland waterway; **~hafen** *m* river port; **~konnossement** *n* inland-waterways bill of lading, shipping note; **~ladeschein** *m* inland-waterways bill of lading, shipping note; **~ordnung** *f* river regulations; **~verkehr** *m* river traffic; **~verschmutzung** *f* pollution of rivers; **internationalisierter** ~ international/internationalized river; **öffentlicher** ~ public river; **öffentlicher schiffbarer** ~ public navigable river; **schiffbarer** ~ navigable river.

Flüssigkeitsverhältnis *n* current position (ratio), (*finance*).

Flüssigkeitsverlust *m* ullage (*in container of liquid*).

Flüssigmachung *f* realization (*of assets*); ~ **seiner Vermögenswerte** realization of one's assets; ~ **von Kapital** setting free of capital.

Flüster|dolmetschen *n* whispered interpretation, whispering; **~propaganda** *f* whispering campaign, whispered propaganda, smear campaign.

Flutgebiet *n* tide land.

FOB (*abbr* = **frei an Bord**) free on board (*abbr* FOB), (*INCOTERMS*).

Föderalismus *m* federalism.

Föderalist *m*/**-in** *f* federalist.

Föderation *f* federation.

Folge *f* effect, result, consequence (= *c-*, *consequential* = *c-l*), succession, sequence, outcome, continuation; **~antrag** *m* follow-up application (*following dismissal of earlier application*); **~erzeugnis** *n* derived product; **~kosten** *pl c-l* charges; **~lasten** *f/pl c-l* burdens; ~ **leisten** to obey, to observe, to answer, to comply with; **~nbeseitigungsanspruch** *m* claim to remedial action, claim to nullify *c-s* (*of administrative acts*); **~nbeseitigungsurteil** *n* judgment for remedial action; **~pflicht** *f* duty of compliance; **~prämie** *f* renewal premium, current premium; **~prozesse** *m/pl* successive actions; **~recht** *n* right to follow the asset, right of stoppage in transitu; droit de suite (*copyright*); **~richtigkeit** *f* consistency, correct reasoning, valid conclusion; **mangelnde ~~** inc-, inconsistency; **~sachen** *f* ancillary proceedings (*divorce cases*); **~schaden** *m c-l* damage/loss; **~~-Versicherung** *c-l* loss insurance; **nicht adäquater ~~** remote damage; **~treffen** *n* follow-up meeting; **~verzug** *m c-l* delay; **~widrigkeit** *f* (logical) inconsistence; **~wirkung** *f c-l* effect; **adäquate ~n** natural (and probable) *c-s*; **den ~n begegnen** to counter/to meet the *c-s*; **die ~n auf sich nehmen** to face the *c-s*; **in ununterbrochener ~** in uninterrupted succession; **lückenlose ~** chain of causation; **unmittelbare ~** direct result; **zur ~ haben** to involve, to result in, to follow.

folge|ndermaßen *adv* as follows; **~richtig** *adj* consistent, coherent, rational, logical, logically correct; **~widrig** *adj* inconsequent, illogical, inconsistent.

folgen *vi* to follow, to result in; **im f~nden** hereinafter, below; **~ ~ kurz bezeichnet** hereinafter abbreviated as.

folgern *vi* to conclude, to deduce, to infer from, to gather from.

Folgerung *f* conclusion, consequence, deduction, inference, implication.

Folien|deckel *m* (stick fast) foil lid; **~verpackung** *f* blister packaging.

Folioblatt *m* folio.

Folter *f* torture; **~kammer** *f* torture chamber.

Folterer *m/***-in** *f* torturer.

foltern *vt* to torture.

Folterung *f* torture; **~sverhör** *n* third degree practices, interrogation with torture.

Fond *m* (= *Fonds*) fund (= *f-*); **~anlagen** *f/pl f-* investment; **~anteil** *m* (*f*)unit, share; **~auflösung** *f* liquidation of the *f-*; **~beitrag** *m* contribution to the *f-*; **~s Deutsche Einheit** *m* German Unity *F-*; **~ für unvorhergesehene Ausgaben** contingency *f-*; **~überschuss** *m f-* surplus; **~vermögen** *n* total *f-s*, *f-*'s assets; **~verwaltung** *f f-* management; **gemeinsamer ~** community *f-*; **Europäischer ~ für regionale Entwicklung** European Regional Development *F-*; **Europäischer Sozial~** European Social *F-*; **Internationaler Währungs~** (*abbr* **IWF**) International Monetary *F-* (*abbr* IMF); **Kohäsions~** *EU* Cohesion *F-*; **schwarzer ~** surreptitious *f-*, slush *f-* (*for secret service*); **selbständig wirtschaftender öffentlichrechtlicher ~** autonomous public *f-*; **thesaurierender ~** cumulative *f-*, accumulative investment *f-*.

foppen *vt* to fool, to tease, to rig.

Förder| I ~abgaben *f/pl* mining royalties; **~ausfall** *m* decline in mining production; **~band** *n* conveyor belt; **~ergebnis** *n* mining output; **~menge** *f* output, tonnage (*mining*); **~quote** *f* output quota; **~-Soll** *n* planned output, output target; **~strecke** *f* haulage way; **~zahl** *f* output; **~ziel** *n* output target; **~ziffern** *f/pl* production figures, output figures.

Förder| II ~programm *n* economic promotion program(me), development scheme; **~gebiete** *n/pl* development areas; **~stufe** *f* advanced primary education level (*5th and 6th grades*); **~unterricht** *m* remedial instruction; remedial lesson.

fordern *vt* to demand, to claim, to require.

fördern *vt* to sponsor, to promote, to encourage; *vt* to produce *from a mine or well*, to win, to extract.

Förderer *m/***-in** *f* sponsor, patron, promoter.

Forderung *f* demand, claim (= *c-*), debt (= *d-*) due, account receivable; requirement, postulation; *pl* *~en d-s* due and owing, receivables, outstanding accounts, accounts receivable, choses in action; **~en an verbundene Unternehmen** receivables from affiliated companies; **~ aus Schuldverschreibung** bonded *c-*; **~ aus Warenlieferungen und Leistungen** accounts receivable (trade), receivables for goods and services; **~en an Konzernunternehmen** *d-s* due from affiliates; **~en an Kunden** accounts receivable; **~en aus Lieferungen und Leistungen** trade debtors (*accounting*); **~sabschreibung** *f* writing-off of bad *d-s*; **~sabtretung** *f* assignment (*of c-s/d-s*); **formlose ~~** equitable assignment; **gesetzliche ~~** assigment by operation of law; **~sanerkennung** *f* allowance of *c-s*; **~sanmeldung** *f* proof of *d-* (*in bankruptcy*); **~sarrest** *m* order of attachment of *d-s*; **~sausfälle** *m/pl* bad *d-* losses; **~sausfallskosten** *f* bad *d-* expense; **~sausfallversicherung** *f* accounts receivable insurance; **~sberechtigte(r)** *f(m)* (*der ~sberechtige*) obligee, promisee, rightful claimant; **~seingänge** *m/pl* collections; **~skauf** *m* purchase of accounts receivable; **~snachweis** *m* proof of *d-s*, proof of *c-s*; **~spfändung** *f* garnishment, attachment of a *d-*, order of attachment; **~~sverfahren** *n* garnishee proceedings; **~sposten** *m* (current) asset item; **~srecht** *n* right to recover (*a d-*); right to *c-*, chose in action; **~ssaldo** *n* net *c-s*; **~sstundung** *f* respite; **~stilgung** *f* discharge of a *d-* by payment, redemption of a *d-*; **~sübernahme** *f* assumption of a *c-*; **~sübergang** *m* subrogation, transmission of *c-s*; **gesetzlicher ~~** assignment by operation of law, legal subrogation; **~sübertragung** *f* transfer of *c-*, assignment; **~svermächtnis** *n* legacy of an outstanding account, testamentary disposition of *c-s*; **~sverletzung** *f* breach of an obligation; **positive ~~** (*abbr* **p.V.V.**), → *positive Vertragsverletzung*, breach of (*primary, secondary*) obligation (*other than because of delay, impossibility, or other statutorily regulated reason*); **abgetretene ~** assigned *d-*; **Abtretung *e-er* ~** assignment of a claim/debt; **anerkannte ~** admitted *c-*, recognized *c-*; **angemeldete ~** *c-* submitted to the bankruptcy court; **auf *e-e* ~ verzichten** to renounce a *c-*, to withdraw a *c-*; **auf *e-er* ~ hartnäckig bestehen** to persist with a demand; **ausstehende ~en** outstanding (and open) accounts; **bedingte ~** conditional *c-*; **berechtigte ~** justified *c-*; **bestehende ~** existing *d-*; **bestrittene ~** disputed *d-*; **bevorrechtigte ~** preferred *d-*, preferential *c-*, preferential *d-*, privileged *c-*, prior *c-*; **bezifferte ~** liquidated demand, demand in (terms of) figures; **buchmäßige ~** book *d-*; **dinglich gesicherte ~** security for money, secured *d-*; **dubiose ~** doubtful *d-*, problematic *d-*; ***e-e* ~ abgelten** to discharge a *d-*; ***e-e* ~ abtreten** to assign a *c-*, to transfer a *d-*; ***e-e* ~ anmelden** to prove a *d-* (*in bankruptcy*), to prove against the estate; ***e-e* ~ auf etwas erheben** to *c- sth*; ***e-e* ~ einklagen** to sue for the recovery of a *d-*; ***e-e* ~ eintreiben** to collect a *d-*; ***e-e* ~ erlassen** to forgo a *d-*; ***e-e* ~ geltend machen** to *c-*, to prefer a *c-*; ***e-e* ~ gerichtlich geltend machen** to assert a *c-* by legal action, to sue for a *d-*; ***e-e* ~ im Gesellschaftskonkurs nachweisen** to prove a *d-* in liquidation; ***e-e* ~ ist abgewiesen worden** a *c-* has been dismissed; ***e-e* ~ unterstützen** to endorse/support a *c-*/plea; **einklagbare ~** *d-* recoverable by action; **entstandene ~** accruals receivable (*not yet matured*); **erdichtete ~** fictitious *c-*; **erloschene ~** discharged *d-*; **fällige ~** *d-* due, liquid *d-*, due and payable *d-*, matured *c-*; **festgestellte ~** ascertained *c-* (*bankruptcy*); **freikonvertierbare ~en gegen das Ausland** freely convertible foreign balances; **gegenseitige ~en** mutual *c-s*; **gegenwärtige und zukünftige ~en** *d-s* owing and accruing; **gepfändete ~** garnished *d-*; **geldwerte ~** monetary *c-*; **geringfügige ~** minor *c-*; **gesetzliche ~** legal *c-*; **gesicherte ~** secured *c-*; **gestundete ~** deferred *c-*; **hartnäckige ~** persistent demand/*c-*; **hypothekarisch gesicherte ~** mortgage *d-*; **langfristige ~** long-term receivables; **laufende ~** current outstanding accounts; **liquide** ~ liquidated demand, matured *d-*; **nachrangige** ~ subordinate *d-*; **nicht bevorrechtigte** ~ ordinary *d-*; **nicht gesicherte** ~ unsecured *c-*; **nicht übertragbare** ~ non-assignable right; **nicht verbriefte** ~ non-bonded *c-*; **sichere** ~ good *d-s*, reliable debtors; **sonstige ~en** other accounts, miscellaneous *d-s*; **streitgegenständliche** ~ litigious *c-*; **strittige** ~ disputed *c-*; **täglich fällige ~en** *c-s* payable on demand; **titulierte** ~ enforceable *c-*, judgment *d-*, *d-* of record; *d-* in the form of an enforceable instrument; **unbestrittene** ~ undisputed *d-*; **uneinbringliche ~en** irrecoverable outstanding accounts, uncollectable receivables, uncollectibles; **ungedeckte** ~ unsecured *c-*; **unpfändbare ~en** ungarnishable third-party *d-s*, outstanding accounts exempt from garnishment; **unverzinsliche ~en** non- interest bearing *d-s*; **verbriefte** ~ bonded *c-*; **verjährte** ~ statute barred *d-*, outlawed *d-*, *d-* barred by prescription; **verzinsliche** ~ active *d-*, interest-bearing *d-*; **vollstreckbare** ~ judgment *d-*, enforceable *c-*; **vorrangige** ~ preferred *d-*, prior *c-*; **zivilrechtliche** ~ civil *c-*; **zweifelhafte** ~ doubtful *c-*, *pl* doubtful *d-s*.

forderungsberechtigt *adj* entitled to claim.

Förderung I *f* promotion, backing; ~ **der Bildung** advancement of education; ~ **der Ersparnisbildung** promotion of savings; **~sbedürftigkeit** *f* financial need for promotion; **~sfähigkeit** *f* suitability for promotion/for grants-in-aid; **~sgebiet** *n* development area; **~smaßnahmen** *f/pl* measures of encouragement, aid scheme; **~spflicht** *f* duty to expedite the case, requirement of promptness in court proceedings; **~splan** *m* development target; **~sprämie** *f* output bonus; **~sprogramm** *n* promotion scheme; **~swille** *m* beneficial intention; **~szuschlag** *m* incentive bonus, subsidy; **~szuwendungen** *f/pl* promotional subsidies.

Förderung II *f* production (*mine*, *oil well*, *etc*), extraction.

förderungswürdig *adj* deserving encouragement, worthy of promotion, eligible for promotion.

forensisch *adj* forensic.

Forfaitierung *f* non-recourse financing, forfaiting.

Form *f* form (= *f-*, *formal* = *f-l*), formalities; **~blatt** *n* blank, *f-*, preprinted *f-*; **~bogengutachten** *n* expert opinion on a standard *f-*; **~elei** *f* changing form on pretense of changing content, excessive preoccupation with form; **~enmissbrauch** *m* misuse of legal forms; **~erfordernis** *n* *f-* requirement, compulsion to use a specified *f-*, physical requirement; **~fehler** *m* error in the *f-*, *f-l* defect, want of *f-*, irregularity in *f-*, flaw; **~freiheit** *f* informality, absence of *f-l* requirements; **~gebung** *f* industrial design, styling; **~gestalter** *m/-***in** *f* industrial designer; **~gültigkeit** *f* *f-l* validity; **~kaufmann** *m/***~kauffrau** *f* merchant by legal *f-* (*incorporated organization having the status of a merchant*); **~losigkeit** *f* absence of *f-l* requirements, informality; **~mangel** *m* want of legal *f-*, noncompliance with required *f-*; **~missbrauch** *m* abuse of *f-l* requirements; **~nichtigkeit** *f* nullity due to lack of legally prescribed *f-*; **~prüfer** *m/-***in** *f pat* formalities examiner; **~prüfung** *f pat* formalities examination; **~sachbearbeiter** *m/-***in** *f pat* formalities officer; **~sache** *f* matter of *f-*, formality, pro forma matter, routine; **reine** ~~ just a formality; **~verletzung** *f* want of legal *f-*, noncompliance with required *f-*; **~vorschrift** *f* *f-l* requirement, prescribed *f-*; *pl* formalities, *f-l* requisites, *f-l* requirements, *f-l* rules; **gesetzliche** ~~ *f-l* legal requirement (*Statute of Frauds*); **wesentliche** ~~ essential formality; **~zwang** *m* compulsory legal *f-*, mandatory compliance with statutory *f-*; **gewillkürter** ~ *f-* stipulated by contract; **ästhetische ~schöpfungen** *f/pl pat* aesthetic creations; **äußere** ~ physical *f-*; **die ~ wahren** to comply with the formalities, to fulfil(l) the *f-l* requirements; **feierliche** ~ solemn *f-*; **gesetzliche** ~ statutory *f-*, *f-* required by law, legal *f-*; **in der vom Gesetz vorgesehenen** ~ in the manner prescribed by law; **in *e-e* ~ bringen** to reduce to a *f-*, to draft; **in gehöriger** ~ in due *f-*; **notarielle** ~ notarial *f-*, (in the) *f-* of a notarial document; **strenge** ~ stringent *f-*; **vorgeschriebene** ~ prescribed *f-*, legal *f-*, due *f-*.

form|frei *adj* exempt from formalities, informal; **~gerecht** correct as to form, in the proper form, in due form, *adv* duly; **~gültig** formally correct; **~los** informal, without formality, verbal, common form; **~widrig** contrary to form, not in compliance with formal requirements.

formal *adj* formal, regular; technical; **~rechtlich** technical, formalistic, in accordance with the letter of law.

Formal|beleidigung *f* verbal insult, abusive language, *utterance defamatory per se*; **~delikt** *n* technical *US* offense/*GB* offence; **~einwand** *m* technical objection, technical traverse; **~jurist** *m/*-**in** *f* legal purist; **~prüfung** *f pat* formalities examination; **~prüfer** *m/*-**in** *f pat* formalities examiner; **~rüge** *f* special exception, procedural objection; **~versicherung** *f* social insurance by estoppel; **~vertrag** *m* pro forma agreement; a contract in the usual form, standard agreement.

Formalien *f/pl* formalities, matters of form, formal requirements.

Formalismus *m* formalism.

Formalität *f* formality; ***e-e* bloße** ~ a mere matter of form.

Format-Normen *f/pl* standard formats.

Formel *f* formula, phrase; **Cassis de Dijon-~** *EU* Cassis de Dijon formula (= *[trade barriers within EU are acceptable if necessary] to satisfy mandatory requirements relating ... to the effectiveness of fiscal supervision, the protection of public health, the fairness of commercial transactions and the US defense/GB defence of the consumer*); **Dassonville-~** *EU* Dassonville formula (= *all trading rules enacted by Member States which are capable of hindering, directly or indirectly, actually or potentially, inter-Community trade; Procureur du Roi v. Dassonville, 1974*).

formell *adj* formal, ceremonial, procedural; ~ **und materiell** in form and in fact, in procedural and substantive law.

förmlich *adj* in due form, official.

Förmlichkeit *f* formality, formal requirement(s); **leere** ~ formalism, mere formalities.

Formular *n* form, printed form, blank form; **~brief** *m* form letter; **~buch** *n* book of precedents, collection of standard forms; **~klausel** *f* standard form clause; **~kommentar** *m commentary based on standard documents*; **~vertrag** *m* standard-form contract; **~wesen** *n matters concerned with printed forms*, paperwork.

formularmäßig *adj* (rendered) on standard forms, on a form, according to (printed) form.

formulieren *vt* to formulate, to word, to couch, to draft.

Formulierung *f* wording, formulation, form of words, phrasing, drafting; **~sfehler** *m* drafting error; **genaue** ~ precise wording, concise wording; **zutreffende** ~ apt words.

Forschung *f* research (= *r-*); **~sabteilung** *f r-* department; **~sanstalt** *f r-* institute; **~sarbeit** *f r-* work; **~shaushalt** *m r-* budget; **~shilfe** *f r-* aid; **~skosten** *pl r-* costs; **~svorhaben** *n r-* project; **~szulage** *f* extra allowance for *r-* work; ~ **und Entwicklung** (*abbr* **F&E**) research and development (*abbr* R&D); **angewandte** ~ applied *r-*; **betriebspsychologische** ~ work attitude and morale *r-*; **betriebswissenschaftliche** ~ business *r-*; **Deutsche ~sgemeinschaft** (*abbr* **DFG**) German *R-*Association; **freie** ~ uncontrolled *r-*; **wissenschaftliche** ~ scientific *r-*; **zweckfreie** ~ pure *r-*.

Forst *m* (cultivated) forest (= *f-*, *forestry* = *f-y*), woodland, (managed) *f-*; **~akademie** *f* school for *f-y* (studies); **~amt** *n* (Woodland and) *F-y* Commissioners; **~aufsichtsbehörde** *f f-* supervisory office; **~beamter** *m*/**~beamtin** *f* forester, *f-* officer, *f-y* official; **~benutzung** *f f-* utilization; **~einrichtung** *f f-* inventory and planning; **~ertrag** *m f-* produce, yield of a *f-*; **~frevel** *m* serious infringement of *f-* laws; **~gesetz** *n F-*Act; **~polizei** *f f-* (police) inspectorate; **~recht** *n f-* law; **~~egesetz** *n* enactment concerning (ancient) *f-*rights; **~rügesache** *f* case involving violation of *f-* regulations; **~sachverständige(r)** *f(m)* (*der ~sachverständige*) *f-y* expert; **~schutz** *m f-* protection; **~verwaltung** *f f-* administration; **~widerstand** *m* obstruction of a *f-y* officer; **~wirtschaft** *f f-y*, *f-* management, sylviculture; *f-* economics; **~~sjahr** *n f-y* year; **~~spolitik** *f f-y* policy, lumbering industry policy.

Fort| (*continued* = *c-d*, *continuance* = *c-*, *continuation* = *c-ion*) **~bestand** *m c-d* existence; **~bestehen** *n c-d* existence, *c-ion*; **~bildung** *f* further education, advanced training, adult education; **berufliche ~~** further vocational training; **~s ~~swesen** *n* extension work; **betriebliche ~~** in-house training, executive training; **~bleiben** *n* non-attendance; **~dauer** *f c-*, *c-ion*; **~entwicklung** *f c-d* development; **lineare ~~** growth at the same rate; **~fall** *m* cessation, discontinuance, disappearance; **~führung** *f c-ion*; **~gang** *m c-*; **~~ des Verfahrens** *c-ion* of the proceedings; **~geltung** *f c-d* validity; **~kommen** *n* career advancement, occupational advancement; promotion; **~lassung** *f* omission, deletion; **~pflanzung** *f* procreation; **~schaffen** *n* removal, asportation; **widerrechtliches ~~** asportation (theft); **~schätzung** *f* estimated forward projection; **~schreibung** *f c-ion* of registration, renewal of assessment of value, updating, forward projection, extrapolation; **~~sbescheid** *m* notice of revaluation for assessment, **~~sveranlagung** *f* revaluation for assessment; **~schritt** *m* → *Fortschritt*; **~setzung** *f* → *Fortsetzung*; **~wirkung** *f c-d* effect, after effect.

fort|bilden *vt* to provide further education, → *Fortbildung*; **~dauern** *vi* to continue, to last, to persist; **~lassen** *vt* to omit, to delete; **~laufen** *m* continuance; escape, elopement; **~schreiben** *vt* to carry forward, to project to a subsequent date, to extrapolate, to keep listed, to continue as a register.

fort|gesetzt *adj* continued, continual, constant, incessant; **~laufend** continuous, consecutive; **~~ numeriert** numbered consecutively; **~schreitend** progressive.

Fortschritt *f* progress, advancement (= *a-*), improvement; **~spartei** *f* progress party; **~srate** *f* growth ratio; **auffallender ~ der Technik** marked technological *a-*; **merklicher ~** marked *a-*; **sozialer ~** social progress; **ständiger ~** progressive *a-*; **technischer ~** technological progress, technical *a-*; *pat* advance in the art, technical advance.

Fortsetzung *f* continuation, sequel; **~ der Sitzung** adjourned meeting, continuation of the meeting; **~ des Mietverhältnisses** continuation of tenancy; **~ *e-es* ruhenden Verfahrens** revival of an action; **~ folgt** to be continued; **~stat** *f* continuing *US* offense/*GB* offence; **~sverbot** *n* prohibition to continue (*unlawful activity*), order to desist; injunction; **~szusammenhang** *m* continuation context (*offense*); **automatische ~sklausel** *f* renewal clause (*by stated terms*), continuation (of partnership) clause; **in ~en veröffentlichen** to serialize.

Forum *n* forum, court; **Recht des ~s** law of the forum (*lex fori*).

Fracht *f* freight (= *f-*), load, cargo, goods for transport, carriage; **~abnahme** *f* acceptance of shipment; **~abschluss** *m f-* fixing; **~angebot** *n f-* offered; **~ankunftsbenachrichtigung** *f* landing notice; **~annahme** *f f-s* office, acceptance of transport goods; **~~schein** *m* shipping note; **~anspruch** *m f-* claim; **~ausgangspunktsystem** *n* basing point system; **~ausgleich** *m f-* equalization; **~basis** *f f-* basis (*agreed delivery point from which f- is charged*); **~bedingungen** *f/pl* terms of *f-*; **~behälter** *m* container; **~berechnung** *f* calculation of *f-*, *f-* charges; **~ bezahlt** *f-* paid; **~ bezahlt der Empfänger** *f-* forward; **~bezahlung** *f* **im voraus** advance *f-*; **~brief** *m* consignment note, (railway) waybill, straight bill of lading; *US* railroad bill of lading; **~~doppel** duplicate consignment note, counterfoil waybill; **~buch** *n* book of cargo (loading); **~buchung** *f f-* booking; **~büro** *n f-* office; **~dampfer** *m* freighter; **~enausgleich** *m* adjustment of *f-* rates, equalization of *f-* rates; **~enmakler** *m/-in f* shipping broker; **~~geschäft** *n* ship brokerage; **~enprüfung** *f* examination of transportation charges; **~ermäßigung** *f f-* reduction; **~ertrag** *m f-* receipts, *f-* revenue; **die zu erwartenden ~erträge** anticipated *f-*; **~flugverkehr** *m* air *f-* service; **~flugzeug** *n f-* carrier (plane), freighter; **~führer** *m/-***in** *f* carrier, haulage contractor (*by land or inland waterways*), *US* shipper; **~~-pfandrecht** *n* carrier's lien; **frei ~~** free carrier (*abbr* FCA), (*INCOTERMS, for all means of transport, replaces free on rail, free on truck, free on aircraft*); **~ für die ganze Reise** voyage *f-*; **~gebühr** *f f-*, *f-* charge, carriage charge; **~geschäft** *n* carrying trade, carriage of goods, *f-* transaction; **~gut** *n* cargo, goods for transport; goods sent by *f-* service; ordinary *f-*; **~~sendung** *f* consignment by goods train; **als ~~** by *f-* train; **~~verkehr** *m* slow goods traffic; **~halle** *f f-* *US* center/*GB* centre; **~handbuch** *n* cargo manual; **~hilfegebiet** *n* area of publicly supported *f-* rates; **~ im voraus bezahlt** *f-* prepaid; **~inkasso** *n* collection of *f-* charges; **~kosten** *pl f-* costs, *f-* charges, shipping expense; **~~nachnahme** *f* carriage forward, collect shipment; **~~übernahme** *f* **durch den Verkäufer** *f-* absorption, carriage charged to seller of goods; **~~** *pl* **zahlt der Empfänger** charges forward; **Verladungs- und ~~** cost and *f-* (*abbr* C&F), (*INCOTERMS*); **~kredit** *m* credit allowed for *f-* payment; **~leistung** *f* transportation service, *f-* earnings; **~lohn** *m f-* charge; **~makler** *m/-***in** *f f-* broker; **~manifest** *n* **des Luftfahrzeugs** aircraft cargo manifest; **~notierung** *f f-* quotation; **~papier** *n* transport doccument; **~parität** *f f-* parity; **~ per Nachnahme** *f-* collect, *f-* forward; **~police** *f ins f-* policy; **~prüfer** *m/-***in** *f f-* examiner (*law agent in f- disputes*); **~rabatt** *m f-* discount; **~raten** *f/pl f-* rates; **unwirtschaftliche ~~** uncommercial rates (*dumping*); **~raum** *m f-* capacity, shipping space; **~rechnung** *f f-* note, *f-* account; **~recht** *n* law concerning carriage of goods; **~satz** *m f-* rate, rate of *f-*; **~schiff** *n* cargo vessel, cargo ship; **~stundung** *f f-* deferment; **~tarif** *m f-* rates; **~~liste** *f* rates tariff; **~tonne** *f f-* ton; **~traditionspapier** *n* bill of lading; **~- und Liegegeld** *n f-* and demurrage; **~urkunden** *f/pl f-* documents, shipping documents; **~verkehr** *m f-* traffic; **~vermittler** *m/-***in** *f f-* agent; **~versicherung** *f* cargo insurance, *f-* insurance; **~versender** *m/-***in** *f* consignor, shipper;

~vertrag *m* contract of carriage, *f-* contract; **~ vorausbezahlt** *f-* prepaid; **~waggon** *m f-* waggon, boxcar; **~ zahlbar am Bestimmungsort** *f-* payable at destination; **~ zahlt der Empfänger** *f-* payable at destination; **~zettel** *m* way bill; **~zuschlag** *m* charge for excess *f-*, primage; **~zustellgebühren** *f/pl* terminal charges; **~zustellung** *f f-* delivery; **vorausbezahlte ~** prepaid *f-*.

fracht|frei *adj* carriage paid, freight prepaid, transport at no charge to customer; freight or carriage paid; **~~ bis** carriage paid to (*abbr* CPT), (*INCOTERMS*); **~~ versichert** carriage and insurance (*abbr* CIP), (*INCOTERMS*); **~günstig** favo(u)rably located from the point of view of freight costs; **~intensiv** involving a large volume of freight; high-freight; **~ungünstig** unfavo(u)rably located in regard to freight.

Frage *f* question (= *q-*), issue, problem, query; **~bogen** *m* questionnaire; **~pflicht** *f duty of the court to question the parties in order to clarify the issue*; **~recht** *n* right to interrogate (*witnesses*); **~steller** *m/***-in** *f* questioner, interrogator; **~stellung** *f* formulation of a *q-*, statement of a problem; **~stunde** *f q-* time; **der ~ ausweichen** to evade the *q-*; **die ~ erhebt sich** → *es erhebt sich die ~*; **die ~ wird zugelassen** the *q-* is admitted, objection overruled; **die zur Entscheidung stehende ~** the *q-* at issue; ***e-e* ~ aufwerfen** to raise a point; ***e-e* ~ entstehen lassen** to raise a point; ***e-e* nur mit ja oder nein zu beantwortende ~** categorical *q-* (*answer yes or no*); ***e-e* ~ vorlegen** to propound a *q-*, to submit a *q-*; **entscheidende ~** crucial *q-*, critical *q-*, key *q-*, fundamental issue; **entscheidungserhebliche ~** determinative issue, issue, material issue, *q-* in dispute; **erledigte ~** closed issue; **es erhebt sich die ~** the *q-* arises (*whether, as to whether*); **etwas in ~ ziehen** to question; **hypothetische ~** hypothetical *q-*; **informatorische ~** exploratory *q-*; **in ~ stellen** to question, dispute; **juristische ~** legal *q-*; **materiell-rechtliche ~** matter of substance, point of substantive law; **nebensächliche ~** secondary *q-*; **offene ~** a *q-* that remains open, undecided *q-*, moot point; **präjudizielle ~** *q-* involving a precedent; **rechtserhebliche ~** issue of legal relevance, genuine issue; **schwebende ~** unsolved problem, undecided *q-*, a matter that is in abeyance, a pending matter; **schwierige ~** vexed *q-*; **sich genauer mit *e-er* ~ befassen** to deal with a *q-* in more detail; **streitige ~** → *strittige ~*; **strittige ~** *q-* in dispute; **umstrittene ~** controversial *q-*; **verfahrensrechtliche ~** procedural *q-*.

fragen *vt* to question, to put a question (to *s.o.*), to pose a question.

frag|lich *adj* questionable, under discussion, before the court; disputable, dubious, involved, at issue, in question; **~los** *adv* unquestionably, beyond dispute; **~würdig** *adj* questionable, doubtful, problematical, suspect.

Fraglichkeit *f* questionableness, disputability, dubious nature.

Fraktion *f* parliamentary party (= *p/p*), fraction; **~sbeschluss** *m* resolution adopted by a *p/p*; **~sdisziplin** *f* obligation to vote for the party (line); **~sführer** *m/***-in** *f* parliamentary leader of a party, *US* floor leader; **~sgeschäftsführer** *m/***-in** *f* chief whip; **~~ der Regierungspartei** chief government whip, parliamentary manager; **~smitglied** *n p/p* member; **~ssitzung** *f* meeting of the *p/p*; **~svorlage** *f* bill introduced by a *p/p*; **~svorsitzende**(**r**) *f*(*m*) (*der ~vorsitzende*) chairman/leader of a *p/p*, floor leader; **~swechsel** *m* changing sides, switching from one political party to another; **~swechsler** *m/***-in** *f* defector (*to another party*); **~szwang** *m* obligation to vote according to the *p/p*'s decision, obligation to take the party line, whip; **den ~~ aufheben** to take off the whips, to allow a free vote; **den ~~ nicht einhalten** to break the whip.

fraktionslos *adj* independent.

Franchise *f* franchise (*in the meaning of a business license only*); exemption, margin; **~geber** *m/***-in** *f* franchisor; **~-Geschäfte** *n/pl* franchising-business; **~klausel** *f* franchise clause; **~nehmer** *m/***-in** *f* franchisee, *US* licensee/*GB* licencee under a franchising agreement; **~-Unternehmen** *n* franchise enterprise; **~vertrag** *m* franchising (agreement).

Frankatur *f* prepayment of postage, prepayment of carriage (*freight*); **~vermerk** *m* freight payment marking; **~zwang** *m* compulsory prepayment (of freight).

frankieren *vt* to stamp, to prepay postage.

Frankiermaschine *f* franking machine, postage meter.

frankiert *adj* stamped, postage-free, post paid.

franko *adv* free of charge, postpaid, prepaid, postage free, delivered free at, carriage paid, freight free, freight paid, all charges paid, uncharged.

Frau *f* woman (= *w-an*, *pl women* = *w-en*), female (= *f-*); **~enarbeit** *f w-en*'s work, a *w-an*'s job, work done by *w-en*, employment of *w-en*; **~~sschutz** *m* employment and work protection of *w-en*; **~enbekanntschaft** *f f-* acquaintance; **~enbewegung** *f* feminist movement; **~enemanzipation** *f* emancipation (of *w-en*); **~enförderung** *f* affirmative action for *w-en*; **~engut** *n obs* married *w-en*'s property; **~enhandel** *m* white slave trade; **~enhaus** *n* refuge/shelter for battered *w-en*; **~enkriminalität** *f* crime rate of *f-* offenders; **~enlöhne** *m/pl* wages paid to *f-* workers; **~enquote** *f* quota for *w-en* (*to ensure minimum representation of w-en*); **~enrechtlerin** *f* feminist, suffragette; **~ensperson** *f hist f-* person; **ledige ~~** *hist* feme sole; **~enwahlrecht** *n w-en*'s suffrage, *f-* suffrage; **alleinstehende ~** single *w-an*; **berufstätige ~** employed *w-an*; **geschiedene ~** divorced *w-an*, divorcée, feme discovert; **ledige ~** unmarried *f-*, single *w-an*; **misshandelte ~** battered *w-*; **unbescholtene ~** innocent *w-an*, a *w-an* of stainless character, unblemished *w-an*; **unverheiratete ~** single *w-an*, unmarried *f-*, feme sole.

Frei| (*free* = *f-*) **~aktie** *f* bonus share, stock dividend; **~antwort** *f* prepaid answer; **~bank** *f* public meat, cheap meat department; **~berufler** *m/***-in** *f* self-employed person, freelance(r), (lawyer) in private practice; **~betrag** *m f-* allowance, tax-*f-* allowance, relief, personal allowance, (flat) exemption; **~~ für außergewöhnliche Belastungen** allowance for exceptional charges; **~~sgrenze** *f* threshold for allowance/relief; **allgemeiner ~~** general tax-*f-* margin; **persönlicher ~~** personal tax exemption, personal relief; **steuerlicher ~~** tax allowance; **~beweis** *m* moral evidence, informal evidence; **~bezirk** *m f-* zone (of port); **~bordzeugnis** *n* loadline certificate, freeboard certificate; **~brief** *n* carte blanche; **~exemplar** *n f-* copy, presentation copy; **~fahrkarte** *f f-* ticket, *f-* pass, complimentary ticket; **~fahrschein** *m* → *~fahrkarte*; **~fahrt** *f f-* ride, *f-* trip; **~gabe** *f* → *Freigabe*; **~gang** *m f-* passage within *US* jail/*GB* goal liberties (*employment of privileged prisoners outside of prison*); **~gänger** *m/***-in** *f* prisoner privileged to be out of prison temporarily (*for work, etc*); **~gelände** *n* open ground; **~gepäck** *n f-* (allowance of) luggage; **~gewicht** *n* weight allowance, weight allowed *f-*; **~grenze** *f* exemption limit, tax allowance; *f-* quota, permitted limit, limit of tax exemption; **~gut** *n hist* alod; goods in *f*- circulation, duty-*f*- goods; **~~sbesitzer** *m*/**-in** *f hist* alodiary; **~hafen** *m f*- port; **~haltebedürfnis** *n* (*e-s Warenzeichens*) a need to keep use *f*- (*trademark*); **~haltung** *f* keeping (offer) open, indemnification; **~~sverpflichtung** *f* indemnity, obligation to save harmless; **~handel** *m f*- trade; **~~sabkommen** *n f*--trade agreement; **~~sregelung** *f f*--trade rules; **~~szone** *f f*--trade area; **Europäische ~~~** European *F*- Trade Area (*abbr* EFTA); **Nordatlantische ~~~** North Atlantic *F*- Trade Association (*abbr* NAFTA); **~heit** *f* → *Freiheit*; **~heitsstrafe** *f* → *Freiheitsstrafe*; **~jahr** *n* year of grace, year of exemption (*from redemption, annuities, interest, etc*), redemption-*f*-year; **~karte** *f* complimentary ticket, *f*- ticket; **~kauf** *m* ransom, redemption (*hostage, prisoner, etc*); **~konto** *n* unrestricted account; **~ladebahnhof** *m* station with a direct loading ramp; **~ladeverkehr** *m* full *US* truck/*GB* lorry traffic; **~lager** *n* bonded warehouse; dump; **~land** *n* open land; **~lassung** *f* release (*from custody*); **~~ gegen Kaution** release on bail, discharge on recognisance; **bedingte ~~** conditional discharge; **~~sbeschluss** *m* release order; **~leitung** *f* overhead (transmission) line, open wire; **~liste** *f f*- list (*list of tax-f- goods, or of goods allowed to be imported*); **~machung** *f* vacating, disengagement; prepayment (of postage); **~marke** *f* postage stamp; **~markt** *m f*- market; **~passagier** *m*/**-in** *f* deadhead, passenger using a *f*- ticket; **~porto** *n* return postage; **~~privileg** *n* franking privilege; **~raum** *m* margin of choice, sphere of uncontrolled activity; **~~klausel** *f* clear space clause; **~rechtslehre** *f adjudication based on equitable principles only*; **~sasse** *m*/**~sassin** *f hist* freeholder, franktenant, yeoman, owner of allodial land; **~~ngut** *n hist* frank tenement, freehold; **~schaffende(r)** *f(m)* (*der ~schaffende*) *f*--lance worker, self-employed person; **~schärler** *m*/**-in** *f* franc-tireur, guerilla; **~schärlerei** *f* guerilla-warfare, actions by franc-tireurs; **~schicht** *f f*- shift, nonwork shift; **~schuss** *m D f*- shot (*at passing first state law examination*); **~setzung** *f* release, laying off; **~sprechung** *f* acquittal; exoneration, release of an apprentice from articles; **~spruch** *m* acquittal, verdict of not-guilty, order of discharge; **~~ aus Rechtsgründen** acquittal on a point of law; **~~ mangels Beweises** discharge, *scot* verdict of not proven; **~~ wegen erwiesener Unschuld** hono(u)rable acquittal; **~~ von allen Anklagepunkten** acquittal on all charges; **~~ wegen Zurechnungsunfähigkeit** verdict of guilty but insane; **~staat** *m* republic, independent state; **~stätte** *f obs* sanctuary; **~stellung** *f* → *Freistellung*; **~stempler** *m* postage meter, franking machine; **~tod** *m* suicide; **~treppe** *f* outdoor steps; **~umschlag** *m* stamped addressed envelope; **~veranlagung** *f* voluntary assessment; **~verband** *m* voluntary district combination (*between local communities for a specific purpose*); **~verkauf** *m* voluntary sale; **~verkehr** *m* → *Freiverkehr*; **~werden** *n e-es* **Sitzes** occurrence of seat vacancy; **~wild** *n* unprotected game, easy victim, fair game; **~willigkeit** *f* voluntariness, optionality, spontaneity; **~~sprinzip** principle of voluntary action, voluntarism; **~zeichen** *n f*- mark, unprotected mark, non-registrable trade-mark; dial tone; **~zeichnung** *f* agreed exemption from liability, contracting out; **~~sklausel** *f* (liability) exemption clause; *ins* excepted perils clause, nonliability clause, memorandum clause, nonwarranty clause, saving clause, saving errors and omissions clause (*abbr* SEAO), negligence clause; **~zeit** *f* → *Freizeit*; **~zonen** *EU f*- zones; **~zügigkeit** *f* → *Freizügigkeit*.

frei| *adj/adv* free; ~ **an Bord** free on board (*abbr* FOB), (*INCOTERMS*); ~ **Bau** free to building site; ~**beruflich** self-employed, in private practice, freelance, independent, on a (purely) contractual basis; ~**bleibend** subject to change (without notice), subject to prior sale, not binding, without obligation; **F~e Demokratische Partei** (*abbr* **FDP**) Free Democratic Party; ~ **Frachtführer** free carrier (*abbr* FCA), (*INCOTERMS, for all means of transport; replaces free on rail, free on truck, and free on aircraft*); ~**gemacht** prepaid, postage-free; ~**gesprochen** acquitted; tried and discharged; ~**gestellt** optional, privileged, exempt; ~**händig** by private contract, in the open market, freely negotiated, (sold) by bargaining; ~**händlerisch** marketeering; ~**heitlich** liberal, free (and constitutional), freedom-loving; ~**konvertierbar** freely convertible; ~ **Längsseite Seeschiff** free alongside ship (*abbr* FAS), (*INCOTERMS*); ~ **Lkw** *US* free on truck (*abbr* FOT)/*GB* free on lorry (*abbr* FOL), → ~ *Frachtführer*; ~ **Schiff** free on board ship; ~**verkäuflich** for unrestricted sale; ~ **von Beschädigung** free from damage, free from leakage; ~ **Waggon** free on rail (*abbr* FOR), → ~ *Frachtführer*; ~ **Werk** free at factory gate; ~**willig** voluntary, non-obligatory, spontaneous; ~**e Gerichtsbarkeit** (*abbr* **FGG**) noncontentious jurisdiction; ~**wirtschaftlich** pertaining to free enterprise, free enterprise; ~**zügig** unrestricted, at large, free to move, liberal.

frei| *v* (*free*) ~**geben** to release, to decontrol, to derequisition; ~**halten** to keep open (*offer*); ~**lassen** *v* to release; ~**machen** to vacate (*seat, room*); to disengage *o.s.*; to prepay postage, to stamp; ~**setzen** to lay off, to make redundant; ~**sprechen** to acquit (*s.o. of a charge*); to release (*apprentice*) from articles; ~**stellen** to indemnify *s.o.* against *sth*, to hold *s.o.* harmless against, to exempt, to give *s.o.* a choice; to hold safeguarded (against a risk); to release from work; ~**zeichnen** *reflex* to exempt (*from liability*) by standard terms of contract, to stipulate exemption, to contract (oneself) out (*of liability, etc*), to sign a saving clause.

Freie(r) *f(m)* (*der Freie*) freeman/freewoman; customer of a prostitute.

Freigabe *f* release (= *r-*), clearance, liberalization, decontrol; ~**bescheid** *m* advance permission; ~ *e-es* **gesperrten Kontos** *r-* of a blocked account; ~**erklärung** *f* clearance certificate; ~**klausel** *f* partial *r-* (of collateral) clause; ~**mitteilung** *f r-* note; ~**nummer** *f r-* number; ~**vertrag** *m r-* contract; ~ **von Mitteln** *r-* of funds; ~ **zur Veröffentlichung** *r-* for publication.

Freiheit *f* freedom (= *f-*), liberty (= *l-*); ~ **der Lehre** academic *f-*, *f-* of the chair; ~ **der Hohen See** *f-* of the high seas; ~ **der Meere** *f-* of the seas; ~ **der öffentlichen Meinungsäußerung** *f-* of speech; ~ **der Person** personal *f-*; ~ **der Schiffahrt** *f-* of navigation; ~ **des Fischfangs** *f-* of fishing; ~**sberaubung** *f* false imprisonment, false arrest, unlawful detention, detaining a person against his will, deprivation of *l-*; ~~ **im Amt** false imprisonment by an official; ~**sbeschränkung** *f* restraint, restriction of *l-*; ~**sdelikte** *n/pl* offenses against a person's *l-*; ~**sentziehung** *f* restraint, detention, deprivation of *l-*, incarceration; ~**sentzug** *m* → ~*entziehung*; ~~**srate** rate of incarceration; ~**sschutz** *m crim* protection of personal *l-*; ~**sstrafe** *f* → *Freiheitsstrafe*; ~ **von Furcht** *f-* from fear; ~ **von Not** *f-* from want; **akademische** ~ academic *f-*; **natürliche** ~ natural *l-*; **persönliche** ~ personal *l-*.

Freiheitsstrafe *f* imprisonment (= *i-*), prison sentence, jail sentence; ~

mit unbestimmter Strafdauer indeterminate prison sentence; **ersatzweise verhängte** ~ *i-* for failure to pay a fine; **kurzfristige** ~ short term of *i-*; **lebenslängliche** ~ (= *lebenslange*) life *i-*, life sentence; **mit ~ bedroht** imprisonable, threatened with *i-*; **seine ~ verbüßen** to serve one's term of *i-*; **teilverbüßte** ~ partly served sentence; **zeitige** ~ prison sentence for a term of years, determinate sentence.

Freistellung *f* exemption (= *e-*); release, dispensation, (grant of a) leave of absence, relief from work; **~sanspruch** *m* right of indemnity, right of recourse (against debtor); claim to be held safeguarded; **~sbescheid** *m* notice of *e-*; **~serklärung** *f* deed of general release, saving declaration; declaration of inapplicability; **~sgarantie** *f* guarantee of indemnity; **~sklausel** *f* *e-* clause; **~sverfahren** *n* *e-* proceedings; **~sverfügung** *f* notice of *e-*, release order; **~sverpflichtung** *f* indemnity obligation; **~ von Haftung** indemnity against liability; **~ von Steuern** *e-* from taxation.

Freiverkehr *m exch* curb market, unofficial market, unofficial stock transactions, unofficial business, over-the-counter market/trade, open market, curb trading; **~saktie** *f* unquoted share; **~sbörse** *f* Unlisted Securities Market; curb exchange, unofficial market, over-the-counter market; **~skurs** *m* street market price, free market rate, *pl* street prices; **~smakler** *m*/**-in** *f* curb(stone) broker, outside broker, outsider; **~smarkt** *m* street market, unofficial market, outside market, → *~börse*; **~snotierung** *f* unquoted list; **~sumsätze** *m/pl* outside transactions; **~swerte** *f* unlisted securities, curb stock, over-the-counter securities; **geregelter** ~ regulated unofficial dealing; **im ~ gehandelt** traded over the counter.

Freizeit *f* spare time, leisure time, free time, time off; **~aktivitäten** *f/pl* leisure activities; **~arrest** *m*; free-time custody; **~~anstalt** *f* detention *US* center/*GB* centre; **~ausgleich** *m* compensation for overtime by time off, time off in lieu (*of overtime pay*); **~bedürfnisse** *f* leisure-time needs; **~beschäftigung** *f* leisure-time occupation, spare-time job; **~gesellschaft** *f* leisure society; **~gestalter** *m*/**-in** *f* recreation director; **~gestaltung** *f* organization of leisure time; **~kleidung** *f* leisure wear; **~heim** *n* leisure *US* center/*GB* centre, recreational *US* center/*GB* centre; **~programm** *n* recreational program(me); **~veranstaltung** *f* leisure-time event; **~wert** *m* value of free time, recreational value; **absolute** ~ discretionary time; **bezahlte** ~ paid holiday; **Ordnungen über die ~** ~ *EU* paid holiday schemes.

Freizügigkeit *f* freedom of movement, (*vocation/residential mobility*); free choice of residence and occupation, free movement of labo(u)r, free movement, unrestricted mobility; **~ der Arbeitskräfte** industrial mobility, mobility of labo(u)r; **~ der Arbeitnehmer** *EU* freedom of movement for workers; **~ der Studenten** *EU* free movement of students; **~ des Devisenverkehrs** freedom of exchange movements; **~ für Dienstleistungen** *EU* free movement of services; **~ für Kapital** *EU* free movement of capital; **~ für Personen** *EU* free movement of persons; **~ für Waren** *EU* free movement of goods; **berufliche** ~ freedom to provide services.

Fremd| (*third party, someone else, foreign*) **~abtreibung** *f* abortion by a third party; **~anzeige** *f* third-party deposit notice (*deposited security belongs to someone else*); **~arbeiter** *m*/**-in** *f* foreign worker, immigrant worker, *pl* foreign labo(u)r, outside labo(u)r (*not family*); **~aufwendungen** *f/pl* extraneous expenses; **~begünstigung** *f* aiding and abetting another; **~beilagen** *f/pl* inserted printed matter; **~beleg** *m* external voucher; **~belieferung** *f* outsourcing deliveries to/from a third party; **~besitz** *m* possession for another, possession as a bailee; **~besitzer** *m*/**-in** *f* possessor as bailee, a person who possesses on behalf of someone else; **~bestimmung** *f* outside control; **~depot** *n* deposit for a third party, safe-keeping for another; **~emissionsgeschäft** *n* issuing securities for the account of others; **~erzeugnis** *n* another maker's product, not our own make; **~~se** products/equipment purchased; **~fabrikat** *n* outside product; **~finanzierung** *f* debt financing, external financing, financing with borrowed money, debt financing; **~~squote** *f* proportion financed with outside funds, borrowing ratio; **~geld** *n* third-party money, trust money, trust funds; borrowed funds; **~~er** third-party funds; deposits and borrowed funds; **~herrschaft** *f* foreign rule; **~kapital** *n* loan capital, borrowed capital, debt capital, loan stock; outside capital; **langfristiges ~~** long-term loans; **~~geber** *m*/**-in** *f* debt supplier; **~konto** *n* third-party account, trust account; **~körper** *m* foreign matter, extraneous element, alien element; **~leistung** *f* service rendered by an outside/third party, outside service; **~material** *n* bought material, material from outside source; **~mittel** *n/pl* borrowed funds, borrowings, debts; **~rechtserbschein** *m* (German) certificate of inheritance based on foreign law, → *Erbschein*; **~rente** *f social insurance pension for refugees, stateless aliens, and others allowing for previous employment in a third country* (*before flight or expulsion*); **~rettung** *f* rescue of another person; **~scheck** *m* third-party *US* check/*GB* cheque; **~stoffverbot** *n* prohibition of adding adulterating substances, ban on impurities; **~stoffverordnung** *f* antiadulteration ordinance (*D 1959*); **~umsatz** *m* external sales, sales to outside parties (*excluding intercompany sales*); **~vergleich** *m* dealing-at-arm's-length test; **~vermutung** *f* constructive notice of third-party bailment (*to a bank by depositor in bank safe deposit*); **~versicherung** *f* insurance of third-party interests, third-party insurance; **~währung** *f* → *Fremdwährung*.

fremdbezogen obtained from third parties.

Fremden| (*alien, foreign*) **~feindlichkeit** *f* xenophobia; **~freundlichkeit** *f* xenophilia; **~pass** *m* alien's passport (*issued to aliens who cannot otherwise prove their identity*); **~recht** *n* law concerning aliens, law governing the registration of aliens; **~übernachtungen** *f/pl* tourists' overnight reservations; **~verkehr** *m* tourism, tourist trade; **~~sabgabe** *f* tourist tax; **~~sförderung** *f* promotion of tourism; **~~sgebiet** *n* tourist area; **~~sgemeinde** *f* tourist *US* center/*GB* centre; **~~sgewerbe** *n* tourist trade, tourist industry; **~~sverband** *m* tourist association; **~~sverein** *n* local tourist association; **~~swerbung** *f* promotion of tourism; **~verzeichnis** *n* guest list; number of overnight stays.

Fremdwährung *f* foreign currency (= *f/c*); **~sanleihe** *f* *f/c* loan, *f/c* bond issue; **~sklausel** *f* *f/c* clause (*clause relating a monetary debt to a f/c*); **~skonto** *n* *f/c* account; **~skredit** *m* credit in *f/c*; **~sobligation** *f* currency bonds; **~sschuld** *f* debt expressed in a *f/c*; **~~en** *f/c* liabilities; *f/c* debts; **~surteil** *n* judgment in *f/c*; **~sversicherung** *f* insurance in *f/c* terms; **~swechsel** *m* *f/c* bill, foreign bill, bill drawn in a *f/c*.

Freundschaft *f* friendship (= *f-*); **~sbesuch** *m* goodwill visit; **~sdienst** *m* act of *f-*; **~s-, Handels- und Schiffahrtsvertrag** *m* treaty of *f-*, commerce and navigation; **~spakt** *m* treaty of *f-*;

~sverhältnis *n f*-, friendly relationship; **~swechsel** *m* accommodation bill.

Frevel *m* outrage, sacrilege, social crime, blasphemy.

freveln *vi* to commit an outrage, to perpetrate an outrage.

Freveltat *f* outrage, atrocious crime, heinous crime.

Frieden *m* peace (= *p*-); **~sangebot** *n p*- offer, offer of *p*-; **~sappell** *m* appeal for *p*-; **~saussichten** *f/pl* prospects of *p*-; **~sbedingungen** *f p*- terms, *p*- conditions; **~sbewegung** *f p*- campaign; **~sbruch** *m* breach of the *p*-, violation of the *p*-, violation of a *p*- treaty; **~sdiktat** *n* dictated *p*- (treaty); **~serklärung** *f* declaration of *p*-; **~sforschung** *f p*- studies, *p*- research; **~sgefährdung** *f* threat to *p*-; **~skonferenz** *f p*- conference; **~smarsch** *m p*-demonstration (by a procession); **~smiete** *f obs* pre-war rent; **~spflicht** *f* obligation to keep the *p*- (*to refrain from strikes and lockouts during negotiations*); **~spolitik** *f* peaceful policy, policy promoting *p*-; **~srecht** *n* the international law of *p*-; **~sregelung** *f p*- settlement; **~srichter** *m*/**-in** *f* justice of the *p*-; **~sschluss** *m* conclusion of a *p*-treaty; **~sstifter** *m*/**-in** *f* peacemaker; **~sunterhändler** *m*/**-in** *f p*-negotiator; **~sverhandlungen** *f/pl p*- negotiations; **~sverrat** *m* treasonably endangering the pacific status, **~svertrag** *m p*- treaty; **~sware** *f obs* pre-war goods; **~swirtschaft** *f* peacetime economy; **sozialer ~** social *p*-, *p*- in labo(u)r relations; **~ und Freiheit** *p*- and liberty.

Friedhofsverwaltung *f* burial authority, cemetery board.

frisieren *vt sl* to doctor (*a balance sheet, a report*), to slant (*news*), to cook (*the accounts*).

Frist *f* time limit (= *t/l*), period (of time), limited time, fixed/definite period, term; time allowed, deadline; **~ablauf** *m t/l*, deadline, expiration of time, lapse of time, time elapsing; **nach ~~** after the deadline, post terminum; **~beginn** *m* the beginning of a period, commencement of the term; **~berechnung** *f* computation of time; **~bestimmung** *f* calculation of the final date; **~bewilligung** *f* granting additional time; **~einhaltung** *f* meeting the deadline, observance of the *t/l*; **~ende** *n* end of the stipulated term, *t/l*; **~eninkongruenz** *f* maturity mismatch, mismatching maturity; **~enlösung** *f* tolerated abortion within first three months of pregnancy; **~gesuch** *n* petition for an extension of time, petition for respite, request for time; **~hemmung** *f* suspension of prescription (*Statute of Limitations*), suspension of *t/l* (*for legal action, etc*); **~igkeit** *f* maturity, period to maturity; **~sache** *f* case/matter where a deadline must be observed; **~setzung** *f* fixing of a *t/l*/deadline; **gerichtliche ~~** peremptory order for time; **~tag** *m* day allowed within *t/l*, day of respite, day of grace; **~überschreitung** *f* failure to observe the *t/l*, exceeding the deadline, overshooting the deadline; **~unterbrechung** *f* interruption of the running of the period, interruption of a period of time; **~verlängerung** *f* enlargement of time, extension of the *t/l*; **~~sabrede** *f* extension agreement; **~~santrag** *m* application for an extension of time; **~~sbeschluss** *m* order extending time, time order; **~~sgesuch** *n* petition for more time; **~versäumnis** *n* failure to observe the *t/l*; **~wahrung** *f* compliance with the (agreed) *t/l*, observance of the deadline; **~ zur Klagebeantwortung** time for *US* defense/*GB* defence, time for answer; **~ zur Klageerhebung** time for commencement of action, time within which the action must be brought; stipulated period for commencement of proceedings; **~ zur Vorbereitung der mündlichen Verhandlung** time to prepare for trial; **abgelaufene** ~ expired term, lapsed time; **angegebene** ~ stated period/deadline; **angemessene** ~ reasonable (period of) time, adequate time; **in ~r** ~ within a reasonable time; **äußerst knappe ~en** barely sufficient time, extremely limited periods of time; **bei Ablauf dieser** ~ after the expiry of such period/deadline; **bestimmte** ~ specified period, definite period, fixed period; **die** ~ **beginnt** time begins to run; **die** ~ **läuft** time runs; ***e-e*** ~ **bewilligen** to grant time, to allow further time, to consent to a delay; ***e-e*** ~ **einhalten** to keep a date, adhere to a *t/l*, observe a deadline; ***e-e*** ~ **festsetzen** to fix a final date, to determine a *t/l*, to stipulate a (certain) period of time; ***e-e*** ~ **gewähren** to grant (additional) time, to give a respite; ***e-e*** ~ **hemmen** to stay the running of the period (of limitation), to suspend the running of (prescriptive) time; ***e-e*** ~ **setzen** to set a *t/l*, to fix a deadline, to specify a period of time; ***e-e*** ~ **verkürzen** to shorten a *t/l*; ***e-e*** ~ **verlängern** to extend the time/*t/l*; ***e-e*** ~ **versäumen** to fail to meet the deadline; ***e-e*** ~ **verpassen** to neglect a *t/l*; ***e-e*** ~ **wahren** to observe/to adhere to a *t/l*; **eingeräumte** ~ time granted, time allowed; **gesetzliche** ~ legal *t/l*, statutory period; **gewährte** ~ time allowed; **innerhalb der** ~ not later than, before the deadline of; **innerhalb der vorgeschriebenen** ~ within the prescribed *t/l*; **innerhalb der vorgesehenen** ~ within the prescribed period; **kurze** ~ short period, **in ~r** ~ at short notice; **laufende** ~ unexpired period of time, the current period of time; **nicht abgelaufene** ~ unexpired time/term; **nicht verlängerbare** ~ strict *t/l*, nonrenewable term; **offene** ~ unexpired time; **ohne ~angabe** without day, without a *t/l*; **präklusive** ~ absolute deadline; **richterliche** ~ time allowed by the court; **strenge** ~ strict time (limit); **vereinbarte** ~ stipulated term.

frist|gemäß *adj/adv* within the time limit, within the specified time, by the due date; **~gerecht** within time, within the set period, within the prescibed time limit; = *~gemäß*; **~los** without notice, instant(ly), at a minute's notice; **~mäßig** on the due date, within the agreed time-limit, before the deadline.

Frontalzusammenstoß *m* smash-up, head-on collision.

Frost|aufbruch *m* patch of frost damage; **~schäden** *m/pl* frost damage; **~schutzmittel** *n* antifreeze (*mixture, solution*); **~schutzscheibe** *f* screen defroster; **~versicherung** *f* insurance against frost; **~warnung** *f* frost warning.

Frucht *f* (*pl Früchte* = *~e*) fruit, *pl fig* proceeds, benefits, natural fruits, civil fruits; **~e auf dem Halm** growing crop, standing crop; **~e ~ ~ ~ verkaufen** to sell the crop standing; **~e der Saison** products of the season; **~e *e-er* Erfindung** benefits of an invention; **~epfandrecht** *n* lien on the fruits of the land; **~erwerb** *m* aquisition of (*civil, natural*) fruits; **~genuss** *m* enjoyment of fruits and benefits; **~losigkeit** *f* fruitlessness; **~ziehung** *f* harvesting, collecting the fruits and benefits; **~wechsel** *m* succession of crops, rotation of crops; **gezogene** ~ gathered fruits, harvested crops, collected proceeds; **natürliche ~e** natural fruits, fructus naturales, products of nature.

fruchtlos *adj* fruitless, unsuccessful, useless.

Früh| (*early* = *e-*) **~bezugsrabatt** *m* seasonal allowance; **~druschprämie** *f e-* threshing premium; **~geburt** *f* premature birth, premature delivery; **~invalidität** *f* disablement before retirement age; **~kapitalismus** *m e-* capitalism; **~pensionierung** *f e-* retirement, premature retirement; **~rentner** *m/*-**in** *f e-* retirer, *e-* leaver, premature pensioner; **~schicht** *f* morning shift; **~stückskartell** *n* informal cartel agreement (*arranged at luncheon of executives*); **~verrentung** *f e-* retirement on a pension; **~symptom** *n* advance pointer; **~warnsystem** *n e-* warning system; **~warnung** *f e-* (bird) warning (*nuclear attack, strikes*); **~zustellung** *f e-* morning delivery; **Strategieplanungs- und ~warneinheit** *EU* Policy Planning and *E-* Warning Unit.

früher *adj* antecedent, former.

frühestens *adj* no earlier than, at the earliest (by).

Fühlungnahme *f* exploratory contacts (soundings).

Fuhr|geld *n* cartage, carriage; **~lohn** *m* → *Fuhrgeld*; **~mann** *m hist* carter, waggoner, teamster; **~park** *m* car (vehicle) fleet, motor pool; **~unternehmen** *n* transport business, haulage contractors; **~unternehmer** *m/***-in** *f* carrier, hauling contractor; **~wesen** *n* the carrying trade, the haulage contracting sector.

Fuhre *f* cartload, waggon load.

Führen *n* operation, guidance, management; ~ **akademischer Titel** use of academic titles; **unbefugtes ~ *e-es* Titels** unauthorized use of a title; **unbefugtes ~ von Amtsbezeichnungen** unauthorized use of official titles; ~ **von Kraftfahrzeugen** operation/driving motor vehicles.

Führer *m/***-in** *f* leader; ~ **des Kraftfahrzeugs** driver of the vehicle.

Führerschein *m US* driver's license/*GB* driving licence (= *d/l*), operator's *US* license/*GB* licence; ~ **auf Probe** probationary *d/l*; **~entzug** *m* withdrawal of *d/l*, revocation of *d/l*; **befristeter ~~** limited suspension of *d/l-*; **~klasse** *f* class/category of *d/l* (*type of vehicle covered*); **~pflicht** *f* obligation to obtain a *d/l*, statutory requirement in respect of *d/l-s*; **~prüfung** *f* driving test; **~sperre** *f* suspension of *d/l*; **internationaler ~** international *d/l*/permit; **nationaler ~** domestic *d/l*.

führerscheinfrei *adj* exempt from *US* driver's license/*GB* driving licence (*motor bikes*).

Führung *f* **I** management (= *m-*), leadership, direction, guidance, use; ~ **der Bücher** keeping of the books, accounting; ~ **der Geschäfte** conduct of the business, *m-*; **mit der ~ ~ ~ betraut** to be responsible for managing the business; ~ **der Haushaltsbücher** family accounting; ~ **des Prozesses** conduct of the suit; ~ **des Urkundenbeweises** proof by documentary evidence; ~ ***e-es* Namens** use of a name; **~sanspruch** *m* claim to leadership; **~sausschuss** *m* *m-* committee; **~sbefähigung** *f* *m-* talent, managerial qualities; **~sbefugnis** *f* managerial authority; **~sebene** *f* executive level, *m-* level, level of command; **~seigenschaft** *f* leadership, managerial quality; **~sentscheidung** *f* executive (*m-*) decision; **~sgremium** *n* governing group, *m-* committee; **~sgrundsatz** *m m-* principle; **~sgruppe** *f m-* team; **~sinstrument** *n* instrument of control; **~skräfte** *f/pl* executive personnel, senior executives, senior *m-*, *m-* staff; **untergeordnete ~~** junior executives; **~snachwuchs** *m* future executives, rising generation of managers, junior/younger managers; **~~gruppe** *f m-* reserve group; **~sspitze** *f* top *m-*, top echelons in a firm, top-level executives; **~sstab** *f* operational staff, command; ~ **von Verhandlungen** conduct of negotiations; **kollektivo ~** collective leadership.

Führung *f* **II** conduct, behavio(u)r; **~saufsicht** *f* supervision of conduct (*of repeated offender*); **~sliste** *f* record of good conduct, police record; **~szeugnis** *n* certificate of good conduct, police clearance, certificate of character; *mil* service record; **polizeiliches ~~** police reference/clearance; **einwandfreie ~** good behavio(u)r, good conduct;

bei ~r ~ subject to good behavio(u)r; **gute** ~ good behavio(u)r, good conduct; **schlechte** ~ bad behavio(u)r, misconduct.

Füllauftrag *m* → *Füllorder.*

Füllorder *f* stop-gap order, fill-in order.

Fund *m* finding lost property; found object, find; **~büro** *n* lost-property office; **~ort** *m min* pit bottom; **~recht** *n* law concerning lost property; rights of the finder of lost property; **~sache** *f* object found, lost property; **~stelle** *f* place where an object was found; citation (*of a precedent/legal authority*), source reference, indication of source; **~~nsammlung** citator; **~~nverzeichnis** *n* list of source references; **~unterschlagung** *f* unlawfully keeping lost property, larceny by finder.

Fundamentalismus *m* fundamentalism (*20th century movement insisting on extremely literal interpretation of religious scripture*).

Fundamentalist *m*/**-in** *f* fundamentalist, proponent of fundamentalism.

F&E (*abbr* = **Forschung und Entwicklung**) research and development (*abbr* R&D).

fundieren *vt* to fund (*debt, loan*); to lay the foundation of.

fundiert *adj* funded, consolidated; solid, founded, informed; **nicht** ~ unfunded.

Fundierung *f* funding, foundation, basis, consolidation; **~sanleihe** *f* funding loan, consolidation loan; **~sschuldverschreibung** *f* funding bond; **~szertifikat** *n* funding certificate; **vertragsrechtliche** ~ basis in the law of contract.

Fünf|jahresfrist *f* period of five years, quinquennial period.

fünf|jährig quinquennial; **~seitig** quinquepartite; **~teilig** quinquepartite.

fungibel *adj* fungible, interchangeable; marketable.

Fungibilität *f* fungibility, interchangeability.

fungieren *vi* to function, to act (as), to serve, to officiate.

Funk| (*radio* = *r*-) **~aufklärung** *f* r-intelligence (*interception of enemy r-messages*); **~ausrüstung** *f* r- equipment; **~bearbeitung** *f* adaptation for *r*- broadcasting; **~pirat** *m*/**-in** *f* *r*- pirate; **~recht** *n* law regulating *r*-communications, broadcasting right; **~spruch** *m* *r*- message **~streife** *f* police patrol car, squad car; **~telegramm** *n* wireless message; **~verkehr** *m* *r*- communications, *r*- contact.

Funktion *f* function (= *f*-, *functional* = *f-l*), capacity; **~sdauer** *f* period of office, term of office; **~serfindung** *f* invention of a new *f*-; **~smangel** *m* *f-l* deficiency, *f-l* shortcomings; **~snachfolge** *f* succession in governmental *f-s* (*said of the German Federal Republic with reference to the German Reich*); **~srabatt** *m* *f-l* discount; **~sraum** *m* *f-l* region, nodal region; **~sschwäche** *f* *f-l* weakness; **~sunfähigkeit** *f* inability to *f*-, unworkability, failure to *f*- properly; **amtliche** ~ official *f*-; **in ~r** ~ in his official capacity; **beratende** ~ advisory *f*-/capacity; **betriebsleitende** ~ managerial *f*-; **hoheitsrechtliche** ~ sovereign *f*-; **richterähnliche** ~ quasi-judicial *f*-; **richterliche** ~ judicial *f*-.

funktion|sfähig *adj* capable of functioning, workable, efficient; **~schwach** inefficient;

Funktionalreform *f* reform of administrative functions.

Funktionär *m*/**-in** *f* officer, official, functionary.

funktionell *adj* functional.

funktionieren *vi* to function, to operate; **schlecht** ~ malfunction.

Fürsorge *f* public assistance, provident care, relief, welfare (= *w*-), social assistance, aftercare (*for discharged prisoners*); **~amt** *n* *w*- *US* center/*GB* centre, public relief office, assistance authority; **~anspruch** *m* right to receive public social assistance, eligibility for public relief; **~anstalt** *m* *w*- institution;

reformatory (*juvenile delinquents*); **~ausschuss** *m w-* committee; **~beamter** *m*/**~beamtin** *f* social worker; **~bedürftige** *pl* persons eligible for public relief; **~behörde** *f w-* agency, *w-* authority; **~bezirk** *m* parish, *w-* district; **~einrichtung** *f* (public) *w-* institution; **~empfänger** *m*/**-in** *f* person on *w-*, *w-* recipient; **~erziehung** *f* correctional education, education in approved school; (corrective) treatment of juvenile offenders; residential care and custody; **~~sanstalt** *f* community home, child care home, youth treatment center; **~~sbehörde** *f* authority in charge of child care; **~~ssachen** *f/pl* matters of care proceedings, public assistance matters; **~~sverfahren** *n* care proceedings; **~heim** *n* child care home; **~last** *f w-* charge, *w-* liability; **~lehrling** *m* apprentice in a *w-* institution; **~leistungen** *f/pl w-* benefits; **~patient** *m*/**-in** *f* rate-aided patient; **~pflicht** *f* duty in respect of care and supervision, obligation to provide *w-* services, employer's duty of care and *w-* maintenance; **~recht** *n w-* law, legislation relating to *w-* services; **~rente** *f* relief pension; **~richtsätze** *m/pl* standard rates for social *w-* benefits; **~stelle** *f* social assistance (or relief) office; **~tätigkeit** *f w-* work, social work; **~- und Versorgungsbezüge** *m/pl* public assistance and pension receipts; **~unterstützung** *f* public assistance benefits, outdoor relief, public relief; **~verband** *m w-* association, charitable association; **~wesen** *n* social *w-*; **~zögling** *m* ward of a *w-* service; **geschlossene** ~ indoor relief; **öffentliche** ~ public assistance, public relief, public *w-* work; **private** ~ private charity, voluntary *w-* work; **soziale** ~ social service; **väterliche** ~ paternal care.

Fürsorger *m*/**-in** *f* welfare officer.

Fürsprache *f* intercession, interposition, plea; ~ **einlegen** to intercede (*with s.o. for s.o.*).

Fürsten|recht *n hist* sovereign's right to regulate succession; **~stand** *m* princedom; **~tum** *n* principality.

furtum usus larceny for temporary use.

Fusiomanie *f* merger mania.

Fusion *f* fusion, merger (= *m-*), amalgamation; ~ **durch Neugründung** consolidation, amalgamation; **~sabkommen** *n m-* agreement; **~sbefürworter** *m*/**-in** *f* mergerite; **~sbilanz** *f m-* balance sheet, consolidated balance sheet; **~sgegner** *m*/**-in** *f* antimergerite; **~sgesellschaft** *f* merging company; **~sgewinn** *m* surplus from consolidation/concentration, consolidation profits; **~skontrollamt** *n* takeover panel; **~skontrolle** *f* supervision of *m-s*, *m-* control; **~s-Kontroll-Richtlinien** *f/pl m-* guidelines; **~skontrollverordnung** *f EU m-* regulation; **~sneigung** *f* willingness to merge; **~svertrag** *m m-* agreement, agreement/articles of consolidation, contract of *m-*; **echte** ~ *m-*, amalgamation; **unechte** ~ takeover.

Fusionär *m*/**-in** *f* mergerite.

fusionieren *vi* to merge, to amalgamate.

Fuß|abdrücke *m/pl* footprints; **~angel** *f* mantrap, snare; **~block** *m* stocks; **~bodenheizung** *f* radiant heat; **~bremse** *f* footbrake; **~eisen** *n/pl* leg irons, (leg) shackles; **~fessel** *f* leg iron, (leg) shackle; **elektronische** ~~ *crim pro* electronic anklet (*to track prisoners released temporarily or on probation*); **~gänger** *m*/**-in** *f* → *Fußgänger*; **~note** *f* footnote; **~spuren** *f/pl* foot-prints; **~weg** *m* path, footpath; **auf freiem** ~ **befindlich** to be at liberty/at large; **auf freien** ~ **setzen** to set free, to release, to discharge.

Fußgänger *m*/**-in** *f* pedestrian (= *p-*); **~ampel** *f* traffic beacon, *p-* crossing; **~bereich** *m p-* precinct, pedestrianized area; **~insel** *f* traffic island; **~überweg** *m p-* crossing; **~~ an Schulen** school crossing; **~zone** *f p-* precinct, *p-* mall; **ent-**

gegenkommender ~ oncoming *p*-; **unachtsamer** ~ jay walker.

Futterkrippenwirtschaft *f* spoils system; old-boys' network.

Futtermittel *n* animal food, feed; **~kredit** *m* feed loan; **~recht** *n* law of animal foods.

G

Gage *f* remuneration (*of artists/ performers*), fee.

Galanteriewaren *f/pl* fancy goods.

Galgen *m* gallows; **~frist** *f* last respite, brief respite.

gängig *adj* common, prevalent; marketable, salable (= *saleable*).

Gängigkeit *f* salability (= *saleability*), marketability.

ganz *adj* whole, complete, all, total; ~ **oder teilweise** *adv* in whole or in part; ~ **und gar** *adv* completely and utterly.

Ganztagsbeschäftigung *f* full-time employment.

Garant *m*/**-in** *f* guarantor, warrantor, underwriter; **~enpflicht** *f* guarantor's obligation, *US* guaranty/ *GB* guarantee; *crim/torts* duty of care; **~enstellung** *f* (the) position of being a guarantor; *crim/torts* situation imposing/resulting in duty of care; **Beschützer~** *m* → *Obhuts~*; **Obhuts~** *m* person under duty of care out of special relationship (to the individual to be protected); **Sicherungs~** *m* person under duty of care because of affirmative act (endangering another); **Überwacher~** *m* → *Sicherungs~*.

Garantie *f* *US* guaranty/*GB* guarantee (= *g-*), full warranty, product warranty; underwriting (*capital issues*); indemnity; **~abteilung** *f* underwriting department; **~akkreitiv** *n* standby letter of credit; **~dekkungskonto** *n g-* cover account; ~ **der Geldrückgabe bei Nichtgefallen** money-back *g-*; **~einbehalt** *m* retention money; **~erklärung** *f* *g-* undertaking, statement of indemnity; **~fall** *m* circumstances/ event bringing *g-* into operation; **~fonds** *m g-* fund; **~frist** *f* period of *g-*, *g-* period, indemnity period; **Beginn der ~~** commencement of the *g-* period; ~ **für Kreditaufnahmen** surety for loans; **~gemeinschaft** *f* joint guarantors, *g-* association; **~geschäft** *n g-* transaction, indemnity transaction; **~haftung** *f* liability under a *g-*/indemnity; **~indossament** *n* endorsement by way of collateral security; **~kapital** *n* capital backing, capital serving as a safeguard for depositors, protective capital resources; **~klausel** *f* warranty clause (*contract*); **~konsortium** *n* underwriting syndicate; ~ **leisten** to furnish a *g-*, to give an indemnity; **~leistung** *f* giving of a *g-*; **~lohn** *m* guaranteed wage; **~nehmer** *m*/**-in** *f* beneficiary under a *g-*, guaranteed creditor; **~pflicht** *f* obligation under a *g-*; **~provision** *f* underwriting commission; **~rahmen** *m g-* ceiling, indemnity ceiling; **~reparaturen** *f/pl* (*Autohändler, etc*) warranty work; **~schein** *m* (certificate of) *g-*, (certificate of) warranty; **~schreiben** *n* letter of *g-*, letter of indemnity; **~sicherheitskonto** *n g-* collateral account; **~stock** *n* special reserve for doubtful claims, indemnity collateral; **~überahmeverpflichtung** *f* covenant to honor *g-*; ~ **übernehmen** to give a *g-*; **~verletzung** *f* breach of warranty, breach of indemnity; **~verflichung** *f* obligation under a *g-*; **~vertrag** *m* contract of *g-*; contract of indemnity, indemnity; collateral assurance; ~ **von Effektenemissionen** underwriting; **~werte** *m/pl* nonforfeiture values; **~zeit** *f g-* period; indemnity period; **~zusage** *f* indemnity commitment; **ohne** ~ no *g-*.

garantieren *vt* to guarantee, to warrant.

garantiert *adj/adv* guaranteed, warranted; ~ **rein** warranted pure.

Garottierung *f* garrotting (*capital punishment by strangulation*).

Gartenbau *m* horticulture; **~erzeugnis** *n* horticultural product; **~gestaltung** *f* landscape gardening, horticultural landscaping.

Gärtnereibetrieb *m* market garden, garden *US* center/*GB* centre.

Gas | automat *m obs* gas meter, coin operated gas meter; **~beton** *m* aerated concrete; **~erzeugung** *f* gas production; **~fabrik** *f* gasworks; **~heizung** *f* gas heating; **~kammer** *f* gas chamber; **~kampfstoff** *m* war gas, chemical warfare agent; **~krieg** *m* gas war, chemical warfare; **~pistole** *f* gas pistol; **~schutz** *m* antigas measures.

Gast *m* guest; **~arbeiter** *m*/**-in** *f* foreign worker, migrant worker, *pl* foreign labo(u)r; **~aufnahmevertrag** *m* lodging agreement; **~gewerbe** *n* hotel and restaurant industry; **~haus** *n* inn; **~land** *n* host country, receiving country; **~recht** *n* laws of hospitality, right of hospitality; **~spiel** *n* guest performance, guest appearance; **~~vertrag** *m* agreement on guest performances; **einmaliges ~~** one-night performance; **~stätte** *f* → *Gaststätte*; **~wirt** *m*/**-in** *f* innkeeper; **~~schaft** *f* restaurant, licensed premises; **~~shaftung** *f* innkeeper's liability; **~~spfandrecht** *n* inkeeper's lien.

Gaststätte *f* restaurant, **brauereigebundene ~~** tied house (*exclusive dealing in single brewery's products*); **~nbesitzer** *m*/**-in** *f* restaurant owner; **~nerlaubnis** *f US* license/*GB* licence to operate a bar, restaurant, inn; **~ngesetz** *n* Licensing Act, (*D 1970 regulating restaurant business*); **~ngewerbe** *n* hotel and restaurant industry; restaurant business; **~nlieferant** *m*/**-in** *f* caterer; **~nrecht** *n the law regulating licensed premises, restaurants and the hotel business*; **~n- und Beherbergungsgewerbe** *n* hotel and catering trade; **~nverbot** *n* prohibition to enter licensed premises; **~nwesen** *n* the catering industry, restaurant trade.

GATT (*abbr* = **General Agreement on Tariffs and Trade**) Allgemeines Zoll- und Handelsabkommen.

Gatte *m* husband, spouse; *pl* **~n** spouses, husband and wife.

Gattin *f* wife, spouse.

Gattung *f* species, kind, class; **~sanspruch** *m* generic claim; **~sbegriff** *m* generic term; **~sbezeichnung** *f* generic name, generic term; **~skauf** *m* sale/purchase of fungible goods; **~ssache** *f* fungible good/thing/object; **~sschenkung** *f* gift of money or fungibles; **~sschuld** *f* indeterminate obligation, obligation to supply fungible goods; **konkretisierte ~~** obligation to supply specified/segregated/designated fungible goods; **~svermächtnis** *n* (unspecified) legacy of things of the same type, general bequest; **beschränktes ~~** legacy of remaining fungibles (*if available in the estate*); **~sware**(**n**) *f/pl* unascertained good(s), fungible commodity; **~swarenschuld** *f* obligation to supply fungibles of a particular kind.

Gauner *m*/**-in** *f* swindler, crook; **~sprache** *f* thieves' cant, thieves' Latin.

Gaunerei *f* sharp practices, racket, swindling.

GB (*abbr* = **Gesetzbuch**) code.

geächtet *adj* outlawed, hors de la loi.

Geächtete(**r**) *f*(*m*) (*der Geächtete*) outlaw.

Gebahrung *f A* public spending.

Gebärdenspiel *n* pantomime.

Gebaren *n* behavio(u)r, conduct, management, life style.

Gebäude *n* building (= *b-*); erection, structure; **~abnahme** *f* final acceptance of a new *b-*; **~abstand** *m* legally required distance from other *b-s*; **~ausbesserungen** *f/pl* repair of *b-s*; **~bestand** *m* total of *b-s*; **~bewertung** *f* valuation of *b-s*; **~buch** *n* register of *b-s*; **~ertragswert** *m* annual value of *b-s*;

~-Feuerversicherungsanstalt *f* fire insurance company (*specializing in real estate risks*); **~haftpflicht** *f* premises liability, house owner's liability; **~haftung** *f* → *~haftpflicht*; **~instandhaltung** *f* keeping a *b-* in good repair; **~nutzfläche** *f* usable *b-* space; **~schaden** *m* structural damage to a *b-*; **~steuer** *f* house duty, tax on *b-s*; **~substanzschaden** *m* structural damage (to a *b-*); **~versicherung** *f* insurance of a *b-*; **~wertschätzung** *f b-*'s valuation, structural survey; **angrenzendes** ~ adjacent *b-*, adjoining *b-*; **bewohntes** ~ inhabited *b-*; **ein ~ schätzen** to assess a *b-*; **leerstehendes** ~ empty *b-*; **öffentliches** ~ public *b-*.

Geber *m*/**-in** *f* donor, presenter.

Gebiet *f* territory (= *t-*, *territorial* = *t-al*), region, area; domain, province, scope; **~sabtretung** *f* cession of *t-*; **~sänderung** *f t-al* change; **~sansässige(r)** *f(m)* resident; **~sanspruch** *m t-al* claim; **~sausschuss** *m* regional committee; **~saustausch** *m* exchange of *t-*; **~sbeauftragte(r)** *f(m)* regional representative; **~sbereinigung** *f t-al* adjustment; **~seinheit** *f* subarea, areal unit; **~sentwicklungsplan** *m* subregional development plan; **~serweiterung** *f t-al* enlargement/expansion; **~sforderung** *f t-al* claim; **~sfremde(r)** *f(m)* non-resident; **~sgewalt** *f t-al* authority; **~sherrschaft** *f t-al* sovereignty, *t-al* domain; **~shoheit** *f t-al* sovereignty; **~skartell** *n* regional cartel, area apportioning cartel; **~skörperschaft** *f t-al* entity, political subdivision, local authority; **kommunale** ~~ a local authority (*as a body corporate*); **~sleiter** *m*/**-in** *f* district manager, area manager; **~sprovision** *f* overriding commission (*of commercial agent*); **~sreform** *f t-al* reorganization of local government; **~sschutz** *m t-al* monopoly; **~sstand** *m t-al* status, *t-* within the borders of a state; **~sstatut** *n* lex territorialis; **~sübertragung** *f* transfer of *t-*; **~sveränderung** *f t-al* change; **~sverletzung** *f* violation of *t-*, invasion; **~svertreter** *m*/**-in** *f* distributing agent (*for a t-*), regional commercial representative; **~szentrum** *n* regional *US* center/*GB* centre; **abgetretenes** ~ ceded *t-*; **Abtretung** *e-es* **~s** *int* cession of a *t-*; **annektiertes** ~ annexed *t-*; **befriedetes** ~ pacified *t-*; **besetztes** ~ occupied *t-*; **das fällt nicht in mein** ~ that is not within my province, that is outside my jurisdiction; **die am stärksten benachteiligten ~e** *EU* least favo(u)red regions; **entlegene ~e** outlying districts; **entmilitarisiertes** ~ demilitarized area; **gemeindefreie ~e** *lands not subject to local authorities' jurisdiction*; **ölträchtiges** ~ proven *t-*, oil laden *t-*; **überseeische ~e** overseas *t-s*; **überseeische Länder und ~e** (*abbr* **ÜLG**) overseas countries and *t-s* (*abbr* OCTs); **unterentwickelte ~e** underdeveloped areas; **unterversorgtes** ~ deprived area; **zum Ödland gewordenes** ~ derelict land.

gebieten *vt* to command, to impose, to order.

Gebieter *m*/**-in** *f obs* ruler, master.

Gebilde *n* thing, fabric, entity, formation, structure.

Gebinde *n* bundle, packet, rap (*thread*); spray (*flowers*); row of tiles, truss (*roof*); cask, tun (*wine*); barrel; tin, *US* can (*oil*).

geboren *adj* born, **~e** née (*maiden name*); **vorehelich** ~ born before marriage.

Gebot *n* command, order, precept, requirement; bid, offer; Commandment; **~szeichen** *n* mandatory sign (*traffic*); **das erste** ~ the opening bid (*auction*); **ein festes** ~ a fixed offer; **das geringste** ~ the legal minimum bid; **das letzte** ~ the last bid, the closing bid; **die Zehn ~e** the Ten Commandments; **gegen ein ~ verstoßen** to break a rule, to break a Commandment.

geboten *adj* required, commanded, prescribed.

Gebrauch *m* use (= *u*-), usage; **~sabnahme** *f* acceptance for ready *u*-; **~sabschreibung** *f* physical depreciation, depreciation for wear and tear; **~sabweichung** *f u*- variance; **~sanforderung** *f* requirement(s) for *u*-; **~sanmaßung** *f* conversion to one's own *u*-, unauthorized *u*-, illicit *u*-; **~sanweisung** *f* instruction(s) for *u*-, directions for *u*-, instruction booklet; **~sartikel** *m* object in daily *u*-; *pl* consumer goods; **~sbeschränkung** *m* restraint of *u*-; **~sdiebstahl** *m* stealing for temporary *u*- (*and subsequent abandonment*); **~~ an *e-em* Kraftfahrzeug** *US* joy riding, stealing a ride; **~sentziehung** *f* deprivation of *u*-; **~sentzug** *m* loss of *u*-; **~sfahrzeug** *n* utility vehicle; **~sgegenstand** *m* utility article, article for daily *u*-; **persönliche ~sgegenstände** personal effects; **~sgestattung** *f* permission to *u*- (*sth*); **~sgewährung** *f* granting the *u*- of *sth*; **~sgraphik** *f* commercial art; **~sgüter** *f* utility goods; **gewerbliche ~~** goods used in trade and industry; **langlebige ~~** durable consumer goods; **persönliche ~~** convenience goods; **~sinformation** *f* instructions for *u*-; **~skategorien** *f/pl* use classes (*city zoning rules*); **~sleihe** *f* loan for *u*- (→ *Leihe*); **~slizenz** *f US* license/*GB* licence for *u*-; **~smittelentwendung** *f* petty theft of consumer goods; **~smöglichkeit** *f* opportunity of *u*-, possibility to *u*-*sth*; **~smuster** *n* → *Gebrauchsmuster*; **~srecht** *n* right of user, *u*- as of right, right to *u*- *sth*; **~sregelung** *f* regulations for the *u*- of *sth*; **~sstörung** *f* interference with the proper *u*- of *sth*; **~süberlassung** *f* transfer for *u*-; **~~svertrag** usage contract; **~suntauglichkeit** *f* unfitness for *u*-, unsuitability for *u*-; **~svorteile** *m/pl* the amenity and advantage of using, *u*- and enjoyment; **~swert** *m* utility value, service value, value in *u*-; **~szolltarif** *m* working tariff; **~szweck** *m* intended *u*-; **allgemein in ~** in common usage; **außer ~** out of *u*-, no longer used, obsolete; **~ ~ kommen** to fall into disuse, to become obsolete; **bestimmungsmäßiger ~** *u*- as required, contractual *u*-, prescribed end *u*-; **gewöhnlicher ~** ordinary *u*-; **nur zum eigenen ~** for private *u*- only; **öffentlicher ~** public *u*-; **ordnungsgemäßer ~** proper *u*- (*of a machine*); **rechtmäßiger ~** legal *u*-; **redlicher ~** fair *u*- (*copyright*), fair usage; **sachgemäßer ~** proper *u*-, proper usage; **unbefugter ~** unauthorized *u*-, adverse *u*-; **ununterbrochener ~** uninterrupted *u*-; **vorschriftswidriger ~** improper *u*-; **widerrechtlicher ~** unlawful *u*-, unauthorized *u*-.

Gebraucher *m/***-in** *f* user.

gebraucherfreundlich *adj* easy to use, conveniently used, consumer oriented.

gebrauchsfertig *adj* ready for use.

Gebrauchsmuster *n* utility model (= *u/m*), utility patent, patent of a lesser degree (*protected minor invention of everyday usefulness*); **~abteilung** *f u/m* division; **~anmeldung** *f u/m* application; **~berühmung** *f* holding out *sth* as a utility-patented article; **~eintragung** *f u/m* registration; **~gebühren** *f/pl* (*Patent Office*) charge for registration of *u/m*; **~gesetz** *n U/M-s* Act (*D 1891, as amended*); **~hilfsanmeldung** *f* auxiliary *u/m* registration (*if full patent not granted*); **~löschung** *f u/m* cancellation; **~rolle** *f U/M* Register; **~schrift** *f u/m* specification; **~schutz** *m* legal protection of inventions registered as *u/m-s*; **~streitsachen** *f/pl u/m* litigation cases; **~urkunde** *f u/m* certificate; **~verletzung** *f u/m* infringement; **registriertes ~modell** *n* registered model under a utility patent.

Gebraucht|maschinen *f/pl* used equipment; **~wagen** *m* second-hand car, used car; **~warenladen** *m* thrift shop; **~warenhandel** *m* second-hand trade; **~warenmarkt** *m* second-hand market.

Gebrechen *n* infirmity; **körperliches ~** physical defect.

Gebrechlichkeit *f* infirmity; **~spfleger** *m*/**-in** *f* protector, curator for a helpless person; **~spflegschaft** *f* curatorship due to infirmity.

Gebrüder *m/pl* brothers (*firm*); **~ Grimm** the Grimm Brothers.

Gebühr *f* fee (= *f-*), charge (= *c-*), rate; **~en** (*e-es Anwalts, Steuerberaters, etc*) professional *c-s*/*f-s* (*lawyer, tax advisor*); **~enanteil** *m* portion of the *f-s*; **~enaufstellung** *f* statement of *f-s*, account of *c-s*; **~enaufteilung** *f f-* splitting; **~enbefreiung** *f* remission of *f-s*; **~enbemessung** *f* assessment of *c-s*; **~enberechnung** *f* calculation of *c-s*; **~eneinheit** *f* unit of *c-* (*telephone*); **~eneinzug** *m* collection of *c-s*; **~en erheben** *v* to levy *f-s*; **~enerhebung** *f* charging of *f-s*, collection of *f-s*; **übermäßige ~~** excessive *c-*, overcharging (*f-s*); **~enerlass** *m* waiver of a *f-*/*c-*; **~enermäßigung** *f* reduction of *f-s*; **~enerstattung** *f* refund of *f-s*; **~enforderung** *f* claim for professional *c-s*; **~enfreiheit** *f* exemption from *f-s*/*c-s*); **~enhinterziehung** *f* evasion of public *c-s*; **~enmarke** *f* *f-* stamp; **~ennachlass** *m* reduction of public *c-s*; **~enordnung** *f* *f-* scale, schedule of *c-s*, rules relating to *f-s*, official regulation for *f-s*; **Bundesrechtsanwalts~~** *f* (*abbr* **BRAGO**) (= **Bundes~~ für Rechtsanwälte**) German Attorneys' *F-s* Schedule; **~enquittung** *f* receipt (for *f-s*); **~enrahmen** *m* official scale of *f-s*; **~enrechnung** *f* invoice in respect of *f-s*, bill of costs; **~enrückerstattung** *f* refund of *f-s*; **~ensatz** *m* full rate of a *f-* or *c-*; **~enschuldner** *m*/**-in** *f* debtor owing *f-s*; **~en städtischer Einrichtungen** dues collected by municipal departments; **~enstreitwert** *m* litigation *f-* value; **~entabelle** *f* table of *f-s*, *f-* scale; **gerichtliche ~~** table of court costs/*f-s*; **~entarif** *m* rate of *c-s*, *f-* schedule; **~enteilung** *m* *f-* sharing; **~enüberhebung** *f* overcharging, excessive rates; **~enüberweisung** *f* remittance of *f-s*; **~en und Auslagen** *f-s* and expenses, *f-s* and costs; **~envereinbarung** *f* agreement concerning (lawyer's) *f-s*; **~enverzeichnis** *n* list of *c-s*, *f-* schedule; **~envorschuss** *m* retaining *f-*, advance for *c-s*, retainer (*lawyer, consultant*), money on account; **~en zahlt der/die Empfänger** *m*/**-in** *f* *c-s* collected, reverse *c-*; **~enzahlung** *f* payment of *f-s*/*c-s*; **~~svordruck** *m* voucher for the settlement of *f-s*; **unterlassene ~~** failure to pay *f-s*, non-payment of *f-s*; **~enzuschlag** *m* surcharge, excess *f-*; **amtliche ~** official *f-*; **einmalige ~** non-recurrent *c-*, one-off *f-*; **ermäßigte ~** reduced rate; **fortlaufend wiederkehrende ~en** recurrent *c-s*; **gesetzliche ~** legal *f-*; **übliche ~en** usual *c-s*; **zusätzliche ~en** additional *c-s*.

gebühren *vt* to be due to *s.o.*, *v reflex* to be fitting and proper.

gebührend *adj* proper, appropriate.

gebühren|frei *adj* free of charge, exempt from duty; **~pflichtig** subject to a fee, liable to charges, chargeable.

gebührlich *adj* → *gebührend*.

Gebundenheit *f* commitment, binding nature, obligatory nature.

Geburt *f* birth (= *b-*), childbirth; **~enausfall** *m* decline in *b*-rate; **~enberg** *m* *b*-rate bulge, baby-boom years; **~enbeschränkung** *f* *b-* control; **~enbuch** *n* register of *b-s*; **~eneintragung** *f* registration of *b-s*; **~enrate** *f* *b*-rate; **~enregelung** *f* *b-* control, planned parenthood; **~enregister** *n* register of *b-s*, table of *b-s*, *b-* record; **~enrückgang** *m* decline in the *b-* rate; **~enüberschuss** *m* surplus of *b-s* over deaths, survival rate; **~enziffer** *f* *b-* rate; number of *b-s*; **~enzulage** *f* *b-* grant; **~sanzeige** *f* notice of *b*-, announcement of *b*-; **~sbeihilfe** *f* maternity benefit; **~sdatum** *n* date of *b*-; **~sfehler** *m* congenital defect; **~sland** *n* native country; **~sname** *m* name at *b*-; **~sort** *m* place of *b*-; **~srecht** *n* *b*-right; **~sregister** *n* register of *b-s*; **~sschein** *m* certificate of *b*-; **~surkunde** *f* certificate of *b*-; **eheliche ~** *b*- in wedlock; **nach der ~ eintretend** postnatal; **uneheliche ~** *b*- out of wedlock.

geburtenstark *adj* having a high birth-rate.

Gedächtnis *n* memory (= *m*-), recollection; **~auffrischung** *f* refreshing one's *m*-; **~ausfall** *m* lapse of *m*-; **~bild** *n* image retained in the *m*-; **~fehler** *m* lapse of *m*-; **~feier** *f* commemoration ceremony; **~kraft** *f* strength of *m*-; **~protokoll** *n* memorandum; minutes/statement from *m*-; **~schrift** *f* memorial volume; **~schwund** *m* loss of *m*-, amnesia; **~störung** *f* partial amnesia; **~stütze** *f* *m*- aid, mnemonic aid, memo; **~vermögen** *n* capacity of recollection, *m*- retention, quality of *m*-; **sein ~ erforschen** to search one's *m*-.

Gedanke *m* thought (= *t*-), idea (= *i*-); **~narmut** *f* poverty of *i-s*; lack of imagination; **~naustausch** *m* exchange of views; **~nfreiheit** *f* freedom of *t*-; **~ngang** *m* way of thinking, *t*-, line of *t*-, train of *i-s*, train of reasoning; **lückenloser ~~** coherent line of *t*-; **~ngut** *n* stock of *i-s*, ideology; **~nlosigkeit** *f* thoughtlessness; **~nlücke** *f* gap in the line of *t*-, incoherence; **~nsprung** *m* illogical break in the line of *t*-, inconsistency; **~nverbindung** *f* association of *i-s*; **~nvorbehalt** *m* mental reservation; **selbständiger ~** self-supporting *i*-, independent concept; **sich von *e-em* ~ leiten lassen** to be guided by an *i*-.

gedankenlos *adj* thoughtless.

gedeckt *adj* covered, provided with funds; **nicht ~** refer to drawer (*abbr* R/D).

Gedinge *n* piece work, contract work; **~lohn** *m* piece wage, job wage.

geeignet *adj* suitable, qualified, proper.

Geeignetheit *f* suitability.

Gefahr *f* danger (= *d*-), peril, risk (= *r*-), hazard; **~ beim Eigentümer** owner's *r*-; **~ der zufälligen Verschlechterung** *r*- of accidental deterioration (through no fault of either party); **~ *e-er* erneuten Verurteilung** double jeopardy; **~enabwehr** *f* accident prevention, averting *d-s*; **~~recht** *n* right to ward off *d-s*; **~enabwendung** *f* avoiding *d-s*, minimizing *r*-; **~~spflicht** *f* duty to avoid *d-s*; **~enänderung** *f ins* alteration of *r*-; **~enausgleich** *m* equalization of *r-s*, offsetting *r-s*; **~enbeseitigung** *f* removal of dangerous objects; **~enblindheit** *f* blindness to *r-s*; inadvertent negligence; **~en der Meere** *d-s* of the sea; **~en der Seefahrt** *d-s* of navigation; **~en durch den Straßenzustand** *d-s* due to road conditions; **~enentlastung** *f* *r*- mitigation; **~enerhöhung** *f* increase of *r*-; **~engrenze** *f* critical point; **~enklasse** *f* *r*-class, class of *r*-, category of hazard (*accident branch*); **~enklausel** *f* perils clause, emergency clause; **~enlage** *f* emergency, dangerous situation; **~enmerkmale** *n/pl* particulars of the *r*-; **~enmoment** *m* element of *d*-; **~enprämie** *f* (extraordinary) *r*-premium; **~enpunkt** *m* *d*- point; **~enquelle** *f* source of *d*-, unusual *d*-, safety hazard, nuisance; **ständige ~~** permanent nuisance; **~~, die Kinder anzieht** attractive nuisance; **~enrückstellung** *f* reserve for special *r-s*; **~enstelle** *f* dangerous place; **~enübergang** *m* passing of the *r*-; **~enübernahme** *f* assumption of *r*-; **~enverhütung** *f* accident prevention; **~enwarnzeichen** *n* *d*- warning (sign); **~enzone** *f* *d*- zone; **~enzulage** *f* *d*- money, *d*--zone bonus, hazard bonus; penalty rate; **~gut** *n* dangerous freight; ~~**beauftragte(r)** *f(m)* ombudsman for dangerous freight transports; **die ~en** *e-es* **Importsogs** the *d-* of a spate of imports; **gedeckte ~en** *r-s* and perils insured against, covered *r-s*; **gegen alle ~en** against all *r-s*; **versicherungsfähige ~en** insurable *r-s*, insurable hazards; **~erhöhung** *f* increase of *r-*; **~ für Leib und Leben** *d-* to life and limb; **~ im Verzug** apprehended *d-*, imminence of *d-*, imminent *d-*, increased *d-* in any delay, periculum in mora; **~klassen** *f/pl* classes of *r-*; **~stelle** *f* dangerous area/part of road; **~tarif** *m* rate for increased *r-*; **~tragung** *f* bearing of the *r-*; **~übergang** *m* passing of (the) *r-*; **~übernahme** *f* acceptance of the *r-*; **gemeinschaftliche ~~** pooling of *r-*; **~verschollenheit** *f total and permanent disappearance of a person in dangerous circumstances*; **~zeichen** *n d-* sign; **abwendbare ~** avoidable *r-*; **abzuwendende ~** *d-/r-* to be avoided; **Abwendung** *e-er* **~** averting a *d-*; **akute ~** imminent peril, immediate *d-*; **auf eigene ~** at one's own *r-*, at one's peril; **auf ~ des Befrachters** shipper's *r-*; **auf ~ des Empfängers** at receiver's *r-*; **auf ~ des Käufers** at purchaser's *r-*; **die ~ geht über** the *r-* passes; **die ~ trägt A** the *r-* lies/rests with A, the *r-* shall be borne by A; **drohende ~** imminent *d-*; **echte ~** genuine *r-*; **erkennbare ~** perceivable *r-*, discernible *r-*; **für die ~ haften** to bear the *r-*; **gegenwärtige ~** present *d-*, imminent *d-*, apparent *d-*; **~ ~ für Leib und Leben** imminent *d* to life and limb; **gemeine ~** common *d-*; **gemeinsame ~** common *d-*; **objektive ~** actual *d-*; **übernommene ~** assumed *r-*; **unabwendbare ~** unavoidable *d-*; **versicherte ~(en)** *r-*(s) covered, perils insured against.

gefahr|geneigt *adj* dangerous per se, accident-prone; **~engeneigt** *adj* → *gefahrgeneigt*.

gefährden *vt* to endanger, to expose to danger, to pose danger to, to imperil, to jeopardize.

gefährdend *adj* dangerous.

Gefährdete(r) *f(m)* (*der Gefährdete*) person in a dangerous position, endangered person; predelinquent (*s.o. with propensity to commit crime*).

Gefährdetenfürsorge *f* care and protection for morally endangered persons, social service for predelinquents.

Gefährdung *f* danger (= *d-*), endangerment, endangering (= *e-*); imperilment, jeopardizing; **~ der Allgemeinheit** *d-* to the public, a public *d-*; **~ der öffentlichen Ordnung** *e-* public peace and order; **~ der öffentlichen Sicherheit** *e-* public safety; **~ der Sittlichkeit** *d-* to public morals; **~ des Luftverkehrs** intentional *e-* of air travel; **~ von Arbeitsplätzen** threat to jobs; **~ des Verkehrs** *e-* transport facilities; **~sdelikt** *n* strict-liability tort; *crim* (reckless) endangerment; **~shaftung** *f* liability regardless of fault, strict liability; **vorsätzliche ~ anderer Personen** wil(l)ful interference with the safety of others; **zusätzliche ~** added peril, additional *d-*.

gefährlich *adj* dangerous, likely to cause danger, hazardous.

Gefährlichkeit *f* dangerousness, dangerous nature, perilousness, gravity of danger.

Gefälle *n* descent; *econ* price gap, gap in payment (*salaries*); **gefährliches ~** dangerous descent; **Nord-Süd-~** North-South divide.

Gefälligkeit *f* gratuitous service, an act of courtesy, voluntary courtesy, act done as a favo(u)r, accommodation (= *a-*); **~sabrede** *f a-* agreement, courtesy arrangement; **~sadresse** *f a-* address; **~sakzept** *n a-* acceptance; **~sbrief** *m* letter written as a favo(u)r; **~sdemokratie** *f* complacency democracy; **~sfahrt** *f* hitchhiking ride, free ride; **~sgirant** *m/***-in** *f a-* endorser; **~sindossament** *n a-* endorsement;

~smitfahrer *m*/**-in** *f* gratuitous passenger; **~svereinbarung** *f* sweetheart deal; **~sverhältnis** *n* purely social relationship, courtesy relationship; **~svertrag** *m a-* agreement; **~swechsel** *m a-* paper (*bill/promissory note*), *a-* bill, *a-* note; **~szeichner** *m*/**-in** *f a-* maker, *a-* party; **~szusage** *f* gratuitous promise.

Gefangene(r) *f(m)* (*der Gefangene*) prisoner, prison inmate, person under arrest, detainee; **streng bewachter ~** heavily guarded prisoner.

Gefangenen | anstalt *f* prison (= *p-*, *prisoner* = *pr-*); **~arbeit** *f* convict labo(u)r; goods made by *pr-s*; **~aufseher** *m*/**-in** *f p-* warden; **~aufstand** *m p-* riot; **~aussage** *f pr-*'s statement, testimony of *s.o.* in custody; **~austausch** *m* exchange of *pr-s*; **~befreiung** *f* freeing *pr-s*, rescue of *pr-s*; **~beschäftigung** *f* occupation of *pr-s*, work for *pr-s*; **~brief** *m* letter from *p-*; **~flucht** *f* escape of *pr-s*; **~fürsorge** *f p-* welfare; **~hilfe** *f* discharged *pr-s*' aid; **~lager** *n pr-*-of-war camp; **~meuterei** *f* mutiny by *pr-s*; **~mitverantwortung** *f pr-s*' co-responsibility; **~post** *f pr-s*' mail; **~schulwesen** *n pr-s*' education; **~selbstbefreiung** *f pr-s*' self-liberation; **~transport** *m* transportation of *pr-s*, convoy of *pr-s*; **~transportwagen** *m p-* van, *sl* Black Maria; **~unfallfürsorge** *f* accident-care for *pr-s*; **~ware** *f p-*-made goods.

Gefangen | haltung *f* detention, confinement, imprisonment; **~nahme** *f* capture, apprehension, imprisonment, arrest, seizure; **~schaft** *f* captivity, confinement, being a prisoner (of war).

Gefängnis *n* prison (= *p-*), *US* jail/*GB* gaol, penitentiary; imprisonment (= *i-*), confinement in a *p-* (*now* = *Freiheitsstrafe*); **in ein ~ einweisen** to commit to *p-*; **~aufseher** *m*/**-in** *f* → *~wärter*; **~abteilung** *f p-* ward; **~ausbruch** *m* escape from *p-*, jailbreak; **~ bis zu 2 Jahren** *i-* (for a term) not exceeding 2 years; **~direktor** *m*/**-in** *f p-* governor, (*p-*) warden; **~geistliche(r)** *f(m) p-* chaplain; **~hof** *m p-* yard; **~insasse** *m*/**~insassin** *f* (*p-*) inmate; **~mauer** *f* perimeter wall; **~ nicht unter 2 Jahren** *i-* of not less than 2 years; **~ordnung** *f p-* rules; **~personal** *n p-* staff; **~revolte** *f p-* riot; **~strafe** *f p-* sentence, jail sentence, *i-* (*without hard labor*), *p-* term; **bei ~~** under pain of *i-*, on pain of committal to *p-*; **zu ~~ verurteilen** to sentence to a term of *i-*; **~verwaltung** *f p-* administration; **~wärter** *m*/**-in** *f p-* warden; warder, turnkey, *US* jailer/*GB* gaoler.

Gefolgschaft *f* adherents, followers, vassals; **~streue** *f* allegiance, party loyalty.

gefördert *adj* promoted, state-aided, subsidized; **öffentlich ~** supported by the public authorities; **staatlich ~** government-sponsored.

gefragt *adj* in demand, sought after.

Gefrier | anlage *f* refrigerating plant; **~verfahren** *n* freezing process; **~ware** *f* frozen goods.

Gefüge *n* structure, composition, setup, nature.

gefügig *adj* docile, manageable, amenable.

gegebenenfalls *adj* if so, as occasion arises, should the opportunity arise, if applicable, where appropriate.

Gegebenheiten *f/pl* given facts, existing circumstances; **geografische ~** natural objects; **wirtschaftliche ~** economic background, business climate.

Gegen | (*counter* = *c-*, *mutual*, *opposing*) **~abrede** *f* mutual understanding, informal compensatory agreement; **~akkreditiv** *n* mutual letter of credit, *c*-vailing credit, back-to-back credit; **~angebot** *n c*-offer, *c*-bid; **~anklage** *f c*-accusation, *c*-charge; **~anspruch** *m c*-claim; **~antrag** *m c*-motion, cross motion; **~anwalt** *m*/**~anwältin** *f* opposing counsel; **~anzeige** *f* contraindication; **~argument** *n c*-argument;

~aussage *f* testimony to the contrary; **~äußerung** *f* answer, replication; **~begutachtung** *f* opposing expert opinion; **~beschuldigung** *f* recrimination, *c*-charge; **~en vorbringen** to recriminate; **~bestätigung** *f* *c*-confirmation; **~beweis** *m* proof to the contrary, rebutting evidence, evidence in rebuttal; **den ~~ antreten** to introduce/to put forward rebutting evidence; **den ~~ erbringen** to furnish proof to the contrary; **~beziehung** *f* reciprocal relationship; **~bieter** *m*/**-in** *f* competitive bidder; **~buchung** *f* balancing entry, offsetting entry, per contra, contra entry, *c*-item; **ohne ~~** unbalanced; **~bürge** *m*/**~bürgin** *f* *c*-surety; **~darstellung** *f* reply (*to a charge*), *c*-statement; **~~sanspruch** *m* right to have a *c*-statement published; **~deckung** *f* *c*-security; hedging; **~demonstrant** *m*/**-in** *f* participant in a *c*-demonstration; **~demonstration** *f* *c*-demonstration; **~denkschrift** *f* *c*-memorial; **~dienst** *m* return service, reciprocal service; **~einrede** *f* *c*-plea; **~einwand** *m* *c*-plea; **~entwurf** *m* alternative draft; **~erklärung** *f* reply, answer, rejoinder, denial, *c*-statement, *c*-notice; **~faktor** *m* opposing factor; **~forderung** *f* *c*-claim, crossclaim; **Anrechnung *e-er* ~~** set-off; ***e-e* ~~ erheben** to interpose (submit) a *c*-claim, to *c*-claim; **~frage** *f* *c*-question; **~geschäft** *n* back-to-back transaction, quid pro quo, *pl* *c*-trade; **~gewicht** *n* *c*-weight, compensating factor; **~grund** *m* *c*-argument; **~gutachten** *n* *c*-opinion (*of an expert*); **~kandidat** *m*/**-in** *f* rival candidate; **~klage** *f* *c*-claim, crossaction; crosspetition, *c*-suit; **~kläger** *m*/**-in** *f* *c*-claimant, crosspetitioner; **~konto** *n* contra account; **~kredit** *f* back-to-back credit; **~läufigkeit** *f* contrary course, opposite movement; **~leistung** *f* consideration (*contract*), *c*-performance, quid pro quo; **~~spolitik** *f* give-and-take policy; **als ~~** in return for, in consideration of; **angemessene ~~** adequate consideration; **~manifest** *n* anti-manifesto; **~maßnahme** *f* *c*-measure, *c*-action, preventive measure; **~offerte** *f* *c*-offer; **~partei** *f* opposing party, opponent, the other side; **~posten** *m* contra item, *c*-item, opposite entry; **passivischer ~~** *c*-part on the liabilities side; **~probe** *f* *c*-verification, crosscheck; **~propaganda** *f* *c*-propaganda; **~protest** *m* *c*-protest; **~reaktion** *f* backlash, *c*-reaction, opposite movement; **~rechnung** *f* controlling account, check account, account for checking purposes, bill in return, invoice for set-off purposes; **~recht** *n* adverse right, adverse title; **~regierung** *f* *c*-government; **~revolution** *f* *c*-revolution; **~saldo** *n* *c*-balance; **~schlag** *m* retaliation; **~seite** *f* opposite side; **~seitigkeit** *f* → *Gegenseitigkeit*; **~spionage** *f* *c*-espionage; **~stand** *m* → *Gegenstand*; **~stimme** *f* adverse vote, no-vote, vote against; **ohne ~~** unanimous, unopposed; **~stromprinzip** *n* *admin* upstream-participation principle (*principle in planning law permitting lower ranking administrative body to participate in decision making of higher ranking administrative body*); **~stück** *n* *c*-part; **~teil** *n* (the) contrary, (the) opposite; **das ~~ beweisen** to disprove; **bis zum Beweis des ~~s** until proof of the contrary; **~überstellung** *f* comparative analysis; confrontation, identification parade, (police) line-up; **~verkauf** *m* sale in return, *c*-sale; **~verkehr** *m* oncoming traffic, contra-flow (system); two-way traffic; **~verpflichtung** *f* cross-undertaking, reciprocal insurance; **treuhänderische ~~** back-bond; **~versicherung** *f* mutual insurance; **~vertrag** *m* *c*-treaty; **~vorbringen** *n* replication, affirmative plea; **neues ~~ zur Klageerwiderung** special replication; **offensichtlich unschlüssiges ~~** frivolous answer; **substantiiertes ~~** special plea; **verspätetes ~~** pretermitted *US* defense/*GB* defence; **vertretbares ~~** arguable *US* defense/*GB* defence; **~vormund** *m* coguardian, supervisory guardian; **~~schaft** *f* supervisory guardianship; **~vorstellung** *f* remonstration, arguments; **~~en erheben** to remonstrate, to take exception to; **~wart** → *Gegenwart*; **~wechsel** *m* cross-bill; **~werbung** *f* aggressive advertizing; **~wert** *m* consideration, equivalent, currency equivalent, equivalent sum, *c*-value; **~~ der begebenen Aktien** nominal value of shares issued; **~~mittel** *n/pl* *c*-part funds; **originäre ~~~** original *c*-part funds; **gleicher ~~** equivalent value; **~zeichnung** *f* *c*-signature; **~zug** *f* *c*-move (*negotiations*).

gegen *prep* against, versus, **~über** as between, as against, vis-à-vis, towards.

gegen|beweislich *adj* disprobative; **~gezeichnet** countersigned counterexecuted; **~seitig** mutual, reciprocal; **~ständlich** objective, concrete, involved in the transaction; **~standslos** nugatory, irrelevant, purposeless, pointless, no longer valid, invalid; **~teilig** contrary, to the contrary; **~wärtig** present, in praesenti, in attendance, current; **~~er Angriff** *m crim* imminent attack.

gegen|steuern *v* to countersteer; **~überstellen** *vt* to confront *s.o.* (with); **~zeichnen** *vt* to countersign, to back.

Gegenseitigkeit *f* mutuality, reciprocity (= *r*-, *reciprocal* = *r-l*); **~ bei der Strafverfolgung** *r*- of punishment; **~ gewähren** to grant *r-l* treatment; **~sabkommen** *n* *r*-agreement; **~sausfuhr** *f* barter exports; **~sbehandlung** *f* *r*- of treatment; **~serklärung** *f* mutual declaration; **~sgeschäft** *n* barter transaction, *r-l* deal, barter; **~sgesellschaft** *f* mutual association; **~sklausel** *f* *r*- stipulation; **~sprinzip** *n* principle of *r*- (*in recognizing foreign judgments*); **~sverpflichtung** *f* mutual promise; **~sversicherung** *f* mutual insurance, *r-l* insurance; **~svertrag** *m* *r*- treaty; **~ verbürgen** to guarantee *r*-; **auf ~** on mutual terms.

Gegenstand *m* (*pl Gegenstände* = *~e*) object, thing, subject matter (= *s/m*), article, res; **~ der Anmeldung** *s/m* of the application; **~ der Klage** substance of the action; **~ des Berufungsverfahrens** matter arising in an appeal; **~ des Schutzbegehrens** matter for which protection is sought; **~e des täglichen Bedarfs** necessaries; **~e des Verbrechens** products and tools of the *US* offense/*GB* offence; **~ *e-er* Gesellschaft** objects of a company; **~ *e-es* Patents** *s/m* of a patent; **~ *e-es* Unternehmens** object of the enterprise; **~ *e-es* Vertrages** *s/m* of a contract; **~e öffentlichen Interesses** matters of public interest; **~swert** *m* value of the *s/m*, amount involved; **als Waffe geeigneter ~** *sth* which is suitable as a weapon; **besprochener ~** points discussed, *s/m* under discussion; **bewegliche ~e** movable objects; **fabrikmäßig hergestellte ~e** manufactured articles; **immaterielle ~e** incorporeal things; **inventarisierte ~e** inventorized items; **körperlicher ~** tangible thing, corporeal object; **lebensgefährlicher ~** life-endangering article; **patentrechtlich geschützter ~** patented article; **schädlicher ~** noxious thing; **steuerpflichtiger ~** taxable object; **streitbefangener ~** object involved in the litigation; **unkörperliche ~e** intangibles; **versicherter ~** *s/m* insured, risk.

Gegenwart I *f* current time, present time; **~swert** *m* present value, actual value, value (*for taxing the costs*); **~ der Anwartschaft** present value of an expectancy.

Gegenwart II *f* presence; **in meiner ~** in my presence.

Gegner *m/*-**in** *f* opponent, adversary, the opposing party, the other side, opposing counsel; ~**freiheit** *f* trade union's freedom from employer membership, *rule that employers could not be members of trade unions*; ~**unabhängigkeit** *f* independent status of adversary (*collective bargaining*); **der ~ blieb aus** the opposing party/counsel failed to appear; **ein ebenbürtiger ~** an equally skilled adversary, a worthy opponent; **mutmaßlicher ~** purported adversary; **über den ~ obsiegen** to defeat the opponent, to win one's case.

gegnerisch *adj* adverse, opposing, opposite.

Gehalt *n* salary (= *s*-), fixed salary; ~ **bei Einstellung** initial *s*-, starting *s*-; ~ **beziehen** to draw one's *s*-; ~ **nach Vereinbarung** *s*- by arrangement; ~**sabrechnung** *f s*- account, *s*- printout; ~**sabzug** *m* payroll deduction, deduction from *s*-; ~**sansatz** *m s*- rate; ~**sanspruch** *m s*- required, desired *s*-; ~**saufbesserung** *f* raise (in *s*-), pay increase; ~**saufstellung** *f* statement of *s*-; ~**sbasis** *f s*- basis, **reine** ~~ straight *s*- (no share of profits); ~**sbogen** *m s*- schedule; ~**sempfänger** *m/*-**in** *f s*--earner, salaried worker; ~**serhöhung** *f s*- increase; **laufbahnmäßige** ~~ within-grade *s*- increase; ~**sforderung** *f s*- claim; ~**sfortzahlung** *f* continued payment of *s*- (*in case of illness, etc*); ~**sgefälle** *n s*- differential; ~**sgruppe** *f s*- class, *s*- group, *s*- bracket; ~**sklasse** *f s*- class, *s*- bracket; ~**skonto** *n s*- account; ~**skosten** *pl s*- costs; ~**skürzung** *f s*- cut, deduction from *s*-; ~**sliste** *f* payroll, payroll sheet, pay sheet; ~**snachzahlung** *f* back pay, payment of *s*- in arrears; ~**spfändung** *f* garnishment of *s*-, attachment of earnings; ~**srückstände** *m/pl* accrued *s*-, arrears in pay; ~**sscheck** *m* pay *US* check/*GB* cheque, *s*- *US* check/ *GB* cheque; ~**sstaffelung** *f s*- scale; ~**ssteigerung** *f s*- raise, pay increase; ~**sstreifen** *m* pay slip; ~**sstufe** *f s*- bracket; **in *e-e* niedrigere** ~~ **zurückversetzen** to reduce to a lower *s*-, to reclassify in a lower *s*- group; ~**starif** *m s*- schedule; ~**stüte** *f* wage-packet, pay envelope; ~**süberzahlung** *f* excess payment of *s*-; ~**sverrechnungskonto** *n* payroll transitory account; ~**svorschuss** *m s*- advance; ~**swünsche** *m/pl* desired *s*-; ~**szahlung** *f s*- payment; ~**szulage** *f* additional *s*-; **festes** ~ fixed *s*-; **volles** ~ full pay.

Geheim| (*secret* = *s*-) ~**abkommen** *n s*- pact; ~**agent** *m/*-**in** *f s*- agent, intelligence agent; ~**befehl** *m s*- order; ~**bereich** *m* sphere of privacy; ~**bericht** *m s*- report; ~**buchführung** *f* undisclosed accounting; ~**bund** *m s*- society; ~**bündelei** *f* (association with) *s*- societies; ~**dienst** *m s*- service, intelligence service; ~**diplomatie** *f s*- diplomacy; ~**haltung** *f* → *Geheimhaltung*; ~**konto** *n s*- account; ~**mittel** *n s*- funds; ~**nachrichten** *f/pl* intelligence reports; ~**nummer** *f* ex-directory number, unlisted telephone number; PIN code; ~**pakt** *m s*- pact; ~**patent** *n s*- patent; ~**polizei** *f s*- police; ~**polizist** *m/*-**in** *f* member of the *s*- police; plain-clothes (police) man; ~**sache** *f s*- matter, classified item; ~**schublade** *f s*- drawer; ~**schutz** *m* secrecy, maintenance of secrecy; **unter** ~~ **stehende Angaben** restricted data, classified information; ~~**abkommen** *n* Security Protection Treaty; ~**sender** *m* clandestine transmitter; ~**sitzung** *f s*- session; ~**sphäre** *f* sphere of secrecy, intimacy; ~**tinte** *f* invisible ink; ~**urteil** *n* judgment of a *s*- court; ~**verbindung** *f s*- society, *s*- connection; ~**verfahren** *n s*- (manufacturing) process; ~**vertrag** *m s*- agreement.

geheim *adj* secret, restricted, confidential, surreptitious, clandestine; **streng** ~ top secret.

Geheimhaltung *f* secrecy, maintenance of secrecy; **~skontrolle** *f* spill control; **~spflicht** *f* duty of secrecy, obligation to maintain secrecy; **~sregelungen** *f/pl* security arrangements; **~sstufe** *f* degree of security, security grading; **~ssystem** *n* security system; **~sverpflichtung** *f* pledge of secrecy; **~sversprechen** *n* promise of secrecy; **~svorschriften** *f/pl* secrecy rules.

geheimhaltungsbedürftig *adj* sensitive, classified, subject to classification.

Geheimnis *n* secret; **~schutz** *m* security, maintenance of secrecy; **~verletzung** *f* violation of secrecy; **~verrat** *m* betrayal of secrets; **ein ~ preisgeben** to disclose a secret; **ein ~ verraten** to betray a secret; **gewissensbelastendes ~** guilty secret; **strenges ~** top secret.

Gehilfe *m*/**Gehilfin** *f* assistant, helper, skilled worker; *crim* accessory, aider; **~nhaftung** *f* respondeat superior (*in tort*), vicarious liability (*of master for servant*).

Gehirn *n* brain; **~blutung** *f* cerebral/brain *US* hemorrhage/*GB* haemorrhage; **~erschütterung** *f* concussion; **~quetschung** *f* cerebral contusion; **~tod** *m* brain death; **~trust** *m* brains trust; **~wäsche** *f* brainwashing.

Gehöft *n* farmstead, homestead.

Gehör *n* hearing; **rechtliches ~** opportunity of being heard, fair hearing, full hearing, day in court, right of audience; **das ~e ~ versagen** to deny *s.o.* an opportunity of being heard; **richterliches ~** right to be heard in court; **sich ~ verschaffen** to gain a hearing, to make oneself heard.

gehorchen *vt* to obey; **nicht ~** to disobey, to fail to obey.

gehörend *adj* belonging (to), incident, appertaining to.

gehörig *adj* belonging (to), rightfully due to *s.o.*, forming part of *sth*; *adv* appropriately, duly, in due form, properly, in due terms.

Gehorsam *m* obedience; **~ gegen das Gesetz** obedience to the law; **~ schulden** to owe obedience to *s.o.*; **~spflicht** *f* duty to obey; **~sverweigerung** *f* refusal to obey, disobedience, insubordination; **unbedingter ~** absolute obedience.

Geh|recht *n* pedestrian's right of way; **~- und Fahrtrecht** *n* easement of access; **~weg** *m* (compulsory) footpath, pavement, sidewalk.

Geisel *f* hostage (= *h-*); **~befreiung** *f* freeing of *h-s*; **~erschießung** *f* shooting of *h-s*; **~nahme** *f* taking of *h-s*, seizure of *h-s*, **~~ begehen** to seize *h-s*.

Geist *m* spirit; **~ des Rechts** spirit of the law.

Geisterfahrer *m*/-in *f* ghost driver, phantom driver (*driving on the wrong side of the US highway/GB motorway*).

Geistes|abwesenheit *f* absent mindedness; **~arbeiter** *m*/**-in** *f* brainworker; **~gegenwart** *f* presence of mind; **~fähigkeit** *f* mental ability; **~gestörte(r)** *f(m)* (*der Geistesgestörte*) person of unsound mind, mentally deranged person, mentally defective prson; **~gestörtheit** *f* mental derangement, unsoundness of mind, mental disturbance; **~gut** *n* intellectual product; **~kranke(r)** *f(m)* (*der Geisteskranke*) person of unsound mind; insane person, lunatic; **mittelloser ~~** indigent insane person; **unheilbarer ~~** incurably insane person; **~~ als Kläger** patient plaintiff; **~krankheit** *f* insanity, lunacy, mental disease; **angeborene ~~** congenital insanity; **unheilbare ~~** incurable insanity; **~schwäche** *f* weakness of mind, feeble mindedness, mental deficiency, mental infirmity, imbecility; **~schwache(r)** *f(m)* (*der Geistesschwache*) feeble-minded person, person of unsound mind, mental defective, imbecile; **~störung** *f* mental disorder, mental derangement; **~tätigkeit** *f* mental activity, mental work; **gestörte ~~** unbalanced mind; **~verfassung** *f* mental condition; **~zustand** *m* mental state, state of mind; **gesunder ~~** soundness (of mind); **normaler ~~** sanity.

geistes|gestört *adj* mentally deranged/disturbed); **~krank** *adj* insane, mentally ill, lunatic, of unsound mind; **unheilbar ~~** incurably insane; **~schwach** *adj* weak minded, mentally deficient.

geistig *adj* intellectual, mental; **~es Eigentum** intellectual property; **Weltorganisation für G~es ~** World Intellectual Property Organization (*abbr* WIPO).

Gekränktheit *f* sense of grievance, offense.

Geladene(r) *f(m)* (*der Geladene*) the person summoned.

Gelände *n* terrain, area, tract of land, ground, site; **~aufbereitung** *f* site preparation; **~aufnahme** *f* topographical survey; **~gängigkeit** *f* cross-country performance; **~punkt** *m* bench mark, landmark; **bebautes ~** built-up area; **ebenes ~** level ground; **erschlossenes ~** developed (tract of) land, improved site; **landwirtschaftlich genutztes ~** agricultural land; **unbebautes ~** open space(s), idle land, clear area of land.

Gelbbuch *n* fallow book (*official goverment report, similar to a blue book*).

Geld *n* money (= *m-*, *monetary* = *m-y*); **~abfindung** *f* pecuniary compensation, cash settlement; **~abfluss** *m* drain of *m-*; **~ abgezählt bereithalten** please have correct change, no change given; **~abhebung** *f* withdrawal of *m-* (*from an account*); **~abschöpfung** *f* taking *m-* out of circulation, sterilization of *m-*; **~abwertung** *f* currency depreciation, devaluation; **~akkord** *m* *m-* piecework; **~angelegenheiten** *f/pl* *m-y/m-* matters, pecuniary affairs; **~anlage** *f* investment, employment of *m-*, placing of *m-*; **~~ bei ersten Adressen** *m-* placed at first class banks; **~ anlegen** to invest *m-*, to place *m-*, to invest capital; **~anleger** *m/***-in** *f* investor(s); **~anspruch** *m* *m-y* claim; **~aristokratie** *f* plutocracy, timocracy; **~ auf Abruf** call *m-*; **~(er) aufbringen** to raise funds; **~auflagen** *f/pl* *m-y* conditions; **~aufnahme** *f* borrowing; **~ aufnehmen** to borrow *m-*; **~aufwertung** *f* revaluation of *m-*; **~ausfuhr** *f* exportation of *m-*; **~ausgabe** *f* expenditure; **~ausgleich** *m* settlement of payments; **~ausweitung** *f* *m-y* expansion; **~automat** *m* cash dispenser, service till, automatic teller machine (*abbr* ATM), bancomat; **~~enkarte** *f* cash card; **~bedarf** *m* *m-y* need; **~beschaffungskosten** *pl* cost of procuring *m-*; **~beschaffungsverkäufe** *m/pl* *m-* raising sales; **~bestand** *m* stock of *m-*, *m-y* holding(s), cash-in-hand; **~betrag** *m* amount/sum of *m-*; **beigetriebener ~~** amount collected by way of execution; **ein bestimmter ~~** fixed sum; ***jd-en e-en*** **~~ gutschreiben** to credit *s.o.* with an amount; **~bewilligung** *f* allocation of funds, appropriation of funds; **~bezüge** *pl* *m-y* remuneration; **~bote** *m/***~botin** *f* *m-* messenger; **~brief** *m* registered letter containing *m-*/valuables; **~briefträger** *m/***-in** *f* postman authorized to make cash payments; **~börse** *f* purse; **~buße** *f* penalty; administrative fine; ***e-e*** **~~ verhängen** to impose a fine; **~darlehen** *n* loan; **~disponent** *m/***-in** *f* *m-* manager; **~disponibilitäten** *f* available liquid funds; **~disposition** *f* employment of funds, *m-* management; **~eingang** *m* receipt of *m-*; **~einlage** *f* investment, contribution in the form of funds; **~einnehmer** *m/***-in** *f* collector; **~einschuss** *m* injection of *m-*; **~ einsenden** to send (in) *m-*; **~einziehung** *f* collection of *m-*; **~einziehung** *f* **durch die Post** postal collection; **~empfang** *m* receipt of *m-*; **~~svollmacht** *f* authority to accept *m-*; **~empfänger** *m/***-in** *f* payee, recipient of a *m*- remittance; **~entschädigung** *f* pecuniary compensation, pecuniary satisfaction; **~entwertung** *f* depreciation of currency, currency devaluation, inflation; **~~sausgleich** *m* equalization for *m*- depreciation; **~entzug** *m* loss of funds, drain of *m*-; **~er abziehen** to withdraw deposits; **~er mit Verwendungsauflagen** monies subject to instructions as to their use; **~er nutzbar anlegen** to invest, to employ monies usefully; **~ersatz** *m* *m-y* compensation; **~ fest anlegen** to tie up *m*-, to invest *m*-; **~forderung** *f* pecuniary claim, *m*-due, outstanding debt, active debt; liquidated demand; **~~en des Kapitalverkehrs** financial debts; **bestimmte ~~** claim in a liquidated amount, ***e-e*** **~~ einklagen** to sue for a debt; **~fülle** *f* abundance of *m*-; **~ für den Prozess aufbringen** to invest *m*- in a law-suit; **~geber** *m*/**-in** *f* lender of capital, financier; **~geschäft** *n* *m-y* transaction, financial transaction; **~-Güterbilanz** *f* relationship between *m*- and goods; **~handel** *m* *m*--market business, currency trading; **~hortung** *f* hoarding of *m*-; **~ in ein Unternehmen stecken** to sink/put *m*- into an enterprise; **~ in den Wirtschaftskreislauf einschleusen** to pump *m*- into the economic system; **~inflation** *f* *m-y* inflation; **~institut** *n* financial institution, bank; **~kapital** *n* *m-y* capital; **~~bildung** *f* formation of (*m-y*) capital; **~~(s)anlage** *f* pecuniary investment; **~karte** *f* debit card; **~kasse** *f* till, cash register; **~kassette** *f* cash box; **~knappheit** *f* scarcity of *m*-, lack of *m*-, shortage of *m*-, financial squeeze; **zeitweilige ~~** *m*- pinch; **~kredit** *m* *m*-loan, advance; **~kreislauf** *m* circulation of *m*-; **~krise** *f* *m-y* crisis; **~kurs** *m* rate of exchange; *exch* buying rate, buying price, bid price, bid quotations, demand rate; **~leistung** *f* performance in *m*-, payment, cash benefit, pecuniary consideration; **~mangel** *m* scarcity of *m*-, lack of funds; **~markt** *m* *m*-market; **~~kredite** *m/pl* *m*--market lendings, *m*--market loan; **~~papiere** *n/pl* *m*--market paper; **~~regulativ** *n* means of regulating the *m*- market; **~~verschuldung** *f* *m*--market indebtedness; **angespannter ~~** tight *m*- market; **~menge** *f* *m*- supply, quantity of currency; **~~nziel** *n* *m*--supply target; **~~nzuwachs** *m* *m*--supply growth; **~mittel** *pl* pecuniary resources, *m*-, funds; **~notiz** *f* *exch* demand quotation; **~preis** *m* price in *m*-, cash price, price of *m*-, interest rate on very short-term loans; prize in the form of a payment of *m*-; **~quelle** *f* source of *m*-, source of capital; **~~n** pecuniary resources; **~reform** *f* currency reform, *m-y* reform; **~rente** *f* periodical payments; **~reserve** *f* *m-y* reserve; **~sammlung** *f* collection of *m*-; **~satz** *m* *m*- rate, buying rate; **~schein** *m* note, banknote, bill; **gekennzeichneter ~~** marked *m*-; **~schneiderei** *f* sharp practice; **~schnitt** *m* cut in the supply of *m*-; **~schöpfung** *f* creation of *m*-; **~~skredit** *m* credit with *m*- creating effect; **hoheitliche ~~** creation of *m*- by the state; **kreditäre ~~** creation of *m*- in the form of a bank credit; **~schrank** *m* safe, strongbox, safe deposit box; **~~knacker** *m*/**-in** *f* safecracker, safeblower; **~schuld** *f* pecuniary debt, *m*- debt; **~~en** pecuniary obligations; **~schwemme** *f* glut/flood of *m*-; **~sendung** *f* remittance of *m*-; **~sog** *m* drain of *m*-; **~sorten** *f/pl* notes and coin(s); **~~schuld** *f* debt to be paid in a specified currency; **~sortiermaschine** *f* coin-counting machine; **~spende** *f* donation of *m*-, financial contribution; **~stilllegung** *f* tying up of *m*-, locking up *m*-, freezing of funds; **~strafe** *f* → *Geldstrafe*; **~stück** *n* coin; **~summe** *f* sum of *m*-; **~~nschuld** *f* obligation to pay an amount of *m*-; **~~nvermächtnis** general pecuniary legacy; **~sur-**

rogat *n* representative *m-*, *m-* surrogate; **~taschenraub** *m* purse snatching; **~-Taxkurs** *m* estimated price; **~transport** *m* transport of *m-*; **~~wagen** *m* armoured car; **~überfülle** *f* excessive supply of *m-*; **~überhang** *m* surplus of *m-* supply; **~überweisung** *f m-* transfer; **telegrafische ~~** *m-* order telegram; **~umlauf** *m* circulation of *m-*; **~~geschwindigkeit** *f* velocity of *m-y* circulation; **~umstellung** *f* currency conversion; **~umtausch** *m* exchange of *m-*, exchange of invalidated notes and coins (*at currency reform*); **~ und Brief** bid and asked; **~- und Kreditpolitik** *m-* and credit policy; **~- und Sachbezüge** remuneration in *m-* and in kind; **~unterschlagung** *f* embezzlement, peculation; **~verbindlichkeit** *f* pecuniary obligation; **~verfassung** *f* *m-y* structure; **~verkehr** *m* *m-* movements, *m-* transactions; **~verknappung** *f* scarcity of *m-*; **~verleih** *m* *m-* lending; **~verleiher** *m/***-in** *f m-* lender; **wucherischer ~~** loan shark; **~vermächtnis** *n* pecuniary legacy; **~vermehrung** *f* increase in *m-*; expansion in the *m-* supply; **~vermittler** *m/***-in** *f* *m-*broker; **~vermögen** *n m-y* wealth, pecuniary assets, *m-y* capital; **~~sbildung** *f m-y* wealth formation; **~~swert** *m* *m-y* asset, *m-y* value; **ruhendes ~~** inactive *m-y* wealth; **~vernichtung** *f* destruction of *m-y* wealth; **~verschlechterung** *f* deterioration of currency; **~verschwendung** *f* squandering of *m-*, wasting *m-*; **~versorgung** *f* supply of *m-*; **~ verzinslich anlegen** to invest *m-* for interest; to put out *m-* at interest; **~volumen** *n* quantity/volume of *m-* (in circulation); **rechnerisches ~~** statistical volume of *m-*; **volkswirtschaftliches ~~** overall volume of *m-*; **~ von *e-em* Konto abheben** to withdraw *m-* from an account; **~vorrat** *m* available funds, cash reserve, cash in hand; supply of *m-*; **~ vorteilhaft anlegen** to invest *m-* profitably; **~waschanlage** *f m-* laundering (bank); **~wäsche** *f m-* laundering; **~wäscherei** *f m-* laundering; **~wechselautomat** *m* change machine; **~wechselgeschäft** *n* exchange transaction, exchange business; **~ wechseln** *v* to exchange *m-*; **~wechsler** *m/***-in** *f m-* changer, *m-*dealer; **~wert** *m m-y* value, value of *m-*; **~~schuld** *f* pecuniary obligation; **~~schwankungen** *f/pl* fluctuations in the value of *m-*; **~~stabilität** *f m-y* stability; **~~verschlechterung** *f* currency depreciation; **abnehmender ~~** *m-y* erosion; **~wesen** *n m-y* matters, currency matters; **~wirtschaft** *f m-y* economy; **~wucher** *m* usury; **~zeichen** *n m-y* token(s); **~zins** *m* *m-* interest, rate of interest on *m-*; nominal interest; **~zuwachs** *m* increase in the supply of *m-*; **~zuwachsrate** *f* rate of increase in the supply of *m-*; **anlagebereite ~er** funds available for investment; **angelegtes ~** invested *m-*, investment; **aufgenommene ~er** *acct* creditors' account; **außer Kurs gesetztes ~** *m-* withdrawn from circulation; **bares ~** cash; **bei Gericht hinterlegtes ~** funds in court; **billiges ~** cheap *m-*; **das restliche ~** the residue of *m-*; **durchlaufende ~er** transitory funds; **eingefrorene ~er** frozen funds; **falsches ~** counterfeit *m-*; **feste ~er** fixed *m–*, time deposits, fixed term deposits; **festgelegte ~er** tied-up funds, immobilized *m-*; **flüssige ~er** liquid funds; **fremde ~er** funds from outside sources, borrowings; **gefälschtes ~** counterfeit *m-*; **gepfändetes ~** distrained *m-*; **gewaschenes ~** laundered *m-*; **heißes ~** hot *m-*; **knappes ~** tight *m-*; **krankes ~** unsound *m-*; **kurzfristiges ~** *m-* at call, *m-* at short notice; **längerfristig verfügbares ~** medium-term funds; **mit ~ abfinden** to settle with *m-*/for cash; **öffentliche ~er** public funds; **~ ~er veruntreuen**

to peculate, to misappropriate public funds; **originäres** ~ original *m-*; **sämtliche** ~**er** all *m-s*; **stillgelegte** ~**er** non-earning reserve; **tägliches** ~ call *m-*, day-to-day *m-*, *m-* at one day's notice; **täglich fälliges** ~ day *m-*; **übriges** ~ loose *m-*, loose capital; **umlaufendes** ~ *m-* in circulation; **zweckgebundene** ~**er** earmarked monies, ad hoc monies.

geld|politisch *adj* from the point of view of monetary policy; ~~ **neutral** neutral in monetary policy; ~**wert** monetary, in terms of money; ~~**bereinigt** real monetary value, real terms.

geldlich *adj* pecuniary, monetary.

Geldstrafe *f* (judicial) fine, pecuniary penalty, monetary fine; **an Stelle** ***e-er*** ~ in lieu of a fine; ***e-e*** ~ **festsetzen** to assess a fine; ***e-e*** ~ **verhängen** to impose a fine; **es wird auf** ~ **erkannt** a fine is imposed; **mit** ***e-er*** ~ **bestrafen** to punish with a fine; **mit** ~ **bedroht** liable to a fine; **zu** ***e-er*** ~ **verurteilen** to impose a fine, to sentence to a fine.

gelegen *adj* situate, situated, located.

Gelegenheit *f* chance, occasion (= *o-*, *occasional* = *o-al*), opportunity (= *op-*), bargain; ~**sarbeit** *f* casual work, casual job, odd jobs, jobbing; ~**sarbeiter** *m*/**-in** *f* casual worker, odd-job man, jobber; ~**sarbeitskräfte** *pl* casual staff; ~**sbeschäftigung** *f* casual employment; ~**sdiebstahl** *m* casual theft, petty theft; ~**seinkünfte** *pl* casual emoluments, income from odd jobs; ~**seinnahmen** *f/pl* receipts from casual employment; ~**sfrachtführer** *m*/**-in** *f* *o-l* carrier, private carrier; ~**sgeschäft** *n* *o-l* deal, chance business; ~**sgeschenke** *f* *o-l* presents; ~**sgesellschaft** *f* ad hoc association, special/temporary association, *o-l* partnership, single-venture partnership, joint venture, joint enterprise, temporary association; ~**skauf** *m* chance purchase, bargain; ~**skäufer** *m*/**-in** *f* casual buyer, bargain hunter; ~**skunde** *m* casual customer; ~**sschifffahrt** *f* *o-l* navigation/shipping; ~**sspediteur** *m*/**-in** *f* *o-l* forwarder; ~**stäter** *m*/**-in** *f* infrequent offender, ~**strinker** *m*/**-in** *f* social drinker; ~**sverbrecher** *m*/**-in** *f* infrequent offender, incidental criminal; ~**sverkehr** *m* *o-l* transportation; ~ **zu schriftlicher und mündlicher Äußerung** the *op-* to submit one's case orally and in writing; ~ **zur Erwiderung** *op-* to respond; ~ **zur Stellungnahme** *op-* for an explanation; ~ **zur Replik** *op-* to rebut; ~ **zur Verleumdung** occasion for scandal, *op-* to defame; **bei** ~ as occasion arises, if and when the occasion arises; **die** ~ **nützen** to avail oneself of the *op-* (chance), to seize the chance, to take the *op-*.

gelegentlich *adj* occasional, discontinuous, incidental, casual; *adv* on occasion, when the occasion arises, at times, from time to time, occasionally.

Geleit *n* escort, conduct; ~**brief** *m* letters of safe conduct; ~**schiff** *n* escort, convoy-ship; ~**schutz** *m* escort, convoy protection; ~**zug** *m* convoy; **freies** ~ safe conduct; **Verletzung des freien** ~**s** violation of safe conduct; **sicheres** ~ safe conduct.

gelernt *adj* skilled, trained by trade.

gelesen und genehmigt read and approved.

Geliebte(r) *f(m)* lover, paramour; ~**ntestament** *n* last will in favo(u)r of a paramour.

geliefert *adj* delivered; ~ **ab Kai verzollt** delivered ex quay duty paid (*abbr* DEQ), (*INCOTERMS*); ~ **ab Schiff** delivered ex ship (*abbr* DES), (*INCOTERMS*); ~ (**benannter Bestimmungsort im Einfuhrland**) **verzollt**, delivered (named place of destination in the country of importation) duty paid, Delivered Duty Paid (*abbr* DDP), (*INCOTERMS*); ~ **Grenze** *f* delivered at the frontier (*abbr* DAF), (*INCOTERMS*); ~ **und verzollt** delivered duty paid (*abbr* DDP),

(*INCOTERMS*); ~ **unverzollt** delivered duty unpaid (*abbr* DDU), (*INCOTERMS*).

geloben *vt* to promise solemnly, to vow, to pledge, to swear.

Gelöbnis *n* vow, solemn declaration, pledge; taking oath on enlistment.

gelten *vi* to be valid, to prevail, to be in effect, to be in force, to hold true, to apply, to be applicable; ~ **als** to be deemed, to be considered as, to be regarded as, to pass for; ~ **lassen** to accept *sth* as founded, to acknowledge, to allow; **als richtig** ~ to be deemed to be true; **dies gilt auch wenn** this applies notwithstanding the fact that; **entsprechend** ~ to apply mutatis mutandis; **jeweils** ~ to be applicable for the time being; **sinngemäß** ~ to apply mutatis mutandis.

geltend *adj* valid, effective, in force, in operation, applicable, existing; ~ **machen** to raise, to put forward, to assert, to claim to argue; **gerichtlich** ~ ~ to assert by court action.

Geltendmachung *f* assertion, claiming, enforcement; ~ **des Zeugnisverweigerungsrechts** plea of privilege (*witness*); ~ ***e-er*** **Teilklage** proceeding on part of a claim; ~ ***e-es*** **Rechts** assertion of a right, insistence on one's right; ~ ***e-es*** **Vermieterpfandrechts** distress (under a landlord's lien); ~ ***e-es*** **Verpächterpfandrechts** → ~ *e-es Vermieterpfandrechts*; **gerichtliche** ~ ***e-es*** **Anspruchs** assertion of a claim in court, legal action to enforce a claim; **nachträgliche** ~ subsequent reliance, subsequent assertion; **verspätete** ~ delay in asserting (a right), laches.

Geltung *f* validity, recognition, operation, prevalence; ~ **haben** to be operative, to be in force, to apply; **zur** ~ **bringen** to put forward, to assert; **~sbedürfnis** *n* need for recognition; **~sbereich** *m* extent of validity, scope/area of application, sphere of operation, purview, area of application; **~~sklausel** *f* territorial application clause; **örtlicher** ~~ territory covered, territorial application; **persönlicher** ~~ personal scope; **~sdauer** *f* duration, term/period of validity; *pat* life; **~sgebiet** *n* purview, territory of application, → *~bereich*.

Gelübde *n* vow, solemn promise, pledge.

Gemarkung *f* local subdistrict (*for survey map*); boundary, area.

GEMA *f* (*abbr* = **Gesellschaft für musikalische Aufführungs- und mechanische Verfielfältigungsrechte**) German Society for Musical Performance and Mechanical Reproduction Rights (*abbr* GEMA).

gemäß *prep* in accordance with, in pursuance of, pursuant to, subject to, in compliance with, under, in keeping with.

gemäßigt *adj* moderate.

Gemein|bedarf *m* public requirements; **~eigentum** *n* public ownership, nationalized property; **in** ~~ **überführen** to nationalize; **~gebrauch** *m* common use, public use; **~~sinteressierte(r)** *f(m)* person having a legitimate interest in the public use of *sth*; **~gefahr** *f* common danger, collective danger, public danger; **~gefährlichkeit** *f* public danger, danger to public safety; **~gläubiger** *m/***-in** *f* general creditor in bankruptcy, non-preferential creditor; **~gut** *n* common property, public property, public domain; **~interesse** *n* interest of the general public; **~kosten** → *Gemeinkosten*; **~last** *f* burden-sharing, common burden, overhead charges; **~nutz** *m* public benefit; **~nützigkeit** *f* usefulness for the benefit of the public; promotion of general welfare, public charity; charitable nature; **~~sverordnung** *f* ordinance regulating tax advantages for promotion of public benefits; **~schaft** → *Gemeinschaft*; **~schafter** *m/***-in** *f* associate, group member; **~schuldner** *m/***-in** *f* debtor in bankruptcy, (adjudicated) bankrupt, undischarged bankrupt; **~wesen** *n* body politic; **~wirtschaft** *f* the socioeconomic sector of business; **~wohl** *n* common weal, general welfare.

gemein| *adj* common, ordinary, usual, average; **~frei** in the public domain, of common knowledge, (*unprotected by copyright or industrial property rights*); **~gefährlich** dangerous to the public, constituting a public danger, dangerous to public safety; **~gültig** generally accepted, universally valid; **~nützig** useful for general welfare, for public use, for the public benefit; charitable, pro bono publico; **~sam** joint, common, mutual, combined; **~~e Außen- und Sicherheitspolitik** *EU* (*abbr* **GASP**) common foreign and security policy (*abbr* CFSP); **~~e Politik** *EU* common policies; **~~e Sicherheits- und Verteidigungspolitik** *EU* common security and *US* defense/*GB* defence policy; **~~e Verteidigungspolitik** *EU* common *US* defense/*GB* defence policy; **~~er Standpunkt** *EU* common position; **G~~er Zolltarif** *EU* Common Customs Tariff; **~~ mit** jointly with, in conjunction with; **~schädlich** damaging to the public; **~schaftlich** joint, common, in common; *adv* jointly, conjointly, in conjunction with; **~~ berechtigt sein** to hold concurrently; **~wirtschaftlich** socio-economic.

Gemeinde *f* local (= *l-*) authority, local government unit, municipality (*municipal* = *m-*), commune, parish, community (= *c-*), (*basic unit of local government*); **~abgaben** *f/pl* (parochial) rates, *l-* taxes; **~~gesetz** *n l-* revenue law; **~abwässerverband** *m* district sewage disposal board; **~amt** *n l-* government office; **~angehörige(r)** *f(m) l-* resident; **~angelegenheiten** *f/pl l-* government matters; **~anleihe** *f m-* loan; **~aufgaben** *f/pl* functions of *l-* authorities; **~aufsichtsbehörde** *f l-* government supervisory authority; **~autonomie** *f l-* government; **~bank** *f m-* bank; **~beamter** *m/* **~beamtin** *f l-* government official, parochial officer; **~bedienstete(r)** *f(m) l-* government employee, *m-* employee; **~behörde** *f l-* authority, *m-* authority; **~betrieb** *m l-* authority enterprise, *m-* enterprise; **~bewohner** *m/***-in** *f l-* resident, parishioner; **~bezirke** *m/pl l-* districts; **~bürger** *m/***-in** *f* freemann/freewoman; **~bürgerrecht** *n l-* citizenship; freedom of a city; **~dienste** *m/pl l-* goverment services, *m-* services; **~eigentum** *n m-* property, parish property; **~einwohner** *m/***-in** *f l-* resident; **~finanzen** *pl m-* finances, *l-* finances, *c-* finances; **~freiheiten** *f/pl* privileges of *l-* government units, *m-* freedoms; **~fürsorge** *f* parochial relief, *l-* government relief; **~gebiet** *n l-* authority area, *l-* administrative area; **~gesundheitsamt** *n l-* board of health; **~gruppen** *f/pl l-* government groups; **~gut** *n m-*/parochial property; **~haushalt** *m m-* budget; **~~srecht** *n l-* government budget law, *l-* finance legislation; **~hoheit** *f* exclusive *l-* government jurisdiction; **~kasse** *f m-* treasury, *l-* authority treasury; **~lasten** *pl m-* charges, *l-* charges; **~nutzungsrechte** *n/pl* rights of use vested in *l-* authority; **~ordnung** *f l-* government code, *m-* regulations; **~organe** *n/pl l-* authority agencies; **~polizei** *f l-* police, *m-* police; **~polizist** *m/***-in** *f* parish constable, *l-* police officer; **~rat** *m l-* council, *m-* council, parish council, *c-* council, village council, urban district council; **~~sbeschluss** *m* council resolution, council decision; **~~smitglied** *n* member of *l-* council, councillor; **~~swahlen** *f/pl l-* government elections; **~recht** *n l-* government law; **~satzung** *f m-* by(e)-laws, *m-* code; **~schulden** *f/pl m-* debts, debts of *l-* authorities; **~schule** *f l-* school, parish school; **~schwester** *f* parish nurse, district nurse; **~steuern** *f/pl l-* taxes, *m-* taxes, *l-* rates, *m-* rates, personal *c-* charge, poll tax; **~steuerzahler** *m/***-in** *f* taxpayer of *m-* taxes; **~straße** *f l-* street, *l-* road; **~testament** *n* last will executed before the mayor (*emergency*); **~verband** *m l-* government regional authority, district board, association of *l-* authorities; **~verfassung** *f* constitution of a *l-* authority; **~~srecht** *n l-* government law; **~vermögen** *n m-* property, property of a town/parish; council property; **~verordnung** *f m-* ordinance, *l-* authority regulations; **~versammlung** *f* parish meeting, town meeting; **~vertretung** *f* council of a *l-* authority, representation of a *l-* authority; **~verwaltung** *f l-* administration, *l-* government administration, *m-* administration, *l-* government office; town meeting, village meeting; **~vorstand** *m m-* executive board; **~vorsteher** *m/***-in** *f eccl* chairman of the parish council; **~wahl** *f m-* election, *l-* election; **~~berechtigte(r)** *f(m)* parochial elector (*person entitled to vote in a l-government election*); **~~gesetz** *n l-* government election law; **~~ordnung** *f* regulations governing *l-* elections; **~weg** *m l-* road; **~wohnhaus** *n* council house; **~wohnungsamt** *n l-* housing office; **~zentrum** *n c- US* center/*GB* centre; **abgelegene ~n** remote communities; **hebeberechtigte ~** *l-* authority entitled to charge *m-* taxes and rates; **kreisangehörige ~** *c-* forming part of a county; **kreisfreie ~** county borough.

gemeindefrei (*land*) outside of a local government district.

Gemeinkosten *pl* overhead, overhead costs, indirect costs, fixed costs, basic expense, general expenditure; **~abweichung** *f* overhead cost variance; **~ansatz** *m* standard overhead cost data; **~konto** *n* overhead charges account; **~lohn** *m* indirect labo(u)r costs; **~satz** *m* overhead rate; **~überdeckung** *f* over-absorbed overhead; **~umlage** *f* overhead cost allocation; **~unterdeckung** *f* under-absorbed indirect costs; **~verrechnungssatz** *m* overhead cost absorption rate; **~zuschlag** *m* overhead rate, establishment charge; **abschreibungsabhängige ~** depreciation-related overhead (costs); **anteilige ~** prorated overhead, pro-rata overhead; **steuerlich zulässige ~** overhead rate permissible under tax laws; **umzulegende ~** overhead costs to be prorated, overhead costs to be assessed on a pro rata basis; **verrechnete ~** absorbed overhead.

Gemeinsamer Markt *EU* Common Market.

Gemeinschaft I *f* community, association; **~ nach Bruchteilen** community of part owners; tenancy in common; **~ nach bürgerlichem Recht** ownership in common (*according to the German Civil Code*); **~sanlage** *f* collectively owned installation; **~saktion** *f* joint action, synergy; **~sanschluss** *m* (two-)party line, shared line (*telephone*); **~santenne** *f* shared *US* antenna/*GB* aerial, party antenna/aerial; **~~nanlage** master TV antenna/aerial; **~sarbeit** *f* team work, cooperative work; **~saufgabe** *f* joint task; **~sbesitz** *m* joint possession, joint property; **~sbesteller** *m/***-in** *f* joint buyers, joint subscribers (*newspaper, periodicals*); **~sbeteiligung** *f* joint interest, joint participation, joint capital share, jointly owned company; **~sbilanz** *f* consolidated balance sheet; **~sdepot** *n* joint custody account, joint deposit of securities; **~sdienst** *m* joint service; **~seigentum** *n* common parts (*block of residential flats*); **~seinrichtung** *f* jointly used installation; **~semission** *f* joint issue; **~serfindung** *f* joint invention; **~sfelder** *n/pl* open fields, common land; **~sfinanzierung** *f* group financing; **~sgeschäfte** *n/pl* joint business, syndicate transactions; **~shaft** *f* group confinement; **~~ung** *f* joint liability; **~shilfe** *f* mutual assistance; **~skasse** *f* common funds, common treasury, common kitty; **~skonto** *n* joint account, partnership account; **~skredit** *m* syndicate credit, joint loan; **~sordnung** *f* condominium bye-laws, declaration of restrictions; **~sorgan** *n* jointly used agency, community organ; **~sproduktion** *f* joint production; **~sprojekt** *n* joint venture, community project; **~s-schule** *f* non-denominational school, coeducational school; **~s-stelle** *f* joint office; **~sstunde** *f* joint instruction hour, staff meeting; **~stochter** *f* joint subsidiary; **~sunterkünfte** *f/pl* hostel, communal accomodations; **~sunternehmen** *n* joint venture; **konzentratives ~~** concentrative joint venture; **kooperatives ~~** coordinating joint venture; **~svermögen** *n* collective property; **~sverpflegung** *f* communal care; **~sversicherung** *f* group insurance; **~svertrag** *m* joint contract; **~sweide** *f* open meadows; **~swerbung** *f* joint advertizing; **~szentrum** *n* community *US* center/*GB* centre, civic *US* center/*GB* centre; **~ Unabhängiger Staaten** (*abbr* **GUS**) Commonwealth of Independent States (*abbr* CIS) (*successor of former Soviet Union*); **~ zur gesamten Hand** community of joint owners; **Atlantische ~** Atlantic Community; **eheähnliche ~** quasiconjugal community, live-in quasimarital relationship; **eheliche ~** conjugal community, matrimony; **häusliche ~** common household.

Gemeinschaft II *f EU* Community (= *C*-); **~sangehörige(r)** *f(m)* citizen of a *C*- member state, *C*- national; **~aktion** *f C*- action; **~sbehandlung** *f C*- treatment, intra-*C*- treatment; **~sbeschluss** *m C*- resolution; **~sbürger** *m/***-in** *f C*- citizen; **~scharta** *C*- Charter; **~~ der sozialen Grundrechte der aus- und einwandernden Arbeitnehmer** *C*- Charter of the Fundamental Social Rights of Workers (*1989*); **~sebene** *f C*- level; **~serzeugnis** *n C*- product; **~sland** *n C*- country; **~smarke** *f C*- trademark; **~smaßnahme** *f C*- measure; **~sorgan** *n C*- body; **~spatent** *n C*- patent; **~~gesetz** *n C*- Patent Act (*1979*); **~~übereinkommen** *n* (= **Übereinkommen über das europäische Patent für den Gemeinsamen Markt**) *C*- Patent Convention; **~splafond** *m C*- ceiling; **~spolitik** *f C*- policy; **~spräferenz** *f C*- preference; **Grundsatz der ~~** principle of *C*- preference; **~sprogramm** *C*- programme; **~srecht** *n C*- law, European law; **Vorrang des ~~s** *EU* supremacy of *C*-law; **~sregelungen** *f/pl C*- rules, common rules; **~srichtlinie** *f C*- directive; **~streue** *f C*- loyalty; **~sursprung** *m C*- origin; **~sverordnung** *f C*- regulation; **~szoll** *m C*- tariff; **Amtsblatt der Europäischen ~en** Official Journal of the European Communities (*abbr* OJ); **Einrichtung der ~** *C*- body; **erweiterte ~** enlarged *C*-; **Europäische Atom~** (*abbr* **EAG**) European Atomic Energy *C*- (*abbr* EAEC); **Vertrag zur Gründung der ~n ~~** Treaty establishing the European Atomic Energy *C*-; **Europäische ~** European *C*-; **Vertrag zur Gründung der Europäischen ~** Treaty Establishing the European *C*-; **Europäische ~en** *f/pl* (*abbr* **EG**) European Communities (*abbr* EC); **Vertrag zur Einsetzung *e-es* gemeinsamen Rates und *e-er* gemeinsamen Kommission der ~n ~en** Treaty establishing a Single Council and a Single Commission of the European Communities; **Europäische ~ für Kohle und Stahl** (*abbr* **EGKS**) (*Montanunion*) European Coal and Steel *C*- (*abbr* ECSC), (*Treaty of Paris 1951*); **Vertrag über die Gründung der ~n ~ ~ ~ ~ ~** Treaty establishing the European Coal and Steel *C*-; **Europäische Wirtschafts~** (*abbr* **EWG**) European Economic *C*- (*abbr* EEC); **innerhalb der ~ zu- und abwandern** to move with the *C*-; **Organ der ~** *C*- institution; **ursprüngliche ~** original *C*-.

Gemengelage *f* mixed-zoning area (*industrial, commercial, residential*), area without zoning restrictions; heterogenous ownership area (*interspersion of land owned by variety of owners*).

Gemischtwaren *pl* groceries, general goods; **~laden** *m* variety store; **~handlung** *f* general store, grocery store.

gemischtwirtschaftlich *adj* semi-public (*enterprise*), publicly owned in part, pertaining to a mixed (*capitalist/socialist*) economy.

Gemüts|krankheit *f* emotional illness, emotional disturbance, melancholia, nervous breakdown; **~verfassung** *f* state of mind, emotional condition.

Gen *f* gene; **~Ethik** *f* GenEthics, genethics (*ethics of human genome research and applications*); **~schaden** *m* congenital disability; **~technikgesetz** *n* law on genetic technology; **~technologie** *f* genetic engineering.

Gendarmerie *f A* police.

genehm *adj* agreeable, acceptable.

genehmigen *vt* to approve of, to sanction, to ratify, to adopt, to affirm, to give one's assent to.

genehmigt *adj* approved, authorized (*capital*).

Genehmigung *f* approval (= *a*-), permit, sanction, *US* license/*GB* licence (= *l*-), ratification, authorization; adoption, affirmation, assent; leave (*of court*); **~ auf Zeit** period authorization; **~ der Bilanz** adoption/*a*- of the balance sheet; **~ des Gerichts** leave of the court; **~ des Jahresberichts** adoption of the annual report; **~santrag** *m* application for a permit/*l*-; **~sbedürftigkeit** *f* requirement of official *a*-; **~sbefugnis** *f* authority to approve; **~sbehörde** *f* approving authority, authorizing body; **~sbescheid** *m* notice of *a*-, permit, *l*-; **~sbescheinigung** *f* certificate of *a*-; **~serfordernis** *n* requirement of official *a*-; **~spflicht** *f* requirement of official permission; **~sschreiben** *n* letter of *a*-, letter of approbation; **~surkunde** *f* instrument of *a*-, *l*-; **~sverfahren** *n l*- procedure, ratification procedure; **~svermerk** *m* endorsement/stamp/note of *a*-; **~svorschriften** *f/pl* regulation for public permits; **~swiderruf** *m* revocation of ratification; **~szeichen** *n a*- mark; **allgemeine ~** general *l*-; **amtliche ~** official *a*-, official authorization; **atomrechtliche ~** permission under nuclear law; **behördliche ~** *l*-, permit; **der ~ unterliegen** to require consent, to be subject to *a*-; **devisenrechtliche ~** exchange control permit, exchange authorization; **die ~ für etwas erhalten** to get *sth* affirmed/approved, to obtain a permit; **die ~ für etwas einholen** to seek permission, to obtain the *a*- for *sth*; **die ~ verweigern** to disaffirm, to refuse permission; **finanzamtliche ~** *a*- of the fiscal authorities; **gerichtliche ~** court sanction, leave of court; **~ ~ der Adoption** judicial granting of letters of adoption; **gewerbliche ~** trade permit; **ministerielle ~** *a*- by the ministry; **nachträgliche ~** ratification, (subsequent) *a*-; **rechtsaufsichtliche ~** *a*- by the supervisory authority; **seine ~ zurücknehmen** to revoke one's consent; **staatliche ~** governmental *a*-; **zur ~ vorlegen** to submit for *a*-/authorization.

genehmigungs|bedürftig *adj* subject to approval, requiring official approval; **~sfähig** approvable, capable of being approved; **~sfrei** exempt from licensing; **~spflichtig** subject to authorization, subject to approval, requiring official approval, subject to *US* license/*GB* licence, licensable.

General| (*general* = *g-*) **~abrechnung** *f g-* settlement of accounts, full settlement; **~abtretung** *f* deed of *g-* assignment; **~agent** *m*/**-in** *f* chief agent, *g-* agent; **~agentur** *f g-* agency business; **~amnestie** *f g-* pardon; **~anwalt** *m*/**~anwältin** *f* solicitor *g-*; *EU* Advocate-General; **~bevollmächtigte(r)** *f(m)* executive manager; *g-* agent; *pol* plenipotentiary; **~bundesanwalt** *m*/ **~bundesanwältin** *f* federal attorney *g-*; **~~ beim Bundesgerichtshof** Public Prosecutor *G-* at the Federal Court of Justice; **~direktor** *m*/**-in** *f* president (*of a corporation*), chairman of the board of directors, executive director, managing director, *g-* manager, director *g-*; **~embargo** *n* universal embargo; **~gouverneur** *m*/**-in** *f* governor *g-*; **~inventur** *f* cradle-to-grave inventory; **~klausel** *f* comprehensive clause, blanket clause; **~konsul** *m*/**-in** *f* consul *g-*; **~konsulat** *n* consulate *g-*; **~konto** *n g-* account; **~mobilmachung** *f g-* mobilization; **~police** *f* floating policy, open policy, block policy; **~prävention** *f crim* (principle of) *g-* deterrence/prevention; **~quartiermeister** *m*/**-in** *f* Quartermaster *G-*; **~quittung** *f* receipt in full, comprehensive receipt; **~repräsentanz** *f g-* representatives; **~schlüssel** *m* skeleton key; **~schuldverschreibung** *f g-* debenture; **~sekretär** *m*/**-in** *f* secretary *g-*; **~~ der Vereinten Nationen** United Nations Secretary-*G-*; **~~ des Rates** *EU* Secretary-*G-* of the Council; **Stellvertretender ~~** Deputy Secretary-*G-*; **~sekretariat** *n EU G-* Secretary; **~staatsanwalt** *m*/~ **staatsanwältin** *f* chief public prosecutor, Director of Public Prosecutions, Attorney *G-*; **~stabschef** *m*/**-in** *f* chief of staff; **~stabskarte** *f* ordnance map; **~streik** *m g-* strike, mass strike; **~überholung** *f* reconditioning, overhaul; **~übernehmer** *m*/**-in** *f s.o.* taking over an enterprise/company as a whole; **~unkosten** *pl* overhead (expenses), undistributed cost; **~unternehmer** *m*/**-in** *f g-* contractor, prime contractor; **~verpfändung** *f* floating charge; **~versammlung** *f g-* meeting, *g-* assembly; **außerordentliche ~~** extraordinary meeting, special meeting; **konstituierende ~~** *GB* statutory meeting; **ordentliche ~~** annual *g-* meeting; **~vertrag** *m* Bonn Convention (= Convention on Relations Between the Three Powers and the Federal Republic of Germany; *1952, ending military occupation of West Germany*); **~vertreter** *m*/**-in** *f g-* agent; **~vertretung** *f g-* agency, head agency; **~~sabkommen** *n g-* agency agreement; **~vertrieb** *m g-* sales agency; **~vollmacht** *f g-* authority, *g-* power (of attorney), plenary power, unlimited power (of attorney); **~zahlmeister** *m*/**-in** *f* Paymaster *G-*; **~zolldirektor** *m*/**-in** *f* Director-*G-* of Customs.

Generationenvertrag *m* generational transfer *US* program/*GB* programme; the social contract between generations (*public pension plan*).

Genesungsurlaub *m* convalescent leave.

Genfer| (*Geneva* = *G-*) **~ Abkommen zur Verbesserung des Loses der Verwundeten und Kranken der Streitkräfte im Felde** *G-* Convention (I) for the Amelioration of the Condition of the Wounded and Sick in Armed Forces in the Field (*12. August 1949*); **~ Abkommen zur Verbesserung des Loses der Verwundeten, Kranken und Schiffbrüchigen der Streitkräfte zur See** *G-* Convention (II) for the Amelioration of the Condition of Wounded, Sick and Shipwrecked Members of Armed Forces at Sea (*12 August 1949*); **~ Abkommen über die Behandlung der Kriegsgefangenen** *G-* Convention (III) Relative to the Treatment of Prisoners of War (*12 August*

1949); ~ **Abkommen zum Schutze von Zivilpersonen in Kriegszeiten** *G-* Convention (IV) Relative to the Protection of Civilian Persons in Time of War (*12. August 1949*); ~ **Flüchtlingskonvention** (= **Abkommen über die Rechtsstellung der Flüchtlinge** Convention relating to the Status of Refugees (*28 July 1951*); ~ **Giftgasprotokoll** (= **Protokoll über das Verbot der Verwendung von erstickenden, giftigen oder ähnlichen Gasen sowie von bakteriologischen Mitteln im Kriege**) Protocol for the Prohibition of the Use in War of Asphyxiating, Poisonous or Other Gases, and of Bacteriological Methods of Warfare (*17 June 1925*); ~ **Konventionen** *f/pl G-* Conventions (*general expression for series of conventions on prisoners of war, wounded soldiers, etc*); ~ **Protokoll über die Schiedsklauseln** *G-* Protocol on Arbitration Clauses; ~ **Welturheberrechtsabkommen** *n* World Copyright Convention (*1952*); **Zusatzprotokoll zu den ~ Abkommen vom 12. August 1949 über den Schutz der Opfer internationaler bewaffneter Konflikte** (**Protokoll I**) Protocol Additional to the *G-* Conventions of 12 August 1949, and relating to the Protection of Victims of International Armed Conflicts (Protocol I) (8 June 1977); **Zusatzprotokoll zu den ~ Abkommen vom 12. August 1949 über den Schutz der Opfer nicht internationaler bewaffneter Konflikte** (**Protokoll II**) Protocol Additional to the *G-* Conventions of 12 August 1949, and relating to the Protection of Victims of Non-International Armed Conflicts (Protocol II) (8 June 1977).

Genom genome; **~analyse** *f* genetic sequencing.

Genosse *m*/**Genossin** *f* member (of a cooperative society), *pol* comrade.

Genossenschaft *f* cooperative (= *c-*) society, co-op, cooperative enterprise; **~santeil** *m* share in a *c-* society; **~sbank** *f c-* bank, bank for *c-s*, *c-* banking association, people's bank; **landwirtschaftliche ~~** agricultural credit society; **~sgesetz** *n c-* association law; **~skapital** *n* capital of a *c-*, a (credit) *c-*'s credit; **~skasse** *f c-* bank; *c-* funds; **~srecht** *n* law of *c-* societies; **~sregister** *n* Register of *C-* Societies; **~ssektor** *m* institutions in the field of *c-s*; **~sverband** *m* association of *c-* societies; **~sversammlung** *f* meeting of members of a *c-* society; **~svertrag** *m* articles of association of a *c-*; **~swald** *m* collectively owned forest; **~swesen** *n c-* movement, the *c-* system; **~swohnung** *f c-* apartment, co-op (owned) apartment; **eingetragene ~** (*abbr* **e.G.**) registered *c-* society (*body corporate*); **eingetragene ~ mit beschränkter Haftung** (*abbr* **e. GmbH**) registered *c-* society with limited liability; **eingetragene ~ mit unbeschränkter Haftung** (*abbr* **e. GmbH**) registered *c-* society with unlimited liability; **gewerbliche ~** industrial *c-*; **ländliche ~** agricultural *c-*, rural *c-*; **landwirtschaftliche (Absatz)~** producers' *c-*.

gentechnisch verändert *adj* genetically modified.

Genugtuung *f* satisfaction, legal redress, amends, gratification.

Genus *m* genus, type, kind; *gram* gender (*noun*); **~kauf** *m* sale of unascertained goods; **~-Sachen** *f/pl* unascertained goods, fungibles; **~-Schuld** *f/pl* obligation to provide fungibles, unascertained debt.

Genuss *f* enjoyment, use; **~aktie** *f* bonus share (*non-voting*); **~mittel** *n/pl* articles consumed for stimulation and enjoyment (*mainly beverages*); **~~entwendung** *f* petty larceny of consumables; **~recht** *n* special dividend right, participation right (*without membership obligations or liabilities*); **~schein** *m* (profit) participating certificate, bonus share, dividend-right certificate; **~schuld** *f* obligations under bonus rights; **~tauglichkeitsbescheinigung** *f* health certificate for human consumption; **tatsächlicher ~** actual enjoyment; **ungestörter ~** quiet enjoyment, undisturbed enjoyment.

Gepäck *n* luggage (= *l*-), baggage (= *b*-); **~abfertigung** *f* *l*- office; checking in of *l*-, clearing of *l*- (*customs*); **~annahme** *f* in-counter of left-*l*- office; **~aufbewahrung** *f* left-*l*- office, *b*- deposit; **~ausgabe** *f* (out-section of) left-*l*- office; **~~bereich** *m* *b*- delivery area; **~durchleuchtungsgerät** *n* screening machine; **~kreisel** *m* *b*- carousel; **~meister** *m*/**-in** *f* *b*- master; **~ mit Übergewicht** excess *l*-/*b*-; **~schalter** *m* *l*- office; **~schein** *m* *l*- receipt, *l*- ticket, left-*l*- ticket; **~selbstbedienung** *f* self-claim *l*-/*b*- system; **~verkehr** *m* registered *l*- transportation; **~versicherung** *f* *l*- insurance; **aufgegebenes ~** registered *b*-; **mitgeführtes ~** accompanied *b*-; **nicht mitgeführtes ~** unaccompanied *b*-; **persönliches ~** ordinary *l*-.

gepfändet *adj* attached (*by way of execution*), distrained; **fruchtlos ~** not satisfied, nulla bona.

Gepflogenheit *f* usage, custom, standard practice; **diplomatische ~** diplomatic usage; **internationale ~** international usage; **parlamentarische ~** parliamentary usage, parliamentary form; **den ~n ~en entsprechend** parliamentary; **uralte ~** immemorial usage.

geprüft *adj* tested, examined, checked.

Gerät *n* appliance, utensil, piece of equipment, implement; **~ebau** *m* construction of equipment; **~elieferplan** *m* equipment delivery scheme; **~emiete** *f* equipment lease; **~eschuppen** *m* tool shed; **~esicherheitsgesetz** *n* Equipment-Safety Law; **~schaften** *f/pl* implements, tools, utensils; **landwirtschaftliche ~~** agricultural implements, farming implements.

Geräuschpegel *m* noise level.

gerechnet vom to be computed from, reckoning from, calculated as from.

gerecht *adj* just, fair; **~ und angemessen** just and proper.

gerechtfertigt *adj* justified.

Gerechtigkeit *f* justice (= *j*-), justness, fairness; franchise, license; **~ in der Sache selbst** substantial *j*-; **~sbegriff** *m* concept of *j*-; **~sempfinden** *n* sense of fairness, fairmindedness; **~sgefühl** *n* sense of fairness; **~sliebe** *f* love of *j*-; **~ssinn** *m* sense of *j*-; **~ walten lassen** to do *j*-, to let *j*- be done; **~ widerfahren lassen** (*jd-em*) to do *s.o.* *j*-, to dispense *j*-; **ausgleichende ~** rectificatory *j*-, commutative *j*-; **austeilende ~** distributive *j*-; **kommutative ~** commutative *j*-; **distributive ~** distributive *j*-; **materielle ~** substantive *j*-; **natürliche ~** natural *j*-; **soziale ~** social *j*-.

Gerechtsame *f* franchise, privilege, right of exploitation.

geregelt *adj* regular, settled, disposed of, arranged; **gütlich ~** settled amicably, disposed of by agreement; **vertraglich ~** contractually settled, agreed by contract.

Gericht *n* court of law, (law) court (= *c*-), court of justice; tribunal; **~ der belegenen Sache** the *c*- where the thing in controversy is situated, forum rei sitae; **~ des Urteilsstaates** original *c*-, the national *c*-; **~ erster Instanz** *c*- of first instance, trial *c*-, *c*- of original jurisdiction; **~ für Wettbewerbsbeschränkungen** restrictive practices *c*-; **~ letzter Instanz** *c*- of last resort; **~sakte** *f* case record, case file, record of trial, record of proceedings, *pl* *c*- files, *c*- records, records of the *c*-, judicial documents, *c*- papers; **zu den ~~n einreichen** to put on file, to file with the *c*-; **~sarchiv** *n* *c*- archives, *sl* paper mill; **~sarzt** *m*/**~särztin** *f* medical officer of the *c*-, *c*--appointed doctor; ~**sassessor** *m*/**-in** *f* junior judicial officer (*acting as assistant judge or prosecuting officer*); ~**sbarkeit** *f* → *Gerichtsbarkeit*; ~**sbeamter** *m*/~**sbeamtin** *f* judicial officer, law-*c*- official; ~**sbeauftragte**(**r**) *f*(*m*) judicial agent, person commissioned by a *c*- of justice; ~**sbefehl** *m c*- order; ~**sbekanntmachungen** *f*/*pl* legal notices; ~**sberichterstattung** *f* reporting of *c*- proceedings; ~**sbescheid** *m* summary *c*- decision (*administrative c*-); ~**sbeschluss** *m* order of the *c*-, *c*- order, judicial order; ***e-en*** ~~ **erlassen** to order, to rule; ***e-en*** ~~ **erwirken** to obtain a *c*- order; ~**sbesetzung** *f* appointment of *c*- judges; ~**sbezirk** *m* judicial district, circuit, venue; **im** ~~ in the judicial district, within the jurisdiction; ~**sbote** *m*/~**sbotin** *f c*-messenger; ~**sdiener** *m*/**-in** *f c*- attendant, (*c*-) usher, tipstaff; ~**sdolmetscher** *m*/**-in** *f c*- interpreter; ~**seingang** *m c*- entrance; received at the *c*-; ~~**sstelle** *f* filing office, seal office (*for petitions, writs*); ~**sentscheidung** *f c*- decision, judicial decision; ~**sferien** *f* vacation (of the *c-s*), non-term, recess; **in den** ~~ out of term, during the vacation; ~**sgebrauch** *m* judicial custom; ~**sgebühren** *f*/*pl c*- fees; ~**shilfe** *f c*- assistance; ~**shof** *m c*- of justice, *c*- of judicature; ~~ **der Europäischen Gemeinschaften** *EU* (*abbr* **EuGH**) *C*- of Justice of the European Communities (*abbr* ECJ); ~~ **Erster Instanz der Europäischen Gemeinschaften** *EU C*- of First Instance of the European Communities (*abbr* CFI); **Internationaler** ~~ International Clourt of Justice (*abbr* ICJ); **Kanzler des** ~~**es** *EU* Registrar of the *C*- of Justice; **oberster** ~~ supreme *c*-; ~**shoheit** *f* jurisdiction, (supreme) judicial sovereignty; ~**shügel** *m hist* parle hill (parling hill); ~**sinstanz** *f* (*c*-) instance; ~**sjahr** *n* legal year; ~**skanzlei** *f c*-registry, clerk's office (at a *c*-), record office; ~**skasse** *f c*- cashier; ~**skommissar** *m*/**-in** *f* judicial commissioner; ~**skosten** *pl* costs, *c*-fees; **die** ~~ **auferlegen** to order to pay the costs (of the proceedings); ~~**gesetz** *n C*- Fees Act; ~~**marke** *f c*- fee stamp; ~~**tabelle** *f* table of costs; ~**skundigkeit** *f* notoriety, judicial notice; ~**smedizin** *f* forensic medicine, legal medicine, medical jurisprudence; ~**sordnung** *f* system of judicature, rules of the *c*-; ~**sorganisation** *f* organization of the *c-s*, judicial set-up; ~**sort** *m* place of trial, place of *c*-; ~**speriode** *f* term, law term, session; ~**spersonen** *pl c*- officials, *c*-officers; ~**spolizei** *f* bailiff, *c*- police; ~**spräsident** *m*/**-in** *f* president of the *c*-, chief presiding judge; ~**spraxis** *f* judicial custom; ~**sprotokoll** *n* record, *c*- stenographer's transcript; ~**spsychiatrie** *f* forensic psychiatry; ~**ssaal** *m c*-room; ~**ssache** *f* matter, case (*being tried in c*-) ~**ssachverständige**(**r**) *f*(*m*) *c*--appointed expert; ~**sschranke** *f* bar; ~**sschutz** *m c*-protection; ~**ssiegel** *n c*- seal; ~**ssitz** *m* seat of a *c*-; ~~**ung** *f c*-hearing, sitting (of a *c*-), *c*- session; ***e-e*** ~~~ **abhalten** to hold *c*-; **öffentliche** ~~~ open *c*-; ~**ssprache** *f* official language (used in *c*-); ~**ssprengel** *m c*- district; ~**sspruch** *m c*- judgment, *c*- decision, *c*- ruling; ~**sstand** *m* → *Gerichtsstand*; ~**sstätte** *f* place of the *c*-; ~**sstelle** *f* location of the *c*-, seat of the *c*-; ~**stafel** *f c*- notice board; ~**stag** *m* judicial day, hearing day (*a day on which the c- is in session*); ~**stagebuch** *n c*- diary; ~**stätigkeit** *f* judicial activity; ~**stermin** *m* day of hearing, *c*- hearing, date fixed for the trial; ~**surkunden** *f*/*pl c*- record, judicial document; ~**surteil** *n c*- judgment, (*c*-) decree; *crim* (judicial) sentence; ~**susance** *f* judicial custom, *c*- practice; ~**sverfahren** *n* legal proceedings, *c*- proceedings, judicial proceedings; ~**sverfassung** *f c*- system, system of judicature, structure of the judiciary, constitution of the *c-s*; **~~sgesetz** *n* Judicature Act, Constitution of *C-s* Act (*law governing c- jurisdiction and organization*); **~sverhandlung** *f c-* hearing; **öffentliche ~~** hearing in open *c-*; **~sverwaltung** *f* administration of the *c-s*; **~svollzieher** *m/***-in** *f* bailiff, sheriff's officer, committing officer; **~~kosten** *pl* bailiff's fees, sheriff's poundage; **~svorsitzende(r)** *f(m)* presiding judge; **~swachtmeister** *m/***-in** *f* tipstaff, serjeant (of the peace); **~swesen** *n* judicial system; **~szeiten** *f/pl* juridical days, legal days; **~szuständigkeit** *f* jurisdiction, competence of the *c-*; **~szweige** *m/pl* branches of the judiciary; **~ zweiter Instanz** *c-* of second instance, appellate *c-*; **an ein anderes ~ verweisen** to refer/transfer the case to another *c-*; **ausschließlich zuständiges ~** sole *c-* of competence; **außerordentliches ~** extraordinary *c-*; **bei ~** at (in) *c-*; **bei ~ anhängig** pending before a *c-*; **~ ~~er Fall** a (the) case before the *c-*; **bei ~ einreichen** to hand into *c-*, to file at *c-*; **bei ~ hinterlegen** to pay into *c-*, to deposit with the *c-*; **bei ~ mündlich vortragen** to address the *c-*; **bei ~ vortragen** to submit to the *c-*; **das angerufene ~** the *c-* invoked, the *c-* seized of the case; **das ~ anrufen** to take legal/*c-* action, to resort to *c-s* of law; **das ~ erachtete dies für unwesentlich** the *c-* considered this to be immaterial; **das erkennende ~** the trial *c-*; **das ~ erkennt ihm die Berechtigung ab** the *C-* holds him to be disqualified (from); **das ~ erkennt über den Anspruch** the *c-* adjudicates on a claim; **das ~ hat die Ansprüche materiell geprüft** the *C-* examined the merits of the claims; **das ~ hat entschieden** the *c-* held; **das ~ ist berufen, darüber zu befinden (ob)** the *C-* is called upon to consider (whether); **das ~ ist überzeugt, (daß)** the *C-* is satisfied (that); **das Jüngste ~** the Last Judgment, Doomsday; **das ~ kommt zu dem Ergebnis** the *C-* is led to the conclusion; **das ~ mit *e-er* Sache befassen** to submit a case to *c-*, to bring a case to *c-*; **das ~ überzeugen** to satisfy the *c-*; **dem ~ etwas plausibel machen** to explain *sth* to the *c-*; **dem ~ glaubhaft machen** to give prima facie evidence that; **dem ~ vorlegen** to submit to the *c-*; **durch das ~** by the *c-*, per curiam; **ein ~ mit *e-er* Frage befassen**, to make a *c-* cognizant of a question; **ein ~ parteilich besetzen** to pack a *c-*; **erkennendes ~** this *c-*, trial *c-*, judging *c-*; **erstinstanzliches ~** *c-* of first instance; **ersuchendes ~** *c-* issuing letters rogatory, the requesting *c-*; **ersuchtes ~** requested *c-*, authority to which the letters rogatory are transmitted; **für Ehescheidungen zuständiges ~** divorce *c-*; **gleichgeordnetes ~** *c-* of equal authority; **Hohes ~** your Honour; **innerstaatliche ~e** municipal *c-s*, domestic *c-s*, national *c-s*; **Internationaler ~** (*abbr* **IGH**) International *C-* of Justice (*abbr* ICJ); ***jd-en* auffordern, vor ~ zu erscheinen** to summon *s.o.* to appear in *c-*; ***jd-en* vor ~ laden** to summon *s.o.* (to *c-*); ***jd-en* vor ~ verklagen** to sue *s.o.*; ***jd-en* vor ~ vertreten** to represent *s.o.* in *c-*/in legal proceedings; **Kernenergie-~** Nuclear Tribunal; **Europäisches ~-~** European Nuclear Energy Tribunal (*abbr* ENET); **letztinstanzliches ~** *c-* of last resort; **nachgeordnetes ~** subordinate *c-*; **nicht ortsgebundenes ~** ambulatory *c-*, assize *c-*; **ordentlich bestelltes ~** regularly constituted *c-*; **ordentliches ~** *c-* of record, ordinary *c-*, law *c-*; **sich vor ~ verantworten** to stand trial; **übergeordnetes ~** higher *c-*; **unteres ~** subordinate *c-*/tribunal; **unzuständiges ~** a *c-* that lacks jurisdiction, incompetent *c-*; **vor ~ auftreten** to appear in *c-*; **vor ~ aussagen** to give evidence in *c-*, to testify in *c-*; **vor ~ bewei-**

sen to prove to the satisfaction of the *c*-; **vor ~ bringen** to put on trial, to bring before a *c*-, to bring to trial; **vor ~ erscheinen** to appear in *c*-; **vor ~ gehen** to take legal/*c*-action; **vor ~ geltend machen** to plead in *c*-, to assert a claim in *c*-; **vor ~ klagen** to sue, to bring a *c*-action against; **vor ~ plädieren** to plead at the bar; **vor ~ stehen** to be on trial, to stand trial; to be a party to legal proceedings; **vor ~ stellen** to put on trial; **zu ~ sitzen** to sit in judgment; **zuständiges ~** competent *c*-, *c*- of competent jurisdiction, appropriate *c*-.

gericht|lich *adj* judicial, legal, per curiam, forensic; **~~ und außergerichtlich** judicial and extrajudicial; **nicht ~~** out of court, non-judicial; **~sbekannt** known to the court (*sth of which the court takes judicial notice*); **~shängig** pending at court; **~skundig** known to the court, *sth* of judicial notice; **~smedizinisch** medico-legal, relating to forensic medicine; **~snotorisch** known to the court; *sth* of judicial notice; **~~ sein** to be of judicial notice.

Gerichtsbarkeit *f* jurisdiction (= *j*-), judicial authority; **~ des Staats des Wohnsitzes** domiciliary *j*-; **~ erster Instanz** *j*- of first instance, original *j*-; **ausschließliche ~** exclusive *j*-; **der ~ unterliegen** to be subject to the *j*-; **die ~ ausschließen** to oust the *j*- of the courts; **deutsche ~** German *j*-; ***e-er* ~ unterstehen** to come within the *j*- of; **freiwillige ~** non-contentious proceedings, non-contentious *j*-, non-contentious litigation, **Gesetz über ~ ~** (*abbr* **FGG**) German Ex Parte *J*- Act; **inländische ~** domestic *j*-, national *j*-; **internationale ~** international *j*-; **keiner ~ unterworfen sein** to be immune from legal process, to be exempt from court *j*-; **kirchliche ~** ecclesiastical *j*-; **nicht ausschließliche ~** concurrent *j*-; **obligatorische ~** mandatory *j*-, compulsory *j*-; **ordentliche ~** ordinary *j*-, *j*- of courts of record; **streitige ~** contentious *j*-, contentious litigation.

Gerichtsstand *m* jurisdictional venue, legal venue, forum, place of jurisdiction, (*jurisdiction* = *j*-), place of litigation, purview of a court's competence; **~ der belegenen Sache** → *dinglicher ~*; **~ der Erbschaft** probate *j*-; **~ der Geschäftsniederlassung** *j*- at (the place of) branch establishment; **~ der unerlaubten Handlung** forum actus in tort cases; **~ des Erfüllungsortes** *j*- at the place of performance; **~ des Sachzusammenhangs** *j*- on the ground of factual connection; **~ des Tatortes** forum actus, *crim* place of competent *j*-; **~ des Vermögens** *j*- on grounds of the location of (an) asset(s); **~ des Wohnsitzes** forum by reason of domicile of the defendant, forum domicilii; **~sklausel** *f* jurisdictional clause, clause as to the venue of the action; **~svereinbarung** *f* choice-of-forum agreement, stipulation as to venue, agreement as to the *j*- of the court in the event of litigation; **allgemeiner ~** place of general *j*- (*at the defendant's domicile or general residence*); residuary *j*-, natural forum; **ausschließlicher ~** exclusive venue, exclusive place of *j*-; **besonderer ~ des Sachzusammenhangs** supplementary forum for personal actions connected with real actions (*at the forum rei sitae*); **den ~ vereinbaren** stipulate a *j*-; **dinglicher ~** in rem *j*-; **Europäisches ~s- und Vollstreckungsübereinkommen in Zivil- und Handelssachen** (*abbr* **EuGVÜ**) European Convention on *J*- and Enforcement of Judgment in Civil and Commercial Matters (= *Brussels Convention, 1961*); **inländischer ~** domestic *j*-; **vereinbarter ~** consent/agreed *j*-, stipulated venue, mutually agreed place of *j*-.

gerieren *v reflex* to behave (as), to act, to conduct oneself.

geringfügig *adj* slight, trivial, petty, minor; disregardable; **ganz** ~ inappreciable (*quantity*), very slight, very small.

Geringfügigkeit *f* triviality, insignificance, pettiness, bagatelle.

geringschätzen *vt* to disregard, to despise, to hold in contempt.

Geringschätzigkeit *f* contempt, disdain.

Geringschätzung *f* disdain, contempt, disregard.

Geringstland *n* lowest-yield land, land valueless for cultivation.

geringwertig *adj* of low value, low grade, inferior, trivial.

gerissen *adj* shrewd, cunning, tricky.

Geruchsbelästigung *f* molestation by smell, nuisance of malodo(u)rs.

Geruchssinn *m* sense of smell.

Gerüst *n* scaffold(ing).

Gesamt| (*total* = *t*-, *joint* = *j*-, *general* = *g*-, *overall* = *o*-) **~abfindung** *f* separation package (*termination of employment*); **~abmessungen** *f/pl* *o*- dimensions; **~absatz** *m* *t*- sales; **~abschluss** *m* *t*- account, *o*- result; blanket contract; **rechnerischer ~~** arithmetical net *t*-; **~abwägung** *f* *g*- consideration of the merits/issues, *o*- balancing of the pros and cons; **~angebot** *n* aggregate supply (*economy*); **~annuität** *f* *t*- annuity, cumulative annuity; **~arbeitsverträge** *m/pl* collective labo(u)r agreements; **~aufkommen** *n* *t*- revenue, *t*- yield; **~auftragswert** *m* *t*- contract value; value of *t*- orders received; **~aufwand** *m* aggregate expenditure, *t*- disbursements; **~aufwendungen** *f/pl* → *~aufwand*; **~ausbeute** *f* *t*- recovery, *t*- exploitation; **~ausfuhr** *f* *t*- exports, national exports; **~ausgabe** *f* complete edition, full edition; **~~n** *f/pl* aggregate expenditure; **~ausgebot** *n* combined auction offer (*of several parcels of land*); **~ausgleich** *m* full settlement, *t*- net position; **~ausrüstung** *f* complete equipment; **~ausweis** *m* consolidated statement of financial position; **~bank** *f* entire bank; **~bedarf** *m* *t*- need, *t*- requirements; **~belastung** *f* *t*- load, *t*- encumbrances; **steuerliche ~~** (the) *t*- tax burden; **~bereich** *m* the whole sphere, *t*- field; **~bereinigung** *f* *o*- validation; **~beschäftigtenzahl** *f* (*e-es Landes*) work force; **~besitz** *m* common possession, collective property; **~betrachtung** *f* *o*- view, *g*- survey, comprehensive survey; **~betrag** *m* sum *t*-, *t*- amount, aggregate sum; **den ~~ bilden** to amount to; **~~ der Einkünfte** aggregate income; **~~ der Verbindlichkeiten** *t*- liabilities; **~betrieb** *m* the entire concern; **~~srat** *m* central works council; **~bewertung** *f* *t*- evaluation, *t*- assessment; **~bezüge** *pl* *t*- emoluments; **jährliche ~~** annual emolument; **~bilanz** *f* consolidated balance sheet, *o*- balance sheet, combined balance sheet; **volkswirtschaftliche ~~** national accounts; **~blattzahl** *f* *t*- number of sheets; **~bürgschaft** *f* *j*- guarantee, *j*- suretyship; **~disposition** *f* *o*- layout, the *o*- arrangement; **~dividende** *f* *t*- dividend; **~durchschnitt** *m* *t*- average; **~eigentum** *n* *j*- ownership, *j*- property, undivided ownership; **~einkommen** *n* *t*- income; **~einnahme** *f* *t*- income, gross receipts; **~entschädigung** *f* *t*- compensation, *g*- compensation; **~entwicklung** *f* *g*- development, *o*- trend; **~erbbaurecht** *n* *j*- hereditary building right; **~erbe** *m*/**~erbin** *f* universal heir, sole beneficiary; **~erbfolge** *f* universal succession of a deceased by inheritance; **~ergebnis** *n* *t*- result; **~~rechnung** *f* statement of income and accumulated earnings, combined profit and loss account; **~erhebung** *f* complete statistics, complete census, all embracing census; **~ertrag** *m* *t*- proceeds, aggregate output; **~erzeugnis** *n* *j*- product; **~erzeugung** *f* *o*- production; **~etat** *m* *o*- budget; **~forderung** *f* *t*- claim; **~genehmigung** *f* *j*- permit, *j*- *US* license/*GB* license, block license; **~geschäftsführung** *f j-* management; **~gewicht** *n t-* weight, *t-* load, combined weight; **das höchstzulässige ~~** *t-* authorized loaded weight; **zulässiges ~~** *US* license/*GB* license weight; **~gläubiger** *m*/**-in** *f j-* creditor; **~grundschuld** *f* comprehensive land charge (*on two or more properties to secure one debt*); **~gut** *n j-* marital property, common property; **~~sverbindlichkeit** *f* liability in respect of *j-* marital property; **~~sverwaltung** *f* administration of *j-* marital property; **~haftung** *f j-* and several liability, *j-* responsibility; **~hand** *f* → *Gesamthand*; **~handelsbilanz** *f o-* trade balance; **~händer** *m*/**-in** *f j-* holder of property; **~haushalt** *m o-* budget, national budget; **~hochschule** *f* comprehensive higher educational institution; **~hypothek** *f* collective mortgage, comprehensive mortgage, blanket mortgage; **~index** *m o-* index; **~jahreseinkommen** *n t-* annual revenue; **~kapazität** *f o-* capacity; **~kapital** *n t-* capital, resources; **~~ausstattung** *f t-* capitalization; **~konjunktur** *f g-* economic trend, *g-* level of economic activity; **~kosten** *pl t-* cost, *t-* outlay; **~~berechnung** *f* calculation of *t-* costs; **~kredit** *m* bulk credit; **~~linie** *f o-* line of credit; **~lage** *f* the *g-* position, the *o-* situation; **wirtschaftliche ~~** *g-* economic situation, the *o-* economic outlook; **~leistung** *f t-* output, *o-* performance; **~liquidität** *f o-* liquidity, *t-* liquidity; **~liquidation** *f* complete winding up; **~masse** *f* the *t-* estate; **~meldung** *f* combined statement; **~nachfolge** *f* universal succession (*of all assets and liabilities*); **~nachfolger** *m*/**-in** *f* universal successor; **~nachfrage** *f o-* demand, aggregate demand; **~nachlass** *m* the complete estate, the real and personal estate; **~nichtigkeit** *f* complete nullity; **~nutzung** *f j-* use; **~~sdauer** *f* physical life (*of a machine*), *t-* time of utility; **~organisation** *f o-* organization, group of enterprises; **~personalrat** *m* combined works council; **~plan** *m* master plan, *o-* plan; **~planung** *f o-* planning; **~preis** *m t-* price, lump-sum price; **~produkt** *n t-* product; **~prokura** *f j-* power of procuration (→ *Prokura*); **~quittung** *f* receipt in full, *t-* receipt; **~rechnung** *f o-* accounts; **monetäre ~~** *o-* monetary account; **volkswirtschaftliche ~~** national accounts; **~rechtsnachfolge** *f* universal succession; **~rechtsnachfolger** *m*/**-in** *f* universal successor, *g-* successor; **~regelung** *f o-* settlement; **~rendite** *f* compound yield, *o-* yield; **~risiko** *n o-* risk, *t-* hazard; **~rücklage** *f t-* reserve; **~saldo** *m o-* balance; **~schadenhaftung** *f* liability for *t-* loss; **~schema** *n o-* plan; **~schiffshypothek** *f* comprehensive ship mortgage (*on several vessels*); **~schuld** *f j-* obligation, *j-* and several debt; **~~klage** *f* action for recovery of a *j-* debt; **~~schein** *m j-* promissory note; **~~verhältnis** *n* solidarity, *j-* indebtedness; **~schuldner** *m*/**-in** *f j-* debtor, codebtor; *pl j-* and several debtors; **als ~~ haften** to be jointly and severally liable; **~~anteil** *m* contribution; **~schule** *f* comprehensive school; **~sozialversicherungsbeitrag** *m t-* social welfare contribution, *t-* contribution paid to various social security funds; **~staat** *m* the nation (as a whole); **~status** *m* consolidated statement, *o-* position; **~statut** *n* universal law; *g-* charter, *j-* property jurisdiction (*international private law*); **~steueraufkommen** *n t-* tax revenue; **~steuereinnahmen** *f/pl t-* tax revenue; **~stimmenzahl** *f t-* votes cast, *t-* number of votes; **~strafe** *f* compound sentence, adjusted cumulative punishment (*adding up individual sentences, reducing the t-*); **~~nbildung** *f* merger of sentences (*with t- increase*); **~summe** *f* (sum) *t-*, grand *t*, *t-* amount, gross sum, global sum;

~~ **der Abschreibungen** accumulated depreciation; **~überschuss** *m* *t-* surplus; **~umlaufvermögen** *n* *t-* current assets; **~umsatz** *n* aggregate turnover, aggregate sales, *t-* business; **~~rabatt** *m* *t-* turnover rebate, *t-*-sales discount; **~umschuldung** *f* *t-* debt rescheduling/restructuring; **~unternehmen** *n* the enterprise as a whole; **~urkunde** *f* all-in document; **~veranlagung** *f* *o-* assessment; **~verantwortung** *f* *o-* responsibility, collective responsibility, *j-* liability; **~verband** *m* *g-* association, national association; **~verbindlichkeit** *f* *t-* liabilities, *j-* indebtednes; **~vereinbarung** *f* collective agreement; **~vergleich** *m* full settlement, *o-* settlement; **~vergütung** *f* *t-* remuneration; **~verhalten** *n* *g-* conduct, collective behavio(u)r; **~verlust** *m* *o-* loss, *t-* loss; **~vermächtnis** *n* universal legacy; **~~nehmer** *m*/**-in** *f* universal legatee; **~vermögen** *n* aggregate property, all the property, *t-* assets, real and personal estate, the estate and effects; **steuerpflichtiges** ~~ aggregate taxable property; **~versicherung** *f* comprehensive insurance, all loss insurance; **~versorgung** *f* integrated retirement provisions; **~vertrag** *m* integrated contract, the entire agreement, *j-* contract, master agreement; **~vertreter** *m*/**-in** *f* coagent, *j-* agents; **~vertretung** *f* collective representation, *j-* agency; *o-* representation; **~vollmacht** *f* *j-*/collective power of attorney, *j-* procuration, *j-* authority; **~volumen** *n* *t-* volume; **~vorsatz** *m* *g-* intent; **~vorstand** *m* the national executive; **~werk** *n* complete works (*author, artist*); **~wert** *m* aggregate value, *t-* value; **~wirkung** *f* *o-* effect; **~wirtschaft** *f* *o-* economy, the whole economic system, the national economy; **~wohl** *n* *g-* welfare, commonwealth, the *g-* public interest; **~zahlungsbilanz** *f* *o-* balance of payments; **~zeichnung** *f* *j-* signature; **~~sberechtigung** *f* *j-* signature; **~zeit** *f* *t-* time, aggregate period; **anteilig zur Gesamtzeit** pro rata temporis.

gesamt | deutsch *adj* all German, pan German (*comprising the whole territory of post-reunification Germany*); **~händerisch** joint, in common; **~schuldnerisch** as joint and several debtors, jointly and severally liable; **~staatlich** national; **~wirtschaftlich** macro-economic; **~zeichnungsberechtigt** entitled to sign jointly.

Gesamthand *f* joint title, collective ownership; **~sberechtigung** *f* joint entitlement, entirety of interests; **~sbesitz** *m* undivided interest, joint property; ~~ **mit Anwachsungsrecht im Todesfall** estate in joint tenancy; **~seigentum** *n* joint ownership; **~seigentümer** *m*/**-in** *f* joint owner; ~~ **am Nachlass** parcener; **~sgemeinschaft** *f* community of joint owners; **~sgläubiger** *m*/**-in** *f* cocreditor of a joint claim; **~sklage** *f* *shareholder's action for the benefit of the partnership as a whole*; **~srecht** *n* undivided right (*of a collective group*), *pl* undivided interests; **~sverhältnis** *n* joint-property relationship; **~svermögen** *n* joint property, joint assets, joint capital; **~sverpflichtung** *f* joint obligation (*of several debtors*).

Gesandte(**r**) *f*(*m*) (*der Gesandte*) envoy; **päpstlicher** ~ nuncio.

Gesandtschaft *f* legation; **~sattaché** *m* attaché (*at a legation*); **~sgebäude** *n* legation building; **~spersonal** *n* legation staff; **~srat** *m*/**~srätin** *f* legation counsellor; **~srecht** *n* right to establish a legation, droit de légation.

geschädigt *adj* damaged, injured, aggrieved; ~ **sein** to suffer damages, to be the aggrieved party.

Geschädigte(r) *f*(*m*) the injured party, person injured, the wronged party, sufferer, the aggrieved party; **mittelbar** ~ indirect victim (of damage).

Geschäft *n* business (= *b-*); transaction (= *t-*), deal, bargain; store, shop; **~emacher** *m*/**-in** *f* shrewd businessman, speculator, profiteer; **~emacherei** *f* profiteering, crafty *b-* deals; **interne ~~** insider dealing; **~e tätigen** to transact *b-*; **~ für den, den es angeht** *t-* for the benefit of whom it may concern; **~ für eigene und fremde Rechnung besorgen** to transact *b-* for one's own account and for third-party account; **~ mit kleiner Marge** *t-* providing a small return, *b-* with small margin; **~sablauf** *m* course of *b-*; **normaler ~~** regular/ordinary course of *b-*; **~sabschluss** *m* (*b-*) *t-*, *b-* contract, conclusion of a *b-* deal; **den ~~ vorlegen** to submit the annual accounts; **~sabschlüsse** orders secured; **~sabwicklung** *f* the handling/settling of a *b-*, winding-up of an enterprise; **~sabzeichen** *n* logo; **~sadresse** *f* *b-* address; **~sandrang** *m* run, crush, pressure of *b-*; **~sanmaßung** *f* usurpation of the *b-* of an enterprise; **~santeil** *m* participation (*GmbH*), share, interest in a *b-* firm; **~~ an *e-er* GmbH** capital share in a private limited company limited, GmbH participation; **~sanweisung** *f* company instructions; **~sart** *f* type of *b-*; **~saufgabe** *f* abandonment of the *b-*; **~saufsicht** *f* trade supervision; **~sausfallversicherung** *f* loss of profits insurance; **~saussichten** *f/pl* *b-* outlook; **~sausstattung** *f* *b-* equipment, furniture and fittings; **~sausweitung** *f* expansion of trade; **~sbank** *f* commercial bank, merchant bank, private credit bank; **~sbedarf** *m* office supplies; **~sbedingungen** *f/pl* terms and conditions, terms of *b-*, trading conditions; **allgemeine ~~** (*abbr* **AGB**) general terms and conditions of trade, standard terms; **Gesetz zur Regelung des Rechts der A~n ~~** (*abbr* **AGBG**, = **AGB-Gesetz**) Unfair Contract Terms Act, Standard Contracts Act (*D 1976*); **~sbeginn** *m* commencement of *b-*; **~sbelebung** *f* revival of *b-*; **~sbereich** *m* sphere/line of *b-*, portfolio (*government*); **ohne ~~** without portfolio; **~sbericht** *m* *b-* report, report and accounts; **~~ des Vorstands** directors' report; **~sbesorgung** *f* a *t-* for the benefit of another, agency *b-*; act done by an agent; **~~svertrag** *m* contract for services, contract to manage *sth* for *s.o.*; **~sbetrieb** *m* conduct of a *b-*, course of *b-*, *b-* establishment, *b-* concern; **eingerichteter ~~** established *b-*; **im gewöhnlichen ~~** in the usual course of *b-*; **kaufmännischer ~~** commercial undertaking; **~sbezeichnung** *f* trade name; **die übliche ~~** the usual trade name; **~sbeziehungen** *f/pl* trade/trading relations, *b-* connections; **~sbezirk** *m* *b-* district, bailiwick (*of bailiff*); **~sbriefe** *m/pl* *b-* letters, *b-* correspondence; **~sbücher** *n/pl* *b-* records, books of account, the books of a *b-*; **~seinkommen** *n* *b-* income; **~seinlage** *f* capital contribution, investment in a *b-*; **~seinrichtung** *f* *b-* equipment, *b-* fixtures and fittings; **~serfahrung** *f* *b-* experience; **~sergebnis** *n* *b-* result, operating result; **~serlaubnis** *f* trading *US* license/ *GB* licence; **~seröffnung** *f* opening of a *b-*; **~serweiterung** *f* expansion of *b-*; **~sfähige(r)** *f(m)* (*der ~sfähige*) legally competent person, person with contractual capacity (*to enter into legal t-s*); **beschränkt ~~** person with limited capacity (*minor, infirm person*), **nicht ~~** incompetent (person); person without legal capacity; **~sfähigkeit** *f* (legal) capacity to contract; **beschränkte ~~** limited capacity (to contract); **mangelnde ~~** lacking legal capacity; **partielle ~~** partial capacity to contract; **~sfahrten** *f/pl* *b-* trips; **~sfinanzen** *pl* *b-* finance, financial matters of a firm; **~sfortführung** *f* continuation of *b-*; **~sfrau** *f* businesswoman; **~sfreund** *m*/**-in** *f* *b-* acquaintance; **~sführer** *m*/**-in** *f* →

Geschäftsführer; **~sführung** *f* → *Geschäftsführung*; **~sgang** *m* course of *b*-, official procedure; **gewöhnlicher ~~** normal course of *b*-; **normaler ~~** normal conduct of *b*-; **ordentlicher ~~** ordinary course of *b*-; **patentamtlicher ~~** Patent Office procedure; **~sgebaren** *n* → *Geschäftsgebaren*; **~sgebarung** *f* = *Geschäftsgebaren*; **~sgebiet** *n* field/line of *b*-; **vertragliches ~~** contractual field of *b*-; **~sgebühr** *f* general fee for out-of-court work (*lawyer*); **~sgegenstand** *m* subject matter (of the proceedings); **~sgeheimnis** *n* trade secret, *b*- secret; **ein ~~ preisgeben** to divulge a trade secret; **~sgewinn** *m* *b*-profits, profit of the *b*-, trading profit, operating profit, earned surplus (tax); **~sgrundlage** *f* the basis of a *t*-; **die ~~ für *e-en* Vertrag ist weggefallen** a contract is frustrated; **Wegfall der ~~** frustration of purpose (of contract); **~sgrundsätze** *m/pl* *b*- policies; **~sgrundstücke** *n/pl* *b*- premises; **~sguthaben** *n* credit balance (*in a b*-); **~~ bei *e-er* Genossenschaft** membership shares in a cooperative society; **~shaus** *n* *b*- premises, office building; **~sherr** *m/*-**in** *f* principal; **~~ bei Geschäftsführung ohne Auftrag** involuntary principal, → *Geschäftsführung*; **ungenannter ~~** undisclosed principal; **~sinhaber** *m/*-**in** *f* *b*- proprietor, owner of a *b*-, principal, owner manager; **~sinteresse** *n* interest in a *b*- *t*-; **~sinventar** *n* office furniture and equipment; **~sirrtum** *m* mistake as to the substance of the *t*-; **~sjahr** *n* *b*- year, fiscal year, financial year; **~~esabschluss** *m* end-of-year accounts; **laufendes ~~** current *b*- year; **~skapital** *n* (*b*-) capital; **~skosten** *pl* costs, *b*- expenditure; **allgemeine ~~** overhead charges; **~skreis** *m* scope of operations, scope of *b*-; **~~lauf** *m* circulation of *b*- deposits; **~skunde** *m/*~**skundin** *f* customer; **~slage** *f* *b*-, situation; **~sleistung** *f* *b*- performance; **~sleiter** *m/*-**in** *f* manager, person in charge of a *b*-; **~sleitung** *f* management, executive management; administrative office; **~slokal** *n* *b*- premises; **~slosigkeit** *f* stagnation of *b*-; **~smann** *m* businessman; **kleiner ~~** petty trader; **~smethoden** *f/pl* *b*- practices; **unlautere ~~** unfair trade practices, unfair dealing; **~snachfolger** *m/*-**in** *f* trade successor; **~sneugründung** *f* new establishment; **~snummer** *f* reference number; **~sordnung** *f* → *Geschäftsordnung*; **~spapiere** *n* commercial papers, *b*-papers; **~spartner** *m/*-**in** *f* party to a *t*-; *b*- partner; **~spersonal** *n* staff/employees of a *b*- undertaking; managerial staff; **oberste ~~** general management; **~splan** *m* *b*-plan; **~spolitik** *f* *b*- policy; **~spraktiken** *f/pl* *b*- practices; **~spraxis** *f* normal *b*- usage, commercial practice; **~sprüfung** *f* auditing (of the accounts of a *b*-); **~sraum** *m* store, office; **~räume** *m/pl* *b*- premises; **~sraummiete** *f* *b*- premises tenancy, rent for *b*-premises; **~sreise** *f* *b*- trip; **~srisiko** *n* commercial risk, trade risk, *b*- hazard; **~srückgang** *m* decline of *b*-, downturn, *b*- recession; **~sschädigung** *f* discrediting the *b*- of a trader; trade libel; **~sschluss** *m* closing time, close of *b*-; **~sschulden** *pl* *b*- liabilities, trade debts; **~ssitz** *m* place of *b*-, (registered) office of a firm; **~ssparte** *f* type of *t*-, line of *b*-; **~~nkalkulation** *f* *b*-sector costing, *b*- category costing; **~ssprache** *f* official language, commercial language; **~sstatistik** *f* *b*- statistics, current statistics; **~sstelle** *f* office, agency, executive secretary's office; court office, clerk's office, registry, record office; **~~nleiter** *m/*-**in** *f* manager of a sub-branch, branch manager; **~sstil** *m* *b*- style, commercial style; **~sstille** *f* dullness, slackness in trade; **~sstillstand** *m* *b*- stoppage; **~sstruktur** *f* *b*- structure; **~sstunden** *f/pl* opening hours, *b*- hours, banking hours; **~stätigkeit** *f* commercial activities, *b-* operations, doing *b-*; **ordentliche ~~** ordinary course of *b-*; **~sträger** *m*/**-in** *f* chargé d'affaires (ad interim); **~sübergang** *m* assignment of a *b-* enterprise (*to a successor*), devolution of a *b-*; **~sübernahme** *f* takeover (*of a b-, firm, enterprise*); **nach der ~~** under new management; **~sübersicht** *f b-* report, statement of operations; **~sumfang** *m* volume of *b-*; **~sunfähige(r)** *f*(*m*) (*der Geschäftsunfähige*) person without legal capacity to contract; **~sunfähigkeit** *f* juridical incapacity; **~sunkosten** *pl* expense in carrying on *b-*; operating expenses, *b-* expenses; **allgemeine ~~** overhead expenses, overheads; **~sunterbrechung** *f* interruption of *b-*; **~sunterlagen** *f/pl b-* records; **~sunternehmung** *f b-* enterprise, commercial undertaking, commercial establishment; **~sveräußerung** *f* transfer of a *b-*, sale of a *b-*; **~sverbindlichkeit** *f b-* obligation; **~sverbindung(en)** *f/pl b-* relations; **~sverfahren** *n b-* practice; **betrügerisches ~~** fraudulent *b-* practice; **~sverkehr** *m b-* dealings, *t-s*; **elektronischer ~~** *m* e-commerce; **im gewöhnlichen ~~** in the ordinary course of *b-*; **~sverlauf** *m* course of *b-*, *b-* trend; **~sverlegung** *f* removal of *b-*; **~sverlust** *m b-* loss, loss of earnings; **~svermögen** *n b-* assets; **~sverteilung** *f* allocation of duties, allocation of *b-*, distribution of *b-*; **~~splan** *m* distribution of *b-* plan, organizational chart, functional distribution schedule, schedule of responsibility; **~sverzeichnis** *n* docket, cause list (*in court*); **~sviertel** *n* shopping *US* center/ *GB* centre; **~svolumen** *n* volume of *b-*, balance sheet total; **~svorfall** *m b- t-*; **~svorgänger** *m*/**-in** *f* predecessor in *b-*; **~svorhaben** *n b-* project; **~svorteil** *m* trading advantage; **~swelt** *f b-* world, *b-* community; **~swert** *m* goodwill (of a *b-*), trade interest; value of subject matter (*for computation of fees*); **~swille** *m* intention underlying a *t-*; **~szeichen** *n* reference (number), file number, file reference, mark; **~szeit** *f b-* hours, office hours, opening hours; **~szentrum** *n b-* *US* center/*GB* centre, trading *US* center/*GB* centre, shopping *US* center/*GB* centre; **~szusammenbruch** *m* trading failure, collapse of a *b-*; **~szweck** *m* object of a *b-*, *b-* purpose; **~szweig** *m* line of *b-*; **abgeschlossenes ~** closed/completed *t-*; **an *e-e* Lieferfirma gebundenes ~** tied shop; **auf Gewinn gerichtetes ~** lucrative *b-*, profitable *t-*; **bankähnliches ~** quasi-banking *t-*; **bankfremdes ~** non-bank *b-*; **darlehensähnliches ~** quasi-loan; **das überwiesene ~** the portfolio transferred (*investment*); **das vermittelte ~** the *t-* arranged (*by the intermediary*); **das zugrunde liegende ~** the underlying *t-*; **ein ~ abschließen** to conclude a bargain, to place a contract, to enter into a *t-*; **ein ~ abwickeln** to wind up a *b-*, to handle a deal; to carry out a *t-*; **ein ~ aufgeben** to give up a *b-*, to discontinue a *b-*, to close down (a shop); **ein ~ ausführen** to effect a *t-*; **ein ~ ausüben** to carry on a trade, to operate a *b-*; **ein ~ betreiben** to run a *b-*, to carry on a *b-*, to operate a *b-*; **ein ~ rückgängig machen** to cancel an order; **ein ~ zustande bringen** to negotiate a *t-*; **gebührenfreie ~e** gratuitous, *t-s*; **konzerninternes ~** interaffiliate deal, internal group trading; **laufende ~e** current *t-s*, day to day *t-s*; **persönliche ~e** personal trading (*of a board member, official, etc*); **rentables ~** paying *b-*, lucrative *b-*; **richterliche ~e** matters handled by judges; **schwebende ~e** pending *t-s*; **sittenwidriges ~** *t-* contra bonos mores; immoral *t-*; **verdecktes ~** colo(u)rable *t-*; **vorteilhaftes ~** bargain; **zweifelhafte ~e** shady dealings, doubtful *t-s*.

geschäft|lich *adj* commercial, businesslike, on business, from a business point of view; **rein ~~** at arm's length; **~~e Gewandtheit** *f* business acumen; **~sfähig** legally competent, capable of contracting, **beschränkt ~~** of restricted capacity to contract, under legal disability (*as a minor or patient*); **nicht ~~** incompetent; **nicht voll ~~** → *beschränkt ~~*; **voll ~~** fully capable (to contract); **~sfrei** non-business (*day*); **~sführend** managing; **~slos** slack; **~smäßig** businesslike; **~stätig** doing business, active in business; **~sunfähig** incompetent (to contract).

Geschäftsführer *m*/**-in** *f* manager, general manager, managing director, executive director (*GmbH*); **~losigkeit** *f* total vacancy on managing board, unoccupied (sole) directorship, company being without a director; **~ ohne Auftrag** manager without mandate, voluntary agent, negotiorum gestor; **alleiniger ~** general manager, sole manager; **alleinvertretungsberechtigter ~** manager with sole power of representation; **faktischer ~** de facto director; **parlamentarischer ~** parliamentary manager, whip.

Geschäftsführung *f* management; **~ ohne Auftrag** (*abbr* **GoA**) negotiorum gestio, management without mandate; spontaneous agency without authority, necessitous intervention; **~sbefugnis** *f* power to conduct the business, power to direct (a business), power of management; **~sgenehmigung** *f US* license/*GB* licence to conduct business; **~skosten** *pl* executive expenses; **~sorgan** *n* management body; **~s- und allgemeine Verwaltungskosten** *pl* executive and general administrative expenses; **die ~ ausüben** to manage the business; **fahrlässige ~** (grossly) negligent management; **kaufmännische ~** business management; **oberste ~** top management; **ordentliche ~** proper business management, conduct of affairs; **ordnungsmäßige ~** proper management; **schlechte ~** mismanagement; **tatsächliche ~** actual management.

Geschäftsgebaren *n* business practices, way of doing business, business methods; **anständiges ~** fair practices; **betrügerisches ~** fraudulent manipulation; **korrektes ~** straight dealings; **ordentliches ~** proper business methods; **redliches ~** fair dealing; **reelles ~** honest dealings; **unlauteres ~** dishonest/dubious business practices, unfair competition.

Geschäftsordnung *f* rules of procedure, rules and regulations, (standing) rules; **~ des Rates** *EU* Council's Rules of Procedure; **~ des Vorstands** proceedings of directors; **parlamentarische ~** parliamentary procedure; standing orders; **~sausschuss** *m* standing orders committee; **~spunkt** *m* point of order; **Punkt der ~** → *~spunkt*; **zur ~** on a point of order.

Geschehen *n* happenings, events; **das konjunkturelle ~** cyclical trends; **marktwirtschaftliches ~** operation of the free market.

geschehen *vi* to happen, to occur, to take place; *prep* **~ am** done this day of; **~ zu Bonn** done at Bonn (*treaties*).

Geschenk *n* present, gift; **~annahme** *f* **~** acceptance of gifts (*intended as a bribe*); **~artikel** *m* gift article(s), *pl* fancy goods, articles suitable as presents; **~packung** *f* gift in presentation wrapping, gift box; **~sendung** *f* gift parcel; **~~, keine Handelsware** gift parcel without commercial value.

Geschichtserzählung *f* (*in der Klagebegründung*) statement of the facts of the case, plaintiff's narrative of his case, account of the events.

Geschicklichkeit *f* skill, dexterity, adroitness; **handwerksübliche ~** ordinary skill (of a craftsman).

geschieden *adj* divorced; **schuldig** ~ *hist* divorced as the guilty party; **schuldlos** ~ *hist* divorced as the innocent party; ~ **werden** to be divorced, to obtain a divorce.

Geschiedene *f* divorcée, a divorced woman; **~nunterhalt** *f* maintenance allowance, permanent alimony.

Geschiedener *m* (*der Geschiedene*) a divorced man, divorcé.

Geschlecht *n* sex; lineage, species; **~sakt** *m* sexual act, coitus; **~sbefriedigung** *f* sexual gratification; **~sdrang** *m* sexual impulse, sexual urge; **~sehre** *f* person's hono(u)r in sexual respects; **~sgemeinschaft** *f* cohabitation; **~skranke(r)** *f(m)* venereal patient, person suffering from a venereal disease; **~skrankheit** *f* venereal disease; **~~engesetz** *n D* Venereal Diseases Act (*1953*); **~steil** *n* genital organ, sex organ, *pl* genitals, private parts, *sl* privates; **die männlichen ~e** virilia, male sex organs; **~sumwandlung** *f* transsexuality, sex change; **~sverkehr** *m* sexual intercourse, carnal knowledge; **~~ ohne Einwilligung** nonconsensual intercourse; **außerehelicher ~~** extramarital intercourse, fornication; **fehlende Gelegenheit zum ~~** non-access; **unzüchtiger ~~** illicit connection, fornication, stuprum; **vorehelicher ~~** premarital intercourse.

geschlechtspezifisch *adj* sex-specific.

geschlossen *adj* closed, private, in camera, as a whole, en bloc, self-contained, unanimous (*vote*).

Geschlossenheit *f* homogeneity.

Geschmacksmuster *n* design, registered design; ornamental design, design patent; **~eintragung** *f* registration of design; **~gesetz** *n* Registered Designs Act; **~recht** *n* law of registered designs; **~rolle** *f* Register of Designs; **~schutz** *m* protection of registered designs; **~urkunde** *f* certificate of registration of a design; design letters patent; **~verletzung** *f* piracy of design.

Geschossfläche *f* floor surface; **~nplan** *m* (outline) floor plan; **~nzahl** *f* ratio of area of building to number of floors/stories (*planning law*).

geschuldet *adj* legally due, owing, owing and accruing.

geschützt *adj* protected; **gesetzlich** ~ legally protected, protected by law, registered; **nicht** ~ unprotected, uncopyrighted, unpatented; **nicht urheberrechtlich** ~ uncopyrighted, noncopyrighted; **patentrechtlich** ~ protected by patent.

geschwängert *adj* pregnant, *pp* made pregnant (by).

Geschwängerte *f* pregnant woman, woman made pregnant (by).

Geschwindigkeit *f* speed (= *s-*); **~sbegrenzung** *f s-* limit; **~sbegrenzungsschild** *n s-*-limit sign; **~sbeschränkung** *f s-* restriction; **~skontrolle** *f s-* control, *s-*check; **~smesser** *m* speedometer, *s-* indicator, tachometer; **~süberschreitung** *f* exceeding the *s-* limit; **~svorschriften** *f/pl s-* regulations, *s-* restrictions; **angemessene** ~ reasonable and proper *s-*; **gefahrlose** ~ safe (limit of) *s-*; **gestoppte** ~ timed *s-*; **ohne triftigen Grund mit ungewöhnlich niedriger ~ fahren** travel at an abnormally slow *s-* without proper cause; **überhöhte** ~ excessive *s-*; **zulässige** ~ lawful *s-*, permitted *s-*.

Geschwister *pl* brothers and sisters, siblings; **~kind** *n* nephew/niece.

Geschworene *pl* (*die Geschworenen*) the jury; **~nablehnung** *f* challenging the jury, objection to the jury; **~nanklage** *f* indictment; **~nanklageschrift** *f* bill of indictment; **~nbank** *f* jury box; **~nbeeinflussung** *f* tampering with jurors; **~nbestechung** *f* bribing jurors, corruption of the jury, fixing the jury; **~ngericht** *n* court with a jury, jury trial; **ranggleiches ~~** trial by a jury of one's peers; **~nliste** *f* jury list, panel, jury panel; **in die ~~ eintragen** to impanel; **~nprozess** *m* trial by jury; **~nspruch** *m* verdict, finding of a jury; **~nurteil** *n* verdict; **unerträgliches ~~** perverse verdict; **~nverfahren** *n* trial by jury; **die ~n belehren** to instruct the jury; **unvoreingenommene ~** impartial jury.

Geschworene(r) *f(m)* (*der Geschworene*) juror, member of a jury; **~ sein** to act as juror, to sit in a jury.

gesehen und genehmigt seen and approved.

Geselle *m*/**Gesellin** *f* tradesman; craftsman (*who has served his apprenticeship*), qualified craftsman; *hist* journeyman; **~nbrief** *m* certificate of qualification as craftsman, certificate of completed apprenticeship; **~njahre** *n/pl* a tradesman's years of service; **~nlohn** *m* rate of pay for qualified craftsmen; **~nprüfung** *f* final appenticeship examination, tradesman's qualifying examination; **~nstück** *n* piece of work in apprentice's final examination; **~nzeit** *f* tradesman's years of service, *hist* period as a journeyman.

Gesellschaft *f* **I** society, social (= *s-*) order; **~sklasse** *f s-* class; **~slehre** *f s-* science, *s-* studies; **~sordnung** *f s-* order; **gerechte ~~** just *s-* order, square deal; **~spolitik** *f s-* policy (and action), sociopolitics; **~sreise** *f* guided tour, package tour, group tour, conducted tour; **~sstufe** *f s-*scale; **~ssystem** *n s-* system; **~svertrag** *m s-* contract; **bürgerliche ~** civil *s-* order; **klassenlose ~** classless society.

Gesellschaft *f* **II** association, company (= *c-*) (*abbr* co.), *US* corporation (*abbr* corp.), partnership (= *p-*); *pl* **~en** companies/firms, society (*club, organization*); **~ auf Gegenseitigkeit** mutual society; **~ auf Widerruf** *p-* at will, revocable *p-*; **~ des bürgerlichen Rechts** civil-law *p-*, non-commercial *p-*, nontrading *p-*; **~en des Handelsrechts** commercial law associations; **~en, die keinen Erwerbszweck verfolgen** non-profit companies; **~ für Absatzfinanzierung** sales finance *c-*; **~ für musikalische Aufführungs- und mechanische Verfielfältigungsrechte** (*abbr* **GEMA**) German Society for Musical Performance and Mechanical Reproduction Rights (*abbr* GEMA); **~ für Wirtschafts- und Sozialwissenschaften** Society for Economic and Social Services; **~ in ausschließlichem Schachtelbesitz** wholly owned group *c-*; **~ mit beschränkter Haftung** (*abbr* **GmbH**) private limited *c-* (*c- liability limited to amount invested*); *US* limited-liability *c-* (*abbr* L. L. C.); **~ mit beschränkter Haftung und Compagnie Kommanditgesellschaft** (*abbr* **GmbH & Co. KG**) *D limited partnership, the general partner being a GmbH*; **~ mit beschränkter Nachschusspflicht** *c-* limited by guarantee, *c-* with reserve liability; **~ mit widerrechtlichen Zwecken** illegal *p-*; **~ ohne Geschäftsbetrieb** inactive *c-*; **~ ohne (Haupt-)Geschäftssitz im Inland** nonresident *c-*; **~ ohne Prospekt** nonprospectus *c-*; **~sanspruch** *m p-* claim; claim submitted by a *c-*; **~santeil** *m p-*interest, capital share; **~sbilanz** *f p-*balance-sheet, *c-* balance sheet; **~sbücher** *n/pl* the *p-/c-*'s books; **~sdarlehen** *n* partner's/shareholder's loan to firm, internal *p-* loan; **~seigentum** *n* corporate property, *c-* property, *p-* property; **~seinkommen** *n* corporate income, *c-* earnings; **~seinkünfte** *pl* corporate income, *c-* earnings; **~seinlage** *f* contribution (to the *p-* capital), investment in a *c-*; **~serfindung** *f c-*-owned invention; **~sfirma** *f p-* name, name of the *c-*, corporate name; **~sforderung** *f p-* claim, claim by the *c-*; **~sform** *f* legal form of association, corporate structure; **~sgewinn** *m c-*'s profit, corporate profit; **~sgläubiger**

m/**-in** *f* creditor of a *c*-; **~sgründer** *m*/**-in** *f* promoter, founder of a *c*-; **~sgründung** *f* *c*- foundation, formation of a *c*-, establishment of a *p*-/*c*-; **~shandlung** *f* corporate act; **~sjustitiar** *m*/**-in** *f* *c*-'s legal adviser, legal officer of a *c*-, *c*- solicitor; **~skapital** *n* *p*- capital, corporate capital, joint capital, capital stock; **~skonkurs** *m* involuntary liquidation, compulsory winding up, winding up by the court; **~smittel** *n* *p*- funds, corporate funds; **~sname** *m* corporate name; **~sorgane** *n/pl* *c*- organs; **~srechnung** *f* corporate statement of accounts; **~srecht** *n* law of associations (*law of p- and c- law*), *c*- law, *p*-law; **~sregister** *n* register of companies and *p-s*; **~sreingewinn** *m* corporate surplus, net profits of a *c*- (*or p*-); **~ssatzung** *f* *US* (corporate) charter/*GB* memorandum and articles of association; **~sschuld** *f* *p*-debt, debt of a *c*-; **~sschulden** *pl* corporate debts, *p*- debts, *c*- liabilities; **~ssitz** *m* *GB* (place of) registered office, domicile/residence of a *c*-/corporation, principal office (*of a c*-); **~sstatut** *n* → *~satzung*; **~ssteuer** *f* capital contribution and transfer tax, *c*- tax; **~~pflicht** *f* liability to pay capital contribution and transfer tax; **~sstruktur** *f* *c*-structure, corporate structure; **~sverbindlichkeiten** *f/pl* corporate liabilities, *c*- debts; **~sverhältnis** *n* corporate relationship, relationship between partners/associates; **~svermögen** *n* *p*-property, *p*- funds, *c*- assets; **~sversammlung** *f* *c*- meeting, general meeting, partners' meeting; **~svertrag** *m* articles/memorandum of association, *p*- agreement, articles of *p*-, *p*- deed, deed of *p*-; **~szweck** *m* object(s) of the *c*-, *p*-purpose; **~~bestimmung** *f* objects clause of the *c*-; **abgebende** ~ vendor *c*-; **abhängige** ~ dependent *c*-, controlled *c*-; **angegliederte** ~ affiliated *c*-; **aufgelöste** ~ dissolved *c*-; **Auflösung** ***e-er*** ~ dissolution of a *c*-; **aufnehmende** ~ absorbing *c*- (*merger*); **aus** ***e-er*** ~ **austreten** to withdraw from a *p*-/society; **ausländische** ~ non-resident *c*-; **ausschüttende** ~ distributing *c*-; **befreundete** ~ associated *c*-, closely related *c*-; **beherrschende** ~ controlling *c*-, holding; **beherrschte** ~ controlled *c*-; **bergrechtliche** ~ mining *c*-; **beteiligte** ~ participating *c*-; **börsennotierte** ~ quoted *c*-; **bürgerlich-rechtliche** ~ → ~ *des bürgerlichen Rechts*; **dividendenlose** ~ *c*- paying no dividends; **effektiv tätige** ~ operating *c*-; **einbringende** ~ vendor *c*-; ***e-e*** ~ **auflösen** to dissolve a *p*-, to wind up a *c*-; ***e-e*** ~ **ausgliedern** to remove a subsidiary from a group, to take a *c*- out of a combine/group of firms; ***e-e*** ~ **beherrschen** to control another *c*-; ***e-e*** ~ **errichten** to establish a *c*-, to set up a firm, to found a firm; ***e-e*** ~ **gründen** to establish a *c*-/*p*-, to found a *c*-, to form a *c*-, to float a *c*-, to promote a *c*-; **eingegliederte** ~ integrated *c*-; **emittierende** ~ issuing *c*-; **gelöschte** ~ defunct *c*-, deregistered *c*-, struck-off *c*-; **gemeinnützige** ~ friendly society, nonprofit association; **gemischtwirtschaftliche** ~ quasipublic *c*-, part publicly owned *c*-; **jederzeit kündbare** ~ *p*- at will, *p*- subject to notice on either side; **herrschende** ~ controlling *c*-; **inländische** ~ resident *c*-; **konzernnahe** ~ quasigroup *c*-; **konzessionierte** ~ licensed *c*-, chartered corporation; **leonistische** ~ leonine *p*-, leonina societas (*p- where one party is to bear all losses and will not participate in the profits*); **nahestehende** ~ affiliated *c*-, associated *c*-; **nicht mehr bestehende** ~ defunct *c*-; **nichtrechtsfähige** ~ unincorporated society; **öffentlich rechtliche** ~ public (law) corporation; **rechtsfähige** ~ *c*- with legal personality, incorporated *c*-; **selbständige** ~ unaffiliated *c*-, independent *c*-; **stille** ~ *p*- in commendam, undisclosed participation (*in the busi-*

ness of another with share in profits and losses but no voice in the management), dormant (silent, secret) *p*-; **atypische ~ ~** atypical silent *p*-; silent quasi*p*- (*undisclosed contractual p- rights and an interest in the liquidation proceeds*); **übernehmende ~** transferee *c*-; **verstaatlichte ~** nationalized *c*-; **wissenschaftliche ~** scientific society; **zum Börsenhandel zugelassene ~** quoted *c*-.

gesellschafts|feindlich *adj* antisocial; **~politisch** relating to social policy, sociopolitical.

Gesellschafter *m*/**-in** *f* partner (= *p*-); shareholder (*GmbH*); **~ als Abwickler** liquidating *p*-; **~ als Geschäftsführer** managing member; **~ als Liquidator** liquidating *p*-; **~anteil** *m p*-'s interest, share, business interest; **~beschluss** *m* resolution adopted by the *p-s*; **~darlehen** *n* a *p*-'s loan to the partnership, proprietor's loan; **~einlage** *f p*-'s contribution; **~-Geschäftsführer** *m*/**-in** *f* managing *p*-; **~kapital** *n p*-'s capital; **~ kraft Rechtscheins** *p*- by estoppel, ostensible *p*-; **~ nach BGB** member of a non-trading partnership; **~versammlung** *f* company meeting (*GmbH*); *p-s*' meeting; **~verzeichnis** *n* register of members; **~wechsel** *m* change of *p-s*; **atypischer stiller ~** pseudo dormant *p*-, (atypical) silent *p*- (*with managerial rights*); **ausscheidender ~** outgoing *p*-, retiring *p*-, withdrawing *p*-; **beschränkt haftender ~** limited *p*-; **geschäftsführender ~** managing *p*-, active *p*-; **jeder ~ hat seinen Gewinnanteil zu versteuern** each *p*-'s profits are taxed separately; **neu eintretender ~** incoming *p*-; **persönlich haftender ~** personally liable *p*-, general *p*-, unlimited *p*-, ordinary *p*-; **stiller ~** dormant *p*-, silent *p*-, sleeping *p*-, secret *p*-, undisclosed *p*- (*person holding an undisclosed participation in a firm without partnership status or liability*, → *stille Gesellschaft*); **atypischer ~ ~** atypical silent *p*- (*with managerial rights*); **tätiger ~** active *p*-, acting *p*-, working *p*-; **typischer stiller ~** genuine dormant *p*-, typical sleeping *p*-; **unbeschränkt haftender ~** → *persönlich haftender ~*; **verbleibender ~** surviving *p*- (*upon the death of a p*-), continuing *p*-.

Gesetz *n* enactment, act (= *a*-), statute (= *s*-), public statute, law (= *l*-); **~blatt** *n* legal gazette, *l*- gazette, *US* Federal Register (*federal l*-); **~buch** *n* code, *s*- book; **~ des abnehmenden Bodenertrags** *l*- of diminishing agricultural marginal productivity; **~esakzessorität** *f compliance with legislation on the part of administrative organs*; **~esanalogie** *f* analogous application of *l-s*; **~esänderung** *f* alteration of *s*-, amendment of a *l*-; **~esanwendung** *f* application of a *l*-; **~esaufhebung** *f* repeal of a *l*-, abrogation of a *s*-; **~esauslegung** *f* interpretation of *l*-, construing an *a*-; **~esbegriff** *m* statutory concept, legal term **~esberatung** *f* legislative deliberation(s); **~esbereinigung** *f s*-/*l*- revision; **~esbeschluss** *m* enactment; **~esbeschreibung** *f* nomography; **~esbestimmung** *f* provision of *l*-, statutory provision; **~esbruch** *m* breach of *l*-, infringement of the *l*-; **~eseinheit** *f* unity of the *l*-; **~esentwurf** *m* draft *l*-, bill; ***e-en* ~~ einbringen** to *US* introduce/*GB* table a bill; **~eseinheit** *f* → *~eskonkurrenz*; **~esfiktion** *f* legal fiction, fictitious legal situation; **~esform** *f* form of a *l*-, statutory form; **~esformel** *f* enacting clause, enacting words, legal formula, legal form of words; **~esinitiative** *f* legislative initiative, right to introduce a bill, (private member's) bill; **~eskodex** *m* legal code, code of *l*-; **~eskollision** *f* conflict of *l-s*, collision betweem two *l-s*; **~eskommentar** *m* legal commentary; **~eskomplex** *m* series of *l-s*, nexus of *l-s*; **~eskonkurrenz** *f* concurrence of *l-s*; *crim* necessarily included lesser *US* offense/*GB* offence, merger of offenses, inclusion of a lesser offense in the greater one, → *Idealkonkurrenz, Realkonkurrenz, Tateinheit, Tatmehrheit*; **~eskraft** *f* force of *l-*, legal force; **~~ verleihen** to enact, to give legal force to; **~eslücke** *f* loophole in the *l-*, gap; ***e-e*** **~~ ausfüllen** to remedy a gap; **~esnovelle** *f* amending *l-* (bill); **~esparagraph** *m* section of an *a-*; **~espergament** *n s-* roll; **~esrecht** *n* statutory *l-*, written *l-*, enacted *l-*; **~essammlung** *f s-* book, consolidated *s-s*; **bereinigte ~~** Revised *S-s*; **~essprache** *f* legal language, statutory language, legal terminology; **~esstaat** *m* state strictly bound by legislation; **~estext** *m* wording of the *l-*, legal text; **~estitel** *m* title of the *a-*, designation of a *l-*, rubric of a *s-*; **~estreue** *f* obedience to the *l-*; **~esübertretung** *f US* offense/*GB* offence, infringement of an *a-*, contravention of the *l-*; **~esumgehung** *f* evasion of the *l-*; **~esungehorsam** *m* disobedience to *s-*/the *l-*; **~esunkenntnis** *f* ignorance of the *l-*; **sich auf ~~ berufen** to plead ignorance of the *l-*; **~esverabschiedung** *f* the passing of a bill, enactment of a *l-*; **~esverächter** *m*/**-in** *f* a despiser of the *l-*; **~esverbot** *n* statutory prohibition; **~esverkündung** *f* promulgation of a *l-*; **~esverletzung** *f* infringement of an *a-*, violation of the *l-*, legal *US* offense/*GB* offence; **fahrlässige ~~** negligent violation of *s-*; **rechtsirrtümliche ~~** good-faith violation of *l-*; **~esverordnung** *f* ordinance, decree; **~esverstoß** *m* violation of the *l-*; **~esvollziehung** *f* execution of the *l-*; **~esvollzug** *m l-* enforcement; **~esvorbehalt** *m* legal reservation, legal proviso, constitutional requirement of a specific enactment (*if constitutional rights are to be restricted by s-*); **~esvorlage** *f* bill, draft of an *a-*, draft *l-*; ***e-e*** **~~ abwürgen** to strangle a bill; ***e-e*** **~~ einbringen** *US* to initiate legislation/*GB* to table a bill; ***e-e*** **~~ dem Plenum wieder vorlegen** to report a bill; **~esvorschlag** *m* proposal for a *l-*, bill, proposed *s-*; **~esvorschrift** *f* legal provision, statutory rule; **~eswerk** *n* legal code; **~eswortlaut** *m* statutory language; **~eszuständigkeit** *f* legislative competence; **~eszweck** *m* legal purpose, object of the *l-*; **~geber** *m* legislator, *l-*-maker, the legislature; **~gebung** *f* → *Gesetzgebung*; **~ gegen den unlauteren Wettbewerb** *A-* against Unfair Competition; **~ gegen Wettbewerbsbeschränkungen** (*abbr* **GWB**) Antitrust *A-*; **~ in der Fassung vom** *l-* as revised on, an *a-* as amended on; **~ in geänderter Fassung** *l-* as amended; **~lichkeit** *f* legality, lawfulness; **~lose(r)** *f(m)* (*der Gesetzlose*) outlaw; **~losigkeit** *f* lawlessness, outlawry, defiance of the *l-*; **~mäßigkeit** *f* legality, lawfulness; **~ mit rückwirkender Kraft** retroactive *l-*, *l-* with retroactive effect, retrospective *l-*;**~ über den Militärischen Abschirmdienst** (*abbr* **MADG**) Military Counterintelligence *A-* (*D 1990*); **~ über die Besteuerung von Auslandsbeziehungen** (= **Außensteuergesetz**) *A-* on External Tax Relations; **~ über die Wahrnehmung von Urheberrechten und verwandten Schutzrechten** *A-* on Performing Rights Associations; **~ über vorzeitiges Ausscheiden von Arbeitnehmern** Job Release *A-*; **~- und Verordnungsblatt** Gazette of *L-s* and Ordinances; **~ vom abnehmenden Ertragszuwachs** *l-* of diminishing returns; **~ von Ursache und Wirkung** *l-* of cause and effect; **~ werden** to become *l-*, to be enacted, to pass into *l-*; **~widrigkeit** *f* illegality, unlawfulness; **~ zum Schutz vor gefährlichen Stoffen** (= **Chemikalien~**) Protection against Dangerous Substances *A-*; **~ zur Bekämpfung der Umweltkriminalität** *A-* on Combatting Environmental Criminality; **~ zur**

Heilung von fehlerhaften Verwaltungsakten Validating *S-*; ~ **zur Kontrolle und Transparenz im Unternehmensbereich** (*abbr* **KonTraG**) Act on Control and Transparency in the Company Sector (*1998*); ~ **zur Neuordnung des Arzneimittelrechts** *A-* to Revise the *L-* Concerning Pharmaceuticals; ~ **zur Neuordnung des Geldwesens** Monetary Reform *A-*; ~ **zur Regelung des Rechts der Allgemeinen Geschäftsbedingungen** (*abbr* **AGBG**) Unfair Contract Terms *A-*, Standard Contracts *A-* (*D 1976*); ~ **zur Verbesserung der betrieblichen Altersversorgung** *A-* on the Improvement of *US* Corporate Pension Plans/*GB* Works Pension Schemes; ~ **zur Verminderung von Luftverunreinigungen durch Bleiverbindungen in Autokraftstoffen für Kraftfahrzeuge** (= **Benzinbleigesetz**) *A-* to Reduce Air Pollution due to Lead in Fuel; **AGB-**~ (*abbr* = ~ **zur Regelung des Rechts der Allgemeinen Geschäftsbedingungen**) Standard Contracts *A-*; **allgemeines** ~ *l-* of a general nature, general *s-*, public *s-*; **aufhebendes** ~ repealing *a-/s-*; **auf Grund des ~es** on the strength of a *l-*, by virtue of the *l-*; **befristetes** ~ temporary *s-*; **das** ~ **findet Anwendung** the *l-* applies/operates, the *l-* shall apply; **das** ~ **in der Fassung vom** the *s-/a-* as amended on; **das** ~ **tritt am Tage seiner Verkündung in Kraft** the *a-* shall become effective on the date of its promulgation; **das** ~ **übertreten** to contravene the *l-*; **ein** ~ ~ to violate a *l-*, to offend against a *l-*; **das** ~ **umgehen** to evade the *l-*; **das** ~ **von Angebot und Nachfrage** the *l-* of supply and demand; **das** ~ **verlangt** it is a statutory requirement, the *l-* requires you (*to do sth*); **die vom** ~ **angedrohte Strafe** the punishment laid down by *l-*; **durch** ~ **geregelt** regulated by *l-*, the subject of legislation; **ein** ~ **abändern** to revise a *l-*, to amend an *a-*, to alter a *l-*; **ein** ~ **ändern** → *ein* ~ *abändern*; **ein** ~ **annehmen** to pass an *a-*, to enact a *s-*; **ein** ~ **anwenden** to apply a *l-*; **ein** ~ **aufheben** to repeal a *l-*, to abrogate a *l-*/an *a-*; **ein** ~ **außer Kraft setzen** to rescind a *l-*, to abrogate an *a-*, to invalidate a *l-*; **ein** ~ **beachten** to comply with a *l-*, to observe a *l-*, to adhere to a *s-*; **ein** ~ **beschließen** to enact a *l-*, to pass a *l-*; **ein** ~ **durchführen** to implement a *l-*; **ein** ~ **einbringen** to introduce a bill, to initiate legislation, *GB* to table a bill; **ein** ~ **einhalten** to observe a *l-*, to adhere to a *l-*; **ein** ~ **ergehen lassen** to pass an *a-*; **ein** ~ **erklären** to explain a *l-*, to expound a legal enactment; **ein** ~ **erlassen** to enact a *l-*; *pl* to enact legislation, to legislate; **ein** ~ **handhaben** to implement a *l-*, to operate a *l-*; **ein** ~ **in Kraft setzen** to enact a *l-*, to bring a *l-* into operation, to put a *l-* into force; **ein** ~ **ist in Kraft** a *l-* is in force; **ein** ~ **ist überholt** a *l-* is obsolete, an *a-* is superseded by; **ein** ~ **umgehen** to evade a *l-*, to elude a *l-*; **ein** ~ **verabschieden** to pass a bill, to pass an *a-*, to pass a *l-*; **ein** ~ **verkünden** to promulgate a *l-*; **einheitliches** ~ uniform *l-*, uniform *a-*, standard(ized) *l-*; **einschlägiges** ~ relevant *l-*, applicable *l-*; **formelles** ~ formally enacted *l-*; **gegen ein** ~ **verstoßen** to violate the provisions of a *l-*, to infringe a *l-*, to offend against a *l-*; **geltendes** ~ *l-* in force (for the time being), current *l-*, applicable *l-*; **gültiges** ~ operative *l-*, applicable *l-*; **in *e-em*** ~ **enthalten sein** to be embodied in a *l-*, to be set out in a *l-*; **kraft ~es** by (operation of) *l-*, ipso jure, by virtue of the *l-*; **nach dem** ~ according to *l-*, under the *l-*; **nach** ~ **und Recht** in accordance with the *l-*, according to *l-*; **Öko-Audit-**~ *n* Ecology Audit *A-*, *a-* governing control of the ecological viability of plants; **ökonomisches** ~ economic *l*-; **rückwirkendes** ~ retroactive *l*-, ex post facto *l*-; **ungeschriebenes** ~ unwritten *l*-, lex inscripta; **unter ein ~ fallen** to come under a *l*-, to be covered by an *a*-, to fall within (the purview of) a *l*-; **verfassungswidriges** ~ unconstitutional *l*-; **zeitlich unbeschränktes** ~ perpetual *s*-; **zwingendes** ~ mandatory *s*-, obligatory *l*-.

gesetz | eswidrig illegal, unlawful, contrary to law, in contravention of the law, in breach of the law; **~geberisch** legislative; **~~ tätig sein** to legislate; **~lich** lawful, legal, statutory, in law, by operation of law; **~~ geschützt** protected by law, registered, patented; **~los** lawless, illegal, not covered by (a) statute; **~mäßig** lawful, legal, in accordance with (the) law, statutory, pursuant to law; **~widrig** unlawful, contrary to law, illegal.

Gesetzgebung *f* legislation (= *l*-), lawmaking; laws and regulations; **~ auf dem Verordnungswege** secondary *l*-, *l*- in the form of ordinances; **~ des Bundes und der Länder f**ederal and state *l*-; **~ des Handelsrechts** commercial *l*-; **~ durch die Verwaltung** administrative *l*-; **~sakt** *m* act of *l*-, enactment; **~sautonomie** autonomic *l*-; **~sbefugnis** *f* legislative power, legislative authority, lawmaking power; **konkurrierende ~~** concurrent power; **~sdelegation** *f* delegated *l*-; **~sfunktion** *f* legislative function, the function of *l*-; **~skompetenz** *f* legislative authority; **~smaßnahme** *f* legislative act; **~smaterialien** *n/pl* travaux préparatoires; **~snotstand** *m* legislative state of emergency, emergency *l*-; **~sorgane** *n/pl* legislative organs; **~srecht** *n* right to legislate, legislative authority; **~stechnik** *f* legislative methods, technical legislative procedure; **~sübersicht** *f* survey of (recent) *l*-; **~sverfahren** *n* legislative procedure, process of *l*-; **~sweg** *m* channel of *l*-; **~swerk** *n* body of *l*-; **~szuständigkeit** *f* legislative competence; **arbeitsrechtliche** ~ labo(u)r *l*-; **ausländische** ~ foreign *l*-; **ausschließliche** ~ exclusive *l*-; **gewerkschaftsfeindliche** ~ antilabo(u)r *l*-; **inländische** ~ domestic *l*-; **innerstaatliche** ~ municipal *l*-, domestic *l*-; **interessengebundene** ~ special pleading *l*-, laws biassed by special interests; **jetzige** ~ current *l*-; **konkurrierende** ~ concurrent *l*-; **nationale** ~ national *l*-; **rückwirkende** ~ retroactive *l*-.

gesichert *adj* secured, safe, certain; **dinglich** ~ secured, secured by mortgage, secured in rem; **nicht** ~ unsecured, without collateral.

Gesichtspunkt *m* point of view, aspect; ***e-en*** **~ vortragen** to submit a proposition; **ein vertretbarer** ~ a debatable point; **nach wirtschaftlichen ~en** from an economic point of view, pursuant to commercial principles; **rechtlicher** ~ legal point; **unter bankgeschäftlichen ~en** for banking reasons.

Gesinnung *f* mental attitude, mentality, way of thinking, state of mind; **~smerkmale** *n/pl* criteria of mental attitude; **~sschutz** *m* protection of (editor's) ideological opinions; **~sstrafrecht** *n penal law based on mental attitudes or political convictions*; **~stäter** *m* ideologial criminal, perpetrator for ideological motives, fanatical criminal.

gesondert *adj* separate, on its own merits; under separate cover.

Gespräch *n* conversation, discussion, discourse; **~e am runden Tisch** roundtable talks; **~ auf Botschafterebene** discussion at ambassador(ial) level; **~e auf hoher Ebene** high-level talks; **~sgegenstand** *m* topic/subject-matter of the discussion; **~snotiz** *f* memo (of a discussion); **~spartner** *m*/**-in** *f* interlocutor, opposite number; **~ unter vier Augen** private talks, confidential discussion, face-to-face discussion; **dienstliches** ~ business call, official call; **R-~** call with reversed charges, collect call; **vorbereitendes** ~ preparatory discussion, initial talk.

gesprochen *adj* spoken, oral.

gestaffelt *adj* staggered, graduated.

Gestaltung *f* formation, structure, shape, configuration, design, presentation; **~sakt** *m* formative act; **~sarbeit** *f* creative (art) work; **~sfreiheit** *f* freedom of design/arrangement; **~shöhe** *f* level of design; **künstlerische ~~** artistic level; **~sklage** *f* action for a modification of rights, action for a change of legal relationship (*eg divorce decree*); **~smangel** *m* defect of outward design; **~smerkmale** *n* criteria of design; **individuelle ~~** creative design; **~smissbrauch** *m* (taxpayer's) abuse of formally admissible arrangements; **~smittel** *n* creative means; **~srecht** *n* right to alter a legal relationship; right to establish, change or terminate a legal relationship; dispositive right; **~surteil** *n* judgment establishing or altering a legal relationship; ~ **von Rechtsverhältnissen** arrangement of legal relations; **~swille** *m* intent to alter legal situation; **redaktionelle** ~ draftsmanship (*legal texts*).

geständig self-confessed, confessed, inclined to confess.

Geständnis *n crim* confession; *civ pro* admission; **~zwang** *m* obtaining of a confession by coercion; **ausdrückliches** ~ direct confession; **außergerichtliches** ~ confession out of court; **ein freiwilliges ~ ablegen** to volunteer a confession; **ein ~ ablegen** to confess/make a confession; **ein ~ gegen Mitbeschuldigte ablegen** to give evidence against one's coaccused, *sl* to squeal; **ein ~ widerrufen** to retract/withdraw a confession; **erzwungenes** ~ forced confession; **gerichtliches** ~ confession in open court, judicial confession; **qualifiziertes** ~ qualified confession, limited confession, admission against interest; **umfassendes** ~ a full confession; **unfreiwilliges** ~ involuntary confession; **von *jd-em* ein ~ erpressen** to extort a confession from *s.o.*

gestatten *vt* to permit, to allow, to suffer, to consent to *sth*; **geflissentlich** ~ to allow knowingly, to give implied permission; **nicht** ~ to disallow, not to permit.

Gestattung *f* permission, consent, *US* license/*GB* licence; **~svertrag** *m US* license/*GB* licence agreement; **stets widerrufliche** ~ (permanently) revocable right, *US* license/*GB* licence subject to revocation at any time, precarious right, sufferance.

gestehen *vt, vi* to admit, to confess, to own up.

Gestehung | skosten *pl* cost of acquisition, prime cost, production costs, cost-price; **~spreis** *m* cost price, prime cost; **~swert** *m* cost-price, price without a profit-margin.

Gestellung *f* provision, making available, presentation for inspection; ~ **der Waren** (*Zoll*) presentation of goods to the customs office; ~ ***e-es*** **Akkreditivs** opening of a credit, providing a letter of credit; **~sbefehl** *m* call-up order, *US* draft order; **~skosten** *pl* original cost; **~sverzeichnis** *n* (customs) declaration list, reporting list.

Gestionsgebühren *f/pl* management fees.

gestorben *adj* deceased, ob (*abbr* = obiit).

gestrichen *adj* cancelled, expunged, stricken (*from the record*); *exch* no quotation.

Gesuch *n* petition (= *p-*), request, application; **ein ~ ablehnen** to refuse a request; **ein ~ abschlägig bescheiden** to decline a *p-*; **ein ~ abweisen** to reject a *p-*; **ein ~ aufsetzen** to draw up a *p-*; **ein ~ bearbeiten** to be in charge of a *p-*; **ein ~ befürworten** to support a *p-*; **ein ~ bewilligen** to grant an application; **ein ~ einbringen** to present/lodge a *p-*; **ein ~ einreichen** to present a *p-*, to file a *p-*;

ein ~ genehmigen to grant a *p-*/ an application; **schriftliches ~** *p-* in writing.

Gesuchsteller *m*/**-in** *f* petitioner, applicant.

gesucht *pp adj* wanted, sought after, in demand; **für sofort ~** wanted immediately; **steckbrieflich ~** wanted by the police.

Gesuchte(r) *f(m)* (*der Gesuchte*) person wanted/sought.

gesund *adj* healthy, of sound health, wholesome; **geistig ~** of sound mind.

Gesundheit *f* health (= *h-*), *econ* soundness; **~samt** *n* board of *h-*, public *h-* department; *pl* **~ämter** sanitary authorities; **~sattest** *n h-* certificate; **~sbehörde** *f h-* office; *pl* **~~n** *h-* authorities; **~sbeschädigung** *f* personal injury; **~sdienst** *m h-* service; **staatlicher ~~** public *h-* service; **~sfürsorge** *f* medical welfare, medical care; **~sgefährdung** *f* hazard to human *h-*; **~skontrolle** *f* sanitary control; **~smaßnahmen** *f/pl* public *h-* measures; **~spass** *m* bill of *h-*; **~~ mit Vermerk „ansteckungsverdächtig"** suspected bill of *h-*; **~spolizei** *f* sanitary police; **~sreformgesetz** *n D H-* Reform Act (*1989*); **~sschaden** *m* injury to *h-*; *h-* impairment; **~sschutz** *m* protection of public *h-*, *h-* protection; **~~ bei der Arbeit** occupational hygiene; **~sstörung** *f* ill *h-*; **~sverletzung** *f* injury to *h-*; **~svorschriften** *f* sanitary regulations, public *h-* regulations; **~swesen** *n* public *h-*, sanitation; **~szerstörung** *f* destruction of *h-*; **~szeugnis** *n h-* certificate; **~szustand** *m* physical condition, state of *h-*; **einwandfreier ~~** sound *h-*; **garantierte ~** warranted sound (*of horses*), a clean bill of *h-*; **Mindestvorschriften** *f/pl* **zum Schutz der Sicherheit und ~ der Arbeitnehmer** *EU* minimum requirements for the protection of the safety and *h-* of employees.

gesundheit|sgefährdend *adj* health-endangering, unhealthy, harmful; **~sschädlich** injurious to health, unwholesome, noxious.

Gesundschrumpfung *f* slimming down, down-sizing.

Getötetenrate *f* death rate.

Getränke|automat *m* automatic drink dispenser; **~herstellung** *f* manufacture of beverages; **~industrie** *f* beverage industry; **~steuer** *f* beverage tax; **geistige ~** alcoholic beverages; **kohlensäurehaltige und schäumende ~** aerated or sparkling beverages; **steuerpflichtige ~e** excisable liquor, drinks subject to the beverage tax.

Getreide *n* grain (= *g-*), cereals; **~anbau** *m* cultivation of *g-*; **~ausfuhr** *f* exportation of *g-*, *g-* exports; **~~land** *n g-* exporting country; **~bilanz** *f* estimate of the supplies and consumption of *g-*; **~börse** *f* corn exchange; **~einfuhr** *f g-* importation, *g-* imports; **~einfuhr- und Vorratsstelle** *f g-* import and storage agency; **~gesetz** *n g-* marketing law (*D, internal trade*); **~handel** *m g-* trade, trading in *g-*; *g-* merchant's firm; **~händler** *m*/**-in** *f g-* merchant, *g-* dealer; **~konsortialkredit** *m* syndicate credit on *g-*; **~marktregelung** *f g-* market regulation; **~preis** *g-* price; **~silo** *n g-* silo, *g-* elevator; **~speicher** *m* granary, store house for *g-*; **~termingeschäfte** *n/pl g-* futures; **~überhang** *m* carryover of *g-*; **~wirtschaft** *f g-* producing, *g-* production and marketing; **~zoll** *m* duty on imported *g-*.

getrennt *adj* separate, separated, several; **~ leben** to be separated, to live apart.

Getrennt|besteuerung *f* separate taxation (*of spouses/divorced persons*); **~leben** *n* separation (of spouses), living separate, living apart; **eheliches ~~** separation of spouses; **einvernehmliches ~~** consensual separation; **gerichtlich gestattetes ~~** judicial separation.

gewählt *pp* elected; **~ werden** to be elected, to get in; **einstimmig ~**

werden to be elected unanimously.

Gewähr *f* guarantee/*US* guaranty, warranty; **~frist** *f* period of guarantee, warranty period; ~ **für Rechtsmängel** warranty of title, title guarantee, → *Gewährleistung für Rechtsmängel*; ~ **für Sachmängel** (implied) warranty of soundness, warranty of fitness, warranty of merchantable quality (*seller's legal responsibility that the goods are of proper quality and fit for the contractual use* → *Gewährleistung für Sachmängel*); **~smangel** *m* fault for which seller is responsible, defect under a warranty; **~smann** *m*/**~sfrau** *f* reliable authority, reliable source, informant; warrantor; **~spflicht** *f* warranty; **~sträger** *m*/**-in** *f* guarantor, warrantor's guaranteeing authority/person; **~sverband** *m* guaranteeing authority (*savings bank system*); **~vertrag** *m* (contract of) indemnity; **~zeichen** *n* hallmark, sign of quality; **die ~ für etwas übernehmen** to (represent and) warrant, to accept a guarantee for; **mit ~** warranted, with recourse; **ohne ~** unwarranted, no guarantee, without recourse, without engagement, subject to correction; **stillschweigende ~** implied warranty; **volle ~ für** fully guaranteed against; **wir übernehmen keine ~** we accept no responsibility (for).

gewähren *vt* to grant, to accord, to allow; **ohne weiteres zu ~** to be granted as a matter of course.

gewährleisten *vt* to warrant, to guarantee, to ensure.

Gewährleistende(r) *f(m)* (*der Gewährleistende*) warrantor, guarantor.

Gewährleistung *f* (statutory) warranty (= *w-*), guarantee/*US* guaranty, *liability of the seller (lender, contractor) for faults or deficiencies of the goods, services, premises, etc*; ~ **für Rechtsmängel** *w-* of title, title guarantee; ~ **für Sachmängel** (implied) *w-* of soundness, *w-* of fitness, *w-* of merchantable quality (*seller's legal responsibility that the goods are of proper quality and fit for the contractual use*); **~sanspruch** *m* *w-* claim; **~serklärung** *f* express *w-*; **~sfrist** *f* period of guarantee, *w-* period; **~sgarantie** *f* performance guarantee, *w-*; **~sklage** *f* action under a *w-*; **~~ wegen Sachmängeln** legal action based on a *w-* of soundness, *etc*; **~sklausel** *f* *w-* clause; **~smangel** *m* a defect covered by a *w-*; **~spflicht** *f* obligation under a *w-* (*liability for proper quality and good title*); **~svertrag** *m* (contract of) indemnity, = *Gewährvertrag*; ~ **übernehmen** to give a *w-*, to warrant, to assume responsibility for; **ausdrückliche oder stillschweigende ~** express or implied *w-*; **gesetzliche ~** implied *w-*, statutory *w-*; **stillschweigende ~** implied *w-*.

Gewahrsam *m* (actual) custody (= *c-*) of *sth/s.o.*, physical control; occupation, actual occupation (*of rooms*); naked possession (*land*); **~sbruch** *m* wil(l)ful breach of duty by official custodian; destruction of public records; *crim* unlawful taking/interfering with possession (*theft*); **~sinhaber** *m*/**-in** *f* person having *c-*, occupier, occupant; **geduldeter ~~** occupant upon sufferance; **~sklausel** *f* bailee clause; **~smacht** *f* detaining power; **~sstaat** *m* detaining state; **im ~ haben** to occupy, to have *c-* (*of sth/s.o.*); **in amtlichem ~** in custodia legis, in official *c-*; **in ~ nehmen** to take into *c-*, to arrest; **nicht ~ habend** nonoccupying; **politischer ~** political detention; **polizeilicher ~** police *c-*; **vorläufiger ~** preliminary *c-*, provisional *c-*.

Gewährung *f* granting, allowing; ~ ***e-es*** **Kredits** the granting of a credit, making credit facilities available; ~ **von Ansprüchen** acceptance of claims; ~ **von Unterschlupf** harbo(u)ring (*a fugitive from justice*).

Gewalt *f* force, violence; power (= *p-*); *L* vis; **~akt** *m* act of force, act of violence; **~aktion** *f* violent action; **~androhung** *f* threat of force, assault; **~anmaßung** *f* usurpation (of state control); ~ **anwenden** to use violence, to resort to force; **~anwendung** *f* use of force, employment of force, actual violence, assault; **~enteilung** *f* separation of *p-s*, sharing of *p-*; **~~slehre** *f* trichotomy of governmental *p-s*; **~entrennung** *f* separation of *p-s*; **~haber** *m/***-in** *f* holder of *p-*, governing *p-*; **~herrschaft** *f* despotism, rule of force; **~herrscher** *m/***-in** *f* despot, dictator; **~kriminalität** *f* crimes of violence; **~losigkeit** *f* nonviolence; **~lösung** *f* drastic solution, forcible solution; **~maßnahmen** *f/pl* violent measures; **~monopol** *n* monopoly over right to exercise force; **staatliches ~~** state's monolopy over right to use force; **~opferentschädigung** *f* public compensation of victims of violent crime; **~streich** *f* coup; **~tat** *f* act of violence; **~tätigkeiten** *f/pl* acts of violence, outrage, vandalism; **~tätigkeit gegen Abgeordnete** restraining members of Parliament; **~verbot** *n* prohibition of the use of (military) force; **~verbrechen** *n* violence, heinous crime, forcible crime; **~verbrecher** *m/***-in** *f* violent criminal; **~verhältnis** *n* relationship of subordination; **besonderes ~~** specific relationship of subordination (*eg within school, army*) *where fundamental rights were considered limited*; **~verzicht** *m* nonaggression (*treaty*); **absolute** ~ absolute *p*; **ausführende** ~ executive *p-*; **ausübende** ~ executive *p-*, administrative *p-*; **durch ~ oder Drohung** by violence or threats of injury; **elterliche** ~ *obs* parental *p-*, paternal *p-*, → *elterliche Sorge*; **gesetzgebende** ~ legislative *p-*; **höchste** ~ supreme authority, supremacy; **höhere** ~ force majeure; **körperliche** ~ physical force; **nackte** ~ brute force, violence; **oberste** ~ supreme authority; **öffentliche** ~ public authority, public *p-*, act of state; **physische** ~ physical violence, force; **rechtsprechende** ~ judicial *p-*, judiciary; **richterliche** ~ judicial *p-*; **tatsächliche** ~ actual force, physical control; **unmittelbare** ~ direct control, physical force; **unter Anwendung von** ~ by force, using violence; **unwiderstehliche** ~ irresistible force; **väterliche** ~ paternal *p-*; **verfassungsgebende** ~ constitutional authority; **verfassungsmäßige** ~ constitutional *p-*; **vollziehende** ~ executive *p-*.

gewalt|los *adj* non-violent; peaceably and quietly; **~sam** by violent means, violently.

Gewässer *n pl* waters (= *w-s*, *water* = *w-*); **~aufsicht** *f* public *w-s* control; **~reinhaltung** *f* maintenance of *w-* quality; **~schutz** *m w-* pollution control, prevention of *w-* pollution; **~~beauftragte(r)** *f(m) w-* pollution control officer; **~verschmutzung** *f w-* pollution; **inländische** ~ inland *w-s*; **neutrale** ~ neutral *w-s*; **öffentliche** ~ public *w-s*; **schiffbare** ~ navigable *w-s*; **stehende** ~ dormant *w-s*; **unterirdische** ~ subterranean *w-s*, underground *w-s*.

Gewerbe *n* business, trade and industry, trade (= *t-*), occupation, small-scale industry, industrial or commercial enterprise; gainful economic activity; **~abfall** *m* industrial waste/refuse; **~amt** *n t-* supervision department; **~anmeldung** *f* registration of a business or *t-*; **~anzeige** *f* application for registration of a business or *t-*; **~arzt** *m/***~ärztin** *f* medical inspector of factories; **~aufsicht** *f* industrial control, *t-* inspection, inspector of factories; **~~samt** *n t-* supervisory office; **~~sbehörde** *f t-* supervisory authority; **~~sdienst** *m t-* inspection; **~ausübung** *f* the carrying on of a *t-* or profession, doing business; **~bank** *f t-*smen's bank, industrial bank; **~befugnis** *f* right to carry on a *t-* or business, *US* license/*GB* licence to *t*-; ~ **belästigender Art** noxious *t*-; **~berechtigung** *f* right to carry on a *t*- or business, *US* license/*GB* licence to *t*-; **~beschränkung** *f* restriction on commercial activities; **~betrieb** *m* business enterprise, business establishment, industrial or commercial enterprise, commercial undertaking; **belästigender ~~** noxious enterprise; **stehender ~~** stationary enterprise; **~erlaubnis** *f t*- *US* license/*GB* licence, license for the operation of a business; **~ertrag** *m* income from *t*- or industry; **~ertragssteuer** *f* municipal *t*-earnings tax; **~förderung** *f* promotion of *t*- and industry; **~freiheit** *f* economic freedom (*liberty to establish and carry on any t- or industry*); **~gebiet** *n* industrial park, trading area, zone for economic activities; **~geheimnis** *n t*- secret; **~gehilfe** *m*/**~gehilfin** *f* industrial employee, craftsman, workman; **~gruppe** *f* category of *t*- or industry; **~kapital** *n* trading capital; stock in *t*-, (*calculated for assessing commercial earnings tax,* → *Gewerbesteuer*); **~kapitalsteuer** *f* municipal *t*- capital tax (*t- tax computed on the basis of the capital of an enterprise*); **~konzession** *f* business *US* license/*GB* licence; **~lehrer** *m*/**-in** *f* vocational (school) teacher; **~lohnsummensteuer** *f* payroll tax (*municipal t- tax based on the total volume of wages paid*); **~müll** *m* industrial waste; ~ **oder Beruf** *t*- or calling; **~ordnung** *f* industrial code, *t*- law, *t*- regulations; **~raum** *m* industrial or commercial premises; **~recht** *n t*--and-industry law; **~schein** *m* (itinerant) trading *US* license/*GB* licence; **~~ für den Einzelhandel** retail license; **~schule** *f t*- school, technical school; **~sperre** *f* nonadmission to a *t*-, freeze on admission to a *t*-; **~steuer** *f* → *Gewerbesteuer*; **~tätigkeit** *f* industrial and commercial activities; **~treibende**(**r**) *f*(*m*) (*der ~treibende*) businessman, person carrying on a *t*- or industry; **kleine ~~e** *pl* tradespeople; **selbständige ~~e** (self-employed) independent contractors, independent businessmen; **~überwachung** *f* supervision of *t*- and industry; **~unfallversicherung** *f* industrial accident insurance; **~untersagung** *f* prohibition of further *t*- activity; **~verbotsverfahren** *n* banning action; **~verlust** *m* trading loss; **~wesen** (matters of) *t*- and industry; **~zentralregister** *n* central (federal) register of *t*- and industrial *US* offenses/*GB* offences; **~zulassung** *f* trading *US* license/*GB* licence, permission to operate a *t*- or industry, *t*- permit; **~zweig** *m* branch of industry or *t*-, (any) form of gainful activity, line (of business); **ambulantes** ~ itinerant *t*-; **anmeldungspflichtiges** ~ business or *t*- subject to compulsory registration; **dienstleistendes** ~ service rendering occupation, service *t*-; **ein ~ ausüben** to carry on a *t*-; **ein ~ betreiben** to carry on a *t*-/industry, to pursue a *t*-; **graphisches** ~ printing *t*-; **handwerksähnliches** ~ quasicraft, small-scale *t*-; **keramisches** ~ ceramics industry; **konzessioniertes** ~ licensed *t*-; **selbständiges** ~ independent *t*- or business; **verarbeitendes** ~ manufacturing industry/*t*-.

gewerberechtlich *adj* pertaining to trade-and-industry law.

Gewerbesteuer *f* (municipal) trade tax (= *t/t*), commercial earnings tax; **~ausgleich** *m* equalization of revenue from *t/t*; **~befreiung** *f* exemption from *t/t*; **~bescheid** *m t/t* revenue order; **~-Durchführungsverordnung** *t/t* implementing ordinance; **~erklärung** *f t/t* return; **~gesetz** *n t/t* law; **~messbescheid** *m t/t* assessment; **~pflicht** *f t/t* liability; **unbeschränkte ~~** unlimited *t/t* liability (*for residents*); **~richtlinien** *f/pl* guiding principles for *t/t*, *t/t* guidelines.

gewerblich *adj* commercial, industrial, of or relating to trade.

gewerbsmäßig *adj* professional; *adv* professionally, on a commercial basis; ~ **betreiben** to make a business of *sth*.

Gewerbsmäßigkeit *f* commercial nature, occupational nature (*of some activity*).

Gewerke *m obs* member of a mining company/mining partnership.

Gewerken | buch *n obs* register of members of a mining company/mining partnership; **~versammlung** *f obs* general meeting of members of a mining company/mining partnership.

Gewerkschaft *f* **I** mining company, mining partnership.

Gewerkschaft *f* **II** trade union, labo(u)r union; *pl* organized labo(u)r (*union* = *u*-); **~sbank** *f* trade *u*- bank, labo(u)r bank; **~sbeauftragte(r)** *f(m)* shop steward; **~sbeiträge** *m/pl u*- membership fees/dues; **~sbeitritt** *u*- affiliation; **~sbewegung** *f* unionism, trade *u*- movement; **~sbindung** *f* commitment to a *u*-, closed-shop character; **ohne ~~** non-*u*-; **~sbund** *m* Trade *U*- Congress, Federation of Labo(u)r; **Deutscher ~~** (*abbr* **DGB**) German Trade *U*- Federation; **~sforderung** *f* demand by the *u*-(s); **~sführer** *m*/**-in** *f* trade *u*- leader, labo(u)r leader; **~sfunktionär** *m*/**-in** *f u*- official; **~skartell** *n* (powerful) combination between *u-s*; **~smitglied** *n* trade unionist, *u*- member; **~sordnung** *f u*- regulations; **~sorganisation** *f* labo(u)r organization, structure of a *u*-; **~spolitik** *f* trade *u*- policy; **~srecht** *n* labo(u)r *u*- law; **~ssekretär** *m*/**-in** *f* trade *u*-secretary; **~sumlagen** *f u*- assessments; **~sveranstaltung** *f u*-meeting; **~sverband** *m* federation of *u-s*; **~svertreter** *m*/**-in** *f u*- representative, trade *u*- delegate; **~swesen** *n* (trade) unionism; **~szugehörigkeit** *f* labo(u)r *u*- affiliation, *u*- membership; **~szwang** *m* closed-shop system; **berufsgebundene ~** craft *u*-; **gesamtstaatliche ~** national *u*-; **internationale ~** international *u*-.

Gewerkschaftler *m*/**-in** *f* unionist, trade union member.

gewerkschaftlich *adj* of or relating to a union.

Gewicht *n* weight (= *w*-); **~ nach Verpackung** boxed *w*-; **~sabgang** *m* loss of *w*-; **~sabnahme** *f* loss of *w*-, decrease in *w*-; **~sabweichung** *f* tolerance; **~sakkord** *m* piecework rate according to *w*-; **~sangabe** *f* declaration of *w*-; **~sbescheinigung** *f w*- certificate; **~sgesetz** *n* law on *w-s* and measures; **~sgrenze** *f w*- limit; **~skontrolleur** *m*/**-in** *f* check weighter; **~smanko** *n* deficiency in *w*-, shortweight, loss in *w*-; **~snote** *f w*-note; **~sschwund** *m* loss of *w*-, shrinkage; **~stonne** *f* freight ton, deadweight ton (*ship*), short ton (*2000 lbs*); **~süberschreitung** *f* exceeding the allowed *w*-, excess *w*-; **~sverlust** *m* loss in *w*-; **~sverzollung** *f* (charging) duty based on *w*-; **~swert** *m* value per unit of *w*-; **~szoll** *m* specific duty (based on *w*-); **~~satz** *m* tariff-rate based on *w*-; **ausgeladenes ~** offloaded *w*-; **eingeladenes ~** onloaded *w*-; **genaues ~** true *w*-; **nach ~** by *w*-; **zollpflichtiges ~** dutiable *w*-; **zu hohes ~** overload, excess *w*-.

gewichten *vt* to weight.

gewichtszollbar *adj* chargeable by weight.

Gewichtung *f* weighting.

gewillkürt *adj* voluntary.

Gewinn *m* profit (*p*-), gain, return, earnings, revenue, yield; **~abführung** *f* transfer of *p*-, *p*- transfer, surrender of *p-s*; **~~svertrag** *m p*-transfer agreement; **~abrechnungsgemeinschaft** *f* (*p*--)pool; **~abschluss** *m p*- balance; **~abschöpfung** *f* siphoning-off of *p-s*, skimming-off of extra *p-s*; **~e abwerfen** to yield gains, to yield a *p*-; **~ansammlung** *f* accumulation of *p-s*; **~anspruch** *m* claim to distribution of earnings, dividend right; **~anteil** *m p-* share, *ins p-* commission; **~~schein** *m* dividend coupon, dividend-right coupon, scrip dividend, dividend warrant; **~~-Staffel** *f* graded scale of *p-* commission; **aufgeschobener ~~** deferred bonus; **~aufschlag** *m* (*p-*) mark-up; **~aufstockung** *f* increase in capital resources out of *p-s*; **~ausfall** *m* loss of *p-*; **~~versicherung** *f* loss of *p-* insurance; **~~- und fortlaufende Geschäftskostenversicherung** *f* loss of *p-* and overhead insurance; **~e aus der Veräußerung von Vermögen** capital gains; **~ausgleichssystem** *n p-* passover (*protected traders receive part of the sales p-*); **~ausschließungsvereinbarung** *f* non*p-* agreement, *p-*-exclusion agreement; **~ausschüttung** *f* distribution of *p-s*, paying out of *p-s*; **~aussichten** *f/pl p-* prospects; **~ausweis** *m* disclosure of earnings; **~berechnung** *f* calculation of the *p-*, assessment of *p-*; **~berechtigung** *f* entitlement to a *p-*, participating rights; **~beteiligung** *f* → *Gewinnbeteiligung*; **~e beziehen** to derive *p-s*; **~bezugsrecht** *n* right to participate in the *p-s*, right to draw a share of *p-s*; **~bilanz** *f* balance sheet showing *p-s*, earnings statement; **~einbehalt** *m* undistributed *p-s*, ploughing back *p-s*; **~entgang** *m* loss of *p-s*; **~entnahme** *f* withdrawal of *p-s*; **~~n für den Verbrauch** *p-s* used for consumption; **~e entnehmen** to draw on *p-s*; **~ergebnis** *n* result (*p-s*), winning results (*racing, etc*); **~ermittlung** *f* determination of *p-s*, ascertainment of *p-s*; **~erwartung** *f* expected *p-s*; **spekulative ~~** conjectural *p-s*, paper *p-s*; **~ erzielen** to make a *p-*; **~e ~** to draw *p-s* from; **~erzielung** *f* making of *p-s*, realization of *p-s*, attainment of *p-s*; **~~sabsicht** *f p-* motive intention to make *p-s*; **~feststellung** *f* ascertainment of *p-s*, assessment of *p-*, determination of net *p-*; **~~sverfahren** *n* method of ascertaining *p-s*; **~gemeinschaft** *f* (*p-*) pool, group that shares the pooled *p-s*; **~herausgabe** *f* surrender of *p-s*; **~ im Verhältnis zu investiertem Kapital** return on investment; **~jahr** *n* year of *p-*; **~konjunktur** *f* boom, prosperity, trend of business profitability; **~konto** *n* earned surplus account, capital surplus account; **~lage** *f p-*-and-loss position, earnings base; **~liste** *f* list of winners, list of winning numbers; **~marge** *f p-* margin, rate of return; **~masse** *f* total *p-s*; **~mitnahme** *f p-* taking, realization of *p-s*; **große ~~** scoop; **~ mitnehmen** to take *p-s*; **~obligation** *f* participating debenture, participating bond, income bond, dividend bond; **~- oder Einkommensermittlung** calculation of taxable *p-s* or income; **~plan** *m ins* bonus system; **~-Pooling** pooling of *p-s*, *p-* pooling; **~provision** *f* commission on the *p-s*; **~quote** *f p-* margin, *p-* ratio; **~realisierung** *f* realization of *p-s*, *p-*-taking; **~rechnung** *f p-* account, surplus account; **~rücklage** *f* retained income, reserves formed out of *p-s*; **~saldo** *m p-* balance; **~satz** *m p-* mark-up; **~schuldverschreibung** *f* participating debenture, participating bond, income bond, dividend bond; **indexierte ~~** indexed income bonds; **~schwelle** *f* break-even point; **~spanne** *f p-* margin, return on sales, trade margin; **~spiel** *n* gambling game; **~spitze** *f* peak of *p-s*, maximum *p-*; **~steigerung** *f* increase in *p-s*, rise in *p-s*; **~steuern** *f/pl* taxes on *p-s*; **~~ auf nicht ausgeschüttete Gewinne** undistributed *p-s* tax; **~streben** *n* pursuit of *p-*, *p-* motive; **kaufmännisches ~~** mercantile pursuit of *p-*; **~sucht** *f* greed for *p-*, avarice; **~teilung** *f* sharing of *p-s*, pooling of *p-s*, division of *p-s*; **~thesaurierung** *f* retention of earnings, *p-* retention, *US* plowing/*GB* ploughing, back *p-s*;

~- und Verlustbeteiligung sharing in *p-s* and losses; **~ und Verlust zu gleichen Teilen teilen** to share *p-s* and losses equally, to share and share alike; **~- und Verlustkonto** *p-* and loss account; **~- und Verlustrechnung** *p-* and loss account, *p-* and loss statement, income statement; **~- und Verlustübernahmevertrag** *p-* and loss assumption agreement; **~überschuss** *m p-* balance; **~verheimlichung** *f* concealment of *p-s*; **~verlagerung** *f* earnings shift, shift in earnings; **~verschleierung** *f* concealment of *p-s*; **~verteilung** *f p-* distribution; **~verwendung** *f* appropriation of *p-s*; **~~srücklage** *f p-* utilization reserve; **~verwirklichung** *f* realization of *p-s*; **~vorschau** *f* earnings estimate, estimate of earnings; **~ vor Steuern** pretax *p-*; **~vortrag** *m* (*p-*) brought forward (retained); **~ziehung** *f* drawing of winning numbers, drawing for a premium; **~zone** *f* profitable phase, *p-s* wedge (*cost accounting*); **die ~~ erreichen** to break even, to be in the black; **~(e) zurechnen** to allocate *p-s*, to attribute *p-s* to; **~zurechnung** *f* allocation of *p-s*; **abrechnungspflichtiger ~** *p-* subject to accounting; **aleatorischer ~** a problematic *p-*; **am ~ beteiligt sein** to have a share in *p-s*, to participate in *p-s*; **am ~ teilnehmen** to participate in *p-s*; **angemessener ~** fair/reasonable *p-*; **ausgeschütteter ~** distributed *p-*; **ausgewiesener ~** disclosed *p-*; **ausschüttungsfähiger ~** distributable *p-*, *p-s* available for distribution; **bruchteilige ~e** *exch* fractional gains; **buchmäßiger ~** accounting *p-*; **den ~ verteilen** to allocate the *p-s*; **einbehaltene ~e** retained *p-s*, undistributed *p-s*; **entfallender ~** attributable *p-s*; **entgangener ~** lost *p-s*, loss of *p-s*, loss of earnings (*L lucrum cessans*); **erwarteter ~** anticipated *p-*; **eventueller ~** contingent *p-*; **für den entgangenen ~ entschädigt werden** to be compensated for lost *p-*; **geheimgehaltener ~** secret *p-s*; **gewerblicher ~** industrial and commercial *p-s*; **imaginärer ~** imaginary *p-*, paper *p-*; **kalkulatorischer ~** imputed *p-*; **landwirtschaftliche ~e** agricultural *p-s*; **mit ~ abschließen** to close the accounts with a *p-*; **mit ~absicht** with gainful intent, with the intention of making a *p-*; **mit ~ verkaufen** to sell at a premium, to sell at a *p-*; **müheloser ~** easy *p-*; **nicht ausgeschütteter ~** undistributed *p-*, undivided *p-s*; **nicht entnommener ~** undrawn *p-*, undistributed *p-s*, *p-s* ploughed back (into the business); **nicht realisierte ~e** unrealized *p-s*; **nicht zugewiesener ~** unappropriated *p-*; **nicht zweckgebundener ~** available surplus, unappropriated *p-s*; **periodenfremde ~e und Verluste** *p-s* and losses not relating to the period under review; **realisierte ~e** realized *p-s*, realized income; **rechnerischer ~** calculated *p-*, paper *p-*; **stehengebliebener ~** *p-* left in the business; *p-s* ploughed back into a business; **steuerpflichtiger ~** taxable *p-s*; **tatsächlicher ~** actual *p-*; **thesaurierter ~** accumulated income, retained earnings, *p-s*ploughed back into the business; **unerlaubte ~e** illicit *p-s*; **unerwartete ~e** windfall *p-s*; **unlauterer ~** sordid gains; **unverteilter ~** undistributed *p-*; **unversteuerter ~** pretax *p-*; **verdeckter ~** disguised *p-*; **verteilungsfähiger ~** distributable *p-*; **vorgetragener ~** *p-s* brought forward, accumulated surplus; **vorweggenommener ~** anticipated *p-*; **wucherischer ~** usurious *p-s*; **zu erwartender ~** expected *p-*; **zugeflossene ~e** accrued *p-s*.

gewinn|anteilberechtigt *adj* entitled to a share in the profit(s); **~berechtigt** entitled to a share of profits; **~beteiligt** participating, profit-sharing; **~bezogen** profit-related; **~bringend** profitable, lucrative; **~süch-**

tig greedy, acquisitive, profit-seeking.

Gewinnbeteiligung *f* profit-sharing, participation in profits, participation in earnings; ~ **der Arbeitnehmer** employee profit-sharing; **~sfonds** *m* profit-sharing fund; **~skartell** *n* gross-money pool; **~spacht** *f* profit related rent; **~splan** *m* profit-sharing plan/scheme; **~srechte** *n/pl* participating rights; **~svertrag** *m* participating contract; **mit** ~ with profits (*policy*); **mit ~ ausgestattet** conferring a right to participate in profits; **ohne** ~ without profits, non-participating (*policy*).

gewinnen *vt* to win, to profit, to gain, to earn, to acquire.

Gewissen *n* conscience (= *c*-); **~sbisse** *m/pl* remorse, compunction, pangs of remorse; **~sentscheidung** *f* decision taken for reasons of *c*-; **~serforschung** *f* examination of one's *c*-; **~sfrage** *f* issue of *c*-; **~sfreiheit** *f* freedom of *c*-; **~sgründe** *f* grounds of *c*-; **aus ~~n** for *c*- sake; **Verweigerung aus ~~n** refusal as a conscientious objector; **~skonflikt** *m* inner conflict; **~snot** *f* moral dilemma; **~~stand** *m* (state of) moral dilemma; **~spflicht** *f* moral duty; **~ssache** *f* matter of *c*-; **~szwang** *m* moral constraint; **nach bestem** ~ to the best of one's belief.

gewogen *adj* weighed; weighted (*statistics*).

Gewohnheit *f* habit, custom, usage; **~sdieb** *m* habitual thief; **~smäßigkeit** *f* habitualness, habitual character; **~srecht** *n* consuetudinary law, legal custom, customary law; **~ssatz** *m* customary rule of law; **~stäter** *m/***-in** *f* habitual offender, persistent offender; **~strinker** *m/***-in** *f* habitual drunkard, alcoholic; **~sverbrecher** *m/***-in** *f* habitual criminal, outlaw.

gewohnheitsmäßig *adj* habitual.

gewunden *adj* devious (*testimony*).

gewünscht *adj* desired, intended; **wie** ~ as (and when) required.

gezahlt *adj* paid (up).

gezeichnet *adj* signed, subscribed.

Gezeiten *pl* tide, ebb and flow; **~wasser** *n* tidal water(s); **~wechsel** *m* turn of the tide, tidal change; **~zone** *f* littoral zone.

gezielt *adj* ad hoc, purposeful, purposive; aimed (*shot*).

gezwungen *adj* forced, constrained.

GG (*abbr* = **Grundgesetz**) *D* Basic Law, constitution.

Gießkannenprinzip *n* (= *Gießkannenpolitik*) sprinkling, watering-can method (*of distributing public grants*); a-little-for-everyone principle, indiscriminate policy of providing subsidies; regionally indiscriminate allocation of resources; **nach dem ~ verteilen** to distribute something in watering-can fashion/in ad-hoc fashion).

Gift *n* poison (= *p*-); ~ **beibringen** to administer *p*-; **~beibringung** *f* administering *p*-; **~~ mit Mordvorsatz** administering *p*- with intent to murder; **~buch** *n* book on *p-s* (*pharmacy*); **~gas** *n* poisonous gas; **Genfer ~~protokoll** *n* (= **Protokoll über das Verbot der Verwendung von erstickenden, giftigen oder ähnlichen Gasen sowie von bakteriologischen Mitteln im Kriege**) Protocol for the Prohibition of the Use in War of Asphyxiating, Poisonous or Other Gases, and of Bacteriological Methods of Warfare (*17 June 1925*); **~kammer** *f* security room for storing *p-s*; **~mischer** *m/***-in** *f* poisoner; **~mord** *m* murder by poisoning; **~müll** *m* toxic waste; **~schein** *m* certificate authorizing the purchase of *p*-; **~untersuchung** *f* *p*- test.

giftverdächtig *adj* suspected of being poisonous.

Gilde *f* guild, corporation; **~nhaus** *n* guildhall; **~nmitglied** *n* guildsman; **~nversammlung** *f* *hist* guildhall sittings.

Gipfel|konferenz *f* summit conference; **~~-Diplomatie** summitry;

~treffen *n* summit, summit meeting; **~wert** *m* peak.

giral *adj/adv* by way of bank transfer.

Giralgeld *n* bank-deposit money, book-money deposit currency, (*US*) checkbook money.

Girant *m/***-in** *f* endorser/indorser, backer.

Giratar *m/***-in** *f* endorsee/indorsee.

Giratkonossementennehmer *m/***-in** *f* endorsee of a bill of lading.

girierbar *adj* endorsable, negotiable.

girieren *vt* to endorse, to negotiate; **blanko** ~ to endorse generally, to endorse in blanc.

Girierung *f* transfer by endorsement, negotiation.

Giro *n* endorsement (= *e*-)/indorsement; giro; credit transfer, bank transfer; **~anweisung** *f* credit transfer order; **~auftrag** *m* credit transfer order, instruction to make a bank transfer; **~ausgleichsstelle** *f* bank transfer clearing office; **~bank** *f* clearing bank; ~ **bestätigt** *e*- confirmed; ~ ***e-er*** **Bank** bank *e*-, credit transfer from bank to bank; **~-Einlage** *f* deposit on a current account, deposit by credit transfer, giro deposit; ~ **fehlt** *e*- required; **~gelder** *n/pl* funds available for credit transfer/for bank giro; **~gläubiger/-in** *f* creditor by *e*-; **~guthaben** *n* credit balance on current account, giro balance; **~kasse** *f* clearing bank, clearing house of public savings banks; **~konto** *f* current account (*bank*), clearing account, giro account; **~kunden** *pl* customers attached to a bank clearing system, customers' giro balance; **~netz** *n* giro system; **~-Obligo** *n* contingent liability of the endorser (*of bill exchange/note*); ~ **ohne Gewähr** *e*- without recourse; ~ **ohne Haftung** *e*- without recourse; ~ **ohne Obligo** *e*- without recourse; ~ **ohne Verbindlichkeit** qualified *e*-; **~provision** *f* credit transfer commission; **~ring** *m* (interbank) credit transfer system; **~sammeldepot** *n* collective safe deposit of negotiable securities; **~sammelkasse** *f* collective safe-deposit agency; **~sammelverwahrung** *f* collective safe deposit of negotiable securities; **~schuldner/-in** *f* debtor by *e*-; **~stelle** *f* giro *US* center/*GB* centre, credit transfer clearing house; **~überweisung** *f* credit transfer, bank transfer; **~verkehr** *m* credit transfers under the giro system; **~vertrag** *m* bank giro contract, deposit contract; **~zahlung** *f* payment by credit transfer (= *bank transfer*); **~zettel** *m* giro transfer slip; **~zentrale** *f* giro *US* center/*GB* centre, central saving banks' clearing house; **beschränktes** ~ qualified *e*-; **gewöhnliches** ~ regular *e*-; **ordnungsgemäßes** ~ proper *e*-.

Glas *n* glass, glassware; **~- und Schmuckwarenindustrie** *f* glassware, ornament and trinket industry; **~versicherung** *f* plate-glass insurance; **feuersicheres** ~ fire-proof glass; **kugelsicheres** ~ bullet-proof glass; **splittersicheres** ~ security glass, shatter-proof glass; **Vorsicht** ~ Glass! Handle with Care.

Glaser *m/***-in** *f* glazier, glass-worker; **~arbeiten** *f/pl* glazing; **~meister** *m/***-in** *f* master glazier.

Glaserei *f* glazier's shop, glazing business.

Glatteis *n* black ice, icy conditions on the roads; **~gefahr** *f* danger of ice; danger, ice!

glattstellen *vt* to even up, to balance, to realize, to settle, to liquidate a position, to close a position, to clear; to take in (stock) without charging contango; to continue (bargain) at even; to close (*future transactions*) by equivalent spot transactions.

Glattstellung *f* closing of a speculative position; realization; **~sauftrag** *m* realization order; **~sgeschäft** *n* evening-up transaction; **~sverkauf** *m* realization sale, sell-off; ***e-en*** **~~ vornehmen** to sell off; **zur** ~ in full satisfaction.

Glaube *m* faith, belief, persuasion; **~nsartikel** *m/pl* articles of religion; **~nsbekenntnis** *n* creed, religious beliefs, confession of faith; **~nsfreiheit** *f* freedom of faith, freedom of religion; **~nsgemeinschaft** *f* religious body, common religion, denomination; **~nsrichtung** *f* persuasion, religious belief, shade of religious opinion; **~nswechsel** *m* change of religion, change of faith; **böser ~** bad faith, malice, mala fides; **guter ~** bona fides, good faith; **im guten ~n handeln** to act in good faith; ***jd-em* ~n schenken** to give *s.o.* credit, to believe *s.o.*; **öffentlicher ~** public faith, full faith and credit, public reliance.

glaubhaft *adj* credible, believable, reliable; **~ machen** to substantiate by prima facie evidence, to make credible.

Glaubhaftigkeit *f* credibility, believability, acceptability.

Glaubhaftmachung *f* substantiation by prima facie evidence, substantial evidence, authentication.

Gläubiger *m/***-in** *f* creditor *m/*creditrix *f* (= *c-*), obligee, **~abfindung** *f* settlement with one's *c-s*; **~anfechtung** *f c-*'s avoidance of debtor's transactions (*transferring property to a third party*), avoidance of a preference; **~~sgesetz** *n C-s'* Avoidance of Transfers Act (*D 1898*); **~anspruch** *m c-*'s claim; ***e-en* ~~ vereiteln** to defeat a *c-*; **~aufgebot** *n* public notice to all *c-s* (*of a debtor/an estate*); **~aufruf** *m* public notice to *c-s*; **~ausschuss** *m* committee of *c-s*, committee of inspection; **~befriedigung** *f* satisfaction of *c-s*; **~begünstigung** *f* preference of a *c-*, preferential transfer, fraudulent preference; **~behinderung** *f* hindering or defrauding *c-s*; **~beirat** *m* committee of *c-s*, board of inspection; **~benachteiligung** *f* defeating of a *c-*; hindering and delaying a *c-*; **~bestechung** *f* bribery of *c-s*; **~bevorzugung** *f* preference of a *c-*, voidable preference, fraudulent preference; **~ der Wandelschuldverschreibungen** holders of the convertible bonds; **~gefährdung** *f* jeopardizing a *c-*'s interests; **~gemeinschaft** *f* body of *c-s*; **~kündigungsrecht** *n c-*'s right to call for immediate repayment; **~land** *n c-* state; **~position** *f c-* position; **~rang** *m* ranking of *c-s*; **~recht** *n* right of a *c-*, title as a *c-*, *c-*'s claim; **~register** *n* register of *c-s/* mortgagees; **~schädigung** *f* prejudicial treatment of *c-s*; **~schutz** *m* protection of (*outside*) *c-s*; (*of companies and partnerships*); **~sicherung** *f* providing security for *c-s*; **~staat** *m c-* state, *c-* country; **~streit** *m* conflict among *c-s*; **~verluste** *c-* losses; **~versammlung** *f* meeting of *c-s*, general assembly of *c-s*; **~vertreter** *m/***-in** *f* representative of the *c-s*; **~verzeichnis** *n* schedule of *c-s*, list of *c-s*; **~verzug** *m c-*'s delay in accepting performance, *c-*'s delay, mora accipiendi; **~wechsel** *m* subrogation (of *c-s*); **absonderungsberechtigter ~** secured *c-*; **bereits vorhandene ~** antecedent *c-s*; **betreibender ~** prosecuting *c-*; **bevorrechtigter ~** preferred *c-*, *c-* by priority, preferential *c-*, privileged *c-*; **die ~ befriedigen** to satisfy (the) *c-s*; **diverse ~** sundry *c-s*; **doppelt gesicherter ~** doubly secured *c-*; ***e-en* ~ begünstigen** to prefer a *c-*; **mit ~n *e-en* Vergleich schließen** to compound a settlement with one's *c-s*; **nicht befriedigter ~** unsatisfied *c-*; **nichtbevorrechtigter ~** non-privileged *c-*, ordinary *c-*; **säumiger ~** indulgent *c-*, *c-* delaying the enforcement of his claim; **seine ~ hinhalten** to put off one's *c-s*; to delay one's *c-s*; **sichergestellter ~** secured *c-*; **sonstige ~** other *c-s*; **zweitrangiger ~** secondary *c-*.

glaubwürdig *adj* credible, trustworthy, authentic.

Glaubwürdigkeit *f* credibility, trustworthiness, veracity; **~ des**

Angeklagten truth and veracity of accused; ~ **des Zeugen** credibility of witness, veracity of witness; **~sgrad** *m* degree of belief, degree of credibility; **~lücke** *f* credibility gap; **~sgutachten** *n* expert opinion on credibility; **die** ~ ***e-es* Zeugen erschüttern** to impeach a witness, to shake a witness's credibility.

Gleich| (*equal* = *e-*, *equality* = *e-y*) **~artigkeit** *f* similarity, *e-y* in kind, homogeneity; **~behandlung** *f e-* treatment, *e-y* of treatment, non-discrimination; **~~sgrundsatz** *m* (= **Grundsatz der** ~~) principle of *e-* treatment; ~~ **von Arbeitnehmern** *e-* employment opportunity, *e-y* in employment relations; **steuerliche** ~~ *e-* tax treatment; **~berechtigung** *f e-* rights, *e-* status, *e-y* (of rights); ~~ **der Ehegatten** *e-* rights for spouses, *e-y* of rights in marriage; ~~ **der Geschlechter** sex *e-y*, *e-* rights for both sexes; **~~sgesetz** *n* act according *e-* rights to women; *pl* **~~~e** sex *e-y* legislation; **~~sgesetz für Lohnzahlung** *E-* Pay Act; **~gestellte(r)** *f(m)* (*der Gleichgestellte*) person of *e-* rank; **~gewicht** *n* equilibrium, balance; **~~spreis** *m* equilibrium price; **~~sspiel** *n* process of equilibration; **~~szins** *m* equibilibrium interest rate; **marktwirtschaftliches** ~~ free-market equilibrium; **ökologisches** ~~ ecological equilibrium, ecological balance; **politisches** ~~ balance of power; **wirtschaftliches** ~~ economic equilibrium; **~heit** *f e-y*, parity; ~~ **vor dem Gesetz** *e-y* before the law, *e-y* in law; **~~sgrundsatz** *m* principle of *e-y* before the law, principle of *e-y*, rule of uniformity; **~~ssatz** *m* principle of *e-y*; **~macherei** *f* egalitarianism; **~mäßigkeit** *f* uniformity, regularity; **~~sklausel** *f* uniformity clause; **~namigenrecht** *n* right of same name, *right to use one's name for a company even though it has been registered for s.o. else*; **~ordnungskonzern** *m* horizontal combination (of companies); **~schaltung** *f* making (political opponents) toe the line, enforced political conformity (*of organizations under Nazi regime*), co-ordination; **~schrift** *f* duplicate, true copy; **~stellung** *f* placing on an *e-* footing, the according of *e-* status; ~~ **der Frauenarbeit** *e-y* for women's labo(u)r, *e-* pay for women; **~wertigkeit** *f* equivalence, *e-* value, *e-* standard; **~~sgrundsatz** *m* principle of equivalence; **~zeitigkeit** *f* simultaneousness, concurrence, contemporaneity.

gleich|artig *adj* analogous, similar, homogeneous, kindred, of the same kind (quality, description), uniform; **~bedeutend** equivalent, synonymous; **~berechtigt** equally entitled, having equal rights; **~bleibend** constant, unchanging, steady, staunch; **~förmig** uniform, of equal configuration, invariable; **~gerichtet** parallel, similarly aligned, aiming in the same direction; **~gestellt** on the same footing, of equal rank, analogous; **~gewichtig** even, balanced; **~lautend** identically worded, of the same tenor, idem sonans; **~mäßig** uniform, equal, even, pari passu (*creditors*); **~rangig** pari passu, of equal status; ~ **mit** ranking pari passu with; **~wertig** equivalent, of equal value; **~zeitig** simultaneous, concurrent.

gleich|machen *vt* to make equal, to level, to equalize; **~ordnen** *vt* to coordinate; **~schalten** *vt* to bring into line with, to force into conformity, to coordinate, to align; **~setzen** *vt* to treat as equivalent to, to equate; ***etw* ist gleichzusetzen** *sth* is tantamount to; **~stellen** *vt* to grant equality of status, to place on the same footing as, to put on a par with, to treat as equal, to put in the same category; **~ziehen** *vi* to draw level with, to catch up with.

Gleit|klausel *f* sliding-scale clause; **~schutzvorrichtung** *f* anti-skid device(s); **~zeit** *f* flexitime; **~zoll** *m* sliding-scale tariff.

Glied *n* limb, member, bodily member, link; ~ *e-er* **Beweiskette** link in a chain of evidence; **~ertaxe** *f* rate of dismemberment benefit (*accident ins*); **~erverlust** *m* loss of limbs, dismemberment; **~staat** *m* individual state (of a federation), constituent state, federal unit.

gliedern *vt* to arrange, to subdivide, to classify, to organize.

Gliederung *f* subdivision, arrangement, breakdown, classification; ~ **der Jahresbilanz** composition of the annual balance sheet; ~ **nach Sachgebieten** functional classification; **~smerkmale** *n/pl* constituent elements, criteria of classification; **~snummer** *f* subsection number; **~sschemata** *n/pl* forms of tables for diagrammatic analysis; **berufliche** ~ breakdown of occupations, occupational classification; **bundesstaatliche** ~ federal subdivisions, federal structure; **die regionale** ~ the regional pattern.

Global| (*overall* = *o*-, *comprehensive* = *c*-) **~abrechnung** *f c*- calculation, aggregate calculation; **~aktie** *f* multiple share certificate; **~angebot** *n c*- offer; **~aussage** *f* broad statement, *o*- proposition; **~betrag** *m* round sum, *o*- amount, en bloc amount; **~bewilligung** *f* bloc vote, bloc appropriation; **~darlehen** *n* global loan, blanket loan, loan en bloc, lump-sum loan; **~darstellung** *f o*- picture, general presentation; **~einsparung** *f o*- cut, all-round cut; **~finanzierung** *f* bloc financing; **~geschäft** *n* package deal; **~haushalt** *m* lump-sum budget (*as opposed to designated-funds budget, permits higher educational institutions to allocate funds independently*); **~information** *f c*- information, all-inclusive information; **~isierung** *f* globalization (*extension of relations on a world-wide level*); **~kontingent** *n* global quota, *o*-quota; **~kredit** *m* blanket credit, bloc credit, lump-sum credit/loan; **~kürzung** *f* all-round cut, across-the-board cut; **~police** *f* blanket policy; **~steuer** *f* single tax, *c*- tax; **~steuerung** *f o*- (economic) steering; **~summe** *f o*- total; **~urteil** *n* all-embracing conclusion; **~versicherung** *f* blanket insurance, all risk insurance; **~vertrag** *m o*-agreement, lump-sum contract; **~zession** *f* general assignment (*of all rights and claims*), blanket assignment.

global *adj* global, world-wide, overall, across the board; ~ **betrachtet** regarded as a whole; ~ **bewilligt** voted as a lump sum; **~statistisch** according to the overall statistics.

Glossar *n* glossary.

Glücksspiel *n* game of chance, gaming, gambling, lottery; **~gerät** *n* gambling device; **verbotenes** ~ unlawful gambling.

GmbH *f* (*abbr* = **Gesellschaft mit beschränkter Haftung**) *D* private limited company; **GmbH & Co KG** (*abbr* = **Gesellschaft mit beschränkter Haftung und Compagnie Kommanditgesellschaft**) *D limited partnership, the general partner being a GmbH.*

Gnade *f* mercy, pardon, clemency (= *c*-); **~nakt** *m* act of *c*-; **~nausschuss** *m c*- board, parole board; **~nbehörde** *f c*- board; **~nempfehlung** *f* recommendation of mercy/leniency; **~nerlass** *m* act of grace; **~nerweis** *m* (act of) pardon; **~~ mit Auflagen** conditional pardon; **~nfrist** *f* period of grace, grace period, days of grace, extra time allowed; **ohne ~~** unreprievable; **~ngesuch** *n* plea of pardon, plea for *c*-, *c*- petition; **~ninstanz** *f* board of pardon(s), *c*- board, authority having the prerogative of mercy; **~nrecht** *n* prerogative of mercy, power of pardoning; **~nsachen** *f/pl c*- petition matters; **~nschuss** *m* coup de grâce, mercy shot; **~nsplitting** *n* mercy splitting tax allowance (*after death of spouse*); **~nstelle** *f* board of pardon, *c*-board; **~ntod** *m* mercy killing; **~nweg** *m* official channels for *c*-petitions; ~ **vor Recht ergehen**

lassen to temper justice with mercy.

GoA (*abbr* = **Geschäftsführung ohne Auftrag**) management without mandate; spontaneous agency without authority, negotiorum gestio.

Gold *n* gold (= *g*-); **~abfluss** *m* efflux of *g*-, *g*- outflow; **~agio** *n* *g*- premium, premium on *g*-; **~ankaufspreis** *m* buying price of *g*-; **~arbitrage** *f* arbitrage in *g*-; **~ausfuhrpunkt** *m* *g*- export point, exports specie point; **~ausfuhrverbot** *n* embargo on *g*- exports; **~barren** *m* *g*- bar; **~~währung** *f* *g*- bullion standard; **~basis** *f* *g*- basis; **~bestand** *m* *g*- holdings; **~bewegungen** *f* *g*- flow, *g*- movements; **~blockländer** *f* *g*- bloc countries; **~deckung** *f* *g*- backing, *g*- coverage; **~devisenwährung** *f* *g*--exchange standard; **~dollar** *m* *g*-dollar; **~einfuhrpunkt** *m* import *g*-point; **~einschusspflicht** *f* liability to make contributions in *g*-, obligation to make *g*- inpayments; **G~ene Regel** Golden Rule; **~garantie** *f* *g*- backing, guarantee in terms of *g*-; **~gehalt** *n* *g*- content; **~hortung** *f* hoarding of *g*-; **~ in Barren** ingot *g*-; **~kernwährung** *f* *g*- bullion standard; **~klausel** *f* *g*- clause; **~kurs** *m* *g*- rate, *g*- price; **~mine** *f* *g*- mine; **~~naktien** *f/pl* *g*--mining shares, *g*- shares; **~münze** *f* *g*- coin; **~~nklausel** *f* *g*- coin clause; **~münzparität** *f* *g*- coin standard, *g*- coin parity; **~option** *f* option to buy *g*-; **~parität** *f* *g*- parity; **~~sklausel** *g*- parity clause; **~prägung** minting of *g*-; **~preis** *m* *g*- price; **~punkt** *m* *g*- point, specie point, bullion point; **oberer ~~** *g*-export point; **unterer ~~** *g*- import point; **~reserve** *f* *g*- reserve; **~schatz** *m* hoard of *g*-; **~schulden** *f* *g*- debts, debts in *g*- bullion; **~sovereign** *m* *g*- sovereign; **~standard** *m* *g*- standard; **~umlaufwährung** *f* *g*- specie standard; **~vorrat** *m* stock of *g*-, *g*- supply; **~währung** *f* *g*- standard currency; **~~sland** *n* *g*- standard country; **~~sobligation** *f* *g*- bond; **~wert** *m* *g*- value, value of *g*-; **~~garantie** *f* (outright) *g*--value guarantee; **~~klausel** *f* *g*- clause; **~zertifikat** *n* *g*- certificate; **~zufluss** *m* in flow of *g*-, *g*- influx; **gemünztes Gold** *n* *g*- in the form of coins; **rohes ~** unrefined *g*-.

goldgerändert *adj* gilt-edged.

Goodwill *m* goodwill, intangible value, → *Firmenwert*.

Gösch *f* *mar* jack, ship's flag.

Gott *m* God, Lord; **~ der Allmächtige** God (the) Almighty, Almighty God; **~ der Allmächtige und Allwissende** God the Almighty and Omniscient (*oath*); **~esdienstordnung** *f* order of service, ritual, liturgy; **~esdienststörung** *f* disturbance of public/religious worship; **~esgnadentum** *n* divine right of kings; **von ~ Gnaden** by the grace of God; **~eslästerung** *f* blasphemy, blasphemous libel, profanity; **so wahr mir ~ helfe** so help me God; **~ helfe dir** so help you God.

Gouverneursrat Governing Council.

Grabschändung *f* desecration of a grave.

Grabstätte *f* burial place, tomb.

Grabungsschutzgebiet *n* protected site for archeological excavations.

Grad *m* degree, grade; **~ der Beweisführung** standard of proof; **~ der Neuheit** degree of novelty; **~ der Verwandtschaft** (degree of) relationship; **~ des Verschuldens** level of fault; **akademischer ~** academic degree; ***e-en* akademischen ~ führen** to use an academic title/degree (*letterhead, visiting card*).

Graduierten | förderung *f* promotion of graduates (*in the scientific and artistic fields*); **~kolleg** *n* graduate college, college of graduate studies.

Graf *m*/**Gräfin** *f* count, *GB* earl; **~enstand** *m* count's rank, status of a count; **~enwürde** *f* countdom, earldom.

Grafschaft *f* county, *GB* shire; **~samt** *n* county office.
Gratifikation *f* gratuity, bonus, staff bonus, ex gratia payment.
gratis *adj/adv* gratuitous, gratis, without payment, free of charge, free, uncharged for.
Gratis | aktie *f* capital bonus, bonus stock, bonus share, scrip bonus; **~~n** stock dividend (*etc*); **~~n verteilen** to make distributions in stock; **ausschließlich ~~n** ex stock dividend; **~anteil** *m* bonus unit; **~lieferung** *f* supply free of charge; **~obligation** *f* bonus bond; **~probe** *f* free trial; **~zuteilung** *f* bonus allotment.
Graubuch *n* grey book.
grausam *adj* cruel, brutal.
Grausamkeit *f* cruelty; **seelische ~** mental cruelty.
Grauzone *f* grey area, grey legal area.
gravierend *adj* aggravating, serious.
greifbar *adj* ready-to-hand; tangible.
Gremium *n* body, group, panel; **autonomes, sich selbst ergänzendes ~** non-elective self-perpetuating body; **beratendes ~** advisory body; **ein beschlussfähiges ~ bilden** to constitute a quorum.
Grenz | I (*border* = *b*-, *boundary* = *b-y*, *frontier* = *f*-) **~abfertigung** *f* customs clearance (at a *b*-); **~abkommen** *n f*- agreement; **~abmarkung** *f* demarcation of a *b-y*/*f*-; **~abschnitt** *m* section of the *b*- district; **~abstand** *m* clear space from the *b-y*line; **~~sanspruch** *m* (land owner's) right that structures be kept at a distance from his *b-y* line; **~abstützung** *f* support of adjoining land (*at a slope*); **~änderung** *f* change in the *b-s*; **~anlage** *f f*- installation(s); **~arbeiter** *m*/**-in** *f f*- worker; **~arbeitnehmer** *m*/**-in** *f f*- -zone worker; **~aufsicht** *f f*- surveillance; **~ausgangszollstelle** *f f*- customs office of exit; **~ausgleichszahlungen** *f EU* monetary compensatory amounts; **~ausweis** *m f*- pass; **~bahnhof** *m b*- (railway) station, *f*- station; **~baum** *m b-y* tree; **~beamte** *pl f*- officials; **~begehung** *f* perambulation, processioning; **~behörde** *f f*- authority; **~bereich** *m f*-, *f*- area, *b*- district; **~bereinigung** *f f*- adjustment (rectification); **~berichtigung** *f* rectification of a *b-y*; **~beschlagnahme** *f b*- arrest, arrest by *b*- control; **~betrieb** *m* enterprise at the *b*-; **~bevölkerung** *f f*- population, inhabitants of *b*- regions; **~bewachung** *f b*- supervision; **~bewohner** *m*/**-in** *f* inhabitants of *b*- regions; **~bezirk** *m f*- district; **~bürger** *m*/**-in** *f b*- district inhabitant, *hist* inborow and outborow; **~eigentum** *n b*- property; **~erlaubnis** *f* special *f*- pass; **~fahndung** *f f*- search and investigation; **~fall** *m* marginal case; **~feststellungsklage** *f* petition to establish the borderline, *hist* writ de perambulatione facienda; **~formalitäten** *f/pl b*- formalities; **~frage** *f b-y* question, the problem of the national *b*-; **~fluss** *m b-y* river; **~forderung** *f f*- claim, territorial claim; **~führung** *f b*- demarcation; **~gänger** *m*/**-in** *f f*- commuter, *b*-crosser, *f*- worker; **~gebiet** *n f*- area, *f*- zone, *b*- area; **~gewässer** *n b-y* water(s); **~konflikt** *m b*- dispute; **~kontrolle** *f b*- control, *pl b*-checks; **~krieg** *m b*- war; **~land** *n f*- (area), *b*- land, area adjoining *f*-; **~~betrieb** *m b*--area enterprise, firm located close to the *f*-; **~~fonds** *m B*- Area Fund (*for subsidies*); **~linie** *f b-y* line, division; **~marke** *f b-y* mark; **~markierung** *f* demarcation; **~mauer** *f* division wall, *b-y* wall; **~nachbarn** *pl* adjoining owners; **~passierschein** *m f*- laissez-passer; **~polizei** *f b*- police; **~posten** *m b*- patrolman, *b*-outpost; **~punkt** *m* limit point; **~rain** *m* grass strip marking a *b-y*, *b-y* verge; **~recht** *n* law of boundaries; **~regelung** *f b-y* determination; **~regionen** *f/pl f*- regions; **~scheidungsgericht** *n* neighbo(u)rhood court meeting (*held on the b-y*); **~scheidungs-**

klage *f* petition to fix a *b-y*; **~schmuggel** *m* smuggling (across a *b-y*); **~schutz** *m b-* protection corps, *b-* police service, *b-* security patrol; **~~beamter** *m*/**~beamtin** *f b-* police-officer; **~~kommando** *n* Federal *B-* Guard Command; **~sicherung** *f b-* protection; **~sperre** *f f-* barrier, ban on *b-* crossing, closure of the *b-*; **~stein** *m b-y* stone; **~~entfernung** *f* (unlawful) removal of *b-y* stones; **~~versetzung** *f* (unlawful) shifting of *b-y* stones; **~stelle** *f b-* post; **~streifen** *m* balk (*unploughed land between fields*); **~streitigkeit** *f f-* dispute; **~überbau** *m* building over the *b-y* line; **~übergang** *m f-* crossing point; **~~sschein** *m* **für Kraftfahrzeuge** triptyque; **~~sstelle** *f* crossing point, point of entry; **~überschreitung** *f f-* crossing, *b-* crossing; **~übertritt** *m* crossing of *b-s*, *f-* passage; **~~skontrolle** *f b-* check; **~~sschein** *m b-*-crossing pass (*motor vehicles*); **~überwachung** *f f-* control/supervision; **~umgang** *m* perambulation, *b-y* procession; **~vereinbarung** *f b-* agreement; **~verkehr** *m b-* traffic; **kleiner ~~** local *f-* crossing (*in b- districts*), *f-* zone traffic; **~verlauf** *m b-* (line), *where the b- runs*; **~verletzung** *f* violation of the *b-*, *f-* violation; **~vermarkung** *f* demarcation of *b-y* line; **~vermessung** *f* surveying the boundaries; **~verrückung** *f* shifting *b-y* lines; **~vertrag** *m f-* treaty; **~verwirrung** *f* wil(l)fully causing *b-y* problems; **~wache** *f f-* guard; **~zeichen** *n b-y* mark, landmark; **~ziehung** *f* determination of the *b-y*, marking out; **~zwischenfall** *m b-* incident; **~zollamt** *n b-* customs-house; **~zollstelle** *f f-* customs office.

Grenz | II (*marginal* = *m-l*) **~anbieter** *m*/**-in** *f m-l* seller; **~bereich** *m fig m-l* sector; **~betrieb** *m m-l* enterprise; **~bezugskosten** *pl m-l* cost of acquisition, *m-l* factor; **~ertrag** *m m-l* income, *m-l* yield, *m-l* profit; **~~ des Kapitals** *m-l* yield on capital; **~~sboden** *m-l* land; **~kapazität** *f m-l* production capacity; **~kosten** *f m-l* costs, differential costs; **~~kalkulation** *f m-l* costing; **~~lehre** *f* differential costing, *m-l* costing; **~~rechnung** *f m-l* costing; **~kreditnehmer** *m*/**-in** *f m-l* borrower; **~kurs** *m m-l* rate; **~leistungsfähigkeit** *f m-l* efficiency; **~nachfrager** *m*/**-in** *f m-l* purchaser; **~nutzen** *m m-l* utility; **abnehmender ~~** diminishing *m-l* utility; **~nutzung** *f m-l* use, *m-l* utilization; **~~stheorie** *f m-l* theory of value; **~plankostenrechnung** *f* standard *m-l* costing; **~planungsrechnung** *f m-l* analysis; **~produkt** *n m-l* product; **~produktivität** *f m-l* productivity; **~produzent** *m*/**-in** *f m-l* producer; least efficient producer; **~rate** *f m-l* rate; **~stückkosten** *pl m-l* unit cost; **~verbraucher** *m*/**-in** *f m-l* consumer; **~verhältnis** *n m-l* relationship; **~verkäufer** *m*/**-in** *f m-l* seller; **~wert** *m m-l* value, critical value, prescribed value.

Grenze *f* frontier, border, borderline, boundary (*real estate*), abuttals, limit, margin; **~ der Rentabilität** break-even point; **~ zwischen Recht und Unrecht** dividing line between right and wrong; **an der ~ liegender Fall** borderline case; **äußere ~** out-boundary, frontier, border; **die ~en abstecken** to demarcate the borders; **die ~ überschreiten** to cross the border; **ethnische ~** ethnic boundary; **geliefert ~** delivered at the frontier (*abbr* DAF), (*INCOTERMS*); **grüne ~** frontier traversing open country; **natürliche ~** natural boundary; **obere ~** upper limit.

Grenzer *m*/**-in** *f* border patrolman, customs officer at the border.

grenz | übergreifend *adj* transfrontier; **~überschreitend** crossborder, crossfrontier, transfrontier.

Greueltat *f* atrocity, outrage.

Grob | analyse *f* rough analysis, proximate analysis; **~blech** *n* heavy plate; **~einstellung** *f* rough tuningin, rough adjustment; **~heiten** *f/pl* crude remarks.

grobgerechnet *adj* roughly (calculated), as a rough estimate.

Groll *m* grudge, anger, resentment, sense of grievance.

Groß | abnehmer *m*/**-in** *f* bulk buyer, quantity buyer; **~abschluss** *m* large contract, large deal; **~aktionär** *m*/**-in** *f* major shareholder; **~anlagenbau** *m* large-scale plant engineering and construction; **~anlagengeschäft** *n* large-scale construction business; **~auftrag** *m* major order; **~bank** *f* major bank, big bank, big banking house, national bank, internationally operative commercial bank; **~~system** *n* large-bank system; **~bauer** *m* owner of a large farm; **~baustelle** *f* large-scale building site; **~behälterversand** *m* transport/transit of large containers; **~betrieb** *m* large concern, large enterprise; **~~svorteil** *m* advantage of large-scale operation; **~bürgertum** *n* upper middle-class, wealthy bourgeoisie; **~detailleur** *m*/**-in** *f* large retailer; **~einkauf** *m* bulk purchase, wholesale purchase; **~einkäufer** *m*/**-in** *f* wholesale buyer; **~eltern** *pl* grandparents; **~~teil** *n* grandparent; **~enkel** *m* great-grandson, *pl* great-grandchildren; **~enkelin** *f* great-granddaughter; **~fahndung** *f* manhunt, dragnet; **~familie** *f* extended family (*includes uncles, aunts, cousins*) ↔ *Kernfamilie*; **~filialist** *m*/**-in** *f* chain-store owner; **~format** *n* large format; **~grundbesitz** *m* large-scale land ownership, large estate holdings, extensive landed property; land-owning class(es), landed aristocracy; **~grundbesitzer** *m*/**-in** *f* large-scale land owner, landed proprietor, owner of large estates; **~handel** *m* → *Großhandel*; **~händler** *m*/**-in** *f* wholesaler, wholesale trader, wholesale dealer, wholesale distributor, merchant wholesaler, industrial distributor; **~herzog** *m* grand duke; **~herzogin** *f* grand duchess; **~herzogtum** *n* grand duchy, Grand Duchy; **~hofmeister** *m GB* Lord High Steward; **~industrie** *f* big industry, large-scale industry, big business; **~jährigkeit** *f obs* majority, legal age; **~kanzlei** *f* large law firm; **~kapitalist** *m*/**-in** *f* tycoon, capitalist; **~konsortium** *n* large combine, group, syndicate; **~konzern** *m* conglomerate, merger corporation; **~kraftwerk** *n* superpower station (*over 50 MW*); **~kredit** *m* big loan, big credit; **~kreuz** *n* grand cross (*decoration*); **~kunde** *m*/**-in** *f* big customer; **~lebenbranche** *f* ordinary life assurance, Ordinary Business (*abbr* O. B.); **~lebensversicherung** *f* ordinary life insurance, Ordinary Business (*abbr* O. B.); **~lieferant** *m*/**-in** *f* large supplier, major supplier; **~macht** *f* super power; **~markt** *m* supermarket, superstore, wholesale market; **~packung** *f* family size package, giant package; **~plastik** *f* monumental sculpture; **~projekt** *n* large-scale project; **~raumbüro** *n* open-plan office; **~raumflugzeug** *n* jumbo jet, wide-body aircraft; **~raumpolitik** *f* sphere-of-influence politics; **~razzia** *f* sweap; **~reihenfertigung** *f* high-volume production; **~schaden** *m* heavy loss, large loss, major damage; **~schifffahrtsweg** *m* major inland waterway; **~siegel** *n* great seal; **~stadtentwicklung** *f* large-city development, metropolitan development; **~stadtverwaltung** *f* administration of a large city, metropolitan administration; **~- und Einzelhändler** wholesale and retail distributors; **~verbraucher** *m*/**-in** *f* large-scale consumer, bulk consumer; **~~nachlass** *m* discount for large-scale consumers; **~verdiener** *m*/**-in** *f* high earner; **~verfahren** *n* mass trial; **~vorhaben** *n* large project, giant project; **~wirtschaftsraum** *m* large economic region.

Große Beschwerdekammer *f pat* Enlarged Board of Appeal.

Größe *f econ* size, quantity; **~nangabe** *f* statement of size; **~ngliederung** *f* classification by size; **~nklasse** *f* size-category; **~nordnung** *f* order of magnitude; **~nschichtung** *f* classification according to size; **~nstruktur** *f* structure according to size, make-up according to categories of size; **~nverhältnis** *n* scale, ratio, proportion; **~nvorteile** *n/pl* economics of scale; **~nwahn** *m* megalomania, delusions of grandeur; **gangbare ~** fair size; **genormte ~** standardized size; **marktgängige ~** commercial size; **nicht-gangbare ~** odd size; **vorschriftsmäßige ~** prescribed size.

Großhandel *m* wholesale (= *w-*) business, wholesale trade; **~sfirma** *f w-* firm, wholesaler; **~sindex** *m* index of *w-* prices; **~slager** *n w-* stock; **~spreis** *m w-* price, trade price, invoice price; **~srabatt** *m* trade allowance, *w-* discount; **~sspanne** *f w-* margin; **~svertreter** *m/***-in** *f w-* representative.

Grossist *m/***-in** *f* wholesaler.

großjährig *adj obs* of age, of full age, of legal age, → *volljährig*; **~ werden** to become of (full) age, to reach majority.

Grube *f min* mine, pit; **~narbeiter** *m/***-in** *f* miner; **~nentleerung** *f* emptying of sewage (*percolation*) basin; **~nindustrie** *f* mining industry; **~nvorstand** *m* mining board; **~n und Flöze** pits and veins.

Grün | anlage *f* park; **~buch** *n* green paper; **~fläche** *f* park area, grass-covered open space; **~~nplanung** open space planning; **~gürtel** *m* green belt; **~land** *n* grassland, meadows and pastures; **~~wirtschaft** *f* grassland husbandry; **~streifen** *m* grass verge, *US* center/*GB* centre strip (*on parkway*); **~zone** *f* green belt, open-space zone; **die ~en** *D pol* the Green Party, environmentally oriented party; **Bündnis 90/~ ~en** Alliance 90/The Greens (*coalition of the greens and the alliance parties in unified Germany*).

Grund *m* **I** (*pl Gründe* = *~e*) reason (= *r-*), ground, cause, basis (*basic* = *b-*), foundation, motive, occasion; **~ausbildung** *f b-* instruction, *b-* training; **~ausstattung** *f b-* facilities; **~bedarf** *m b-* requirements; **~bedeutung** *f* primary meaning; **~bedingung** *f b-* condition; **~bedürfnisse** *n/pl* needs; **~begriff** *m* fundamental concept, elementary term; **~bestand** *m b-* stock, *b-* inventory; **~betrag** *m b-* amount, *b-* figure; **~~ und Steigerungsbetrag** *b-* amount and increment; **gezahlte ~beträge** *m/pl b-* payments; **~bogen** *m* daily reconciliation sheet; **~buchung** *f* original entry; **~e anführen** to state/adduce *r-s*; **~e angeben** to show *r-s*, to give *r-s*; **~einstellung** *f* fundamental attitude; **~e vorbringen** to advance *r-s*, to advance arguments, to set forth grounds; **plausible ~e ~** to advance convincing arguments; **~freibetrag** *m b-* exemption; **~freiheit** *f b-* liberty; *pl* **~~en** *EU* fundamental freedoms; **~~srechte** *n/pl* constitutional liberties; **Europäische Konvention zum Schutze der Menschenrechte und ~~en** European Convention for the Protection of Human Rights and Fundamental Freedoms (*Rome, 1950*); **~gebühr** *f b-* fee, *b-* rate, flat rate, (subscription) rental; **~~ nach Anschlusswerten** installed load tariff; **~gedanke** *m b-* idea, key note, rationale; **~gehalt** *n b-* salary; **~gerechtigkeit** *f* natural justice; **~geschäft** *n* underlying transaction; **~gesetz** *n D B-* Law, constitution, fundamental law, organic law; **im ~~ verankert** enshrined in the *B-* Law; **~handelsgeschäft** *n* general commercial transaction (*buying, selling, etc*); **~interventionspreis** *m b-* intervention price; **~kapital** *n* nominal authorized capital, share capital; registered capital; *US* capital stock, general stock; **~kosten** *pl b-* costs; **~lage** *f* basis, substratum; **~~ der Gegenseitigkeit** basis of reciprocity; **~~ der Preisberechnungen** basis of costing; **~~nforschung** *f b-* research; **auf paritätischer ~~** on the basis of equality; **auf rechtlicher ~~** on a legal basis, on legal authority; **~linie** *f* underlying tendency, *b-* trend; **~lohn** *m b-* wage, *b-* rate of pay; **~~satz** *m b-* pay rate, *US* base pay rate; **~miete** *f b-* rent, initial standard rent; **~nahrungsmittel** *n b-* foodstuffs; **~norm** *f b-* norm; **~ordnung** *f* constitutional system; **demokratische ~~** democratic constitutional system; **~patent** *n* master patent, *b-* patent; **~pflichten** *f/pl b-* (constitutional) duties; **~postulat** *n* fundamental requirement; **~prämie** *f b-* rate, *b-* premium; **~preis** *m* floor price, standard price, *b-* price; **~prinzipien** *n/pl* fundamental principles; **~rate** *f b-* rate; **~rechte** *n/pl* constitutional civil rights, *b-* rights; **Gemeinschaftscharta der sozialen ~~ der aus- und einwandernden Arbeitnehmer** *EU* Community Charter of the Fundamental Social Rights of Workers (*1989*); **~rechtsgarantien** *f/pl* constitutional guarantees of civil rights; **~rechtskatalog** *m D* list of civil rights enshrined in the *B*-Law; **~rechtsverzicht** *m* voluntary renunciation of fundamental rights; **~rente** *f b-* (social security) pension; **~richtlinie** *f b-* directive; **~satz** *m* → *Grundsatz*; **~schule** *f* primary school, *US* elementary school, grade school; **~schulerziehung** *f* primary education, elementary/grade school education; **~stock** *m* basis, *b-* stock; **~~vermögen** *b-* property; **~stoff** *m* → *Grundstoff*; **~stufe** *f* junior stage; **~tarif** *m b-* rate, *b-* tariff; **~tatbestand** *m crim* general statutory definition of an *US* offense/*GB* offence; **~- und Hauptschulunterricht** *m* elementary education; **~urteil** *n* judgment on the basis of the cause of action (*reserving the amount to a later decision*); **~verfassung** *f b-* state, *b-* condition; **~vergütung** *f b-* remuneration, *b-* compensation, *b-* salary; **~versorgung** *f* (*soziales Netz*) *b-* social welfare coverage, floor of protection; **~vertrag** *m* main contract; *B-* Treaty; **~wehrdienst** *m* regular military service; **~~pflichtiger** *m* service draftee; **~zug** *m* (*pl Grundzüge*) trend, fundamental feature; *pl* trends, outline (*publication*); **~~ der Konjunktur** *b-* cyclical trend; **allgemeine staatspolitische ~e** grounds of overall national policy; **anscheinend plausible ~e** ostensibly/apparently plausible *r-s*; **auf ~ eigener Aussagen überführt** self-convicted; **auf ~** *e-s* **Irrtums** due to an error; **auf ~ von** by virtue of, by *r-* of, pursuant to; **aus ~en** for *r-s*; **aus rechtlichen ~en** on legal grounds, for legal *r-s*; **ausschlaggebender ~** overriding *r-*, decisive *r-*; **der konkrete ~** the actual *r-*; **erhebliche ~e** substantial grounds, just cause; **genau angegebener ~** specific cause; **gesetzlicher ~** lawful cause; **gewichtiger ~** good *r-*; **gleich aus welchem ~** for whatever *r-*; **hinreichender ~** probable cause; **legitimer ~** legitimate *r-*; **mit ~en versehen** stating the *r-s* (*for the court's decision*); **ohne ausreichenden ~** without sufficient cause; **ohne berechtigten ~** without good/just cause; **ohne rechtfertigenden ~** without justification, without just cause; **ohne rechtlichen ~** without lawful cause, without legal *r-*(s); **ohne triftigen ~** without reasonable excuse, without reasonable cause; **ohne vertretbaren ~** without reasonable cause; **stichhaltiger ~** sound *r-*, good and sufficient cause; tenable argument; **nicht ~ ~** unsound *r-*; **triftiger ~** good *r-*, sound *r-*, sufficient cause, good (and sufficient) cause; *pl* valid grounds; **überzeugender ~** convincing *r-*;

unhaltbarer ~ untenable ground; **verfahrensrechtlicher** ~ procedural ground; **vertretbarer** ~ justifiable *r*-; **wichtiger** ~ important *r*-, grave and weighty *r*-, special *r*-.

Grund *m* **II** land (= *l*-), soil, real estate (= *r/e*), property; **~abtretung** *f* surrender of *l*-; **~akten** *f/pl* title deeds, *l*- register files; **~besitz** *m* real property, property holding; *r/e*, *l*- holding; **~~wertverzeichnis** *n* valuation list; **~besitzer** *m/*-**in** *f* *l*- owner; possessor of *r/e*; property holder; **~buch** *n* → *Grundbuch*; **~dienstbarkeit** *f* easement, real servitude; **~~ der öffentlichen Hand** public easement; **auf ein Unterlassen gerichtete ~~** negative easement; **beschränkt persönliche ~~** restricted easement (*entitlement to a person*); **privatrechtliche ~~** private easement; **wechselseitige ~~** cross easement; **~eigentum** *n* freehold property, *r/e* ownership, property in *l*-, fee simple (absolute); **~~ der öffentlichen Hand** public domain; **rechtsmängelfreies ~~** good record title; **unbelastetes ~~** unencumbered *r/e*; **~~sübertragung** transfer of fee simple, conveyance of *l*-; **~eigentümer** *m/*-**in** *f* *l*- owner, owner of *r/e*; **~~ als Eigenbesitzer** owner–occupier; **~erwerb** *m* acquisition of *l*-; **~~s- und Nebenkosten** *r/e* purchase and incidental costs; **~~ssteuer** *f* (*r/e*) transfer tax; **~fläche** *f* area (of ground), surface of the ground/*l*-, floor space; **~herr** *m/*-**in** *f* lord of the manor, owner of an estate, landed proprietor; **~herrschaft** *f* manorial estate, manor, seigniory; **~kredit** *m* real-estate credit; **~~anstalt** *f* mortgage bank; **~last** *f* *l*-charge, rent charge; **~pacht** *f* lease, *l*- lease; **~pächter** *m/*-**in** *f* tenant, landholder; **~pfand** *f* → *Grundpfand*; **~rente** *f* ground rent; **~schuld** *f* → *Grundschuld*; **~steuer** *f* → *Grundsteuer*; **~stück** *n* → *Grundstück*; **~ und Boden** *m* grounds, *l*-, soil, landed property; **~verkehrssteuer** *m* real-estate transactions tax; **~vermögen** *n* landed property, real property, property in *l*-, *r/e*; **~wasser** *n* underground waters; **~~absenkung** *f* decline in the ground-water level; **~wert** *m* value of the soil, value of the *l*-; **~~steigerung** *f* real-estate appreciation; **auf fremdem ~** in alieno solo, on foreign soil; **erschlossener ~** improved *l*-; **unerschlossener ~** raw *l*-; **verpachteter ~** leased *l*-.

Grundbuch *n* Land Register (= *L/R*), land title register, real-estate register; **~abschrift** *f* land certificate, copy of the entry at the *L/R*; **~amt** *n* Land Registry, district land registry; real-estate recording office; **~auszug** *n* *L/R* extract, copy of the *L/R*; **~~ über Belastungen** charge certificate; **~bereinigung** *f* general rectification of the *L/R*; **~berichtigung** *f* rectification of the *L/R* (*individual case*); **~~sklage** action for rectification of the *L/R*; **~bescheinigung** *f* *L/R* certificate; **~bezirk** *m* *L/R*district; **~blatt** *n* *L/R* folio; **~einsicht** *f* inspection of the *L/R*; **~eintragung** *f* entry in the *L/R*, recording in the *L/R*; **~löschung** *f* cancellation of an entry in the *L/R*, deletion of an entry in the *L/R*; **~ordnung** *f* Land Registry Act; **~recht** *n* land registry law, law of real-estate recording; **~richter** *m/*-**in** *f* land registry judge; **~sachen** *f/pl* cases involving the *L/R*; **~sperre** *f* temporary prohibition of recording in the *L/R*; **~umschreibung** *f* transfer entry in the *L/R*; **~verfahren** *n* land registry proceedings; **~verfügung** *f* *L/R* Regulations; **~vermutung** *f* presumption of correct *L/R* entry; **~zwang** *m* compulsory (land) registration; recording of real-estate.

gründen *vt* to found, to form, to promote, to establish, to institute, to incorporate, to launch.

Gründer *f/*-**in** *m* founder (= *f*-), promoter (*company*), incorporator;

~aktien *f/pl f-s'* shares, *f-s'* stock, promotional stock; **~anteil** *m f-s'* participation, *f-*'s share certification; **~~schein** *m f-*'s share; **~bericht** *m* promotion report, statutory report, formation report; **~genossenschaft** *f* association of *f-s*; **~gesellschaft** *f* association of *f-s*; **~haftung** *f* company promoter's liability; **~konjunktur** *f* company-floating boom; **~konsortium** *n* promoting syndicate; **~lohn** *m f-s'* fee (*for services during the formation of a company*); **~obligation** *f f-*'s bond; **~vereinigung** *f* association of *f-s*; **~vergütung** *f* promotion money; **~zeit** *f* period of promoterism; (*German business-floating boom in the 1870s and 1880s*).

grundlos *adj* without cause, for no reason; unfounded.

Grundpfand *n* real-estate mortgage, charge on real property; **~besteller** *m*/**-in** *f* mortgagor of real estate; **~brief** *m* official mortgage certificate; **~darlehen** *n* mortgage loan; **~forderung** *f* mortgage claim, personal debt under a mortgage; **~gläubiger** *m*/**-in** *f* mortgagee; **~recht** *n* lien on (real) property, mortgage; **erstrangiges ~~** first mortgage; **nachstelliges ~~** junior mortgage; **rangnächstes ~~** subsequent mortgage; **mit *e-em* ~~ belasten** to encumber with a mortgage; **ein ~~ löschen** to dismortgage; **g~rechtlich gesichert** secured by a mortgage; **~schuld** *f* mortgage debt; **~schuldner** *m*/**-in** *f* mortgagor; **~sicherheit** *f* mortgage security.

Grundsatz (*pl Grundsätze = ~e*) principle (= *p-*), maxim, tenet, rule, policy; **~bestimmung** *f* regulation of *p-*; **~ der Chancengleichheit** *p-* of equal opportunities; **~ der festen Verbindung** genuine-link *p-* (*between ship and state of registration*); **~ der Fristenkongruenz** hedging *p-*; **~ der Gegenseitigkeit** *p-* of reciprocity; **~ der Gemeinschaftspräferenz** *EU p-* of Community preference; **~ der Gleichbehandlung** *p-* of equal treatment; **~ der identischen Norm** double criminality rule (*extradition law*); **~ der Mehrheitsentscheidung** majority rule; **~ der Notwendigkeit der Erschöpfung des innerstaatlichen Rechtswegs** local remedies rule; **~ der Öffentlichkeit** *p-* of publicity of proceedings/public hearings; **~ der Steuergerechtigkeit** the *p-* of fiscal justice; **~ des fairen Verfahrens** *p-* of fair trial; **~entscheidung** decision of *p-*, decision on a matter of *p-*; leading case; **~e ordnungsmäßiger** (= *ordnungsgemäßer*) **Buchführung** generally accepted accounting *p-s*, sound accounting practice, **~erklärung** *f* statement of policy, declaration of *p-s*; **~frage** *f* question of *p-*, fundamental issue; **~gesetzgebung** *f* framework legislation; **~kommission** *f* policy commission; **~programm** *n* platform, policy statement, basic program(me); **~urteil** *n* leading decision, judgment creating a legal precedent; **~vereinbarung** *f* memorandum of understanding, open contract, policy agreement; **aktienrechtliche ~e** *p-s* of company law; **allgemein anerkannte ~e** generally accepted *p-s*; **aus ~** on *p-*, as a matter of *p-*; **beherrschender ~** overriding *p-*; **behördliche ~e** *p-s* applied in the public service; **billigkeitsrechtliche ~e** maxims of equity; **eiserne ~e** cast-iron *p-s*; **moralische ~e** ethical *p-s*, moral code; **nach allgemeinen ~en** pursuant to general *p-s*; **nach gleichen ~en wie** on the same footing as, along the lines of (the same *p-s*); **nach kaufmännischen ~en** according to business *p-s*; **oberster ~** leading *p-*; **standesrechtliche ~e** canons of professional ethics.

grundsätzlich *adj* fundamental, basic; *adv* as a matter of principle, in principle, in essence; categorically.

Grundschuld *f* land charge, (*abstract land charge for a money payment*), mortgage; **~brief** *m* land charge certificate; **~forderung** *f* claim secured by land charge; **~gläubiger** *m*/**-in** *f* party entitled to a land charge, holder of a land charge, mortgagee; **~löschung** *f* resurrender/cancellation of land charge.

Grundsteuer *f* land tax (*l/t*), real property tax, real-estate tax, landed property tax, tax on land and buildings; **~ablösung** *f* redemption of *l/t*; **~ausfallvergütung** *f* compensation for loss of *l/t*; **~ausgleich** *m* equalization of *l/t* revenue; **~befreiung** *f* exemption from *l/t*; **~beamter** *m*/**~beamtin** *f* *revenue official in charge of l/t matters*; **~-Durchführungsverordnung** *f* *l/t* law implementing ordinance; **~erlass** *m* *l/t* waiver; **~freiheit** *f* exemption from *l/t*; **~gesetz** *n* *l/t* law (*empowering local authorities to charge l/t and regulating that taxation*); **~kataster** *m/n* *l/t* cadastral register; **~pflicht** *f* *l/t* liability; **~reinertrag** *m* net revenue from *l/t*; **~rolle** *f* *l/t* register (of real estate); **~vergünstigung** *f* *l/t* relief.

Grundstoff *m* raw material, primary product; **~industrie** *f* primary industry, raw (materials) industry; **~preis** *m* raw-material price; **~sektor** *m* basic industry sector; **~wirtschaft** *f* basic (materials) industry; **inländische ~e** domestic raw materials.

Grundstück *n* real estate (= *r/e*), plot of real land (and structures); real property unit, a piece of property, *pl* (real) property; premises; **~ des Berechtigten** dominant tenement (*easement*), *r/e* belonging to the entitled party; **~sabstützung** *f* lateral support; **~sauflassung** *f* conveyance of land, *mutual declaration of conveyance of ownership to land before notary*, transfer of fee simple; closing of title; **~~surkunde** *f* record of conveyance of land (*notarial*), transfer (of land) certificate, conveyance of title deed; **~sausfahrt** *f* *p-* exit; **~sbelastung** *f* encumbrance (of land), charge on real *p-*; **~sbenutzung** *f* use of land; **~sbeschreibung** *f* description of *p-*; **~sbesitz** *m* possession of *r/e*, occupation of land or buildings, real *p-*holdings; **~sbesitzer** *m*/**-in** *f* *r/e* owner, possessor of *r/e*; **~sbestandteile** *m/pl* integral parts of the premises; **wesentliche ~~** immovable fixtures; **~sbeteiligung** *f* shares in *r/e* holdings, *r/e* participation; **~sbewertung** *f* valuation of *r/e*, site value appraisal; **~seigentum** *n* land ownership, *p-* holding, fee simple (absolute in possession), freehold estate, title to land; **~~surkunden** *f/pl* documents of title to land, title deeds; **~seigentümer** *m*/**-in** *f* *r/e* owner, owner in fee simple; **~seinkünfte** *f/pl* land revenue, income from *r/e*; **~senteignung** *f* expropriation of land; **~sentschädigung** *f* compensation for land expropriation; **~serschließungsgesellschaft** *f* *p-* developers; **~serschließungsplan** *m* land development project; **~serwerb** *m* *p-* purchase, acquisition of *r/e*; **~sfläche** *f* surface area of a piece of *p-*/plot of land; **~sgemeinschaft** *f* joint holding of *r/e*; **~sgeschäfte** *n/pl* *r/e* transactions; **~sgesellschaft** *f* *r/e* company; **~sgrenze** *f* *p-* boundary, abuttal; **~sgruppen** *f/pl* classes of *p-*; *r/e* categories; **~sherausgabeklage** *f* droitural action; **~sinanspruchnahme** *f* utilization of *r/e*, (forced) use of land (*state, military forces*); **~skauf** *m* purchase of *r/e*; **~~vertrag** *m* contract for sale of land; **~skäufer** *m*/**-in** *f* purchaser of land; **~sklage** *f* action founded on *r/e* rights; **~slast** *f* charge on land, encumbrance; **~~en** rates, taxes and outgoings; **kommunale ~~en** local land charges; **öffentliche ~~en** public burdens, public land charges; **~smakler** *m*/**-in** *f* *r/e* broker, *US* realtor/*GB* estate agent; **~smarkt** *m* *r/e* market, *p-* market; **~smitbesitzer** *m*/**-in** *f* *pl* joint possessor of *r/e*, joint tenant; (*loosely*) joint *r/e* owners; **~smit-**

eigentümer *m*/**-in** *f* co-owner of *r/e*, tenant in common; **~snießbrauch** *m* usufruct of land, life estate; **~snutzung** *f* land use; **~spacht** *f* land lease, leasehold; **~sparzelle** *f* parcel of land, plot, lot; **~spreis** *m r/e* price, cost of land; **~~überwachung** *f r/e* price control; **~sräumungsklage** *f* action for recovery of land, action for possession (of *r/e*); **~srecht** *n* law of real *p*-; title to *r/e*, interest in land; **~sschätzer** *m*/**-in** *f* land valuer, *r/e* appraiser; **~sspekulant** *m*/**-in** *f* speculator in *p*-, *r/e* operator; **~sspekulation** *f r/e* venture; **~ssteuer** *f* → *Grundsteuer*; **~steilfläche** *f* plot, parcel of land; **~steilung** *f* partition of *r/e*; **~steilvermächtnis** *n* bequest partly consisting of land; **~süberlassung** *f* surrender of *r/e*; **~sübertragung** *f* conveyance, transfer of land; **~sumsätze** *m p*- sales turnover; **~sunterlagen** *f* title deeds, *r/e* records; **~surkunden** *f/pl* title deeds, *r/e* records; **~sveräußerer** *m*/**-in** *f* transferor of *r/e*; **~sveräußerung** *f r/e* transfer, surrender of real *p*-, sale of *r/e*; **~~srecht** *n* right to convey; **~~surkunde** *f* instrument of conveyance; **~sverkehr** *m r/e* transactions; **~~sgenehmigung** *f* official permission to transfer real *p*-; **~~sgesetz** *n* regulating *r/e* transactions; **~~srecht** *n r/e* transactions law; **~svermögen** *n* real *p*-, realty, immovable *p*-; **~sverpfändung** *f* mortgaging of land; **~sversicherung** *f* real *p*- insurance; **~sversteigerung** *f* sale of land by auction; **~sverwalter** *m*/**-in** *f* estate manager; **~sverwaltung** *f* estate management, real *p*- management; **~sverzeichnis** *n* list of *r/e* holdings; **~swert** *m* value of the *r/e*, land value, site value; **~~ermittlung** *f r/e* value assessment; **steuerlicher ~~** assessable site value; **~szinsen** *pl* revenue from land; **~szubehör** *n* accessory to realty fixtures and fittings of the premises; **abgeschlossenes ~** enclosure, enclosed premises; **abgeräumtes ~** cleared site; **angrenzendes ~** abutting land, adjacent *p*-, adjoining land; **bebaute ~e** developed *r/e*, land and buildings; **befriedetes ~** enclosed premises, *pl* enclosed lands; **belastetes ~** encumbered *r/e*, encumbered *p*-; **beschlagnahmtes ~** requisitioned *p*-; **buchungsfreie ~e** unregistered land, land not subject to land registration; **dienendes ~** servient tenement (*servitude*), servient estate; **dinglich mit dem ~ verbunden** running with the land; joined in rem; **eigengenutzte ~e** self-used *r/e*, owner-occupied land; **eingefriedetes ~** enclosed premises, fenced-in land; **ein ~ belasten** to encumber an estate; **ein ~ beleihen** to lend on mortgage; **ein ~ räumen und herausgeben** to quit and yield up/surrender premises; **einheitliches ~** *r/e* forming one unit, uniform piece of land; **erschlossenes ~** improved *p*-, developed land; **gemeindeeigenes ~** municipal *p*-, parish *p*-; **gemeindefreie ~e** area outside of local authority jurisdiction; **gemischtgenutzte ~e** *r/e* of mixed use, real *p*- used for various purposes (*residential, trade, industry*); **gepachtetes ~** leased land, tenement, leasehold estate; **gewerbliches ~** industrial premises; **herrenlose ~e** ownerless *r/e*, estate in abeyance, derelict land; **herrschendes ~** dominant tenement, dominant estate (*servitude*); **hypothekarisch belastetes ~** mortgaged *p*-; **landwirtschaftliche ~e** agricultural land; **mit dem ~ gekoppelt** running with the land, linked with land ownership; **nicht umfriedetes ~** unenclosed ground; **nicht verkehrssicheres ~** dangerous premises; **rückwärtige ~e** back lands; **umfriedetes ~** close, enclosed premises, fenced-in land; **unbebautes ~** unbuilt land, lot, plot of unbuilt ground, idle land, vacant land; **unbebaute und bebaute ~e** land and buildings;

unbelastetes ~ unencumbered *r/e*; **unerschlossenes** ~ unimproved *p*-; **ungenütztes** ~ vacant land; **verlassenes** ~ disclaimed *p*-, abandoned land, vacant possession; **verpachtetes** ~ leased land, rented land; **voll erschlossenes** ~ fully serviced site; **zuwegloses** ~ landlocked plot.

grundstücksgleich *adj* equivalent to real property.

Gründung *f* establishment, foundation (= *f*-), formation, organization, flotation, incorporation; **~sakt** *m* act of *f*-; **~saktien** *f/pl* initial shares, original shares; **~saufwand** *m* formation expenses; **~sausschuss** *m* promotion committee; **~sbericht** *m* report on the *f*-, statutory report (of incorporation).; **~sbescheinigung** *f* certificate of incorporation; **~sbilanz** *f* commencement, balance sheet; **~seinlage** *f* original investment; **~sfonds** *m* *f*- fund; **~sgemeinkosten** *pl* promotion/*f*-overhead(s); **~sgeschäft** *n* company promotion business; **~sgesellschaft** *f* preincorporation business association; **~sgesetz** *n* basic ordinance, *f*- statute, organic act; **~sjahr** *n* year of establishment; **~skapital** *n* original capital, capital on formation; **~skonsortium** *n* promoting syndicate, underlying syndicate; **~skosten** *pl* formation/promotion expenses, **~smitglied** *n* original member, subscriber member; **~sprotokoll** *n* minutes of the *f*- meeting; **~sprüfer** *m*/**-in** *f* company formation auditor; **~sprüfung** *f* company formation audit; **~sschwindel** *m* fictitious *f*- of a company; **~surkunde** *f* formation deed, certificate of incorporation, memorandum of association (*company, Ltd*), partnership certificate, *f*- charter; **~sversammlung** *f* promotional meeting, constituent assembly; **~svertrag** *m* *f*- agreement; **Vertrag zur ~ der Europäischen Gemeinschaft** Treaty Establishing the European Community.

Gruppe *f* group (= *g*-), panel, scale; *mil* squad; *pol D* parliamentary group (*without enough seats in parliament to form a fraction*); ~ **Ökologie** Ecological Panel, ecological committee; **~nabschluss** *m* *g*- accounts, *g*- financial statements; **~nabschreibung** *f* composite-life method of depreciation, *g*- depreciation; **~nakkord** *m* *g*- piece work; **~narbeitsverhältnis** *n* *g*-employment; **~nbewertung** *f* *g*-valuation; **~nbildung** *f* formation of *g-s*; **~ndenken** *n* thinking in terms of particular *g-s*; **~negoismus** *m* sectional self-interest; **~neinteilung** *f* dividing-up into *g-s*; **~nfreistellung** *f* *g*-/block exemption; **~~sverordnung** *EU* block exemption regulation; **~nindex** *m* index for a *g*-, sub-index; **~ninteressen** *n/pl* *g*- interests; **~nlebensversicherung** *f* *g*- insurance; **~nleiter** *m*/**-in** *f* head of *g*-; **~nmietvertrag** *m* non-exclusive occupation agreement; **~nverfolgung** *f* persecution of certain groups (*ethnic, religious*); **~nversicherung** *f* *g*- insurance, collective insurance; **~nverteiler** *m*/**-in** *f* *g*- distributor; **~nwahl** *f* employee-representation election by *g-s*/classes; **~n-Wohnungsüberlassungsvertrag** non-exclusive occupation agreement; **fachliche ~n** specialized sections.

gültig *adj* valid, in force, authentic; ~ **nur bei Vertragsabschluss** subject to contract.

Gültigkeit *f* validity (= *v*-), legal force, authenticity, effectivenes; **~sbedingung** *f* preconditions of (legal) *v*-; **~sbereich** *m* extent of *v*-, scope of application; **~sdauer** *f* *v*- term, period of *v*-, duration, term of *v*-, life (*of an agreement*); **~~** ***e-er*** **Offerte** duration of offer; **~serfordernis**(**se**) *n*(*pl*) prerequisites of *v*-; **~serklärung** *f* validation, legalization, certification of *v*-; **~sverlängerung** *f* extension of *v*-; **~svermutung** *f* presumption of *v*-; **~svoraussetzung** *f* prerequisites of *v*-; **die ~ verlängern** to extend the *v*-.

Gummiknüppel *m* (rubber) truncheon.

Gunst *f* favo(u)r, good will; **zu ~en Dritter** for the benefit of third persons/others; **zu ~ von** for the benefit of, in favo(u)r of.

Günstigkeitsprinzip *n* (*permissible*), deviation for employee's benefit from collective bargaining agreement.

Gurt *m* seat belt; ~(**anlege**)**pflicht** *f* compulsory use of seat belts, belting (obligation); **~zwang** *m* compulsory use of seat belts.

Gut *n* (*pl* → *Güter*) landed property; property (= *p*-); *sth* of value, asset; **eingebrachtes ~** dotal *p*- (*marriage*), wife's premarital *p*-, *p*-brought in (by spouse upon marriage); **heimgefallenes ~** escheat; **herrenloses ~** ownerless *p*-; **herrenlos gewordenes ~** unclaimed *p*-, disclaimed *p*-, derelict *p*-, abandoned *p*-, discarded *p*-.

gut | achtlich *adj/adv* expert, by an expert opinion; **sich ~~ äußern** to give an expert opinion on *sth*. **~gläubig** bona fide, in good faith, without notice, innocent, credulous; **~~ handeln** to act in good faith; **~~ und redlich handeln** to act innocently and honestly; **~-nachbarlich** good-neighbo(u)rly.

gut | bringen *vt* to credit; **~heißen** *vt* to sanction, to approve, to authorize; **~schreiben** *vt* to credit, to place to the credit of, to enter (*a sum*) to one's credit.

Gutachten *n* expert opinion (*opinion* = *o*-), appraisal report (*of valuer*), expertise; **~ *e-es* Sachverständigen** expert *o*-, expertise; **ablehnendes ~** adverse *o*-; **ärztliches ~** medical *o*-, medical award; **demoskopisches ~** public *o*- poll; **ein ~ abgeben** to render an *o*-, to give an *o*-; **ein ~ einholen** to take an *o*-, to ask for an expertise; **ein ~ erstatten** to furnish an expert *o*-, to give an expert *o*-; **erbbiologisches ~** expert *o*- on hereditary factors (*in paternity suits*); **fachärztliches ~** medical specialist's *o*-, expert medical *o*-; **gerichtsmedizinisches ~** *o*- of a specialist in forensic medicine; **medizinisches ~** medical *o*-; **psychiatrisches ~** psychiatric *o*-; **technisches ~** technical *o*-.

Gutachter *m*/**-in** *f* expert, valuer, assessor, **~ausschuss** *m* committee of experts; **~kommission** *f* panel of experts; **~tätigkeit** *f* an expert's advisory services, an expert's advice; **~verfahren** *n* (expert) advisory procedure.

Gutdünken *m* discretion; **nach ~ des Gerichts** at the discretion of the court; **nach eigenem ~ handeln** to act at one's own discretion, to be the sole judge of *sth*.

Güte *f* **I** quality (= *q*-), grade, class; **~anforderungen** *f/pl* *q*- requirements, *q*- standards; **~aufpreis** *m* (additional) price for *q*-; **~bestimmung** *f* *q*- designation; **~klassen** *f/pl* *q*- categories, *q*- grades; **~~bezeichnung** *f* grade label; **~~einteilung** *f* making *q*- categories, grading; **~marke** *f* certification mark; **~prüfung** *f* *q*- test; **~überwachung** *f* *q*- control; **~vorstellung** *f* concept of *q*-; **~zeichen** *n* mark of *q*-, *q*- label, certification mark, sign of *q*-, brand; **handelsübliche ~ und Beschaffenheit** good merchantable *q*- and condition; **von erster ~** first class, first rate.

Güte *f* **II** amicableness, kindness, good nature; **~antrag** *m* request for conciliatory proceedings; petition for an amicable settlement; **~stelle** *f* conciliation office; **~ und Schiedsordnung** rules of conciliation and arbitration; **~termin** *m* conciliatory first hearing at labo(u)r court; **~verfahren** *n* conciliatory proceedings; **~verhandlung** *f* conciliatory hearing, hearing for purposes of reaching a settlement; **~versuch** *m* attempt to reach an amicable settlement.

Güter *pl econ* goods (= *g-s*), commodities, assets, valuable matters; → *Gut*; **~abfertigung** *f* dispatching of *g-s*; *g-s* office, freight office; **~abwägung** *f* balancing of legally protected interests; **~annahme** *f g-s* (receiving) office, freight (receiving) office; **~ausgabe** *f g-s* (delivery) office, freight (delivery) office; **~austausch** *m* exchange of commodities; **~bahnhof** *m g-s* station, freight depot, freight yard; **~beförderung** *f* transport of *g-s*, shipment, freight service; **~besichtiger** *m/*-**in** *f* commodity surveyor; **~bündel** *n* batch of commodities; **~ der gewerblichen Wirtschaft** industrial *g-s*; **~ des gehobenen Bedarfs** luxuries and semiluxuries; **~ des täglichen Bedarfs** necessaries; **~ des Massenkonsums** mass-consumption *g-s*; **~erzeugung** *f* production (of *g-s*); **~expedition** *f* dispatch, forwarding agency; **~fernverkehr** *m* long-distance transport, *US* long haul trucking; **~~sgesetz** *n* long-distance transport enactment; **gewerblicher ~~** commercial long-distance transport; **~freigabe** *f* freight release; **~ für Messen und Ausstellungen** exhibits at trade fairs; **~gemeinschaft** *f* community of property; **eheliche ~~** marital community property; **fortgesetzte ~~** continued marital community property (*after the death of a spouse*); **~kraftverkehr** *m* road haulage, truckage, transport of *g-s* by road; **~~sunternehmer** road haulage operator; **~kreislauf** *m* circulation of *g-s*; **~menge** *f* volume of freight; **beförderte ~~** volume of freight handled; **~nahverkehr** *m* short-distance *g-s* traffic, short haul transportation; **~pflegschaft** *f* property curatorship (*curator bonis*); **~recht** *n* → *Güterrecht*; **~schuppen** *m g-s* shed; **~spediteur** *m/*-**in** *f* freight forwarder; **~stand** *m* → *Güterstand*; **~tarif** *m g-s* rates, freight tariff, commodity rates; **~transport** *m* carriage of *g-s*, freight transportation; **~~versicherung** *f* insurance of *g-s* in transit, freight insurance; **~trennung** *f* separation of property, (marital regime of) separation of *g-s*; **vertragliche ~~** conventional separation of *g-s* (*by notarial deed*); **~umschlag** *m g-s* turnover, transhipment; **~ und Dienstleistungen** *g-s* and services; **~- und Kapitalverkehr** *g-s* and capital movement; **~-und Pflichtenabwägung** appreciation of values and obligations (*by a judge*); **~- und Warenverkehr** *g-s* and capital movement; **~verkehr** *m* transportation of *g-s*, freight traffic, *g-s* traffic; **öffentlicher ~~** public transport; **werkseigener ~~** *g-s* carried in works' own vehicles; **~versicherung** *f* cargo insurance, freight insurance; **~verteilung** *f* distribution of *g-s*; **~volumen** *n* total *g-s* available/carried; **~waggon** *m* waggon, box waggon, freight car; **~zug** *m g-s* train, freight train; **bewegliche ~** movable *g-s*, personal property; **feuergefährliche ~** inflammable *g-s*; **frachtintensive ~** *g-s* with large freight element; **gefährliche ~** dangerous *g-s*, dangerous cargo; **internationale Beförderung ~r ~** international transport of dangerous *g-s*; **Europäisches Übereinkommen über die ~ ~ ~r ~ auf Binnenwasserstraßen** *EU* European Agreement Concerning the International Carriage of Dangerous *G-s* by Inland Waterway; **Europäisches Übereinkommen über die ~ ~ ~r ~ auf der Straße** *EU* European Agreement Concerning the International Carriage of Dangerous *G-s* by Road; **langlebige ~** durables, durable *g-s*; **lebensnotwendige ~** essentials; **nicht ~~** non-essentials; **seetriftige ~** flotsam, *g-s* from a shipwreck at sea; **sperrige ~** bulky *g-s*; **strandtriftige ~** *g-s* from stranded ship; **unwirtschaftliche ~** uneconomic *g-s*, onerous *g-s*; **weniger lebenswichtige ~** less essentials; **wertbeständige ~** *g-s* of lasting value; **zollfreie** ~ free *g-s.*

Güterrecht *n* law of matrimonial property (regimes); **~sregister** *n* marriage property register, register of marriage settlements; **~sstatut** *n pil* proper law applicable to matrimonial property; **~svereinbarung** *f* matrimonial property agreement (deed), marriage settlement; **~sverhältnis** *n* matrimonial property relation; **~svertrag** *m* matrimonial property agreement, marriage settlement; **eheliches** ~ law of matrimonial property, matrimonial regime; **gesetzliches** ~ statutory regime in ordinary; **immaterielle ~e** intangible property rights; **vertragliches** ~ contractual regime, conventional marital regime, marital property settlement.

Güterstand *m* system of marital property, matrimonial (property) regime; ~ **der Verwaltung und Nutznießung** *obs* statutory regime of administration and usufruct (*by husband of wife's property*); **ehelicher** ~ matrimonial (property) regime; **gesetzlicher** ~ statutory regime of matrimonial property, statutory regime in ordinary; **vertraglicher** ~ marriage settlement, matrimonial regime elected by agreement.

Gutgewicht *n* allowance on weight.

Gutglaubens | erwerb *m* bona fide acquisition, acquisition by innocent buyer without notice, acquisition by bona fide purchaser; **~schutz** *m* bona fide rights protection, protection of good faith.

Gutgläubigkeit *f* credulity, good faith; ***jd-es*** ~ **ausnützen** to take advantage of *s.o.*

Guthaben *n* credit balance, balance in *s.o.*'s favo(u)r, funds; **~bewegungen** *f/pl* changes in credit balances; ~ **freigeben** to unfreeze funds; **~inhaber** *m*/**-in** *f* holder of a credit balance; **~klausel** *f* sufficient funds proviso; **~saldo** *n* credit balance; **ausstehende** ~ *pl* outstanding accounts; **ein** ~ **ausweisen** to show a (credit) balance; **ein** ~ **pfänden** to garnish an account; **eingefrorene** ~ *pl* frozen assets; **erworbenes** ~ credit balance on acquired account; **kein** ~ no assets, no funds (*on bank account*); **nicht zurückgefordertes** ~ unclaimed balance; **täglich fälliges** ~ sight deposit; **ursprüngliches** ~ credit balance on original account; **verfügbare oder flüssige** ~ cash or liquid assets; **verzinsliches** ~ interest-bearing account having a credit balance.

gütlich *adj* amicable, friendly, conciliatory, out-of-court.

Gutschein *m* credit note, (gift) voucher, coupon, gift token.

Gutschrift *f* credit entry; credit note, refund credit slip (*retail trade*); ~(**s**)**anzeige** *f* credit advice, credit note; ~(**s**)**aufgabe** *f* advice of credit, credit advice; **vorläufige** ~ short entry.

Guts | haus *n* manor (house); **~herr** *m*/**-in** *f* lord of the manor, landlord, landed proprietor; **~herrenrechte** *n/pl* manorial rights; **~pächter** *m*/**-in** *f* tenant farmer; **~parzelle** *f* parcel of land of an estate; **~übernahme** *f* take-over of landed estate(s); **~verwalter** *m*/**-in** *f* land steward, estate manager, land owner's manager (steward).

GWB (*abbr* = **Gesetz gegen Wettbewerbsbeschränkungen**) Antitrust Act, Non-Restraint of Trade Act.

Gymnasium *n* academic secondary school, *US* high school (*grades 5–13 in former FRG, 5–12 in parts of former GDR*), *GB* grammar school.

H

Haag *m* (*Den ~, der ~, im ~*) The Hague; **Ständiger Schiedshof in Den ~** Permanent Court of Arbitration in The Hague.

Haager | (*Hague* = *H-*) ~ **Minderjährigenschutzabkommen** *n H-* Convention concerning the Protection of Minors; ~ **Konferenz für Internationales Privatrecht** *H-* Conference on Private International Law; ~ **Konventionen** *f/pl H-* Conventions; ~ **Landkriegsordnung** *f H-* Land Warfare Convention, *H-* Regulations; ~ **Musterabkommen** *n H-* Agreement concerning the International Deposit of Industrial Designs and Models; ~ **Regeln** *f/pl H-* Rules; ~ **Schiedsgerichtshof** Permanent Court of Arbitration in The *H-*; ~ **Übereinkommen über das auf Unterhaltspflichten anzuwendende Recht** *H-* Convention on the Law Applicable to Maintenance Obligations (*1973*); ~ **Übereinkommen über den Zivilprozess** *n/pl H-* Convention on Civil Procedure (*1924, bills of lading*); ~ **Übereinkommen über die Anerkennung und Vollstreckung von Unterhaltsentscheidungen** *H-* Convention on the Recognition and Enforcement of Decisions relating to Maintenance Obligations (*1973*); ~ **Übereinkommen über die Beweisaufnahme im Ausland in Zivil- oder Handelssachen** (*abbr* **HBÜ**, **HaagBeweisÜ**) Convention on the Taking of Evidence Abroad in Civil or Commercial Matters (*1970*); ~ **Übereinkommen über die zivilrechtlichen Aspekte internationaler Kindesentführung** *H-* Convention on the Civil Aspects of International Child Abduction (*1980*); ~ **Übereinkommen über die Zuständigkeit der Behörden und das anzuwendende Recht auf dem Gebiet des Schutzes von Minderjährigen** *H-* Convention concerning the Powers of Authorities and the Law applicable in respect of the Protection of Minors (*1961*); ~ **Übereinkommen über die Zustellung gerichtlicher und außergerichtlicher Schriftstücke im Ausland in Zivil- oder Handelssachen** (*abbr* **HZÜ**) *H-* Convention on the Service Abroad of Judicial and Extrajudicial Documents in Civil or Commercial Matters (*1965*); ~ **Übereinkommen zur Befreiung ausländischer öffentlicher Urkunden von der Legalisation** *H-* Convention Abolishing the Requirement of Legalisation for Foreign Public Documents (*1961*).

Haarnadelkurve *f* hairpin bend, hairpin curve.

Haarrisse *m/pl* hairline cracks.

Haarspalterei *f* hair-splitting, sophism.

Habe *f* belongings, possessions, effects, goods, property; **alle meine ~** all I am worth, every thing I am possessed of; **bewegliche ~** movables, personal estate, articles of personal property; **keine pfändbare ~** nulla bona; **meine restliche ~** what remains, the residue of my belongings; **meine übrige ~** → *meine restliche ~*; **persönliche ~** personal effects, personal belongings; **unbewegliche ~** immovables, real estate.

Haben *n* credit balance, credit side, credit (= *c-*); **~buchung** *f c-* entry; **~posten** *m c-* item; **~saldo** *c-* balance; **~zins(en)** *m c-* interest, interest on deposits; **~zinssatz** *m* creditor interest rate, *c-* rate, deposit rate.

Habgier *f* greed, cupidity, covetousness, avarice.

Habilitation *f* (formal) promotion to professorial status, promotion to university docent; *second dissertation required for teaching position at a university.*

Habseligkeiten *f/pl* belongings, personal belongings, effects.

Hab und Gut *n* belongings, goods, property; **fremdes** ~ property belonging to another person.

Hacker *m* /**-in** *f IT* hacker.

Hader *m* quarrel, deep resentment, enmity, feud, strife.

Hafen *m* (*pl Häfen*) harbo(u)r (= *h*-), port (= *p*-); **~abgaben und ~gebühren** *f/pl p*- dues and charges; **~amt** *n p*- authority, *h*-authority; **~angelegenheiten** *f/pl* piers and *h*-s; **~anlagen** *f/pl p*- installations, dock installations; **~anlauferlaubnis** *f* liberty of a *p*- (*other than the p- of destination*); **~arbeiter** *m* /**-in** *f* dock worker, docker; **~becken** *n* dock; **~behörde** *f p*- authority; **~dienstleistung** *f p*- service; **~einrichtungen** *f/pl p*- facilities; **~gebiet** *n p*- area; **~gebühren** *f/pl p*- charges, *p*- duties, *p*- dues, pierage, dockage, groundage; **~gelder** *n/pl* → *~gebühren*; **~gericht** *n p*- court; **~gesundheitsamt** *n p*- health authority; **~gesundheitsbescheinigung** *f* bill of health (from *p*- health authority); **~instandhaltungsabgaben** *f/pl* pierage; **~kai** *m* quay; **amtlicher** ~~ official quay; **~kapitän** *m p*- captain, *h*-master; **~kommandant** *m* /**-in** *f h*- master; **~konnossement** *n p*- bill of landing; **~lotse** *m* /**-in** *f h*- pilot; **~meister** *m* /**-in** *f h*- master; **~ordnung** *f p*- regulations; **~passierschein** *m* pass for the *h*- area, *h*- pass; **~polizei** *f h*- police; **~schlepper** *m* tug, tug boat; **~sperre** *f* embargo, prohibition to use a *p*-; **~stadt** *f* sea*p*-; **~- und Landeordnungen** *f/pl p*- regulations; **~usance** *f* local *p*- customs, *p*- usage; **~verwaltung** *f p*- administration; **~zoll** *m p*- duties, *p*- dues; **~zollbeamter** *m* /**-beamtin** *f* boarding clerk, *p*- customs-officer; **anzulaufende** ~ *pl p-s* of call; ***e-en*** ~ **anlaufen**, to call at a *p*-, to put into *p*-; **im ~bereich** *m* in *p*-.

Haft *f* confinement, custody, detention, imprisonment (= *i*-); **~anordnung** *f* remand order, order for arrest; **~anstalt** *f* prison; **~aufhebung** *f* release from *c*-; **~aufschub** *m* stay of *i*-; **~barkeit** *f* → *Haftbarkeit*; **~befehl** *m* → *Haftbefehl*; **~beschwerde** *f* complaint against an order for arrest; **~dauer** *f* term of *i*-, duration of detention; **~entlassung** *f* discharge of prisoner, discharge from *c*-, release from *c*-; ~~ **gegen Sicherheitsleistung** release on bail; **~~sbeschluss** order for release from detention; **~entschädigung** *f* compensation payment for deprivation of liberty; **~fortdauer** *f* remand in *c*-, further detention; **die** ~~ **anordnen** to remand the accused in *c*-, to recommit; **~grund** *m* reason for arrest; **~kaution** *f* bail, bail bond; **~lokal** *n* detention room, guardhouse; ~ **ohne Sprecherlaubnis** incommunicado confinement of prisoner; **~prüfung** *f* review of a remand in *c*-, review under writ of habeas corpus; **~~sgericht** *n* remand court; **~~stermin** *m* remand hearing; **~~sverfahren** *n* review of remand cases, remand proceedings, habeas corpus proceedings; **im** ~~ **vorgeführt werden** to appear on remand; **~raum** *m* prison cell; **~recht** *n* law of arrest; **~richter** *m* /**-in** *f* committing magistrate; **~sache** *f* legal review of detention; **~schäden** *m/pl* injuries caused by detention; **~strafe** *f* (*now* → *Freiheitsstrafe*) *i*-, jail sentence; ***e-e*** ~~ **verhängen** to impose a term of *i*-; **~untauglichkeit** *f* disability for *i*-, unfitness to undergo detention; **~verschonung** *f* refraining from enforcement of arrest, allowing accused to stay out of prison; ~~ **ge-**

gen Kaution zulassen to grant bail, to remand on bail; **~vollzug** *m* execution of a prison sentence; **~zeit** *f* term of *i-*, duration of detention; **~zelle** *f* remand cell, prison cell, **aus der ~ entlassen** to release from prison, to set free; **die ~ anordnen** to make an order for the arrest (of *s.o.*), to remand *s.o.* in *c-*; **die ~ antreten** to begin (serving) one's sentence; **in ~** under arrest, in *c-*; **in ~ halten** to keep in *c-*, to detain; ***jd-en*** **aus der ~ befreien** to liberate *s.o.* from *c-*, free *s.o.*, set *s.o.* free.

haftbar *adj* liable (= *l-*), legally liable, responsible for, chargeable; **~ für Substanzschäden** impeachable for waste; **beschränkt ~ sein** to have limited liability; **gesamtschuldnerisch ~** jointly and severally *l-*; **gesamtverbindlich ~** jointly and severally *l-*; ***jd-en*** **~ machen** to render a person *l-*; **persönlich ~** personally *l-* (*with one's own property*); **primär ~** primarily *l-*, *l-* in the first degree; **samtverbindlich ~** jointly and severally *l-*, *l-* in solidum; **solidarisch ~** jointly and severally *l-*, *l-* in solidum; **strafrechtlich ~** criminally *l-*; **subsidär ~** *l-* in the second degree; **unmittelbar ~** primarily responsible, directly *l-*.

Haftbarkeit *f* liability, responsibility.

Haftbefehl *m* warrant of arrest; **~ gegen Flüchtige** escape warrant; ***e-en*** **~ aufrechterhalten** to remand the accused in custody; ***e-en*** **~ ausfertigen** to execute a warrant of arrest; ***e-en*** **~ erlassen** to issue/to sign a warrant of arrest.

haften *vi* to incur liability, to be liable (for), to answer (for); **persönlich ~ für** to be personally liable for, to be individually answerable for; **solidarisch ~** to be jointly and severally liable; **strafrechtlich ~** to incur criminal liability; **unbeschränkt ~** to be liable without limitation.

haftend *adj* liable, answerable, accountable; **unbeschränkt persönlich ~** (wholly and) personally liable.

Haftende(r) *f(m)* (*der Haftende*) obligor, person liable, party liable; **persönlich ~ *e-er* Handelsgesellschaft** personally liable partner; **primär ~** person primarily liable; **selbstschuldnerisch ~** primary debtor, directly suable person.

Haftfreistellung indemnity, → *Haftungsfreistellung*.

Häftling *m* person under arrest, prisoner, prison inmate, detainee; **~shilfe** *f* prisoners' assistance; **~shilfegesetz** *n* assistance of persecuted German prisoners; **~süberwachung** *f* surveillance of prison inmates.

Haftpflicht *f* third-party indemnity, legal liability, public liability (*liability* = *l-*); **~ des Arbeitgebers** employer's *l-*; **~gesetz** *n* public *l-* act; **~prozess** *m l-* case, indemnity case; **~recht** *n l-* law; **~risiko** *n* third-party risk; **~sachbearbeiter** *m* **/-in** *f* employee in charge of accident cases; **~verband** *m l-* insurers' association; **~verbindlichkeiten** *f/pl* public *l-* obligations, obligations from third-party risks; **~versicherer** *m* **/-in** *f l-* insurer, third-party (risk) insurer; **~versicherung** *f l-* insurance, third-party (*l-*) insurance, insurance against third-party risks, third-party indemnity insurance; **~~ *f* mit Kaskoversicherung** automobile personal *l-* and property damage insurance; **~~ *f* mit Vollkaskoversicherung** (fully) comprehensive insurance; **~~sgesetz *n* für Unternehmer** Employers' Compulsory Insurance Act; **allgemeine ~~** public *l-* insurance; **berufliche ~~** professional indemnity insurance; **persönliche ~~** personal *l-* insurance, → *Kfz~~*; **allgemeine ~** general *l-*; **beschränkte ~** limited *l-*; **gesetzliche ~** third-party indemnity, legal *l-*, pub lic *l-*; **unbeschränkte ~** unlimited *l-*; **vertragliche ~** contractual *l-*.

haftpflichtig *adj* liable, subject to public liability.

Haftpflichtige(r) *f(m)* (*der Haftpflichtige*) the liable party.

Haftsumme *f* sum by which liability is limited, guaranteed amount, liability maximum of limited partner.

Haftung *f* liability (= *l*-); ~ **auf Schadensersatz** *l*- for damages; ~ **aus Ingerenz** *crim* liability based on actor's failure to render aid to *s.o.* he has placed in danger; ~ **aus unerlaubter Handlung** *l*- in tort, tortious *l*-, *l*- for unlawful acts; ~ **aus Vertrag** *l*- in contract, contractual *l*-; ~ **bei Einsturz von Gebäuden** *l*- for damage caused by collapse of buildings; ~ **bei Personen- und Sachschaden** *l*- for personal injury and damage to property; ~ **des Tierhalters** *l*- of the keeper of an animal; ~ **des Wiederverkäufers** *l*- of the reseller; ~ **für den Erfüllungsgehilfen** vicarious *l*- (for a person used in the performance of one's contractual obligation); ~ **für Dritte** vicarious *l*-; ~ **für die Durchführung** responsibility for enforcement; ~ **für Mängel der Lieferung** *l*- for defects in the goods delivered; ~ **für Schaden** *l*- for loss; ~ **für Tierschäden** *l*- for damage done by animals; ~ **für Verkehrssicherheit** occupiers' *l*- (for safety of buildings), *l*- for safety of premises; ~ **für Verrichtungsgehilfen** respondeat superior, vicarious *l*- in tort; ~ **für Verschulden** ***e-es*** **Dritten** vicarious *l*- in tort, legal responsibility for the fault of another; ~ **ohne Verschulden** strict *l*-; ~ **von Privatpersonen** personal *l*-, responsibility of individuals; **~sansprüche** *m/pl* **Dritter** third-party *l*- claims; **~santeil** *m* share in *l*-, proportion of *l*-; **~sausschluss** *m* exclusion of *l*-, exemption from *l*-; **~~klausel** *f* exclusion-of-*l*- clause, disclaimer clause; nonwarranty clause; **~sbefreiung** *f* exemption from *l*-; **~sbescheid** *m* commitment advice (*to directors, etc*) for tax arrears; **~sbeschränkung** *f* limitation of *l*-; **~sdauer** *f* indemnity period; **~sdurchgriff** *m* exceptional direct *l*- of director or shareholder; **~serklärung** *f* warranty declaration, declaration concerning *l*-; **~serstreckung** *f* extending *l*-; **~sfonds** *m* company's *l*- guarantee fund; **~sfreistellung** *f* indemnity, release from *l*-; **~~svertrag** contract of indemnity; **~sgemeinschaft** *f* group bearing joint *l*-; **~sgrenze** *f* limit of *l*-/ indemnity; **~sgrund** *m* cause of *l*-, *l*-basis; **~skapital** *n* stock capital, share capital, capital stock as security; **~sklage** *f* action based on *l*-; **~skredit** *m* direct-commitment credit; **~sminderung** *f* reduction of *l*-; **~sobligo** *f* *l*-, special *l*- reserve; **~sprivileg** *n* privileged position as to *l*-; **~sprozess** *m* *l*- suit; **~squote** *f* commitment quota, *l*-quota; **~srecht** *n* the law concerning *l*-; **~sregelungen** *f/pl* *l*- regime; **~srisiko** *n* the risk of *l*-; **~sschuldner** *m* **/-in** *f* party liable; **~sstreitigkeit** *f* litigation concerning *l*-; **~ssumme** *f* *l*- coverage; **~sträger** *m* **/-in** *f* party liable; **~sübernahme** *f* assumption of *l*-, indemnity; **~~vertrag** *m* indemnity agreement, assumption of *l*- agreement; **~sumfang** *m* extent of *l*-, accountability; **~sverbindlichkeiten** *f/pl* liabilities, commitments; **~sverteilung** *f* distribution of *l*-; **~sverzicht** *m* waiver of *l*-; **~~sklausel** *l*- waiver clause; **~svorschriften** *f* *l*- regulations; **~szugeständnis** *n* admission of *l*-; **aus der ~ ausscheiden** to cease to have *l*-; to be released from *l*-; **ausservertragliche** ~ non-contractual *l*-; **beschränkte** ~ limited *l*-, limitation of *l*-; **mit ~r** ~ with limited *l*-; **deliktische** ~ tortious *l*-; **die ~ ablehnen** to deny reponsibility, to repudiate *l*-, to disclaim (all) warranties; **die ~ übernehmen** to undertake *l*-, to assume the responsibility; **die ~ verteilen** to apportion liabilities; **dingliche ~** *l-* in rem; **durch die ~ gedeckt** covered by the guarantee, falling under the *l-*; ***e-e*** **~ übernehmen** to undertake *l-*; ***e-e*** **weitergehende ~** a more far-reaching *l-*; **gesamtschuldnerische ~** joint and several *l-*; **gesetzliche ~** statutory *l-*, legal *l-*; **keine ~ für** not accountable, not liable; **keine ~ haben** not to incur any *l-*, not to be liable; **ohne ~** not liable, without any *l-*; **persönliche ~** personal *l-*, private *l-*, individual *l-*; **seine ~ ausschließen** to exclude one's *l-*, **seine ~ beschränken** to limit one's *l-*; **solidarische ~** joint and several *l-*; **stellvertretende ~** vicarious *l-*; **strafrechtliche ~** criminal *l-*; **strenge ~** strict *l-*; **subsidiäre ~** secondary *l-*; **unbeschränkte ~** unlimited *l-*; **vertragliche ~** contractual *l-*; **von der ~ befreien** to discharge from *l-*; **zivilrechtliche ~** civil *l-*, *l-* under civil law.

Hagel | schaden *m* damage caused by hail; **~versicherung** *f* hail insurance, hail storm insurance, insurance against damage by hail.

Halb | (half, semi, quasi) **~bruder** *m* half brother, uterine brother; **~~ mütterlicherseits** half brother from the mother's side; **~~ väterlicherseits** half brother from the father's side; **~deckung** *f* half cover (*by compulsory social insurance contributions of the insured time, minimum 60 months*); **~erzeugnis** *n* semifinished product, *pl etw* work-in-progress; **~fabrikat** *n* primary product, *pl* semimanufacture, work in progress; **~fertigfabrikate** *n/pl* semifinished articles; **~fertigwaren** *f/pl* semifinished goods, semimanufactured goods; **~invalide** *m*/**~invalidin** *f* partly disabled person; **~jahr** *n* half year; **~~esabschluss** *m* midyear settlement; **~~escoupon** *m* half-early coupon; **~~esdividende** *f* mid-year dividend, six-monthly dividend; **~~esgeld** *n* six-month money, loans for six months; **~part** *m* half share, fifty-fifty; **~pension** *f* demipension, half pension (*at hotel = bed, breakfast and lunch or dinner*); **~strafaussetzung** *f* conditional discharge after serving half the sentence; **~schwester** *f* half sister; **~tagsarbeiter** *m* /**-in** *f* part timer; half-time worker; **~tagsbeschäftigung** *f* half-day job, half-time employment part-time job; **~teilungsgrundsatz** *m tax* rule of splitting total income of husband and wife; **~waise** *m* /**~waisin** *f* half orphan (*orphan who lost one parent only*); **~waren** *f/pl* semifinished goods; **~zeitbeschäftigung** *f* part-time job, half-day job; **~zeug** *n* semifinished goods, semifinished products.

halb | amtlich *adj* semiofficial, quasiofficial, officious; **~blütig** half-blood; **~bürtig** of the half blood.

Halde *f* dump, pithead stock, stockpile; **~nbestände** *m/pl* stocks on the dumps; **~nbevorratung** *f* stockpiling; **~ngelände** *n* dumping ground; **auf ~ nehmen** to dump, to stockpile.

Hälfte *f* half, either of two equal parts; **~anteil** *m* half share.

Halt! Vorfahrt beachten Stop and Yield.

haltbar *adj* durable, lasting, hard-wearing, non-perishable, tenable (*argument*); **beschränkt ~** semidurable; **sachlich nicht ~** untenable.

Haltbarkeit *f* durability, imperishable nature (*foodstuffs*); solidity, stability, resistance to wear, service life, tenability (*argument*); **~sprüfung** *f* endurance test.

Halte | gurt *m* safety belt; **~linie** *f* stop line (*at road junction*); **~schild** *n* stop sign; **~signal** *n* stop signal; **~stelle** *f* stop, station; **~verbot** *n* „no stopping", stopping restriction.

halten *vt* to hold, to keep, to maintain, to remain stable, to consider, to deem; **auf dem laufenden ~** to keep posted; **schadlos ~** to indemnify; **sich ~ ~** to take recourse against *s.o.*; to recover one's losses from *s.o.*; **sich links** ~ to keep to the left; **sich rechts** ~ to keep to the right.

Halter *m* /**-in** *f* holder, registered user (*of motor vehicle; the person who is regularly in charge of a vehicle*) operator; keeper (*animal*); **~haftung** *f* liability of the registered user of a vehicle.

Halt(e)linie *f* stop line (*traffic*).

Haltung *f* position, attitude; ***e-e*** **abwartende ~ einnehmen** to assume a wait-and-see position, to adopt a wait-and-see policy, to play a waiting game.

Hammelsprung *m parl* (vote by) division; **im ~ abstimmen** to divide into groups to vote.

Hammer *m* hammer; gavel; **unter den ~ bringen** to auction off.

Hamsterkauf *m* hoarding purchase.

Hand *f* (*pl Hände* = ~*e*) hand (= *h*-); **~akte** *f* reference file, *desk folder with essential documents from the file*; **~ anlegen** *v* to lend a *h*-; **~apparat** *m* reference library, set of reference books; **~arbeit** *f* manual work; **~arbeiter** *m* /**-in** *f* manual worker; **~betrieb** *m* manual operation; **~bibliothek** *f* reference library; **~blatt** *n* flysheet; **~buch** *n* manual, reference book; **~fesseln** *f/pl* manacles, *h*- cuffs; **~feuerwaffen** *f/pl* small arms; **~geld** *n* earnest, earnest money, token payment, *h*-money, bounty (*on enlistment*); **~~ geben** to give *sth* in earnest; **~gepäck** *n* personal luggage, *h*-luggage/ baggage; **~~aufbewahrung** *f US* cloak room, baggage room/ *GB* left-luggage office, railway luggage office; **~~kontrolle** *f* baggage control; **~greiflichkeit** *f* violence; **~habe** *f* occasion (for taking action), grounds; **~habung** *f* manipulation, handling; **~ in ~ gehen** to be accompanied by, to act in coordination; **~kasse** *f* petty cash; **~langer** *m* /**-in** *f* help(er), accomplice, stooge; **~~dienste** *m/pl* henchman's work, dirty work; **~schellen** *f/pl* handcuffs, shackles; **~schenkung** *f* executed gift, donation by manual delivery, manual gift; **~schlag** *m* handshake; **durch ~~** by shaking *h-s*; **~schreiben** *n* handwritten letter; **~schrift** *f* handwriting, *h*-, chirography; **~~probe** *f* handwriting specimen; **~~envergleich** *m* comparison of handwriting specimens (for identity); **unleserliche ~~** illegible handwriting; **~siegel** *n* signet; **~skizze** *f* rough drawing; **~steuerung** *f* manual control; **~streich** *m* sudden attack, coup de main, surprise raid; **~- und Spanndienste** *m/pl hist* statute labo(u)r; **~verkauf** *m* executed sale, open sale, over-the-counter sale; **~vermittlung** *f* manual exchange; **~waffe** *f* small weapon; **~werk** *n* → *Handwerk*; **~wörterbuch** *n* handy reference dictionary, (concise) dictionary; **~zeichen** *n* gesture by the *h*-, show of *h-s* (*voting*), manual sign (*signature*), scroll; **~zettel** *m h*- bill; **aus erster ~** first *h*-; **aus zweiter ~** second *h*-; **die letzte ~ an etwas anlegen** to give the finishing touch (to), to finalize; **die öffentliche ~** the public sector, the state, public funds, public authorities; **von der ~n ~ unterstützt werden** to be supported from public funds; **freie ~ lassen** to leave the decision to someone's discretion; **in andere ~e übergehen** to change *h-s*, to pass into other *h-s*; **in zweite ~** into fresh *h-s*; **mit der ~** by *h*-, manually; **mit leeren ~en kommen** to come empty-handed; **mit leichter ~** without forcing the issue; **mit starker ~ regieren** to rule with a firm *h*-; **öffentliche ~** the public sector, the state; **tote ~** dead *h*-, mortmain; **unter der ~** privately, by private arrangement (*purchase*); **von langer ~ vorbereitet** planned well in advance; **zu ~en von *jd-em*** to the attention of *s.o.*; **zur gesamten ~** (to be held) jointly, as joint property, as joint owners; **zur linken ~** morganatic (*marriage*); **zu treuen ~en** to the care of, on trust.

hand | gefertigt *adj* hand made; **~geschrieben** handwritten; **~greiflich** violent; **~schriftlich** handwritten; **kurzer~** *adv* out of hand.

handhaben *v* to handle, to manipulate.

Handel *m* trade (= *t-*, *trading* = *t-g*), commerce (= *c-*, *commercial* = *c-l*), dealing; **~ mit Bezugsrechten** rights dealings; **~ mit Gift** *t-* in poison; **~ mit nicht notierten Wertpapieren** over-the-counter *t-g*; **~sabkommen** *n t-* agreement; **Allgemeines Zoll- und ~~** (*abbr* **GATT**) *int* General Agreement on Tariffs and *T-* (*abbr* GATT); **gegenseititige ~~** bilateral *t-* agreement; **~sadressbuch** *n t-* directory; **~sagent** *m* **/-in** *f c-l* agent; **~sakzept** *n t-* acceptance; **~samtsblatt** *n C-l* Gazette; **~sartikel** *pl* goods, *c-l* articles; **gesetzlich geschützte ~~** patented articles; **~sattaché** *m c-l* attaché; **~saufschlag** *m* markup; **~sauskunft** *f c-l* agency report; **~sbank** *f c-l* bank, *t-*-financing bank, private credit bank; **~sbedingungen** *f t-* conditions; **~sbericht** *m t-* report; **~sbeschränkung** *f t-* restriction; **~sbetrieb** *m c-l* enterprise, *c-l* firm; **~sbezeichnung** *f t-* name, brand, *c-l* name; **~sbeziehungen** *f/pl t-* relations, *t-* connections; **~sbilanz** *f* → *Handelsbilanz*; **~sblatt** *n t-* journal, financial paper; **~sblockade** *f t-* blockade; *c-l* blockade; **~sbrauch** *m c-l* usage; **~sbrief** *m* business letter; **~sbücher** *n/pl* books of account; **~sbürgschaft** *f c-l* surety; **~sdefizit** *n t-* deficit; **~sdelegation** *f t-* delegation; **~seinheit** *f t-g* unit; **~sembargo** *n t-* embargo; **~serlaubnis** *f t-g* permit; **~serleichterungen** *f/pl t-* concessions; **~sfirma** *f c-l* undertaking, *c-l* firm, mercantile establishment, business house; firm-name, style; **gelöschte ~~** extinct firm; **~sflagge** *f* merchant flag; **~sflotte** *f* merchant fleet; **~sforderung** *f c-l* claim; **~sfreiheit** *f* freedom of *t-*, freedom of *c-*; **~sgebiet** *n t-g* area; **~sgebrauch** *m t-* use, *c-l* use; **~sgehilfe** *m* **/~sgehilfin** *f* clerk, *c-l* employee; **~sgenossenschaft** *f t-g* cooperative; **~sgepflogenheit** *f* → *~brauch*; **~sgericht** *n c-l* court; **~~sbarkeit** *f c-l* jurisdiction; **~sgeschäft** *n c-l* transaction; *pl c-l* dealings; *t-g* firm, *c-l* enterprise, *t-g* business; **~sgesellschaft** *f t-g* association, company, *c-l* partnership/company; **Offene ~~** *f* (*abbr* **OHG**) general (mercantile) partnership; **~sgesetzbuch** (*abbr* **HGB**) *n c-l* code, *US* Uniform *C-l* Code (*abbr* UCC); **~sgewerbe** *n c-l* enterprise; **~sgewicht** *n c-l* weight; **~sgewinn** *m t-g* profit; **~sgewohnheiten** *f/pl* → *~brauch*; **~sgläubiger** *m* **/-in** *f t-* creditor; **~sgut** *n* merchandise **~sgüter** *n/pl* goods, commodities; **~shafen** *m* (*t-g*) port; **~shaus** *n t-g* firm; **~shemmnis** *n t-* barrier, obstacle to *t-*; **~skammer** *f* chamber of *c-*; *US* board of *t-*, chamber of *c-*; **Deutsch-Amerikanische ~~** German-American Chamber of *C-*; **Industrie und ~~** (*abbr* **IHK**) Chamber of Industry and Commerce; **Internationale ~~** (*abbr* **IHK**) International Chamber of *C-* (*abbr* ICC); **Schiedsgerichtsbarkeit der ~n ~~** (= **IHK- Schiedsgerichtsbarkeit**) International Chamber of *C-* Arbitration (= ICC Arbitration); **Schiedsgerichtshof der ~n ~~** (= **IHK-Schiedsgerichtshof**) Court of Arbitration of the International Chamber of *C-* (= ICC Court of Arbitration); **Schiedsklausel der ~n ~~** (= **IHK-Schiedsklausel**) International Chamber of *C-* arbitration clause (= ICC arbitration clause) **Vergleichs- und Schiedsordnung der ~n ~~** Rules of Conciliation and Arbitration of the International Chamber of *C-* (= ICC Arbitration Rules); **~skauf** *m* mercantile sale; **~sklasse** *f* grade; **gesetzliche ~~n** legal grades of consumer goods; **~sklauseln** *f t-* terms, abbreviated *t-g* clauses; **~skonkurrent** *m* **/-in** *f* business competitor; **~skorrespon-**

denz *f c-l* correspondence; **~skredit** *m c-l* credit; **~~brief** *m c-l* letter of credit; **~skrieg** *m t-* war, tariff war; **~smacht** *f c-l* power; **~smakler** *m* /**-in** *f* mercantile broker; broker (*commodities and/or securities*); **~smarine** *f* merchant marine, merchant navy; **~smarke** *f* brand, brand name; **eingetragene ~~** registered *t-* mark; **~smaßnahmen** *f/pl t-* measures; **präferenzielle ~~** preferential *t-* measures; **~smesse** f *t-* fair; **~sminister** *m* /**-in** *f US* Secretary of *C-*/*GB* Minister of *T-* and Industry; **~sministerium** *n* Ministry of *C-*; *US* Department of *C-*/*GB* Ministry of *T-* and Industry; **~smission** *f t-* mission, *t-* delegation; **~smonopol** *n t-* monopoly, *c-l* monopoly; **~smuster** *n t-* sample; **~snachrichten** *f/pl c-l* news; **~sname** *m t-* name, business name; **eingetragener ~~** registered name; **~sniederlassung** *f c-l* establishment, *t-g* post; **~sorganisation** *f t-* organization; **~spapier** *n c-l* document; **~sparität** *f c-l* parity; **~spartner** *m* /**-in** *f t-* partner, *t-g* partner; **~splatz** *m c-l* town, *t-g US* center/ *GB* centre; **~spolitik** *f t-* policy, *c-l* policy; **freiheitliche ~~** liberal *t-* policy; **Zoll- und ~~** customs and *t-* policy; **~spräferenzen** *f/pl t-* preferences; **~spraktiken** *f/pl t-* practices; **~sprämie** *f t-* bonus; **~spreis** *m* retail price, market price; **~srabatt** *m t-* discount; **~srechnung** *f c-l* invoice; **ordnungsgemäße ~~** *c-l* invoice in proper form; **~srecht** *n c-l* law, mercantile law; **Kommission der Vereinten Nationen für internationales ~~** United Nations Commission on International *T-* Law (*abbr* UNCITRAL); **~sregister** *n* (*abbr* **HReg**) *c-l* register; **~~ für Körperschaften** register of companies; **~~anmeldung** *f* application for registration in the *c-l* register; **~~auszug** *m* excerpt (*transcript / photocopy*) from the *c-l* register; **~~eintragung** *f* entry in the *c-l* register **~~verfügung** *f C-l* Register Regulations; **~sreisende(r)** *f(m) c-l* traveler; travelling salesman, travelling representative; **~srichter** *m* /**-in** *f* associate *c-l* judge, judge in a *c-l* court; **~srisiko** *n t-* risk; **~~versicherung** *f c-l* insurance; **~ssachen** *f/pl c-l* causes (*court*); *c-l* shipping; *c-l* affairs, mercantile affairs; **Europäisches Gerichtsstands- und Vollstreckungsübereinkommen in Zivil- und ~~** (*abbr* **EuGVÜ**) European Convention on Jurisdiction and Enforcement of Judgment in Civil and *C-l* Matters (= Brussels Convention, *1961*); **Haager Übereinkommen über die Beweisaufnahme im Ausland in Zivil- oder ~~** (*abbr* **HBÜ, HaagBeweisÜ**) Convention on the Taking of Evidence Abroad in Civil or *C-l* Matters (*1970*); **Haager Übereinkommen über die Zustellung gerichtlicher und außergerichtlicher Schriftstücke im Ausland in Zivil- oder ~~** (*abbr* **HZÜ**) Hague Convention on the Service Abroad of Judicial and Extrajudicial Documents in Civil or Commercial Matters (*1965*); **~sschiedsgerichtsbarkeit** *f c-l* arbitration; **Europäisches Übereinkommen über die Internationale ~~** European Convention on International *C-l* Arbitration; **~sschiff** *n* merchant vessel, merchant ship; **~~fahrt** *f* merchant shipping, maritime *c-*; **~~svorschriften** *f/pl* maritime regulations; **~sschranke** *f t-* barrier; **~sschuld** *f c-l* debt; **~sschule** *f c-l* school, business school; **höhere ~~** senior *c-l* school; **~sschutzgesetz** *n t-* protection law; **~ssitte** *f* → *~brauch*; **~sspanne** *f* margin, operating margin, *t-* margin, wholesale margin; **~ssperre** *f* embargo; ***e-e* ~~ aufheben** to lift an embargo; **~sstand** *m c-*, *c-l* class, *t-g* class, merchants; **~sstatistik** *f t-* statistics, *t-* returns; **~sstrom** *m* flow of *t-*; **~sstufe** *f* marketing stage; **~stonnage** *f* freight tonnage;

~süberschuss *m t-* surplus; **~sübung** *f c-l* practice; **~sumsatz** *m* business turnover, sales; **~s- und Dienstleistungsbilanz** *f* balance of payments for goods and services; **~s- und Gewerbefreiheit** *f* freedom of *t-* and industry, free economy; **~s- und Zahlungsbilanz** *f* balance of *c-* and payments, balance of *t-* and of payments; **~sunternehmen** *n c-l* enterprise, *c-l* concern, *c-l* undertaking, *t-g* enterprise, *t-g* concern; **~susance** *f t-* usage; **~sverbindung** *f t-* relations; **~sverbot** *n* embargo; **~sverkehr** *m c-, t-, c-l* intercourse; **ausgewogener ~~** balanced *t-*; **innergemeinschaftlicher ~~** *EU* intra-Community *t-*; **normaler ~~** ordinary course of *t-*; **~sverlagerungen** *f/pl* switch in *t-*, *EU t-* diversion; **~svertrag** *m* treaty of *c-*, *c-l* treaty, *t-* agreement, *t-g* agreement; **~svertreter** *m* **/-in** *f c-l* representative, *c-l* agent, *t-* representative; **~~ mit Delkredere** delcredere agent; **~~gesetz** *n* Law for *C-l* Representatives; **~~recht** *n* law of *c-l* agency; **~~vertrag** *m* agency contract; **~svertretung** *f* sales agency, mercantile agency, *c-l* agency business; **~svollmacht** *f c-l* power; **~svolumen** *n t-g* volume; **~svorschriften** *f t-* regulations; **~sware** *f* merchandise, *c-l* goods; **~swechsel** *m t-* acceptance, *t-* bill, *t-* paper, *c-l* bill of exchange; **erstklassiger ~~** prime *t-* bill; **~swege** *m/pl t-* channels; **~swelt** *f* the world of *c-*, the business community; **~swert** *m c-l* value, market value, *t-* value, *t-g* value, *c-l* quality; **~szentrum** *n t-* *US* center/ *GB* centre; **~szweig** *m* business line; **~ treiben** to *t-*, to engage in business; **~ und Gewerbe** *t-* and industry; **~ und Handwerk** *t-* and handicraft; **~ und Verkehr** *t-* and *c-*; **~ unter Kurs** dealings at rates below the official price; **ausgeglichener ~** balanced *t-*; **außerbörslicher ~** unofficial *t-g* in stocks and shares; ***e-en* ~ abschließen** to strike a bargain; **Deutscher Industrie- und ~stag** *m* (*abbr* **DIHT**) German Industrial and *T-* Association (*chambers of industry and commerce*); **erlaubter ~** lawful *t-*; **freier ~** free *t-*; **im freien ~ erhältlich** available in the shops; **Industrie und ~** trade and industry; **~- ~ ~stag** Association of Chambers of Commerce; **intervalutarischer ~** cross-exchange dealings, dealings across the exchanges; **mittelständischer ~** middle-class *t-*, small-scale *t-g*; **rechtswidriger ~** illegal *t-*; **sichtbarer ~** visible *t-*; **unerlaubter ~** illicit *t-g*; **unsichtbarer ~** invisible *t-*; **verschleierte Beschränkung des ~s** *EU* disguised restriction on *t-*; **zum amtlichen ~ zugelassen** admitted to official *t-g*, officially marketable; **zwischenstaatlicher ~** international *t-*.

handel|bar *adj* marketable; **börsenmäßig ~~** admitted to the stock exchange. **~sfähig** tradable, marketable, negotiable, merchantable; **~smäßig** relating to trade; **~spolitisch** from the point of view of trade policy, relating to trade; **~srechtlich** pursuant to commercial law; **H~ treibend** trading, engaged in trade, commercial; **~süblich** customary in trade, in accordance with ordinary trade usage, according to normal business practice; **~s- und branchenüblich** customary in trade and in this branch.

Handeln *n* action, acting; **~ auf Befehl** acting under orders; **~ auf eigene Gefahr** acting at one's own risk, assumed risk; **befehlsgemässes militärisches ~** acting under superior orders; **fahrlässiges ~** active negligence, acting negligently; **freiwilliges ~** voluntary action; **gemeinsames ~** common action; **gewinnsüchtiges ~** acting out of greed; **gutgläubiges ~** innocent action, acting in good faith; **planvolles ~** planned action; **rechtswidriges ~** unlawful action, malfeasance; **schuldloses** ~ innocent action.

handeln *vi* **I** to act; **gutgläubig und redlich** ~ to act innocently and honestly; **im eigenen Namen** ~ in one's own name, to act on one's own behalf; **in fremdem Namen** ~ to act as agent, to act on behalf of another; **recht** ~ to do right; **unter Zwang** ~ to act under duress; **vorsätzlich** ~ to act wil(l)fully (and knowingly).

handeln *vi* **II** to trade, to do business, to bargain; **herunter** ~ to trade down; **mit sich** ~ **lassen** to be willing to come to terms.

Handelndenhaftung *f* liability of person(s) acting before completion of incorporation.

Handelsbilanz *f* **I** trade balance, balance of trade; **aktive** ~ active trade balance, favo(u)rable trade balance; **passive** ~ passive/adverse trade balance; **ungünstige** ~ unfavo(u)rable trade balance.

Handelsbilanz *f* **II** commercial balance sheet (*as distinguished from tax balance sheet*); **~gewinn** commercial profit.

handelseinig werden to strike a bargain, to come to terms.

Händler *m* /**-in** *f* trader dealer, tradesman/tradeswoman; *exch* jobber; ~ **mit eigenem Lager** stockist; **~geschäfte** *n/pl* dealings, dealer transactions; **~marke** *f* own brand, private brand; **~provision** *f* dealer allowance; **~rabatt** *m* dealer's discount, dealer's rebate; **~spanne** *f* dealer margin; **ambulanter** ~ itinerant trader, street trader, hawker; **autorisierter** ~ authorized dealer, franchised dealer; **fliegender** ~ street trader, *US* peddler/ *GB* pedlar.

Handlung *f* **I** (physical) act, action; ~ *e-es* **Dritten** act of a third party; **~en gegen ausländische Staaten** actions taken against foreign states; **~en und Unterlassungen** acts and forbearances, acts and omissions; ~ **oder Duldung** things done or suffered; **~sbevollmächtigte(r)** *f(m)* commercial employee (acting for the firm), authorized agent, managing agent; **~seinheit** *crim* unity of action (*consisting of a number of individual movements / actions, or of one action that can be evaluated in a number of ways*); **natürliche** ~~ natural unity of action (*when action is generally committed as a series of individual acts, eg a beating, consisting of a multitude of individual blows*); **rechtliche** ~~ legal unity of action (*when law prohibits combined act, e.g. robbery, which is the combination of an assault or battery, and a theft*), → *Tateinheit, Idealkonkurrenz, Absorptionsprinzip,* ↔ *Tatmehrheit, Realkonkurrenz, Asperationsprinzip, Gesetzeskonkurrenz*); **~sermessen** *n* discretion to act; **~sfähigkeit** *f* capacity to act, power to act; **~sfreiheit** *f* liberty of action, freedom of action; **~shaftung** *f* liability for acts done, liability for a public disturbance; **~slehre** *f crim* doctrine of responsibility for action, *doctrine defining when human behavior can be imputed as a criminally relevant act*; **finale** ~~ *crim* goal-directed theory of action, *doctrine of criminal liability that analyzes act in terms of intent (and negligence) and as part of the definition of an offense / GB offence rather than as culpability elements*; **kausale** ~~ *crim* causation-oriented theory of action, *doctrine of criminal liability that analyzes act in terms of its causal relevance and considers intent (and negligence) as culpability elements rather than as part of the definition of an US offense / GB offence*; **soziale** ~~ *crim* social-relevance theory of action, *doctrine of criminal liability that analyzes act in terms of its social relevance*; **~spflicht** duty to act; **~sunfähigkeit** *f* incapacity, incompetence to act; **~sunkosten** *pl* operating expenses; **~sunwert** *m crim* disvalue of (subjective) elements of act independent of any consequences, ↔ *Erfolgsunwert*; **~svollmacht** *f* commercial power, mercantile power or agency (*limited to usual transac-*

tions); **~sweise** *f* line of action, mode of procedure, conduct; **böswillige ~~** malicious actions; **rücksichtslose ~~** reckless conduct; **unbillige ~~** inequitable line of actions, unconscionable transactions; **angefochtene ~** contested act, avoided act; **außergerichtliche ~** extrajudicial act; **betrügerische ~** fraudulent act; **böswillige ~** malicious act; **eigene strafbare ~** substantive independent *US* offense/*GB* offence (*committed by an accomplice*); ***e-e*** **den Kausalzusammenhang unterbrechende ~** intervening act, act that breaks the causal chain; **einseitige ~** unilateral act, one party's act; **fahrlässige ~** negligent act, act of negligence; **feindliche ~** (act of) hostility, hostile act; **fortgesetzte ~** successive act, continued act; **in ~r ~** continually acting; **gesetzliche ~** act in law, lawful act; **hoheitsrechtliche ~** act of state, sovereign act; **irgendeine ~** any act or thing done; **konkludente ~** implied act, action implying intention; **kriegerische ~** act of war; **~ ~en** acts of war, warlike operations; (***e-e jd-em***) **obliegende ~** an act incumbent upon *s.o.*, a person called on to act; **offenkundige ~** overt act; **rechtsgestaltende ~** operative act, *act which directly affects legal relations*; **rechtswidrige ~** unlawful act, wrongful act; **richterliche ~** judicial act; **schädigende ~** injurious act, harmful act, an act which causes damage; **schuldhafte ~** culpable act, wrongful act; **staatsfeindliche ~** act hostile to the state; **strafbare ~** criminal act, punishable act, **unerlaubte ~** tort, tortious act, actionable tort, delict, civil *US* offense/*GB* offence; forbidden act, illicit act, wrongful act, *US* offense/*GB* offence; **unfreundliche ~** unfriendly act; **unsittliche ~** immoral act; **unzüchtige ~** indecency; indecent act; **verfassungsfeindliche ~** seditious act, act directed against the constitutional order, subversive act; **vorbereitende ~** preparatory act; **vorsätzliche ~** wil(l)ful act, intentional act, voluntary act; **widerrechtliche ~** illegal act; **willenlose ~** involuntary act; **zumutbare ~** reasonable act.

handlung|sbefugt *adj* entitled to act; **~sfähig** capable (of acting), entitled to act; **~sunfähig** incapable of acting, unfit to act, incompetent to act.

Handlung *f* **II** shop, store; **~sagent** *m obs* (→ *Handelsvertreter*) mercantile agent; **~sreisende(r)** *f(m)* travelling salesman, commercial traveller, travelling agent.

handschriftlich *adj* hand-written, in one's own handwriting; **~ geändert** manuscript-amended.

Handschuhehe *f* marriage by proxy.

Handwerk *n* handicraft, craft, the trade of an artisan, trade; **~sarbeit** *f* craftwork, handicraft work; **~sausbildung** *f* vocational training for handicrafts/ for a trade; **~sbetrieb** *m* handicraft business, handicraft shop; **~sbrauch** *m* craft usage; **~sgenossenschaft** *f* craftsmen's cooperative; **~sgeselle** *m hist* journeyman; skilled craftsman; **~sinnung** craft guild; **~skammer** *f* (*abbr* **HwK**) Chamber of Crafts and Trade; **~skarte** *f* craftsmen's card; **~slehre** *f* (craft) apprenticeship; **~slehrling** *m/f* apprentice (to a craftsman); **~smeister** *m* **/-in** *f* master craftsman; **~sordnung** *f* Crafts and Trade Code; **~srolle** *f* Register of Craftsmen; **~sunternehmen** *n* handicrafts enterprise, craftsman's firm; **~szeug** *n* tools of the trade, hand tools, implements of a trade; **~szweig** *m* branch of the handicrafts; **das politische ~** state-craft; **dienstleistendes ~** service-rendering craft, service trade.

Handwerker *m*/**-in** *f* craftsman, artisan, *US* tradesman; **~innung** *f* trade guild, craft guild; **~kredit** *m* credit facilities for craftsmen; **~lebensversicherung** *f* life assurance for craftsmen; **~versicherungsgesetz** *n* Craftsmen's Insurance Act (*1960*).

handwerksmäßig *adj* workmanlike, conforming to the rules of a craft.

Handy cell phone, mobile, mobile phone.

Hang *m* inclination, disposition, propensity; **krimineller** ~ general malice, criminal disposition, criminal nature.

Hänge|plakat *n* hanger card; **~schild** *n* hanging sign.

Harmonisierung *f US* harmonization/*GB* harmonisation (= *h-*); ~ **der Rechtsvorschriften** (**der Mitgliedstaaten**) *EU h-* of the laws (of the member states); ~ ~ **Rechts- und Verwaltungsvorschriften der Mitgliedstaaten** *EU h-* of the laws and regulations of the member states; **~smaßnahme** *EU h-* measure; **schrittweise** ~ stage-by-stage *h-*.

Härte *f* hardship (= *h-*), severity; **~ausgleich** *f h-* allowance; **~beihilfe** *f h-* allowance; ~ **des Urteils** severity of a sentence; **~fall** *m* case of *h-*, *h-* case; **schwerer** ~~ serious *h-*; **ungewöhnlicher** ~~ exceptional *h-*; **~fonds** *m h-* fund; **~klausel** *f h-* clause, clause devised to relieve *h-*; **~milderungsklage** *f* application for relief from *h-*, legal action to obtain relief from *h-*; **~novelle** *f* amendment dealing with cases of *h-*; **~regelung** *f* settlement of *h-* cases, regulation for *h-* cases; **unbillige** ~ inequitable *h-*; **ungebührliche** ~ undue *h-*; **unnötige** ~ unnecessary *h-*; **unzumutbare** ~ unreasonable *h-*, exceptional *h-*.

Härten mildern *v* to relieve hardship;

Hart|geld *n* coin, coined money, *US* hard money; **~währungsländer** *n/pl* hard-currency countries, strong-currency countries.

Haschisch *n* hashish, cannabis.

Haufen *m* heap, pile, great quantity, crowd; **bewaffneter** ~ armed mob, armed crowd.

Haupt| (principal = *p-*, main = *m-*) **~abschluss** *m* annual statement of accounts; **~~übersicht** *f* condensed version of financial statements; **~ader** *f min* original vein; **~aktionär** *m* /**-in** *f p-* shareholder; **~anklagepunkt** *m m-* charge, count (of a charge); **~anliegen** *n m-* objective; **~anmeldung** *f* basic/*m-* application; **~anspannung** *f* major strain; **~anspruch** *m m-* claim; **~antrag** *m m-* request, *m-* petition; **~art** *f p-* category; **~begründung** *f* primary grounds for an action; **~belastung** *f* peak (*power, traffic*); **~beruf** *m* regular occuption, *m-* profession; **~beschäftigung** *f* chief occupation; **~bestandteil** *m* chief ingredient, essential part; **~betrag** *m p-* amount; *p-* (sum) **~betrieb** *m m-* plant, *p-* place of business; **~bilanz** *f* general balance sheet; **~buch** *n* general ledger (*pl ~bücher* ledger records); **~~auszug** ledger abstract; **~~konten** *n/pl* control accounts; **~~haltung** *f* general bookkeeping department; **~einnahmequelle** *f m-* source of income; **~entschädigung** *f* basic compensation; **~~sberechtigte(r)** *f(m)* person entitled to basic compensation; **~erbe** *m* /**~erbin** *f p-* heir/ beneficiary; **~erfindung** *f m-* invention; **~ernährer** *m* /**-in** *f m-* breadwinner; **~fach** *m-* subject; **~feldwebel** *m* sergeant major *US* sergeant 1st class; **~feststellung** *f p-* finding of loss (*due to war, etc*); **~~szeitpunkt** *m* time of reference for the *p-* finding of loss; *p-* assessment (of values); **~filiale** *f m-* branch; **~forderung** *f p-* claim, chief claim, *m-* demand; **~fundstelle** *f* key authority; **~fürsorgestelle** *f* head office for public assistance; **~geschäftsbereich** *m* core business; **~geschäftsführer** *m* /**-in** *f* managing director; **~geschäftssitz** *m p-* office, headquarters, *p-* place of business; **~geschäftsstelle** *f p-* office; **~gläubiger** *m* /**-in** *f* chief creditor, major creditor; **~industriezweige** *m/pl* staple industries; **~inhalt** *m* subject-matter, gist; **~~ der Klage** gist of the action; **~intervenient** *m* /**-in** *f* intervening party, *third party claiming the subject matter from two litigants*; **~intervention** *f* interpleader summons, *third-party intervention against two litigants claiming the object of the lawsuit*; **~kasse** *f* cashier's department, *m-* till, *m-* ticket box (*theater*); **~kassierer** *m* /**-in** *f* chief cashier, head teller (*bank*), treasurer; **~kläger** *m* /**-in** *f* chief plaintiff; **~konto** *n* *p-* account (*pl ~konten* general ledger accounts); **~kostenstelle** *f* cost *US* center/*GB* centre, cost department; **~lieferant** *m* /**-in** *f* *m-* supplier, *m-* contractor, prime contractor, original contractor; **~mangel** *m* *p-* defect, *m-* fault; **~merkmal** *n* chief criterion, key feature; **~miete** *f* chief tenancy; **~nachfrage** *f* *p-* demand; **~niederlassung** *f* *m-* branch, *p-* place of business, *p-* establishment, **~organe** *n/pl* *p-* organs (of an association); **~patent** *n* original patent, parent patent; **~pflicht** *f* *m-* duty, *p-* obligation; **~plan** *m* *m-* plan, master budget; **~~ und Nachtrag** *m-* and supplementary budgets; **~police** *f* original policy; **~positionen** *f/pl* *p-* items; **~post** *f* general post office; **~produkt** *n* *m-* product, chief product, staple commodity; **~prozess** *m* the *m-* trial; **~~bevollmächtigte(r)** *f(m)*, lead attorney, senior counsel; **~prüfer** *m* /**-in** *f* *pat* examiner in chief, chief examiner, primary examiner; **~prüfungsamt** *n* *M-* Audit Office; **~quartier** *n* headquarters; **~recht** *n* primary right; **~~smittel** *n* main avenue of review (*trial de novo and appeal*); **~rücklage** *f* *p-* reserve fund; **~sache** *f* → *Hauptsache*; **~sachgebiete** *n/pl* *p-* fields; **~schöffe** *m* /**~schöffin** *f* foreman of the jury, chief lay judge; **~schuld** *f* *p-* debt, chief blame; **~schuldige(r)** *f(m)* (*der ~schuldige*) person chiefly to blame, chief offender; **~schuldner** *m* /**-in** *f* *p-* debtor, primary obligee; **Ausfall des ~~s** *p-*'s default; **~schule** *f* upper division of elementary school; secondary modern school (*formerly Volksschuloberstufe*); **~sicherheit** *f* primary security; **~sitz** *m* head office, headquarters; **~sparte** *f* *m-* line (*of commercial activity*) **~spediteur** *m* /**-in** *f* *p-* forwarding agent, direct forwarding agent; **~stadt** *f* capital; **~steuermonat** *m* month of major tax receipts; **~steuertermin** *m* *m-* tax maturity, big tax date; **~strecke** *f* trunk line; **~subunternehmer** *m* /**-in** *f* higher tier subcontractor; **~summe** *f* *p-* sum; **~täter** *m* /**-in** *f* *p-* offender; **~termin** *m* trial date, trial; *m-* hearing; **~träger** *m* /**-in** *f* *m-* support, mainstay; **~umschlagplatz** *m* staple place, *p-* market; **~- und Hilfsvorbringen** *n* primary and secondary allegations, disjunctive allegations; **~- und Staatsaktion** *f* a matter of high policy; **~unternehmer** *m* /**-in** *f* prime contractor, general contractor, original contractor; **~unterstützungsempfänger** *m* /**-in** *f* person in receipt of unemployment benefit; **~urlaubssaison** *f* peak holiday period; **~veranlagung** *f* basic assessment, general assessment; **~~szeitpunkt** *m* date of basic assessment; **~~szeitraum** *m* basic assessment period; **~verantwortung** *f* *p-* responsibility; **~verbindlichkeit** *f* *p-* obligation; **~verbraucher** *m* /**-in** *f* *p-* consumer; **~verdiener** *m* /**-in** *f* *p-* (wage) earner, breadwinner; **~veredelungserzeugnisse** *n/pl* *m-* compensating products; **~verfahren** *n* *m-* proceedings; **~verhandlung** *f* trial process, trial, trial of indictment; **ergebnislose ~~** abortive trial; **Gang der ~~** trial procedure; **zur ~~ laden** to summon for trial; **~verkehrsstraße** *f* traffic artery, trunk road, classified road, *m-* road, dual carriageway; *m-* thoroughfare (*city*); **~verkehrszeit** *f* peak traffic hours; **~vermieter** *m*

/**-in** *f* head lessor, *m-* lessor; **~versammlung** *f* general meeting (of shareholders), stockholders' meeting; **ordentliche ~~** ordinary general meeting, regular stockholders' meeting; **außerordentliche ~~** special meeting, extraordinary general meeting; **~~ auf Antrag der Aktionäre** requisitioned meeting, general meeting called by the shareholders; **~versicherer** *m* /**-in** *f* direct writing company, primary insurer; **~versicherung** *f* direct insurance, master policy (*group insurance*); **~vertrag** *m m-*contract, original contract; **~verwaltung** *f* chief administration (office), central administration; **~vollmacht** *f* original power of attorney, primary powers; **~vorstand** *m* executive board, presiding office, governing board; **~wache** *f* police headquarters; **~werk** major work, chief work; **~wohnsitz** *m p-* residence; **~zahlungstermin** *m p-* date for payment; **~zeuge** *m* key witness, *p-* witness; **~~ der Anklage** crown witness; **~zollamt** *n p-* customs house; **~zug** *m* basic trend; **~zweck** *m* primary purpose; **~zweigstelle** *f* parent branch.

hauptamtlich *adj* fulltime (*employment*).

Hauptsache *f* principal claim, chief point, main issue, cause of action; **~betrag** *m* principal money, face amount; **~erledigung** *f* disposal of the cause of action (*by events occurring during the litigation*); **~forderung** *f* principal claim, unpaid principal; **~ nebst Zinsen** principal and interest; **~schuld** *f* principal obligation; **~verfahren** *n* principal proceedings; **die ~ für erledigt erklären** to declare that the cause of action has been disposed of; **in der ~ entscheiden** to give judgment on the main issue (*as distinguished from costs, enforceability*); **zur ~ verhandeln** to plead on the main issue.

Haus *n* (*pl Häuser = ~er*) house, building; **~angestellte**(**r**) *f*(*m*) domestic servant, household employee; **private ~~** private servants; **~arbeit** *f* household work, homework (*school*); **~arrest** *m* home confinement, detention at one's own house; **~arzt** *m* /**~ärztin** *f* family physician, family doctor; **~bank** *f* principal banker, house bank, the firm's bank, a person's bankers; **unsere ~~** our bankers; **~bau** *m* house building, home construction; **~besetzer** *m* /**-in** *f* squatter; **~besetzung** *f* adverse occupation of residential premises, squatting; **~besitz** *f* possession of a house, residential property; **~besitzer** *m* /**-in** *f* proprietor of a house, landlord, home owner; **~~vereinigung** *f* association of landlords; **~bestand** *m* housing stock; **~besuch** *m* home visit, home call; **~diebstahl** *m* domestic theft; **~durchsuchung** *f* searching of a house, search of a building; **~~sbefehl** *m* search warrant; **~eigentum** *n* home ownership; **~eigentümer** *m* /**-in** *f* house owner, landlord, property owner; **~~haftpflichtversicherung** *f* property owners' liability insurance; **~frau** *f*/**~mann** *m* housewife, houseman, **~frauennachmittag** *m* sales promotion aimed at housewives; **~friedensbruch** *m* criminal trespass, unlawful entry; **~gebrauch** *m* domestic use; **~gehilfen** *pl* domestic servants; **~geld** *n* out-patient's allowance; prisoners' personal money account; **~gemeinschaft** *f* the (community of) occupants of a house, family-household; **~genosse** *m* /**~genossin** *f* fellow lodger, fellow tenant, occupant of a house; **~gewalt** *f* control of a building, right of possession of premises; **~gewerbe** *n* business from home, cottage industry; **~~treibende**(**r**) *f*(*m*) worker from home; **~halt** *m* → *Haushalt*; **~haltung** *f* → *Haushaltung*; **~jurist** *m* /**-in** *f* in-house lawyer; **~makler** *m* /**-in** *f* real estate broker, real estate agent;

~marke *f* private brand, own brand, house brand; **~meister** *m* / **-in** *f* caretaker, janitor; **~mitteilung** *f* in-house memo, memorandum; **~müll** *m* domestic refuse, domestic rubbish; **~objekte** *n/pl* house property (*offered by broker*); **~ordnung** *f* house rules; **~personal** *n* domestic servants; **dienstliches ~~** *dipl* service staff; **~plakette** *f* house plate; **~post** *f* internal mail; **~rat** *m* → *Hausrat*; **~recht** *n* domiciliary rights, right as master of the house, power of the keys; **das ~~ verletzten** to commit trespass, to violate the householder's sphere of authority; **~schild** *n* house plate; **~schlüssel** *m* front-door key, latch key; **unerlaubtes Anfertigen von ~~n** unauthorized key-making; **~stand** *m* household, domestic status; **~strafe** *f* internal penalty (*imposed by a company, etc*); **~suchung** *f* house search; search of premises; **~~sbefehl** *m* search warrant; **~~sprotokoll** *n* police record of a search; **~tier** *n* domestic animal; **~tür** *f* front door, street door, outer door; **~~geschäfte** *n/pl* front door business, door-to-door sales; transactions by canvassers; **~~widerrufsgesetz** *n* Act on the Right to Cancel Door-to-Door Transactions; **~ und Hof** house and farm; **~vater** *m obs* head of the household; **~verbot** *n* order to stay away, off-limits order; **virtuelles ~~** ban from internet chatroom; **~vermietung** *f* letting of houses; **~vermögen** *n* property in the form of houses; **~verwalter** *m* /**-in** *f* property manager, caretaker; **~verwaltung** *f* property management; **~~sdienst** *m* property managment service; **~~sfirma** *f* management company; **~wesen** *n* household concerns; **~wirt** *m* /**-in** *f* house owner, landlord, lessor; **~wirtschaft** *f* home economics, domestic science, household practice, household; **~~slehre** *f* home economics, domestic science; **~zeitschrift** *f* house journal, house organ, staff magazine; **~zinssteuer** *f* tax on house rents; **~zustellung** *f* home delivery; **alleinstehendes ~** detached house; **aus königlichem ~** of royal descent; **bewohntes ~** occupied house; **frei ~** free delivery, free domicile, free house; **frei ~ verzollt** free at domicile after clearance through customs; **Hohes ~** hono(u)rable members of the House; **regierendes ~** the reigning house; **von-~-zu-~** from warehouse to warehouse; **~~~~klausel** *f* warehouse to warehouse clause.

Haushalt *m* **I** household (= *h*-); **~sabnehmer** *m*/ **-in** *f* *h*- consumer; **~sabwässer** *n/pl* domestic effluents; **~sangehörige** *pl* members of the *h*-, family group; **~sartikel** *m/pl* *h*- articles; **~sbesteuerung** *f* taxes imposed per *h*-; **~seinkommen** *n* income of individual *h-s*; **~seinrichtung** *f* *h*- furniture; **~sfreibetrag** *m* *h*- allowance; **~sführung** *f* housekeeping; **doppelte ~~** *tax* double housekeeping; **~sgegenstände** *m/pl* *h*- goods, *h*- effects; **~sgeld** *n* housekeeping money, *h*- allowance; **~sgeräte** *n/pl* *h*- utensils, domestic appliances; **~shilfe** *f* domestic help, domestic servant, maid; **~skosten** *pl* family expenses; **~sliste** *f* list of *h*- effects; **~spackung** *f* family-size package; **~srechnung** *f* housekeeping account, *h*- budget, family budget; **~strennung** *f* separation of *h-s*, maintaining separate *h-s*; **~sversicherung** *f* householder's comprehensive insurance; **~svorstand** *m* head of the *h*-, householder; **~swaren** *pl* *h*- articles, hardware; **~szulage** *f* housekeeping/*h*- allowance; **~szwecke** *m/pl* housekeeping purposes, housekeeping; **gemeinsamer ~** common *h*-; **privater ~** private *h*-.

Haushalt *m* **II** budget (= *b*-, *budgetary* = *b-ary*); **~sansatz** *m* *b*- estimate; **~sausgaben** *f/pl* *b-ary* expenditure; **~sausgleich** *m* the balancing of the *b*-; **~sausschuss** *m b*- committee, *US* appropriations committee; **~sbefugnisse** *pl b-ary* powers; **~sbehörde** *f b-ary* authority; **~sberatung** *f b*- debate; **~sbericht** financial report; **~sbeschluss** *m* vote on accounts; **~sbewilligung** *f b-ary* vote, appropriation; **~sdebatte** *f b*- debate; **~sdefizit** *n* fiscal deficit, *b-ary* deficit; **~seinnahmen** *pl b*- revenue; **~serklärung** *f* financial statement; **~sgebarung** *f* handling of *b-ary* expenditure; **~sgesetz** *n B*- Act; **~sgrundsätze** *m/pl* basic *b-ary* rules; **~sjahr** *n* fiscal year, financial year, *b-ary* year; **~skürzung** *f* cut in the *b*-; **~slage** *f b-ary* position; **~smittel** *n* public funds, *b*- monies; **~~ bewilligen** to vote supplies; **~sordnung** *f b*- regulations; **~splan** *m b*-; **Ausführung des ~~s** implementation of the *b*-; **den ~~ vorlegen** to open the *b*-; **Entwurf des ~~s** draft *b*-, *b*- estimates; **ordentlicher ~~** ordinary *b*-; **Titel des ~~s** item of the *b*-; **~spolitik** *f b-ary* policies; **~sprüfung** *f* public audit; **~srechnung** *f* management account; **~srecht** *n b*- law; **~srede** *f b*- speech; **~srest** *m* unexpended balance of *b*- funds; **~ssatzung** *f* local government (annual) *b*- bill; **~s-Soll** *n* the *b*- as intended, the planned *b*-; **~stitel** *m b-ary* item, *b-ary* vote; **~sverfahren** *n b-ary* procedure(s); **~süberschreitung** *f* exceeding *b-ary* allocations; **~süberschuss** *m b*- surplus, unappropriated *b*-; **~svolumen** *n* size of the *b*-, total *b*-; **~svoranschlag** *m b*- estimate; **~svorlage** *f* finance bill; **~svorschriften** *f/pl b-ary* provisions; **~swesen** *n b-ary* matters; **ausgeglichener ~** balanced *b*-; **außerordentlicher ~** special *b*-; **das ~s-Ist** the *b*- as it is, the actual *b*-; **kommunaler ~** local authorities' *b*-; **öffentliche ~e** (*b-s* of) public authorities; **ordentlicher ~** ordinary *b*-; **unausgeglichener ~** unbalanced *b*-, adverse *b*-; **zum ordentlichen ~ gehörig** part of the ordinary *b*-, above-the-line.

haushalts|fremd *adj* extrabudgetary; **~smäßig** budgetary; **~srechtlich** pursuant to budgetary law; **~stechnisch** relating to budgetary procedure; **~~e Fehler** budgetary errors.

Haushaltung *f* housekeeping, household; *pl ~en* households, residential customers; **~en der Arbeitnehmer** households of employed persons; **~sbuch** *n* housekeeping book; **~sbudget** *n* household budget; **~skosten** *pl* household expenses.

Hausieren *n* itinerant peddling, door-to-door selling, hawking.

hausieren *vi* to peddle, to hawk.

Hausierer *m* /**-in** *f US* peddler/ *GB* pedlar.

Hausier|schein *m US* peddler's license/ *GB* pedlar's licence; **~verbot** *n* no peddling!

Häusler *m* /**-in** *f hist* cottager; **~recht** *n* ancient agricultural tenancy right.

Hausrat *m* household effects (= *h/e-s*); **~ersatzbeschaffung** *f* replacement of *h/e-s*; **~sbeschaffung** *f* procurement of *h/e-s*; **~sentschädigung** *f* compensation for *h/e-s* (*lost or destroyed during the war*); **~shilfe** *f* grant for obtaining *h/e-s*; **~ssachen** *pl* proceedings concerning the matrimonial home and *h/e-s*; **~steilung** *f* dividing-up the matrimonial *h/e-s*; **~~sverfahren** *n* proceedings to divide up matrimonial *h/e-s*; **~sverlust** *m* loss of *h/e-s* (*due to war or expulsion*); **~sversicherung** *f h/e-s* insurance, householder's comprehensive insurance, household insurance; house-contents insurance; **~sverteilung** *f* distribution of *h/e-s* (*as between spouses or divorced persons*); **~ und sonstige persönliche Habe** household and personal effects; **~ und Wohnbedarf** *h/e-s* and furnishings.

Hausse *f* boom, bull market, upward tendency, rise; **~bewegung** *f* upward tendency, bull movement;

~**börse** *f* bull market; ~**einfluss** *m* bullish influence; ~**engagement** *n* bull account, the long account; ~**geschäft** *n* bull transaction; ~**partei** *f* operators for a rise; ~**position** *f* long position, bull position; ~**spekulant** *m* /-**in** *f* operator for a rise, bull, speculator for a rise; ~**spekulation** *f* speculation for a rise, bull operation; ~**stimmung** *f* bullish mood, boom mentality; ~**tendenz** *f* bullish tendency; **auf ~ disponieren** to buy for a rise; **auf ~ spekulieren** operate for a rise; **plötzliche ~** sudden rise, fire-works.

Haussier *m* /-**in** *f* operator for a rise, bull.

hauswirtschaftlich *adj* household, domestic.

Havarie *f* average (= *a*-), loss by sea, sea damage, damage by sea, ship damage, statement of average; ~**agent** *m*/-**in** *f a*- agent; ~**attest** *n* certificate of *a*-; ~**aufmachung** *f* settlement of *a*-, assessment of sea damage; ~**berechnung** *f a*- assessment; ~**bericht** *m* damage report; ~**dispacheur** *m* /-**in** *f a*- adjuster; ~**erklärung** *f a*- statement, ship's protest, captain's protest; ~**experte** *m* /~**expertin** *f a*- surveyor, loss surveyor; ~**gelder** *pl a*- charges; ~-**grosse-Aufopferung** *f* general *a*-; ~-**grosse-Beitrag** *m* general-*a*-contribution; ~-**grosse-Einschuss** *m* general *a*- deposition; ~-**grosse-Klausel** *f* general *a*- clause; ~-**grosse-Regelung** *f* **am fremden Bestimmungshafen** foreign general *a*- (*abbr* FGA); ~**grosse-Schaden** *m* general *a*- loss; ~-**grosse-Verpflichtungsschein** *m* general-*a*- bond; ~**gutachten** *n* (sea) damage survey; ~**klausel** *f a*-clause; ~-**Kommissar** *m* /-**in** *f a*-agent, claims agent, *a*- adjuster, surveyor; ~**regelung** *f a*- adjustment; ~**regulierer** *m* /-**in** *f a*- adjuster, claims settling agent for maritime losses; ~**schaden** *m a*-, sea damage; ~**schein** *m a*- certificate, *a*- bond; ~**verschreibung** *f a*-bond; ~**verteilung** *f a*- distribution; ~**vertrag** *m a*- agreement; ~**zertifikat** *n* survey report; **allgemeine ~** general *a*-; **besondere ~** particular *a*-; **einfache ~** ordinary *a*-; **frei von besonderer ~** free from particular *a*-; **frei von ~** free from *a*-; **gemeinschaftliche ~** general *a*-; **große ~** general *a*-, gross *a*-; **große ~versicherung** general *a*- bond; **kleine ~** particular *a*-, petty *a*-; **mit besonderer ~** with particular *a*- (*abbr* WPA), with *a*- (*abbr* WA); **nicht gegen große und besondere ~ versichert** free of all *a*-.

havariefrei *adj* free from average.

Haverei *f statutory term for → Havarie.*

Hazardeur *m* /-**in** *f* gambler, adventurer.

Hebe | berechtigung *f* entitlement to charge (rates); ~**gebühr** *f* a lawyer's collection fee; ~**rolle** *f* assessment roll, taxpayers' list; ~**satz** *m* tax factor (*fixed by the municipality*), municipal multiples, collection multiplier; ~**stelle** *f* collection office (*of a public authority*).

Hedgegeschäft *n* hedge, hedging transaction.

Heeres | bedarf *m* army requirements; ~**bestände** *f* army stores; ~**gefolge** *n* camp followers, camp retainers; ~**lieferant** *m* /-**in** *f* army contractor, army supplier; ~**verpflegungsamt** *n* quartermaster general's department; ~**waffenamt** *n* army ordnance department; ~**zeugamt** *n* army ordnance department.

Heft | apparat *m* stapler; ~**klammer** *f* staple, clip, paper clip; **~ mit Kontrollabschnitten** counterfoil book.

Hege *f* care and protection of game (*in the forest, etc*); ~**zeit** *f US* closed season/ *GB* close season.

Hehler *m* /-**in** *f* receiver (of stolen goods), handler, *sl* fence, intaker.

Hehlerei *f* receiving stolen goods, dishonest handling; **~ begehen** to receive stolen goods; **~ im Rückfall** receiving of stolen property recidivism; third or subsequent *US* offense/*GB* offence of receiving; **gewerbsmäßige** ~ receiving (of stolen goods) for gain.

Heil | anstalt *f* sanatorium, hospital; **~bad** *n* spa, health resort; **~behandlung** *f* therapeutic treatment; **~berufe** *m/pl* medical professions; **~hilfsberufe** *m/pl* auxiliary medical vocations; **~fürsorge** *f* medical care; **~gehilfe** *m* male nurse; **~gewerbe** *n* therapeutic vocations; **~kosten** *pl* medical costs; **~~versicherung** *f* medical insurance; **~mittel** *n* medicine; **~praktiker** *m* /**-in** *f US* licensed/*GB* licenced nonmedical practitioner, (*not being a medical doctor*); practitioner of alternative medicine, physiotherapist; **~quelle** *f* mineral spring; **~sarmee** *f* Salvation Army; **~- und Pflegeanstalt** *f* mental institution, mental hospital; **~verbot** *n* prohibition from practising medicine, prohibition against the exercise of a medical profession; **~verfahren** *n* medical treatment, method of therapy; **~wesen** *n* medical care.

Heilung *f* cure.

Heim *n* home, hostel; **~arbeit** *f* homework, outwork, cottage industry; **~arbeiter** *m* /**-in** *f* outworker, homeworker; **~aufsicht** *f* supervision of homes and hostels; **~beirat** *m* advisory committee of a home for the aged; **~erziehung** *f* institutional upbringing in a home, education in an approved school; **~fahrt** *f* journey home, passage home, homeward journey; **~fall** *m* → *Heimfall*; **~förderung** *f* public aid for youth *US* centers/*GB* centres; **~industrie** *f* home industry; **~kehrer** *m* /**-in** *f* homecoming prisoner of war, repatriate, repatriated prisoner of war; **~~bescheinigung** *f* certificate of detention as prisoner of war; **~~gesetz** *n* act to regulate matters of returned prisoners of war; **~~hilfe** *f* assistance to former prisoners of war (*abbr* POW), POW assistance; **~schaffung** *f* repatriation, bringing *s.o./ sth* home; **~~sbescheinigung** *f* repatriation certificate; **~stätte** *f* homestead; **~~n-Genossenschaft** *f* homestead cooperative; **~~nwesen** *n* homestead matters; **~textilien** *pl* household textile furnishings; **~unterbringung** *f* providing residential care, committing *s.o.* to an institution; **~vertrag** *m* contract concerning residence and care in old people's home/nursing clinic.

Heimat *f* homeland, native land, native country; **~berechtigung** *f* right of abode, right to live in one's native land; **~boden** *m* native soil; **~börse** *f* home stock exchange; **~film** *m* sentimental film with a regional background; **~gemeinde** *f* native town, native village; **~hafen** *m* home port, port of registry, registered port, port of documentation; **~land** *n* native country, one's own country; **~lose**(**r**) *f*(*m*) homeless person; **~ort** *m* native place, home town, native town, native village; **~recht** *n* right to live in one's native country; *pil* lex patriae; **~staat** *m* state of origin, home state; **~urlaub** *m* home leave; **~vertriebene**(**r**) *f*(*m*) displaced person, refugee, expellee, (*esp a person expelled from German or ethnic German territories*).

Heimfall *m* reversion, escheat, devolution; **~anspruch** *m* right of reversion, reversionary claim; **~ bei Erbpachtgrundstücken** lease reversion; **~recht** *n* (right of) reversion, right of reverter, estate in reversion, right of escheat (*crown, lord*); **~sberechtigte**(**r**) *f*(*m*) reversioner, remainderman; **~sklage** *f* writ of escheat *of the lord of the manor*; **~sklausel** *f* reversion clause, defeasance clause; **~srecht** *n* → *Heimfallrecht*; **~srente** *f* reversionary annuity.

heimfallen *vt* to revert, to escheat.

heimlich *adj* clandestine, surreptitious, secret.

Heimlichkeit *f* furtiveness, stealth, surreptitiousness, secrecy.

Heimtücke *f* perfidy, treachery.
heimtückisch *adj* treacherous, insidious, perfidious.
Heirat *f* marriage (= *m-*); **~sabfindung** *f m-* settlement; **~salter** *n* marriageable age, marrying age; **~santrag** *m* proposal (of *m-*), offer of *m-*; **~sanzeige** *f* wedding announcement, notice of *m-*; advertisement for a *m-* partner; **~sbeihilfe** *f m-* grant; **~sbuch** *n* register of *m-s*; **~seintrag** *m* entry in the register of *m-s*; **~serlaubnis** *f m- US* license/*GB* licence, permission tomarry; **~sfrequenz** *f* frequency rate of *m-s*; **~sgut** *n* dowry; **~sregister** *n* register of *m-s*; **~sschein** *m m-* certificate; **~sschwindler** *m/* **-in** *f* person making a fraudulent offer of *m-*; **~surkunde** *f m-* certificate; **~svermittler** *m* /**-in** *f m-* broker; **~svermittlung** *f* procurement of *m-*, matchmaking, arrangement of *m-*, *m-* brokage, *m-* bureau, *m-* agency; **~svertrag** *m m-* agreement, articles of *m-*; **~szuschuss** *m m-* allowance, *m-* grant.
heiratsfähig *adj* nubile, marriageable;
heiraten *vt* to marry, *vi* to get married, to marry; **nicht standesgemäß ~** to marry below one's station.
heißen *vi* to be called, to be named, one's name is; **das heißt** (*abbr* **d. h.**) that is to say, id est (*abbr* i.e.), to wit.
Heiz | kostenbeihilfe *f* heating expenses subsidy; **~öl** *n* heating oil, fuel oil, oil-fuel; **~steuer** *f* heating oil tax, tax on fuel oil.
Heizung *f* heating; **~sabrechnung** *f* (annual) account for heating expenses; **~sanlage** *f* heating installation, heater; **~skeller** *m* boiler room (*of central heating*); **~skosten** *pl* heating cost; **~stechnik** *f* heating engineering.
Hektar *m* hectare (= *10,000 square meters*); **~höchstsatz** *m* maximum rate per hectare; **~satz** *m* rate per hectare.
Helfer *m* /**-in** *f* helper, assistant.
Helfershelfer *m* /**-in** *f* accomplice, accessory, aider and abettor.
Heller *m* penny, cent, farthing; **auf ~ und Pfennig bezahlen** to pay scot and lot, to pay (off) all one's debts; **es ist keinen ~ wert** it isn't worth a tinker's dam; **wer den ~ nicht ehrt ist den Taler nicht wert** he who wastes small won't make it big.
Helsinki | Abkommen Helsinki Agreement (*1975*); **~ Schlussakte** *f* Helsinki Final Act (*1975*).
Hemmnis *n* (*pl Hemmnisse = ~se*) obstacle; impediment, hindrance; **~se für den internationalen Handel** obstacles to international trade, restraints on international trade.
Hemmschwelle *f* threshold of self-restraint.
Hemmung *f* inhibition, obstruction, restraint, curb; **~ der Ersitzungsfrist** interruption (suspension) of the period of prescriptive acquisition (*not counted for the prescriptive title*); **~ der Verjährung** suspension of the Statute of Limitations; **psychologische ~en** psychological inhibitions.
Henker *m* /**-in** *f* executioner.
Herab | setzung *f* reduction, lowering; disparagement; **~~ der Geheimhaltungsstufe** downgrading of security classification; **~~ der Strafe** reduction in sentence; **~~ der Vermächtnisse** abatement of legacy; **~~ des Grundkapitals** reduction of capital, capital cut; **~stufung** *f* downgrading; **~würdigung** *f* disparagement; **~zonung** *f* zoning down.
herabsetzbar *adj* reducible.
herabsetzen *vt* to reduce, to lower; to disparage, to revile.
Heraldik *f* heraldry.
Heran | bildung *f* occupational training (*in the plant*); **~~ von Nachwuchskräften** training of junior staff, training of the rising generation; **~wachsende** *pl* young adults, juvenile adults, young adult offenders; **~ziehung** *f* calling upon, making use of, enlistment of *s.o.*'s services; **~~ allgemeiner Grund-**

sätze reference to general principles; ~~ **zur Steuer** subjecting (*s.o.*) to taxation, liability to taxes.

heran|tragen *vt* to supply, to submit, to approach *s.o.* with *sth*; **~ziehen** *vt* to call upon, to enlist the services (of).

Heraus|fahren *n* moving out (*street traffic*); **~forderung** *f* provocation, challenge; ~~ **zum Zweikampf** challenge to fight a duel; **~gabe** *f* surrender, delivery up; the giving up of possession, restoration; ~~ ***e-er*** **beweglichen Sache** specific restitution; disgorgement; **~~anspruch** *m* claim for possession, right to recovery of *sth*, claim for the surrender of *sth*, claim for restitution of property; **~~klage** *f* action to recover the possession of *sth*; ~~~ **wegen widerrechtlicher Besitzentziehung** (action of) replevin; **~~pflicht** *f* obligation to restore possession to *s.o.*; **~~schuldner** *m* **/-in** *f* party liable to surrender property; **~~vollstreckung** *f* execution to seize and return an object; **~~verweigerung** *f* refusal to surrender, detainer; **die** ~~ **verlangen** to claim possession, to ask for the restoration of *sth*; **~geber** *m* **/-in** *f* publisher, editor of a colletive work.

heraus|finden *vt* to find out, to detect, to discover; **~fordern** *vt* to challenge, to provoke; **~reden** *v reflex* to talk one's way out of *sth*, to prevaricate; **~schinden** *vt* to extract, to wrangle *sth*; **~stellen** *vt* to emphasize; *v reflex* to appear, to come to light; **sich als richtig** ~~ to come true, finally to appear to be correct; **~verlangen** *vt* to claim recovery of possession, to reclaim; **~wirtschaften** *vt* to manage to earn *sth*, to achieve a surplus.

herbeiführen *vt* to bring about, to cause.

Herbeiführung *f* causation, initiation, inducement; ~ **des Selbstmords** procuring suicide; ~ ***e-er*** **Straftat** initiation of a crime (*by an agent provocateur*); **beschleunigte** ~ precipitation; **fahrlässige** ~ negligent causation of *sth*.

Herberge *f* hostel, inn.

Herbst|belebung *f* autumn upswing; **~ferien** *pl* autumn holiday; **~ultimo** *n* last day of the third quarter.

Hereinnahme *f* taking in, taking on deposit, purchase; ~ **von Wechseln** discounting of bills.

hereinnehmen *vt* to take in, to take into stock.

Hereinnehmer *m* **/-in** *f* taker, acceptor.

hergestellt *pp/adj* made, produced, manufactured; **einwandfrei** ~ of good construction, of proper workmanship.

Herkommen *n* ancestry, origin.

herkömmlich *adj* customary, traditional, conventional; **~erweise** (*adv*) according to custom, traditionally.

Herkunft *f* origin (= *o*-), provenance, derivation; **~sangaben** *f/pl* indication of *o*-; **~sbescheinigung** *f* certificate of *o*-; **~sbezeichnung** *f* indication of *o*-, mark of *o*-; **~sland** *n* country of *o*-; **sicheres** ~~ *EU* safe country of *o*- (*law of asylum*); **~snachweis** *m* proof of *o*-; **~sort** *m* place of *o*-, place of provenance; **~stäuschung** *f* misrepresentation of *o*-; **~szeichen** *n* mark of *o*-; **gesellschaftliche** ~ social background; **von unbekannter** ~ of obscure *o*-, of unknown *o*-.

Hermeneutik *f* hermeneutics (*the science of the art of construction and interpretation*).

herrenlos *adj* abandoned, ownerless, unclaimed (*goods*), derelict.

Herrensitz *m* mansion house, manor.

Herr Richter Your Hono(u)r.

Herrichten *n* site preparation (*construction work*).

Herrschaft *f* domination, reign, regency; ~ **der Mehrheit** majority rule; ~ **des Rechts** rule of law; **~sausübung** *f* (exercise of) domination, jurisdiction (of the state); **~sgebiet** *n* sovereign territory;

~sgewalt *f* dominium, power of control, power to rule; **~srecht** *n* domain, right of domination, ownership right; **lebenslängliches ~~ an *e-em* Grundstück** life estate; **~ über die Meere** command of the sea; **territoriale ~** territorial power; **vermögensrechtliche ~** property control.

herrschen *vi* to rule, to reign, to control.

herrschend *part* dominant, prevailing, controlling, prevalent; **~e Lehre** *f* (*abbr* **h.L.**) majority opinion of scholars; **~e Meinung** *f* (*abbr* **h.M.**) majority opinion of higher courts.

Herrscher *m* /**-in** *f* ruler, potentate, monarch.

Herrscherhaus *n* (reigning) dynasty, royal family; **regierendes ~** ruling house, reigning dynasty.

herrühren (**von**) *vi* to emanate (from).

herstammen *vi* to stem from, to come from, to be derived from.

herstellen *vt* to make, to manufacture, to produce.

Hersteller *m* /**-in** *f* maker, producer, manufacturer; **~finanzierung** *f* financing of production; **~garantie** *f* manufacturer's guarantee; **~marke** *f* manufacturer's brand; **~typenbescheinigung** *f* production certificate (*aeroplane*); **~werbung** *f* producer advertising; **~ und Baujahr** make and year; **~zeichen** *n* (manufacturer's) trade mark; **~zusatzsteuer** *f* surtax on manufacturers; **Quasi-~** quasi-manufacturer, *importer treated as manufacturer for products liability claims*.

Herstellung *f* **I** production (= *p-*), manufacturing (= *m-ing*), manufacture, making; **~saufwand** *m p-* expenses; **~sbereitschaft** *f p-* readiness; **~serlaubnis** *f* → *~lizenz*; **~sgemeinkosten** *pl p-* overheads; **~sjahr** *n* year of manufacture; **~sklage** *f* action for specific performance; **~skosten** *pl m-ing* costs, *p-* costs; **~~berechnung** *f* calculation of *p-* costs; **~sland** *n* producer country; **~slizenz** *f m-ing US* license/*GB* licence; **~smonopol** *n p-* monopoly; **~sort** *m* place of *p-*; **~spatent** *n* process (of *p-*) patent; **~spreis** *m m-ing* price, *p-* price; **~sprozess** *m p-* process; **~srecht** *n m-ing* right(s), right of *p-*; **~sunternehmen** *n p-* enterprise, manufacturer; **~sverbot** *n* ban on *p-*; **~sverfahren** *n m-ing* process, *p-* method; **geschütztes ~~** proprietary industrial process; **~svertrag** *m p-* agreement; **~swert** *m* cost value, value of *p-*.

Herstellung *f* **II** specific performance (*contract to compose a work*), restoration of status quo ante (*a breach of contract / tort*); **~sanspruch** *m* right to restitution in kind; **~sbetrag** *m* total amount necessary to restore status quo ante (*a breach of contract / tort*); **~skosten** *pl* costs attributable to restoring status quo ante.

herum|lungern *vi* to loiter; **~treiben** *v reflex* to loiter.

Herumstehen *n* standing around, loitering.

herunter|kommen *vi* to get run down, to fall into disrepair; **~laden** *IT* to download; **~setzen** *vt* to reduce, to scale down.

Heruntersetzung *f* reduction.

heterosexuell *adj* heterosexual.

Hetze *f* agitation, baiting.

Hetzer *m* /**-in** *f* agitator, rabblerouser; **staatsgefährdender ~** seditionmonger.

Hetzrede *f* inflammatory speech.

Heuer *f* pay for sailors, wages; **~buch** *n* (seaman's) paybook; **~büro** *n* seamen's employment agency; **~note** *f* advance note; **~schein** *m* (seaman's) certificate of engagement; **~stelle** *f* seamen's employment agency, shipping office; **~vertrag** *m* shipping articles, ship's articles.

Hexenprozess *m hist* witch trial; **~verfolgung** *f hist* witch hunt(ing).

HGB (*abbr* = **Handelsgesetzbuch**) Commercial Code, *US* Uniform

Commercial Code (*abbr* UCC), (*valid in all states except Lousiana*).

Hieb- und Stoßwaffe *f* cut-and-thrust weapon.

hier | an *adv* through this, on this; **~auf** hereupon; **~aus** herefrom; **~bei** hereby; **~durch** hereby, herewith, by these presents; **~~ wird bekannt gemacht** this is to notify, notice is hereby given; **~~ wird bestätigt** this is to certify; **~für** herefor; **~gegen** against which, against this; **~in** herein; **~mit** hereby, herewith; **~nach** hereafter.

Hilfe *f* help, aid, assistance (= *a*-); **~leistung** *f* salvage, *a*-, rescue work; **~~spflicht** *f* duty to render aid; **ärztliche ~~en** medical services; **unterlassene ~~** failure to render aid, failure to come to the rescue; **~ruf** *m* call for help; **~stellung** *f* provision of aid; **ärztliche erste ~** medical first aid; **ausländische ~ in Anspruch nehmen** to call on outside *a*-; **bedingte ~** conditional aid; **ersatzweise ~** makeshift form of *a*-; **finanzielle ~** financial (aid and) *a*-; **gegenseitige ~** mutual aid; ***jd-em* ~ leisten** to grant *s.o.* aid and *a*-; **technische ~** technical *a*-; **um ~ ersuchen** to pray for aid, to ask for *a*-.

Hilfs | aktion *f* relief action; **~anspruch** *m* ancillary claim, alternative claim; **~antrag** *m* plea in the alternative, auxiliary request, auxiliary motion; motion for alternative relief, precautionary motion; **~arbeiter** *m* **/-in** *f* unskilled worker; **~arzt** *m* **/~ärztin** *f* assistant medical practitioner (*acting in an emergency*); **~aufrechnung** *f* precautionary set-off; **~beamter** *m* **/~beamtin** *f* auxiliary official; **~~ der Staatsanwaltschaft** auxiliary official of the Public Prosecutor (*i.e. the police*); **~bedürftigkeit** *f* need of assistance, helplessness; **~begründung** *f* precautionary argument in support of the claim; **~bereitschaft** *f* readiness to help, helpfulness; **~berichterstatter** *m* **/~berichterstatterin** *f* Assistant Rapporteur; **~betrieb** *m* ancillary plant; **~beweismittel** *n* auxiliary evidence; **~bremse** *f* secondary brake, emergency brake; **~dienst** *m* auxiliary service, emergency service, voluntary help scheme; **~einwendung** *f* substitute plea; **~gemeinschaft** *f* relief commission, relief group; **~geschworene(r)** *f(m)* deputy juror, talesman; **~gutachten** *n* auxiliary expertise; **~industrie** *f* auxiliary industry; **~kammer** *f* auxiliary chamber (*of a court*); **~kasse** *f* relief fund; **gewerbliche ~~n** commercial relief schemes; **~konstruktion** *f* auxiliary arrangement, precautionary argument; **~konto** *n* subsidiary account; **~kräfte** *f/pl* unskilled workers, helpers; **studentische ~~** student assistants; **~lieferung** *f* aid delivery; **~lohn** *m* remuneration for assistance, salvage pay, indirect labo(u)r; **~maßnahmen** *f* emergency measures, remedial measures; **~mitglieder** *pl* deputy members; **~mittel** *n* remedy, *pl* remedies, resources; **~organ** *n* subsidiary organ, auxiliary organization; **~organisation** *f* relief organization; **~person** *f* helper; **~personal** *n* supporting staff, help, assistants, auxiliary personnel; **~polizei** *f* auxiliary police; **~polizist** *m* **/-in** *f* auxiliary policeman, special constable; **~produkt** *n* auxiliary product; **~programm** *n* relief programme; **militärisches ~~** military assistance programme; **~quellen** *f* resources; **~redakteur** *m* **/-in** *f* sub-editor; **~referent** *m* **/-in** *f* assistant head of section; **~richter** *m* **/-in** *f* assistant judge, specially commissioned judge; **~schöffe** *m* **/~schöffin** *f* reserve juror, deputy lay judge; **~schule** *f* *obs* (*now Sonderschule*) special school for disabled children; **~spruchkörper** *m* relief panel of judges; **~stelle** *f* aid *US* center/*GB* centre;

~stoff *m* accessory material; **~tatsache** *f* accessory fact; **~vorbringen** *n* precautionary alternative allegations/ averments, alternative submission; **~werk** *n* welfare organization, relief organization; **Technisches ~~** (*abbr* **THW**) Technical Protection Agency, *organization providing technical assistance in emergencies*; **~widerklage** *f* precautionary crosspetition; **~willige(r)** *f(m)* civilian volunteer (*with military forces*).

hilfs | bedürftig *adj* in need of assistance, helpless; **~bereit** ready to help, willing to help; helpful; **~weise** by an alternative method, alternatively, in the alternative, by way of precaution.

Himmelfahrtkommando *n* suicide mission, extremely risky mission.

hinaufsetzen *vt* to raise, to mark up.

hinaus | laufen *auf vt* to amount to; **~schieben** *vt* to defer, to postpone, to delay; **~werfen** *vt* to dismiss, to give *s.o.* the sack, to throw *s.o.* out; **~ziehen** *vt* to protract, to draw out; **~zögern** *vt* to retard, to delay.

Hinaus | schiebung *f* deferment, postponement; **~~ der Zahlungsfälligkeiten** postponement of payments, postponement of maturity dates; **~wurf** *m* sack, instant dismissal.

Hinblick *m* **im ~ auf** in view of, in the light of, whereas, with regard to, against the background of.

hindern *vt* to hinder, to impede, to hamper.

Hindernis *n* impediment, obstacle; **gesetzliches ~** legal impediment, legal obstacle; **steuerliche ~se** *n/pl* fiscal obstacles; **unheilbares ~** irreparable impediment, absolute impediment; **unvermeidbares ~** unavoidable impediment.

Hinderung *f* impediment, hindrance, obstacle; **~sgrund** *m* obstacle, reason for non-attendance; **gesetzlicher ~~** statutory bar.

hinein | interpretieren *vt* to read *sth* into (*a text*); **~lesen** *vt* to read *sth* into (*a text*), to imply.

Hinfahrt *f* journey there, outward journey; **nur für die ~** one-way; → *Hin- und.*

hinfällig *adj* frail, infirm, void; now useless, superseded, no longer applicable, invalid.

Hinfälligkeit *f* frailty, infirmity, weakness; invalidity.

Hinfracht *f* outward freight, outward cargo.

Hingabe *f* devotion; abandon, surrender, giving up, delivery; **~ an Erfüllungs Statt** delivery in full discharge (*of the obligation*), transfer of *sth* in lieu of performance; **~ an Zahlungs Statt** delivery (to be accepted) as payment, transfer of *sth* in lieu of payment; **durch ~ des Pfandes** by way of a pledge; **gegen ~ von** on delivery of.

hingeben *v reflex* to surrender, to yield; to give oneself to (*a lover*).

hinhalten *vt* to delay, to defer, to put off, to hold in suspense.

Hinhaltetaktik *f* delaying tactics, stalling tactics.

hinlänglich *adv* sufficiently, adequately.

hinnehmen *vt* to put up with, to suffer, to acquiesce (in).

hinneigen *vi* to be inclined to.

hinreichend *adj* satisfactory, adequate; **~e Bedingung** *f* sufficient condition, → *notwendige Bedingung.*

Hinreise *f* journey there, outward journey, voyage out; **auf der ~ begriffen** outward bound.

hinrichten *vt* to execute, to put to death.

Hinrichtung *f* execution (= *e*-); **~ auf dem elektrischen Stuhl** electrocution; **~ durch den Strang** hanging, *e*- by hanging; **~ ohne Verfahren** *e*- without trial; **~sbefehl** *m* death warrant; **~skommando** *n e*- squad, firing squad; **~sstätte** *f* place of *e*-; **~stermin** *m e*- date.

Hinsicht *f* regard, respect; **in jeder ~** to all intents and purposes, in all respects; **in rechtlicher und tatsächlicher ~** in fact and in law; **in tatsächlicher ~** in point of fact.

hinsichtlich *prep* with respect to, concerning, with reference to.

Hintansetzung *f* disregard, putting *sth* last.

Hinterbliebenen | bezüge *pl* surviving dependants' benefits; ~~ **für Witwen** widows' benefits; **~entschädigung** *f* compensation for surviving dependants; **~fürsorge** *f* welfare service for surviving dependants; **~rente** *f* survivors' pension, pension for surviving dependants; **~~nanspruch** *m* survivors' pension rights, **~~nempfänger** *m*/**-in** *f* recipient of survivor's pension; **~versicherung** *f* survivorship insurance; **~versorgung** *f* provision for dependants; survivor's pension.

Hinterbliebene(r) *f(m)* (*der Hinterbliebene*) surviving dependant, survivor.

Hintergebäude *n* rear building, outhouse.

Hinterhalt *m* ambush, trap; **im ~ liegen** to lie in wait.

Hinterland *n* hinterland, back lands, back country, backwoods.

hinterlassen *vt* to leave, to bequeath.

Hinterlassenschaft *f* estate, inheritance, the property left by the deceased.

hinterlegen *vt* to deposit to make a deposit, to pay into court, to lodge (*sth with s.o. as security*); **gerichtlich ~** to pay into court, to deposit in court; **treuhänderisch vorläufig ~** to place in escrow (*subject to certain conditions*).

Hinterleger *m* /**-in** *f* depositor, bailor.

Hinterlegung *f* depositing, (lodging of a) deposit (= *d-*), lodgment, bailment; **~ der Ratifikationsurkunden** *d-* of the instruments of ratification; **~sbefugnis** *f* authority to *d-*; **~sbenachrichtigung** *f* notice of payment in/of *d-*; **~sbescheinigung** *f* *d-* receipt, receipt of *d-*; **~sbestätigung** *f* acknowledgment of *d-*; **~sgebühr** *f* *d-* fee; **~sgelder** *pl* monies deposited (*in the custody of a court*), monies paid into court, trust money; **~sgericht** *n* depositary court; **~sgeschäfte** *n/pl* *d-* transactions; **~skasse** *f* *d-* agency, lodgment office; **~skosten** *pl* charges for court *d-*; **~smasse** *f* deposited assets; **~snummer** *f* *d-* number, number of *d-*; **~sordnung** *f* Court *D-* Regulations (*1937*); **~sort** *m* place of *d-*, place of lodgment; **~srecht** *n* law as to depositing in court; **~sschein** *m* depositing certificate; **~sstelle** *f* depositary institution, depositary authority, office for court *d-s*, lodgment office; **amtliche ~~** official depository; **gerichtliche ~~** office for court *d-s*; **zuständige ~~** appropriate depository; **~ssumme** *f* sum on *d-*, sum paid into court; **~surkunde** *f* certificate of *d-*; **~svereinbarung** *f* *d-* agreement; **~sverfügung** *f* lodgment order, order accepting a *d-* in court; **~svertrag** *m* contract of *d-*; **~szeit** *f* time of *d-*; **~ von Geldern bei Gericht** payment into court; **~ von Pflichtexemplaren** filing of required copies (*of a publication*); **gerichtliche ~** *d-* in court, payment into court; **vorläufige ~** ***e-er*** **Urkunde** (delivery in) escrow, provisional *d-* of a document.

Hinterlieger *m* /**-in** *f* owner of rear property.

Hinterlist *f* deceit, treachery.

hinterlistig *adj* deceitful, insidious, treacherous.

Hintermann *m* backer, subsequent endorser, person behind the scenes; *crim* abettor, person who uses an innocent person to commit a crime, *Anstiftung, mittelbare Täterschaft,* → *Täter.*

Hintersasse *m* /**~sassin** *f* *hist* villein.

Hintertürchen *n* loophole (in the law), escape clause, backdoor.

hinterziehen *vt* to evade (*tax, duty, etc*), to defraud.

Hinterziehung *f* (tax) evasion, defraudation, embezzlement.

Hin- und | Rückfahrkarte *f* return ticket, round-trip ticket; **~ Rückflug** *m* flight there and back, outbound and inbound flight; ~ **Rückreise** *f* outward and homeward journey, round trip; ~ **Rückweg** *m* way there and back; **auf ~ ~ ~ passieren** to pass and repass.

hin und zurück *adv* there and back, return.

hinweg | sehen *vi* to overlook, to ignore it (*just this time*); **~setzen** *v reflex* (*über etw*) to disregard (*sth*); **~täuschen** *vt* to mislead (*s.o.* regarding *sth*).

Hinweis *m* hint, reference, indication, allusion, announcement, lead; **~pflicht** *f* duty to warn, duty to draw attention to *sth*; **~schild** *n* sign; **~zeichen** *n* directional sign, informative sign; **geschäftsmäßiger ~** business notice; **unter ~ darauf, dass** recalling that (*preamble formula*).

hinweisen *vt* (*auf*) to indicate, to draw attention to, to bring to *s.o.*'s knowledge, to point out (emphatically), to refer to.

hinzögern *vt* to delay (*proceedings*).

Hinzu | erwerb *m* complementary acquisition; **~fügung** *f* addition; **~rechnung** *f* addition, inclusion; **~~sbetrag** *m* amount added, addition, additional amount; **~schlagen** *n* addition; **das ~~ von Zinsen zum Kapital** capitalization of interest; **~treten** *n* additional occurance; **~~ weiterer Umstände** if other circumstances occur (intervene); **~verdienst** *m* additional income; **~wahl** *f* co-option, election of an additional member; **~ziehung** *f* calling-in, consultation, enlisting the services (of).

hinzu | fügen *vt* to add, to append; **~kommen** *vi* to be added, to ensue; **~rechnen** *vt* to add, to include; **~schlagen** *vt* to add, to append; **~setzen** *vt* to add, to subjoin, to append; **~verklagen** *vt* to add defendants; **~wählen** *vt* to elect (as) an additional member, to co-opt; **~ziehen** *vt* to call in; to consult.

Hirtenbrief *m* pastoral letter.

Histogramm *n* histogram (*statistics*) bar chart, bar graph.

HIV (*abbr* = **human immunodeficiency virus**) HIV; **~-Infektion** HIV infection; **~-negativ** HIV negative; **~-positiv** HIV positive.

h.L. (*abbr* = **herrschende Lehre**) majority opinion of scholars, → *h.M.*

h.M. (*abbr* = **herrschende Meinung**) majority opinion of higher courts, → *h.L.*

Hoch | achtung *f* esteem; **~adel** *m* peerage, higher nobility; **~bau** m surface engineering, structural engineering; **~~ingenieur** *m*/ **-in** *f* structural engineer; **~~unternehmen** *n* building firm, construction firm, contractors; **~betrieb** *m* intense activity; **~finanz** *f* high finance, world of high finance, leading financial circles; **~format** *n* upright; **~kapitalismus** *m* heyday of capitalism, mature capitalism; **~kommissar** *m* /**-in** *f* High Commissioner; **~konjunktur** *f* boom, boom conditions, prosperity; **~rechnung** *f* computer forecast, extrapolation; expansion; **pauschale ~~** global expansion; **~saison** *f* peak season; **~schul** → *Hochschul*|; **~schule** *f* → *Hochschule*; **~see** *f* → *Hochsee*; **~spannungsmast** *m* high tension electricity pylon; **~stapelei** *f* fraud, imposture, (high-class) swindling, confidence trick; **~stapler** *m* /**-in** *f* defrauder, impostor, swindler, con(fidence)-man; **~touristik** *f* mountaineering; **~- und Tiefbau** *m* structural and civil engineering; **~verrat** *m* sedition, high treason, treason by internal upheaval; **~~sprozess** *m* state trial; **~wasser** *n* high water, flood; **~~geschädigte(r)** *f(m)* (*der ~geschädigte*) sufferer from flood damage; **~~schutz** *m* flood prevention; **~~versicherung** *f* flood insurance; **~zinsphase** *f* period of high interest rates; **~zinspolitik** *f* high-interest policy; **~zöllner** *m* /**-in** *f* protectionist, advocate of high customs duties; **~zollpolitik** *f* protectionist policy.

hoch | achtungsvoll *adj/adv* Yours truly, Yours faithfully; **~beanspruchbar** able to withstand high stress; **~verräterisch** seditious, treasonable; **~verschuldet** debt-ridden, highly indebted; **~wertig** high-grade, high-quality.

Hochschul | ausbildung *f* university (= *u*-)/ college education, tertiary education; **~dozent** *m* /**-in** *f* *u*-teacher, docent, assistant professor; **~gesetz** *n* *U*- and College Act; **~lehrer** *m* /**-in** *f* *u*- professor, *u*-teacher; **~politik** *f* (government) policy on *u*- education; **~rahmengesetz** *n* basic *u*- (status) enactment; **~recht** *n* law of academic institutions, *u*- legislation; **~reife** *f* *u*- entrance/matriculation level of education; *GB* General Certificate of Education (GCE), Advanced Level (*abbr* A level); **fachgebundene ~~** subject-specific matriculation; **~studium** *n* *u*- or college education, studies at a *u*- or college, academic studies; **~verband** *m* assocation of *u*- professors, **~verfassung** *f* *u*- constitution and organisation; **~zulassungsrecht** *n* law governing admission to *u*-.

Hochschule *f* institution of higher learning; university, college; **~ für Lehrerbildung** teachers' training college; **pädagogische ~** teachers' training college; **technische ~** college of advanced technology; technical university; → *Fachhochschule*.

Hochsee *f* the high seas, open sea; **~fischerei** *f* deep-sea fishing; **~~boot** *n* trawler; **~schiff** *n* sea-going ship, deep-sea vessel; **~~fahrt** *f* ocean-carrying trade, high-seas navigation; **~schlepper** *m* ocean-going tug; **~verkehr** *m* ocean transportation.

hochseetüchtig *adj* sea-going, ocean-going.

Höchst | (maximum = *m*-) **~alter** *n* *m*- age; **~~sgrenze** *f* *m*- age limit; **~angebot** *n* highest offer, last offer; **~beitrag** *m* *m*- contribution, *m*- premium; **~belastung** *f* permissible load; **~~ssatz** *m* peak rate (*psychological*) breaking point (of a tax); **zulässige ~~** safety load; **~betrag** *m* *m*- amount, limit, ceiling amount; **~~sbürgschaft** *f* limited guarantee, suretyship up to a *m*-amount; **~~shypothek** *f* *m*--sum mortgage, closed mortgage, running-account mortgage; **~~sschiffshypothek** *f* *m*--sum bottomry bond; **~beträge** *m/pl* **für Schadensersatz** limitation of damages; **~bietende(r)** *f(m)* (*der ~bietende*) highest bidder; **~dauer** *f* *m*- duration; **~ertragsalternative** *f* transfer earnings; **~fall** *m* *m*-; **~flussreaktor** *m* very high flux reactor; **~gebot** *n* best offer, highest bid, *m*- bid, closing bid; **~gebühr** *f* *m*- fee; **~geschwindigkeit** *f* *m*- speed, speed limit; **~gewicht** *n* *m*- weight, weight limit; **~grenze** *f* upper limit; **~haftungssumme** *f* *m*- liability (*ins*); **~kontingent** *n* *m*- quota; **~kurs** *m* peak price; **~ladegewicht** *n* *m*- (weight of) load; **~laufzeit** *f* *m*- (remaining) life; **~leistung** *f* *m*-output, supreme achievement, highest efficiency; **~lohngrenze** *f* wage ceiling; **~maß** *n* *m*- dimension; **~mengenregelung** *f* system of quantitative limitation; **~miete** *f* *m*- rent, rent limit; **~prämie** *f* *m*-premium; **~preis** *m* *m*- price, highest price, ceiling price, peak price; **gesetzlicher ~~** ceiling price; **~quote** *f* *m*- quota; **~ruhegehalt** *n* *m*- pension; **~satz** *m* upper limit; **~schadensmöglichkeit** *f* *m*- possible loss; **~schuld** *f* *m*- indebtedness, highest amount of debt outstanding; **~stand** *m* peak level, record level, an all-time high; **~strafe** *f* *m*- penalty, *m*- sentence; **~tarif** *m*- rate/ tariff; **~verbrauchertarif** *m* *m*- demand tariff; **~versicherungssumme** *f* *m*- sum insured; **~wert** *m* *m*- figure, *m*- value; **~zahl** *f* *m*- figure;

~zinssätze *m/pl m-* interest rates.

höchst | persönlich *adj* strictly personal, strictly private, eyes only; **~richterlich** (decision) by the supreme court.

Hof *m* **I** (*pl Höfe* = *~e*) farm; **~erbfolge** *f* farm succession; **~folgezeugnis** *n* farm succession certificate; **~eordnung** *f* law on inheritance of agricultural estates; **~erecht** *n* law of entailed succession of agricultural estates; **~erolle** *f* list of entailed estates; **~raum** *m* messuage; **~übergabe** *f* surrender of farm to successor, farm transfer; **~veräußerung** *f* conveyance of a farm, alienation of a farm; **~wirtschaft** *f* farming; **auslaufender ~** farm in liquidation; **frei ~** free (to) farmyard.

Hof *m* **II** court; **~amt** *n* court office; **~kanzlei** *f* Chancellery; **~lieferant** *m* /**-in** *f* purveyor to the Royal Household; **~marschall** *m GB* Lord Chamberlain; **~zeremoniell** *n* court etiquette.

Hoffnungskauf *m* speculative purchase.

Höflichkeit *f* courtesy; **~sbesuch** *m* formal call, courtesy visit; **~sform** *f* etiquette, decorum, proprieties; **~sformel** *f* complimentary close; **internationale ~en** international courtesies.

Höhe *f* amount, extent; **~ der Gefängnisstrafe** period of imprisonment, term of imprisonment; **~ der Kosten** incidence of costs, amount of the costs; **~ der Verschuldung** amount of indebtedness; **~ des Kredits** credit line; **~ des Schadens** the amount of the damage; **~ ~ ~ersatzes** quantum (of damages); **~ des Streitwerts** amount in dispute, amount of the assessed value of the litigation; **~ des Zinsfußes** rate of interest, interest rate.

Hohe Behörde *f* High Authority.

Hoheit *f* sovereignty (= *s-ty, sovereign* = *s-*), supreme power, supreme authority; **~sakt** *m* act of state, *s-*act; **staatlicher ~~** act of state; **~sbefugnis** *f s-* power; **~sbereich** *m* domestic jurisdiction, national territory; **~sbetrieb** *m* public utility company (*operated by a public authority*); enterprise vested with public authority; **~sflagge** *f* national flag; **~sgebiet** *n* national territory, *s-* territory, territory under *s-* jurisdiction; **~sgewalt** *f s-*power, territorial *s-ty*; **~~ über die Fischerei** jurisdiction over fisheries; **~sgewässer** *n* territorial waters, jurisdictional waters, national waters; **ausländisches ~~** foreign waters; **~sgrenze** *f* state border, territorial frontier; **~shandlung** *f s-*act, act of state; **~srecht** *n s-* right, dominion, rights and attributes of *s-ty*; **königliches ~~** royal prerogative; **~stätigkeit** *f* state activity; **~sträger** *m* /**-in** *f* organ of *s-*power, (public) authority; **~sverletzung** *f* violation of *s-*rights; **~sverwaltung** *f* public administration, public authority; **~szeichen** *n* national emblem, *s-*emblem.

hoheitlich *adj* sovereign, national.

Hohe Kommission *f* High Commission.

Höher | bewertung *f* mark-up, upward revaluation; valuation at a higher level, appreciation of assets, writing up; **~gruppierung** *f* reclassification in a higher category, upgrading; **~versicherung** *f* increased insurance, insurance at a higher insurance rate.

Hoher | Kommissar *m* /**Hohe Kommissarin** *f* High Commissioner; **~ ~ der Vereinten Nationen für Flüchtlinge** United Nations High Commissioner for Refugees; **~ Vertreter** *m* /**-in** *f EU* High Representative.

Hohlpreiskalkulation *f* hollow costing (*material is made available to subcontractors free of charge*).

Hökerhandel *m* huckstering, street trade, hawking, peddling.

Holding | gesellschaft *f* holding company; **~marke** *f* trade mark of a holding company.

Holocaust *m* holocaust, genocidal slaughter.

holographisch *adj* holograph, holographic; **~es Testament** holographic will, olographic will.

Holschuld *f liability to be discharged at the domicile of the debtor, debt to be collected at debtor's address.*

Holz *n* wood; timber, *US* lumber; **~arbeiter** *m* /**-in** *f* woodworker; **~auktion** *f* timber auction; **~bearbeitung** woodworking; **~~swerkstatt** *f* woodworking shop; **~~sindustrie** *f* woodworking industry; **~einschlag** *m* timber cutting, amount of timber to be felled; **~entnahmegerechtigkeit** *f* common of estowers; **~ertrag** *m* yield of timber; **~erzeugung** *f* wood production, timber production; **~faserplatte** *f* wood-fibre board; **~handel** *m* timber trade; **~händler** *m* /**-in** *f* timber merchant; **~industrie** *f* timber industry; **~lager** *n* wood yard; **~marktkunde** *f* marketing of wood; **~nutzung** *f* utilization of wood, exploitation of wood and timber resources; **~transport** *m* timber transport; **~verarbeitung** *f* wood processing; **~~sindustrie** *f* woodworking industry; **~veredelung** *f* wood processing; **~wolle** *f* (long thin) wood shavings, *US* excelsior.

homosexuell *adj* homosexual.

Honorant *m* /**-in** *f* acceptor for hono(u)r, acceptor supra protest.

Honorar *n* fee, professional fee, professional charge; **~abrede** *f* understanding concerning professional charges, agreement on fees; **~aufteilung** *f* fee splitting; **~festsetzung** *f* court assessment of fees; **~forderung** *f* professional charge, fee payable; **~konsul** *m* /**-in** *f* honorary consul; **~konsulat** *n* honorary consulate; **~professor** *m* /**-in** *f* honorary (extraordinary) professor; **~rechnung** *f* bill for (professional) services, bill of costs, fee note; **~vereinbarung** *f* agreement on fees (*for a lawyer*); **~verteilungsmaßstab** *m* ratio for splitting fees; **~vertrag** *m* agreement on remuneration, fee contract; **~vorschuss** *m* retainer, fees paid in advance, payment on account.

Honorat *m* /**-in** *f* person hono(u)red, *on whose behalf a bill of exchange is accepted or paid.*

Honorationen *pl* notables, dignitaries.

honorieren *vt* to hono(u)r; **nicht ~** to dishono(u)r.

Hopfen|anbau *m* hop growing, cultivation of hops; **~anbaugebiet** *n* hop-growing district; **~händler** *m* /**-in** *f* hop merchant; **~kommissionär** *m* /**-in** *f* hop factor; **~pflücker** *m* /**-in** *f* hop-picker.

Hör|ensagen *n* hearsay; **vom ~~** by hearsay; **~ertest** *m* audience research; **~igkeit** *f* bondage, serfdom, servitude; **~marke** *f pat* jingle/tune trademark; **~verlust** *m* loss of hearing; **~vermögen** *n* (power of) hearing, faculty of hearing.

horten *vt* to hoard, to stockpile.

Hortung *f* hoarding, accumulation, stockpiling; **~skäufe** *m/pl* hoarding purchases; **~spolitik** *f* hoarding policy.

Hotel|anmeldung *f* registration at a hotel; **~aufnahmevertrag** *m* hotel accommodation agreement; **~besitzer** *m* /**-in** *f* hotel proprietor; **~fachschule** *f* catering and hotel-management school; **~ garni** *n* bed-and-breakfast (hotel), guest house; **~gewerbe** *n* hotel industry, hotel trade; **~nachweis** *m* hotel information service, list of hotels; **~ordnung** *f* hotel regulations; **~pension** *f* residential hotel, private hotel; guest house; **~quartier** *n* hotel accommodation; **~spesen** *pl* hotel expenses; **~- und Gastgehilfe** *m* /**-gehilfin** *f* (*abbr* **HGG**) hotel manager, (vocationally) trained hotel employee; **~- und Gaststättengewerbe** *n* catering trade.

Hotline *f* hotline.

HReg (*abbr* = **Handelsregister**) Commercial Registry.

Hubraum *m* cubic capacity, piston displacement, cylinder capacity of the engine; **~steuer** *f* automobile tax based on cylinder capacity.

Huckepack | system *n* piggy-back export scheme, pick-a-back system; **~verkehr** *m* combined road and rail transport, piggy-back traffic, roll-on (roll-off) service; **~werbung** *f* piggybacks.

HUGO (*abbr* = **Humangenom**) HUGO (*abbr* = human genome).

Huldigung *f* homage; **~seid** *m* oath of allegiance.

Human | experiment *n* experiment on (or with) human beings; **~genetik** *f* human genetics; **~genom** *n* human genome (*abbr* HUGO).

Hunde | abgabe *f* dog tax; **~besitzer** *m* **/-in** *f* dog owner; **~biss** *m* dog bite; **~führer** *m* **/-in** *f* dog handler; **~halter** *m* **/-in** *f* keeper of a dog, person in charge of a dog; **~~erlaubnis** *f* dog *US* license/ *GB* licence; **~marke** *f* dog tag; **~steuer** *f* dog tax; **~streife** *f* dog patrol.

Hunger | blockade *f* hunger blockade; **~lohn** *m* starvation wages, pittance, *sl* peanuts; **für *e-en* ~ arbeiten** to work for peanuts; **~revolte** *f* food riot; **~streik** *m* hunger strike; **~tod** *m* starvation, death from starvation.

Hupverbot *n* prohibition from sounding one's horn, noise prohibition.

Hürde *f* obstacle, barrier; **handelspolitische ~n** trade barriers.

Hüter *m* keeper, guardian; **~ des Gesetzes** guardian of the law, arm of the law, policeman.

Hütte *f* smelting works, foundry, metallurgical plant.

Hütten | arbeiter *m* **/-in** *f* foundryman, steelworker, worker in a smelting works; **~betrieb** *m* → *Hütte*; **~industrie** *f* iron and steel industry; **~technik** *f* metallurgical engineering; **~werk** *n* metallurgical plant, smelting works, iron and steel works, steelworks.

HwK (*abbr* = **Handwerkskammer**) Chamber of Crafts and Trade.

Hygienegesetz *n* Sanitary Act.

Hypothek *f* mortgage (= *m*-), mortgage charge; mortgage loan; hypothec (*referring to continental law*); **~enanleihe** *f m*- loan; **~enanstalt** *f m*- bank; **~enauszahlung** *f* payment of *m*- loan monies (*to mortgagor*); **~enbank** *f m*- bank; **~~gesetz** *f* Mortgage Banks Act; **~enbelastung** *f* encumbrance by *m*-; **~enbestellung** *f* execution of a *m*-, granting of a *m*-; **~~surkunde** *f m*- deed; **~enbewilligung** *f* grant of a *m*-; **~enbrief** *m m*- certificate (*issued by the Land Register*); **~endamnum** *n m*- discount; **~endarlehen** *n m*- loan, loan on *m*-; **ein ~~ aufnehmen** to lend on *m*-; **erstklassige ~~** first-*m*- loans; **~enforderung** *f m*- debt; **~engeld** *n m*- loan money; **~engewinnabgabe** *f* levy on *m*- (revaluation of currency) profits; **~~nbefreiung** *f* exemption from levy on *m*- profits; **~engläubiger** *m* **/-in** *f* mortgagee, *m*- creditor; **~enklage** *f* foreclosure action (*action to acquiesce in the enforcement of the m-*); **~enkredit** *m m*- loan; **~enlaufzeit** *f m*- term, duration of a real estate *m*-; **~enmakler** *m* **/-in** *f m*- broker; **~enmarkt** *m m*- (loan) market; **~enpfandbrief** *m m*- bond, *m*- debenture; **~enregister** *n* register of *m-s* (*kept by m- banks*); **~enschätzer** *m* **/-in** *f m*- appraiser; **~enschuld** *f* debt secured by *m*-, *m*- debt; **~~en** *pl m-s* payable; **~~ner** *m* **/-in** *f* mortgagor; **~~verschreibung** *f m*- bond; **~enstelle** *f* rank of a *m*-; **~enstock** *m* portfolio of *m-s*, *m*- loan portfolio; **~entilgung** *f m*- redemption, satisfaction of *m*-; **~enübernahme** *f* taking over of a *m*-, acceptance of a *m*-; **~enurkunde** *f m*- deed, indenture of *m*-; **~envaluta** *pl m*- loan money (*paid to the borrower*), *m*- loan proceeds; **~enverkehr** *m m*- transactions by banks, *m*- business; **~enverschuldung** *f m*- indebtedness; ~**enversicherung** *f m-* insurance; ~~**sanstalt** *f m-* insurance company; ~**enverteilung** *f* apportioning of *m-s* (*on various properties*), *m-* apportionment; ~**enzins** *m m-*interest; ~**enzusage** *f m-*-loan commitment; **aus** ***e-er*** ~ **vollstrecken** to foreclose a *m-*; ***e-e*** ~ **ablösen** to dis*m-*, to redeem a *m-*, to take over a *m-*; ***e-e*** ~ **aufnehmen** to take up/ out a *m-*, to mortgage; ***e-e*** ~ **bestellen** to create a *m-*, to grant a *m-*; ***jd-em*** ~ ~ ~ to grant a *m-* to *s.o.*; ***e-e*** **nachrangige** ~ **bestellen** to submortgage; ***e-e*** ~ **löschen** to cancel a *m-* (*in the land register*), to discharge a *m-*; ***e-e*** ~ **tilgen** to redeem a *m-*; **erststellige** ~ first *m-*; **im Range vorgehende** ~ prior *m-*; **mit** ***e-er*** ~ **belasten** to encumber with a *m-*, to mortgage; **mit** ~**en belastbar** mortgageable; **nachrangige** ~ junior *m-*; *m-* lower in priority; **nachstellige** ~ → *nachrangige* ~; **zweite** ~ second *m-*; **zweitstellige** ~ second *m-*.

Hypothekar | anlagen *f/pl* mortgage loan investments; ~**darlehen** *n* mortgage loan; ~**satz** *m* mortgage interest rate; ~**verschuldung** *f* mortgage borrowing.

hypothekarisch *adj* as a mortgage, by way of mortgage.

hypothekenfrei *adj* unmortgaged.

hypothetisch *adj* hypothetical; ~**er Finalzusammenhang** *m crim* hypothetical goal-oriented connection (between omitted act and criminally prohibited harm), *objective, ex ante recognizable means of preventing criminally prohibited harm from occurring* (*when actor has a duty to act to prevent the harm*); ~**er Imperativ** *m* hypothetical imperative, → *kategorischer Imperativ*; ~**er Kausalzusammenhang** *m* hypothetical causal connection (between omitted act and criminally prohibited harm); *objective, ex post recognizable means of preventing criminally prohibited harm from occurring* (*when actor has a duty to act to prevent the harm*).

I

i.A. (*abbr* = **im Auftrag**) (signed) on request (*of s.o.*).

Idealkonkurrenz *f* (nominal) coincidence of *US* offenses/ *GB* offences (*more than one US offense / GB offence,* → *Tateinheit,* ↔ *Tatmehrheit, Realkonkurrenz, Gesetzeskonkurrenz*).

Idealverein *m* non-profit (incorporated) association, members club.

Ideenverbindung *f* association of ideas, linking of ideas.

Identifikation *f* identification **~snummer** *f EU* VAT registration number; **persönliche ~~** (*abbr* **PIN**) personal identification number (*abbr* PIN).

identifizierbar *adj* identifiable.

identifizieren *vt* to identify.

Identifizierung *f* identification; **~ durch Handballenabdruck** (identification by) palmprint evidence.

Identität *f* identity (= *i*-); **~sausweis** *m i*- card (*abbr* ID), pass; **~sbeweismittel** *n* identifying evidence; **~sfeststellung** *f* identification; **~sirrtum** *m* mistaken *i*-, error de persona; **~skarte** *f* identification card; **~snachweis** *m* proof of *i*-; certificate of *i*-; **~sprüfung** *f* examination of *i*-; **~stäuschung** *f* imposture, impersonation; **~sverwechslung** *f* mistaken *i*-, mistake in *i*-; **seine ~ nachweisen** to establish one's *i*-; **seine ~ verheimlichen** to conceal one's *i*-.

IGH (*abbr* = **Internationaler Gerichtshof**) International Court of Justice (*abbr* ICJ).

ignorieren *vt* to ignore, to disregard, to flout.

Ignorieren *n* deliberate disregard.

Ignorierung *f* deliberate disregard.

IHK I (*abbr* = **Industrie und Handelskammer**) Chamber of Industry and Commerce.

IHK II (*abbr* = **Internationale Handelskammer**) International Chamber of Commerce (*abbr* ICC); **~-Schiedsgerichtsbarkeit** (= **Schiedsgerichtsbarkeit der Internationalen Handelskammer**) ICC arbitral jurisdiction; **~-Schiedsgerichtshof** (= **Schiedsgerichtshof der Internationalen Handelskammer**) ICC Court of Arbitration; **~-Schiedsklausel** (= **Schiedsklausel der Internationalen Handelskammer**) ICC arbitration clause; **Vergleichs- und Schiedsordnung der ~** ICC Rules of Conciliation and Arbitration, ICC Arbitration Rules.

illegal *adj* illegal, unlawful.

Illegalität *f* illegality, unlawfulness, illegal status.

illegitim *adj* illegitimate, improper.

Illegitimität *f* illegitimacy, illegitimate birth.

illiquid *adj* short of liquid assets, non-liquid, insolvent.

Illiquidität *f* illiquidity, non-liquidity, shortage of liquid assets, insolvency.

Illiquidisierung *f* making illiquid, increasing illiquidity.

illoyal *adj* disloyal, treacherous.

Illoyalität *f* disloyalty, perfidy.

Image *n* image (*effect of one's personality on others, impression one makes on others*).

Imitationsware(n) *f* counterfeit goods.

Immaterial|güter *n/pl* intangibles, intangible assets, incorporeal things; **~~recht** *n* industrial property law; the law of incorporeal things; incorporeal right, incorporeal assets, *pl* incorporeal chattels; **~schaden** *m* non-physical damage, incorporeal damage.

immateriell *adj* intangible, incorporeal.

Immatrikulation *f* matriculation, enrolment (at a university) **~sbescheinigung** *f* matriculation certificate.

immatrikulieren *v reflex* to matriculate, to enrol at a university.

immerwährend *adj* permanent, continuous, constant.

Immission *f* immission, intrusion of noxious substances or noise (*from adjacent property*) **~srichtwerte** *m/pl* limits for noxious substances emanating from real estate; **~sschutz** *m* protection against noxious intrusions **~~beauftragte(r)** *f(m)* warden to control noxious intrusions; **~~gesetz** *n* pollution control enactment; **Bundes-~~~** Federal Pollution Control Act; **~~recht** *n* law on environmental protection against noxious intrusions.

Immobiliar|anlage *f* property investment; **~arrest** *m* attachment of real property (*by execution lien*); **~erbe** *m* /**-erbin** *f* heir to real property, inheritor of real estate; **~investmentfonds** *m* real estate (investment) trust; **~klage** *f* action concerning real estate; **~kredit** *m* loan (credit) secured by real property, real estate credit, credit on landed property; **~schaden** *m* damage to real estate; **~sicherheit** *f* real security; **~vermögen** *n* real assets, real property, real estate, immovables; **~versicherung** *f* real-estate insurance; **~zwangsvollstreckung** *f* execution upon real estate (*execution sale, execution lien, or receivership*).

Immobilien *f/pl* immovables, real estate (= *r/e*), immovable property, landed property; **~anlagegesellschaft** *f r/e* (investment) trust; **~branche** *f r/e* industry; **~büro** *n r/e* agency; **~firma** *f* estate agency; **~fonds** *m* real property investment fund; **~fonds-Zertifikat** *n* property bond; **~geschäfte** *n/pl* property transactions; **~gesellschaft** *f r/e* company; **~handel** *m r/e* trade; **~händler** *m* /**-in** *f* real-estate agent, *r/e* dealer; **~konsortium** *n r/e* syndicate; **~makler** *m* /**-in** *f r/e* agent; *r/e* broker, *US* realtor; **~markt** *m r/e* market, property market; **~recht** *n* real property law; **~trust** *m* real property trust; **~verkauf** *m* sale of property; **~-Zertifikat** *n* real property investment fund, certificate.

Immunität *f* immunity; **~en und Vorrechte** immunities and privileges; **~sgesetz** *n* immunity statute; **~sklausel** *f* immunity clause, escape clause; **~ von Diplomaten** diplomatic immunity; **die ~ aufheben** to waive immunity; **diplomatische ~** diplomatic immunity; **gerichtliche ~** jurisdictional immunity, immunity from prosecution; **mit ~ ausgestattet** vested with immunity, enjoying immunity; **parlamentarische ~** parliamentary immunity; **staatshoheitliche ~** sovereign immunity; **zivilrechtliche ~** immunity from suit.

Immutabilität *f* immutability (*of public acts by private agreement*).

Imperativ *m* imperative; **hypothetischer ~** hypothetical imperative; **kategorischer ~** categorical imperative.

Imperialismus *m* imperialism.

Imperium *n* empire.

Impf|aktion *f* vaccination campaign; **~bezirk** *m* vaccination district; **~buch** *n* vaccination register; **~gesetz** *n* vaccination law; **~pflicht** *f* obligatory vaccination; **~schaden** *m* vaccine damage; **~schein** *m* vaccination certificate; **~zeugnis** *n* vaccination certificate; **~zwang** *m* compulsory vaccination.

Implikation *f* implication.

implizieren *vi* to imply.

Imponderabilien *f/pl* imponderabilia, imponderables, intangible factors.

Import *m* importation, import; **~abgabe** *f* import duty; **~agent** *m* /**-in** *f* import agent; **~akkreditiv** *n* import letter of credit; **~anreiz** *m* import incentive; **~antrag** *m* application for import permit; **~artikel** *m* imports; **~aufnahmefähigkeit** *f* import capacity; **~ausgleichsbetrag** *m* import price adjustment levy; **~ausgleichsgesetz** *n* law on import price adjustment; **~bedarf** *m* import requirements; **~beschränkung** *f* import restriction; **~bewilligungsantrag** *m* application for import permit; **~drosselung** *f* throttling down of imports, import restrictions; **~erklärung** *f* bill of entry; **~finanzierung** *f* import financing; **~firma** *f* import house, importing firm; **~handelsfirma** *f* → *~firma*; **~konnossement** *n* inward bill of lading; **~kontingent** *n* import quota; **~kontingentierung** *f* imposition of import quotas, import quota system; **~kredit** *m* import credit; **~~brief** *m* import letter of credit; **~lizenz** *f* import *US* license/ *GB* licence, import permit; **~quote** *f* import quota; **~restriktion** *f* import restrictions; **~schleuse** *f* import sluice, import channels; **~schonfrist** *f* temporary import ban, import suspension (*to protect domestic producers temporarily*); **~sog** *m* pull of imports; **~überschuss** *m* import surplus, *surplus of imports over exports*; **~verbot** *n* import prohibition, ban on imports; **~verlagerung** *f* import shift; **~vertreter** *m* /**-in** *f* import agent; **~ware** *f* imported goods, imports; **~wirtschaft** *f* import trade, importers; **~zoll** *m* import duty; **kreditierte ~e** imports on credit; **symbolische ~e** token imports; **unsichtbare ~e** invisible imports.

Importeur *m* /**-in** *f* importer; **freie ~e** outside importers.

importieren *vt* to import.

importintensiv *adj* involving a high proportion of imports.

impossibilium nulla obligatio est *L* as to the impossible there can be no obligation.

Impressum *n* imprint, masthead.

in absentia *adv* in absentia.

Inaktivierung *f* placing on a retired status, inactivation; sterilization (of funds), neutralization.

Inangriffnahme *f* tackling *sth*, taking a matter in hand.

Inanspruchnahme *f* utilization, avail, recourse, use (of resources); **~ der Gerichte** resort to the courts; **~ des Kapitalmarktes** tapping the capital market; **~ der Priorität** claiming priority; **~ der Quote** drawings on the quota; **~ der Zentralbank** recourse to the Central Bank; **~ *e-er* Garantie** implementation of a guarantee; **~ *e-er* Kreditlinie** recourse to a credit line; **~ *e-es* Kredits** recourse to a credit; **~ öffentlicher Mittel** employment of public funds; **~ von Dienst- und Sachleistungen** requisitioning of goods and services; **~ von Kredit für die Firma** drawing on credit for the firm; **~ von Vergünstigungen** taking advantage of concessions.

Inaugenscheinnahme *f* inspection, taking a (judicial) view, examination.

Inbegriff *m* embodiment, essence, quintessence, aggregate.

inbegriffen *adj*; **alles ~** terms inclusive, inclusive terms; **mit ~** implied, implicit.

Inbesitznahme *f* taking possession, entry (*real estate*).

Inbetrachtziehung *f* taking into consideration.

Inbetriebnahme *f* commencement of operations, opening.

Inbrandsetzen *n* setting fire to, arson.

Indemnität *f* *parl* exemption from criminal responsibility; **~ des Parlamentsberichts** immunity of parliamentary reports; **~sbeschluss** *m* act of indemnity; **~sgesetz** *n* Indemnity Act.

Index *m* index; **~anleihe** *f* index-linked loan; **~bindung** *f* indexing; **~ der Aktienkurse** index of stocks and shares; **~ der Außenwerte** trade-weighted index; **~ der Einzelhandelspreise** retail price index; ~ **der Großhandelspreise** whole-sale price index; ~ **der Industrietätigkeit** industrial index; ~ **kirchlich verbotener Schriften** Expurgation Index; **~klausel** *f* index clause, escalator clause; **~lohn** *m* index-linked wage; **~preis** *m* index-linked price; **~reihe** *f* column of index figures; **die maßgeblichen ~~n** the relevant indices; **~rente** *f* index-linked pension; **~währung** *f* index-linked currency; **~ziffer** *f* index number; **gewogener** ~ weighted index; **ungewogener** ~ unweighted index, non-weighted index; **wirtschaftlicher** ~ economic index.

indexgebunden *adj* index-linked.

Indienststellung *f* commissioning (*warship*), putting into service.

Indikation *f* indication; legal justification for an abortion; **embryopathische** ~ embryopathic reason for abortion, (permissible abortion) on grounds of embryo's severe handicap; **kindliche** ~ → *embryopathische* ~; **medizinische** ~ (permissible abortion) on medical grounds; **soziale** ~ (permissible abortion) for social reasons.

Indiskretion *f* indiscretion, indiscreet remark, *pol* leakage; **gezielte** ~ deliberate leakage.

Individual| (individual = *i*-) **~abrede** *f i*- agreement, non-standard agreement; **~anspruch** *m* personal claim, private claim; **~eigentum** *n* ownership by *i*-, *i*-property; **~einkommen** *n i*- income; **~entscheidung** *f i*- decision, separate decision; **~grundrecht** *n* fundamental richt, basic (constitutional) right; **~haftung** *f i*- liability, liability of private *i*-; **~rechtsgut** *n i*- legal asset; **~software** *f* customized software, software made to order; **~verfolgung** *f i*- persecution; **~versicherung** *f i*- insurance, private insurance; **~vertrag** *m* contract between *i-s*; individually stipulated contract, non-standard contract; **~sphäre** *f* private life, personal affairs; **~vorlage** *f* private member's bill; **streitig gewordene ~~n** opposed business.

Indiz *n* indication, indicium, matter of circumstantial evidence, pointer; **~ienbeweis** *m* circumstantial evidence, proof by circumstantial evidence; **~tatsachen** *f/pl* facts of circumstantial evidence.

Indizierung *f* placing on the list of prohibited books.

indossabel *adj* endorsable; **nicht** ~ unendorsable, not negotiable.

Indossament *n* endorsement (= *e*-); ~ **nach Protest** *e*- supra protest, endorsenent under protest; ~ **ohne Gewähr** *e*- without recourse; ~ **ohne Haftung** *e*- without recourse; ~ **ohne Obligo** *e*- without recourse, qualified *e*-; restrictive *e*-; **~schuldner** *m* **/-in** *f* debtor by *e*-; **~shaftung** *f* endorser's liability; **~sverbindlichkeiten** *f/pl* liabilities from *e*-; **~svollmacht** *f* power to endorse; **beschränktes** ~ qualified *e*-; **durch** ~ **übertragbar** transferable by *e*-; **gefälschtes** ~ forged *e*-; **irreguläres** ~ irregular *e*-; **ordnungsgemäßes** ~ proper *e*-.

Indossant *m* **/-in** *f* endorser, → *Indossierer*; **nachfolgender** ~ subsequent endorser; **vorgehender** ~ previous endorser.

Indossatar *m* **/-in** *f* endorsee, holder by endorsement.

indossierbar *adj* endorsable.

indossieren *vt* to endorse.

Indossierer *m* **/-in** *f* endorser.

Indossierung *f* endorsement.

in dubio pro reo giving the accused the benefit of the doubt; when in doubt, for the accused.

Industrie *f* industry (= *i*-, *industrial* = *i-al*), branch of industry; **~abwässer** *n/pl* trade effluent; **~aktien** *f/pl i-al* shares, *i-al* equities, *i-al* stock; **~anlage** *f i-al* plant; **~anleihe** *f i-al* loan; **~arbeiter** *m* **/-in** *f* (*i-al*) worker, factory worker, shop floor worker; **~~löhne** *m/pl i-al* wages; **~ausstoss** *m i-al* output; **~bank** *f i-al* bank; **~beratung** *f* management consultancy, management guidance; **~~sdienst** *m i-al* advisory service; **~berichterstattung** *f i-al* reports; **~beschäftigte(r)** *f(m)* (*der ~beschäftigte*) *i-al* workforce, persons employed in *i-*; **~erzeugnis** *n* article of manufacture, *pl* manufactured goods; **~finanzierung** *f* financing of *i-*; **~firma** *f i-al* firm, *i-al* enterprise; **~förderung** *f* promotion of *i-*; **~~sgesellschaft** *f i-al* development company; **~gebiet** *n i-al* region, *i-al* district, *i-al* estate; **~gelände** *n i-al* site; **~gesellschaft** *f i-al* company; *i-al* society (*sociology*); **~gewerkschaft** *f i-al* union, vertical union; ~~ **Bergbau** Union of Miners; ~~ **Metall** (*abbr* **IG Metall**) Metal Workers Union; **~kartelle** *n/pl i-al* cartels; **~kaufmann** *m* /**~kauffrau** *f i-al* trader, commercial employee in *i-*; **~kontenrahmen** *m D* uniform accounting system for *i-*; **~kredit** *m i-al* credit, loans to *i-*; **~~bank** *f i-al* credit bank; **~land** *n i-al* country; **~länder mit harter Währung** strong-currency *i-al* countries; **~lieferant** *m* /**-in** *f* supplies of *i-al* firms, *i-al* contractor; **~magnat** *m* /**-in** *f* tycoon; **~meister** *m* /**-in** *f* certificated foreman/forewoman; **~messe** *f* trade fair; **~müll** *m i-al* refuse; **~normen** *f/pl* standards in *i-*; **Deutsche** ~~ (*abbr* **DIN**) German *I-al* Standards; **~obligation** *f i-al* bond, corporate bond; **~papier** *n i-al* security; **~park** *m i-al* estate, trading estate, *i-al* park; **~produktion** *f i-al* output, *i-al* production; **~siedlung** *f i-al* estate, trading estate; company housing project; **~spionage** *f i-al* espionage; **~staat** *m i-al* state, *i-al* country; **~standard** *m* level of *i-al* activity, *i-al* standard; **~standort** *m* location of an *i-*; **~tarif** *m i-al* tariff (*electricity*); **~tätigkeit** *f i-al* activity; ~ **und Handel** trade and *i-*; **~-** ~ **~skammer** (*abbr* **IHK**) Chamber of *I-* and Commerce; **~-** ~ **~stag** Association of Chambers of Commerce; **~unternehmen** *n i-al* undertaking, *i-al* enterprise; **~verband** *m i-al* association, trade organization, association of manufacturers; **~~prinzip** *n i-al* union principle, *principle of representation by comprehensive i-al organizations*; **~verlagerung** *f* relocation of *i-*; **~vermögen** *n i-al* properties, *i-al* assets; **~waren** *pl* manufactured goods; **~werbung** *f i-al* advertising; **~werte** *m/pl i-al* securities, *i-als*; **~wirtschaft** *f i-*, the *i-al* sector; **~zeitalter** *n i-al* age, *i-al* era; **~zusammenschluss** *m i-al* combine; **~zweig** *m* branch of manufacture; **bearbeitende** ~ manufacturing *i-*, processing *i-*; **einheimische** ~ home *i-*; **eisenschaffende** ~ iron and steel *i-*; **elektrotechnische** ~ electrical equipment *i-*, electrical engineering *i-*; **ernährungswichtige** ~ essential food *i-*; **exportintensive** ~ *i-* producing mainly for export; **Deutscher ~- und Handelstag** *m* (*abbr* **DIHT**) German *I-al* and Trade Association (*chambers of industry and commerce*); **heimische** ~ domestic industries; **holzbe- und verarbeitende** ~ wood-working and wood-processing industries; **metallverarbeitende** ~ metal industries; **mittlere** ~ medium-scale *i-*; **Not leidende** ~ *i-* in distress; **Stahl verarbeitende** ~ steel *i-*; **verarbeitende** ~ finishing *i-*, processing *i-*, manufacturing *i-*; **weiterverarbeitende** ~ processing *i-*, finishing *i-*.

industrieeigen *adj* industry owned.

industriell *adj* industrial.

Industrielle(r) *f(m)* (*der Industrielle*) industrialist, manufacturer.

Ineligibilität *f* ineligibility

in flagranti *adv* red-handed, in the very act.

Inflation *f* inflation (= *i-*, *inflationary* = *i-y*); **~sausgleich** *m* allowance for *i-*; **~sausgleichssicherung** *f i-*proofing; **~sbekämpfung** *f* struggle against *i-*, anti-*i-y* policy; **i~sdämpfend** *adj i-*-curbing; **~s-**

druck *m i-y* pressure; **~serscheinung** *f i-y* symptom, sign of *i-*; **~sfrei** *adj* non-*i-y*; **~sgefälle** *n i-*-rate differential; **~sgewinn** *m* profit from *i-*; **~skrise** *f i-y* crisis; **~spolitik** *f i-y* policy; **~srate** *f i-* rate, percentage of *i-y* increase, **zweistellige** ~~ double-digit *i-* rate; **~srechnung** *f* allowance for *i-* in cost accounting; **~sschub** *m i-y* push; **~ssicherung** *f* hedge against *i-*; **~sspirale** *f i-y* spiral; **dosierte** ~ gradual *i-*; **durch Lohnsteigerung bedingte** ~ wage-push *i-*; **galoppierende** ~ galopping *i-*, runaway *i-*; **hausgemachte** ~ homemade *i-*, domestic *i-*; **preisgestoppte** ~ price-controlled *i-*; **schleichende** ~ creeping *i-*, gradual *i-*; **trabende** ~ trotting *i-*; **verdeckte** ~ disguised *i-*; **zurückgestaute** ~ suppressed *i-*.

inflatorisch *adj* inflationary.

Informant *m* /**-in** *f* informant; informer; **~enhaftung** *f* liability of press informants; **~enschutz** *m* protection against disclosure of press informants.

Information *f* information (= *i-*), piece of information, knowledge; **~samt** *n i-* office; **~saustauschvereinbarung** *f i-* agreement (*among bidders*); **~sbedürfnis** *n* need for *i-* (*in the public interest*); **~sbeschaffung** *f* obtaining *i-*; **~sbesprechung** *f* briefing conference; **~sbüro** *n i-* office; **~sdienst** *m i-* service; **~seingriff** *m* interference with *i-* (*by public authorities*); **~sfreiheit** *f* freedom of *i-*; **~sgesellschaft** *f i-*-oriented society; **~shonorar** *n* fee for *i-*; **~sinteresse** *n* general public's interest in having freely available *i-*; **~sleistung** *f i-* service; provision of *i-*; **~slücke** *f* communication gap, lack of *i-*; **~sministerium** *n* Central Office of *I-*; **~snetze** *n/pl i-* networks; **~spflicht** *f* duty to provide *i-*, statutory requirement to furnish *i-*; **~squelle** *f* source of *i-*; **geheime** ~~ confidential source of *i-*; **~srecht** *n* right to (obtain) *i-*; right to be informed; **~sschriften** *pl i-* literature; **~sstelle** *f i-* bureau, *i-* office; **~ssystem** *n i-* system; **~sverarbeitung** *f* data processing; **allgemein zugängliche ~en** *i-* in the public domain; **kursbeeinflussende** ~ price-sensitive *i-*; **mit Vorrechten verbundene ~en** privileged *i-*; **sonstige einschlägige ~en** other relevant *i-*; **ungesperrte** ~ unclassified *i-*.

Infrastruktur *f* infrastructure; **~vorhaben** *n* infrastructure projects.

Ingangsetzung *f* start-up.

Ingebrauchnahme *f* starting to use *sth*, initial operation.

Ingenieur *m* /**-in** *f* engineer; **~bau** *n* construction engineering, civil engineering; **~büro** *n* (firm of) consulting engineers, (engineering) consultancy office; **~wissenschaften** *pl* engineering; **~gesetz** *n* law concerning engineers; **beratender** ~ consulting engineer; **leitender** ~ chief engineer.

Ingerenz | pflicht *f const* obligation to impose (and enforce) compliance with the constitution; **Haftung aus** ~ *crim* liability based on actor's failure to render aid to *s.o.* he has placed in danger.

Inhaber *m* /**-in** *f* bearer (= *b-*), holder (= *h-*), possessor, occupier, proprietor; **~aktie** *f b-* share (certificate); **~anteilschein** *m* investment certificate made out to *b-*; ~ ***e-er*** **Planstelle** *h-* of an established post, occupant of a regular position, regularly employed official; ~ ***e-er*** **Vollmacht** *h-* of a power of attorney; ~ ***e-es*** **Eigenwechsels** note *h-*; ~ ***e-es*** **Passes** *b-* of a passport; ~ ***e-es*** **Warenzeichens** owner of a trade mark; ~ ***e-es*** **Wechsels** *h-* of a bill of exchange; **gutgläubiger** ~ ~ ~ *h-* in good faith of a bill of exchange, bona fide *h-* of a bill of exchange, innocent *h-* for value of a bill of exchange; ~ ***e-es*** **Zwischenscheins** scrip *h-*, owner of interim certificate; **~grundschuld** *f b-* land charge, land charge (*by way of mortgage*) evidenced by *b-* certificate;

~hypothek *f* mortgage evidenced by *b*- certificate; **~indossament** *n* endorsement (over) to *b*-; **~klausel** *f b*- clause; **~konnossement** *n* negotiable bill of lading made out to *b*-; **~kreditbrief** *m* open letter of credit; **~lagerschein** *m* negotiable warehouse receipt made out to *b*-; **~obligation** *f b*- bond, bond made out to *b*-, interchangeable bond; **~papier** *n* negotiable instrument made out to *b*-, *b*- paper, *b*- instrument, *b*- bond; **~police** *f b*- policy; **~scheck** *m b*- *US* check/ *GB* cheque; **~schuldverschreibung** *f b*- bond, debenture bond; **~solawechsel** *m* promissory note made out to *b*-; **~versicherungspolice** *f* insurance policy made out to *b*-; **~wechsel** *m b*- bill, bill payable to *b*-, promissory note made out to *b*-; **~zeichen** *n b*- token; **~zertifikat** *n* certificate made out to *b*-; **an den ~ zahlen** to pay to *b*-; **auf den ~ ausstellen** to make out to *b*-; **auf den ~ lauten** to be payable to *b*-; **bösgläubiger ~** mala fide *h*-; **eingetragener ~** registered *h*-; **faktischer ~** actual *h*-; **gegenwärtiger ~** present *h*-, current owner; **gutgläubiger ~** *h*- in good faith, bona fide *h*-, innocent *h*- for value; **jeweiliger ~** *h*- for the time being; **legitimierter ~** lawful *h*-, *h*- in due course; **nachfolgender ~** subsequent *h*-; **rechtmäßiger ~** lawful *h*-; **zahlbar an den ~** payable to *b*-.

inhaftieren *vt* to arrest, to take into custody, to imprison, to incarcerate, to put in jail.

Inhaftierung *f* arrest, confinement, imprisonment; **~squote** rate of incarceration; **vorbeugende ~** preventive arrest.

Inhaftnahme *f* → Inhaftierung.

Inhalt *m* contents, subject matter; **~ der Patentansprüche** terms of the claims; **~ *e-er* Vereinbarung** subject matter of an agreement; **~sangabe** *f* statement of contents; **~sbeschreibung** *f* description of contents; **~irrtum** *m* mistake as to the substance (*of a declaration*); **~skontrolle** *f* (*von allgemeinen Geschäftsbedingungen*) fair and reasonable test, terms control (*of standard terms of doing business*); **des ~, daß** to the effect that; **nach dem ~ des Urteils** in accordance with the terms of the judgment; **sachlicher ~** factual content; **seinem ganzen ~ nach** in all its particulars, in all its details; **wesentlicher ~** essence, tenor, substance; **zum ~ haben** to purport.

inhalt | lich *adj/adv* in substance, in its contents; **~slos** devoid of substance.

inherent *adj* inherent, intrinsic.

Initial | werbung *f* pioneering advertising; **~zündung** *f* initial ignition, priming the pump.

initiativ *adj* on one's own initiative, enterprising, initiatory.

Initiativ | antrag *m* private member's bill, notice of motion, proposed measure; **~recht** *n* to initiate legislation, right of (legislative) initiative, right to initiate proceedings/ measures.

Initiative *f* initiative; **aus eigener ~** on one's own initiative/ motion; **die ~ beflügeln** to stimulate action, to encourage initiative; **privatwirtschaftliche ~** private-business initiative; **unternehmerische ~** entrepreneurial initiative.

Initiator *m* **/-in** *f* promoter, initiator.

Inkasso *n* collection (= *c*-) (*of bills*); cash against documents (*foreign trade*); **~abtretung** *f* assignment for (the purpose of) *c*-; **~agent** *m* **/-in** *f* collecting agent; **~akzept** *n* acceptance for *c*-; **~auftrag** *m* order for *c*-; **~bank** *f* collecting bank; **~beamter** *m* /**~beamtin** *f* collecting official; **~beauftragte(r)** *f(m)* (*der ~beauftragte*) authorized collecting agent; **~bevollmächtigte(r)** *f(m)* (*der ~bevollmächtigte*) authorized collecting agent; **~büro** *n* debt *c*- agency; **~dienst** *m c*-service; **~erträge** *pl* proceeds of *c*-; **~gebühr** *f c*- charge; **~geschäft** *n* collecting business; **~giro** *n* only-for-*c*- endorsement, endorsement for *c*-; **~indossament** *n* only-for-*c*-endorsement, endorsement for *c*-; **~kommission** *f c*- in one's own name on behalf of another; **~konten** *n/pl* accounts for the *c*- of payments; **~mandat** *n* order for *c*-; **~provision** *f* collecting commission; **~spesen** *pl* collecting charges; **~tratte** *f* bill drawn for *c*-; **~unternehmen** *n* debt-collecting agency, *c*- agency; **~vollmacht** *f* power to collect, authority to collect; ~ **von Schecks** *US* check/ *GB* cheque *c*-; **~wechsel** *m* bill drawn for *c*-; **~zession** *f* assignment for (the purpose of) *c*-; ~ **zum Pariwert** par *c*-; **zum ~ von Kundenzahlungen berechtigt sein** to be entitled to collect payments from customers; **zum ~ vorzeigen** to present for *c*-.

Inkaufnahme *f* tacit acceptance, acquiescence.

Inklusivpreis *m* inclusive terms.

Inkognito-Adoption *f* anonymous adoption (*adoption without disclosing the identity of the adoptive parents to the mother of the child*).

Inkompatibilität *f* incompatibility (of office).

inkompetent *adj* incompetent, inefficient, not competent.

Inkompetenz *f* incompetence, inefficiency.

Inkongruenz *f* payment of debt to which creditor in bankruptcy proceedings has no right, ↔ *Kongruenz*.

Inkonsequenz *f* inconsistency, inconsequence.

Inkorporation *f* incorporation (*of associations*); admission to a student's fraternity.

Inkraftbleiben *n* (the) remaining in force.

Inkraftsetzung *f* putting into operation, carrying into effect, enactment; **erneute** ~ revalidation; **vorläufige** ~ provisional introduction.

Inkrafttreten *n* entry into force; ~ ***e-es*** **Gesetzes** coming into force of a law, entry into force of an Act; ~ ***e-es*** **Vertrages** effective date of an agreement; **bei** ~ on entry into force; **bei ~ des Gesetzes** when the law comes into effect/ becomes operative; **mit** ~ upon coming into force.

inkriminieren *vt* to charge, to incriminate.

inkriminierend *adj* incriminating.

inkriminiert *pp/adj* incriminated, being the subject of a charge or suspicion.

Inland *n* home country, interior of a state; **~sabsatz** *m* domestic sales, sales in the home market, home sales; **~sanleihe** *f* internal loan; **~sanmeldung** *f* registration in home country; **~saufenthalt** *m* stay in one's home country; **~sauflage** *f* national print run, domestic edition; **~sauftrag** *m* inland order, order for the home market, *pl* domestic ordering, orders from domestic customers; **~sbelieferung** *f* supplies to domestic customers; **~sbesitz** *m* internal holding, property held by residents; **~sbestellung** *f* home-market order, order from a domestic customer; **~sbeteiligung** *f* capital investment in a domestic enterprise; **~sbezug** *m* domestic connecting factor; **~sbruttosozialprodukt** *n* gross domestic product; **~seinkommen** *n* domestic income; **~semission** *f* internal issue, domestic issue; **~serzeuger** *m* **/-in** *f* home producer; **~serzeugnis** *n* domestic product, *agr* domestic produce; **~serzeugung** *f* production within the country, domestic production; **~sflugpreis** *m* domestic air fare; **~sforderungen** *f/pl* domestic trade debtors; **~sgebühr** *f* inland charge, domestic charge, domestic rate; **~sgesellschaft** *f* domestic corporation, company domiciled inside the country; **~shafen** *m* domestic port; **~sinvestitionen** *f/pl* domestic investments; **~skapital** *n* domestic capital, capital available within the country; ~~**mittel** *pl* sources of capital available within the country, domestic capital resources; ~**skonjunktur** *f* internal economic trends, internal business situation; ~**smarkt** *m* home market, domestic market; ~**snachfrage** *f* domestic demand; ~**sporto** *n* inland postage; ~**spostanweisung** *f* domestic postal money order, inland postal money order; ~**spostverkehr** *m* domestic postal service, internal mail service; ~**spreis** *m* domestic price, home-market price, internal price; ~**sprodukt** *n* domestic product, *agr* domestic produce; ~~**ion** *f* domestic production, home manufacture, internal production; ~**sstrecke** *f* route inside the country; ~**starif** *m* inland rate, internal rate; ~**sunternehmen** *n* domestic enterprise; ~**sverbindlichkeiten** *f/pl* internal liabilities, domestic liabilities, liabilities owed to creditors within the country; ~**sverbrauch** *m* home consumption, domestic consumption; ~**sverbraucher** *m* /**-in** *f* domestic consumer; ~**sverfügbarkeit** *f* available domestic supply; ~**sverkehr** *m* inland traffic; ~**svermögen** *n* domestic property, property situated within the country; ~**sverschuldung** *f* internal indebtedness (*of a country*), local debts; ~**svertreter** *m* /**-in** *f* domestic agent; ~**swährung** *f* internal currency, local currency; ~**swechsel** *m* domestic bill of exchange, inland bill (of exchange), domestic exchange; ~**swert** *m* home value, value within the country, domestic valuation; ~**swirkung** *f* domestic effect; ~**szahlung** *f* payment within the country; **im** ~ within the country, domestically, at home.

Inländer *m* /**-in** *f* national (*of the state of residence*), national resident, native inhabitant of the home country; ~**behandlung** *f* national treatment; ~**diskriminierung** *f* discrimination against one's own nationals; ~**konvertibilität** *f* convertibility for national residents.

inländisch *adj* internal, domestic, national, homemade.

inland | sbedingt *adj* due to internal causes, for domestic reasons; ~~**swirksam** producing effects inside the country, domestically effective.

inliegend *adj* enclosed, as an enclosure.

in natura *adj* in kind, in specie.

Innehaben *n* tenure, occupancy; **tatsächliches** ~ actual occupation.

innehaben *vt* to hold, to occupy, to possess.

Innen | ausbau *m* interior finishing; ~**ausstatter** *m* /**-in** *f* interior designer; ~**ausstattung** *f* interior finishing, interior decoration, ~**bereich** *m* internal sphere, inner part of a community; **im** ~~ intramural; internal; ~**divergenz** *f* city conflicting decisions of the same court; ~**finanzierung** *f* internal financing; ~~**smittel** *n* internal financing resources; ~**gesellschaft** *f* subpartnership, undisclosed association; ~**gesellschafter** *m* /**-in** *f* internal partner; ~**haftung** *f* internal liability (*of public servant to his superior authority*); ~**ladung** *f* inboard cargo; ~**minister** *m* /**-in** *f* Minister of the Interior, Interior Minister; *US* Secretary of the Interior/*GB* Home Secretary; ~**ministerium** *n* Ministry of the Interior, *US* Department of the Interior/ *GB* Home Office; ~**politik** *f* domestic policy, (internal) politics; ~**recht** *n* internal rules of law (*eg* within an organization/foundation); ~**revision** *f* internal audit; ~**revisor** *m* /**-in** *f* internal auditor; ~**stadt** *f* city, inner city, town *US* center/ *GB* centre; ~~**gebiet** inner urban area; ~**umsatz** *m* internal turnover, intra-company sales; ~~**erlöse** *m/pl* proceeds from internal turnover (*of a company group*); ~**verhältnis** *n* internal relationship, relation inter se (*of partners, etc*), internal arrangements; **im** ~~ inter partes.

inner | betrieblich *adj* internal, within the firm (company, plant), in-house; **~deutsch** *adj obs* inner-German, intra-German (*prior to reunification*), **~ehelich** *adj* inter-spousal; **~europäisch** *adj* intra-European; **~gemeinschaftlich** *adj EU* intra-Community; **~halb** *prep* within; **~ von 30 Tagen** within 30 days; **~organisatorisch** *adj* operational; **~staatlich** *adj* national, municipal, intra-state; **~städtisch** *adj* intra-city, municipal; within a town; **~~e Lagen** in-town sites; **~wirtschaftlich** *adj* as regards the country's internal economy, domestic.

innewohnend *adj* inherent, intrinsic.

Innovationsfähigkeit *f* innovativeness.

Innung *f* guild, craft guild; **~sausschuss** *m* craft-guild committee; **~skrankenkasse** *f* craft-guild health insurance; **~sschiedsgericht** *n* craft-guild arbitration court; **~sverband** *m* association of craft guilds.

Inobhutnahme *f* taking into one's care, taking into charge.

inoffiziell *adj* unofficial, non-official; off-the-record.

Inpfandnahme *f* accepting a pledge.

Inpflichtnahme *f* imposition of an obligation (*by the state*), recruitment.

Inquisition *f* inquisition, official inquiry; **~smaxime** *f* principle of ex-officio judicial investigation, inquisitorial system; **~sprozess** *m* inquisitorial proceedings, court proceedings based on ex officio investigation, inquisitorial trial; **~sverfahren** *n* inquisitorial proceedings.

Inrechnungstellung *f* invoicing; **~ von Anwaltsgebühren** fee charging.

Insasse *m* /**Insassin** *f* inmate, occupant, dweller; passenger; **~nunfallversicherung** *f* passenger accident insurance.

insbesondere *adv* especially, in particular, particularly, in particular but not limited to.

Insemination *f* insemination; **künstliche ~** artificial insemination.

Inserat *n* advertisement, announcement, notice inserted in a newspaper; **~preisliste** *f* rate card, advertisement price list; **amtliches ~** official advertisement.

Inserent *m* /**-in** *f* advertizer.

inserieren *vi* to put an advertisement (in a paper), to advertize.

Insertionskosten *pl* advertizing charges.

Insich | geschäft *n* self-dealing, self-contracting, acting as principal and agent; **~prozess** *m* inter se proceedings (*between public bodies*).

Insider *m* /**Insiderin** *f* insider, **~delikte** *n/pl* insider *US* offenses/ *GB* offences; **~-Geschäft** *n* insider trading; **~handel** *m* insider trading; **~regeln** *f/pl* insider trading directives.

Insignien *pl* insignia.

insolvent *adj* insolvent.

Insolvenz *f* insolvency; **~en** *pl* business failures; **~geld** *n* money for salaries owed by insolvent company (*state aid*); **~niveau** *n* level of insolvency; **~ordnung** *f* (*abbr* **InsO**) Bankruptcy Act; **~plan** *m* bankruptcy plan; **~recht** *n* insolvency law; **~risiko** *n* risk of insolvency; **~schutz** *m* protection of employees in case of insolvency; **~sicherung** *f* insolvency insurance (*compulsory participation in insolvency fund for old-age pension schemes*); **~verfahren** *n* insolvency proceeding, bankruptcy proceeding; **~verwalter** *m* /**-in** *f* trustee in bankruptcy, bankruptcy trustee.

Inspekteur *m* /**-in** *f* inspecting officer, inspector.

Inspektion *f* inspection, check, service check; **~sbefugnis** power of inspection.

Inspektor *m* /**-in** *f* inspector, superintendent, overseer; **~en der Gesundheitsämter** sanitary inspectors.

inspizieren *vt* to inspect, to examine, to check.

Installateur *m* / **-in** *f* fitter, plumber.

Installation *f* installation, plumbing and house-fitting; **~sarbeiten** *pl* plumbing, sanitary installation work; **~sartikel** *m/pl* sanitary fixtures and fittings.

Instandbesetzung *f squatting in dilapidated tenement under pretext of doing repair work* (*pun on → Instandsetzung*).

Instandhaltbarkeit *f* maintainability.

instandhalten *vt* to maintain, to keep in good repair.

Instandhaltung *f* maintenance, maintenance and repair, upkeep, preservation; **~sarbeiten** *pl* maintenance works, repairs; **notwendige ~~** necessary repairs; **~sintervall** *n* maintenance interval; **~skosten** *pl* maintenance costs; **~srücklage** *f* reserve for future repairs (*condominium*); **~srückstellung** *f* provision for repairs; **~szeitfolge** *f* period of maintenance; **laufende ~** continual maintenance; **vorbeugende ~** preventive maintenance.

instandsetzen *vt* to repair.

Instandsetzung *f* repairs, reconditioning, renovation, redecorating; **~sanspruch** *m* right to have *sth* repaired; **~sarbeiten** *f/pl* repairs; **~sdarlehen** *n* loan for repair and maintenance work; **~sdauer** *f* repair time; **~skosten** *pl* expenses for repair and maintenance work; **~spflicht** *f* obligation to repair.

Instanz *f* instance; level of authority; **~en überspringen** to leapfrog, to bypass official channels; **~enweg** *m* stages of appeal, official channels; **den ~~ nicht einhalten** to ignore proper channels; **~enzug** *m* sequence of courts, successive stages of appeal; **administrativer ~~** administrative channels; **~vollmacht** *f authority of counsel limited to one court instance*; **alle ~en durchlaufen** to pass through all instances; **an die erste ~ zurückverweisen** to remand / refer the case back to the court of first instance; **beaufsichtigende ~** supervising authority; **bundesstaatliche ~en** federal authorities; **erste ~** trial court, court of first instance; **fiskalpolitische ~en** authorities concerned with fiscal policy; **höchste ~** court of last resort, final court of appeal; **höhere ~** higher court, appellate court; ***e-e*** **höhere ~ anrufen** to appeal to a higher court; **letzte ~** court of last resort, final court of appeal; **in ~r ~** in the last instance; **obere ~** higher instance; **untere ~** lower instance, the lower court, the court below; **zuständige ~** the proper authority / instance.

Institut *n* institute (= *i*-); **~ für Chemisch-Technische Untersuchungen** Federal *I*- for Chemical and Technical Investigations; **~ für Nuklearmedizin** *I*- for Nuclear Medicine; **~ für Öffentliches Recht** *I*- for Public Law; **~ für Sozialmedizin und Epidemiologie** *I*- for Social Medicine and Epidemiology; **~ für Strafrecht** *I*- for Crimnal Law; **~ für Strahlenhygiene** *I*- for Radiation Health; **~ für Veterinärmedizin** *I*- for Veterinary Medicine; **~ für Wasser-, Boden- und Lufthygiene** *I*- for Water, Soil, and Air Hygiene; **~ für Zivilrecht** *I*- for Private Law; **~sgarantie** *f const* guarantee provided for institutions (*eg marriage, property ownership,etc*); **Deutsches ~ für Normung** (*abbr* **DIN**) German Statdards *I*- (*sets standardized norms*).

Institution *f* institution; **~en der Kapitalvermittlung** transmitters of capital; **~slehre** *f* theory of business structures; **~sverband** *m* association of institutions; ***e-e*** **rechtlich einheitliche ~** an institution forming a legal entity; **fiskalische und parafiskalische ~en** governmental and quasi-governmental institutions; **öffentliche ~en** public institutions, public services; **staatliche ~en** governmental institutions; state/national institutions.

institutionell *adj* institutional, *relating to an established system or arrangement.*

instruieren *vt* to instruct, to brief.

Instruktionsfehler *f* mistake in the instructions (*by manufacturer as to proper use of product*).

Instrument *n* instrument, device, appliance; ~ **der Konjunkturpolitik** the means of giving effect to cyclical policy/ instruments; **kreditpolitisches** ~ instrument of credit policy.

Instrumentarium *n* instrumentality set of instruments; **konjunkturpolitisches** ~ economic policy tools; **kreditpolitisches** ~ means of enforcing credit policy, measures of credit policy.

Integration *f* integration; **~sfunktion** *f* integrating function; **vertikale** ~ vertical integration; **wirtschaftliche** ~ economic integration, absorption.

integrieren *vt* to integrate.

Integrität *f* integrity; **körperliche** ~ physical integrity; **territoriale** ~ territorial inviolability.

integrieren *vt* to integrate, to absorb, to complete.

Intendant *m* /**-in** *f* general manager, director (general), (*theater, radio and television corporation*).

Intensiv | haltung *f* intensive rearing (*in cages, etc*); **~station** *f* intensive care unit.

Interbank | aktiva *n/pl* interbank assets; **~enmarkt** *m* interbank market; **~enzinssatz** *m* interbank rate; **Londoner** ~~ *m* London interbank offered rate (*abbr* LIBOR); **~rate** *f* inter-bank rate (*Euromarket*); **~verflechtung** *f* interlocking arrangements between banks.

Interesse *n* interest (= *i*-), concern, stake, regard; ~ **am Ausgang des Rechtsstreits** *i*- in the result of a case; ~ **der Allgemeinheit** general public *i*-; **~n abwägen** to balance *i-s*; **~nabwägung** *f* balancing of *i-s*; **~nausgleich** *m* balance of *i-s*, settlement of conflicting *i-s*; **~ngebiet** *n* sphere of influence; **~ngemeinschaft** *f* community of *i-s*, joint venture; **~ngruppen** *f/pl i*- groups, pressure groups, vested *i-s*; **~njurisprudenz** *f* jurisprudence/ theory of *i-s* (*taking the i-s of the parties into account*); **~nkäufe** *m/pl* support buying, buying by special *i-s*; **~nkollision** *f* conflict of *i-s*, clash of *i-s*; **~nkonflikt** *m* conflict of *i-s*; **~nlage** *f* nature of the *i-s* involved; **~npolitik** *f* policy based on one's own *i-s*; **~nquoten-Soll** *n* required quotas (of participation); **~nsphäre** *f* sphere of *i*-; **~nverband** *m* association representing common *i-s*; *i*- group, pressure group; **~nvereinigung** *f* association of interested parties, community of *i-s*; **Europäische Wirtschaftliche** ~~ (*abbr* **EWIV**) European Economic Interest Grouping (*abbr* EEIG); **~nverknüpfung** *f* joining of *i-s*, linking of *i-s*; **~nvertreter** *m* /**-in** *f* agent for special *i-s*, lobbyist; **~nvertretung** *f* representation of *i-s*, body representing *i-s*, special pleading; **~n wahren** to safeguard *i-s*; **~nwahrnehmung** protection/ safeguarding of *i-s*; representation (of *s.o.*'s *i-s*); **~nwahrung** *f* safeguarding of *i-s*; **~nwiderstreit** *m* conflict of *i-s*; **~nzusammenführung** *f* pooling of *i-s*; **Abwägung widerstreitender ~n** balancing conflicting *i-s*; **allgemeines** ~ common *i*-; **berechtigtes** ~ legitimate *i*-, justified *i*-; **eigenes** ~ own *i*-, private *i*-; **entsprechend den ~n des Unternehmers handeln** act in the principal's best *i-s*; **fehlendes** ~ lack of *i*-; **finanzielles** ~ pecuniary / financial *i*-; **gegen das öffentliche ~ verstoßend** contrary to the public *i*-; **gemeinsames** ~ common *i*-; **gesellschaftseigene ~n** the company's / partnership's own *i-s*; **im ~ der Kürze** for the sake of brevity; **im ~ des Mandanten** in the client's *i*-; **im öffentlichen** ~ in the public *i*-, for the public benefit; ~ ~ ~ **liegend** conducive to the public good; ***je-es* ~n beeinträchtigen** to impair *s.o.*'s *i-s*; ***je-es* ~n wahrnehmen** to attend to a person's *i-s*; **kollidierende ~n** conflicting *i-s*; **lebenswichtige ~n** vital *i-s*; **öffentliches ~** public *i-*; **ohne ~ für die Öffentlichkeit** of no public concern; **rechtliches ~** legal *i-*, lawful *i-s*; **versicherbares ~** insurable *i-*; **versicherungsfähiges ~** insurable *i-*; **versichertes ~** *i-* insured; **widerstreitende ~n** conflicting *i-s*; **wirtschaftliches ~** economic *i-*.

Interessen wahrend *adj* safeguarding of interests.

Interessent *m* **/-in** *f* (the) interested party, party concerned, potential customer/ purchaser; *pl* **~en** parties interested, interested parties; **~enpapier** *n* security manipulated by interested parties, manipulated shares, vested-interest paper.

Interferenz *f* intersection (*of two sets*).

Interims | aktie *f* provisional share certificate; **~ausschuss** *m* interim committee; **~bilanz** *f* interim balance sheet; **~dividende** *f* interim dividend; **~kabinett** *n* interim cabinet; **~konto** *n* suspense account, interim deposit account; **~quittung** *f* provisional receipt; **~regierung** *f* provisional government, interim government; **~schein** *m* interim certificate, (provisional) scrip; **auf den Namen lautender ~~** registered scrip; **~vertrag** *m* interim agreement, provisional management contract.

inter | konfessionell *adj* interdenominational; **~lokal** interregional; **~national** international, worldwide.

Internationale *f* the Internationale (*socialist hymn*); international Marxist movement.

Internationale | (International = *I-*) **~ Arbeitsorganisation** *f* *I-* Labo(u)r Organization; **~ Atomenergie-Organisation** *I-* Atomic Energy Agency; **~ Bank für Wiederaufbau und Entwicklung** *I-* Bank for Reconstruction and Development (= World Bank); **~ Energie-Agentur** *I-* Energy Agency; **~ Entwicklungsorganisation** *I-* Development Association; **~ Fernmeldesatellitenorganisation** *I-* Telecommunications Satellite Organization; **~ Fernmelde-Union** *I-* Telecommunication Union; **~ Finanz-Corporation** *I-* Finance Corporation; **~ Handelskammer** (*abbr* **IHK**) *I-* Chamber of Commerce (*abbr* ICC); **Schiedsgerichtsbarkeit der ~n ~** (= **IHK-Schiedsgerichtsbarkeit**) arbitral jurisdiction of the *I-* Chamber of Commerce (= ICC arbitral jurisdiction); **Schiedsgerichtshof der ~n ~** (= **IHK-Schiedsgerichtshof**); Court of Arbitration of the *I-* Chamber of Commerce (= ICC Court of Arbitration); **Schiedsklausel der ~n ~** (= **IHK-Schiedsklausel**) *I-* Chamber of Commerce arbitration clause (= ICC arbitration clause); **Vergleichs- und Schiedsordnung der ~n ~** Rules of Conciliation and Arbitration of the *I-* Chamber of Commerce (= ICC Arbitration Rules); **~ Hydrographische Konferenz** *I-* Hydrographic Conference; **~ ~ Organisation** *I-* Hydrographic Organization; **~ Kaffee-Organisation** *I-* Coffee Organization; **~ Kakao-Organisation** *I-* Cocoa Organization; **~ Kautschukstudiengruppe** *I-* Rubber Study Group; **~ Kommission für Be- und Entwässerung** *I-* Commission on Irrigation and Drainage; **~ Kommission für das Zivilstandswesen** *I-* Commission on Civil Status; **~ Kommission für die Nordwestatlantische Fischerei** *I-* Commission for the Northwest Atlantic Fisheries; **~ Kommission für landwirtschaftliche Industrien** *I-* Commission for Agricultural Industries; **~ Kommission zum Schutze des Rheins gegen Ver-**

unreinigung *I-* Commission for the Protection of the Rhine against Pollution; ~ **Kriminalpolizeiliche Organisation** *I-* Criminal Police Organization; ~ **Organisation für das gesetzliche Messwesen** *I-* Organization of Legal Metrology; ~ **Organisation für Normung** *I-* Organization for Standardization; ~ **Pappelkommission** *I-* Poplar Commission; ~ **Recherchenbehörde** *pat I-* Searching Authority; ~ **Regeln** *I-* Regulations; ~ **Studiengruppe für Blei und Zink** *I-* Lead and Zinc Study Group; ~ **Studienzentrale für die Erhaltung und Restaurierung von Kulturgut** *I- US* Center/*GB* Centre for the Study of the Preservation and Restoration of Cultural Property; ~ **Union für die Erhaltung der Natur und der natürlichen Hilfsquellen** *I-* Union for Conservation of Nature and Natural Resources; ~ **Zivilluftfahrt-Organisation** *I-* Civil Aviation Organization; **Europäisches Übereinkommen über die ~ Handelsschiedsgerichtsbarkeit** European Convention on *I-* Commercial Arbitration.

Internationaler | (International = *I-*) ~ **Ausschuss zur Frequenzregistrierung** *I-* Frequency Registration Board; ~ **Baumwoll-Beratungsausschuss** *I-* Cotton Advisory Committee; ~ **Beratender Ausschuss für den Funkdienst** *I-* Radio Consultative Committee; ~ **Beratender Ausschuss für den Telegraphen- und Fernsprechdienst** *I-* Telegraph and Telephone Consultative Committee; ~ **Eiswachdienst im Nordatlantik** *I-* Ice Patrol Service in the North Atlantic, North Atlantic Ice Patrol; ~ **Entschädigungsfonds für Ölverschmutzungsschäden** *I-* Oil Pollution Compensation Fund; ~ **Fonds für Agrarentwicklung** *I-* Fund for Agricultural Development; ~ **Gerichtshof** (*abbr* **IGH**) *I-* Court of Justice (*abbr* ICJ); ~ **Jugendaustausch- und Besucherdienst der Bundesrepublik Deutschland eV** *I-* Youth Exchange and Visitors' Service of the Federal Republic of Germany; ~ **Kaffeefonds** *I-* Coffee Fund; ~ **Kaffeerat** *I-* Coffee Council; ~ **Kakaorat** *I-* Cocoa Council; ~ **Militärgerichtshof** *I-* Military Tribunal; ~ **Museumsrat** *I-* Council of Museums; ~ **Normenausschuss** *m I-* Standardization Organization; ~ **Rat** *I-* Council; ~ **Rat für Meeresforschung** *I-* Council for the Exploration of the Sea; ~ **Rat Wissenschaftlicher Vereinigungen** *I-* Council of Scientific Unions; ~ **Sozialdienst** *I-* Social Service; ~ **Suchdienst** *I-* Tracing Service; ~ **Verband für die Veröffentlichung der Zolltarife** *I-* Union for the Publication of Customs Tariffs; ~ **Verband für die Zusammenarbeit auf dem Gebiet des Patentwesens** *I-* Patent Cooperation Union; ~ **Verband zum Schutz des gewerblichen Eigentums** *I-* Union for the Protection of Industrial Property; ~ **Währungsfonds** (*abbr* **IWF**) *I-* Monetary Fund (*abbr* IMF); ~ **Weizenrat** *I-* Wheat Council; ~ **Zinnrat** *I-* Tin Council; ~ **Zuckerrat** *I-* Sugar Council; **Ausschuss für den ~en Suchdienst** *I-* Commission for the *I-* Tracing Service.

Internationales | (International = *I-*) ~ **Abkommen über den Schutz der ausübenden Künstler, der Hersteller von Tonträgern und der Sendeunternehmen** (*1961*) Rome Convention for the Protection of Performers, Producers of Phonograms and Broadcasting Organizations; ~ **Amt für Rebe und Wein** *I-* Vine and Wine Office; ~ **Arbeitsamt** *I-* Labo(u)r Office (*abbr* ILO; ~ **Ausstellungsbüro** *I-* Exhibitions Bureau; ~ **Baumwoll-Institut** *I-* Institute for Cotton; ~ **Büro für geistiges Eigentum** *I-* Bureau of Intellectual Property; ~ **Büro für Maß und Gewicht** *I-* Bureau of Weights and Measures; ~ **Energieprogramm** *I-* Energy Program; ~ **Erziehungsbüro** *I-* Bureau of Education; ~ **Hydrographisches Büro** *I-* Hydrographic Bureau; ~ **Institut für Führungsaufgaben in der Technik** *I-* Institute for the Management of Technology; ~ **Institut für die Vereinheitlichung des Privatrechts** *I-* Institute for the Unification of Private Law; ~ **Kälteinstitut** *I-* Institute of Refrigeration; ~ **Komitee vom Roten Kreuz** *I-* Committee of the Red Cross; ~ **Rotes Kreuz** *I-* Red Cross; ~ **Statistisches Institut** *I-* Statistical Institute; ~ **Suchtstoff-Kontrollamt** *I-* Narcotics Control Board; ~ **Tierseuchenamt** *I-* Office of Epizootics; ~ **Weinamt** *I-* Wine Office; ~ **Zentrum zur Beilegung von Investitionsstreitigkeiten** *I- US* Center/*GB* Centre for the Settlement of Investment Disputes (*abbr* ICSID).

internationalisieren *vt* to internationalize, to grant international status.

Internatsschule *f* boarding school, *GB* public school **private** ~ private boarding school, *GB* public school.

Internet *n* internet; **~-Anbieter** *m/* **-in** *f* internet provider; **Recht des** ~ cyberlaw.

internieren *vt* to intern.

Internierte(r) *f(m)* (*der Internierte*) detainee, internee, prisoner.

Internierung *f* internment, detention; **~sbefehl** *m* internment order; **~shaft** *f* detention in an internment camp, internment; **~slager** *n* internment camp.

Internist *m* /**-in** *f* specialist in internal medicine, internist.

interparlamentarisch *adj* interparliamentary.

Interpellant *m* /**-in** *f* interpellator.

Interpellation *f* interpellation; **~srecht** *n* right of interpellation.

interpellieren *vi* to interpellate.

interpolieren *vi* to interpolate.

Interpretation *f* interpretation, construction; **~svorschrift** *f* canon of construction, rule of interpretation.

interpretieren *vt* to interpret, to construe.

Interregnum *n* interregnum.

intervalutarisch *adj* inter-currency, cross-exchange, across the exchange.

intervenieren *vt* to intervene, to intercede, to interfere, to interpost.

Intervenient *m* /**-in** *f* intervener, intervening party.

Intervention *f* intervention, intercession, interference, interposition, acceptance for hono(u)r, acceptance supra protest; *pl exch* pegging operations; **bewaffnete** ~ armed intervention.

Interventionismus *m* system of state interference in economic affairs.

Interventions|akzept *n* acceptance for hono(u)r, acceptance supra protest, acceptance upon protest; **~berechtigte(r)** *f(m)* party entitled to intervene; **~bestand** *m* holding acquired by intervention (on the market); **~grenze** *f* intervention limit; **~käufe** *m/pl* support purchases; **~klage** *f* action of replevin, action of intervention, action of third party opposition; **~konsortium** *n* intervening syndicate; **~krieg** *m* war of intervention; **~kurs** *m* intervention rate; **~politik** *f* policy of intervention/of interference; **~punkt** *m* intervention point (*by central bank*), intervention level, support point; peg; **~recht** *n* right of intervention; **~verbot** *n int* prohibition of intervention.

Interzession *f* intercession, pledge for the debt of another.

Intestat *n* intestacy.

Intestats|erbe *m* /**~erbin** *f* heir under the rules of intestacy, heir by intestate succession; **~erbfolge** *f* intestate succession; **~erblasser** *m* /**-in** *f* intestate; **~nachlass** *m* intestate estate, *estate of a deceased who died without leaving a will.*

Intimsphäre *f* sphere of (utmost) privacy; **Verletzung der ~** infringement/violation of privacy.

Intrigant *m* /**-in** *f* intrigant, intriguer, schemer.

Intrige *f* intrigue, underhand plotting, machination.

intrigieren *vt* to intrigue, to carry on an underhand plot or scheme.

intrinsisch *adj* intrinsic, of the nature of *sth*.

Invalide *m* /**Invalidin** *f* invalid, (physically) disabled person; **~nmarke** *f obs* social insurance stamp; **~nrente** *f* disability pension; **~nversicherung** *f* national disability insurance for workers, workmen's compensation insurance.

Invalidität *f* disablement, physical disability, invalidity, invalidism; **~sgrad** *m* degree of disability; **~srente** *f* disablement pension, invalidity pension; **~sversicherung** *f* disability insurance; **~swahrscheinlichkeit** *f* disability rate; **~szusatzversicherung** *f* additional invalidity insurance; **dauernde ~** permanent disablement; **vollständige ~** complete disablement, 100 percent invalidity.

Inventar *n* inventory (= *i-*), stock; list of the deceased's assets and liabilities; **~aufnahme** *f* stock taking; **~aufstellung** *f* drawing up an *i-*; **~bewertung** *f i-* valuation; **~buch** *n* stock book, stock ledger; **~erbe** *m* /**~erbin** *f heir who has drawn up the i- of the estate*; **~errichtung** *f* filing an *i-* (*law of succession*); **~frist** *f i-* period (*law of succession*); **~kurs** *m i-* rate; **~liste** *f i-* list; **~gegenstand** *m i-* item; **~kredit** *m* credit for the purchase of working equipment; **~posten** *m i-* item; **~prüfung** *f i-* audit, *i-*control; **~recht** *n* legal provisions concerning inventories; **~untreue** *f* fraud in drawing up *i-* of an estate (*by an heir*); **~veränderung** *f* change in business *i-*; **bereinigte ~~en** net change in business inventories; **~verfehlungen** *f/pl* unlawful manipulations concerning inventories; **~verlust** *m i-* loss; **~verzeichnis** *n i-*, *i-* list, *i-* sheet; **~wert** *m i-* value; **~~berichtigung** *f i-* revaluation; **~~schwankung** *f i-* fluctuation; **ein ~ aufnehmen** to take stock, to take an *i-* of; **landwirtschaftliches ~** farm stock; **lebendes ~** livestock; **lebendes und totes ~** livestock, implements and machinery, livestock and dead stock; **totes ~** dead stock; **unverkäufliches ~** dead stock.

inventarisieren *vt* to inventory, to draw up an inventory.

Inventur *f* taking inventory, physical inventory, stocktaking; **~ausverkauf** *m* stocktaking sale, clearance sale, preinventory sale; **~bestandsaufnahme** *f* physical count of inventory; **~bewertung** *f* inventory valuation; **~differenz** *f* inventory discrepancy; inventory balance; **~ durch körperliche Bestandsaufnahme** physical inventory; **~erstellung** *f* stocktaking; **~prüfung** *f* inventory verification, inventory audit; **~system** *n* stock control; **~verkauf** *m* clearance sale, stocktaking sale; preinventory sale; **~wert** *m* **pro Einheit** inventory value per unit.

Inverkehrbringen *n* putting into circulation, spreading, uttering, marketing; **~ von Falschgeld** uttering counterfeit money.

Inverzugsetzung *f* giving notice of default, demanding overdue payment, request for overdue performance, declaration of default.

investieren *vi*, *vt* to invest.

Investierung *f* investment, investing; **~svorhaben** *n* investment project; **inländische ~ im Ausland** domestic investment abroad.

Investigationsrecht *n* right of investigation.

Investition *f* investment (= *i-*), capital investment, investing (*of capital, money, etc*); **~en der öffentlichen Hand** public *i-s*, public capital expenditure; **~sabschreibungen** *f/pl i-* depreciation allowance; **~sanleihe** *f i-* loan; **~sanreiz**

m i- incentive; ~**santrag** *m i-* proposal; ~**saufsicht** *f i-* supervision; ~**saufwand** *m i-* expenditure; ~**saufwendung** *f i-* expenditure; ~**sbank** *f i-* bank; **Europäische** ~~ (*abbr* **EIB**) European *I-* Bank (*abbr* EIB); ~**sbedarf** *m* need for *i-*; **aufgestauter** ~~ accumulated need for *i-*; ~**sbeihilfe** *f i-* grant; ~**sbereich** *m* field of capital *i-*; ~**sbeurteilung** *f* capital project evaluation; ~**schancen** *pl i-* prospects; ~**sdarlehen** *n* permanent loan; ~**sdispositionen** *f/pl* capital *i-* (dispositions); ~**sfähigkeit** *f i-* capacity; ~**sfinanzierung** *f i-* financing, financing of capital projects; ~**sfonds** *m i-* fund; **Europäischer** ~~ (*abbr* **EIF**) European *I-* Fund (*abbr* EIF); ~**sförderung** *f i-* backing, *i-* funding; ~**sfreigabe** *f* release of funds for *i-* purposes; ~**sfreudigkeit** *f* readiness to incur capital expenditure; ~**sgeschäft** *n i-* transaction; ~**sgüter** *pl* capital goods, *i-* goods, *i-* property; ~~-**Fertigwaren** *pl* finished capital goods; ~~**industrie** *f* capital-goods industry; ~~**konjunktur** *f* trend in capital goods; ~~-**Rohstoffe** *pl* raw materials for capital goods; ~**shaushalt** *m* extraordinary or capital budget; ~**shilfe** *f i-* aid; ~~-**Abgabe** *f i-* assistance levy; ~~**gesetz** *n I-* Assistance Act; ~**simpuls** *m* incentive to invest; ~**skapital** *n* invested capital, capital for *i-*; ~**sklima** *n* climate for investing; ~**skonjunktur** *f* boom in capital *i-* business, trends in the *i-*field; ~**skontrolle** *f i-* control, capital spending control, *i-* steering; ~**skosten** *pl* cost of *i-*, capital cost; ~**skredit** *m i-* credit, capital *i-* loan, loan to finance capital projects; ~**sleistungen** *pl i-* effected, *i-* performance; ~**slenkung** *f* direction of capital *i-*; **staatliche** ~~ government direction of capital *i-*; ~**smeldepflicht** *f* duty to report on intended *i-s*; ~**smittel** *n* investable resources, *i-* funds; ~**smüdigkeit** *f* reluctance to invest; ~**snachfrage** *f* demand for *i-*; ~**snachholbedarf** *m* lag in *i-*, pent-up demand for *i-*; ~**sneigung** *f* propensity/ tendency to invest; ~**sneuling** *m* novice investor; ~**sniveau** *n* level of *i-*; ~**speriode** *f i-* period; ~**splan** *m i-*plan, capital development budget; ~**spolitik** *f i-* policy; ~**sprämie** *f* (capital) *i-* premium; ~**sprojekt** *n i-*project, capital expenditure plan; ~**squote** *f* rate of *i-*, *i-* ratio; ~**srate** *f* rate of gross *i-* to gross national product (*at market prices*); ~**srechnung** *f* capital expenditure account, *i-* calculation, capital budgeting; ~**srisiko** *n* risk of investing, *i-* risk; ~**srücknahme** *f* disinvestment; ~**sschema** *n* pattern of *i-*; ~**sschutz** *m* (international) protection of *i-*; ~**s-Schwerpunkt** *m* priority in capital *i-*; ~**sspritze** *f i-* boost; ~**ssteuer** *f* capital *i-* tax; ~**sstreitigkeiten** *pl i-* disputes; **Internationales Zentrum zur Beilegung von** ~~ International *US* Center/*GB* Centre for the Settlement of *I-* Disputes (*abbr* ICSID); **Washingtoner Übereinkommen zur Beilegung von** ~~ **zwischen Staaten und Angehörigen anderer Staaten** Convention on the Settlement of *I-* Disputes between States and Nationals of other States (= Washington Convention; = World Bank Convention); ~**stätigkeit** *f i-*, *i-* activity; ~**sträger** *m* /-**in** *f* investor; ~**sumlage** *f* betterment levy; ~**svorgang** *m* (capital) *i-* operation; ~**svorhaben** *n* capital project, *i-*project; ~**svorranggesetz** *n I-* Priority Act (*regarding restitution of expropriated property in the former East Germany*); ~**swillige**(**r**) *f*(*m*) (*der ~willige*) party wishing to engage in *i-*, prospective investor; ~**szulage** *f i-* (tax) allowance; ~**szuschuss** *m* capital *i-* grant, capital grant; **betriebliche** ~**en** capital projects; **maschinelle und bauliche** ~**en** capital expenditure on machinery and on building; **risikoarme** ~**en** *i-s* entailing little risk, safe *i-s*.

Investitur *f* investiture.

Investivlohn *m* investable wage (*employees' incentive scheme*).

Investment *n* investment (*in an investment trust*); **~anteil** *m* investment fund share / unit certificate; **~bank** *f* investment company; **~fonds** *m* → *Investmentfonds*; **~geschäft** *n* investment fund business; **~gesellschaft** *f* → *Investmentgesellschaft*; **~papier** *n* unit certificate (of an investment company); **~sparen** *n* saving through investment companies, investment fund saving; **~trust** *m* investment trust, mutual fund; **~vermittler** *m* /**-in** *f* investment broker; **~zertifikat** *n* investment fund certificate.

Investmentfonds *m* investment fund, *US* mutual fund/*GB* unit trust, fixed fund, unit investment trust; ~ **mit auswechselbarem Portefeuille** flexible fund, managed fund; ~ **mit auswechselbarem Wertpapierbestand** flexible fund, managed fund; ~ **mit begrenzt auswechselbarem Portefeuille** semi-fixed fund; ~ **mit begrenzter Emissionshöhe** closed-end fund; ~ **mit unbeschränkter Anteilsemission** open-end fund.

Investmentgesellschaft *f* investment company; ~ **mit breitgestreutem Portefeuille** general management trust, unit trust with assorted portfolio; ~ **mit gesetzlicher Risikoverteilung** diversified company; ~ **mit konstantem Anlagekapital** closed-end investment trust; ~ **ohne gesetzliche Anlagestreuung** non-diversified company.

Investor *m* /**-in** *f* investor.

Inzahlungnahme *f* trade in, taking *sth* in part exchange.

Inzest *m* incest.

Inzident|feststellungsklage *f* petition for an interlocutory declaration, → *Zwischenfeststellungsklage*.

ipso facto by the fact itself, ipso facto, by the nature of the situation/fact.

ipso jure *adv* by operation of law, by act of law.

irreführen *vt* to mislead, to deceive.

irreführend *adj* misleading, deceiving.

Irreführung *f* misleading (*customers, the public*), intentional misrepresentation, fraudulent representation; deception.

irrelevant *adj* irrelevant, immaterial.

Irrelevanz *f* irrelevance, inapplicability.

Irrenanstalt *f* mental institution, mental hospital.

irreversibel *adj* irreversible, final, nonappealable on points of law.

irrig *f* erroneous, mistaken, incorrect.

Irrläufer *m* missent item.

Irrsinn *m* insanity, lunacy.

Irrtum *m* mistake (= *m*-), error (= *e*-), (*pl Irrtümer* = *~er*); ~ **im Beweggrund** *m*- as to motivation; ~ **im Motiv** *m*- as to motivation; **~sanfechtung** *f* avoidance on account of *m*-; **~serregung** *f* deception; **~svorbehalt** *m* clause excepting *e-s*; **~swahrscheinlichkeit** *f e*- probability, likelihood of a *m*- (occurring); ~ **über den Vertragsgegenstand** *m*- as to the subject matter of the contract; ~ **über die Eheschließung** *e*- regarding the contract of marriage; ~ **über die Natur des Geschäfts** *e*- in negotio, *m*- as to the nature of the transaction; ~ **über die Person** *e*- in persona, mistaken identity; ~ **über die Rechtswidrigkeit** *m*- of law; ~ **über die Strafbarkeit** *m*- as to the punishability of an act; ~ **über die tatsächlichen Voraussetzungen eines Rechtfertigungsgrundes** mistake of fact as to justificatory circumstnaces; ~ **über *e-e* Tatsache** *m*- of fact, factual *e*-; ~ **über *e-e* unwesentliche Eigenschaft** irrelevant *m*-; ~ **über *e-e* wesentliche Eigenschaft** *m*- as to an important quality / property, *m*- regarding the subject matter; ~ **vorbehalten** save *e*- and omission, barring *e-s*; **~er und Auslassungen vorbehalten** *e-s* and omissions excepted (*abbr* e. a. o.e.); **auf** ***e-em*** **~ beruhen** to be due to a *m-*; **beachtlicher** ~ material *m-*; substantial *e-*; ***e-en*** **~ klarstellen** to clear up a *m-*, to clarify the situation; ***e-en*** **~ richtigstellen** to rectify an *e-*; **entschuldbarer** ~ excusable *m-*, venial *US* offense/ *GB* offence; **erwiesener** ~ clearly proven *m-*; **offenbarer** ~ obvious *e-*, clear *m-*; **rechtlicher** ~ *m-* in law; **rechtserheblicher** ~ legally relevant *m-*, bona fide *m-*; **sachlicher** ~ *m-* of fact, factual *e-*; **sich auf ~ berufen** to assert that one was mistaken, to plead *m-*, to allege the existence of an *e-*; **tatsächlicher** ~ *m-* of fact, factual *e-*; **unbeachtlicher** ~ immaterial *m-*, unimportant *e-*; **wesentlicher** ~ material *m-*, *e-* on an important point, grave *e-*.

irrtümlich *adj* mistaken, erroneous, inadvertent.

Isolationismus *m* isolationism.

Isolationsfolter *f* isolation torture; *inhumane treatment through lengthy solitary confinement.*

Isolier | haft *f* solitary confinement; **~zelle** *f* solitary confinement cell (*for prisoners held incommunicado*).

Ist | ausgabe *f* actual expenditure; **~bestand** *m* actual stock, stock in hand, actual amount, present figure; **~betrag** *m* actual amount; **~bilanz** *f* actual balance sheet; **~einnahmen** *pl* actual receipts, actual takings; **~kaufmann** *m/* **~kauffrau** *f* merchant by nature of business conducted, merchant without registration in commercial register, = *Musskaufmann*; **~kosten** *pl* actual costs (and expenses); **~leistung** *pl* actual output, actual performance; **~prämie** *f* actual premium; **~reserve** *f* actual reserve, de facto reserve; **~stärke** *f* actual strength; **~stunden** *f/pl* actual man-hours; **~versteuerung** *f* actual payment of (*turnover*) taxes; **~wert** *m* true value, actual value, actual cash value; **~zeit** *f* time taken, actual time; **~zustand** *m* as-is condition.

ius sanguinis *L* (**Staatsangehörigkeit durch Geburt**) citizenship through parents' citizenship.

ius soli *L* citizenship through place of birth.

i.V. (*abbr* = **in Vertretung**) (signed) as a representative (*of s.o.*).

IWF (*abbr* = **Internationaler Währungsfonds**) International Monetary Fund (*abbr* IMF).

J

Ja *n* yes, affirmative (answer); **~-Stimme** *f* affirmative vote, aye, pro; vote for; **~wort** *n* approval, consent, acceptance of a marriage proposal, wedding vows; **ein schlichtes ~ oder Nein** a simple yes or no; **mit ~ antworten** to answer yes, to answer in the affirmative, to affirm.

Jagd| (hunt, hunting = *h-ing*) **~ausübung** *f h-ing*; **~~sberechtigte**(**r**) *f*(*m*)(*der ~berechtigte*) holder of a *h-ing US* license / *GB* licence; **~behörden** *f/pl h-ing* authorities; **~beirat** *m h-ing* advisory commission; **~berechtigte**(**r**) *f*(*m*) (*der ~berechtigte*) person authorized to hunt, holder of a *h-ing US* license / *GB* licence; **~berechtigung** *f h-ing* authorization, shooting rights; **~beschränkungen** *f/pl h-ing* restrictions; **~bezirk** *m h-ing* district; **~erlaubnis** *f* game *US* license / *GB* licence, *h-ing* license; **~erlaubnisschein** *m h-ing US* license/ *GB* licence (certificate); **~gebiet** *n h-ing* ground; **~genossenschaft** *f official association of proprietors of h-ing rights*; **~gesetz** *n* game law, *h-ing* law; **~inhaber** *m* /**-in** *f* proprietor of *h-ing* rights; **~ordnung** *f h-ing* regulations; **~pacht** *f* lease of a *h-ing* ground; **~pächter** *m* /**-in** *f* game tenant, shooting tenant; **~pachtvertrag** *m h-ing* lease; **~recht** *n* game law, *h-ing* right; **~regal** *n* prerogative of *h-ing*, proprietary *h-ing* rights; **~revier** *n h-ing* district, *h-ing* ground; **~schaden** *m* damage caused by hunters; **~schein** *m h-ing US* license / *GB* licence, game license, shooting license; **~schutz** *m* game and *h-ing* protection (regulations); **~steuer** *f* tax on *h-ing*; **~vergehen** *n* game trespass; **~vorstand** *m president of a → ~genossenschaft*; **~waffenschein** *m h-ing* weapons *US* license / *GB* licence; **~wesen** *n h-ing*; **~wilderei** *f* poaching; **~zeit** *f h-ing* season, shooting season.

Jahr *n* year (= *y-*, *yearly* = *y-ly*; *annual* = *a-*); **~buch** *n* yearbook, *a-* review; **~~ für Recht und Ethik** (*abbr* **JRE**) Annual Review of Law and Ethics; **statistisches ~~** statistical abstract; **~esabonnement** *n a-* subscription; **~esabgrenzung** *f* year-end deferrals; **~esabrechnung** *f y-ly* account, *a-* statement of accounts; **~esabschluss** *m a-* accounts, *a-* financial statements, *a-* balance sheet and profit and loss account; **~~buchung** *f* entry made at *a-* closing of accounts; **~~prüfung** *f a-* audit; **~~zahlungen** *f/pl* end-of-year payments; **~esabschreibung** *f a-* depreciation (charge); **~esarbeitslohn** *m a-* wage; **~esarbeitsverdienst** *m a-* earnings; **~esausgleich** *m a-* wage-tax adjustment; **~esbeitrag** *m a-* contribution, *a-* subscription; **~esbericht** *m a-* report, *a-* statement; **~~ nebst Bilanz und Gewinn- und Verlustrechnung** *a-* statement of income and surplus; **~esbetrag** *m a-* amount; **~esbilanz** *f a-* balance sheet, balance sheet for the fiscal year; **~esdividende** *f a-* dividend; **~esdurchschnitt** *m y-ly* average, *a-* average; **~~sverdienst** *m a-* average earnings; **~eseinkommen** *n a-* income, total net income; **~esendbeanspruchung** *f* credits taken at the end of the year; **~esergebnis** *n* net *a-* profit, *a-* (financial) results; **~~wert** *m a-* value; **~eserhebung** *f a-* assessment, *a-* review; **~esertrag** *m a-* proceeds, *a-* income, *y-ly* output; **~esfehlbetrag** *m* loss for the year, *a-* deficit; **~esförderung** *f a-* output; **~esfreibetrag** *m a-* allowance;

~esfrist *f* period of one year; **binnen ~~** within a year; **nach ~~** after one year; **~esgebühr** *f a-* fee, renewal fee, annuity; **~esgehalt** *n a-* salary; **~esgewinn** *m* year's earnings, *a-* profit; **~eshauptversammlung** *f a-* general meeting; **~eshaushalt** *m a-* budget; **~eshinzurechnungsbetrag** *m a-* surcharge, *a-* addition; **~eshöchstspitze** *f a-* peak; **~eshonorar** *n a-* fee; **~eslizenzgebühr** *f a- US* license / *GB* licence fee, *a-* royalty; **~eslohn** *m a-* wage, year's wages; **~~runde** *f a-* round of wage bargaining; **~~steuer** *f a-* wage tax; **~~~ausgleich** *f a-* wage tax adjustment; **garantierter ~~** guaranteed *a-* wage; **~esmiete** *f a-* rent (*tenancy*); **~espacht** *f a-* rent (*under a lease*), *a-* lease payment; *auf ~~ vergeben: to farm out*; **~esperiode** *f y-ly* period; **~espolice** *f a-* policy; **~esprämie** *f a-* bonus *paid to employees*; *ins a-* premium; **~esproduktion** *f a-* output; **~espunkt** *m a-* point; **~esrate** *f a- US* installment / *GB* instalment, *y-ly* rate; **~esrechnung** *f* computation on a *y-ly* basis, *y-ly* account; **~esrente** *f* annuity, pension per year; *a-* income from capital; **~esreingewinn** *m a-* net profit; **~esrhythmus** *m y-ly* (economic) cycle; **~esrohmiete** *f* gross *a-* rent; **~esschluss** *m* end of the year; **~~buchung** *f* year-end entry; **~~dividende** *f* year-end dividend; **~essoll** *n* required performance for the year, *a-* target; **~essonderzuwendung** *f* annual wage/salary bonus, → *Weihnachtsgeld*; **~essteuer** *a-* tax; **~~schuld** *f* tax debt for the year; **~estag** *m* anniversary date; **~estagung** *f a-* conference; **~esüberschuss** *m a-* surplus, net income for the year; **vergleichbarer ~~** net income on a comparative basis; **~esübersicht** *f a-* review; **~esultimo** *n* end of the year; **~esumsatz** *m a-* turnover, *a-* volume; **~esurlaub** *m a-* leave; **~esvergütung** *f a-* pay; **~esversammlung** *f a-* (general) meeting, ordinary meeting; **~esversicherung** *f a-* policy; **~esvertrag** *m* contract for one year; **~eswert** *m a-* value; **~eszahl** *f* year date, year; **~eszahlung** *f y-ly* payment; **~eszeit** *f* season; **~~raum** *m* period of one year, twelve-month period; **stille ~~** quiet season; **~eszins** *m a-* interest; **effektiver ~~** *a-* percentage rate (*abbr* APR); **~gang** *m* year, age group (by year); **~markt** *m* fair; **anrechnungsfähiges ~** year of coverage; **auf drei ~e gewählt** elected for a term of three *y-s*; **aufeinanderfolgende ~e** successive *y-s*; **auf zehn ~e vermietet** let for ten *y-s*; **bürgerliches ~** civil year; **das laufende ~** the current year; **das vergangene ~** the previous year; **das vorvergangene ~** the penultimate year; two *y-s* previous; **freiwilliges soziales ~** voluntary *y-* of social work (*instead of military service*); **freiwilliges ökologisches ~** voluntary *y-* of environmental work (*instead of military service*); **nach ~ und Tag** after a year and a day; **pro ~** per year, per annum.

JAPO (*abbr* **Ausbildungs- und Prüfungsordnung für Juristen**) Rules of Education and Examination for Lawyers.

Jedermann-Aktien-Plan *m* Personal Equity Plan.

Jedermann-Einfuhren *pl* everyman imports, small-scale imports permitted without *US* license / *GB* licence.

je nachdem *conj* as the case may be, depending.

jeweilig *adj* current, respective *s.o. or sth*, for the time being.

jeweils *adv* at the time, each time, in each case, in the individual case, from time to time.

Jeweiligkeitsklausel *f* clause to adapt general agreements to the current state.

jobben *vi* exchange gambling, to do odd jobs.

Jobber *m* /**-in** *f* jobber.

Job-Vermittlung *f* temping agency.

Journal *n* journal (*bookkeeping*), book of original entries; **~beleg** *m* journal voucher.

JRE (*abbr* **Jahrbuch für Recht und Ethik**) Annual Review of Law and Ethics.

Jubiläums | gabe *f* anniversary bonus; **~geld** *n* anniversary bonus; **~schrift** *f* anniversary publication; **~verkauf** *m* anniversary sale; **~zuwendung** *f* anniversary bonus.

judikatorisch *adj* judicial, legal.

Judikative *f* judiciary.

Judikatur *f* practice of the courts, case law, judicature.

judizieren *vi* to adjudicate, to administer justice, to dispense justice, to rule.

Jugend *f* youth, young people, the young generation, juveniles (*juvenile* = *j-*); **~amt** *n* youth welfare office; **~~sgesetz** *n* Youth Welfare Office Act; **~arbeit** *f* social work with *j-s*; **~~slosigkeit** *f j-* unemployment; **~~sschutz** protection of minors in employment; **~~~gesetz** *n* Employment of Young Persons Act; **~arrest** *m* detention of *j-* delinquents; **~fürsorge** *f* child welfare, youth welfare; **~~verein** *m* youth welfare association; **~gefängnis** *n* prison for *j-* delinquents, reformatory; **~gericht** *n j-* court; **~~sbarkeit** *f* jurisdiction over *j-s*; **~~sgesetz** *n J-* Court Act; **~~shilfe** *f j-* court assistance (*by youth office assisting judge on j- psychology and field work*); **~~sverfahren** *n j-* court proceedings, procedure in *j-* courts; **~~sverhandlung** *f* trial in a *j-* court; **~hilfe** *f* youth welfare; **~jagdschein** *m* hunting *US* license / *GB* licence for minors; **~kammer** *f j-* division of a criminal court; **~kriminalität** *f j-* delinquency, *j-* criminality; **~organisation** *f* youth service; **~pflege** *f* youth welfare; **~pfleger** *m* /**-in** *f* youth welfare worker; **~psychiatrie** *f* psychiatry for young persons; **~psychologe** *m* /**-psychologin** *f* guidance counsel; **~psychologie** *f j-* psychology; **~richter** *m* /**-in** *f j-*-court judge; **~sache** *f j-*-court case; **~sachverständige(r)** *f(m)* (*der ~sachverständige*) expert on *j-* cases; **~schöffe** *m* /**~schöffin** *f* juror in a *j-* case; **~~ngericht** *n j-* court with lay assessors; **~schutz** *m* protection of children and young persons (*health, immoral influences*); **~~gesetz** *n D* Protection of Young Persons Act (*1957*); **~staatsanwalt** *m* /**~staatsanwältin** *f* public prosecutor in *j-* court; **~strafanstalt** *f* prison for *j-* offenders; **~strafe** *f* young offender sentence, prison sentence for *j-s*; **~strafkammer** *f* trial court in *j-* cases; **~strafrecht** *n* criminal law relating to young offenders; **~strafsachen** *f/pl j-*-court cases; **~straftat** *f j- US* offense/*GB* offence; **~strafverfahren** *n* proceedings in *j-* court; **~strafvollzug** *m* execution of *j-*-court sentences; **~verband** *m* youth association; **~verfahren** *n* court procedure in *j-* cases; **~verfehlung** *f j- US* offense / *GB* offence; **~vertreter** *m* /**-in** *f* representative of young employees (*in works council*); **~vertretung** *f* representation of young employees (*in work's council*); **~wohlfahrt** *f* youth welfare; **~wohnheim** *n* hostel (for apprentices and young workers).

jugend | gefährdend *adj* morally harmful for adolescents; **~lich** *adj* youthful, young.

Jugendliche(r) *f(m)* (*der Jugendliche*) young person, (*from 14 to 18*) juvenile, adolescent.

Juli-Ultimo *m* (the settlement at) the end of July.

Juliusturm *m* Julius Tower, national hoard, national coffer, *reserves in the national treasury*.

Jumbo jumbo jet, wide-body airplane.

Jungfernrede *f* maiden speech.

Jungschein *m certificate committing issuer of new shares to deliver them directly to a securities bank.*

Juniorpartner *m* /**-in** *f* junior partner.

Junktim *n* mutual condition, package deal; tandem law; tandem relationship, a linked deal; **~klausel** *f* package deal clause, joint performance clause, reciprocal clause.

Jura *pl* (the study and teaching of) law; **~student** *m* /**-in** *f* law student; ~ **studieren** to study law, to read law.

juridisch *adj A* juridical.

Jurimetrie *f* jurimetrics.

Jurisdiktion *f* jurisdiction, judicial power.

Jurisprudenz *f* law, the science of law, jurisprudence.

Jurist *m* /**-in** *f* legally trained person, lawyer, jurist (*jurisprudence*); **~enausbildung** *f* legal training; **~enberuf** *m* (the) legal profession; **~enjargon** *m* legalese; **~enkommission** *f* commission of legal experts; **~enlatein** *n* law Latin, lawyer's Latin; **~enlaufbahn** *f* legal career; **~enrecht** *n* juridical law, law for lawyers; **~enschwemme** *f* glut/surplus of lawyers; **~ensprache** *f* legal language, legalese, legal terminology; **~enstand** *m* (the) legal profession; **~entag** *m* law congress; **~envereinigung** *f* law association; **Deutsch-Amerikanische** ~~ (*abbr* **DAJV**) German-American Lawyers Association (*abbr* GALA); ~ **im Angestelltenverhältnis** staff lawyer, employed lawyer, in-house lawyer/legal adviser; **Ausbildungs- und Prüfungsordnung für ~en** *pl* (*abbr* **JAPO**) Rules of Education and Examination for Lawyers.

juristisch *adj* juridical, legal, de jure juristic, *adv* legally; ~ **einwandfrei** legally watertight; ~ **ausgedrückt** in legal parlance; ~ **unmöglich** legally impossible; **~e Person** *f* legal entity, juristic person, juridical person, corporate body, → *Person*.

Jury *f* jury, panel of experts.

jus sanguinis *L* (**Staatsangehörigkeit durch Geburt**) citizenship through parents' citizenship.

jus soli *L* citizenship through place of birth.

justitiabel *adj* capable of being adjudicated, justiciable.

Justitiabilität *f* capacity of being adjudicated.

Justitiar *m* /**-in** *f* legal staff lawyer, in-house lawyer, permanent legal adviser, permanent attorney, legal officer; **~abteilung** *f* legal department.

Justitium *n* suspension of the administration of justice in courts.

Justiz *f* justice, the judiciary, the administration of justice, judicature; **~angestellte**(**r**) *f*(*m*) (*der ~angestellte*) court employee; **~apparat** *m* judicial machinery; **~-Assistent** *m* /**-in** *f* law department assistant; **~ausbildung** *f* training for judicial service; **~beamter** *m* /**~beamtin** *f* judicial officer, law officer; **~behörde** *f* judicial authority; **~beitreibungsordnung** *f* court-fee collection ordinance; **~dienst** *m* judicial service; **~fachangestellte**(**r**) *f*(*m*) paralegal in judicial services; **~freiheit** *f* freedom from the jurisdiction of the courts; **~gesetze** *n/pl* laws for the administration of justice; **~gewährungsanspruch** *m* right to have justice administered; **~gewalt** *f* judicial power, judicial authority; power of the court; **~hilfswachtmeister** *m* /**-in** *f* assistant court sergeant; **~hoheit** *f* supreme judicial power; **~inspektor** *m* /**-in** *f* court inspector (*medium-rank court official*), administrative court employee; **~irrtum** *m* error of justice, judicial error, miscarriage of justice; **~kritik** *f* criticism of the courts; **~minister** *m* /**-in** *f* minister of justice, *US* Attorney General / *GB* Lord Chancellor; **~ministerium** *n* ministry of justice, *US* Department of Justice (*abbr* DoJ); **~mord** *m* judicial murder; **~oberinspektor** *m* /**-in** *f* senior court official; **~pflege** *f* administration of justice; **~pressestelle** *f* press office of the judicial authorities; **~rat** *m obs* judicial counsellor; **~reform** *f* judicial reform; **~sekretär** *m* /**-in** *f* court assistant; ~**skandal** *m* travesty of justice; ~**verbrechen** *n* judicial crime; ~**versehen** *n* inadvertent mistake on the part of the court; ~**verwaltung** *f* administration of justice; ~~**sabgaben** *f/pl* administrative expenses of the judicial authorities; ~~**sakt** *m* administrative judicial act; ~~**sentscheidung** *f* administrative judicial decision; ~~**skosten** *pl* administrative judicial expenditures; ~~**ssachen** *f/pl* matters in the field of judicial administration; ~~**sverfahren** *n* procedure in the field of judicial administration; ~**verweigerung** *f* denial of justice; ~**vollzugsanstalt** *f* (*abbr* **JVA**) prison; ~**wachtmeister** *m* /**-in** *f* court sergeant, tipstaff; ~**wesen** *n* administration of justice; **der ~ überstellen** to commit for trial; **käufliche ~** venal justice, corrupt justice, justice open to bribery, corruption of the courts.

Juwelenversicherung *f US* jewelry/*GB* jewellery insurance, insuring of jewels.

Kabel *n* cable (= *c-*); **~adresse** *f obs c-* address; **~antwort** *f c-* reply; **~auftrag** *m c-* order; **~auszahlungen** *f/pl c-* transfers; **~brief** *m* cabled letter; **~buch** *n* Ocean *C-* Register; **~fernsehen** *n c-* television; **~fernsehgesellschaften** *f/pl* multiple system operators (*abbr* MSO); **~kurs** *m c-* rate; **~netz** *n c-* network; **~pilotprojekt** *n c-* TV pilot scheme; **~überweisung** *f c-* transfer; **~weitersendung** *f c-* retransmission.

Kabinett *n* cabinet (= *c-*); **~sausschuss** *m c-* committee; **~sbeschluss** *m c-* decision; **~schef** *m/* **-in** *f* chef de *c-*, *c-* secretary; **~sentwurf** *m c-* bill (*legislation*); **~sfrage** *f* question involving a motion of confidence; **~sjustiz** *f* judicial decisions by the monarch, arbitrary government; **~skrise** *f c-* crisis; **~sminister** *m/***-in** *f c-* minister; **~smitglied** *n c-* member; **~sorder** *f c-* decree, order in council; **~sprinzip** *n* principle of government by committee; **~srang** *m c-* rank; **~sreferat** *n C-* Liaison Division; **~ssiegel** *n* privy seal; **~ssitz** *m* seat in the *c-*; **~ssitzung** *f c-* meeting; **~sumbildung** *f* reshuffle in the *c-*; ***e-e* ~~ vornehmen** to change/reshuffle/revamp the *c-*; **~sverfügung** *f c-* decree, order in council; **~svorlage** *f* proposal to the *c-*.

Kabotage *f* cabotage.

Kader *m* cadre, key personnel, skeleton staff.

Kadi *m sl* judge; **vor den ~ ziehen** to go to court, to take legal action.

kaduzieren *vt* to declare forfeited.

Kaduzierung *f* forfeiture of shares, cancellation, declaring void; **~ von Aktien** cancellation of shares, forfeiture of share certificates.

Kaffee *m* coffee; **~fahrt** *f* bus excursion sales promotion, sales promotion tied to excursion by coach.

kahlpfänden *vt* to take away all leviable goods by execution.

Kahlschlag *m* clear felling, clear cutting; **~sanierung** *f* radical urban redevelopment scheme.

Kai *m* quay, wharf, dock, pier; **~ablieferungsschein** *m* wharf receipt; **~empfangsbestätigung** *f* dock receipt, quay receipt; **~empfangsschein** *m* dock receipt, quay receipt; **~gebühren** *f/pl* dock dues, dockage, wharfage charges, berthage; **~geld** *n* → *~gebühren*; **ab ~** ex quay; **ab ~ (unverzollt)** ex quay (duties on buyer's account); **ab ~ verzollt** ex quay (duty paid); **frei auf den ~** free on quay; **öffentlicher ~** public wharf.

Kaiser *m/***-in** *f* emperor, empress.

Kaiserreich *n* empire, the second German Empire (1871–1918).

Kalamitätsnutzungen *f/pl* forestry revenue due to natural catastrophes.

Kalender *m* calendar (= *c-*); **~jahr** *n c-* year, civil year; **~~rechnung** *f* accounts per *c-* year; **~monat** *m c-* month; **~quartal** *n* quarter of the *c-* year; **am Ersten jedes ~~s** at conventional quarters, on the first day of each *c-* quarter; **~tag** *m c-* day, natural day, civil day; **laufende ~~e** running days.

kalendertäglich *adv* per calendar day.

Kalfaktor *m/***-in** *f obs person doing low work, esp in a prison, school or hospital.*

Kaliber *n* gauge, calibre, size.

Kalkül *n* scheming, plotting, purposeful calculation.

Kalkulation *f* calculation, estimate, cost accounting, costing, cost estimate; **~sabteilung** *f* costing department, cost department; **~saufschlag** *m* mark-up; **~~ssatz** *m* mark-up percentage; **~sbasis** *f* basis for calculation; **~sbüro** *n* estimating office; **~sdaten** *pl* costing data, calculation data; **~sfehler** *m* error in one's calculations, miscalculation; **~sirrtum** *m* calculation mistake, miscalculation; **~snorm** *f* costing standard; **~sschema** *n* accounts code structure, model costing account; **~sstichtag** *m* costing reference date; **~sstundensatz** *m* calculated hourly rate; **~stabelle** *f* spread sheet; **~süberholung** *f* costing update (result); **~sunterlagen** *pl* costing data, cost-accounting records; **marktwirtschaftliche ~** computation of market prospects; **pauschale ~** blanket costing, flat-rate costing.

kalkulationsmäßig *adj* from the point of view of calculating costs.

Kalkulator *m/***-in** *f* cost accountant.

kalkulatorisch *adj* imputed, calculated, for costing purposes.

kalkulieren *vi, vt* to calculate, to compute, to estimate, to reckon.

kalt *adj* cold; **~er Krieg** cold war; **~er Krieger** *m* cold warrior, *s.o.* (*still*) fighting the cold war (*anti-communist, anti-socialist, anti-capitalist, depending on the position taken*).

Kälte *f* coldness; **~anlage** *f* refrigeration plant; **~erzeugung** *f* refrigeration; **~industrie** *f* refrigeration industry; **~ingenieur** *m/***-in** *f* refrigeration engineer; **~schutzmittel** *n* anti-freeze.

Kaltlagerung *f* cold storage.

kaltmachen *vt* to bump off, to liquidate, to kill off.

Kameradendiebstahl *m* theft from a fellow soldier, theft from a workmate.

Kammer *f* (court) chamber, court division, court panel; **~ für Außenhandel** Chamber for Foreign Trade; **~ für Baulandsachen** chamber for building-land matters (*a court division for expropriation of land for public purposes, etc*); **~ für Handelssachen** commercial court; **~ für Wertpapierbereinigung** Securities Validation Tribunal; **~gericht** *n* Berlin Court of Appeal; **~gesetze** *f/pl* legislation concerning professional bodies; **~gutachten** *n* expert opinion by a professional chamber/society; **~sitzung** *f* full session; **~versammlung** *f* general meeting of the Bar Association; **~vorlage** *f* adjournment into court; **~vorsitzende(r)** *f(m)* (*der ~vorsitzende*) presiding judge; **~wahl** *f* bar association elections; **Erste ~** *parl* lower chamber; **Zweite ~** *parl* upper chamber.

Kämmerer *m/***-in** *f* treasurer (*municipal government unit*).

Kampf *m* battle, fight, combat; **~abstimmung** *f* vote on a controversial issue, crucial vote, division, hard-fought vote; **~gruppe** *f* task force; **~handlung** *f* military action, fighting, *pl* action, hostilities; **~kräfte** *f/pl* combat forces; **~kündigung** *f* labo(u)r conflict dismissal; **~moral** *f* morale; **~offerte** *f* highly competitive offer, cut-rate price; **~parität** *f* fighting parity; **~preis** *m* cut-rate price, dumping price, cut-throat competition price; **~richter** *m/***-in** *f* umpire, referee; **~tarif** *m* aggressive rate scale, tarif de combat; **~zoll** *m* penal rate, retaliatory duty.

Kanal *m* canal, channel; **~abgaben** *f/pl* canal tolls; **~arbeiter** *m/***-in** *f* sewerman/-woman; *pl pol sl* caucus members of the German Social Democratic Party (*abbr* SPD); **~dampfer** *m* cross-channel steamer; **~durchfahrschein** *m* passing ticket, canal dues; **~gebühren** *pl* effluent fees, drainage charge, canal dues; **~schleuse** *f* canal lock; **~tunnelanteile** *m/pl* Eurotunnel shares.

Kanalisation *f* sewers, sewerage, draining, (main) drainage, *river* canalization.

Kandidat *m/***-in** *f* candidate, applicant; **~enaufstellung** *f* nomination; **erstmalige ~~** fresh nomination; **~enliste** *f* list of candidates, *US* ticket; ***e-en*** **~en aufstellen** to nominate, to present a candidate, to put up a candidate, to submit a candidate.

Kandidatur *f* candidacy, candidature.

kandidieren *vi* to be a candidate, to stand for (*election, parliament*), to run for office.

Kannkaufmann *m*/**-kauffrau** *f* optionally registrable trader (*agricultural or forestry operators with optional registration as merchant in the Commercial Register*).

Kannvorschrift *f* discretionary clause, optional rule, permissive provision.

Kanonenschussregel *f int* cannon-shot rule.

kanonisch *adj* canonical.

Kanonist *m*/**-in** *f* canonist, canon lawyer.

Kanzelmissbrauch *m parl* misuse of the pulpit (*by delivering political sermons*).

Kanzlei *f* law office, chambers, firm (of lawyers), professional premises (*of lawyer, tax consultant*); record office, *hist* chancellery; **~abteilung** *f* secretarial department; **~arbeit** *f* administrative work; **~beamter** *m*/**~beamtin** *f* clerk (*in public service*); **~besprechung** *f* office conference; **~bogen** *m* foolscap; **~mitarbeiter** *m*/**-in** *f* paralegal; **~ort** *m* place of office, official domicile; **~personal** *n* office staff (*in a law office*); **~schrift** *f* engrossing hand; **~sprache** *f* officialese; **~stil** *m* legal style, officialese; **~vorsteher** *m*/**-in** *f* senior clerk (*law office*).

Kanzler *m*/**-in** *f pol* chancellor; registry clerk; *edu US* provost; **~amt** *n* chancellery; **~ des Gerichtshofes** *EU* Registrar of the Court of Justice; **~kandidatur** *f* bid for chancellorship.

Kap (*abbr* = **Kapitel**) chapter.

Kapazität *f* capacity (= *c-*, *capacities* = *c-s*); **~sauslastung** *f c-* utilisation, use of *c-s*; **~sausnützung** *f* utilization of *c-*, employment of *c-*; **~~sgrad** operating rate, the level utilizing *c-s*; **~seffekt** *m* effect on *c-*; **~sgrenze** *f* limit of *c-*; **~snutzungsgrad** *m* load factor; **~süberhang** *m* surplus of unused *c-*; **freie ~** unused *c-*; **ungenützte ~** idle *c-*.

kapazitätsmäßig *adj* as regards capacity.

Kapital *n* **I** capital (= *c-*), capital stock; principal, principal moneys; **~abfindung** *f* lump-sum settlement, lump-sum compensation, monetary compensation; **~abfluss** *m* outflow of *c-*; **~abgabe** *f c-* levy; **besondere ~~** ad hoc *c-* levy; **~ablösung** *f* redemption of *c-*, substitution of *c-*; **~abschöpfung** *f* skimming-off of surplus *c-*, absorption of surplus *c-*; **~abtragung** *f* redemption of *c-*, repayment of principal; **~abwanderung** *f* exodus of *c-*, *c-* drain; **~abzug** *m* withdrawal of *c-*; **~anlage** *f* → *Kapitalanlage*; **~anleger** *m*/**-in** *f* investor; **~~schutz** investment protection; **~~ letzter Hand** ultimate investor(s); **~ansammlung** *f* accumulation of *c-*, accumulation of funds; **~~svertrag** *m c-* accumulation agreement; **~anteil** *m c-* share, equity share; **~~schein** *m* share certificate, stock certificate, share; **~ aufbringen** *v* to raise *c-*; **~aufbringer** *m*/**-in** *f* provider of *c-*, investor; **~aufbringung** *f* raising of *c-*; **~aufnahme** *f* taking up of *c-*, long-term borrowing; **~aufstockung** *f* increase of *c-* stock; **~aufwand** *m c-* expenditure, *c-* provided for investment; **~aufwendungen** *f/pl c-* expenditure; **~ aus etwas schlagen** to capitalize on *sth*, to make *c-* out of *sth*, to exploit; **~ausfallrisiko** *n* loan loss risk; **~ausfuhr** *f* export of *c-*; **~ausschüttung** *f* distribution of *c-*, *US* stock dividend; **~ausstattung** *f c-* equipment, *c-* resources, capitalization; **~ausweitung** *f c-* expansion; **~auszahlung** *f* **aus** ***e-er*** **Lebensversicherung** *c-* received from payment of a life insurance; **~basis** *f* basic *c-* requirements, foundation of *c-* structure; **~bedarf** *m c-* requirements, demand for investment *c*-; **aktueller ~~** current need for *c*-; **~belastung** *f* lien(s) on the *c*-; **~bereitstellung** *f* making *c*-funds available, provision of loan *c*-, holding *c*- funds for a customer's disposal; **~~skonto** *n* temporary account for available *c*-; **~~skosten** *pl* loan commitment charges; **~~sprovision** *f* commitment commission; **~berichtigung** *f c*-adjustment; **~~s-Aktien** *pl* shares issued for the adjustment of *c*-; **~ beschaffen** *v* to procure *c*-, to raise *c*-; **~beschaffung** *f* raising of *c*-, procurement of *c*-; **~~skosten** *pl c*-procurement costs; **~besitz** *m c*-holding; **~besitzer** *m*/**-in** *f* stockholder, *c*- proprietor; **~bestand** *m* total *c*- (resources); **~beteiligung** *f* participation in nominal *c*-, equity participation, equity investment; **~~sgesellschaft** *f* equity investment company, *c*- investment company; **~betrag** *m* principal amount, *c*- sum; **~~ e–er Beteiligung** principal amount of a participation; **~~sberechnung** *f* computation of *c*- sum; **~bewegung** *f c*-movement, flow of *c*-; **~bilanz** *f* balance of *c*- transactions, net *c*-movement, *c*- account; **Belastung der ~~** charge on *c*- account; **~bildung** *f* formation of *c*-, accumulation of *c*-; **freie ~~** formation of private savings *c*-; **freiwillige ~~** voluntary *c*- formation; **stille ~~** formation of undisclosed *c*-; **~bindung** *f* tying up of *c*-, tied up *c*-; **~bonus** *m c*- bonus, stock dividend; **~decke** *f c*- cover, *c*- resources; **~deckungsstock** *m c*-cover fund; **~deckungsverfahren** *n* funding; **~dienst** *m* debt service; **~~verpflichtung** *f* obligation to provide service on *c*-; **~eigner** *pl* owners of the *c*- stock, share/stock holders, proprietors; **~ einbringen** to bring in *c*-, to invest, to contribute *c*-; **~einbringung** *f* contribution of *c*-, *c*- input; **~einbuße** *f c*-loss; **~einfuhr** *f* importation of *c*-, inflow of foreign *c*-; **~einkünfte** *pl* investment income, unearned income; **~einlage** *f c*- contribution, (proprietor's) *c*- holding, invested *c*-; **~einsatz** *m* **pro Beschäftigtem** *c*- labo(u)r rate; **~einschuss** *m* subsequent contribution to *c*-, paid-up *c*-; **~einzahlung** *f* payment as *c*-investment, *c*- input; **~embargo** *n* ban on *c*- exports, *c*- embargo; **~empfehlungsliste** *f* list of recommended *c*- projects; **~entnahme** *f* withdrawal of *c*-; **~entwertungskonto** *n c*- depreciation account; **~erhaltung** *f c*- maintenance; **nominelle ~~** financial *c*-maintenance; **substantielle ~~** physical *c*- maintenance; **~erhöhung** *f* increase in stock/share *c*-; **~~ durch Neueinlagen** increase in share *c*- by subscriptions; **~~ durch Umwandlung von Rücklagen, Gewinnen oder Rückstellungen** increase in share *c*- by capitalization of reserves, profits and other funds; **~~skosten** *pl c*--increase expenses; **bedingte ~~** contingent/conditional *c*- increase, conditional increase of *c*- stock; **~ertrag** (*pl ~erträge* = **~e**) *m* income from *c*-, *c*- yield, investment income, revenue from *c*-; *pl* investment income, proceeds from *c*-; **~~sbilanz** *f* balance of investment income, net investment income; **inländische ~~e** domestic *c*- gain; **steuerabzugspflichtige ~~e** *c*-yields subject to withholding tax; **~erträgnis** *n* → *~ertrag*; **~ertragsteuer** *f* → *Kapitalertragsteuer*; **~export** *m* transfer of *c*- abroad, export of *c*-; **~fehlleitung** *f* misdirection of *c*-, misdirected investment; **~festlegung** *f* tying-up of *c*-; **~flucht** *f c*- flight, exodus of *c*-; **~forderung** *f c*- claim, *c*- due; **~freisetzung** *f* liberation/freeing of *c*-, making *c*- freely available; **~geber** *m*/**-in** *f* lender of *c*-, investor, financier; **~gesellschaft** *f* corporation, corporate enterprise, joint stock company (incorporated) company; **staatseigene ~~** wholly government-owned corporation; **~gewinn** *m c*- gain, profit derived from *c*-; ~~**abgabe** *f c*- gains levy, *c*- gains tax; ~**güter** *n/pl c*- goods, *c*- assets; ~~**industrie** *f c*- goods industry; ~ **herabsetzen** to reduce the *c*-; ~**herabsetzung** *f* reduction of *c*-, *c*- reduction; **ordentliche** ~~ ordinary *c*- reduction (*reduction of nominal value of shares and repayment to shareholders*); **vereinfachte** ~~ simplified *c*- reduction (*no repayment to shareholders*); ~**hilfe** *f* aid by increase in *c*-; ~**intensivierung** *f* enlarging the amount of *c*-, increasing the *c*- ratio; ~**investierung** *f c*- investment; ~**investition** *f c*- investment; ~**isation** *f c*- resources, *US* capitalization/*GB* capitalisation, (*total c- funds invested in a corporation*); ~**isierung** *f* → *Kapitalisierung*; ~**knappheit** *f* shortage of *c*-; ~**koeffizient** *m c*- output ratio, *c*-coefficient; ~**konto** *n* (*partner's*) *c*-account, proprietary account; ~**konzentration** *f* concentration of *c*- (ownership); ~**kraft** *f* sound *c*-position, strength of *c*- resources; ~**kreditbeschaffung** *f* obtaining credit for *c*- resources; ~ **kündigen** *v* to recall *c*-, to call in the *c*-; ~**lebensversicherung** *f c*--sum life assurance, endowment (insurance) policy; ~**leistung** *f* payment of *c*-, *c*- transaction; ~**lenkung** *f* direction of *c*-, investment control; ~**lücke** *f c*- gap; ~**macht** *f* power of *c*-, *c*--holding power; ~**mangel** *m* lack of *c*-; ~**markt** *m* → *Kapitalmarkt*; ~**mehrheit** *f* majority of shares, majority stockholding; ~**mittel** *pl c*- resources; ~**nachfrage** *f* demand for *c*-; ~**nachfragende**(**r**) *f*(*m*) (*der ~nachfragende*) party seeking *c*-; ~**not** *f* lack of *c*-; ~**nutzung** *f* utilization of *c*-; ~~**sentschädigung** *f* service charge for the use of money; ~~**sertrag** *m c*- yield, return on invested *c*-; ~**rendite** *f* return on *c*- employed, ratio of *c*-yield; ~**rentabilität** *f* earning power of *c*- employed; ~**rente** *f* annuity, pension from *c*- yield; ~**rentner** *m*/**-in** *f* a person living from *c*- yield, person with private means; ~**reserven** *f/pl* reserve funds, *c*- reserves; ~**rückfluss** *m* reflux of *c*-, pay-off; ~~**berechnung** *f* payback method; ~~**dauer** payback period , pay-off period; ~**rückwanderung** *f* reflux of *c*-, return of *c*- from abroad, repatriation of *c*-; ~**rückzahlung** *f* payback of *c*-, repayment of principal; ~**sammelbecken** *n c*- reservoir; ~**sammelstelle** *f* institutional investor, *c*- depository; ~~ **für Spargelder** savings depository; **amtliche** ~~ official depository; ~**schnitt** *m c*- write down; ~**schöpfung** *f* creation of *c*-; ~**schuld** *f c*- debt, principal, *c*-amount of the debt; ~**schwund** *m* dwindling of assets; ~**spritze** *f* cash injection; ~**stau** *m* piling-up of investment *c*-, *c*- pile-up; ~**steuer** *f* tax on *c*-, *c*- levy, *c*- tax; ~**steuerung** *f* directing the flow of *c*-, investment control; ~**struktur** *f* financial structure, structure of *c*-resources; ~**substanz** *f* real *c*-, genuine *c*- assets, net worth; ~**tilgung** *f* redemption of *c*-; ~**titel** *m c*- market security; ~**transfer** *m* transfer of *c*-, *c*- transfer; ~**übertragung** *f c*- transfer; ~**umdisposition** *f* rearrangement of (*c*-) investments, reinvestment; ~**umlauf** *m* circulation of *c*-; ~**umlenkung** *f* redirection of *c*-; ~**umsatz** *m c*- turnover, employment of *c*-; ~**umschichtung** *f* redistribution of investments, regrouping of *c*-, recapitalization; ~**umschlag** *m c*- turnover; ~**umstellung** *f c*- reorganization; ~**umstrukturierung** *f* recapitalization, (recap); ~ **und Schuldteile** *c* and current liabilities; ~**verbindlichkeit** *f c*- liability, principal obligation; ~**verflechtung** *f* interlocking *c*- arrangements, interlocking of *c*- interests, intercorporate stockholding; **intensive** ~~ highly interlocking *c*- arrangements; ~**verkehr** *m c*- transactions, *c*- movements; ~~**sbesteuerung** *c*-transfer taxes; ~~**skontrolle** control of the movement of *c*-; **~~ssteuer** *f c*- transfer tax, tax on *c*-transactions; **~~~amt** *n C*- Transfer Tax Office; **~~~gesetz** *n C*- Transfer Tax Act; **~~~prüfung** *f* tax audit for *C*- Transfer Tax; **grenzüberschreitender ~~** trans-frontier *c*- movements; **~verknappung** *f* shortage of investment *c*-; **~verlust** *m c*- loss, *c*- impairment; **~~konto** *n c*- loss account; **~vermittlung** *f* provision of *c*- (*by agents or banks*), acting as intermediary in the provision of *c*-; **~vermögen** *n c*- assets; **~versicherung** *f* insurance for a lump sum, endowment insurance, *c*--sum (life) assurance; **~~ auf den Todes- und Erlebensfall** whole life and endowment insurance; **~verteilung** *f* distribution of *c*- (*on liquidation*); **~vertreter** *m*/**-in** *f* shareholders' representative; **~verwässerung** *f* watering of stock, equity dilution, dilution of *c*-; **~verwendung** *f c*- appropriation, employment of *c*-, placement of funds; **~verzinsung** *f* interest on *c*-accounts; **~~ssatz** *m* rate of return on *c*-; **~wert** *m c*- value, capitalized value, cash value (*policy*); **~~berechnung** *f* calculation of *c*- value; **~~ *e-er* Rente** present value; **~~zuwachs** *m c*- appreciation; **~zahlung** *f* payment out of *c*-; **~zeichnung** *f* subscription for *c*-issue, stock/share subscription; **~zins** *m* interest on *c*-, rate of interest; **~~politik** *f* interest policy (*in the c- market*), policy concerning interest on *c*-; **~zufluss** *m* influx of *c*-; **~zufuhr** *f c*- accrual/input; **~zuführung** *f* contribution, of additional *c*-; **~zusammenlegung** *f c*- consolidation; **~zusammensetzung** *f c*- structure; **~zuschuss** *m c*- subsidy, *c*- contributions, grant; **~zustrom** *m* influx of *c*-; **~zuwachs** *m c*- gain; **~~ aus Werterhöhungen** appreciation surplus; **~~steuer** *f c*--gains tax, *c*-tax; **abrufbares ~** callable *c*-; **amortisiertes ~** sinking fund *c*-; **angelegtes ~** invested *c*-; **arbeitendes ~** working *c*-; **aufgerufenes ~** called-up *c*-; **ausgewiesenes ~** stated *c*-; **bedingtes ~** potential *c*-; **begebenes ~** issued *c*-, *US* outstanding *c*-; **blockiertes ~** blocked *c*-, frozen *c*-; **brachliegendes ~** idle *c*-; **eigengebildetes ~** self-made *c*-; **einbezahltes ~** paid-up *c*-; **eingebrachtes ~** *c*- brought in; **eingefrorenes ~** frozen *c*-, blocked *c*-; **eingezahltes ~** paid-up *c*-, paid-in *c*-; **eingesetztes ~** *c*- employed; **flüssiges ~** available funds, liquid funds; **genehmigtes ~** authorized *c*-, authorized stock, authorized issue; **gezeichnetes ~** subscribed *c*-; **langfristiges ~** long-term *c*-; **nicht begebenes ~** *US* potential *c*-/*GB* unissued *c*-; **privates ~** privately-owned *c*-; **risikotragend angelegtes ~** *c*- employed at risk; **stimmberechtigtes ~** voting stock; **totes ~** unproductive *c*-, idle *c*-, dead assets; **umlaufendes ~** floating *c*-, circulating *c*-; **ungenutztes ~** unemployed *c*-; **verantwortliches ~** risk-bearing *c*-; **verwässertes ~** watered stock, diluted *c*-; **volleingezahltes ~** fully paid-up *c*-.

Kapital| (*main, head, chief*) **~verbrechen** *n* capital crime, felony.

kapital|arm *adj* short of capital, lacking in capital; **~intensiv** heavily capitalised, capital-intensive; **~istisch** capitalist(ic); **~kräftig** well funded, in good financial standing, financially powerful; **~marktmäßig** relating to the capital market; **~marktpolitisch** relating to capital market policy.

Kapitalanlage *f* investment, capital investment, financial investment, employment of funds, employment of capital; **~-Bankgeschäfte** *n/pl* investment banking; **~betrug** *m* investment fraud, fraud on the market; **~gesellschaft** *f* investment trust, investment company; **~~ mit eigenverantwortlicher Anlageverwaltung** management trust; **~güter** *pl* **mit beschränkter Le-**

bensdauer limited-life assets; ~ **in Investmentzertifikaten** unitized investment; ~**vertrag** *m* investment contract; ~**verwaltungs-Gesellschaft** closed-end investment company; **kurzfristige** ~ short-term investment; **langfristige** ~ long-term investment, permanent investment; **mündelsichere** ~ gilt-edged investment, authorized investment, widow-and-orphan stock; **nicht ablösbare** ~ non-commutable investments, irredeemable capital investments; **Not leidende** ~ defaulted investments; **private** ~ private investment, private placement; **sichere** ~ safe investment.

Kapitalertragssteuer *f* capital-yield tax, tax on unearned income, tax on income derived from capital; ~**abzug** *m* tax deduction from capital income; ~**anmeldung** *f* capital-yield tax declaration; ~**bescheinigung** *f* capital-yield tax acknowledgment; ~ **im Steuerabzugsverfahren** withholding tax on dividends and interest, withholding tax on capital income.

kapitalisieren *vt* to capitalize.

Kapitalisierung *f* *US* capitalization/*GB* capitalisation; ~ **der Erträge** capitalization of yields, converting proceeds into capital; ~ **der Rente** capitalization of pension annuities (*into a lump sum*); ~ **der Zinsen** capitalization of interest; ~**sanleihe** *f* capital loan, blocked loan; ~**sbasis** *f* yield basis, basis for capitalization; ~**sfaktor** *m* capitalization factor; ~**ssatz** *m* capitalization factor; ~**svertrag** *m* capitalization agreement.

Kapitalist *m*/**-in** *f* capitalist.

Kapitalmarkt *m* capital market (= *c/m*), long-term credit market; ~**dirigismus** *m* regimentation of the *c/m*; ~**dispositionen** *pl* employment of funds in the *c/m*; ~**empfehlungsliste** *f* list of issues recommended for the *c/m*; ~**förderungsgesetz** *n* *C/M* Promotion Act; ~**intervention** *f* intervention in the *c/m*; ~**klima** *n* *c/m* conditions; ~**pflege** *f* nursing of the *c/m*; ~**publikum** *n* the investing public; ~**verhältnisse** *n/pl* conditions in the *c/m*; ~**zins** *m* rate of interest in the *c/m*, the price of money; **freier** ~~ open rate, open market rate; **den** ~ **anzapfen** to tap the *c/m*; **florierender** ~ a flourishing *c/m*; **gehemmter** ~ restricted *c/m*; **sich des** ~**es bedienen** to have recourse to the *c/m*.

Kapitulation *f* capitulation, surrender; ~**sbedingungen** *f/pl* surrender terms; ~**surkunde** *f* instrument of surrender; **bedingungslose** ~ unconditional surrender.

Kapo *m hist* foreman, trusty, prisoner in charge of a work-detail (*esp in a concentration camp*).

Kappung *f* upper limit, ceiling; ~**sgrenze** *f* upper limit, global rent increase limit (*over 3 years*).

Karenz *f* qualifying period, waiting time, time of competitive restriction; ~**entschädigung** *f* compensation for the duration/period of non-competition; ~**frist** *f* restraint of competition period, *ins* waiting period, qualifying period; ~**klausel** *f* restraint of competition clause; ~**tage** *m/pl* days of a qualifying period; ~**zeit** *f ins* waiting period, period of non-availability; period of restraint; **bezahlte** ~ compensated restraint of competition (*of former employee etc*).

Kargoversicherung *f* cargo insurance, freight insurance.

karitativ *adj* charitable, eleemosynary.

Karriere *f* career; ~**diplomat** *m*/**-in** *f* career diplomat, professional diplomat; ~**macher** *m*/**-in** *f* careerist, *sl* climber.

Karosseriebau *m* bodywork engineering, coach building; ~**firma** *f* car body firm.

Karte *f* card, playing card; ~**nglücksspiel** *n* card game of chance; ~**nkundschaft** *f* credit-card customers; ~**nlesegerät** *n* creditcard scanner; ~**nskizze** *f* sketch-map;

~nsteuer *f* tax on playing cards; **~nvorverkauf** *m* advance booking (*theatre, opera, concerts, etc*); **~nwirtschaft** *f* the rationing system.

Kartei *f* card index, card catalogue; **~karte** *f* index card; **~kasten** *m* filing case, card index box.

Kartell *n* **I** cartel (= *c-*), combine, loose combination, monopoly agreement, combination in restraint of trade; **~abkommen** *n c-* agreement; **~abrede** *f c-* understanding/agreement; **~amt** *n C-* Office; **~~sverfahren** *n c-* proceedings, proceedings at the *C-* Office; **~anmeldung** *f* registration of a *c-* agreement; **~anteile** *m/pl c-* interests; **~aufsicht** *f* supervision of *c-s*; **~ausschuss** *m* antitrust committee; **~beamter** *m/***~beamtin** *f c-* authority officers; **~behörde** *f c-* authority, antitrust division, Monopolies Commission; **~beirat** *m c-* advisory committe; **~beteiligung** *f c-* participation; **~gericht** *n* restrictive practices court, *c-* court; **~gesetz** *n c-* law, antitrust law, → *Gesetz gegen Wettbewerbsbeschränkungen*; **~~gebung** *f* antitrust laws, anti*c-* legislation; **~klage** *f* antitrust action; **~kündigung** *f c-* relinquishment; **~mitglied** *n* member of a *c-*; **~politik** *f* antitrust policy, *c-* policy; **~quote** *f* pool quota; **~recht** *n c-* law, antitrust law; **~register** *n* register of *c-s*; **~sache** *f c-* case; **~senat** *m c-* division (*of German appellate or supreme court*); **~verbot** *n* (general) prohibition of *c-s*; **~vereinbarung** *f c-* agreement, price-fixing agreement; **~verfahren** *n* antitrust proceedings; **~verordnung** *f C-* Ordinance, *c-* decree; **~verträge** *m/pl c-* agreements; **~-Verwaltungssache** administrative *c-* matter.

Kartell *n* **II** *hist* cartel, written challenge (*duel*); **~träger** *m* challenge-bearer.

Kartellierung *f* formation of cartels.

kaschieren *vt* to conceal, to cover up, to hide, to mask.

Kaserne *f* (military) barracks (*sg or pl*); **~narrest** *m* confinement to barracks.

kasernieren *vt* to quarter (troops) in barracks; to compel (prostitutes) to live in licensed brothels.

Kasko *n* = *~versicherung*; **~police** *f* automobile damage policy, hull policy; **~ und Maschinen** hull and machinery; **~versicherer** *m/***-in** *f* insurer against damage to automobile, hull underwriter; **~versicherung** *f* collision damage insurance, own vehicle insurance, comprehensive insurance; *mar* hull insurance.

Kassa|buch *n* cash book; **kleines ~~** petty book; **~devisen** *pl* spot exchange; **~frist** *f* deadline for cash payment; **~fuß** *m* cash value (*of currencies with fluctuating exchange rates*); **~geschäft** *n* cash transaction, spot deal, cash sale; **~handel** *m* spot dealings; **~kauf** *m* cash purchase; **~konto** *n* cash account; **~kurs** *m* current published quotation, cash quotation, spot (exchange) quotation, spot rate, spot price, cash price; **~lieferung** *f* spot delivery, cash on delivery; **~makler** *m/***-in** *f* private broker (*dealing only on behalf of clients*); **~markt** *m* cash market, spot market; **~notierung** *f* spot quotation; **~papiere** *n/pl* securities for cash dealings; **~ware** *f* spots; **~werte** *m/pl* securities quoted on the spot market.

Kassation *f* reversal, quashing (*of lower court's decision*); cashiering (*a military officer*); **~sgericht** *n* court of cassation, court of appeal, court of last resort.

Kasse *f* cash (= *c-*), cash box, strong box; cash register, till, check out; cashier's desk/counter, pay desk; pay office, cashier's office, bursar's office (*university, college*); **~ gegen Dokumente** *c-* against documents; **~ machen** to do the till, to balance the *c-*; **~nabschluss** *m* balancing of accounts, *c-* results; **~nabstimmung** *f* reconciliation of *c-*; **~nanweisung** *f* voucher for payment, pay voucher, petty *c-* voucher, *c-* order (*directive concerning payment of public funds*); treasury bill, treasury certificate; **~narzt** *m*/**~närztin** *f* panel doctor, social health insurance doctor; National Health (Insurance) doctor; **~~recht** *n* legislation applicable to doctors registered with social health insurance bodies; **~~wahl** *f* choice among panel doctors; **~närztliche Vereinigung** *f* Association of Panel Doctors; **~nausgang** *m c-* disbursement, petty *c-* voucher; **~nbeamter** *m*/**~nbeamtin** *f* cashier, teller; **~nbeleg** *m* (journal) voucher, *c-* voucher; **~nbericht** *m c-* report, treasurer's financial report; **~nbestand** *m c-* in hand, *c-* holding, *c-* balance; **~nbilanz** *f c-* account, *c-* balance; **~nbudget** *n c-* budget; **~nbuch** *n c-* journal, *c-* book; **~~halter** *m*/**-in** *f c-* accountant; **~ndarlehen** *n c-* loan; **~ndefizit** *n c-* deficit; **~ndifferenzkonto** *n* over-and-short account; **~ndisposition**(**en**) *f/pl c-* arrangements, handling of *c-* holding(s); **~neingänge** *m/pl c-* receipts, takings; **~neingangsbeleg** *m c-* receipt; **~neinnahmen** *f/pl c-* receipts, takings; **~nfehlbetrag** *m c-* deficit, *c-* short fall, *pl c-* shorts; **~nführer** *m*/**-in** *f* treasurer; **~nführung** *f* handling the *c-*; being in charge of the *c-*; **~nfülle** *f* glut of *c-*; **~ngebarung** *f c-* management, handling of *c-* payments and receipts, *c-* transactions; **~ngeschäft** *n c-* deal, *c-* transaction, spot deal; **~nguthaben** *n c-* in hand, *c-* balance; **~nhaltung** *f c-* management; **~nkonto** *n c-* account, cashier's account; **~nkredit** *m c-* advance, *c-* lendings, central bank advance (*by Federal Bank to governmental agencies*), government's loan facility with central bank; short-term loan; **~~zusage** *f c-* advance facility, assurance of overdraft facility; **~nkurs** *m* spot rate; **~nlage** *f c-* position, position of liquid assets; **~nleistung** *f* health insurance benefits; **~nliquidität** *f* liquidity; **~nmanko** *n c-* deficit, shortfall of *c-*, adverse *c-* balance; **~~versicherung** *f* errors-and-omissions insurance; **~nmittel** *n/pl* (*c-*) funds; **~nobligation** *f* bank-issued medium-term note, fixed-rate note; **~npatient** *m*/**-in** *f* panel patient, health service patient; **~npfändung** *f* levying upon *c-* funds; ***e-e* ~~ vornehmen** to seize the till; **~npraxis** *f* medical practice admitting (national) health service patients; **~nprüfer** *m*/**-in** *f* (*c-*) auditor, internal auditor; **~nprüfung** *f c-* audit, *c-* check; **~nquittung** *f* receipt, cashier's receipt, *US* sales check; **~nrabatt** *m c-* discount; **~nraub** *m* bank robbery; **~nrevision** *f c-* audit, *c-* stock-taking, audit of the *c-* account; **~nrevisor** *m*/**-in** *f c-* auditor; **~nsaldo** *m c-* balance; **~nsatzung** *f* regulations of health insurance organization, fund rules; **~nscheck** *m* bank *US* check/*GB* cheque, cashier's *US* check/*GB* cheque; open *US* check/*GB* cheque, cashable *US* check/*GB* cheque, (open) uncrossed *US* check/*GB* cheque; **~nschein** *m* treasury certificate, deposit certificate, = *Kassenobligation*; health service *US* check/*GB* cheque; **~nschlager** *m* jack-pot winner, *US* blockbuster, box-office hit; **~nskonto** *n c-* discount; **~nsollbestand** *m* required *c-* balance; **~nstatus** *m c-* position; **~nstelle** *f* cashier's office, paymaster; **~nstunden** *f/pl* banking hours, business hours; **~nsturz** *m* counting the *c-*, checking the day's takings; **~~ machen** to make up the *c-*, to check the *c-* in hand; **~nsystem** *n* checkout facility (*supermarket*); **~nhaltungsplan** *m* estimate of *c-* requirements; **~nüberschuss** *m c-* surplus, excess *c-*; **~nübertritt** *m* change of health insurance; **~numsatz** *m c-* turnover, *c-* transactions; **~nverband** *m* association of health insurance boards; **~nverein** *m* clearing house, security-clearing institution; **~n-verkehr** *m* over-the-counter business, *c-* movements; **~nverlust** *m* *c-* loss, missing *c-*, *c-* deficit; **~~entschädigung** *f* compensation for missing *c-*; **~nverwalter** *m*/**-in** *f* treasurer, cashier; **~nverwaltung** *f* treasury, public finance department; **~nvorschuss** *m* *c-* advance; **~nwart** *m*/**-in** *f* treasurer; **~nwesen** *n* *c-* accounting; **~nzettel** *m* receipt, sales check; **~nzugehörigkeit** *f* membership of a public health-insurance organization; **~nzuständigkeit** *f* competence of a social health insurance organization; **~nzwang** *m* compulsory social health insurance; **die ~ abnehmen** to balance the *c-*; **die ~ stürzen** to count the *c-*; **gegen ~** for *c-*; **gemeinsame ~** common fund, joint purse, common purse; **gemeinschaftliche ~** → *gemeinsame ~*; **netto ~** net *c-*; **öffentliche ~** public treasury, national health insurance; **per ~** spot, on spot terms, for *c-*; **rechtsfähige ~** incorporated financial agency; **rein netto ~** net *c-* without discount; **schwarze ~** *sl* secret kitty.

Kassette *f* cassette, audio-cassette, video cassette.

Kassiber *m* smuggled prison message.

kassieren *vt/vi* to cash, to collect, to take (money), to confiscate; to quash, to annul (*a court decision*).

Kassierer *m*/**-in** *f* cashier, (receiving) teller; checkout clerk (*self-service store*).

Kästchen *n* compartment on a printed form, blank, box.

Kastenwagen *m* box van, delivery van.

Kastration *f* castration.

Kasuistik *f* casuistry, case law.

Katalog *m* catalogue; **~-Geschäft** mail-order business; **~preis** *m* list price; **nach ~** as per catalogue; **nach Sachgebieten geordneter ~** classified catalogue; **systematischer ~** subject catalogue.

Kataster *m* cadastral (= *c-*) land survey, field book; **~amt** *n* *c-* office, land survey office; **~auszug** *m* excerpt from a *c-* map; **~beamter** *m*/**~beamtin** *f* surveyor and valuer, official at the *c-* office; **~bewertung** *f* *c-* valuation; **~buch** *n* *c-* register, lot book, land survey register; **~ertrag** *m* *c-* income; **~gesetz** *n* land survey act; **~plan** *m* *c-* survey map; **~~einheit** *f* *c-* unit, *US* plot, plat; **~steuer** *f* *c-* tax; **~verzeichnis** *n* docket, public index map; **~wert** *m* *c-* value, land value.

Katastrophe *f* catastrophe; **~nfall** *m* catastrophe, unforeseen calamity; **~ngebiet** *n* disaster area; **~nrisiko** *n* catastrophe hazard; **~nschutz** *m* disaster control service; **~nversicherung** *f* insurance against catastrophes.

kategorisch *adj/adv* categoric(al); **~er Imperativ** categorical imperative; → *hypothetischer Imperativ*.

Kauf *m* (*pl Käufe* = *~e*) purchase; sale (*law of sale*); **~abrechnung** *f* *exch* bought note; **~abschluss** *m* bargain, conclusion of contract of sale; **~~ durch Handschlag** sale by shake of hands; **fester ~~** outright sale; **~akte** *f* purchase deed; **~angebot** *n* offer to buy, bid; **~anreiz** *m* buying incentive; **~antrag** *m* offer to buy; **~anwärter** *m*/**-in** *f* prospective purchaser; **~anwartschaftsvertrag** *m* provisional sales contract, contract for the purchase of an expectancy; **~ auf Abruf** purchase with deferred delivery subject to call; **~ auf Baisse** purchase for the fall; **~ auf Besicht** sale (for inspection and) on approval; **~ auf Probe** sale on approval, sale or return, memorandum sale, sale on trial; **~auftrag** *m* buying order, purchase order; **limitierter ~~ oder Verkaufsauftrag** stop-loss order; **~ auf Umtausch** sale or exchange; **~ auf Zeit** purchase for a temporary period; **~ auf Ziel** purchase on credit, credit sale; **~ausweis** *m* certificate of purchase; **~belebung** *f* increase in sales; ~ **bricht** (**nicht**) **Miete** sale not subject to (subject to) existing tenancies; **~brief** *m* deed of purchase; bill of sale (*ships*); **~eigenheim** *n* freehold property (*for sale, privately purchased*); ~ ***e-es*** **Anwartschaftsrechtes** purchase of an expectancy; **~empfehlung** *f* recommendation to purchase; *exch* buy recommendation; ~ **gegen bar** cash purchase; **~gegenstand** *m* subject-matter of the sale, object sold; object of purchase, sales article; **~geld** *n* purchase money; **~~forderung** *f* claim for the purchase price; **~~hypothek** *f* purchase money mortgage; **~gelegenheit** *f* opportunity to buy; **~gesuch** *n* request to buy, offer to buy; **~gewohnheit** *f* buying habit; **~gut** *n* purchased goods, goods bought; **~haus** *n* department store; **~interesse** *n* interest in purchasing; inclination to buy; **~interessent** *m*/**-in** *f* prospective buyer, would-be purchaser; intending purchaser, potential purchaser; **~lohn** *m* cost of outside labo(u)r; **~kraft** *f* → *Kaufkraft*; **~kredit** *m* loan to finance purchases; **~kurs** *m* buying rate; **~leute** *pl* merchants, tradesmen; **~lizenz** *f* buying *US* license/*GB* licence; **~lust** *f* inclination to buy, spending spree; **~mann** *m*/**~frau** *f* → *Kaufmann*; **~miete** *f* hire-purchase; ~ **mit Rückgaberecht** sale and return, memorandum sale; **~mittel** *pl* purchasing funds; ~ **nach Beschreibung** sale by description; ~ **nach Katalog** catalogue sale; ~ **nach Probe** sale by sample; ~ **nach Warenbeschreibung** purchase by description; **~neigung** *f* inclination to buy; **~option** *f* buyer's option, option to purchase, call option; **~orgie** *f* spending spree; **~potential** *n* purchasing power; **~preis** *m* → *Kaufpreis*; **~rausch** *m* purchasing mania, spending spree; **~recht** *n* right of purchase; law on sales; **~reflektant** *m*/**-in** *f* intending purchaser, potential buyer; **~sache** *f* bought object, object of sale; **~schein** *m* certificate of sale, buyer's pass/ID; **~~handel** *m* trade with limited group of pass holders; **~steuer** *f* purchase tax; **~stimmung** *f* buying mood; **~summe** *f* purchase money, total price; **~unlust** *f* sales resistance, disinclination to buy; ~ **unter Ausschluss von** (**sämtlichen**) **Gewährleistungsansprüchen** sale with all faults; ~ **unter Eigentumsvorbehalt** conditional sale agreement, sale subject to reservation of title/ownership; **~urkunde** *f* purchase deed; **~verhalten** *n* purchasing pattern; **~verhandlung** *f* sales negotiation; **~~en führen** to negotiate a sale; **~verpflichtete**(**r**) *f*(*m*) person who has agreed to buy goods; **~verpflichtung** *f* obligation to purchase; purchase commitment; **~vertrag** *m* → *Kaufvertrag*; ~ **von beweglichen Sachen** purchase of goods; ~ **von sofort lieferbaren Produkten** (*bzw Devisen*) *exch* spot purchase; **~vorrecht** *n* purchase privilege; **~vorvertrag** *m* agreement for purchase, preliminary contract of sale; **~welle** *f* sales boom, buying surge; **~wert** *m* purchase money, value of the purchased item; ~ **wie besehen** sale on inspection; ~ **wie Ware steht und liegt** sale with all faults; ~ **zur Probe** trial sale, sale of a sample; ~ **zur späteren Auslieferung** forward purchase; **~zwang** *m* obligation to buy; **kein ~~** no obligation, inspection invited; ***e-en*** ~ **abschließen** to conclude a contract of sale; **fester** ~ firm sale, definite sale; ***e-en*** **festen** ~ **abschließen** to buy outright, to conclude a firm sale; **durch** ~ **erwerben** to acquire by purchase; **freier** ~ voluntary purchase, voluntary sale, sale by private treaty; **lebhafte ~e** *exch* active buyers.

kauf|bereit *adj* inclined to buy, ready to buy, in a spending mood; **~männisch** *adj* commercial, mercantile; **~~ verantwortet** justified on grounds of sound business practice; ~**weise** *adv* by way of purchase.

kaufen *vt/vi* to buy, to purchase; **auf Besicht** ~ to buy subject to inspection; **auf Probe** ~ to buy on trial, to buy subject to inspection; **auf Ziel** ~ to buy on terms, to buy on credit; **billig** ~ to buy cheap(ly), to buy at a low price; **fest** ~ to make a firm purchase; **für feste Rechnung** ~ to buy firm; **gegen bar** ~ to purchase for cash; **von der Stange** ~ to buy ready-made, to buy off the shelf; **zu** ~ **gesucht** required; **zur Probe** ~ to buy as a sample

Käufer *m*/**-in** *f* buyer, purchaser, vendee (*real property*); ~**abruf** *m exch* buyer's call; ~ ***e-er*** **Rückprämie** *exch* taker for a put; ~ ***e-er*** **Stellage** *exch* taker for a put and call; ~ ***e-er*** **Vorprämie** giver for a call; ~ ***e-es*** **Wechsels** purchaser of a note, purchaser of an unendorsed bill; ~**gruppe** *f* category of buyers; ~**land** *n* purchasing country; ~**mangel** *m* lack of buying orders; ~**markt** *m* buyer's market; ~**pflicht** *f* purchaser's obligation; ~**recht** *n* purchaser's right; ~**schicht** *f* class of buyers; ~**streik** *m* buyers' strike; ~**verhalten** *n* purchasing behavio(u)r, purchase pattern; ~**widerstände** *m/pl* consumer resistance; **der** ~ **trägt die Gefahr** goods are at buyer's risk, the risk shall be borne by the purchaser; **der spätere** ~ subsequent purchaser; **gutgläubiger** ~ bona fide purchaser, good faith purchaser, innocent purchaser without notice; **möglicher** ~ potential buyer; **nach Wahl des** ~**s** at buyer's option; **nachfolgender** ~ subsequent purchaser; **schnell entschlossener** ~ ready buyer, quickly decided purchaser; **umsichtiger** ~ discriminating buyer, prudent customer; **ungenannter** ~ undisclosed buyer; **unschlüssiger** ~ undecided purchaser (shopper).

Kauffahrteischiff *n* merchant ship, trading vessel; ~**fahrt** *f* commercial navigation.

Kauffrau *f* business woman, → *Kaufmann*.

Kaufkraft *f* buying power, purchasing power, spending power; ~ **abschöpfen** to absorb buying power, to take money out of circulation; ~**abschöpfung** *f* absorbing surplus purchasing power; ~**ausgleich** *m* compensation for loss of purchasing power; ~**entzug** *m* drain on purchasing power; ~**erhöhung** *f* increase in purchasing power; ~**kennzahlen** *f/pl* purchasing power indices; ~**minderung** *f* reduction in purchasing power; ~**parität** *f* purchasing power parity; ~**schöpfung** *f* creating purchasing power; ~**schwund** *m* loss of purchasing power; ~**überhang** *m* excess purchasing power; **überschüssige** ~ **abschöpfen** to skim off/tax away surplus purchasing power.

käuflich *adj* available for sale; venal, corrupt, bribable; ~ **erwerben** to acquire by purchase.

Käuflichkeit *f* venality, corruptibility, bribability.

Kaufmann *m*/**Kauffrau** *f* merchant, trader, dealer, businessman/woman; ~ **kraft Eintragung** (status of a) merchant by virtue of entry in the Commercial Register; ~**seigenschaft** *f* merchant status, business qualification; ~**sberuf** *m* the commercial profession, business occupation; ~**sgehilfenbrief** *m* commercial training certificate; ~**sgemeinschaft** *f* association of businessmen; ~**sstand** *m* the business community, the commercial profession; ~ **werden** to go into business, to become a businessman/woman; **ordentlicher** ~ responsible businessman/woman; respectable member of the business community; **selbständiger** ~ independent dealer, established businessman/woman, proprietor of a business.

Kaufpreis *m* purchase price, purchase money; **~bereithaltung** *f* tender of the price; **~ bezahlt** price paid; **~forderung** *f* purchase-money claim; **~genehmigung** *f* approval of the purchase price; **~gläubiger** *m*/**-in** *f* unpaid seller; **~hypothek** *f* purchase-money mortgage; **~minderung** *f* diminution of price, reduction in purchase price; **~rückzahlung** *f* refund of purchase price; **~schuld** *f* debt in respect of purchase price obligation; **den ~ mindern** to reduce the purchase price (*because of faulty goods*); **der ~ wird wie folgt belegt** the purchase price shall be paid as follows.

Kaufvertrag *m* contract of purchase, contract of sale; document of a contract of sale; **~ mit Auflassung** contract of sale of land including conveyance; **~ ohne Eigentumsvorbehalt** absolute sales contract; **~ ohne Missbrauchsabsicht** bona fide sale; **~ unter Eigentumsvorbehalt** conditional sales contract; **vom ~ zurücktreten** to cancel/to rescind the contract of sale.

kausal *adj* causal.

Kausal|haftung *f* liability for the consequences (*of one's actions*), liability based on causation; **~kette** *f* (chain of) causation, chain of cause and effect, causal chain; **~verlauf** *m* causal chain; **Abruch *e-es* rettenden ~~s** *crim* interference with a rescue attempt, *interference with a causal chain involving a rescue*; **Abweichung des tatsächlichen vom vorgestellten ~~** *crim* deviation in the causal chain from what the (criminal) actor anticipated; **~zusammenhang** *m* causal connection, causal relation, causal link/chain, causation, → *Finalzusammenhang*; **hypothetischer ~~** hypothetical causal connection (between omitted act and criminally prohibited harm), *objective, ex post recognizable means of preventing criminally prohibited harm from occurring* (*when actor has a duty to act to prevent the harm*), ↔ *realer ~~*; **objektiver ~~** objective causal connection (between act and criminally prohibited harm), *objective, ex post recognizable causal connection between act and occurrence of criminally prohibited harm*, ↔ *subjektiver ~~*; **realer ~~** real/actual causal connection (between act committed and criminally prohibited harm), ↔ *hypothetischer ~~*; **subjektiver ~~** subjective causal connection (between act and criminally prohibited harm as seen by the actor), ↔ *objektiver ~~*.

Kausalität *f* causality, causation; **~sgesetz** *n* law of cause and effect; **alternative ~** alternative causality (*torts*); **kumulative ~** concurrent efficient causality (*torts*), → *Doppelkausalität*.

Kaution *f* (security) deposit, financial bond; bail bond, bail; **~ des Mieters** tenant's security deposit; **~sgestellung** *f* providing bail, providing security; **~shypothek** *f* mortgage for a contingent liability; **~skredit** *m* credit as security for a contingent liability; **~sleistung** *f* providing security/bail; **~sregress** *m* recourse of guarantee; **~ stellen** to furnish security, to provide bail; **~sstellung** *f* providing bail, providing security; **nicht zur ~~ zugelassen** nonbailable; **sich nach ~~ auf freiem Fuß befinden** to be out on bail; **~ssumme** *f* amount of security, bond money, bail; **~sversicherung** *f* guarantee insurance, surety and fidelity insurance; **~~sgesellschaft** *f* surety company; **~sverpflichtung** *f* bail commitment; **~swechsel** *m* collateral bill of exchange, collateral note; **~ übernehmen** to go bail; **~ zur Haftverschonung anbieten** to tender bail; **gegen ~ auf freiem Fuß sein** to be out on bail; **ohne ~ von der Untersuchungshaft verschont werden** to be released on one's own recognizance; **ungenügende ~** insufficient bail.

kautionsfähig *adj* eligible to be released on bail; eligible to stand bail.

KBA (*abbr* = **Kraftfahrt-Bundesamt**) Federal Office for Motor Traffic.

Kellerwechsel *m* accommodation bill, kite, spurious note, bogus bill, windmill.

Kenn|buchstabe *m* distinguishing letter, identification letter, registration letter; **~karte** *f obs* identity card, identification card, → *Personalausweis*; **~wort** *n* password; special and distinctive word; **~zahl** *f* code number, index number, key, box number, reference number; **wirtschaftliche ~~en** economic statistical data; **~zeichen** *n* distinguishing feature; (automobile) registration number; *US* license/*GB* licence plate, registration plate; identification mark, emblem; **~~missbrauch** *m* abuse of registration plates; **~~schutz** *m* protection of official identification marks (*against forgery etc*); **amtliches ~~** registration number, *US* license/*GB* licence plate; **besondere ~~** special peculiarities; **~ ~~ *e-er* Erfindung** marked features of an invention; **polizeiliches ~~** *US* license/*GB* licence plate; **~zeichnung** *f* identification; **~~sbestimmungen** *f/pl* labelling provisions; **~~sfunktion** *f* distinguishing function; **~~skraft** *f* distinguishing force; **~~sleuchtfeuer** *n* landmark beacon; **~~svorschriften** *f/pl* labelling requirements; **~ziffer** *f* → *Kennzahl.*

Kennenmüssen *n* negligent ignorance of *sth*; imputed knowledge, attributed knowledge.

kenntlich *adj* identifiable; **~ machen** to mark, to identify.

Kenntlichmachung *f* identification, marking, disclosure of ingredients.

Kenntnis *f* knowledge (= *k*-), notice (= *n*-), information; **~ auf Grund *e-er* Mitteilung** express *n*-; **~ des Gerichts** judicial *k*-, judicial *n*-, judicial cognizance; **~ erlangen** to become aware of, to obtain *k*- of *sth*; **~ geben** to give *n*- of, to notify, to inform, to bring to *s.o.*'s attention; **~ haben von** to have *n*- of, to be aware of; **~nahme** → *Kenntnisnahme*; **aus eigener ~** from first-hand *k*-; **erworbene ~** acquired *k*-; **etwas zur ~ bringen** to bring to (*s.o.*'s) *k*-/attention, to notify; **gesetzlich vermutete ~** constructive *n*-; **in ~ dessen** having noted *sth* (*preamble formula*); **in voller ~ der Tatumstände** with full *k*- of the factual circumstances; ***jd-en* von etw in ~ setzen** to inform *s.o.* of *sth*; **nicht patentfähige ~se** non-patentable information; **ohne meine ~** without my *k*-; **patentfähige ~** patentable information; **sich ~ von etw verschaffen** to obtain information on *sth*; **sichere ~** positive *k*-, actual *n*-; **tatsächliche ~** actual *n*-; **tatsächlich vermutete ~** presumptive *n*-; **unterstellte ~** constructive *n*-, imputed/implied *k*-; **vermutliche ~** presumptive *n*-, presumed *k*-; **vertrauliche ~se** confidential information; **von etwas ~ nehmen** to take *n*- of *sth*; **zur ~ nehmen** to take note of *sth*, to note *sth*; **zur ~ und weiteren Veranlassung** for information and further action; **zurechenbare ~** constructive *n*-, imputed *k*-.

Kenntnisnahme *f* taking notice of *sth*; **~möglichkeit** *f* opportunity to take notice (*of terms and conditions*); **mit der Bitte um ~** please take note, kindly note; **zur ~** for (your) information, for the attention of; **zur gefälligen ~** for your kind attention, for information.

Kennung *f* identifying symbols.

kennzeichnen *vt* to mark, to designate, to label, to characterize.

kennzeichnend *adj* distinctive, characteristic, typical.

Keramik *f* ceramics, pottery.

Kerbholz *n sl* tally (stick), criminal record; **etw auf dem ~ haben** to have a criminal record.

Kerker *m hist* dungeon, *A* imprisonment in a penitentiary; ~ **bei Wasser und Brot** imprisonment on bread and water (diet); **lebenslänglich** ~ imprisonment for life, a life sentence.

Kern I *m* core, essence; **~arbeitszeit** *f* core time (*all employees present at work*); **~bereich** *m const* essence/core (*of a fundamental right*) **~gebiet** *n* central municipal area, city; **~fächer** *n/pl* common core subjects; **~familie** *f* close family, immediate family (*parents, siblings, children*) ↔ *Großfamilie f*; **~frage** *f* fundamental issue, key question; **~funktion** *f* basic function, key function; **~gesellschaft** *f* parent company (*of a group*), central company; **~posten** *m* essential item; **~punkt** *m* crucial point, point at issue; **~unrecht** *n* basic unlawfulness; **~unterricht** *m* core lessons.

Kern II *m* nucleus (*nuclear* = *n-*); **~anlagen** *f/pl n-* installations; **~brennstoff** *m n-* fuel; **~energie** *f n-* energy; **~~agentur** *f N-* Energy Agency; **~~-Gericht** *n N-* Tribunal; **Europäisches ~~-~** European *N-* Energy Tribunal (*abbr* ENET); **~~system** *n n-* power system; **~explosion** *f n-* explosion; **~krafteinrichtungen** *f/pl n-* facilities; **~materialien** *n/pl n-* materials; **~waffe** *f n-* weapon; **~~nmitbesitz** *m* common possession of *n-*weapons; **~~nsperrvertrag** *m* (= **Vertrag über die Nichtverbreitung von ~~n**, = **Atomwaffensperrvertrag**, *abbr* **ASV**) Non-Proliferation Treaty (= Treaty on the Non-Proliferation of Nuclear Weapons, *abbr* NPT); **Vertrag über das Verbot von ~~nversuchen in der Atmosphäre, im Weltraum und unter Wasser**, = **Atomtest-Stoppvertrag, Moskauer Teststopp-Vertrag**) Nuclear Test Ban Treaty, Treaty Banning Nuclear Weapons Tests in the Atmosphere, in Outer Space and Under Water.

Kette *f* chain, association; **~narbeitsvertrag** *m* chain employment relationship (*successive short-term agreements*); **~nbrief** *m* chain letter; **~ngeschäft** *n* chain store; **~nhandel** *m* chain trade; **~nunfall** *m* pile-up; **an die ~ legen** to arrest (*a ship*).

Keule *f* club, cudgel; **elektrische ~** stun gun.

Kfz (*abbr* = **Kraftfahrzeug**) motor vehicle; **~führer** *m*/**-in** *f* driver (of a motor vehicle.

KG (*abbr* = **Kommanditgesellschaft**) limited partnership; **GmbH & Co ~** (*abbr* = **Gesellschaft mit beschränkter Haftung und Compagnie Kommanditgesellschaft**) *D limited partnership, the general partner being a GmbH, → Gesellschaft, GmbH.*

Killerviren *m/pl IT* killer viruses.

Kilometer *m US* kilometer/*GB* kilometre; **~geld** *n* allowance per kilometre, mileage allowance; **~pauschale** *f* flat mileage rate; **~stand** *m* number of kilometres covered/clocked (*by a vehicle*), mileage.

Kind *n* (*pl Kinder* = *~er*) child (= *c-*, *children* = *c-n*), infant; **~erarbeit** *f c-*labo(u)r; **~eraussagen** *f/pl* testimony by *c-n*, *c-n*'s depositions; **~eraussetzung** *f* desertion of *c-n*; **~erausweis** *m c-*'s identification paper; **~erbeihilfe** *f c-* allowance; **~erbetreuer** *m*/**-in** *f c-*-minder, babysitter; **~erbetreuung** *f* looking after *c-n*, care of *c-n*, *c-*-minding; **~ermäßigung** *f* reduction for *c-n* (*transport, etc*); tax relief for *c-n*; **~erziehung** *f* bringing-up/rearing *c-n*; **~~szeit** *f* time spent on the upbringing of *c-n*; **~erfreibetrag** *m c-* allowance (*deductions from taxable earnings*); **~ergarten** *m* nursery school, kindergarten; **~ergeld** *n c-* benefit (*monthly grant from the state for each c-*); **~~gesetz** *n C-* Benefit Act (*D of 1975 as amended*); **~erhandel** *m* traffic in *c-n*; **~erheim** *n* orphanage, *c-n*'s home; **~erhilfswerk** *n* **der Ver-**

einten Nationen United Nations *C-n*'s Fund; **~erkrankheiten** *f/pl* teething troubles, initial problems (*of a firm*); **~erkrippe** *f* day nursery for infants; **~erpfleger** *m/***-in** *f c-n*'s nurse; **~erpornographie** *f c-* pornography; **~erpsychiater** *m/***-in** *f c-* psychiatrist; **~erpsychologe** *m/***~erpsychologin** *f c-n*'s psychologist, *c-* psychologist; **~errenten** *f/pl* periodical payments for *c-n*; **~erspielplatz** *m* playground; **~ersterblichkeit** *f* infant mortality; **~erunterhaltszahlungen** *f/pl c-n*'s maintenance payments; **~erzulage** *f* additional allowance for *c-n*, (contractual) *c-n*'s allowance; **~erzuschlag** *m c-n*'s (bonus) allowance; **~erzuschuss** *m c-* (supplementary) benefit; **~esalter** *n* childhood, infancy; **~esannahme** *f* adoption; **~esaussetzung** *f* abandoning a *c-*; **~esbewegungen** *f/pl* quickening (*before birth*); **~esentführung** *f c-* abduction; **Haager Übereinkommen über die zivilrechtlichen Aspekte internationaler ~~** Hague Convention on the Civil Aspects of International *C-* Abduction (*1980*); **~esentziehung** *f* wrongful removal of *c-*; **~eskinder** *pl* grandchildren; **~esmissbrauch** *m c-* abuse; **~esmisshandlung** *f c-* abuse; **~esmord** *m* infanticide, murder of a *c-*; **~esmutter** *f* (= *Kindsmutter*) mother of a *c-* born out of wedlock; **~esnamen** *m* (the) *c-*'s name; **~esraub** *m c-* stealing, kidnapping; **erpresserischer ~~** kidnapping *c-n* (*for the purpose of ransom*); **~esrecht** *n c-* law; **~esunterhalt** *m c-* support; maintenance for *c-(n)*; **~estötung** *f crim obs* killing of one's baby born out of wedlock (*during or immediately after birth*); **~esumgang** *m* access (to *c-n*); **~esunterschiebung** *f* substitution of *c-*; **~esvater** *m* (= *Kindsvater*) father of a *c-* born out of wedlock; **der vermutliche ~~** the putative father; **~esverhältnis** *n* parent and *c-* relationship, parental relationship; **~esvermögen** *n c-n*'s property, a *c-*'s estate; **~esvernachlässigung** *f c-* neglect; **~eswille** *m* the *c-*'s will; **~eswohl** *n* the wellbeing of a *c-*, *c-*'s welfare; **~schaftssachen** *f/pl* parent and *c-* cases, *c-* custody cases; **angenommenes ~** adopted *c-*; **durch nachfolgende Eheschließung legitimiertes ~** *c-* legitimated by subsequent marriage (*per matrimonium subsequens*); **eheliches ~** *c-* born in wedlock; **für ehelich erklärtes ~** legitimized *c-*; **gemeinschaftliches ~** mutual *c-*; **heimatlose, verwahrloste ~er** waifs and strays; **körperbehinderte ~er** disabled *c-n*; **leibliches ~** natural *c-*; **nachgeborenes ~** afterborn *c-*; **neugeborenes ~** newly-born *c-*, new-born *c-*; **nichteheliches ~** *c-* born out of wedlock; **uneheliches ~** *c-* born out of wedlock; **ungeborenes ~** unborn *c-*; **unterhaltsberechtigtes ~** *c-* entitled to maintenance, dependant *c-*; **voreheliche ~er der Ehegatten** antenati.

kinderlos *adj* childless, without issue.

Kirch| (*church* = *c-*) **~geld** *n c-* contribution (*apart from c- taxes*); **~enabgabe** *f c-* tax and contributions; **~enamt** *n* ecclesiastical office; **~enämterkauf** *m hist* simony; **~enaufsicht** *f* state supervision of churches; **~enaustritt** *m* withdrawal from *c-* membership; **~enbaulast** *f obligation to finance the maintenance and repair of churches*; **~enbehörden** *f/pl* ecclesiatical/*c-* authorities; **~enbeamte** *pl* administrative *c-* officials; **~enbuch** *n c-* register; parish register; **~~auszug** *m* extract from the parish register; **~endiebstahl** *m* theft from a *c-*; **~eneinkommensteuer** *f c-* income tax; **~enfreiheit** *f* constitutional *c-* liberty; **~engebühren** *f/pl c-* fees; **~engemeinde** *f* parish, congregation; **~engericht** *n* ecclesiastical court; **~engesetz** *n c-* statute; **~engut** *n c-* property; **~enhoheit** *f* sovereign *c-* rights; **~enmitgliedschaft** *f c-* membership; ~**enordnung** *f* internal *c*-constitution; ~**enrecht** *n* canon law, ecclesiastical law, law spiritual; **äußeres** ~~ external ecclesiastical law; ~**enschändung** *f* sacrilege, profanation of a *c*-, defilement of a *c*-; ~**ensprengel** *m* (Protestant) *c*-district; ~**enstaat** *m* Pontifical State, Vatican, Papal State; ~**ensteuer** *f c*- tax; ~**enstrafen** *f/pl* canonical *c*- penalities; ~**enverfassung** *f c*- constitution; ~**enumlagen** *f/pl* assessments for *c*-contributions; ~**envermögen** *n* ecclesiastical property; ~**envertrag** *m c*- agreement (*usually between the Protestant C- and the German state*); ~**envorstand** *m* parochial *c*- council; ~**enzucht** *f* disciplinary measure of (protestant) churches; **ökumenischer Rat der~en** World Council of *C-s* (*abbr* WCC).

Kiste *f* case, box; chest (*measure for tea*).

Kl (*abbr* = **Kläger** *m*/**-in** *f*) plaintiff.

Kladde *f* waste-book (*in bookkeeping*); notebook; scribbling pad.

klagbar *adj* actionable, recoverable (by law), suable; **nicht** ~ unenforceable, non-actionable.

Klagbarkeit *f* suability, actionability, admissibility for legal action.

Klage *f* action (= *a*-), civil action, lawsuit, statement of claim, principal cause; ~**abweisung** *f* dismissal of *a*-; ~~**santrag** *m* motion to dismiss; ~**änderung** *f* amendment of *a*-, amendment of pleadings; ~~ **durch neuen Sachvortrag** new cause of *a*-; ~**androhung** *f* threat of legal proceedings; ~**ankündigung** *f* notice of *a*-; ~**anspruch** *m* claim (of the *a*-); ~**anstrengung** *f* bringing of an *a*-, instituting an *a*-; ~**antrag** *m* demand for relief, prayer for relief, the relief prayed for, motion for judgment; **dem** ~~ **stattgeben** to find for the plaintiff; **unbezifferter** ~~ unliquidated claim (*for relief*); ~**antwort** *f* defendant's plea, answer to complaint, *US* defense / *GB* defence (to statement of claim); ~ **auf Anerkennung der Vaterschaft** paternity suit; ~ **auf Anfechtung der Ehelichkeit** petition for a declaration of illegitimacy; ~ **auf Aufhebung der Ehe** petition for annulment of marriage, annulment of marriage proceedings; ~ **auf Aufhebung des Vertrages** petition for rescission of contract, *a*- for cancellation of contract; ~ **auf Besitzeinräumung** *a*- for possession; ~ **auf Eigentumsverschaffung** *a*- to gain title, *a*- to transfer ownership; ~ **auf Einräumung des Besitzes** *a*- for possession, *a*- of detinue, *a*- of ejectment; ~ **auf Herausgabe** *a*- for restitution, *a*- for possession; ~ **auf Leistung der Einzahlung auf Aktien** *a*- for calls (on shares); ~ **auf Löschung** *a- to enforce expunging an entry from official register*; ~ **auf Mietzahlung** rent *a*-; ~ **auf Naturalerfüllung** *a*- for specific performance; ~ **auf Nutzungsentschädigung** *a*- for compensation for use and occupation; ~ **auf Rechnungslegung** *a*- of account, *a*- for an account render; ~ **auf Rückgabe** *a*- for restitution; ~ **auf Schadenersatz** *a*- for damages; **die** ~ **geht auf Schadensersatz** the *a*- is for damages; ~ **auf Unterlassung** prohibitory *a*-, *a*- for permanent injunction; ~ ~ ~ **der Störung** *a*- to restrain a nuisance; ~ **auf Vertragserfüllung** *a*- for specific performance; ~ **auf Wandelung** rehibitory *a*-, *a*- for cancellation of a contract of sale; ~ **auf Wiedereinräumung des Besitzes** *a*- of replevin, *a*- for possession, *a*- of conversion; ~ **auf Wiederherstellung der ehelichen Gemeinschaft** petition for restitution of conjugal rights, suit for restitution of conjugal community; ~ **auf Widerruf der Schenkung** *a*- to revoke a gift; ~ **auf Zahlung von Pachtrückständen** *a*- for arrears of rent; ~ **auf Zahlung** *a*- of debt, *a*- for a money claim, suit for a debt; ~ **aus Eigentum** *a*- based on ownership, petitory *a*-; ~ **aus Ge-**

schäftsführung ohne Auftrag *a-* on the grounds of negotiorum gestio; **~ausschlussfrist** preclusive deadline for filing an *a-*; **~ aus Schuldurkunden** debenture *a-*; **~ aus unerlaubter Handlung** *a-* in tort, *a-* ex delicto; **~ aus ungerechtfertigter Bereicherung** actio sine causa, *a-* to make restitution for unjust enrichment; **~ aus Vertrag** *a-* based on contract, *a-* ex contractu; **~beantwortung** *f* answer, statement of *US* defense/*GB* defence, defendant's plea; **~befugnis** *f* right of *a-*, standing to sue; **~begehren** *n* prayer for relief, relief sought, plaintiff's claim, remedy; **~begründung** *f* statement of claim, plaintiff's statement of grounds for claim, cause of *a-*; **~berechtigung** *f* entitlement to the claim; **~beschränkung** *f* limitation of claim; **~betrag** *m* amount of claim; **~ des Drittbegünstigten** *a-* by a third-party beneficiary; **~ einreichen** to bring an *a-*, to file an *a-*, to file a suit; **~einreichung** *f* filing of an *a-*/suit; **~ergänzung** *f* supplemental complaint, amendment to statement of claim; **~ erheben** to file a suit, to bring an *a-*; **~erhebung** *f* commencement of an *a-*, issue of the writ of summons, originating process, filing of an *a-*/suit; **~erweiterung** *f* extension of the plaintiff's claim; **~erwiderung** *f* answer, statement of *US* defense/*GB* defence; ***e-e*** **~~einreichen** to respond; **unschlüssige ~~** irrelevant defense; **~~ und Widerklage** answer and crosspetition; **~erzwingung** *f* legal pressure to obtain criminal prosecution; **~~sverfahren** *n* proceedings to force the public prosecution to prefer criminal charges; **~frist** *f* deadline/time limit for filing suit, time frame for taking *a-*; deadline for commencement of proceedings; **~ führen** to complain; **~ gegen Nachahmer** *a-* against imitators; **~gegenstand** *m* subject matter of an *a-*; **~grund** *m* cause of *a-*; **selbständig** ***e-en*** **~~ bildend** actionable per se; **~ im ordentlichen Verfahren** plenary *a-*, *a-* in ordinary proceedings; **~ in Prozessstandschaft** representative *a-*; **~möglichkeit** *f* legal remedy; **~nhäufung** *f* joinder of *a-s*; **subjektive ~~** joinder of parties; **objektive ~~** joinder of causes of *a-*, joinder of claims; **unzulässige ~~** improper cumulation of *a-s*; **~nverbindung** *f* joinder (of causes of *a-*); **~partei** *f* plaintiff, party plaintiff; **~patent** *n* patent sued upon; **~recht** *n* right of *a-*; **~rubrum** *n* title of a cause, title of an *a-*; **~rücknahme** *f* withdrawal of an *a-*, voluntary discontinuance of an *a-*; **~~ mit Anspruchsverzicht** retraxit; **~sache** *f* *a-*, matter, litigation; **~nschema** *n* types of *a-*; **~schrift** *f* complaint, statement of claim, originating petition; **~~satz** *m* statement of claim, petition; **~sperre** *f* bar to the *a-*; **~summe** *f* amount sued for; **~veranlassung** *f* occasion prompting the *a-*, cause of legal proceedings; **~verbindung** *f* → *~nverbindung*; **~verfahren** *n* *a-*, proceedings, procedure in an *a-*; **~verwirkung** *f* laches in bringing suit; **~verzicht** *m* waiver of an *a-*, notice of discontinuance; **vereinbarter ~~** pactum de non petendo; **~ vor** ***e-em*** **Schiedsgericht** application for an award by arbitration; **~voraussetzung** *f* prerequisites for taking legal *a-*; **~weg** *m* litigation, recourse to law; **auf dem ~~** by taking legal proceedings; **den ~~ beschreiten** to resort to litigation; **~ wegen Besitzstörung** *a-* for trespass; **~ wegen falscher Herkunftsangabe** passing-off *a-*, *a-* for false statement of origin; **~ wegen Vertragsverletzung** *a-* for breach of contract; **~zurücknahme** *f* → *~rücknahme*; **~zustellung** *f* service of process, service of the writ; **Abweisung** ***e-er*** **~** dismissal of a claim/of an *a-*; **anhängige ~** pending case, pending *a-*, petition at issue; **bösgläu-**

bige ~ vexatious/malicious *a-*; **deliktische** ~ tort *a-*; **die** ~ **ist begründet** the *a-* is (well) founded; **die** ~ **ist schlüssig** the complaint states a cause of *a-*, the *a-* can withstand a demurrer; **die** ~ **ist unzulässig** an *a-* is inadmissible; **die** ~ **ist zulässig** the *a-* is (procedurally) admissible, the *a-* can withstand a motion to dismiss; **dingliche** ~ *a-* in rem, real *a-*; **durch** ~ **zu erlangen** recoverable by *a-*; ***e-e*** ~ **abweisen** to dismiss an *a-*, to dismiss a petition, to dismiss a case; ***e-e*** ~ **kostenpflichtig abweisen** to dismiss an *a-* with costs; ***e-e*** ~ **anerkennen** to admit a claim; ***e-e*** ~ **ausdehnen auf** ***jd-en*** to join a person as defendant; ***e-e*** ~ **begründen** to state one's claim, to found an *a-*; ***e-e*** ~ **fallen lassen** to discontinue the *a-*; ***e-e*** ~ **substantiieren** to substantiate an *a-*; ***e-e*** ~ **unterlassen** to refrain from taking *a-*; ***e-e*** ~ **zurücknehmen** to withdraw an *a-*, to drop an *a-*; **erfolglose** ~ unsuccessful *a-*, abortive proceedings; **frivole** ~ frivolous claim, vexatious proceeding; ***jd-em*** **mit** ***e-er*** ~ **drohen** to threaten *s.o.* with legal *a-*; **mit seiner** ~ **abgewiesen werden** to lose a case, to have one's case dismissed; **negatorische** ~ *a-* for an injunction; **öffentliche** ~ charge, indictment, *a-* by the state, public *a-*; **persönliche** ~ personal *a-*; **petitorische** ~ petitory *a-*, *a-* to enforce one's claim; **possessivische** ~ possessory *a-*; **possessorische** ~ possessory *a-*; **privatrechtliche** ~ private *a-*, civil *a-*; **schikanöse** ~ vexatious *a-*; **schuldrechtliche** ~ personal *a-*, *a-* in personam; **sich auf die** ~ **einlassen** to enter a general appearance, to defend a case; **sich** ***e-er*** ~ **enthalten** to refrain from taking legal *a-*; **streitige** ~ contested *a-*; **unabhängige** ~ independent *a-*; **unzulässige** ~ (procedurally) inadmissible *a-*; **verbundene** ~**n** concomitant *a-s*; **vergebliche** ~ abortive *a-*; **vermögensrechtliche** ~ *a-* based on a property claim; **verspätete** ~ *a-* barred by lapse of time; **zusätzliche** ~ supplementary claim, extra claim.

klagen *vi* to bring an action, to sue, to commence proceedings, to go to court, to take legal action; ~ **und verklagt werden** to sue and be sued (*in the firm's name*); **auf Schadensersatz** ~ to sue for money damages; **auf Zahlung** ~ to sue for payment, to sue for the recovery of money; **erfolgreich** ~ to sue successfully.

Kläger *m*/**-in** *f* plaintiff (= *p-*), petitioner, claimant (↔ *Beklagter*); ~ **bei Anwaltszwang** *p-* compulsorily represented by a lawyer; ~, **dem Prozesskostenhilfe bewilligt ist** legally-aided *p-*; ~ **für** ***e-e*** **Rechtsgemeinschaft** representative *p-*; ~ **in Prozessstandschaft** nominal *p-*; **aktivlegitimierter** ~ proper *p-*; **als** ~ **auftreten** to appear as the *p-*; **anwaltlich vertretener** ~ *p-* suing through/represented by a lawyer; **den** ~ **mit seiner Klage abweisen** to dismiss the *p-*'s claim, to nonsuit the *p-*; **für den** ~ **erscheinen** to appear for the *p-*; **minderjähriger** ~ infant *p-*; **nicht anwaltlich vertretener** ~ *p-* acting/appearing on his/her own behalf; **nicht prozessfähiger** ~ *p-* under a disability; **prozessfreudiger** ~ suit-happy *p-*, litigious person; **zugunsten des** ~**s entscheiden** to find for the *p-*.

Klaglosstellung *f* depriving *s.o.* of a cause of action (*by payment, etc*).

Klammerdefinition *f* definition in brackets.

Kläranlage *f* disposal works, waste-treatment plant, (sewage) purification plant.

klären *vt* to clarify, to clear up, to make clear.

Klarschriftleser *m* optical character reader.

Klarsichtpackung *f* transparent pack, blister pack, bubble pack.

klarstellen *vt* to clarify, to elucidate.

Klarstellung *f* clarification, elucidation.

Klärung *f* clarification, clearing up; ~ **der schwebenden Fragen** the clarification of outstanding questions.

Klasse *f* class, order; **~nbearbeiter** *m*/**-in** *f* official in charge of a class (*of applications*); **~njustiz** *f* class justice *administration of justice influenced by class interests*; **~nkampf** *m* class war(fare); **~nverzeichnis** *n* classification list; **die herrschenden ~n** the ruling classes.

Klassierung *f* grading.

Klassifikation *f* classification; **~sangabe** *f* classification; **Internationale ~** International Patent Classification (*abbr* IPC).

klassifizierbar *adj* classifiable, assortable; **nicht ~** nondescript, unclassifiable.

klassifizieren *vt* to classify, to categorize, to schedule.

Klassifizierung *f* classification, gradation, assortment, sorting.

klauen *vt sl* to pinch, to pilfer, to steal.

Klauerei *f sl* petty thievery.

Klausel *f* clause (= *c*-), proviso, provision, stipulation; **~ beiderseitiges Verschulden** both-to-blame collision *c*-; **~ für Zusatzleistung bei Unfalltod** accidental death benefit *c*-; **~verbote** *n/pl* prohibited *c-s* (*in general terms and conditions*); **bedingte ~** conditional *c*-; **salvatorische ~** saving *c*-, escape *c*-; **unbedingte ~** unconditional *c*-; **vorgedruckte ~** printed *c*-; **zwingende ~** mandatory provision, mandatory *c*-.

Kleckerkonten *n/pl* mini-volume customer accounts.

Kleidergeld *n* clothing allowance.

Klein| (*small* = *s*-) **~abnehmertarif** *m* flat-rate tariff; **~aktie** *f* baby share, *pl* penny shares; **~aktionär** *m*/**-in** *f* *s*- shareholder; **~anzeige** *f* classified ad(vertisement); **~arbeit** *f* detailed work, spade-work; **handelspolitische ~~** detailed trade negotiations; **~bank** *f* *s*- bank; **dubiose ~~** shoestring bank; **~bauernhof** *m* *s*- holding; **~betrag** *m* *s*- sum; **~betrieb** *m* *s*- enterprise; **funktionsschwacher ~~** inefficient *s*- firm; **landwirtschaftlicher ~~** *s*--holding; **~darlehensgeschäft** *n* granting of *s*- personal loans, money-lending business; **~diebstahl** *m* petty theft/larceny, pilferage; **~einfuhr** *f* *s*- import, import of goods of *s*- value; **~eisenbranche** *f* hardware trade; **~forderungen** *f/pl* *s*- debts; **~gartenwesen** *n* allotment holding; **~gedrucktes** *n* (*das Kleingedruckte*) *s*- print, fine print; **~geld** *n* (*s*-) change, loose cash; **~gewerbe** *n* *s*-(-scale) craft; business; **~~treibende**(**r**) *f*(*m*) (*der ~~treibende*) *s*--scale trader; **~handel** *m* retail trade; **~~sspanne** *f* retail-trade margin/mark-up; **~händler** *m*/**-in** *f* shopkeeper; **~kaufleute** *pl* *s*--scale traders; **~konto** *n* *s*- account; **~kredit** *m* *s*- loan, *s*--scale lending, loan for personal use; **~~bank** *f* *s*--scale lending bank; **~~geschäft** *n* *s*--scale lending; **~~wesen** *n* money lending; **~landwirt** *m*/**-in** *f* *s*-holder; **~laster** *m* pick-up truck; **~lebensversicherung** *f* industrial life-insurance, industrial life policy; **~lieferwagen** *m* van, pickup; **~makler** *m*/**-in** *f* odd-lot dealer; **~obligationen** *pl* baby bonds; **~pacht** *f* tenancy of *s*- holdings; **~pächter** *m*/**-in** *f* *s*- holder; **~preisgeschäft** *n* low-price/cut-price store; **~reparaturen** *f/pl* *s*-repair work, *s*--scale repairs; **~schaden** *m* *s*- loss; *s*--scale damage; **~siedlerstelle** *f* *s*- holding; **~siedlung** *f* *s*- housing estate; **~~sträger** *m*/**-in** *f* organization financing *s*- holdings/*s*- housing estates; **~sparer** *m*/**-in** *f* *s*- saver; **~staaterei** *f* particularism; **~stück** *n* fractional amount; **~- und Mittelbetriebe** *EU* (*abbr* **KMB**) *s*- und medium-sized enterprises (*abbr* SMEs); **~verbraucher** *m*/**-in** *f* *s*-consumer; **~verkauf** *m* *s*--lot selling, retail selling; **~wagen** *m* subcompact car; **~vieh** *n s-* stock; **~wohnung** *f s-* flat; **~~sbau** *m* construction of *s-* housing estates.

Kleinst| (*very small = v/s, minimum = m-*) **~betrag** *m v/s* amount, *m-* amount; **~betrieb** *m v/s* business, small-holding; **landwirtschaftlicher ~~** farm of *m-* size; **~format** *n* miniature size, *v/s* size; **~hypothek** *f v/s*-scale mortgage; **~siedlung** *f m*--sized holding; **~wohnung** *f* small flat, flatlet, miniapartment.

Klemmbrett *n* clip board (*court interpreter's*).

Kleptomane *m*/**Kleptomanin** *f* kleptomaniac.

Kleptomanie *f* kleptomania.

Klerus *m* (the) clergy, ecclesiastical authorities, the Church.

Klient *m*/**-in** *f* client; ***e-en*** **~en betreuen** to serve a client; **ohne ~en** briefless, without clients.

Klientel *f* clientele.

Klima *n* climate; **~änderung** *f* change of climate; **~-Bergverordnung** *f regulations for underground air conditions in mines*; **~katastrophe** *f* climatic disaster (*eg greehouse effect*); **~konferenz** *f conference on climate change* (*eg RIO conference*).

Klinkenputzen *n* canvassing, door-to-door selling.

Klischeeherstellung *f* photoengraving.

Klub *m A pol* parliamentary fraction (*group of at least five members of lower house of parliament*).

KMB *EU* (*abbr* = **Klein- und Mittelbetriebe**) small and medium-sized enterprises (*abbr* SMEs).

KMU *EU* (*abbr* = **kleine und mittlere Unternehmen**) small and medium-sized enterprises (*abbr* SMEs).

Knapphaltung *f* keeping money tight.

Knappheit *f* shortage, tightness; **~skurs** *m* policy of tightness (*of tight money, etc*).

Knappschaft *f* social miners' and mine-employees' insurance; (society of) miners; **~skasse** *f* miners' provident fund, miners' insurance; **~srente** *f* miners' social insurance pension; **~sverband** *m* miners' social insurance association; **~sversicherung** *f* miners' (health and pension) insurance.

Knastbruder *m* jailbird, habitual law breaker.

Knebel *m* gag.

knebeln *vt* to gag.

Knebelungsvertrag *m* (= *Knebelvertrag*) oppresive contract, adhesion contract.

Know-how *m* know-how; **~-Abtretung** *f* assignment of know-how; **~geber** *m*/**-in** *f* grantor of know-how; **~nehmer** *m*/**-in** *f* grantee of know-how.

Koalition *f* coalition (= *c-*); **~sfreiheit** *f* freedom of association, right of *c-*; **~~ für Gewerkschaften** trade union freedom; **~skabinett** *n c-* cabinet; **~spartei** *f c-* party; **~srecht** *n* right of association; **~sregierung** *f c-* government; **~swahlliste** *f* mixed ticket; **~szwang** *m* compliance with *c-* agreement.

Kode *m* code; **~schlüssel** *m* key to a code, codebook; **~telegramm** *n* code telegram.

Kodex *m* codex, code.

Kodifikation *f* codification.

kodifizieren *vt* to codify.

Kodifizierung *f* codification; **~sgesetz** *n* codifying statute.

Kodizill *n* codicil (*to a will*).

Koexistenz *f* coexistence; **friedliche ~** peaceful coexistence.

Kohäsion *f* cohesion; **~sfonds** *EU* Cohesion Fund.

Kohle| (*coal = c-*) **~abgabe** *c-* levy (*to support c- mining industry*); **~bergarbeiterstreik** *m c-* strike; **~bergbauleitung** *f c-* mining administration; **~einsatz** *m* utilization of *c-*, amount of *c-* used, *c-* input; **~förderung** *f c-* output; **~gewinnung** *f c-* extraction; **~halde** *f* pithead stocks of *c-*, *c-* stockpiles; **~knappheit** *f c-* shortage; **~pfennig** *m obs c-* penny (*nominal excise tax on energy supply to subsidize c- industry*); **~ver-**

flüssigung *f* hydrogenation of *c-*; **~versand** *m* *c-* transport; **~vorkommen** *n* *c-* deposit; **~zeche** *f* *c-* mine, colliery; **Europäische Gemeinschaft für ~ und Stahl** (*abbr* **EGKS**, **Montanunion**) European *C-* and Steel Community (*abbr* ECSC); **Vertrag über die Gründung der ~en ~ ~ ~ ~** Treaty establishing the European Coal and Steel Community.

Kollaborateur *m/*-**in** *f pol* collaborator.

kollationieren *vt* to collate, to compare (*proofs, translation*), to check.

Kollationierung *f* collating, checking, word-by-word comparison.

Kolleg *n* college, course of study (within university); **Graduierten~** *n* graduate college, college of graduate education.

Kollege *m/***Kollegin** *f* colleague, fellow worker; **mein verehrter ~** my learned friend, my dear colleague; **~nrabatt** *m* employees' discount, fellow-publisher's discount, trade discount (*within a profession*).

Kollegial| (*collegial*) **~behörde** *f* board, *authority organized on the collegial principle*; **~entscheidung** *f* per curiam opinion, decision of a panel of judges (*individual judges not identified*); **~gericht** *n* panel of judges; **~herrschaft** *f* polygarchy; **~prinzip** *n* board-majority principle; principle of collective responsibility, collegial principle; **~system** *n* board system, collegial system (*of top management*).

Kollektion *f com* fashion collection, range of goods, assortment.

Kollektiv| (*collective* = *c-*) **~anzeige** *f* composite advertisement; **~arbeitsvertrag** *m* *c-* labo(u)r agreement; **~beleidigung** *f* defamation of a group of persons, *c-* defamation/libel; **~delikt** *n* *c-* crime; **~eigentum** *n* *c-* ownership, joint ownership; **~einbürgerung** *f* *c-* naturalization; **~geldstrafe** *f* combined fine; **~gesellschaft** *f* *c-* society, general partnership; **~grundrecht** *n const* group right, fundamental right of a group (*eg right to found trade unions*); **~güter** *n/pl* public goods, *c-* goods; **~haftung** *f* *c-* liability; **~handlungsvollmacht** *f* joint power of attorney; **~klage** *f* multi-plaintiff action; *c-* action; **~klausel** *f* joint clause; **~marke** *f* *c-* mark (*trademark*); **~note** *f* *c-* note; **~prokura** *f* joint commercial power of representation; **~sanktion** *f* *c-* sanction; **~schuld** *f pol* *c-* guilt; **~sparen** *n* group saving; **~strafe** *f* *c-* punishment; **~-Unfallversicherung** *f* group accident insurance; **~verantwortung** *f* *c-* responsiblity; **~versicherung** *f* blanket insurance, group insurance; **~vertrag** *m* *c-* bargaining agreement; **~~sverhandlungen** *f/pl* *c-* bargaining; **~vollmacht** *f* joint power of attorney; **~wirtschaft** *f* *c-* economy, socialized economy; **~zeichen** *n* *c-* trademark; **~zeichnung** *f* joint signature; **~~sbefugnis** *f* joint authority to sign.

Kollektivierung *f* collectivization.

kollidieren *vi* to collide, to crash.

Kollision *f* collision, conflict; **~sgefahr** *f* risk of collision; **~shaftpflicht** *f* mandatory accident insurance, legal accident liability; **~snorm** *f* conflict-of-laws rule, rule to resolve conflict of duties; **~spatent** *n* interfering patent; **~srecht** *n* conflict of laws; **~sversicherung** *f mar* collision insurance.

Kollo *n* parcel.

Kollusion *f* collusion; **~sgefahr** *f* danger of collusion; **~sprozess** *m* agreed case; collusive proceedings.

Kolonial| (*colonial* = *c-*) **~amt** *n* *C-* Office; **~anleihe** *f* *c-* bond; **~beamter** *m/***~beamtin** *f* *c-* officer; **~besitz** *m* *c-* possessions; **~gebiet** *n* *c-* territory; **~gesellschaft** *f* *c-* company, chartered company, *hist* promotion company for the colonies; **~herrschaft** *f* *c-* rule; **~ministerium** *n* *c-* office; **~politik** *f* *c-* policy; **~vertrag** *m* treaty concerning colonies; **~verwaltung** *f* *c-*

administration; **~waren** *f/pl obs* groceries; **~werte** *m/pl c-s, c-* stocks.

Kolonialismus *m* colonialism.

Kolonnenspringer *m/***-in** *f* queue jumper.

Kombattanten *m/pl* combatants.

Kombinat *n* combine, integrated plant.

Kombination *f* combination; **~selement** *n* element of a combination; **~serfindungspatent** *n* combination patent; **~sschloss** *n* combination lock; **~swirkung** *f* combined effect.

Komitee für das Erbe der Welt *n* World Heritage Committee.

Kommandant *m/***-in** *f* (*Luftfahrzeug*) pilot-in-command.

Kommandantur *f* headquarters (*abbr* H. Q.), military command.

Kommandeur *m/***-in** *f* commanding officer; ~ **der Militärpolizei** provost-marshal.

Kommandit| (*partner = p-, partnership = p-p*) **~aktiengesellschaft** *f p-p* limited by shares; **~aktionär** *m/***-in** *f* limited-liability shareholder in *p-p* limited by shares; **~anteil** *m* limited *p-*'s interest/share; **~beteiligung** *f* participation/interest in a limited *p-p*, limited-*p-*'s holding; **~einlage** *f* limited-*p-p* capital contribution, limited *p-*'s holding; **~gesellschaft** *f* limited *p-p*; **~~ auf Aktien** *p-p* limited by shares; **Gesellschaft mit beschränkter Haftung und Compagnie ~~** (*abbr* **GmbH&Co KG**) *D limited p-p, the general partner being a GmbH,* → *Gesellschaft, GmbH*; **~kapital** *n* capital contributed by the limited *p-s*, limited-liability *p-p* capital.

Kommanditist *m/***-in** *f* limited partner; **~enanteil** *m* limited partner's interest (*in firm's capital*).

Kommastelle *f* decimal place, decimal figure.

Kommissar *m/***-in** *f* inspector, commissary; **Hoher ~ der Vereinten Nationen für Flüchtlinge** United Nations High Commissioner for Refugees.

Kommission *f* **I** commission (= *c-*); ~ **der Europäischen Gemeinschaften** *C-* of the European Communities, = *EG-~*; **Vertrag zur Einsetzung** ***e-es*** **gemeinsamen Rates und** ***e-er*** **gemeinsamen** ~ ~ ~ ~ Treaty establishing a Single Council and a Single *C-* of the European Communities; ~ **der Vereinten Nationen für internationales Handelsrecht** United Nations *C-* on International Trade Law (*abbr* UNCITRAL); ~ **für die Fischerei im Nordostatlantik** North-East Atlantic Fisheries *C-*; **die ~ damit befassen** bring the matter before the *c-*; **EG-~** *f* EC Commission, = ~ *der Europäischen Gemeinschaften*; ***e-e*** **~ einsetzen** to appoint a *c-*; **Entscheidung der ~** *EU C-* decision; **gemischte ~** mixed *c-*, joint *c-*; **paritätische ~** joint *c-* of equally strong delegations.

Kommission *f* **II** commission (= *com-*), consignment (= *csg-*), factorage; **~sagent** *m com-* agent; **~sbasis** *f* on *csg-*, on sale or return; **~sbuch** *n* order book; **~seinkauf** *m* purchase on *com-*, purchase on *csg-*; **~sgeschäft** *n com-* business, business on account of another person; **~sgut** *n* goods consigned, articles on *csg-*; **~shandel** *m* factorage, agency business; **~skonto** *n csg-* account; **~slager** *n csg-* stock; **~spfandrecht** *n* factor's lien; **~sprovision** *f* factorage, remuneration for *csg-* sale; **~srechnung** *f csg-* invoice; **~ssatz** *m* (amount of the) factor's *com-*; **~sverkauf** *m* sale on *com-*; **~~ mit Selbsteintrittsrecht** sale with self-contracting right; **~sverlag** *m* commissioned publishers; publishing on *com-*; **~svertrag** *m* factor's agreement, *csg-* agreement; **~sware** *f csg-* goods, goods on *com-*; **~swechsel** *m* bill drawn for account of a third party; **in ~ geben** to consign, to place on *csg-*; **in ~ liefern** to supply *sth* on sale or return; **in ~ nehmen** to take *sth* on a *com-* basis.

Kommissionär *m*/**-in** *f* commission merchant; factor; commission agent; **selbsteintretender** ~ self-contracting commission merchant/agent.

kommissionsweise *adj* on an agency basis, on commission.

Kommittent *m*/**-in** *f* consignor, principal.

kommunal *adj* municipal, communal.

Kommunal|abgaben *f/pl* rates, municipal charges, local taxes and fees; **~~nachforderung** *f* supplementary rate demand; **~anleihe** *f* municipal loan; **~bank** *f* municipal bank; **~beamter** *m*/**~beamtin** *f* municipal officer, local government official; **~behörde** *f* local authority, municipal authority, local government agency; **~betrieb** *m* municipal undertaking, public utility enterprise; **~darlehen** *n* municipal loan; **~deckung** *f* security for debts of local authorities, cover through a public authority's guarantee; **~geschäft** *n* local government transaction; **~körperschaft** *f* municipal corporation; **~kredit** *m* loan/credit facilities granted to a local authority; **~~anstalt** *f* municipal bank; **~~institut** *n* communal loan bank; **~leistungen** *f/pl* local services; **~obligation** *f* municipal bond, municipal debenture; **~recht** *n* local government law, local law; **~schuldverschreibung** *f* municipal bond; **~steuer** *f* local tax, municipal tax; **~verband** *m* association of local government bodies; **~verfassung** *f* constitution of local authorities; **~~sbeschwerde** *f* local government's constitutional complaint (*filed with the Supreme Federal Constitutional Court*); **~~sstreit** *m* litigation between local government bodies, (*concerning the lawfulness of their functions*); **~verschuldung** *f* indebtedness of local authorities, municipal debts; **~verwaltung** *f* local government; **~wahlen** *f/pl* local government elections, municipal elections; **~wirtschaft** *f* economic activities of local government agencies.

Kommune *f* municipality, local government body; commune.

Kommuniqué *n* communiqué, official bulletin.

Kommunikation *f* communication; **~smittel** *n* means of communication (*eg, television, radio, e-mail, Internet*); **~szeitalter** *n* communication era.

Kommunmauer *f* party-wall, common wall, shared wall.

Kompensation *f* compensation, offsetting, set-off, barter; satisfaction (*for a defamatory act or word*); **~seinrede** *f* plea of retorsion; **~sgeschäft** *n* barter transaction, offsetting transaction, compensation trading; **~skredit** *m* compensating credit.

kompensieren *vt, vi* to compensate, to offset, to counterbalance; to make amends for, to make up for.

kompetent *adj* competent, responsible, relevant, appropriate.

Kompetenz *f* competence (= *c-*), responsibility, jurisdiction (= *j-*, *jurisdictional* = *j-l*); **~abgrenzung** *f* *j-l* limits; **~artikel** *m* objects clause (*in memorandum of association*); **~bereich** *m* sphere of *j-*; **~-Kompetenz** *f* (= *Kompetenzkompetenz*) *c--c-*, *c-* for *j-l* conflicts, *j-* to rule on one's own *j-*; **~konflikt** *m* *j-l* conflict; **~~sgericht(shof)** *m* court having power to decide on *j-l* problems between courts; **bejahender** ~~ two courts claiming *j-*; **negativer** ~~ two courts denying *j-*, negative conflict of *j-*; **~streitigkeit** *f* *j-l* conflict; **~überschreitung** *f* exceeding one's *c-/j-*, acting ultra vires; **~zuweisung** *f* allocation of *j-*; **ausschließliche** ~ *pol* plenary power.

Komplementär *m*/**-in** *f* general partner, personally liable partner, full partner, unlimited partner; **~anteil** *m* general partner's interest (*in the partnership capital*).

Komplementärgüter *n/pl* complementary goods, joint demand goods;

Komplize *m*/**Komplizin** *f* (= *Komplice m/-in f*) accomplice, particeps criminis.

Komplott *n* plot, conspiracy; **ein ~ schmieden** to plot, to conspire; **ein ~ vereiteln** to foil a plot.

Komponente *f* component, component part, element, factor; **evolutorische ~** evolutive component; **undulatorische ~** recurring element (*of a development*), recurrently fluctuating element (*eg seasonal movement*).

Komprimierung *f* condensation; **~ der Gewinnspanne** narrowing the profit margin.

Kompromiss *m* compromise; **~freudigkeit** *f* willingness to compromise; **~vorschlag** *m* compromise proposal, suggestion to meet *s.o.* half way.

kompromisslos *adj* uncompromising.

kompromittieren *vt* to injure one's reputation, to compromise.

Kompromittierung *f* disclosure of dishonorable facts, defamation.

Kondemnation *f* condemnation (*of ship*).

Konditionen *f/pl* terms (and conditions), scale of rates and charges; **~gefüge** *n* structure of rates and terms; **~kartell** *n* condition–fixing cartel (*agreed uniform application of standard terms*); **~vereinbarung** *f* agreement on sales conditions.

Konditionsgeschäft *n* sale and return.

Kondominium *n* condominium, joint sovereignty, country governed jointly by two or more states.

Konfektions|abteilung *f* ready-made department; **~artikel** *m* ready-made clothes; **~größe** *f* standard size; **~industrie** *f* clothing industry; **~ware** *f* ready-to-wear clothes, ready-made clothes, off-the-peg clothes.

Konferenz *f* conference, meeting; **~ der Europa-Ausschüsse** *EU* Conference of European Affairs Committees (*abbr* COSAC); **~teilnehmer** *m*/**-in** *f* delegate conference; **~ über Sicherheit und Zusammenarbeit in Europa** (*abbr* **KSZE**) Conference on Security and Cooperation in Europe (*abbr* CSCE); ***e-e* ~ beenden** to close a meeting; ***e-e* ~ einberufen** to convene/call a meeting; ***e-e* ~ halten** to hold a meeting; **Haager ~ für Internationales Privatrecht** Hague Conference on Private International Law.

konferieren *vi* to hold a meeting.

Konfession *f* religious belief; **~sschule** *f* denominational school.

Konfiskation *f* seizure, confiscation; **~sgut** *n* confiscated goods, prize.

konfiszieren *vt* to confiscate, to seize.

Konfiszierung *f* seizure, confiscation.

Konflikt *m* conflict; **~bewältigung** *f* conflict management/resolution; **~mittler** *m*/**-in** *f* mediator, intermediary, conciliator; **~lösung** *f* resolution of conflict; **~verhütung** *f* conflict prevention; **bewaffneter ~** armed conflict, hostility; **offener ~** open conflict.

Konfrontation *f* confrontation, clash.

konfrontieren *vi* to confront, to face.

Konfusion *f* confusion, confusion of debts (*upon death*).

Konglomerat *n* conglomeration, conglomerate; mixed bag.

Kongress *m* congress, the Congress.

Kongruenz *f* payment of debt in bankruptcy proceedings to which creditor has a right, ↔ *Inkongruenz*.

König *m*/**-in** *f* king/queen, monarch; **regierende ~** king/queen regnant, reigning king/queen; **~sfriede** *m* pax regis, the king's/queen's peace; **~smord** *m* regicide; **~smörder** *m*/**-in** *f* regicide; **~sstandarte** *f* royal standard; **~streue(r)** *f*(*m*) (*der ~streue*) royalist; **~swürde** *f* regality, royal dignity.

Konjunktur *f* economic situation, economic trends, market conditions, level of business activity (*economy* = *e-*, *economic* = *e-c*); **~ablauf** *m e-c* cycle, trends of the *e-*; **~abschwächung** *f* slackening of *e-c* activity, *e-c* recession; **~abschwung** *m* cyclical downturn, contraction, decline in *e-c* activity; **~analyse** *f* analysis of *e-c* trends; **~änderung** *f* change in *e-c* trends; **~anstieg** *m* increase in *e-c* activity, upward *e-c* trend; **~aufschwung** *m* improving business situation, *e-c* upswing, *e-c* recovery; cyclical upswing; **~ausgleichsrücklage** *f* compulsory anticyclical reserve; **~aussichten** *f/pl e-c* prospects; **~belebung** *f e-c* recovery; **~beobachtung** *f* observation of *e-c* trends; **~beruhigung** *f* easing of *e-c* strains; **~besserung** *f* increase in business, improvement of the *e-c* situation; **~bewegung** *f e-c* trend; **~bild** *n* the general *e-c* situation; **~bremse** *f e-c* brake(s); **~dämpfung** *f* curbing the boom; **~debatte** *f e-c*-policy debate; **~diagnose** *f e-c*-trend analysis; **~dynamik** *f* business-cycle dynamics; **~einbruch** *m* setback in *e-c* activity, recession; **~empfindlichkeit** *f* sensitivity to *e-c* fluctuations; **~entwicklung** *f* trend in business, *e-c* trend, conjunctural development; **~erholung** *f* rebound; **~erwartungen** *f/pl* expected future business trends; **~faktor** *m* cyclical factor; **~flaute** *f* dull spell, *e-c* slackness, business stagnation; **~förderung** *f* cyclical stimulation; **~forscher** *m*/**-in** *f* specialist in cyclical research, business-cycle analyst; **~forschung** *f* business-trend research; **~gestaltung** *f* shaping of *e-c* policy; **~gewinne** *m/pl* boom profits; **~impuls** *m* stimulus to *e-c* activity; **~institut** *n e-c* research institute; **~jahr** *n* boom year; **~klima** *n e-c* climate, *e-c* temperature; **~kurve** *f* cyclical trend; **~lage** *f e-c* situation, trend of the *e-*; **~modell** *n* cyclical model; **~mulde** *f* trough in the *e-c* trend; **~nervosität** *f* nervousness about the *e-c* outlook; **~optimismus** *m* optimism about business prospects; **~phase** *f* phase of the business cycle; **~politik** *f* business-cycle policy, *e-c* policy, conjunctural policy; **aktive ~~** positive counter-cyclical policy; **monetäre ~~** counter-cyclical monetary policy; **~politiker** *m*/**-in** *f e-c*-policy maker; **~prognose** *f e-c* forecasting; **~programm** *n e-c*-policy program(me), anticyclical program(me); **~regulativ** *n e-c* regulator; **~rat** *m e-c*-policy council (*German federal government*); **~reserve** *f* contingency reserves for business policy; **~risiko** *n* business (cycle) risk; **~rückgang** *m e-c* recession, decline in business, setback; **~rückschlag** *m* business slump, setback, *e-c* dip; **~schatten** *m* sluggish *e-c* activity; **~schwankungen** *f/pl* cyclical fluctuations; **~sensibilität** *f* sensitivity to cyclical factors; **~spritze** *f* pump priming; **~statistik** *f* statistics on business trends; **~steuerung** *f e-c* management, cycle riding; **~stimulus** *m* business incentives, stimulation of *e-c* activity; **~stockung** *f e-c* slowdown; **~stütze** *f* support for *e-c* activity; **~tal** *n* trough of the trade cycle, downward cycle; **~theoretiker** *m*/**-in** *f* economist specializing in cyclical trends; **~theorie** *f* theory of *e-c* trends; **~therapie** *f* counter-cyclical treatment, counter-cyclical compensatory policy; **~tief** *n* low point of the business cycle; **~vorhersage** *f e-c* forecasting; **~überhitzung** *f* overheating of the *e-c* atmosphere, overheating of the boom; **~umbruch** *m* radical break in the *e-c* trend; **~verfall** *m e-c* downturn; **~verlangsamung** *f e-c* slowdown; **~verlauf** *m* cyclical trend, run of business; **~welle** *f* trade cycle undulation; **~wende** *f* general upswing of the *e-*; **~ziffer** *f e-c* index, index showing cyclical trends; **~zügelung** *f* curbing the boom; **~zuschlag** *m* boom surtax; **~zyklus** *m* trade cycle, business cycle, *e-c* cycle; **die ~ intensivieren** to stimulate *e-c* activity; **ex-**

pansive ~ boom; **nachlassende** ~ declining *e-*; **rückläufige** ~ declining *e-c* activity, recession, slump; **schwächer werdende** ~ declining *e-c* activity.

konjunktur | anfällig *adj* sensitive to cyclical influences; **~bestimmend** determining the economic trends; **~neutral** cyclically balanced; **~politisch** relating to economic/cyclical policy; **~reagibel** responsive to cyclical trends, fluctuationreactive; **~symptomatisch** symptomatic of the economic trend.

konkludent *adj* implied, tacit; **~es Handeln** *n* action implying intention.

Konkordat *n* concordat; *agreement between the Vatican and a government.*

konkret *adj* concrete, tangible, real.

konkretisieren *vt* to make definite, to put into concrete form; to appropriate (*fungible goods*).

konkretisiert *adj*, *pp* appropriated, particular; made definite, spelled out, specified.

Konkretisierung *f* appropriation, putting into specific terms, encapsulation; ~ **der Gattungsschuld** appropriation of unascertained goods.

Konkubinat *n* concubinage, illicit cohabitation, man-mistress relationship.

Konkurrent *m*/**-in** *f* competitor; **~en ausschalten** to outbid one's competitors, to defeat one's competitors; **~enklage** *f* legal action by a competitor; action against unfair award to competitor; **als ~ auftreten** to compete, to set up competition.

Konkurrenz *f* competition (= *c-*), concurrence, jurisdictional conflict, rivalry; **~angebot** *n* competitive bid, offer from a competing firm; **~ausschluss** *m* exclusion of *c-*; **~beschränkungen** *f/pl* restraint on *c-*; **~betrieb** *m* competing business; **~druck** *m* pressure of *c-*; **~erzeugnis** *n* competing product, rival product; **~fähigkeit** *f* competitiveness, competitive position, ability to compete; **~firma** *f* competing firm, competitive firm, rival firm; **~geschäft** *n* competing business, competing store; **~kampf** *m* *c-*, competitive struggle, trade rivalry; **~klausel** *f* agreement not to compete, restraint of *c-* clause; **~preis** *m* competitive price; **~unternehmen** *n* competing enterprise, rival business; **~verbot** *n* restraint of *c-*, prohibition of *c-*; ~ **von Verpflichtungen** conflict of obligations; **latente** ~ latent (potential) *c-*; **ruinöse** ~ destructive *c-*, cut-throat *c-*; **zur ~ abwandern** to switch to a rival firm, to move to a competitor.

konkurrenzfähig *adj* able to meet competition, competitive.

konkurrieren *vi* to compete.

Konkurs *m* bankruptcy (*natural persons*) (= *b-*), compulsory winding-up (*companies*); **~anfechtung** *f* rescission by the trustee in *b-*; ~ **anmelden** to file a petition in *b-*, to commence winding-up proceedings; **~anmeldung** *f* filing/presentation of a *b-* petition; ~~ **durch den Schuldner** voluntary petition in *b-*; **~antrag** *m* *b-* petition; **~~spflicht** *f* obligation to file a *b-* petition; **~ausfallgeld** *n* substitute pay in the event of insolvency (*of the employer*); **~beschlag** *m* attachment of bankrupt's asset; *b-* freeze; **~dividende** *f* dividend in *b-*, quota of distribution in *b-*; **~erklärung** *f* declaring oneself bankrupt, declaration of *b-*; ~ **eröffnen** to adjudicate *s.o.* (a) bankrupt; **~eröffnung** *f* adjudication of *b-*, *GB* order of adjudication of *b-*; ~~ **beantragen** to file a *b-* petition; ~~ **des Gemeinschuldners** debtor's petition; **~~santrag** *m* filing/presentation of a petition in *b-*; **~~sbeschluss** *m* *US* adjudication of *b-*/*GB* order of adjudication; **~fähigkeit** *f* capacity to be subject to *b-*; **~forderung** *f* provable debt, provable claim, claim, debt provable in *b-*, claim in *b-*; ~~ **anmel-**

den to lodge proof in *b*-; **bevorrechtigte** ~~ preferred claim; **gewöhnliche** ~~ ordinary debt in *b*-; **~gericht** *n* *b*- court; **~gläubiger** *m*/**-in** *f* creditor in *b*-; **betreibender** ~~ petitioning creditor; **~grund** *m* cause of *b*-, sufficient ground for *b*- proceedings; **~handlung** *f* act of *b*-; ~ **machen** to go bankrupt, to become bankrupt; **~masse** *f* bankrupt's estate; **~ordnung** *f* *B*- Act; **~quote** *f* dividend in *b*-, percentage of recovery, dividend on a bankrupt's estate; **~recht** *n* law relating to *b*-; **~richter** *m*/**-in** *f* judge at a *b*-court, referee in *b*-; **~schuldner** *m*/**-in** *f* debtor in *b*-, bankrupt, adjudicated bankrupt; **~schuldnerverzeichnis** *n* list of adjudicated bankrupts; **~sperre** *f* temporary blocking of *b*- proceeding by composition application; **~status** *m* an insolvent debtor's statement of affairs; **~straftat** *f* *b*- *US* offense/*GB* offence; **~tabelle** *f* schedule of creditors (of a bankrupt), *b*- schedule; **~verfahren** *n* *b*- proceedings, ~~ **mangels Masse einstellen** to dismiss the petition in *b*- for insufficiency of assets; **~vergehen** *n* *b*-offence; **~vergleich** *m* composition in *b*-; **~verlust** *m* loss due to *b*-; **~vermerk** *m* entry of pending *b*- in land register; **~verschleppung** *f* (criminal) delay (by company director) in filing *b*- petition; **~verwalter** *m*/**-in** *f* trustee/receiver/administrator in *b*-; **vorläufiger** ~~ receiver in *b*-; **~verwaltung** *f* administration of a bankrupt's estate by *b*- trustee; **~verwertung** *f* disposal of assets from the bankrupt's estate; **~voraussetzung** *f* prerequisites for a *b*- adjudication; **~vorrecht** *n* preference, privilege (in *b*- proceedings).

konkursreif *adj* (hopelessly) insolvent.

Konmorienten|vermutung *f* presumption of simultaneous death (*in fatal accident*); **~klausel** *f* simultaneous death clause.

Können *n* skill, aptitude, talent; **fachmännisches** ~ usual ability of an expert, usual ability of the person skilled in the art.

Konnexität *f* coherence.

Konnivenz *f* connivance, suborning an inferior to commit a criminal offence.

Konnossement *n* bill of lading (*abbr* B/L) (= *b/l*); ocean *b/l*, order *b/l*; ~ **gegen Kasse** cash against *b/l*; ~ **ohne Vorbehalt** clean *b/l*; **~sbestimmungen** *f/pl* stipulations on a *b/l*; **~sgarantie** *f* letter of indemnity; **~sindossament** *n* endorsement of a *b/l*; **~sladung** *f* the cargo shipped under a *b/l*; **~steilschein** *m* split *b/l*; **~svermerk** *m* remark endorsed on a *b/l*; **durchgehendes** ~ through *b/l*; **echtes** ~ clean *b/l*; **ein** ~ **gegen Revers reinzeichnen** to sign a clean *b/l* against counter-indemnity; **laut** ~ as per *b/l*; **reines** ~ clean *b/l*; **unreines** ~ foul/claused/dirty *b/l*.

Konsens *m* consensus; agreement, meeting of the minds.

konsenspflichtig *adj* subject to mutual agreement.

Konsensualvertrag *m* consensual contract, *contract completed by the mere agreement of the parties*.

Konservative(r) *f*(*m*) (*der Konservative*) conservative, *US* Republican/*GB* Tory.

Konserven|fabrik *f* packing house (*meat*), tinning factory; cannery; **~fabrikation** *f* *US* canning/*GB* tinning; **~industrie** *f* tin industry, can industry.

Konservierungsmittel *n* preservative.

Konsignator *m*/**-in** *f* consignee, recipient of goods.

Konsignation *f* consignment (= *c*-); **~-Depot von Reiseschecks** travellers' *US* checks/*GB* cheques held in stock; **~sausfuhr** *f* export of *c*-goods; **~sbeschaffung** *f* *c*- purchasing; **~sgeschäft** *n* sale on consignation; **~skonto** *n* *c*- account, commission account; **~slager** *n* stock of *c-* goods, *c-* stock; **~ssendung** *f c-* shipment; **~sverkauf** *m c-* sale; **~svertrag** *m* contract of *c-*; agreement on *c-* stock; **~sware** *f c-* goods, consigned goods.

konsignationsweise *adv* by way of consignment.

Konsolidation *f* consolidation, confusion of title; funding.

konsolidieren *vt* to consolidate, to fund.

Konsolidierung *f* consolidation, funding; ~ **schwebender Schulden** funding of floating debts; **~sanleihe** *f* funding loan; **~skredit** *m* consolidation credit, funding credit; **~skreis** *m* extent of consolidation; **~splatzierung** *f* syndication.

Konsols *pl* consols (= *Consolidated Stock* = *Consolidated Annuities of the British National Debt*).

Konsorte *m* associate, syndicate member.

Konsortial| (*syndicate* = *s-*, *syndicated* = *s-d*) **~anleihe** *f s-d* loan; **~anteil** *m* underwriting share, share in a *s-*; **~aufwendungen** *f/pl* underwriting expenses; **~banken** *f/pl s-* member banks; **~beteiligung** *f* underwriting share, share in a *s-*, *s-* participation, partnership in a *s-*; **~führer** *m/***-in** *f* lead manager, lead bank; *s-* leader, co-manager; **~geschäft** *n* business on joint account, underwriting transaction, *s-* operation; **~konto** *n s-* account; **~kredit** *m s-* credit, *s-d* loan; **~-Kreditlinien** *f/pl s-* credit lines; **~marge** *f* issuing banks' commission; **~mitglied** *n s-* member; **~provision** *f* underwriter's commission; **~vertrag** *m* consortium agreement.

konsortial *adj* consortial, syndicate.

konsortialiter *adv* in the form of a syndicate, by way of a syndicate, on behalf of a syndicate.

Konsortium *n* syndicate, pool; **ausgebendes** ~ distributing syndicate.

Konspiration *f* plot, conspiracy.

konspirativ *adj* conspirational.

konspirieren *vt* to conspire, to plot.

konstatieren *vt* to state, to find, to put on record, to declare.

konstituieren *vi/v reflex* to be constituted.

konstituierend *adj* constitutive (effect).

konstituiert *pp, adj* constituted; **ordnungsgemäß** ~ duly constituted by law.

Konstitution *f* condition, constitution, → *Verfassung*.

konstruieren *vt* to design, to construct, to plan.

Konstruktion *f* design, construction, structure, set-up, scheme, device, arrangement; ~ **der Gegenwertmittel** the set-up in connection with counterpart funds; **~sbüro** *n* drawing office, engineering department; **~sfehler** *m* design defect, structural design defect, → *Fabrikationsfehler* (*product liability*); **~singenieur** *m/***-in** *f* design engineer; **~smerkmal** *n* constructional feature, design feature; **~sprinzipien** *n/pl* design philosophy, principles underlying the design; **~stechnik** *f* design engineering; **~styp** *m* type of design; **~s- und Betriebsabteilungen** *pl* design and production departments; **~süberprüfung** *f* design review; **~svereinfachung** *f* simplification of design; **~szeichnung** *f* production drawing, detailed drawing, workshop drawing.

Konsul *m/***-in** *f* consul; **übergeordneter** ~ superintending consular officer.

Konsular| (*consular* = *c-*) **~abkommen** *n c-* treaty; **~abteilung** *f c-* section (*in an embassy*); **~agent** *m/***-in** *f c-* agent; **~beamter** *m/***~beamtin** *f c-* officer; **~bezirk** *m c-* district; **~gebühren** *f/pl c-* fees, *c-* charges; **~gericht** *n c-* court, *c-* tribunal; **~korps** *n c-* corps; **~matrikel** *f c-* register; **~recht** *n c-* law; right to maintain *c-* representation; **~schutz** *m c-* protection; **~sichtvermerk** *m c-* visa; **~status** *m c-* status; **~vertrag** *m c-* convention, *c-* treaty; **~vertreter** *m/***-in** *f* *c-* representative; **~vertretung** *f* *c-* representation.

konsularisch *adj* consular.

Konsulat *n* consulate; **~sangehörige(r)** *f(m)* (*der ~sangehörige*) consulate employee, member of the consular staff; **~sbeamter** *m/***~sbeamtin** *f* consular officer; **~sbefugnisse** *n/pl* jurisdiction of the consulate; **~sdienst** *m* consular service; **~sfaktura** *f* consular invoice; **~sgebühren** *f* consular fees, consular charges; **~ssekretär** *m/***-in** *f* clerical assistant (in the consular service); **~ssichtvermerk** *m* consular visa; **~svertrag** *m* consular convention, consular treaty; **~sverweser** *m/***-in** *f* acting consul.

Konsultation *f* consultation; **~seinrichtungen** *f/pl* consultative machinery; **~sgesellschaft** *f* consultancy company; **~spflicht** *f* obligatory consultation; duty to consult/advise; **~srecht** *n* right to be consulted; **~sverfahren** *n* consultation procedure.

Konsultativpakt *m* consultative pact.

konsultieren *vi* to consult, to seek *s.o.*'s advice, to enquire.

Konsum *m* consumption; *obs* co-op (= *coop*), consumer cooperative society; **~artikel** *m* consumer goods; **gewerbliche ~~** consumer goods produced by industry; **~befriedigung** *f* satisfaction of consumers' wishes; **totale ~~** total utility; **~finanzierung** *f* consumer credit, hire-purchase finance; **~freudigkeit** *f* propensity to consume; **~genossenschaft** *f* consumer cooperative society, coop retail society; **~gesellschaft** *f* consumer society; **~gewohnheiten** *f* consumer habits; **~güter** *n/pl* consumer goods; **~~konjunktur** *f* state of business in consumer goods; **~~messe** *f* trade fair for consumer goods; **dauerhafte ~~** durable consumer goods; **kurzlebige ~~** shortlived consumer goods; **langlebige ~~** durable consumer goods; **~konjunktur** *f* boom in consumer goods; **~kraft** *f* power to consume, consumption capacity; **~kredit** *m* consumer credit; **~~genossenschaft** *f* consumer credit cooperative; **~quote** *f* consumption ratio; **~schatten** *m* fields not touched by consumer goods boom, neglected fields; **~sphäre** *f* consumer goods class; **~stoß** *m* jump in consumption; **~subvention** *f* consumer goods subsidy; **~verein** *m* consumer cooperative (society), coop; **~vermögen** *n* consumption capital; **~verzicht** *m* voluntary reduction in consumption; **~ware** *f* consumer goods.

Konsumenten|einkommen *n* consumer income; **~geld** *n* consumers' money; **~handel** *m* consumer co-operative trade; **~kredit** *m* consumer credit; **~preis** *m* retail price; **~schutz** *m* consumer safety.

konsumieren *vt* to consume, to absorb.

konsumptiv *adj* relating to consumption.

Kontakt|mann *m/***~frau** *f* (*Presse*) source, informant; (*bei Werbeagenturen*) account executive; **~sperre** *f* confinement incommunicado, solitary confinement; **~stelle** *f* point of contact, contact agency; **~studium** *n* further professional studies for the purpose of keeping up to date, continuing education.

Konten *n/pl* accounts (= *a-s*, *account* = *a-*), (*sg* → *Konto*); **~abbuchung** *f* automatic debit; **~abgleichung** *f* balancing of *a-s*; **~abschluss** *m* closing of *a-s*; **~ abstimmen** to reconcile *a-s*; **~abstimmung** *f* reconciliation of *a-s*, adjustment of *a-s*, accounting equation; **~aufgliederung** *f* *a-* classification; **~aufteilung** *f* *a-s* specification; **~ ausgleichen** to square *a-s*; **~ bereinigen** to adjust *a-s*; **~blatt** *n* *a-* sheet; **~ des Auslandsgeschäftes** foreign business *a-s*; **~fälschung** *f* falsification of *a-s*; **~führer** *m/***-in** *f* person in charge of the *a-*; **~führung** *f* *a-*-keeping; **~glattstellung** *f* adjustment of *a-s*, squaring of *a-s*; **~gruppe** *f* *a-* group; **~inhaber** *m/*

-in *f* holder of a banking *a-*, depositor; ~ **in laufender Rechnung** balances on current *a-s*; **~klasse** *f* class of *a-*; **~manipulation** *f a-* manipulation, juggling or fiddling of *a-s*; **~pfändung** *f* garnishment of *a-s* (in a bank); **~plan** *m* chart of *a-s*; **~rahmen** *m* accounting plan, standard form of *a-s*; **~regulierung** *f* squaring of *a-s*, settlement of outstanding *a-s*; **~saldo** *m* balance; **~schiebung** *f* fiddling *a-s*, *a-* manipulation; **~sparen** *n* deposit *a-* saving; **~sperre** *f* freezing of *a-s*; ***e-e*** **~~ aufheben** to unfreeze an *a-*; **~stand** *m* balance of an *a-*; **~übertrag** *m* carryover from an *a-*; **~umschreibung** *f* movements between *a-s*, transfer from one *a-* to another; **~unstimmigkeiten** *f/pl* discrepancies between *a-s*; **~wahrheit** *f* truthfulness (and accuracy) of (*taxpayer's*) *a-s*; **~zusammenlegung** *f* pooling of *a-s*, merger of *a-s*; **bewegte** ~ active *a-s*; **fiskalische** ~ public authorities' *a-s*; **interne** ~ intercompany *a-s*; **steuerbegünstigte** ~ *a-s* eligible for tax privileges; **transferfähige** ~ transferable *a-s*.

Konterbande *f* contraband goods.

konterkarieren *vt* to counteract.

kontieren *vt* to allocate (to an account).

Kontierung *f* allocation (to an account).

Kontiguitätszone *f* contiguous zone, adjacent zone.

Kontingent *n* quota, allotment; **~bescheid** *m* decision on the granting of a quota, allocation award; **~beschränkungen** *f/pl* quota limitations; **~flüchtling** *m* accepted quota refugees (*for humanitarian reasons*); **~e globalisieren** to lump the quotas together, to combine the quotas.

kontigentmäßig *adj* in the form of quotas, according to quota.

kontingentieren *vt* to make subject to quota, to limit, to fix a quota, to ration.

kontingentiert *adj* subject to quota; **nicht** ~ non-quota.

Kontingentierung *f* quota restrictions, fixing of quotas, rationing.

Kontinuität *f* continuity, consistency; **~serklärung** *f* declaration of continuity; **~prinzip** *n* principle of continuity.

Konto *n* account (= *a-*), (*pl* → *Konten*); **~abschluss** *m* closing an *a-*; **~abstimmung** *f* → *Kontenabstimmung*; **~abtretung** *f* assignment of an *a-*; **~aufstellung** *f* statement of *a-*; **~auszug** *m* statement of *a-*, bank statement; **~belastung** *f* debit; **~berichtigung** *f* correction of an *a-*; **~bestand** *m* balance held on *a-*; **~bezeichnung** *f* title of an *a-*; **~eröffnung** *f* opening an *a-*; **~führer** *m/***-in** *f* keeper of an *a-*, person in charge of an *a-*, *a-* manager; **~führung** *f a-* management; **~~sgebühr** *f a-* maintenance charge; service charge; **~~sprovision** *f* charge for handling a customer's *a-*; ~ **für Sonderverwendungen** special disbursement *a-*; **~für Unvorhergesehenes** contingent *a-*; **~gegenbuch** *n* pass-book, deposit book; **~guthaben** *n* credit balance; ~ **in britischer Währung** sterling *a-*; **~inhaber** *m/***-in** *f a-* holder; **~korrent** *n* → *Kontokorrent*; ~ **mit laufenden Umsätzen** active *a-*; **~nummer** *f a-* number, code number; ~ **ohne Bewegung** inactive *a-*; ~ **pro Diverse** sundries *a-*; **~spesen** *pl a-* charges, bank charges; **~stand** *m a-* balance; **~überschrift** *f a-* title; **~übertrag** *m* internal transfer; **~~ungszeitraum** *m* posting period; **~überziehung** *f* overdrawing of an *a-*; **~umsatz** *m a-* turnover; **~unterlagen** *f/pl a-* files; **~verbindung** *f* accounting relationship; ~ **Verschiedenes** sundries *a-*; **~vollmacht** *f* written power of disposal over a bank *a-*; ~ **zur vorläufigen Verbuchung unklarer Posten** overs and shorts; **à** ~ (= *akonto*) on *a-*, as a down-payment, as a part payment; **abgeschlossenes** ~

closed *a*-; **auf ein ~ einzahlen** to pay into an *a*-; **ausgeglichenes ~** balanced *a*-; **belastetes ~** debited *a*-; ***e-em* ~ gutschreiben** to credit an *a*- (with *sth*); **ein ~ abschließen** to make up an *a*-, to rule off an *a*-, to strike a balance; **ein ~ anlegen** to open an *a*-; **ein ~ ausgleichen** to balance an *a*-, to adjust an *a*-; **ein ~ belasten** to charge an *a*-, to debit an *a*-; **ein ~ eröffnen** to set up an *a*-, to open an *a*-; **ein ~ glattstellen** to square an *a*-, to discharge an *a*-; **ein ~ sperren** to stop an *a*-, to freeze an *a*-; **ein ~ überziehen** to overdraw an *a*-; **ein ~ unterhalten** to keep an *a*-, to have an *a*-; **fingiertes ~** fictitious *a*-; **gemeinsames ~** joint *a*-; **gesperrtes ~** frozen *a*-; **kreditorisches ~** *a*- showing a credit balance; **laufendes ~** current *a*-; **offenes ~** open *a*-, current *a*-, drawing *a*-; **rückständiges ~** delinquent *a*-; **ruhendes ~** inactive *a*-; **totes ~** dead *a*-, nominal *a*-, inactive *a*-, impersonal *a*-; **über ein ~ verfügen** to operate an *a*-; **überzogenes ~** overdrawn *a*-; **umsatzloses ~** dormant *a*-, inactive *a*-, dead *a*-; **von *e-em* ~ abheben** to (with)draw from an *a*-; **zusammenfassendes ~** summary *a*-.

kontoführend *adj* account keeping.

Kontokorrent *n* current account (= *c/a*); **~auszug** *m* statement of account; **~bestätigung** *f* account stated; **~buch** *n* accounts receivable ledger, accounts payable ledger; **~debitor** *m*/**-in** *f* debtor on overdraft; **~einlagen** *f/pl* current deposits; **~ gewähren** to advance on *c/a*; **~gläubiger** *m*/**-in** *f* trade creditor; **~geschäft** *n* overdraft business; **~konto** *n c/a*; **überzogenes ~~** overdraft (*abbr* o/d) on *c/a*; **~kredit** *m c/a* credit, advance on *c/a*, overdraft, overdraft (*abbr* o/d) facility, open account credit terms; **~~ gewähren** to grant open account credit terms; **~limit** *n* overdraft limit; **~saldo** *m* balance on *c/a*; **~verbindlichkeiten** *f/pl* liability on *c/a*; **~verkehr** *m c/a* business/transactions; **~vertrag** *m c/a* agreement, mercantile account-stated agreement; **~vorbehalt** *m c/a* reservation; *reservation of ownership until all current liabilities have been discharged*; **~zinsen** *m/pl* interest on *c/a*.

kontra *prep* versus.

Kontrabular-Ersitzung *f* acquisitive prescription as against the land register entry; acquisition of title in the land register by adverse possession.

kontradiktorisch *adj* contentious, adversarial, contradictory.

KonTraG (*abbr* = **Gesetz zur Kontrolle und Transparenz im Unternehmensbereich**) Act on Control and Transparency in the Company Sector (*D 1998*).

Kontrahent *m*/**-in** *f* contracting party.

kontrahieren *vi* to contract, to agree; **mit sich selbst ~** to contract with oneself, to act as principal and agent.

Kontrahierungs|freiheit *f* freedom to contract, liberty to enter into a contract; **~zwang** *m* obligation to contract, legal compulsion to enter into a contract (*public service companies*).

Kontrakt *m* contract, agreement; **~abschlüsse** *m/pl* contracts placed; **~frist** *f* contractual period;

kontrakt|bestimmt *adj* determined by contract, contractual; **~brüchig** in breach of contract; **~gebunden** contractually committed, bound by (the) contract.

Kontravalenz *f* exclusive-or relationship, either-or relationship (*X, or Y, but not both X and Y*), ↔ *Disjunktion*.

Kontroll|abschnitt *m* counterfoil, stub; **~abteilung** *f* inspection department; **~amt** *n* control office; **~ausschuss** *m* committee of control, supervisory committee, audit board; **~befugnisse** *f/pl* supervisory/monitoring powers; **~behör-**

de *f* supervisory authority; **~gebiet** *n* control area; **~instanz** *f* supervisory body; **~karte** *f* time card (working time); **~kommission** *f* control commission; **~konto** *n* control account; **~liste** *f* check list; **~mann** *m/*-**frau** *f* patrolman; **~maßnahmen** *f/pl* arrangements for inspection; **~mechanismen** *m/pl* controls; **~mitteilung** *f* information for a crosscheck; **~muster** *n* counter sample; **~nummer** *f* reference number, code number; **~organ** *n* controlling body; **~prüfung** *f* check, test; **~punkt** *m* checkpoint; **~rat** *m hist* Control Council; **~~sgesetz** *n hist* Control Council Act; **~recht** *n* right of verification;**~stelle** *f* check-point; **~übernahme** *f* takeover; **~uhr** *f* timeclock; **~verfahren** *n* control procedure; **gemeinschaftliches** ~~ *EU* Community control procedure; **~zeichen** *n* check mark; **~zwecke** *m/pl* verification purposes.

Kontrolle *f* checking, checkup, surveillance, supervision, inspection, screening, control; **gerichtliche** ~ judicial restraint; **Gesetz zur ~ und Transparenz im Unternehmensbereich** (*abbr* **KonTraG**) Act on Control and Transparency in the Company Sector (*D 1998*); **parlamentarische** ~ parliamentary control.

Kontrolleur *m/*-**in** *f* ticket-inspector, supervisor, compliance officer; guard.

Kontroverse *f* controversy; ***e-e*** ~ **austragen** to fight a controversial issue; ***e-e*** ~ **beilegen** to settle a controversy, to resolve a controversy.

Konturkarte *f geogr* contour map.

Konvention *f* convention, treaty; ~ **über die Verhütung und Bestrafung des Völkermordes** Convention on the Prevention and Punishment of the Crime of Genocide (*9 December 1948*); ~ **von Rom** Rome Convention (*1928*); **Europäische ~ zum Schutze der Menschenrechte und Grundfreiheiten** European Convention for the Protection of Human Rights and Fundamental Freedoms (*Rome, 1950*).

Konventional | scheidung *f* divorce by consent; **~strafe** *f* penalty, penalty stipulated, conventional penalty, penalty under contract, penalty for *US* nonfulfillment/*GB* nonfulfilment, (agreed) liquidated damages; **~strafklausel** *f* penalty clause; **~zinsen** *m pl* stipulated interest.

konventionell *adj* conventional.

Konvergenz *f* convergence; **~kriterien** *n/pl EU* criteria of convergence (*of economic and monetary policies in the member states for accession to the economic and monetary union*).

Konversion *f* conversion; **~sangebot** *n* conversion offer; **~sanleihe** *f* convertible loan; **~sausgabe** *f* conversion issue; **~skasse** *f* conversion office, clearing house; ~~ **für deutsche Auslandsschulden** Conversion Office for German External Debts; **~sklausel** *f* convertibility clause; **~sprämie** *f* conversion premium; **~srecht** *n* right of conversion; **~sschuldverschreibungen** *f/pl* conversion bonds; **echte** ~ effective conversion; **zwangsweise** ~ compulsory conversion.

konvertibel *adj* convertible.

Konvertibilität *f* convertibility.

konvertierbar *adj* convertible; **beschränkt** ~ of limited convertibility; **frei** ~ freely convertible; **nicht** ~ inconvertible.

Konvertierbarkeit *f* convertibility; **beschränkte** ~ limited convertibility.

konvertieren *vt* to convert.

Konvertierung *f* conversion; **~sangebot** *n* conversion offer; **~srisiko** *n* exchange transfer risk.

Konvolut *n* bundle of papers, scroll, roll.

konzedieren *vt* to concede.

Konzentration *f* concentration, integration; **~slager** *n* (*abbr* **KZ**) concentration camp; **horizontale ~** horizontal integration; **industrielle ~** concentration of industries; **vertikale ~** vertical integration.

Konzept *n* concept, first draft; **~papier** *n* draft paper, scrap paper.

Konzern *m* group (of affiliated companies), *US* trust; **~abschluss** *m* consolidated financial statements, group accounts; **~aktien** *f/pl* shares of a group of companies; **~ausgleich** *m* intercompany squaring; **~banken** *f/pl* banks owned by a group; **~bedarf** *m* group requirements; **~betriebsrat** *m* group works council; **~beziehungen** *f/pl* (intra-)group relations; **~bilanz** *f* consolidated balance sheet, combined financial statement, group balance sheet; **~buchführung** *f* group accounting; **~buchgewinn** *m* intercompany profit, consolidated profit; **~entflechtung** *f* decartelization; **~firmen** *f/pl* affiliates, offshoots, subsidiary firms; **~forderungen** *f/pl* intercompany receivables; **~fremde(r)** *f(m)* (*der ~fremde*) outsider to a group; **~geschäfte** *n/pl* intercompany operations; **~gesellschaft** *f* affiliated company, group company; **~gewinn** *m* consolidated (unappropriated net) income, consolidated profit, **~jurist** *m*/**-in** *f* corporation lawyer; **~konto** *n* group account; **~lagebericht** *m* group management report; **~leitung** *f* central management of a group; **~mutter** *f* parent of a company group; **~rechnungslegung** *f* consolidated (group) accounting; **~recht** *n* law concerning industrial groups; **~spitze** *f* principal company in a group; **~statut** *n* the law governing a group of companies; **~syndikus** *m* inhouse lawyer for a group of companies; **~überschuss** *m* consolidated surplus; **~umsatz** *m* group turnover; **~unternehmen** *n* group member company; **~verbindlichkeiten** *f/pl* intercompany liabilities; **~verflechtung** *f* (interlocking) group integration; **~verlust** *m* consolidated loss; **~verrechnungsweise** *f* intercompany pricing, intra-group settlements; **~vorbehalt** *m* multiple reservation; extended group reservation of ownership (*for all outstanding accounts of the group*); **~werte** *m/pl* shares in subsidiary companies; **~zusammenhänge** *m/pl* interlocking holdings; **faktischer ~** de facto trust/group/conglomerate.

konzern|eigen *adj* captive; **~intern** *adj* intra-group, within the group.

Konzertierung *f* harmonization; **~sverfahren** *n* conciliation procedure, harmonization procedure.

Konzertzeichner *m*/**-in** *f* stag, concert party.

Konzertzeichnung *f* stagging.

Konzession *f US* license/*GB* licence (= *l-*) to trade, charter, concession, franchise, commercial privilege; **~sabgabe** *f l-* tax, royalty, municipal compensation; **zusätzliche ~~** additional/overriding royalty; **~sentziehung** *f* revocation of a *l-*, withdrawing of a *l-*; **~sentzug** *m* revocation of a *l-*, withdrawing of a *l-*; **~serteiler** *m*/**-in** *f* licensor, franchiser; **~serteilung** *f* licensing, granting of a charter, issue of *l-s*; **~sgebühr** *f* concession fee, *l-* fee, royalty; **~sinhaber** *m*/**-in** *f* concessionaire, concessionary, franchisee, licensed person, person duly licensed, holder of a *l-*; **~spflicht** *f* obligation to grant a *l-*; **~ssteuer** *f* franchise tax; **~ssystem** *n* franchise system; **~surkunde** *f* charter, organization certificate, *l-* document; **~svergabe** *f* grant of a charter/franchise, issue of a *l-*; **~svertrag** *m* charter agreement, franchise agreement; **~ zum Verkauf alkoholischer Getränke über die Straße** off *l-*; ***e-e* ~ beantragen** to apply for a *l-*/charter/franchise; ***e-e* ~ entziehen** to withdraw/revoke a *l-*, to disfranchise; ***e-e* ~ erteilen** to grant a *l-*/concession/franchise; **ohne ~** non-licensed (*alcoholic beverages*); **öffentlich-rechtliche ~** *l-*/charter/franchise/business concession under public law; **vorläufige** ~ interim *l*-.

konzessionieren *vt* to license, to grant a *US* license/*GB* licence, to franchise, *US* to grant a concession.

konzessioniert *adj* licensed.

Konzessionierung *f* licensing, granting a franchise/*US* a concession.

Konzil *n eccl* council; **Deutsch-Amerikanisches Akademisches** ~ (*abbr* **DAAK**) German-American Academic Council (*abbr* GAAC); **ökumenisches** ~ ecumenical council.

Kooperation *f* cooperation; **~sfibel** *f official guidelines governing (permissible) intercompany cooperation.*

Kooptationsrecht *n parl* right of cooption.

kooptieren *vt* to coopt.

Kooption *f* cooption.

Koordinationsausschuss *m* coordinating committee, steering committee.

Koordinierung *f* coordination; **~smaßnahmen** *f/pl* coordinating measures, tradeoff; **~sstudie** *f* tradeoff study.

Kopf *m* head, title, heading; **~arbeiter** *m*/**-in** *f* brain worker; **~bahnhof** *m* terminal (station); **~betrag** *m* per capital quota; **~bogen** *m* letterheaded paper, **normierter** ~~ standardized front page; **~filiale** *f* main branch; **~geld** *n* poll money, allowance per person (*upon change of currency*), head money (*to catch convict*); **~höhe** *f* headroom; **~jäger** *m*/**-in** *f* head hunter; executive search consultant; **~losigkeit** *f* rashness; **~mehrheit** *f* majority of members present; **~pauschale** *f* lump sum allowance per head; **~-Produktivität** *f* per capita productivity; **~quote** *f* quota per capita, amount per person; **~rechnen** *n* mental arithmetic; **~stärke** *f* strength; **~steuer** *f* personal tax, poll tax, community charge; **~teil** *m* individual quota; **nach** **~~en** per capita; **~wasserzeichen** *n* watermark in the form of a head; **~zahl** *f* number per capita; **~zählung** *f* head count; **~zeitung** *f* leading newspaper of a syndicated group; **pro** ~ (= *nach Köpfen*) per capita, per head of population.

Kopie *f* copy, duplicate, carbon (copy), transcript, print (*film*), imitation; **beglaubigte** ~ certified copy; **wortgetreue** ~ precise copy, word-for-word copy.

kopieren *vt* to copy, to duplicate.

Kopier|gerät *n* copying machine; **~schutz** *m* protection against unauthorized copying; **~~technik** *f* technology for protection against copying.

Kopplungs|geschäft *n* tie-in arrangement, linked transaction, package deal; **~klausel** *f* tie-in clause; **~produkt** *n* tied product; **~verbot** *n* prohibition against tying arrangement; **~verkauf** *m* tie-in sale, combination sale; **~werbung** *f* advertising for tied products.

Korbwährung *f* basket currency.

körperbehindert *adj* physically handicapped, disabled.

Körper *m* body; **~behinderte(r)** *f(m)* (*der ~behinderte*) disabled person, handicapped person; **~~npauschale** *f* lump-sum tax benefit for disabled persons; **~behinderung** *f* physical defect; **~beschädigte(r)** *f(m)* (*der ~beschädigte*) disabled person, physically handicapped person; **~beschädigung** *f* physical injury; **unfallbedingte** ~~ injury by accident; **~schaden** *m* personal injury, bodily harm, physical injury; *~schaft → Körperschaft; ~verletzung → Körperverletzung.*

Körperschaft *f* (de jure) corporation (= *c*-), incorporated body, body corporate, incorporated group; ~ **des öffentlichen Rechts** public-law *c*-, statutory *c*-, statutory body; ~ **im Rechtssinne** de jure *c*-; **~saufsicht** *f* state supervision of (public-law) *c-s*; **~ssteuer** *f c*-/corporate income tax; **~~-Durchführungsverordnung** *f c*- tax implementing ordinance;

~~**erklärung** *f c-* (income) tax return; ~~**gesetz** *n* (*abbr* **KStG**) *C-*Income Tax Act; ~~**pflicht** *f c-* (income) tax liability; **beschränkte** ~~~ limited *c-* tax liability (*inland income only*); **beratende** ~ consulting body; **bundesunmittelbare** ~ federal *c-*; **gemeinnützige** ~ non-profit *c-*; **gesetzgebende** ~ legislative body, legislature; **kommunale** ~**en** municipal corporate bodies; **mildtätige** ~ charitable *c-*, charitable society; **öffentliche** ~ public authority; **öffentlich-rechtliche** ~ public-law *c-*, statutory *c-*, statutory body; **privatrechtliche** ~ private-law *c-*; **parlamentarische** ~**en** legislative bodies; **Quasi-**~ quasi-juridical person, *group of persons without legal capacity treated as though it had*; **rechtsfähige politische** ~ independent body politic; **sich in** ***e-er*** ~ **zusammenschließen** to become incorporated; **steuerbegünstigte** ~ *c-* enjoying tax benefits; **steuerpflichtige inländische** ~ taxable domestic *c-*.

körperschaftssteuerpflichtig *adj* subject to corporation tax; **beschränkt** ~ territorially liable to corporation tax; with limited liability to pay corporation tax.

Körperverletzung *f* physical injury, personal injury, bodily harm; ***e-e*** ~ **erleiden** to sustain injury; ~ **im Amt** bodily injury caused by an officer of the law; ~ **mit Einwilligung** inflicting bodily injury with consent (*volenti non fit injuria*); ~ **mittels** ***e-er*** **Waffe** bodily injury inflicted using a weapon; ~ **mittels** ***e-es*** **gefährlichen Werkzeugs** bodily injury caused using a dangerous instrument; ~ **mit Todesfolge** fatal injury; **fahrlässige** ~ negligent bodily injury; **gefährliche** ~ dangerous bodily injury, grievous bodily harm; **gewaltsame** ~ assault and battery, bodily injury by violence; **schwere** ~ (causing) grievous bodily harm; **unfallbedingte** ~ accidental injury; **vorsätzliche** ~ wilfully causing bodily harm, intentional bodily harm.

Korporationsrecht *n* the right to form bodies corporate.

Korrespondentreeder *m/***-in** *f* shipowner's permanent representative.

Korrespondenz *f* correspondence (= *c-*); ~**abteilung** *f c-* department; ~**anwalt** *m/*~**anwältin** *f* communicating lawyer (*GB solicitor who communicates with the trial lawyer/barrister and the client*) ~**bank** *f* correspondent bank; ~**gebühr** *f c-* fee; ~**scheck** *m c- US* check/*GB* cheque; ~**versicherung** *f* foreign insurance, agent, insurance brought about by *c-* (with foreign insurer); **geschäftliche** ~ commercial *c-*, business letters.

korrumpieren *vt* to corrupt, to debauch, to lead astray.

Korruption *f* corruption, corrupt practices.

Kost *f* food, board; *exch* pension, carrying over; ~**gänger** *m/***-in** *f* paying guest for meals, boarder; *fig/sl* moocher, cadger, *s.o.* who lives at another's expense; ~**geber** *m/***-in** *f* person who provides daily meals (*in return for payment*); *exch* giver-on, lender (of stock), payer of contango; ~**geschäft** *n* continuation, carrying over (business); contango business, take-in transaction; ~**nehmer** *m/***-in** *f exch* taker, borrower (of stock); receiver of contango; ~ **und Logis** *f* room and board, board and lodging; ~**wechsel** *m* bill in pension, bill on deposit.

Kostbarkeiten *f/pl* valuables, precious things.

Kosten *pl* cost (= *c-*), costs (= *c-s*), expenses, outlay, charges; ~**abwälzung** *f* **auf die Preise** *c-* increases passed on in prices; ~**analyse** *f* account analysis; ~**anordnung** *f c-s* order; ~**ansatz** *m* statement of court *c-s*; *c-* breakdown; ~**anschlag** *m* estimate, quotation; ***e-en*** ~~ **machen** to give an estimate; **zu geringer** ~~ underestimate; ~**an-**

teil *m* portion of the *c*-(s), share of the *c-s*; **~artenrechnung** *f c*--type accounting; **~ auferlegen** to impose *c-s*; **~auferlegung** *f* assessment of *c-s*, *c-s* order; **~ aufgliedern** to itemize *c-s*, to give a breakdown of *c-s*; **~aufgliederung** *f c-* break-down; **~aufhebung** *f* (judgment) without *c-s*; **~auflage** *f* condition as to *c-s*; **~aufriss** *m c-* survey; **~ aufschlüsseln** to break down expenses; **~aufstellung** *f* statement of *c-s*; **~aufwand** *m* expense incurred; **unmittelbarer ~~** direct expense; **~ausgleichung** *f* assessment of *c-s* (*by taxing master*); **~ausgleichsbetrag** *m c*--assessment amount; **~ausgleichszuschlag** *m c-* equalization surcharge; **~beamter** *m*/**~beamtin** *f* taxing master; **~befreiung** *f c-* exemption; **~beitreibung** *f* recovery of *c-s*; **~berechnung** *f* calculation of *c-*, costing, *c-* accounting, statement of *c-s*; **~bereinigung** *f* clearing up of accounts; **~beschluss** *m c-s* order; **~bestandteile** *m/pl c-* components; **~ bestreiten** to defray *c-s*; **~beteiligung** *f* assuming a share of the *c-s*; **~dämmung** *f c-* containment; **~dämpfung** *f* curbing *c-* expansion, *c-* containment; **~ decken** to cover the *c-s*; **~deckung** *f c-* recovery, covering of *c-s*; **~~sprinzip** *n c-* covering principle, self-*c-* system; **~degression** *f c-* degression, regressive *c-* trend, degression in scales for *c-s* and fees; **~denken** *n* thinking in terms of *c-s*, *c-* consciousness; **~ der allgemeinen Geschäftsführung** management *c-s*; **~ der Kapitalbeschaffung** capital procurement *c-s*; **~ der Lagerhaltung** storage *c-*; **~ der Rechtsverfolgung** *c-s* of litigation; **~ der Luftfrachtbeförderung** *c-* of air freight; **~ der notariellen Wechselvorlage** expense of noting; **~ des Prüfens** *c-s* of checking; **~ des Rechtsstreits** → ~ *des Verfahrens*; **~ des Verfahrens** *c-s* and expenses of the suit/action, expensae litis; **~einsparung** *f c-* saving; economy, saving; **~druck** *m c-* push; pressure of *c-s*; **~einheit** *f c-* unit; **~eintreibung** *f* (compulsory) collection of *c-s*; **~entscheidung** *f c-s* order; **~~ ergeht nicht** no order as to *c-s*; **~entwicklung** *f c-* trend; **~erlass** *m* waiver of *c-s*; **~-Erlös-Relation** *f* relationship between *c-s* and selling prices; **~ermittlung** *f* costing, *c-* calculation; **~ersatz** *m* reimbursement of *c-s* and expenses; **~~anspruch** *m* claim for reimbursement of *c-s* and expenses; **~ersparnis** *f* saving of expenses, *c-* saving, economizing on *c-s*; **~erstattung** *f* reimbursement of *c-s* and expenses, refund of *c-s*; **~~sanspruch** *m* entitlement to *c-s*; **gegenseitiger ~~** reciprocal *c-s*; **~faktor** *m c-* factor; **~ festsetzen** to tax the *c-s*, to allow *c-s*; **~festsetzung** *f* determination of *c-s*, fixing of *c-s*, awarding of *c-s*, taxation of *c-s* (*court*); **~folge** *f* consequence as to *c-s*; **~frage** *f* question of *c-s*; **~freiheit** *f* exemption from *c-s*; **~ für die Leichterung und Handhabung** lightering and handling charges; **~ für die Leichterung und die Verbringung an Land** lighterage and wharfage charges; **~ für die Löschung** unloading *c-s*; **~gefälle** *n* differential in *c-s*; **~ gegeneinander aufheben** to split the *c-s* (*each side bearing half the court c-s and its own lawyer's fees and expenses*); **~gesetz** *n* Court *C-s* Act; **~haftung** *f* liability for *c-s*; **~~serklärung** *f* undertaking to pay *c-s*; **~höchstbeträge** *m/pl* maximum charges; **~kategorien** *f/pl c-* categories, types of *c-*; **~konto** *n* account of charges; **~kontrolle** *f* rein on *c-s*, expenses control; **~kurve** *f c-* line, *c-* curve; **~-Leistungs-Verhältnis** *c*--to-performance ratio; **~marken** *f/pl* stamps for payment of court fees; **~miete** *f* minimum rent, sufficient rent for covering *c-s*; **manipulierte ~~** manipulated rent allegedly covering *c-s* only; **~minderung** *f* reduction in *c-s*; **~moral**

f morality in claiming expenses, conscientiousness with regard to *c-s*; **~nachzahlung** *f* subsequent payment of *c-s*; **~niederschlagung** *f* waiving court *c-s*; **~-Nutzen-Analyse** *c*--benefit analysis; **~-Nutzen-Verhältnis** *c*--benefit ratio; **~ordnung** *f* Regulations on Ex-parte *C-s*; **~pflicht** *f* obligation to pay the *c-s*; **~~ des Unterlegenen** *c-s* follow the event; **~preis** *m* *c-* price, original *c-*; **~-Preisschere** *f c*--and-price scissors; **~rechnung** *f* bill of *c-s*, bill for services, bill of charges, statement of charges; *c-* accounting, costing; **~~ für Einzelfertigung** job *c-* system; **~~ssystem** *n* job *c-* system; **~~~ mit vorausgeschätzten Kosten** estimate *c-* system; **~recht** *n* law concerning court *c-s*; **~~sprechung** *f* court decisions on *c-* problems; **~regelung** *f* regulation concerning *c-s*; **~risiko** *n c-s* risk; **~sachen** *f/pl* cases involving taxation of *c-s*; **~sammelblatt** *n* job *c-* sheet; **~satz** *m c-* unit rate; **~schätzungen** *f/pl* estimates of *c-s*; **~schuldner** *m/***-in** *f* party liable for *c-s*; **~schwelle** *f* transfer *c-* (*change of location*); **~senkung** *f* lowering *c-s*; **~sicherheitsleistung** *f c-s* bond; **~spaltung** *f* splitting of *c-s*; **~ spielen keine Rolle** *c-s* are irrelevant/are of no consequence; **~spirale** *f* spiral(l)ing of *c-s*; **~sprung** *m* jump in *c-s*; **~stand** *m* level of *c-s*; **~steigerung** *f c-* increase; **~stelle** *f c- US* center/*GB* centre; **~titel** *m c-* taxation order (*enforceable*); **~teilung** *f* dividing the *c-* burden, sharing *c-s*; **~träger** *m/***-in** *f* funding agency (*for social or public services*); *c*--inducing item (*accounting*); *c-* unit (*check*); **~tragung** *f* apportionment of *c-s*, bearing the *c-s*; **~übernahme** *f* defraying *c-s* and expenses; **~überschlag** *m* estimate (of *c-s*); **~überschreitung** *f* exceeding the agreed price, exceeding the *c-* limit; **~überwachung** *f* expense control; **~überwälzung** *f* passing *c-s*, passing *c-* increases (*on to buyers, tenants*); **~umlegung** *f* apportionment of *c-s*, assessment of expenses; **~ und Auslagen** charges, *c-s* and expenses; **~unterdeckung** *f c-* deficit; **~urteil** *n c-s* order; **~verfahren** *n* proceedings as to *c-s*; **~vergleich** *m* court settlement on the *c-s* of a case; **~~smiete** *f* economic rent, rent equivalent to similar tenancies; **~verzeichnis** *n c-* schedule; **~voranschlag** *m* preliminary estimate (of *c-s*), estimated charges; **~vorschuss** *m* retainer (*lawyer*), payment on account, advance of lawyer's fees, advance on *c-s*; **~~pflicht** *f* obligation to make advance payments as to *c-s*; **~wert** *m c-* value; **~wesen** *n* matters concerning *c-s*; **~wirksam** *adj c*--effective; **~~keitsanalyse** *f* effectiveness analysis, *c*--efficacy analysis; **~wirkungen** *f/pl* impact of *c-s*; **~zahlung** *f* payment of *c-s*; **~ zu (abgeschriebenen) Buchwerten** amortized *c-*; **~ zu gleichen Teilen tragen** *c-s* shall be borne in equal parts; **~ zur Folge haben** to involve expense; **~ zurückerstatten** to refund (the) expenses; **~zuschlag** *m* excess charge; **abzüglich ~** less charges; **aktivierte ~** capitalized *c-s*; **anormale ~** atypical *c-s*; **angefallene ~** expenses incurred, accrued *c-s*; **anteilige ~** prorated *c-s*; **anteilig zu verrechnende ~** *c-s* to be prorated; **auf ~ und Gefahr** at the risk and *c-*; **auf ~ von** on account of, at the expense of; **auferlegte ~** *c-s* imposed (*by the court*); **auflaufende ~** accruing *c-s*; **auf meine ~** at my expense; **außergerichtliche ~** out-of-court expenses; **die ~ ersetzen** to refund the *c-s*; **die ~ tragen** to bear the *c-s*; **direkte ~** direct *c-*, specific *c-*; **direkt zurechenbare ~** directly apportionable *c-s*; **einmalige ~** non-recurring *c-s*; **eintreibbare ~** collectible charges, recoverable *c-s*; **entstandene ~** expense incurred; **entstehende ~** accruing *c-s*; **erstattungsfähige ~**

party and party *c-s*; **fällige ~** payable *c-s* and expenses; **feste ~** fixed *c-s*, overheads, overhead expenses, overhead charges, volume *c-*; **festsetzbare ~** taxable *c-s*; **fixe ~** nonvariable expenses, fixed *c-s*; **gewöhnliche ~** ordinary expense; **historische ~** historic(al) *c-s*; ***jd-en* zu den Kosten verurteilen** to award the *c-s* against *s.o.*; **kalkulatorische ~** imputed *c-s*, expenses assumed for costing purposes; **konstante ~** standing charges; **kumulierende ~** accruing *c-s*; **laufende ~** current expenses, recurring *c-s*; **leistungsabhängige ~** variable *c-s*; **nicht anderweitig erstattete ~** expense not otherwise received; **ohne ~** no *c-s* (*on bill of exchange*); without expenses, incur no expenses; **sämtliche ~** full *c-s*; **sich ~ aufbürden** to incur *c-s* and expenses voluntarily; **Sowieso-~** *c-s* arising in any case; **über die ~ entscheiden** to order *c-s*; **überfällige ~** overdue *c-s*; **variable ~** variable *c-s*; **vorprozessuale ~** *c-s* incurred before action; **zu den ~ verurteilt sein** to be ordered to pay the *c-s*.

kosten|bedingt *adj* determined by the costs, cost-induced; **~erstattungsfähig** taxable; **~frei** free of charge(s); **~günstig** cost-effective, cheap, good value for money; **~los** free of charge; without charge; **~näher** adjusted more closely to costs; **~pflichtig** with costs, liable to pay the costs; **~~ abweisen** to dismiss with costs; **~sparend** costsaving, economical.

Kote *f* bench mark, height notation.

kotieren *vt* **I** *exch* to admit (*shares, etc*) to official quotation, to fix (*price*), to quote (*price*).

kotieren *vt* **II** to measure altitudes, to spot heights; to indicate ultimate/spot-height numbers, to place bench marks.

Kotierung *f* **I** admission (*of shares, etc*) to official quotation.

Kotierung *f* **II** indication of spot heights/benchmarks.

Koupon *m* coupon, → *Kupon*.

KPD hist (*abbr* = **Kommunistische Partei Deutschlands** (*abbr* **KPD**) Communist Party of Germany, German Communist Party.

Kraft *f* (*pl Kräfte* = *~e*) strength, power, force; **~ebedarf** *m* **der Wirtschaft** labo(u)r requirements of industry; **~emangel** *m* labo(u)r shortage; **~epotential** *n* potential labo(u)r force; **Kraftfahr~** → *Kraftfahr|~*; **Kraftfahrzeug** → *Kraftfahrzeug*; **Kraftfahrer(in)** → *Kraftfahrer(in)*; **~loserklärung** *f* invalidation, declaration of invalidity, forfeiture, cancellation; **~~ von Wertpapieren** invalidation of securities; **~loswerden** *n* ceasing to be effective, invalidation; **~rad** *n* motor cycle; **~stoff** *m* fuel, propellant; **~~behälter** *m* fuel tank; **~~diebstahl** *m* fuel theft; **~~industrie** *f* fuel industry; **~~lager** *n* fuel depot; **~~verbrauch** *m* fuel consumption; **~~zufuhr** *f* fuel supply; **~verkehr** *m* road transport, road traffic; **~~sabgaben** *f/pl* motor vehicle duties; **~~sordnung** *f* road traffic ordinance; **~wagen** *m* motor vehicle; **~~beförderung** *f* motor transport; **~~benutzung** *f* use of a motor vehicle; **~~kolonne** *f* convoy, column of motor vehicles; **~~kosten** *pl* automobile expenses; **~~verkehr** *m* road haulage; **gewerblicher ~~~** road-haulage contractors; **außer ~ sein** to be out of force, (to have been) repealed; **außer ~ setzen** to repeal, to invalidate, to abrogate, to set aside, to cancel, to overrule, to rescind; **außer ~ treten** to become inoperative, to become ineffective, to expire, to lapse; **familieneigene ~e** family labo(u)r; **freie ~e** available labo(u)r; **gleichgewichtsstörende ~e** disequilibrating forces; **in ~** in force; **in ~ bleiben** to remain in force, to remain valid, to remain effective; **in ~ sein** to be in force, to be in operation, to be effective; **in ~ setzen** to put into force, to put into operation; **in ~**

treten to enter into force, to take effect, to come into operation; **in ~ treten lassen** to let become effective/operative; **marktbestimmende ~e** forces governing market trends; **normative ~ des Faktischen** power of de facto conditions to establish rules of law; **rückwirkende ~** retroactive effect, retrospective effect, retrospective force; **mit ~r ~** with retroactive effect, retroactively; **sich nach besten ~en bemühen** to use one's best endeavours/efforts.

kraft *prep* by operation of, by virtue of, in virtue of, on the strength of, by right of.

Kraftfahr|industrie *f* automobile industry; **~sachverständige(r)** *f(m)* (*der ~sachverständige*) motor vehicle expert; **~unfall** *m* automobile accident, motor vehicle accident, road traffic accident; **~versicherung** *f* motor insurance, automobile insurance; *~zeug → Kraftfahrzeug*.

Kraftfahrer *m*/**-in** *f* motorist, driver; **~eignung** *f* suitability as a driver of motor vehicles.

Kraftfahrt-Bundesamt *n* (*abbr* **KBA**) Federal Office for Motor Traffic.

Kraftfahrzeug *n* motor vehicle (= *m/v*); **~anmeldung** *f m/v* registration; **~brief** *m m/v* registration book, certificate of title to a *m/v*, manufacturer's statement of origin; **~eigentümer** *m*/**-in** *f* owner of a *m/v*; **~entwendung** *f* unauthorized use/temporary theft of a *m/v*; **~fahndung** *f* tracing of stolen vehicles; **~führer** *m*/**-in** *f* operator of a *m/v*; **~gesetz** *n M/V* Act; **~haftpflicht** *f m/v* third party liability; **~~versicherung** *f m/v* liability insurance, third party insurance; **~haftung** *f m/v* third-party liability; **~halter** *m*/**-in** *f* registered user of a *m/v*, *person in charge of a m/v*; keeper of a *m/v*; **~industrie** *f* automobile industry; **~kennzeichen** *n US* license/*GB* licence plate, number plate; **~klasse** *f* class of *m/v* (*for tax purposes*); **~kosten** *pl* cost of *m/v* maintenance; **~papiere** *n/pl m/v* documents; **~schein** *m m/v* registration certificate; **~steuer** *f m/v* tax; **~~vergehen** *m/v* tax offence; **~überwachung** *f* control of *m/v* safety; **~unfall** *m m/v* accident; **~verkehr** *m m/v* traffic, vehicular traffic; **~vermietung** *f* renting of motor cars; **~versicherung** *f* automobile insurance, motor car insurance, motor insurance; **~~ mit Prämien für unfallfreies Fahren** merit pricing system; **~zulassung** *f* licensing of *m/v*, *m/v* licensing; **~~sstelle** *f m/v* licensing office; **ein ~ abmelden** to cancel the registration of a *m/v*; **ein ~ führen** to drive, to operate a *m/v*; **verkehrsgefährdendes Führen *e-es* ~s** dangerous driving.

kraftlos *adj* invalid, inoperative, void, inefficacious; **für ~ erklären** to declare void.

Krakeeler *m*/**-in** *f* brawler, rowdy.

Kranführer *m*/**-in** *f* crane operator.

krank *adj* ill, sick; ***jd-en* ~ schreiben** to certify *s.o.* unfit to work due to illness; **sich ~ melden** to report sick; **~feiern** *n* to go sick for trivial reasons, to malinger (*on the pretence of sickness*), to feign illness.

Kranken|anstalt *f* public hospital; **gemeinnützige ~~en** *pl* nonprofitmaking hospital organizations; **~ausfallquote** *f* illness frequency rate; **~beförderung** *f* transport of patients; **~behandlung** *f* medical treatment; **~beihilfe** *f* sickness relief; **~blätter** *n/pl* medical record; **~fahrstuhl** *m* wheel chair; **~fürsorge** *f* medical care; **~geld** *n* sickness benefit; **~~zuschuss** *m* additional allowance to sickness benefit; **~~anspruch** *m* entitlement to sickness benefit; **~geschichte** *f* medical record; **~haus** *n → Krankenhaus*; **~hilfe** *f* medical care; **~karte** *f* sickness card; **~kasse** *f* health insurance fund/scheme/company; **~~narzt** *m*/**~ärztin** *f* panel doctor; **~~nbeiträge** *m/pl* contributions to health insurance;

kaufmännische ~~ health insurance for commercial employees; **~pflege** *f* medical care; **~~anstalt** *f* nursing home; **~~gesetz** *n* Nursing of Patients Act; **~~r** *m* (male) nurse, → *~schwester*; **~pflichtversicherung** *f* statutory health insurance; **~schein** *m* sick-certificate (*entitling to medical treatment*), health service *US* check/*GB* cheque; **~schwester** *f* (female) nurse, → *~pfleger*; **staatlich geprüfte ~~** state registered (female) nurse; **~stand** *m* number of employees off sick at any one time; **~stuhl** *m* wheel chair; **~tagegeld** *n* daily allowance during sickness; **~~versicherung** *f* daily benefits insurance; **~transportdienst** *m* ambulance service; **~überwachung** *f* surveillance of persons who have reported sick; **~unterstützung** *f* assistance during illness; **~urlaub** *m* sick leave; **bezahlter ~~** paid sick leave; **~versicherung** *f* health insurance, sickness insurance; **~~** *f* **der Rentner** health insurance for social security pensioners; **~~sbezüge** *f* health insurance benefits; **~~sgesellschaft** *f* health insurance company, *US* health maintenance organization (*abbr* HMO); **~~sträger** *m* organization in charge of health insurance; **soziale ~~** social health insurance; **~versorgungsleistungen** *f/pl* health care benefits; **~versorgungsträger** *m* health care provider; **~zusatzversicherung** *f* supplementary sickness insurance.

Krankenhaus *n* hospital (= *h-*, *hospitalization* = *h-ization*); **~aufnahme** *f* admission to a *h-*; **~~vertrag** *m h-ization* agreement; **~behandlung** *f h-* treatment; **stationäre ~~** *h-ization*, in-patient treatment; **~kostenversicherung** *f h-* costs insurance; **~ordnung** *f h-* regulations; **~pflege** *f h-* care; **~~kosten** *pl h-* ward costs, nursing costs; **~~satz** *m h-* per diem charge; **~tagegeld-Versicherung** *f h-* per diem allowance insurance; **~versorgung** *f h-* provision; **~vertrag** *m h-ization* contract; **gemeinnütziges ~** nonprofit *h-*.

Krankfeiern *n* feigning illness, malingering.

Krankheit *f* disease, illness, sickness; **~sausgleichszahlung** (*des Arbeitgebers*) sick pay (*from employer*); **~sfall** *m* case of illness; **~skosten** *f* medical costs; **~sunterhalt** *m* financial support for divorced spouse in case of illness; **~surlaub** *m* sick leave; **~sverhütung** *f* prevention of illness; **~svorsorge** *f* health care; **~szeit** *f* period of illness; **angeborene ~** congenital disease; **ansteckende ~** contagious disease; **ekelerregende ~** repulsive disease; **meldepflichtige ~** disease subject to notification, (*disease which must be notified to authorities*); **quarantänepflichtige ~** disease subject to quarantine regulations; **schwere ~** serious illness; **simulierte ~** feigned disease; **übertragbare ~** contagious disease.

Kranzgeld *n obs* compensation upon breach of promise, for lost chastity, indemnity for defloration.

Krawall *m* trouble, tumultuous demonstration, uproar; **~schäden** *m/pl* riot damage, vandalism (damage).

Kredit *m* (*pl Kredite*) credit (= *c-*), credit balance, credit standing, credit line, facility, loan (= *l-*), loan advance; **~absicherung** *f* providing collateral security for *c-*; **~aktion** *f* lending scheme, lending arrangements; **~anspannung** *f* strain on *c-*; **~anstalt** *f* bank, *c-* institution, *l-* corporation; **~~ des öffentlichen Rechts** public *l-* corporation; **landschaftliche ~~en** regional banks; **~anteil** *m c-* portion; **~antrag** *m l-* application, application for *c-* facilities; **~apparat** *m c-* system; **öffentlich-rechtlicher ~~** official *c-* institutions; **~aufblähung** *f c-* inflation, overexpansion of *c-*; **~aufnahme** *f* borrowing, raising of *c-*, making use of *c-* facilities; **~ aufnehmen** to borrow, to take out a *l-*, to obtain *c-*; **~aufsicht** *f* official supervision of *c-* institutions; **~auftrag** *m* agreement to provide a *c*--extending arrangement; **~ausdehnung** *f c-* expansion; **~ausfall** *m l-* loss; **~~rückstellung** *f l*--loss provision; **~auskunft** *f c-* information, banker's reference, status enquiries and reports, *c-* report, trade reference; **~~ei** *f c-* bureau, *c-* reference agency, commercial agency; **~~sbeurteilung** *f c-* rating, *c-* scoring; **gegenseitige ~~** *c-* interchange; **~auslese** *f c-* selection, selectivity in the granting of *c-*; **~ausreichung** *f l-* accomodation; **~ausschuss** *m c-* committee, *l-s* committee; **~ausweitung** *f* expansion of *c-*; **~automatismus** *m* automatic granting of *c-*; **~bank** *f* commercial bank, *c-* bank; **private ~~en** ordinary commercial banks; **~beanspruchung** *f* borrowing, strain on *c-*, making use of *c-s*; **~bearbeiter** *m*/**-in** *f l-s* officer; **~bearbeitung** *f* processing of applications for *c-s*, *l-* processing; **~~sprovision** *f c-* processing charge; **~bedarf** *m* borrowing needs, *c-* requirements, borrowing demand; **~~splan** *m c-* requirements plan; **öffentlicher ~~** public sector *c-* requirement(s); **~bedingungen** *f/pl* terms of *c-*; **günstige ~~** favo(u)rable terms; **~bedürfnis** *n c-* requirements; **~bereich** *m* area of lending; **~bereitschaft** *f* readiness to grant *c-s*; **passive ~~** readiness to borrow; **~bereitstellung** *f* allocation of *c-* funds; **~beschaffung** *f* procurement of *c-* facilities; **~~sprovision** *f c-* procurement fee; **~beschränkungen** *f/pl c-* restrictions; **~besicherung** *f* security for a *l-*; **~bestätigung** *f* facility letter; **~betrag** *m* amount of *c-*, principal (sum); **~betrug** *m* obtaining *c-* by false pretences; **~bewegungen** *f/pl* shifts in *c-* volume; **~bewilligung** *f* granting of *c-*; **~beziehung** *f* mutual debtor-creditor relationship; **~bremse** *f* restraint on *c-*; **~brief** *m c-* advice, circular *c-* (*for bank customers to draw money at other banks while away on business trips, etc*); **~bürgschaft** *f* surety arrangement, *l-* guarantee, *c-* guarantee; **~deflation** *f c-* squeeze, deflation due to a lack of *c-*; **~dirigismus** *m c-* regimentation; **~drosselung** *f c-* squeeze; **~einengung** *f c-* restrictions; **~einräumung** *f* granting of *c-* (facilities); **~einschränkung** *f* restriction of *c-*; **~engagement** *n c-* commitment; **~entwicklung** *f* movement in borrowings, trend in lending; **~erleichterung** *f* easing of *c-* terms; **~eröffnung** *f* opening of a *c-*; **~~svertrag** *m c-* agreement; **~expansion** *f c-* expansion; **~fähigkeit** *f c-* standing, solidity, borrowing power, financial reliability, creditworthiness; **~fall** *m* case in which a *l-* is granted; **~fazilität** *f c-* facility; **~finanzierung** *f* borrowing, financing by way of *c-*; **~förderung** *f* trade facilities, promotion of *c-* expansion; **~form** *f* type of *c-*; **~ geben** to give *c-*; **~geber** *m*/**-in** *f* extender of *c-*, lender, creditor, financial backer; **letztbereiter ~~** marginal lender; **~gebühren** *f/pl l-* charges, *c-* charges; **~gefährdung** *f* impairment of *c-* standing; **~geld** *n* fiduciary money; **~genossenschaft** *f c-* cooperative, mutual *l-* society; **gewerbliche ~~** commercial *c-* cooperative; **ländliche ~~** rural *c-* cooperative; **~geschäft** *n* transaction on *c-*, *c-* operation; **~ gewähren** to grant *c-*; **~gewährung** *f* extension of *c-*, lending, granting *c-*; **objektgebundene ~~** earmarked *c-*; **~gewerbe** *n* banking, the banking sector, *c-* institutions, financial services industry; **~grenze** *f c-* limit, *c-* line, *c-* ceiling, *c-* margin; **~hai** *m l-* shark; **~hergabe** *f* lending, granting *c-*; **~hilfen** *f/pl* aid by *c-*, *c-* facilities; **~inanspruchnahme** *f c-* use, recourse to *c-*; **~inflation** *f c-* inflation; **~informationsdienst** *m* **auf Gegenseitigkeit** watch- and-warning service, *c-* interchange; **~institut** *n* bank, banking institution, financial institution, *c-* institution; **erstverwahrendes** ~~ *c-* institution acting as initial depository; **landwirtschaftliches** ~~ farm mortgage company; **staatliches** ~~ government banking institution; **~kapazität** *f* lending capacity; **~karte** *f c-*card, charge card; **~~ninhaber** *m*/**-in** *f c-*-card holder; **~kauf** *m* purchase on *c-*, *c-* sale; **~knappheit** *f c-*stringency; **~kommission** *f c-*commission; **~komponente** *f c-*factor; **~konditionen** *f/pl c-* terms; **~kontingentierung** *f c-* rationing, allocation of *c-* by quotas; **~konto** *n c-* account, *l-* account, personal account, drawing account; **~kosten** *pl* charges for *c-s*, *c-* cost; **~kunde** *m*/**~kundin** *f* borrowing customer, *c-* customer; **~kündigung** *f* withdrawal of *c-*, withdrawal notice, termination of *c-*; **~laufzeit** *f* period of *c-*, term of *l-*; **~lenkung** *f c-* control, distribution of *c-*; **~limit** *n c-* limit; **~linie** *f c-*line, line of *c-*, *c-* limit; **offene** ~~ unspent *c-* balance; **~lockerung** *f* easing of *c-*; **~makler** *m*/**-in** *f c-*broker, financial agent; **~marge** *f c-*margin, *c-* limit; **~markt** *m c-* market; **~~mittel** *pl* market resources; **~~verschuldung** *f* market indebtedness; **~mittel** *n* borrowed monies, *l-* funds; **etatisierte** ~~ amounts to be borrowed, as shown in the estimates; **~möglichkeit** *f c-*facilities, *c-* resources; **~nachfrage** *f* demand for *c-*, *c-* requirements; **~nachsuchende(r)** *f(m)* (*der ~suchende*) applicant for *c-*; **~nahme** *f* borrowing, making use of *c-* facilities; **~nebengewerbe** *n* ancillary *c-*business; **~nehmer** *m*/**-in** *f* borrower, debtor; **letzter** ~~ final borrower; **~not** *f c-* shortage; **~note** *f c-* note; **~obergrenze** *f c-*ceiling, *c-* limit; **~or** *m*/**-in** *f* → *Kreditor*; **~papier** *n c-* instrument; **~plafond** *m c-* ceiling, *c-* limit, *c-*line, *l-* ceiling; **~politik** *f c-* policy; **restriktive** ~~ restrictive *c-* policy; **staatliche** ~~ government's *c-*policy; **~posten** *m c-* item; **~potential** *n* lending capacity, capacity to grant *c-*, power of *c-* creation; **~preise** *m/pl* lending rates; **~prolongation** *f* extension of *c-*; **~programm** *n* lending program(me); **~protokoll** *n c-*memorandum; **~provision** *f* arrangement fee, *c-* commission; **~prüfung** *f* investigation of *c-*worthiness; **~quellen** *f/pl c-*(re)sources; **~rahmen** *m c-* limit, *c-*line; **~restriktion** *f c-* restriction; **~richtlinien** *f/pl c-* standards, *c-*rules; **~richtsätze** *m/pl* regulations on *c-*; **~risiko** *n c-* risk, exposure; **~rückflüsse** *m/pl l-* repayments, amortization received on lendings; **~rückführung** *f* reduction in the volume of *c-*; **~sachbearbeiter** *m*/**-in** *f* bank employee in charge of *c-s*, *l-* officer; **~saldo** *n c-* balance, outstanding balance of *l-*; **~schädigung** *f* discredit, defamation of business reputation; **~schöpfung** *f* creation of *c-*; **~schutz** *m c-* protection; **~~verein** *m* trade protection society; **~schwindel** *m* obtaining *c-* by false pretences; **~selektion** *f* selection as between borrowers, *c-* selection; **~sicherheit** *f* security for a *l-*; **~sicherung** *f* security, collateral security; **auswechselbare** ~~ floating security; **~sonderkonto** *n* special *l-* account; **~spanne** *f c-*ceiling; **~sperre** *f c-* freeze; **~spielraum** *m* available margin of *c-*; **~spitzenbetrag** *m* maximum amount of *c-*; **~spritze** *f c-* injection, shot of *c-*; **~status** *m c-*standing; **~stop** *m* ban on new lending, *c-* restraints; **~summe** *f c-*limit, sum borrowed; **~täuschung** *f* obtaining *c-* by false pretences; **~tilgung** *f* repayment of *c-*, *l-* repayment; **~ überschreiten** to exceed one's *c-* limit; **~ überziehen** to overstep one's *c-*, to overdraw one's account; **~überziehung** *f c-*overdrawing; **~umfang** *m* extent of *c-*; **~umschuldung** *f* rescheduling of a *l-*, converting the type of a *l-*; **~unterlage** *f c-* basis, *c-* information; **~unternehmen** *n c-* institution; **~valuta** *pl l-* monies, account owed under a *c-* (scheme); **~verein** *m* (industrial) *l-* society; **~vereinbarung** *f c-* agreement, *c-* arrangement; **~verflechtung** *f* interlocking *c-* relationships; **~verfügbarkeit** *f* availability of *l-s*; **~vergabe** *f* granting *c-* facility; **~verkauf** *m c-* sale, sale on *c-*, deferred payment sale; **~verkehr** *m c-* transactions, *c-* business; **~verknappung** *f c-* tightness; **~ verlängern** to renew a *c-*, to extend a *c-*; **~verlängerung** *f c-* extension; **~vermittler** *m/***-in** *f* money broker, *c-* broker; **~vermittlung** *f* arranging *c-* facilities, *c-* brokerage; **~~sgebühr** *f* commission for arranging *c-* facilities; **~verpflichtung** *f* lending obligation, obligation to grant *c-*; **~versicherung** *f c-* insurance, bad debts insurance, fidelity and guarantee insurance; **~versorgung** *f c-* supply; **~verteuerung** *f* increase in *c-* costs; **~vertrag** *m c-* contract, *c-* agreement, *c-* arrangement; **~verwaltung** *f c-* management; **~verwendung** *f* application of *l-* funds; use of *c-*; **~volumen** *n* volume of *c-*, total *c-* outstanding; **~wechsel** *m* bill of exchange accepted on a *c-* basis; **~wesen** *n c-* system, lending business; **~~gesetz** *n act regulating banking and c- business* (*D 1976*); **~wirtschaft** *f c-* economy; **~wucher** *m* usury; **~würdigkeit** *f c-* worthiness, *c-* status; *c-* position, *c-* standing; **~~sbeurteilung** *f c-* scoring; **~zinsen** *m/pl c-* rates, lending rates; **~~ der Banken** banks' lending rates; **~zügel** *m c-* restrictions; **~zusage** *f* commitment to grant *c-*, promise of *c-*; **terminierte ~~** *c-* promise for future date; **auf ~** on *c-*, on *c-* basis; **auf ~ kaufen** to buy on *c-*; **auf ~ verkaufen** to sell on *c-*; **ausgelegte ~e** *l-s* which have been granted; **befristeter ~** *c-* with fixed repayment, *c-* limited in time; **durchgeleiteter ~** *l-* passed on to a borrower; **durchlaufende ~e** *l-s* in transit; ***e-en* ~ aufnehmen** to borrow, to take up a *l-*, to obtain *c-* facilities; ***e-en* ~ ausschöpfen** to make full use of a *c-*; ***e-en* ~ eröffnen** to open *c-* facilities; **eingefrorene ~e** frozen *c-s*; **gedeckter ~** secured *c-*, secured *l-*; **kurzfristiger ~** short-term *c-*; **landesverbürgter ~** state-guaranteed *c-*, term *l-*; **längerfristiger ~** relatively long-term *c-*, term *l-*; **langfristiger ~** long-term *c-*; **mittelfristiger ~** medium-term *c-* (*l-s from 3–10 years*); **mittelständischer ~** *l-s* to small-scale trade and industry; **öffentlicher ~** *c-* by/to public authorities; **rechtsverbindlich zugesagter ~** *c-* promised with legally binding effect; **revolvierender ~** revolving *c-*; **rückführungspflichtiger ~** *c-* subject to reduction; **transitorischer ~** temporary *c-*, transmitted *l-*; **ungedeckter ~** unsecured *c-*, open *c-*; **unverbriefter ~** uncertificated *c-*, informal *c-*; **unverzinslicher ~** interest-free *c-*; **unwiderruflicher ~** irrevocable *c-*; **verbilligter ~** subsidized *c-*; **widerruflicher ~** revocable *c-*; **zweckbestimmter ~** restricted-use *c-*.

kredit | aktiv *adj/adv* active in granting credit; **~bereit** disposed to grant credits; **~mäßig** by way of credit; **~neutral** not affecting credit/credit standing; **~politisch** relating to credit policy; **~technisch** (technically) relating to credit; **~unwürdig** unworthy of credit; **~würdig** credit-worthy.

kreditär *adj* credit, pertaining to credit.

kreditieren *vt* to credit.

Kreditierung *f* crediting, credit advice.

Kreditor *m/***-in** *f pl → Kreditoren*, creditor, tender.

Kreditoren *m/pl* creditors, deposits, accounts payable, bills payable (*bills of exchange*); **~buch** *n* creditors' ledger, purchase ledger; **~buchhalter** *m/***-in** *f* voucher clerk;

~**buchhaltung** *f* accounts payable department; ~ **in laufender Rechnung** account current creditors; ~**journal** *n* purchase register; ~**konto** *n* creditor account.

kreditorisch *adj* creditor, non-borrowing, credit-side.

Kreis *m* **I** district (= *d-*), county (= *c-*); ~**aufgaben** *f/pl* functions assigned to a *d-/c-*; ~**ausschuss** *m d-* committee, *c-* council standing committee; ~**beamte** *pl d-/c-* officials; ~**bedienstete**(**r**) *f*(*m*) (*der ~bedienstete*) employee of a *c-* council; ~**brandinspektor** *m/*-**in** *f d-* fire inspector; ~**brandmeister** *m/*-**in** *f d-* fire chief; ~**bürger** *m/*-**in** *f d-* inhabitant, local inhabitant; ~**direktor** *m/*-**in** *f* deputy clerk of the *c-* council; ~**gebiet** *n* territory of a *d-*, *c-* area; ~**gericht** *n c-* court, *d-* court; ~**handwerkerschaft** *f d-* crafts guild; ~**haushalt** *m* budget of a *d-/c-*; ~**hoheit** *f* autonomous status of a *d-/c-*; ~**lasten** *f/pl d-* public expenditures; ~**ordnung** *f c-* constitution; ~**organe** *n/pl* administrative organs of a *d-/c-* authority; ~**präsident** *m/*-**in** *f* chairman of the *c-/d-* council, *c-/d-* commissioner; ~**rat** *m/*~**rätin** *f c-* councillor (*Bavaria*), *d-* committee (*Baden-Wuerttemberg*); ~**satzung** *f d-/c-* bylaws; ~**schulbehörde** *f d-/c-* school board; ~**sparkasse** *f d-/c-* savings bank; ~**stadt** *f c-* seat; ~**straße** *f* secondary/link road; ~**tag** *m c-* council, *d-* council; ~~**swahl** *f* local government election, election of *d-/c-* councillors; ~**umlage** *f d-/c-* rate; ~**verband** *m* joint *d-* administrative organisation; ~**verordnung** *f d* ordinance, *c* ordinance; ~**verwaltung** *f c-* council (*administration*); ~~**sbehörde** *f c-* board, administrative authority of a *d-/c-*; ~**wehrersatzamt** *n d-* draft board; ~**wohnungspfleger** *m/*-**in** *f d-/c-* housing officer.

Kreis *m* **II** circle; ~**diagramm** *n* pie chart (*statistics*); ~**laufschema** *n* circular flow scheme; ~**laufwirtschafts- und Abfallgesetz** *n D* waste and recycling act; ~**verkehr** *m* roundabout.

Kreuz|fahrt *f* cruise; ~~-**Schiff** cruise ship; ~**parität** *f* cross rate, cross exchange; ~**tabulierung** *f* cross tabulation; ~**verhör** *n* cross-examination; *ins* ~~ **nehmen** to cross-examine.

Kreuzung *f* crossing, cross roads, intersection; ~ **ohne Kreisverkehr** intersection without a roundabout; ~**sbahnhof** *m* junction; ~**sbereich** *m* intersection; ~**smittelpunkt** *m* point of intersection; **niveaugleiche** ~ level crossing; **rechtwinklige** ~ T-junction.

kreuzungsfrei *adj* free of crossings, intersection-free.

Krida *f A crim* defrauding creditors, *disposing of assets to evade payment of debts.*

Krieg *m* war; ~**führung** *f* waging war, war operations; ~ **ohne** ~**serklärung** undeclared war; ~**s-Abweichungsklausel** *f* war deviation clause; ~**sächtung** *f* outlawing war, ban on war; ~**sanfälligkeit** *f* proneness to wars; ~**sanleihe** *f* war bond, war loan; ~**sbeschädigte**(**r**) *f*(*m*) (*der ~sbeschädigte*) war invalid; ~**sbeute** *f* war booty, prize; ~**sbräuche** *m/pl* customs of war; ~**sdienst** *m* military service; ~~**verweigerer** *m/*-**in** *f* conscientious objector; ~~**verweigerung** *f* conscientious objection; ~~**zeit** *f* time served in war; ~**seinsatz** *m* active military service, military operations; ~**seinwirkung** *f* effects of war; ~**sentschädigung** *f* war indemnity, benefit for war invalids; ~**sereignisse** *n/pl* events of war; ~**serklärung** *f* declaration of war; ~**sfolge** *f* consequence of war; ~~**lasten** *f/pl* public burdens resulting from war, war-induced damages; ~~**n** *pl* consequences of war; ~~~**gesetz** *n* War Consequences Act; ~~**renten** *f/pl* war pensions; ~~**schäden** *m/pl* war-induced damage; ~**sfristengesetz** *n* Act on Time Limits in War; ~**sführung** *f* warfare; **psycholo-**

gische ~~ psychological warfare; **~sgebiet** *n* war region, operational zone; **~sgefahr** *f* danger of war; *ins* **~~en** perils of war; **~sgefangenenentschädigung** *f* compensation for prisoners of war; **~sgefangene(r)** *f(m)* (*der ~sgefangene*) prisoner of war; **Genfer Abkommen über die Behandlung der ~~n** Geneva Convention (III) Relative to the Treatment of Prisoners of War (*12 August 1949*); **~sgefangenschaft** *f* (war) captivity, status of a prisoner of war, time of detention as prisoner of war; **~sgericht** *n* military tribunal, court martial; **~sgesetz** *n* war-time law, emergency law; **~~gebung** *f* war legislation; **~sgewinnler** *m*/**-in** *f* war profiteer; **~sgewinnsteuer** *f* war-profits tax; **~sgewohnheitsrecht** *n* the customs and usages of war; **~sgräber** *n/pl* war graves; **~~fürsorge** *f* War Graves Commission; **~shandlungen** *f/pl* military hostilities; **~sheimkehrer** *m* home-coming prisoner of war, repatriated prisoner of war; **~shetzer** *m*/**-in** *f* war-monger; **~shinterbliebene** *pl* surviving dependants (of war victims); **~sinvaliden** *pl* war pensioners, war-disabled persons; **~sklausel** *f* war-risk clause; **~skonterbande** *f* contraband of war; **~slasten** *pl* burdens of war; **~slist** *f* stratagem (of war); **~smarine** *f* navy; **~smaßnahme** *f* war measure; **~smaterial** *n* war material; **überschüssiges** ~~ surplus war property; **~smüdigkeit** *f* war weariness; **~snotrecht** *n* wartime emergency law; **~sopfer** *n* war victim; **~~fürsorge** *f* care for war victims; **~~versorgung** *f* pensions scheme for war victims; **~~versorgungsgesetz** *n* Act on War Victims' Pensions; **~spartei** *f* the hawks, those in favo(u)r of war; **~spotential** *n* war potential; **~srecht** *n* law of war, the laws and customs of war; martial law (*internal*); **~sreserve** *f ins* reserve for war risk; *pl* **~risiken** perils of war; **~srisiko** *n* risk of war, war risk, *ins* war hazard; ~~ **ist Sache des Käufers** war risk for buyer's account; **~~klausel** *f* war clause, war-risk clause; **~~versicherung** *f* war-risk insurance; **~srücklage** *f ins* war reserve; **~ssachgeschädigte(r)** *f(m)* (*der ~sachgeschädigte*) person who has suffered property damage through war; **~ssachschaden** *m* war damage to property; **~sschaden** *m* war damage; **~~rente** *f* war indemnification pension; **~sschauplatz** *m* theatre of war; **~sschuld** *f* war guilt; **~~en** *pl* war debts; **~ssterbefall** *m* death of insured person due to war; **~ssteuern** *f/pl* war taxes; **~sstraftat** *f* war crime; **~sstraftäter** *m*/**-in** *f* war criminal; **~steilnehmer** *m*/**-in** *f* war veteran; **~steuerung** *f* war-time price increase; **~stote(r)** *f(m)* war dead; **~streiber** *m*/**-in** *f* war-monger; **~sverbot** *n* prohibition of agressive war; **~sverbrechen** *n* war crime; **herkömmliche** ~ conventional war crimes; **~sverbrecher** *m*/**-in** *f* war criminal; **~sverfassung** *f* emergency constitution in war; **~sverletzung** *f* war injury, war service injury; **zivile** ~~ civilian war injury; **~sverluste** *m/pl* war casualties; **~sverordnungen** *f/pl* *US* defense/*GB* defence regulations; **~sverrat** *m* war treason, treachery in war; **~sverschollenheit** *f* presumption of death due to war; **~sversehrtenrente** *f* veterans' disablement pension; **~sversehrte(r)** *f(m)* (*der ~versehrte*) disabled soldier, disabled veteran; **~sversicherung** *f* insurance against war risk; **~~sgemeinschaft** *f* war risks pool; **~svorbereitung** *f* preparations for war; **~swaffen** *pl* weapons of war, military weapons; **~~buch** *n* register of military weapons; **~~herstellung** *f* production of war weapons; **~~liste** *f* war-weapons list; **~swaise** *m/f* war orphan; **~swirtschaft** *f* war-time economy, war economy; **~szeit** *f* time of war; **Genfer Abkommen**

zum Schutze von Zivilpersonen in ~~en Geneva Convention (IV) Relative to the Protection of Civilian Persons in Time of War (*12 August 1949*); **~sziel** *n* war aims; **~szulage** *f* combat allowance, war bonus; **~szustand** *m* state of war, belligerency; **sich im ~~ befinden** to be at war (with); **allgemeiner ~** general war, public war; **begrenzter ~** limited war; **im ~ befindlich** engaged in war, at war; **kalter ~** cold war; **Protokoll über das Verbot der Verwendung von erstickenden, giftigen oder ähnlichen Gasen sowie von bakteriologischen Mitteln im ~e** Protocol for the Prohibition of the Use in War of Asphyxiating, Poisonous or Other Gases, and of Bacteriological Methods of Warfare (*17 June 1925*).

kriegsverwendungsfähig *adj* fit for active service.

Kriminal| (*criminal = c-*) **~abteilung** *f* (*sl Kripo*) *c-* investigation department; **~beamter** *m*/**~beamtin** *f* police detective; **~inspektor** *m*/**-in** *f* police inspector, detective inspector; **~isierung** *f* criminalization; **~ist** *m*/**-in** *f* investigation specialist, detective; **~~ik** *f* criminalistics; **~ität** *f* criminality, delinquency, incidence of crime; **organisierte ~~** organized crime, racketeering; **~politik** *f* criminological policy; **~polizei** *f c-* police, *GB* Scotland Yard, *c-* investigation department; **~prävention** *f* crime prevention; **~statistik** *f* crime statistics; **~strafe** *f* penalty for a *c-* offence, punishment.

Krisen|anfälligkeit *f* proneness to crises; **~bewältigung** *f* crisis management; **politisch- militärisches europäisches Organ für die ~~** European politico-military body for crisis management; **~fall** *m* emergency; **~festigkeit** *f* ability to withstand crises; **~frachtzuschlag** *m* emergency freight surcharge; **~gesetzgebung** *f* emergency legislation; **~herd** *m* trouble spot, (political) storm *US* center/*GB* centre; **~jahr** *n* year of crisis, depression year; **~kartell** *n* cartel to meet a structural crisis (*of a business*); **~paket** *n* emergency package of measures; **~sitzung** *f* emergency session; **~stab** *m* emergency headquarters, crisis staff, crisis management group; **~unterstützung** *f* depression-aid.

krisen|fest *adj* crisis-proof, slump-proof; **~geschüttelt** crisis-ridden; **~unempfindlich** immune to crises.

Kron|anwalt *m*/**~anwältin** *f* Attorney General, Solicitor General; **~beamter** *m*/**~beamtin** *f* servant of the Crown; **~recht** *n* royal prerogative; **~zeuge** *m*/**~zeugin** *f* witness for the Crown, key witness; witness who turned state, witness who gives state's evidence (*tending to incriminate accomplices in exchange for a promise of immunity or lesser sentence; D introduced 1990 in antiterrorism legislation*).

Krönung *f* coronation; **~seid** *m* coronation oath; **~sinsignien** *f/pl* regalia.

KSZE (*abbr* **Konferenz über Sicherheit und Zusammenarbeit in Europa**) Conference on Security and Cooperation in Europe (*abbr* CSCE).

Kugelschreiber *m* ballpoint pen, ball pen.

Kuhhandel *m pol* horse trading.

Kühl|anlage *f* cold storage plant, refrigerating plant; **~gut** *n* chilled cargo, refrigerated items; **~güterversicherung** *f* cold storage insurance; **~ladung** *f* refrigerated cargo; **~schiff** *n* refrigerator ship; **~truhe** *f* freezer chest; **~wagen** *m* refrigerated truck, refrigerated car.

kulant *adj* obliging, accommodating.

Kulanz *f* willingness to do favo(u)rs, accommodation, generosity; **~deckung** *e-es* **unerwünschten Risikos** covering an undesired risk as a favo(u)r; **~leistung** *f* accommodation, favo(u)r in business dealings, courtesy, act of generosity; **~regelung** *f* arrangement on accommodating terms, liberal settlement; **~zahlung** *f* ex gratia payment.

Kulisse *f exch* outside operators, operators dealing for their own account, professional traders, unofficial market.

Kultivierung *f* cultivation, tillage; **~smethode** *f* mode of tillage.

Kultur| **I** (*cultural* = *c-*) **~abkommen** *n c-* convention; **~austausch** *m c-* exchanges; **~denkmal** *n c-* monument; **~gut** *n c-* property, *c-* heritage; **nationales ~~** national treasures; **~hoheit** *f c-* autonomy; **~leistung** *f c-* service, educational achievement; **~politik** *f c-* policy, *c-* diplomacy; **~schaffende** *pl* persons/people engaged in *c-* activities; **~staat** *m* civilized nation; **~verwaltung** *f c-* administration; **~volk** *n* civilized nation; **Organisation der Vereinten Nationen für Erziehung, Wissenschaft und ~** United Nations Educational, Scientific and C- Organization (*abbr* UNESCO).

Kultur| **II** (*cultivation, cultivated*) **~bau** *m* land improvement/cultivation; **~land** *n* arable land; **~landschaft** *f* cultivated landscape, man-made landscape.

Kultus|**gemeinde** *f* religious community, congregation; **~minister** *m*/**-in** *f* minister of education (and cultural affairs); **~~konferenz** *f* standing conference of (the German) ministers of education (and cultural affairs); **~ministerium** *n* ministry of education (and cultural affairs).

Kumpel *m* miner, fellow-worker.

Kumulation *f* cumulation, accumulation; **~sprinzip** *n* cumulative system of penalties; **~swahlrecht** *n* cumulative voting.

kumulativ *adj* cumulative, accumulative.

Kumulativaktie *f* cumulative preference share.

kumulieren *vi* to accumulate, to be added to.

Kumulierung *f* cumulation, combined effect.

kündbar *adj* determinable, terminable, subject to notice of termination, redeemable (*bonds, etc*), subject to redemption; **jederzeit ~** terminable at any time, terminable at will, at call, subject to call (*deposit*).

Kündbarkeit *f* terminability, redeemability.

Kunde *m*/**-in** *f* (*pl Kunden* = *~n*) customer (= *c-*), client; **~nabwerbung** *f* enticing *c-s* away, poaching *c-s*; **~narbeit** *f* custom work, customized work; **~naußenstände** *pl c-s'* accounts receivable; **~nbedienung** *f* serving of *c-s*; **~nbeeinflussung** *f* suggestive selling, influencing *c-s'* choice; **~nberater** *m*/**-in** *f* adviser to *c-s*, adviser on *c-*'s problems; **~nberatung** *f c-* advice; **~~sdienst** *m c-* advisory service; **~nbesuch** *m* calling on *c-s*; **~nbetreuung** *f c-* service, *c-* cultivation; **~nbonus** *m* discount for *c-s*; **~nbuch** *n c-*/client ledger; **~~führung** *f c-* accounting; **~ndienst** *m c-* service, after-sales service; **~~abteilung** *f* (*c-*) service department; **~~zentrale** *f* service center; **technischer ~~** field engineering service, after-installation service; **~neinlagen** *pl c-s'* ordinary deposits; **~nfang** *m* canvassing, enticing *c-s*, pressure salesmanship; **~nfänger** *m*/**-in** *f* drummer, tout, puller-in; **~nfinanzierung** *f* financing for *c-s*; **~~sbank** *f* discount company; **~~sgesellschaft** *f* money lending company, finance house; **~nforderung** *f* account receivable; **abgetretene ~~** assigned account receivable; **verpfändete ~~en** pledged accounts receivable; **~ngeschäft** *n* business done for *c-s*; **~nkartei** *f c-* file; **~~karte** *f c-s'* card; **~nkonto** *n* depositor's account, personal account, charge account; **~nkredit** *m* consumer credit, consumer financing, retail credit; **~~bank** *f* hire-purchase finance house, instal(l)ment credit company; ~~**finanzierungsgesellschaft** *f* personal finance company, hire-purchase finance house; ~~**konto** *n* drawing account; ~~**vertrag** *m* debtor-creditor agreement; ~**nkreis** *m* range of *c-s*, clientele; **fester** ~~ regular *c-s*; ~~**schutz** *m* protection of agent's regular clientele; ~**nliste** *f* list of *c-s*; ~**nparkplatz** *m c-* car park/parking lot; ~**nrabatt** *m* discount for *c-s*; ~**nsaldenkontrolle** *f* audit of *c-*'s outstanding accounts; ~**nscheck** *m c-*'s *US* check/*GB* cheque; ~**nschutz** *m* protection of patronage, noninterference with another's *c-* relations; ~**nstamm** *m* regular *c-s*, regular clientele; ~~**entschädigung** *f* compensation for loss of clientele; ~**ntest** *m* consumer survey; ~**numsätze** *m/pl* turnover on *c-s*' accounts; ~**nverlust** *m* loss of custom; ~**nwechsel** *m c-*'s bill, trade bill, private bill, commercial bill, *pl* bills receivable; ~**nwerber** *m*/**-in** *f* canvasser, travelling salesman; ~**nwerbung** *f* touting, soliciting *c-s*, canvassing; ~**nzahlung** *f* payment from *c-* ~~ **auf Anderkonto** escrow deposit, payment of *c-* to a trust account; ~**nzeitschrift** *f* magazine for *c-s*; ~**nzuführung** *f* bringing/introducing *c-s*, gaining custom; **fester** ~ regular *c-*; **gelegentlicher** ~ chance *c-*, occassional *c-*; **möglicher** ~ potential *c-*; **wichtiger** ~ key *c-*; **zahlungsfähiger** ~ solvent client, wealthy *c-*; **zuverlässiger** ~ loyal *c-*, reliable *c-*.

kundenbelastend *adj* burdening the customer;

Kundgebung *f* demonstration.

kundig *adj* skilful, expert.

kündigen *vt* to give notice of termination, to terminate, to determine, to give notice to quit (*tenancy*); to call up for redemption; **ordentlich** ~ to give notice of termination; **fristlos** ~ to terminate without notice, to dismiss summarily, to sack.

Kündigende(r) *f(m)* (*der Kündigende*) the person giving notice to terminate.

Kündigung *f* termination (= *t-*), notice to terminate, notice to quit (*tenancy*), notice of dismissal (*employer*), denunciation (*treaty*); calling-in, giving notice of withdrawal; ~ **aus wichtigem Grund** *t-* for an important reason, *t-* without notice, for grave cause; ~ **durch den Vermieter** notice to quit; ~ **durch den Verpächter** notice to quit; ~ ***e-er*** **Anleihe** calling in a loan, redemption of a loan; ~ ***e-es*** **Bankguthabens** notice of withdrawal (*of a bank-account balance*); ~ ***e-es*** **Darlehens** redemption of a loan; ~ ***e-es*** **Vertrages** notice to terminate a contract; ~ **nach Belieben** *t-* for convenience; ~**sabfindung** *f* severance pay, payment in lieu of notice, *t-* benefit; ~**sbegründung** *f* statement of reasons for dismissal; ~**sentschädigung** *f* severance pay, compensation for loss of employment; ~**sfrist** *f* → *Kündigungsfrist*; ~**sgeld** *n* notice deposit; ~**sgrund** *m* reason for *t-*; ~**sklausel** *f* (contractual) clause on unilateral *t-*, break clause; ~**smöglichkeit** *f* provision for *t-*; ~**srecht** *n* right of notice, right of *t-*, right to call for repayment, right of cancellation; ~**sschreiben** *n* letter containing notice of *t-*, letter of dismissal, dismissal notice; ~**sschutz** *m* protection against unfair dismissal/socially unjustified *t-* of tenancy; ~~**klage** *f* action against unfair dismissal; ~~**vorschriften** *f* dismissal protection regulations; ~**s-Spareinlagen** *f/pl* savings deposits at notice; ~**ssperrfrist** *f* period in which redemption is barred, non-calling period; ~**stermin** *m* last date for giving notice, (required) period of notice; ~**sverbot** *n* restriction on giving notice, ban on giving notice; ~ **von Einlagen** notice of withdrawal of funds/capital contributions; ~ **von Staatsverträgen** denunciation of treaties; ~ **von Wertpapieren** notice of redemption; ~ **zum Jahresende** notice expiring at the end of the year; **auf jederzeitige** ~ terminable at will, at call; **auf tägliche** ~ at call, on call (money); **außerordentliche** ~ extraordinary *t*-; **betriebsbedingte** ~ business structure related dismissal, dismissal due to operational requirements; **einvernehmliche** ~ mutually agreed *t*-; **fristlose** ~ *t*-without notice, instant dismissal, summary dismissal; **monatliche** ~ a month's notice; **nahegelegte** ~ involuntary resignation; **ohne** ~ **rückzahlbar** (re)payable at call; **ordentliche** ~ notice to terminate, *t*- subject to (legal/contractual) period of notice; **ordnungsgemäße** ~ (*Arbeitgeber*) dismissal by notice, due notice (*employer*); **sozial ungerechtfertigte** ~ socially unjustified/unfair dismissal; **vierteljährliche** ~ **zum Quartalsende** quarter notice, 3 months' notice to the end of a calendar quarter; **14 tägige** ~ a fortnight's notice; 14 days' notice; **vereinbarte** ~ mutually agreed; **vorzeitige** ~ early/premature *t*-; **willkürliche** ~ arbitrary dismissal.

Kündigungsfrist *f* notice period; withdrawal notice; ~ **von** ***e-em*** **Monat** a month's notice; **angemessene** ~ reasonable notice; **gesetzliche** ~ statutory period of notice, lawful period of notice; **mit einjähriger** ~ **abhebbar** withdrawable at one year's notice; **tarifliche** ~ period of notice fixed by a collective agreement; **wöchentliche** ~ seven days' notice.

Kundmachung *f* announcement, notice; **öffentliche** ~ public announcement.

Kundschaft *f* customers, clientele, patronage; **~seinlagen** *f/pl* customers' deposits.

Kundschafter *m*/**-in** *f* scout, spy.

Kunst|faser *f* synthetic fibre, man-made fibre; **~fehler** *m* unskilful treatment; **ärztlicher** ~~ medical malpractice, unskilful treatment, maltreatment (*by a doctor*); **~fertigkeit** *f* skilfulness, skill, dexterity, art; **~förderung** *f* promotion of arts; **~freiheit** *f* freedom of art; **~gegenstand** *m* work of art, objet d'art; **~geheimnis** *n* trade secret; **~gewerbe** *n* arts and crafts, applied art; **~gewerbetreibende(r)** *f*(*m*) (*der ~gewerbetreibende*) artist-craftsman, industrial artist, commercial artist; **~glied** *n* artificial limb, prosthesis; **~griff** *m* trick, dodge; **~handwerk** *n* arts and crafts; **~hochschule** *f* academy of arts; **~maler** *m*/**-in** *f* painter; **~markt** *m* art market; **~schutz** *m* legal protection of works of art, copyright for works of art, artistic copyright; **~~fähigkeit** *f* qualification for artistic copyright; **~stoff** *m* plastics, synthetic material; **~~industrie** *f* plastics industry; **~urheberrecht** *n* copyright for works of art, artistic copyright; **~werk** *n* work of art, artistic work; **literarisches** ~~ literary work; **plastisches** ~~ plastic work; **~wort** *n* invented word, technical term; **juristisches** ~~ nomen juris, legal term.

Künstler *m*/**-in** *f* artist; **~name** *m* pen-name, nom de plume, stage name, assumed name, pseudonym (of author); **~sozialversicherung** *f* social security for artists; **ausübende** ~ *pl* performing artists; **darstellender** ~ performer.

Kupon *m* coupon (= *c*-), dividend warrant; **~s abtrennen** to detach *c-s*; **~bogen** *m c*- sheet; **~einlösung** *f c*- service; **~kasse** *f c*- paying department; **~schneiden** *n* detaching of *c-s*; **~steuer** *f c*- tax, withholding tax; **~~gesetz** *n C-s* Tax Act; **~termin** *m c*- date, dividend *c*-date; **~zahlstelle** *f* paying agents for *c-s*; **ausstehender** ~ outstanding *c*-; **fällig werdender** ~ maturing *c*-; **ohne** ~ ex *c*-.

Kuppelei *f obs* procuring, pandering.

Kur|abgabe *f* → *~taxe*; **~anlagen** *pl* health resort facilities; **~anstalt** *f* sanatorium; **~aufenthalt** *m* stay at a health resort; **~beitrag** *m* → ~ *taxe*; **~kostenversicherung** *f* insurance for convalescence costs in a spa; **~mittel** *n* applications for a cure at a spa; **~ort** *m* health resort, spa; **~taxe** *f* health resort tax.

Kuratel *n* tutelage, guardianship.

Kurator *m*/**-in** *f* trustee, curator, administrator, guardian.

Kuratorium *n* board of trustees, board of governors; ~ **Deutsche Altershilfe** German Foundation for the Care of the Aged; ~ **für das Bankgewerbe** Board for Banking.

Kurier *m*/**-in** *f* courier, diplomatic courier; **~abteilung** *f* foreign messengers service; **~dienst** *m* courier service, messenger service; **~gepäck** *n* diplomatic pouch, diplomatic bag; **diplomatischer** ~ diplomatic courier.

Kurpfuscher *m*/**-in** *f* *sl* quack (*doctor*).

Kurrentschrift *f* long hand, ordinary writing, cursive script.

Kurs *m* **I** course, policy, route; **~abweichung** *f* deviation (from the course); **~wagen** *m* through coach, through carriage; **~wechsel** *m* change in policy; **der agrarpolitische** ~ farming policy; **politischer** ~ policy, orientation of policy.

Kurs *m* **II** rate, quotation (= *q*-), market price, market rate, exchange rate; **~abbröckelung** *f* slight drop in market prices; **~abschlag** *m* markdown; **~abschwächung** *f* weak market; **~angleichung** *f* adjustment of rates; **~anstieg** *m* **auf breiter Front** price rises across the board; **~aufschwung** *m* upturn in *q-s*; **~ausschläge** *m/pl* erratic price swings; **~befestigung** *f* stiffening of prices; ~ **bei telegrafischer Auszahlung** cable rate; **~begrenzung** *f* price limit; **~bericht** *m* stock exchange report; **~besserung** *f* improvement in prices, exchange advance; **~beständigkeit** *f* steadiness in prices; **~bewegungen** *f/pl* price movements; **~bildung** *f* formation of rates, fixing of prices, price range determination; **~bindung** *f* pegging of exchange rates; **~blatt** *n* stock market report, over the counter report, list of *q-s*; **amtliches** ~~ official price list; **~buch** *n* railway timetable, railway guide; **~buckel** *m* bulge; **~depesche** *f* exchange telegram; **~depression** *f* depressed rates/prices; **vorübergehende** ~~ sag; **~deroute** *f* collapse of prices, general fall in prices; **~differenz** *f* difference in rates, differences in exchange, spread; **~e der Rentenwerte** *q-s* for fixed-interest securities; **~druck** *m* downward pressure on prices; **~e drücken** to pull down prices; **~einbruch** *m* slump, (sudden) price fall; **~einbuße** *f* price decline, price loss, drop in prices; **~entwicklung** *f* trend in *q-s*, price movement; **~erholung** *f* recovery of the market, rally in prices, recovery in prices; **~e stützen** to peg (exchange) *q-s*; **~festigung** *f* recovery in prices; **~festsetzung** *f* rate fixing, price determination; **~feststellung** *f* determination of exchange rate; ~ **für Termingeschäfte** forward price; **~gefüge** *n* price structure, structure of market rates; ~ **gestrichen** trading stopped; **~-Gewinn** *m* stock price gain, rise in market rates, market profit, exchange profits; profit on exchange; ***e-en*** ~~ **verzeichnen** to score an advance; **~gewinn-Verhältnis** *n* price-earnings ratio; **~grenze** *f* limit of the exchange rate; **~index** *m* price index, stock-exchange index; **~intervention** *f* exchange intervention; **~korrektur** *f* corrective price adjustment; **~limit** *n* limited price, price limit; **~makler** *m*/**-in** *f* official (exchange) broker; **~manipulation** *f* market rigging; stock jobbing; **~niveau** *n* price level; **~notierung** *f* market *q*-, price *q*-; ***e-e*** ~~ **aussetzen** to stop a *q*-; **~notiz** *f* market *q*-; **~parität** *f* exchange parity; **~pflege** *f* price nursing, regulation of the market (*by interventions*), supporting purchases; **~regulierung** *f* regulation of the market, action to regulate market *q-s*; **~risiko** *n* foreign exchange risk, price risk; **~rückgang** *m* decline in prices, market decline, fall in stocks; **~schwankungen** *f/pl* fluctuations of market rates; **~sicherung** *f* rate support, forward covering of rates, exchange rate guarantee, hedging; **~~sgeschäft** *n* rate-fixing business, hedging (transaction); **~~sklausel** *f* exchange rate fluctuation clause; **~spanne** *f* difference in *q-s*; **~spekulant** *m/***-in** *f* market operator, premium hunter; **~sprung** *m* spurt, bull movement, *pl* gyrations; **~stabilität** *f* (exchange) market stability; **~stand** *m* level of *q-s*, price level; **~steigerung** *f* price advance, rise; **~struktur** *f* exchange rate structure; **~sturz** *m* share fall-out, slump (in prices); **~stützung** *f* price support, price pegging, exchange pegging; **~tabelle** *f* table of exchanges, *q-* board; **~tag** *m* date determining the rate; **~tendenz** *f* tendency of prices, trend in prices; **~treiber** *m/***-in** *f* rigger, market maker; **~~ei** *f* bull campaign, forcing up prices, share pushing; **~übersteigerung** *f* excessive rise in prices; **~verbesserung** *f* improvement in the market rates, improvement of a *q-*; **~verfall** *m* collapse of prices, sudden decline of the market; **~verlust** *m* loss on the stock-exchange, loss in prices, loss on securities; **~~versicherung** *f* insurance against loss by exchange fluctuations; **~verwässerung** *f* watering of stock-exchange rates; **~wert** *m* current price, quoted value, list price, market value; **~zettel** *m* list of *q-s*, stock exchange list, share list, stock list, price list; **amtlicher ~~** quoted list; **~zusammenbruch** *m* collapse of the market, price collapse; **~zuschlag** *m* contango rate, continuation rate, carrying-over rate; **amtlicher ~** official *q-*, official rate of exchange; **anziehender ~** rising market rate; **außerbörslicher ~** unofficial *q-*, curb price; **außer ~ setzen** to demonetize, to recall, to withdraw from circulation; **äußerste ~e** the finest rates; **den ~ stützen** to support an exchange rate; **die ~e reagieren empfindlich** prices are quick to react; **echter ~** true rate; ***e-en*** **~ notieren** to mark a price; **fallender ~** dropping price, falling price; **fester ~** firm price; **garantierter ~** guaranteed exchange rate; **gedrückter ~** depressed market rate; **gehaltener ~** maintained rate; **gesetzlicher ~** legal rate, legally fixed exchange rate; **gestützter ~** supported exchange rate; **getätigter ~** effected rate of exchange; **grauer ~** *US* gray/*GB* grey rate; **haussierende ~e** soaring prices; **im ~ stehen** to quote; **letzter ~** closing price; **limitierter ~** limited price; **nachbörsliche ~e** street prices, prices after hours; **niedrigster ~** lowest rate, bottom price; **notierter ~** quoted price, price quoted; **schwankender ~** flexible rate; **sinkende ~e** sagging prices; **steigende ~e** rising prices, rising market; **ungünstiger ~** unfavo(u)rable exchange rate; **variabler ~** variable exchange rate; **wieder in ~ setzen** to remonetize.

kursmäßig *adj/adv* in terms of quotation, relating to prices; **~ reagibel** price-sensitive.

Kurtoisie *f* courtesy; **völkerrechtliche ~** international comity.

Kurve *f* curve (*math, statistics*); bend, corner (*road*); **gefährliche ~** dangerous bend; **scharfe ~** sharp bend; **unübersichtliche ~n** deceptive bends, blind bends; ***e-e*** **~ schneiden** to cut a bend/corner/curve.

Kurz|anschrift *f* abbreviated address; **~anzeige** *f* small advertisement; **~arbeit** *f* short time; short-time work, short hours; **~~svereinbarung** *f* short-time (work) agreement; **~arbeiter** *m/***-in** *f* short-time worker, short-timer; **~~geld** *n* compensation (*paid by job office*) for workers put on short time; ~~**unterstützung** *f* support for short-time workers; ~**arrest** *m* short-term detention (*for juvenile offenders*); ~**erkrankung** *f* short-term illness; ~**fassung** *f* abridged version, summary; ~~ *e-es* **Patents** title of a patent; ~**fristigkeit** *f* short-term (nature); ~**kredit** *m* short-term credit; ~**läufer** short-dated bond, *pl* shorts; ~**prüfung** *f* short test, accelerated test; ~**referat** *n* short report, brief outline; ~**schrift** *f* shorthand; ~~**aufzeichnungen** *f/pl* **des Protokollführers** shorthand writer's notes, official shorthand notes; ~**streckenfracht** *f* short haul; ~**titel** *m* short title (*of an enactment*); ~**urlaub** *m* brief holiday, short break; short leave; ~**waren** *f/pl US* notions/*GB* haberdashery; ~~**handlung** *f GB* haberdashery; ~**zeitarrest** *m* detention for short periods; ~**zeitbeobachtung** *f* short-term observation (*testing*).

kurzarbeiten *v* to be on short-time.

kurz|fristig *adj/adv* short-term, at short notice; ~**lebig** transitory.

Kürzung *f* cut, curtailment, reduction, abridgment; ~ **des Ruhegehalts** pension reduction; ~ **von Vermächtniszuwendungen** abatement of legacies; **eigenschöpferische** ~ fair abridgment.

Küsten|fischerei *f* coastal fishery, inshore fishing; ~**gewässer** *n/pl* coastal waters; ~**grenzen** *f/pl* maritime frontiers; ~**handel** *m* intercoastal trade; ~**hoheitsgewässer** *n/pl* coastal (territorial) waters, marine belt; ~**land** *n* littoral state, coastal state; ~**leuchtfeuer** *n* coast beacon; ~**meer** *n* territorial sea; ~**nähe** *f* proximity to the coast, offshore; ~**patrouille** *f* shore patrol; ~**polizei** *f* coast guard; ~**radar** *n* shore-based radar; ~**schifffahrt** *f* coastal shipping, cabotage; ~**schutz** *m* coast protection, shore protection, coastal *US* defense/*GB* defence; ~**sockel** *m* maritime shelf, continental shelf; ~**staat** *m* littoral state, coastal state; ~**streife** *f* shore patrol; ~**streifen** *m* sea-shore (*between side-marks*); ~**- und Nahverkehrsschiff** *n* home trade ship, coastal trader; ~**vermessung** *f* coast geodetic survey, coast-survey; ~**verteidigung** *f* coastal *US* defense/*GB* defence; ~**wachboot** *n* coastal patrol vessel; ~**wachstation** *f* coast guard station.

Kustos *m* custodian, curator, caretaker.

Kux *m obs* registered mining share *registered mining share of no par value in a union subject to contributions by the shareholders*; ~**anteil** *m* registered mining share; ~**schein** *m* mining share certificate.

Labor *n* laboratory; **~meldepflicht** *f* laboratory's legal duty to give notice of disease detection (*eg HIV*); **~techniker** *m*/**-in** *f* laboratory technician.

Lade *f* load (= *l-*, *loading* = *l-g*), case, box; **~fähigkeit** *f l-* capacity, cargo tonnage, carrying capacity, hold volume; **~frist** *f l-g* days, time allowed for *l-g*; **~geschäft** *n l-g* business, *l-g* and un- *l-g*; **~gewicht** *n* shipping weight; **~gut** *n* cargo; **~kai** *m* cargo dock; **~kosten** *pl* lading charges; **~linie** *f* water line, *l-* line; **~liste** *f* manifest, shipper's manifest, freight list; **~luke** *f* cargo hatch; **~marke** *f l-* line, plimsoll mark, freeboard mark; **~papiere** *n/pl* shipping papers, shipping documents; **~platz** *m* place of shipment, *l-g* berth; **~rampe** *f l-g* ramp; **~raum** *m* freight space, (ship's) hold, cargo space, cargo compartment; **~rost** *m* pallet; **~schein** *m* inland-waterways bill of lading, shipping note; **~stelle** *f l-g* berth; **~tätigkeit** *f l-g*; **~tonnage** *f l-* displacement; **~vermögen** *n l-g* capacity; **~verzeichnis** *n* cargo list; **~verzögerung** *f* delay in *l-g*; **~zeit** *f* time for *l-g*.

Laden *m* shop, store, retail store; **~angestellte**(**r**) *f*(*m*) (*der ~angestellte*) shop assistant; **~besitzer** *m*/**-in** *f* shopkeeper, storekeeper; **~dieb** *m*/**-in** *f* shoplifter, shop thief; **~diebstahl** *m* shoplifting; **~einbruch** *m* breaking into a shop; **~einrichtung** *f* shop fittings; **~front** *f* shop front; **~geschäft** *n* shop, store; **~hüter** *m* slow mover, old stock, shelf-warmer, cats and dogs, non-moving items; **~inhaber** *m*/**-in** *f* shop owner, tradesman; **~kasse** *f* till; **elektronische ~~** point-of-sale terminal; **~kette** *f* chain of retail stores; **~lokal** *n* shop premises; **~miete** *f* store rental; **~preis** *m* retail price; **~~schutz** *m* protection of the published price; **~räume** *m/pl* shop premises; **~schluss** *m* shop closing (time); **~~gesetz** *n* Shop Hours Act, Shop Closing Act; **~~zeit** *f* closing hour; **~verkäufer** *m* sales clerk; **~vollmacht** *f* shop assistants' usual authority (*legal presumption*).

laden *vt* to summon *s.o.*, to serve a summons on *s.o.*; **gerichtlich ~** to issue a summons; ***jd-en*** **~ lassen** to take out a summons against *s.o.*; **ordnungsgemäß ~** duly summon to appear, to order an appearance.

lädieren *vt* to injure, to harm, to violate *s.o.*'s rights.

Ladung *f* **I** summons (to appear) (= *s-s*), subpoena (= *s-*), notice of hearing; **~ als Zeuge** *s-* ad testificandum, *s-* for a witness; **~ des Beklagten** notice to appear; **~ durch öffentliche Zustellung** public citation, *s-s* by publication; **~ mit abgekürzter Frist** *s-s* at short notice; **~ mit Aufforderung zur Stellungnahme** *s-s* and order to show cause; **~sbeamter** *m*/**~beamtin** *f* summoner; **~sbuch** *n* cause book; **~sfrist** *f* minimum period of notice before a court hearing, notice period for *s-s*; **~skanzlei** *f s-* office; **~smangel** *m* faulty *s-s*; **~sschreiben** *n* letter containing a *s-s*; **~szustellung** *f* service of *s-s*; **~ unter Strafandrohung** writ of *s-*, *s-*; **~ zum Termin** notice of trial, *s-s* to appear at the hearing; **~ zur mündlichen Verhandlung** notice of trial (*after preliminary pleadings*); **erneute ~** repeated/fresh *s-s*, resummons; **förmliche ~** *s-*; **nochmalige ~** resummons; **trotz ~ nicht vor Gericht erscheinen** to fail to appear, to be contumacious; **unmittelbare ~** personal *s-s*; **vereinfachte** ~ simplified process.

Ladung *f* **II** cargo (= *c-*), freight, load; loading, shipment, stowage; **~saufkommen** *n* tonnage loaded; **~saufseher** *m/***-in** *f* supercargo inspector; **~sempfänger** *m/***-in** *f* consignee; **~sgewicht** *n* load, shipping weight; **~sgläubiger** *m/***-in** *f* consignee; **~shafen** *m* port of loading, port of departure; **~sinteressent** *m/***-in** *f* party interested in *c-*; **~skontrolleur** *m/***-in** *f* tallyman; **~smanifest** *n* shipper's manifest; **~spapiere** *pl* documents relating to *c-*; **~spfandrecht** *n* *c-* lien; **~spolice** *f* *c-* policy; **~sschäden beim Löschen** *pl* damage to *c-* in discharging; **~sschäden** *pl* **durch Seewurf und Aufopferung** damage to *c-* by jettison and sacrifice; **~ssteg** *m* pier; **~sträger** *m/***-in** *f* carrier; **~sverzeichnis** *n* freight list, carrier's manifest, shipper's manifest; **~swert** *m* value of *c-*; **feuergefährliche** ~ inflammable *c-*; **gefährliche** ~ dangerous *c-*; **in Säcke gefüllte** ~ bag *c-*; **nicht deklarierte** ~ undeclared *c-*; **sperrige** ~ bulky *c-*; **volle** ~ full and complete *c-* (*ship*); **zahlende** ~ revenue freight, paying *c-*.

Lage *f* position, situation; site, situs; **~bericht** *m* briefing, situation report; **~besprechung** *f* discussion of the situation, headquarters conference; **~plan** *m* site plan, ground plan, plan showing position; **~zentrum** *n* *EU* Situation *US* Center/*GB* Centre; **außenpolitische** ~ the foreign situation; **finanzielle** ~ financial positon; **gespannte** ~ tense atmosphere; **innerstädtische** ~ in-town site; **kritische** ~ critical situation, crisis; **in günstiger** ~ well situated; **je nach** ~ **des Falles** as the case may be; **liquiditätspolitische** ~ liquidity situation; **missliche** ~ uncomfortable situation, dilemma, scrape; **nach** ~ **der Akten entscheiden** to decide on the strength of the records (*nonappearance of parties*); **örtliche** ~ location; **peinliche** ~ embarrassing situation; **rechtliche** ~ status, legal position; **steuerliche** ~ tax status, tax position; **tatsächliche** ~ **der Dinge** actual state of affairs.

Lager *n* **I** store, stock (= *s-*), inventory (= *i-*), storeroom, warehouse (= *w-*); **~abbau** *m* *s-* reduction; **~auffüllung** *f* replenishment of *s-*s; **~aufstockung** *f* replenishment of *s-s*, stockpiling; **~bedingungen** *f/pl* storing conditions; **~behälter** *m* storage container; **~bestand** *m* inventories, *s-s*, *s-* of merchandise, *s-* in hand, *s-* in trade; **~~saufnahme** *f* stocktaking; **~~sbewertung** *f* *i-* valuation; **~~sfortschreibung** *f* updating of *i-*; **~~sführung** *f* *i-* control; **~~skarte** *f* *s-* record card; **~~sverzeichnis** *n* *i-* list; **~~swert** *m* *i-* value; **~bildung** *f* storing, stockpiling, accumulation of *s-s*; **~buch** *n* *s-* book, *w-* book, store book, store ledger; **~~haltung** *f* *s-* records department, stores accounting; **~butter** *f* cold-storage butter; **~dauer** *f* duration of storage; **~dispositionen** *f/pl* storage dispositions; **~empfangsschein** *m* *w-* receipt; warehousekeeper's certificate, warehousekeeper's receipt; **~fähigkeit** *f* storage capacity, suitability for storage; **finanzierungsdarlehen** *n* *i-* loan; ~ **für den aktiven Veredelungsverkehr** inward-processing *w-*; **~gebühren** *pl* storage charges; ~ **gegen Zoll- bzw Steuersicherung** bonded *w-*; **~geld** *n* storage charges, storage, *w-* charges; **~geschäft** *n* warehousing, storage business; **~gut** *n* stored goods, *w-* goods, goods in storage; **~halle** *f* *w-*, storage building; **~halter** *m/***-in** *f* warehousekeeper, *w-* custodian; **~~konnossement** *n* custody bill of lading; **~~pfandrecht** *n* warehousekeeper's lien; **~haltung** *f* warehousing, stockkeeping; **~haus** *n* *w-*, storehouse, storage depot, depository; **~~gebühr** *f* storage charges; **~~genossenschaft** *f* cooperative *w-* association; **~~gesellschaft** *f* warehousing company; **öffentliches ~~** public *w-*; **~hof** *m* storage yard; **~index** *m* index of *s-s* in hand; **~investition** *f* *i-* investment; **~kartei** *f* *s-* index, *s-* file; **~konto** *n* *w-* account, store account; **~kosten** *pl* storage expenses, *i-* carrying cost; **~liste** *f* *s-* sheet; **~nummer** *f* storage number, *s-* number; **~pfandschein** *m* *w-* warrant (*issued as security for a loan*); **~platz** *m* storage room, storage yard; **~politik** *f* *s-*-carrying policy, *i-* policy; **~raum** *m* storage space, store-room, stockroom; **~~inhaber** *m*/**-in** *f* occupier of storeroom; **~räumung** *f* (*s-*) clearance; **~risiko** *n* risk inherent in carrying *s-*, storage risk; **~rechnung** *f* *w-* account; **~restbestand** *m* left over, residue of *s-*; **~schein** *m* warrant for goods, warehousekeeper's warrant, *US* *w-* receipt; **~schuppen** *m* storage shed; **~stätte** *f* (*mining*) deposit; **abbauwürdige ~~** productive bed; **~überwachung** *f* storage control, monitoring of *i-*; **~umsatz** *m* *i-* turnover; **~umschlag** *m* *s-* turnover, *i-* turnover; **~veralterung** *f* obsolescence of *s-*; **~versicherung** *f* storage insurance; **~vertrag** *m* warehousing contract, storage contract; **~verwalter** *m*/**-in** *f* *w-* keeper, *w-* manager; **~vorrat** *m* *s-*, supply; **~vorrichtungen** *f/pl* storage facilities; **~wertänderung** *f* variation in *i-* prices; **~wirtschaft** *f* *s-* control; **~zeit** *f* period of storage, storing time; **~zugang** *m* addition to *s-s*; **~zunahme** *f* growth of *i-*; **~zyklus** *m* *s-* cycle, *i-* cycle; **ab ~** ex *w-*; **auf ~** in *s-*, in store; **auf ~ halten** to keep in *s-*, to stock; **ein ~ liquidieren** to sell out; **nicht auf ~** not in *s-*, out of *s-*; **überhöhte ~** inflated *s-s*; **zu viel auf ~ haben** to overstock.

lager | fähig *adj* fit for storage, storable; **~zyklisch** relating to the stock cycle.

Lager *n* **II** camp, prison camp, detention camp; **~insasse** *m*/**~insassin** *f* camp inmate.

Lagerei *f* warehousing, storage service; **~gewerbe** *n* warehousing.

Lagerist *m*/**-in** *f* stockkeeper, storeroom clerk, storekeeper.

Lagerung *f* storing, storage, warehousing; (*von Schadstoffen*) tipping.

Laie *m*/**Laiin** *f* layman/laywoman, layperson; **~nbeisitzer** *m*/**-in** *f* lay assessor; **~nrichter** *m*/**-in** *f* nonprofessional judge, lay judge, *GB* magistrate; **~nstand** *m*/**-in** *f* laity.

Land *n* **I** land (= *l-*), soil, landed property, rural district, region; the countryside; **~abfindung** *f* compensation for *l-*, compensation in the form of *l-*; **~abgabe** *f* surrender of farm *l-*; **~abgaberente** *f* annuity to farmer who surrendered his holdings; **~adel** *m* landed gentry; **~arbeiter** *m*/**-in** *f* agricultural labo(u)rer, farm worker; **~~tarif** *m* wage scale for farm workers; **~aristokratie** *f* landed gentry, landocracy; **~aufteilung** *f* dividing-up of *l-*; **~ausnutzung** *f* (intensity of) *l-* use; **~beschädigung** *f* shore damage; **~beschaffung** *f* *l-* procurement; **~~sgesetz** *n* *L-* Procurement Act; **~~sverfahren** *n* *l-* procurement proceedings; **~besitz** *m* landholding, tenant's possession of *l-* (*property, landed property, real estate*); **gemeinsamer ~~** multiple tenure; **teilbarer ~~** severable *l-s*; **~besitzer** *m*/**-in** *f* occupier of *l-*, *l-* owner; **~bevölkerung** *f* rural population; **~bezirk** *m* rural district; **~esaufnahme** *f* topographical survey; **~eskultur** *f* *l-* improvement; **~~kredit** *m* *l-* improvement loan; **~fahrzeug** *n* *l-* vehicle; **~flucht** *f* rural exodus, drift from the *l-*, absconding of peasants; **~fracht** *f* freight charge for *l-*, *l-*-borne freight; **~~vertrag** *m* contract of carriage by *l-*; **~friedensbruch** *m* rioting, civil disorder; **~ für Verkehrszwecke** *l-* for public transport requirements; **~gang** *m* shore leave; **~~ausweis** *m* shore leave pass; **~~sgelder** *n/pl* seamen's shore allowance; **~gemeinde** *f* rural community, parish;

~gewinnung *f* reclamation of *l-*; **~gut** *n* agricultural estate, country estate; **~jugend** *f* rural youth; **~krankenkasse** *f* rural health insurance board; **~~npflichtige(r)** *f(m)* (*der ~~npflichtige*) person subject to compulsory rural health insurance; **~kreis** *m* administrative county, county, administrative district, rural district; **~~behörde** *f* county authority; **~~ordnung** *f* county constitution; **~~wahl** *f* county council election; **~krieg** *m* *l-* warfare, war on *l-*; **~lieferungsverband** *m* agricultural supply association; **~maschinen** *f/pl* agricultural machinery; **~messer** *m/*-**in** *f* *l-* surveyor; **~- oder Schiffsentladeseite** ashore or overside; **~pacht** *f* tenure of *l-*, farm tenancy; **~~gesetz** *n* Farm Tenancies Act; **~~vertrag** *m* farm lease, agricultural lease; **~parzelle** *f* parcel of *l-*, plot (of *l-*), lot; **~polizei** *f* state police, rural police; **~~direktion** *f* state police headquarters; **~rat** *m/*~**rätin** *f* county president, chief executive of a county, county council chairman; **~ratsamt** *n* county office district authority; district administrator's office; **~recht** *n* *D hist* common law; **~reform** *f* *l-* reform; **~schaden** *m* damage to the soil, damage to the shore; **~schaft** *f* landscape, countryside, rural district; **~~sgestalter** *m/*-**in** *f* landscape engineer, landscape gardener; **~~sökologie** *f* natural ecology; **~~sverband** *m* agricultural association; **~~sschutz** *m* landscape protection, natural conservation; **~~~gebiete** *pl* nature preserves, natural conservation areas; **~~~verordnung** *f* landscape protection ordinance; **~schenkung** *f* *l-* grant; **~sitz** *m* country seat; **~straße** *f* common highway, B-road, country road; **~streicher** *m/*-**in** *f* vagrant; **~streicherei** *f* vagrancy; **~streitkräfte** *f/pl* *l-* forces, army; **~transport** *m* carriage by *l-*, *l-* carriage; **~~versicherung** *f* insurance of goods in transit by *l-*; **~- und Forstwirte/Forstwirtinnen** *pl* farmers and foresters; **~- und Forstwirtschaft** *f* agriculture and forestry; **~verkehr** *m* *l-* transport; **~vermesser** *m/*-**in** *f* surveyor; **~vermessung** *f* ordnance survey, *l-* survey; **~volk** *n* rural population; **~weg** *m* overland route, by *l-*; **~wirt** *m/*-**in** *f* farmer, peasant farmer, agriculturist; **marktorientierte ~~e** commercially motivated farmers; **~wirtschaft** *f* → *Landwirtschaft*; **~zunahme** *f* accretion; **~zustellung** *f* rural postal delivery, **~zuteilung** *f* assignment of *l-*; **~zuwachs** *m* accretion; **~zuweisung** *f* *l-* grant, assignment of *l-*; **an ~ bringen** to put ashore; **bebautes ~** built-up area; **brachliegendes ~** fallow, under-used *l-*; **gerodetes ~** cleared forest-*l-*; **melioriertes ~** improved *l-*; **nächstgelegenes ~** nearest *l-*; **selbst bewirtschaftetes ~** home farm; **unentwickeltes ~** undeveloped *l-*; **verpachtetes ~** leased *l-*.

Land *n* **II** (*pl Länder = ~er*) country (= *c-*, *countries = c-s*), state (= *s-*), member state; **~ des Gesellschaftssitzes** *c-* of the registered office; **~ des steuerlichen Wohnsitzes** *c-* of fiscal domicile; **~eranleihen** *pl D s-* bonds; **~erbank** *f s-* bank; **~erbeamte** *pl s-* officials, Länder officials; **~erfinanzverwaltungen** *pl* Länder taxation authorities; **~ergrenzen** *f/pl* national borders, Länder borders; **~ergruppe** *f* group of (associated) *c-s*; **~erhaushalte** *m/pl* Länder budgets; **~erkonkordate** *n/pl concordats (treaties) between German s-s and the Vatican*; **~ermittel** *n/pl* Länder cash resources; **~erparlamente** *n/pl S-* parliaments; **~er-Staatsangehörigkeit** *f s-*-citizenship (*citizenship in a s-/D Land*); **~ervertreter** *m/*-**in** *f* state representative; **~esabgaben** *f/pl s-* taxes, internal taxes; **~esamt** *n s-* office/agency; **~~** *n* **für Denkmalspflege** *S-* Authority for the Preservation of Ancient Monuments (*Bavaria*); ~~ *n* **für Verfassungsschutz** *s-* security office/agency; **~esarbeitsamt** *n* regional labo(u)r office; **~esarbeitsgericht** *n s-* employment appeals tribunal; **~esarbeitsstock** *m* regional unemployment insurance fund; **~esausgleichsamt** *n s-* equalization of burdens office; **~esbank** *f s-* bank, regional bank; **~esbaudarlehen** *n s-* building loan, provincial building loan; **~esbeamtenrecht** *n s-* civil service law; **~esbehörde** *f s-* authority; **oberste** ~~ supreme/highest *s-* authority; **~esberufsgericht** *n s-* supreme professional tribunal; **~esbodenkreditanstalt** *f* (*Bavaria*) *s-* mortgage bank; **~esbrandversicherungsanstalt** *f s-* fire insurance board; **~esebene** *f s-* level; **~esentschädigungsamt** *n s-* compensation office (*for Nazi persecutees*); **~esentwicklungsplan** *m s-* development plan; **~esfarben** *f/pl* national colo(u)rs, *s-* colo(u)rs; **~esfeuerwehrunterstützungskasse** *f s-* fire-brigade relief fund; **~esfinanzämter** *n/pl s-* tax offices; **~esgesetz** *n s-* law; **~~gebung** *f s-* legislation, *s-* laws; **~esgrenze** *f* national border, *s-* border; **~eshauptmann** *m/***~eshauptfrau** *f* (*~eshauptleute pl*) *A* prime minister (of one federal state); **~esherr** *m/***-in** *f* sovereign, ruler; **~eshoheit** *f* national sovereignty, *s-* autonomy; **~esinteresse** *n* national interest, *s-* interest; **~esjustizverwaltung** *f s-* agency for the administration of justice; **~eskasse** *f s-* treasury, *s-* cash office; **~eskinderklausel** *f* preference-to-native-children clause; **~eskreditanstalt** *f semi-public bank in a German s-*; **~eskreditausschuss** *m s-* credit committee; **~eskreditgarantiegemeinschaft** *f* **des Handwerks** *s-* credit guarantee association for handicrafts; **~eskriminalamt** *n s-* criminal investigation department; **~eskulturerbe** *n* national heritage; **~eskunde** *f* study of the geography and civilization of a *c-*; **~esliste** *f* list of party candidates for *s-* elections; **~esmedienanstalt** *f s-* media authority; **~esminister** *m/***-in** *f s-* minister; **~esmittel** *n s-* resources; **~esorganisationsgesetz** *n S-* Administrative Organization Act; **~espersonalausschuss** *m s-* civil service selection board; **~esplanung** *f* regional planning in a German *s-*; **~~sgesetz** *n S-* Planning Act; **~~sstelle** *f s-* planning agency; **~esprüfungsamt** *n s-* examination authority; **~esrecht** *n s-* law; **~esregierung** *f s-* government; **~esrentenbank** *f s-* mortgage bank; **~esrentenbrief** *m s-* annuity bond; **~esschiedsamt** *n s-* arbitration office; **~essitte** *f* national custom; **~essprache** *f* national language; **~essozialgericht** *n* regional social insurance appeals tribunal; **~essteuern** *pl s-* taxes; **~esstrafgesetze** *n/pl s-* penal laws; **~esstraßenbaubehörde** *f s-* road construction authority; **~esvater** *m/***~esmutter** *f* sovereign, popular elder statesman; **~esverband** *m s-* association; **~esverfassung** *f s-* constitution; **~~sgericht** *n s-* constitutional court; **~~~sbarkeit** *f* jurisdiction of *s-* constitutional courts; **~~srecht** *n s-* constitutional law; **~esverordnung** *f s-* ordinance; **~esverrat** *m* treason; **publizistischer** ~~ treasonable publication; **~esverräter** *m/***-in** *f* traitor; **~esversicherungsamt** *n s-* (supervisory) insurance authority; **~esversicherungsanstalt** *f s-* social insurance board (*for workers*); **~esverteidigung** *f* national *US* defense/*GB* defence; **~esvertretung** *f* representation of a *s-*, *s-* mission; **~esverwaltung** *f s-* administration; **~~sgericht** *n s-* administrative tribunal; **~esverweisung** *f* expulsion (*of an alien*), exclusion order; **~eswahlausschuss** *m s-* elections committee; **~eswahlgesetz** *n s-* elections law; **~eswahlleiter** *m/***-in** *f* chief election officer for *s-* elections, *s-*-elections returning officer; **~eswahlordnung** *f s-* elections rules; **~eswahlrecht** *n s-* elections law; **~eswährung** *f* national currency; **~eswappen** *n* national coat of arms, *s-* coat of arms; **~eswohl** *n* the public good, common weal, public interest, general public benefit; **~eswohnungsordnung** *f s-* housing regulations; **~eszentralbank** *f* central *s-* bank; **~eszinsfuß** *m* current official interest rate for the *c-/s-*; **~eszugehörigkeit** *f* nationality; **~frieden** *m* public peace; **~~sbruch** *m* breach of the public peace, public violence, public disorder; **aktive Teilnahme an ~~~** riotous act; **~gericht** *n* regional court, (higher) district court, court of general and original jurisdiction; **~~spräsident** *m/***-in** *f* president of a regional court; **~tag** *m S-* Parliament, Landtag; **~~sabgeordnete(r)** *f(m)* (*der ~~abgeordnete*) member of a *s-* parliament; **~~spräsident** *m/***-in** *f* speaker of a *s-* parliament, president of a *s-* parliament; **~~swahl** *f s-* parliament elections; **~er und Bund** the German Länder/*S-s* and the Federal Government; **~zwang** *m* public coercion, threats to public peace; **A-~er** *n/pl D* SPD states, German Länder/states with traditionally SPD governments, states voting traditionallySPD, ↔ *B-~er*; **assoziiertes** ~ associated *c-*; **außereuropäische ~er** non-European *c-s*; **sich außer ~es aufhalten** to stay abroad; **B-~er** *n/pl D* CDU/CSU states, German Länder/states with traditionally CDU/CSU governments, states voting traditionally CDU/CSU, ↔ *A-~er*; **des ~es verweisen** to relegate, to deport; **devisenschwaches** ~ *c-* short of foreign exchange; **finanzschwächere ~er** the financially weaker Länder/*s-s/c-s*; **industrieschwaches** ~ industrially underdeveloped *c-*; **kriegführendes** ~ nation at war, belligerent *c-*; **reservestarke ~er** *c-s* with strong reserve positions; **Staatsangehörige dritter ~er** *EU* nationals of third *c-s*; **steuerstarke ~er** *c-s* (Länder) with large tax revenues; **überseeische ~er** overseas *c-s*; ~ **~er und Gebiete** (*abbr* **ÜLG**) *EU* overseas *c-s* and territories (*abbr* OCTs); **währungsschwaches** ~ soft-currency *c-*; **währungsstarkes** ~ strong-currency *c-*.

Landegebühr *f* landing tax, landing fee.

Länderei *f* estate, landed property, plantation, country property.

Landsmannschaft *f* regional association, regional refugee association.

Landstreicherei *f* vagrancy.

Landung *f* landing (*airplane*); **~skosten** *pl* landing charges, landing fee.

Landwirtschaft *f* agriculture (= *a-*, *agricultural* = *a-l*), farming, farming sector; **~samt** *n* board of *a-*; **~sausschuss** *m a-l* executive committee; **~sbank** *f a-l* bank, land bank; **~sbehörden** *pl a-l* authorities; **~sberater** *m/***-in** *f a-l* consultant; **~sbrief** *m a-l* mortgage bond; **~sbetrieb** *m* farm, *a-l* undertaking; **~sdarlehen** *n a-l* loan; **~serzeugnisse** *pl a-l* products; **~sförderungsgesetz** *n* promotion of *a-* act; **~sgenossenschaft** *f* farmers' cooperative association; **~sgericht** *n a-l* tribunal; **~sgesetz** *n a-l* law; **~sjahr** *n a-l* year; **~skammer** *f* Chamber of *A-*; **~sminister** *m/***-in** *f* minister of *a-*, Secretary of *A-*; **~sministerium** *n* ministry of *a-*, *US* department of *a-*; **~spolitik** *f a-l* policy; **~srat** *m/***~srätin** *f* official *a-l* expert; **~srecht** *n a-l* law; **~ssachen** *pl* farm-law cases, **~streibende(r)** *f(m)* (*der ~treibende*) farmer, agriculturist; **~sverband** *m* farmers' association; **~swissenschaftler** *m/***-in** *f* agronomist.

landwirtschaftlich *adj* agricultural.

lang|atmig *adj* long-winded; **~fristig** long-term; **~jährig** of long standing, of long duration, long-standing; **~lebig** long-lived, lasting, durable, long-term; **~wierig**

lengthy, protracted, dilatory, wearisome, unending.

längerfristig *adj* relatively long term.

Lang|finger *m* pickpocket; **~läufer** *m/pl* long maturities, long-term bonds; **~lebigkeit** *f* longlife, durability; **~~ von Schadstoffen** persistence of pollutants; **~samstreik** *m* go-slow strike, slowdown; **~schrift** *f* longhand, ordinary writing; **~zeitarbeitslosigkeit** *f* long-term unemployment; **~zeitprognose** *f* long-range forecast.

Längs|markierungen *f/pl* longitudinal markings; **~schnitt** *m* longitudinal section; **~seite** *f* long side (*building*), broad side (*ship*); **ab ~~ Schiff** from alongside ship; **frei ~~ Seeschiff** free alongside ship (*abbr* FAS).

längsseits *prep* alongside.

Lärm *m* noise; **~bekämpfung** *f* noise abatement; **~einwirkung** *f* noise impact, noise level; **~isolierungsbeihilfe** *f* noise insulation grant; **~schutz** *m* protection against (from) noise; **~~bereich** *m* noise abatement zone; **~~wand** *f* noise protection wall; **~~wall** *m* noise barrier, noise protection embankment; **ruhestörender ~** disturbing noise.

Laser *m* laser (*abbr* = light amplification by stimulated emission of radiation); **~drucker** laser printer (*computer*), → *Nadeldrucker, Tintenstrahler.*

Last *f* load, burden, charge, onus; **~anhänger** *m* goods trailer, freight trailer; **~fahrzeug** *n* goods vehicle; **~kraftwagen** *m US* truck/*GB* lorry; **~schrift** *f* debit advice, debit entry; **~~anzeige** *f* debit note; debit memo, charge slip; **~~beleg** *m* debit voucher; **~~posten** *m* debit item; **~~verfahren** *n* debit charge procedure, direct debiting; **~- und andere Nutzfahrzeuge** trucks, tractors and trailers; **~- und Gutschriften** debit and credit entries; **~wagen** *m* → *Lastkraftwagen*; **~~fahrer** *m/***-in** *f US* teamster, truck driver/*GB* lorry driver; **prozessuale ~** procedural burden; **zur ~ legen** to charge, to impute, to accuse of.

Lasten *f/pl* charges, burden, encumbrances; **~aufzug** *m* hoist, goods lift, freight lift; **~ausgleich** *m* burden-sharing, equalization of (war) burdens; **~~sberechtigte(r)** *f(m)* (*der ~berechtigte*) *hist* equalization of war burdens beneficiary; **~~sgesetz** *n hist* Equalization of War Burdens Act; **~~szahlungen** *pl hist* equalization of war burdens payments; **~beihilfe** *f* hardship relief allowance; **~berechnung** *f* statement of public charges (*tenancy*); **~erhöhung** *f* increase in public charges; **~freiheit** *f* freedom from encumbrances; **~heft** *n* (tender) specifications; **~teilung** *f* burden sharing; **~tragung** *f* payment of the charges, the bearing of the charges; **~übergang** *m* transfer of encumbrances, passing of liability for public charges (*conveyance*); **~zuschuss** *m* hardship allowance; **dauernde ~** permanent charges; **jährliche ~** annual charges; **öffentliche ~** public charges, rates and taxes; **soziale ~** social (insurance, *etc*) charges; **vertragliche ~** onerous covenants; **zu ~ des Empfängers** on receiver's account; **zusätzliche ~** additional burden(s).

lastenfrei *adj* unencumbered, free from encumbrances, without charge of any kind.

Laster *n* vice.

lästig *adj* annoying, onerous, burdensome.

Lastigkeit *f* trim, relative heaviness, tendency to preponderate.

Lästigkeit *f* annoyance, nuisance.

latent *adj* latent, potential.

Laternengarage *f sl* parking under a streetlight.

Laubenkolonie *f* allotment garden, allotment colony.

Lauf *m* course, operation; **~bahn** *f* → *Laufbahn*, **~ der Gerechtigkeit** course of justice; **~ e-er Frist** running of a term, running of a period;

~kundschaft *f* passing trade, casual customers, occasional customers, irregular customers; **~zeit** *f* → *Laufzeit*; **~zettel** *m* control slip, inter-office slip, routing slip, tracer; transit record sheet (*rail transport*); **der ~ der Verjährungsfrist** the running of time for the purposes of the Statute of Limitations.

Laufbahn *f* career, civil service career; **~aussichten** *f/pl* career outlook, occupational prospects; **~bewerber** *m/***-in** *f* civil service applicant; **~gruppe** *f* service class; civil service group; **~recht** *n* civil service career regulations, **~strafe** *f* disciplinary penalty affecting promotion; **~verordnung** *f* civil service promotion ordinance, **~vorschriften** *f/pl* career and promotion rules; **~wechsel** *m* change of career, switch in jobs.

Laufzeit *f* term, currency, life, duration, period to run, time to run to maturity date; ~ **des Mietvertrages** term of the tenancy; ~ *e-er* **Anleihe** period of a loan; ~ *e-er* **Hypothek** mortgage term; ~ *e-er* **Police** term of a policy, ~ *e-er* **Versicherung** currency of policy, term of the policy; ~ *e-es* **Akkreditivs** term of a letter of credit; ~ *e-es* **Films** running time of a film; ~ *e-es* **Patents** term of a patent; ~ *e-es* **Vertrages** term of an agreement, duration of a contract; ~ *e-es* **Wechsels** term of a bill, duration of a bill, tenor of a bill; **mit sechsmonatiger** ~ with a term of six months; **~umstrukturierung** change of term; **vertragliche** ~ contract period; **zehnjährige** ~ term of ten years.

Lausch|angriff *m* illicit wiretapping operation, surreptitious electronic surveillance; **~operation** *f* wiretapping (operation), electronic surveillance.

Lauscher *m/***-in** *f* eavesdropper.

laut *prep* per, as per, pursuant to, according to.

lauten *vi* to read, to be worded; **~d auf** denominated in, made out to; **wie folgt** ~ to be worded as follows, to run/read as follows.

Lauterkeitsregeln *f/pl* rules of fair trading.

Läuterung *f* purging; **~seid** *m hist* purgatory oath; **~surteil** *n hist* judgment based on purgatory oath; **~sverfahren** *n hist* purgatory oath proceedings, *proceeding to force a litigant to swear to the truth of his statements.*

LBA (*abbr* = **Luftfahrt-Bundesamt** *n*) Federal Office of Civil Aeronautics, Federal Aviation Authority.

Leasing *n* leasing; **~geber** *m/***-in** *f* lessor; **~gegenstand** *m* leasing item, leased equipment; subject matter of leasing contract; **~makler** *m/***-in** *f* leasing broker; **~nehmer** *m/***-in** *f* lessee; **~raten** *f/pl* rental payments; **~vertrag** *m* leasing contract; **Anlagen~** equipment leasing; **Fahrzeug~** vehicle leasing; **Finanzierungs~** finance lease; **Operating~** operational leasing; operating lease.

Leben *n* life (= *l-*), existence, living; **~sabend** *m* old age, autumn of *l-*, evening of one's *l-*; **~salter** *n* age; **~sarbeit** *f* one's *l-*'s work; **~~szeit** *f* working *l-*; **~saufgabe** *f* mission in *l-*, *l-*'s work; **~saufwand** *m* style of living, living expenses; **~sbedarf** *m* necessities of *l-*; **~sbedingungen** *f/pl* conditions of *l-*, living conditions; **~sbedürfnisse** *n/pl* necessities of *l-*, basic needs; **die allgemeinen ~~** the ordinary necessities of *l-*; **~sberechtigung** *f* right to exist, raison d'etre; **~sberuf** *m* occupation for *l-*, lifelong career; **~sbescheinigung** *f* certificate of existence, *l-* certificate, *certificate stating that a person is alive*; **~schance** *f* chance of survival; **~sdauer** *f* *l-* (span), physical *l-*, length of *l-*; useful *l-*; **auf ~~** for *l-*; **mutmaßliche ~~** probable *l-*; **wahrscheinliche ~~** probable *l-*; **auf die ~~ *e-es* Dritten** pour autre vie; **~serwartung** *f* *l-* expectancy, expectation of *l-*; mean time before failure (*abbr* MTBF); **abgekürzte ~~** reduced *l*- expectancy; **~sfähigkeit** *f* viability, capability of survival; **~sfrist** *f* term of *l*-, span of *l*-; **~sführung** *f* conduct, line of conduct, style of living; **~~skosten** *pl* living expenses; **~~sschuld** *f* criminal conduct; **~sgefahr** *f* danger to *l*-; mortal danger; **~sgefährdung** *f* endangering *l*-, mortal danger; **~sgefährte** *m* common law spouse, lifetime/live-in companion, *US* significant other; **~sgefährtin** *f* common-law wife; **~sgemeinschaft** *f* cohabitation, cohabitee, partnership for *l*-; live-in couple; **eheähnliche ~~** concubinage, common law marriage; **eheliche ~~** conjugal *l*-, conjugal community; **ehelose ~~** extramarital cohabitation; **gleichgeschlechtliche ~~** same-sex partnership; **nichteheliche ~~** extramarital cohabitation; **~sgenuss** *m* enjoyment of *l*-; **~sgewohnheiten** *f/pl* way of living, habits; **~sgrundlage** *f* basis of existence; **~shaltung** *f* standard of living, style of living; lifestyle; **~~s-Gleitklausel** *f* index-linked clause; **~~sindex** *m* cost of living index; **~~skosten** *pl* cost of living, living expenditures, subsistence expense; **~~spreisindex** *m* consumer price index, cost-of-living index; **~~sniveau** *n* style of *l*-; **~sjahr** *n* year of one's *l*-; **das 18. ~~ nicht vollendet haben** to be under eighteen years of age; **~skampf** *m* struggle for live; **~slauf** *m* course of *l*-, personal record, personal background, curriculum vitae (*abbr* c.v.), bio sheet, resumé, history (*machine*); **~~akte** *f* service records; **~sleistung** *f l*- achievement; **~smittel** *n* → *Lebensmittel*; **~snachstellung** *f* preparation for murder; **~snachweis** *m* proof of *l*-, certificate that a person is alive; **~sordnung** *f* way of *l*-, rules of *l*-; **~squalität** *f* quality of *l*-, quality of living conditions; **~sraum** *m* living space, biotope, habitat; **~srecht** *n* right to exist; **~srente** *f l*- pension; **~sretter** *m*/**-in** *f* rescuer (*of a person*), *l*- saver; **~srettung** *f* rescue, *l*--saving; **~srisiko** *n* risk to *l*-, *l*-contingency; **~sstandard** *m* standard of living, living standard; **~sstellung** *f* station in *l*-, position in *l*-, social status, lifelong position; **~sstufe** *f* age-level; **~sumstände** *m/pl* environment, situation in *l*-; **~sunterhalt** *m* livelihood, living, maintenance, subsistence, keep, support; **~svermutung** *f* presumption of *l*-; **~sversicherung** *f* → *Lebensversicherung*; **~swandel** *m* (moral) conduct, kind of *l*-; ***e-en* ehrlosen ~~ führen** to lead a disreputable *l*-; **unbescholtener ~~** orderly *l*-; **~szeit** *f* natural *l*-, lifetime; **~~prinzip** *n* principle of civil servant's (→ *Beamte*) relation to the state; **auf ~~** for *l*-; **auf ~~ *e-es* Dritten** pour autre vie; **~szeugnis** *n* certificate of *l*-; **eheliches ~** conjugal *l*-; **im öffentlichen wie im privaten ~** in public as in private affairs; **sein ~ versichern** to take out a *l*- policy, to insure one's *l*-; **verbundene ~** *ins* joint lives; **versichertes ~** insured *l*-.

leben *vi* to live, to be alive; **getrennt ~** to live apart, to be separated; **nicht getrennt ~** to live together; **solange ich lebe** during my life.

lebend *adj* living, alive.

Lebende(r) *f(m)* (*der Lebende*) living person, *pl* the living; **unter Lebenden** inter vivos.

Lebend|geburt *f* live birth, live-born child; **~gewicht** *n* live weight.

leben|sfähig *adj* capable of living, viable, capable of surviving; **wirtschaftlich ~~** economically viable; **~sgefährdend** dangerous to life, perilous, involving danger to life and limb, critical; **~slänglich** lifelong, for life, limited by life of a person.

Lebensmittel *n/pl* food, articles of food, victuals, groceries, provisions; **~abteilung** *f* food department; **~-Bestrahlungsverordnung** *f* ordinance regulating the exposure of foodstuffs to electronic rays: **~betrieb** *m* food store, food industry enterprise; **~bevorratung** *f* stockpiling of foodstuffs; **~bewirtschaftung** *f* food control, food rationing; **~branche** *f* food trade, food business, grocery trade; **~einzelhandel** *m* grocer, retail trade; **~fälschung** *f* food adulteration; **~geschäft** *n* food store, grocery; **~gesetz** *n* Foodstuffs Act; **~großhandel** *m* whole sale food trade; **~handel** *m* grocery business, food trade; **~händler** *m*/**-in** *f* grocer; **~industrie** *f* food processing industry, food manufacturing industry; **~karte** *f* food ration card; **~lieferant** *m*/**-in** *f* supplier of groceries; **~marke** *f* brand of food; **~recht** *n* law relating to food production and distribution; **~spende** *f* food donation; **~überwachung** *f* food supervision, control of the purity and hygiene of food; **~- und Bedarfsgegenständegesetz** *n* Act on Foodstuffs and Goods in Daily Use; **~verfälschung** *f* adulteration of foodstuffs; **~verkauf** *m* sale of foodstuffs; **~vergiftung** *f* food poisoning; **~verkehr** *m* distribution and handling of food; **~versorgung** *f* food supply; **~vorrat** *m* food supply; **dauerhafte ~** non-perishable foodstuffs; **nicht zum Verzehr geeignete ~** not suitable for consumption.

Lebensversicherung *f US* life insurance (= *l/i*)/*GB* life assurance (= *l/a*); **~ auf den Erlebensfall** endowment insurance; **~ auf den Todesfall** whole *l/a*, ordinary *l/i*; **~ auf Gegenseitigkeit** mutual *l/i*; **~ für Staatsangestellte** govermental *l/i*; **~ gegen Einmalprämie** single-premium insurance; **~ mit abgekürzter Prämienzahlung** limited-pay *l/i*; **~ mit gestaffelten Prämienzahlungen** graded premium policy; **~ mit Gewinnbeteiligung** *l/i* with profits, participating life policy; **~ ohne ärztliche Untersuchung** non-medical policy; **~ ohne Gewinnbeteiligung** non-participating *l/i*; **~ ohne Rückkaufswert** term policy; **~sagent** *m*/**-in** *f* underwriter, *l/i* representative; **~sansprüche** *m/pl* rights under a *l/a*, *l/i* claims; **~sgesellschaft** *f l/a* company, *l/i* company; **~sgesellschaft auf Gegenseitigkeit** mutual *l/i* company; **~spolice** *f US l/i* policy/*GB l/a* policy; **~~ auf den Todesfall** whole-life policy; **~sprämie** *f l/i* premium; **~ssumme** *f l/i* sum; **~streuhandfond** *m* life trust; **~sunternehmen** *n l/i* company; **~sverein** *m* **auf Gegenseitigkeit** mutual *l/i* company; **~svertrag** *m l/i* contract; **befristete ~** fixed-term assurance; **beitragslos gestellte ~** extended policy; **gegenseitige ~** mutual *l/i*; **gemischte ~** combined endowment and whole *l/i*; **große ~** ordinary *l/a*; **normale ~** ordinary life policy.

Leckage *f* leakage; **~-Klausel** *f* leakage clause; **~ und Bruch** leakage and breakage; **frei von ~** free from leakage.

ledig *adj* single, unmarried.

Ledige(r) *f(m)* unmarried female, femme sole, a single woman/bachelor, unmarried man, single man.

Leer|abgabe *f* short selling, bear sale; **~aktie** *f* unpaid share; **~fahrt** *f* empty run, unloaded drive; **~formel** *f* empty phrase; **~fracht** *f* dead freight; **~gang** *m* neutral, neutral position (*gears*); **~gewicht** *n* dead weight, empty weight, unladen weight; **~~ des Fahrzeugs** unladen weight of the vehicle; **~gut** *n* empties, empty bottles; **~~rücksendung** *f* return of empties; **~~ wird nicht zurückgenommen** empties are not taken back; **~~ zurück** empties returned; **~kassettenabgabe** *f pat* empty cassette copyright fee, *fee charged on sale of empty cassettes as compensation for expected potential copyright infringements*; **~kauf** *m* uncovered sale; **~lauf** *m* neutral, neutral position (*gears*); running idle, unproductiveness, idleness, idle time; **~packung** *f* dummy, empty package; **~rabatt** *m* discount for empty ship; **~stehen** *n* unoccupancy; **~tabelle** *f* dummy table; **~tonnage** *f* deadweight tonnage; **~übertragung** *f* pro forma transfer, empty assignment, *trademark assignment, separate from the enterprise* (*void*); **~verkauf** *m* selling stocks short, short sale, bear sale; **~~sposition** *f* short position; **~zimmer** *n* vacant room, unfurnished room.

leerstehend *adj* vacant, unoccupied, unpossessed.

legal *adj* legal, lawful.

Legal|definition *f* legal definition, statutory definition; **~servitut** *n* easement, servitude required by law; **~zession** *f* assignment by operation of law.

Legalisation *f* legalization, consular authentication; **~sklausel** *f* attestation clause, authentication clause; **Haager Übereinkommen zur Befreiung ausländischer öffentlicher Urkunden von der ~** Hague Convention Abolishing the Requirement of *US* Legalization/*GB* Legalisation for Foreign Public Documents (*1961*).

legalisieren *vt* to make lawful, to legalize, to authenticate.

Legalisierung *f* legalization, authorization.

Legalität *f* legality, lawfulness; **~sprinzip** *n* principle of mandatory prosecution (*principle that every person suspected of an offense must be prosecuted*), ↔ *Opportunitätsprinzip*; **außerhalb der ~** outside the law, unlawful, non-lawful.

Legat *n* legacy, bequest; devise (*real estate*); **~saussetzung** *f* granting of a legacy; **~sentziehung** *f* ademption; **ein ~ aussetzen** to grant a legacy.

Legatar *m*/**-in** *f* legatee, devisee, beneficiary.

Legierungsgesetz *n* Alloy Act.

legislativ *adj* legislative.

Legislativbefugnisse *f/pl* legislative powers.

Legislative *f* legislative power, legislative, legislature.

Legislaturperiode *f* parliamentary term, legislative period, life of a Parliament.

legitim *adj* legitimate.

Legitimation *f* evidence of authority, identification of an officer of the law, lawful entitlement, declaration of legitimacy; **~ durch nachfolgende Eheschließung** legitimation by subsequent marriage, legitimatio per subsequens matrimonium; **~saktionär** *m*/**-in** *f* proxyshareholder (*voting in his own name*); **~sfunktion** *f* identity-establishing function, title-evidencing function; **~skarte** *f* identification card, special sales *US* license/*GB* licence; **~spapier** *n* non-negotiable document of entitlement (*eg savings-bank book*), title-evidencing instrument; **~ssrecht** *n* law of legitimation; **~sschein** *m* *US* license/*GB* licence (*for canvassing*), distribution *US* license/*GB* licence; **~sübertragung** *f* transfer of right to vote, delegation of authority; **~swirkung** *f* legitimating effect, effect of establishing *s.o.* as bona fide holder in due course; **~szeichen** *n* token of identity, warrant token.

legitimieren *vt* to authorize, to legitimate, to make lawful; *v reflex* to prove one's identity, to show one's papers.

legitimiert *adj* authorized, entitled; **aktiv ~** entitled to the claim, entitled to sue; **nicht aktiv ~** not entitled to the claim, not entitled to sue; **passiv ~** capable of being sued (*as the right party defendant*).

Legitimierung *f* legitimation, proof of identity.

Legitimität *f* legitimacy, legal standing; **~sprinzip** *n* principle of legitimacy; **das monarchische ~~** the principle of monarchic legitimacy.

Lehen *n* fief, fee, feud, feudal tenure.

Lehr| (*apprentice* = *a-*, *apprenticeship* = *a-p*) **~abschlussprüfung** *f* final *a-p* examination; **~amt** *n* office of teacher, teaching appointment; teaching profession; **~~sanwärter** *m*/**-in** *f* candidate for a teaching appointment, junior teacher; **~~skandidat** *m*/**-in** *f* → *~amtsanwärter*; **geistliches ~~** ministry, magisterium; **~sprüfung** *f* teaching diploma examination; **~~szeugnis** *n* teaching diploma; **~anstalt** *f* educational establishment, school; **höhere ~~** secondary school; **~auftrag** *m* (junior) lectureship, teaching assignment, adjunct professor contract (*university level*); **~beauftragte(r)** *f(m)* (*der ~beauftragte*) (junior) lecturer, adjunct professor; **~befähigung** *f* teaching qualification, authority to teach; **~berechtigung** *f* authorization to teach; **~betrieb** *m a-* workshop, *a-*-training firm, training establishment; **~brief** *m* articles of *a-p*; **~buch** *n* text-book; **~fach** *n* teaching profession, education (*casa subject*); **~freiheit** *f* freedom of teaching, freedom to teach according to one's conscience, academic freedom; **~gang** *m* course; **~geld** *n a-p* premium; *fig* **~~ zahlen** to pay dearly for one's wisdom; **~herr** *m*/**-in** *f* master, employer; **~körper** *m* teaching staff; **~kraft** *f* teacher, *pl* teaching staff; **~krankenhaus** *n* teaching hospital; **~ling** *m obs a-*; **~~sausbildung** *f a-p* training; **~~sausschuss** *m a-p* training committee; **~~shaltung** *f* employment of *a-s*; **~~sheim** *n* hostel for *a-s*; **~~srolle** *f* register of *a-s* (*at the Chamber of Commerce*); **~~svergütung** *f* payment of *a-s*; **~~sverhältnis** *n a-p*; **gewerblicher ~~** industrial *a-*; **kaufmännischer ~~** commercial *a-*, junior clerk; **~mädchen** *f obs* female *a-*; **~meinung** *f* doctrine, teaching, authority; **~mittel** *n* educational equipment and materials (*esp school books*); **~~freiheit** free supply of school books/teaching aids; **~personal** *n* teaching staff; **~plan** *m* syllabus, curriculum; **~satz** *m* theorem, maxim, principle; **~stand** *m* teaching profession; **~stelle** *f a-p* (place); **~stuhl** *m* chair, professorship; **~~inhaber** *m*/**-in** *f* holder of a chair, holder of a professorship; **~tätigkeit** *f* teaching; **~- und Lernjahre** years of *a-p* and learning the trade; **~veranstaltung** *f* class, lecture; **~verhältnis** *n a-p*; **~verpflichtung** *f* teaching obligation, obligation to lecture; **~vertrag** *m a-p*; contract articles of *a-p*; **~werkstatt** *f* training workshop, *a-p* workshop; inplant training *US* center/*GB* centre; **~zeit** *f a-p*; **~zweck** *m* aim of teaching, teaching goal.

Lehre *f* academic teaching, doctrine, theory; apprenticeship; **~ von der Teilnichtigkeit** doctrine of severance; **~ zum technischen Handeln** *pat* technical teaching: **dem Fachmann vermittelte ~ ~ ~ ~** technical teaching imparted to a person skilled in the art; **herrschende ~** (*abbr* **h.L.**) the prevailing (academic) opinion/doctrine, → *herrschende Meinung*; **in der ~** articled, undergoing apprenticeship training.

Lehrer *m*/**-in** *f* teacher; **~bildung** *f* teachers' training; **~~sanstalt** *f* teachers' training college, college of education; **~seminar** *n* teacher training seminar (*Bavaria*); **~stand** *m* teaching profession; **~stelle** *f* teaching appointment, teaching job; **~verband** *m* teachers' association; **~überschuss** *m* teacher glut, surplus of teachers; **~zimmer** *n* school staff room.

Leib | eigene(r) *f(m)* (*der ~eigene*) *hist* serf, bondsman; **~eigenschaft** *f* serfdom, bondage; **~gedinge** *n* (agricultural) life endowment (*to retired farmer*); **~rente** *f* life annuity (*periodical payments during the remaining life of the entitled party*); **~~nempfänger** *m*/**-in** *f* life annuitant; **~~nversicherung** *f* annuity life insurance; **~~nvertrag** *m* contract of annuity for life; ~ **und Leben** life and limb; **~wächter** *m*/**-in** *f* bodyguard.

Leibes|erben *pl* heirs of the body; **~frucht** *f* foetus, embryo, unborn child; **~strafe** *f* corporal punishment; **~visitation** *f* bodily search.

Leiche *f* corpse, dead body, the remains; **~nausgrabung** *f* exhumation, disinterment; **~nbeschauer** *m*/**-in** *f* coroner; **ärztlicher** ~~ pathologist performing a post-mortem examination, medical examiner; **~nbestatter** *m*/**-in** *f* undertaker; **~ndiebstahl** *m* body-snatching; **~nfledderei** *f* plundering the dead, stealing from a dead body; **~nhalle** *f* mortuary, morgue; **~nöffnung** *f* post-mortem examination, autopsy; **~npass** *m* corpse transport permit; **~nraub** *m* body snatching; **~nräuber** *m*/**-in** *f* body snatcher; **~nschänder** *m*/**-in** *f* desecrator of dead bodies, necrophile; **~nschändung** *f* abuse of the dead, desecration of a dead body, necrophilia (*necrophilism*); **~nschau** *f* autopsy, post-mortem examination; post-mortem certificate; **~nstarre** *f* rigor mortis, postmortem rigidity; **~nteil** *n* part of a dead body; **~nüberführung** *f* transportation of the body; **~nverbrennung** *f* cremation.

Leicht|bau *m* lightweight construction; **~behälter** *m* lightweight container; **~beton** *m* lightweight concrete; **~~ware** *f* lightweight concrete products; **~fass** *n* lightweight barrel; **~fertigkeit** *f* extreme carelessness, hazardous negligence, inadvertent negligence, recklessness, frivolity; **bewußte** ~~ *US* willful/*GB* wilful negligence; **~gläubigkeit** credulity, credulousness, gullibility; **~güterzug** *m* light goods train; **~industrie** *f* light industry; **~last** *f* lightweight, light load; **~matrose** *m*/**-matrosin** *f* ordinary seaman, ordinary sailor; **~metallindustrie** *f* light metals industrie; **~metallware** *f* light-metal goods; **~verderblichkeit** *f* perishability.

Leichter *m mar* lighter, barge; **~gebühr** *f* lighterage; **~geld** *n* lighterage; **~schiffer** *m*/**-in** *f* lighterman; **~transportgewerbe** *n* lighterage.

Leichtern *n* lighterage.

Leichterung *f* lightering.

leicht|fertig *adj* extremely careless, reckless, frivolous; **~gläubig** credulous, gullible; **~verderblich** perishable.

Leid *n* anguish, suffering; **seelisches** ~ mental suffering.

Leidenschaft *f* passion; **aus ~ handeln** to act in the heat of passion.

Leih|arbeit *f* loan employment, **~~er** *m*/**-in** *f* loaned-out workers, loaned servant; **~~nehmer** *m*/**-in** *f* loaned employee; **~~skraft** *f* loaned employee; loaned servant; **~~sverhältnis** *n* loan out employment, body shop agreement; **~basis** *f* trial and return basis; **~behälter** *m* loan-container; **~bibliothek** *f* lending library; **~emballagen** *pl* loan-containers; **~frist** *f* lending period; **~gabe** *f* painting, decoration (*etc*) on loan; **~gebühr** *f* lending fee; **~geld** *n* loan money; **~haus** *n* pawnshop; **~kapital** *n* loan capital, outside capital; **~lieferungen** *f/pl* loaned supplies; **~mutter** *f* surrogate mother; **~~schaft** *f* surrogacy, womb leasing; **~~~sgesetz** *n* Surrogacy Arrangements Act (*GB 1985*); **~~~sverhältnis** *n* surrogacy; **~~~svermittlung** *f* surrogacy brokerage/agency; ~-**Pacht-System** *n hist* lend-lease system (*WWII*); **~schein** *m* pawn ticket (*pawnshop*), lending ticket, borrowing slip (*library*); **~vertrag** *m* gratuitous hire contract; **~wagen** *m* hire-car, rented car; **~~geschäft** *n* car rental business; **~~markt** *m* car rental market; **~waren** *pl* equipment lent to customers; **~zeit** *f* lending period; **~zins** *m* loan interest rate.

Leihe *f* gratuitous hire, (gratuitous) lending of *sth*.

leihen *vt* to lend *sth* (to be returned), to loan out (money).

leihweise *adv* on loan, by way of lending.

leisten *vt* to render, to perform, to effect, to accomplish, to achieve, to produce.

Leistende(r) *f(m)* (*der Leistende*) the person providing a service.

Leistung *f* performance (= *p-*), the obligation (to be) performed; effort, achievement, accomplishment; output; benefit, merit; ~ **als Maßstab** *p-* regarded as a yardstick; ~ **an Erfüllungs Statt** *p-* in full discharge of the obligation; ~ **aus der Sozialversicherung** social insurance benefits; ~ **des Entgelts** provision of the consideration, payment for the services; **~en, die gegen Entgelt erbracht werden** services provided for remuneration; **~en im Kapitalsektor** payments in connection with capital; ~ **je Arbeitskraft** output per worker; **~en von Fall zu Fall** benefits varying from one case to another, ad hoc payments; ~ ***e-er*** **Dauerschuld** continuing *p-*; ~ **in Person** personal *p-*; **~sabfall** *m* falling off in *p-*, decline in *p-*, drop in power output; **~sabstimmung** *f* balancing of comparative workload; **~sanalyse** *f* value analysis; **~sanforderung** *f* demand for *p-*; requisition note; **~~en** *pl* standards of *p-*; **~sangebot** *n* tender, offer of *p-*; **~sannahme** *f* acceptance (of goods and services); **~sanreiz** *m* incentive; **~sanspruch** *m* right to recovery, right to benefit, entitlement to benefits; **~saufforderung** *f* request to perform; **~saustausch** *m* exchange of goods and services; **~sauszeichnung** *f* achievement award; **~sbedarf** *m* required output; **~sbefreiung** *f* exemption from *p-*; **~sbegriff** *m* notion of *p-*; **~sberechnung** *f* calculation of services, statement of account for services; power rating (*electricity supply*); **~sberechtigte(r)** *f(m)* (*der ~berechtigte*) person entitled (*to services, benefits*); **~sberechtigung** *f* entitlement to benefits; **erworbene ~~** accrued benefits; **~sbescheid** *m* administrative demand for payment; requisition order; **~sbeschreibung** *f p-*/work specifications; **~sbewertung** *f p-* appraisal, efficiency rating, assessment of *p-*; **~sbezieher** *m/***-in** *f* recipient of benefits; **~sbilanz** *f* (balance on) current account; net position on goods and services (*in the balance of payments*) **~~defizit** current account payments deficit; **~sdauer** *f* indemnity period; **~sdiagramm** *n p-* chart, indicator diagram; **~sdruck** *m* pressure to perform; **~seffekt** *m* useful output, effective output; **~seinheit** *f* unit of *p-*, work unit, production unit; power unit; **~seinkommen** *n* income from services, factor income; **~seinsatz** *m* application of effort, work input; **~seinstufung** *f p-* rating, merit rating; **~sempfänger** *m/***-in** *f* recipient of benefits; beneficiary; **~sentgelt** *n* compensation; **~serbringer** *m/***-in** *f* supplier, contractor; **~sermittlung** *f* output evaluation; **~serschleichung** *f* fraudulent obtaining of benefits/a *p-*; **~serstellung** *f p-*; **~sfähigkeit** *f* efficiency, productive efficiency; achievement potential, capacity, ability to pay; **~~sprinzip** *n* efficiency principle; ability-to-pay principle; **~~streuepflicht** *f* requirement to comply with agreed standards (of *p-*); **betriebliche ~~** operating efficiency; **finanzielle ~~** financial capacity; **mangelnde ~~** inefficiency; **wirtschaftliche ~~** economic efficiency, business capacity, entrepreneurial skill; **~sfall** *m* case of entitlement to benefit, benefit case; **~sfeststellung** *f* declaration of entitlement to benefits; **~sfreiheit** *f* exemption from *p-*; **~sfrist** *f p-* period, time for *p-*; **~sgarantie** *f p-* guarantee; **~sgebot** *n* command to render services; **~sgefahr** *f p-* risk; **~sgefälle** *n* variation in (regional) *p*-; **~sgegenstand** *m* object of *p*-; **~sgesellschaft** *f* achievement-oriented society; **~sgewicht** *n* power-to-weight ratio; **~sgrad** *m* *p*- efficiency, *p*- index; **~sgrenze** *f* limit of *p*-, output maximum; **~sherstellung** *f* production of goods and services; **~sklage** *f* action to enforce a right (or claim), action for (affirmative) relief; **~skonkurrenz** *f* competition to produce results; **~skontrolle** *f* efficiency check, efficiency verification, monitoring individual's *p*-; **~skraft** *f* economic capacity; **~slohn** *m* payment by results, incentive pay, incentive wage; **~smotivation** *f* achievement motivation; **~snachweis** *m* evidence that a requirement has been duly complied with, track record, proof of payment; **~sniveau** *n* standard of *p*-; **~sort** *m* place of *p*-; **~spflicht** *f* obligation to perform, obligation to render services, obligation to pay; **~spflichtige(r)** *f(m)* (*der ~pflichtige*) person liable to make payments or render services, contributor; **~sprämie** *f* incentive bonus, production bonus, efficiency premium; **~~nsystem** *n* efficiency bonus plan; **~sprinzip** *n* efficiency principle, merit system, promotion according to merit, output principle; **~sprüfung** *f* efficiency test, proficiency test; **~squerschnitt** *m* cross-section of productive *p*-; **~srecht** *n* right to state *p*- (*provision of support, benefits; taking of action*); **~srente** *f* real-value pension; **~sreserve** *f* reserve capacity; **~sschau** *f* trade exhibition; **~sschild** *n* rating plate; **~sschuldner** *m*/**-in** *f* obligor, person obliged to render *p*-; **~sschutzrecht** *n law against exploitation of accomplishments of another*; law of industrial property and copyright protection; **~ssoll** *n* production target; **~sstand** *m* level of *p*-; **~sstandard** *m* standard of *p*-; **~ssteigerung** *f* increase in *p*-, increase in output, increase in efficiency; **~sstörung** *f* default in *p*- (*breach of contract, default, impossibility, etc*); events of default; **~sstreben** *n* effort to achieve *sth*; **~steil** *m* part of the supplies and services to be rendered; **~sträger** *m*/**-in** *f* body or agency administering services or benefits, administering body, responsible organization for providing benefits; **~süberschuss** *m* surplus on goods and services; **~s- und Kapitalbilanz** balance of transactions in goods, services, donations and capital; **~s- und Kapitalverkehr** transactions in goods, services, donations and capital; **~s- und Sozialohn** fully earned wage and socially subsidized wage; **~surteil** *n* judgment granting affirmative relief (*as distinguished from a declaratory judgment*); **~sverbot** *n* **an Drittschuldner** third party order, garnishee order; **~sverbrauch** *m* electric power consumption; **~svermögen** *n* economic capacity; **~sversprechen** *n* promise to perform *sth*; **~sverwaltung** *f* administration of community services; **~sverweigerung** *f* refusal to perform; **~~srecht** *n* right to withhold *p*-, recoupment; **~sverzeichnis** *n* *p*- specifications, specification schedule, description of (*studio*) services, bill of quantities; **~sverzögerung** *f* delay in *p*-; **~sverzug** *m* statutory delay in *p*- (*after demand or a fixed calendar date*); **~svolumen** *n* volume of production and services, volume of output; **~svoraussetzungen** *f/pl* eligibility for benefits, requirements for entitlement to benefits; **~svorgabe** *f* standard of *p*-; **~svorsprung** *m* superior efficiency; **~swettbewerb** *m* competition, competition based on relative efficiency, competitive production; competition in *p*-; **~swille** *m* will to work and to produce, will-power to be efficient; **~szeit** *f* time of *p*-, time limit for *p*-; **~szulage** *f* efficiency bonus;

~szusage *f* promise of *p*-; **~ von Sacheinlagen** paying-up of shares in kind, capital contributions in kind; **~ Zug um Zug** *p*- conditional upon counter-*p*-; **bankbetriebliche ~en** banking services; **bauwirtschaftliche ~** amount of building done; **beitragspflichtige ~en** contributory benefits; **doppelte ~ bei Unfalltod** double accident benefit, double indemnity; **eigenschöpferische ~** ***e-es*** **Schriftwerkes** literary merit; **entsprechende ~en** corresponding benefits; **fakultative ~** alternative *p*-; **freiwillige soziale ~en** fringe benefits (*paid by employer*), perquisites, "perks"; **geldwerte ~** *p*- having monetary value; **gewerbliche ~en** commercial and industrial services; **gute ~en** proficiency (*education*), a good standard; **produktive ~en** grants for productive purposes, productive achievements; **soziale ~en** social benefits, payments for social purposes; **steuerbare ~en** taxable benefits; **steuerpflichtige ~en** taxable benefits; **tatsächliche ~** actual *p*-; **teilbare ~** severable *p*-; **übliche ~en** ordinary services; **unentgeltliche ~** gratuitous *p*-, *pl* gratuitous services, unrequited deliveries and remittances; **unmögliche ~** impossibility of *p*-; **unteilbare ~** indivisible *p*-; **vereinbarte ~** contracted work and deliveries, agreed *p*-, agreed services; **vermögenswirksame ~en** capital-building fringe benefits; asset-forming contributions/allowances; **vertraglich geschuldete ~** (*p*- under a) contractual obligation; **werkvertragliche ~** contract work, work and labo(u)r; **wiederkehrende ~en** recurring benefits, recurring payments; **Zug um Zug ~** *p*- subject to counter-*p*-; mutual *p*-.

leistung|sabhängig *adj* performance-related; dependent on efficiency; **~sberechtigt** entitled to benefits; **~sfähig** efficient, capable; **~sgerecht** just, conforming to performance, performance-related; **~sorientiert** achievement-oriented.

Leit|bild *n* ideal, guiding principle; **~devise** *f* key currency; **~emission** *f* signpost issue, lead-giving security issue; **~entscheidung** *f* precedent; **~faden** *m* manual, guide; **~fall** *m* leading case, lead case; seminal case; **~gedanke** *m* fundamental idea; **~kurs** *m* central rate; **~linie** *f* guideline; guiding line (*traffic*); **unterbrochene ~~** broken guiding line; **~pfosten** *m* guide post; **~planken** *f/pl* crash barriers; **~prinzip** *n* leading principle; **~satz** *m* head note, syllabus, guiding principle; **~stelle** *f* head office; **~vermerk** *m* route instructions; **mit ~~ versehen** routed (*postal service*); **~währung** *f* lead currency, reserve currency; **~zins**(**satz**) *m* key lending rate(s) key interest rate, prime rate.

Leiter *m*/**-in** *f* head, head of department, chief, director; **~ der Abteilung** Head of the Division; **~ der Abteilung Absatzförderung** marketing manager; **~ der Anzeigenabteilung** advertisement sales executive; **~ der Einkaufsabteilung** head of purchasing department; **~ der Datenverarbeitung** data processing manager; **~ der Entwicklungsabteilung** development manager; **~ der Exportabteilung** export manager; **~ der Finanzabteilung** treasurer, finance director; **~ der konsularischen Vertretung** head of consular post; **~ der Pressestelle** press officer, press attaché; **~ der Rechtsabteilung** head of legal department; general counsel; **~ der Verkaufsabteilung** sales manager, sales and marketing director, sales director, sales executive; **~ der Versammlung** chairman of the meeting; **~ der Versandabteilung** shipping clerk; **~ der Vertriebsabteilung** marketing manager; **~ des Beschaffungsamtes** procurement officer; **~ des Finanz-**

wesens head of the accounting department, chief accountant; ~ **des Hafenamtes** surveyor of the port; ~ **des Lohnbüros** payroll manager; ~ **des Ministerbüros** Principal Private Secretary; ~ **des Patentamts** Commissioner of the Patent Office; ~ **des Rechnungswesens** accounting supervisor; **kaufmännischer** ~ business manager; **stellvertretender** ~ deputy chief; **technischer** ~ technical director; **verantwortlicher** ~ responsible manager.

Leitung *f* **I** direction, management; **~sbefugnis** *f* managerial power; **~sfunktion** *f* executive function; **~skosten** *pl* managerial costs; **~s- oder Überwachungsorgane** *n/pl* managerial or supervisory posts; ~ **von Behörden** administrative management; **unter der** ~ **von** under the direction of, headed by.

Leitung *f* **II** pipe, conduit, line; **~snetz** *n* distribution network, grid; **~swasserversicherung** *f* water pipe insurance.

Lenk|einschlag *m* turn, angle of wheel steered; **~flugkörper** *m* guided missile; **~rad** *n* steering wheel; **~säule** *f* steering column; **~vorrichtung** *f* steering mechanism; **~zeit** *f* permitted total driving time.

lenken *vt* to guide, to direct, to control, to rule; to drive, to steer.

Lenker *m*/**-in** *f* driver, steersman.

Lenkung *f* guidance, direction, control; steering; **~sausschuss** *m* steering committee; **~smaßnahme** *f* measure of control; **~svorschriften** *f/pl* (market) control regulations; **autoritäre** ~ control by the authorities, authoritative steering.

leoninisch *adj* leonine.

Lernbeeinträchtigte *m/f/pl* slow learners.

Lernmittel *n/pl* educational aids, school requisites, equipment and materials used by pupils; **~freiheit** *f* free provision of schoolbooks (*and other materials used in school*).

Les|art *f* reading, interpretation (*of a legal text, etc*); **falsche** ~~ misreading, misconstruction; **nach dieser** ~~ on this reading of the facts, pursuant to this version; **verschiedene** ~~**en** different interpretations; **~barkeit** *f* legibility.

Lese|unkundige(r) *f(m)* (*der Leseunkundige*) person unable to read, illiterate; **~zirkelwerbung** *f* advertising in circulating magazines.

Lesung *f* reading; ~ ***e-es*** **Gesetzesentwurfs** reading of a bill; **erste** ~ first reading; **in dritter** ~ **verabschiedet** passed after the third reading.

Letzt|angebot *n* last offer; **~begünstigte(r)** *f(m)* (*der ~begünstigte*) ultimate beneficiary; **~bietende(r)** *f(m)* (*der ~bietende*) last and highest bidder; **~lebende(r)** *f(m)* (*der ~lebende*) survivor; **~verbrauch** *m* ultimate consumption; **~verbraucher** *m*/**-in** *f* ultimate consumer; **~verteiler** *m*/**-in** *f* ultimate distributor, retailer; **~verwender** *m*/**-in** *f* ultimate user.

letzt|berechtigt *adj* last entitled; **~genannt** last named, last mentioned; **~instanzlich** → *letztinstanziell*; **~instanziell** of (the) last instance; **~rangig** last ranking; **~willig** testamentary.

letztlich *adv* finally, in the last analysis, eventually, in the long run.

Leuchtfeuergeld *n* light dues.

Leuchtwerbung *f* illuminated advertising, neon advertising.

Leugnen *n* denial, disavowal.

leugnen *vt* to deny, to refuse to acknowledge, to repudiate.

Leumund *m* reputation, repute; **~sbeweis** *m* evidence of character, character evidence; **abträglicher** ~~ negative evidence of character; **~szeuge** *m*/**~szeugin** *f* character witness, referee for one's character; **~szeugnis** *n* reference, certificate of good character; **allgemeiner** ~ general reputation; **einwandfreier** ~ good repute, good moral character; **guter** ~ good reputation, good character; **schlechter** ~ ill repute, bad reputation.

lex *L* law; ~ **fori** *pil* law of the forum, law of the jurisdiction in which the court is located; ~ **generalis** general law; ~ **rei sitae** law of the location of the property; ~ **specialis** specific law; ~ ~ **derogat legi generali** the more specific law supercedes the more general.

Liberale(r) *f(m)* (*der Liberale*) liberal, Liberal, member of a liberal party.

liberalisieren *vt* to liberalize, to decontrol, to deregulate.

Liberalisierung *f* liberalization, deregulation; **~sstand** *m* degree of liberalization.

Liberalismus *m* liberalism.

Liberalität *f* liberality; **~szahlung** *f* ex gratia payment.

liberiert *adj* fully paid up, negotiable.

Liberierung *f* payment under subscription.

Licht|recht *n* easement of light, bylaws/byelaws concerning the right to light; **~reklame** *f* illuminated advertising, neon light advertising; **~signal** *n* light signal, flash signal, traffic light; **~spiel** *n* photoplay, film, picture; **~stärke** *f* intensity of light emitted (*headlight*); **~zeichenanlage** *f* set of traffic lights.

Lidlohn *m* arrears of wages (*during bankruptcy*).

Liebes|brief *m* love letter; **~erklärung** *f* declaration of love, confession of love; **~gabe** *f* gift, charitable gift; **~heirat** *f* love match, marriage for love; **~paragraph** *m* punishable failure to help accident victim (*D Penal Code*), **~verhältnis** *n* love affair.

Liebhaberei *f* hobby, occupation just for fun (*tax law*).

Liebhaber|preis *m* fancy price, connoisseur's price, collector's price; **~wert** *m* collector's value, sentimental value, pretium affectionis.

Liefer|angebot *n* tender of delivery; **~anweisung** *f* delivery order; **~auftrag** *m* purchase order; **~barkeit** *f* deliverability, availability; **~~sbescheinigung** *f* certificate of deliverability; **~bedingungen** *pl* sales conditions, terms and conditions of sale, sales terms, trade terms, terms of delivery; **~begünstigung** *f* priority with regard to delivery; **~bereitschaft** *f* readiness to deliver, readiness for delivery; **~bezirk** *m* service area, market; **~buch** *n* delivery book; **~dienst** *m* supply service; **~einheit** *f* delivery unit; **~fähigkeit** *f* ability to deliver, output capacity; **~firma** *f* supplies (firm), seller; **~frist** *f* time for delivery, delivery period; **~~überschreitung** *f* failure to keep the delivery date; **~garantie** *f* performance guarantee, guarantee of supply; delivery guarantee; **~gegenstand** *m* article of sale, delivery item; **~geschäft** *n* delivery transaction, transaction for supply of goods; **~gewicht** *n* net weight, delivery weight; **~hafen** *m* delivery port; **~kaution** *f* delivery bond; **~klausel** *f* delivery term; **~konsortium** *n* suppliers' syndicate; **~kosten** *pl* delivery cost, delivery charges; **~kredit** *m* supplier's credit, credit allowed by supplier; **~land** *n* supplier country; **~liste** *f* delivery schedule; **~menge** *f* quantity to be delivered, quantity delivered; **~normen** *f/pl* delivery regulations, delivery standards (*standards of size, weight and packing for delivery*); **~ort** *m* place of delivery; point of delivery; **~plan** *m* delivery schedule; **~posten** *m* lot, delivery item, supply item; **~preis** *m* agreed price, contract price, price of delivery; **~rückstand** *m* delay in delivery, backlog in delivery; **~schein** *m* delivery note, advice note, supply note; **~sperre** *f* restriction on the supply of goods, refusal to deal, embargo; **~spesen** *f/pl* delivery cost; **~termin** *m* date of delivery, delivery deadline; **~- und Leistungsforderungen** trade debts; **~- und Leistungsgeschäfte** deliveries and services rendered;

~- **und Leistungsverbindlichkeiten** trade creditors; ~**verlangen** *n* demand for delivery; ~**vertrag** *m* supply agreement, contract for supply of goods; contract for future delivery, contract to sell; **ein nicht befristeter** ~~ open-ended supply agreement; ~**verweigerung** *f* withholding delivery, refusal to deliver; ~**verzögerung** *f* late delivery, delayed delivery; ~**verzug** *m* undue delay in delivery, default in delivery; ~**vorschriften** *pl* delivery instructions; ~**werk** *n* supplying factory, supplying plant; **ab** ~~ ex works; ~**zeit** *f* time of delivery, lead time (*from ordering to delivery date*); **die** ~~ **einhalten** to deliver within the specified time; ~**zusage** *f* delivery promise.

Lieferant *m*/**-in** *f* supplier, purveyor, seller, contractor; ~**eneingang** *m* goods entrance, tradesmen's entrance; ~**enkartei** *f* card index of suppliers; ~**enkonto** *n* suppliers' account; ~**enkredit** *m* trade credit, suppliers' credit; ~~**konto** *n* drawing account, suppliers' trade credit account; ~**enliste** *f* vendor' list, list of suppliers; ~**enrechnung** *f* invoice, suppliers' invoice; **offene** ~~**en** outstanding accounts of tradesmen/suppliers; ~**enschuld** *f* debt due to a supplier; ~**enskonto** *n* trade discount, discount allowed by the supplier; ~**enziehung** *f* bill drawn in connection with supply of goods.

liefer|bar *adj* deliverable, available, ready for delivery; **kurzfristig** ~~ available for prompt delivery; **nicht mehr** ~~ no longer on sale; ~**bereit** ready for delivery.

Lieferer *m*/**-in** *f* supplier.

liefern *vt* to deliver, to supply, to provide, to yield; **neu** ~ to redeliver, to deliver again.

Lieferung *f* delivery (= *d-*), supply, provision; ~ **anbieten** to tender *d-*; ~**en des Auslandes** goods delivered by foreign countries; ~ **erfolgt auf Abruf** goods are deliverable on call; ~ **erfolgt gegen Akkreditiv** *d-* will follow on receipt of a letter of credit; ~ **frei Haus** *d-* free domicile; ~ **gegen Barzahlung** cash on *d-*; ~ **im Streckengeschäft** drop shipment (*d-*); ~**sanforderung** *f* request for *d-*, requisition, request to supply; ~**sangebot** *n* tender of *d-*; ~**sannahme** *f* taking *d-*, acceptance of *d-*; ~**sauftrag** *m* purchase order; ~**sbedingungen** *f/pl* sales conditions, terms and conditions of sale, sales terms, trade terms, terms of *d-*; **allgemeine** ~~ general terms of *d-*; ~**sgarantie** *f* performance guarantee, guarantee of supply; *d-* guarantee, guarantee in respect of deliveries; ~**sgenehmigung** *f* *d-* permit; ~**sgeschäft** *n* transaction concerning future *d-*, time bargain, *d-*; ~**skauf** *m* purchase for future *d-*; ~**skosten** *pl* *d-* expenses; ~**sort** *m* place of *d-*; ~**sumfang** *m* items covered by the contract; ~**sverpflichtung** *f* obligation to deliver, obligation to supply goods; ~**svertrag** *m* supply agreement, contract for supply of goods; contract for future *d-*, contract to sell; ~**sverzug** *m* undue delay in *d-*, default in *d-*; ~**szustand** *m* condition as supplied; ~ **und Aufstellung** supply and erection/installation; ~**en und Leistungen** deliveries and services; **aufgeschobene** ~ deferred *d-*; **auf zukünftige** ~ **verkaufen** to sell for future *d-*; **bedingte** ~ conditional *d-*, *d-* on condition (*of payment*); **bei** ~ upon *d-*; **freie** ~ *d-* free of charge; **für zukünftige** ~ **verkaufen** to sell for future *d-*; **gegen sofortige** ~ **kaufen** to buy outright; **innerbetriebliche** ~ internal *d-*; **kurzfristige** ~ short *d-*, *d-* at short notice; **mangelhafte** ~ defective *d-*, defective goods supplied; **nicht termingerechte** ~ late *d-*, failure to deliver in due contract time; **ordnungswidrige** ~ faulty *d-*; **rückständige** ~ overdue *d-*; **sofortige** ~ prompt *d-*; **steuerfreie** ~**en** tax-exempt supplies; **termingerechte** ~ *d-* by the due date; **unvollständige** ~ short *d*-, incomplete *d*-; **verrechnete ~en** deliveries charged to an account (or compensated); **verspätete** ~ late *d*-; **vorzeitige** ~ premature *d*-; **zahlbar bei** ~ payable on *d*-, cash on *d*- (*abbr* C. O. D.).

Liege | gebühren *f/pl* → *Liegegeld*; **~geld** *n* demurrage; **~platz** *m* berth; **~tage** *m/pl* lay days, lying days, running days; **~wagen** *m* couchette; **~zeit** *f* lay days, running days, idle time, idle period.

Liegenschaft *f* real estate, real property, *pl ~en* landed property, realty, immovables, immovable property, real property holdings, real assets; **~santeil** *m* (undivided) share of land; **~sdienst** *m* real estate service; **~sfonds** *m* real estate investment fund; **~skonto** *n* property account; **~snutzung** *f* use of real estate; **~srecht** *n* real property law, law of real property; interest in landed property, title to real estate; **~sübertragung** *f* conveyance; **~s- und Inventarverzeichnis** property record.

Liga *f* league; ~ **der Rotkreuzgesellschaften** League of Red Cross Societies.

Limit *n* limit, price limit, margin; **~auftrag** *m* limited order; **~preis** *m* limited price; **~setzung** *f* stop order; **das ~ erhöhen** to raise the limit; **ein ~ festsetzen** to fix a limit; **ein ~ einhalten** to keep a limit, to remain within a limit; **ein ~ vorschreiben** to give a limit.

limitieren *vt* to limit, to restrict.

Linie *f* line, course, policy; **~nagent** *m/***-in** *f* shipping line agent; **~nfahrt** *f* liner traffic; **~nflug** *m* scheduled flight; **~nfrachtraten** *f/pl* liner rates; **~n-Konnossementsbedingungen** *f/pl* shipping-line bill-of-lading terms; **~nschifffahrt** *f* regular navigation, shipping line service; **~~skonnossement** liner bill of lading; **~ntreue** *f* fidelity to the party line; **~nverkehr** *m* regular scheduled service, regular navigation, scheduled airline service; **öffentlicher ~~** public transport service vehicles; **vereinbarter ~~** agreed services; **in absteigender ~** in the descending line; **in aufsteigender ~** in the ascending line; **in gerader ~** in the direct line; **Abstammung ~ ~ ~** lineal descent; **kreditpolitische ~** credit policy; **mittlere ~** average trend; **offene ~** unutilized (credit) line; **punktierte ~** dotted line; **restriktive ~** restrictive policy; **ununterbrochene ~** continuous line.

Links | abbiegen *n* left turn; **~abbieger** *m/***-in** *f* vehicle turning left; **~~signal** *n* left-turn signal; **~abweichler** *m/***-in** *f pol* deviationist to the left; **~anwalt** *m/***~anwältin** *f* pettifogger; **~fahrgebot** *n GB* law of the road, driving on the left; **~intellektuelle**(**r**) *f*(*m*) (*der ~intellektuelle*) *pol* left-wing intellectual; **~kartell** *n pol* left-wing conspiracy; **~kurs** *m pol* policy tending toward the left; **~politiker** *m/***-in** *f* leftist; **~radikale**(**r**) *f*(*m*) (*der ~radikale*) leftist radical; **~regierung** *f* left-wing government; **~stimmen** *f/pl* left-wing votes; **~unterzeichnete**(**r**) *f*(*m*) (*der ~unterzeichnete*) signatory on the left; **~verkehr** *m* left-hand traffic.

liquid *adj* (= *liquide*) liquid, having liquid assets, solvent.

Liquidation *f* liquidation (= *l*-), winding-up, realization; bill for services rendered; **~santeilschein** *m l*- certificate; **~santrag** *m* petition for *l*-; **~sausverkauf** *m* clearance sale; **~sbeschluss** *m* winding-up resolution, resolution to wind up, winding-up order (*from court*); **~sbilanz** *f l*- balance sheet; **~seröffnungsbilanz** *f* opening balance sheet of a firm in *l*-; **~serlös** *m l*-proceeds; **~sgesellschaft** *f* company in *l*-; **~sgewinn** *m* winding-up profit; **~sguthaben** *n* clearing balance; **~skasse** *f* clearing house; **~skonto** *n* realization and *l*- account, settlement account; **~skurs** *m* making-up price, settling rate;

~smasse *f* total assets of a company in *l*-; **~splan** *m* scheme of *l*-; **~squote** *f* liquidating dividend, liquidating distribution; **~srente** *f l*-annuity; **~stag** *m* settlement day, day of settlement; **~sverfahren** *n l*-proceedings; **~svergleich** *m* winding-up composition arrangement, (*with full surrender of assets to creditors by discharging debtor*); **~sverkauf** *m* sale of a bankrupt's assets; **~svorrecht** *n* preference (on *l*-); **~swert** *m l*-/realization value, winding up value; **freiwillige ~** voluntary winding-up; **in ~ gehen** to be wound up; **stille ~** voluntary *l*-, amicable *l*-.

Liquidator *m*/**-in** *f* liquidator, receiver, liquidating partner; **gerichtlich bestellter ~** official liquidator.

liquidieren *vt* to liquidate, to wind up, to realize, to convert into cash.

Liquidisierung *f* increase in liquidity; **~speriode** *f* period of increasing liquidity; **~sprozess** *m* process of increasing liquidity; **~stendenz** *f* tendency towards increasing liquidity; **~swelle** *f* phase of growing liquidity.

Liquidität *f* liquidity (= *l*-), liquid resources, financial solvency; **~ des Unternehmenssektors** corporate sector *l*-; **~ ersten Grades** first grade *l*-; **~sabschöpfung** *f* absorption of *l*-; **~sanspannung** *f* strains on *l*-; **~sausgleich** *m l*- equalization; **~sausstattung** *f l*- allocation, allocation of funds; **~sausweis** *m l*-statement; **~sausweitung** *f* newly created *l*-; **~sbeengung** *f* reduction in *l*-; **~sbelastung** *f* pressure on *l*-, strain on *l*-; **~sbeschaffung** *f* cash procurement; **~sbindung** *f* immobilization of liquid funds, absorbing *l*-; **~sbudget** *n* cash budget; **~sdecke** *f* extent of *l*-; **~sengpass** *m* cash squeeze; **~serfordernisse** *n/pl l*- requirements; **~serhaltung** *f* maintenance of *l*-; **~sgefälle** *n* different levels of *l*-; **~sgrad** *m* degree of *l*-; **~sguthaben** *n* balance of liquid resources; **~shemmung** *f* drag on *l*-; **~shilfe** *f* help with *l*- problems; **~sklemme** *f l*- squeeze, cash-flow squeeze; **~skoeffizient** *m l*-ratio; **~skredit** *m* loan to maintain *l*-; **~slage** *f l*- position; **~smangel** *m* cash shortage; lack of cash, cash deficiency; **~spapier** *n l*- paper; **~spolitik** *f l*- policy, *l*- rules; **~sprobleme** *n/pl* cash flow problems; **~sprognose** *f* cash forecast; **~sreserve** *f* liquid reserve; **~srisiko** *n* risk to *l*-; **~ssicherung** *f* measures safeguarding *l*-; **~sspielraum** *m* margin of available *l*-; **~sspritze** *f* cash injection; **~sstatus** *m* state of *l*-, cash statement; **~ssteuerung** *f* cash management; **~stheorie** *f l*-preference theory; **~süberhang** *m* excess *l*-; **~sumschichtung** *f* transfer of *l*-, *l*- switch; **~sverhältnis** *n* quick asset ratio; **~sverkauf** *m* sale for the purpose of raising liquid funds; **~sverzicht** *m* sacrifice of *l*-; **~svorliebe** *f l*- preference; **~svorschrift** *f l*- rule; **~svorsorge** *f l*- provision; **~szustrom** *m l*- afflux.

liquidität|spolitisch *adj* from the point of view of liquidity policy; **~swirksam** affecting liquidity.

Liste *f* list, panel, schedule, roll; **~ der Abgangsdaten** list of sailings; **~ der börsenfähigen Effekten** official list; **~ der Kandidaten** list of candidates; **~ des gefährdeten Erbes der Welt** List of World Heritage in Danger; **~naufstellung** *f* making up a list; **~nführer** *m*/**-in** *f* leading candidate; **~ngrundpreis** *m* basic list price; **~npreis** *m* list price, scheduled price; **diskriminierender ~~** rate discrimination; **festgesetzter ~~** posted price; **~nwahl** *f* list voting, election by party-tickets; **~~schein** *m* party column ballot; **in *e-e* ~ aufnehmen** to include in a list, to list, to add to a list; **schwarze ~** black list; **auf der ~n ~ stehen** to be blacklisted; **in *e-e* ~ ~ aufnehmen** to blacklist; **von der ~ streichen** to strike off the list, to expunge from a list, to strike off the roll, to delete from the list.

lit (*abbr* = *L* **littera**) alphabetic letter.

Literatur *f* literature, the works consulted; **~angaben** *f/pl* bibliographical data; **~nachweisverzeichnis** *n* bibliography, list of references; **einschlägige ~** pertinent literature; **juristische ~** legal literature; **verwendete ~** books consulted.

Lizenz *f US* license/*GB* licence (= *l-*), permit; **~abgabe** *f* royalty, *l-* fee; **~abkommen** *n l-* agreement; **~~ auf Gegenseitigkeit** cross *l-* agreement; **~abrechnung** *f* royalty statement; **~ auf ein Patent** *l-* under a patent; **~ausgabe** *f* licensed edition, edition published under *l-*; **~austausch** *m* cross-licensing; **~bau** *m* licensed construction, licensed design, manufactured under *l-*; **~bewilligung** *f* granting of a *l-*, licensing; **~dauer** *f* term of a *l-*; **~einnahmen** *f/pl* royalties (received); **~einräumung** *f* granting of a *l-*, licensing; **~entziehung** *f* revocation of a *l-*; **~entzug** *m* revocation of a *l-*; **~erteilung** *f* granting of a *l-*; **~fertigung** *f* licensed construction, manufactured under *l-*; **~geber** *m/***-in** *f* licensor, grantor of a *l-*; **~gebiet** *n* territory (subject to a *l-*); **~gebühr** *f l-* fee, royalty; **~~en für Urheberrechte** copyright royalties; **laufende ~~** (*auf den Umsatz*) continuing royalty on sales; **~gegenstand** *m* subject matter under a *l-*, licensed object; **~gewährung** *f* licensing; **gegenseitige ~~** cross-licensing; **~inhaber** *m/***-in** *f* licensee, *l-* holder; **alleiniger ~~** sole licensee; **~nehmer** *m/***-in** *f* licensee, *l-* holder; **~presse** *f* licensed press (*occupied Germany after 1945*); **~stopp** *m* stoppage of *l-* issuing; **~vereinbarung** *f l-* agreement; **~vergabe** *f* grant of *l-*; **~~gesellschaft** *f* franchise company; **~verlängerung** *f* renewal of a *l-*; **~vertrag** *m l-* agreement, licensing agreement; **~verwertung** *f* exploitation of a *l-*; **~vorschriften** *f l-* requirements; **~zahlung** *f* royalty payment; **ausschließliche ~** exclusive *l-*; ***e-e* ~ erteilen** to grant a *l-*; **einfache ~** non-exclusive *l-*; **gebührenfreie ~** royalty-free *l-*; **gegenseitige ~en** cross *l-s*; **unbeschränkte ~** unrestricted *l-*; **unentgeltliche ~** royalty-free *l-*; **vertragliche ~** contractual *l-*.

lizenz | bereit *adj* ready to grant a *US* license/*GB* licence; **~frei** requiring no license, royalty-free; **~pflichtig** subject to license.

lizensieren *vt* to license, to permit.

Lizensierung *f* licensing, granting of a *US* license/*GB* licence.

LKW *m* (*abbr* = **Lastkraftwagen**) *US* truck/*GB* lorry; **~-Stückgutladung** less-than-truck load; **frei ~** free on truck (*abbr* F. O. T.).

Lobbyismus *m* lobbyism.

Lobbyist *m/***-in** *f* lobbyist, government relations manager.

lochen *vt* to punch, to perforate.

Locher *m* punch, perforator.

Lochkarte *f* punched card.

Lock | artikel *m* loss leader; article displayed to attract customers; **~effekt** *m* exaggerated enticement effect; **~mittel** *n* bait, decoy; **~spitzel** *m* agent provocateur, stool pigeon; **~vogel** *m* decoy, bait; **~~angebot** *n* advertising offer with a loss-leader, bait; **~~werbung** *f* advertising by enticement, bait and switch tactics advertising.

loco *adv* at hand, in stock, spot, for delivery; **~ sigilli** L loco sigilli, instead of a seal (*abbr* L. S.).

Loco-Geschäft *n comm* spot transaction; **~Preis** *m* spot price.

Logbuch *n* ship's log (book), decklog.

Lohn *m* (*pl Löhne ~e*) wage (*w-*), pay, remuneration; **~abhebung** *f* drawing of *w-s*; **~abkommen** *n w-* agreement, pay agreement; **~abrechnung** *f w-* accounting, earnings statement, pay slip; **~~zeitraum** *m w-* accounting period; **~abschlüsse** *m/pl w-* settlements; **~abtretung** *f w-* assignment;

~abzug *m w-* deduction, payroll deduction (*tax and social insurance contributions withheld from w-/salary*); **~angleichung** *f w-* adjustment; **~anreiz** *m w-* incentive; **~ansatz** *m w-* rate; **~anspruch** *m w-* claim; **~anstieg** *m w-* increase; genereller ~~ across-the-board *w-* increase; **~anteilsanweisung** *f* allotment note; **~arbeit** *f* (manual) labo(u)r; farmed-out work; **~arbeiter** *m*/**-in** *f* hired man, *w-*-earner; **~aufbesserung** *f w-* increase; **~auftrag** *m* commission order, farmed-out contract, farming-out agreement; **~aufträge vergeben** to farm out work to subcontractors; **~auftrieb** *m* upward tendency in *w-s*, *w-* upturn; **~auseinandersetzung** *f w-* dispute; **~ausfall** *m* loss of *w-*, loss of pay, dead time; **~~entschädigung** *f* compensation for lost earnings; **~ausgleich** *m* compensatory *w-* adjustment; **~~skasse** *f w-* equalization fund; **bei vollem** ~~ (*reduced working hours*) without proportionate *w-* reduction, at full pay; **~auszahlung** *f* payment of *w-s*; **~~sbeleg** *m* payroll voucher; **~beleg** *m* pay slip; **~berechnung** *f* calculation of *w-s*; **~bestätigung** *f w-* statement; **~bildung** *f* development of *w-s*, remuneration structure; **~bücher** *n/pl w-* account books; **~buchhalter** *m*/**-in** *f* payroll clerk, *w-* accountant, *w-* payment clerk; **~buchhaltung** *f* payroll accounting; **~~srevision** *f* payroll audit; **~büro** *n* pay office; **~druck** *m w-* pressure; **~~inflation** *f w-*-push inflation; **~e für Ausfallstunden und Ausbildung** *w-s* for hours not worked and for training; **~einbehaltung** *f* withholding of *w-s*; **~empfänger** *m*/**-in** *f w-* earner; **~entwicklung** *f* development of *w-s*; **~erhebung** *f w-* statistics; **~erhöhung** *f w-* increase, raise, pay rise; **~~swelle** *f* spate of *w-* increases; **allgemeine** ~~ across-the-board *w-* increase; **massive ~~en** large-scale *w-* increases; **rückwirkende** ~~ retroactive *w-* increase; **~ersatzleistung** *f* benefit in lieu of income, state income support; **~e und Gehälter** *w-s* and salaries; **~fertigungsvertrag** *m* farmed-out production contract; **~forderung** *f w-* claim; **~fortzahlung** *f* continuation of *w-* payments; ~~ **im Krankheitsfall** sick pay; **~~sgesetz** *n* continuation of *w-* payments (*during sickness*) act; **~gefälle** *n* pay differential, *w-* differential; **~gefüge** *n w-* structure; **~gelder** *n/pl w-* payments; **einbehaltene** ~~ withheld *w-s*, hold-back pay; **~gesetz** *n w-* law; *econ* **ehernes** ~~ subsistence theory; **~gleichheit** *f* principle of equal pay to men and women; **~gruppe** *f w-* bracket, *w-* group; **~~nverfahren** *n* grading scheme; **~höhe** *f w-* level; **~höchstgrenze** *f w-* ceiling; **~indexierung** *f w-* indexation; **~intensität** *f* payload ratio, proportion of *w-s* to costs; **~kampf** *m w-* dispute; **~klage** *f* legal action for *w-s*; **~klasse** *f w-* group; **~konto** *n w-* account, *w-* earner's account; **~kontrolle** *f w-* control; **~kosten** *pl* cost of labo(u)r, labo(u)r costs, payload, gross *w-s* costs; **~~inflation** *f w-*-push inflation; **~~zuschuss** *m w-* subsidy; **~kürzung** *f w-* cut, reduction in *w-s*; **~leitlinien** *f/pl w-* guidelines; **~liste** *f* payroll, payroll book, pay sheet, payment book; **~mäßigung** *f w-* restraint; **~nachweis** *m* evidence of *w-s* paid; **~nachzahlung** *f* retroactive payment of *w-s*; back-pay; **~nebenkosten** *pl* ancillary *w-* costs; **~niveau** *n w-* level; **~~unterschied** *m w-* differential; **~pfändung** *f* garnishment of *w-s*; **~~sbeschluss** *f* order for attachment of earnings, *w-* garnishment order; **~~stabelle** *f* permissible *w-* garnishment scale; **~politik** *f w-* policy; **~-Preis-Spirale** *f w-*-price spiral, *w-* spiral; **~register** *n* register of *w-s*; **~runde** *f* general *w-* increase, across-the-board *w-* increase; **~satz** *m w-* rate, rate of pay; **normaler ~~** standard *w-* rate; **überhöhter ~~** penalty rate (*overtime*); **~scheck** *m US* pay check/*GB w-* cheque; **~schiebung** *f* fraudulent preference by *w-* manipulations; **~~svertrag** *m* employment agreement involving fraudulent *w-* stipulations (*to hinder creditors*); **~schlichtung** *f w-* arbitration; **~schlüssel** *m w-* criterion; **~skala** *f w-* scale; **gleitende ~~** sliding *w-*-scale; **~steuer** *f* → *Lohnsteuer*; **~stop** *m w-* freeze; **~streifen** *m* pay slip; **~stückkosten** *pl* unit labo(u)r costs; **~stufe** *f w-* group, *w-* level, *w-* bracket; **~stunden** *f/pl* hours of paid work, *w-* hours; **~~nachweis** *m* time check; **vergütete arbeitsfreie ~~** time paid for but not worked; **~summe** *f* aggregate *w-s*, total *w-s*, total *w-* bill; **~~nsteuer** *f* municipal trade tax on payroll, payroll tax; **~tabelle** *f* pay scale, *w-* schedule, table of *w-s*; **~tarif** *m* scale of *w-s*, rate of pay, *w-s* schedule; **~tüte** *f w-* packet, pay envelope; **~- und Arbeitsbedingungen** conditions of employment and *w-* rates; **~- und Gehaltsabrechnung** pay statement; **~- und Gehaltsfortzahlung** continuation of *w-* and salary payments (*during first six weeks of illness, initial sickness period*); **~- und Gehaltsliste** payroll payment sheet; **~- und Preisrunde** all-round rise in *w-s* and prices; **~- und Gehaltsschulden** *w-s* and salaries owing; **~- und Preisüberwachung** *w-* and price controls; **~untergrenze** *f w-* floor, minimum *w-* level; **~unterschiede** *m/pl w-* differentials; **~ungerechtigkeit** *f w-* discrimination; **~veredelung** *f* contract processing work, commission processing; **~~sgeschäft** *n* commission processing; **~~sverkehr** *m* commission processing (transactions); **aktive ~~** processing of goods for foreign account; **passive ~~** processing of goods abroad for domestic account; **~vereinbarung** *f w-* agreement; **~verhandlungen** *f/pl w-* negotiations, *w-* bargaining; **~verwirkung** *f* forfeiture of *w-s*; **~volumen** *n w-*-total; **~welle** *f* round of *w-* increases; **~zahlung** *f* pay, payment of *w-s*; **ungekürzte ~~** full pay; **~~szeitraum** *m w-*-payment period; **~zeit** *f* time paid, time for which *w-s* are paid; **~zettel** *m w-* slip; **~zulage** *f* premium pay, bonus; **~zurückhaltung** *f w-* restraint; **~zuschlag** *m* extra pay, premium (pay), bonus; **durchschnittlicher ~** average *w-*; **fertigungsbezogener ~** production-related *w-s*; **fester ~** fixed *w-*(s); **garantierter ~** guaranteed *w-*; **gleitender ~** *w-*(s) based on a sliding scale; **ortsüblicher ~** standard *w-*; **rückständiger ~** back pay.

lohnbedingt *adj* due to wage movements, due to the burden of wages; **~bezogen** wage-related; **~politisch** relating to wage policy.

Lohnsteuer *f* employment tax, wage tax, income tax on wages and salaries; **~abführung** *f* deducted wage-tax remittance; **~abrechnungen** *f* payroll records, wage-tax accounts; **~abzug** *m* payroll deduction, tax withheld (*from wages and salaries*); **~~spflichtige(r)** *f(m)* withholding agent, party liable to withhold wage tax; **~anmeldung** *f* report of wage-tax deductions, wage-tax return; **~außenprüfung** *f* external wage-tax audit; **~bemessung** *f* assessment of wage taxes; **~bescheinigung** *f* certificate of wage-tax deductions; **~durchführungsverordnung** *f* wage-tax implementing ordinance/regulation; **~ermäßigung** *f* wage tax reduction; **~freibetrag** *m* personal allowance, wage-earners' tax allowance; **~freiheit** *f* exemption from wage tax; **~jahresausgleich** *m* annual adjustment of wage tax; **gemeinsamer ~~** joint annual adjustment of wage tax; **~jahrestabelle** *f* annual wage-tax table; **~karte** *f* wage tax card, *card showing pay and tax deducted*; **~klasse** *f* income tax bracket; **~nachforderung** *f* additional wage tax claim (*from tax office*); **~pflicht** *f* wage tax liability, obligation to withhold wage tax; **unbeschränkte** ~~ unlimited wage tax liability (*for residents*); **~pflichtige(r)** *f(m)* person subject to wage tax; **~richtlinien** *f/pl* wage-tax guidelines/directives; **~rückvergütung** *f* wage-tax refund; **~satz** *m* withholding rate; **~system** *n* wage-tax system, withholding system, pay as you earn system (*abbr* P.A.Y.E.); **~tabelle** *f* wage-tax table, withholding tax table; **~überweisungsblatt** *n* wage-tax remittance form; **einbehaltene** ~ retained wage tax; **nachzuentrichtende** ~ wage tax to be paid subsequently.

Löhnung *f* payment of wages; pay, soldier's pay **~stag** *m* pay day.

Lokal|augenschein *m* inspection of the scene (*of the crime or the accident*), official inspecting of the premises; **~bank** *f* local bank; **~behörde** *f* local authority; **~blatt** *n* local paper; **~konnossement** *n* local bill of lading; **~patriot** *m/***-in** *f* parochialist, local patriot, particularist; **~patriotismus** *m* parochialism; **~redakteur** *m/***-in** *f US* city news editor; **~termin** *m* viewing scene of the crime, court's inspection, on-the-spot investigation; **~werte** *m/pl* local securities, local equities.

Lokalisierung *f* residence requirement, locally concentrated activity.

Loko|geschäft *n comm* spot transaction, local transaction, spot bargain; **~kauf** *m* spot purchase; **~kurs** *m* spot price; **~markt** *m* spot market; **~preis** *m* price loco, spot price; **~waren** *pl* spots.

Lombard *m* collateral, collateral loan, collateral advance; **~anleihe** *f* collateral loan; **~bank** *f* loan bank; **~bestand** *m* collateral holdings; **~darlehen** *n* loan on/against collateral, collateral loan; **~debitoren** *pl* collateral-loan debtors, carryover loans; **~depot** *n* collateral security deposit; **~entnahmen** *pl* drawings on advances against securities; **~forderungen** *pl* collateral loans, advances against security; **~geschäfte** *n/pl* advances on securities, collaterally secured loan transactions; **~inanspruchnahme** *f* amount of advances taken against securities (*and outstanding accounts*); **~kredit** *m US* collateral loan/*GB* Lombard loan; **~pfand** *n* security for an advance; **~satz** *m* rate for loans on collateral, Lombard rate (*of the central bank*; *D German Federal Bank*), Lombard rate, the Lombard; **~schein** *m* hypothecation certificate; **~verkehr** *m* collateral lending (or loan) business; **~verzeichnis** *n* Lombard Register (*list of securities admitted as collateral by the German Federal Bank*); **~vorschüsse** *m/pl* loans on securities; **~wechsel** *m* bill serving as security for an advance, collateral security note; **~zinssatz** *m* Lombard lending rate.

lombardfähig *adj* eligible as collateral.

lombardieren *vt vi* to lend money on collateral, to accept as collateral.

Lombardierung *f* accepting collateral; borrowing (from the central bank) against securities.

Lomé/-Abkommen *EU* Lomé Convention (*1975*); **AKP-EWG Abkommen von** ~ *EU* ACP-EC Convention, Lomé Convention (*1975*), → *AKP*.

London/er Interbankenzinssatz *m* London interbank offered rate (*abbr* LIBOR); **~er Schuldenabkommen** *n* London Agreement on German External Debts.

Lordkanzler *m* Lord Chancellor.

Lordsiegelbewahrer *m* Lord Privy Seal.

Loroguthaben *n* credit balance on loro account.

Lorokonto *n* loro account (*the current account of another bank*).

Los *n* lot, section (*public work*); **~anleihe** *f* loan eligible for lottery premium, lottery loan; **durch das** ~ by drawing lots, by casting lots; **durch das ~ entscheiden** to decide by lot; **~vergabe** *f* awarding by lots; **~vertrieb** *m* lottery sale.

Lösch|anlage I fire-extinguishing equipment; **~arbeiten** *pl* fire fighting; **~ordnung** *f* fire service regulations; **~kommando** *n* fire-brigade detachment.

Lösch|bescheinigung *f* **II** landing certificate; **~ende** *n* end of discharge; **~erlaubnis** *f* discharging permit; **~hafen** *m* port of delivery, port of entry; **~kosten** *pl* unloading charges; **~platz** *m* unloading berth, place of discharge; **~risiko** *n* unloading risk; **~tage** *m/pl* lay days.

Löschen *n* **I** deletion, cancellation, obliteration.

Löschen *n* **II** discharge, unloading; **~ der Ladung** breaking bulk.

löschen *vt* **I** to delete, to expunge, to extinguish, to cancel, to deregister, to remove from a register, to vacate (*the register*); **von Amts wegen gelöscht** deleted ex officio.

löschen *vt* **II** to unload, to discharge.

Löschung *f* **I** deletion, cancellation (= *c*-), deregistration; ~ ***e-er*** **Dienstbarkeit** release/discharge of an easement; extinction of an easement in the land register; ~ ***e-er*** **Eintragung** *c*- of an entry, deletion of an entry, deregistration; ~ ***e-er*** **Hypothek** *c*- of a mortgage in the land register; ~ ***e-es*** **Kontos** closing of an account; ~ ***e-es*** **Warenzeichens** *c*- of a trademark; **~sankündigung** *f* advance notice of *c*- (*of an item in a public register*); **~sanspruch** *m* right to have an entry expunged from a register, *c*-right; **~santrag** *m* request for *c*-, request for deregistration, application to have a register entry (*such as a mortgage*) cancelled (*i.e. expunged from the register by underlining in red ink*), application for revocation (*patent*); **~sanzeige** *f* notice of *c*- in a public register; **~sbescheinigung** *f* certificate of *c*- of an entry (*in a public register*); **~sbewilligung** *f* consent to the *c*- of an entry (*in a public register*); **~~ für *e-e* Hypothek** release of mortgage, memorandum of satisfaction; **~sklage** *f* petition to cancel an entry in a public register; **~spflicht** *f* obligation to have a registered item cancelled (*usually a mortgage entered in the Land Register*); **~sverfahren** *n* *c*- procedure, procedure for removal from a public register; **~svermerk** *m* *c*- note (of an entry in a register); memorandum of satisfaction; **~svormerkung** *f* cautionary entry to ensure future *c*- (*of prior charge when repaid*); **~ von Amts wegen** ex officio *c*- of an entry; **freiwillige** ~ *c*- of an entry by consent; **gerichtliche** ~ *c*- of an entry by court order, ex officio deregistration.

Löschung *f* **II** unloading, landing (goods); ~ ***e-er*** **Ladung** discharge of cargo, unloading; **~serlaubnis** *f* landing order; **~shafen** *m* port of discharge; **~skosten** *pl* discharging fee, wharfage charges; **~sort** *m* unloading point; **franco** ~ landed terms.

löschungsfähig *adj* sufficient to have (*Land Register*) entry cancelled; sufficient to discharge a mortgage;

Loseblatt|ablage *f* loose-leaf filing system; **~ausgabe** *f* loose-leaf edition; **~buchführung** *f* loose-leaf system of book-keeping; **~buchhaltung** *f* → *~buchführung*; **~katalog** *m* loose-leaf catalogue; **~konto** *n* loose-leaf account; **~sammelmappe** *f* loose-leaf binder; **~sammlung** *f* loose-leaf collection of materials; **~system** *n* loose-leaf system.

Lösegeld *n* ransom, ransom money; **~vertrag** *m* ransom bill.

loskaufen *vt* to buy the release (*of a prisoner*), to ransom, *v reflex* to buy oneself out (*of army*).

Loskurs *m* price fixed by lot.

lossagen *v reflex* to dissociate from, to secede from, to break with.

Lösung *f* solution; **~sweg** *m* method of solution.

Losvertrieb *m* lottery sale.

Lotsen|amt *n* pilotage authority; **Zuständigkeitsbereich** ***e-es*** **~~es** pilotage jurisdiction; **~boot** *n* pilot boat; **~brüderschaft** *f* licensed pilots' association; **~dampfer** *m* pilot vessel; **~dienst** *m* pilot service, pilotage; pilot service for motorists, driver-guide service; **~flagge** *f* pilot jack, pilot flag; **~freiheit** *f* free pilotage; **~gebühr** *f* pilotage, pilot's fee; **~geld** *n* pilotage; **~~ für Auslotsen** pilotage outwards; **~~ für Einlotsen** pilotage inwards; **~gewerbe** *n* pilot's profession; **~lohn** *m* load manage; **~patent** *n* pilots's *US* license/*GB* licence; **~signale** *n/pl* pilot signals; **~vergütung** *f* pilotage; **~vorschrift** *f* pilotage law; **~zulassungsurkunde** *f* pilotage certificate; **~zwang** *m* compulsory pilotage.

Lotterie *f* lottery; **~anleihe** *f* loan eligible for lottery premium; **~einnehmer** *m/***-in** *f* lottery agent; **~gewinn** *m* lottery winnings, lottery prize, winning ticket; **~los** *n* lottery ticket; **~spiel** *n* lottery, playing lottery; **~steuer** *f* lottery tax; **~stichprobe** *f* lottery sample (*statistics*); **~unternehmer** *m/***-in** *f* promoter of lotteries, lottery agent; **~vertrag** *m* lottery contract; **öffentliche ~** public lotteries; **steuerpflichtige ~n** taxable lotteries.

Löwenanteil *m* lion's share.

Lücke *f* gap, omission, blank, vacancy, loophole; **~nbüßer** *m* stopgap; **~nhaftigkeit** *f* incompleteness, fragmentary character; **~nlosigkeit** *f* completeness, uninterrupted nature; ***e-e*** **~ im Gesetz** a loophole in the law, legal gap.

Luft|aufsicht *f* air-traffic control; **~beförderung** *f* air carriage, transportation by air; **~brücke** *f* air lift; **~ersatzverkehr** *m* transport of air cargo by land, trucking; **~fahrer** *m/***-in** *f obs* pilot, aviator; **~~schein** *m* pilot's *US* license/*GB* licence; **~fahrt** *f* → *Luftfahrt*; **~fahrzeug** *n* aircraft; **~~halter** *m/***-in** *f* aircraft *US* license/*GB* licence holder, person in charge of an aircraft; **~~rolle** *f* register of aircraft; **~~srechtegesetz** *n* Law on Rights in Respect of Aircraft (*D 1959*); **~fracht** *f* air freight, air cargo, air carriage; **~~branche** *f* air freight industry; **~~brief** *m* airbill, air consignment note, air waybill; **~~führer** *m/***-in** *f* air carrier; **~~recht** *n* air carriage law; **~~spedition** *f* air freight forwarding; **~~tarif** *m* air cargo rate; **~~verkehr** *m* air transportation, air traffic; **~herrschaft** *f* air supremacy, control of the air; **~hoheit** *f* air sovereignty; **~~sgebiet** *n* territorial air space; **~inspektion** *f* aerial inspection; **~kabotage** *f* aerial cabotage; **~korridor** *m* air corridor; **~krieg** *m* air warfare; **~navigation** *f* air navigation; **~piraterie** *f* air piracy, hijacking; **~post** *f* air mail; **~~brief** *m* air mail letter; **~~dienst** *m* air mail service; **~~einlieferungsschein** *m* air mail receipt; **~~empfangsbescheinigung** *f* air consignment note; **~~leichtbrief** *m* air letter; **~~paket** *n* air parcel; **~~zuschlag** *m* air surcharge; **~privatrecht** *n* private law of aviation; **~raum** *m* air space; **~~überwachung** *f* air traffic control; **~~verletzung** *f* violation of one's air space; **~recht** *n* law, concerning the air space; **~reinhaltung** *f* preservation of clean air; **~reinigungsanlagen** *f/pl* air purification plants; **~reiseverkehr** *m* air travel; **~schacht** *m* air shaft, air course, ventilation shaft; **~schutz** *m* air-raid protection; **~~anlagen** *f/pl* air-raid protection installations, air-raid shelters; **~~bauten** *pl* air-raid protection structures; **~~dienst** *m* air-raid protection service; **~~hilfsdienst** *m* air-raid protection service; **~~stollen** *m* underground air-raid shelter; **~~warndienst** *m* air-raid warning service; **~sperrgebiete** *n/pl* prohibited aerial space; **~stützpunkt** *m* air base;

~**tauglichkeit** *f* airworthiness; ~~**szeugnis** *n* air worthiness certificate; ~**taxe** *f* air taxi; ~**transport** *m* air transport; ~~**brief** *m* → *~frachtbrief*; ~~**unternehmer** *m/*-**in** *f* air carrier; ~~**tarif** *m* air cargo rates; ~**tüchtigkeit** *f* airworthiness; ~~**szeugnis** *n* certificate of airworthiness; ~**unfallversicherung** *f* air accident insurance; ~**verbindungen** *f/pl* air links; ~**verkehr** *m* air traffic, air transport; ~~**sabkommen** *n* aviation treaty; **Beförderung im internationalen** ~~ international air carriage; **Warschauer Abkommen zur Vereinheitlichung von Regeln über die** ~ ~ ~ ~~ Warsaw Convention for the Unification of Certain Rules Relating to International Carriage by Air; ~~**sbetrieb** *m* airline, carrier; ~~**sgesellschaft** *f* airline (company), air carrier, carrier; ~~**sgesetz** *n* civil aviation law; ~~**sordnung** *f* rules of the air; ~~**sverwaltung** *f* civil aviation board; ~~**sweg** *m* flight route, airway; ~-**Zulassungs-Ordnung** *f* Ordinance regulating admission to civil aviation; ~**verpestung** *f* air pollution; ~**verschmutzung** *f* air pollution; ~**verschollenheit** *f* unexplained absence after air accident (*for more than 3 months*); ~**versicherung** *f* air-risk insurance; ~**verteidigung** *f* air *US* defense/ *GB* defence; ~ **verunreinigung** *f* air pollution; ~**weg** *m* flight route; **auf dem** ~~ by air; ~**zuführung** *f* air supply, ventilation; ~**zwischenfall** *m* air incident.

Luftfahrt *f* aviation; aeronautics; ~**abkommen** *n* aviation convention; ~**behörden** *pl* aviation authorities; ~-**Bundesamt** *n* (*abbr* **LBA**) Federal Office of Civil Aeronautics, Federal Aviation Authority; ~**einrichtungen** *f/pl* aviation facilities; ~**elektronik** *f* avionics; ~**gesellschaft** *f* airline, air company; ~**gesetzgebung** *f* aviation legislation; ~**hindernisse** *f/pl* aviation impediments; ~**kommission** *f* Air Navigation Commission; ~**recht** *n* aviation law; ~**risiko** *n* aviation risk; ~**unternehmen** *n* aviation enterprise, airline; ~**versicherung** *f* aviation insurance, flight insurance; ~**werte** *pl exch* aircrafts, shares in aviation company.

Lüge *f* lie; ~**ndetektor** *m* lie detector; ~**ngebäude** *n* fabric of lies, tissue of lies; ~**ngewebe** *n* web of lies; ~**nmärchen** *n* a tall story, cock-and-bull story; ***e-e*** **faustdicke** ~ a monstrous lie, a whopping lie; ***e-e*** **glatte** ~ a downright lie; ***jd-en*** **der** ~ **bezichtigen** to call *s.o.* a liar; **sich in** ~**n verstricken** to get entangled in lies.

lügen *vi* to lie, to tell a lie/lies; ~, **dass sich die Balken biegen** to tell a monstrous lie, to lie like the devil; **unverschämt** ~ to tell a blatant lie.

Lügner *m/*-**in** *f* liar; **gemeiner** ~ dirty liar, rotten liar.

lukrativ *adj* lucrative, profitable.

Lumpensammler *m/*-**in** *f* rag and bone dealer.

lustlos *adj exch* dull, stagnant, quiet, flat.

Lustlosigkeit *f exch* dullness, stagnancy.

Lustmord *m* sex murder, sexually motivated murder.

Lustmörder *m/*-**in** *f* rapist-killer, sex murderer.

Luxus|artikel *m* fancy article, luxury article; ~**ausführung** *f* de luxe model, de luxe finish; ~**gegenstand** *m* luxury article; ~**steuer** *f* luxury tax.

lynchen *vt* to lynch.

Lynchjustiz *f* lynch-law, mob-law, gibbet law.

Maastricht-Vertrag *m EU* (= **Vertrag von Maastricht**, **Vertrag über die Europäische Union**) Treaty of Maastricht (= Treaty on European Union).

Machart *f* style, design, make.

Machbarkeitsstudie *f* feasibility study.

Machenschaften *f/pl* machinations, intrigues, practices; **betrügerische** ~ deceptive practices, fraudulent practices; **dunkle** ~ sinister intrigues; **korrupte** ~ corrupt practices; **verbrecherische** ~ criminal practices.

Macher *m*/**-in** *f sl pol* wire-puller, prime mover, boss, man of action.

Macht *f* (*pl Mächte* = *~e*) power (= *p-*); **~anmaßung** *f* usurpation of *p-*; **~anspruch** *m* claim to *p-*; **~apparat** *m* machinery of *p-*; **~ausübung** *f* exercise of *p-*; **willkürliche** ~~ arbitrary *p-*; **~befugnis** *f* authority; **aus eigener** ~~ on one's own authority; **~bereich** *m* sphere of *p-*, sphere of influence, jurisdiction; **~beschränkung** *f* limitation of *p-s*; **~beteiligung** *f p-* sharing; **~demonstration** *f* show of force; ~ **der Verwaltung** administrative *p-*; **~entfaltung** *f* display of *p-*; **~ergreifung** *f* seizure of *p-*; **~gleichgewicht** *n* balance of *p-*; **~gruppe** *f* powerful group, pressure group; **~haber** *m*/**-in** *f* ruler, person in *p-*; **~kampf** *m* struggle for *p-*; **~konzentration** *f p-* concentration; **~politik** *f p-* politics; **~missbrauch** *m* abuse of *p-*; **~probe** *f* test of *p-*, trial of strength; **~spruch** *m* fiat, peremptory order; **~stellung** *f* powerful position, position of strength; **~übernahme** *f* seizure of *p-*, assumption of *p-*; **~überschreitung** *f* exceeding one's authority, acting ultra vires; **~vakuum** *n p-* vacuum; **~vollkommenheit** *f* authority; **aus eigener** ~~ on one's own authority; **~wort** *n* word(s) of authority; **~zentrum** *n US* center/*GB* centre of *p-*; **~zusammenballung** *f* concentration of *p-*; **wirtschaftliche** ~~ concentration of economic *p-*; **alliierte ~e** Allied *p-s*; **an der ~ sein** to be in *p-*; **ausländische** ~ foreign *p-*; **die ~ ausüben** to exercise *p-*; **die ~ ergreifen** to seize *p-*; **die ~ übernehmen** to take over *p-*; **kriegführende** ~ belligerent *p-*; **neutrale** ~ neutral *p-*, neutral state; **unbeschränkte** ~ absolute *p-*; **vertragsschließende ~e** signatory *p-s*; **weltliche** ~ temporal *p-*; **wirtschaftliche** ~ economic *p-*.

Machwerk *n* a poor piece of work, botch, a miserable job.

MAD (*abbr* = **Militärischer Abschirmdienst**) Military Counterintelligence Service, Military Screening Service; **~-Gesetz** *n* (*abbr* **MADG**)

Madagaskar Madagascar; **Assoziierte Afrikanische Staaten**, ~ **und Mauritius** (*abbr* **AASMM**) Associated African States, Madagascar, and Mauritius (*abbr* AASMM).

MADG (*abbr* = **Gesetz über den Militärischen Abschirmdienst**) Military Counterintelligence Act (*D 1990*).

Mädchen|handel *m* white slave traffic, white slave trade, white slavery; **~händler** *m*/**-in** *f* white slave trader; **~name** *m* maiden name.

Madrider Markenabkommen *n* (= **Madrider Abkommen über die internationale Registrierung von Marken**, *abbr* **MMA**) Madrid Agreement Concerning the International Registration of Marks (*1891*).

Mafia *f* mafia, maffia (*secret criminal organization with control over organized crime*).

Magazin *n* magazine; store room, stack room, morgue; **~arbeiter** *m/***-in** *f* warehouse worker; **~verwalter** *m/***-in** *f* storekeeper, warehouse keeper.

Magister *m* master; ~ **der Rechtswissenschaften** (*abbr* **LL.M.**) master of laws (*abbr* LL. M.); **~grad** *m* master's degree.

Magistrat *m* municipal authority, municipal council; **~sbeschluss** *m* municipal decree; **~smitglied** *n* municipal councillor.

Magna Charta *f* Magna Charta Libertatum, the Great Charter (*1215*).

Magnat *m* magnate, tycoon.

Magnet *m* magnet; **~streifen** *m* magnet stripe (*on credit and ATM cards*); **~schwebebahn** *f* magnetic hover train.

Mahn|bescheid *m* default summons, summary notice to pay; **~~santrag** *m* application for a default summons; **~brief** *m* reminder (letter), letter requesting payment, dunning letter, demand note; **~frist** *f* deadline for payment; **~gebühr** *f* dunning charge; **~kosten** *pl* expenses of reminding a debtor, collection expenses; **~schreiben** *n* → *~brief*; **~verfahren** *n* summary proceedings for recovery of debt or liquidated demand, default action; **~wesen** *n* dunning, dunning activity; **~zettel** *m* reminder slip, short request for payment, prompt note.

mahnen *vt* to dun, to remind of, to warn, to request payment.

Mahnung *f* reminder, warning, (legal) demand, dunning notice; ~ **zur Zahlung** demand for payment, notice to pay; **erste** ~ first reminder; **letzte** ~ final demand letter before action.

Majestät *f* majesty; **~sbedrohung** *f* threat to the Sovereign; **~sbeleidigung** *f* lèse-majesty, laesa majestas; **~sverbrechen** *n* high treason.

Majorat *n* primogeniture, majorat, estate (in) tail devolving to the eldest son; ~ **im Mannesstamm** estate tail male; **~serbe** *m/***~serbin** *f* heir in right of primogeniture; **~sgut** *n* entailed estate, estate devolving by right of primogeniture; **~sherr** *m/***-in** *f* tenant in tail.

majorisieren *vt* to overrule by a majority, to outvote.

Majorisierung *f* defeating by majority vote; **~sprinzip** *n* majoritarianism.

majorisiert *pp adj* outvoted.

Majorität *f* majority, majority of votes cast, → *Mehrheit*; **~skäufe** *m/pl* stock purchases for the purpose of acquiring a majority stake.

Majorzwahlsystem *n CH* majority election system.

Makel *m* taint, flaw.

makellos *adj* flawless, impeccable, faultless, free from fault.

Makellosigkeit *f* impeccability, faultlessness.

Makler *m/***-in** *f* broker, (estate) agent; **~buch** *n* broker's journal; **~büro** *n* broking firm's office, (real) estate agent's office; **~courtage** *f* broker's commission; **~firma** *f* broker's firm, firm of stock brokers, jobbing house, estate agents; **~gebühr** *f* brokerage, broker's charges; agent's fee; **~geschäft** *n* brokerage, broking, brokerage operation; ~ **in kleineren Effektenposten** odd-lot broker; **~kammer** *f* brokers' professional organization; **~lohn** *m* broker's/agent's commission, broker's/agent's fee, brokerage; **~ordnung** *f* professional rules and regulations for brokers; **~provision** *f* broker's/agent's commission; **~schranke** *f* broker's bar (*at stock exchange*); **~stand** *m exch* pitch; **~usancen** *f/pl* brokerage practices; **~vertrag** *m* contract with a broker, brokerage agreement, brokerage contract; *exch* contract note; **amtlich zugelassener** ~ licensed broker; **freier** ~ outside broker, independent broker/agent; street broker; **nicht an der Börse zugelassener** ~ unlicensed broker; **staatlich vereidigter** ~ officially sworn broker; **vereidigter** ~ sworn broker.

Makulatur *f* printer's waste, painter's overs.

Makulierung *f* pulping (*of unsaluable books*).

mala fides *L* (= *böser Glaube*) bad faith.

Malstaffel *f* quantity discount for advertisement (*for repeats*).

Management *n* management, team of managers; **~-Vertrag** management agreement; **~-Trust** flexible trust.

Manager *m* manager; **~krankheit** *f* hypertension; (managerial) stress; **~system** *n* managerial system.

Mandant *m*/**-in** *f* client (*of a lawyer, a tax consultant, etc*); **~enschutzklausel** *f* client confidentiality clause (*lawyer's staff clause*); **~schaft** *f* clientele; **zahlungsunwilliger** ~ client reluctant to pay (his lawyer's fee).

Mandat *n* retainer, engaging the services of a lawyer, professional agreement with a lawyer; mandate; seat (*in parliament*); **~sausübung** *f* exercise of a mandate, action as a lawyer/attorney at law; **~sentzug** *m* termination of a mandate, disengagement of a lawyer, withdrawal of mandate; **~sgebiet** *n* mandated territory; **~sniederlegung** *f* withdrawal of lawyer from client relationship; **~sverhältnis** *n* client-lawyer relationship; **~sverlust** *m* loss of a client/of a lawyer, loss of a mandate; **~sverteilung** *f* distribution of mandates; **auf sein ~ verzichten** to give up one's seat; **ein ~ ausüben** to act on behalf of a client; **ein ~ erringen** to secure a seat; **ein ~ übernehmen** to assume a mandate; ***e-em*** **Anwalt das ~ erteilen** to retain a lawyer/*US* attorney; **sein ~ niederlegen** to vacate one's seat, to discontinue one's services as a lawyer, to terminate one's retainer; **sein ~ zur Verfügung stellen** to resign from one's attorneyship; **von** ***e-em*** **~ entbinden** to disengage a lawyer, to cease instructing a lawyer.

Mandatar *m*/**-in** *f* mandatary, mandatory (*one to whom a mandate has been given, who undertakes without compensation to perform certain duties*); **~macht** *f* mandatory power; **~staaten** *pl* Mandatory States.

Mandierung *f* employment of counsel, brief; retainer of a lawyer; **~sgebühr** *f* retaining fee.

Manduktionspflicht *f A* duty to inform of possible remedies (*duty of administration to attach statement of possible remedies to any act issued to a citizen*).

Mangel *m* (*pl* → *Mängel*) defect, physical defect, fault flaw, vice, imperfection; lack, want, deficiency, need, shortage, shortcoming; **~ an Arbeitskräften** shortage of labo(u)r; **~ an Bestimmtheit** lack of certainty; **~ an Beweisen** lack of proof; **aus ~ ~ ~** for lack of proof, for want of evidence; **~ an Beweiskraft** lack of probative force; **~ an Geld** lack of money, shortage of money; **~ an Masse** lack of assets (*of an estate*); **~ an Schlüssigkeit** inconclusiveness; **~ an Sorgfalt** lack of care, want of diligence; **~anspruch** *m* claim arising from a defect; **~beruf** *m* shortage occupation (*scarcity of skilled personnel*); **~ der Vollmacht** lack of authority, insufficiency of the power of attorney; **~folgeschaden** *m* consequential harm caused by a defect, consequential damages; **~freiheit** *f* faultlessness, flawlessness; **~haftigkeit** *f* defectiveness, faultiness, inadequacy, imperfection; **~ im Recht** defect of title, lack of legal basis; **~klausel** *f* warranty clause; **versteckte ~~** latent defect clause; **~lage** *f* shortage; **~ware** *f* goods in short supply, scarce articles; ***e-em*** **~ abhelfen** to remedy a defect; ***e-en*** **~ beheben** to remedy a defect; ***e-en*** ~

geltend machen to raise a claim for breach of warranty; **erkennbarer** ~ apparent defect, patent defect; **geheimer** ~ hidden defect, hidden fault, latent defect; ***e-en*** ~ **heilen** to cure/remedy/rectify a defect; **geringfügiger** ~ minor defect; **grober** ~ serious defect; **heimlicher** ~ → *geheimer* ~; **innerer** ~ intrinsic defect, inherent flaw, inherent vice; **nicht äußerlich erkennbarer** ~ latent defect, defect not apparent; **offener** ~ patent defect; **unheilbarer** ~ irremediable defect; **verborgener** ~ → *geheimer* ~; **versteckter** ~ → *geheimer* ~.

Mängel (*sing* → *Mangel*) *m/pl* defects; **~ansprüche** *m/pl* warranty claims; **~anzeige** *f* notification/notice of defects; ~ **beheben** to remedy defects, to make good defects; **~beseitigung** *f* correction, remedying faults; **~einrede** *f US* defense/*GB* defence based on warranty for defects, plea that goods are defective; **~gewähr(leistung)** *f* warranty for defects/faults; **~haftung** *f* liability for defects, warranty for defects; **~rüge** *f* notification/notice of defects, deficiency claim, complaint (about defects); **~rügefrist** *f* notification period for defects; **mit allen ~n** with all faults; **ohne offenkundige** ~ without any apparent faults; **zur Wandlung berechtigende** ~ redhibitory defects.

mangel | frei *adj* free from defect(s), faultless; **~haft** faulty, defective, imperfect, inadequate, flawed; **vorwerfbar ~~** negligently defective.

mangels *prep* for lack of, for want of, in the absence of, in default of, without.

Manifest *n* manifest, shipping bill, ship's manifest, *pol* manifesto, *hist* **das Kommunistische** ~ the Communist Manifesto.

Manifestation *f* manifestation.

manipulieren *vt* to manipulate, to rig (*the market*).

Manipulation *f* manipulation, sharp practices; **~sbestand** *m* general fund, working fund; **~sgebühr** *f* handling charge; **~sreserve** *f* reserve for manœuvre; ~ **der Zollverschlüsse** tampering with customs seals.

Manko *n* shortage, deficiency; **~geld** *n* cashier's allowance for shortages; **~haftung** *f* liability for a cash shortage.

Mannesstamm *m* male line.

Mantel *m* bare shell, skeleton; **~abtretung** *f* blanket assignment (of receivables); **~gesetz** *f* covering law, framework law, omnibus law; **~gründung** *f* formation of an off-the-shelf company; **~kauf** *m* purchase of the bare shell (*inactive company*); **~gesellschaft** *f* shell corporation, corporate shell; **~note** *f* covering note; **~police** *f* global policy; **~tarif** *m* industry-wide collective bargaining agreement, framework collective agreement; **~~vertrag** *m* industry-wide collective bargaining agreement, framework collective agreement; **~vertrag** *m* master agreement, framework agreement, skeleton agreement; **~zession** *f* blanket assignment (of receivables).

Marathondebatte *f* talkathon, filibuster, non-stop debate.

Märchen *n* fairy tale; **~klausur** *f sl* essay examination (*as opposed to case-solving examination for law students*), → *Falllösungsklausur*.

Margarine | steuer *f* margarine tax; **~ausgleichsabgabe** *f* margarine price equalization levy.

Marge *f* margin, mark-up, difference, spread.

Marginalien *f/pl* marginal notes, marginalia.

Marine | akademie *f* naval college; **~angelegenheiten** *f/pl* naval affairs; **~attaché** *m* naval attaché; **~haushalt** *m* navy estimates; **~minister** *m/***-in** *f* Minister of Naval Affairs, *US* Secretary of the Navy/*GB* Under-Secretary of State (Royal Navy); **~ministerium** *n*

Ministry of Naval Affairs, *US* Department of the Navy/*GB* the Admiralty; **~nachrichtendienst** *m* naval intelligence; **~offizier** *m* naval officer; **~recht** *n* naval law; **~stützpunkt** *m* naval base; **~wehrrecht** *n* naval law.

Marionetten | regierung *f* puppet government; **~staat** *m* puppet state.

Mark *f* (*pl Marken*) march, marches, borderland.

Marke *f* **I** ticket, voucher, check, stamp, chit; **abgestempelte ~** used stamp.

Marke *f* **II** mark, landmark, trademark, distinctive name, trade name, brand, brand name; **~nabkommen** *n* trademark convention; **~nakzeptanz** *f* brand acceptance; **~nanmeldung** *f* filing a trademark registration; **~nartikel** *m* branded merchandise, branded goods, proprietary articles; **~nbenzin** *n* branded petrol, premium grade petrol; **~nbenutzung** *f* use of a trademark; **~nerzeugnis** *n* branded article, first class product(s); **~netikett** *n* brand label; **~nfirma** *f* established firm, firm with well-known trade name; **~ninhaber** *m*/**-in** *f* trade-mark proprietor, proprietor of a trademark, proprietor of a brand; **~nnahrungsmittel** *n* patent foods; **~nname** *n* brand name; **~npiraterie** *f* trademark piracy; **~nrecht** *n* law of trademarks; title to a trademark; **~~sfähigkeit** *f* legal capacity to be trademark owner/holder; **~nschokolade** *f* brand chocolate; **~nschutz** *m* trademark protection; **~~recht** *n* law of trademarks; **~nverletzung** *f* trademark infringement; **~nwaren** *pl* branded articles, proprietary goods; **~nzeichen** *n* trademark emblem/symbol; **bevorzugte ~** favorite brand; **erstklassige ~** first-class brand; **geschützte ~** registered trademark; **Madrider Abkommen über die internationale Registrierung von ~n** (*abbr* **MMA**) Madrid Agreement Concerning the International Registration of Marks (*1891*).

Marketenderware *f* goods sold to military personnel; *US* Post Exchange (*abbr* PX) goods.

Marketing *n* marketing.

Markscheide *f* boundary, march.

Markscheiden *n* underground surveying.

Markscheider *m*/**-in** *f* mine surveyor.

Markt *m* (*pl Märkte = ~e*) market (= *m-*); **~abgrenzung** *f* (mutual) *m-* delimitation; **~abrede** *f* marketing arrangement; **~abschottung** *f* *m-* isolation; **~absprache** *f* (underhand) marketing agreement, informal understanding about sales; **~analyse** *f* *m-* analysis; **~anteil** *m* *m-* share, sales quota, slice of the *m-*; **~aufteilung** *f* allocation; **~ausdehnung** *f* expansion of the *m-*, **~ausgleich** *m* evening out the *m-*; establishment of *m-* equilibrium; **~ausweitung** *f* expansion of the *m-*; **~bank** *f* bank serving a *m-*; **~beeinflussung** *f* influencing of the *m-*; **~befestigung** *f* *m-* consolidation; **~beherrschung** *f* *m-* control, domination of the *m-*; **~belebung** *f* buoyancy; **~beobachtung** *f* observation of the *m-*; **~bericht** *m* *m-* report; **~beschickung** *f* supplying the *m-*, *m-* supplies; **~beteiligte** *pl* parties trading in the *m-*, *m-* participants; **~bilanz** *f* net *m-* position; **~chancen** *f/pl* sales possibilities, marketing opportunities; **~durchdringung** *f* *m-* penetration; **~einfluss** *m* influence on the *m-*; **~einkauf** *m* shopping on the *m-*; **~elastizität** *f* *m-* flexibility; **~enge** *f* *m-* narrowness; **~entwicklung** *f* *m-* development; **~erschließung** *f* opening of new *m-s*, tapping new *m-s*; **~fähigkeit** *f* marketability; **~forschung** *f* *m-* research, field survey, consumer investigation; **~freiheit** *f* free *m-* principle; **~führer** *m*/**-in** *f* *m-* leader; **~ für unnotierte Werte** *m-* for unquoted securities; **~gebiet** *n* territorial *m-*, marketing area; **~gefälle** *n* flow of the *m*-, direction of *m*- trend; **~gefüge** *n* structure of the *m*-, pattern of marketing; **~geld** *n* stallage; **~geltung** *f* acceptance in the *m*-, *m*- standing; **~gemeinde** *f* rural township, *m*-town; **~geschehen** *n m*- activities; **~händler** *m*/**-in** *f m*- trader; **~jahr** *n m*- year; **~klima** *n* climate of the *m*-; **~konstellation** *f m*- situation; **~konzentration** *f* concentration of the *m*-; **~kurs** *m m*- price; **~lage** *f m*- situation, state of the *m*-; **gesamtwirtschaftliche ~~** the position of the *m*- as a whole; **einmalig günstige ~~** uniquely favorable *m*- situation; **~leistung** *f* effectiveness of the *m*-, *m*- output; **landwirtschaftliche ~~** marketed farming output; **~lücke** *f* niche (in the *m*-), untapped *m*-; ***e-e* ~~ schließen** to fill a gap in the *m*-; **~mechanismus** *m* marketing machinery; **~miete** *f* (open) *m*- rent, **~monopol** *n* monopoly of the *m*-; **~nachfrage** *f* demand in the *m*-; **~nähe** *f m*- proximity, closeness to the *m*-; **~ordnung** *f m*- organization, *m*- régime, *m*- regulation; **~~sgesetz** *n m*--regulating law; **~~sstelle** *f m*--regulating agency; **~~sware** *f* goods subject to *m*-regulations; **andienungspflichtige ~~~** (controlled) goods which must be offered to official buyers; **landwirtschaftliche ~~** régime of the agricultural *m*-; **~orientierung** *f m*-orientation; **~partner** *m*/**-in** *f m*-member; **~pflege** *f* cultivating the *m*-, *m*- support; **~politik** *f m*- policy; **offene ~~** open *m*- policy; **~polizei** *f m*- police; **~preis** *m m*-price; **freier ~~** free *m* price, competitive price; **~produktion** *f* production for the *m*-; **~recht** *n m*-right, law concerning *m-s*; **~regelung** *f m*- regulation; **~sättigung** *f* saturation of the *m*-; **~schreier** *m*/**-in** *f* booster, puffer, barker; **~schwankung** *f m*- fluctuation; **~schwemme** *f* glut on the *m*-; **~situation** *f m*- (situation); **gleichgewichtige ~~** balanced *m*-; **~spannungen** *f/pl* strains in the *m-s*; **~standort** *m m*- place; **~stellung** *f m*- position; **beherrschende** (= *überragende*) **~~** dominating *m*- position; **~störung** *f m*-disruption; **~studie** *f* study of the *m*-, *m*- study; **~stützung** *f m*-support; **~tag** *m m*- day; **~tendenz** *f m*- tendency; **~transparenz** *f m*- transparency; **~übersicht** *f m*-view; **~- und Messeabgabe** *f* pitching-pence; **~untersuchung** *f m*- investigation, *m*- research, area sampling; **stichprobenartige ~~** haphazard *m*- sampling; **~verband** *m* marketing association; **~verbot** *n m*- prohibition; **~verengung** *f m*-shortage; **~verfassung** *f* state of the *m*-; **~verflechtung** *f* integration of the *m-s*; **~verhältnis** *n m*- ratio; *pl* **~~se** *m*- conditions; **~verkehr** *m m*- transactions; **~verschiebung** *f* shift of the *m*-; **~versorgung** *f* supply of the *m*-, *m*- supplies; **~versteifung** *f* stiffening of the *m*-, narrowing of the *m*-; **~verzerrung** *f m*- distortion; **~volumen** *n* size of the *m*-; **~wert** *m m*- value, marketable value, commercial value, exchange value, trade value; **~widerstand** *m m*- resistance; **~wirtschaft** *f* (free) *m*- economy, uncontrolled economy, free enterprise economy; **freie ~~** free *m*- economy; **soziale ~~** social *m*- economy; **~zerrüttungen** *f m*- distortions; **~zettel** *m m*- quotations, *m*- note; **~zins** *m* current interest rate; **~zugang** *m*-access; **agrarischer ~** agricultural *m*-; **amtlicher ~** official *m*-; **auf den ~ bringen** to launch on the *m*-, to *m*-; **auf den ~ werfen** to unload (*sth* on the *m*-); **aufnahmebereiter ~** receptive *m*-; **ausländische ~e** foreign *m-s*; **~~ gewinnen** to conquer foreign *m-s*, to penetrate foreign *m-s*; **beschränkter ~** restricted *m*-; **den ~ abtasten** to sound out the *m*-, to explore the *m*-; **den ~ beherrschen** to control the *m*-, to dominate the *m*-; **den ~ erkunden** to study the *m*-; **den ~ über-**

schwemmen to flood the *m-*; **Der Gemeinsame** ~ The Common *M-*; **einheimischer** ~ home *m-*, domestic *m-*; **einheitlicher** ~ uniform *m-*; ***e-en*** **neuen** ~ **erschließen** to open up a new *m-*; to develop a new *m-*; **enger** ~ limited *m-*; **fester** ~ steady *m-*; **freier** ~ free/ open *m-*; **gedrückter** ~ depressed *m-*; **Gemeinsamer** ~ *EU* common *m-*; **Übereinkommen über das europäische Patent für den Gemeinsamen** ~ (= **Gemeinschaftspatentübereinkommen**) *EU* Convention on a European Patent for the Common *M-* (= Community Patent Convention); **geographischer** ~ geographic *m-* (*competition law*), → *Produktmarkt*; **geschlossener** ~ closed *m-*; **gewerblicher** ~ *m-* for industrial goods; **grauer** ~ gray *m-*; **heimischer** ~ domestic *m-*; **homogener** ~ homogenous *m-*, uniform *m-*; **lebhafter** ~ brisk *m-*, active *m-*; **leerer** ~ no stock available, empty *m-*; **lockerer** ~ easy *m-*; **lustloser** ~ inactive *m-*, dull *m-*, flat *m-*; **nachgelagerter** ~ downstream *m-*; **Neuer** ~ *US* NASDAQ/*GB* alternative investment *m-* (*abbr* AIM), *m- in stocks not listed on the stock exchange*; **offener** ~ open *m-*, public *m-*; **öffentlicher** ~ public *m-*; **reagible** **~e** sensitive *m-s*; **ruhiger** ~ calm *m-*; **schwacher** ~ weak *m-*; **schwarzer** ~ black *m-*; **theoretisch vollkommener** ~ theoretically perfect *m-*; **übersättigter** ~ glutted *m-*, flooded *m-*; **unbearbeiteter** ~ virgin *m-*, unexplored *m-*; **vorgelagerter** ~ upstream *m-*.

markt|beherrschend *adj* market-dominating; **~bestimmend** determining the market, market-determinant (*factor, influence*); **~fähig** marketable, saleable, sound; **nicht ~~** unmarketable, unsound; **~fühlig** sensitive to market trends; **~gängig** marketable, merchantable; **~gemäß** in conformity with the market; **~gerecht** in conformity with the market, based on the demands of the market, fair (*price*); **~konform** in conformity with the market, in line with the market; **nicht ~~ sein** to be counter to market practice; **~konträr** incompatible with the market, contrary to market developments; **~mäßig** relating to the market, marketable; **~nahe** close to the market, in close accord with market facts; **~politisch** from the point of view of market policy; **~reagibel** sensitive to the market; **~regelnd** regulating the market; **~reif** ready for the market, fully developed; **~technisch** technical (in relation to the market); **~~e Erholung** technical rally in the market.

marodieren *vt* to maraud, to pillage.

martern *vt obs* to torture.

Marterung *f obs* torture.

Martinshorn *n* police (car) siren.

Masche *f* racket, trick, gimmick.

Maschine *f* machine; **~nanlage** *f* machinery, plant; **~narbeit** *f* machine work; **~nausfall** *m* failure of machinery; **~~nausfallzeit** *f* machine idle time; **~nbau** *m* mechanical engineering, machine construction; **~~industrie** *f* engineering industry; **~~ingenieur** *m/***-in** *f* mechanical engineer; **~~werte** *m/pl* mechanical engineering shares; **~nbediener** *m/***-in** *f* (machine) operator; **~nbruchversicherung** *f* insurance against breakdown of machinery; **~nbuchführung** *f* mechanized bookkeeping; **~neinsatzplan** *m* work ahead schedule; **~nfabrik** *f* engineering works, machine factory; **~nfach** *n* mechanical engineering; **~nführer** *m/***-in** *f* operator; **~ngruppe** *f* production unit, set of machines; **~nhaftpflichtversicherung** *f* machinery insurance; **~nleistung** *f* machine capacity; **~npark** *m* (stock of) machinery, mechanical equipment; **~npistole** *f* submachine-gun, tommy-gun; **~nsaal** *m* machine-shop, engine-room; **hauswirtschaftliche ~n** mechanical appliances for use in the home, domestic appliances.

Maske *f* mask, disguise; **~nverleih** *m* costume hire, costume rental (*shop*).

Maß | anfertigung *f* making to measure; **~akkord** *m* piece rate by measure (or quantity); **~angaben** *f/pl* measurements data; **~arbeit** *f* making to measure, made-to-measure suit; **~einheit** *f* unit of measurement; **~fracht** *f* freighting on measurement; **~gabe** *f* instruction, directive; **mit der ~~** on the understanding, subject to the proviso; **nach ~~** pursuant to, according to, in compliance with, in accordance with; **~geblichkeit** *f* authority, controlling importance; **~~sprinzip** *n* principle of the dependency of the tax balance sheet on the commercial balance sheet; **~halteappell** *m* austerity appeal, appeal for self-restraint (*in spending*); **~haltigkeit** *f* accuracy of size; **~nahme** *f* → *Maßnahme*; **~regel** *f* rule, regulation, penalty, disciplinary action; **~~n der Sicherung und Besserung** measures for the prevention of crime and the reformation of offenders; **einstweilige ~~n** provisional measures, interlocutory orders, interim measures; **~stab** *m* standard, test measure, scale (*of map*); **~~streue** *f* accuracy in scale; **feinere ~stäbe***:* more detailed criteria; **~system** *n* system of measures, system of units; **~toleranz** *f* tolerance; **~e und Gewichte** *n/pl* weights and measures; **~- und Gewichtsgesetz** enactment on weights and measures.

Masse *f* I mass, crowd, volume, bulk; **~nabfertigung** *f* mass processing (of people), handling of mass applicants; **~nänderungskündigung** *f* multiple notice of termination to effect a variation of employment terms; **~nangebot** *n* large-scale supply; **~nankauf** *m* bulk buying; **~narbeitslosigkeit** *f* mass unemployment; **~narmut** *f* pauperism; **~nartikel** *m* bulk articles, mass-produced articles; **~naufgebot** *n* levy en masse, large crowd of supporters; **~naufmarsch** *m* mass parade; **~naussperrung** *f* general lockout; **~nbedarfsartikel** *m/pl* articles in mass demand; **~nbedarfsgüter** *n/pl* commodities in mass demand; **~nbeförderung** *f* mass transportation; **~nberechnung** *f* calculation of quantities; bill of quantity; **~nbewegung** *f* mass movement; **~neinbürgerung** *f* mass naturalization; **~neinkommen** *n* incomes of the general population; **~nentlassungen** *pl* mass dismissals, compulsory mass redundancies, collective redundancies; **~nermittlung** *f* quantity surveying, calculation of quantities; **~nfabrikation** *f* mass production; **~nflucht** *f* flight en masse, mass exodus, mass escape; **~ngeschäft** *n* retail banking; **~ngesellschaft** *f* mass society; **~ngrab** *n* mass grave, common grave; **~ngüter** *pl* bulk goods; **~~transport** *m* bulk goods transport; **agrarische ~~** agricultural bulk goods; **frachtintensive ~~** bulk goods on which the freight is heavy; **mit unverpackten ~~n beladen** laden in bulk; **~ngutschiff** *n* bulk freighter; **~nherstellung** *f* mass production; **~nhinrichtung** *f* mass execution; **~ninformationsmittel** *f/pl* means of mass communication; **~nkarambolage** *f* mass collision, pile-up, multi-car crash; **~nkaufkraft** *f* purchasing power of the general population, mass purchasing power; **~nkommunikationsmittel** *n* mass communication media; **~nkonsum** *m* general consumption, mass-consumption; **~nkundgebung** *f* mass demonstration; **~nkündigung** *f* mass dismissals; **~nlieferung** *f* bulk consignment; **~nmedien** *pl* mass media, means of mass communication; **~nnahrungsmittel** *n* bulk foodstuffs; **~norganisation** *f* mass organization; **~npanik** *f* mass panic, crowd panic; **~npartei** *f* party with mass support, large party; **~nproduktion** *f* mass production, production in bulk; **~npsychologie** *f* mass psychology; **~npublikum** *n* mass audience; **~nquartier** *n* mass accommodation; **~nstreik** *m* general strike; **~nsuggestion** *f* mass suggestion; **~nterror** *m* mass terror; **~ntourismus** *m* mass tourism; **~nveranstaltung** *f* mass rally; **~nverbrechen** *n* mass crime; **~nverfolgung** *f* mass persecution; **~nverhaftungen** *f/pl* mass arrests; **~nverkauf** *m* **von Effekten** unloading, large-scale selling of equities; **~nverkehr** *m* very heavy traffic; **~~smittel** *n* mass transit, means of public transport, mass transportation facilities; **-~nvernichtungswaffen** *f* weapons of mass destruction; **~nversammlung** *f* mass rally; **~nvertrieb** *m* mass selling; **~nverzeichnis** *n* schedule of quantities (*in a tender or building contract*); **~nwahn** *m* mass delusion; **~nware** *f* mass-produced goods.

Masse *f* **II** (bankrupt's) estate, assets; **~anspruch** *m* preferential claim (*to be satisfied directly out of the estate*); **~darlehen** *n* loan for insolvent estate (*for current transactions*); **~forderung** *f* post-adjudication claim against a bankrupt's estate; **~gläubiger** *m/***-in** *f* post-adjudication preferred creditor, creditor of claims directly to be discharged by trustee; **~kosten** *pl* costs of bankruptcy (*including cost of living allowance to bankrupt and family*); **~schulden** *pl* direct debts of the bankruptcy estate (*to be satisfied by the trustee*); **~verteilung** *f* liquidating distribution; **~verwalter** *m/***-in** *f* trustee in bankruptcy, administrator of a bankrupt's estate; **~verzeichnis** *n* list of assets (of the estate); **mangels ~** (for) insufficiency of assets.

maß|gebend *adj* authoritative, authentic, relevant, applicable; **~geblich** definitive, authoritative; **~~ sein** to be authoritative, to override; **in gleicher Weise ~** equally authentic; **~geschneidert** made-to-measure.

Mäßigungspflicht *f* (*public servant's*) duty to be politically moderate.

Maßnahme *f* action, measure (= *m*-), step; **~n der Betriebsleitung** managerial decisions; **~ des Gerichts** act of court; **~gesetz** *n* statute for a specific provision; **~n ergreifen** to take *m-s*, to take action, to adopt *m-s*; **~n gleicher Wirkung** *EU m-s* having equivalent effect; **~nkomplex** *m* set of *m-s*; **~n unterlassen** to refrain from action, to abstain from *m-s*; **bevölkerungspolitische ~n** population policies, demographic policies; **dirigistische ~n** authoritarian *m-s*, dirigistic *m-s*; **diskriminierende ~n** discriminatory *m-s*; **einschneidende ~n** sweeping *m-s*, radical action; **einstweilige ~n** temporary *m-s*; **etwa erforderlich werdende ~n** any necessary *m-s*; **feindliche ~n** enemy *m-s*, hostile acts; **geeignete ~n** appropriate steps, appropriate action; **geldpolitische ~n** *m-s* of monetary policy; **gerichtliche ~n ergreifen** to take court action; **gesetzgeberische ~n** legislative *m-s*; **gezielte ~** selective *m*-; **handelspolitische ~n** trade policy steps; **hoheitliche ~n** acts of sovereignty; **investitionspolitische ~n** *m-s* in the field of investment policy; **kriegsähnliche ~n** *m-s* short of war, quasiwar *m-s*; **marktwidrige ~** action in disregard of market conditions, *m*- contrary to free market principles; **polizeiliche ~** police action; **sofort vollziehbare ~n** immediately enforceable *m-s*; **soziale ~n** welfare *m-s*, social *m-s*; **staatliche ~n** governmental action; **steuerliche ~n** fiscal *m-s*; acts of taxation; **steuerpolitische ~n** *m-s* of fiscal policy; **strengere ~n** more drastic *m-s*; **unaufschiebbare ~n** urgent *m-s*, unpostponable steps; **vertrauensbildende ~n** confidence-building *m-s*; **vorbereitende ~n** preliminaries; **vorbeugende ~n** precautionary *m-s*, preventive *m-s*; **vorläufige ~n** provisional *m-s*; **vorsorgliche ~** safeguarding *m-*; **wettbewerbshemmende oder -verzerrende ~n** *m-s* restricting or distorting competition.

maßregeln *vt* to discipline, to reprimand, to punish.

Maßregelung *f* disciplinary reprimand, formal rebuke; **~sverbot** *n* stipulation forbidding company penalties after strikes; ban on victimization.

Material *n* material, stock; **~abgang** *m* material withdrawals; **~anforderung** *f* material requisition; **~aufstellung** *m* bill of materials; **~aufwand** *m* material used; **~ausgabe** *f* issue of materials; **~bedarf** *m* material requirements; **~~splanung** *f* materials budget; **~beistellung** *f* supply of materials; **~bereitstellungsplan** *m* supply-of-materials plan; **~bestand** *m* stock of material; **~empfangsbescheinigung** *f* materials receiving report; **~ersparnis** *f* saving of material; **~fehler** *m* defective material, defect in material; **~gemeinkosten** *pl* indirect material costs; **~~zuschlag** *m* material-cost-burden rate; **~konto** *n* material-stores account; **~lager** *n* stores, contractor's store, supplies in factory; **~lieferant** *m*/**-in** *f* materials supplier; **~liste** *f* bill of materials; **~mangel** *m* shortage of materials, shortage of securities on offer; **~nachweisverfahren** *n* materials accountability system; **~preisabweichung** *f* materials price variance; **~prüfung** *f* testing of materials, material control; **~~samt** *n* materials testing office; **~schwierigkeit** *f* difficulty in procuring materials; **~schwund** *m* wastage; **~ und Arbeitslöhne** material and labo(u)r; **~verarbeitung** *f* working of material, processing of material, workmanship concerning materials; **~verbrauch** *m* material usage, consumption of materials; **~verlust** *m* wastage, loss of materials; **~wert** *m* value of raw material; **~wiederverwendung** *f* recycling of materials; **~ zu Beweiszwekken** evidential material; **flottantes ~** shares on offer; **fluktuierendes ~** floating supply of securities on offer; **herauskommendes ~** new issues; **minderwertiges ~** materials of poor quality; **nicht fristgerecht geliefertes ~** late delivery of material; **rollendes ~** rolling stock; **urkundliches ~** documentary evidence.

Materialismus *m* materialism; **dialektischer ~** dialectical materialism; **historischer ~** historical materialism.

Materie *f* subject-matter, material.

materiell *adj* substantive, in concrete terms; **~ bedeutsam** of practical significance; **~-rechtlich** substantive, relating to substantive law.

Mätressentestament *n* last will in favo(u)r of one's mistress.

Matrosenheuer *f* seamen's wages.

Mauer *f* wall, brick wall; **~werk** *n* masonry, brick work; **~schwamm** *m* dry rot; **Berliner ~** Berlin Wall; **Fall der ~ ~** fall of the Berlin Wall; **feuerfeste ~** fire proof partition wall; **gemeinschaftliche ~** party wall.

Mauritius Mauritius; **Assoziierte Afrikanische Staaten, Madagaskar und ~** (*abbr* **AASMM**) Associated African States, Madagascar, and Mauritius (*abbr* AASMM).

Maul- und Klauenseuche *f* foot-and-mouth disease.

Maulwurf *m* mole (*secret agent*).

Maut *f* toll; **~brücke** *f* toll bridge; **~recht** *n* tollage; **~straße** *f* toll-road.

mautpflichtig *adj* subject to toll charges.

Maximal|belastung *f* peak load; **~forderung** *f* maximum claim; **~grenze** *f* maximum, upper limit; **~hypothek** *f* maximum-sum mortgage, closed mortgage, running-account mortgage, → *Höchstbetragshypothek*; **~schaden** *m* maximum damage, upper limit of damage.

Maxime *f* dictum; ~ ***e-er*** **Handlung** maxim of action, principle behind an action.

maximieren *vi* to fix a maximum, to fix a retention limit, to maximize.

MdB (*abbr* = **Bundestagsabgeordnete**(**r**) *f*(*m*)) member of the → *Bundestag*, member of parliament (*lower house*), (*GB abbr* MP).

Mechanismus *m* mechanism, apparatus, machinery; **~des Verfahrens** procedural machinery.

Medaillenverordnung *f* decree concerning hono(u)rs and medals.

Medien *n/pl* (the) media; **~angehörige** *pl* media staff members; **~dienst** *m* media services provider; **~ordnung** *f* media regulations; **~recht** *n* media law; **~verbund** *m* media grid; **Neue** ~ new media.

Medikamenten|herstellung *f* production of medicine; **~missbrauch** *m* abuse of medical drugs.

Medio|abrechnung *f* mid-month settlement; **~ausweis** *m* mid-monthly statement; **~geld** *n* short-term credit for mid-month settlement; **~geschäft** *n* business for mid-month settlement; **~liquidation** *f* mid-monthly settlement; **~wechsel** *m* fortnightly bill.

Medizin *f* medicine, medical science; **~recht** *n* (*abbr* **MedR**) law of medicine; **gerichtliche** ~ forensic medicine, medical jurisprudence.

MedR (*abbr* = **Medizinrecht**) law of medicine.

Meer *n* ocean, the high seas, the open sea; **~enge** *f* straits, channel; **~~nabkommen** *n* the Convention of Montreux (1936), the Straits Convention; **~~ndurchfahrt** *f* straits passage; **~~nvertrag** *m* The Straits Convention (1841); **~~nkommission** *f* straits commission; **~esarm** *m* arm of the sea, inlet; **~esbergbau** *m* deep-sea mining; **~esbodensperrvertrag** *m* treaty on denuclearization of the ocean floor; **~esforschung** *f* marine research, exploration of the sea; **~esfreiheit** *f* freedom of the seas; **~esgrenze** *f* sea frontier; **~esgrund** *m* seabed; **~eshöhe** (height above) sea level; **~esumwelt** *f* marine environment; **~esverschmutzung** *f* marine pollution by dumping; **~~ vom Land aus**; marine pollution from land-based sources.

Megafon *n* megaphone, speaking trumpet.

Mehr|anbau *m* additional cultivation; **~anfall** *m* increase (*in work, etc*); **~ankäufe** *m/pl* excess of purchases over sales; **~anspruch** *m* additional claim; **~arbeit** *f* extra work, additional work; **~~slöhne** *pl* extra pay, overtime pay; **~~sverbot** *n* prohibition of overtime; **~~svergütungen** *f* overtime pay; **~~~ für Anwesenheitsstunden** overtime pay for hours worked; **~~szeit** *f* overtime; **~~szuschlag** *m* bonus paid for extra work; **~aufwand** *m* additional expenditure, additional outlay, extra trouble; **~aufwendungen** *f/pl* extra expenses, additional expenditure; **~ausgabe** *f* increase in expenditure, extra expense; **~bedarf** *m* additional demand, additional requirements; **~belastung** *f* extra burden, additional charge; **nachträgliche** ~~ supplementary charge; ***e-e*** ~~ **ausgleichen** to offset an additional charge; **~belegung** *f* multiple occupancy; **~beschäftigung** *f* higher level of employment; **~bestand** *m* additional stock, additional supply; **~betrag** *m* additional amount, excess amount; **~bietende**(**r**) *f*(*m*) outbidder; **~deutigkeit** *f* ambiguity, equivocation; **grundlegende** ~~ ambiguity upon the factum; **offenkundige** ~~ patent ambiguity; **offensichtliche** ~~ patent ambiguity; **versteckte** ~~ latent ambiguity; **~ehe** *f* plural marriage, polygamous marriage; **~einnahme** *f* surplus of receipts; **~entnahme** *f* excess withdrawal; **~erlös** *m* excess proceeds; **~~abführung** *f* transfer of excess proceeds; **~ertrag** *m* surplus, over-proceeds, extra proceeds, surplus profits; **~export** *m* increase in exports, additional exports; **~facharbitrage** *f* compound arbitrage; **~fachbeschäftigte(r)** *f(m)* person engaged in several occupations; **~fachbesteuerung** *f* recurrent taxation, multiple taxation; **~fachbezieher** *m/***-in** *f* recipient of several types of benefit (*social ins*); **~fachkonten** *n* multiple accounts; **~fachtäter** *m/***-in** *f* recidivist, multiple offender; **~fachüberlassung** *f* granting possession to several people; time share arrangement; **~fachversicherung** *f* multiple insurance, double indemnity; **~fahrtenausweis** *m* multiple ticket; **~familienhaus** *n* multifamily building; **~farbendruck** *m* polychrome print(ing); **~felderwirtschaft** *f* multifield system; **~förderung** *f* extra output; **~frontenkrieg** *m* war on several fronts; **~gebot** *n* overbid, higher bid; referential bid; difference between the reserve price and the highest bid; **~gewicht** *n* excess weight, overweight, surplus weight; **~gewinn** *m* excess profits; **~heit** *f* majority, → *Mehrheit*; **~jahresforschungsprogramm** *n* multiyear research program(me); **~~jahresprogramm** *n* multiannual program(me); **~kosten** *pl* additional expenses, additional charges; **~leistungen** *pl* increased performance, increased efficiency, *ins* additional benefit; **~lieferung** *f* increased delivery, additional delivery; **~mütterklausel** *f* multiple-parent clause/provision; statutory provision on companies with several parents; **~parteiensystem** *n* multiple party system; **~phasensteuer** *f* multistage tax; **kumulative ~~** cumulative multistage tax system; **~schichtenbetrieb** *m* working in several shifts, multiple shift operation; **~schichtkosten** *pl* multiple shift costs; **~staatenangehörigkeit** *f* multinationality, intercitizenship; **~staater** *m/***-in** *f* person of more than one nationality; **~stimmenaktie** *f* → *~stimmrechtsaktie*; **~stimmenwahlrecht** *n* plural vote, plural voting right, multiple voting right, weighted voting right; **~stimmrechtsaktie** *f* multiple-vote share, share with weighted voting right; supervoting share(s); **~stückpackung** *f* multipack; **~verbrauch** *m* additional consumption, excess consumption, **~verkehr** *m* sexual intercourse with several men (*during period of conception, relevant for paternity case*); **~~szeuge** *m/***-in** *f* witness of a woman's sexual relation with a man (*or men other than the putative father*); **~völkerstaat** *m* multinational state; **~wert** *m* added value, additional value, increment value; appreciated surplus; **~~ *e-es* Grundstücks durch Zusammenlegung** plottage increment; **~~steuer** *f* value added tax, → *Mehrwertsteuer*; **~zahl** *f* majority; **~zwecktransporte** *pl* multimodal transport facilities; **~zweckverband** *m* multipurpose joint authority.

mehr|deutig *adj* ambiguous; **~jährig** lasting several years, longstanding; **~prozentig** of/by more than one per cent, by several percentage points; **~seitig** multilateral; **~sprachig** multilingual; **~stufig** multistage, multiphase.

mehr oder weniger more or less, (or) thereabouts.

Mehrheit *f* majority (= *m*-); **~ der Erben** plurality of heirs; **~ nach Köpfen** *m*- of members; **~saktionär** *m m*-/controlling shareholder; **~sansicht** *f m*- opinion; **~sbeschluss** *m m*- vote, decision of the *m*-, resolution adopted by a *m*- of votes; **gewöhnlicher ~~** ordinary resolution; **~sbesitz** *m m*- holding; **~sbeteiligung** *f m*- stake, *m*- participation, *m*- interest, *m*- holding; **~sentscheid** *m m*- decision; **~sgesellschaft** *f m*- shareholder; partner holding the *m*- of capital; **~sgrundsatz** *m m*- principle, principle of *m*-rule; **~sherrschaft** *f m*- rule;

~**sparteien** *pl m-* parties; ~**svotum** *n m-* opinion; ~**swahl** *f m-* vote (system); ~~**rechtssystem** *n m-* vote system, first-past-the-post system; ~ **von Jastimmen** affirmative vote, the ayes have it; ~ **von Tätern** coprincipals; several persons participating in one crime; ~ **von Unternehmern** group of business owners; **absolute** ~ absolute *m-*; **arbeitsfähige** ~ working *m-*; **die erforderliche** ~ the requisite *m-*; **die** ~ **haben** to be in the *m-*, to have the *m-*; **die** ~ **ist dafür** the ayes have it; **einfache** ~ *m-* vote, simple *m-*; **erforderliche** ~ necessary *m-*; **knappe** bare *m-*, narrow *m-*; **kommt** ***e-e*** ~ **nicht zustande** failing a *m-*; **mit** ***e-er*** ~ **von** by a *m-* of; **mit** ~ **beschlossen** carried by a *m-* of votes; **qualifizierte** ~ special *m-*, qualified *m-*; **relative** ~ relative *m-*, *US* plurality, (*m- in relation to other* (*unelected*) *candidates*); **sichere** ~ comfortable *m-*; **über** ***e-e*** ~ **verfügen** to command a *m-*; **überwältigende** ~ overwhelming *m-*; **überwiegende** ~ vast *m-*; **verfassungsändernde** ~ *m-* sufficient to modify the constitution; **zahlenmäßige** ~ numerical *m-*.

Mehrwertsteuer *f* (*abbr* **MWSt**) value added tax (*abbr* VAT); ~**befreiung** *f* zero-rating; ~**-Gesamtbelastung** *f* total amount of VAT; ~**-Vorbelastung** *f* prior VAT charges; **Angleichung der** ~ *EU* alignment of value added tax; **die** ~ **in** ***e-er*** **Rechnung ausweisen** to indicate VAT in an invoice.

meiden *vt* to avoid, to keep away from, to shun.

Meidung *f* avoidance; **bei** ~ ***e-er*** **Strafe von** under penalty of.

Meineid *m* perjury, false oath; ~**verfahren** *n* prosecution for perjury; ***e-en*** ~ **leisten** to commit perjury; ***e-en*** ~ **schwören** to swear falsely; **zum** ~ **verleiten** to suborn to commit perjury.

meineidig *adj* perjured; ~ **werden** to perjure oneself.

Meineidige(r) *f(m)* (*der Meineidige*) perjurer, person who has committed perjury.

Meinung *f* opinion; ~**sänderung** *f* change of opinion, change of mind; **radikale** ~~ volte face; ~**säußerung** *f* statement of opinion, expression of opinion; ~~**sfreiheit** *f* freedom of opinion; freedom to express one's opinion; **freie** ~~ **unterdrücken** to gag, to supress freedom of opinion; ~**saustausch** *m* exchange of views; ~**sbefragung** *f* opinion poll; ~**sbildung** *f* forming of one's opinion, forming of public opinion; ~**sforschung** *f* public opinion research; ~~**sgutachten** *n* expertise of public opinion research; ~**sfreiheit** *f* freedom of opinion, freedom of expression; ~**skauf** *m exch* speculative buying; ~**smonopol** *n* monopolistic concentration of the media; ~**sstreit** *m* conflict of opinion; ~**sumfrage** *f* opinion poll; ~~**spezialist** *m/*-**in** *f* psephologist; ~**sverkauf** *m exch* speculative selling; ~**sverschiedenheit** *f* difference of opinion, disagreement, dissent; **sämtliche** ~~**en** all matters in difference; **unbedeutende** ~~**en** minor differences; ~**svielfalt** *f* diversity of opinion, a wide range of opinions; **abweichende** ~ dissenting (scholarly/judicial) opinion; **die ablehnende** ~ **aufgeben** to recede from a dissenting opinion (*legislative chamber*); ***e-e*** ~ **abgeben** to render an opinion; **einhellige** ~ general concurrence of opinion; **herrschende** ~ (*abbr* **h.M.**) dominant opinion (*in the higher courts*, → *herrschende Lehre*); **irrige** ~ mistaken idea; **öffentliche** ~ public opinion; **übereinstimmende** ~ consensus of opinion; **vorbehaltslose** ~ unhedged opinion; **vorgefasste** ~ preconceived notion/opinion, fixed opinion; preconception.

meinungs|neutral *adj* neutral as to opinion, independent, impartial, objective.

Meistbegünstigung *f* most-favo(u)red-nation (= *m-f-n*) treatment; **~sklausel** *f m-f-n* clause; **~sprinzip** *n m-f-n* principle; **~ssatz** *m m-f-n* rate; **~svolltarif** *m m-f-n* tariff; **~szollsatz** *m m-f-n* tariff.

meistbietend *adj* highest bidding (*if used before a noun*), bidding highest (*if used after a noun*).

Meistbietende(r) *f(m)* (*der Meistbietende*) the highest bidder, best bidder, outbidder; **dem ~n zuschlagen** to knock down to the highest bidder.

Meister *m*/**-in** *f* master, master craftsman, **~arbeit** *f* master work; **~brief** *m* master craftsman's certificate; **~prüfung** *f* master craftsman's qualifying examination; **~recht** *n* master craftsman's rights; **~stück** *n* masterpiece; **~titel** *m* title of master craftsman (*title of master baker, master tailor, etc*); **~würde** *f* mastership, rank of master (craftsman).

Meistgebot *n* highest bid.

Melde|amt *n* registration (= *r-*) office; **~behörde** *f r-* office, district recruitment *US* center/*GB* centre; **~bestätigung** *f* confirmation of *r-* with the police; **~bestimmungen** *f* notification regulations, *r-* regulations; **~bogen** *m r-* form; **~daten** *pl r-* data; **~formular** *n r-* form; **~frist** *f* time for registering; **~geheimnis** *n* confidentiality of *r-* office data; **~gesetz** (*abbr* **MG**) *R-* Act; **~kartei** *f r-* card index, register; **~pflicht** *f* compulsory *r-*, duty to report; **~~ für Ausländer** aliens' duty to register (*with the authorities*); **~pflichtige(r)** *f(m)* (*der Meldepflichtige*) person liable to report, registrant; **~recht** *n* law of residence *r-*; **~register** *n* register of residents; **~schein** *m r-* form, certificate of *r-*; **~stelle** *f r-* office; **~termin** *m* reporting date; **~-und Ausweiswesen** *n* (matters of) *r-* and identification papers; **~vordruck** *m r-* form; **~vorschriften** *f/pl r-* rules, regulations concerning *r-* with authorities; **~wesen** *n r-* matters, *r-* of residents; **polizeiliches ~~** the system of *r-* (*of residents*) with the police; **~zeit** *f* time for *r-*; check-in time; **~zettel** *m r-* form.

melden *vt* to report, to register, to give notice to register, *v reflex* to report, to register, to enrol(l); **sich freiwillig ~** to volunteer.

melde|pflichtig *adj* notifiable, reportable, declarable (*customs*), obliged to register, subject to reporting (to).

Meldung *f* report; information; news; **~seingang** *m* receipt of a report, receipt of a return; **dienstliche ~** official report; **eingehende ~en** incoming messages; **polizeiliche ~** police report; **rechtzeitige ~** report in time.

Melioration *f* land improvement, soil improvement; **~sarbeiten** *f/pl* land improvement works; **~sdarlehen** *n* loan for agricultural land improvement; **~sfonds** *m* public fund for agricultural land improvement; **~skredit** *m* agricultural land improvement credit.

meliorieren *vt* to improve the quality of arable land.

Memorandum *n* memorandum.

Menge *f* quantity (= *q-*, *quantities* = *q-s*, *quantitative* = *q-ive*), quantum, amount; **~nabsatz** *m q-* sale, *q-* sold; **~nabschreibung** *f* depreciation based on the *q-ive* output, unit-of-production method of depreciation; **~nabweichung** *f q-* variance, volume discrepancy; **~nangabe** *f* indication of *q-s*; **~nbeschränkung** *f* quantitive restriction(s); **~nbonus** *m* volume discount; **~neffekt** *m q-* effect; **~neinheit** *f* unit of *q*; **~neinkauf** *m* bulk buying; **~ngeschäft** *n* volume banking business, standardized banking services, retail banking; **~nindex** *m q-* index; **~nkauf** *m q-* buying; **~~vertrag** *m q-* purchase agreement; **~nkennzeichnung** *f q-* marking (*on packages*); **~nkonjunktur** *f q-* boom, expansion boom, growing output, increased demand boom; **~nkon-**

trolle *f q-* control; **buchmäßige ~~** unit control; **~nkostenrechnung** *f* marginal costing; **~nleistung** *f q-ive* output; **~nnachlass** *m q-ive* rebate; **~npreis** *m* bulk price; **~nprüfung** *f* verification of *q-*; **~nrabatt** *m q-* volume discount, volume merchandise allowance; **~nrechnung** *f* volume accounting; **~nstaffelung** *f q-* scale; **~nstufen-Kaufvertrag** *m* progressive-volume purchase agreement; **~n-tarif** *m* bulk supply tariff; **~nvorgabe** *f* production standard; **~nvorschrift** *f q-ive* regulations; **etwa gleiche ~n** roughly equal amounts; **gewinnbringende ~n** paying *q-s*.

mengenmäßig *adj* quantitative, in terms of quantity; **~e Beschränkung** *f EU* quantitative restriction (on imports and exports).

Mensch | enansammlung *f* crowd of people, gathering; **~enführung** *f* leadership, management; **~engedenken** *n* living memory; **seit ~~** within living memory; **~enhandel** *m* slave traffic, trade in human beings, trafficking in persons; **~enleben** *n* human life; **~enmenge** *f* crowd; **~enraub** *m* kidnapping; **~~ gegen Lösegeld** kidnapping for ransom; **~enräuber** *m/***-in** *f* kidnapper; **~enrecht** *n* human right, man-made law; **~~sbeschwerde** *f* appeal to the Human Rights Commission; **Europäische Gerichtshof für ~~e** (*abbr* **EuGHMR) European Court of Human Rights (abbr ECHR); Europäische Konvention zum Schutze der ~~e und Grundfreiheiten** European Convention for the Protection of Human Rights and Fundamental Freedoms (*Rome, 1950*); **~~skonvention** *f* (*abbr* **EMRK**) Human Rights Convention (*abbr* ECHR); **Europäische ~~~** European Convention on Human Rights; **~enschinder** *m/***-in** *f* torturer, slave driver; **~enverstand** *m* human intelligence; **gesunder ~~** common sense; **~enwürde** *f* human dignity; **~lichkeitsverbrechen** *n* crime against humanity; **~qualität** *f* humaness, human quality; **~~ des ungeborenen Lebens** human quality of unborn life.

menschenverachtend *adj* dehumanising, humanly degrading.

Mentalreservation *f* mental reservation.

Merkantilismus *m* mercantilism.

Merkblatt *n* leaflet, explanatory notes, instruction card.

merklich *adj* appreciable; **kaum ~** small, trifling, trivial.

Merkmal *n* indication, criterion, characteristic feature, **~sanalyse** *f pat* feature table style; **besondere ~e** distinguishing features; **kennzeichnende ~e** *pat* characterizing features; **spezifische ~e** special characteristics, specific features; **technische ~e** technical features.

Merkposten *m* reminder item, nominal figure, depreciated item at a nominal valuation, promemoria item.

Mesalliance *f* mésalliance.

Mess | apparat *m* measuring device; **~fehler** *m* error in measurement; **~fühler** *m* sensor; **~genauigkeit** *f* accuracy of measuring; **~gerät** *n* measuring tool; **~instrumente** *pl* measuring instruments; **~station** *f* monitoring station; **nukleare ~~** fall-out-station; **~tischblatt** *n* ordnance map; **~zahl** *f* index number; **~ziffer** *f* → *~zahl*; **~~ der Preise** price index.

Messe *f* trade fair, trade show, trade exhibition; **~amt** *n* trade fair administration, trade fair office; **~gelände** *n* exhibition site; **~halle** *f* exhibition hall; **~leitung** *f* trade fair management; **~stand** *m* exhibition stand, stand at a trade fair; **~- und Marktsachen** *f/pl* trade fair and market matters; **~vertrag** *m* exhibition contract (*trade fair*).

Meta | geschäft *n* joint business venture, transaction on joint account, fifty-fifty business; **~konto**

n joint account of a joint business venture; ~**kredit** *m* credit on joint account; ~**sprache** *f* metalanguage, speech on the metalevel, ↔ *Primärsprache,* → *Sekundärsprache.*

Metall | arbeit *f* metalwork, work in metal; ~**arbeiter** *m*/**-in** *f* metal worker; ~**bau** *m* metal construction; ~**bearbeitung** *f* metal working; ~**berufe** *m/pl* occupations in the metal industry; ~**geld** *n* metal currency, coins, specie; ~**industrie** *f* metal industry, nonferrous metals industry; ~**kunde** *f* metallurgy; ~**münze** *f* metal coin; ~**notierungen** *f/pl* metal quotations, metal prices; ~**probe** *f* assay; ~**verarbeitung** *f* metal processing, metal working; ~**währung** *f* metallic standard, metallic currency; ~**waren** *pl* hardware, metal goods.

Meterware *f* piece goods, material sold by the *US* meter/*GB* metre.

Metist *m*/**-in** *f* party engaging in a joint business venture, → *Metageschäft.*

Meuchelmord *m* treacherous murder, foul assassination.

Meuchelmörder *m*/**-in** *f* treacherous murderer, foul assassin.

Meuterei *f* mutiny; ~ **von Gefangenen** prison mutiny.

Meuterer *m*/**-in** *f* mutineer, participant in prison mutiny.

meutern *vi* to mutiny, to mutineer.

MG (*abbr* = **Meldegesetz** *n*) Registration Act (*requires registering place of residence with authorities*).

Miet | ablösung *f* key money, compensation to outgoing tenant; ~**abtretung** *f* assignment of rent; ~**anlagen** *pl* rental equipment; ~~**geschäft** *n* leasing activities; ~**anpassung** *f* rent adjustment, rent review; ~**aufhebung** *f* tenancy termination (by court); ~~**sklage** *f* petition to have a tenancy terminated; ~**aufwand** *m* expense involved in renting; ~**ausfall** *m* loss of rent; ~~**versicherung** *f* insurance against loss of rent; ~~**wagnis** *n* risk of loss of rent; ~**auto** *n* hired car; ~**beendigung** *f* termination of tenancy; ~**beihilfe** *f* rent subsidy; ~**besitz** *m* possession as a tenant, tenancy, leasehold; ~**bindungsanordnung** *f* rent-fixing order; ~**bücherei** *f* subscription library; ~**dauer** *f* term of tenancy/lease; ~**einigungsamt** *n* rent-mediation tribunal; ~**einigungssachen** *f* rent-mediation cases; ~**einnahmen** *f/pl* rent receipts; ~**erhöhung** *f* increase in rent, rent increase; ~~**svereinbarung** *f* rent-increase agreement; ~**ertrag** *m* rental income, rental return; ~~**swert** *m* rental value; ~**fläche** *f* rented floor space; ~**garantie** *f* rent guarantee; ~**gebäude** *n* multiple dwelling, tenement, block of flats; ~**gebrauch** *m* (*reasonable*) use of rented property; ~**gebühr** *f* rental fee; ~**gegenstand** *m* leased object, rented property, demised premises; ~**geld** *n* rent; ~~**entschädigung** *f* compensation for loss of rent income; ~**grundstück** *n* property let for rent, demised premises; ~(**s**)**haus** *n* apartment building, block of flats, tenement (house); ~**herabsetzung** *f* rent reduction; ~**höhe** *f* amount of rent; ~**inkasso** *n* rent collection; ~**kauf** *m* hire-purchase; ~**kaution** *f* security for rent, rent deposit; ~**kosten** *pl* rent, hiring charge, rental fee; ~**kündigung** *f* notice of termination of tenancy, notice to quit (*by landlord*); ~**nachlass** *m* remission of rent; ~**nebenkosten** *pl* ancillary costs (of tenancy); ~**objekt** *n* → *~gegenstand*; ~**preis** *m* rent, hire; ~~**bindung** *f* rent control; ~~**erhöhung** *f* → *~erhöhung*; ~~**freigabe** *f* decontrolling of rents; ~~**kontrolle** *f* rent control; ~~**politik** *f* rent policy; ~~**recht** *n* law on controlled rents; ~~**überhöhung** *f* overcharging of rent; ~**räume** *m/pl* rented premises, demised premises, lodgings; ~**recht** *n* law of tenancy; **soziales** ~~ law on socially just tenancies; ~**rückgang** *m* rent reduction; ~**rückstände** *f/pl* arrears of rent; ~**sache** *f* → *~gegenstand*; ~**sätze** *m/pl* rental rates; **~schuld** *f* debts to pay rent, rent-debit, arrears of rent; **~spiegel** *m* representative list of rents; **~skaserne** *f* (large) tenement house; **~streitigkeiten** *pl* tenancy disputes; **~(en)- und Berechnungsverordnung** *f* rent and rent-calculation regulations; **~- und Lastenbeihilfen** *pl* grants for rents and public charges; **~- und Pachtrecht** *n* landlord and tenant law; **~vereinbarung** *f* tenancy agreement, lease (agreement); **~verfügung** *f* tenancy order; **~verhältnis** *n* tenancy, landlord and tenant relationship; **monatliches** ~~ month-to-month-tenancy; (*gerichtlich*) **verlängertes** ~~ continuation tenancy; **~verhandlungen** *f/pl* negotiations about a tenancy agreement; **~verlängerung** *f* extension of tenancy/lease, renewal of tenancy term; **~~srecht** *n* option to renew a tenancy; **~vertrag** *m* tenancy agreement, lease; hiring agreement; **~vorauszahlung** *f* prepayment of rent, rent payment in advance; **~wagen** *m* hired car; **~~kosten** *pl* costs of a hired car (*after accident*); **~~verleih** *m* hire-car service; **~wert** *m* rental value; **steuerlicher** ~~ assessed rental; **~wohngrundstück** *m* property for rented accommodation/residential letting; **~wohnhaus** *n* apartment building, tenement; **~wohnung** *f* apartment, flat, dwelling; *pl* housing for rent; **~wohnverhältnisse** *n/pl* rented accommodation; **~wucher** *m* usurious rent, charging exorbitant rent; **~zahlung** *f* payment of rent; **~zeit** *f* term of (the) tenancy/lease; **noch nicht abgelaufene** ~~ unexpired term; **~zins** *m* rent, rental, hire (*movables*); **~~forderung** *f* claim for rent; **~~stop** *m* rent freeze; **~zuschlag** *m* extra charges on the rent; **~zuschuss** *m* rent subsidy.

Miete *f* tenancy, hire; rent; ~ **für** ***e-e*** **Etagenwohnung** rent for an apartment; ~ **mit automatischer Erhöhungsklausel** progressive rent clause; **angemessene** ~ fair rent; **ausbedungene** ~ rent reserved; **die** ~ **kündigen** to give notice to terminate the tenancy/lease; to give notice to quit; **fällige** ~ rent due; **freie ~n** private sector rents; **gesetzlich zulässige** ~ standard rent, legal rent; **Kosten deckende** ~ cost-covering rent; **rückständige** ~ rent arrears; **vereinbarte** ~ agreed rent; **zur** ~ on hire, to be let; **zur** ~ **wohnen** to live in rented accommodation.

mieten *vt* to rent (*room, apartment*), to lease (*house*), to hire (*car, movables*), to charter (*ship, aircraft*).

Mieter *m*/**-in** *f* tenant, lessee, lodger, hirer (*movables*); charterer (*ship, aeroplane*); **~darlehen** *n* loan by tenant to landlord; **~haftpflichtversicherung** *f* tenant's liability insurance; **~kaution** *f* tenant's deposit; **~leistungen** *f/pl* improvements and contributions by the tenant; **noch nicht abgewohnte** ~~ unexhausted improvements; **~rechte** *n/pl* tenant's rights; **~schutz** *m* legal protection of tenants (*against notice to quit*), security of tenure; **~~gesetz** *n D obs* Protection of Tenants Act; **~vereinigung** *f* tenant's association; **~vormerkliste** *f* housing list; **~zuschuss** *m* tenant's contribution (to building costs); **bereits vorhandener** ~ sitting tenant; **dem** ~ **kündigen** to give notice of termination to the tenant; **gewerblicher** ~ business tenant; **neuer** ~ incoming tenant.

miet|frei *adj* rent-free; **~weise** by way of tenancy (*or hire*).

Mietling *m* hireling, mercenary.

Mikrofilmlesegerät *n* microfilm/microfiche reader.

Milch|ertrag *m* milk yield; **~gesetz** *n* Milk Act (*relating to milk production and distribution*); **~leistung** *f* milking capacity; **~mädchenrechnung** *f* overoptimistic estimate, simple-minded reasoning, exorbitant charge; **~panscher** *m*/**-in** *f* adulterator of milk; **~pro-**

dukte *pl* dairy products; **~sammelstelle** *f* milk collection *US* center/*GB* centre, dairy; **~- und Fettgesetz** *n D* Milk and Fats Act (*market régime for dairy products and fats*); **~verarbeitung** *f* milk processing; **~verbrauch** *m* milk consumption; **~verordnung** *f* ordinance concerning milk production; **~verpackung** *f* packaging of milk, milk container, milk package; **~vieh** *n* dairy cattle; **~~herde** *f* dairy herd; **~werk** *n* dairy; **~wirtschaft** *f* dairy industry, dairy farming.

mildern *vt* to mitigate.

mildernd *adj* mitigating, extenuating, alleviating.

Milderung *f* extenuation, mitigation, alleviation; **~sgrund** *m* mitigation cause, ground for clemency; **auf ~ der Strafe plädieren** to plead in mitigation.

mildtätig *adj* charitable, kindhearted.

Mildtätigkeit *f* charity.

Militär *n* the military (= *m*-), armed forces, army; **~akademie** *f m*-academy; **~attaché** *m m*- attaché; **~ausschuss** *m m*- committee; **~behörde** *f m*- authority, *m*- office; **~bündnis** *n m*- alliance; **~dienst** *m m*- service; **~ ableisten** to serve in the armed forces, to do one's *m*-service; **~diktatur** *f m*- dictatorship; **~führerschein** *m m*- *US* driver's license/*GB* driving licence; **~gebiet** *n m*- zone; **~gefängnis** *n m*- prison, *US* stockade; **~gericht** *n m*- tribunal, *m*- commission, *m*-court, court-martial; **~~sbarkeit** *f m*- jurisdiction; **~~shof** *m m*- tribunal; **~gewalt** *f m*- power, power of command; **~gouverneur** *m*/**-in** *f m*- governor; **~haushalt** *m m*-budget; **~hilfe** *f m*- aid; **~junta** *f m*-junta; **~konvention** *f m*- convention; **~luftfahrt** *f m*- aviation; **~mission** *f m*- mission; **~pass** *m* service record book; **~person** *f* member of the armed forces; **~~en** *m*- personnel; **für ~~~ gesperrt** off limits; **~pflicht** *f* compulsory *m*-service, conscription; **~polizei** *f m*-police (*abbr* MP); **~regierung** *f m*-government; **~richter** *m*/**-in** *f m*-judge; judge of a *m*- tribunal; **~staat** *m m*- state, stratocracy; **~staatsanwalt** *m*/**~staatsanwältin** *f* judge advocate; **~~ in der Hauptverhandlung** trial judge advocate; **~strafgesetzbuch** *n m*-penal code; **~strafrecht** *n m*- penal law; **~tauglichkeit** *f* fitness for *m*-service, fitness for active service; **~testament** *n m*- testament, soldier's will, sailor's will; **~vergehen** *n US* offense/*GB* offence against *m*- law; **~verwaltung** *f m*- administration, *m*- government; **~wesen** *n m*- matters; **~zeit** *f* time in the forces, *m*- service.

militärtauglich *adj* fit for active service, able-bodied.

Miliz *f* militia, special reserve.

Milliarde *f* milliard, a thousand million, *US* billion; **~nkredit** *m* loan of one milliard/billion or more.

Millionen|anleihe *f* loan of several millions, enormous loan; **~erbschaft** *f* inheritance worth millions; **~konkurs** *m* bankruptcy involving millions in debts; **~kredit** *m* credit of one or several millions.

Minder|aufkommen *n* revenue loss; **~ausgabe** *f* reduction of expenditure; **~betrag** *m* deficit, shortage, shortfall; **~bewertung** *f* reduction in valuation; **~einnahmen** *f/pl* shortfall in receipts, deficiency in receipts; **~erlös** *m* deficiency in proceeds; **~ertrag** *m* deficiency in proceeds; **~gewicht** *n* reduced weight, underweight, weight below a limit; **~heit** *f* → *Minderheit*, **~jährige(r)** *f(m)* (*der Minderjährige*) minor, young person, infant; **Haager Übereinkommen über die Zuständigkeit der Behörden und das anzuwendende Recht auf dem Gebiet des Schutzes von ~n** Hague Convention concerning the Powers of Authorities and the Law applicable in respect of the Protection of Minors (*1961*); **unterhaltsbedürfti-**

ger ~~ minor in need of maintenance; **vernachlässigter** ~~ neglected minor; **~jährigkeit** *f* minority, infancy; **~kaufmann** *m obs* small trader, nonregistrable merchant; **~kosten** *pl* reduced cost; **~leistung** *f* deficient output, loss of efficiency; **~lieferung** *f* short shipment, short supply, part delivery; **~nutzung** *f* under-utilization; **~umsatz** *m* falling off in sales, reduced turnover; **~ung** *f* diminution, reduction, shrinkage; diminution of the (purchase) price (*due to defect*); ~~ **der Erwerbsfähigkeit** impairment of earning capacity; **~~sanspruch** *m* warranty-claim for a reduction in the purchase/contract price; **~~sklage** *f* action for reduction in purchase price (*due to defects in the article sold*); **~~srecht** *n* right to a reduction in price due to a defect in the article sold; **~wert** *m* decrease in value, depreciation; **~~igkeit** *f* inferiority; **merkantiler** ~~ loss in value upon resale (*damaged automobile*); **technischer** ~~ technical depreciation; **~zahl** *f* minority; **in der** ~~ **sein** to be in the minority; **~~ung** *f* reduction of payment, underpayment.

minder|belastet *adj* less incriminated; **~bemittelt** low-income, poor; *fig* stupid; **~jährig** minor, infant under age; **~wertig** of small value, cheap, inferior.

Minderheit *f* (*pl Minderheiten* = *~en*) minority (= *m-*, *minorities* = *m-s*); **~enfrage** *f* *m-s* problem; **~enrechte** *n/pl* rights of (*national, ethnic, religious, etc*) *m-s*; **~enschutz** *m* protection of *m-s*; **~ensprache** *f* language of *m-* group; **~enstatut** *n* statute of *m-s*; **~saktionär** *m/***-in** *f* *m-* shareholder; **~sansicht** *f* *m-* opinion; **~sbericht** *m* *m-* report; **~sbeteiligung** *f* *m-* participation, *m-* interest, *m-* holding; **~sgesellschafter** *m/***-in** *f* *m-* shareholder; **~spaket** *n* *m-* holding; **~spartei** *f* *m-* party; **~srecht** *n* *m-* rights; **~sregierung** *f* *m-* government, *m-* rule; **~sschutz** *m* protection of *m-* rights; **~svotum** *n* *m-* opinion, dissenting opinion; **in der** ~ **sein** to be outnumbered, to be in the *m-*; **nationale** ~ ethnic *m-*; **religiöse** ~ religious *m-*; **sprachliche** ~ linguistic *m-*; **völkische** ~ ethnic *m-*.

mindern *vt* to diminish, to reduce, to decrease; to demand a reduction.

Mindest| (minimum = *m-*) **~abnahme** *f* *m-* purchasable amount; **~abstand** *m* *m-* distance, *m-* clearance; **~akkordsatz** *m* *m-* job rate, *m-* piece rate; **~alter** *n* *m-* age, age limit; **~anforderungen** *f/pl* *m-* requirements; **~angebot** *n* lowest bid, lowest admissible offer; **~angleichung** *f* **von Rechtsvorschriften** *EU* minimum harmonisation of legal/statutory provisions; **~arbeitsbedingungen** *f/pl* *m-* working conditions; **~auflage** *f* guaranteed *m-* circulation; **~ausstattung** *f* *m-* equipment; **~bargebot** *n* *m-* cash bid; **~bedarf** *m* *m-* requirements; **~bedingung** *f* *m-* condition; **~beitrag** *m* *m-* contribution; **~bestand** *m* *m-* stock, *m-* inventory level; **~besteuerung** *f* *m-* taxation; **~betrag** *m* **der Haushaltszulage** the *m-* head-of-household allowance; **~courtagesatz** *m* *m-* broker's commission; **~deckung** *f* *m-* cover; **~dividende** *f* guaranteed dividend; **~einkommen** *n* *m-* income; **~einlage** *f* *m-* deposit; **~einschluss** *m* *m-* margin requirements; **~ertrag** *m* lowest yield; **~forderung** *f* *m-* claim; **~freibetrag** *m* *m-* exemption, *m-* standard deduction; **~gebot** *n* lowest bid, reserved price (*auction*); **ohne** ~~ without reserve; **~gebühr** *f* *m-* fee; **~gehalt** *n* *m-* salary; **~gehalt** *m* *m-* content (*of basic human/civil rights*); **~geschwindigkeit** *f* *m-* speed; **~grenze** *f* (lowest) limit; **~größe** *f* *m-* size; **~guthaben** *n* *m-* balance; **~inventar** *n* basic stock; **~kapazität** *f* marginal capacity, *m-* performance; **~kapital** *n* *m-* capital; **~kleinverkaufspreis** *m* *m-* retail price; **~lizenz** *f m-* royalty; **~lohn** *m m-* wage, wage floor; **~maß** *n m-*; **~monatsentgelt** *n* monthly *m-* remuneration; **~nennbetrag** *m m-* nominal sum; **~normen** *pl* minimum standards; **~preis** *m m-* price, lowest price, reserve price (*auction*); **~prozentsatz** *m m-* percentage; **~prüfstoff** *f pat m-* documentation; **~prüfungsnoten** *pl* lowest-possible pass marks/grades; **~rand** *m m-* margin (*on documents*); **~rendite** *f* required rate of return, cut-off rate; *m-* yield; **~rente** *f m-* pension; **~reserve** *f* → *Mindestreserve*; **~saldogebühren** *pl m-* balance charges; **~satz** *m m-* rate; **~sparsumme** *f m-* savings figure; **~strafe** *f m-* sentence; **~steuer** *f m-* tax; **~~satz** *m m-* tax rate; **~streitwert** *m* lowest amount/value in controversy; **~stundenlohn** *m m-* hourly wage (rate); **~umsatz** *m m-* turnover; **~unterstützungssatz** *m m-* allowance; **~urlaubsgesetz** *n* act/statute on *m-* paid holiday; **~verdienst** *m m-* pay; **~vermögen** *n m-* (prescribed) assets; **~versicherungszeit** *f m-* period of insurance cover; **~voraussetzung** *f m-* prerequisite; **~vorschriften** *f/pl m-* requirements; **~~ zum Schutz der Sicherheit und Gesundheit der Arbeitnehmer** *EU m-* requirements for the protection of the safety and health of employees; **~wert** *m m-* value; **~wiederverkaufspreis** *m m-* resale price; **~zahl** *f m-* figure; **beschlussfähige ~~** quorum; **~zeichnung** *f m-* subscription.

Mindestreserve *f pl* ~*n* safety fund, statutory reserve, minimum reserve(s), required reserve(s), minimum cash reserve; **~anforderung** *f* minimum reserve requirements; **~dispositionen** *f/pl* arrangements to maintain minimum reserves; **~einlagen** *f* minimum reserve deposits; **~erhöhung** *f* increase in the minimum reserve requirement; **~npolitik** *f* minimum reserve policy, policy as to bank's minimum reserve ratio; **~satz** *m* required minimum reserve ratio; **~(n)system** *n* safety fund system, minimum reserve system; **bei der Zentralbank hinterlegte und gesperrte ~n** special deposits.

Mineral|gewinnungsrechte *n/pl* rights to exploit mineral resources; **~lagerstätte** *f* mineral deposit; **~öl** *n* (mineral) oil, petroleum; **~~besteuerung** *f* petroleum taxation; **~~steuer** *f* mineral oil tax; **~~steuergesetz** *n* mineral oil tax law; **~vorkommen** *n* mineral deposits.

Minister *m/***-in** *f* minister, *US* secretary; **~anklage** *f* impeachment of a minister; **~ausschuss** *m* ministerial committee; **~ebene** *f* ministerial level; **~kartell** *n* minister approved cartel, cartel in the interest of the commonweal; **~konferenz** *f* ministerial conference, conference of state (*Länder*) ministers; **~ ohne Geschäftsbereich** minister without portfolio; **~präsident** *m/***-in** *f* (*abbr* **MPr**) premier, prime minister, *D* minister-president (*of one of the Länder*); **~resident** *m/***-in** *f* resident minister; **~sessel** *m* ministerial post, portfolio; **~verantwortung** *f* ministerial responsibility; **bevollmächtigter ~** minister plenipotentiary.

Ministerial|beamter *m/***~beamtin** *f* departmental official; **~beauftragte(r)** *m(f)* ministerial commissioner (*for schools*); **~direktor** *m/***-in** *f* Director (General); **~dirigent** *m/***-in** *f* Assistant Director; **~erlass** *m* departmental order, ministerial order; **~rat** *m* Ministerial Counsellor; **~runderlass** *m* interdepartmental order, departmental circular; **~zulage** *f* extra pay for departmental officers.

Ministerium *n* ministry, government department, executive department; **von ~ zu Ministerium** interdepartmental, interministerial.

Minna *f sl* (*short for Grüne Minna*) Black Maria (*prison van*).

Minus | bestand *m* stock deficit, **~betrag** *m* deficiency, shortage, deficit; **~korrektur** *f* downward adjustment; **~punkt** *m* minus point; disadvantage; **~saldo** *m* negative balance, deficit balance.

Misch | anbau *m* growing of mixed crops; **~bestand** *m* mixed growth (*forest*); **~betriebe** *pl* mixed enterprise; **~ehe** *f* mixed marriage; **~firma** *f* mixed company name, mix of elements in company name (*eg owner's name, copmpany purpose*); **~fläche** *f* mixed residential and business *US* zone/*GB* area; **~gebiet** *n* mixed (residential and commercial) area; **~geldsystem** *n* mixed money system; **~heirat** *f* intermarriage; **~konzern** *m* conglomerate, mixed enterprise; **~kredit** *m* mixed credit; **~lagerung** *f* common storage of goods belonging to different customers; **~preis** *m* composite price, mixed price, blended price; **~tatbestände** *m/pl* mixed sets of facts; mixed statutory elements (*of an offense, a statutory provision*), hybrid provision; **~verfahren** *n* mixed proceedings, hybrid proceedings; **~verwaltung** *f* administration by interlocking authorities, mixed (*federal and state*) administration; **~wald** *m* mixed forest, forest of different species of trees; **~zinssatz** *m* composite interest rate.

Mischling *m* a person of mixed race; half-caste, half-breed; **~skind** *n* half-breed child, half-caste child.

miss | achten *vt* to disregard, to despise, to hold in contempt; **~billigen** *vt* to disapprove of; **~brauchen** *vt* to abuse, to misuse; **~deuten** *vt* to misinterpret, to misconstrue, to place a wrong construction on; **~handeln** *vt* to abuse, to mistreat; **~trauen** *vi* to distrust, to mistrust, to be suspicious of; **~verstehen** *v/t, v reflex* to misunderstand, to misapprehend.

Miss | achtung *f* disrespect, disregard, contempt; **~~ des Gerichts** contempt of court; **der ~~ ~ ~ schuldig sein** being/ standing in contempt of court; **~bildung** *f* deformity, malformation; **~billigung** *f* disapprobation, disapproval; **~~santrag** *m* motion of censure; **~~svotum** *n* vote of censure; **~brauch** *m* → *Missbrauch*; **~deutung** *f* misinterpretation, misconstruction; **~erfolg** *m* failure, fiasco; **~ernte** *f* crop failure; **~fallen** *n* disapproval, disfavo(u)r, **~geburt** *f* monster, monstrosity; **~geschick** *n* misfortune; **~griff** *m* blunder, bad mistake; **~handlung** *f* maltreatment, illtreatment, abuse; **~~ von Abhängigen** maltreatment of dependent children and *US* defenseless/*GB* defenceless persons; **~~ von Kindern** cruelty to children; **schwere ~~** extreme cruelty; **~kredit** *m* discredit, disrepute; **in ~~ bringen** to discredit, to bring into disrepute; **~stand** *m* nuisance, grievance, deplorable state of affairs; **~~suntersuchungen** *pl* investigation of a grievance; ***e-en*** **~~ beseitigen** to remedy a grievance; **~trauen** *n* distrust, want of confidence; **~~santrag** *m* motion of no confidence, motion of censure; **~~sgrundsatz** *m* principle of distrusting other road users (*in complying with traffic regulations*) **~~svotum** *n* vote of no confidence; **konstruktives ~~~** constructive vote of no confidence (*coupled with the vote for a new Federal Chancellor*); **~verhältnis** *n* disproportion; **~~ zwischen Eigenkapital und Fremdkapital** disproportion between one's capital resources and indebtedness; **im auffälligen ~~** conspicuously out of proportion; **~verständlichkeit** *f* ambiguity, likelihood of being misunderstood; **~verständnis** *n* misunderstanding; **ein ~~ ausräumen** to remove a misunderstanding; **~wirtschaft** *f* mismanagement, maladministration.

Missbrauch *m* abuse, improper use; **~ der Amtsgewalt** misuse of official authority, abuse of office; ~

der Befehlsbefugnis abuse of military authority; ~ **der Befugnis, über fremdes Vermögen zu verfügen** abuse of power over third-party assets, breach of trust; ~ **des Arbeitsverhältnisses** abuse of status of employment; ~ **des Berufs** misuse of profession, professional malpractice; ~ **des Ermessens** abuse of discretionary power; ~ **des richterlichen Ermessens** abuse of judicial discretion; ~ ***e-er*** **beherrschenden Stellung** *f EU* abuse of a dominant position (*competition law*); ~ ***e-es*** **Patents** abuse of a patent; ~ ***e-es*** **Rechts** misuse of a right; ~ **geschützter Daten** misuse of protected data; ~ **im Amt** abuse of office; ~ **öffentlicher Gelder** misapplication of public funds; **~saufsicht** *f* supervision to preclude abuses; control of abusive practices; **~skontrolle** *f* control of abusive practices; **~sprinzip** *n* principle of abuse; **~verfahren** *n* abuse proceedings (*cartel law*); ~ **von Ausweispapieren** improper use of identity papers; ~ **von Marktmacht** abuse of market power; ~ **wirtschaftlicher Macht** abuse of economic power; **sexueller** ~ sexual abuse; ~ ~ **von Abhängigen** sexual abuse of dependants; ~ ~ **von Kindern** sexual abuse of children.

miss | bräuchlich *adj* abusive, (making) wrongful use; **~verständlich** *adj* ambiguous, liable to be misunderstood.

Missetat *f* misdeed, wrongful act.

Missetäter *m/***-in** *f* culprit, delinquent, wrongdoer.

Mission *f* mission; **~sangehörige(r)** *f(m)* member of a (*diplomatic/consular*) mission, *pl* **~sangehörige** mission staff; **~schef** *m/***-in** *f* head of mission; ***e-en*** **~~ beglaubigen** to accredit a head of mission; **diplomatische** ~ diplomatic mission; **geheime** ~ secret mission.

Mitangeklagte(r) *f(m)* (*der Mitangeklagte*), coaccused, codefendant, joint defendant.

Mitanmelder *m pl* joint applicants (*for a patent*).

Mitarbeit *f* collaboration, help, assistance, participation; ~ **der Ehegatten** marital collaboration; **kostenlose** ~ unpaid work; **zur ~ heranziehen** to engage *s.o.*'s services, to call on *s.o.*'s advice, to ask *s.o.* to help.

Mitarbeiter *m/***-in** *f* staff member, staffer, fellow worker, colleague, (fellow) employee; contributor (*press*); *pl* staff; **~-Aktienbeteiligungsplan** *m* employee share scheme, stock option plan for staff members; **~förderung** *f* personnel development; ~ **im Außendienst** field worker, sales representative, *pl* field staff; ~ **im Innendienst** *pl* in-house staff; **~schaft** *f* staff, personnel; **~stab** *m* staff; ~ **und Mitarbeiterinnen** men and women employees, colleagues; **~vertretung** *f* staff representation; **ausländische** ~ foreign employees; **erfahrener** ~ experienced colleague; **freiberuflicher** ~ freelance contributor; **hauptamtlicher** ~ full-time member of the staff; **juristischer** ~ legal assistant; **kaufmännischer** ~ commercial employee, clerk; **leitende** ~ *pl* executive personnel, managerial staff; **nebenamtlicher** ~ part-time member of the staff; **übertariflicher** ~ employee paid above collective bargaining rates; **unbezahlte** ~ voluntary staff.

Mitausschließlichkeitsrecht *n* co-exclusive right.

Mitautor *m/***-in** *f* coauthor.

Mitbegründer *m/***-in** *f* cofounder, cooriginator.

Mitbeklagte(r) *f(m)* (*der Mitbeklagte*) codefendant (*civil proceedings*).

Mitbelastung *f* incrimination jointly with another; joint encumbrance (*on several plots of real estate*).

mitbenutzen *vt* to share in the use of, to use jointly.

Mitbenutzer *m/pl* joint users, concurrent users.

Mitbenutzung *f* joint use, concurrent use; **~srecht** *n* right of joint use, concurrent use.

Mitberechtigte(r) *f(m)* (*der Mitberechtigte*) jointly entitled person, cobeneficiary.

Mitberechtigung *f* joint entitlement; **~ am Geschäftsanteil** joint holding of a share.

Mitbeschuldigte(r) *f(m)* (*der Mitbeschuldigte*) coaccused, codefendant.

Mitbesitz *m* joint possession, joint tenancy (*land, houses*).

mitbesitzen *vi/vt* to hold jointly, to posses jointly, to own jointly.

Mitbesitzer *m/***-in** *f* joint holder(s), joint proprietor(s).

mitbestimmen *vi* to exercise codetermination rights, to have an influence on decisions, to have a voice in the management.

mitbestimmt *pp* codetermined by employees.

Mitbestimmung *f* codetermination, participatory decision making, employee participation in management; **~ der Arbeitnehmer** workers' codetermination; **~sgesetz** *n* Codetermination (in Industry) Act; **~srecht** *n* right of codetermination in industry, right to have a say in management; **betriebliche ~** employee participation in company operations, industrial democracy; **paritätische ~** parity codetermination, management-labo(u)r parity; **überbetriebliche ~** external comanagement/codetermination.

mitbeteiligt *adj* associated with, privy to (crime), taking part in, incriminated.

Mitbeteiligte(r) *f(m)* (*der Mitbeteiligte*) participant, associate, accomplice.

Mitbeteiligung *f* participation, worker participation, joint interest, copartnership.

Mitbewerber *m/***-in** *f* competitor, contestant.

Mitbewohner *m/***-in** *f* coinhabitant, fellow lodger.

Mitbieten *n* (participation in) bidding, competitive bidding.

Mitbietungsrecht *n* right to bid; **~ des Verkäufers** right to reserved bid.

Mitbürge *m/***Mitbürgin** *f* cosurety, coguarantor, joint guarantor; cosponsor.

Mitbürger *m/***-in** *f* fellow citizen(s), fellow inhabitant.

Mitbürgschaft *f* cosuretyship, collective guarantee.

Miteigentum *n* coownership, joint ownership, common ownership, common property, joint property, condominium; **~ an Grundstücken** coownership in land; **~ nach Bruchteilen**, tenancy in common, coownership by fractional shares; **~santeil** *m* coownership share; **Tausendstel-~~** per mille interest; **~ zur gesamten Hand** joint ownership; **quotenmäßiges ~** proportionate share in ownership.

Miteigentümer *m/***-in** *f* coowner, coproprietor, joint owner, partowner, fellow-owner, *pl* common owners; **~gemeinschaft** *f* association of coowners; **~ nach Bruchteilen** *pl* fractional coowner(s), tenants in common, part owners; **~ sein** to hold concurrently, to hold as coowners; **~ zur gesamten Hand** joint coowners.

Mitentscheidung *f* joint decision; **~srecht** *n* right to participate in decision making, right of codetermination.

Miterbe *m/***-erbin** *f* coheir/-heiress, joint heir, fellow heir; **~ sein** to inherit jointly; **~nanteil** *m* joint share in an inheritance; **~ngemeinschaft** *f* community of heirs, joint heirs, = *Erbengemeinschaft*.

Miterfinder *m/***-in** *f* joint inventor, fellow inventor, coinventor; **~schaft** *f* joint inventorship.

mitfahren *vi* to travel along with *s.o.*, to get a lift.

Mitfahrer *m/***-in** *f* fellow traveller, (car)passenger.

Mitfahrzentrale *f* car passenger agency, carpool coordinating office.

mitfinanzieren *vt* to help to finance, to join in the financing of, to finance part of.

mitführen *vt* to carry (*documents*) with you; to join in the management, to act as joint trader (*business*).
Mitführen *n* carrying, taking along.
Mitgarant *m*/**-in** *f* joint guarantor, coguarantor.
Mitgefangene(**r**) *f*(*m*) coprisoner.
Mitgeschäftsführer *m*/**-in** *f* comanager, codirector (*GmbH*).
Mitgesellschafter *m*/**-in** *f* copartner, fellow partner, coinvestor, coshareholder.
Mitgift *f* trousseau, dowry, marriage portion; **~jäger** *m*/**-in** *f* fortune hunter, dowry hunter; **~versicherung** *f* dowry insurance.
Mitgläubiger *m*/**-in** *f* cocreditor; joint creditor.
Mitglied *n* member (= *m*-), card holder; ~ **auf Lebenszeit** life *m*-; ~ **des Oberhauses** peer; ~ **des Parteivorstandes** party official, *m*- of the party executive; **~erabwerbung** *f* raiding; **~erbeiträge** *pl* membership fees, dues, subscription(s); **~erklasse** *f* class of *m-s*, occupational class (*insurance*); **~erkreis** *m* the *m-s*; **aus dem ~~** from among the *m-s*; **~er müssen geschlossen ihr Amt niederlegen** *m-s* shall resign as a body; **~errecht** *n* membership rights; **~ervermögen** *n* property of the *m-s*, *m-s*' assets, **~erversammlung** *f* *m-s*' meeting, meeting of *m-s*, body of *m-s*; **außerordentliche ~~** extraordinary meeting; **~ervertreterversammlung** *f ins m-s*' representatives meeting; **~erverzeichnis** *n* list of *m-s*; **~erwerbung** *f* canvassing for *m-s*, touting for new *m-s*, raiding; ~ **kraft Amtes** ex officio *m*-; **~sabzeichen** *n* membership badge; **~sbeitrag** *m* membership fee; **~schaft** *f* → *Mitgliedschaft*; **~schein** *m* membership certificate; **~sland** *n m*- country; **~snummer** *f* membership number; **~spapiere** *pl* securities representing membership (*i.e. shares*); ~(**s**)**staat** *m m*- state, *m*-nation; **Ausschuss der Ständigen Vertreter der ~~en** *EU* Committee of the Permanent Representatives of the *M*- States; **EG-~~** *m* EC member state; **Harmonisierung der Rechtsvorschriften der ~~en** *EU* harmonisation of the laws of the *m*- states; **natürliche Präferenz zwischen den ~~en** *EU* natural preference between *m*-states; **aktives** ~ active *m*-; **als ~ aufnehmen** to admit as a *m*-; **als ~ ausscheiden** to cease to be a *m*-, to withdraw one's membership; **angeschlossenes** ~ affiliate *m*-; **assoziiertes** ~ associate *m*-; **ausscheidendes** ~ withdrawing *m*-; *pl m-s* withdrawing; **beigeordnetes** ~ associate *m*-; **beratendes** ~ consultant *m*-; **ehrenamtliches** ~ honorary *m*-; **ein ~ ausschließen** to expel a *m*-; **eingetragenes** ~ enrolled *m*-, registered *m*-; **förderndes** ~ subscribing *m*-; **geschäftsführendes** ~ managing *m*- (*of the board, etc*); **hinzugewähltes** ~ elected *m*-, cooptee; **korrespondierendes** ~ consultant *m*-; **neues** ~ new *m*-, entrant; **nominelles** ~ nominal *m*-, pro forma *m*-; **ordentliches** ~ regular *m*-, full *m*-; **planmäßiges** ~ regular *m*-; **pro-forma** ~ pro forma *m*-, nominal *m*-; **ständige ~er** permanent *m-s*; ~ ~ **des Sicherheitsrats** permanent *m-s* of the Security Council (*UN*); **stellvertretendes** ~ deputy *m*-; **ursprüngliches** ~ initial *m*-; **zahlendes** ~ supporter, paying *m*-; **zuwiderhandelndes** ~ noncomplying *m*-.
Mitgliedschaft *f* membership; ~ **bei der Börse** exchange seat; **~santrag** *m* application for membership; **~sausweis** *m* membership card; **~srecht** *n* right of membership, membership rights; **~sverhältnis** *n* membership relation; **~svoraussetzungen** *pl* qualification for membership; **~szwang** *m* compulsory membership; **beitragsfreie** ~ free membership, contribution-free membership; **die ~ erwerben** to become a member, to acquire membership; **die** ~

kündigen to give notice of termination of membership, to opt out; **korporative** ~ corporate membership.

Mitgründer *m*/**-in** *f* joint founder, cofounder.

Mithaft *f* joint arrest; joint attachment (*levy of execution*).

mithaften *vi* to be jointly liable.

Mithäftling *m* fellow prisoner.

Mithaftung *f* joint liability.

Mitherausgeber *m*/**-in** *f* joint editor, coeditor, joint publisher.

Mitherrschaft *f* joint rule, corule.

Mithöreinrichtung *f* monitoring device, *sl* bug.

Mitinhaber *m*/**-in** *f* coowner, coproprietor; ~ ***e-er*** **Lizenz** joint licensee; ~ ***e-es*** **Patents** joint patentee.

Mitinteressent *m*/**-in** *f* interested party.

Mitkandidat *m*/**-in** *f* running mate, fellow candidate.

Mitkläger *m*/**-in** *f* coplaintiff, joint plaintiff.

Mitkontrahent *m*/**-in** *f* cocontractor, cocontracting party.

Mitläufer *m*/**-in** *f* fellow traveller, hanger-on, sympathizer; **~effekt** *m* bandwagon effect.

Mitmieter *m*/**-in** *f* joint tenant, cotenant.

Mitnahme *f* taking away, removal, profit taking, cashing in.

mitnehmen *vt* to take away; to cash in (on profits).

Mitpächter *m*/**-in** *f* joint tenant, cotenant.

Mitreeder *m*/**-in** *f* coowner of a ship.

Mitschneiden *n* (unauthorized) tape recording, bugging.

mitschneiden *vt* to record on a tape recorder (stealthily), to record (surreptitiously), to bug.

Mitschuld *f* joint guilt; contributory negligence.

mitschuldig *adj* jointly guilty; **beiderseits** ~ in pari delicto.

Mitschuldiger *m*/**-in** *f* (*der Mitschuldige*) jointly guilty party, accomplice.

Mitschuldner *m*/**-in** *f* joint debtor, codebtor.

Mitsichführen *n* carrying, taking along.

Mitspracherecht *n* a say, voice (in the management), right of representation, right of codetermination.

mitstimmen *vi* to take part in the voting, to exercise one's vote, to join in the vote.

Mittäter *m*/**-in** *f* joint offender, joint perpetrator, coprincipal, particeps criminis, principal in the first degree, accomplice; **~schaft** *f* joint commission of crime, complicity, perpetration as coprincipal(s); **selbständiger** ~ *civ* concurrent tortfeasor.

mitteilen *vt* to inform, to notify, to advise, to communicate, to impart, to transmit.

Mitteilende(r) *f(m)* (*der Mitteilende*) person giving notice, information (→ *mitteilen*).

mitteilsam *adj* communicative, talkative, voluble.

Mitteilung *f* information, notice, notification, communication, advice; ~ **der Unzustellbarkeit** notice of inability to deliver/to serve process; **~sblatt** *n* official bulletin, newsletter; **~spatent** *n* communicated patent; **~spflicht** *f* duty to report, duty to inform, *pl* notification duties; ~ **über nicht erfolgte Zahlung** advice of nonpayment; **amtliche** ~ official communication, official notice; **dem Aussageverweigerungsrecht unterliegende** ~ privileged communication; **erforderliche** ~ due notice; **gegenteilige** ~ notification to the contrary; **innerbetriebliche** ~ interoffice/internal communication; ***jd-em*** **von etwas** ~ **machen** to inform *s.o.* of *sth*; **mündliche** ~ verbal communication, oral information; **öffentliche** ~ public notice, advertisement; **sachdienliche ~en** pertinent information; **schriftliche** ~ notice in writing, written communication; **telegrafische** ~ telegraphic communication; **ohne vorherige** ~ without prior notice; **urkundliche ~en** documentary communications; **vertrauliche** ~ confidential communication.

Mittel *n* **I** means; **berauschende** ~ intoxicants, drugs, **ein ~ zum Zweck** a means to an end; **empfängnisverhütende** ~ contraceptives; **unzulässige** ~ unallowed means, non-permissible methods.

Mittel *pl* **II** resources (= *r-s*), funds (= *f-s*), means, finances, appropriations; **~ansammlung** *f* accumulation of *f-s*; **~aufbringung** *f* raising of money; **~aufnahme** *f* borrowing, raising of *f-s*; **~aufkommen** *n* accrual of *r-s*, yield of revenue, composition of *r-s*; **~beschaffung** *f* borrowing, raising *f-s*; **~einsatz** *m* employment of *f-s*; **~entzug** *m* withdrawal of *f-s*; **~losigkeit** *f* lack of means, destitution, impecuniousness; **~~szeugnis** *n* poverty certificate, lack-of-means certificate; **~überhänge** *pl* surplus *r-s*; **~überlassung** *f* lending, assignment of assets; **~verwendung** *f* employment of *r-s*; **~zuweisung** *f* allocation of *f-s*, appropriation of *f-s*, grant-in-aid; **aufgenommene** ~ borrowed *f-s*; **bereitgestellte** ~ *f-s* made available; **beträchtliche** ~ ample means; **bewilligte** ~ appropriated *f-s*; **durchlaufende** ~ transmitted monies; **eigene** ~ one's own *r-s*, capital and reserves; **eingeplante** ~ earmarked capital; **einwandfreie** ~ permissible methods; **entsprechend terminierte** ~ *r-s* available for corresponding periods; **erforderliche** ~ required *f-s*, necessary appropriations; **erststellige** ~ monies lent on first mortgage; **finanzielle** ~ financial *r-s*; **flüssige** ~ liquid *r-s*, liquid *f-s*, available *f-s*, liquid assets; **frei verfügbare** ~ spare cash; **fremde** ~ borrowed *f-s*, *f-s* from outside sources; **gemeingefährliche** ~ means endangering the public; **greifbare** ~ quick assets, ready means; **haftende** ~ liable *f-s*; **kapitalmarktreife** ~ *f-s* ready for employment on the capital market; **längerfristige** ~ medium-term loans; **liquide** ~ → *flüssige* ~; **öffentliche** ~ public *f-s*; **private** ~ private means, private capital; **staatliche** ~ state *r-s*, government(al) *r-s*; **überschüssige** ~ surplus *f-s*; **verfügbare** ~ available means/*f-s*; **zugesagte** ~ promised *f-s*; **zweckentfremdete** ~ diverted *f-s*, misused *f-s*; **zweckgebundene** ~ earmarked *f-s*.

Mittel|abstandslinie *f* equidistance line (*maritime law*); **~barkeit** *f* indirectness; **~behörden** *pl* regional authorities; **~betrieb** *m* medium-sized enterprise; **Klein- und ~~e** *EU* (*abbr* **KMB**) small and medium-sized enterprises (*abbr* SMEs); **~gang** *m* center aisle; **~gebühr** *f* standard medium fee; **~größe** *f* medium size; **~kurs** *m* mean rate (*between buying and selling rate*), middle market quotation (*securities*), central rate, middle price; **~linie** *f US* center/*GB* centre line. **~punkt** *m* **der Lebensinteressen** *US* center/*GB* centre of vital interests; **~punktschule** *f* central rural school, centralized regional school; **~schule** *f* intermediate school, *US* junior high school; **~smann** *m* middleman, intermediary, go-between; **~sorte** *f* medium quality, middling; **~sperson** *f* middleman, intermediary, go-between; **~stand** *m* middle classes, bourgeoisie; **~~sausschuss** *m* small businessmen's committee; **~~shilfe** *f* assistance for small-scale traders; **~~spolitik** *f* policy favo(u)ring the middle classes, policy favo(u)ring small-scale industry; **~~sprogramm** *n* middle-class programme; **gewerblicher ~~** small and medium-sized business, small-scale industry; **gehobener ~~** the upper middle-classes; **~streifen** *m* central reservation, highway median; **~wert** *m* mean (value), average value; **arithmetischer ~~** arithmetic mean; **gewogener** ~~ weighted average.

mittel|bar *adj* indirect, consequential, remote; **~fristig** medium-term; **~los** destitute, impecunious; **~ständisch** middle-class, small to medium-sized (*enterprises*); **~standspolitisch** relating to middle-class interests.

Mittlertätigkeit *f* role of intermediary, broker's activities.

Mitunternehmer *m*/**-in** *f* joint contractor, copartner, coowner of a business enterprise; **~anteil** *m* interest in a jointly-owned business, copartnership interest; **~schaft** *f* joint ownership of a business enterprise, copartnership.

mitunterschreiben *vt* to sign together with another party, to sign jointly, to cosign.

Mitunterschrift *f* joint signature, cosignature, counter-signature.

Mitunterzeichner *m*/**-in** *f* cosignatory, one of several signatories.

Mitunterzeichnung *f* joint signature, cosignature, counter-signature.

Miturheber *m*/**-in** *f* coauthor, joint copyright holder; **~recht** *n* joint copyright; **~schaft** *f* joint authorship, coauthorship.

Mitursache *f* concurrent cause, contributing factor, additional cause.

mitverantwortlich *adj* jointly responsible, coresponsible.

Mitverantwortung *f* joint responsibility, coresponsibility.

Mitverbundener *m*/**-in** *f* (*der Mitverbundene*) party jointly committed.

Mitverfasser *m*/**-in** *f* joint author, coauthor.

Mitverklagen *n* joinder of party defendant, adding as a defendant.

mitverklagen *vt* to sue jointly, to add as a defendant.

Mitverpflichtete(r) *f(m)* (*der Mitverpflichtete*) jointly obligated party, jointly committed party.

Mitverschluss *m* dual control, dual control lock.

Mitverschulden *n* contributory negligence, *US* comparative negligence: **beiderseitiges** ~ mutual contributory negligence.

mitversichern *vt* to insure (*s.o. or sth*) together with (*s.o. or sth*), to insure jointly.

Mitversicherer *m*/**-in** *f* coinsurer.

Mitversicherung coinsurance.

Mitverteidiger *m*/**-in** *f* *US* codefense/*GB* codefence counsel, additional *US* defense/*GB* defence counsel.

Mitverursachung *f* contributory causation, additional cause.

Mitverwaltung *f* participation in the management, sharing in the administration, joint administration.

Mitvormund *m* coguardian, joint guardian.

mitwirken *vi* to help to do *sth*, to contribute, to cooperate, to take part in.

mitwirkend *adj* concurrent, contributory.

Mitwirkende(r) *f(m)* (*der Mitwirkende*) participant, helper.

Mitwirkung *f* participation, help, cooperation; **~spflicht** *f* duty to cooperate; **~srecht** *n* right to participate in the administration, right to participate in the performance; **~sverbot** *n* ban on participation in management; **echte** ~ playing a genuine part; **gutachtliche** ~ advisory assistance by an expert.

Mitwissen *n* privity, knowledge (*of a secret or crime*).

Mitwisser *m*/**-in** *f* privy, person who has knowledge of another's crime; confidant, accessory; **~schaft** *f* privity or knowledge, knowledge of another's crime.

Mitzeichner *m*/**-in** *f* cosubscriber, joint underwriter, cosignatory.

Mitzeichnung *f* joint subscription, joint underwriting, cosignature, counter-signature.

Mitzessionar *m*/**-in** *f* coassignee.

MMA (*abbr* = **Madrider Markenabkommen** *n*) Madrid Agreement Concerning the International Registration of Marks (*1891*).

Möbel *n* piece of furniture, *pl* furnishings; **~bau** *m* furniture making; **~fernverkehr** *m* long-distance removal, long-haul movers; **~geschäft** *n* furniture store; **~spedition** *f* removal contractors, moving company; **~transport** *m* furniture transport, removal.

Mobiliar *n* furniture, furnishings; **~erbe** *m*/**~erbin** *f* heir to personal estate; **~hypothek** *f* chattel mortgage; **~klage** *f* action for movables, action for replevin/detinue; **~kredit** *m* loan on movable property; **~pfandrecht** *n* pledge, chattel mortgage; **~pfändung** *f* levy of execution, distress on movable goods, seizure of chattels; **~schuld** *f* obligation to supply movables; **~sicherheit** *f* chattel mortgage, collateral security over movable goods; **~steuer** *f* tax on movable property; **~vermögen** *n* movables, personal property, furniture; **~versicherung** *f* furniture insurance, contents insurance; insurance on household goods; **~zwangsvollstreckung** *f* levy of execution on movable goods.

Mobilien *f/pl* movables, goods and chattels, personal property.

Mobilisierungszusage *f* promise of rediscount (*by Central Bank*).

Mobilität *f* mobility; **berufliche ~** occupational mobility.

Modalitäten *f/pl* terms of procedure, arrangements, terms of agreement, details.

Mode|artikel *pl* fashion goods; **~geschäft** *n* fashion house, fashion store, fashion shop; **~schmuck** *m* costume jewellery, dress jewellery, fashion jewellery; **~schule** *f* school of fashion design; **~spionage** *f* fashion spying; **~waren** *pl* novelties, fancy goods, fashion articles.

Modell *n* model, pattern, prototype; **~bau** *m* making of models; **~bauer** *m*/**-in** *f* model maker; **~macher** *m*/**-in** *f* model maker, **~schutz** *m* legal protection for models and patterns, protection as registered designs; **~studien** *f/pl* pilot studies; **~zeichnung** *f* model drawing.

Modelleur *m*/**-in** *f* pattern maker.

Modernisierung *f* modernization, streamlining; **~sbeihilfe** *f* improvement grant; **~darlehen** *n* home improvement loan.

Mogelpackung *f* cheating pack, deceptive packaging.

Möglichkeit *f* possibility, practicability, feasibility, opportunity; **~ der Nichtteilnahme** (chance of) opting out; **~ der vorzeitigen Ablösung** option for compounding by making a lump-sum advance payment; **entfernte ~** remote possibility, off-chance; **objektive ~en** practical possibilities; **unbegrenzte ~en** unlimited opportunities.

Mole *f* pier, mole, jetty.

Molkerei *f* dairy; **~genossenschaft** *f* cooperative dairy; **~produkte** *n/pl* dairy products.

Molotow-Cocktail *n* molotov cocktail, petrol bomb.

Moment *n* (*pl Momente = ~e*) factor, element; **anregende ~e** encouraging factors, stimulating features; **ausschlaggebendes ~** determining cause; **beunruhigendes ~** cause for disquiet; **konjunkturelle ~** cyclical factors; **retardierendes ~** retarding factor, delaying factor.

Monarch *m*/**-in** *f* monarch, sovereign.

Monarchie *f* monarchy; **absolute ~** absolute monarchy; **konstitutionelle ~** constitutional monarchy; **parlamentarische ~** constitutional monarchy with parliamentary government.

Monarchismus *m* monarchism.

Monarchist *m*/**-in** *f* monarchist, royalist.

Monat *m* month (= *m-*, *monthly* = *m-y*), calendar month; **~sabschluss** *m* *m-y* settlement; **~sabschnitt** *m* period of a *m-*; **~sausweis** *m* *m-y* return, *m-y* report; **~sbericht** *m* *m-y* report, *m-y* bulletin; **~sbilanz** *f* *m-y* balance, *m-y* return; **~sdurchschnitt** *m* *m-y* average; **~sendstand** *m* end-of-*m-* figure; **~sfrist** *f* period of a *m*-, *m-y* period, a *m*-'s time; **binnen** ~~ within the period of a *m*-; **~sgehalt** *n* *m-y* salary; **13.** ~~ year-end bonus; **~sgeld** *n* loan for one *m*-, loan repayable within one *m*-, *m-y* allowance; **~skarte** *f* *m-y* ticket; **~skompensation** *f* *m-y* settlement; **~slohn** *m* *m-y* wages; **~~steuertabelle** *f* *m-y* wage tax table; **~smittel** *n* *m-y* mean; **~srate** *f* *m-y* payment, *m-y* *US* installment/*GB* instalment; **~srhythmus** *m* *m-y* cycle, *m*--to-*m*- trend; **~sultimo** *n* on the last of the *m*-, end-of-*m*- settlement; **~sumsatz** *m* *m-y* turnover; **~sverdienst** *m* *m-y* earnings; **~swechsel** *m* *obs* *m-y* allowance (*for students from parents*); **~swert** *m* *m-y* value, *pl* *m-y* data; **rechnerischer** ~~ computed *m-y* value; **im letzten** ~ last *m*-; **laufender** ~ current *m*-; **pro** ~ per *m*-, *m-y*; **vom ersten des ~s an** on or after the first of the *m*-.

monetär *adj* monetary.

Monetarismus *m* monetarism.

monetisieren *vt* to turn into money.

Monierbauweise *f* reinforced-concrete method of building.

monieren *vt* to remind (*s.o. of sth*), to give a reminder, to complain.

Monitum *n* query, reminder, warning, complaint.

monogam *adj* monogamous.

Monogamie *f* monogamy.

monokausal *adj* having only one cause, involving a single cause.

Monokultur *f* single-crop farming.

Monometallismus *m* monometallism (*currency*).

Monopol *n* monopoly (= *m*-); **~abgabe** *f* *m*- levy; **~betrieb** *m* *m*-enterprise; **~erzeugnis** *n* proprietary article; **~gesellschaft** *f* *m*-company; **~gesetzgebung** *f* *m*-legislation; **~gewinn** *m* *m*- profits; **~gut** *n* proprietary article; **~inhaber** *m*/**-in** *f* holder of a *m*-, monopolist; **~jäger** *m*/**-in** *f* *US* trust buster; **~kapital** *n* *m*- capital; **~~ismus** *m* *m*- capitalism; **~kommission** *f* Monopolies Commission (*German statutory advisory body of independent experts*); **~missbrauch** *m* improper use of *m*-, abuse of *m*-; **~preis** *m* *m*- price; **~recht** *n* *m*- right, law of *m*-; **~sache** *f* *m*- case; **~stellung** *f* *m*-position; **~vereinbarung** *f* *m*-agreement; **~vergehen** *n* *US* offense/*GB* offence against anti-trust laws, *m*- *US* offense/*GB* offence; **~ware** *f* *m*- goods; **~zuwiderhandlung** *f* *m*- *US* offense/*GB* offence, infringement against anti-trust laws; **staatliches** ~ government *m*-; **totales** ~ perfect *m*-.

Montage *f* assembly (work), subassembly, installation; **~abteilung** *f* assembly department; **~betrieb** *m* assembly shop, assembly plant; **~fabrik** *f* subassembly factory, assembly plant; **~firma** *f* assembly firm; **~gebühren** *f/pl* installation charges; **~gehälter** *pl* installation salaries; **~löhne** *pl* installation wages; **~gruppe** *f* unit assembly; **~kosten** *pl* installation costs; **~tätigkeit** *f* assembly work; **~werkstatt** *f* assembly shop.

Montan|aktien *pl* mining shares, shares in the iron and coal industries; **~anleihe** *f* *EU* European Coal and Steel Community loan; **~bereich** *m* the coal and steel sector; coal and steel industries; **~entflechtung** *f* decartelization of the coal and steel industries; **~gemeinschaft** *f* *EU* Coal and Steel Community; **~gesellschaften** *pl* coal and steel companies; **~industrie** *f* coal and steel industries; **~länder** *pl* *EU* countries of the European Coal and Steel Community; **~mitbestimmungsgesetz** *n* *D* Coal and Steel CoDetermination Act (*1951*); **~papiere** *n/pl* securities of the coal and steel industries; **~umlage** *f* *EU* European Coal and Steel Community levy; **~union** *f* *EU* European Coal and Steel Community (*abbr* ECSC); **~~sumlage** *f* → *Montanumlage*; **~werte** *pl* coal mining and steel shares.

Monteur *m*/**-in** *f* fitter, mechanic.

Moorschutzrecht *n* law for the protection of moors.

Moral *f* morals, moral code; **allgemeine** ~ public morals.

Moratorium *n* moratorium.

Mord *m* murder (= *m-*) capital murder, first-degree murder; **~anklage** *f m-* charge; **~anschlag** *m* murderous plot; ~ **auf Bestellung** contract *m-*, *m-* for hire; **~brand** *m* setting fire with intention to kill; **~dezernat** *n* homicide commission, police department handling *m-* cases; **~drohung** *f* threat of *m-*; **~gier** *f* lust to kill; **~kommando** *n* killer squad; **~kommission** *f* homicide squad; **~komplott** *n* conspiracy to commit *m-*; **~lust** *f* murderous lust, bloodlust; **~prozess** *m m-* trial; **~verdacht** *m* suspicion of *m-*; **~versuch** *m* attempt to *m-*, homicidal attempt; **~vorsatz** *m* malice aforethought; **des ~es an *jd-em* angeklagt sein** to be indicted for the *m-* of *s.o.*; **gedungener** ~ assassination; **gewöhnlicher** ~ non-capital *m-*; **politischer** ~ political *m-*, assassination; **versuchter** ~ attempted *m-*; **wegen ~es verurteilen** to convict of *m-*.

Mörder *m*/**-in** *f* murderer, murderer in the first degree; **~bande** *f* gang of murderers; **~grube** *f* den of cutthroats; **gedungener** ~ hired murderer, hired assassin.

Morgen *m ancient agricultural square measure of different sizes, approximately one acre.*

Mortalität *f* mortality; **~stafel** *f* decrement table.

Motiv *n* motive, inducement; **~irrtum** *m* error in motivation, error in the inducement.

motivieren *vi* to motivate.

Motivierung *f* motivation, statement of reasons.

Motor *m* motor; **~enbau** *m* engine manufacturing; **~en und Fahrzeugwerte** motor and vehicle-building shares; **~fahrrad** *n* moped; **~fahrzeug** *n* motor vehicle; **~kraftstoff** *m* motor fuel; **~leistung** *f* engine capacity, engine rating (*for tax purposes*).

Motorisierung *f* motorization, spread of car ownership.

MPr (*abbr* = **Ministerpräsident** *m*/**-in** *f*) premier, prime minister, *D* minister-president (*of one of the states or Länder*).

Mühewaltung *f* trouble taken; **für Ihre ~ dankend** thanking you for the trouble you have taken/for your trouble.

Mühlen|besitzer *m*/**-in** *f* owner of a mill; **~industrie** *f* flour-milling industry; **~recht** *n* prerogative to operate a mill; **~regal** *n* = *~recht.*

Müll|abfuhr *f* refuse collection, rubbish collection, collection of waste, *US* garbage collection; **~(abfuhr)mann** *m*/**~frau** *f* refuse collector, rubbish man, *US* garbage collector/*GB* dustbin man, dust man; **~abladeplatz** *m* refuse pit, rubbish tip, *US* dumping ground; **~ablagerung** *f* dumping refuse; **~beseitigung** *f* disposal of refuse, garbage disposal; **unbefugte ~~** unlicensed disposal of waste; **~deponie** *f* official dumping ground, *US* garbage dump/*GB* rubbish tip; **~quote** *f* garbage quota; **~verbrennung** *f* waste incineration, refuse incineration; **~~sanlage** *f* waste incinerator, refuse incinerator; **~schlucker** *m* waste chute; **~tonne** *f* refuse bin, *US* garbage can/*GB* dustbin; **~wagen** *m* rubbish lorry, refuse collection lorry, *US* garbage truck.

Multi|kausalität *f* multiple causation; **~media-Recht** *n* multimedia law.

Multis *pl sl* multinationals.

Mündel *n* ward, protected person; **~geld** *n* trust money (for a ward), ward's money; **~sicherheit** *f* trustee investment status (*of securities*), eligibility for trust investment; **~vermögen** *n* ward's property; **~wertpapiere** *pl* securities invested for a ward, investments on trust.

mündelsicher *adj/adv* eligible for trusts (*for wards*), gilt-edged; ~~

angelegtes Geld authorized investments.

mündig *adj* of age; ***jd-en* für ~ erklären** to declare *s.o.* to have reached majority; ~ **werden** to come of age, to reach (the age of) majority.

Mündigkeit *f* full age, majority, responsible age; **~salter** *n* majority; **~serklärung** *f* declaring a person to be of age.

mündlich *adj* verbal, oral, viva voce, nuncupative (*will*), *adv* by word of mouth.

Mündlichkeit *f* orality, oral proceedings, oral presentation; **~sgrundsatz** *m* principle of orality; **~sprinzip** *n* = *~sgrundsatz*.

Mund | propaganda *f* word-of-mouth sales promotion, canvassing; **~raub** *m obs* petty larceny of food, theft of small quantities of food (*for immediate consumption*); **~werbung** *f* word-of-mouth sales promotion, canvassing.

Munition *f* ammunition; **~sfabrik** *f* munitions factory; **~slager** *n* ammunition dump; **~sverwaltung** *f* control of ammunition.

Münz | amt *n* mint; **~automat** *m* slot machine; **~delikt** *n* coinage *US* offense/*GB* offence; **~direktor** *m*/**-in** *f* warden of the mint; **~einheit** *f* coin denomination; **~einnahmen** *pl* seigniorage; **~einwurf** *m* slot, insertion of a coin; **~fälschung** *f* coin counterfeiting; **~fernsehen** *n* pay television, pay-as-you-see TV, pay-per-view TV, Payola; **~fernsprecher** *m* public telephone, coin-operated telephone, *US* pay phone; **~fund** *m* treasure trove of coins; **~fuß** *m* standard of coinage (*ratio of the standard weight of gold/silver to the number of coins to be struck*); **~geld** *n* coins, metal money; **~gerechtigkeit** *f* prerogative of coinage; **~gesetz** *n* coinage law, monetary law; **~gold** *n* monetary gold; **~gutschrift** *f* amount credited to government on account of coinage; **~hoheit** *f* coining prerogative (*of sovereign, state*), monetary sovereignty, right of coinage; **~metalldepot** *n* coinage metal depository; **~metallprüfanstalt** *f* assay office; **~monopol** *n* monopoly of the right of coinage; **~parität** *f* parity of coins; ~prägung *f* minting; **~regal** *n* coining prerogative (of sovereign), coinage prerogative; **~rohling** *m* planchet; **~silber** *n* standard silver; **~sorten** *pl* types of coins, foreign coins; **~sortiermaschine** *f* coin assorter; **~tankstelle** obs *f* coin-operated *US* gas/*GB* petrol station, filling station; **~telefon** *n* pay phone, coin-operated telephone; **~umlauf** *m* coin circulation; **~- und Barrengold** gold coin and bullion; **~verbrechen** *n* coinage crime; **~verfälschung** *f* debasement of currency; **~vergehen** *n* coinage *US* offense/*GB* offence; **~verringerung** *f* impairing coins; **~verschlechterung** *f* debasement of currency, debasement of coinage; **~waschsalon** *m* coin laundry, coin-operated launderette, *US* laundromat; **~wäscherei** *f* coin-operated launderette, *US* laundromat; **~wechsel** *m* change of coins; **~~schwindel** *m* ringing the changes; **~wechsler** *m* change machine; **~wert** *m* assay value; **~~prüfung** *f* assay; **~wesen** *n* coinage, minting; **~zähler** *m* coin meter.

Münze *f* (*pl Münzen* = *~n*) coin, mint; ~ **mit gesetzlich vorgesehenem Feingehalt** standard coin; **gesetzliche** ~ lawful coins, sterling; **in barer ~ zahlen** to pay in specie, to pay cash; **in ~n** in specie, in the form of coins; **untergewichtige** ~ subweight coin; **vollwichtige** ~ standard money.

Musikverlagsvertrag *m* music publisher's agreement; **~werk** *n* musical composition.

Muss | bestimmung *f* mandatory regulation, compulsory provision, obligatory regulation, peremptory provision; **~kaufmann** *m*/**~kauffrau** *f* merchant by nature of business conducted (*business person hav-*

ing the status of a merchant by virtue of his activities rather than by registering with the Commercial Register), = *Istkaufmann*, → *Kannkaufmann*, *Sollkaufmann*; **~leistungen** *f* obligatory benefits; **~vorschrift** *f* → *~bestimmung*.

Muster *n* sample, model, pattern, specimen, precedent; **~anforderungskarte** *f* sample request card; **~anmeldung** *f* filing of a design for registration; **~arbeitsvertrag** *m* model employment contract; **~ausstellung** *f* trade exhibition; **~betrieb** *m* model plant, model enterprise; **landwirtschaftlicher ~~** model farm, pilot farm; **~brief** *m* specimen letter; **~buch** *n* sample book; **~dekoration** *f* model display; **~dienstordnung** *f* model service regulations; **~exemplar** *n* specimen, specimen copy, precedent; **~fall** *m* model case, precedent; **~formular** *n* specimen form; **~gut** *n* model farm; **~haus** *n* show house; **~karte** *f* sample card; **~klauseln** *pl* model clauses; **~koffer** *m* salesman's sample case; **~kollektion** *f* collection of samples, collection of patterns, assortment of patterns; **~lager** *n* display of samples; **~los** *n* plot lot; **~messe** *f* trade fair; sample exhibition; **~mietvertrag** *m* standard tenancy, agreement; **~ ohne Wert** *m* sample post, sample not for sale, sample, no commercial value, not for sale, sample without value; **~prozess** *m* representative proceeding, model suit, test action, test case; **~rabatt** *m* discount on samples, sample rebate; **~register** *n* register of designs, (ornamental) designs register; **~rolle** *f* register of designs, official crew list, muster roll; **~satzung** *f* model articles of association; **~schutz** *m* protection of registered designs; **~~ begehren** to apply for a design patent; **~sendung** *f* sample parcel, sample consignment; **~stück** *n* sample (item), specimen; **~ unter versiegeltem Verschluss** sealed sample; **~vertrag** *m* model contract, standard contract; **~vordruck** *m* specimen form; **~vorschriften** *pl* standard procedure, standard regulations; **~wohnung** *f* show flat (*for inspection*); **~ ziehen** to sample; **~zieher** *m*/**-in** *f* sampler; **~ziehung** *f* sampling, taking samples (*for quality control*); **~zulassung** *f* acceptance of designs, design certificate; **gewerbliches ~** commercial sample; **nach ~ kaufen** to buy by sample; **nach ~ verkaufen** to sell by sample.

mustergetreu *adj* true to specimen.

Musterung *f* preinduction physical examination, mustering, recruitment, registration for the draft; **~sausschuss** *m* recruiting board, *US* draft board; **~sbescheid** *m* decision by the recruiting board/*US* draft board; **~sverfahren** *n* recruitment procedure.

muten *vi* to apply for a mining concession.

mutmaßen *vi* to presume, to surmise, to assume, to imagine.

mutmaßlich *adj/adv* presumed/presumably, presumedly, assumed/assumedly, presumable, presumptive, putative, alleged; **~e Einwilligung** *f* implied consent.

Mutmaßung *f* conjecture, speculation.

Mutter *f* mother; **~boden** *m* top soil; **~gesellschaft** *f* parent (company), parent enterprise; **~institut** *n* parent institution; **~land** *n* mother country, home country; **~leib** *m* venter, maternal body, womb; **vom ~~e an** from one's birth; **~mal** *n* birthmark; **~mord** *m* matricide; **~pause** *f* reproducible copy; **~~n der Ausführungszeichnungen** reproducible copies of working drawings; **~pflicht** *f* maternal duty; **~recht** *n* matriarchy; **~schaft** *f* maternity; **~~sansprüche** *pl* maternity rights; **~~sgeld** *n* maternity grant; **~~shilfe** *f* natal care, maternity grant; **~~surlaub** *m* maternity leave; **~~sversicherung** *f* maternity insurance; **~schutz** *m* protection of the working mother; **~~frist** *f* maternity protection period; **~~gesetz** *n* Maternity Protection Act; **~~lohn** *m* substitute wage payments during maternity; **~sprache** *f* native tongue; **~teil** *m* maternal portion (*inheritance*); parent and subsidiary (companies); **~-und Tochter** parent and subsidiary (companies); **ledige** ~ unmarried mother; **leibliche** ~ (own) mother; **werdende** ~ expectant mother.

Mutung *f* application for a mining concession, mining location prospect; ~ **abstecken** to peg out a claim, to stake out a mining claim; **~sanspruch** *m* mining claim, reward claim; **~srecht** *n* mining *US* license/*GB* licence, prospecting rights.

Mutwillen *m* wantonness, mischievousness.

mutwillig *adj* wanton, mischievous.

Mutwilligkeit *f* wantonness, mischievousness.

MWSt *f* (*abbr* = **Mehrwertsteuer**) value added tax (*abbr* VAT).

N

Nachabstimmung *f* subsequent vote, revote.

nachaddieren *vt* to check the addition of, to add up again.

nachahmen *vt* to imitate, to copy.

Nachahmer *m* /-**in** *f* imitator.

Nachahmung *f* imitation, plagiarism; ~ **in jeder Form ist verboten** reproduction in any form is prohibited; ~ **von Warenzeichen** imitation of trade marks; **freie** ~ free imitation; **sklavische** ~ colo(u)rable imitation design piracy, a close copy, servile imitation; **täuschende** ~ fraudulent imitation; **unbefugte** ~ *e-es* **Geschmacksmusters** piracy of design; **vor ~en wird gewarnt** beware of imitations.

Nachanmeldung *f* supplementary registration, further declaration, *pat* subsequent application.

Nacharbeit *f* touching-up, follow-up work; refinishing operation.

nacharbeitbar *adj pat* reproducible.

nacharbeiten *vt* to retreat (*rejected goods*), to reproduce (*an invention*).

Nachbar *m* /-**in** *f* neighbo(u)r; **~eigentümer** *m* /-**in** *f* adjacent owner; **~gefahr** *f* contiguity risk, danger to adjacent property; **~grundstück** *n* adjacent land, adjacent property; **~interessen** *pl* neighbo(u)r's interests; **~klage** *f* action against/interference by a neighbo(u)r; **~kreis** *m* adjoining county, neighbo(u)ring district; **~recht** *n* neighbo(u)r law (*law concerning neighbo(u)rs and interests of adjoining owners*); **~schaftsladen** *m* convenience store; neighbo(u)rhood shop, corner shop; **~schaftsvertrag** *m D* good-neighbo(u)rs treaty (*with Czechoslovakia, Poland, and the Soviet Union*); **~schutz** *m* adjoining owners' legal protection; **~staat** *m* neighbo(u)ring state, adjacent country.

Nachbau *m* imitation; copy, duplication, reproduction, reverse engineering; construction under *US* license/*GB* licence, construction taking an existing object as a model; **lizenzweiser** ~ construction under *US* license/*GB* licence; **sklavischer** ~ servile imitation, → *sklavische Nachahmung*; **unerlaubter** ~ unlicensed reproduction, unlawful imitation.

nachbauen *vt* to imitate, to copy, to duplicate, to reproduce.

nachbearbeiten *vt* to rework, to process further, to remachine, to retreat, to finish, to dress, to reprocess.

Nacharbeitung *f* further processing, finishing, retreatment.

nachbehandeln *vt* to give further treatment, to apply secondary treatment; *med* to give follow-up /after treatment.

Nachbehandlung *f* subsequent treatment, follow-up treatment; *med* after-care.

nachbekommen *vt* to receive later, to get replacements.

nachbelasten *vt* to debit subsequently, to charge subsequently.

Nachbelastung *f* additional charge, subsequent debit.

Nachbenutzung *f* subsequent use.

nachbessern *vt* to remedy a defect (*by contractor*), to mend, to correct, to touch up, to improve subsequently, to retreat, to amend defects.

Nachbesserung *f* subsequent improvement, remedying a defect, correction, amendment; **~sanspruch** *m* the right to be given an opportunity to remedy a fault; **~sfrist** *f* period for remedying defects, cure period; **~spflicht** *f* contractor's obligation to remedy defects (*before acceptance*); **~srecht** *n* contractor's right to be given the opportunity to remedy defects; **~sverlangen** *n* request for cure, (subsequent) request to remedy a defect.

nachbestellen *vt* to reorder, to order an additional quantity.

Nachbestellung *f* repeat order, further order, reorder, additional order.

Nachbesteuerung *f* supplementary taxation.

Nachbewilligung *f* supplementary grant, supplementary vote, additional allowance, supplementary allowance.

nachbezahlen *vt* to pay later, to pay arrears, to pay extra.

Nachbezugsrecht *n* right to a cumulative dividend.

nachbilden *vt* to reproduce, to copy, to make a replica (*of sth*).

Nachbildung *f* reproduction, copy, imitation, replica; **~srecht** *n* right of adaptation; **offensichtliche ~** obvious imitation; **widerrechtliche ~** unlawful imitation.

Nachbörse *f* after-hours market, street market, *US* curb/*GB* kerb market.

nachbörslich *adj* after-market, after official hours; of or relating to street/curb.

nachbringen *vt* to file afterwards, to submit after the hearing.

nachbuchen *vt* to enter an additional item, to enter subsequently (*after the accounts have been closed*), to make an additional booking; to book an additional passage.

Nachbuchung *f* additional entry, additional booking.

Nachbürge *m* /**~bürgin** *f* collateral surety, surety for a surety, secondary surety.

Nachbürgschaft *f* subsuretyship, secondary guarantee.

nachdatieren *vt* to postdate; to backdate; to antedate.

Nachdeckungspflicht *f* obligation to provide additional cover.

Nachdeklaration *f* post entry (*customs*), subsequent delaration.

Nachdruck *m* reproduction, reprint; **~srecht** *n* copyright, *US* license/ *GB* licence to reprint, permission to reproduce under copyright; **~~ für Zeitschriften** magazine rights; **~erlaubnis** *f* permission to reproduce / reprint (*an article, etc*); **~ verboten** copyright, not to be reprinted; **heimlicher ~** surreptitious edition; **unberechtigter ~** unauthorized reprint; **unerlaubter ~** pirated edition, piracy copy, fraudulent impression, counterfeit edition; **unveränderter ~** (unaltered) reprint.

nachdrucken *vt* to reprint, to reproduce; **unbefugt ~** to pirate.

Nachdrucker *m* /**-in** *f* reprinter, pirate.

nachehelich *adj* postnuptial.

Nacheid *m* oath after statement, oath administered after testimony, assertory oath

Nacheile *f crim pro* (police) pursuit (beyond state borders).

Nachemission *f* follow-up issue.

nachentrichten *vt* to pay retrospective contributions (*social insurance, etc*), to pay retrospectively.

Nachentrichtung *f* subsequent remittance, retrospective payment (*of contributions*); **~ von Sozialversicherungsbeiträgen** retrospective payment of social insurance contributions.

Nacherb|e *m* /**~in** *f* reversionary/ subsequent heir; **~fall** *m* subsequent inheritance; **~folge** *f* reversionary/ subsequent succession; **~recht** *n* expectant interest of a reversionary/ subsequent heir; **~schaft** *f* estate of a reversionary/ subsequent heir; **~envermerk** *m* caution (*in land register*) to protect reversionary/ subsequent heirs.

Nacherhebung *f* subsequent assessment, subsequent levy.

Nacherwerber *m* /**-in** *f* subsequent acquirer, subsequent taker.

Nachfassen *n* follow-up, reminder; **~ bei Nichtbeantwortung** follow-up of those who have not replied.

nachfassen *vi* to follow up, to approach again, to remind.

Nachfeststellung *f* subsequent statement, subsequent assessment.

Nachfinanzierung *f* supplementary financial assistance.

Nachflucht|grund *m* reason subsequent to flight, reason (for asylum seeker's political persecution) that arose subsequent to fleeing; **~tatbestand** *m* situation giving rise to political persecution (intentionally) created by asylum seeker after leaving home country.

Nachfolge *f* succession (= *s-*, *successor* = *s-r*); **~bank** *f s-r* bank; **~firma** *f s-r* firm, *s-r* in business; **~gesellschaft** *f s-r* company; **~ im Amt** *s-* in office; **~klausel** *f* successorship clause (*partnership agreement clause vesting a partner's share in his s-rs upon death*); **~konferenz** *f* follow-up conference; **~ordnung** *f* system of *s-* (*in office*); **~organisation** *f s-r* organization; **~recht** *n* right of *s-*; **~schuldner** *m* **/-in** *f s-r* debtor; **~staat** *m s-r* state; **~treuhänder** *m* **/-in** *f s-r* trustee; **~verhältnis** *n s-r* relationship; **~zusatz** *m* addition to indicate successorship (*to a firm name*); **rechtmäßige ~** legitimate *s-*, legitimacy.

Nachfolger *m*/**-in** *f* successor (in title); successor company.

nachfordern *vt* to demand in addition, to make a further claim, to demand additional compensation.

Nachforderung *f* further demand, subsequent claim, supplementary claim, extra-charge, margin call; **~sbescheid** *m* advice concerning additional charge (*tax, dues, etc*); **~sklage** *f* action for further payment.

nachforschen *vi* to investigate, to trace, to inquire into.

Nachforschung *f* investigation (= *i-*), inquiry, tracing; **~ an Ort und Stelle** local *i-*, *i-* on the spot, field *i-*; **~en anstellen** to investigate, to make inquiries, to conduct *i-s*; **~en blieben ergebnislos** *i-s* were fruitless; **~ nach *e-er* Urkunde** search for a document; **~spflicht** *f* the duty to investigate, obligation to make inquiries; **genaue ~en** close *i-s*; **polizeiliche ~en** police *i-s*; **sich den ~en entziehen** to evade *i-s*.

Nachfrage *f* **I** *econ* demand (= *d-*), requirement; **~analyse** *f d-* analysis, study of *d-*; **~änderung** *f* change/shift in *d-*; **~ballung** *f* accumulated *d-*, piling up of *d-*; **~belebung** *f* growth in *d-*, *d-* increase; **~boom** *m* boom in *d-*, extreme increase in *d-*; **~bremse** *f* check (exercised) on *d-*, curbing *d-*; **~dynamik** *f* dynamic force of *d-*, pull of *d-*; **~effekt** *m* effect on *d-*, impact upon *d-*; **~elastizität** *f* flexibility/elasticity of *d-*; **~entwicklung** *f* trend in *d-*; **~funktion** *f d-* function; **~gesetz** *n* law of *d-*; **Angebots- und ~~** law of supply and *d-*; **~kurve** *f d-* curve; **~lücke** *f* unsatisfied *d-*; **~macht** *f* power of *d-*; **~menge** *f* quantity demanded; **~monopol** *n d-* monopoly; **~ nach Verkehrsmöglichkeiten** *d-* for traffic facilities; **~rückgang** *m* decline in *d-*; **~schöpfung** *f d-* creation; **~seite** *f* the *d-* side, the buyer's side; **~sog** *m d-* pull; **~stau** *m* accumulated *d-*, backlog of unmet *d-*; **~steuerung** *f d-* management; **~stoß** *m* sudden increase in *d-*; **~überhang** *m* excess *d-*; **~überschuss** *m* excess *d-* (*compared to supply*); **~vorrat** *m* reservoir of *d-*; **~welle** *f* flood of *d-*; **Angebot und ~** supply and *d-*; **anhaltende ~** persistent *d-*; **die ~ befriedigen** to meet *d-*, to cover *d-*, **die ~ übersteigt das Angebot** *d-* exceeds supply; **gleichbleibende ~** steady *d-*; **hektische ~** keen *d-*; **innere ~** domestic *d-*, *d-* within the country; **kaufwillige ~** genuine *d-*, *d-* backed by the desire to buy; **lebhafte ~** brisk *d-*; **laufende ~** current *d-*; **lustlose ~** sluggish *d-*; **saisonbedingte ~** seasonal *d-*; **schwache ~** slack *d-*; **stürmische**

~ keen *d*-; **wachsende** ~ increase in *d*-, growing *d*-.

Nachfrage *f* **II** inquiry, request for information.

Nachfrager *m* /**-in** *f* inquirer, interested party, potential customer, prospective buyer.

Nachfrist *f* additional period of time (*for completion or remedying defects*); extension of the original term, grace period, additional respite, final deadline; ~ **gewähren** to grant grace, to extend the original term; ~**gewährung** *f* extension of delay; ~ **setzen** to fix a final deadline, to grant a respite.

Nachgangshypothek *f* junior mortgage.

Nachgeben *n* yielding, making concessions; **gegenseitiges** ~ accommodation on each side, mutual yielding.

nachgeben *vi* to yield, to give in; **stillschweigend** ~ to acquiesce.

nachgeboren *adj* after-born, puisne; posthumous (*child born after father's death*).

Nachgeborene(**r**) *f*(*m*) (*der Nachgeborene*) post-natus, person born after an event.

Nachgebühr *f* additional charge, surcharge on unfranked or insufficiently franked mail, postage due, excess postage.

nachgemacht *adj* imitated, counterfeit, copied.

nachgeordnet *adj* subordinate, lower.

Nachgeschäft *n* follow-up transaction, follow-up deal.

nachgewiesen *adj* proven, established as true.

nachgiebig *adj* indulgent, yielding, ready to give in.

Nachgiebigkeit *f* indulgence, yielding nature.

Nachgiro post-maturity endorsement, endorsement of overdue/dishono(u)red bill of exchange, post-endorsement, = *Nachindossament.*

Nachgründung *f* post-formation acquisition of capital goods (*to be included in the capital stock*).

Nachhaftung *f* continuing/follow-up liability of withdrawing partner.

Nachhaltigkeit *f* persistence, perseverance; persistent effort to do business, sustainability.

Nachhol|arbeit *f* work to make up for arrears; ~**bedarf** *m* pent-up demand, backlog demand, accumulated demand; ~**frist** *f* additional time granted to make up for arrears; ~**impuls** *m* belated impulse; ~**konjunktur** *f* boom based on the satisfaction of backlog demand; ~**ung** *f* making up for lost working time, catching-up with; ~~ **der Erfindernennung** subsequent identification of the inventor; ~**verbot** *n* prohibition against making up for lost working time by speeding up production.

Nachindossament *n* post-maturity endorsement, endorsement of overdue/dishono(u)red bill of exchange, post endorsement.

Nachindossant *m* /**-in** *f* subsequent endorser.

Nachkalkulation *f* ex post costing, reestimate on the basis of historical cost, actual cost accounting.

Nachkomme *m* /**Nachkommin** *f* descendant, (*pl* = ~*n*) descendants, issue, offspring; ~**n hinterlassen** to die leaving issue; ~**nschaft** *f* offspring, issue, progeny; ~~**sschäden** *f* damage suffered by offspring; **ältester männlicher** ~ eldest male issue; **ältester männlicher ~ gerader Linie** eldest male lineal descendant; **die betreffenden ~n** such issue, the descendants in question; **eheliche ~n** legitimate issue; **erbberechtigte ~n** descendants entitled to inherit; **männliche ~n im Mannesstamm** male issue; **ohne ~n** without issue; **sonstige ~n** other issue of my body.

Nachkömmling *m* after-born child, post-natus, child born after an event, descendant.

Nachkonjunktur *f* delayed boom.

nachkonstitutionell *adj* post-constitutional (*i.e. enacted after the German Basic Law*).

Nachkontrolle *f* further check, subsequent checking, rechecking.

Nachkriegswirtschaft *f* post-war economy, post-war industry.

Nachlass *m* **I** (deceased's) estate, decedent's estate, inheritance; **~angelegenheit** *f* probate matters; **~anspruch** *m* claim arising out of an estate; **~aufteilung** *f* **nach Stämmen** distribution of the estate per stirpes; **~auseinandersetzung** *f* partition of a succession, distribution and partition (of an estate); **~besitz** *m* (deceased's) estate, possession of the estate; **~bewertung** *f* valuation of the estate; **~eigenschuld** *f debt of the estate for which heir is personally liable*; **~forderung** *f* claim by the estate, debt due to the estate; **~gegenstand** *m* item forming part of the estate; **~gericht** *n* probate court, surrogate's court; **~~sregister** *n* testamentary office; **~gläubiger** *m* / **-in** *f* creditor of the estate; **~grundstück** *n* inherited real estate; **~haftung** *f* liability of the estate assets; **~inventar** *n* schedule of estate assets; **~konkurs** *m* bankruptcy administration of an insolvent estate, bankruptcy of the estate; **~ nach Abzug von Vermächtnissen** remainder of the estate; **~pfleger** *m* /**-in** *f* provisional administrator of the estate; **~pflegschaft** *f* provisional administration of estate; **~prozesspfleger** *m* /**-in** *f* administrator pendente lite; **~recht** *n* probate law; **~register** *n* probate registry; **~richter** *m* /**-in** *f* probate judge; **~sache** *f* matter of the estate, **~schuld** *f* debt of the estate, deceased's debt; **~schuldner** *m* / **-in** *f* debtor of the estate; **~verbindlichkeiten** *pl* liabilities of the estate; **~verfahren** *n* administration suit, probate action, probate proceedings; **~vergleich** *m composition proceedings to avoid compulsory liquidation of an estate*; **~vermögen** *n* deceased's assets, estate; **~verteilung** *f* distribution of the estate; **~veruntreuung** *f* subtraction of legacies; **~verwalter** *m* /**-in** *f* administrator/administratrix, receiver (on behalf of the creditors of the estate); **~verwaltung** *f* administration of the estate on behalf of creditors; **~verzeichnis** *n* estate inventory; **~wert** *m* value of the inheritance; **~wesen** *n* probate matters; **~wohnsitz** *m* domicile of succession; **aus meinem ~** from my estate; **beweglicher ~** personal estate; **den ~ teilen** to partition the estate; **der ~ fällt an die gesetzlichen Erben** the estate devolves by intestacy; **der ~ geht auf den ältesten Sohn über** the estate devolves upon the eldest son; ***e-en* ~ abwickeln** to wind up the estate; ***e-en* ~ auseinandersetzen** to settle an estate, to wind up an estate; ***e-en* ~ verwalten** to administer an estate; **erbenloser ~** estate without any heirs, vacant succession; **herrenloser ~** vacant succession; **liquider ~** solvent estate; **mein gesamter ~** everything I die possessed of, my entire estate; **restlicher ~** residue; **treuhänderisch verwalteter ~** trust estate; **unbeweglicher ~** real property of an estate; **unverteilter ~** undivided estate.

Nachlass *m* **II** discount, price reduction, allowance, abatement (*of taxes after assessment*); **~ für Vorauszahlung** anticipation (rate).

nachlässig *adj* careless, negligent.

Nachlässigkeit *f* carelessness, neglect, negligence; **~ bei der Geltendmachung von Rechten** laches; **grobe ~** gross negligence.

Nachleistung *f* subsequent performance, additional services.

Nachlese *f* gleaning (*field*), second selection.

nachliefern *vt* to furnish additional (objects), to deliver subsequently.

Nachlieferung *f* additional supply, subsequent delivery, replacement, update.

nachlösen *vt* to buy a ticket en route/on arrival, to pay an additional fare, to pay on the train.

Nachlöseschalter *m* excess-fare window, *office for the payment of fares on arrival.*

nachmachen *vt* to copy, to imitate.

Nachmann *m* /**~frau** *f* subsequent endorser.

Nachmieter *m* /**-in** *f* new tenant, subsequent tenant.

Nachmietrecht *n* option to renew tenancy.

Nachmonat *m* subsequent month, following month.

nachmustern *vt* to reexamine *s.o.* for fitness for military service.

Nachnahme *f* cash on delivery (*abbr* C. O. D.), collect on delivery, payment on delivery; **~begleitschein** *m* C. O. D. form; **~betrag** *m* amount to be collected on delivery; **~brief** *m* C. O. D. letter; **~dienst** *m* C. O. D. service; **~paket** *n* collect on delivery package, C. O. D. package; **~sendung** *f* C. O. D. consignment, *US* registered C. O. D. mail; **~spesen** *pl* C. O. D. charges; **gegen ~** cash on delivery (*abbr* C. O. D.), collect on delivery, payment on delivery; **gegen ~ der Kosten** expense charged forward; **mit** ***e-er*** **~ belasten** to send C. O. D.

Nachname *m* surname, last name, family name.

Nachpächter *m* /**-in** *f* new tenant, subsequent tenant.

Nachpachtrecht *n* option to renew lease.

Nachpatent *n* later-dated patent.

nachpfänden *vi* to levy again (*at the same debtor's place*).

Nachpfändung *f* renewed levy of execution, second distress.

Nachporto *n* additional/extra postage.

nachprägen *vt* to coin again, to issue newly-minted coins, to copy coins.

Nachprägung *f* repeated coining, counterfeit coining.

nachprüfen *vt* to check, to examine, to review, to reexamine, to audit, to scrutinize; **auf Richtigkeit ~** to verify; **gerichtlich ~** to review judicially; **nochmals ~** to reexamine.

Nachprüfung *f* examination, reexamination, review, audit, scrutiny; **~ auf dem Verwaltungswege** administrative review; **~ der Einfuhrgeschäfte** subsequent control of imports; **~srecht** *n* right to review; right of verification; **~sverfahren** *n* procedure on review; **öffentliche ~** public inquiry; **richterliche ~** judicial review.

Nachrang *m* subsequent/lower ranking (*of securities or creditors or liabilities*); **~grundsatz** *m* principle of subsidiarity.

nachrangig *adj* inferior, subordinated, secondary, of lower rank, of lower priority, of lesser importance.

Nachrangigkeit *f* lower priority, lesser importance, lower ranking.

Nachrecherche *f pat* further search, additional search.

nachrechnen *vt* to check the calculation, to re-calculate.

Nachrechnung *f* recalculation; supplementary invoice.

Nachrede *f* talk about *s.o.*, aspersion, calumny; **üble ~** defamatory remark, slander, calumny.

nachreichen *vt* to file (*send, hand in*) later / subsequently, to file at a later date.

Nachreichung *f* subsequent presentation.

Nachrevision *f* post-audit.

Nachricht *f* message, information, news, news item, notice; **~enabteilung** *f* news department, news division; **~enagentur** *f* news agency; **~enbeschaffung** *f* collection of information; **~enbüro** *n* news agency, press agency; **~endienst** *m* information service; **geheimer ~~** intelligence service; **verfassungsverräterischer ~~** treasonable information service; **~enmittler** *m* /**-in** *f* conveyor of (illegal) messages/ communications; **~ennetz** *n* communications network; **~enoffizier** *m* /**-in** *f* intelligence officer; **~enschutz** *m* legal protection of confidential information, data secrecy; **~ensperre**

f news ban, prohibition of informing the media, news bar; **~ensprecher** *m* **/-in** *f* news reader, news announcer; **~enübermittlung** *f* transmission of news and information; **~enverbindungen** *f/pl* communications; **~enwesen** *n* communication system, communications; **~enzensur** *f* censorship of the news; **~ erhalten** to receive notice; **~ erteilen** to give notice, to notify; ***e-e*** **~ hinterlassen** to leave a message; **wir bitten um ~** please let us know, please inform us; **verschlüsselte ~en** messages in code or cipher.

nachrichtlich *adv* for information, blind copy to.

Nachrücken *n* moving up, filling a vacated post; **~ *e-er* Hypothek** advancement of ranking due to repayment of prior mortgage.

nachrücken *vi* to move up (*into vacated seat, position, etc*).

Nachrüstung *f* (nuclear) arms modernization.

Nachsaison *f* post season.

Nachschaden *m* consequential damage, subsequent damage.

Nachschau *f* inspection, follow-up examination, closer look.

Nachschieben *n* later submission, subsequent presentation; **~ von Gründen** subsequent submission of argument, adducing reasons subsequently.

nachschieben *vt* to submit subsequently, to adduce subsequently.

nachschießen *vt* to make a further contribution, *exch* to remargin.

Nachschlagewerk *n* reference book.

Nachschlüssel *m* duplicate key, false key, picklock, skeleton key, **~diebstahl** *m* theft by using false keys.

nachschnüffeln *vi* to snoop around (*after s.o.*), to spy on.

Nachschöpfung *f pat* reinvention, imitation.

Nachschrift *f* postscript.

Nachschub *m* supply, reinforcement; **~bedarf** *m* supply requirements; **~klausel** *f* clause to secure seller's reserved property by additional measures (*preservation, replenishment of stocks, proceeds*); **~lager** *n* supply depot, supply dump.

Nachschulung *f* follow-up training, retraining, continuing education.

Nachschuss *m* additional contribution (*beyond original amount*), additional payment, additional assessment, further cover, further margin; **~aufforderung** *f* call on contributors; **~forderung** *f* marginal call (*for additional cash*); **~haftung** *f* reserve liability, liability to effect further contributions; **~klausel** *f* safety clause (*mutual insurance*); **~pflicht** *f* liability to assessment, liability to make further contributions, reserve liability; **~~ *e-es* Vorschussnehmers** borrower's obligation to provide further cover; **mit beschränkter ~~** limited guarantee; **~verbindlichkeiten** *pl* assessments payable; **~zahlung** *f* payment of further contribution, remargining.

nachschusspflichtig *adj* assessable, liable to further contributions; **nicht ~** nonassessable.

Nachsende|antrag *m* application for redirection, application to have one's mail forwarded; **~adresse** *f* forwarding address, *GB* accommodation address, temporary mailing address.

nachsenden *vt* to forward, to send on; **bitte ~** please forward; **nicht ~** not to be forwarded, to await arrival.

Nachsendung *f* redirection, forwarding of mail; **~sgebühr** *f* redirection fee, forwarding fee.

Nachsicherung *f* subsequent increase in collateral, additional collateral.

Nachsicht *f* indulgence, forbearance, lenience, toleration; **~gewährung** *f* granting further time, granting indulgence.

nachsichtig *adj* indulgent, forbearing, lenient, tolerant.

Nachsorge *f* aftercare; **~auflage** *f* aftercare condition.

Nachspann *m* end title.

Nachsichtwechsel *m* after-sight bill.

Nachspiel *n* unpleasant consequences; **gerichtliches ~** legal consequences.

nachsprechen *vi* to repeat, to say (the following words) after *s.o.*; **sprechen Sie mir nach** repeat the following (words) after me.

nächst|berechtigt *adj* next in order of entitlement, next entitled; **~bereit** next prepared; **~berufen** next-entitled, next in line; **~folgend** next; **~ höher** next highest; **~liegend** (located) nearest; most obvious; **~offen** next open, next free, next unoccupied.

Nächst|berufene(r) *f(m)* (*der Nächstberufene*) next-entitled party, next in line; **~gebot** *n* nearest bid given, closest bid given.

nachstehend *adj* following, *adv* hereinafter, thereafter; **~bezeichnet (als)** hereinafter called/referred to as); **~ genannt** hereinafter called.

nachstellig *adj* junior, not having priority.

Nachstellungen *f/pl* unwelcome advances, persecution.

Nachsteuer *f* supplementary tax, subsequently levied tax, tax payable after reassessment.

nachsuchen *vi* to request, to petition.

Nachsuchung *f* request, petition.

Nacht|arbeit *f* night work; **~~er** *m* /**-in** *f* night worker; **~~sverbot** *n* prohibition of night-work (*e.g. for children, etc*); **~~szuschlag** *m* night-work premium; **~asyl** *n* night shelter, lodging house; **~backverbot** *n* prohibition of baking at night; **~börse** *f* evening trade; **~briefkasten** *m* night safe, night-time mailbox (*at court building*); **~dienst** *m* night duty; **~fahrt** *f* overnight journey, overnight drive; **~gebühr** *f* night rate; **~post** *f* night mail; **~ruhe** *f* silence at nighttime, night's rest; **~schalter** *m* night counter, night booking office; **~schicht** *f* night shift, graveyard shift; **~streckenbefeuerung** *f* route beacons for night-time-flying service; **~stromtarif** *m* night-time tariff for electricity, restricted hours traffic; **~tarif** *m* night tariff, night charge; **~tresor** *m* night safe; **~wächter** *m* /**-in** *f* night watchman; **~zeit** *f* night time; **~zuschlag** *m* night-hour premium.

Nachtat *f* subsequent lesser *US* offense/*GB* offence; **straflose ~** unpunishable subsequent lesser *US* offense/*GB* offence.

Nachteil *m* disadvantage, detriment, drawback; **~sausgleich** *m* compensation for detrimental effects (of dismissal); **~sverbot** *n* prohibition of adverse discrimination; exclusion of prejudice; ***e-en*** **~ in Kauf nehmen** to put up with a disadvantage, to accept a disadvantage; **erheblicher ~** material detriment; **zum ~ *e-es* Dritten** to the disadvantage of a third party.

nachteilig *adj* detrimental, disadvantageous.

Nächtigung *f* overnight stay.

Nachtrag *m* supplement, addendum, postscript; **~sanklage** *f* supplementary charge; **~sbestimmung** *f* annex, additional clause (*last will*), codicillary clause; **~sbewilligung** *f* supplementary expenditure, appropriation; **~sbuchung** *f* subsequent entry; **~sgesetz** *n* amendment, amending enactment; **~shaushalt** *m* supplementary budget, interim budget; **~sklage** *f* supplemental (statement of) claim; **~skredit** *m* supplementary credit; **~sliquidation** *f* subsequent bill for professional charges; **~spolice** *f* additional policy, subsequent policy, supplementary policy; addendum to a policy; **~stestament** *n* codicil; **~surkunde** *f* supplemental deed; **~sverfügung** *f* amending instructions; **~sverteilung** *f* subsequent distribution, later distribution.

nachtragen *vt* to add, to supplement.

nachträglich *adj* subsequent, additional, belated, ex post facto.

Nachtrunk *m* subsequent drink (*to conceal level of blood alcohol*).

Nachunternehmer *m* /**-in** *f* subcontractor.

Nachuntersuchung *f* subsequent examination, reexamination.

Nachurlaub *m* extended leave.

Nachveranlagung *f* subsequent assessment.

Nachverfahren *n* subsequent proceedings (*after conditional judgment*).

Nachvermächtnis *n* reversionary legacy; **~nehmer** *m* /**-in** *f* reversionary legatee.

nachveröffentlicht *adj pat* post-published.

Nachverrechnung *f* after-clearing.

Nachversicherung *f* subsequent insurance, payment of retrospective contributions (to social insurance); **~sfall** *m* requirement for admission of insurance contributions; **~szeiten** *pl* periods to which retrospective (social insurance) contributions apply; subsequent insurance period.

Nachversteuerung *f* payment in settlement of tax arrears, additional assessment, subsequent taxation.

nachverzollen *vt* to pay extra duties for undeclared merchandise, to pay subsequent duty on an article.

Nachverzollung *f* subsequent payment of customs duty.

Nachwahl *f* by-election.

Nachweis *m* proof (= *p*-), evidence (= *e*-); ~ **der Aushändigung** *p*- of delivery; ~ **der Echtheit** *p*- of authenticity; ~ **der Empfangsberechtigung** *p*- of authority to accept (*remittance, mail, etc*); ~ **der Identität** *p*- of identity; ~ **der Staatsangehörigkeit** *p*- of nationality; ~ **der Zahlungsunfähigkeit** *p*- of inability to pay; ~ **führen** to furnish *p*-, to produce *e*-, **~klausel** *f* *e*- clause; **~makler** *m* /**-in** *f* *broker who need only disclose an opportunity for a transaction* (*to earn his commission*); **~pflicht** *f* obligation to present *e*-, accountability, obligation to account for expenditure; **~provision** *f* broker's commission earned for disclosing an opportunity for a transaction (*realized subsequently*); **~ung** *f* documents, documentary *p*-; **~verteilung** *f* subsequent distribution of (newly discovered) assets; **bei ~ von** on *p*- of, upon *p*-; **bis zum ~ des Gegenteils** unless there is *p*- to the contrary, subject to *e*- to the contrary; **buchmäßiger ~** as evidenced by the books; **den ~ erbringen** to bear *e*-, to produce *e*- (of *sth*), to evidence; **lückenlose ~e** complete *e*-, airtight case; **mangels ~es** failing *p*-, if *p*- is lacking.

nachweisbar *adj* demonstrable, provable, capable of demonstration, ascertainable.

nachweisen *vt* to prove, to demonstrate, to establish.

nachweislich *adj* provable; *adv* provably.

Nachwiegen *n* check weighing, reweighing.

nachwiegen *vt* to reweigh, to check the weight.

Nachwirkung *f* after-effect.

Nachwucher *m* profiting from usurious acts of another.

Nachwuchs|förderung *f* promotion of young talent, promotion of the up and coming generation; **~kräfte** *f/pl* young persons (in a firm), junior members of the staff, management trainees.

nachzahlen *vt* to pay in arrears, to pay retrospectively, to pay a surcharge.

Nachzahlung *f* subsequent payment, back pay, additional contribution; payment of arrears; **~saufforderung** *f* call for further contributions; **~spflicht** *f* obligation to make up for a deficiency, obligation to reimburse legal aid.

Nachzählung *f* recount, second counting.

Nachzeichnung *f* subsequent subscription.

Nachzensur *f* post-publication censorship.

Nachzug *m* **I** subsequent move; ~ **ausländischer Familienangehöriger** subsequent immigration of family dependants; family reunion; **~salter** *n* **für Kinder** (upper) age limit for children to join their parents.

Nachzug *m* **II** supplementary train (*sent to substitute for train with technical or other deficiencies*).

Nachzugsaktie *f* deferred share, *pl* deferred stock.

Nadel|drucker *m* matrix printer, → *Laserdrucker, Tintenstrahler*; **~geld** *n* pin-money.

NAFTA (*abbr* = **Nordamerikanischer Freihandelsvertrag**) North Atlantic Free Trade Agreement.

Nagelprobe *f* acid test, crucial test.

Nah|ausloesung *f* compensation for travel time to and from (relatively near) employee's home; **~bereich** *m* close range, immediate sphere of influence; **~erholungsgebiet** *n* recreational area near a population *US* center/*GB* centre, local recreational facilities; **~fischerei** *f* local fishing; **~schnellverkehr** *m* rapid transit, local fast traffic; **~- und Fernverkehrstransport** long and short haul; **~verkehr** *m* short haul, short-distance transport, local (suburban) traffic; **~ziel** *n* immediate objective; **~zone** *f* local traffic zone.

nahestehen *vi* to be closely connected with, to be associated with, to be in sympathy with.

Nahezu-Bargeld *n* quasi-cash.

Nähr|stand *m obs* agriculture, the agricultural occupations; **~stoffeinheit** *f* nutrition unit.

Nahrungsmittel *n* food (= *f-*), foodstuff (= *fs-*); **~ fälschen** to adulterate *f-*; **~fälschung** *f f-* adulteration; **~grundstoff** *m* basic *fs-*; **~handwerk** *n f-*-processing trade; **~hilfe** *f f-* aid; **~hilfe-Ausschuss** *m f-* aid committee; **~hilfe-Übereinkommen** *n f-* aid convention; **~industrie** *f f-* industry; **~rohstoff** *m* basic *fs-*, raw material used in the production of *fs-s*; **~ und Genussmittel** *n/pl f-*, beverages and tobacco; **biologisches ~** organic *f-*; **hochwertige ~** high-grade *fs-s*; **tierisches ~** *fs-* of animal origin; animal *f-*.

Nahrungsverweigerung *f* refusal to take food.

Nahtstelle *f* point of union, point of contact, linkage point, interface.

Name *m* name, family name; **~ der Redaktion unbekannt** name withheld (*from the newspaper, anonymous news report*); **~ des Ausstellers** name of issuer; **~ und Anschrift sind der Redaktion bekannt** name and address supplied; **angenommener ~** assumed name, alias, pseudonym; **auf *jd-es* ~n eintragen** to register in *s.o.*'s name; **auf den ~n lauten** to be made out in the name of *s.o.*; **dem ~n nach** nominal, by name, according to name; **der richtige ~** the true name; **falscher ~** false name, pseudonym, alias; **gesetzlich geschützter ~** proprietary name, legally protected name; **im eigenen ~n** in one's own name; **im eigenen ~n für fremde Rechnung** in one's own name but for the account of another, on commission; **im eigenen ~n klagen** to sue in one's own name; **im fremden ~n** in the name of another, as agent(s) only; **im ~n der Firma zeichnen** to sign for the firm; **im ~n des Gesetzes** in the name of the law; **in *jd-es* ~n auftreten** to go under the name of *s.o.*; **im ~ und für Rechnung des Unternehmers** in the name and on behalf of the principal; **im ~ von** in the name of, on behalf of; **in fremdem ~n für fremde Rechnung** in the name and for the account of another, as agent; ***jd-en* mit ~ nennen** to call *s.o.* by name, to name; **nur dem ~n nach** purely nominally, in/by name only; **ohne ~n** anonymous; **seinen ~n angeben** to state one's name; **rechtlich geschützter ~** legally protected name, a registered name, a copyrighted name; **unter dem ~n von** under the name of; **vollständiger ~** full name, legal name.

namenlos *adj* anonymous, nameless (*brand*).

namens *prep* in the name of, on account of, on behalf of non-name.

Namens|adoption *f* adoption to give the child a name; **~aktie** *f* personal share, registered share; **vinkulierte ~~** not freely transferable registered share; **~anbringung** *f* legal requirement to display proprietor's name (*near shop entrance*); **~änderung** *f* change of name; **~angabe** *f* indication of name; **~aufruf** *m* call-over; roll call; **~ehe** *f* nominal marriage (*to obtain name of husband*); **~erteilung** *f* naming; **~firma** *f* personal firm name (*firm name consisting of the name or names of natural persons*); **~führung** *f* (constant) use of a name; **~gebung** *f* naming, christening, name-giving ceremony, nomenclature; **~gleichheit** *f* identity of name; **~indossament** *n* special endorsement; **~irrtum** *m* misnomer, mistake in names; **~konnossement** *n* non-negotiable bill of lading; **~lagerschein** *m* warehouse warrant made out to a named person; **~liste** *f* list of names, nominal roll, rota; **~missbrauch** *m* misuse of name, using a false name as an impostor; **~nennung** *f* mentioning of a name, statement of names; **~obligation** *f* registered bond, debenture made out to a named person; **~papier** *n* document made out to a named individual, registered security; **~pfandbrief** *m* registered mortgage bond; **~recht** *n* right to the use of a name; **~schild** *n* name plate; **~schuldverschreibung** *f* registered bond, registered debenture; **auswechselbare ~~en** interchangeable bonds; **~schutz** *m* legal protection of names; **~tag** *m* name day, Saint's day; **~unterschrift** *f* signature; **~verwechslung** *f* confusion of names; **~verzeichnis** *n* list of names, index of names, nominal list; **~wechsel** *m* change of name; **~zeichnung** *f* signature; **~zertifikat** *n* registered certificate; **~zug** *m* form of signature.

namensgleich *adj* having the same name.

namentlich *adj* (mentioned) by name.

namhaft *adj* renowned, well-known, substantial.

Namhaftmachung *f* naming, identification, designation.

nämlich *conj* id est (*abbr* i.e.), that is to say, videlicet (*abbr* viz.), to wit, namely.

Nämlichkeit *f* identity; **~sbescheinigung** *f* certificate of identity; **~snachweis** *m* proof of the unaltered character (of temporarily imported goods); **~sprüfung** *f* verification of identity; **~szeichen** *n* identification mark; **~szeugnis** *n* certificate of identity, certificate of unaltered character of goods.

Nansenpass *m* Nansen passport (for stateless persons).

Narko|analyse *f* questioning (*patient*)/interrogation (*of a criminal suspect*) under the influence of a truth serum; **~sewaffe** *f* stun gun; **~tikum** *n* (*pl Narkotika* = *~a*) narcotic, drug, anaesthetic; **gesundheitsgefährdende ~a** dangerous drugs; **süchtigkeitsbildende ~a** habit-forming narcotic drugs.

Nasciturus *m* child en ventre sa mère, unborn child.

Nassauer *m* sponger, parasite.

Nation *f* nation, state, country; **Assoziation der Südostasiatischen ~en** (*abbr* **ASEAN**) Association of South-East Asian nations (*abbr* ASEAN); **Vereinte ~en** *f/pl* United Nations (*abbr* UN = *UN*); **Generalsekretär der ~~** *UN* Secretary-General; **Hoher Kommissar der ~~ für Flüchtlinge** *UN* High Commissioner for Refugees; **Kommission der ~~ für internationales Handelsrecht** *UN* Commission on International Trade Law (*abbr* UNCITRAL); **Organisation der ~~** *UN* Organization (*abbr* UNO); **Organisation der ~~ für Erziehung, Wissenschaft und Kultur** *UN* Educational, Scientific and Cultural Organization (*abbr* UNESCO); **Organisation für industrielle Entwicklung der ~~** *UN* Industrial Development Organization (*abbr* UNIDO); **Sekretariat der ~~** *UN* Secretariat; **Sicherheitsrat der ~~** Security Council of the *UN*; **Treuhandrat der ~~** *UN* Trusteeship Council; **Übereinkommen der ~~ über den internationalen Warenkauf** *UN* Convention on the International Sale of Goods (*abbr* CISG); **Verwaltungsgericht der ~~** *UN* Administrative Tribunal (*abbr* UNAT); **Vollversammlung der ~~** General Assembly of the *UN*; **Welthandels- und Entwicklungskonferenz der ~~** *UN* Conference on Trade and Development (*abbr* UNCTAD); **Weltkinderhilfswerk der ~~** *UN* Children's Fund (*abbr* UNICEF); **Wirtschafts- und Sozialrat der ~~** *UN* Economic and Social Council (*abbr* ECOSOC); **Zentrum der ~~ für transnationale Unternehmen** *UN* Center on Transnational Corporations (*abbr* UNCTC).

National|bewusstsein *n* national consciousness, sense of national identity; **~budget** *n* national budget; **~einkommen** *n* national income, national revenue; **~farben** *pl* national colo(u)rs; **~feiertag** *m* national holiday; **~flagge** *f* national flag, ensign; **~hymne** *f* national anthem; **~ökonom** *m* /**-in** *f* economist, political economist; **~ökonomie** *f* economics, national economy, political economy; **~produkt** *n* national product; **~rat** *m A*, *CH* National Council; member of the National Council (*lower house of parliament*, → *A Bundesrat*, *Bundesversammlung / CH Ständerat*, *Bundesversammlung*); **~sozialismus** *m* national socialism; **~staat** *m* nation state; **~versammlung** *f* National Assembly (*constitutional congress*).

Nationalität *f* nationality; **~enfrage** *f* problem of national minorities; **~enprinzip** *n* nationality principle, rule that a person is subject to the law of his nationality; **~enstaat** *m* multinational state; **~szeichen** *n* international registration plate, national mark.

NATO *f* (*abbr* = **Nordatlantikpakt-Organisation**) NATO (*abbr* = North Atlantic Treaty Organization); **~-Doppelbeschluss** *m* NATO twin-track decision; **~-Truppenstatut** *n* NATO Status of Forces Agreement.

Natur| (*nature* = *n*-, *natural* = *n-l*) **~boden** *m n-l* soil, uncultivated soil; **~denkmal** *n-l* monument; **~ereignis** *n n-l* event, *n-l* phenomenon, act of *n*-; **~erscheinung** *f n-l* phenomenon; **~erzeugnis** *n n-l* product, *pl* (*also*) *n-l* produce; **gewerbliche ~~se** industrial crops; **~gabe** *f* gift of *n*-, talent; **~gesetz** *n n-l* law, law of *n*-; **~haushalt** *m* eco system; **~katastrophe** *f n-l* disaster; **~kautschuk** *m n-l* rubber; **~kostladen** *m* biological food store; **~kraft** *f* power of *n*-; **~ökologie** *f n-l* ecology; **~produkt** *n n-l* product; **~raum** *m* physical region; **~recht** *n* law of *n*-, *n-l* law; **~~sbewegung** *f* natural law movement; **~schätze** *m /pl n-l* resources; **~schutz** *m n*- preservation, *n*- protection; **~~behörde** *f n*-preservation authority; **~~gebiet** *n n*- preservation area, *n*- reserve, national park; **~~gesetz** *n n*- preservation law, conservation law(s); **Bundesminister für Umwelt, ~~ und Reaktorsicherheit** *D* Federal Minister of the Environment, *N*-Conservation, and Nuclear Safety; **~stoff** *m n-l* product; **~stofferfindung** *f* inventory of a *n-l* product (*by induced mutation etc*).

Natural| (*in kind* = *i/k*) **abgabe** *f* levy *i/k*; **~ausgleich** *m* compensation *i/k*; **~dividende** *f* dividend payable *i/k*; **~einkommen** *n* income *i/k*; **~entlohnung** *f* remuneration *i/k*; **~erfüllung** *f* specific performance, performance *i/k*; **~ersatz** *m* replacement *i/k*, recovery *i/k*; **~ertrag** *m* yield (of the sort); **~form** *f* original form; **~leistung** *f* payment *i/k*; **~lohn** *m* wages *i/k*, remuneration *i/k*; **~obligation** *f* imperfect obligation, unenforceable obligation, debt of hono(u)r; **~pacht** *f US* sharecropping, lease where rent is paid *i/k*, rent *i/k*; **~pächter** *m* **/-in** *f* share tenant; sharecropper; **~rabatt** *m* discount by supply of extra articles free of charge; **~restitution** *f* restoration, compensation for damage *i/k* (*torts*), restitution *i/k*; **~steuer** *f* tax paid *i/k*; **~tausch** *m* barter; **~vergütung** *f* remuneration *i/k*; ***e-e*** **~~ leisten** to pay *i/k*; **~wirtschaft** *f* closed household economy, economy based on self-production and barter, moneyless economy; **~zins** *m* rent payable *i/k*.

naturalisieren *vt* to naturalize.

Naturalisierung *f* naturalization.

naturrein *adj* pure, unadulterated.

navigationsunfähig *adj* unmanœuvrable, out of control, unnavigable.

ne bis in idem prohibition against double jeopardy.

Nebel|scheinwerfer *m* fog light(s), fog lamp, fog headlight; **~schlussleuchte** *f* rear fog light; **~warnung** *f* fog signal.

Neben|abrede *f* additional agreement, subsidiary agreement, collateral agreement(s); **mündliche ~~** verbal collateral agreements, (informal) understanding, side agreement; **~absicht** *f* secondary motive; **~amt** *n* additional function, secondary office, part-time job; **~anschluss** *m* extension; **~anspruch** *m* secondary claim, subsidiary claim; **~antrag** *m* secondary petition for additional relief; **~artikel** *m* side-line article; **~ausgaben** *pl* incidental expenses; **~bahn** *f* branch railway, branch line; **~bedeutung** *f* connotation, secondary meaning; **~befugnisse** *f/pl* incidental powers; **~begriff** *m* auxiliary concept; **~bemerkung** *f* side remark, incidental remark, passing remark; **~berechtigte(r)** *f(m)* (*der ~berechtigte*) secondarily entitled party; **~beruf** *m* secondary occupation, side line; **~beschäftigung** *f* secondary activities, spare-time work, side-line, part-time job; **unerlaubte ~~** moonlighting; **~bestandteile** *m /pl* auxiliary constituents; **~bestimmungen** *pl* incidental provisions; **~beteiligte** *pl* secondary parties; **~betrieb** *m* subsidiary establishment, subsidiary enterprise, branch; **~beweis** *m* accessory proof; **~bezüge** *pl* fringe benefits, perquisites, perks; **~börse** *f US* curb/*GB* kerb exchange, provincial stock exchange; **~buch** *n* auxiliary book; **~~konto** *n* secondary account; **~bürge** *m* **/~bürgin** *f* co-surety, collateral surety, additional bail; **~bürgschaft** *f* cosurety, collateral guarantee; **~effekt** *m* side effect; **~einander fahren** driving/riding side by side (*two or three abreast*); **~einkommen** *n* secondary income, extra income, additional income; **~einkünfte** *pl* casual earnings, perquisites, additional income; **~einnahmen** *pl* additional income, extra income; **~erfindung** *f* collateral invention; **~erwerb** *m* secondary occupation, sparetime job; **~~sbetrieb** *m* small holding, additional business; **~~slandwirt** *m* part-time farmer; **~~~schaft** *f* small holding; **~~sstelle** *f* subsidiary earning position; **~~stätigkeit** *f* subsidiary gainful activity; **~erzeugnis** *n* byproduct; spin-off, *fig* coproduct; **~folge** *f* incidental consequence; **~forderung** *f* incidental claim; **~frage** *f* secondary question, side issue; **~frau** *f* secondary wife, concubine; **~gebäude** *n* adjacent building, outbuilding, outhouse, *US* annex/*GB* annexe; **~gebrauch(szweck)** *m* accessory use; **~gebühren** *pl* supplementary charges, extra charges; **~geschäft** *n* side line, sundry business; **~gewässer** *n* dependent seas; **~gewerbe** *n* ancillary trade; **~intervenient** *m* **/-in** *f* intervening party;

~intervention *f* intervention (*by third party to support one of the litigants*); **~~sverfahren** *n* (intervention by) third party proceedings; **~kasse** *f* petty cash fund; **~klage** *f crim pro* accessory prosecution (*by victim*); **~kläger** *m* /**-in** *f crim pro* additional prosecuting plaintiff (*victim*); **~konto** *n* subsidiary account; **~kosten** *pl* additional expenses, outgoings, incidental expenses; utilities (*tenancy contract*); **~~pauschale** *f* lump sum to cover incidental expenses; **~kriegsschauplatz** *m* secondary theatre of war; **~leistung** *f* performance of an additional service, *pl* fringe benefits, additional services; **~~sgesellschaft** *f* company with additional service obligations of shareholders; **~linie** *f* side line; connecting line; **~markt** *m* side-line market, parallel market; **~papiere** *n/pl* coupons; **~partei** *f* subsidiary party, joint litigant; **~patent** *n* collateral patent; **~pflicht** *f* secondary obligation, accessory obligation; **~platz** *m* place of insignificant importance, outlying place, out-of-town point; **~produkt** *n* byproduct; spin-off, *fig* coproduct; **~postamt** *n* secondary post office; **~recht** *n* accessory right, subsidiary right, secondary right, peripheral right; **~register** *n* secondary register; **~sache** *f* collateral matter, subordinate matter, matter of secondary importance, secondary cause, minor point; **~sächlichkeit** *f* minor point, triviality; **~schaden** *m* collateral damage; **~sicherheit** *f* secondary security, collateral security; **~stelle** *f* branch office; **~steuer** *f* minor tax; **~strafe** *f* supplementary penalty; **~strafrecht** *n crim* criminal law statutes in addition to those of the Penal Code; **~straße** *f* side street, minor road, secondary road; **~strecke** *f* byroute, connecting line, branch railway; **~tat** *f* incidental *US* offense/*GB* offence; **konsumierte ~~** lesser *US* offense/*GB* offence; **~täter** *m* /**-in** *f* independent perpetrator (*of an offense*); **~tätigkeit** *f* secondary activities, spare-time work, side-line, part-time job; **~~sgenehmigung** *f* authorization to work during spare time, authorization (*from primary employer*) to pursue secondary employment; **~umstand** *m* incidental circumstance; **~urkunde** *f* supporting document, ancillary document; annex, schedule; **~verdienst** *m* additional earnings, incidental earnings, casual earnings, extra profit; **~vereinbarung** *f* collateral agreement; **~verfahren** *n* collateral proceedings, ancillary proceedings, interlocutory proceedings; **~verpflichtung** *f* additional obligation; **~versicherung** *f* additional insurance; **~vertrag** *m* subsidiary contract, accessory contract; **~vormund** *m* coguardian, second guardian; **~vorschlag** *m* incidental proposal, additional proposal; **~werte** *pl* sundry securities; **~wirkung** *f* collateral effect, incidental consequence, incidental result; **~zentrum** *n* district *US* center/*GB* centre; **~zweck** *m* secondary object.

neben | beruflich *adj/adv* as a secondary occupation; **~erwerblich** incidental(ly) to one's main business or profession; **~sächlich** incidental, unimportant, minor.

Negativ | attest *n* negative clearance certificate, negative confirmation; certificate of nonapplicability of a restraint; **~beweis** *m* negative evidence; **~erklärung** *f* negative declaration; **~klausel** *f* negative pledge clause (*undertaking by a bank to refrain from issuing additional secured debentures*); **~zins** *m* negative interest.

negatorisch *adj* negating, denying, prohibiting.

negieren *vt* to negate.

negoziabel *adj* negotiable, marketable.

negoziierbar *adj* negotiable; **nicht ~** nonnegotiable.

Negoziierbarkeit *f* negotiability.

Negoziierung *f* negotiation.

Negoziierungs|anzeige *f* advice of negotiation; **~ermächtigung** *f* authority to negotiate; **~auftrag** *m* order to negotiate; **~kredit** *m* drawing authorization, letter of authority, negotiation credit.

Nehmer *m* /**-in** *f* taker, buyer, investor.

Neigung *f* inclination, tendency, propensity; **kriminelle** ~ criminal leanings; **schädliche** ~ proclivity (*toward sth harmful*), destructive leanings, damaging tendency.

Neinstimme *f* negative vote, *pl* the nays.

Nekrophilie *f* necrophilism.

Nenn| (*nominal* = *n*-) **~betrag** *m* *n*-amount, face value; **~kapital** *n* *n*-capital; **~onkel** *m* a *n*- uncle; **~tante** *f* *n*- aunt; **~ung** *f* naming, mention, designation, *esp pl* credits (*film*); **~wert** *m* *n*- amount, *n*- value, par value, face value, par, *n*-par; **~~aktie** *f* par value share, *n*--value share; **~~parität** *f* *n*- parity; **~~~ von Banknoten** parity of notes.

nennwertlos *adj* no par (value), non-par value.

Nepotismus *m* nepotism.

Nepp *m* daylight-robbery.

neppen *vt* to fleece *s.o.*, to dupe, to swindle.

Nerven|anspannung *f* suspense, strain; **~arzt** *m* /**~ärztin** *f* neurologist; **~klinik** *f* mental hospital, neurological hospital, psychiatric and neurological clinic; **~krieg** *m* war of nerves; **~schock** *m* mental shock, nervous shock.

netto *adj* net, after all deductions, without deductions; **rein** ~ net without any discount.

Netto|-Anlageinvestition *f* net investment in fixed assets; **~auslandsinvestition** *f* net foreign investment; **~auslandsposition** *f* net external monetary position; **~-Ausschüttung** *f* net payment, net relevant distribution; **~beanspruchung** *f* net borrowing; **~bestände** *m* /*pl* net holdings; **~betrag** *m* net amount, net sum, clear amount, clear money; **~betriebsgewinn** *m* net operating income; net operating profit; **~betriebsverlust** *m* net operating loss; **~bezüge** *m* /*pl* net salary; **~bilanz** *f* balance of balances; **~dienstbezüge** *pl* net remuneration; **~dividende** *f* net dividend; **~einkünfte** *pl* net earnings; **~einnahmen** *pl* net receipts, net income; **~entschädigung** *f* net indemnity, net compensation; **~erdöleinfuhren** *pl* net oil imports; **~erlös** *m* net proceeds; **~ersparnis** *f* net savings; **~ertrag** *m* net yield, *pl* net earnings; **~~swertberechnung** *f* net earnings rule; **~finanzierungsdefizite** *pl* net financial deficit; **~gewicht** *n* net weight; **~gewinn** *m* net profit; **~grenzprodukt** *n* marginal net product; **~guthaben** *n* net holdings; **~inventarwert** *m* net asset value; **~kredit** *m* (*ohne Gebühren und Kosten*) net proceeds of credit; **~kurs** *m* net price; **~lohn** *m* net wage(s), take-home pay, effective wage payment(s); **~miete** *f* net rent; **~pacht** *f* net rental for a lease; **~prämie** *f* net premium, net level annual premium; **~preis** *m* net price, trade price (*list price less trade discount*); **zum** ~~ straight, at net price; **~produktion** *f* net production; **~produzentenanteil** *m* producer's net share; **~raumgehalt** *m* net tonnage; **~registertonne** *f* net registered ton; **~rendite** *f* net yield, after-tax yield; **~rente** *f* net annual return; **~reserve** *f* net reserves; **~schaden** *m* net loss; **~sozialprodukt** *n* net social product (*abbr* NSP), net national product (*abbr* NNP); **~sparzins** *m* net rate of interest on savings; **~steuerbelastung** *f* net burden of taxes; **~umsatz** *m* net turnover, net sales, net returns; **~~erlöse** *m/pl* net sales; **~~rendite** *f* net earnings as a percentage of sales; **~verdienst** *m* take-home pay; **~verlust** *m* net loss, clear loss; **~vermögen** *n* net assets; **~verzinsung** *f* net interest (return), net return, (*interest after deduction of withholding tax*); **~-Volkseinkommen** *n* net national income; **~währungsreserven** *pl* net official monetary assets; **~warenumsatz** *m* net sales; **~wert** *m* net value; **~-Wertzuwachs** net added value; **~zins** *m* pure interest, net interest; **~~klausel** *f* net interest clause, pure interest clause.

Netz *n* network, system; **~karte** *f* area season ticket; (computer) network card; **~zugang** *m* network access (*telecommunications*), internet access; **~~sverordnung** *f* Regulation on Network Accessing (*1996*); **das soziale ~** social (-security) network, system of welfare-state facilities, floor of protection.

Neu | abschluss *m* fresh business, new order booked; **~anschaffung** *f* new acquisition; **~auflage** *f* new edition, reissue, republication; **~aufnahme** *f* admission of new members; **~aufschluss** *m* fresh exploitation (*of a mine*); **~ausgabe** *f* new edition, reissue; **~ausrüstung** *f* retooling, re-equipment; **~auszeichnung** *f* remarking (*goods for sale*); **~bau** *m* newly built house; new works; **~~mietenverordnung** *f ordinance regulating publicly subsidized tenancies on controlled rents in newly-built houses* (*D 1975*); **~~~ten** *pl* newly-built houses, new buildings; **~begebung** *f* new issue; **~berechnung** *f* updating, recalculation; **~besetzung** *f* new appointment, filling of a vacancy; **regelmäßige ~~** normal replacement; **~bestellung** *f* repeat order, fresh order; **~bewertung** *f* revaluation, reassessment, reappraisal; **~~srücklage** *f* revaluation reserve; **~~srückstellung** *f* special revaluation reserve; **~bewilligung** *f* fresh appropriation; **~bildung** *f* reorganization, reshaping, reshuffle; **~druck** *m* republication, reprint, reimpression; **~einstellung** *f* fresh engagement, engagement of new personnel; **~einteilung** *f* reclassification; reapportionment; **~eintragung** *f* new registration; fresh entry in a register; **~eintritte** *m /pl* new entrants; **~emission** *f* new issue of shares/bonds; **~erwerb** *m* new acquisition; **~~ung** *f* accession, future addition; **~fassung** *f* revised text, update; **~festsetzung** *f* revised text; fixing of a new price, redetermination, realignment; **~~ von Preisen** repricing; **~feststellung** *f* restatement, fresh ascertainment; **~formulierung** *f* rewording, restatement; **~fundierung** *f* refunding; **~geborenes** *n* neonate, newborn child; **~geschäft** *n* new business, fresh transaction; **~gestaltung** *f* reshaping, recasting; **~gliederung** *f* reorganization; restructure, rearrangement; **~~ des Bundesgebietes** reorganization of state territory, redefinition of state borders; **~gründung** *f* new foundation, newly established business; **~~ durch Bareinlagen** new formation by cash subscriptions; **~investition** *f* new investment, fresh capital expenditure; **~kalkulation** *f* recalculation; **~landwirt** *m* /**-in** *f* pioneer farmer, newly set-up farmer; **~lieferung** *f* fresh supplies, redelivery; **~ordnung** *f* reform, rearrangement, reconstruction; **~~ des Geldwesens** currency reform; **~orientierung** *f* reorientation, new departure, realignment; **~platzierung** *f* placing securities in fresh hands, putting securities back on the market; **~regelung** *f* revised arrangements, rearrangement, reorganization, reform; **~~sgesetz** *n* amending law; **~siedlung** *f* new farm, newly established settlement, new housing project; **~veranlagung** *f* reassessment, post-assessment; **~vermietung** *f* re-letting, letting new premises, granting a new tenancy; **~verpachtung** *f* granting a new lease, leasing for a new term; **~verplanung** *f* expenditure freshly voted; **~verputzen** *n* replastering; **~verschuldung** *f* newly incurred indebtedness; **~ver-**

teilung *f* redistribution; ~**wahl** *f* new elections; ~~**en veranlassen** to go to the country; ~**wert** *m* original value, value when new; ~~**schaden** *m* damage equivalent to the value of a newly bought article; ~~**versicherung** *f* replacement value insurance; ~**zugang** *m* fresh business, new accrual, new admission, accession; ~**zulassung** *f* new registration; newly licensed car; ~**zusammenschluss** *m* reamalgamation; ~**zuteilung** *f* reallocation.

Neuerung *f* innovation.

neu | fassen *vt* to redraft, to reword; ~**vermieten** *vt* to re-let; ~**veröffentlichen** *vt* to republish; ~**verpachten** *vt* to re-lease.

neu für alt new for old.

Neuheit *f* novelty, novel matter; ~ **der Erfindung** novelty of invention; ~**saufkommen** *n* total of new inventions; ~**sbeweis** proof of novelty; ~**smangel** *m* lack of novelty, want of novelty; ~**smerkmal** *n* novel feature; ~**sprüfung** *f* examination for novelty; ~**srecherche** *f* search as to novelty; ~**srest** *m* retaining feature of recognized novelty, inventive difference; ~**sschädlichkeit** *f* infringement of novelty, bar to novelty; ~**swert** *m* novelty value, innovative value; **die** ~ **verneinen** to negate the novelty; **mangelnde** ~ want of/lack of novelty; **mangels** ~ due to lack of novelty.

neuheitsschädlich detrimental to novelty, novelty-destroying.

Neuling *m* newcomer, novice; ~**sinvestor** *m* /**-in** *f* novice investor.

neutral *adj* neutral, disinterested, impartial.

Neutralität *f* neutrality, neutral status; ~**sabkommen** *n* neutrality agreement; ~**sbruch** *m* breach of neutrality; violation of neutrality; ~**serklärung** *f* declaration of neutrality; ~**sgesetze** *pl* neutrality laws; ~**spolitik** *f* policy of neutrality; ~**sstatus** *m* neutral status; ~**sverletzung** *f* violation of neutrality; ~**szeichen** *n* emblem of neutrality; **bewaffnete** ~ armed neutrality; **ständige** ~ permanent neutrality; **wohlwollende** ~ friendly neutrality, benevolent neutrality.

n.F. (*abbr* = **neue Fassung**) amended version, most recent text (*statute*).

Nicht | abgabe *f* failure to submit, non-submission, non-delivery; ~-**Abkommensland** *n* non-agreement country, non-clearing country; ~**abnahme** *f* failure to take delivery; non-acceptance, refusal to accept; ~~**entschädigung** *f* compensation for failure to take delivery; ~**achtung** *f* non-observance, disregard; ~~ **des Gerichts** contempt of court; ~**anerkennung** *f* non-recognition, non-acknowledgment; ~**angriffspakt** *m* non-aggression pact; ~**annahme** *f* non-acceptance; ~**anrainerstaat** *m* non-littoral state; ~**antritt** *m* failure to appear to serve a sentence; ~**anwendbarkeit** *f* non-applicability; ~**anwendung** *f* non-application; ~**anwesenheit** *f* absence; ~**anzeige** *f* failure to inform, failure to report *sth* to the police; ~~ **von Verbrechen** non-disclosure of crimes, misprision of felony; ~**ausführung** *f* non-execution; ~**aushändigung** *f* non-delivery, refusal to hand *sth* over; ~**ausschöpfung** *f* non-exhaustion; ~**ausschüttung** *f* **von Dividenden** passing of the dividend, forgoing payment of dividend; ~**außenberuf** *m* indoor calling; ~**ausübung** *f* non-use, failure to exercise; ~~ ***e-es*** **Patents** non-working/non-exploitation of a patent; ~**banken** *pl* non-banks, parties other than banks; ~~**kundschaft** *f* non-bank customers; ~**beachten** *n* non-observance, failure to comply with (*a regulation*), non-adherence to; ~**beachtung** *f* non-observance, disregard (for); ~~ **der verkehrsüblichen Sorgfalt** want of ordinary care; ~~ **von Verkehrsanweisungen** ignoring (traffic) directions; ~~ **von Verkehrszeichen** ignoring traffic signs; **~beantwortung** *f* failure to answer, non-response; **~befolgung** *f* non-compliance; **bei** ~~ on failure to comply with; **~beitreibbarkeit** *f* uncollectibility, irrecoverability, impossibility of collecting; **~beiwohnung** *f* non-access; **~benutzung** *f* non-use; **~berechtigte(r)** *f(m)* (*der ~berechtigte*) non-entitled person, unauthorized person; **~berücksichtigung** *f* disregard; **~bestehen** *n* non-existence, failure (*of exam*); **~besteuerung** *f* non-taxation; **~bestreiten** *n* non-denial, no contention; **~deutsche(r)** *f(m)* (*der ~deutsche*) non-German, a non-German citizen, an alien; **~diskriminierung** *f* non-discrimination; ~~ **im Außenhandel** fair trade; **~~sklausel** *f* non-discrimination clause; **~durchsetzbarkeit** *f* unenforceability; **~ehe** *f* non-existent marriage; **~eheliche(r)** *f(m)* (*der ~eheliche*) person born out of wedlock; **~ehelichkeit** *f* birth out of wedlock; **~eigentümer** *m* **/-in** *f* non-owner; **~eingreifen** *n* non-intervention; **~einhaltung** *f* non-compliance; ~~ **von Förmlichkeiten hinnehmen** to waive formalities; **~einigung** *f* non-agreement; **bei** ~~ in default of agreement; **~einklagbarkeit** *f* unenforceability; **~einlassung** *f* non-appearance; **~einlösung** *f* non-payment, dishono(u)r(ing), failure to redeem; **~einmischung** *f* non-intervention; **~~spolitik** *f* policy of non-interference, hands-off policy; **~einräumung** *f* non-delivery, failure to grant (*possession, a right, etc*); **~eintragung** *f* non-registration; **~eintreffen** *n* failure to arrive; **bei** ~~ **keine Kaufverpflichtung** no arrival no sale; **~eintreibung** *f* failure to collect; **~eintritt** *m* non-occurrence; ~~ *e-er* **Bedingung** non-occurrence of a contingency; **~erfolgen** *n* non-occurrence; **~erfüllung** *f* non-performance, non-fulfil(l)ment, failure to perform; ~~ **von Verpflichtungen** failure to fulfil(l) obligations; ~~ **der Zahlungsverpflichtung** non-payment; **bei** ~~ on default; **~erhebung** *f* refraining from levying; **~erneuerung** *f* non-renewal; **~erscheinen** *n* non-appearance, non-attendance, default of appearance, failure to appear; **~erschöpfung** *f* **des innerstaatlichen Rechtswegs** non-exhaustion of domestic remedies; **~erweislichkeit** *f* unprovability; **~fachmann** *m* **/~fachfrau** *f* layman, outsider, non-expert; **~gebrauch** *m* non-use, disuse; **~gemeinschaftsländer** *pl EU* third states, (*countries other than those of the Community*); **~genehmigung** *f* non-approval; **~gewährung** *f* refusal to grant *sth*; **~gewerkschaftler** *m* **/-in** *f* non-union worker; **~haftung** *f* non-liability, exemption from liability; **~honorierung** *f* dishono(u)ring; **~kaufmann** *m* **/~kauffrau** *f* non-merchant, non-trader; **~kenntnis** *f* ignorance, lack of knowledge, absence of notice; **schuldhafte** ~~ negligent ignorance; ~~ **tatsächlicher Umstände** ignorance of fact; **~kombattant** *m* **/-in** *f* non-combatant; **~konvertierbarkeit** *f* inconvertibility; **~kriegführung** *f* non-belligerency; **~leistung** *f* non-performance, failure to perform, default; **bei** ~~ on default; **versehentliche** ~~ inadvertent default; **~lieferung** *f* non-delivery; **~mitglied** *n* non-member; **~nennung** *f* remaining nameless; ~~ **des Erfinders beantragt** ~~ the inventor requests to remain anonymous/nameless; **~offenbarung** *f* non-disclosure; **~öffentlichkeit** *f* non-admission of the public; privacy; **~organisierte** *pl* non-unionists; **~rückwirkung** *f* non-retroactivity; **~schlüssigkeit** *f* inconclusiveness, no case to answer (*demurrer would be sustained*); **~schuld** *f* non-existing debt; **~~igerklärung** *f* plea of not guilty, general issue; **~~vermu-**

tung *f* presumption of innocence; **~sesshafte** *pl* persons without fixed abode; **~steuerpflichtige(r)** *f(m)* (*der ~pflichtige*) non-taxable person; **~störer** *m* **/-in** *f* non-disturber (*person not committing a disturbance or violation of public order*); **~straftat** *f* non-punishable act; **~teilnehmerland** *n* non-participating country; **~- übereinstimmung** *f* non-conformity, variance; **~unternehmen** *n* parties other than enterprises; **~unterzeichner** *m* **/-in** *f* non-signer, non-signatory; **~~regierung** *f* non-signatory government; **~veranlagungsverfügung** *f* non-assessment order; **~verantwortliche(r)** *f(m)* (*der ~verantwortliche*) non-responsible party; **~veräußerung** *f* non-alienation; **~verbreitung** *f* non-proliferation, non-dissemination; **Vertrag über die ~~ von Kernwaffen** (=**Atomwaffensperrvertrag**, *abbr* **ASV**) Treaty on the Non-Proliferation of Nuclear Weapons (= Non-Proliferation Treaty, *abbr* NPT); **~vereidigung** *f* non-administration of the oath; **~verfolgung** *f* non-prosecution; **~verfügbarkeit** *f* non-availability; **~verhandeln** *n* failure to argue the case in court, refusal to negotiate; **~verlängerung** *f* discontinuing, non-renewal; **~vermarktung** *f* withholding *sth* from the market; **~verpfändungsklausel** *f* negative pledging clause; **~versicherung** non-insurance; **~vertragsstaaten** *pl* non-contracting states; **~verwendung** *f* non-use, disuse; **~vollstreckbarkeit** *f* non-enforceability; **~vollziehung** *f* non-execution; **~vorbestrafte(r)** *f(m)* (*der ~vorbestrafte*) person without a criminal record; **~vorhandensein** *n* non-existence; **bei ~~ *e-es* Gegenbeweises** in the absence of proof to the contrary; **~vorlage** *f* non-presentation, non-submission; **~vorlegung** *f* non-presentation, non-submission; **~wählbarkeit** *f* incapability of being elected, ineligibility; **~wähler** *m* **/-in** *f* non-voter; **~weiterbetreiben *e-es* Prozesses** abandonment of action; **~weitergabevertrag** *m* nonproliferation treaty; **~wissen** *n* ignorance, lack of knowledge; **mit ~~ bestreiten** to raise the plea of lack of knowledge; **schuldhaftes ~~** voluntary ignorance, culpable ignorance; **schuldloses ~~** bona fide without notice; **~wohngebäude** *n* non-residential building; **~zahlung** *f* non-payment, failure to pay, default of payment; **bei ~~** in default of payment; **~zugehörigkeit** *f* non-membership, disaffiliation; **~zugestehen** *n* non-admission; **~zulassung** *f* non-admission (*to the bar, of an appeal, etc*); **~~sbeschwerde** *f* complaint against denial of leave to appeal; **~~ zur amtlichen Notierung** non-quotation; **~zustimmung** *f* non-consent; **~zutreffendes streichen** delete what is inapplicable.

nicht|amtlich *adj* non-official, unofficial; **~eidlich** unsworn, not under oath; **~gewerblich** non-commercial, non-trading; **~klagbar** non-suable; **~kommerziell** non-commercial; **~-obligatorisch** non-compulsory; **~-offenbarungspflichtig** immune from disclosure; **~rechtsfähig** unincorporated; **~übertragbar** non-transferable, non-assignable; non-negotiable; **~vermögensrechtlich** not concerning property rights, non-pecuniary; **~vorbestraft** having no criminal record; **~wissend** ignorant, having no knowledge of *sth*.

nichtig *adj*, void, null and void, absolutely void; **~ gegenüber Dritten** void as against any third person; **~ machen** to avoid, to nullify, to render void; **für ~ erklären** to nullify; **insgesamt ~** void pro toto; **teilweise ~** void pro tanto; **von Anfang an ~** void from the beginning, void ab initio.

Nichtigerklärung *f* declaration of nullity, annulment.

Nichtigkeit *f* nullity, absolute nullity; **~sbeschwerde** *f* nullity appeal; **~seinrede** *f* plea of nullity; **~sentscheidung** *f* decision on a plea of nullity; **~serklärung** *f* annulment, nullification, declaration of annulment; **~sgrund** *m* ground of nullity, reason for nullity; **~sgründe** *pl pat* grounds for revocation; **~sklage** *f* proceedings for annulment (*new trial*), nullity suit, invalidity suit, action for cancellation; **~sprozess** *f* proceedings for annulment, nullity suit; **~ssenat** patent appeal court (*court division for nullity (of patents) suits*); **~surteil** *n* decree of nullity, declaration of nullity; **~sverfahren** *n* nullity proceedings; invalidation suit; **~surteil** *n* decree of nullity, nullity ruling; **heilbare** ~ curable nullity; **relative** ~ relative nullity, contestability; **teilweise** ~ partial nullity.

Niederkunft *f* accouchement, confinement, delivery, childbirth.

niederlassen *v/reflex* to establish a business; to settle down.

Niederlassung *f* establishment (= *e-*) place of business, business establishment; branch; **~en an den Offshore-Finanzplätzen** offshore branches (*banking*); **~ im Ausland** foreign branch; **~sabkommen** *n* convention on *e-*, treaty on settlement and residence; **~sbereich** *m* *region within which a company may do business and keep branches*; **~sbeschränkung** *f* restriction on freedom of *e-*; **~sbewilligung** *f* permission to settle, permission to establish a business; **~sfreiheit** *f* right of *e-*, freedom of settlement, *EU* freedom of *e-*; **~snetz** *n* branch network; **~sort** *m* place of business; **~srecht** *n* law of *e-*, right of *e-*, right of settlement (*right to choose one's place of business and residence*); **~svertrag** *m* treaty governing settlement and residence, treaty on *e-*; **gewerbliche** ~ business *e-*.

niederlegen *vt* to lay down, to resign (from an office), to set forth; to deposit; **schriftlich** ~ to set down in writing, to reduce to writing.

Niederlegung *f* resignation (*from office*); deposit (*of a document at post office, court, or police station as substituted service*); ~ **des Mandats** to give up a mandate, to cease acting as *s.o.*'s lawyer.

niederschlagen *vt* to suppress, to quell (*riot*), to quash (*prosecution*), to cancel (*public fees, costs*).

Niederschlagung *f* suppression; quashing, waiver.

niederschreiben *vt* to write down, to put down, to set down, to record, to register; **etwas vollständig** ~~ to write *sth* out in full.

Niederschrift *f* record, minutes, written statement, memorandum; **gerichtliche** ~ court record; **notarische** ~ notarial record, notarial protocol; **vereinbarte** ~ agreed minutes.

Niederschutzgebiet *n* low-protection area.

Niederstwertprinzip *n* cost-or-market rule (*rule of cost or market, whichever is lower*); minimum value principle, lower-of-cost-or-market rule; **zum** ~ at the lower of cost or market.

Niederträchtigkeit *f* maliciousness, viciousness, malice.

Niedrig|lohnland *n* low-wage country; **~steuergebiet** *n* area of low taxation, tax haven; **~zinspolitik** *f* policy of low interest rates.

Niemandsland *n* terra nullius, no-man's land.

Nießbrauch *m* usufruct (= *u-*), usufructuary (= *u-y*) enjoyment, beneficial interest; ~ **an Grundstück** *u-* of landed property; ~ **an Inbegriff von Sachen** *u-* of an aggregate of things; ~ **auf Lebenszeit** *u-* for life, *u-y* life estate; **~bestellung** *f* grant of *u-*, declaration of uses; ~ **für den überlebenden Ehegatten** *u-* for life to the surviving spouse, life interest to surviving spouse; **~sberechtigte(r)** *f(m)* (*der ~berechtigte*) *u-y*, beneficiary under a right of *u*-; **~sbestellung** *f* granting of a *u*-; **~srecht** *n* right of *u*-; **gesetzliches ~~** legal *u*-; **gestaffeltes ~~** shifting *u*-; **~svermächtnis** *n u-y* legacy, life interest; **den ~ ausüben** to exercise the right of *u*-; ***e-en*** **~ bestellen** to grant a (right of) *u*-; **lebenslänglicher ~** *u*- for life, life interest; **mit *e-em* ~ belasten** to burden (property) with a right of *u*-.

Nießbraucher *m* /**-in** *f* usufructuary, beneficiary under a right of usufruct.

Nihilist *m* /**-in** *f* nihilist.

Niveau *n* level, standard, status; **hohes sittliches ~** high standard of ethics, high moral standard.

nivellieren *vt* to level, to make even; **nach unten ~** to level down.

Nivellierungskauf *m* equalizing purchase.

noch nicht in Kraft not-yet-in-force.

Nochgeschäft *n* repeat option business, option to double, call of more, put of more *option to buy or sell multiples (of previously bought or sold securities)*; **~ in Käufers Wahl** buyer's option to double.

nolens-volens *adv* willingly or unwillingly, willy nilly.

Nomenklatur *f* nomenclature.

nominal *adj* nominal, in terms of money.

Nominal|beteiligung *f* nominal (= *n*-) participation; **~betrag** *m n*-amount, *n*- value, amount at par value, face value; **~definition** *f* nominal definition, *definition giving the meaning of a word*; **~einkommen** *n n*- income; **~ismus** *m* nominalism, equality of debt principle (*regardless of inflation*); **~kapital** *n n*- capital, registered capital; **~kurs** *m* quoted price; **~satz** *m n*- rate; **~verzinsung** *f n*- interest; **~wert** *m* par value, *n*- par, *n*- value, face value; **~zinsen** *pl n*- interest return; **~zinsfuß** *m n*- rate of interest; **~zinssatz** *m n*- rate (of interest).

nominell *adj* nominal, by name, titular.

nominieren *vt* to nominate.

Nominierte(r) *f(m)* (*der Nominierte*) nominee, appointee.

Nominierung *f* nomination.

Non-valeur *f* worthless security.

Nordamerikanisches Freihandelsvertrag *n* North American Free Trade Agreement (*abbr* NAFTA) (*Canada, Mexico, United States*).

Nordatlantikpakt-Organisation *f* (*abbr* **NATO**) North Atlantic Treaty Organization (*abbr* NATO); **Charta über *e-e* Ausgeprägte Partnerschaft zwischen der ~ und der Ukraine** Charter on a Distinctive Partnership between the North Atlantic Treaty Organization and Ukraine (*1997*); **Grundakt über Gegenseitige Beziehungen, Zusammenarbeit und Sicherheit zwischen der ~ und der Russischen Föderation** Founding Act on Mutual Relations, Cooperation and Security between NATO and the Russian Federation (*1997*).

Nordatlantikvertrag *m* North Atlantic Treaty.

Nörgelei *f* nagging, carping, fault-finding, niggling criticism.

Norm *f* **I** (*pl Normen* = *~en*) norm, standard (= *s*-), *s*- of performance, *s*- of quality; **~blatt** *n s*- sheet; **~enausschuss** *m s-s* committee, *s-s* institution; **~enkartell** *n* standardization cartel; **~enprüfung** *f* verification of *s-s*, maintenance; **~en und Typen** *s-s* and types; **~-~-~kartell** standardization cartel, cartel for uniform industrial *s-s*; **~enverband** *m s-s* association; **~envorschrift** *f s*- specification; **~klarheit** *f* explicit *s-s*; **~kontingent** *n s*- quota; **~maße** *pl s*- measures; **~-Rediskontkontingent** *n s*- rediscount quota; **~satz** *m s*- rate; **~schrift** *f s*- style of lettering; **~vordruck** *m s*- printed form; **~wert** *m s*-; **in ~~en ausdrücken** to standardize; **~zeile** *f s*- length (of a line); **anerkannte ~en** established *s-s*; **arbeitsrechtliche ~en** labo(u)r *s-s*.

Norm *f* **II** (*pl Normen* = *~en*) rule, legal provision, statutory rule; **~enkollision** *f* conflict of laws; **~enkontrolle** *f* judicial review of the constitutionality of laws, test of constitutionality; **~enkontrollverfahren** *n* judicial proceedings on the constitutionality of laws; **~klarheit** *f* clarity of legal rules; **formaljuristische** ~ technical rule of law, formal legal rule; **sachenrechtliche** ~ rule under the law of property; **sachlichrechtliche** ~ rule of substance, substantive (*rather than procedural*) rule; **schuldrechtliche** ~ rule under the law of obligations (= *contracts and torts*); **zwingende** ~ mandatory rule, obligatory provision.

normal *adj* normal, regular, ordinary.

Normal| (*normal* = *n-*, *standard* = *s-*, *regular* = *r-*) **~abschreibung** *f n-* (calculated) depreciation, flat rate depreciation; **~arbeitszeit** *f r-* time, *r-* working hours; **~ausführung** *f s-* make, *s-* design, *r-* model; **~benzin** *n r- US* gasoline/*GB* petrol, *r-* fuel; **~breite** *f n-* width; **~brief** *m s-* letter; **~ertrag** *m n-* yield; **~erzeugung** *f n-* output; **~fall** *m n-* case, *s-* occurrence; **~format** *n s-* size, *s-* format; **~gewicht** *n s-* weight; **~größe** *f s-* size; **~konditionen** *pl* usual terms and conditions; **~kontenplan** *m s-* scheme of accounts; **~kosten** *pl n-* cost; **~~ pro Einheit** *s-* unit cost; **~kraftstoff** *m r-*-grade motor fuel, *r- US* gasoline/*GB* petrol; **~leistung** *f n-* output; **~lohn** *m r-* pay, *s-* remuneration; **~maß** *n s-* measure; **~police** *f s-* policy; **~post** *f* surface mail; **~preis** *m n-* price, *s-* price; **~satz** *m r-* rate, *s-* rate; **~spur** *f s-* gauge; **~stundentarif** *m s-* time rates, *s-* hourly rate of pay; **~verbrauch** *m n-* consumption; **~verbraucher** *m* /**-in** *f* average consumer; **~verteilung** *f n-* distribution; **~verzinsung** *f r-* rate of interest, nominal yield; **~wert** *m n-* value, *s-* value; **~zeit** *f s-* time.

normalgroß *adj* standard-sized.

Normalisation *f* standardization.

Normalisierung *f* normalization, return to normal conditions; **~szeichen** *n* sign of a return to normality, evidence of normal conditions.

Normativ|**bedingungen** *pl* standard conditions; **~bestimmungen** *pl* standard regulations, standard provisions.

normen *vt* to standardize.

normieren *vt* to standardize, to normalize, to lay down as a rule.

Normung *f* standardization.

norm|**unterschreitend** *adj* substandard; **~widrig** non-standard.

Nostrifikation *f* naturalization; recognition of foreign diploma.

Nostro|**geschäft** *n* business done for our own account; **~guthaben** *n* credit balance on a nostro account, credit balance with other banks, nostro balance; **~transaktion** *f* operation for own account; **~verbindlichkeit** *f* nostro liability, due to banks; **~verpflichtungen** *pl* due to banks.

Not *f* need, want, poverty, distress, emergency (= *e-*); **~abgabe** *f e-* levy; **~adressat** *m* /**-in** *f* drawee in case of need, referee in case of need; **als ~~ intervenieren** to intervene in case of need; **~adresse** *f* referee in case of need; **~akzept** *n* acceptance in case of need; **~anzeige** *f* notice of dishono(u)r; **~aufnahme** *f e-* (*for refugees*), entry permit; *e-* admission (*hospital*); **~~gesetz** *n* law on entry and residence permits for German refugees; **~~lager** *n* temporary reception camp; **~~verfahren** *n e-* reception procedure; **~ausgang** *m e-* exit, fire exit; **~ausstieg** *m* escape hatch, *e-* exit, *e-* door; **~bedarf** *m* necessaries, essential requirements; **~~seinrede** *f* plea of destitution, plea of necessity; **~behelf** *m* makeshift, stopgap; **~bekanntmachung** *f e-* announcement; **~bestellung** *f e-* appointment; **~betrieb** *m e-* operation; **~betrug** *m* petty fraud due to need; **~bremse** *f e-* brake;

~diebstahl *m* petty theft due to need, pilferage; **~dienst** *m e-* service, *e-* duty; **~~pflichtige(r)** *f(m)* (*der ~pflichtige*) person recruited for *e-* service; **~einsatzkommando** *n e-* squad; **~erbrecht** *n* compulsory right of inheritance; **~fall** *m e-*, exigency; **~~behandlung** *f e-* treatment; **~frist** *f* strict (statutory) time limit (*which cannot be extended*), peremptory term; **~~zeugnis** *n* certificate of absence of appeal, *court certificate that appeal has not been filed within statutory period*; **~geld** *n e-* currency, *e-* money, scrip (money); **~gemeinschaft** *f association formed in times of need*; **~geschäftsführer** *m* /**-in** *f e-* director (*appointed by the court to fill vacancy*); **~gesetzgebung** *f e-* legislation; **~hafen** *m* port of refuge, port of distress, port of anchorage; **~~klausel** *f* port of refuge clause; **~helfer** *m* /**-in** *f* helper in need, rescuer, *person warding off an attack from another*; **~hilfe** *f* help in an *e-*; *US* defense/*GB* defence of another from imminent attack; **~~dienst** *m* rescue service; **~klausel** *f* escape clause; **~kompetenz** *f e-* competence; **~lage** (state of) *e-*, state of need, exigency, distressed circumstances; **~landung** *f e-* landing, forced landing; **~leistungsgesetz** *n e-* relief law; **~leitungsrecht** *n e-right to lay conduits (piper, lines) across another's land*; **~lösung** *f* temporary solution, *e-* solution; **~lüftungssystem** *n* means of *e-* ventilation; **~lüge** *f* white lie; **~maßnahme** *f e-* measure, stop-gap; **~operation** *f e-* operation; **~opfer** *n e-* levy; **~parlament** *n e-* parliament; **~programm** *n e-* plan, austerity program(me); **~recht** *n e-* law, *e-*legislation; **~ruf** *m e-* call, distress call; **~~säule** *f e-* telephone box; **~schlachtung** *f e-* slaughter (*of injured animal, etc*); **~schrei** *m* cry of distress; **~signal** *n* distress signal; **~stand** *m* → *Notstand*; **~stromanlage** *f e-* power unit; **~testament** *n* nuncupative (= *oral*) will (*in testator's last sickness or in an e-*); **~tötung** *f e-* slaughter; **~trauung** *f e-* marriage celebration; **~treppe** *f e-* staircase; **~- und Dringlichkeitsfall** *m* case of need and urgency; **~ und Gefahr** *f* trouble and danger; **~unterkunft** *f* temporary accommodation, makeshift accommodation; **~veräußerung** *f* compulsory disposal; **~verglasung** *f e-* glass fitting; **~verkauf** *m e-* sale, compulsory sale; **~verordnung** *f e-* decree; **~verpfändung** *f* **der Schiffsladung** repondentia; **~verwalter** *m* /**-in** *f e-* administrator; **~vorrat** *m e-* supply; **~vorstand** *m* temporary (court-appointed) board; **~weg** *m e-* route; **~~recht** *n* right of access, easement of access; **~wehr** *f US* self-defense/*GB* self-defence; **~~exzess** *m* excessive self-defense; **~~lage** *f* situation justifying self-defense; **extreme ~~~** retreat to the wall; **~~recht** *n* right of self-defense, privilege of self-defense; **berechtigte ~~** justified *US* self-defense/*GB* self-defence; **~wohnung** *f e-* accommodation, makeshift dwelling; **~zeit** *f* period of *e-*; **~zucht** *f obs* rape; **~zurückbehaltungsrecht** *n* extended right of retention (*apprehension of insolvency*), right of stoppage in transitu; **~zustand** *m* state of *e-*, state of distress.

Notalgeld *n* bank notes.

Notar *m* /**-in** *f* notary, notary public; **~anderkonto** *n* notarial trust account; account kept by a notary in his or her own name for a third party; **~assessor** *m* /**-in** *f* junior notary; **~kammer** *f* chamber of notaries, professional association of notaries; **~siegel** *n* notary's seal; **~tag** *m* annual congress of notaries; **~vertreter** *m* /**-in** *f* deputy notary; **amtierender ~** officiating notary; **beurkundender ~** recording notary; **der mitwirkende ~** the notary acting in this matter, officiating notary.

Notariat *n* notary's office (*notary = n-, notaries = n-s, notarial = n-l*);

~sakt *m n-l* instrument, *n-l* act; **~sangelegenheiten** *pl n-l* matters; **~sangestellte(r)** *f(m)* (*der ~sangestellte*) *n-l* employee; **~sbeamter** *m* /**~sbeamtin** *f n-l* officer; **~sgebühr** *f n-*'s fee, *pl n-l* charges; **~skosten** *pl n-l* charges; **~sordnung** *f* regulations for *n-s*; **~sprotokoll** *n n-l* instrument, *n-l* record of the proceedings; **~srecht** *n* law for *n-s*, law relating to *n-l* functions; **~ssiegel** *n n-*'s seal; **~surkunde** *f n-l* instrument, notarially recorded document, *n-l* deed; **~sverfassung** *f* organization of the profession of *n-s*; **~sverweser** *m* / **-in** *f* administrator for a (defunct) *n-*; **~szwang** *m* mandatory *n-l* proceedings.

notariell *adj* notarial; ~ **beglaubigt** notarized, notarially authenticated, notarially certified (as correct); ~ **beurkundet** recorded by a notary.

notarisch *adj* notarial.

Note *f* **I** note, bank note (= *b/n*, *note* = *n-*); **~naufruf** *m* calling in of *n-s*; **~nausgabe** *f* issue of *b/n-s*; **~~recht** *n* issuing power; **~nbank** *f n-*issuing bank; bank of issue, central bank; **~~geld** *n* central bank money; **~~instrumentarium** *n* power of the central bank; **~~privileg** *n n-*issuing privilege, right of issue; **~~wesen** *n* central banking; **~ndeckung** *f* cover of *n* circulation; **~nemission** *f* issue of *b/n-s*, *n* issue; **~nmonopol** *n n-*issuing privilege; **~nregal** *n* prerogative of issuing *b/n-s*; **~nreserve** *f* reserve to cover *b/n-s*; **~nrückfluss** *m* reflux of *b/n-s*; **~numlauf** *m* circulation of *b/n-s*, *n-s* in circulation.

Note *f* **II** mark, grade (*school*); **~ndurchschnitt** *m* average marks, grade point average (*abbr* GPA).

Note *f* **III** note, memorandum; **~naustausch** *m* exchange of (diplomatic) memoranda; **~nwechsel** *m* exchange of (diplomatic) memoranda; **diplomatische** ~ diplomatic note.

notieren *vt* to note, to make a note, to write down; to quote, to list; *vi* to stand at, to be quoted at (*price of traded shares*); **notiert werden** to be quoted at the exchange; **amtlich** ~ to list officially.

notiert *adj* listed, quoted; **nicht** ~ not listed, unlisted, unquoted, unregistered.

Notierung *f* quotation; ~ **in Bruchteilen** split quotation; **amtliche** ~ official quotation; **erste** ~ opening quotation; **genannte** ~ nominal quotation; **zur** ~ **zugelassen** admitted to the stock exchange.

Notifikation *f* notification, notice; notice of dishono(u)r; **~spflicht** *f* notification requirement, duty to give notice; **~surkunde** *f* certification instrument.

notifizieren *vt* to notify.

Notifizierung *f* notification, noting; **~sdatum** *n* date of noting.

nötigen *vt* to coerce, to compel, to put under duress.

Nötigung *f* undue pressure, duress, (criminal) coercion; unlawful compulsion; ~ **durch Drohung** duress; ~ **im Amt** unlawful compulsion by a public official; **~snotstand** *m crim* duress, situation of necessity brought about by coercion; **~sstand** *m* state of duress; **im ~~ handeln** to act under duress; ~ **von Beamten** coercion of officials; ~ **von Gesetzgebungsorganen** use of force and threats against legislative bodies; ~ **von Parlamentsmitgliedern** intimidation of members of parliament (*abbr* MPs); **auf Grund** ***e-er*** ~ under duress; **sexuelle** ~ *crim* sexual assault, (deviate) sexual intercourse by force or imposition; **unter** ~ **handeln** to act under duress.

Notiz *f* note, quotation; **amtliche** ~ official listing; ~ **ohne Umsätze** nominal quotation; **~block** *m* notebook, *US* scratch pad, scribbling book.

notlagenindiziert *adj* (abortion) legal because of extreme circumstances.

Not leidend *adj* needy, poor, distressed, in sufferance.

Not leiden lassen *vt* to hold in suspense (*bill of exchange*).

notorisch *adj* notorious.

Notstand *m* emergency (= *e-*), state of emergency, necessity; necessity as an excuse/justification, irresistible compulsion; **~sarbeiten** *pl* relief projects, *e-* relief work; **~sbeihilfe** *f e-* assistance grant; **~sbestimmungen** *pl e-* provisions; **~seinsatz** *m e-* action, *e-* operation; **~sexzess** *m* acts not excused/justified by the (existing state of) *e-*, conduct exceeding a reasonable response to a situation of necessity/duress; **~sgebiet** *n* distressed area, *e-* area, development area; **~sgesetze** *pl e-* laws; **~sgesetzgebung** *f e-* legislation; **~sland** *n* distressed country, distressed area; **~smaßnahmen** *pl e-* measures; **~ssituation** *f* situation of necessity; **Befugnisse in ~~en** *f/pl crim* justifications in situations of necessity (→ *Agressivnotstandsbefugnis*, *Defensivnotstandsbefugnis*); **~ssondersitzung** *f* special *e-* session; **~s- und Sanierungsprogramm** distress and rehabilitation program(me); **~svorhaben** *n* unemployment relief project; **~svorlage** *f e-* bill; ***e-en* ~ erklären** to proclaim a state of *e-*; **entschuldigender ~** necessity as an excuse; **öffentlicher ~** public *e-*; **nationaler ~** national *e-*; **rechtfertigender ~** necessity as a justification, choice-of-evils *US* defense/*GB* defence, lesser-evils *US* defense/*GB* defence; **strafrechtlicher ~** plea of necessity in criminal law; **übergesetzlicher ~** extra-statutory necessity (= *rechtfertigender ~ through judicial precedent*).

Notwehr *f* necessary *US* defense/*GB* defence, self-defense; **~befugnis** *f* right to exercise self-defense; **~exzess** *m* exceeding the limits of (justified) self-defense; **~provokation** *f* provocation of self-defense situation, provocation of an attack; **~situation** *f* situation of self-defense.

notwendig *adj* necessary, requisite; **~e Bedingung** *f* necessary condition, → *hinreichende Bedingung*; **~enfalls** *adv* in case of necessity, in case of need; **~ machen** to necessitate; **~ sein** to be required; **~ und geeignet** necessary and proper; **~ und zweckmäßig** necessary and expedient.

Notwendigkeit *f* necessity, need; **absolute ~** absolute necessity, stringent necessity; **dringende ~** urgent necessity, absolute need.

Notzucht *f obs* rape.

notzüchtigen *vt obs* to rape, to commit rape.

Novation *f* novation, renewal, substitution of debt; **~svertrag** *m* substituted contract.

Novelle *f* reenactment, supplementary law, amending statute.

Novellierung *f* reenactment of a law (*with amendments*); **~svorschlag** *m* proposed amendment, proposal for reenactment.

Nr. (*abbr* = **Nummer**) number (*abbr* no.).

Null *f* nought, null, zero; **~kopie** *f* first print (*film*); **~kuponanleihe** *f* zero bonds; **~saldo** *m* zero balance; **~satz** *m* nil rate band; **~serie** *f* pilot lot; **~stellung** *f* zeroing; **~summenspiel** *n* null-sum game; **~tarif** *m* fare-free transport, no charge, **zum ~~** for free, at no charge; **~~zölle** *pl* zero tariffs; **~wachstum** *n* zero growth.

nulla poena sine lege no crime without a law, *no crime unless there was a criminal statute prohibiting the conduct at the time it was committed*; **~ scripta** no crime without a written/codified law.

Nullifizierung *f* nullification.

null und nichtig null and void.

numerisch *adj* numerical.

Numerus clausus *m* (numerically) restricted admission (*to university, profession*), numerus clausus.

Nummer *f* (*abbr* **Nr**.) number (*abbr* no.), serial number, subitem;

~**ndepot** *n* numbered custody account; ~**nfolge** *f* sequence of numbers; ~**nkonto** *n* numbered account; ~**nschild** *n* number plate, *US* license/*GB* licence plate; **laufende** ~ running number, serial number, consecutive number; **nicht mehr benützte** ~**n** inactive numbers, no longer used numbers.

nummerieren *vt* to number; **laufend** ~ to number consecutively.

nummeriert *adj* numbered; **fortlaufend** ~ consecutively numbered.

Nuntiatur *f* nunciature.

Nuntius *m* nuncio.

Nur-Hausfrau *f* (exclusively a) housewife.

Nutz|anwendung *f* practical application; ~**barkeit** *f* usefulness, utility; ~**barmachung** *f* utilization, exploitation, industrial application, reclamation (*soil*), cultivation; ~**dauer** *f* useful/service life; ~**effekt** *m* practical effect, useful effect; ~**fahrt** *f* loaded run, business trip; ~**fahrzeug** *n* commercial vehicle; ~**fläche** *f* usable floor-space, used area; ~**holz** *n* timber; ~~**rechte** *pl* timber rights; ~**kosten** *pl* fixed costs apportioned to productive capacity; ~**last** *f* payload, useful load, loading capacity, permitted load; ~~**fahrzeug** *n* load-carrying vehicle; **höchstzulässige** ~~ maximum permissible payload; ~**leistung** *f* effective performance, output; ~**losigkeit** *f* non-utility, disutility, uselessness; ~**nießer** *m* / **-in** *f* usufructuary, beneficiary, user; **lebenslänglicher** ~~ life beneficiary; ~**nießung** *f* use, usufruct; ~~**srecht** *n* right of usufruct; ~**pfand** *n* antichresis, Welsh mortgage, = *Nutzungspfand*; ~**schwelle** *f* break-even point; ~**tier** *n* (economically) useful animal; ~- **und Zuchtvieh** *n* animals for stock and breeding purposes; ~**verwaltung** *f obs* (matrimonial regime of husband's) administrative and usufructuary rights (*formerly enjoyed by husband over wife's property*); ~**wert** *m* utility (value), useful value.

nutz|bar *adj* useful; ~~ **machen** to utilize; ~**bringend** useful, benefical; ~**los** useless, unavailing.

Nutzen *m* utility, usefulness, benefit, advantage, profit; ~ **bringen** to benefit; ~ ***e-er*** **Erfindung** utility of an invention; ~**-Kosten-Analyse** profit-cost analysis; ~**maximum** *n* maximum utility, total utility; ~**schwelle** *f* break-even point; **abnehmender** ~ diminishing utility; ***e-en*** ~ **abwerfen** to be of use, to yield a benefit; **gemeinsamer** ~ mutual advantage; **öffentlicher** ~ public use; **wirtschaftlicher** ~ economic value.

Nutzer *m* /**-in** *f* user.

nützlich *adj* useful, expedient.

Nützlichkeit *f* utility, usefulness; ~**serwägungen** *pl* utilitarian considerations.

Nutztier *n* domesticated animal.

Nutzung *f* use, utilization, emoluments (*fruits plus advantages*); *pl Nutzungen* = ~*en* possession and enjoyment, profits; ~ **des Eigenbesitzers** beneficial use; ~**sänderung** *f* change of user; change of utilization; ~**sart** *f* type of use, application (*of invention*); ~**saufgabe** *f* discontinuance of use, desuetude; ~**sausfall** *m* loss of use; ~**sausübung** *f* use; ~**sbefugnis** *f* right of beneficial use; ~**sdauer** *f* operating life, useful life, duration of use; **betriebsgewöhnliche** ~~ ordinary useful life; **durchschnittliche** ~~ average life; **gewöhnliche** ~~ expected life; **wirtschaftliche** ~~ economic life; **technische** ~~ physical life; ~**sentgang** *m* loss of use, loss of enjoyment; ~**sentnahme** *f* withdrawal for one's own use, withdrawal for use only; ~**sentschädigung** *f* compensation for use; occupation rent; ~**sertrag** *m* revenue for the use of *sth*; ~**sgebot** *n* requirement to use land (*according to official development plan*); ~**sgebühr** *f* charge for the use and benefit, rental; ~**sgemeinschaft** *f* association for joint utilization; **~sgenossenschaft** *f* agricultural co-operative; **~sgrad** *m* degree of productivity, yield; **~sgüter** *pl* durable consumer goods; **~smaß** *n* extent of use; **~smaximum** *n* utility optimum; **~smöglichkeit** *f* possible use; **~spfand** *n* antichresis, Welsh mortgage; **~sprofil** *n* user profile; **~srecht** *n* right of use and enjoyment (*of property*); beneficial interest; **auflösend bedingtes lebenslängliches ~~** determinable life interest; **ausschließliches ~~** exclusive right of exploitation; **unbeschränktes ~~** beneficial use, unlimited use of; **~ssatz** *m* rate of exploitation, percentage of utilization; **~sschaden** *m* damage through deprivation of use, loss of use, loss of user; **~süberlassungsvertrag** *m* agreement on the surrender of the use and benefit of *sth*; **~suntersagung** *f* restraint of use, ban on use of *sth*; **~svergütung** *f* working interest, compensation for the exploitation rights; **~sverhältnis** *n* owner and user relationship; **gesetzliches ~~** statutory tenancy; **~sverlust** *m* loss of usufruct, loss of use, loss of fruits and benefits; **~svermächtnis** *n* legacy of usufruct; **~svertrag** *m* permission for use contract, use and occupation contract; **~swert** *m* utility value, useful value, value in use, enjoyment value; **~ und Besitz** use and occupation; **~ von Abwärme** waste-heat utilization; **alleinige ~** entire use, exclusive use; **bauliche ~** use for building purposes; **die ~en haben** to use and enjoy *sth*; **die ~en ziehen** to draw the profits (and enjoy the benefits); **eigene ~** own use and benefit; **gemeinsame ~** joint use and benefit; **gemischtwirtschaftliche ~** mixed residential and non-residential use; **immerwährende ~** permanent use and profits; **landwirtschaftliche ~** agricultural use; **lebenslängliche ~en** use and profits for life; **ungestörte ~** quiet enjoyment; **wirtschaftliche ~** economic use.

Oasenländer *n/pl* tax-havens.

o.a. (*abbr* = **oben angegeben, oben angeführt**) see above, supra.

OB (*abbr* = **Oberbürgermeister** *m* / **-in** *f*) *GB* lord mayor, (head/chief) mayor.

obdachlos *adj* homeless, shelterless.

Obdachlosen|asyl *n* hostel for the homeless, night shelter; **~behörde** *f* department for homeless persons/for the homeless; **~einweisung** *f* admission to a hostel for the homeless; **~heim** *n* hostel for the homeless, house of refuge, common lodging house, night shelter.

Obdachlose(r) *f(m)* (*der Obdachlose*) homeless person.

Obdachlosigkeit *f* homelessness.

Obduktion *f* autopsy, post-mortem examination; ***e-e*** **~ vornehmen** to conduct an autopsy, to perform a post-mortem examination.

obduzieren *vt* to conduct an autopsy, to perform a post-mortem examination, = *e-e Obduktion vornehmen*.

oben *adv* above, ante, supra (*in legal citations*), ↔ *infra*; **~erwähnt** *adj* above-mentioned, above-named, aforesaid; **~genannt** *adj* above-mentioned, above-named.

Ober|amtmann *m* /**~frau** *f* chief inspector, senior clerical officer; **~amtsrichter** *m* /**-in** *f* chief magistrate judge; **~anspruch** *m* overriding claim; **~aufsicht** *f* superintendence, supervision; **~ausschuss** *m* senior committee; **~befehl** *m* supreme command; **~begriff** *m* generic term, nomen collectivum; *pat* characterizing portion, preamble (*of a claim*); **~bekleidung** *f* outer wear, outer garments; **~buchhalter** *m* /**-in** *f* chief accountant; **~bundesanwalt** *m* /**~anwältin** *f* Chief Public Attorney; **~bürgermeister** *m* /**-in** *f* (*abbr* **OB**) *GB* lord mayor, (head/chief) mayor; **~eigentum** *n* title paramount, eminent domain; **~eigentümer** *m* /**-in** *f* superior owner; **~finanzbezirk** *m* regional revenue district; **~finanzdirektion** *f* (*abbr* **OFD**) superior finance directorate; **~finanzkasse** *f* Chief Tax Collector's Office; **~finanzpräsident** *m* /**-in** *f* president of a superior finance directorate, → *Oberfinanzdirektion*; **~flächenschaden** *m* surface damage; **~flächenwasser** *n* surface waters; **~gericht** *n* higher court; **~~svollzieher** *m* /**-in** *f* senior bailiff, high bailiff; **~gesellschaft** *f* principal company, primary company; **~grenze** *f* upper limit, ceiling, cap; **~gutachten** *n* decisive expert opinion; **~haus** *n* upper house, upper chamber, *GB* House of Lords; **~~mitglieder** *pl* members of the House of Lords; **lebenslängliche ~~** life peers; **~herrschaft** *f* supremacy, dominion; **~hofmeister** *m* /**-in** *f* *GB* Lord Chamberlain of the Household; **~hoheit** *f* supremacy; **~~ des Parlaments** *GB* sovereignty of Parliament; **~justizkasse** *f* Court Funds Office; **~kirchenrat** *m* /**~rätin** *f* member of a church council, member of a consistory; **~kommando** *n* high command, supreme command; **~landesgericht** *n* Regional Appeal Court, Higher Regional Court; **~lehen** *n* tenure in capite; **~lehnsherr** *m* /**-in** *f hist* overlord; **~leitung** *f* overhead wires; **~lieger** *f/pl* supra-riparian right holder; **~postdirektion** *f* Superior Postal Directorate; **~prüfungsamt** *n* High Board of Examination; **~realschule** *f obs* secondary technical school; **~rechnungshof** *m* public audit department; **~regierungsrat** *m* /**~rätin** *f* senior executive officer; **~schiedsrichter** *m* /**-in** *f* umpire; **~schule** *f* secondary school; **~staatsanwalt** *m* /**~anwältin** *f* Senior Public Prosecutor, Director of Public Prosecutions, attorney general; **~steuerinspektor** *m* /**-in** *f* senior tax inspector; **~studiendirektor** *m* /**-in** *f* headmaster of a secondary school, principal of a high school (*as a civil service rank*); **~studienrat** *m* /**~rätin** *f* senior master (of a secondary school); **~stufe** *f* senior forms, upper classes, senior high school; **~versicherungsamt** *n* regional social insurance board; **~verwaltungsgericht** *n* (*abbr* **OVG**) higher administrative court, administrative appeals tribunal; **~ziel** *n* main/prime objective.

Obhut *f* care, charge, care and protection, custody; **~sduldungspflicht** *f* duty to tolerate injury to one's own interests to save the interests of another party; **~sgarant** *m*/**-in** *f* person under duty of care out of special relationship (to the individual to be protected), → *Beschützergarant*, ↔ *Sicherungsgarant*, *Überwachergarant*; **~shandlungspflicht** *f* duty to render aid (*through one's own actions*); **~spflicht** *f* duty to exercise care, duty to render aid, → *Sicherungspflicht*; **allgemeine ~~** Good Samaritan duty to render aid/to tolerate an injury to one's own interests to save the interests of a third party; **spezielle ~~** duty to render aid/to tolerate an injury to one's own interests based on a special relationship to the victim (*eg*, *child*); **~sverhältnis** *n* custodial relationship; **etwas in ~ nehmen** to take charge of *sth*.

Objekt *n* object, thing, piece of property, property (*real estate*); **~besteuerung** *f* taxation of specific property; **~formel** *f const* mere-object test/formula, *test developed by Supreme Federal Constitutional Court* (*Bundesverfassungsgericht*) *to determine when human dignity has been violated*; **~kredit** *m* loan against specific security; **~steuer** *f* impersonal tax, tax levied on specific property; **beleihungsfähiges ~** property suitable as security (for loans), mortgageable property; **betriebsfremdes ~** asset not related to the business.

objektbezogen *adj* object related, in rem, real.

objektiv *adj* objective, practical, disinterested; unbiased.

objektivieren *vt* to approach (more) objectively, to rationalize.

Objektivität *f* objectivity, impartiality.

obliegen *vi* to be incumbent upon.

obliegend *adj* incumbent (upon *s.o.*).

Obliegenheit *f* incumbancy, incidental obligation (*the nonfulfillment of which may be of detriment but will not expose individual to liability directly*), preobligation responsibility (*eg to know what the law requires*), responsibility; **~sverletzung** *f* nonobservance of an incidental obligation (*eg to inform insurer of claim within specified deadline, to fail to inquire what the speed limit is before driving a motor vehicle*); **~sverstoss** *m* = *~sverletzung*.

Obligation *f* obligation; debenture, bond; **~enbuch** *n* bonds register; **~en der öffentlichen Hand** public stocks; **~en einlösen** to redeem bonds; **~enfonds** *m* bond investment trust; **~enrecht** *n* law of obligations, law of contract; **~enverschuldung** *f* bonded indebtedness, debts in the form of bonds; **~ mit Tilgungsplan** sinking fund bond; **~ mit zusätzlicher Gewinnbeteiligung** participating bond; **~sanleihe** *f* loan on debentures; **~sausgabe** *f* bond issue, issue of debentures; **~sgläubiger** *m* /**-in** *f* bond holder, bond creditor, debenture creditor; **~srecht** *n* law of obligations; **~srendite** *f* redemption yield; **kündbare ~en** redeemable bonds; **kurzfristige ~en** short-term bonds; **mündelsichere ~en** gilt-edged stock; **nicht einklagbare ~** unenforceable obligation; **sich selbst amortisierende ~en** self-liquidating paper; **steuerfreie ~en** tax-exempt bonds; **ungetilgte ~en** outstanding securities; **unkündbare ~en** irredeemable debentures.

Obligationär *m* /**-in** *f* debenture holder, bond-holder, debenture creditor.

obligatorisch *adj* obligatory, mandatory; **es ist nicht** ~ it may be dispensed with, it is optional.

Obligo *n* engagement, liability, commitment; **ohne** ~ without obligation (*on our part*), without committal, without recourse, sans recours (*bill of exchange*); **unter dem ~ früherer Zusagen** committed by earlier promises.

Obmann *m* /**~Obfrau** *f* chairman, umpire, foreperson (*jury*).

Obrigkeit *f* public authority, magistracy, government; **~sdenken** *n* excessive deference (to public officials), servility; **~sstaat** *m* authoritarian state.

obrigkeitlich *adj* governmental, magisterial, authoritarian; *adv* by high authority.

observieren *vt* to place under surveillance, to stake out, to observe, to shadow.

obsiegen *vi* to succeed, to win a case.

Obsoleszenz *f* obsolescence.

obsolet *adj* obsolete.

Obst *n* fruit; **~bau** *m* fruit growing; **~~genossenschaft** *f* fruit grower's cooperative; **~handel** *m* fruit trade; **~konserve** *f* preserved fruit, tinned fruit; **~verwertungsbetrieb** *m* fruit-processing plant.

Obstruktion *f* obstruction; ~ **betreiben** to obstruct, to practise obstructionism; **~spolitik** *f* obstructionism; **~~ betreiben** to stonewall, to *US* practice/*GB* practise obstructionism; **~spolitiker** *m* /**-in** *f* obstructionist; **~sverzögerung** *f* vexatious delay.

Ochlokratie *f* ochlocracy, mob rule.

Oder-Konto *n bank* joint account with full power of disposal of each party, joint tenancy with right of survivorship

Öd|fläche *f* wasteland, barren land; **~land** *n* wasteland, uncultivated land, barren land; **~~kultivierung** *f* reclamation of wasteland.

OEG (*abbr* = **Opferentschädigungsgesetz** *n*) Crime Victims Compensation Act.

OFD (*abbr* = **Oberfinanzdirektion** *f*) superior finance directorate.

offen *adj* open, unsettled (*debt*), unexempted, overt, outstanding, unobstructed (*view*), undecided.

offenbar *adj* evident, apparent, plain, manifest.

Offenbaren *n* disclosing, disclosure, ~ **fremder Geheimnisse** disclosing the secrets of another.

offenbaren *vt* to divulge, to disclose, to make full disclosure of; **deutlich und vollständig** ~ to disclose in a manner sufficiently clear and complete.

Offenbarung *f* disclosure; ~ **des Standes der Technik** prior art disclosure; **~seid** *obs m* oath of disclosure; **~sgehalt** *m pat* disclosure (content); **~spflicht** *f* duty to disclose, positive duty of cando(u)r; **~sversicherung** *f* statutory declaration of disclosure, affidavit of means (*statement in lieu of an oath*); **eidliche** ~ disclosure on/under oath; **erstmalige** ~ first disclosure; **nichtschriftliche** ~ nonwritten disclosure; **unbefugte ~ fremder Geheimnisse** disclosing the secrets of another without authority; **unschädliche ~en** nonprejudicial disclosures.

Offene Handelsgesellschaft *f* (*abbr* **OHG**) general (mercantile) partnership.

offenkundig *adj* obvious, manifest, clear.

Offenkundigkeit *f* notoriety, notoriousness, obviousness; **die ~ feststellen** to take judicial notice of *sth.*

offenlassen *vt* to leave open, to leave in abeyance, to leave undecided.

offenlegen *vt* to disclose, to reveal.

Offenlegung *f* disclosure, discovery; ~ **der Erfindung** disclosure of the invention; ~ **des Schuldnervermögens** discovery of debtor's assets; **~spflicht** *f* duty of disclosure, duty to ascertain solvency of borrower; **~sschrift** *f pat* application papers laid open to public inspection, first publication; published application, printed publication of the unexamined application; **vollständige** ~ full/complete disclosure.

Offenmarkt|geschäfte *pl* open-market operations; **~papier** *n* open-market paper (*securities bought or sold in open-market transactions*); **~politik** *f* open-market policy; **~-Titel** *m* open-market paper.

offensichtlich *adj* obvious, self-evident, clear.

offenstehen *vi* to stand open, to be open, to be due, to remain outstanding.

offenstehend *adj* outstanding, owing.

öffentlich *adj* public; *adv* in public; in open court; **~e Hand** the public sector, the state, public funds, public authorities; **nicht** ~ private, in camera, in chambers.

Öffentlichkeit *f* the public, the general public; availability for public inspection, publicity; public character; ~ **bei der Gerichtsverhandlung** publicity of trial; ~ **des Verfahrens** publicity of proceedings; **~sarbeit** *f* public-relations work; **~sbeziehungen** *pl* public relations; **~sgrundsatz** *m* principle of public trial; **~sprinzip** *n* principle of public trial; **~sschaden** *m* loss of publicity; **an die ~ kommen** to become generally known; **die ~ ausschließen** to close the court, to sit in camera; **die ~ wiederherstellen** to readmit the public to the court room, to restore publicity; **etw an die ~ bringen** to give *sth* publicity; **in der breiten ~** among the general public; **in die ~ dringen** to become known.

öffentlich-rechtlich *adj* (under) public law.

Offerent *m* /**-in** *f* offeror.

offerieren *vt* to offer, to tender.

offeriert *adj* offered, tendered, *exch* sellers.

Offerte *f* offer, tender; **~nskizze** *f* sketch accompanying an offer; **freibleibende** ~ offer without obligation; **zur Abgabe** ***e-er*** ~ **auffordern** to invite an offer.

Offizial|delikt *n* public *US* offense/*GB* offence, offense requiring public prosecution; **~klage** *f* public prosecution; **~maxime** *f* principle of ex officio proceedings; accusatory principle; **~prinzip** *n* *crim pro* principle of state (*as opposed to private*) prosecution; **~verfahren** *n* procedure/prosecution ex officio; **~verteidiger** *m* /**-in** *f* court-assigned *US* defense/*GB* defence counsel, public defender.

Offizier *m* /**-in** *f* officer, military officer, commissioned officer; **~sbewerber** *m* /**-in** *f* officer candidate; **~sdienstgrad** *m* officer's rank; **~slaufbahn** *f* officer's career; **~spatent** *n* officer's commission; **~srang** *m* officer's rank; **höherer** ~ senior officer.

offiziös *adj* semiofficial.

Öffnungszeiten *f/pl* opening hours.

Offshore|-Aufträge *pl* offshore purchase order; **~-Banken** *pl* offshore banks; **~-Bohrung** *f* offshore drilling, offshore borehole; **~-Finanzplätze** *pl* offshore *US* centers/*GB* centres; **~-Kauf** *m* offshore purchase; **~-Steuerabkommen** *n* Offshore Tax Agreement (*US Forces in Germany*); **~-Steuergesetz** *n* Offshore Tax Law.

OHG (*abbr* = **offene Handelsgesellschaft**) general (mercantile) partnership.

Ohne-Rechnung-Geschäft *n* non-invoiced transaction (*for tax evasion purposes*), non-recorded deal.

ohne weiteres *adv* ipso jure.

Ohrenzeuge *m* /**~zeugin** *f* ear-witness, auricular witness.

Ohrfeige *f* slap (in the face), box on the ear.

Okkupation *f* occupation; **~sgebiet** *n* occupied territory; **~smacht** *f* occupying power; **~sschaden** *m* damage caused by the occupying forces; **derivative ~** derivative occupation; **originäre ~** original occupation.

okkupieren *vt* to occupy.

Öko|logie *f* ecology; **~-Audit-Gesetz** *n* Ecology Audit Act, act governing control of the ecological viability of plants; **~steuer** *f* ecotax, tax to protect the environment, ecology tax; **~system der Gewässer** aquatic ecosystem.

Ökonometrie *f* econometrics.

Oktoberrevolution *f* Russian revolution (*1917*).

ökumenisch *adj* ecumenical, oecumenical.

Öl|aktien *pl* oil shares; **~bedarf** *m* demand for oil; **~beheizung** *f* oil heating; **~bohrinsel** *f* oil rig; **~boykott** *m* oil boycott, oil sanction; **~einfuhr** *f* oil imports; **~erschließung** *f* unlocking oil; **~feld** *n* oil field; **~förderung** *f* oil production; **~gesellschaft** *f* oil company; **~gewinnung** *f* oil extraction, oil production; **~hafen** *m* tanker terminal; **~industrie** *f* oil industry; **~katastrophe** *f* oil-spill disaster; **~leitung** *f* oil pipeline, oil pipe; **~lieferung** *f* oil shipment, *pl* oil supplies; **~prospektion** *f* oil prospecting, oil exploration; **~quelle** *f* oil well; **~raffinerie** *f* oil refinery; **~sperre** *f* oil embargo; **~spur** *f* oil trace, patch of oil; **~suche** *f* prospecting for oil; **~terminmarkt** *m* oil futures market; **~verschmutzung** *f* oil pollution, oil fouling; **~~ des Meeres** pollution of the sea by hydrocarbon discharge; **~~sabkommen** *n* International Convention for the Prevention of Pollution of the Sea by Oil.

Oligarchie *f* oligarchy.

Oligopol *n* oligopoly; **unvollständiges ~** parallel pricing.

Oligopolist *m* /**-in** *f* oligopolist.

Ombudsmann *m* /**~frau** *f* ombudsman.

omissio libera in causa *L crim* omission free in its cause (*but not in itself*), failure to act as required by law through one's own fault, → *actio libera in causa.*

Omniumversicherung *f* all-risk insurance, combined insurance.

Onkelehe *f* cohabitation of elderly couple (*disguised as uncle and aunt relationship for the children and designed to preserve pension benefits to the woman*).

Operations|kostenversicherung *f* surgical fees insurance; **~kostenzuschuss** *m* subsidy towards operation costs; **~narbe** *f* post-operative scar; **~verweigerung** *f* refusal to submit to an operation.

Opfer|entschädigungsgesetz *n* (*abbr* **OEG**) Crime Victims Compensation Act; **~schutz** *m* protection of crime victims; **~~gesetz** *n crim pro* (= *Erstes Gesetz zur Verbesserung der Rechtsstellung des Verletzten im Strafverfahren*) Crime Victims' Protection Act (= *First Act on the Improvement of Victims' Legal Standing in Criminal Cases*); **~stockdieb** *m* pilferer of offertory boxes; **Zusatzprotokoll** *n* **zu den Genfer Abkommen vom 12. August 1949 über den Schutz der ~ internationaler bewaffneter Konflikte** (**Protokoll I**) Protocol Additional to the Geneva Conventions of 12 August 1949, and Relating to the Protection of Victims of International Armed Conflicts (Protocol I), *8 June 1977*; **Zusatzprotokoll zu den Genfer Abkommen vom 12. August 1949 über den Schutz der ~ nicht internationaler bewaffneter Konflikte** (**Protokoll II**) Protocol Additional to the Geneva Conventions of 12 August 1949, and Relating to the Protection of Victims of Non-International Armed Conflicts (Protocol II), (*8 June 1977*).

Opium|mohn *m* opium poppy; **~stellen** *pl* opium agencies.
Opponent *m* /**-in** *f* opposer, objector.
opponieren *vi* to be opposed to.
Opportunitätsprinzip *n* principle of discretionary prosecution (*public prosecutor may refrain from prosecuting lesser offenses, etc*), ↔ *Legalitätsprinzip*.
Opposition *f* opposition, party in opposition, parliamentary opposition; **~sbewegung** *f* opposition movement; **~sführer** *m* /**-in** *f* leader of the opposition; **~sliste** *f* stopping list (*lost or stolen securities*); **~spartei** *f* opposition party; **~spolitiker** *m* /**-in** *f* politician of the opposition party.
Optant *m* /**~in** *f* party exercising an option, party making a choice.
optieren *vi* to opt, to elect, to make a choice, to select.
Optimierung *f* optimization.
Option *f* option (=*o*-), right of choice, right of first refusal; **~ beim ersten Verkaufsfall** first *o*-, right of first refusal; **~sanleihe** *f o*-loan (*bond with an o- to be converted into shares*); **~sausübung** *f* exercise of *o*-; **~sberechtigte(r)** *f(m)* (*der ~sberechtigte*) optionee, grantee of an *o*-; **~sbörse** *f o-s* exchange; **~sdauer** *f o*- period; **~sempfänger** *m* /**-in** *f* optionee; **~serklärung** *f* grant of an *o*-; **~sfrist** *f o*- period; **~sgeber** *m* /**-in** *f* grantor of an *o*-; **~sgeschäft** *n o*- dealing; **~~ mit Termindevisen** *o*- forward; **~sgewährer** *m* /**-in** *f* grantor of an *o*-; **~shandel** *m* trading in *o-s*; **~sklausel** *f o*- clause, first-refusal clause; **~snehmer** *m* /**-in** *f* taker of an *o*-; **~srecht** *n o*- right, right of *o*-, right to opt; **~sschein** *m* subscription warrant, warrant issue, stock purchase warrant; **~sverkäufer** *m* /**-in** *f* writer of an *o*-; **~svertrag** *m o*- agreement; **~szeit** *f o*- period; **bedingte ~** qualified *o*-; ***e-e* ~ einräumen** to grant an *o*-; **handelbare ~** traded *o*-; **ungesicherte ~** naked *o*-.

ordentlich *adj* ordinary, regular, orderly, business-like *adv* properly.
Orden- und Ehrenzeichen *pl* medals and decorations.
Order *f* **I** order (= *o*-) (*indication of transferee on negotiable instrument*); **~klausel** *f o*- clause, pay-to-*o*-clause; **negative ~~** not-to-*o*-clause; **~konnossement** *n o*- bill of lading; **~lagerschein** *m* negotiable warehouse receipt, warehousekeeper's warrant; **~papier** *n o*- paper, instrument to *o*-, instrument negotiable by endorsement; **geborenes ~~** original *o*- paper; **gekorenes ~~** *o*- paper by act of party; **kaufmännische ~~e** documents of title to goods; **~police** *f* policy made out to *o*-; **~scheck** *m o*- *US* check/*GB* cheque, check to *o*-; **~schuldverschreibung** *f o*-bond, negotiable bond, registered bond made out to *o*-; **an die ~ des Ausstellers zahlen** pay to *o*-; **an eigene ~** to one's own *o*-; **an ~** to *o*-, to the *o*- of; **an ~ lauten** to be made out to *o*-; **an ~ lautend** made out to *o*-, payable to *o*-; **zahlbar an ~** payable to *o*-.
Order *f* **II** order (*to buy or sell securities*); **bis auf Widerruf gültige ~** open order; **limitierte ~** stop order, limited order; **unlimitierte ~** unlimited order.
Ordinarius *m* (full) professor (*university*), professor-in-ordinary.
Ordner *m* /**-in** *f* **I** steward, prefect, marshal.
Ordner *m* **II** file, standing file.
Ordnung *f* order, arrangement, system; **~en über die bezahlte Freizeit** *EU* paid holiday schemes; **~sbehörden** *pl* regulatory authorities, police authorities; **~sdienst** *m* steward's work, service for public order; **~sgeld** *n* administrative fine, disciplinary fine; **~sgemäßheit** *f* propriety, regularity; **die ~~ der Vollstreckungsmaßnahmen** enforcement is being carried out in a regular manner; **~sgewalt** *f* police authorities; **~shaft** *f* arrest; confinement for contempt of court/

disobedience; **~shüter** *m* /**-in** *f* guardian of public order, policeman; **~smäßigkeit** *f* regularity, compliance with regulations; **~smaßnahme** *f* measure to maintain (public) order; **~smerkmal** *n* aid to classification; **~spolizei** *f* regular police, uniformed police; **~sprinzip** *n* regulating principle; **~srecht** *n* regulatory law, administrative rules, law of administrative penalties; **~sruf** *m* call to order, naming a member; **~sstrafe** *f* administrative penalty, penalty for infringement of regulations, penalty for contempt of court; **~sstrafverfahren** *n* administrative penalty proceedings; **~ssystem** *n* system of organization; system of classification; **~svorschriften** *pl* administrative rules; **~swidrigkeit** *f* regulatory *US* offense/*GB* offence (*offense against police and administrative regulations*), summary *US* offense/*GB* offence, petty *US* offense/*GB* offence; **~~sgesetz** *n* Regulatory Offenses Act (*law against infringements of police and administrative regulations*); **der ~ halber** for order's sake; **der guten ~ halber** for the sake of good order; **die marktwirtschaftliche ~** the free-market system; **die ~ aufrechterhalten** to maintain order; ***e-e* sinnvolle ~** a sensible arrangement; **intervalutare ~** intercurrency system; **öffentliche ~** public order; **Amt für ~ ~** *local government office*, Office of Public Security (*responsible for issuing residence permits to foreigners*); **soziale ~** social order; **verfassungsmäßige ~** constitutional order; **zur ~ rufen** to name (a member), to call to order.

ordnung|sgemäß *adj* orderly, proper; *adv* duly, in due form, properly; **~smäßig** = *ordnungsgemäß*; **~swidrig** disorderly, irregular, contrary to regulations.

ordre public *n* public policy.

Organ *n* **I** organ institution, agency, body; **~aufbau** *m* organic structure, organization; **~e der Gemeinschaft** *EU* Community institutions, competent bodies of the Community; **~e der öffentlichen Meinungsbildung** media, instruments which shape public opinion; **~ der Rechtspflege** judicial body, organ of the administration of justice; **~e der politischen Zusammenarbeit** political cooperation machinery; **~firma** *f* firm integrated in a group; closely affiliated firm; **~gemeinschaft** *f* group of integrated companies; **~gesellschaft** *f* company integrated in a group; **~haftung** *f* responsibility for executive organs; **~klage** *f* action of one public body against another; intra-company legal action; **~kredite** *pl credits given by a bank to its own executives or closely connected companies or firms*; **~leihe** *f lending of an administrative organ to another public authority*; **~schaft** *f* integrated intercompany relation (*with tax unity*), relationship between interlocking companies; **~~sabrechnung** *f* accounting settlement between integrated companies; **~~sverhältnis** *n* integrated intercompany relationship, relationship between interlocking companies; **~~sverrechnung** *f* integrated intercompany settlement of accounts, settlement between interlocking companies; **~~svertrag** *m* agreement between interlocking companies, contract concerning the integration of a subsidiary; **~streit** *m* litigation between two public bodies; **~~verfahren** *n* court proceedings between administrative bodies; **~verhältnis** *n* interlocking relationship, integrated relationship with a subsidiary; **~vertrag** *m* integration agreement with a subsidiary, intergroup agreement; **~wille** *m* intent of an executive organ, intention to integrate a subsidiary; **amtliches ~** official organ (*for public notices*); **ausführendes ~** executive organ; **beratendes ~** consulting body, consultative body; **ein**

paritätisch zusammengesetztes parlamentarisches ~ a parliamentary body with equal representation; **gesetzgebende ~e** legislative organs, the legislature; **nachgeordnete ~e** subsidiary organs; **offizielles** ~ official organ; **paritätische ~e** joint bodies with equal membership; **politisch-militärisches europäisches ~ für die Krisenbewältigung** *EU* European politico-military body for crisis management; **staatliches** ~ state organ, state agency; **ständiges** ~ permanent institution; **untätiges** ~ inactive body; **vollziehendes** ~ executive organ.

Organ *n* **II** (body) organ; **~bank** *f* organ bank; **~handel** *m* trade in organs, purchase and sale of organs; **~spende** *f* anatomical gift (*by will*), organ donation; **~spender** *m* /**-in** *f* organ donor; **~verpflanzung** *f* organ transplantation.

Organigramm *n* organizational chart.

Organisation *f US* organization/*GB* organisation (= *o-*, *organizational* = *o-al*); ~ **der Vereinten Nationen** United Nations *O-*; ~ **der Vereinten Nationen für Erziehung, Wissenschaft und Kultur** United Nations Educational, Scientific and Cultural *O-* (*abbr* UNESCO); ~ **der Vereinten Nationen für industrielle Entwicklung** United Nations Industrial Development *O-* (*abbr* UNIDO); ~ **Erdölexportierender Länder** *O-* of the Petroleum Exporting Countries (*abbr* OPEC); ~ **für das Verbot chemischer Waffen** *O-* for the Prohibition of Chemical Weapons (*abbr* OPCW); ~ **für Europäische wirtschaftliche Zusammenarbeit** *O-* for European Economic Cooperation (*abbr* OEEC); ~ **für Sicherheit und Zusammenarbeit in Europa** (*abbr* **OSZE**) *O-* for Security and Co-Operation in Europe (*abbr* OSCE); ~ **für wirtschaftliche Zusammenarbeit und Entwicklung** *O-* for Economic Cooperation and Development (*abbr* OECD); **~sabteilung** *f* administration and coordination department, *o-* and methods department; **~sakt** *m* act of establishment, act of foundation; **~sausschuss** *m o-* committee, steering committee; **~sfehler** *m* faulty *o-*; **~sform** *f o-al* form; **~sgemeinschaft** *f* management association; **~sgewalt** *f o-al* power, power to create governmental bodies; **~sklausel** *f* closed-shop clause (*in a collective agreement*), clause concerning union-membership; **~skosten** *pl* foundation expenses, pre-incorporation expenses, costs of promotion; **~smittel** *pl o-al* aid; **~splan** *m o-* chart, *o-* diagram; **~sprobleme** *n/pl* management problems; **~srecht** *n* right to form associations, law concerning *o-s*; **~sschaubild** *n o-* chart, *o-* tree; **~stalent** *n* organizing ability; **~sumstellung** *f* change of business system; **~sverschulden** *n* (*torts*) liability (*of management*) based on failure to provide proper *o-al* channels, liability of management for torts of employees based on failure to establish and maintain proper *o-al* structures; **beigeordnete** ~ associate agency; **gemeinnützige** ~ nonprofit *o-*; **internationale ~en** international *o-s*; **maßgebliche europäische ~en** representative European bodies; **nichtstaatliche ~en** nongovernmental *o-s* (*abbr* NGO); **Nordatlantikpakt-~** *f* (*abbr* **NATO**) North Atlantic Treaty *O-* (*abbr* NATO); **Charta über eine Ausgeprägte Partnerschaft zwischen der ~-~ und der Ukraine** Charter on a Distinctive Partnership between the North Atlantic Treaty *O-* and Ukraine (*1997*); **Grundakt über Gegenseitige Beziehungen, Zusammenarbeit und Sicherheit zwischen der ~-~ und der Russischen Föderation** Founding Act on Mutual Relations, Cooperation and Security between

NATO and the Russian Federation (*1997*); **verbotene** ~ prescribed *o*-; **zwischenstaatliche ~en** intergovernmental bodies.

organisatorisch *adj* organizational.

organisieren *vt, vi* to organize, to form an organization, to establish; **gewerkschaftlich** ~ to organize, to unionize.

organisiert *adj* organized; unionized; **nicht** ~ not organized, non-union.

Organismus *m* organism, system; **der marktwirtschaftliche** ~ the free-enterprise market system.

Orientierung *f* orientation; **~sprogramm** *n* program(me) of orientation; **~spreis** *m* (merely) informative price, introductory price; **~srahmen** *m* guidelines, long-term program(me); **~sstufe** *f* orientation stage (*to test aptitude for secondary school education*).

Original *n* original; **~abfüllung** *f* estate bottling, brewery bottling; **~ausfertigung** *f* original document; **zweite ~~** duplicate original; ~ ***e-es*** **Schriftsatzes** the original of a brief; **~faktura** *f* original invoice; **~fracht** *f* original freight; **~gerätehersteller** *m* /**-in** *f* original equipment manufacturer (*abbr* OEM); **~handschrift** *f* autograph; **~klischee** *n* master plate, original block; **~police** *f ins* original policy; **~tara** *f* tare determined by the sender; **~testament** *n* original will; **~text** *m* original text; **~unterschrift** *f* original signature; **~urkunde** *f* original document; **~verpackung** *f* original package, original wrapping; **~wechsel** *m* original bill of exchange; **~zahl** *f* original figure; **im** ~ in the original; **nach dem ~ bearbeitet** adapted from the original, based on the original.

originär *adj* original, inborn, initial.

Ort *m* place, position, location, situs; ~ **der Ausfertigung** place of execution; ~ **der Leistung** place of performance; ~ **der Leitung** place of management; ~ **der Niederlassung** place of establishment; ~ **der tatsächlichen Geschäftsleitung** place of effective management; ~ **des Vertragsabschlusses** place of (conclusion of) contract; **~e mit Asylrecht** asylum privileged places; **~sangabe** *f* indication of place, address; **~sansässige(r)** *f(m)* (*der Ortsansässige*) resident; **~sanwesenheit** *f* on-the-spot presence; **~sausschuss** *m* local committee; **~sbehörden** *pl* local authorities; **~sbesichtigung** *f* local inspection, visit to the scene, inspection on the spot; **~sbezeichnung** *f* geographical name; **~sbezirk** *m* local district; **~sbrief** *m* local letter; **~schaft** *f* place, town, village, locality; **geschlossene ~~** built-up area, urban area; **~sclearing** *n* interbank clearing; **~sdurchfahrt** *f* main road for through traffic; **~sform** *f the proper legal form at the place where the transaction is entered into or the instrument is made*; **~sgebiete** *pl* built-up areas; **~sgebrauch** *m* local custom, local usage, local trade rules; **~sgericht** *n* local court; **~sgespräch** *n* local call; **~skennzahl** *f* *US* ZIP code / *GB* postal code; **~sklasseneinteilung** *f* locality classification; **~skrankenkasse** *f local branch of national health insurance*; **~slohn** *m* local wage; **~sname** *m* name of place; **~snetzkennzahl** *f* prefix (number); standard telephone *US* dialing/*GB* dialling code (*abbr* S. T. D. code); **~splanungsbehörde** *f* local planning authority; **~splanungsgebiet** *n* local development area; **~spolizei** *f* local police; **~~behörde** *f* local police authority; **~srecht** *n* local law; lex loci actus (*the law of the place where the transaction has been entered into*); **~ssatzung** *f* local statutes, local by(e)-laws; **~sschild** *n* place-name sign; **~stafel** *f* place-name sign, place identification sign; **~starif** *m* local rates; **~stermin** *m* hearing on site, court inspection of the scene, physical inspection by the court; **~süblichkeit** *f* local practice; **~sumbenennung** *f* change of place name; **~sumgehung** *f* (town /village) bypass; **~sverkehr** *m* local traffic; **~~sbereich** *m* local service area, local rate zone; **~svertreter** *m* /**-in** *f* resident agent; **~sverwaltung** *f* local administration; **~sverweis** *m* order of removal; **~swechsel** *m* change of locality; **~szeit** *f* local time; **~szulage** *f* local bonus, residential allowance; **~szuschlag** *m* local bonus, local cost-of-living allowance, weighting allowance; **am angeführten ~** (*abbr* **a.a.O.**) loco citato (*abbr* loc. cit.), opere citato/opus citatum (*abbr* op cit), idem (*abbr* id); **am ~** in place, in the same locality; **an ~ und Stelle** on the spot, in situ; **der ~ des steuerbaren Umsatzes** the place of taxable transactions; **öffentlicher ~** public place; **ungefährdeter ~** place of safety.

ort|sansässig *adj* resident; **~süblich** *adj* customary in the locality, in conformity with local custom.

Ostalgie (= Ost + Nostalgie) nostalgia for former East German customs and life styles.

OSZE (*abbr* = **Organisation für Sicherheit und Zusammenarbeit in Europa**) Organisation for Security and Co-Operation in Europe (*abbr* OSCE).

ÖTV (*abbr* = **Öffentliche Dienste, Transport und Verkehr**) Public Services, Transportation and Traffic (*labor union of public employees*).

OVG (*abbr* = **Oberverwaltungsgericht** *n*) higher administrative court, administrative appeals tribunal.

Ozon *n* ozone; **~loch** *n* ozone hole; **~schicht** *f* ozone lawyer, ozonosphere.

P

Pacht *f* lease (*granting use and profits*), (= *l-*, *leased* = *l-d*, *leasehold* = *l/h*); rent; **~abkommen** *n l-* agreement; **~ auf Lebenszeit** *l-* for life; **~ausfallversicherung** *f* leasehold insurance; **~bedingungen** *f/pl* terms of a/the *l-*; **~besitz** *m* leasehold; **landwirtschaftlicher ~~** agricultural holding; **~besitzer** *m/* **-in** *f* tenant; **unmittelbarer ~~** sitting tenant, tenant in occupation under a *l-*; **~betrieb** *m* (farming of) leasehold property; **~dauer** *f* term of lease, duration of *l/h*; **~einnahmen** *f/pl* rent receipts from a lease; **~ertrag** *m* rental return from *l/h-s*, rental revenue; **~~swert** *m* rental value of *l/h* property; **~gebiet** *n l/h* area, *l-d* territory; **~gegenstand** *m l-d* property, the *l-d* item, the demised premises; **~grundstück** *n l/h* property, *l/h* estate, *l-d* property, the demised premises; **~jahr** *n* year of lease; **~kredit** *m* credit for leaseholders; **~~geber** *m/***-in** *f* lender to leaseholders; **~~gesetz** *n L/h* Credit Act; **~~institut** *n l/h* credit institution; **~~sachen** *f/pl l/h* credit cases; **~land** *n l-d* land, land on lease; **~minderung** *f* reduction of rent, abatement of rent; **~preis** *m* amount of *l/h* rent; **~recht** *n l/h* law; *l/h* right, tenant's rights; **~rückstände** *m/pl* arrears of rent (for *l/h* property); **~schutz** *m* agricultural tenant's protection; security of tenure; **~~ordnung** *f* Agricultural Tenant's Protection Act, (*ordinance concerning agricultural tenant's protection procedure*); **~urkunde** *f* lease, instrument of lease, covenant of lease; **~verhältnis** *n* tenancy, tenure, relationship of landlord and tenant, lease tenure; **lebenslängliches ~~** tenancy for life; **~verlängerung** *f* extension of (*l/h*) tenancy, renewal of lease; **~vertrag** *m* lease, lease contract, *l/h* tenancy agreement; **landwirtschaftlicher ~~** farm lease; langfristiger **~~** long lease; **~wert** *m* rental (letting) value, letting value of *l/h* property; **~wesen** *n l/h* matters; **~zeit** *f* term of lease, period of lease; **restliche ~~** unexpired term (of lease); **~zins** *m* rent, *l/h* rent, farm rent; **nomineller ~~** nominal rent, peppercorn rent; **~zubehör** *n* tenant's fixtures; **in ~ geben** to let by lease; **in ~ nehmen** to take on lease; **landwirtschaftliche ~** farming lease.

pachten *vt* to take on lease; to hire, to rent.

Pächter *m/***-in** *f* leaseholder, lessee; **landwirtschaftlicher ~** agricultural tenant, tenant farmer; **neuer ~** incoming tenant; **weichender ~** outgoing tenant; **~-Inventarpfandrecht** *n* lien on tenant farmer's working assets; **~kaution** *f* bond to perform lease; **~pfandrecht** *n* lessee's statutory lien; **~schutz** *m* legal protection for tenant farmers (*upon termination of tenancy*); **lebenslänglicher ~** life tenant.

Pack *m* pack; **ein ~ Wolle** a pack of wool (*240 pounds = 108.86 kg*); **~leinwand** *f* packcloth, packing sheet; **~maschine** *f* packer; **~papier** *n* wrapping paper; **~stück** *n* package; **~tuch** *n* packcloth, packing sheet; **~zettel** *m* packing slip.

Päckchen *n* small parcel, (small) packet.

Packung *f* packing, wrapper; package, pack, packaging; **~sbeilage** *f* package insert; **~sgestaltung** *f* packaging (design); **~spreis** *m* price per packet.

pacta sunt servanda *L* agreements are to be observed, promises are to be kept.

pactum *L* pact, agreement, contract; ~ **de non cedendo** *agreement forbidding an assignment*; ~ **de non petendo** *agreement not to sue.*

Päderastie *f* pederasty.

pädophil *adj* paedophile.

Pädophile(r) *f(m)* paedolphile.

Paket *n* **I** (postal) parcel, package; **~adresse** *f* address on a parcel, address for parcels, (gummed) parcel (post) label; **~annahme** *f* parcels receiving office; **~inhaltsliste** *f* packing list; **~karte** *f* parcel mailing form, parcel dispatch note; **~liste** *f* list of parcels; **~porto** *n* parcel postage **~post** *f* parcel post; **~~versicherung** *f* parcel post insurance; **~schalter** *m* parcels counter; **~sendung** *f* parcel; **~umschlagstelle** *f* parcel rerouting *US* center/*GB* centre; **~zustellung** *f* parcel delivery.

Paket *n* **II** package (*deal*); **~handel** *m exch* dealing in large lots, large-lot dealing; **~police** *f* package policy; ~ **von Verhandlungsangeboten** *pol* package offer; **~zuschlag** *m* additional price for a block of shares.

Pakt *m* pact, covenant; ~ **zur gegenseitigen Hilfeleistung** mutual assistance pact; ***e-en*** ~ **schließen** to conclude/close a pact.

Palette *f* pallet; **~nladung** *f* pallet load.

palettieren *vt* to load/store on pallets.

Pamphlet *n* polemical pamphlet, lampoon, satirical article.

Panaschieren *n parl* preferential voting for different candidates, split voting.

panaschieren *vi parl* to split one's vote, to cast one's vote for candidates of different parties.

Pandekten *pl* the Digests, the Pandects.

Panik *f* panic, scare; **~kauf** *m* panic buying, scare buying; **~mache** *f* scare-mongering; **~macher** *m*/**-in** *f* alarmist, scaremonger.

Panne *f* mechanical breakdown, engine trouble, failure; **~ndienst** *m* breakdown service; **~hilfe** *f* breakdown service; **~nkoffer** *m* breakdown kit; **~nwarnschild** *n* warning triangle.

panschen *vt* to adulterate.

Panzer *m* armo(u)r, tank; **~faust** *f* bazooka; **~glas** *n* bullet-proof laminated glass; **~grenadier** *m* infantryman in an armo(u)red division; **~~division** *f* armo(u)red infantry division; **~knacker** *m*/**-in** *f* tank buster; safe-cracker; **~schrank** *m* safe; **~~klausel** *f* iron-safe clause.

Papier *n* paper, document, instrument; *pl ~e*, securities; identity papers; **~effekten** *f* paper securities; **~fabrik** *f* paper mill; **~geld** *n* paper money, paper currency, notes, *US* folding money; **~~umlauf** *m* circulation of notes; **~~währung** *f* paper money standard, fiduciary standard; **unterwertige ~~~** scrip; **~handel** *m* paper trade; **~industrie** *f* paper industry; **~klammer** *f* paper clip; **~kram** *m* paper work; **~krieg** *m* red tape, bureaucracy; **~patent** *n* paper patent; **~tiger** *pol m* paper tiger; **~währung** *f* paper currency, paper standard, fiduciary standard; **~waren** *f/pl* paper goods, stationery; **~wert** *m* book value, purely nominal value (*of a treaty, etc*); **~werte** *f* paper securities; **~zoll** *m* paper duty; **bankfähiges** ~ bank paper, paper eligible for discount at a bank; **begebbares** ~ negotiable instrument; **börsengängige ~e** stock exchange securities, marketable securities (*on stock exchange*); **diskontfähiges** ~ paper eligible for discount; **festverzinsliche ~e** fixed-interest-bearing securities; **hoch rentierende ~e** securities yielding a high return, high-yielding securities; **indossable ~e** securities transferable by endorsement; **marktfähige ~e** marketable securities; **mündelsichere ~e** trustee stock, trustee securities.

Paradewert *m* window-dressing figure/value.

parafiskalisch *adj* quasi-governmental.

Paragraph *m* section (*of a statute*), clause (*of a contract*), paragraph; **~engestrüpp** *n* tangled mass of regulations; **~enreiter** *m*/**-in** *f* pettifogger, legalist, stickler; **~enreiterei** *f* red-tapism, pettifogging; **~enüberschrift** *f* section heading (*statute*), clause heading (*contract*); **~enzeichen** *n* section mark, §; **gemäß ~ 242 BGB** pursuant to section 242 of the German Civil Code; **unter *e-en* ~en fallen** to fall within a section, to be covered by a section.

Parallel| (parallel = *p-*) **~buchung** *f* *p-* posting; **~~sbeleg** *m* posting reference; **~fall** *m* *p-* case; **~gesetzgebung** *f* *p-* legislation; **~verfahren** *n* *p-* procedure (*planning law*); **~verhalten** *n* parallelism of action, *p-* conduct; **bewusstes ~~** conscious parallelism; **~verkehr** *m* competing traffic (*eg road and rail*); **~vorlage** *f* companion bill; **~währung** *f* *p-* currency; **~wertung** *f* comparative valuation.

Paraphe *f* initials.

paraphieren *vt* to initial (*a treaty*).

Paraphierung *f* initialling of treaty.

Parentel *f* parentela, *the sum of persons who trace descent from one ancestor*, family root; **~enerbfolge** *f* succession per stirpes, parentelic succession; **~system** *n* (= *~ensystem*) system of succession per stirpes, system of parentelic succession.

pari *adv* par; **~ notieren** to quote at par; **über ~** above par, at a premium; **unter ~** at a discount, below par.

Pari|**ausgabe** *f* issue at par; **~einlösungssystem** *n* par redemption system; **~emission** *f* issue at par, par issue; **~grenze** *f* parity (limit); **~kurs** *m* par price, parity; **zum ~~** at par; **~plätze** *pl places where US checks/GB cheques are collected by banks free of charge*; **~rückzahlung** *f* redemption at par; **~wert** *m* parity, par value.

Pariser | **Seerechtsdeklaration** *f* The Declaration of Paris on Maritime Warfare (*1856*); **~ Verband** *m* (*Verband zum Schutz des gewerblichen Eigentums*) Paris Union; **~ Verbandsübereinkunft** *f* Union Convention, Paris Convention; **~ Verbandsübereinkunft über gewerblichen Rechtsschutz** = *Pariser Verbandsübereinkunft zum Schutz des gewerblichen Eigentums*; **~ Verbandsübereinkunft zum Schutz des gewerblichen Eigentums** Paris Convention for the Protection of Industrial Property; **~ Verträge** *pl* The Paris Treaties (*1954, ending military government in West Germany, etc*); **~ Währungsklub** *m* Paris Club, Group of Ten.

Parität *f* parity; **~engitter** *n* parity grid; **anpassungsfähige ~en** adjustable par values; **~sklausel** *f* parity clause, national treatment clause; **~skurs** *m* parity price; **~spreis** *m* parity price; **~spunkt** *m* parity point; **~stabelle** *f* parity table; **Londoner ~** London equivalent (*foreign exchange quotations*); **rechnerische ~** calculated parity (*value*).

paritätisch *adj* equally represented, on an equal footing, at par.

Park| (parking = *p-*) **~abholdienst** *m* *p-* valet service; **~beschränkung** *f* *p-* restriction, limited *p-*; **~bucht** *f* *p-* bay; **~gebühr** *f* *p-* fee; **~haus** *n* *US* *p-* garage/*GB* multi-storey carpark; **~kralle** *f* wheel clamp; **~leitlinien** *f/pl* *p-* lines; **~lücke** *f* gap between parked cars; **~möglichkeiten** *pl* *p-*, *p-* facilities; **~platz** *m* car park, *p-* lot; **~scheibe** *f* *p-* disk/disc; **~schein** *m* car-park ticket; **~streifen** *m* lay-by; **~sünder** *m*/**-in** *f* *p-* offender; **~uhr** *f* *p-* meter; **~~bereich** *m* *p-* meter zone; **~verbot** *n* no *p-*; **~~sschild** *n* no-*p-* sign; **~vorschriften** *f/pl* *p-* regulations; **~zeit** *f* *p-* period.

Parkanlagen *f/pl* (public) park, ornamental grounds.

Parken *n* parking, street parking; ~ **in doppelter Reihe** double parking; **enges** ~ shoehorn parking; tight parking.

Parkett *n exch* floor.

Parlament *n* parliament (= *p-*, *parliamentary* = *p-y*); **~sabgeordnete(r)** *f(m)* (*der ~sabgeordnete*) member of *p-* (*abbr* MP); **~sanklage** *f* impeachment; **~sauflösung** *f* dissolution of *P-*; **~sausschuss** *m p-y* committee; **~sbannmeile** *f p-y* precincts; **~sberichte** *m/pl p-y* reports; **~sbeschluss** *m* resolution adopted by *P-*/*GB* by the House of Commons; **~sdebatte** *f p-y* debate; **~sdirektor** *m/***-in** *f GB* clerk of the House; **~seröffnung** *f* opening of *p-*; **feierliche ~~** State opening of *P-*; **~sferien** *pl p-y* recess; **~sfraktion** *f p-y* party; **~sfrieden** *m* inviolacy of *P-*; **Verletzung des ~~s** *p-y* trespass; **~shoheit** *f p-y* sovereignty; **~simmunität** *f p-y* immunity, *p-y* privilege; **~skorruption** *f* corrupt practices in *P-*; **~smehrheit** *f p-y* majority; **~smitglied** *n* member of *p-* (*abbr* MP); **~snötigung** *f* obstruction of members, obstruction of *p-y* proceedings; **~sopposition** *f p-y* opposition; **~spräsident** *m/***-in** *f* Speaker; **~sprivilegien** *n/pl p-y* privilege(s); **~sprotokoll** *n* minutes of *p-y* proceedings, *US* Congressional Record/*GB* Hansard Reports; **~sreform** *f p-y* reform; **~ssitz** *m* seat (in *p-*); **~ssitzung** *f P-* sitting; **~sverurteilung** *f* bill of attainder; **~svorlage** *f p-y* bill; **~swachtmeister** *m/***-in** *f* serjeant; **~swahl** *f p-y* election; **~~kreis** *m p-y* borough, *p-y* constituency; **das ~ einberufen** to summon a *P-*, to convene a *P-*, to convoke *P-*; **das ~ ist vertagt** *P-* is prorogued; **das ~ tagt** *P-* is sitting; **Europäisches ~** (*abbr* **EP**) European *P-*; **für das ~ kandidieren** to stand for *P-*, to run for *P-*.

Parlamentär *m/***-in** *f* parlementaire, bearer of the flag of truce; **~flagge** *f* flag of truce, white flag.

Parlamentarier *m/***-in** *f* member of parliament (*abbr* MP), parliamentarian.

parlamentarisch *adj* parliamentary.

Parlamentarismus *m* parliamentarism, parliamentarianism.

Parole *f* password; slogan, catchphrase.

Partei *f* **I** (individual) party (= *p-*, *parties* = *p-s*), *pl Parteien* (= *~en*); **die ~en** the *p-s* concerned, the *p-s* hereto, litigant *p-s*, the *p-s* to a dispute; the *p-s* to a contract; **~abrede** *f* stipulation, understanding between the *p-s*; **~autonomie** *f* power of the *p-s* to determine the applicable provisions, *p-* autonomy; **~behauptung** *f* allegation (of a *p-*); **~betrieb** *m* (principle of) *p-* prosecution; **~-Eid** *m* suppletory oath (*sworn by one of the p-s*), a *p-*'s oath; **~ *e-es* Rechtsstreits** litigant, litigator, *p-* to a dispute; **~einvernahme** *f* interrogation or examination of a *p-* (*by the judge*); **~eneid** *m* → *~-Eid*; **~envereinbarung** *f* contractual stipulation, agreement by the *p-s*; **~ ergreifen** to take the part of, to take *p-* against; **~fähigkeit** *f* capacity to be a *p-* in a law-suit, capacity to sue and be sued; **~handlung** *f* act of *p-*; **~prozess** *m civil procedure based on the system of p- prosecution; case where p-s need no counsel in court*; **~vernehmung** *f* interrogation of a *p-* (*by the judge*); **~verrat** *m* prevarication; double-crossing of a client by a lawyer; **~~ begehen** to prevaricate; **~vorbringen** *n* statements by the *p-s*, *p-* allegations; **~vortrag** *m* pleadings by a *p-*, *p-* allegations; **~wechsel** *m* change of *p-* (*in lawsuit*), substitution of *p-s*; **~wille** *m* (*presumed*) intention of the *p-s* (*to a contract*); **abgewiesene ~** unsuccessful plaintiff; **antragstellende ~** applicant, mover; **beklagte ~** defendant (*p-*), *p-* defendant; **berechtigte ~** entitled *p-*; **beschwerte ~** the *p-* aggrieved; **beteiligte ~** *p-* involved, interested *p-*; **betreibende ~** prosecuting *p-*, plaintiff; **den ~en Gelegenheit zur Stellungnahme geben** to hear the *p-s*, to give the *p-s* the opportunity to state their case; **die aktiv legitimierte ~** the real *p-*, the entitled *p-*; **die betreffenden ~en** the respective *p-s*, the *p-s* concerned; **die eigentliche ~** the proper *p-*, dominus litis; **die erschienene ~** the appearing *p-*; **die erstgenannte ~** *p-* of the first part, the former *p-*; **die Hohen Vertragsschließenden ~en** The High Contracting *P-s*; **die kostenpflichtige ~** the *p-* liable for the costs; **die ~en belehren** to caution the *p-s*; **die ~en sind bestrebt** the *p-s* are desirous; **die richtige ~** the proper *p-*; **ersuchende ~** requesting *p-*; **ersuchte ~** requested *p-*; **geladene ~** the summoned *p-*; **in Verzug befindliche ~** *p-* in default; **klägerische ~** complainant, plaintiff; **obsiegende ~** successful *p-*, successful litigant, prevailing *p-*; **replizierende ~** repliant; **säumige ~** defaulting *p-*, *p-* in default, defaulter; **streitig gegen *e-e* ~** in adversum; **unterlegene ~** unsuccessful *p-*, losing *p-*, defeated *p-*; **unterliegende ~** → *unterlegene ~*; **verpflichtete ~** *p-* liable, obligated *p-*; **vertraglich verpflichtete ~** *p-* liable under a contract, contractually obligated *p-*; **vertragsbrüchige ~** *p-* in breach, defaulting *p-*; **vertragsschließende ~** contracting *p-*; **vertragstreue ~** nondefaulting *p-*, nonbreaching *p-*; *p-* who abides by the terms of an agreement.

Partei *f* **II** (political) party (= *p-*, *parties = p-s*), *pl Parteien* (= *~en*); **~abzeichen** *n p-* badge, *p-* insignia; **~apparat** *m p-* machinery; **~ausschluss** *m* exclusion from *p-*; **~ausschuss** *m* caucus, committee of a political *p-*; **~basis** *f* grassroots level (*of a political p-*); **~buch** *n p-* membership card; **~~wirtschaft** *f* nepotism, *p-* political favo(u)ritism, *p-* politics; **~ des demokratischen Sozialismus** (*abbr* **PDS**) Socialist *P-* (*formerly → Sozialistische Einheits~ Deutschlands*); **~disziplin** *f p-* discipline; **~~ wahren** to toe the line; **~enprivileg** *n D p-* privilege, privilege of political *p-s* (not to be prohibited except by decision of the Supreme Federal Constitutional Court), freedom of assembly for political parties; **~flügel** *m* wing of a *p-*; **~führer** *m*/**-in** *f* leader of a *p-*, *p-* leader; **~führung** *f p-* leadership; **~funktionär** *m*/**-in** *f p-* official; **~gänger** *m*/**-in** *f* partisan, (devoted) *p-* supporter; **~genosse** *m*/**~genossin** *f* member of a *p-*, *p-* member (*used only for left wing parties*); **~jargon** *m p-* jargon; **~kongress** *m p-* conference, *p-* congress; **~kurs** *m p-* line; **~linie** *f p-* line; **~mann** *m*/**~frau** *f p-* man; **~mitglied** *n p-* member; **eingetragenes ~~** enrolled member of a *p-*; **~organ** *n p-* organ; **~~isation** *f p-* organization; **~politik** *f p-* politics; **~programm** *n p-* program(me), platform; **~proporz** *m* (in) proportions of *p-* strength; **~system** *n* political *p-* system; **~verbot** *n* prohibition of a *p-*, ban on a *p-*; **~versammlung** *f p-* rally; **~~sbeschluss** *m p-* resolution; **~volk** *n* the rank and file of a *p-*; **~vorstand** *m* executive committee of the *p-*; **~wechsel** *m* defection (*political*); **~zentrale** *f p-* headquarters; **~zugehörigkeit** *f p-* membership; **bürgerliche ~en** middle class *p-s*, middle-of-the-road *p-s*; **Kommunistische ~ Deutschlands** (*abbr* **KPD**) Communist *P-* of Germany; **politische ~** political *p-*; **Sozialdemokratische ~ Deutschlands** (*abbr* **SPD**) German Social Democratic *P-* (*abbr* SPD); **Sozialistische Einheits~ Deutschlands** (*abbr* **SED**) *obs* (East) German Unified Socialist *P-* (*today → ~ des Sozialismus*); verfassungswidrige **~en** unconstitutional *p-s*;

partei|fähig *adj* capable of being a party in a lawsuit; **~isch** partial, biased; **~lich** partial, partisan, one-sided; **~los** independent (*politician*), non-party; **~politisch** party-political.

Parteilichkeit *f* partiality, bias.

Partenreederei *f* shipowning partnership.

Partialschaden *m* partial loss, particular average.

Partie *f* **I** parcel, lot; **~handel** *m exch* spot business; **~kauf** *m* sale by lot; **~provision** *f* lot money; **~ware** *f* job goods, goods bought in one lot, substandard goods; **~ wird landseitig gelöscht** this lot to be discharged on (to) the quay; **in ~n verkaufen** to sell in lots.

Partie *f* **II** gang (of workers); **~führer** *m/***-in** *f* foreman (of a gang of workers).

Partikulier *m/***-in** *f* master of a riverboat, (independent) barge owner; **~schifffahrt** *f* privately-owned inland shipping.

Partizipationsschein *m* participating receipt.

Partner *m* partner, copartner, party, fellow-member; **~land** *n* member country, partner country; **bilaterale ~länder** *pl* countries with bilateral agreements; **~schaft** *f* partnership; **~~sgesellschaft** partnership (of professionals), *company form designed for partnerships of professionals, eg lawyers, medical doctors, etc*; **~~~sgesetz** *n* (*abbr* **PartGG**) *D* Partnership of Professionals Act, *law on the formation of partnerships of professionals* (*1994*); **~sregister** *n* partnership of professionals (official) register; **~svertrag** *m* founding charter/contract for partnership of professionals; **~stadt** *f* linked town, twinned city; **~tausch** *m* exchange of partners, partner swapping; **geschäftsführender ~** managing partner, acting partner; **pro forma ~** partner in name.

Partnerschaft *f* partnership.

Parzelle *f* parcel of land, fractional tract of land, lot, plot.

parzellieren *vt* to subdivide, to parcel (out), to divide into lots.

Parzellierung *f* parcellation.

Pass *m* passport (= *p*-); **~abfertigung** *f p*- inspection; **~~sstelle** *p*- inspection point; **~behörden** *f/pl p*- office, *p*- authorities; **~beschränkung** *f p*- restriction, restricted use of *p*-; **~eintrag** *m* endorsement on *p*-; **~ersatz** *m* substitute *p*- document, replacement *p*-, document as *p*-; **~fälschung** *f p*- forgery; **~freiheit** *f p-s* not required, *exemption from the requirement to show one's p*-; **~gebührenverordnung** *f* ordinance on *p*--fees; **~inhaber** *m/***-in** *f* holder of a *p*-, *p*- holder; **~kontrolle** *f p*- inspection, *p*-check; **~nummer** *f p*- number; **~pflicht** *f* obligation to carry a *p*-; **~recht** *n p-s* law; **~register** *n* register of issued *p-s*; **~stelle** *f p*- office; **~vergehen** *n US* offense/*GB* offence against the *p*- regulations, contravention of the *p*- regulations; **~verordnung** *f p*- ordinance; **~versagung** *f* refusal to issue a *p*- to *s.o.*; **~wesen** *n p*- matters; **~zwang** *m* legal requirement to carry one's *p*-; ***e-en*** **~ beantragen** to apply for a *p*-; **einheitlicher ~** uniform *p*-; **gültiger ~** valid *p*-.

Passagier | beförderung *f* passenger transport; **~einschiffung** *f* embarkation; **~gut** *n* passenger luggage; **~liste** *f* list of passengers; **~meile** *f* passenger mile; **~räume** *m/pl* passenger accommodation; **~schifffahrt** *f* passenger shipping; **zahlender ~** fare-paying passenger.

Passant *m/***-in** *f* passerby.

Passierschein *m* pass, permit, laissez-passer; **~stelle** *f* pass office, checkpoint.

passiv *adj* passive, on the liabilities side, showing a deficit; **~ legitimiert** capable of being sued (*as the right party defendant*), → *legitimiert*.

Passiv | -Bereich *m* deficit area; **~bilanz** *f* unfavo(u)rable/adverse balance (*of trade*); **~-Diskrepanz** *f* minus-difference; **~gelder** *n/pl* borrowings; **kurzfristige ~~** short-term liabilities; **~geschäft** *n* transaction creating a liability; deposit business (*banks*), deposit banking; borrowing transaction; **~handel** *m* passive trade, import trade; **~konto** *n* account payable, liability account; **~kredit** *m* borrowing; **~legitimation** *f* answerability as the proper party; **~masse** *f* liabilities; **~-Periode** *f* deficit period, period with adverse balances; **~posten** *m* liability item, deficit item, debit item **~~ der Rechnungsabgrenzung** deferred credits to income, prepaid unearned income; **~prozess** *m* defendant's lawsuit, litigation as a defendant; **~saldo** *n* debit balance; **~seite** *f* liabilities side; **~zinsen** *f* interest payable, credit interest (*paid by bank*); **~wechsel** *m* bill payable.

Passiva *pl* liabilities; **antizipative ~** accrued expenses, accrued payables; **transitorische ~** prepaid income, deferred revenue, earned revenue, deferred assets.

passivieren *vt* to enter on the liabilities side (of the balance sheet), to carry as a liability/a debit, to include on the liabilities/debit side.

Passivierung *f* inclusion on the liabilities/debit side, increase in indebtedness, carrying as a liability; **~ der Kapitalbilanz** deterioration of the capital-transaction balance; **~ im Warenaußenhandel** (appearance of) a deficit on trade, incurring a foreign trade deficit; **~spflicht** *f* obligation to disclose liabilities on the balance sheet; **~stendenz** *f* tendency to (incur a) deficit.

Passwort *n* password.

Patenschaft *f* sponsorship, patronage.

Patent *n* patent (= *p-*), letters patent; **~abgabe** *f* royalty; **~amt** *n P-* Office, *US* Commissioner of *P-s*; **~~sentscheidung** *f* ruling of the *P-* Office; **Europäisches ~~** (*abbr* **EPA**) European Patent Office (*abbr* EPO); **~ angemeldet** *p-* applied for; **~anmelder** *m/***-in** *f* applicant for a *p-*, *p-* applicant, intended patentee, claimant; **~anmeldung** *f* *p-* application, application for letters *p-*, filing of a *p-* application; **~~ läuft** *p-* pending; **Europäische Übereinkunft über Formerfordernisse bei ~~en** European Convention relating to the Formalities required for Patent Applications; **nationale ~~** application for a national *p-*; **schwebende ~~** *p-* pending; **~anteil** *m* part interest in a *p-*; **~anspruch** *m p-* claim, **zweckgebundener ~~** *p-* claim bound/directed to a specific purpose; **~antrag** *m p-* application; **~anwalt** *m* → *Patentanwalt*; **~aufgabe** *f* abandonment of *p-*; **~ausschuss** *m P-s* Board; **~austausch** *m* cross-licensing of *p-s*, exchange of *p-s*; **~~vertrag** *m p-* exchange agreement, cross-licensing agreement; **~ausübung** *f* use of a *p-*, *p-* exploitation; **unterlassene ~~** nonuse of a *p-*, nonuser of a *p-*; **~begehren** *n* wish to obtain a *p-*, *p-* claim; **~berichte** *m/pl p-* reports; **~berichterstatter** *m/***-in** *f p-* investigator; **~berichtigung** *f p-* amendment; **~berühmung** *f p-* advertizing, arrogation of *p-*; **~beschränkung** *f* voluntary restriction on extent of *p-* claim; **~beschreibung** *f p-* specification, *p-* description; **vorläufige ~~** provisional specification; **~besitzer** *m/***-in** *f p-* owner; **~blatt** *n P-* Office Journal; **~büro** *n p-* law firm, *p-* agents; **~dauer** *f* life of a *p-*, duration of a *p-*; **~einspruch** *m* interference, opposition (to a *p-*); **~~sverfahren** *n* opposition proceedings, interference proceedings; **~~~ wegen offenkundiger Vorbenutzung** public use proceedings; **~entziehung** *f* revocation of a *p-*; **~erschleichung** *f* surreptitious obtainment of a *p-*; **~erteilung** *f* issue of a *p-*, grant of a *p-*; **~~sanspruch** *m* claim to the grant of a *p-*; **~~sverfahren** *p-* granting procedure; **~fach** *n p-* branch; **~fähigkeit** *f* patentability; **~gebühr** *f p-* fee, royalty; **~gegenstand** *m* object matter of a *p-*, patented article; **~gemeinschaft** *f p-* pool; **~gericht** *n p-*

court; **~~sverfahren** *n p-* court proceedings; **~gesetz** *n p-* law, *P-* Act; **~~gebung** *f p-* legislation; **~gutachten** *n* expert report on a *p-*; **~hindernis** *n* bar to patentability; **~inhaber** *m*/**-in** *f p-* owner, *p-* holder, patentee; **alleiniger ~~** sole patentee; **~inhalt** *m* contents of *p-*; **~kartell** *n p-* cartel; **~klage** *f p-* action, *p-* proceedings; **~klasse** *f p-* class, *p-* category; **~klassifikation** *f p-* classification; **~kosten** *pl p-* charges; **~laufzeit** *f* term of a *p-*; **~lizenz** *f p- US* license/*GB* licence, license under a *p-*; **~~abgabe** *f* royalty (on *p-s*); **~~ ohne technische Nebenleistungen** bare *p-* license, clean *p-* license; **~~vertrag** *m p-* license agreement; **~löschung** *f* revocation of a *p-*, cancellation of a *p-*; **~~sklage** *f* petition for *p-* cancellation; **~makler** *m*/**-in** *f p-*-right dealer; **~missbrauch** *m* misuse of a *p-*; **~monopol** *n p-* monopoly; **~nichtigkeitsklage** *f* plea of nullity, nullity suit, *GB* action for revocation of a *p-*, writ of scire facias to repeal letters of *p-*; **~nichtigkeitsverfahren** *n* proceedings for revocation (of a *p-*), nullity proceedings; **~prozess** *m p-* litigation; **~prüfer** *m*/**-in** *f p-* examiner; **~recht** *n p-* law, *p-* right; **nationales ~~** national law concerning *p-s*; **~rechtler** *m*/**-in** *f* expert on *p-* law; **~rezept** *n* nostrum; **~richter** *m*/**-in** *f p-* court judge; **~rolle** *f* register of *p-s*, *P-* Register, *P-* Roll; **~sachen** *pl p-* cases; **~schrift** *f* printed *p-* specification, *pl p-* documents; **~~enauszug** *m* abridgment of *p-s*, **endgültige ~~** complete *p-* specification; **europäische ~~** specification of the European *p-*; **vorläufige ~~** provisional *p-* specification; **~schutz** *m p-* protection; **bestehender ~~** active *p-*; **~streit** *m p-* contest; **~~kammer** *f p-* court; **~~sache** *f p-* case, *p-* suit, *p-* litigation; **~sucher** *m*/**-in** *f* intended patentee; **~übertragung** *f* assignment of *p-*; **~unteranspruch** *m* subclaim of a *p-*; **~urkunde** *f* letters *p-*, *p-* certificate; **~verbesserung** *f* improvement; **~verfahren** *n p-* procedure; **~verkauf** *m* sale of a *p-*; **~verlängerung** *f* extension of (a) *p-*; **~verletzer** *m*/**-in** *f* infringer of a *p-*; **vermeintlicher ~~** assumed infringer; **~verletzung** *f* infringement of *p-*, *p-* infringement; **~~sklage** *f* infringement suit, infringement proceedings; **~~sstreit** *m p-* infringement proceedings; **mittelbare ~~** contributory infringement of a *p-*; **~verruf** *m* slander of *p-*; **~versagung** *f* refusal of *p-*; **~vertrag** *m p-* agreement; **~verweigerung** *f p-* barred, refusal to issue a *p-*; **~verwertung** *f p-* exploitation, exploitation of a *p-*; **~verzicht** *m* abandonment of *p-*; **~ von Weltbedeutung** universal *p-*; **~vorwegnahme** *f* anticipation, anticipatory reference; **~wesen** *n p-* system; **~widerruf** *m* revocation of a *p-*; **~zeichnung** *f p-* drawing; **~zusammenarbeitsvertrag** *n P-* Cooperation Treaty (*abbr* PCI), (*1970, international protection of inventions*); **~zusammenfassung** *f p-* consolidation, *p-* summary; **abgelaufenes ~** expired *p-*; **Abtretung *e-es* ~s** assignment of a patent; **älteres ~** earlier *p-*, prior *p-*; **auf ein ~ verzichten** to abandon a *p-*; **bahnbrechendes ~** pioneer *p-*; **das ältere ~** the earlier *p-*; **das jüngere abhängige ~** the subsequent dependent *p-*; **einheitliches ~** unitary *p-*; **ein ~ anmelden** to apply for a *p-*; **ein ~ aufrechterhalten** to maintain a *p-*; **ein ~ erhalten** to take out/obtain a *p-*; **ein ~ erteilen** to issue a *p-*; **ein ~ für nichtig erklären lassen** to nullify a *p-*; **ein ~ nutzen** to exploit a *p-*; **ein ~ verlängern** to extend a *p-*; **ein ~ verletzen** to infringe a *p-*; **ein ~ versagen** to refuse a *p-*; **ein ~ verwerten** to exploit a *p-*; **entgegengehaltenes ~** reference *p-*, cited *p-*; **erloschenes ~** expired *p-*; **gemeinsames ~** joint *p-*; **grundlegendes ~** basic *p-*; **gültiges ~** *p-*

in force, active *p*-, valid *p*-; **jd-em ein ~ erteilen** to grant a *p*- to *s.o.*; **jüngeres ~** subsequent *p*-; **laufendes ~** pending *p*-; **mangelhaftes ~** defective *p*-; **nationales ~** national *p*-; **nebeneinander bestehende ~e** co-existing *p-s*; **nutzloses ~** paper *p*-; **parallel laufendes ~** collateral *p*-; **rechtsgültiges ~** valid *p*-; **regionales ~** regional *p*-; **selbständiges ~** independent *p*-; **streitgegenständliches ~** litigious *p*-; **strittiges ~** disputed (litigious) *p*-; **verbrauchtes ~** *p*- which has become common knowledge, lapsed *p*-; **Übereinkommen über das europäische ~ für den Gemeinsamen Markt** (= **Gemeinschaftspatentübereinkommen**) *EU* Convention on a European *P*- for the Common Market (= Community *P*- Convention); **verfallenes ~** lapsed *p*-.

patent|amtlich *adj* approved by the Patent Office; **~begründend** substantiating a patent claim; **~fähig** patentable; **~ierbar** patentable; **~rechtlich geschützt** patented.

Patentanwalt *m*/**~anwältin** *f* patent agent, patent attorney, patent lawyer; **~sbüro** *n* patent law firm, patent agent's office; **~sgesetz** *n* Patent Agents Act; **~skammer** *f* Chartered Institute of Patent Agents; **~skanzlei** *f* patent agent's office.

Patentierbarkeit *f* patentability.

patentieren *vt* to patent; **~ lassen** to take out a patent, to patent *sth*.

Patentierung *f* the granting of a patent, issue of a patent; **~sverfahren** *n* patent procedure.

Paternalismus *m* paternalism.

Patient *m*/**-in** *f* patient; **~entestament** *n* advance directive, living will (*providing for medical instructions in case of later incapacity*); **~enverfügung** *f* → *~entestament*; **~ in ambulanter Behandlung** out-patient; **~ in stationärer Behandlung** in-patient.

Patron *m*/**-in** *f* patron(ess), sponsor, protector.

Patronat *n* patronage, sponsorship; **~serklärung** *f* letter of awareness, comfort letter; **~sfirma** *f* sponsor (*radio, television*); **~sherr** *m*/**-in** *f* patron, lord of the manor, squire.

Pattsituation *f pol* stalemate, deadlock, cul de sac.

Pausch|besteuerung *f* lump-sum taxation, taxation based on average figures, lump-sum deduction; **~betrag** *m* lump sum, global amount, flat fee; **~~ für Sonderausgaben** standard allowance for special expenditures (*insurance premiums, etc*); **~beträge** *pl* **für Werbungskosten** lump sums for professional expenses; **~festsetzung** *f* global assessment; **~satz** *m* overall rate, lump-sum charge; **~steuer** *f* blanket-rate tax, lump-sum tax; **~vergütung** *f* overall compensation, flat-rate compensation; **~zahlung** *f* lump-sum payment.

pauschal *adj* global, overall, lump-sum, compounded, all-included, all-in.

Pauschal| (*lump sum = l/s, lump-sum = l-s, flat rate = f/r, flat-rate = f-r*) **~abfindung** *f l-s* settlement, *l-s* compensation; **~abgeltung** *f* compounded settlement; **~abrechnung** *f l-s* settlement, *f-r* accounting; **~abschreibung** *f* overall depreciation; **~abzug** *m f-r* deduction, fixed deduction, all-in deduction; **~beitrag** *m f-r* fee, *l-s* contribution; **~besteuerung** *f l-s* taxation, taxation based on average figures; **~betrag** *m l/s*, global sum, blanket amount; **durch Zahlung *e-es* ~~es abgelten** to discharge by a *l-s* payment; **~bezugsvertrag** *m* **zur Bedarfsdeckung** requirement contract; **~deckung** *f* blanket cover; **~delkredere** *n* global del credere, overall provision for contingent losses; **~entgelt** *n l-s* remuneration; **~entlohnung** *f l-s* remuneration; **~entschädigung** *f l-s* compensation; **~fracht** *f l-s* freight, *f-r* freight; **~freibetrag** *m* standard deduction (*tax*), *f-r* exemption; **~gebühr** *f* flat fee; **~genehmigung** *f* blanket *US* license/*GB* licence; **~honorar** *n* flat(-rate) fee, *l-s* payment for professional services; **~leistung** *f f-r* benefit; **~lizenz** *f* bloc license; **~lohn** *m f-r* wage;~ **police** *f* blanket policy; **~prämie** *f* all-inclusive premium, flat(-rate) bonus; **~preis** *m* all-inclusive price; **~regelung** *f f-r* scheme; **~regulierung** *f ins l-s* settlement; **~reise** *f* all-expense tour, package tour; **~~dienste** *m/pl* tourist package services; **~~tourist** *m* package tourist; **~~veranstalter** *m* package tour operator; **~-rückstellungen** *pl* overall provisions; **~satz** *m l-s* rate, blanket rate, overall rate; **~steuer** *f f-r* tax; **~summe** *f l/s*; **~tarif** *m f-r* tariff; **~vergütung** *f* fixed allowance; **~vermächtnis** *n* indefinite legacy; **~versicherung** *f* blanket policy insurance, global insurance; **~~spolice** *f* block policy; **~vertrag** *m l-s* contract, all-inclusive contract, blanket agreement; **~wert** *m* global value, overall value; **~~berichtigung** *f* overall adjustment, general allowance for doubtful accounts; **~zahlung** *f l-s* payment, **~zuwendung** *f l-s* gift; **~zuweisung** *f l-s* appropriation.

Pauschale *f* lump sum, flat charge, standard allowance.

pauschalieren *vt* to express as a round sum, to liquidate in a lump sum.

Pauschalierung *f* consolidation into a lump sum, lump-sum payment, lump-sum distribution; flat rate charge.

Peer *m* peer; ~ **auf Lebenszeit** life peer; **~swürde** *f* peerage.

Pegel *m* level indicator, gauge; **~stand** *m* water mark, water level.

Peitschenschlag (*Schleudertrauma*) *m* whiplash.

pekuniär *adj* pecuniary.

Pendelverkehr *m* shuttle service.

Pendler *m/***-in** *f* commuter; **~einzugsbereich** *m* commuter zone/area; **~verkehr** *m* commuting, commuter traffic.

Pension *f* **I** guest house, lodging house, pension (*on the Continent*), board and lodgings; **~sgast** *m* boarder, lodger.

Pension *f* **II** (retirement) pension (= *p-*), civil pension; **~salter** *n* pensionable age, retirement age, retiring age; **~sanordnungen** *f/pl p-* regulations; **~sanspruch** *m* entitlement to a *p-*; **~sanwartschaft** *f* accrued *p-* rights; right in future *p-* benefits; **unverfallbare** ~~ vested *p-* right; **~sberechtigung** *f p-* right, entitlement to a *p-*, eligibility for a *p-*; **~sbestimmungen** *f/pl p-* provisions; **~sbezüge** *m/pl p-* (payments), retirement benefits; **~sdienstalter** *n* pensionable age; **~sempfänger** *m/***-in** *f* pensioner; **~sergänzungsversicherung** *f* supplementary retirement *p-* insurance; **~sfestsetzungsbehörde** *f* retirement *p-* board; **~sfonds** *m p-* fund, staff *p-* fund, retirement fund, *p-*(s) trust; **~skasse** *f* staff *p-* fund, → *~sfonds*; **betriebliche** ~~ staff *p-* fund, employer's *p-* fund, company's *p-* fund; **gemeinsame** ~~ *p-* pool; **~splan** *m p-* plan, *p-* scheme; **beitragsfreier** ~~ non-contributory *p-* plan; **beitragspflichtiger** ~~ contributory *p-* scheme; **~sordnung** *f p-* regulations; **~srückstellung** *f p-* reserve, provision for *p-s*, *pl p-* provisions; **~ssatz** *m p-* rate; **~s-Sicherungs-Verein** *m D obligatory p-s guarantee corporation*; **~ssystem** *n* → *~splan*; **~sverpflichtung** *f p-* obligation(s); **~sversicherung** *f* old-age *p-* insurance; **~sversprechen** *n* promise to grant a *p-*; **~szusage** *f p-* commitment; **lebenslängliche** ~ life *p-*.

Pension| *f* **III** **~sgeber** *m/***-in** *f* pledgor under a repurchase agreement; **~sgeschäft** *n p-* transaction, *sale of securities subject to repurchase*, repurchase agreement, securities-repurchase pact; securities tender buy back; **~snehmer** *m* pledgee under a repurchase agreement;

~swechsel *m* bill of exchange deposited with a bank as security for a loan.

pension | sberechtigt *adj* pensionable, entitled to a pension, entitled to superannuation, eligible for a pension; **~sfähig** pensionable.

Pensionär *m*/**-in** *f* pensioner.

pensionieren *vt* to pension off; **sich ~ lassen** to retire (on a pension); **wegen Erreichens der Altersgrenze ~** to superannuate.

Pensionierung *f* retirement; **~salter** *n* retiring age, retirement age; **vorgezogene ~** early retirement; **vorzeitige ~** early retirement.

per *prep* through, by, per; **~ Adresse** care of (*abbr* c/o); **~ Saldo** as per balance, on balance; **~ sofort** immediately.

peremptorisch *adj* peremptory, strict, mandatory.

perfektionieren *vt* to perfect, to make perfect/more nearly perfect.

Perfektionismus *m* perfectionism.

Periode *f* period (of time); **~nabgrenzung** *f* allocation to applicable accounting period; delimitation of accounting periods; **~nbilanz** *f* periodic statement; **~nerfolg** *m* balance by accounting period; **~ngewinn** *m* profit in a stated period; **~nkosten** *pl* cost for an accounting period; **~nleistung** *f* quantitative result during an accounting period; **~nrechnung** *f* accounting by definite period.

periodenfremd *adj* not belonging to the accounting period.

periodisch *adj* periodical, at stated periods, regular.

Periodizität *f* periodicity.

peripher *adj* peripheral, on the fringe, on the outskirts.

perpetuatio fori (principle of) continued jurisdiction.

Persilschein *m sl pol* whitewashing certificate.

Person *f* person (= *p-*), *pl Personen* (= *~en*); **~ der Zeitgeschichte** public figure, *p- with limited right to privacy because of public position*; **~enbeförderung** *f* carriage of passengers, passenger transportation; **~~sentgelt** *n* (passenger) fare; **~~sgesetz** *n* Passenger Transport Act (*on streets and roads*); **~~svertrag** *m* passenger (conveyance) contract; **~enbeschreibung** *f* description of wanted *p-s*; **~enfeststellung** *f* identification; **~enfirma** *f* personal firm-name; **~engemeinschaft** *f* association; **~engesamtheit** *f* aggregate of *p-s*; **~engesellschaft** *f* partnership (*general or limited partnership*), firm; **nicht gewerbliche ~~** non-trading partnership; **~engleichheit** *f* identity; **~enhehlerei** *f* shielding of a criminal, concealing a *p-* after the crime, protection of a criminal; **~en-Kautionsversicherung** *f* fidelity bond insurance; **~enkilometer** *m/pl* passenger-kilometres; **~enkonto** *n* personal account; **~enkraftfahrzeug** *n* (*abbr* **PKfz**) motor vehicle for *p-s*; **~enkraftwagen** *m* (*abbr* **PKW**) motor car, (passenger) car; **~enkreis** *m* category of people; circle (of people); **begünstigter ~~** category of beneficiaries; **~enkult** *m* personality cult; **~ennahverkehr** *m* short-distance passenger transport; **~enname** *m* (personal) name; **~enrecht** *n* law concerning *p-s*; **~enrufanlage** *f* staff calling system; **~enschaden** *m* physical injury, personal injury; **~ensorge** *f* legal custody of the child, care and custody (of a child); **~~berechtigte(r)** *f(m)* (*der ~berechtigte*) *p-* having the care and custody of a child, custodial parent; **~~recht** *n* the right of care and custody of a child; **~enstand** *m* → *Personenstand*; **~ensteuer** *f* personal tax; tax imposed on individuals; **~entarif** *m* passenger rates, passenger fares; **~entransport** *m* passenger transport/carriage; **~enüberprüfung** *f* review of personal records; **~en- und Güterverkehr** *m* passenger und goods traffic; **~en- und Sachbeschädigung** *f* personal injury or damage to property; **~enverband** *m* association (of individuals);

~envereinigung *f* association (of individuals); **nichtrechtsfähige ~~** unincorporated society; **~enverkehr** *m* passenger traffic, passenger transport; **freier ~~** freedom of movement for *p-s*; **öffentlicher ~~** public (passenger) transport; **~enversicherung** *f* personal insurance (*life, sickness, and accident insurance*); **~enverzeichnis** *n* register of *p-s*; **~enverwechslung** *f* mistaken identity; **~ mit Auslandswohnsitz** non-resident; **abgängige ~** missing *p-*; **absolute ~** figure of general public interest (*eg politician, whose right to privacy is limited*); **an der ~ haftend** attached to the *p-*, personal; **an die ~ gebunden sein** to subsist in the *p-* (*a right*); **ansässige ~** resident; **anweisungsbefugte ~en** authorizing officers; **arbeitsscheue ~** idle *p-*; **aufzeichnungspflichtige ~** *p-* obliged to keep books; **bedachte ~** *p-* remembered in a will, beneficiary, legatee; **bevollmächtigte ~** authorized *p-*, authorized agent; **bundesgebietsfremde ~en** *p-s* other than residents of Germany; **die ~en *e-es* Landes** the individual inhabitants of a country; **fiktive ~** fictitious *p-*; **für seine ~** in his personal capacity; **geeignete ~** fit *p-*; **geisteskranke ~** *p-* of unsound mind; **im Vertragstaat ansässige ~** resident of a Contracting State; **in der Ausbildung stehende ~** trainee; **in eigener ~** in *p-*, in propria persona; **in ~** in *p-*, personally; **~ ~ erscheinen** to appear in *p-*; **in Haft befindliche ~** *p-* under arrest; **jugendliche ~en** young *p-s*, youths, adolescents; **juristische ~** legal entity, juristic *p-*, juridical *p-*, corporate body; **~ ~ des öffentlichen Rechts** juristic *p-* under public law, public-law corporation, legal entity under public law; **~ ~ des Privatrechts** juristic *p-* governed by private law; **inländische ~ ~** juristic *p-* with domestic *US* center/*GB* centre of activity; **maßgebende ~** the *p-* who matters, the crucial *p-*; **natürliche ~** natural *p-*, physical *p-*, individual; **nicht geschäftsfähige** (*erwachsene*) **~** incapacitated *p-*; **nicht verwandte ~** not-related *p-*; **physische ~** natural *p-*; **rauschgiftsüchtige ~en** drug addicts; **relative ~** figure of public interest for limited period of time (*eg as winner of a lottery, whose right to privacy is also limited during this time*); **repatriierte ~** repatriate; **rückerstattungspflichtige ~** restitutor; **übel beleum(u)ndete ~** *p-* of ill fame; **unbescholtene ~** *p-* of unblemished character; **unerwünschte ~** undesired *p-*; an undesirable alien; **unzuverlässige ~** unreliable *p-*; **verdrängte ~** displaced *p-*; **verschleppte ~** displaced *p-*; kidnapped *p-*; **versicherte ~** insured (*p-*); **von ~ bekannt** of known identity.

personengleich *adj* identical (in person), one and the same person.

persona | grata persona grata (*diplomat*); **~ ingrata** → *persona non grata*; **~ non grata** persona non grata, unwelcome/unacceptable person.

Personal *n* **I** personnel (= *p-*), staff, employees; **~abbau** *m* staff reduction; job cutting; **~abteilung** *f* staff department, *p-* department, *p-* management, staff administration, human resources department; **~akte** *f* personal file, personal dossier, *pl p-* records, employee records; **~~neinsicht** right to inspect one's personal file; **~angelegenheiten** *f p-* matters; **~anmeldung** *f* reporting *p-*; **~anwerber** *m*/**-in** *f* recruiter; **~aufwand** *m* → *~aufwendungen*; **~aufwendungen** *f/pl p-* expense, salaries and wages, employment expense, labo(u)r expense; staff expenditure; **~ausgaben** *f/pl* → *~aufwendungen*; **~bedarf** *m p-* requirements; **~bereich** *m p-* administration; **~beschaffung** *f* recruitment; **~bestand** *m* staff, total of persons employed; **~~ der Mis-**

sion (*diplomacy*) size of the mission; **~beurteilung** *f p-* merit rating; **~buch** *n* staff book; **~~haltung** *f p-* accounting; **~büro** *n p-* office; **~chef** *m*/**-in** *f p-* director, *p-* manager, staff manager; **~einsparung** *f p-* cut, staff savings; **~fragebogen** *m* preliminary application form, questionnaire; **~freisetzung** *f p-* lay off; **~führung** *f p-* management; **~fürsorgefonds** *m* staff provident fund; **~gemeinkosten** *pl* employment overhead costs; **~gutachterausschuss** *m* service appointment advisory committee, *consultation committee for high ranking military appointments*; **~hoheit** *f* ultimate jurisdiction for appointments, power to appoint and dismiss staff; **~ im Außendienst** field staff; **~kartei** *f p-* card file; **~knappheit** *f* staff shortage, manpower shortage; **~kosten** *pl p-* expense, labo(u)r costs; **anteilige ~~** pro rata labo(u)r costs; **~mangel** *m* → *~knappheit*; **~nebenkosten** *pl* incidental *p-* cost (*social insurance, etc*); **~ordnung** *f* staff regulations; **~planung** *f p-* planning, manpower planning; **~politik** *f* employment policy; **~prinzip** *n* principle of staff policy; **~rat** *m* staff council (*of a public authority*); **~sachbearbeiter** *m*/**-in** *f p-* officer, staff manager; **~stand** *m* number of persons employed; **~statut** *n* staff regulations; **~umbesetzung** *f* switch in *p-*, a reshuffle; **~union** *f* personal union, identity of membership; **~versammlung** *f* staff meeting; **~vertretung** *f* staff representation (*in public authorities*), *p-* committee; **~~sgesetz** *n* Staff Representation (*in public service*) Act; **~~ssachen** staff representation proceedings; **~verwaltung** *f p-* administration, staff management; **~wesen** *n p-* management; **bautechnisches ~** building-engineering *p-*; **das erforderliche ~** the staff required; **leitendes ~** managerial staff, senior staff.

Personal| **II** (*personal = p-*) **~adelsstand** *m* life peerage; **~angaben** *f/pl p-* data; **~ausweis** *m* identity card, certificate of identification, *pl* identity papers, **~~ für Ausländer** alien's identity card, **behelfsmäßiger ~~** provisional identity card; **~beschreibung** *f p-* particulars, description; **~bogen** *m p-* record sheet; **~geschäft** *n* independent firm, firm in a *p-* name; **~gesellschaft** *f* partnership (*general or limited partnership*), firm; **nicht gewerbliche ~~** non-trading partnership; **~haft** *f p-* arrest, detention; **~handelsgesellschaft** *f* (business) partnership; **~hoheit** *f p-* sovereignty; **~konzession** *f US* license/*GB* licence granted to a named individual; **~kredit** *m p-* loan, *p-* credit (agreement); loan on *p-* security, fiduciary loan; **~~abteilung** *p-* loan department; **~papiere** *n/pl* identification documents; **~sicherheiten** *f/pl p-* securities; **~statut** *n pil* the law applicable to the person, *p-* statute; **~steuer** *f p-* tax.

Personalien *f/pl* personal data; **jd-es ~ feststellen** to establish a person's identity.

Personenstand *m* (a person's) legal status, personal status; **~sänderung** *f* change of personal status (*eg by marriage, divorce, adoption, etc*); **~sangelegenheit** *f* a matter concerning one's personal status (*registrar of births, deaths, and marriages*); **~sbücher** *n/pl* registers of births, deaths, and marriages; **~sfälschung** *f* fraudulent alteration of a person's legal status **~sgesetz** *n* Law on Personal Status (*registration of births, marriages, and deaths*); **~sklage** *f* action concerning personal status; **~srecht** *n* law of personal status, **~sregister** *n* personal register, register of births, marriages, and deaths; **~surkunden** *f/pl* personal registration certificates; **~swesen** *n* matters of personal status.

Personifikation *f* impersonation.
personifizieren *vt* to impersonate, to personify, to imitate.
persönlich *adj* personal, private; *adv* personally, in person, in personam, in propria persona.
Persönlichkeit *f* personality (= *p*-); **~sentfaltung** *f* development of *p*-; **freie ~~** free development of one's *p*-, pursuit of happiness; **~smangel** *m p*- defect; **~srecht** *n* right of *p*-, personal rights, *right to protection of one's individual sphere of life* (*privacy, name, etc*); **~sschutz** *m* legal protection of *p*-; **~sspaltung** *f* split *p*-; **~suntersuchung** *f* inquiry into *s.o.*'s *p*-; **~sverletzung** *f* violation of personal rights, violation of one's individual sphere; **~swahl** *f* election of an individual candidate, direct election of candidates, first-past-the-post election, election of one candidate per constituency; **~swandlung** *f* change of *p*-.
Petent *m*/**-in** *f* petitioner, suppliant.
Petersberger Erklärung *f EU* Petersberg Declaration (*defense agreement*).
Petition *f* petition; **~sausschuss** *m* committee on public petitions; **~srecht** *n* right of petition.
Petitum *n* demand, request, petition, prayer for relief (*remedy*).
Petschaft *f* (= *Stempel zum Siegeln*) signet, seal.
Pfalzgrafschaft *f* county palatine, palatinate.
Pfand *n* pawn, pledge, security, collateral, the pledged item, **~abstand** *m* return unsatisfied, certificate of nulla bona; **~~sbescheinigung** *f* → *Pfandabstand*; **~~serklärung** *f* → *Pfandabstand*; **~auslösungsrecht** *n* right to redeem a pledge, equity of redemption (*mortgage*); **~besitzer** *m*/**-in** *f* pawnee, pledgee, holder of a pledge; **~besteller** *m*/**-in** *f* pledgor, pawnor; **~bestellung** *f* pledging, pawning; **~~surkunde** *f* certificate of pledge; **~brief** *m* → *Pfandbrief*; **~bruch** *m* interference with attachment; *unlawful destruction or conversion of property under distress or judicial execution*; **~buch** *n* register of charges; **~einlösung** *f* redemption of a pledge, taking out of pawn; **~depot** *n* pledged securities deposit; **~entstrickung** *f* release of pawn, release from a lien; **~erstreckung** *f* extension of a lien; **~~sklausel** after-acquired clause; **~forderung** *f* debt secured by pledge, mortgage claim; **~freigabe** *f* release from pledge, restoration of goods taken in distraint, release from lien, release from mortgage restrictions; **~geber** *m*/**-in** *f* pledgor, pawnor; **~gegenstand** *m* pledged object, pledged item, mortgaged property; **~geld** *n* money advanced under a pledge; **~gläubiger** *m*/**-in** *f* pledgee, pawnee, lienor, lienholder; **~gut** *n* pledged property; **~haft** *f* attachment; **~halter** *m*/**-in** *f* pawnee, pledgee; **~haus** *n* pawnshop; **~hinterlegung** *f* delivery as a pawn, deposit of pledged item; **~indossament** *n* pledge endorsement; **~inhaber** *m* holder of a pledge, pawnee, bailee; **~kehr** *f* unlawful recovery of pledged goods; **~leihanstalt** *f* pawnshop, loan office; **~leihe** *f* pawnbroking; **~leiher** *m*/**-in** *f* pawnbroker **~leihhaus** *n* pawnshop; **~lokal** *n* storage place for distrained goods; **~missbrauch** *m* fraudulent use of a pawn; **~nehmer** *m* pledgee, holder of pledged property, pawnee; **~objekt** *n* pledged article, pledged property; **~recht** *n* → *Pfandrecht*; **~sache** *f* pledged property; **~schein** *m* pawn-ticket, pawn-receipt; **~schuldner** *m*/**-in** *f* pledgor, pawnor; **~siegel** *n* bailiff's stamp; **~stück** *n* pledged article, pawn; **~unterschlagung** *f* conversion of a pledge to own use; **~urkunde** *f* certificate of pledge, letter of lien, letter of hypothecation; **~veräußerung** *f* disposal of pledged property; **~verfall** *m* forfeiture of pledged property, foreclosure; **~~skündigung** *f* notice of

foreclosure; **~~serklärung** *f* foreclosure order; **~~sverfahren** *n* foreclosure proceedings; **~verkauf** *m* distress sale, foreclosure sale, sale of pledged property; **~vermittler** *m*/**-in** *f* pawnbroker; **~verschleppung** *f* unlawful removal of pledged property; **~versteigerung** *f* auction of distrained/pledged goods; **~verstrickung** *f* attachment under a lien; **~vertrag** *m* contract of pledge, contract of lien; **~verwahrung** *f* custody of pledged goods; **~verwertung** *f* realization of a pledge, realization of goods taken in execution, realization of distrained goods; ***e-e*** **~~ vornehmen** to enforce a lien; **freihändiges ~~srecht** power to sell; **~verwirkung** *f* forfeiture of pledged property; **als ~ besitzen** to have a lien over *sth*, to hold in pledge; **als ~ nehmen** to take in pledge, to take in pawn; **ein ~ auslösen** to redeem a pawn; **ein ~ einlösen** to redeem a pawn, to take out of pledge; **verfallenes ~** forfeited pledge; **zum ~e geben** to pawn, to pledge (*as collateral security*), to hock, to mortgage.

pfändbar *adj* leviable, distrainable, subject to execution, non-exempt (from execution), attachable.

Pfändbarkeit *f* attachability, liability to distress/execution.

Pfandbrief *m* mortgage bond, mortgage-bank bond; **~agio** *n* mortgage bond discount; **~anleihe** *f* mortgage bond issue; **~anstalt** *f* mortgage bank; **~ausstattung** *f* mortgage bond terms; **~darlehen** *n* loans secured by mortgage collateral; **~gläubiger** *m*/**-in** *f* mortgage bond holder; **~hypothek** *f* mortgage serving as collateral for mortgage bonds; **~inhaber** *m* mortgage bond holder; **~umlauf** *m* mortgage bonds outstanding.

pfänden *vt* to levy (execution upon), to distrain (upon goods), to attach (a debt), to seize goods under distress; **bei jd-en ~ lassen** to levy execution against *s.o.*

Pfandrecht *n* lien, lien in rem, right of lien; **~ an beweglichen Sachen** chattel mortgage; **~ an *e-er* Sache** lien over an item; **~ des Frachtführers** carrier's lien; **~ des Gastwirts** innkeeper's lien; **~ des Vermieters** landlord's lien; **älteres ~** senior lien; **besitzloses ~** non-possessory lien; **gesetzliches ~** lien by operation of law, statutory lien; **gesetzlich vermutetes ~** implied lien; **gewillkürtes ~** conventional lien; **gleichrangige ~e** concurrent liens; **kaufmännisches ~** mercantile lien; **nachrangiges ~** junior lien; **rechtsgeschäftliches ~** conventional lien, pledge; **sich aus *e-em* ~ befriedigen** to obtain satisfaction from a lien.

Pfändung *f* levy of execution, distress, levy of distress, distraint; **~ der Früchte auf dem Halm** seizure of unharvested crops by way of execution; **~sanordnung** *f* writ of fieri facias (*abbr* fi.fa.); order of attachment, distraint order, judgment execution; **~sanzeige** *f* notice of execution; **~sauftrag** *m* writ of execution, warrant of execution; **~sbericht** *m report of bailiff concerning his levy of execution*, fieri feci, return of writs; **~sbeschränkungen** *f/pl* restrictions on execution, exemptions from execution; **~sfreigrenze** *f* limit of exemption from execution (*necessities of life, etc*); **~sgebühr** *f* bailiff's fee for execution; **~sgläubiger** *m*/**-in** *f* attaching creditor, judgment creditor (*during execution upon a debtor's property*); **~sgrenze** *f* maximum limit for executions; **~spfandrecht** *n* execution lien, lien by attachment; **~sprotokoll** *n* bailiff's return/record (*of the levying of an execution*), fieri feci; **~sschuldner** *m*/**-in** *f* debtor under a levy of execution, distrainee; **~sschutz** *m* exemption from distraint, exemption (*of debtor's property or income*) from execution; **~s- und Überweisungsbeschluss** *m* garnishment order, order of attachment and transfer of garnished claim; **~sverfügung** *f* garnishee order (*from tax office*); **~sversuch** *m* **erfolglos** no goods, nulla bona; **~ und Überweisung von Forderungen** garnishment, attachment and (judicial) transfer of garnished claims; **die ~ aufheben** to lift the seizure; **fruchtlose ~** nulla bona, unproductive levy of execution.

pfandweise *adv* by way of pledge.

Pflanzen|gesundheitszeugnis *n* phytosanitary certificate; **~patent** *n* plant patent; **~schutz** *m* plant protection, protection of natural flora; **~~bestimmungen** *pl* plant-health provisions; **~~mittel** *n* pesticide, pest control agent; **~~-Organisation für Europa und den Mittelmeerraum** European and Mediterranean Plant Protection Organization; **~~-recht** *n* plant protection law; **~~-warte** *f* plant protection station; **~sorten** *pl* **und Tierarten** plant and animal varieties; **~züchtung** *f* plant breeding.

pflanzenschutzlich adj phytopathological.

Pflege *f* care, nursing, maintenance, cultivation; **~ des Exports** promotion of exports; **~anstalt** *f* nursing home; **~bedürftige(r)** *f(m)* (*der ~bedürftige*) person needing care and attention; **~befohlene(r)** *f(m)* (*der ~befohlene*) protected person, charge, ward; **~eltern** *pl* foster parents; **~entschädigung** *f* care allowance; **~erlaubnis** *f* permission to take over the care and custody of a person; **~fall** *m* case requiring nursing; **~~versicherung** *f* insurance to cover long-term at-home/nursing home care; **~geld** *n* nursing fee, allowance for nursing attendance; **~heim** *n* nursing home; **~kind** *n* foster child; **~einrichtung** *f* nursing home, care institution; **~~erwesen** *n* matters concerning foster children; **~~schaftsverhältnis** *n* foster relationship, fostering; **~kasse** *f ins* company offering insurance for nursing care; **~kosten** *pl* nursing charges, expenses of nursing; **~leistung** *f* nursing service; **~mutter** *f* foster mother; **~satz** *m* hospitalization cost rate (*per day and patient*), daily cost of maintenance in home for the aged; **~stufe** *f* degree of nursing care needed (*for the disabled, aged*); **~vater** *m* foster father; **~versicherung** *ins* policy to cover costs of nursing care, nursing-care insurance; **~vertrag** *m* care contract; **~zulage** *f* additional nursing allowance; **häusliche ~** nursing at home; **stationäre ~** hospital care.

pflegeleicht *adj* easy to clean, easy to look after.

Pfleger *m*/**-in** *f* curator, temporary guardian, ward custodian; male nurse (*hospital, etc*).

pfleglich *adj* careful, circumspect.

Pflegling *m* ward, person subject to wardship.

Pflegschaft *f* curatorship, tutelage, trusteeship, wardship; **~sbestellung** *f* wardship order; **~smasse** *f* estate under curatorship; **~ssachen** *pl* curatorship/wardship cases; **befreite ~** exempted wardship.

Pflicht *f* duty, obligation; **~aktie** *f* qualifying share; **~altersversorgung** *f* compulsory old-age pension scheme; **~angaben** *pl* required disclosures; **~auffassung** *f* sense of duty; **~aufgaben** *f/pl* absolute obligations, unavoidable duties, legally required functions; **~beitrag** *m* compulsory contribution; **~bekanntmachung** *f* obligatory announcement; obligatory stock exchange notice; **~besuch** *m* compulsory attendance; **~blatt** *n* official journal for notices; proper journal for obligatory announcements (*of a company, etc*); **~einlage** *f* compulsory contribution (*to capital of a firm or company*); **~enabwägung** *f* the weighing of conflicting duties; **~en des Treuhänders** fiduciary duties; **~enheft** *n* duties record book, software specifications; **~en im eigenen Wirkungskreis** original duties (*local authorities*); **~enkollision** *f* conflict of duties, clash of responsibilities; **~en und Rechte** rights and obligations; **~erfüllung** *f* discharge of obligation, fulfil(l)ment of one's duty, performance of one's duty; **~exemplar** *n* statutory copy, presentation copy, **~~recht** *n* copyright privilege; **~fach** *n* compulsory subject (*educational institution*); **Wahl~~** *n* required elective (*course required but student can select it from offered list*); **~feuerwehr** *f* compulsory fire service; **~grenze** *f* limit of one's duty, compulsory contribution limit; **~lager** *n* compulsory stock; **~leistung** *f* standard insurance benefit; **~mitglied** *n* compulsory member; **~~schaft** *f* compulsory membership; **~notstandsreserven** *f/pl* emergency reserve commitment (*oil*); **~prüfung** *f* compulsory examination (*of insurance companies*); **~quote** *f* compulsory quota; **~reserven** *f/pl* required reserves, statutory reserves, minimum reserves; **~sozialbeiträge** *m/pl* compulsory social welfare contributions; **~stunden** *f/pl* prescribed (number of) lessons; **~teil** *m* → *Pflichtteil*; **~treue** *f* loyality, faithful observance of one's duties; **~übung** *f* compulsory course (*at university*); **~untersuchung** *f* obligatory medical examination (*insurance*); **~verbände** *m/pl* associations with compulsory membership; **~vergessenheit** *f* dereliction of duty, neglect of one's duty; **~verletzung** *f* neglect of one's duty, breach of duty, failure to comply with one's duties, misfeasance; **fortgesetzte ~~** continued breach of duty; **grobe ~~** gross breach of duty, gross neglect of duty; **~versäumnis** *f* neglect of duty, dereliction of duty, shortcoming, default; **~versicherung** *f* compulsory insurance (scheme), obligatory insurance, statutory insurance; **soziale ~~en** obligatory social insurance institutions; **~verstoß** *m* violation of duty; **~verteidiger** *m*/**-in** *f* *US* public defender; *US* court-appointed defense/*GB* defence counsel, court-appointed counsel, assigned counsel; ***e-en*** **~~ beiordnen** to assign counsel for the defense; ***e-en*** **~~ bestimmen** to designate a counsel for the defense; **~verteidigung** *f* court-assigned defense; **~vorlesung** *f* compulsory lecture, non-optional lecture; **~widrigkeit** *f* violation of duty, breach of duty; **~ zum Handeln** positive duty; **~ zur Abrechnung** obligation to render account; **~ zur Hilfeleistung** duty to assist (*emergency*); **~ zur vorherigen Unterrichtung** *EU* obligation to provide prior information; **~ zur Vorlage von Urkunden** obligation to present documents; **aus ~ handeln** to act out of a sense of duty; **ausdrückliche ~** express obligation; **bedingte ~** conditional obligation; **die sich aus seinem Amt ergebenden ~en** obligations arising from one's office; **eheliche ~** conjugal duty, marital duty; **gesetzliche ~** legal obligation, statutory duty; **nicht zwingend vorgeschriebene ~** nonprescribed duty, noncompulsory duty; **primäre ~** primary obligation; **privatrechtliche ~** private law duty; **seine ~ ausüben** to do one's duty, to discharge one's duty; **seine ~ erfüllen** to fulfil(l) one's duty, to do one's duty; **seine ~ verletzen** to fail in one's duty, to neglect one's duty; **seine ~en vernachlässigen** to be remiss in one's duties; **sittliche ~** moral obligation, natural obligation; **stillschweigende ~** implied obligation; **unvollkommene ~** imperfect duty; **vertragliche ~** contractual obligation, obligation under a contract; **vollkommene ~** perfect duty; **vorrangige ~** overriding duty; **zwingende ~** absolute obligation, compulsion.

pflicht|bewusst *adj* dutiful, having a sense of duty; **~gemäß** dutiful; *adv* in accordance with one's duty, dutifully; **~mäßig** obligatory, compulsory; **~schuldig** dutiful; **~vergessen** neglectful of one's duty; **~widrig** contrary to one's duty, in breach of one's duty, undutiful, disloyal.

pflichtig *adj* due, to be bound, to be under an obligation (to), to be committed (to).

Pflichtige(r) *f(m)* (*der Pflichtige*) obligated person, obligor, debtor, person under a duty.

Pflichtigkeit *f* obligation, commitment.

Pflichtteil *m* forced share, compulsory portion (*money compensation in lieu of inheritance for disinherited descendants, parents or spouse*); **~sanspruch** *m* entitlement to a compulsory portion; **~sberechtigte(r)** *f(m)* (*der ~sberechtigte*) person entitled to a compulsory portion; **~sergänzung** *f* augmentation of the compulsory portion; **~~sanspruch** *m* right to augmentation of compulsory portion (*in view of testator's donations*); **~sentziehung** *f* deprivation of the right to compulsory portion; **~slast** *f* burden of (having to pay) compulsory portion; **~srecht** *n* right to a compulsory portion.

Pflücker *m*/**-in** *f* picker.

Pflug|genossenschaft *f* ploughing pool, agricultural cooperative; **~recht** *n* right of *US* plowman/*GB* ploughman to encroach upon adjoining land.

Pfründe *f* sinecure, *eccl* benefice, prebend; **~nbesetzungsrecht** *n* right of patronage; **~nrecht** *n* right to a benefice; **~nstiftung** *f* endowment, **~nverleihungsrecht** *n* patronage.

Pfund *n* (metric) pound; pound sterling.

Phantasie|firma fantasy firm name, *name of firm with no reference to owner's name, company purpose, etc*; **~wort** *n* fantasy word (*trade marks*), imaginary word, made-up word.

Phantombild *n* identikit picture.

Photogrammetrie *f* photogrammetry, photographic surveying.

Pier *m* pier, jetty; **~geld** *n* pierage.

Pilotvorhaben *n* pilot project.

Pirat *m*/**-in** *f* pirate.

Piratensender *m* pirate radio station.

Piraterie *f* piracy; **Domainnamen-~** *f IT* illegal use of domain name.

Placet *n* assent, approval; placet (*vote of assent in church or university assembly*).

plädieren *vi* to plead, to address the court, to sum up.

Plädieren *n* pleading, summing-up.

Plädoyer *n* oral pleading, argument of counsel, address by counsel, pleading; **~ des Staatsanwalts** prosecution's speech; **mit dem ~ beginnen** to open the pleadings; **Reihenfolge der ~s** order of speeches; **sein ~ als Verteidiger halten** to address the court for the *US* defense/*GB* defence.

Plafond *m* ceiling, limit, line; **~-Liberalisierung** limited liberalisation.

plafondieren *vt* to impose a limit.

Plagiat *n* plagiarism, literary piracy; **ein ~ begehen** to commit plagiarism, to lift, to copy.

Plagiator *m*/**-in** *f* plagiarist, plagiarizer.

plagiieren *vi* to plagiarize.

Plakat *n* poster, placard, broad sheet; **~ankleben verboten** post no bills; **~anschlag** *m* bill-posting, placard; **~-säule** *f* advertisement pillar; **~träger** *m*/**-in** *f* sandwich man; **~wand** *f* hoarding, billboard; **~werbung** *f* poster advertizing.

Plakette *f* badge, medal.

Plan *m* plan; schedule; scheme; map; **~änderung** *f* modification of a plan; **~ansatz** *m* planned appropriation, budget estimate; **~aufstellung** *f* drawing up of plans, establishing a plan; **~defizit** *n* estimated deficit, budget deficit; **~durchführung** *f* implementation of plan; **~erfüllung** *f* fulfil(l)ment of production targets; **~feststellung** *f* project approval (*public* *works), official determination and approval of a plan for public works projects (highways, canals airports, etc)*; **~~s-verfahren** *n* public works planning procedure, project-determination procedure; **~kostenrechnung** *f* budget accounting, standard costing; **~pause** *f* blueprint; **~quadrat** *n* grid square, **~rechnung** *f* estimate; **~satz** *m* set of planning documents; **~soll** *n* plan target; **~spiel** *n* management business game, planning game; **~-stelle** *f* established post; **~wirtschaft** *f* planned economy, controlled economy; **~wirtschaftler** *m/***-in** *f* advocate of planned economy; **~zeichen** *n* plan notation; **~ziel** *n* planned output, production objective, target, *pl* objectives of the plan; **rechtsverbindlicher** ~ legally binding plan; **totgeborener** ~ dead-on-arrival plan, useless/hopeless plan from the start, a non-starter.

planmäßig *adj* according to plan, as planned, as scheduled.

Planung *f* planning (= *p*-); ~ **der gegenständlichen Umwelt** physical *p*-; **~sabteilung** *f p*- department; **~samt** *n p*- department; **~sansatz** *n p*- approach; **~sausschuss** *m p*- committee; **~sbehörde** *f p*- authority; **~sbereich** *m p*- sector; **~sermessen** *n* discretionary *p*- power; **~sfehler** *m* design defect; **~sgebiet** *n p*- area; **~sgebot** *n* (mandatory) requirement to submit a (development) plan; **~shoheit** *f p*- competence; **~sinstanz** *f p*- authority; **~skosten** *pl* costs of *p*-; **~srecht** *n p*- law; **~ssoll** *n* target; **~sstab** *m EU* Planning Cell; **~sstelle** *f p*-agency; **~sträger** *m/***-in** *f p*-agency; **~sverband** *m* association for *p*- purposes, *p*- group; **~svorschriften** *f/pl p*- regulations; **langfristige** ~ long-term *p*-; **regionale** ~ regional *p*-; **staatliche** ~ state *p*-; **städtebauliche** ~ town *p*-; **volkswirtschaftliche** ~ economic *p*-.

Plattenbau *m* concrete slab building.

Platz|akzept *n* local acceptance; **~anweiser** *m/***-in** *f* usher; **~bedarf** *m* space requirement; **~bedingungen** *f/pl* local terms, *mar* berth terms; **~gebrauch** *m* local trade usage; *pl* **~gebräuche** local trade rules; **~geschäft** *n* spot contract, local transaction; **~handel** *m* local trade, spot business; **~karte** *f* reserved seat ticket; **~kauf** *m* local purchase, spot purchase; **~kurs** *m* spot-market price, spot rate; **~makler** *m/***-in** *f* spot broker **~reservierung** *f* booking, reservation of seats; **~scheck** *m* local *US* check/*GB* cheque, locally drawn check; *check payable at the place where drawn*; **~übertragung** *f* local transfer; **~usance** *f* local usage, local practice; *pl* local trade rules; **~veränderung** *f* change of location; removal (*of insured objects*); **~verkauf** *m* sale on the spot; **~vertreter** *m/***-in** *f* local agent, town traveller; **~wechsel** *m* local bill, town bill, *US* bill of exchange (*payable at place of issue*).

plausibel *adj* plausible, arguable.

Plausibilität *f* plausibility, arguability; **~skontrolle** *f* (*von gespeicherten Daten*) validity check;

Plazet *n* assent, approval; placet (*vote of assent in church or university assembly*).

platzierbar *ajd* placeable; **nicht** ~ unplaceable.

platzieren *vt* to place, to position, to seat.

Platzierung *f* placing, placement; **~sfähigkeit** *f* ability to place securities; **~geschäft** *n* security-placing business; **~skonsortium** *n* selling group, selling syndicate; distributing syndicate; **~kurs** *m* placing price.

Plebiszit *n* plebiscite.

pleite *adj* broke, bankrupt.

Pleite *f* smash, bust, failure, bankruptcy, *sl* flop; **~firma** *f* bust firm; **~geier** *m* threat of bankruptcy; **~welle** *f* wave of bankruptcies, spate of bankruptcies.

Plenar|ausschuss *m* plenary committee; **~entscheidung** *f* plenary decision, per totam curiam, decision by the full court; **~saal** *m* plenary hall, main assembly hall, full session hall, floor of the House; **~sitzung** *f* full session, trial at bar, plenary court, plenary session; **~~ des Gerichts** sitting in banc, session in pleno; **~tagungen** *f/pl* plenary sessions; **~versammlung** *f* plenary assembly, plenary meeting.

Plenum *n* plenary sitting/session, full session, full court, plenum; **~sdiskussion** *f* floor discussion.

Plombe *f* lead seal, metal seal.

plombieren *vt* to seal (*container, wagon, etc*).

Plombierung *f* (official) sealing.

Plünderer *m/***-in** *f* looter, pillager, marauder.

plündern *vt/vi* to plunder, to loot, to maraud, to pillage, to rifle.

Plünderung *f* pilferage, looting, pillage, plundering, spoliation, rapine; **kriegsrechtliche** ~ spoliation.

Pluralismus *m pol* pluralism.

plus *adv* plus; ~ **minus Null** nil either way.

Plus *n* plus, surplus, advantage, increase, rise, upward movement. **~korrektur** *f* upward adjustment.

Plutokratie *f* plutocracy.

Pockenschutzimpfung *f* smallpox vaccination.

Podium *n* platform; **~sdiskussion** *f* panel discussion.

Polemik *f* sharp dispute, polemics, bitter controversy.

polemisch *adj* polemic, argumentative.

polemisieren *vi* to engage in polemics.

Police *f* (insurance) policy; **~nausfertigung** *f* original policy, issue of policy; **~ndarlehen** *n* loan against policy/policies; **~nformular** *n* blank policy; **~ninhaber** *m/***-in** *f* policy holder, policy owner; **~nregister** *n* policy book; ~ **ohne Nachschusspflicht** *f* non-assessable policy; ~ **ohne Wertangabe** unvalued policy, open policy; ~ **ohne Zurückweisungsrecht** indisputable policy; ~ **über** ***e-e*** **Überlebensversicherung** joint life policy; **abgelaufene** ~ expired policy; **befristete** ~ term insurance (policy); **beitragsfreie** ~ free policy; **laufende** ~ open policy, floating policy; **nicht eingelöste** ~ policy not taken up; uncashed policy; **nicht gewinnberechtigte** ~ without profits policy, non-participating policy; **offene** ~ open policy, floating policy; **prämienfreie** ~ free policy, paid-up policy; **prolongierte** ~ extended policy; **rückdatierte** ~ backdated policy; **taxierte** ~ valued policy; **unwiderruflich gewordene** ~ incontestable policy.

Poliklinik *f* policlinic, outpatient department (*local hospital*).

Politechnikum *n* technical college, technical high school.

Politesse *f* traffic warden.

Politik *f* politics; policy (= *p*-); ~ **auf weite Sicht** long-range *p*-; ~ **der Einkommensbegrenzung** (the) pay restraint *p*-; ~ **der guten Nachbarschaft** good-neighbo(u)r *p*-; ~ **der Mitte** *p*- of the middle road; ~ **der offenen Tür** open-door *p*-; ~ **der Versöhnung** *p*- of conciliation; ~ **des Abwartens** wait-and-see *p*-; ~ **des billigen Geldes** *p*- of cheap money; ~ **des knappen Geldes** *p*- of tight money; ~ **des teuren Geldes** tight-money *p*-; **~wissenschaft** *f* political science; **auswärtige** ~ foreign *p*-; ***e-e*** ~ **aktivieren** to revive a *p*-; **gemeinsame** ~ common *p*-; **internationale** ~ international politics.

Politikaster *m* armchair politician, coffeehouse politician.

Politiker *m/***-in** *f* politician; ~ **im Ruhestand** elder statesman; **käuflicher** ~ venal politician, corrupt politician.

Politikum *n* political issue, matter of politics, political affair.

politisch *adj* political.

Polizei *f* police (= *p-*), police force, police service, police station; **~aktion** *f p-* operation, *p-* raid; **~amt** *n* police office; **Europäisches ~~** *EU* (*abbr* **Europol**) European Police Office (*abbr* Europol); **~anordnung** *f p-* order; **~aufgaben** *pl p-* functions; **~~gesetz** *n P-* Functions Act; **~aufgebot** *n p-* detachment, contingent of *p-*; **~aufsicht** *f p-* surveillance; **~ausrüstung** *f p-* equipment; **~auto** *n* patrol car; **~beamter** *m*/**~beamtin** *f p-* officer, constable; **~behörde** *f p-* authority; **~bericht** *m p-* report; **~bezirk** *m* precinct; **~dienst** *m p-* service; **~~kräfte** *pl p-* force, members of the *p-*; **~~stelle** *f p-* office, *p-* station; **~einsatz** *m p-* operation, *p-* raid; **~eskorte** *f p-* escort; **~exzess** *m* outrageous behavio(u)r by the *p-*; **~fahrzeug** *n p-* vehicle; **~falle** *f* plant, *p-* trap, sting; **~funk** *m p-* radio (network); **~funktionen** *pl p-* functions; **Ausübung von ~~** policing; **~gefängnis** *n p-* prison, *p-* cell, slammer; **~gewahrsam** *m p-* custody, *p-* detention; **~gewalt** *f p-* power; **~haft** *f p-* custody; **~hund** *m p-* dog; **~knüppel** *m* (*p- officer's*) truncheon, *US* night stick, club, billy club; **~kommissar** *m*/**-in** *f p-* superintendent; **~kordon** *m p-* cordon; **~kräfte** *pl p-* officers, *p-* force; **~melder** *m p-* alarm, *p-* box; **~organisationsgesetz** *n P-* Organization Act; **~posten** *m p-* picket, *p-* guard; **~präsident** *m*/**-in** *f p-* chief, head of the *p-* department; **~präsidium** *n p-* headquarters; **~rat** *m*/**~rätin** *f* senior *p-* official; **~recht** *n p-* law; **~revier** *n p-* district, *p-* precinct; *p-* station; **~richter** *m*/**-in** *f p-* justice, magistrate; **~schule** *f p-* training school; **~schüler** *m*/**-in** *f p-* cadet; **~schutz** *m p-* protection; **~spitzel** *m p-* informer, spotter, plant, *p-* spy, stool pidgeon; **~staat** *m p-* state; **~stelle** *f p-* station, *p-* force; **Europäische ~~** (*abbr* **EUROPOL**) European *P-* Force; **~stock** *m* club; **~streife** *f p-* patrol; **~stunde** *f* closing hours (*for public houses, bars, etc*), statutory closing time; **~truppe** *f* constabulary; **~verfügung** *f p-* order; **~verordnung** *f p-* ordinance; **~verwahrung** *f p-* detention; **~verwaltung** *f p-* administration; **~~sgesetz** *n P-* Administration Act; **~verwendung** *f* employment of the *p-*, *p-* operations; **~-V-Mann** *m* undercover police officer; **~vollzugsbeamter** *m*/**~beamtin** *f p-* officer, law enforcement officer; **~wache** *f p-* station; **~wachtmeister** *m*/**-in** *f p-* sergeant; **~wesen** *n p-* system, *p-* matters; **~widrigkeit** *f* infringement of *p-* regulations; **~zwang** *m* compulsion by the *p-*; **politische ~** political *p-*; **sich der ~ stellen** to surrender to the *p-*, to give *o.s.* up to the *p-*; **von der ~ festgenommen werden** to be arrested by the *p-*, to be pulled in by the *p-*; **von der ~ verhört werden** to be questioned by the *p-*; **von der ~ vernommen werden** to be questioned by the *p-*.

polizeilich *adj* police, of the police, by the police.

Polizist *m*/**-in** *f* policeman/policewoman, police officer, patrolman/patrolwoman, *US sl* cop; **~ in Zivil** plain-clothes policeman.

Poly|andrie *f* polyandry; **~gamie** *f* polygamy, plural marriage; **~graph** *m* polygraph, lie detector; **~pol** *n* polypol; **~zentrismus** *m* policy of regionalism, polycentrism.

pönalisieren *vt* to penalize, penalizing.

Pool *m* pool; **~bildung** *f* pooling; **~vertrag** *m* pooling agreement.

Popularklage *f* taxpayer's suit, relator action; **~verfahren** *n* procedure in a taxpayer's suit, taxpayer's proceedings.

Pornographie *f* pornography.

pornographisch *adj* pornographic, obscene.

Portefeuille *n* portfolio (= *p-*); **~-Effekten** *pl p-* securities; **~-**

Eintritt *m* taking up the *p-*; **~Prämienreserve** *f p-* premium reserve; **~-Rückzug** *m* withdrawal of *p-*; **~-Überweisung** *f* transfer of *p-* securities; **~versicherung** *f p-* insurance; **~wechsel** *m p-* bill; **~umschichtung** *f p-* switching.

Porto *n* postage; **~ablösung** *f* settling of postal charges by block payment; **~buch** *n* postage book; **~erhöhung** *f* raising of postal rates; **~freiheit** *f* exemption from postage, free post; **~gebühren** *pl* postage/postal rates; **~hinterziehung** *f* defrauding postage, non-payment of postage due; **~kasse** *f* petty cash, petty-cash box, imprest fund; **~spesen** *pl* postage expenses; **~ und Verpackung** postage and packing; **~vergütung** *f* refunding of postage; **~zuschlag** *m* extra postage.

porto|frei *adj* postage-free, exempt from postage; **~pflichtig** liable to postage.

Position *f* position, item, heading; **~en des Zolltarifs** headings in the customs tariff; **~sauflösung** *f* liquidation of commitments; **~slösung** *f* closing of position(s); **gesonderte ~** separate item.

Positivismus *m* positivism, strict adherence to enacted law, ↔ *Naturrecht.*

possessorisch *adj* possessory.

Post *f* Post Office, postal service, post, mail (*post = p-, postal = p-l*); **~abholer** *m/***-in** *f p-* collector; caller for mail; **~abholung** *f p-* collection, collection of mail; **~abkommen** *n p-l* agreement; **Internationales ~~** *P-l* Convention; **~ablage** *f* letter rack, mail tray, *p-* basket; **~antwortschein** *m* (international) reply coupon; **~agentur** *f p-l* agency, subpost office; **~amt** *n p-* office; **~amtsvorsteher** *m/***-in** *f* postmaster; **~anschrift** *f p-l* address, mailing address; **~anstalt** *f p-* office; **~anweisung** *f p-l* remittance, money order, *p-*-office order, *p-l* order; **internationale ~~** international payment order, international money order; **internationale Eil-~~** international rapid payment order, international express money order; **telegraphische ~~** telegraph money order; **~ausgabe** *f* mail delivery at the counter; **~ausgang** *m* outgoing mail; **~barscheck** *m p-l US* check/*GB* cheque; **~beamter** *m/***~beamtin** *f p-l* employee, *p-*-office clerk; *p-*-office official, *p-l* officer; **~bedienstete(r)** *f(m)* (*der ~bedienstete*) *p-l* employee; **~beförderung** *f p-l* transport; **normale ~~** ordinary course of *p-*; **~begleitpapiere** *n/pl p-*-office *US* dispatch/*GB* despatch notes; **~behörde** *f p-l* authorities; **~bezirk** *m p-l* district; **~bote** *m/***~botin** *f US* mailman/*GB* postman; **~diebstahl** *m* mail theft; **~dienst** *m p-l* service, mail service; **~eingang** *m* incoming mail; **~einlieferungsbuch** *n p-l* receipt book; **~einlieferungsschein** *m p-l* receipt, *p-*-office receipt, certificate of posting; **~-fach** *n p-*-office box (*abbr* P. O.), private box (*at p-office*); **~fehler** *m* mistake by the *p-l* service; **~forderungen** *f/pl p-*-office demands; **~-freistempler** *m* franking machine; **~gebühren** *pl* postage, *pl p-l* rates, *p-l* charges, mailing charges; **~~freiheit** *f* exemption from *p-l* charges; **~geheimnis** *n* secrecy of mail, *p-l* confidentiality; **~giro** *n p-l* giro transfer; **~~dienst** *m* National Giro (Bank); **~gut** *n* mail matter, objects in *p-l* custody; **~haftpflicht** *f* third-party liability of *p-l* service; **~halter** *m/***-in** *f* postmaster; **~ heimlich öffnen** to tamper with mail; **~hilfsstelle** *f* subpost office, *p-l* agency; **~hoheit** *f p-l* prerogative; **~karte** *f* postcard; **~~ngröße** postcard size; **~kasten** *m* postbox, mail box; **~lauf** *m* course of mail; *time during which a letter is normally in transit*; **~~kredit** *m* mail credit (*credit allowed by one bank to another pending the arrival of the relevant* *documents mailed to the bank*); **~~zeit** *f* message delivery time; **~leitzahl** *f p-l* code, *p-* code, *US* zipcode; **~leitzone** *f US* zipcode area; **~minister** *m*/**-in** *f obs* Postmaster General; **~ministerium** *n obs p--* office department; **~monopol** *n p-* monopoly; **~ordnung** *f p-l* regulations; **~paket** *n* parcel (*sent through the p-*), *p-l* parcel; **~privileg** *n p-l* privilege; **~protestauftrag** *m order to the P- Office to protest a bill of exchange*; **~raub** *m* mail robbery; **~recht** *n p-l* law, legal provisions concerning the *p-l* services; **~regal** *n p-l* privilege, *p-l* monopoly; **~reglement** *n p-l* regulations; **~route** *f p-*(al) route; **~sache** *f p-l* matter, *p-l* item, mail; **~sack** *m* mail bag; **~schalter** *m* (*p--*office) counter; **~scheck** *m* → *Postscheck*; **~schein** *m p--*office receipt; **~schließfach** *n p--*office box, private box; **~schnellgut** *n* express parcel; **~sendung** *f p-l* item, mail matter, *p-l* consignment; **unzustellbare ~~** dead letter, *letter which cannot be delivered*; **~sortierer** *m*/**-in** *f* mail sorter; **~sparbuch** *n p-l* savings book, *p--*office bank book; **~spareinlagen** *f/pl p-l* savings deposits; **~sparer** *m*/**-in** *f p--*office saver; **~sparguthaben** *n p-l* savings deposit; **~sparkasse** *f p--*office savings bank, *p-l* savings bank, *GB* National Savings Bank; **~~namt** *n p-l* savings bank office; **~~ndienst** *m p-l* savings bank service; **~~nsystem** *n p-l* savings system; **~~nvermögen** *n p-l* savings bank funds; **~sperre** *f* suspension of mail, *suspension of permission to receive or send any mail* (*prison*); **~stempel** *m* postmark, *p-l* mark, *p--*office hand stamp; **~tarif** *m* postage rates; **~überwachungsdienst** *m p-l* censorship; **~überweisung** *p-l* giro transfer, *p-* remittance; **~- und Fernmeldewesen** *n p-* and telecommunications; **~- und Portovergehen** *n p-l US* offense/*GB* offence; **~verbindung** *f p-l* connection, *p-l* link; **~verein** *m P-l* Union; **~verkehr** *m p-l* service; **~vermerk** *m* official endorsement by *p-* office; **~vermögen** *n* property of the *p-* office; **~versand** *m US* dispatch/*GB* despatch of mail, sending/delivery by mail, transmission by *p-*; **~~auftrag** *m* mail order; **~~katalog** *m* mail-order catalogue; **vom ~~ ausgeschlossen** non-mailable; **zum ~~ zugelassen** mailable; **~versendung** *f* sending by *p-* (→ *~versand*); **~verwaltung** *f p-l* administration; **~vollmacht** *f p-l* power of attorney, written authorization to receive mail; **~vorschriften** *pl p-l* regulations; **~wagen** *m* mail van, *p-l* van, mail coach; **~weg** *m p-l* route, *p-* road; **auf dem ~~** by *p-*; **~wertsendung** *f* insured packet; **~wertversicherung** *f* registered mail insurance; **~wertzeichen** *n* (postage) stamp, *p-l* stamp; **~wurfsendung** *f* unadressed mailing, bulk mail, sample packet, direct-mail advertising; mail distribution, *p--*office mailing; **~zahlungsverkehr** *m p-l* money-transfer system, *p-l* giro system; **~zeitungsdienst** *m p-l* newspaper (delivery) service; **~zensur** *f p-l* censorship, censorship of the mail; **~zentrale** *f* mailing department; **~zustellbezirk** *m p-l* zone, *p-l* district; **~zustellung** *f p-l* delivery, service (of process) through the *p-*office; **~~sadresse** *f p-l* address, *p--*office address; **~~sverordnung** *f ordinance concerning service* (*of writs, etc*) *by the p- office*; **schnelle ~~** prompt *p-l* delivery; **~zwang** *m p-l* monopoly, *p-l* privilege; **ausgehende ~** outgoing mail; **eingehende ~** incoming mail; **gewöhnliche ~** unrecorded mail; **mit der ~ aufgeben** to *p-*; **zur Postbeförderung nicht zugelassen** unmailable (matter).

post|alisch *adj* postal; **~lagernd** poste restante, left till called for; **~wendend** *adv* by return of post, by return (of) mail, immediate reply.

Posten *m* **I** post, position, job, office; ~ **im Justizdienst** judical post; **~jäger** *m/***-in** *f sl* climber, careerist, career ambitious person.

Posten *m* **II** item, entry, posting, caption; lot; **~gebühr** *f* commission on entries; **~kalkulation** *f* item-costing; **~-Statistik** *f* statistics of items of business handled; **durchlaufende** ~ mutually offsetting items, items which are debited and credited in equal amounts; ***e-en*** ~ **auf *e-em* Konto verbuchen** to pass an entry to an account; ***e-en*** ~ **gutschreiben** to credit an item, **transitorische** ~ deferred items; **vorläufige** ~ suspense items, provisional items.

Postliminium *n int* postliminium, postliminy (*post-war*) *restoration of captured property to rightful owner.*

postnumerando *adj/adv* (payable) in arrears.

Postscheck *m* giro *US* check/*GB* cheque, **~amt** *n* postal giro office, *GB* National Giro Centre; **~dienst** *m* National Giro; **~guthaben** *n* postal giro account balance; **~konto** *n* postal giro account, post transfer account, postal *US* check/*GB* cheque account; **~verkehr** *m* giro system, postal giro transfer; **~teilnehmer** *m/***-in** *f* postal giro account holder, holder of a postal *US* check/*GB* cheque; **~vermögen** *n* postal giro funds.

Postulat *n* demand, postulate, requirement, precondition.

postulationsfähig *adj* right in court, *entitled to appear and address the court,* having the right of audience.

Postulationsfähigkeit *f* (right of) audience, locus standi, capacity to conduct a case in court; **mangelnde** ~ non-ability (to appear and conduct a case in court).

postulieren *vt* to demand, to stipulate, to require.

Potential *n* potential, capacity; **wirtschaftliches** ~ economic potential.

potenzieren *vt* to raise to a higher power, to intensify; to reinforce, to strengthen.

Potestativbedingung *f* potestative condition.

Präambel *f* preamble.

Präbende *f eccl* prebend.

Prädikat *n* evaluation, award, predicate; **~sexamen** *n* above average score on state law examination.

Präfektur *f* prefecture.

Präferenz *f* preference, preferential treatment; **~berechtigung** *f* entitlement to preference; **~satz** *m* preferential rate; **~höchstspanne** *f* maximum margin of preference; **natürliche** ~ **zwischen den Mitgliedstaaten** *EU* natural preference between member States.

Präge|anstalt *f* mint; **~gebühr** *f* mintage; **~siegel** *n* impressed seal; **~stempel** *m* raised seal, impressed stamp; coining die; **~stock** *m* punch (*minting*).

pragmatische Sanktion *f* Pragmatic Sanction (*1713, hereditary unity of Austria*).

Präjudiz *n* prejudice; **ohne** ~ without precedent, without prejudice.

Präjudizienrecht *n* case law, law based on precedents.

präjudizieren *vt* to prejudice, to establish a legal precedent (for), to prejudge a case.

präkludieren *vt* to preclude, to bar, to foreclose.

Präklusion *f* preclusion, bar, foreclosure; **~swirkung** *f* preclusive effect.

Präklusivfrist *f* absolute deadline (*barring all further presentation to the court*), final deadline, time allowed for insured party to claim or take legal action.

Praktikant *m/***-in** *f* trainee, student employee.

Praktiken *f/pl* practices; **missbräuchliche** ~ abusive practices.

Praktiker *m/***-in** *f* practical (business) person, practitioner.

Praktikum *n* internship, practical training, work experience, on-the-job training.

praktizieren *vt/vi* to practise; **freiberuflich** ~ to free-lance, to work as a freelance, to practise independently, to be self-employed.

Prälegat *n succ* (= *Vorausvermächtnis*) preferential legacy.

Prämie *f* premium (= *p*-), bonus, *exch* option, money prize; ~ **für Produktionsstilllegung** non-production bonus; ~ **für Verbesserungsvorschläge** bonus for improvement suggestions; **~nabrechnung** *f* accounting for the *p-s*; **~nabschlag** *m* reduction in *p*-, *p*-rebate; **~nakkordlohn** *m* piece rate plus bonus; **~nangleichungsklausel** *f* variable *p*- rates clause; **~nanleihe** *f* lottery loan, *p*- bond; **~naufgabe** *f* abandonment of the option money; **~naufkommen** *n ins p*- income; **~naußenstände** *pl* outstanding *p-s*; **~n-Bausparen** *n* building-society saving with benefit of *p-s*; **~nbefreiung** *f* waiver of *p*-; **~nbegünstigung** *f* bonus-advantage, benefit of a *p*-; **~nberechtigte(r)** *f(m)* (*der ~nberechtigte*) person entitled to a savings-bonus; **~nbrief** *m* option contract; **~ndepot** *n* (interest-bearing) deposit for insurance payments; **~neinnahmen** *pl p*- income; **~nerhöhung** *f* increase in *p-s*; **~nerklärungstag** *m exch* option day, declaration day; **~nfestsetzung** *f* rate making; **~ngeschäft** *n p*- transaction (*right to withdraw against p*-); stock exchange options, option dealing; **~ngutschrift** *f p*- credit entry; **~nhändler** *m exch* option dealer; **~n-Istbetrag** *m* actual amount of *p*-; **~nkäufer** *m/***-in** *f* option buyer; **~nkurs** *m* option rate, option price; **~nlohn** *m p*- (incentive) wage, bonus payment; **~~system** *n p*- (incentive) system, reward system, bonus system of wages; **~nlos** *n* lottery bond; **~nmakler** *m/***-in** *f US* privilege broker; **~nnachzahlung** *f* subsequent payment of *p*-; **~npapier** *n p*- bond; **~nplan** *m* **für betriebliche Verbesserungsvorschläge** suggestion system; **~nrabatt** *m p*- rebate; **~nrate** *f p*- instal(l)ment; **~nrechnung** *f p*- note, renewal notice; **~nreserve** *f* policy reserve, unearned *p*- reserve; **~~fonds** *m* reserve value fund; **~nrückerstattung** *f* (no-claim) *p*-refund; **~nrückgewähr** *f p*- refund, return of *p*-; **~~ungspolice** *f* return *p*- policy; **~nrückstand** *m p*- arrears; **~nrückvergütung** *f* return of *p*-; **~~ bei schadenfreiem Verlauf** no-claim bonus; **~nsatz** *m exch* option rate; rate of *p*-; **zeitlich begrenzter ~~** term rate; **~n-Schatzanweisung** *f p*- treasury bond; **~nschein** *m p*- bond; **~nschuldverschreibung** *f p*- bond; **~nsparen** *n* bonus-aided saving, saving under (*the federal government's*) bonus scheme, saving with benefit of *p-s*; **~n-Sparvertrag** *m* bonus savings contract; **~nsteuer** *f p*- tax; **~nstücklohn** *m* piece incentive rate; **~nstundung** *f* deferment of payment of *p-s*; **~nüberschuss** *m* net *p*- income; **~nübertrag** *m p*- reserve carried forward from previous year; **~nverkäufer** *m/***-in** *f exch* taker of an option; **~nversicherung** *f* proprietary insurance; **~nvolumen** *n* total of *p-s* collected; **~nvorauszahlung** *f* advance payment of the *p*-; **~nwerte** *m/pl* option stock, *p*- securities; **~nziehung** *f p*-drawing; **~nzahler** *m/***-in** *f* giver of the rate; **~nzahlung** *f* payment of *p-s* (*or of a p*-); **~nzeitlohn** *m* time rate plus bonus; **~nzuschlag** *m* extra *p*-, hazard bonus; **ausstehende** ~ outstanding *p*-; **gleitende** ~ sliding-scale *p*-; **Kosten deckende** ~ net *p*-; **nicht verdiente** ~ unearned bonus, unearned *p*-; **ohne** ~ ex bonus; **rückständige** ~ overdue *p*-, *p*- in arrears; **verbrauchte** ~ earned *p*-; **verdiente** ~ earned *p*-; **umsatzabhängige** ~ sales related bonus.

prämienfrei *adj* free from payment of further premiums, paid-up.

Pranger *m hist fig* pillory.

pränumerando *adv* payable in advance, beforehand, before a given date.

Prärogativ *n* prerogative; **~rechte** *n/pl* **der Krone** royal perogatives, jura regia.

Präsentant *m/-***in** *f* presenting party, presenter.

Präsentation *f* presentation; **~srecht** *n* right of proposal (*to an office*).

Präsentierer *m/-***in** *f* presenter (*of a bill of exchange, etc*), party presenting.

Präsentierung *f* presentation.

Präsenz *f* presence, attendance, number present; **~geld** *n* attendance fee; **~liste** *f* list of persons present.

Präses *m eccl* chairman.

Präsident *m/-***in** *f* president, chairman; university president (*who is not a professor at that university*, ↔ *Rektor*); ~ **des Patentamts** *US* Commissioner of Patents/*GB* Comptroller General of Patents, Designs and Trade Marks; **~enanklage** *f US* impeachment proceedings against the President; **amtierender** ~ acting president; **der gewählte** ~ president elect; **geschäftsführender** ~ managing president; **stellvertretender** ~ vice-president.

Präsidentschaft *f* presidency; **~skandidat** *m/-***in** *f* presidential candidate; **~swahl** *f* presidential election.

Präsidial | ausschuss *m* general (presidential) committee; **~demokratie** *f* presidential democracy; **~erlass** *m* presidential decree; **~rat** *m* presidential council (*for judicial appointments*); **~regierung** *f* presidential government; **~system** *n* presidential system.

präsidieren *vi* to preside (over), to chair, to head.

Präsidium *n* presiding committee, presiding board, executive body, presidium, chairmanship, the chair.

Präsumption *f* presumption, presupposition.

Prätendent *m/-***in** *f* pretender, claimant; **~enstreit** interpleader issue.

Prävarikation *f* prevarication, deviation from the truth, lie.

Prävention *f* prevention, the act of preventing.

Präventiv | krieg *m* preventive war; **~-maßnahme** *f* preventive measure; **~zensur** *f* pre-censorship.

Praxis *f* practice, practical experience; **~vertreter** *m/-***in** *f* locum (doctor); ***e-e*** ~ **eröffnen** to hang out one's shingle, to set up in practice; **hauptberufliche** ~ full-time private practice; **seine** ~ **aufgeben** to retire from practice; **ständige** ~ established practice.

praxis | fern *adj* remote from actual practice, purely theoretical; **~bezogen** practical, realistic; **~fremd** out of step with actual practice.

Präzedenz *f* precedence; **~entscheidungen** *pl* legal precedents, legal authorities; **~fall** *m* precedent, judicial precedent, leading case, leading decision; **einschlägiger** ~~ pertinent precedent; **ohne** ~~ without precedent, unprecedented; **politischer** ~~ political precedent.

präzisieren *vt* to state more precisely, to specify, to clarify, to set out in clear terms, to define, to spell out.

Präzisierung *f* rendering more precise, stating in greater detail.

Präzision *f* precision; **~sarbeit** *f* precision work; **~sinstrument** *n* precision instrument; **~sschleuder** *f* lethal catapult; **~swerkzeug** *n* precision tool; **~swaffe** *f* precision weapon.

Preis *m* **I** price (= *p*-); **~abbau** *m p*-cut; **~abrede** *f p*- agreement, understanding as to *p-s*; ~ **ab Schacht** pit-head *p*-; **~abschlag** *m* markdown; **~abschöpfung** *f p*-adjustment levy; **~~smaßnahme** *f p*-adjustment levy; ~ **ab Erzeuger** factory *p*-; **~absicherungsgeschäfte** *n/pl* hedging agreement; ~ **ab Speicher** ex-warehouse *p*-; **~absprache** *f p*– fixing; ~ **ab Werk** factory *p*-; **~angabe** *f* indication of *p*-; **~anfrage** *f p*- inquiry; **~angebot** *n* quoted *p*-, quote;

absolut niedrigstes ~~ rock-bottom *p-*; **verbindliches** ~~ firm quotation; **~angleichung** *f p-* adjustment; **~anhebung** *f* upward adjustment of *p-s*; **~ankündigung** *f p-* announcement; **~anpassung** *f* adjustment of *p-s*; **~anreiz** *m p-*appeal, *p-* incentive; **~anstieg** *m p-*increase; **~aufgliederung** *f p-*breakdown; **~aufschlag** *m* addition to *p-*, extra *p-*, additional charge, *p-*supplement; **~auftrieb** *m* upward trend of *p-s*, buoyancy in *p-s*; **~ausgleich** *m p-* compensation, *p-*equalization; **~~smaßnahmen** *pl p-* compensation; **~~sprinzip** *n* principle of compensatory *p-s*; **~auszeichnung** *f p-* marking, labelling (*of p-s*), *p-* tag, *p-* mark, *p-*label; **~~spflicht** *f* obligation to indicate the *p-* of goods; **~basis** *f p-*basis; **auf *e-e* gleiche ~~ bezogen** in terms of a like *p-* basis; **~ bei Anlieferung** landed *p-*; **~ bei Ratenzahlung** *US* deferred payment *p-*, *p-* by installments/*GB* hire purchase *p-*; **~ bei sofortiger Lieferung** spot *p-*; **~ bei Übernahme am Lagerort** loco *p-*; **~behörde** *f p-*control authority; **~beruhigung** *f* tendency towards *p-* stability, *p-* steadying, levelling out of *p-s*; **~bewegung** *f* movement in *p-s*; **~bildung** *f p-* formation, *p-* determination; **~~sstelle** *f p-* administration office; **gebundene** ~~ *p-* fixing; **marktwirtschaftliche** ~~ market *p-* formation; **nichtdirigistische** ~~ uncontrolled *p-* formation; **~bindung** *f* control of *p-s*, *p-* fixing; **~~ der zweiten Hand** resale *p-* maintenance; **~~svertrag** *m p-* fixing agreement; **horizontale** ~~ collective resale *p-* maintenance; **vertikale** ~~ resale *p-* maintenance, vertical *p-* fixing; **~brecher** *m*/**-in** *f p-* cutter, person who undercuts competitors, *p-* cutting article; **~differenz** *f* difference in *p-s*, *p-*variance; **~differenzierung** *f p-*discrimination; **~differenzkonto** *n p-* variance account; **~disziplin** *f* self-imposed *p-* restraint; **~druck** *m* downward/upward pressure on *p-s*, price yoke; **~drückerei** *f p-* cutting; **~dumping** *n p-* dumping; **~durchschnitt** *m* average *p-*; **mittlerer** ~~ average of mean *p-s*; **~e der Verkehrsleistungen** transport charges; **~e drücken** to run down *p-s*; **~einbruch** *m* abrupt *p-*reduction, collapse in *p-s*; **~ einschließlich Bedienung** *p-* inclusive of service; **~ einschließlich Gemeinkosten** (*einschließlich Generalunkosten und Nebenkosten*) overhead *p-*; **~ einschließlich Lieferkosten** including delivery *p-*; **~ einschließlich Porto und Verpackung** *p-* inclusive of postage and packing; **~elastizität** *f p-*elasticity, elasticity of *p-s*; **~empfehlung** *f p-* recommendation; **~entwicklung** *f* trend in *p-s*, movement in *p-s*; **inlandsbedingte** ~~ domestically caused movement in *p-s*; **~entzerrung** *f* straightening out of *p-* distortions, *p-* rectification; **~erhöhung** *f* increase in *p-s*, *p-* boost, mark-up, rise in *p-s*; **~ermäßigung** *f* reduction in *p-s*; **~ermittlung** *f p-* ascertainment, *p-* determination, *p-*calculation; **~erwartung** *f* expected *p-*, expectation regarding *p-*, *pl* views as to *p-* prospects; **~etikett** *n p-* label, *p-* tag; **~explosion** *f p-*explosion, *p-* jump; **~fächer** *m p-*range; **~festsetzung** *f p-* fixing, fixing of *p-s*; **~findung** *f p-* determination, *p-* calculation; **~flexibilität** *f* flexibility of *p-s*; **~ frei Bestimmungshafen** landed *p-*; **~ freibleibend** *p-* subject to change without notice, *p-* without engagement; **~freigabe** *f* unfreezing of *p-s*, decontrol of *p-s*; **~ frei Bestimmungsort** free domicile price; **~ frei Haus** (*des Käufers bzw Importeurs*) rendu *p-*, *p-* free to the door (*of purchaser or importer*); **~ frei Grenze** free-at-frontier price; **~führer** *m*/**-in** *f p-* leader; **~führerschaft** *f p-* leadership; **~führung** *f p-* leadership; **~ für Ein-**

fuhrgüter (*einschließlich Transport, Abladung und Zoll*) landed price (*including transportation, unloading and customs duties*); ~ **für unverzollte Ware im Zollager** in-bond *p*-; **~garantie** *f p*- guarantee; **~gefälle** *n* difference in *p*-, *p*- gap; **Ausebnung des ~~s** levelling out of the *p*- differential; **~gefüge** *n p*-structure; **~gegenüberstellung** *f* comparative *p*- table, *p*- comparison; **~gestaltung** *f p*- formation, pricing; **~gestellung** *f p*- setting; **~gleichgewicht** *n* equilibrium in *p-s*; **~gleitklausel** *f* escalation clause, *p*- variance clause, sliding-*p*-clause; **~grenze** *f p*- limit; **obere ~~** maximum *p*-, *p*- ceiling; **untere ~~** minimum *p*-, *p*- floor; **~gruppe** *f p*- group, *p*- category; **~herabsetzung** *f p*- cutting; **starke ~~** roll back; **~e hochtreiben** to push up *p-s*, to boost *p-s*; **~index** *m p*- index; **~~währung** *f* isometric standard; **~informationsabsprache** *f/pl p*--reporting agreement; **~informationssystem** *n* open *p*-system; **~kalkulation** *f p*- calculation; **~~ einschließlich Gemeinkosten und Risikofaktor** full cost pricing; **~~ssystem** *n* pricing system; **~kampf** *m p*- war; **~kartell** *n* restrictive agreement on *p-s*; *p*-ring, *p*- cartel, *p*- fixing agreement; **~klasse** *f p*- category; **~klausel** *f p*-clause; **~konjunktur** *f p*- boom, period of rising *p-s*; **~kontrolle** *f p*-control, regulation of *p-s*; **Aufhebung der ~~** lifting of *p*- control; **~konvention** *f p*- agreement; **~-Kosten Schere** *f p*-/cost gap; **~krieg** *m p*–cutting war; **~kritik** *f p*-consciousness, a critical attitude towards *p-s*; **~lage** *f p*- range; **~lawine** *f* avalanche of *p*- increases; **~lenkung** *f p*- administration, control of *p-s*; **~limit** *n p*- limit; **ein ~~ festsetzen** to fix a *p*- limit; **~liste** *f p*- list, list of *p-s*, *p*- catalogue, current *p-s* tariff; **~-Lohn-Gefüge** *n p*- wage structure; **~mechanismus** *m p*- mechanism; **~messzahl** *f p*- index; **~minderung** *f* reduction in the purchase *p*-; **~~sklage** *f* action for a *p*- reduction; **~nachlass** *m* rebate, discount, *p*- reduction; **~niveau** *n p*-level; **~~stabilität** *f* overall *p*- level stability; **~notierung** *f* quotation; **~obergrenze** *f p*- ceiling; ~ **per Einheit** unit *p*-; ~ **per Stück** unit pricing; **~politik** *f p*- policy, policy on *p-s*; **dirigistische ~~** planned policy of *p*- controls, governmental *p*- policy; **~polster** *n p*- cushion; **~prüfung** *f* verification of *p-s*; **~rat** *m* Price Council; **~recht** *n* law concerning controlled *p-s*; **~regelung** *f p*- regulation; **~regulierung** *f p*- control; **kartellähnliche ~~** cartel-type regulation; **~reihe** *f* series of *p-s*, *p*- indices; **~relationen** *pl p*- ratios; **~~ im Außenhandel** terms of trade; **~risiko** *n* risk of changed *p-s*; **~rückgang** *m* fall in *p-s*, depreciation; **~ruhe** *f p*- stability; **~runde** *f* all-round rise in *p-s*; **~schaukelei** *f* manipulated *p*-fluctuation, bait-and-switch campaign; **~schere** *f p*- gap, *p*- scissors, disparity between *p*- indices (*of different commodities*), fluctuating ratio between *p-s*; **~schild** *n p*- tag, *p*-label, *p*- ticket; **~schleuderei** *f p*-slashing, undercutting of *p-s*; **~schub** *m* general *p*- increase; **~schwankungen** *f/pl* fluctuations in *p*-, variations in *p-s*; **~senkung** *f p*- reduction, *p*- decrease; **~skala** *f p*- range; **~spanne** *f p*- margin; **~spiegel** *m p*- level; **~spirale** *f* upward spiral movement in *p-s*; **~e stabil halten** to stabilize *p-s*; **~stabilität** *f p*- stability, stability of *p-s*; **~staffel** *f p*- range; **~steigerung** *f p*- increase, *p*- advance, *p*- rise; **~~srate** *f* rate of *p*-increase; **~~srücklage** *f* contingent reserve for *p*- increases; **~~stendenz** *f* upward *p*- tendency; **nachfragebedingte ~~** demand-induced upward *p*- tendency; **~stellung** *f* quoting a *p*-, pricing, (terms of) quotation; **~stopp** *m p*-freeze; **~sturz** *m* slump in *p-s*; **~struktur** *f p*- structure; **~stüt-**

zung *f* *p-* support, subsidy; **~~saktion** *f* *p-* support measures; **~~smaßnahmen** *f/pl* *p-* support measures, valorization scheme; **~theorie** *f* *p-* theory; **~treiber** *m/-in* *f* (price-)booster, *p*-raising manipulator, inflator; **~treiberei** *f* forcing up of *p-s*, deliberate overcharging; **~überhöhung** *f* overcharging, making excessive *p-s*; **~überwachung** *f* *p-* supervision, *p-* control; **~umschwung** *m* reversal in *p-s*; **~unterbietung** *f* underselling, undercutting, dumping; **~unterschied** *m* *p-* differential; **~vereinbarung** *f* *p-*-fixing agreement; **~verfall** *m* *p-* collapse; **~vergehen** *n* *US* offense/*GB* offence against *p-* regulations; **~vergleich** *m* comparison between *p-s*, *p-* comparison; **~vergünstigung** *f* quoting an especially favo(u)rable *p-*, *p-* allowance, *p-* concession; **~verhalten** *n* *p-* behavio(u)r; **~verlust** *m* loss in *p-*; **~e verstehen sich ohne Abzug** terms net cash, *p-s* net; **~verstoss** *m* infringement of *p-* regulations; **~verzeichnis** *n* *p-* list; **~verzerrung** *f* *p-* distortion; **~ verzollt** duty-inclusive price; **~ vor Abzug der Belastungen** gross *p-*; **~vorbehalt** *m* *p-* reserve, *p-* reservation; **~vorstellung** *f* *p-* expectation; **~vorschriften** *f/pl* *p-* regulations; **~welle** *f* wave of *p-* increases; **~wucher** *m* outrageous overcharging, profiteering; **~zettel** *m* *p-* label, *p-* tag, *p-* ticket; **~zugeständnis** *n* *p-* concession; **~zuschlag** *m* extra charge; **ab Werk ~** *p-* at factory, *p-* ex works; **aktueller ~** latest *p-*; **allgemeiner ~** general *p-*; **amtlicher ~** official *p-*; **angebotener ~** offering *p-*; **angegebener ~** quoted *p-*; **angemessener ~** fair *p-*, reasonable *p-*, equitable *p-*; **angestrebter ~** target *p-*; **annehmbarer ~** acceptable *p-*; **ausbedungener ~** *p-* agreed upon, stipulated *p-*; **auskömmlicher ~** good enough *p-*, remunerative *p-*; **äußerster ~** lowest *p-*; **bewirtschaftete ~e** administered *p-s*; **Börsen- oder Markt~** market *p-*, exchange or market *p-*; **den ~ bestimmen** to fix the *p-*; **der ~ spielt keine Rolle** *p-* is no object; **echter ~** real *p-*; **effektiver ~** real *p-*; ***e-en* ~ aushandeln** to negotiate a *p-*; ***e-en* ~ berechnen** to calculate a *p-*; to charge a *p-*; ***e-en* ~ bestimmen** to make a *p-*; ***e-en* ~ festsetzen** to set a *p-*, to determine a *p-*; ***e-en* hohen ~ erzielen** to fetch a high *p-*; ***e-en* höheren ~ erzielen** to fetch a higher *p-*; ***e-en* ~ verlangen** to demand a *p-*; **eingependelter stabiler ~** long-run normal *p-*; **einkaufswirksame ~e** *p-s* as per purchasing date; **empfohlener ~** recommended *p-*, suggested *p-*; **ermäßigter ~** reduced price; **erster ~** opening *p-*; initial *p-*, original *p-*; **erzielter ~** *p-* obtained; **fallender ~** dropping *p-*, falling *p-*; **fakturierter ~** invoiced *p-*; **fester ~** fixed *p-*, no reductions; **gebotener ~** offer *p-*; **gebundener ~** maintained *p-*, controlled *p-*, fixed *p-*; **geforderter ~** asked *p-*, charge; **gegenwärtiger ~** prevailing *p-*, present *p-*; **geltender ~** current *p-*, present *p-*; **gestaffelter ~** adjustable *p-*; **gestützter ~** supported *p-*, pegged *p-*; **herrschender ~** prevailing *p-*; **in jeweiligen ~en** at current *p-s*; **inlandsbestimmter ~** domestic *p-*; **in Rechnung gestellter ~** the *p-* invoiced; **jahreszeitlich gestaffelte ~e** *p-s* graduated according to the seasons; **konkurrenzfähiger ~** competitive *p-*; **letzter ~** lowest limit, final offer; **marktgerechter ~** fair market *p-*; **marktnahe ~e** *p-s* in conformity with market levels; **nach dem ~ fragen** to ask the *p-* (*of sth*); **nachgebende ~e** easing *p-s*; **nachgeordnete ~e** dependent *p-* structure; **niedrigster ~** lowest *p-*, bottom *p-*; **ruinöser ~** cutthroat *p-*; **scharf kalkulierter ~** close *p-*, finely computed *p-*; **stabiler ~** stable *p-*, stationary *p-*; **theoretischer ~** nominal *p-*;

überhöhter ~ excessive *p*-, exorbitant *p*-; **üblicher** ~ usual *p*-, prevailing *p*-, going *p*-; **unangemessener** ~ unreasonable *p*-; **unerschwinglicher** ~ prohibitive *p*-; **unter** ~ priced below cost; **verbindlicher** ~ operative *p*-; **vereinbarter** ~ *p*- agreed upon; **vom** ~ **nachlassen** to take off the *p*-, to reduce the *p*-; **vorgelagerte** ~**e** *p-s* at the earlier stages, upstream *p-s*; **vorgeschriebener** ~ statutory sales *p*-, controlled *p*-; **vorherrschender** ~ ruling *p*-, prevailing *p*-; **wucherischer** ~ usurious *p*-; **zu niedriger** ~ inadequate *p*-, unreasonably low *p*-.

preis| **I** ~**bereinigt** *adj* price-level adjusted; ~**bestimmend** *p*-determining; ~**bezogen** related to *p-s*, linked to *p-s*, *p*- linked; ~**gestoppt** price-controlled, *p*- frozen; ~**günstig** reasonably-priced, cheap, good value; ~**lich** as regards the price, in terms of price; ~**neutral** neutral as regards the effect on *p-s*; ~**politisch** as regards *p*- policy; ~**reagibel** sensitive to *p*- (changes); ~**treibend** *p*–enhancing, tending to push up *p-s*.

Preis *m* **II** prize, award; ~**ausschreiben** *n* competition, prize contest; ~**frage** *f* question put in a competition; the vital question; ~**richter** *m*/**-in** *f* adjudicator (*in a competition*); ~**träger** *m*/**-in** *f* prizewinner; ~**verleihung** *f* awarding of a prize/prizes, prizegiving.

Preisgabe *f* disclosure, giving away, abandonment, surrender, relinquishment; ~**recht** *n* right to abandon; ~ **von Staatsgeheimnissen** disclosure of official secrets.

preisgeben *vt* to reveal, to disclose, to give away, to surrender, to abandon, to relinquish, to give up.

Prekareihandel *m* precarious commerce, secret trade between belligerents under neutral flag.

Premierminister *m*/**-in** *f* prime minister.

Presse *f* (the) press (= *p*-), the newspapers; ~**abteilung** *f p*- department; ~**agentur** *f* news agency; ~**amt** *n p*- department, *p*- office; ~**attaché** *m p*- attaché; ~**auskunft** *f* information for the *p*-; ~**ausweis** *m p*- card, *p*- pass; ~**bericht** *m p*- report, report in the *p*-; ~**betrieb** *m* newspaper enterprise; ~**delikt** *n US* offense/*GB* offence by *p*- publication; ~**dienst** *m* news service, *p*- service, *p*- agency; ~**erklärung** *f p*- release, statement to the *p*-; ~**ente** *f* canard; ~**erzeugnisse** *n/pl* products of the newspaper industry; ~**fehde** *f* paper warfare; ~**freigabe** *f p*- release; ~**freiheit** *f* freedom of the *p*-, liberty of the *p*-; ~**geheimnis** *n* privilege of journalists, right of an editor not to disclose the source of his information; ~**geplauder** *n* journalist gossip; ~**gesetz** *n P*- Act; ~**information** *f p*- release; ~**inhaltsdelikt** *n* substantive *p*- *US* offense/*GB* offence; *p*- publication constituting a criminal offense; ~**kampagne** *f p*- campaign; ~**mappe** *p*- kit; ~**rat** *m p*- council; ~**recht** *n p*- law; ~**referent** *m*/**-in** *f p*- officer, *p*- and public relations officer; ~**sekretär** *m*/**-in** *f p*- secretary; ~**spiegel** *m* collection of *p*- cuttings; ~**sprecher** *m*/**-in** *f* spokesman, *p*- officer; ~**stelle** *f p*- office, public information office; ~**stimmen** *pl p*- comments; ~**tribüne** *f parl p*- gallery; *p*- platform; ~**- und Informationsamt der Bundesregierung** *D* Federal *P*- and Information Office; ~**unternehmen** *n* newspaper enterprise; ~**verband** *m p*- association; ~**vergehen** *n US* offense/*GB* offence by *p*- publication; ~**verlautbarung** *f p*- release; ~**wesen** *n* the *p*-, the newspaper world; ~**zensur** *f p*- censorship; **überregionale** ~ national *p*-.

Pression *f* (undue) pressure, undue influence, coercive measure.

Primadiskonten *pl* prime banker's acceptances, prime acceptances.

prima facie *adv*, *adj* prima facie, at first sight.

Primage *f* primage, *a payment made for care in loading and unloading ship,* = *Primgeld.*

Primanota *f* journal, daybook.

Primapapiere *n/pl* prime paper, prime acceptances.

Primarate *f* prime rate.

Primarunterricht *m* primary education, basic schooling.

Primär|energie *f* primary energy; **~geschäft** *n* new issue business; **~händler** *m/*-**in** *f* market maker; **~liquidität** *f* primary liquidity; cash ratio (*banks*); **~markt** *m* primary market; **~reserve** *f* primary reserve; **~sprache** *f* primary language, direct speech, ↔ *Metasprache, Sekundärsprache.*

Primat *m/n* primacy.

Primawechsel *m* first (of) exchange, original bill of exchange, first bill of exchange.

Primgeld *n* primage, *a payment made for care in loading and unloading ship.*

Primogenitur *f* primogeniture.

Prinzip *n* principle; ~ **der Bilanzkontinuität** principle of accounting consistency; ~ **der freien Beweiswürdigung** the principle of free appreciation of evidence; ~ **des Haushaltsausgleichs** principle of the balanced budget.

Prinzipal *m/*-**in** *f* principal, head of a business, employer, boss; **~geschäft** *n* principal transaction, indelegable transaction.

Prinzregent *m/*-**in** *f* prince regent.

Priorität *f* priority, precedence; ~ **beanspruchen** *pat* to claim priority for an application; **~saktie** *f* preference share, preferred share; **~sankündigung** *f* notice for priority; **~sanleihe** *f* preference bond, preferential loan; **~sanspruch** *m* priority claim, prior claim; **~sbeanspruchung** *f* prior claim; **~sbelege** *m/pl* priority documents; **~sdatum** *n* priority date; **~sdividende** *f* preferred dividend; **~serklärung** *f* declaration of priority; **~serklärungsfrist** *f* time for filing priority; **~sgläubiger** *m/*-**in** *f* preferred creditor, privileged creditor; **~sgrundsatz** *m* principle of priority; **~sobligationen** *pl* preference bonds; **~srecht** *n* right of priority, preference; **~sstreit** *m* dispute about priority; **~stag** *m* priority date; **~szession** *f* prior assignment; **innere** ~ *pat* internal priority.

Prise *f* prize, naval prize, prize of war; **~nanteil** *m* prize money, share in the prize; **~ngeld** *n* prize bounty, prize money; **~ngericht** *n* prize court; **~ngüter** *f/pl* prize goods; **~nkommando** *n* prize crew; **~noffizier** *m/*-**in** *f* boarding officer; **~nordnung** *f* regulations governing prizes; **~nrecht** *n* prize law; **~nrückeroberung** *f* rescue of a prize; **~nsache** *f* prize case, prize cause(s); **~nverteilung** *f* prize giving.

Pritsche *f* plank-bed; floor, platform (*lorry, truck*); ramp; **~nwagen** *m* pick-up truck.

privat *adj* private, personal; **~diskontfähig** qualifying as prime acceptance, eligible for the prime acceptance market; **~nützig** in the interest of private parties; **~schriftlich** holographic, under hand, handwritten.

Privat| (*private* = *p-*) **~abhebungen** *f/pl* personal drawings; **~angelegenheit** *f* personal matter, *p-* concern; *pl* personal affairs; **~anleihe** *f* personal loan; **~anschrift** *f* home address, *p-* address; **~anschluss** *m* *p-* siding (*railway*), *p-* extension (*telephone*); **~audienz** *f p-* audience; **~autonomie** *f* freedom of contract, personal autonomy in closing a contract; **~bank** *f p-* bank, commercial bank; **~~geschäft** *n p-* banking business; **~bankier** *m/*-**in** *f p-* banker, individual banker; **~beamter** *m/*~**beamtin** *f* privately employed official; **~besitz** *m p-* property; **im** ~~ privately owned; **~betrieb** *m p-* undertaking; **~darlehen** *n* personal loan; **~detektiv** *m p-* detective, *p-* investigator; **~diskont** *m* discount-rate for first-class bills; **~~en** *pl* prime acceptances, first-class bills of exchange;

~~gesellschaft *f p-* discount company; **~~markt** *m* prime acceptance market; **~dozent** *m/***-in** *f* lecturer, docent (*person qualified to teach on the university level*); **~eigentum** *n p-* property, *p-* ownership, *p-* belongings; **~eigentümer** *m/***-in** *f p-* owner; **~einfahrt** *f p-* driveway; **~einkommen** *n* individual income, *p-* income; **~einkünfte** *pl* types of individual income, total individual income; **~einlage** *f p-* deposit; **~entnahme** *f* (*p-*) drawing/withdrawal; **~ersparnisse** *n/pl* personal savings; **~fahrt** *f p-* use of a car; **~firma** *f p-* firm, *p-* business, family business; **~fluss** *m p-* river, *p-* stream; **~gebrauch** *m p-* use, personal use; **~geheimnis** *n p-* secret, confidential information; **~geschäft** *n p-* transaction; **~gewässer** *n p-* waters; **~grundstück** *n p-* property, *p-* estate; **~gutachten** *n* privately obtained expert opinion; **~gutachter** *m/***-in** *f* expert employed by one of the parties; **~haftpflichtversicherung** *f* personal liability insurance; **~haus** *n p-* dwelling house; **~~halt** *m p-* household; **~industrie** *f p-* industry, *p-*-enterprise industry; **~initiative** *f p-* initiative; **~interesse** *n* personal interest; **~kapital** *n p-* capital, *p-* industry, *p-* equity capital; **~kapitalismus** *m p-* capitalism; **~klage** *f p-* prosecution (*for certain minor US offenses/GB offences against individuals*); **~kläger** *m/***-in** *f p-* prosecutor; **~klagesachen** *f/pl p-* prosecution cases; **~klinik** *f p-* hospital, nursing home; **~konto** *n p-* account; personal account; **~kontenbuch** *n* personal ledger; **~krankenanstalt** *f p-* hospital; **~kredit** *m* personal loan, instal(l)ment credit; **~krieg** *m p-* war; **~kunde** *m/***~kundin** *f p-* customer; **~kundschaft** *f p-* clientele, *p-* customers; **~lehrer** *m/***-in** *f p-* tutor; **~mann** *m/***~frau** *f p-* person; **~papiere** *n/pl p-* papers; **~person** *f* individual, *p-* person; **als ~~** in one's *p-* capacity; **~pfändung** *f* levy of execution by *p-* creditor; **~pier** *m p-* wharf; **~platzierung** *f p-* placement; **~praxis** *f p-* practice; **~publikum** *n* individual members of the public; *p-* investors; **~recht** *n* → *Privatrecht*; **~-Rechtsschutz-Versicherung** *f* insurance against legal costs incurred by individuals; **~sanatorium** *n* privately-owned sanatorium, nursing home; **~schatulle** *f* privy purse; **~schulden** *f/pl* personal debts (*of a partner*); **~schule** *f* → *Privatschule*; **~sekretär** *m/***-in** *f p-* secretary; **~sektor** *m p-* sector of the economy; **~sender** *m p-* enterprise radio; **~sparen** *n* personal savings; **~sphäre** *f p-* life, privacy; **~station** *f p-* ward; **~straße** *f p-* road; **~testament** *n p-* will, holographic will; **~unternehmen** *n p-* untertaking; **~urkunde** *f p-* document, *document made by a p- party*; **~verbrauch** *m* personal consumption; **~vermögen** *n* personal assets, *p-* fortune; **~versicherer** *m/***-in** *f p-* underwriter, *p-* insurer; **~versicherung** *f p-* insurance, commercial insurance; **~vorlage** *f p-* bill, personal bill; **~weg** *m p-* footpath, *p-* way, *p-* road; **~wirtschaft** *f p-* enterprise, *p-* sector (of the economy); **~wohnung** *f p-* residence, residential flat; **~zwecke** *m/pl p-* use; social, domestic and recreational purposes.

privatisieren *vt* to convert to private ownership, to (re)privatize; **privatisiert werden** going private.

Privatisierung *f* privatisation, conversion to private ownership, denationalization.

Privatrecht *n* private law (*as opposed to public law*), civil law (*as opposed to criminal law*); **~snorm** *f* rule of private law; **~sverhältnis** *n* relationship under private law; **~sweg** *m* recourse to civil courts; **Haager Konferenz für Internationales ~** Hague Conference on Private International Law; **interlokales ~** statutory interlocal conflict rules; **internationales ~** private international law, conflict of laws.

privatrechtlich *adj* pursuant to private law, private-law.

Privatschul|e *f US* endowed school, private school/*GB* independent school, public school; **~leistungsgesetz** *n* Provision for Private Schools Act; **~träger** *m*/**-in** *f* private-school maintenance body; **gemeinnützige ~e** non-profit making private school.

Privileg *n* privilege, special right.

privilegieren to privilege, to grant a privilege.

Privilegierte(r) *f(m)* (*der Privilegierte*) privileged person.

Privilegierung *f* privileges, granting privileges.

Proband *m*/**-in** *f* probationer.

Probe *f* test, trial; sample, specimen; **~angebot** *n* trial offer; **~arbeit** *f* specimen of one's work, test piece; **~abstimmung** *f* test ballot, straw vote; **~abzug** *m* proof, proof-sheet; **~anlage** *f* pilot plant; **~anstellung** *f* probationary employment; **~antrag** *m* trial proposal, trial application; **~arbeitsvertrag** *m* probationary employment contract; **~arbeitsverhältnis** *n* employment on trial; **~auftrag** *m* trial order; **~belastung** *f* test load; **~bestellung** *f* trial order, sample order; **~bilanz** *f* trial balance; **bereinigte ~~** closing trial balance; **~bohrung** *f* test drilling; **~dienst** *m* probationary service; **~druck** *m* proof, trial impression; **~entnahme** *f* sampling; **~n entnehmen** to sample, to take samples; **~exemplar** *n* specimen copy, sample copy, complimentary copy; **~fahrt** *f* test drive; test run, trial run; **~fall** *m* test case; **~heft** *n* specimen copy; **~gut** *n* sample, test material, specimen; **~kauf** *m* trial purchase, sale on approval; sale by sample; **~käufer** *m*/**-in** *f* trial buyer; **~lauf** *m* trial run; **~lehrzeit** *f* probationary apprenticeship; **~lieferung** *f* trial shipment; **~modell** *n* pattern design; **~muster** *n* check sample, reference pattern; **~nnahme** *f* sampling; **~nummer** *f* specimen copy; **~nverteilung** *f* sampling; **~packung** *f* trial package; **~schacht** *m* prospecting shaft; **~schuss** *m* practice shot; **~sendung** *f* trial lot; **~stück** *n* sample, specimen, pattern, test piece; **~untersuchung** *f* testing of a specimen, pilot study; **~vertrag** *m* tentative agreement; **~zeit** *f* trial period, test period, probationary period; **auf ~** on approval, on probation, on trial; **~ ~ kaufen** to buy on trial; **entnommene ~** picked sample; **nach ~** per sample, by sample; **zur ~** as a sample.

Problem *n* problem; **~darstellung** *f* presentation of the problem, definition of the problem; **~lösung** *f* solution of a/the problem; **juristisches ~** legal problem; **linguistische ~e** semantic problems, linguistic problems; **offenes ~** open problem; **übergeordnetes ~** overriding problem; **vielschichtiges ~** a complex problem, a knotty problem.

Produkt *n* product (= *p*-), produce (*agricultural*); **~ des gehobenen Bedarfs** high-quality *p*-; **~einheit** *f* unit of output; **letzte ~~** marginal unit; **~haftpflichtversicherung** *f* *p*-(s)-liability insurance; **~haftung** *f* *p*-(s) liability; **~innovation** *f* *p*- innovation; **~koppelung** *f* *p*- link; **~markt** *m* *p*- market (*competition law*) → *Markt, geographischer ~*; **~name** *m* *p*- name; **~palette** *f* range of *p-s*; **~piraterie** *f* *p*- piracy; **~überprüfung** *f* *p*- review; **~verbesserungsmitteilung** *f* *p*- improvement bulletin; **~warnung** *f* warning against potentially dangerous *p-s*; **das gesamtwirtschaftliche ~** the national *p*-; **landwirtschaftliche ~e** agricultural *p-s*; **nachgeordnete ~e** *p-s* at later stages of manufacture; **tierisches ~** animal *p*-.

Produkten|börse *f* commodity market; **~großhandel** *m* wholesale produce market; **~handel** *m* produce trade; ~**makler** *m*/-**in** *f* produce broker, merchandise broker.

Produktion *f* production (= *p*-), output, outturn; ~ **an der Kostengrenze** marginal *p*-; ~**sanlagen** *pl p*- facilities, *p*- plant, *p*- equipment; ~**sapparat** *m* productive apparatus, *p*- facilities; ~**saufnahme** *f* going into *p*-; ~**sausdehnung** *f* expansion in output; ~**sausfall** *m* loss of *p*-; ~**sbelebung** *f* stimulation of *p*-; ~**sbereich** *m* branch of *p*-; ~**sbetrieb** *m* manufacturing firm, *p*- plant; ~**sbreite** *f* product diversification; ~**sdispositionen** *f/pl p*- decisions; ~**sdrosselung** *f* curtailment of *p*-, curbing *p*-; ~**seinheit** *f* unit of *p*-, *p*- unit; ~**seinrichtungen** *f/pl* productive equipment; ~**seinstellung** *f p*- stop; ~**selastizität** *f* resilience of output, flexibility of output; ~**sengpass** *m* production bottleneck; ~**sentfaltung** *f* expansion of *p*-; ~**sentwicklung** *f* development of *p*-, *p*- (trend); ~**serfahrung** *f* manufacturing know-how; ~**sergebnis** *n* productive output; ~**serhebung** *f* census of *p*-; ~**sfaktoren** *m/pl* factors of *p*-, *p*- factors; ~**sfunktion** *f p*- function; ~**sglättung** *f p*- smoothing; ~**sgemeinkosten** *f p*- overhead; ~**sgenossenschaft** *f p*- cooperative; ~**sgesellschaft** *f* manufacturing company; ~**sgrundlagen** *f/pl* bases of *p*-; ~**sgüter** *f* (intermediate) producer goods, pre*p*- goods; ~~**industrie** *f* pre-producergoods industry; ~**shöhe** *f p*- level; ~**sindex** *m p*- index; ~**skapazität** *f* productive capacity, ~**skartell** *n p*- cartel; ~**skoeffizient** *m p*- coefficient; ~**skosten** *pl p*-cost; ~~**kontrolle** *f* manufacturing cost control; ~~**theorie** *f* theory of *p*- costs; ~**skredit** *m* credit to finance *p*-; ~**skürzung** *f p*- cutback; ~**sleistung** *f* output; **die inländische** ~~ the gross domestic product; **volkswirtschaftliche** ~~ the country's output; ~**sleiter** *m*/-**in** *f p*- manager; ~**sleitung** *f* plant management; ~**smittel** *n* means of *p*-, producer goods, *p*- goods, productive equipment; ~**soptimum** *n* optimum *p*-; ~**spotential** *n* productive capacity; ~**sprozess** *m* phases of *p*-; ~**sreserven** *f/pl* reserves of productive capacity; ~**srisikoversicherung** *f p*- risks insurance; ~**srückgang** *m p*- decline, *p*- setback; ~**sspitze** *f* output record; ~**sstadium** *n* manufacturing stage; ~**sstand** *m* level of output; ~**sstandard** *m* standard of *p*-; ~**ssteigerung** *f p*- increase; ~**ssteuern** *f* taxes linked to *p*-; ~**sstopp** *m* shutdown in *p*-, output ceiling; ~**sstufen** *f/pl* stages of *p*-; ~**stechnik** *f p*- engineering; ~**stermin** *m p*- date; ~**süberschuss** *m p*- surplus; ~**sumstellung** *f* switch in *p*-, *p*- change-over; ~**sverfahren** *n p*- method(s); ~**sverlangsamung** *f p*- slowdown; ~**svertrag** *m p*- contract, manufacturing agreement; ~**svorschriften** *f/pl* manufacturing directions; ~**swert** *m* value of *p*-; ~**szahlen** *f/pl* output figures; ~**szentrum** *n US* center/*GB* centre of *p*-; ~**sziel** *n* output target, *p*-target; ~**szweig** *m* line of producton; ~~**aufgabe** *f* line dropping; ~**szyklus** *m p*- cycle; **die gesamtwirtschaftliche** ~ total national *p*-; **gewerbliche** ~ industrial and handicraft *p*-; **kapitalintensive** ~ heavily capitalized *p*-; **nachhinkende** ~ output that is lagging behind, lagging *p*-; **nachziehende** ~ *p*- following the trend; **volkswirtschaftliche** ~ national product.

produktion|sbezogen *adj* production-oriented; ~**sfördernd** calculated to expand production; ~**smäßig** in terms of production; ~**sreif** ready for production; ~**stechnisch** relating to production technique.

produktiv *adj* productive, fruitful.

Produktiv|genossenschaft *f* production cooperative, cooperative for production and sale; **~kapital** *n* productive capital; **~kraft** *f* productive factor, productive strength; **~kredit** *m* credit granted for productive purposes, production-financing loan; **~vermögen** *n* productive assets.

Produktivität *f* productivity (= *p*-), productive efficiency, productiveness; **~sabnahme** *f* diminishing *p*-; **~sbindung** *f* linking of *sth* to *p*-; **~sentwicklung** *f* trend in *p*-; **~sfaktor** *m* *p*- factor; **~sgefälle** *n* *p*- differential; **~sgrenze** *f* limit to *p*-, marginal *p*-; **~sgewinn** *m* *p*-gain; **~smittel** *n* *p*- program(me) funds; **~srat** *m* *p*- council; **~srente** *f* *p*--linked pension; **~ssonderprojekt** *n* special *p*- project; **~ssteigerung** *f* improvement in *p*-; **~szuwachs** *m* *p*- increase, rise in *p*-; **volkswirtschaftliche ~** overall *p*-.

Produzent *m*/**-in** *f* producer, manufacturer; **~enbereich** *m* manufacturers' sphere; **~engeld** *n* producers' money/funds; **~engewinn** *m* producers' surplus; **~enhaftung** *f* product(s) liability.

produzieren *vt* to produce, to manufacture, to make.

Professor *m*/**-in** *f* professor; **außerordentlicher ~** professor not holding a chair; **Berufung als ~** offer of a professorship/chair; **ordentlicher ~** university professor (*with a chair*).

Profi *m* professional.

Profil *n* profile; tread; **~ierung** *f* clear outlining, presentation in clear outline, self-presentation, gaining prominence; **~neurose** *f* (excessive) preoccupation with one's personal image; **~rinnen** *f/pl* (*der Lauffläche*) tread grooves (*on the surface of, eg a wheel*).

profilieren *vt* to present in clear outline, to make more pronounced, *v/reflex* to distinguish *o.s.*, to make a name for *o.s.*

Profit *m* profit; **~gier** *f* greed for profit; **~macher** *m*/**-in** *f* profiteer; **~macherei** *f* profiteering; **~rate** *f* rate of profit; **~streben** *n* profit-seeking, profiteering.

profitieren *vi* to profit, to make a profit, to benefit.

pro forma for the sake of form, as a matter of form, merely as a formality, simulated.

Proforma|anteil *m* qualifying share, dummy share; **~faktura** *f* pro forma invoice (*also pro-forma, proforma*); **~-Indossament** *n* pro forma endorsement, straw name; **~rechnung** *f* pro forma invoice, pro forma account, simulated account; **~verfahren** *n* pro forma trial, sham trial; **~verkauf** *m* pro forma sale; **~wechsel** *m* pro forma bill, accommodation bill.

Prognose *f* forecast, prognosis; **~entscheidung** *f* decision based on prognosis; **~kriterium** *n* criteria used in forecasting a future need/development, *etc.*

prognostizieren *vt* to forecast, to prognosticate.

Programm *n* program(me); **ERASUMS-~** ERASMUS Program(me) (*student exchange program(me) within network of cooperating European universities*) → *SOKRATES-Programm*).

Programmhandel *m* (*elektronischer Aktienindex-Terminhandel*) program(me) trading (*electronic stock exchange*).

programmieren *vt* to program(me).

Programmierverbund *m* program(me) link, programming pool.

Progression *f* progression, progressive scale; **~ssatz** *m* rate of progression; **~sstufe** *f* stage of progression; **hohe ~~** high progressive scale; **~svorbehalt** *m* reservation to apply progressive tax rate; **steile ~** steep progression.

Progressiv|lohn *m* progressive wage rate; **~steuer** *f* graduated tax, progressive tax.

Prohibitionismus *m* prohibitionism.

Prohibitivzoll *m* prohibitive tariff.

Projekt *n* project, scheme, planning scheme; **~finanzierung** *f* project funding; **~gruppe** *f* project team;

~leiter *m*/**-in** *f* project manager; **~leitung** *f* project management; **~reife** *f* final stage of planning, preproduction stage maturity; **~studie** *f* feasibility study; **~träger** *m*/**-in** *f* project sponsor; **~vorschlag** *m* project proposal, draft scheme; **grenzübergreifende ~e** trans-frontier projects, international projects.

projektgebunden *adj* project-tied, project-linked.

Proklamation *f* proclamation; **gemeinsame ~** joint declaration; **königliche ~** royal proclamation.

proklamieren *vt* to proclaim.

Prokura *f* general commercial power of representation, per pro; collection endorsement; **~unterschrift** *f* signature per pro; **~zeichnung** *f* (*Wechsel*) signature per pro(curation) (*bill of exchange, draft*).

Prokurist *m*/**-in** *f* procurator, agent, proxy, person vested with, general commercial power (of representation).

Prolongation *f* prolongation, renewal, extension of maturity/running period; **~srecht** *n* right of renewal; **mit ~~** renewed if required; **~ssatz** *m* renewal rate; **~stag** *m* continuation day; contango day.

prolongieren to prolong, to renew, to extend, to continue, to carry over.

Promille *n* per mille (*blood alcohol*), content per 1000th; **~grenze** *f* blood alcohol limit, prescribed blood alcohol level.

Prominententribüne *f* distinguished guests' gallery.

Promotion *f* awarding a doctorate, conferring a doctorate upon *s.o.*, graduation (*with a doctoral degree*).

promovieren *vi* to obtain a doctorate, to take one's doctor's degree.

Promovierung *f* obtaining a doctorate.

Promptgeschäft *n* spot transaction, cash transaction.

promulgieren *vi* to promulgate, to proclaim.

Propaganda *f* propaganda, publicity; **~schrift** *f* propagandistic publication, propaganda pamphlet; **staatsgefährdende ~** seditious propaganda; **subversive ~** subversive propaganda.

Propagandist *m*/**-in** *f* propagandist, propaganda agent.

propagieren *vt* to propagate, to advocate, to make publicity for.

Propatriapapier *n* foolscap.

Propergeschäft *n* trade for one's own account.

Properhändler *m*/**-in** *f* trader, person trading in his own name, trader on own account.

Proponent *m*/**-in** *f* proposer, supporter.

proportional *adj* proportionate, proportional, *US* ratable/*GB* rateable.

Proportionalität *f* proportionality; **~sklausel** *f* proportionality clause (*balancing of interests clause*).

Proportionalwahlrechtssytem *n* system of election with proportional representation.

Proporz *m* proportional holding of offices (*by coalition party, by denomination, etc*), proportional representation.

pro rata *adj/adv* pro rata, proportional(ly), rateable (rateably); **~ temporis** in proportion to the time, proportionate to the relative period.

Proratelung *f* prorating; **~ von Zahlungen** prorating of payments.

Prorogation *f* prorogation of jurisdiction, prorogated jurisdiction, mutual agreement as to jurisdiction, ouster of jurisdiction; **~svertrag** *m* jurisdiction agreement (*to try the case before an otherwise incompetent court*), prorogated jurisdiction agreement.

Proskription *f hist* proscription.

Prospekt *m* prospectus, brochure, offering brochure, pamphlet; **~ersatzerklärung** *f* statement in lieu of prospectus; **~ für die Zulassung zum Börsenhandel** prospectus (for admission to the stock exchange); ~**haftung** *f* legal liability for statements in the prospectus; ~**material** *n* pamphlets, descriptive or illustrative literature; ~**zwang** *m* requirement to publish an issuing propectus.

prospektieren *vi* to prospect (*for oil, etc*), to explore.

Prospektierung *f* prospecting; ~**svertrag** *m* prospecting contract.

Prospektor *m*/**-in** *f* prospector.

Prosperität *f* prosperity, affluence.

Prostituierte(**r**) *f*(*m*) (*der Prostituierte*) prostitute, common prostitute; ~, **die auf den Strich geht** street walker, *US* hooker.

Prostitution *f* prostitution; ~ **als Straßenstrich** street walking, curb prawling.

protegieren *vt* to patronize, to sponsor, take *s.o.* under one's wings.

Protektion *f* patronage.

Protektionismus *m* protectionism; **nationalstaatlicher** ~ nationalistic protectionism.

Protektor *m*/**-in** *f* patron, sponsor.

Protektorat *n* protectorate, protectorship; ~**sgebiet** protected territory, protectorate; **völkerrechtliches** ~ protectorate under international law.

Protest *m* protest, act of protest, Protestation; ~**anzeige** *f* notification of protest, advice of dishonor; ~**aufnahme** *f* protesting; **nachträgliche** ~~ extending a protest; subsequent/later protestation; ~ **erheben** to protest, to lodge a protest, to raise a protest; ~**erhebung** *f* protestation, protesting, entering (of) a protest, noting and protesting; ~**frist** *f* statutory period for noting and protesting a bill; ~**gebühr** *f* protest fee; ~**gläubiger** *m*/**-in** *f* protester; ~**kosten** *pl* protest charges, protest fee, expenses of noting and protest, expenses of protest; ~ **mangels Annahme** protest for non-acceptance; ~ **mangels Lieferung** protest for non-delivery; ~ **mangels Sicherheitsleistung** protest for better security; ~ **mangels Zahlung** protest for non-payment; ~**note** *f* note of protest; ~**notifizierung** *f* noting (a bill), notice of protest; ~**-Solawechsel** *m* protested note; ~**urkunde** *f* protest certificate, certificate of protestation, (note of) protest; ~**vermerk** *m* notation on a bill of exchange; ~**verzicht** *m* waiver of protest; ~**wechsel** *m* protested bill; ~**zahlung** *f* payment under protest; **formell** ~ **erheben** to formally protest; to enter a protest (*bill of exchange*); **nach** ~ supra protest; **ohne** ~ without protest; **rechtzeitig erhobener** ~ protest in due course; **unter** ~ supra protest; **zu** ~ **gehen** to go to protest; **zu** ~ **gehen lassen** to dishono(u)r, to let a bill be protested; **zu spät erhobener** ~ past due protest.

Protestat *m*/**-in** *f* addressee of a protest, person against whom a bill of exchange has been protested.

protestierbar *adj* protestable.

protestieren *vi* to protest, to enter a protest, to note (*a bill*); ~ **lassen** to get protested.

Protokoll *n* minutes (*of a meeting*), report of proceedings, record (*of the proceedings*), protocol (*international law, diplomatic service*), procès-verbal; ~**abschriften** *pl* copies of the proceedings; ~**abteilung** *f* protocol section, protocol department; ~**aufnahme** *f* taking down of the minutes, reporting the proceedings; ~**berichtigung** *f* rectification of the minutes, rectification of the record; ~**buch** *n* minute book, records of the proceedings; ~**chef** *m*/**-in** *f* chief of protocol; ~**führer** *m*/**-in** *f* court reporter, court stenographer, recording clerk; person who keeps the minutes, keeper of the minutes; ~ **über das Verbot der Verwendung von erstickenden, giftigen oder ähnlichen Gasen sowie von bakteriologischen Mitteln im Kriege** (= **Genfer Giftgasproto-**

koll) Protocol for the Prohibition of the Use in War of Asphyxiating, Poisonous or Other Gases, and of Bacteriological Methods of Warfare (*17 June 1925*); ~ **über das Verbot oder die Beschränkung des Einsatzes von Minen, Sprengfallen und anderen Vorrichtungen** (**Protokoll II in der am 3. Mai 1996 geänderten Fassung**) **zu dem Übereinkommen vom 10. Oktober 1980 über das Verbot oder die Beschränkung des Einsatzes bestimmter konventioneller Waffen, die übermäßige Leiden verursachen oder unterschiedslos wirken können** Protocol on Prohibitions or Restrictions on the Use of Mines, Booby-Traps and Other Devices (Protocol II as amended on 3 May 1996) Annexed to the Convention on Prohibitions or Restrictions on the Use of Certain Conventional Weapons Which May Be Deemed to Be Excessively Injurious or to Have Indiscriminate Effects; ~ **über die Beweisaufnahme** record of the evidence; ~ **über die Rechtsstellung der Flüchtlinge** Protocol relating to the Status of Refugees (*New York, 31 January 1967*); **das ~ aufnehmen** to keep the minutes; **das ~ führen** to keep the minutes; **das ~ liegt zur Unterzeichnung auf** the protocol is open for signature; **das ~ verlesen** to read out the minutes; **das ~ wurde verlesen, genehmigt und unterschrieben** the recorded statement was read (*to the parties*), approved and signed (*by them*); **etw zu ~ erklären** to depose, *to make a statement which is reduced to writing by a duly qualified official*; **etw zu ~ geben** to have *sth* recorded; **etw zu ~ nehmen** to record, to put *sth* down on record; **Genfer ~ über die Schiedsklauseln** Geneva Protocol on Arbitration Clauses; **im ~ festhalten** to note *sth* in the record; **im ~ vermerken** to record in the minutes; **polizeiliches** ~ statement before the police, police report, police records.

protokollieren *vt/vi* to take down the minutes, to enter in the minute book, to take down a statement, to record (*the testimony*); ~ **lassen** to leave on record, to have *sth* entered in the record.

Protokollierung *f* keeping minutes, recording, entry in the minutes; drawing up a protocol, recording; **gerichtliche** ~ recording in court, court reporting.

Prototyp *m* prototype.

Provision *f* commission (= *c-*), agent's commission, factorage, brokerage; ~ **des Auktionators** auctioneer's fees; **~sagent** *m*/**-in** *f* agent (on a *c-* basis), commercial agent, *c-* agent; **~sanspruch** *m* entitlement to *c-*, accrued *c-*; **~sbasis** *f* *c-* basis; **~sbeteiligungsvereinbarung** *f* *c-*-sharing agreement; **~seinnahmen** *f/pl* *c-s* earned; **~sforderungen** *f/pl* *c-s* receivable; **~sgeschäft** *n* business on a *c-* basis; **~sguthaben** *n* accrued *c-*, credit balance on *c-* account; **~snota** *f* *c-* note; **~sreisende**(**r**) *f*(*m*) (*der ~sreisende*) commercial traveller, travelling salesman; **~srückgewähr** *f* refunding the *c-*; **~ssatz** *m* rate of *c-*; **~süberschuss** *m* net *c-s* received; **~svertreter** *m*/**-in** *f* *c-* agent, travelling salesman; **~szahlung** *f* payment of *c-*; **geheime** ~ kickback; **geteilte** ~ split *c-*; **vertragliche** ~ contract percentage, contractually agreed *c-*; **vorbehaltlose** ~ straight *c-*.

provision|sfrei *adj* free of commission; **~spflichtig** liable to commission, subject to commission.

provisorisch *adj* provisional, pro tem, for the time being.

Provisorium *n* provisional arrangement, makeshift arrangement.

Provokateur *m*/**-in** *f* agent provocateur.

Provokation *f* provocation; ~ **des Angriffs** provocation of an attack.

provozieren *vt* provoke.

Prozent *n US* percent/*GB* per cent; **~bruchteil** *m* fraction in per cent; **~kurs** *m* price expressed as a percentage of the nominal value; **~notierung** *f* percentage quotation; **~satz** *m* percentage rate.

Prozess *m* (*pl Prozesse = ~e*) lawsuit, legal proceedings, action, suit, trial, litigation, litigation proceedings, procedure; **~ablauf** *m* the course of the proceedings; **~abweisung** *f* dismissal of an action; **~agent** *m*/**-in** *f* law agent; **~akte** *f* case record; **~anwalt** *m*/**~anwältin** *f* trial lawyer; **~aufrechnung** *f* set-off during court proceedings; **~beendigung** *f* conclusion of trial; **~beginn** *m* commencement of the proceedings, the beginning of the action; **~behauptung** *f* allegation, statement (to the court), assertion, contention; **~beistand** *m* next friend; **~beitritt** *m* intervention; **~beschleunigung** *f* speeding up the trial; **~~sgesetz** *n* Speedy Trials Act; **~betrug** *m* deceitful plea, deceiving the court, malicious use of process; **~bevollmächtigte**(**r**) *f*(*m*) (*der ~bevollmächtigte*) counsel, attorney of record, attorney for the action; **der ~~e des Klägers** counsel for the plaintiff; **~dauer** *f* duration of a lawsuit; **~durch Eideshelfer** *hist* trial by compurgation; **~ durch Zweikampf** *hist* trial by wager of battle; **~eid** *m* oath in litem; **~erlös** *m* proceeds of an action; **~ergebnis** *n* result of the proceedings; recovery; **~fähigkeit** *f* capacity to sue and be sued (*in one's own name*); **~flut** *f* surge of litigation; **~fortsetzungsbeschluss** *m* order to carry on proceedings; **~führende**(**r**) *f*(*m*) (*der ~führende*) litigant; **~führung** *f* → *Prozessführung*; **~gebühr** *f D* general (*lawyer's*) fee for court proceedings; **gerichtliche ~~** plaint fee; **~gegenstand** *m* subject (matter) of an action; **~gegner** *m*/**-in** *f* opposing party, the other side, adverse party; **~gericht** *n* trial court, court before which an action is tried; **~handlung** *f* step in the proceedings, pleading(s); **~hindernis** *n* impediment to an action, bar of trial; **~kosten** *pl* → *Prozesskosten*; **~kunst** *f* the art of conducting a lawsuit, art of pleading; **~lage** *f* stage of proceedings; **~lawine** *f* spate of lawsuits, avalanche of cases; **~leitung** *f* direction of the proceedings; **~mandat** *n* trial brief; **~maxime** *f* principles of procedure; **~missbrauch** *m* malicious use of process; **~ökonomie** *f* procedural economy, economy in litigation; **~ordnung** *f* code of procedure, rules of court, Practice Act, *GB* Judges' Rules, rules of practice; **~partei** *f* party, litigant, party to an action, party to a suit, litigating party, party to litigation, party to the proceedings, *pl* contending parties; **obsiegende ~~** the successful party; **unterlegene ~~** the unsuccessful party; **~pfleger** *m*/**-in** *f* guardian ad litem, administrator ad litem, official solicitor, next friend (*for a minor*); **~phase** *f* stage of trial; **~praxis** *f* court practice; **~recht** *n* law of procedure, procedural law, adjective law; **internationales ~~** international law of procedure; **~regel** *f* procedural rule; **~risiko** *n* the risk of losing a case; **~sache** *f* cause, case; **~schriftsätze** *f* pleadings; **~standschaft** *f* standing to sue doctrine, litigation in one's own name but on another's behalf, representative action; **~~sklage** *f* derivative action/suit, representative action, action in one's own name but on another's behalf; **~stoff** *m* the subject matter of the litigation; **~strafe** *f* penalty for non-observance of procedural requirements; **~sucht** *f* litigiousness; **~taktik** *f* lawyer's tactics during the legal proceedings; **~trennung** *f* severance of actions; **~unfähigkeit** *f* incapacity to act in legal proceedings; **Einwendung der ~~** plea of incapacity (*plea that a party is not of age or not mentally fit to act in court*); **~unterbrechung** *f* discontinuance; **~urteil** *n* judgment on procedural grounds; **klageabweisendes ~~** dismissal without prejudice; **~verbindung** *f* joinder of actions; **~vergleich** *m* court settlement, compromise in court; **~verhalten** *n* trial conduct, behavio(u)r in court; **~verlauf** *n* course of the proceedings; **~verschleppung** *f* protracting of a lawsuit, delaying the proceedings, dilatory methods; **~vertreter** *m/* **-in** *f* counsel, *US* attorney; **~vertretung** *f* legal representation in court; **~verzeichnis** *n* case-book, register of court cases; **~verzicht** *m* waiver of action; **~vollmacht** *f* authority to represent a party in an action, power of attorney for legal proceedings, warrant to sue and defend; **~voraussetzungen** *f/pl* procedural requirements; **~vorbereitung** *f* preparation of the case, preparation for trial, instructions for brief; **~vorschrift** *f* procedural rule; **~ wegen** ***e-er*** **Berühmung** jactitation suit; **~zinsen** *f* interest on claim during litigation; **anhängiger ~** pending lawsuit; **den ~ wiederaufnehmen** to continue the case, to resume the case; ***e-em*** **~ beitreten** to join an action; ***e-en*** **~ anhängig machen** to institute an action; ***e-en*** **~ auslösen** to trigger litigation; ***e-en*** **~ betreiben** to carry on a lawsuit, to conduct a lawsuit, to prosecute an action; ***e-en*** **~ einleiten** to institute an action, to start legal proceedings, to take out a writ; ***e-en*** **~ einstellen** to stop a lawsuit; ***e-en*** **~ führen** to conduct a case, to maintain an action; ***e-en*** **~ neu aufrollen** to retry a case; ***e-en*** **~ persönlich führen** to act in person; ***e-en*** **~ unterbrechen** to discontinue an action; ***e-en*** **~ verlieren** to lose one's case; ***e-en*** **~ verschleppen** to protract an action; **für die Dauer des ~es** pending the lawsuit, pending action; **im ~ unterliegen** to be unsuccessful, to be defeated in a lawsuit; **in** ***e-en*** **~ verwickelt sein** to be involved in litigation/in an action; **laufende ~e** pending cases; **mit** ***e-em*** **~ bedrohen** to threaten to take legal action; **schikanöser ~** vexatious suit; ***e-en*** **~ gewinnen** to win a case; **sich in** ***e-en*** **~ einlassen** to enter an appearance; **solange der ~ schwebt** pending the lawsuit; **streitiger ~** defended suit.

prozess|fähig *adj* legally capable of conducting proceedings (*in one's own name*); **~freudig** litigious; **~hindernd** impeding an action, barring an action; **~technisch** procedural, relating to procedural techniques; **~unfähig** incapable of acting in legal proceedings.

Prozessführung *f* conduct of a case, trial conduct; **~sbefugnis** *f* locus standing, standi to sue; **~sklausel** *f* *clause restricting the right to take legal action, allowing one only to sue the leading insurer of a group*; **~srecht** *n* authority to conduct litigation, right to sue, standing to sue; **mutwillige und schikanöse ~** malicious and vexatious proceedings; **streitige ~** litigious proceedings.

Prozessieren *n* litigation; **böswilliges ~** malicious prosecution; **erneutes ~** renewed litigation.

prozessieren *vi* to litigate, to sue.

Prozesskosten *pl* costs of an action, cost of litigation, costs of a lawsuit, legal costs, law costs, law charges; **~hilfe** *f* (civil) legal aid; **~~bescheinigung** *f* legal aid certificate; **~~empfänger** *m/***-in** *f* assisted person, **~~gesetz** *n* Legal Aid and Advice Act; **~sicherheit** *f* security for costs (of action); **~~ für die Rechtsmittelinstanz** security for costs of appeal; **~~sleistung** *f* furnishing security for costs of action, posting bond; **~vorschuss** *m* advance payment of costs; suit money (*to wife in a divorce suit, etc*).

prozessual *adj* procedural.

Prüf|amt *n* testing authority; **~anlagen** *f/pl* test systems; **~anstalt** *f* testing institute; **~attest** *n* certificate of inspection; **~beamter** *m/*

~beamtin *f* testing officer; **~befund** *m* test result; **~bericht** test *m* report; **~gerät** *n* testing instrument, testing apparatus; **~kosten** *pl* costs of testing; **~lasten** *pl* test loads; **~liste** *f* check list; **~nachweis** *m* checking record; **~normen** *f/pl* standards for testing; **~plakette** *f* inspection sticker, safety inspection sticker; **~richtlinie** *f* benchmark guideline; **~stelle** *f* testing agency, examining agency, regulatory agency/board; **~verfahren** *n* testing method, test procedure; **~vermerk** *m* accountant's certificate; **~vorrichtung** *f* testing device; **~zeichen** *n* test mark, certification mark.

prüfbar *adj* testable, verifiable.

prüfen *vt* to test, to inspect, to examine, to review, to investigate, to look into *sth*, to study; to audit; **genau** ~ to examine in detail, to investigate thoroughly, to scrutinize, to test strictly; **von Amts wegen** ~ to consider ex officio, to consider without application; **wohlwollend** ~ to consider favo(u)rably.

Prüfer *m*/**-in** *f* tester, searcher, examiner, reviewer, inspector, auditor; **~bericht** *m* auditor's report, test inspector's report; **~bilanz** *f* tax auditor's balance sheet; **betriebseigener** ~ private accountant; **externer** ~ independent auditor; **sachverständiger** ~ expert examiner; technically qualified examiner; **technisch vorgebildeter** ~ *pat* technical examiner, **unabhängiger** ~ independent/external auditor.

Prüfung *f* examination (= *e-*), inspection, check, test, review, consideration, investigation; auditing, audit; ~ **an Ort und Stelle** spot check; ~ **der Betriebstätigkeit** operational audit; ~ **der Echtheit** verification of authenticity; ~ **der Liquidität** acid test, test of liquidity; ~ **der Neuheit** *pat e-* for/of novelty; ~ **der Ware** *e-* of goods; ~ **des Erfindungsanspruchs** *e-* of invention; **~sabteilung** *f* examining division (section, department); **~sakten** *f/pl e-* records; **~samt** *n* examining authority; **~sangelegenheiten** *f/pl e-* matters; **~sanstalt** *f* testing laboratory; **~santrag** *m* request for *e-*; **~sarbeit** *f e-* paper; **~saufsicht** *f* invigilator; **~sausschuss** *m e-* board, screening panel, board of review, selection board; **~sbeamter** *m*/**~sbeamtin** *f* tester, inspector; **~sbedingungen** *f/pl e-* requirements; test conditions; **~sbehörde** *f* examining authority; **~sbericht** *m e-* report, test report, audit report, auditor's report; **~sbescheid** *m pat* examiner's action, official action; **~sbescheinigung** *f* test certificate, auditor's certificate; **~sentscheidung** *f* decision upon the *e-*; **~sergebnis** *n e-* results, test results; **~sfahrt** *f* test drive, trial run; **~sfolge** *f* sequence of tests; **~sgebühr** *f e-* fee, charge for the test(s); **~sgesellschaft** *f* firm of auditors, auditing company; **~skommission** *f* examining commission; **~sliste** *f* list of *e-* candidates; **~smaßnahmen** *f/pl* test measures; **~smaßstab** *m* test standard; **~sordnung** *f E-*Regulation, rules relating to *e-s*, regulations for the conduct of an *e-*; **Ausbildungs- und ~~ für Juristen** (*abbr* **JAPO**) Rules of *E-* and Examination for Lawyers; **~snote** *f* (*e-*) grade; **~spflicht** *f* obligation to examine, requirement to conduct an *e-*; **~srecht** *n* right to examine; **~srichtlinien** *f/pl* auditing standards; *e-* guidelines; **~sstelle** *f* examining board, examining section, examining bureau; **~stermin** *m* date of the *e-*, public *e-* of the debtor; **~sverband** *m* auditing association, audit group; **~sverfahren** *n e-* procedure, auditing procedure; **~svermerk** *m* auditor's certificate, certificate of audit; **uneingeschränkter ~~** clean audit certificate; **~sversuch** *m* test; **~svoraussetzungen** *f/pl* qualifying requirements for an *e-*; **~svor-**

schriften *f/pl* rules of *e*-; **~swesen** *n e*- matters, auditing; **~szeitraum** *m* period under review, audit period; **~szeugnis** *n e*- certificate; **bei nochmaliger** ~ on reexamination; ***e-e*** ~ **ablegen** to undergo an *e*-; **internationale vorläufige** ~ *pat* international preliminary *e*-; **nach** ~ **festgestellt** examined and found (to be); **nochmalige** ~ reconsideration, verification; **sachgemäße** ~ **ohne Zeitdruck** proper unhurried consideration; **stichprobenweise** ~ test audit, vouching, sample testing, testing at random; **übliche** ~ ordinary inspection, customary inspection; **vorläufige** ~ preliminary *e*-; **zeitraffende** ~ accelerated test.

Prügelstrafe *f* corporal punishment, flogging, whipping, caning.

Pseudonym *n* pseudonym, assumed name, fictitious name.

Psychologie *f* psychology; **gerichtliche** ~ forensic psychology.

Publikationsbefugnis *f* right to publish (*eg an apology*).

Publikum *n* public, audience, readership, visitors; **~sanlage** *f* popular investment, investment favo(u)red by the general public; **~sgesellschaft** *f* publicly held corporation, open corporation; **das private** ~ private investors; **dem** ~ **zugänglich** open to the public.

Publizität *f* publicity, public disclosure; **~sprinzip** *n* principle of public disclosure; **~svorschriften** *f/pl* disclosure rules.

Pufferstaat *m* buffer state.

Punkt *m* point, dot, spot, full stop; item; ~ **der Tagesordnung** item on the agenda; **~diagramm** *n* scatter diagram; **~e *e-es* Vertrages** clauses of a contract; **~system** *n* points system; **aufklärungsbedürftiger** ~ a point to be investigated; **der wesentliche** ~ main point, crucial point, crunch point; **dunkler** ~ dubious point, obscure matter; **heikle ~e** delicate issues; **kritischer** ~ point of critical importance, the deciding juncture; **springender** ~ **der Klageschrift** decisive issue in the complaint, decisive point of the statement of claim; **streitiger** ~ point at issue, matter in dispute; **strittiger** ~ point at issue; **toter** ~ deadlock, stalemate; **unerledigte ~e** unfinished business; **wunder** ~ **der Beweisführung** weak point in the evidence, the Achilles heel.

Punktation *f* agreement on the basic terms of a contract, heads of agreement.

punzieren *vt* to stamp (*precious metals, eg 14K*).

Putativ|delikt *n* putative crime, imaginary *US* offense/*GB* offence; **~ehe** *f* putative marriage; **~notstand** *m* imaginary necessity, *situation erroneously regarded as an emergency*; **~notwehr** *f* putative *US* self-defense/*GB* self-defence, *self-defense in the mistaken belief that one is being attacked*; **~~exzess** *m* excessive-force putative self-defense; **~vater** *m* putative father.

Putsch *m* coup d'état, revolt, putsch.

putschen *vi* to revolt, to carry out a coup d'état, to carry out a putsch.

Putschist *m*/**-in** *f* insurgent, rebel, participant in a coup d'état.

p.Vv. (*abbr* = **positive Vertragsverletzung**) faulty contractual performance, breach of an ancillary contractual duty.

Pyromane *m*/ **Pyromanin** *f* pyromaniac.

Pyromanie *f* pyromania, incendiarism.

Q

Quadruplik *f* surrebuttal.

quälen *vt* to torture, to torment.

Quälerei *f* torture, cruel maltreatment.

Qualifikation *f* qualification, level of ability, eligibility (description); *PIL* classification; ~ **zum Richteramt** qualification to hold judicial office; **~sfreiheit** *f* cypres doctrine: *construction of a will according to testator's presumed intention.*

qualifizieren *vt* to specify, to qualify, to describe, to designate; *PIL* to apply the appropriate law, *crim pro* to aggravate.

qualifiziert *adj* qualified, specified; aggravated; skilled.

Qualität *f* quality (= *q*-), grade, class; **~sabweichung** *f* off standard, variation in *q*-, deviation in *q*-; **~sanforderungen** *f/pl* *q*- requirements; **~sarbeit** *f* high-*q*- workmanship, work of superior craftsmanship; **~sauflagen** *f/pl* *q*- assurance requirements; **~serzeugnis** *n* *q*- product, high-*q*- product; **~sfehler** *m* *q*- defect, defective *q*-; **~sförderung** *f* measures to improve *q*-; **~sgrenzlage** *f* *q*- level; **~skonkurrenz** *f* competing in terms of *q*-; **~skontrolle** *f* *q*- control, acceptance sampling; **~slücke** *f* *q*- gap; **~smangel** *m* *q*- defect; **~smuster** *n* representative sample; **~snorm** *f* *q*- standard; **~sprüfung** *f* *q*- test; **~~ vorbehalten** *q*- subject to approval; **~ssicherung** *f* *q*- control; **~sübereinstimmung** *f* compliance with *q*- standards; **~sunterschreitung** *f* off standard, below standard; **~svorschrift** *f* *q*- specification; **~sware** *f* high-*q*- goods, high-class products; **~szeugnis** *n* *q*- certificate; **~szirkel** *m* *q*- circle; **~szuschlag** *m* *q*- supplement, extra-charge for *q*- grade, surcharge for *q*-; **einwandfreie** ~ acceptable *q*-; **erste** ~ first-class *q*-, first-choice *q*-, first-rate *q*-; **geringere** ~ inferior *q*-; **handelsübliche** ~ commercial standard, merchantable *q*-; **mittlere** ~ medium *q*-; **vereinbarte** ~ agreed *q*-; **zugesicherte** ~ promised *q*-, assured *q*-.

qualitativ *adj* qualitative, as regards quality, in quality.

qualitätsbewusst *adj* quality-conscious.

Quantität *f* quantity, amount; **~smangel** *m* deficiency (in quantity), shortage.

Quarantäne *f* quarantine (= *q*-); **~bestimmungen** *f/pl* *q*- regulations; **~flagge** *f* *q*- flag, yellow flag; **~hafen** *m* *q*- harbo(u)r; **~risiko** *n* *q*- risk; **~sperre** *f* sanitary cordon, cordon sanitaire; **~station** *f* *q*- station; **~verletzung** *f* violation of *q*-regulations, breaking *q*-; **unter ~ stellen** to *q*-, to put into *q*-; **Verhängung der** ~ imposing *q*- regulations.

quarantänepflichtig *adj* subject to quarantine.

Quartal *n* quarter (of a year), calendar quarter; **~sabschluss** *m* end of the quarter; quarterly settlement of account, quarterly statement of accounts; quarterly profit and loss account; **~sbericht** *m* quarterly report; **~sdividende** *f* quarterly dividend; **~sschluss** *m* end of quarter, end of a calendar quarter; **~stag** *m* quarter day; **~stermin** *m* quarter day, end of quarter; **~szahler** *m*/**-in** *f* quarterly payer; **~szahlung** *f* quarterly payment.

quartalsweise *adj*, *adv* quarterly.

Quartier *n* quarters, billet; accommodation; **~amt** *n* billeting office; **~macher** *m*/**-in** *f* billeting officer; **~meister** *m* quartermaster; **~schein** *m* billet, billeting paper, accommodation bill; **~sleute** *pl* landlords of a billet; **~zettel** *m* billet.

Quasi | delikt *n* quasi-tort; **~-Geld** *n* near-money, quasi money; **~-Hersteller** *m*/**-in** *f* quasi-manufacturer, *importer treated as manufacturer for products liability claims*; **~kontrakt** *m* quasi-contract; **~-Körperschaft** *f* quasi-juridical person, *group of persons without legal capacity treated as though it had*; **~monopol** *n* near monopoly, quasi-monopoly; **~rente** *f* quasi-rent, quasi-income from capital; **~splitting** *n* splitting of spouses future pension rights (*by family court*); **~verbindlichkeit** *f* quasi-obligation; **~-Versicherer** *m*/**-in** *f* quasi-insurer.

quasivertraglich *adj* quasi-contractual.

Quelle *f* origin, source; **~nabzug** *m* deduction at source; **mit dem ~~ ist die Einkommensteuer abgegolten** the levy is in full discharge of personal income tax; **~nabzug** *m* **auf Dividenden und Zinsen** deduction at source on dividends and interest; **~nangabe** *f* indication of source, sources used, source documentation; citing of sources; **~nbelegung** *f* source documentation; **~nbesteuerung** *f* taxation at source, tax deduction at source; **~nforschung** *f* study of source material; **~nmaterial** *n* source material; **~nnachweis** *m* indication of sources used; acknowledgments; **~nschutzgebiet** *n* protection of spring-water area (*from surface pollution*); **~nstaat** *m* source country; **~nsteuer** *f* withholding tax; pay-as-you-earn tax (*abbr* PAYE-tax); **~~abzug** *m* deduction at source; **~~befreiung** *f* exemption from deduction at source; **aus amtlichen ~n** from official sources; **aus guter ~** on good authority; from a reliable source; **zuverlässige ~** reliable authority, reliable source.

Quer | schnitt *m* cross section; **~~sanalyse** *f* cross-sectional analysis; **~~slähmung** *f* paraplegia, paralysis of the lower limbs; **repräsentativer ~~** representative cross section; **~verkehr** *m* crossing traffic; **~verweis** *m* cross-reference; **~zahlungen** *f/pl* cross payments.

Querulant *m*/**-in** *f* quarreller, querulous person, troublemaker; **~enwahn** *m* querulous paranoia.

querulatorisch *adj* querulous, quarrelsome, vexatious.

quittieren *vt* to receipt, to give a receipt for, to acknowledge receipt of; to quit.

quittiert *adj* receipted, receipt given; **nicht ~** unreceipted.

Quittung *f* (written) receipt; **~ des Gerichtsvollziehers** seizure note; **~saussteller** *m*/**-in** *f* person giving receipt, receiptor; **~sbuch** *n* receipt book; **~serteilung** *f* issuing of a receipt; **~sformular** *n* receipt form; **~sstempel** *m* receipt stamp; **~ über den gesamten Betrag** receipt in full; **~ über die Restzahlung** receipt for the balance; ***e-e*** **~ ausstellen** to write out a receipt; ***e-e*** **~ erteilen** to issue a receipt; **gegen ~** against receipt; **gültige ~** good receipt; **löschungsfähige ~** mortgage discharge (receipt); statutory receipt (*entitling one to cancel mortgage entry in Land Register*); **vorläufige ~** provisional receipt.

Quorum *n* quorum; **kommt das ~ nicht zustande** in the absence of a quorum; in the event that there is no quorum.

quota litis lawyer's agreed share of the recovery (*as fee*).

quotal *adj* proportionate, on a quota basis, *US* ratable/*GB* rateable.

Quote *f* quota, proportional share; **~ der Ersparnisse** ratio of saving; **~nabdeckung** *f* quota cover; **~naktie** *f* share without par value; **~neinwanderer** *m*/**-in** *f US* quota immigrant; **~n-Exzedentenvertrag** *m* quota surplus reinsurance agreement; **~nfrau** *f* quota female (*to comply with quota regulations*); **~nrückversicherung** *f* quota reinsurance; **~nstichprobe** *f* quota sample; **~nträger** *m*/**-in** *f* quotaholder; **~nüberschreitung** *f* exceeding the quota; **~nurteil** *n* distributive finding in the judgment; **~nvereinbarung** *f* quota (of women) arrangement; **~nvermächtnis** *n* legacy of a share of the estate; **~nverteilung** *f* distribution by quotas; **~nvertrag** *m* quota-share insurance; **~nvorrecht** *n* preferential quota of damages (*to which social insurance bodies and other assignees by operation of law are entitled*); ***e-e*** **~ einhalten** to keep within the agreed quota; **in gleichen ~n** pari passu.

Quotelung *f* proportional assessment, proportional distribution (*of costs*).

R

Rabatt *m* discount, rebate, reduction; ~ **bei Barzahlung** cash discount; ~ **bei Inzahlungnahme** trade-in allowance, discount for part exchange; ~ **bei Mengenabnahme** quantity discount, discount for bulk buying; ~ **für Stammkunden** discount for regular customers, patronage discount, ~ **für Wiederverkäufer** trade discount; **~gesetz** *n* Act on Discounts *abalished 2001;* **~flugpreise** *m/pl* discount fares; **~gewährung** *f* granting of a discount; discount allowance; **~gruppe** *f* discount bracket; **~kartell** *n* discount cartel, agreed uniform rebates (*cartel to enforce uniform discounts*); **~laden** *m* discount store; **~marke** *f* trading stamp; **~sparverein** *m* patronage savings association *association of retail merchants with a common discount policy*; **~staffel** *f* scale of discounts; **~stufe** *f* discount level; **~vereinbarung** *f* discount agreement; **~verstoss** *m* infringement of discount regulations; ***e-en*** **~ gewähren** to grant a discount; **mit** ~ at a discount; **ohne** ~ straight, without discount.

rabattfähig *adj* subject to discount, discountable, eligible for a discount.

Rabulist *m/***-in** *f* hair-splitter, equivocator, pettifogger (*lawyer*).

Rabulistik *f* hairsplitting, pettifogging, equivocation.

Rache *f* revenge, vengeance; **~akt** *m* act of revenge, act of vengeance; **~gedanke** *m* thought of revenge.

Rachgier *f* lust for revenge.

Radar *n* radar (= radio detecting and ranging); **~falle** *f* radar trap, speed trap; **~warngerät** *n* (electronic) radar warning device.

Radau *m* racket, rumpus, tumult, uproar, row.

Rädelsführer *m/***-in** *f* ringleader, leader of a gang; **~schaft** *f* leadership of a gang, leadership of a conspiracy.

Radierstelle *f* erasure.

Radierung *f* erasure (*on a document*).

Radikalenerlass *m* ordinance restricting employment of (left-wing) radicals in public service.

Radikalismus *m* radicalism, extremism.

Radweg *m* (compulsory) cycle track.

Raffinerie *f* refinery.

raffinieren *vi* to refine.

Rahmen *m* scope, framework, setting; **~abkommen** *n* framework/skeleton agreement; **~beschluß** *m* framework decision; ~ **der Beschäftigung** scope of employment; ~ ***e-es*** **Gesetzes** scope of an Act; **~gebühr** *f* sliding-scale fee (*with a lower and upper limit*); **~gesetz** *n* framework law, global law; **~~gebung** *f* framework legislation; **~kompetenz** *f* competence (*of federal parliament*) to issue framework legislation; **~kredit** *m* blanket credit, credit line, global credit; **~organisation** *f* skeleton organization; **~planung** *f* overall planning; **~police** *f* master policy; **~programm** *n* outline program(me), *EU* framework program(me); **~recht** *n* fundamental-principle right, general right; **~richtlinie** *f* outline policy, *EU* framework directive; **~-Staat** *m* *EU* framework nation; **~tarif** *m* skeleton tariff; **~~vertrag** *m* skeleton wage agreement; **~vertrag** *m* basic agreement, general agreement, skeleton contract, framework agreement, master agreement; **~vorschriften** *f/pl* general regulations, policy rules; **im** ~ within the scope, within the ambit, within the limits, within the framework; ~ ~ **der Amts- oder Berufstätigkeit** (*acting*) *within the scope of office or employment*; ~ ~ **der Vollmacht** within the scope of authority; ~ ~ **ihrer Befugnisse** within the limits of their authorities; ~ ~ **dieses Gesetzes** for the purpose(s) of this Act; ~ ~ **des üblichen Geschäftsverkehrs** in the ordinary course of business; ~ ~ **seines Zweckes** within the framework of its terms of reference.

Raiffeisen|banken *f/pl* rural banking cooperatives; **~verband** *m* Association of Farmers' Credit Cooperatives.

Ramsch *m* jumble, rummage; **~verkauf** *m* jumble-sale, *US* rummage sale; **~ware** *f* joblot goods, odds and ends.

Randale *f* rampage.

randalieren *vi* to make a row, to rampage.

Randalierer *m*/**-in** *f* rowdy, roisterer, brawler.

Rand|bemerkung *f* marginal note, side note; **am Rande bemerkt** as per margin; **~figur** *f* accessory, accomplice, second-stringer; **~gebiete** *n/pl* peripheral areas; **~~ eingemeinden** to absorb neighbouring districts (*in a city*); **~gemeinde** *f* peripheral village/town; **~gruppe** *f* marginal group (*in society*); **~nummer** *f* marginal number, number in the margin (*of a commentary, text book*); **~staat** *m* peripheral state; **~vermerk** *m* marginal note, annotation; **~zeche** *f* marginal mine; **~zuwendungen** *f/pl* fringe benefits, perks.

Rang *m* ranking, rank, status, order, station; tier (*administration*); **~älteste(r)** *f(m)* (*der ~älteste*) most senior in rank, highest in priority; **~änderung** *f* change in priority (*mortgages in the land register*); **~einräumung** *f* granting of a better priority (*mortgages in the land register*); ~ ***e-er*** **Forderung** priority of a debt, rank of a debt; ~ ***e-er*** **Hypothek** rank of a mortgage, priority status of a mortgage (*in land register*); **~folge** *f* seniority order of priority (*entries in public register*), order of precedence; **~liste** *f* list of precedency/seniority; **~ordnung** *f* seriority, ranking, order of priorities, order of precedence, pecking order; **~~ der Forderung** ranking of claims; **~~ von Pfandrechten** priority of liens; **~rücktritt** *m* withdrawal to lower rank, giving-up a position of priority; retreat in rank, subordination; **~stelle** *f* specific rank, place in order of priority; **~~nvermerk** *m* priority note (*in land register*); **~verhältnis** *n* rank, priority; **~verlust** *m* loss of priority, forfeiture of seniority, reduction to a lower rank; **~vorbehalt** *m* (entry of) reservation of priority (*in case of cancellation of an entry in land register*); **~vermerk** *m* priority notice (*entry*); **~vorteil** *m* advance; **ersten ~es** primary, first-ranking; first rate, top class; **gesellschaftlicher** ~ social standing; **hoher** ~ high rank, eminence; **im ~ aufrücken** to move up in priority/rank; **im ~ gleichstehen** to rank pari passu; **im ~ nachstehen** to rank behind; **im ~ vorgehen** to have priority (over); **im ~ vorstehen** to rank before, to rank in priority.

rang|älter *adj* senior, higher in priority; **~ältest** highest in seniority; **~besser** of prior rank, higher in priority; **~gleich** of equal rank; **~jünger** junior, subsequent; **~niedrigst** of lowest rank, of lowest priority.

Rasse *f* race; racial group; breed; **~ndiskriminierung** *f* racial discrimination, racialism, racism; **~nfanatiker** *m*/**-in** *f* fanatical racist; **~ngegensätze** *f* racial antagonism; **~ngleichheit** *f* racial equality; **~nhass** *m* racial hatred; **~ngesetz** *n* racial law; **~~gebung** *f* racial legislation; **~nhetze** *f* stirring-up racial hatred; **~nkrawall** *m* race riot; **~nlehre** *f* racial theory, racial doctrine; **~npolitik** *f* racial policy; **~nschranken** *f/pl* racial barriers; **~ntrennung** *f* racial segregation; **~nunruhen** *f/pl* racial disturbances; **~nverfolgung** *f* racial persecution; **~nvorurteil** *n* racial prejudice.

Rasterfahndung *f* search for wanted persons by (screening) scanning devices.

Rasur *f* erasure (*document*), deletion.

Rat *m* **I** advice, counsel; **~erteilung** *f* (giving of) advice; **~geber** *m*/**-in** *f* counsellor, adviser; **~suchende**(**r**) *f*(*m*) (*der ~suchende*) *s.o.* seeking advice; **juristischer ~** legal advice; **kostenloser ~** gratuitous/free advice; **unabhängiger fachmännischer ~** independent expert advice.

Rat *m* **II** council (= *c*-), (*pl Räte = ~e*); **~ der Europäischen Gemeinschaftens** *EU C*- of the European Communities; **~ der Westeuropäischen Union** *C*- of Western European Union, WEU *C*-; **~ des Europäischen Währungsinstituts** *EU C*- of the European Monetary Institute; **~erepublik** *f hist D* (*post World War I*) government of *c-s* (*eg workers' and soldiers'*), *republic with representation of groups, eg workers, instead of representation of individuals*; **~ für die Zusammenarbeit auf dem Gebiete des Zollwesens** Customs Cooperation *C*-; **~ für gegenseitige Wirtschaftshilfe** (*abbr* **RGW**) *C*- for Mutual Economic Assistance; **Entscheidung des ~es** *EU C*- decision; **Generalsekretär des ~es** *EU* Secretary-General of the *C*-; **Geschäftsordnung des ~es** *EU C*-'s Rules of Procedure; **ökumenischer ~** *c*- of churches; **~ ~ der Kirchen** World *C*- of Churches (*abbr* WCC); **Richtlinie des ~es** *EU C*- directive; **Umsetzung der Entscheidungen des ~es** *EU* transposition of *C*- directives; **Verordnung des ~es** *EU C*-regulation; **Vertrag zur Einsetzung *e-es* gemeinsamen ~es und *e-er* gemeinsamen Kommission der Europäischen Gemeinschaften** *EU* Treaty establishing a Single *C*- and a Single Commission of the European Communities.

Ratazins *m* broken-period interest; **Entscheidung des ~es** *EU C*- decision.

Rate *f US* installment/*GB* instalment (= *i*-), part-payment; rate (*proportion*); **~ der aufgeklärten Fälle** rate of cases solved, detection rate; **~nkauf** *m i*- purchase, purchase on the *i*- system, *i*- sale; hire purchase; **~nkredit** *m i*- sales credit, credit repayable by *i-s*; **~nrückstand** *m* arrears of *i-s*; **~nspareinlagen** *f/pl* saving-by-*i-s* deposits; **~nsparvertrag** *m* saving-by-*i-s* contract; **~nvereinbarung** *f* agreement for payment in *i-s*; **~nzahlung** *f* payment by *i-s*; **~~sbeschluss** *m* order to pay by *i-s*; **~~sgeschäft** *n i*-trading, hire purchase; **~~skredit** *m* → *~nkredit*; **in ~n** by *i-s*; **~ ~ zahlen** to pay by *i-s*; **in festgesetzten ~n** by fixed *i-s*; **überfällige ~** past due *i*-.

Rathaus *n* town hall, city hall; **~partei** *f* local political party; **~verbot** *n* prohibition to enter the town hall (*for certain individuals*).

Ratifikation *f* ratification; **~surkunde** *f* ratification instrument, instrument of ratification; **~sverfahren** *n* ratification proceedings; **der ~ bedürfen** to be subject to ratification.

ratifizieren *vt* to ratify, to validate.

Ratifizierung *f* ratification, validation, validating statute; **nachfolgende ~** subsequent ratification.

Ratio *f* logical reason, sense, underlying purpose, rationale.

Ration *f* ration.

rationalisieren *vi* to rationalize, to render more efficient.

Rationalisierung *f* rationalization (= *r*-), rational development, efficiency drive, cut-back; **~seffekt** *m* effect of *r*-; **~sfachmann** *m*/**~sfachfrau** *f* efficiency expert; **~sförderung** *f* state grant for *r*- schemes (*in coal mining*); **~sgüter** *pl* goods used for *r*-; **~sinvestition** *f* capital investment for *r-* purposes; **~skartell** *n* cartel for *r-* purposes, *r-* cartel; **~skonjunktur** *f r-* boom; **~skuratorium** *n r-* board; **~smaßnahmen** *f/pl r-* measures, productivity measures; cut-back measures; **~sschutz** *m* protection of employees in case of *r-* redundancy; **~stest** *m* test for *r-* purposes; **innerbetrieblicher ~~** intra-firm comparison; **~sversuche** *m/pl r-* tests; **innerbetriebliche ~** internal company *r-*.

rationell *adj* efficient, economical.

rationieren to ration.

Rationierung *f* rationing.

Rats|herr *m/***-in** *f* town councillor, municipal councillor; **~mitglied** *n* councillor, assemblyman; **~schreiber** *m/***-in** *f* town clerk; **~versammlung** *f* assembly of the town council; **~vorsitzende(r)** *f(m)* (*der ~vorsitzende*) chairman of a municipal council.

Ratsgebühr *f* fee for legal advice, legal consultancy fee.

Raub *m* robbery; **~ auf öffentlichen Wegen** robbery committed on a public road; **~bau** *m* predatory exploitation, over-exploitation; **~~ am Boden treiben** to exhaust the soil; **~~ an Fischbeständen** devastation of fishery resources; **~druck** *m* pirate(d) edition; **~mord** *m* murder and robbery, *murder committed in the course (or furtherance) of a robbery*; **~mörder** *m/***-in** *f* robber committing murder, murderous robber; **~platte** *f* pirated record, pirate recording, bootleg record; **~überfall** *m* armed robbery, stick-up; **~~versicherung** *f* insurance against robbery; **bewaffneter ~** armed robbery; **schwerer ~** aggravated robbery.

rauben to commit robbery, to rob, to maraud.

Räuber *m/***-in** *f* robber; **~bande** *f* gang of robbers, predatory band.

räuberisch *adj* predatory, rapacious.

Rauch|bekämpfungsvorschriften *f/pl* smoke control regulations; **~belästigung** *f* smoke nuisance; **~gehalt** *m* percentage of smoke in the air; **~verbot** *n* ban on smoking, prohibition of smoking; no smoking; **~vergiftung** *f* smoke poisoning; **~waren** *pl* tobacco products; **~waren** *pl* furs, peltry.

Rauferei *f* brawl, affray, fight, scuffle.

Raufhandel *m* joint assault, affray (*resulting in death or grievous bodily harm*).

Raum *m* (*pl Räume = ~e*) space, room, area, region; **~aufteilung** *f* floor plan; **~ersparnis** *f* space saving; **~fahrt** *f* space travel, astronautics; **~~behörde** *f* space agency; **Europäische ~~~** European Space Agency (*abbr* ESA); **~~industrie** *f* space industry; **~forschung** *f* space research; **~kosten** *pl* expenditure on office space; **~nachfolger** *m/***-in** *f* successor to the premises; **~nebenkosten** *pl* incidental expenses for accommodation; **~not** *f* shortage of housing, shortage of business premises; **~ordnung** *f* → *Raumordnung*; **~pflege** *f* domestic service; **~planung** *f* regional planning, land-use planning; **~sicherungsvertrag** *m* storage security contract; **~tarif** *m* tariff based on the required space (*for transportation of goods*); **~tiefe** *f* depth of a room; **~transport** *m* orbital transportation; **~verteilung** *f* allocation of rooms; **gemeinschaftliche ~e** jointly used rooms, communal room; **gewerbliche ~e** business premises; **lichter ~** clearance; **umbauter ~** building volume, cubic content; enclosed area; **umfriedeter ~** enclosed area, enclosure; **umschlossener ~** room, enclosed space.

räumen *vt* to evacuate, to vacate, to clear, to disposses, *vi* to yield up, to quit, to surrender (*premises*).

Raumordnung *f* regional planning (= *r/p*); **~sbehörde** *f r/p* authority; **~sgesetz** *n R/P* Act; **~sklausel** *f* proviso for *r/p*; **~spläne** *m/pl r/p* charts; **~spolitik** *f* urban and regional policy, **~sprogramm** *n r/p* program(me), general development order, planning class; **~sverfahren** *n r/p* procedure.

Räumpflicht *f duty to clear street (or footpaths) from snow and ice.*

Räumung *f* removal, evacuation, eviction, dispossession (*tenants*), clearance (*stocks*); **~sanordnung** *f* eviction order; **~sanspruch** *m* right to have premises vacated, right to disposses/evict a tenant; **~saufschub** *m* stay of eviction; **~sauftrag** *m* writ of possession, instruction to enforce an eviction; **~sausverkauf** *m* major disposal auction, end-of-business sale; **~sbefehl** *m* eviction order, order for possession; **~sfrist** *f* deadline for vacating the premises; **~sgläubiger** *m*/**-in** *f* ejector, evicting landlord; **~sklage** *f* action for possession (of premises), possession proceedings, eviction proceedings, dispossession proceedings; **~skosten** *pl* costs incurred by evacuation of premises, costs of eviction; **~sprozess** *m* possession proceedings; **~sschuldner** *m*/**-in** *f* person required to vacate premises, person to be evicted, evicted person; **~sschutz** *m* (equitable) protection against eviction, **~stitel** *m* eviction order; **~surteil** *n* judgment for possession (of premises), eviction order; **~sverfahren** *n* eviction proceedings; **~svergleich** *m* court settlement requiring tenant to vacate premises; **~sverkauf** *m* clearance sale; **~sverzug** *m* delay in vacating premises (*after termination of tenancy*); **~svollstreckung** *f* eviction, enforcement of orders for possession; **gewaltsame** ~ forcible eviction; **zur ~ zwingen** to evict, to dispossess.

Rauschgift *n* narcotic drug, narcotic, drug, dope, dangerous drug(s); **~delikte** *n/pl* drug *US* offenses/ *GB* offences; **~-Durchsuchungsbefehl** *m* warrant to search for drugs; **~handel** *m* drug dealing, drug traffic, dope peddling, narcotics traffic; **~händler** *m*/**-in** *f* trafficker in drugs, narcotics dealer, pusher, drug pedlar, drug merchant; **~ nehmen** to take drugs, to be on drugs; **~schmuggel** *m* dope smuggling, narcotics smuggle; **~suchhund** *m* dope-attuned dog; **~sucht** *f* drug addiction; **~süchtige(r)** *f(m)* (*der ~süchtige*) drug addict, narcotic; **~ verabreichen** to administer narcotic drugs, to dope; **~vergehen** *n* narcotics *US* offense/*GB* offence, drugs *US* offense/*GB* offence.

Rauschmittel *n* intoxicant, intoxicating drug; **~abgabe** *f* passing intoxicating drugs; **ein die Widerstandskraft lähmendes ~** overpowering drug.

Rauschtat *f US* offense/*GB* offence of intoxication.

rausschmeißen *vt* to throw out, to sack, to fire.

Rausschmeißer *m*/**-in** *f* bouncer.

Rausschmiss *m* sacking, sack, firing.

Rayonchef *m*/**-in** *f* floor walker.

Razzia *f* police raid, round-up.

Reagibilität *f* proneness to react, sensitiveness (*market, etc*), responsiveness.

Reaktion *f* reaction, response; reactionary movement, reactionary forces; **~sgeschwindigkeit** *f* speed of response; **~szeit** *f* reaction time, thinking distance; **marktmäßige ~** free-market reaction; **unwiderstehliche ~** uncontrollable impulse.

Reaktionär *m*/**-in** *f* reactionary.

Reaktivierung *f* reactivation, rehabilitation; recall to the service, recommissioning; **~ der Diskontpolitik** restoring bank-rate policy to active use.

Reaktor *m* atomic reactor; **~sicherheit** *f* nuclear safety; **~~skommission** *f* reactor safety commission; **Bundesminister für Umwelt, Naturschutz und ~~** Federal Minister of the Environment, Nature Conservation, and Nuclear Safety; **~unfall** *m* atomic reactor accident.

real *adj* real, in terms of real value, in real terms, actual, true.

Real|akt *m* physical act; **~angebot** *n* tender; **~berechtigung** *f* object-related *US* license/*GB* licence; **~einkommen** *n* real income, real earnings; **~erlös** *m* actual yield, real return; **~gemeinde** *f* village community with common real property; **~gewerbsberechtigung** *f* trade franchise attached to the land; **~injurie** *f* insult by physical act (*slap, spitting in the face*); **~kapital** *n* real capital, effective capital, non-monetary capital, physical capital, tangible fixed assets; **~kauf** *m* executed sale, sale, executed purchase; **~~kraft** *f* effective purchasing power; **~konkurrenz** *f crim* concurrence of several (criminal) acts in one judgment, multiplicity of *US* offenses/*GB* offences in one indictment, → *Tatmehrheit*, ↔ *Indealkonkurrenz*, *Tateinheit*; **~kredit** *m* credit secured by a charge on (real or personal) property; real-estate loan; **~~institut** *n* real-estate credit institution, mortgage bank; **~last** *f* land charge (*conveying right to recurrent payments or services*); **~lohn** *m* real wages, wages in real terms, actual wages; **~politik** *f* realistic political approach, realistic policies, policy based on realities; **~politiker** *m/*-**in** *f* realist in political affairs, realistic politician; **~rechte** *n/pl* real-estate rights, real-estate encumbrances, object-related rights; **~schule** *f* intermediate modern secondary school, *US* junior high school; **~splitting** *n* de facto splitting (*of tax for maintenance payments to ex-wife*); **~statut** *n* lex rei sitae; real statute; **~steuer** *f* impersonal tax, real tax, *esp* land tax and trade tax; **~teilung** *f* physical partition (of estate); **~union** *f* real union, merger of offices; **~vermögen** *n* real assets, realty; real wealth; **~vertrag** *m* executed contract; **völkerrechtlicher ~~** paction; **~wert** *m* actual value, intrinsic value, real value; **~zins** *m* real interest rate, running yield, yield with allowance for redemption.

Realien *f/pl* real properties, real estate.

realisierbar *adj* realizable, convertible into money, recoverable; **nicht ~** not realizable, unrecoverable, non-convertible; **sofort ~** easily marketable.

realisieren *vt* to put into practice, to materialize, to implement; to convert into money, to realize; to liquidate, to cash in on projects.

Realisierung *f* realization, liquidation, selling, implementation; **~ *e-er* Forderung** successful collection.

Realisation *f* realization, conversion into money, selling; **~skonto** *n* realization and liquidation account; **~sverkauf** *m* liquidating sale; **~swelle** *f* wave of selling, bout of selling; **~swert** *m* value on realization.

Reassekuranz *f* reinsurance.

Reassortierung *f* replenishing the assortment, rearranging the assortment.

Rebell *m*/**-in** *f* rebel, insurgent.

Rebellion *f* revolt, rebellion.

Rechen|fehler *m* arithmetical error, error in calculation; **~stift** *m* slate pencil, critical appraisal of expenses; **~werk** *n* arithmetic, arithmetical system, accounting, accountancy, set of accounts; **~zentrum** *n* (*abbr* **RZ**) computer *US* center/*GB* centre.

Rechenschaft *f* account, rendering of account; **~ ablegen** to render account, to account for; **~ fordern** to call to account, to demand an explanation; **~sbericht** *m* account, statement of account, report and statement of account; **~slegung** *f* rendering of account; **~~spflicht** *f* accountability, liability to account (for); **~ verlangen** to call to account, to demand an explanation; **zur ~ ziehen** to call to account.

rechenschaftspflichtig *adj* liable to account (for).

Recherche *f* search; investigation (*by journalist, detective, etc*); ~ **auf Neuheit** search as to novelty; ~ **internationaler Art** worldwide search; **~nabteilung** *f* search division; **~namt** *n pat* search authority; **~nbericht** *m* search report; **~nexemplar** *n* search copy; **~ngebühr** *f* search fee; **ausgedehnte ~** extensive search; **ergänzende Europäische ~** *pat* supplementary European search; **internationale ~** international search.

Rechercheur *m*/**-in** *f* investigator, researcher.

rechnerisch *adj* calculated, computable, notional.

Rechnung *f* bill, sales bill, invoice, statement of account, note; ~ **in doppelter Ausfertigung** invoice in duplicate; ~ **legen** to render (an) account; **~sabgrenzung** *f* apportionment between accounting periods, separation of items applicable to a future accounting period, deferral, deferred charges to operations; **~~sposten** *pl* transitory items, deferred items, suspense items, items applicable to a future accounting period; **aktive ~~~** prepaid expenses; **passive ~~~** deferred liability items, credits to income; **~sablegung** *f* rendering of account, accounting; **~sabschluss** *m* closing of accounts, closing the books, statement of account, accounts agreed upon; **~sabteilung** *f* billing/accounts department; **~saustausch** *m* substitution of invoices; **~sauszug** *m* extract of account; **~sbeamter** *m*/ **~sbeamtin** *f* accounting official; **~sbeleg** *m* voucher; **~sbetrag** *m* amount invoiced, invoice amount, amount of invoice; **~sbogen** *m* tally sheet; **~sdatum** *n* date of invoice; **~sdefizit** *n* accounting deficit; **~sdurchschlag** *m* copy (of) invoice; **~seinheit** *f* unit of account; **Europäische ~~** (*abbr* **ERE**) European Unit of Account (*abbr* EUA) (*until 1981*; → *EWE, euro*); **~seinzugsverfahren** *n* direct debiting; **~sempfang** *m* receipt of invoice; **~sergebnis** *n* result of calculation; **~serteilung** *f* rendering an account, invoicing; **~sfehler** *m* accounting mistake, calculation mistake; **~sformular** *n* printed account form, billhead; **~sführer** *m*/ **-in** *f* accounting officer, person in charge of the account(s); **~sführung** *f* accounting, keeping of accounts; **~sgebühren** *f/pl* accounting charges; **~sgewicht** *n* billed weight; **~sgutschrift** *f* credit to the account, credit note; **~shalbjahr** *n* half of the financial year; **~shof** *m* audit office, Auditor General, *EU* Court of Auditors, *US* General Accounting Office; **Europäischer ~~** *m EU* European Court of Auditors; **~sjahr** *n* financial year, accounting year, fiscal year; **~slegung** *f* → *Rechnungslegung*; **~snachlass** *m* discount on the account; **~snachweis** *m* accounting evidence; **~snummer** *f* invoice number; **~speriode** *f* accounting period; **~sposition** *f* invoice item, item on the account, accounting position; **~sposten** *m* item of account, item of a bill, invoice item; accounting unit; **~~ aufaddieren** to sum up the items; **~~ nachprüfen** to check the items of the invoice; **~spreis** *m* invoiced price, invoice price; **~sprüfer** *m*/**-in** *f* auditor; **amtlicher ~~** government accountant; **externer ~~** outside auditor; **~sprüfung** *f* → *Rechnungsprüfung*; **~srückstand** *m* account in arrears; **~ssachverständige(r)** *f(m)* (*der ~ssachverständige*) accounting expert; **~ssaldo** *m* balance (of an invoice); **~sstelle** *f* accounts department, accounting office; **~sstellung** *f* billing; submission of account, bill rendered, presenting an invoice; **überhöhte ~~** overbilling; **~ssumme** *f* invoice amount sum payable; **~stag** *m* audit day; **~süberschuss** *m* accounting surplus; **~svierteljahr** *n* quarter of the financial year; **~svorgang** *m* accounting operation; previous accounts; ~**svorlage** *f* submission of account, presentation of the invoice; ~**svordruck** *m* invoice form, billhead; ~**swert** *m* invoice value, value as per invoice; ~**swesen** *n* accounting, accounting system, accountancy; **betriebliches** ~~ cost accounting, internal accounting; **industrielles** ~~ industrial accounting; **kaufmännisches** ~~ business accounting; **kommunales** ~~ municipal accounting; **öffentliches** ~~ public accounting, public accounts; ~**szinsfuss** *m* interest-rate for accounting purposes; ~**szettel** *m* slip; ~ **und Gefahr** account and risk; **auf Ihre** ~ ~ ~ for your account and risk; ~ **und Gegenrechnung** debit and credit; **alte** ~ the last accounting period, now closed; **auf** ~ **von** on account of; **auf die** ~ **setzen** to score; **auf** ***e-er*** ~ **stehen** to appear in an account; **auf fremde** ~ for account of a third party, as agent only; **auf feste** ~ at a fixed price; **auf neue** ~ **vortragen** to carry forward to a new account; **ausstehende** ~**en** outstanding invoices, unpaid bills; **die** ~ **begleichen** to foot the bill, to pay the bill, to settle an account; **die** ~**en vorlegen** to produce the accounts/the invoices; ***e-e*** ~ **als unrichtig zurückweisen** to return an invoice/a bill for incorrectness; ***e-e*** ~ **aufstellen** to draw up an account; ***e-e*** ~ **ausstellen** to issue an account, to make out an invoice, to invoice, to make out a bill; ***e-e*** ~ **in Ordnung befinden** to agree with an invoice; to pass an account; ***e-e*** ~ **prüfen** to verify an account, to check a bill; ***e-e*** ~ **quittieren** to receipt a bill; ***e-e*** ~ **spezifizieren** to itemize an account; ***e-e*** ~ **vorlegen** to present a bill, to submit an account; **fingierte** ~ pro forma invoice; **für** ~ **des/der** on behalf of; **für eigene** ~ for one's own account; **für feste** ~ **kaufen** to buy firm; **für fremde** ~ for another's account; **für gemeinsame** ~ for joint account, on joint account; **für** ~ ***e-es*** **anderen** → *für fremde* ~; **für** ~ **von** for the account of, on account of; **getrennte** ~ separate account, separate checks (*in restaurant, etc*); **in englischem Pfund zahlbare** ~**en** invoices payable in sterling; **in** ~ **gestellt** billed, invoiced; **in** ~ **stellen** to invoice, to charge; ***jd-em*** ~ ~ ~ to put down to a person's account, to pass to a person's account; **längst fällige** ~ past due account, long outstanding account; **laufende** ~ current account, running account, open account; **laut** ~ as per account; **laut ausgestellter** ~ as per account rendered; **laut erhaltener** ~ as per account received; **laut vorgelegter** ~ per account rendered; **nächste** ~ next account; **neue** ~ a new accounting period; **nicht in** ~ **gestellt** not charged, not invoiced; **offene** ~ outstanding account, unsettled account, trader's running account; **offenstehende** ~ outstanding account; unsettled account; **pro-forma** ~ pro-forma invoice; **provisionsfreie** ~ invoice without deduction for commissions; **prüffähige** ~ verifiable invoice; **quittierte** ~ receipted bill; **rückdatierte** ~ back-dated/predated invoice; **spezifizierte** ~ specified/itemized account; **überfällige** ~ overdue/delinquent account; **überhöhte** ~ excessive bill, stiff bill; **überschlägige** ~ rough calculation; **unbewegliche** ~ open account, unpaid invoice, back bill; **vordatierte** ~ post-dated invoice; **vorläufige** ~ provisional invoice.

rechnung|sfähig *adj* billable; ~**smäßig** in accordance with the account.

Rechnungslegung *f* rendering an account, accounting; ~ **im Prozess** *m* rendering an account during litigation; ~**sbeschluss** *m* order to render an account; ~**sklage** *f* action for an account, account render; ~**spflicht** *f* liability to render an account; ~**spublizität** *f* public disclosure of accounts; **~s- und Aufklärungsbeschluss** *m* accounts and inquiries; ~ **und Rechnungsprüfung** *f* presenting and auditing accounts; **abschließende** ~ full account, final accounting; **detaillierte** ~ detailed account; **periodengerechte** ~ accounting on an accrual basis (*related to accounting periods*); **zukünftige** ~ prospective account, future accounting.

Rechnungsprüfung *f* audit, auditing of accounts, post audit examination of accounts; **~samt** *n* auditing office; **~sausschuss** *m* auditing committee, public accounts committee; **~sbehörden** *f* auditing authorities; **~swesen** *n* audit system; ***e-e*** ~ **vornehmen** to audit (accounts); **vorläufige** ~ provisional audit; **stichprobenweise** ~ random (test) audit.

Recht I *n* right (*to sth*) (= *r-*), claim right, right a person has to *sth*, interest; ~ **am eingerichteten und ausgeübten Gewerbebetrieb** *r-* to one's business establishment; ~ **am Gemeinschaftseigentum** common interest (in condominium property); ~ **an *e-em* Grundstück** interest in land/real property, real estate *r-*; ~ **an unbeweglichen Sachen** title to landed property, real estate *r-*; ~ **auf Ämterbesetzung** patronage; ~ **auf anwaltschaftliche Beratung** *r-* to consult with counsel; ~ **auf Arbeit** *r-* to work; ~ **auf Aufrechnung** *r-* to set-off; ~ **auf Ausbeutung** *r-* to work/exploit (*a mine, etc*); ~ **auf Benennung von Beobachtern** *r-* to designate observers; ~ **auf Benutzung** *r-* to use, *r-* of user; ~ **auf Besitz** possessive *r-*, *r-* of possession; ~ **auf das Patent** title to the patent; ~ **auf Entnahme von Mineralien** *r-* to extract minerals; ~ **auf Ernte der eigenen Saat** *r-* to emblements; ~ **auf Gegendarstellung** *r-* of reply; *r-* to a counter-statement; ~ **auf Gehör** *r-* to be heard, *r-* of audience (*in court*); ~ **auf Hinzuziehung *e-es* Verteidigers** *r-* to consult (and be defended by) a lawyer of one's choice; counsel; ~ **auf Leben** *r-* to life; **~auf Leistungsverweigerung** *r-* of refusal to perform; ~ **auf persönliche Sicherheit** *r-* to personal safety; ~ **auf rechtliches Gehör** *r-* to be heard; ~ **auf Schadenherabsetzung** *r-* to reduction of damage; ~ **auf Sesshaftigkeit** status of irremovability; ~ **auf ungehinderten Zutritt** *r-* of free entry/access; ~ **auf ungestörte Nutzung** *r-* to quiet enjoyment; ~ **auf Urkundenvorlage** power to call for documents, *r-* of discovery; ~ **auf Vorlage von Urkunden** → ~ *auf Urkundenvorlage*; ~ **auf vorzugsweise Befriedigung** *r-* to preferential satisfaction (*of lienholder in bankruptcy*); ~ **auf Zugang zu** *r-* of access to (*eg documents, information*); ~ **behalten** to maintain/preserve one's *r-*; ~ **der Berufung auf Anwaltsgeheimnis** professional privilege, solicitor's privilege; ~ **der Einsichtnahme** *r-* to inspection of documents; ~ **der Erfindereigenschaft** *r-* of inventorship; ~ **der ersten Wahl** (*r-* of) first choice; ~ **der ersten Ablehnung** *r-* of first refusal; ~ **der Flaggenkontrolle** *r-* of visit; ~ **der freien Zufahrt** *r-* of ingress, egress, and regress, *r-* of access; ~ **der Freizügigkeit** freedom of movement; ~ **der Gegenäußerung** *r-* to reply/answer, *r-* of counter-statement; ~ **des Ausschlusses der Öffentlichkeit** *r-* of privacy; ~ **des Bestellers zur Ersatzvornahme** option of owner to complete works (*building*), *r-* of customer to effect (a) substitute performance; ~ **des Erstgeborenen** rule of primogeniture; ~ **des freien Zugangs zum Meer** *r-* of free access to the sea; ~ **des freihändigen Verkaufs** power of sale (*of mortgaged property or attached goods*), *r-* to sell by private contract; ~ **des geistigen Eigentums** intellectual property *r-*; ~ **des Nach-**

erben expectant interest as a reversionary heir, *r*-(s) of the subsequent heir; ~ **des Überlebenden** *r*- of survivor; ~ **des Urhebers** author's *r*-(s), *r*-(s) of copy*r*- owner; ~ **des Vorerben** *r*-(s) of the provisional heir; **~e an fremder Sache** jura in re aliena; **~e Dritter** third party *r-s*; **~e einklagen** to enforce one's *r-s* by legal action, to sue for one's *r-s*; **~e geltend machen** to assert *r-s*, to vindicate one's *r-s*; **~e mit Gewinnbeteiligung** *r-s* conferring a share of the profits, profit-sharing *r-s*; **~e übergehen lassen auf** to subrogate; **~e und Pflichten** *r-s* and obligations; ~ ~ ~ **aus *e-em* Vertrag** *r-s* and obligations arising under a contract; **~e und Verbindlichkeiten** *r-s* and obligations; **~e wahren** to preserve *r-s*; **~losigkeit** *f* being without *r-s*, situation in which *r-s* are unsecured (*status iustitia vacuus*); **~sabtretung** *f* assignment (of *r-s*); **~sänderung** *f* alteration of *r-s*; **~~sklage** *f* action for modification of *r-s*; **~sausübung** *f* exercise of a *r-*; **~~sfrist** *f* time limit for asserting one's *r-s*, deadline for legal remedies; **unzulässige ~~** improper exercise of a *r-* (→ *estoppel, equitable estoppel*); **~sbelehrung** *f* instructing *s.o.* on his legally recognized *r-s*, caution; **~sbesitzer** *m* holder of a *r-*; **~seintritt** *m* subrogation of *r-s*; **~serwerb** *m* acquisition of a *r-*/*r-s*, acquisition of title, vesting; **~~ durch Verarbeitung** *r-* by specification; **~sgarantie** *f* warranty of title; **~sgenuss** *m* enjoyment of a *r-*; **~sgestaltung** *f* defining *r-s* through private declarations of will (*contracts, wills*); **~sgleichheit** *f* equality of *r-s*; ~ **sich anwaltschaftlich vertreten zu lassen** *r-* to counsel (of one's choice); *r-* to be represented by a lawyer; **~sinhaber** *m*/**-in** *f* holder of a *r-*, entitled person; **~smangel** *m* legal imperfection in title; **~~gewähr** *f* warranty of title, warranty of quiet enjoyment; **~~haftung** *f* liability for sound title, warranty of title; **arglistiger ~~** fraud in title; **~smissbrauch** *m* abuse of *r-*, abusive exercise of a *r-*; abuse of title, conduct subject to estoppel; **~snachfolge** *f* succession, succession in title, legal succession, devolution; **~~ durch Erbgang** devolution by inheritance; **~~ bei Tod** devolution upon death; **~~klausel** *f* subrogation clause; **~snachfolger** *m*/**-in** *f* successor, legal successor, successor in title, successor in interest, *pl* heirs and assigns; **~sobjekt** *n* object of a *r-*; **~sschein** *m* appearance of a *r-*/legal position; **~~shaftung** *f* estoppel by representation, liability for creating the appearance of a *r-* or entitlement; **~~(s)vollmacht** *f* agency by estoppel; **~sstellung** *f* legal status/position; **Protokoll über die ~~ der Flüchtlinge** Protocol relating to the Status of Refugees (*New York, 31 January 1967*); **~ssubjekt** *n* holder of *r-s*; **~stitel** *m* (legal) title; **~sträger** *m*/**-in** *f* instrumentality, holder of a *r-*, legal entity, *person or body in whom a r- is vested*; **~sübergang** *m* devolution of title, vesting (of title), transmission of *r-s*; **gesetzlicher ~~** subrogation, transfer of title by operation of law; **~sübertragung** *f* assignment (*of a r- or of r-s*), transfer of title; **~sverletzung** *f* infringement of *r-s*/of a *r-*; **~sverschaffungspflicht** *f* obligation to vest a *r-* in *s.o.*, obligation to transfer a *r-* to *s.o.*; ***e-e* ~~ verfolgen** to sue for an infringement (*of a r-*); **~sverlust** *m* loss of a *r-*, forfeiture of *r-*, lapse of a *r-*, lapse of title; **~sverteidigung** *f* *US* defense/*GB* defence (*of a r- in civil cases*); **~sverwahrung** *f* reservation of a *r-*; **~sverweigerung** *f* refusal of justice, denial of justice; **~sverwirkung** *f* forfeiture of a *r-*; **~sverzicht** *m* disclaimer of a *r-*, waiver; **~svorbehalt** *m* reservation of *r-s*; ~ **zum Aktienrückverkauf** appraisal *r-*, appraisal remedy; ~ **zum Auftreten vor Gericht** *r-* to be heard, *r-* of audience in court, → *Postulationsfähigkeit*; ~ **zum ausschließlichen Vertrieb** exclusive distribution *r-*; sole *r-* of sale; ~ **zum Getrenntleben** *r-* to separation; ~ **zur Einsichtsnahme** *r-* of access to (*eg documents, information*); ~ **zur freien Würdigung** *r-* of free appraisal; ~ **zur Gewährung von Unterlizenzen** *r-* to grant *US* sublicenses/*GB* sublicences; ~ **zur Vertretung vor Gericht** *r-* to be heard, *r-* of audience in court; **abdingbares** ~ disposable *r-*; **abgeleitete** ~**e** derivative *r-s*; **absolutes** ~ absolute *r-*, absolute interest (*in sth*); **abstraktes** ~ abstract *r-*, bare *r-*; **abtretbares** ~ assignable *r-*; **akzessorisches** ~ accessory *r-*, incidental *r-*, secondary *r-*; **alle** ~**e vorbehalten** all *r-s* reserved; **alleiniges** ~ sole *r-*; **allgemein anerkanntes** ~ common *r-*, generally accepted *r-*; **allgemeines** ~ general *r-*; **allodiales** ~ allodial *r-*; **älteres** ~ prior *r-*; **angeborenes** ~ inherent *r-*; **anerkanntes** ~ vested *r-*; **anwachsendes** ~ accruing *r-*; **auf ein** ~ **verzichten** to disclaim a *r-*, to renounce a (one's) *r-*, to relinquish a *r-*, to waive a *r-*; **auf seinem** ~ **beharren** to stand on one's *r-*; **auf seinem** ~ **bestehen** to insist on one's *r-s*; **aus eigenem** ~ in one's own *r-*, sui juris; ~ ~ ~ **besitzen** to hold in one's own *r-*; **ausschließlich aller** ~**e** ex all (*r-s*), excluding all *r-s*; **ausschließliches** ~ absolute *r-*, exclusive *r-*; **bedingtes** ~ conditional *r-*, contingent interest; **benachbartes** ~ related *r-*; **beschränkt dingliches** ~ equitable interest in property, property interest limited to its holder; **beschränktes** ~ limited *r-*, limited interest, qualified *r-*; **besseres** ~ better *r-*, outstanding title; **das** ~ **der freien Zufahrt** ingress, egress and regress; **das** ~ **ist erloschen** the *r-* has lapsed; **die sich aus etw ergebenden** ~**e** the *r-s* ensuing from *sth*; **durch Geburt erworbenes** ~ *r-* acquired by birth; **eheliche** ~**e** marital *r-s*, conjugal *r-s*; **ein** ~ **abtreten** to assign a *r-*; **ein** ~ **aufgeben** to abandon a *r-*, to waive a *r-*, to relinquish a *r-*, to renounce a *r-*, to disclaim a *r-*; **seine** ~**e** ~ to yield one's *r-s*; **ein** ~ **einräumen** to grant (*s.o.*) a *r-*/privilege; **ein** ~ **entziehen** to deprive (*s.o.*) of a *r-*; **ein** ~ **fällt an** a *r-* arises, a *r-* accrues; **ein** ~ **geht auf** ***jd-en*** **über** a *r-* is vested in a person, a *r-* is transferred to *s.o.*; **ein** ~ **geht unter** a *r-* extinguishes; **ein** ~ **geltend machen** to assert a *r-*, to assert a title; **ein** ~ **haben** to have a *r-*, to hold a *r-*, to be entitled; **ein** ~ **herleiten von** to derive a *r-* from; **ein** ~ **stützen auf** to establish a *r-* on a basis of; **ein** ~ **verleihen** to grant a privilege, to vest a *r-* (*in s.o.*); **ein** ~ **verletzen** to infringe a *r-*; ***jd-es*** ~ **verletzen** to infringe *s.o.'s r-*; **ein** ~ **wird erworben** a *r-* is acquired, a *r-* accrues to *s.o.*; ***e-es*** ~**es verlustig gehen** to become disentitled, to lose one's *r-*, to forfeit a *r-*; **einklagbare** ~**e** legally enforceable *r-s*; **elterliche** ~**e** parental *r-s*; **ersessenes** ~ prescriptive *r-*, *r-* derived from long possession, *r-* acquired by adverse possession; **gegenwärtiges** ~ present *r-*; **gemeinsames** ~ joint *r-*, undivided *r-*; **gerichtlich durchsetzbares** ~ judicial *r-*, enforceable *r-*; **gleiche** ~**e genießen** to enjoy equal *r-s*; **grundlegendes** ~ fundamental *r-*; **grundstücksgleiches** ~ full legal title to land; **gutgläubig erworbenes** ~ bona fide acquired *r-*; **höchstpersönliches** ~ strictly personal *r-*, strictly private *r-*; **ich lasse mir mein** ~ **nicht nehmen** I insist on my *r-s*; **immaterielles** ~ intangible *r-*; **in die** ~**e eintreten** to be subrogated to (*s.o.*'s) *r-s*; **in fremdem** ~ en autredroit; **in** ***jd-es*** ~**e eingreifen** to infringe *s.o.*'s *r-s*, to interfere with *s.o.*'s *r-s*; **in** ***jd-es*** ~**e eintreten** to be subrogated to, to enter into the *r-s* of, to succeed to the *r-s* of *s.o.*; **in seine** ~**e wiedereinset-**

zen to reinstate *s.o.*'s *r-s*; ***jd-em* ein ~ aberkennen** to deprive *s.o.* of a *r-*; ***jd-em* ein ~ absprechen** to deny *s.o.* a *r-*; ***jd-en* in seine ~e wiedereinsetzen** to reinstate *s.o.* in his *r-s*; **künftiges ~** future *r-*; **künstlerische ~e** artistic *r-s*; **lebenslängliches ~** life interest, title for life; **materielles ~** substantive *r-*; **mit allen ~en** with all *r-s*; **mit *e-em* Grundstück verbundene ~e** *r-s* that run with the land; **natürliches ~** natural *r-*; **nicht übertragbares ~** non-transferable *r-*; **obligatorisches ~** relative *r-*, *r-* in personam, *r-* arising out of an obligation; **offenbares ~** clear *r-*, manifest *r-*; **originäres ~** original *r-*, inherent *r-*; **persönliches ~** private *r-*, personal *r-*; **politisches ~** political *r-*; **possessorisches ~** possessory *r-*; **privates ~** private *r-*; **rangbesseres ~** superior title; **ranghöchstes ~** paramount title; **rangschlechteres ~** junior *r-*; **relatives ~** relative *r-*; **reversibles ~** reversible *r-*; **sämtliche ~e** all *r-s*, all the estate, all the interest; **sich auf ein ~ berufen** to assert a *r-*; **sich ~ verschaffen** to obtain justice; **sich ~e vorbehalten** to reserve *r-s*; **staatsbürgerliche ~e** political *r-*, *r-s* of citizenship, civic *r-s*, citizen's *r-s*; **selbständiges ~** independent *r-*; **stärkeres ~** superior title, better *r-*; **streitiges ~** disputed *r-*; **subjektives ~** (*an individual's*) *r-*, entitlement; **subjektiv-dingliches ~** *r-* ad rem, *r-* in rem; **übertragbares ~** transferable *r-*, assignable *r-*; **unabdingbares ~** inalienable *r-*; **unangreifbares ~** established *r-*, indefeasible *r-*; **uneingeschränktes ~** absolute *r-*; **ungeteiltes ~** undivided *r-*; **unkörperliches ~** intangible *r-*; **unveräußerliches ~** inalienable *r-*; **unverjährbares ~** *r-* that cannot become statute-barred, permanent *r-*, imprescriptible *r-*; **unvollkommenes ~** imperfect *r-*; **veräußerliches ~** alienable *r-*; **verbrieftes ~** vested title, chartered title; **verliehenes ~** granted title; **verwandtes ~** related *r-*; **vollkommenes ~** perfect *r-*; **von *e-em* ~ Gebrauch machen** to avail oneself of a *r-*; **von ~s wegen** by *r-*, → *Recht II*; **widerruflich gewährtes ~** revocable *r-*; **wohlbegründetes ~** vested *r-*, well established *r-*; **wohlerworbenes ~** vested *r-*, vested interest, *pl* well/duly acquired *r-s*; **zukünftiges ~** expectant interest, future *r-*;

Recht II *n* law (= *l-*, *legal* = *l-l*); **~ der belegenen Sache** lex situs, lex rei situs, law of the place of location; **~ der Beweisführung** *l-* of evidence; **~ der Schuldverhältnisse** *l-* of obligations; **~ der Stellvertretung** *l-* of agency; **~ der unerlaubten Handlung** *l-* of torts; **~ des Erfüllungsortes** *l-* of the place of performance; **~ des Forums** *l-* of the forum (*lex fori*); **~ des Gerichtsstandes** lex fori; **~ des Internet** cyberlaw; **~ des Vertragsortes** lex loci contractus, lex loci actus; **~ des Wirkungsstaates** *l-* of the state where the agent acts; **~ des Wohnsitzes** *l-* of domicile; **~losigkeit** *f* lawlessness; **~mäßigkeit** *f* lawfulness, legality; **~sabteilung** *f* *l-l* department; **~sakt** *m* legally relevant act (or conduct); **~samt** *n* municipal *l-l* office; **~sanalogie** *f* (application of) analogous *l-*; **~sänderung** *f* change in the *l-*; **~sangelegenheit** *f* *l-l* matter, matter of *l-*, matter for *l-l* consideration; **~sangleichung** *f* unification of *l-*, assimilation of *l-s*, harmonization of *l-l* provisions; **~sanschauung** *f* *l-l* view; **~sanspruch** *m* *l-l* claim; **~santragsstelle** *f* special applications office, issuing office, (*at the local court*); **~sanwalt** *m*/**~sanwältin** *f* → *Rechtsanwalt*; **~sanwendung** *f* application of *l-*; **~sargument** *n* *l-l* argument, point of *l-*; **~sauffassung** *f* *l-l* opinion, *l-l* viewpoint; **~saufsicht** *f* supervisory control, *l-l* supervision, supervision on points of *l-*; **~~sbehörde** *f* supervisory authority (*on points of l-*); **~sausführungen** *f/pl l-l* argument, *l-l* submissions; **mündliche ~~** oral argument, oral pleadings (*on points of l-*); **schriftliche ~~** brief on points of *l-*, *l-l* brief; **~sauskunft** *f* information on the *l-*; **~sauslegung** *f l-l* interpretation; **~säußerung** *f l-l* comment; **~sausschuss** *m* committee on *l-l* affairs, *l-* committee, judiciary committee; **~sbasis** *f l-l* foundation; **~sbegehren** *n* petition, request for a *l-l* remedy; **~sbegriff** *m l-l* concept, *l-l* term, nomen juris; **~sbehelf** *m* → *Rechtsbehelf*; **~sberater** *m/***-in** *f l-l* adviser; **~sberatung** *f l-l* advice; **~~smissbrauchsgesetz** *n l-* against unlicensed *l-l* practice; **~~sstelle** *f l-l* aid office; **~sbereinigung** *f* repealing obsolete statutes; **~~sgesetz** *n* Act to abolish obsolete legislation; **~sbeschwerde** appeal on points of *l-* (*from an order by a court or tribunal*); **~~verfahren** *n* procedure for appeals on points of *l-* (→*~sbeschwerde*); **~sbesitz** *m* civil possession, naked possession, theoretical possession; **~sbesorgung** *f l-l* services, conduct of *l-l* matters; **~sbestand** *m l-l* validity, *l-l* existence; **~sbetreuung** *f l-l* assistance, looking after *s.o.*'s rights; **~sbeugung** *f* perverting the course of justice; **~sbeziehung** *f l-l* relationship, *l-l* relations; **die internen ~~en der Parteien** the parties' internal *l-l* relations, the rights of the parties inter se; **~sbibliothek** *f l-* library; **~sbindungswille** *m* intention to create *l-l* relations, intent to contract; **~sblindheit** *f* recklessly ignoring the *l-*, **~sbrauch** *m l-l* custom; **~sbrecher** *m/***-in** *f l-*-breaker, criminal, trespasser; **~sbruch** *m* violation of the *l-*, breach of the *l-*, infringement; **~sbüro** *n l-* office; **~scharakter** *m l-l* character, *l-l* nature; **~sdenken** *n l-l* thinking; **~sdezernat** *n* municipal *l-l* department; **~seinheit** *f l-l* uniformity, *l-l* unity; **~seinwand** *m* plea, objection, demurrer; **~sempfinden** *n* sense of justice; **gesundes ~~** natural sense of justice; **~sentscheid** *f l-l* decision; **~serheblichkeit** *f* relevancy in *l-*; **~serlebnis** *n* experience of a *l-l* affair; **~sexperte** *m l-l* expert; **~sfähigkeit** *f* (*l-l*) capacity, capacity to acquire and hold rights and duties; **~~ verleihen** to grant juristic personality, to incorporate; **völkerrechtliche ~~** international (juridical) personality; **~sfall** *m l-l* case, *l-* case; ***e-en*** **~~ behandeln** to handle a case; **~sfehler** *m l-l* mistake, error in *l-*; **revisibler ~~** reversible error; **~sfigur** *f l-l* entity, legally defined concept, *l-l* concept; **~sfiktion** *f l-l* fiction; **~sfindung** *f l-l* determination; **~sfolge** *f l-l* consequence, **~~nbelehrung** *f* cautioning/warning as to the *l-l* consequences (*of an act or omission*); **~sform** *f l-l* form; **~sformularbuch** *n* book of *l-l* forms, book of *l-l* precedents; **~sfortbildung** *f* further *l-l* education; **~sfrage** *f l-l* question, point of *l-*, *l-l* issue; **streitige ~~** issue of *l-*, controversial *l-l* point; **~sfrieden** *m l-* and order, public peace; undisturbed administration of the *l-*; **~sgang** *m* practice of the court, court proceedings; **~sgarantie** *f l-l* guarantee; **~sgebiet** *n* field of *l-*, *l-l* sphere; **~sgedanke** *m l-l* concept, policy of the *l-*; **~sgefährdung** *f* imperilment of the *l-*, danger to justice; **~sgefühl** *n* sense of justice, sense of what is right and wrong; **~sgelehrte(r)** *f(m)* (*der ~sgelehrte*) *l-l* scholar; **~sgeltungswille** *m* intention of *l-l* effect; **~sgemeinschaft** *f l-l* community, unity of interest, joint holding; **~sgeschäft** *n* → *Rechtsgeschäft*; **~sgeschichte** *f l-l* history, history of *l-*; **~sgespräch** *l-l* discussion; **~sgestaltung** *f* shaping the *l-*; influencing the *l-l* status quo by court decisions, defining of *l-l* relations within a private enterprise/undertaking; **~~sklage** *f* action to change the *l-l* status; **~sgewohnheit** *f l-l* custom, judicial custom; **~sgleichheit** *f* equality before the *l*-, *US* equal protection under the *l*-; **~sgrund** *m* cause in *l*-, *l-l* basis, *l-l* ground; **~~lage** *f l-l* basis, *l-l* foundation; **~~satz** *m* principle of *l*-, *l-l* principle, *l-l* maxim, *pl* canons (of *l*-); **~sgültigkeit** *f l-l* validity; **~sgut** *n* legally protected interest, object of *l-l* protection (*such as life, property, hono(u)r*); **~sgutachten** *n* (*l-l*) opinion, counsel's opinion, *l-l* expertise; **~sgüterabwägung** *f* balancing legally protected interests, weighing the *l-l* merits; **~shandlung** *f* (objective) act (as manifestation of a person's will); **~shängigkeit** *f* lis pendens, pendency (of a claim); **anderweitige ~~** another action pending; **für den Fall der ~~** pending suit; **nach ~~** post litem motam; **vor ~~** before pendency of the claim; **während ~~** in an action, pending action, while proceedings are pending, pending final decision; **~shilfe** *f* → *Rechtshilfe*; **~sinformatik** *f* information processing in *l*-; **~sinstitut** *n l-l* institution (*such as marriage, administration, etc*); **~sirrtum** *m* (innocent) mistake of the *l*-; error of *l*-, judicial error, misconception of the *l*-; **~skenntnisse** *f/pl* knowledge of *l*-; **~skollision** *f* conflict of *l-s*; **~skontinuität** *f* continuity of (the) *l*-; **~skontrolle** *f l-l* review; *l-l* supervision; **~skraft** *f* → *Rechtskraft*; **~skreis** *m l-l* system; **~skundige(r)** *f(m)* (*der ~skundige*) person with a knowledge of the *l*-, person versed in the *l*-; **~slage** *f l-l* position, *l-l* situation, juridical position; **~sleben** *n l-l* affairs, *l-l* system, *l*-; **~slehrbuch** *n l-l* textbook, compendium of *l*-; **~slehre** *f* jurisprudence; **~slehrer** *m/***-in** *f* lecturer in *l*-, professor of *l*-; **~slücke** *f* gap in the *l*-, shortcoming in the *l*-, deficiency in the *l*-; **~smaxime** *f l-l* maxim; **~smissbrauch** *m* abuse of *l*-; **~smittel** *n* → *Rechtsmittel*; **~snachteil** *m l-l* detriment, *l-l* disadvantage, prejudice; **~snatur** *f l-l* nature, *l-l* status; **~snorm** *f l-l* norm, rule of *l*-, *l-l* rule, statutory provision; **~sobjekt** *n l-l* object; **außerstrafrechtlicher ~~** mistake of *l*- other than criminal *l*-; **unverschuldeter ~~** innocent mistake of *l*-; **~sordnung** *f l-l* system, *l-l* regime; **~~ der Vornahme der Handlung** lex loci actus; **gemeinschaftliche ~~** *EU* Community *l-l* order; **~spersönlichkeit** *f l-l* personality, *l-l* person, *l-l* entity, juridical personality; corporate personality; **~~ haben** to be a subject of *l*-, to be a *l-l* entity; **öffentliche ~~** *l-l* personality under public *l*-; **~spflege** *f* administration of justice, administration of the *l*-; **~~akte** *m/pl* judicial acts; **~~delikte** *n/pl US* offenses/*GB* ~ *US* offenses/*GB* offences against the administration of justice; **~~ministerium** *n* general ministry of justice; **~spfleger** *m/***-in** *f* judicial officer, adjudicatory officer, clerk of court; **~~ im Konkursgericht** referee in bankrupty; **~~gesetz** *n D* Judicial Officers Act, *act concerning the office of → Rechtspfleger (delegating minor judicial functions to them)*; **~spflicht** *f l-l* duty, duty in *l*-, *l-l* obligation; **~~merkmale** cirteria of *l-l* obligation; **~~ zum Handeln** *l-l* duty to act; **~sphilosoph** *m/***-in** *f l-l* philosopher; **~sphilosophie** *f* philosophy of *l*-, *l-l* philosophy, jurisprudence; **~spolitik** *f l-l* policy, policy of *l*-; **~sposition** *f l-l* position, *l-l* situation; **~spositivismus** *m l-l* positivism, positivist theory of *l*-; **~spraxis** *f l-l* practice, practice of the courts; **~sprechung** *f* → *Rechtsprechung*; **~squellen** *f/pl* sources of the *l*-; **~sraum** *m* geographic area with similar *l-l* system; **angloamerikanischer ~~** Anglo-American jurisdiction, area where common *l*- applies; **europäischer ~~** European jurisdiction, area where civil law system prevails; **~sreform** *f l*- reform; **~ssache** *f l*- suit, cause, litigation, *l-l* matter; **anhängige ~~** pending case; **bürgerliche ~~** civil case; **nichtstreitige ~~n** non-contentious *l-l* matters; **~ssatz** *m l-l* rule, *l-l* provision, *l-l* norm; **~sschöpfung** *f* creation of *l-s*, *l-*-making, judge-made *l-*, *l-l* innovation; **~sschutz** *m* protection of the *l-*, → *Rechtsschutz*; **~ssetzung** *f* legislation; **~~sbefugnis** *f* legislative authority; **abgeleitete ~~** secondary legislation; **~ssicherheit** *f l-l* security, public safety, *l-* and order, certainty of the *l-*, consistency of the *l-*; **~ssinn** *m l-l* meaning, juristic sense; **~ssprache** *f l-l* parlance, *l-l* language; **~ssprichwort** *n l-l* proverb, *l-l* maxim; **~sstaat** *m* constitutional state, state governed by the rule of *l-*, state where *l-* and order prevails; **~~lichkeit** *f* a condition where the rule of *l-* is maintained; **~~sgefährdung** *f* endangering the constitutional state; **~~sprinzip** *n* principle of due course of *l-*; **sozialer ~~** social constitutional state; **~sstand** *m l-l* status; **~~punkt** *m l-l* point of view; **~sstatus** *m l-l* status; **~sstatut** *n l-l* statute; **~sstellung** *f l-l* position, (*l-l*) status; **~sstillstand** *m* paralysis of the *l-l* system; **~sstreit** *m* litigation, *l-l* proceedings, lawsuit; **~~igkeit** *f l-l* dispute, litigation; **~~en vor den ordentlichen Gerichten** ordinary civil causes; **anhängige ~~en** pending litigation; **anhängiger ~~** pending action, pending litigation, lis pendens; **bürgerlicher ~~** civil action, civil case; **~sstudent** *m*/**-in** *f* student of *l-*; **~sstudium** *n* study of *l-*; **~ssubjekt** *n* the person acting in *l-l* matters, *l-l* personality; **~ssystem** *n l-l* system; **~statsachenforschung** *f* empirical *l-l* research, *l-l* sociology, socio-*l-l* studies; **~sterminologie** *f l-l* terminology; **~stitel** *m* (*l-l*) title; **~süberlieferung** *f l-l* tradition; **~s- und Geschäftsfähigkeit** *f l-l* capacity; **~s- und Verwaltungsausschuss** *m l-l* and administrative committee; **~s- und Verwaltungsvorschriften** *l-l* regulations and administrative rules; **~sunfähigkeit** *f l-l* incapacity; **~sungültigkeit** *f* (*l-l*) invalidity; **~sunkenntnis** *f* ingnorance of (the) *l-*; **~sunsicherheit** *f l-l* uncertainty, uncertainty as to what the *l-* is; **~sunterworfene**(**r**) *f*(*m*) (*der ~sunterworfene*) person subject to the *l-*; **~sverbindlichkeit** *f l-l* force, binding effect; **~sverdreher** *m*/**-in** *f* person who twists the *l-*, prevaricator, shyster; **~sverdrehung** *f* prevarication, twisting the *l-*; **~svereinheitlichung** *f* unification of *l-*, harmonization of *l-s*; **~sverfolgung** *f* prosecution, prosecution of an action; **böswillige ~~** malicious prosecution; **~svergleichung** *f* comparative *l-*, comparing *l-s*, comparative jurisprudence; **~sverhältnis** *n l-l* relationship, **vertragsähnliches ~~** quasi contractual relationship; **~sverkehr** *m l-l* relations; **~sverletzung** *f* breach of the *l-*, violation of *l-*; ***e-e* ~~ verfolgen** to sue for an infringement (*of the l-*); **~svermutung** *f* presumption of *l-*; **~sverordnung** *f* minister's order, statutory instrument, *l-l* regulation, decree, ordinance, statutory order, *pl* statutory rules and orders; **~sverteidigung** *f* (*l-l*) *US* defense/*GB* defence (*in civil cases*); **~sverwahrung** *f l-l* protest; **~svorbehalt** *m l-l* reservation, *l-l* proviso; **~svorgang** *m l-l* process, *l-l* case, case history; **~svorgänger** *m*/**-in** *f l-l* predecessor; predecessor in title; **~svorschrift** *f l-l* provision, legislative provision, *pl* legislation, *l-l* requirements; **Angleichung der ~~en** (**der Mitgliedstaaten**) *EU* approximation of the *l-s* (of the member states), approximation of *l-l* provisions; **Mindest~ ~ ~~~** *EU* minimum harmonisation of *l-l*/statutory provisions; **innerdeutsche ~~** provision of domestic German *l-*; **innerstaatliche ~~en** domestic and local *l-s*, national legislation; **~svorstellung** *f l-l* concept; **~svorteil** *m l-l* benefit, benefit of a *l-*; **~svortrag** *m l-l* argument;

~swahlklausel *f* choice-of-*l*- clause; **~sweg** → *Rechtsweg*; **~swesen** *n l-l* system, administration of justice; **~swidrigkeit** *f* unlawfulness, illegality, illegal act; **Irrtum über die ~~** mistake of *l*-; **~swirklichkeit** *f l-l* reality; **~swirksamkeit** *f l-l* validity; operative date; **~swissenschaft** *f* jurisprudence; **vergleichende ~~** comparative jurisprudence; **~swissenschaftler** *m*/**-in** *f* academic lawyer, *l-l* scholar; **~swirkung** *f l-l* effect, (*l-l*) operation; **~swohltat** *f l-l* benefit, benefit of the *l*-; **die ~~ des in dubio pro reo** the benefit of the doubt; **die ~~ der Inventarerrichtung** the benefit of the inventory; **~szug** *m* instance, (recourse to) *l-l* process; **~szustand** *m l-l* state, *l-l* condition, *l-l* status, *l-l* position, *l-l* situation; **~szuständigkeit** *f* jurisdiction, competence; **allgemein anerkanntes ~** general *l*-, generally recognized *l-l* rule; **allgemein geltendes ~** general *l*-; **altes ~** ancient *l*-; **anerkanntes ~** established *l*-; **anwendbares ~** applicable *l*-, governing *l*-; **auf ausländisches ~ abstellen** to refer to foreign *l*- as authoritative; **aus fremdem ~** (in) autre droit; **ausländisches ~** foreign *l*-; **bürgerliches ~** civil *l*-; **das ~ anwenden** to apply the *l*-; **das ~ beugen** to deviate from justice, to pervert the course of justice; **das ~ der belegenen Sache** lex loci rei sitae, lex situs (*the l- of the place where the thing is situated*); **das ~ durchsetzen** to enforce the *l*-; **das ~ verdrehen** to twist the *l*-; **dem ~ Wirksamkeit verleihen** to make the *l*- effective, to enforce the *l*-; **dingliches ~** right in rem, real right; **dispositives ~** optional rules, flexible *l*-, jus dispositivum; **einschlägiges ~** pertinent *l*-, relevant provisions; **es mit dem ~ nicht genau nehmen** to stretch the *l*-; **formelles ~** *l-l* right, strict right; procedural *l*-, adjective *l*-; **fremdes ~** foreign *l*-, right of another; **für ~ erkennen** to hold, to adjudicate; **gegenwärtiges ~** current *l*-; **geltendes ~** prevailing *l*-, *l*- in force for the time being, *l*- of the land; **gemeines ~** common *l*-; **geschriebenes ~** written *l*-, statutory *l*-; **gesetztes ~** statutory *l*-, statute *l*-; **Haager Übereinkommen über das auf Unterhaltspflichten anzuwendende ~** Hague Convention on the *L*- Applicable to Maintenance Obligations (*1973*); **Haager Übereinkommen über die Zuständigkeit der Behörden und das anzuwendende ~ auf dem Gebiet des Schutzes von Minderjährigen** Hague Convention concerning the Powers of Authorities and the *L*- applicable in respect of the Protection of Minors (*1961*); **Harmonisierung der ~s- und Verwaltungsvorschriften der Mitgliedstaaten** *EU* harmonisation of the *l-s* and regulations of the member states; **inländisches ~** national *l*-, domestic *l*-, municipal *l*-, internal *l*-; **innerstaatliches ~** national *l*-, domestic *l*-, municipal *l*-, internal *l*-; **internationales ~** (= *Völkerrecht*) international *l*-; **kodifiziertes ~** codified *l*-; **lokales ~** local *l*-; **materielles ~** substantive *l*-; **Multimedia-~** multimedia *l*-; **nach deutschem ~** under/according to German *l*-; **nach geltendem ~** under the *l*- in force; **nachgiebiges ~** flexible *l*-, jus dispositivum; **nach künftigem ~** de lege ferenda; **nationales ~** national *l*-, domestic *l*-, internal *l*-; **objektives ~** (objective) *l*-; impartial *l*-; **öffentliches ~** public *l*-; **positives ~** positive *l*-; **privates ~** private *l*-; **römisches ~** Roman *L*-; **salisches ~** Salic *L*-; **sachliches ~** substantive *l*-; **schottisches ~** Scots *l*-; **staatliches ~** *l*- of the country, public *l*-; **strenges ~** strict *l*-, cogent *l*-, jus strictum; **subsidiär geltendes ~** subsidiary *l*-; **Übereinkommen über das auf vertragliche Schuldverhältnisse anzuwendende ~** (= **Römisches Über-**

einkommen) *EU* Convention on the *L-* Applicable to Contractual Obligations (= Rome Convention); **unabdingbares** ~ peremptory *l-*, **uneingeschränktes** ~ absolute *l-*, **ungeschriebenes** ~ unwritten *l-*; **verwandtes** ~ closely similar *l-*; **von ~s wegen** according to *l-*, by *l-*, de jure, in the name of the *l-*, according to *l-*; **vorbeugendes** ~ preventive (*or* preventative) *l-*; **vorkonstitutionelles** ~ pre-constitutional *l-*; **zu ~ bestehen** to be valid in *l-*, to be good in *l-*; **zwingendes** ~ cogent *l-*, binding *l-*, *pil* mandatory rules (of *l-*); **zwischenstaatliches** ~ international *l-*; *US* interstate *l-*.

Rechte(r) *f(m)* (*der Rechte*) (political) rightist, member of the right wing (of a political party).

rechtfertigen *vt* to justify, to vindicate; **erneut** ~ to revindicate, to reaffirm.

Rechtfertigung *f* justification, vindication; ~ **des eigenen Verhaltens** self-justification; **~sgrund** *m* (legally recognized) justification; **Irrtum über die tatsächlichen Voraussetzungen** ***e-es*** **~~** mistake of fact as to justificatory circumstances; **~smöglichkeit** *f* justifiability.

recht|lich *adj* legal, in law, de jure; **~~ oder tatsächlich** in law or in fact; **~~ und tatsächlich** in fact and in law; **~~ unmöglich** legally impossible; **~~ verpflichtet** bound by law, legally bound; **~los** rightless, without rights, without legal remedy; **~mäßig** lawful; rightful, as of right, legal; **~sbegründend** establishing a right, **~serheblich** legally relevant, relevant in law; **~sfähig** having legal capacity, possessing legal personality; **~sfehlerhaft** legally mistaken, incorrect on a point of law, erroneous in (point of) law, flawed; **~sgelehrt** versed in law, skilled in the law; **~sgenügend** legally sufficient, adequate under existing law; **~sgestaltend** legally operative; **~sgültig** legally valid; **für ~~ erklären** to declare legally binding, to validate; **~shängig** sub judice, pending (before a court), under judicial determination; **~skräftig** final and conclusive, absolute (*decree*), indefeasible, unappealable, non-appealable; **formell ~~** unappealable, non-reversible, non-appealable; **materiell ~~** res judicata; **noch nicht ~~** pending appeal, not yet final; **~skundig** versed in law; **~spolitisch** pertaining to legal policy; **~sstaatlich** determined by the rule of law, constitutional; **~sunerheblich** legally irrelevant; **~sunfähig** legally incapable, legally disqualified; **~sungültig** legally invalid, void; **~sunwirksam** invalid, legally ineffective; **~~ machen** to render invalid, to vitiate, to rescind, to annul; **~sverbindlich** legally binding, binding (in law); **nicht ~~** of no legal force, nonbinding; **~svergleichend** comparing laws, legally comparative; **~swidrig** unlawful, contrary to law, illegal; **~~ handeln** to act illegally; **~swirksam** legally effective, operative, with effect (as of/from); **~~ machen** to perfect; **sofort ~~** immediately effective; **~swissenschaftlich** juristic, jurisprudential, in legal theory.

Rechtsanwalt *m*/**-in** *f* lawyer, advocate, *US* attorney at law, counsel, legal counsel, counsellor at law, *GB* solicitor, barrister; ~ **eigener Wahl** solicitor of one's choice, counsel of one's own choice; **~schaft** *f* (the) bar, the legal profession, the legal fraternity; **~sgebühr** *f* lawyer's fee, *pl* legal fees; **~~enordnung** *f* lawyers' fee schedule; **Bundes~~~** (*abbr* **BRAGO**, = **Bundesgebührenordnung für Rechtsanwälte**) *D* Federal Fee Schedule for Lawyers (*minimum fee schedule*); **~skammer** *f* chamber of lawyers, Bar Association; **~skanzlei** *f US* law firm, firm of lawyers~, *GB* law office; **~sordnung** *f* legal code of ethics;

Bundes~~ (*abbr* **BRAO**) Rules and Regulations for the German Bar, German Code of Legal Ethics; **~ssozietät** *f* firm of lawyers, law firm, law partnership; **~svergütung** *f* lawyer's remuneration/fee; **~versorgung** *f* (*compulsory*) pension scheme for lawyers; **~vertrag** *m* contract for the services of a lawyer, *US* retainer; **der ~ des Beklagten** counsel for the defendant, defense counsel, defendant's lawyer/solicitor/barrister; **der ~ des Klägers** counsel (lawyer) for the plaintiff, plaintiff's counsel; ***e-en* ~ beiordnen** to assign/to appoint a lawyer (*to a legally aided party*); ***e-en* ~ mandieren** to retain a lawyer, to engage the services of a lawyer, to instruct a lawyer.

Rechtsbehelf *m* legal redress, legal remedy, judicial remedy; **~ in Verwaltungsangelegenheiten** administrative remedy; **~sbelehrung** *f* advising *s.o.* of legal remedies; **auf *e-en* ~ verzichten** to waive a remedy; **ausreichender ~** adequate legal remedy; **außergerichtlicher ~** extrajudicial remedy; **außerordentlicher ~** extraordinary remedy; **innerstaatlicher ~** domestic remedy; **kein ~** no recourse, no legal remedy; **wahlweise zulässiger ~** alternative remedy, permissible remedy.

Recht| *v* **~ schaffen** to create law; **~ sprechen** to adjudicate, to administer the law, to dispense justice.

Rechtschaffenheit *f* integrity, honesty, probity.

Rechtschreib| **~reform** *f D* orthography reform (2000); **~ung** *f* orthography.

Rechtsfahrgebot *n* rule requiring one to drive on the right side of the road.

Rechtsgeschäft *n* legal transaction, legal/juristic act, private act; **~e vornehmen** to engage in transactions; **~ unter Lebenden** transaction inter vivos; **~ von Todes wegen** transaction mortis causa; **abstraktes ~** abstract juristic act, *transaction isolated from underlying contractual obligations*; **anfechtbares ~** voidable act, voidable transaction; **annahmebedürftiges ~** legal act requiring acceptance (*in order to become valid*); **bedingtes ~** act subject to a condition, conditional legal transaction; **befristetes ~** legal transaction limited in time; act subject to time limit; **ein ~ abschließen** to conclude a transaction; **einseitiges ~** unilateral juristic act; **einseitig verpflichtendes ~** unilaterally obligating legal transaction; **entgeltliches ~** transaction for value; **fiduziarisches ~** fiduciary transaction; **höchstpersönliches ~** strictly personal transaction; **kausales ~** underlying transaction; **nichtiges ~** void legal act, void transaction; **sittenwidriges ~** immoral transaction, transaction contra bonos mores; **unzulässiges ~** inadmissible transaction, unlawful act or transaction; **zweiseitiges ~** bilateral act, bilateral transaction, two-party transaction; **zustimmungsbedürftiges ~** legal transaction subject to approval.

rechtsgeschäftlich by act of the party/parties; contractual.

Rechtshilfe *f* mutual judicial assistance, legal assistance, inter-court assistance, mutual administrative assistance; relief, legal redress; **~ersuchen** *n* letters rogatory; **~~ zur Zeugenvernehmung** letters rogatory, rogatory commission; **~gewährung** *f* granting of mutual judicial assistance; **~ in Strafsachen** mutual assistance in criminal matters; **~richter** *m*/**-in** *f* commissioned judge; **~verkehr** *m* relations of mutual judicial assistance; **~vertrag** *m* mutual judicial assistance treaty; **~verfahren** *n* mutual judicial assistance procedure, letters rogatory; **~weg** *m* recourse to mutual judicial assistance, judicial process carried out through a foreign court.

Rechtskraft *f* res judicata, legal force, finality of a decision, non-appealability ~ **erlangen** to become final and absolute, to become non-appealable, to become res judicata; ~ **haben** to be final and absolute, to be non-appealable; ~ **verleihen** to make absolute, to give legal effect to; **~wirkung** *f* res judicata effect; **~zeugnis** *n* certificate of indefeasibility, *certificate that a judgment has become non-appealable*; **formelle** ~ non-appealability; **materielle** ~ res judicata; **mit ~r** ~ with prejudice, with final force and effect.

Rechtsmittel *n* right of appeal, appeal, resort to a higher court or authority; **~antrag** *m* petition of appeal, appellant's motion; **~begründung** *f* (pleadings of) grounds for appeal; **~~sfrist** *f* time-limit for filing (pleadings of) grounds for appeal; **~behörde** *f* board of review; **~belehrung** *f* instructions about a person's right to appeal; **~berechtigte(r)** *f(m)* (*der ~berechtigte*) person entitled to appeal; **~beschränkung** *f* restriction of an appeal; ~ **des innerstaatlichen Rechts** judicial remedy under national law; **~einlegung** *f* lodging an appeal; **bei** ~~ upon appeal; **~entscheidung** *f* decision upon appeal, decision of the appellate court; **~erklärung** *f* statement of appeal; **~fähigkeit** *f* reviewability; **~frist** *f* time for appeal, period for appeal; **~gebühr** *f* fee of the appellate instance; **~gericht** *n* appellate court; **~instanz** *f* appellate instance, appeal authority, board of review; **~kläger** *m*/**-in** *f* appellant; **~kosten** *pl* costs of appeal; **~schrift** *f* appellant's pleadings supporting his appeal, petition for review; **~verfahren** *n* appeal procedure, appellate proceedings; **innerstaatliche** ~~ domestic remedies; **~verzicht** *m* waiver of right to appeal; **~weg** *m* appeal procedure, resort to a higher court/review authority; **der** ~~ **ist erschöpft** remedies have been exhausted; **~zulassung** *f* leave to appeal; **auf** ~ **verzichten** to waive the right to appeal; **außerordentliches** ~ extraordinary resort to an upper court; **das** ~ **der Revision** right of appeal on a point of law; **dem** ~ **stattgeben** to allow the appeal; **des ~s verlustig erklärt werden** to be informed that the right to appeal has lapsed; **des ~s verlustig gehen** to lose one's right to appeal; **ein** ~ **einlegen** to appeal, to lodge an appeal, to appeal against/from a decision to a higher court, to appeal from an administrative body (*to a superior authority*); **ein** ~ **ist nicht gegeben** no appeal shall lie; ***e-em*** ~ **unterliegen** to be subject to appeal; **über** ~ **entscheiden** to decide as appellate instance, to decide on appeal.

rechtsmittelfähig *adj* appealable; **nicht** ~~ without appeal, non-appealable, unappealable.

Rechtsprechung *f* adjudication, dispensation of justice, court decisions, precedents, established case law, leading cases; **~befugnis** *f* judicial power, authority to render decisions; **~slehre** *f* case-law jurisprudence; **~sorgan** *n* judicial organ, court; **~ssammlungen** *pl* law reports; **~sübersicht** *f* legal update; ~ **und Rechtslehre** *f* legal authorities; **anerkannte** ~ ruling cases, established case law; **aufgegebene** ~ overruled precedents; **feststehende** ~ established practice, settled practice, case law; **herrschende** ~ prevailing case law, ruling case(s); **höchstrichterliche** ~ supreme court practice, precedents of the highest courts of the land; **nach der** ~ as specified by the courts; **ständige** ~ invariable practice, unchanged line of case law, continuous holdings.

Rechtsradikale(r) *f(m)* (*der ~radikale*) right-wing extremist, right-wing radical.

Rechtsschutz *m* judicial relief, legal protection, protection of the law, legal redress, insurance for legal costs, **~anspruch** *m* right to judicial relief, remedial right, right to legal and equitable relief, right to legal redress; **~bedürfnis** *n* requirement to seek judicial relief, need for legal protection; **~begehren** *n* petition for relief by the court, the relief sought; **~garantie** *f* right to appeal, *const* guaranty of judicial review (*fundamental right*); **~interesse** *n* legitimate interest in the proceedings; **~versicherer** *m*/**-in** *f* insurer for legal costs and expenses; **~versicherung** *f* legal expenses insurance, insurance for legal costs, **gewerblicher ~** industrial property law, legal protection of industrial property rights, industrial property protection.

Rechtsüberholen *n* overtaking on the right.

Rechtsunterzeichner *m*/**-in** *f* person whose signature appears to the right, name on the right.

Rechtsweg *m* legal process, recourse to the law, access to the courts (of law), resort to the courts/to litigation; **~entscheidung** *f* decision as to the course of justice; **~erschöpfung** *f* exhausting the avenues of appeal; **~garantie** *f* guarantee of access to the courts; **den ~ ausschließen** to exclude/oust the jurisdiction of the courts; **den ~ beschreiten** to take legal measures, to go to law, to resort to litigation, to institute legal proceedings; **der ~ ist erschöpft** all avenues of appeal have been exhausted; **ordentlicher ~** resort to the general courts of law; **unter Ausschluss des ~s** any recourse to courts of law being excluded.

recht und billig just and equitable, right and proper.

rechtzeitig *adj* timely; *adv* in due time, (just) in time, on time, in good time.

Rechtzeitigkeit *f* timeliness.

Redaktion *f* editing; editorial department, editorial staff; *TV* production department, production team; **~sausschuss** *m* drafting committee, editorial committee; **~sgeheimnis** *n* right of editor not to disclose his source of information, editor's privilege, editor's right to refuse testimony; **~sgemeinschaft** *f* editorial pool, joint editing; **~sschluss** *m* editorial deadline; **~sschwanz** *m* editorial comment added to a published counter-statement; **~sstab** *m* editorial staff, editors; **~sstatut** *n* editorial regulations.

Rede|freiheit *f* liberty of speech, freedom of speech, liberty of discussion; **~zeit** *f* speaking time.

Rediskont *m* rediscount; **~fazilität** *f* discount window; **~kontingent** *n* rediscount quota; **freies ~~** unused rediscount quota; **~kredit** *m* rediscount credit, rediscounting; **~linie** *f* rediscount line; **~papier** *n* rediscountable paper; **~plafond** *m* rediscount quota, rediscount line; **~satz** *m* rediscount rate; **~titel** *m* rediscounted bill; **~zusage** *f* undertaking to rediscount, rediscounting promise.

rediskont|fähig *adj* eligible for rediscount; **~ierbar** rediscountable.

rediskontieren *vt* to rediscount (= *re-discount*).

redlich *adj* honest, right-thinking; *adv* in good faith.

Redlichkeit *f* honesty, fairness, good faith, probity.

Reduktion *f* restriction; **teleologische ~** teleological restriction of a norm's range of application (*statutory interpretation*), → *Analogie*; → *Auslegung, extensive ~, restriktive ~*; → *Traduktion, teleologische ~*.

Reede *f* roadstead, roads; **~hafen** *m* open roadstead port.

Reeder *m*/**-in** *f* shipowner; **~haftpflicht** *f* shipowner's legal liability; **~haftung** *f* liability of shipowner(s).

Reederei *f joint ownership and operation of a ship*, shipping trade, shipping business; shipping company, shipowning firm, shipping office, ship's office; **~betrieb** *m* shipping business; **~flagge** *f* house flag;

~leiter *m*/**-in** *f* manager of a shipping company; **~verband** *m* chamber of shipping; **~vertrag** *m* contract with the shipowner; **~vertreter** *m*/**-in** *f* shipping agent (*abroad*).

Reexport *m* re-export (= *reexport*); **~verbote** *n/pl* prohibition against re-exporting.

Refaktie *f* allowance for loss, tret, payment for breakage, shrinkage.

REFA-Studie *f* time and motion study, works study.

Referat *n* report, paper; section, subject department, field of work; **~sleiter** *m*/**-in** *f* head of a section, head of a (subject) department, head of division; **ein ~ halten** to deliver a paper.

Referendar *m*/**-in** *f* trainee lawyer, trainee in judicial service (*after passing first state law examination*); trainee teacher (*after completion of university studies*).

Referendum *n* referendum.

Referent *m*/**-in** *f* subject specialist, head of section, reporter, rapporteur, reader of a paper; desk officer, specialist adviser; reporting judge; **~enentwurf** *m* ministerial draft bill; **persönlicher ~** personal secretary, private secretary (*of a minister, etc*).

Referenz *f* reference; **~jahr** *n* basis year, year of reference; **~kurs** *m* rate referred to; **~niveau** *n* posted level; **~periode** *f* period of reference.

refinanzieren *vt* to refinance, to cover financing, to finance by recourse to other financial sources; to refund.

Refinanzierung *f* refinancing; cover financing; refunding; **~ bei der Zentralbank** recourse to the Central Bank; **~sbank** *f* refinancing bank; **~sbedarf** *m* refinancing requirements; **~shypothek** *f* wrap-around mortgage; **~skontingent** *n* Central Bank assistance quota; **~skosten** *pl* costs of cover financing; **~skredit** *m* covering credit, refinancing credit; **~slimit** *n* rediscount quota (*at the Central Bank*); **~slinie** *f* rediscount line; **~squelle** *f* source of funds to finance lenders; **letzte ~~** bank of last resort; **~szinssatz** *m* rate of interest paid for (*bank's*) borrowed resources; **~szusage** *f* promise to provide refinancing/covering facilities.

Reflation *f* reflation.

Reflektant *m*/**-in** *f* interested party, prospective customer, prospective buyer, potential purchaser.

Reflexbewegungen *f/pl* reflex movement, *pl* automatism.

Reform *f* reform (= *r-*); **~bewegung** *f r-* movement; **~en des Gesetzgebers** legislative *r-s*; **~gesetz** *n r-* law; **~vorhaben** *n* intended *r-*; **~vorlage** *f r-* bill; **durchgreifende ~** radical *r-*; **überfällige ~** overdue *r-*.

reformatio in peius worsening of sentence/administrative measure on appeal.

refundieren *vt* to refund.

Refundierung *f* refunding.

Regal *n* prerogative right of use/exploitation.

Regel *f* rule, guiding rule, canon, observance; **~ausführung** *f* standard design; **~bedarf** *m* regular maintenance required; **~beispielsmethode** *f* method of defining through the use of examples that are neither exhaustive nor necessarily compelling (*statutory formulation, eg listing of ways of committing a crime that make the offense more serious*); **~fall** *m* normal case; **~gebühr** *f* standard fee; **~lehrverpflichtung** *f* minimum lecturing requirement (*D 8 hours per week, 29 weeks per year*); **~lohn** *m* normal wage or salary (*as basis of disability pension*); **~leistung** *f* normal (health insurance) benefits, normal allowance; **~n der gesetzlichen Erbfolge** canons of intestate succession; **~n der ordnungsgemäßen Bewirtschaftung** rules of good husbandry; **~n des Seerechts** sea-laws, rules of maritime law, rules of the law of the sea; **~satz** *m* standard rate, regular maintenance-payment rate; **~~verordnung** *f* ordinance on regular maintenance payment amounts (*for children born out of wedlock*); **~strafandrohung** *f* normal punishment/penalty provided by law; **~studienzeit** *f* standard length of university studies (*D law school = 8 semesters*); **~stundenmaß** *n* regular number of lessons required of a teacher; **~vorschriften** *pl* regulations; **~wert** *m* ordinary value, ordinary amount; **~widrigkeit** *f* irregularity, violation of the rules; *US* offense/*GB* offence against the rules, contravention of regulations; **anerkannte ~n der Technik** accepted engineering standards; **die ~ ist ausnahmslos** there is no exception to the rule; **diese ~ findet keine Anwendung** this rule does not apply; ***e-e* feste ~** a firmly established rule; ***e-e* ~ aufstellen** to establish a rule; **Goldene ~** Golden Rule; **in der ~** as a rule; **sich an *e-e* ~ halten** to adhere to a rule; **strenge ~** hard and fast rule.

regeln *vt* to regulate, to settle, to put in order, to order, to regularize, to control, to arrange.

regelnd *adj* regulatory, regulative.

Regelung *f* regulation, settlement, adjustment, ruling; **~ der Grenzfrage** settlement of the border issue/question; **~ der Sprachenfrage** the rules governing languages; **~ des Verkehrs** traffic control **~sangebot** *n* offer of settlement; **~slücke** *f* gap in the provisions of an agreement or statute; **~sstreitigkeit** *f* litigation about a (new) regulation; **~ von Rechtsstreitigkeiten** settlement of disputes; **~ von Verbindlichkeiten** settlement of obligations; **abweichende gesetzliche ~en** statutory regulations to the contrary; **abweichend von der früheren ~** deviating from the former regulation; **befriedigende ~** acceptable settlement; **bei der derzeitigen ~** in the current system; **devisenpolitische ~en** arrangements on foreign exchange policy; **friedensvertragliche ~** peace settlement; **gesetzliche ~** statutory regulation, regulation by law, legal provisions; **gütliche ~** amicable settlement; **vergleichsweise ~** compromise, agreed settlement, negotiated settlement; **vertragliche ~** settlement by (mutual) agreement, contractual determination, contractual rule.

regelwidrig *adj* irregular.

Regen *m* rain; **saurer ~** acid rain; **~versicherung** *f* rain insurance; **~~spolice** *f* pluvius policy, rain insurance policy.

Regent *m*/**-in** *f* ruler, sovereign, regent.

Regentschaft *f* regency, regentship; **~srat** *m* regency council.

Regie *f econ* management, administration; job work; state control; **~arbeit** *f* scheduled work, *work for which time and materials are charged*, (building in) daywork; **~betrieb** *m* ancillary municipal enterprise, public undertaking, publicly owned and operated enterprise (*without independent legal status*); **öffentlicher ~~** publicly owned enterprise; **~investitionen** *f/pl* capital investment in publicly owned enterprises; **~kosten** *pl* overhead costs, overhead expenses, administrative costs; working expenses; **~verwaltung** *f* excise office; **~zettel** *m* time sheet.

regieren *vt* to govern.

Regierung *f* government (= *g-*, *governmental = g-l*) (*usually refers to executive branch only*), *US* administration, central *g-*, the *g-* of the country, reign, rule; **~sabkommen** *n* executive agreement, intergovernmental agreement; **~sakt** *m g-l* (*as distinguished from adminstrative*) act; **~santritt** *m* entry upon office; **~sapparat** *m g-* machinery; **~saufsicht** *f g-l* supervision, *g-l* control; **~sauftrag** *m g-* contract; **~sbank** *f* front bench, treasury bench, ministerial bench; **~sbeamter** *m*/**~sbeamtin** *f g-* official;

~sbeauftragte(r) *f(m)* (*der ~sbeauftragte*) state agent; **~sbeihilfe** *f g-* grant, state grant; **~sbezirk** *m* provincial administrative district; **~sbildung** *f* formation of a *g-*; **~schef** *m/***-in** *f* head of a *g-*; **~sdelegation** *f g-*(al) delegation; **~sebene** *f g-* level; **~sentwurf** *m* ministerial bill; **~serklärung** *f g-* statement of policy; policy statement of the federal chancellor (*or other head of g-*) before parliament; **~sform** *f* form of *g-*, *g-*; **demokratische ~~** democratic *g-*; **parlamentarische ~~** parliamentary *g-*; **~sgebäude** *n g-* building; **~sgewalt** *f g-* power; **~sgutachten** *n* expert opinion from the *g-* side; **~shandlung** *f* act of *g-*; **~shaushalt** *m g-* budget; **~skäufe** *m/pl g-* purchases; **~skoalition** *f g-* coalition; **~skonferenz** *f* (inter)*g-l* conference; **zwischenstaatliche ~~** intergovernmental conference; **~skreise** *m/pl g-l* circles; **~skriminalität** *f* crimes committed by *g-* officials in their official capacities (*eg Hitler, Honecker*); **~skrise** *f g-l* crisis; **~skunst** *f* statesmanship; **~slager** *n g-* camp; **~smaßnahmen** *f/pl g-l* measures; **~smehrheit** *f g-l* majority, majority sufficient to form the *g-*; **~smitglied** *n* member of the *g-*; *g-* minister; **~sorgan** *n g-* agency, *g-* body; official newspaper (*representing the g-'s policy*); **~spartei** *f* party in power, governing party; **~spartner** *m/***-in** *f* partner in a coalition *g-*; **~spolitik** *f g-l* policy, policy of the *g-*; **~spräsident** *m/***-in** *f* president of the regional administration; **~sprogramm** *n g- US* program/*GB* program(me); **~ssitz** *m* seat of *g-*; **~ssprecher** *m/***-in** *f g-* spokesman; **~sstelle** *f g-* office; **~ssturz** *m* fall of the *g-*; **~ssystem** *n g-l* system; system of *g-*, form of *g-*; **~sübereinkommen** *n* inter*g-l* agreement; **~sübernahme** *f* coming into power, coming into office; **~sumbildung** *f g-* reshuffle; **~svereinbarung** *f* intergovernmental arrangement; **~sverlautbarung** *f g-* announcement; **~svertreter** *m/***-in** *f g-* representative; **~svertretung** *f g-* representatives, *g-* mission; **~svizepräsident** *m/***-in** *f* vicepresident of regional state administration; **~svorlage** *f g-* bill, *pl g-* business; **~swechsel** *m* change of *g-*; **~szeit** *f* term/period of *g-*, regency, regnal years, regime; **an die ~ kommen** to come into office; **aufständische ~** insurgent *g-* (*during revolution*); **auslaufende ~** outgoing *g-*; **de-facto ~** *g-* de facto; **de jure ~** de jure *g-*; **derzeitige ~** *g-* of the day, current *g-*; **die neue ~** the incoming *g-*, the incumbant chancellor; **die ~ bilden** to form the *g-*; **die ~ stürzen** to overthrow the *g-*; **die vertragsschließenden ~en** the contracting *g-s*; **ersuchende ~** the requesting (= *requisitioning*) *g-*; **ersuchte ~** the requested *g-*; **parlamentarische ~** parliamentary *g-*; **feindliche ~** hostile *g-*; **provisorische ~** provisional *g-*; **rechtmäßige ~** de jure *g-*, legitimate *g-*; **unterzeichnende ~en** signatory *g-s*; **verfassungsmäßige ~** constitutional *g-*.

regierung|sfähig *adj* capable of governing, capable of forming a government; **~sfeindlich** antigovernment; **~streu** loyal to the government, loyalist.

Regime *n* regime; **autoritäres ~** authoritarian regime; **totalitäres ~** totalitarian regime.

Region *f* region; **Ausschuß der ~en** *EU* Committee of the Regions.

Regional|bank *f* (*regional = r-*) *r-* bank, provincial bank; **~börse** *f* provincial exchange; **~clearing** *n* provincial clearing; **~organisation** *f r-* multistate organization; **~politik** *f r-* policy; **~planung** *f* town and country planning; *r-* development policy; **~presse** *f r-* press; **~sender** *m* local channel station; **~sprache** *f* regional language; **~verband** *m r-* association; **~wirtschaft** *f r-* economic situation.

Regionalisierung *f* regionalization.

Regisseur *m*/**-in** *f* director (*theater, TV*).

Register *n* register (= *r*-), registry (= *r-y, registration* = *r-n*); **~abschrift** *f* copy of a *r*- entry; **beglaubigte ~~** certified copy from the *r*-; **~auszug** *m* abstract from a *r*-; **~beamter** *m*/**~beamtin** *f r-y* official; **~behörden** *pl r-y* authorities; **~brief** *m naut* certificate of *r-y, r-n* certificate; **~buch** *n* docket; *r*- folio; **~ der Grundstücksbelastungen** *pl r*- of charges, **~ der Rentenschulden** *pl r*- of annuities; **~einsicht** *f* inspection of the *r*-; **~eintragung** *f* entry in the *r*-, *r-n*; **~führer** *m*/**-in** *f* registrar, employee in charge of a *r*-; **~gebühr** *f r-n* fee, *r-n* charge; **~gericht** *n r-y* court; **~hafen** *m* port of *r-y*; **~nummer** *f r-y* number; **~pfandrecht** *n* registered lien; *lien which comes into existence by public r-n*; **~richter** *m*/**-in** *f* judge in charge of the Court *R-y* Section; **~sache** *f* case in a *r-y* court; **~tonne** *f r*- ton; **~vorschriften** *r-y* rules; **Copyright-~** *r*- of copyrights; **im ~ löschen** to strike off the *r*-, to cancel in the *r*-, to de*r*-; **öffentliches ~** public *r*-, public book; **zum ~ anmelden** to apply for *r-n*, to file for *r-n*, to *r*-.

Registrator *m*/**-in** *f* filing clerk, recorder.

Registratur *f* filing department, archives; **~beamter** *m*/**~beamtin** *f* file clerk, filing officer.

registrieren *vt* to register, to record.

registrierfähig *adj* recordable.

Registrierkasse *f* cash register; **~ndiebstahl** *m* till tapping.

Registrierung *f* registration, recording; **~szwang** *m* compulsory registration; **~ von Marken** registration of trademarks/marks; **Madrider Abkommen über die internationale ~ ~ ~** (*abbr* **MMA**) Madrid Agreement Concerning the Inernational Registration of Marks (*1891*); **internationale ~ von Übereinkünften** registration of conventions.

Reglement *n* regulations, rules.

reglementieren *vt* to regulate, to put under control, to regiment.

Regress *m* recourse (= *r*-), remedy over; **~anspruch** *m* right of *r*-; **~~sversicherung** *f r*- indemnity insurance; **~forderung** *f* claim of *r*-; **~klage** *f* action for *r*-; **~nehmer** *m*/**-in** *f* person seeking *r*-; **~pflicht** *f* liability to *r*-; **~pflichtige(r)** *f(m)* (*der ~pflichtige*) party liable to *r*-, indemnitor; **~prozess** *m* third party proceedings; **~recht** *n* right of *r*-; **~risiko** *n* third party risk; **~schuldner** *m*/**-in** *f* party liable to *r*-, indemnitor; **~verzichtsvereinbarung** *f ins* knock-for-knock agreement; **im ~weg** by *r*-; **ohne ~** without *r*-, no *r*-.

Regress nehmen *v* to have recourse, to assert a remedy over.

regresspflichtig *adj* liable to recourse.

regulär *adj* regular, normal, usual, standard.

Regulativ *n* means of regulation, regulating effect.

regulativ *adj* regulatory, regulative.

regulieren *vt* to regulate, to adjust, to settle, to discharge; to regularize.

Regulierung *f* regulation, adjustment, settlement, discharge; **~ *e-es* Schadens** settlement of a claim, claim settlement; **~ *e-es* überzogenen Kontos** remittance of cover, **~ *e-es* Versicherungsfalles** claim settlement; **~sabkommen** *n* settlement agreement; **~sbeamter** *m*/**~sbeamtin** *f* settling official, claim adjuster; **~sbeauftragte(r)** *f(m)* (*der ~beauftragte*) claim adjuster; **~skosten** *pl* costs of the claim settlement; **~sverhandlung** *f* negotiation for the disposal of a damage claim (with an insurance company); **bei der ~** in process of adjustment; **pauschale ~** global settlement, flat-rate settlement.

Rehabilitand *m*/**-in** *f* person on a rehabilitation scheme.

Rehabilitation *f* rehabilitation (*physical, eg following an accident; political, eg following a scandal*).

rehabilitieren *vt* to rehabilitate.

Rehabilitierung *f* rehabilitation, personal discharge; **~schance** *f* opportunity to wipe the slate clean; **~ von Aktien** restoring shares to their former standing; **berufliche ~** vocational rehabilitation.

rei vindicatio *f* (=) *action for recovery of property.*

Reibung *f* friction; **~sverlust** *m* loss as a result of friction; **wirtschaftlicher ~skoeffizient** *m* economic friction.

Reich *n* realm, empire, (German) Reich; **~sabgabenordnung** *f obs* German Tax Code; **~sgericht** *hist* Supreme Court of the German Reich; **~skonkordat** *hist* the Reich Concordat (*1933 with the Holy See*); **~spräsident** *m hist* President of Germany, President of the German Reich; **~srecht** *n* (*pre-1945*) national law of Germany; **~stag** *m hist* German Diet, Reichstag; **~s- und Staatsangehörigkeitsgesetz** *n D* Citizenship Act, law determining who is a citizen; **~sverfassung** *f* Constitution of the German Reich (1871–1945); **~sversicherungsordnung** *f* (*abbr* **RVO**) German National Insurance Code.

Reifen *m US* tire/*GB* tyre; **~panne** *f* flat tyre, puncture; **~profil** *n* tread; **abgefahrene ~** worn-down tyres.

Reifeprüfung *f* school leaving examination (*qualifying for university admission*), *US* high school diploma/*GB* A levels; **~szeugnis** *n* school leaving certificate (*at German secondary schools*), German secondary school diploma.

Reihen|eckhaus *n* end-of-terrace house, corner row house; **~eigenheim** *n* (individually owned) terraced house/row house; **~hausgruppe** *f* terrace.

Reihenfolge *f* sequence, consecutive order; **~ der Eintragungen** order of registration, sequence of registrations; **~ der Indossamente** order of endorsements.

Reihen|regress *m recourse against other parties of a bill in consecutive order*; **~rückgriff** *m* recourse in order of endorsers.

Reimport *m* reimport.

Rein|dividende *f* dividends net; **~einkommen** *n* net income; **~~ nach Steuern** net income after taxes; **~erlös** *m* net proceeds; **~ertrag** *m* net yield, net proceeds, net revenues, net balance, net profits; **~~ der Gesamtrechnung** overall net surplus; **jährlicher ~~** net annual proceeds; **~gewicht** *n* net weight; **~gewinn** *m* net profits, net gain, surplus profit, surplus earnings, operating surplus; **unverteilter ~~** unappropriated surplus, undistributed net income; **~nachlass** *m* residuary estate, net estate; **~schrift** *f* fair copy, engrossment; **~überschuss** *m* net surplus; **~verdienst** *m* net earnings; **~verlust** *m* net loss; **~vermächtnis** *n* residuary gift; **~vermögen** *n* net assets, net worth.

rein|waschen *vt* to clear, to whitewash; **~zeichnen** *vt* to sign clear (*bill of lading*).

Reinheitsgebot *n* purity requirement (*D beer*).

Reinigungseid *m hist* purgative oath.

reinvestieren *vt, vi* to reinvest, *vt* to *US* plow/*GB* plough back earnings.

Reinvestierung *f* reinvestment, *US* plow-back/*GB* plough-back.

Reinvestition *f* reinvestment.

Reise *f* travel (= *t-*, *traveller* = *t-r*, *travelling* = *t-g*) trip; **~agent** *m*/**-in** *f* *t-* agent; **~agentur** *f t-* agency; **~-Akkreditiv** *n t-r*'s letter of credit; **~andenken** *n t-* souvenirs; **~ausweis** *m t-r*'s identification card, passport; *pl t-* documents; **~bedarf** *m t-r*'s/tourist's articles of personal use; **~beilage** *f t-* supplement; **~beschränkungen** *f/pl t-g* restrictions; **~büro** *n t-* agency; **~bus** *m* coach; **~charter** *f* voyage charter; **~check** *m t-r*'s check; **~devisen** *f/pl t-* allowances in foreign currencies; **~diplomatie** *f* shuttle diplomacy, diplomacy by *t-*; **~dokument** *n t-* document; **~ent-**

schädigung *f t-* allowance; **~erleichterungen** *f/pl t-g* facilities; **~gebiet** *n t-* area/region; **einheitliches** ~~ *EU* Common *T-* Area (*between England and Ireland*); **~gelder** *n t-* funds; **~gepäck** *n* baggage, *US* luggage, passenger's luggage, ordinary luggage; **~~diebstahl** *m* larceny of baggage (luggage), theft of luggage; **~~versicherung** *f* baggage insurance, luggage insurance; **~gesetz** *n* Tourist Travel Act; **~gewerbe** *n* itinerant trade, itinerant occupation, trade with no fixed place of business; **~~betrieb** *m* itinerant business; **~~karte** *f US* license/*GB* licence for an itinerant trade/occupation, hawker's *US* license/*GB* licence; **~kosten** *pl t-* and subsistence expenses, *t-* expenses, out-of-town *t-* expenses; **~~ersatz** *m* reimbursement of *t-* expenses; **~~pauschale** *f t-* allowance; **~~vergütung** *f* reimbursement of *t-* expenses; **~~vorschuss** *m t-* advance; **~krankenversicherung** *f t-r*'s health insurance; **~kreditbrief** *m* worldwide letter of credit, *t-r*'s letter of credit; **~leiter** *m*/**-in** *f* tour manager, local representative of tour operators; **~mitbringsel** *n t-* souvenirs and gifts; **~muster** *n* commercial *t-r*'s sample; **~pass** *m* passport; **~passagier** *m*/**-in** *f* passenger; **~police** *f* voyage/*t-* policy; **~prospekt** *m t-* brochure, *t-* leaflet; **~route** *f t-* route, itinerary; **~scheck** *m t-r*'s *US* check/*GB* cheque; **~schmuggel** *m* smuggling by tourists; **~sperre** *f t-* ban; **~spesen** *pl t-* expenses; **~~abrechnung** *f* statement of *t-* expenses; **~~pauschale** *f t-* allowance; **~unfallversicherung** *f t-r*'s accident insurance; **~unternehmen** *n* firm of tour operators; **~unternehmer** *m*/**-in** *f* tour operator; **~veranstalter** *m*/**-in** *f* tour organizer; **~veranstaltungsvertrag** *m* package tour cotract; **~vergünstigungen** *f/pl* concessionary *t-* facilities; **~verkehr** *m t-g*, passenger *t-*, tourist *t-*; **~~sbilanz** *f* balance of *t-* transactions; **~vermittler** *m*/**-in** *f t-* agent; **~vermittlung** *f* arranging tourist bookings; **~versicherung** *f t-* insurance, voyage insurance, tourist policy; **~~spolice** *f t-* insurance policy, tourist policy; **~vertrag** *m* tourist *t-* agreement, *t-* (tour) contract; contract of tourism; **~~sgesetz** *n* (*D 1979*) Travel Tour Contracts Act; **~vertreter** *m*/**-in** *f t-g* agent, *t-g* salesman; **~weg** *m* route, itinerary; **~wetterversicherung** *f* tourist weather insurance, insurance against bad weather on holiday; **~zahlungsmittel** *n* tourist's means of payment; **~zeit** *f t-* season, season of holiday *t-*, tourist season; *t-g* time; **~ziel** *n* destination; **~zuschuss** *m t-g* allowance.

reisefähig *adj* capable to travel, ready for sea.

Reisende(r) *f(m)* (*der Reisende*) traveller, travelling agent, sales agent.

Reißwolf *m* (*paper*) shredder; **~vernichtung** *f* shredding.

Reitwechsel *m* fictitious bill, kite.

Reitweg *m* bridle-path, bridle-way.

Reizstoffsprühgerät *n* aerosol teargas projector, spray gun for irritant agents.

Reklamation *f* complaint, claim; **~en entgegennehmen** to receive representations, to receive complaints; **berechtigte** ~ legitimate complaint, justifiable complaint.

Reklame *f* advertizing, publicity, sales promotion; **~anpreisungen** *f* puffs, puffery; **~artikel** *m* advertizing article; **~fachmann** *m* publicity expert; **~feldzug** *m* advertizing campaign; **~gegenstände** *m/pl* advertizing material; **~preis** *m* cut-rate price; **~schild** *n* advertizing sign; **~schlepp** *m* air-poster towing; **~schrift** *f* publicity pamphlet, advertizing letters, *pl* promotional literature; **~- und Verkaufsberater** *m*/**-in** *f* publicity and sales consultant; **~wand** *f* advertisement hoarding; **~zettel** *m* advertising leaftlet, throwaway.

Rekommerzialisierung *f* recommercialization.

Rekonstruktion *f* reconstruction, reorganization, renovation (*building*); ~ *e-es* **Verbrechens** reconstruction of a crime, re-enactment of a crime.

rekrutieren *vt* to recruit.

Rekrutierung *f* recruitment, enlistment, enlisting.

Rekta|indossament *n* restrictive endorsement (*prohibiting further negotiation*); **~klausel** *f* not-to-order clause, non-negotiable clause, non-negotiability notice; restrictive clause; **~konnossement** *n* straight bill of lading, non-negotiable bill of lading; **~lagerschein** *m* non-negotiable warehouse receipt; **~papier** *n* instrument not to order, unendorsable title, non-negotiable instrument, instrument in favo(u)r of a specified beneficiary only; **~scheck** *m* non-negotiable *US* check/*GB* cheque, *US* check/*GB* cheque payable only to named payee; **~schuldverschreibung** *f* registered debenture; **~wechsel** *m* non-negotiable bill of exchange.

Rektor *m*/**-in** *f* university president (*who is a professor at that university*, ↔ *Präsident*); **~enkonferenz** *f D standing conference of university presidents* (*GB vice-chancellors*).

Rekurs *m* recourse; **~kommission** *f CH* commission of recourse (*administrative body dealing with complaints before they go to court*).

Relegation *f* expulsion (of a student).

relegieren *vt* to expel (a student).

relevant *adj* relevant, pertinent, material, significant, appropriate.

Relevanz *f* relevancy, relevance, significance.

Religion *f* religion; **~sausübung** *f* practice of religion; **freie ~~** freedom of religion/worship; **~sdiener** *m*/**-in** *f* minister of religion; **~sfreiheit** *f* religious liberty, religious freedom; **~sgemeinschaft** *f* religious group, church; **~sgesellschaft** *f* religious society; **~smündigkeit** *f* age of child's personal determination in religious and church matters; **~srecht** *n* law of religious organizations; **~sunterricht** *m* religious education, religious instruction; **~swechsel** *m* change of religion; religious conversion; **~svergehen** *n US* offense/*GB* offence against religious institutions; **~szugehörigkeit** *f* religious affiliation; **Beschimpfung von ~en und Weltanschaungen** revilement of other religions and creeds.

Reliquidisierung *f* restoration of liquidity.

Rembours *m* payment of overseas goods, documentary acceptance (*in foreign trade*), payment by means of a documentary acceptance credit (= *d/a/c*), banker's acceptance; **~akzeptkonto** *n* documentary acceptance account; **~auftrag** *m* order to open a *d/a/c*; **~benachrichtigung** *f d/a/c* advice; **~ermächtigung** *f* authority to open a *d/a/c*; **~geschäft** *n* documentary payment business, transaction based on *d/a/c*, financing by *d/a/c* (*overseas trade*); bill-of-lading financing; **~kredit** *m d/a/c*; **~regress** *m* recourse by an endorser against prior endorsers (*bill of exchange*); **~rückgriff** *m* = *~regress*; **~schuld** *f* debt under a *d/a/c*; **~schuldner** *m*/**-in** *f* debtor under a *d/a/c*; **~stelle** *f* agent for *d/a/c-s*; **~tratte** *f* documentary acceptance, documentary bill; **~verbindlichkeit** *f* indebtedness on *d/a/c*; **~verschuldung** *f* indebtedness on *d/a/c*.

Remedur *f obs* remedy, correction, redress.

Remittenden *pl* return copies, returns.

Remittent *m*/**-in** *f* payee of a bill of exchange; **fiktiver** fictitious payee; **gemeinsame ~en** joint payees; **unbenannter ~** unnamed payee.

remittieren *vt* to return (goods); to remit.

remonetisieren *vt* to convert into money, to bring back into circulation (*coin*).

Remonetisierung *f* reconversion (of capital assets) into money, bringing back into circulation (*coin*).

Remonstration *f* remonstrance, formal protest, representation; **~spflicht** *f* public officer's duty to remonstrate (*with his superior against an unlawful measure*).

Remontage *f* re-erection of dismantled plant, re-assembly.

Rendant *m*/**-in** *f* accountant, treasurer.

Rendite *f* yield, return (*investment*), lucrativeness, income basis; **~abstand** *m* yield gap; **negativer ~~** reverse yield gap; **~ auf eingesetztes Kapital** return on capital employed; **~basis** *f* profit basis, profitability; **~gefälle** *n* difference between yields, yield differential; **~haus** *n* tenement building, commercial property; **~lage** *f* position as to yield; **~ nach Steuern** post-tax yield; **~objekt** *n* lucrative investment; **~satz** *m* rate of investment return; **~ vor Steuern** pre-tax yield.

Renegat *m*/**-in** *f* renegade, turncoat.

Rennwette *f* sweepstake, racing bet, bet on a race.

Rennwett|steuer *f* betting tax, racing tax; **~- und Lotteriegesetz** Racing-Bets and Lotteries Act; **~- und Lotteriesteuer** betting and lottery tax.

Renommee *n* reputation.

renovieren *vt* to renovate, to overhaul, to redecorate (*rooms*), to refurbish, to restore to good condition.

Renovierung *f* renovation, refurbishment, redecoration; **~skosten** *pl* renovation expenses, redecorating expenses; **~spflicht** *f* (tenant's) obligations to redecorate.

rentabel *adj* profitable, paying, lucrative, worthwhile.

Rentabilität *f* profitability, earning power, earning capacity, lucrativeness; **~sanalyse** *f* return analysis, yield analysis, analysis of profits; **~sberechnung** *f* profitability calculation, estimate of prospective profits, cost accounting; **~sgesichtspunkte** *m/pl* considerations of profit, profit aspects; **~sgrenze** *f* break-even point, limit of profitability, marginal profit; **~sinteresse** *n* need to ensure a yield; **~srechnung** *f* profitability accounting, calculation of the net returns, **~sschwelle** *f* lower limit of profitability, break-even point; **~sstandpunkt** *m* point of view of profitability.

Rente *f* pension (= *p-*), social insurance pension, contributory pension; periodical payment; annuity (= *a-*) (from capital, *etc*), *pl* bonds, *exch* fixed-interest securities, *econ* economic rent; **~nabfindung** *f* *lump-sum settlement in discharge of an a- or p- claim*; **~nablösung** *f* redemption of an *a-*; **~nalter** *n* pensionable age, retirement age; **~nanleihe** *f* *a-* bond, consols; **unkündbare ~~** perpetual bond; irredeemable loan; *pl* funded debt; **~nänderung** *f* change of a *p-*; **~nanpassung** *f* adjustment of *p-* (*to gross employment income*); **~~sgesetz** *n* *P-* Adjustment Act; **~nanspruch** *m* *p-* claim; **~~sberechtigte(r)** *f(m)* (*der ~~berechtigte*) person entitled to a *p-*, annuitant; **unübertragbarer ~~** unassignable *p-* rights; **~nanstalt** *f* *a-* credit institution; **~nantrag** *m* application for a *p-*; **~nanwartschaft** *f* accrued future *p-* rights, **~naufbesserung** *f* improvement in *p-s*, *p-* increase; **~nausgleichsforderung** *f* *a-* equalization claim; **~nausschuss** *m* social insurance *p-s* committee; **~nautomatismus** *m* automatic character of (social insurance) *p-s*; **~nbank** *f* *hist* central bank (*after World War I*), public mortgage bank, land *a-* bank; **~nbarwert** *m* *a-* discounted to reflect its cash value, present value of *a-*; **~nbeginn** *m* initial date of *p-* payments; **~nbehörde** *f* *p-s* authority; **~nbemessungsgrundlage** *f* basis for computing *p-s*; **~nberater** *m*/**-in** *f* consultant on *p-s*; **~nbera-**

tung *f* consultation on *p-* rights; **~nberechnung** *f* computation of *p-s*; **~nberechtigte(r)** *f(m)* (*der ~nberechtigte*) person entitled to a *p-*, grantee of an *a-*; **~nbescheid** *m* ruling on a *p-* application; **~nbesteuerung** *f* taxing of *p-s* and annuities; **~nbeträge** *pl* amount of an *a-/p-*; **~nbezieher** *m*/**-in** *f* recipient of a *p-*, pensioner; **~nbezug** *m* regular receipt of a *p-*; **~~sberechtigung** entitlement to receive full *p-* benefits, **~~szeiten** *pl* periods of *p-* payments; **~nbrief** *m a-*certificate, rent charge certificate, land *a-* bond; **~nempfänger** *m*/**-in** *f* recipient of a *p-*, pensioner, annuitant; **~nentziehung** *f* forfeiture of a *p-*; **~nerhöhung** *f p-* increase; **~nerwartung** *f* probable future *p-*, expected *p-*; **~nfall** *m* event when *p-* becomes due, *p-* case, *pl* number of *p-s* awarded.; **~nfonds** *m* fixed-interest security investment fund, *US* bond fund; **~ngewährung** *f* granting of a *p-*; **~ngut** *n* estate charged with an *a-*, farm for which purchaser paid by terminable *a-*; **~n-Kapitalversicherung** *f* endowment insurance with life *a-* option; **~nkurs** *m* bond price; **~nlasten** *pl a-* charge; **~nleistungen** *pl p-* benefits, *a-* payments; **~nmarkt** *m* bond market, gilt-edged market; **~nmehrbetrag** *m p-* increase; **~nnachzahlung** *f* supplementary *p-* payment, payment of *p-* arrears; **~nneurose** *f* compensation neurosis, *p-* neurosis; **~npapier** *n* fixed-interest security, bond; **~npfändung** *f* garnishment of *p-*; **~npolice** *f a-* policy; **~nreallast** *f* realty charge, land charge imposing recurrent obligations (*money, services, food, etc*); **~nreform** *f* reform of social security *p-s*, *p-* reform; **~nrückforderung** *f* repayment claim for *p-s* (*received without justification*); **~nschein** *m a-* certificate; **~nschenkung** *f* gift of *a-* rights/*p-* rights; **~nschuld** *f a-* charge (on land), *a-*land charge; **~~brief** *m a-*-charge certificate; **~~forderung** *f* indebtedness in respect of an *a-* charge; **~~gläubiger** *m*/**-in** *f* holder of an *a-* charge; **~~verschreibung** *f a-*bond; **~nsplitting** *n* splitting future accrued *p-* rights (*upon divorce*); **~numstellung** *f* conversion of social security *p-s* (*currency reform*); **~n- und Unterstützungszahlungen** *f/pl p-* and social assistance benefits, public transfer payments; **~nurteil** *n* judgment for periodical payments; **~nverschreibung** *f a-*bond; **~nversicherung** *f p-* insurance fund, social *p-* insurance; **~~ der Angestellten** Salaried Employees' *P-* Insurance; **~~ der Arbeiter** Wage Earners' *P-* Insurance; **~~sträger** *m*/**-in** *f p-* insurance institution; **gesetzliche ~~** national *p-* insurance scheme; **knappschaftliche ~~** miners' *p-* insurance; **soziale ~~** social (*national*) *p-*insurance; **~nvertrag** *m* contract of *a-*; **~nvorschusszahlung** *f* advance payment of retirement *p-*; **~nwert** *m* fixed-interest security, bond; **~nzahlung** *f p-* payment, *p-* benefit, *a-* payment; **~nzusammensetzung** *f* elements of a *p-*; **~nzuschusskasse** *f* supplementary *p-* fund; **~ ohne Beitragspflicht** non-contributory *p-*; **~haus** *n* income property, tenement; **abgeleitete ~** *p-* derived from another person; **ablösbare ~** redeemable *a-*; **aufgeschobene ~** deferred *a-*, deferred *p-*; **dynamische ~** (wage-) index-linked *p-*; ***e-e* ~ ablösen** to redeem an *a-*; ***e-e* ~ kapitalisieren** to capitalize an *a-*; **ewige ~** perpetual *a-*; **kündbare ~** terminable *a-*, redeemable *a-*; **lebenslängliche ~** life *a-*, life *p-*; **nachschüssige ~** ordinary *a-*; **nicht ablösbare ~** irredeemable *a-*; **sofort fällige ~** immediately payable *a-*; **temporäre ~** temporary *a-*; **unablösbare ~** irredeemable *a-*; **unkündbare ~** non-terminable *a-*, irredeemable *a-*; **zeitlich begrenzte ~** *a-* for a fixed term.

Renten umstellen *vt* to recalculate pensions.

Rentier *m/***-in** *f* person who is independently wealthy, person who can live from investments.

rentieren *v reflex* to yield a surplus, to be profitable, to be worthwhile, to pay off; **sich gerade noch** ~ to break even.

Rentner *m/***-in** *f* pensioner, social-insurance pensioner, holder of pension rights; **~krankenversicherung** *f* social health insurance for pensioners.

Renvoi *m pil* renvoi; *return-reference to another country's law, referring back to the law of the forum.*

Reparatur *f* (*pl Reparaturen* = *~en*) repair, repairing, repair work; **~auftrag** *m* repair order; **~bedürftigkeit** *f* disrepair; **~kosten** *pl* cost of repairs, repair(ing) charges; **~leistung** *f* performance of repair services; **~schein** *m* repair ticket; **~vertrag** *m* contract for repairs; **~werkstatt** *f* repair shop, repair workshop; **in** ~ under repair; **bauliche ~en** structural repairs; **unentbehrliche ~en** necessary repairs; **laufende ~en** running repairs, regular repairs.

reparaturbedürftig *adj* in need of repair, in want of repair.

reparierbar *adj* repairable; **nicht mehr** ~ beyond repair.

reparieren *vt* to repair.

repartieren *vt* to apportion, to allot, to scale down an allotment.

Repartierung *f* apportionment, allotment, scaling down; **scharfe** ~ heavy scaling down.

Repartition *f* = *Repartierung*; **~ssteuer** *f* apportioned tax.

repatriieren *vt* to repatriate.

Repatriierung *f* repatriation; ~ **von Auslandsbonds** repatriation of external bonds.

Repetitor *m/***-in** *f* coach, tutor, *semi-qualified person who coaches (law) students for state (bar) exam.*

Repetitorium *n* bar review course.

Replik *f* (plaintiff's) replication/reply (*to defendent's answer*).

replizieren *vi* to reply, to make one's reply.

Report *m exch* contango (= *c-*, *contangoes* = *c-es*), contango rate, continuation rate, carry-over transaction; **~geber** *m/***-in** *f* person carried over, buyer who pays to delay settlement; **~geld** *n c-*; **~geschäft** *n* jobbing in *c-es*, *c-* transaction, carry-over business; **~kredit** *m* loan for a *c-* transaction; **~kurs** *m* rate of *c-*; **~nehmer** *m/***-in** *f* person carrying over; **~prämie** *f c-*; **~satz** *m c-* rate, rate of *c-*; **~tag** *m c-* day, making-up day, continuation day; **in ~ geben** to give in continuation; **in ~ nehmen** to take in *c-*.

Repräsentant *m/***-in** *f* representative, resident agent; **~enhaus** *n US* House of Representatives; **~enhaftung** *f* vicarious liability (for acts of an agent/employee).

Repräsentanz *f* representative agency, representation.

Repräsentation *f* representation, status symbol; **~saufwendungen** *pl* representational expenses, expenses for social representation, entertainment expenses; **~sgelder** *pl* allowance for social duties; **~skosten** *pl* representational expenses, expenses of social representation, entertainment expenses; **~spflichten** *f* social functions, social responsibilities; **~sprinzip** *n* principle of representation.

repräsentativ *adj* representative, typical, presentable, representational.

Repräsentativ|auswahl *f* sampling; **~~ nach Wahrscheinlichkeitsregeln** probability sample **~erhebung** *f* statistical sample, collection of sample statistics, sample investigation; **~system** *n* (system of) representative government; **~umfrage** *f* representative poll.

Repressalie *f* (act of) retaliation, reprisal.

Repressivaufsicht *f* remedial supervision (*by state over local authorities*).

reprivatisieren *vt* to denationalize (again), to reprivatize.

Reprivatisierung *f* reprivatization, restoration to private ownership, denationalization.

Reproduktion *f* reproduction; **~smedizin** *f* reproductive medicine; **~srecht** *n* right of reproduction.

reproduzieren *vt* to reproduce, to duplicate.

Reptilienfonds *m* secret government funds, *US* slush fund, secret service money; *funds at the disposal of the Chancellor for which no public accounting is required.*

Republik *f* republic; **~flucht** *f obs crim* criminal *US* offense/*GB* offence of leaving the country (*GDR*) without official permission.

Republikaner *m*/**-in** *f* republican, member of the Republican Party.

republikanisch *adj* republican.

requirieren *vt* to requisition.

Requisition *f* requisitioning (*requisition = r-, requisitioning = r-g*); **~sbescheid** *m* notice of *r-g*; **~sentschädigung** *f* compensation for *r-g*; **~srecht** *n* law of *r-*, right of *r-g*; **~sschaden** *m* damage caused by *r-s*; **~svergütung** *f* compensation for *r-*.

Reservat *n* reservation, reserved right; **~srecht** *n* prerogative right/power; **alliierte ~e** matters reserved to the Allied Powers, (the Allies') reserved rights.

Reserve *f* reserve (= *r-*), reserve supply, reserve fund, reserve capital, reserve stock; **~bank** *f r-* bank; **~fonds** *m r-* fund, safety fund; **~forderung** *f r-* claim; **~ für besondere Fälle** contingency fund; **~ für schwebende Versicherungsfälle** *r-* for pending claims; **~kapital** *n* capital *r-*(s); **~klassen** *pl r-* classes; **~konto** *n r-* account; **~meldung** *f r-* statement; **~nabbau** *m* reduction of the *r-s*; **~nausweis** *m r-* statement; **~nbestimmungen** *f r-* requirements; **~nbildung** *f* accumulation of *r-s*; **~n-Einsatz** *m r-s* actually maintained; **~nerhöhung** *f* increase in *r-s*; **~offizier** *m*/**-in** *f r-* officer; **~satz-Staffel** *f r-* ratio scale; **~-Soll** *n* required *r-*, *r-* requirements; **~stellung** *f* allocation to *r-* fund, *r-* position; **~überweisung** *f* allocation to *r-* fund; **~vorschriften** *pl r-* requirements; **~währung** *f r-* currency; **~~sguthaben** *n r-* currency balance; **ausgewiesene ~** disclosed *r-*, visible *r-*; **außerordentliche ~** surplus *r-*; **die angesammelte ~** the *r-* accrued; **freie ~** excess *r-*, available *r-*; **gesetzliche ~** legal *r-* fund; **offene ~n** visible *r-s*; **remonetisierbare ~n** *r-s* capable of reconversion into money; **satzungsmäßige ~** *r-* required by the articles of association; **stille ~n** hidden *r-s*, latent *r-s*, hidden assets, undisclosed *r-s*.

Reserven auffüllen *vt* to replenish the reserves.

reservieren *vt* to reserve, to set aside, to make a reservation.

Resident *m*/**-in** *f* resident, permanent representative, minister resident.

Residenzpflicht *f* residence requirement, (*lawyer's*) obligation to reside within the precincts of the court.

resignieren *vi* to resign from office.

Resignation *f* resignation (from office).

Resolution *f* resolution; **~sentwurf** *m* draft resolution.

Resolutivbedingung *f* resolutory condition (*causing contract to lapse*), dissolving condition.

resozialisieren *vt* to rehabilitate.

Resozialisierung *f* social adjustment, rehabilitation and settlement, aftercare, resettlement of offenders.

Respekttage *m/pl* days of grace, days of respite (*for the payment of a bill of exchange*).

Ressentiment *n* sense of grievance, resentment, feeling of resentment, hard feeling.

Ressort *n* department, sphere of authority, purview, desk, division; **~abkommen** *n* interministerial agreement; **~bedenken** *pl* departmental objections; **~besprechung** *f* departmental conference; **~chef** *m*/**-in** *f* head of department; **~denken** *n* thinking in terms of departmental interests; **~egoismus**

m selfishness among governmental departments, excessive compartmentalization; **~leiter** *m*/**-in** *f* head of department, group executive; **~minister** *m*/**-in** *f* departmental minister; **~politik** *f* departmental policy; **~prinzip** *n* principle of departmental responsibility; **~verteilung** *f* distribution of responsibilities; **~verhandlung** *f* interdepartmental negotiation.

ressortieren *vi* to be responsible for, to come within the scope of.

Ressourcen *f/pl* resources, economic assets.

Rest *m* rest, remnant, remainder, residue, residuum; **~abgeltung** *f* residuary discharge; **~arbeitslosigkeit** *f* residual unemployment; **~ausfuhrzahlung** *f* remaining export payment; **~bestand** *m* remaining stock, remainder, *pl* oddments; **~betrag** *m* balance, balance of an account, residual amount, remainder of an account; **geschuldeter ~~** balance due; **noch nicht ausbezahlter ~~** undisbursed balance; **~buchwert** *m* net book value, residual cost; **~dividende** *f* remaining dividend, liquidation dividend; **~einzahlungsverpflichtung** *f* remaining calls, contingent liability in respect of unpaid portion, uncalled capital; **~erwerbsfähigkeit** *f* residual earning capacity; **~forderung** *f* residual claim, claim for the remaining balance, outstanding amount, unpaid balance; **~gebührenanspruch** *m* claim for the remainder of the fees; **~gewinn** *m* balance of profit; **~größe** *f* residual amount, residue; **~gut** *n* remnants of an estate; **~~haben** *n* remaining credit balance; **~kapital** *n* residual capital; **~kaufgeld** *n* balance of purchase price, residual purchase money; **~~darlehen** *n* residual purchase-money loan; **~~hypothek** *f* purchase-money mortgage, mortgage to secure balance of purchase price; **~~obligation** *f* purchase-money bond; **~~rente** *f* purchase annuity; **~~schuldschein** *m* purchase-money note; **~kaufhypothek** *f* purchase money mortgage, vendor's lien; **~laufzeit** *f* remaining term, unexpired remainder; residual term; **~lebensdauer** *f* remaining useful life; **~lieferung** *f* back order; **~masse** *f* residual/remaining assets and liabilities; **~nachlass** *m* residuary estate, residual estate; **zum ~~ rechnen** to carry to residue; **~nutzungsdauer** *f* remaining useful life, remaining service life; **~parkzeit** *f* remaining parking time; **~partie** *f* odd lot; **~posten** *m* residual item, remainders; job lot; **~profiltiefe** residual depth of tread; **~prozess** *m* residue of action (*after part-judgment*); **~quote** *f* residual quota, final payment, final dividend; **~risiko** *n* inherent residual risk (*of technical defect*); **~saldo** *m* remaining balance; **~schuld** *f* residual debt, balance owing, *pl* surviving debts; **~~versicherung** *f* residual mortgage debt (life) insurance; **~strafe** *f crim pro* unserved portion of the penalty, remainder of the sentence; **~~naussetzung** *f crim pro* suspension of the remainder of a sentence; **~summe** *f* balance, remainder, balance account; **~urlaub** *m* residual leave; remainder of holiday, holiday left over; **~vermächtnis** *n* residuary gift; **~vermögen** *n* residual assets; **mein ~~** the entire balance of my estate; **~wert** *m* residual value, salvage value, value after depreciation; **kalkulatorischer ~~** calculated residual value; **~wirtschaft** *f* rump economy; **~zahlung** *f* final payment, payment of the balance; **nicht aufteilbarer ~** residue.

Restanten *m/pl bank* leavings, odd lots, dead stock, drawn bonds which have not been collected; delinquent debtors.

Reste|händler *m*/**-in** *f* seller of remnants, *exch* piece broker; **~verkauf** *m* sale of remnants.

restitutio in integrum (=) restoration to the previous condition (*with* *respect to lapse of statutory period, on the grounds of force majeure, etc*).

Restitution *f* restitution, restoration of property; **äußere** ~ external restitution; **~sanspruch** *m* claim for the restitution (of property), **~sgrund** *m* fatal error; harmful error (giving entitlement to a new trial); **~sklage** *f* proceedings for restitution (*new trial*); **~srecht** *n* law of restitution, petition for a new trial; **~sschaden** *m* restitution damage, *losses due to restoration of property under the Restitutions Acts.*

Restriktion *f* restriction; **~smaßnahmen** *pl* restrictive measures; **quantitative** ~ quota, restrictive quota.

Retentionsrecht *m* right of retention, possessory lien.

Retorsion *f* retorsion (= *retortion*), retaliation, reprisal, tit-for-tat; **~szoll** *m* retaliatory tariff, duty of retortion.

Retortenbaby *n* test tube baby.

Retourenbuch *n* returns-book.

Retourewaren *f/pl* goods returned.

Retrozedent *m*/**-in** *f* retrocedent, reassignor.

retrozedieren *vt* to retrocede, to assign back.

Retrozession *f* retrocession, reassignment; **~svertrag** *m* retrocession agreement.

Retrozessionar *m*/**-in** *f* retrocessionary; *the original assignor to whom a right is reassigned.*

Rettung *f* rescue; **~saktion** *f* rescue operation, bailout; **~sbohrung** *f* rescue shaft, escape shaft; **~sdienst** *m* life saving service, rescue service; **~seinsätze** *m/pl* rescue tasks; **~sfonds** *m* bailout fund; **~sgeld** *n* salvage-money; **~smannschaft** *f* rescue party, search party; **~sring** *m* life preserver; **~sweg** *m* (way to an) emergency exit, fire exit; **~swesen** *n* rescue services, lifesaving.

Reue *f* remorse, repentance, contrition; **tätige** ~ *crim* active regret, active repentance (*coupled with a timely attempt to avert the consequences of the act*); ~ ~ **bei Falschaussage** timely correction of false statements.

Reugeld *n* forfeit money.

revalidieren *vi* to become operative again, to become valid again.

Revalierung *f* cover, recourse; **~sanspruch** *m* right of indemnity; *claim of a drawee against maker of a bill of exchange; claim of surety who has discharged the obligation against the debtor*; **~sgeschäft** *n* covering transaction; **~sklage** *f* action for indemnity (*of drawee against maker of a bill of exchange or of surety against original debtor*).

revalorisieren *vt* to revalorize (currency, *etc*).

Revalorisierung revalorization.

Revaluation *f* revaluation.

Revers *m* written undertaking, release, acknowledgement.

revidieren *vt* to revise, to review.

Revier *n* police district, *US* police precinct; mining district, forestry district; **~inhaber** *m*/**-in** *f* district forestry officer; **~verwaltung** *f* district forestry office.

Revindikation revindication, action for the return of property.

revindizieren *vt* to revindicate.

revisibel *adj* appealable (on points of law).

Revisibilität *f* appealabilty (on points of law), *US* suitability for writ of certiorari.

Revision *f* **I** appeal (on issues/points of law) (= *a*-), proceedings in error, *US* writ/*GB* order of certiorari, writ of error, assignment of errors; ~ **einlegen** to lodge an *a*- (on issues of law); **~santrag** *m* motion for judgment in an *a*- (on issues of law); **~sanwalt** *m*/**-in** *f* lawyer specialized in *a-s* (on issues of law), counsel admitted to the German Supreme Court; **~sbegründung** *f* grounds for *a*- (on issues of law); **~~sfrist** *f* time for filing grounds for *a*- (on issues of law); **~~sschrift** *f* brief containing the grounds of *a*- (on issues of law); **~sbeklagte(r)** *f(m)* (*der ~beklagte*) respondent in an *a-* (on issues of law); **~sbeschluss** *m* order granting leave to appeal (on issues of law), order of certiorari, writ of certiorari; **~sbeschwerde** *f a-* (on issues of law) against a court order; **~sentscheidung** *f* appellate decision (on issues of law); **~sfähigkeit** *f* appealability (on issues of law); **~sfehler** *m* reversible error; **~sfrist** *f* statutory period for lodging an *a-* (on issues of law); **~sgericht** *n* final appellate court; court of last resort, **~sgrund** *f* reversible error, *reason on which a- on issues of law is based*; **absoluter ~~** fundamental error, automatic error; **relativer ~~** discretionary basis for *a-* (*in the appellate court's discretion*); **~sinstanz** *f* court of last resort, *instance where a-s (on issues of law) are heard*; **~skläger** *m*/**-in** *f* appellant (in an *a-* on issues of law); **~skonferenz** *f* revision conference; **~srecht** *n* rules concerning *a-s* on issues of law; **~srichter** *m*/**-in** *f* appellate judge in error proceedings; **~sschrift** *f* notice of *a-* (on issues of law); **~ssumme** *f* minimum value of claim required for *a-* (on issues of law); **~szulassung** *f* order granting leave to appeal (on issues of law); **~~santrag** petition for leave to appeal; **die ~ zulassen** to grant leave to appeal (on issues of law); **die ~ ist zulässig** leave to appeal (on issues of law) is granted, an *a-* (on issues of law) shall lie.

Revision *f* **II** auditing, accounting control; **~sabteilung** *f* auditing department; **~sgesellschaft** *f* auditing company; **~sklausel** *f* revision clause; **~sverband** *m* association of auditors; **~sverfahren** *n* auditing procedure, auditing methods; **außerbetriebliche ~** external audit; **betriebsinterne ~** internal audit; **innerbetriebliche ~** internal audit.

Revisionismus *m* revisionism.

Revisor *m*/**-in** *f* auditor, revisor, chartered accountant.

Revolte *f* revolt.

revoltieren *vi* to revolt.

Revolution *f* revolution; **~sgericht** *n* revolutionary tribunal; **~sregierung** *f* revolutionary government; **~srat** *m* revolutionary executive committee.

Revolving-|Akkreditiv *n* revolving letter of credit; **~Kredit** *m* revolving credit, revolving fund.

Rezensent *m*/**-in** *f* (book)reviewer.

Rezept|gebühr *f* (nominal) prescription charge; **~pflicht** *f* obligation to present a prescription (*when buying medicine*).

rezeptpflichtig *adj* obtainable only on prescription.

Rezeption *f the gradual taking-over of a foreign system of law, esp. of the Roman law*; reception desk.

Rezession *f* recession, slump.

Reziprozität|sgeschäft *n* reciprocal transaction, reciprocal deal; **~srückversicherung** *f* reciprocal reinsurance.

R-Gespräch *n* reverse charge call, collect call.

Rheinschifffahrt *f* navigation on the Rhine; **~sgericht** *n* Navigation on the Rhine Tribunal; **~ssachen** *f/pl* cases involving navigation on the Rhine.

Richt|geschwindigkeit *f* recommended speed, posted advisory speed, maximum advisory speed; **~kosten** *pl* standard cost; **~kurs** *m* reference rate; **~linie** *f* → *Richtlinie*; **~maß** *n* nominal dimension, standard; **~menge** *f* target figure, prescribed quantity; **~preis** *m* leading price, recommended retail price, suggested price, target price, provisional price, standard (agricultural) price; **empfohlener ~~** recommended retail price; **~punkt** *m* aiming point, point of alignment; **~satz** *m* guiding rate, standard rate, *pl* comparative data; **~~miete** *f* controlled standard rent; **~~norm** *f* standard; **~schnur** *f* guide-line, guide, guiding principle, canon; **~strahl** *m* directional beam; **~wert** *m* standard value, guiding figure, approximate-value production standard, reference point; **~zahl** *f* guiding figure, governing figure, index figure.

richten *vi* to judge, to sit in judgment, to adjudicate, to adjudge, to sentence judicially.

Richter *m/***-in** judge, *pl* the judiciary; **~ablehnung** *f* objection/challenge to a judge; **~amt** *n* judgeship, office of (a) judge, justiceship, judicial function; **~~sbezeichnungen** *f* official designations of judges; **~anklage** *f* impeachment of a judge; **~ auf Lebenszeit** judge for life; **~ auf Probe** judge for initial test period; **~bank** *f* bench, judge's seat, judgement seat; **~bestechung** *f* bribery of a judge, corruption of judges; **~ der ersten Instanz** judge of the first instance, trial judge; **~ der Rechtsmittelinstanz** appellate judge, judge ad quem; **~dienst** *m* judicial service; **~~gericht** *n disciplinary tribunal for judges*; **~eid** *m* judge's oath; **~gesetz** *n* Judiciary Act; **~ in *e-em* Bürotermin** judge in chambers; **~kollegium** *n* the judiciary, a body of judges, the bench; **~ kraft Auftrags** commissioned judge; **~rat** *m* council of judges; **~recht** *n* judge-made law, case law; **~schaft** *f* the bench, judiciary; **~spruch** *m* judgment, judicial finding, judge's decision, court ruling; **~stand** *m* judiciary, the bench; **~tag** *m D* annual congress of judges; **~vertretung** *f* judges' representative body; **~vorlage** case stated, *submitted by judges on their own motion*; **~vorbehalt** *m* requirement of judicial authority (*for searches, arrests*); **~wechsel** *m* change of judge (*during proceedings*); **~wahlausschuss** *m* electoral committee for judges; **~würde** *f* justiceship, dignity of a judge; **~zimmer** *n* chambers, the judge's office; **aufsichtsführender** ~ supervising judge; **ausscheidender** ~ retiring judge; **beauftragter** ~ commissioned judge, official referee; **beisitzender** ~ associate judge; **berichterstattender** ~ reporting judge (*preparing the judgment*); **dem ~ vorgeführt werden** to be brought before the judge; **ehrenamtlicher** ~ honorary judge, lay assessor; ***e-en*** **~ ablehnen** to challenge a judge, to object to a judge; **erkennender** ~ trial judge; **ersuchter** ~ requested judge; **geistlicher** ~ ecclesiastical judge; **gerechter** ~ even-handed judge; **gesetzlicher** ~ legally competent judge; **im Bürowege entscheidender** ~ judge in chambers; ***jd-en*** **als ~ einsetzen** to appoint *s.o.* as a judge; ***jd-en*** **zum ~ ernennen** to appoint a person as a judge; **kommissarischer** ~ commissioned judge; **nebenamtlicher** ~ part-time judge; **ordentlicher** ~ regular judge; **parteiischer** ~ biased judge, partial judge; **unvoreingenommener** ~ impartial judge; **vor den ~ bringen** to bring to justice, to take to court; **vorsitzender** ~ presiding judge; **zuständiger** ~ competent judge.

richterlich *adj* judicial, of a judge, adjudicative.

Richtfest *n* celebration of completion of the main structure, topping-out ceremony.

richtig *adj* correct; **sachlich** ~ correct in substance.

Richtigbefund *m* certification of correctness; **~anzeige** *f* reconciliation statement.

richtigstellen *vt* to rectify, to amend, to correct.

Richtigstellung *f* rectification; **~sbuchung** *f* (period-end) adjusting entry.

Richtigkeit *f* correctness, accuracy; **die ~ an Eides Statt versichern** to assure the correctness in lieu of an oath; **die ~ der Abschrift wird beglaubigt** certified true copy, copy certified correct; **die ~ der Aussage bezweifeln** to doubt the truth of the testimony; **die ~ seiner Angaben beweisen** to prove one's statements to be true; **für die ~ der Abschrift** certified as a true copy.

Richtlinie *f* directive, guidance, guiding principle; ~ **des Rates** *EU* Council Directive; **~nentwurf** *m* draft directive; **~n erlassen** to issue directives; **~nkompetenz** *f* authority to decide on government policy, power to issue guidelines; **~n missachten** to defy the rulings; **allgemeine ~n** general policy; **Datenschutz-~** *EU* Data Protection Directive; ***e-e*** ~ **erlassen** to issue a directive; ***e-e*** ~ **umsetzen** *EU* to transpose a directive; **EG-~** EC directive; **unmittelbare Wirkung von ~-~n** direct effect of Community directives; **einheitliche ~n** uniform rules; ~ ~ **und Gebräuche** uniform customs and practice; **geeignete ~n** appropriate directives; **internationale ~n** international standards; **standesrechtliche ~n** code of professional conduct; **Umsetzung von EG ~n** *EU* transposition of EC directives.

Richtung *f* direction; ~ **der Investitionen** aim of investments; **~sänderung** *f* change of direction; **~~sanzeige** *f* indication of change of direction; **~sanzeige** *f* directional sign; **~sanzeiger** *m* direction indicator; **~skampf** *m* struggle over policy.

Richtzeichen *n* directional sign.

Ries *m* ream (*paper*).

Riesenkredit *m* jumbo loan.

Rikambio *m* re-exchange; **~wechsel** re-exchange bill, redraft.

Rimesse *f* re-exchange bill (*by way of recourse on prior endorser*), remittance.

Rinder|auftrieb *m* number of cattle coming onto the marke; **~wahnsinn** *m* mad cow disease, BSE.

Ring|bahn *f* circular railway, circular tramline; **~straße** *f* ring road, circular road; **~tausch** *m* exchange between several parties (*apartments*); **~verkehr** *m* multilateral dealings.

Rinnverlust *m* *econ* leakage, allowance for leakage.

Risiko *n* (*pl Risiken* = *~n*) risk (= *r-*) peril, adventure, jeopardy; **~abschätzung** *f* estimation of the *r-*; **~abwälzung** *f* shifting of *r-*; **~änderung** *f* change of the *r-*; **~aufklärung** *f r-* disclosure, advice on potential *r-* of an operation; **~ausgleich**(**ung**) *m* compensation of *r-s*, *r-* sharing; **~auslese** *f* selection of *r-s*; **~ausschluss** *m* exclusion of *r-s*; **~~ bei Gebäudeeinsturz** fallen-building clause; **~~klausel** *f* excepted-perils clause; **~beginn** *m* commencement of *r-*; **~begrenzung** *f* limitation of *r-s*; **~~sklausel** *f* limitation of *r-s* clause; **~beherrschung** *f r-* management; **~beseitigung** *f* elimination of *r-*; **~deckung** *f* covering a *r-*, insuring against a *r-*; **~erhöhung** *f* added peril; **~garantie** *f* indemnity; **~geschäft** *n* speculative enterprise; **~gruppe** *f* special *r-* category/group; **~haftung** *f* liability for *r-*; **~häufung** *f* accumulation of *r-s*; **~-Investition** *f* investment at *r-*, investment in venture capital; **~kapital** *n r-* capital, venture capital; **~lebensversicherung** *f* term policy; **~marge** *f r-* margin; **~mischung** *f* spreading of *r-s*, diversification of *r-*; **~patient** *m*/**-in** *f* patient at *r-*, patient in (a) critical condition; **~prämie** *f r-* premium; **~-Rückstellungen** *pl* contingency reserves; **~schwelle** *f* point where *r-* begins; **~steigerung** *f* increase of hazard; **~streuung** *f* spreading of *r-s*, diversification (of *r-*); **~summe** *f* amount at *r-*; **~träger** *m*/**-in** *f r-*-bearer; **~tragung** *f* bearing the *r-*; **~übergang** *m* passing of the *r-*; **~übernahme** *f* assumption of *r-*, taking *r-*, coverage; **volle ~~** full coverage; **~übertragung** *f* transfer of *r-*; **~umtauschversicherung** *f* convertible term insurance; **~verbindung** *f* linkage of *r-*; **~vergütung** *f* compensation for the *r-*; **~versicherung** *f* insurance, *r-* insurance; **~verteilung** *f* allocation of *r-*, *r-* spread, diversification of *r-*, distribution of *r-*; **~vertrag** *m* hazardous contract; **~zuschlag** *m r-* mark-up, additional *r-* premium;

akutes ~ immediate *r*-; **auf ~ des Käufers** at buyer's *r*-, let the buyer beware, caveat emptor; **ausgeschlossenes** ~ *r*- excluded, hazard not covered; **außerökonomische ~n** non-economic *r-s*; **berufliches** ~ occupational *r*-; **das ~ abwägen** to calculate the *r*-; **das ~ übernehmen** to assume the *r*-; **ein ~ auf sich nehmen** to run a *r*-; **ein ~ decken** to cover a *r*-; **ein ~ eingehen** to bear a *r*-; **ein ~ laufen** to run a *r*-; **ein ~ tragen** to incur a *r*-; **ein ~ versichern** to underwrite a *r*-, to insure against a *r*-; **erhebliches** ~ substantial *r*-; **erhöhtes** ~ aggravated *r*-; **gedecktes** ~ *r*- covered; **gewöhnliches** ~ normal *r*-; **handelsübliches** ~ customary *r*-; **kalkuliertes** ~ calculated *r*-; **kaufmännisches** ~ commercial *r*-; **mittleres** ~ median *r*-, average *r*-; **nicht versicherbares** ~ uninsurable *r*-; **nicht versichertes** ~ uninsured *r*-, uncovered *r*-; **nicht versicherungsfähiges** ~ uninsurable *r*-; **objektives** ~ actual *r*-; **ungedecktes** ~ uninsured *r*-; **unternehmerisches** ~ business *r*-; **unversicherbares** ~ uninsurable *r*-; **versicherbares** ~ insurable *r*-, fair *r*-; **versichertes** ~ insured *r*-; **wirtschaftliches** ~ commercial *r*-.

risiko|bereit *adj* prepared to take a risk; **~freudig** risk prone; **~reich** risky; **~scheu** risk adverse.

ristornieren *vt comm* to reverse an erroneous entry, to cancel by making a contra-entry.

Ristorno *n comm* reverse of an erroneous entry, cancellation by making a contra-entry.

Ritter *m* knight; **~dienste** *m hist* knight service; **~gut** *n hist* manor, nobleman's estate; **~kreuz** *n hist* Knight's Cross; **~schaft** *f hist* knights, knighthood; **~stand** *m hist* knighthood, rank of a knight.

Ritual|gesetze *n/pl* ritual law; **~mord** *m* ritual murder.

Robe *f* gown, robe.

Roboter *m* robot; **~einsatz** *m* robotization, use of robots.

Rodung *f* clearing in a woodland, cleared woodland, clearing; **~sprämie** *f* bonus for uprooting.

Roh|bau *m* bare structure, shell of a building; **~~abnahme** *f* acceptance of the structural work of a builder; **~~gewerbe** *n* building trade excluding finishing work; **~~ ohne Ausbau** bare construction without finishing work; **im ~~ fertiggestellt** structurally complete; **~betrag** *m* gross amount; **~bilanz** *f* rough balance, trial balance; **~entwurf** *m* rough sketch, rough draft; **~energie** *f* basic energy; **~ertrag** *m* gross surplus, gross proceeds; **~gewicht** *n* gross weight; **~gewinn** *m* gross profits, balance of profits and gains; **~~quotient** *m* gross profit ratio; **~heit** *f* brutality; **~material** *n* raw material, bulk material, raw materials; **~produkt** *n* prime product, raw product, rude produce; **~stoff** *m* → *Rohstoff*; **~überschuss** *m* gross surplus; **~vermögen** *n* gross assets; **~verlust** *m* gross loss.

roh *adj* raw, brutal.

Röhrchen *n* test tube; **ins ~ blasen** to take a breath test, to take a breathalyzer test, to blow into the bag.

Rohrfernleitung *f* pipeline.

Rohrpost *f* pneumatic post, pneumatic dispatch.

Rohstoff *n* raw material(s), primary product(s); **Roh-, Hilfs- und Betriebsstoffe** raw materials and supplies; **~abkommen** *n* commodity agreement; **~-Ausgleichslager** buffer stocks of primary products; **~gewinnungsbetrieb** *m* extractive enterprise; **~handel** *m* trade in raw materials, commodity trade; **~hortung** *f* stockpiling of raw materials; **~kreditermächtigung** *f* raw material credit authorization; **~notierungen** *f* commodity prices; **~quellen** *pl* natural resources; **~stadium** *n* raw material stage; **~verein** *m* co-operative society for combined purchases of raw materials; **~versorgung** *f* supply of raw materials; **~vorkommen** *n* raw materials deposits; **agrarisch erzeugte ~e** agricultural produce, industrial crops; **gewerbliche ~e** industrial raw materials; **inländische ~e** home-produced raw materials; **internationale ~abkommen** world agreements on primary commodities; **nachwachsende ~e** industrial crops.

Roll | feld airfield, airstrip, taxistrip, taxiway, operational area of airport; **~fuhrdienst** *m collection and delivery service to and from railway freight depot*; **~fuhrunternehmen** *n* rail express agency, door-to-door service; **~fuhrunternehmer** *m/***-in** *f* haulage contractor; **~geld** *n* charge for goods transport (*to and from railway freight depot*); **~gut** *n* local freight, cases and casks, carted goods; **~kommando** *n* flying squad; flying pickets; **~splitt** *m* loose gravel.

Rolle *f* roll, scroll, register.

Römisches Übereinkommen *n* (= **Übereinkommen über das auf vertragliche Schuldverhältnisse anzuwendende Recht**) Rome Convention (= Convention on the Law Applicable to Contractual Obligations).

Rotation *f* rotation; **~sprinzip** *n* principle/technique of rotational occupation of a seat in parliament by several members of a party.

Rotes Kreuz *n* The Red Cross.

Rotwelsch *n* thieves' cant, thieves' latin, patter.

Routine | arbeit *f* routine work; **~untersuchung** *f* routine check-up, mundane test.

Rowdytum *n* vandalism, hooliganism.

Royalist *m/***-in** *f* royalist, monarchist.

Royalismus *m* royalism, monarchism.

Rubrik *f* rubric, section of a newspaper, column, heading; **in ~en einteilen** to rubricate.

rubrizieren *vt* to rubricate.

Rubrum *n* recitals, title reference, heading (of a case), recital of parties, premises (*of a deed*).

Ruchlosigkeit *f* heinousness, profanity, enormity (of a crime).

Rück | abtretung retrocession, reassignment, return-assignment, assignment back; **~~sempfänger** *m/***-in** *f* retrocessionary (*person to whom a claim is assigned back*); **~abwicklung** *f* reversed transaction, finalizing a reversed transaction; **~antwort** *f* reply; **~~karte** *f* reply-paid postcard, business reply card; **~~schein** *m* reply coupon; **~auflassung** *f* reconveyance (*to the original transferor*), redemise; **~äußerung** *f* reply; **~berufung** *f* recall; **~beziehung** *f* retrospectivity, retrospective effect; **~blick** *m* retrospective view, review, look back; **~buchung** *f* contra-entry, reverse entry, cancellation by contra-entry, reversing entry; **~bürge** *m* counter-surety, surety for a surety, counter-guarantor, collateral surety; **~bürgschaft** *f* counter-suretyship, counter-guarantee, back-to-back guarantee; **~datierung** *f* backdating, antedating; **~deckung** *f* covering, reinsurance, provision of cover; **~enteignung** *f* retroexpropriation, expropriation for restitution purposes; **~entflechtung** *f* reversal of decartelization; **~ersatz** *m* reimbursement; **~erstattung** *f* → *Rückerstattung*; **~fahrscheinwerfer** *m* reversing light, *US* back lights; **~fahrt** *f* return trip/journey; **Hin- und ~~** roundtrip; **~fall** *m* → *Rückfall*; **~fälligkeit** *f* recidivism; **~~squote** *f* reoffending rate; **~fälliger** *m/***-in** *f* (*m der Rückfällige*) backslider, recidivist; **~flug** *m* return flight, inward flight; **~fluss** *m* reflux, return flow; **~forderung** *f* claim for recovery; **~~sklausel** *f* recovery clause; **~~srecht** *n* right to restitution; **~fracht** *f* freight home, homeward freight, return freight, return cargo; **~frage** *f* query, request for further particulars; **~führung** *f* repatriation, restoration, reduction of debt, feedback; **~~saktion** *f* reduction of debt scheme; ~~**sbetrag** *m* (amount of) reduction; ~~**skontingent** *n* quota of redemption, reduction quota; ~~**skosten** *pl* **in die Heimat** passage home; ~~**ssoll** *n* desired quota of reduction (*of indebtedness*); ~~ **von Kapital** repatriation of capital, return of capital; ~**gabe** *f* return, redelivery; ~~**nanordnung** *f* return order; ~~**recht** *n* return privilege; ~**gängigmachung** *f* cancellation, reversal; ~**garantie** *f* back-to-back guarantee, counterguarantee; ~**gewähr** *f* return, restitution; ~~**anspruch** *m* claim for restitution; ~~**ung** *f* return, restitution; ~**gliederung** *f* reincorporation; ~**griff** *m* → *Rückgriff*; ~**halt** *m* backing, support, encouragement; ~~**ebecken** *n* retaining reservoir; ~**holung** *f* clawback (*tax*); ~**indossament** *n* endorsement to a prior endorser; ~**kauf** *m* → *Rückkauf*; ~**kehr** *f* return (*also of asylum seekers to their home countries*); ~~**hilfe** *f* repatriation grant; ~~**pflicht** *f* obligation to return; ~**ladung** *f* homeward freight, return cargo; ~**lage** *f* → *Rücklage*; ~**lieferung** *f* redelivery, return delivery, return shipping; mandatory return of a temporarily extradicted prisoner; ~**nahme** *f* → *Rücknahme*; ~**pacht** *f* leaseback; ~**porto** *n* return postage; ~**prämie** *f* put, put premium, premium for the put, money paid for the put option, seller's option to double; ~~ **kaufen** to give for the put; ~~ **mit Nachliefern** put of more; ~~**ngeschäft** *n* put option, option deal for the put; ~**rechnung** *f* debit for returned item, reexchange, return account, *receipt given to endorser for return of the bill*, back calculation (*blood alcohol*); ~**ruf** *m* return call, recall; manufacturer's recall of faulty products; ~~**saktion** *f* recall operation (*because of faulty parts*); ~~**sschreiben** *n* letter of recall; ~~**srecht** *n* (right of) stoppage in transitu, right of recall; ~~**ungsrecht** *n* jus evocandi (*to require return of a national from abroad*); ~**schaffung** *f* expenses of returning asylum seekers to their home country; ~**scheck** *m* returned (dishono(u)red) *US* check/*GB* cheque; ~**schein** *m* recorded delivery form, return receipt, receipt of delivery, acknowledgment of service, proof of re-exportation; ~**schlag** *m* setback, relapse; ~**schluss** *m* inference, conclusion; ~**seite** *f* back, rear, reverse, off board; **siehe** ~~ see back, see over, see overleaf, for further details see back, p. t. o. (= please turn over); ~**sendung** *f* return shipment, reconsignment, return cargo; ~~ **von Leergut** return of empties; ~**sicht** *f* → *Rücksicht*; ~**spiegel** *m* driving mirror, rear-view mirror; ~**sprache** *f* consultation, conference; ~~ **nehmen mit** to consult with, to check with, to confer with, refer back to; ~**stand** *m* backwardness; arrears; backlog; ~~**sanzeige** *f* notice of arrears; ~~**sverzeichnis** *n* list of arrears, list of outstanding debts; **im** ~~ **sein** to be in arrears, to be behind, shortfall; *pl* **Rückstände** residue, subsisting substances; ~**stau** *m* backlog; congestion of waiting vehicles; hold-up; tailback; ~**stellung** *f* → *Rückstellung*; ~**strom** *m* reflux, flooding back; ~**stufung** *f* down grading; ~**trag** *m* carrying back, backdating (*in accounting*); ~**transport** *m* back haul (*same route*); ~**tritt** *m* → *Rücktritt*; ~**übereignung** *f* reconveyance to the former owner, transfer of ownership back (*to*); ~**übernehmer** *m*/**-in** *f* receiver of returned goods; ~**übersetzung** *f* translation back (*into the original language*); ~**übertragung** *f* transfer back (*to*); reconveyance, reassignment, reversion of transfer of rights/property; ~**umstellung** *f* reversal of conversion; ~**verflechtung** *f* recartelization; ~**verfolgbarkeit** *f* traceability; ~**vergütung** *f* reimbursement, refund, refunding, repayment, re-allowance, rebate, drawback (*customs*); ~**verset-**

zung *f* transfer back, moving to former position, changing to former status; **~versicherer** *m/* **-in** *f* reinsurer; **~versicherung** *f* → *Rückversicherung*; **~verweisung** *f pil* referring back, renvoi, recommitment (*committee*), remand, cross-reference; **~wanderer** *m/***-in** *f* repatriate, person returning to his own country, returning emigrant; **~wanderung** *f* migration back (*to*), return migration; **~waren** *f* goods returned, returned goods; **~~buch** *n* purchase returns journal; **~wärtsversicherung** *f* insurance providing retroactive coverage; **~wechsel** *m* re-exchange bill (*drawn by holder of dishono(u)red bill on a prior endorser*), unpaid bill of exchange (*returned to customer of the bank*), protested bill (*or note*); **~~kosten** *pl* bill-back charges; **~weisung** *f* final rejection (*quality testing*); **~wirkung** *f* retroactive/retrospective force, retroactive effect, retroactivity; reaction, repercussion; **~zahlung** *f* → *Rückzahlung*; **~zoll** *m* drawback, customs drawback (*upon re-exporting*); **~~güter** *n/pl* debentured goods; **~~schein** *m* customs debenture; **~zug** *m* withdrawal, retirement.

rück|datieren *vt* to backdate, to antedate; **~decken** *vt* to cover, to re-insure; **~erstatten** *vt* to refund, to reimburse; **~gliedern** *vt* to reintegrate, to reincorporate; **~stellen** *vt* to set aside, to reserve, to make allowance, to make provision (*for contingencies, etc*); **~übersetzen** *vt* to translate back (*into the original language*); **~übertragen** *vt* to transfer back (*to*), to reconvey, to redemise, to reassign; **~versetzen** *vt* to transfer back, to move back to the former position, to change to former status; **~versichern** *vt* to reinsure; **~wirken** *vi* to have retroactive (*or* retrospective) effect.

Rückerstattung *f* restitution; refund, reimbursement; **~ in natura** specific restitution of property; **~sanspruch** *m* claim for restitution; **~~sberechtigter** *m/***-in** *f* restitutee, person entitled to restitution; **~sbeschluss** *m* restitution order; **~sgericht** *n* Restitution Tribunal; **~spflichtige(r)** *f(m)* (*der ~pflichtige*) restitutor; **~srecht** *n* law of restitution, restitutory right; **~sschäden** *m/pl* losses due to restitution orders; **~sstück** *n* restituted bond; **~ssystem** *n* refund system; **~sverfahren** *n* restitution proceedings; **~svergleich** *m* restitution compromise; **~ von Vermögen** restitution of property/assets.

Rückfall *m* repeat *US* offense/*GB* offence, second and subsequent *US* offense/*GB* offence; recidivism; **~diebstahl** *m* larceny recidivism, stealing as a repeated *US* offense/*GB* offence; **~hehlerei** *f* receiving/handling of stolen goods as repeated offender; **~kriminalität** *f* recidivism; **~schärfung** *f* increase in penalty in cases of recidivism; **~strafe** *f* penalty for recidivism; **~tat** *f* repeated *US* offense/*GB* offence; **~täter** *m/***-in** *f* repeat offender, second and subsequent offender, recidivist; **~verjährung** *f* limitation of time for aggravation due to recidivism; **~voraussetzungen** *f* statutory requirements for recidivism.

rück|fällig *adj* recidivous, relapsing; **~~ werden** to relapse; **~gabepflichtig** returnable; **~gängig** reversible; **~~ machen** to cancel, to reverse; **nicht ~~ zu machen** irreversible; **~nehmbar** withdrawable, returnable, redeemable; **nicht ~~** non-redeemable; **~sichtslos** ruthless, reckless, wanton, inconsiderate; **~ständig** overdue, unpaid, behind with one's payments; **~wirkend** retrospective, retroactive, nunc pro tunc, now for then; **~zahlbar** repayable.

Rückgriff *m* recourse; **~ auf den Indossanten** recourse to the endorser; **~ auf die Reserven** drawing on reserves; **~ mangels Annahme** recourse for non-acceptance; **~mangels Zahlung** recourse in default of payment; **~ nehmen** to have recourse to; **~sanspruch** *m* claim under a right of recourse; **~sforderung** *f* claim under a right of recourse; **~shaftung** *f* liability upon recourse; **mit ~~** with recourse; **~smöglichkeit** *f* recourse basis; **~srecht** *n* right of recourse, right of relief; **~sschuldner** *m*/**-in** *f* secondary party, party liable upon recourse.

Rückkauf *m* buy back, repurchase; redemption, **~swert** *m* policy value; **~sankündigung** *f* notice of intention to redeem; **~sberechtigung** *f* surrender privilege (life assurance); **~sfristen** *pl* periods for repurchase; **~sgesellschaft** *f* repurchase company; **~skurs** *m* redemption price; **~spreis** *m* redemption price; **~srecht** *n* right to repurchase, right of redemption; **~svertrag** *m* repurchase agreement; **~swert** *m* surrender value (*of an insurance policy*), equity under the policy, redemption value (*securities*), paid-up value.

Rücklage *f* reserve, reserve fund, *pl* surplus reserves, appropriated retained earnings; **~guthaben** *n* reserve balance; **~nbildung** *f* creation of reserves; **~nkonto** *n* reserve account; **~nsatz** *m* reserve ratio; **~soll** *n* required level of reserves; **~vermögen** *n* reserve assets, reserve fund property; **~nzuweisung** *f* allocation to reserves; **allgemeine ~** general reserve, general purpose contingency reserve, unappropriated surplus; **außerordentliche ~** extraordinary reserve; **freie ~** free reserves, available reserve; **gesetzliche ~** statutory reserve fund; *pl* statutory reserves; **offene ~n** disclosed reserves, published reserve funds, reserves shown on the balance sheet; **satzungsmäßige ~** reserves required by the Articles (of Association); **stille ~n** secret reserves, hidden reserves; **versicherungstechnische ~n** actuarial reserves; **zweckgebundene ~** earmarked fixed-purpose reserve surplus.

Rücknahme *f* taking back, withdrawal, retraction, repurchase; **~ der Anklage** withdrawal of the charge; **~ der Berufung** withdrawal of appeal, abandonment of appeal; **~ der Widerklage** discontinuance of counterclaim; **~ des Rechtsmittels** abandonment of appeal; **~ des Strafantrages** withdrawal of charges, withdrawal of petition for prosecution; **~ *e-er* Klage** withdrawal of an action/petition, abandonment of action; **~ *e-es* Angebots** revocation of an offer; **~garantie** *f* repurchase guarantee; **~kurs** *m* redemption price, bid price; **~preis** *m* repurchase price, buy-back price, redemption price; bid price (*investment*); **~recht** *n* right to the return of *sth*, right of redemption; **~verpflichtung** *f* obligation to repurchase/buy back; **~verzicht** *m* renunciation of right to have deposit returned.

Rücksicht *f* respect, regard, consideration; **~nahme** *f* (showing) consideration, (for), (due) respect (for); **~slosigkeit** recklessness, wantonness, ruthlessness, inconsiderateness; **aus ~ gegen** in deference to, with respect to; **mit ~ auf** considering that, with regard to, taking into account; **mit ~ darauf, dass** taking into account that (*preamble formula*); **ohne ~ auf** irrespective of, regardless of, without consideration for; **~ ~ ~ die Kosten** regardless of costs; **~ ~ ~ Dritte** independent of any other person; **~ ~ ~ etwa anderslautende vorstehende Bestimmungen** notwithstanding anything in the foregoing provisions to the contrary **ohne ~ darauf, ob versicherbares Interesse besteht** interest or no interest.

rücksichtlich *prep* in view of.

Rückstellung *f* special/specific reserve (= *r*-), provision (= *p*-), special contingency reserve, setaside, reserve fund, contingent fund, offsetting reserve; *pl* provisions for accrued liabilities; liability reserves, appropriated surplus, ~ **für Abschreibungen** *p-* for depreciation, allowance for depreciation, depreciation *r-*; **~en für Altersruhegeldverpflichtungen** pension *r-*; ~ **für Betriebskostenmehrungen** operating *r-*; ~ **für Devisenschwankungen** allowance for exchange fluctuations; ~ **für die Auffüllung des Lagerbestandes** *p-* for stock replenishment; ~ **für Dividendennachzahlungen** *r-* for deferred dividends; ~ **für Dubiosen** *p-* for doubtful accounts, doubtful debts *p-*, *r-* for bad debts; ~ **für Ersatzbeschaffung** *r-* for replacements; ~ **für Kursverluste** *r-* for loss on exchange rates; ~ **für Mietausfall** allowance for loss of rent; ~ **für Nichtvorhergesehenes** *r-* for contingencies, contingent *r-*; ~ **für Pensionsanwartschaften** pension *r-*; ~ **für Prozesskosten** *r-* for litigation costs; ~ **für Ruhegehaltsverpflichtungen** pension *r-*; ~ **für Schuldentilgung** debt reduction *r-*; **~en für Steuern** amounts set aside for tax liabilities; ~ **für Steuern von Einkommen** *p-* for income tax; ~ **für strittige Forderungen** claim *r-*; ~ **für Überalterung** *p-* for obsolescence; ~ **für Umstellungskosten** *r-* for conversion costs; ~ **für uneinbringliche Forderungen** bad-debt *r-*; ~ **für unvorhergesehene Ausgaben** *p-* for contingencies; ~ **für Verluste** loss *r-*; ~ **für Wertberichtigungen** revaluation *r-*; ~ **für Wertminderung der Vorräte** *r-* for inventory price decline; ~ **für Wiederbeschaffung** *r-* for replacements; ~ **für zweifelhafte Forderungen** doubtful debts *r-*; **~skonto** *r-* account, contingent account, appropriation account; ~~ **für unvorhergesehene Verpflichtungen** *r-* account for unforeseen liabilities; ~ **wegen Erschöpfung von Bodenschätzen** depletion *r-*; ***e-e*** ~ **bilden** set up a *r-*.

Rücktritt *m* resignation, retirement from office; withdrawal; abandonment of priority; **~sdrohung** *f* threat of resignation; **~serklärung** *f* notice of repudiation of contract, notice of cancellation; announcement of resignation, letter of resignation; **~sfrist** *f* escape period, period allowed for cancellation; **~sgesuch** *n* offer of resignation; **~sklausel** *f* escape clause, cancellation clause; **~srecht** *n* right of cancellation, right to withdraw from a contract, right to cancel an undertaking, right to repudiate a contract; **~sverzichtklausel** *f* indisputability clause (*ins*); **~svorbehalt** *m* reservation of the right to cancel, escape clause; ~ **vom Versuch** withdrawal from attempted crime, abandoning an attempt; ~ **vom Vertrag** repudiation of contract, revocation of contract, cancellation of an agreement, rescission of contract; **den** ~ **anbieten** to tender one's resignation.

Rückversicherung *f* reinsurance (= *r-*), reinsurance company; **~sanstalt** *f r-* company; **~santeil** *m r-* share; **~sbestand** *m* reinsured business, reinsured portfolio; **~sgesellschaft** *f r-* company; **~skonsortium** *n r-* syndicate; **~smakler** *m/***-in** *f r-* broker; **~soption** *f* facultative *r-*, *r-* option; **~spolice** *f r-* policy; **~sprämie** *f r-* premium; **~sträger** *m/***-in** *f* reinsurer, *r-* company; **~svertrag** *m* contract of *r-*, *r-* agreement, *R-* Treaty (*Germany with Russia 1887*); **in** ~ **gegebene Versicherung** policy covered by *r-*; **obligatorische** ~ compulsory *r-*; **unkündbare** ~ flat *r-*, nonterminable *r-*.

Rückzahlung *f* repayment, refund; ~ ***e-er*** **Anleihe** repayment of a loan; ~ ***e-er*** **Hypothek** redemption of a mortgage; **~sagio** *n* premium payable on redemption, redemption charge; **~sanspruch** *m* repayment claim; **~sfrist** *f* time for repayment, deadline for repayment; **~sgewinn** *m* premium on redemption; **~sklausel** *f* repayment clause, redemption clause; **~skurs** *m* redemption price; **~spflicht** *f* repayment obligation; **~sprämie** *f* redemption premium; **~sprovision** *f* redemption commission; **~stag** *m* repayment date, day of redemption; **~swert** *m* redemption value; **~ von Kapital** return of capital; **fristgemäße ~** repayment on (*or* by) due date; **vorzeitige ~** early repayment.

Ruf *m* reputation (= *r*-), calling, (university) offer, calling (to a profession/vocation); **~ausbeutung** *f* exploitation of the *r*- of another; **~bereitschaft** *f* being on call; **~mord** *m* character assassination; **~name** *m* Christian name, first name, given name; **~schaden** *m* damage to *r*-; **~schädigung** *f* damage to *r*-, injurious falsehood; **~~ *e-es* Konkurrenten** defamation of a competitor's *r*-; **guter ~** good *r*-; **makelloser ~** spotless *r*-, unblemished character; **schlechter ~** bad *r*-, disrepute.

Rüge *f* rebuke, reprehension, reprimand; objection, exception, plea; **~ der mangelnden Substantiierung** application for further and better particulars; **~ der Unzuständigkeit** jurisdictional plea, *US* motion to dismiss for lack of jurisdiction; **~ *e-es* Vorgesetzten** reprimand by a superior; **~frist** *f* time (limit) for claims; **~obliegenheit** *f* → *~pflicht*; **~pflicht** *f* requirement to give notice of defects; **~recht** *n* right to make a claim (for defects, *etc*), right to raise an objection.

rügen *vt* to object, to reprimand, to rebuke, to criticise, to notify a defect, to censure, to denounce.

Ruhe *f* quietude, quiet, rest, (public) peace; **~gehalt** *n* pension, retirement pension, retired pay; **~~ wegen Dienstunfähigkeit** invalidity pension; **~~sanspruch** *m* pension rights; **~~sansprüche aberkennen** to deprive *s.o.* of his rights to a pension; **~~sberechtigung** *f* entitlement to a pension; **~~sempfänger** *m*/**-in** *f* pensioner; **~~sverlust** *m* forfeiture of pension, loss of pension; **~geld** *n* pension (money), retirement benefit; **~~anpassung** *f* pension adjustment (to price level); **~~anwartschaft** *f* future pension rights; **~~bezüge** *m/pl* retirement income; **~~empfänger** *m*/**-in** *f* recipient of a pension, pensioner; **~~ordnung** *f* pension scheme; **betriebliche ~~~** company pension scheme; **~~verpflichtung** *f* pension liability; **~~versprechen** *n* pension promise; **~ im Gerichtssaal** oyez, order in the court(room); **~pause** *f* break, rest period; **~stand** *m* retirement; **~~salter** *n* retirement age; **~~sbeamter** *m*/**~~sbeamtin** *f* retired official, retired civil servant; **~~sversorgung** *f* retirement pension; **einstweiliger ~~** provisional retirement; **in den ~~ treten** to retire (on a pension); **in den ~~ versetzen** to pension off, to be retired; **vorgezogener ~~** early retirement; **vorzeitiger ~~** early retirement; **~störer** *m*/**-in** *f* disturber of the peace, rioter, disorderly person; **~störung** *f* breach of the peace, disorder, disturbance of (the) peace; **nächtliche ~~** disturbance of the peace at night; **~tag** *m* day of rest, day off, closing day; **~zeit** *f* time of rest, rest period, off-season; public peace and order; **die öffentliche ~ stören** to break the peace; **öffentliche ~ und Ordnung** public peace and order; **die ~~ bewahren** to keep the peace; **öffentliche ~ und Sicherheit** public peace (and quiet), *GB* the Queen's peace; **sich zur ~ setzen** to retire.

Ruhen *n* suspension, stay; **~ der Verjährung** suspension (of the running) of time of limitation; **~ des Anspruchs** suspension (*or* stay) of (the) claim; **~ des Verfahrens** suspension of (the) proceedings; **~svorschriften** legal provisions concerning the suspension of proceedings.

ruhen *vi* to rest, to be inactive, to be dormant, to be suspended; *vt* to stay.

Rumpf|geschäftsjahr *n* short financial year, abbreviated financial year; **~jahr** *n* partial year, incomplete year; **~parlament** *n* rump parliament; **~rechnungsjahr** *n* part financial year, abbreviated financial year.

Rund|brief *m* circular, circular letter; **~erlass** *m* circular order; **~erneuerung** *f* retread, tyre reconditioning; **~frage** *f* enquiry by circular; **~funk** *m* → *Rundfunk*; **~reisebillet** *n* round trip ticket; **~schreiben** *n* circular letter, (office) memorandum (*abbr* memo); **~verfügung** *f* circular order; **~umverteidigung** *f* all-round *US* defense/*GB* defence.

Rundfunk *m* radio station; **~anstalt** *f* radio station, broadcasting corporation; **öffentlich-rechtliche ~~** public broadcasting corporation; **~empfangsanlage** *f* radio receiving installation; **~recht** *n* broadcasting legislation, law of broadcasting; **~staatsvertrag** *m* German (interstate) Broadcasting Convention; **~teilnehmer** *m*/**-in** *f* listeners/viewers of radio/television broadcasts; **~werbung** *f* radio and television advertizing.

Rüstung *f* *US* armor/*GB* armour; **~sagentur** *f* armaments agency; **Europäische ~~** European Armaments Agency; **~sauftrag** *m* *US* defense/*GB* defence contract; **~sbeschränkung** *f* limitation of armaments; **~sbetrieb** *m* *US* defense/*GB* defence plant; **~sgruppe** *f* armaments group; **Westeuropäische ~~** Western European Armaments Group (*abbr* WEA); **~sgüter** *n/pl* armament supplies; **Verkauf von ~~n** *US* defense/*GB* defence sales, sale of arms; **~shaushalt** *m* *US* defense/*GB* defence budget; **~shilfsaufträge** *m/pl* off-shore orders; **~sindustrie** *f* *US* defense/*GB* defence industry; **~skontrolle** *f* armament control; **~sproduktion** *f* arms production; **~swerte** *m/pl* *US* defense/*GB* defence stocks; **~swirtschaft** *f* *US* defense/*GB* defence economy.

Rutschen *n* skidding slipping, sliding.

rutschen *vi* to skid, to slip, to slide.

Rutschspur *f* skid mark.

S

Sabotage *f* sabotage; **~abwehr** *f* counter-sabotage; **~akt** *m* act of sabotage; **~verdacht** *m* suspicion of sabotage.

Sach| **I** (tangible, physical, material) **~anlage** *f* real investment, material asset; *pl* (tangible) fixed assets, physical assets; buildings, plant and machinery; **~~vermögen** *n* tangible fixed assets, physical assets; **~aufwendungen** *f* expenditure on materials, expenditure in kind; **~ausgaben** *f/pl* expenditure on materials, expenditure in kind; **~ausschüttung** *f* distribution in kind; **~beschädigung** *f* damage to property, criminal mischief; **vorsätzliche ~~** criminal mischief/damage (*to property*); **~bezüge** *pl* non-cash remuneration, remuneration in kind, benefits in kind; **~dividende** *f* property dividend, dividend payable in property, dividend in kind; **~eigentum** *n* property ownership; **~einlage** *f* non-cash capital contribution, contribution in kind; **~entziehung** *f* removal of property, deprivation of property; **~fahndung** *f* tracing of stolen property; **~form** *f* material form; **~früchte** *f/pl* natural fruits; **~gesamtheit** *f* aggregate (of things), impersonal entity; **~geschädigte(r)** *f(m)* (*der ~geschädigte*) person who has suffered property damage; **~gründung** *f* formation of a company on the basis of non-cash contributions; **~güter** *pl* material goods, goods (*excluding services*); **~haftung** *f* liability for risks arising from property; **~hehlerei** *f crim* receiving stolen property; **~herrschaft** *f* physical control, → *Werkherrschaft*; **uneingeschränkte ~~** quiet enjoyment of possession; **~inbegriff** *m* aggregate of things, entirety of things; **~investition** *f* investment in physical assets, real investment; **~kapital** *n* tangible fixed assets, capital stock, real capital; capital in kind; **~konto** *n* impersonal account, nominal account; **~kredit** *m* credit based on collateral security; **~leistung** *f* non-cash benefit; performance in kind, benefit(s) in kind; **~~svertrag** *m* contract for the supply of goods and services; **~lohn** *m* wages in kind, compensation in kind; **~mangel** *m* defect of quality, fault; **~mängelhaftung** *f* liability for defects, implied warranty for proper quality; **~mittel** *n* physical resources, non-monetary resources; **~nießbrauch** *m* usufruct (of things belonging to another), perfect usufruct; **~patent** *n* patent protecting a physical contrivance; **~pfand** *n* pledge of a chattel, chattel mortgage; **~prüfung** *f pat* substantive examination; **~schaden** *m* property damage, damage to property, actual loss; **~~srisiko** *n* property risk; **~~sversicherung** *f* property (damage) insurance, material damage insurance; **~schäden-Haftpflichtversicherung** *f* property-damage liability insurance; **~schuld** *f* obligation in kind; **~spende** *f* donation in kind; **~steuern** *f/pl* impersonal taxes; taxes on objects; **~substanz** *f* physical substance; **~übernahmen** *f/pl* related acquisitions in kind; **~vermögen** *n* → *Sachvermögen*; **~versicherung** *f* property insurance, *pl* insurance companies other than life insurance companies; **~wert** *m* → *Sachwert*; **~walter** *m/*-**in** *f* agent, private attorney, administrator, trustee (*in composition proceedings*); **~~schaft** *f* mandate, administration, trusteeship, procuracy; **~wucher** *m* usurious enrichment, predatory dealing;

gewerbmäßiger ~~ professional predatory dealing; ~**zuwendung** *f* allowance in kind.

Sach| **II** (substantive, factual, relating to merits of case) ~**abweisung** *f* dismissal (of action) on the merits; ~**antrag** *f* motion for judgment, substantive motion; ***e-en*** ~~ **stellen** to ask for relief; ~**aufklärung** *f* clarification of the facts and circumstances; ~~**spflicht** *f* duty (of the court) to clarify the case; **weitere** ~~ amplification; ~**aufruf** *m* the calling of the case, calendar call; ~**bearbeiter** *m*/-**in** *f* official/ employee in charge (*of a matter*), subject specialist, person handling *sth*; partner concerned in the transaction (*law firm*); desk officer, executive clerk, executive officer; ~**befugnis** *f* entitlement to a cause of action; authority to claim; ~**behandlung** *f* handling, processing; ~**bereich** *m* field of jurisdiction, sphere, scope, purview; ~**bericht** *m* case report; ~**darstellung** *f* statement of the facts; ~**dienlichkeit** *f* expediency, pertinency, suitability, relevancy; ~**entscheidung** *f* decision on the merits, substantive decision; ~**firma** *f* firm/company name derived from the object of the enterprise, objective firm name; ~**frage** *f* issue, question of merit; ~**gebiet** *n* subject, subject group, subject area, field of work, field of reference; ~**gruppe** *f* group of subjects, subject-category; ~**katalog** *m* subject catalogue; ~**kenntnis** *f* expert knowledge, proficiency, knowledge of the facts; ~**kunde** *f* special knowledge, technical competence, expert knowledge, professional expertise, expert skill, proficiency, ~~**nachweis** *m* proof of basic business skills; **angemessene** ~~ fair knowledge or skill; **praktische** ~~ practical knowledge; **technische** ~~ technical skill; ~**lage** *f* factual position, state of affairs, position of the case, facts and circumstances; **nach** ~~ **entscheiden** to decide according to the present position of the case, to decide as matters stand; ~**legitimation** *f* legitimacy as the proper party; ~**leitung** *f* direction of the proceedings; ~**nähe** *f* factual relationship; ~**normen** *f/pl* provisions of substantive law; ~**normrückverweisung** *f* renvoi; ~**prüfung** *f* examination of the case (on the merits); ~**register** *n* subject index; ~**rüge** *f* assignment of error concerning substantive law; ~- **und Rechtsvortrag** *m* submissions of law and facts; ~- **und Streitstand** *m* position of the stage of the proceedings; ~**urteil** *n* judgment on the merits of the case; ~**verhalt** *m* → *Sachverhalt*; ~**verhältnis** *n* factual relationship; ~**verständigen**| → *Sachverständigen*|; ~**verständige(r)** *f(m)* (*der ~verständige*) → *Sachverständiger*; ~**verzeichnis** *n* subject index; ~**vortrag** *m* statement of facts, factual submissions, allegations; ~**widrigkeit** *f* impropriety, irrelevancy, incorrectness, unfitness for the particular purpose; ~**zusammenhang** *m* (factual) connection; ~**zwänge** *m/pl* factual restraints, compelling factual reasons.

sach|**dienlich** *adj* expedient, pertinent, suitable, relevant; ~**gemäß** appropriate (to the case), proper, suitable; ~**gerecht** suitable/appropriate for the matter at hand; ~**kundig** proficient, skilled, expert, technically competent; ~**verständig** expert, authoritative, competent.

Sache *f* **I** thing, physical object, res, *pl* things in possession, property (= *p*-); ~**nmehrheit** *f* plurality of things; ~**nrecht** *n p*- law, law of things/*p*-; **belegene** ~ *p*- situate(d) at; **beschlagnahmte** ~ attached (movable) *p*-; **bestimmte** ~ specific *p*-/thing; **bewegliche** ~ movable *p*-, chattel, *pl* personal *p*-, tangibles; **derelinquierte** ~ abandoned *p*-/chattel; **die** ~ **ist untergegangen** the goods have perished; **eingebrachte** ~**n** contributed items; tenants' personal *p-*; **fremde** ~ third-party *p-*, *p-* belonging to another, outside assets; **gepfändete ~n** attached goods; **gestohlene** ~ stolen goods/*p-*; **herrenlose** ~ ownerless *p-*, derelict *p-*; res nullius; **leicht verderbliche ~n** perishable goods; **nicht vertretbare ~n** non-fungible things, specific *p-* items; **öffentliche** ~ public *p-*; **sich *e-e* ~ rechtswidrig zueignen** to convert *sth* unlawfully to one's own benefit; **unbewegliche ~n** immovables, real *p-*, realty; **unpfändbare ~n** *p-* exempt from execution, non-attachable items; **unveräußerliche** ~ non-transferable *p-*, inalienable *p-*; **verbrauchbare ~n** consumables, consumable things; **verkehrsfähige** ~ marketable thing; **verlorene ~n** lost things; **vertretbare ~n** fungibles.

Sache *f* **II** matter, case, cause; **anhängige** ~ pending case; **der ~ nach** on the facts, in reality, in fact; **die ~ absetzen** to discontinue the proceedings; **die ~ an ein höheres Gericht abgeben** to refer the case to a higher/superior court; **die ~ aufrufen** to call the next case; **die fragliche** ~ the case in question; **die ~ ging fehl** the action failed; **die oben erwähnte** ~ the above-mentioned matter; ***e-e* ~ zurückverweisen** to remit a case (to), to refer a case back to, *US* to remand a case; ***e-er* ~ nachgehen** to look into a matter to follow up *sth*; **einseitig zu verhandelnde** ~ undefended case; **entscheidungsreife** ~ a case that is ripe for decision; **gemeinsame** ~ common cause; **in der** ~ on the merits of a case, in the matter; **in eigener** ~ in one's own cause/case, on one's own behalf; ~ ~ ~ **aussagen** to give evidence as the defendant/as a party; to testify on one's own behalf; **in *e-er* ~ verhandeln** to sit on a case, to hear a case; **in ~n** re, in the matter of, in the case of; **laufende ~n** current cases; **neben der ~ liegend** irrelevant, not pertinent; **nicht in der ~ selbst** not on the merits; **nicht streitige** ~ non-litigious case; **nicht zur ~ gehörig** off the point, irrelevant; **rechtskräftig entschiedene** ~ res judicata; **schwebende** ~ pending case; **streitbefangene** ~ pending case; **unerledigte** ~ outstanding matter; **verwiesene ~n** remitted actions; **vorliegende** ~ matter in hand, case in hand/in question; **in vorliegender** ~ in the instant case; **zur Entscheidung anstehende** ~ case at issue; **zur ~ gehörig** pertinent, to the point; **zur ~ kommen** to come to the point, to get down to business; **zur ~ selbst ausführen** to plead on the merits; **zur ~ sprechen** to speak to the point; **zur ~ vernehmen** to examine (*a witness, a party*) with regard to the matter itself.

sachlich *adj* factual, objective, material; on the merits; ~ **richtig** (certified as) factually/substantially correct; ~ **zuständig** competent as regards the subject matter.

Sachlichkeit *f* objectivity, essentiality, impartiality, matter-of-fact attitude.

Sachverhalt *m* state of facts, the factual situation; facts of the case, the facts and circumstances, statement of facts; **~sdarstellung** *f* explanation of the case, statement of the facts of the case; **der wirkliche** ~ the real facts of the case; **im Urteil festgestellter** ~ findings of fact; **technischer** ~ technical facts and circumstances; **vereinbarter** ~ agreed/stipulated statement of facts; **vorstehender** ~ the foregoing facts; **zuständigkeitsbegründender** ~ jurisdictional facts.

Sachvermögen *n* material assets, physical/tangible property; ~ **der Volkswirtschaft** national wealth in material assets; **~swert** *m* tangible value; **ausländisches** ~ foreign material wealth; **bewegliches** ~ movable material assets, movables; **inländisches** ~ domestic physical property.

Sachverständigen | aussage *f* expert testimony; **~ausschuss** *m* expert committee, committee of experts; **~beirat** *m* advisory council of experts; **~bericht** *m* expert opinion; **~beweis** *m* expert evidence, evidence produced by an expert, evidence by expert opinion; **~eid** *m* the oath sworn by an expert (*concerning the impartiality of his opinion*); **~entschädigung** *f* compensation for the services of an expert; **~gebühr** *f* expert's fee; **~gremium** *n* committee of experts; **~gruppen** *pl* groups of experts; **~gutachten** *n* expert opinion, report submitted by an expert, **ein ~~ einholen** to ask for an expert opinion, to call the evidence of an expert; **~kammer** *f* panel of experts; **~leistung** *f* performance rendered by an expert, an expert's contribution; **~prozess** *m* trial by expert; trial where expert testimony is crucial; **~rat** *m* council of experts, panel of experts; **~-Untersuchungen** *pl* methodical investigations by an expert/experts; **~verfahren** *n* insurance determination based on expert's arbitral award; **~vergütung** *f* remuneration for the expert, a specialist's fees; **~wissen** *n* expertise.

Sachverständige(r) *f(m)* (*der ~verständige*) expert, specialist; **amtlicher ~** official referee, officially appointed expert; **beeidigter ~** sworn expert, sworn appraiser; **durch *e-en* ~n begutachten lassen** to ask for an (expert) opinion; ***e-en* ~n beiziehen** to call an expert; ***e-en* ~n bestellen** to appoint an expert; ***e-en* ~n zu Rate ziehen** to consult an expert; **gerichtlich bestellter ~** court-appointed expert; **kaufmännischer ~** commercial appraiser, economic expert; **öffentlich bestellter ~** publicly appointed expert.

Sachwert *m* physical/material asset, real value, intrinsic value, value-retaining capital investment; **dem ~e nach** in terms of real value; **Flucht in ~e** flight into real assets; **~anleihe** *f* loan on collateral security, mortgage-bond issue; **~denken** *n* thinking in terms of material assets; **~dividende** *f* property dividend; **~klausel** *f* property-value index clause; **~psychose** *f* material-value psychosis, frantic efforts to protect savings by investment in tangible property.

sachwert | gesichert *adj* secured by property, secured by collateral; **~mäßig** in terms of real value, in real terms.

Sackgasse *f* impasse, blind alley, dead end, cul de sac.

Safe *n/m* safe, safe-deposit box, strong-box; **~miete** *f* hire of a safe, private safe renting.

Saison *f* season (= *s-*, *seasonal* = *s-l*), time of year; **~abschlag** *m s-l* reduction; **~arbeiter** *m*/**-in** *f s-l* worker, *s-l* labo(u)rer; **~arbeitslosigkeit** *f s-l* unemployment; **~arbeitsverhältnis** *n s-l* employment (relationship); **~artikel** *m s-l* article, *s-l* item; **~ausschlag** *m s-l* deviation; **~ausverkauf** *m s-l* sale, *s-l* clearance sale; **~bedarf** *m s-l* demand; **~bereinigung** *f s-l* adjustment; **~beschäftigung** *f s-l* employment; **~betrieb** *m s-l* business; **~eröffnung** *f* start/beginning of the *s-*; **~geschäft** *n s-l* business; **~kredit** *m s-l* credit; **~schlussverkauf** *m* end-of-*s-* sale, clearance sale; **~schwankung** *f s-l* fluctuation; **~tendenz** *f s-l* tendency; **~tief** *n s-l* low (point); **~verkauf** *m s-l* sale; **~verlauf** *m s-l* movement; **~wanderung** *f s-l* flow of labo(u)r; **außerhalb der ~** out of *s-*, in the off-*s-*; **tote ~** dull *s-*, off-*s-*.

saison | abhängig *adj* seasonal, subject to seasonal influences/fluctuation; **~bedingt** seasonal, due to the season/time of year; **~bereinigt** seasonally adjusted, adjusted to take account of seasonal fluctuation; **~berichtigt** seasonally adjusted.

Salden | abstimmung *f* balance reconciliation; **~bilanz** *f* trial balance.

saldieren *vt* to balance, to settle, to strike the balance.

Saldierung *f* balancing of accounts.

Saldo *m* (*pl Salden* = *~n*) balance (= *b-*), account balance; **~abdeckung** *f* payment of the/a *b-*; **~anerkenntnis** *n* acceptance of the statement of account, account stated; **~auszug** *m* statement of account; **~ der Kapitalbilanzen** *b-* of capital transactions; **~ der laufenden Übertragungen** net current transfers; **~ der nicht erfassbaren Posten und der statistischen Ermittlungsfehler** errors and omissions; **~guthaben** *n* credit *b-*, *b-* in favo(u)r of, *b-* in the black; **~ laut Gewinn- und Verlustrechnung** *b-* as per profit and loss account; **~nbilanz** *f* trial *b-*, rough *b-*; **~nspalte** *f* residual column; **~quittung** *f* receipt for the *b-*; **~schuld** *f* *b-* due; **~übertrag** *m* → *~vortrag*; **~vorbehalt** *m* overall reservation of title, *title retention until all outstanding accounts have been paid*; **~vortrag** *m* *b-* brought/carried forward, carry-forward; **~zahlung** *f* payment of (the) *b-*, payment per account; **~ zu Ihren Gunsten** *b-* in your favo(u)r; **~ zu Ihren Lasten** your debit *b-*; **den ~ vortragen** to carry forward the *b-*; ***e-en*** **~ anerkennen** to accept the statement of account; ***e-en*** **~ aufweisen** to show a *b-*; ***e-en*** **~ ausgleichen** to settle a *b-*; ***e-en*** **Saldo ziehen** to strike a *b-*; **beglichener** ~ account settled; **fälliger** ~ account payable; **kassenmäßiger** ~ cash *b-*; **per** ~ as per *b-*, on *b-*; **täglicher** ~ daily *b-*; **verfügbarer** ~ *b-* at your disposal; **vorgetragener** ~ *b-* carried forward.

salvatorisch *adj* salutory, of or relating to escape.

Samen sperm; **~bank** *f* sperm bank; **~spende** *f* sperm donation; **~spender** *m* sperm donor.

Sammel | aktion *f* fund-raising campaign; **~anerkennung** *f* collective recognition; **~anleihe** *f* joint loan; **~aufgebot** *n* collective publication of banns; collective notice of forfeiture; **~auftrag** *m* collective order; **~becken** *n* reservoir; **~begriff** *m* collective term, nomen collectivum; **~bestand** *m* total orders on hand; **~bestellung** *f* collective order, omnibus order, centralized buying; **~bezeichnung** *f* collective title; **~buchung** *f* collective entry; **~depot** *n* collective custody; collective deposit; **~~konto** *n* collective deposit (of securities) account; **~einbürgerung** *f* group naturalization; **~einkauf** *m* collective buying, group buying, multiple purchase; **~erbschein** *m* joint certificate of inheritance; **~fahrschein** *m* group ticket, party ticket; **~girokonto** *n* combined deposit account; **~gut** *n* miscellaneous goods consolidated; **~heizung** *f* central heating system; **~inkasso** *n* centralized collection; **~kasse** *f* general pay office, main cash desk; **~kauf** *m* centralized buying; **~klausel** *f* omnibus clause, dragnet clause; **~konnossement** *n* collective/omnibus/grouped/consolidated bill of lading; **~konto** *n* collective account; **~ladung** *f* collective/grouped shipment, mixed consignment, joint cargo, groupage; **~ladungsspedition** *f* pool car service; **~lager** *n* collecting point depot; **~~ung** *f* combined storage; **~lebensversicherung** *f* group life insurance; **~lohnkonto** *n* group wage account; **~name** *m* collective name; **~nummer** *f* main number, multiline telephone number; **~packung** *f* variety pack; **~paket** *n* collective uniform package/parcel of a collective consignment; **~pass** *m* collective passport; **~police** *f* group policy, package policy, general policy; **~~ für Wagenpark** fleet policy; **~position** *f* collective item; **~posten** *m* aggregate item, collective item; **~preis** *m* blanket price; **~revers** *n* collective written undertaking; **~schuldverschreibung** *f* general bond, comprehensive bond; **~sendung** *f* groupage consignment, combined shipment; **~stelle** *f* collecting agency; collecting point; **~tarif** *m* group rate, class rate; **~termin** *m* date for court hearing of several cases; **~transport** *m* collective transport; **~überweisung** *f* combined bank transfer; **~unterkunft** *f* collective housing, hostel (*for refugees*); **~urkunde** *f* global certificate, collective instrument, collective document of title; **~verfügung** *f* combined administrative act; **~vermögen** *n* combined/collective assets; **~verpflichtung** *f* collective obligation; **~versicherung** *f* group insurance, collective insurance; **~~svertrag** *m* master group contract (*of insurance*); **~verwahrung** *f* collective centralised custody/safe keeping of securities; **~verwaltung** *f* collective securities management; **~visum** *n* group visa; **~werk** *n* compilation; **~wert** *m* global value; **~wertberichtigung** *f* global loss provisions; **~zahlungsauftrag** *m* combined payment orders.

Sammlung *f* compilation (*eg of data, vocabulary*), collection (*eg stamp, coin, etc*), collection (*for charitable purposes*), collection, digest (*of laws*).

samtverbindlich *adj* jointly and severally liable.

sanieren *vt* to restore to financial soundness, to reconstruct, to reorganize, to rehabilitate, to revitalize.

Sanierung *f* capital reconstruction, financial rehabilitation, reorganization (*companies*); urban renewal; **~ der Währung** currency reform, restoration of the currency to financial soundness; **~sanordnung** *f* rehabilitation order; **~sbilanz** *f* reconstruction account, reorganization statement; **~sdarlehen** *n* reorganization loan; **~sfonds** *m* reorganization fund; **~sgebiet** *n* redevelopment area, slum clearance district; **~sgewinn** *m* reorganization profit; **~skonsortium** *n* reconstruction syndicate; **~skonzept** *n* plan for financially rescuing an enterprise; urban redevelopment plan; **~smaßnahmen** *f* urban renewal measures, reorganizing measures; **~splan** *m* reorganisation plan, scheme of reconstruction, financial rescue plan; **~sprospekt** *m* reorganization prospectus; **~sumgründung** *f* reconstruction and reorganization of a company; **~svergleich** *m* reorganization settlement.

sanierungsfähig *adj* capable of being reorganized.

Sanktion *f* sanction, penal sanction; **~sbefugnis** *f* power to impose sanctions.

sanktionieren *vt* to sanction, to ratify, to confirm.

Satelliten|betreiber *m/***-in** *f* satellite operator; **~funkanlagen** *f/pl* satellite communications; **~netz** *n* satellite network; **~zentrum** *n* Satellite *US* Center/*GB* Centre.

Satisfaktion *f* satisfaction, amends.

Sattel|anhänger *m* semitrailer; **~kraftfahrzeuge** *n/pl* articulated vehicles; **~zug** *m US* trailer truck/*GB* articulated lorry.

Sättigung *f* saturation, satiation; **~spunkt** *m* saturation point.

Satz *m* (*pl Sätze = ~e*) rate, proportion; set; **einheitlicher ~** uniform rate; **ermäßigter ~** reduced rate; **fester ~** fixed rate; **geltender ~** applicable rate, current rate; **unterschiedliche ~e** differing rates, varying rates; **vollständiger ~** full set (*of bills of lading, etc*); **zum ~ von** at the rate of, to the amount of.

Satzung *f* charter, constitution, memorandum and articles, articles of association, articles of incorporation, *US* charter, charter and bylaws/byelaws, standing rules (*of an association*); **~ der Vereinten Nationen** United Nations Charter; **~sänderung** *f* alteration/change of articles of association, amendment of the charter; **~sautonomie** *f* autonomous regional legislation, freedom to form articles of association at pleasure; **~sberichtigung** *f* rectification of the articles of association (*charter, by-laws*); **~sbestimmung** *f* provision of the articles (*charter, etc*); **~~ über die Kapitalstruktur** capital clause; **~sgewalt** *f* right of local authorities to enact bye-laws; **~smangel** *m* defect in the articles of association (etc); **~srecht** *n* statutory law, local by-laws/byelaws; **~sverletzung** *f* violation of the memorandum and articles, infringement of the charter; **autonome ~** autonomous legislation, local statutes; **bewehrte ~en** local regulations containing penalty provisions.

satzung|sgemäß *adj* in conformity with the memorandum and articles (*charter, etc*); **~swidrig** contrary to the articles of association, in breach of the rules.

Säuberung *f* purge; **~saktion** *f* purge; mopping-up action (*military*); **~swelle** *f* massive purge.

Säuferraserei *f* delirium tremens, mania a potu.

Säulengraphik *f* column diagram, bar chart.

säumig *adj* defaulting, dilatory, remiss; **~ sein** to default (on one's payments), to be in default of.

Säumigkeit *f* dilatoriness.

Säumnis *f* default, delay, dilatoriness; **~ des Beklagten** default by defendant; **~folgen** *f* consequences of default; **~urteil** *n* default judgment; **~verfahren** *n* default proceedings; **~zuschlag** *m* penalty for delay, default surcharge.

Schablone *f* pattern design, stencil.

Schachtel|beteiligung *f* intercorporate capital holdings, participation in an affiliated company (*of 25% minimum*); capital interlocking; **~dividende** *f* dividend received from an interrelated company; **~gesellschaft** *f* affiliated company, interrelated company; **~privileg** *n* group relief, affiliation privilege, affiliation privilege; **~vergünstigung** *f* → *~privileg*.

Schaden *m* damage, loss, injury, harm; **~abwendungskosten** *pl* cost of averting the damage; **~abwicklung** *f* claims adjustment; **~anfall** *m* occurrence of loss; **~anzeige** *f* notice of loss; **~attest** *n* certificate of damage; **~begutachtung** *f* appraisal of damage; **~berechnung** *f* damage calculation; **~ durch inneren Verderb** damage by intrinsic defects; **~einschuss** *m* cash payment of share of loss; **~ersatz** *m* → *Schadensersatz*; **~exzedent** *m* excess of loss, losses exceeding a specified limit; **~~deckung** *f* loss excess cover; **~~enversicherung** *f* excess of loss reinsurance; **~ jeder Art** loss or damage of whatever kind; **~ ohne Verschulden** damage caused without fault; **~sabfindung** *f* indemnification, claim adjustment; **~sabteilung** *f* claims department, disputed claims office; **~sabwälzung** *f* redistribution of loss; **~sabwicklung** *f* loss adjustment, settlement of claims; **~sanfall** *m* incidence of loss; **~sanspruch** *m* → *Schadensersatzanspruch*; **~sanzeige** *f* notice of loss; **~satz** *m* loss ratio; **~saufstellung** *f* statement of damage, list of losses; **~sausgleich** *m* settlement of a damage claim, compensation for damage; **voller und angemessener ~~** full and fair compensation for loss; **~sbegriff** *m* concept of damage; **~sbehebungspflicht** *f* duty to rectify the loss, requirement to make good a loss; **~sbekämpfung** *f* minimizing losses, moves to prevent damage; **~sbetrag** *m* amount of loss/damage; **~sbevorschussung** *f* advance compensation; **~sbüro** *n* claims department, adjustment bureau; **~seintritt** *m* incidence of loss, occurrence of the damaging event; **~sereignis** *n* loss occurrence, damaging event; **~serledigung** *f* claims adjustment; **~serwartung** *f* anticipated damage, expectation of loss; **~s-Exzedenten-Rückversicherung** *f* excess loss reinsurance; **~s-Exzedenten-Vertrag** *m* loss excess treaty; **~sfall** *m* damaging event, claim; **~sfeststellung** *f* ascertainment of damage; **~sfeuer** *n* unfriendly fire; **~sfolgen** *pl* damaging consequences, implication of the damage; **~sforderung** *f* damage claim; **~sfreiheitsrabatt** *m* no-claims bonus; **~~system** *n* no-claims bonus system; **~shaftung** *f* liability for damages; **~shäufigkeit** *f* frequency of damaging events; **~shöhe** *f* extent of damage, amount of loss; **~skommission** *f* claims commission; **~sliquidation** *f* liquidation of damage; **~smaximum** *n* maximum damage; loss limit; **~smeldung** *f* damage report, notice of damage; **~~sformular** *n* claim form; **unverzügliche ~~** immediate notice; **~smerkmal** *n* element of damage; **~sminderung** *f* minimizing loss, reduction of damage, mitigation; **~~spflicht** *f* duty to minimize damages, mitigation of loss, doctrine of avoidable consequences; **~snachweis** *m* proof of loss; **~sort** *m* location of loss; **~spapiere** *pl* records of the damage; **~sprotokoll** *n* certificate of damage; **~sprüfung** *f* damage survey; **~squote** *f* loss ratio; **~sreferent** *m*/**-in** *f* claims agent; **~sregulierer** *m*/**-in** *f* claims agent, claims adjuster, average adjuster; **~sregulierung** *f* claim settlement, loss settlement, loss adjustment, adjustment of damages, adjustment of average (*ship*); **~srente** *f* periodical payments as damages; **~sreserve** *f* loss reserve, liability on outstanding claims, reserve for outstanding claims; **~srücklage** *f* → *~reserve*; **~ssachbearbeiter** *m*/**-in** *f* claims handler; **~ssachverständige(r)** *f(m)* (*der ~ssachverständige*) insurance adjuster; **~sschätzung** *f* appraisal of damage, loss assessment; **~ssumme** *f* amount of loss; **~staxierung** *f* loss assessment; **~steilung** *f* loss sharing, mutual participation in losses; **~~sverband** *m* inter-insurance exchanges; **~stifter** *m*/**-in** *f* tortfeasor, damaging party; **~sumfang** *m* extent of loss; **~sumschichtung** *f* redistribution of loss/damage; **~sursache** *f* cause of loss; **~sverhütung** *f* prevention of loss/damage; **~sversicherung** *f* indemnity insurance, insurance against damages, compensation insurance; **~sverteilung** *f* loss repartition; **~~sklausel** *f* contribution clause; **~sverursachung** *f* the causing of the damage; **~swahrscheinlichkeit** *f* probability of loss, likelihood of damage; **~szufügung** *f* infliction of damage, imposing damage; **~teilungsabkommen** *n* repartition agreement; **~ zufügen** to inflict damage, to inflict injury; **adäquater ~** proximate damage; **als Totalverlust geltender ~** constructive total loss; **ästhetischer ~** aesthetic damage (*by disfigurement, etc*); **außergewöhnlicher ~** exceptional loss; **den ~ abdecken** to settle the damage claim, to cover the loss; **den ~ abschätzen** to assess/estimate the damage; **den ~ berechnen** to compute the damage; **den ~ festsetzen** to assess the damage; **den ~ tragen** to bear the loss; **den ~ trägt** the loss falls on; **den ~ wiedergutmachen** to undo the damage, to make good the damage; **der gesamte ~** the total loss; **ein ~ ist entstanden** a loss has occurred; ***e-en*** **~ abfinden** to settle a claim, to adjust a claim; ***e-en*** **~ abwenden** to avert damage; ***e-en*** **~ anmelden** to give notice of a claim; ***e-en*** **~ erleiden** to suffer a loss; ***e-en*** **~ haben** to sustain a loss; ***e-en*** **~ regulieren** to adjust (a) damage; ***e-en*** **~ verursachen** to occasion a loss, to cause damage; ***e-en*** **~ wiedergutmachen** to remedy (a) damage, to afford compensation for (a) damage; **eingetretener ~** loss incurred, actual damage or loss; **einklagbarer ~** actionable loss; **empfindlicher ~** serious loss; **entstandener ~** resulting damage, damage incurred; **erlittener ~** damage or loss suffered, sustained loss; **erstattungsfähiger ~** reimbursable damage or loss, recoverable damage or loss, damage eligible for compensation; **festgestellter** ~ ascertained damage, established loss; **formaler** ~ petty damage, pro forma damage; **für** ***e-en*** ~ **aufkommen** to make good a loss, to reimburse a loss, to pay for damages; **für** ***e-en*** ~ **eintreten** to answer for a loss; **geringfügiger** ~ negligible damage; **immaterieller** ~ non-physical damage, nonmaterial damage; intangible damage; **materieller** ~ physical damage, actual damage or loss, tangible loss; **mittelbarer** ~ indirect damage, consequential damage; **nicht versicherter** ~ uninsured loss; **nicht voraussehbarer** ~ unforeseeable damage; **nicht wieder gutzumachender** ~ irrepairable damage; **nomineller** ~ nominal damage; **physischer** ~ actual loss, physical loss; **regulierter** ~ settled claim; **seelischer** ~ mental damage, mental anguish; **tatsächlicher** ~ actual damage; **unersetzbarer** ~ irrecoverable loss; **unmittelbarer** ~ direct loss or damage, actual damage; **vermeidbarer** ~ avoidable damage; **wirtschaftlicher** ~ economic loss; **zufälliger** ~ accidental loss/damage.

schadens|stiftend *adj* damaging; **~begründend** causing damage, damaging.

Schadensersatz *m* compensation for damage, damages, compensatory damages, indemnification; **~anspruch** *m* damage claim, claim for damages, compensation claim; **~~ aus unerlaubter Handlung** tortious claim for damages; **~ansprüche geltend machen** to claim damages; **~anspruch wegen positiver Vertragsverletzung** claim for defaulting in performance of contract, damage claim for breach of an ancilliary contractactual; **~aufwand** *m* compensation costs; ~ **ausschließen** to exclude any damage claim; ~ **beantragen** to claim damages; **~berechtigte(r)** *f(m)* (*der ~berechtigte*) party entitled to damages, indemnitee; ~ **erhalten** to recover damages; **~erlangung** *f* recovery of damages; **~forderung** *f* damage claim, claim for damages; ~ **für Spätfolgen** remote damages; ~ **in Geld** pecuniary damages; **~klage** *f* action for damages; **~~ wegen Nichterfüllung** action of assumpsit, action for breach of contract, action for damages due to non-performance; **~~ wegen Verkehrsunfalls** legal action for damages arising out of a road/traffic accident case; **~leistung** *f* indemnification, recovery of damages; **~pflicht** *f* liability for damages, liability to make good a loss; **~pflichtige(r)** *f(m)* (*der ~pflichtige*) party liable for damages; **~summe** *f* amount of damages; ~ **wegen Nichterfüllung** damages for non-performance; ~ **wegen unerlaubter Handlung** damages in tort; ~ **zuerkennen** to award damages; ~ **zusprechen** to award damages; **adäquater ~anspruch** compensatory damages; **auf** ~ **erkennen** to award damages; **auf** ~ **klagen** to sue for damages; **doppelter** ~ double damages; ***e-en*** **~anspruch haben** to be entitled to damages, to have a claim for damages; **gesetzlich begründeter ~anspruch** lawful/statutory damages; **großzügig bemessener** ~ generous damages, generous compensation; ***jd-en*** **auf** ~ **in Anspruch nehmen** to claim damages from *s.o.*; ***jd-en*** **auf** ~ **verklagen** to sue *s.o.* for damages; **pauschalierter** ~ liquidated damages, lumpsum damages, lump-sum award; **unbezifferter** ~ indeterminate damages, unliquidated damages; **vereinbarter** ~ agreed damages; **zu** ~ **verurteilen** to award damages by court judgment; **zugesprochener** ~ damages awarded, damages granted.

schadensersatzpflichtig *adj* liable for damages, liable to pay damages, liable to indemnify.

schadhaft *adj* defective, faulty, damaged.
Schädiger *m*/**-in** *f* wrongdoer, damaging party, tortfeasor.
Schädigung *f* injury, impairment; **~sabsicht** *f* intent/intention to cause damage, actual malice; **fahrlässige** ~ actionable negligence; **nicht wiedergutzumachende** ~ irreparable injury.
schädlich *adj* detrimental, injurious, harmful, damaging, noxious, pernicious.
Schädling *m* pest, destructive insect, parasite; **~sbekämpfung** *f* pest control.
schadlos *adj* free from loss; ~ **halten** to hold harmless; to indemnify; **sich** ~ ~ to recover one's loss.
Schadlos|bürgschaft *f* guarantee, indemnity; **~haltung** *f* indemnification, indemnity; **~~serklärung** *f* declaration of indemnity; **~~sgarantie** *f* indemnity bond; **~~sklausel** *f* indemnity clause, hold-harmless clause; **~~sverpflichtung** *f* indemnity bond, obligation to hold *s.o.* harmless (against/from); **~stellung** *f* indemnification.
Schadstoff *m* pollutant, harmful substance.
Schaffen *n* work, creative activities.
schaffen *vt* to create, to produce, to make, to effect; **beiseite** ~ to put away, to remove, to take away, to secrete, to get rid of.
Schaffott *n* scaffold.
Schaffung *f* creation, production; ~ **von Arbeitsplätzen** job creation, creation of jobs.
Schall|dämpfung *f* acoustic insulation; **~schutz** *m* protection from noise, sound absorbing devices; **~zeichen** *n* (*Kfz*) audible warning devices.
Schalter *m* counter; **~automat** *m* teller terminal; **~beamter** *m*/**~beamtin** *f* counter-clerk; **auszahlender** ~~ paying cashier; **~dienst** *m* counter service; **~geschäft** *n* counter transaction; **~schluss** *m* closing of the counters; **~stunden** *f/pl* banking hours; **~verkehr** *m* over-the-counter trading.
Schaltjahr *n* leap year.
Schamgefühl *n* sense of shame.
Schande *f* disgrace, ignominy, opprobrium.
schänden *vt* to ravish, to rape; to desecrate, to profane.
Schändung *f* ravishment, rape; desecration.
Schank|erlaubnis *f US* license/*GB* licence to sell alcoholic beverages; **~gefäß** *n* mug, glass; **~konzession** *f* → *Schankerlaubnis*; **~wirtschaft** *f US* licensed/*GB* licenced premises.
scharf machen to prime (*bomb*).
Scharfrichter *m*/**-in** *f* executioner.
Schatten|kabinett *n* shadow cabinet, shadow government, would-be cabinet; **~kapital** *n* shadow capital (*in reserves*); **~quote** *f* shadow quota; **~seite** *f* dark side, seamy side, shady side; **~wirtschaft** *f* shadow economy, underground economy, twilight economy, submerged economy.
Schatz *m* treasure, treasure trove; **~amt** *n* Treasury, Exchequer, *US* Treasury Department; **~anweisung** *f* treasury bond/note; **auslosbare** ~~ drawable treasury bond; **unverzinsliche** ~~ non-interest-bearing treasury bond; **verzinsliche** ~~ interest-bearing treasury bond; **~fund** *m* treasure trove; **~meister** *m*/**-in** *f* treasurer; **~regal** *n* state entitlement to a treasure trove; **~wechsel** *m* Treasury bill; **~~kredit** *m* borrowing on treasury bills.
Schätz|akkord *m* fixing of piece-work rates by appraisers; **~barkeit** *f* appraisability, computability, assessability; **~beamter** *m*/**~beamtin** *f* appraiser, assessor; **~betrag** *m* estimated amount; **~preis** *m* estimated price; **~stelle** *f* appraisal office (*for value of used cars*); **~tarif** *m* estimated rates; **~ung** → *Schätzung*; **~wert** *m* estimated value, appraised value, assessed value.
schätzbar *adj* appraisable, estimable, computable.

schätzen *vt* to estimate, to appraise.

Schätzer *m*/**-in** *f* appraiser, valuer; **beeidigter** ~ sworn appraiser.

Schätzung *f* appraisal, estimate, valuation; **~sbefugnis** *f* authority to appraise; **~skosten** *pl* cost of estimate/valuation; **~sprotokoll** *n* appraisal record; **~swert** *m* estimated value; **~ von Grundstücken** valuation of property; real estate appraisal; **amtliche** ~ official appraisal; **durch** ~ **feststellen** to ascertain by valuation; **eigene** ~ one's own estimate (*estimate made by a bank itself*); **fundierte** ~ an informed estimate; **gerichtliche** ~ judicial valuation; **grobe** ~ guestimate; rough estimate; **gutachterliche** ~ expert appraisal; **vorsichtige** ~ safe estimate, conservative estimate.

Schau|bild *n* diagram, graph; **~fenster** show window, shop/store window; **~~arrangement** *n* window dressing;/decoration; **~~auslage** *f* window display; **~~einbruch** *m* smash-and-grab raid; **~~reklame** *f* shop-window advertising; **~~werbung** *f* shop-window advertising; **~~wettbewerb** *m* window-display competition; **~kasten** *m* display case; **~münze** *f* medal; **~platz** *m* scene, scene of the event; **~prozess** *m* show-trial; **~steller** *m*/**-in** *f* exhibitor, showman (*at fairs*), public entertainer; **~stellung** *f* exhibition, display; **~vorstellung** *f* public entertainment, show.

Schauerleute *pl* stevedores, dock workers.

Schaukelpolitik *f* seesaw policy, back and forth measures.

Schaumwein *m* sparkling wine; **~bezeichnung** *f* designation of sparkling wines.

Scheck *m* *US* check/*GB* cheque (= *c*-); **~abrechnungsverkehr** *m* clearance of *c-s*, *c-* clearing; **~aussteller** *m*/**-in** *f* drawer of a *c*-, maker of a *c*-; **~ausstellungsmaschine** *f* *c*--writing machine; **~bereicherungsanspruch** *m* *compensation claim for uncollectable c-against drawer*; **~bestätigung** *f* certification of *c*-(s); **~betrug** *m* *c*-fraud, issuing bad *c-s*; **~bezogene(r)** *f(m)* (*der ~bezogene*) drawee of a *c*-; **~bürgschaft** *f* *c*- guarantee; **~deckungsanzeige** *f* advice of fate; **~duplikat** *n* duplicate *c*-; **~einlösung** *f* payment of a *c*-, cashing of a *c*-; **~einreichung** *f* presentation of a *c*-; **~~sfrist** *f* presentation period for a *c*-; **~~sformular** *n* *c*- paying-in slip; **~einzahlung** *f* payment in of a *c*-; **~einzug** *m* *c*- collection; **~empfänger** *m*/**-in** *f* recipient of a *c*-; **~erklärung** *f* designation as a *c*-; **~fähigkeit** *f* capacity to draw *c-s*; **aktive** ~~ capacity to draw *c-s*; **passive** ~~ capacity to be the drawee of *c-s*; **~fälschung** *f* forging (of) *c-s*, alteration of checks; **~formular** *n* *c*- form; **~geld** *n* *c*-money; **~gesetz** *n* *US* Checks/*GB* Cheques Act; **~haftung** *f* liability for a *c*-; **~heft** *n* *c*- book; **~inhaber** *m*/**-in** *f* bearer of a *c*-; **~inkasso** *n* *c*- collection; **~karte** *f* *c*- (guarantee) card; **~~nbetrug** *m* *c*- card fraud; **~~nmissbrauch** *m* misuse of *c*-cards; **~klage** *f* summary action based on a *c*-; **~konto** *n* *c*- account, checking account; **~leiste** *f* *c*-counterfoil, *c*- stub; **~mahnbescheid** *m* default summons based on a *c*-; **~ mit Rechnungsabschnitt** voucher *c*-; **~nehmer** *m*/**-in** *f* recipient of a *c*-; **~protest** *m* protesting a *c*-; **~prozess** *m* *c*- proceedings (*summary action based on an unpaid c*-); **~recht** *n* law on negotiable instruments, law concerning *c-s*; **~reiterei** *f* *c*- kiting; **~sperrung** *f* stop payment, stopping (of) a *c*-, revocation of payment on a *c*-; **~summe** *f* amount of the *c*-; **~umlauf** *m* *c-s* in circulation; **~verkehr** *m* *c*- transactions; **~verrechnung** *f* (*c*-) clearing; **~~sstelle** *f* clearing house; **~zahlung** *f* payment by *c*-; **~ziehung** *f* drawing of a *c*-; **~zinsen** *m/pl* interest on *c-s*; **allgemein gekreuzter** ~ crossed *c*-;

besonders gekreuzter ~ specially crossed *c*-, *c*- with a special crossing; **bestätigter** ~ certified check, confirmed *c*-; ***e-en*** ~ **ausstellen** to write out a *c*-; ***e-en*** ~ **einziehen** to collect a *c*-; ***e-en*** ~ **sperren** to stop a *c*-; **eingelöster** ~ paid *c*-; **gefälschter** ~ forged *c*-; **gekreuzter** ~ crossed *c*-; **gesperrter** ~ stopped *c*-; **girierfähiger** ~ negotiable *c*-; **nicht eingelöster** ~ dishono(u)red *c*-, unpaid *c*-; **retournierter** ~ returned *c*-; **rückdatierter** ~ back dated/antedated *c*-; **überfälliger** ~ stale *c*-, overdue *c*-; **ungedeckter** ~ uncovered *c*-, bad *c*-; dud *c*-; **verspätet vorgelegter** ~ out-of-date *c*-; **vordatierter** ~ post-dated *c*-; **vorsätzlich ausgestellter ungedeckter** ~ flash *c*-.

Scheidemünze *f* small coin, divisional coin, subsidiary coin.

scheiden *vt* to divorce; **sich ~ lassen** to get a divorce, to get divorced.

Scheidung *f* divorce (= *d*-), dissolution of marriage; ~ **aus beiderseitigem Verschulden** *hist d*- with both parties being at fault; ~ **im einseitigen Verfahren** ex parte *d*-; ~ **nach dem Zerrüttungsprinzip** *d*- without reference to fault; ~ **ohne Verschulden** *hist* no-fault *d*-; **~santrag** *m* petition for *d*-; **~sbegehren** *n* petition for *d*-; **dem ~~ stattgeben** to grant a *d*-; **~sbeklagte(r)** *f(m)* (*der ~sbeklagte*) (= *Antragsgegner*) respondent in *d*- proceedings; **~sfolgen** *f/pl* legal consequences of *d*-; **~sfolgesachen** *f* ancillary consequential matters of a *d*- (*custody, maintenance, pensions, etc*); **~sgrund** *m* ground for *d*-; **~sklage** *f* petition for *d*-; **~~ erheben** to file a *d*- suit; **~skläger** *m*/**-in** *f* (= *Antragsteller*) petitioner (for *d*-); **~sprozess** *m d*- proceedings; **~srate** *f d*- rate; **~srecht** *n* law of *d*-; **~srichter** *m*/**-in** *f d*- judge; **~sstatut** *n* applicable national *d*- law; **~surteil** *n d*- decree; **ein ~~ erlassen** to grant a *d*-; **rechtskräftiges ~~** (*non-appealable*) decree absolute of *d*-; **~svereinbarung** *f d*- settlement; **~sverfahren** *n d*- suit, *d*- proceedings; **ein ~~ einleiten** to start *d*- proceedings; **~swiderklage** *f* cross-petition for *d*-; ~ **wegen Verschuldens** *hist d*- on grounds of guilt; **auf ~ erkennen** to grant a *d*-; **auf ~ klagen** to petition for *d*-; **der ~ widersprechen** to oppose a *d*-; **die ~ begehren** to seek a *d*-; **die ~ aussprechen** to grant a *d*- decree, to pronounce a *d*- decree; **einverständliche** ~ mutually agreed *d*-, *d*- by mutual consent; **streitige** ~ defended *d*-; **unstreitige** ~ uncontested *d*-.

Schein *m* certificate, verfying document (*eg of attendance/performance in a university course/module/program(me)*).

Schein| (ostensible, apparent, fictitious, sham) **~adoption** *f* fictitious adoption; **~angebot** *n* fictitious offer (*to attract customers*), bait advertising; **~argument** *n* sophism, specious argument; **~asylant** *m*/**-in** *f* bogus refugee, bogus asylum seeker; **~auktion** *f* mock auction; **~beantwortung** *f* sham answer; **~bieter** *m*/**-in** *f* mock bidder; **~bilanz** *f* fictitious balance sheet; **~blüte** *f* fictitious boom; **~dividende** *f* fictitious dividend; **~ehe** *f* fictitious marriage, mock marriage, sham marriage; **~einrede** *f* sham *US* defense/*GB* defence; **~erbe** *m*/**~erbin** *f* presumptive heir; **~faktura** *f* pro forma invoice; **~firma** *f* bogus firm; **~flüchtling** *m* bogus refugee; **~forderung** *f* fictitious claim; **~gebot** *n* feigned bid, straw bid, sham bid, rigged bid; **das Abgeben von ~~en** by-bidding; **~geschäft** *n* fictitious bargain, sham transaction, dummy transaction; **~gesellschaft** *f* dummy corporation; **~gesellschafter** *m*/**-in** *f* nominal partner; ostensible partner, **~gewinn** *m* apparent (book) profit, illusory profit; inflationary profit; **~grund** *m* specious reason, pretence, ostensible reason; **~handlung** *f* fictitious act, sham act; ~**kauf** *m* fictitious purchase, simulated sale, mock purchase; ~**kaufmann** *m*/~**kauffrau** *f* ostensible merchant; ~**konjunktur** *f* pseudo prosperity, quasi prosperity; ~**kurs** *m* fictitious price; ~**mietvertrag** *m* sham tenancy; ~**pistole** *f* imitation firearm, dummy pistol; ~**prozess** *m* fictitious action, mock trial, sham trial; ~**quittung** *f* pro forma receipt; ~**selbständigkeit** *f* ostensible self-employment (*for tax evasion purposes*); ~**tätigkeit** *f* dummy activity; ~**testament** *n* sham last will and testament; ~**tod** *m* apparent death, suspended animation; ~**urteil** *n* fictitious judgment; ~**vertrag** *m* sham contract, feigned contract, fictitious contract; ~**vollmacht** *f* ostensible agency, apparent authority; ~**waffe** *f* sham weapon.

Scheinwerfer *m* headlight(s) (*automobile*); searchlight (*police, military*).

Scheitelpunkt *m* peak, crest; ~ ***e-er* Kuppe** crest of a hill.

Scheitern *n* failure, miscarriage; ~ **der Ehe** irretrievable breakdown of marriage; ~ **der Verhandlungen** negotiation breakdown, breakdown of negotiations.

scheitern *vi* to fail, to miscarry, to be frustrated (by).

Schemabrief *m* standard letter, form letter.

Schengen|-Besitzstand *m EU* Schengen acquis; ~**-Sekretariat** *n EU* Schengen Secretariat; ~**-Übereinkommen** *n/pl EU* Schengen agreements; ~-~ **von 1990** 1990 Schengen Convention; ~**vertrag** *m EU* Schengen Treaty; ~**visum** *n EU* visa for all states signatory to the Schengen Treaty.

schenken *vt* to make a gift, to make a present, *to make s.o. a present of sth*; to donate.

Schenker *m*/**-in** *f* donor, donator (*charity*); *f* donatrix.

Schenkung *f* gift, donation, present; ~ **auf den Todesfall** gift in contemplation of death, donatio mortis causa; ~**sanfechtung** *f* avoidance of a gift, contesting a donation; ~**sannahme** *f* acceptance of a gift; ~**sempfänger** *m*/**-in** *f* donee; ~**sland** *n* bounty lands; ~**ssteuer** *f* gift tax, tax on donations; ~**s- und Erbschaftssteuer** *f* inheritance tax; ~**surkunde** *f* deed/document of donation; deed of gift; ~**sversprechen** *n* promise to make a gift, executory donation; ~**svertrag** *m* donative contract, gratuitous contract, contract of donation; ~**svollzug** *m* execution of donation, (actual) presentation of a gift; ~**swiderruf** *m* revocation of a gift, revocation of a donation; ~ **unter *e-er* Auflage** gift sub modo, gift subject to a condition (*to be fulfilled by the donee*), gift subject to a proviso; ~ **unter Lebenden** gift between the living, gift inter vivos; ~ **von Todes wegen** gift in contemplation of death, gift causa mortis; **bedingte** ~ gift sub modo, conditional donation; **bedingungslose** ~ unconditional/outright gift; **belastende** ~ onerous donation; **echte** ~ personal gift, genuine gift; ***e-e*** ~ **machen** to donate, to make a gift of *sth*; ***e-e*** ~ **widerrufen** to revoke a donation; **indirekte** ~ indirect donation; **letztwillige** ~ testamentary gift; **mildtätige** ~ charitable gift; **mittelbare** ~ indirect donation; **reine** ~ genuine donation; **remuneratorische** ~ remunerative gift, gift in recognition of past services; **sofort vollzogene** ~ outright gift; **testamentarische** ~ testamentary gift; **verschleierte** ~ concealed donation; **vorbehaltslose** ~ outright gift; **widerrufene** ~ revoked donation.

schenkungsweise *adv* by way of (a) gift as (a) donation.

Scherzgeschäft *n* transaction entered into as a joke.

Schicht *f* shift, work shift, tour of duty; ~**arbeit** *f* shift work(ing); ~**ausfall** *m* shifts not worked; ~**betrieb** *m* shift operation; ~**leistung** *f* output per shift; ~~ **je**

Mann output per man-shift; ~~ **unter Tage** output per underground man-shift; **~lohn** *m* pay for shift work, pay per shift; **~prämie** *f* shift premium, extra-pay for shift work; **~unterricht** *m* instruction in shifts, school attendance in shifts; **~wechsel** *m* change-over (of shifts); **~zeit** *f* shift hours, number of hours worked in a shift; **~zulage** *f* shift premium, extra pay for shift work, shift allowance; **~zuschlag** *m* → *~zulage.*

schicken *vt* to send, to consign, to forward, to dispatch.

Schicklichkeit *f* propriety, decorum, tact, decency.

Schickschuld *f obligation involving the dispatch of what is owed, debt which may be discharged by remittance.*

Schieber *m/***-in** *f* racketeer.

Schiebung *f* racket, graft, raket (eering); **~sanfechtung** *f* avoidance of transaction to defraud creditors; **~sgeld** *n* racket money; **~sgeschäft** *n* racket (business), profiteering, put-up job.

schiedlich *adv* by arbitration; **~-friedlich** by amicable arrangement.

Schieds| (*arbitration* = *a-*) **~abkommen** *n a-* agreement; **~abrede** *f a-* clause; **~amt** *n a-* board; **~antrag** *m* request for *a-*; **~ausschuss** *m* arbitral committee, *a-* committee; **~fähigkeit** *f* arbitrability; **~gericht** → *Schiedsgericht*; **~gerichtsbarkeit** *f* → *Schiedsgericht*; **~gutachten** *n* arbitrator's expert opinion, factual arbitral award; **~gutachter** *m/***-in** *f* adjudicator, (expert) arbitrator, quasi arbitrator; **~hof** *m* court of *a-*, → *Schiedsgericht*; **Ständiger ~~ in Den Haag** (= **Haager Schiedsgerichtshof**) Permanent Court of *A-*; **~instanz** *f a-* body, arbitral authority; **~klausel** *f a-* clause, obligation to arbitrate, future disputes clause; **gemischte ~~** joint *a-* clause; **Genfer Protokoll über die ~~n** Geneva Protocol on *A-* Clauses; **IHK-~~** (*abbr* **Internationale Handelskammer**) ICC arbitration clause (*abbr* International Chamber of Commerce); **~kommission** *f a-* commission; **~mann** *m/***~frau** *f* ombudsman, official referee; **~obmann** *m/***~obfrau** *f* umpire, third arbitrator; **~ordnung** *f a-* rules; **Vergleichs- und ~~ der Internationalen Handelskammer** (*abbr* **IHK-Vergleichs- und ~~**) Rules of Conciliation and *A-* of the International Chamber of Commerce (*abbr* ICC *A-* Rules); **~parteien** *pl* parties to *a-*, parties to a submission; **~regeln** *f/pl a-* rules; **~richter** *m/***-in** *f* arbitrator, referee; **~~kollegium** *n* board of arbitrators; **~~liste** *f* panel of arbitrators; **~~tätigkeit** *f* arbitrator's actions; **~sachen** *f/pl a-* matters; **~spruch** *m a-* award; **~~ als Teilurteil** partial award; ***e-en*** **~~ fällen** to render an award, to make an award; **~sprüche** *m/pl a-* awards; **Genfer Abkommen zur Vollstreckung ausländischer ~~** Geneva Convention on the Execution of Foreign Arbitral Awards; **UN-Übereinkommen über die Anerkennung und Vollstreckung ausländischer ~~** (= *New York-Übereinkommen*) United Nations Convention on the Recognition and Enforcement of Foreign Arbitral Awards (= *New York Convention*); **~stelle** *f a-* board; **~- und Schlichtungsvertrag** *m* treaty of *a-* and conciliation; **~- und Vermittlungsausschuss** *m a-* and mediation committee; **~verfahren** *n a-* proceedings; **~vergleich** *m* settlement in *a-* proceedings; **~vereinbarung** *f a-* agreement; **~vertrag** *m a-* agreement, agreement to go to *a-*, *a-* clause.

Schiedsgericht *n* arbitration tribunal, court of arbitration, arbitral tribunal (*arbitration* = *a-*); **~sbarkeit** *f a-*, arbitral jurisdiction; **berufsständische ~~** professional *a-*; **freiwillige ~~** voluntary *a-*; **IHK-~~** (*abbr* **Internationale Handelskammer**) ICC *A-* (*abbr* International Chamber of Commerce); **internationale ~~** international *a-*, international arbitral jurisdiction; **~sgesetz** *n* Arbitration Act; **~shof** *m* court of *a*-; **~~ der Internationalen Handelskammer** (*abbr* **IHK-~~**) Court of *A*- of the International Chamber of Commerce (*abbr* ICC Court of *A*-); **Haager ~~** (= **Ständiger Schiedshof in den Haag**) Permanent Court of *A*-; **Ständiger Internationaler ~~** Permanent Court of *A*-; **~sinstanz** *f* court of *a*-, arbitral tribunal; **~sklausel** *f a*- clause; **~skosten** *pl* cost of *a*-, *a*- fee; **~sordnung** *f a*- code, rules of *a*-; **UNCITRAL-~~** UNCITRAL *A*- Rules (*abbr* = United Nations Commission on International Trade Law); **~sort** *m* place of *a*-; **~svereinbarung** *f a*- agreement; **~sverfahren** *n a*- proceedings; **~svertrag** *m a*- agreement, *a*- treaty; **~svorlage** *f* appeal to *a*-, submission to *a*-; **~swesen** *n a*-; **~szwang** *m* compulsory *a*-; **ein ~ anrufen** to refer to *a*-; **durch ~ regeln** to settle by *a*-; **gemischtes ~** mixed *a*- board; **paritätisches ~** *a*- tribunal on a parity basis; **Sitz des ~s** seat of *a*-; **ständiges ~** permanent court of *a*-.

schieds|gerichtlich *adj/adv* by arbitration; **~richterlich** arbitral.

Schießen *n* shooting, firing, combat practice firing.

schießen *vi* to shoot, to fire; **scharf ~** to shoot in earnest.

Schiff *f* ship, vessel, boat; **~arrestierungsbeamter** *m*/**~beamtin** *f* detaining officer; **~barkeit** *f* navigability; **~~sgrenze** *f* navigation head; **~bau** *m* ship building; **~~hilfe** shipyard aid; **~befrachtungsvertrag** *m* contract of affreightment; **~bruch** *m* shipwreck; **~park** *m* shipping fleet, tonnage; **~sabgaben** *f/pl* navigation dues; **~sabladeplatz** *m* unloading place; **~sabwässer** *n/pl* sewage from ships; **~sagent** *m*/**-in** *f* ship's agent; **~sagentur** *f* shipping agency; **~santeil** *m* ship's part; **~sarrest** *m* restraint of ship, seizure of a ship, civil embargo; **~sartikel** *m/pl* shipping articles; **~sattest** *n* inland waters navigation certificate, certificate that vessel is in sound condition; **~sausrüstung** *f* ship's equipment, ship-chandlery; **~sbank** *f* ship loan bank, ship mortgage bank; **~sbauwerk** *n* ship under construction; **~sbauregister** *n* ship construction register; **~sbausubvention** *f* ship construction subsidy; **~sbedarf** *m* ship's supplies; **~~shandlung** *f* ship-chandlery; **~sbefrachter** *m*/**-in** *f* freighter; charterer, consignor; **~sbefrachtung** *f* affreightment; **~sbesatzung** *f* ship's crew; **~sbesichtiger** *m*/**-in** *f* ship surveyor, ship and cargo surveyor; **~sbodmerei** *f* bottomry; **~~gläubiger** *m*/**-in** *f* bottomry-bond holder; **~sbrief** *m* ship's passport, ship letter; **~sdunstschaden** *m* sweat damage; **~sdurchsuchung** *f* search of a ship; **~seichung** *f* gauging of a ship; **~seigner** *m*/**-in** *f* shipowner; **~seintragung** *f* registration of vessels; **~sflagge** *f* ship's flag; **~sfracht** *f* (ship's) freight, cargo; **~~brief** *m* bill of lading; **~sführer** *m*/**-in** *f* shipmaster, (ship's) captain; **~sführung** *f* running of a ship; **~sgefährdung** *f* endangering of ships, jeopardizing of a ship; **~sgläubiger** *m*/**-in** *f* ship's creditor; **~~recht** *n* maritime lien; **~shändler** *m*/**-in** *f* shipbroker; **~shypothek** *f* ship mortgage, mortgage of a vessel; **~~enbank** *f* ship mortgage bank; **~~enforderung** *f* ship mortgage claim; **~~engläubiger** *m*/**-in** *f* ship mortgagee; **~sinspektion** *f* marine survey, inspection of a ship; **~sinspektor** *m*/**-in** *f* ship's inspector; **~sinventar** *n* ship's inventory; **~sjournal** *n* ship's log (book); **~skapitän** *m* captain, master of a ship; **~skaskoversicherer** *m*/**-in** *f* hull underwriter; **~skaskoversicherung** *f* hull policy, hull insurance; **~sklasse** *f* class of ship; **~~attest** *n* classification certificate; **~sklassifikation** *f* ship's classification; **~skollision** *f* collision between ships; **~skonnossement** *n* (ship's) bill of lading; **~sladung** *f* shipload, cargo; **~slandeplatz** *m* quay; **~slieferant** *m*/**-in** *f* ship chandler; **~sliegeplatz** *m* loading berth; **~sliste** *f* shipping list; **~slöschplatz** *m* discharging berth, landing place, unloading place; **~smakler** *m*/**-in** *f* shipping agent, ship's agent, ship-broker; **~smaklergeschäft** *n* ship brokerage; **~smanifest** *n* ship's manifest; **~smannschaft** *f* (ship's) crew; **~smaschinenbau** *m* marine engineering; **~smessbrief** *m* tonnage certificate; **~smessschein** *m* tonnage certificate; **~smietvertrag** *m* charter of a vessel, charter-party; **~smusterrolle** *f* ship's articles; **~snotsignal** *n* ship's distress signal; **~spapiere** *n/pl* ship's papers; **~spart** *m* ship's part, share in a ship, interest in a vessel; **~spass** *m* ship's passport (*for neutral vessel*), sea letter; **~spassage** *f* sea voyage; (ship) passenger fare; **~spersonal** *n* ship's officers and crew, ship's personnel, crew; **~spfandbrief** *m* ship mortgage bond, bottomry bond; **~~bank** *f* ship mortgage bank; **~spfandrecht** *n* maritime lien (*ship and cargo*); **~spolice** *f* marine policy, policy of marine insurance; **~sraum** *m* tonnage, hold; **~sreeder** *m*/**-in** *f* shipowner; **~sregister** *n* register of ships, marine register; **~~behörde** *f* marine registry office; **~~brief** *m* ship's register, ship's certificate; **~~ordnung** *f* marine registry regulations; **~~sache** *f* marine registry proceedings; **~sreise** *f* sea journey, voyage; **~srisikodarlehen** *n loan to shipowner to be repaid only upon successful termination of the voyage*; **~srumpf** *m* hull, body of a ship; **~ssachverständige(r)** *f(m)* (*der ~ssachverständige*) nautical assessor; **~sseite** shipside; **~ssicherheit** *f* maritime safety; **~~sausschuss** *m* maritime safety committee; **~stagebuch** *n* log-book, ship's journal, sea journal; **~sunfall** *m* collision at sea; **~sverkehr** *m* shipping, navigation; **~sverlust** *m* loss of a ship at sea; **~svermieter** *m*/**-in** *f* charterer; **~svermietung** *f* **an Dritte** outside charter; **~sverschollenheit** *f* presumptive loss of a ship; **~sversicherung** *f* hull insurance; **~~spolice** *f* ship (insurance) policy; **~sverzeichnis** *n* shipping list; **~svorräte** *m/pl* ship's stores, marine stores; **~swechsel** *m* bottomry bond; **~swerft** *f* shipbuilding yard, shipyard, dockyard; **~szahlmeister** *m*/**-in** *f* purser; **~szertifikat** *n* certificate of registry; **~szettel** *m* shipping order, shipping note; **~szeugnis** *n* ship's certificate, survey of a vessel; **~szimmermann** *m* ship's carpenter; **~szubehör** *n* ship's equipment, appurtenances; **~~händler** *m*/**-in** *f* ship chandler; **~szusammenstoß** *m* collision at sea; **auslaufendes ~** outward-bound vessel; **das ~ ausklarieren** to clear the ship; **ein ~ löschen** to unload a ship; **ein ~ mit Beschlag belegen** to embargo a ship, to arrest a ship; **fahrplanmäßiges ~** scheduled ship; **frei ans ~** free alongside ship (*abbr* FAS); **frei ~** free on board (*abbr* FOB), (*INCOTERMS*), free on steamer; **frei Längsseite ~** free alongside ship (*abbr* FAS), (*INCOTERMS*); **geliefert ab ~** delivered ex ship (*abbr* DES), (*INCOTERMS*); **havariertes ~** ship under average; **seetüchtiges ~** sound ship, seaworthy vessel; **seuchenfreies ~** healthy ship; **vorfahrtsberechtigtes ~** privileged vessel.

Schifffahrt *f* navigation (= *n*-), shipping, shipping business, shipping trade; **~sabgaben** *pl n*- dues; **~sabkommen** *n n*- agreement, treaty of *n*-; **~sagent** *m*/**-in** *f* shipping agent; **~sangelegenheiten** *pl* maritime matters; **~sbetrieb** *m* shipping company, shipping enterprise; **~sgebühren** *pl* shipping dues; **~sgericht** *n* naval court, *n*-

court; **~sgesellschaft** *f* shipping company, *n-* company; **~sgesetz** *n* *N-* Act; **~skanal** *m* ship-channel; **~skonferenz** *f* shipping conference, *n-* conference; **~slinie** *f* shipping line; **~srecht** *n* *n-* law; **~sregeln** *pl* rules of *n-*, rules of the road at sea; **~srinne** *f* talweg (= *thalweg*); **~srisiko** *n* dangers of *n-*, sea risk, shipping hazards; **~sroute** *f* *n-* route, shipping lane; **~ssachen** *pl* *n-* cases, admiralty cases; **~ssperre** *f* embargo on ships; **~sstraße** *f* *n-* route, ocean lane; **~s- und Flußordnung** shipping and river regulations; **~sunternehmen** *n* shipping enterprise; **~svertrag** *m* maritime contract; **~sweg** *m* sea-lane, water-way; **~swerte** *m/pl* shipping shares; **~ und Luftfahrt** *f* sea and air transport.

Schiffer| *m/***-in** *f* ship's master, master; **~patent** *n* **für große Fahrt** master's patent; **~~ ~ kleine Fahrt** mate's patent.

Schikane *f* chicanery, vexation, harrassment; **~verbot** *n* prohibition of chicanery.

schikanieren *vt* to use chicanery, to vex, to annoy, to harass.

schikanös *adj* vexatious, purposely annoying, spiteful, contumalious.

Schild *n* **I** sign, signboard, nameplate.

Schild *m* **II** shield.

schildern *vt* to give an account, to describe, to narrate, to report.

Schilderung *f* description, recital, account, report, statement.

schimpflich *adj* disgraceful, dishono(u)rable; insulting, abusive.

Schimpfworte *n/pl* words of vituperation, abusive language, pejorative speech.

Schirmherr *m/***-in** *f* sponsor, patron; **~schaft** *f* patronage, sponsorship.

Schlaf|abteil *n* sleeping compartment; **~gelegenheit** *f* sleeping accommodation; **~stadt** *f* dormitory-suburb, commuter town; bedroom community; **~stelle** *f* overnight accommodation, a night's lodging.

Schlag *m* blow, punch, stroke, slap, *pl* beating; **~baum** *m* toll bar; **~loch** *n* pot-hole; **~ring** *m* knuckle-duster; **~stock** *m* truncheon, riot stick, baton.

schlagen *vt/vi* to beat, to strike, to knock, to hit.

Schläger *m/***-in** *f* thug, ruffian; warden who habitually beats up prisoners.

Schlägerei *f* row, affray, brawl, free-for-all.

Schlagwort *n* catch-word, slogan.

Schlampe *f* slut, slattern, slovenly woman.

Schlamperei *f* sloppy work, negligence, slovenliness; mess.

Schlechterfüllung *f* faulty performance, legally insufficient performance, failure to fulfil(l) obligation properly; **~leistung** *f* poor workmanship, insufficient performance.

Schlechterstellung *f* discrimination, inferior position.

Schlechtwetter|geld *n* bad-weather pay, bad-weather allowance; **~versicherung** *f* insurance against bad weather.

Schleich|bezug *m* undercover sale of fixed-priced articles; **~handel** *m* clandestine trade; **~händler** *m/***-in** *f* clandestine trader, black marketeer; **~reklame** *f* surreptitious advertizing, camouflaged advertizing; **~werbung** *f* camouflaged advertizing, indirect product placement.

Schlepp|dienst *m* towing service, tug and tow; **~fischerei** *f* trawling; **~kahn** *m* barge; **~lohn** *m* towage; **~netzfahndung** *f* drag-net technique; **~netzfischerei** *f* trawling; **~netzmethode** *f* drag-net technique; **~schiff** *n* lighter, tow-boat; **~~fahrt** *f* towage; **~~fahrtsunternehmer** *m* towage contractor.

Schlepper *m* **I** tractor; tugboat.

Schlepper *m* **II** tout (*night club*).

Schlepper *m* **III** *s.o. who aids in the illegal immigration of foreigners*; **~unwesen** *n* activities of illigal immigrant supporter.

Schleuder|angebot *n* cut-rate offer; bargain; **~ausfuhr** *f* dumping;

~gefahr *f* slippery road; **~preis** *m* cut-rate price, underprice, give-away price, under-cost price; **~verkauf** *m* sale at give-away prices, dumping; **~ware** *f* catch-penny articles, cut-rate goods, shoddy goods.

Schleudern *n* skid, skidding, spin, sideslip (*automobile*).

schleudern *vi* (*traffic*) to skid, to spin, to swerve.

Schleuse *f* lock, gate (*canal*); sluice, sluice-gate (*dam*); **~ngeld** *n* lockage, lock dues.

Schliche *pl* tricks, dodges.

schlicht *adj* simple, plain.

schlichten *vt* to conciliate, to settle amicably, mediate, to settle by mediation.

Schlichter *m*/**-in** *f* mediator, conciliator, friendly arbitrator, amicable compositeur.

Schlichtung *f* mediation (= *m-*), conciliation; **~sabkommen** *n m-* agreement; **~samt** *n* conciliation board; **~sausschuss** *m m-* committee, grievance committee; **~sbefugnis** *f* power to negotiate for a settlement; **~sgespräch** *n m-* talks; **~sstelle** *f m-* agency; **~svereinbarung** *f m-* agreement, conciliated agreement; **~sverfahren** *n* conciliation proceedings proposed by a mediator; **Beschwerdeführer bei ~~** grievant; **~sverhandlungen** *pl* settlement negotiations; **~svorschlag** *m m-* offer, offer of *m-*; **~swesen** *n m-* in industrial conflicts.

Schließfach *n* post office box (*abbr* P. O.); safe-deposit box (*bank*); luggage locker (*train/bus station*); **~miete** *f* hire of a safe-deposit box, safe-deposit facilities; safe-deposit box rent.

Schließung *f* closing, shutdown (*plant*).

Schlosser *m* locksmith; mechanic; **~gehilfe** *m*/**-in** *f* journeyman locksmith, mechanic; **~handwerk** *n* locksmith's trade; **~innung** *f* locksmith's guild; **~meister** *m*/**-in** *f* master locksmith.

Schlosserei *f* locksmith's shop.

Schlupfwinkel *m* hideout, hiding place; haunt; secret nook.

Schluss *m* the end, conclusion, termination, close; **~abnahme** *f* final acceptance; **~abrechnung** *f* final settlement, final account; **~abstimmung** *f* final vote; **~akte** *f* final act; **~antrag** *m* final submissions, final motion, motion for judgment; **~bearbeitung** *f* finish; **~bericht** *m* final report; **~besprechung** *f* concluding conference; **~bestand** *m* closing stock; **~bestimmung** *f* final provision, final clause; concluding provision; **~bilanz** *f* final balance sheet, concluding balance, closing balance sheet; **~buchung** *f* closing entry; **~ der Debatte beantragen** to move the closure; **~dividende** *f* final dividend; **~empfehlungen** *f/pl* Final Recommendations (*Helsinki*); **~erbe** *m*/**~erbin** *f* final heir, reversionary heir; **~formel** *f* formal ending; **~inventar** *n* closing inventory; **~klausel** *f* final clause, concluding clause, testimonium clause (*deed*); **~kurs** *m* closing rate, closing price, final quotation; **festgestellter ~~** reported closing price; **~leuchte** *f* tail-light, rear light; **~licht** *n* tail-lamp, tail-light, rear light; **~memorandum** *n* final act; **~note** *f* (mercantile) broker's note, sale note, purchase contract, selling contract; **~notierung** *f* closing price, closing quotation; **~plädoyer** *n* summing up, (argument in) summation, closing arguments, closing speech, final submissions; **~~ des Staatsanwalts** (*Crown/State*) prosecutor's summing-up; **~protokoll** *n* final protocol; **~quittung** *f* receipt for the balance; **~quote** *f* liquidation dividend; **~rechnung** *f* final account; **~schein** *m* → *~note*; **~sitzung** *f* closing session, final sitting; **~tag** *m* closing day; **~termin** *m* final date, deadline, closing time, final meeting of creditors (*in bankrupty*); **~- und Übergangsbestimmungen**

concluding and transitional provisions; **~urteil** *n* final judgment (*after a part-judgment*); **~verhandlung** *f* final hearing; **~vereinbarung** *f* closing agreement; **~verkauf** *m* end-of-season sale, clearance sale, seasonal sale; **~vermögensübersicht** *f* final survey of assets; **~verteilung** *f* final distribution; **~vortrag** *m* final address, closing address/speech, summing-up; **~wort** *n* last word, final words (*of defendant at trial*); **~zahlung** *f* final payment.

Schlüssel | einbehalt *m* retention of key; **~gewalt** *f obs* wife's (statutory) authorization to purchase necessaries (*in her husband's name*); **~industrie** *f* key industry, basic industry; **~information** *f* key information, crucial information; **~kind** *n* latch-key child; **~kraft** *f* key man, *pl* key personnel; **~position** *f* key job, strategic position; **~qualifikationen** *f/pl* key skills (*eg information technology skills, teamworking*); **~stellung** *f* key position; **~telegramm** *n* cipher telegram; telegram in code; **~werte** *m/pl* economic indicators; **~zahl** *f* code figure, quota figure; **~zuweisungen** *pl* quota allocations of funds, rate support grant.

schlüsselfertig *adj* ready for immediate occupancy, turnkey.

Schlussfolgerung *f* conclusion; **zwingende** ~ compelling conclusion; inescapable conclusion.

schlüssig *adj* conclusive, convincing, issuable, logical; **nicht** ~ inconclusive, irrelevant to the issue.

Schlüssigkeit *f* logical coherence (of an argument), a good case, a proper cause of action; **~sprüfung** *f* testing the merits of the case, testing whether a complaint states a proper cause of action; **die ~ *e-es* Anspruchs prüfen** to examine the merits of a claim.

schmähen *vt* to revile, to abuse, to calumniate, to vilify.

Schmäh | kritik *f* libellous criticism, insulting criticism, calumny; **~schrift** *f* libellous publication, libellous pamphlet, lampoon; **~ung** *f* revilement, abuse, invective, calumny, vilification.

schmälern *vt* to reduce, to curtail, to encroach upon, to diminish.

Schmälerung *f* reduction, curtailment, encroachment.

Schmalfilmrechte *n/pl* substandard film rights.

Schmerz *m* (*pl Schmerzen* = *~en*) pain, *pl* pain and suffering; **~ensgeld** *n* compensation for pain and suffering, solatium, solace, smart money; **körperliche ~en** physical pain and suffering; **voraussichtliche ~en** prospective pain, foreseeable pain.

schmieren *vt/vi* to pay graft money, to bribe, to pay a bribe, *sl* to oil *s.o.'s* palm.

Schmiergeld *n* grease money, pay off, graft, bribe (money), slush money, palm oil, sweetener, kick-back.

Schmuck | gegenstände *pl* (items of) jewellery, bijouterie; **~sachen** *f/pl* jewellery, (cheap) trinkets; **~versicherung** *f* jewellery insurance; **~waren** *pl* jewellery, ornaments and trinkets.

Schmuggel *m* smuggling, illegal trade; **~bande** *f* gang of smugglers; **~gut** *n* smuggled goods; **~schiff** *n* smuggler; **~unwesen** *n* widespread smuggling; **bandenmäßiger** ~ smuggling by gangs, organized smuggling; **gewerbsmäßiger** ~ organized smuggling, smuggling as a business.

schmuggeln *vi, vt* to smuggle.

Schmuggler *m/***-in** *f* smuggler.

Schmutz | geld *n* extra pay for dirty work, dirt money; **~kampagne** *f* mudslinging campaign; **~konkurrenz** *f* (extremely) unfair competition; **~literatur** *f* filth, obscene literature; **~stoffe** *m/pl* pollutants; **~- und Schundgesetz** *n* law against filthy and obscene publications; **~zulage** *f* extra pay for dirty work.

Schnee | ballsystem *n* snow-ball system, chain-letter system, pyramid selling, pyramid sales scheme; **~glätte** *f* packed snow; **~matsch** *m* slush; **~räumpflicht** *f* legal obligation to remove snow (*from one's sidewalk, from public streets, etc*); **~räumung** *f* snow removal; **~verwehung** *f* snow drift; **~zaun** *m* snow fence.

Schnell | bericht *m* urgent report, summary report; **~dienst** *m* express service; expediting service; **~frachtgüterzug** *m* freightliner, liner train; **~gericht** *n* police court; **~imbiss mit Straßenverkauf** *m* take-away food shop; **~richter** *m/* **-in** *f* (police) magistrate; **~straße** *f* express highway, speedway; **~strecke** *f* high-speed line/route; **~testverfahren** *n* sample-check procedure; **~verfahren** *n* summary proceedings, summary trial; **~verkehr** *m* fast moving traffic, high speed traffic; **~~sstraße** *f* express highway, speedway.

Schnitt | ansicht *f* sectional view; **~holz** *n* sawn timber; **~muster** *n* dress pattern; **~stelle** *f* serial port, interface; **~waren** *pl* drapery, dry goods; **~warenhändler** *m/***-in** *f* draper, dry goods dealer.

Schnupftabaksteuer *f* snuff tax.

Schock *m* shock; **~schaden** *m* impairment of health due to shock; **~werbung** *f* shock advertising, advertising with shocking images/slogans; **seelischer ~** mental shock, psychological shock, mental breakdown.

Schöffe *m*/**Schöffin** *f* lay assessor (*in a criminal court*), lay magistrate; **~namt** *n* the position of lay assessor in court; **~nauslosung** *f* selection of lay assessors by lot; **~ngericht** *n criminal court with a professional judge and two lay assessors*; **~nliste** *f* court panel for lay assessors.

Schonfrist *f* period of grace.

Schönheits | fehler *m* minor blemish, flaw in the finish; **~reparaturen** *f/pl* interior redecoration; **~~ vornehmen** to decorate (*apartment, rented house*); **notwendige ~~** essential interior redecoration.

Schonzeit *f* close season (*hunting*); period of convalescence (*medical patient*).

Schonvermögen *n* residual essential household goods and funds (*exempt from contribution*).

Schöpfer *m*/**-in** *f* creator, originator, inventor; **~ *e-er* Erfindung** originator of an invention; **~prinzip** *n* principle that only actual creator can be first copyright holder, copyright of first creation principle.

Schöpfung *f* creation.

Schotterstraße *f* metalled road.

Schraffierung *f* (oblique) hatching.

Schrägstreifen *m/pl* oblique parallel lines.

Schranke *f* gate, bar (*in court, parliament, etc*); **Schranken-~** *const* barrier to limitations (*on fundamental rights*), limits within which no limits can be placed; **trennende ~n** divisive issues, dividing barriers.

Schrankfach *n* letter box (*for lawyers in court buildings*); bank safe; **~miete** *f* renting of safes, rent for a safe.

Schrebergarten *m* allotment (garden), rented garden patch (*for city dwellers*).

Schrecken *m* horror, terror, fright; **~sherrschaft** *f* reign of terror, terror regime.

Schreck | schusswaffe *f* warning shot pistol, blank (cartridge) pistol; **~sekunde** *f* reaction time, thinking distance (*when braking*).

Schreib | auslagen *pl* clerical expenses, copying charge; **~fehler** *m* clerical error, misspelling, typing mistake, typo, slip of the pen; **~gebühren** *pl* charges for copying; **~gehilfe** *m*/**~gehilfin** *f* an aid to help a disabled person write; **~kraft** *f* typist, shorthand and copy typist, *pl* clerical staff; **~mappe** *f* writing case, portfolio; **~maschinenmanuskript** *n* typescript; **~saal** *m* typing room, typing pool; **~schrift** *f* long hand; **~unfähigkeit** *f* inability to write; **~unkundige(r)** *f(m)* (*der ~unkundige*) illiterate person; **~versehen** *n* → *~fehler*; **~waren** *pl* stationery; **~~händler**

m/**-in** *f* stationer; **~weise** *f* spelling; **fehlerhafte ~~** incorrect spelling, misspelling.

Schreiben *n* writing, letter, note, memorandum; **amtliches ~** official letter; **beanstandetes ~** letter complained of; **beleidigendes ~** insulting/libellous letter; **fingiertes ~** fictitious letter, sham letter.

Schrift *f* (*pl Schriften = ~en*) writing; pamphlet, publication (= *p-*); **~bild** *n* typeface; **~enreihe** *f* series of *p-s*; **~form** *f* writing, written form, in writing and signed; **~~klausel** *f* stipulation requiring written form (*for any changes/amendments*); **gesetzliche ~~** Statute of Frauds, statutory written form; **gewillkürte ~~** mutually agreed written form (*for amendments, additions, etc*); **in ~~** in writing (*and signed*); **vorgeschriebene ~~** prescibed/required written form (*suretyship, etc*); **~führer** *m*/**-in** *f* secretary, keeper of the minutes; **~gutachten** *n* opinion by a handwriting expert, graphological expertise; **~inhalt** *m* substance of a *p-*; **~leiter** *m*/**-in** *f* editor; **~~tätigkeit** *f* editorial work; **~leitung** *f* editorial office, editorial staff; **~proben** *f/pl* handwriting specimens; **~sachverständige(r)** *f(m)* (*der ~sachverständige*) handwriting expert, forensic handwriting examiner; **~satz** *m* → *Schriftsatz*; **~schild** *n* name-board (*over a shop*), *US* shingle; **~steller** *m*/**-in** *f* professional writer; **~~name** *m* pen-name, nom de plume; **juristischer ~~** legal writer; **~stück** *n* writing, memorandum, written document, paper; **amtliche ~~e** *pl* official papers, official documents; **eigenhändiges ~~** holograph; **Haager Übereinkommen über die Zustellung gerichtlicher und außergerichtlicher ~~e im Ausland in Zivil- oder Handelssachen** (*abbr* **HZÜ**) Hague Convention on the Service Abroad of Judicial and Extrajudicial Documents in Civil or Commercial Matters (*1965*); **unterschriebenes ~~** signed document; **vertrauliches ~~** confidential document; **~vergleichung** *f* comparison of handwriting; **~verkehr** *m* correspondence; **den ~~ abbrechen** to discontinue the correspondence; **~wechsel** *m* correspondence; **~werk** *n* literary work, literary composition; **originäres ~~** original literary work; **~zeichen** *n* character, letter, graphic symbol; **~~gesetz** *n* Typographical Copyright Act; **beschimpfende ~en** libellous *p-s*; **ehrenrührige ~** libellous *p-*, libel, disparaging *p-*; **fette ~** bold face, bold type; **hochverräterische ~en** treasonable *p-s*; **leserliche ~** legible handwriting; **obszöne ~en** obscene *p-s*; **staatsgefährdende ~en** seditious literature, seditious *p-s*; **unzüchtige ~en** obscene books or papers, obscene writings, obscene *p-s*; **verfassungsfeindliche ~en** seditious *p-s*.

schriftlich *adj* written, in writing, black on white.

Schriftlichkeit *f* written form; requirement that *sth* shall be in writing.

Schriftsatz *m* (*pl Schriftsätze ~e*) brief, written pleading; **~wechsel** *m* exchange of pleadings; ***e-en*** **~ einreichen** to file a brief, to submit a written statement; **bestimmender ~** (important) procedural brief/pleading; substantive pleading, **ergänzender ~** supplemental pleading; **nachgereichter ~** subsequently filed brief/written pleading; **vorbereitende ~e** pleadings.

Schrifttum *n* literature, legal writers, pertinent works of (legal) experts.

Schritt *m* step, measure; **~ für Schritt** step by step, gradually; by degrees; **~geschwindigkeit** *f* walking pace, dead slow, speed of a pedestrian; **~ halten** to keep pace; to keep in step; to keep up with; **die erforderlichen ~e** necessary remedial action, the required measures; **diplomatischer ~** diplomatic step, diplomatic move, démarche; *pl* (diplomatic) representations; **einleitende ~e** introductory steps, initial steps, preliminary measures; **erster ~** the first step, the initiative; **geeignete ~e** appropriate steps; **gerichtliche ~e** legal action; **maßgeblicher ~** the decisive step.

Schrott *m* scrap; **~handel** *m* scrap business; **~händler** *m/***-in** *f* scrap dealer, junk dealer; **~verkäufe** *m/pl* scrap sales; **~wert** *m* scrap value, junk value, salvage value.

Schrumpfung *f* contraction, shrinkage.

Schub|haft *f* arrest/custody in preparation for deportation; **~schifffahrt** *f* pusher barge navigation.

Schul| (→ *Schule*) (*school* = *s*-;) **~abgänger** *m/***-in** *f* *s*- leaver; **~abgangsalter** *n* *s*--leaving age; **~abgangszeugnis** *n* *s*- certificate, *s*- leaving certificate; **~absolventen** *pl* *s*- leavers; **~amt** *n* board of education; **~aufsicht** *f* *s*- inspectorate, *s*- inspection department; **~~sbehörde** *f* board of education; **~~sgesetz** *n* *S*- Inspection Act; **~ausbildung** *f* *s*- education, *s*-training, schooling; **~behörde** *f* education authority; **~beirat** *m* *s*-board; **~beispiel** *n* test case, perfect example; **~besuch** *m* *s*- attendance; **~bildung** *f* *s*- education, *s*- training; **~~ an öffentlichen Schulen** public education; **höhere ~~** secondary education; **~einzugsgebiet** *n* *s*- catchment area; **~entlassungsalter** *n* *s*--leaving age; **~ferien** *pl* *s*-holidays, *s*- vacation; **~finanzierungsgesetz** *n* *S*- Financing Act; **~fremdenprüfung** *f* examination of external students/pupils; **~geld** *n* tuition (fee), *s*- fee; **~~freiheit** *f* free *s*- education, exemption from *s*- fees; **~helfer** *m/***-in** *f* temporary assistant teacher; **~hoheit** *f* supreme authority in *s*- matters; **~impfung** *f* vaccination of *s*- children; **~inspektion** *f* inspection of *s*-*s*; **~jahr** *n* *s*- year, year at *s*-; **~laufbahn** *f* schooling, *s*- life; **~leistungen** *f/pl* *s*- performance; **~note** *f* mark, grade; **~ordnung** *f* *s*- regulations; **~organisationsgesetz** *n* *S*-*s* Act, *s*-*s* organization law; **~pflicht** *f* compulsory education, compulsory attendance at *s*-; **~~alter** *n* compulsory *s*- age; **~pflichtige(r)** *f(m)* (*der ~pflichtige*) child of *s*- age, child required to attend *s*-; **~praktikant** *m/***-in** *f* trainee teacher, teaching intern (*before graduation from university*, ↔*Referendar*); **~recht** *n* law of *s*-education; **~schluss** *m* close of *s*-, end of *s*-; **~schwänzer** *m/***-in** *f* truant; **~schwänzerei** *f* truancy; **~sprengel** *m* *s*- district; **~strafe** *f* *s*-punishment, disciplinary *s*- penalty; **~streik** *m* strike by pupils/pupils' parents; **~träger** *m* *s*- administrative body; **~system** *n* educational system, *s*- system; **allgemeinbildendes ~~** general *s*- system; **~ung** *f* training, further education; **politische ~~** political education; **~verhältnis** *n* relationship between *s*- and pupils (students); **~versäumnis** *n* non-attendance at *s*-, truancy; **~verwaltung** *f* *s*- administration; **~wesen** *n* schooling, *s*-system, *s*- matters; **öffentliches ~~** public education, public schooling; **~zeugnis** *n* *s*- certificate; **~zwang** *m* compulsory *s*- attendance.

Schuld *f* (*pl Schulden* → *Schulden*) **I** debt, indebtedness, obligation, **~ablösung** *f* refunding of a debt; **~anerkenntnis** *n* acknowledgment of indebtedness, certificate of indebtedness, IOU (*abbr* = I-owe-you) note; **negatives ~~** acknowledgment of non-indebtedness, full discharge; **~aufnahme** *f* borrowing, taking up of a loan; **~auswechslung** *f* substitution of debt novation; **~begleichungsurkunde** *f* acknowledgment of satisfaction; **~beitreibung** *f* collection of debts; **~beitritt** *m* additional assumption of debt; **~bescheinigung** *f* certificate of indebtedness; **~brief** *m* borrower's bond or note, certificate of indebtedness; **~buch** *n* debt register; **~~eintragung** *f* entry in the debt register; **~~forderung** *f* debt register claim, registered debt, government-inscribed debt; **~~giroverkehr** *m* transfers on the Federal Debt Register; **~entlastung** *f* discharge from an obligation; **~erlass** *m* remission of debt; **~forderung** *f* claim for payment of a debt; **~gefängnis** *n* debtor's prison; **~haft** *f* imprisonment pending the payment of a debt; **~höhe** *f* amount of indebtedness; **~klage** *f* action on a debt, writ of assumpsit; **~konto** *n* debit account; **~ mit Konventionalstrafklausel** penal obligation; **~mitübernahme** *f* cumulative assumption of debt; **~nachlass** *m* part release from debt, allowance of a reduction of the debt; **~posten** *m* debititem; **~recht** *n* law of obligations (*contracts and torts*); **~saldo** *m* debit balance; **~schein** *m* → *Schuldschein*; **~statut** *n pil* the law governing contractual obligations; **~summe** *f* total amount of debt; **~teil** *m* part of debt; item of indebtedness; **~tilgung** *f* discharge of a debt, redemption, satisfaction of debts; **~~splan** redemption plan; **~titel** *m* instrument of indebtedness, proof of indebtedness, judicial title of indebtedness; **~turm** *m hist* debtor's prison; **~übernahme** *f* assumption of indebtedness; **befreiende ~~** assumption of a debt with full discharge of original debtor; **kumulative ~~** cumulative assumption of a debt; **~übertragung** *f* assignment of a debt, transfer of indebtedness; **~umschaffung** *f* novation; **~umwandlung** *f* conversion of a debt; **~- und Forderungsposten** liability and asset items; **~urkunde** *f* instrument of indebtedness, evidence of indebtedness, certificate of indebtedness, debt certificate; **~~ mit Verpfändungsklausel** debenture, mortgage bond; **~urteil** *n* judgment for the recovery of a debt; **~verhältnis** *n* obligation, relationship under the law of obligations; **Übereinkommen über das auf vertragliche ~~se anzuwendende Recht** (= *Römisches Übereinkommen*) Convention on the Law Applicable to Contractual Obligations (= *Rome Convention*); **~verpflichtung** *f* obligation; **~~sschein** *m* promissory note, certificate of indebtedness; **~verschreibung** *f* → *Schuldverschreibung*; **~versprechen** *n* promise to fulfil(l) an obligation, promise to pay, recognition of liability; **~vertrag** *m* contract for a debt, contract for personal liability; **~zahlung** *f* payment of debt; **~zinsen** *pl* interest on debts; **Abtragung** ***e-er*** **~** payment of a debt; **antizipatorische ~** accrued liability; **aufgeschobene ~** deferred liability; **aufteilbare ~** severable obligation, apportionable debt; **ausstehende ~** outstanding debt, outstanding balance; **bereits bestehende ~** (already) existing debt; **bewehrte ~** subject to a penalty (*in case of non-performance*); **buchmäßige ~** book debt; **dingliche ~** real obligation, ad rem obligation; **dinglich gesicherte ~** debt secured by a mortgage or pledge; debt secured by collateral; ***e-e*** **~ anerkennen** to acknowledge a debt; ***e-e*** **~ anwachsen lassen** to allow a debt to grow; ***e-e*** **~ begleichen** to settle a debt; ***e-e*** **~ bezahlen** to pay a debt; **seine ~en bezahlen** to meet one's debts, to discharge one's liabilities; ***e-e*** **~ eingehen** to contract a debt, to incur a liability; ***e-e*** **~ eintreiben** to collect a debt, to recover a debt; ***e-e*** **~ erfüllen** to satisfy a debt, to perform an obligation; ***e-e*** **~ erlassen** to release (*s.o.*) from a debt/claim, to waive a debt/claim; remit a debt, to remit a claim; ***e-e*** **~ übernehmen** to assume a debt; ***e-e*** **~ zurückbezahlen** to pay off a debt, to pay back a debt; **fällige ~** due debt, matured debt; **frühere ~** antecedent debt, previous debt; **fundierte ~** funded debt, bonded debt; **getilgte ~** (discharged) debt, redeemed debt; **höchst persönli-**

che ~ strictly personal obligation; ***jd-en* e-r ~ entheben** to release *s.o.* from a liability; **konsolidierte** ~ consolidated debt; **laufende** ~ current debt, pending debt; **nicht bezahlte** ~ undischarged debt; **nicht fundierte** ~ unfunded debt; **persönliche** ~ private debt; **samtverbindliche** ~ joint and several obligation/debt; **schwebende** ~ floating charge/debt; **teilbare** ~ divisible obligation; **überwiegende** ~ severable debt/liability; **uneinbringliche** ~ non-recoverable debt; **unteilbare** ~ inseverable debt/liability, indivisible obligation; **unverbriefte** ~ non-bonded debt; **unverzinsliche** ~ non-interest-bearing debt, passive debt; **verbriefte** ~ bonded debt, debt evidenced by documents; **verwirkte** ~ stale debt;

Schuld *f* **II** liability, fault (*torts*); *crim* guilt, fault, blame, culpability, blameworthiness; **~ausschließungsgrund** *m* (lawful) excuse (*diminished capacity,mistake of law, necessity, duress, etc*); **~ausschluss** *m* exemption from liability for negligence; **~ausspruch** *m* verdict of guilty; **~bekenntnis** *n* admission of guilt; **~beweis** *m* proof of guilt, inculpatory evidence; **der ~~ ist nicht gelungen** guilt has not been established beyond a reasonable doubt; **~bewusstsein** *n* guilty mind, mens rea, awareness of guilt; **~fähigkeit** *f* criminal capacity; **~frage** *f* question of guilt; **~geständnis** *n* admission of guilt; **~ haben** to be at fault; **~interlokut** *n* separate finding of guilt (*before sentencing phase*); **~lehre** *f* doctrine of guilt; **~losigkeit** *f* innocence; **~prinzip** *n* (*Scheidung*) fault principle, matrimonial *US* offense/*GB* offence doctrine; **s~ sein** to be at fault; **~spruch** *m* verdict of guilty, finding of guilt, conviction; ***e-en* ~~ bestätigen** to uphold a conviction; **~strafrecht** *n criminal law based on the doctrine of mens rea*; *system of criminal law based on the requirement of personal guilt*; **~unfähigkeit** *f* criminal incapacity, incapacity of being guilty of an *US* offense/*GB* offence; **~vermutung** *f* presumption of guilt; **~vorwurf** *m* imputation of blame; **~zuweisung** *f* allocation of blame, apportioning of blame; **die ~ abstreiten** to deny guilt/culpability; **die ~ auf *e-en* anderen abwälzen** to put the blame onto *s.o.* else; to find a scape goat; **die ~ auf *jd-en* schieben** to shift the blame onto *s.o.* else; **die ~ des Angeklagten ist hinreichend bewiesen** the guilt of the accused has been established beyond a reasonable doubt; **die ~ zugeben** to admit guilt, to confess; ***jd-em* die ~ geben** to blame *s.o.*, to put the blame on *s.o.*; **überwiegende** ~ predominance of guilt.

Schulden *f/pl* debts, liabilities; **~abkommen** *n* agreement on debts, arrangement with creditors; **~ablösung** *f* redemption of debts; **~aufnahme** *f* borrowing; **staatliche** ~~ government borrowing; **~aufschlüsselung** *f* debt break down; **~bereinigung** *f* settlement of debts; **~ der öffentlichen Hand** public debts, debts by public authorities; **~dienst** *m* debt service; **~ gehen auf *jd-en* über** debts devolve on a person; **~haftung** *f* liability for debts; **~handhabung** *f* debt management; **~last** *f* burden of debts, total debts; **~ machen** to incur debts, to contract debts; **~masse** *f* total of indebtedness; **~regelung** *f* debt settlement, debt-adjusting; **~regulierung** *f* settlement of debts; **~rückzahlung** *f* repayment of debts, debt repayment; **~stillhalteabkommen** *n* moratorium, debt standstill; **~strukturpolitik** *f* debt management; **~ tilgen** to repay one's debts; **~tilgung** *f* repayment of debts, redemption of debts, *pl* debt redemption; **~~sfonds** *m* sinking fund; **~übernahme** *f* assumption of liabilities; **~ übernehmen** to take over liabilities, to assume debts; ~**verwaltung** *f* debt management; ~**verzeichnis** *n* register of debts; **für** ~ **haften** to be liable for debts; **in** ~ **geraten** to run into debt; **unbezahlte** ~ unpaid debts; **voreheliche** ~ antenuptial debts.

schulden *vt* to owe, to be in debt.

schuldenfrei *adj* free of debts, without debt.

schuld|haft *adj* culpable, negligent, faulty; ~**los** innocent, not guilty, guiltless; ~**rechtlich** under the law of obligations, obligatory.

schuldig *adj* guilty; owing, payable; ~ **sein** to be guilty, to owe, to be indebted; ~ **sprechen** to find guilty; **allein**~ solely guilty; **nicht** ~ not guilty; **sich für** ~~ **erklären** to plead not guilty; **sich für** ~ **erklären** to plead guilty; **sich** ~ **bekennen** to plead guilty; **überwiegend** ~ predominantly guilty.

Schuldige(r) *f(m)* (*der Schuldige*) the party at fault, the guilty party.

Schuldigerklärung *f* plea of guilty.

Schuldner *m*/**-in** *f* debtor, obligor, party liable; ~**begünstigung** *f* unlawful preference for a debtor, showing favo(u)r to one particular debtor; ~**gewinn** *m* profit accruing to debtors; ~**land** *n* debtor country; ~**liste** *f* credit default register; ~**nötigung** *f* (unlawful) harassment of debtors; ~**schaft** *f* indebtedness, being in debt; ~**schutz** *m* protection of debtor, mitigation of hardship for innocent debtors; ~**vermögen** *n* debtor's property; ~**vernehmung** *f* discovery in aid of execution, questioning of a debtor; ~**verzeichnis** *n* list of insolvent debtors; ~**verzug** *m* debtor's delay, culpable delay by obligor, default, mora debitoris; **persönlicher** ~ contractual debtor, personal debtor; **säumiger** ~ debtor who is in arrears, defaulting debtor; **zahlungsunfähiger** ~ insolvent debtor, defaulting debtor, debtor unable to pay; **zahlungsunwilliger** ~ unwilling debtor.

Schuldschein *m* memorandum of debt, borrower's note, promissory note, I. O. U. (*abbr* = I owe you), note of debt; ~**darlehen** *n* non-bonded loan, loan against borrower's note, loan by private agreement, promissory note bond; ~**forderung** *f* claim covered by a promissory note; ~ **für** ***e-en*** **Vorschuss** *m* advance note; ~**inhaber** *m*/**-in** *f* note holder; ~ **mit Bürgschaft** note with surety; ~ **mit Unterwerfungsklausel** judgment note; ~ **mit Zinseszinsklausel** note providing for compound interest; **dinglich gesicherter** ~ collateral note; ***e-en*** ~ **bezahlen** to pay a debt under a promissory note; **gesiegelter** ~ bond, debenture deed; **kurzfristige** ~**e** short-term notes; **mittelfristige** ~**e** medium-term notes; **überfälliger** ~ overdue promissory note; **ungesicherter** ~ plain bond, non-secured promissory note.

Schuldverschreibung *f* debenture bond, bond, debenture, debt certificate; ~ **auf den Inhaber** bearer bond, debenture to bearer; ~**en ausgeben** to float a bond issue; ~ **mit Gewinnbeteiligung** participating bond; ~**sgläubiger** *m*/**-in** *f* bond holder, creditor in respect of a bond; ~~**svorkauf** *m* bond sold in advance of issue; **auf englische Pfund lautende** ~ sterling bond; **ausgeloste** ~**en** drawn bonds; ***e-e*** ~ **ausstellen** to issue a bond; **ertragssteuerfreie** ~**en** bonds exempt from the capital yield tax, tax-free bonds; **festverzinsliche** ~**en** fixed-interest bearing bonds; **gestückelte** ~ fractional debenture; **hypothekarisch gesicherte** ~ mortgage debenture, mortgage bond; **kommunale** ~**en** municipal bonds; **kündbare** ~ redeemable bond; **marktfähige** ~**en** marketable bonds; **mündelsichere** ~ eligible bond, gilt-edged bond; **öffentliche** ~ stock, bond issued by a public authority; **ungesicherte** ~ simple bond, non-secured bond;

unkündbare ~ irredeemable bond; **unverzinsliche ~en** interest-free bonds, passive bonds; **verkehrsfähige** ~ marketable bond; **zinstragende** ~ active bond, interest-bearing debt certificate.

Schule *f* school, educational establishment, college; ~ **in freier Trägerschaft** independent school; **allgemeinbildende** ~ school offering general education; **berufsbildende** ~ vocational school/college; **höhere** ~ secondary school, grammar school; **öffentliche** ~ (publicly) maintained school, state school; **private** ~ independent school, private school *GB* public school; **weiterführende** ~ secondary school.

Schüler|lotse *m*/~**lotsin** *f* school traffic warden; lollipop-man/lady; ~**mitverantwortung** *f* pupils' co-participation.

schulpflichtig *adj* of school age.

Schund *m* smut, shoddy goods, trash, rubbish.

Schüren *n* (= *Schürung f*) fomentation.

schüren *vt* to foment, to arouse.

Schürf| (*prospecting* = *p-*) ~**erlaubnis** *f p-* permit; ~**ermächtigung** *f p-* authorization; ~**feld** *n p-* location; ~**konzession** *f p- US* license/*GB* licence; ~**recht** *n p-* rights, right to work minerals, right of search, mining rights; ~~**sdienstbarkeit** *f* mineral servitude; ~~**svergütung** *f p-* fee; ~**stelle** *f p-* site; ~**steuer** *f p-* tax; ~**vertrag** *m p-* agreement.

Schürfen *n* prospecting.

schürfen *vi* to prospect.

Schürfer *m*/**-in** *f* prospector.

Schurke *m*/**Schurkin** *f* scoundrel, rogue, villain.

Schuss|waffe *f* firearm; ~~**ngebrauch** *m* making use of firearms; ~**wechsel** *m* shoot-out, exchange of fire/shots.

Schutt *m* rubble, debris, detritus; ~**abladeplatz** *m* dump.

Schütt-aus-Hol-zurück-Verfahren *n* pay out/take back procedure (*corporation accounts*).

Schutz *m* protection (= *p-n*, *protective* = *p-e*); ~**aktien** *pl* defensive share-issue, shares issue to prevent third-party control; ~**anordnungen** *pl* safety regulations; ~**art** *f* type of *p-n*; ~ **auf Ausstellungen** *p-n* at exhibitions (*of patent rights*); ~**aufsicht** *f p-e* custody; ~**befohlene**(**r**) *f*(*m*) (*der ~befohlene*) ward, person under the custody of another, protégé, charge, ~**begehren** *n* request for *p-n*, patent claims; ~**behauptung** *f* self-serving statement, exculpatory statement; ~**bereich** *m* area of *p-n*, extent of *p-n*, restricted (military) area; ~~**sverfahren** *n* establishment of a restricted area; **räumlicher** ~~ territorial scope of *p-n*; **sachlicher** ~~ extent of *p-n*; ~**bestimmung** *f p-e* clause; ~**brief** *m* letter of safe conduct; motorist's letter of *p-n*; ~**bündnis** *n* defensive alliance; ~**dauer** *f* time of *p-n*, duration of *p-n* (*patent*), life of a patent; ~~**verlängerung** *f* extension of *p-n*; ~ **der lebenden Schätze** conservation of living resources; ~ **der Privatsphäre** (*p-n* of the) right to privacy; ~ **des Persönlichkeitsrechts** (*p-n* of the) right to privacy/right to freely develop one's personality (*including right to practice a profession, receive an adequate education*); ~ ***e-es*** **Patents** scope of a patent; ~**fähigkeit** *f* protectability, patentability, copyrightability; ~**frist** *f* copyright period, time of *p-n*, period of *p-n*, term/duration of patent (*or copyright, etc*); ~**gebiet** *n* protectorate, dependent territory; ~**gebühr** *f* nominal price (*pamphlet etc*) *p-n* money (*gangsters*); ~**gegenstand** *m* subject matter for which *p-n* is sought; ~ **geistigen Eigentums** *p-n* of intellectual property; ~**geld** *n p-n* money; ~~**erpressung** *f p-n* racket; ~**geleit** *n* safe conduct; ~**gesetz** *n p-e* law, *p-e* legislative provision (*the violation of which entitles victim to receive damages*), remedial statute; ~ **gewähren** to afford *p-n*, to furnish *p-n*, to safeguard; ~**haft** *f p-e* custody, preventive detention; **~helm** *m p-e* headgear/helmet, **~herr** *m/-***in** *f* protector, patron; **~~schaft** *f* protectorate, patronage; **~hindernis** *n* trademark-registration hindernis/obstacle; **absolutes ~~** inherent trademark-registration hindernis (*inherent to the nature of the trademark*); **relatives ~~** extrinsic trademark-registration hindernis (*due to prior trademark registration*); **~hoheit** *f* suzerainty; **~impfung** *f* general vaccination, immunization; **~insel** *f* traffic island; **~klausel** *f p-e* clause, hedge clause, safeguard(ing) clause, saving clause; **~kleidung** *f p-e* clothing; **~macht** *f p-e* power, protecting state; **~marke** *f* trademark; **~maßnahmen** *f/pl p-e* measures; **handelspolitische ~~** trade-*p-n* measures, measures to protect trade; **~polizei** *f* police force, constabulary; **~recht** *n* → *Schutzrecht*; **~schild** *n* riot shield (*police*); **menschliches ~~** human shield; **~schrift** *f* caveat; anticipatory brief against an expected ex parte injunction (*filed in court*); **~stätte** *f* sanctuary; **~umfang** *m* scope of *p-n*; **~- und Trutzbündnis** defensive alliance; **~verband** *m* trade-*p-n* society; **~vereinigung** *f* **für Wertpapierbesitz** Association for the *P-n* of Security Holders; **~vermerk** *m* interim caveat; **~verpackung** *f p-e* packing; **~verwaltung** *f p-e* administration; **~ von Werken der Literatur und Kunst** *p-n* for literary and artistic works; **~vorrichtung** *f p-e* device, safety device; **~wald** *m p-e* forest (*erosion, climate, avalanches, etc*); **~wirkung** *f p-e* character; **~zoll** *m p-e* tariff, *p-e* duty; **~zöllner** *m/-***in** *f* protectionist; **~zollpolitik** *f* protectionism; **~zollsystem** *n* protectionism; **diplomatischer ~** diplomatic *p-n*; **Europäische Konvention zum ~e der Menschenrechte und Grundfreiheiten** European Convention for the *P-n* of Human Rights and Fundamental Freedoms (*Rome 1950*); **finanzieller ~** financial *p-n*; **gegenseitiger ~** mutual *p-n*; **Haager Übereinkommen über die Zuständigkeit der Behörden und das anzuwendende Recht auf dem Gebiet des ~es von Minderjährigen** Hague Convention concerning the Powers of Authorities and the Law applicable in respect of the *P-n* of Minors (*1961*); **Mindestvorschriften** *f/pl* **zum ~ der Sicherheit und Gesundheit der Arbeitnehmer** *EU* minimum requirements for the *p-n* of the safety and health of employees; **soziale Sicherheit und sozialer ~ der Arbeitnehmer** *EU* social security and social *p-n* of workers; **vertraglicher ~** contractual *p-n*; **vorläufiger ~** provisional *p-n*, temporary *p-n*.

schützen *vt* to protect, to safeguard, to shield; **patentrechtlich ~** to patent; **urheberrechtlich ~** to copyright.

schutz|fähig *adj* capable of being protected, patentable, copyrightable; **~los** unprotected, *US* defenseless/*GB* defenceless, undefendable; **~würdig** meriting protection.

Schutzrecht *n* right of protection, protective right, protected privilege; proprietary right, industrial property right, patent, copyright; **~sinhaber** *m/-***in** *f* proprietor of industrial right, party entitled to industrial property right(s), owner of a patent (*copyright, etc*); **~skosten** *pl* royalties; **~slizenz** *f US* license/*GB* licence concerning industrial property rights; **~surkunde** *f* certificate of industrial property right; **~sverletzung** *f* infringement of industrial property rights; **~sverwarnung** *f* warning against infringement of industrial property right; **~sverwertungsgesellschaft** *f* company for the exploitation of industrial property rights; **gewerbliche ~e** industrial property rights; industrial rights, industrial property; **vorläufiges ~** right of provisional protection.

schwächen *vt* to weaken, to impair, to diminish, to debilitate.

Schwachsinn *m* feeble-mindedness, mental deficiency, dementia, subnormality.

Schwägerschaft *f* in-laws relationship by affinity; **~sgrad** *m* degree of affinity; **~ in der Seitenlinie** collateral affinity.

Schwamm *m* rot, dry rot (*in buildings*).

schwanger *adj* pregnant.

Schwangere *f* pregnant woman, expectant mother; **~nberatungsstelle** *f* antenatal/prenatal clinic, pregnancy advisory service; **~nfürsorge** *f* antenatal/prenatal care; **~nkonfliktberatung** *f* abortion counselling (*mandatory*).

Schwangerschaft *f* pregnancy; **~sabbruch** *m* termination of pregnancy, (induced) abortion; **~sbeihilfe** *f* aid to expectant mothers; **~sunterbrechung** *f* = *~sabbruch*; ***e-e*** **~ voll austragen** to carry a pregnancy to full term; **außereheliche ~** pregnancy per alium, pregnancy out of wedlock.

Schwängerung *f* causing pregnancy, causing conception, impregnation.

Schwankungs|bereich *m* range; **~breite** *f* amplitude of fluctuation, band of fluctuation; spread; **~sklausel** *f* fluctuating clause; currency adjustment clause; **~kurs** *m* fluctuating price; **~rückstellung** *f* special reserve for exchange-rate fluctuations; **~spitze** *f* margin of fluctuation.

Schwarz|arbeit *f* clandestine work, illicit work, moonlighting; unrecorded employment; **~arbeiter** *m*/**-in** *f* clandestine worker, moonlighter; **~brennerei** *f* illicit distillery; **~fahrer** *m*/**-in** *f* fare dodger; **~fahrt** *f* travel(l)ing without payment (*public transportation*), unauthorized use of a motor vehicle; **~flug** *m* unauthorized flight; **~handel** *m* illicit trade, black-market trade, underground economy; **~händler** *m*/**-in** *f* black-market dealer, blackmarketeer, black market operator; **~hörer** *m*/**-in** *f* radio pirate; student attending courses without paying tuition; **~kauf** *m* illicit purchase, black-market sale; **~markt** *m* black market; **~schlachtung** *f* unlawful slaughtering; **~sender** *m* secret transmitter, unlicensed transmitter; **~verbriefung** *f* (*unlawful*) *conveyance at lower price than actually agreed*; **~zahlung** *f* under-the-table payment, under the counter payment.

schwebend *adj* suspended, unliquidated, unfunded.

Schwebezeit *f* period of suspense, transitional period, interim period.

Schweige|geld *n* hush-money; **~marsch** *m* silent protest march; **~pflicht** *f* pledge of secrecy, professional discretion; **ärztliche ~~** medical confidentiality; **~recht** *n* a right to remain silent.

Schweigen *n* silence, keeping silent; **~ bedeutet Zustimmung** silence denotes consent (*to commercial letter of confirmation*); **zum ~ bringen** to silence.

Schweizerische Eidgenossenschaft *f* Swiss Confederation (= Switzerland).

Schwelle *f* threshold; **~nland** *n* threshold country, newly industrialized country; developing country; **~npreis** *m* threshold price.

Schwemme *f* glut, oversupply.

Schwer|arbeit *f* hard work, heavy work/labo(u)r, hard manual labo(u)r; **~arbeiter** *m*/**-in** *f* heavy labo(u)rer; **~behinderte(r)** *f(m)* (*der ~behinderte*) invalid, severely handicapped person, severely disabled (person); **~beschädigte(r)** *f(m)* (*der ~beschädigte*) permanently disabled person (*due to war/public service*); **~gewicht** *n* main weight, preponderance; emphasis; heavyweight; **~gut** *n* heavy load, heavy cargo; **~~ladefähigkeit** *f* deadweight cargo (capacity); **~industrie** *f* heavy industry; **~kriegsbeschädigter** war invalid; **~kriminalität** *f* serious crime; **~metall** *n* heavy metal; **~pflegebedürftigkeit** *f* nursing need in disability cases; **~punkt** *m* emphasis, point of gravity; **~~ des Vertragsverhältnisses** *pil* center of gravity doctrine; **~~programm** *n* sectors of priority, areas of emphasis, **~~staatsanwaltschaft** *f* centralized/specialized prosecution; **~~streik** *m* selective strike, pin-point strike; **~verbrecher** *m*/**-in** *f* felon, major criminal; **~verletztenzulage** *f* extra pay for seriously injured employees; **~verletzte(r)** *f(m)* (*der ~verletzte*) seriously injured person; **~wasserreaktor** *m* heavy-water reactor.

Schwere *f* gravity, seriousness (*of the US offense/GB offence*).

Schwester|bank *f* associated bank, sister banking institution; **~firma** *f* affiliate, associated firm, related company; **~gesellschaft** *f* sister company, brother-sister corporation; **~institut** *n* affiliated organization; **~schiff** *n* sister ship; **~unternehmen** *n* affiliated undertaking, associated enterprise.

Schwimm|bagger *m* dredge; **~dock** *n* floating dock.

schwimmend *adj* afloat; **auf Hamburg** ~ afloat, bound for Hamburg.

Schwindel *m* swindle; **~firma** *f* bogus firm, bogus company; **~geschäft** *n* fraudulent transaction; **~maklerfirma** *f* bucket shop; **~manöver** *n* fraudulent trick, fraudulent stratagem; **~preis** *m* fraudulent price.

Schwindler *m*/**-in** *f* swindler, rogue, confidence man, crook.

schwören *vi* to swear, to take an oath; ~, **die reine Wahrheit zu sagen, nichts zu verschweigen und nichts hinzuzufügen** to swear to tell the truth, the whole truth and nothing but the truth; **bei Gott dem Allmächtigen** ~ to swear by Almighty God; **falsch** ~ to commit perjury; to swear falsely; ***jd-en*** ~ **lassen** to administer the oath to *s.o.*

Schwund *m* diminution, shrinkage, leakage; **~satz** *m* rate of shrinkage, rate of wastage, rate of waste; **~vergütung** *f* leakage (money); **bei der Herstellung eintretender** ~ production losses; **natürlicher** ~ natural loss, normal loss, natural waste.

Schwur *m* oath, vow; **~finger** *pl* fingers raised in taking the oath; **~gericht** *n crim* trial court of general jurisdiction, *GB* criminal chamber of the regional court (*for grave US offenses/GB offences*), crown court; **~~ssitzung** *f* session of the → *Schwurgericht*; **~hand** *f* raised hand; **vorsätzlich falscher** ~ wilfully swearing falsehood; perjury.

See|amt *n* Maritime Investigation Board (*for shipping accidents*); **~arbeitsrecht** *n* maritime employment law; **~beförderungsvertrag** *m* marine contract, ocean transport contract; **~-Berufsgenossenschaft** *f* Seamen's Accident Prevention and Insurance Authority; **~blockade** *f* maritime blockade, naval blockade; **~brief** *m* ship's passport; **~brauch** *m* maritime usage, maritime custom; **~darlehen** *n* bottomry loan; **~durchgang** *m* sea passage; **~fahrt** *f* navigation; **~~sbuch** *n* seaman's passport, discharge book; **~fischerei** *f* sea fishing, ocean fishing; **~flagge** *f* maritime flag; **~fracht** *f* sea freight, maritime freight, *pl* **~~en** marine freight rates, marine freights; **~~brief** *m* ocean bill of lading, bill of lading; **~~geschäft** *n* carriage of goods by sea, affreightment; **~~recht** *n* law of carriage of goods by sea; **~~- und Gewinnausfallversicherung** *f* freight and profits policy; **~~vertrag** *m* shipment contract, contract of carriage of goods by sea; **~freihafen** *m* maritime free port; **~gebrauch** *m* maritime usage, maritime custom; **~gefahr** *f* marine risk, risks of the sea, hazards of the sea; **~gefecht** *n* naval action; **~gericht** *n* admiralty court; **~~sbarkeit** *f* maritime jurisdiction; **~gesundheitserklärung** *f* maritime declaration of health; **~grenze** *f* maritime boundary/

frontier; ~**grundstück** *n* riparian property, lakeside property; ~**hafen** *m* sea port, maritime port, harbo(u)r; ~~**plätze** *pl* seaport towns, seaports; ~**handel** *m* maritime trade, seaborne trade, maritime commerce, shipping trade; ~~**skredit** *m* maritime commerce credit; ~~**srecht** *n* shipping law; ~**herrschaft** *f* naval supremacy; ~**hoheitsgebiet** *n* maritime domain; ~**kanal** *m* ship canal; ~**kaskoversicherung** *f* maritime hull insurance; ~**kasse** *f* seamen's pension insurance board (*compulsory insurance for seamen*); ~**konossement** *n* ocean bill of lading; ~-**Krankenkasse** *f* maritime health insurance (fund); ~**krieg** *m* naval war; ~~**srecht** *n* law of naval warfare; ~**küste** *f* seashore, coast, coast line; ~**leute** *pl* seamen, sailors; ~~ **anheuern** to engage seamen; ~**lotse** *m* ship's pilot; ~**macht** *f* naval power, maritime power; ~**mann** *m* seaman, sailor, mariner; ~~**samt** *n* shipping commissioner, seamen's administrative board; ~~**sbrauch** *m* maritime usage, seamen's custom; sailor's tradition; ~~**sheim** *n* home for sailors, sailors' hostel; ~~**sordnung** *f* regulations for masters and seamen, maritime regulations; ~~**stestament** *n* sailor's/mariner's will; ~**meile** *f* sea mile, nautical mile (*1,853 km*); ~**not** *f* distress at sea; ~~**dienst** *m* obligation to come to the rescue of ships in distress, rescue operations; ~~**ruf** *m* distress signal, S. O. S.(*abbr* = save our ship); **aus** ~~ **retten** to rescue; ~**pass** *m* ship's passport; ~**passagevertrag** *m* sea passage contract; ~**pfandrecht** *n* maritime lien; ~**prisenrecht** *n* naval prize law; ~**protest** *m* ship's protest, protest by the shipmaster, captain's report; ~**räuber** *m*/-**in** *f* pirate; ~**räuberei** *f* piracy (on the high seas); ~**recht** *n* laws of the sea, maritime law, marine law, shipping law, admiralty law; ~~**sabkommen** *n* convention of the law of the sea; ~~**ssache** *f* admiralty case, maritime matter; **hanseatisches** ~~ Hanseatic Laws of the Sea; **internationales** ~~ maritime international law; ~**reise** *f* sea passage, voyage; ~**risiko** *n* → *~gefahr*; ~**schaden** *m* sea damage, average; ~~**berechnung** *f* computation of sea damage; ~**schiedsgericht** *n* marine arbitral tribunal; ~**schiff** *n* ocean-going vessel/ship; ~~**fahrt** *f* sea navigation, maritime shipping; ~~**fahrtsbetrieb** *m* merchant marine company, shipping company; ~**schiffer** *m*/-**in** *f* ship's captain, commanding officer of a ship; ~**straße** *f* maritime route, ocean course; ~~**nordnung** *f* rules of the road (at sea); ~**testament** *n* nuncupative will in distress at sea; ~**transport** *m* marine transport, seaborne transport; ~~**gefahr** *f* maritime perils, hazards of the sea; ~~**geschäft** *n* shipping trade, marine transport, maritime shipping; ~~**versicherer** *m*/-**in** *f* marine underwriter, underwriter of oversea shipments; ~~**versicherung** *f* marine insurance; ~~~**svertrag** *m* marine insurance contract; ~**tüchtigkeit** *f* seaworthiness; ~~**sbescheinigung** *f* general safety certificate; ~**uferanlage** *f* sea bank, bank of a lake; ~- **und Landfrachten** *pl* freight and carriage; ~- **und Landtransport** sea and land carriage; ~**unfall** *m* maritime casualty, sea accident, accident at sea; ~~**versicherung** *f* accidents-at-sea insurance; ~**untauglichkeit** *f* unseaworthiness; ~~**serklärung** *f* condemnation; ~**untüchtigkeit** *f* unseaworthiness; ~**verkehr** *m* ocean traffic, sea transit; ~**vermessung** *f* hydrographic survey; ~**vermögen** *n* property at sea (*of shipowner*); ~**verpackung** *f* seaworthy packing, seaport packing; ~**verschollenheit** *f long unexplained disappearance of seamen or ship's passengers*, presumption of death due to perils of the sea; ~**versicherer** *m*/-**in** *f* marine insurer, marine underwriter; **~versicherung** *f* (ocean) marine insurance; **~~spolice** *f* marine policy; **~~srecht** *n* marine insurance law; **~~stransportpolice** *f* marine transport insurance policy; **~~svertrag** *m* marine insurance contract, contract of sea insurance; **~wasserstraße** *f* ocean route, ocean lane; **~wechsel** *m* sea bill, respondentia bond; **~weg** *m* ocean route, sea route, ocean course; **auf dem ~~ befördert** sea-borne; **Beförderung auf dem ~~** carriage by sea; **~wurf** *m* jettison, jettisoning, jettisoned goods; **~zeichen** *n* sea mark, nautical mark; **~zoll** *m* customs levied at the coast; **~~hafen** *m* port of entry (*for customs clearance*).

see | tüchtig *adj* seaworthy; **nicht ~~** unseaworthy; **~untauglich** unseaworthy; **~untüchtig** unseaworthy.

Seh | bereich visual range, vision; **~leistung** *f* visual performance; **~prüfung** *f* sight test, optometry; **~störung** *f* impaired vision; **~vermögen** *n* sight, vision, visual range.

Seilschaft *f pol* the old-boys' network.

Seite *f* side, flank; **~nabstand** *m* lateral distance; **ausreichender ~~** sufficiently wide berth; **~neinsteiger** *m*/**-in** *f* irregular entrant; **~nkanal** *m* side canal; **~nlinie** *f* collateral line; **Abstammung in der ~~** collateral descent; **~nrand** *m* margin, side; **~nsprung** *m* extramarital escapade; **~nstreifen** *m* (hard) shoulder; **begehbare ~~** suitable verges for pedestrians; **~nverwandte(r)** *f(m)* (*der ~verwandte*) collateral relative; **~nwind** *m* cross wind; **der Verkehrsrichtung entgegengesetzte ~** the side opposite to that of the direction of traffic, the side facing the traffic; **vorgeschriebene ~ für das Vorbeifahren** overtake/pass on this side.

Sekondärsprache *f* metalevel language, ↔ *Primärsprache*, → *Metasprache*.

Sekretariat *n* secretariat, secretary's office; **~ der Vereinten Nationen** United Nations Secretariat; **~sinspektor** *m*/**-in** *f* secretarial assistant; **Schengen-~** *EU* Schengen Secretariat.

Sektion *f* section, group; dissection, autopsy, post-mortem (examination); **~seinwilligung** *f* consent to a post-mortem examination.

Sektor *m* sector, section; **der kommunale ~** the local authorities; **der öffentliche ~** the public, the public sector; **im gewerblichen und industriellen ~** in trade and industry; **wirtschaftlicher ~** branch of economic activity.

Sektsteuer *f* champagne tax, tax on sparkling white wine.

Sekundant *m* second (*duelling*).

sekundär *adj* secondary.

Sekundär | (*secondary = s-*) **~bereich** *m s-* field, *s-* industries, capital goods industries; **~emission** *f s-* offering; **~forschung** *f* desk research; **~liquidität** *f s-* liquidity; **~markt** *m s-* market; **~reserven** *pl s-* reserves; **~sprache** *f* metalevel language, ↔ *Primärsprache*; **~wirkung** *f s-* effect, spin-off.

Sekundarabschluss *m* intermediate (school) leaving certificate.

selbständig *adj* self-employed, independent, self-supporting; original.

Selbständige(r) *f(m)* (*der Selbständige*) self-employed person, independent person.

Selbst | abholer *m*/**-in** *f* self-collector; **~abholung** *f* self-collection; **~ablehnung** *f* self-disqualification by a judge; recusation; **~abtreibung** *f* self-inflicted abortion, abortion brought about by the pregnant woman herself; **~anfertigung** *f* self-made product; **~anklage** *f* self-accusation; **~anmelder** *m*/**-in** *f* applicant in his own name; **~anzeige** *f* self-accusation reported to the police, self-accusation of tax evasion; **~aufbringungsbetrag** *m additional contribution by person being assisted for himself*; **~auflösung** *f* voluntary winding up; **~aufopfe-**

rung *f* self-sacrifice; **~auskunft** *f* disclosure of one's personal and financial data; **~bedarf** *m* personal requirements; **~bedienung** *f* self-service; **~~sgroßhandel** *m* self-service wholesale trade; **~~sladen** *m* self-service store; **~befreiung** *f* liberation without outside help, prison breaking; **~begünstigung** *f* obtaining (improper) benefits for oneself; **~behalt** *m* excess, own risk (*automobile insurance*), coinsurance, retention, self-retention; **~~sklausel** *f* own-risk clause, franchise clause, excess clause; **~beherrschung** *f* self-restraint, power of self-control; **~bekenntnis** *n* voluntary confession; **~belastung** *f* self-incrimination; **~belieferung** *f* obtaining supplies oneself; **~~svorbehalt** *m* reservation as to oneself obtaining delivery; **~beschränkung** *f* self-restraint, voluntary restraint; **~beschuldigung** *f* self-accusation; **~bestimmung** *f* self-determination; **~~srecht** *n* right of self-determination; **informationelle ~~** right of self-determination over (the use of one's) personal data; **~beteiligung** *f* self-participation (*in costs, risks, etc*) *assuming part of the risk oneself,* → *~behalt*; **~bewirtschaftung** *f* self-management (*farm*); **~bezichtigung** *f* self-incrimination; **~bindung** *f* self-engagement, self-commitment; **~einschätzung** *f* self-assessment; **~eintritt** *m agent contracting in his own name and for his own benefit,* adopting a transaction for oneself, dealing for one's own account; **~~srecht** *n* (agent's) right to take over a transaction for oneself; **~entzündung** *f* spontaneous combustion; **~erhaltung** *f* self-preservation; **~erwerber** *m/-***in** *f person acquiring sth for himself*; **~fahrer** *m/-***in** *f* owner-driver; self-propelled craft; self-propelling chair; **~finanzierung** *f* self-financing, financing out of retained earnings; **~gefährdung** *f* self-endangering; **~~ durch Verwahrlosung** self-neglect; **unnötige ~~** unnecessary exposure (*to danger*); **~gefährlichkeit** *f* intrinsic danger (to oneself); **~genügsamkeit** *f* selfsufficiency, modesty; **~gerechtigkeit** *f* self-righteousness; **~herrschaft** *f* independent rule; **~hilfe** *f* self-redress, self-help; attack in *US* defense/*GB* defence of property; **~~verkauf** *m* sale without resort to legal process, emergency sale, selling out, resale on buyer's default to take delivery; **~~recht** *n* right of self-redress; **~justiz** *f* acting as one's own judge; applying the law of the jungle; **~kontrahent** *m/-***in** *f* party contracting as principal and agent, self-contracting party; **~kontrahieren** *n* self-dealing, acting as principal and agent; **~kontrolle** *f* self-control, self-regulation, **~korrektur** *f* automatic adjustment, automatic correction; **~kosten** *pl* own costs, self-cost, prime cost, original cost, cost price; **~~ des Verkäufers** selling cost, seller's own costs; **~~erstattungspreis** *m* cost reimbursement price; **~~preis** *m* cost price, prime cost; **~mord** *m* suicide; **~~absicht** *f* intent to commit suicide; suicidal intent; **~~kandidat** *m/-***in** *f* potential suicide, suicidal person; **~~klausel** *f* suicide clause, suicide sane or insane; **~~versuch** *m* suicide attempt; **~mörder** *m/-***in** *f* suicide, felo-de-se; **~plagiat** *n* self-plagiarism, (*violation of first producer's/publisher's exploitation rights*); **~potenzierung** *f* automatic increase, snowball growth; **~rechtfertigung** *f* self-justification; **~regierung** *f* self-government; **~regulierung** *f* self-regulation; **~schuldner** *m/-***in** *f* principal/primary debtor; **~schussanlage** *f* shrapnel-firing anti-escape device, automatically triggered shotguns; **~schüsse** *pl* self-firing explosions; trap guns; **~steuerungskräfte** *f/pl* self-regulating forces; **~ständigkeit** *f* independence; **~steigerung** *f* automatic growth; **~täuschung** *f* self-deception; **~tilgung** *f* self-amortization, self-liquidity; **~tötung** *f* suicide; **~unterricht** *m* self-instruction, autodidactic learning; **~veranlagung** *f* self-assessment (for taxation); **~verbrauch** *m* private consumption; **~vereitelung** *f* self-induced frustration; **~verlag** *m* publication by the author; **im ~~ erschienen** published by the author; **~versenkung** *f* scuttling; **~versicherer** *m*/**-in** *f* self-insurer, private insurer, co-insurer; **~versicherung** *f* self-insurance, private insurance, coinsurance; **vereinbarte ~~** coinsurance clause; **~versorger** *m*/**-in** *f* own producer, self-supporter; **~versorgung** *f* self-sufficiency; **~~ mit Öl** self-sufficiency in oil supplies; autarky; **~verständlichkeit** *f* self-evident truth, self-evidence; matter of course, truism, foregone conclusion; **~verstümmelung** *f* self-mutilation, maiming oneself, voluntary mutilation, self-inflicted wounds; **~verteidigung** *f* *US* self-defense/*GB* self-defence; **~verwaltung** *f* self-administration, self-government, autonomy; **~~skörperschaft** *f* self-governing body, autonomous corporation; **~~sorgane** *n/pl* self-governing bodies; **~~srecht** *n* right of (local) self-government; **~zahler** *m*/**-in** *f* self-pay patient; **~zweck** *m* end in itself, object in itself.

selbst|auferlegt *adj* self-imposed; **~beigebracht** self-inflicted; **~erworben** self-acquired; **~gerecht** self-righteous; **~haftend** at one's own risk, liable for oneself; **~schuldnerisch** directly liable, owing as a principal/primary debtor; **~veranlagungspflichtig** self-assessable; **~verschuldet** through one's own fault, caused by one's personal negligence; **~versorgend** self-supporting.

selbst|finanzieren *vt* to finance out of one's own resources; **~kontrahieren** *vi* to act as principal and agent.

Seltenheitswert *m* scarcity/rarity value.

Senat *m* senate, appellate court division; **~sdirektor** *m*/**-in** *f* permanent secretary (*municipal government of Berlin*); **~senquete** *f* senate inquiry; **~smandat** *n* senatorial seat; **~smitglied** *n* member of the senate, senator; **~spräsident** *m*/**-in** *f* (*formerly*) presiding judge (*of a division of the court of appeal*); **~ssitz** *m* senatorial seat; **~ssitzung** *f* session of the senate, (superior) court session; **~sverwaltung** *f* governmental administration (*of Berlin*); **~svorsitzende(r)** *f(m)* (*der ~svorsitzende*) presiding judge of a division of a court of appeal; **~swahlen** *f/pl* senatorial elections; **akademischer ~** university convocation/senate; **die vereinigten ~e** the plenum (*supreme court*).

Senator *m*/**-in** *f* senator; minister (*head of executive department in Berlin, and/or Hanseatic Cities*).

Sende|erlaubnis *f* transmission *US* license/*GB* licence; **~genehmigung** *f* → *Sendeerlaubnis*; **~leitung** *f* transmissions management; **~recht** *n* broadcasting rights; **~zeit** *f* (daily) airtime.

Sendung *f* **I** shipment, consignment; **~ als Frachtgut** consignment by goods train; **~ *e-es* Geldbetrages** remittance; **~ gegen Barzahlung** cash on delivery; **unzustellbare ~** undeliverable mail.

Sendung *f* **II** broadcast, transmission, program(me).

Seniorenheim *n* senior citizens' accommodation.

Seniorpartner *m*/**-in** *f* senior partner.

Senkungsschaden *m* subsidence damage, damage caused by settlement of the ground.

Sensationspresse *f* yellow press, stunt press, cheap tabloids.

Separatfriede *m* separate peace.

Separatismus *m* separatism.

Separatist *m*/**-in** *f* separatist, secessionist.

Separatkonto *n* special account.

Sequester *m*/**-in** *f* sequestrator, official receiver; ~ **für die Dauer des Rechtsstreits** receiver pendente lite; **~pfandrecht** *n* official receiver's lien; **~vermögen** *n* sequestrated property; **~verwaltung** *f* receivership by a sequestrator.

Sequestration *f* sequestration, official (temporary) receivership; **gerichtliche** ~ receiving order.

Sequestratur *f* sequestration.

sequestrierbar *adj* sequestrable.

sequestrieren *vt* to sequestrate.

Serien|anleihe *f* serial loan, serial bonds issue; **~artikel** *m* mass-produced article; **~bauprogramm** *n* multiple production series program(me); **~fertigung** *f* (continuous) series-type production; **~güter** *n/pl* series-produced goods, mass produced goods; **~herstellung** *f* → *Serienfertigung*; **~muster** *n* representative sample; **~nummer** *f* serial number; **~obligation** *f* serial bond; **~preisgeschäft** *n* penny store; **~rabatt** *m* frequency discount; **~reife** *f* production stage.

serienmäßig *adj* in series, serial standard, regular.

Service|kaufmann *m*/**~frau** *f* merchant in the service sector, person trained for employment in the service sector; **~leistung** *f* performance of a service; **~unternehmen** *n* service-sector company, enterprise in the service sector.

Servitut *n* servitude, easement; **~enablösung** *f* commutation of easements; **öffentlich-rechtliches** ~ public easement; **völkerrechtliches** ~ international servitude.

Servolenkung *f* power-assisted steering.

sesshaft *adj* settled, sedentary.

Sesshaftmachung *f* settlement, settling down; **~sgesetz** *n* law on the settlement of migrants.

Seuchen|bekämpfung *f* epidemics control; **~gefahr** *f* danger of an epidemic; **~gesetz** *n* epidemics control act; **Bundes-~~** (*abbr* **BSeuchG**) Federal Prevention of Epidemics Act; **~polizei** *f* epidemics control inspectorate, sanitary authorities; **~verhütung** *f* prevention of epidemics.

Sexual|delikt *n* sexual *US* offense/ *GB* offence; **~strafrecht** *n* penal/criminal law on sexual *US* offenses/*GB* offences; **~verbrechen** *n* sex crime; **~verbrecher** *m*/**-in** *f* sexual criminal.

Sezession *f* secession; **~skrieg** *m* war of secession.

Sezessionist *m*/**-in** *f* secessionist.

Sezierung *f* dissection.

Sichausschweigen *n* keeping silent, stonewalling.

Sicheinfügen *n* compliance, attitude of team-membership.

Sicherheit *f* **I** safety, security (*from accidents, physical injury, attack*); ~ **am Arbeitsplatz** safe working conditions, industrial safety; ~ **des Arbeitsplatzes** job security; ~ **hat Vorrang** safety first; **~sabkommen** *n* defensive alliance, security agreement; **~sabstand** *m* safe distance, (maintenance of) adequate distance between cars; **~sarrest** *m* preventive custody; **~sbeamter** *m*/**~sbeamtin** *f* security officer; safety inspector; **~~ im Flugzeug** sky marshall; **~sbeauftragte(r)** *f(m)* (*der ~sbeauftragte*) security commissioner; **~sbereich** *m* security zones; **~sbescheid** *m* security clearance; **~sdenken** *n* safety-first attitude; **~sdienst** *m* intelligence service, security service; security agency (*factory*); **~seinbehalt** *m* retention of security; **~seinrichtungen** *f/pl* safety installations; **~sfaktor** *m* safety factor; **~sfilmgesetz** *n* safety film law (*for motion pictures*); **~sflächen** *pl* safety area; **~sgurt** *m* safety belt; **~sklausel** *f* escape clause; **~skontrolle** *f* security control, safety check; **~smanko** *n* security lapse; **~smaßnahmen** *pl* security measures, safety precautions, precautionary measures; **~smaßregeln** *pl* security measures, precautionary measures; **~snor-**

men *pl* safety rules, safety standards; **~spakt** *m* security pact, *US* defense/*GB* defence pact; **~spolitik** *f* security policy; **gemeinsame Außen- und ~~** *EU* (*abbr* **GASP**) common foreign and security policy (*abbr* CFSP); **Hoher Vertreter für die G~ ~- ~ ~~** *EU* High Representative for the common foreign and security policy; **~sprogramm** *n US* defense/*GB* defence program(me); **~srat** *m* Security Council; **~~ der Vereinten Nationen** United Nations Security Council; **ständige Mitglieder des ~~s** permanent members of the Security Council; **~sspanne** *f* safety margin; **~ssystem** *n* security system; **gesamteuropäisches ~~** all-European security system; **kollektives ~~** collective security system; **~stechnologie** *f* safety technology; **~sverwahrung** *f* preventive custody (*for dangerous habitual criminals*); **~svorkehrungen** *pl* safety precautions, security precautions; **~svorrichtungen** *pl* safety appliances; **~svorschriften** *pl* safety regulations; **bautechnische ~~en** structural safety requirements; **~s-Zulassungsschild** safety approval notice; **die öffentliche ~ und Ordnung wiederherstellen** to restore law and order; **Europäische ~s- und Verteidigungsidentität** (*abbr* **ESVI**) European Security and *US* Defense/*GB* Defence Identity (*abbr* ESDI); **gemeinsame ~s- und Verteidigungspolitik** common security and *US* defense/*GB* defence policy (*NATO*); **Konferenz über ~ und Zusammenarbeit in Europa** (*abbr* **KSZE**) Conference on Security and Cooperation in Europe (*abbr* CSCE); **Mindestvorschriften** *f/pl* **zum Schutz der ~ und Gesundheit der Arbeitnehmer** *EU* minimum requirements for the protection of the safety and health of employees; **nationale ~** national security; **öffentliche ~** public safety/security; **Organisation für ~ und Zusammenarbeit in Europa** (*abbr* **OSZE**) Organization for Security and Cooperation in Europe (*abbr* OSCE); **persönliche ~** personal security; **soziale ~** social security; **~ ~ und sozialer Schutz der Arbeitnehmer** *EU* social security and social protection of workers.

Sicherheit *f* **II** security, collateral security (*debt*); **~ durch Hinterlegung** security by payment into court; **~en an Grundstücken** real securities; **~en anschaffen** to supply collateral; **~en bestellen** to supply collateral, to provide security for money; **~ für *e-e* Forderung** security for a debt; **~ gewähren** to secure; **~ leisten** to provide security, to post a bond; **~sdepot** guarantee fund, premium reserve; **~sfonds** *m* collateral fund; **~sgarantie** *f* security guarantee; **~shinterlegung** *f* guarantee deposit; **~skonto** *n* margin account; **~sleistung** *f* lodging of security, provision of security; bail, judicial bond, **~~ bei Gericht** judicial bond; **~~ des Submittenten** performance bond, performance guarantee; **~~ durch Testamentsvollstrecker** administration bond; **~~ für Prozesskosten** security for costs; **~~ im Zivilprozess** civil bail, security in a civil case; **gegen ~~** on/against security; **~smarge** *f* safety margin, collateral security margin; **~spartnerschaft** *f* security partnership; **~srecht** *n* security interest; **~sreserven** *pl* contingency reserves, security reserves; **~srisiko** *n* security risk; **~srücklage** *f* contingency reserve, security reserve; **~swechsel** *m* collateral bill; **~szuschlag** *m* security surcharge; **ausreichende ~** sufficient security; **dingliche ~** lien secured by property, security in rem, collateral security, underlying security; **gegen ~** against security, by way of security; **gegen hypothekarische ~** against mortgage security; **gegen ~ freilassen** to release on bail;

hochwertige ~ high-grade security; **hypothekarische** ~ security by mortgage.

sicherheit|sbildend *adj* security-building (*police*); **~sempfindlich** sensitive.

sichern *vt* to secure, to provide security (for); **dinglich** ~ to secure by collateral, to secure (by a right) in rem; **hypothekarisch** ~ to secure by mortgage/charge.

sicherstellen *vt* to ensure, to make sure; to guarantee, to warrant, to impound, to put in safe custody.

Sicherstellung *f* security, provision of emergency services and supplies, safeguarding, providing collateral.

Sicherung *f* **I** provision of security, protection, safeguarding; ~ **der Familie** family protection, safeguarding the maintenance of the family; ~ **des Arbeitsplatzes** job security; ~ **des Beweises** securing (the maintenance of) evidence; ~ **des Friedens** safeguarding peace; **~sgarant** *m/***-in** *f* person under duty of care because of affirmative act (*endangering another*), → *Überwachungsgarant*, ↔ *Obhutsgarant*; **~shaft** *f* precautionary detention; **~sklausel** *f* escape clause, safeguarding clause; **~skopie** *f* back-up copy (*eg software*); **~smaßnahmen** *pl* measures of public security; **~spatent** *n* confirmation patent; **~spflicht** *f* safety obligation, duty to render aid/to tolerate injury to one's own interests to save interests of victim whom one endangered; **~sstempel** *m* authentication stamp; **~s-und Überwachungsmaßnahmen** *pl* safeguards and controls; **~sverfahren** *n* confinement proceedings (*of mentally disabled offender*), safeguarding proceedings; **~sverwahrte(r)** *f(m)* (*der ~sverwahrte*) prisoner under preventive/precautionary detention; **~sverwahrung** *f* preventive detention (*of habitual offenders*), extended sentence of imprisonment; **~svorkehrungen** *pl* protective measures, safeguards; ~ **und Besserung** public security and correction; **bankmäßige** ~ normal banking security, bank safeguards.

Sicherung *f* **II** provision of security/collateral; ~ **der Ruhegeldverpflichtungen** covering the pension liabilities; ~ **gegen Verlust** cover against loss; **~sabrede** *f* agreement on the provision of collateral; **~sabtretung** *f* assignment by way of security (*of a claim or debt*); **~sbeschlagnahme** *f* attachment by way of security; **~seigentum** *n* security by transfer of ownership, conditional ownership, title transferred as security; **~seigentümer** *m/***-in** *f* owner of property transferred as collateral security; **~sfonds** *m* safety fund; **~sgeber** *m/***-in** *f* party furnishing security, mortgagor of a chattel or interest; **~sgegenstand** *m* collateral, item serving as security; **~sgelder** *pl* funds pledged as security; **~sgeschäft** *n* secured transaction; **~sgrundschuld** *f* land charge serving as collateral; **~sgut** *n* property serving as security, mortgaged property; **~shypothek** *f* collateral mortgage, lien by way of mortgage; **~smittel** *n* means of providing security, the security provided; **~snehmer** *m/***-in** *f party to whom security has been furnished*, secured party; **~srecht** *n* security right, right to protection from risks; **~sscheck** *m* memorandum *US* check/*GB* cheque; **~sschein** *m* security note; **~streuhand** *f* trust for purpose of security; **~sübereignung** *f* transfer of ownership by way of security, conditional bill of sale; **~~surkunde** *f* bill of sale, trust deed; **~sverkauf** *m* hedge selling, sale to obtain cover; **~svollstreckung** *f* provisional attachment; **~szession** *f* fiduciary assignment.

Sicht *f* sight, vision; **~einlage** *f* demand deposit; *pl* **~en** current accounts; **~fahrgebot** *n* legal requirement to adjust speed to visibility conditions; **~feld** *n* (driver's) field of vision; **~gelder** *pl* demand deposits; **~guthaben** *n* credit balance payable on demand; sight balance; **~papier** *n* demand note; **~tage** *pl* days of grace; **~tratte** *f* sight draft, draft at sight, demand draft; **~verbindlichkeiten** *pl* liabilities payable at sight/on demand; **~vermerk** *m* visa; **~wechsel** *m* bill payable on demand; sight bill, sight draft; **~weite** visibility, range of vision; **auf ~** on demand, on sight, at sight; **auf kurze ~** at short sight, in the short term; **auf lange ~** in the long run, (in the) long term; **behinderte ~** obscured vision; **bei ~** at sight, on presentation, on demand.

Sickerwasser *n* percolating water.

sieben *vt* screen (*candidates*).

Siebung *f* screening; **~ der Aufträge** screening the orders.

Siechtum *n* lingering illness, invalidism, languishing (state).

siedeln *vi* to settle, to form housing estates; **wild ~** to squat.

Siedler m/**-in** f settler, colonizer, homecrofter, US homesteader; **~stelle** f settler's holding, homestead; **unberechtiger ~** squatter.

Siedlung *f* housing development, housing estate, settlement, resettlement, small holding, housing project; **~sbank** *f* housing development bank; **~sbehörde** *f* resettlement administration; **~sgebiete** *n/pl* housing development area; **~sgemeinschaft** *f* housing association, group of settlers; **~sgenossenschaft** *f* cooperative land society, homestead cooperative; **~sgesellschaft** *f* homestead corporation, land settlement society; **~sgesetz** *n* Housing Development Act, Homestead Act; **~skredit** *m* land settlement credit; **~sland** *n* housing development land, settlement area; **~smaßnahmen** *pl* measures to promote settlement schemes; **~sprogramm** *n* settlement scheme; **~srecht** *n* the law of agricultural settlements; **~sstruktur** *f* settlement structure, building structure in specific area; **~sunternehmen** *n* housing and land settlement enterprise; **~svorkaufsrecht** *n* right of pre-emption for homestead land; **~swesen** *n* land settlement.

Siegel *n* seal, signet; **~abdruck** *m* imprint of a seal; **~abnahme** *f* removal of a seal; **~bruch** *m* breaking official seals; **~ der Verschwiegenheit** seal of secrecy; **~fälschung** *f* forging seals; **~führung** *f* use of seal; **~marke** *f* paper seal, wafer; **~verfälschung** *f* forging seals; **ein ~ anbringen** to affix a seal; **ein ~ beidrücken** to affix a seal; **ein ~ brechen** to unseal, to break a seal; **ein ~ erbrechen** to break a seal; **mit *e-em* ~ versehen** to seal; **unverletztes ~** unbroken seal.

siegeln *vt* to seal, to affix a seal.

Siegelung *f* sealing, affixing of a seal, impressment of a seal.

siehe (*abbr* **s.**) vide; **~ oben** supra, see above; **~ unten** infra, see below.

Signal *n* signal, sign indication, pointer; **~code** *m* signal book; **~wirkung** *f* signalling effect, *sth* serving as a signal; **ein ~ beachten** to obey a signal, to pay heed to a signal; **ein ~ überfahren** to overshoot a signal, to skip the lights.

Signatar *m*/**-in** *f* signatory (power); **~mächte** *f/pl* signatory powers; **~staat** *m* signatory state.

Signatur *f* signature; **digitale ~** digital signature.

signieren *vt* to initial.

Signierung *f* initial(l)ing, autographing.

Silber *n* silver (= *s*-); **~bergwerk** *n s*-mine; **~gehalt** *m s*- content; **~geld** *n s*- currency, *s*- coins; **~~währung** *f s*- currency, *s*- standard; **~geschirr** *n s*- plate; **~münze** *f s*- coin; **~punkt** *m s*- point; **~sachen** *pl s*-, *s*- goods; **~währung** *f s*- standard; **~waren** *pl s*- goods, silverware; **gediegenes ~** solid *s*-; **gemünztes ~** coined *s*-; **ungemünztes ~** *s*-bullion; **verarbeitetes ~** wrought *s*-.

Simonie *f* simony, buying of an ecclesiastical office.

Simulant *m*/**-in** *f* simulator of illness, malingerer, sham.

simulieren *vi* to simulate, to feign disease, to malinger, to sham.

Simulierung *f* simulation, pretending to be ill, malingering, feigning illness.

Simultan|gründung *f* one-step incorporation, *standard method of incorporation with the founders taking over all shares*; **~haftung** *f* simultaneous liability, direct and primary liability; **~ität** *f* simultaneity; **~~s-prinzip** *n crim* principle of simultaneity, *principle that criminal act and intent must occur simultaneously to support liability*; **~schule** *f* nondenominational school; **~verhältnis** *n* simultaneous relationship; **~zulassung** *f* simultaneous admission (of a lawyer) at a lower and higher court.

singen *v* to sing, *sl* to squeal (*at police interrogation*).

Sinn *m* sense, meaning; ~ **des Gesetzes** ratio legis, meaning of the law; **~gehalt** *m* essential meaning, gist (*invention*), substance; **~estäuschung** *f* illusion, hallucination, mental delusion; **den ~ haben** to mean, to purport, to signify, to denote; **im juristischen** ~ in the legal sense; **im rechtlichen ~e** in the legal sense, for legal purposes; **im ~e der Gesetzgebung** in accordance with the purpose of the legislation; **im ~e des Gesetzes** within the meaning of the enactment; **im ~e des Vorschlags** on the lines of the proposal; **im ~e dieses Vertrages** for the purposes of this agreement; **im engeren** ~ in a narrower sense; **übertragener** ~ figurative meaning, metaphorical sense; **wörtlicher** ~ literal meaning.

sinn|gemäß *adj/adv* according(ly), analogous(ly), mutatis mutandis; **~los** *adj* senseless, meaningless, needless, pointless; **~voll** *adj* meaningful, significant; **wenig** ~ unsuitable, of little significance; **~widrig** *adj* illogical.

Sippe *f* clan, kin, kinship, relations; **~nhaft** *f hist/fig crim* family liability (for crime of one member).

sistieren *vt* to stay, to suspend.

Sistierung *f* stay of execution (*civil*), stay of proceedings, nolle prosequi.

Sitte *f* custom, mores, morality, observance; **~ngesetz** *n* moral law, rules/code of ethics; **~nlehre** *f* moral philosophy, ethics; **~npolizei** *f* vice squad; **~nstrafrecht** *n* criminal law of immorality; **~nstrolch** *m* sex molester; **~nverderbnis** *n* corruption of public morals; **~nwidrigkeit** *f* immorality, unconscionability, violation of moral principles, violation of boni mores; **gute ~n** public morals, good manners, morality, public policy; **gegen die guten ~n** contra bonos mores, contrary to morality, against public morals, unconscionable.

sittenwidrig *adj* contra bonos mores, against morals, immoral, unethical, unconscionable, offending against good morals.

Sittlichkeit *f* morality, good morals, public decency, public morals; **~sdelikt** *n US* offense/*GB* offence against morality, sexual offense; **~sverbrechen** *n* sex crime; **~sverbrecher** *m*/**-in** *f* sex criminal; **~svergehen** *n* sexual offense.

Sitz *m* **I** chair, seat, membership; **~blockade** *f* sit-down blockade; ~ **in *e-em* Verwaltungsrat** seat on a board; **~ordnung** *f* seating plan, prescribed seats; **~redakteur** *m sl* imprisoned editor; **~streik** *m* sit-down strike; **mehrtägiger** ~~ stay-in-strike; **~verteilung** *f* allotment of seats; **freiwerdende ~e** vacancies; **ständiger** ~ permanent seat.

Sitz *m* **II** principal place of business, registered seat, registered office, corporate domicile; ~ **der Geschäftsleitung** place of management; ~ **der Niederlassung** commercial domicile; ~ **des Un-**

ternehmens business seat, registered office; **~staat** *m* country of corporate domicile, country in which (a company) has its registered office; **~verlegung** *f* change of corporate domicile; **~~ von Gesellschaften ins Ausland** emigration of companies; **juristischer** ~ legal domicile, registered office; **satzungsmäßiger** ~ registered office.

Sitzung *f* session, sitting, meeting, hearing, conference; **~sgeld** *n* attendance fee; **~sgewalt** *f* authority to maintain order in the court room/at a meeting; **~sliste** *f* the court's agenda, paper of causes, trial list; **~sort** *m* place of meeting; **~sniederschrift** *f* minutes of proceedings, record of trial, trial record; **~spause** *f* recess; **~speriode** *f* session, sittings, term; **~~ *e-es* Gerichts** term of court, law term; **außerhalb der ~~** out of term; **~~ des Parlaments** session of parliament; **Beendigung der ~~** prorogation of parliament; **ordentliche ~~** ordinary session; **~spolizei** *f* courtroom guard; **~sprogramm** *n* order paper, agenda; **~sprotokoll** *n* minutes of proceedings, record of trial, trial record; **~ssaal** *m* court room, conference hall; **~sschluss** *m* adjournment, close of the meeting; **endgültiger ~~** adjournment sine die; **~stage** *pl* days of session; **~~gelder** *pl* sessional per diem allowance; **~stantieme** *f* sessional allowance; **~sunterlagen** *pl* documents and papers for the session; **~svertreter** *m/*-**in** *f* deputy for the hearing; **~szeit** *f* stated term; **~~en** *pl* sittings; **~szimmer** *n* council room, board room; **~szwang** *m* compulsory attendance at a meeting, compulsory meeting; **~ unter Ausschluss der Öffentlichkeit** hearing in camera, closed session; **außerordentliche** ~ emergency session, extraordinary meeting; **die ~ eröffnen** to open (the) court; **die ~ ist eröffnet** the court is in session; **die ~ leiten** to preside (over), to chair; **die ~ unterbrechen** to adjourn the hearing, to take a recess; ***e-e*** **~ abhalten** to sit, to hold a session; ***e-e*** **~ anberaumen** to fix a date for a hearing; to schedule a meeting, to fix a meeting; **feierliche** ~ formal meeting; **gemeinsame** ~ joint session; **in der** ~ at the hearing, in the presence of the court; **in nichtöffentlicher** ~ in camera; **nichtöffentliche** ~ closed session; **öffentliche** ~ public hearing, hearing in open court; **ordentliche** ~ regular session; **vertagte** ~ adjourned meeting, further hearing.

Skandalpresse *f* gutter press, yellow journalism, tabloids.

Skibruchversicherung *f* ski-breakage insurance.

Sklavenarbeit *f* slave labo(u)r.

Sklaverei *f* slavery, bondage, serfdom.

Skontierung *f* deduction of cash discounts; **~stag** *m* settlement day; **~~ für Termingeschäfte** name day.

Skonto *m/n* cash discount, prompt-payment discount **~abzug** *m* deduction of cash discount; **~frist** *f* discount period; **~ gewähren** to allow a cash discount; **~schinderei** *f* taking unjustified cash discounts; **~verzicht** *m* foregoing the cash discount; **echtes** ~ genuine discount.

Skontration *f* settlement clearing.

Skontro *n* auxiliary ledger (*stocktaking*).

Skripturhaftung *f* liability for the correctness of (commercial) documents.

Sockel|betrag *m* flat rate, basic amount, **~finanzierung** *f* provision of basic finance.

Sodomie *f* sodomy, buggery, crime against nature, bestiality.

Sofort|abschreibung *f* immediate write-off (*equipment of small value*); **~abzug** *m* immediate deduction (*tax*), deduction at source; **~auftrag** *m* rush job; **~bedarf** *m* immediate requirements; **~darlehen** *n* immediate loan; **~hilfe** *f* immediate aid; ~**kontrolle** *f* verification on the spot; ~**kredit** *m* emergency credit; ~**maßnahmen** *f/pl* instant measures, prompt steps; ~**programm** *n* immediate program(me), emergency aid program(me); ~**verfahren** *n* summary proceedings; ~**vollzug** *m* immediate enforcement.

SOKRATES-Programm *n* Socrates Program(me), *cooperation program(me) for student exchanges at European universities (concluded on an individual basis)*, → *ERASMUS-Programm.*

Solange-Beschluss *m* resolution pending review (*of constitutionality*).

Solawechsel *m* negotiable promissory note, negotiable note, promissory note made out to order; ~ **mit Prolongationsvereinbarung** note with agreement to execute renewal; **diskontierter** ~ discounted note; **girierter** ~ endorsed promissory note; **überfälliger** ~ past due note.

Sold *m* soldier's pay; ~**buch** *n* (military) pay book.

Soldaten|beruf military profession; ~**gesetz** *n D* Army Law (*1975*); ~**laufbahn** *f* military career; ~~**verordnung** *f D* Military Career Ordinance (*1977*); ~**recht** *n* military law as regards soldiers; ~**testament** *n* soldier's (nuncupative) will; ~**versorgung** *f social and financial care, assistance and pension rights for members of the Armed Forces.*

Söldner *m/*-**in** *f* mercenary.

Solidar|bürgschaft *f* joint and several (= *j/s*) guarantee; ~**haftung** *f j/s* liability; ~**schuldner** *m/*-**in** *f j/s* debtor; ~**verbindlichkeit** *f j/s* liability; ~**verpflichtung** *f j/s* obligation.

Solidaritäts|beitrag *m* solidarity contribution (*as additional tax after reunification of Germany*); ~**mechanismen** *m/pl* (*int.*) common instruments; ~**zuschlag** *m* solidarity (sur)tax, surtax on income tax intended to support former East German states.

solidarisch *adj* solidary, joint and several; **sich** ~ **erklären mit** to identify oneself with.

Soll *n* debit, debit side; target, output target; ~**aufkommen** *n* estimated yield, expected yield; ~-**Beschaffenheit** *f* contractually intended quality, *quality as it should be according to contract*; ~**bestand** *m* target inventory, calculated assets, calculated number, nominal balance; presumed assets; ~**bilanz** *f* balance sheet as it ought to be, nominal balance; ~**buch** *n* debit book; ~**einnahmen** *f/pl* supposed receipts, estimated receipts, receipts due; ~**erfüllung** *f* achievement of goals, attainment of targets; ~**fertigungszeit** *f* planned manufacturing time; ~**gewicht** *n* standard weight; ~-**Ist-Vergleich** *m* target-performance comparision; ~**kaufmann** *m/*~**kauffrau** *m* businessman/enterprise required to be recorded in the Commercial Register; ~**kosten** *pl* target costs, standard costs; ~~**rechnung** *f* budget accounting, standard costing; ~**leistung** *f* nominal output, standard of performance, planned target; ~**menge** *f* prescribed quantity, production target; ~**posten** *m* debit item; ~**prämie** *f* premium due; ~**seite** *f* debit side; ~-**Saldo** *n* debit balance; ~**spalte** *f* debit column; ~**stärke** *f* required strength, theoretical strength, effective authorized strength, establishment; ~**system** *n system of debiting agents with total premiums collectible*; ~ **und Haben** *n* debit and credit, balance of the account; ~**vorgabe** *f* target; ~~**n im Verkauf** sales quotas; ~**vorschrift** *f* directory provision, directory statute; ~**wert** *m* target amount; nominal amount; desired value, required figure, theoretical value; ~**zahlen** *pl* target figures; ~**zeit** *f* required time; ~**ziffern** *pl* required figures, target figures; ~**zinsen** *pl* lending debit interest, interest on the debit balance; ~**zinssatz** *m* lending rate, debit rate; ~-**Zustand**

m ideal/contractually intended condition; **im ~ stehen** *v* to be on the debit side.

Solvabilität *f* solvency.

solvent *adj* solvent, able to pay.

Solvenz *f* solvency, ability to pay.

Sommer|bevorratung *f* accumulation of stocks during the summer; **~fahrplan** *m* summer time-table; **~halbjahr** *n* summer term, second and third quarters of the calendar year; **~pause** *f* summer recess, summer break, summer slack season, summer slump; **~schlussverkauf** *m* summer sale; **~weg** *m* unpaved side road, road with unpaved shoulders, fineweather road.

Sonder|abgabe *f* special levy, special assessment, special contribution; **~abmachung** *f* separate agreement, side agreement; **~abkommen** *n* special agreement; **~abnehmervertrag** *m* special consumers' agreement; **~abrechnung** *f* special settlement (*newly introduced securities*); **~abschreibungen** *pl* special depreciation allowances, additional capital allowance; **~aktion** *f* special scheme, special campaign; **~anfertigung** *f* special design, item manufactured to order; **~angebot** *n* special offer, special bargain, bargain sale, preference offer; premium offer; **~~e zur Absatzförderung** promotional offers, stimulative sales; **~anknüpfung** *f* special connecting factor (*to national law*); **~anlagen** *pl* special-purpose equipment; **~anstalten** *f* special institutions; **~arbeit** *f* special work; **~aufsicht** *f* special supervision; **~aufgaben** *pl* special assignments, special tasks; **~auftrag** *m* special order; **~aufwendungen** *pl* extra costs, extra expense; **~ausgabe** *f* specially allowed tax deduction, special expenses **~~npauschale** *f* standard deduction for special expenses (*such as insurance premiums*); **als ~~ abzugsfähig** deductible as a special expense; **pauschalierte ~~** overall allowance for special expenses; **~ausschüttung** *f* extra distribution; **~ausstattung** *f* optional equipment, extras; **~ausverkauf** *m* bargain sale, special sale; **~ausweis** *m* special pass, authorized credentials; **~bearbeitung** *f* special treatment; **~beauftragte(r)** *f(m)* (*der ~beauftragte*) special representative; **~bedarf** *m* special needs (*in addition to regular maintenance*); **~bedingungen** *pl* special terms/conditions; **~befreiungsvorschriften** *pl* special exemption rules; **~behandlung** *f* special treatment, privileged treatment; **~behörde** *f* special administrative board; **~beilage** *f* special supplement; **~belastung** *f* special charge, specific lien; **~bestellung** *f* special order; **~besteuerung** *f* special assessment; **~bestimmung** *f* special regulation, exceptional provision; **~betriebsmittel** *n* special operating resources provided by third parties; **~betriebsvermögen** *n* separate business assets (*made available by a partner to firm*); **~bilanz** *f* special purpose balance sheet; **~botschafter** *m/*-**in** *f* envoy extraordinary, ambassador extraordinary, special envoy; **~bevollmächtigte(r)** *f(m)* (*der ~bevollmächtigte*) special envoy, plenipotentiary; **~delikte** *n* special statutory *US* offenses/*GB* offences; **~depot** *n* separate deposit; **im ~~ verwahrtes Gold** earmarked gold; **~dividende** *f* extra dividend; **~druck** *m* special impression, special edition, offprint (*of an academic article*); **~eigentum** *n* separate ownership, single real property unit (*in a multiple-unit building*), individual ownership of an apartment; **~eigentümer** *m/*-**in** *f* separate owner of individual unit of a condominum (*multiple unit building*); **~einkommenszahlung** *f* special income payment; **~einnahmen** *pl* specific revenues; **~einzelkosten** *pl* special direct costs; **~erbfolge** *f* special succession to property (upon death); **~erhebung** *f* special investigation; special collection; **~erlaubnis** *f* special permit; **~ermächtigung** *f* special authorization; **~ermäßigung** *f* special price reduction; **~fall** *m* special case, exception to the rule; **~fonds** *m* special fund; **~freibetrag** *m* special (tax) exemption; **~frieden** *m* separate peace; **~gebiet** *n* preserve, special area; **~gebühr** *f* extra fee; **~gefahren** *pl* particular dangers/risks, extraneous perils; **~gehaltszahlung** *f* extra salary payment; **~genehmigung** *f* special permit, special clearance, special *US* license/*GB* licence; **~gericht** *n* special tribunal; **~~sbarkeit** *f* jurisdiction of special tribunals, emergency jurisdiction; **~~surteil** *n* judgment by a special tribunal; **~gesetz** *n* special statute, private enactment; **~~gebung** *f* special legislation; **~gewinn** *m* extra profit; **~~steuer** *f* excess profits levy, excess profits tax, windfall (profits) tax; **~gut** *n* separate property (*of one of the spouses*); **~gutachten** *n* special expert opinion; **~haushalt** *m* special budget, special-purpose budget; **~heiratserlaubnis** *f* special marriage *US* license/*GB* licence; **~honorar** *n* extra fee; **~institut** *n* specialized institute; **~kasse** *f* special fund; **~klasse** *f* extra class; **~konkurs** *m* compulsory winding-up of segregated business units; **~konditionen** *pl* special terms; **keine** ~~ no special terms, at arm's length; **~konjunktur** *f* special boom; **nationale** ~~ domestic boom; **~kontingent** *n* special quota; **~konto** *n* separate account, special account; **~kosten** *pl* special costs; **~kredit** *m* special-purpose loan; special credit (operation); **~leistung** *f* special service, additional service; extra performance; **~linie** *f* special line; **~liquidation** *f* special settlement; **~maßnahmen** *f/pl* special measures; **~minister** *m/***-in** *f* minister without portfolio, specially designated minister; **~müll** *m* special refuse; bulky waste material; **~nachfolge** *f* singular succession, succession as to particular assets; **~nachfolger** *m/***-in** *f* subrogee, singular successor, successor in interest, successor to specific rights and obligations; **~nachlass** *m* special rebate, special discount; **~niederschrift** *f* special record; **~nutzung** *f* separate use (*especially by condominium part-owner of a portion of community property*), use for a special purpose (*different from the intended purpose*); **~~sgebühr** *f* charge for the separate use (*of*), fee for special use of *sth* (*different than use intended*); **~~srecht** *n* special usufructuary right, right to use for special purposes, right to use in a way not typically intended; **~opfer** *n* special sacrifice; **~organisation** *f* specialized agency (*UN*); **~posten** *m* separate item; **~prämie** *f* premium bonus; **~preis** *m* exceptional price, special offer; **~prüfer** *m/***-in** *f* special auditor; **~prüfung** *f* specially arranged examination; **~rabatt** *m* special discount; **~recht** *n* special right, privilege; special law; **~~sklausel** *f* subrogation clause, liberties clause, special privileges clause; **~~snachfolge** *f* subrogation, assignment, succession to specific rights and obligations; **gewillkürte** ~~~ conventional subrogation; **~~snachfolger** *m/***-in** *f* subrogee, singular successor, successor in interest, successor to specific rights and obligations; **diskriminierendes** ~~ special discriminatory law; **~regel** *f* special rule; **~regelung** *f* special regulation, special provision, special arrangements; ~~ **für Ausländer** special treatment of foreign nationals; **~revision** *f* special audit; **~risiko** *n* special hazard; **~rücklage** *f* special contingency reserve, extraordinary reserve, provident reserve, special reserve (fund); **~rückstellung** *f* special reserve; **~schicht** *f* extra shift; **~schuldverschreibung** *f* special bond; **~schule** *f* special school (*for handi-*

capped or disabled children); **~schutz** *m* special protection; **~sitzung** *f* special session, special meeting; **~status** *m* special status; **~statut** *n* special law; **~stelle** *f* special agency, special office; special department; **~stellung** *f* special position, privileged position;~ **steuer** *f* special tax; **~strafkammer** *f* special criminal division (*of a regional court*); **~tarif** *m* preferential rate, exceptional rate, special tariff; **~~ für günstige Versicherungsrisiken** preferred risks; **~termin** *m* special session, special date; **~umlage** *f* special assessment; **~urlaub** *m* special leave, compassionate leave; **~verbrauchssteuern** *f/pl* **im grenzüberschreitenden Reiseverkehr** excise duties levied during the international transit of travellers; **~vereinbarung** *f* special agreement; **~verfahren** *n* special proceedings; **~vergünstigung** *f* special favo(u)r; special privilege; **~vergütung** *f* bonus, special remuneration, extra pay, premium pay; **~verkauf** *m* (special) sale, rummage sale; **~vermächtnis** *n* specific legacy; **~vermögen** *n* special fund, separate property, separate assets; **~~ von öffentlichen Versorgungsbetrieben** utility fund; **zweckgebundenes ~~** working capital fund; **~verordnung** *f* separate ordinance; **~vertrag** *m* special contract; **~~skunden** *pl* special customers; **~verwahrung** *f* separate safekeeping, special deposit; **~vollmacht** *f* special power of attorney; **~vorschrift** *f* special regulation, special requirement(s); **~vorteil** *m* special advantage; **~vorzugsaktie** *f* cumulative preference share; **~votum** separate opinion; **~wechselsteuer** *f* exchange surcharge; **~wertberichtigung** *f* special loss provision; **~wunsch** *m* special wish, special request; **~zahlung** *f* special payment, extra payment; **~ziehungsrecht** *n* special drawing right; **~~s-Abteilung** *f* Special Drawing Rights Department; **~zinsen** *pl* special interest; **~zoll** *m* surcharge on customs duties; **~zulage** *f* special bonus, merit increase; **~zustellung** *f* special service, special delivery; **~zuwendung** *f* special grant.

sondieren *vt* to probe, to sound out, to explore.

Sondierung *f* probing, *pl* soundings, exploratory talks.

Sonnenenergie *f* solar energy.

Sonntags|arbeit *f* Sunday work; **~~sverbot** *n* prohibition of work on Sundays; **~fahrverbot** *n* prohibition to drive on Sundays and public holidays (*for heavy vehicles*); **~gewerbe** *n* trade allowed on Sundays and public holidays; **~ruhe** *f* Sunday closing, dominical rest; **~verkauf** *m* Sunday trading; **~zuschlag** *m* Sunday supplement, extra charge for work on Sundays.

Sorge *f* care, solicitude, concern; **~berechtigte(r)** *f(m)* (*der ~berechtigte*) person having the care and custody (of *s.o.*); **~ für die Person** care and custody of a person; **~pflicht** *f* obligation to care for (a child); **~recht** *n* custody, custody right; **~~sabänderung** *f* change in the terms of parental care and custody; **~~sentscheidung** *f* court ruling on parental care and custody; **~~sregelung** *f* regulation concerning the child's care and custody; **~~sverfahren** *n* custody proceedings;~ **tragen für** to take care of *sth*, to ensure *sth*; **elterliche ~** parental care and custody.

sorgen *vi* to take care of, to provide for, to make due preparation for.

Sorgfalt *f* care, prudence, circumspection; **~** ***e-es*** **ordentlichen Kaufmanns** due diligence of a prudent businessman; a businesslike manner; **~smaßstab** standard of care; **~spflicht** *f* duty of care; **~~ gegenüber dem Nächsten** neighbo(u)r principle; **~~verletzung** *f* breach of the duty of care; **~ üben** to exercise proper care; **~ wie in eigenen Angelegenhei-**

ten care as applied in one's own affairs, diligentia quam in suis; **angemessene** ~ reasonable care; **ausreichende** ~ adequate/sufficient care; **äußerste** ~ extraordinary care, utmost care; **besondere** ~ special care; **die im Verkehr erforderliche** ~ reasonable care, ordinary prudence, proper care and attention, due diligence; ~ ~ ~ ~ ~ **beachten** to exercise proper care; **erforderliche** ~ due care; **fachmännische** ~ **anwenden** to take workmanlike care; **größtmögliche** ~ utmost care; **hinreichende** ~ proper care; **jede zumutbare** ~ all reasonable care; **mangelnde** ~ want/lack of care; **notwendige** ~ proper care, the required care and diligence; **übliche** ~ ordinary duty of care; **unterlassene** ~ failure to exercise due care and attention; **verkehrsübliche** ~ ordinary care, proper care, due care and attention.

sorgfältig *adj* careful, diligent.

Sorglosgarantie *f* no-quibble guarantee.

Sorte *f* sort, kind, type, variety, grade, *pl* foreign notes and coins, foreign cash; **~nabteilung** *f* foreign currency department; **~ngeschäft** *n* dealings in foreign notes and coins; **~nhandel** *m* dealings in foreign notes and coins; **~nhändler** *m*/**-in** *f* exchange jobber; **~nkasse** *f* foreign currency cash department; **~nkurs** *m* rate of exchange for notes and coins; **~nliste** *f* list of (protected) seed varieties; **~nproblem** *n* problem of supplying goods of the required grades; **~nschutz** *m* (plant) varieties patent; **~~rechte** *pl* plant varieties protective rights; **~~kontrolle** *f* plant variety patent register; **~nwahl** *f* grading; **~nzahl** *f* number of varieties; **~nzettel** *m* statement of specie, bill of specie.

sortieren *vt* to assort, to sort.

Sortiermaschine *f* sorter, sorting machine.

Sortierung *f* assortment.

Sortiment *n* line of goods, range of goods, assortment, product mix, variety; **~sabhängigkeit** *f* dependence on the supply of a special brand of goods; **~sabteilung** *f* new book department; **~sbuchhändler** *m*/**-in** *f* retail bookseller; **~s-Buchhandlung** *f* retail bookshop; **~serweiterung** *f* diversification, broadening one's variety of goods; **~shandel** *m* single-line trade, wholesale trade, retail trade (*books*); **breites** ~ **der Güter** wide range of goods; **hereingenommene ~e** lines of goods taken into stock; **knappe ~e** little stock in hand.

Sortimenter *m* retail bookseller.

Souterrain *n* basement; **~räume** *pl* underground rooms; **~wohnung** *f* basement flat, basement dwelling.

Souverän *m* sovereign.

souverän *adj* sovereign.

Souveränität *f* sovereignty; **~sakt** *m* act of a sovereign state; **~sbeschränkung** *f* restriction of sovereign rights; **~srecht** *n* sovereign right; **~sverletzung** *f* violation of sovereign rights; **äußere** ~ (external) sovereignty; **nationale** ~ national sovereignty; **parlamentarische** ~ parliamentary sovereignty; **volle** ~ full sovereignty.

Sozial| (*social* = *s*-) **~abgaben** *pl s*-security contributions, *US s*- security tax; **~amt** *n s*- services office, (*s*-) welfare office; **~anspruch** *m s*-welfare claims; claims of partners inter se (*arising from their relationship*); **~arbeit** *f* welfare work, *s*-work; **~arbeiter** *m*/**-in** *f s*- worker; **~aufwand** *m s*- expenditure, *s*-benefits; **~ausgaben** *pl s*- expenditure; **~auswahl** *f s*--welfare oriented selection (*employment law*), *selection of workers to be dismissed according to s-welfare criteria, eg single men before fathers*; **~bedürftigkeit** *f* indigence, poverty; **~beirat** *m s*-insurance advisory board (*at ministerial level*); **~beiträge** *pl s*- insurance contributions; **~belastung** *f* burden of *s*- charges; **~bericht** *m* annual *s-* insurance report (*to the German parliament*); **~betreuer** *m/* **-in** *f s-* worker, welfare officer; **~bilanz** *f* corporate socio-economic accounting, *s-* balance sheet; **~bindung** *f* restrictions on individual property rights for the benefit of society; ties with one's *s-* environment; **~bonus** *m s-* bonus, discount for low-income subscribers; **~charta** *f s-* charter; **Europäische ~~** European *S-* Charter (*1961*); **~demokrat** *m/***-in** *f s-* democrat; **~demokratie** *f s-* democracy; **~demokratische Partei Deutschlands** (*abbr* **SPD**) German *S-* Democratic Party (*abbr* SPD); **~einrichtung** *f* welfare institution; *pl s-* services; **~etat** *m* budget for *s-* services; **~fonds** *m* welfare funds, charitable fund; *s-* fund; **Europäischer ~~** *m EU* European *S-* Fund; **~fürsorge** *f s-* welfare, public welfare; **~gefüge** *n s-* structure; **~geheimnis** *n* confidential nature of *s-* insurance data; **~gericht** *n s-* security tribunal; **~~sbarkeit** *f* jurisdiction for *s-* security litigation; **~~sgesetz** *n* (*D 1975*) *law concerning s- security tribunals and their procedure*; **~~sverfahren** *n* procedure in *s-* security tribunals; **~gesetzbuch** *n S-* Security Code (*comprehensive codification of all s- insurance and welfare legislation*); **~gesetzgebung** *f s-* welfare legislation; **~haushalt** *m* budget for *s-* and welfare expenditure, *s-* (services) budget; **~hilfe** *f* → *Sozialhilfe*; **~klausel** *f s-* hardship clause *in favo(u)r of a tenant*; **~kommunalobligation** *f* municipal bond to finance *s-* services, communal bond to finance housing; **~kontrakt** *m s-* contract, *s-* compact; **~kosten** *pl s-* welfare costs, employee benefit costs, *s-* expenditure; **allgemeine ~~** general employee benefits and facilities; **~kredit** *m* credit extended to socially weak persons; **~last** *f s-* charges, the burden of *s-* expenditure; **~leistungen** *pl s-* security benefits; **freiwillige ~~** voluntary welfare payments, fringe benefits; **gesetzliche ~~** *s-* insurance contributions required by law; **~medizin** *f s-* medicine, medical care for *s-* purposes; **~minister** *m/***-in** *f* Minister for *S-* Services; **~moral** *f s-* morals, average moral standard (of society); **~ordnung** *f s-* system, *s-* order; **~papiere** *pl* bonds for *s-* services, housing bonds; **~partner** *m/***-in** *f* employers and employed, both sides of industry, management and labo(u)r/work force; **~pflichtigkeit** *f* **des Eigentums** (constitutional) principle that ownership involves (*s-*) obligations; **~philosophie** *f s-* philosophy; **~plan** *m s-* redundancy plan; **~politik** *f s-* policy; **~produkt** *n* national product, *s-* product; **~prognose** *f* rehabilitation prospects (*of an offender*); **~programm** *n* welfare program(me); **~psychologie** *f s-* psychology; **~rabatt** *m* discount on *s-* grounds, discount for low-income subscribers; **~rat** *m s-* council; **Wirtschafts- und ~~ der Vereinten Nationen** United Nations Economic and *S-* Council (*abbr* ECOSOC); **~recht** *n s-* welfare law, *s-* legislation, law concerning *s-* problems; **~~sweg** *m* access to *s-* security tribunal and appellate courts; **~reform** *f s-* reform; **~rente** *f s-* insurance pension, *s-* security pension; **~~nreform** *f s-* insurance pensions reform; **~rentner** *m/***-in** *f s-* insurance pensioner; **~richter** *m/***-in** *f s-* security tribunal judge; **~staat** *m* welfare state, state based on *s-* justice, *s-* state; **~~sprinzip** *n* principle of *s-* justice and the welfare state; **~station** *f* welfare *US* center/*GB* centre; **~system** *n s-* security (system); **~union** *f s-* union **Vertrag über die Schaffung *e-er* Währungs-, Wirtschafts- und ~~ zwischen der Bundesrepublik Deutschland und der Deutschen Demokratischen Republik** (= *Staatsvertrag*) Treaty Concerning the Creation of a Currency, Economic, and

S- Union between the Federal Republic of Germany and the German Democratic Republic (= *State Treaty, July 1, 1990*); **~verbindlichkeiten** *pl s*- services liabilities; **~verpflichtungen** *pl* partners' obligations inter se (*arising from their relationship*); **~versicherung** *f* → *Sozialversicherung*; **~vertrag** *m s*-contract, *s*- compact; **~verwaltung** *f s*- security authorities; **~~srecht** *n* administrative *s*- security law; **~wahlen** *pl s*- insurance assembly elections (*of delegates*); **~wesen** *n s*-services; **~widrigkeit** *f* unsocial conduct; harsh and unconscionable action, socially unjustified action; **~wissenschaften** *f/pl s*- sciences; **~wohnung** *f* council home, socially subsidized flat, public-assistance dwelling; **~zulage** *f* welfare allowance, fringe benefit; **~zuschlag** *m* allowances based on the domestic status of employees; **~zuschuss** *m s*- grant, supplementary benefit; **Wirtschafts- und ~ausschuss** *m EU* Economic and *S*- Committee.

Sozialhilfe *f* public welfare, public assistance, social assistance; supplementary benefits, social welfare benefits; **~ausschuss** *m* public welfare committee; **~~ beziehen** to be on social security, *GB* to be in receipt of supplementary benefits; **~bezieher** *m/***-in** *f* recipient of social assistance, welfare recipient, person on social security; **~gesetz** *n D* Federal Public Welfare Act (*1987*); **~recht** *n* public welfare law; **~richtsatz** *m* standard rate for public welfare benefits; **~träger** *m authorities financially responsible for public welfare.*

sozialhilfeberechtigt *adj* eligible for social assistance, *GB* eligible for supplementary benefit, entitled to social assistance, eligible for welfare.

sozialisieren *vt* to socialize, to nationalize.

Sozialisierung *f* socialization, nationalization.

sozial|medizinisch *adj* medico-social; **~politisch** socio-political.

Sozialversicherung *f* (contributory) social insurance (= *s/i*)/social security (= *s/s*) scheme; national insurance; **~sabgabe** *f s/s* contribution, *US s/s* tax; **~sabzüge** *m/pl s/s* payroll deductions; **~sanpassungsgesetz** *f s/i* adaptation act; **~sansprüche** *m* the rights to *s/s* benefits; **~sausweis** *s/s* pass/identification card; **~sbeitrag** *m s/s* contribution, *US s/s* tax; **~sbezüge** *pl s/i* benefits; **~sgesetz** *n GB S/S* Act, National Insurance Act, *s/s* legislation; **~sgrenze** *f* income limit for compulsory *s/i*; **~sleistungen** *pl s/i* services and benefits, *s/s* benefits; **~~ bei Arbeitsunfall** industrial injuries benefits; **~spflicht** *f* compulsory *s/i*; **~srente** *f s/i* pension; **~sträger** *m s/i* institution, **freiwillige ~** voluntary membership in a *s/i* scheme; **Nachentrichtung von ~sbeiträgen** retrospective payment of *s/i* contributions.

sozialversicherungspflichtig *adj* subject to social insurance (contributions).

Sozietät *f* professional partnership, society, association.

Sozius *m* partner, associate; **~fahrer** *m/***-in** *f* pillion passenger.

Spaltenaddition *f* footing.

Spaltgesellschaft *f* split company (*due to expropriation of part of the company*), breakup company.

Spaltungstheorie *f* splitting-up doctrine (*expropriation in part*).

Spanne *f* margin, spread, difference.

Spannung *f pol* tension, friction; **~sfall** *m* case of emergency short of war; **~sklausel** *f* (pro rata) adjustment clause (*of equivalent services in escalator clauses*).

Spar|anlage *f* savings holding, savings investment, (*saving* = *s*-); **~anreiz** *m s-s* incentive; **~aufkommen** *n* total *s-s*; **~bon** *m s-s* certificate; **~bonds** *m s-s* bonds; **~brief** *m s-s* bank certificate; **~buch** *n* pass-book, *s-s* bank book;

~eckzins *m* basic *s-s* rate; ~einlage *f s-s* deposit, *s-s* account; ~~nzugänge *pl* accruals of *s-s* deposits; ~förderung *f* tax incentives for (private) *s-*; ~freudigkeit *f* propensity to save; ~geld *n s-s*, *s-s* deposits; ~geschäft *n s-s* business; ~giroverkehr *m* transfer of funds via the *s-s* banks, *s-s* banks' giro system; ~guthaben *n s-s* account, *s-s*-bank deposits, credit balance of a *s-s* account; ~institut *n s-s* institution; ~kapital *n s-s* capital; ~kasse *f* → *Sparkasse*; ~konten der privaten Haushalte *s-s* accounts of private account-holders; ~konto *n* (pass-book) *s-s* account; ~leistung *f s-*, total *s-*, achieved *s-s*; ~marke *f s-s* stamp; trading stamp; ~maßnahmen *pl* economizing measures; ~menge *f* volume of *s-s*, quantity of *s-s*; ~mittel *n s-s*, saved resources, accrued *s-s*; ~neigung *f* propensity to save; ~politik *f s-s* policy; economy-mindedness; ~prämie *f s-s* premium; ~~n-Vertrag *m* premium-*s-s* contract; ~programm *n* cost-cutting drive, economy program(me); ~quote *f s-* rate, *s-* ratio; ~~ der privaten Haushalte personal *s-* ratio; ~rücklage *f s-s* reserve; ~schwein *n* piggy bank; ~tätigkeit *f s-*, *s-* activity; ~verein *m s-s* club, provident society, thrift society; ~verkehr *m s-*, *s-s*-banks transactions; ~vertrag *m s-* agreement, *s-s*-plan (agreement); ~~ mit festgelegten Sparraten instal(l)ment *s-s* plan; prämienbegünstiger ~~ premium-aided *s-s* agreement; ~vorgang *m s-* process; ~werbung *f s-s* propaganda; ~wesen *n s-*, *s-s* system; ~wille *m* will to save; ~ziele *pl* objects of *s-*, *s-* targets; ~zinsen *pl* interest on *s-s* deposits; ~zugang *m* accrual of *s-s*; ~zulage *f s-s* supplement; Arbeitnehmer-~~ salary/wage *s-s* supplement (*to encourage employee saving*); ~zwang *m* compulsory *s-*.

Sparen *n* saving, thrift; ~ **im Lohnabzugsverfahren** save as you earn; **prämienbegünstigtes** ~ premium-aided saving.

sparen *vt/vi* to save; to economize.

Sparer *m/***-in** *f* saver; ~**freibetrag** *m* tax allowance for savers; ~**schutz** *m* legal protection of savings accounts.

Sparkasse *f* savings bank; **kommunale** ~ municipal savings bank; **öffentliche** ~ public savings bank; ~**nbuch** *n* savings book, bank book, pass-book; ~**ngeschäft** *n* savings business; ~**ngesetz** *n* savings-bank enactment; ~**nguthaben** *n* savings-bank deposit(s); ~**nkredit** *m* savings-bank credit; ~**nordnung** *f* savings-bank regulations; ~**n- und Giroverband** *m* savings banks and their clearing association.

sparpolitisch *adj* relating to savings policy.

Sparsamkeit *f* economy, thrift.

Sparte *f* line of business; column.

Spätaussiedler *m/***-in** *f post-war repatriated person from Eastern Europe.*

Spätfolgen *f/pl* remote consequences (of an injury).

Spätheimkehrer *m* late-returning prisoner of war.

SPD (*abbr* = **Sozialdemokratische Partei Deutschlands**) German Social Democratic Party.

Spediteur *m/***-in** *f* forwarder, forwarding agent, forwarding merchant, removal man/firm; ~**bedingungen** *pl* forwarders' conditions; **Allgemeine Deutsche** ~~ General German Forwarders' Conditions; ~ **Empfangsquittung** *f* forwarder's receipt; ~**-Empfangsschein** *m* forwarder's receipt; ~**übernahmebescheinigung** *f* forwarder's receipt, forwarding agent's certificate of receipt.

Spedition *f* forwarding (= *f-*), business of forwarding, forwarding trade, removal; ~**sagent** *m/***-in** *f f-* firm's agent, shipper's representative removal agency; ~**sauftrag** *m f-* order, shipping order; ~**sbüro** *n f-* office, shipping office, shipping agency; ~**sfirma** *f f-* agency, *f-* firm, transport agency; ~**sgeschäft**

n f- agency, (the) *f-* trade; **~sgesellschaft** *f f-* company, transport company; **~sgewerbe** *n f-* trade; **~skosten** *pl f-* charges; **~sprovision** *f f-* commission; **~srechnung** *f* note of charges for *f-*; **~sversicherung** *f* forwarder's risk insurance; **~~sschein** *m* forwarder's risk insurance policy, *f-* insurance policy; **~svertrag** *m f-* contract, contract with a *f-* agent.

speichern *vt* to store.

Speise|rolle *f* captain's record of food for the crew; **~wirtschaft** *f* restaurant.

Spekulant *m/***-in** *f* speculator, speculative dealer, stock exchange gambler, operator, bear, bull; **kurzfristiger** ~ free rider.

Spekulation *f* speculation, venture, punt, stock jobbing, (*speculative* = *s-*); **~saktien** *pl s-* shares, floating stock; **~sdruck** *m s-* pressure; **~sgeschäft** *n s-* venture, *s-* transaction; **~sgewinn** *m s-* profit; **plötzlicher** ~~ killing; **~skapital** *n* venture capital, risk-bearing capital; **~skauf** *m s-* buy/purchase *pl s-* buying; **~spapiere** *pl s-* securities, *s-* stock; **~srisiko** *n s-* risk; **~ssteuer** *f* gambling tax, tax on *s-* gains; **~sverlust** *m* gambling loss, loss caused by speculation; **~sversicherung** *f s-* underwriting; **~swert** *m s-* value, *s-* share; **~szwecke** *m/pl s-* purposes; **berufsmäßige** ~ professional speculation, professional stock-exchange operations; ***e-e*** ~ **riskieren** to take a (*s-*) risk; **gewagte** ~ hazardous/daring speculation.

spekulativ *adj* speculative.

spekulieren *vi* to speculate, to gamble, to play the market.

Spende *f* charity/public benefit contribution, donation, gift (*for charitable or non-profit making purposes*); **~nabzug** *m* deduction of donations from taxable income (*for charity, etc*), charitable deduction; **~naffäre** *f* political donations scandal; **~naufruf** *m* appeal for donations, charity appeal; **~nbescheinigung** *f* receipt of a public benefit donation, donation receipt (*tax deductible*); **~nempfänger** *m/***-in** *f* recipient of a donation, donee; **~nhöchstbetrag** *m* maximum tax allowance for donations.

Sperr|auftrag *m* stop order, stop payment; **~bezirk** *m* prohibited area (*for prostitution*), restricted area; **~depot** *n* frozen deposit account, blocked safe-deposit, blocked security deposit; **~erklärung** *f* instruction to stop payment (*on a US check/GB cheque, etc*); **~fläche** *f* restricted area; **~frist** *f* blocked period, *ins* waiting period, qualifying period, period of ineligibility, period of exclusion from benefits; period of non-negotiability; **~gebiet** *n* prohibited area, restricted area; prohibited zone; **~gut** *n* bulky goods; **~~haben** *n* frozen account; **~jahr** *n* twelve-month ban, restrictive year, waiting period of one year; **~konto** *n* frozen/stopped/blocked account; **~klausel** *f* restrictive clause, minimum percentage clause (*for admission of a party to a parliamentary body*); **~mark** *f* blocked marks; **~minorität** *f* voting veto, vetoing stock, blocking minority; **~müll** *m* bulky refuse, bulky waste; **~patent** *n* blocking-off patent; **~stücke** *pl* blocked units; **~stunde** *f* closing hour, curfew; **~vermerk** *m* note of blocking, non-negotiability notice, inhibition (*on a register*); **~wirkung** *f* blocking effect, freezing effect; **~zeit** *f* period when unemployment benefits are stopped; period of ineligibility; **~zoll** *m* prohibitive duty.

sperren *vt* to block, to suspend, to exclude from benefits, to countermand, to stop payment on a *US* check/*GB* cheque.

Sperrigkeitszuschlag *m* additional charge for handling bulky goods.

Sperrung *f* blockage, stoppage, freezing; ~ ***e-es*** **Schecks** stoppage of payment, stopping a *US* check/*GB* cheque.

Spesen *pl* expenses, out-of-pocket expenses, charges, per diem (allowance); **~abrechnung** *f* expense report, list of expenses; **~ aufschlüsseln** to specify/to itemize expenses, to break down expenses; **~aufstellung** *f* statement of expenses, specification of disbursements; **~konto** *n* expense account; **~pauschale** *f* expense allowance; **~rechnung** note of expenses; **~ritter** *m*/**-in** *f* expense-account fiddler; **~satz** *m* daily expense allowance; **~unwesen** *n* expenses racket, malpractice in connection with expense accounts; **~ vergüten** to reimburse expenses incurred; **~vorschuss** *m* advance payment for expenses; **~zettel** *m* expense voucher; **abzüglich der ~** charges deducted, less charges.

spesenfrei *adj* free of expenses.

Spezial|anfertigung *f* special manufacture, custom made; **~arbeiter** *m*/**-in** *f* qualified worker; **~artikel** *m* special article, shopping goods, specialty goods, specialty; **~ausbildung** *f* special training; **~bank** *f* specialized commercial bank; **~bestimmung** *f* special provision; **~einkaufsermächtigung** *f* special purchasing authorization; **~erzeugnis** *n* specialty product, specialty; **~-Fachgeschäft** *n* one-line business; **~-Fahndungsliste** *f* most-wanted list; **~fahrzeug** *n* special-purpose vehicle; **~gebiete** *pl* speciality, special field, special line; **~geschäft** *n* one-line business, single-line store; **~gesetz** *n* special law, private statute; **~gütermesse** *f* specialized trade fair; **~handel** *m* special trade; **~kenntnisse** *pl* special knowledge; **~~ der Herstellung** manufacturing know-how; **~markt** *m* fair, special market; **~prävention** *f* deterrent effect on a particular offender; **~risiko** *n* special risk; **~rückversicherung** *f* facultative reinsurance, special risk reinsurance; **~sachen** *pl* specific goods; **~strafgesetz** *n* special penal/criminal statute; **~vollmacht** *f* special power of attorney; **~wert** *m* specialty (*share, stock exchange*), special stock; **~wissen** *n* special knowledge, technical knowledge.

spezialisieren *v reflex* to specialize.

Spezialisierung *f* specialization; **~skartell** *n* cartel calling for specialization of enterprises.

Spezialität *f* speciality; **~sprinzip** *n* *principle that rights in rem are specifically attached to a thing; principle that more specific norm applies, principle that more specific law preempts more general law.*

Spezies|kauf *m* sale of specific/ascertained/nonfungible goods; **~schuld** *f* determinate obligation, specific obligation; **als ~~** in specie; **~vermächtnis** *n* specific legacy, specific gift.

Spezifikation *f* specification; **~skauf** *m* sale subject to buyer's specifications.

spezifizieren *vt* to specify, to particularize, to give full particulars.

Spezifizierung *f* specification(s), full particulars, itemization, detailed statement; **~ von Patenteinsprüchen** notice of objections.

Spiegelglasversicherung *f* plate-glass-insurance.

Spiel *n* game, gambling, play; **~automat** *m* gambling machine, slot machine, one-armed bandit; **~bank** *f* casino, kursaal, gambling house; **~~-Abgabe** *f* (combined) kursaal levy; **~~steuer** *f* tax on gambling establishments; **~film** *m* feature film, feature (motion picture); **~hölle** *f* gambling den; **~kasino** *n* (gaming) casino; **~lokal** *n* common gaming house; **~raum** *m* latitude, margin; **kassenmäßiger ~~** cash margin; **~regeln** *f* rules of the game; **~salon** *m* gaming house, kursaal; **~schuld** *f* gambling debt, gaming debt, play debt; **~straße** *f* street with speed restriction to allow for children playing; **~ und Wette** wagering and gambling; **~- und Wettverträge** gaming and wagering contracts; **~unternehmer** *m*/**-in** *f* common gambler; ~**vertrag** *m* gaming contract; ~**warenmesse** *f* toy industry fair; ~**zeug** *n* toy; ~~**waffe** *f* imitation firearm, toy gun; **abgekartetes** ~ put-up job.

Spillage *f* spillage, waste.

Spillgeld *n* spillage, charge for spillage.

Spion *m*/**-in** *f* spy, agent.

Spionage *f* espionage, spying; ~**abwehr** *f* counter-espionage, counter-intelligence; ~ **treiben** to spy, to engage in espionage activities; ~**ring** *m* spy ring.

Spitzel *m*/**-in** *f* informer, common informer, undercover agent, spy, *sl* stool pigeon, gumshoe, snooper, ferret, snitcher.

Spitzen|anlage *f* first-class investment; ~**ausgleich** *m* settlement of balance; evening-out of the peaks; ~**beanspruchung** *f* peak-load (conditions); ~**bedarf** *m* peak demand, marginal requirements; ~**belastung** *f* peak load, maximum rate ~~**szeit** *f* peak period; ~**betrag** *m* maximum amount; ~**einkommen** *n* top income; ~**ergebnis** *n* top achievement, record level; ~**fabrikat** *n* top-quality product, first-class product; ~**finanzierung** *f* provision of residual finance; ~**führungskraft** *f* top executive; ~**gehalt** *n* top-level salary, top salary; ~**gespräch** *n* top level talks; ~**gremium** *n* leading group, top management team, controlling organ; ~**gruppe** *f* leading group; ~~**nwerbung** *f* advertising aimed at top group; ~**institut** *n* leading institution; ~**kandidat** *m*/**-in** *f* leading candidate; ~**klasse** *f* top quality, best quality; ~**kraft** *f* top-level employee; ~**kräfte** *pl* high-calibre staff; ~**leistung** *f* peak performance, maximum output, top work; ~**lohn** *m* peak wage, top wage(s); ~**manager** *m*/**-in** *f* top manager; **datensachverständiger** ~~ top manager with data processing background; ~**marke** *f* brand leader; ~**nachfrage** *f* residual demand; ~**organisation** *f* top-level organization, leading collective bargaining group; ~**papier** *n* leading stock; ~**politiker** *m*/**-in** *f* leading politician, prominent politician; ~**qualität** *f* top quality, best quality; ~**regulierung** *f* adjustment of fractional amounts; evening-out of peaks; ~**verkauf** *m* peak sales; ~**satz** *m* maximum rate, top tax rate; ~**preis** *m* peak price, top price; ~**verband** *m* central organization, central association; **kommunaler** ~~ local authority association; ~**verdiener** *m*/**-in** *f* high income earner; ~**versorgung** *f* standby supply (electricity); ~**werte** *pl* leaders, leading shares, blue chips; ~**zeit** *f* peak period, peak hours.

Spitzfindigkeit *f* quibble, sophism, sophistry; **juristische** ~ pettifogging.

Split *m* split, splitting.

Splitter|aktionär *m*/**-in** *f* ultra-small shareholder, person with a modest shareholding; ~**bombe** *f* fragmentation bomb; ~**siedlung** *f* scattered housing; ~**gruppe** *f* splinter group, small faction; ~**partei** *f* splinter party; ~**siedlungen** *pl* scattered housing.

Splitting *n* splitting; ~**-Verfahren** *n* income tax splitting (*between husband and wife*); ~**-Vergünstigung** *f* splitting privilege.

Spotkurs *m* spot price.

Spottpreis *m* ridiculously low price.

Sprachregelung *f* official position, official version, official wording.

Sprachreise *f* language-learning trip.

Sprachwerk *n* literary work.

Sprech|anlage *f* intercom; ~**erlaubnis** *f* visitor's permit (*prison*); ~**filmrechte** *pl* talking motion picture rights; ~**stunde** *f* office hours, hours open for consultation, hours of attendance; ~**verbot** *n* no speaking; ~**zeit** *f* speaking time; ~**zimmer** *n* consulting/consultation room.

Sprecher *m*/**-in** *f* spokesman; ~**ausschuss** *m* representative committee (of executive employees); ~ **der**

Bundesregierung spokesman of the German Federal Government.

Sprengel *m* district; parish; **~arzt** *m*/**~ärztin** *f* district physician, local doctor.

Sprengkammer *f* demolition chamber; **~kommando** *n* bomb disposal squad; **~ladung** *f* explosive charge; **~meister** *m*/**-in** *f* blaster; **~mittel** *n* explosives, demolition material; **~stoff** *m* → *Sprengstoff*; **~wirkung** *f* explosive effect.

Sprengstoff *m* explosive (= *e-*); **~anschlag** *m* bomb attack, bomb outrage; **~brief** *m* letter bomb; **~delikte** *pl US* offenses/*GB* offences involving the use of *e-s*; **~erlaubnisschein** *m* permit to use *e-s*; **~gesetz** *n E-* Substances Act; **~paket** *n* parcel bomb; **~recht** *n* law on *e-s*; **~register** *n* register of licensed users of *e-s*; **~verbrechen** *n* felonies committed with *e-s*; **~verkehrsordnung** *f e-s* transmittal ordinance; **~verwendungsordnung** *f e-s* (use) ordinance.

Sprengung *f* blasting; *pol* break-up, dispersal; ~ ***e-er*** **Gesetzgebungsversammlung** breaking-up of a legislative assembly.

Spross *m* issue, scion, offspring.

Spruch *m* award, verdict, judgment; **~ausschuss** *m* grievance committee, mediation committee; **~behörde** *f* conciliation board; **~kammer** *f hist* denazification court; **~körper** *m* panel of judges; **~reife** *f* ripeness for court decision; **~richter** *m*/**-in** *f* trial judge; **~termin** *m* date for pronouncing a decision; **~verfahren** *n* administrative decision procedure.

Sprungregress *m* recourse against one of the previous endorsers (*other than the last-preceding one*).

Sprungrevision *f* leap-frog appeal, leap frogging, leap frog procedure, *US* direct appeal (*to supreme court*).

Spur *f* **I** trace; track; **~ensicherung** *f* preserving traces/evidence; **~en verfolgen** to pursue leads/clues; **die ~en verwischen** to remove the traces; **ohne ~en zu hinterlassen** to leave without a trace.

Spur *f* **II** lane; ~ **für Linksabbieger** filter lane (*for those turning left*); ~ **halten** keeping to one's lane (in traffic); **~wechsel** *m* change of lane; **in der ~ bleiben** to keep in the (same) lane.

spurlos *adj* traceless, without leaving a trace.

Spür|barkeit *f* noticeable influence (*of restrictive practices*); **~hund** *m* detector dog, sniffer dog.

Staat *m* state (= *s-*), government (= *g-*, *governmental* = *g-l*); ~ ***e-es*** **Staatenbundes** confederated *s-*; **~enbildung** *f* formation of *s-s*; **~enbund** *m* permanent confederacy of supreme *g-s*; **~endienstbarkeit** *f* international servitude; **~engemeinschaft** *f* community of *s-s*; comity of nations; **~engleichheit** *f* equal sovereignty (of *s-s*); **~enimmunität** *f* sovereign immunity (of *s-s*); **~en in Afrika, im Karibischen Raum und Pazifischen Ozean** (*abbr* **AKP-Staaten**) African, Caribbean, and Pacific countries (*abbr* ACP *S-s*); **~enklage** *f EU* action against a member *s-* (*in a European court*); **~enkonferenz** *f* conference of *s-s*; **~enlose(r)** *f(m)* (*der ~enlose*) stateless person; **~enlosigkeit** *f* statelessness; **~en mit Rechtsverkehr** *s-s* where one drives on the right; **~ennachfolge** *f* succession of *s-s*; **~~ ohne Übernahme der Verbindlichkeiten des Vorgängerstaates** negative succession; **~ensukzession** *f* succession of *s-s*; **~enverantwortlichkeit** *f s-* responsibility; **~enverbindung** *f* federation/combination of *s-s*; **~sabgaben** *pl* tribute; fiscal dues, public revenue charges; **~sabkommen** *n g-* agreement(s); **~sakt** *m* act of *s-*, *g-l* act; **feierlicher ~~** *s-* ceremony; **~sangehörige(r)** *f(m)* (*der ~sangehörige*) → *Staatsangehöriger*; **~sangehörigkeit** *f* → *Staatsangehörigkeit*; **~sangestellte(r)** *f(m)* (*der ~sangestellte*) *g-* employee, civil servant;

~sanleihe *f g-* bonds, *g-* loan, national bond issue, public bonds, bank annuities, **~~papiere** public funds; **~sanwalt** *m/***~sanwältin** *f* prosecutor, public prosecutor, *US* district attorney; **~~ beim Militärgericht** judge advocate; **~~schaft** *f* prosecution, department of public prosecution, Director of Public Prosecutions, *GB* Crown Proscution Service; **~sanzeiger** *m* official bulletin, official gazette; **~sapparat** *m s-* machinery; **~sarchiv** *n* public record office, public records, *s-* archives; **~saufgaben** *pl s-* functions; **~saufsicht** *f g-l* supervison; **~~sbehörde** *f s-* supervisory authority; **~sauftrag** *m* public contract, *g-* contract; **geheimhaltungsbedürftiger ~~** restricted *g-* contract; **~sausgaben** *pl* national expenditure, *g-* expenditure, public expenditures, *g-* spending; **~sbank** *f g-* bank, national bank, *s-*-owned central bank; **~~enkonten** *pl* central bank accounts; **~~rott** *m* national bankruptcy, national insolvency; **~sbeamter** *m/***~sbeamtin** *f g-* official, civil servant, public official; **~sbeauftragte(r)** *f(m)* (*der ~sbeauftragte*) *g-* agent, *s-* commissioner; **~sbedienstete(r)** *f(m)* (*der ~sbedienstete*) civil servant; **~sbegräbnis** *n s-* funeral; **~sbehörde** *f g-l* authority; **~sbesitz** *m* public property, public domain, possessions of the *s-*; **~sbesuch** *m s-* visit; **~sbetrieb** *m s-* enterprise, national enterprise; publicly owned enterprise; **~sbürger** *m/***-in** *f* citizen; national; **~~ mit Wohnsitz im Ausland** non-resident citizen; **~~rechte** *pl* civil/civic rights, citizens' rights; **~~urkunde** *f* certificate of citizenship; **~sbürgschaft** *f g-* guarantee; **~schef** *m/***-in** *f* executive head, head of *s-*; **~sdarlehen** *n* public loan, *g-*(al) loan; **~sdienst** *m* public service, civil service; **~~barkeit** *f s-* servitude (*property law*); **Anstellung im~~** government employment; **~sdomäne** *f s-* farm; public domain; **~sdruckerei** *f g-* printer, *g-* printing office; **~seigentum** *n s-* ownership, *g-* ownership, public ownership, national ownership; *s-* property, *s-*-owned property, national property, public property, *g-* property; **im ~~ befindlich** *s-* owned; **~seinkünfte** *pl s-* revenue, public revenue, *g-* revenue, *g-* income; **~seinnahmen** *f s-* revenue, *g-* income → *~seinkünfte*; **~seinrichtungen** *pl s-* institutions; **~sempfang** *m* public reception; **~serbrecht** *n* escheat, *right of the s- to inherit in the absence of heirs or beneficiaries*; **~sexamen** *n* state (licensing) examination (*teachers, lawyers, medical doctors, etc*); **juristisches ~~** state bar examination, state law examination; **erstes ~ ~~** first state law examination (*on completion of law school*); **zweites ~ ~~** second state law examination (*on completion of a two-year judicial training program(me)*); **~sfehlbetrag** *m* national budget deficit; **~sfeiertag** *m* national (bank) holiday; **~sfeind** *m* public enemy; **~sfinanzen** *pl s-* finances, public finances, national finances; **~sfinanzwirtschaft** *f g-l* finance; **~sflagge** *f* national flag; **~sform** *f* form of *g-*; **repräsentative ~~** representative *g-*; **republikanische ~~** republican *g-*; **~sforst** *m* national forests; **~sführung** *f g-*; **~sgarantie** *f g-* guarantee; **~sgebäude** *n* public building; **~sgebiet** *n* national territory, *s-* territory; **~sgefährdung** *f* endangering of the *s-*, threat to the security of the *s-*, sedition; **~sgefängnis** *n s-* prison; **~sgeheimnis** *n* official secret, *s-* secret; **ein ~~ ausspähen** to obtain an official secret by espionage; **~sgeld** *n* public funds; fiduciary money standard; **~sgerichtshof** *m s-* tribunal, constitutional court; **~sgeschäfte** *pl* official business, *s-* affairs; **~sgewalt** *f s-* authority, *s-* power; **~sgrenze** *f* national border, *s-* border; **~sgrund** *m* public lands; **~sgründung** *f* formation of (a/the) *s-*; **~shaftung** *f g-*

liability, *s-* responsibility; **~~sklage** *f* action against the *s-*; **~shandel** *m* *s-* monopoly trading, *g-l* trade; **~~sschiff** *n* *s-*-merchant ship; **~shaushalt** *m* national budget, *g-*(al) budget; public accounts; **~shoheit** *f* sovereignty, sovereign power; **~~sakt** *m* act of *s-*, sovereign act, act of sovereignty; **~~sgebiet** *n* national territory, territory of a sovereign *s-*; **~sinteresse** *n* national interest, public interest; **~sintervention** *f s-* intervention; **~skanzlei** *f s-* chancellery; **~skapitalismus** *m s-* capitalism; **~skasse** *f* public treasury; **~~nschein** *m* treasury certificate, treasury bill; **der ~~ die Kosten auferlegen** to direct that payment of the costs should be made out of public funds, to award the costs against the *s-*; **~skirche** *f* national church, *s-* church, *GB* the Established Church; **~~enrecht** *n* public law concerning religious bodies, law concerning church-and-*s-* relations; **~skommissar** *m/*-**in** *f s-* commissioner, *g-* commissioner; **~skonkurs** *m* national bankruptcy; **~skontinuität** *f* continuity of *s-s*; **~skontrolle** *f s-* control, *g-* control; **~skonzession** *f s-* *US* license/*GB* licence; **~skosten** *pl* public expense; **auf ~~** at public expense; **~skredit** *m g-* credit/loan; **~skunst** *f* statesmanship; **~sland** *n* public lands; **~slasten** *pl* public burdens; **~slehre** *f* political science; **~sleistung** *f* performance by the *s-*; **~sleitung** *f g-* direction/control; **~slenkung** *f s-* management, *g-*control; **~slotterie** *f s-*-lottery; **~smacht** *f s-* power, *g-l* power; **~smann** *m* statesman; **~smaschinerie** *f s-* machinery; **~sminister** *m/*-**in** *f* minister of *s-*; (departmental) minister (*in the German Länder*); permanent secretary of *s-*; **~sministerium** *n s-* ministry; **~smonopol** *n s-* monopoly, fiscal monopoly; **~snotstand** *m* national emergency; **~snotwehr** *f* national *US* self-defense/*GB* self-defence, act of *US* self-defense/*GB* self-defence by a *s-*; **~soberhaupt** *n* head of *s-*; **~soberkasse** *f* exchequer department; **~sobligationen** *pl g-* stocks, public bonds; **~sordnung** *f* system of *g-*, *g-l* system; **~sorgan** *n g-* organ, *s-* institution; **~spapiere** *pl g-* securities, *g-* bonds, public securities; **konsolidierte ~~** consols; **~spolitik** *f* national policy, *s-* policy, *g-* policy; **~spräsident** *m/*-**in** *f* President (*of a nation/s-*); **~sprüfung** *f s-* examination; **juristische ~~** *s-* examination in law, *s-* bar examination; **~squote** *f* public-sector share; **~sraison** *f* public policy, reasons of *s-*, national interest; **~srat** *m s-* councillor; council of *s-*; **~~svorsitzende(r)** *f(m)* (*der ~svorsitzende*) *hist* chairman of the council of *s-* (*former GDR*); **~srechnung** *f* public accounts, budget accounts; **~~swesen** *n* public accounts; **~srecht** *n* law of the *s-* (*and its organs*), constitutional law; **~sregierung** *f s- g-* of a *s-*; **~sreligion** *f s-* religion; **~srente** *f* *g-* pension; **~ssäckel** *m* public purse, common purse; **~sschatz** *m* public treasury; **~sschiff** *n s-*-owned vessel; public vessel, public ship; **~sschuld** *f* national debt, public debt; **~~buch** *n* register of public debts, national debt ledger; **~~enaufnahme** *f s-* borrowing, *g-*borrowing; **~~endienst** *m* servicing of the national debts; **~~enrisiko** *n* sovereign-debt risk; **~~enverwaltung** *f* administration of the public debts; **~sschutz** *m* (*s-*) security; **~~behörden** *f/pl s-* security authorities; **~~delikte** *pl* security-related *US* offenses/*GB* offences; **~~sachen** *pl* security-related matters/cases; **~~senat** *m* division at Higher Regional Court (*Oberlandesgericht*) for *s-* security matters; **~ssekretär** *m/*-**in** *f s-* secretary, under-secretary of *s-*, assistant secretary; **~ssector** the public sector; **~ssicherheit** *f hist* national security (*former GDR*); **~~sdienst** *m* (abbr **Stasi**) *hist s-* security police (*former GDR*); **~ssiegel** *n s-* seal;

das große ~~ the Great Seal; **~sstellung** *f g-* appointment, civil service position; **~sstraße** *f s-* highway; **~sstreich** *m* coup d'état; **~ssukzession** *f* succession of *s-s*; **~ssymbol** *n* national emblem, emblem of sovereignty; **~ssystem** *n g-l* system; **~stitel** *m* public loan issue(s), *g-* securities; **~strauer** *f* national mourning; **~streue** *f* allegiance to a *s-*; **~sunternehmen** *n s-*-owned enterprise; **~surkunde** *f* public document, *pl* public records, *s-* papers; **~sverbrauch** *m* consumption by public agencies, level of current *g-* expenditure on goods and services; **~sverbrechen** *n s-* crime, political crime; crime of treason; **~sverdrossenheit** *f* general disaffection with the *g-*; **~sverfassung** *f* constitution (of a *s-*); **~sverleumdung** *f* defamation of the *s-*; **~svermögen** *n* public property, *s-* assets, national domain; **~sverrat** *m* treason; **~sverschuldung** *f* indebtedness of a (the) *s-*; (international) convention, **~svertrag** *m* treaty, international treaty, international convention, interstate agreement; **~~ mit unmittelbarer innerstaatlicher Wirkung** self-executing treaty; **~sverwaltung** *f* public administration; **~svolk** *n* body politic; the people constituting a nation, the leading national element; **~svorbehalt** *m* reservation for the *s-*; **~swappen** *n* national coat of arms, emblem of sovereignty; **~swirtschaft** *f s-* economy, public sector of the economy; national economy; **~~sprinzip** *n* statism; **~~ssystem** *n* statism, system of *s-*-controlled economy; **~swissenschaft** *f* political science, science of *g-*; **~swohl** *n* public benefit, benefit of the *s-*; **~sziel** *n* fundamental aim of *s-* policy; **~~bestimmung** *f* basic policy clause of the constitution; **~szugehörigkeit** *f* nationality; **~~szeichen** *n* nationality mark; **~szuschuss** *m g-*(al) grant, grant-in-aid, exchequer grant; **~~ an Gemeinden** rate support grant; **abhängiger ~** dependent *s-*; **absolut regierter ~** absolutely governed *s-*, autocratic *s-*; **anspruchstellender ~** claimant *S-*; **antragstellender ~** applicant country; **assoziierter ~** associated *s-*; **Assoziierte Afrikanische ~en, Madagaskar und Mauritius** (*abbr* **AASMM**) Associated African States, Madagascar, and Mauritius (*abbr* AASMM); **assoziierungsfähiger ~** associable *s-*; **ausländischer ~** foreign *s-*; **befreundeter ~** friendly *s-*, friendly nation; **blockfreier ~** non-aligned *s-*; **der ersuchende ~** the requesting *s-*, the *s-* making the application, applicant *s-*; **der ersuchte ~** the requested *s-*; **dem ~ anheimfallen** to revert to the *s-*; **fremder ~** foreign *s-*; **Gemeinschaft Unabhängiger ~en** (*abbr* **GUS**) Commonwealth of Independent *S-s* (*abbr* CIS); **halbsouveräner ~** semi-sovereign *s-*; **kriegführender ~** belligerent *s-*; **neutraler ~** neutral *s-*; **neutralisierter ~** neutralized *s-*; **nichtregionale ~en** non-regional countries; **Rahmen-~** *m EU* framework nation; **Sanktionen verletzende ~en** sanction breakers; **selbständiger ~** independent *s-*; **souveräner ~** sovereign *s-*, independent sovereign *s-*; **vertragschließender ~** contracting *s-*; **Washingtoner Übereinkommen zur Beilegung von Investitionsstreitigkeiten zwischen ~en und Angehörigen anderer ~en** Convention on the Settlement of Investment Disputes between *S-s* and Nationals of other *S-s* (= *Washington Convention, World Bank Convention*).

staat|lich *adj* state, governmental, national; **~seigen** state owned, government owned; **~sgefährdend** subversive; **~sintern** intragovernment; **~smännisch** statesmanlike; **~spolitisch** concerning government policy, from a national policy point of view.

Staatsangehörige(r) *f(m)* (*der Staatsangehörige*) national, citizen, subject; ~ **dritter Länder** *pl EU* nationals of third states; ~ **kraft Einbürgerung** naturalized citizen; ~ **kraft Geburt** natural-born subject; birthright citizen; **ausländischer** ~ foreign national/subject; **deutscher** ~ German national, German citizen.

Staatsangehörigkeit *f* nationality (= *n*-), citizenship (= *c*-); **~sausweis** *m* certificate of *n*-; official identity card showing *n*-; **~sbehörde** *f* public authority in charge of *n*-matters; **~sgesetz** *n D N*- Act; **~soption** *f* choice of *n*-; **~srecht** *n* law of *n*- and *c*-; **~surkunde** *f* certificate of *n*-; **~sverzicht** *m* renunciation of *c*-, waiver of national status; **ausländische** ~ foreign *n*-; ~ **der USA** United States *c*-; ~ **durch Geburt** *c*- by birth (*ius sanguinis*); ~ **kraft Abstammung** *c*- by descent; **deutsche** ~ German *n*-; **die** ~ **aberkennen** to expatriate, to be deprived of one's *c*-; **die** ~ **aufgeben** to renounce one's *c*-, to give up one's *n*-; **doppelte** ~ dual *n*-, dual *c*-; **für** ***e-e*** ~ **optieren** to opt for a *n*-; **gültige** ~ effective *n*-.

Stadt *f* (*pl Städte* = *~e*) town, city, municipality; **~anleihe** *f* municipal loan; **~autobahn** *f* urban motorway; **~bahn** *f* city railway, interurban railway; **~baurat** *m* municipal building officer; **~bevölkerung** *f* urban population; **~bezirk** *m* urban district, parish, ward; **~bild** *n* townscape; **~büro** *n* town office; **~dezernent** *m/-***in** *f* head of a municipal government department; **~direktor** *m US* city manager, town clerk; **~ebauförderungsgesetz** *n* Act for the Promotion of Urban Construction; **~entwicklung** *f* town development; **~erneuerung** *f* urban renewal; urban redevelopment; **~etag** *m* congress of municipalities, cities' assembly; **~gebiet** *n* urban area; **~gemeinde** *f* municipality, township; **~gericht** *n* municipal court, petty sessional court; **~grundstück** *n* town property; **~haus** *n* guildhall, town house; **~jugendamt** *n* municipal youth welfare office; **~kämmerer** *m/-***in** *f* town treasurer; **~kernsanierung** *f* urban renewal, rehabilitation of inner city housing; **~kreis** *m* country borough; ~ **mit Marktrecht** market town; **~parlament** *n* municipal assembly, town/city council; **~planung** *f* town planning, city planning; **~polizei** *f* municipal police; **~~chef** *m/-***in** *f* head of the municipal police, town sergeant; **~präsident** *m/-***in** *f* chairman of the town council; **~privileg** *n* municipal privilege; **~rand** *m* city limits; **~~gebiete** *pl* city outskirts; **~~lage** *f* edge-of-town location; **~~siedlung** *f* suburban settlement; **~rat** *m* town council, council, town councillor; **~sanierung** *f* urban redevelopment; slum clearance; **~schulrat** *m/***~schulrätin** *f* chief education officer (*of a town*); **~sparkasse** *f* municipal savings bank; **~staat** *m* city state (*Hamburg, Berlin, Bremen*); **~~enklausel** *f* city-state clause, *clause/section of an enactment allowing exceptions for the city states*; **~umland** *n* urban hinterland; **~väter** *m/pl* (the) city fathers; **~verordnetenversammlung** *f* town council; **~verordnete(r)** *f(m)* (*der ~verordnete*) town councillor; **~verordnung** *f* (municipal) bylaw; **~verwaltung** *f* town management, municipal administration; **~werke** *pl* public utilities; **~zweigstelle** *f* city sub-branch; **kreisangehörige** ~ non-county borough; **kreisfreie** ~ autonomous municipality, county borough.

Staffel | anleihe *f* graduated-interest loan; **~auszug** *m* equated abstract of accounts; **~bauordnung** *f* zoning ordinance; **~form** *f* echelon formation; staggered form; **~gebühren** *pl* differential rates; **~gewinnanteil** *m* graded profit commission; **~miete** *f* step-up lease, graduated rent; **~preis** *m* graduated price, sliding scale price; **~rechnung** *f* equated account, single-column account; **~skonto** *n* progressive discount rates; **~tarif** *m* graduated tariff, differential tariff, graduated tariff; **~zinsen** *pl* day-to-day interest calculation; daily interest (rate); **~zinsrechnung** *f* daily balance interest calculation.

staffeln *vt* to graduate, to scale.

Staffelung *f* gradation, differentiation, spacing out; ~ **der Laufzeiten** spacing out the periods of validity; **jahreszeitliche** ~ seasonal gradation.

Stagnation *f* stagnation.

stagnieren *vi* to stagnate.

Stahl *m* steel (= *s*-); **~aktien** *pl s*-shares, *s*- stock; **~fach** *n* safe-deposit box; **~~abteilung** *f* safe-deposit vault; **~gewinnung** *f s*-manufacture, *s*- production; **~industrie** *f s*- industry; **~kammer** *f* safe-deposit box, strong room, safe room, *s*- vault, vault, safe vault; **~kartell** *n s*- cartel; **~konsortium** *n s*- consortium; **~lieferungen** *pl s*-supplies; **~produktion** *f s*- production; **~verbraucher** *m*/**-in** *f* user of *s*-; **~werte** *pl s*- shares, *s*-stock(s); **Europäische Gemeinschaft für Kohle und** ~ (*abbr* **EGKS**) → *Montanunion, EU* European Coal and *S*- Community (*abbr* ECSC); **Vertrag zur Gründung der Europäischen Gemeinschaft für Kohle und** ~ Treaty establishing the European Coal and *S*-Community.

Stamm *m* stock, permanent staff; parentela (*law of succession*); **~aktie** *f* ordinary share, equity share, common share, *pl US* common stock, ordinary stock, general stock, equities; **~~ndividende** *f* dividend on common shares (stock); **~aktionär** *m*/**-in** *f* ordinary shareholder, ordinary stockholder; **~anteil** *m* = *~aktie*; **~anmeldung** *f* basic application; **~arbeiter** *m*/**-in** *f* regular worker, permanent labo(u)r; **~baum** *m* family tree, table of descent, pedigree, lineage, gradus parentelae; **~belegschaft** *f* permanent staff, body of permanent workers; **~buch** *n* family register, family album; **~dividende** *f* ordinary dividend; **~einlage** *f* original capital share (*in a private limited company*), original capital contribution; **~entschädigung** *f* basic compensation; **~esrecht** *n* tribal lands law; **~firma** *f* original firm, parent firm; **~gast** *m* regular customer; **~~ sein** to patronize; **~gesellschaft** *f* parent company; **~gruppe** *f* skeleton staff; **~gut** *n* family estate; **~halter** *m* son and heir; **~haus** *n* chief house, parent firm, parent store; **~kapital** *n D* nominal capital of a private limited company (*GmbH*), registered capital, original capital; **~kunde** *m* regular customer; **~~ sein** to patronize; **~kundschaft** *f* regular customers, clientele; **~lieferant** *m*/**-in** *f* regular supplier; **~order** *f* regular customers' order; **~patent** *n* original patent, parent patent; pioneer patent; **~personal** *n* permanent staff, skeleton staff; **~rolle** *f* military enrol(l)ment register; **~vermögen** *n* basic assets; ~ **von Facharbeitern** permanent staff of skilled workers; **~wert** *m* original value; **~zeichen** *n* core part of a trademark, part of a trademark that is common to all of a company's trademarks; **männlicher** ~ male stock; **nach Stämmen** per stirpes, according to the rule of representation (intestacy).

Stand *m* (*gen Standes* → *Standes|*) status, position, station, level, social standing position in life; ~ **am Jahresende** position at end of year; ~ **der Aktiven und Passiven** statement of assets and liabilities; ~ **der Dinge** (present) state of affairs; ~ **der Konjunktur** state of the economy; ~ **der neuesten Erkenntnisse** current knowledge; ~ **der Technik** prior art (*patent application*), state of technology, background art; state of the art; ~ **des Verfahrens** stage of proceedings;

~gebühren *pl* market dues; **~geld** *n* pitch fee, demurrage; **~gericht** *n* summary court martial, drumhead trial; **~licht** *n* parking lights; **~ort** *m* → *Standort*; **~platz** *m* stand, parking space; taxi rank; **~punkt** *m* point of view, position; **gemeinsamer** ~ *EU* common position; **Festlegung von ~~en** establishment of positions; **~recht** *n* martial law; **~~ verhängen** to proclaim martial law; **~sicherheit** *f* stability; **auf dem neuesten** ~ up to date; **geistlicher** ~ Holy Orders; **jetziger** ~ present position, status quo; **im vorigen** ~ in statu quo ante; in the prior position; **in den vorigen ~ setzen** to restore the status quo ante, to restore to the prior condition.

Standard|abweichung *f* standard deviation; **~aktien** *pl* standard shares, leading stocks, blue chips; **~bestimmung** *f* standard provision, usual term; **~brief** *m* form letter, standardized letter, standard letter; **~dienstvertragsbedingungen** *pl* standard terms and conditions of employment; **~formular** *n* standard form; **~klausel** *f* standard clause; **~kosten** *pl* standard cost; **optimale ~~** ideal standard; **~software** *f* standard software, mass produced software; **~vertrag** *m* standard-form contract; **~waren** *pl* standard goods; staple articles; **~werbetarife** *pl* standard media rates; **~werte** *pl* standard securities, standard stocks.

standardisieren *vt* to standardize.

Standardisierung *f* standardization.

Standarte *f* standard, banner; guidon.

Standbesitzer *m*/**-in** *f* stallholder.

Standby-Vereinbarung *f* standby agreement.

Stände|mehr *n CH* majority of federal states/cantons (*required for many legislative enactments*); **~rat** *m CH* assembly of federal states (*upper house of parliament*, → *Nationalrat, Bundesversammlung*).

Stander *m* pennant.

Standes|amt *n* registrar's office, registrar of births, deaths and marriages, registry office; office of matters of personal status; **~~sbezirk** *m* registry district; **~~sregister** *n* register of births, deaths and marriages; **~~ssachen** *pl* matters dealt with by the registrar of births, deaths, and marriages; **~~sverwaltung** *f* administration of the registry office for births, deaths and marriages; **~~swesen** *n* vital statistics; **~beamter** *m*/**~beamtin** *f* Registrar General, superintendent registrar, registrar of births, deaths and marriages, registrar of vital statistics; **~~ für Eheschließungen** (marriage) registrar; **~bezeichnung** *f* description of social position, social rank; **~ehre** *f* professional hono(u)r; **~fall** *m* personal status case, personal registry matter; **~gepflogenheiten** *pl* professional etiquette/code of conduct; **~gericht** *n* professional tribunal; **~~sbarkeit** *f* jurisdiction of professional tribunals; **~pflicht** *f* professional duty, obligation to observe professional etiquette/code of conduct; **~recht** *n* code of professional conduct/ethics, canons of professional etiquette; **~regeln** *pl* professional code of conduct, etiquette of the profession, canons of professional etiquette; **~richtlinien** *f* code of (professional) conduct; *GB* Code of Professional Responsibilities; **~vereinigung** *f* professional society; **~vertretung** *f* professional representation; **~widrigkeit** *f* professional misconduct, breach of professional conduct.

standeswidrig *adj* unprofessional, unethical.

Ständige Kommission zur Sicherung der Luftfahrt Permanent Commission for the Safety of Air Navigation.

Standort *m* location (= *l-*, *locational* = *l-l*), site; **~bedingungen** *pl* conditions applying to the locality, local conditions; **~bestimmung** *f* determination of the *l-*, site determination; **~faktoren** *pl l-* factors; **~gunst** *f l-l* advantage; **~politik** *f* regional economic policy, *l-* policy; **~präferenz** *f l-l* preference; **~verlegung** *f* change of *l-*; **~vorteil** *m l-l* advantage; **~wahl** *f* choice of *l-*, siting.

stand | ortgebunden *adj* location-specific; **~rechtlich** *adj* under martial law, **~~ erschießen** to court-martial and shoot.

Stapel | ungsgewicht *n* stacking weight; **~vollmacht** *f* blank power of attorney (*for future clients*); **~ware** *f* staple commodities, basics.

Start | erlaubnis *f* take-off clearance; **~gleichheit** *f* equality of starting conditions; **~hilfe** *f* start-up help; initial aid, launching assistance, pump-priming finance; **~kapital** *n* initial capital, start-up capital, seed money; **~staat** *m* launching State; **~verbot** *n* take-off ban.

stationieren *vt* to station/post (arms/soldiers).

Stationierung *f* posting/stationing (of soldiers/arms).

Statistik *f* statistics; **~geheimnis** *n* secrecy of statistical data.

Statistisches Bundesamt *n* Federal Statistical Office.

stattgeben *vi* to allow, to permit, to grant, to sustain.

statthaft *adj* admissible, permissible.

statuieren *vt* to establish, to lay down, to constitute.

Status *m* status, standing, social standing; statement of condition, statement of assets and liabilities, financial statement; **~ der Bank** the bank's standing/status; **~ der Beamten** established civil servant status; **~beirat** *m* staff regulations committee; **~deutsche** *pl* status Germans (*ethnic Germans admitted to former Reich territory*); **~ e-es Gemeinschuldners** bankrupt's statement of affairs; **~klage** *f* (*declaratory*) action to determine personal status (*eg parentage*); **~prüfung** *f* statement analysis; **~sachen** *pl* cases relating to personal status, legal status cases; **~symbol** *n* sign/symbol of social status; **~urteil** *n* judgment on status; **~zahlen** *pl* figures of a financial statement; **bilanzmäßiger ~** state of the books; **ehelicher ~** status of legitimacy, married status; **finanzieller ~** financial status, statement of present financial condition; **gesetzlicher ~** legal status, legal standing.

Statut *n* (*pl Statuten*) constitution, articles of association, charter, set of regulations; governing law; *pl* by-laws, rules and regulations; **~ der Beamten** staff regulations for officials; **~enkollision** *f* conflict of laws; **~enwechsel** *m* change of jurisdiction.

statutarisch *adj* according to regulations, laid down in regulations.

Stau *m* congestion, traffic queue tailback, traffic jam.

Stauattest *n mar* (certificate of) stowage.

Staubniederschlag *m* deposition of air-borne solid matter.

stauen *vt* to trim, to stow away; **seemäßig ~** to trim the hold.

Stauer *m/***-in** *f* stevedore; **~attest** *n* certificate of stowage; **~lohn** *m* stowage; **~schein** *m* stevedore's certificate.

stechen *vi/vt* to stab, to thrust.

Stechen *n* clocking (*factory*).

Stech | karte *f* clocking-in card; **~uhr** *f* time clock, check clock.

Steckbrief *m* warrant of apprehension, wanted circular/poster, description notice.

steckbrieflich gesucht wanted by the police (under a warrant of arrest).

stehlen *vt* to steal, to purloin, to commit larceny, *sl* to pinch.

Stehl | gutliste *f* list of stolen goods; **~sucht** *f* kleptomania.

steigern *vt* to increase, to enhance, to augment.

Steigerungsbetrag *m* rate of increase, increment.

Steigung *f* ascent, upward slope gradient, rise; **~ oder Gefälle von 16%** upward or downward gradient of 16 percent; **starke ~** steep ascent.

Stein|bruch *m* quarry; **~igung** *f* stoning; **~kohle** *f* hard coal; **~~bergwerk** *n* hard-coal colliery; **~~förderung** *f* hard-coal output; **~schlag** *m* falling rocks.

Stellage *f* put and call, straddle; **~geber** *m/*-**in** *f* seller of a put and call, seller of a spread; **~geschäft** *n* put and call (option), spread, double option, straddle; **~kurs** *m* put-and-call price; **~nehmer** *m/*-**in** *f* buyer of a spread.

Stelle *f* job, post, place, locality, position, site, agency; **~nabbau** reduction of staff, job cutting; **~nangebot** *n* offer of employment, job offer, (job) vacancy; *pl* situations vacant; **~nanzeige** *f* employment ad; **~nausschreibung** *f* announcement of a vacancy; **~~spflicht** *f* obligation to give notice of vacancies, posting; **~nbeschreibung** *f* job description; **~nbesetzung** *f* placement, posting; **~~splan** *m* staffing schedule; **~nbewerber** *m/*-**in** *f* job seeker, job candidate, job applicant; **~ngesuch** *n* situations wanted, positions wanted, employment wanted; **~nmarkt** *m* employment market; labo(u)r market; **~nnachweis** *m* employment bureau; **~~dienst** job-referral service; **~nplan** *m* staff establishment, staffing schedule; **~nsuche** *f* looking for a job, job-hunting; **~nvergaberecht** *n* patronage; **~nvermittlung** *f* job placement; employment agency, placement agency; **~~smonopol** *n* exclusive right to arrange job-placements; **~nwert** *m* priority, significance; **~nzulagen** *pl* allowance for service; **an anderer** ~ in alio loco; **an ~ dessen** in lieu of, instead of; **an die ~ setzen** to replace; **an die ~ treten** to replace, to supersede, to be superseded by; to step into the shoes of; **an erster** ~ in the first place, primo loco; **an ~ von** instead of, in lieu of; **buchführende** ~ accounting department; **fachliche ~n** technical agencies; **freie** ~ (job) vacancy; **freiwerdende** ~ expected vacancy; **intergouvernementale ~n** intergovernmental agencies; **kompetente** ~ competent office; **kursstützende** ~ price-supporting agency; **nachgeordnete ~n** subsidiary bodies; **offene** ~ (job) vacancy; vacant job; **öffentlich-rechtliche ~n** public authorities; **politische ~n** political authorities; **quasi-öffentliche ~n** quasi-public institutions; **sachkundige ~n** competent bodies; **von amtlichen ~n** from official quarters.

Stell|fläche *f* shelf-space, storage space; **~geschäft** *n* put and call, spread, straddle; **~kurs** *m* put-and-call price; **~platz** *m* parking position, parking space, parking lot; **überdachter** ~~ covered parking.

Stellung *f* position, standing, status; **~durch Protektion erhalten** to get a job by one's good connections; ~ **im Beruf** occupational status; **~nahme** → *Stellungnahme*; ~ **nehmen** to express a view, to give an opinion, to comment; **amtliche** ~ official status; **beherrschende** ~ dominant position; **Missbrauch** ***e-er*** **~n** ~ abuse of a dominant position (*competition law*); **gesellschaftliche** ~ social status; **grundbuchrechtliche** ~ position in the land register (*rank, priority*); **güterrechtliche** ~ status of marital property (régime); **in *e-e* ~ wiedereinsetzen** to reinstate in an office; **leitende** ~ executive position, managerial capacity; **marktbeherrschende** ~ dominant market power; **organrechtliche** ~ position as executive (of a corporation), **pensionsberechtigte** ~ pensionable employment; **rechtliche** ~ legal position; **soziale** ~ social standing, social status, **statusrechtliche** ~ legal status; **untergeordnete** ~ subordinate position, lower standing.

Stellungnahme *f* opinion, view(s), observations; reaction, comment, position; **~~ abgeben** to state one's position, to give one's opinion; **~n bzw Empfehlungen** opinions or recommendations; **ablehnende ~** dissenting opinion, rejection, declining comments; **abweichende ~** dissenting opinion; ***e-e* ~ einreichen** to file one's observations; **einzelstaatliche ~** *EU* national position; **Gelegenheit zur ~** opportunity to give an explanation, opportunity to express one's views; **gemeinsame ~** joint opinion; **gutachterliche ~** expert opinion, advisory opinion; ***e-e* ~ ~ einholen** to ask for an expert opinion; **mit Gründen versehene ~** reasoned opinion; **parteiliche ~** biased view, partisan opinion; **positive ~** favo(u)rable opinion; **schriftliche oder mündliche ~n** written or oral observations; **schriftliche ~** comments in writing, written observations; **zu Ihrer ~** for your comments.

stellvertretend *adj* vicarious, acting, deputizing, deputy.

Stellvertreter *m*/**-in** *f* representative, agent, proxy, deputy, locum (tenens); **~ des Bundeskanzlers** Deputy Federal Chancellor; **~krieg** *m* agents' war; **~trauung** *f* marriage by proxy; ***jd-en* zu seinem ~ einsetzen** to appoint *s.o.* as one's deputy; **privatrechtlicher ~** private agent; **selbstkontrahierender ~** self-contracting agent; procurator in rem suam.

Stellvertretung *f* (relationship of) principal and agent, agency, representation, attorneyship, proxy; **die ~ ausüben** to stand proxy for; **gewillkürte ~** agency by private act; **mittelbare ~** indirect agency; **verdeckte ~** undisclosed agency, undisclosed principal; **wirkliche ~** actual agency.

Stempel *m* stamp, imprint, (rubber) seal; **~abgabe** *f* stamp duty; **~bogen** *m* stamp paper; **~freiheit** *f* exemption from stamp duty; **~geld** *n* stamp duty; unemployment pay; **~kissen** *n* ink/stamps pad; **~marke** *f* fee stamp, inland revenue stamp; **~~ für Wechsel und Inhaberpapiere** bills-of-exchange stamp; **~papier** *n* stamp paper; **~steuer** *f* stamp duty, stamp tax; **~~gesetze** *f* stamp acts; **~~marke** *f* stamp, inland revenue stamp, fee stamp; **~uhr** *f* time clock, checkclock.

stempeln *vt* to stamp, to postmark; to clock in (*factory*); **~ gehen** *vi* to be on the dole.

stempelsteuer|frei *adv* exempt from stamp duty; **~pflichtig** liable/subject to stamp duty.

Sterbe|alter *n* age of death; **~bett** *n* death bed; **~beihilfen** *pl* death benefit; **~buch** *n* register of deaths; **~fall** *m* death, decease, exitus; **~fallversicherung** *f* life assurance, insurance payable at death; **~geld** *n* death benefit, death grant; **~~beitrag** *m* funeral-cost insurance contribution; **~~versicherung** *f* funeral-cost insurance; **~hilfe** *f* euthanasia; **aktive ~** active euthanasia, actively assisted euthanasia; **passive ~** passive euthanasia, permitting *s.o.* to die; **~kasse** *f* burial fund; **~monat** *m* month of death; **~rate** *f* death rate; **~register** *n* register of deaths, death records; **~sakramente** *pl* last rites, last sacraments; **~tafel** *f* mortality table, mortuary table, graduated life table; **~urkunde** *f* certificate of death, death certificate; **~versicherung** *f* burial fund death grant, burial (expenses) insurance; **~wahrscheinlichkeit** *f* probable time of death, probability of death, probable death rate; **~ziffer** *f* death rate, rate of mortality.

Sterblichkeit *f* mortality, death rate.

Sterilisierung *f* sterilization, asexualization (*male*).

Stern|verfahren *n* simultaneous distribution (*of a document to all concerned*) ↔ *Umlaufverfahren*; **~vertrag** *m* cartel contract (through hub company), *contract creating a cartel closed by several parties with one central party*.

Steuer *f* tax (= *t-*, *taxes* = *t-es*, *taxation* = *t-n*, *taxable* = *t-le*), internal revenue tax; **~abfindung** *f t-* settlement; **~abgrenzung** *f* deferred *t-n*; **~abkommen** *n t-* treaty, *t-* convention, *t-* agreement; **~ablieferung** *f t-* remittance, transfer of *t-* proceeds, revenue transfer; **~abschreibung** *f t-* write-off; **~abwälzung** *f t-* burden transfer clause (*in loan agreements, etc*); **~abzug** *m* deduction for *t-es*, deduction of *t-*, *t-* deduction at source, withholding rate, income-*t-* relief; **~~sbescheinigung** *f* withholding *t-* certificate; **~~sbescheid** *m* withholding *t-* notice; **~~ssystem** *n* pay as you earn (*abbr* P.A.Y.E.), system of *t-* deductions at source; withholding *t-* system; **~~sverfahren** *n t-* deduction at source; **~amnestie** *f* amnesty for *t-* offenders; **~änderungsgesetz** *n T-n* Amendment Act; **~anfall** *m t-* incidence, *t-* yield; **~anmeldung** *f t-* statement; **~anpassungsgesetz** *n T-* Adaption Act; **~anrechnung** *f t-* credit (*esp for foreign t-es*); **~anreize** *pl t-* incentives; **~anspruch** *m t-* claim, right to *t-n*; **~anteile** *pl t-* portion; **~anwaltschaft** *f t-* lawyers; **~arrest** *m* attachment for *t-* debts; **~ auf das bewegliche Vermögen** personal property *t-*; **~aufkommen** *n* revenue from *t-n*, *t-* revenue, *t-* yield, internal revenue; **~aufschlag** *m* surtax; **~aufschub** *m* suspension of *t-* payment; **~aufsicht** *f t-* supervision; **~~sverfahren** *n t-* supervision proceedings; **~aufstellung** *f t-* statement; **~ausfall** *m* shortfall in *t-* revenue, revenue loss, revenue shortfall; **~ausgleich** *m* equalizing *t-* revenue, revenue sharing; **~ausländer** *m*/**-in** *f* non-resident (for *t-* purposes); person(s) not resident for *t-* purposes; **~ausnutzung** *f* exploitation of *t-* resources; **~ausschuss** *m t-n* committee, inland revenue committee; **~aussetzung** *f* deferral of payment of *t-*; **~ausweis** *m t-* statement; **~banderole** *f* stamped revenue band; **~basis** *f t-* base, basis for *t-n*; **~beamter** *m*/**~beamtin** *f* inspector of *t-es*, revenue officer; **~befreiung** *f t-* exemption, freedom from *t-*; **wechselseitige ~~** reciprocal exemption from *t-*; **~begünstigung** *f t-* relief; *t-* concession; **~behörde** *f* internal revenue service, taxing authority, *t-* authority; **~beitreiber** *m*/**-in** *f t-* collector; **~beitreibung** *f* compulsory collection of *t-es*; **~belastung** *f t-* burden; **~bemessungsgrundlage** *f* basis of assessment; **~berater** *m*/**-in** *f t-* adviser, *t-* consultant; **~berechnung** *f* computation of *t-*; **~berechtigte(r)** *f(m)* (*der ~berechtigte*) party entitled to the *t-* revenue; **~berechtigung** *f* entitlement to the *t-* revenue; **~bescheid** *m t-*-assessment notice, *t-* demand; **~betrag** *m* amount of *t-*; **~betrug** *m t-* fraud, *t-* evasion; **~bevollmächtigte(r)** *f(m)* (*der ~bevollmächtigte*) *t-* representative, *t-* consultant; **~bewertung** *f t-* valuation; **~bewilligungsrecht** *n t-* allocation right; **~bezirk** *m t-* district, assessment district; **~bilanz** *f t-* balance sheet, balance sheet for *t-n* purposes, fiscal balance sheet; **~buchführung** *f t-* accounting; **~bürge** *m*/**~bürgin** *f* guarantor for *t-* debts; **~bürger** *m*/**-in** *f t-*-payer; **~delikt** *n t- US* offense/*GB* offence; **~destinatar** *m*/**-in** *f* prospective *t-* payer; **~differenzierung** *f* differential treatment in *t-n*; **~druck** *m* pressure of *t-n*, burden of *t-n*; **~einheitswert** *m* standard rating value; **~einnahmen** *pl* public revenue, revenue receipts, *t-* receipts; **gemeindeeigene ~~** *t-* proceeds due to the local authority; **~einsparung** *f t-* saving; **~einspruch** *m t-* appeal; **~eintreiber** *m*/**-in** *f t-* collector; **~einziehung** *f t-* collection; **~entlastung** *f t-* relief; **~entrichtung** *f* payment of *t-*; **~erhebung** *f t-* levy, *t-* collection; **~~srecht** right to levy *t-es*; **~erhöhung** *f t-* increase, increase in *t-n*; **lineare ~~** linear increase in *t-es*; **~erklärung** *f t-* return, *t-* declaration; **~~sfrist** period for filing *t-* return; **~~spflicht** obligation to file *t-* return; **getrennte ~~** separate return; **unrichtige ~~** false return; **~~stermin** *t*--filing date, due date for *t-* return; **~erlass** *m t-* abatement; **~erleichterung** *f t-* relief; **~ermäßigung** *f t-* reduction, *t-*relief; **degressive ~~** graduated *t-*relief; **~ermittler** *m/***-in** *f t-* investigator; **~ermittlung** *f t-* investigation; **~ersparnis** *f t-* saving; **~erstattung** *f t-* rebate; refund(ing) of *t-*; **~ertrag** *m t-* yield, *t-* revenue; **~erträgnisse** *pl t-* yield, *t-*revenue; **~fahnder** *m/***-in** *f t-* inspector, (official) *t-* investigator; **~fahndung** *f* (bureau of) investigation of *t- US* offenses/*GB* offences; **~~sbeamter** *m/***~beamtin** *f t-* investigator; **~~sdienst** *m t-* investigation service; **~fall** *m t-n* case; **~festsetzung** *f t-* assessment; **~fiskus** *m t-n* authorities; **~flucht** *f t*--motivated flight (*from a country*), *t-* evasion by absconding; **~forderung** *f t-* debt, fiscal claim; **~formular** *n t-* form; **~fragen** *pl* questions of *t-n*; **~freibetrag** *m* personal allowance, *t-* allowance, *t-*-exempt amount; **~~ für *e-e* Haushälterin** housekeeper's allowance; **persönlicher ~~** personal allowance/exemption; **~freigrenze** *f* exemption limit; **~freiheit** *f* non-taxability, *t*--exemption, immunity from *t-n*; fiscal immunity; **persönliche ~~** fiscal immunity; **~gefährdung** *f* inchoate *t-* evasion; **~gefälle** *n t-* differential; *t-* differences; **~gegenstand** *m* subject of *t-n*, *t-le* product; **~geheimnis** *n t-*secrecy; **~gerechtigkeit** *f* fairness in the application of *t-*, equitable *t-n*; **~gerichtsverfahren** *n* revenue tribunal proceedings; **~gesetz** *n t-*law, *t-* statute, fiscal law, Finance Act, *pl* revenue statutes, *t-* legislation; **~~gebung** *f t-* legislation; **~~vorlage** *f* Finance Bill, revenue bill; **~grundlage** *f* basis of *t-n*; **~guthaben** *n t-* credit; **~gutschein** *m t-* credit certificate; **~gutschrift** *f t-* credit; **~haftung** *f t-* liability; **~harmonisierung** *f t-* harmonization; **~hebebezirk** *m* taxing district; **~hehler** *m/***-in** *f t*--fraud abettor; **~hehlerei** *f* purchasing/handling *t*--evaded goods; **~helfer** *m/***-in** *f t-* consultant; **~herabsetzung** *f t-* abatement; **~hinterzieher** *m/***-in** *f t-* evader, *t-* dodger; **~hinterziehung** *f* defraudation of the revenue; fiscal fraud, fraudulent *t-* evasion; **~hoheit** *f* taxing power, power to levy *t-es*; sovereign-right of *t-n*; **~inländer** *m* resident (*t-*payer); **~inspektor** *m/***-in** *f t-* inspector; **~jahr** *n t-* year, *t-le* year; **~jurist** *m/***-in** *f t-* lawyer; **~karte** *f t-* card, wage-*t-* card; **~klasse** *f t-*class, *t-* bracket; **~klausel** *f* recission clause to avoid unforseen *t-*effect; **~kraft** *f t-le* capacity; revenue-raising power; **~kurs** *m* price for *t-* purposes; *t*--law training course; **~~werte** *pl* price for *t-n* figures; **~kürzung** *f t-* cut; **~lager** *n* bonded warehouse for untaxed goods; **~last** *f t-* burden, fiscal charges; **auf die ~~ anrechnen** to set-off against *t-* due; **~lehre** *f* theory of *t-n*; **~liste** *f t-* list, list of taxpayers; **~lücke** *f t-* loophole; **~mahnschreiben** *n t-* reminder (letter); **~marke** *f* revenue stamp; **~maßstab** *m* standard of *t-n*; **~meldepflicht** *f* legal obligation to file *t-* returns; **~merkmal** *n t-*coding; **~messbescheid** *m* assessment notice; notice of ratable value; **~messbetrag** *m* basic assessment figure; **~messzahl** *f t-* index number, *t-* reference; **~mindereinnahmen** *pl* revenue shortfall, decrease in *t-* receipts; **~ mit proportionalem Tarif** *t-n* at a constant rate; **~mittel** *pl* fiscal resources, *t-* proceeds, *t-* revenue, public funds; **~monopol** *n* fiscal *t-*monopoly; **~moral** *f* taxpayer's honesty; **~nachforderung** *f* subsequent *t-* demand; **~nachlass** *m t-*rebate, *t-* abatement, *t-* relief; **~nachzahlungen** *pl* additional *t-*payments; **~n auf Dienstleistungen** *t-es* on services; **~n eintreiben** to collect/exact *t-es*; **~n erheben** to levy *t-es*; **~neutralität** *f* impartial *t-n*, equitable fiscal policy; **~n hinterziehen** to fraudulently evade payment of *t-es*; **~normen** *pl* (legal) *t-* provisions, fiscal norms; **~novelle** *f t-* amendment law; **~n vom Wertzuwachs** *t-es* on capital gains/appreciation; capital gains *t-*; **~n weiterbelasten** to re-debit *t-es*, to charge a *t-* liability to *s.o.* else; **~oase** *f t-* haven, *t-* shelter, *t-* oasis; **~objekt** *n t-le* property, thing taxed; *t-le* item; **~ordnung** *f t-* system; **~~swidrigkeit** *f* breach of *t-* regulations; **~pächter** *m*/**-in** *f* farmer general (*hist.*); **~pauschalierung** *f* lump-sum *t-n*; **~periode** *f t-le* period; **~pfändung** *f* distress for *t-es*; **~pflicht** *f t-* liability, liability to pay *t-es*; **beschränkte ~~** restricted (domestic) *t-* liability; **sachliche ~~** objective *t-*-liability; **unbeschränkte ~~** residents' full *t-* liability, unrestricted *t-* liability; **~pflichtige(r)** *f(m)* (*der ~pflichtige*) *t-*-payer, *t-le* person; **beschränkt ~~** non-resident taxpayer; **buchführender ~~** *t-* payer who keeps books; **inländischer ~~** resident taxpayer; **säumiger ~~** taxpayer in arrears; **unbeschränkt ~~** resident taxpayer; **~plakette** *f t-* disc; **~politik** *f* fiscal policy, *t-n* policy; **~privilegien** *pl t-* privileges; **~progression** *f* progressive increase in *t-n*; **~~sstufe** *f* rate band, *t-* bracket; **heimliche ~~** fiscal drag (*through inflation*), bracket creep; **überspannte ~~** excessively steep progressive scale of *t-n*; **~prozess** *m t-* lawsuit, *t-* litigation; **~prüfer** *m*/**-in** *f t-* inspector; **~prüfung** *f t-* inspector's investigation; **~-PS-Leistung** *f* engine rating; **~quellen** *pl* sources of *t-n*; **ergiebige ~~** productive sources of revenue; **~quote** *f t-n* ratio (*of t- revenue to national product*); **~recht** *n* law of *t-n*, revenue law, fiscal law, *t-* law; **~~sstreit** *m t-* proceedings, *t-* litigation, lawsuit in a *t-* tribunal; **~reform** *f t-* reform; **~regelung** *f t-* regulations; **~~ für Alkohol** *t-* system for alcohol; **~reserve** *f* provision for *t-n*, *t-* reserve; **~rhythmus** *m* (regular) timing of *t-* payments; **~richtlinien** *pl* administrative *t-* regulations; **~rückerstattung** *f t-* refund; **~rückstände** *pl t-* arrears, back *t-es*, delinquent *t-es*, *t-* delinquency; **~rückstellung** *f* provision for *t-*(ation), *t-* reserve; **~rückvergütung** *f t-* refund, *t-* rebate; **~sachen** *pl t-n* (matters); **~sachverständige(r)** *f(m)* (*der ~sachverständige*) *t-* expert; **~satz** *m* rate of *t-n*, *t-* rate; **normaler ~~** standard rate of *t-n*; **~säumnis** *n t-* delinquency, dilatoriness in effecting *t-* payments; **~~zuschlag** *m t-* penalty; **~schätzung** *f* estimated *t-* (assessment), *t-* revenue estimate; **~schraube** *f* increasing *t-* burden, *t-* screw; **~schuld** *f t-* debt, *t-* due; **rückständige ~~** arrears of *t-es*; **~schuldner** *m*/**-in** *f t-* debtor, taxpayer, person liable for *t-es*; **~schuldnerschaft** *f t-* liability; **~senkung** *f t-* reduction, *t-* cut; **~sicherung** *f* security for *t-es*; **~skonto** *n t-* discount; **~-Soll** *n* amount of *t-* liability; **~staffelung** *f t-* graduation; **~strafe** *f* penalty for *t- US* offense/*GB* offence; **~strafrecht** *n* criminal law in relation to *t- US* offenses/*GB* offences; **~strafsachen** *pl* revenue *US* offenses/*GB* offences, *t- US* offense/*GB* offence cases; **~straftat** *f* revenue *US* offense/*GB* offence, *t- US* offense/*GB* offence; **~strafverfahren** *n* criminal prosecution for *t- US* offenses/*GB* offences; **~stufe** *f t-* bracket, *t-* grade; **~stundung** *f t-* deferral; **~subjekt** *n* taxpayer, *t-le* person/entity/subject; **~system** *n t-* system, fiscal system; **~tabelle** *f t-* table; **~tarif** *m t-* scale, *t-* rate; **~termin** *m t-* payment date; **~träger** *m*/**-in** *f t-*-levying authority; **~transparenz** *f* transparency of *t-es*, intelligibility of the *t-n* system; **~überschuss** *m t-* surplus; **~überwälzung** *f t-* shifting, passing the *t-* burden to others; **~umgehung** *f t-* avoidance; **~unbedenklichkeitsbescheinigung** *f t-* clearance certificate; **~unschädlichkeit** *f t-* neutrality; **~veranlagung** *f t-* assessment; **~~szeitraum** *m* assessment period; **~verband** *m* combined revenue collection; **~verbindlichkeiten** *pl t-n* liabilities; **~verfahren** *n t-* proceedings, proceedings for a *t- US* offense/*GB* offence; **~vergehen** *n* criminal *t- US* offense/*GB* offence; **~vergünstigung** *pl t-* concession, *t-* privilege, *t-* allowance, preferential *t-* treatment; fiscal advantage; **~~ für Kapitalanlagen** investment allowance; **gestaffelte ~~en** graded *t-* concessions; **~vergütung** *f t-* rebate; **~verkoppelung** *f* linking of *t-es*; **~verkürzung** *f* unlawful reduction of *t-* assessment; **~verwaltung** *f* revenue authorities, *t-* administration; **~~sakt** *m* administrative fiscal act; **~vollstreckungsrecht** *n t-* enforcement law; **~vorausschätzung** *f t-* estimate; **~vorauszahlung** *f* advance *t-* collection, prepayment of *t-es* (*before annual assessment*); **~vorlage** *f t-* bill, finance bill, revenue bill; **~vorschriften** *pl t-* regulations, *t-* provisions; **~vorteile** *pl t-* advantages, *t-* benefits, *t-* privileges; **~wert** *m* value for *t-* purposes; **~wesen** *n t-n*, fiscal matters, *t-* system; **~widerstand** *m* resistance to *t-n*; **~wohnsitz** *m* residence for *t-* purposes, *t-* home; **~zahler** *m*/**-in** *f* taxpayer, ratepayer; **Bund der ~~** Taxpayers' Association; **säumiger ~~** dilatory taxpayer; **~zahlung** *f* payment of *t-es*; **anonyme ~~en** conscience money; **pauschalierte ~~en** lump-sum *t-* payments; **~zeichen** *n* revenue stamp; **~~fälschung** *f* forging of revenue stamps; **~zerlegung** *f* break-down of *t-es*; **~zuschlag** *m* additional *t-*, surcharge; **~zuwiderhandlung** *f* violation of the *t-* laws, *t- US* offense/*GB* offence; **~zwangsverkauf** *m t-* sale, forced sale because of *t-*; **Abschaffung *e-er* ~** *t-* repeal; **anrechenbare ausländische ~n** deductible foreign *t-es*; **Anrechnung der im Ausland gezahlten ~** *tax* foreign *t-* credit (*double taxation agreement*); **ausländische ~** foreign *t-*; **ausweispflichtige ~n** *t-es* subject to obligatory publication; **bundeseigene ~** federal *t-*; **degressive ~** degressive *t-*; **der ~ unterworfen** *t-le*; subject to *t-n*; **die auf etw lastenden ~n** the *t-* burden on *sth*; **die ~n hinterziehen** to defraud the revenue, to fraudulently evade payment of *t-es*; **direkte ~n** direct *t-*; **einbehaltene ~** *t-* withheld, *t-* deducted at source; ***e-e* ~ abwälzen** to pass on a *t-*, to shift a *t-* (on to); ***e-e* ~ erheben** to *t-*, to impose a *t-* (on); ***e-e* ~ erhöhen** to raise a *t-*, to increase a *t-* (rate); ***e-e* konjunkturreagible ~** a *t-* which is sensitive to economic trends; ***e-e* ~ zurückerstattet erhalten** to recover *t-*, to get a *t-* refund, ***e-er* ~ unterliegen** to be liable for *t-*, to be subject to *t-*; **einzelstaatliche ~** *US* state *t-*; **fällige ~n** due *t-es*; **gestaffelte ~** prorated *t-*, *t-es* on a sliding scale; **gewinnabhängige ~n** profit-reated/profit-dependent *t-es*; **hinterzogene ~n** defrauded *t-*; **indirekte ~** indirect *t-*, excise duties; **jährlich zu entrichtende ~** (*auf Aktien und Schuldverschreibungen*) compulsory annual duty (*payable on shares and bonds*); **kommunale ~n** local *t-es*; **ländereigene ~n** a Federal Land's own *t-es*, state *t-es*; **latente ~n** deferred *t-es*, offsetting *t-*, temporary *t-* differential between *t-* balance sheet and commercial balance sheet; **mit *e-er* ~ belegen** to impose a *t-* (on *sth*); **persönliche ~n** direct *t-es*, personal *t-es*; **progressive ~** graduated *t-*, progressive *t-*; **staatliche ~n** public *t-es*; **veranlagte ~n** assessed *t-es*, scheduled *t-es*; *t-es* levied by assessments; **verschleierte ~** concealed *t-*; **zur ~ veranlagen** to assess *s.o.* for *t-*.

steuer|abzugsfähig *adj* tax deductible; **~aufkommensneutral** revenue neutral; **~befreit** exempt from tax; **~begünstigt** entitled to tax relief, enjoying tax relief; **~fähig** taxable; **~frei** free of tax, tax-free, tax-exempt, exempt from taxation; **~günstig** tax efficient; **~lich** fiscal, relating to taxation; **~~-rechnerisch** as calculated for tax purposes; **~orientiert** influenced by tax considerations; **~pflichtig** taxable, liable to tax(ation), subject to taxation; **beschränkt ~~** subject to restricted taxation (*domestic assets*); **unbeschränkt ~~** subject to unrestricted taxation; **~politisch** relating to tax (policy); **~schwach** fiscally weak, (*month*) of low tax receipts; **~stark** having a large tax revenue, fiscally strong; **~technisch** relating to taxation methods; **~unschädlich** tax-neutral, not attracting tax, without effect on tax; **~wirksam** tax efficient.

Steuermannsquittung *f* mate's receipt.

steuern *vt* to steer, to guide.

Steuerung *f* steering; **~smittel** *f* means of steering/guiding (*development*).

Stich|datum *n* relevant date, qualifying date; **~entscheid** *m* tie-breaking decision, casting vote; final decision (*in respect of competing applicants or conflicting awards*); **~haltigkeit** *f* soundness, validity, conclusiveness, relevancy; **~monat** *m* relevant month, sample month; **~probe** *f* → *Stichprobe*; **~tag** *m* relevant date, reckonable date, settlement day, record date; computation date, key date, fixed date, qualifying date, target date; **~~smiete** *f* rent on the relevant date; **~waffe** *f* stabbing weapon, thrust weapon; **~wahl** *f* second ballot, decisive ballot (*between two candidates*); run-off vote; **~wunde** *f* stab wound.

stichhaltig *adj* sound, valid, conclusive, relevant.

Stichprobe *f* spot check, sampling, sample taken offhand, random sample, random test, random examination, probability sample; **~ aus** *e-em* **Querschnitt** sample from a cross-section; **~nauswahl** *f* sampling (procedure), sampling method; **~~ nach Gruppen** stratified sample; **mehrfache ~~** multiple sampling; **~nbasis** *f* sample census; **~nentnahme** *f* random sampling, bulk sampling; **~ entnehmen** to take samples at random; **~nerhebung** *f* random sample survey, random sampling; **~nfehler** *m* sampling error; **~nmittelwert** *m* sample mean; **~nplan** *m* sample design; **~nraum** *m* sample space; **~nverfahren** *n* spot-check system; **~ von Haushalten** sample of households; **ausgewogene ~** proportionate sampling; **gewichtete ~** weighted sample, balanced sample; **kontrollierte ~** controlled sampling; **repräsentative ~** representative sample; **zu klein gewählte ~ ~n** undersampled.

Stief|bruder *m* step-brother; **~eltern** *pl* step-parents; **~~teil** *n* step-parent; **~kind** *n* step-child; **~~schaftsverhältnis** step relationship; **~mutter** *f* step-mother; **~schwester** *f* step-sister; **~sohn** *m* step-son; **~tochter** *f* step-daughter; **~vater** *m* step-father.

stiften *vt* to endow, to found, to institute, to donate, to establish.

Stifter *m*/**-in** *f* founder, institutor, originator, donor; **~verband** *m* endowment association, founder's association; **~wille** *m* founder's intention.

Stiftung *f* (*incorporated*) foundation (= *f*-), endowed institute; endowment, public trust; **~ des bürgerlichen Rechts** incorporated *f*-; **~ des öffentlichen Rechts** *f*- under public law; **~ für** *e-e* **Bildungsanstalt** educational trust; **~saufsicht** *f* supervision of a *f*-; **~~sbehörde** *f* supervisory authority for *f-s* and endowments; **~sbeamter** *m*/**~sbeamtin** *f* *f*- officer; **~sbeirat** *m* advisory board of the *f*-; **~sgelder** *pl* endowment funds; **~sgeschäft** *n* endowment (transaction); **~~ unter Lebenden** endowment inter vivos;

~**sgesetz** *n* endowments and *f-s* act; ~**sorgane** *pl* statutory organs of a *f-*; ~**srat** *m* board of trustees; ~**srecht** *n* law on *f-s* and endowments; ~**ssatzung** *f* charter of a (the) *f-*; ~**surkunde** *f f-* instrument; ~**svermögen** *n* endowment property, endowment fund; ~**sversammlung** *f* general meeting of the *f-*; ~**svertrag** *m* endowment contract, *f-* agreement; ~ **von Todes wegen** testamentary trust; **gemeinnützige** ~ community trust; **kirchliche** ~ ecclesiastical charitable trust; **mildtätige** ~ charitable endowment, charitable *f-*; **nichtöffentliche** ~ private endowment; **öffentliche** ~ public *f-*; **örtliche** ~ local *f-*; **wohltätige** ~ charitable endowment, charitable *f-*.

Still|geld *n* nursing benefit; ~**fähigkeit** *f* ability to nurse; ~**zeit** *f* lactation (period), nursing period.

Stillhalte|abkommen *n* standstill agreement, moratorium, cooling-off agreement; ~**anordnungen** *f* moratorium instructions; ~**kommission** *f* standstill commission; ~**konsortium** *n* standstill syndicate; ~**kredit** *m* standstill credit; ~**schulden** *pl* frozen debts; ~**vereinbarung** *f* moratorium, letter of *US* license/*GB* licence.

stillhalten *vi* to grant a moratorium, to postpone enforcement of claims.

Stillhalter m/-**in** f writer of an option, taker of an option.

Stillhaltung *f* prolongation of credits, refraining from enforcement.

Stilllegung *f* shutdown, closing down; ~**svergütung** *f* bonus for closing down; ~**sversicherung** *f* insurance against business closure; ~ **von Nebenbahnen** closing down branch lines.

stillliegen *vi* to lie idle, to remain dormant.

Stillstand *m* stoppage, deadlock, standstill, stagnation.

stillstehend *adj* idle, unused, inactive, stagnant, dormant.

Stillschweigen *n* silence, secrecy.

stillschweigend *adj* tacit, implied; ~ **enthalten sein** to be implied.

Stimm|abgabe *f* → *Stimmabgabe*; ~**berechtigung** *f* right to vote; ~**bevollmächtigte(r)** *f(m)* (*der ~bevollmächtigte*) proxy-holder; ~**bevollmächtigung** *f* proxy; ~**bezirk** *m* electoral district; ~**bindungsvertrag** *m* voting trust agreement; ~**enthaltung** *f* non-voting, abstention; ~**karte** *f* poll card; voting card; ~**kreis** *m* constituency, electoral district; ~**ordnung** *f* voting rules; ~**recht** *n* → *Stimmrecht*; ~**schein** *m* certificate of proxy, voting form; ~**verbot** *n* prohibition of voting; ~**zählung** *f* counting of votes; ~**zettel** *m* ballot paper, voting paper; **ungültiger** ~~ void/invalid voting paper.

Stimmabgabe *f* voting, vote-casting, poll, polling; ~ **durch Handheben** voting by show of hands; ~ **durch Sicherheben** (*bzw* **Sitzenbleiben**), vote by rising (*or* remaining seated); ~ **durch Vertreter** vote by proxy; **geschlossene** ~ block vote; **geteilte** ~ split vote; **irrtümliche** ~ erroneous vote; **schriftliche** ~ vote by correspondence, written polling, postal vote.

stimmberechtigt *adj* entitled to vote; carrying voting rights, voting; **nicht** ~~ not entitled to vote, non-voting (*shares*).

Stimme *f* vote (= *v-*), voice; ~**n auf mehrere Kandidaten verteilen** to split *v-s*; ~**nauszählung** *f* counting of *v-s*; ~**neinheit** *f* unanimity, unanimous *v-*; ~**nfang** *m* *v-*-catching; ~**nfänger** *m/*-**in** *f* *v-*-catcher; ~**nfängerei** *f* *v-*-catching method; ~**ngleichheit** *f* equality of *v-s*, tie; ~**nhäufung** *f* cumulation of *v-s*; ~**nkauf** *m* buying of *v-s*; ~**nmehrheit** *f* majority of *v-s*, majority *v-*; **einfache** ~~ simple majority; **mit** ~~ **entscheiden** to decide by a majority of *v-s*; **relative** ~~ plurality; ~**nvereinigung** *f* pooling of *v-s*; ~**nwanderung** *f* poll permutations; ~**nwerber** *m/*-**in** *f* canvasser; ~**nwerbung** *f* touting, canvassing; **abgegebene ~n** *v-s* cast, *v-s* polled; **ausschlaggebende ~** casting *v-*; **beratende ~** consultative voice; **mit ~r ~** in a consultant capacity; **die ~ des Vorsitzenden ist entscheidend** (= *maßgebend*) the chairman shall have a casting *v-*; **einfache ~** basic *v-*; **gewichtete ~n** weighted *v-s*; **gewogene ~n** weighted *v-s*; **gültige ~** valid *v-*; **sich der ~ enthalten** to abstain from voting; **ungültige ~** void *v-*; **unsichere ~n** floating *v-*, undecided voters.

stimmen *vi* to vote; **geschlossen für etw ~** to vote solidly for.

Stimmlosigkeit *f* aphonia.

Stimmrecht *n* voting right, right to vote, vote, franchise, voting power, suffrage; **~saktie** *f* share; **~sausschluss** *m* disqualification from voting; **~sausübung** *f* voting, exercising the right to vote; **~~ durch Vertreter** voting by proxy; **~sbindung** *f* voting commitment; **~smissbrauch** *m* abuse of voting rights; **~streuhänder** *m/***-in** *f* voting trustee; **~svollmacht** *f* proxy (paper); **abgeleitetes ~** derivative vote; **allgemeines ~** universal suffrage; **das ~ verleihen** to enfranchise; **doppeltes ~** double vote; **Verlust des ~s** disqualification from voting, loss of voting rights.

stimmrechtslos *adj* non-voting, voteless.

Stimmung *f* mood, *sl* vibes; **~swechsel** *m* change of mood.

Stockdarlehen *n* permanent loan.

Stoffpatent *n* patent for a material substance.

Stollenmundloch *n* pit head.

Stockwerkseigentum flat ownership, ownership of an entire floor.

Stopp|preis *m* ceiling price, frozen price; **~schild** *n* stop sign.

Stör|anfälligkeit *f* susceptibility/tendency to breakdown; **~faktor** *m* disturbant, disturbing factor; **~fall** *m* radioactive leak (*in nuclear reactor*); **~~verordnung** *f* Regulation on Disruptions of Operations (*nuclear reactors*); **~sender** *m* jamming station.

stören *vt* to disturb, to annoy, to interfere with, to pester.

störend *adj* disturbing, annoying, offensive.

Störer *m/***-in** *f* disturber, intruder, trouble-maker.

stornieren *vt* to cancel, to annul, to countermand, to revoke.

Stornierung *f* cancellation, countermanding; counter-order; **~ *e-es* Auftrags** cancellation of an order, withdrawal of an order.

Storno *n* cancellation, contra entry, offsetting entry, reversing entry; **~buchung** *f* reversing entry.

Störung *f* disturbance, annoyance, disorder, trespass, nuisance; **~ der Geistestätigkeit** unbalanced mind, mental deficiency; **krankhafte ~ ~ ~** mental derangement, mental disturbance; **~ der Nachtruhe** disturbance of repose, disturbance (of the peace) at night time; **~ der öffentlichen Sicherheit und Ordnung** disturbance of the peace; **~ der Religionsausübung** disturbance of public worship; **~ der Sonntagsruhe** disturbance of Sunday peace; sabbath violation; **~ der Totenruhe** interference with bodily remains, defilement of graves; **~ der Zahlungsbilanz** maladjustment in the balance of payments; **~ des Arbeitsfriedens** disturbance of peaceful industrial relations; **~ des öffentlichen Friedens** disturbing the public peace; violation of the public peace; **~ des Verkehrs** traffic disruption; **~en im Gleichgewicht** disequilibria (*balances of payments, etc*); **~ im Postdienst** irregularities in the mail service; **~ öffentlicher Betriebe** disturbing public services; **~sbeseitigung** *f* abatement of a nuisance; **~sstelle** *f* telephone repair service station, operator; **~ von Amtshandlungen** disturbance of official functions; **~ von Wahlen** interference with elections; **erratische ~en** erratic disruptions; **rechtserhebliche** ~ actionable nuisance; **schwerwiegende** ~ serious disturbance; **vorübergehende** ~**en** temporary difficulties.

Stoß|angebot *n* concentrated offering, massive offering; ~**auftrag** *m* urgent order, rush order; ~**bedarf** *m* urgent heavy demand; ~**kraft** *f* impact, thrust; ~**trupp** *m* combat patrol; ~**waffe** *f* weapon for stabbing; ~**wirkung** *f* shock effect; ~**zeit** *f* peak hours, rush hours, peak period.

Straf|akte (criminal) case file, case record; ~**aktion** *f* punitive action; ~**änderung** *f* change of penalty, commutation of sentence; ~**androhung** *f* (threat of) punitive sanction, criminal sanction; **gesetzliche** ~~ legislative sanction; ***jd-en* unter** ~~ **laden** to subpoena *s.o.*; **unter** ~~ under penalty of; ~**anrechnung** *f* allowance for the served part of another sentence; ~**anstalt** *f* penal institution, prison; ~**antrag** *m* demand for prosecution; demand (by the prosecutor) for a penalty; ~~**sfrist** *f* statutory period to file a demand for prosecution; ~~**srecht** *n* entitlement to demand prosecution; ~**antritt** *m* commencement of prison sentence; ~**anwendung** *f* application of penal sanction; ~**anzeige** *f* (criminal) information, report of a crime, complaint of an *US* offense/*GB* offence, denunciation; ***e-e*** ~~ **erstatten** to lay an information, to report an *US* offense/*GB* offence to the police; ~**arrest** *m* short-term military imprisonment; ~**arten** *pl* types of penalty/sentence; ~**aufhebungsgründe** *pl* reasons for withdrawing punishment; ~**aufschub** *m* suspension of commencement of a sentence, postponement of execution, respite in punishment; ~**ausschließungsgründe** *pl* legal reasons for exemption from punishment; ~**aussetzung** *f* suspension of sentence; ~~ **gewähren** to suspend a sentence; ~~ **zur Bewährung** suspension of sentence on probation; **einstweilige** ~~ temporary suspension; ~**aussetzungsbeschluss** *m* **zur Bewährung** probation order; ~**ausstand** *m* unserved portion of a sentence; ~**barkeit** *f* criminality, punishability, criminal nature; ~**befehl** *m* fixed penalty order, order for summary punishment; ~~**sverfahren** *n* summary punishment, order proceedings; ~**befugnis** *f* power to punish, power to sentence; ~**bemessung** *f* assessment of punishment (to be imposed); ~**bescheid** *m* an administrative order inflicting a penalty; ~**beschluss** *m* order to inflict punishment; ~**bestimmung** *f* penal/criminal provision, *pl* penal laws; ~**dauer** *f* duration of punishment, length of a prison term; ~**e** *f* → *Strafe*; ~**entlassene**(**r**) *f(m)* (*der ~entlassene*) discharged prisoner; **auf Bewährung bedingt** ~~ probationer; ~**entlassung** *f* discharge (from prison); **bedingte** ~~ conditional discharge; ~**erhöhungsmerkmal** *n* aggravating circumstance; ~**erkenntnis** *f* sentence (imposed by the court); ~**erlass** *m* remission of penalty, remittal of a penalty, pardon; **bedingter** ~~ conditional discharge, binding over on probation; **teilweiser** ~~ remission of part of a sentence; ~**ermäßigung** *f* abatement of penalty, reduction in sentence; ~**erschwerungsgrund** *m* aggravating circumstance; ~**expedition** *f* punitive expedition; ~**fälligkeit** *f* liability to punishment; ~**festsetzung** *f* fixing of the sentence, assessment of punishment; ~**frage** *f* the question of sentencing; ~**freiheit** *f* impunity, immunity from criminal prosecution, amnesty; ~~**sgesetz** *n* impunity law, amnesty law; ~**gebühr** *f* penalty (*monetary*); ~**gefangene**(**r**) *f(m)* (*der ~gefangene*) criminal prisoner (under a sentence), prison inmate; **entlassener** ~~ discharged prisoner, ex-convict;

~geld *n* fine; (monetary) penalty; **~gericht** *n* criminal court, criminal division; *pl* courts of criminal jurisdiction; **~~sbarkeit** *f* criminal jurisdiction, penal jurisdiction; **~gesetz** *n* criminal law, penal law, criminal statute, penal statute; **~~buch** *n* penal code, criminal code; **~~gebung** *f* penal legislation; **~gewalt** *f* punitive power, power to sentence; **~haft** *f* penal confinement, imprisonment, punitive detention (*juveniles*); **~~entschädigung** *f* compensation for unjustified imprisonment; **aus der ~~ entlassen** discharged from prison; **~herabsetzung** *f* reduction of sentence; **~kammer** *f* criminal court, criminal division; **~justiz** *f* criminal justice (system), penal justice, penal jurisdiction; **~klage** *f* penal action, criminal charge indictment; **~~verbrauch** *m* ne bis in idem, double jeopardy bar, (plea of) autrefois acquit and autrefois convict; **~klausel** *f* penalty clause; **~kolonie** *f* convict settlement; **~lager** *n* penal camp, prison camp; **~losigkeit** *f* impunity, immunity, exemption from punishment; **~makel** *m* blemish, taint of a previous conviction; **~mandat** *n* ticket, summons issued to (traffic) offender; **~maß** *n* degree of penalty, sentence, measure of sentence, measure of punishment; **~~berufung** *f* appeal against a sentence; **~~nahmen** *pl* punitive measures; **~~verkündung** *f* sentencing; **das ~~ festsetzen** to (determine the) sentence; **zu niedriges ~~** inadequate sentence; **~milderung** *f* mitigation (of sentence), extenuation; **~~sgründe** grounds for mitigation; **~mündigkeit** *f* age of reason, the beginning of criminal responsibility, age of criminal capacity; **~nachlass** *m* reduction of sentence; **~norm** *f* penal provision; **~porto** *n* penalty postage; **~prozess** *m* criminal procedure, criminal proceedings; **~~ordnung** *f* code of criminal procedure, (rules of) criminal procedure; **~~recht** *n* law of criminal procedure; ***e-en*** **~~ führen** to try a case; **~rahmen** *m* range of punishment; **~recht** *n* → *Strafrecht*; **~register** *n* register of convictions; **~~auszug** *m* extract from the register of convictions; **~~behörde** *f* authority in charge of keeping the register of convictions; **~~ ohne Vermerk** no entry in the register of convictions; **~~verordnung** *f* register of convictions ordinance; **~rest** *m* remainder of a sentence, unserved portion of a sentence; **~richter** *m*/**-in** *f* criminal court judge; **~sache** *f* criminal case; criminal matter; **~sanktion** *f* punitive/criminal sanction; **~schärfung** *f* aggravation (of sentence), increasing the severity of the sentence; **~~sgründe** *pl* aggravating circumstances; **~senat** *m* high criminal court, criminal division of the court of appeal, criminal division of the German Bundesgerichtshof; **~tat** *f* → *Straftat*; **~tatbestand** *m* (*pl ~tatbestände = ~e*) facts constituting an *US* offense/*GB* offence, corpus delicti, statutory definition of a crime, elements of a crime; **~smerkmale** *pl* elements of the *US* offense/*GB* offence, characteristics constituting the criminal act; **gesetzliche ~e** statutory *US* offenses/*GB* offences; **konsumierter ~~** included (lesser) *US* offense/*GB* offence; **~täter** *m*/**-in** *f* delinquent, offender; **geisteskranker ~~** mentally ill criminal offender; **jugendlicher ~~** juvenile delinquent/offender; **politischer ~~** political offender; **~tilgung** *f* deletion from the criminal record, extinction of previous convictions; **~umwandlung** *f* commutation of sentence; **~unmündigkeit** *f* age below criminal responsibility, criminal incapacity due to young age; **~unterbrechung** *f* interruption in serving a sentence; **~urteil** *n* conviction and sentence, penal judgment, judgment of a criminal court, judgment of conviction; **ein ~~ aufheben** to quash a conviction; **ein ~~ bestätigen** to uphold a conviction; **ein ~~ fällen** to pass criminal judgment and sentence, to convict and sentence; **~verbüßung** *f* serving a sentence, serving one's term in prison; **sich der ~~ entziehen** to evade punishment; **~~szeit** *f* length of sentence (to be) served, (part of the) sentence (already) served; **~verdächtige(r)** *f(m)* (*der ~verdächtige*) criminal suspect; **~vereitelung** *f* compounding crime; obstruction of criminal prosecution, prevention of punishment; **~verfahren** *n* → *Strafverfahren*, **~verfolgung** *f* → *Strafverfolgung*; **~verfügung** *f* penal order, disciplinary penalty; **~verhandlung** *f* (criminal) trial, hearing before a criminal court; **~verjährung** *f* limitation of criminal prosecution, bar to prosecution due to lapse of time; **~verkürzung** *f* reduction (of service) of a sentence; **~verlangen** *n* request for punishment (*by a foreign government*); **~vermerk** *m* criminal record; **~verschärfung** *f* aggravation of sentence; **~~sgrund** *m* aggravating circumstances; **~versetzung** *f* transfer for disciplinary reasons; **~versprechen** promise to pay a fine; **selbständiges ~~** independent promise to pay a fine, *promise to pay a fine given independent of any contractual relationship if an act is undertaken/omitted*; **~verteidiger** *m*/**-in** *f* *US* defense/*GB* defence counsel, criminal practitioner, criminal lawyer; **~verteidigung** *f* (criminal) *US* defense/*GB* defence; **~vollstreckung** *f* → *Strafvollstreckung*; **~vollzug** *m* → *Strafvollzug*; **~vorbehalt** *m* reserved punishment; **~vorschrift** *f* penal/criminal provisions, penal regulation; **~würdigkeit** *f* qualification for punishment, eligibility for punishment; **~zeit** *f* term, penal term, prison term, time of sentence, time to be served, *sl* stretch; **~zelle** *f* prison cell; **~zettel** *m* penalty notice; traffic ticket; **~zins** *m* penalty, penal interest; **~zoll** *m* penalty duty, penal duty; **~zumessung** *f* sentencing, determination of penalty/punishment; **~~sgründe** *pl* considerations as to the award of punishment, reasons for the length of the sentence awarded; **~zuständigkeit** *f* jurisdiction in criminal cases; **~zweck** *m* object of punishment, purpose of punishment, aim of sentence (*eg retribution, deterrence, rehabilitation*); **~~theorie** *f* theory of the purpose of punishment.

straf|bar *adj* punishable, liable to prosecution; **sich ~~ machen** to incur a penalty, to be liable to prosecution; **~end** punitive, corrective; **~fällig** liable to punishment, delinquent; **erneut ~~ werden** to reoffend; **~frei** exempt from punishment, free from punishment, scot-free; **~los** unpunished, exempt from punishment; **~~ bleiben** to go unpunished; **~mildernd** mitigating, extenuating; **~mündig** of criminally responsible age; **~rechtlich** penal, according to criminal law; **~~ verantwortlich** criminally responsible, doli capax; **~schärfend** aggravating; **~unmündig** doli incapax, below the age of criminal responsibility; **~verschärfend** aggravating; **~würdig** punishable, deserving punishment.

Strafe *f* punishment, penalty, sentence; **~nhäufung** *f* cumulative sentences; **~n werden gleichzeitig verbüßt** sentences run concurrently; **~ ohne Freiheitsentzug** non-custodial sentence; **~ unbestimmter Höhe** indeterminate sentence; **angemessene ~** reasonable sentence, adequate punishment, appropriate punishment; **auferlegte ~** sentence imposed; **auf ~ erkennen** to award a sentence; **bei ~ von** under penalty of, upon pain of; **die ~ antreten** to appear at prison to serve a sentence; **die vom Gesetz angedrohte ~** the punishment laid down by law; ***e-e* ~ erlassen** to remit/waive a penalty/punishment; ***e-e* ~ herabsetzen** to reduce a sentence; ***e-e* ~ umwandeln** to commute a sentence/penalty; ***e-e* ~ verbüßen** to serve a sentence; ***e-e* ~ verhängen** to pass sentence (on), to inflict a penalty (on), to impose a penalty (on); ***e-e* ~ voll verbüßen** to complete one's sentence; ***e-e* ~ verwirken** to incur a punishment/penalty; ***e-e* ~ vollstrekken** to execute a sentence; ***e-e* ~ zuerkennen** to award a punishment; ***e-e* ~ zumessen** to mete out punishment; ***e-e* ~ zur Bewährung aussetzen** to place on probation, to suspend a sentence on probation; ***e-e* zusätzliche ~ verhängen** to superimpose a punishment; **empfindliche ~** severe punishment; **entehrende ~** dishonorable punishment; **erkannte ~** sentence awarded/imposed; **exemplarische ~** exemplary punishment; **gerechte ~** condign penalty, appropriate punishment; just and lawful sentence; **geringfügige ~** slight penalty, modest penalty; **gesetzliche ~** lawful punishment, statutory punishment; **keine ~ ohne Gesetz** nulla poena sine lege, no punishment in the absence of a criminal statute; **körperliche ~** corporal punishment; **lebenslängliche ~** life sentence; **milde ~** lenient punishment; **mit *e-er* ~ belegen** to penalize, to subject to a penalty; **mit ~ bedroht sein** to carry a penalty; **nicht zur Bewährung ausgesetzte ~** immediate sentence; **schwere ~** heavy sentence; **seine ~ absitzen** serve one's sentence, to do one's time; **sich *e-er* ~ entziehen** to evade punishment; **übermäßig harte ~** harsh sentence, excessive sentence/penalty; **verjährte ~** penalty barred by lapse of time; **verschärfte ~** increased penalty, stricter punishment; **verwirkte ~** incurred penalty, sentence awarded; **vollzogene ~** enforced sentence, executed sentence, **von ~ absehen** to remit an *US* offense/*GB* offence; **zu *e-er* ~ verurteilen** to sentence, to impose a penalty; **zwingend vorgeschriebene ~** mandatory sentence.

strafen *vt* to punish, to penalize.

Sträfling *m* prisoner, prison inmate, convict.

Strafrecht *n* criminal law, penal law; **~sänderungsgesetz** *n* Criminal Law Amendment Act; **~sirrtum** *m* mistake of law in a criminal case, error as to the criminal nature of an act; **~snotstand** *m* emergency in criminal law, plea of necessity; **~spflege** *f* administration of penal justice; **~spraxis** *f* practice of the criminal courts; **~sreform** *f* penal reform; **~sschutz** *m* protection afforded by the penal laws; **~ssystem** *n* penal system; **~stheorie** *f* theory of criminal law/jurisprudence; **formelles ~** law of criminal procedure; **internationales ~** international criminal law; **materielles ~** substantive criminal law; **vergleichendes ~** comparative criminal law.

Straftat *f* criminal act, punishable act, criminal *US* offense/*GB* offence, crime (= *o-*); **~en gegen die öffentliche Ordnung** *o-s* against public order; **~en gegen die Person** *o-s* against the person; **~en und Ordnungswidrigkeiten auf öffentlichen Straßen** street *o-s*; **~ im ersten Rückfall** second *o-*; **atomare ~** nuclear crime; **auf politischen Beweggründen beruhende ~** *o-* inspired by political motives; **auslieferungsfähige ~n** extraditable crimes; **bundesrechtliche ~** federal *o-*, federal crime; **die schwerere ~** the higher *o-*; **die zur Last gelegte ~** the alleged *o-*; **erhebliche ~** notable crime, serious *o-*; **erstmalige ~** first *o-*; **fahrlässige ~** negligent *o-*; **fortgesetzte ~** continued *o-*; **im Rausch begangene ~** *o-* committed while under the influence of intoxicating liquors; **keine ~ ohne Gesetz**

nulla poena sine lege; nullum crimen rule, no punishment in the absence of a penal law; **konsumierte ~** necessarily included *o*-; **militärische ~en** military *o-s*; **mit Geldstrafe bedrohte ~** *o*- punishable by a fine; **nachfolgende ~** subsequent *o*-; **neue ~** fresh *o*-; **politische ~** political *o*-; **unerledigte ~en** outstanding *o-s*; **unvollendete ~** inchoate *o*-; **vollendete ~** consummated *o*-, accomplished crime.

Strafverfahren *n* criminal procedure; criminal proceeding(s), criminal action, criminal suit, penal proceeding(s), penal suit; **~srecht** *n* law of criminal procedure; **~sreform** *f* reform of criminal procedure; **abgekürztes ~** summary trial; **anhängiges ~** pending prosecution, pending criminal case; **beschleunigtes ~** summary trial, accelerated criminal proceedings; **ein ~ betreiben** to pursue criminal proceedings; **ein ~ einleiten** to institute criminal proceedings; **ein ~ einstellen** to drop a prosecution, to withdraw a charge, to remit an *US* offense/*GB* offence, to cease criminal proceedings.

Strafverfolgung *f* prosecution (= *p*-), public prosecution, prosecution of criminal *US* offenses/*GB* offences; **~sankündigung** *f* notice of intended *p*-; **~sbeamter** *m*/**~sbeamtin** *f* *p*- officer; **~sbehörde** *f* *p*-, criminal *p*- authority; *US* District Attorney's Office, *GB* Director of Public *P-s*, Crown *P*- Service; **~sverjährung** *f* limitation of criminal *p*-; **die ~ einstellen** to stop the *p*-, to discontinue the *p*-; **die ~ niederschlagen** to quash the proceedings, to stop the proceedings; **die ~ unterdrücken** to quash *p*-; **öffentliche ~** official *p*-; **sich der ~ entziehen** to evade justice.

Strafvollstreckung *f* penal execution, execution of a sentence; **~sbehörde** *f* public authority for penal execution; **~sleiter** *m*/**-in** *f* director of penal execution; **~svereitelung** *f* thwarting/obstructing the execution of sentences; **~sverjährung** *f* bar of execution of punishment due to lapse of time; **die ~ aussetzen** to suspend the execution of a sentence.

Strafvollzug *m* execution of a custodial sentence, imprisonment, prison regime; **~sabteilung** *f* department of correction; **~sanstalt** *f* penal institution, prison, correctional institution; **~sbeamter** *m*/**~sbeamtin** *f* prison officer, prison guard, prison inspector; **~sbedienstete** *pl* prison staff; **~sbehörde** *f* penal administration, prison authority; **~sgesetz** *n* Prison Act, Treatment of Offenders Act; **~sgrundsätze** *pl* prison policy; **~sordnung** *f* prison regulations; **~srecht** *n* law of prison administration; **~ssystem** *n* prison system, *US* correctional system, penological system; **~swissenschaft** *f* penology; **offener ~** open prison, non-confinement facility.

Strahlen | belastung *f* level of radioactivity; **~gefahr** *f* radiation hazard; **~geschädigte(r)** *f(m)* (*der ~geschädigte*) radiation victim; **~pass** *m* radiation record/passport; **~schädigung** *f* injury from radiation; **~schutz** *m* radiation protection, radiation safety devices, radiation shielding; **~~beauftragte(r)** *f(m)* (*der ~beauftragte*) radiation protection commissioner; **~~verordnung** *f* radiation protection ordinance.

Strahlungs | verbrechen *n* radiation crime; **~gefahr** *f* radiation hazard, exposure hazard; **~risiko** *n* radiation hazard, exposure hazard; **~schädigung** *f* radiation injury.

Strand | gut *n* salvage goods, stranded goods; **~recht** *n* right of salvage; **~vogt** *m* wreck commissioner, wreck master, receiver of wreck.

Strandungsordnung *f* law of wreckage.

Strang *m* rope, cord.

Strangulation *f* strangulation.

strangulieren *vt* to strangle, to choke.

Straße *f* street (= *s-*), road (= *r-*), highway; ~ **mit Gegenverkehr** two-way *s-*; ~ **mit Schnellverkehr** main *r-*, *r-* with fast traffic; **~nanlieger** *m*/**-in** *f* frontager, owner of wayside property, abutting property owner; **~~beitrag** *m* frontage assessment; **~narbeiten** *pl s-* works, *r-* works, *r-* repair; **~nauflauf** *m s-* brawl; **~naufsicht** *f* traffic surveillance, *s-* control; **~~sbehörde** *f* overseer of highways, *r-s* commission; **~nbankett** *n r-* embankment; **~nbau** *m r-* works, *r-* construction; **~~amt** *n r-* board, highway board, highway department, *r-* construction office; **~~beamter** *m*/**~~beamtin** *f r-* construction supervisor; **~~finanzierungsgesetz** *n* Financing of *R-*building Act; **~~investitionen** *pl* capital expenditure on *r-*building; **~~last** *f r-* construction and maintenance liability; **~~verwaltung** *f* administration of *r-* construction; **~nbehörden** *pl* highway authorities, *r-* authorities; **~nbelag** *m r-* surface; **~nbenutzung** *f* use of *s-s* and public *r-s*; **~~sgebühr** *f r-* toll; **~nbezeichnungsschilder** *pl r-* identification signs; **~nblock** *m* block of houses; **~ndarbietungen** *pl s-* performances; **~ndecke** *f* paving, pavement, highway surface; **~ndichte** *f* density of the *r-* network; **~ndienst** *m r-* patrols; **~nfahrzeug** *n r-* vehicle; **~nfläche** *f r-* surface; **~ngesetze** *pl* Highway Acts; **~ngüterverkehr** *m r-* haulage, haul goods traffic; **Übereinkommen über den Beförderungsvertrag im internationalen ~~** Convention on the Contract for the International Carriage of Goods by *R-*; **~neinmündung** *f s-/r-* junction; **~nhandel** *m s-* trading, *s-* vending; **~nhändler** *m*/**-in** *f s-* trader, huckster; **~~ mit Obst und Gemüse** costermonger; **~nkostenbeitrag** *m* assessment for *s-* maintenance; **~nkriminalität** *f s-* crime; **~nkreuzung** *f r-* crossing; **~nkundgebung** *f s-* demonstration; **~nlage** *f r-* holding; **~nmädchen** *n s-* walker; **~nmarkierung** *f r-* marking; **~nmeister** *m*/**-in** *f* surveyor of highways; **~nnetz** *n* network of *r-s*, *r-* system; **~nprostitution** *f* soliciting for prostitution on the public *s-s*; **~nraub** *m* highway robbery, assault; **~nräuber** *m*/**-in** *f* highway robber, brigand; **~nräuberei** *f* brigandage, highway-robbery; **~nrecht** *n* law of public *s-s* and *r-s*; **~nreklame** *f s-* advertizing; **~nsammlung** *f s-* collection; **~nsperre** *f r-* block, (*s-*) barricade; **~numleitung** *f* detour, diversion; **~n- und Wasserbauamt** *n R-s* and Waterways Office; **~n- und Wegenetz** *n r-* system; **~nunkostenbeitrag** *m* paving rate, assessment for *r-* maintenance; **~nunterhaltsabgabe** *f* highway rate, *r-* maintenance contribution (*by adjoining owners*); **~nunterhaltsverpflichtete(r)** *f(m)* (*der ~verpflichtete*) person/authority liable to keep (the *r-* in repair); **~nunterhaltungszuschüsse** *pl r-* maintenance grants; **~nverkauf** *m* hawking, *s-* vending; **~nverkäufer** *m*/**-in** *f* hawker; **~nverkaufsstand** *pl* pitch; **~nverkehr** *m* → *Straßenverkehr*; **~nzoll** *m r-* toll, turnpike charges; **befahrbare** ~ *r-* fit for traffic; **Beförderung auf der** ~ *r-* carriage; ***e-e*** **~ dem Verkehr freigeben** to open a *s-*; ***e-e*** **~ unterhalten** to keep a *s-/r-* in good repair; **enge kurvenreiche** ~ winding *r-*; **mautpflichtige** ~ toll *r-*, turnpike *r-*; **öffentliche** ~ public *s-*, public *r-*, common way; public thoroughfare; **steile** ~ steep *r-*, precipitous *r-*, **Europäisches Übereinkommen über die Beförderung gefährlicher Güter auf der** ~ *EU* European Agreement Concerning the International Carriage of Dangerous Goods by *R-*; **zweispurige** ~ two-lane *r-*.

Straßenverkehr *m* road traffic, road transport; **~sbehörde** *f* road traffic authority; **~sdelikt** *n* traffic *US* offense/*GB* offence, highway *US* offense/*GB* offence; **~sgefährdung** *f* endangering road traffic; **~sgesetz** *n* road traffic law; **~shaftung** *f* road user's liability; **~sordnung** *f* Road Traffic Regulations; **~srecht** *n* traffic law; **~sregeln** *pl* rules of the road; **~ssicherheit** *f* road safety; **~steilnehmer** *m*/**-in** *f* road user; **~szeichen** *n* road sign(s), traffic sign; **~-Zulassungs-Ordnung** *f* Road Traffic Licensing Regulations.

Strategie *f* strategy; **~ der kleinen Schritte** policy/strategy of gradualism; **~kommission** *f* political strategy commission; **~planung** *f* policy planning; **~~s- und Frühwarneinheit** *f EU* Policy Planning and Early Warning Unit; **gemeinsame ~en** *EU* common strategies.

Streben *n* pursuit, endeavo(u)r, push; **~ nach Glück** pursuit of happiness, quest for happiness.

Strecke *f* route, track, line; *min* roadway, gallery, drift; **~ngeschäft** *n* chain-of-delivery business (*successive traders of same goods*); **~nstilllegung** *f* railway closure; **auf freier ~** somewhere on the line; ***e-e*** **~ abgehen** to pace off a track; ***e-e*** **~ zu Fuß zurücklegen** to walk.

strecken *vt* to prolong, to extend the maturity.

Streckung *f* protraction, stretching, spreading, extension; **zeitliche ~** spreading over a period.

streichen *vt* to delete, to eliminate, to cancel, to expunge; to strike off.

Streichung *f* deletion, elimination, cancellation, obliteration, erasure.

Streifband *n* wrapper, postal wrapper, cover; **~depot** *n* jacket custody, individual (safe custody) deposit of securities, segregational/individual safe custody account.

Streife *f* patrol; **~ndienstwagen** *m* patrol car, squad car.

Streifschuss *m* graze, grazing shot.

Streik *m* strike (= *s-*); **~ankündigung** *f s-* notice; **~arbeit** *f s-*-breaking work, emergency work during a *s-*; **~aufruf** *m* call to *s-*; **~ausschuss** *m* *s-* committee; **~befehl** *m s-* order; **~beteiligung** *f s-* turnout; **~bewegung** *f* organized *s-s*; **~brecher** *m*/**-in** *f s-* breaker, *pej* scab, blackleg; **~drohung** *f s-* threat; **~geld** *n s-* pay; **~kasse** *f s-* fund, war chest; **~leitung** *f s-* committee; **~posten** *m* picket, picketeer; **~~ aufstellen** to picket; **~~ stehen** to picket; **~~ von Betriebsfremden** stranger picketing; **gewaltlosen ~~ stehen** peaceful picketing; **mobile ~~** flying pickets; **~recht** *n* (the) right to *s-*, freedom to *s-*; **~risiko** *n* risk of *s-s*; **~~versicherung** *f s-* (risk) insurance; **~tage** *pl* days of *s-*, lost work days due to *s-s*; **~unterstützungsfonds** *m s-* (support) fund; **~verbot** *n* prohibition of *s-s*, ban on *s-s*/a *s-*; **~~sklausel** *f* no-*s-*-clause; **~versicherung** *f s-* insurance; **~wache** *f* picket; **~ wegen Abgrenzungskämpfen** jurisdictional *s-*; **~welle** *f* wave of *s-s*, spate of *s-s*; ***e-en*** **~ abbrechen** to call off a *s-*; ***e-en*** **~ ausrufen** to call a *s-*, to declare a *s-*; **genehmigter ~** authorized *s-*, official *s-*; **in den ~ treten** to walk out, to come out on *s-*; **Schwerpunkt~** selective *s-*; **unangekündigter ~** unannounced *s-*; **widerrechtlicher ~** illegal *s-*; **wilder ~** wildcat *s-*, illegal *s-*, walkout.

streiken *vi* to strike, to lay down tools, to walk out.

Streikende(**r**) *f*(*m*) (*der Streikende*) striker.

streiklustig *adj* eager to strike.

Streit *m* dispute, controversy; **~befangenheit** *f* pendency of the matter; **~beilegung** *f* settlement of a dispute; **außergerichtliche ~~** alternative dispute resolution (*abbr* ADR); **~betrag** *m* amount involved in the case; **~entscheidung** *f* decision of the case; **~erledigung** *f* peaceful disposal of a conflict; **~fall** *m* litigation, case, dispute; **~frage** *f* issue, question at issue; question in dispute, point of controversy; **rechtliche ~~** issue of law; **tatsächliche ~~** issue of fact;

~gegenstand *m* object at issue, subject of litigation, subject of the dispute; subject matter of the proceedings, matter in controversy, matter in dispute; **~gehilfe** *m*/**~gehilfin** *f* party intervening on the side of a litigant; **~genosse** *m*/**~genossin** *f* joint litigant, joint plaintiff, *pl* coparties; **notwendige ~~n** necessary parties, indispensable parties; **~genossenschaft** *f* joinder of parties; **notwendige ~~** compulsory joinder; **~helfer** *m*/**-in** *f* party intervening on the side of a litigant; **~hilfe** *f* intervention on the side of a litigant; **~kräfte** *f/pl* (military) forces; **Genfer Abkommen zur Verbesserung des Loses der Verwundeten, Kranken und Schiffbrüchigen der ~~ zur See** Geneva Convention (II) for the Amelioration of the Condition of Wounded, Sick and Shipwrecked Members of Armed Forces at See (*12 August 1949*); **Genfer Abkommen zur Verbesserung des Loses der Verwundeten und Kranken der ~~ im Felde** Geneva Convention (I) for the Amelioration of the Condition of the Wounded and Sick in Armed Forces in the Field (*12 August 1949*); **militärische ~~** military forces; **~objekt** *n* = *~gegenstand*; **~patent** *n* contested (opposed, challenged) patent, patent in suit; **~partei** *f* party to the dispute, litigant, contending party; **~punkt** *m* point at issue, matter in dispute, issue; **~sache** *f* action, **~stoff** *m* matter in controversy, area of dispute; **~verfahren** *n* contentious proceedings (*litigation*), procedure in defended cases; **~verhältnis** *n* plaintiff-defendant relationship, relationship between litigants; **~verkündende(r)** *f(m)* (*der ~verkündende*) person giving notice to intervene; **~verkündete(r)** *f(m)* (*der ~verkündete*) person notified (of a possibility) of intervention, additional party; **~verkündung** *f* third party notice, *US* third-party complaint, cross complaint, third-party practice; **~wert** *m* value (of the matter) in dispute/being litigated; amount in controversy, jurisdictional value; amount involved in the particular case; **~~festsetzung** *f* assessment of value in dispute/amount in controversy; **außer ~** beyond dispute; **äußerst kleinlicher ~** extremely petty dispute; **den ~ verkünden** to give third party notice, to interplead; ***e-en*** **~ beilegen** to settle a dispute, to compromise; **juristischer ~** legal dispute, legal issue.

streit|befangen *adj* in litigation, in dispute, pending; **noch ~~** unadjudged; **~gegenständlich** belonging to the case; **~ig** litigious, in dispute, controversial, at issue; debatable, argumentative; **nicht ~~** noncontentious, uncontroversial.

streiten *vi* to litigate, to dispute, to argue, to contend, to fight.

Streitigkeit *f* dispute, quarrel; **~en durch ein Schiedsgericht entscheiden lassen** to settle a dispute by arbitration; **arbeitsrechtliche ~** labo(u)r dispute; ***e-e*** **~ beilegen** to settle a dispute, to sink a controversy; **nicht justiziable ~** non-justiciable dispute; **nichtvermögensrechtliche ~** non-pecuniary dispute; **öffentlich-rechtliche ~** public-law dispute; **vermögensrechtliche ~en** pecuniary cases; **völkerrechtliche ~** international legal dispute.

Strenge *f* severity, severeness, stringency; **~ des Gesetzes** severity of the law, rigo(u)r of the law, harshness of the law, stringency of the law.

Streu|bebauung *f* scattered building, low construction/building density (*low population/building density over an area*); **~besitz** *m* diversified holdings; widespread shareholdings; **~breite** *f* extent of diversification, cover (*public relations*), spread; **~grenze** limit of variation; **~pflicht** *f* obligation to strew sand (*or other suitable materials*) on icy surfaces; **~~recht** *n* right to have icy or snow covered pavements strewn with sand/salt.

Streuung *f* diversification, spread; **~sbreite** *f* range of dispersion.

Strich *m* street prostitution, soliciting; **auf den ~ gehen** to walk the streets.

Strichcode *m* bar-code.

Strichliste *f* tally list, check-list; **~nzählung** *f* tally.

strittig *adj* litigious, in dispute, controversial, at issue; debatable, argumentative; **nicht ~** noncontentious, uncontroversial.

Strittigkeit *f* disputability, contestable nature.

Strohmann *m* straw, man of straw, figurehead, nominee; dummy, stooge; **~-Aktienbeteiligung** *f* nominee shareholdings; **~aktionär** *m*/**-in** *f* dummy stockholder, nominee shareholder; **~ als Kläger** nominal plaintiff; **~gesellschaft** *f* dummy company, nominee company; **~-Gesellschafter** *m*/**-in** *f* nominal partner.

Strom *m* **I** current, electricity (= *e-*), electric power; **~abnehmer** *m*/**-in** *f* consumer of *e-*; **~abschaltung** *f* power cut; **~anschluss** *m* power supply terminal; **~~kosten** *pl* power installation costs; cost of being connected with *e-* supply; **~ausfall** *m* power failure; **~bilanz** *f* net position on *e-*; **~darbietung** *f* supply of electric current; **~entwendung** *f* dishonest abstraction of *e-*; **~klemme** *f* shortage of electric current; **~lieferung** *f* power supply, *e-* supply; **~~sunterbrechung** *f* interruption of *e-*/power supply; **~~svertrag** *m* contract for the supply of *e-*; **~rechnung** *f* *e-* bill; **~sperre** *f* power cut, power shutdown; **~tarif** *m* *e-* tariff; **~verbrauch** *m* *e-* consumption, power consumption; **~versorgung** *f* power supply, *e-* supply; **~~sbezirk** *m* public power district; **~zähler** *m* *e-* meter; **~zahlungsboykott** *m* boycott of paying *e-* bills.

Strom *m* **II** river; **~anliegerstaat** *m* riparian state; **~polizei** *f* river police; **internationaler ~** international river; **schiffbarer ~** navigable river.

Struktur|krise *f* structural crisis; **~anpassung** *f* structural adjustment; **~fonds** *m* structural funds; **~politik** *f* policy for the improvement of regional structure; **~verbesserung** *f* improvement of regional structure; **~vertrieb** *m* *US* multilevel selling, *GB* pyramid system; **~wandel** *m* structural change, fundamental change.

Stubenarrest *m* confinement to one's room, confinement to quarters.

Stück *n* piece, individual item, unit article; **~aktie** *f* individual share certificate; **~arbeit** *f* piecework; **~ekonto** *n* shares account; **~emangel** *m* shortage of offerings; uncovered position; **~everzeichnis** *n* schedule of deposited securities; **~gebühren** *pl* charges for handling individual items; **~geld** *n* notes and coins; **~gut** *n* small consignments, part-load, general cargo, less-than-carload lot (*abbr* l. c. l.); **~~befrachtung** *f* consignment of general cargo; **~~fracht** *f* less-than-carload freight, general cargo; **~~lieferung** *f* general cargo delivery, drop shipment (delivery); **~~tarif** *m* general goods tariff; **~~versand** *m* shipment as less-than-carload lot; **~~zustellung** *f* less-than-carload delivery; **~kalkulation** *f* product cost; **~kosten** *pl* unit cost; **~liste** *f* itemized list; **~lizenz** *f* per unit royalty; **~~gebühr** *f* per unit royalty; **~lohn** *m* piece wages, wage on piece-work basis, job wage; **~~verfahren** *n* differential piece rate system; **~nummer** *f* serial number, bond number, certificate number; **~notierung** *f* (stock exchange) quotation per unit; **~preis** *m* price per item, unit price, piece price; **~~kategorie** *f* per unit price category; **~prüfung** *f* detailed inspection (*item by item*); **~schuld** *f* determinate obligation, obligation to supply individual objects; **~steuer** *f* specific tax; **~vermächtnis** *n* bequest of an individual object; **~zahl** *f* number of items, number of units; **~zeit** *f* time required per unit of production; **~zins** *m* broken interest, interest for broken period, accrued interest, interest on shares, interest on bonds; **mit ~~en** cum interest; **ohne ~~en** ex interest; **~zoll** *f* specific duty; **aus freien ~en** of one's (own) free will, willingly, unsolicited; **effektive ~e** actual securities, actual bonds (*as documents*); **einwandfreies ~** good delivery (*securities*); **fehlerhafte ~e** rejects, imperfect items; **per ~** by the piece.

stückeln *vt* to subdivide, to fragment, to denominate.

Stückelung *f* subdivision, indication of denomination, division into shares, fragmentation, denomination(al) unit.

stückweise *adj* by the piece, by parcels.

Student *m*/**-in** *f* student; **~enwerk** *n* student welfare organization, student(s') union, student relief organization; **~In** *m/f* student (*sexually neutral form*), **~Innen** *m/f pl* students.

Studien | beihilfe *f* educational grant; student grant, scholarship; **~fach** *n* field of study, subject (of study), **~förderung** *f* financial assistance for students; **~gang** *m* course of studies; **~gebühr** *f* tuition fee; **~kolleg** *n* preparatory university courses; **~kommission** *f* study commission, research group; **~kosten** *pl* cost of college/university studies; **~ordnung** *f* Educational Regulations; **~platz** *m* admission at a college/university, admission slot; **~reform** *f* academic studies reform, reform of university studies.

Studierende *m/f* (university) student (*sexually neutral form*); **~nschaft** *f* student body (*university*); **verfasste ~~** *US* organized/*GB* organised student body, legally constituted student body.

Stufe *f* step, level, stage, gradation; **~ngründung** *f* incorporation by stages, gradual incorporation; **~nklage** *f* action by stages; **~nplan** *m* graduated plan, phased plan; **~nregress** *m* recourse by stages; **~ntarif** *m* graded tariff; **Zurechnung erster ~** first level imputation; **~ zweiter ~** second level imputation.

stufenweise *adv* gradatim, gradually, by stages, step by step.

Stumm- und Tonfilmrechte *pl* silent and sound dialogue rights.

Stunde *f* hour, lesson; **~ndurchschnitt** *m* average per hour; **~nhonorar** *n* hourly rate; **~nhotel** *n* house of ill fame, (disguised) brothel; **~nleistung** *f* output per hour; **~nliste** *f* time sheet; **~nlohn** *m* hourly wage, hourly rate; **~~arbeiten** *pl* time work; **~~satz** *m* hourly rate; **~~verrechnungssätze** *pl* regular time-work charges; **~~zuschlag** *m* extra charge for time work, **tariflicher ~~~** standard hourly wage; **~n-Produktivität** *f* productivity per man-hour; **~nsatz** *m* hourly rate; **~ntarif** *m* hourly rate; **~nverdienst** *m* hourly earnings; **~nzettel** *m* time sheet; **aktuelle ~** special session on a topical issue (*debate on request*), question time; **jede ~ oder angefangene ~** each hour or fraction thereof.

stunden *vt* to grant indulgence to a debtor, to give time, to allow time, to grant a respite, to defer.

Stundung *f* allowing additional time for performance/payment; **~ gewähren** to grant a delay; **~serleichterung** *f* facility granted for postponing payment, respite; **~sfrist** *f* period of extension; **~sgesuch** *n* request for an extension of time, request for a respite; **~skredit** *m* credit granted by permitting deferred payment; **~snehmer** *m*/**-in** *f* party to whom deferment is allowed; **~svergleich** *m* compromise involving additional time for payment; **~svertrag** *m* extension agreement, letter of respite; **~szinsen** *pl* interest charged during agreed delay; ~ **von Geldstrafen** time to pay fines; **befristete** ~ extension of the term of payment.

Sturmschädenversicherung *f* storm and tempest insurance.

Sturz *m* abrupt fall, drop, collapse; overthrow; **~güter** *n/pl goods that must not be handled roughly or turned upside down*, fragile goods; **~helm** *m* crash helmet.

stürzen *vi* to fall, to have a fall, to drop, to slump; *vt* to overthrow; to depose, to force to resign, to bring down; **nicht** ~ this side up.

Stütz | anleihe *f* bailment loan; **~kurs** *m* supported price, pegged rate; **~mauer** *f* supporting wall; **~preis** *m* supported price, cushioning price, pegged price; **~punkt** *m* base, support-price level; **~unterricht** *f* remedial tuition.

Stützung *f* support; **~saktion** *f* supporting action, life boat operation; **~~ der Banken** banking support; **~skäufe** *pl* supporting purchases, support purchases, backing; **~skredit** *m* emergency credit, standby credit; **~smaßnahme** *f* support operation; **~soperation** *f* support operation; **~spreis** *m* support price, supported price, pegged price; **~svereinbarung** *f* support arrangements; **~svorrichtung** *f* supporting appliance.

Subemissionvertrag *m* sub-underwriting agreement.

Subemittent *m/***-in** *f* sub-underwriter.

subeventuell *adj* as a subordinate alternative, as a second alternative.

Subjekt *n* subject, individual; legal entity, issue.

subjektiv *adj* subjective.

Submission *f* tender, contractor's offer, contractor's submission; **~sabsprache** *f* bid rigging; **~sangebot** *n* tender, tender offer, contractor's offer, bid; **~sbedingungen** *pl* terms of tender, conditions of tender; **~sbewerber** *m/***-in** *f* tenderer, bidder; **~sgarantie** *f* tender guarantee; **~sofferte** *f* tender, contractor's offer; **~spreis** *m* contract price; **~stermin** *m* tender closing date; **~sverfahren** *n* tender procedure, competitive bidding procedure, public tender; **~svergabe** *f* allocation by tenders, allocation of contract, award of contract; **~svertrag** *m* tender agreement; **~sweg** *m* method of tender; **auf dem ~~e** by tender.

Submittent *m/***-in** *f* tenderer, bidder; **der billigste** ~ the lowest bidder.

submittieren *vi* to submit tenders, to tender.

Subrogation *f* subrogation.

subsidiär *adj* subsidiary, subordinate; (*loosely*) alternative.

Subsidiarität *f* subsidiary nature, subsidiary character; **~sprinzip** *EU* principle of subsidiarity.

Subsidiärklausel *f* subsidiary clause.

Subsidie *f* subsidy.

Subskribent *m/***-in** *f* subscriber.

Subskription *f* subscription; **~sangebot** *n* proposal for subscription; **~sanzeige** *f* prospectus for a new publication; **~sfrist** *f* time limit for subscriptions; **~spreis** *m* subscription list price; **~srecht** *n* privilege of subscription.

substantiieren *vt* to particularize, to specify, to state full particulars, to give full details, to put flesh on the bones.

Substantiierung *f* statement of particulars, substantiation; **~sauflage** *f* order for further and better particulars; **genügende** ~ particularity; **mangelnde** ~ failure to state full particulars.

Substanz *f* substance, instrinsic value, assets, resources; **~erhaltung** *f* maintenance of assets, preservation of substance; **~minderung** *f* depletion of assets; decrease of capital value; **~steuer** *f* tax on the substance of property; **~verlust** *m* depletion of assets, asset erosion, waste; **~verringerung** *f* depletion of assets; **~verschlechterung** *f* depletion of assets, waste; **~verzehr** *m* depletion of assets, consumption

in use; ~**wert** *m* tangible value, intrinsic value, material value, net value of tangible assets, real value; ~~**klausel** *f* material value clause; ~~**zuwachs** *m* growth of real value.
substituieren *vi* to deputize.
Substituierung *f* substitution.
Substitut *f* substitute, replacement.
Substitution *f* substitution; ~**sgüter** *pl* substitutes.
subsumieren *vt* to subsume.
Subsumtion *f* subsumption; ~**sirrtum** *m* error of subsumption.
Subunternehmer *m*/**-in** *f* subcontractor; ~**vertrag** *m* subcontract; **an** ***e-en*** **~ vergeben** to subcontract.
Subunternehmung *f* subcontractor's business undertaking.
Subvention *f* subsidy, grant; ~**sbetrug** *m* fraudulently obtaining subsidies; ~**sjäger** *m*/**-in** *f* subsidy seeker; ~**srichtlinien** *pl* directives on granting subsidies; ~**svergabe** *f* granting of subsidies; **offene** ~ overt subsidy.
subventionieren *vt* to subsidize.
subventionsfähig *adj* subsidizable.
Subverlagsvertrag *m* subpublishing contract, *contract between publishing houses sublicensing printing rights*).
subversiv *adj* subversive.
Such|anzeige *f* wanted ad; ~**arbeitslosigkeit** *f* frontal unemployment, search unemployment; ~**dienst** *m* search engine; ~**kartei** *f* tracing file; ~**liste** *f* list of missing persons; list of wanted persons; ~**meldung** *f* announcement about missing persons; ~**trupp** *m* search party; ~**vermerk** *m* search notice, wanted notice.
Suche *f* search, hunt (for).
suchen *vt* to seek, to search.
Sucht *f* mania, addiction, craving; ~**krankheit** *f* addiction; ~**stoff** *m* drug, narcotic drug; ~~**sendungen** *pl* consignments of drugs.
Süchtige(r) *f(m)* (*der Süchtige*)(drug) addict.
Suggestivfrage *f* leading question.
Sühne *f* atonement, expiation; conciliation (= *c*-); ~**bescheinigung** *f* certificate of a *c*- attempt; ~**richter** *m*/**-in** *f* judge at a *c*- hearing; ~**termin** *m* *c*- hearing; ~**verfahren** *n* *c*- proceedings; ~**verhandlung** *f* *c*- hearing; ~**versuch** *m* attempt at reconciliation (*spouses*).
sühnen *vt* to atone (for), to expiate, to satisfy, to make up for.
Sukzession *f* succession; ~**sstaat** *m* succession state, succeeding state.
Sukzessiv|gründung *f* foundation of a joint-stock company by stages, → *Stufengründung*; ~**lieferung** *f* successive delivery, delivery by instal(l)ments, multiple delivery; ~~**svertrag** *m* multiple delivery contract.
summarisch *adj* summary.
Summe *f* sum, sum total, total, total amount, amount, aggregate amount; ~ **der Aktiva** total assets; ~**naktie** *f* share issued for a fixed amount, *share having a par value expressed in money*; ~**nbilanz** *f* turnover balance; ~**ndepot** *n* collective (mixed) deposit, irregular deposit; ~**nrabatt** *m* quantity premium; ~**ntabelle** *f* cumulative table; ~**nvermächtnis** *n* pecuniary legacy, bequest of a sum of money; ~**nversicherung** *f* endowment insurance, insurance in terms of fixed sums; ***e-e*** **bestimmte** ~ a given sum; **runde** ~ round sum, even sum; **überwiesene** ~ remittance; **veranschlagte** ~ estimated amount.
Super|dividende *f* super-dividend, surplus dividend, bonus; ~**ädifikat** *n A* building erected on land owned by another person; ~**kargo** *m* supercargo; ~**kraftstoff** *n* premium-grade motor fuel; ~**markt** *m* supermarket, multiple store; ~**provision** *f* overriding commission; ~**treibstoff** *m* premium grade petrol, super (grade) petrol.
supranational *adj* supranational.
Surrogat *n* substitute, alternative.
Surrogation *f* surrogation, substitution, replacement; ~ **kraft Gesetzes** substitution by operation of law; ~**srecht** *n* right of substitution; **dingliche** ~ substitution in rem.
suspendieren *vt* to suspend, to stay.

Suspendierung *f* suspension, stay, reprieve, respite.

Suspensivbedingung *f* suspensive condition, suspensory condition, condition precedent.

Suspensiveffekt *m* suspensory effect.

Süßwasser|fischerei *f* freshwater-fishing; **~nutzung** *f* use of fresh water.

Suzerän *m* suzerain.

Suzeränität *f* suzerainity.

Swap|abkommen *n* swap agreement; **~-Abschluss** *m* swap transaction; **~-Fazilität** *f* swap facility; **~geschäft** *n* swap transaction; **~satz** *m* swap rate.

Swing *m* swing (*under an offset agreement*); **~-Grenze** *f* swing, limit of the swing; **~überschreitung** *f* exceeding the swing.

Switchgeschäft *n* switch, switched transaction.

Sympathiestreik *m* sympathy strike.

Syndikalismus *m* (anarcho-)syndicalism.

Syndikat *n* syndicate, consortium; **~spreis** *m* underwriting price; **~sbeteiligung** *f* participation in a consortium; **~sführung** *pl* lead management; **~svertrag** *m* underwriting agreement, consortium agreement, syndicate agreement.

Syndikus *m* staff lawyer, in-house lawyer, legal officer, (*of a company*), standing counsel; **~anwalt** *m*/**~anwältin** *f* staff lawyer, in-house lawyer; in-house counsel, senior staff lawyer, litigation counsel.

Syndizierung *f* syndication.

Synode *f* synod, church council.

System *n* system; **~ der eigenen Mittel** own-resources system; **~ der Steuervorauszahlungen** system of advance tax payments; **~ des gespaltenen Satzes** system of the double rate; **~vergleich** *m* comparitive advertizing as to procedures or systems (*of products, appliances, goods*).

T

Tabelle *f* table, scale; index; register; list of claims proved in bankruptcy; **amtliche ~** official scale; **versicherungsstatistische ~** actuarial table.

Tabular | besitz *m possession coupled with entry in land register*; **~ersitzung** *f acquisition of title by being (wrongly) entered in the land title register for more than 30 years.*

Tadel *m* censure, blame, **~santrag** *m* motion of censure; **~svotum** *n* vote of censure.

Tafelgeschäft *n* over-the-counter transaction (*at a bank*).

Tag *m* day, date; **~ der Besitzübertragung** date of transfer of possession; **~ der Deutschen Einheit** Day of German Unity (*October 3, 1990, national holiday*); **~ der ersten Zulassung** date of first registration; **~ der Wertstellung** value date; **~ des Eigentumsübergangs** vesting day; **~ des Inkrafttretens** enactment date, effective date, date of coming into force; **~ebau** *m* surface working, open-cast mining, open-pit mining, strip-mining; **~ebuch** *n* journal, book of original entries; **~~blatt** *n* record sheet; **~egeld** *n* attendance fee, daily allowance; daily subsistence allowance, per diem; **~elöhner** *m*/**-in** *f* worker, day labo(u)rer; **~esabrechnung** *f* daily cash settlement; **~esauftrag** *m* order valid today; **~esausweis** *m* daily return (*banking*); **~esauszug** *m* daily statement; **~esbefehl** *m* order of the day; **~esbelastung** *f* daily load; **~esbericht** *m* daily report; **~esbestände** *pl* daily balances; **~eseinlagen** *pl* call deposits; **~eseinnahme** *f* daily receipt, daily return; **~eserholung** *f* day-trip recreation; **~esförderung** *f min* daily output; **~esgeld** *n* day-to-day money, money for one day, call money, money at call; **~~satz** *m* rate for day-to-day money, call rate; **~~versicherung** *f* daily benefits insurance (when hospitalized); **~esgeschäft** *n* business of one day, cash receipts for one day; **~esheimschule** *f* all-day school; **~eskalkulation** *f* current cost calculation; **~eskauf** *m* day order; **~eskurs** *m* current rate, present price, quotation of the day, current quotation, market value; **~esleistung** *f* daily output; **~eslichtzeit** *f* natural day, daylight hours; **~eslohn** *m* daily wage, a day's wages; **~~steuertabelle** *f* wage-tax scale for daily wages; **~esmutter** *f* child minder; **~esnotierung** *f* daily quotation; **~esordnung** *f* → *Tagesordnung*; **~espendler** *m*/**-in** *f* daily commuter; **~esplanung** *f* daily planning; **~espolitik** *f* current politics, politics of the day, current affairs; **~espreis** *m* current price, present price, ruling price, actual price; **~esproduktion** *f* daily output; **~esrate** *f* average daily amount; **~essatz** *m* daily rate, per diem allowance; daily fine, penalty per day; daily rate for a fine; **~esschicht** *f* day-shift; **~esstätte** *f* day-care *US* center/*GB* centre; **~esstempel** *m* date stamp; **~esumsatz** *m* turnover per day, daily sales, daily returns; **~eswechsel** *m* = *Tagwechsel*; **~eswert** *m* current value, prevailing rate; **~eszinsen** *pl* interest on daily balances, daily interest; **~- und Nachtstromtarif** night-and-day tariff; **~wechsel** *m* day bill, bill payable on a specified date; **gerichtsfreier ~** non-judicial day, dies non juridicus; **laufende ~e** consecutive days; **pro ~** per diem; **über ~e** above ground, surface; **volle ~e** clear days; **wetter-**

abhängige ~e weather working days.

tagen *vi* to sit, to hold a meeting, to be in session (*court*), to meet.

Tagesordnung *f* agenda (= *a*-), business to be transacted, *parl* order paper, order of the day; **~spunkt** *m* item on the *a*-; **unerledigte ~~e** unfinished business; **zum nächsten ~~ übergehen** to proceed to next business; **auf der ~ stehen** to be at issue, to be on the *a*-; **auf die ~ setzen** to put on the *a*-, to place on the *a*-; **die ~ festsetzen** to fix the *a*-; **in die ~ eintreten** to proceed to the *a*-, to get down to business; **von der ~ absetzen** to remove from the *a*-, to delete from the *a*-; **zur ~ übergehen** to proceed to the order of the day.

Tagung *f* meeting, convention.

Takt|betrieb *m* fixed cycle operation; **~fahrplan** *m* regular(-interval) time table; **~fertigung** *f* (fixed) cycle operation (*in assembly line production*); **~straße** *f* assembly line.

Talar *m* robe, gown.

Talentsucher *m*/**-in** *f* head hunter.

Talon *m* renewal coupon.

Talsohle *f* trough, lowest point of a recession/depression.

Tank|bodenbestand *m* storage tank bottom(s); **~-Scheck** *m* filling-station *US* check/*GB* cheque; **~stelle** *f* petrol station, *US* gas station; **~stellenbetrug** *m* fraudulent non-payment of petrol/gasoline.

Tante-Emma-Laden *m* the (old) neighbo(u)rhood store, corner shop, *US* mom and pop store.

Tantieme *f* profit-orientated extra pay; director's bonus; management bonus, author's royalty.

Tanz|lustbarkeiten *pl* dancing (amusements); **~verbot** *n* no dancing, dancing prohibited, dancing not allowed.

Tara *f* tare; **~gewicht** *n* tare weight; **~ vergüten** to tare; **~vergütung** *f* allowance for tare; **zusätzliche ~~** super tare; **handelsübliche ~** customary tare; **reine ~** actual tare.

Tarif *m* scale, rate scale, scale of charges, wage scale, tariff (*customs*), tax scale; table of fares; schedule of charges; **~abkommen** *n* collective agreement, industrial agreement; **~abschluss** *m* conclusion of a collective pay agreement; **~änderung** *f* change in rates; **~angehörige** *pl* employees covered by collective agreements; **~angestellte(r)** *f(m)* (*der ~angestellte*) employee remunerated according to collective agreements; **~ansätze** *pl* collective wage rates, collectively agreed wage rates; **~ausschuss** *m* collective bargaining agencies committee; **~autonomie** *f* collective bargaining autonomy; **~bestimmung** *f* collective bargaining term; **~einstufung** *f* classification rating; **~erhöhung** *f* increase of standard wage, increase of tariff; **~fähigkeit** *f* collective bargaining capacity; **~festsetzung** *f* tariff making, collective wage formation; **~freigabe** *f* decontrol of rates; **~freiheit** *f* freedom of collective bargaining; **~ für Mustersendungen** sample rate; **~ für Schichtarbeit** shift rates; **~gebundenheit** *f* being bound by a collective bargaining agreement; **~gehalt** *n* collectively agreed salary; **~genehmigung** *f* permission to charge (energy) rates; **~gestaltung** *f* collective wage formation; **~gruppe** *f* tax bracket, wage group; **~herabsetzung** *f* rate cutting, reduction in agreed rate; **~hoheit** *f* right to conclude collective agreements (*unions and employers*); **~kampf** *m* wage dispute; **~klasse** *f* tariff category, wage class; **~klausel** *f* tariff provision, collective wage agreement clause; **~kommission** *f* rate commission, tariff commission; **~krieg** *m* dispute over tariffs; wage dispute, fares war (*aviation*); **~lohn** *m* standard wage, standard wage rate, collectively agreed wage; **~~vereinbarung** *f* collective wage agreement; **~mauern** *pl* tariff walls; **~normen** *pl* provisions of collective wage agreements, collective agreement norms; **~nummer** *f* tariff item; **~ordnung** *f* fee scale, collective wage system; **~paket** *n* collective bargaining package; **~partner** *pl* the parties to a collective wage agreement (*unions and management*), collective bargaining; **~politik** *f* policy for wages and salaries; **~positionen** *pl* tariff headings; **~preis** *m* scale rate, standard price; **~progression** *f* progressive increase in tax scales; **~recht** *n* collective bargaining law; right under a collective agreement; **~reduktion** *f* reduction of rate or scale; **~register** *n* Official Collective Agreements Register; **~rente** *f* collectively agreed retirement pension; **~rubrik** *f* rating column; **~runde** *f* round of collective bargaining; **~satz** *m* standard rate, tariff rate, collective wage rate, class rate; **~schema** *n* tariff scheme; **~schiedsgericht** *n* collective bargaining arbitration tribunal; **~senkung** *f* lowering of scale of rates, rate reduction, tariff reduction; **~spanne** *f* range of rates; **~staffelung** *f* scale graduation; **~statistik** *f* tariff statistics, statistics relative to collective wage agreements; **~streitigkeiten** *pl* collective wage disputes; **~stufen** *pl* grades of tariff, grades of taxable earnings; zones (*public transport*); **~stundenlohn** *m* standard hourly rate; **~system** *n* tariff system of fares, collective wage system; **~überwachung** *f* supervision of tariffs, supervision of the scale of charges; **~unterbietung** *f* price-cutting (*by public utilities or carriers*); **~unterschied** *m* wage differential, rate differential; **~verband** *m* rate-making pool; **~verbund** *m* joint rates; **~vereinbarung** *f* collective bargaining agreement, rating agreement; **~vereinheitlichung** *f* standardization of tariffs; **~vereinigung** *f* collective bargaining association; **~verhandlungen** *pl* collective bargaining; **~verhandlungspartner** *m* bargaining agent, opposite number of (collective bargaining) negotiations; **~verordnung** *f* tariff ordinance; **~verstoß** *m* contravention of collectively agreed provisions; **~vertrag** *m* collective agreement, collective bargaining contract, collective wage agreement; **~~sgesetz** *n D* Collective Bargaining Contracts Act (*1949*); **~~spartei** *f* party to a collective wage agreement, bargaining unit, collective bargaining party; **~~ssache** *f* collective bargaining case; **~vorschrift** *f* tariff rule; **~wert** *m* tariff value; **~wesen** *n* collective bargaining system; **~zeit** *f* duration of a collective bargaining agreement; **~zoll** *m* tariff duty; **~zwang** *m* compulsory collective bargaining; **gleitender ~** sliding scale, sliding tariff; **gültiger ~** tariff in force; **tageszeitlich gestaffelter ~** time-of-day tariff.

tarif|besteuert *adj* fully taxed at standard rate; **~gebunden** bound by a collective bargaining agreement; **~lich** according to collective agreement, on the agreed scale, pursuant to the tariff; **~vertraglich** collectively agreed, under a collective wage agreement.

Tarifierung *f* tariff classification, fixing of insurance rates, classification; **~ erschwerter Risiken** determination of insurance rates for increased risks.

Tarnorganisation *f* cover organization, camouflage organization.

Taschen|buch *n* pocket book (edition), paper back; **~~rechte** *pl* publishing rights for a pocket book edition, **~dieb** *m* pickpocket, pursesnatcher, purloiner; **~~stahl** *m* pocket picking; **~geld** *n* pocket money; **~~paragraph** *m* pocket money rule for minors; **~pfändung** *f* levying upon the debtor's purse; **~rechner** *m* hand-held/pocket calculator.

Tastentelefon *n* push-button telephone.

Tastversuch *m* tentative experiment.

Tat *f* act, deed, *crim US* offense/*GB* offence; **~bericht** *m* statement of facts; **~bestand** *m* → *Tatbestand*; **~beteiligte(r)** *f(m)* (*der ~beteiligte*) particeps criminis, participant in a crime, accomplice; **~einheit** *f* unity of crime, commission of several *US* offenses/*GB* offences, nominal coincidence of *US* offenses/*GB* offences, by one and the same act; **in ~~ mit** in coincidence with; **~frage** *f* question of fact, point of fact, issue of fact; **~gehilfe** *m*/**~gehilfin** *f* accessory, aider and abettor, secondary party; **~~ vor der Tat** accessory before the fact; **~handlung** *f* act(s) constituting the *US* offense/*GB* offence; **~herrschaft** *f* control over the act (*by principal as opposed to accessory*); **~irrtum** *m* mistake of fact, factual mistake; **~mehrheit** *f* plurality of acts; joinder of *US* offenses/*GB* offences; **in ~~** committed as separate *US* offenses/*GB* offences but joined in one indictment; **~mittler** *m*/**-in** *f* person through whom a crime is committed, (human) tool for the perpetration of a crime, ↔ *mittelbare Täter*; **~motiv** *n* motive of the crime, inducement; **~ort** *m* scene of the crime, place of the commission of an *US* offense/*GB* offence; **~~besichtigung** *f* viewing scene of the crime, (local) inspection of the scene of the crime; **~richter** *m*/**-in** *f* trial judge; **~sache** *f* → *Tatsache*; **~seite** *f* aspect of an *US* offense/*GB* offence; **innere ~~** mental element; **~umstand** *m* circumstance; **subjektiver ~~** mental element; **~umstände** *pl* facts and circumstances, res gestae, set of circumstances; **auf Grund besonderer ~~** due to particular circumstances; **~verdacht** *m* → *Tatverdacht*; **~verdächtige(r)** *f(m)* (*der ~verdächtige*) person suspected, suspect, suspected offender; **flüchtiger ~~** fugitive offender; **~waffe** *f* weapon used for the crime; **~zeit** *f* time of the *US* offense/*GB* offence, material time; **auf frischer ~** flagrante delicto, in the very act, red-handed; **~ ~ ~ ertappen** to catch in the very act, to take red-handed; **~ ~ ~ ertappt** caught in the act, found committing an *US* offense/*GB* offence; **die zur Last gelegte ~** the alleged *US* offense/*GB* offence; ***e-* und dieselbe ~** single act, one and the same act; **einmalige ~** unrepeated act, one-off act; **innerhalb der Gerichtsbarkeit begangene ~** act done within the jurisdiction; **nach dem Recht dieses Gebietes strafbare ~** an *US* offense/*GB* offence which is cognizable under the law of this territory; **nach der ~** after the fact; **offenkundige ~** overt act; **vollendete ~** consummated *US* offense/*GB* offence, completed *US* offense/*GB* offence; **vor der ~** before the fact; **zur Last gelegte ~** alleged *US* offense/*GB* offence.

Tatbestand *m* the facts, facts of the case, statement of facts, general findings, findings of fact (*in a judgment*), summary of the facts, res gestae; statutory definition of an *US* offense/*GB* offence, elements of an *US* offense/*GB* offence, body of the *US* offense/*GB* offence; **~ *e-er* strafbaren Handlung** statutory definition of an *US* offense/*GB* offence; the acts constituting the *US* offense/*GB* offence; **~ *e-es* Delikts** statutory definition of an *US* offense/*GB* offence; **~sangabe** *f* particulars of the charge, summary of the facts and circumstances; **~saufnahme** *f* fact finding, taking down the facts of the case; **~sfehler** *m* error in fact; **~sfeststellungen** *f* findings of fact; **~sirrtum** *m crim* mistake of fact, factual mistake, mistake as to the type of *US* offense/*GB* offence, → *Verbotsirrtum*; **~smerkmal** *n* element of an *US* offense/*GB* offence, constituent fact; **äußere ~~e** actus reus; **objektives ~~** objective element of the *US* offense/~~ *GB* offence, **subjectives ~~** mental element, mens rea; **den ~ erfüllen** to fulfil(l) the definition of an *US* offense/*GB* offence, to amount to an *US* offense/*GB* offence, to constitute an *US* offense/*GB* offence; **gesetzlicher ~** statutory definition of an *US* offense/*GB* offence; **objektiver ~** material substance of a crime, physical elements of (the commission of) an *US* offense/*GB* offence, corpus delicti; **subjektiver ~** mental element(s) of an *US* offense/*GB* offence; **den ~n ~ nachweisen** to prove scienter.

Täter *m*/**-in** *f* perpetrator, offender (= *o*-), actor, delinquent, (*torts*) tortfeasor; *crim* criminal; malefactor; **~mehrheit** *f* several *o-s* (*committing the same US offense/GB offence*); **~persönlichkeit** *f* the personal characteristics of the *o*-; **~schaft** *f* commission of the *US* offense/*GB* offence, perpetration; **~~svoraussetzung** *f* legal requirements for the perpetration of a crime; **in mittelbarer ~~ handeln** to act through an agent, to commit a crime indirectly; **~typ** *m* profile of a perpetrator, criminal profile, type of perpetrator/*o*-; **~wille** *m* *o*-'s intention to commit a crime; **den ~ beherbergen** to comfort the felon, to provide accommodation for a criminal; **flüchtiger ~** fugitive *o*-; **geistesgestörter ~** mentally defective *o*-; **jugendlicher ~** juvenile *o*-, youthful *o*-, juvenile delinquent; **mittelbarer ~** indirect perpetrator, *a person committing an US offense/GB offence through the medium of an innocent agent*, ↔ *Tatmittler*; **nicht vorbestrafter ~** first *o*-; **rückfälliger ~** recidivist, second and subsequent *o*-; **tatnaher ~** physically involved culprit, actual perpetrator; **unmittelbarer ~** actual *o*-.

tätig *adj* active, in active practice, acting; **~ sein** to act, to work; **anwaltschaftlich ~** active in the law, practising as a lawyer; **geschäftlich ~** engaged in business; **von sich aus ~ werden** acting on one's own initiative.

tätigen *vt* to transact, to effect.

Tätige(r) *f(m)* (*der Tätige*); **freiberuflich ~** practitioner, professional, self-employed (person), free-lance(r).

Tätigkeit *f* activity, activities, occupation, operation, service, work; **~en im Rahmen der öffentlichen Gewalt** activities as public authorities; **~sbereich** *m* sphere of activity, field of operation, area of operation, range of action; **~sbericht** *m* action report, progress report; **~sbeschreibung** *f* job description; **~sdelikt** *n* *US* offense/*GB* offence by commission; **~sfeld** *n* = *~bereich*; **~sgebühr** *f* fee for professional services; **~smerkmal** *n* occupational characteristic; **~sprofil** *n* job profile; **auf Gewinn gerichtete ~** gainful activity, activity directed at profit, trade or business carried on for purposes of profit; **anwaltschaftliche ~** practice of law, attorneyship; **beratende ~** advisory service; **berufliche ~** occupation; ***e-e* ~ ehrenamtlich ausüben** to serve on an honorary basis; **ehrenamtliche ~** honorary activity; **entgeltliche ~** remunerated activity; **erfinderische ~** inventive work; **freiberufliche ~** free-lance work, self-employment, *pl* activities of the liberal professions; **gefahrgeneigte ~** (extra-) hazardous employment; **geschäftliche ~** economic activity, business activity; ***e-e* ~ ~ ausüben** to work in business, to transact business; **gewerbliche ~** commercial activity, industrial activity; trade and commerce, trade or business, gainful activity, pursuit of a trade; ***e-e* ~ ~ ausüben** to carry on a trade or business; **handwerkliche ~en** activities of craftsmen; **hauptberufliche ~** full-time job; **kaufmännische ~** mercantile pursuits, business activity; **mehrjährige ~** activities over several years; **regelmäßig ausgeübte berufliche ~en** regular occupation; **richterliche ~** judicial action; **schöpferi-**

sche ~ creative work; **schriftstellerische** ~ work as an author, literary work; **selbständige** ~ activities as self-employed person, self-employment; **staatsfeindliche politische** ~ subversive political activity; **treuhänderische** ~ fiduciary service, activities carried out in a trust capacity; **umstürzlerische** ~ subversive activities; **unselbständige** ~ paid employment.

Tätigwerden *n* action, taking action.

Tätlichkeiten *pl* physical violence, assault and battery; ~ **gegen Familienangehörige** domestic violence; **beleidigende** ~ indignity to the person, insults with violence.

Tatsache *f* fact (= *f-*); **~nbehauptung** *f* allegation of *f-*, factual claim; **~nfrage** *f* question of *f-*; **~ngeständnis** *n* admission; **~ninstanz** *f* trial court, nisi prius court; **~nirrtum** *m* mistake of *f-*, factual error; **~n leugnen** to traverse, to deny the *f-s*; **~nmaterial** *n* factual data; **~nschilderung** *f* narrative (of *f-s*); **~nstoff** *m f-s* of the case, matter in pais; **~nverdrehung** *f* prevarication, travesty of *f-s*; **~nvermutung** *f* presumption of *f-*; **~nvortrag** *m* allegations, narratio; **~n vortragen** to state *f-s*; **als ~ hinstellen** to aver, to allege, to present as a *f-*; **ausgemachte** ~ stipulated *f-*, definitely a *f-*; **äußere** ~ physical *f-*; **belastende** ~ incriminatory *f-*; **bereits bewiesene** ~ proven *f-*; **beweiserhebliche** ~ evidentiary *f-*; **die entscheidende** ~ the decisive *f-*, the principal *f-*, ***e-e*** ~ **beschwören** to swear to a *f-*; **einschlägige ~n** relevant *f-s*; **entlastende** ~ exculpatory *f-*; **feststehende** ~ established *f-*; **gerichtsnotorische ~n** *f-s* of which the court has judicial knowledge; **nackte ~n** hard *f-s*; **neue ~n berücksichtigen** to take fresh *f-s* into consideration; **neue ~n und Beweismittel** fresh *f-s* and evidence; **neue ~n vorbringen** to adduce new/fresh *f-s*; **nicht entscheidungserhebliche ~n** immaterial *f-s*; **offenkundige** ~ obvious *f-*; **physische** ~ physical *f-*; **rechtsändernde** ~ dispositive *f-*; **rechtsbegründende** ~ constitutive *f-*, *f-* establishing a right; **vollendete** ~ accomplished *f-*; **von der ~ ausgehen** starting from the premise that; **wesentliche** ~ material *f-*; **zugestandene** ~ admitted *f-*, admission.

tatsächlich *adj* actual, factual, *adv also* in fact, in reality.

Tatverdacht *m* suspicion of a criminal *US* offense/*GB* offence; **ausreichender** ~ reasonable suspicion, justifiable cause; **dringender** ~ strong suspicion; **hinreichender** ~ probable cause, reasonable suspicion of an *US* offense/*GB* offence; **kein ausreichender** ~ not found; **mangels ~ freisprechen** to pass an honorary acquittal, to dismiss honorably.

Taube *f pol* dove, a wet.

taubstumm *adj* deaf and dumb.

Taubstumme(r) *f(m)* (*der Taubstumme*) deaf and dumb person, deaf mute.

Taufname *m* Christian name.

Taufschein *m* certificate of baptism.

tauglich *adj* fit, capable, qualified, serviceable; ~ **zum Dienst mit der Waffe** fit for military service.

Tauglichkeit *f* suitability, fitness, capacity, qualification, usefulness; **~sgrad** *m* degree of fitness; **~szeugnis** *n* certificate of fitness, qualifying certificate; ~ **zum gewöhnlichen Gebrauch** merchantable quality; ~ **zum vertragsgemäßen Gebrauch** fitness for the agreed use; **körperliche** ~ physical fitness.

Tausch *m* barter, exchange, swap; **~gemeinschaft** *f* system of free exchange; **~geschäft** *n* barter transaction, exchange deal, switch; **~grundstück** *n* exchange land; **~handel** *m* interchange, barter trade; **~verkauf** *m* swapping sale, swap; **~verkehr** *m* bartering; **~vertrag** *m* barter agreement; **~verwahrung** *f* mutual custody;

~**wert** *m* value in exchange; ~**wirtschaft** *f* barter economy.

täuschen *vt* to deceive, to delude.

Täuschung *f* deceit, deception, fraudulent misrepresentation; ~ **bei der Eheschließung** procuring marriage by deceit; ~**sabsicht** *f* fraudulent intent, intent to deceive; ~**shandlung** *f* deceptive act; ~**s-manöver** *n* artifice, feint; ~**sversuch** *m* attempt to deceive, attempt to defraud; ~ **über** ***e-en*** **Nebenumstand** collateral deceit; ~ **über** ***e-en*** **wesentlichen Umstand** material deceit; ~ **zur Umgehung der Wehrpflicht** *US* fraudulent draft evasion, *GB* fraudulent attempt to avoid conscription; **absichtliche** ~ deceit, wil(l)ful deception; **arglistige** ~ deceit, fraudulent misrepresentation, malicious deceit; **landesverräterische** ~ forgery endangering the state, treacherous forgery; **vorsätzliche** ~ wil(l)ful deception; **zum Zwecke der** ~ with intent to deceive; **zur** ~ **bestimmt** calculated to deceive; **zwecks** ~ deceptive.

Tautologie *f* tautology.

Tauwetter *n pol* thaw, detente.

Tauziehen *n pol* tug of war.

taxativ *adj A* enumerative, exhaustive; ~**e Aufzählung** *f* exhaustive enumeration.

Taxator *m*/**-in** *f* appraiser, valuer.

Taxe *f* rate, charge; valuation, appraisal; tariff; assessment.

Taxi | besitzer *m*/**-in** *f* taxi operator; ~**konzession** *f* taxi *US* license/*GB* licence, *US* license/*GB* licence to operate a taxi (service); ~**stand** *m* taxi rank, cab stand, taxi stand.

taxieren *vt* to appraise, to estimate, to value, to rate, to assess; **nicht taxiert** unvalued.

Taxkurs *m* estimated quotation, valuation of price, estimation price.

Taxwert *m* appraised value, estimated value, rough value.

Techniker *m*/**-in** *f* engineer, technician.

Technische Anleitung | /Luft (*abbr* **TA-Luft**) Technical Directive on Air Pollution Control (*1974*); ~ **zum Schutz gegen Lärm** Technical Directive on Noise Abatement (*1968*).

Technischer Überwachungsverein *m* (*abbr* **TÜV**) Technical Inspection Agency.

Technisches Hilfswerk *n* (*abbr* **THW**) Technical Protection Agency, *organization providing technical assistance in emergencies.*

Technisierung *f* technicalization, mechanization.

Technologie | kriminalität *f* technobanditry; ~**raub** *m* technobanditry; ~**-Räuber** *m*/**-in** *f* technobandit; ~**transfer** *m* technology transfer; ~**-Überlassungsvertrag** *m* technology transfer agreement.

Teigwaren *f/pl* farinaceous products.

Teil *m* part, portion, share; party; ~**abladung** *f* partial shipment; ~**abrechnung** *f* partial account; ~**abschnitt** *m* subsection, part of a transaction; ~**abtretung** *f* partial assignment; ~**aktie** *f* fraction of a share, stock scrip; ~**akzept** *n* partial acceptance; ~**anmeldung** *f* divisional (patent) application; ~**annahme** *f* partial acceptance; ~**-Arbeitskräfte** *pl* part-time workers, part-time employees; ~**arbeitslose(r)** *f(m)* (*der ~arbeitslose*) partially unemployed; ~**ausbau** *m* partial extension; ~**ausgabe** *f* subedition; slice, tranche (of bonds); ~**barkeit** *f* separability, divisibility, severability; ~**baugenehmigung** *f* partial building permit; ~**begnadigung** *f* partial pardon; ~**bereich** *m* particular sector, subdivision; ~**berufung** *f* appeal in part; ~**beschäftigung** *f* part-time employment; ~**bescheid** *m* interim decision; ~**besitz** *m* part possession; ~**betrag** *m* partial amount, instal(l)ment; ~**betrieb** *m* separate division of a business; ~**bilanz** *f* section of the balance sheet, balance sheet for part of the enterprise; ~**eigentum** *n* part-ownership; ~~**sgrundbuch** *n* land title register for commercial condominium units; **~eigentümer** *m*/**-in** *f* part-owner; **~entschädigung** *f* part-compensation, reduced earnings allowance; **~entscheidung** *f* decision on part of an action; **~erbschein** *m* fractional certificate of inheritance (*for an individual co-heir*); **~ergebnis** *n* partial result, interim operating result; **~erhebung** *f* sample inquiry; **~finanzierungskredit** *m* instal(l)ment sales credit; **~fläche** *f* fractional tract of land; **~fortführungsanmeldung** *f* continuation-in-part application, CIP-application; **~frage** *f* facet (of an issue), part (of a question); **~gebiet** *n* branch, subsection, localized area; **~geständnis** *n* partial confession; **~gesellschaft** *f* independent division of a company; **~grundstück** *n* part of a plot of land; **~gutschein** *m* fractional bonus certificate, fractional debt certificate; **~haber** *m*/**-in** *f* → *Teilhaber*; **~haftung** *f* partial liability, partial commitment; **~~skredit** *m* credit covering a partial commitment; **~havarie** *f* particular average (*abbr* P. A.); **~haverei** *f* = *Teilhaverie*; **~index** *m* sub-index; **~indossament** *n* partial endorsement; **~institut** *n* part institution; **~invalidität** *f* partial disability, partial incapacity; **~inventur** *f* departmental stocktaking, sectional inventory; **~klage** *f* action for a part of the claim, part-action; **~leistung** *f* part performance; **~lieferung** *f* part shipment, partial delivery; **~~svertrag** *m* multiple delivery contract; **~lohn** *m* part of a wage; **~markt** *m* sectional market, market forming part of a larger market; **~masse** *f* part of a bankrupt's estate; **~montage** *f* subassembly; **~münzen** *pl* divisional coin, subsidiary coin; **~nahme** *f* → *Teilnahme*; **~nehmer** *m*/**-in** *f* → *Teilnehmer*; **~nichtigkeit** *f* partial nullity; **~~sklausel** *f* severability clause; **~obligation** *f* fractional bond, participation certificate; **~pacht** *f* lease for a share of the property, share tenancy; **~pächter** *m*/**-in** *f* part-tenant, particular tenant, sharecropper; **~quittung** *f* receipt in part; **~recht** *n* partial right; **~~snachfolge** *f* partial succession; **~regelung** *f* piecemeal arrangement; **~rente** *f* proportional part of the pension; **~rückzahlung** *f* repayment in part; **~schaden** *m* partial loss, part damage; **frei von ~~** free from particular average; **~schlussrechnung** final invoice in part; **~schuld** *f* part of the debt; **~~schein** *m* promissory note for a part of the debt, partial bond; **~~verschreibung** *f* partial debenture; **~scrips** *m* fractional scrip; **~sektor** *m* subdivision, sub-branch, compartment; **~sendung** *f* consignment in part, partial shipment; **~steuerbescheid** *m* partial tax assessment; **~storno** *n* partial cancellation, partial reserve; **~strecke** *f* fare stage; **~streik** *m* sectional strike, local strike; **~summe** *f* partial sum, subtotal; **~unternehmen** *n* part of the business, part-enterprise; **~unwirksamkeit** *f* partial invalidity; **~urteil** *n* part-judgment; **~veräußerung** *f* transfer of a part; **~vereinbarung** *f* partial agreement; **~verkauf** *m* partial sale; **~verlust** *m* partial loss; **~versicherung** *f* partial insurance; **~versteuerung** *f* taxation in part; **~verurteilung** *f* verdict on a part of the charge; **~vollstreckung** *f* execution in part; **~waffenstillstand** *m* truce, partial armistice; **~werk** *n* part of a work; **urheberrechtsfähiges ~~** copyrightable part; **~wert** *m* value of a part, fractional value; going concern value of individual assets; **~~abschreibung** *f* write-off (*allowable tax depreciation*) on individual assets (*at going concern value*); **~zahlung** *f* → *Teilzahlung*; **~zeit** *f* part-time work, reduced working hours; **~~beschäftigte(r)** *f*(*m*) part-time worker; **~~beschäftigung** *f* part-time employment; **~ziffer** *f* sub-index; **allgemeiner ~** general part (*of a code, etc*); **besonderer ~** specific part (*of a code, etc*); **der nichtschuldige ~** the party not at fault, the innocent party; **der proportionale ~** the proportional area (*of the scale*); **der schuldige ~** the party at fault, the guilty party; **frei verfügbarer ~** freely disposable part; **kennzeichnender ~** characterizing portion; **nicht rückversicherter ~ des Risikos** retained risk; **patentfähiger ~** patentable part, subordinate integer; **pfändbarer ~** attachable part (*wages, property*), leviable part, items subject to execution; **rechtsgestaltender ~** operative part; **streitender ~** litigating party, party to the dispute; **verfügender ~** operative part; **vertragschließender ~** contracting party; **wesentlicher ~** substantive part; **zu gleichen ~en** in equal parts, in equal shares, in equal portions, share-and-share-alike; **~ ~ ~en beteiligt sein** to participate equally.

teil|bar *adj* separable, severable, divisible; **~versichert** *adj* partially insured.

teil|en *vt* to divide, to part, to partition, to separate, to sever; **~haben** *vi* to participate, to have a share in, to share in; **~nehmen** *vi* to take part, to participate; **gemeinsam ~~** to share jointly, to have together.

Teilhaber *m*/**-in** *f* partner, copartner, participant, participator, joint proprietor; **~ auf gemeinsame Rechnung** partner in joint account; **~schaft** *f* participation, partnership, association, joint proprietorship; **~versicherung** *f* business partnership insurance; **aktiver ~** active partner; ***e-en*** **~ abfinden** to buy out a partner; **jüngerer ~** junior partner; **stiller ~** silent partner, sleeping partner; secret partner; **tätiger ~** active partner.

Teilhaberecht *n const* right to participate (*in public life*), right to have a stake (*in public life/services*).

Teilnahme *f* participation, complicity; **~berechtigung** *f* right to participate; **~lehre** *f* principal and accessory theory, theory of participation (in crime), complicity theory.

Teilnahmslosigkeit *f* stolidity, apathy, indifference, passiveness.

Teilnehmer *m*/**-in** *f* participant, participator, accomplice, accessory, party to an *US* offense/*GB* offence; joint holder; **~gemeinschaft** *f* community of joint holders; **~staaten** *pl* participating countries; **~versammlung** *f* meeting of joint holders; **ausscheidender ~** outgoing participant.

Teilung *f* division, partition, separation; *pat* **~der Anmeldung** division of the application; **~sanordnung** *f* (testator's) instructions to apportion the estate; words of severance; **~sauflassung** *f* deed of partition; **~sbegehren** *n* notice of desire to sever; **~serklärung** *pl* declaration of division (or severance); **~sgenehmigung** *f* permission for a partition (of land); **~sklage** *f* action for partition, action for apportionment; **~smasse** *f* estate to be divided up, estate to be apportioned; **~sniederschrift** *f* memorandum of partition; **~splan** *m* scheme of partition, scheme of distribution; **~ssache** *f* partition-matter; **~surkunde** *f* deed of partition; **~svertrag** *m* partition agreement; severance agreement; **~sverfahren** *n* procedure of partitioning, partition action, apportionment procedure; **~sversteigerung** *f* compulsory partition by public auction.

Teilzahlung *f* part payment, instal(l)ment; **~sbank** *f* instal(l)ment credit institution; **~sdarlehen** *n* loan to finance instal(l)ment-purchase(s); **~sfinanzierung** *f* instal(l)ment (sale) financing; **~~sgesellschaft** *f* consumer finance company; **~skredit** *m* instal(l)ment (sale financing) credit; **~skreditbank** *f* instal(l)ment finance company, instal(l)ment credit institution; **~ssystem** *n* instal(l)ment system, tally system; **~swechsel** *m* instal(l)ment sale financing bill.

Tele | dienst *m* telecommunication service provider; **~faxgerät** *n* telefacsimile machine, fax machine; **~fon** *n* → *Telefon*; **~graf** → *Telegraf*; **~gramm** *n* → *Telegramm* **~kolleg** *n* TV-College (*vocational studies*); **~kommunikation** *f* telecommunication; **~~srecht** *n* law of telecommunications; **~shopping** *n* teleshopping.

Telefon *n* telephone (= *t-*); **~beantworter** *m* (*t-*) answering machine; **~buch** *n t-* directory, phone book; **~dienstmonopol** *n t-* monopoly; **~einrichtung(en)** *f(pl) t-* equipment; **~gebühren** *pl t-* charges; **~geheimnis** *n* secrecy of *t-*communications; **~grundgebühr** *f* basic rate for *t-* subscribers; **~handel** *m* trade transacted by *t-*; interoffice trade, over-the-counter trade; **~ mit Lautsprecherverstärkung** speaker *t-*; **~netz** *n t-*network; **~rechnung** *f t-* bill; **~sex** *t-* sex; **~tarif** *m t-* rate, scale of *t-*charges; **~verkehr** *m t-* dealings; **~werbung** *f* canvassing by *t-*; **~zelle** *f t-* booth, callbox *t-* box, kiosk;**~zentrale** *f* switchboard (*hotel, etc*), exchange.

Telefonist *m*/**-in** *f* telephone operator.

Telegraf *m* telegraph; **~enamt** *n* telegraph office; **~endienst** *m* telegraph system; **~engebühren** *pl* telegraph service charges; **~engeheimnis** *n* secrecy of telegraph communications; **~ennetz** *n* telegraph system, telegraph network.

Telegramm *n* telegram (= *t-*), wire, cable; **~adresse** *f t-* address, telegraphic address, cable address, abbreviated address; **~annahme** *f t-*reception; **~anschrift** *f* = *~adresse*; **~beschlagnahme** *f* confiscation of *t-* message(s); **~formular** *n t-* form; **~ mit bezahlter Rückantwort** reply paid *t-*, prepaid *t-*; wire collect; **~ mit Empfangsbenachrichtigung** *t-* with notice of delivery; **gewöhnliches ~** deferred *t-*; **kollationiertes ~** readback *t-*; **offenes ~** *t-* in plain language; **unchiffriertes ~** *t-* in plain language; **verschlüsseltes ~** code *t-*, cipher *t-*; **vom Amt zugesprochenes ~** *t-* by telephone.

tel quel *adj* (*wie die Sache steht und liegt*) = *tel quel.*

Telquel-Kurs *m* tel quel rate.

Tendenz *f* tendency, trend; special purpose; **~angabe** *f* indication of tendency; **~betrieb** *m enterprise in the field of politics, the press, education, the Churches, etc, not fully subject to the Employees' Representation Act,* → *Betriebsverfassungsgesetz*; **~schutz** *m* partial exemption from co-determination by employees; **~umschwung** *m* trend reversal; **~unternehmen** *n* → *~betrieb*; **deutliche ~** distinct tendency; **konjunkturelle ~** cyclical trend, trend of business development; **steigende ~** uptrend; **wirtschaftliche ~** economic trend.

tendenziell *adj* showing a tendency, tending to (*grow, improve*).

Tenor *m* tenor, operative part, substance; **~ des Urteils** operative part of the judgment, holding.

Termin *m* **I** date, appointed time, fixed time, trial date, date for the hearing; court hearing; date for a meeting, appointment; **~ beim Einzelrichter** date of reference; **~gründe** *pl* reasons of time commitments, (reasons of) deadlines; **~ierung** *f* timing, setting a final date; listing of cases; **rechtzeitige ~~** early timing, proper timing; **~kalender** *m* desk calendar, diary, appointment book; (*court*) cause list, trial list, docket, trial docket; **~plan** *m* date plan, time schedule; **~sache** *f* transaction subject to a deadline, urgent matter; **~sanberaumung** *f* setting down for trial, fixing a date for the hearing (*generally*)/appointment; **frühzeitige ~~** advancement of trial; **~saufhebung** *f* cancelling the date of a hearing;

~sbestimmung *f* = *~sanberaumung*; **~schwierigkeiten** *pl* difficulties as to timing, problems of keeping time limits; scheduling problems; **~sladung** *f* fixed-date summons; **~sliste** *f* (trial) docket, trial list, cause list; **~stag** *m* date of the hearing, trial date, law day; **~ steht an für** (*Datum*) the hearing has been fixed for (*date*); **~stunde** *f* hour of cause; **~überwachung** *f* deadline control; **~verlängerung** *f* extension of time; **~verlegung** *f* adjournment of trial, postponement of date of hearing; **~versäumnis** *n* failure to appear; **versehentliches ~versäumnis** *n* inadvertant default; **~vertreter** *m*/**-in** *f* locum; **~wahrung** *f* attendance at court hearings; **~ zur Hauptverhandlung** date of trial; **außerordentlicher ~** adjournment day, date for a special hearing; **auswärtiger ~** out-of-town appointment; **der nächste ~** next appointment; ***e-en* ~ anberaumen** to fix a date for the hearing, to set down the action for trial, to docket a case; ***e-en* ~ ansetzen** = *e-en ~ anberaumen*; ***e-en* ~ festsetzen** = *e-en ~ anberaumen*; ***e-en* ~ setzen** to fix a day, to fix a deadline; ***e-en* ~ verlegen** to adjourn (the date of the hearing); ***e-en* ~ wahrnehmen** to attend a court hearing; **festgesetzter ~** place and time designated; **früher erster ~** preliminary hearing (*civil case*); **letzter ~** closing date, peremptory day, dies ad quem; **neuer ~** adjournment day, new date for a hearing; **planmäßiger ~** target date; **vorgezogener ~** expedited hearing; **zu *e-em* bestimmten ~** at a set date, on a pre-arranged date.

termin | gerecht *adj/adv* in due time, according to schedule; **~lich** *adj* as to timing, timely, with regard to final dates.

Termin *m* **II** date of a forward (= *f-*) transaction; **~abschlag** *m f-* discount; **~abschluss** *m f-* contract; **~angebot** *n* offer for a *f-* contract; **~auftrag** *m f-* order, order for the account; **~~ auf Monatsfrist** month order; **~börse** *f* futures exchange; **~devisen** *pl* foreign exchange for *f-* delivery; **~effekten** *pl f-* stocks; **~einlage** *f* time deposit, fixed term deposit/investment; **~einwand** *m US* defense/*GB* defence of non enforceability of futures trading, plea of marginal gambling in futures; **~gelder** *pl* time deposits; fixed term deposits; **~geldkonto** *n* time deposit account; **~geldsatz** *m* time deposit rate; **~geschäft** *n f-* exchange transaction, futures contract, settlement bargain, time settlement deal; *pl* trading in futures, *f-* operations, futures, futures market; **~handel** *m f-* business dealings; futures trading, dealing in futures → *~geschäft*; **~händler** *m*/**-in** *f* pit trader (*commodities*), option writer; **~kauf** *m f-* contract, *f-* buying, *f-* purchase, purchase for future delivery; ***e-en* ~~ tätigen** to buy *f-*; **~käufer** *m*/**-in** *f f-* buyer; **~kommissionär** *m*/**-in** *f* futures commission man; **~konto** *n* account for *f-* transactions; **~kontrakt** *m* contract of futures; **~kurs** *m f-* rate, settlement price, price for the account; **~lieferung** *f f-* delivery, future delivery; **~markt** *m f-* market, futures market, terminal market, options market; **~notierung** *f f-* quotation; **~pfunde** *pl f-* sterling; **~preis** *m* future price; **~satz** *m* future rate; **~spekulation** *f* speculation in futures; **~sicherung** *f f-* cover, hedging operations in a *f-* market, hedging in the futures market; **~verkauf** *m f-* sale, selling *f-*, sale for future delivery, future sale; **~verkäufer** *m*/**-in** *f f-* seller; **~verpflichtung** *f* future obligation, obligation under a *f-* transaction; **~wechsel** *m* time draft, term bill; **auf ~ kaufen** to purchase for future delivery, to purchase *f-*, to buy for the account; **auf ~ verkaufen** to sell for the settlement.

terminieren *vi* to specify a date, to assign a day for trial, to set down.

Terminologie *f* terminology, nomenclature; **juristische** ~ legal terminology, legal terms.

Terminus technicus *m* technical term, word of art, special phrase.

Terraingesellschaft *f* real estate company, site-holding company.

Territorial | gewässer *pl* territorial waters; **~hoheit** *f* territorial sovereignty; **~recht** *n* regional law; **~staat** *m* territorial state, state comprising fixed territory; **~statut** *n* locus regit actum.

Territorialität *f* territoriality; **~sprinzip** *n* principle of territoriality (*confining effect of expropriation*).

Terror *m* terror; **~aktion** *f* terrorist campaign; **~angriff** *m* terror raid, terrorist attack; **~organisation** *f* terrorist organization.

Terrorismus terrorism; **~bekämpfung** *f* suppression of terrorism, counter terrorism, anti-terrorist action.

Terrorist *m*/**-in** *f* terrorist; **~engesetze** *pl* laws against terrorist activities.

Tertiawechsel *m* third of exchange, triplicate bill of exchange.

Test | befragung *f* opinion poll, straw vote; **~betrieb** *m* enterprise to be tested, test factory; **~muster** *n* test specimen; **~projekt** *n* pilot project; **~-, Prototyp- und Demonstrationsanlagen** test, prototype and demonstration facilities; **~-Stopp** *m* test ban (*nuclear tests*); **~unterlagen** *pl* test materials; **~zeichen** *n* test mark.

Testament *n* testament, will (= *w*-), last will (and testament); **~sänderung** *f* alteration of *w*-; **~sanfechtung** *f* contesting of a *w*-, avoidance of *w*-, contest of probate; **~~sprozess** *m* proceedings to contest a *w*-; **~sbestätigung** *f* probate; **~sbestimmung** *f* testamentary clause; **~serbe** *m*/**~serbin** *f* testamentary heir; **~seröffnung** *f* opening of *w*-, proving of a *w*-; **~serrichtung** *f* the making of a *w*-; **~sfälschung** *f* forgery of a *w*-; **~shinterlegung** *f* deposit of *w-s*; **~snachtrag** *m* codicil; **~snachweis** *m* proof of *w*-; **~srecht** *n* the law concerning testaments, probate law; **~surkunde** *f* testamentary instrument; **~svollstrecker** *m*/**-in** *f* → *Testamentsvollstrecker*; **~vollstreckung** *f* executorship; **~swiderruf** *m* revocation of a *w*-; **~szeuge** *m*/**~szeugin** *f* witness to a *w*-, attesting witness; **außerordentliches** ~ extraordinary testament, nuncupative *w*-; **Berliner** ~ (=) mutual *w*- of spouses *appointing each other as heir and the child(ren) as subsequent heir(s)*; **durch ~ vermachen** to bequeath; **ein ~ anfechten** to contest a *w*-; **ein ~ aufsetzen** to draw up a *w*-; **ein ~ eröffnen** to open a *w*-; **ein ~ errichten** to testate, to write a *w*-, to execute a *w*-; **ein ~ machen** to make a *w*-; **ein ~ umstoßen** to vitiate a *w*-; **ein ~ unterdrücken** to suppress a *w*-; **ein ~ unterschlagen** to suppress a *w*-; **ein ~ vollziehen** to implement a last *w*-; **ein ~ widerrufen** to revoke a *w*-; **eigenhändiges** ~ holographic *w*-; **eigenschriftliches** ~ holographic *w*-; **Eröffnung** ***e-es*** **~s** proving of a *w*-; **gegenseitiges** ~ reciprocal *w*-, mutual *w*-, double *w*-; **geheimes** ~ secret testament; **gemeinsames** ~ joint *w*-, conjoint *w*-, common *w*-; **gemeinschaftliches** ~ = *gemeinsames Testament*; **gültiges** ~ valid *w*-; **holografisches** ~ holographic *w*-; **in** ***e-em*** **~ bedacht werden** to take a benefit under a *w*-, to benefit by a *w*-; ***jd-en*** **im ~ bedenken** to include a person in a *w*-, to remember *s.o.* in one's *w*-; **mein (hiermit errichtetes)** ~ this my *w*-; **mündliches** ~ verbal testament, nuncupative *w*-; **notariell beurkundetes** ~ notarial *w*-; **öffentliches** ~ notarial *w*-, *w*- made in the presence of, and recorded by, a notary; **ohne Hinterlassung** ***e-es*** **~s sterben** to die intestate; **späteres** ~ later *w*-; **verschlossenes** ~ sealed *w*-; **wechselbezügliches** ~ reciprocal *w*-, joint and mutual *w*-.

testament | arisch *adj* testamentary; **~los** *adj* intestate;

Testamentsvollstrecker *m*/**-in** *f* executor *m*/executrix *f*; **~zeugnis** *n* letters testamentary; **befreiter ~** executor/executrix without statutory restrictions; **gegenständlich beschränkter ~** special executor/executrix; **letztwillig eingesetzter ~** (instituted) executor/executrix.

Testat *m* attestation, official certificate.

Testator *m*/**-in** *f* testator *m*/testatrix *f*.

testen *vt* to test, to examine.

testieren *vi* to testate, to make a will, to dispose by will; to attest.

Testierende(r) *f(m)* (*der Testierende*) testator, testate, person making a will; **in Hörweite des ~n** in the presence of the testator.

testierfähig *adj* having testamentary capacity, capable of disposing capacity, being of sound and disposing mind and memory.

Testier | fähigkeit *f* testamentary capacity, capacity to make a will; **~freiheit** *f* testamentary freedom; **~unfähigkeit** *f* testamentary incapacity; **~wille** *m* testamentary intention.

Teuerung *f* general increase in prices; **~srate** *f* rate of inflation, rate of price increase; **~szulage** *f* cost-of-living bonus, cost-of-living grant, cost-of-living allowance.

Teufelskreis *m* vicious circle.

Text *m* text (= *t*-), wording, tenor; **~ des Wechsels** tenor of the bill, body of the note; **~entwurf** *m* draft *t*-; **~lücke** *f* blank space; **~teil** *m* textual part; **~verarbeitung** *f* word processing, *t*- processing; **~vergleich** *m* *t*- comparison, collation; **der englische ~ entscheidet** the English *t*- prevails; **der englische und deutsche T- sind gleich maßgebend** the English and German *t-s* are equally authentic (authoritative); **der maßgebende ~** the controlling *t*-, the prevailing *t*-; **hinzuzusetzender ~** addendum; **kommentierter ~** annotated *t*-; **maschinengeschriebener ~** typescript; **maßgeblicher ~** authentic *t*-, prevailing *t*-; **nichtamtlicher Verhandlungs~** informal negotiating *t*-; **verbindlicher ~** authentic *t*-; **verschlüsselter ~** coded *t*-.

Textil | fabrik *f* textile factory; **~geschäft** *n* textile business; **~hausrat** *m* textile house-furnishings; **~industrie** *f* textile industry; **~kennzeichnungsgesetz** *n* Textile Labelling Act; **~messe** *f* textile goods fair; **~sektor** *m* textile trade, textile industry; **~verarbeitung** *f* textile processing; **~veredelung** *f* textile finishing; **~ware** *f* textile goods, soft goods; **~wirtschaft** *f* textile industry and trade.

Textilien *pl* textiles, textile goods, drapery.

Textierung *f* drafting, wording, copywriting.

thesaurieren *vt/vi* to retain income, to accumulate profits; to plough back (*profits into reserves*), to reinvest.

Thesaurierung *f* accumulation of profits, capitalisation of profits, ploughing-back of profits; **~sfond** *m* growth fund, non-expendable trust fund, accumulative trust; **~splan** *m* voluntary, accumulation plan; **~streuhand** *f* accumulation trust.

Thron *m* throne; **~anwärter** *m*/**-in** *f* pretender to the throne; **~besteigung** *f* accession to the throne, elevation to the throne; **~~srat** *m* Accession Council; **~folge** *f* succession to the throne, devolution of crown, **~~gesetz** *n* Act of Settlement (*1701*); **~folger** *m*/**-in** *f* successor to the throne; **~prätendent** *m*/**-in** *f* pretender to the throne; **~rede** *f* speech from the throne; **~verzicht** *m* disclaimer to the throne, abdication of the throne; **den ~ besteigen** to ascend to the throne.

THW *n* (*abbr* = **Technisches Hilfswerk**) Technical Protection Agency, *organization providing technical assistance in emergencies.*

Tickerdienst *m* ticker service.

Tief|bau *m* civil engineering (work); **~~ingenieur** *m*/**-in** *f* civil engineer; **~~unternehmen** *n* civil engineering enterprise; **~bohrunternehmen** *n* well-sinking enterprise; **~gang** *m* draught; **~garage** *f* underground carpark; **~kühlanlage** *f* deep-freeze storage *US* center/*GB* centre; **~ladeanhänger** *m* flat-bed trailer; **~see** deep sea; **~~bergbau** *m* deep-sea mining; **~~boden** *m* deep-sea floor, deep ocean floor, abyssal floor; **~~fischerei** *f* deep-sea fishery; **~wasserzeichen** *n* low water mark.

Tiefst|kurs *m* lowest price, lowest rate, minimum price; **~wert** *m* lowest point, a low.

Tier *n* animal, beast; **~besamung** *f* (animal) insemination; **~halter** *m*/**-in** *f* keeper of an animal, *GB* minder (of an animal); **~~haftung** *f* liability of keeper for animals; **~heim** *n* asylum for animals; **~hüter** *m*/**-in** *f* (employed) keeper of an animal, animal attendant; **~körper** *m* carcase, carcass, dead animal; **krankheitsverdächtiger ~~** suspected carcase; **~misshandlung** *f* cruelty to animals, animal abuse; **~quälerei** *f* cruelty to animals; **~schaden** *m* damage caused by animals; **~~haftung** *f* liability for animals; **~schutz** *m* protection of animals; **~~gesetz** *n* Prevention of Cruelty to Animals Act, Animal Protection Act; **~seuchenbekämpfung** *f* prevention of epidemics among animals; **~seuchengesetz** *n* Epizootic Diseases Act; **~versicherung** *f* livestock insurance; **~versuche** *pl* experiments on animals, animal testing; **~zuchtrecht** *n* the law of animal breeding; **streunendes ~** stray; **zum Vergnügen gehaltene ~e** pet animals, pets.

Tigerstaat *m* tiger state.

tilgbar *adj* repayable, amortizable; redeemable, subject to redemption; **nicht ~** irredeemable; **vorzeitig ~** redeemable in advance.

tilgen *vt* to repay, to pay off a debt, to redeem, to amortize, to retire; to extinguish, to cancel; **anteilmäßig ~** to pay off pro rata.

Tilgung *f* repayment (*of the principal*), sinking, paying off, redemption (= *r*-), settlement; amortization (= *a*-); clearance (*of a record*); **~ *e-er* Anleihe** *r*- of a loan; **~ *e-er* Hypothek** *r*- of a mortgage; **~ im Strafregister** erasure, extinction of entry for previous convictions; **~sabkommen** *n* *r*- agreement; **~sanleihe** *f* redeemable loan, *r*-loan, *a*- loan, sinking fund loan, sinking fund bond; **~sart** type of *a*-; **~saufforderung** *f* call for *r*-; **~saussetzung** *f* *r*- break; **~sbedingungen** *pl* terms of *a*-; **~sbescheinigung** *f* certificate of *r*-; **~sbeträge** *pl* *r*- monies, *a*- payments; **~sdarlehen** *n* redeemable loan, amortizable loan, loan redeemable by scheduled repayments; **~sdatum** *n* *r*- date (*bonds*); **~sdauer** *f* payback period; **~seingänge** *f* repayment of loans, incoming *r*-; **~serlös** *m* *r*- yield; **~sfälligkeit** *f* maturity of *r*- payments, date of *r*-; **~sfonds** *m* *r*-fund, sinking fund; **~sgesetz** *n* *R*-Act; **~sgrundschuld** *f* land charge to secure an *a*- loan; **~shypothek** *f* instal(l)ment mortage; **~sklausel** *f* repayment clause; **~skredit** *m* amortizable loan; **~skurs** *m* *r*- rate, *r*-price; **~slasten** *pl* required *a*- payments; **~slebensversicherung** *f* mortgage (*r*-) life insurance; **~sleistung** *f* *a*-, *a*- payment; **~smodalitäten** *pl* repayment terms; **~splan** *m* *r*- plan, *r*- schedule, *r*- table, sinking fund table; *r*- arrangements; **~squote** *f* quota of debt reduction, *r*- quota; **~srate** *f* *a*- instal(l)ment, *r*-instal(l)ment; **~srecht** *n* right to redeem; **~sreihenfolge** *f* order of repayment, order in which debts must be repaid; **~srücklage** *f* reserve for sinking fund, *r*- reserve, *a*-reserve; **~sschema** *n* sinking-fund table, *r-* plan; **~sschuld** *f* debt subject to *a-*; **~~verschreibung** *f* sinking fund debenture; **~ssoll** *n r-* target (*or* requirement); repayment requirements; **~sstreckung** *f* repayment extension, rescheduling of debts, deferral of payment; **~stermin** *m* repayment date; **~svereinbarung** *f r-* agreement; **~szahlung** *f* repayment of debt, payment of *r-* instal(l)ment; **~szeit** *f r-* time, pay-back period; **~ von Verbindlichkeiten** payment of debts; **planmäßige ~** contractual *r-*, regular repayment; **planmäßige und außerplanmäßige ~en** regular and additional *r-* payments; **vorzeitige ~** prepayment, advance repayment.

tilgungsfrei *adj* free from redemption.

Tintenstrahler *m* ink jet printer (*computer*).

Tippgeber *m/***-in** *f* tipper (*insider dealing*).

Tischvorlage *f* ad hoc proposal, room document.

Titel *m* title, heading, caption; enforceable judgment/instrument (*abbr* = *Vollstreckungstitel*), *pl* securities; **~anmeldung** *f pat* registration of title (*of a new publication*); **~führung** *f* use of a title; **unbefugte ~~** unlawful assumption of a title; **~schutz** *m* copyright protection of titles; **~seite** *f* title page; **akademischer ~** university degree; **ehrenhalber verliehener ~** honorary title; **vollständiger ~** full title; **vollstreckbarer ~** = *Vollstreckungstitel.*

tituliert *adj* legally enforceable *by execution.*

Tochtergesellschaft *f* subsidiary (company), underlying company; **100%ige ~** wholly-owned subsidiary; **mehrheitliche ~** majority-owned subsidiary.

Tod *m* death, decease, exitus; **~ durch den Strang** death by hanging; **~esangst** *f* fear of death; **~esanzeige** *f* obituary notice, notice of death; **~esbestimmung** *f* determination of death; **~esbeweis** *f* proof of death; **~esblässe** *f* deathly pallor; **~esdatum** *n* date of death; **~esdosis** *f* lethal dose; **~eserklärung** *f* (official) declaration of death; **~esfall** *m* death, event of death, fatality; **~~kapital** *n* (capital) sum payable on death; **~~prämie** *f* mortuary dividend; **~~rente** *f* annuity at death; **~~versicherung** *f* whole life insurance, assurance payable at death; **im ~~** upon death, in the event of death, in case of death; **~esfalle** *f* death trap; **~esfolge** *f* fatal outcome, fatal result; **~esgefahr** *f* deadly peril; **~eskampf** *m* death struggle, agony; **~eskandidat** *m/***-in** *f* prisoner awaiting execution, doomed man; **~eskrankheit** *f* last sickness; illness leading to death; **~eskugel** *f* fatal bullet; **~esmarsch** *m* death march; **~esnachweis** *m* proof of death; **~esnähe** *f* nearness of death, impending death; **~esnot** *f* agony; **~esopfer** *n* person killed, casualty; **~esrisiko** *n* risk to one's life; **~esschuss** *m* deadly shot, a shot meant to kill; **gezielter ~~** the use of deadly force (*authorizing the police to shoot to kill*); **~esstoß** *m* death blow; **~esstrafe** *f* capital punishment, death penalty, supreme penalty; **bei ~~** on penalty of death; **mit ~~ bedroht** punishable by death; **~estag** *m* day/anniversary of death, day of a person's death; **~esursache** *f* cause of death; **~esurteil** *n* death sentence; **~esvermutung** *f* presumption of death, presumptive death; **~esverursachung** *f* causing death; **~~ durch Rauschgift** manslaughter by an unlawful and dangerous drug; **zufällige ~~** accidental death; **~eszeit** *f* time of death; **~eszelle** *f* death cell; **angesichts des ~es** in contemplation of death, in the face of death; **bis der ~ uns scheidet** till death do us part (*marriage vows*); **dem ~e nah** in extremis; **den ~ finden** to meet one's death, to die; **gewaltsamer**

~ violent death; **im Augenblick des ~es** in articulo mortis; **in ~esängsten** in fear of one's life; **mit dem ~e bestraft werden** to be sentenced to death; **nach dem ~e** post mortem; **natürlicher ~** natural death, death from natural causes; **unnatürlicher ~** unnatural death, violent death; **von ~es wegen** by will, mortis causa; **Stiftung ~ ~es ~** testamentary trust; **zum ~e verurteilen** to sentence to death, to condemn to death.

todkrank *adj* terminally ill.

tödlich *adj* fatal, mortal, lethal.

Toleranz *f* tolerance, toleration, allowed variation; **~bewilligung** *f* allowed variation; **~gesetz** *n GB* Toleration Act (*1689*); **~grenze** *f* tolerable limit, limit of tolerance, plus and minus limits; **~ zwischen Waagen** scale tolerance; **zulässige ~** total tolerance.

Tombola *f* raffle, tombola.

Ton | atelier *n* sound studio; **~bandaufnahme** *f* tape recording, audio recording; **~kunst** *f* music, musical art; **~träger** *m* sound recording tape; **~~rechte** *pl* sound recording rights.

Tonnage *f* tonnage; **aufgelegte ~** idle shipping, laid up vessels.

Tonnen | fracht *f* ton freight, freight charged by the ton; **~geld** tonnage dues; **~gehalt** displacement ton; **~kilometer** ton *US* kilometer(s)/*GB* kilometre(s); **~meile** ton mile.

Tontine *f ins* tontine fund; **~gesellschaft** *f* tontine assurance company; **~versicherung** *f* (*Anwachsungsrecht für die während der Versicherungsdauer überlebenden Versicherungsnehmer*) tontine policy (*group insurance policy with right of succession in members of the group*); **~nvertrag** *m* contract of tontine.

Torschlusspanik *f* last-minute panic, rush before the doors close.

Tortur *f* torture; ***jd-en*** **der ~ unterwerfen** to subject *s.o.* to torture, to torture.

Tot | geburt *f* still birth, stillborn child; **~enbeschauer** *m*/**-in** *f* coroner; **~enbestattung** *f* burial; **~enbett** *n* death-bed; **~enfürsorge** *f* obituary care, entitlement to arrange funeral rites; **~engeruch** *m* cadaverous smell; **~enhaus** *n* mortuary; **~enkopf** *m* death's head, skull and cross bones (*danger sign*); **~enliste** *f* list of casualties, obituary, necrology; **~enruhe** *f* undisturbed burial, peace of the dead; **~enschein** *m* death certificate, certification of death; **~enstarre** *f* rigor mortis; **~schlag** *m* wil(l)ful homicide (*less than murder*); **~~ im Affekt** manslaughter, intentional homicide committed in the heat of passion; **~~sversuch** *m* homicidal attempt; **versuchter ~~** homicidal attempt, attempted homicide.

tot *adj* dead; **~geboren** stillborn (child); abortive (thing); **für ~ erklären** to declare dead; **physisch ~** actually dead, clinically dead.

Total | ausverkauf *m* clearance sale, closing-down sale; **~geschädigte(r)** *f*(*m*) (*der ~geschädigte*) person who has lost his entire property; **~invalidität** *f* total invalidity; **~schaden** *m* total loss, actual total loss, write-off (*accident*); **~verlust** *m* total loss, total wreck; **als ~~ geltender Schaden** constructive total loss; **konstruktiver ~~** constructive total los; **physischer ~~** actual total loss, physical loss; **haftet nur bei ~schäden** warranted free of all average.

Totalisator *m* totalizator, totalizer, tote.

totalitär *adj* totalitarian.

töten *vt* to kill, to put to death; **aus Geschlechtslust ~** to kill in order to gratify one's sexual urge (*murder*); **aus Habgier ~** to kill out of greed (*murder*); **heimtückisch ~** to kill treacherously (*murder*).

Toto *m* football pools; **~gewinne** *pl* winnings on the football pools, totalizator winnings; **~schein** *m* football pool coupon.

Totschläger *m*/**-in** *f* **I** committer of manslaughter; killer; manslayer.

Totschläger *m* **II** blackjack, cosh, sap.

Tötung *f* killing, homicide (= *h-*); ~ **auf Verlangen** euthanasia, killing another person at his own request; ~ **aus Notwehr** killing in *US* self-defense/*GB* self-defence, *h-* se defendo; ~ **beim Zweikampf** killing someone in a duel; ~ **der Leibesfrucht** (criminal) abortion, feticide, foeticide; ~ ***e-es*** **Menschen** *h-*; **~sabsicht** *f* intent to kill; **~sdelikte** *pl h- US* offenses/*GB* offences; **~shandlung** *f* the act of killing; **~sverbrechen** *n* felonious *h-*; **~sversuch** *m* attempted *h-*, homicidal attempt; **~svorsatz** *m* intent to kill; **entschuldbare** ~ excusable *h-*; **fahrlässige** ~ *h-* caused by negligence, negligent *h-*, killing by negligence; **grobfahrlässige** ~ killing by gross negligence; **nicht rechtswidrige** ~ lawful *h-*; **schuldlose zufällige** ~ excusable accidental *h-*; **unbeabsichtigte** ~ unintentional *h-*, involuntary *h-*, involuntary manslaughter; **ungewollte** ~ involuntary *h-*; **unverschuldete** ~ killing by misadventure; **vorsätzliche** ~ wil(l)ful *h-*; **zufällige** ~ involuntary manslaughter, casual *h-*, killing by misadventure.

Tourismus *m* tourism.

Touristen | ausgabe *f* tourist expenditure; **~gepäckversicherung** *f* tourists' baggage insurance; **~gutschein** *m* tourist voucher; **~konjunktur** *f* tourist boom; **~verkehr** *m* tourism, tourist travel; **~visum** *n* tourist visa; **~wesen** *n* tourism.

Touristik *f* tourism, tourist industry; **~unternehmer** *m* tour operator.

Trabantenstadt *f* satellite town.

traditio brevi manu *f L* transfer of title by constructive delivery (*to the person who already holds possession*).

Tradition *f* tradition; delivery; handing over; **~spapier** *n* negotiable document of title, transferable title-conferring instrument.

Traduktion *f* extension; **teleologische** ~ teleological extension of a norm's range of application (*statutory interpretation*) = *Analogie*, → *Auslegung, extensive* ~, *restriktive* ~; → *Reduktion, teleologische* ~.

Träger *m* **I** bearer, holder, subject, agency, legally and economically responsible body, organization responsible for the provision of services; ~ **der Arbeitsvermittlung** organization responsible for the placing of unemployed persons; ~ **der gesetzlichen Rentenversicherungen** organization(s) responsible for social pension insurance; ~ **der Investitionshilfe** agency responsible for investment assistance; ~ **der Kapitalbildung** creators of capital; ~ **der Konjunkturentwicklung** promoter of economic activity; ~ **der ländlichen Siedlung** rural settlement agencies; ~ **der öffentlichen Gewalt** agencies in whom state power is vested; ~ **der Sozialversicherung** social insurance agency; ~ **der Straßenbaulast** body responsible for road maintenance; ~ **der Straßenunterhaltslast** party liable to repair of streets and roads; ~ **des Geld- und Kreditverkehrs** money and capital transfer agencies; ~ **des Markenrechts** trademark holder; ~ **des sozialen Wohnungsbaus** agencies in charge of publicly assisted housing programmes; **~gesellschaft** sponsoring company, supporting company; ~ **öffentlicher Unterstützungen** organization(s) responsible for providing public assistance; **~organisationen** sponsoring agencies; ~ **von Rechten und Pflichten** subject of rights and duties; **ausländischer** ~ foreign holder (*of exchange balances*); **örtlicher** ~ local supporting organization; **überörtliche** ~ regional supporting organizations.

Träger *m* **II** porter; stretcher bearer; deliverer of newspapers; **~gebühren** *pl* porterage; **~lohn** *m* porterage, porter's wages.

Trägerschaft *f* financial basis, functional basis, sponsorship.

Tragfähigkeit *f* load capacity; ~ ***e-es* Schiffes in Gewichtstonnen** dead weight carrying capacity.

Traktandenliste *f* agenda.

Tramp | fahrt *f* tramping trade; **~geschäft** *n* tramping; tramp shipping; **~reeder** *m*/**-in** *f* tramp-ship owner; **~schifffahrt** *f* tramp navigation, occasional navigation; **~~s-route** *f* trading voyage; **~verkehr** *m* tramping trade.

Tranche *m* tranche (*normal block of shares*); ~ ***e-er* Anleihe** tranche of a bond issue; ~ ***e-es* Kontingents** quota share.

Transaktion *f* transaction, operation.

Transfer *m* transfer; **~agent** *m*/**-in** *f* transfer agent; **~aufschub** *m* delay in transfer; **~begünstigte(r)** *f(m)* (*der ~begünstigte*) recipient of transfer, beneficiary of a transfer; **~bewilligung** *f* transfer *US* license/*GB* licence; **~garantie** *f* guarantee of foreign exchange transfer; **~ierung** *f* transferring, transfer (*into foreign currency*); **~kosten** *pl* transfer cost; **~leistung** *f* effective transfer; **~~ im Kapitalsektor** transfer on capital account; **~lockerung** *f* relaxation of restrictions on the transfer (*of capital, etc*); **~moratorium** *n* transfer moratorium; **~risiko** *n* transfer risk, risk of currency transfer; **~zahlungen** *pl* transfer payments, remittances in foreign currency.

transfer | fähig *adj* transferable; **~ierbar** transferable.

transferieren *vt* to transfer, to transfer abroad, to remit.

Transit | (*transit* = *t-*) **~abfertigung** *f* *t-* clearance; **~abgaben** *pl* *t-* charges; **~ausfuhr** *f* *t-* exports (*channelled through third countries*); third-country export; **~blatt** *n* *t-* voucher, *t-* counterfoil; **~delikte** *pl* transfrontier *US* offenses/*GB* offences; **~durchfahrt** *f* *t-* passage; **~einfuhr** *f* *t-* import(s) (*channelled through third countries*); **~einkäufe** *pl* *t-* purchases; **~erklärung** *f* *t-* declaration; **~fracht** *f* *t-*/through freight; **~güter** *pl* goods in *t-*; **~hafen** *m* *t-* port; **~handel** *m* *t-* trade, third-country trade, entrepôt trade; **~händler** *m*/**-in** *f* *t-* trader; **~konnossement** *n* *t-* bill of lading; **~ladung** *f* *t-* cargo; **~lager** *n* *t-* store, entrepôt; **~preis** *m* cross-rate; **~verkauf** *m* sale through third country, sale in a third country; **~verkehr** *m* *t-* trade, international *t-*, *t-* traffic; **~versand** *m* *t-* dispatch; **~visum** *n* *t-* visa; **~ware** *f* goods in *t-*; **~weg** *m* *t-* route; **im ~~e** in the course of merchanting trade; **~zeugnis** *n* certificate of *t-*; **~zoll** *m* duty on goods in *t-*.

Transiteur *m*/**-in** *f* transit trader.

transitorisch *adj* transitory, transitional, deferred.

Transparenz *f* transparency; **~gebot** *n* transparency requirement, requirement of clarity and comprehensibility in standard terms and conditions of business; **Gesetz zur Kontrolle und ~ im Unternehmensbereich** (*abbr* **KonTraG**) Act on Control and Transparency in the Company Sector (*1998*).

Transport *m* transportation (= *t-n*), transport (= *t-*), shipment, haulage, conveyance; **~anlage** *f* conveying machinery; ~**(e) auf dem Seeweg** carriage by sea; ~ **auf dem Wasserweg** *t-* by water, waterage; **~bedingungen** *pl* terms of freight, terms and conditions of *t-n*; **~bilanz** *f* net position on *t-*; **~fahrzeuge** *n* hauling equipment; **~firma** *f* = *~unternehmen*; **~gefahr** *f* *t-* hazard, *t-* risk, risk of conveyance; **~~en im Straßenverkehr** perils of the road; **~gefährdung** *f* endangering public *t-*; **~gefäß** *n* *t-* vessel; **~geschäft** *n* *t-* business, shipping trade; **~gewerbe** *n* haulage sector, carrying trade, shipping trade; **~gut** *n* cargo, shipment; **~~ bei Verladung in einwandfreiem Zustand** shipped in good order and condition; **~haftung** *f* carrier's liability; **~kapazität** *f* *t-* capacity; **~kosten** *pl* *t-* charges, carrying charges, cost of carriage;

US ~~ **per Güterwagen** wagonage; ~**makler** *m*/-**in** *f* freight broker/agent; ~**mittel** *n* means of *t*-; ~**möglichkeit** *f t*- facilities; ~**papiere** *pl* shipping papers; ~**raum** *m* cargo space; ~**risiko** *n* = ~*gefahr*; ~**sachverständige(r)** *f(m) t-n* expert; ~**schaden** *m t*- damage, damage in transit; ~**steuer** *f t*- tax; ~**tarif** *m t-n* rate; ~**unfähigkeit** *f* unfitness for *t-n*; ~**verlust** *m t-n* loss; ~**versicherung** *f t*- insurance; ~~**spolice** *f t*- insurance policy; ~**vertrag** *m* contract of carriage; ~**vorschriften** *pl* forwarding instructions, shipping instructions; ~**unternehmen** *n* carrier, operating company, haulage company; ~**weg** *m t*- route, voyage, distance over which goods are transported; ~**wesen** *n t-n* (system), public service *t*-; **auf dem** ~ in transit, in transitu; **beim** ~ **beschädigt** damaged in transit, damaged en route; **Öffentliche Dienste**, ~ **und Verkehr** (*abbr* **ÖTV**) Public Services, *T-n* and Traffic (*labo(u)r union of public employees*).

Trassant *m*/-**in** *f* drawer.

Trassat *m*/-**in** *f* drawee.

Trassierungs | kredit *m* draft credit, documentary acceptance credit; ~**provision** *f* drawing commission.

Tratte *f* draft, a drawn bill without acceptance; ~**nankaufsermächtigung** *f* authority to purchase bills of exchange; ~**navis** *n* advice of a draft; ~ **ohne Dokumente** clean draft; **dokumentäre** ~ documentary draft; **nicht dokumentäre** ~ clean draft, non-documentary draft.

Trauschein *m* marriage certificate, certificate of marriage.

Trauung *f* marriage ceremony, solemnization of marriage; **kirchliche** ~ church wedding ceremony; **ökumenische** ~ ecumenical wedding; **standesamtliche** ~ civil marriage, marriage at a registry office.

Trauzeuge *m*/**Trauzeugin** *f* witness to a marriage, best man/matron of honor.

Treffgenauigkeit *f* accuracy (*statistics*).

Treibgut *n* flotsam.

Treibhauseffekt *m* greenhouse effect.

Treibnetzfischerei *f* drift netting.

Treibstoff *m* fuel, petrol, gasoline; ~**einnahme** *f* fuelling (*ship*); ~**lager** *n* fuel dump; ~**monopol** *n* fuel monopoly; ~**steuern** *pl* fuel taxes; ~**verbrauch** *m* fuel consumption; ~**versorgung** *f* fuel supply.

Trend *m* trend, tendency; ~**verlagerung** *f* basic change in a trend, switch in trends; ~**wende** *f* trend reversal.

trennbar *adj* separable, detachable.

Trennbarkeit *f* separability.

trennen *vt* to separate, to sever, to disconnect, to disunite, to disassociate, to divide.

Trennmauer *f* partition-wall.

Trennung *f* separation (= *s*-), severance (→ *trennen*); ~ **der Gewalten** *s*- of powers; ~ **mehrerer Rechtsstreitigkeiten** severance of actions, *s*- of actions; ~**sentschädigung** *f s*- allowance, severance allowance; absence money, compensation for double housekeeping (*when spouses work in different cities or states*); ~**sfrist** *f* minimum period of *s*- (*before divorce petition can be filed*) ~**sgeld** *n* = ~*entschädigung*; ~**sgrund** *m* reason for the *s*-;~**sjahr** *n* year of *s*- (*required for divorce*); ~**sunterhalt** *m* maintenance/alimony during the *s*- of spouses; ~**svereinbarung** *f s*- agreement; ~**szulage** *f* = ~*entschädigung*; ~ **vom Bande der Ehe** (= *Scheidung*) divorce a vinculo matrimonii; ~ **von Tisch und Bett** divorce a mensa et thoro, legal *s*-, judicial *s*-, *s*- from bed and board; **einverständliche** ~ *s*- by consent; **gerichtliche** ~ judicial *s*-.

Tresor *m* safe-deposit box, safe; ~**anlagen** *pl* vaults; ~**raum** *m* vault; ~**steuer** *f* safe deposit tax; ~**verwahrung** *f* safe deposit.

Treu | bruch *m* breach of faith, breach of trust, disloyalty, perfidy, infidelity; ~**geber** *m*/-**in** *f* cestui que trust, trustor, settlor, donor, the maker of a trust, beneficiary under a trust, grantor of a trust, creditor in trust; **~gut** *n* trust property, trust estate, goods in trust; **~hand** *f* → *Treuhand*; **~händer** m/**-in** *f* → *Treuhänder*; **~pflicht** *f* duty of loyalty (*to a company or partnership or employer*).

Treue *f* loyalty, fidelity, allegiance, faithfulness; **~eid** *m* oath of allegiance; **~erklärung** *f* trust declaration; **~pflicht** *f* duty to be loyal, allegiance; **Verletzung der ~~** breach of faith, disloyalty; **~prämie** *f* loyalty bonus, *bonus for long years of service, bonus to long-standing customers*; **~rabatt** *m* discount for long-standing customers, patronage discount; **~vergütung** *f* = *~prämie*; **~verhältnis** *n* fiduciary relation, relation of good faith; **eheliche ~** conjugal/marital fidelity.

Treuhand *f* trust; **~anstalt** *f* institutional trustee, Trusteeship Administration, Trustee Administrative Authority (*privatization agency*); **~bank** *f* trust bank; **~begünstigung** *f* beneficial interest; **~beteiligung** *f* trusteeship participation; **~bindung** *f* trust obligation; **~eigentum** *n* trust property; **~eigentümer** *m*/**-in** *f* owner as trustee; **~gebiet** *n* trusteeship territory; **~gebühren** *pl* trust fees, fees paid to a trustee; **~gelder** *n/pl* trust fund, trust moneys; **~geschäft** *n* fiduciary transaction; **~gesellschaft** *f* trust company; auditing company; **~konto** *n* trust account, escrow deposit; **~kredit** *m* loan on a trust basis; **~ mit Tätigkeitspflicht** active trust; **~pflichten** *pl* fiduciary obligations, trustees' duties; **~rat** *m* Trusteeship Council; **~~ der Vereinten Nationen** United Nations Trusteeship Council; **~schaft** *f* trusteeship; **~~sabkommen** *n* trusteeship agreement; **~sonderkonto** *n* special trust account; **~urkunde** *f* trust deed, deed of trust, trust instrument; **~verhältnis** *n* trust relationship, fiduciary relation; **gesetzlich vermutetes ~~** implied trust; **vereinbartes ~~** express trust; **~vermögen** *n* trust property, property held in trust, trust assets; **~vertrag** *m* trust agreement, trust deed, fiduciary contract; **~verwahrer** *m*/**-in** *f* fiduciary custodian, stakeholder; **~verwaltung** *f* trusteeship; **gerichtlich angeordnete ~~** court trust; **~~ zur Verhinderung von Verschwendung** spendthrift trust; **~zertifikat** *n* trust certificate; **auf letztwilligem Wunsch beruhende ~** precatory trust; **auftragsgebundene ~** special trust; **gemeinnützige ~** public trust; **letztwillige ~bestellung** *f* testamentary trust; **rangbessere ~** overriding trust, priority trust.

Treuhänder *m*/**-in** *f* trustee, person in trust; **~ausschuss** *m* committee of trustees; **~eigenschaft** *f* fiduciary capacity; capacity as trustee; **~rat** *m* trust council; **als ~** in fiduciary capacity, in trust for, in the capacity as trustee; **als ~ verwalten** to hold on trust; ***e-en* ~ bestellen** to appoint a trustee; ***e-en* ~ einsetzen** to appoint a trustee; **ehrenamtlicher ~** honorary trustee; **gewillkürter ~** private trustee; **uneigennütziger ~** volunteer (trustee).

treuhänderisch *adj* fiduciary, in trust, upon trust, on trust; **~ verwalten** to administer in a fiduciary capacity.

Treu und Glauben good faith; **auf ~** in good faith; **gegen ~ verstoßen** to act in breach of good faith; **nach ~** according to the requirements of good faith; **Verstoß gegen ~** contrary to the rule of good faith; **wider ~** contrary to good faith.

Tribunal *n* tribunal.

Tribüne *f* platform.

Tribut *m* tribute, offering.

Trichinenschau *f* examination for trichinosis.

Trichotomie *f* trichotomy.

Trick *m* trick, dodge, artifice, gimmick; **~diebstahl** *m* larceny committed by means of a trick, confidence trick.

Triebtäter *m*/**-in** *f* pathological sex offender.

triftig *adj* valid, sound, conclusive.

Triftigkeit *f* validity, soundness, cogency, plausibility.

Trimm *m* trim (*ship*).

Trinken *n* drinking; **gewohnheitsmäßiges ~** habitual consumption of alcohol, regular heavy drinking.

Trinker *m*/**-in** *f* heavy drinker, drunkard; **~fürsorgestelle** *f* institution for the care of alcoholics; **~heilanstalt** *f* asylum for inebriates, institution for the treatment of chronic alcoholics, drunks' asylum; **~psychose** *f* mania a potu.

Trinkgeld *n* tip, gratuity.

Trinkwassergewinnung *f* abstraction of drinking water.

Triplik *f* surrejoinder, triplicatio.

Triplikat *n* triplicate.

triplizieren *vi* surrejoin.

Triptyk *n* (= *Triptik*) triptyque, passport for motor vehicles.

Trittbrettfahrer *m*/**-in** *f* free rider, opportunist.

Trittschall *m* impact sound of footsteps.

Trivialforderung *f* small claim/petty.

Trocken|dock *n* dry dock; **~fäule** *f* dry rot; **~gewicht** *n* dry weight; **~siegel** *n* embossed seal; **~stempel** *m* embossed seal.

trockenlegen *vt* to drain.

Trödelhandel *m* second-hand goods trade.

Tropen|ausführung *f* tropical finish; **~ausweis** *m* certificate of fitness for use in the tropics; **~ausrüstung** *f* tropical equipment; **~risiko** *n* risk of tropical conditions; **~verwendungsfähigkeit** *f* fitness for service in tropical climate; **~zulage** *f* extra pay for service in the tropics.

tropenfest *adj* suitable for the tropics, tropics-resistant, tropicalized.

Trostpreis *m* consolation prize.

Troygewicht *n* troy weight (*precious stones, medicines*).

Truckverbot *n* prohibition of violating the Truck Acts (*i.e. ban from paying wages in the form of goods or services instead of money*).

Trugschluss *m* false syllogism, fallacy, sophism, false conclusion.

Trümmerbeseitigung *f* rubble clearance, clearing débris.

Trunkenbold *m*/**-in** *f* drunkard, alcoholic.

Trunkenheit *f* drunkenness, intoxication, inebriation; **Zustand der ~** state of intoxication; **~ am Steuer** drunkenness while in charge of a motor vehicle; **~ im Verkehr** drunkenness in traffic; **~sdelikt** *n* drink-driving *US* offense/*GB* offence; **~sfahrt** *f GB* drunken driving, *US* drunk driving, driving while intoxicated (*abbr* DWI), driving under the influence (*abbr* DUI); **~stäter** *m*/**-in** *f* drink-driving offender; **selbstverschuldete ~** voluntary drunkenness.

Trunksucht *f* dipsomania, chronic alcoholism, habitual drunkenness, habitual intemperance.

Trunksüchtige(r) *f(m)* (*der ~süchtige*) dipsomaniac, alcoholic, habitual drunkard.

Truppen|abbau *m* reduction of armed forces; **~dienstgericht** *n* court martial; **~gattung** *f* branch of the armed forces; **~übungsplatz** *m* army training ground; **~versorgung** *f* troops supply; **~verschiebung** *f* troop redeployment; **~vertrag** *m* Forces Convention.

Trust *m* trust combine, pool.

Tuberkulose|bekämpfung tuberculosis control; **~hilfe** *f* aid to tuberculosis patients; **~versorgungswerk** *n* welfare organization for tuberculosis patients.

Tüchtigkeit *f* efficiency, proficiency, skill.

Tumult *m* turmoil, rampage, pandemonium, riot, uproar, civil commotion; **~risiko** *n* risk of riot; **~schäden** *pl* riot damage; **~~gesetz** *n GB* Riot Damages Act;

~~versicherung *f* riot insurance; **~schutzkleidung** *f* riot gear.

Tun *n* action, commission, activities.

tunlich *adj* expedient, convenient, suitable; **für ~ halten** to think fit, to consider suitable.

Tür *f* door; **feuerhemmende ~** fire door, fire security door.

Turnus *m* rotation, rota, turn; **im zweijährigen ~** biennially, every two years.

turnusmäßig *adj* rotational, *adv* by rotation, in turns.

TÜV *m* (*abbr* = **Technischer Überwachungsverein**); **~bescheinigung** *f* certificate of road-worthiness, *GB* MOT certificate; **~plakette** *f* *GB* MOT disc.

Typen|bereinigung *f* simplification of design; **~beschränkung** *f* limitation of varieties; **~betriebserlaubnis** *f* operating permit for the type of machine/vehicle; **~muster** *n* representative sample; **~prüfung** *f* qualification inspection, type acceptance test; **~reihe** *f* production series.

u.a. (*abbr* = **unter anderem**) inter alia, amongst other (things).

Übel *n* evil, grievance, misfortune; **ein empfindliches ~** generally perceived harm, generally perceived as injurious; **Drohung mit *e-em* empfindlichem ~** threat with harm/injury (to which most people are sensitive); **~tat** *f* misdeed, wrong; **~täter** *m/***-in** *f* wrong-doer, malefactor; **unverbesserlicher ~~** incorrigible rogue.

Überabschreibung *f* over-depreciation.

Überalterung *f* obsolescence, superannuation; **~ der Wirtschaftsgüter** product obsolescence; **technische ~** functional obsolescence.

Überangebot *n* over-supply, excess supply, glut.

überantworten *vt* to deliver up, to hand over, to surrender (*to the police*).

Überantwortung *f* surrender (*to the police*), handing over.

überarbeiten *vt* to rework, to revise, to touch up, to polish (up).

Überarbeitung *f* reworking, revision; overwork (*strain*).

Überbau *m* superstructure, projecting part; building over the boundary line; **~rente** *f* periodic compensation for having built over the boundary line.

Überbeanspruchung *f* overstraining, excessive demand.

überbelegen *vt* to overbook, to accommodate more than the permitted number of occupiers, to overcrowd.

Überbelegung *f* overcrowding, filling beyond capacity, living in overcrowded conditions.

Überbeschäftigung *f* over-employment; overwork, excessive work.

Überbestand *m* excess stock.

Überbesteuerung *f* excessive taxation, over-taxation.

überbetrieblich *adj* inter-company, covering more than a single enterprise, supra-plant.

Überbevölkerung *f* over-population.

überbewerten *vt* to overvalue; to overstate (*one's position*).

Überbewertung *f* overvaluation, overstating.

überbezahlen *vt* to overpay.

überbezirklich *adj* supra-regional.

überbieten *vt* to overbid, to outbid.

Überbord | **~-Auslieferungsklausel** *f* overside delivery clause; **~lieferung** *f* ashore or overside.

überbord *adj* overboard, overside.

Überbringer *m/***-in** *f* deliverer, bearer; **~klausel** *f* bearer clause; **~scheck** *m* bearer *US* check/*GB* cheque; **durch ~** per bearer.

überbrücken *vt* to bridge, to overbridge, to tide over.

Überbrückung *f* interim aid, temporary assistance, tiding over, stopgap; **~sabkommen** *n* interim aid agreement; **~sbeihilfe** *f* interim aid, tide-over allowance, temporary grant; **~sdarlehen** *n* bridging loan; **~shilfe** *f* temporary relief; **~skredit** *m* stop-gap loan, bridging credit/loan; interim credit.

Überbuchung *f* overbooking.

Überbürdung *f* charging another party (with *sth*), passing on (a liability); **unter ~ der Kosten auf die Staatskasse** awarding the costs against the state; **~splan** *m* liability-transfer plan, cost-transfer plan.

überdauern *vt* to outlast, to outwear.

Überdeckung *f* excess cover, surplus cover.

Überdenkungsfrist *f* cooling-off period (*industrial disputes*).

Überdividende *f* super-dividend, surplus dividend, bonus dividend.
überdurchschnittlich *adj* better-than-average, above-average.
übereignen *vt* to transfer ownership, to pass title.
Übereignung *f* transfer of ownership, passing of title, making over; **~surkunde** *f* document of transfer of title, absolute bill of sale; **absolute** ~ outright transfer of title/ownership.
Übereinkommen *n* agreement, treaty, convention (= *c-*); ~ **der Vereinten Nationen über den internationalen Warenkauf** (*abbr* **VNKÜ**) United Nations *C-* on the International Sale of Goods (*abbr* CISG); ~ **über das auf vertragliche Schuldverhältnisse anzuwendende Recht** (= **Römisches ~**) *C-* on the Law Applicable to Contractual Obligations (= Rome *C-*); ~ **über das europäische Patent für den Gemeinsamen Markt** (= **Gemeinschaftspatentübereinkommen**) *EU C-* on a European Patent for the Common Market (= Community Patent *C-*); ~ **über das Mindestalter in gewerblichen Betrieben** Minimum Age in Industry *C-*; ~ **über das Verbot chemischer Waffen** (*abbr* **CWÜ**) Chemical Weapons *C-* (*1997*); ~ **über das Verbot oder die Beschränkung des Einsatzes bestimmter konventioneller Waffen, die übermäßige Leiden verursachen oder unterschiedslos wirken können** *C-* on Prohibitions or Restrictions on the Use of Certain Conventional Weapons which may be deemed to be Excessively Injurious or to have Indiscriminate Effects (*Geneva, 10 October 1980*); ~ **über den Beförderungsvertrag im internationalen Straßengüterverkehr** *C-* on the Contract for the International Carriage of Goods by Road; **ein ~ kündigen** to terminate/denounce a treaty; **Europäisches ~ über die Beförderung gefährlicher Güter auf Binnenwasserstraßen** *EU* European Agreement Concerning the International Carriage of Dangerous Goods by Inland Waterway; **Europäisches ~ über die Beförderung gefährlicher Güter auf der Straße** *EU* European Agreement Concerning the International Carriage of Dangerous Goods by Road; **Europäisches ~ über die internationale Handelsschiedsgerichtsbarkeit** European *C-* on International Commercial Arbitration; **Haager ~ über das auf Unterhaltspflichten anzuwendende Recht** Hague *C-* on the Law Applicable to Maintenance Obligations (*1973*); **Haager ~ über die Anerkennung und Vollstreckung von Unterhaltsentscheidungen** Hague *C-* on the Recognition and Enforcement of Decisions relating to Maintenance Obligations (*1973*); **Haager ~ über die Beweisaufnahme im Ausland in Zivil- oder Handelssachen** (*abbr* **HBÜ**, **HaagBeweisÜ**) *C-* on the Taking of Evidence Abroad in Civil or Commercial Matters (*1970*); **Haager ~ über die zivilrechtlichen Aspekte internationaler Kindesentführung** Hague *C-* on the Civil Aspects of International Child Abduction (*1980*); **Haager ~ über die Zuständigkeit der Behörden und das anzuwendende Recht auf dem Gebiet des Schutzes von Minderjährigen** Hague *C-* concerning the Powers of Authorities and the Law applicable in respect of the Protection of Minors (*1961*); **Haager ~ über die Zustellung gerichtlicher und außergerichtlicher Schriftstücke im Ausland in Zivil- oder Handelssachen** (*abbr* **HZÜ**) Hague *C-* on the Service Abroad of Judicial and Extrajudicial Documents in Civil or Commercial Matters (*1965*); **Haager ~ zur Befreiung ausländischer öffentlicher Ur-**

kunden von der Legalisation Hague *C*- Abolishing the Requirement of *US* Legalization/*GB* Legalisation for Foreign Public Documents (*1961*); **internationales** ~ international *c*-; **neugefasstes** ~ new revising *C*-; **Schengen-~** *pl EU* Schengen agreements; **UN-~ über die Anerkennung und Vollstreckung ausländischer Schiedssprüche** (= **New York-~**) UN *C*- on the Recognition and Enforcement of Foreign Arbitral Awards (= New York *C*-); **Washingtoner ~ zur Beilegung von Investitionsstreitigkeiten zwischen Staaten und Angehörigen anderer Staaten** *C*- on the Settlement of Investment Disputes between States and Nationals of other States (= Washington *C*-, World Bank *C*-, *abbr* WBC).

übereinkommen *vi* to agree, to reach an agreement.

Übereinkunft *f* convention, pact, agreement; **Europäische ~ über Formerfordernisse bei Patentanmeldungen** European Convention relating to the Formalities required for Patent Applications; **internationale** ~ international agreement.

übereinstimmen *vi* to agree, to concur, to accord, to be in accordance with, to conform to, to be in conformity with, to answer to; **nicht** ~ to disagree, to dissent, not to be in conformity with.

übereinstimmend *adj* conformable, in harmony (with), consistent (with), in conformity (with); **im wesentlichen** ~ in substantial agreement (with).

Übereinstimmung *f* accord, agreement, accordance; **in ~ mit** in accordance with, in keeping with; **mangelnde** ~ disagreement, lack of conformity.

Überemission *f* over-issue.

Überentschädigung *f* over-compensation.

Übererlös *m* surplus proceeds.

Übererzeugung *f* overproduction.

Überfahrt *f* sea passage; **~sgelder** *pl* passage moneys; **glückliche** ~ safe passage, a safe journey.

Überfall *m* raid; **~kommando** *n* riot squad, emergency squad, flying squad; **bewaffneter** ~ hold-up, armed raid; **hinterlistiger** ~ perfidious assault, treacherous assault; **nächtlicher** ~ assault at nighttime.

überfallen *vt* to assault, to raid.

überfällig *adj* overdue, past due, out of time; ~ **sein** to be overdue; to lie over (*bill of exchange*).

Überfinanzierung *f* over-financing.

Überfischen *n* over-fishing.

Überfliegen *n* flight over a territory, over-flight.

Überfliegungsrecht *n* = *Überflugsrecht*, right to fly over a territory; right of overflight.

überflügeln *vt* to exceed, to outstrip, to outperform.

Überflug *m* over-flight; **~srecht** right of over-flight.

Überfluss *m* overabundance, surplus; **~gesellschaft** *f* abundance economy, society of overabundance, society of excessive affluence, a highly affluent society.

überfordern *vt* to overcharge, to overtax.

Überforderung *f* excessive demand, excessive charge, overcharging, overtaxing, overstraining.

Überfracht *f* over-freight, excess freight.

Überfremdung *f* excessive foreign influence, (excessive) foreign penetration, substantial foreign control.

überführen *vt* **I** to transfer, to ferry, to transport.

überführen *vt* **II** to prove *s.o.'s* guilt.

Überführung *f* **I** transfer, conveyance, transport; ~ **in ein Gefängnis** transfer to prison, committing *s.o.* to jail; ~ **in Gemeineigentum** nationalization; **~sersuchen** *n* request for the transfer (*of a prisoner, etc*); **~sfahrt** *f* transfer (trip); **~kosten** *pl* funeral transport charges; **~srecht** *n* wayleave (*over the land of another*).

Überführung *f* **II** proof of *s.o.'s* guilt; **~sstück** *n* exhibit (*proving guilt*).

Übergabe delivery (= *d-*), hand delivery, delivery of possession, surrender; **~ als Sicherheit** *d-* by way of security, *d-* as a pledge; **~bedingungen** *pl* terms of surrender; **~bescheinigung** *f* receipt of *d-*, bill of transfer; **~bilanz** *f* pre-merger balance sheet; **~ durch Abtretung des Herausgabeanspruchs** constructive *d-* by assigning the right to possession; **~probefahrt** *f* handing-over test run; **~protokoll** *n* record of *d-* of possession; **~surrogat** *n* constructive *d-*, substitute for *d-*; **~verweigerung** *f* refusal to surrender *sth*; **bedingungslose ~** unconditional surrender, unconditional *d-*; **bis zur ~** pending *d-*; **mittelbare ~** constructive *d-*; **physische ~** actual *d-*; **tatsächliche ~** actual *d-*, manual *d-*; **zahlbar bei ~** payable on *d-*.

Übergang *m* **I** transmission, devolution, transition, reversion; **~ der Gefahr** passing of risk; **~ des Eigentums** passing of title, devolution of title, transmission of ownership, vesting of title; **~ *e-es* Vermögens** devolution of an estate; **~sarbeitslosigkeit** *f* transitional unemployment, temporary unemployment; **~sbeschäftigung** *f* temporary employment, interim employment; **~sbestimmungen** *pl* transitional provisions; **~sbudget** *n* transitional budget; **~sgeld** *n* severance pay, bridging benefits; **~sgesetz** *n* interim law; **~shaushalt** *m* interim budget; **~shilfe** *f* temporary assistance, bridging loan; **~skabinett** *n* caretaker cabinet; **~skonto** *n* suspense account; **~sposten** *m* suspense item, transitory item; **~sregelung** *f* transitional arrangement, transitional rules/provisions; **~sregierung** *f* provisional government, caretaker government, interregnum; **~s- und Schlussbestimmungen** transitional and concluding provisions; **~svorschriften** *pl* temporary provisions, transitional regulations; **~szahlung** *f* transitional payment; **~szeit** *f* transitional period, period of transition; **~szustand** *m* transitional stage, transitional state; **~ von Todes wegen** transmission on death, transfer by death; **~ zur Tagesordnung** passing to the order of the day, beginning with the business of the meeting, dealing with points of the agenda.

Übergang *m* **II** crossing; **~ für Fussgänger** pedestrian crossing; **~spunkt** *m* crossing, check-point.

übergeben *vt* to deliver, to hand over, to give up, to surrender.

Übergebot *n* higher bid, outbidding.

übergehen *vi* to devolve, to pass, to vest (in), to subrogate; to skip, to disregard, to omit, to pass over; **ineinander ~** to blend, to merge; **zu etwas ~** to proceed to, to pass on to.

Übergehung *f* passing over, omission, neglect.

übergeordnet *adj* overriding, superior, paramount.

übergesetzlich *adj* supra-statutory, above codified law.

Übergewicht *n* excess weight, overweight; overbalance, predominance.

Übergewinn *m* excess profit, superprofit; **~steuer** *f* excess profits tax.

übergreifen *vi* to encroach (upon), to overlap.

Übergriff *m* encroachment, interference, incursion, inroad, impingement, infringement.

Übergröße *f* oversize, outsize.

Überhaft *f* superimposed custody, additional confinement pending investigation.

Überhandnehmen *n* excessive spreading, prevalence.

Überhang *m* **I** excess, backlog; **~ an Aufträgen** backlog of orders; **~ an Investitionen** excess of capital investments; **~mandat** *n parl* extraordinary additional seat in parliament.

Überhang *m* **II** overhang (*overhanging branches and roots extending into neighbour's land*).
Überhitzung *f* overheating (*of the economy*).
Überhöhung *f* excess, excessive rise; ~ **des Zinsniveaus** excessively high interest rates.
Überholen *n* passing, overtaking; ~ **verboten** no overtaking; **falsches** ~ improper overtaking; **zum** ~ **ansetzen** to begin to overtake.
überholen *vt* **I** to overtake (*a car*).
überholen *vt* **II** to overhaul (*an engine*).
Überholung *f* overhaul; **~sarbeit** *f* overhauling.
Überholverbot *n* prohibition of overtaking; no passing!
Überindustrialisierung *f* overindustrialization.
Überinvestition *f* over-investment.
Überkapazität *f* excess capacity, overcapacity.
Überkapitalisation *f* overcapitalization.
überkapitalisieren *vt* to overcapitalize.
Überkapitalisierung *f* overcapitalization.
Überkonjunktur *f* super-boom, overheated boom.
Überkreuzverflechtung *f* interlocking (directorships).
überladen *vt* to overload; to transship.
überladen *adj* overladen.
Überladung *f* overloading; transshipment.
Überlandstrom *m* long-distance electricity supply.
Überlappung *f* overlap.
überlassen *vt* to hand over, to deliver, to leave, to yield, to cede to, to abandon, to surrender, to entrust, to submit; **leihweise** ~ to lend.
Überlassung *f* handing-over, cession, delivery, surrender, relinquishment, abandonment; **~sanspruch** *m* right to have *sth* turned over/surrendered, *pat* right to have (infringing) copies surrendered; **~surkunde** *f* transfer deed; **~svertrag** *m* agreement on transfer of possession; **schenkungsweise** ~ donation; **unentgeltliche** ~ gratuitous surrender of *sth*, disposal without consideration; ~ **von Verkaufsrechten** franchising; ~ **von Wirtschaftsgütern** transfer of assets.
überlasten *vt* to overload.
Überlastung *f* excessive weight, overload, overburdened condition; **~sgeld** *n* charge for excessive weight.
überlaufen *vi* to desert (*to the enemy*), to defect.
Überläufer *m*/**-in** *f* deserter, *pol* turncoat, defector, renegade.
Überlebens|fall *m* (in) case of survival; **~rente** *f* joint and survivor annuity, two-life annuity, annuity on the last survivor; **~vermutung** *f* presumption of survival, presumption of survivorship; **~versicherung** *f* survivorship insurance; **wechselseitige** ~~ joint life insurance; **~wahrscheinlichkeit** *f* probability of surviving.
Überlegung *f* deliberation, consideration, premeditation; **bei nochmaliger** ~ on second thoughts; **nach reiflicher** ~ after careful consideration; **steuerliche ~en** tax considerations.
Überleitung *f* transition; **~sanzeige** *f* notice of transfer, notice of statutory assignment (*of maintenance rights*); **~sgesetz** *n* Transference Act, Transitional Act; **~sregelung** *f* transitional regulation/provisions; **~svertrag** *m* transference convention; **~svorschrift** *f* transitional regulation.
Überliegegeld *n* demurrage.
Überliegetage *m/pl* extra lay-days.
Überliegezeit *f* demurrage (days), extra lay-days.
Überliquidität *f* excess liquidity.
Übermaßverbot *n* prohibition of excessiveness (*on the part of courts or public authorities*), rule of reasonableness.
Übermittlung *f* transmission, communication; **~sfehler** *m* mistake in

communicating (*a message, etc*); **~sgebühr** *f* transmittal fee; **~irrtum** *m* error of transmission; **fernschriftliche** ~ telex transmission; **telegrafische** ~ wire communication; **unrichtige** ~ incorrect transmittal.

Übermüdung *f* fatigue, overfatigue.

Übernachfrage *f* excessive demand; **~inflation** *f* demand-pull inflation.

Übernachtungen *f/pl* overnight reservations, overnight stays.

Übernachtungs|geld *n* overnight accommodation allowance, reimbursement of hotel expenses; **~kosten** *pl* hotel allowances, hotel expense, accommodation costs.

Übernahme *f* assumption, take-over, absorption; **~angebot** *n* take-over bid; tender offer; **unfreundliches ~~** hostile offer; **~beschluss** *m* take-over resolution; **~ der Regierungsgewalt** assumption of government; **~ *e-er* Emission** underwriting commitment; **~ *e-er* Gesellschaft** take-over of a company; **~ *e-es* Amts** succession to an office; **~fazilität** *f* underwriting facility; **~garantie** *f* underwriting commitment guarantee; **~gebühr** *f* assumption fee (*mortgage*); **~gesetz** *n* Adoptive Act, Adopting Act; **~hai** *m* takeover shark; **~klausel** *f* assumption clause; **~konossement** *n* received (for shipment) bill of lading (*abbr* B/L); **~konsortium** *n* underwriting syndicate, security-taking syndicate; **~kurs** *m* underwriting price, take-over price; **~objekt** *n* takeover target; **~pirat** *m/***-in** *f* predator, corporate raider; **~preis** *m* take-over price, acceptance price; **~probe** *f* acceptance test; **~provision** *f* underwriting commission; **~recht** *n* right to take over; **~risiko** *n* risk of non-acceptance (by the purchaser), buyer's rejection risk; **~spekulant** *m/***-in** *f* suitor; **~schuldner** *m/***-in** *f* cost-debtor (*due to assumption of liability for legal expenses*); **~syndikat** *n* underwriting syndicate; **~vertrag** *m* take-over agreement.

übernational *adj* supranational.

übernehmen *vt* to take over, to assume, to adopt, to accept.

Übernehmer *m/***-in** *f* transferee, surrenderee, assignee.

Übernennwertausgabe *f* issue above par.

Überordnungsverhältnis *n* relationship of superiority.

überörtlich *adj* regional, non-local.

Überpariemission *f exch* issue above par.

überparteilich *adj* non-party, non-partisan, above party lines.

Überparteilichkeit *f* impartiality.

Überpfändung *f* excessive distraint.

Überpreis *m* excessive price.

Überproduktion *f* overproduction.

überproportional *adj* disproportionately large, unbalanced.

Überprovision *f* overriding commission.

überprüfen *vt* to review, to check, to reconsider, to screen (*security*), to vet, to audit, to revise, to re-examine.

Überprüfer *m/***-in** *f* inspector, revisor (*translation*), checker.

Überprüfung *f* review, check, audit; reconsideration; screening; **~ *e-es* Urteils durch die Rechtsmittelinstanz** review on appeal; **~sausschuss** review board; **~sbefugnis** *f* revisory power; **~sbehörde** *f* board of review, revising authority; **~srecht** *n* right of review; **~suntersuchung** *f* additional medical examination; **vereinbarte nachträgliche ~ von Rechnungen** renegotiation (*government contracts*).

Überqueren *n* crossing, traversing, transit across; **unachtsames ~ *e-er* Kreuzung** jay walking.

überragen *vi* to surpass, to overreach.

Überraschung *f* surprise; **~sentscheidung** *f* surprise decision; **~sgewinne** *pl* windfall profits; **~sklausel** *f* unexpected clause (in standard terms of a contract); **~sstreik** *m* guerilla strike, wildcat strike.

überreden *vt* to persuade.
Überredung *f* persuasion; **~skunst** *f* art of persuasion; **friedliche ~** peaceful persuasion; **~ zum Selbstmord** procuring suicide.
überregional *adj* supra-regional.
überreichen *vt* to hand over, to present, to submit; **eigenhändig ~** to hand over personally.
Überreichung *f* presentation.
Überrest *m* remainder, residue.
übersaisonmäßig *adj* more than seasonal, all-year.
Übersättigung *f* oversaturation, glut.
Überschallschaden *m* damage caused by sonic booms.
überschätzen *vt* to overvalue.
Überschicht *f* extra shift.
Überschlagsrechnung *f* rough estimate, approximate calculation.
überschreiben *vt* to transfer in a register, to transfer by deed, to convey.
Überschreibung *f* transfer in a register, conveyance.
Überschreiten der Geschwindigkeitsgrenze exceeding the speed limit, speeding; **~ der Grenze** crossing the border.
Überschreitung *f* excess, transgression; **~ der Amtsbefugnisse** overstepping of one's official powers; **~ der Notwehr** exceeding the bounds of justifiable *US* self-defense/*GB* self-defence; going beyond *US* self-defense/*GB* self-defence; **~ der Satzungsbefugnisse** acting ultra vires; **~ der Vollmacht** exceeding one's powers.
Überschuldung *f* overindebtedness, excess of liabilities over assets.
Überschuss *m* (*pl Überschüsse ~e*) surplus, overplus, surplus value, excess; credit balance, balance in hand, net balance; **~besteuerung** *f* surplus taxes; **~beteiligung** *f* sharing the surplus, participation in net proceeds; **~bildung** *f* formation of surpluses; **fiskalische ~~** formation of surpluses out of revenue; **~ der Leistungsbilanz** surplus on goods and services; **~ der Zahlungsbilanz** external surplus; **~einkünfte** *pl* (taxable) net income; **~gebiet** *n* surplus area, area producing a surplus; **ästhetischer ~** aesthetic surplus, aesthetic value beyond practical worth (*eg designer corkscrew*); **landwirtschaftliches ~~** agricultural surplus area; **~gelder** *pl* surplus funds; **~güter** *pl* surplus goods; **~-Politik** *f* policy of budgeting for a surplus, policy aiming for a surplus; **~rechnung** *f* net income method; **~reserve** *f* surplus fund, excess reserve, surplus reserve; **~wasser** *n* surplus water; **~wirtschaft** *f* economy of abundance; **mit *e-em* ~ abschließen** to close with a surplus (profit); **rechnerischer ~** surplus as shown by the accounts.
Überschwerung *f* overburdening (of estate), over-encumbrance.
Übersee | hafen *m* transatlantic harbo(u)r; **~handel** *m* overseas trade, maritime commerce, seaborne trade; **~kabel** *n* transmarine cable; **~länder** *pl* overseas countries; **~märkte** *pl* overseas markets; **~reise** *f* ocean voyage; **~transport** *m* overseas shipment, ocean shipment; **~verpackung** *f* packing for export.
Übersendbarkeit *f* transmissibility.
übersenden *vt* to send, to transmit, to remit, to forward.
Übersender *m*/**-in** *f* sender, consignor, remitter, forwarder.
Übersendung *f* transmittal, consignment, remittance; **~sbericht** *m* prosecution's report upon criminal appeal.
Übersetzer *m*/**-in** *f* translator; **beeidigter ~** sworn translator; **freiberuflicher ~** free-lance translator; **öffentlich bestellter ~** officially certified translator; **vereidigter ~** sworn translator.
Übersetzung *f* translation; **~sdoppel** *n* copies of translation(s); **~fehler** *m* mistranslation; **sinngetreue ~** accurate/correct translation; **~srecht** *n* right of translation; **beglaubigte ~** certified translation; **maßgebli-**

che ~ authentic translation; **wörtliche** ~ literal translation.

Übersicherung *f* excessive collateral (for a debt).

Übersicht *f* survey, overall survey, outline; **~splan** *m* layout plan, general location plan, general survey chart; **~szeichnung** *f* outline drawing; ~ **über das Vermögen und die Schulden** financial statement of assets and liabilities; **politische** ~ political survey; **statistische** ~ statistical digest; **vergleichende** ~ comparative table, synopsis.

Übersiedler *m/pl* immigrants (from one nation over to another), *esp* East Germans resettling in West Germany (*after reunification*).

Übersiedlungs | beihilfe *f* removal allowance; **~gut** *n* removal goods; **~kosten** *pl* relocation expenses.

Überspekulation *f* over-speculation, over-trading, undue speculation.

überstaatlich *adj* supra-national; international; supra-governmental.

überstellen *vt* to remand, to transfer (*prisoners*).

Überstellung *f* transmission (*of prisoner*), remand, rendition.

Übersteuer *f* super-tax, surtax.

überstimmen *vt* to outvote, to vote down, to override (*a vote/veto*).

Überstunden *f/pl* overtime (= *o*-), excess hours; ~ **abfeiern** take time-off for *o*-; **~genehmigung** *f o*- authorization; **~tarif** *m o*- rate; **~verbot** *n* ban on *o*-; **~vergütung** *f o*- pay; **~zuschlag** *m o*- premium.

übertariflich *adj* above the general wage scale, supra-tariff.

überteuern *vt* to charge excessive prices, to overcharge, to render too expensive.

Überteuerung *f* overcharge, excessive prices.

Übertrag *m* subtotal carried forward; transfer entry; brought forward; ~ **auf neue Rechnung** brought forward to new account.

übertragbar *adj* transferable, transmissible, assignable; **nicht** ~ non-transferable, non-assignable.

Übertragbarkeit *f* transferability, assignability.

übertragen *vt* to transfer, to transmit, to convey, to assign, to alienate, to confer, to pass, to transcribe, to post, to negotiate; **käuflich** ~ to transfer by way of sale.

Übertragung *f* transfer, transmission, conveyance, assignment, making-over, transport, alienation, transcription, negotiation; ~ **aus dem Stenogramm** transcript; ~ **der Zuständigkeit** transfer of jurisdiction; ~ **des Urheberrechts** assignment of copyright; ~ **durch letztwillige Verfügung** disposition by will; ~ ***e-er*** **Forderung** assignment of a claim; ~ ***e-es*** **im Streit befangenen Gegenstandes** transfer of action; ~ ***e-es*** **Patents** assignment of a patent; **~sakt** *m* act of transfer; **~sdatum** *n* vesting date; **~serfindung** *f* invention by adaptation; **~serklärung** *f* act of assignment; **~sformular** *n* transfer form; **~sgebühr** *f* transfer fee; **~spatent** *n* patent of adaptation; **~surkunde** *f* instrument of transfer, deed of transfer, deed of assignment; vesting deed, deed of grant, bill of sale; **~sverfügung** *f* vesting order; **~svermerk** *m* transfer entry; ~ **von Grundstücksrechten** conveyance, common assurance; ~ **von Hoheitsrechten** transfer/surrender of sovereign rights; ~ **von Zuständigkeiten** conferring of powers; **gesetzliche** ~ conveyance by operation of law; **rechtsgeschäftliche** ~ transfer by a transaction, assignment; **unentgeltliche** ~ gratuitous transfer; **wertpapiermäßige** ~ negotiation.

übertreten *vt* to infringe, to transgress, to violate, to breach.

Übertretung *f* infringement, breach, transgression.

Überversicherung *f* excess insurance, overinsurance.

Übervölkerung *f* overpopulation, excess population.

übervorteilen *vt* to overreach, to take unfair advantage of.

Übervorteilung *f* overreaching, taking unfair advantage.

Überwacher *m* supervisor; **~garant** *m/***-in** *f* person under duty of care because of affirmative act (*endangering another*), → *Sicherungsgarant*, ↔ *Bewachergarant, Obhutsgarant.*

Überwachung *f* supervision, surveillance, monitoring; superintendence; ~ **der Warenausgänge** inspection of outgoing goods; **~sabteilung** *f* safety engineering department; **~sbeamter** *m/***-in** *f* supervisor, superintendent; **~sbefugnis** *f* supervisory power; **~spflicht** *f* duty of supervision; **~sstelle** *f* control board; **~svorschriften** *pl* technical control regulations.

überwachungsbedürftig *adj* requiring supervision; subject to supervision.

überwältigen *vt* to overcome, to overpower, to overwhelm.

überwälzen *vt* to pass on, to shift (*tax*), to roll over.

Überwälzung *f* shifting of a tax burden, roll-over relief.

überweisen *vt* to remit, to transfer, to remand, to assign.

Überweisender *m/***-in** *f* remittor/remitter.

Überweisung *f* remittance, bank-transfer, cashless transfer payments; ~ **auf ein Konto** transfer to an account, remittance to an account; ~ **der gepfändeten Forderung** judicial transfer of garnished claim to creditor; ~ ***e-er*** **Sache an ein Schiedsgericht** reference to arbitrators; ~ **per Scheck** transfer by *US* check/*GB* cheque, payment by *US* check/*GB* cheque; **~sabteilung** *f* giro money-transfer department; **~sauftrag** *m* order for remittance, transfer order; **~sbegleitzettel** *m* remittance slip; **~sbeschluss** *m* transfer order, garnish; **~sbetrag** *m* amount of the remittance; **~sempfänger** *m/***-in** *f* remittee; **~skredit** *m* transfer credit; **~smöglichkeit** *f* transfer facility; **~sträger** *m* transfer slip; **~s- und Einzugsverkehr** bank payments and collections; **~sverkehr** *m* inter-bank money transfer; **~svertrag** *m* money-transfer order/contract (*between remitting bank and remittor/remitter*); **telegrafische** ~ telegraphic transfer, remittance by cable, cable transfer; **um ~ wird gebeten** please remit.

Überwiegen *n* preponderance, outweighing.

überwiegen *vi* to outbalance, to outweigh, to prevail.

überwiegend *adj* preponderant, predominant.

Überzahlung *f* excess payment.

überzeichnen *vt* to over-subscribe, to subscribe in excess (shares).

Überzeichnung *f* over-subscription (of shares), excess-application.

überzeugen *vt* to convince, to persuade, to satisfy (*the court*).

überzeugend *adj* convincing, conclusive; **nicht** ~ unconvincing, inconclusive.

Überzeugung *f* conviction; **~sfähigkeit** *f* demonstrative force, conclusiveness; **~skraft** *f* persuasive force, power to convince; **~stäter** *m/***-in** *f* offender by conviction; perpetrator convinced of the rightfulness of his cause; **feste** ~ firm belief; **freie** ~ independent conviction; **vertretbare** ~ reasonable belief; **zur ~ des Gerichts** to the satisfaction of the court.

überziehen *vt* to overdraw.

Überziehung *f* overdrawing, overdraft; ~ ***e-es*** **Bankkontos** overdraft (*abbr* o/d); **~sklausel** *f* overdraft clause; **~skredit** *m* overdraft facility, advance on current account; **~sprovision** *f* overdraft commission; **~zinsen** *pl* interest on overdraft.

üblich *adj* usual, customary, ordinary, conventional.

üblicherweise *adv* customarily.

U-Boot *n* (*abbr* = **Unterseeboot**) submarine; **Atom-~** atomic submarine.

übrig *adj* residuary, residual; **~bleibend** residual.

Übung *f* practice, usage.
Ufer|anlieger *m/*-**in** *f* riparian (owner); **~~rechte** *pl* riparian rights; **~bewohner** *m/*-**in** *f* riparian resident/inhabitant; **~geld** *n* pierage; **~grundstück** *n* riparian tenement; **~linie** *f* shoreline; **~staat** *m* littoral state, riparian state.
ÜLG (*abbr* = **überseeische Länder und Gebiete**) overseas countries and territories (*abbr* OCTs).
ultimativ *adv* by way of an ultimatum, categorically.
Ultimatum *n* ultimatum.
Ultimo *n* end of month, the last weekday of the month, month-end closing; **~abschluss** *m* end-of-month settlement, monthly settlement; **~abrechnung** *f* end-of-month settlement; **~abwicklung** *f* end-of-month settlement; **~anforderung** *f* funds needed for end-of-month settlement; **~ausgleich** *m* end-of-month adjustment; **~bedarf** *m* end-of-month requirements; **~fälligkeit** *f* end-of-month maturity; **~geld** *n* end-of-month settlement loan; **~geschäft** *n* transaction for end-of-month settlement; **~glattstellung** *f* end-of-month position squaring; **~kurs** *m* end-of-month stock-exchange rate; **~liquidation** *f* end-of-month settlement; **~regulierung** *f* end-of-month settlement; **per ~** for the monthly settlement.
umadressieren *vt* to redirect, to reconsign, to re-address.
Umadressierung *f* redirection, reconsignment, re-addressing.
umarbeiten *vt* to rework.
Umbau *m* rebuilding, reconstruction, recasting.
umbenennen *vt* to rename, to redesignate.
Umbenennung *f* change of name, redesignation.
umbilden *vt* to recast, to reshuffle, to reorganize.
Umbildung *f* reform, transformation, reshuffle (*of cabinet*).
umbringen *vt* to kill, to put to death.
Umbruch *m* radical change.
umbuchen *vt* to change a reservation (*hotel, flight*); to change a bookkeeping entry; to transfer to a different account.
Umbuchung *f* **I** change in reservation (*flight, etc*); **~sgebühr** *f* cancellation fee (*to re-book*).
Umbuchung *f* **II** transfer of an entry (*bookkeeping*), book transfer.
umdatieren *vt* to change the date.
umdeuten *vt* to give a different interpretation, to reinterpret.
Umdeutung *f* change of meaning by a different interpretation (of); reinterpretation; equitable conversion (*of void transaction into valid one*).
umdirigieren *vt* to reconsign, to redirect.
umdisponieren *vt* to redispose, to alter the disposition, to make new arrangements.
Umdisposition *f* redisposition, rearrangement, rescheduling.
Umfang *m* extent, range, volume, coverage; **~ der Haftung** extent of liability; **~ der Vollmacht** scope of power, extent of a power-of-attorney; **~ des Schadens** extent of the damage; **~ des Verschuldens** extent of the fault; **~ *e-er* Versicherung** coverage of a policy; **~ *e-es* Patents** scope of a patent; **in vollem ~** in its entirety, in full.
umfassen *vt* to comprise, to include to cover.
Umfassungsmauer *f* enclosing wall.
Umfeldverschmutzung *f* pollution of the environment.
umfinanzieren *vt* to refinance, to roll over.
Umfinanzierung *f* refinancing, conversion of debts, refunding, debt rescheduling rollover.
umfirmieren *vt* to change the firm's/company's name.
Umfirmierung *f* change of a firm's/company's name.
umflaggen *vi* to reflag.
Umflaggen *n* reflagging.
umformulieren *vt* to rephrase, to redraft, to restate, to reword.

Umformulierung *f* rephrasing, redrafting, restatement.

Umfrage *f* general inquiry, opinion poll; **~ergebnis** *n* survey data; **~teilnehmer** *m*/**-in** *f* poll respondent; **statistische** ~ statistical inquiry.

umfriedet *adj* enclosed, fenced in.

Umfriedung *f* enclosure, fence.

Umgang *m* access to (see) a child; **~sberechtigte(r)** *f(m)* (*der ~berechtigte*) person entitled to have access to a child; **~srecht** *n* right of access (to children); visitation rights; **~sregelung** *f* regulation/arrangement of access to a child; **~sverbot** *n* prohibition to contact a child.

Umgebungsschutz *m* environmental protection (*of cultural monument*).

umgehen *vt* to circumvent.

umgehend *adj* immediate, *adv* forthwith.

Umgehung *f* circumvention, elusion, evasion; **~sgeschäft** *n* transaction for the purpose of evading a law; **~sstraße** *f* bypass; **~sverbot** *n* ban of circumvention, prohibition of evasion.

umgemeinden *vt to transfer a (part of a) local community to a neighbouring one*, to reallocate a local community or part thereof.

Umgemeindung *f* redistribution of local authorities, reallocation of local communities (*or parts thereof*).

Umgesiedelte *pl* resettled persons.

Umgestaltung *f* change, restructuring.

umgliedern *vt* to rearrange, to reallocate, to change the organizational structure.

Umgliederung *f* rearrangement, reallocation, change of organizational structure.

umgrenzen *vt* to border, to enclose.

Umgrenzung *f* enclosure, boundary.

umgründen *vt* to convert to a different legal form, to reorganize.

Umgründung *f* conversion to another (corporate) form, reorganization.

Umgruppierung *f* regrouping.

Umhüllung *f* wrapping, packaging.

Umkehr *f* reversal; ~ **der Beweislast** reversal of the burden of proof; **~schluss** *m* argumentum e contrario.

Umlade | gebühren *f/pl* reloading charges; **~konossement** *n* trans-shipment bill of lading; **~platz** *m* transfer point, rehandling yard; **~schuppen** *m* trans-shipment shed; **~station** *f* transfer station.

umladen *vt* to reload, to trans-ship.

Umlage *f* (special) assessment (= *a*-), levy, (cost-covering) contribution; **~beschluss** *m* resolution imposing an *a*-; **~kasse** *f a*- (insurance) company; **~satz** *m* rate of contribution; **~schlüssel** *m a*- formula; **~schuldner** *m*/**-in** *f* assessee; **~verfahren** *n* (adjustable) contribution procedure, *a*- system; **rückständige ~n** *pl* delinquent special *a-s*; **zweckgebundene** ~ special *a*-, earmarked *a*-.

umlagepflichtig *adj* assessable, subject to contribution; **nicht** ~ non-assessable.

Umlauf *m* circulation; please circulate; **~fähigkeit** *f* negotiability, negotiable character; **~fonds** *m* revolving fund; **~kapital** *n* floating capital, active capital; circulating capital; **~mittel** *n* circulating media; **~sgeld** *n* current money; **~(s)geschwindigkeit** *f* velocity of circulation, rate of turnover, income velocity; **~verfahren** *n* circulating (*memorandum*) ↔ *Sternverfahren*; **~vermögen** *n* current assets, revolving assets, working capital, operating assets, floating assets, current receivables; **~zeit** *f* period for turn-around, turn-around time; **im** ~ in circulation, afloat; **im ~ befindlich** outstanding, in circulation; **in ~ bringen** to put into circulation, to circulate, to market.

umlauffähig *adj* fit for circulation, marketable, negotiable.

umlegen *vt* **I** to apportion, to assess; to regroup, to reclassify.

umlegen *vt* **II** to kill instantly, to shoot to death; *sl* to bump off.

Umlegung *f* reapportionment, regrouping, passing on, transfer; real estate amalgamation and reapportioning; ~ **der Mehrkosten** apportionment of additional costs; **~sausschuss** *m* assessment committee.

umleiten *vt* to divert, to redirect.

Umleitung *f* detour, diverted, traffic, reconsignment, siphoning (off).

Ummeldeformular *n* official form for registering a new address (within the same city), → *Anmeldeformular.*

ummelden to re-register (new address within same city), to register a new address, → *anmelden, abmelden.*

Ummeldung *f* registration of one's new address (within the same city), → *Anmeldung, Abmeldung,* re-registration (of address).

umplatzieren *vt* to place afresh, to reallocate, to replace.

Umplatzierung *f* reallocation.

umprogrammieren *vt* to rearrange the program(me), to reprogram(me).

Umprogrammierung *f* rearrangement of the program(me), reprogramming.

Umrandung *f* frame; **fette** ~ thick frame, heavy frame.

umrechnen *vt* to convert, to recalculate, to re-reckon.

Umrechnung *f* conversion, recalculation, translation; **~skurs** *m* rate of exchange, parity (of exchange), conversion rate; **nomineller** ~~ nominal exchange; **~ssatz** *m* conversion ratio, rate of conversion; **~stabelle** *f* conversion table; **~sverhältnis** *n* ratio of conversion, exchange ratio.

Umsatz *m* (*pl Umsätze* = *~e*) turnover, volume of trade, sales, trading; **~ausfall** *m* loss of sales; **~ausgleichssteuer** *f* turnover equalization tax; **~belebung** *f* increase in turnover, business pick-up; **~besteuerung** *f* taxation of turnover; **~beteiligung** *f* commission on turnover, participation in sales; **~bonus** *m* deferred rebate (based on turnover); **~e im Dienstleistungsbereich** turnover in services; **~e im Großhandel** wholesale trading; **~erlös(e)** *m(pl)* sales, proceeds from turnover; **~gebühr** *f* turnover charge; **~geschwindigkeit** *f* trading pace; **~häufigkeit** *f* rate of turnover; **~kapazität** *f* sales capacity; **~lizenz** *f US* license/*GB* licence based on turnover; **~pacht** *f* percentage lease; **~prämie** *f* sales premium; **~provision** *f* turnover commission; **~quote** *f* turnover ratio; **~rückgang** *m* drop in sales, slump in sales; **~schwund** *m* falling off in turnover; **~statistik** *f* sales statistics; **~steigerung** *f* increase in turnover, sales increase; **~steuer** *f* → *Umsatzsteuer;* **~volumen** *n* sales volume; **~verlagerung** *f* shifting of sales, switch(ing) in turnover; **fingierter** ~ fictitious sales; **gute ~e** brisk sales; **interner** ~ intercompany sales; **konzerninterner** ~ intercompany sales; **ohne** ~ no sales; **schwache ~e** light trading; **steuerbarer** ~ taxable turnover; **steuerfreie ~e** exempted supplies; **steuerpflichtiger** ~ taxable turnover; **tauschähnlicher** ~ quasi-barter transaction; **unsichtbare ~e** invisible transactions; **volkswirtschaftliche ~e** the country's total turnover.

umsatzlos *adj* without sales.

Umsatzsteuer *f* turnover tax, value-added tax (*abbr* VAT); ~ **abwälzen** to pass on value-added tax (*to the customer as part of the price*); ~ **auf Güter des gehobenen Bedarfs** purchase tax; **~befreiung** *f* exemption from turnover tax; **~bescheid** *m* turnover-tax notice; **~-Durchführungsbestimmung** *f* Turnover Tax Regulation; **~erklärung** *f* turnover-tax return; **~erstattung** *f* rebate of turnover tax; **~freiheit** *f* exemption from turnover tax; **~gesetz** *n* Turnover

Tax Act; Value Added Tax Act; ~ **im Einzelhandel** retail sales tax; ~ **nicht inbegriffen** turnover net of tax; **~pflicht** *f* turnover tax liability; **~rückvergütung** *f* turnover-tax refund; **~vergütung** *f* turnover-tax refund; **~-Verordnung** *f* Turnover Tax Regulation; **~voranmeldung** *f* turnover-tax advance return.

umschichten *vt* to regroup, to shift.

Umschichtung *f* reapportionment, shifting, regroupment, restructuring.

Umschlag *m* transshipment, turnround handling (of goods); **~bahnhof** *m* marshalling yard, trans-shipment terminal; **~hafen** *m* port of trans-shipment; **~platz** *m* distribution centre, trans-shipment point; **~sfirma** *f* trans-shipping firm; **~sgeschwindigkeit** *f* turnover rate, speed of turnover; **~shäufigkeit** f turnover (ratio), turnover frequency; **~sort** *m* place of trans-shipment; **~sspesen** *pl* handling charges; **~verkehr** *m* trans-shipment business.

umschreiben *vt* to transcribe, to change a register entry, to amend.

Umschreibung *f* transcription, change of registration; **~sgebühr** *f* transfer duty, re-registration charge.

umschulden *vt* to refinance, to refund, to roll over, to reschedule a debt, to transfer debt to another debtor/lender.

Umschuldung *f* debt refunding, debt rescheduling, debt restructuring, debt renegotiation, debt conversion; **~saktion** *f* debt restructuring operation; **~sanleihe** *f* rescheduling funding loan, funding bonds; **~skredit** *m* refunding credit; **längerfristige** ~ conversion into medium-term debt.

Umschüler *m/*-**in** *f* vocational retrainee.

Umschulung *f* occupational retraining, vocational adjustment; **~sprogramm** *n* vocational retraining scheme.

Umschwung *m* reversal, swing back, backlash, landslide.

umseitig *adj/adv* overleaf.

umsetzen *vt* to turnover (*goods*), to transfer (*from one employment position to another*), to realize (*an idea in practice*), to transpose (*directive into national law*).

Umsetzung *f* transfer of duties, transfer to a different position/location; implementation; ~ **der Entscheidungen des Rates** *EU* transposition of Council decisions; **~sgebühr** *f* towing fee, fee for removal (of an illegally parked vehicle); **~sverordnung** *f* implementation regulaton; ~ **von EG Richtlinien** transposition of EC directives.

Umsicht *f* discretion, circumspection, prudence, care.

umsichtig *adj* prudent, circumspect.

Umsiedler *m/*-**in** *f* resettler, resettled person (*ethnic German transferred from German-occupied territory by German authories during World War II and resettled elsewhere*).

Umsiedlung *f* resettlement (= *r*-); **~saktion** *f r*- scheme; **~sbeihilfe** *f r*- allowance; **~sgebiet** *n r*- territory.

Umstand *m* (*pl Umstände* = *~e*) circumstance (= *c*-), factor; **außergewöhnliche ~e** exceptional *c-s*; **belastende ~e** aggravating *c-s*, aggravation; **besondere ~e** particular *c-s*; **den ~en nach annehmen** to have reasonable grounds to assume; **den jeweiligen ~en nach** as the *c-s* may require; **erschwerende ~e** aggravating *c-s*; **je nach den ~en** according to *c-s*, as the case may be; **mildernde ~e** extenuating *c-s*, mitigating *c-s*; ~ **~e zubilligen** to allow extenuating *c-s*; **nähere ~e** particulars, details; **schadenersatzerhöhende ~e** aggravation of damages; **sich aus den ~en ergeben** to arise from the facts and *c-s*; **strafmildernde ~e vortragen** to plead in mitigation; **strafverschärfende ~e** aggravation, aggravated *c-s*; **unter den obwaltenden**

~**en** under the prevailing *c-s*; **unter sonst gleichbleibenden ~en** other things being equal; **unvorhergesehene ~e** unforeseen *c-s*; **versicherungswichtiger ~** material representation.

Umsteige|karte *f* transfer ticket; ~**verbindung** *f* connection.

umstellen *vt* to convert, to change over, to recalculate, to translate.

Umstellung *f* change, conversion, currency conversion, reorganization; ~**saufwendung** *f* expense of reform/restructuring (*eg from deutsch mark to euro*); ~**sbestand** *m* post-conversion total; ~**sbetrag** *m* amount resulting from conversion; ~**sbilanz** *f* (post)-conversion balance sheet; ~**sgewinn** *m* profit resulting from (currency) conversion; ~**sgesetz** *n* Currency Conversion Act (*Reichsmark to D-Mark 1948*); ~**sgrundschuld** *f* (currency) conversion land charge; ~**skosten** *pl* conversion costs; ~**skredit** *m* loan to finance currency conversion burdens; ~**smaßnahme** *f* measure for readjustment; ~**srechnung** *f* conversion account; ~**ssachen** *pl* currency conversion litigation; ~**ssatz** *m* conversion rate; ~**sschwierigkeiten** *pl* transitional problems; ~**stag** *m* date of currency conversion.

umstrukturieren *vt* to reorganize, to restructure, to revamp, to reshape.

Umstrukturierung *f* restructuring, reconstruction, reorganization.

umstufen *vt* to regrade, to change the classification, to upgrade.

Umstufung *f* regrading.

umstürzlerisch *adj* subversive.

Umtausch *m* exchange; conversion; ~**aktion** *f* conversion operation, conversion scheme; ~ **ausgeschlossen** no refunds; ~ **nicht gestattet** no goods exchanged; ~**obligationen** *pl* refunding bonds, redemption bonds; ~**recht** *n* option of exchange, right to exchange; conversion right; ~**stück** *n* security given in exchange; ~**transaktion** *f* conversion operation; ~**verhältnis** *n* exchange rate. ~**vorbehalt** subject to change, exchange proviso; ~ **zum Nennwert** conversion at nominal value; **kein ~** all sales final.

umtauschbar *adj* convertible, exchangeable.

Umtriebe *m/pl* subversive activities; machinations, intrigues; **staatsfeindliche ~** subversive activities.

umverteilen *vt* to redistribute (*property*).

Umverteilung *f* redistribution, income redistribution; ~**sbesteuerung** *f* redistributive taxation.

umwandeln *vt* to commute, to convert, to transform.

Umwandlung *f* transformation, conversion, commutation, change of corporate form; merger, absorption; ~**santrag** *m* application for permission to change (the corporate form); ~**sgebühr** *f pat* conversion fee; ~**sklausel** *f* convertibility clause; ~**srecht** *n* conversion right; ~**ssteuergesetz** *n D* Mergers and Reorganization Tax Act (*1976*); ~**stichtag** *m* effective date of conversion; **formwechselnde ~** conversion of form; **steuerbegünstigte ~** tax-privileged reorganization; **übertragende ~** reorganization of a company involving a take-over.

Umweg *m* detour, indirect way.

Umwelt *f* environment (= *e-*, *environmental* = *e-l*); ~**agentur** *f EU e-l* agency; ~**bundesamt** *n* Federal *E-l* Agency; ~**-Altlasten** *pl* pollution caused by previous owner/administration; ~**audit** *e-l* inspection; ~~**gesetz** *n e-l* inspection law, *law governing the inspection of industrial plants for their ecological viability*; ~**einflüsse** *pl e-l* influences; ~**forschung** *f e-l* research/studies; ~**fragen** *pl e-l* affairs; ~**haftpflicht** *f* statutory liability for *e-l* damage; ~**haftung** *f e-l* liability; ~**kriminalität** *f US* offenses/*GB* offences involving *e-l* damage; ~**politik** *f e-l* policy; ~**schäden** *pl e-l* damage; ~**schutz** *m e-l* protection; *e-l* control; **~strafrecht** *n e-l* penal/criminal law; **~verschmutzung** *pl e-l* pollution; **grenzüberschreitende ~~** cross-frontier/transboundary pollution; **~verträglichkeitsprüfung** *f* (*abbr* **UVP**) *e-l* impact assessment, examination of *e-l* acceptability; **~verträglichkeitsstudie** *f e-l* impact assessment study; **Bundesminister für ~, Naturschutz und Reaktorsicherheit** *D* Federal Minister of the *E*-, Nature Conservation, and Nuclear Safety.

umwelt|bewusst *adj* environmentally aware, conscientious about the environment; **~feindlich** environmentally harmful/damaging, polluting; **~freundlich** non-polluting, environmentally friendly/benign/beneficial.

umwerten *vt* to revalue, to convert; **im Verhältnis 1:2 ~** to convert in the ratio 1:2.

Umzäunung *f* fence, enclosure.

Umzug I *m* move/change (of residence); **~sbeihilfe** *f* removal allowance, relocation allowance, relocation benefits, relocation package; **~sgut** *n* removal goods, household effects in transit; **~skosten** *pl* removal costs, relocation expenses; **~~beihilfe** *f* = *~sbeihilfe*; **~~entschädigung** *f* compensation for transfer (to new location).

Umzug II *m* parade, procession; **~swagen** *m* float (in a parade).

unabdingbar *adj* unalterable, indispensable, not subject to change, absolute, categorical, mandatory.

Unabdingbarkeit *f* inalterability, absoluteness, mandatory nature (*of law*).

unabhängig *adj* independent, self-supporting, separate.

Unabhängiger *m*/**-in** *f* (*der Unabhängige*) independent person, self-employed; **finanziell ~** person of independent means.

Unabhängigkeit *f* independence; **~ der Gerichte** independence of the courts; **~serklärung** *f US* Declaration of Independence (*1776*); **richterliche ~** judicial independence; **wirtschaftliche ~** economic independence, self-sufficiency.

unabkömmlich *adj* indispensable, in a reserved occupation, exempt from military service due to profession/occupation.

Unabkömmlichkeit *f* indispensability; **~sstellung** *f* exemption from military service due to profession or occupation; **~sverfahren** *n* proceedings for exemption from military duty due to indispensability; **berufliche ~** occupational deferment, reserved occupation.

unablösbar *adj* irredeemable.

unabsetzbar *adj* irremovable; *tax* nondeductible.

unabsichtlich *adj* unintentional, accidental.

unabtretbar *adj* not transferable, non-assignable.

Unabtretbarkeit *f* non-assignability, non-transferability; **~svereinbarung** *f* covenant against assignment.

unabweisbar *adj* irrefusable, absolutely necessary; unobjectionable, irrefutable.

unabwendbar *adj* inevitable.

Unabwendbarkeit *f* inevitability.

unachtsam *adj* careless, inadvertent; inattentive, heedless.

Unachtsamkeit *f* carelessness, inattention, inadvertence, heedlessness.

unanfechtbar *adj* non-appealable; *ins* non-contestable.

Unanfechtbarkeit *f* res judicata, non-appealability; *ins* incontestability; **~sklausel** *f* incontestable clause, non-contestable clause.

unangebracht *adj* inappropriate, unsuitable, inapposite.

unangefochten *adj* unchallenged.

unangemessen *adj* unsuitable, inappropriate, unreasonable, unfair.

Unangemessenheit *f* unsuitability, inappropriateness, unreasonableness.

unangreifbar *adj* unchallengeable, indefeasible, incontestable.

unannehmbar *adj* unacceptable.

unanständig *adj* indecent, obscene.

Unanständigkeit *f* indecency, obscenity.
unantastbar *adj* irreproachable, untouchable, inviolable.
unanwendbar *adj* inapplicable.
Unanwendbarkeit *f* inapplicability.
unaufgefordert *adj* unsolicited, unrequested, unsummoned.
unaufhebbar *adj* indefeasible, non-repealable.
Unaufklärbarkeit *f* impossibility to clear up a matter.
unauflöslich *adj* insoluble.
unaufmerksam *adj* inattentive, inadvertent.
Unaufmerksamkeit *f* inattentiveness, inadvertence.
unaufschiebbar *adj* unpostponable; unreprievable (*execution of death sentence*), non-reprievable.
Unaufschiebbarkeit *f* inpostponability, impossibility of postponement.
unausführbar *adj* impracticable.
Unausführbarkeit *f* impracticability.
unausgefüllt *adj* unfilled, blank.
unausgeglichen *adj* unsettled (*bill, account*).
unausgenutzt *adj* idle, not sufficiently used, unused.
unausgeschüttet *adj* undistributed.
unausgewogen *adj* unbalanced.
Unausgewogenheit *f* imbalance, disequilibrium.
unauslöschlich *adj* indelible.
unbar *adj* cashless.
unbeabsichtigt *adj* inadvertent, unintentional.
Unbeachtlichkeit *f* irrelevance.
unbeanstandet *adj* unopposed, not objected to, unchallenged; ~ **lassen** *vt* to pass, not to object to.
unbebaut *adj* unbuilt (on), undeveloped, vacant.
unbedacht *adj* thoughtless, indiscreet, improvident.
Unbedachtsamkeit *f* inadvertency, indiscretion, improvidence.
unbedenklich *adj* unobjectionable.
Unbedenklichkeitsbescheinigung *f* clearance certificate, certificate of non-objection, negative clearance certificate.
unbedingt *adj* unconditional, unreserved, absolute, imperative.
unbeeidigt *adj* unsworn.
unbefangen *adj* unbiassed, unprejudiced, objective.
unbefristet *adj* unlimited, for an unlimited period, for an indefinite period of time.
unbefugt *adj* unauthorized, without authority.
Unbefugte(r) *f(m)* (*der Unbefugte*) unauthorized person.
unbegeben *adj* unissued.
unbeglaubigt *adj* unauthenticated, unattested.
unbeglichen *adj* unsatisfied, undischarged, unpaid, unsettled.
unbegründet *adj* unfounded.
Unbegründetheit *f* unfoundedness, lack of merit, implausibility.
unbehelligt *adj* unmolested, scotfree.
unbehoben *adj* unclaimed; unremedied.
Unbekannter (*der Unbekannte*) unknown person.
unbelastet *adj* unencumbered, uncharged; **politisch** ~ politically clear.
unbenannt *adj* innominate, undesignated.
unbenommen *adj* unrestrained, free; **es ist Ihnen** ~ you are at liberty.
unbenutzt *adj* unused, unoccupied, dormant.
unbeobachtet *adj* unobserved, unwitnessed, not noticed.
unberechenbar *adj* incalculable.
Unberechenbarkeit *f* incalculability.
unberechtigt *adj* unjustified, unentitled, unauthorized, unwarranted.
unbereinigt *adj* unadjusted, unsettled.
unberücksichtigt *adj* unconsidered, disregarded, neglected.
unberührt I *adj* unaffected; ~ **von diesem Gesetz bleiben die Vorschriften** nothing in this Act shall affect the provisions of.
unberührt II *adj* chaste, virgin.
Unberührtheit *f* virginity.
unbeschadet *prep* notwithstanding, irrespective of, without affecting,

without prejudice to, not in derogation of, saving.
unbeschädigt *adj* undamaged, intact.
unbeschäftigt *adj* unemployed, out of work, idle, jobless.
unbescholten *adj* unblemished, chaste, blameless.
Unbescholtenheit *f* chastity; integrity, good name, the quality of being without reproach.
unbeschränkt *adj* unrestricted, unlimited, unqualified.
unbesehen *adj* without previous examination, without inspection.
unbesetzt *adj* vacant, not occupied.
unbesichert *adj* unsecured.
unbesoldet *adj* unsalaried, unpaid.
unbestätigt *adj* unconfirmed.
unbestechlich *adj* incorruptible, unbribable, honest, upright.
Unbestechlichkeit incorruptibility.
unbestellbar *adj* non-deliverable.
Unbestellbarkeit *f* non-deliverability; **~smeldung** *f* advice of non-delivery.
unbesteuert *adj* untaxed.
unbestimmbar *adj* indeterminable, indefinable.
Unbestimmbarkeit *f* uncertainty, indefiniteness, incalculability, indeterminable nature.
unbestimmt *adj* indefinite, indeterminate, unascertained, unliquidated.
Unbestimmtheit *f* indefiniteness, vagueness, uncertainty.
unbestraft *adj* unpunished, not previously convicted, without any previous convictions.
unbestreitbar *adj* undeniable, incontestable, indisputable, beyond dispute.
unbestritten *adj* undisputed, uncontested, uncontended.
unbeteiligt *adj* unconcerned, indifferent; not involved.
unbeweglich *adj* immovable.
unbewiesen *adj* unproved, not proven.
unbewohnbar *adj* uninhabitable.
unbewohnt *adj* unoccupied, uninhabited.
Unbewohntsein *n* vacancy, unoccupancy.
unbewusst *adj* unaware, unwitting, involuntary, unjust, unreasonable.
unbezahlt *adj* unpaid.
unbeziffert *adj* non-enumerated, unliquidated.
unbillig *adj* inequitable.
Unbilligkeit *f* inequity; **grobe ~** gross inequity.
unbotmäßig *adj* recalcitrant.
Unbotmäßigkeit *f* insubordination, recalcitrance.
unbrauchbar *adj* useless, unsuitable.
Unbrauchbarkeit *f* uselessness, inapplicability, unsuitability.
Unbrauchbarmachung *f* rendering unservicable, wreckage; denaturation.
Undank *m* ingratitude; **grober ~** gross ingratitude, ungratefulness.
undatiert *adj* undated, not dated.
undelegierbar *adj* non-delegable.
Und-Konto *n* joint account (*requiring two signatures*).
undurchführbar *adj* impracticable, not feasible.
Undurchführbarkeit *f* impracticability, non-feasibility.
undurchsetzbar *adj* unenforceable.
unecht *adj* not genuine, false, spurious.
Unechtheit *f* ungenuineness, falseness, spuriousness.
unehelich *adj* illegitimate; **~ geboren** born out of wedlock.
Unehelichkeit *f* illegitimacy.
unehrlich *adj* dishonest.
Unehrlichkeit *f* dishonesty.
uneidlich *adj* unsworn.
uneigennützig *adj* disinterested, altruistic, selfless.
Uneigennützigkeit *f* disinterestedness, altruism.
uneigentlich *adj* not in the proper sense, figurative.
uneinbringlich *adj* uncollectible, irrecoverable.
Uneinbringlichkeit *f* impossibility of collection.
uneingelöst *adj* uncollected, unredeemed, dishono(u)red.
uneingeschränkt *adj* unrestricted, unqualified.

uneinheitlich *adj* non-uniform, irregular.
Uneinheitlichkeit *f* lack of uniformity.
uneinig *adj* disunited, at variance.
Uneinigkeit *f* disunity, disagreement, discord.
uneinklagbar *adj* unenforceable, not actionable.
uneinlösbar *adj* irredeemable.
uneinträglich *adj* unremunerative, unprofitable.
uneintreibbar *adj* uncollectible, irrecoverable.
unentgeltlich *adj* gratuitous, free, without payment, free of charge.
Unentgeltlichkeit *f* gratuitousness.
unentschieden *adj* undecided, pending, in limbo.
unentschuldbar *adj* inexcusable.
unentschuldigt *adj* unexcused, without reasonable excuse, without valid excuse.
unerfüllbar *adj* unrealizable, impossible.
unerfüllt *adj* unfulfilled, unperformed.
unerheblich *adj* immaterial, irrelevant; **rechtlich ~ für die Entscheidung** irrelevant to the issue.
Unerheblichkeit *f* irrelevancy.
unerhoben *adj* unclaimed, unlevied.
unerlässlich *adj* indispensable.
unerlaubt *adj* not permitted, illicit, illegal, unauthorized.
unerledigt *adj* undisposed of, unfinished, outstanding, undischarged (*debt*), unsettled, unfinished, pending.
Unerledigtes *n* (*das Unerledigte*) unfinished business.
unerreichbar *adj* unattainable, unachievable, inaccessable, unavailable (*witness*), beyond reach of a summons.
unerschlossen *adj* undeveloped.
Unersetzbarkeit *f* irreplaceableness, irretrievability, uniqueness.
unersetzlich *adj* irreplaceable, irretrievable.
unersitzbar *adj* imprescriptible.
Unersitzbarkeit *f* imprescriptibility.
unerträglich *adj* intolerable, unbearable, insufferable.
unerwachsen *adj* minor.
Unerreichbarkeit *f* inaccessibility, unattainability; unavailability (*witness*).
unerwiesen *adj* unproved, unproven, not established by evidence.
Unerwiesenheit *f* unproveness, lack of proof.
unfachmännisch *adj* unskilled, unprofessional.
unfähig *adj* incapable, unable, unfit, not qualified, ineligible; **~ zur Bekleidung *e-es* Richteramtes** not qualified to hold judicial office.
Unfähigkeit *f* incapacity, incapability, inability, unfitness, ineligibility; **~ der Amtsausübung** inability to act in an official capacity; **~ zur Bekleidung *e-es* öffentlichen Amtes** disqualification from holding public office.
Unfall *m* accident (= *a-*), misadventure; **~abteilung** *f* emergency ward (for *a-s*); **~ am Arbeitsplatz** *a-* at work; **~anzeige** *f* reporting an *a-*, notification of an *a-*; **~ausgleich** *m* compensation for an *a-*; **~ außerhalb der Arbeitszeit** off-the-job *a-*; **~bericht** *m a-* record; **~beteiligte(r)** *f(m)* (*der ~beteiligte*) person involved in an *a-*; **~ durch Übermüdung** fatigue *a-*; **~(s)entschädigung** *f* compensation for *a-s*, *a-* indemnity, *a-* benefit; **~ereignis** *n* occurrence of an *a-*; **~fahrer** *m*/**-in** *f* driver involved in an *a-*; **~flucht** *f* leaving the scene of an *a-*, absconding after an *a-*, hit-and-run driving; **~fürsorge** *f a-* welfare work; **~gefährdet** *adj a-*-prone; **~haftpflicht** *f* legal liability for *a-s*; **~häufigkeit** *f a-* frequency; **~hinterbliebenenversorgung** *f* care for surviving dependants of *a-* victims; **~last** *f* burdens of an *a-*; **~meldung** *f* notice of *a-*; **~ mit Todesfolge** fatal *a-*, *a-* resulting in death; **~neigung** *f a-* proneness; **~neurose** *f a-* psychosis; **~opfer** *n a-* victim; **~ort** *m* place/scene of *a-*; *a-* scene; **~reaktion** *f* traumatic re-

action; **~rente** *f a-* injury benefit, *a-* annuity, periodical payments (as compensation) for an *a-*; **~risiko** *n a-* hazard, *a-* risk; **~ruhegehalt** *n* retirement pension due to an *a-*; **~schaden** *m a-* damage; **~schilderung** *f* statement about an *a-*; **~schutz** *m* protection against *a-s*; **~stätte** *f* place of *a-*; **~station** *f* first aid post; **~statistik** *f a-* statistics; **~stelle** *f* site/scene of an *a-*, *a-* scene; **~(s)tod** *m* accidental death, death by *a-*; **~- und Berufskrankheitsversicherung** *a-* and occupational disease insurance schemes; **~untersuchung** *f a-* investigation; **~ursache** *f* cause of (the) *a-*; **~~nforschung** *f a-* analysis (research); **~verhütung** *f a-* prevention, prevention of *a-s*; **~~svorschriften** *pl* regulations for prevention of *a-s*; **~verletzte(r)** *f(m)* (*der ~verletzte*) person injured by an *a-*; **~(s)verletzung** *f* injury by *a-*; **~vermeidung** *f a-* avoidance; **~versicherung** *f* personal *a-* insurance, casualty insurance, public *a-* insurance; **~~spflicht** *f* compulsory *a-* insurance; **~~sträger** *m* organization in charge of *a-* insurance; **~verzeichnis** *n* list of *a-s*; **~(s)zeit** *f* time of *a-*; **~zeuge** *m*/**-in** *f* witness to an *a-*; **~ziffer** *f a-* frequency rate; **auf Ermüdung zurückzuführender** ~ *a-* due to fatigue; **außerbetrieblicher** ~ non-occupational *a-*; private *a-*, off-the-job *a-*; **dienstlicher** ~ *a-* while on official duty; ***e-en*** ~ **abwenden** to avert an *a-*; **entschädigungspflichtiger** ~ *a-* entitling to compensation; **fingierter** ~ simulated *a-*; **inszenierter** ~ a staged *a-*; **selbstverschuldeter** ~ *a-* due to one's own fault; **tödlicher** ~ fatal *a-*; **unabwendbarer** ~ unavoidable *a-*.

unfall|anfällig *adj* accident prone; **~frei** *a-* free.

unfertig *adv* unfinished, incomplete.

unfrankiert *adj* unstamped.

unfrei *adj* unfree, not free, covenanted; not prepaid (letter).

unfreiwillig *adj* involuntary.

Unfrieden *m* discord, trouble.

Unfug *m* mischief, nuisance; **beschimpfender** ~ defamatory mischief; **grober** ~ public mischief, vandalism, common nuisance, public nuisance.

unfundiert *adj* unsubstantiated, unconsolidated, floating.

ungeachtet notwithstanding, regardless of, irrespective of, despite, in spite of.

ungeahndet *adj* unpunished.

ungeboren *adj* unborn, en ventre sa mère.

Ungeborene(r) *f(m)* (*der Ungeborene*) unborn person.

Ungebühr *f* impropriety, misconduct; ~ **vor Gericht** misbehavio(u)r in court, contempt of court.

ungebührlich *adj* improper, unseemly, disorderly.

ungebunden *adj* uncommitted, not earmarked free, not tied.

ungedeckt *adj* unsecured, uncovered.

ungeeignet *adj* unsuitable, unsuited, unfit, inappropriate.

Ungeeignetheit *f* unsuitability, unfitness, improvidence, inappropriateness.

ungeheuerlich *adj* monstrous, atrocious.

ungehörig *adj* improper.

Ungehörigkeit *f* impropriety.

Ungehorsam *m* disobedience, failure to obey, insubordination; **~sfolgen** *pl* consequences of insubordination; **ziviler** ~ civil disobedience.

ungehorsam *adj* disobedient, nonobservant.

ungelernt *adj* unskilled.

ungelöscht *adj* undischarged, not deregistered, not removed from the register, not deleted.

ungerecht *adj* unjust.

ungerechtfertigt *adj* unjustified.

Ungerechtigkeit *f* injustice; **grobe** ~ gross injustice.

ungeregelt *adj* unregulated, uncontrolled, unofficial.

ungeschehen *adj* undone; ~ **machen** to undo, to make *sth* undone.

ungeschmälert *adj* uncurtailed, unimpaired.

ungeschoren *adj* unpunished, scot-free.

ungesetzlich *adj* illegal, unlawful.

Ungesetzlichkeit *f* illegality, unlawfulness.

ungesetzmäßig *adj* contrary to law, unlawful, illegal.

ungesiegelt *adj* unsealed.

ungestört *adj* undisturbed, *adv* peaceably and quietly.

ungestraft *adj* unpunished, with impunity.

ungesühnt *adj* unatoned, unpunished, unexpiated.

ungesund *adj* unhealthy, unwholesome.

ungeteilt *adj* undivided.

ungiriert *adj bank* without endorsement.

unglaubwürdig *adj* untrustworthy, incredible, unbelievable.

Unglaubwürdigkeit *f* incredibility, untrustworthiness.

Ungleichgewicht *n* disequilibrium, imbalance; **regionale ~e** regional imbalances; **wirtschaftliches ~** economic imbalance.

Ungleichheit *f* inequality; **~ der Bildungschancen** inequality of educational opportunities.

Unglücksfall *m* misfortune, misadventure, accident.

Ungnade *f* disgrace, disfavo(u)r.

ungültig *adj* invalid, ineffective; **~ machen** to invalidate, to vitiate, to obliterate, to set aside; **~ wegen Unklarheit** void due to uncertainty; **für ~ erklären** to cancel, to invalidate, to rescind.

Ungültigkeit *f* invalidity; **~serklärung** *f* invalidation, cancellation, annulment, avoidance; **~ wegen Formmangels** voidness due to lack of prescribed form.

unhaltbar *adj* untenable, indefensible.

unheilbar *adj* incurable.

Uniform | träger *m/***-in** *f* person in uniform; **~verbot** *n* ban on (political) uniforms.

Unikat *n* sole original, unique (thing).

uninteressiert *adj* unconcerned, uninterested.

Union *f* union; **~sbürger** *m/***-in** *f EU* citizen of the Union, European citizen; **~sbürgerschaft** *f* citizenship of the Union; **~sland** *n* member country of a union; **~parteien** *pl* union parties; *D esp the Christian Democratic parties*; **~spriorität** *f* union priority; **Christlich-Demokratische ~** (*abbr* **CDU**) *pol* Christian Democratic Union, party of the Christian Democrats; **Christlich-Soziale ~** (*abbr* **CSU**) *pol* Christian Social Union; **Europäische ~** European Union; **Vertrag über die ~ ~** (= **Vertrag von Maastricht**) Treaty on the European Union (*abbr* TEU), (= Treaty of Maastricht); **Westeuropäische ~** Western European Union (*abbr* WEU), (*political-military European body for crisis management*); **assoziierte Mitglieder und Beobachterstaaten der ~n ~** WEU associate members and observer states; **Vollmitglieder der ~n ~** WEU full members.

Universal | bank *f* all-purpose bank, full-services bank, all-round bank; **~beschluss** *m* unanimous resolution of all condominium owners; **~erbe** *m/***~erbin** *pl* universal heir, universal legatee; sole heir; **~erbschaft** *f* universal inheritance, universal legacy; **~sukzession** *f* universal succession, universal representation; **~vermächtnis** *n* universal legacy; **~verpfändung** *f* blanket mortgage, general mortgage; **~versammlung** *f* full general meeting; **~versicherung** *f* comprehensive insurance, all-risks policy; **~vollmacht** *f* universal agency, universal power of attorney.

Universitäts | abschluss *m* university degree; **~bildung** *f* university education; **~laufbahn** *f* university career; **~satzung** *f* university statutes; **~verwaltung** *f* university administration.

unkaufmännisch *adj* unbusinesslike.

unkenntlich *adj* unidentifiable, disfigured; ~ **machen** to deface, to obliterate.

Unkenntlichmachen *n* = *Unkenntlichmachung.*

Unkenntlichmachung *f* obliteration, spoliation.

Unkenntnis *f* ignorance; ~ **des Gesetzes** ignorance of the law; **sich auf ~ ~ ~ berufen** to plead ignorance of the law; ~ **des Gesetzes schützt vor Strafe nicht** ignorance of the law is no *US* defense/*GB* defence; ~ **tatsächlicher Art** ignorance of fact; ~ **von Tatumständen** ignorance of the facts, ignorance of the existence of factual circumstances; **fahrlässige** ~ negligent ignorance; **schuldhafte** ~ voluntary ignorance, culpable ignorance.

unkeusch *adj* unchaste.

Unkeuschheit *f* unchastity, lack of chastity.

unklagbar *adj* non-actionable.

Unklagbarkeit *f* non-actionability; ~ **von Eheversprechen** unenforceability of promise to marry.

unklar *adj* unclear, obscure, blurred, ambiguous.

Unklarheit *f* lack of clarity, ambiguity, uncertainty; **~enregel** *f* rule concerning uncertainty (*in pleading, documents*).

unkompensiert *adj* not compensated, unadjusted, unoffset (*balance sheet*).

unkonvertierbar *adj* unconvertible.

unkonzessioniert *adj* unlicensed, non-licensed.

unkörperlich *adj* incorporeal, immaterial; spiritual.

Unkosten *pl* expense(s), outlay; **~anfall** *m* incurrence of expense; ~ **bestreiten** to defray (the) expenses, to bear the expense; **~beteiligung** *f* sharing expenses; **~beitrag** *m* contribution to the expenses; **~belege** *pl* expense vouchers; ~ **haben** to incur expenses; **~konto** expense account; ~ **niedrig halten** to control expenses, to keep down the expense; **~satz** *m* expense ratio; **~spezifizierung** *f* breakdown of expenses; ~ **umlegen** to apportion expenses, to divide expenses, to assess expenses; **~vergütung** *f* reimbursement of expenses; **~verteilung** *f* allocation of expenses; **abzugsfähige** ~ deductible expenses; **allgemeine** ~ overhead expenses, overheads; **bleibende** ~ basic expenditure, overhead expenses; **feste** ~ fixed costs, overhead expenses; **laufende** ~ current expenses; **sich ~ machen** to go to expense.

unkündbar *adj* non-cancellable, non-callable, non-redeemable, irredeemable, not subject to termination.

unkundig *adj* unacquainted, without knowledge, ignorant.

unlauter *adj* dishonest, unfair.

unleserlich *adj* illegible.

unleugbar *adj* undeniable.

unlöschbar *adj*, *adv* indelible, indelibly.

unmerklich *adj* imperceptible, gradual.

unmissverständlich *adj* unmistakable, blunt.

unmittelbar *adj* direct, immediate; ~ **bevorstehend** imminent.

Unmittelbarkeit *f* immediacy, directness, bluntness.

unmöglich *adj* impossible; **physisch** ~ physically impossible; **rechtlich** ~ legally impossible.

Unmöglichkeit *f* impossibility (= *i*-); ~ **der Erfüllung** *i*- of performance; ~ **der Leistung** *i*- of performance; ~ **der Vertragserfüllung** *i*- of performance of a contract; **absolute** ~ absolute *i*-; **anfängliche** ~ initial *i*-; **faktische** ~ physical *i*-; **nachträgliche** ~ subsequent *i*-, subsequent frustration; **nachträgliche ~ der Erfüllung** subsequent *i*- of performance; **objektive** ~ absolute, physical *i*-; **offenbare** ~ manifest *i*-; **praktische** ~ practical *i*-; **rechtliche** ~ legal *i*-; **subjektive** ~ relative *i*-; **relative** ~ relative *i*-; **tatsächliche** ~ *i*- in fact; **teil-**

weise ~ partial *i*-; **ursprüngliche** ~ initial *i*-.

unmoralisch *adj* immoral.

unmündig *adj* under age, not of age, minor.

Unmündige(r) *f(m)* (*der Unmündige*) minor.

Unmündigkeit *f* minority.

Unnachgiebigkeit *f* intransigence, firmness.

unnotiert *adj* unlisted.

unparteiisch *adj* impartial, neutral, unprejudiced, even-handed.

Unparteiische(r) *f(m)* (*der Unparteiische*) referee.

Unparteilichkeit *f* impartiality, neutrality.

unpatentiert *adj* unpatented.

unpfändbar *adj* non-leviable, judgment-proof, exempt from seizure.

Unpfändbarkeit *f* exemption from execution, exemption from seizure; **~sbestimmungen** *pl* exemption laws.

unplanmäßig *adj* not planned, unscheduled.

unpräjudiziell *adj* without prejudice.

unproduktiv *adj* unproductive, idle.

unquittiert *adj* unreceipted.

unrationell *adj* inefficient, wasteful.

Unrecht *n* wrong, injustice; **~mäßigkeit** *f* wrongfulness; **~sbewusstsein** *n* guilty knowledge, consciousness of the wrongful character of one's actions, mens rea; **fehlendes ~~** inability to perceive legal wrong; **~surteil** *n* miscarriage of justice; **~svereinbarung** *f* wrongful agreement; **ein ~ beseitigen** to remedy a wrong; ***jd-em* geschieht** ~ *s.o.* suffers an injustice; **schreiendes** ~ travesty of justice; **völkerrechtliches** ~ *US* offenses/*GB* offences against international law; **vorsätzlich begangenes** ~ intentionally committed wrong, wil(l)fully committed wrong; **zu** ~ wrongfully, unjustly.

unrechtmäßig *adj* wrongful.

unredlich *adj* dishonest, in bad faith, underhand.

Unredlichkeit *f* dishonesty.

unregelmäßig *adj* irregular.

Unregelmäßigkeiten *f/pl* irregularities.

unqualifiziert *adj* unqualified, unsound.

unrentabel *adj* unprofitable, uneconomical, submarginal, not remunerative.

unrentierlich *adj* not remunerative, not yielding a return.

unrichtig *adj* mistaken, erroneous.

Unrichtigkeit *f* mistake, incorrectness; ~ **der Bücher** incorrect accounting; ~ **der Steuererklärung** incorrectness of the tax return; **offenbare ~en** obvious mistakes.

Unruhe *f* disturbance(s), disorder(s), unrest, *pl* public disturbances, public disorder, riot; ~ **schüren** to foment disturbance; **~stifter** *m*/**-in** *f* disturber, trouble-maker, demagogue, trouble-monger; **innere ~n** civil turmoil.

unsachgemäß *adj* improper, unskillful.

unsachlich *adj* unobjective, irrelevant, unrealistic, unbusinesslike.

unschädlich *adj* harmless, without any detrimental effects; **~er Stoff** innocent material.

Unschädlichkeitszeugnis *n* clearance certificate, certificate of harmlessness.

unschätzbar *adj* inestimable, incalculable, immense.

Unschätzbarkeit *f* inestimableness, incalculability.

unschicklich *adj* improper, in bad form; indecent, unseemly, indecorous, unbefitting.

Unschicklichkeit *f* impropriety.

unschlüssig *adj* inconclusive, non liquet, non sequitur; impertinent.

Unschlüssigkeit *f* inconclusiveness, failure to state a proper cause of action, irresolution.

Unschuld *f* innocence; **~sbeteuerung** *f* protestation of innocence; **~svermutung** *f* presumption of innocence; **erwiesene** ~ proved innocence; **seine ~ beteuern** to protest one's innocence.

unschuldig *adj* innocent; **sich für ~ erklären** to plead not guilty.

Unselbständige(r) *f(m)* (*der Unselbständige*) employed person, (working) employee.

Unsicherheitsmoment *n* element of uncertainty, uncertainty factor.

Unsinn *m* nonsense, rubbish.

unsittlich *adj* immoral, indecent.

Unsittlichkeit *f* immorality, indecency.

unsolide *adj* dissipated, loose (living); untrustworthy, unreliable.

unsozial *adj* asocial, anti-social.

unständig *adj* not permanent, temporary.

unstatthaft *adj* inadmissible, improper.

Unstatthaftigkeit *f* impropriety, inadmissibility, improper nature.

Unstimmigkeit *f* dissent, discrepancy; inconsistency, friction.

unstofflich *adj* insubstantial.

unstreitig *adj* undisputed, beyond dispute, indisputable, without dispute, undenied, undefended; ~ **stellen** to stipulate (*during trial*).

unsubstantiiert *adj* unparticularised, unsubstantiated, unspecified.

untätig *adj* inactive, dormant, idle.

Untätigkeit *f* inactivity, inaction, idleness; ~ ***e-er*** **Behörde** administrative inaction; **~sbeschwerde** *f* complaint about inaction; **~sklage** *f* court action on the grounds of administrative inaction.

untauglich *adj* unfit, unsuitable, incapable; ~ **machen** to incapacitate.

Untauglichkeit *f* unfitness, unsuitability, incapacity.

untaxiert *adj* unassessed.

unteilbar *adj* indivisible, unseparable, inseverable.

Unteilbarkeit *f* indivisibility, unseparability.

Unterabsatz *m* subparagraph.

Unterabschnitt *m* subsection, subclause, subparagraph, subdivision.

Unterabteilung *f* subdivision; **~sleiter** *m*/**-in** *f* head of subdivision.

Unteragent *m*/**-in** *f* subagent.

Unteraktionär *m*/**-in** *f* indirect shareholder.

Unteranspruch *m* subclaim, subordinate claim.

Unterauftrag *m* subcontracting order.

Unterauslastung *f* subutilization, idle capacity.

Unterbau *m* substructure, basement; **~~gruppe** *f* subassembly.

unterbauen *vt* to support, to underpin.

Unterbeamter *m*/**~beamtin** *f* subordinate official.

Unterbegriff *m* subterm, included term.

Unterbelegung *f* insufficient occupation.

Unterbeschäftigung *f* underemployment, working below capacity, slack.

Unterbestand *m* shortage of stock.

Unterbeteiligung *f* subparticipation, subshare, subpartnership.

Unterbevollmächtigte(r) *f(m)* (*der ~bevollmächtigte*) subagent, agent by delegation.

unterbevollmächtigen *vt* to delegate one's authority, to appoint a subagent.

Unterbevollmächtigung *f* delegation of powers.

unterbewerten *v* to underrate, to undervalue.

Unterbewertung *f* underrating, undervaluation.

Unterbezahlung *f* underpayment.

unterbieten *vt* to underbid, to undersell, to undercut, to dump.

Unterbietung *f* price cutting, underselling, undercutting.

Unterbilanz *f* deficit balance, adverse balance.

unterbinden *vt* to stop *sth*, to prevent *sth*, to forestall, to obviate.

Unterbindung *f* injunction (from), prevention; **~sgewahrsam** *m* preventive police custody, preventive detention.

unterbrechen *vt* to discontinue, to disconnect, to interrupt.

Unterbrechung *f* discontinuance, discontinuation, interruption; ~ **der diplomatischen Beziehungen** suspension of diplomatic relations; ~ **der Sitzung** suspension of the meeting, adjournment of the meeting; ~ **der Verjährung** interruption of the running of time for purposes of limitation; tolling the Statute of Limitations; ~ **des Kausalzusammenhangs** novus actus interveniens, break in the chain of causation; ~ **des Strafvollzugs** suspension of execution; ~ **des Verfahrens** suspension of proceedings, interruption of the sitting; ~ ***e-es*** **Prozesses** abatement of proceedings; **mit ~en** intermittently.

unterbreiten *vt* to submit, to propound, to refer to.

unterbringen *vt* to accommodate, to place, to commit.

Unterbringung *f* accommodation, placement, commitment; ~ ***e-er*** **Anleihe** placement of a loan issue; ~ **in *e-em* Arbeitshaus** confinement to a work house; ~ **in *e-er* Heil- und Pflegeanstalt** confinement to an institution for cure and care; **~sbeschluss** *m* place of safety order; **~sverfahren** *n* commitment proceedings; ~ **von Aufträgen** placement of orders; **angemessene** ~ appropriate accommodation; **ausreichende anderweitige** ~ suitable alternative accommodation; **auswärtige** ~ accommodation out of town; **einstweilige** ~ provisional commitment; **sofortige** ~ immediate commitment; **vorläufige** ~ temporary commitment, provisional custody.

unterchartern *vt* to subcharter.

Unterdeckung *f* cover shortage, deficient cover.

unterdrücken *vt* to suppress, to oppress, to repress; to crush.

Unterdrückung *f* suppression, repression, oppression; ~ **der Meinungsfreiheit** suppression of opinion; ~ **des Personenstandes** concealment of personal status; ~ **von Beweismaterial** suppression of evidence; ~ **von Tatsachen** concealment of facts; ~ **von Urkunden** suppression of documents.

unterentwickelt *adj* underdeveloped, developing.

Unterernährung *f* nutritional deficiency.

unterfertigen *vt* to execute, to sign, to append signatures.

Unterfertiger *m*/**-in** *f* (*der Unterfertigte*) (the) undersigned, signatory.

Unterfertigung *f* execution, signing (and sealing).

Unterfinanzierung *f* inadequate financial basis, lack of equity capital.

Unterfracht|führer *m*/**-in** *f* subcarrier; **~vertrag** *m* contract of recharter, contract with a subcarrier, subcontract of affreightment.

unterfrankieren *vt* to underpay the postage, understamp (*a letter*).

unterfrankiert *adj* postage underpaid, understamped.

Unterführung *f* underpass.

Untergang *m* loss, destruction; ~ **der vertragsgegenständlichen Sache** destruction of subject matter of the contract; **zufälliger** ~ loss by accident, accidental loss.

Untergebene(r) *f*(*m*) (*der Untergebene*) subordinate.

untergeordnet *adj* subordinate, junior.

Untergewicht *n* short weight, underweight.

untergliedern *vt* to subdivide, to break down.

Untergliederung *f* subdivision, breaking down.

Untergrundbewegung *f* underground movement.

Untergruppe *f* subgroup; subassembly.

Unterhalt *m* maintenance (= *m*-), alimony, sustenance, subsistence, support; ~ **gewähren** to provide *m*-; **~sanspruch** *m* right of *m*-, *m*-claim; **~sausfallleistungen** *pl* payments (benefits) in lieu of *m*-; **~sbedarf** *m* required *m*-, *m*- requirements; **~sbedürftigkeit** *f* necessitous circumstances; **~sbeihilfe** *f m*- allowance, *m*- grant; **~sbeitrag**

m allowance; **~sbemessung** *f* assessment of amount of *m*-; **~sberechtigte(r)** *f(m)* (*der ~sberechtigte*) person entitled to *m*-, dependant; **~sempfänger** *m/***-in** *f* recipient of *m*-;**~sentscheidung** *f* decision on *m*-, decision relating to *m*-; **Haager Übereinkommen über die Anerkennung und Vollstreckung von ~~en** Hague Convention on the Recognition and Enforcement of Decisions relating to Maintenance Obligations (*1973*); **~sersatzanspruch** *m* claim in lieu of *m*-; **~sfonds** *m* alimentary trust; **~sforderung** *f* claim for *m*-, *m*- claim; **~sgeld** *n* *m*- amount (allowance); **~sgläubiger** *m/***-in** *f* person entitled to receive *m*-; **~shilfe** *f* *m*- assistance, subsistence payment; **~sklage** *f* action for support, petition for *m*-; **~skläger** *m/* **-in** *f* plaintiff in a *m*- case; **~skosten** *pl* cost of *m*-, living expenses; **~spfleger** *m/***-in** *f* custodian for alimony; **~spflegschaft** *f* official guardianship for (recovery of) *m*-payments; **~spflicht** *f* *m*- obligation, liability to maintain, liability to (provide) support, obligation to maintain; **~~ ohne Rücksicht auf Verschulden** *m*- regardless of fault; **~~verletzung** *f* violation of *m*- obligation, non-support; **gegenseitige ~~** mutual *m*- obligations; **gesetzliche ~~** legal duty to support; **Haager Übereinkommen über das auf ~~en anzuwendende Recht** Hague Convention on the Law Applicable to *M*- Obligations (*1973*); **~spflichtige(r)** *f(m)* (*der ~spflichtige*) person liable to provide *m*-; **~squelle** *f* source of livelihood; **~squote** *f* percentage of income subject to *m*-; **~srente** *f* *m*- assistance pension, periodical payments for *m*-; **~srückstände** *f* *m*- arreas; **~ssache** *f* *m*- case, affiliation case (*of illegitimate child*); **~ssicherung** *f* providing security for *m*- obligations, substitute *m*- to dependants of draftees; **~surteil** *n* *m*- order, affiliation order (*illegitimate child*); **~svereinbarung** *f* *m*- agreement; **~sverfahren** *n* *m*- proceedings; **~sverletzung** *f* neglect to maintain, failure to provide *m*-, breach of *m*- obligation; non-support; **~svertrag** *m* *m*- agreement; contract in respect of alimony; **~sverzicht** *m* waiver of *m*- right; **~svollstreckung** *f* enforcement of *m*-; **~szahlungen** *pl* *m*- payments; **~svorschuss** *m* advance *m*- payments; **~szuschuss** *m* subsistence allowance, living allowance; **einstweilige Anordnung auf ~szahlung** (*an Ehegatten*) *m*- order pending suit; **angemessener ~** reasonable *m*-, appropriate support; **Dauer~** long-term *m*-; **freier ~** free board and lodging; **für *jd-es* ~ sorgen** to provide for somebody; **gesetzlicher ~** statutory *m*-; **lebenslänglicher ~** life-long *m*-; **nachehelicher ~** *m*- after termination of marriage; **notdürftiger ~** bare necessities of life; **standesgemäßer ~** *m*- suitable to one's station in life/social position, comfortable *m*-; **~n ~ leisten** to provide suitably; **vorläufiger ~** *m*- pending suit; alimony pendente lite (*during divorce proceedings*).

unterhalten *vt* to support, to provide maintenance, to maintain.

unterhalts|bedürftig *adj* requiring (*or* in need of) maintenance; **~sberechtigt** entitled to maintenance; **~spflichtig** liable to maintain.

Unterhaltung *f* upkeep, maintenance; **~skosten** *pl* maintenance expenses, cost of upkeep; **~slast** *f* (street) maintenance charges; **~spflicht** *f* maintenance obligation (*streets, public buildings, schools etc*), covenant to repair.

Unterhändler *m/***-in** *f* negotiator (*for a truce, etc*).

Unterhandlung *f* negotiation, parley.

Unterhaus *n* *GB* (the) House of Commons, lower chamber (of parliament), (the) lower house;

~**abgeordnete**(**r**) *f*(*m*) (*der ~abgeordnete*) member of parliament (*abbr* M. P.); ~**debatte** *f* debate in the House of Commons; ~**sitzung** *f* session of the House; ~**wahlen** *pl* general elections; **das ~ vertagt sich** parliament rises; **für das ~ kandidieren** to stand for parliament, to run for election.

Unterkalkulation *f* cut costing, unreasonably low costing.

unterkapitalisiert *adj* undercapitalized.

Unterkapitalisierung *f* undercapitalization.

Unterkasse *f econ* subordinate accounting agency.

Unterkonsorte *m* subsidiary member of a syndicate, sub-underwriter.

Unterkonto *n* sub-account.

Unterkostenpreis *m* lower-than-cost price.

Unterlage *f* supporting document, underlying security, *pl* records, papers, documentation; **beweiskräftige ~** substantiating document; **buchmäßige ~n** accounting records; **die ~n liefern** to supply the documents; **durch einschlägige ~n belegen** to support by the relevant documentary evidence; to produce vouchers; **nachgereichte ~n** later documents; **technische ~n** technical data; **vorschriftsmäßige ~n** regular documents.

Unterlassen *n* failure to do *sth*, omission, nonfeasance; ~ ***e-er*** **Mitteilung** failure to notify; **schuldhaftes ~** culpable neglect, non-feasance, passive negligence.

unterlassen *vt* to desist, to leave *sth* undone, to omit to do *sth*, to refrain (from doing), to forbear, to fail to do.

Unterlassung *f* forbearance, omission, default, neglect, non-performance, failure to do *sth*, failure to comply with a requirement, non-act; **~ der Anzeige** (***e-er*** **strafbaren Handlung**) misprision, failure to report a criminal *US* offense/*GB* offence; **~ der Hilfeleistung** failure to render aid/to rescue; ~**sanspruch** *m* right to (a) forbearance, right to require *s.o.* to refrain from acting; ~**sbefehl** *m* a cease-and-desist order; ~**sdelikt** *n* crime by omission; ~**serklärung** *f* declaration of discontinuance; **strafbewehrte ~~** declaration of discontinuance with a penalty clause; ~**sgebot** *n* prohibitory order, mandatory requirement to cease and desist from doing *sth*; ~**sklage** *f* prohibitory action, suit for discontinuance, bill quia timet; ~**spflicht** *f* duty to refrain from doing *sth*, duty of forbearance, negative duty, obligation to desist; **vertragliche ~~** negative covenant; ~**surteil** *n* prohibitory decree, restraint order; ~**sverfügung** *f* cease-and-desist order, stop notice; negative injunction; **auf ~ gerichtete einstweilige Verfügung** restraining order; **auf ~ klagen** to petition for a restraining order; **pflichtgemäße ~** due restraint; **schuldhafte ~** wrongful failure to act, nonfeasance; **vorsätzliche ~** wil(l)ful default, wil(l)ful neglect.

Unterlehensgewährung *f* subfeudation.

Unterlieferant *m*/**-in** *f* subcontractor (for the supply of goods).

Unterliegen *n* defeat, non-success.

unterliegen *vi* to be defeated; to be subject to, to be governed by.

unterliegend *adj* losing, defeated; subjacent.

Unterlizenz *f US* sublicense/*GB* sub-licence; ~**geber** *m*/**-in** *f* sublicensor; ~**nehmer** *m*/**-in** *f* sublicensee.

Untermiet|**e** *f* subtenancy, undertenancy; ~**er** *m*/**-in** *f* subtenant, undertenant, lodger; ~**verhältnis** *n* subtenancy; ~**vertrag** *m* subtenancy contract; ~**zuschlag** *m* extra charge for permission to sublet.

Unternehmen *n* **I** business undertaking, enterprise, business establishment; **~ der gewerblichen Wirtschaft** commercial enterprise; **~ privaten Rechts** private-law enterprise; **~sbeauftragte(r)** *f(m)* (*der ~sbeauftragte*) in-house safety commissioner (*of a company*); **~sberater** *m*/**-in** *f* management consultant; **~sberatung** *f* management consulting; **~~ durch Wirtschaftsprüfer** management accountancy; **~sbereich** *m* division; **Gesetz zur Kontrolle und Transparenz im ~~** (*abbr* **KonTraG**) Act on Control and Transparency in the Company Sector (*1998*); **~sbesteuerung** *f* taxation of business enterprises; **~sbeteiligung** *f* share in a company, company share; **~~sgesellschaft** *f* company dealing in venture capital shares; **~sbilanzen** *pl* corporate balance sheets; **~sebene** *f* company level; **~seinheit** *f* unity of an enterprise (*for tax purposes*); **~sertrag** *m* earnings of an enterprise; **~sform** *f* (legal) form of enterprise; **~sforschung** *f US* operations research/*GB* company research; **~sführung** *f* management (of an enterprise); **~sgegenstand** *m* object(s) of a business; **~sgewinn** *m* business profit, equity earnings, corporate profits; **~skapital** *n* equity capital, equity plus borrowed capital; **~sleitung** *f* management; **~snachfolge** *f* succession to an enterprise/business; **~sspitze** *f* top management; **~svereinigung** *f* association of undertakings, (commercial or industrial) federation; **~sverfassung** *f* internal legal structure of an enterprise, constitution of a company; **~sverflechtungen** *f* inter-company relationships, business interlinking; **~svertrag** *m* company-transfer agreement; **~szusammenschluss** *m* business merger; consolidation of enterprises; **auf Marktbeherrschung gerichteter ~~** trust; **horizontaler ~~** lateral combination; **abhängiges ~** dependent enterprise; **ausländisches ~** foreign enterprise; **beherrschendes ~** controlling enterprise; **beherrschtes ~** controlled enterprise, subsidiary; **belegschaftseigenes ~** common ownership enterprise; **buchführendes ~** accounting entity; **bundesunmittelbares ~** directly operated federal government enterprise; **ein ~ abwickeln** to wind up a business enterprise; **federführendes ~** pilot contractor, leading undertaking; **gemeinnütziges ~** non-profit-making enterprise; **gemischtes ~** mixed enterprise; **gemischtwirtschaftliches ~** part privately and part publicly owned enterprise, mixed enterprise; **geschäftliches ~** business venture, commercial enterprise, business undertaking; **gewerbliches ~** commercial enterprise, commercial undertaking; **gewinnbringendes ~** paying concern, remunerative enterprise; **herrschendes ~** dominant enterprise; **im öffentlichen Interesse liegendes ~** business undertaking involving a public interest; **in Betrieb befindliches ~** going concern; **inländisches ~** domestic enterprise; **in Mehrheitsbesitz stehende ~** enterprises held by a majority; **kaufmännisches ~** trade establishment, commercial enterprise; **kleine und mittlere ~** (*abbr* **KMU**) small and middle-sized enterprises (*abbr* SMEs)/firms; **laufendes ~** operating concern, going concern; **lebendes ~** going concern; **mit Mehrheit beteiligte ~** enterprises holding a majority interest; **marktbeherrschendes ~** market-dominating enterprise; **mittelständische ~** medium-sized business; **öffentliches ~** publicly owned enterprise, public sector enterprise, **privatwirtschaftliches ~** privately owned enterprise, private sector enterprise; **rentables ~** remunerative undertaking; **staatliches ~** state-owned enterprise; **transnationale ~** transnational companies; **Zentrum der Vereinten Nationen für ~ ~** United Nations Center on Transnational Corporations (*abbr* UNCTC); **verbundene ~** related enterprises, connected enterprises; affiliated enterprises; **verstaatlichtes ~** nationalized enterprise; **wechselseitig beteiligte ~** mutually participating enterprises.

Unternehmen *n* **II** activity, operation(s); **~sdelikt** *n* the *US* offense/*GB* offence of undertaking to commit a wrongful act; **~shaftung** *f* operational liability (*of railways, funiculars*); **~ gegen den Bestand der Bundesrepublik** treasonable activity against the Federal Republic; **~ gegen die verfassungsmäßige Ordnung** activities against the constitutional order.

Unternehmer *m*/**-in** *f* entrepreneur (= *e-*, *entrepreneurial* = *e-l*), employer, industrialist, business owner, manufacturer; independent contractor; **~disposition** *f e-l* action; **~einkommen** *n e-l* income, business-ownership income; **~freiheit** *f* free enterprise; **~fürsorgeaufgaben** *pl* social *e-l* responsibility; **~geist** *m e-l* spirit; **~gewinn** *m* profit from operations, *e-*'s profit, business profit; **~haftpflichtversicherung** *f* employer's liability insurance; **~haftung** *f* contractor's liability, producer's liability; **~kredit** *m* contractor loan; **~leistung** *f e-l* service; **~lohn** *m* earnings of management, *e-*'s remuneration; **~pfandrecht** *n* artisan's lien, mechanic's lien; **~risiko** *n e-l* risk; **~testament** *n* last will of the owner of a business (*to settle the continuation after his death*); **~tum** *n* entrepreneurship; **freies ~~** free enterprise; **~ und Arbeitnehmer** *pl* employers and employed; **~verband** *m* employers' association, trade association; **~versicherung** *f* employers' liability insurance; **~verzeichnis** list of employers; **~wagnis** *n e-l* risk; **~wechsel** *m* change of ownership at a business enterprise; **~wirtschaft** *f* system of private enterprise; **ausländischer ~** foreign contractor; **inländischer ~** domestic business owner, domestic entrepreneur; **selbständiger ~** self-employer, independent contractor, private trader.

unternehmerisch *adj* entrepreneurial, commercial.

Unternehmung *f* business, enterprise, undertaking.

Unteroffizier *m*/**-in** *f* non-commissioned officer.

unterordnen *vt, v/reflex* to subordinate (*sth*; oneself).

Unterordnung *f* subordination; **~skonzern** *m* vertical integration.

Unterpacht *f* sublease, underlease, sub-term.

Unterpächter *m*/**-in** *f* sublessee, subtenant, undertenant.

unterpari below par; **~emission** *f* below-par issue, inferior issue, issue at a discount;

Unterposition *f* sub-item.

Unterposten *m* sub-item.

Unterprozessbevollmächtigte(**r**) *f(m)* (*der ~bevollmächtigte*) substitute (counsel), deputy lawyer.

Unterricht *m* school instruction, teaching; **~svertrag** *m* contract to provide educational instruction.

Unterrichtung *f* briefing, information; **gegenseitige ~** exchange of information; **vorherige ~** prior information; **Pflicht zur ~n ~** *EU* obligation to provide prior information.

untersagen *vt* to forbid, to interdict, to inhibit, to restrain (from).

Untersagung *f* prohibition, inhibition, interdiction; **~sbescheid** *m* prohibition notice; **~srecht** *n* right to forbid; **~sverfügung** *f* prohibition order; **befristete ~ der Berufsausübung** suspense from exercise of profession or trade.

unterschätzen *vt* to underrate, to underestimate, to fail to appreciate.

unterscheidbar *adj* distinct, distinctive.

unterscheiden *vt* to distinguish, to discriminate, to differentiate (between).

Unterscheidung *f* distinction, discrimination; **~sfähigkeit** *f* distinctiveness (*trade mark*); **~skraft** *f* distinctiveness; **~smarke** *f* distinctive trade mark; **~smerkmal** *n* distinctive device, distinctive criterion, *pl* distinguishing characteristics, distinctive characteristic; **~snummer** *f* identification number; **~svermögen** *n* discernment; **~szeichen** *n* distinctive sign; distinguishing mark(s); **~~ des Zulassungsstaates** distinguishing sign of the state of registration.

unterscheidungsfähig *adj* distinctive.

Unterschieben *n* fraudulent substituting; **~ *e-es* Kindes** foisting a child upon another.

Unterschiebung *f* fraudulent substitution, personation, false attribution.

Unterschied *m* difference, distinction, disparity; **~e der Rechtsvorschriften** disparities in legal provisions; **~e steuerlicher Art** disparities in tax systems; **~sbetrag** *m* differential amount; **~slosigkeit** *f* indiscrimination; **kaum merklicher ~** no appreciable difference; **sachlicher ~** difference of fact; **strukturelle ~e** structural disparities.

unterschiedlich *adj* discriminative, discriminatory.

Unterschiedlichkeit *f* differential, different character, variability.

unterschlagen *vt* to misappropriate, to embezzle, to peculate.

Unterschlagung *f* fraudulent appropriation, misappropriation, embezzlement; peculation; **~ im Amt** embezzlement in office.

Unterschlupf *m* place of shelter, hideout, hiding-place.

unterschreiben *vt* to sign, to undersign, to subscribe; **eigenhändig ~** to sign personally, to sign in one 's own hand.

unterschrieben *adj* signed, executed; **rechtsverbindlich ~** properly subscribed, duly executed.

Unterschrift *f* signature; **~enfolge** *f* alternat; **~en unter diesen Vertrag setzen** to sign this contract/*int* treaty; **~ fehlt** signature missing; **~ in Vertretung** signature by proxy; **~ in Vollmacht** signature by procuration; **~ leisten** to affix one's signature, to sign on the dotted line; **~sbefugnis** *f* power to sign; **~sbeglaubigung** *f* attestation of signature, verification of execution; **~sberechtigung** *f* authority to sign (for *s.o.*); **~sfälschung** *f* forgery of signature; **~sprobe** *f* specimen signature; **~sseite** *f* signature page; **~sstempel** *m* signature stamp; **~sverzeichnis** *n* list of authorized signatures; **~svollmacht** *f* authority to sign documents, power to sign, authority to sign; **~svorlage** *f* specimen signature; submission for signature; **~szeuge** *m*/**~szeugin** *f* subscribing witness, attesting witness; **~ ungenau** signature differs; **eigenhändige ~** personal signature, autograph(ic) signature, manuscript signature; **elektronische ~** electronic signature; **gefälschte ~** forged signature; **gemeinschaftliche ~** joint signature; **ohne ~** unsigned; **seine ~ nicht anerkennen** to disown one's signature; **unvollständige ~** signature incorrect, incomplete signature; **zur ~ bereit liegend** open for signature; **zur ~ vorlegen** to submit for signature.

unterschriftsreif *adj* open for signature, ready for signature.

Unterschutzstellung *f* placing under the protection (*of a public authority*); making s. o. a ward of court.

Unterseeboot *n* (*abbr* **U-Boot**) submarine; **Atom-~** atomic submarine.

unterstellen *vt* to impute, to insinuate, to presume, to imply; **als wahr ~** to beg the question, to proceed on the footing that it is true; to take *sth* for granted.

Unterstellung *f* imputation, insinuation, innuendo, reflection, presumption, implication, supposition, assumption.

unterstützen *vt* to support, to assist, to aid and assist, to stand by.

Unterstützung *f* support, assistance, backing, aid; benefit; ~ **bei wirtschaftlicher Notlage** assistance in case(s) of financial need; ~ **des Beweises** corroboration of evidence; **~sangebot** *n* offer of assistance; **~saufwendung** *f* benefit payment; **~sberechtigte(r)** *f(m)* (*der ~sberechtigte*) person entitled to public support; **~seinrichtung** *f* welfare fund, welfare institution; **~sempfänger** *m*/**-in** *f* welfare beneficiary; **~sfall** *m* case of public welfare, needy person in receipt of public support; **~sfonds** *m* relief fund, protective trust; **~skasse** *f* benefit society, provident fund, relief fund, benevolent club; **~sleistung** *f* public assistance payments, (welfare) benefits; **~spflicht** *f* duty to support; **~ssatz** *m* rate of (the supplementary) benefit; **~sverein** *m* benevolent society, aid society; **~szahlung** *f* relief payment, benefit payment, remittance for maintenance purposes; **finanzielle** ~ financial aid; **gegenseitige** ~ reciprocal assistance; **großangelegte internationale** ~ international assistance on a large scale; **öffentliche** ~ public aid and support; **staatliche** ~ government aid, state aid.

unterstützungsberechtigt *adj* entitled to public support.

untersuchen *vt* to investigate, to examine, to test, to scrutinize.

Untersuchung *f* inquiry, examination, test, probe, investigation, inquest, scrutiny; ~ **der Werbewirksamkeit** impact study, study of advertizing impact; **~sanstalt** *f* testing institution; **~sausschuss** *m* investigating committee, committee of inquiry, fact-finding committee; **~sbericht** *m* test report; investigation report; **~sergebnis** *n* result of investigation, test result; **~sführer** *m*/**-in** *f* examiner, inspector; **~sgefangene(r)** *f(m)* (*der ~sgefangene*) remand prisoner, person remanded in custody, person held in pre-trial confinement, person held in custody pending further investigations, person detained for trial; **~sgefängnis** *n* remand prison; **~sgrundsatz** *m* inquisitorial system; **~shaft** *f* → *Untersuchungshaft*; **~shäftling** *m* = *~sgefangene(r)*; **~shandlungen** *f* investigation, test actions; **~skommission** *f* commission of enquiry; **~smaxime** *f* (principle of) inquisitorial procedure; **~spflicht** *f* duty to examine ex officio; **~srichter** *m*/**-in** *f* committing magistrate, examining magistrate; investigating magistrate(*D before 1974*); ~ **zum Abstammungsbeweis** paternity test; **amtliche** ~ official inquiry; **ärztliche** ~ medical examination; **demoskopische** ~ field research (*for public opinion poll*); **eingehende** ~ close examination, detailed investigation; **förmliche** ~ formal inquiry; **gerichtliche** ~ judicial inquiry, judicial investigation; **inoffizielle** ~ informal investigation, unofficial inquiry; **körperliche** ~ physical examination; **ordnungsgemäße** ~ due inquiry; proper examination; **psychiatrische** ~ psychiatric examination.

Untersuchungshaft *f* remand, pretrial custody, pretrial detention during investigation, pre-trial custody; **aus der ~ vorgeführt werden** to appear on remand; **die ~ anrechnen** to make allowance for the pre-trial confinement; **in ~ nehmen** to arrest pending further investigations; **in ~ sein** to be on remand, to be held in pre-trial confinement.

Untertan *m* subject.

untertariflich *adj* below-standard wage rate.

unterteilen *vt* to subdivide.

Unterteilung *f* subdivision.

Untertitel *m* subhead(ing).

Untertreuhand *f* subtrust.

Untertyp *m* subcategory.

unterverfrachten *vt* to subcharter, to reload, to re-ship.

Untervergabe *f* contracting out, farming out.

Untervermächtnis *n* sublegacy.
untervermieten *v* to sublet.
Untervermieter *m/-***in** *f* sublessor.
Untervermietung *f* subletting.
Unterverpächter *m/-***in** *f* sublessor.
Unterverpachtung *f* sublease, underlease.
unterverpfänden *v* to submortgage, to repledge.
Unterverpfändung *f* sub-charge, sub-mortgage, sub-pledge.
Unterversicherer *m/-***in** *f* sub-underwriter.
unterversichern *vi/vt* to underinsure.
Unterversicherung *f* under insurance.
Unterversorgung *f* deficiency in supply, shortage.
Untervertrag *m* subcontract, subsidiary contract.
Untervertreter *m/-***in** *f* subagent.
Untervertretung *f* subagency.
Untervollmacht *f* sub-authorisation, substitute power of attorney, power of substitution.
Unterweisung *f* briefing, (adequate specific) instruction.
Unterweltkriminalität *f* racketeering, underground crime.
unterwerfen *vt* to subject (to), to submit.
Unterwerfung *f* submission; **~serklärung** *f* submission to immediate execution, judgment note; **~sklausel** *f* submission to execution clause (*D in a notarial deed*); **~sverfahren** *n* repressive procedure, voluntary submission to (tax) penalty proceedings.
unterzeichnen *vt* to sign, to undersign, to subscribe, to append signatures, to sign on the dotted line.
Unterzeichner *m/-***in** *f* signatory, subscriber, (the) undersigned; **~regierung** *f* signatory government; **~staat** *m* signatory state.
unterzeichnet *adj* signed, subscribed, under subscribed (shares); **eigenhändig ~** signed in (one's) own hand; **von mir ~** witness my hand, given under my hand, signed by me personally.
Unterzeichnung *f* signature, execution (deed), under subscription of shares; **~ des Grundstückskaufvertrages** real estate closing, the signing of a contract of sale of land; **~sprotokoll** *n* protocol of signature.
untilgbar *adj* irredeemable.
Untilgbarkeit *f* irredeemability.
untreu *adj* disloyal, unfaithful.
Untreue *f* disloyalty, dishonest dealings (by agent or trustee), defalcation, criminal breach of trust, unfaithfulness, infidelity.
unüberlegt *adj* unpremeditated, imprudent, thoughtless.
Unüberlegtheit *f* imprudence, indiscretion, thoughtlessness.
unübertragbar *adj* non-transferable.
Unübertragbarkeit *f* non-transferability.
unüberwindlich *adj* insuperable.
unumgänglich *adj* unavoidable, indispensable.
Unumgänglichkeit *f* absolute necessity.
unumschränkt *adj* unlimited, unrestricted.
unumstößlich *adj* unalterable.
ununterbrochen *adj* uninterrupted.
unverändert *adj* unaltered, unchanged.
unverantwortlich *adj* irresponsible.
Unverantwortlichkeit *f* irresponsibility, lack of due responsibility.
unverausgabt *adj* unexpended.
unveräußerlich *adj* unalienable, inalienable.
Unveräußerlichkeit *f* inalienability.
unverbesserlich *adj* incorrigible.
unverbindlich *adj* not binding, non-committed; *adv* without obligation, without engagement.
unverborgen *adj* unhidden, patent.
unverbrieft *adj* non-bonded, not in the form of a deed, unrecorded.
unverbürgt *adj* unauthenticated.
unverdächtig *adj* unsuspicious, beyond suspicion.
unverdient *adj* unearned, undeserved, unmerited.
unvereinbar *adj* incompatible, irreconcilable, repugnant.

Unvereinbarkeit *f* incompatibility, repugnancy.
unvererblich *adj* not heritable.
unverfallbar *adj* non-forfeitable, non-lapsable.
Unverfallbarkeit *f* non-forfeitability.
unverfolgbar *adj* exempt from prosecution, unenforceable.
Unverfolgbarkeit *f* exemption from prosecution, unenforceability.
unvergällt *adj* undenatured.
unverhältnismäßig *adj* disproportionate, unbalanced.
Unverhältnismäßigkeit *f* disproportion, disparity, unreasonableness.
unverheiratet *adj* unmarried.
Unverheiratete(r) *f* (*m*) (*der Unverheiratete*) unmarried woman/bachelor, unmarried man.
unverjährbar *adj* not subject to the statute of limitations.
Unverjährbarkeit *f* incapacity to become statute-barred.
unverjährt *adj* not statute-barred.
unverkäuflich *adj* unsaleable, not for sale.
Unverkäuflichkeit *f* unsaleability.
unverkauft *adj* unsold, unbought.
unverkennbar *adj* unmistakable.
unverkürzt *adj* unabbreviated.
unverlangt *adj* unsolicited (*offer, manuscript*).
unverletzlich *adj* inviolable.
Unverletzlichkeit *f* inviolability; ~ **diplomatischer Kurierbeutel** inviolability of the diplomatic pouch.
unvermeidlich *adj* inevitable, unavoidable.
unvermietbar *adj* untenantable, unsuitable for letting.
unvermietet *adj* tenantless.
Unvermögen *n* inability to comply with *sth*, incapacity.
unvermögend *adj* destitute, impecunious, without means.
Unvermögensfall *m* case of inability/incapacity.
unvermutet *adj* unexpected, unforeseen, sudden.
unveröffentlicht *adj* unpublished, unreported.
unverpachtet *adj* tenantless.
unverpackt *adj* unpacked, loose, in bulk, without packing.
unverpfändet *adj* unpledged, unmortgaged.
unverplant *adj* unallocated, not included in planning or budgeting.
unverschämt *adj* impudent, impertinent, insolent.
Unverschämtheit *f* impudence, impertinence, insolence.
unverschlossen *adj* unlocked (*room*); unsealed (*letter*).
unverschuldet *adj* blameless; undeserved, arising through no fault of (*ours, mine*), without fault, faultless.
unversehrt *adj* unharmed, undamaged, safe and sound, intact.
Unversehrtheit *f* intactness, freedom from injury (*or* damage), integrity, sound condition.
unversetzbar *adj* not transferable (*to other post or location except with civil servant's consent*).
Unversetzbarkeit *f* exemption from transfer (*to other place or occupation*), irremovability.
unversichert *adj* uninsured.
unversiegelt *adj* unsealed.
unversöhnlich *adj* irreconcilable, unappeasable.
Unversöhnlichkeit *f* irreconcilability, implacability.
unversteuert *adj* untaxed.
unverteilt *adj* undistributed.
unverträglich *adj* incompatible.
Unverträglichkeit *f* incompatibility.
Unverwirkbarkeit *f* non-forfeitability, exclusion of estoppel.
unverzichtbar *adj* not subject to renunciation, unabandonable.
unverzinslich *adj* non-interest-bearing, interest-free.
unverzollt *adj* uncleared, duty unpaid.
unverzüglich prompt, forthwith, without delay.
Unverzüglichkeit *f* promptness.
unvollziehbar *adj* unenforceable.
Unvollziehbarkeit *f* unenforceability.
unvollzogen *adj* executory, unconsummated, uncompleted.

unvordenklich *adj* immemorial.
unvoreingenommen *adj* free from bias, unbiassed, impartial, unprejudiced.
Unvoreingenommenheit *f* impartiality, freedom from bias.
unvorhergesehen *adj* unforeseen.
Unvorhergesehenes *n* (*das Unvorhergesehene*) unforeseen events, *bal* contingent expenses.
unvorhersehbar *adj* unforeseeable, unimaginable.
Unvorhersehbarkeit *f* unforeseeability.
unvorsichtig *adj* imprudent, inadvertent, careless.
Unvorsichtigkeit *f* imprudence, carelessness.
unwählbar *adj* ineligible.
Unwählbarkeit *f* ineligibility.
unwahr *adj* untrue, untruthful, false.
Unwahrheit *f* untruth, untruthfulness, falsehood.
unwandelbar *adj* unchangeable.
Unwandelbarkeit *f* unchangeability.
unweigerlich *adj* inevitable, unavoidable; automatic.
Unwesen *n* evil practices, sinister activities.
unwesentlich *adj* immaterial, nonessential, irrelevant, insubstantial, unimportant.
Unwetterschaden *m* damage due to tempests, damage caused by a thunderstorm.
unwiderlegbar *adj* irrefutable, irrebuttable, conclusive, definitive.
Unwiderlegbarkeit *f* irrefutability, irrebuttability.
unwiderrufen *adj* unrescinded, unrevoked, unchallenged.
unwiderruflich *adj* irrevocable, unrecallable, irreversible.
Unwiderruflichkeit *f* irrevocability.
unwidersprochen *adj* uncontradicted, unopposed.
unwiederbringlich *adj* irretrievable.
unwirksam *adj* ineffective, inoperative, invalid, inefficacious, nugatory; **schwebend ~** provisionally invalid.
Unwirksamkeit *f* ineffectiveness, invalidity; ~ ***e-es*** **Vermächtnisses** invalidity of legacy; **~serklärung** *f* repudiation, rescission, annulment; **~ von Verträgen durch lange Nichtanwendung** desuetude of treaties; **relative ~** ineffectiveness as between the parties.
unwirtschaftlich *adj* uneconomic(al), unproductive, inefficient.
Unwirtschaftlichkeit *f* unproductiveness, inefficiency, non-profitability.
unwissend *adj* ignorant, uninformed.
Unwissenheit *f* ignorance; **~ schützt vor Strafe nicht** ignorance (of the law) is no *US* defense/*GB* defence; **sich auf ~ berufen** to plead ignorance.
Unze (*28,35 grams*) ounce.
Unzeit *f* the wrong time; **~gebühr** *f* extra fee for acting during unusual hours; **zur ~** at the wrong time, inopportunely, prematurely.
unzensiert *adj* uncensored.
unziemlich *adj* improper, unbecoming, unseemly.
Unzucht *f obs* indecency, illicit sexual practices; lewd acts, lewdness, debauchery, fornication.
unzüchtig *adj* indecent, obscene, lewd, lascivious.
unzugänglich *adj* inaccessible.
unzulänglich *adj* inadequate, insufficient.
Unzulänglichkeit *f* inadequacy, insufficiency, *pl* shortcomings.
unzulässig *adj* inadmissible, undue, out of order, not allowed, barred, bad, illicit, impermissible.
Unzulässigkeit *f* inadmissibility, impermissibility, inappropriateness; bar, hindrance; **~ der Klage** (procedural) bar to the action, the action does not lie; [illegible] **feststellen** striking the action out; **~ der Strafverfolgung** *crim pro* bar to trial; **~ der Strafvollstreckung** bar to execution of a sentence; **~ der Zwangsvollstreckung** bar to civil execution.
unzumutbar *adj* unreasonable, unacceptable, outrageous.
Unzumutbarkeit *f* unreasonableness, unacceptability.

unzurechnungsfähig *adj GB* doli incapax, incapable of criminal intention, not criminally responsible, non compos mentis; ***jd-en* für ~ erklären** to declare a person to be of unsound mind (non compos mentis).

Unzurechnungsfähige(r) *f(m)* (*der Unzurechnungsfähige*) person not criminally responsible for his actions; ~ **wegen Geisteskrankheit** person of unsound mind, person non compos mentis.

Unzurechnungsfähigkeit *f* mental incapacity, incapability of distinguishing between right and wrong; ~ **wegen Geistesschwäche oder Geistesgestörtheit** mental incapacity; **altersbedingte** ~ senile incapacity.

unzureichend *adj* inadequate, insufficient.

unzuständig *adj* incompetent, not-responsible; **sich für ~ erklären** to decline jurisdiction.

Unzuständigkeit *f* lack of jurisdiction, non-competence; **funktionelle** ~ lack of jurisdiction over the type of case; **örtliche** ~ lack of local jurisdiction, improper venue; **sachliche** ~ lack of jurisdiction over the subject-matter *depending on amount involved.*

unzustellbar *adj* undeliverable, impossible to be served.

Unzustellbarkeit *f* undeliverability, impossibility of service; **~smeldung** *f* return of nihil.

unzuträglich *adj* unsuitable, unwholesome, unhealthy.

Unzuträglichkeit *f* unsuitability, unwholesomeness, disharmony.

unzuverlässig *adj* unreliable, untrustworthy, unsound.

Unzuverlässigkeit *f* unreliability, unsoundness, untrustworthiness.

unzweckmäßig *adj* inexpedient, inappropriate.

Unzweckmäßigkeit *f* inexpedience, inappropriateness.

unzweideutig *adj* unambiguous, unequivocal, explicit, quite clear.

unzweifelhaft *adj* indubitable, undoubtful, beyond doubt.

Urabstimmung *f* strike ballot, strike vote.

Uraufführung *f* first performance, first theatrical release, premiere.

Uraufzeichnungen *f/pl* records of original entry.

Urbarmachung *f* (original) cultivation, reclamation.

Urbeleg *m* original document, source document.

Urerzeuger *m/***-in** *f* primary producer.

Urerzeugung *f* primary production.

Urgewicht *n* original weight.

Urgroßeltern *pl* great-grandparents; **Urgroßmutter** great-grandmother; **Urgroßvater** great-grandfather.

Urheber *m/***-in** *f* author, originator, creator; **~benennung** *f* the naming of the author; **~bezeichnung** *f* indication of authorship, droit moral; **~ehre** *f* author rights of hono(u)r; **~nennung** *f* authorship credit; author's droit moral; **~persönlichkeitsrecht** *n* inherent rights of the author, rights of paternity; **~rolle** *f* register of copyright(s); **~schaft** *f* authorship, origination; ~ **von Werken der Tonkunst** composer of musical works; **mutmaßlicher** ~ presumptive originator, presumed author.

Urheberrecht *n* copyright (law), proprietary right, author's right, literary property; ~ **an Bühnenwerken** dramatic copyright; ~ **an Werken der bildenden Kunst** artistic copyright; ~ **an Werken der Schauspielkunst** copyright in dramatic works; ~ **an Werken der Tonkunst** copyright in musical works; **~seintragung** *f* registration of copyright; **~sgesetz** *n D* Copyright Act (*1965*); **~sinhaber** *m/***-in** *f* holder of copyright, copyright owner, copyright proprietor; **~sklage** *f* copyright action; **~slizenzgebühren** *pl* copyright royalties; **~sschiedsstelle** *f* performing rights tribunal; **~sschutz** *m* copyright protection; **vorläufiger ~~**

ad interim copyright; **~sschutzfrist** *f* term/period of copyright protection; **~sstreitsache** *f* copyright case, copyright litigation; **~sübertragung** *f* assignment of copyright; **~sverlängerung** *f* renewal of copyright; **~sverletzung** *f* infringement of copyright, breach of copyright; **~~sfall** copyright infringement case; **~svermerk** *m* copyright notice; **~svermutung** *f* presumption of copyright; **~svertrag** copyright agreement; **~sverwertungsgesellschaft** *f* copyright collecting society; **~sverzicht** *m* waiver of copyright; **Abtretung *e-es* ~s** assignment of a copyright; **bestehendes** ~ subsisting/existing copyright; **erloschenes** ~ lapsed copyright; **gesetzliches** ~ statutory copyright; **literarisches** ~ literary copyright; **originäres** ~ original copyright.

Urkartei *f* original card index.

Urkund | **~sbeamter** *m*/**~beamtin** *f* clerk of the court, authenticating/recording official; **~~ der Geschäftsstelle** clerk of the court's office, clerk of the court; **~sdelikt** *n crim US* offense/*GB* offence of falsifying/destroying/altering documents; **~sperson** *f* authenticator; **~spapiere** *pl* documentation; **~ssachen** *pl* cases restricted to documentary evidence; **~szeuge** *m*/**~szeugin** *f* attesting witness; **zu ~ dessen** in witness whereof, in verification whereof.

Urkunde *f* document (=*d-*), (legal) instrument, certificate; **~naufbewahrung** *f* safekeeping of *d-s*; **~naushändigung** *f* delivery of *d-s*; **~nbeschädigung** *f* spoliation, partial destruction of a *d-*; **~nbeweis** *m* documentary evidence, proof by *d-s*, written evidence; **~neinsicht** *f* inspection of *d-s*; **~nentwurf** *m* draft (of a) *d-*; **~nfälscher** *m*/**-in** *f* forger; **~nfälschung** *f* forgery of an instrument/*d-*, altering a *d-* with intent to defraud; **~~ begehen** to falsify a *d-*; **~nmahnbescheid** *m* default summons based on *d-s*; **~nprozess** *m* trial by the record, proceedings restricted to documentary evidence; **~nrolle** *f* (notary's) *d-* register; **~nsammlung** *f* (*a notary's*) collection/file of *d-s*; **~nsprache** *f* the official language of (notarial) *d-s*; **~nsteuer** *f* *d-s* tax, stamp duty; **~nunterdrückung** *f* suppression of *d-s*, interception of *d-s*; **~nunterschlagung** *f* abstraction of *d-s*; **~nverfasser** *m*/**-in** *f* draftsman; **~nvernichtung** *f* spoliation, destruction of a *d-*; **~nvorlage** *f* production of *d-s*, discovery of *d-s*; **Aufforderung zur ~~** notice to produce; **~nvorlegung** *f* production of *d-s*; **abhandengekommene** ~ lost *d-*; **amtliche** ~ official *d-*; **an alle, denen diese ~ vorgelegt wird** to all to whom these presents shall come (*preamble formula*); **begebbare** ~ negotiable instrument; **beglaubigte** ~ authenticated *d-*; **beweiserhebliche** ~ evidentiary *d-*, relevant *d-*; **echte** ~ authentic *d-*; ***e-e*** **~ aufsetzen** to draw up an instrument; ***e-e*** **~ begeben** to deliver a deed, to negotiate a *d-*; ***e-e*** **~ beibringen** to produce a *d-*, to present a *d-*; ***e-e*** **~ einsehen** to inspect a *d-*; ***e-e*** **~ entwerfen** to draft a *d-*; ***e-e*** **~ errichten** to execute an instrument; ***e-e*** **~ legalisieren** to legalize a *d-*, *to authenticate a d- by certification of signature of attesting official by superior officer or diplomatic agency*; ***e-e*** **~ unterdrücken** to suppress a *d-*; ***e-e*** **~ unterfertigen** to execute an instrument/*d-*, to execute a deed; ***e-e*** **~ unterzeichnen** to sign a *d-*; ***e-e*** **~ verfälschen** to forge an instrument; ***e-e*** **~ vorlegen** to produce a *d-*, to tender a *d-*; **~ ~ zu Beweiszwecken ~** to submit a *d-* in evidence; ***e-e*** **~ zerstören** to destroy a *d-*; ***e-e*** **~ zu den Akten reichen** to file a *d-*; **eigenhändig geschriebene** ~ holograph; **eigenschriftliche** ~ holograph, holographic instrument; **eingetragene** ~ registered deed, recorded instrument; **gefälschte** ~

forged *d-*, false instrument; **Haager Übereinkommen zur Befreiung ausländischer öffentlicher ~n von der Legalisation** Hague Convention Abolishing the Requirement of *US* Legalization/*GB* Legalisation for Foreign Public *D-s* (*1961*); **notarielle** ~ notarial act, notarial instrument; **öffentlich beglaubigte** ~ officially authenticated *d-*; **öffentliche** ~ official *d-*, public *d-*, public record; *d- issued by a public authority*; **privatschriftliche** ~ private *d-*; **rechtsförmliche** ~ legal *d-*; **standesamtliche** ~ *d-* issued by a registrar's office; **unechte** ~ fabricated *d-*; **unvollständige** ~ inchoate instrument, incomplete instrument; **verfälschte** ~ forged instrument; **vollstreckbare** ~ (directly) enforceable instrument; **vorprozessuale** ~ pre-trial *d-*.

urkundlich *adj* documentary, by formal deed; *adv* ~ **dessen** in witness thereof.

Urlaub *m* leave, leave of absence, holiday, vacation, *mil* furlough; **~sabgeltung** *f* pay in lieu of vacation; **~sanspruch** *m* entitlement of leave, leave claim, vacation privilege; **~sberechtigung** *f* eligibility for vacation; **~sbescheinigung** *f* (employer's) vacation certificate; **~sentgelt** *n* vacation pay, regular salary or wage paid during vacations; **~serteilung** *f* granting of (time for) a vacation; **~s-Fehlschicht** *f* workers' absence on holiday (during a shift); **~sgeld** *n* additional vacation pay; holiday bonus; **~sgesetz** *n D law concerning leave of absence and vacations for employed persons*; **~sgesuch** *n* application for leave; **~shäufung** *f* bunching of holiday periods; **~sjahr** *n* holiday year, year for which vacation is reckoned; sabbatical year (*universities*); **~skonjunktur** *f* holiday boom; **~splan** *m* vacation schedule; **~sschaden** *m* damage suffered by spoilt holiday; **~sschein** *m* ticket-of-leave; **~ssperre** *f* stoppage of leave; **~sübertragung** *f* carry forward of vacation/holiday rights; **~svergütung** *f* holiday remuneration; **~svertretung** *f* vacation substitute, vacation replacement; ~ **von der Haftanstalt** ticket-of-leave from prison; **Abgeltung von** ~ remuneration for untaken *US* vacation/*GB* holiday leave; **ausbezahlter** ~ salary in lieu of leave; **bezahlter** ~ paid vacation, holiday with pay, paid holiday, vacation with pay, leave with pay; **tariflicher** ~ standard holiday with pay, paid holiday pursuant to a collective wage agreement; **unbezahlter** ~ unpaid holiday; **vertaner** ~ spoilt holiday.

Urlauber *m*/**-in** *f* holiday maker, vacationer.

Urliste *f* original list.

Urmaß *n* standard measure, master gauge.

Urmaterial *n* prime matter, primary data.

Urne *f* urn, *pol* ballot box; **~ngang** *m* polls, general elections.

Urprodukte *n/pl* primary products.

Urproduktion *f* primary production.

Ursache *f* cause; ~ **und Wirkung** cause and effect; **adäquate** ~ adequate cause, proximate cause; **dazwischentretende** ~ intervening cause; **die entscheidende** ~ the determining cause; ***e-e*** **nicht feststellbare** ~ an undetermined cause; **entfernte** ~ remote cause; **letzte** ~ ultimate cause; **nicht vorausgesehene** ~ unforeseen cause; **nicht voraussehbare** ~ unforeseeable cause; **unmittelbare** ~ immediate cause, proximate cause, direct cause; ~ **und alleinige** ~ direct and sole cause.

ursächlich *adj* causal, causative.

Urschrift *f* original, original text; ~ **der Vereinbarung** original agreement; **geschehen in drei ~en** done in three original texts, done in triplicate; **geschehen in zwei ~en** done in duplicate; **in *e-er*** ~ in a single original; **in *e-er*** ~ **abgefasst** drawn up in a single original.

urschriftlich *adj* original.
ursprünglich *adj* original, initial.
Ursprünglichkeit *f* originality.
Ursprung *m* origin, source; **~sangabe** *f* statement of origin; **~sanstalt** *f* originating institution, bank of issue; **~sbestimmung** *f* determination of origin; **~sbezeichnung** *f* designation of origin, mark of origin, marking country of origin, origin mark; **~seigenschaft** *f* status of origin; **~serklärung** *f* declaration of origin; **~sfälschung** *f* counterfeiting; **~sland** *n* country of origin, state of origin; **~snachweis** *m* documentary evidence of origin; **~sort** *m* point of origin; **~spatent** *n* original patent, pioneer patent; **~sregeln** *pl* rules of origin; **~stäuschung** *f* holding out; **~swaren** *pl* originating products; **~swert** *m* original value, unadjusted data; **~swohnsitz** *m* domicile of origin; **~szeichen** *n* mark of origin; **~szeugnis** *n* certificate of origin; **~szuerkennung** *f* qualification for origin; **am ~ bekämpfen** rectify at source.
Urteil *n* judg(e)ment (= *j-*), decree, verdict and sentence, adjudication; **~ auf Schadenersatz** *j-* for damages; **~ auf Zahlung** money *j-*; **~ des Schiedsgerichts** (arbitral) award; **~ durch ranggleiche Richter** *j-* of his peers; **~ im streitigen Verfahren** defended *j-*; **~ im unstreitigen Verfahren** consent *j-*; **~ mit dinglicher Wirkung** *j-* in rem; **~ mit Wirkung für und gegen alle** *j-* with absolute effect; *j-* in rem; **~saufhebung** *f* setting-aside of/reversal of a *j-*, quashing of a *j-*; **~sausfertigung** *f* court-sealed copy of a *j-*, engrossed copy of the *j-*; **~sbegründung** *f* reasons for the *j-*, ratio decidendi, findings of law (of a *j-*); **~sberatung** *f* deliberation of *j-*; **~sergänzung** *f* supplementation of the *j-*; **~sfähigkeit** *f* strength of *j-*; **~sfällung** *f* rendition of *j-*, delivery of *j-*; **~sfindung** *f* adjudicative process; deliberations leading to a court decision; **~sforderung** *f j-* claim, enforceable claim of a court *j-*; **~sformel** *f* operative part of a *j-*; **~sgebühr** *f* court fee for the *j-*; **~sgründe** *pl* reasons for *j-*, grounds for a *j-*, ratio decidendi; **~skopf** *m* title of a *j-*; **~skraft** *f* discernment; **~sregister** *n j-* book; **~sresümee** *n* syllabus held, headnote; **~sschelte** *f* public criticism of a *j-*; **~sschuld** *f j-* debt; **~sschuldner** *m/***-in** *f j-* debtor; **~sspruch** *m j-*, verdict, sentence; **~ssumme** *f* sum adjudged (to be paid), sum recovered; **~sstaat** *m* state where the *j-* was rendered; **~stenor** *m* operative part of a *j-*, holding; **~sverfahren** *n* proceedings leading to a *j-*; **~sverkündung** *f* pronouncement of *j-*, delivery of a *j-*; rendition of *j-*, passing of *j-*; **~svermögen** *n* discernment, *j-*; **~svollstreckung** *f* execution of a *j-*, enforcement of a *j-*; **~szustellung** *f* service of the *j-*; **abänderndes ~** altering *j-*, reversing *j-*, *j- involving a change of the lower court's decision*; **abgewogenes ~** balanced *j-*; **absprechendes ~** *j-* of dismissal; **aus *e-em* ~ vollstrekken** to enforce a *j-*; **ausgeglichenes ~** balanced *j-*; **ausländisches ~** foreign *j-*; **bedingtes ~** conditional *j-*; **bestätigendes ~** confirmatory decision (of the appellate court); **durch ~ zuerkennen** to award by *j-*; **ein ~ abändern** to alter a *j-*; **ein ~ abgeben** to give an opinion; **ein ~ anfechten** to appeal from a *j-*; **ein ~ aufheben** to set aside a *j-*, to reverse a *j-*; **ein ~ aussprechen** to render a *j-*, to pronounce a *j-*; **ein ~ bestätigen** to confirm a *j-*/sentence; **ein ~ erkennt etw zu** a *j-* awards *sth* (*to the plaintiff*); **ein ~ erlangen** to obtain a *j-*; **ein ~ erlassen** to render (a) *j-*, to enter (a) *j-*, to deliver a *j-*; **ein ~ erwirken** to obtain a *j-*; **ein ~ fällen** to render *j-*, to adjudicate; **ein ~ kassieren** to quash a *j-*; **ein obsiegendes ~ erreichen** to obtain a *j-* in one's favo(u)r; **ein ~ verkünden** to pronounce (a) *j-*; **ein ~ vollstrecken**

to enforce a *j-*; ***e-em*** **~ vorgreifen** to prejudice the determination by a court; **erstinstanzliches ~** *j-* by the court of first instance, *j-* by the trial court; **freisprechendes ~** (*j-* of) acquittal; **gegen ein ~ Berufung einlegen** to appeal from a *j-*; **irriges ~** erroneous *j-*; **klageabweisendes ~** *j-* of dismissal, *j-* of non-suit, order to dismiss; **mildes ~** lenient sentence; **nachträglich verkündetes ~** reserved *j-*; **nicht vollstreckbares ~** unenforceable *j-*; **noch nicht rechtskräftiges ~** *j-* subject to appeal; **obsiegendes ~** *j-* in one's favo(u)r; **~~ des Klägers** *j-* for the plaintiff; **rechtsfehlerhaftes ~** erroneous *j-*; **rechtsgestaltendes ~** *j-* changing legal status; **rechtsgültiges ~** valid *j-*, valid sentence; **rechtskräftiges ~** *j-* admitting of no appeal, non-appealable *j-*; final and absolute *j-*/decree; **reformatorisches ~** reformatory *j-*; **schuldrechtliches ~** *j-* in personam; **sich mit** ***e-em*** **~ abfinden** to acquiesce in a *j-*, to accept a verdict; **sich mit** ***e-em*** **~ bescheiden** to acquiesce in a *j-*; **über ein ~ beraten** to deliberate on a *j-*; **unüberlegtes ~** rash *j-*; **vollstreckbares ~** enforceable *j-*; **vorläufig vollstreckbares ~** provisionally enforceable *j-* (*pending appeal*); **zu mildes ~** overly lenient sentence.

urteilsreif *adj* ready for judg(e)ment.

Urwahl *f* direct vote, primary election.

Usance *f* usage, habitual practice; **völkerrechtliche ~n** international usage.

Usowechsel *m* bill at usance, usance draft.

Usurpation *f* usurpation.

Usurpator *m*/**-in** *f* usurper.

usurpieren *vt* to usurp.

V

Vakanz *f* vacancy.

validieren *vt* to validate (*securities*).

Validierung *f* validation.

Valoren *f/pl* valuables, securities; **~versicherung** *f* insurance of valuables.

valorisieren *vt* to valorize.

Valuta *f* value, foreign exchange, rate of exchange; foreign notes; value date, availability date; amount of mortgage loan; mortgage money, loan proceeds; **~abschluss** *m* currency transaction; **~anleihe** *f* loan in foreign currency, currency bonds; **~ausgleichsfonds** *m* exchange equalization account; **~-Exporttratte** *f* export draft in foreign currency; **~forderung** *f* currency claim; **~gewinn** *m* profit in foreign exchange; **~guthaben** *n* holdings in foreign currency, foreign currency credit balance, balances with foreign bankers; **~klausel** *f* value-given clause, value-received clause; foreign currency stipulation; **~konto** *n* foreign currency account; **~kredit** *m* foreign currency loan; **~kupon** *m* foreign currency coupon; **~notierung** *f* quotation of exchange; **~risiko** *n* exchange risk; **~schuld** *f* foreign currency debt; **~tag** *m* value date, effective date of credit entry; **~verhältnis** *n* underlying debt relationship; **~verlust** *m* currency loss; **~wechsel** *m* foreign exchange bill, currency bill; **ankaufsfähige ausländische ~** purchasable foreign currency; **franko ~** free of payment, without any return consideration; **goldwertige ~** gold currency.

valuta|mäßig *adj* from the standpoint of foreign exchange policy; **~risch** *adj* relating to foreign exchange (*currency*); **~schwach** soft-currency (*country*); **~stark** hard-currency (*country*).

Valuten|arbitrage *f* arbitration of exchange; **~geschäft** *n* dealing in foreign notes and coin; **~kurs** *m* rate of exchange.

valutieren *vi* to value, to state the value date, to amount to (*indebtedness under a mortgage*); to extend a loan.

Valutierung *f* value, stating the value, value date; **~stag** *m* value date, settlement date.

Vandalismus *m* vandalism.

variabel *adj* variable, floating.

Variante *f* variant, different reading, different version.

Vasall *m* vassal; **~enstaat** *m* vassal state, dependent state.

Vater *m* father, procreator; **~land** *n* native country, mother country, fatherland; **~mord** *m* patricide, parricide; **leiblicher ~** biological father, natural father.

Vaterschaft *f* paternity (= *p-*), fatherhood; **~sanerkennung** *f* acknowledgment of *p-*, recognition of *p-*; **~sanfechtungsklage** *f* suit for contesting *p-*; **~sfeststellung** *f* determination of *p-*, affiliation; **~~surteil** *n* declaration of parentage; **~sirrtum** *m* erroneous assumption of *p-*; **~sklage** *f* legal action to establish *p-*, affiliation proceedings, *p-* suit; **~snachweis** *m* proof of *p-*; **~sprozess** *m* *p-* suit; **~svermutung** *f* presumption of *p-*; **die ~ behaupten** to affiliate, to claim *p-*; **die ~ bestreiten** to deny *p-*, **die ~ feststellen** to establish *p-*; **eheliche ~** *p-* in marriage; **nichteheliche ~** illegitimate *p-*.

väterlich *adj* parental.

väterlicherseits *prep* on the father's side, agnate.

verabreden *vt* to agree, to concert *v reflex* to make an appointment, to conspire.

verabredet *adj* mutually understood; **vorher ~** preconcerted.

Verabredung *f* **I** appointment, engagement.

Verabredung *f* **II** concerted action, conspiracy; ~ ***e-er*** **Straftat** criminal conspiracy, conspiracy (to commit a crime); ~ **zum Mord** conspiracy to commit murder; ~ **zum Selbstmord** suicide pact.

verabreichen *vt* to administer (*poison*).

verabsäumen *vi* to neglect, to omit, to fail to meet, to (be in) default.

Verabsäumung *f* default, failure, neglect.

verabschieden *vt* **I** to discharge, to retire, to pension off, to place on the retired list (*officer, etc*).

verabschieden *vt* **II** to pass, to enact, to adopt (*legislation*).

Verabschiedung *f* **I** discharge (*officer*).

Verabschiedung *f* **II** passing (*bill*), passage, enactment (*legislation*), adoption (*resolution*); ~ ***e-es*** **Gesetzes** passage of a bill, enactment.

verächtlich machen *vt* to bring into contempt, to disparage.

Verächtlichmachung *f* disparagement, defamation; ~ **des Gerichts** contempt of court; ~ **von Personen** defamation (of persons), damaging a person's reputation.

veralten *vi* to become obsolete, to become antiquated.

Veralterungsabschreibung *f* depreciation for obsolescence.

veraltet *adj* obsolete, out of date, defunct, stale, antiquated.

verändern *vt* to change, to vary, to alter, to amend.

Veränderung *f* change in/of, modification, alteration, variation (in); ~ **der Bedingungen** change of conditions; ~ **der Rechtsgrundlage** change of the legal basis; ~ **des Gesellschaftszwecks** change in company purpose, change in the objects of a company; ~ **des Personenstandes** change of personal status; ~ **des rechtlichen Gesichtspunktes** change of the legal assessment; **~smeldung** *f* notice of a change, report on alterations; **~snachweis** *m* official record of changes; **~ssperre** *f* temporary prohibition to change *sth* (*structure of a building*), development freeze, preservation order; **geldwirtschaftliche** ~ change in monetary conditions; **gewaltsame** ~ violent change; **institutionelle ~en** institutional changes; **jahreszeitlich bedingte** ~ seasonal variation.

verankern *vt* to anchor, to root in; **gesetzlich** ~ to embody in a law; **statutarisch** ~ to embody in the articles of association.

veranlagen *vt* to assess (*income tax*); **zusammen** ~ to assess jointly (*married couple*).

Veranlagte(r) *f(m)* (*der Veranlagte*) income-tax payer, assessed person.

Veranlagung *f* **I** disposition, inclination; **bösartige** ~ general malice; **krankhafte** ~ pathological predisposition; **kriminelle** ~ criminal disposition.

Veranlagung *f* **II** (tax) assessment (= *a*-); **~sbescheid** *m* tax *a*- notice; **~sbezirk** *m* area of *a*-; **~sgrundlage** *f* basis of *a*-; **~sjahr** *n* year of *a*-; **~sobjekt** *n* property subject to *a*-, item of *a*-; **~speriode** *f* period of *a*-; **~srichtlinien** *pl* *a*-directives; **~swert** *m* *a*- value; **~szeitpunkt** *m* date of *a*-; **~szeitraum** *m* *a*- period, fiscal period, taxable period; ~ **zur Gemeindesteuer** *GB* *a*- for local rates; **gemeinsame** ~ joint (income tax) *a*-; **getrennte** ~ separate income tax *a*- of spouses.

veranlagung | sfähig *adj* leviable; **~stechnisch** related to the method/timing of assessment.

veranlassen *vt* to cause and procure, to induce, to actuate, to occasion, to prompt; **veranlasst durch** occasioned by, actuated by.

Veranlassung *f* initiation, instance, cause, inducement, direction, instigation; **auf seine** ~ on his initiative; **auf ~ des Gerichts** upon the court's own motion; **auf ~ von** by direction of, at the instance of, at the instigation of; **aus gegebener**

~ in view of the circumstances, as the occasion requires; **zur weiteren** ~ for further action, for appropriate action.

veranschlagen *vt* to estimate, to appraise, to assess; **zu hoch** ~ to overrate.

Veranschlagung *f* estimate, rating, assessment; **~szeitraum** *m* chargeable accounting period.

Veranstalter *m*/**-in** *f* organizer, promoter; broadcaster.

verantworten *vt, v reflex* to answer (*a charge*), to account (for), to stand for; **sich ~ müssen** to be answerable (for).

verantwortlich *adj* answerable, responsible, accountable, liable; ~ **machen** to hold *s.o.* responsible; ~ **sein für** to answer for, to be liable for; **strafrechtlich** ~ criminally responsible/liable, *GB* doli capax.

Verantwortliche(r) *f(m)* (*der Verantwortliche*) person responsible (for), person having superintendence entrusted to him; **unmittelbar** ~ direct superior; person in charge.

Verantwortlichkeit *f* responsibility, accountability; **strafrechtliche** ~ criminal responsibility.

Verantwortung *f* responsibility (= *r*-); ~ **ablehnen** to decline (all) *r*-; **~sbereich** *m* sphere of *r*-, field of jurisdiction; **~sbewusstsein** *n* acceptance of one's responsibilities; **~sfreude** *f* readiness to take *r*-; **~sgefühl** *n* sense of *r*-; ~ **tragen** to bear *r*-; **behördliche** ~ administrative *r*-; **die ~ für etwas übernehmen** to assume *r*- for *sth*; **die ~ tragen** to be responsible for; ***jd-en*** **aus der ~ entlassen** to discharge *s.o.* from *r*-; ***jd-en*** **zur ~ ziehen** to hold/to make *s.o.* responsible; **strafrechtliche** ~ criminal *r*-; **zivilrechtliche** ~ civil liability, civil *r*-.

verantwortungs|bewusst *adj* responsible, conscious of one's responsibilities; **~los** irresponsible; **~voll** responsible.

verarbeiten *vt* to use material for work, to process, to make (material) into *sth*, to use up.

Verarbeiter *m*/**-in** *f* processor, person/firm using material for production.

Verarbeitung *f* specification, (acquisition of title by) conversion of material into a new article; working-up, processing (= *p*-), workmanship; **~sanweisung** *f* job order; **~sbestand** *m* work-in-progress; **~sbetrieb** *m* manufacturing plant, *p*- enterprise, *p*- plant; **~sindustrie** *f p*- industries; **~skosten** *pl p*- expenses; **~sstufe** *f* stage of manufacture, stage of *p*-, *p*- stage; **~sverbot** *n p*- prohibition.

verauktionieren *vt* to auction, to put up for auction.

Verausgaben *n* = *Verausgabung*.

verausgaben *vt* to expend, to spend, to show as expenditure.

Verausgabung *f* expenditure, disbursement; ~ **von Mitteln** disbursement of funds.

verauslagen *vt* to pay expenses in advance (for s. o. else).

Verauslagung *f* temporary payment for another (*to be reimbursed*), out-of-pocket expense(s); ~ **von Beträgen und Sachaufwendungen** expenditure in money and in kind.

Veräußerer *m*/**-in** *f* transferor, assignor, grantor, vendor, seller, person disposing of property.

veräußerlich *adj* disposable, alienable, transferable, sellable, assignable.

veräußern *vt* to transfer, to dispose, to alienate, to assign, to sell.

Veräußerung *f* alienation, disposal, transfer, assignment, sale; **~sanzeige** *f* notice of alienation; **~sbefugnis** *f* power of alienation, dispositive power, power of disposition, power of sale; power to assign; **~sbeschränkung** *f* restriction on the right of disposal; **~serlös** *m* proceeds from sale; **~sgeschäfte** *pl* dealings involving alienation; **~sgewinn** *m* capital gain on disposal, profit on sale; **~~steuer** *f* capital gains tax; ~~ **von Investitionsgütern** capital profit; **~smitteilung** *f* notice of transfer to others; **~srecht** *n* right of disposal, right of alienation; **~ssperre** *f* temporary restraint on alienation, period of prohibition of sale, stop order; **~sverbot** *n* total/direct prohibition of transfer, restraint on alienation; **gesetzliches** ~~ statutory restraint on alienation; **vertragliches** ~~ pactum de non alienando; **~sverlust** *m* loss upon disposal, loss upon sale; **~svorbehalt** *m* reservation of the right of disposal; **~swert** *m* realization value, sale value, liquidation value; salvage value; **freihändige** ~ disposal by private agreement; **schenkungsweise** ~ transfer by way of gift; **unentgeltliche** ~ gratuitous transfer, assignment without consideration.

Verbal|angebot *n* verbal/oral offer; **~beleidigung** *f* gross insult (*using obscene language*); **~kontrakt** *m* oral/verbal agreement; **~note** *f* note verbale.

Verballhornung *f* distortion of a name (*making it sound absurd*).

Verband *m* (*pl Verbände = ~e*) association, federation, confederation, union, convention; **~sklage** *f* legal action instituted by an association (*in the interest of its members or the general public*), group action; **~sland** *n* union country, convention country; association member country; **~smarke** *f* collective mark, certification mark, trade mark of a group; **~spriorität** *f* convention priority; **~ssatzung** *f* articles of association (of a federation); **~sstaat** *m* union state, federation state; **~starif** *m* joint scale of charges; **~sübereinkunft** *f* **zum Schutz des gewerblichen Eigentums** Convention for the Protection of Industrial Property; **~swesen** *n* (system of) associations; **~szeichen** *n* collective trade mark; *trade mark for use by members of a trade association*; **~szeitschrift** *f* trade paper, association publication; ~ **zum Schutz der Rechte der Urheber an ihren Werken der Literatur und Kunst** Union for the Protection of the Rights of Authors in their Literary and Artistic Works; ~ **zum Schutz des gewerblichen Eigentums** (= **Pariser Verband**) Union for the Protection of Industrial Property (Paris Union); **angeschlossene ~e** affiliated organizations; **karitative ~e** charitable institutions.

verbannen *vt* to banish.

Verbannte(r) *f(m)* (*der Verbannte*) exile, exiled person.

Verbannung *f* banishment, exile, deportment.

verbeamten *vt to grant the status of an established civil servant.*

verbeiständen *v reflex CH* to be represented by a lawyer in court.

verbergen *vt* to conceal, to hide.

verbessern *vt* to rectify, to amend, to improve, to better.

Verbesserung *f* correction, rectification, amendment, improvement (= *i*-), betterment; amelioration; **~en nach dem Stand der Technik** technological *i*-; **~serfindung** *f* invention of *i*-, invention involving a real *i*-; **~sfrist** *f* time limit for correction; **~smittel** *n* means of *i*-, improver; **~spatent** *n* patent of *i*-, *i*- patent; **~svorschläge** *pl* suggestions for *i*-; **ausgesprochene** ~ real *i*-; **bauliche ~en** structural *i-s*; **organisatorische** ~ *i*- in organization; **patentfähige** ~ patentable *i*-; **technische** ~ technical *i*-.

verbieten *vt* to prohibit, to forbid, to proscribe, to enjoin (from), to disallow, to ban, to outlaw.

verbietend *adj* inhibitory, prohibitive, prohibitory.

Verbietungsrecht *n* right to prohibit *sth*.

verbilligen *vt* to cheapen, to lower the price.

Verbilligung *f* price reduction, cheapening, making cheaper; **~sbeitrag** *m* price-reduction subsidy; **~sschein** price-reduction certificate; **~szuschuss** *m* price-reduction subsidy.

Verbinden *n* combination, (the act of) connecting; **das ~ von Erfindungselementen ohne neue Funktion** juxtaposition.

verbinden *vt* to combine, to join, to associate, to unite, to connect.

verbindlich *adj* binding, compulsory; **~ machen** to confirm as binding, to obligate; **gleichermaßen ~** equally authentic (*text*); **nicht ~** of no binding force, non-obligatory.

Verbindlichkeit *f* obligation, liability, commitment; validity, binding character, *pl* outstanding liabilities, accounts payable; **~en an Beteiligungsgesellschaften** liabilities towards associated companies; **~en aus Gewährleistungsverträgen** liabilities arising from indemnities; **~en aus Lieferungen und Leistungen** creditors (trade), trade creditors; **~en aus Warenlieferungen** suppliers (*balance sheet*); **~en juristischer Personen** corporate obligations; **~ ohne Konventionalstrafklausel** single obligation, obligation without penalty clause; **~serklärung** *f* declaration of commitment; **bedingte ~en** contingent liabilities; **befristete ~en** time liabilities; ***e-e* ~ eingehen** to assume an obligation, to enter into an engagement; ***e-e* ~ erfüllen** to discharge an obligation; to fulfil(l) an obligation; ***e-e* ~ erledigen** to discharge an obligation; **entstandene, noch nicht fällige ~en** accruals payable; **fällige ~** matured liability; **frei von ~en** not liable, free from liabilities; **gleichrangige ~en** liabilities of equal priority; **konsolidierte ~en** funded debts, consolidated debts; **kurzfristige ~** short-term obligations, *pl* current liabilities; **langfristige fundierte ~en** fixed liabilities, funded debt; **langfristige ~** long-term obligation, *pl* long-term liabilities, long-term debts; **laufende ~en** current liabilities; **offene ~en** outstanding debts; **rechtsgültige ~** valid obligation; **reservepflichtige ~en** reserve-carrying liabilities, liabilities subject to the reserve requirements; **seinen ~en nachkommen** to meet one's obligations; **täglich fällige ~en** liabilities payable on demand; **unbedingte ~** actual/direct liability, unconditional obligation; **vertragsmäßige ~** contractual obligation; **voreheliche ~en** antenuptial debts, premarriage debts.

Verbindung *f* combination, accession, connexion, connection, tie, link, association; **~ durch Verarbeitung** adjunction; **~samt** *n* liaison office; **~saufgaben** *pl* liaison duties; **~sausschuss** *m* liaison committee; **~smann** *m*/**~sfrau** *f* contact man/woman; **~soffizier** *m*/**-in** *f* liaison officer; **~sstelle** *f* liaison office; **~swege** *pl* communications; **~ von Prozessen** consolidation of proceedings, joinder of actions; **geheime ~en** secret societies; **in ~ mit** in liaison with; **miteinander in ~ treten** to intercommunicate, to form a link.

Verbleib *m* stay, whereabouts, destination; **~squote** *f* retention rate; **~ von Ausrüstungen und Vorräten** disposition of equipment and supplies; **zum ~** to be retained.

verbodmen *vt* to hypothecate (*ship, cargo*).

verborgen *adj* hidden, concealed, latent; **nicht ~** unconcealed, overt, manifest.

Verböserung *f* deterioration (*of appellant's position*).

Verbot *n* prohibition, interdiction, proscription, ban; **~ der Doppelbestrafung** double jeopardy clause; **~ der Vorausverfügung** restraint on anticipation; **~ der Warenursprungsfälschung** prohibition of passing off (*unfair trade doctrine*); **~ rückwirkender Strafgesetze** ex post facto clause, prohibition on retroactive criminal legislation; **~sbestimmung** *f* prohibition, prohibitory provision, prescription; **~sgesetz** *n* prohibiting law, negative statute, prohibitory enactment, legal provision containing a prohibition, statutory ban; **~~gebung** *f* proscriptive legislation; **~sirrtum** *m crim* mistake of law, error as to the prohibited nature of an act, → *Tatbestandsirrtum*; **~sliste** *f* prohibited list, list of prohibitions; **~srecht** *n* right to prohibit; **~stafel** *f* prohibitory sign; **~sverfügung** *f* banning order; **~szeichen** *n* prohibitory sign; **~ unterschiedlicher Behandlung** ban on discriminatory treatment; **absolutes ~** outright ban; **ein ~ aufheben** to lift a ban; **gerichtliches ~** prohibitory order, injunction; **gesetzliches ~** statutory prohibition; **polizeiliches ~** police ban.

verboten *adj* forbidden, prohibited, illegal, illicit; **gesetzlich ~** forbidden by law.

Verbrauch *m* consumption (= *c*-), use; **~ des gehobenen Bedarfs** *c*- of luxury and semi-luxury goods; **~sabgabe** *f* excise (duty); **~sartikel** *m* article(s) of *c*-; **~saufwendung** *f* expenditure on *c*-; **~sausgabe** *f* expenditure on *c*-, consumer expenditure; **~sbereich** *m c*- sector; **~sbild** *n* pattern of *c*-; **~seinkommen** *n* income available for *c*-; **~sfreudigkeit** *f* propensity to consume; **~sgestaltung** *f c*- pattern; **~sgewohnheiten** *pl* consumer habits, *c*- pattern; **~sgüter** *pl* consumer goods; **~~industrie** *f* consumer-goods industry; **~~konjunktur** *f* consumer-goods business trends; **~~sektor** *m* industries producing consumer goods; **gewerbliche ~~** industrially produced consumer goods; **technische ~~** (*more*) durable consumer goods; **~skonjunktur** *f* trends of *c*-, level of *c*-; **~sland** *n* consumer country; **~snachfrage** *f* consumer demand; **~spreise** *f* retail prices; **~squote** *f c*- ratio; **~srecht** *n* right to consume/use up *sth*; **~sreserven** *pl c*- potential; **~ssättigung** *f* saturation of consumer demand; **~sschema** *n* pattern of *c*-; **~ssektor** *m* consumer goods sector; **~ssteuer** excise tax, excise duty, tax on *c*-; **~~aufschub** *m* delaying excise control; **~sstruktur** *f* pattern of *c*-; **~ssymptom** *n* indicator of *c*-; **~sumschichtung** *f* shift in *c*-; **~sverlagerung** *f* shift in *c*-; **~swirtschaft** *f* consumer-goods sector, *c*--orientated economy; **~ von Dienstleistungen** amount spent on services; **privater ~** expenses of private *c*-; **pro-Kopf-~** per capita *c*-; **staatlicher ~** government *c*-; **zum ~ im Inland** for home use.

verbrauchbar *adj* consumable.

verbrauchen *vt* to consume.

Verbraucher *m*/**-in** *f* consumer (= *c*-); **~abgabe** *f* excise duty; **~ausgaben** *pl c*- spending; **private ~~** personal consumption; **~befragung** *f c*- inquiry; **~benachteiligung** *f* unfair *c*- practices; **~betrieb** *m* firm using the goods; **~einheit** *f* spending unit; **~erwartung** *f* customers' expectations; **~genossenschaft** *f c-s*' cooperative; **~gewohnheit** *f* spending habit; **~gruppe** *f c*- group, category of *c-s*; **~höchstpreis** *m* retail ceiling price; **~industrie** *f c*- goods industry; **~kaufkraft** *f* spending capacity; **~kredit** *m c*- credit; **~~gesetz** *n C*- Credit Act; **~land** *n c*- country; **~markt** *m* market-situation determined by *c-s*; **~nachfrage** *f c*- demand; **~preisindex** *m c*- price index; **~preisniveau** *n* retail price level; **~schicht** *f* category of *c-s*; **~schutz** *m c*- protection; **~~aktion** *f c*- campaign; **~~gesetz** *n C*- Protection Act; **~~tendenz** *f* consumerism; **~täuschung** *f* deception of *c-s*; **~test** *m c*- survey; **~verbände** *pl c-s*' associations; **~verträge** *pl c*- contracts; **gewerbliche ~** *c-s* in trade and industry; **marginaler ~** marginal *c*-.

verbrauchs|bedingt *adj* due to consumption; **~nah** closely related to consumer habits; **~orientiert** orientated towards consumption, producing for consumption; **~steu-**

erfrei unexcised, exempt from excise tax.

Verbrechen *n* major/serious crime, indictable *US* offense/*GB* offence, felony; ~ **am untauglichen Objekt** abortive crime; ~ **auf offener Straße** street crime; ~ **gegen den Frieden** crime against peace; ~ **gegen die Menschlichkeit** crime against humanity; **~sbekämpfung** *f* crime combatting, suppression of crime, crime busting; the fight against crime; **~shäufung** *f* increase in the incidence of crime, accumulation of crime; **~sschadensversicherung** *f* crime insurance; **~sstatistik** *f* crime statistics; **~sverhütung** *f* crime prevention; **~svorsatz** *m* felonious/criminal intent(ion); ~ **und Vergehen gegen die öffentliche Ordnung** felonies and misdemeano(u)rs against the public order; ~ **und Vergehen gegen die Person** felonies and misdemeano(u)rs committed against a person; ~ **und Vergehen gegen die Sicherheit des Staates und wider die öffentliche Ordnung** felonies and misdemeano(u)rs (committed) against the State and public order; ~ **und Vergehen gegen die Sittlichkeit** felonies and misdemeano(u)rs against morality and decency; ~ **und Vergehen im Amt** felonies and misdemeano(u)rs in office; **das ~ rechtfertigt die höchste Strafe** the crime justifies the (imposition of the) maximum penalty; ***e-es*** **~s schuldig sprechen** to find *s.o.* guilty of a crime; ***e-em*** ~ **Vorschub leisten** to aid and abet; **ein ~ verüben** to perpetrate a crime; **gemeingefährliche** ~ crimes entailing a danger to the community (at large); ***jd-en e-es*** **~s überführen** to convict a person of a crime, to find *s.o.* guilty of a crime; ***jd-en*** **zu** ***e-em*** **~ verleiten** to entice *s.o.* into committing a crime; **organisiertes** ~ organized crime; **politisches** ~ political crime; **selbständiges** ~ independent crime, substantive felony; **versuchtes** ~ attempted crime; **vollendetes** ~ accomplished crime.

Verbrecher *m*/**-in** *f* felon, (major) criminal, culprit; **~album** *n* rogues' gallery, mug book; **~bande** *f* gang (of criminals); ***e-en*** **~ verbergen** to harbour/to conceal a criminal; **gemeingefährlicher** ~ public enemy; **rückfälliger** ~ recidivist, second and subsequent offender of a major crime; **unverbesserlicher** ~ incorrigible criminal.

verbrecherisch *adj* criminal, felonious.

Verbrechertum *n* criminals, criminality; **berufsmäßiges** ~ professional crime.

verbreiten *vt* to disseminate, to disperse, to propagate, to spread.

Verbreitung *f* dissemination, proliferation, dispersal, prevalence; **~sort** *m* place of distribution/dissemination; **~srechte** *pl* rights of distribution; **~sverbot** *n* prohibition of dissemination (*of seditious propaganda*); ~ **von falschem Geld** putting counterfeit money into circulation; ~ **von Kenntnissen** advancement of knowledge; ~ **pornographischer Schriften** dissemination of obscene writings; **freie ~ von Ideen** free flow of ideas.

Verbrennung *f* incineration, burning; ~ **ersten Grades** first degree burn; **~sanlage** *f* incinerator.

verbriefen *vt* to record before a notary; to issue as a funded obligation, to certify; to acknowledge in writing, to document.

Verbriefung *f* embodiment in a notarial document, recording (of a deed) before a notary, formal conclusion of a contract (*conveyance*); **~skosten** *pl* (*bei Auflassung*) conveyancing costs; ~ **von Buchkrediten** conversion of credits into security form.

verbringen *vt* to commit (*to an institution*), to transfer.

Verbringung *f* committal; transfer, transportation; ~ **an Bord** loading on board; ~ **an Land** wharfing, unloading of a ship's cargo; **~sgewahrsam** *m* police custody (*at a place other than the place of arrest*); **~sverbot** *n* ban on dissemination of prohibited (propaganda) materials.

verbuchen *vt* to post, to make an entry, to enter in the books, to register.

Verbuchung *f* entry; posting (entering) in the books, the making of an entry, inclusion in the books; **~stitel** *m* heading under which an item is booked (entered).

Verbund *m* combination, interlocking system, interoperation, pool; **~gefüge** *n* coherent structure; **~geschäft** *n* linked deal; **~netz** *n* linked supply system, electricity grid; **~produkt** *n* joint product; **~sache** joint proceedings (*in matrimonial and incidental matters*); **~strompreis** *m* centrally authorized price of electricity; **~starif** *m* joint rates; **~unternehmen** *n* network enterprises; **~werbung** *f* association advertising, combined advertising; **~wirtschaft** *f* coordinated industrial system, interlinked business enterprises, vertical integration.

verbunden *adj* connected, linked, united; affiliated; **fest ~** adherent, firmly connected (with).

Verbundenheit *f* solidarity.

verbündet *adj* allied.

Verbündete(r) *f(m)* (*der Verbündete*) ally, allied state, allied power, confederate.

verbürgen *vt* to guarantee, to warrant, to stand surety for; *v reflex* to stand surety (for), to accept a guarantee (for).

Verbuschung *f* excessive growth of shrubs (*nature preservation*).

verbüßen *vt* to serve one's sentence, to complete one's sentence.

Verbüßung *f* completion of one's sentence; **gleichzeitige ~ von Freiheitsstrafen** serving of concurrent terms/concurrent sentences.

Vercharterung *f* chartering (of a vessel).

Verdacht *m* suspicion; **~säußerung** *f* expression of suspicion; **~skündigung** *f termination of employment based on a strong suspicion of an US offense/GB offence*; **~smoment** *n* suspicious factor, suspicious circumstance; **begründeter ~** suspicion based on a good reason, justifiable suspicion, *US crim pro* probable cause; **dringender ~** strong suspicion; ***e-en* ~ zerstreuen** to dispel (a) suspicion; **grundloser ~** gratuitous suspicion; **hinreichender ~** (upon) reasonable suspicion; **in ~ geraten** to incur suspicion; **in ~ stehen** to be suspected; **über jeden ~ erhaben** beyond suspicion; **unbegründeter ~** unfounded suspicion; **unter ~ stehen** to be suspected.

verdächtig *adj* suspect, suspected, suspicious.

verdächtigen *vt* to cast suspicion upon *s.o.*, to suspect *s.o.* of *sth.*

Verdächtige(r) *f(m)* (*der Verdächtige*), suspect, person suspected of (having committed) a crime.

Verdächtigung *f* casting suspicion (upon *s.o.*); suspecting *s.o.* (of); **~ wider besseres Wissen** intentional casting of unfounded suspicion upon another person (*with knowledge of the facts*); **politische ~** casting political suspicion upon another person.

Verdatung *f* computerization.

verdeckt *adj* covered, concealed, undisclosed.

Verdeckung *f* concealment, covering-up; **~sabsicht** *f* intention to conceal.

Verderb *m* spoilage, deterioration, waste; **gewöhnlicher ~** normal deterioration; **innerer ~** inherent/spontaneous/natural deterioration.

verderben *vt, vi* to spoil, to vitiate.

verderblich *adj* perishable; **nicht ~** non-perishable.

Verderblichkeit *f* perishability; **leichte ~** inherent/intrinsic deterioration.

Verdeutlichung *f* elucidation, explication, clarification.

verdienen *vt* to earn, to gain, to deserve.

Verdienst *m* **I** earnings, income, gain; **~ausfall** *m* loss of earnings; **~aussichten** *pl* earnings prospects; **~einbuße** *f* loss of income; **~grenze** *f* limit of earnings; **~möglichkeit** *f* potential earnings, earning capacity; **~obergrenze** *f* upper earnings limit; **~sicherungsklausel** *f* standard wage maintenance clause (*in case of piece work*); **~spanne** *f* margin, sales margin, profit margin, margin of profit; **tatsächlicher ~** actual earnings; **tariflicher ~** standard earnings under collective wage agreements.

Verdienst *n* **II** merit, (just) desert(s).

verdienstabhängig *adj* earnings-related.

verdingen *v reflex* to go into service (with), to bind oneself as servant.

Verdingung *f* hire, hiring out; contract for services; **~sordnung** *f* standard official contracting terms; **~~ für Bauleistungen** (*abbr* **VOB**) standard building contract terms, *contractual scale of building performance.*

Verdrängungs|tonne *f* displacement ton; **~wettbewerb** *m* displacement competition.

verdrehen *vt* to pervert, to distort (*the truth, meaning*), to twist.

Verdrehung *f* distortion, perversion.

verdunkeln *vt* to obscure, to prevaricate, camouflage.

Verdunkelung *f* obscuration, suppression of evidence; (danger of) collusion; **~ *e-er* Straftat** suppressing evidence of a crime; **~sgefahr** *f* risk of suppression of evidence, danger of collusion.

veredeln *vt* to refine, to finish, to process.

Veredelung finishing, refining, refinement, processing, job processing; **~sbetrieb** *m* processing enterprise, finishing plant; **~serzeugnis** *n* finished product, processed product, compensated product; **~sindustrie** *f* processing industry, finishing industry, refining industry; **~sland** *n* processing country; **~slohn** *m* payment for processing; **~ssteuer** *f* processing tax; **~sverfahren** *n* finishing process; **~sverkehr** *m* processing trade, across-the-border processing; **~swerk** *n* finishing plant; **~swert** *m* value added by processing; **~swirtschaft** *f* processing trade, finishing industry; **tierische ~~** stock-raising and dairy farming; **aktive ~** inward processing; **passive ~** outward processing.

verehelichen *v reflex* to marry, to get married.

Verehelichung *f* (celebration of) marriage, solemnization of marriage.

vereidigen *vt* to administer an oath, to swear in.

vereidigt *adj* sworn; **vorschriftsmäßig ~** duly sworn.

Vereidigung *f* administration of an oath, swearing in, oath-taking ceremony; **auf ~ verzichten** to dispense with an oath.

Verein (membership) association, society, club; **~sauflösung** *f* disincorporation, dissolution of a club; **~sbeitrag** *m* club dues, membership fee; **~sfreiheit** *m* freedom of association; **~sgesetz** *n* Clubs and Associations Act, *enactment regulating clubs and associations*; **~skasse** *f* club treasurer's office, society funds; **~smitglied** *n* member of an association, club member; **~~schaft** *f* membership (of an association or club); **~srecht** *n* law of associations; law governing societies; **öffentliches ~~** law of public organizations; **~sregister** *n* (court) register of associations, register of societies; **~ssachen** *pl* society matters; **~ssatzung** *f* regulations of a society/association; **~ssperre** *f* club embargo; embargo on further club membership; **~sstrafe** *f* club penalty; **~sverbot** *n* prohibition of an association; **~svermögen** *n* society assets, club property; **~svorsitzende(r)** *f(m)* (*der ~svorsitzende*) president of an association, club chairman; ~**svorstand** *m* association's president; executive committee of an association; ~**swesen** *n* clubs and societies; **eingetragener** ~ (*abbr* **e.V.**) registered society, incorporated society, incorporated association; membership corporation; **gemeinnütziger** ~ non-profit-making association, charitable organization; **nicht eingetragener** ~ non-incorporated body, unincorporated society; unregistered society; **nicht rechtsfähiger** ~ unincorporated association; **rechtsfähiger** ~ incorporated society/association.

vereinbar *adj* compatible, reconcilable, consistent.

vereinbaren *vt* to agree, to come to an agreement, to stipulate; **förmlich** ~ to stipulate in a formal agreement; **schriftlich** ~ to stipulate in writing.

Vereinbarkeit *f* compatibility, reconcilability.

vereinbart *adj* agreed (upon), stipulated, negotiated, pactional; **erklärt wie** ~ agreed and declared; **es gilt als** ~ it is deemed to be agreed that; **soweit nichts anderes** ~ failing an agreement to the contrary, unless otherwise agreed, save as otherwise provided; **vertraglich** ~ stipulated by contract, contractually agreed; **wie** ~ as stipulated.

Vereinbarung *f* agreement (= *a*-), contract, stipulation; *int* convention; memorandum of understanding; ~ **auf Gegenseitigkeit** reciprocal *a*-; ~ **auf Treu und Glauben** bona fide *a*-, gentlemen's *a*-; ~ **des Erfüllungsort(e)s** appointment of a place of performance (or fulfil(l)ment); ~ ***e-er*** **Konventionalstrafe** stipulation of a contract penalty; ~ ***e-er*** **Vertragsstrafe** stipulation of a contract penalty; ~ ***e-es*** **Schiedsgerichts** submission to arbitration; ~ **ohne Gegenleistung** naked contract; ~**sdarlehen** loan by *a*-, conventional loan; ~ **über das Getrenntleben** separation *a*-, articles/deed of separation; ~ **über Preisbindung** price fixing *a*-; ~ **von pauschaliertem Schadensersatz** liquidated damages clause; ~ **zur Vermeidung der Doppelbesteuerung** double taxation arrangements, convention for the avoidance of double taxation; ~ **zur Zusammenarbeit** cooperative arrangement; **ausdrückliche** ~ express *a*-, explicit *a*-; **außergerichtliche** ~ out-of-court settlement; **bestehende** ~**en** existing *a-s*; ***e-e*** ~ **aufheben** to abrogate/to cancel/to annul a stipulation/an *a*-; ***e-e*** ~ **treffen** to reach/to conclude an *a*-; **entgegenstehende** ~**en** any *a*- to the contrary; **formlose** ~ understanding, informal *a*-; **gegenseitige** ~ mutual *a*-; **gemäß** ~ as per *a*-, pursuant to the *a*-; **je nach** ~ as may be agreed; **mangels abweichender** ~ unless otherwise agreed; in the absence of any *a*- to the contrary; **mangels besonderer** ~ in the absence of some express stipulation; **mangels gegenteiliger** ~ in the absence of any provision to the contrary; **maßgebende** ~**en** agreements which are material (for this purpose); **mündliche** ~ oral/verbal *a*-; **nachträgliche** ~**en** subsequent *a-s*; **privatschriftliche** ~ *a*- under hand, handwritten *a*-; **schuldrechtliche** ~ *a*- under the law of obligations, contractual *a*-; **sich an** ***e-e*** ~ **halten** to keep to an *a*-, to stand by one's *a*-; **stillschweigende** ~ tacit understanding, implied *a*-; **unbeschadet anderweitiger** ~ unless otherwise agreed; **ursprüngliche** ~ original *a*-; **verbotene** ~**en** prohibited *a-s*; **vertragliche** ~ contractual *a*-; **völkerrechtliche** ~ convention, treaty, international *a*-; **vorbehaltlich ausdrücklicher** ~ subject to express stipulation; **vorbehaltlich gegenteiliger** ~ subject to stipulation to the contrary; **vorherige** ~ previous *a*-; **vorläufige** ~ interim *a*-; provisional *a*-;

wettbewerbsbeschränkende ~en *a-s* in restraint of competition.

vereinbarungsgemäß as agreed, in accordance with our agreement, pursuant to (our) contract.

vereinheitlichen *vt* to standardize, to unify, to secure uniformity, to harmonize.

Vereinheitlichung *f* standardization, unification, achievement of uniformity, harmonization.

vereinigen *vt* to unite, to combine, *v reflex* to associate, to combine.

vereinigt *adj* united.

Vereinigte | Große Senate German Federal (Supreme) Court in plenary session; **~ Internationale Büros zum Schutz des geistigen Eigentums** United International *US* Bureau/*GB* Bureaux for the Protection of Intellectual Property; **~ Internationale Büros zum Schutz des gewerblichen, literarischen und künstlerischen Eigentums** United International *US* Bureau/*GB* Bureaux for the Protection of Industrial, Literary and Artistic Property.

Vereinigung *f* association, federation, organization; amalgamation, union, merger, confusion; **~ der Arbeitgeber** employers' association; **~ mehrerer Hypotheken** consolidation of mortgages; **~sfreiheit** *f* freedom to form associations; **~srecht** *n* right to form associations; **~szeitplan** *m* timetable for unity; **~ von Aktien** consolidation of shares; **~ von Forderung und Schuld** confusion of debts; **~ von Grundstücken** real estate consolidation (by merging several plots); **~ von Rechten in *e-er* Person** merger of rights; **~ von Wertpapierinhabern** association of security holders; **Deutsch-Amerikanische Juristen-~** (*abbr* **DAJV**) German-American Lawyers Association (*abbr* GALA); **gemeinnützige ~** non-profit association; **kriminelle ~en** criminal societies/associations; **rechtsfähige ~** incorporated association; **terroristische ~** terroristic combination; **verbotene ~** prohibited association, unlawful society, unlawful organization; **verfassungsfeindliche ~** seditious group, anti-constitutional organization; **widerrechtliche ~** unlawful association; **wohltätige ~** benevolent society.

vereinnahmen *vt* to receive, to collect.

Vereinnahmung *f* receipt, collection.

Vereinte Nationen *f/pl* United Nations; **Charta der ~n ~** United Nations Charter; **Generalsekretär der ~n ~** United Nations Secretary-General; **Hohe**(**r**) **Kommissar** *m*/**-in** *f* **der ~n ~ für Flüchtlinge** United Nations High Commissioner for Refugees; **Kommission der ~n ~ für internationales Handelsrecht** United Nations Commission on International Trade Law (*abbr* UNCITRAL); **Organisation der ~n ~** United Nations Organization (*abbr* UNO); **Organisation der ~n ~ für Erziehung, Wissenschaft und Kultur** United Nations Educational, Scientific and Cultural Organization (*abbr* UNESCO); **Organisation für industrielle Entwicklung der ~n ~** United Nations Industrial Development Organization (*abbr* UNIDO); **Sekretariat der ~n ~** United Nations Secretariat; **Sicherheitsrat der ~n ~** United Nations Security Council; **Treuhandrat der ~n ~** United Nations Trusteeship Council; **Übereinkommen der ~n ~ über den internationalen Warenkauf** (*abbr* **VNKÜ**) United Nations Convention on the International Sale of Goods (*abbr* CISG); **Übereinkommen der ~n ~ über die Anerkennung und Vollstreckung ausländischer Schiedssprüche** (= **New York-Übereinkommen**) United Nations Convention on the Recognition and Enforcement of Foreign Arbitral Awards (= New York Convention); **Verwaltungsgericht der ~n** ~ United Nations Administrative Tribunal; **Vollversammlung der ~n** ~ General Assembly of the United Nations; **Welthandels- und Entwicklungskonferenz der ~n** ~ United Nations Conference on Trade and Development (*abbr* UNCTAD); **Weltkinderhilfswerk der ~n** ~ United Nations Children's Fund (*abbr* UNICEF); **Wirtschafts- und Sozialrat der ~n** ~ United Nations Economic and Social Council (*abbr* ECOSOC); **Zentrum der ~n** ~ **für transnationale Unternehmen** United Nations Center on Transnational Corporations (*abbr* UNCTC).

Vereiteln n frustration, prevention, = *Vereitelung*; ~ **der Zwangsvollstreckung** frustration/prevention of civil execution.

vereiteln *vt* to defeat, to thwart, to prevent, to frustrate.

Vereitelung *f* frustration, prevention; ~ **der Befriedigung von Gläubigern** frustrating the satisfaction of creditors, hindering and delaying creditors; ~ **des Beweises** obstructing the obtaining of evidence, = *Beweisvereitelung*.

Verelendungstheorie *f* pauperization theory.

vererbbar *adj* hereditary.

vererben *vt* to bequeath, to leave, to pass on by inheritance.

vererblich *adj* inheritable, hereditable.

Vererblichkeit *f* inheritability.

Vererbung *f* inheritance, heredity, transmission by succession.

Verfahren *n* **I** procedure (*law of procedure*); proceedings (*individual case*), suit; ~ **bei Rechtshilfeersuchen** procedure for letters rogatory; ~ **der Beweisaufnahme** procedure for taking evidence; ~ **in Ehesachen** procedure in matrimonial cases, matrimonial causes; ~ **in familienrechtlichen Angelegenheiten** domestic proceedings; ~ **in Nichtigkeitssachen** nullity proceedings; ~ **mit Geschworenen** jury trial; ~ **nach Einweisung** post-commitment hearing (*institution*); **~sänderung** *f* change in procedure; **~santrag** *m* procedural motion, interlocutory application, adjective motion; motion on a point of order; **~sart** *f* type of procedure; **~sausschuss** *m* committee on procedure; **~sbeschluss** *m* procedural order/decision; **~sbestimmung** *f* procedural provision, *pl* rules of procedure; **~sbeteiligte** *pl* parties to the proceedings; **~seinstellung** *f* dismissal, withdrawal of the charge; **einstweilige ~~** suspension of proceedings; **~sfehler** *m* procedural error, *pl* formal irregularities in the proceedings; **~sfortsetzung** *f* resuming the hearing, resumption of the trial; **~sfrage** *f* point of order, procedural question, question of procedure; **~sfreiheit** *f* free choice of procedure; **~sfrist** *f* procedural time-limit; **~sgang** *m* course of procedure; **~sgrundrechte** *pl* fundamental procedural rights; **~shindernis** *n* procedural bar, hindrance to proceedings; **~skosten** *pl* cost(s) of the proceedings; **die ~~ verteilen** to apportion the costs; **~smangel** *m* procedural mistake, error of procedure; ***e-em*** **~~ abhelfen** to rectify/correct a procedural mistake; **~smerkmal** *n* element of procedure; **~snorm** *f* rule (of procedure), procedural norm; **~sordnung** *f* rules of procedure; rules of practice, code of procedure; **~spfleger** *m*/**-in** *f* guardian ad litem; **~sraffinesse** *f* procedural niceties; **~srecht** *n* law of procedure, procedural law, adjective law; **~sregel** *f* rule, procedural rule, rule of procedure, *pl* rules of procedure; **~srüge** *f* procedural objection; **~sschritt** *m* stage in the proceedings; **~ssicherungen** *f* procedural safeguards; **~ssprache** *f* language of the proceedings; **~strick** *m* procedural device; **~sverordnung** *f* ordinance on procedure; **~sverschleppung** *f* delaying the progress of the proceedings; **~sverstoß** *m* irregularity; **formaler ~~** legal irregularity; **wesentlicher ~~** material irregularity; **~svoraussetzungen** *pl* procedural preconditions; **auf die Folgen des ~~es verzichten** to waive the irregularity; **~svorschriften** *pl* rules of procedure, procedure requirement; **gerichtliche ~~** rules of court; **~ über dingliche Rechte** → *dingliches ~*; **~ vor dem Patentamt** patent office procedure; **~ wegen Aufenthaltsverbots** administrative proceedings to expel; **abgekürztes ~** summary proceedings; **angemessenes ~** appropriate procedure; **anhängiges ~** pending case/proceedings; **beschleunigtes ~** summary procedure, accelerated proceedings, speedy proceedings; **das ~ aussetzen** to stay (the) proceedings/the action, to suspend proceedings; **das ~ beschleunigen** to expedite the proceedings; **das ~ einstellen** to quash proceedings, to withdraw the charge, to dismiss a case; **das ~ niederschlagen** to quash the proceedings; **das ~ unterbrechen** to discontinue the proceedings; **das ~ wegen Geringfügigkeit einstellen** to discontinue proceedings in view of the insignificance of the matter; **das ~ wiederaufnehmen** to reopen a case, to try a case de novo; **dingliches ~** proceedings in rem, suit in rem; **ein ~ anstrengen** to take proceedings; **ein ~ betreiben** to prosecute a case, to proceed with an action; **ein ~ einleiten** to institute proceedings; **ein ~ ruhen lassen** to let proceedings rest; **ein ~ wird anhängig** a case becomes pending in court, proceedings arise; **fehlerhaftes ~** flawed proceedings; irregular proceedings; **geeignete ~** appropriate machinery; **gerechtes ~** fair trial; **gerichtliches ~** proceedings in court, judicial action; judicial procedure, court procedure; **in das ~ eintreten** to intervene in the proceedings; **in *e-em* schwebenden ~** pendente lite; **inquisitorisches ~** inquisitorial procedure; **kontradiktorisches ~** adversary procedure; **kurzes ~** summary proceedings, short trial; **langwieriges ~** lengthy procedure; **mündliches ~** oral proceedings, verbal process; **nichtstrafrechtliches ~** non-penal proceedings; **nichtstreitiges ~** non-contentious proceedings; **objektives ~** in rem proceedings (*condemnation and confiscation of items*); **ordentliches ~** ordinary proceedings, main trial; standard procedure; general court procedure; **ordnungsgemäßes ~** due process of law; **parlamentarisches ~** parliamentary practice, parliamentary procedure; **rechtshängiges ~** active proceedings, pending proceedings; **rechtliches ~** legal procedure; **rechtsstaatliches ~** due process of law; **schiedsrichterliches ~** arbitration (procedure), arbitration (proceedings); **schriftliches ~** written proceedings; **schwebendes ~** pending proceedings/case; **strafrechtliches ~** criminal procedure; **streitiges ~** litigious procedure, litigation, litigious proceedings; **summarisches ~** summary proceedings, summary action; **ungerechtes ~** unfair trial; **unübliches ~** irregular proceedings/procedure; **vollkommen neues ~** fresh proceedings, action de novo, a completely fresh trial; **während des ~s** in the course of the proceedings; **~ ~ schwebenden ~s** pendente lite; **wiederaufgenommenes ~** revived action.

Verfahren *n* **II** method, process, operation, treatment, technique; **~ bei der Zahlung** method of payment; **~ für gedankliche Tätigkeiten** *pat* method for performing mental acts; **~serfindung** *f* invention of a process; **~snummer** *f* processing number; **~spatent** *n* process patent, method patent; **ein ~ einschlagen** to go through a process; **gesetzlich geschütztes** ~ proprietary process; **mechanisches** ~ mechanical process; **patentfähiges** ~ patentable process; **patentiertes** ~ patented process; **traditionelles** ~ established procedure; **übliches** ~ customary procedure.

verfahren *vi* to proceed; **ordnungsgemäß** ~ to proceed in a regular manner.

verfahrens | mäßig *adj* procedural, adjective, *adv* as regards procedure; **~rechtlich** *adj* procedural; **~technisch** *adj* technical.

Verfall *m* **I** forfeiture; maturity (*bill of exchange*), due date; lapse (*policy*); **~sdatum** *n* sell-by date; ~ ***e-es* Patents** forfeiture of a patent; ~ ***e-es* Pfandes** forfeiture of a pledge; **~frist** *f* preclusive deadline/period; **~klausel** *f* cancellation clause; accelerating clause, → *Fälligkeitsklausel*; **~pfand** *n* forfeiture pledge; **~serklärung** *f* **von Aktien** cancellation of shares; **~stag** *m* day of maturity, expiration date (*policy*); **~stermin** *m* maturity, expiry date; **~svertrag** *m* forfeiture agreement; **~szeit** *f* time of expiration; **mit ~sandrohung** *f* on pain of forfeiture; **nach** ~ when overdue (*bill of exchange*).

Verfall *m* **II** decay, dilapidation.

verfallen *vi* forfeit, to become forfeited; to expire, to lapse; to expire, to cease to be valid.

verfallen *adj* overdue, forfeited, lapsed, expired.

verfälschen to falsify, to forge, to adulterate (*food, wine*).

Verfälschung *f* falsification, forging, adulteration.

verfassen *vt* to draft, draw up, to prepare.

Verfasser *m/***-in** *f* author, writer; **~anteil** *m* (author's) royalty; **~eigenschaft** *f* authorship.

Verfassung *f* **I** condition, state.

Verfassung *f* **II** constitution (= *c-*, *constitutional* = *c-l*); **~sänderung** *f* amendment to the *c-*, *c-l* amendment; **~sauftrag** *m c-l* directive (*to the state organs*); **~sbeschwerde** *f c-l* complaint, petition to *c-l* court (*based on allegation of infringement of c-l right*); **~sbruch** *m* violation of the *c-*; **~sfeind** *m/***-in** *f* enemy of the democratic *c-l* order; extremist; **~sgarantie** *f c-l* guarantee; **~sgericht** *n c-l* court; **~~sbarkeit** *f* jurisdiction of the *c-l* court; **~~shof** *m* Supreme *C-l* Court; **~sgeschichte** *f c-l* history; **~sgrundsätze** *pl c-l* principles; **~sklage** *f* action to have a bill declared un*c-l*, action in a *c-l* court; **~skonflikt** *m c-l* conflict; **~skontrolle** *f* check as to constitutionality, control of constitutionality; **~slyrik** *f* lyrical phrases in a *c-*; **~smäßigkeit** *f* constitutionality; **~sorgan** *n* entity created under the *c-*, *c-l* organ; **~srecht** *n c-l* law; **~srechtler** *m/***-in** *f c-l* lawyer; **~sreform** *c-l* reform; **~srichter** *m/***-in** *f c-l* court judge; **~sschutz** *m* protection of the *c-l* order; (Office for the) Protection of the *C-*; *D* intelligence service against subversive activities; **~sstaat** *m c-l* state (system); **~sstreit** *m c-l* conflict; **~~igkeiten** *pl* litigation in *c-l* matters; **~streue** *f* loyalty to the *c-*; **~surkunde** *f c-l* charter, instrument of the *c-*; **~sverrat** *m* treason against the *c-*; **~swidrigkeit** *f* unconstitutionality, contravention of the *c-*, unconstitutional act; **~swirklichkeit** *f c-l* reality; **~szusatz** *m c-l* amendment; **bundesstaatliche** ~ federal *c-*; **demokratische** ~ democratic *c-*; **geschriebene** ~ written *c-*; **ungeschriebene** ~ unwritten *c-*.

verfassungs | feindlich *adj* inimical to the constitution, seditious, anticonstitutional; **~sgebend** constituent, creating constitutional law; **~sgemäß** constitutional, compatible with the constitution; **~smäßig** constitutional; **~swidrig** unconstitutional, anti-constitutional.

Verfechter *m/***-in** *f* supporter, partisan.

Verfehlung *f* (minor) *US* offense/ *GB* offence, misdemeano(u)r, lapse.

verfemen *vt* to outlaw, to ostracize, to send to Coventry.

Verfilmungsrecht(e) *n/pl* film rights, screen(ing) rights.

Verflechtung *f* integration, interlocking, interconnections, interdependence; **vertikale ~** vertical combination, vertical integration; **~ der Volkswirtschaften** interpenetration of national economies; **~ wirtschaftlicher Interessen** interpenetration of industrial interests.

verfolgbar *adj* actionable, subject to prosecution, suable.

verfolgen *vt* to pursue, to prosecute, to persecute; **gerichtlich ~** to prosecute; **politisch ~** to persecute for political reasons; **steckbrieflich ~** to search, to conduct a police search; **~ verfolgt werden** to be wanted by the police; **strafrechtlich ~** to charge with an *US* offense/*GB* offence, to prosecute.

Verfolger *m/***-in** *f* pursuer, persecutor; **~staat** *m* state persecutor, *state which persecutes (groups of) people.*

Verfolgte(r) *f(m)* (*der Verfolgte*) persecutee, persecuted (person); **politisch ~** political persecutee; **politisch, rassisch oder aus religiösen Gründen ~** person persecuted for political, racial, or religious reasons.

Verfolgung *f* pursuit, prosecution; persecution; **~srecht** *n* right of stoppage in transitu, right of pursuing title; **~~ über die Staatsgrenze** right of hot pursuit (*across the border*); **~sverjährung** *f* limitation of prosecutions (*beyond limitation period/US Statute of Limitations*); **~szwang** *m* compulsory prosecution of criminal *US* offenses/*GB* offences; **~ Unschuldiger** prosecution/persecution of innocent persons; **~ von Zuwiderhandlungen** prosecution for contraventions; **disziplinarische ~** disciplinary prosecution; **gerichtliche ~** (judicial) prosecution; **politische ~** persecution for political reasons.

verfrachten *vt* to transport goods (by sea).

Verfrachter *m/***-in** *f* shipper.

Verfrachtung *f* carriage of goods by sea; **~svertrag** *m* contract of maritime transport of goods, contract of affreightment.

verfügbar *adj* available, disposable; **~e Arbeiter** manpower resources, labo(u)r resources; **~e Mittel** available cash, liquid funds.

Verfügbarkeit *f* availability, disposability.

verfügen *vi* to direct, to order, to decree; to deal with, to dispose (of *sth*), to have *sth* at one's disposal; **letztwillig ~** to dispose by will; **testamentarisch ~** to dispose by will.

Verfügung *f* **I** direction, order, decision, instruction; **amtliche ~** official direction; **~sanspruch** *m* entitlement to an interim order/injunction; **~sgrund** *m* urgency of applying for an interim injunction; **auf Grund gerichtlicher ~** by order of the court; **einstweilige ~** interim injunction; provisional injunction, interlocutory injunction; **~ ~ auf Unterlassung** (*prohibitory*) injunction; **gerichtliche ~** court order, order of the court; **~ ~ sich zu äußern** order to show cause; **gesetzliche ~** decree, ordinance, statutory instrument; **laut ~** as directed, as ordered; **polizeiliche ~** police order; **prozessleitende ~** order for directions; **richterliche ~** judicial order, order of the court, *pl* rulings of the court; **schriftliche ~** order in writing, written order.

Verfügung *f* **II** disposal, disposition, transfer (*of possession, ownership, rights*), transaction (*in rem*); **~ angesichts des Todes** transfer in contemplation of death; **~ *e-es* Nichtberechtigten** disposition by a non-entitled party; **~sbefugnis** *f* power of disposal; power of disposition; **~sberechtigte(r)** *f(m)* (*der ~sberechtigte*) party entitled to dispose of *sth*, authorized agent; **~sberechtigung** *f* authority to dispose (*of sth*); **~sbereitschaft** *f* readiness of being at *s.o.*'s disposal, readiness to serve in the armed forces at any time; **~ssbeschränkung** *f* restraint on disposal, limitation of the right to dispose of *sth*; **~seinkommen** *n* disposable income; **~sgewalt** *f* power of disposition, control, power of disposal, possession, power to transfer title, order of disposition (*bankrupt*); **unbeschränkte ~~** full and absolute control; **~sgeschäft** *n* disposition, *the act of transferring, encumbering or discharging*; **~smacht** *f* disposing power, disposing capacity; **~srecht** *n* right of disposal, power of disposition; **das alleinige ~~** the sole right of disposition; **das ~~ haben** to have power of disposal of; **~ssperre** *f* prohibition on disposal, restraining order; **~sunfähigkeit** *f* legal disability to dispose; **~sverbot** *n* restraint on disposition, restraining order; **vorläufiges ~~** stop order, temporary restraining order (*abbr* TRO); **~ unter Lebenden** disposition/transaction inter vivos; **~ von Todes wegen** disposition mortis causa, *testament and/or deed of succession* (→ *Erbvertrag*); **begünstigende ~** beneficial disposition; disposition with a preference; fraudulent conveyance; **freie ~** free disposition; **korrespektive ~en** reciprocal dispositions; **letztwillige ~** last will, testament; **~ ~ gegen Lebensverlängerung** living will (*providing for medical instructions in case of later incapacity*), → *Patiententestament*; **rechtsgeschäftliche ~** contractual disposition, voluntary disposition; **testamentarische ~** testamentary disposition; **unentgeltliche ~** gratuitous disposition; **wechselbezügliche ~en** reciprocal dispositions; **wechselseitige ~en** reciprocal dispositions; **widerrechtliche ~en** illegal transactions; **zur ~ stellen** to place at *s.o.*'s disposal, to make available; **zwingend vorgeschriebene ~** obligatory disposition.

verführen *vt* to mislead, to seduce, to entice, to lead astray.

Verführung *f* enticement, seduction; **~ *e-es* (*e-er*) Minderjährigen** seduction of a minor.

Vergabe *f* placing, contracting, award (*of contract*), allocation (*of funds*), grant; **~ im Submissionsweg** allocation by tenders; **~verfahren** *n* procurement procedure, procedure for awarding contracts; **~verordnung** *f* (uniform) regulations on limited university admission; **~ von Stipendien** award of scholarships/grants; **beschränkte ~** limited tender; **freie ~** open invitation to tender.

vergällen *vt* to denature.

Vergällung *f* denaturing; **~smittel** *n* denaturing agent.

Vergangenheit *f* the past, previous record; **~sbewältigung** *f* coming to terms with one's past (*Third Reich, Communism*); **schlechte ~** bad record.

vergeben *vt* to award (*contract*).

Vergehen *n* criminal *US* offense/*GB* offence, (= *o*-) misdemeano(u)r (*subject to imprisonment or a fine*); **~ gegen die Landesverteidigung** *o*- against national *US* defense/*GB* defence; **~ im Amte** criminal *o*- in public office; **politisches ~** political *o*-; **schweres ~** indictable *o*-; **~ ~ gegen fremde Patentrechte** grave infringement of another's patent rights; **sittenwidriges ~** *o*-against morality; **vorsätzliches ~** wil(l)ful *o*-; **verabscheuungswürdiges ~** heinous crime.

vergehen *v reflex* to commit a grave *US* offense/*GB* offence, to violate, to commit an indecent assault, to commit an outrage.

vergelten *vt* to retort, to retaliate.

Vergeltung *f* retaliation, reprisal, retribution; **~sgesetz** *n* retaliatory law; **~smaßnahmen** *pl* reprisals, retaliatory measures; **~sprinzip** *n* principle of retaliation; **~srecht** *n* law of reprisal, right of retaliation, right of retorsion; **~szoll** *m* retaliatory tariff; **~ üben** to retaliate, to take reprisals.

vergewaltigen *vt* to rape, to ravish.

Vergewaltigung *f* rape, ravishment; ~ **in der Ehe** marital rape; **mehrfache** ~ gang-rape.

vergewissern *v reflex* to make certain, to make sure.

vergiften *vt* to poison, to administer poison.

Vergiftung *f* poisoning; **gemeingefährliche** ~ environmental poisoning, spreading poisonous substances dangerous to the public.

Vergleich *m* **I** comparison; **~sbeispiel** *n* comparative example; **~sbilanz** *f* comparative balance sheet; **~sgrundstück** *n* comparable property; **~smaßstab** *m* standard unit for comparison, *US* bench mark; **~smiete** *f* equivalent comparative rent (*of similar premises*); **~smuster** *n* reference sample; **~sobjekt** *n* comparable property; **~sperson** *f* comparator; **~sstichproben** *pl* matched samples; **~sversuch** *m* comparative test; **~swert** *m* comparison-figure, comparative value; **~swohnung** *f* comparable accomodation; **~szahl** *f* comparative figure; **~szeitraum** *m* comparable period, period taken as basis of comparison; **schiefer** ~ false analogy.

Vergleich *m* **II** settlement, compromise, composition, arrangement; ~ **anmelden** = *~santrag stellen*; ~ **mit den Gläubigern** composition with creditors; arrangement with one's creditors; **~sangebot** *n* settlement offer; **~santrag** *m* petition to institute composition proceedings; **~~ stellen** to file for insolvency protection (*composition proceedings*), *US* to file for protection (from creditors) under Chapter 11 of the Bankruptcy Code; **~sbasis** *f* basis for a compromise; **~sbedingungen** *f* terms of composition; **~sbereitschaft** *f* readiness to come to a compromise; **~sgarant** *m*/**-in** *f* guarantor of a composition offer; **~sgebühr** *f* (counsel's) fee for negotiating a settlement; **~sgericht** *n* court for composition proceedings; **~sgläubiger** *m*/**-in** *f* creditor in composition proceedings; **~sordnung** *f* Composition Code (*of procedure for arrangements between debtor and creditors*); **~splan** *m* scheme of arrangement; **~squote** *f* composition dividend, dividend on a composition settlement; **~sstatus** *m* statement of affairs in composition proceedings; **~sschuldner** *m*/**-in** *f* debtor under a composition arrangement; **~stermin** *m* (meeting of creditors) hearing in composition proceedings; **~s- und Schiedsordnung** rules of conciliation and arbitration; ~ ~ ~ **der Internationalen Handelskammer** Conciliation and Arbitration Rules of the International Chamber of Commerce, ICC Arbitration Rules; **~sverfahren** *n* composition proceedings (*to avert bankruptcy*), *int* conciliation proceedings; **gerichtliches ~~** judicial composition, *US* Chapter 11 receivership; **~sverwalter** *m*/**-in** *f* receiver (*composition proceedings*); **~svorschlag** *m* settlement offer, suggestion of a compromise; proposal in composition proceedings; ~ **zur Abwendung des Konkurses** composition with creditors to avert bankruptcy; **außergerichtlicher** ~ private settlement, out-of-court settlement, pretrial settlement, (amicable) arrangement; ***e-en*** ~ **annehmen** to accept a compromise, to agreee to a settlement; ***e-en*** ~ **eingehen** to reach a settlement; ***e-en*** ~ **perfekt machen** to finalize a settlement, to make a compromise arrangement watertight; ***e-en*** ~ **schließen** to compromise, to reach a settlement; **gerichtlicher** ~ court settlement; **gütlicher** ~ amicable arrangement/settlement.

vergleichen *v reflex* to reach a compromise.

vergleichs|bereit *adj* prepared to negotiate a settlement; **~sweise** *adj/adv* by way of compromise/settlement.

Vergnügungs|industrie *f* entertainment industry, leisure industry;

~park *m* amusement park; **~reise** *f* pleasure trip, pleasure cruise; **~stätte** *f* place of public entertainment (= *öffentliche ~~*); **~steuer** *f* entertainment tax, entertainment duty, amusement tax.

vergriffen *adj* sold out, out of print, out of stock.

Vergleichbarkeit *f* comparibility, reproducibility (*quality testing*).

Vergünstigung *f* special allowance, special benefit, privilege, concession; **betriebliche ~en** fringe benefits, perks; **entsprechende ~en** like benefits; **steuerliche ~en** tax concessions; **tarifliche ~en** special rates, reduced fare.

vergüten *vt* to remunerate, to reimburse, to refund, to compensate, to reward.

Vergütung *f* emolument, remuneration, pay, payment, reimbursement, compensation, royalty, refund, refunded amount; **~ der Überstunden** remuneration for overtime; overtime pay; **~ für Ausfallzeiten** compensation for interruption of career; **~en für die Ausbeutung von Bodenschätzen** natural resource royalties; **~ für schnelles Entladen** *US* dispatch/*GB* despatch money; **~sanspruch** *m* (*pl Ansprüche* = *~e*) claim for remuneration, compensation demand; **urheberrechtliche ~~e** copyright royalties; **~sauftrag** *m* payment order; **~sbescheid** *m* notice of reimbursement; **~sfestsetzung** *f* fixing of lawyer's fee by the court; **~sliste** *f* schedule of remuneration; **~spaket** *n* remuneration package; **~ssatz** *m* rate of remuneration; **~ssätze für Leihfahrzeuge** rental rates, rental charges; **angemessene ~** fair reward, fair compensation, reasonable/adequate remuneration; **~ ~ für Teilleistung** quantum meruit; **gegen ~ von** in consideration of, on payment of; **kassenärztliche ~** panel doctor's fees; **ohne ~** without (giving) compensation (therefor), without consideration; **sonstige ~en** any other consideration; **veränderliche ~** variable remuneration; **wiederkehrende ~en** periodic payments.

verhaften *vt* to apprehend, to arrest, to place under arrest, to take into custody; **erneut ~** to rearrest.

Verhaftung *f* apprehension, arrest, taking into custody; **~ auf frischer Tat** immediate arrest, arrest during the commission of the act, caught red-handed; **~ ohne Haftbefehl** arrest without a warrant; **~ wegen Fluchtverdachts** arrest due to suspicion of escape; **~ wegen Verdunklungsgefahr** arrest due to likelihood of collusion/suppression of evidence.

Verhalten *n* demeano(u)r, conduct, attitude, behavio(u)r; **~ auf dem Markt** behavio(u)r on the market; **~sforschung** *f* (economic) behavio(u)r research; **~skodex** *m* code of practice, (UN) directives on social business practice; international code of conduct; **~smaßregeln** *f* rules of conduct, instructions for negotiations; **~smuster** *n* behavio(u)r(al) patterns; **~snormen** *pl* standards of behavio(u)r; **völkerrechtliche ~~** international standards; **~sregeln** *pl* code of practice; **~sweise** *f* conduct, usual practice; **~sspielraum** *m* scope of conduct; **~sstörer** *m*/**-in** person whose conduct necessitate intervention by the authorities; **~sstudie** *f* behavio(u)r study; **~sweise** *f* conduct, practice; **abgestimmtes ~** collusive conduct, concerted action, concerted practices (*competition law*); a coordinated approach; **angemessenes ~** befitting conduct, appropriate behavio(u)r; **aufgabenorientiertes ~** task-oriented behavio(u)r; **berufsständisches ~** professionalism; **berufswidriges ~** unprofessional conduct, professional misconduct; **betrügerisches ~** fraudulent behavio(u)r; **bewusstes gleichgerichtetes ~** conscious parallelism of action; **bundesfreundliches ~** (a state's) friendly attitude toward the federal government (*and vice versa*); **ehewidriges** ~ matrimonial misconduct; **ehrkränkendes** ~ insulting behavio(u)r; **fahrlässiges** ~ negligence, negligent behavio(u)r; **fehlerhaftes** ~ misconduct; **gehorsamsverweigerndes** ~ insubordinate conduct; **gesetzwidriges** ~ illegal conduct; **gewinnsüchtiges** ~ profiteering; **gleichförmiges** ~ unvarying behavio(u)r; **konkludentes** ~ implied conduct, conduct leading to the conclusion (of); **marktgerechtes** ~ action in conformity with market trends; **ordnungsgemäßes** ~ orderly behavio(u)r; **ordnungswidriges** ~ disorderly conduct; **rechtswidriges** ~ illegal/unlawful conduct, wrongful conduct; **redliches** ~ fair dealing; **schlüssiges** ~ conduct from which the intention may be implied; **schuldbewusstes** ~ guilty conduct; **schuldhaftes** ~ fault, culpable conduct; **schuldminderndes provozierendes** ~ (partial) *US* defense/*GB* defence of provocation; **sittenwidriges** ~ immoral conduct; **sozialadäquates** ~ conduct in conformity with social needs; **standesgemäßes** ~ (proper) professional conduct; **standeswidriges** ~ unprofessional conduct, violation of professional standards; malpractice, breach of professional etiquette; **unbotmäßiges** ~ disorderliness, insubordinate behavio(u)r; **unehrenhaftes** ~ infamous conduct; **unerhörtes** ~ outrageous conduct; **ungebührliches** ~ improper/indecent behavio(u)r (*in court*); **ungehöriges** ~ improper conduct; **unredliches** ~ dishonest conduct; **unsittliches** ~ immoral conduct, indecency; **untadeliges** ~ irreproachable conduct, conduct beyond reproach; **vertragswidriges** ~ acting in breach of contract; **wettbewerbsbeschränkendes** ~ anti-competitive practices.

verhalten *v reflex* to conduct oneself, to behave; **sich fair** ~ to be fair, to observe the rules of fairness; **sich opportunistisch** ~ to temporize, to act in an opportunistic manner; **sich ordnungswidrig** ~ to act improperly; **sich vorschriftswidrig** ~ to commit irregularities.

Verhältnis *n* (*pl Verhältnisse*) relation, relationship, proportion, ratio; **~berechnung** *f* calculating by proportion, calculation of pro rata shares; **~mäßigkeit** *f* commensurability, reasonableness; **~~ *e-er* Entscheidung** reasonableness of a decision; ~ **von Obligationen und Vorzugsaktien zu Stammaktien** leverage; **~wahl** *f* proportional representation, proportional vote; **~~recht** *n* law of proportional representation; **~~system** *n* proportional representation; **~werte** *pl* ratios, relatives; **~zahl** *f* ratio, proportional factor; **statistische** ~~ statistic ratio (*balance sheet analysis*); **ärmliche ~se** indigent/impecunious circumstances; **beidseitig verpflichtendes** ~ reciprocal obligation; **beschränkte ~se** strained circumstances; **eheähnliches** ~ de facto marriage, a quasi-marriage; **ehebrecherisches** ~ adulterous relationship; **gute ~se** easy circumstances; **im gleichen** ~ in equal proportions; **im richtigen** ~ proportionate, in the right proportion; **im ~ zu** as between, in proportion to; ~ ~ ~ **Dritten** vis-à-vis third parties; **obligatorisches** ~ relationship under the law of obligations (*contract, quasi-contract, tort*); **persönliche ~se** personal circumstances; **über seine ~se leben** to overspend; **unter den derzeitigen steuerlichen ~sen** with taxes as they now stand; **unter den gegebenen ~sen** under the prevailing circumstances; **vermögensrechtliche ~se** financial relations, pecuniary relationship; **vertragsähnliches** ~ quasi-contractual relationship.

verhältnismäßig *adj* proportional, reasonable.

Verhandeln *n* negotiating, bargaining; **rein geschäftsmäßiges** ~ dealing at arm's length, a purely business negotiation, businesslike talks.

verhandeln *vi* to negotiate, to participate in a court hearing, to plead before the court, to hear (a case), (*notary*) to record, to execute; **mündlich** ~ to conduct a court hearing, to plead in court.

Verhandlung *f* **I** negotiation (= *n*-, *negotiating* = *n-g*); **~en beginnen** to open *n-s*, to start talks; **~sangebot** *n* overture, offer to negotiate, offer to enter into *n-s*; **~sausschuss** *m* *n-g* committee; **~sbasis** *f* basis of the *n-s*; asking price; **~sbereitschaft** *f* readiness to negotiate, willingness to negotiate; **~sbericht** *m* report of the *n-s*; **~sdolmetschen** *n* interpreting of dialogues; **~seröffnung** *f* overture, start of the *n-s*; **~sfrieden** *m* negotiated peace; **~sführer** *m*/**-in** *f* negotiator, bargaining agent; **~sführung** *f* conduct of the *n-s*; **~sgegenstand** *m* subject matter of the *n-*; **~sgrundlage** *f* basis for the *n-s*; **~sort** *m* place of the *n-s*; **~spaket** *n* package deal; **~spartner** *m*/**-in** *f* *n-g* party; **~splan** *m* *n-* format; **~sposition** *f* *n-g* position; **~spunkte** *pl* agenda, points of *n-*, points to negotiate; **~srunde** *f* set of *n-s*; contracting parties' session; **~sspielraum** *m* margin for *n-s*; **~ssprache** *f* official language, working language, language for *n-s*; **~sstärke** *f* *n-g* strength; **~stisch** *m* *n-g* table; **~svollmacht** *f* authority to negotiate, *n-g* power; **abgesonderte ~en** separate *n-s*; **außergerichtliche ~en** out-of-court *n-s*; **diese ~en werden aufgenommen** such *n-s* shall be undertaken; **direkte ~en** direct *n-s*; **in ~en eintreten** to enter into *n-s*, to engage in *n-s*; **langwierige ~en** protracted *n-s*; **persönliche ~ unter vier Augen** one-to-one *n-s*; **Scheitern** *n* **der ~en** *n*-breakdown, breakdown of *n-s*; **schwebende ~en** *n-s* in progress; **vorvertragliche ~en** antecedent *n-s*.

Verhandlung *f* **II** judicial hearing, court hearing, legal conference; *mil* parley; **~ des Falles** hearing of the case; **~sakten** *pl* court/trial record; **~sfähigkeit** *f* capacity to proceed/act in court; **~sführung** *f* conduct of the proceedings; **gerechte ~~** granting a fair hearing, *US* due process of law; **~sgebühr** *f* (lawyer's) fee for pleading in court, sitting fee, hearing fee; **~sgrundsatz** *m* principle of party presentation (*i.e. not ex officio*); **~sleitung** *f* chairmanship, conduct of the proceedings; **~sliste** *f* list of cases; cause list; **~smaxime** *f* principle of party presentation; **~sniederschrift** *f* record of the proceedings, joint minutes; **~sprotokoll** *n* written record of proceedings, trial record, minutes of the hearing/of the proceedings; **~stermin** *m* date of hearing, hearing, day of appearance; ***e-en* ~~ anberaumen** to fix a date for the hearing, to assign a day for trial; **~sunfähigkeit** *f* unfitness to plead, inability to follow the proceedings; **~svertreter** *m*/**-in** *f* substitute lawyer for a hearing, locum; **~ vor der Kammer** proceedings before the full court; **abgetrennte** ~ separate trial (*against codefendant*); **die ~ aussetzen** to suspend the hearing, to stay the hearing; **die ~ eröffnen** to open the hearing; **die ~ leiten** to conduct the proceedings; **die ~ schließen** to close the court, to close the hearing; **die ~ vertagen** to adjourn the hearing; **erneute** ~ proceedings de novo, rehearing, reopened hearing; **gerichtliche** ~ court hearing; **kontradiktorische** ~ adversarial procedure; **mündliche** ~ hearing, court hearing, trial (*in civil proceedings*); **nichtöffentliche** ~ trial in camera; **nichtstreitige** ~ (proceedings in an) uncontested case, undefended case, non-contentious (ex parte) hearing; **nochmalige** ~ rehearing; **öffentliche** ~ (hearing in) open court, in curia, public trial; **streitige** ~ adversarial hearing; defended trial; **zur ~ anstehen** to come up for trial.

verhandlungs | bereit *adj* open to negotiation; **~fähig** fit/capable to proceed; **~reif** ready for negotiation.

Verhängen *n* imposition, infliction; ~ **des Kriegsrechts** proclamation of martial law.

verhängen *vt* to impose, to inflict.

Verhängung e-er Strafe imposition of a sentence (*or* penalty).

Verharmlosung *f* making *sth* (*eg* violence) appear to be harmless.

verheimlichen *vt* to conceal, to dissimulate, to suppress, to hide.

Verheimlichung *f* concealment, suppression; ~ ***e-es*** **Kindes** concealing a (newly-born) child; ~ **gestohlener Sachen** concealing stolen property.

verheiratet *adj* married.

Verheiratung *f* marriage.

verhindern *vt* to prevent, to hinder.

Verherrlichung *f* glorification.

Verhinderung *f* hindrance, prevention, inability to attend; **~sgrund** *m* reason for inability to attend.

Verhöhnung des Rechts making a mockery of the law.

Verhör *n* interrogation, questioning; **beim ~ auspacken** *sl* to squeal, to crack under interrogation; **verschärftes** ~ third-degree practices.

verhören *vt* to interrogate, to question.

verhüten *vt* to prevent.

Verhütung *f* prevention; contraception; **~smittel** *n* contraceptive.

Verhüttung *f* smelting.

verifizieren *vt* to verify, to authenticate, to check, to certify.

Verifizierung *f* verification, collation.

verjährbar *adj* prescriptible, subject to the Statute of Limitations.

Verjährbarkeit *f* limitation of actions, prescription under the Statute of Limitations, unenforceability due to lapse of time; limitation of prosecution.

verjähren *vt* to become statute-barred.

verjährt *adj* statute-barred, barred by the Statute of Limitations.

Verjährung *f* limitation of actions; ~ **der Strafverfolgung** bar to prosecution by lapse of time, limitation of prosecution; ~ **der Strafvollstreckung** bar to execution due to lapse of time; ~ **einwenden** to plead/to invoke the Statute of Limitations, **~sfrist** *f* (statutory) period of limitation; **~shemmung** *f* tolling of the Statute of Limitations, suspension of the running of time (for purposes) of limitation; **~sunterbrechung** *f* interruption of the running of the period of limitation (*period begins anew*); **~svorschriften** *pl* statutory limitation rules, provisions of the *US* Statute of Limitations/*GB* Limitation Act; **~szeit** *f* period of limitation, term of prescription; ~ **von Geldforderungen** limitation of actions for a debt; **anspruchsvernichtende** ~ extinction prescription, exclusion due to limitation; **der ~ unterliegen** to be subject to the Statute of Limitations, to become statute-barred; **die ~ beginnt** the period of limitation begins to run; **die ~ hemmen** to suspend the limitation period, to toll the Statute of Limitations; **die ~ unterbrechen** to interrupt the running of the period of limitation (*the statutory period of limitation begins anew*).

verkalkulieren *v reflex* to miscalculate.

Verkauf *m* sale, vending; ~ **auf Baisse** bear sale, short sale; ~ **auf Grund *e-er* Ausschreibung** sale by tender; ~ **auf Kreditbasis** credit sale; ~ **auf Rechnung** sale on account; invoiced sale; ~ **auf Ziel** fixed-date sale, credit sale; ~ **beweglicher Sachen** sale of goods; ~ **durch Mittelsleute** sale via middlemen; ~ **für zukünftige Lieferung** sale for future delivery;

~ **gegen bar** cash sale; ~ **in Bausch und Bogen** outright sale; ~ **mit Rückkaufsrecht** sale with the option to repurchase; ~ **mit sofortigem Eigentumsübergang** outright sale, sale with immediate transfer of ownership; ~ **mit Vorbehalt des Wiederkaufs** sale with option to repurchase; ~ **mit Zugaben** sale with free gifts; ~ **ohne Zwischenhändler** direct sale; **~sabrechnung** *f* sales account, account sales, sold note; **~sabschluss** *m* conclusion of a sale, actual sale; *pl* selling transactions; **~sagentur** *f* sales agency; **~saktion** *f* sales campaign, drive; **~sanalyse** *f* sales analysis; **~sangebot** *n* sales offer, offer for sale, offer to sell; **~sanlagen** *pl* sales facilities; **~sanzeige** *f* announcement of sale; **~sargument** *n* selling point, sales argument; **~sauftrag** *m* sales order, order to sell, selling order; **limitierter ~~** *exch* stop-order selling; **~sauslagen** *pl* sales display; **~sautomat** *m* vending machine; **~sbedingungen** *pl* conditions/terms of sale, sales conditions, selling conditions; **allgemeine ~~** general conditions of sale; **~sbemühungen** *pl* sales efforts; **~sberater** *m*/**-in** *f* sales consultant; **~sberechtigung** *f* right to sell; **~sbroschüre** *f* sales manual; **~sbuch** *n* sold ledger; **~sbüro** *n* sales office, selling agency; **~seinheit** *f* sales unit; **~seinrichtung** *f* selling unit, sales outlet; **~serlös** *m* proceeds of sale, sale proceeds; **~sfall** *m* purchase contingency; **~sförderung** *f* sales promotion; **~~skampagne** *f* sales drive; **~sgebiet** *n* trading area; **~sgegenstände** *pl* articles for sale, articles/goods sold; **~sgemeinschaft** *f* joint sales agency; **~sgenossenschaft** *f* marketing cooperative; **~sgeschäfte** *pl* sales transactions; **~~ vermitteln** to negotiate contracts of sale; **~sgespräch** *n* sales talk; **~sgewinn** *m* profit on a sale; **~sgruppe** *f* selling syndicate; **~sjournal** *n* sold ledger, sales register; **~skampagne** *f* sales drive, sales campaign; **~skapazität** *f* selling capacity; **~skartell** *n* marketing cartel; **~skommission** *f* commission for sale, commission charged on sale, bailment for sale; **~skommissionär** *m*/**-in** *f* consignment merchant/commission merchant entrusted with a sale, factor selling agent; **~skontingent** *n* sales quota; **~skunst** *f* (the art of) salesmanship; **~skurs** *m* selling rate; **~sleistung** *f* sales performance; **~sleiter** *m*/**-in** *f* sales manager; **~slizenz** *f* *US* license/*GB* licence to sell; **~smethode** *f* sales method; **aggressive ~~n** high-pressure salesmanship; **~smonopol** *n* sales monopoly; **~sniederlassung** *f* sales agency, sales branch; chain store's shop; **~snote** *f* sold note; **~sobjekt** *n* sold property, property for sale, subject matter of the contract of sale; **~soption** *f* seller's option, selling option; *exch* put (option); **~sorganisation** *f* sales organization; **~spersonal** *n* sales staff, sales personnel; **~sprämie** *f* push money, sales premium; **~spreis** *m* sales price, selling price; **~~vorstellung** *f* asking price; **~sprospekt** *m* sales prospectus; **~sprovision** *f* sales commission, commission on sales; **~~ des Maklers** selling brokerage; **~spunkt** *m* point of sale; **~srecht** *n* selling rights, right to sell, right of disposal; **~sschub** *m* wave of selling, a surge in sales; **~sstrategie** *f* sales strategy, marketing; **~sschlager** *m* quick-selling article, runner; **~ssollsumme** *f* sales target; **~sspanne** *f* sales margin; **~sstelle** *f* sales agency, sales point; **~stag** *m* date of sale, selling day; **~stechnik** *f* sales technique, salesmanship; **~stermin** *m* date/time limit set for sale; **~sumsatzplan** *m* sales budget; **~sunkosten** *pl* marketing costs; **~surkunde** *f* sales document, bill of sale (*ships*); **~sveranstaltung** *f* trade fair; **~sverbot** *n* ban on sales, embargo; **~svereinbarung** *f* agreement to sell, sales agreement;

~sversprechen *n* promise to sell; **~svollmacht** *f* power to sell, authority to sell; **~swerbung** *f* sales promotion, sales publicity; **~swert** *m* marketable value, selling value, sales value; **gewöhnlicher ~~** saleable value, actual cash value, market-selling value; **~szwang** *m* obligation to sell, sale under compulsion, compulsory selling; **~ unter der Hand** private sale, underhand sale; **~ unter Eigentumsvorbehalt** conditional sale (with reservation of ownership); **~ unter Selbstkosten** sale below cost price; **~ von Restauflagen** remainder sale; **~ wie die Ware steht und liegt** as-is sale; **~ zur sofortigen Lieferung** sale for prompt/immediate delivery; **~ zu Verlustpreisen** selling at a loss; **~ zwecks Gewinnrealisierung** profit-taking sale; **außergerichtlicher ~** sale out of court; **bedingter ~** conditional sale; **einmaliger ~** one-off sale; **freier ~** private sale, sale on the open market; **freihändiger ~** private sale, sale by private contract (*i.e. not auction*); **gerichtlicher ~** judicial sale; **leichter ~** quick sale, easy sale; **rascher ~** quick sale; **vorrangiger ~** priority sale (*trading of securities*); **zum ~** for sale; **zum ~ anbieten** to offer for sale, to offer to sell; **zum ~ aufgeben** to give a selling order; **zum ~ aufliegen** to be available for sale; **zum ~ hergerichtet** made up for sale; **zum ~ übernehmen** to accept for selling.

verkaufen *vt* to sell, to vend; **~ oder beliefern** to sell or supply; **anderweitig ~** to sell to another person, to sell elsewhere; **auf Kredit ~** to sell on credit; **auf Ziel ~** to sell on (a limited period of) credit; **bestens ~** to sell at the best price (obtainable); **freihändig ~** to sell privately, to sell by private contract; **ganz ~** to sell outright; **gegen bar ~** to sell for cash; **geräumt ~** to sell with vacant possession; **in Bausch und Bogen ~** to sell outright; **leer ~** to go short, to sell short; **loko ~** to sell for spot delivery; **mehr ~ als lieferbar** to oversell; **meistbietend ~** to sell to the highest bidder; **schwarz ~** to sell under the counter, to sell on the black market; **sich gut ~ lassen** to sell readily, to find a ready market; **sich schwer ~** to sell hard, to be a slow mover; **teuer ~** to sell at a good price; **unter dem Wert ~** to sell below value; **zu ~** for sale.

Verkäufer *m*/**-in** seller, vendor, salesperson, shop assistant; **~ im Außendienst** outside salesman; **~markt** *m* sellers' market; **~pfandrecht** *n* unpaid seller's lien; **gewerbsmäßiger ~** (professional) salesman.

verkäuflich *adj* saleable (= *salable*) merchantable; for sale; **schwer ~** hard to sell.

Verkäuflichkeit *f* saleability, marketability.

verkaufsfertig *adj* ready for sale, saleable.

Verkehr *m* **I** transport, traffic (= *t-*); **~sabkommen** *n t-* convention; **~sampel** *f t-* signal, *t-* light; **~sanlagen** *pl* transport installations, transportation facilities; **~sanstalt** *f* public transport authority; **~saufkommen** *n* volume of *t-*; **~sausgaben** *pl t-* expenditure, fares; **~sbedarf** *m* current demand for transport, *t-* requirements; **~sbedürfnis** *n* normal requirements of *t-*; **~sbehinderung** *f* obstruction of *t-*; **~sbehörden** *pl* transport authorities; **~sberuhigung** *f* strict reduction in *t-*; **~sbeschränkungen** *pl t-* restrictions; **~sbetrieb** *m* transport undertaking, transport service; **~schaos** *n t-* breakdown, *t-*chaos; **~sdelikt** *n t- US* offense/*GB* offence; **strafpunktepflichtiges ~~** endorsable (indorsable) *t- US* offense/*GB* offence; **~sdichte** *f t-* density, density of *t-*; **~sdisziplin** *f* discipline of road users, disciplined road behavio(u)r; **~seinrichtungen** *pl* transport facilities; **~serziehung** *f* education of road users; **~sfläche** *f t-* area; **~sgefährdung** *f* dangerous driving; **~sgesetzgebung** *f t-* legislation; **~sgewerbe** *n* transport industry; **~shaftpflicht** *f* legal liability in transport and *t-*; **~shaftung** *f* liability in *t-* cases; **~shindernis** *n t-*obstacle; **~sinsel** *f t-* island, refuge; **~skontrolle** *f* road check; **~sknotenpunkt** *m t-* junction; **~slage** *f* location in respect of transport facilities; **~slärm** *m t-* noise, **~~schutz** *m* protection against *t-*noise; **~sleistung** *f* volume of *t-*, transport services; **~slichtzeichen** *n t-* light signals; **~sminister** *m/***-in** *f* Minister of Transport; **~sministerium** *n* Ministry of Transport, *US* Department of Transportation (*abbr* DOT); **~smittel** *n* means of transport; **öffentliche ~~** public transport(ation); **~snachfrage** *f t-*demand; **~snetz** *n* transportation network; **~sopfer** *n* victim(s) of *t-*accidents; **~sordnung** *f t-* regulations, rules of *t-*, regulatory system for transport; **~~swidrigkeit** *f t-*violation; **~splanung** *f t-* planning; **~spolitik** *f* transport policy; **~spolizei** *f t-* police, *t-* control squad; **~srecht** *n* road *t-* law; visiting rights, right of access; **~sregelung** *t-* regulations; **~srichtung** *f* direction of *t-*; **~srücksichtnahme** *f* courtesy of the road, drivers' courtesy, consideration in *t-*; **~ssachverständige(r)** *f(m)* (*der ~ssachverständige*) *t-* expert; **~sschild** *n t-*sign; **~sschutzmann** *m/***~frau** *f* patrolman/patrolwoman, *t-* policeman/policewoman; **~ssicherheit** *f* transport safety; safety for roadworthiness, reliability for transport; **mangelnde ~~** unroadworthiness; **~sspitze** *f* peak *t-*, rush hour; **~sstau** *m t-* jam, *t-* congestion; **~sstockung** *f t-* holdup, *t-* jam; **~sstörung** *f* disruption, stoppage of *t-*; **~sstrafsachen** *pl* penal *t-* cases; **~sstrom** *m* flow of *t-*; **~ssünder** *m/***-in** *f* persistent *t-* offender; **~ssünderkartei** *f* official register of *t-* offenders; **~starife** *pl* transport charges; **~steilnehmer** *m/***-in** *f* road user; **~sträger** *m* transport undertaking, transport authority, carrier; **~stüchtigkeit** *f* roadworthiness; **~sübertretung** *f t-* violation; **~s- und Versorgungstarife** rates charged for transport and public utility services; **~sunfall** *m t-*accident, road accident, street accident; **~~ mit Verletzung von Fußgängern** accident case involving injuries to pedestrians; running-down case; **~~prozess** *m* (road) *t-*accident case; **~sunternehmer** *m/***-in** *f* carrier; **nicht ansässige ~~** non-resident carriers; **~sunterricht** *m t-* instruction, *compulsory attendance at police t- tuition*; **~sverband** *m* transport pool; **~sverbindungen** *pl* transport links; **~sverbot** *n t-*prohibition, ban on *t-*; **~sverbund** *m* metropolitan transit; **~sverein** *m* tourist agency, association for the promotion of local tourism; **~sverlagerung** *f* displacement of *t-*; **~sverletzung** *f t-* violation; **~svorschriften** *pl t-* regulations; **~swacht** *f* road patrol; **~sweg** *m t-* route, service road; **~swesen** *n t-*, transport and communications; **~swidrigkeit** *f t-* violation; **~szählung** *f t-* census; **~szeichen** *n t-* sign, sign post, road sign; *pl* signs and signals; **~szentralregister** *n* central register of *t-* violations (*D at Flensburg*); **~szulassung** *f* road *US* license/*GB* licence; **den ~ umleiten** to divert *t-*, to reroute *t-*; **einspuriger ~** single lane/file *t-*; **fahrplanmäßiger ~** regular service; **gewerblicher ~** commercial transport; **grenzüberschreitender ~** border-crossing *t-*; **inländischer ~** domestic transport; **Öffentliche Dienste, Transport und ~** (*abbr* **ÖTV**) Public Services, Transportation and *T-* (*labo(u)r union of public employees*); **öffentlicher ~** public *t-*, public transport; **ruhender ~** stationary *t-*, *parked or standing vehicles in public streets*; **überörtlicher ~** regional *t-*, supralocal *t-*; **vierspuriger ~** four-lane *t-*.

Verkehr *m* **II** intercourse, transactions, circulation; ~ **mit Arzneimitteln** transactions involving medicine, sale of medicine; ~ **mit Gefangenen** contacts with prisoners; ~ **mit Grundstücken** real estate transactions; **~sanschauung** *f* general attitude, generally accepted standards; **~sanwalt** *m*/**~sanwältin** *f* correspondence lawyer (*between trial lawyer and client*); **~sauffassung** *f* = *~ssanschauung*; **~seinheit** *f* unit for commercial transactions; **~sfähigkeit** *f* marketability, negotiability, negotiable character; **~sfund** *m* finding of lost articles in public places; **~sgeltung** *f* general acceptance in trade; **~shypothek** *f* ordinary mortgage; **~sinvestition** *f* capital expenditure on communications; **~spapier** *n* negotiable paper; **~srecht** *n* visiting rights, right of access (*documents, information*); **~ssicherheit** *f* safety for general use; public safety; **mangelnde ~~** lack of safety; **~ssicherungspflicht** *f* duty to maintain safety, duty of care toward third parties; **~ssitte** *f* common usage; **~ssteuern** *pl* taxes on transfer of property, transfer duties; taxes on transactions; **~sübung** *f* general usage; **~sverlagerung** *f* shift of trade; **~swert** *m* trade value, current value, open market value, fair market value, current market price; **~~schätzung** *f* appraisal of trade value, estimate of current value; **~swirtschaft** *f* free market economy, commerce; ~ **zwischen dritten Ländern** cross traffic, cross trade; **außerehelicher** ~ extramarital intercourse; **außer** ~ withdrawn from circulation; **außer ~ setzen** to withdraw from circulation, to take off the road; **betrügerisch in ~ bringen** to market with fraudulent intent; **diplomatischer** ~ diplomatic intercourse; **ehebrecherischer** ~ adulterous intercourse; **ehelicher** ~ conjugal/marital intercourse; **freier** ~ free circulation, free movement; ~ **personenbezogener Daten** *EU* free movement of personal data; **in ~ bringen** to put into circulation; **mündlicher** ~ verbal intercourse; **persönlicher ~ mit den Kindern** personal access to the children.

verkehren *vi* to deal with, to have relations with, to associate with, to have intercourse with.

verkehrs|fähig *adj* marketable, negotiable; **nicht ~~** non-marketable, non-negotiable; **~günstig** in a favo(u)rable position as regards transport facilities; **~sicher** roadworthy; **nicht ~~** unsafe for traffic, unroadworthy, technically unsafe for general use; **~tüchtig** roadworthy; **~widrig** contrary to traffic regulations.

verkennen *vt* to fail to appreciate, to misjudge; **nicht** ~ to be fully aware of, to appreciate fully.

Verkennung *f* misjudgment, misapprehension; ~ **der Tatsachen** misjudgment, misapprehension of the facts; **offensichtliche** ~ obvious misapprehension.

verketzern *vt pol* to malign, to brand as a heretic.

verklagbar *adj* suable, liable to action, actionable.

verklagen *vt* to take legal proceedings against, to sue *s.o.*, to bring an action (against *s.o.*), to take out a summons (against *s.o.*), → *anklagen*.

Verklappung *f* ocean dumping.

verklaren to make protest.

Verklarung *f* ship's protest, sea protest; protest by the shipmaster (*to preserve evidence*); **~sprotokoll** *n* deed of sea protest/of ship's protest.

verklausulieren *vt* to safeguard by clauses, to express in complicated terms.

verklausuliert *adj* stipulated in detail, hedged in by clauses.

Verknappung tightness, shortage; **künstliche** ~ self-induced shortage.

verkörpern *vt* to embody, to impersonate.

Verkörperung *f* embodiment, personification; impersonation.

Verköstigung *f* board, food.

Verkrüppelung *f* crippling, maiming.

verkünden *vt* to read out, to pronounce (*judgment*), to hand down, to promulgate (*a law*), to proclaim.

Verkündung *f* announcement, publication, promulgation, proclamation, pronouncement; ~ **des Strafurteils** pronouncement of sentence; ~ ***e-es*** **Gesetzes** promulgation of a law; ~ ***e-es*** **Urteils** pronouncing judgment; **~stermin** *m* date for the pronouncement of a decision.

verkuppeln *vt* to procure.

Verkupplung *f* procuration.

Verkürzung *f* abridgment, shortening; ~ *e-er Frist*: *abridgment of time, reduction in a stipulated period of time*; ~ **der Arbeitszeit bei vollem Lohnausgleich** reducing working hours without corresponding decrease in pay.

Verlade | anlage *f* loading plant; **~bahnhof** *m* loading station, forwarding station; **~dokument** *n* shipping document; **reines ~~** clean shipping document; **~einheit** *f* loading unit; **~flughafen** *m* airport of *US* dispatch/*GB* despatch; **~hafen** *m* port of loading, port of embarkation, port of shipment; **~kosten** *pl* loading expenses, shipping charges, forwarding charges; **~order** *f* shipping order; **~ort** *m* place of shipment/loading; **~papiere** *pl* shipping documents; **~rampe** *f* loading platform; **~risiko** *n* loading risk; **~schein** *m* consignment note, *US* dispatch/*GB* despatch note, shipping note; **~schluss** *m* closing for cargo; **~station** *f* place of shipment.

verladen *vt* to load, to ship.

Verlader *m*/**-in** *f* freighter, shipper, forwarder.

Verladung *f* loading, stowage, shipping, shipment, *US* dispatch/*GB* despatch; **~sfrist** *f* period of shipment; **~skonnossement** *n* bill of lading; **~skosten** *pl* forwarding charges; **~sort** *m* place of shipment; **~spapiere** *pl* shipping documents; **~splatz** *m* place of shipment; **~s- und Frachtkosten** cost and freight (*abbr* C&F), (*INCOTERMS*); **~szeugnis** *n* shipping certificate; **fehlerhafte ~** improper stowage.

Verlag *m* publishing firm, publishing house, publishers; **~geber** *m*/**-in** *f* author *in relation to a publisher*; **~nehmer** *m*/**-in** *f* publisher *in relation to an author*; **~sabteilung** *f* publishing department; **~sagent** *m*/**-in** *f* literary agent; **~sanstalt** *f* publishing company; **~sbuchhandel** *m* publishing business; **~sbuchhändler** *m*/**-in** *f* publisher; **~serzeugnisse** *pl* published printed products; **~sgeschäfte** *pl* publishing business; **~sgesetz** *n* Publishing Act; **~sgewerbe** *n* publishing trade; **~slizenz** *f* publisher's *US* license/*GB* licence; **~slektor** *m*/**-in** *f* publisher's reader; **~srecht** *n* right to publish, publishing rights; publishing law; **~sverhältnis** *n* author-publisher relationship; **~svertrag** *m* author-publisher agreement, publishing contract; **~szeichen** *n* publisher's mark, imprint.

verlagern *v reflex* to dislocate, to relocate, to switch.

Verlagerung *f* dislocation, relocation; ~ **der Beweislast** shifting of the burden of proof.

verlangen *vt* to demand, to claim, to assert, to require.

verlängerbar *adj* renewable, extendable.

verlängern *vt* to prolong, to extend, to renew; **stillschweigend ~** to extend automatically, to extend by implication.

Verlängerung *f* prolongation, extension, renewal, protraction; ~ **der Abgabefrist** extension of time for the filing of a return; ~ **der Fristen** extended deadlines, deferment of (the) final dates; ~ **der Gültigkeitsdauer** extension of validity; ~ **der Laufzeit** ***e-es***

Darlehens renewal of a loan; ~ **der Lieferfristen** lengthening of delivery periods; ~ **der Polizeistunde** extension of permitted licensing hours (*alcoholic beverages*); ~ **der Rechtsmittelfrist** extension of time for appeal; ~ **der Wechselprotestmöglichkeit** extension of protest; ~ **des Mietverhältnisses** renewal of a tenancy/lease; ~ ***e-er*** **Bescheinigung** extension of certificate; ~ ***e-es*** **Patents** renewal of a patent; ~ ***e-es*** **Wechsels** prolongation of a bill of exchange; **~seintrag** *m* renewal endorsement (*passport*); **~sgebühr** *f* renewal fee; **~sklausel** *f* continuation clause, extension clause, renewal clause; **automatische** ~~ provision for automatic renewal; **~soption** *f* option of renewal; **~spolice** *f* extension policy; **~srecht** *n* right to renew; **~sstück** *n* allonge (*bill of exchange*); **~szeitraum** *m* period of extension; **~szettel** *m* allonge (*bill of exchange*); **stillschweigende** ~ tacit renewal (*tenancy*).

Verlassen *n* leaving, departure, desertion; **böswilliges** ~ desertion, malicious abandonment; **grundloses** ~ desertion, voluntary abandonment.

verlassen *vt* to desert, to abandon.

Verlassenschafts | gericht *n* (*Austria*) probate court; **~kurator** *m*/**-in** *f* custodian of a deceased's estate, administrator.

Verlässlichkeitskaution *f* fidelity guarantee.

Verlaufsstatistik *f* flow statistics.

verlautbaren *vi* to announce officially, to declare.

Verlautbarung *f* (official) announcement; **~srecht** *n* (government's) right to have broadcasting time for public announcements; **amtliche** ~ official announcement.

Verlegenheitslösung *f* makeshift solution, emergency arrangements.

Verleger *m*/**-in** *f* publisher; **~verband** *m* publishers' association.

Verlegung *f* transfer, postponement; ~ **der Hauptverhandlung** postponement of trial; ~ **des Sitzes** relocation of the registered office; ~ ***e-es*** **Termins** postponement of the date of a hearing; ~ **des Wohnsitzes** transfer of residence.

Verleih *m* distribution; **~gesellschaft** *f* distribution company; **~kopie** *f* release print.

verleihen *vt* **I** to lend, to hire out.

verleihen *vt* **II** to confer, to bestow.

Verleiher *m*/**-in** *f* lender, money-broker, pawnbroker; distributor (*films*).

Verleihung *f* conferment, bestowal, grant; **~surkunde** *f* charter, award of hono(u)rs, diploma; **königliche** ~~ royal charter.

verleiten *vt* to suborn, to inveigle.

Verleitung *f* subornation (*to crime, esp perjury*), seduction, inducement; ~ **zum Meineid** subornation of perjury, persuading *s.o.* to commit perjury; ~ **zum militärischen Ungehorsam** subornation to insubordination; ~ **zum Vertragsbruch** procuring breach of contract, interference with (subsisting) contract; ~ **zur Auswanderung** inducing *s.o.* to emigrate; ~ **zur Falschaussage** subornation of false testimony, fabricating false evidence; ~ **zu strafbaren Handlungen** solicitation to commit crimes, procuring an *US* offense/*GB* offence, subornation.

verlesen *vt* to read out, to read aloud.

Verlesung *f* reading (out), reading aloud; **~sprotokoll** *n record of a document that has been read out to the parties*; **auf die** ~ **wird verzichtet** taken as read.

verletzen *vt* to violate, to infringe, to injure, to impair.

Verletzer *m*/**-in** *f* infringer, the injuring party.

Verletzte(r) *f*(*m*) (*der Verletzte*) the injured party, the wronged party; **~ngeld** *n* allowance to an injured person, injury grant; **~nrente** *f* injured person's pension, periodic payments to an injured party; **der in seinen Rechten** ~ the person aggrieved, the aggrieved party.

Verletzung *f* injury, infringement, breach, violation, infraction; ~ **der Amtspflicht** → *Amtspflichtverletzung*; ~ **der Amtsverschwiegenheit** breach of official secrecy; ~ **der Anzeigepflicht** failure to disclose, non-disclosure; non-observance of statutory duty to provide information; ~ **der Aufsichtspflicht** failure to supervise (*e.g. children*); ~ **der ehelichen Pflichten** breach of matrimonial duties; ~ **der Formvorschriften** non-compliance with the procedure, non-compliance with formal requirements; ~ **der Geschlechtsehre** violation of sexual hono(u)r; ~ **der gesetzlichen Sorgfaltspflicht** lack of proper care, negligence; ~ **der Gewährleistungspflicht** breach of warranty; ~ **der Instandhaltungspflicht** permissive waste; ~ **der Neutralität** violation of neutrality; ~ **der Obhutspflichten** non-observance of duty to keep *sth* in good order; ~ **der öffentlichen Ruhe und Ordnung** *US* offense/*GB* offence against law and order; ~ **der Schweigepflicht** breach of professional discretion/secrecy; ~ **der Sonn- und Feiertagsruhe** breaking the sabbath; ~ **der Sorgfaltspflicht** lack of proper care, negligence; ~ **der Standespflicht** breach of professional ethics; ~ **der Unterhaltspflicht** failure to fulfil(l) one's statutory maintenance obligation; non-support; ~ **der Vertragspflicht** breach of contract; ~ **der Vertraulichkeit** breach of confidentiality; ~ **des Anstandes** indecency, outrage upon decency; ~ **des Berufsgeheimnisses** breach of professional duty of confidentiality; ~ **des Briefgeheimnisses** breach of confidentiality in letters; ~ **des Friedens** violation of the peace; ~ **des Luftraums** interference with airspace, violation of the sovereignty of the air; ~ **des Personenstandes** violation of personal status, infringement of civil status; ~ **des Post- und Fernmeldegeheimnisses** violation of the secrecy of postal and telecommunications; ~ **des Schamgefühls** grossly offending *s.o.*'s sense of shame; ~ **des Steuergeheimnisses** breach of tax confidentiality; ~ **des Urheberrechts** copyright infringement; ~ **des Wahlgeheimnisses** violation of a secret ballot; ~ ***e-er*** **Gewährleistungspflicht** breach of warranty; ~ ***e-es*** **gewerblichen Schutzrechtes** infringement of an industrial property right; ~ ***e-es*** **Patents** patent infringement; **~sabsicht** *f* intention to cause harm, malicious intent; **~sart** *f* type of injury; **~sdelikte** *pl US* offense/*GB* offence of causing an injury; **~sfolgen** *pl* effects of the injury; **~shandlung** *f* injurious act, infringing act; **~sklage** *f* action for infringement, infringement suit (*industrial property rights*); **~sprozess** *m* infringement suit; **~sstreit** *m* infringement litigation; ~ **von Grundrechten** violation of constitutional rights; ~ **von Warenzeichenrechten** trademark infringement; ~ **wesentlicher Formvorschriften** non-observance of essential formalities; **äußerlich sichtbare** ~ visible injury; **lebensgefährliche ~en** critical injuries, life-endangering injuries; **offenkundige** ~ public infringement, visible injury; **tödliche** ~ fatal injury; **unfallsbedingte** ~ injury caused by the accident, sudden or violent injury.

verleugnen *vt* to disown, to deny.

verleumden *vt* to calumniate, to slander, to vilify, to malign.

Verleumder *m*/**-in** *f* calumniator, slanderer; traducer.

verleumderisch *adj* defamatory, libellous, slanderous.

Verleumdung *f* defamation, defamatory statement, calumny, vilification, → *Verunglimpfung*; ~ **der Bundeswehr** vilification of the Federal Armed Forces; ~ **des Bundespräsidenten** vilification of the President of the Federal Republic; **~skampagne** *f* smear(ing) campaign, campaign of slander, vicious campaign of libel or slander; **~sklage** *f* action for defamation; **~sprozess** *m* defamation suit, libel suit; **~staktik** *f* smear device, slandering tactics; ~ **von Staatseinrichtungen** defamation of state institutions; **geschäftliche** ~ business slander.

Verlierer *m*/**-in** *f* loser, unsuccessful party.

verloben *v reflex* to become engaged, to get engaged.

Verlöbnis *n* engagement, betrothal (*poetic*), mutual promise to marry; **~bruch** *m* breach of promise (of marriage); **ein ~ aufheben** to break off an engagement.

verlobt *adj* engaged (to be married).

Verlobte(r) *f(m)* (*der Verlobte*) fiancé(e) *m(f)*, intended wife/husband, betrothed.

Verlobung *f* engagement (to marry); **~sgeschenke** *pl* engagement presents.

verlocken *v* to inveigle, to entrap.

verlosen *vt* to draw lots, to dispose by lots.

Verlosung *f* drawing lots; drawing for redemption; **~sliste** *f* list of drawings (*of bonds*); **~svertrag** *m* raffle contract.

Verlust *m* loss; **~abschluss** *m* loss shown in annual accounts, balance deficit; **~abzug** *m* deduction of loss(es); ~ **an Lebensqualität** loss of amenity; **~anteil** *m* share in the loss; **~anzeige** *f* report of loss of missing item, announcement of a loss; ~ **auf dem Transport** loss in transit; **~ausgleich** *m* loss compensation, making-up for a loss, loss offsetting; **~begrenzungsauftrag** *m* stop-loss order; **~bestätigung** *f* certificate of loss; **~bilanz** *f* balance-sheet showing a loss; **~deckung** *f* loss covering; ~ **der bürgerlichen Ehrenrechte** forfeiture of civic rights, deprivation of civic rights; ~ **der Kundschaft** loss of customers; ~ **der öffentlichen Ämter** loss of public offices; ~ **der Sprechfähigkeit** aphasia, loss of the power of speech; ~ **der Staatsangehörigkeit** loss of nationality; ~ **der Voraussetzung für ein Amt** disqualification from public office; ~ **der Zeugnisfähigkeit** disqualification from being a witness; ~ **der Zeugungsfähigkeit** loss of capacity of procreation; ~ **des Arbeitsplatzes** loss of job, job loss; ~ **des Pensionsanspruches** disqualification from pension-rights; ~ **des Sehvermögens** loss of sight; ~ **des Wahlrechts** disqualification from voting; ~ ***e-es*** **Rechts** loss of a right; **~eintragung** *f* red ink entry; **~geschäft** *n* a losing business, a transaction involving a loss; **~jahr** *n* a year marked by a loss; **~liste** *f* death roll, casualty list; **~maßstab** *m* loss measure; **~nachweis** *m* proof of loss; **~preis** *m* price at a loss, losing price; **zu** ***e-em*** **~~** at a loss; **~quellenrechnung** *f* calculation of losses caused by operational deficiencies; **~rechnung** *f* compilation of loss(es); **~risiko** *n* risk of loss; **~rückstellung** *f* loss reserve; **~rücktrag** *m* loss carryback; **~saldo** *m* loss balance, debit balance; **~spitze** *f* marginal loss, loss residue; **~stück** *n* lost security; **~übernahme** *f* loss take-over; assumption of loss(es), transferred losses; **~verteilung** *f* loss apportionment; ~ **von Absatzgebieten** loss of markets; **~vortrag** *m* (tax) loss carryforward, carry over; **~~ oder –rücktrag** *m carrying losses forward to subsequent years or back to previous years*; **~zeit** *f* time of losses, waiting time (*stoppage of production*); **~zuweisung** *f* allocation of loss; **~~sgesellschaft** *f* tax loss company, project write-off company; **buchmäßiger** ~ book-loss, loss on paper; ***e-en*** **~ abdecken** to make good a loss, to cover a loss; ***e-en*** **~ erleiden** to suffer a loss, to sustain a loss; ***e-en*** **~ in Kauf nehmen** to take a loss, to accept a loss; **ersetz-**

barer ~ recoverable loss; **mit** ~ at a loss, at a sacrifice; **mit** ~ **abschließen** to close at a loss, to show a loss; **schwerer** ~ severe loss; **sich für** ***e-en*** ~ **schadlos halten** to retrieve a loss; **steuerlich abzugsfähiger** ~ deductible loss; **steuerlicher** ~ tax loss; **uneinbringlicher** ~ irretrievable loss; **unersetzlicher** ~ irreparable loss; irrecoverable loss.

verlustig *adj* deprived (of), having incurred a loss; lapsed; ~ **erklären** to declare devoid of, to declare to have lost/forfeited *sth*.

Verlustigerklärung *f* declaration of forfeiture, official statement of loss (*of right to appeal*).

vermachen *vt* to bequeath, to devise.

Vermächtnis *n* legacy, bequest; **~anfall** *m* devolution of a legacy; **~anspruch** *m* claim to a legacy; **~berechtigte(r)** *f(m)* (*der ~berechtigte*) legatee, devisee; ~ ***e-es*** **Geldbetrages** pecuniary legacy; **~geber** *m*/**-in** *f* legator; ~ **mit Auflagen** modal legacy, bequest accompanied by directions; **~nehmer** *m*/**-in** *f* legatee, recipient of a legacy; ~~ ***e-es*** **Einzelvermächtnisses** specific legatee; **~unwürdigkeit** *f* disqualification from receiving a legacy for moral reasons; **ausgefallenes** ~ lapsed legacy (*predeceased beneficiary*); **bedingtes** ~ conditional legacy; **bestimmtes** ~ specific legacy; **betagtes** ~ deferred legacy; **ein** ~ **annehmen** to accept a legacy, to take under a bequest; **ein** ~ **ausschlagen** to refuse to accept a legacy; **ein** ~ **aussetzen** to grant/provide a legacy, to make a bequest; **gemeinschaftliches** ~ joint legacy; **generelles** ~ indefinite legacy; **unbedingtes** ~ unqualified legacy.

vermählen *v reflex* to marry, to get married, to wed.

Vermählung *f* wedding, marriage.

vermarken *vt* to mark the border.

vermarkten *vt* to market, to distribute.

Vermarktung *f* marketing; **~stricks** *pl* marketing ploys.

Vermarkung *f* marking out.

Vermassung *f* treating as one mass, lumping together.

vermeidbar *adj* avoidable.

vermeiden *vt* to avoid, to prevent.

Vermeidung *f* avoidance; ~ **der Doppelbesteuerung** avoidance of double taxation; ~ **von Härten** prevention of hardship.

vermeintlich *adj* putative, reputed, supposed, imagined.

Vermengung *f* blending together; comminglement, mixing together.

Vermerk *m* note, notation, remark; entry; **Copyright-~** copyright notice;

vermerken *vt* to note, to make a note of *sth*.

vermessen *vt* to survey (*boundaries of lands*).

Vermesser *m*/**-in** *f* surveyor.

Vermessung *f* (land) surveying, survey; **~samt** *n* surveyor's office, land surveying office, cadastral office; **~sbeamter** *m*/**~sbeamtin** *f* surveying official; **~smarke** *f* survey mark; tonnage mark; **~splan** *m* survey; **~spflock** *m* bench mark; **~sprotokoll** *n* verification of survey; **~spunkt** *m* fixed point; **~sschein** *m* certificate of survey; **~swesen** *n* surveying; **~szeichen** *n* survey mark, bench mark.

vermietbar *adj* tenantable, capable of being let.

Vermietbarkeit *f* suitability for letting.

vermieten *vt* to let, to let on lease, to hire out (*chattels*), *US* to rent (*out*).

Vermieter *m*/**-in** *f* landlord/landlady, lessor; letter, hirer out; **~haftpflichtversicherung** *f* landlord's liability insurance; **~kündigung** *f* notice to quit; **~pfandrecht** *n* landlord's lien; **~vereinigung** *f* association of landlords.

Vermietung *f* letting; hiring (out); ~ **und Verpachtung** letting and leasing; ~ **von Betriebsanlagen** plant leasing.

Vermischung *f* mixing, blending, commingle; intermingling, commixtion; confusion, merger; ~ **von beweglichen Sachen** commixtion, intermixture of goods (*of various owners*).

Vermisstenanzeige *f* missing person advertisement, information to the police that a person is missing; **~suchdienst** *m* service for tracing missing persons.

Vermisste(r) *f(m)* (*der Vermisste*) missing person.

vermittelbar *adj* placeable, employable, capable of placing; **schwer~** hard-to-place.

vermitteln *vt* to introduce, to place, to bring together, to arrange, to find work for; *vi* to act as intermediary, to mediate, to go between.

vermittelnd *adj* conciliatory, intermediary, mediatory.

Vermittler *m*/**-in** *f* mediator, intermediary, interceder; go-between, middleman, conciliator; agent, broker; placement officer; **~provision** *f* agent's commission; **nur als** ~ as agent only.

Vermittlung *f* mediation, intercession; conciliation; agency, services of a broker; placing, placement; *int* good offices; **~sagent** *m*/**-in** *f* (soliciting) agent, *authorized to arrange (but not to conclude a business transaction)*; **~sangebot** *n* offer of mediation; **~sauftrag** *m* mediation mission; **~sausschuss** *m* mediation committee, conference committee, *EU* Conciliation Committee; **~sbehörde** *f* placement agency, authority in charge of placement of adoptees; **~sdienste** *f int* good offices; **~sgebühr** *f* introduction charge; **~sgehilfe** *m*/**~sgehilfin** *f* assistant in negotiations; **~sgeschäft** *n* agency business; **~smakler** *m*/**-in** *f* real estate agent, broker (*employed contingent on success in negotiating a transaction*); **~smonopol** *n D obs exclusive legal anthority to act as employment agency*, job-placement monopoly; **~sprovision** *f* commission (for negotiating a transaction); **~sstelle** *f* liaison office, mediation agency; **~svertreter** *m*/**-in** *f* (soliciting) agent, representative for the purpose of arranging business; **~svorschlag** *m* proposal for a settlement, compromise proposal, offer of mediation; ~ **von Adoptionen** placement (of children) for adoption; **die** ~ **anbieten** *int* to offer one's good offices; **durch** ~ **von** through the instrumentality of, via, by the introduction of, through; **gewerbsmäßige** ~ commercial agency.

Vermögen *n* wealth, property (= *p*-), effects, fortune, assets; ~ **besitzen** to own *p*-, to be wealthy; ~ **der Gesellschaft** partnership assets, corporate assets; ~ **der öffentlichen Hand** public *p*-; ~ **in Sachform** assets in kind; ~ **juristischer Personen** corporate assets; ~ **natürlicher Personen** assets of natural persons; **~sabgabe** *f p*- levy (*under Equalization of War Burdens legislation*); **~sabsonderung** *f* segregation of *p*-; **~sanfall** *m* accession of *p*-; **~sangabe** *f p*-declaration, summary of means, notification of assets; **~sanlage** *f* investment; **~sanreicherung** *f* accumulation of wealth; increase of net worth, growth in one's assets; **~sanwachsung** *f* accession of *p*-; **~sarten** *pl* types of *p*-; **~saufgabe** *f* surrender of one's entire *p*-; **~saufstellung** *f* statement of assets and liabilities, statement of affairs; **~sauseinandersetzung** *f p*- settlement, liquidation and division of *p*-, partition of net assets; apportionment of assets and liabilities; **~sausweis** *m* statement of assets, financial statement; **~sbesitz** *m* (holding of) *p*-, assets; **~sbestand** *m* existing assets; **~~teil** *m p*- item, part of the assets; **~sbesteuerung** *f* taxation of wealth; **~sbeschlagnahme** *f p*- confiscation; **~sbewegung** *f* capital transactions, transfer of assets; **~sbewertung** *f* valuation of *p*-, valuation of net assets; **~sbilanz** *f* asset and liability statement, asset and liability position; **~sbildung** *f* creation of wealth, formation of wealth, capital building; **~~sgesetz** *n* Formation of Wealth Law (*tax-free contributions to employee*); **volkswirtschaftliche ~~** aggregate wealth formation; **~sbindung** *f* commitment of assets, tying-up of wealth; **satzungsmäßige ~~** allocation of funds as required by the articles of association; **~sdelikt** *n US* offense/*GB* offence involving *p*-, crime against *p*-; **~seinlage** *f* capital investment; **~seinkommen** *n* income from capital; **~seinnahmen** *pl* receipts from capital assets; **~sentziehung** *f* forfeiture of *p*-, confiscation of *p*-; **~serklärung** *f* statement of one's assets and liabilities; **~serträgnis** *n* investment income, income from *p*-; **~serwerb** *m* acquisition of wealth, take-over of total assets; **~sgegenstand** *m* (*pl ~sgegenstände = ~e*) item of *p*-; *p*-item, asset; **bewegliche ~~e** goods and chattels; **immaterielle ~~e** incorporeal *p*-, intangible assets; **kirchliche ~~e** ecclesiastical *p*-; **unpfändbare ~~e** exempt *p*-; **~sgerichtsstand** *m* asset-based jurisdiction; **~sgüter** *pl* assets, goods; **reale ~~** tangible assets; **~shaftung** *f* liability with all of one's *p*-; **~shinterziehung** *f* fraudulent alienation; **~sinteresse** *n* pecuniary interest; **~skomplex** *m* body of assets; **~skonto** *n p*- account; **~slage** *f* financial situation; **~sliste** *f* assets log; **~slosigkeit** *f* absence of *p*-, lack of funds, insolvency; **~smasse** *f* total assets, estate, funds, accumulation of wealth; **~smehrung** *f* augmentation of *p*-, increase in one's assets, increase in net worth; **~snachfolger** *m*/**-in** *f* successor in *p*- rights; **~snachteil** *m* pecuniary loss, pecuniary disadvantage; **~snachweis** *m* financial position statement; **~sneubewertung** *f* reassessment of *p*- values; **~sobjekt** *n* asset, *p*- item; **~soffenbarung** *f* (debtor's) disclosure of *p*- (*all assets and liabilities*); **~~sverfahren** *n proceedings for the disclosure of a debtor's assets*; **~srecht** *n* economic right(s); proprietary interest, *p*-right; pecuniary right; **~srechnung** *f* calculation of net worth; **~sreserve** *f* capital reserve; **~srücklage** *f* capital reserve; **~sschaden** *m p*-loss, pecuniary loss, damage to one's *p*-; **~~sversicherung** *f* consequential loss insurance, insurance against pecuniary damage; **~ssorge** *f* statutory duty of care for a minor's *p*-; looking after a minor's *p*-; **~sstand** *m* net position on assets and liabilities, financial state, pecuniary status; **~sstatus** *m* financial status, asset and liability statement, pecuniary status; **~ssteuer** *f* wealth tax, (general) *p*- tax, capital tax; **~~änderungsgesetz** *n* law to amend wealth tax law; **~~gesetz** *n* wealth tax law; **~~richtlinien** *pl* wealth tax directives; **~~veranlagung** *f* wealth tax assessment; **~~vorauszahlungen** *pl* advance payments of wealth tax, wealth tax prepayments; **~sstock** *m* main *p*-fund; **~sstrafen** *pl* fines levied on *p*-; **~sstruktur** *f* asset structure; **~steile** *pl* elements of capital; **~sträger** *m*/**-in** *f p*- holder; **~stransaktion** *f p*- transaction; capital transaction; **~sübergang** *m* transfer of all assets and liabilities; **~sübernahme** *f* take-over of the aggregate of *p*-, take-over of capital; **~sübersicht** *f* summary of assets and liabilities, financial statement; **durch eidliche Erklärung bekräftigte ~~** statement of affairs verified by affidavit; **~sübertragung** *f* transfer of one's *p*- (as a whole), assignment of assets; **gläubigerbegünstigende ~~** preferential assignment of assets; **treuhänderische ~~** trust settlement; **~sumschichtung** *f* regrouping of assets; **~sumverteilung** *f* redistribution of wealth; **~s- und Ertragslage** financial position and operating results; **~sveränderung** *f* change in net assets; **~sveräußerung** *f* alienation of one's assets (as a whole); **~sverbindlichkeit** *f* capital liability; **~sverfall** *m* dwindling of assets, financial collapse; pecuniary deterioration; **~sverfügung** *f* disposition of *p-*, pecuniary disposition; **~~sbeschränkung** *f* restraint on dealings with *p-*; **~svergleich** *m* *p-* comparison, comparison of assets; **~sverhältnisse** *pl* financial/pecuniary circumstances; **~sverkehr** *m* transfer of *p-*, *p-* transactions; **~~ssteuer** *f* (*p-*) transfer tax, *p-* transactions tax; **~sverlust** *m* loss of one's wealth, pecuniary loss; **~svermehrung** *f* increase in wealth; **~sverschiebung** *f* (fraudulent) transfer of assets; **~sverschlechterung** *f* deterioration in one's financial position; **~sverschleierung** *f* concealment of assets; **~sverwahrer** *m/***-in** *f* custodian, depositary of *p-*; **~sverwalter** *m/***-in** *f* administrator, guardian of *p-*, receiver; manager of an estate; **~sverwaltung** *f* administration of *p-*, investment management; receivership; **~~sgesellschaft** *f* asset-administering company, *p-*-managing company; **~sverzeichnis** *n* inventory of *p-*, schedule of *p-* (*esp that of a judgment debtor*), statement of all *p-*; **~svorteil** *n* pecuniary benefit/advantage, capital gain; ***e-en*** **~~ erlangen** to gain a pecuniary advantage; **rechtswidriger ~~** unlawful enrichment, unlawful gain; **~swert** *m* asset, net asset value; *pl* resources, *p-* holdings, *p-* assets; **~~e der Bank** bank assets; **immaterielle ~~e** intangible assets; **monetäre ~~e** monetary assets; **verfügbare ~~e** ready assets; **~szuführung** *f* addition to assets, accession of *p-*; **~szusammenrechnung** *f* computed total of assets; **~szuwachs** *m* wealth increment, capital gains, increase in wealth, asset growth; **~ übertragen** to assign *p-*, to transfer assets; **~ verwalten** to administer *p-*; **aufzeichnungspflichtiges ~** *p-* to be recorded in the books, registerable assets; **ausländisches ~** foreign *p-*, assets abroad; **bares ~** liquid assets, assets in cash form; **beschlagnahmtes ~** blocked *p-*, confiscated assets; **bewegliches ~** movable *p-*, personal *p-*, goods and chattels; **das gesamte ~** total assets, real and personal effects; **mein ~s ~** everything I am possessed of (*last will*); **das öffentliche ~** public wealth; **das restliche ~** remainder of any monies, the rest of my assets; **das ~ einschließlich der Verbindlichkeiten** net assets after allowance for liabilities; **eheliches ~** marital *p-*; **eigenes ~** one's own *p-*, one's own assets; **ererbtes ~** inherited *p-*; **ertragloses ~** onerous *p-*, profitless *p-*; **feindliches ~** enemy *p-*; **flüssiges ~** liquid assets; **forstwirtschaftliches ~** forest *p-*; **gemeinschaftliches ~** common *p-*; **gewerbliches ~** trading and industrial *p-*; **inländisches ~** domestic *p-*, resident's *p-* and assets situated inside the country; **land- und forstwirtschaftliches ~** farm and forestry holdings; **mit seinem ganzen ~ haften** to be liable with one's entire assets; **öffentliches ~** public wealth, *p-* owned by public authorities; **persönliches ~** individual *p-*, private *p-*; **pfändbares ~** non-exempt *p-*, distrainable assets; **sonstiges ~** further assets, miscellaneous assets; **steuerpflichtiges ~** taxable *p-*; **über sein ~ verfügen** to dispose of one's *p-*; **umlaufendes ~** current assets, ready capital; **unbewegliches ~** immovables, real estate, realty, immovable *p-*, real assets, capital represented by immovable *p-*; **väterliches ~** paternal *p-*; **vererbliches ~** inheritable *p-*, *p-* passing on death; **verfügbares ~** disposable capital/assets; **vermögensteuerpflichtiges ~** assets subject to *p-*/wealth tax; **verpfändbares ~** mortgageable *p-*.

vermögens|los *adj* impecunious; **~mäßig** relating to wealth, pecuniary; **~wirksam** asset-forming, capital-forming.

Vermummung *f* masking, hiding one's face; **~sverbot** *n* ban on masks and disguises at demonstrations.

vermuten *vt* to presume, to assume.

vermutlich *adj* presumable, putative.

Vermutung *f* presumption (= *p*-), assumption; ~ **des Überlebens** *p*- of survival; ***e-e*** ~ **entstehen lassen** to raise a *p*-; ***e-e*** ~ **widerlegen** to rebut/to disprove/to refute a *p*-; **gesetzliche** ~ *p*- of law, statutory *p*-; **tatsächliche** ~ factual *p*-; **unwiderlegbare** ~ irrebuttable/non-rebuttable *p*-, irrefutable assumption; **widerlegbare** ~ rebuttable *p*-, refutable assumption; **zwingende** ~ compelling *p*-.

vernachlässigen *vt* to neglect.

Vernachlässigung *f* neglect; ~ **der Aufsichtspflicht** neglect of one's supervisory duties; ~ **der Unterhaltspflicht** failure to provide maintenance, non-support; ~ **von Schutzbefohlenen** neglect of persons placed in one's care and custody.

vernehmen *vt* to examine, to interrogate; to question (*by the police*); ***jd-en*** **eidlich** ~ to examine someone on oath.

Vernehmung *f* examination (= *e*-), interrogation (= *i*-), questioning; ~ **der Beteiligten** *e*- of the parties; ~ **des Angeklagten zur Sache** *e*- of the defendant concerning the substance of the charge; ~ ***e-es*** **Sachverständigen** *i*- of an expert; ~ ***e-es*** **Zeugen** *e*- of a witness; ~ **mit Suggestivfragen** *i*- involving the use of leading questions; **~sbeamter** *m*/**~beamtin** *f* interrogator; **~sbeschluss** *m* order for *i*- (*of a suspect*); **~sprotokoll** *n* record of *i*-; **~srichter** *m*/**-in** *f* examining magistrate; ~ **zur Beschuldigung** arraignment, hearing the defendant about the charge; ~ **zur Person** *e*- (of witness, defendant) about his personal status; **eidliche** ~ *e*- on oath; **öffentliche** ~ public *e*-; **polizeiliche** ~ police *i*-; **richterliche** ~ judicial *e*-; **uneidliche** ~ *e*- (*of a witness*) not under oath.

vernehmungsfähig *adj* fit to be examined; in a physical condition to undergo an interrogation.

verneinen *vt* to answer in the negative, to deny, to negate, to negative.

verneinend *adj* negative.

Verneinung *f* negative answer, negation.

Vernichtbarkeit *f* voidability (*deed*).

vernichten *vt* to destroy, to annihilate, to eliminate.

Vernichtung *f* destruction, annihilation; **~sprotokoll** *n* written record of destruction (*of documents, substances, etc*); **~swettbewerb** *m* cutthroat competition; ~ **von Akten** destruction of records.

Vernunft *f* reason, reasonableness, rationality; ~(**s**)**ehe** *f* marriage of convenience; **~sregeln** *pl* rules of reason.

vernünftig *adj* reasonable.

veröffentlichen *vt* to publish, to promulgate (*a law*).

Veröffentlichung *f* publication, promulgation (*of a law*); ~ **des Aufgebots** publication of the banns; **~sblatt** *n* official gazette; **~sdatum** *n* publication date, date of publication; **~sgebühr** *f pat* publication fee; **~srecht** *n* right of publication, *pl* publishing rights; **~svorschriften** *pl* disclosure provisions; **amtliche** ~ official publication, public notice; **internationale** ~ *pat* international publication; **mit der** ~ **rechtswirksam werden** to become effective upon publication; **nicht zur** ~ **bestimmt** off the record; **nicht zur** ~ **geeignet** unfit for publication, unfit to print, unprintable; **pornografische** ~ obscene book or paper, pornographic publication; **regelmäßig erscheinende ~en** periodic publications.

verordnen *vt* to ordain, to decree.

Verordnung *f* ordinance, statutory instrument; executive order, ministerial order; *pl* subordinate legislation, official regulations; ~ **des Rates** *EU* Council regulation; **~en**

erlassen to issue regulations; to issue ministerial orders; ~ **mit Gesetzeskraft** statutory instruments; **~sblatt** *n* official gazette, gazette of ordinances; **~srecht** *n* decree law, subordinate legislation; **städtische** ~ municipal ordinance.

verpachten *vt* to lease, to let on lease.

Verpächter *m/***-in** *f* lessor; **~pfandrecht** *n* lessor's lien.

Verpachtung *f* lease, leasing, letting on lease; ~ ***e-es*** **Patents** lease of a patent; ~ **von Fischerei- und Jagdrechten** leasing of fishing and hunting rights.

Verpacken *n* packing, wrapping.

verpacken *vt* to pack (up), to wrap up.

Verpacker *m/***-in** *f* packer, packing agent.

verpackt *adj* packed; **handelsüblich** ~ packed as usual in the trade, packed to normal commercial standards; **seemäßig** ~ packed for transportation by sea.

Verpackung *f* packing, packaging; ~ **für Ozeantransport** ocean packing; ~ **in Kisten** crating; **~sabfall** *m* packaging waste; **~sanweisung** *f* packing instructions; **~sgewicht** *n* tare weight; **~sgestaltung** *f* packaging; **~skosten** *pl* packing charges; **~sleinwand** *f* bale-cloth; **~stechnik** *f* package engineering; **~sverordnung** *f* packaging ordinance; **~szettel** *m* packing slip; **mangelhafte** ~ defective packing; **ohne** ~ packing extra, without packing; **seemäßige** ~ seaworthy packing; **wiederverwendungsfähige** ~ reusable packaging/packing.

verpanschen *vt* to adulterate (*wine, milk*), to doctor (up).

Verpanschung *f* adulteration of beverages.

verpfändbar *adj* pawnable, suitable as pledge, assignable by way of pledge.

verpfänden *vt* to pawn, to pledge (*as collateral security*); to hock, to mortgage; **sich etw** ~ **lassen** to take in pawn; **weiter** ~ to repledge.

Verpfänder *m/***-in** *f* pawnor, pledgor, mortgagor.

verpfändet *adj* pledged, pawned, in pawn, mortgaged; **nicht** ~ unmortgaged, free from pledge or pawn.

Verpfändung *f* pawning, pledging, mortgaging, hypothecation; ~ **der Beteiligung** assignment of the share by way of mortgage; ~ **der Ernte auf dem Halm** crop mortgage; ~ ***e-es*** **Patents** assignment of a patent by way of mortgage; ~ ***e-es*** **Schiffs** bottomry, pledging a ship as security; **~serklärung** *f* (declaration of) pledge; **~sgrenze** *f* mortgaging limit; **~sklausel** *f* pledging clause; **negative** ~~ negative pledging clause (*promise not to encumber assets*); **~surkunde** *f* letter of hypothecation; **~svertrag** *m* contract of pledge; **obligatorischer** ~~ equitable mortgage; ~ **von Außenständen** pledge of accounts; ~ **von beweglichen Sachen** pledge of chattels; **etw aus der** ~ **auslösen** to take *sth* out of pledge, to redeem; **formlose** ~ equitable charge (*title deeds*).

verpfeifen *vt* to inform (against *s.o.*), *sl* to squeak, to squeal.

verpflegen *vt* to provide food, to cater for.

Verpflegung *f* provisions, food supply, board, victualling; **~sentschädigung** *f* per diem allowance.

verpflichten *vt* to obligate, to engage, to commit, to put under an obligation; *v reflex* to undertake, to obligate oneself, to commit oneself, to agree (to); **sich vertraglich** ~ to bind oneself by contract, to enter into a contract.

verpflichtend *adj* obligatory; **einseitig** ~ unilaterally obligating, onerous, one-sided.

verpflichtet *adj* indebted, liable, obligated, committed; **gesetzlich** ~ legally bound, bound by law, legally obligated; **urkundlich** ~ liable under an indenture; **ver-**

traglich ~ bound by contract, contractually obligated; contractually committed, contractually bound.

Verpflichtete(r) *f(m)* (*der Verpflichtete*) obligor, obligated party, party liable; **als zahlungsfähig bekannter** ~ party known to be solvent.

Verpflichtung *f* obligation (= *o-*), undertaking, commitment, engagement, liability, duty; **~en erfüllen** to meet one's *o-s*; to discharge one's duties; **~en nicht erfüllen** to fail in one's *o-s*, to be derelict in one's duties; **~seid** *m* promissory oath; **~serklärung** *f* formal *o-*; **~sermächtigung** *f* commitment authority, commitment appropriation; **~sgeschäft** *n* undertaking, transaction constituting an *o-*; executory transaction, executory agreement; **~sklage** *f* action for the issue of an administrative act; **~skredit** *m* guarantee credit (*bank assuming liability*); **~sschein** *m* promissory document, liability bond; certificate of *o-*; **kaufmännischer** ~~ mercantile promise; **~sschreiben** *n* written undertaking; **~sübernahme** *f* assumption of an *o-*; **~surteil** *n* judgment commanding the defendant to do some positive act; ~ **zu** ***e-er*** **Unterlassung** *o-* to refrain from doing *sth*; ~ **zur Duldung** *o-* to tolerate *sth*; ~ **zur Vorlage** ***e-er*** **Urkunde** duty to produce a document; ~ **zur Vornahme** ***e-er*** **Handlung** *o-* to perform an act; **abstrakte** ~ independent covenant, absolute/abstract *o-*; **akzessorische** ~ accessory *o-*, dependent/secondary *o-*; **ausdrückliche** ~ express *o-*, explicit commitment; **aus** ***e-er*** ~ **entlassen** to release from an *o-*; **außenpolitische ~en** foreign commitments; **befristete** ~ *o-* subject to a time-limit; **bedingte** ~ conditional *o-*; **bewehrte** ~ penal *o-*, *o-* subject to a penalty clause; **dingliche** ~ real *o-*, in rem *o-*; ***e-e*** ~ **abgelten** to discharge/to settle an *o-*; ***e-e*** ~ **auferlegen** to impose an *o-*; ***e-e*** ~ **auf sich nehmen** to incur an *o-*/a liability; ***e-e*** ~ **eingehen** to undertake/to enter into an *o-*; **~en** ~ to incur *o-s*, to incur liabilities; ***e-e*** ~ **übernehmen** to undertake/to assume an *o-*; **einfache** ~ simple *o-*; **eingegangene ~en** liabilities incurred; **einseitige** ~ unilateral *o-*; **entstandene** ~ accrued liability; **feierliche** ~ solemn undertaking; **finanzielle** ~ pecuniary *o-*, *pl* pecuniary liabilities; **gegenseitige** ~ mutual/reciprocal *o-*; **geldliche ~en** pecuniary liabilities, financial *o-s*; **gemeinsame** ~ joint *o-*; **gemeinschaftliche** ~ joint *o-*; **gesamtverbindliche** ~ joint and several *o-*; **gesellschaftliche** ~ social engagement; **gesetzliche** ~ legal *o-*, statutory *o-*; **handelsvertragliche ~en** *o-s* under trade agreements; **internationale** ~ international commitment; **in ~en eintreten** to assume liabilities as debtor; ***jd-en*** **von seiner** ~ **befreien** to discharge *s.o.* from his *o-s*, to release *s.o.* from his liabilities; **laufende** ~ current engagement; **mit** ***e-em*** **Recht verbundene ~en** liabilities attaching to a right; **moralische** ~ moral *o-*, ethical duty; **nicht einklagbare** ~ imperfect *o-*; non-actionable *o-*; **öffentlichrechtliche** ~ *o-* under public law; **persönliche** ~ personal *o-*; **primäre** ~ primary *o-*; **rechtlich durchsetzbare** ~ perfect *o-*, enforceable *o-*; **rechtliche** ~ legal *o-*; **samtverbindliche** ~ joint and several *o-*; **satzungsgemäße** ~ *o-* under the memorandum and articles (of association); **schwer zu erfüllende** ~ onerous *o-*; **seine ~en erfüllen** to meet one's *o-s*; **sekundäre** ~ secondary *o-*; **sich auf ~en berufen** to invoke *o-s*; **solidarische** ~ joint and several *o-*; **stillschweigende** ~ implied *o-*/engagement, tacit *o-*; **terminierte** ~ commitment maturing at a future date, *o-* as from a specified date; **unbedingte** ~ unconditional/pure *o*-; **unbewehrte** ~ single *o*-, naked bond; **unmittelbare** ~ direct *o*-, primary liability, direct commitment, personal liability; **vertragliche** ~ contractual *o*-/engagement; **völkerrechtliche** ~ international *o*-, requirement under international law; **von *e-er* ~ befreien** to release from an *o*-; **von *e-er* ~ entbinden** to release from an *o*-; **voreheliche ~en** antenuptial debts, premarital *o-s*; **zwingende** ~ absolutely binding *o*-, compulsory *o*-.

verplomben *vt* to seal.

Verprobung *f* trial balance.

Verramschen *n* selling at cut-rate prices, dumping (products).

Verrat *m* treason, betrayal, treachery; ~ **militärischer Geheimnisse** betrayal of military secrets, military treason; ~ **von Staatsgeheimnissen** betrayal of state secrets.

verraten *vt* to betray, to divulge.

Verräter *m*/**-in** *f* traitor, betrayer (of).

verräterisch *adj* treacherous, treasonable, perfidious.

verrechnen *vt* to settle, to set off, to account for, to charge, to invoice, *v reflex* to miscalculate.

Verrechnung *f* settlement, placing to the account, clearing, compensation, (mutual) set-off; **~sabkommen** *n* offset agreement, clearing agreement; **~sausland** *n* foreign country covered by a clearing agreement, clearing country abroad; **~sbilanz** *f* clearing balance, offset account balance; **~sdefizit** *n* clearing deficit; **~sdevise** *f* offset (account) currency; **~sdollar** *m* clearing dollar; **~seinheit** *f* unit of account, clearing unit; **~seinrede** *f* offset plea, *US* defense/*GB* defence that the account has already been settled; **~sgarantie** *f int* buyback agreement (*of goods produced with machine sold*); **~sgeschäfte** *pl* offsetting transactions; **~sguthaben** *n* clearing balance, offset account balance; **~skasse** *f* clearing house, clearing office; **~skonto** *n* clearing account, offset account; **~skredit** *m* offset credit; **~skurs** *m* settlement rate; **~sland** *n* clearing agreement country, clearing country, offset-account country; **~sposition** *f* offsetting item; **~sposten** *m* offsetting item; **wechselseitige** ~~ mutually offsetting items; **~spreis** *m* price; **innerbetrieblicher** ~~ internal transfer price; **~sraum** *m* clearing area; **~ssaldo** *m* clearing balance, offset balance; **~ssatz** *m* invoice price rate, cost rate; **~sscheck** *m* collection-only *US* check/*GB* cheque, account-payee-only *US* check/*GB* cheque, crossed *US* check/*GB* cheque; **~sschuld** *f* clearing debt, debt under a clearing agreement, debit balance; **~sspitze** *f* clearing balance, balance on clearing account; **~sstelle** *f* clearing office; **~ssteuer** *f* withholding tax; **~stag** *m* settlement day, day of settlement; **~sverfahren** *n* clearing system; **~sverkehr** *m* clearing (system), clearing transactions; **~svertrag** *m* (agreement for) mutual settlement of accounts; **~svorgang** *m* clearing, settlement; **~swährung** *f* clearing (agreement) currency; **~swege** *pl* clearing channels; **~swert** *m* trade-in value; **nur zur** ~ (*on US check/GB cheque*) account payee only, for deposit only; **schwebende** ~ item in course of settlement.

verrichten *vt* to perform, to carry out, to effect, to execute.

Verrichtung *f* the doing of *sth*, discharge of a function, transaction; **~sgehilfe** *m*/**~gehilfin** *f* vicarious agent (*tort liability*), servant (*master-servant relation*), employee, *D person employed for whom the employer is not vicariously liable*, ↔ *Erfüllungsgehilfe*.

Verruf *m* disrepute; **~erklärung** *f* boycott declaration.

Versagen *n* failure; ~ **der Bremse** failure of the brake.

Versagung *f* denial, refusal; ~ **der Einreiseerlaubnis** refusal of entry permit.

versammeln *v reflex* to assemble, to meet.

Versammlung *f* meeting, gathering, assembly; **~serlaubnis** *f* permission/*US* license/*GB* licence to hold a meeting; **~~erteilung** *f* licensing of a meeting; **~sfreiheit** *f* freedom of meeting, freedom/right of assembly; **~sgesetz** *n* law regulating public meetings; **~sleiter** *m*/**-in** *f* person in charge of/organizer of a public meeting; **~srecht** *n* right of assembly; law of meetings; **~sstätte** *f* assembly room; **~sstörung** *f* disturbance of (public) meetings; **~stermin** *m* date of the assembly; **~sverbot** *n* prohibition of assembly, ban on public meetings; **~ unter freiem Himmel** open-air meeting; **Auflösung** ***e-er*** ~ adjourning a public meeting; **außerordentliche** ~ extraordinary meeting; **beratende** ~ consultative/deliberative assembly; **die ~ leiten** to preside over the meeting; ***e-e*** **formgerecht einberufene** ~ a duly convened meeting; ***e-e*** ~ **einberufen** to convene a meeting; ***e-e*** ~ **vertagen** to adjourn a meeting; **gemeinsame** ~ common assembly; **gesetzgebende** ~ legislative assembly; **konstituierende** ~ constituent assembly; **öffentliche** ~ public meeting, public gathering; **ordentliche** ~ ordinary meeting; **politische** ~ political assembly; **unerlaubte** ~ unlawful assembly; **verbotene** ~ unlawful assembly; **verfassungsgebende** ~ constitutional assembly; **widerrechtliche** ~ unlawful assembly; **zulässige** ~ lawful meeting.

Versand *m* consignment, *US* dispatch/*GB* despatch, shipping, shipment, transport, mailing; **~abteilung** *f* shipping/forwarding department; **~ an bestimmte Empfänger** straight shipment (*not to order*); **~anschrift** *f* address for shipments, parcels address; **~anweisungen** *pl* shipping instructions, instructions for *US* dispatch/*GB* despatch; **~anzeige** *f US* dispatch/*GB* despatch note, notice of consigment, shipping advice; **~art** *f* mode of *US* dispatch/*GB* despatch; **~auftrag** *m* shipping order, *US* dispatch/*GB* despatch order; **~ausfuhrerklärung** *f* export shipping declaration; **~avis** *n* advice of *US* dispatch/*GB* despatch, shipping note; **~bahnhof** *m* forwarding station; **~bedingungen** *pl* shipping terms; **~bereitstellungskredit** *m* packing credit; **~bestellung** *f* mail order (buying), postal shopping; **~buch** *n* shipping book; **~flughafen** *m* shipping airport; **~form** *f* manner of delivery; **~gebühr** *f* forwarding charge; **~geschäft** *n* mail-order business; **~hafen** *m* shipping port; **~handel** *m* mail-order business; **~haus** *n* mail-order firm, catalogue company; **~~niederlassung** *f* catalogue shop; **~kauf** *m* sale to destination according to buyer's instructions; mail-order sale; **~~lieferant** *m*/**-in** *f* mail-order supplier; **~kosten** *pl* shipping expense, delivery expenses, forwarding expenditure; **~land** *n* country of consignment, country of *US* dispatch/*GB* despatch, → *Versendungsland*; **~liste** *f* packing list; **~mitteilung** *f* forwarding note, advice of *US* dispatch/*GB* despatch, shipping advice; **~ort** *m* place of consignment, shipping point, → *Versendungsort*; **~papiere** *pl* shipping documents; **~raum** *m* shipping room; **~rechnung** *f* shipping invoice; **~schein** *m US* dispatch/*GB* despatch note, shipping note; **~spesen** *pl* forwarding charges, shipping expense(s); **~termin** *m* shipping date/time; **~vorschriften** *pl* forwarding instructions; **~weg** *m* routing; **~ziel** *n* destination (of shipment), goal.

versand|bereit *adj* ready for shipment; **~fähig** transportable.

versäumen *vt* to miss, to fail to appear, to fail to attend.

Versäumnis *n* default, default of appearance, non-attendance, neglect, omission, failure to perform; ~**entscheidung** *f* judgment by default; ~**kosten** *pl* fees accruing due to default of appearance; ~**urteil** *n* judgment by default, default judgment; ~~ **wegen Nichtanzeige der Verteidigungsbereitschaft** judgment in default of notice of intention to defend; **ein** ~~ **beantragen** to move for a judgment by default; **ein** ~~ **gegen sich ergehen lassen** to suffer default; ~**verfahren** *n* default proceedings; ~**zwischenurteil** *n* interlocutory judgment by default; **unverschuldetes** ~ excusable default.

Versäumung *f* failure to observe (*a time-limit, date, etc*).

Verschachtelung *f* interlocking, pyramiding.

verschaffen *vt* to procure, to obtain, to secure, to acquire.

Verschaffen *n* procurement; ~ **von Staatsgeheimnissen** obtaining state secrets.

Verschaffung *f* procurement; ~**svermächtnis** *n* demonstrative legacy.

verschärfen *vt* to sharpen, to aggravate, to tighten.

Verschärfung *f* aggravation, intensification, stiffening; ~ **des Wettbewerbs** intensification/accentuation of competition.

verscheiden *vi* to die, to pass away, to decease.

Verschiebebahnhof *m* shunting station.

Verschiebung *f* displacement, postponement; ~ **der Ladung** shift of stowage; ~ **der Nachfrage** shift in demand.

Verschiedenes *n* general/other business (*agenda*), miscellaneous.

Verschiedenheit *f* disparity.

verschiffen *vt* to ship.

Verschiffer *m*/-**in** *f* shipper.

verschifft *adj* loaded, afloat.

Verschiffung *f* shipping, shipment; ~**sanzeige** *f* shipping advice; ~**sauftrag** *m* shipping order; ~**sdokumente** *pl* shipping documents, shipping papers; ~**sgewicht** *n* shipment weight; ~**shafen** *m* port of shipment; **benannter** ~~ named port of shipment; ~**smuster** *n* shipment sample; ~**stag** *m* shipping date; ~**swert** *m* shipping value.

Verschlechterung *f* deterioration, impairment, a change for the worse, worsening; ~**sverbot** *n* prohibition to worsen appellant's position (*by the court*).

verschleiern *vt* to conceal, to disguise, to mask, to hide.

Verschleierung *f* concealment, disguise.

Verschleiß *m* wear and tear; ~**ausfall** *m* loss through wear and tear, wear-out failure, breakdown through use; ~**erscheinung** *f* signs of wear and tear.

verschleppen *vt* **I** to delay unduly, to protract.

verschleppen *vt* **II** to kidnap, to carry off, to abduct against one's will.

Verschleppte(**r**) *f* (*m*) (*der Verschleppte*) *pol* displaced person, *crim* kidnapped person.

Verschleppung *f* **I** protraction, dilatory tactics, procrastination; ~ **des Verfahrens** delaying the proceedings; ~**sabsicht** *f* intention to delay the proceedings; ~**staktik** *f* dilatory tactics.

Verschleppung II kidnapping, displacement, abduction.

verschleudern *vt* to waste, to dissipate, to squander; to sell at dumping/ruinous prices.

Verschleuderung *f* dissipation, squandering, selling at dumping/ruinous prices; ~ **von Familienhabe** squandering of family property.

Verschlimmerungsantrag *m application for an increase in war injury benefits due to a worsening of the disablement.*

verschlüsseln *vt* to code, to encipher.

Verschlusssache *f* restricted matter, classified information; ~**nanweisung** *f* federal regulation concerning classified (secret) matters; ~**nverordnung** *f* security regulations.

Verschlussverletzung *f* breaking of seals.

verschmelzen *vi* to merge, to amalgamate, to fuse.

Verschmelzung *f* merger, amalgamation, fusion; ~ **durch Aufnahme** amalgamation; ~ **durch Neubildung** consolidation; ~ **durch Neugründung** reorganization-merger.

Verschmutzung *f* pollution; **~sschaden** *m* damage by pollution.

verschollen *adj* missing, presumed dead, untraceable.

Verschollene(r) *f(m)(der Verschollene)* untraceable person, a person who has disappeared completely, absentee of unknown whereabouts.

Verschollenheit *f* protracted disappearance; ~ **e-s Schiffes** presumptive loss of a ship; **~serklärung** *f* report of a person's long-lasting disappearance; **~sgesetz** *n* Law on Missing Persons; **~ssachen** *pl court proceedings concerning missing persons and presumption of death.*

Verschonung *f* relief, saving; ~ **von der Untersuchungshaft durch Sicherheitsleistung** granting bail.

Verschrottung *f* junking, scrapping.

Verschubung *f* transfer of prisoners.

Verschulden *n* fault, blame; ~ **bei Vertragsschluss** culpa in contrahendo (*abbr* c. i. c.); **~shaftung** *f* liability for fault (*liability for wil(l)ful or negligent wrongdoing*); **~sprinzip** *n* fault principle (*divorce*); **~svorwurf** *m* blame; **beiderseitiges** ~ mutual fault, both to blame; ~ ~ **der Parteien** both parties/spouses equally at fault; **fahrlässiges** ~ negligence; **fremdes** ~ fault of another party; **geringfügiges** ~ slight fault; **grobes** ~ gross negligence; **ihn trifft das** ~ the fault lies with him; ***jd-es*** ~ fault attributable to *s.o.*; ***jd-es*** ~ **überwiegt** someone's fault outweighs (that of the other party); **konkurrierendes** ~ concurrent negligence; **mitwirkendes** ~ contributory negligence; **nautisches** ~ negligence by persons in charge of a ship, nautical negligence; **ohne jedes** ~ without fault, without anybody's fault, without anyone being at fault; **sittliches** ~ moral fault, blame; **strafrechtliches** ~ criminal guilt, blame under criminal law.

verschulden *v reflex* to get into debt.

verschuldet *adj* in debt, indebted; caused by one's own fault; **hoch** ~ heavily indebted, debt-ridden.

Verschuldung *f* indebtedness, level of debt, amount of indebtedness; **~sgrad** *m* debt ratio; **~sgrenze** *f* ceiling for (public) debts, borrowing limit; **~shebel** *m* leverage; **~smöglichkeit** *f* borrowing capacity, borrowing facilities; **~sneigung** *f* tendency to incur debts, propensity to assume liabilities; **~srate** *f* rate of increase of indebtedness; **~sspielraum** *m* debt margin; **~svorgang** *m* debt-incurring process, the incurring of debts; **die** ~ **abwickeln** to liquidate the indebtedness; **echte** ~ net indebtedness; **langfristige** ~ long-term indebtedness; **näher bezeichnete** ~ specified indebtedness; **zugelassene** ~ legal debt margin (*for local authorities*).

verschwägert *adj* related/connected by marriage.

Verschwägerte(r) *f(m)* (*der Verschwägerte*) in-law, person related by marriage.

Verschweigen *n* keeping silent about *sth*, withholding information; ~ **der Wahrheit** withholding of the truth; ~ **von Ehehindernissen** concealing legal impediments to marriage; ~ **von Tatsachen** suppression of facts; **arglistiges** ~ malicious nondisclosure.

verschweigen *vt* to conceal, to withhold (*the truth, information, etc*), to suppress (*material facts*), to keep silent (*about sth*); **sich** ~ to commit laches, to lose rights by keeping silent.

Verschweigung *f* laches, estoppel by laches; **~seinrede** *f* plea of estoppel by laches as against a creditor (*of the estate of a deceased person*).

verschwenden *vt* to dissipate, to squander, to waste.
Verschwender *m*/**-in** *f* spendthrift.
Verschwendung *f* waste, squander, dissipation, prodigality, profligacy; **~ssucht** *f* prodigality, squandermania, profligacy.
verschwiegen *adj* discreet.
Verschwiegenheit *f* discretion, secrecy; **~spflicht** *f* obligation of secrecy; **anwaltliche ~~** attorney's duty to maintain silence (about client's affairs); **ärztliche ~~** a doctor's duty of confidentiality.
verschwören *v reflex* to conspire, to plot.
Verschwörer *m*/**-in** *f* conspirator, plotter.
Verschwörung *f* conspiracy, plot; **~ gegen die Sicherheit des Staates** conspiracy against state security.
Versehen *n* inadvertence, (accidental) error; **aus ~** inadvertently.
versehentlich *adj* inadvertent; *adv* inadvertently, by mistake.
versehrt *adj* physically disabled.
Versehrte(r) *f(m)* (*der Versehrte*) physically disabled person; **~nunterstützung bei Gliederverlust** dismemberment benefit.
Versehrtheit *f* disablement.
Verselbständigung *f* achievement of autonomy, independence.
versenden *vt* to send off, to *US* dispatch/*GB* despatch, to forward, to send to another destination; to ship to another place; **versandt, aber noch nicht in Rechnung gestellt** shipped not billed.
Versender *m*/**-in** *f* sender, consignor.
Versendung *f* *US* dispatch/*GB* despatch, shipment, transportation (*to buyer's address*), transmission; **~ entzündlicher Waren** sending inflammables; **~ mit der Post** mailing, *US* dispatch/*GB* despatch by post; **~sanzeige** *f* forwarding advice, notice of shipment; **~sart** *f* mode of forwarding, method of *US* dispatch/*GB* despatch; **~sgeschäft** *n* forwarding business; **~skauf** *m* sale to destination according to buyer's instructions; **~skosten** *pl* shipping expense, delivery expenses, forwarding expenditure, → *Versandkosten*; **~sland** *n* country of consignment, country of *US* dispatch/*GB* despatch; **~sort** *m* place of consignment, shipping point; **~ von Gütern** transmission of goods.
Versenkung von Atommüll dumping of radioactive waste.
Versetzen *n* pawning, pledging.
versetzen *vt* **I** to relocate, to transfer to another post; **zeitweilig ~** to second (*civil servants, officers*).
versetzen *vt* **II** to pawn, to pledge.
Versetzung *f* transfer to another post; transposition; moving up to a higher school class; **~ in den Anklagestand** arraignment; **~ in den einstweiligen Ruhestand** placing on non-active status; **~ in den Ruhestand** pensioning; **~ in den Wartestand** placing on non-active status pending new assignment; **~sgesuch** *n* application for a transfer (to another post); ***e-e*** **~ beantragen** to apply for a transfer; **strafweise ~** transfer to another post as a disciplinary measure.
versicherbar *adj* insurable.
Versicherer *m*/**-in** *f* assurer, insurer, underwriter.
versichern *vt* **I** to insure, to assure, to underwrite; **höher ~** to rate up, to insure at higher rate.
versichern *vt* **II** to assure, to affirm; to asseverate; **eidlich ~** to affirm under oath.
versichert *adj* insured; **anderweitig ~** insured elsewhere; **frachtfrei ~** carriage and insurance (*abbr* CIP) (*INCOTERMS*).
Versichertenälteste(r) *f(m)* (*der ~älteste*) social insurance deputy.
Versichertendividenden *f/pl* dividends to policy-holders.
Versicherte(r) *f(m)* (*der Versicherte*) person insured, (the) insured, the insured party; **freiwillig ~** voluntary contributor (*social insurance*).
Versicherung *f* **I** insurance (*i-*), assurance, underwriting; **~ auf**

den Todesfall whole life policy, straight life *US i-/GB* assurance; ~ **auf den Todes- und Erlebensfall** endowment *US i-/GB* assurance; ~ **auf festen Termin** term *i-*; ~ **auf fremdes Leben** *US i-/GB* assurance on the life of another person; ~ **auf Gegenseitigkeit** mutual *i-*; **~en im Luftverkehr** air *i-*; ~ **für bestimmte Zeitdauer** term *i-*; ~ **für fremde Rechnung** *i-* for another person's account; ~ **für Rechnung, für wen es angeht** *i-* for the account of whom it may concern; ~ **für stationäre Krankenhausbehandlung** hospitalization *i-*; ~ **gegen Betriebsunterbrechung** business-interruption *i-*; ~ **gegen Kriegsgefahr** war-risk *i-*; ~ **gegen Raubüberfall** personal hold-up *i-*; ~ **gegen Wasserschaden aus Feuerlöschanlagen** sprinkler-leakage *i-*; ~ **mit begrenzter Prämienzahlung** limited payment policy; ~ **mit beschränktem Risiko** limited policy; ~ **mit Gewinnbeteiligung** *i-* with profits; ~ **mit Gewinnbeteiligungsgarantie** guaranteed dividend policy; ~ **mit Selbstbehalt** contributory *i-*; ~ **ohne Gewinnbeteiligung** *i-* without profits; **~sablauf** *m* expiration of policy; **~sagent** *m*/**-in** *f i-* agent; **~sakquisiteur** *m*/**-in** *f i-* canvasser; **~saktie** *f i-* company share; **~samt** *n I-* Office; **~sanspruch** *m i-* claim; **~sanstalt** *f i-* company, (public) *i-* corporation; **~santeilschein** *m* fractional *i-* certificate; **~santrag** *m i-* proposal; **~saufsichtsamt** *n* Supervisory *I-* Board; **~saufsichtsbehörde** *f i-* supervisory authority; **~saufsichtsgesetz** *n i-* supervision law; **~sbedingungen** *pl i-* conditions, terms of a policy; **allgemeine ~~** general conditions of *i-*; **~sbeginn** *m* commencement of *i-* cover; **~sbeirat** *m* advisory council for *i-* supervision; **~sbeitrag** *m i-* premium; **~sberechtigte(r)** *f(m)* (*der ~sberechtigte*) beneficiary of *i-*; **~sberechtigung** *f* entitlement under a policy; **~sbestand** *m* total amount of *i-* effected, *i-* portfolio; **~sbestätigung** *f* confirmation of *i-* cover, *i-* certificate; **~sbetrug** *m i-* fraud; **~scourtage** *f i-* brokerage commission; **~sdarlehen** *n* policy loan; **~sdauer** *f* term of *i-*; **noch nicht abgelaufene ~~** unexpired term of *i-*; **~sdeckung** *f i-* cover(age); **~~ ab** cover commences; **~seinrichtungen** *pl i-* facilities; **~sentgelt** *n* amount of the *i-* premium (*including certain duties and expenses*); **~sentschädigung** *f* compensation paid by an *i-* company; **~sergänzungsverordnung** *f* supplementary *i-* regulations; **~sfähigkeit** *f* insurability; **~sfall** *m* (occurrence of) event insured against; **~sforderung** *f i-* claim; **~sfreiheit** *f* exemption from (social) *i-*; **~sgarant** *m*/**-in** *f* policy underwriter; **~sgegenstand** *m* subject-matter insured, insured item; **~sgenossenschaft** *f* cooperative *i-* society; **~sgeschäft** *n i-* business, underwriting; **~sgesellschaft** *f i-* company; **~~en auf Aktien** stock *i-* companies; **~~en auf Gegenseitigkeit** friendly societies, mutual *i-* companies; **~sgewerbe** *n i-* business, the *i-* branch; **~sinspektor** *m*/**-in** *f i-* claims adjuster; **~sinteresse** *n* insurable interest; **volles ~~ zugestanden** full interest admitted; **~sjahre** *pl i-* years; **~skalkulation** *f* actuarial calculation; **~skammer** *f i-* board, public *i-* corporation; **~skarte** *f i-* card; **~skennzeichen** *pl i-* identification mark; **~sklasse** *f* class of *i-*; **~skosten** *pl i-* expenses; **~skredit** *m* loan from an *i-* company; **~slastregelungen** *pl* provisions relating to the apportionment of *i-* burdens; **~sleistung** *f i-* benefits, indemnification payments; **~smakler** *m*/**-in** *f i-* broker, a person's agent to find suitable *i-* cover; **~smarke** *f* social *i-* stamp; **~smathematik** *f* actuarial theory; **~smathematiker** *m*/**-in** *f* actuary; **amtlicher ~~** officially appointed actuary; **~smedizin** *f* medico-actuarial science; **~snachweis** *m* proof/evidence of *i-* policy; **~snehmer** *m/***-in** *f* person taking out *i-*, the insured, *i-* policyholder; **~sordnung** *f* regulations for (social) *i-*; **~snummer** *f i-* number; **~speriode** *f* period of *i-*; **~spflicht** *f* compulsory coverage; obligation/duty to insure, *i-* liability income limit (*social i-*); allgemeine ~~ general obligatory *i-*; **~spflichtige(r)** *f(m)* (*der ~spflichtige*) person subject to compulsory *i-*; **~spolice** *f i-* policy, policy of *i-*; **laufende** ~~ floating policy; **verfallene** ~~ lapsed policy; **~sprämie** *f* (*i-*) premium; **~~nsatz** *m i-* rate; **~srecht** *n i-* law; **~srisiko** *n* insured risk; **laufende ~~en** pending risks; **~srückkauf** *m* redemption of policy; **~~wert** *m* surrender value; **~sschaden** *m* damage covered by *i-*; **~sschein** *m i-* policy; **vorläufiger** ~~ *i-* note; **~sschutz** *m i-* cover; ~~ **vorläufig aufgehoben** out of benefit; **sofortiger** ~~ immediate benefit; **~ssparen** *n* saving through *i-*, saving coupled with life *US i-/GB* assurance policy; **~ssteuer** *f i-* tax; **~~pflicht** *f i-* tax liability; **~ssumme** *f* sum insured, amount insured; insured value, *i-* money; amount covered, limit of indemnity; **doppelte ~~ bei Unfalltod** double indemnity in the event of accidental death; **~staxe** *f i-* value; **~stechnik** *f* actuarial practice; **~sträger** *m/***-in** *f* insurer, underwriter, *i-* institution; **öffentlichrechtlicher** ~~ public *i-* institution; **~sunterlagen** *pl i-* papers, *i-* records; **~sunternehmen** *n i-* business enterprise, *i-* company; **~sverband** *m* association of insurers; **~sverein** *m i-* association; ~~ **auf Gegenseitigkeit** mutual *i-* association; friendly *i-* company; **~sverhältnis** *n i-* relationship; **~sverlängerung** *f* extension of policy; **automatische** ~~ extended-term *i-*; **~sverlust** *m* underwriting deficit, loss of policy cover; **~sverordnung** *f i-* regulations; **~svertrag** *m* (*pl Verträge = ~e*) contract of *i-*, *i-* agreement; underwriting contract; **~~e abschließen** to effect *i-s*; **~~sgesetz** *n D I-* Act (*1908 as amended*); **~svertreter** *m/***-in** *f i-* agent; *i-* representative; **~svorvertrag** *m* agreement for *i-*; **~swerber** *m/***-in** *f i-* canvasser; **~swert** *m* insured value, *i-* value; **~swesen** *n i-* matters, *i-* system; **~swirtschaft** *f i-* business, *i-* branch; **~szeit** *f* period of *i-*, period insured, term of *i-*; **Anrechnung von ~~en** crediting of *i-* periods; **beitragsfreie** ~~ free *i-* period; **zurückgelegte ~~en** periods of coverage completed; **~szugehörigkeit** *f* membership of an *i-* scheme; **~szwang** *m* liability to insure, compulsory *i-*; **~szweig** *m i-* branch; **aufgeschobene** ~ deferred *i-*; **bedingte** ~ contingent *i-*; **direkte** ~ direct *i-*; ***e-e*** **~ abschließen** to effect *i-*, to take out an *i-* policy; ***e-e*** **~ läuft ab** an *i-* contract expires, a policy lapses; **freiwillige** ~ voluntary membership of a social *i-* scheme, non-mandatory *i-*; **gewinnbeteiligte** ~ with-profits *i-*; **mehrfache** ~ multiple *i-*; **öffentliche ~en** public-law *i-* bodies, social *i-* institutions; **prämienfreie** ~ insurance without further premium obligations; **privatrechtliche** ~ private non-mandatory *i-*; **voll eingezahlte** ~ paid-up *i-*.

Versicherung *f* **II** positive assertion, assurance, protestation; ~ **an Eides Statt** statutory declaration/affirmation in lieu of an oath; ~ **auf den Diensteid** invoking the oath of office; ~ **der Richtigkeit von tatsächlichen Angaben** affirmative warranty; **ehrenwörtliche** ~ attestation on hono(u)r, word of hono(u)r; **eidesstattliche** ~ statutory declaration/affirmation in lieu of an oath, affidavit; ***e-e*** **~ ~ abgeben** to execute an affirmation, *etc*, to swear an affidavit; **eidliche** ~ adjuration; affidavit, assurance under oath, sworn declaration; **feierliche ~** asseveration, solemn assurance, affirmation.

versicherungs|fähig *adj* insurable; eligible for insurance; **~frei** exempt from insurance, exempt from the obligation to insure; **~mathematisch** actuarial; **~pflichtig** compulsorily insured, subject to compulsory insurance; **~technisch** actuarial.

versiegeln *vt* to seal; **gerichtlich ~** to affix seals (to), to put under seal.

versiegelt *adj* sealed, under seal.

Versiegelung *f* official sealing; **~sprotokoll** *n* record of official sealing (*of premises*); **amtliche ~** official sealing; **gerichtliche ~** official sealing by court order.

versilbern *vt* to convert into cash, to reduce to money, to sell, to turn to account.

Versitzgrube *f* percolation basin, sewage basin, cess pool.

Versitzung *f* extinctive prescription; **~sfrist** *f* time of extinctive prescription.

versöhnen *vt* to reconcile, to conciliate, to placate, to appease.

Versöhnung *f* reconciliation.

versorgen *vt* to provide, to supply (with), to maintain, to take care of.

Versorger *m*/**-in** *f* provider, breadwinner.

Versorgung *f* **I** provision (of services), supply (*utilities*); **~sanlagen** *pl* public-utility installations, utility systems; **~sbedarf** *m* **der Gemeinschaft an** requirements of the Community as regards the supply of; **~sbereich** *m* service area; **~sbetrieb** *m* public utility (enterprise); **öffentlicher ~~** public utility (enterprise); **~sdienste** *pl* public utility services; **~sengpass** *m* supply bottleneck; **~sgebiet** *n* supplies area; **~sindustrie** *f* public utility industry; **~sklemme** *f* supply difficulties, shortage(s); **~skrise** *f* critical supply position; **~slage** *f* supply situation; **~slücke** *f* gap in supplies; **~smonopol** *n* utility monopoly; **~sschiff** *n* supply ship; **~sschwierigkeiten** *pl* difficulty in providing supplies; **~sstandard** *m* standard of supplies available; **~starife** *pl* rates charged for supply of municipal services (*electricity, gas, water*); **~s- und Absatzbedingungen** conditions under which goods are procured and marketed; **~sunternehmen** *n* public utility (undertaking); **~swerke** *pl* utilities; **~swerte** *m exch* public utilities, shares in public utilities; **~swesen** *n* public utilities; **~swirtschaft** *f* public utilities; **verbrauchernahe ~** neighborhood retail services, retail outlets close to residential areas.

Versorgung *f* **II** (public) support (*esp retirement pensions for civil servants, war victims, etc*), provision, care, pension (= *p-*); **~samt** *n* public support and *p-s* administration; **~sanspruch** *m* entitlement to a *p-*; **~sanstalt** *f* *p-* fund institution; **~sanwartschaft** *f* *p-* expectancy, future *p-* rights; **~sausgleich** *m* statutory equalization of (old-age) *p-s* (*upon dissolution of marriage*); **isolierter ~~** separate court ruling on *p-s* equalization (*divorce*); **~sberechtigte(r)** *f(m)* (*der ~sberechtigte*) person entitled to public support; **~sbezug** *m* *p-*, maintenance benefits; **~sdienstalter** *n* (length of) pensionable service; **~sehe** *f* *marriage designed to obtain spouse's retirement benefits*; **~seinrichtung** *f* *p-* scheme, *p-* organization; **~sempfänger** *m*/**-in** *f* pensioner, beneficiary under a *p-* scheme; recipient of benefit; **~sfall** *m* event giving rise to retirement benefits; **~sfreibetrag** *m* personal tax exemption for retirement benefits; **~sgesetz** *n* enactment on public support and *p-s*; **~skasse** *f* *p-* fund; **~skrankengeld** *n* disabled person's entitlement to sick pay; **~sleistung** *f* public support benefit; **~sordnung** *f* Public Support and *P-s* Regulations; **~srente** *f* life annuity to provide for old age or infirmity; **~ssachen** *pl* public *p-* cases; **~ssatz** *m* *p-* rate, maintenance rate;

~**sschuld** *f* (public) support obligation; ~**sstaat** *m* welfare state; **der totale** ~~ the total welfare state; ~**sträger** *m*/-**in** *f p*--paying institution, *p*- fund; ~**sverpflichtung** *f p*-obligation; ~**sverwaltung** *f* public *p-s* authority; ~**swerk** *n p*- scheme, company *p*- scheme; **innerbetriebliches** ~~ internal *p-s* scheme; ~**szusage** *f* employer's *p*- commitment; ~**szuschuss** *m* additional allowance for maintenance; **grenzüberschreitende ärztliche** ~ transfrontier medical care; **kassenärztliche** ~ medical care provided by panel doctors; **lebenslängliche** ~ support for life, life *p*-; **soziale** ~ social security support.

versorgungs | berechtigt *adj* entitled to maintenance, entitled to a pension; ~**mäßig** as regards supplies.

verspätet *adj* late, belated; out of time.

Verspätung *f* delay; ~**sschaden** *m* damage caused by delay; ~**szinsen** *pl* interest on arrears; ~**szuschlag** *m* extra charge for delay.

Versprechen *n* promise, undertaking, pledge, voluntary undertaking; ~**sempfänger** *m*/-**in** *f* promisee; ~**sgeber** *m*/-**in** *f* promisor; **bindendes** ~ binding promise; **ernst gemeintes** ~ serious promise; **unbedingtes** ~ unconditional promise.

versprechen *vt* to promise.

Versprechende(r) *f(m)* (*der Versprechende*) promisor, the promising party.

Versprechungen *n/pl* promissory representations, promises.

verstaatlichen *vt* to nationalize.

Verstaatlichung *f* nationalization, transfer to state ownship.

Verstädterung *f* urbanization.

verständigen *v reflex* to reach an understanding, to come to an agreement; to make *o.s.* understood.

Verständigung *f* understanding, arrangement; ~**sbereitschaft** *f* readiness to come to an understanding; ~**spolitik** *f* policy of mutual understanding, policy of rapprochement; ~**sverfahren** *n* procedure of mutual consultation; **zur** ~ **kommen** to come to terms, to reach an understanding, to make an arrangement.

verstauen *vt* to stow (away).

Verstauung *f* stowage.

Versteigerer *m*/-**in** *f* auctioneer, ↔*Ersteigerer*; ~**gewerbe** *n* (the) auctioneering trade.

versteigern *vt* to auctioneer, to auction off, to sell by public auction, to sell by public sale, to put up for auction, ↔ *ersteigern*; **versteigert werden** to come under the hammer; **meistbietend** ~ to auction off to the highest bidder; **öffentlich** ~ to put on public sale, to sell by public auction.

versteigert *adj* sold by auction.

Versteigerung *f* auction, sale by auction, public sale; ~**santrag** *m* application for public auction; ~**sbedingungen** *pl* terms of public auction; ~**sbeschreibung** *f* particulars of public auction; ~**serlös** *m* proceeds of an auction; ~**sgericht** *n* the court in charge of a public sale; ~**sgewerbe** *n* the auctioneering trade, the auctioneering branch; ~**slimit** *n* limit for bidding; **unteres** ~~ reserve price, upset price; ~**sort** *m* place of auction; ~**sprotokoll** *n* record of the auction; ~**stermin** *m* auction day, date of the auction; ~**sverfahren** *n* auctioneering procedure; ~**svermerk** *m* entry of public auction (*in a public register*); ~**szeit** *f* time of auction; **freiwillige** ~ private auction; **gerichtliche** ~ sale by the court, judicial sale; **öffentliche** ~ public auction, public sale.

Verstetigung *f* institutionalization, stabilization, consolidation.

versteuerbar *adj* taxable, rateable.

versteuern *vt* to pay tax (on *sth*), to pay duty (on *sth*); to impose a tax.

versteuert *adj* tax-paid, taxed.

Versteuerung imposition of a tax, payment of tax; ~**swert** *m* taxable value.

verstorben *adj* deceased, late, defunct, dead, departed.

Verstorbene(r) *f(m)* (*der Verstorbene*) the deceased, decedent.

Verstoß *m* infringement, contravention, *US* offense/*GB* offence, violation, breach, *pl Verstöße* = ~*e*; ~ **gegen das Gesetz** breach of the law; ~ **gegen die Denkgesetze** defiance of the rules of logic; ~ **gegen die guten Sitten** infringement of bonos mores, *US* offense/*GB* offence against public morals, breach of public policy; ~ **gegen die öffentliche Ordnung** violation of public order, violation of public peace; **~e gegen diese Grundsätze** contravention of these principles; ~ **gegen die Verkehrsvorschriften** traffic *US* offense/*GB* offence; ~ **gegen** ***e-en*** **Vertrag** breach of contract; ~ **gegen Parkvorschriften** parking *US* offense/*GB* offence, parking violation.

verstoßen *vi* **I** to contravene, to infringe, to violate, to infract; **gegen § 32** ~ to violate § 32.

verstoßen *vt* **II** to cast out, to breach, to be in breach of, to expel, to repudiate.

Verstoßung *f* casting off, expulsion, disownment, repudiation.

verstricken *vt* to entangle, to inculpate, to ensnare.

Verstrickung *f* entanglement, inculpation, involvement; attachment by execution; imposition of an execution lien; **~sbruch** *m* interference with attachment; *unlawful destruction or conversion of property under distress or judicial execution.*

Verstromung *f* gaining of electricity from coal.

verstümmeln *vt* to mutilate, to maim; to garble (report).

Verstümmelung *f* mutilation.

Versuch *m* **I** *crim* attempt; ~ **der Begehung** ***e-er*** **Straftat** attempt to commit a crime; ~ ***e-er*** **strafbaren Handlung** attempt to commit a crime; **~shandlung** *f* acts amounting to an attempt, attempt; ***e-en*** ~ **darstellen** to amount to an attempt; **fruchtloser** ~ futile attempt; **strafbarer** ~ criminal attempt; **untauglicher** ~ attempt impossible of fulfil(l)ment, impossible attempt; **von** ***e-em*** ~ **zurücktreten** to abandon an attempt.

Versuch *m* **II** test, trial; **~sanlage** *f* pilot plant; **~sanstalt** *f* research institute, experimental station; **~sballon** *m* trial balloon, *fig* trial; **~sbedingungen** *pl* test conditions; **~sbetrieb** *m* trial operation, pilot plant; **~sbohrung** *f* test drilling; **~sergebnis** *n* test results; **~sfahrt** *f* trial run; **~sgelände** *n* test site; **~smodell** *n* test model; **~sprojekt** *n* pilot scheme; **~sserie** *f* test series; **~sstadium** *n* experimental stage, trial period; **im ~~** undergoing trials; **~szwecke** *pl* experimental purposes; ~ **und Irrtum** trial and error.

versuchen *vt* to attempt.

vertagen *vt* to adjourn, to prorogue, to put off, to postpone; **auf unbestimmte Zeit** ~ to adjourn sine die, to adjourn indefinitely; **erneut** ~ to readjourn; **sich** ~ to stand adjourned, to be adjourned; **terminlos** ~ to adjourn sine die.

Vertagung *f* adjournment (= *a-*), deferment, prorogation, postponement; ~ **auf die nächste Legislaturperiode** prorogation; ~ **auf unbestimmte Zeit** *a-* sine die; ~ **beantragen** to apply for deferment of the hearing; ~ **des Gerichts** rising of court; ~ **der Verhandlung** *a-* of trial; ~ **der Parlamentssitzung** *a-* of the House; **~santrag** *m* motion of *a-*; ~ **wegen Beschlussunfähigkeit** *a-* due to lack of quorum; count-out; **um ~ bitten** to ask for a deferment of the hearing.

Vertauschung *f* **von Waren** substitution of goods (*customs*).

verteidigen *vt* to defend, *v reflex* to defend oneself, to act as one's own *US* defense/*GB* defence counsel, to have a fool for a client; **geschickt** ~ to set up a good/clever *US* defense/*GB* defence.

Verteidiger *m*/**-in** *f US* defense/*GB* defence attorney/counsel; **bestellter** ~ retained defense counsel, privately appointed defense counsel; ***e-en*** ~ **bestellen** to appoint a counsel for the defense, to choose one's defense counsel; **erster** ~ leading counsel; **gerichtlich bestellter** ~ official defense counsel; **gewillkürter** ~ privately appointed defense counsel; **~ausschuss** committee of defense counsels.

Verteidigung *f* **I** *US* defense/*GB* defence (in court), justification/excuse; ~ **gegen rechtswidrigen Angriff** defense to avert an unlawful attack; **~sgrund** *m* plea of *US* defense/*GB* defence; **~smittel** *n* means of *US* defense/*GB* defence; **~splädoyer** *n US* oral argument for the defense, *GB* defence speech; **~sschrift** *f* statement of *US* defense/*GB* defence; ~ **vor Gericht** defense in court; **die** ~ **niederlegen** to discontinue the defense, to withdraw from the defense; **die** ~ **übernehmen** to take over the defense; **notwendige** ~ compulsory representation by defense (*ordered by the court*); **zur** ~ **von** in the defense of; **zur** ~ **vorbringen** to set up as a *US* defense/*GB* defence, to advance as defense; **zu seiner** ~ in one's own defense.

Verteidigung *f* **II** military *US* defense/*GB* defence (= *d*-); **~sabkommen** *n d*- pact; **~sanlagen** *pl* national defenses; **~sausgaben** *pl d*- expenditure; **~sbeitrag** *m d*-contribution; **~sbereitschaft** *f* preparedness; **~sbündnis** *n* defensive alliance; **~setat** *m d*- appropriations, *d*- budget; **~sfall** *m* state of national emergency where war is imminent (*requiring d- measures*), the case of war; **~sfolgekosten** *pl d*--induced costs; **~sgüter** *pl d*- material, *d*- items; **~shaushalt** *m* military budget; **~sminister** *m*/**-in** *f US* (the) Secretary of *D*-; *GB* (the) Secretary of State for *D*-; **~sidentität** *d*- identity; **Europäische Sicherheits- und ~~** (*abbr* **ESVI**) *EU* European Security and *D*-Identity (*abbr* ESDI); **~sministerium** *n US* Department of *D*-, *GB* Ministry of *D*-; **~snotstand** *m* national emergency for the *d*- of the country; **~spolitik** *f d*- policy; **gemeinsame ~~** *EU* common *d*-policy; **gemeinsame Sicherheits- und ~~** common security and *d*-policy (*NATO*); **~srat** *m* National *D*- Council.

verteilbar *adj* available for distribution, capable of distribution.

verteilen *vt* to distribute, to apportion, to allocate; **anteilig** ~ to distribute on a pro rata basis.

Verteiler *m* distributor, distribution list; **~gewerbe** *n* distributing trade; **~kette** *f* distribution chain; **~liste** *f* mailing list; **~netz** *n* distribution network; **~schlüssel** *m* distribution key (*formula*).

Verteilung *f* distribution, marketing, allocation, disaggregation, apportionment, spread; ~ **der Zuständigkeit** allocation of responsibility; ~ **des Nachlasses** distribution of the estate; **~sbeschluss** *m* order of distribution; **~sbilanz** *f* calculation of supplies and requirements; **~sdividende** *f* dividend for the creditors; **~skampf** *m* struggle for income; struggle for a bigger share of national income; **~skartell** *n* marketing cartel; **~skonto** *n* distribution account; **~skosten** *pl* costs of distribution; **~smasse** *f* fund available for distribution; **~smaßstab** *m* scale of distribution; *pl* sharing criteria; **~smodus** *m* method of distribution/apportionment; **~snetz** *n* distribution network, distribution system; **~splan** *m* scheme of distribution; **~sprozess** *m* process of distribution; **~squote** *f* distribution quota, distribution rate; **~sschlüssel** *m* distribution key, apportionment formula; **~sstelle** *f* distributing agency; retail shop; **~sstreitigkeiten** *pl* disputes about distribution; **~sverfahren** *n* proceedings for partition and distribution; **anteilige** ~ pro-rata distribution; **ausgewogene** ~ balanced distribution; **quotenmäßige** ~ pro-rata distribution.

verteilungsfähig *adj* distributable.

verteuern *vt* to raise prices.

Verteuerung *f* price increases, price rises, increase in the cost (of).

verteufeln *vt pol* to malign, to expose to a smear campaign, to smear, to vilify.

Verteufelung *f* vilification, disparagement (*of opponent*).

Vertikalkonzern *m* vertical combine.

Vertrag *m* **I** contract (= *c-*, *contractual* = *c-l*) (*pl Verträge* = *~e*), agreement (*pl Verträge* = *~e*); ~ **auf Lebenszeit** life *c-*; ~ **in gesiegelter Form** *c-* under seal; ~ **mit dem Generalunternehmer** prime *c-*; ~ **mit Höchstpreisklausel** cost-plus *c-*; ~ **mit rückwirkender Kraft** *c-* with retroactive effect; ~ **mit Schutzwirkung für Dritte** *c-* to the protective benefit of third parties, *c-* providing protection to third parties; ~ **mit Wahlschuld** alternative *c-*; ~ **ohne Nebenabreden** entire *c-*, *c-* without any side agreements; **~sablauf** *m* expiration/expiry of an agreement or *c-*; **~sabrede** *f* (informal) *c-l* stipulation; **~sabschluss** *m* conclusion of *c-*; **~sänderung** *f* alteration of a *c-*, variation; **~sanfechtung** *f* rescission, avoidance of *c-*, vitiation of *c-*; **~sangebot** *n* offer (*to enter into an agreement*), *c-l* offer; **e- ~~ machen** to offer, to make an offer; **~sannahme** *f* acceptance (of the *c-l* offer); **~sannullierung** *f* rescission of *c-*, quashing of a *c-*, cancellation of an agreement; **~sanpassung** *f* adaptation/adjustment of *c-* (to changed conditions); **~sanspruch** *m* *c-l* claim, *c-* right; **~santeil** *m* *c-* quota; **~santrag** offer, proposal; **~sarzt** *m*/**~särztin** *f* *c-* doctor/*GB* surgeon; **~saufhebung** *f* mutually agreed termination/cancellation of a *c-*; **~sauflösung** *f* termination of *c-*, dissolution of *c-*; **~~ durch Gerichtsurteil** equitable rescission; **~sauslegung** *f* construction of the terms of the *c-*, interpretation of a *c-*; **~sbedingung** *f* *c-l* term, stipulation of *c-*, *pl* terms of *c-*; **(in den) üblichen ~~en** usual clauses; **stillschweigend vereinbarte ~~** implied term; **~sbeendigung** *f* termination of *c-*; **~sbeginn** *m* commencement of the *c-l* relationship; **~sbereitschaft** *f* readiness to *c-*; **~sbestand** *m* total policies outstanding; **~sbestandteil** *m* part of a *c-*; **wesentlicher ~~** essential part of a *c-*, (essential) condition of a *c-*; **~sbestimmung** *f* stipulation of *c-*, term, clause, provision (of a *c-*); **auflösende ~~** rescissory clause (*of a c-*); **gegenteilige ~~** contrary stipulation; **sich an ~~en halten** to stand by the terms of a *c-*; **~sbeziehungen** *pl* *c-l* relations; **~sbruch** *m* breach of *c-*; **vorweggenommener ~~** anticipatory breach (of *c-*); **~sdauer** *f* duration of *c-*, term of *c-*; **bestimmte ~~** fixed term; **~sentwurf** *m* draft agreement, draft *c-*; **~serbe** *m*/**~serbin** *f* heir conventional; **~serfordernisse** *pl* essentials of a *c-*; **~serfüllung** *f* performance of *c-*; ful(l)filment of the terms of a *c-*; **mangelnde ~~** failure of performance; **weitgehende ~~** substantial performance; **~sfirma** *f* contracting firm; **~sformeln** *pl* (usual) *c-l* clauses; **handelsübliche ~~** trade terms; **~sfortsetzung** *f* renewal (of *c-*); **~sfreiheit** *f* *c-l* liberty, liberty to *c-*, freedom of *c-*; **~sgebiet** *n* *c-* territory (*agent, US license/GB licence*); **~sgegenstand** *m* subject (matter) of the *c-*; **~sgegner** *m*/**-in** *f* the other party to an agreement, (the other) contract(ing) party; **~sgemäßheit** *f* conformity (*of the goods*) with the *c-*; **~sgrundlage** *f* basis of agreement; **~shaftung** *f* *c-l* liability; **~shändler** *m*/**-in** *f* authorized dealer, appointed dealer, distributor; **~shilfe** *f* judicial assistance for the adjustment of *c-s* (*to grant relief to debtors*); **~shypothek** *f c-l* mortgage; **~sinhalt** *m* subject of the *c-*; **wesentlicher ~~** material points of a *c-*, essence of the agreement; **~sinteresse** *n* interest in the performance of a *c-*; **positives ~~** positive interest; fulfil(l)ment interest, value of the performance; **negatives ~~** the position as if the *c-* had not been entered into; **~sjahr** *n* year of the *c-*; *c-* year; **~skontinuität** *f c-l* continuity (*regardless of intervening event*); **~sklage** action (based) on *c-*, actio(n) ex contractu, *c-l* suit, *c-l* claim; **~sklausel** *f c-l* clause, *c-* clause, stipulation; **~skonsens** *m* agreement (between parties to a *c-*); **~skonzern** *m* business combine on a *c-l* basis; **~smiete** *f* contractually agreed rent; **~sniederschrift** *f* written text of the agreement; **~spartei** *f* contracting party, party to a *c-*, party to an agreement/*c-*; *pl* the parties hereto; **die abtretende ~~** the assigning party; **die unmittelbaren ~~n** parties and privies; **empfangende ~~** recipient party; **~spartner** *m*/**-in** *f* party to a *c-*; **~spfandrecht** *n* lien by agreement, conventional lien; **~spflicht** *f c-l* obligation; **~sprämie** *f* stipulated premium; **~spraxis** *f* practice in the law of *c-*; **~spreis** *m c-* price; **~srecht** *n c-* law, law of *c-*; right under a *c-*, *c-l* right; **~sregelung** *f c-l* arrangement; **~srücktritt** *m* rescission of *c-*, repudiation of *c-*; **~sschluss** *m* conclusion of *c-*; **~sschuld** *f c-* debt; **~sschuldner** *m*/**-in** *f* debtor under the agreement; **~ssparen** *n c-l* saving; **~ssprache** *f* language used in the *c-*, *c-* language, official language of the *c-*; **~sstaat** *m* contracting state; **benannter ~~** designated contracting state; **~sstatut** *n* the proper law of the *c-*, governing law; **~sstrafe** *f* (conventional) penalty, *c-l* penalty; **~~versicherung** *f c-* penalty insurance; **~steil** *m* party to a *c-*, contracting party; **~stermin** *m c-l* deadline; **~streue** *f* observance of *c-s*, *c-l* fidelity; **~styp** *m* type of *c-*; **~sübernahme** *f* the taking-over of a *c-* (as a whole); **~sunterzeichnung** *f* execution of a *c-*, signing of a *c-*; **~surkunde** *f c-l* document, *c-l* instrument, indenture; **~sverbindung** *f* combination of *c-s*; interrelation of *c-s*; **~sverhältnis** *n c-l* relationship; **faktisches ~~** de facto *c-l* relationship; **gesetzlich fingiertes ~~** *c-* implied by law; **stillschweigendes ~~** implied *c-*; **unmittelbares ~~** privity of *c-*; **~sverlängerung** *f* extension/prolongation of a *c-*; **~sverletzung** *f* breach of *c-*, violation of *c-*; **positive ~~** special breach of *c-*, breach of *c-* (*other than delay or impossibility*), faulty *c-l* performance; **~~ durch Erfüllungsverweigerung** repudiatory breach of *c-*; **~sverpflichtung** *f c-l* obligation; **~sversprechen** *n c-l* promise, assumpsit; **Erneuerung des ~~s** new promise; **~svorschlag** *m c-* proposal; **~swerk** *n* complete *c-*, set of agreements, *c-l* system; **~swidrigkeit** *f* breach of *c-*; **~swille** *m* intention of the contracting parties; **~szeit** *f* term of the *c-*, *c-l* period, duration of the agreement; **~szusatz** *m* additional clause, marginal note; supplement; **~szweck** *m* purpose/object of a *c-*; **~ über die Abgabe *e-es* Konsortialangebots** joint tender agreement; **~ über *e-e* schlüsselfertige Wohnung** turn-key *c-*; **~ vom 28. April** agreement (made and) dated April 28; **~ zugunsten Dritter** agreement in favo(u)r of a third party; **~ zu Lasten Dritter** *c-* imposing a burden on a third party; **aleatorischer ~** aleatory *c-*; **anfechtbarer ~** impeachable *c-*; avoidable agreement; **Annullierung *e-es* ~es** avoidance/cancellation of a *c-*; **atypische ~e** innominate *c-s*, atypical *c-s*; **ausdrücklicher ~** express *c-*; **aus *e-em* ~** under a *c-*, *c-l*; **aus *e-em* ~ entlassen** to release from a *c-*; **aus *e-em* ~ klagen** to sue on a *c-*; **aus ~** ex contractu; **ausgewogener** ~ fair and reasonable *c*-; **auswärtige** ~**e** external treaties, treaties with foreign countries; **bedingter** ~ conditional *c*-; **befristete** ~**e** *c-s* of limited duration; **beurkundeter** ~ agreement recorded before a notary, notarized *c*-, *GB* deed; **Bundes-Angestelltentarif-**~ (*abbr* **BAT**) Federal Collective Agreement for Public Employees; **bürgerlich-rechtlicher** ~ civil *c*-; **das auf den** ~ **anzuwendende Recht** proper law of the *c*-, lex propria; **der** ~ **ist dem Recht von Deutschland unterworfen** the *c*- is governed by the law of Germany; **der vorliegende** ~ the present agreement; **dinglicher** ~ *c*- of transfer, → *schuldrechtlicher* ~, *Abstraktionsprinzip*, real *c*-, agreement in rem; **ein** ~ **enthält** a *c*- involves; **ein** ~ **läuft ab** a *c*- expires; ***e-en*** ~ **abschließen** to enter into an agreement, to enter into a *c*-, to conclude a *c*-; ***e-en*** ~ **als ungültig behandeln** to repudiate a *c*-; ***e-en*** ~ **anfechten** to avoid a *c*-; ***e-en*** ~ **aufheben** to cancel a *c*- by mutual agreement; ***e-en*** ~ **aufsetzen** to draw up a *c*-; ***e-en*** ~ **brechen** to break a *c*-, to violate a *c*-; ***e-en*** ~ **erfüllen** to fulfil(l) a *c*-, to perform a *c*-/an agreement; ***e-en*** ~ **formulieren** to draw up a *c*-, to work out the text of an agreement; ***e-en*** ~ **kündigen** to terminate a *c*-; ***e-en*** ~ **schließen** to conclude a *c*-, to make a *c*-; ***e-en*** ~ **unterzeichnen** to sign a *c*-, to execute a *c*-; ***e-en*** ~ **verlängern** to extend a *c*-, to renew a *c*-, to prolong a *c*-; ***e-en*** ~ **verletzen** to breach a *c*-, to commit a breach of *c*-; **einheitlicher** ~ entire *c*-, uniform agreement; **einseitig verpflichtender** ~ unilaterally binding *c*-; **einseitig unterzeichneter** ~ unilaterally signed agreement, inchoate agreement; **entgeltlicher** ~ onerous *c*-; **erfüllter** ~ executed *c*-, performed *c*-; **fehlerhafter** ~ defective agreement; **fingierter** ~ fictitious *c*-; **formbedürftiger** ~ formal *c*-, *c*- subject to formal requirements; **förmlicher** ~ formal *c*-; **formfreier** ~ informal *c*-, simple *c*-; **gegenseitiger** ~ reciprocal agreement; **gemischter** ~ mixed *c*-, (*agreement containing various elements of c- types*; *eg sale, service, and letting in hospitalization*); **in den** ~ **aufnehmen** to embody in the agreement; **interner** ~ internal-relationship *c*-, agreement inter se; **konkludent geschlossener** ~ implied (in fact) *c*-; **laufender** ~ running *c*-, current *c*-; **laut** ~ under the *c*-, according to the *c*-, as per agreement; **lediglich schriftlicher** ~ agreement under hand only; **leonischer** ~ leonine *c*-; **mehrseitiger** ~ multilateral agreement; **mündlicher** ~ verbal agreement, oral agreement; **nicht erfüllter** ~ unperformed *c*-, executory *c*-; **nicht förmlicher** ~ informal *c*-; **nicht klagbarer** ~ unenforceable agreement; **noch zu erfüllender** ~ executory agreement; **notarieller** ~ agreement in the form of a notarial deed, *c*- recorded before a notary; notarial deed; **normativer** ~ rule-establishing *c*-, standard-setting *c*-; **obligatorischer** ~ *c-l* agreement; **öffentlich-rechtlicher** ~ *c*- governed by public law; **schriftlicher** ~ *c*- in writing, written agreement; **schuldrechtlicher** ~ *c*- of obligation, → *dinglicher* ~, *Abstraktionsprinzip*; **schwebend unwirksamer** ~ provisionally invalid agreement; **seerechtlicher** ~ marine *c*-; **selbständiger** ~ independent *c*-; **sich durch** ~ **verpflichten** to commit oneself by *c*-; **sittenwidriger** ~ immoral *c*-, agreement contra bonos mores; **stillschweigender** ~ implied *c*-; **synallagmatischer** ~ synallagmatic *c*-, reciprocal agreement; **teilbarer** ~ divisible *c*-; **typische** ~**e** nominate *c-s*, typical *c-s*; **unbefristeter** ~ *c*- for an indefinite period of time; **unentgeltlicher** ~ gratuitous *c*-; **unteilbarer** ~ entire *c*-, *c*- which is not severable; **unter** ***e-en*** **~ fallen** to fall within the scope of an agreement; **unvollkommen zweiseitiger** ~ imperfectly reciprocal agreement; **vollkommen zweiseitiger** ~ wholly bilateral *c*-; **von** ***e-em*** **~ zurücktreten** to rescind a *c*-, to resile from a *c*-, to cancel an agreement, to withdraw from an agreement; **vorausgehender** ~ pre*c*-; **vorehelicher** ~ antenuptial agreement; **widerrechtlicher** ~ illegal *c*-; **zweiseitiger** ~ bilateral *c*-; **zweiseitig verpflichtender** ~ reciprocal *c*-, mutual *c*-, commutative *c*-.

Vertrag *m* **II** (*pl Verträge = ~e*) *int* treaty (= *t*-), convention, agreement; **~sbeitritt** *m* accession (to a *t*-); **~sbruch** *m* breach of a *t*-, breach of (an) agreement; **~sgebiet** *n* territory covered by a *t*-; **~skirchenrecht** *n t–based law between the state and religious bodies*; **~smächte** *pl t*- powers, contracting states; **~spartei** *f* contracting party, party to an agreement/*t*-; **die Hohen ~~n** the High Contracting Parties; **~srechte** *n/pl t*- rights; **internationales ~~** conventional international law; **~streue** *f* loyalty to *t*-; **~sunterzeichnung** *f* signing of a *t*-; **~ über das Verbot von Kernwaffenversuchen in der Atmosphäre, im Weltraum und unter Wasser** (= **Atomtest-Stopp~**, **Moskauer Teststopp-~**) Nuclear Test Ban *T*-, *T*- Banning Nuclear Weapons Tests in the Atmosphere, in Outer Space and Under Water; **~ über die abschließende Regelung in bezug auf Deutschland** → *Zwei-plus-Vier ~*; **~ über die Europäische Union** *EU* (= **~ von Maastricht**) *T*- on European Union (*abbr* TEU; = *T*- of Maastricht); **~ über die Gründung der Europäischen Gemeinschaft für Kohle und Stahl** *EU T*- establishing the European Community for Coal and Steel; **~ über die Nichtverbreitung von Kernwaffen** (= **Atomwaffensperr~**), (*abbr* **ASV**) *T*- on the Non-Proliferation of Nuclear Weapons (= Non-Proliferation *T*-), (*abbr* NPT); **~ über die Schaffung** ***e-er*** **Währungs-, Wirtschafts- und Sozialunion zwischen der Bundesrepublik Deutschland und der Deutschen Demokratischen Republik** (= *Staatsvertrag*) *T*- Concerning the Creation of a Currency, Economic, and Social Union between the Federal Republic of Germany and the German Democratic Republic (= *State T-, July 1, 1990*); **~ von Amsterdam** *EU T*- of Amsterdam; **~ zur Einsetzung** ***e-es*** **gemeinsamen Rates und** ***e-er*** **gemeinsamen Kommission der Europäischen Gemeinschaften** *EU T*- establishing a Single Council and a Single Commission of the European Communities; **~ zur Gründung der Europäischen Gemeinschaft** *T*- Establishing the European Community; **~ zur Gründung der Europäischen Atomgemeinschaft** *EU T*- establishing the European Atomic Energy Community (*abbr* EAEC, = Euratom *T*-); **~ zur Gründung der Europäischen Wirtschaftsgemeinschaft** *EU T*- establishing the European Economic Community (*abbr* EEC); **~ zwischen der Bundesrepublik Deutschland und der Deutschen Demokratischen Republik über die Herstellung der Einheit Deutschlands** (= **Einigungsvertrag**) *T*- between the Federal Republic of Germany and the German Democratic Republic on Establishing the Unity of Germany (= Unification *T*-), (*August 31, 1990*); **die Römischen ~e** the *T*- of Rome; ***e-em*** **~ beitreten** to accede to a convention; ***e-en*** **~ verletzen** to breach a *t*-; **Maastricht-~** *EU T*- of Maastricht; **mehrseitiger** ~ multilateral *t*-; **normativer** ~ lawmaking *t*-; **völkerrechtlicher** ~ *t*-; **Zwei-plus-Vier-~** *m* (= **Vertrag über die**

abschließende Regelung in bezug auf Deutschland) Two Plus Four *T-* (*Federal Republic of Germany, German Democratic Republic plus France, Union of Soviet Socialist Republics, United Kingdom, United States*; *Moscow, September 12, 1990*); **zwischenstaatliche ~e** (international) treaties.

vertraglich *adj* contractual, by contract, by treaty, by agreement, ex contractu, as agreed; **~ festgelegt** stipulated by contract, (as) contracted, contractually agreed.

vertrags|ähnlich *adj* quasi-contractual; **~sgemäß** in conformity with the contract; **~gerecht** conforming to the contract;**~smäßig** *adj/adv* contractual, according to contract, as stipulated; **~rechtlich** contractual, pertaining to the law of contract; **~treu** abiding by a contract, non-breaching; **~tragswidrig** in violation of the contract, contrary to the contract; not in accordance with the contract; not conforming to the contract; contract breaching.

Vertrauen *n* reliance, trust; **~samt** *n* position of trust; **~santrag** *m* motion for a vote of confidence; **~sanwalt** *m*/**~sanwältin** *f* counsel of choice; **~sarzt** *m*/**~särztin** *f* medical examiner (*nominated by an insurance company*), medical referee; **~sbereich** *m* sphere of confidence; **~sbildung** *f* confidence-building; **~sbruch** *m* breach of faith, breach of confidence, indiscretion; **~sfrage** *f* question of confidence; **die ~~ stellen** to ask for a vote of confidence; **~sgrundsatz** *m* principle of mutual reliance on reasonably safe driving of other road users; **~shäftling** *m* trusty; **~sinteresse** *n* interest due to reliance on trustworthiness; **~smann** *m*/**~sfrau** *f* confidential agent, *sl* con man; deputy of a group; **~~ der Polizei** confidential police agent, police informer; **~sperson** *f* reliable person, person enjoying *s.o.*'s confidence; **~sschaden** *m* detriment due to futile reliance on a promise, damage caused by breach of trust; **~~versicherung** *f* commercial fidelity insurance; **~sschutz** *m* legal protection of (*protecting person relying on the principle of* good faith), protection for bona fide acts, protection of (public) confidence; **~sstelle** *f* position of trust; **~sstellung** *f* confidential post, position of trust, fiduciary position; **~sverhältnis** *n* confidential relation(ship), fiduciary relation; **~svotum** *n* vote of confidence; **~swerbung** *f* institutional advertizing; **~swürdigkeit** *f* trustworthiness, reliability; **in vollem ~** in full confidence; ***jd-es* ~ missbrauchen** to misuse *s.o.*'s confidence; **sein ~ entziehen** to withdraw one's confidence (from); **sich das ~ erschleichen** to obtain *s.o.*'s trust by false pretences.

vertraulich *adj* confidential, private and confidential; **streng ~** strictly confidential, in strict confidence, sub rosa.

Vertraulichkeit *f* confidentiality; **Recht über Schutz der ~** law of confidence; **unzulässige ~en** improper familiarities.

vertrauens|bildend *adj* confidence-building; **~würdig** trustworthy, reliable.

vertreiben *vt* **I** to drive away, to expel, to displace, to dispossess, to oust, to repulse.

vertreiben *vt* **II** to market, to distribute, to trade in.

Vertreibung *f* expulsion, displacement, dispossession, ouster; **~sschaden** *m* damage due to expulsion, → *Vertriebene(r)*.

vertretbar *adj* **I** justifiable, tenable, arguable, defensible, reasonable; **nicht ~** indefensible; **rechtlich ~** legally justifiable; **sozial ~** justifiable from a social point of view.

vertretbar *adj* **II** fungible, exchangeable; **nicht ~** specific, non-fungible.

Vertretbarkeit *f* **I** justifiability, warrantableness.

Vertretbarkeit *f* **II** fungibility, fungible nature.

vertreten *vt* to represent, to act (for), to deputize (for); to justify, to warrant, to answer (for); ***e-e*** **Firma** ~ to be agent to a firm; **gerichtlich** ~ to represent in court, to represent judicially, to appear for; ***jd-en*** ~ to stand in for *s.o.*, to deputize for *s.o.*; **nicht zu** ~ **haben** not to be responsible for; **vor Gericht** ~ = *gerichtlich* ~.

vertreten *adj* represented; **anwaltschaftlich** ~ represented by counsel/by an attorney; **gerichtlich und außergerichtlich** ~ represented in and out of court; **nicht anwaltschaftlich** ~ lawyerless, acting in person (not represented by a lawyer).

vertretend *adj* representative.

Vertretene(r) *f(m)* (*der Vertretene*) the represented party, the principal (*of an agent*), principal.

Vertreter *m*/**-in** *f* agent, (*business*) representative; **~bericht** *m* agent's report; **~besuch** *m* sales call; **~~e zwecklos** no agents; **~bezirk** *m* agent's territory; ~ **der Anklage** counsel for the prosecution, prosecuting counsel; ~ **des Staatsanwalts** deputy prosecutor; ~ ***e-er*** **Bank** bank's representative; **~fixum** *n* salesman's fixed remuneration; **~konto** *n* representative's account; **~kosten** *pl* representatives expenses; ~ **ohne Vertretungsmacht** agent without authority; **~organisation** *f* association of representatives/salesmen; **~provision** *f* (agent's) commission, agency fee; **~stab** *m* sales force; **~versammlung** *f* meeting of representatives; **~vertrag** *m* agency agreement; ~ **von Amts wegen** ex officio representative; **alleiniger** ~ sole representative; **bevollmächtigter** ~ authorized representative; **diplomatischer** ~ diplomatic representative, diplomatic agent; **einstweiliger** ~ provisional representative; **gesetzlicher** ~ statutory agent, legal representative; **Hohe(r)** ~/**~in** *EU* High Representative; ~ ~ **für die Gemeinsame Außen- und Sicherheitspolitik** *EU* High Representative for the common foreign and security policy; ***jd-en*** **zu seinem** ~ **bestellen** to constitute *s.o.* one's agent, to appoint *s.o.* one's proxy; **örtlicher** ~ local agent; **rechtmäßiger** ~ lawful representative; **Ständige** ~ **der Mitgliedstaaten** *EU* Permanent Representatives of the Member States; **Ausschuss der ~n ~n** ~ ~ *EU* Committee of the Permanent Representatives of the Member States; **ständiger** ~ regular agent, standby, permanent representative; **vollmachtloser** ~ agent without authority; **zugelassener** ~ professional representative, *US* licensed/*GB* licenced agent.

Vertretung *f* representation; agency; proxy; substitution; ~ **der Anteilseigner** representation of ownership/of capital; ~ **des Kindes** legal authority to represent the child (*parents, guardian*); ~ **ohne Vertretungsmacht** unauthorized agency; **~sbefugnis** *f* power of representation, authority to act for/to represent; **~sbehörde** *f* representing authority; **~sberechtigte(r)** *f(m)* (*der ~sberechtigte*) authorized representative; **~sbüro** *n* office of an agency; **~seigenschaft** *f* representative capacity; **~smacht** *f* representative authority, power of agency; **~~ kraft Rechtsscheins** authority by estoppel, ostensible authority, agency by estoppel; **gegenseitige** ~~ reciprocal power of representation; **gesetzliche** ~~ agency by operation of law; **gewillkürte** ~~ agency by act of party, power of attorney; **mangelnde** ~~ lack of authority; **unbeschränkte** ~~ unlimited authority; **~sorgan** *n* representative body; **~sverhältnis** *n* agency (relationship); **stillschweigendes** ~~ implied agency; **~svollmacht** *f* power of attorney, **~swille** *m* intention to act on behalf of another;

~szwang *m* compulsory representation (*by a lawyer*); **amtliche ~** official representation; **berufene ~** authorized representative body; **berufsständische ~** professional representation; **die ~ ablehnen** to decline to act (as lawyer); **die ~ niederlegen** to resign the representation, to cease acting for; **diplomatische ~** diplomatic representation; **diplomatische und konsularische ~en** diplomatic and consular posts/missions; **gerichtliche und außergerichtliche ~** legal and general representation; **gesetzliche ~** legal representation, statutory agency; **in ~** (*abbr* **i.V.**) through, by, by attorney, by proxy, per pro, per procuration; **~~ kontrahieren** to contract as *s.o.*'s agent; **offene ~** disclosed agency; **rechtliche ~** legal representation; **ständige anwaltschaftliche ~** permanent legal representation.

Vertrieb *m* distribution, sales; **~sanzeige** *f* notification of sales; **~sausgaben** *pl* selling expense; **~sberater** *m*/**-in** *f* marketing consultant; **~sbindung** *f* distribution ties, tied distribution; **~sbüro** *n* selling agency; **~sfirma** *f* marketing firm, distributor; **~sgebiet** *n* sales territory, trading area; **~sgemeinkosten** *pl* selling overheads; **~sgesellschaft** *f* marketing company, sales company, distribution company; **~skosten** *pl* marketing costs, distribution costs, selling expenses; **~sleiter** *m*/**-in** *f* sales manager; **~sleitung** *f* sales management; **~slizenz** *f* distribution *US* license/*GB* licence; **~smethoden** *pl* selling methods; **~sorganisation** *f* marketing organization, sales management; **~srecht** *n* right of sale, *pl* distribution rights; **alleiniges ~~** sole distribution right; **~sverbot** *n* sales prohibition, ban on sales; **~svereinbarung** *f* marketing agreement, selling arrangement; **~swesen** *n* distribution, selling (arrangements); **~ über ausgewählten Händlerkreis** selective distribution, selective selling; **~ über das Telefon** telesales, telemarketing; **gewerbsmäßiger ~** commercial distribution.

Vertriebene(r) *f*(*m*) (*der Vertriebene*), expellee, expelled person, displaced person.

verüben *vt* to commit, to perpetrate, to carry out.

Verübung *f* perpetration, commission.

verunglimpfen *vt* to disparage, to defame, to revile, to smear.

Verunglimpfung *f* disparagement, defamation, detraction, desecration, *pol* smear; **~ der Flagge** desecration of the flag; **~ der Gesetzgebungsorgane** disparagement of the legislature; **~ der Staatsorgane** disparagement of state institutions, slandering state institutions; **~ des Andenkens Verstorbener** reviling the memory of the dead; **~ des Bundespräsidenten** vilification of the President of the Federal Republic; **~ des Staates und seiner Symbole** *crim* defamation of the state and its symbols; **~ von Hoheitszeichen** casting disparagement upon national emblems; **~ von Toten** reviling the memory of the dead.

Verunreinigung *f* pollution; **~ *e-es* Gewässer** water pollution.

verunstalten *vt* to disfigure; to deform, to mutilate.

Verunstaltung *f* disfiguration, disfigurement, spoilage.

veruntreuen *vt* to misappropriate, to embezzle.

Veruntreuer *m*/**-in** *f* peculator, defalcator, embezzler.

Veruntreuung *f* misappropriation, defalcation, peculation, fraudulent conversion, malversation; **~ im Amte** misappropriation in a public office.

verursachen *vt* to cause, to bring about, to give rise to.

Verursachung *f* causation; **~sprinzip** *n* causation principle.

verurteilen *vt* to sentence, to convict; to adjudge, to condemn; **ver-**

urteilt werden to stand convicted, to be sentenced; **im voraus** ~ to precondemn; **lebenslänglich** ~ to sentence to life imprisonment; **zivilrechtlich** ~ to adjudge.

Verurteilte(r) *f(m)* (*der Verurteilte*) person convicted; ~, **dessen Strafe zur Bewährung ausgesetzt ist** probationer; **lebenslänglich** ~ lifer, person serving a life sentence, prisoner for life.

Verurteilung *f* conviction, judgment of conviction; a judgment (against *s.o.*), adjudication; ~ **im Ausland** foreign conviction; ~ **in Abwesenheit** conviction in absentia; ~ **mangels Einwendungen** nihil dicit; ~ **wegen Rückfalls** second or subsequent conviction; ~ **zu den Kosten** order to bear the costs of the proceedings; ~ **zum Tode** death sentence; ~ **zu Schadenersatz** judgment for damages, a judgment to recover damages; ~ **zur Zahlung des Rechnungssaldos** award of balance due on account; **kostenpflichtige** ~ judgment with costs; **zivilrechtliche** ~ delivery of a civil judgment against a person.

vervielfältigen *vt* to duplicate, to mimeograph, to reproduce.

Vervielfältigung *f* reproduction, multiplication, duplication; **~srecht** *n* right to reproduce, right of reproduction.

verwahren *vt* to keep in safe custody, to hold/to have in custody.

verwahren *v reflex* to protest against.

Verwahrer *m*/**-in** *f* bailee, depositary, custodier, custodian; **~pfandrecht** *n* bailee's lien; **~regierung** *f* depositary government.

Verwahrlosung *f* neglect, dilapidation, complete disrepair; **sittliche** ~ moral neglect.

Verwahrregierung *f* depositary government.

Verwahrung *f* **I** custody; safe custody, deposit, safekeeping; compulsory detention; **~sbeschluss** *m* reception order, restriction order; civil commitment/confinement order; urgency order (*committal of insane person*); **~sbruch** *m* breach of official custody; **~sbuch** *n* custody ledger; **~sgeschäft** *n* safekeeping transaction, custody transaction; **~sgesetz** *n* law regulating committal to an institution; **~skonto** *n* custody account; **~slager** *n* temporary store (*customs*); **~sort** *m* place of deposit, repository; **~svertrag** *m* contract of deposit, contract of bailment; ~ **von Diebeswerkzeug** safe-keeping of tools designed for the commission of larceny, looking after a burglar's tools; **amtliche** ~ official custody; **gerichtliche** ~ judicial custody, court custody; **in ~r** ~ in custodia legis; **gewerbliche** ~ commercial bailment; **in** ~ **geben** to deposit, to place in custody, to bail; **in treuhänderische** ~ ~ to give in trust, to give in escrow (*deed*); **in** ~ **nehmen** to take into custody; **öffentlich-rechtliche** ~ public law deposit; **regelmäßige** ~ regular deposit; **unentgeltliche** ~ naked bailment, regular deposit, gratuitous deposit, naked deposit; **unregelmäßige** ~ irregular deposit; **vorläufige** ~ provisional committal to an institution; summary reception order.

Verwahrung *f* **II** protest, protestation (against).

verwalten *vt* to administer, to manage; **getrennt** ~ to manage separately; **schlecht** ~ to mismanage; **treuhänderisch** ~ to administer in a fiduciary capacity; **verwaltet werden** to be under trust.

verwaltend *adj* administrative.

Verwalter *m*/**-in** *f* administrator, manager, steward, receiver, custodian; **~amt** *n* administratorship; **~genehmigung** *f* approval of an administrator; ~ **von Wohnungseigentum** (condominium) management agent; **gerichtlicher** ~ judicial receiver; **treuhänderischer** ~ trustee, fiduciary administrator; **von Amts wegen eingesetzter** ~ ex officio administrator.

Verwaltung *f* administration (= *a-*, *administrative* = *a-e*), management; ~ **der gesperrten Vermögen** blocked properties *a-*; ~ **der Wirtschaft** economic *a-*, business management; ~ **durch** ***e-en*** **Treuhänder** stewardship/management of a trustee; ~ **durch Grundpfandgläubiger** receivership on behalf of mortgagors; ~ ***e-es*** **Nachlasses** *a-* of an inheritance; ~ **für gegenseitige Sicherheit** mutual security agency; **~sabkommen** *n* executive agreement, *a-e* agreement, inter-agency agreement; inter-departmental agreement; **~sakt** *m a-e* act/decision, *a-e* determination; order of a civil authority; **Anfechtung von ~~en** legal challenge to *a-e* action; **Doppelnatur** ***e-es*** **~~s** *f* double effect of an *a-e* act (*eg granting a right but simultaneously limiting another right*); **fehlerhafter** ~~ impeachable *a-e* act, *a-e* error; **~saktien** *f* management shares, dead stock, treasury stock, stock held in treasury, shares standing at board's disposal; **~sakzessorietät** *f* being auxiliary to *a-e* law; **~sangehörige** *pl* public servants; **~sangelegenheit** *f a-e* business; **~sanordnung** *f a-e* directive, *a-e* order; **~sapparat** *m a-e* machinery; **~saufbau** *m* organization of the *a-*; **~saufwand** *m a-e* expense; **~sausschuss** *m* managing committee, *a-e* committee; **~sausgaben** *pl a-e* expenditure; **~sautomation** *f a-e* automation, computerization of public *a-*; **~sautonomie** *f* self-*a-*, devolution, *pol* home rule; **~sbeamter** *m*/**~sbeamtin** *f a-e* official; **~sbehörde** *f* public authority, *a-e* agency, *a-e* body, executive agency; **~sbehördlich** *pl a-e*; **~sbeirat** *m* advisory board; **~sbeschwerde** *f* appeal against an *a-e* decision, complaint about a public office; **~sbezirk** *m a-e* district; **~sdienst** *m* civil service; **höherer** ~~ *a-e* class of the civil service; **~sdirektor** *m*/**-in** *f* executive director; **~seinheit** *f a-e* unit, political subdivision; **~sentscheidung** *f a-e* decision, *a-e* determination; **~sermessen** *n a-e* discretion; **~sfachmann** *m*/**~sfachfrau** *f a-* expert; **~sformalitäten** *pl a-e* formalities; **~sführung** public management; **wirkungsorientierte** ~~ (*abbr* **WOV**) new public management (*abbr* NPM); **~sfunktion** *f a-e* function, regulatory function; **~sgebiet** *n a-e* territory, political subdivision; **~sgebühr** *f* service charges, management fee; **~sgemeinkosten** *pl a-e* overhead, overhead; **~sgericht** *n a-e* court, *a-e* tribunal; **~~sbarkeit** *f* system of *a-e* tribunals; jurisdiction of an *a-e* court; **~~shof** *m* Higher *A-e* Court, *a-e* court of justice; **~~sordnung** *f* regulations governing *a-e* courts; **~~sverfahren** *n a-e* court procedure; **~sgeschäfte** *pl a-e* transactions; **~sgesellschaft** *f* managing company, management company; **~sgrundsätze** *pl* principles of *a-e* practice; **~shandlung** *f a-e* action; **~shaushalt** *m a-e* budget; **~shilfe** *f* mutual *a-e* assistance; **~shilfsdienste** *pl a-e* support services; **~sklage** *f a-e* court action; **~skompetenz** *f* jurisdiction of the *a-*; **~skosten** *pl* management expenses, *a-e* overheads, *a-e* expenses; **~skräfte** *pl a-e* personnel, office staff; **~slehre** *f* science of management and *a-*; **~sorgan** *n a-e* organ, administrator; **~spersonal** *n a-e* personnel; staff; **~spraktiken** *pl a-e* practices; **~sprinzip** *n* principle of organization/*a-*; **~sprivatrecht** *n* rules for private-law transactions of public bodies, **~srat** *m* board of management, board of directors; **~~smitglied** *n* director, member of the board of *a-*; **~~svorsitzende(r)** *f(m)* (*der ~svorsitzende*) chairman of the board; **~srecht** *n a-e* law; **~~spflege** *f* practice of *a-e* law; **~~srat** *m*/**~srätin** *f a-e* law counsellor; **~~sweg** *m* recourse to *a-e* tribunals; **den ~~ ausschöpfen** to exhaust *a-e* remedies; **~sreform** *f* reform of public *a-*; **~srichter**

m/**-in** *f* adjudicator, judge at an *a-e* tribunal; **~srichtlinie** *f a-e* directive; **~ssachen** *pl a-* business; **~ssitz** *m* seat of *a-*, head office; **~sstelle** *f a-e* authority; **~sstrafverfahren** *n* (rules of) *a-e* penalty procedure; **~sstreitigkeiten** *pl* civil *a-e* litigation; **~sträger** *m*/**-in** *f a-e* organ, executive body, *a-e* body, administrator; **~streuhand** *f a-e* trust; **~sübung** *f a-e* custom; **~sunion** *f* combined *a-*; **~sunkosten** *pl a-e* expense; overheads; **~sunrecht** *n* infractions of *a-e* rules, *a-e US* offense/*GB* offence; **~svereinbarung** *f* = *~sabkommen*; **~sverfahren** *n a-e* process, *a-e* procedure, *a-e* proceedings, *a-e* practice; **automatisiertes ~~** automatized *a-e* procedure; **~sverfügung** *f a-e* ruling; **~sverordnung** *f a-e* regulation, regulation of an executive department, statutory order; **~svertrag** *m* contract for management services, investment management contract, contract with the public *a-*; **~svollmacht** *f* management authorization; **~svollstreckungsgesetz** *n A-* Enforcement Act; **~svollstreckungsverfahren** *n a-e* enforcement procedure; **~svollzug** *m a-e* enforcement, execution of *a-e* tasks; **~svorschrift** *f* regulatory provision, *a-e* rule; *pl a-e* regulations; **Harmonisierung der Rechts- und ~~en der Mitgliedstaaten** *EU* harmonisation of the laws and regulations of the member states; **~sweg** *m a-e* channels; **~swirt** *m*/**-in** *f a-e* officer; **Diplom ~~** graduated *a-e* officer **~szustellung** *f a-e* service (of notices); **~szwang** *m a-e* compulsion; **~~sverfahren** *n* regulations concerning the application of *a-e* compulsion; **~szweig** *m* branch of the *a-*; **~ von Kapitalanlagen** investment management; **allgemeine ~** public *a-*; **bundeseigene ~** federal *a-*; **die ~ betreffend** *a-e*; **gerichtliche ~** judicial *a-*; **öffentliche ~** public *a-*, public service; **örtliche ~** local government; **treuhänderische ~** trust *a-*; **unter ~r ~ halten** to hold on trust; **vorläufige ~** receivership.

verwaltungstechnisch *adj* relating to administration (techniques), administrative.

verwandt *adj* related by blood, akin; **in der Seitenlinie ~** related in the collateral line; **in gerader Linie ~** related in the direct line.

Verwandte *pl* (*die Verwandten*) relatives, relations, kindred, kin; **~ in absteigender Linie** lineal descendents, issue; **~ aufsteigender Linie** lineal ascendents; **halbbürtige ~** relatives of the half blood; **nächste ~** next of kin; first and nearest kindred; **nahe ~** near relatives; **vollbürtige ~** relatives of the whole blood; **weitläufiger ~r** remote kinsman.

Verwandtschaft *f* kin, kindred relation by blood, propinquity, consanguinity, kinship, relatives; **~ im weiteren Sinne** affinitas affinitatis; **~ in gerader Linie** relations by lineal descent; **~sgrad** *m* degree of kin, degree of consanguinity, (degree of) relationship; **verbotene ~~e** prohibited degrees (*of consanguinity*); **~snähe** *f* proximity of blood, **~sverhältnis** *n* kinship.

verwarnen *vt* to warn, to admonish, to reprimand.

Verwarnung *f* warning, warning notice, admonition, reprimand, caution *subject to the imposition of a charge*; **~sgebühr** *f* charge for a warning notice, police ticket; **~sgeld** *n* warning charge (*for a traffic US offense/GB offence*); police ticket; **gebührenpflichtige ~** warning notice, a charge subject to payment of ticket; **rechtzeitige ~** fair warning; **strenge ~** severe reprimand.

verwässern *vt* to dilute, to water down; to gloss over.

Verwechslungsgefahr *f* possibility/risk of confusion.

verweigern *vt* to deny, to refuse, to decline; **grundlos verweigert**

unreasonably refused, unjustifiably refused.

Verweigerung *f* refusal, denial; ~ **der Annahme** refusal to accept; ~ **der ehelichen Lebensgemeinschaft** denial of marital community; ~ **der Eidesleistung** refusal to take an oath; ~ **der Genehmigung** refusal to confirm, disaffirmance; ~ **der Patenterteilung** patent barred; ~ **der Zahlung** refusal to pay; ~ **der Zeugenaussage** refusal of testimony; ~ **des ehelichen Verkehrs** denial of (marital) intercourse; ~ **des Gehorsams** refusal to obey, insubordination; ~ **des Zeugnisses** refusal to give evidence; **im ~sfall** *m* in case of refusal.

Verweildauer *f* length of stay (in hospital), period of hospitalization.

Verweis *m* **I** reprimand, censure; ***e-en*** ~ **erteilen** to reprimand; ***e-en*** **scharfen** ~ **erteilen** to rebuke; **strenger** ~ severe reprimand.

Verweis *m* **II** (cross-)reference (*in text*).

verweisen *vt* to refer to, to remit, to remand; to relegate (*compulsory departure*).

Verweisung *f* **I** remittal, referral, transfer of a case, remand, removal, removal of cause; banishment, expulsion; ~ **an den Einzelrichter** adjournment into chambers; ~ **an den Rechtspfleger** transfer of a case to the master; ~ **an die Kammer für Handelssachen** transfer to the Commercial List; ~ **des Rechtsstreits** transfer of proceedings/of action; transfer of a case, remand, removal of cause; ~ ***e-es*** **Beklagten aus dem Prozess** striking out a defendant (*by interlocutory judgment*); **~santrag** *m* motion to remit to another court, application to refer a case to another court; **~sbeschluss** *m* order for transfer of action, order of reference, remitter; **~sverfügung** *f* = *~sbeschluss*.

Verweisung *f* **II** (cross-)reference (*in text*).

verwendbar *adj* usable, utilizable, suitable, serviceable, appropriate.

Verwendbarkeit *f* usefulness, utility, suitability, serviceability; **praktische** ~ practical utility.

verwenden *vt* to make use of, to employ, to put to use.

Verwender *m*/**-in** *f* user, imposer of standard terms and conditions; **gewerblicher** ~ industrial user.

Verwendung *f* use, utilization, employment, appropriation; *pl ~en* outlay for repair, maintenance and improvement (*of rented premises*); ~ **auf das Anlagevermögen** capital outlay; ~ **der Steuereinnahmen** (re)employment of tax revenue; ~ **des Reingewinns** allocation of the net profit; **~sanspruch** *m* claim to the reimbursement of outlay (*on rented premises*); **~sauflage** *f* instructions as to use, condition for the appropriation of funds; **~sbeschränkung** *f* restriction as to use; **~sdauer** *f* service life; **~serfindung** *f* new use invention; **~sgrundsätze** *pl* principles of utilization; **~smöglichkeit** possible use; **hauptsächliche ~~en** principal use, uses of the invention; **~snachweis** *m* proof of employment of funds; **~sschein** *m EU* document for temporary importation; **~szweck** *m* use, purpose, end use; **freie** ~ unrestricted use; **gewerbliche** ~ industrial use; **missbräuchliche** ~ improper use; **notwendige ~en** necessary outlay; **rationelle** ~ efficient use; **unsachgemäße** ~ misuse; **zu alleiniger** ~ for one's sole use; **zur besonderen** ~ for special duty (*officer*); **zweckgebundene** ~ restricted use.

verwendungsgebunden *adj* tied to a particular use.

verwerfen *vt* to turn down, to dismiss, to disallow; to reject.

verwerflich *adj* reprehensible, damnable, nefarious, immoral.

Verwerflichkeit *f* turpitude, damnability, reprehensibility.

Verwerfung *f* rejection, dismissal, disallowance; ~ **der Berufung** *f* dismissal of an appeal; ~ **der Buchführung** rejection of the accounts; **~skompetenz** *f* power to reject a remedy.

verwertbar *adj* utilizable, useful; **gewerblich** ~ new and useful.

Verwertbarkeit *f* usability, utility; **gewerbliche** ~ (commercial) utility; **marktmäßige** ~ marketability, saleability.

verwerten *vt* to use, to utilize, to exploit, to turn to account, to realize.

verwertet *adj* used, realized; **nicht** ~ unrealized.

Verwertung *f* utilization, realization, exploitation; ~ ***e-es* Patents** exploitation of a patent; ~ **gepfändeter Gegenstände** realization of objects seized; **~sanlage** *f* utilizing plant; **~sgenossenschaft** *f* marketing co-operative; **~sgesellschaft** *f* exploitation company, performing rights society; **~smöglichkeiten** *pl* ways of employing (*sth*); **~smoratorium** *n* extension of time to dispose (of collateral or mortgage of property); **~sprotokoll** *n* record of utilization; **~srecht** *n* right of exploitation, exploitation right, power of sale; **~ssperre** *f* ban on sale, ban on utilization; **~sverbot** *n* ban on utilization, prohibition of disposal; **~szwang** *m* compulsory exploitation (*of collateral*), prohibition to use as evidence; ~ **von Erfindungen** exploitation of inventions; **bestmögliche** ~ optimal use; **industrielle** ~ industrial exploitation; **zur** ~ **im Auftragsgeschäft** for realization on a commission basis.

Verwesung *f* putrefaction, decomposition; **~sgeruch** *m* odo(u)r/smell of putrefaction.

Verwicklung *f* entanglement, complication, involvement; **außenpolitische ~en** foreign entanglements, involvement abroad.

verwickeln *vt* to entangle in, to involve, to implicate.

verwickelt *adj* complicated, complex, intricate.

verwiegen *vt* to weigh (out).

Verwiegung *f* weighing.

verwirken *vi* to forfeit, to become estopped (from), to incur a penalty.

verwirkt *adj* imposed (*penalty*), deserved (*punishment*); stale, forfeited (*rights*); ~ **sein** to be forfeited, to be estopped.

Verwirkung *f* forfeiture, equitable estoppel, laches, doctrine of waiver; ~ **durch Duldung** acquiescence; ~ **der elterlichen Gewalt** forfeiture of parental power; ~ ***e-es* Rechts** forfeiture of a right; **~sklausel** *f* estoppel clause, forfeiture clause, defeasance clause.

Verwirrung *f* confusion, imbroglio, obfuscation; **geistige** ~ (mental) aberration.

verwitwet *adj* widowed.

Verwitwete(r) *f(m)* (*der Verwitwete*) widow(er).

verworfen *adj* depraved, corrupt.

Verworfenheit *f* turpitude, baseness.

Verwundung *f* wound, war injury.

Verzehr *m* consumption of food, eating; **~zwang** *m* obligation to order a meal; **für menschlichen** ~ **ungeeignet** unfit for human consumption.

verzeichnen *vt* to record, to schedule, to list, to register.

Verzeichnis *n* schedule, register, itemized list; ~ **der Anlagewerte** schedule of investments; ~ **der Aktionäre** register of members; ~ **der verschifften Waren** shipping note; ~ **des Inventars** inventory; **tabellarisches** ~ schedule.

verzeihen *vt* to condone.

Verzeihung *f* condonation.

Verzerrung *f* distortion; ~ **der Wettbewerbsstellung** distortion of the competitive position.

Verzicht *m* renouncement, renunciation, waiver, disclaimer; ~ **auf die Einrede der Vorausklage** waiver of the benefit of discussion; *waiver of surety's plea of prior enforcement of guaranteed claim against the principal debtor*; ~ **auf die Erbschaft** disclaimer of inheritance; ~ **auf die Staatsangehörigkeit** renunciation of nationality; ~ **auf *e-en* Anspruch leisten** to waive a claim; ~ **auf Pfändungsschutz** waiver of exemption; **~erklärung** *f* waiver, notice of disclaimer, dispensing notice; **~~sformular** renunciation form; **~klausel** *f* disclaimer clause (*of a contract*), waiver clause; **~leistende(r)** *f(m)* (*der ~leistende*) renouncing party; **~leistung** *f* renunciation, waiver, disclaimer; **~~ unter Eid** abjuration; **~schreiben** *n* letter of renunciation; **~surkunde** *f* waiver, (deed of) renunciation; **ohne ~ auf den Klageanspruch** with survival of cause of action.

verzichten *vi* to renounce, to waive; **es kann darauf verzichtet werden** it may be dispensed with/waived.

verziehen *vi* to move away; **falls verzogen** in case of change of address; **unbekannt verzogen** moved to an unknown address, no trace.

verzinsen *vt* to pay interest (on); *v reflex* to bear interest, to yield interest.

verzinslich *adj* (*adv*) at interest, interest-bearing, interest-yielding.

Verzinsung *f* (payment of) interest, interest rate, rate of interest; interest return; **feste** ~ fixed interest; interest at a fixed rate; **marktgemäße** ~ interest in line with market conditions.

verzogen *pp verziehen* moved, relocated.

verzögerlich *adj* dilatory.

verzögern *vt* to delay, to retard, to protract.

Verzögerung *f* delay, protraction, retardation, time lag; **~sabsicht** *f* intention to delay proceedings; **~sgebühr** *f* court fee for causing delay in proceedings; **~spolitik** *f* dilatory policy; **~sstreifen** *m* deceleration lane; **~staktik** *f* stalling tactics, delaying tactics; **unerhörte** ~ inordinate delay; **vorsätzliche** ~ deliberate delay; **zu erwartende** ~ expected delay.

verzollen *vt* to pay duty (on), to clear through customs.

verzollt *adj* duty-paid, customs-cleared, customs-paid; **geliefert ab Kai** ~ delivered ex quay duty paid (*abbr* DEQ), (*INCOTERMS*); **geliefert und** ~ delivered duty paid (*abbr* DDP), (*INCOTERMS*).

Verzollung *f* customs clearance, **~sgebühren** *pl* customs clearance charges; **~sgrundlagen** *pl* elements of customs charges; **~skosten** *pl* clearance charges; **~spapiere** *pl* clearance papers; **~sstelle** *f* customs station, duty collection point; **~svorschriften** *f* rules for customs clearance; **~swert** *m* customs value.

Verzug *m* default, (*unexcused or statutory*) delay; **~sentschädigung** *f* compensation for damage resulting from delay/default; **~sfall** *m* case of delay/default, event of default; **~sfolge** *f* consequences of delay/default; **~sgebühren** *pl* delinquency charges; **~skosten** *pl* delinquency charges; **~sschaden** *m* damage caused by default, damage caused by delay; **~sstrafe** *f* penalty for delay, default fine; **~stage** *pl* days of delay; **~szinsen** *pl* interest for late payment, interest on deliquent accounts, interest on arrears, default interest; **in ~ geraten** to be overdue, to be in delay/default.

Veto *n* veto; **~recht** *n* right to veto, veto power; **ein ~~ ausüben** to execute a veto; **absolutes** ~ absolute veto; **aufschiebendes** ~ suspensive veto; **ein ~ einlegen** to veto, to interpose one's veto; **ein ~ überstimmen** to override a veto, to outvote a veto; **punktuelles** ~ item veto; **trotz des ~s beschließen** to override a veto.

vetoberechtigt *adj* veto-bearing.

Vetter *m* cousin; ~ **ersten Grades** first cousin; **~nwirtschaft** *f* nepotism, favo(u)ritism; ~ **zweiten Grades** cousin twice removed; **leiblicher** ~ first cousin, cousin german.

Video|aufzeichnung *f* video taping; **~kopierdiebstahl** *m* video piracy.

Vidimierung *f A* verification/authentication (of a document), → *Beglaubigung.*

Vieh *n* (*pl*) livestock (= *l*-); **~bestand** *m* number/quantity of *l*-; **~gewährschaftsrecht** *f l*- warranty law; **~handel** *m* trade in *l*-; **~hof** *m* stockyard; **~kauf** *m* sale of *l*-; **~pacht** *f* lease of *l*-; **~pächter** *m*/**-in** *f* leaseholder of *l*-; **~seuche** *f* infectious disease among farm animals, cattle-plague, rinderpest; **~triebweg** *m* driftway; **~- und Fleischgesetz** *n D L*- and Meat Act (*1977*); **~versicherung** *f l*-insurance; **~zucht** *f* animal husbandry, *l*- breeding; **~zuchtbetrieb** *m* stock farm.

Viel|seitigkeit *f* versatility, diversification, variety; **~völkerstaat** *m* multiethnic state.

Viererausschuss *m* committee of four, quadripartite committee.

Viermächte|abkommen *n* quadripartite agreement, four-power agreement; **~~ über Berlin** (= **Berliner Abkommen**) Berlin Agreement (= Quadripartite Agreement on Berlin, *England, France, UdSSR, US, 1972*); **~ausschuss** *m* quadripartite committee, four-power committee; **~erklärung** *f* Four-Power Declaration (*5 June 1945*); **~konferenz** *f* four-power conference; **~status** *m* quadripartite status; **~vertrag** *m* four-power agreement.

Vierteljahr *n* quarter, calender quarter; **~esabonnement** *n* quarterly subscription; **~esbericht** *m* quarterly report/statement; **~esbeträge** *pl* quarterly contributions; **~esdividende** *f* quarterly dividend; **~eszahlung** *f* quarterage.

Viktimologie *f* victimology, *branch of criminology dealing with victims of crime.*

Vindicatio *f* vindicatio (*the claiming of a thing as one's own*); **~nsklage** *f* suit for the recovery of property, action of detinue; **~nslegat** *n* claimable legacy (*legacy creating a right against the heir for the surrender of the bequeathed object*); **~nszession** *f* assignment of the right to claim the surrender of *sth* (*a form of ownership transfer*).

vindizieren *vt* to claim ownership of, to demand the surrender of *sth*.

Vinkulation *f* restriction of transferability, limitation of transfer.

vinkulieren *vt* to restrict the transferability (of), to tie, to block.

Vinkulierung *f* restriction of transferability; limitation of transfer (*of shares*); **~ von Aktien** restriction on the transfer of shares.

virtuell *adj* virtual.

Virus *m* virus.

visieren to verify, to visa (*a passport*).

Visitenkarte *f* visiting card, professional card.

Visitation *f* official inspection; **~srecht** *n* right of approach (*to ships*).

Visum *n* visa; **zur wiederholten Einreise berechtigendes ~** multiple entry visa; **~sabteilung** *f* visa office; **~sausstellung** *f* issue of a visa, granting a visa; **~sgebühr** *f* visa fee; **~sverlängerung** *f* extension of visa; **~zwang** *m* obligation to hold a visa.

Vize|kanzler *m*/**-in** *f* vice-chancellor; **~konsul** *m*/**-in** *f* vice-consul; **~präsident** *m*/**-in** *f* vice-president.

V-Mann *m*/**V-Frau** *f* confidential agent, undercover agent.

VOB (*abbr* = **Verdingungsordnung für Bauleistungen**) standard building contract terms, *contractual scale of building performance.*

Vogel|-Strauß-Politik *f* ostrich policy; **den ~ zeigen** to tap one's forehead (*as a sign of contempt*).

vogelfrei *adj hist* outlawed; **für ~ erklären** to proscribe, to outlaw.

Vogelfreie(**r**) *f*(*m*) (*der Vogelfreie*) outlaw.

Volatilität *f* volatility, *exch* volatile conditions.

Volk *n* (the) people, nation; **~sabstimmung** *f* plebiscite, referendum; **~saktie** *f* people's share, *low-denomination share for small savers (issued to privatize large public enterprises)*; **~sanwaltschaft** *f* *A admin* last resort after avenue of appeal has been exhausted; **~saufgebot** *n* levée en masse; **~saufklärung** *f* public enlightenment, propaganda; **~saufstand** *m* uprising of the people, popular uprising; **~sbank** *f* coop bank, banking cooperative; **~sbefragung** *f* referendum, poll, canvassing; **~sbegehren** *n* (popular) initiative, *petition by a certain percentage of the electorate to initiate legislation*; **~sbetrug** *m* deceiving the people; **~scharakter** *m* national character; **~sdemokratie** *f* people's democracy; **~sdeutsche(r)** *f(m)* (*der ~sdeutsche*) person of German ethnic origin, ethnic German; **~seigentum** *n* socialist state's property, people's property; **~seinkommen** *n* national income; **~sentscheid** *m* plebiscite, referendum; **~serhebung** *f* uprising of the people; national uprising; **~sfeind** *m*/**-in** *f* public enemy; **~sfront** *f* popular front, people's front; **~sgemeinschaft** *f* national community; **~sgenosse** *m*/**-in** *f* fellow countryman (*Nazi jargon*); **~sgesundheit** *f* public health; **~sgruppe** *f* ethnic group; **~sherrschaft** *f* democracy; **~shochschule** *f* adult education courses, university extension courses; **~sinitiative** *f* initiative, (people's) initiative; **~sjustiz** *f* people's justice; mob law, lynch law; **~skammer** *f* chamber of deputies (*of the former German Democratic Republic*); **~skapitalismus** *f* popular capitalism; **~smeinung** *f* popular opinion; **~spartei** *f* popular party; **Deutsche ~~** German Liberal Party (*1918–1933*); **~spflegeberufe** *pl* public welfare callings; **~spolizei** *f* people's police (*of the former German Democratic Republic*); **~srepublik** *f* people's republic; **~sschädling** *m* public enemy; **~sschulbildung** *f* elementary education; **~sschule** *f* primary school, *US* grade school, public elementary school; **~sschulpflicht** *f* compulsory education in (public) elementary schools; **~ssouveränität** *f* sovereignty of the people, national sovereignty; **~strauertag** *m* memorial day, day of national mourning; **~sverhetzung** *f* stirring up hatred against national, ethnic, racial or religious groups; **~svermögen** *n* national wealth; **~sverrat** *m* (national) treason, betrayal of the nation; **~sversammlung** *f* popular assembly, public meeting; **~sversicherung** *f* industrial life assurance; **~svertreter** *m*/**-in** *f* representative of the people, parliamentarian; **~svertretung** *f* parliamentary representation, parliament; **~swille** *m* popular will; **~swirt** *m*/**-in** *f* economist, graduate in economics; **~~schaft** *f* national economy, political economy, economies; **~~~ler** *m*/**-in** *f* (political) economist; **~~~slehre** *f* political economy, economics; **~~~spolitik** *f* national economic policy; **~swohl** *n* national welfare; **~~fahrt** *f* national well-being; **~szählung** *f* census, population census; **~~sgesetz** *n* National Census Act; **~szugehörige(r)** *f(m)* (*der ~szugehörige*) national; **deutscher ~~** (*ethnic*) German; **~szugehörigkeit** *f* ethnic origin.

Völker|bund *m* League of Nations; **~~ssatzung** *f* covenant of the League of Nations; **~gemeinschaft** *f* community of nations; **~gewohnheitsrecht** *n* customary international law; **~hass** *m* national hatred, ethnic hatred; **~krieg** *m* world war, battle of the nations; **~mord** *m* genocide; **Konvention über die Verhütung und Bestrafung des ~~** Convention on the Prevention and Punishment of the Crime of Genocide (*9 December 1948*); **~recht** *n* → *Völkerrecht*; **~rechtler** *m*/**-in** *f* expert on (public) international law; **~staat** *m* state of nations; **~strafrecht** *n* international criminal law, (national) law dealing with international crimes; **~vertragsrecht** *n* (the) law of international agreements.

Völkerrecht *n* (public) international law, law of nations; jus gentium; ~ **im Kriege** the law(s) of war, the customs and usages of war; **~skommission** *f* International Law Commission; **~snorm** *f* rule of international law; **~spraxis** *f* practice of international law; **~ssubjekt** *n* international person; subject of international law; **~sverletzung** *f* violation of international law.

völkerrechtlich *adj* under (in, of, pertaining to) international law.

volkswirtschaftlich *adj* economic.

Voll|arbeitskräfte *pl* fully qualified workers, full-time workers; **~auslastung** *f* full capacity operation; **~ausschüttung** *f* full distribution; of profits; **~~sgebot** legal requirement to distribute all net profits; **~beschäftigung** *f* full employment; **~bewertung** *f* taking at full value, complete assessment; **~eigentum** *n* absolute ownership, plenum dominum, estate in fee simple; **~eigentümer** *m*/**-in** *f* absolute owner, unrestricted owner, legal owner, outright owner, owner of the fee simple estate; **~einzahlung** *f* payment in full; **~erbe** *m*/**~erbin** *f* unrestricted heir; **~erwerbslandwirt** *m*/**-in** *f* full-time farmer; **~ersatz** *m* full replacement; **~funktionsunternehmen** *n EU* full function entity (*competition law*); **~giro** *n* = *~indossament*; **~hafter** *m*/**-in** *f* general partner, person subject to unlimited liability; **~indossament** *n* full endorsement, endorsement in full, special endorsement, direct endorsement; **~~ mit Rektaklausel** restrictive endorsement; **~invalidität** *f* total incapacity, permanent and total disability; **~jährigenadoption** *f* adoption of an adult person; **~jährige(r)** *f(m)* (*der ~jährige*) person of full age; **~jährigkeit** *f* full age, majority; **~~serklärung** declaration of majority, emancipation; **bei Erreichung der ~~** on attaining one's majority, on coming of age; **~jährigwerden** *n* coming of age; attaining the age of legal majority; **~jurist** *m*/**-in** *f* fully qualified lawyer, *person with the legal qualifications of a jugde or lawyer*; **~kaskoversicherung** *f* fully comprehensive insurance; **~kaufleute** *pl of ~kaufmann*; **~kaufmann** *m*/**~kauffrau** *f* fully qualified merchant (*under German Commercial Code*); **~kostenrechnung** *f* absorption costing, actual cost system; **~macht** *f* → *Vollmacht*; **~mitgliedschaft** *f* full membership; **~rausch** *m* complete drunkenness; **~recht** *n* full legal rights; **~rente** *f* full retirement pension; **~sitzung** *f* plenary session, plenary meeting; **~trunkenheit** *f* total intoxication; **~versammlung** *f* plenary assembly, plenary meeting; **~waise** *m* orphan (*who has lost both parents*); **~wertversicherung** *f* insurance at full value.

voll|berechtigt *adj* fully entitled, having a good title; **~beschäftigt** employed on a full-time basis; **~bürtig** of the whole blood; **~gültig** fully valid; **~jährig** of full age, of the age of legal majority; **~~ werden** to attain full age, to attain the age of legal majority; **für ~~ erklären** to emancipate; **~wertig** up to standard, fully effective; **nicht ~~** substandard.

vollenden *vt* to accomplish, to consummate, to complete.

vollendet *adj crim* accomplished, perfect, **nicht ~** incomplete, inchoate, unfinished.

Vollendung *f* accomplishment, completion, perfection, consummation; ~ ***e-er* Tat** accomplishment of an *US* offense/*GB* offence; consummation of felony; ~ ***e-es* Verbrechens** accomplishment of a crime, commission/completion of an *US* offense/*GB* offence; ~ ***e-es* Versuchs** completion of an attempt; **die ~ der Tat abwenden** to avert the accomplishment (*of an US offense/GB offence*); **mit ~ des 30. Lebensjahres** upon attaining the age of 30.

Vollmacht power of agency, power, authority, authorization, power of attorney, proxy, certificate of authority; **~ des Anwalts** a lawyer's power of attorney; **~ erteilen** to confer/to grant a power of attorney to *s.o.*, to authorize *s.o.*; **~geber** *m*/**-in** *f* grantor of a power (of attorney), principal; **~indossament** *n* restrictive endorsement, procuration endorsement; **~nehmer** *m*/**-in** *f* holder of a power of attorney, mandatary, proxy; **~prüfungsausschuss** *m* credentials committee; **~sbeschränkung** *f* limitation of authority; **~sentzug** *m* withdrawal of power of attorney, revocation of authority; **~sformular** *n* power of attorney form, authorization form; **~sinhaber** *m*/**-in** *f* holder of a power of attorney, attorney-in-fact; **~smissbrauch** *m* abuse of one's power of attorney; **~sspediteur** *m*/**-in** *f* authorized recipient of transport goods; **~sstatut** *n int* lex auctoritatis, *the law of that country in which the agent actually makes use of the power*; **~süberschreitung** *f* excess of authority, ultra vires action; **~sübertragung** *f* delegation of powers/of authority; **~sunterschrift** *f* procuration signature; **~surkunde** *f* power of attorney, letter of attorney, written power of agency, written authority, proxy (power); **~sverhältnis** *n* relationship between principal and agent; **~swiderruf** *m* withdrawal of power of attorney; **~ vorlegen** to produce power of attorney, to submit evidence of one's authority; **~ zum Vergleichsabschluss** power to compromise; **~ zur Aufnahme von Krediten** borrowing authority; **auf Grund der mir erteilten ~** in pursuance of the powers conferred upon me; **ausdrückliche ~** express authority; **außerordentliche ~en** extraordinary powers; **beschränkte ~** limited authority; **die ~ niederlegen** to divest oneself of one's power of attorney; **die ~ überschreiten** to exceed one's authority; **die ~ vorlegen** to produce one's authority; ***e-e* ~ widerrufen** to withdraw powers of attorney; **erkennbar erteilte ~** manifest authority; **faktische ~** actual authority; **ihre als gut und gehörig befundenen ~en** their full powers, found to be in good and due form; **in *jd-es* ~ handeln** to act as *s.o.*'s agent, to act on behalf of *s.o.*; **in ~** on behalf of, acting under a power of attorney; **in ~ kontrahieren** to contract as a person's agent; **in ~ unterschreiben** to sign by proxy, to sign as plenipotentiary, to sign as agent; ***jd-en* mit *e-er* ~ ausstatten** to confer powers upon *s.o.*; **mangelnde ~** absence of authority, lack of authority; **notarielle ~** notarial power; **ordnungsgemäße ~** proper authorization; **reine ~** bare authority; **schriftliche ~** written authority; **stillschweigende ~** implied authority, tacit procuration; **unbegrenzte ~** unlimited power; **unbeschränkte ~** full power of attorney, carte blanche; **unwiderrufliche ~** irrevocable proxy, irrevocable power of attorney.

Vollständigkeits|erklärung *f* statement of completeness (and accuracy) in an audit; **~klausel** *f* (*keine Nebenabreden*) entire contract clause, integration clause.

vollstreckbar *adj* enforceable (by execution); **für ~ erklären** to declare enforceable by execution, to grant a writ of execution; **nicht ~** non-enforceable; **sofort ~** self-executing, immediately enforceable; **vorläufig ~** provisionally enforceable (*pending an appeal*).

Vollstreckbarerklärung *f* leave to issue execution, writ of execution.

Vollstreckbarkeit *f* enforceability by execution; **~sverfahren** *n* execution proceedings, proceedings to obtain leave of execution (*of a foreign judgment, etc*); ~ **von ausländischen Urteilen auf Gegenseitigkeit** reciprocal enforcement of judgments; **mangelnde** ~ lack of enforceability; **vorläufige** ~ provisional enforceability.

vollstrecken *vt* to enforce, to execute, to carry out.

Vollstreckung *f* enforcement, execution (= *ex-*); ~ **aus** ***e-em*** **Grundpfandrecht** foreclosure (action); ~ **aus** ***e-em*** **Schiedsurteil** *ex-* on an award; ~ **aus** ***e-em*** **Urteil** *ex-* under a judgment, enforcement of a judgment; ~ **aus Forderungen und Rechten** *ex-* of a debt or enforcement of rights; ~ **ausländischer Schiedssprüche** enforcement of foreign arbitral awards; ~ **des Todesurteils** *ex-* of the death sentence; ~ **durch Herausgabe an den Gerichtsvollzieher** *ex-* by sequestration; ~ **durch Räumung** *ex-* by writ of possession, eviction by bailiff; ~ **durch Wegnahme** *ex-* by writ of delivery; ~ **durch Versteigerung** sale under *ex-*; ~ ***e-es*** **Testaments** *ex-* of a will; ~ **gegen Sicherheitsleistung** *ex-* on bond; ~ **in bewegliche Sachen** levy of *ex-*, *ex-* under a writ of fieri facias; ~ **in Gegenstände Dritter** foreign attachment; ~ **richterlicher Entscheidung** enforcement of judgment delivered by a court; **~sabkommen** *n* treaty concerning enforcement of foreign judgments; **~sabwehr** *f US* defense/*GB* defence against excution; **~~klage** *f* action to oppose *ex-*; **~sanordnung** *f* writ of *ex-*; **~sanspruch** *m* right to obtain *ex-*; **~saufschub** *m* stay of *ex-*, respite, reprieve (*death sentence*); ~~ **gewähren** to grant a stay (of *ex-*); **~~sgesuch** petition for reprieve; **~sauftrag** *m* writ of *ex-*, instructions to bailiff/*US* sheriff to levy *ex-*; fieri facias (*abbr* fi.fa.); **den ~~ erteilen** to issue the writ of *ex-*; **~sauslagen** *pl* incidental expenses of *ex-*; **~saussetzung** *f* suspension of *ex-*, stay of *ex-*; **~sbeamter** *m*/**~sbeamtin** *f* bailiff, sheriff; **~sbeendigung** *f* completion of *ex-*; **~sbefehl** *m* order for *ex-*, summary payment warrant, = *~sbescheid*; **~sbehinderung** *f* obstructing the due process of the law; **~sbehörde** *f* law enforcement authorities; **~sbescheid** *m* enforceable default summons; **~sbeschluss** *m* writ of *ex-*; **~sbeschränkungen** *pl* restrictions on *ex-*; **~sbeschwerde** *f* appeal against an order in *ex-* proceedings; **~seinstellung** *f* suspension of *ex-*; **gerichtliche ~~** judicial suspension of *ex-*; **~serinnerung** *f* complaint against a measure of *ex-*; **~serschleichung** *f* malicious use of process; **~sfähigkeit** *f* subjectibility to *ex-*; **~sforderung** *f* judgment claim; **~sfristen** *pl* time limits for compliance with a judgment; **~sgebühr** *f* fee for *ex-*; **~sgegenklage** *f* = *~sabwehrklage*; **~sgläubiger** *m*/**-in** *f* judgment creditor, *ex-* of civil claims; **~sgericht** *n* court competent for *ex-* of civil judgments; **~sgrundlage** *f* enforceable instruments (*as basis of ex-*); **~shandlung** *f* process of *ex-*; **~sinstanz** *f* court instance for civil *ex-*; **~sklausel** *f* court certificate of enforceability, writ of *ex-*; **Erteilung der ~~** issuing *ex-*; **~skosten** *pl* costs of the *ex-*; **~sleiter** *m*/**-in** *f* official in charge of enforcement; **~smaßnahmen** *pl* enforcement measures; **~sorgan** *n* official organ for enforcement by *ex-*; **~spfandrecht** *n* *ex-* lien, judicial lien; **~srecht** *n* law of enforcement of civil judgment; **~sschuld** *f* judgment debt, *ex-* debt; **~sschuldner** *m*/**-in** *f* judgment debtor; **~sschutz** *m* debtor's relief from judicial *ex-*; **~~antrag** *m* application for relief against *ex-*; **~stitel** *m* (judicially) enforceable instrument (*judgment or other instrument entitling s.o. to obtain ex-*), title for *ex-*, *ex-* deed; **~sunterwerfung** *f* declaration of submission to *ex-*; **~svereitelung** *f* obstructing *ex-*; frustrating *ex-*; **~sverfahren** *n* enforcement process; **~sverjährung** *f* limitation of sentence, statute-barring of *ex-*; **~svermerk** *m* notice of attachment by *ex-*; **auf Grund *e-er* ~** under an *ex-*; **die ~ aussetzen** to suspend (the measures of) *ex-*; **die ~ betreiben** to issue *ex-*, to carry out the *ex-*; **die ~ vorläufig einstellen** to suspend *ex-*; **durch ~ erfassen** to extend the *ex-*; **Europäisches Gerichtsstands- und ~sübereinkommen in Zivil- und Handelssachen** (*abbr* **EuGVÜ**) European Convention on Jurisdiction and Enforcement of Judgments in Civil and Commercial Matters, Brussels Convention 1961; **fruchtlose ~** abortive *ex-*; **Genfer Abkommen zur ~ ausländischer Schiedssprüche** *int* Geneva Convention on the *Ex-* of Foreign Arbitral Awards; **Haager Übereinkommen über die Anerkennung und ~ von Unterhaltsentscheidungen** Hague Convention on the Recognition and Enforcement of Decisions relating to Maintenance Obligations (*1973*); **Übereinkommen der Vereinten Nationen über die Anerkennung und ~ ausländischer Schiedssprüche** (= **New York Convention**) United Nations Convention on the Recognition and Enforcement of Foreign Arbitral Awards (= New York-Übereinkommen); **unzulässige ~** illegal *ex-*, illegal enforcement.

Vollversammlung *f* general assembly, plenary session; **~ der Vereinten Nationen** General Assembly of the United Nations.

vollziehbar *adj* enforceable, executable.

Vollziehbarkeit *f* enforceability, executability.

vollziehen *vt* to execute, to enforce, to put in force; to consummate (*marriage*).

Vollziehung *f* execution, enforcement, consummation; **~ der Ehe** consummation of marriage; **~ des Haftbefehls** prison committal; **~ *e-er* Schenkung** perfection of a gift; **~sbescheid** *m* enforcement notice; **~sfrist** *f* time limit on enforcement; **~sbeamter** *m*/**~sbeamtin** *f* bailiff, collection officer; **~sordnung** *f* implementing ordinance; **in ~ dieses Gesetzes handeln** acting in the execution of this law.

vollzogen *adj* executed, carried out; **nicht ~** unexecuted, non-executed, unenforced, not carried out.

Vollzug *m* enforcement (= *e-*), execution, consummation; **~sanstalt** *f* penal institution; **~saufschub** *m* deferral of *e-*; stay of execution; **~sbeamter** *m*/**~sbeamtin** *f e-* officer, prison officer; **~sbehörde** *f e-* agency, prison authority; **~sbedienstete** *pl* prison staff; **~sbericht** *m* report, return (of *e-* officer); **~sdienst** *m e-* officers' service; **~sgebühr** *f* fee for completion of a notarial act; **~sgewalt** *f* executive power; **~shilfe** *f* inter-police assistance; **~sklausel** *f* executive clause; **~skosten** *pl e-* costs; **~smeldung** *f* report of execution, report that order has been carried out; **~sordnung** *f e-* regulations; **~sorgan** *n* executive organ, *e-* agency; **polizeiliche ~~e** police departments; **~spolizei** *f* (the) police; **~suntauglichkeit** *f* unfitness for prison custody; **außer ~ setzen** to stay *or* suspend the execution.

Volontär *m*/**-in** *f* (unpaid) trainee.

Vomhundertsatz *m* percentage rate.

von jetzt ab henceforth.

Vorab|ausschüttung *f* advance dividend; **~entscheidung** *f* interlocutory decision, preliminary ruling; **~~ über den Grund** interlocutory judgment on the substance of the claim; **~kosten** *pl* off-the-top costs in advance; **~schiedsspruch** *m* interim arbitral award.

Voralarm *m* early warning.

Voranfrage *f* preliminary request for information/guidance; outline application for planning permission;

~zulassung *f* preliminary admission, advanced *US* license/*GB* licence, granting of permission in advance.

Vorangehendes *n* (*das Vorangehende*) the foregoing, the premises.

Vorankündigung *f* advance notice; **~smaterial** *n* pre-publication material; **~szeichen** *n* advance sign.

Voranmelder *m*/**-in** *f* *pat* prior applicant.

Voranmeldung *f pat* previous application, preliminary return; booking a person-to-person call.

Voranschlag *m* estimate, preliminary estimate, pre-estimate; **überschlägiger** ~ rough estimate.

Voranzeige *f* advance notice, preliminary announcement.

Vorarbeiter *m*/**-in** *f* foreman.

Voraus *m* preferential right (*of surviving spouse to household goods and wedding presents*).

Voraus|abtretung *f* assignment of future claim, anticipatory assignment; **~abstimmung** *f* internal private vote; **~abzug** *m* prior deduction, deduction at source; **~belastung** *f* **mit Spesen** front-end loading; **~berechnung** *f* precalculation, projection; **~bestellung** *f* advance order; **~bilanz** *f* proforma balance sheet; **~dispositionen** *pl* advance arrangements; **~empfang** *m* advance receipt; **~entnahme** *f* prior withdrawal, preferential benefit; **~entrichtung** *f* prepayment; **~entwicklung** *f* advance development; **~erfüllung** *f* pre-fulfil(l)ment; **~erhebung** *f* collection in advance; **~festsetzung** *f* advance fixing; **~haftung** *f* primary liability; **~kasse** *f* cash before delivery; **~klage** *f* prior complaint, prior complaint to exhaust remedies; **Einrede der ~~** (= *beneficium excussionis, beneficium ordinis*) benefit of discussion (*surety's privilege that creditor first proceed against debtor*), plea of unexhausted remedies; **~leistung** *f* advance performance, advance fulfil(l)ment, prepayment; **~planung** *f* **des Bedarfs** advance scheduling of requirements; **~prämie** *f* advance premium; **~rechnung** *f* pro forma invoice, account rendered beforehand; **~schätzung** *f* forecast; **~schau** *f* forecast, preview; **~sehbarkeit** *f* foreseeability; **~setzung** → *Voraussetzung*; **~sicht** *f* foresight, providence; **~verfügung** *f* anticipatory disposal, advance disposal; **~~ über Vermögenserträge** anticipation of property proceeds; **~vermächtnis** *n* preference/preferential legacy; **~zahlung** *f* prepayment, payment in advance, advance payment.

voraus|bezahlen *vt* to prepay, to pay in advance; **~datieren** to post-date, to date forward; **~disponieren** to make arrangements in advance, to buy ahead; **~setzen** to presuppose.

voraus|bezahlt *adj* prepaid; **~gesetzt** *adj, prep,* presupposed, provided (that), subject to; **es wird ferner** ~ provided further that; **~sehbar** foreseeable.

Voraussetzung *f* precondition, presupposition, prerequisite; **~en für ein Amt** eligibility for office; **buchmäßige ~en** accounting requirements; **die ~en erfüllen** to comply with the requirements, to fulfil(l) the qualifications, to meet (certain) conditions; ***e-e*** **~ für die Gültigkeit** a condition of validity; **erforderliche steuerliche ~en** necessary fiscal conditions; **gesetzliche ~en** legal/statutory requirements; **persönliche ~en** personal qualifications; **sofern die ~en gegeben sind** in so far as the requirements are fulfilled; **unabdingbare** ~ essential prerequisite, mandatory requirement; **unbedingte** ~ absolute precondition/prerequisite; **unter der stillschweigenden** ~ on the tacit understanding that, on the implicit understanding; **verfassungsmäßige ~en** constitutional requirements; **verfahrensrechtliche ~en** (completion of) the procedures required; **von der ~ ausgehen** to proceed on the assumption; **zur ~ haben** to presuppose.

Voravis *n* preliminary advice.

Vorbedacht *m* premeditation, premeditated design, aforethought.

Vorbedingung *f* precondition, prerequisite, condition precedent.

Vorbefassung *f* referral for a preliminary ruling; prior involvement (*of judge in an investigation*).

Vorbehalt *m* reservation, proviso; **~ der Haftung** subject to limitation of liability (*of the heir*); **~ der Nachprüfung** subject to review (*tax assessment*); **~ der Rechte** reservation of one's rights; **~e zum Ausdruck bringen** to express reservations; **~ für den Kriegsfall** war clause; **~serklärung** *f* reservation, proviso; **~sgut** *n* paraphernal property, privileged property, separate property of a spouse; **~~ der Ehefrau** *hist* paraphernal property, paraphernalia, extra-dotal property; **~~ für Frau und Kinder** wife's equity; **~skauf** *m* conditional sale; **~skäufer** *m/***-in** *f* conditional purchaser; **~skauf-Schuldschein** *m* conditional sale note; **~sklausel** *f* reservation clause, reservation, proviso clause, saving clause; **~srechte** *pl* reserved rights; **~surteil** *n* provisional judgment, conditional judgment, judgment subject to a change (*in subsequent proceedings by the same court*); **~sverkäufer** *m/***-in** *f* conditional vendor, person who sells subject to reservation; **geheimer ~** mental reservation; **grundlegender ~** fundamental reservation; **mit dem ~** with the reservation that, reserving, subject to the proviso that, always provided that, save that; **ohne ~** without reserve, absolute, unconditional; **~ ~ kontrahieren** to contract absolutely; **stiller ~** mental reservation; **üblicher ~** usual reservation/caution; **unter ~** with reservation, with the proviso, provided that, under protest, subject to; **~ ~ unterzeichnen** to sign under reserve; **unter dem üblichen ~** with the usual proviso; **unter dem ~ des Eingangs** subject to collection of the proceeds; **unter diesem ~** subject to this (requirement).

vorbehalten *vt* to reserve (*the right*).

vorbehaltlich *adv* subject to, provided that, with the proviso, with reservation.

vorbehaltlos *adj* unconditional, unreserved; *adv also*: without reservation, unreservedly.

Vorbelastung *f* prior charge, previous charge; **~sverbot** *n* illegality of pre-incorporation burdens; **standortbedingte ~en** handicaps due to location.

Vorbemerkung *f* preliminary statement, initial remarks, preamble.

vorbenannt *adj* aforesaid, mentioned above.

Vorbenutzer *m/***-in** *f* prior user.

Vorbenutzung *f* prior use, prior user; **~srecht** *n* right resulting from prior use of the invention; **offenkundige ~** notorious use, prior notorious use, prior public use.

Vorbereitung *f* preparation; **~sarbeiten** *pl* preparatory work; **~sdienst** *m* preparatory service; **~shandlungen** *pl* acts preparatory to the commission of an *US* offense/*GB* offence; **~sjahr** *n* preparatory year; **~streffen** *n* preparatory meeting; **~szeit** *f* preparation time, make-ready time (*engineering*), lead time.

Vorbescheid *m* preliminary ruling, ruling in an interim action (*patents*), first official notification, preliminary communication, previous official notification, outline (building) permission.

vorbeschrieben *adj pat* disclosed in a prior art reference.

Vorbesitzer *m/***-in** *f* prior holder, previous owner.

Vorbesprechung *f* preliminary discussion, preparatory conference.

Vorbestellung *f* reservation, advance booking, advance order; **~spreis** *m* subscription-list price.

vorbestraft *adj* previously convicted, having a criminal record; ~ **sein** to have a criminal record, to have previous convictions; **einschlägig** ~ previously convicted for the same type of *US* offense/*GB* offence; **mehrfach** ~ **sein** to have several previous convictions; **nicht** ~ without criminal record, without previous conviction.

Vorbestrafte(r) *f(m)* (*der Vorbestrafte*) previously convicted person, person with a criminal record; **mehrfach** ~ person with a (considerable) criminal record, recidivist.

Vorbeugehaft *f* preventive detention.

vorbeugen *vi* to prevent, to preclude, to forestall, to pre-empt.

vorbeugend *adj* preventive, precautionary, preemptive.

Vorbeugung *f* prevention; **~shaft** *f* preventive detention; **~smaßnahmen** *pl* precautionary measures.

Vorbilanz *f* trial balance, preliminary balance sheet.

Vorbildung *f* education, educational background; **juristische** ~ legal education, legal background, legal training.

Vorbörse *f* premarket dealings, market before hours, *US* curb/*GB* kerb market.

Vorbringen *n* statement, arguments, submission, pleading; allegation; ~ **von neuen Beweisen** production of fresh evidence; **beleidigendes** ~ scandalous matter; **das** ~ **der Parteien** the arguments submitted by the (two) parties, the submissions of the (two) parties; **frivoles** ~ **des Beklagten** frivolous *US* defense/*GB* defence; **nachträgliches** ~ subsequent averments/arguments; **neues** ~ novel pleadings, fresh arguments; **nicht entscheidungserhebliches** ~ irrelevant allegation; **sachlich-rechtliches** ~ submissions on substantive law, submissions on the merits of the case, issuable plea; **schriftsätzliches** ~ pleadings; **tatsächliches** ~ allegation(s) (of fact); **überflüssiges** ~ surplusage, superfluous arguments; **unerhebliches** ~ immaterial averment, irrelevant pleading; **verspätetes** ~ late submissions.

vorbringen *vt* to submit, to allege, to state, to set forth, to propound, to adduce, to propose, to offer (to the court); **einredeweise** ~ to plead by way of *US* defense/*GB* defence (*by answer or affirmatively*).

vordatieren *vt* to post-date (*later than the actual date*), to date in advance, to predate, to antedate.

Vorder|haus front building; **~mann** *m*/**~frau** *f* person in front; superior; previous holder (*bill of exchange*); **~richter** *m*/**-in** *f* previous court, lower court, judge of the lower court, trial judge, original judge; **~seite** *f* front, front page, obverse; **~sitz** *m* front seat.

Vordienstzeit *f* period of time prior to service.

Vordiplom *n* intermediate diploma.

Vordividende *f* interim dividend, initial dividend.

vordringlich *adj* (extremely) urgent, of urgent priority, priority (item).

Vordruck *m* (printed) form; **~satz** *m* set of printed forms; ***e-en*** ~ **ausfüllen** to complete a form.

vorehelich *adj* antenuptial, premarital.

Voreid *m* promissory oath; *oath taken by the witness before his statement.*

Voreigentümer *m*/**-in** *f* previous owner, predecessor in title.

Voreindeckung *f* advance covering, precautionary buying.

voreingenommen *adj* partial, biassed, prejudiced.

Voreingenommenheit *f* bias, partiality, prejudice.

Voreintragung *f* preceding entry.

Voreltern *pl* ancestors.

Vorempfang *m* advance receipt, property received before distribution, advancement.

vorenthalten *vt* to withhold.

Vorenthaltung *f* withholding, retention, denial.

Vorentscheidung preliminary decision, precedent judgment.

Vorentwurf *m* preliminary draft, rough draft.

Vorerbe *m*/**Vorerbin** *f* provisional heir; **befreiter** ~ exempt provisional heir (*exempt from fiduciary restrictions except for gifts*); **beschränkter** ~ fiduciary provisional heir.

Vorerbschaft *f* provisional succession; **befreite** ~ exempt provisional succession, → *befreiter Vorerbe.*

Vorerfinder *m*/**-in** *f* prior inventor.

Vorerhebung *f* preliminary investigation, exploratory survey.

Vorerkrankungen *f/pl ins* previous illnesses.

Vorermittlungen *f/pl* previous investigations, preliminary investigations.

vorerwähnt *adj* aforesaid.

Vorerwerb *m* previous acquisition.

Vorerzeugnis *n* product for further processing, primary product.

Vorfahre *m*/**Vorfahrin** *f* progenitor, ancestor.

Vorfahrt *f* right of way; ~ **beachten** give way, yield right of way; major road ahead; **~srecht** *n* right of way, priority, right of priority on the road; **~sstraße** *f* priority road, through road; **abknickende** ~ right-of-way street turn; **die** ~ **gewähren** to give way; **Ende der** ~ end of priority.

Vorfaktur *f* pro forma invoice.

Vorfall *m* occurrence, event.

Vorfälligkeitsentschädigung *f* prepayment indemnity.

vorfertigen *vt* to prefabricate.

Vorfertigung *f* prefabrication.

vorfinanzieren *vt* to prefinance, to provide interim financing.

Vorfinanzierung *f* prefinancing, preliminary financing, interim financing, anticipatory credit; **~saktion** *f* anticipatory financing scheme, anticipatory credit arrangement; **~skredit** *m* pre-finance credit, preliminary credit, anticipatory credit, pre-shipment credit, credit to finance initial costs; **~szusage** *f* promise to grant preliminary credit, assurance of interim credit.

Vorfracht *f* precarriage, original freight; **~konnossement** *n* preliminary freight bill of lading.

Vorfrage *f* preliminary question.

Vorfrieden *m* provisional peace; **~svertrag** *m* preliminary peace treaty.

vorführen *vt* **I** to exhibit, to present, to submit.

vorführen *vt* **II** to bring before the judge.

Vorführung *f* **I** exhibition, performance; **gewerbliche** ~ performance for profit.

Vorführung *f* **II** compulsory attendance enforced by officials or police, leading *s.o.* into the court room; **~sbefehl** *m* warrant to take a person to the court room, order to bring *s.o.* before a judge, warrant to produce prisoner for trial; **~~ im Haftprüfungsverfahren** writ of habeas corpus; **polizeiliche ~ von Verdächtigen** identification parade; **zwangsweise** ~ compulsory attendance.

Vorführwagen *m* demonstration car; test-drive car.

Vorgabe *f* handicap, advance time, performance target, given standard; **~zeit** *f* lead time, time allowed (*piece work*).

Vorgang *m* course of events, operation, proceeding, case record; dossier, job-file; **~sschreiben** *n* last letter, previous letter; **aktenmäßiger** ~ proceedings in the record, case record file.

Vorgänger *m*/**-in** *f* predecessor; ~ **im Amt** predecessor (in office); **~schuldner** *m*/**-in** *f* preceding debtor.

vorgeben *vt* to pretend, to purport.

vorgeblich *adj* ostensible, purported.

Vorgehen *n* line of action, official steps; **abgestimmtes** ~ concerted approach; **eigenmächtiges** ~ unauthorized action, arbitrary action; **einverständliches** ~ agreed action; **gemeinschaftliches** ~ concerted action.

vorgehen *vi* **I** to take action, to proceed; **energisch** ~ to take a strong line; **gerichtlich** ~ to take proceedings, to take judicial action; **summarisch** ~ to take summary proceedings.

vorgehen *vi* **II** to rank before, to take precedence, to have priority (over); **im Rang** ~ to rank before, to override, to take precedence.

vorgelesen *prep, adj* read (to *s.o.*), read out, read aloud; ~, **genehmigt und unterschrieben** read out, agreed to and signed.

vorgenannt *adj* said, aforesaid.

Vorgeschichte *f* genesis, previous history, record; **zweifelhafte** ~ bad record, dubious record.

Vorgeschlagene(r) *f(m)* (*der Vorgeschlagene*) nominee.

vorgeschoben *adj* pretended, sham, advanced as a man of straw.

vorgeschrieben *adj* required, officially prescribed, stipulated; **gesetzlich** ~ required by law, provided by law.

vorgesehen *adj* envisaged, provided for, designated; **nicht anderweitig** ~ not otherwise provided for; **nicht** ~ unprovided for, not envisaged.

Vorgesetztenverhältnis *n* relationship of superior to subordinate.

Vorgesetzte(r) *f(m)* (*der Vorgesetzte*) superior, senior officer, senior in rank, principal.

Vorgesprächsrunde *f* preliminary meeting.

vorgreifen *vi* to anticipate.

vorgreiflich *adj* prejudicial, of prior importance, anticipatory.

Vorgreiflichkeit *f* prejudicial effect.

Vorgriff *m* anticipation; **~skontingent** *n* advance quota.

vorgriffsweise *adv* in anticipation, as an advance instal(l)ment.

Vorgründungs|bericht *m* statement in lieu of prospectus; **~gesellschaft** *f* pre-incorporation association; **~gewinn** *m* pre-incorporation profit; **~vertrag** *m* pre-incorporation contract, promotion agreement.

Vorhaben *n* project, undertaking; **schwebende** ~ pending projects; **sich selbst amortisierende** ~ self-liquidating projects.

Vorhaftung *f* prior liability, prior commitment.

Vorhalt *m* query, argumentative question, putting *sth* to a witness; **~ekosten** *pl* precautionary (damage-preventing) costs, expenses of keeping *sth* available; ***e-en*** ~ **machen** to put it to (a witness).

vorhalten *vt* to put it to (a witness); to rebuke, to censure, to remonstrate.

Vorhaltung *f* remonstrance, censure, rebuke, *pl* representations; **~en machen** to remonstrate (with), to make representations (to), to expostulate, to object.

Vorhand first option (*to purchase*).

Vorhang *m* curtain, drape; **Eiserner** ~ *obs* Iron Curtain (*separating area of Soviet power from the rest of the world*).

Vorhängeschloss *n* padlock.

Vorherrschaft *f* predominance.

vorherrschen *vi* to predominate, to prevail.

vorherrschend *adj* predominant, prevalent, prevailing.

Vorhersagedienst *m* forecasting service.

Vorindossant *m*/**-in** *f* previous endorser.

Vorindustrie *f* industrial supplier.

Vorinstanz *f* court below, lower court.

Vorjahr *n* previous year, last year; **~esabschnitt** *m* preceding annual period; **~niveau** *n* level of the previous year; **~esvergleich** *m* comparison with the year before.

Vorkalkulationskarte *f* product-cost card.

Vorkasse *f* cash in advance; **gegen** ~ against cash in advance.

Vorkauf *m* preemption, right of preemption; **~sberechtigte(r)** *f(m)* (*der ~berechtigte*) preemptor, preemption claimant, person entitled to a right of preemption; **~sklausel** *f* preemption clause, first refusal clause; **~srecht** *n* right of preemption, preemptive right, preferential right to purchase, right of first refusal; **auf Grund** ***e-es*** **~~ erwerben** to preempt; **dingliches ~~** real right of preemption; **ein ~~ erwerben** to buy a right of preemption; ***e-em*** **~~ unterliegend** preemptible; **~svertrag** *m* preemption contract, convenant to convey.

Vorkehrung *f* arrangement, precaution, precautionary measure; **~en treffen** to take precautions, to make arrangements.

Vorkenntnis *f* previous knowledge, precognition, *pl* educational background, basic knowledge; **~klausel** *f* (discloure of) previous knowledge clause (*broker's contract*).

Vorkommen *n* incidence; deposit(s).

Vorkommnis *n* occurrence; **keine besonderen ~se** no unusual occurrences.

Vorkonnossement *n* initial bill of lading.

Vorkonto *n* preliminary account.

Vorkosten *pl* preliminary costs, preceding costs.

Vorkriegs|anleihe *f* pre-war loan; **~miete** *f* pre-war rent; **~preisniveau** *n* pre-war price level; **~stand** *m* pre-war level; **~verbindlichkeiten** *f* pre-war debts.

vorladen *vt* to summon, to issue a summons, to subpoena.

Vorladung *f* summons, writ of summons to appear, cital, subpoena; **behördliche ~** administrative request to appear; **~sbefehl** *m* (writ of) summons, writ; ***e-e*** **~ erwirken** to take out a summons; **polizeiliche ~** police summons.

Vorlage *f* **I** presentation, production, submission; **~ ans Schiedsgericht** reference (to the court of arbitration); **~bericht** *m* statement of case; **~beschluss** *m* order to refer the matter/case to another authority/court; **~** ***e-es*** **Schecks** presentation of *US* check/*GB* cheque; **~frist** *n* time limit for submission; **~ort** *m* place of presentment; **~pflicht** *f* duty of presentation; liability to produce/to present a document/instrument; **~termin** *m* date for submission (*of sth*); **~ zur Ehrenannahme** presentment to acceptor for hono(u)r; **bei ~** at sight, on presentation, when presented; **~ ~ zahlbar** payable at sight; **erneute ~** resubmission.

Vorlage *f* **II** bill (*legislation*); **~nentwurf** *m* draft bill; ***e-e*** **~ durchbringen** to pilot a bill (*through parliament*); ***e-e*** **~ einbringen** to introduce a bill; **unstreitige ~** unopposed bill.

Vorlage *f* **III** advance, outlay; **~provision** *f* commission charged on cash outlays; **in ~ treten** to advance funds; **kurzfristige ~** short-term advance.

Vorlagenmissbrauch *m* abuse of designs and patterns.

vorlagepflichtig *adj* under a duty to produce/to present *sth*; to discover.

Vorläufer *m*/**-in** *f* precursor.

vorläufig *adj* provisional, interim, temporary, ad hoc.

Vorleben *n* antecedents, record, past life.

vorlegen *vt* to submit, to produce (*document*), to adduce (*evidence*), to propound (*a question*).

Vorlegung *f* presentation, production; **~sbescheinigung** *f* certificate of presentation, noting (*bill or US check/GB cheque*); **~spapier** *n commercial instrument which must be presented in order to be hono(u)red*; **~ von Urkunden und sonstigen Beweismitteln** production of evidence (*documentary or otherwise*); **~ zur Annahme** presentation for acceptance; **~ zur Zahlung** presentation for payment.

Vorleistung *f* advance performance, preferential treatment; **~sklausel** *f* contract clause requiring prior performance.

vorlesen *vt* to read out, to read aloud, to read to *s.o.*

Vorlesungspflicht *f* notary's obligation to read document aloud to the parties.

Vorletzte(r) *f(m)*(*der Vorletzte*) penultimate.

Vorlieferant *m*/**-in** *f* supplier (of the seller).

vorliegen *vi* to be present, to be before the court, to be at hand.

vorliegend *adj* present, instant, at issue, given, existing.

Vorlizenz *f* preliminary *US* license/ *GB* licence.

Vormachtstellung *f* hegemony, supremacy, domination.

Vormann *m*/**Vorfrau** *f* previous endorser, preceding endorser, previous holder.

Vormaterial *n* preliminary material, primary material.

vormerken *vt* to note, to register, to mark down.

Vormerkliste *f* list of reservations, waiting list.

Vormerkprovision *f* reservation commission, booking commission.

Vormerkung *f* priority caution, priority notice (*land register*), note, registration; ~ **zum Protest** note for protest; ***e-e*** ~ **eintragen lassen** to put in a caveat, to have a caution entered.

Vormonat *m* previous month.

Vormund *m* guardian, legal guardian, tutor; ~ ***e-es*** **Geisteskranken** guardian of a lunatic, receiver; ~ ***e-es*** **Minderjährigen** guardian of an infant; **befreiter** ~ exempted guardian; **gesetzlicher** ~ statutory guardian, legally appointed guardian; **unbeschränkter** ~ general guardian; **vorläufiger** ~ provisional guardian; **weiblicher** ~ tutrix.

Vormundschaft *f* guardianship (= *g*-), tutorship, tutelage, wardship; **~sabteilung** *f g*- department; **~sbehörde** *f g*- authority, **~sgericht** *n g*- court, guardians' court, orphan's court; **~~ für Geisteskranke** Court of Protection; **~srat** *m* board of guardians; **~srichter** *m*/**-in** *f* judge of a court of *g*-; **~ssachen** *pl* wardship cases, *g*- cases; ~ **über Minderjährige** *g*- for (of) minors; **befreite** ~ exempted *g*-; ***e-en*** ~ **bestellen** to appoint a guardian; **gesetzliche** ~ legal *g*-; **unter** ~ **stehen** to be under the care of a guardian; **unter** ~ **stellen** to place under the care of a guardian, to receive into *g*-; **vorläufige** ~ provisional *g*-, temporary *g*-.

vormundschaftlich *adj* tutorial.

Vornahme *f* undertaking, execution, perpetration; ~ **des Steuerabzugs** making a tax-deduction; **~klage** *f* action for specific performance; ~ **sexueller Handlungen** defilement, perpetration of indecencies; ~ **von Buchungen** posting entries, making entries (*in a ledger*).

Vorname *m* Christian name, forename, first name, name (*as distinguished from surname*).

vornehmen *vt* to undertake, to do, to effect; **feierlich** ~ to solemnize (*marriage*).

vornummeriert *adj* pre-numbered.

Vorpatent *n* prior patent.

Vorpfändung *f* provisional garnishment; prior attachment.

Vorprämie *f exch* buyer's option, premium for the call; ~ **kaufen** *exch* to give for the call; **~ngeschäft** *n* trading in calls, option deal for the call, call option; **kombiniertes Vor- und Rückprämiengeschäft** straddle; **~nkurs** *m* call price.

Vorprodukt *n* product for further processing.

Vorprotest *m* (*e-es Wechsels*) noting a bill.

Vorprüfer *m*/**-in** *f* preliminary examiner.

Vorprüfung *f* preliminary search; preliminary audit; feasibility study; pre-audit, pre-liminary audit; **~sverfahren** *n* pre-liminary search (proceeding).

Vorrang *m* priority, preference, precedence, seniority; ~ **des Gemeinschaftsrechts** *EU* supremacy of Community law; ~ **haben** to take priority (over); to antecede; **~stellung** *f pol* hegemony; preeminence, predominance, priority; **mit** ~ **behandeln** to accord priority treatment to; **mit** ~ **vor** ranking in priority over, with priority over.

vorrangig *adj* of better rank, paramount, having higher priority, in preference (to), higher-ranking.

Vorrat *m* (*pl Vorräte* = *~e*) stock, store, stockpile; **~sabbau** *m* inventory decumulation, reduction in stocks; **~saktien** *pl* disposable shares, company's own shares; **~sansammlung** *f* accumulation of stocks, stockbuilding; **~seinkünfte** *pl* hedge buying; **~shaltung** *f* storing, stockpiling; **~sinvestition** *f* inventory, investment for future need; **~skauf** *m* stockpiling purchase, stockbuilding purchase; **~skontingente** *pl* reserved quotas, quotas to be held in reserve; **~skredit** *m* stockpiling credit, inventory-financing loan; **~slager** *n* stores, stockpile; **~spolitik** *f* stockpiling policy; **~spfändung** *f* collective garnishment of future claims; **~sraum** *m* storeroom; **~sschutz** *m* storage protection (*for agricultural products*); **~sstelle** *f* storage agency; **~~nwechsel** *m* storage agency bill; **staatliche ~~** state storage agency; **~steilung** *f* advance partition (*for condominium units*); **~süberhang** *m* stock carried over, surplus stock; **~svermögen** *n* stock-in-trade, inventories (*bookkeeping*); **~swirtschaft** *f* stockpiling; **~szeichen** *n* reserve trade mark; **gehortete ~e** hoarded stocks, stockpile; **staatliche ~e** public stores; **auf ~ emittieren** to issue for stock; **solange ~ reicht** first come first served.

vorrätig *adj* in stock, available.

Vorrecht *n* privilege, prerogative; **~e und Befreiungen** *EU* privileges and immunities (of the European Communities).

Vorredner *m*/**-in** *f* last speaker.

Vorrichtung *f* device, apparatus; **~spatent** *n* device patent.

Vorruhestandsregelung *f* early retirement scheme.

Vorrüstung *f* nuclear arms build-up.

Vorsaison *f* pre-season, early season, last season, previous season.

Vorsatz *m* (wrongful) intent, intention; **aus den Tatumständen gefolgerter ~** implied intent; **bedingter ~** contingent intent; **den ~ haben** to intend; **in dem ~** as the essential objective (*preamble*); **konkreter ~** specific intent; **rechtswidriger ~** unlawful intent; **strafrechtlicher ~** criminal intent.

vorsätzlich *adv* with intent; wil(l)fully and knowingly.

Vorschaden *m* preexisting damage/injury.

Vorschaltdarlehen *n* provisional loan.

Vorschau *f* forecast; **~ergebnisrechnung** *f* projected income statement.

vorschieben *vt* to plead as an excuse; to use *s.o.* as a front.

vorschießen *vt* to advance.

Vorschlag *m* proposal, suggestion; **~sentwurf** *m* draft proposal; **~sliste** *f* nomination list; **~srecht** *n* right of presentation/nomination; **~swesen** *n* (employee) suggestion system; ***e-em* ~ beipflichten** to concur with a proposal; ***e-en* ~ annehmen** to adopt a proposal; ***e-en* ~ positiv beurteilen** to consider a proposal favo(u)rably; ***e-en* ~ unterbreiten** to submit a proposal, to put forward a suggestion; ***e-en* ~ verwerfen** to reject a proposal; **in den ~ übernehmen** to incorporate in the proposal; **konkreter ~** definitive proposal, specific suggestion, firm proposal.

vorschlagen *vt* to propose, to propound; to nominate, suggest.

Vorschlagende(r) *f(m)* (*der Vorschlagende*) proposer, presenter, propounder, nominator.

vorschreiben *vt* to prescribe, to direct, to stipulate, to order.

Vorschrift *f* provision, instruction, prescription, precept, regulation, rule, directive; **~en durch Rechtsverordnung** rules by statutory instruments, statutory orders; **~en *e-es* Vertrages** provisions of a contract; **~en erlassen** to impose/to lay down regulations/

rules; ~**en mildern** to relax requirements; ~**en über die Bildung von Rücklagen** reserve requirements; ~**swidrigkeit** *f* irregularity; ~**szeichen** *n* regulatory sign; **allgemeine** ~**en** general rules; **absolut bindende** ~ hard and fast rule; **aktienrechtliche** ~**en** provisions of company law; **arbeitsrechtliche** ~**en** labo(u)r legislation rules; **baurechtliche** ~**en** building regulations; **den** ~**en entsprechen** to conform to statutory regulations, to comply with the rules, to be in accordance with the provisions; **die** ~**en berücksichtigen** to observe the rules, to adhere to the rules; **dispositive** ~**en** non-mandatory provisions, permissive provisions, optional rules, optional provisions; ***e-e*** ~ **durchführen** to comply with a legal requirement; ***e-e*** ~ **umgehen** to evade a rule; ***e-e*** ~ **verletzen** to disobey a rule, to break a law, to infringe a rule; ***e-e*** ~ **zu weit auslegen** to stretch a rule; ***e-er*** ~ **nachkommen** to comply with a legal requirement; **ergänzende** ~**en** supplementary regulations, additional provisions; **geltende** ~**en** regulations in force; **gemeinsame** ~**en** provisions common (to), joint provisions; **gesetzliche** ~ statutory provision, statutory rule, statutory requirement; *pl* statutory regulations; ***e-e*** ~ ~ **verletzen** to infringe a law; **nach** ~**r** ~ as the law directs; **gesundheitsrechtliche** ~**en** health provisions; **innerstaatliche** ~**en** domestic regulations; **interne** ~**en** internal rules; **landesrechtliche** ~**en** land law legislation, the rules of land laws; **laut** ~ in accordance with regulations; **materiellrechtliche** ~ provision of substantive law; **ortspolizeiliche** ~**en** local police regulations; **patentamtliche** ~**en** patent rules; **polizeiliche** ~**en** police regulations; **prozessrechtliche** ~ = *prozessuale*; **prozessuale** ~ procedural rule, *pl* rules of procedure; rules of practice; **seerechtliche** ~**en** admiralty regulations; **staatliche** ~**en** government regulations; **steuerrechtliche** ~ fiscal provision; **unbeschadet der** ~**en in** except as probvided in, nothing (in this act) shall affect the provisions of; **verfassungsrechtliche** ~**en** constitutional requirements; **widersprechende** ~**en** conflicting rules; **zu Grunde liegende** ~**en** the regulations underlying (the agreement); **zwingende** ~ peremptory/mandatory rule/regulation).

vorschrifts|gemäß *adv, adj* as prescribed, duly, in accordance with the regulations, according to regulations, according to directions; ~**mäßig** *adj, adv* regular, normal, prescribed; **nicht** ~~ nonconforming, not meeting the requirements; ~**widrig** *adj, adv* improper, irregular, against the rules.

Vorschub *m* abetment, furtherance (*of crime*), aiding and abetting; ~**leistung** *f* aiding and abetting.

Vorschule *f* preparatory school, junior school, infant school.

Vorschulalter *n* preschool age.

Vorschuss *m* (*pl Vorschüsse* = ~*e*) advance, advance payment, payment in advance, payment on account, advance disbursement, wage/salary advance, retainer/retaining fee, down payment for professional services; ~ **auf Seefracht** advance on freight; ~**berechnung** *f* computation of advances; ~**konto** *n* advance account; ~ **kurzfristiger Kredite** advance; ~ **leisten** to pay (*court fees, etc*) in advance; ~**leistung** *f* payment of *sth* in advance; ~**pflicht** *f* obligation to make advance payments (*on commissions earned*); ~**zahlung** *f* advance payment; **als** ~ by way of advance; **fester** ~ advance of fixed amount, advance for a fixed period; **unverzinsliche** ~**e** interest-free advances, advances without interest.

vorschussweise *adj, adv* by way of advance.

vorschützen *vt* to pretend, to plead as a pretext, to use as an excuse.

vorsehen *vt* to provide, to plan, to envisage, to earmark; **in Artikel 1 vorgesehen** provided by article 1.

Vorserie *f* pilot production.

Vorsicht *f* caution, prudence, precaution, discretion; **~smaßnahme** *f* precautionary measure; **polizeiliche ~~n** police precaution; **~smaßregel** *f* precautionary measure; **~sprinzip** *n* principle of conservatism; **die übliche ~** the usual caution.

vorsichtig *adj* cautious, circumspect, careful.

Vorsitz *m* chair, chairmanship, presidency; **den ~ führen** to take the chair, to preside; **den ~ haben** to preside (*over*), to act as chairperson; **den ~ übergeben** to pass the chair; **den ~ übernehmen** to take the chair; **der ~ wird von den folgenden Personen nacheinander wahrgenommen** the office of President shall be held by the following persons in turn; **unter dem ~ von** presided over by, (*person's name*) in the chair, (*person's name*) taking the chair, chaired by (*person's name*).

Vorsitzende(r) *f(m)* (*der Vorsitzende*) chairperson, president; presiding judge; **~ des Gerichts** presiding judge, president of the court; **stellvertretender ~** deputy chairperson; **stimmberechtigter ~** chairperson with voting power.

Vorsitzer *m*/**-in** *f* chairperson (*of the board*).

Vorsorge *f* provision, precaution, providence, advance arrangements; **~aufwendungen** *pl* expenses of a provident nature; **~maßnahmen** *pl* precautionary measures; **~pauschale** *f* contingency sum, provisional lump-sum; **~unterhalt** *m* maintenance to provide for retirement; **~untersuchung** *f* preventive medical checkup, prophylactic medical examination; **~verein** *m* mutual benefit society.

vorsorglich *adj* precautionary, provident, by way of precaution; **höchst ~** ex abundante cautela, out of extreme caution.

Vorspalte *f* previous column, preceding column.

Vorspann *m* credit titles (*film*); **~angebot** *n* enticement offer of minor article (tied with main article); **~benennung** *f* screen credits.

vorspiegeln *vt* to pretend, to delude; to feign, to simulate.

Vorspiegelung *f* pretending, pretence, fraudulent representation; **~ falscher Tatsachen** fraudulent misrepresentation, fraudulent representation, false pretences, wil(l)ful misrepresentation, fraudulent statement.

Vorspruch *m* preamble.

Vorstand *m* directorate, management board, executive board (of management); **~ *e-er* Kapitalgesellschaft** executive board of a corporation, board of management; **~saktien** *pl* management shares; **~sbericht** *m* the report (and accounts) of the directors; **~sfunktion** *f* top-executive function; **~sgenehmigung** *f* board approval; **~skollege** *m*/**~skollegin** *f* fellow board-member; **~smitglied** *n* director, member of the board, boardmember, executive officer; **ausscheidendes ~~** retiring director; **betriebsunabhängiges ~~** independent director; **geschäftsführendes ~~** managing director, managing member of the executive committee; **lebenslängliches ~~** life director; **ordentliches ~~** full member of the board (*of management, etc*); **~ssitz** *m* directorship; **~~ung** *f* directors' meeting, board-meeting, meeting of the board (of directors); **~ssprecher** *m*/**-in** *f* spokesman for the board of directors, company spokesman; **~svorsitzende(r)** *f(m)* (*der ~svorsitzende*) chairperson of the board of directors, president (of a corporation); executive board president, chief executive; **stellvertretender**

~~ deputy chairman of the board; executive vice-president; **~szimmer** *n* board room; **geschäftsführender** ~ managing board, chief executive manager.

vorstehen *vi* to preside (over), to be the head of, to supervise.

vorstehend *adj* aforementioned, aforesaid, hereinbefore mentioned; **wie ~ erwähnt** as aforesaid.

Vorstehendes *n* (*das Vorstehende*) the premises, the foregoing.

Vorsteher *m*/-in *f* head, supervisor, governor, principal.

vorstellig *adj* remonstrative, expostulatory; ~ **werden** to make representations, to remonstrate, to intervene (*for s.o.*), to call (upon).

Vorstellung *f* representation, remonstration(s); **~sgespräch** *n* interview; introductory interview; **~skosten** *pl* (job) interview costs; **diplomatische ~en** diplomatic representations, intercession.

Vorstellungskraft *f* imaginative faculty, imagination, power of imagination.

Vorsteuer *f* input tax, prior turnover tax, previously paid value-added tax.

vorsteuerabzugsberechtigt *adj* (*person*) entitled to deduct input tax.

Vorstrafe *f* previous conviction, prior conviction; **~nliste** *f* record of convictions, criminal record; **~nregister** *n* list of previous convictions; **einschlägige ~n** similar (previous) *US* offenses/*GB* offences.

Vorstudie *f* pilot study, feasibility study.

Vortagsnotierung *f* quotation of the previous day.

Vortat *f* prior *US* offense/*GB* offence.

Vortäuschen *n* simulation, feigning, pretence; ~ ***e-er*** **Straftat** simulating the commission of a punishable act, feigning commission of a crime.

vortäuschen *vt* to simulate, to feign.

Vorteil *m* advantage, benefit; **~sannahme** *f* acceptance of benefit by public official; **~sausgleichung** *f* offsetting losses by advantages due to the damaging event; **geldwerte ~e** benefits in money's worth; **~sgewährung** *f* granting of an undue advantage; **~sversprechen** *n* promise of an undue advantage, promise of preferential treatment; **zu beiderseitigem** ~ to their mutual benefit, of mutual benefit.

vorteilhaft *adj* advantageous, beneficial, remunerative.

Vortermin *m* previous maturity.

Vortest *m* pilot study.

Vortrag *m* **I** pleadings, submission(s), argument, report; **~srecht** *n* author's right of public oral presentation of a work, right of public citation; **mündlicher** ~ oral delivery, oral argument; **schriftsätzlicher** ~ pleadings; **ausreichend substantiierter** ~ ~ sufficient particularity of pleadings; **sorgfältig abgewogener** ~ carefully considered submissions; **unseriöser** ~ spurious submissions; **wissenschaftlicher** ~ scholarly lecture/presentation.

Vortrag *m* **II** carrying forward, carry-forward; ~ **auf neue Rechnung** account carried forward, balance carried forward to new account, amount carried forward.

vortragen *vt* **I** to submit, to plead, to speak, to state; **hilfsweise** ~ to plead in the alternative; **materiellrechtlich** ~ to adduce reasons of substantive law, to plead to the merits; **schlüssig** ~ to make out a prima facie case; **schriftsätzlich nochmals** ~ to replead.

vortragen *vt* **II** to bring/to carry forward.

Vortragsreise *f* lecture tour.

Vortransport *m* precarriage.

Vortritt *m* precedence; **~srecht** *n* preaudience; right of precedence; **den ~ haben** to precede, take precedence over *s.o.*

Vorumsatz *m* previous turnover.

Voruntersuchung *f* preliminary examination, preliminary proceeding, pre-trial procedure, proceeding before trial.

Vorurteil *n* bias, bias(s)ed opinion, preconceived opinion, prejudice.
vorurteilslos *adj* unbias(s)ed, impartial, unprejudiced.
Vorverfahren *n* pre-trial process, preliminary proceedings, prior proceeding.
vorverfügen *vi* to dispose in advance, to arrange beforehand.
Vorverhandlung *f* preliminary proceedings, preliminary trial; *pl* preliminary talks, antecedent/preliminary negotiations.
Vorverkauf *m* advance sale, sale effected in advance; preemption; **~svertrag** *m* preemption contract.
Vorverlagerung *f* bringing forward, placing ahead.
vorverlegen *vt* to accelerate, to fix a prior date.
vorveröffentlicht *adj* previously published, pre-published.
Vorveröffentlichung *f* previous publication.
vorverschlüsseln *vt* to pre-code.
Vorversicherung *f* previous insurance; **~szeit** *f* required preinsurance period.
Vorversterben *n* prior death.
vorversterben *vi* to predecease.
Vorversterbende(r) *f(m)* (*der Vorversterbende*) the first to die.
Vorverstorbene(r) *f(m)* (*der Vorverstorbene*) (the) predeceased.
Vorversuch *m* pilot experiment, preliminary test.
Vorvertrag *m* preliminary agreement, preliminary contract, memorandum of agreement, memorandum of understanding; *ins* binder.
Vorverurteilung *f* advance conviction (*by media*).
Vorwahl *f* preliminary election; pre-election; *pl* primary elections, primaries.
Vorwahlnummer *f* code number, dialling code, area code.
Vorwand *m* pretext; **als ~ dienen** to serve as a pretext; **unter falschem ~** on false pretences.
Vorwarnung *f* early warning.
Vorwärtsverteidigungstrategie *f* forward strategy.
Vorweg|befriedigungsrecht preferential claim, preference right; **~belastung** *f* prior charge; **~bewilligung** *f* appropriation to provide funds in advance; **~entnahme** *f* drawing(s), premature drawing before distribution of profits; **~nahme** *f* anticipation; **~pfändung** *f* anticipated levy of execution; **~vollzug** *m* advance implementation.
vorwegnehmen *vt* to anticipate.
Vorwegweiser *m* advance direction sign.
vorwerfen *vt* to reproach a person with, to charge a person with, to blame *s.o.*
vorwiegend *adj* preponderant, prevailing, paramount.
Vorwurf *m* (*pl: Vorwürfe ~e*) reproach, rebuke, charge; **~e erheben** to reproach, to remonstrate; **~e ausräumen** to rebut the charges, to repudiate the charges.
vorzeigen *vt* to produce, to present, to show, to submit.
Vorzeigepflicht *f* obligation to produce *sth* for inspection.
vorzeitig *adj* premature, advance.
Vorzensur *f* precensorship.
Vorzug *m* preference, priority.
Vorzugs|aktie *f* → *Vorzugsaktie*; **~aktionär** *m*/**-in** *f GB* preference shareholder/*US* holder of preferred stock; **~angebot** *n* preference offer; **~bedingungen** *pl* preference terms; **~behandlung** *f* preferential treatment; **~dividende** *f* preferred dividend, preferential/preference dividend; **~diskontsatz** *m* preferential discount rate; **~gläubiger** *m*/**-in** *f* preferential creditor; **~klage** *f* action for preferential satisfaction; **~klausel** *f* preferential clause; **~kurs** *m* preferential price/rate; **~pfandrecht** *n* prior lien; **~preis** *m* private price, special price; **~rabatt** *m* preferential discount; **~recht** *n* preferential right, prior right, preemptive right; **~stimmrecht** *n* preferential vote;

~tarif *m* preferential rate/tariff; **~zins** *m* concessionary interest rate, preferential interest; **~zoll** *m* preferential duty/tariff, differential duty.

Vorzugsaktie *f* preference share; *pl US* preferred stock; **~n mit Dividendengarantie** preference shares with guaranteed dividends; **~n mit Gewinnbeteiligung** participating preference shares; **~n mit Umtauschberechtigung** convertible preferred stock; **~n ohne Nachbezugsrecht** non-cumulative preferred stock; **gewöhnliche ~n** ordinary preferred shares; **kumulative ~n** cumulative preference shares, cumulative preferred stock; **nichtkumulative ~n** non-cumulative preference shares; **partizipierende ~n** participating preference shares, participating preferred stock.

Vostrokonto *n* vostro account, their account.

Votum *n* vote, opinion; assent.

Waage *f* scales; ~ **der Gerechtigkeit** the scales of justice.

Wach | dienst *m* watch; **~hund** *m* guard dog; **~- und Schließgesellschaft** protection service, firm of watchmen and private guards; **~verfehlung** *f* neglect of duty while on guard; **~vorschriften** *pl* guard regulations.

Wache *f* guard, escort; police station.

Wachstum *n* growth; ~ **der Volkswirtschaft** economic growth; **~saktien** *pl* growth shares/*US* stocks; **~sflaute** *f* stagnation; **~sfonds** *m* growth fund, cumulative fund; **~simpulse** *pl* stimulus to growth; **~sindustrie** *f* growth industry; **~sperspektiven** *pl* growth perspectives; **~srate** *f* rate of growth; **~ssteigerung** *f* upturn in growth, growth increase; **~strend** *m* growth performance; **~swerte** *pl* growth shares; **~sziele** *pl* growth targets; **angestrebtes** ~ growth target; **ausgewogenes** ~ balanced growth; **gleichgewichtiges** ~ even growth; **verlangsamtes wirtschaftliches** ~ slower economic growth; **volkswirtschaftliches** ~ the overall economic growth; **überdurchschnittliches** ~ above-average growth (rate).

wachstumsfreundlich *adj* growth-promoting.

Waffe *f* arm, weapon (= *w-*); **~n bei sich führen** to be armed; **~namt** *n* Ordnance Department; **~nausfuhrverbot** *n* arms embargo; **~nbesitz** *m* possession of (fire)arms; **~ngebrauch** *m* use of arms; **~ngesetz** *n D W-s* Act (*1976*); **~ngewalt** *f* force of arms; **~ngleichheit** *f* equal fighting chances; equal fire power; **~nhandel** *m* traffic in arms; **~nhändler** *m*/**-in** *f* (fire)arms dealer; **~nlager** *n* store of arms, arsenal; **~nlieferung** *f* arms delivery; **~noffizier** *m*/**-in** *f* ordnance officer; **~nrecht** *n* the law concerning *w-s*; **~nruhe** *f* truce, cease-fire; **~nschein** *m* firearms certificate, firearm certificate, gun *US* license/*GB* licence, shotgun certificate; **~nschmuggel** *m* arms smuggling, gun running; **~nstillstand** *m* armistice, truce, cease-fire; suspension of hostilities; **~~sabkommen** *n* armistice agreement; **~~sverhandlungen** *pl* armistice negotiations; **~nversteck** *n* cache; **chemische ~n** chemical *w-s*; **Organisation für das Verbot ~r ~n** *US* Organization/*GB* Organisation for the Prohibition of Chemical *W-s* (*abbr* OPCW); **gefährliche** ~ offensive *w-*, dangerous *w-*; **konventionelle** ~ conventional *w-*; **Protokoll über das Verbot oder die Beschränkung des Einsatzes von Minen, Sprengfallen und anderen Vorrichtungen (Protokoll II in der am 3. Mai 1996 geänderten Fassung) zu dem Übereinkommen vom 10. Oktober 1980 über das Verbot oder die Beschränkung des Einsatzes bestimmter konventioneller ~n, die übermäßige Leiden verursachen oder unterschiedslos wirken können** Protocol on Prohibitions or Restrictions on the Use of Mines, Booby-Traps and Other Devices (Protocol II as amended on 3 May 1996) Annexed to the Convention on Prohibitions or Restrictions on the Use of Certain Conventional *W-s* Which May Be Deemed to Be Excessively Injurious or to Have Indiscriminate Effects; **tödliche** ~ deadly *w-*, lethal *w-*.

Wagen *m* automobile, car; **~eigentümer** *m*/**-in** *f* car owner; **~halter** *m*/**-in** *f* registered user of an automobile, person in charge of an automobile; keeper of an automobile; **~haltung** *f* upkeep of a car; **~kolonne** *f* line of cars; **~papiere** *pl* motor vehicle documents; **~park** *m* rolling stock, vehicle fleet; **~standgeld** *n* rail/truck demurrage charge; **~vermietung** *f* rent-a-car, car hire.

Waggon *m* carriage, car, freight car, truck; **~ladung** *f* wagon load, truck load, carload; **~teilladung** *f* less than carload (*abbr* l. c. l.); **ab ~ am Verladekai beim Schiff** ex cars from alongside steamer; **frei ~** free on rail (*abbr* f. o. r.), free on truck.

Wagnis *n* risk, venture, hazard; **~kapital** *n* venture capital; **~zuschlag** *m* extra premium for unusual risks; **gemeinsames ~** joint venture; **sich auf kein ~ einlassen** to take no risks, to play safe.

Wägeordnung *f* weighing regulations.

Wahl *f* **I** choice, election, selection, option; **~anwalt** *m*/**-anwältin** *f* counsel of one's own choice; **~befugnis** *f* right of choice, authority to elect/choose; **~ des richtigen Zeitpunkts** timing, choice of the right moment; **~fach** *n* elective subject, choice of subject, chosen subject, optional subject; **~feststellung** *f* alternative findings; **~freiheit** *f* free choice; **~gerichtsbarkeit** *f* diversity of jurisdiction (*parties of different nationalities*); **~gerichtsstand** *m* elective venue, forum of choice; **~heimat** *f* adopted home country; **~konsul** *m*/**-in** *f* honorary consul, unsalaried consul; **~recht** *n* right to elect, option right; **~schuld** *f* alternative obligation (*promisor can choose which of two alternative obligations to fulfil(l)*); **~vermächtnis** *n* alternative legacy; **~verteidiger** *m*/**-in** *f* counsel of one's own choice; **~verteidigung** *f* *US* defense/*GB* defence by counsel of one's choice; **~wohnsitz** *m* domicile of choice; **die ~ haben** to have the option/choice; **freie ~ des Arbeitsplatzes** free choice of employment; **im ~fall** where there is an option, where a choice is available; ***jd-em* die ~ lassen** to leave the choice to *s.o.*; **nach freier ~** at one's discretion; **nach ~** at the option (of); **nach ~ des Käufers** at buyer's option; **nach ~ des Verkäufers** at seller's option; **zweite ~** seconds (*product*).

Wahl *f* **II** election (= *e*-), vote, poll, polling, ballot; **~ablehnung** *f* challenging a vote, contesting an *e*-; **~alter** *n* voting age; **~anfechtung** *f* challenging an *e*-, *e*- contest; **~~sklage** *f* *GB* *e*- petition; **~ankündigung** *f* announcement of a (forthcoming) *e*-; **~ansprache** *f* *e*-speech, address to electors; **~ausschließung** *f* disqualification from voting; **~ausschreibung** *f* *e*- writ; **~ausschuss** *m* *e*- committee, *e*-board, returning board; **~ausweis** *m* *e*-/voting card; **~auswertung** *f* evaluation of *e*- returns; **~auszählung** *f* vote counting;**~beamter** *m*/**~beamtin** *f* elected public officer, incumbent of an elective office; **~beauftragte(r)** *f(m)* (*der ~beauftragte*) *e*- commissioner; **~beeinflussung** *f* influencing of *e*-(results); **~behinderung** *f* obstruction of polling; **~beisitzer** *m*/**-in** *f* polling clerk; **~bekanntmachung** *f* *e*- announcement; **~berechtigte(r)** *f(m)* (*der ~berechtigte*) (registered) qualified elector, (qualified) voter, *s.o.* with a right to vote; **~berechtigung** *f* electoral capacity; **~bericht** *m* return of vote, report on *e-s*; **~beteiligung** *f* *e*- turnout, poll; **geringe ~~** small poll; **große ~~** heavy poll; **~betrug** *m* *e*- fraud, corrupt electoral practices; **~bewerber** *m*/**-in** *f* *e*- candidate; **~bezirk** *m* polling district, electoral district, legislative district, electoral ward; **manipulierte ~~sabgrenzung** gerrymander; **~brief** *m* *e*-paper for postal vote; **~dauer** *f* polling time, duration of the *e*-; **~delikte** *pl* voting *US* offenses/*GB* offences; **~ durch Akklamation**

vote by acclamation; ~ **durch Handaufheben** vote by show of hands; ~ **durch Wahlmänner** *e*- by electors; ~ **durch Zuruf** vote by acclamation; **~einspruch** *m* objection to an *e*- (result), challenging a vote; **~enthaltung** *f* abstention from voting; **~erfolg** *m* success at the polls; **~ergebnis** *n e*-returns, outcome of an *e*-; **~fähigkeit** *f* capacity to vote, eligibility (for office); **~fälschung** *f e*-fraud; **~gang** *m* ballot; **erster ~~** first voting, first ballot; **zweiter ~~** second ballot; **~gebiet** *n* electoral district; **~geheimnis** *n* secrecy of *e-s*; **~gesetz** *n* electoral law, Ballot Act; *GB* Representation of the People Act; **~handlung** *f* voting; **~helfer** *m*/**-in** *f* assistant *e*- officer; **~kabine** *f* polling booth; **~kampagne** *f e*- campaign; **~kampf** *m e*-campaign; **~~beauftragte(r)** *f(m)* (*der ~beauftragte*) *e*- agent; **~~kosten** *pl* expenses of an *e*- campaign; **~kandidatur** *f e*- candidacy; **~kartei** *f* electorals register; **~korruption** *f* illegal *e*- practices; **~kosten** *pl e*- expense; **~kreis** *m e*-district, representative district, (parliamentary) constituency; **~~ausschuss** *m e*- district committee; **~~abgrenzung** *f* districting; **~~einteilung** *f e*- district division, apportionment; **~~leiter** *m*/**-in** *f* district *e*- officer; **~kuvert** *n* envelope for ballot paper; **~leiter** *m*/**-in** *f e*- officer, returning officer; **~leitung** *f e*- headquarters; **~liste** *f* list of electors; list of candidates; *US* ticket; **~lokal** *n* polling station, polling place; **~lokomotive** *f* vote catcher, a great vote-getter; **~mandat** *n* electoral mandate; **~manifest** *n e*- manifesto; **~manipulierung** *f* manipulation of *e-s*; **~mann** *m* electoral delegate, delegate to an electoral committee, *US* elector; **~männerausschuss** *m D* committee of electors (*to choose the federal constitutional court judges*); **~männerkollegium** *n US* electoral college; **~manöver** *n* electioneering manoeuvre; ~ **mit Namensaufruf** vote by roll call; **~modus** *m* mode of *e*-; **~monarchie** *f* elective monarchy; **~niederlage** *f* electoral defeat, defeat at the polls; **~nötigung** *f* electoral coercion; **~ordnung** *f e*-regulations; **~organe** *pl* electoral agencies; **~periode** *f* electoral period; **~pflicht** *f* compulsory voting, duty to take part in an *e*-; **~programm** *n e*- platform, *e*- manifesto; **~propaganda** *f e*- propaganda; **~prüfer** *m*/**-in** *f e*- auditor, scrutineer, *e*- supervisor; **~prüfung** *f e*-scrutiny; **~~sausschuss** *m* committee for *e*- supervision; **~~sbehörde** *f* electoral revising authority; **~~sgesetz** *n D* Review of *E-s* Act (*1951*); **~quotient** *m* electoral ratio; **~raum** *m* polling station, polling place; **~recht** *n* → *Wahlrecht*; **~rede** *f e*- speech; **~redner** *m*/**-in** *f* electioneer, *US* stumper; **~reform** *f e*- reform; **~schein** *m* ballot, ballot paper, voting certificate, mail ballot; **~~e zur Briefwahl** absentee ballot, postal ballot papers; **ungültiger ~~** void ballot paper, scratch ticket; **~schwindel** *m e*- fraud; **~sieg** *m* victory at the polls, electoral victory; **~sprengel** *m* constituency; **~statistik** *f e*- statistics; **~stimmberechtigung** *f* right to vote; **~stimme** *f* vote; **sich um ~~n bewerben** to solicit voters, to canvass voters; **~~nwerber** *m* canvasser; **~system** *n e*- system, electoral system, elective system; **~tag** *m e*- date; **~taktiker** *m*/**-in** *f* electioneer; **~täuschung** *f* electoral fraud, deception of voters, *false statement as to the candidates*; **~umschlag** *m* envelope for ballot paper; **~unfähigkeit** *f* incapacity to vote; **~unterlagen** *pl e*- papers; **~untersuchungskommission** *f* Electoral Commission; **~urne** *f* ballot box, urn, voting box; **~verfahren** *n* electoral procedure, electoral process; **~verhinderung** *f* interference with *e-s*; **~versammlung** *f e*- rally; **~versprechen** *n* pre-*e*- promise, *e-* pledge; **~vorbereitungsurlaub** *m* electioneering leave; **~vorgang** *m* electoral procedure; **~vorschläge** *pl* nominations (for the *e-*); **~vorschlagsliste** *f* nomination paper; **~vorstand** *m e-* committee; **~vorsteher** *m*/**-in** *f e-* officer; **~werbung** *f e-* propaganda; **~zählung** *f* vote count; **~zeit** *f e-* time, voting hours; period for which a person is elected, term of office; **~zelle** *f* polling booth; **~zettel** *m* ballot paper, ballot; **allgemeine ~en** general *e-s*, universal suffrage; **direkte ~** direct voting; ***e-e*** **~ ausschreiben** to call an *e-*, to go to the country; **geheime ~** secret ballot; **gesamtdeutsche ~en** all-German *e-s*; ***jd-en*** **zur ~ vorschlagen** to nominate *s.o.* for *e-*; **knappe ~** close *e-*, close result; **offene ~** open ballot; **sich** ***e-er*** **~ stellen** to stand (*for parliament*), to be a candidate, to contend a nomination; **zur ~ schreiten** to proceed to the vote, to begin the poll.

wahl | berechtigt *adj* entitled to vote; **passiv ~~** eligible for election, qualified to be elected; **~fähig** of voting age, eligible (for election); **~frei** optional; **~pflichtig** obligated to vote; **~weise** optional, as an alternative, alternatively.

wählbar *adj* eligible (for election), electable; **nicht ~** inelectable, noneligible.

Wählbarkeit *f* eligibility.

wählen *vi* to vote; to go to the polls; *vt* to elect, to choose.

Wähler *m*/**-in** *f* elector, voter; **~bestechung** *f* bribing voters, corrupt electoral practices; **~evidenz** *f A* voter register, register of voters; **~gruppen** *pl* categories of voters; **~initiative** *f* voters' initiative; **~liste** *f* register of voters, list of voters, electoral register; **~nötigung** *f* undue pressure on electors; **~schaft** *f* voters, electorate; **~schwund** *m* electoral rot, dwindling numbers of voters; **~stamm** *m* steady voters; **~täuschung** *f* deception of voters (*during polling*); **~verzeichnis** *n* electoral register; **eingetragene ~** registered voters; **nicht im Wahlkreis wohnender ~** non-resident voter; **unbestimmte ~** floaters; **wehrdienstangehöriger ~** military service voter, armed forces voter.

Wahlrecht *n* voting right, right to vote, vote; electoral franchise; suffrage; electoral law; **~sgrundsätze** *pl* principles governing the law of elections; **~sverleihung** *f* enfranchisement; **~sverlust** *m* disfranchisement, *deprivation of the right to vote and of the eligibility for public office*; **aktives ~** right to vote, (electoral) franchise; **aktives und passives ~** right to vote and to stand for election; **allgemeines, gleiches, geheimes und direktes ~** universal, equal, secret and direct suffrage; **allgemeines, gleiches ~** right of universal suffrage, one person, one vote; **allgemeines ~** electoral franchise, universal suffrage; **beschränktes ~** restricted right to vote; **das ~ entziehen** to disfranchise, to withdraw the right to vote; **das ~ verleihen** to enfranchise; **direktes ~** right to vote directly (*for a candidate or party*); **passives ~** right to stand for election, eligibility; **Fehlen des ~n ~s** incapacity for election, non-eligibility.

Wahn | delikt *n* acts committed under the erroneous assumption of punishability, reverse mistake of law; **~vorstellung** *f* insane delusion.

Wahrhaftigkeit *f* veracity (*of witness*), truthfulness.

Wahrheit *f* truth (− *t*), verity; **~sbeweis** *m* proving the *t-*, evidence of the *t-*; **~sermittlung** *f* finding out the *t-*, ascertaining the facts; **~sfindung** *f* finding-out the *t-*; **~spflicht** *f* duty to tell the *t-*; obligation to be truthful (*in pleadings*); **~sbeweis** *m* proving the *t-*, evidence of the *t-*; **~sermittlung** *f* finding out the *t-*, ascertaining the facts; **~sfindung** *f* finding-out the *t-*; **~spflicht** *f* duty to tell the *t-*; obligation to be truthful (*in pleadings*); **die reine ~** the plain *t-*, nothing but the *t-*, *the whole t- and nothing but the t-*; **die ~ beweisen** to prove the *t-*, to give evidence for the *t-* of the facts alleged; **die ~ ermitteln** to ascertain the *t-*; **die ~ sagen** to tell the *t-*; **die ~ unterdrücken** to suppress the *t-*; **die ~ verdrehen** to prevaricate; **reine ~** plain *t-*; **zur ~ ermahnen** to admonish *s.o.* to tell the *t-*.

wahrheitswidrig *adj* untruthful, mendacious.

wahrnehmbar *adj* discernible, appreciable, noticeable, audible.

wahrnehmen *vt* to assert, to safeguard (*interests*); to discern, to notice, to observe.

Wahrnehmung *f* safeguarding; observation, perception; **~ berechtigter Interessen** exercising legitimate interests, justification by fair comment; privileged occasion, justification and privilege (*defamation*); **in ~ ~ ~** privileged, on a privileged occasion; **sich auf ~ ~ ~ berufen** to plead justification and privilege; **~ der Interessen** safeguarding the interests (of); **~sgesellschaft** *f* collecting societies, authors' rights societies; **~sgesetz** *n* Law on Authors' Societies; **~svertrag** *m* contract with collecting society; **~ von Aufgaben** discharging one's responsibilities, exercise of one's functions; **kollektive ~ der Arbeitnehmer- und Arbeitgeberinteressen** *EU* collective *US* defense/*GB* defence of the interests of workers and employers.

Wahrscheinlichkeit *f* probability; **~sauswahl** *f* probability sampling; **~sbeweis** *m* proof of likelihood, balance of probabilities; **~srechnung** *f* probability calculus; **mit an Sicherheit grenzender ~** with the utmost probability, based on a strong presumption of proof, with virtual certainty.

Wahr|spruch *m* verdict (of the jury); **~unterstellung** *f* taking *sth* for granted, assumption of truthfulness.

Wahrung *f* observance, adherence, safeguarding; **~ von Geschäftsgeheimnissen** keeping of trade secrets; **die ~ der Interessen** safeguarding of interests.

Währung *f* currency (= *c-*); **~sabkommen** *n* monetary agreement; **~sabteilung** *f* foreign exchange department; **~sabstieg** *m c-* deterioration; **~sabwertung** *f* exchange depreciation, devaluation; **~~ aus Wettbewerbsgründen** competitive devaluation; **~sänderungsklausel** *f* alteration of *c-* clause; **~sangleichung** *f* adjustment of exchange rates, *c-* adjustment; **~sanleihe** *f* loan in foreign *c-*; **~saufwertung** *f* revaluation; **~sausgleich** *m c-* conversion compensation; **~-A~sbetrag** *m* monetary compensatory amount; **~~sfonds** *m GB* exchange equalization account, *US* exchange stabilization fund; **~~skonto** *n* exchange equalization account; **~sausschuss** *m* monetary committee; **~sbandbreiten** *pl c-* bands; **~sbank** *f* bank of issue, *c-* issuing bank, central bank; **~sbarkredit** *m* (foreign) *c-* advance; **~sbereich** *m c-* area; **~sbestimmungen** *pl c-* regulations; **~sblock** *m* monetary bloc; **~sdeckung** *f* backing support for a *c-*; **~seinheit** *f* monetary unit, *c-* unit, monetary standard; **~seinrichtungen** *pl* monetary institutions; **~sentwertung** *f c-* depreciation, (*c-*) devaluation; **~sfonds** *m* monetary fund; **Internationaler ~~** (*abbr* **IWF**) International Monetary Fund (*abbr* IMF); **~sgebiet** *n* monetary area, *c-* area; **~sgeld** *n* standard money, legal tender money; **~sgesetz** *n c-* law; **~sgesundung** *f* monetary rehabilitation, *c-* reform; **~sgewinn** *m* profit on foreign exchange fluctuations; **~sguthaben** *n* balance in *c-*; **~shoheit** *f* monetary sovereignty; **~shüter** *m*/**-in** *f* guardian of the *c-* (*central bank*); **~sinflation** *f* monetary inflation; **~sinstitut** *n* monetary institute; **Europäisches ~~** (*abbr* **EWI**) European Monetary Institute (*abbr* EMI); **Rat des europäischen ~~s** Council of the European Monetary Institute; **~sklausel** *f c-* clause; **~skommission** *f* foreign exchange clause, *c-* commission; **~-Kongruenz** *f* identity of *c-*; **~skonto** *n* (foreign) *c-* account; **~skredit** *m* (foreign) loan or credit; **~skrise** *f* monetary crisis, *c-* crisis; **~skurs** *m* exchange rate; **~~stabilität** *f* exchange stability; **~slage** *f* monetary situation, monetary scene; **~smanipulation** *f c-* manipulation; **~smechanismus** *m* monetary mechanism; **~soption** *f c-* option, choice of *c-*; **~sparität** *f* par rate of exchange; monetary parity, exchange rate parity, *c-* parity; **~spolitik** *f* monetary policy; **~srechnungseinheit** *f c-* unit; **~sreform** *f c-* reform, monetary reform; **~sreserve** *f* monetary reserve, *c-* reserve (*gold and foreign exchange holding*); **~srisiko** *n c-* risk, exchange rate risk; **~ssanierung** *f c-* rehabilitation; **~sschuldner** *m/* **-in** *f* foreign-*c-* debtor; **~sschwankungen** *pl c-* fluctuations; **~ssicherung** *f* safeguarding one's *c-*, protection of one's foreign exchange position; **~~sgeschäft** *n c-* hedging arrangements; **~~sklausel** *f* exchange guarantee clause, *c-* safeguarding clause; **~ssouveränität** *f* monetary sovereignty; **~sstabilität** *f c-* stability; **~sstandard** *m* monetary standard; **~~ nach Kaufkrafttabellen** tabular standard; **~sstichtag** *m* appointed day for the (West German) *C-* Reform; **~ssturz** *m* fall in the exchange rate; **~ssystem** *n* monetary system; **~sumbenennung** *f* redenomination of *c-*; **~sumstellung** *f c-* conversion; **~sunion** *f* monetary union, *c-* union; **Wirtschafts- und ~~** Economic and Monetary Union (*abbr* EMU); **~sunruhen** *pl c-* unrest; **~sverfall** *m c-* erosion, *c-* decline; **~sverfassung** *f* monetary conditions, monetary set-up; **~sverlust** (foreign) exchange loss; **~swechsel** *m c-* bill; **~swesen** *n c-* matter, monetary system; **~s-, Wirtschafts- und Sozialunion** *f* Economic, Monetary and Social Union; **Vertrag über die Schaffung** ***e-er*** **~,~ ~ ~ zwischen der Bundesrepublik Deutschland und der Deutschen Demokratischen Republik** (= *Staatsvertrag*) Treaty Concerning the Creation of a Currency, Economic, and Social Union between the Federal Republic of Germany and the German Democratic Republic (= *State Treaty, July 1, 1990*); **~szerfall** *m c-* decline; **ausländische ~** foreign *c-*; **frei konvertierbare ~** freely convertible *c-*; **frei verwendbare ~** freely usable *c-*; **fremde ~** foreign *c-*, foreign exchange; **gebundene ~** *c-* subject to control; **gesetzliche ~** lawful *c-*; **gesteuerte ~** managed *c-*; **harte ~** hard *c-*; **heimische ~** domestic *c-*; **in europäischer ~** in European *c-*, in euros; **knappe ~en** scarce currencies; **manipulierte ~** managed *c-*; **schwache ~** soft *c-*; **stabile ~** stable *c-*; **stabilisierte ~** stabilized *c-*; **staatlich kontrollierte ~** state-controlled *c-*; **unterbewertete ~** undervalued *c-*, **weiche ~** soft *c-*.

währungs|mäßig *adj* monetary, as regards currency, relating to currency; **~politisch** as regards monetary policy; monetary; **~~ neutral** neutral in monetary effect.

Waisen|anstalt *f* orphanage, **~beihilfe** *f* (non-recurrent) orphanage allowance; **~geld** *n* orphans' pension; **~haus** *n* orphanage; **~kasse** *f* orphans' fund; **~kind** *n* orphan; **~rente** *f* orphans' pension.

Wald *m* forest (= *f-*), wood; **~bau** *m* silviculture, forestry; **~beschädigung** *f* damage to the *f-*; **~besitz** *m f-* holding, *f-* ownership; **~besitzer** *m/***-in** *f f-* owner; holder of *f-* possession; **~bestand** *m f-* stand; **abgewirtschafteter ~~** deteriorated *f-*; **~bewirtschaftung** *f f-* management forestry; **~brandschutz** *m* protection from *f-* fires; **~erwerb** *m* acquisition of a *f-*, profits from silviculture; **~erzeugnisse** *pl* products of the *f-*; **~früchte** *f* products/fruits of the *f-s*; **~gebiet** *f-*land; **~gemeinschaft** *f* joint group of *f-* owners; **~pfennig** *m f-* levy; **~schutz** *m f-* preservation, *f-* protection provisions; **~sterben** *n* dying *f-s* syndrome; **~umwandlung** *f* conversion of *f-*(s) to a different use; **~weg** *m f-* path; **~weiderechte** *pl* rights of *f-* pasture.

Wand | flächenreklame *f* outdoor advertising; **~plakat** *n* wall poster; **~schild** *n* wall sign; **~zeitung** *f* wall newspaper; **tragende ~** loadbearing wall, supporting wall.

Wandel | anleihe *f* = *~schuldverschreibung*; **~obligation** *f* = *~schuldverschreibung*; **~parität** *f* conversion parity (*convertible issue, convertible bonds*); **~prämie** *f* conversion premium (*conversion parity/share price*); **~recht** *n* right of conversion, conversion privilege, warrant, conversion right; **~schuldverschreibung** *f* convertible debenture; *pl* convertible bonds, convertible loan stock, convertibles.

wandeln *vt* to repudiate the contract.

Wandelung *f* repudiation of contract *for breach of warranty*, redhibition, cancellation of contract (*sale, work, performance*); **~sklage** *f* action to dissolve contract (*of sale, etc*), redhibitory action.

Wander | arbeit *f* migrant labo(u)r; **~arbeitnehmer** *m/***-in** *f* migrant worker; **~ausstellung** *f* travelling exhibition; **~bewegung** *f* migration, wave of migrants; **~freiheit** *f* freedom of movement; **~gewerbe** *n* itinerant trade; **~~schein** *m* hawker's *US* license/*GB* licence; **~~treibende(r)** *f(m)* (*der ~gewerbetreibende*) itinerant vendor, itinerant trader, *US* peddler/*GB* pedlar; **~versicherung** *f* transferable insurance periods;

Wanderung *f* migration; **~sgewinn** *m* growth due to population movement, migrant gain; **~ssaldo** migration balance.

Wanzen *f/pl* bugs (*also as electronic devices*).

Wappen *n* coat of arms, insignia; **das königliche ~** royal arms; **übernommenes ~** adoptive arms.

Ware *f* merchandise, product, goods; **~ mit Gemeinschaftscharakter** *EU* Community goods; **~nabgabe** *f* sale, supply of goods; **~~ nur bei komplettem Sortimentskauf** full line forcing; **~n abnehmen** to take delivery of goods; **~nabsendung** *f US* dispatch/*GB* despatch of goods; **~n absetzen** to place goods; **~nanmeldung** *f* declaration of goods; **~nart** *f* article, type of goods; **~~envergleich** *m* competitive comparison of types of goods; **~n auf Lager** goods in stock, warehouse goods; **~nausfall** *m* finished articles, goods produced; **~nausfuhr** *f* exportation of goods; **~nausgang** *m* outgoing goods, consignment of goods; **~~sbuch** *n* ledger of outgoing goods; **~~skontrolle** *f* inspection of outgoing merchandise; **~nausstattung** *f* presentation of goods, get-up of goods; **~naustausch** *m* exchange of goods; **~nautomat** *m* (automatic) vending machine; **~nbeförderung** *f* carriage of goods, transport of goods; **~nbegleitschein** *m* document accompanying goods, waybill; **~n beleihen** to raise money on the security of goods, to lend money on goods; **~nbeschreibung** *f* trade description; **~nbestand** *m* stock (in hand), stock in trade; goods (*balance sheet*), wares and merchandise; **veränderlicher ~~** shifting stock of merchandise; **~nbezeichnung** *f* description of goods, distinctive name, trade name; **~nbörse** *f* commodity exchange; **~~ mit Terminhandel** futures market; **~n des gewerblichen Sektors** commercial and industrial goods; **~n des nichtalltäglichen Bedarfs** special goods, shopping goods; **~n des täglichen**

Bedarfs convenience goods, every day items/goods; **~ndiebstahl** *m* shoplifting; **~ndividende** *f* commodity dividend; **~ndurchfuhr** *f* transit of goods; **~neinfuhr** *f* importation of goods; **~neingang** *m* receipt of goods, *pl ~neingänge* goods received, incoming goods; **~~sbescheinigung** *f* delivery receipt, certificate of arrival of goods, delivery verification; **~~sbuch** *n* ledger of incoming merchandise, purchase journal, suppliers' ledger; **~~skonto** *n* purchase account; **~neinheit** *f* goods unit; **~neinsatz** *m* cost of goods sold; **~neinzelhandel** *m* retail trade; **~nempfänger** *m/***-in** *f* receiver of goods, consignee of goods; **~netikett** *n* trade label; **~n etikettieren** to label goods, to docket goods; **~nfonds** *m* commodity fund; **~nforderungen** *pl* trade accounts receivable, trade debtors; **~nforschung** *f* merchandising research; **~nführer** *m/***-in** *f* carrier; **~ngattung** *f* class of goods, category of merchandise; **~ngenossenschaft** *f* consumers' cooperative; **~ngeschäfte** *pl* commodities trading; **~ngewinn** *m* trading profit; **~ngleichartigkeit** *f* equal nature of goods; **~ngruppe** *f* products category; **~nhandel** *m* merchandise trade, commodity trading; **~~sdefizit** *n* merchandise trade deficit; **~nhaus** *n* department store; **~~aktien** *pl* department store shares; **~~dieb** *m* shop thief, shoplifter; **~~diebstahl** *m* shoplifting; **~~steuer** *f* department store tax; **~nherstellerhaftung** *f* product liability; **~nhersteller-Kennzeichnung** *n* branding of manufacturer; **~nkauf** *m* sale of goods; **~~vertrag** *m* agreement for the sale of goods; **~nklasse** *f* class of goods, grade designation marking; **~~neinteilung** *f* classification of goods; **~nkontingent** *n* goods quota; **~nkonto** *n* merchandise account, goods account; **~nkorb** *m* basket of goods (*statistics*), *average choice of consumer goods per family unit*; **~~formel** *f* basket formula; **~nkredit** *m* trade credit, commercial credit; lending on goods; produce lending; **~~ aufnehmen** to establish credit with a company; **~~genossenschaft** *f* consumers' credit cooperative, industrial cooperative; **~~konzern** *m* consumer credit group; **~~schuldschein** *m* trade customer's note; **~~solawechsel** *m* trade customer's note; **~nkunde** *f* merchandise technology, product analysis; **~nlager** *n* stock-in-hand, stock-in-trade, stock of goods, goods in hand, stock of merchandise; **~~buch** *n* warehouse-book, stock-book; **~nlieferant** *m/***-in** *f* supplier of goods, holder of order for goods; **~n liefern** to supply goods, to deliver goods; **~nlieferungen** *pl* goods deliveries; **~~ und Leistungen** goods delivered and services (rendered by trade creditors); **~nlombard** *m* advance on goods, loan based on the security of goods; **~nlombardkredit** *m* secured revolving credit, commodity collateral loan; **~nmakler** *m/***-in** *f* produce broker, merchandise broker; **~nmanifest** *n* goods manifest; **~nmarkt** *m* commodity market, produce market; **~nmerkmale** *pl* descriptive standard; **~nmuster** *n* commercial sample; **~nnormung** *f* standardization of retail goods; **~n- oder Traditionspapiere** *pl* goods or documents of title to goods; **~ ohne Gemeinschaftscharakter** *EU* non-Community-goods; **~ ohne Ursprungseigenschaft** non originating product; **~npapiere** *pl* documents relating to goods; instruments of title in respect of goods; **~npartie** *f* parcel of goods, lot; **~nposten** *m* item, lot (of goods); **~nprobe** *f* sample, pattern; **~~nverteilung** *f* novelty advertising, free gift advertising; **zurückbehaltene ~~n** reference patterns; **~nprüfung** *f* quality inspection, examination of goods;

~**nrechnung** *f* (commercial) invoice; ~**nrohertrag** *m* gross trading profit; ~**nrückvergütung** *f* rebate for purchased goods (*paid as premium to cooperative members*); ~**nschuld** *f* commercial debt, debt for goods; ~~**en** *pl* trade accounts payable; ~**nseetransport** *m* carriage of goods by sea; ~**nsendung** *f* consignment of goods; ~**nsortiment** *n* line of goods, assortment of goods; ~**nstruktur** *f* pattern of goods, range of goods; ~**nterminbörse** *f* commodity futures exchange; ~**ntermingeschäft** *n* commodity futures trading; ~**nterminhandel** *m* commodity futures trading; ~**nterminmarkt** *m* commodity futures market; ~**nterminoption** *f* commodity futures option; ~**ntest** *m* goods quality test; ~**numsatz** *m* merchandise turnover, stock turnover, sales turnover; ~~**steuer** *f* sales tax; ~**numschlag** *m* movement of goods, turnover of goods; ~**numtausch** *m* exchange of goods; ~**n- und Dienstleistungsbilanz** *f* balance of payments for goods and services; ~**n- und Dienstleistungsverkehr** *m* transfer of goods and services; ~**n- und Zahlungsabkommen** *n* trade and payments agreement; ~**nunterscheidung** *f* product differentiation; ~**n unter Zollverschluss** bonded goods; ~**nverbindlichkeiten** *pl acct US* accounts payable; ~**nverkauf** *m* sale of goods; ~~**skonto** *n* sales account; ~**nverkehr** *m* trade, movement of goods; **freier** ~~ free movement of goods; **begünstigter** ~~ preferential trade; **innergemeinschaftlicher** ~~ intra-community trade; ~**nvermittler** *m*/**-in** *f* middleman; ~**nverpfändung** *f* hypothecation of goods, mortgaging of goods; ~**nversendung** *f* consignment of goods; ~**nversicherung** *f* insurance of goods, insurance of merchandise; ~**nvertrieb** *m* marketing, distribution of goods; ~**nverzeichnis** *n* list of goods, commodity index; **Internationales** ~~ **für den Außenhandel** Standard International Trade Classification; ~**nvorräte** *pl* stocks, stocked goods; ~**nwechsel** *m* bill on goods, commercial/mercantile paper, trade acceptance; **bankgirierter** ~~ commercial bill endorsed by a bank; ~**nwerbung** *f* product advertising; ~**nwert** *m* value of the goods, commodity value; ~**nzeichen** *n* → *Warenzeichen*; ~**nzoll** *m* customs duty; ~**nzustellung** *f* delivery of goods; ~**nzurückhaltung** *f* holding goods off the market, withholding (available) goods, retention of goods; ~**nzusammenstellung** *f* set (of goods); ~**n zweiter Qualität** seconds; ~ **unbestimmbaren Ursprungs** product of undetermined origin; **abgabepflichtige** ~**n** chargeable goods; **anmeldepflichtige** ~**n** goods to declare; **bearbeitete** ~ processed goods; **bewirtschaftete** ~ rationed commodity; **devisenbringende** ~**n** goods capable of earning foreign exchange; **die uns bemusterte** ~ the goods of which we have received samples; **die** ~ **dem Frachtführer aushändigen** to place the goods in the custody of the carrier; **die** ~ **prüfen** to inspect the goods; **durchgeführte** ~(**n**) goods in transit; **eingelagerte** ~**n** goods in warehouse, stored goods; **einheimische** ~**n** inland commodities, domestic goods; **entzündliche** ~**n** inflammables; **gängige** ~**n** goods in general supply, marketable goods; **gepfändete** ~ distrained goods; **gesetzlich zulässige** ~ lawful merchandise; **gewichtszollbare** ~**n** goods chargeable by weight; **havarierte** ~ averaged (sea-damaged) goods; **heimische** ~**n** domestic goods, inland goods; home-produced goods; **hochwertige** ~**n** high-grade goods; **in** ~ **bezahlen** to pay in kind; **in** ~**n** in kind; **in Zahlung gegebene** ~ trade-in, in part-exchange; **karten-bezahlte ~** goods paid with credit cards; **kontingentierte ~n** quota goods; **leicht abzusetzende ~** goods with a ready sale, easily marketable goods; **mangelhafte ~n** defective goods; **minderwertige ~n** inferior goods, shoddy goods; **nicht abgeholte ~** unclaimed merchandise, uncollected goods; **nicht verderbliche ~** non-perishable commodity; **ortskennzeichnende ~n** goods indicating place of origin; **preisgebundene ~n** price-maintained goods; **preisgestützte ~n** price-supported goods, goods enjoying price-support; **reguläre ~** staple stock, regular line of goods; **schwimmende ~n** goods afloat; **sofort lieferbare ~n** disposable goods; **Übereinkommen der Vereinten Nationen über den internationalen ~nverkauf** (*abbr* **VNKÜ**) United Nations Convention on the International Sale of Goods (*abbr* CISG); **unbestellte ~** unsolicited goods; **unveredelte ~n** goods in unaltered state, goods in their natural condition, unrefined goods, unprocessed goods; **unverkäufliche ~n** dud stock, unsaleable items; **unverzollte ~n** duty-unpaid goods, goods in bond, undeclared goods; **verbrauchsnahe ~n** goods close to the ultimate consumer; **verderbliche ~n** perishable goods, articles of a perishable nature; **veredelte ~n** processed goods, improved goods; **vom Umtausch ausgeschlossene ~** nonexchangeable good; **weiße ~** white goods (*household equipment*); **zollfreie ~n** duty-free goods; **zollpflichtige ~n** dutiable goods, goods to be declared.

Warenzeichen *n US* trademark/*GB* trade mark (= *t/m*) **~abteilung** *f* (*des Patentamts*) *GB T/M-s* Registry; **~benutzer** *m*/**-in** *f* user of a *t/m*; **eingetragener ~~** registered user; **~benutzungsrecht** *n* right to use a *t/m*; **~eintragung** *f* registration of *t/m-s*; **~gebühren** *pl t/m* registration fees; **~gesetz** *n D* (abbr **WZG**) *US T/m* Act/*GB T/M-s* Act (*1968*); **~inhaber** *m*/**-in** *f* proprietor of a *t/m*, owner of the mark; **~lizenz** *f t/m US* license/*GB* licence; **~recht** *n* law of *t/m-s*, *t/m* law, right in a *t/m*; **~rolle** *f t/m* register; **~schutz** *m t/m* protection, legal protection of *t/m-s*; **~streitsachen** *pl t/m* disputes; **~verletzung** *f* infringement of a *t/m*; **~vorschriften** *pl US T/m* Rules of Practice; **eingetragenes ~** registered *t/m*, certification *t/m*; **ein ~ anmelden** to apply for registration of a *t/m*; **ein ~ eintragen** to register a *t/m*; **geschütztes ~** protected *t/m*; **irreführendes ~** deceptive mark; **nicht deutlich unterscheidbare ~** non-distinctive marks; **notorisches ~** commonly known *t/m*; **spezifisch unterscheidbares ~** distinctive mark; **unterscheidungskräftiges ~** distinguishing *t/m*; **verbundene ~** associated *t/m-s*, linked *t/m-s*.

Wärme | dämmung *f* heat insulation, thermal insulation; **~- und Schallschutzunterlagen** *pl* thermal and sound-proofing insulation documents.

Warn | anlage *f* warning (= *w-*) device; **~arbeitskampf** *m w-* strike/lockout; **~aufdruck** *m* printed *w-* (*eg on cigarette pack*); **~bake** *f w-* sign at level crossing; **~blinkanlage** *f w-* flasher, flashing amber light signal, hazard *w-* lights; **~blinker** *m* anticollision lights; **~blinklicht** *n* hazard/*w-* lights; **~dienst** *m w-* service; **~dreieck** *n w-* triangle; **~einrichtung** *f* means for giving *w-*; **~funktion** *f* purpose of *w-*;**~hinweis** *m w-* (*eg on dangerous product*); **~schild** *n w-* notice; **~signal** *n w-* signal; on-signal (*air raid alarm*); **~streik** *m w-* strike, token strike, demonstration strike; **~vorrichtung** *f w-* system/device; **~zeichen** *n w-* sign; **akustisches ~~** audible *w-* device; **optisches ~~** luminous *w-* (device).

warnen *vt* to warn, to caution.

Warnung *f* warning, notice; **ernste** ~ solemn warning.

Warte | frist *f* waiting time, period of delay, period of courtesy wait (*for lawyer to attend*); **~geld** *n* demurrage; inactive status pay; **~liste** *f* waiting list; **~pflicht** *f* duty to wait for the police (at scene of accident); **~schlange** *f* queue; **~stand** *m* inactive status, provisional retirement; **~standsbeamter** *m*/**-beamtin** *f* official in provisional retirement; **~zeit** *f* waiting period, qualifying period; *mar* lay-days, days of demurrage; standby-time.

Wartung *f* service, servicing, maintenance, upkeep; **~sfreundlichkeit** *f* maintainability; **~skosten** *pl* maintenance charges, maintenance activity costs; **~sschlamperei** *f* maintenance laxity; **~svertrag** *m* service agreement, service contract; **rechtzeitige** ~ pre-accident maintenance; **unvorhergesehene ~sprobleme** *pl* emergency service problems.

Waschsalon *m* launderette.

Waschzettel *m* blurb, laudatory slip.

Washingtoner Übereinkommen *n* Washington Convention (= Convention on the Settlement of Investment Disputes between States and Nationals of other States = World Bank Convention).

Wasser *n* water (= *w*-); **~anschlüsse** *pl* water mains; **~bau** *m* hydraulic engineering; **~~amt** *n* waterway engineering office; **~benutzungsrecht** *n w*- privilege; **~buch** *n w*--rights register; **~entnahmeanspruch** *m w*-- right claim; **~entnahmegebiet** *n w*- catchment area; **~fahrzeug** *n* watercraft, vessel, ship; **~fracht** *f* waterage, charge for carriage by *w*-; *w*--borne transport; **~frachtführer** *m*/**-in** *f w*- carrier; **~gefahr** *f w*- hazard; **~geld** *n w*- rate; **~gesetz** *n W*-Act; **~gewinnungsgebiet** *n w*-gathering grounds; **~haushalt** *m w*-supply (and consumption), *w*- resources; **~~sgesetz** *n D W*- Resources Act (*1976*); **~kraft** *f* hydroelectric power; **~~werk** *n* hydropower plant; **~lauf** *m w*-course; **~ordal** *n hist w*- ordeal; **~polizei** *f w*- guard, river police; **~recht** *n* law concerning *w*-; *w*-right; **~schaden** *m* damage by *w*-; **~~sversicherung** *f w*- damage insurance; **~schutzgebiet** *n w*- conservation area; **~schutzpolizei** *f w*-guard, river police; **~sicherstellung** *f* safe-guarding *w*- resources; **~stand** *m w*- level; **~~smarke** *f w*-mark; **oberer normaler ~~** high *w*- mark; **~straßen** *pl* (inland) waterways; **~~-Maschinenamt** *n* Waterway Machinery and Equipment Office; **~~netz** *n* navigable network; **~- und Schifffahrtsamt** *n* Local Office for Waterways and Shipping; **~- und Schifffahrtsdirektion** *f* (Regional) Directorate for Waterways and Shipping; **~verband** *m w*- board; **~verschmutzung** *f w*- pollution; **~versorgung** *f w*- supply; **~~sanlage** *f w*- works; **~weg** *m* waterway, *w*-route; **Beförderung auf dem ~~e** carriage by waterway; **~wehr** *f* flood control unit; **~werfer** *m w*-canon, *w*- gun; **~werk** *n* (municipal) *w*- company; **~wirtschaft** *f w*-management; *w*- supply and regulation, economics of *w*- supply and distribution; **~~samt** *n w*- resources board; **~~sverwaltung** *f* department of *w*- supply; **~zeichen** *n w*--mark; **~zolldienst** *m* customs waterguard service.

WaStrG (*abbr* = **Bundeswasserstraßengesetz** *n*) Federal Waterways Act.

Wechsel *m* **I** change, reversal; exchange; **~automat** *m* currency converter; **~beziehung** *f* reciprocity, interrelation; ~ **des Flaggenstaates** transfer to another flag; ~ **des Wohnorts** change of residence; **~fälle** *pl* vicissitudes, contingencies, ups and downs (of life); **~geld** *n* (small) change; **~~falle** *f* money-changing trap *fraudulent trick of asking to change a bank note and* *keeping it while pocketing the small change*; **~geschäft** *n* exchange business; **~kurs** *m* → *Wechselkurs*; **~lagen** *pl* alternating phases; ups and downs; **turnusmäßiger** ~ rotation; **~makler** *m*/**-in** *f* exchange broker; **~pari** *n* parity of exchange; **~parität** *f* parity of exchange; **~platz** *m* place of exchange; **~schicht** *f* rotating shift; **~seitigkeit** *f* reciprocity; **~spiel** *n* interplay, reciprocal action; **~stelle** *f* exchange agency; **~stube** *f* bureau de change, foreign exchange counter; **~wähler** *m*/**-in** *f* floating voter, *pl* the floating vote; **~wirkung** *f* reciprocal action, interaction; **~wirtschaft** *f* rotation of crops, alternate husbandry.

wechsel|seitig *adj* reciprocal; **~weise** alternating.

Wechsel *m* **II** bill (of exchange), draft, (promissory) note; **~abschrift** *f* transcript/copy of a bill; **~akzept** *n* acceptance (of a bill); **~akzeptant** *m*/**-in** *f* acceptor (of a bill); **~annahme** *f* acceptance (of a bill); **~arten** *pl* types of bills of exchange and promissory notes; ~ **auf kurze Sicht** short bill, short dated bill; **~ausfertigung** *f* drafting of a bill; original of a bill; **zweite** ~~ redraft; **~aussteller** *m*/**-in** *f* drawer/issuer of a bill, maker of a bill/note; **~bestand** *m* bill holdings; **~betrag** *m* sum payable (*in a bill or note*); **~bezogene**(**r**) *f*(*m*) (*der ~bezogene*) drawee (of bill); **~blankett** *n* blank bills, skeleton bill; **~brauch** *m* usance in negotiable instruments; **~buch** *n* discount ledger; **~bürge** *m*/**~bürgin** *f* (collateral) acceptor, guarantor on a bill/note, bill surety; **~bürgschaft** *f* bill guarantee, commitment to meet a bill; ~~ **leisten** to guarantee a bill of exchange; **~courtage** *f* bill brokerage; **~debitoren** *pl* bills receivable; **~delkredere** *n* delcredere for a bill; **~depot** *n* deposit of bills; **~diskont** *m* discounts of drafts, prepaid discount; **~~ierung** *f* discounting of acceptances; **~~kredit** *m* credit by way of discount of bills; **~~satz** *m* bill rate, rate of discount, bill discounting rate; **~drittausfertigung** *f* third of exchange; **~duplikat** *n* duplicate bill, second of exchange; **~einreicher** *m*/**-in** *f* presenter of a bill; **~einzugspesen** *pl* bill collection charges; **~erklärung** *f* data on a bill of exchange; **~erneuerung** *f* renewal of a bill; **~erstausfertigung** *f* first of exchange; **~fähigkeit** *f* legal capacity of being a party to a bill of exchange; **~fälligkeit** *f* maturity of a bill; **~forderung** *f* bill-based claim, claim arising out of a bill of exchange/promissory note; *pl* bills receivable, notes receivable; *e-e* ~~ **einziehen** to collect a bill; **~frist** *f* usance, duration of a bill; **~garant** *m*/**-in** *f* guarantor of a bill of exchange; **~geber** *m*/**-in** *f* drawer/issuer of a bill, maker of a bill; **~gesetz** *n D* Bills of Exchange Act (*1933*); **~girant** *m*/**-in** *f* endorser of a bill of exchange; **~gläubiger** *m*/**-in** *f* creditor in respect of a bill of exchange/note; **~haftung** *f* liability of the parties to a bill of exchange; ~ **in ausländischer Währung** foreign exchange acceptance; ~ **in** ***e-er*** **Ausfertigung** sole bill; **~inhaber** *m*/**-in** *f* holder of a bill/note; **gutgläubiger** ~~ holder for value without notice; **rechtmäßiger** ~~ holder in due course; **~inkasso** *n* collection of bills of exchange; ~ **in mehrfacher Ausfertigung** bills in a set; **~klage** *f* legal action based on a (*dishono*(*u*)*red*) bill of exchange; **~klausel** *f the word bill of exchange* (*Wechsel*) *or equivalent on the face of a bill*; **~kopie** *f* copy/duplicate of a bill; **~kopierbuch** *n* discount ledger; **~kredit** *m* credit on bills, draft credit, acceptance credit; discount credit; **~lombard** *m* collateral loan based on a bill of exchange; lending on (security of) bills; **~mahnbescheid** *m* default summons based on a bill of exchange or promissory note;

~makler *m/***-in** *f* bill broker, discount broker; ~ **mit fester Laufzeit** bill with a fixed maturity; ~ **mit Finanzierungszusage** bill with a promise of discount; **~nehmer** *m/***-in** *f* payee of a bill of exchange; **~obligo** *n* contingent liability on bills of exchange; **~pension** *f* loan against pledged bill of exchange subject to a repurchase clause; **~portefeuille** *n* bill holding, bill portfolio; **~prolongation** *f* renewal of a bill of exchange, prolongation of a bill (*by postponing expiry date*); **~protest** *m* protest (of a bill), noting of a bill; ~~ **beurkunden** to note a bill; **~~anzeige** *f* notice of dishono(u)r; **~~urkunde** *f* certificate of protest, (record of) protest (*recorded by a notary public or bailiff,* → *Gerichtsvollzieher*; **~provision** *f statutory charge payable to the party protesting the bill*; **~prozess** *m* summary bill-enforcement procedure, summary enforcement of bills of exchange; proceeding based on a bill of exchange or promissory note; bill of exchange case; **~recht** *n* law on bills of exchange and promissory notes; **~rediskontierung** *f* rediscounting bills of exchange (*by central bank*); **~regress** *m* recourse (against a prior endorser of a bill); **~reiter** *m/***-in** *f* bill jobber; **~reiterei** *f* drawing and redrawing, kite-flying; ~~ **treiben** to trade in bills, to draw and redraw bills; **~rembours** *m* (documentary) acceptance credit; **~respekttage** *pl* days of respite; **~rückgriff** *m* = *~regress*; **~sachen** *pl* court cases in bill of exchange proceedings; **~schuld** *f* debt on a bill of exchange or promissory note; **~schuldner** *m/***-in** *f* party liable on a bill/note; **~spekulant** *m/***-in** *f* bill jobber; **~spesen** *pl* discount expenses, cost of bills of exchange and/or notes; **~stempelsteuer** *f* stamp duty on bills of exchange; **~steuer** *f* stamp duty on bills of exchange; **~~marke** *f* bill stamp; **~strenge** *f* strict rules for bills of exchange; **~summe** *f* sum payable under a bill of exchange/note; **~trassierung** *f* drawing of a bill; **~verbindlichkeiten** *pl* bills payable; commitments arising from bills of exchange and/or notes; **~verbundene(r)** *f(m)* (*der ~verbundene*) party to a bill of exchange; **~verfall** *m* maturity of a bill of exchange or note; **~verfallbuch** *n* bills payable book, *US* acceptance maturity tickler; **~verjährung** *f* limitation of rights in respect of bills of exchange; **~vermutung** *f* presumption in favo(u)r of bona fide holder of a bill of exchange; **~verpflichtete(r)** *f(m)* (*der ~verpflichtete*) party liable on a bill of exchange/note; **~verpflichtungen** *f* obligations arising out of bills of exchange and/or notes; **~vollstreckungsbefehl** *m obs* = *~vollstreckungsbescheid*; **~vollstreckungsbescheid** enforceable default summons based on a bill of exchange or note; **~vorlage** *f* presenting a bill of exchange; **~zahlungsbefehl** *m* = *~mahnbescheid*; **~ziehung** *f* drawing of a bill of exchange; **~zinsen** *pl* (statutory) interest on matured bills of exchange and/or notes; **angenommener** ~ accepted bill, bill of acceptance; **avalierter** ~ backed bill, guaranteed promissory note; **bankfähiger** ~ bankable bill, bank paper; **bezahlter** ~ discharged bill; **bundesbankfähige** ~ bills eligible for re-discount (by the German Federal Bank); **diskontfähiger** ~ eligible bill of exchange; **diskontierter** ~ discounted bill; **domizilierter** ~ domiciled bill; **eigener** ~ (negotiable) promissory note; **eigentrassierter** ~ bill drawn by the maker on himself, self-drawn bill; ***e-en*** ~ **an den Vormann zurückgeben** to redraw a bill; ***e-en*** ~ **auf den Vormann ziehen** to redraw; ***e-en*** ~ **ausstellen** to issue a bill, to draw a bill of exchange on; ***e-en*** ~ **begeben** to negotiate a bill; ***e-en*** ~ **domizilieren** to domicile a bill; ***e-en*** ~

einlösen to pay a bill; ***e-en*** ~ **honorieren** to hono(u)r a bill of exchange; ***e-en*** ~ **nehmen auf** to draw a bill of exchange on; ***e-en*** ~ **nicht einlösen** to dishono(u)r a bill; ***e-en*** ~ **nicht honorieren** to dishono(u)r a bill; ***e-en*** ~ **platzen lassen** to dishono(u)r a bill; ***e-en*** ~ **protestieren** to protest a bill; ~ ~ ~ **lassen** to have a bill protested; ***e-en*** ~ **vorlegen** to present a bill; ***e-en*** ~ **vor Verfall einlösen** to anticipate a bill; ***e-en*** ~ **zahlbar stellen** to domicile a bill; ***e-en*** ~ **zum Akzept vorlegen** to present a bill for acceptance; ***e-en*** ~ **zur Annahme vorlegen** to present a bill for acceptance; ***e-en*** ~ **zur Diskontierung einreichen** to present a bill for discount; **einwandfreier** ~ approved bill; **erstklassiger** ~ prime bill; **fälliger** ~ due and payable bill of exchange; acceptance due; **fälliger, nicht eingelöster** ~ bill dishono(u)red by non-payment; **fällig gewesener** ~ overdue bill; **gezogene oder eigene** ~ bills or notes; **gezogener** ~ bill of exchange, draft; **girierter** ~ endorsed bill of exchange, endorsed note; **gültiger** ~ subsisting bill; **Handels**~ ordinary bill; **kurzfristiger** ~ short bill; **langfristiger** ~ long-dated bill; **nicht akzeptierter** ~ bill dishono(u)red by non-acceptance; **nicht bankfähiger** ~ unbankable paper; **nicht bezahlter** ~ bill dishono(u)red by non-payment; **nicht diskontierfähiger** ~ ineligible paper, non-discountable bill; **nicht dokumentärer** (**Inkasso**-)~ clean draft; **nicht eingelöster** ~ unpaid bill, dishono(u)red bill; **nicht honorierter** ~ dishono(u)red bill; **noch nicht fälliger** ~ unexpired bill; **Not leidender** ~ dishono(u)red bill, bill in distress, bill in suspense; **offener** ~ acceptance receivable; blank bill; **prima** ~ fine bill; **protestierter** ~ bill noted for protest; **quittierter** ~ receipted bill of exchange; **rediskontfähiger** ~ eligible bill; **rediskontierter** ~ rediscounted bill (*by central bank*); **schlichter** ~ clean draft; **trassierteigener** ~ self-accepted bill of exchange; (*drawn by the maker on himself,* → *eigentrassiert*); **trockener** ~ promissory note; **überfälliger** ~ past due bill, overdue bill; **umlaufender** ~ bill in circulation; **unvollständig ausgefüllter** ~ incomplete bill, inchoate bill; **verfallener** ~ matured bill; **verpfändeter** ~ pawned bill of exchange; **weitergegebener** ~ endorsed bill; **zentralbankfähiger** ~ eligible bill of exchange; **zweiter** ~ redraft.

wechsel|fähig *adj* legally capable of being a party to a bill of exchange; **~mäßig** arising out of a bill, complying with the formal requirements of bills of exchange.

Wechselkurs *m* exchange rate; **~ausschläge** *m* currency fluctuations, currency ups and downs; **~bandbreite** *f* spread between the intervention points of exchange rates; ~ **der Devisen** foreign exchange rates; **~garantie** *f* exchange rate guarantee; **~korrektur** *f* exchange-rate adjustment; **~regelungen** *pl* exchange arrangements; **~schwankungen** *pl* exchange-rate fluctuations, currency fluctuation; **~steuerung** *f* exchange-rate management; **~system** *n* system of exchange rates; **~umrechnung** *f* conversion of exchange rates; **~verlust** *m* exchange loss; **amtlicher** ~ official exchange rate; **der handelsgewogene** ~ the trade-weighted exchange rate; **effektive ~e seit dem Washingtoner Realignment** effective post-Smithsonian exchange rates; **festgesetzter** ~ fixed rate of exchange; **freier** ~ freely fluctuating exchange rate; **frei veränderlicher** ~ floating exchange rate; **gestaffelte ~e** differentiated rates of exchange; **Londoner** ~ London rates; **mehrfache ~e** multiple exchange rates; **paritätisch liegende ~e** unified cross-rate structure (of exchange rates); **zum jetzigen ~ umrechnen** to convert at the present rate.

Weg *m* way, passage; *fig* channel; means; manner; **~abweichungsklausel** *f* deviation clause; **~ebau** *m* construction of country roads and lanes; **~~last** *f* public charge to build and maintain country roads and lanes; **~egeld** *n* travelling expenses, fares; **~egesetze** *pl* laws concerning country roads and lanes; **~ekosten** *pl* infrastructure costs (*transportation*); **~erecht** *n* private way; right of way, right of passage **~~ für Reiter** bridle path; **~~sfahrzeuge** *pl vehicles absolutely entitled to the right of way* (*police, military, fire brigade, emergency*); **~eunfall** *m* accident en route(*social insurance covered*); **~ezeit** *f* walking time, travelling time; **~ezoll** *m* toll; **~weiser** *m* direction sign, signpost, road sign; **~~tafel** guide board; **auf diplomatischem ~e** through diplomatic channels; **auf gerichtlichem ~e** by judicial means; **beschränkt öffentlicher ~** semipublic country road; **öffentlicher ~** public thoroughfare.

Wegfall *m* cessation, abolition, lapse; **~ der Geschäftsgrundlage** frustration of contract; **~ des Arbeitsplatzes** loss of job; job loss, redundancy; **~ *e-es* Erben** lapse of an heir (*predeceased heir*); **~ *e-es* Vermächtnisses** lapse of gift/legacy.

wegfallen *vi* to cease (to exist); to be cancelled, to be deleted; to become void, to lapse, to expire.

Weglassen *n* omission; **versehentliches ~** accidental omission.

weglegen *vt* to file (away).

Wegnahme *f* taking away *sth* from *s.o.*, (actual) taking (*in criminal law*); removal; **~ als Selbsthilfe** recaption, retaking by reprisal; **~recht** *n* the right to take *sth* away, right to repossess; tenant's right to remove fixtures (*installed by him*); **widerrechtliche ~** unlawful taking.

wegnehmen *vt* to take (away), to dispossess (*s.o.* of *sth*), to remove *sth*

wegschaffen *vt* to get rid of, to make away with, to carry away.

wegschleichen *v/reflex* to sneak away, to steal away, to abscond.

wegsteuern *vt* to skim off by taxation, to tax away.

Wegwerf|behälter *m* one-trip container, no-return packet; **~gesellschaft** *f* throw-away society; **~rechte** *pl* junking rights.

wegwerfen *vt* to discard.

Wegzug *m* removal (to another location).

Wehr|auftrag *m US* defense/*GB* defence mission; **~beauftragte(r)** *f(m)* (*der ~beauftragte*) Parliamentary Commissioner for the Armed Forces; **~beschwerdeordnung** *f* Military Grievance Code; **~dienst** → *Wehrdienst*; **~disziplinaranwalt** *m*/**-in** *f* provost-marshal; **~disziplinarordnung** *f* military disciplinary code; **~disziplinarrecht** *n* military disciplinary law; **~dorf** *n* fortified village; **~ersatzwesen** *m* recruiting and replacement (of military personnel); **~etat** *m* military budget; **~gesetz** *n* Military Service Act; **~gerechtigkeit** *f* equity in conscription; **~kraftzersetzung** *f* incitement to disaffection (in the armed forces), demoralization of the armed forces; **~kreis** military district; **~macht** *f hist the Armed Forces of the German Reich*; **~mann** *m CH* citizen of regular military service age; **~mittel** *n* military resources, military funds; **~~beschädigung** *f* damage to military installations and equipment; **~~sabotage** *f* sabotage of military equipment or resources; **~pass** *m* service book; **~pflicht** *f* compulsory military service; **~~entziehung** *f US* draft dodging, evading military service; **~~erfassung** *f* **nach Musterung** selective service; **~pflichtiger** *m* person liable to perform military service; **~recht** *n* military law; **~sold** *m* military pay, soldier's pay; **~stammrolle** *f* service roster; **~steuer** *f US* defense/*GB* defence tax; ~**strafgericht** *n* court martial; ~**strafgesetz** *n* military penal code; ~**strafrecht** *n* military penal law; ~**technik** *f US* defense/*GB* defence technology; ~**überwachung** *f* surveillance of drafting; ~**übungen** *pl* military manoeuvres.

wehr | untauglich *adj* unfit for military service; ~**unwürdig** ineligible for military service.

Wehrdienst *m* military service, national service; ~**ausnahmen** *pl* exemptions from military service; ~**beschädigter** *m* person injured while on military duty; ~**beschädigung** *f* disability incurred during military duty; ~**erfassung** *f* enlistment service; ~**gericht** *n* court martial; ~**leistender** *m* drafted soldier, person doing mandatory military service; ~**senat** military board of review; ~**unfähigkeit** *f* disablement for military service; ~**verhältnis** *n* service status; ~**verweigerer** *m* conscientious objector; ~**verweigerung** *f* refusal to serve in the armed forces as a combatant; ~**zeit** *f* period of military service.

wehrdienstuntauglich *adj* unfit for military service.

Weide | dienstbarkeit *f* easement of pasture, pasture rights; ~**frevel** *m* damage to meadow-land; ~**land** *n* meadow-land, pasture; ~**pacht** *f* pastoral lease; ~**recht** *n* right of pasturage, grazing rights, pasture rights; ~**wirtschaft** *f* pastoral economy.

Weigerung *f* refusal, denial; ~**sgrund** *m* reason for refusal; ~**srecht** *n* right of refusal; **glatte** ~ outright refusal; **im Falle der** ~ in case of refusal; **willkürliche** ~ arbitrary refusal.

Weihnachts | freibetrag *m* tax-free allowance for Christmas; ~**geld** *n* Christmas bonus, thirteenth month's salary; ~**gratifikation** *f* Christmas bonus; ~**spendenaufrufe** *pl* Christmas appeals.

Wein | anbau *m* viticulture, viniculture, wine-growing; ~**ausschank** *m* sale of wine on licensed premises; ~**bau** *m* viniculture, viticulture, wine-growing; ~**baukataster** *n* vineyards survey register; ~**fälschung** *f* adulteration of wine; ~**geist** *m* spirit(s) of wine; ~**gesetz** *n D* Wine Act; ~**handel** *m* wine trade; ~**händler** *m*/**-in** *f* wine merchant; ~**kommissionär** *m*/**-in** *f* wine commission merchant; ~**pantschen** *n* wine doctoring, adulteration of wine; ~**wirtschaftsgesetz** *n* Viniculture and Wine Trade (Supervision) Act.

Weißbuch *n* white paper.

Weisung *f* instruction, directive, order; ~**en als Bewährungsauflage** directions of probation; ~**en einholen** to ask for instructions; ~**en erteilen** to give instructions; ~**sbefugnis** *f* power of control, authority (to give directions), occupational control; ~**sgebundenheit** *f* duty to comply with instructions, occupational control; ~**skompetenz** *f* managerial authority, occupational control; ~**srecht** *n* authority, right to give instructions; ~**sverhältnis** *n* subordination, relationship of control; **an keine ~en gebunden** not to be bound by any (mandatory) instructions; **auf ~ von** by order of, as directed by; ***e-e*** ~ **geben** to order and direct; **von ~en abweichen** to deviate from instructions; **vorbehaltlich anderer ~en** pending instructions.

weisungs | gebunden *adj* bound by instructions, non-discretionary; ~**gemäß** *adj*, *adv* in accordance with instructions; ~**unterworfen** *adj* subject to control.

Weiter | arbeit *f* continued production, continued employment; ~**beförderer** *m*/**-in** *f* on-carrier; ~**begebung** *f* further endorsement, renegotiation; ~**beglaubigung** *f* follow-up certification; ~**behandlungsgebühr** *f pat* fee for further processing; ~**benutzung** *f* continued use; ~~**srecht** *n* right of continued use; ~**berechnung** *f* passing on a charge, on-debiting; **~beschäftigung** *f* continued employment, retention of staff for future employment; **~~sanspruch** *m* right to continuation of employment (*during dismissal proceedings*); **~bildung** *f* further education, adult education, advanced training, in-service training; **~~ von Führungskräften** executive training, managerial courses; **~entwicklung** *f* follow-up development, further development; **~führung** *f* continuation; **~gabe** *f* transmission, passing on, dissemination; **~~ von Handelswechseln** rediscounting of commercial bills; **~~ von Informationen** transmission of information; **nicht zur ~~ bestimmt** to be retained; **~gehen** *n* moving on; **zum ~~ auffordern** to order *s.o.* to move on; **~geltung** *f* continuation, continued validity; **~kommen** advancement; **~leitung** *f* transmission, passing on, redispatch; **~lieferant** *m*/**-in** *f* subsequent supplier, subsequent seller; **~lieferung** *f* supply to sub-purchaser, delivery to a third party; **~sendung** *f* reconsignment; **~transport** *m* onward transport; **~verarbeiter** *m*/**-in** *f* processor, processing firm; **~verarbeitung** (re)processing; **~veräußerung** *f* further disposal, resale; **~veredelung** *f* supplementary processing; **~vergabe** *f* farming out, subcontracting; **~verkauf** *m* resale; **~verladung** *f* loading for further shipment, onward shipment; **~vermietung** *f* reletting; **~verpachtung** *f* re-leasing, reletting; **~verrechnung** *f* further/subsequent charge, passing-on of a charge/expense item; **~versand** *m* onward shipment; **~versicherte**(**r**) *f*(*m*) (*der ~versicherte*) person who continues his (social) insurance payments voluntarily; **~versicherung** *f* continued insurance; **freiwillige ~~** continued voluntary insurance; **~versteuerung** *f* passing-on of a tax; **~verweisung** *f* referring the case to the law of a third country; **~verwendung** *f* continued use; **~wälzung** *f* passing on to others (*of a burden*); **~zahlung** *f* continued payment *without loss of remuneration*.

weiter|begeben *vt* to negotiate (further), to renegotiate; **~bestehen** *vi* to remain in existence; **~geben** *v* passing on, relaying; **~~ von Falschgeld** passing of counterfeit money; **~leiten** *vt* to pass on, to transmit onward; **~platzieren** *vt* to distribute (*issue of securities*); **~verarbeiten** *vt* to (re)process; **~veräußern** *vt* to resell, to transfer to a third party; **~verfolgen** *vt* to prosecute further (*pat application*); **~vergeben** *v* sublet (*a contract*); **~verkaufen** *vt* to resell (*to a third party*); **~verleihen** *vt* to on-lend *sth*; **~vermieten** *vt* to relet; **~verpachten** *vt* to re-lease; **~versenden** *vt* to reship.

weitschweifig *adj* long-winded, prolix, verbose, diffuse.

Weitschweifigkeit *f* prolixity, diffuseness, verbosity.

Welle|nberg *m* cyclical peak; **~ntal** *n* cyclical trough; **grüne ~** synchronized traffic lights, linked (traffic) lights.

Welt *f* world; **~anschauung** *f* philosophy of life, ideology, Weltanschauung; **~~sfreiheit** *f* freedom to choose (and adhere to) philosophical beliefs; **~~sgemeinschaften** *pl* philosophical groups; **Beschimpfung von Religionen und ~~en** revilement of other religions and creeds; **~bank** *f* World Bank; (= **Internationale Bank für Wiederaufbau und Entwicklung**) World Bank (= International Bank for Reconstruction and Development); **~bedarf** *m* world requirements; **~fangertrag** *m* world fish catch; **~firma** *f* firm of world-wide reputation; **~frieden** *m* world peace; **~geltung** *f* world standing, world-wide recognition, world-wide repute; **~gerichtshof** *m* world court **~geschäft** *n* global business, world trade; **~gesund-**

heitsorganisation *f* World Health Organization (*abbr* WHO); **~handel** *m* world trade, international trade; **~~sorganisation** (*abbr* **WHO**) World Trade Organisation (*abbr* WTO); **~~spreis** *m* price of world trade, international price; **~~s- und Entwicklungskonferenz der Vereinten Nationen** United Nations Conference on Trade and Development (*abbr* UNCTAD); **~~swaren** *f* world-market goods, goods in worldwide demand; **~hilfsverband** *m* International Relief Union; **~kinderhilfswerk der Vereinten Nationen** United Nations Children's Fund (*abbr* UNICEF); **~konjunktur** *f* world-wide economic trends; **~krieg** *m* world war; **der erste ~~** World War I; **der zweite ~~** World War II; **~markt** *m* world market, international market; **~~notierung** *f* international quotation; **~~preise** *pl* world market prices; **~organisation** *f* **für geistiges Eigentum** World Intellectual Property Organisation (*abbr* WIPO); **~organisation** *f* **für Meteorologie** World Meteorological Organisation; **~patent** *n* universal patent; **~postverein** *m* Universal Postal Union; **~produktion** *f* global production; **~raum** *m* aerospace, space; **~~gegenstand** *m* space object; **~~industrie** *f* aerospace industry; **~~politik** *f* space policy; **~~recht** *n* (outer) space law; **~~tätigkeiten** *pl* activities in the space field; **~~vertrag** *m* space treaty; **~recht** *n* world law, worldwide law, universal law; **~~spflegeprinzip** *n* principle of international prosecution of (worldwide) crimes; **~~sprinzip** *n* principle of worldwide application of law; **~regierung** *f* world government; **~reich** *n* (worldwide) empire; **~sicherheitsrat** *m* Security Council; **~urheberrechtsabkommen** *n* Universal Copyright Convention; **~verkehr** *m* international traffic; **~währungsfonds** *m* International Monetary Fund (*abbr* IMF); **~warenmärkte** *pl* world commodity markets; **~wirtschaft** *f* world economy; **~~sgipfel** *m* world economic summit; **~~skrise** *f* world economic crisis, worldwide depression; **Dritte ~** the Third World.

wen es angeht to whom it may concern.

Wende *f* turning point, turning, turnround, economic turnaround; a change for the better, a general upswing, basic recovery; **~fläche** *f* turnaround; **~hals** *m* turncoat; **~punkt** *m* turning point, landmark; **~verbot** *n* prohibition of U-turns; **die ~** the fall of the Berlin Wall, the turnaround in post World War II history.

wenden *vt* to make a U-turn, to turn over.

Werbe| (advertising = *a-*) **~abteilung** *f* publicity department, promotion department; **~agent** *m*/**-in** *f* publicity agent; **~agentur** *a-* agency; **~akquisiteur** *m*/**-in** *f* *a-* canvasser, space salesman; **~aktion** *f* publicity campaign; **~antwort** *f* return, (business) reply mail; **~~karte** *f* business reply card; **~artikel** *m* *a-* novelty; **~atelier** *n* commercial studio; **~beirat** *m* publicity advisory board; **~berater** *m*/**-in** *f* *a-* consultant, publicity man; **~budget** *n* *a-* budget; **~drucksache** *f* *a-* matter; **~einblendung** *f* spot announcement; **~einnahmen** *pl* *a-* revenue; **~erfolg** *m* *a-* effectivenss; **~~skontrolle** *f* *a-* effectiveness study, *a-* control; **~~sprognose** *f* forecast of *a-* effectiveness, **~etat** *m* *a-* budget, **~fachmann** *m*/**~fachfrau** *f* *a-* expert, publicity expert; **~fahrt** *f* free/cheap trip for sales promotion; **~feldzug** *m* publicity campaign; **~fernsehen** *n* *TV* *a-* spots; **~firma** *f* publicity firm, *a-* agency; **~funk** *m* radio *a-*, commercial broadcasting; **~gemeinschaft** *f* *a-* pool; **~geschenk** *n* sales promotion/good will gift, gift for *a-*; **~ge-**

spräch *n* sales talk; **~grafik** *f* commercial art; **~kampagne** *f* publicity campaign; **~kosten** *pl* publicity expenses; **~leiter** *m*/**-in** *f* *a*- manager; **~mittel** *n* publicity medium, publicity aid; **~muster** *n* *a*- sample; **~nummer** *f* complimentary copy, publicity copy; **~plakat** *n* *a*- poster; show bill; **~preis** *m* introductory price, kneeldown price; **~~ausschreiben** *n* *a*- contest; **~prospekte** *pl* promotional literature, *a*- prospectuses; **~rabatt** *m* *a*- allowance; **~spezialist** *m*/**-in** *f* publicity expert; **~rat** *m* *A*- Standards Board; **~sendung** *f* mail shot, mailed advertisement; **~spot** *m* *a*- spot, commercial; **~tätigkeit** *f* activity in publicity; *a*-; **~texter** *m*/**-in** *f* ad writer, copy-writer; **~träger** *m*/**-in** *f* *a*- vehicle, *a*- medium; **~treibende(r)** *f(m)* (*der ~treibende*) advertiser; **~verbot** *n* restraint on publicity, ban on publicity; **~verkauf** *m* promotional selling; **~~sveranstaltung** *f* promotional sales event; **~woche** *f* promotional week; **~zwecke** *pl* publicity purposes.

werben *vi* to advertize, to engage in promotional activities; *vt* to recruit, to enlist (*members*).

Werbung *f* publicity, sales promotion, advertising (= *a*-); **~ am Verkaufsort** point-of-sale *a*-; **~ betreiben** to solicit orders, to engage in promotional activities; **~ durch Musterverteilung** free trial sampling; **~ durch Postversand** direct-mail *a*-; **~ durch Postwurfsendung** direct-mail *a*-; **~saktion** *f* *a*- campaign, publicity campaign, canvassing campaign; **~skampagne** *f* canvassing campaign; **~skosten** *pl* publicity costs; income-related expenses (*for tax purposes*), professional outlay; **~~pauschale** *f* overall allowance for income-related expenses; **~smittel** *n* *a*- media, publicity vehicles, publicity aids; **~smittler** *m*/**-in** *f* publicity agent; **~srundschreiben** *n* *a*-circular; **~sverbot** *n* restraint on publicity; **geballte ~** mass *a*-; **herabsetzende ~** disparaging/knocking *a*-; **missbräuchliche ~** improper solicitation; **reißerische ~** loud publicity; **repräsentative ~** prestige *a*-; **sensationelle ~** stunt *a*-, gimmick, sensational *a*-; **unerlaubte ~** illicit *a*-; **unterschwellige ~** subliminal *a*-; **vergleichende ~** comparative advertisements, discriminatory *a*-.

Werdegang *m* personal background, career, curriculum vitae; **beruflicher ~** career pattern, job history.

Werft *f* dockyard, shipyard; **~arbeiter** *m*/**-in** *f* docker.

Werk *n* **I** work, performance; **~auftrag** *m* work by order; **~ der Bildhauerkunst** sculpture; **~ der Schauspielkunst** dramatic work; **~ der Theaterkunst** dramatic work; **~herrschaft** *f* intellectual property right, → *Sachherrschaft*; **~leistung** *f* work performance, industrial service; **~lieferung** *f* contractor's labo(u)r and materials; **~~svertrag** *m* contract for work done and materials supplied; **~löhne** *pl* labo(u)r; **~stoff** *m* (working) material; **~~prüfamt** *n* (Industrial) Material Testing Office; **~~verarbeitung** *f* materials processing (industrial) use of materials; **hochbeanspruchbarer ~~** high stress material; **~studenten** *pl* working students; **~tag** *m* workday, working day; **~unternehmer** *m*/**-in** *f* contractor, manufacturer; **~unterricht** *m* handicrafts lessons; **~verbindung** *f* composite copyright, copyrighted work capable of several means of exploitation (*eg music and libretto for opera*); **~vertrag** *m* contract for services (*by independent contractor*); contract to achieve *sth*; contract to produce a result; **~~sunternehmer** *m*/**-in** *f* (independent) contractor; **~zeug** *n* tool(s); **~~maschinenindustrie** *f* machine tools industry; **~~- und Maschinenausstattung** tooling; **~~versicherung** *f* tool insurance; **schuldloses ~~** innocent agent;

choreographisches ~ choreographic work; **gemeinfreie ~e** works in public domain; **mildtätige ~e** works of charity; **nachgelassene ~e** posthumous works; **schriftstellerische ~e** literary works.

Werk *n* **II** plant, works, factory; **~abnahmeprotokoll** *n* final inspection record; **~ausschuss** *m* works committee; **~bahn** *f* factory railway; **~dienstwohnung** *f* tied accommodation (*of employed person*); **~fernverkehr** *m* company-owned long distance transport, interworks long-distance traffic; ~(**s**)**feuerwehr** *f* company-fire brigade; ~(**s**)**halle** *f* workshop; ~(**s**)**leitung** *f* factory management; **~meister** *m*/**-in** *f* (shop) foreman; **~sanlage** *f* factory installation(s); **~sarzt** *m*/**~särztin** *f* *US* company doctor/*GB* factory surgeon; **~sbesetzung** *f* factory sit-down, occupation of a factory/plant; **~schutz** *m* works protection force, works police; **~sgüterprüfdienst** *m* company goods inspection service; **~shafen** *m* private factory harbo(u)r; **~skonsumanstalten** *pl* company-owned consumer shops; **~sleiter** *m*/**-in** *f* works manager; ~(**s**)**spionage** *f* industrial espionage; **~statt** *f* workshop; **~~arbeit** *f* shop work; **~~fertigung** *f* job shop production, custom manufacturing; **~~ für Behinderte** sheltered workshop; **~~montage** *f* shop assembly; **~~zeichnung** *f* workshop drawing; **beschützende ~~** sheltered workshop; **~svertreter** *m*/**-in** *f* manufacturer's agent; **~verkehr** *m* company operated transport; ~(**s**)**wohnung** *f* service occupancy, company-owned dwelling; **ab** ~ ex works (*abbr* EXX), (*INCOTERMS*), ex factory, free at point of *US* dispatch/*GB* despatch.

Wert *m* value, worth; valuable object, asset, *pl* securities (*traded on the stock exchange*); value date; ~ **als pari** issue at par; **~angabe** *f* statement of value, declaration of value; **~ansatz** *m* carrying value, valuation (of asset), value shown; ~ **auf Faktura** value as per invoice; **~aufholungsgebot** *n* requirement to reinstate original values (*in later balance sheet*); **~aufstockung** *f* appreciation in value; **~ausgleich** *m* compensation of equal value; compensation for the loss of value; **~begriff** *m* concept of value; **~berechnung** *f* calculation of the value; **~berichtigung** *f* allowance for depreciation, write-down, accrued depreciation, accumulated depreciation, value adjustment, valuation allowance; allowance for doubtful accounts, bad debt allowance; **~~ auf Darlehen** loan-loss provisions; **~~ auf Forderungen** reserve for bad debts; **~~ auf Vorratsvermögen** inventory reserve; **~~skonto** *n* adjustment of property account, offset account; **steuerliche ~~** value adjustment for taxation purposes; **~beständigkeit** *f* stability of value; **~~sklausel** stable value clause; **~bestimmung** *f* valuation, determination of value; **~brief** *m* insured letter; ~ **des Anlagevermögens** net tangible asset value; ~ **des Streitgegenstandes** value of the matter in dispute; ~ ***e-er*** **Zeugenaussage** weight of testimony, value of evidence; **~einheit**(**en**) *f* unit(s) of value; ~ **erhalten** value received (*bank account*); **~erhaltung** *f* maintenance of value; **~erhöhung** *f* increase in value, appreciation; **~~ des Anlagevermögens** capital appreciation; **~~ von Wohnhäusern** improvement of houses, **~ermittlung** *f* ascertainment of the value, valueing; **~ersatz** *m* substitution by an object of equal value, substituted item of value, compensation for the value of *sth*; **~ermittlung** *f* valuation, determination of the value; **~festsetzung** *f* fixing of the value; **~fortschreibung** *f* revaluation for further accounting; **~gegenstand** *m* object of value, valuable, thing of value; **~grenze** *f* limit for the value; maximum value; **~gutachten** *n* expert opinion on the (true) value of *sth*; **~haltigkeit** *f* intrinsic value; **~herabsetzung** *f* reduction in value; **~ in Geld** monetary value; **~klausel** *f* valuation clause; **~marke** *f* token coin; **~maßstab** *m* standard of value, measure of value; **~messer** *m* standard of value; **~minderung** *f* impairment in value, depreciation/decline in value; **~muster** *n* sample of value; **~münze** *f* token coin; **~paket** *n* insured parcel (with value declared); **~papier** *n* → *Wertpapier*; **~paradox** *n* paradox of value; **~reklame** *f* free-gift advertising (*to encourage customers to close contract*); **~rechte** *pl* (uncertificated) loan stock rights; **~sachen** *pl* valuables; **~schätzung** *f* esteem, appraisal, appreciation; **~schöpfung** *f* creation of wealth, net product, value added; **~schriften** *pl* securities; **~sendung** *f* consignment with value declared; valuable consignment; **~sicherung** *f* value guarantee, stable-value arrangement; protection from inflationary loss; indexing arrangement; **~~sklausel** *f* stable value clause; **~skala** *f* table of values; **~steigerung** *f* enhancement in value, appreciation in value, increase in value, improvement; **~stellung** *f* availability date, value date; **~~stag** value date; **~stempel** *m* revenue stamp; **~steuer** *f* ad valorem tax; **~taxe** *f* estimate of value; **~urteil** *n* opinion, judgment, critical comment, value judgment; **zulässiges ~~** fair comment; **~verbesserung** *f* improvement of value, increased value; **~verhältnisse** *pl* value relationships; **~verlust** *m* loss in value; decrease in value; **~verminderung** *f* decrease in value; **~verschlechterung** *f* deterioration (in value); **~vorschriften** *pl* valuation regulations; **~zeichen** *n* postal stamp, token of value; **~~automat** *m* stamp machine; **~~fälschung** *f* forgery of postal stamps; **~zoll** *m* ad valorem duty/tariff; **~zuschlag** *m* increment-of-value charge, valuation charge; **~zuwachs** *m* increase in value; increment value, unearned increment; **~~steuer** *f* increment value tax, increment tax; **abgeschriebener ~** written-down value; **angemessener ~** fair value, fair and reasonable value; **bleibender ~** lasting value; **bereinigte ~e** adapted figures; **börsennotierte ~e** officially quoted securities; **den ~ vermindern** to deteriorate, to reduce in value; **die ~e aus den Sicherungen entlassen** to release the assets from the charges; **echter ~** true value, real value; **effektiver ~** effective value, real value; **errechneter ~** computed value; **festverzinsliche ~e** fixed-interest-bearing securities, bonds; **fiktiver ~** fictitious value; **finanzieller ~** monetary value; **fremde ~e** foreign securities; **führende ~e** leading shares, leaders; **gehaltene ~e** firm stock; **gemeiner ~** ordinary value, fair market value; **gewöhnlicher ~** ordinary value; **gesetzlich festgelegter ~** statutory value; **immaterieller ~** intangible value; **im ~ steigen** to improve in value; **im ~e von** in the amount of; **innerer ~** worth, inherent value, intrinsic value; **kalkulatorischer ~** imputed value; **künstlerischer ~** artistic merit; **maßgebender ~** decisive value; **materieller ~** tangible value; **objektiver ~** real value; **unnotierte ~e** unlisted securities; **unter ~ deklarieren** to enter short; **ursprünglicher ~** original value; **variabel gehandelte ~e** variable-price securities; **versicherbarer ~** insurable value; **versicherter ~** insured value; **wirtschaftlicher ~** economic value; **zufälliger ~** adventitious value, fortuitous value; **zurückgerechneter ~** commuted value.

wert|beständig *adj* of stable value; **~frei** value-free, neutral, abstract;

~los worthless, valueless; **~mäßig** *adv* in terms of value, ad valorem; **~schaffend** asset-creating, productive.

Wertpapier *n* security (= *s-*, *securities* = *s-s*), document/certificate of value, instrument (*evidencing an asset or property interest*), negotiable instrument, instrument of value (*representing a right or asset*); **~absatz** *m* sales of *s-s*, marketing of *s-s*; **~analyse** *f s-s* research; **~anlage** *f* investment in *s-s*; **~art** *f* category of *s-s*; **~aufsicht** *f s-s* trading supervision; **~beratung** *f* investment counselling; **~bereinigung** *f* validation of *s-s*, revalorization of *s-s*; **~besitz** *m s-s* holdings; **~besitzer** *m*/**-in** *f s-s* holder; **~bestand** *m s-*holdings, portfeuille; **~börse** *f* stock exchange, *s-s* exchange; **amtliche ~~** recognized stock exchange; **~darlehen** *n* loan on collateral *s-s*; **~depot** *n* deposit of *s-s* (for safe custody); **~~konto** *n* safe custody account of negotiable instruments; **offenes ~~** ordinary deposit of *s-s*; **verschlossenes ~~** sealed deposit of *s-s*; **~e des Anlagevermögens** investment *s-s*; **~e beleihen** to borrow on *s-s*; **~e des Handelsrechts** mercantile paper(s), commercial paper; **~e einziehen** to declare *s-s* forfeited; **~emission** *f* issue of *s-s*, floating of an issue; **~e mit festem Ertrag** fixed-yield *s-s*; **~e mit kurzer Laufzeit** short-term *s-s*; **~e mit schwankendem Ertrag** variable-yield *s-s*; **~ersterwerb** *m* original acquisition of *s-s*; **~finanzierung** *f* financing through *s-s*; **~fonds** *m s-*fund; **~gesetz** *n S-s* Act, negotiable instruments and *s-s* law; **~handel** *m* jobbing, *s-s* trade; **Bundesaufsichtsamt für den ~~** (*abbr* **BAWe**) D Federal Supervisory Office for *S-s* Trading, Federal Supervisory Authority for *S-s* Exchange; *US S-s* and Exchange Commission (*abbr* SEC); **~händler** *m*/**-in** *f* dealer in *s-s*, jobber, trader; **~kredit** *m* credit on the collateral of *s-s*; **~kurszettel** *m* list of *s-*prices; **~makler** *m*/**-in** *f* stock broker; **~markt** *m s-s* market; **~-Mitteilungen** *pl s-s* bulletin; **~pensionsgeschäft** *n* credit transaction under repurchase agreement of *s-s*; **~placement** *n* placing of *s-s*; **~-Portefeuille** *n s-* holdings, (*s-s*) portfolio; **gestreutes ~~** diversified portfolio; **~recht** *n* law relating to negotiable instruments and other *s-s*; **~sammelbank** *f s-s* clearing and deposit bank; **~schwindel** *m s-s* fraud; **~sparen** *n* investment saving, saving through *s-s*; **~steuer** *f* stamp duty on *s-s*, *s-s* tax (on first acquisitions); **~termingeschäft** *n* forward transactions in *s-s*; **~umsatzsteuer** *f s-s* transfer tax; **~unterbringung** *f* placing of *s-s*; **~verkäufe an Private** private placement of *s-s*; **~vermögen** *n* property in the form of *s-s*; **ausgewogenes ~~** balanced portfolio of assets; **~verwahrungsversicherung** *f s-s* insurance; **~verwaltung** *f* portfolio management; **~zins** *m* interest on bonds, rate of interest obtainable on *s-s*; **ausgeloste ~e** bonds drawn for redemption; **ausländische ~e** foreign *s-s*; **auslosbares ~** lottery bond; **begebbares ~** negotiable instrument; **beleihungsfähige ~e** assessable *s-s*; **beliehene ~e** pledged *s-s*; **börsenfähige ~e** listed *s-s*, marketable *s-s*; **~~e zu Ankaufskursen** *s-s* at cost; **börsengängige ~e** stock exchange *s-s*; **erstklassige ~e** first-class stock, gilt-edged *s-s*; **festverzinsliche ~e** fixed-interest-bearing *s-s*, bonds; **gut eingeführte ~e** seasoned *s-s*; **handelsfähige ~e** negotiable *s-s*; **international gehandelte ~e** interbourse *s-s*; **kaufmännisches ~** commercial instrument; **lombardierte ~e** pledged *s-s*, collateral *s-s*; **marktfähige ~e** marketable *s-s*; **mündelsichere ~e** trustee *s-s*, gilt-edged *s-s*, authorized *s-s*, widow-and-orphan stock; **nachschusspflichtige ~e** assessable *s-s*; **nicht börsenfähige ~e** unquoted investments; **nicht einlösbares** ~ non-redeemable *s*-; **nicht handelbare ~e** non-marketable *s-s*; **nicht notierte ~e** unlisted *s-s*; **nicht umlauffähige ~e** non-marketable *s-s*; **notierte ~e** quoted/listed *s-s*; **Not leidendes** ~ investment in default; **selten gehandelte ~e** inactive *s-s*; **stimmberechtigte ~e** voting *s-s*; **stimmrechtlose ~e** non-voting *s-s*; **tarifbesteuerte ~e** *s-s* subject to tax on the normal scale; **umlauffähige ~e** negotiable *s-s*, negotiable instruments; **unkotierte ~e** unlisted *s-s*; **verkehrsfähiges** ~ negotiable instrument; **verlosbare ~e** redeemable *s-s*; **verpfändete ~e** pledged *s-s*; **verzinsliche** ~ interest-bearing *s-s*; **zum Börsenhandel zugelassene ~e** listed *s-s*.

Wertung *f* appraisal, evaluation, valuation, estimate.

Wesens | gleichheit *pat* identity; **~merkmal** *n* criterion, essentiality.

wesentlich *adj* of the essence, material, substantial, fundamental, vital.

westeuropäisch *adj* western European; **W~e Rüstungsgruppe** *f* Western European Armaments Group (*abbr* WEA); **W~e Union** *f* (*abbr* **WEU**) Western European Union (*abbr* WEU); **assoziierte Mitglieder und Beobachterstaaten der W~en** ~ WEU associate members and observer states; **Vollmitglieder der W~en** ~ WEU full members.

Westminster-Statut *n* Statute of Westminster (*1931*).

Wett | annahme *f* betting office; **~annahmestelle** *f* betting office, bookmaker's (= bookies) office; **~buch** *n* betting book; **~e** *f* bet, wager, punt; **~en** *n* betting, wagering; **verbotenes** ~~ (illegal) betting; **~gemeinschaft** *f* pari mutuel; **~lokal** *n* poolroom; **~marke** *f* token; **~salon** *m* betting house; **~schein** *m* betting slip; **~steuer** *f* betting tax; **~schuld** *f* betting debt; **~vertrag** *m* gaming contract; **~zahlung** *f* paying out.

Wettbewerb *m* competition (= *c*-); **~sabkommen** *n* (non-)*c*- agreement; **~sabrede** *f* informal/secret *c*- arrangement, understanding concerning *c*-; **~sanreize** *pl* competitive incentives; **~sbedingungen** *pl* terms/conditions of *c*-; **~sbeschränkung** *f* restraint of *c*-, restraint of trade, market restraint; *pl* restrictive practices; stifling of *c*-; **Gesetz gegen ~~en** (*abbr* **GWB**) Antitrust Act, Non-Restraint of Trade Act; **~scharakter** *m* competitive nature; **~sdruck** *m* stress of *c*-; **~sfähigkeit** *pl* competitive strength, competitive ability, competitiveness; **~sfreiheit** *f* freedom of *c*-; **unvollkommene** ~~ imperfect *c*-; **~sgleichheit** *f* competitive equality; **~shandlung** *f* act of *c*-; **~shüter** *pl* guardians of free *c*-; **~sklausel** *f* non-*c*- clause; *c*- clause; restraint clause; **~slage** *f* competitive position; **~snachteil** *m* competitive disadvantage; **~sordnung** *f* system for regulating *c*-, *c*- code; **~spreis** *m* competitive price; **~sprinzip** *n* principle of free *c*-; **~srabatt** *m* *c*- rebate; **~srecht** *n* law on *c*-; legislation on *c*-; **~sregeln** *pl* *c*- rules; code of fair *c*-; **~sschutz** *m* protection of fair *c*-; **~sspielraum** *m* competitive range; **~sstellung** *f* position to compete; **~ssystem** *n* competitive system; **~starife** *pl* tariffs fixed to meet *c*-; **~sverbot** *n* covenant not to compete, restraint of *c*-; **~~sklausel** *f* restraint of *c*- clause; **nachträgliches** ~~ covenant not to compete (with employer) subsequent to employment, no-*c*-- subsequent-to-employment clause; **~sverfälschung** *f* distortion of *c*-; **~sverhältnisse** *pl* competitive relations; **~sverhinderung** *f* unreasonable restraint of trade; **~sverzerrung** *f* distortion of *c*-; **~svorteil** *m* competitive advantage; **~swirtschaft** *f* competitive economy, free-market economy; **freier** ~ free *c*-; **in ~ treten** to compete, to enter into *c*-; **lauterer** ~ fair *c*-; **redlicher** ~ fair *c*-; **ruinöser** ~ destructive *c*-; **scharfer** ~ keen *c*-; **schmarotzerischer** ~ parasitic *c*-; **publizistischer** ~ *c*- between publishers; **unlauterer** ~ unfair *c*-, unfair trading; **unverfälschter** ~ pure *c*-; **wesentlicher** ~ substantial *c*-, real *c*-.

wettbewerbs | fähig *adj* able to meet competition; competitive; **~neutral** of no influence on the competitive position; **~swidrig** contrary to fair competition.

wetten *vi* to bet, to wager.

Wetter *n* weather; **~amt** *n* weather bureau; **~meldung** *f* weather forecast; **~vorhersage** *f* weather forecasting; **außerordentlich schlechtes** ~ exceptionally inclement weather; **falls es das ~ zuläßt** weather permitting.

wettmachen *vt* to compensate.

Wettrüsten *n* arms race.

WEU (*abbr* = **Westeuropäische Union**) West European Union (*abbr* WEU); **assoziierte Mitglieder und Beobachterstaaten der** ~ WEU associate members and observer states; **Vollmitglieder der** ~ WEU full members.

WHO (*abbr* = **Welthandelsorganisation**) World Trade Organisation (*abbr* WTO).

Widerbeklagte(r) *f(m)* (*der ~beklagte*) cross-defendant.

Widerklage *f* cross-action, cross-complaint; **~forderung** *f* counterclaim; ~ **erheben** to bring a cross-action.

Widerkläger *m*/**-in** *f* cross-petitioner, cross-claimant.

widerlegbar *adj* disprovable, rebuttable, refutable; **nicht** ~ irrefutable, irrebuttable.

Widerlegbarkeit *f* refutability, rebuttability.

widerlegen *vt* to refute, to rebut, to disprove, to repudiate.

Widerlegung *f* refutation, rebuttal, disproof; **~sbeweis** *m* evidence in rebuttal, disproof.

widernatürlich *adj* unnatural, perverse.

widerrechtlich *adj* unlawful.

Widerrechtlichkeit *f* unlawfulness.

Widerruf *m* retraction, revocation, countermand; ~ **der Strafaussetzung** revocation of probation; ~ **der Vertretungsmacht** revocation of agency; ~ **der Zulassung** revocation of *US* license/*GB* licence to practise; ~ **der Zustimmung** revocation of the consent; ~ **des Angebots** withdrawal of the offer; ~ **des Geständnisses** retraction of the confession; ~ **des Testaments** revocation of will; ~ ***e-er*** **Schenkung** revocation of a gift; ~ ***e-er*** **Vollmacht** revocation of an authority, cancellation of power of attorney; ~ ***e-es*** **Vermächtnisses** ademption of a legacy; ~ ***e-es*** **Verzichts** withdrawal/retraction of a renunciation; ~ **falscher Aussagen** retraction of false statements; **~sgründe** *pl* grounds of revocation; **~klage** *f* action for a retraction/revocation; **~sklausel** *f ins* contestable clause; **~srecht** *n* power of revocation; **~svorbehalt** *m* proviso of cancellation; **bis auf** ~ until cancelled, subject to withdrawal.

widerrufen *vt* to withdraw, to revoke, to retract, to countermand; **öffentlich** ~ to recant.

widerruflich *adj* revocable, precarious, at *s.o.*'s pleasure.

Widerruflichkeit *f* revocability.

Widersacher *m*/**-in** *f* opponent, adversary, foe.

widersetzen *v*/*reflex* to oppose, to resist.

widersetzlich *adj* contumacious.

Widersetzlichkeit *f* insubordination, refractoriness.

widersinnig *adj* absurd.

Widerspenstigkeit *f* recalcitrance, refractory nature, refractoriness.

widersprechen *vi* to oppose, to contradict, to object.

widersprechend *adj* contradictory.

Widerspruch *m* objection, protest, opposition, counter-notice, caveat; discrepancy, contradiction, variance; ~ **einlegen** to lodge a protest, to file an objection; ~ **erheben** to object, to oppose; to raise objections; **~sbescheid** *m* ruling on an objection/interference; **~sfreiheit** *f* consistency; **~sfrist** *f* time-limit for filing an objection; **~sklage** *f* third party action against execution, = *Drittwiderspruchsklage*; **~srecht** *n* right to object; **~sstelle** *f* board of appeals; **~sverfahren** *n administrative proceedings reviewing an administrative decision upon protest by the party aggrieved*; *pat* proceedings of interference; ~ **zweier Gesetze** antinomy; **auf ~ stoßen** to meet with opposition; **im ~ stehend** repugnant, conflicting; **innerer ~** inconsistency, self-contradiction; **offener ~** open/flagrant contradiction, contradiction in terms.

widersprüchlich *adj* contradictory, equivocal, inconsistent, illogical; **in sich ~~** self-contradictory.

Widersprüchlichkeit *f* contradictoriness, equivocality; ~ **der Behauptungen** repugnancy of allegations.

widerspruchslos *adj* unequivocal.

Widerstand *m* resistance; ~ **gegen Beamte** resisting public officers; ~ **gegen die Staatsgewalt** obstructing an officer, resistance to state authority; ~ **gegen Vollstreckungsbeamte** obstructing enforcement officers; ~ **leisten** to put up resistance; **~sbewegung** *f* resistance movement; **~sfähigkeit** *f* tenacity, durability; **~skämpfer** *m*/**-in** *f* resistance fighter; **~skraft** *f* strength to resist; **~sleistung** *f* **bei Verhaftung** resisting arrest, forcible resistance to arrest; **~nest** *n* pocket of resistance; **~spunkt** *m* resistance point; **~srecht** *n* right to resist (*the overthrow of the constitution*); **bewaffneter ~** armed resistance; **den ~ brechen** to overcome resistance by force; **passiver ~** passive resistance.

widerstandsfähig *adj* capable of resisting, offering resistance.

widerstreitend *adj* conflicting.

Widerwillen *m* loathing, repugnance, distaste, unwillingness.

widerwillig *adj* reluctant, unwilling.

widmen *vt* to dedicate, to devote.

Widmung *f* dedication; ~ **als öffentliche Straße** declaration as a public road, dedication of way.

widrigenfalls *adv* failing which, in default whereof.

wie | besehen as inspected; ~ **besichtigt** as inspected; ~ **dem auch sei** be that as it may; ~ **gehabt** as usual; ~ **gesagt** as mentioned before; ~ **sich's gehört** as is proper and fitting.

Wieder | abdruck *m* (additional) reprint; **~anlage** *f* reinvestment; **~~rabatt** *m* reinvestment discount; **~annäherung** *f* rapprochement; **~annahme** *f* reacceptance; **~aufarbeitung** *f* reprocessing; **~~sanlage** *f* reprocessing plant *for fuel from* (*light water*) *reactors*, nuclear reprocessing plant; **~aufbau** *m* reconstruction, rebuilding; **Internationale Bank für ~~ und Entwicklung** (= **Weltbank**) *int* International Bank for Reconstruction and Development (= World Bank); **~auffüllung** *f* replenishment; **~aufgreifen** *n* resumption (of the matter); renewed treatment, taking up *sth* again, renewed recourse to; **~aufhebung** *f* repeal; **~aufleben** *n* revival; **~~ *e-er* Versicherung** reinstatement (*of policy*); **~~sklausel** *f* revival-clause *of claims against fraudulent bankrupt* (*which had been settled*); **~aufnahme** *f* → *Wiederaufnahme*; **~aufrüstung** *f* rearmament; **~aufschwung** *m* economic recovery, up-swing, rebound; **~ausfuhr** *f* re-exportation; **~~handel** *m* re-export trade; **~austritt** *m* (repeated) withdrawal; **~belebung** *f* revival; **~berufung** *f* reappointment (*board member, etc*); **~beschaffung** *f* replacement; **~~sanspruch** *m* claim for replacement; **~~skosten** *pl* replacement cost, repurchase cost; **~~spreis** *m* repurchase price, replacement price; **~~sprinzip** *n* current cost accounting; **~~srücklage** *f* replacement reserve, replacement fund; **~~swert** *m* replacement value, replacement cost, reproduction value; **~~~ abzüglich Abschreibungen** fair value; **~einberufung** *f* reconvening (*a meeting*); recalling to the colo(u)rs; **~einbürgerung** *f* renaturalization; **~einfuhr** *f* reimportation; **~eingliederung** *f* rehabilitation, resettlement, re-integration; **~~sfonds** *m* resettlement fund; **berufliche ~~** vocational rehabilitation; **~einlagerung** *f* rewarehousing; **~einlieferung** *f* recommittal; **~einräumung** *f* resumption (of possession), re-entry; **~einrichter** *m*/**-in** *f GDR new farmer on formerly expropriated ground*; **~einrichtung** *f* refurnishing; **~~sbeihilfe** *f* grant for setting up a new household; **~einsetzung** *f* → *Wiedereinsetzung*; **~einstellung** *f* reemployment, reengagement; **~eintritt** *m* reopening, reentry; **~~ in den Besitz** reentry; **~~ in die mündliche Verhandlung** reopening the hearing; **~einweisung** *f* recommitment; **~erhebung** *f* renewed assessment (*tax*); **~erlangung** *f* recovery, recapture, reacquisition; **~ernennung** *f* reappointment; **~eröffnung** *f* reopening; **~erteilung** *f* reissue, new grant; **~~ der Fahrerlaubnis** reissue of *US* driver's license/*GB* driving licence; **~erwerb** *m* reacquisition; **~gabe** *f* account, rendition; **mechanische ~~** mechanical reproduction, playback; **wörtliche ~~** literal repetition, verbatim account; **~gewährung** *f* renewed grant; **~gewinnung** *f* retrieval, recovery, salvage; **~gutmachung** *f* → *Wiedergutmachung*; **~herstellung** *f* restoration, repair; **~~ der ehelichen Lebensgemeinschaft** restitution of conjugal life; **~~ des früheren Zustands** restoration to the former condition; **~~sanspruch** *m* right/claim of restitution, restoration right; **~~ verfallener Patente** restoration of lapsed patents; **~erkennungstest** *m* recognition test (*advertising*); **~holung** *f* repetition, reiteration; **~~sgefahr** *f* danger of recurrence, danger of recidivism; **~~skurs** *m* refresher course; **~~stäter** *m*/**-in** *f* repeat offender, repeater, recidivist; **im ~~sfall** *m* in the event of a repeated *US* offense/*GB* offence; **~inbesitznahme** *f* repossession, reentry (*land*), regress; **~ingangsetzung** *f* restarting; **~inkraftsetzung** *f* reenactment; **~inkrafttreten** *n* revival, renewed coming into force; **~inkurssetzung** *f* reconditioning, putting into circulation again; **~instandsetzung** *f* repair; **~kauf** *m* repurchase; **~~srecht** *n* right to repurchase; **~käufer** *m*/**-in** *f* repurchaser; **~kehrschuldverhältnis** *n* regularly renewed obligation; **~nutzbarmachung** *f* salvage, recycling; **~umstellung** *f* reconversion; **~vereinigung** *f D* reunification (*1990*); **~vergeltungsrecht** *n* right of reprisal; **~verhaftung** *f* rearrest; **~verheiratung** *f* remarriage; **bis zu ihrer ~~** until she shall marry again; **~verkauf** *m* resale; **~~spreis** *m* resale price; **~~srecht** *n* right of resale; **nicht zum ~~ bestimmt** not intended for resale; **~verkäufer** *m*/**-in** *f* reseller, dealer; dealer's buyer; **~~preis** *m* trade price; **~~rabatt** *m* trade discount; **an ~~ verkaufen** to sell to the trade; **~verleihung** *f* **der Staatsangehörigkeit** repatriation; **~vermietung** *f* reletting; **~veröffentlichung** *f* republication; **~versöhnung** *f* reconciliation; **~vertagung** *f* readjournment; **~verwendung** *f* reuse; **~verwertung** *f* recycling, salvage; **~vorlage** *f* resubmission; **~~mappe** *f* follow-up file; **~~nliste** *f* tickler; **zur ~~** to be resubmitted; **~vorlegungsfrist** *f* period for resubmission; **~wahl** *f* reelection; **sich zur ~~ stellen** to stand for re-election; **~zulassung** *f* readmission.

wieder | abtreten *vt* to reassign; **~anlegen** *vt* to reinvest; **~annehmen** *vt* to reaccept, to resume possession; **~aufnehmen** *vt* to resume, to reopen; **~einberufen** *vt* to reconvene; **~einbürgern** *vt* to repatriate; **~einräumen** *vt* to resume (possession), to re-allow; **~einsetzen** *vt* to reinstate, to reinstall; **~einstellen** *vt* to re-employ, to re-engage; **~erlangen** *vt* to recover, to reacquire, to retrieve; **~eröffnen** *vt* to reopen; **~erstatten** *vt* to refund, to reimburse; **~gefangennehmen** *vt* to recapture; **~herstellen** *vt* to restore; **~instandsetzen** *vt* to repair; **~kaufen** *vt* to repurchase; **~verkaufen** *vt* to resell; **~wählen** *vt* to reelect; **nicht wiedergewählt** unreturned; **~zulassen** *vt* to readmit.

Wiederaufnahme *f* resumption, reopening; **~antrag** *m* motion for a new trial; **~ der Arbeit** resumption of work; **~ der diplomatischen Beziehungen** resumption of diplomatic relations; **~ der Geschäftstätigkeit** resumption of business; **~ der mündlichen Verhandlung** reopening of the hearing, continuation of the trial; **~ der Verhandlungen** resumption of negotiations; **~ der Zahlungen** resumption of payments; **~ des Verfahrens** reopening of appeal, revival of action, new trial, trial de novo; **die ~ ~ ~ anordnen** to order a new trial; **~ *e-es* Prozesses** revivor, reopening of the proceedings (*which had been suspended*); **~verfahren** *n* (proceedings of a) new trial; **ein ~~ beantragen** to file a motion for a new trial.

wieder | bringlich *adj* retrievable; **~erlangbar** recoverable; **~holbar** repeatable, reproducible, capable of being reproduced; **~kehrend** recurring, periodic, periodical; **periodisch ~~** periodical; **~wählbar** eligible for reelection.

Wiedereinsetzung *f* reinstatement, reinstal(l)ment, restoration, restitution; reestablishment; **~ *e-es* Patents** reestablishment of a patent; **~ in den Besitz** repossession, reentry; **~ in den vorigen Stand** restoration, reinstatement, restitution to the previous condition (*lapse of a deadline*), restitutio in integrum; **~ ~ ~ ~ gewähren** to reinstate a case; **~ in ein Amt** reinstatement in an office; **~ in seine Rechte** restoration of one's rights; **~sgebühr** *f pat* fee for reestablishment of rights.

Wiedergutmachung *f* reparation, indemnification, compensation, redress, indemnity; **~sabkommen** *n* agreement on compensation (*for racial, political, or religious persecutees of the Nazi regime*); **~sanspruch** *m* compensation claim (*submitted by persecutees*); **~sberechtigte(r)** *f(m)* (*der ~berechtigte*) person entitled to compensation for persecution; **~sgelder** *pl* indemnification monies; **~skammer** *f* Court Division for Compensation of Racial Persecutees; **~skommission** *f* Commission for Compensation of Persecutees; **~srecht** *n* law of compensation of Nazi persecutees; **~szahlungen** *pl* compensation payments to persecutees.

Wiege | gebühr *f* weighing fee; **~geld** *n* weighing charge, weighage; **~ordnung** *f* weighing regulations; **~schein** *m* weight note, attestation of weight; **~stempel** *m* weighing stamp.

Wild *n* wild animals, game; **~dieb** *m*/**-in** *f* poacher; **~dieberei** *f* poaching; **~gatter** *n* game fence, paddock, game preserve; **~handel** *m* game dealing; **~hüter** *m*/**-in** *f* gamekeeper; **~schaden** *m* damage caused by game; **~~ssachen** *pl* case of damage by game; **jagdbares ~** fair game.

Wilderei *f* poaching; **~gerät** *n* poaching equipment; **nächtliche ~** night poaching.

Wildern *n* poaching.

wildern *vi* to poach.

Wille *m* will, volition, intent, intention; **~ der Parteien** intention of the parties; ~ **des Gesetzgebers** legislative intent, intention of the legislature; **~nsakt** *m* voluntary act, act of volition, spontaneous act; **~nsanspannung** *f* effort of willpower; **~nsäußerung** *f* manifestation of a person's will; **~nsbeeinflussung** *f* influencing a person's will; **unzulässige** ~~ undue influence; **~nsbereich** *m* range of volition; **~nsbestimmung** *f* determination of one's intent; **freie** ~~ free determination of one's will; **~nsbetätigung** *f* volitional act; **~nsbildung** *f* creating an intention; **~nseinigung** *f* meeting of (the) minds, concurrence of will; agreement, consensus (ad idem); **~nsentscheidung** *f* voluntary decision; **~nserklärung** *f* → *Willenserklärung*; **~nsfreiheit** *f* freedom of volition, freedom of will; **~nshandlung** *f* voluntary act, act of volition; **~nskraft** *f* will power; **~nsmangel** *m* imperfect/erroneous expression of intention (*due to mistake, fraud, threat*); lack of willpower; **~nsrichtung** *f* intention; **~nstheorie** *f* doctrine of real intention; **~nsübereinstimmung** *f* concurrence of will, agreement, accord, consensus (ad idem); **fehlende** ~~ non-agreement, dissent; **böser** ~ ill will; **der wirkliche** ~ the real/true intention; **freier** ~ free will; **letzter** ~ last will; **mit ~n** voluntarily, with intent, willingly.

Willenserklärung *f* expression of will, *legally relevant* manifestation of intent, (private) act, act and deed; ~ **in öffentlich beglaubigter Form** authenticated act; **amtsempfangsbedürftige** ~ act requiring communication to an authority/registry; **Anfechtung von** ~ rescission of legally binding declaration of will; **ausdrückliche** ~ express act of party; **mehrseitige ~en** consensual acts; **einseitige** ~ unilateral act (of party); **empfangsbedürftige** ~ act requiring communication; **hoheitliche** ~ act of state; **mangelnde** ~ deficient act; **nicht ernstlich gemeinte** ~ jocular expression of intention, jocular act; **rechtsgeschäftliche** ~ private act *with intention to create legal relations, utterance or expression resulting in legal consequences*; **stillschweigende** ~ implied act; implied expression of intention; **zweiseitige** ~ bilateral act, bilateral transaction.

willentlich *adv* intentionally.

Willkür *f* arbitrariness, choice; **~akt** *m* arbitrary act; **~herrschaft** *f* arbitrary rule; **~justiz** *f* arbitrary justice, Star-Chamber-justice; **~maßnahmen** *pl* arbitrary measures; **~verbot** *n* prohibition of arbitrary decisionmaking.

willkürlich *adj* arbitrary, wanton.

Windenergie *f* energy gained from the wind.

Windhundverfahren *n* first-come, first-serve method (*of granting subsidies*).

Windprotest *m* *unsuccessful attempt to have a bill protested due to payee's unknown whereabouts.*

Winkel *m* corner, angle; **~advokat** *m*/**-in** *f* pettifogger, shyster; **toter** ~ blind spot (*in automobile mirror*).

Winker *m* direction indicator, blinker.

Winter | bauförderung *f* promotion of building in winter time; **~fahrplan** *m* winter time-table; **~geld** *n* winter compensation money (*to construction workers*); **~pause** *pl* layoff in winter, winter break.

Winzer *m* wine-grower; **~genossenschaft** *f* wine-growers' cooperative.

Winzigkonten *n/pl* petty accounts.

wirken *vi* to operate; **wirkt für und gegen** is operative for and against.

Wirklichkeit *f* reality.

wirklichkeitsnah *adj* realistic.

wirksam *adj* effective, effectual, operative, valid; ~ **gegen** effective as against, effective vis-a-vis; ~ **werden** to take effect, to become effective; **ohne weiteres** ~ automatically operative.

Wirksamkeit *f* validity, effectiveness, operative effect; **~serklärung** *f* ratification, acknowledgment of validity.

Wirksamwerden *n* the coming into force, entry into force.

Wirkung *f* effect; ~ ***e-es* Vertrages** operation of a contract; ~ **gegenüber Dritten** effect as against third parties; ~ **kraft Gesetzes** effect by virtue of law, statutory effect; ~ **kraft Vertrages** contractual force; **~sbereich** *m* sphere/ambit of operation; **~shaftung** *f* direct liability for the effects (*of inadequate function*); **~skreis** *m* purview, province, sphere of activity, sphere of functions; **allseitiger** ~~ universal sphere of functions; **eigener** ~~ original competence; **häuslicher** ~~ domestic sphere; **übertragener** ~~ delegated sphere of functions; **~slosigkeit** *f* ineffectiveness, inefficacy; **~sradius** *m* effective range; **~sstatut** *n* lex causae, governing law, *the legal system governing the transaction*; **Abgaben gleicher** ~ *EU* (*zB als Zölle*) charges having equivalent effect (*eg as customs duties*); **auflösende** ~ resolutory effect, dissolving effect; **aufschiebende** ~ suspensory/suspensive effect; **befreiende** ~ discharging effect; **mit ~r** ~ with the effect of a (full) discharge; **beschränkte** ~ limited operation; **bindende** ~ binding effect; **deklarative** ~ declaratory effect; **dingliche** ~ in rem, running with the land; **fortzeugende** ~ continuously generative effect; **gesetzliche** ~ statutory effect; **illiquidisierende** ~ effect in reducing liquidity; **konstituierende** ~ constitutive effect; **Maßnahmen gleicher** ~ *EU* measures having equivalent effect (*as customs duties*); **mit steuerlicher** ~ with effect for tax purposes; **mit** ~ **für und gegen alle** binding on all persons, absolutely effective; **mit** ~ **vom** with effect from, effective as of; **rechtliche** ~ legal effect; **schuldbefreiende** ~ debt-discharging effect, acting as a full discharge; **sofortige** ~ immediate effect; **mit ~r** ~ effective immediately, with immediate effect; **unmittelbare** ~ direct effect; ~ ~ **von EG-Richtlinien** direct effect of Community directives; **durch** ~ ~ des Gesetzes by direct statutory effect; by act and operation of law.

wirkungslos *adj* ineffectual, ineffective, without effect.

Wirren *pl* disorders, disturbances, trouble, civil commotion, upheaval.

Wirtschaft *f* economy (= *e-*, *economic* = *e-c*, *pl e-cs*), economic system, trade and industry, business sector; **~lichkeit** *f* commercial efficiency, profitability, financial management; **~~sberechnung** *f* profitability calculation, *e-c* appraisal; **~~sgebot** *n med ins* requirement that costs be minimized (*for public health*); **~~sprüfung** *f* examination of profitability; **~~s- und Umweltschutzuntersuchungen** *e-c* and environmental studies; **~sabkommen** *n* treaty of commerce, *e-c* accord, trade and payments agreement; **~sablauf** *m* the *e-c* process; **~sankurbelung** *f* pump priming; **~sanpassung** *f e-c* adjustment; **~sanstieg** *m* growth in *e-c* activity, *e-c* up-turn; **~saufbau** *m e-c* reconstruction; **~sausgleich** *m e-c* adjustment; **~sausschuss** *m e-c* affairs committee, business committee; employees' committee for management (*codetermination*); **~sbehörde** *f e-c* agency; **~sbeihilfen** *pl* grants to trade and industry; **~sbelange** *f e-c* interests, business interests; **~sbelebung** *f e-c* recovery; **~sberater** *m*/**-in** *f e-c* advisor; **~sbereich** *m e-c* field, sector of the *e-*; **eng verflochtener** ~~ a sector integrated into the *e-* as a whole; **~sbesprechungen** *pl* trade talks; **~sbetrieb** *m* business enterprise; ~~ **der öffentlichen Hand** public/government enterprise; **~sbeziehungen** *pl e-c* ties, trade relations; **~sbilanz** *f* trade balance;

~sblock *m e-c* bloc; **~sblüte** *f* prosperity; **~sboss** *m* tycoon; **~seinheit** *f e-c* entity, *e-c* unity; **~sentwicklung** *f e-c* development; **~sergebnis** *n* internal operating results; **~sfachzeitschrift** *f* trade magazine, business publication; **~sfaktor** *m e-c* factor; **~sfluss** *m* flow of trade; **~sförderung** *f* promotion of trade; **~sform** *f e-c* system/structure; **~sforschung** *f e-c* research; **~sführer** *m/*-**in** *f e-c* leader; **~sführung** *f* management; **einwandfreie ~~ *e-es* landwirtschaftlichen Betriebes** good husbandry; **~sgebiet** *n e-c* area; **~sgeld** *n* household allowance, housekeeping allowance, housekeeping money; **~sgenossenschaft** *f* cooperative society, industrial cooperative; **~sgeographie** *f e-c* geography; **~sgeräte** *pl* household appliances; **~sgeschehen** *n e-c* process, *e-c* events, *e-c* activities; **~sgeschichte** *f e-c* history; **~sgesetz** *n* law in the *e-c* field, *e-c* law; **~~gebung** *f e-c* legislation; **~sgruppe** *f* business group, trade group; **~sgut** *n* (*pl ~güter = ~er*) asset, *e-c* asset, business asset; **geringwertige ~~er** low-value assets; **kurzlebige ~~er** non-durable goods; **langlebige ~~er** durable goods, durables; **nicht buchungsfähige ~~er** non-ledger assets; **~shilfe** *f e-c* aid; **~sindikatoren** *pl e-c* indicators; **~sinteressen** *pl e-c* interests; **~sjahr** *n* fiscal year, accounting year, financial year; **~sjurist** *m/*-**in** *f* business lawyer, commercial lawyer, industrial lawyer; **~skabinett** *n e-c* cabinet; **~skampf** *m e-c* struggle/battle; **~skommission** *f e-c* commission; **~skraft** *f e-c* power, *e-c* strength; **eigenständige ~~** intrinsic *e-c* strength; **~skreise** *pl* business circles; business community; **~skreislauf** *m e-c* circulation; **~skrieg** *m e-c* warfare/battle; **~skriminalität** *f* white-collar crime; **~skrise** *f e-c* crisis, recession; **~slage** *f e-c* situation, *e-c* conditions; **~sleben** *n e-c* life, business life, *e-c* activities; **~sleistung** *f e-c* effort, *e-c* achievement; **~slenkung** *f* regulation of business, steering of *e-c* development; **~sliberalismus** *m e-c* liberalism; **~smacht** *f e-c* power; **~sminister** *m/*-**in** *f e-cs* minister, Minister of *E-cs*/of *E-c* Affairs; **~sministerium** *n* ministry of *e-c* affairs; **~sordnung** *f e-c* system; **~~srecht** *n e-c* regulatory law; **~splan** *m e-c* plan, *e-c* management plan; **~splanung** *f e-c* planning; **~spolitik** *f e-c* policy; **antizyklische ~~** anti-cyclical *e-c* policy; **marktpolitische ~~** market policy, policy of the free market *e-*; **wachstumsfreundliche ~~** growth-promoting *e-c* policy; **~spolitiker** *m/*-**in** *f* person professionally engaged in *e-c* policy, *e-c* policy-maker; **~spraktiken** *pl e-c* practices; **~spraxis** *f e-c* practice; **~spotential** *n e-c* potential; **~sprodukt** *n e-c* product; **~sprogramm** *n e-c* programme; **~sprozess** *m e-c* process; trial in a business case, *pl* commercial litigation; **~sprüfer** *m/*-**in** *f* chartered accountant, accountant, *US* certified public accountant/*GB* certified accountant, (professional) auditor; **unabhängiger neutraler ~~** independent auditor; **~sprüfung** *f* audit; **~~sgesellschaft** *f* auditing company; firm of auditors, firm of chartered accountants; **~srat** *m e-c* council; **~sraum** *m e-c* area, market; **Europäischer ~~** (*abbr* **EWR**) European *E-c* Area (*abbr* EEA); **gemeinsamer ~~** common market; **~srecht** *n* business law, commercial law; **~sredakteur** *m/*-**in** *f* financial editor; **~ssabotage** *f e-c* sabotage; **~ssanktionen** *pl e-c* sanctions; **~sschule** *f* business school; junior business high school; **~ssicherstellungsgesetz** *n D E-c* Emergency Act (*1968*); **~sspion** *m* business spy, industrial spy; **~~age** *f* industrial and commercial espionage; **~sstatistik** *f e-c* statistics; **~sstockung** *f e-c* stagnation;

~sstrafgesetz *n D E-c US* Offenses/*GB* Offences Act (*1975*); **~sstrafkammer** *f* court division for business *US* offenses/*GB* offences; **~sstrafrecht** *n* penal law concerning business *US* offenses/ *GB* offences; **~sstrafsachen** *pl* cases involving business *US* offenses/*GB* offences; **~sstreitigkeiten** *pl* business disputes; **~sstruktur** *f e-c* structure; **~ssystem** *n e-*, *e-c* system; **einheitliches ~~** integrated *e-*; **~stheorie** *f e-c* theory; **~streibende** *pl* businessmen, business circles; **~stätigkeit** *f e-c* activity; **~strend** *m e-c* trend; **~streuhänder** *m*/**-in** *f* business trustee; **~süberschuss** *m e-c* surplus; **~s- und Finanzminister** *EU E-c* and Finance Ministers (*abbr* ECOFIN); **~s- und Haushaltsführung** *e-c* activity and budgets; **~s- und Sozialausschuss** *m EU E-c* and Social Committee; **~s- und Sozialrat der Vereinten Nationen** *E-c* and Social Council (*abbr* ECOSOC); **~s- und Währungsunion** *E-c* and Monetary Union (*abbr* EMU); **~sunternehmen** *n* business enterprise; **~~ und Private** the business and private sectors; **~sverband** *m* trade association; **~sverbrechen** *n* grave *e-c US* offense/*GB* offence, white-collar crime; **~svereinigung** *f* trade association; **~sverfassung** *f e-c* system, *e-c* order; **~svergehen** *e-c US* offense/*GB* offence; **~sverkehr** *m* trade, *e-c* transactions, commerce; **~sverwaltung** *f e-c* administration; **~~srecht** *n* adminstrative law concerning trade and industry; **~svolumen** *n* total *e-c* activity; **~swachstum** *n e-c* growth; **~~sraten** *pl* rates of expansion in the economies; **stockendes ~~** halting *e-c* growth; **~sweg** *m* farm road; **~swerbung** *f* business publicity, trade advertising; **~swert** *m e-c* value; **~swissenschaft** *f e-cs*, political *e-*; **~swunder** *n e-c* miracle; **~szahlen** *pl e-c* figures/data; **~szweig** *m* sector of the *e-*; **die gütererzeugende ~** *e-* consisting of all producers of goods; **einheimische ~** the domestic *e-*; **exportorientierte ~** the exporting industries; **freie ~** free enterprise (*e-*), free market *e-*; **gelenkte ~** state-influenced *e-*; **gemischte ~** mixed *e-*; **gewerbliche ~** trade and industry, trade *e-*; **heimische ~** domestic *e-*, indigenous industry; **mittelständische ~** middle-class enterprises; **öffentliche ~** public (sector of the) *e-*; **staatlich gelenkte ~** governmentally guided *e-*, semi-controlled *e-*; **Vertrag über die Schaffung *e-er* Währungs-, ~s- und Sozialunion** *f* **zwischen der Bundesrepublik Deutschland und der Deutschen Demokratischen Republik** (= *Staatsvertrag*) Treaty Concerning the Creation of a Currency, *E-c*, and Social Union between the Federal Republic of Germany and the German Democratic Republic (= *State Treaty, July 1, 1990*).

wirtschaften *vt* to manage, to engage in economic activity.

wirtschaftlich *adj* economic, economically efficient, commercial; **Europäische W~e Interessenvereinigung** (*abbr* **EWIV**) European Economic Interest Grouping (*abbr* EEIG).

Wissen *n* knowledge; **~ bestreiten** to deny/disclaim all knowledge; **~sgebiet** *n* field of knowledge; **~smanagement** knowledge management, management and organization of large amounts of know-how; **meines ~s nicht** not to my knowledge; **mit seinem ~ und Willen** with his knowledge and consent; **mit ~ und Wollen** volitional, wil(l)fully and knowingly; **nach (meinem) ~ und Gewissen** according to my knowledge and belief, to the best of my knowledge and belief; **ohne ~ und Willen** without one's knowledge and consent; **praktisches ~** industrial know-how; **wider besseres ~** against one's better knowledge;

technisches ~ technical knowledge, industrial know-how.

wissen *vt* to know, to be aware of, to realize; to remember; **etw nicht** ~ not to know *sth*, to be unaware of *sth;*

Wissenschaft *f* science, the scientific world; **~sminister** *m/*-**in** *f* minister of science; **~srat** *m* (advisory) scientific council; **~ssteuer** *f* knowledge tax (*value addes tax on books, etc*); **Organisation der Vereinten Nationen für Erziehung,** ~ **und Kultur** United Nations Educational, Scientific and Cultural Organization (*abbr* UNESCO).

wissentlich *adv* knowingly.

Witwen | abfindung *f* widow's compensation; **~altersgeld** *n* widow's (*social insurance*) retirement pension; **~beihilfe** *f* (*non-recurrent*) aid to widow (*whose husband was killed by occupational accident*); **~geld** *n* widow's benefits, widow's pension, widow's allowance; **~leibgedinge** *n* dower; **~pflichtteil** *m* widow's compulsory portion; **~privileg** *n* widow's privilege to continue husband's business; **~rente** *f* widow's (*social insurance*) pension; **~- und Waisengeld** compassionate allowance; life insurance benefits to widows and orphans; **~versicherung** *f* widows' insurance.

Witwerrente *f* widower's (social insurance) pension.

Wochen | abschluss *m* weekly closing of the accounts; **~arbeitstunden** *pl* weekly working hours; **~arbeitszeit** *f* working week; weekly hours of work; **~ausweis** *m* weekly return (*bank*); **~bericht** *m* weekly report, weekly return; **~beiträge** *pl* weekly dues; **~frist** *f* one-week deadline; **~geld** *n* maternity allowance; **~hilfe** *f* maternity benefit; **~karte** *f* weekly (season) ticket; **~lohn** *m* weekly wage; **~~steuertabelle** *f* wage-tax table for weekly wages; **~markt** *m* weekly market; **~pflegerin** *f* visiting nurse (after childbirth); **~-Stichtag** weekly return date; **~tag** *m* weekday; **~übersicht** *f* weekly review; **~umsatz** *m* weekly sales; **~verdienst** *m* weekly earnings.

Wohl *n* welfare, weal; **~befinden** well-being, physical comfort; **~fahrt** *f* welfare, public welfare, social welfare; **~~seinrichtungen** *pl* social sevices, public welfare institutions, charities; **~~spflege** *f* public welfare, charitable activities; **freie** ~~~ private charity; voluntary charitable work; **~~sstaat** *m* welfare state; **~~stätigkeit** *f* charitable activity, charity; **~~sverband** *m* provident society, welfare association; **soziale** ~~ social welfare; **~habenheit** *f* wealthy circumstances, prosperity; **~stand** *m* affluance, wealth, prosperity; **~~sgefälle** *n* wealth gap, differential in affluance; **~~sgesellschaft** *f* affluent society; **~tat** *f* benefit; **~täter** *m/*-**in** *f* benefactor, donor; **~tätigkeit** *f* → *Wohltätigkeit;* ~**verhalten** *n* good behavio(u)r; **~wollenserklärung** *f* letter of comfort; **das öffentliche** ~ the public good, public welfare.

wohl | behalten *adj, adv* safe and sound; **~erworben** duly acquired, established, vested; **~geordnet** ordered; **~habend** well off, affluent, wealthy; **~tätig** philanthropic; **~überlegt** well-considered; **~unterrichtet** well-informed; **~verdient** merited, well-earned; **~wollend** benevolent, well-meaning.

Wohltätigkeit *f* charity; **~sanstalt** *f* charitable institution; **~saufführung** *f* charity performance; **~sfond** *m* charitable fund; **~sorganisation** *f* charitable institution; **öffentliche** ~~ public benevolent institution; **~sstiftung** *f* charitable trust; **~sverein** *m* charitable society, friendly society; **~sverkauf** *m* charity bazaar; **~svorstellung** *f* charity performance; **~szweck** *m* charitable purpose.

Wohn | anlage *f* apartment building, group of apartment buildings; **~baudarlehen** *n* home construction loan; **~bauprojekt** *n* housebuilding project; **~bausparer** *m/* **-in** *f* member of a building society; **~bau-Sparvertrag** *m* building savings agreement; **~bedarf** *m* accommodation requirements, furnishings, home requisites; **~berechtigung** *f* residence right, entitlement to accommodation, certificate of eligibility for publicly supported (council) accommodation; **~bevölkerung** *f* resident population; **~bezirk** *m* residential district; **~element** *n* item of interior decoration/fitting; **~fläche** *f* floor space, floor area; **~gebäude** *n* residential building; **~gebiet** *n* residential area; **~geld** *n* (public) housing benefit, rent allowance; condominium contributions (*for joint expenses*); **~gemeinde** *f* residential community; **~gemeinschaft** *f* shared house, flat sharing, group of flat mates, common household; **~~smitglieder** *pl* flat mates; **~grundstück** *n* residential plot, residential property; **~haus** *n* residential building, dwelling house, domestic building; **~heim** *n* hostel, lodging house, **~~ für Nichtsesshafte** resettlement unit; **~lage** *f* residential location; **~möglichkeiten** *pl* housing accommodation; **~ort** *m* place of residence, legal residence, place of abode; **~~wechsel** *m* change of address, change of residence; **derzeitiger ~~** current residence; **~partei** *f* cooccupant of a house, cotenant; **~raum** *m* → *Wohnraum*; **~recht** *n* right of habitation, right of residence; **dingliches ~~** a right of habitation running with the land; **~schlafzimmer** *n* bed-sit(ter), bed-sitting-room; **~siedlung** *f* residential development, residential cluster, housing estate; **städtische ~~** urban housing estate, urbanization; **~sitz** *m* → *Wohnsitz*; **~ung** *f* → *Wohnung*; **~viertel** *n* residential quarter; **~wagen** *m* caravan, camper, trailer; **~~abstellplatz** *m* caravan site, trailer park; **~zwecke** *pl* residential purposes; domestic purposes; **für ~~ geeignet** (reasonably) fit for human habitation; **für ~~ ungeeignet** unfit for human habitation; **für ~~ unzumutbar** not reasonably fit for human habitation.

Wohnen *n* living, dwelling, inhabitation, accommodation; **mietfreies ~** rent-free accommodation.

wohnen *vi* to dwell, to live, to reside, to be domiciled, to lodge.

wohngeldfähig *adj* allowable in computing the housing benefit.

wohnhaft *adj* resident, ordinarily resident; **nicht hier ~** nonresident.

Wohnraum *m* residential space, housing accommodation, domestic premises; **~bewirtschaftung** *f* housing control; **~kündigungsschutz** *m* legal protection of tenant's rights of occupation; **~miete** *f* residentual tenancy; residential rent; **~sanierungsgebiet** *n* slum clearance area, housing action area; district scheduled for rehabilitation; **~versorgung** *f* supply of accommodation; **~zuteilung** *f* allotment of dwellings; **geeigneter ~** suitable accommodation; **möblierter ~** furnished accommodation; **preisgebundener ~** rent-controlled housing; **unmöblierter ~** unfurnished accommodation; **vermieteter ~** rented accommodation, lodgings.

Wohnsitz *m* domicile, legal residence, permanent abode, settled abode; **~ der gewerblichen Niederlassung** commercial domicile; **~erfordernis** *n* residence requirement, residential qualification; **~finanzamt** *n* tax office at one's place of residence; **~gemeinde** *f* the local authority of one's place of residence; **~ im Rechtssinn** legal domicile; **~ oder gewöhnlichen Aufenthalt haben in** to be resident in, to reside in; **~staat** *m* state of habitual residence, state of domicile; **~statut** *n* lex domicilii; **~verlegung** *f* transfer of domicile, change of habitual residence; **abgeleiteter** ~ domicile of dependency, derivative domicile; **dienstlicher** ~ official residence; **ehelicher** ~ conjugal domicile, matrimonial residence, the place of the matrimonial home; ***e-en*** ~ **begründen** to establish a domicile, to elect a domicile, to establish one's place of habitual residence; **fester** ~ habitual residence, fixed abode, settled abode; **fiktiver** ~ constructive domicile; **gemeinsamer ehelicher** ~ matrimonial domicile; **gesetzlicher** ~ domicile by operation of law; **gewillkürter** ~ elected domicile, domicile of choice; **gewöhnlicher** ~ habitual residence; **mehrfacher** ~ more than one habitual residence; **mit** ~ **in** domiciled, residing at; **ohne festen** ~ without a fixed place of abode, of no fixed abode, of no settled address; **seinen** ~ **in haben** to be habitually resident in, to reside at/in, to be domiciled at; ~ ~ **im Ausland haben** to be domiciled abroad; **ständiger** ~ permanent place of abode/residence; **steuerlicher** ~ tax home, fiscal domicile, domicile for tax purposes; **ursprünglicher** ~ domicile of origin, natural domicile, domicile by birth; **zweiter** ~ second place of residence.

Wohnung *f* lodging, dwelling, residence, (living) accommodation, place of abode, apartment, flat, residential unit; ~ **im Hause des Dienstherren** service occupation, tied cottage; **~samt** *n* accommodation office, housing department, public housing agency; **~sangabe** *f* address, stating one's address; **~sanschrift** *f* private address, (residential) address; **~saufsicht** *f* public surveillance of the housing situation; **~sbau** *m* → *Wohnungsbau*; **~sbedarf** *m* housing requirements; **~sbehörden** *pl* housing authorities; **~sbeihilfe** *f* housing grant, rent allowance, rent rebate; **~sbeschaffungskredit** *m* housing credit; **~sbesetzung** *f* squatting (in houses), unlawful entry and occupation of dwellings; **~sbindungsgesetz** *n D* Controlled Tenancies Act (*social housing, 1974*); **~sdefizit** *n* housing shortage; **~sdurchsuchung** *f* search of habitation; **~seigentum** ownership of an apartment, property in a freehold flat, strata estate, strata title; stratum; *US* condominium (*separate ownership of individual apartment in multiple-unit building*); **~~sgesetz** *n D* Condominium Act; (*1951*); **~seigentümer** *m/***-in** *f* owner of a condominium flat/freehold flat; **~~gemeinschaft** *f* commonhold association, condominium association; **~~versammlung** *f* statutory meeting of condominium owners; **~seinbruchsversicherung** *f* home/house burglary insurance; **~seinheit** *f* accommodation unit; **~seinrichtung** *f* household furniture and fittings, furniture and fixtures; **~serbbaurecht** *n* heritable lease of a dwelling (*entered in the land title register*); **~serhebung** *f* housing census; **~sgenossenschaft** *f* cooperative housing society; **~sgesellschaft** *f* housing society, real estate company, house-building society; **~sgrundbuch** *n* condominium register (*as part of the land register*); **~sgrundstück** *n* residential real estate/property; **~sinhaber** *m/***-in** *f* occupant of a flat; **~slosigkeit** *f* homelessness; **~smakler** *m/***-in** *f* estate agent, real estate broker; **~smarkt** *m* housing market; **freier** ~~ private rental sector; **~smiete** *f* (residential) rent; **~smieter** *m/***-in** *f* (residential) tenant, tenant of a flat; **~smüll** *m* domestic rubbish, house refuse; **~snachweis** *m* accommodation registry; housing register, lists of available accommodation; **~snot** *f* (extreme) housing shortage; **~snutzer** *m/***-in** *f* occupant (of a dwelling); **~snutzung** *f* use of housing accommodation; **~sräumung** *f* eviction, vacating of a flat/appartment; **~srecht** *n* landlord and tenant law; **~ssuchende(r)** *f(m)* (*der ~ssuchende*) house hunter, person looking for accommodation; **~stausch** *m* exchange of apartments; **~stür** *f* front door; **~~geschäfte** transactions at one's door step; **~s- und Siedlungsunternehmen** housing development company, estate company; **~sunternehmen** *n* housing company; **gemeinnütziges ~~** non-profit housing enterprise; **~svermittlung** *f* estate agent, housing agency; **~swechsel** *m* change of residence; **~swert** *m* value for dwelling purposes; **~swesen** *n* housing; **~swirtschaft** *f* housing industry; **~szuschuss** *m* rental allowance; **~szwangswirtschaft** *f* housing control, rent control; **abgeschlossene ~** self-contained flat; **bezugsfertige ~** dwelling ready for occupation; **eheliche ~** marital home, matrimonial home; **freie ~** non-controlled accommodation; **frei finanzierte ~** privately financed dwelling; **leerstehende ~** idle tenement, vacant dwelling; **mietergeschützte ~** (statutorily) protected tenancy; **öffentlich geförderte ~en** subsidized accommodation; **schlüsselfertige ~** dwelling ready for occupation, house ready for immediate occupancy; **steuerbegünstigte ~en** tax-aided accommodation; **unterbelegte ~en** under-occupied dwellings; **werkseigene ~** company-owned dwelling.

Wohnungsbau *m* dwelling house construction, residential construction, house-building; **~behörden** *pl* public housing authorities; **~beihilfe** *f* basic residual subsidy for housing construction; **~darlehen** *n* house-building loan; **~ der öffentlichen Hand** public housing; **~finanzierung** *f* home financing; **~förderung** *f* government aid for residential building; **~genehmigung** *f* house-building permit, residential planning permission; **~genossenschaft** *f* house-building cooperative; **~gesellschaft** *f* house-building company, house-building association; **~gesetze** *pl* housing laws; **~hypothek** *f* mortgage loan for housing; **~konjunktur** *f* housing boom; **~kredit** *m* housing credit; **~~anstalten** *pl* housing loan institutions; **~ministerium** *n* Ministry of Housing; **~politik** *f* housing policy; **~prämie** *f* housing/house-building premium; **~-Prämiengesetz** *n D* House-Building Premiums Law (*1974*); **~programm** *n* residential building program(me), house-building program(me); **~unternehmen** *n* housing company; **freifinanzierter ~** privately financed housing; **gemeinnütziger ~** non-profit house-building; **gewerblicher ~** commercial residential building; **sozialer ~** low-rent housing, council housing, local authority flats, state-assisted housing schemes, subsidized house-building; **steuerbegünstigter ~** tax-privileged housing construction.

Wollbörse *f* wool-hall.

Wort *n* word; **~auslegung** *f* literal construction; **~-Bild-Zeichen** *n* word-picture mark, combination trade mark of word and symbol (logo); **~bruch** *m* breaking one's word; **~entziehung** *f US* order to relinquish the floor; **~erfindung** *f* invented word; **~erteilung** *f* recognition (*by the Speaker*), catching the speaker's eye; **~führer** *m*/**-in** *f* spokesman; **~ für Wort** verbatim; **~klauberei** *f* quibble, verbalism; **~~ treiben** to quibble; **~laut** *m* → *Wortlaut*; **~meldung** *f* request for leave to speak; **~protokoll** *n* textual protocol, verbatim minutes, verbatim report; **~verdreher** *m*/**-in** *f* prevaricator; **~verdrehung** *f* prevarication, equivocation; **~-Warenzeichen** *n* = *Wortzeichen*; **~zeichen** *n* word trademark, distinctive word, slogan trade-mark; **ärgerniserregende ~e** offensive language; **auf das ~ verzichten** to waive one's right to speak; **beleidigende ~e** defamatory words, injurious words; **das gegebene ~** the pledged word; **das letzte ~** the last word; **das letzte ~ haben** to have the last word; to make the final plea; **das ~ entziehen** to stop *s.o.* speaking, to order *s.o.* to relinquish the floor; **das ~ ergreifen** to begin to speak, *US parl* to take the floor; **das ~ erteilen** to allow *s.o.* to speak, to recognize (*chairman, speaker*), *US* to admit to the floor; **das ~ führen** to lead the discussion; **das ~ haben** to be allowed to speak, to have the floor; **durch ~ und Tat** by word and deed; **eindeutiges ~** overt word; **einschränkende ~e** words of limitation (*last will*); **erdachtes ~** invented word; **gegenstandslose ~e** vestigial words (*in a statute*); **in ~e fassen** to put into words, to formulate, to phrase; **in ~en** in words, in letters (*figures on US checks/GB cheques, etc*); ***jd-em* das ~ abschneiden** to cut *s.o.* short; **rechtsgestaltende ~e** operative words; **sein ~ nicht einlösen** to fail to keep one's word; **sich zu ~ melden** to ask for leave to speak, *US* to claim the floor; **unzüchtige ~e** obscene words; **vertragsbegründende ~e** words of contract.

wort|getreu *adj* verbatim, word for word, exact, true; **~wörtlich** *adj* literal.

Wortlaut *m* wording, tenor, text; **~ von Verträgen** language of treaties; **amtlicher ~** official text; **authentischer ~** authentic text; **der englische ~ ist maßgebend** the English text prevails; **gegenwärtiger ~** current text; **genauer ~** exact text, precise terms, literal text; **gleich welchen ~s** however worded; **im vollen ~ zitieren** to quote verbatim; **jeder ~ ist gleichermaßen verbindlich** both texts are equally authentic; **nach dem ~ des Formulars** in accordance with the form; **nach dem ~ *e-es* Gesetzes** pursuant to the provisions, according to the wording of an Act; **sich genau an den ~ halten** to stick to the text; **ursprünglicher ~** original wording, original tenor; **verbindlicher ~** authentic text; **wobei jeder ~ gleichermaßen verbindlich ist** all texts being equally authentic.

wörtlich *adj* verbatim, verbal, literal; *adv* word for word.

WOV (*abbr* = **wirkungsorientierte Verwaltungsführung**) new public management (*abbr* NPM).

Wucher *m* usury, usurious dealings, loan sharking; **~darlehen** *n* usurious loan; **~geschäft** *n* usurious transaction, extortionate credit transaction; **~gewinn** *m* extortionate profit; **~kreditgeschäft** *n* extortionate credit transaction; **~preis** *m* ransom price, exorbitant price; **~vertrag** *m* usurious contract; **~zinsen** *pl* usurious interest.

Wucherer *m*/**-in** *f* usurer.

wucherisch *adj* usurious.

Wuchsaktie *f* growth stock.

Wunde *f* wound; **an seinen ~n sterben** to die from one's injuries; ***jd-em e-e* ~ beibringen** to inflict a wound on *s.o.*; **tödliche ~** fatal injury/wound.

Wunsch *m* wish, request; **auf allgemeinen ~** by general request; **auf eigenen ~ ausscheiden** to leave (the service) at one's own request, to retire of one's own accord; **auf ~** upon request; **auf ~ gegen besondere Rechnung** optional/at request, at extra cost; **in dem ~, etw zu tun** desiring to do *sth* (*preamble formula*), **von dem ~e beseelt** desiring; **von dem ~e geleitet** moved by the desire; **von dem ~e getrieben** actuated/driven by the desire.

wunschgemäß *adv* as (and when) requested.

Würde *f* dignity, distinction; **~ des Gerichts** dignity of the court; **~ des Menschen** human dignity, ***e-e* ~ verleihen** to bestow an hono(u)r (on *s.o.*); **richterliche** ~ the dignity of judgeship.

würdigen *vt* to appreciate, to assess, to consider, to weigh; to acknowledge, to pay tribute to.

Würdigung *f* appreciation, assessment, valuation, consideration; ~ **der Erfindungshöhe** appreciation of the inventive merit; **kritische** ~ critical appraisal; **verständige** ~ true assessment, reasoned appreciation, sound appraisal.

Wurfkörper *m* projectile, missile.

Wurfsendung *f* direct mail (advertising), house-to-house delivery (of advertising matter).

Würgegriff *m* stranglehold.

würgen *vt* to choke, to strangle.

Z

Zahl *f* figure, number; **~enaufstellung** *f* numerical statement; **~enfolge** *f* numerical order, numerical sequence; **~enlotto** *n* numbers game, lottery; **~enstempel** *m* numbers stamp; **~enverdrehung** *f* transposition; **~enwerk** *n* set of figures, computation; **~enwert** *n* numerical value; **aufschlussreiche ~en** informative/interesting figures; **rote ~en aufweisen** to be in the red.

Zahl | grenze *f* (payment) zone limit, fare stage limit; **~karte** *f* postal money order; **~kind** *n* qualifying child; *a child for whom a parent receives child benefit*; **~meister** *m*/**-in** *f* bursar, purser (*ship*); **~stelle** *f* paying agent, disbursing agency, paying office, pay counter, cashier's office; appointed paying agent, domicile (*bill of exchange*); **~~nwechsel** *m* branch/domiciled bill; **~tag** *m* pay-day, settling day; *pl* term days; **~vaterschaft** *f* maintenance obligation for child born out of wedlock (*regardless of actual descent*).

Zähl | bogen *m* tally sheet, census paper; **~kind** *n* a child to be counted (*regardless of entitlement to child benefit*); **~tag** *m* day of the count.

zahlbar *adj* payable, due; **~ an den Inhaber** payable to bearer; **~ an dessen Order** payable to order; **~ bei Aufforderung** payable on demand; **~ bei Fälligkeit** payable on maturity, cash at maturity; **~ bei Lieferung** payable on delivery; **~ bei Sicht** payable on presentation; **~ bei Vorlage** payable on presentation; **~ machen (in)** to domicile (at) (*bill of exchange*); **~ nach Sicht** payable after sight; **~ ohne Kündigung** payable on demand; **~ zuzüglich Einzugsspesen** payable with collection charges; **in bar ~** payable in cash; **nachträglich ~** payable in arrears; **pränumerando ~** payable in advance; **sofort ~** payable immediately/forthwith, spot cash; **im voraus ~** payable in advance.

Zahlbar | keit *f* payability; **~stellung** *f* domiciliation (*bill of exchange*).

zahlen *vt, vi* to pay, to make payment; **~ Sie an mich** pay self (*US check/GB cheque*); **bar ~** to pay cash; **im voraus ~** to pay in advance; **in Raten ~** to pay by instal(l)ments; **schwarz ~** to pay under the table.

zahlenmäßig *adj* numerical.

Zahler *m*/**-in** *f* payer; **pünktlicher ~** prompt payer; **säumiger ~** slow payer, defaulter; **schlechter ~** slow payer, defaulter.

Zähler *m* meter (*electricity, gas, water*); teller, counter (*person*); **~stand** *m* meter reading.

Zahlung *f* payment (= *p-*); **~ anmahnen** to press for *p-*, to dun for *p-*; **~ auf dem Postwege** remittance by post; **~ bei Fälligkeit** *p-* when due; **~ bei Kaufabschluss** *p-* on completion of purchase; **~ bei Lieferung** *p-* on delivery; **~ bei Vorlage des Wechsels** *p-* on demand, *p-* on presentation of the bill; **~ binnen 7 Tagen nach Rechnungsdatum** *p-* within 7 days of invoice date (= *prompt cash*); **~ durch Dauerüberweisung** *p-* by automatic bill paying order; **~ durch Einzugsermächtigung** *p-* by direct debit; **~en einstellen** to stop *p-s*; **~en entgegennehmen** to receive *p-s*, to accept *p-s*; **~en im Bankverkehr** interbank *p-s*; **~en im Kapitalsektor** *p-s* on capital account; **~en im Kapitalverkehr** financial *p-s*; **~en zum Parikurs** parity *p-s*; **~ gegen Dokumente**

cash against documents; documents against *p*-; ~ **in Gold** specie *p*-; ~ **leisten** to make *p*-, to effect (a) *p*-; ~ **nach Leistungsabschnitten** progress *p-s*; ~ **ohne Bestimmung der Anrechnung** indefinite *p*-; **~sabkommen** *n p-s* agreement; **~sabschnitt** *m* stub, counterfoil; **~sabwicklung** *f* handling of *p-s*; **~sadresse** *f* address for *p*-, domicile of a bill; **~sanerbieten** *n* tender of *p*-; **~sangebot** *n* tender of *p*-; **~sanordnung** *f* order for *p*-; **~sanspruch** *m* pecuniary claim, liquidated demand; **~santrag** *m* application for *p*-; **~sanweisung** *f* order for *p*- (of money), postal *p*-order, order to pay, instruction to pay; **keine** ~~ no instruction to pay; **~sanzeige** *f* advice of *p*- received; **~saufforderung** *f* request/demand for *p*-, notice to pay; **~saufschub** *m* deferral of *p*-, moratorium, debt deferral; ~~ **gewähren** to grant a respite; **~sauftrag** *m* instructions to pay, order for *p*-, *p*- order; **internationaler** ~~ international money order; **~sausgänge** *pl* outgoing *p-s*, cash disbursements; **~sausgleich** *m* clearance/settlement of accounts; **~sbedingungen** *pl* terms of *p*-; ~~, **die Barzahlung vorschreiben** cash terms; **~sbefehl** *m obs* default summons, summary notice to pay,→ *Mahnbescheid*; **~sbeleg** *m* voucher (for *p*-); **~sberechtigte(r)** *f(m)* (*der ~sberechtigte*) payee, party entitled to *p*-; **~sbereitschaft** *f* willingness to pay; **~sbestätigung** *f* confirmation of *p*-; **~sbilanz** *f* → *Zahlungsbilanz*; **~seingänge** *pl p-s* received, incomings; **~seinstellung** *f* cessation of *p-s*, default in *p*-, suspension of *p-s*, stoppage in *p-s*; **~sempfänger** *m*/**-in** *f* recipient of *p*-, payee; **~serleichterungen** *pl* easy terms, *p*- facilities, relief from *p*- obligation; **~sermächtigung** *f* authority to make *p-s*, *p*- appropriation; **~sfähigkeit** *f* solvency, capacity to pay; **~sfreigrenze** *f* free quota (*foreign exchange*); **~sfrist** *f p*-deadline, time for *p*-, term of *p*-; **letzte** ~~ final respite; **übliche** ~~**en** conventional terms; **~sgewohnheiten** *pl* customary terms of *p*-; **~sklage** *f* action for the recovery of money; **~sklausel** *f p*-clause; **~skredit** *m* time allowed for *p*-, credit term; **~smittel** *n* means of *p*-, instrument(s) of *p*-; ~~**umlauf** *m* notes and coin in circulation; money supply; **ausländische** ~~ foreign currencies; **gesetzliches** ~~ legal tender, lawful currency; **~smodalitäten** *pl* terms of *p*-; **~smoral** *f p*- behavio(u)r; **~smoratorium** *n* moratorium on *p-s*; **~snachweis** *m* proof of *p*-; evidence of *p*-; **~sort** *m* place of *p*-, domicile (*bill of exchange*); **~spflicht** *f* obligation to pay, monetary obligation; **~spflichtige(r)** *f(m)* (*der ~spflichtige*) debtor, payer, party liable to pay; **~srangfolge** *f* order for *p*- (*bankruptcy*); **~srückstand** *m* outstanding *p*-, delay in *p*-; *pl* arrears; **~sschuldner** *m*/**-in** *f* debtor; **~sschwierigkeiten** *pl* financial difficulties; **~ssperre** *f* blocking, stoppage for *p*-, stop *p*-; **~sstockung** *f* temporary delay of *p-s*; **~ssystem** *n p-s* system; **~stag** *m* day of *p*-, payday, settlement day; account day; **maßgebender** ~~ relevant date of *p*- (*date to be considered as the date on which p- is made*); **~stermin** *m* time (fixed) for *p*-; time of *p*-; **mittlerer** ~~ average due date; **~süberschuss** *m* surplus; **~süberweisung** *f* money order, bank transfer; **~sunfähige(r)** *f(m)* (*der ~sunfähige*) insolvent, a can't pay; **~sunfähigkeit** *f* insolvency, inability to pay due debts; **amtsbekannte** ~~ notorious insolvency; **~sunwilligkeit** *f* unwillingness to pay; **~surteil** *n* money judgment; **~sverbindlichkeit** *f* financial obligation; **~sverbot** *n* freezing of *p-s*; prohibition to make *p-s*; ~~ **an Drittschuldner** garnishment, garnishee order; **~svereinbarung** *f p-s* agreement; **~sverhalten** *n p*- behavio(u)r; **~sver-**

kehr *m* money transfers, *p-s*, *p-*transactions; **allgemeiner ~~** general *p-s* (system); **bargeldloser ~~** cashless money transfer, non-cash transactions, cashless *p-s*; **freier ~~** free foreign exchange; **gebundener ~~** *p-s* through clearing channels; **~sverpflichtung** *f* financial obligation; **die ~~en einhalten** to meet the *p-s*; **seinen ~~en nachkommen** to meet one's *p-s*; to keep up one's *p-s*; **~sversäumnis** *n* failure to pay; **~sversprechen** *n* promise to pay, undertaking to pay; **~svertrag** *m* interbank contract for remittance orders; **~sverweigerung** *f* refusal to pay, repudiation of a debt; dishono(u)r by non-*p-*; **~sverzögerung** *f* delay in *p-*; **~sverzug** *m* default in *p-*, (undue) delay in *p-*; **~sweise** *f* mode of *p-*; **~swille** *m* willingness to pay; **~szeit** *f* time for *p-*; **~sziel** *n* time allowed for *p-*, period for *p-*; **offenes ~~** open terms; **~szusage** *f* undertaking to pay; **~ unter Protest** *p-* supra protest; **~ unter Vorbehalt** *p-* under reserve; **~ vor Fälligkeit** *p-* before maturity; **~ Zug-um-Zug** *p-* on contemporaneous performance; back-to-back *p-*, *p-* pari passu, **anteilige ~** pro rata *p-*; **an ~s statt** in lieu of *p-*; in place of *p-*; **~ ~ ~ hingeben** to give in *p-*; **auf ~ klagen** to sue for *p-*, to sue for the recovery of money; **aufgeschobene ~** deferred *p-*; **bargeldlose ~** cashless *p-*; **die ~en aussetzen** to suspend *p-s*; **die ~en einstellen** to stop *p-s*, to suspend *p-s*; **die ~ stunden** to allow a deferral in *p-*; ***e-e* ~ entgegennehmen** to accept *p-*; ***e-e* ~ leisten** to make a *p-*; **eingegangene ~** *p-* received; **einmalige ~** a one off *p-*, non-recurring *p-*; **erste ~** initial *p-*; **fällige ~** *p-* due; **freiwillige ~** voluntary *p-*; **gegen ~ von** on *p-* of; **gestundete ~** deferred *p-*; **glatte ~** clean *p-*; **in ~ nehmen** to take in *p-*, to receive in *p-*; **irrtümliche ~** *p-* by mistake; ***jd-en* zur ~ drängen** to push *s.o.* for *p-*, to press for *p-*; **laufende ~en** current *p-s*; **liquiditätsneutrale ~en** *p-s* which are neutral in their effect on liquidity; **mangels ~** for want of *p-*, in default of *p-*, failing *p-*, for non-*p-*; **~ ~ protestiert** protested for non-*p-*; **massierte ~en** a block of *p-s*; **multilaterale ~en** multilateral *p-s*; **nachträgliche ~** *p-* in arrears, subsequent *p-*; **ordnungsgemäße ~** proper *p-*; **prompte ~** prompt *p-*; **regelmäßige ~en** periodical *p-s*, regular *p-s*; **regelmäßig wiederkehrende ~en** periodical *p-s*, periodically recurring *p-s*; **rückständige ~** overdue *p-*, outstanding *p-*; **sofortige ~** immediate *p-*; **~ ~ bei Lieferung** spot cash; **symbolische ~** token *p-*; **teilweise ~** partial *p-*; **terminbedingte ~en** *p-s* owed on fixed dates; **verspätete ~** late *p-*; **vergleichsweise ~ *e-er* Abfindung** settlement in a lump sum; **vorbehaltslose ~** direct *p-*, unconditional *p-*; **wiederkehrende ~en** periodical *p-s*; **zeitlich gestaffelte ~** *p-* by instal(l)ments; **zur ~ auffordern** to demand *p-*, to call for *p-*; **zur ~ herangezogen werden** to be called upon to pay; **zur ~ mahnen** to dun for *p-*, to demand *p-* immediately; **zusammengezogene ~en** block *p-s*.

Zahlungsbilanz *f* balance of payments; **~defizit** *n* external deficit; **~gleichgewicht** *n* balance of payments equilibrium; **~krise** *f* crisis in the balance of payments; **~politik** *f* balance of payments policy; **~schwankung** *f* fluctuation in the balance of payments; **~spielraum** *m* scope for fluctuations in the balance of payments; **~überschuss** *m* external surplus, balance of payments surplus; **ausgeglichene ~** exchange equilibrium; **globale ~** overall balance of payments; **kranke ~** unsound balance of payments; **unausgeglichene ~** imbalance in payments, disequilibrium in the balance of payments.

zahlungs|empfangsberechtigt *adj* entitled to receive payment; **~fähig** solvent; **~halber** *adv* in payment (*pending full discharge of the debt*); **~kräftig** *adj* financially sound; **~pflichtig** *adj* liable to pay, committed to pay; **~unfähig** *adj* unable to pay, insolvent; in failing circumstances.

zänkisch *adj* querulous.

Zauderpolitik *f* Fabian policy, attentisme, a policy of wait-and-see.

Zebrastreifen *m* zebra crossing, safety zone, pedestrian crossing.

Zech|anschlussraub *m* pilfering a (drunken) guest (*at a bar or restaurant*), robbing a drunk; **~prellerei** *f* absconding without paying for one's meal/drink.

Zeche *f* **I** (coal) mining company; **~nstilllegung** *f* pit closure.

Zeche *f* **II** restaurant/pub bill; **seine eigene ~ zahlen** to pay one's own bill; **jeder zahlt seine eigene ~** let's have a Dutch treat.

Zedent *m*/**-in** *f* assignor, transferor of a right/claim, ceding company.

zedieren *vt* to assign (*a right, claim*), to transfer, to cede.

Zehnerclub *m* The Group of Ten.

Zehnt *m* tithes; **~ablösung** *f* commutation of tithes; **~berechtigte(r)** *f(m)* (*der ~berechtigte*) occupier of tithes.

Zehr|geld *n* food allowance; **~kosten** *pl* food expenses (*messenger, etc.*).

Zeichen *n* sign, token; *US* trademark/*GB* trade mark (= *t/m*), → *Warenzeichen*; **~fähigkeit** *f* qualification as a *t/m*; **~geld** *n* representative money, money tokens; token money; **~inhaber** *m*/**-in** *f* = proprietor of a *t/m*; **~missbrauch** *m* misuse of a *t/m*; **~rolle** *f* *T/M* Register; **~schutz** *m* *t/m* protection; **~übereinstimmung** *f* *t/m* identity; **~ und Weisungen** instructions (*traffic*); **mit ~ und Nummern versehen** marked and numbered; **unterscheidungsfähiges ~** distinctive mark.

zeichnen *vt* to draw; to sign; to subscribe; **per procura ~** to sign by procuration.

Zeichner *m*/**-in** *f* **I** draftsman, graphic artist.

Zeichner *m*/**-in** *f* **II** subscriber, original subscriber.

Zeichnung *f* **I** drawing, diagram; **~sblatt** *n* sheet of drawings; **graphische ~** graph; **technische ~** technical drawing; **verspätet eingereichte ~en** late-filed drawings.

Zeichnung *f* **II** subscription; signature, signing; **~sangebot** *n* subscription offer; **~saufforderung** *f* invitation to make subscriptions; **~sbedingungen** *pl* terms of subscription; **~sbefugnis** *f* authority to sign; **~sberechtigung** *f* authority to sign for (*the firm, the public agency, etc*); **~sbescheinigung** *f* application receipt; **~sbetrag** *m* amount subscribed; **~sbevollmächtigte(r)** *f(m)* (*der ~sbevollmächtigte*) duly authorized signatory; **~seinladung** *f* invitation to prospective subscribers; **~sfrist** *f* subscription period; **~sgrenze** *f* underwriting limit; **~skurs** *m* issue price, rate for subscriptions; **~sliste** *f* subscription list, list of subscribers; **~spreis** *m* issue price; **~sprospekt** *m* underwriting prospectus; **~srecht** *n* authority to sign (*for the firm, etc*); **~sschein** *m* subscription form, subscription order blank, subscription certificate; **~ von Aktien** subscription to shares; **~ von Kapitalanteilen** capital stock subscription; **freie ~** public subscription; **öffentliche ~** public issue; **zur ~ auflegen** to invite subscriptions, to offer for subscription.

zeichnungsberechtigt *adj* authorized to sign.

Zeile *f* line (*of written text*); **~nhonorar** *n* line-by-line fee, fee paid by the line (*of text*).

Zeit *f* time; **~ablauf** *m* lapse of time, passage of time, expiration of a period; **durch ~~ beendet** determined by lapse of time; **~abschnitt** *m* period; **erster ~~**

initial period; **in regelmäßigen ~~en** at stated times, periodically; **~angabe** *f* exact time, date; **~arbeit** *f* temporary employment, time-work, **~~ leisten** to temp; **~~sfirma** *f* temporary employment agency; **~akkord** *m* time piecework system; **~arbeiter** *m*/**-in** *f* temporary worker; **~aufwand** *m* time involved, time (spent on something); **~berechnung** *f* calculation of time, computation of a period; **~beschränkung** *f* time limit; **~bestimmung** *f* stipulation as to time, dating; **~charter** *f* time charter, catch time charter; **~dauer** *f* time, time spent, duration; **~ der Zustellung** time of service; **~folge** *f* sequence of dates, timetable; **~fracht** *f* time freight; **~~vertrag** *m* time charter; **~gebühr** *f* time charge; **~geschäft** *n* time bargain, forward deal, futures transaction; **~geschichte** *f* contemporary history; **Person der ~~** public figure of current interest, *person with limited right to privacy because of public position*; **~gesetz** *n* temporary law; **~karte** *f* season ticket; **~kostenkalkulation** *f* time costing; **~lohn** *m* time rate, time wages; **~~sätze** *pl* time rates; **~not** *f* time constraints, lack of time; **in ~~ sein** to be pressed for time; **~pacht** *f* fixed-term lease; **~personalvermittlung** *f* temporary job placement agency, temping office; **~plan** *m* time table; **~punkt** *m* point/moment in time, moment, date; **~~ der Inbetriebnahme** in service date; **der maßgebliche ~~** the material time; **der entscheidungserhebliche ~~** the material time; **zum gegenwärtigen ~~** now; **zum jeweiligen ~~** for the time being, at the respective time; **~rang** *m* priority, precedence; **~raum** *m* period of time; **festgesetzter ~~** fixed period; **~rechnung** *f* chronology, calendar time, era; **~rente** *f* terminable annuity, annuity/disability pension for a certain period; **~soldat** *m*/**-in** *f* serviceman on a fixed term; **~stempel** *m* automatic time stamp; **~strafe** *f* (punishment by) a term of imprisonment; **~studie** *f* work study; **~stufen** *pl* time-scales; **~- und Bewegungsstudie** *f* time and motion study; **~verlust** *m* loss of time; **~~entschädigung** *f* compensation for loss of time; **~versäumnis** *n* loss of time, delay; **~versicherungspolice** *f* time policy; **~vertrag** *m* fixed term contract; **~wechsel** *m* time draft; **~wert** *m* present (usable) value, current value, actual cash value; **~~entschädigung** *f* compensation at current value; **~ zu gewinnen suchen** to temporize; **auf unbegrenzte ~** for an unlimited period, in perpetuity; **auf unbestimmte ~** for an indefinite period, sine die; **~ ~ ~ vertagen** to adjourn sine die; **auf ~** temporary; **die ~ zwischen den Jahren** limbo period, period between Christmas and New Year; ***e-e* angemessene ~ vorher** a reasonable time beforehand; **einrechnungsfähige ~** time during which conception could occur; **festgesetzte ~** time allowed, fixed period; **gerichtsfreie ~en** court vacations; **nicht ausgenutzte ~** dead time, unused time; **tote ~** dead time; **unvordenkliche ~** time immemorial; **verstreichende ~** time elapsing; **zu bestimmter ~** at a given time, at a fixed time; **zu gegebener ~** in due course; **zur festgesetzten ~** at the fixed time; **zur gehörigen ~** in due time; **zur rechten ~** in due time; **zur ~** for the time being, at present, currently, at the moment.

zeit|anteilig *adj* by time quota; **~gemäß** timely; up to date; **~gerecht** timely, in due time; **~lebens** for life.

Zeitung *f* newspaper; **~sabonnement** *n* subscription to a newspaper **~sausschnittdienst** *m* clipping service; **~sbeilage** *f* insert, supplement; **~sbunde** *f* newspaper (*for posted service*), wrappings/packages;

~skrieg *m* newspaper war; **~spost** *f obs* second-class mail; **~sreklame** *f* newspaper advertisement; **~sverleger** *m*/**-in** *f* newspaper publisher; **~swerbung** *f* newspaper advertizing.

Zellenhaft *f* confinement to a prison cell.

zensieren *vt* to censure, to expurgate.

Zensor *m*/**-in** *f* censor, expurgator.

Zensur *f* censorship; **~behörde** *f* censor's office; **~verbot** *n* (*constitutional*) prohibition of censorship (*of the press*); **~vorschriften** *pl* censor's regulations; **von der ~ freigegeben** passed by censor.

Zentral|agentur *f* central agency; **~amt** *n* central office; **~~ für den internationalen Eisenbahnverkehr** Central Office for International Railway Transport; **~bank** *f* → *Zentralbank*; **~behörde** *f* central office; national agency; **~~ für den gewerblichen Rechtsschutz** Central Industrial Property Office; **~büro** *n* executive office; **~einkauf** *m* centralized purchasing; **~kartei** *f* central card index; **~kasse** *f* central credit institution; **~kommission** *f* central commission; **~~ für die Rheinschifffahrt** Central Commission for the Navigation on the Rhine; **~organ** *n* official party organ; **~regierung** *f* central government; **~register** *n* central penal register; **~staat** *m* unitary state; **~stelle** *f* central office; **~~ für Arbeitsvermittlung** Central Office for Interregional Job Placements; **~~ für die Vergabe von Studienplätzen** (*abbr* **ZVS**) Central Office for the Allocation of Admissions in Higher Education; **~verband** *m* national union, central association.

Zentralbank *f* Central Bank; **~diskont** *m* (Central Bank) discount rate; **~-Diskontierung** *f* discounting by Central Bank; **~fähig** *pl* acceptable to monetary authority, eligible for discounting by the Central Bank; **~kredit** *m* Central Bank credit; **~rat** *m* Central Bank Council; **~rediskontierung** *f* rediscounting by central banks; **Europäische ~** (*abbr* **EZB**) European Central Bank (*abbr* ECB).

Zentrum *n US* center/*GB* centre, meeting place; **~ der Vereinten Nationen für transnationale Unternehmen** United Nations Center on Transnational Corporations; **Internationales ~ zur Beilegung von Investitionsstreitigkeiten** International *US* Center/*GB* Centre for the Settlement of Investment Disputes (*abbr* ICSID).

zerlegen *vt* to dismantle, to disassemble, to break down (into components); **teilweise zerlegt** semi-knocked-down (*abbr* SKD); **vollständig zerlegt** completely-knocked-down (*abbr* CKD).

Zerlegung *f* dismantlement, disassembly, apportioning of trade tax standard (*among several local authorities*); reallocation.

Zermürbungs|politik *f* policy of attrition; **~krieg** *m* war of attrition.

Zero-Bonds *m/pl* zero coupon bonds.

zerreden *vt* to talk *sth* to death.

Zerreißprobe *f* tensile test; gruelling test.

Zerrüttung *f* disintegration, breakdown (of marriage), disruption; **~ der Ehe** irretrievable breakdown of a marriage; **~sprinzip** *n* principle of entitlement to divorce in case of irretrievable breakdown of the marriage.

Zersetzung *f* subversion, disintegration, decay; **verfassungsverräterische ~** treasonable subversion against the constitution; **verräterische ~ der Bundeswehr** treasonable subversion of the Federal Armed Forces.

Zersiedlung *f* over-fragmentation, ribbon development, urban sprawl, overflow of the towns into the countryside, unplanned settlement in the open country.

Zerstörung *f* destruction, devastation, demolition; ~ **fremder Sachen** destroying things belonging to another person; ~ **gepfändeter Sachen** destroying things which have been attached; **~swut** *f* vandalism, impulse to destroy; ~ **von Bauwerken** destruction of building structures.

zerstückeln *vt* to dismember, to disintegrate, to fragment.

Zerstückelung *f* fragmentation.

Zertifikat *n* certificate; **~inhaber** *m*/**-in** *f* unit-holder, certificate holder.

Zertifizierung *f* certification; **~sinstanz** *f* certified authority; **~sstelle** *f* certified authority.

Zession *f* assignment (of debts), transfer (*of a right, claim*); **~skredit** *m* assignment credit; **~surkunde** *f* instrument of assignment; **~sverbot** *n* convenant against assignment; **offene** ~ disclosed assignment; **stille** ~ undisclosed assignment.

Zessionar *m*/**-in** *f* assignee (*pl assigns*), transferee, cessionary; **~schuldner** *m*/**-in** *f* assigned debtor, debtor of the assignment; **nur als** ~ without recourse (*bill of exchange*).

Zeter und Mordio *hist* hue and cry.

Zeugamt *n* arsenal, ordnance depot.

Zeuge *m*/**Zeugin** *f* witness (= *w-*, *pl witnesses* = *w-s*); ~ **bei der Unterschriftsleistung** attesting *w-*; ~ **der Anklage** *w-* for the prosecution; ~ **mit Aussageverweigerungsrecht** privileged *w-*; **~nablehnung** *f* objection to a *w-*; **~naufruf** *m* calling the *w-s*; **~naussage** *f* (oral) testimony, statement by a *w-*; *pl* oral testimony; **eidliche** ~~ testimony under oath; **gegenbeweisliche** ~~ rebuttal testimony; **schriftliche** ~~ deposition; **uneidliche** ~~ unsworn statement of a *w-*; **widersprechende** **~~n** conflicting testimonies; **~nbeeidigung** *f* swearing in of a *w-*, administering the oath to a *w-*; **~nbeeinflussung** *f* tampering with *w-s*; bringing influence to bear on *w-s*; **~nbefragung** *f* examination of a *w-*; **~nbenennung** *f* giving name and address of an offered *w-*; **~nbestechung** *f* bribing of *w-s*; **~nbeweis** *m* testimonial evidence, evidence of *w-s*, proof by *w-s*; **~neid** *m w-*' oath; oath sworn by a *w-*; **~neinvernahme** *f* examination of *w-s*; **~nentschädigung** *f* compensation to *w-s* (*for expenses, time*); conduct money; **~nformel** *f* attestation clause (*acknowledgement*); **~ngebühren** *pl* compensation for *w-s*; **~nindemnität** *f* privilege of *w-*; **~nladung** *f w-* warrant, summoning of a *w-*, summons of a *w-*; subpoena of *w-*, subpoena ad testificandum; **~nmanipulation** *f* interference with *w-s*; manipulation of *w-s*; **~nnötigung** *f* intimidation of *w-s*; **~nprotokoll** *n* transcript of the oral evidence; **~nstand** *m w-*box, (*w-*) stand; **~ntestament** *n* ordinary will (before attesting *w-s*); **mündliches** ~~ oral will; **~nvereidigung** *f* swearing in of *w-*; **~nvermerk** *m* attestation; **~nvernehmung** *f* examination of *w-s*, viva voce examination of *w-s*; ~~ **durch beauftragten Richter** taking evidence on commission; **~nvorschuss** *m* advance payment into court of compensation/of conduct money for *w-s*; ~ **vom Hörensagen** hearsay *w-*; **abgelehnter** ~ *w-* rejected by a party; **als ~ aussagen** to testify; **als ~ beeidigt** sworn in as a *w-*; **als Polizeispitzel aussagender** ~ supergrass, testifying police informer; **als ~ wahrnehmen** to *w-*; **auf *e-en* ~n einwirken** to influence a *w-*; **ausbleibender** ~ *w-* who fails to appear; **aussagepflichtiger** ~ compellable *w-*; **beeidigter** ~ sworn *w-*; **die ~n anhören** to hear the evidence; **eigener** ~ friendly *w-*; ***e-em* ~n gegenübergestellt werden** to be confronted with a *w-*; ***e-em* ~n Glauben schenken** to believe a *w-*; ***e-en* ~n auf die Probe stellen** to try to impeach a *w*-; ***e-en*** **~n aufrufen** to call a *w*- (into the *w*- box); ***e-en*** **~n beeiden** to swear in a *w*-, to swear a *w*- (in); ***e-en*** **~n beeinflussen** to influence a *w*-, to dissuade a *w*-, to tamper with a *w*-; ***e-en*** **~n benennen** to offer a *w*- (*giving his name and address to the court*), to nominate a *w*-; ***e-en*** **~n erneut vernehmen lassen** to recall a *w*-; ***e-en*** **~n hören** to hear (the testiimony of) a *w*-; ***e-en*** **~n ins Kreuzverhör nehmen** to cross-examine a *w*-; ***e-en*** **~n kommissarisch vernehmen** to examine a *w*- on commission (*letters rogatory*); ***e-en*** **~n laden** to summon a *w*-; ***e-en*** **~ stellen** to produce a *w*-; ***e-en*** **~n unbeeidigt lassen** to leave a *w*- unsworn; ***e-en*** **~n verhören** to interrogate a *w*-; ***e-en*** **~n vernehmen** to examine a *w*-, to question a *w*-; ***e-en*** **~n zur Wahrheit ermahnen** to admonish a *w*- to speak the truth; **feindlicher** ~ hostile/adverse *w*-; **freimütiger** ~ plain-spoken *w*-, a frank *w*-; **geeigneter** ~ competent *w*-; suitable *w*-; **geladener** ~ a *w*- who has been summoned; **gewöhnlicher** ~ non-expert *w*-; **glaubwürdiger** ~ reliable *w*-, credible *w*-; **meineidiger** ~ forsworn *w*-; **neutraler** ~ neutral *w*-; disinterested *w*-; **sachverständiger** ~ expert *w*-, skilled *w*-; scientific *w*-; **spontan erscheinender** ~ voluntary *w*-, volunteer *w*-; **übereifriger** ~ swift *w*-, zealous *w*-; **unbeeidigter** ~ unsworn *w*-; **unbeteiligter** ~ disinterested *w*-; **unentschuldigt ausgebliebener** ~ an absent *w*- without excuse, contumacious *w*-; **verlässlicher** ~ reliable *w*-, unimpeachable *w*-; **von der Verteidigung benannter** ~ *w*- for the *US* defense/*GB* defence; **widersetzlicher** ~ unwilling *w*-, contumacious *w*-; **widerspenstiger** ~ unwilling *w*-; **zulässiger** ~ competent *w*-.

Zeugnis *n* certificate, testimony, testimonial, credentials; school report; reference (*from previous employer, professor, etc*); **~fähigkeit** *f* competency of a witness; **~pflicht** *f* duty to testify; **~unfähigkeit** *f* incapacity to testify; **~verweigerung** *f* refusal to give evidence; **~~srecht** *n* the right to refuse to give evidence, privilege of witnesses (*to decline to answer questions*); **auf sein ~~~ verzichten** to waive one's privilege; **~zwang** *m* enforcement of duty to testify; **ärztliches** ~ medical certificate.

zeugnisunfähig *adj* incapable of being a witness, unable to testify.

Zeugung *f* procreation, generation; **~sakt** *m* progenitive act; **~sfähigkeit** *f* procreative capacity; **~sunfähigkeit** *f* impotence.

Zickzack | fahren *n* zigzagging; **~kurs** *m* zigzag course; **politischer ~~** zigzag policy, seesaw policy.

Ziehschein *m* certificate of seaman's wages.

Ziehung *f* drawing; redemption of bonds by lot; **~sermächtigung** *f* drawing authorization; **~sliste** *f* drawing list (*of lottery*); **~srecht** *n* drawing right(s).

Ziel *n* time for payment, credit; operational target; **~bestimmung** *f* target provision, objective; **~gesellschaft** *f* target company (*takeover bid*); **~gruppe** *f* target population; **~kauf** *m* purchase on deferred payment terms; **~konflikt** *m* conflicting goals; conflict of objective; **~land** *n* country of destination; **~ort** *m* place of destination; **~tratte** *f* term draft; **auf ~ kaufen** to buy on terms, to buy on credit; **offene ~e** open-account terms; **vorrangiges** ~ priority objective.

Ziffer *f* number; sub-item, subclause (*in contracts*), subparagraph, subsection (*in enactments, schedules*).

Zimmermiete *f* letting of furnished rooms; rent for a furnished room.

Zins *m* (*pl Zinsen* = *~en*) interest (= *i*-); **~abbau** *m* general reduction of *i*-rates; **~abgrenzung** *f* limitation of *i*- by phases; **antizipative ~~** deferred *i*-; **~abschlagssteuer** *f* *i*- tax deducted at source (at a flat-rate); **~abzug** *m* *i*- deduction; **~anpas-**

sung *f* adjustment of *i-* rates; **~anspruch** *m* *i-* claim; **~arbitragegeschäfte** *pl* *i-*-rate arbitrage dealings; **~aufstellung** *f* *i-* statement; **~auftrieb** *m* upsurge in *i-* rates; **~aufwand** *m* *i-* expense; **~aufwendungen** *pl* *i-* payments; **~ausstattung** *f* rate of *i-* of a loan; **~bedingungen** *pl* terms of *i-*; **~befestigung** *f* hardening of *i-* rates; **~beihilfe** *f* aid to alleviate *i-* burden; **~beleg** *m* *i-* voucher; **~berechnung** *f* calculation of *i-*; **~~sklausel** *f* *i-* calculation formula/stipulation; **~berichtigung** *f* adjustment of *i-* rates; **~bestandteil** *m* *i-* component; **~bindung** *f* linking the *i-* rate (to) fixed *i-* period; **~bogen** *m* talon, *i-* sheet; **~~steuer** *f* talon tax; **~bonus** *m* *i-* premium; **~degression** *f* *i-* rate decline; **~differenz** *f* spread; **~divisor** *m* *i-* divisor; **~en berechnen** to charge *i-*; **~en dürfen nicht berechnet werden** no *i-* shall be chargeable; **~en bringen** to bear *i-*; **~endienst** *m* *i-* service; **~en für Fremdkapital** loan *i-*; **~en tragen** to bear *i-*; **~en von der Hauptsache** *i-* on principal; **~ersparnis** *f* saving of *i-*; **volkswirtschaftliche ~~** overall saving of *i-*; **~erträge** *pl* income from *i-*; **transitorische ~~** unearned *i-*; **~eszinsen** *pl* compound *i-*, *i-* on the *i-*; **~forderung** *f* claim for *i-*, *i-* receivable; **~fuß** *m* rate of *i-*, *i-* rate; **gesetzlicher ~~** legal (*i-*) rate; **üblicher ~~** standard *i-*; **übermäßiger ~~** excessive *i-* rate; **vereinbarter ~~** agreed *i-* rate; **~garantie** *f* guaranteed *i-*; **~gefälle** *n* *i-* differential; **~gefüge** *n* structure of *i-* rates; **~gleitklausel** *f* sliding rate of *i-* clause, *i-* escalator clause; **~gutschrift** *f* credit entry for accrued *i-*; **~hypothek** *f* *i-*-bearing mortgage; **~klausel** *f* provision concerning *i-*; **~kupon** *m* *i-* coupon, *i-* warrant; **~last** *f* *i-* burden; **~marge** *f* *i-* margin, spread; **~rechnung** *f* *i-* statement, computation of *i-*; **~relationen** *pl* relative levels of *i-*; **~rückstände** *pl* arrears on *i-*; **~satz** *m* rate of *i-*, *i-* rate; **~~ für Ausleihungen** lending rates; **~sätze für Wohnbaudarlehen** home loan rates; **~~ ~ kurzfristige Einlagen** short-term *i-* rates; **derzeitiger ~~** current/going rate of *i-*; **reagible ~~** sensitive rates of *i-*; **~schaden** *m* loss of *i-* receipts (*due to default or breach*); **~schein** *m* *i-* coupon; *i-* warrant, *i-* ticket; **~schwankungen** *pl* fluctuations in *i-* rates; **~senkung** *f* reduction of the *i-* rate; **~~ im Passivgeschäft** reduction of *i-* rates paid for borrowings; **~spanne** *f* *i-* margin, *margin between the rates of i- earned and those paid*; **~spiegel** *m* *i-*-rate level; **~stufe** *f* *i-* band; **~tabelle** *f* table of *i-*, *i-* table; **~termin** *m* *i-* payment date; **~umwandlung** *f* conversion of *i-* (*into capital*); **~verbindlichkeiten** *pl* *i-* obligations, *i-* payable; **~vereinbarung** *f* agreement concerning *i-*; **~vergütung** *f* *i-* credited, allowance for *i-*; **~vermerk** *m* statement concerning *i-*; **~verzicht** *m* waiver of *i-*; **~waldungen** *pl* forest under tenure; **~wucher** *m* usury; **~zahl** *f* *multiplication of capital by number of days divided by 100*, *i-* product; **~zahlung** *f* *i-* payment; **~zuschuss** *i-*-rate subsidy; **anfallende ~en** accruing *i-*; **aufgelaufene ~en** accrued *i-*; **auflaufende noch nicht fällige ~en** accruing *i-*; **die ~en kapitalisieren** to include accrued *i-* in the capital sum; **ex ~en** without *i-*; **fällige ~en** *i-* payable; **feste ~en** fixed *i-*; **fundierte ~en** consolidated *i-*; **gegen ~en ausleihen** to lend on *i-*; **gesetzliche ~en** statutory *i-*; **gesetzlich zulässiger ~** legal *i-*; **gestaffelte ~en** graduated *i-*; **gestundete ~en** *i-* with additional time allowed for payment; **gewöhnliche ~en** simple *i-*, ordinary *i-* (*not compound i-*); **kalkulatorische ~** *i-* computed in advance, imputed *i-*; **laufende ~en** current *i-*; **marktgerechte ~en** *i-* rates in line with the capital market; **marktkonforme ~en** =

marktgerechte ~; **mit ~en zurückzahlen** to return with *i*-; **ohne demnächst fällige ~en** ex *i*-; **ohne ~en** ex *i*-; **plus ~en** with *i*-; **reine ~en** true *i*-; **rückständige ~en** outstanding *i*-; **steuerfreie ~en** tax-free *i*-; **transitorische** ~ deferred *i*-, transferred *i*-; **vereinbarte ~en** contract *i*-, agreed *i*-; **vertragliche ~en** contractually agreed *i*-; **zeitanteilige** ~ pro rata *i*-; broken-period *i*-; **zugerechnete ~en** imputed *i*-.

zins | entragend *adj i*–bearing; **~frei** free of *i*-; **~los** without *i*-, non-**i**--bearing; **~tragend** *i*- bearing; **~verbilligt** *US* benefitting/*GB* benefiting from subsidized *i*-; **~variabel** at a changeable *i*- rate; **~vergünstigt** at reduced *i*- rates, at subsidized *i*- rates.

Zirkular | kreditbrief *m* circular letter of credit; **~note** *f* circular letter.

Zirkaauftrag *m* near order, approximate limit order.

Zitier | freiheit *f* freedom to quote (*from copyrighted works within reasonable limits without author's permission*); **~gebot** *n const* citation prescription (*rule that statute must cite all fundamental rights it might infringe*); **~weise** *f* method of citation.

Zitterpartie *f* (*elections*) cliff-hanger.

Zivi *m* (*abbr* = **Zivildienstleistender**) *sl* person doing alternative military service, person doing community service (*as a conscientious objector*).

Zivil | behörden *pl* civil authorities; **~bevölkerung** *f* civilian population; **~blinde** *pl* blind civilians, *persons who are blind due to nonmilitary causes*; **~dienst** *m* nonmilitary service (by conscientious objectors); **~~leistender** *m* (*abbr sl* **Zivi**) person doing community service; **~~verpflichteter** *m* conscientious objector undergoing civilian service; **~ehe** *f* civil marriage, registry-office marriage; **~fahnder** *m*/**-in** *f* plain-clothes detective; **~gericht** *n* civil court; **~~sbarkeit** *f* civil jurisdiction; **~gesetzgebung** *f* civil legislation; **~haft** *f* custody for non-criminal reasons; **~internierte**(**r**) *f*(*m*) (*der ~internierte*) civilian detainee; **~kammer** *f* civil division, civil chamber, civil court of a Landgericht (*trial court of general jurisdiction*); **~klage** *f* civil action, civil suit, civil case; **~kleidung** *f* civilian clothes, plain clothes; **~komputation** *f* statutory rules as to computation of periods; **~liste** *f* civil list; **~mäkler** *m*/**-in** *f* real estate broker/agent; **~prozess** *m* civil proceedings, civil case, law suit, civil trial; civil procedure; **~~ordnung** *f* code of civil procedure; **~~recht** *n* law/rules of civil procedure; **~recht** *n* civil law, private law; **~rechtler** *m*/**-in** *f* common lawyer; **~rechtsweg** *m* access to the civil courts, avenue of appeal for civil actions; **~richter** *m*/**-in** *f* judge for civil cases; **~sache** *f* civil case; **~schutz** *m* civil *US* defense/*GB* defence; **~~korps** *n* civil *US* defense/*GB* defence corps; **~senat** *m* civil division of a superior court; **~streitigkeiten** *pl* civil litigation; **~trauung** *f* civil marriage; **~urteil** *n* judgment (in a civil case); **~verfahren** *n* civil procedure; **~verwaltung** *f* civil administration, civil rule; **Europäisches Gerichtsstands- und Vollstreckungsübereinkommen in ~- und Handelssachen** (*abbr* **EuGVÜ**) European Convention on Jurisdiction and Enforcement of Judgments in Civil and Commercial Matters (= Brussels Convention 1961); **Haager Übereinkommen über die Beweisaufnahme im Ausland in ~- oder Handelssachen** (*abbr* **HBÜ**, **HaagBeweisÜ**) Convention on the Taking of Evidence Abroad in Civil or Commercial Matters (*1970*); **Haager Übereinkommen über die Zustellung gerichtlicher und außergerichtlicher Schriftstücke im Ausland in ~- oder Handelssachen** (*abbr*

HZÜ) Hague Convention on the Service Abroad of Judicial and Extrajudicial Documents in Civil or Commercial Matters (*1965*).

zivilrechtlich *adj* relating to/according to civil law (= *common law and equity*);

Zögern *n* hesitation, procrastination, delay; **ohne schuldhaftes ~** without undue delay, promptly; **schuldhaftes ~** unreasonable delay.

zögern *vi* to hesitate, to procrastinate, to delay.

Zölibat *m or n* celibacy; **~sklausel** *f* clause prohibiting marriage of employees (*void*).

Zoll *m* (*p Zölle = ~e*) (customs) duty, external duty, tariff; customs administration; **~abbau** *m* tariff dismantling; **~abfertigung** *f* customs clearance, customs control, customs formalities, customs operations; **~~sförmlichkeiten** *pl* customs clearance procedure; **~~sformular** *n* official customs clearance form; **~~sgebühren** *pl* customs clearance charges; **~~shafen** *m* port of entry; **~~sstelle** *f* customs office, examination station; **~abgaben** *pl* customs duties; **~abkommen** *n* customs convention; **~agent** *m/***-in** *f* customs agent; **~amt** *n* customs office; **~~svorsteher** *m/***-in** *f* head of customs office; **~anmeldung** *f* customs declaration, goods declaration; **~anschluss** *m* customs exemption, customs enclave; **~~gebiet** *n* customs-free zone; **~aufkommen** *n* customs revenue; **~aufschlag** *m* extra duty; **~aufsicht** *f* customs supervision; **~ausfuhrerklärung** *f* declaration outwards, outward manifest, export specification; **~ausgangserklärung** *f* entry outwards, shipper's manifest; **~auskunft** *f* preclearance inquiry; **~ausland** *n* foreign customs territories; territory beyond customs borders; **~auslieferungsschein** *m* customs warrant; **~ausschluss** *m* customs enclave; **~aussetzung** *f* suspension of customs duties; **~bahnhof** *m* railway station with customs facilities, customs station; **~beamter** *m/***~beamtin** *f* customs officer, customs inspector; **~befreiung** *f* exemption from customs duties; **~betriebsprüfung** *f* customs accounting inspection, inspection of a firm's records by customs officer; **~befund** *m* particulars of examination by customs officer; **~begleitpapier** *n* customs documents accompanying the product(s); **~behandlung** *f* customs treatment, customs clearance; **benachteiligende ~~** tariff discrimination; **~behörde** *f* (the) customs, customs authorities, board of customs and excise; **~belastung** *f* incidence of customs duties; **~beschau** *f* customs examination, physical control; **~bescheid** *m* notice of assessment; **~bestimmungen** *pl* tariff regulations; **~bewertungsbeamter** *m/***~beamtin** *f* general appraiser; **~binnenland** *n* inland customs area; **~deklarant** *m/***-in** *f* party who makes a customs declaration; **~deklaration** *f* customs declaration, declaration of goods, **~delikt** *n* customs *US* offense/*GB* offence, contravention of customs regulations; **~einfuhrerklärung** *f* inward manifest, customs declaration for import; **~eingangsschein** *m* customs entry certificate; **~einnahmen** *pl* customs revenue; **~einnehmer** *m/***-in** *f* customs collector; **~einschlussgebiet** *n* bonded area; **~erhebung** *f* collection of duties; **~erhöhung** *f* tariff increase; **~erklärung** *f* customs declaration; **~erleichterungen** *f* customs facilities; **~ermäßigung** *f* tariff reduction; **~fahnder** *m/***-in** *f* customs investigator; **~fahndung** *f* customs investigation, preventive service; **~~sdienst** *m* customs investigation service; **~~sstelle** *f* customs investigation office; **~festsetzung** *f* assessment of duty; **~formalitäten** *f* customs formalities; **~freigebiet** *n* (customs) free zone; **~freiheit** *f* exemption from customs duty; ~**freiladen** *m* duty-free shop; ~**freischreibung** *f* agreed customs-exemption; ~**gebiet** *n* customs territory; ~**gebühren** *pl* customs duties; ~**gemeinschaft** *f* customs union; ~**gesetz** *n* tariff law, customs act; ~~**gebung** *f* tariff legislation; ~**gewahrsam** *m* attachment by the customs authorities; temporary possession by the customs authorities; ~**gewicht** *n* dutiable weight; ~**grenzbezirk** *m* customs surveillance zone; ~**grenzdienst** *m* customs frontier service; ~**grenze** *f* customs frontier, customs border; ~**gut** *n* dutiable goods; ~~ **abfertigen** to clear goods; ~**hilfsperson** *f* person duly authorized to assist customs; ~**hinterziehung** *f* customs fraud; concealment of dutiable goods; ~**hoheit** *f* customs jurisdiction; ~**inland** *n* domestic customs territory; ~**kennzeichen** *n* customs plate (*temporary registration*); ~**kontingent** *n* tariff quota; ~**kontrolle** *f* customs control, customs inspection; ~**lager** *n* customs warehouse; bonded warehouse; ~**lagerung** *f* customs warehousing; ~**meldepflichtige(r)** *f(m)* (*der ~pflichtige*) person liable to declare dutiable goods, declarant; ~**nomenklatur** *f* (customs) nomenclature; ~**nummer** *f* customs clearance number; ~**ordnung** *f* customs regulations; ~~**swidrigkeit** *f* contravention of customs regulations (*incurring administrative fines*); ~**papier** *n* customs document; ~**passierschein** *m* customs pass, carnet de passage; landing order; triptych; ~**plafonds** *m* customs ceiling; ~**plombe** *f* customs seal; ~**politik** *f* tariff policy; ~**präferenz** *f* customs tariff preference; ~**protektionismus** *m* (tariff) protectionism; ~**quittung** *f* customs house receipt, *GB* docket; ~**recht** *n* customs legislation; customs law; ~**rechnungsgut** *n* goods subject to customs invoice; ~**revision** *f* customs inspection; ~**rückvergütung** *f* drawback; customs refund/reimbursement; ~**satz** *m* tariff rate, rate of duty; **Annäherung der** ~**sätze** *EU* alignment of customs duties; **autonome** ~**sätze** autonomous/unilateral tariff rates; **pauschale** ~~ flat-rate duty; **vertraglicher** ~~ treaty tariff; ~**scheinheft** *n* passbook; ~**schloss** *n* customs lock; ~**schnur** *f* customs seal string; ~**schuld** *f* amount due to customs, customs debt; ~**schuldner** *m*/**-in** *f* party liable to duty; ~**schranken** *pl* customs barriers; ~**schuppen** *m* customs shed; ~**schutz** *m* protection by tariffs, tariff protection; ~**senkung** *f* tariff reduction, tariff cut; ~**speicher** *m* bonded-goods warehouse; ~**stelle** *f* customs station, customs office; ~**strafe** *f* customs penalty; ~**streitverfahren** *n* tariff proceedings; ~**system** *n* customs regime, tariff system; ~**tara** *f* customs tare; ~**tarif** *m* (customs) tariff, book of rates; ~~**anpassung** *f* tariff adjustment; ~~**kennziffer** *n* tariff code; ~~**schema** *n* nomenclature; **gemeinsamer** ~~ *EU* common customs tariff; ~**transit** *m* customs transit; ~**übereinkommen** *n* customs convention; ~**übertretung** *f* customs violation; ~**überwachung** *f* customs control; ~**- und Handelspolitik** customs and trade policy; ~**- und Steuervergehen** *n* fiscal *US* offense/*GB* offence; ~**union** *f* customs union; ~**unterschied** *m* tariff differential; ~**verband** *m* tariff union; ~**veredelung** *f* processing in bond; ~**verein** *m* customs/tariff union; ~**verfahren** *n* customs procedure; ~**vergehen** *n* customs *US* offense/*GB* offence, infringement of the customs regulations; ~**verhandlungen** *pl* tariff negotiations; ~**verkehr** *m* customs procedure; ~**verordnung** *f* customs-house regulation; ~**versandgut** *n* goods in customs transit; ~**verschluss** *m* (customs) seal; ~~**schein** *m* warehouse bond; **unter** ~~ customs locked; ~**vertrag** *m* tariff treaty, customs treaty; **~verwahrung** *f* safe custody in bond; **~verwaltung** *f* customs administration; **~vordruck** *m* customs form; **~vorschriften** *pl* customs regulations; **~wert** *m* customs (assessment) value, dutiable value, value declared; **~wertermittlung** *f* valuation for duty purposes; **~zugeständnisse** *pl* tariff concessions; **~zuschlag** *m* additional duty; **~zuwiderhandlung** *f* customs *US* offense/*GB* offence; **Abschaffung von ~en** removal of customs duties; **ad valorem ~** ad valorem duty; **Allgemeines ~- und Handelsabkommen** (*abbr* **GATT**) *int* General Agreement on Tariffs and Trade (*abbr* GATT); **diskriminierende ~e** discriminating duties; **gleitende ~e** sliding tariff rates; **mit hohen ~en belastet** bearing a heavy duty; **mit ~ belegen** to levy duty on; **nach Gewicht erhobener ~** poundage; **pauschaler ~** flat-safe duty.

zoll | abgabenpflichtig *adj* subject to customs duty; **~frei** free of customs duties, duty-free; **~pflichtig** dutiable, liable to customs duties, nonexempt; **~sicher** tamper-proof (*for customs purposes*).

Zubehör *n* accessory, removable fixture, appurtenant, chattel appurtenant to a principal thing, incident; **~pfandrecht** *n* appurtenance lien; **~teile** *pl* accessories.

zubilligen *vt* to accord, to allow, to grant, to concede.

Zubringer *m* feeder, feeder road; conveyor.

Zubuße *f* additional contribution, fresh supply of funds, allowance.

Zucht *f* breeding, stock breeding; **~bestimmungen** *pl* breeding regulations; **~mittel** *n* disciplinary means.

Zuchthaus *n obs* penitentiary; **~strafe** *f obs* (→ *Freiheitsstrafe*) penal servitude; **lebenslänglich ~** *obs* (→ *Freiheitsstrafe*) imprisonment for life.

züchtigen *vt* to chastise, to punish physically (*by slapping, caning, etc*).

Züchtigung *f* chastising, corporeal punishment (*of pupils, children*); **gesetzlich zulässige ~** lawful correction **~srecht** *n* right of chastisement, discipline.

Zuchtlosigkeit *f* disorderliness; debauchery, lack of discipline.

Zuchtmittel *n* means of correction (*of juvenile offenders*).

Zucker | abschöpfung *f* levy on sugar; **~börse** *f* sugar exchange; **~gesetz** *n D* Sugar Commerce Act (*1951*); **~industrie** *f* sugar industry; **~steuer** *f* sugar tax.

Zudringlichkeit *f* importunity, impertinence.

Zudularsystem *n tax* (= *Besteuerung nach Einkommensarten*) schedular system (= *separate taxes for categories of income*).

zueignen *v reflex* to appropriate (for one's use), to acquire.

Zueignung *f* appropriation (*for one's own use and benefit*); **~sabsicht** *f* intention of appropriating *sth*, intention of acquiring (*theft*).

zuerkennen *vt* to award (*by a judge*); to grant (*benefits*).

Zuerkennung *f* attribution, award, grant; **~ von Unterhalt** award of maintenance.

Zufahrt *f* approach, access, vehicular access, drive, driveway; **~srecht** *n* right of access by vehicles; **~sstraße** *f* access road, approach road; **~sweg** *m* approach, drive, driveway; **~~e zum Hafen** harbo(u)r approaches; **ohne ~** without access.

Zufall *m* accident, accidental happening, chance, contingency; **unabwendbarer ~** inevitable accident.

zufallen *vi* to devolve upon, to vest in, to accrue to.

zufällig *adj* accidental, incidental, casual; **~ oder irrtümlich** by accident or mistake.

Zufalls | auswahl *f* random sampling, lottery sampling; **~bekanntschaft** *f* chance acquaintance, pickup; **~einnahmen** *pl* windfall receipts; **~erfindung** *f* chance discovery;

~**haftung** *f* liability for accidental event; ~**schaden** *m* casualty loss; ~**stichprobe** *f* random sample; ~**zahl** *f* random number.

zufließen *vi* to accrue, to derive (from), to flow (to).

Zuflucht *f* refuge, shelter; ~**sort** *m* place of refuge, place of shelter; ~**sstätte** *f* place of refuge.

Zufluss-/Abfluss-Prinzip *n* inflow-outflow principle, *inflow-outflow method of calculating a company's profits for tax purposes.*

zufriedenstellen *vt* to satisfy.

Zufriedenstellung *f* satisfaction, gratification, contentment.

zuführen *vt* to supply.

Zuführung *f* supply, feeding, allocation, transfer, appropriation; ~ **in die Rücklagen** allocation to reserves.

Zugabe *f* free gift, bonus; makeweight (*added in weighing*); premium; *pl* premium selling; ~**angebot** *n* premium offer; ~**gutschein** *m* free gift coupon; ~**verbot** *n* prohibition of free gift with sales; ~**verordnung** *f* regulation governing free gifts (*with sales*); ~**wesen** *n* selling with free gift.

Zugang *m* **I** receipt, arrival (*of mail, message*).

Zugang *m* **II** access; ~**srecht** *n* right of access; ~ **zu den Gerichten** access to the courts of law; **freier** ~ **zum Meer** free access to the sea; **Recht auf** ~ **zu** right of access to; **sich betrügerisch** ~ **verschaffen** to obtain entry by fraud; **sicherer** ~ safe means of access.

Zugang *m* **III** (*pl Zugänge* = ~*e*), addition, *pl* accruals (*to stock*), subsequent additions; ~**sjahr** *n* year of acquisition; year of accrual; ~**sschranken** *pl* entry barrier, entry restrictions; ~**s- und Abgangsrate** replacement rate; ~ **zum Lagerbestand** incoming stocks; **zukünftige** ~**e** future additions.

zugeben *vt* to admit, to concede.

zugegebenermaßen *adv* admittedly.

zugehörig *adj* pertinent, appendant, appurtenant.

Zugehörigkeit *f* close relationship; affinity, membership, affiliation; ~ **zu** ***e-er*** **Partei** party affiliation; **politische** ~ political affiliation.

zugelassen *adj* admitted (*to the Bar*), legally qualified, eligible; permitted; **nicht** ~ unadmitted, noneligible; not permitted, inadmissible.

Zügellosigkeit *f* licentiousness, incontinence, dissoluteness.

zügig *adj* expeditious, prompt, rapid.

zugeschrieben *adj* ascribed, attributed; added (*on a register*).

zugestanden *adj* admitted, acknowledged; **nicht** ~ not admitted, unacknowledged.

Zugeständnis *n* admission, acknowledgment, concession; **beiläufiges** ~ incidental admission.

zugestehen *vt* to admit, to concede.

zugestellt *adj* served (upon), delivered; **nicht** ~ not served, undelivered; **ordnungsgemäß** ~ duly served.

Zugewinn *m* accrued gain, (net) property increment (*of a spouse during marriage*), net post-marital acquisitions; ~**sausgleich** *m* equalization of accrued gains (*splitting spouses' property increments on divorce or death*); ~~**sanspruch** *m* accrued gains equalization claim, *claim to half of the balance of the accrued gain*; **vorzeitiger** ~~ anticipatory equalization of accrued gains.

zügig *adj* expeditous, prompt.

Zugriff *m* grip; quick action; seizure; ~**sbereitschaft** *f* alertness, readiness to effect a seizure or an arrest; ~**sbesteuerung** *f* direct taxation; ~**smöglichkeiten** *pl* access to the general resources; opportunities for successful execution.

Zug-um-Zug reciprocal and simultaneous, concurrent, conditional upon counter-performance; → *Erfüllung, Leistung.*

Zugbetrieb *m* train operation; **schaffnerloser** ~ automatic train operation (*without a driver*).

Zuhälter *m* pimp, procurer, souteneur.

Zuhälterei *f* procuration of women, pandering, procuring.

Zukauf *m* additional purchase; **~saussichten** *pl* future prospects; **~splanung** *f* forward planning; **~sprojekt** *n* project for the future; **~ssicherung** *f* to make provision for future needs.

Zukunft *f* future; **~sfonds** *m* fund for future development.

Zulage *f* extra pay, increase in salary, allowance, bonus, premium; **~ für behinderte Kinder** handicapped child allowance; **~ für unterhaltsberechtigte Kinder** dependant child allowance; **ruhegehaltsfähige ~** pensionable allowance.

zulassen *vt* to admit, to allow, to tolerate; to grant leave (*to appeal, etc*), to concede.

zulässig *adj* admissible, proper available (*remedy*), receivable (*in evidence*); **für ~ erklären** to admit, to grant leave; **gesetzlich ~** permitted by law, legal, legally admissible.

Zulässigkeit *f* admissibility, permissibility; sufficiency, propriety; **~ der Antragstellung** sufficiency of motion; **~ der Eintragung** registrability; **~ des Beweisangebots** admissibility of evidence; **~ des Rechtsweges** access to the courts; **~ von Beweismitteln** admissibility of evidence.

Zulassung *f* admission, admission to practice, admission to the roll/bar, *US* license/*GB* licence, certification, permission, permit, leave; qualifying procedure; **~ der Revision** leave to appeal on points of law; **~ der Vollstreckung zur Nachtzeit** noctanter, permission to levy execution at night; **~ des Rechtsanwalts** admission to the bar; **~ *e-er* Klage** court's acceptance of an action (*as procedurally correct*); **~santrag** *m* application for admission; **~sausschuss** *m* entrance qualifications committee; **~sbedingungen** *pl* requirements for admission; **~sbehörde** *f* licensing authority; **~sbescheid** *m exch* official listing notice; **~sbeschränkung** *f* restriction on admission; **~sbezeichnung** *f* approval reference; **~sbezirk** *f* licensing district; **~sdiplom** *n* qualifying diploma; **~sentzug** *m* strikeoff, decertification (*engineering design*); **~sfrist** *f* deadline for admission/qualification; **~sgebühren** *pl* licensing fees; **~shindernis** *n* a bar to obtaining leave, an obstacle to admission; **~snummer** *f* permit number; **~sordnung** *f* licensing regulations; **~spflicht** *f* obligatory admission, obligation to submit to admission control; **~sprüfung** *f* type acceptance test; certification test, licensing test; **~srevision** *f* appeal on points of law by leave of the court; **~sschein** *m* registration certificate; **~sschild** *n US* license/*GB* licence plate; **~ssperre** *f* general restriction of admission (*to an institution or profession*); **~sstaat** *m* state of registration (*motor vehicle*); **~sstelle** *f* licensing bureau, admission board; admissions office (*stocks, vehicles*); **~surkunde** *f* document of admission, license certificate; *US* license/*GB* licence, practising certificate (*solicitor*); **~sverfahren** *n* admission procedures, qualification procedure, system of approval; **~sverweigerung** *f* refusal to admit, non-admission; **~svoraussetzungen** *pl* admission requirements, entrance requirements; **~ von Kraftfahrzeugen** licensing of motor vehicles; **~ von Wertpapieren an der Börse** listing of securities; **~ zum Börsenhandel** admission to the stock exchange; **~ zum Geschäftsbetrieb** *US* license/*GB* licence to operate, permission to trade; **~ zur Anwaltschaft** admission to the bar/roll, bar admission; **~ zur Personenbeförderung** *US* license/*GB* licence to carry passengers; **bauaufsichtliche ~** permit by building authorities; **die ~ entziehen** to strike off the roll/register, to debar; **einstweilige ~** temporary admission; **vorläufige ~** provisional admission; **zeitweilige ~** temporary admission.

zulassungsfähig *adj* qualified to be admitted/listed/licensed, eligible; **nicht ~~** non-eligible.

Zuliefer|betrieb *m* (ancillary) supplier firm, feeder plant, manufacturing subsidiary; **~ungsindustrie** *f* supplying industry; **~vertrag** *m* (sub) supplies contract.

Zulieferer *m*/**-in** *f* supplier, subsupplier.

zum ersten, zum zweiten und zum letzten going, going, gone (*auction*).

zumessen *vt* to award, to mete out (*punishment*); to apportion, to allot (*time*); to measure out.

Zumessung *f* inflicting, awarding (*sentence*).

zumutbar *adj* reasonable, appropriate, acceptable.

Zumutbarkeit *f* reasonableness, appropriateness, acceptability; **~sprüfung** *f* reasonableness test.

Zumutung *f* imposition, unreasonable request, untenable situation.

Zuname *m* surname, family name.

Zunft *f* guild; **~geheimnis** *n* trade secret; **~gewerbe** *n* incorporated trade(s); **~ordnung** *f* guild regulations; **~recht** *n* law on guilds; **~rolle** *f* guild roll; **~zwang** *m* compulsory guild membership; **~wesen** *n* system of guilds.

zunutze *adv* profitably, advantageously; **sich ~ machen** to turn to account, to utilize, to take advantage of, to benefit from.

zuordnen *vt* to allocate, to allot.

Zuordnung *f* allocation, allotment; **periodengerechte ~** allocation to the proper accounting period.

zurechenbar *adj* attributable (to), imputable.

Zurechenbarkeit *f* accountability, responsibility; **~szusammenhang** *m* connection of accountability.

zurechnen *vt* to attribute, to allocate, to ascribe to, to charge with; **zugerechnet werden** to be attributable to.

Zurechnung *f* imputation, attribution, accountability, allocation; **~ erster Stufe** first-level imputation (*of an act to an actor*); **~sfähigkeit** *f* responsible capacity, tortious and/or criminal responsibility; **beschränkte ~~** limited criminal responsibility; **verminderte ~~** diminished criminal responsibility, diminished capacity; **~sunfähigkeit** *f* incapability of imputation (*of an act as one's own act or of blame/liability for a wrongful act, eg because of mistake of fact/law, intoxication, etc*); **~szusammenhang** *m* connection of responsibility, accountable connection; **~ zweiter Stufe** second-level imputation (*of responsibility/liability/blame to an actor for an illegal/wrongful act*); **ausserordentliche ~** extraordinary imputation (*because an actor is responsible for being in a state in which an act or liability for a wrongful act cannot be imputed ordinarily, eg action libera in causa*); **ordentliche ~** ordinary imputation (*of an act to an actor or of liability for a wrongful act*).

zurechnungs|fähig *adj* responsible, doli capax; **unfähig** not responsible.

zurechtweisen *vt* to reprimand, to rebuke.

Zurechtweisung *f* reprimand, rebuke.

Zurruhesetzung *f* retirement.

Zurschaustellen *n* exposure, exhibition, display; **sittenwidriges ~** indecent exhibition.

zurück|abtreten *v* to reassign, to retrocede; **~behalten** *v* to retain, to withhold; **~datieren** *v* to backdate; **~erstatten** *v* to reimburse, to restore, to restitute; **~erwerben** *v* to reacquire; **~fordern** *v* to reclaim, to revindicate; **~führen (auf)** *v* to ascribe (to); **~geben** *v* to return, to redeliver; **~gewähren** *v* to restore; **~gewinnen** *v* to regain, to recoup, to win back; **~greifen** *v* to take recourse to, to fall back upon; **~kaufen** *v* to buy back, to repurchase; **~nehmen** *v* to take back, to withdraw, to revoke, to retract; **~rufen** *v* to recall, to redeem; **~senden** *v* to return, to send back, to remand (*a case*); to reconsign; **~stellen** *v* to defer, to postpone, to pigeonhole, to shelve, to stand over; to exempt from service temporarily; **~~ bis auf weiteres** to defer until further notice; **vorsorglich ~~** to defer by way of precaution; **~stufen** *v* to downgrade; **~trassieren** *v* to redraw; **~treten** *v* to resign (*from office*); to withdraw; to rescind, to repudiate (*a contract*), to cancel (*an agreement, an order*); **~übertragen** *v* to retransfer, to reconvey, to convey back; **~verlangen** *v* to reclaim; **~verweisen** *v* to remand (*to a lower court*), to recommit, to refer back, *esp* to refer back to the law of the forum (*renvoi*); **~weisen** *v* to repudiate, to refute, to refuse, to disallow (*a claim*), to dismiss (*appeal, petition*); **als unbegründet ~~** to dismiss on the merits; **als unzulässig ~~** to dismiss on procedural grounds, to throw out; to strike out; **~wirken** *v* to have retroactive/retrospective effect; **~zahlen** *v* to repay, to refund; **~ziehen** *v* to retract, to withdraw, to retire, to take back.

Zurück | behaltung *f* retention, withholding; **~~srecht** *n n* right of retention, retaining lien; **~~~ des Anwalts an den Urkunden des Mandanten** attorney's retaining lien, solicitor's lien, lien over documents; **~~~ des Handwerkers** mechanic's lien, craftsman's lien; **~~~ des Verkäufers** seller's lien, vendor's lien; **kaufmännisches ~~~** mercantile lien, commercial lien (*in personam*); **~~erstattung** *pl* reimbursement; **~~sanspruch** *m* restitution claim, claim to restitutionary recovery; **~haltung** *f* self-restraint; **~legung** *f* completion; **~~ von Versicherungszeiten** completion of (social) insurance periods; **~nahme** *f* withdrawal, retraction, revocation, recantation; **~schiebung** *f* return-removal *of illegal entrant*; **~stellung** *f* deferment, postponement; **~stufung** *f* downgrading; **~verweisung** *f* remand, remanding a case, recommitment, recommittal (*to a committee*); renvoi (*to law of the forum*); **~weisung** *f* repudiation, refusal, refutation, rejection, disallowance, dismissal (*action, appeal*); **~werfen** *n* roll-back; **~zahlung** *f* repayment.

zurück | bezahlt *adj* repaid; **nicht ~~** not repaid, unredeemed; **~bezogen** retrospective; **~bleibend** residuary; **~fallend** revertible; **~zahlbar** repayable, refundable.

Zuruf *m* acclamation; **durch ~** viva voce; **offener ~** *exch* open outcry.

Zurverfügungstellung *f* putting *sth* at *s.o.*'s disposal, making *sth* available to *s.o.*

Zusage *f* acceptance, promise, commitment, undertaking, engagement; **~n bei Vertragsabschluss** promissory representations; **bindende ~** binding promise; **klare ~** definite promise; **konkrete ~** firm assurance, assurance in black and white.

zusagefähig *adj* eligible, suitable for approval, grantable.

zusagen *vt* to promise, to commit oneself to do *sth*.

Zusammen | arbeit *f* cooperation (= *c*-) collaboration; **~~svertrag** *m* *C*-Treaty; **grenzübergreifende ~~** transfrontier *c*-, cross-border *c*-; **jede zweckdienliche ~~** all appropriate forms of *c*-; **Konferenz über Sicherheit und ~~ in Europa** (*abbr* **KSZE**) Conference on Security and *C*- in Eruope (*abbr* CSCE); **Organisation für Europäische wirtschaftliche ~~** *US* Organization/*GB* Organisation for European Economic *C*- (*abbr* OEEC); **Organisation für Sicherheit und ~~ in Europa** (*abbr* **OSZE**) Organization for Security and *C*- in Europe (*abbr* OSCE); **Organisation für wirtschaftliche ~~ und Entwicklung** Organization for Economic *C*- and Development (*abbr* OECD); **paritätische ~~** *c*-

on the basis of equality; **~bruch** *m* collapse, breakdown; **geschäftlicher ~~** commercial failure; **~fassung** *f* abstract, summary, synopsis, précis, résumé; **~~ des Sachverhalts** summary of the facts; *~hang → Zusammenhang*; *~kunft → Zusammenkunft*; **~leben** *n* living together; **eheähnliches ~~** cohabitation (*as husband and wife*); **~legung** *f* amalgamation, merger, combination; **~prall** *m* collision, crash; clash; **~rechnung** *f* addition, aggregation; **~~ der Einkünfte** total income treated as one (*married couples*); **~rottung** *f* riotous assembly, riot, mob; **~schluss** *m* association. combine, combination; merger, consolidation; **~~vorhaben** *n* merger project; **horizontaler ~~** horizontal combine; **lokkerer ~~** loose combination; **loser ~~** loose combination; **vertikaler ~~** vertical combine; **~setzung** *f* composition, make-up; **~~ der Repräsentativauswahl** sample make-up; **~~ der Unterausschüsse** composition of the subcommittees; **~~ des Gerichts** composition of the panel of judges; **~stoß** *m* (*pl Zusammenstöße*) collision, crash, smash-up; **~~ auf See** collision at sea; **~treffen** *n* concurrence; **~~ mehrerer Freiheitsstrafen** merger of *US* offenses/*GB* offences; **~~ mehrerer Geldstrafen** several fines (*awarded in the same case*); **~~ mehrerer strafbarer Handlungen** coincidence of *US* offenses/*GB* offences; **~~ von Umständen** coincidence of circumstances; **~veranlagung** *f* joint assessment (*of married couples to income tax*); **~wachsen** *n* interpenetration, growing together; **~wirken** *n* joint action; **bewusstes und gewolltes ~~** acting jointly and wilfully, acting in conspiracy; **planvolles ~~** action by design, acting in collusion; **~wohnen** *n* living together, cohabitation.

Zusammenhang *m* (*pl Zusammenhänge = ~e*) coherence, connection, continuity; **~slosigkeit** *f* incoherence; **soweit sich aus dem ~ nichts anderes ergibt** unless the context otherwise requires; **untrennbarer ~** inseparable link; **ursächlicher ~** causal connection, causality; **verbundwirtschaftliche ~e** economic links; **wenn der ~ es zulässt** whenever the context so admits or requires.

zusammen|hängend *adj* coherent, relevant, germane, continuous; **~hanglos** incoherent.

Zusammenkunft *f* (*pl Zusammenkünfte = ~e*) meeting; **geheime ~** secret meeting; **regelmäßige ~e** periodical meetings; **zwanglose ~** informal gathering.

zusammen|rotten *v/reflex* to gang up, to riot, to form a riotous assembly, to band together; **~schließen** *v/reflex* to join, to associate, to combine; **~wohnen** *vt* to live together, to cohabit.

Zusatz *m* addition, added matter, addendum; subjoinder, annex, adjunct, rider (*bill*); **~abkommen** *n* supplementary agreement; **~anmeldung** *f* additional application; **~antrag** *m* supplementary motion; **~arbeiten** *pl* extra work; **~artikel** *m* supplementary article; **~ausbildung** *f* additional training; **erforderliche ~~** additional training requirements; **~ausrüstung** *f* add-on/additional/extra equipment; **~bedarf** *m* additional need, additional requirement; **~bedingung** *f* additional condition/provision; **~berechnung** *f* added computation; **~bestimmung** *f* additional clause; additional provision; **~betrag** *m* additional amount; **~blatt** *n* continuation sheet; **~dividende** *f* additional dividend, superdividend; **~entschädigung** *f* additional compensation; **~erfinderschein** *m* inventor's certificate of addition; **~finanzierung** *f* front-end financing, provision of extra funds; **~frage** *f* follow-up question, supplementary question; **~gebühr** *f* additional fee, surcharge; **~ge-**

brauchszertifikat *n* utility certificate of addition; **~gesetz** *n* supplemental enactment; **~geräte** *pl* add-on/additional/extra equipment; **~haftpflichtversicherung** *f* umbrella policy; **~kasse** *f* additional (sickness) insurance; **~klausel** *f* additional clause, rider; **~kapazität** *f* additional (production) capacity; **~leistungen** *pl* extra work and material, additional services; **~patent** *n* patent of addition, additional patent; **~police** *f* additional policy; **~prämie** *f* extra premium; **~protokoll** *n* supplementary protocol; **~~ zu den Genfer Abkommen vom 12. August 1949 über den Schutz der Opfer internationaler bewaffneter Konflikte** (**Protokoll I**) Protocol Additional to the Geneva Conventions of 12 August 1949, and Relating to the Protection of Victims of International Armed Conflicts (Protocol I), *8 June 1977*; **~~ zu den Genfer Abkommen vom 12. August 1949 über den Schutz der Opfer nicht internationaler bewaffneter Konflikte** (**Protokoll II**) Protocol Additional to the Geneva Conventions of 12 August 1949, and Relating to the Protection of Victims of Non-International Armed Conflicts (Protocol II), (*8 June 1977*); **~rente** *f* supplementary pension; **~steuer** *f* surtax; **~stoff** *m* additive; **~~-Zulassungsverordnung** *f* Ordinance on Permitted Additives; **~strafe** *f* extra punishment; **~teile** *pl* add-on components; **~vereinbarung** *f* additional/supplemental agreement, **~vergütung** *f* extra pay, additional remuneration; **~vermächtnis** *n* accumulative legacy; **~vermerk** *m* superimposed clause; **~versicherung** *f* supplementary insurance; **Hüttenknappschaftliche ~~** Steelworkers' Supplementary Pension Insurance; **~versorgung** *f* supplementary retirement provision; **~vertrag** *m* supplementary contract; **~ zu *e-em* Testament** codicil; **~ zu *e-er* Police** addendum to a policy.

zusätzlich *adj* additional, supplementary, ancillary, extra.

zuschieben *vt* to lay (*the blame*) upon.

zuschießen *vt* to contribute towards; to supply additionally, to add to.

Zuschlag *m* **I** excess charge, surcharge; **~sgebühr** *f pat* additional fee; surcharge; **~skalkulation** *f* distributive cost accounting; **~sprämie** *f* additional premium, extra bonus; **mit ~ belegen** to surcharge; **tariflicher ~** collectively agreed extra-payment.

Zuschlag *m* **II** the fall of the hammer, adjudication; acceptance of bid; the award of the contract (*tenders*); **~ an den Submittenden** acceptance of tender; **~serteilung** *f* adjudication (*public sale*); **~sfrist** *f* deadline for adjudication; **~sgebot** *n* adjudication price; **~(s)preis** *m* hammer price; **~sprotokoll** *n* record of adjudication; **den ~ erteilen** to award a contract, to knock down, to strike off; **den ~ erhalten** to obtain *sth* as the highest bidder; to be awarded (*a contract*).

zuschlagen *vt* to award (*contract, auction*); to knock down (to).

zuschreibbar *adj* attributable, imputable, ascribable.

zuschreiben *vt* to ascribe, to attribute (to); to impute, to add to the Land Register unit.

Zuschreibung *f* property addition, inventory addition, *adding plot of real estate to a larger unit in the land register*; appreciation (*value*).

Zuschuss *m* (*pl Zuschüsse* ~e) grant in-aid, grant, contribution, subsidy, allowance; **~bedarf** *m* subsidy requirements; **~betrieb** *m* subsidized enterprise, deficit operation; **~e des Bundes** federal subsidies, federal grants-in-aid; **~ pro Kopf** capitation grant; **nicht rückzahlbare ~e** non-repayable grants; **staatlicher ~** government grant; **verlorener ~** non-repayable grant;

irrecoverable contribution (*by tenant, public authority etc*).

zusenden *vt* to forward (to *s.o.*), to send to *s.o.*'s home.

Zusendung *f* sending to *s.o.*'s address, forwarding.

zusetzen *vi* to lose money (on *sth*).

zusichern *vt* to assure, to reassure; to represent and warrant; to warrant, to promise, to guarantee.

Zusicherung *f* assurance, reassurance, representation, warranty, promise, guarantee; ~ **der Rechtsmangelfreiheit** warranty of title; ~ **des ungestörten Besitzes** warranty of quiet enjoyment; ~ ***e-er*** **Eigenschaft** warranty of a quality; **schriftliche** ~ written warranty, written promise.

zusprechen *vt* to award, to adjudge, to adjudicate, to grant.

Zustand *m* condition (= *c-*), state; ~**sstörer** *m*/**-in** *f* disturber of public order, *person legally responsible for conduct necessitating intervention by the state*; **äußerlich in einwandfreiem** ~ in apparent good order and *c-*; **baulicher** ~ state of repair; **beschädigter** ~ damaged *c-*; **betriebsbereiter** ~ operating *c-*, working order; **betriebsfähiger** ~ operating *c-*, working order; **bewohnbarer** ~ habitable state of repair, *c-* fit for human habitation; **derzeitiger** ~ present state, present *c-*, current state; **einsatzbereiter** ~ operating *c-*; **einstweiliger** ~ temporary state (of affairs); **einwandfreier äußerer** ~ apparent external good order and *c-*; **einwandfreier** ~ perfect *c-*; flawless state, **in** ~**n** ~ **versetzen** to put in repair, to rectify; **fahrbereiter** ~ efficient state to resume service (*vessel*), roadworthy *c-* (*vehicle*); **gesetzloser** ~ anarchy; **im gegenwärtigen** ~ in the actual/present state; **in betrunkenem** ~ in a state of intoxication; **in** ***e-em*** **guten gepflegten** ~ in well-kept *c-*; **in** ***e-em*** **zum Tode führenden** ~ in a terminal *c-*; **in gebrauchsfähigem** ~ in a serviceable *c-*; **in gutem** ~ in good repair, in good order and *c-*, sound (*c-*); **in ordentlichem** ~ in good order and *c-*, in fair repair; **in ordnungsgemäßem** ~ **halten** to keep in (a fit state of) repair; **in reisefähigem** ~ in a fit state to travel; **in seetüchtigem** ~ in navigable *c-*, seaworthy; **in wohnlichem** ~ in tenantable repair; **jeweiliger** ~ current state; **kriegsähnlicher** ~ quasi-war *c-s*, a state just short-of-war; war-like circumstances; **lieferfähiger** ~ deliverable state; **mangelfreier** ~ perfect *c-*, faultless *c-*; impeccable; **neuwertiger** ~ (*c-*) as new; **polizeimäßiger** ~ a *c-* in compliance with police regulations; **schlechter** ~ disrepair, bad *c-*; **Soll-**~ ideal/contractually intended condition; **übergabefähiger** ~ deliverable state; **vermietungsfähiger** ~ tenantable repair; **vorheriger** ~ status quo ante, former state.

Zustandekommen *n* materialization; ~ **von Beschlüssen** adoption of acts (resolutions).

zuständig *adj* competent, responsible, relevant; ~ **sein** to be competent, to have jurisdiction; **ausschließlich** ~ **sein** to have exclusive jurisdiction; **örtlich** ~ **sein** to have jurisdiction at a place, to be locally competent, to have venue; **sachlich** ~ **sein** to have jurisdiction over the subject matter.

Zuständigkeit *f* jurisdiction (= *j-*), competence; administrative responsibility, scope of authority, province; ~ **als Rechtsmittelinstanz** appellate *j-*; ~ **auf Grund** ***e-er*** **Vereinbarung** *j-* on the basis of an agreement; ~ **der örtlichen Gerichte** *j-* of the local courts; ~ **der Zivil-Gerichte** *j-* of the civil courts; ~**en übertragen** to confer powers; ~ **in Ehesachen** matrimonial *j-*; ~ **in erster Instanz** first-instance/initial *j-*; ~ **in Nachlasssachen** probate *j-*; ~ **in Strafsachen** criminal *j-*; ~**sbegrenzung** *f* limitation of *j-*; ~**sbereich** *m* sphere of responsibility, purview, ambit, province; ~~

***e-es* Ausschusses** terms of reference; **~sbeschränkung** *f* limitation of authority; **~serfordernisse** *pl* requirements as to *j-*; **~serklärung** *f* assumption of *j-*; **~serweiterung** *f* extension of *j-*; **~sfrage** *f* jurisdictional question; **~sgrenze** *f* ambit/limit of *j-*; **~sklausel** *f* jurisdiction(al) clause; **~slücke** *f* jurisdictional gap; **~sstreit** *m* conflict about *j-*, jurisdictional dispute; **~süberschreitung** *f* exceeding one's competence, acting ultra vires; **~svereinbarung** *f* agreement as to *j-*, *j-* clause; **~sverteilung** *f* allocation of responsibility; **~svoraussetzung** *f* requirement(s) as to *j-*; **allgemeine ~** general *j-*; **ausschließliche ~** exclusive *j-*; **die ~ bestreiten** to plead incompetence; **die ~ *e-es* Gerichts vereinbaren** to agree to submit to the *j-* of a court; **erstgerichtliche ~** first-instance/initial *j-*, *j-* as a trial court; **funktionelle ~** limited *j-* over the type of case; **Haager Übereinkommen über die ~ der Behörden und das anzuwendende Recht auf dem Gebiet des Schutzes von Minderjährigen** Hague Convention concerning the Powers of Authorities and the Law applicable in respect of the Protection of Minors (*1961*); **implizierte ~en** implied powers; **in der ~ konkurrieren mit** have concurrent *j-* with; **inländische ~** national *j-*, domestic *j-* **innerhalb meiner ~** within my province; **internationale ~** international *j-*; **mangelnde ~** want of *j-*; lack of *j-*; **örtliche ~** venue, local *j-*; territorial *j-*, **die [illegible] begründen** to lay the venue, to justify choice of venue; **sachliche ~** *j-* over the subject (matter), subject-matter *j-*, *j-* relating to the value of the claim; *j-* ratione materiae; **seine ~ verneinen** to disclaim one's competence; **subsidiäre ~** subsidiary *j-*; alternative *j-*; **unbeschränkte ~** plenary *j-*; **unmittelbare ~** direct *j-*; **unter die ~ fallen** to be within the competence of; **vorbehaltene konkurrierende ~** reserved federal legislative competence concurrent with the states, pendent *j-*.

zustehen *vi* to be entitled to.

Zustell|amt *n* delivery post office; **~bezirk** *m* postal district; **~anschrift** *f* mailing address, postal address; address for service; **~dienst** *m* delivery service; **~gebühr** *f* delivery charge, cartage; **~postamt** *n* delivery post office.

zustellen *vt* to deliver (*postal and general*); to serve upon (*judicial, administrative*).

Zusteller *m*/**-in** *f* postman; process server, writ server, the person who served.

Zustellung *f* service (= *s-*), service of process; postal/delivery distribution; **~ an die Person des Empfängers selbst** personal *s-*; **~ der Klageschrift** *s-* of process; **~ durch Aufgabe zur Post** constructive *s-* by mailing, *posted by process server to non-resident's address* (*exceptional*); **~ durch Einwurf in den Briefkasten des Empfängers** *s-* by insertion through the letter box; **~ durch Postaufgabe** = *~ durch Aufgabe zur Post*; **~ durch Postniederlegung** (constructive) *s-* by depositing the document at local post office; **~en oder Mitteilungen gelten als erfolgt, wenn** notifications or communications shall be deemed to have been made when; **~ im Ausland** *s-* abroad; **~sadresse** *f* address for *s-*; **~sarten** *pl* types of *s-*; **~sbeamter** *m*/**~sbeamtin** *f* writ-server, process-server; **~sbehinderung** *f* obstructing *s-*; **~sbestätigung** *f* return of *s-*, acknowledgment of *s-*, acceptance of *s-*; **~sbevollmächtigte(r)** *f*(*m*) (*der ~sbevollmächtigte*) process agent, person authorized to accept *s-*, registered agent for *s-* of process, agent to receive process; **~s- bzw. Ladungsmängel** *pl* defective notice; **~sempfänger** *m*/**-in** *f* recipient (*of postal or judicial s-*); **~sersuchen** *n* request for *s-*;

~sgebühr *f* delivery charge; **~smangel** *m* irregularity in *s-*, defective *s-*, default of *s-*; **unheilbarer ~~** irreparable irregularity in the *s-* (of); **~snachweis** *m* (due) proof of *s-*, evidence of *s-*, acknowledgment of *s-*, **~sorgan** *n* competent agency for effecting *s-*, process server; **~sort** *m* place of *s-*; **~stag** *m* return day; **~surkunde** *f* certificate of *s-*, return of *s-*; notice of delivery; **~svereitelung** *f* impeding the *s-* of process; **~sverfahren** *n* regulations for the *s-* of documents; **~svertreter** *m*/**-in** *f* person authorized to accept *s-*; **~szeit** *f* time of *s-*; **~ von Amts wegen** official *s-*, *s-* ex officio; **~ von Anwalt zu Anwalt** *s-* between solicitors; **binnen 30 Tagen nach ~** within 30 days of *s-*; **die ~ an den Beklagten vornehmen** to serve *sth* upon the defendant; **die ~ bewirken** to effect *s-*; **diplomatische ~** *s-* through diplomatic channels; **eigenhändige ~** personal *s-*; **erneute ~** reservice; **fehlende ~** default of *s-*; **gerichtliche ~en vornehmen** to effect *s-* by the court, to serve process; **Haager Übereinkommen über die ~ gerichtlicher und außergerichtlicher Schriftstücke im Ausland in Zivil- oder Handelssachen** (*abbr* **HZÜ**) Hague Convention on the *S-* Abroad of Judicial and Extrajudicial Documents in Civil or Commercial Matters (*1965*); **nicht ordnungsmäßige ~** irregularity in *s-*; **öffentliche ~** *s-* by publication, substituted *s-*, public notification; **~ ~ durch Zeitungsinserat** substituted *s-* by advertisement; **ordnungsgemäße ~** due *s-*, regular *s-*; **persönliche ~** personal *s-*; **durch ~ ~ geladen** summoned personally; **vereinfachte ~** simplified *s- by mail.*

zustimmen *vi* to assent, to agree to.

Zustimmende(r) *f(m)* (*der Zustimmende, die Zustimmende*) the consenting party (*parties*).

Zustimmung *f* assent, consent (= *c-*); **~serklärung** *f* notice of assent/*c-*; **~sgesetz** *n D* Act of the Bundestag (*lower house of parliament*) requiring the *c-* of the Bundesrat (*upper house*); **ausdrückliche ~** express/explicit *c-*; **behördliche ~** official *c-*; **die ~ einstweilen verweigern** to withhold *c-* provisionally; **eigenhändige, schriftliche ~** one's own *c-* in writing; **einhellige ~** unanimous *c-*; **elterliche ~** parental *c-*; **konkludente ~** constructive *c-*; **mit ~ von** with (the advice and) *c-* of; **mündliche ~** verbal *c-*; **nachträgliche ~** subsequent *c-*, sanction; **schriftliche ~** written *c-*; **stillschweigende ~** implied *c-*, tacit *c-*; **volle ~** unreserved *c-*, full *c-*; **vorbehaltlose ~** *c-* without reserve; **vorherige ~** previous *c-*; **schriftliche ~** (prior) written *c-*.

Zutat *f* ingredient, additive; **~enverzeichnis** *n* list of ingredients (*of food*).

zuteilen *vt* to allocate, to allot, to apportion, to assign.

Zuteilung *f* allotment, allocation, apportionment; **~santrag** *m* application for allotment; **~sanzeige** *f* letter of allotment; **~speriode** *f* basic period (*special drawing rights*); ration period; **~squote** *f* ratio of allotment; **~sschein** *m* allotment letter; **repartierte ~** scaled-down allotment, partial allotment.

zuteilungsreif *adj* available for draw downs.

Zutritt *m* access, admittance, entry, approach; **~ gestattet** entry permitted; *mil* in limits; **~ nur mit Sonderausweis** admittance by authorized credentials/special permit only; **~srecht** *n* right of access; **~ streng verboten** strictly no entry; **~ verboten** no entry, keep out; *mil US* off limits/*GB* out of bounds.

zuverlässig *adj* reliable, trustworthy, faithful, loyal.

Zuverlässigkeit *f* reliability, trustworthiness, faithfulness; **~sgrad** *m* dependability, reliability; **~snach-**

weis *m* proof of personal reliability; **~sprobe** *f* endurance test.

zuvorkommen *vi* to anticipate, to forestall, to preclude, to preempt.

Zuwachs *m* accrual, accretion, increase; **~rate** *f* rate of increment; **~recht** *n* right to the accretion.

Zuwahl *f* coopting, cooptation, additional election.

Zuwanderung *f* influx by migration; **~sdruck** *m* pressure caused by new immigrants.

zuweisen *vt* to assign, to allocate, to allot, to apportion.

Zuweisung *f* assignment, allocation, allotment, apportionment; **~en an Rücklagen** funds earmarked for the reserves; **~en zum Tilgungsfonds** sinking-fund contributions; **gerichtliche ~** judicial allocation (*of accommodation or land*).

zuwenden *vt* to bestow, to bequeath, to grant, to make an allowance, to allow.

Zuwendung *f* bestowal, bequest, gift, grant, allowance; **~en aus öffentlichen Mitteln** grants from public funds; **~streuhand** *f* beneficial trust, trust for purposes of donation; **~ von Todes wegen** bequest, testamentary gift, disposition mortis causa; **einmalige ~** non-recurring allowance; **freigiebige ~** charitable gift; **laufende ~en** periodical allowance; **letztwillige ~** bequest, testamentary gift; **unabtretbare ~** non-transferable provision; **unbenannte ~** gift between spouses; **unentgeltliche ~** gift, gratuitous grant.

zuwiderhandeln *vi* to contravene, to disobey (*the law*), to offend, to infringe, to infract.

Zuwiderhandlung *f* contravention, non-compliance, infraction, infringement; **vermutete ~** suspected infringement.

zuzahlen *vi* to make an additional payment.

Zuzahlung *f* additional contribution.

zuziehen *vt* to call in, to consult in addition, to enlist the services of.

Zuziehung *f* calling in, additional consultation.

Zuzug *m* migration (*to a city*), taking-up one's residence; **~sbeschränkung** *f* restriction of entry (for aliens to join their family); **~sgenehmigung** *f* permit to take up one's residence (in).

zuzüglich *prep* plus, *adj* additional.

Zwang *m* compulsion, coercion; **~sabgabe** *f* compulsory levy/contribution; **~sablieferung** *f* compulsory delivery; **~sabmeldung** *f* compulsory deregistration (*of an entry in a register*); **~sabtretung** *f* compulsory assignment, forced cession (*of territory*); **~sangebot** *n* compulsory offer; **~sanheuerung** *f* impressment; **~sanleihe** *f* compulsory loan, forced loan; **~sarbeit** *f* forced labo(u)r, compulsory labo(u)r; hard labo(u)r (*as a punishment*); **~saufenthalt** *m* forced stay, detention; **~sauflage** *f* requisition; **~sausgleich** *m* compulsory settlement; **~sbehandlung** *f* compulsory medical examination and/or treatment; **~sbeitrag** *m* compulsory contribution; **~sbeitreibung** *f* forcible collection; **~sbeurlaubung** *f* (compulsory) suspension from office, compulsory unpaid leave; **~sbewirtschaftung** *f* public control, controlled management; **~seintragung** *f* compulsory registration; **~senteignung** *f* (compulsory) expropriation; **~~srecht** *n* right of eminent domain; **~sernährung** *f* force feeding; **~serwerbsbehörde** *f* acquiring authority; **~sgeld** *n* coercive payment (*to enforce public duty*); **~shaft** *f* coercive detention; **~shandlung** *f* coercive action; **~shypothek** *f* execution lien (*upon the debtor's land*), mortgage registered to enforce judgment debt; **~sinnung** *f* (craftsmen's) guild with compulsory membership; **~sjacke** *f* straight-jacket; **~skapitalbildung** *f* compulsory capital formation; **~skartell** *n* compulsory cartel; **~skurs** *m* compulsory rate; **~slage** *f* position of constraint, necessity; **~sliquidation** *f* compulsory winding-up, involuntary liquidation; **~sliquidator** *m*/**-in** *f* liquidator in winding-up by court; **~slizenz** *f US* license/*GB* licence of right, compulsory *US* license/*GB* licence; **~slotse** *m*/**~slotsin** *f* compulsory pilot; **~smaßnahme** *f* coercion, measures of compulsion; **~smaßregeln** *pl* measures of compulsion; **~smitgliedschaft** *f* compulsory membership; **~smittel** *n* means of coercion, coercive methods; **~spensionierung** *f* mandatory retirement; **~sräumung** *f* eviction; **~~sauftrag** *m* dispossession warrant; **die ~~ gegen** ***e-en*** **Mieter durchführen** to eject/evict a tenant; **~srechte** *pl* coercive rights; **~sregulierung** *f* forced settlement; **~srekrutierung** *f* impressment; **~srotation** *f* forced rotation; **~srückkauf** *m* compulsory redemption (*of bonds*); **~sschlichtung** *f* compulsory settlement of disputes, compulsory mediation; **~ssparen** *n* compulsory saving; **~ssterilisation** *f* forced *US* sterilization/*GB* sterilisation; **~sstrafe** *f* coercive penalty; **~steilung** *f* compulsory partition; **~sumsiedlung** *f* compulsory resettlement; **~sveranlagung** *f* compulsory tax assessment; **~sverfahren** *n* coercive proceedings, compulsory measures; **~svergleich** *n* compulsory settlement, bankruptcy composition; **~sverhör** *n* compulsory interrogation; **~sverkauf** *m* sale, judicial sale; **~sverschickung** *f* deportation; **~sverschleppung** *f* forced deportation, kidnapping; **~sversicherung** *f* compulsory insurance; **~sversteigerung** *f* execution sale by public auction, compulsory auction, foreclosure sale; **~~serlös** *m* proceeds of foreclosure sale; **~~sgesetz** *n D* Compulsory Auction of Immovable Property Act (*1898*); **~~sverfahren** *n* compulsory auction of immovable property procedure/proceedings; **~~svermerk** *m* foreclosure notice (*in land register*); **~~ von Grundstücken** compulsory auction of landed property, foreclosure sale; **~sverwalter** *m*/**-in** *f* official receiver; **~sverwaltung** *f* judicially enforced receivership; **~sverwertung** *f* coercive utilization, compulsory disposal; *pat* compulsory working; **~svollstreckung** *f* → *Zwangsvollstreckung*; **~svorführung** *f* compulsory attendance before a judge; **~svorlage** *f* referral; **~swirtschaft** *f* controlled economy; **~swohnsitz** *m* compulsory domicile, allocated domicile; **~ zu Deckungskäufen** bear squeeze (*at a loss*); **gerichtlicher ~** judicial compulsion; **moralischer ~** moral compulsion; **ökonomischer ~** economic necessity; **physischer ~** physical force; **psychischer ~** mental compulsion, mental duress; **unmittelbarer ~** direct compulsion, force; **widerrechtlicher physischer ~** inadmissible physical duress.

zwangsernährt *adj* force fed.

zwangsversteigern *v* to sell by public auction (*to enforce judicial order*).

Zwangsvollstreckung *f* execution (*of judgment, decree or other enforceable instrument*), enforcement, final process; **~ aus Urteil** enforcement of judgment, execution of judgment; **~ aus Zahlungstiteln** enforcement of judgment debts; **~ durch Wegnahme** execution by writ of delivery; **~ in das bewegliche Vermögen** general execution; **~ in das unbewegliche Vermögen** execution imposed on debtor's immovable property; **~sklausel** *f* writ of execution; **~sverfahren** *n* execution proceedings, measures of execution; **~sverkauf** *m* distress sale, forced sale; **der ~ unterliegend** liable to execution; **die ~ betreiben** to levy execution, to issue execution (against), to have execution issued, to commence execution; **die ~**

einstellen to terminate the process of execution; **die ~ vorläufig einstellen** to stay the execution; **erfolglose** ~ unsatisfied execution; **nicht der ~ unterworfen** judgment-proof, exempt from execution.

Zweck *m* (*pl Zwecke* = ~*e*) purpose, aim, object, end; **~bestimmung** *f* appropriation, application, earmarking (*for a specific purpose*), specification of aim (objects); **~bindung** *f* earmarking for specific purpose, tying funds to an object; ~ ***e-er*** **Gesellschaft** object(s) of a company; ~ ***e-er*** **Zahlung** purpose/object of a payment; **~entfremdung** *f* misuse, conversion for an improper use, *unlawfully using private accommodation for commercial or other non-residential purposes*; **~erklärung** *f* declaration of purpose (*of a bank loan*); **~erreichung** *f* accomplishment of purpose; **~heirat** *f* marriage of convenience; **~mäßigkeit** *f* expedience; **~~serwägungen** considerations of expendiency/suitability; **aus ~~sgründen** *pl* as a matter of convenience; **~propaganda** *f* propaganda with a specific target; **~verband** *m* special-purpose association, special association, ad hoc group, specialized administrative union; **gemeindlicher ~~** special administrative union of local authorities/district; **~vereitelung** *f* frustration; intentional prevention from reaching an aim; **~verfremdung** *f* use for unintended purpose, *using residential property for commercial purposes*; **~vermächtnis** *n* legacy for a designated purpose; **~vermögen** *n* special-purpose fund, ad hoc fund; **~zuwendung** *f* allowance subject to special conditions (as to its use); **begünstigter** ~ (tax-)favo(u)red purpose; **dem ~ entsprechen** to answer the purpose, to be suitable/fit for the purpose; **diplomatische ~e** diplomatic purposes; **erlaubter** ~ lawful purpose; **förderungswürdige ~e** purposes eligible for a grant; **gemeinnützige ~e** non-profit-making/charitable purposes (*in the public interest*); **geschäftlicher** ~ business purpose; **gesetzlich zulässiger** ~ lawful purpose; **gewerblicher** ~ commercial purpose; **mildtätige ~e** charitable purposes; **nützliche ~e** utilitarian purposes; **öffentliche ~e** public purposes; **seelsorgerische ~e** pious uses; **staatspolitische ~e** aims of public policy; **steuerbegünstigte ~e** tax-aided purposes; **widerrechtlicher** ~ illegal purpose; **wohltätige ~e** charitable purposes; **zu diesem** ~ to this end, for this purpose.

zweck | dienlich *adj* expedient; **~mäßig** expedient, suitable.

Zwei | deutigkeit *f* duplicity, ambiguity, equivocality, dubiety; **~drittelmehrheit** *f* two-thirds majority; **~familienhaus** *n* two-family house, *US* duplex; **~kammersystem** *n* bicameral system; **~kampf** *m* duel; trial by battle (*ordeal*); **~~ mit tödlichen Waffen** duel with deadly weapons; **~metallsystem** *n* bimetallism; **~parteiensystem** *n* two-party system; **~-plus-Vier-Vertrag** *m* (= **Vertrag über die abschließende Regelung in bezug auf Deutschland**) Two Plus Four Treaty (*Federal Republic of Germany, German Democratic Republic plus France, Union of Soviet Socialist Republics, United Kingdom, United States*; *Moscow, September 12, 1990*); **~schichten-Betrieb** *m* double-shift working; **~staatentheorie** *f* *obs* two-state theory (*of two independent German states*).

zwei | deutig *adj* equivocal, ambiguous, dubious; **~seitig** bilateral; **~stellig** double-digit, two figure (number); double figure; **~stufig** two-stage, two-phase.

Zweifel *m* doubt (= *d-*); ~ **ausräumen** to remove *d-s*, to eliminate misgivings; ~ **beseitigen** to eliminate *d-s*; **~sfall** *m* doubtful case; **im ~~ soll der englische Text zu-**

grunde gelegt werden the English text shall prevail in case of *d*-; **außer allem** ~ beyond all *d*-; **begründeter** ~ reasonable *d*-, rational *d*-; **berechtigter** ~ legitimate *d*-; **im** ~ in case of *d*-, in dubio; ~ ~ **zugunsten des Angeklagten entscheiden** to give the accused the benefit of the *d*-; **nicht unerheblicher** ~ reasonable *d*-, justifiable *d*-.

Zweig|anstalt *f* branch (establishment); **~betrieb** *m* operating branch of an enterprise; **~gesellschaft** *f* branch of a company, affiliate; **~niederlassung** *f* branch establishment, branch; **~organisation** *f* affiliate; **~stelle** *f* agency, branch office, suboffice; **~~nnetz** *n* branch network.

zweigleisig *adj* bifurcated, double track.

Zweit|ausbildung *f* second vocational/educational training; **~ausfertigung** *f* duplicate; **~begünstigte(r)** *f(m)* (*der ~begünstigte*) secondary beneficiary; **~erwerb** *m* second hand purchase; **~schrift** *f* copy; **~schuldner** *m/***-in** *f* additional debtor; **~stimme** *f* second vote (*at federal elections*); **~verdiener** *m/***-in** *f* secondary earner; **~wohnung** *f* second home, second residence.

Zwerg|betrieb *m* dwarf enterprise; **~schule** *f* one-room school.

zwingen *vt* to compel, to force, to coerce.

zwingend *adj* obligatory, peremptory, imperative, compulsory.

Zwischen|ablesung *f* intermediate reading; **~abnahme** *f* acceptance of part-performance, in-process inspection; **~abrechnung** *f* intermediate account; **~abschluss** *m* interim closing balance; **~aufenthalt** *m* transitory stay, stop-over; **~ausschuss** *m* interim committee; **~ausweis** *m* interim return; **~benutzung** *f* intermediate exploitation/use, intervening use; **~bericht** *m* interim report, progress report; **~bescheid** *m* interim notice; **~besitzer** *m/***-in** *f* temporary possessor, interim owner; **~bilanz** *f* interim financial statement, interim balance sheet; **~dividende** *f* interim dividend; **~entscheidung** *f* interlocutory decision, intermediate order; **~ergebnis** *n* intermediate result; **~erledigung** *f* provisional handling **~fall** *m* incident; **~feststellungsklage** *f* petition for an interlocutory declaration; **~feststellungsurteil** *n* interlocutory declaratory judgment, order declaring rights; **~finanzierung** *f* interim financing, bridging loan/finance; **~frage** *f* interruption; interpellation; ***e-e*** **~~ stellen** to interpellate; **~geschoss** *n* mezzanine; **~handel** *m* intermediate trade; intermediate (wholesale) trade; **~händler** *m/***-in** *f* middleman, agent, intermediary; **~käufer** *m/***-in** *f* intermediate buyer; **~konten** *pl* suspense accounts, deferred accounts; **~kredit** *m* interim loan, intermediate credit, bridging loan; **~lager** *n* interim storage (*eg of nuclear waste*); **~~gebühr** *f* houseage; **~lagerung** *f* intermediate storage; **~landung** *f* stop-over; **ohne** ~~ non-stop; **~nutzung** *f* intervening use; **~personen** intermediaries; **~produkterfindung** *f* invention of intermediate product(s); **~prüfung** *f* interim check; interim examination; **~quittung** *f* interim receipt; **~ruf** *m* interjection, interruption (*of a speaker*); **durch ~~e provozieren** to heckle; **~rufer** *m/***-in** *f* heckler; **~satz** *m* intermediate rate; **~schein** *m* provisional receipt, scrip; **~spediteur** *m/***-in** *f* intermediate forwarding agent; **~streit** *m* interlocutory proceedings; **~summe** *f* subtotal; **~träger** *m/***-in** *f* informer, confidential agent; **~unternehmer** *m/***-in** *f* intermediate entrepreneur; **~urteil** *n* interlocutory judgment/decree; **~verdienst** *m* middleman's profit; **~verfahren** *n* interlocutory proceedings; **~verfügung** *f* interim order; **~verkauf** *m* intermediate sale; **~~ vorbehal-**

ten subject to prior sale; **~verkäufer** *m*/**-in** *f* intermediate seller; **~vermietung** *f* interim letting, interim tenancy; **~verpächter** *m*/**-in** *f* intermediary lessor; **~vertrag** *m* provisional agreement; **~vertreter** *m*/**-in** *f* intermediate agent; **~verwahrer** *m*/**-in** *f* escrow agent; stakeholder; **~wahlen** *pl* off-year elections, by-elections; **~zeugnis** *n* provisional testimonial; **~zins** *m* interim interest.

zwischen | behördlich *adj* intergovernmental departments, between authorities; inter-agency; **~betrieblich** intercompany, between firms; **~geschaltet** intermediary; **~staatlich** intergovernmental, international, cross-national, *US* interstate; **Z~~e Beratende Seeschifffahrts-Organisation** Intergovernmental Maritime Consultative Organization; **Z~~er Ausschuss für Urheberrechte** Intergovernmental Copyright Committee; **Z~~es Komitee für Europäische Auswanderung** Intergovernmental Committee for European Migration.

zwischenschalten *v* to interpose.

Buchanzeige